Karen Hagemann

FRAUENALLTAG UND MÄNNERPOLITIK

Alltagsleben und gesellschaftliches Handeln von Arbeiterfrauen in der Weimarer Republik

Verlag J. H. W. Dietz Nachf.

Für Lucie, Paula, Sigrid und Tilly

Herausgegeben von Prof. Detlev J. K. Peukert, Wissenschaftlicher Direktor der Forschungsstelle für die Geschichte des Nationalsozialismus in Hamburg

ISBN 3–0812–5008–8

In der Raste 2, D-5300 Bonn 1
Lektorat: Martin Rethmeier
Umschlag: Manfred Waller, Reinbek
(unter Verwendung eines Fotos aus dem Besitz der Autorin: „Küchenhelferinnen in der Erwerbslosen-Selbsthilfe-Küche Jarrestraße in Hamburg-Winterhude 1932“)
Satz: Dunz-Wolff, Hamburg
Druck und Verarbeitung: May + Co, Darmstadt

Printed in Germany 1990

Vorwort

Der Alltag proletarischer Frauen in der Zeit der Weimarer Republik steht im Mittelpunkt dieses Buches, dessen Hauptfrage der Zusammenhang von geschlechtsspezifischen Arbeits- und Lebensbedingungen und Möglichkeiten und Formen des gesellschaftlichen Handelns ist. Bei der Untersuchung dieser Fragestellung war Oral History eine zentrale Quelle. Deshalb gilt mein Dank an erster Stelle den Frauen, die mir durch ihre engagierte Bereitschaft zur Mitarbeit die Erforschung der Thematik ermöglicht haben.

Der lange Weg bis zur Publikation dieser Arbeit wäre ohne die Unterstützung, die ich von vielen Seiten erfahren habe, sehr viel beschwerlicher gewesen. Darum möchte ich allen, die mir mit Rat und Tat geholfen haben, an dieser Stelle herzlich danken. Besonders verpflichtet bin ich: meinem „Doktorvater" Prof. Dr. Klaus Saul, ohne dessen Ermutigung ich die Studie nicht begonnen hätte und dessen Kritik und Ratschläge mich in ihrer Entstehungszeit stets begleitet haben; Prof. Dr. Karin Hausen, Prof. Dr. Barbara Vogel sowie Dr. Karl Ditt und Susanne Rouette für aufmunternde und kritische Kommentare, zahlreiche Anregungen und intensive Gespräche; Dr. Ursula Büttner, Christiane Eifert, Dr. Werner Johe und Frauke Ploetz für hilfreiche Hinweise und Änderungsvorschläge; meinen Kolleg(inn)en der Abteilung Neuere Geschichte am Institut für Geschichtswissenschaft der Technischen Universität Berlin für viele fruchtbare Diskussionen; Frank Laubert, Eckart Krause, Dr. Helga Kutz-Bauer, Prof. Dr. Heide Pfarr, Dr. Ute Stoltenberg und Prof. Dr. Arnold Sywottek für fördernde Hilfe; den Mitarbeiter(inne)n der von mir benutzten Archive und Bibliotheken, insbesondere des Staatsarchivs Hamburg, für interessierte Beratung und freundliches Entgegenkommen; meiner Mutter Helga Hagemann für die mühselige und zeitaufwendige Erstellung einer lesbaren Endfassung der Interviewtexte; und nicht zuletzt meinem Mann Björn Hennings, der mein wichtigster Gesprächspartner und schärfster Kritiker war, für seine ausdauernde Begleitung durch alle Höhen und Tiefen der Promotionszeit.

Die vorliegende Arbeit, die von der Studienstiftung des deutschen Volkes und der Hans-Böckler-Stiftung gefördert wurde, nahm der Fachbereich Geschichtswissenschaft der Universität Hamburg im Wintersemester 1988/89 als Dissertation an. Sie wurde für den Druck leicht gekürzt und überarbeitet. Die finanziellen Mittel für die Transkription der Interviews stellte die Behörde für Wissenschaft und Forschung der Freien und Hansestadt Hamburg zur Verfügung. Die Drucklegung der Studie wurde finanziell unterstützt von der Hamburgische Electricitäts-Werke AG, der Hamburgischen Wissenschaftlichen Stiftung, der Hans-Böckler-Stiftung, der Hansischen Universitätsstiftung, der Landeszentralbank in der Freien und Hansestadt Hamburg und der Stiftung der B.A.T an der Hamburger Universität.

Inhalt

„Die Stellung der Frau in der Gesellschaft ist unter einem doppelten Aspekt zu betrachten: wie steht die Frau in der Männergesellschaft – und wie steht sie in der Klassengesellschaft?"
Alice Rühle-Gerstel, 1932[1]

Einleitung

In der Novemberrevolution 1918 erlangten die Frauen Deutschlands nach langjährigem Kampf das Wahlrecht. Die politische Gleichberechtigung der Geschlechter wurde erstmals in der Verfassung der Weimarer Republik vom August 1919 verankert; Artikel 109 bestimmte, daß Frauen und Männer „grundsätzlich dieselben staatsbürgerlichen Rechte und Pflichten" haben sollten. Doch trotz dieser Gleichstellung, die durch das schon in der Verfassungsdebatte heftig umstrittene Wort „grundsätzlich" eingeschränkt wurde, blieben Frauen in Wirtschaft, Gesellschaft und Politik erheblich benachteiligt. Auch heute, 70 Jahre später, ist die im Grundgesetz der Bundesrepublik Deutschland garantierte Gleichberechtigung noch längst nicht verwirklicht. Um ihre reale ökonomische, soziale und politische Gleichstellung zu erreichen, mußten und müssen Frauen sich selbst dafür engagieren. Doch nur ein Teil aller Frauen kämpfte und kämpft für die eigenen Interessen und Rechte. Was motivierte diese Frauen dazu, gesellschaftlich aktiv zu werden? Wie prägten ihre Arbeits- und Lebensbedingungen die Möglichkeiten und Formen ihres gesellschaftlichen Handelns, d.h. ihrer auf eine Veränderung der individuellen wie der gesellschaftlichen Verhältnisse zielenden Bestrebungen und Handlungen im privaten und öffentlichen Raum? Wie beeinflußten wirtschaftliche, gesellschaftliche und politische Reformen ihren Handlungsspielraum?

Diese Fragen, die im Mittelpunkt der Studie stehen, sollen am Beispiel von Arbeiterfrauen in der Weimarer Republik untersucht werden. Als solche werden wegen der grundsätzlich doppelten Zuständigkeit für Haus- und Familienarbeit einerseits und Erwerbsarbeit andererseits zwar alle Frauen aus der Arbeiterschaft[2] verstanden, die Untersuchung wird sich jedoch auf die größte Gruppe konzentrieren: die ledigen und verheirateten Arbeiterfrauen im erwerbsfähigen Alter. Trotz erheblicher methodischer Vorbehalte wird in dieser Studie die Klassenzugehörigkeit von Frauen und Kindern in vollständigen Familien über den Ehemann bzw. Vater abgeleitet. Ledige Arbeitertöchter, gleich ob sie als Hausangestellte, Arbeiterin oder Angestellte tätig waren, werden deshalb zu den Arbeiterfrauen gerechnet. Dies erscheint gerechtfertigt, weil sowohl die Sozialisation als auch die Lebensumstände und die Arbeitssituation, d.h. insbesondere Art und Umfang der Erwerbs-, Haus- und Familienarbeit, bei Arbeiterehefrauen und -töchtern in starkem Maße von der sozialen Stellung des Ehemanns bzw. Vaters abhängig waren.[3]

Die Weimarer Republik bot sich als Untersuchungszeitraum an, weil sie ähnlich wie die Gegenwart von den Zeitgenoss(inn)en als historische Umbruchsituation der Geschlechterbeziehungen wie der sozialen Verhältnisse erlebt wurde: Das Ende des Kaiserreichs, der als „Zusammenbruch" oder „Neubeginn" interpretierte Versuch, Wirtschaft, Gesellschaft und Politik Deutschlands nach demokratischen und sozialen Grundsätzen neu zu ordnen, war im zeitgenössischen Bewußtsein eng verknüpft mit der als „Bedrohung" oder „Hoffnung" erfahrenen Auffassung, daß auf der Grundlage der neuen staatsbürgerlichen Gleichstellung der Frauen die Emanzipation des weiblichen Geschlechts nicht mehr fern sei. Als Sinnbild des Emanzipationsprozesses galt in der Weimarer Zeit die vermeintlich ökonomisch, politisch und sexuell befreite „Neue Frau", als deren

Prototyp die weibliche Angestellte betrachtet wurde. Das neue Leitbild war das einer jungen, berufstätigen Frau in der Großstadt: Betont wurden Modernität, Rationalität und Sachlichkeit in der Lebenseinstellung, die sich äußerlich in Kleidung und Frisur im Garconne-Stil auszudrücken schienen, sowie eine ausgeprägte Freizeit- und Konsumorientierung, die mit dem Einbruch in traditionell männliche Bereiche der Öffentlichkeit, insbesondere des Sports, verbunden war.[4] Rückblickend betrachtet, erweist sich die „Neue Frau" als „Projektion männlicher Zeitgenossen, die entweder aus Furcht oder aus übersteigertem Fortschrittsbewußtsein ein Zerrbild weiblicher Modernität entwarfen" und die weitgehend traditionellen Strukturen in der Produktions- wie in der Reproduktionssphäre ignorierten[5]. Das Geschlechterverhältnis blieb in der Weimarer Republik trotz politischer Demokratisierung und gesellschaftlicher Modernisierung[6] bemerkenswert stabil. Aus heutiger Perspektive zeichnen sich die zwanziger Jahre in besonderem Maße durch eine Gleichzeitigkeit von Ungleichzeitigem in der Frauenfrage aus: Fortschritte im Rechtssystem, neue Ansprüche in Bildung und Beruf, Lockerung von Sexualtabus, veränderte Erwartungen an Ehe und Familie lagen quer zu gesellschaftlichen Bestrebungen und Mechanismen, die frauenspezifische Diskriminierung fortschrieben und verstärkten; Emotionen und Verhalten, ‚traditionell' geprägt, standen in Widerspruch zu neuen, ‚modernen' Einstellungen der Individuen.[7]

Die Gleichzeitigkeit von Fortschritten und Rückschritten zeigt sich auch in der Entwicklung der sozialen Verhältnisse. Die Historiographie betrachtet die Weimarer Republik als wichtige Etappe der Entwicklung des „Wohlfahrtsstaates" in Deutschland[8]. Vorrangiges Ziel der verstärkten Etablierung und Institutionalisierung staatlichen Handelns im Bereich der Sozialpolitik war nach dem Ersten Weltkrieg die Sicherung der familialen Reproduktion breiter Bevölkerungskreise über den Mann als ‚Ernährer'. Dem Einzelnen und seiner Familie sollte ein marktunabhängiges Mindesteinkommen garantiert und Schutz vor existenziellen Lebensrisiken geboten werden. Dieser Anspruch wurde auch in der Weimarer Verfassung verankert.[9] Der Ausbau der sozialen Reformpolitik, deren Schwerpunkte neben der Erweiterung des Systems der Sozialversicherung die Verbesserung des Fürsorge- und des Wohnungswesens waren[10], wurde nicht zuletzt deshalb forciert, um die systemgefährdende Unruhe in weiten Teilen der Arbeiterschaft mittels einer „Familialisierung von oben"[11] einzudämmen: Die Reformen sollten zu einer Festigung der als kultur- und staatserhaltend geltenden Institution Familie und damit zur sozialen und politischen Stabilisierung beitragen. Dieses Ziel verfolgte auch die zur Regierungsmacht gelangte Sozialdemokratie, die die familienorientierte Sozialpolitik in entscheidendem Maße förderte.[12]

Der Einfluß der staatlichen Reformpolitik auf die Arbeits- und Lebensumstände der Arbeiterschaft ist in der historischen Forschung umstritten; diskutiert wird insbesondere, inwieweit die Reformen eine entscheidende Verbesserung der sozialen Lage der lohnabhängigen Bevölkerung erreichten[13]. Über die Wirkung von Sozialpolitik und Sozialfürsorge auf den Alltag verschiedener Arbeiterschichten ist bisher zwar noch relativ wenig bekannt, fest steht jedoch, daß sie bei Frauen und Männern nicht die gleiche war[14]:

- Der Ausbau des Systems der Sozialversicherung verminderte zwar die Risiken lohnabhängiger Existenz, einen Rechtsanspruch auf Leistungen hatten allerdings nur Vollerwerbstätige, also überwiegend Männer. Frauen wurden in der Sozialversicherung als Angehörige von Männern – Vätern oder Ehemännern – behandelt, allenfalls als sogenannte „Zuverdienerinnen". Sie fielen deshalb häufig durch die Maschen des sozialen Netzes der staatlichen Sozialversicherung und wurden mehr schlecht als recht durch die öffentliche Wohlfahrtspflege aufgefangen.[15] Nicht zuletzt aufgrund dieser Ausrichtung der staatlichen Sozialpolitik stellten sie auch in der Weimarer Republik den größten Teil der Armen. Als Wohlfahrtshilfeempfängerinnen war ihre Existenz in starkem Maße vom Staat abhängig, der die materielle Unterstützung mit intensiven Bemühungen um eine sozialhygienische Erziehung und Disziplinierung verband.
- Die von Sozialpolitik und Fürsorge beschleunigte „Familialisierung der Arbeiterschaft"

brachte vorrangig den Männern mehr Lebensqualität. Für die Frauen war sie aufgrund der gestiegenen Ansprüche an ihre Tätigkeit in Haushalt und Familie mit vermehrter Arbeit verbunden. Sie trug zudem zu einer Verstärkung der geschlechtsspezifischen Arbeitsteilung und damit einer Verfestigung des herrschenden Geschlechterverhältnisses bei.

Um das Neue und Spezifische in der Weimarer Republik verdeutlichen zu können, werden die Verhältnisse im Kaiserreich, vor allem in der Vorkriegszeit, vergleichend betrachtet.

Mit der vorgelegten Studie wird eine Verbindung von Struktur- und Erfahrungsgeschichte versucht[16]: Gefragt wird nach den komplexen Beziehungen zwischen den wirtschaftlichen, sozialen und politischen Strukturen, Prozessen und Ereignissen, die das Alltagsleben der Frauen beeinflußten, und der gesellschaftlichen Praxis dieser Frauen als historischer Subjekte, zwischen ihren Arbeits- und Lebensbedingungen und ihren Erfahrungen als Betroffene und Handelnde. Der Zusammenhang von Strukturen und Prozessen einerseits und Handlungen und Erfahrungen andererseits wird dabei als ein „historisch variables Verhältnis der Brechung und Nicht-Kongruenz" begriffen[17], denn „Strukturen und Prozesse sind mehr als Summen von Erfahrungen, sie sind oft nicht oder nur verzerrt in Erfahrungen präsent, wie umgekehrt Erfahrungen nicht vollständig von Strukturen und Prozessen determiniert sind"[18]. Im Einzelnen werden folgende Fragen untersucht:

1. Wie sah der Alltag von Arbeiterfrauen in Haushalt, Familie und Erwerbsleben aus? Wieweit beeinflußten Veränderungen der wirtschaftlichen, sozialen und politischen Strukturen diesen Alltag?
2. Wie erlebten Arbeiterfrauen ihren Alltag, wie reagierten sie auf ihn? Welchen individuellen und gesellschaftlichen Handlungsspielraum hatten sie? In welchem Maße beeinflußten einerseits Faktoren wie Herkunft, soziale Stellung, Bildung und Beruf, Alter und Familienstand, andererseits wirtschaftliche, gesellschaftliche und politische Reformen diesen Handlungsspielraum? Gab es ‚spezifisch weibliche' Formen des gesellschaftlichen Handelns?
3. Welche Bedeutung hatte das Engagement in der Arbeiterbewegung für die Emanzipation von Arbeiterfrauen? Inwieweit entsprachen Frauenpolitik und Frauenarbeit der Arbeiterorganisationen ihren vielfältigen und – je nach sozialer Stellung, Alter und Familienstand – durchaus unterschiedlichen Bedürfnissen und Interessen?

Diese Fragen mußten am Fallbeispiel eines regional und politisch begrenzten Raumes untersucht werden:

Als Region bot sich der Stadtstaat Hamburg an, ein geschlossener politischer und rechtlicher Verwaltungsraum. Nach Berlin war Hamburg mit rund 550.000 männlichen und 600.000 weiblichen Einwohnern die zweitgrößte Stadt der Weimarer Republik und zugleich das bedeutendste Handels- und Dienstleistungszentrum im Reich, daneben aber auch wichtigster industrieller Standort im norddeutschen Raum. 1925 arbeiteten von den durch die Statistik erfaßten 407.000 männlichen und 180.000 weiblichen Erwerbstätigen im Stadtstaat 45 % in Handel und Verkehr, 34 % in Industrie und Gewerbe, 7 % in den Häuslichen Diensten, 6 % in der Verwaltung, 4 % im Gesundheitswesen und 2 % in der Landwirtschaft. 43 % der Erwerbstätigen waren Arbeiter(innen), 32 % Angestellte oder Beamte, 16 % Selbständige, 7 % Hausangestellte und 3 % mithelfende Familienangehörige.[19] Die moderne, urbane Lebensweise entfaltete sich aufgrund der spezifischen Wirtschaftsstruktur in der Großstadt Hamburg besonders früh.

Als politischer Ausschnitt wurde das sozialdemokratische Milieu gewählt. Es umfaßt nicht nur alle Menschen, die selbst in der SPD, ihren Nebenorganisationen, den freien Gewerkschaften und Konsumgenossenschaften organisiert waren bzw. sie unterstützten – dies waren überwiegend Männer –, sondern auch deren nichtorganisierte Familienangehörige, größtenteils Frauen und

Kinder. Die meisten Angehörigen des sozialdemokratischen Milieus stammten auch in der Weimarer Republik aus der Arbeiterschaft. Darauf deutet u.a. die soziale Zusammensetzung der Hamburger SPD hin: 1931 waren von den 40.000 männlichen Mitgliedern 74 % Arbeiter, vorwiegend Facharbeiter, 12 % Angestellte und 5 % Beamte; von den 13.000 weiblichen Mitgliedern waren 72 % hauptberuflich Hausfrauen, meist Ehefrauen von Arbeitern, 14 % Arbeiterinnen und 10 % Angestellte. Der Frauenanteil in der Landesorganisation lag zu diesem Zeitpunkt bei 25 % und übertraf damit den Reichsdurchschnitt von 23 %.[20]

Die Hansestadt war seit dem Kaiserreich eine Hochburg der sozialdemokratischen Arbeiterbewegung, deren Masseneinfluß sich u.a. bei den Wahlen zeigte. Im März 1919, bei der ersten Bürgerschaftswahl in der Weimarer Republik, erreichte die SPD die absolute Mehrheit; bis 1931 erhielt die Partei den größten Teil der Wählerstimmen. Die Regierungsmacht teilte die Hamburger Sozialdemokratie, die bereits vor dem Ersten Weltkrieg zum „reformistisch-revisionistischen rechten Flügel der Gesamtpartei“[21] gezählt wurde, in der Weimarer Republik von Anfang an mit bürgerlichen Parteien, von 1919 bis 1933 mit der linksliberalen DDP (seit 1930 DStP) und von 1925 bis 1933 zudem mit der national-liberalen DVP.[22] Sozialdemokratische Arbeitsschwerpunkte im Senat waren Schul- und Sozialpolitik[23]. Der Stadtstaat Hamburg gehörte in den zwanziger Jahren zu den großstädtischen Kommunen mit einer relativ günstigen finanziellen Situation. Dies war neben den politischen Verhältnissen eine entscheidende Voraussetzung dafür, daß sich Hamburg in der Weimarer Republik zu einem bei den Zeitgenoss(inn)en als vorbildlich geltenden Modell sozialdemokratischer Reformpolitik entwickeln konnte.[24] Am Beispiel der Hansestadt können so nicht nur die kommunale Praxis des „Wohlfahrtsstaates“ Weimarer Republik und deren Folgen für den Alltag von Arbeiterfrauen untersucht werden, überprüfen läßt sich auch, inwieweit die Kommunalpolitik der SPD Fraueninteressen berücksichtigte.

Die sozialdemokratische Frauenbewegung war Teil der Gesamtpartei, deren Ideologie und Politik entscheidend die Entwicklung der Frauenorganisation bestimmten. Die Frauenpolitik der Reichspartei bildete den Handlungsrahmen für die Frauenarbeit vor Ort. Anhand des Beispiels Hamburg kann die Umsetzung der offiziellen Frauenpolitik in einem traditionellen Zentrum der proletarischen Frauenbewegung analysiert werden. Um die Breite der sozialdemokratischen Frauenpolitik und Frauenarbeit zu erfassen, bezieht die Studie nicht nur die SPD und ihre Nebenorganisationen ein, sondern auch die Konsumgenossenschaften und die freien Gewerkschaften.

Die Analyse von Frauenalltag und gesellschaftlichem Frauenhandeln im sozialdemokratischen Milieu Hamburgs, die im steten Vergleich mit der Entwicklung auf Reichsebene erfolgt, hat so über den regionalen Raum hinaus allgemeine Relevanz. Die Untersuchung, die angesichts des Forschungsstandes zur Arbeiter- wie zur Frauengeschichte in der Weimarer Republik historiographisches Neuland erschließt [25], stützt sich neben der Auswertung zahlreicher archivalischer und gedruckter Quellen auf die Arbeit mit Oral History, der vor allem für die Analyse des Alltags große Bedeutung zukam. Zur Rekonstruktion der Strukturen der Arbeits- und Lebensbedingungen wurden u.a. die amtliche Statistik, sozialwissenschaftliche und sozialpsychologische Erhebungen und Untersuchungen, behördliche Akten sowie sozialpolitische und medizinische Zeitschriften herangezogen. Die Analyse der Möglichkeiten und Formen des gesellschaftlichen Handelns sowie der Frauenpolitik und Frauenarbeit basiert neben Oral History vorrangig auf einer Vielzahl gedruckter Quellen der sozialdemokratischen Arbeiter- und Frauenbewegung, u.a. Broschüren, Zeitungen, Zeitschriften, Protokollen, Jahresberichten und Jahrbüchern.

Aufgrund der zentralen Bedeutung der geschlechtsspezifischen Arbeitsteilung für die Strukturen des weiblichen Lebenszusammenhanges, in dessen Mittelpunkt bei den meisten Frauen, auch den erwerbstätigen, Haushalt und Familie standen, geht die Studie von der Hypothese aus, daß bei vergleichbarer sozialer Lage das Alltagsleben von Arbeiterfrauen aus dem sozialdemokratischen Milieu Hamburgs strukturell dem von Arbeiterfrauen außerhalb dieses Milieus ähnelte. Dementsprechend wurden allgemeine Untersuchungen zur sozialen Situation von Hamburger Arbeiterfrauen zur Beschreibung des Alltags von Frauen im sozialdemokratischen Milieu herangezogen und umgekehrt Berichte dieser Frauen über ihr Alltagsleben auch zur Beschreibung der Erfahrungen von Arbeiterfrauen außerhalb dieses Milieus benutzt. Angenommen wurde darüberhinaus, daß sich die Grundstrukturen des Lebenszusammenhanges Hamburger Arbeiterfrauen nicht von denen ihrer Geschlechts- und Klassengenossinnen in anderen protestantischen Großstädten des Deutschen Reiches mit starker sozialdemokratischer Arbeiterbewegung unterschieden. Gemäß dieser Hypothese, deren genaue Überprüfung anderen Untersuchungen vorbehalten bleiben muß, wurden zur Beschreibung des Alltags von Hamburger Arbeiterfrauen auch Berichte und Erhebungen aus anderen deutschen Großstädten benutzt.

Der Aufbau der Arbeit spiegelt die Komplexität der Fragestellungen: In den ersten beiden Abschnitten werden Haushalt und Familie als die Schwerpunkte des Lebenszusammenhangs von Arbeiterfrauen analysiert, im dritten Teil folgt die Analyse des Erwerbslebens. Bei der Untersuchung dieser drei Arbeits- und Lebensbereiche wurde versucht, jeweils folgende Ebenen miteinander zu verbinden:
- die Analyse der sozialen und wirtschaftlichen Strukturen und Prozesse, die die Alltagssphäre determinierten,
- die Schilderung des konkreten Alltagslebens der Arbeiterfrauen, sowie ihrer Alltagserfahrungen,
- die Beschreibung der staatlichen Politik, soweit sie sich mit diesem Alltagsbereich beschäftigte,
- die Analyse der Theorie und Praxis, die die SPD-Frauenorganisation wie die sozialdemokratische Arbeiterbewegung insgesamt zu diesem Alltagsbereich entwickelte, sowie der Reaktion der Arbeiterfrauen auf diese Politik.

Im vierten Abschnitt wird die sozialdemokratische Frauenbewegung selbst im Mittelpunkt stehen. Am Schluß der Studie möchte ich ein Resümee versuchen, in dem vorrangig nach den Handlungsmöglichkeiten und Handlungsspielräumen von Arbeiterfrauen in der Weimarer Republik gefragt wird.

Alltagsgeschichte, Sozialgeschichte und Geschlechtergeschichte

Wenn die Vielfalt der Formen des Alltagslebens und des gesellschaftlichen Handelns von Frauen erfaßt werden soll, muß die Gesamtheit des „weiblichen Lebenszusammenhanges“[26] betrachtet werden. Nur wenn die spezifischen Arbeits- und Lebensbedingungen der Frauen Ausgangspunkt der Analyse sind, können Aussagen gemacht werden, die ihrer Realität angemessen sind. Sucht die historische Forschung Frauen in der Arbeits-, Lebens- und Erfahrungswelt der Männer und mißt sie an deren Normen und Werten, muß sie zu ‚negativen‘ Ergebnissen kommen: Eine Frau hat in der Regel nicht dort gearbeitet und war nicht da engagiert, wo ein Mann arbeitete und sich engagierte.[27]

Für die sozialhistorische Erforschung des weiblichen Lebenszusammenhangs ist der Begriff ‚Alltag‘ bzw. ‚Alltagsleben‘ von zentraler Bedeutung. Doch wie soll er definiert werden? Es gibt keinen Alltag „an sich“; nur und ausschließlich „in der Gegensetzung zu einem je spezifizierten

Besonderen" wird er definierbar[28] . Der Alltag ist immer durch allgemeine „hochkomplexe, außeralltägliche Strukturen" geprägt, durch Klassenlagen, Wirtschaftskonjunkturen, politische Verhältnisse und Ideologien[29] . Er sollte daher stets als integraler Bestandteil von gesamtgesellschaftlichen Zusammenhängen und Bedingungen verstanden werden[30] . Der auf einer materialistischen Handlungstheorie basierende Entwurf einer marxistischen Soziologie, der in Anschluß an Georg Lukacs vor allem von Agnes Heller entwickelt wurde, hat einen Alltagsbegriff geprägt, der den Zusammenhang von Alltagsleben und gesamtgesellschaftlichen Strukturen und Prozessen herstellt[31] . Der Studie wird dieser Alltagsbegriff zugrunde gelegt:

> „Das Alltagsleben ist die Gesamtheit der Tätigkeiten der Individuen zu ihrer Reproduktion, welche jeweils die Möglichkeit zur gesellschaftlichen Reproduktion schaffen ...
>
> Jedoch kommt die Reproduktion der Gesellschaft nicht spontan durch die Selbstreproduktion des Einzelnen zustande. Der Mensch vermag sich nur zu reproduzieren, indem *er seine gesellschaftliche Funktion erfüllt: die Selbstreproduktion wird zu einem Moment der gesellschaftlichen Reproduktion.* Das Alltagsleben der Menschen vermittelt daher *auf der Ebene des Einzelnen* ein Bild von der Reproduktion der jeweiligen Gesellschaft – der Schichten dieser Gesellschaft im allgemeinen; ...
>
> Auch das Alltagsleben hat eine *Geschichte*, und zwar nicht nur in dem Sinn, daß es von gesellschaftlichen Revolutionen radikal verändert wird und also ein *Spiegel* historischer Prozesse ist, sondern auch in dem Sinn, daß es die in der Produktionsweise entstandenen Veränderungen oft, ja sogar meist, vor der fälligen gesellschaftlichen Revolution zum Ausdruck bringt und insofern die geheime Hefe der Geschichte bildet ..."
>
> „Wir wollen damit nichts anderes behaupten, als daß die großen, die gesamtgesellschaftlichen Konflikte aus den Konflikten des Alltagslebens hervorgehen, auf diese eine Antwort zu finden suchen und, sobald sie ‚ausgetragen' sind, wieder ins Alltagsleben zurückkehren, das sie umformen und strukturieren."[32]

Durch dieses Verständnis des Begriffs Alltagsleben wird die besondere Rolle des Individuums zwar einerseits hervorgehoben, andererseits dieses Individuum aber eng mit der Gesellschaft verknüpft. Nach diesem Ansatz gibt es nicht eine einzige, allgemeingültige Form des Alltags, sondern für den Einzelnen je nach Schicht- und Klassenzugehörigkeit, Ethnie, Geschlecht, Alter und Familienstand, Gesellschaftsform, kulturellem Milieu, Zeit und Umweltbedingungen eine unterschiedliche alltägliche Lebenswelt und damit sehr unterschiedliche Alltagserfahrungen. Durch die gesellschaftliche Einbettung dieses individuellen Alltagslebens können gleichzeitig Aspekte der gemeinsamen Erfahrung von Menschen einer sozialen Gruppe, eines Geschlechts in dieser Gruppe herausgearbeitet werden.[33]

Problematisch ist sicherlich, daß in dem obigen Definitionsversuch die Grenzen zwischen Alltag und Nichtalltag fließend sind. Was unterscheidet beide? Ist es nur das Merkmal des Repetitiven in Denken und Handeln, die darauf gegründete Stabilität und Kontinuität, die den Alltag vom Nichtalltag unterscheidet?[34] Diese Fragen müssen offen bleiben. Die Begriffsbestimmung des Alltagslebens kann angesichts des Diskussionsstandes der Geschichtswissenschaft nur vorläufig sein.

Ein zweiter zentraler Begriff für die Erforschung des weiblichen Lebenszusammenhangs ist der der ‚Arbeit', denn vor allem die Arbeit stellt den Zusammenhang her zwischen sozialer Stellung, Geschlechterrolle, Art der (geschlechtsspezifischen) Arbeitsteilung und der Fähigkeits- und Persönlichkeitsentwicklung sowie dem Handlungsspielraum des arbeitenden Menschen. Die gesellschaftlich zugewiesene und erwartete Arbeit wird zum wesentlichen Bestimmungsmoment dessen, was die Geschlechtsrolle und die soziale Stellung ausmacht. Sie ist nicht nur Tätigkeit, sondern vielmehr der zentrale Bezugsrahmen der individuellen Biographie. Im Zusammenhang der Arbeit entwickeln Frauen und Männer je unterschiedliche Interessen und Bedürfnisse, Situationsdeutungen und Verhaltensweisen und damit auch verschiedene Ansatzpunkte und Formen des gesellschaftlichen Handelns. Die Arbeitsteilung zwischen den Geschlechtern steckt den Rahmen ab, innerhalb dessen sich der Lebensentwurf von Frauen und Männern ausformt. Ihre

Form verändert sich mit den gewandelten Anforderungen der Produktivkräfte und der Produktionsweise in Produktions- und Reproduktionsbereich.[35]

Die heutige Form der Reproduktionsarbeit – die „private Alltagsarbeit"[36] – entstand erst im Zuge der Durchsetzung der industrie-kapitalistischen Gesellschaft als gesellschaftlich notwendige Ergänzung der außerhäuslichen Lohnarbeit: Mit der Einführung der maschinellen Produktion in der Fabrik wurde Arbeit zur Lohnarbeit in der Fabrik; es setzte für immer breitere Bevölkerungskreise eine räumliche Trennung von Haushalt und Werkstatt, Wohnung und Betrieb ein, deren Folge die Auflösung der Einheit von Produktion und Reproduktion war, wie sie in der vorindustriellen Zeit weitgehend bestanden hatte. Damit veränderte sich auch die Arbeitsteilung zwischen den Geschlechtern. In der vorindustriellen Wirtschaft waren bei vielen Arbeiten die Tätigkeiten von Frau und Mann miteinander verbunden und von wechselseitiger Kooperation geprägt. Es gab grundsätzlich zwar eine Arbeitsteilung zwischen den Geschlechtern, aber noch nicht die mit der Industrialisierung sich herausbildende Trennung zwischen bezahlter außerhäuslicher Erwerbsarbeit des Mannes und unbezahlter Haus- und Familienarbeit der Frau[37]. Im Zuge des Industrialisierungsprozesses schieden die Männer massenhaft und relativ gradlinig aus den haushaltszentrierten Arbeitsplätzen aus. Dies fiel ihnen um so leichter, je selbstverständlicher es war, daß Frauen in Fortsetzung der bereits in der vorindustriellen Zeit bestehenden Verantwortlichkeit für die Reproduktionsarbeit die „private Alltagsarbeit" übernahmen. Es bildete sich eine außerhäusliche Arbeitswelt heraus, die voraussetzte, daß die Erwerbstätigen von Reproduktionsarbeit befreit waren.[38]

Die „private Alltagsarbeit" erfüllt mit der individuellen Reproduktion zugleich Aufgaben der gesellschaftlichen Reproduktion[39]. Sie leistet die physisch-materielle und die psychische Wiederherstellung der Arbeitskraft sowie den privaten Ausgleich von gesellschaftlich bedingten sozialen Spannungen und sorgt für die Erziehung und Ausbildung der Kinder, d.h. der künftigen Arbeitskräfte. Ihr zentrales Merkmal ist, daß sie ohne Bezahlung außerhalb der Öffentlichkeit in der sogenannten privaten Sphäre überwiegend von Frauen erbracht wird, als „Arbeit aus Liebe"[40]. Ihre Form jedoch ist klassen- und schichtenspezifisch verschieden, denn je nach der sozioökonomischen Stellung und der Position im Herrschaftssystem haben Familie und Haushalt verschiedene Funktionen zu erfüllen und sind mit unterschiedlichen Mitteln ausgestattet; sie müssen deshalb im Zusammenhang mit den gesellschaftlich realisierten Formen und Möglichkeiten der Güterproduktion und des Konsums betrachtet werden.[41]

Bei der Analyse der klassen- und schichtenspezifischen Bedingungen der „privaten Alltagsarbeit" ist es notwendig, die Kategorien Familie und Haushalt genau zu unterscheiden. Unter Haushalt soll in dieser Studie eine Arbeits-, Wirtschafts- und Wohngemeinschaft verstanden werden, die vorrangig der individuellen physischen Reproduktion der Haushaltsangehörigen dient und dadurch zur gesellschaftlichen Reproduktion beiträgt. Sämtliche Arbeiten im Haushalt werden unter dem Begriff Hausarbeit zusammengefaßt. Die Familie dagegen wird als Form des Zusammenlebens in diesem Haushalt betrachtet, die individuell und gesellschaftlich primär der biologischen und psychologischen Reproduktion dient. Die dafür notwendigen Leistungen werden mit dem Begriff Familienarbeit bezeichnet.[42] Insgesamt schafft die Hausarbeit in Abhängigkeit von den ökonomischen und sozialen Bedingungen die materiellen Voraussetzungen für die Familienarbeit. Die Grenzen von Haus- und Familienarbeit sind fließend: In materieller Versorgung drückt sich psychische Zuwendung aus; biologische Fortpflanzung, Kinderaufzucht und Kindererziehung sind auch physische Reproduktion. Die „private Alltagsarbeit" in Haushalt und Familie ist immer personenbezogen und damit stets „Beziehungs-Arbeit"; lediglich deren Ebenen unterscheiden sich. Sie kann:

- der materiellen und damit zugleich der psychischen Versorgung dienen,
- explizit psychische Versorgung ohne materielles ‚Vehikel' sein,

– aber auch „Beziehungs-Arbeit“ im Sinne von Herstellung und Wiederherstellung einer Beziehung, von kommunikativer Verständigung über gemeinten Sinn von vermeintlich gemeinsamen Bedeutungen sein.[43]

Haus- und Familienarbeit zeichnen sich durch vielfältige Aufgaben aus, die in einem direkt überschaubaren Sozialkontext mit einem persönlichen, spontanen Arbeitsbezug und einem hohen Interesse an der Aufgabenerfüllung geleistet werden können und müssen. Diese Anforderungen unterscheiden sich diametral von denen, die an die Erwerbsarbeit gestellt werden, die erfordert, sich auf Einzelaufgaben zu spezialisieren, in der Regel auf einen persönlichen und spontanen Bezug zur Arbeit zu verzichten und sich auf Arbeitsverhältnisse einzulassen, die durch Konkurrenzbeziehungen auf anonymen Märkten geprägt sind.[44]

Familie und Haushalt erfüllen für die Menschen, die in ihnen leben, private Funktionen; zugleich sind sie gesellschaftliche Institutionen, die gesellschaftliche Funktionen zu erfüllen haben und dabei gesellschaftlicher Kontrolle unterliegen. Sie werden durch eine Vielzahl von normativen Setzungen und Ideologien gestützt und gelenkt. Die konkrete Form des Familienlebens wird wesentlich bestimmt durch das in der Gesellschaft vorherrschende Familienleitbild, welches definiert, wer wie im Haushalt leben und arbeiten soll, und das in der Regel seinen Niederschlag in Rechtsvorschriften findet.[45]

Das heutige Leitbild der ‚modernen Kleinfamilie‘ entstand mit der Herausbildung der bürgerlichen Gesellschaft. Es wurde zunächst nur vom Bürgertum erstrebt und gelebt. Hauptkennzeichen war die Kernfamilie mit kleiner Kinderzahl, die in einem abgeschlossenen Familienhaushalt lebt. Grundlage der Familie, in deren Mittelpunkt die Kinder standen, war die auf Liebe gegründete lebenslange monogame Ehe. In der intimen Privatheit der Kleinfamilie sollten die Beziehungen ihrer Angehörigen durch emotionale Vertrautheit und Zuwendung bestimmt sein. Betreuung und Erziehung der Kinder ebenso wie die Versorgung des Haushalts wurden als Aufgabe der Frau zugewiesen. Der Mann hatte durch seine außerhäusliche Erwerbsarbeit die ökonomische Grundlage der Familie zu sichern. Im Familienhaushalt selbst fand üblicherweise keine marktorientierte Produktion von Gütern und Diensten statt; Geld, Zeit und Kraft sollten für die physische und psychische Reproduktion der Familienmitglieder, für die Befriedigung ihrer Bedürfnisse eingesetzt werden. Weibliche Erwerbsarbeit verheirateter Frauen wurde vom Bürgertum zunächst grundsätzlich abgelehnt.[46]

Zentrale gesellschaftliche Funktion des Leitbildes der ‚modernen Kleinfamilie‘ war neben der ideologischen Absicherung der spezifischen Form der industriegesellschaftlichen Arbeitsteilung zwischen den Geschlechtern die Sicherung des Zusammenhalts der Familie. Dies wurde durch deren Funktionswandel von einer Produktions- zu einer Konsumtionsgemeinschaft notwendig; an die Stelle der wechselseitigen Abhängigkeiten und Bindungen der Familienmitglieder in der vorindustriellen Gesellschaft, die durch die gemeinsame und arbeitsteilige Produktion gegeben waren, konnten und mußten neue treten. Es waren affektbezogene Bindungen; das Gefühlsleben sollte nun die Familie zusammenhalten. Die Pflege des emotionalen Zusammenhalts wurde primär der Frau zugewiesen. Mit dem Wandel der Familie zur Konsumtionsgemeinschaft veränderten sich demgemäß ihre Tätigkeitsschwerpunkte in Haushalt und Familie; der Arbeitsaufwand für die Hausarbeit nahm langfristig ab, der für die Familien stieg.[47]

Seit dem Ende des 19. Jahrhunderts begann sich das Leitbild der ‚modernen Kleinfamilie‘ auch in größeren Teilen der Arbeiterschaft durchzusetzen, zunächst vorrangig in bessersituierten Kreisen gelernter Arbeiter, denn Voraussetzung für seine Übernahme waren relativ gesicherte soziale Verhältnisse. Ein zentrales Hindernis für seine Akzeptanz und erst recht für seine Realisierung in Arbeiterfamilien war die notbedingte Erwerbsarbeit von Ehefrauen und Müttern. Der Widerspruch zwischen herrschendem Leitbild und proletarischer Wirklichkeit wurde durch die Anpassung des Leitbildes an die Realität zu lösen versucht: Die Tätigkeit als Hausfrau und

Mutter galt als „natürlicher Hauptberuf" aller Frauen, die weibliche Erwerbsarbeit hingegen als „notwendiges Übel", das lediglich als Übergangsphase zwischen Schulentlassung und Heirat sowie als befristetes Provisorium in der Ehe akzeptiert wurde. Den Arbeiterfrauen und -töchtern wurde damit als ersten das Modell der „weiblichen Doppelrolle" empfohlen, das im 20. Jahrhundert zu einem zentralen Bestandteil des Leitbildes der ‚modernen Kleinfamilie' wurde.

Entscheidend gefördert wurde die Verbreitung dieses Leitbildes in der Arbeiterschaft durch eine systematische ‚Volkserziehung' von Staat, Kirchen und bürgerlichen Verbänden; eine ganz zentrale Rolle kam hierbei der Schulerziehung, insbesondere dem Haushaltungsunterricht und der öffentlichen wie der privaten Fürsorge zu. Auch von der Führung der sozialdemokratischen Arbeiterbewegung wurde seit der Vorkriegszeit zunehmend das Leitbild der ‚modernen Kleinfamilie' propagiert. Hauptzielgruppe der Erziehungsbemühungen waren die Mädchen und Frauen der Arbeiterschaft.[48] Sie sollten als Ehefrauen die „Familialisierung der männlichen Arbeiter" sichern und damit die Voraussetzung dafür schaffen, daß die Familie die ihr zugedachte Funktion als zentrale staatstragende und systemstabilisierende Institution erfüllen konnte. Die Einhaltung der erstrebten Normen der ‚modernen Kleinfamilie' wurde durch die Gesetzgebung rechtlich abgesichert; eine zentrale Bedeutung hatte hierfür das Ehe- und Familienrecht des Bürgerlichen Gesetzbuchs von 1896, das eine patriarchalische Ehe- und Familienstruktur juristisch festschrieb und trotz des Gleichberechtigungspostulats der Weimarer Verfassung in der neuen Republik unvermindert Gültigkeit hatte.[49]

Erst in der Weimarer Republik konnte aufgrund des sozioökonomischen Entwicklungsstandes das erstrebte Ideal der ‚modernen Kleinfamilie' von breiteren Arbeiterkreisen, d.h. auch von immer mehr Familien an- und ungelernter Arbeiter, ansatzweise gelebt werden. Angesichts der klassen- und schichtenübergreifenden Verbreitung des Leitbildes darf nicht übersehen werden, daß die Wirklichkeit des Familienlebens auch in den zwanziger Jahren je nach sozioökonomischem und kulturellem Milieu in spezifischer Qualität ausgeformt war. Bei der Betrachtung der Geschlechterbeziehungen in Haushalt und Familie zeigt sich in besonderem Maße die Notwendigkeit, zwischen strukturellem und ideologischem Geschlechterverhältnis zu unterscheiden.[50]

Aus den obigen Überlegungen ergibt sich, daß ‚Geschlecht' in der sozialhistorischen Forschung eine ebenso notwendige Kategorie ist wie ‚Klasse'. Das Geschlechterverhältnis ist ein wesentliches Strukturmerkmal jeder Gesellschaftsformation, das alle anderen gesellschaftlichen Beziehungen durchdringt und genauso wie diese einem sozialen und kulturellen Wandel unterworfen ist.[51] Welchen Status und welche Rolle Menschen in der Gesellschaft haben, ist ungeachtet aller sozialen Differenzen in entscheidendem Maße durch die Geschlechtszugehörigkeit bestimmt. Geschlecht und Klasse sind für die sozialhistorische Forschung gleichwertige und gleichrangige kontextspezifische und kontextabhängige Kategorien, die die Realität sozialer Bedingungen und Beziehungen zwischen und innerhalb von sozialen Gruppen beschreiben. Es besteht ein enger Nexus im Verhältnis von Geschlecht und Klasse: Weder die Situation aller Angehörigen eines Geschlechts noch die aller Angehörigen einer Klasse ist gleich. Zu den entscheidenden Gründen für die Nichthomogenität gehört die unterschiedliche Klassen- bzw. Geschlechtszugehörigkeit.[52] Das Geschlecht als soziokulturelle Kategorie in die „Neuere Sozialgeschichte" einzuführen, „bedeutet, ein Bewußtsein davon zu entwickeln, daß vergangene wie gegenwärtige Wirklichkeiten in einem konkreten Sinne für Männer und Frauen verschieden sind."[53]

Für die historische Frauenforschung folgt aus der zentralen Bedeutung der Kategorie Geschlecht, daß sie versuchen muß, die Frauengeschichte aus der Perspektive des weiblichen Geschlechts zu analysieren und zu schreiben[54]. Produktiv kann dieser Versuch allerdings nur sein, wenn die notwendige kritische Distanz bewahrt wird. „Das erkennende Subjekt und die zu erkennende Wirklichkeit werden nie eins ... Zum historisch-sozialwissenschaftlichen Erkennen ...

gehört die aktiv-gestaltende (auswählende, verknüpfende, in Beziehung setzende, konstruierende) Leistung" der Forscherin bzw. des Forschers.[55] In der Studie wurde die Annäherung an Alltagsleben und -erfahrungen von Arbeiterfrauen vorrangig mit Hilfe von Oral History versucht, daneben auch durch die Auswertung anderer autobiographischer Quellen[56]. Dieser ‚individuellen Geschichte' aus weiblicher Perspektive wurde die ‚kollektive Geschichte' gegenübergestellt, wie sie sich aus archivalischen und gedruckten Quellen erschließen läßt. Erst diese Gegenüberstellung ermöglicht eine Rekonstruktion des weiblichen Lebenszusammenhanges.

Der Arbeit mit Oral History, vorläufig definiert als Erhebung und Auswertung lebensgeschichtlicher Interviews, kam aufgrund der Hauptfragestellungen dieser Studie ein zentraler Stellenwert zu, denn eine Annäherung an alltägliche Abläufe und Ereignisse, Handlungen und Erfahrungen von Arbeiterfrauen aus dem sozialdemokratischen Milieu war aufgrund der Quellenlage nur mit dieser Methode möglich. Auch die Alltagspraxis der sozialdemokratischen Organisationen ließ sich in weiten Teilen lediglich auf diesem Wege erschließen, gleiches gilt für die Biographien führender Funktionärinnen der Hamburger SPD. Bei meinen Forschungen erwies sich die Arbeit mit Oral History trotz der Schwierigkeiten und der Problematik der Methode als fruchtbar[57]. Auf eine ausführliche Methodendiskussion soll an dieser Stelle verzichtet werden[58]; ich werde mich im folgenden darauf beschränken, mein Verständnis von Oral History zu beschreiben und meine Arbeitsweise mit dieser Methode vorzustellen.

Das Oral-History-Interview verstehe ich in Anlehnung an Ronald J. Grele als „Erzählung in Gesprächsform", wobei „Gesprächsform" die Beziehung zwischen Historiker(in) und Interviewpartner(in) meint und „Erzählung" die Form der Darstellung – das Erzählen einer Lebensgeschichte –, die durch die Beziehung, die lebensgeschichtliche Erfahrung und das historische Wissen beider Gesprächspartner(innen) geformt und organisiert wird[59]. Die aufgezeichneten lebensgeschichtlichen Interviews sind also ein Produkt kooperativer Anstrengung und rekonstruieren die Vergangenheit aus der Perspektive der Gegenwart. Sie können demgemäß keine ‚authentische Abbildung' von ‚der Vergangenheit' geben und schon gar nicht den Anspruch auf Repräsentativität erheben.[60] Sie ermöglichen jedoch trotz aller Einschränkungen insbesondere bei der Erforschung von alltäglichem Arbeiten und Leben, Handeln und Erfahren eine Annäherung an diesen Ausschnitt der Geschichte und können damit helfen, eine Quellen- und Forschungslücke zu schließen[61].

Nach einer kurzen Einarbeitungsphase[62] in das Thema nahm ich über die Altenkreise von ‚Arbeiterwohlfahrt' und SPD, die in allen größeren Hamburger Stadtteilen bestehen, Kontakt zu älteren Frauen auf, die in den zwanziger Jahren im sozialdemokratischen Milieu der Hansestadt lebten. Zur Vorbereitung der Interviewarbeit und zur Auswahl der Interviewpartnerinnen diente ein umfangreicher Fragebogen, in dem Auskunft über zentrale Daten der Lebensgeschichte erbeten wurde. Dieser Fragebogen sollte darüber hinaus bei der Überprüfung meiner Hypothesen über „typische Lebenswege"[63] von Frauen aus dem sozialdemokratischen Milieu helfen. 106 Fragebögen erhielt ich ausgefüllt zurück, darunter zehn Fragebögen von Frauen, die an Stelle ihrer verstorbenen Mutter, Schwester bzw. Tante geantwortet hatten, die eine leitende Funktionärin der Hamburger SPD gewesen war; diese zehn Sozialdemokratinnen waren zwischen 1877 und 1891 geboren worden. Von den 96 Frauen, die den Fragebogen zur eigenen Lebensgeschichte ausfüllten, waren 21 zwischen 1892 und 1899 geboren worden, 49 zwischen 1900 und 1909 und 26 zwischen 1910 und 1916. Die meisten der 106 Frauen stammten aus einer Arbeiterfamilie: Von den Vätern waren 85 Arbeiter, darunter 71 gelernter Arbeiter, sieben Angestellte, sechs Selbständige, fünf Beamte und einer Akademiker[64]. Die Berufe, die die Töchter am Ende ihrer Berufslaufbahn ausübten, dokumentieren das Bemühen um sozialen Aufstieg, das im sozialdemokratischen Milieu außerordentlich stark ausgeprägt war: 56 Frauen waren als Angestellte tätig, 13 als Arbeiterin, darunter sieben als gelernte Arbeiterin, acht als Kindergärtnerin, sechs als Fürsorgerin, vier als Lehrerin sowie drei als Hausangestellte. Die Mehrzahl der Frauen gründete eine eigene Familie: 93 waren verheiratet und 85 hatten Kinder. Von den 85 Frauen, von denen der Zeitpunkt ihrer Eheschließung bekannt ist, heirateten sechs vor 1914, drei zwischen 1914 und 1918, 41 zwischen 1919 und 1932 und 35 danach. Nach der Heirat bzw. der Geburt des ersten Kindes gaben 57 Frauen ihre ganztägige Erwerbsarbeit auf. Dies war möglich, weil die Ehemänner mehrheitlich zur bessersituierten Arbeiterschaft gehörten: 55 waren Arbeiter, darunter nur zwei ungelernte Arbeiter, 17 Angestellte, 12 Beamte, fünf Akademiker und vier selbständig. Die meisten Frauen stammten schon aus einem sozialdemokratischen Elternhaus: Von den Vätern waren 81 und von den Müttern 54 Mitglied der SPD. Auch von den Frauen selbst war der größte Teil bereits vor 1933 organisiert: 82 gehörten einer Arbeiterjugendorganisation und 91 der SPD an; 34 hatten kleinere oder größere Funktionen innerhalb der Partei. Ihre Ehemännern waren ebenfalls fast alle in der sozialdemokratischen Arbeiterbewegung engagiert; 75 gehörten der SPD an. Das Sample der Fragebögen kann sicherlich nicht den Anspruch von Repräsentativität erheben, gibt aber aufschlußreiche Hinweise über soziale Zusammensetzung, typische Lebenswege sowie den Alltag von Arbeiterfrauen und -töchtern in diesem Milieu und verweist auf generationsspezifische Unterschiede.[65]

Aus dem Kreis der 106 befragten Frauen wurden nach der Auswertung der Fragebögen 51 für ein Interview ausgewählt. Dabei wurde versucht, eine möglichst breite Palette von Lebenswegen und Erfahrungsräumen abzudecken: Herkunft, Alter, Beruf, Familienstand, Familienverhältnisse, Wohnsituation und politische Sozialisation sollten weit gestreut sein. Mit diesen Frauen wurde zunächst ein offenes Interview geführt, d.h. die Gesprächspartnerinnen wurden um eine freie Erzählung ihrer Lebensgeschichte gebeten[66]. Vorgabe war lediglich, möglichst über alle Lebensphasen zu berichten und den Schwerpunkt der Erzählung auf die Zeit vor 1933 zu legen. Mit einem Teil der befragten Frauen führte ich nach der Auswertung des offenen Interviews weitere strukturierte Interviews durch, in denen gezielt nach einzelnen Bereichen des Lebenszusammenhangs gefragt wurde, denn in der Praxis hatte sich gezeigt, daß im offenen Interview vorrangig Schlüsselerlebnisse und ereignisreiche Phasen der Lebensgeschichte berichtet wurden: der Eintritt in das Erwerbsleben, berufliche Erfolge, der Beginn der eigenen Politisierung, die politische Karriere, Heirat und Familiengründung. Als Markierungspunkte zur Strukturierung der Erzählung wurden neben dem Lebenslauf häufig Zeitereignisse benutzt, die einschneidend in das eigene Leben eingegriffen hatten, insbesondere der Erste Weltkrieg, die Novemberrevolution, die Phase der Hochinflation sowie die Wirtschaftskrise. Auffallend häufig wurde die eigene Lebensgeschichte mit der der Mutter verglichen; ihr Leben war ein Maßstab für Fortschritte und Rückschritte. Die ausführlichen Schilderungen über das Elternhaus ermöglichten es, Alltagserfahrungen der älteren Frauengeneration mit denen der jüngeren zu vergleichen. Über ‚ereignislose' Bereiche des Alltags, vor allem über die täglich wiederkehrenden Arbeiten und Verrichtungen in Haushalt und Familie, erzählten die Frauen hingegen nur sehr wenig. Diese Bereiche erschienen ihnen nicht erwähnenswert. Zudem fehlte ihnen für deren Schilderung eine erzählbare Struktur.[67] Ausführlichere Berichte über die Haus- und Familienarbeit erhielt ich erst in den strukturierten Interviews. Ausgeklammert wurde von den Frauen in den offenen Interviews auch die Intimsphäre, insbesondere Sexualität und Körperlichkeit. Erst nach intensiverem persönlichen Kontakt waren einige Frauen bereit, darüber zu berichten. Ähnlich verhielt es sich mit Beziehungskonflikten im Elternhaus und in der eigenen Familie. Um die Hemmungen der Interviewpartnerinnen zu verringern, wurde ihnen Anonymität zugesagt. Lediglich bei sieben leitenden Funktionärinnen der Hamburger SPD wurde auf eine Anonymisierung verzichtet.

In der Praxis zeigte sich bald, daß die Zahl von 51 Interviews das eigene Arbeitsvermögen bei weitem überschritt[68]. Deshalb beschränkte ich mich bei der Auswertung auf 27 besonders aufschlußreiche Interviews, von denen 24 vollständig verschriftlicht wurden. Als Form der Transkription wurde eine möglichst wortgetreue Übertragung in normales Schriftdeutsch gewählt. Die Interviewtexte legte ich den Gesprächspartnerinnen mit der Bitte um kritische Lektüre vor. Ihre Anmerkungen, Korrekturen, Streichungen und Änderungswünsche wurden in das Transkript aufgenommen. Bei der quellenkritischen Interpretation der Interviews bemühte ich mich vorrangig um eine inhaltliche Kontrolle. Die gewählte Vorgehensweise bei der Interview-Transkription und -Auswertung erwies sich als notwendig und produktiv: Die Fülle der angesprochenen Themen konnte nur bei einer vollständigen Transkription der Interviews erfaßt werden; lediglich bei einer wortgetreuen Wiedergabe wird der spezifische Erfahrungsgehalt der Erzählungen deutlich; allein eine genaue quellenkritische Analyse gewährleistete eine zutreffende Hypothesenbildung; die Gespräche mit den befragten Frauen über das Transkript endeten häufig in einer sehr anregenden Diskussion über die Interpretation der Interviews.

Als Schwierigkeit erwies sich die Darstellung der Ergebnisse von Oral History. Hauptproblem war der „Widerspruch zwischen lebensgeschichtlichem Interview und der Auflösung der einzelnen Biographie zugunsten einer verallgemeinernden, ‚kollektiven Geschichte'"[69]. Ich habe mich für eine „Querschnitt-Auswertung"[70] der Interviews entschieden, d.h. die lebensgeschichtlichen Erzählungen werden in der Studie nach systematischen Gesichtspunkten ausgewertet und ausschnittweise vorgestellt. Da sich in der Sprache und im Aufbau der Erzählung gelebte Erfahrung der Frauen ausdrückt, wurden, wenn es notwendig schien, längere Interview-Passagen zitiert. Um den Zusammenhang der Lebensgeschichten für die Leser(innen) zumindest anzudeuten, finden sich im Anhang Kurzbiographien aller Frauen, aus deren Interviews zitiert wurde. Dort wurden darüber hinaus Kurzbiographien zu fast allen führenden Hamburger Funktionärinnen aufgenommen, die in der Studie genannt oder zitiert werden.

„Ein Arbeiter, der keine tüchtige Hausfrau geheiratet hatte, war aufgeschmissen ...“

Agnes A. (geb. 1898)

1

Hausarbeit, Lebenshaltung und Wohnen

Arbeiterhausfrau bei der Vorbereitung des Sonntagsessens, 1928 (Privatbesitz)

Die Arbeit in Haushalt und Familie galt auch in der Weimarer Republik als der „weibliche Hauptberuf" schlechthin. Als „Gattin, Hausfrau und Mutter" wurde die Frau zur „Trägerin des Familienlebens" stilisiert und ihrem Walten und Wirken in Haushalt und Familie große gesellschaftliche und staatliche Bedeutung beigemessen. Die Familie galt in bürgerlichen und konfessionellen ebenso wie in sozialdemokratischen Kreisen nicht nur als „Quelle der Erneuerung und Vermehrung des Volkskörpers", sondern auch als „Urzelle" von Gesellschaft und Staat: Sie entscheide über „quantitative Höhe" und „qualitative Reife" der Bevölkerungsentwicklung und sei der Ort, in dem „Pflichtgefühl, Arbeitslust und Charakter" angeregt und zur Entfaltung gebracht würden; aus dem „Familiengeist" würden sich „Gemeinsinn und Vaterlandsliebe" entwickeln.[1] Insbesondere nach dem Ende des Ersten Weltkrieges, der nach Ansicht der Zeitgenoss(inn)en die Ordnung der Haushalte und die Stabilität der Familien zerrüttet hatte, wurde die Bedeutung der weiblichen Haus- und Familienarbeit für die Entwicklung von Gesellschaft und Staat zu einem zentralen Thema der öffentlichen Diskussion. Vorschläge zur Bekämpfung der „Familienkrise" häuften sich. Als ein wirksames Mittel, mit dem die „Familienhaftigkeit" breiter Volkskreise gefördert werden könne, galt eine Haushalts- und Wohnungsreform.

Auch die meisten Frauen betrachteten in den zwanziger Jahren unabhängig von ihrem jeweiligen Alter und Familienstand sowie ihrer sozialen Stellung Haushalt und Familie als zentralen Bereich ihres Lebenszusammenhanges; dies galt für vollerwerbstätige Frauen ebenso wie für teilzeitbeschäftigte und nichterwerbstätige. Nur relativ wenige Frauen entschieden sich bewußt gegen Ehe und Familie. Auch Frauen und Männer der Arbeiterschaft erstrebten ein Familienleben gemäß dem Ideal der ‚modernen Kleinfamilie', das persönliches Glück und soziale Sicherheit zu versprechen schien.

Die zahlreichen sozialreformerischen Familien-Programme und verbreiteten Wunschbilder vom Familienglück sind historisch einfacher zu ermitteln als die Realität von Hausfrauen in Arbeiterhaushalten. Schon die Vorfrage, wieviele Hausfrauen es gab und welche Frauen als solche gezählt wurden, kann nur unvollständig beantwortet werden. Zwar verrichteten fast alle Frauen Hausarbeit, doch nicht alle galten als Hausfrauen. Als solche wurden von den amtlichen Statistikern in Kaiserreich und Weimarer Republik lediglich die sogenannten „Nur-Hausfrauen" eingestuft: verheiratete, verwitwete bzw. geschiedene Frauen, die einen Familienhaushalt leiteten, und nach den Maßstäben der Statistiker keinen „Hauptberuf" ausübten; als solchen werteten sie nur die ganztägige Erwerbsarbeit. Obwohl kein Frauenberuf in der damaligen Öffentlichkeit so hoch gepriesen wurde wie der Hausfrauenberuf, erfaßten ihn die amtlichen Statistiken der reichsweiten Volks-, Betriebs- und Berufszählungen von 1882, 1895, 1907, 1925 und 1933 nicht, die sich generell mit der Erfassung der Frauenarbeit schwertaten. Sie zählten selbst die weibliche Erwerbsarbeit nur unvollständig: Die Mithilfe von Ehefrauen und Töchtern im Familienbetrieb in Landwirtschaft, Handel und Gewerbe wurde erst 1925 annähernd realistisch erfaßt; sämtliche Erwerbsarbeiten auf dem ‚grauen Arbeitsmarkt', auf dem überwiegend verheiratete Frauen durch stundenweise Arbeiten wie Waschen und Bügeln, Scheuern und Putzen, durch Heimarbeit oder durch Untervermietung die Haushaltskasse aufbesserten, wurden überhaupt nicht gezählt.[2]

Zahl, Alter und Familienstand der ‚hauptberuflichen' Hausfrauen können nur indirekt durch eine Kombination der Statistiken zu weiblicher Wohnbevölkerung und weiblichen Erwerbstätigen erschlossen werden. Die Entwicklung von Wohnbevölkerung und Erwerbspersonenzahl im Deutschen Reich und im hamburgischen Staat zwischen 1882 und 1933 verdeutlicht Tabelle 1. Die Tabellen 2 bis 4 informieren differenzierter über die Zusammensetzung der weiblichen Wohnbevölkerung und der weiblichen Erwerbspersonen der Hansestadt in den Jahren 1907, 1925 und 1933. Die vier Tabellen zeigen, daß im hamburgischen Staat in Kaiserreich und Weimarer Republik der größte Teil der erwerbsfähigen Frauen – als solche galten alle über14jährigen – nicht vollerwerbstätig war, knapp zwei Drittel von ihnen arbeiteten überwiegend im eigenen bzw.

Tab. 1: *Die Wohnbevölkerung und die Erwerbspersonen im hamburgischen Staat[a] und im Deutschen Reich[b]. 1882–1933*

Jahr		Bevölkerung		Erwerbspersonen[c]		Zuwachs der				Von hundert				
		Männer	Frauen	Männer	Frauen	Bevölkerung		Erwerbs-personen		der Bevölkerung waren		M	F	Erwerbs-personen waren
						M	F	M	F	Frauen	Erwbsp.[d]	waren Erwerbs-personen[e]		Frauen[f]
1882	Hamburg	227884	238632	145286	57988	100	100	100	100	51,2	43,6	63,8	24,3	28,5
	Reich	19200000	20300000	11900000	5000000	100	100	100	100	51,4	42,8	62,0	24,6	29,6
1895	Hamburg	325659	338300	210760	83804	143	142	145	145	51,0	44,4	64,7	24,8	28,5
	Reich	22500000	23400000	13900000	5900000	117	115	117	118	51,0	43,1	61,8	25,2	29,8
1907	Hamburg	453629	449690	305335	111556	199	188	210	192	49,8	46,2	67,3	24,8	26,8
	Reich	27100000	27900000	16700000	8500000	141	137	140	170	50,7	45,8	61,6	30,5	33,7
1925	Hamburg	551473	601050	406749	179658	242	252	280	310	52,2	50,9	73,8	30,0	30,6
	Reich	30196800	32213800	20531000	11478000	157	159	173	230	51,6	51,3	68,0	35,6	35,8
1933	Hamburg	581988	636459	418543	184707	255	266	288	319	52,2	49,5	71,9	29,0	30,6
	Reich	31685600	33532900	20817000	11479000	165	165	175	230	51,4	49,5	65,7	34,2	35,5

a) Da der hamburgische Staat das Stadt- und Landgebiet umfaßte, wirkten sich Eingemeindungen von Vororten in die Stadt Hamburg nicht auf die Statistik des Staates aus. In den Jahren 1907, 1925 und 1933 blieb der Gebietsstand des hamburgischen Staates wie der Stadt Hamburg weitgehend gleich.
b) Territorium vom 31.12.1937 ohne Saarland.
c) Erwerbstätige im Hauptberuf einschließlich Erwerbslose ohne Renten- und Unterstützungsempfänger(innen) sowie Berufslose.
d) Entspricht der Erwerbsquote.
e) Entspricht der Männer- bzw. Frauenerwerbsquote.
f) Entspricht dem Frauenanteil an den Erwerbspersonen.

Quelle: StM Nr.1, 1910, 241; HStM, Sonderbeitrag 1, 1926, 145; VBBZ 1935, 16; Petzina/Abelshauser/Faust 1978, 22 u.54; Bajohr 1979, 18.

Tab. 2: *Die weibliche Wohnbevölkerung im hamburgischen Staat nach Familienstand und Alter. 1907, 1925 und 1933*

1. Familienstand differenziert nach dem Alter

Alter[a)]	Von hundert Frauen des Familienstandes waren alt														
	insgesamt			ledig			verheiratet			verwitwet			geschieden		
	1907	1925	1933	1907	1925	1933	1907	1925	1933	1907	1925	1933	1907	1925	1933
unter 15	27,5	18,6	16,7	51,3	41,3	40,4									
15 – 19	11,0	8,8	5,4	20,2	19,3	12,7	0,5	0,3	0,3	0,0	0,0	0,0	0,2	0,0	0,1
20 – 29	18,9	19,4	18,9	18,3	24,0	26,3	23,8	18,9	16,7	1,3	1,2	0,7	10,3	13,0	10,2
30 – 59	35,2	43,2	47,1	8,8	13,3	17,9	69,4	72,3	72,6	46,9	45,4	42,4	82,8	77,9	79,2
ab 60	7,5	10,0	12,0	1,4	2,0	2,8	6,3	8,5	10,5	51,8	53,4	56,8	6,7	9,1	10,5
Insgesamt	449690	601050	636459	240727	270884	262896	167605	260874	291396	37960	58771	64323	3398	10521	17844

2. Alter differenziert nach dem Familienstand

Alter[a)]	Frauen insgesamt			Von hundert Frauen der Altersgruppe waren											
	1907	1925	1933	ledig			verheiratet			verwitwet			geschieden		
				1907	1925	1933	1907	1925	1933	1907	1925	1933	1907	1925	1933
unter 15	123479	111994	106140	100	100	100									
15 – 19	49549	52913	34100	98,4	98,7	97,6	1,6	1,3	2,3	0,0	0,0	0,0	0,0	0,0	0,0
20 – 29	84783	116538	120008	51,9	55,8	57,6	47,1	42,4	40,5	0,6	0,6	0,4	0,4	1,2	1,5
30 – 59	158134	259509	299825	13,4	13,9	15,7	73,5	72,7	70,5	11,3	10,3	9,1	1,8	3,2	4,7
ab 60	33745	60096	76386	9,9	9,2	9,6	31,2	37,0	40,1	58,2	52,2	47,8	0,7	1,6	2,5
Insgesamt	449690	601050	636459	53,5	45,1	41,3	37,3	43,4	45,8	8,4	9,8	10,1	0,8	1,8	2,8
ab 15	326211	489056	530319	35,9	32,5	29,6	51,4	53,3	54,9	11,6	12,0	12,1	1,0	2,2	3,4

a) 1907: Erste Altersklasse „unter 14“, zweite Altersklasse „14 – 19“.

Quelle: StM Nr.2, 1913, 248f u. 251; VBBZ 1935, 10.

Tab. 3: *Die weiblichen Erwerbspersonen im hamburgischen Staat nach Familienstand und Alter. 1907, 1925 und 1933*

1. Familienstand differenziert nach dem Alter

Alter	Von hundert weiblichen Erwerbspersonen des Familienstandes waren alt											
	insgesamt			ledig			verheiratet			verwitwet/geschieden		
	1907	1925	1933	1907	1925	1933	1907	1925	1933	1907	1925	1933
bis 19	29,0	22,5	13,3	38,4	31,6		0,5	0,4	0,5	0,1	0,0	
20–29	34,4	36,2	38,5	42,6	44,6		18,8	22,6	23,6	3,6	6,6	
30–59	31,6	37,4	44,7	18,0	22,6		75,3	71,9	71,0	72,8	76,0	
ab 60	4,9	3,8	3,5	1,1	1,2		5,4	5,1	4,9	23,6	17,4	
Insgesamt	111556	179658	184707	84259	127558	124551	10087	29477	37007	17210	22623	23149

2. Alter differenziert nach dem Familienstand

Alter	Weibl. Erwerbspers. insg.			Von hundert weiblichen Erwerbspersonen der Altersgruppe waren								
	1907	1925	1933	ledig			verheiratet			verwitwet/geschieden		
				1907	1925	1933	1907	1925	1933	1907	1925	1933
bis 19	32391	40467	24496	99,8	99,7		0,2	0,3	0,7			
20–29	38403	65089	71167	93,5	87,5		4,9	10,2	12,2	1,6	2,3	
30–59	35269	67190	82636	42,9	42,9		21,5	31,5	31,8	35,5	25,6	
ab 60	5493	6912	6408	16,3	21,2		9,9	21,8	28,6	73,8	57,0	
Insgesamt	111556	179658	184707	75,5	71,0	67,4	9,0	16,4	20,0	15,4	12,6	12,5

Quelle: StM Nr.2, 1913, 18f; StHSt H.33, T.2, 1928, 292f; VBBZ 1935, 28f.

elterlichen Haushalt. Der Anteil der ‚hauptberuflichen' Hausfrauen und Haustöchter ging im hamburgischen Staat zwischen 1907 und 1925 leicht zurück. Nur ein Teil dieses Rückgangs war Folge der besseren statistischen Erfassung der weiblichen Erwerbsarbeit. Die ganztägige, außerhäusliche Erwerbstätigkeit der Frauen hatte real zugenommen, außer bei den ledigen vor allem bei den verheirateten Frauen. Zwischen 1925 und 1933, d.h. insbesondere in der Wirtschaftskrise, verschlechterten sich die Erwerbsmöglichkeiten von Frauen. Besonders betroffen waren die unverheirateten Frauen unter 20 und über 60 Jahren. Der Anteil der Erwerbstätigen unter den 20- bis 60jährigen Frauen stieg vor allem bei den verheirateten weiter an.

Tab. 4: *Anteil der weiblichen Erwerbspersonen an der weiblichen Wohnbevölkerung im erwerbsfähigen Alter im hamburgischen Staat. 1907, 1925 und 1933*[3]

Alter	Von hundert Frauen im erwerbsfähigen Alter waren Erwerbspersonen											
	insgesamt			ledig			verheiratet			verwitwet/geschieden		
	1907	1925	1933	1907	1925	1933	1907	1925	1933	1907	1925	1933
bis 19[a)]	65,4	76,5	71,8	66,3	77,3		6,3	16,5	21,7	64,3	50,0	
20–29	45,3	55,9	59,3	81,6	87,5		4,7	13,5	18,0	73,8	71,2	
30–59	22,3	25,9	27,6	71,4	80,0		6,5	11,2	12,4	60,7	49,3	
ab 60	16,3	11,5	8,4	26,9	26,4		5,2	6,8	6,0	20,4	12,2	
Zusammen	34,2	36,7	34,8	71,9	80,3	79,5	6,0	11,3	12,7	41,6	32,7	28,2

Besonders hoch war der Anteil der ‚hauptberuflichen' Hausfrauen bei den Ehefrauen; 1907 widmeten sich 94 % von ihnen ausschließlich ihren Aufgaben als Hausfrau und Mutter, 1925 waren es 89 % und 1933 87 %. Sicher werden viele von ihnen zumindest zeitweise durch Teilzeit- und Heimarbeit, aber auch durch ganztägige Erwerbsarbeit, Geld für den Lebensunterhalt der Familie „hinzuverdient" haben. Die Statistiken geben lediglich Auskunft über die Hausfrauen, die in den Jahren der drei Zählungen verheiratet und vollerwerbstätig waren. Ihr Anteil stieg zwischen 1907 und 1933 an. Besonders stark war die Zunahme bei den 20- bis 30jährigen Ehefrauen, von denen 1907 erst 5 %, 1933 hingegen 18 % vollerwerbstätig waren. Folge dieser Entwicklung war eine deutliche Zunahme des Anteils der verheirateten Frauen an den weiblichen Erwerbstätigen, der zwischen 1907 und 1933 von 9 % auf 20 % stieg. Die Mehrzahl der vollerwerbstätigen Ehefrauen übte eine haushaltsnahe Tätigkeit in der Wohnung bzw. im Wohnumfeld aus: 1933 waren selbst in der Großstadt Hamburg noch 45 % von ihnen als mithelfende Familienangehörige und 19 % als Selbständige tätig, lediglich 23 % als Arbeiterin und 10 % als Angestellte[4]. Trotz aller Ungenauigkeiten verweist die Statistik auf einen Trend, der von Schwankungen unterbrochen bis in die Gegenwart anhält: Immer mehr verheiratete Frauen übernahmen im Laufe ihrer Ehe zumindest phasenweise eine ganztägige außerhäusliche Erwerbsarbeit.

1.1 Lebenshaltung und Hausarbeit

Das Einkommen, d.h. vorrangig der Verdienst aus Erwerbsarbeit, den sämtliche Familienangehörigen zur Haushaltskasse beisteuerten, bestimmte in entscheidendem Maße Umfang und Formen der Hausarbeit. Aufgabe der Arbeiterfrauen war es, mit dem knappen und schwankenden Geldeinkommen im Haushalt zu wirtschaften. Sie mußten versuchen, im Rahmen der begrenzten finanziellen Möglichkeiten, den Ansprüchen und Bedürfnissen der Familienmitglieder gerecht zu werden. Für sie bedeutete Konsum immer auch Arbeit, d.h. Planen und Rechnen, Produzieren und Besorgen, Herstellen und Zubereiten, Erhalten und Bewahren. Vom häuslichen Wirtschaften und Arbeiten der Arbeiterfrauen hing zu einem erheblichen Teil die familiäre Lebenshaltung ab. Einkommensdefizite und -schwankungen hatten sie soweit möglich durch die Haushaltsführung auszugleichen und in wirtschaftlichen Notzeiten durch ein erhöhtes Maß an subsistenzwirtschaftlicher Arbeit der Familie das Überleben zu sichern.[1]

Die Lohnarbeit als hauptsächliche ökonomische Basis der Lebenshaltung bedeutete für Arbeiterfamilien eine direkte Abhängigkeit von Wirtschaftskonjunkturen und Entwicklungstrends der kapitalistischen Produktion. Diese Abhängigkeit, die eine stete Gefährdung und Unsicherheit der Lebensbedingungen beinhaltete, war das Grundproblem proletarischer Existenz.[2] Die soziale Lage der Arbeiterklasse hatte sich zwar seit Beginn der Industrialisierung erheblich verbessert, insbesondere in der zweiten Hälfte des 19. Jahrhunderts ist ein stetiger sozialer Aufstieg breiter Arbeiterkreise zu konstatieren. Die Reallöhne waren deutlich angestiegen, ein Arbeitsschutz war eingeführt und die Arbeitszeit verkürzt worden, die Kommunen hatten im Bereich der sozialen Hygiene erhebliche infrastrukturelle Maßnahmen ergriffen – u.a. Ausbau und Zentralisierung der Trinkwasserversorgung, der Kanalisation sowie der Hausmüllbeseitigung – und mit dem Auf- bzw. Ausbau von Wohnungspflege, Gesundheits- und Jugendfürsorge begonnen, auch die Wohnsituation hatte sich verbessert. Doch die Hauptrisiken proletarischer Existenz – Krankheit, Invalidität und Alter – waren zunächst nur auf äußerst bescheidenem Niveau durch die in den 1880er Jahren eingeführte gesetzliche Sozialversicherung abgesichert worden. Deren Leistungen wurden in den folgenden Jahrzehnten erweitert, vor allem während des Ersten Weltkrieges und zu Beginn der Weimarer Republik; von zentraler Bedeutung war nach Kriegsende die Einführung einer öffentlichen Erwerbslosenfürsorge, die 1927 durch die Arbeitslosenversicherung ersetzt wurde. Die öffentliche Wohlfahrtspflege löste zu Beginn der zwanziger Jahre offiziell die traditionelle staatliche Armenfürsorge ab, die mit staatsbürgerlicher Entmündigung verbunden gewesen war. Insgesamt intensivierten Reich, Länder und Gemeinden in der Weimarer Republik erheblich ihre sozialpolitischen Bemühungen, Gesundheits- und Wohlfahrtswesen expandierten.[3] Trotz des Ausbaus der sozialen Leistungen war die Lebenshaltung der Arbeiterfamilien auch in den zwanziger und dreißiger Jahren unsicher: Die Familieneinkünfte blieben in entscheidendem Maße von der Konjunkturlage abhängig und konnten selbst bei dauernder Beschäftigung der erwerbstätigen Familienangehörigen nur schwer kalkuliert werden; Erwerbslosigkeit, Krankheit, Invalidität und Alter waren nach wie vor mit ganz erheblichen Einkommenseinbußen verbunden.[4]

Das subjektive Auskommen mit dem Einkommen war für die meisten Zeitgenoss(inn)en ausschlaggebender Maßstab für ihr Urteil über den erreichten Stand der Lebenshaltung; sie maßen die Weimarer Verhältnisse an der Vorkriegszeit. Dieser Vergleich fiel schlecht aus: Versorgungsschwierigkeiten und Inflation, Erwerbslosigkeit und Wohnungsnot hatte man im Jahrzehnt vor dem Ersten Weltkrieg in diesem Ausmaß nicht gekannt.[5] Dementsprechend erlebten offenbar viele Frauen und Männern aus der Arbeiterschaft die Weimarer Zeit trotz aller sozialpolitischen

Fortschritte als eine Reihe von mehr oder minder stark ausgeprägten „Notjahren", deren Auftakt die Kriegszeit bildete.[6]

Um die subjektiv wie politisch entscheidende Frage, ob das Einkommen Arbeiterfamilien ein Auskommen ermöglichte, beantworten zu können, müssen Einnahmen und Ausgaben, Arbeitsleistungen und Konsum der gesamten Familie analysiert werden. Nur so sind Aussagen über den Lebensstandard der Arbeits-, Wirtschafts- und Wohngemeinschaft des proletarischen Haushalts möglich.[7] Folgende Faktoren sind bei der Analyse der Lebenshaltung von besonderer Bedeutung: Beim Familieneinkommen muß neben dessen Höhe und Instabilität auch die Zusammensetzung, d.h. Anteil und Art des Beitrags der einzelnen Familienmitglieder, betrachtet werden. Sinnvoll ist es, hierbei zwischen „marktgerichteter", „bürokratiebezogener" und hauswirtschaftlicher „Versorgung" zu unterscheiden[8]:

- marktgerichtete Versorgung faßt alle Einkommen zusammen, die auf Erwerbsarbeit oder Besitz gründen,
- bürokratiebezogene Versorgung schließt alle Geld- und Sachleistungen aus der Sozialversicherung sowie der öffentlichen und privaten Fürsorge ein,
- hauswirtschaftliche Versorgung umfaßt alle Leistungen, die innerhalb des Haushalts erbracht werden, d.h. sowohl Hausarbeiten, die direkt Geldwert erzeugen bzw. einbringen wie z.B. die Untervermietung, die Bewirtschaftung von Gartenland, die Haltung von Kleintieren, das Nähen von Kleidung und Wäsche, die Reparatur von Schuhzeug sowie der Eigenbau von Möbeln, als auch alle übrigen Hausarbeiten, die nur indirekt einen Geldwert darstellen.[9]

Das Familienauskommen hing außer vom Einkommen entscheidend von der Kinderzahl ab; eine große Zahl noch nicht erwerbstätiger Kinder senkte deutlich den Lebensstandard. Zudem prägten die Versorgungslage[10] sowie regionale, schichten-, milieu- und generationsspezifische Konsumnormen und Konsumstile[11] Ausgabeverhalten und Konsumqualität. Bedacht werden muß bei der Analyse der familiären Lebenshaltung zudem, daß sich Einkommen und Auskommen und damit der Lebensstandard im Laufe des Familienzyklus in der Regel erheblich veränderten[12] und daß das innerfamiliäre Konsumniveau häufig eine ausgeprägte Differenzierung nach Alter und Geschlecht aufwies[13].

1.1.1 *Die Lebenshaltung Hamburger Arbeiterfamilien*

Die folgende Analyse von Einkommen und Auskommen Hamburger Arbeiterfamilien stützt sich auf drei Quellengruppen. Der Monographie einer jungen sozialdemokratischen Arbeiterfamilie aus dem Jahr 1930/31, die den Einfluß von Milieu und Generationszugehörigkeit auf die Lebenshaltung verdeutlichen soll, werden die Ergebnisse von Erhebungen des Statistischen Landesamtes Hamburg zur Wirtschaftsführung von Arbeiterhaushaltungen gegenübergestellt, die für die Jahre 1926 und 1927 auf breiterer Datengrundlage Auskunft über die Lebenshaltung geben. Vieles deutet darauf hin, daß die durch die Erhebungen erfaßten Haushalte, typisch für die Klientel der sozialdemokratischen Arbeiterbewegung sind[14]: Die erforderliche Bereitschaft, fremden Personen Einblick in die persönliche Lebenshaltung zu gewähren, sowie die notwendige Fähigkeit, über einen längeren Zeitraum diszipliniert sämtliche Einnahmen und Ausgaben der Familie korrekt aufzuschreiben, schränkte den Kreis der in Frage kommenden Familien stark ein. Mehrheitlich dürften es bessersituierte, solide, sparsame und aufstiegsorientierte Haushalte gewesen sein, die sich dazu bereit fanden, ein Wirtschaftsbuch zu führen. Sie rekrutierten sich zum überwiegenden Teil aus dem Umfeld von Berufsverbänden und Gewerkschaften, da diese den Statistischen Landesämtern allgemein zu Haushaltungen für Erhebungen verhalfen. Befragt wurden zudem nur sogenannte „vollständige Familien", in denen Eltern und Kinder in einem

Haushalt lebten. Die Auswertung der Erhebungen birgt erhebliche methodische Schwierigkeiten: Zum ersten sind deren Ergebnisse aufgrund des eingeschränkten Kreises der in Frage kommenden Haushalte nicht repräsentativ, zum zweiten fanden die Erhebungen in der Phase der relativen wirtschaftlichen Stabilisierung statt, geben also nur Aufschluß über die Lebenshaltung in einer Zeit relativ günstiger Wirtschaftslage, zum dritten bieten sie lediglich ein punktuelles Bild der Lebenshaltung und zum vierten verdeckt die übliche Methode der Statistiker, bei der Auswertung der Wirtschaftsbücher Durchschnittswerte für Einnahmen und Ausgaben zu errechnen, nicht nur familienspezifische Unterschiede und innerfamiliäre Differenzen, sondern auch die Bedeutung der hauswirtschaftlichen Versorgung.[15] Aufgrund dieser methodischen Probleme wurden zur Ergänzung zeitgenössische Beschreibungen über die Entwicklung der Versorgungslage und deren Auswirkung auf die Gesundheitsverhältnisse herangezogen.

Einblick in die Lebenshaltung einer jungen, dreiköpfigen Arbeiterfamilie im sozialdemokratischen Milieu vermittelt das Haushaltsbuch der Arbeiterfrau *Katrine U.* (geb. 1905), das diese 1930/31 führte. Ihr Bericht über die damaligen Lebensumstände bildet den Hintergrund für die Interpretation. Katrine U. erlernte nach der Volksschule den Beruf der Blumenbinderin. Ihr Mann Willi U. (geb. 1903) war Gärtnergeselle. Das Paar heiratete 1929. Ein Jahr später wurde ein Sohn, 1936 eine Tochter geboren. Nach der Geburt ihres Sohnes gab Katrine U. ihre Erwerbsarbeit auf: „Wo sollte ich mein Kind hinbringen? Da mußte ich schon zu Hause bleiben.“ Willi U. verdiente zu diesem Zeitpunkt nach eigenen Angaben rund 250,– Mark monatlich. Dieser Lohn entsprach in Hamburg dem durchschnittlichen Verdienst eines gelernten Arbeiters[16].

Katrine und Willi U. stammten beide aus sozialdemokratischen Arbeiterfamilien. Über die Arbeiterjugend kamen sie zur SPD, daneben waren sie im ‚Arbeitertouristenverein Naturfreunde‘ aktiv. Willi U. gehörte zudem dem Gärtnerverband und dem ‚Reichsbanner‘ an. Beide waren aufgrund ihrer politischen Überzeugung bereit, einen nicht unbedeutenden Teil des Einkommens für Mitgliedsbeiträge und Vereinsaktivitäten auszugeben, mehr als die meisten Arbeiterfamilien. Auch ihr gemeinsames Hobby, das Lesen, kostete Geld. Willi U. war Mitglied der ‚Büchergilde Gutenberg‘. Regelmäßig lasen beide neben dem ‚Hamburger Echo‘, der regionalen Tageszeitung der SPD, eine Vielzahl von politischen und literarischen Zeitschriften. Um ihr Bildungsbedürfnis zu befriedigen, gaben sie „soviel, wie für den Geldbeutel erreichbar war“, für Zeitungen, Zeitschriften, Bücher und Broschüren aus.

Katrine und Willi U. waren durch die Arbeiterjugend zu überzeugten Anhängern der Lebensreformbewegung geworden. Dementsprechend waren sie bereit, im Vergleich zu anderen Arbeiterehepaaren relativ viel Geld für Miete, Heizung und Beleuchtung zu zahlen, um eine „moderne, helle, gesunde“ Wohnung zu haben. Im Februar 1930 zog das junge Ehepaar in eine Zweieinhalb-Zimmer-Wohnung in einem Neubaublock des Hamburger Konsum-, Bau- und Sparvereins ‚Produktion‘ in Barmbek-Nord, die mit Etagenheizung, Gasherd in der Küche, Gastherme im Bad und Waschküche im Keller außerordentlich modern und komfortabel ausgestattet war. Das Paar hatte sich bereits 1924 kennengelernt und frühzeitig begonnen, für den zukünftigen Hausstand zu sparen. So konnte es 1930 nicht nur Genossenschaftsanteil und Baukostenzuschuß für die Wohnung aufbringen, sondern sich auch eine neue Wohnungseinrichtung kaufen, ohne Schulden machen zu müssen. Rückblickend betont Katrine U.: „Wir haben nie Schulden gemacht. Das war in unseren Kreisen verpönt! Lieber haben wir länger gespart.“ Das Ehepaar lehnte, wie viele andere überzeugte Sozialdemokraten, den Kreditkauf ebenso ab wie das „Anschreiben“. Beides nützte ihrer Auffassung nach nur Banken und Handel.

Im Frühjahr 1931 pachteten Katrine und Willi U. einen Schrebergarten: „Da haben wir keinen Hunger mehr gehabt“. Trotz der monatlichen Pacht entlastete der Garten die Haushaltskasse. Die Obst- und Gemüseernte machte Katrine U. zum größten Teil für den Winter ein. Sie ernährte die

Familie grundsätzlich mit „gesunder Vollwertkost“. Statt Fleisch und Fisch brachte sie lieber Gemüse, Obst und Milchprodukte auf den Tisch; Vollkornbrot zog sie Weißbrot vor. Nur manchmal gab es „Rundstücke“ oder ein „Franzbrötchen“, jeden Sonntag einen „Klöben“. Statt Butter verwendete sie meist „Reform-Margarine“. Nur selten trank das Ehepaar Kaffee, dafür um so häufiger Malzkaffee, Milch oder Tee. Alkohol und Nikotin lehnten beide ab. Diese Ernährungsweise entlastete die Haushaltskasse. Fleisch und Genußmittel waren in vielen Arbeiterfamilien bedeutende Ausgabenposten; ihr Konsum sollte vor allem an Sonn- und Feiertagen für die einfache Alltagskost entschädigen. Relativ viel Geld gab Katrine U. für die Ernährung ihres Kindes aus, insbesondere für Milch, Zwieback und Bananen. Sie versuchte insgesamt mit 20 Mark Haushaltsgeld pro Woche für die Ernährung auszukommen. Um preisgünstig und gut einkaufen zu können, war Katrine U. Mitglied der ‚Produktion‘; dort deckte sie den größten Teil des alltäglichen Bedarfs.

Seit ihrer Heirat führte Katrine U. ein „Wirtschaftsbuch“, in das sie alle Ausgaben eintrug. Darüber hinaus stellte sie zu Beginn jedes Monats einen Haushaltsplan auf, in dem sie die zu erwartenden Ausgaben kalkulierte. Auf diese Weise wollte sie sich zu einer sparsamen Haushaltsführung erziehen. Diese Art der Wirtschaftsführung wurde den Hausfrauen zwar allgemein empfohlen, in der Realität aber selten länger durchgeführt. Auch Katrine U. gab ihr „Wirtschaftsbuch“ in späteren Ehejahren auf. Zwei dieser kleinen Oktavhefte hat sie aufbewahrt. Sie umfassen lückenhaft den Zeitraum von November 1930 bis Oktober 1931. Katrine U. half dabei, die durchschnittlichen Monatseinnahmen und -ausgaben zu rekonstruieren. Einnahmen von 252,– Mark standen folgende Ausgaben gegenüber:[17]

Ausgaben für				Anteil in %
Nahrungs- und Genußmittel		ca. 82,–	Mark	32,5
Sonstige Lebensbedürfnisse:	Miete (incl. Heizung)	65,–	„	25,8
	Gas	8,–	„	3,2
	Lichtgeld (Strom)	2,50	„	1,0
	Reinigungsmittel und Körperpflege	2,70	„	1,1
	Radio und Tageszeitung	6,80	„	2,7
	Versicherungen	18,–	„	7,1
	Steuern	8,30	„	3,3
Ausgaben insgesamt		193,30	„	76,7

Von den verbleibenden 58,70 Mark (23 % der Einnahmen) wurden die übrigen Ausgaben bestritten u.a.: Einrichtung und Instandhaltung der Wohnung und des Hausstandes, Neuanschaffung und Instandhaltung von Bekleidung, Wäsche und Schuhzeug für drei Personen, Gesundheitspflege, Erholung, Bildung, Verbands- und Vereinsbeiträge, Vergnügungen, Verkehrsausgaben, Geschenke, Pacht für den Schrebergarten.

Das Geld reichte nur knapp, obwohl Willi U. als gelernter zu den besserverdienenden Arbeitern gehörte. Katrine U. sparte insbesondere bei den Ausgaben für Bekleidung, Wäsche und Schuhzeug; sie nähte möglichst viel selbst. Ihr Mann reparierte die Schuhe. Nur sehr selten gab das Ehepaar Fahrgeld aus; im Alltag wurden, wie in Arbeiterkreisen allgemein üblich, möglichst viele Wege zu Fuß erledigt. Die Freizeitgestaltung kostete wenig: Die arbeitsfreien Sonntage verbrachten die Ehepartner entweder im Schrebergarten oder mit Ausflügen und Wanderungen im Kreis der ‚Naturfreunde‘; das Kind kam dann in den Kinderwagen, Verpflegung wurde in den Rucksack gepackt. Die Ausgaben wurden von Katrine und Willi U. im Unterschied zu vielen anderen Arbeiterpaaren nicht hierarchisch aufgeteilt; beide waren sich über ihre Prioritätensetzung im Konsum einig. Willi U. lieferte das gesamte Einkommen bei seiner Frau ab, die die Haushaltskasse verwaltete. Ihre Aufgabe war es, mit dem Geld auszukommen.

Die Rekonstruktion des Einkommens und Auskommens der Familie U. zeigt einen Lebens- und Konsumstil, der mir typisch für eine relativ kleine Gruppe junger bessersituierter Arbeiterehepaare im sozialdemokratischen Milieu zu sein scheint, die sich über ihr Engagement in der Arbeiterbewegung hinaus bemühten, auch ihre persönliche Lebensweise gemäß den sozialistischen Zielvorstellungen zu gestalten und deshalb stärker als viele andere Arbeiterpaare ihrer Generation versuchten, in allen Bereichen des privaten Alltags „modern" und „rational" zu leben: Sie waren nicht nur bestrebt, in eine „zeitgemäße" Neubauwohnung zu ziehen, sich „funktional" einzurichten und die Haushaltsführung zu „rationalisieren", sondern auch „gesund" zu leben, bei der Ernährung, Pflege und Erziehung der Kinder die „neuesten" Erkenntnisse „fortschrittlicher" Mediziner und Pädagogen zu beachten und eine „kameradschaftliche" Ehe zu führen. Zentraler Bestandteil ihrer „rationalen" Lebensgestaltung waren Familienplanung und Geburtenkontrolle. Da eine kleine Kinderzahl bei vergleichbarem Einkommen den finanziellen Spielraum erheblich vergrößerte, konnten diese jungen Arbeiterfamilien bei gesicherten und relativ stabilen Einkommensverhältnissen einen spezifischen Konsumstil entwickeln, der ausgesprochen großstädtisch und ‚modern' war und sich vorrangig durch einen höheren Ausgabenanteil für Bildung, Kultur und Freizeit sowie Vereins- und Verbandsbeiträge auszeichnete.[18]

Allgemeinere Tendenzen zur Lebenshaltung von bessersituierten Hamburger Arbeiterfamilien verdeutlicht die Erhebung von 146 Arbeiter-, 46 Angestellten- und 102 Lehrerhaushaltungen, die das Statistische Landesamt Hamburg von Januar bis Dezember 1927 im Rahmen der reichsweiten Erhebung über ‚Die Lebenshaltung von 2000 Arbeiter-, Angestellten- und Beamtenhaushaltungen' des Statistischen Reichsamtes durchführte[19]. Im Mittelpunkt der Analyse sollen die Wirtschaftsrechnungen der Arbeiterfamilien stehen; um das Schichtenspezifische ihrer Lebenshaltung zu verdeutlichen, werden ihnen die Wirtschaftsrechnungen der Angestelltenfamilien gegenübergestellt.

Das durchschnittliche Jahreseinkommen der erfaßten Arbeiter- und Angestelltenhaushaltungen lag mit 3728,57 Mark bzw. 4489,71 Mark relativ hoch. Auffallend ist die erhebliche Einkommensdifferenz zwischen den Arbeiter- und Angestelltenfamilien, die durch die Haushaltsgröße verstärkt wurde: In den Arbeiterhaushaltungen lebten durchschnittlich 3,9 Personen, in den Angestelltenhaushaltungen hingegen nur 3,3 Personen. Der engere Finanzspielraum zwang die Arbeitereltern dazu, ihre Kinder so bald wie möglich, d.h. in der Regel nach dem Abschluß der Volksschule, zum Mitverdienen heranzuziehen: In den Arbeiterhaushaltungen waren 91 % der Kinder im erwerbsfähigen Alter auch erwerbstätig, in den Angestelltenhaushaltungen hingegen nur 56 %. Mehr Angestellteneltern konnten ihren Kindern eine längere Schulausbildung ermöglichen. Infolge der höheren Erwerbsquote der erwerbsfähigen Arbeiterkinder war ihr durchschnittlicher Beitrag zum Familieneinkommen deutlich größer als bei den Angestelltenkindern. Auch die Arbeiterehefrauen waren häufiger erwerbstätig: In 35 % der Arbeiterhaushalte, aber nur in 15 % der Angestelltenhaushalte trugen die Ehefrauen durch Erwerbsarbeit zum Familieneinkommen bei.[20] Bei den Arbeiterehefrauen schlug sich die höhere Erwerbsquote allerdings nicht in einem sehr viel größeren Durchschnittsbeitrag zum Familieneinkommen nieder. Offenbar leisteten sie geringer qualifizierte und schlechter bezahlte Erwerbsarbeit als die Angestelltenehefrauen.[21]

Die Analyse der Einkommenszusammensetzung (vgl. Tabelle 5) bestätigt die hervorragende Bedeutung von Lohn bzw. Gehalt für das Familieneinkommen. Auffallend ist auf den ersten Blick das große Gewicht des Verdienstes vom Ehemann, der in den Angestellten- aber auch in den Arbeiterfamilien der „Hauptemährer" war. Bei näherer, kritischer Betrachtung relativiert sich dessen Bedeutung für das Familieneinkommen. Denn das Gewicht des Arbeitseinkommens von Frau und Kindern wird in der Statistik nicht angemessen berücksichtigt, da der Verdienst derjenigen, die erwerbstätig waren, auf die Gesamtzahl der Haushaltungen umgerechnet wurde. In den Haushalten, in denen die Frau und/oder Kinder erwerbstätig waren, kam ihrem Verdienst eine erheblich größere Bedeutung für das Familieneinkommen zu. Auch das Gewicht der hauswirtschaftlichen Versorgungsleistungen, die überwiegend von Frauen erbracht wurden, insbesondere der Einnahmen aus der Untervermietung und der Bewirtschaftung von Gartenland, wird in zu geringem Maße erfaßt: Nur 14 % der Arbeiter- und 8 % der Angestelltenhaushalte hatten überhaupt Untermieter aufgenommen; 32 % der Arbeiter- und 13 % der Angestelltenfamilien bewirtschafteten einen Schrebergarten. Die bürokratiebezogene Versorgung hatte für die Familien der Hamburger Erhebung keine Bedeutung; dies lag an der spezifischen Zusammensetzung des Samples. Generell war die Relevanz der Einnahmen aus der marktgerichteten Versorgung durch Frau und Kinder, der bürokratiebezogenen und der hauswirtschaftlichen Versorgung für den einzelnen Haushalt um so größer, je geringer der Verdienst des Haushaltungsvorstandes war.[22]

Tab. 5: *Die durchschnittliche Zusammensetzung der Einnahmen von 146 Arbeiter- und 46 Angestelltenhaushaltungen Hamburgs im Jahr 1927*[23]

Einkommensquelle		Anteil der durchschnittlichen Einnahmen für eine Haushaltung bei den	
		Arbeitern	Angestellten
Arbeitseinkommen	des Haushaltungsvorstandes	78,6	88,2
	der Ehefrau	1,9	1,2
	der Kinder	9,5	4,4
	insgesamt	90,0	93,8
Reineinnahmen aus	Untervermietung	0,5	0,1
	eigener Bewirtschaftung eines Gartens und/oder Kleintierhaltung	0,7	0,3
Sonstiges Einkommen (Geschenke, Zuwendungen, Zinsen, Versicherungen usw.)		6,3	3,1
Flüssigmachung von Kapital (Barbestand, abgehobene Spargelder etc.)		1,8	1,8
Schuldenaufnahme		0,4	0,7

Rest: nicht erfaßte Einnahmen

Die durchschnittliche Einkommenshöhe sowie die Einkommenszusammensetzung der Hamburger Arbeiter- und Angestelltenhaushalte unterschied sich nur geringfügig von der der Arbeiter- und Angestelltenfamilien in der Erhebung des Statistischen Reichsamtes.[24] Beide Erhebungen bestätigen den beschriebenen Zusammenhang von Familienzyklus und Einkommen; das Statistische Reichsamt kam in Hinblick darauf zu folgendem Ergebnis:

„Mit zunehmendem Familieneinkommen sinkt der Anteil des Arbeitseinkommens des Haushaltungsvorstandes ..., während das Arbeitseinkommen der anderen Haushaltungsmitglieder in entsprechendem Maße steigt ... Für die Frage der Mitarbeit der Ehefrau ist ... die Familienzusammensetzung ausschlaggebend. In den Haushaltungen, die der untersten Einkommensstufe angehören, sind überwiegend kleinere Kinder (unter 10 Jahren) vorhanden. Die Ehefrau arbeitet hier verhältnismäßig selten mit; sie ist in keinem Fall regelmäßig den ganzen Tag über beschäftigt, vielmehr immer nur stundenweise, so daß ihr Jahresverdienst im Durchschnitt der vorkommenden Fälle verhältnismäßig niedrig ist. Mit zunehmendem Einkommen der Haushaltungen ist ein höheres Durchschnittsalter der Kinder festzustellen; die Ehefrau ist hier weniger an das Haus gebunden als bei dem Vorhandensein kleinerer Kinder. Sie geht in den höchsten Einkommensstufen in mehr als 50 v.H. der Haushaltungen einem Erwerb nach, und zwar verschiedentlich regelmäßig und zum Teil auch ganztägig ... Mit steigendem Familieneinkommen nimmt in den Haushaltungen nicht nur das durchschnittliche Alter, sondern auch die Zahl der Kinder zu; hieraus erklärt es sich, daß in den oberen Einkommensstufen die sonstigen Haushaltungsmitglieder häufiger und mehr verdienen als in den unteren Stufen."[25]

Bei der Auswertung der Ausgabenstruktur der Arbeiter- und Angestelltenhaushalte berechnete das Statistische Landesamt gemäß den Vorgaben des Statistischen Reichsamtes nicht die durchschnittlichen Jahresausgaben einer Haushaltung, sondern einer sogenannten „Vollperson". Dieses Verfahren sollte einen exakteren Vergleich des Verbrauchs ermöglichen. Als „Vollperson" definierten die Statistiker einen erwachsenen Mann; seinen Verbrauch setzten sie gleich 100. Den Konsum einer erwachsenen Frau stuften sie um zehn Prozent und den der Kinder um bis zu fünfzig Prozent niedriger ein. Dieser Berechnungsschlüssel ist nicht nur wegen der ideologischen Wertung der Geschlechter, die in ihn einfließt, methodisch problematisch, sondern auch wegen der linearen Umrechnung der Haushaltsausgaben, die innerfamiliäre Differenzen in der Lebenshaltung verdeckt.[26] Da die Grunddaten der Erhebung jedoch nicht mehr vorhanden sind, muß mit der Auswertung des Statistischen Landesamtes gearbeitet werden.

Bei der Analyse der Ausgabenzusammensetzung (vgl. Tabelle 6) fällt zunächst auf, daß die Ausgabenverteilung der Arbeiter- und Angestelltenhaushalte nur wenig voneinander abwich; dies gilt insbesondere bei annähernd gleichem Einkommen. Hauptursache hierfür war, daß selbst bei besserverdienenden Arbeitern und Angestellten ein großer Teil der Ausgaben mehr oder minder ‚Zwangsausgaben' waren:

- Ernährungs-, Wohnungs- und Kleidungsausgaben mußten zur Befriedigung physiologisch notwendiger Bedürfnisse getätigt werden; erst wenn der dringendste Bedarf gedeckt war, bestand für die Wirtschaftenden bei diesen Ausgaben ein Entscheidungsspielraum.
- Auch die Ausgaben für Steuern und Versicherungen trugen für Arbeiter und Angestellte in erheblichem Maße Zwangscharakter. Die Höhe der Steuern war gesetzlich vorgeschrieben, ebenso die Art und Höhe der gesetzlichen Versicherungen. Von den Versicherungsausgaben entfielen in den Arbeiterhaushalten immerhin 72 % auf die gesetzlichen Versicherungen, in den Angestelltenhaushalten 46 %. Bei den Ausgaben für freiwillige Versicherungen standen in den Arbeiterhaushalten die Aufwendungen für Lebensversicherung und Sterbekasse an erster Stelle, in den Angestelltenhaushaltungen die Beiträge für die freiwillige Kranken- und Unfallversicherung.[27]

Auch die Ausgabenzusammensetzung der erfaßten Hamburger Arbeiter- und Angestelltenhaushalte ähnelte aufgrund des hohen Stellenwerts der ‚Zwangsausgaben' der der Arbeiter- und Angestelltenfamilien in der Erhebung des Statistischen Reichsamtes. Beide Erhebungen bestätigen zudem den großen Einfluß von Kinderzahl und Familienzyklus auf deren Ausgabenzusammensetzung.[28]

Der größte Ausgabenposten war in allen Arbeiter- und Angestelltenfamilien unabhängig vom Einkommen die Ernährung, wobei im Durchschnitt der Anteil der Ausgaben für Nahrungs- und Genußmittel in den Haushalten der Arbeiter etwas höher lag als in denen der Angestellten. Dies bestätigt die Erkenntnis des Statistikers Ernst Engel, daß der Anteil der Ausgaben für den physiologisch notwendigen Bedarf, insbesondere für die Ernährung, um so größer ist, je weniger Einkommen zur Verfügung steht.[29] Neben dem Einkommen hatte die Familiengröße erheblichen Einfluß auf die Höhe der Ernährungsausgaben. Mit der Kinderzahl erhöhte sich nicht nur der absolute Betrag, der für Nahrungs- und Genußmittel ausgegeben werden mußte, sondern auch der Anteil der Ernährungsausgaben an den Gesamtausgaben. Je größer eine Familie war, desto mehr mußte für die Ernährung ausgegeben werden und desto weniger blieb für die Befriedigung der sonstigen Lebensbedürfnisse übrig. Trotzdem nahm die absolute Höhe der Ernährungsausgaben pro Person mit der Kinderzahl ab. Das bedeutet, daß sich mit zunehmender Familiengröße die Qualität der Ernährung verschlechterte: Die teureren, gehaltvolleren Lebensmittel – Obst und

Tab. 6: *Die durchschnittliche Zusammensetzung der Ausgaben pro „Vollperson" in 146 Arbeiter- und 46 Angestelltenhaushaltungen Hamburgs im Jahr 1927*[30]

Ausgabengruppen	Die durchschnittlichen Ausgaben für eine Vollperson in Prozent im Haushalt eines			
	Arbeiters		Angestellten	
Nahrungs- und Genußmittel	35,6		30,3	
Sonstige Lebensbedürfnisse insg.	59,6		64,4	
davon:				
Wohnungsausgaben insgesamt		20,5		20,9
davon: Wohnungsmiete	11,7		12,4	
Einrichtung und Instandhaltung der Wohnung	4,5		4,3	
Heizung und Beleuchtung	4,3		4,2	
Bekleidung und Wäsche		12,1		12,2
Körperpflege		0,8		1,0
Gesundheitspflege		0,5		1,4
Versicherungen		7,7		8,1
Bildung		2,1		3,1
Vergnügungen u.a. gesellige Anlässe		1,3		1,4
Erholung		1,3		2,3
Verkehrsausgaben		2,6		3,1
Verbands- und Vereinsbeiträge		2,5		1,6
Steuern		3,8		4,6
Gebühren und Zinsen		0,3		0,3
Verluste aus eigener Bewirtschaftung		1,0		0,2
Unterstützungen und Geschenke		1,8		1,7
Sonstiges		2,4		2,5
Verbrauchsausgaben insgesamt	95,2		94,7	
Kapitalanlagen insgesamt	3,2		3,0	
Schuldentilgung insgesamt	0,3		0,9	
Nicht erfaßte Ausgaben	1,3		1,4	
Gesamtausgaben in Mark pro Vollperson im Jahr 1927	1420,99		1819,87	

Gemüse, Butter, Eier, Fleisch und Fisch – mußten durch minderwertige und billigere ersetzt werden, z.B. durch Brot und Kartoffeln; statt Butter und Fleisch wurden Margarine und Schmalz verzehrt; der Konsum von Genußmitteln, insbesondere von Kaffee und Tee, wurde eingeschränkt.[31] Durch ihre Berechnungsweise verdeckt die Haushaltungsstatistik, daß von diesen notbedingten Einschränkungen in der Realität nicht alle Familienangehörigen in gleichem Maße betroffen waren: In den meisten Familien war die Ernährung des Mannes besser als die von Frau und Kindern; er nahm sich auch in Notzeiten in der Regel noch das Recht zum Konsum von Genußmitteln. Am schlechtesten war häufig die Ernährung der Frau; sie sparte, wenn das Geld sehr knapp war, zugunsten von Mann und Kindern am eigenen Nahrungskonsum.[32]

Der zweite bedeutende Posten im Haushaltsbudget waren die Ausgaben für die Wohnung, d.h. für Miete, Heizung und Beleuchtung sowie Einrichtung und Instandhaltung. Der Anteil der Wohnungsausgaben lag bei den Angestellten geringfügig höher als bei den Arbeitern. Hier deutet sich das Faktum schicht- und milieuspezifisch unterschiedlicher Wohnnormen und Wohnbedürfnisse an. Innerhalb einer sozialen Schicht sank der Ausgabenanteil für Miete, Heizung und Beleuchtung tendenziell mit steigendem Einkommen. Die ärmsten Haushalte wohnten also in Relation zu ihrer Einkommenshöhe am teuersten. Der Anteil der Ausgaben für Einrichtung und

Instandhaltung der Wohnung erhöhte sich innerhalb einer sozialen Schicht hingegen mit steigendem Einkommen. Im Familienzyklus war der Anteil für Wohnungsausgaben in den ersten Jahren nach der Hausstandsgründung besonders groß. Bei geringem Einkommen und/oder großer Kinderzahl konnten ebenso wie in Notsituationen eher die Ausgaben für die Wohnsituation als die für die Ernährung eingeschränkt werden. Eine Folge dieses Umstandes war, daß kinderreiche Familien in der Regel in außerordentlich beengten Wohnverhältnissen lebten.[33]

Die Ausgaben für Bekleidung und Wäsche waren allgemein der dritte große Posten im Haushaltsbudget. Die Verteilung auf die einzelnen Untergruppen dieses Ausgabenpostens glich sich in Arbeiter- und Angestelltenhaushaltungen: In allen Einkommensstufen standen die Ausgaben für die Neuanschaffung von Kleidung an erster Stelle; sie beanspruchten 40 bis 50 % der Kleidungsausgaben. An zweiter Stelle kamen in der Regel die Aufwendungen für die Instandhaltung von Bekleidung und Wäsche, die 20 bis 25 % der Kleidungsausgaben ausmachten; erst an dritter Stelle standen die Ausgaben für Wäsche und Schuhwerk. Anschaffung und Instandhaltung von Kleidung, Schuhzeug und Wäsche waren bis zu einem bestimmten Grad ‚Zwangsausgaben', da jedoch zumindest die Neuanschaffungen früher oder später getätigt werden konnten, hatten diese Ausgaben den Charakter eines elastischen Bedarfs. Bei einem geringen Einkommen wurden vor allem in Notzeiten die Kleidungsausgaben sehr stark eingeschränkt; statt der Neuanschaffung machte dann die Instandhaltung von Bekleidung und Wäsche den größten Teil dieses Ausgabenpostens aus. Auch hier verdeckt die Statistik Differenzen in der innerfamiliären Lebenshaltung: Bei den Neuanschaffungen standen in der Regel die Ausgaben für Männerkleidung an erster und für Kinderkleidung an zweiter Stelle. Der Mann benötigte für seine Erwerbsarbeit Arbeitskleidung und brauchte zumindest einen ‚ordentlichen' Anzug; beides mußte in der Regel gekauft werden. Auch die Kinder sollten in Schule oder Beruf ‚anständige' Bekleidung tragen, die die meisten Hausfrauen jedoch selber nähen konnten. Dies galt auch für ihre eigene Ausstattung, an der sie am stärksten sparten; im Haushalt begnügten sie sich mit dem Auftragen von Altem.

Die Kleidung war in der Öffentlichkeit ein sichtbarer Ausdruck des Lebensstandards. Deshalb konnten und wollten Arbeiterfamilien, „die etwas auf sich hielten", auch hier nur in begrenztem Maße sparen. Der Ausgabenanteil für Bekleidung und Wäsche stieg in den Arbeiter- und Angestelltenfamilien mit der Höhe des Einkommens. Dies galt insbesondere für die Kleidungsausgaben. Auffallend ist, daß nicht nur innerhalb der gleichen Einkommensgruppe die Ausgaben für Kleidung bei den Arbeitern verhältnismäßig höher waren als bei den Angestellten, sondern daß auch im Durchschnitt aller Haushaltungen trotz der verschiedenen Höhe des Einkommens die Ausgaben für Kleidung und Wäsche relativ gleich groß waren. Dies lag daran, daß die Zahl der noch nicht erwerbsfähigen Kinder, deren Bekleidungskosten zu Lasten des Gesamthaushaltes gingen, in den Arbeiterfamilien allgemein größer war als in den Familien der Angestellten: Mit der Familiengröße stieg der Ausgabenanteil für Bekleidung und Wäsche; die Pro-Kopf-Ausgaben für Kleidung und Wäsche nahmen hingegen ab. Wenn ein gewisser Kleidungsstandard von der Familie gehalten werden wollte, bedeutete dies für die Hausfrau Mehrarbeit; sie mußte noch häufiger nähen, stopfen und flicken.[34]

Der Anteil der übrigen Lebensbedürfnisse an den Ausgaben war in erheblichem Maße von der Einkommenshöhe abhängig. Mit steigendem Einkommen konnte u.a. mehr für die kulturellen Bedürfnisse, zu denen Bildung, Vereins- und Verbandsbeiträge, Vergnügungen und gesellige Anlässe sowie Erholung gehörten, ausgegeben werden. Neben dem Einkommen hing die Höhe der Ausgaben für die kulturellen Bedürfnisse stark vom schicht-, milieu- und generationsspezifischen Lebensstil der einzelnen Familie ab. Auffallend ist, daß in den Arbeiterhaushalten trotz des durchschnittlich geringeren Einkommens ein größerer Betrag und ein höherer Anteil des Einkommens für Verbands- und Vereinsbeiträge aufgewandt wurde als in den Angestelltenhaushalten. Dies deutet auf einen höheren gewerkschaftlichen, politischen und kulturellen Organisationsgrad in den Arbeiterfamilien hin; profitiert haben hiervon vermutlich überwiegend die Männer sowie die erwachsenen Kinder. An den Ausgaben für die übrigen Lebensbedürfnisse wurde bei geringem Einkommen und/oder großer Kinderzahl sowie in Notzeiten als erstes gespart. Dies galt insbesondere für die Verkehrsausgaben sowie die Aufwendungen für Vergnügungen und gesellige Anlässe.[35] Im Alltag variierte nicht nur das Einkommen, sondern auch die Ausgabenverteilung ständig. Insbesondere das Verhältnis der Ausgaben für die physiologisch notwendigen Lebensbedürfnisse und für die übrigen Bedürfnisse schwankte.[36]

Nur ein sehr geringer Teil des Einkommens wurde in den Haushalten der Hamburger Erhebung für die Schuldentilgung aufgewandt. Lediglich 15 % der Arbeiter und 30 % der Angestelltenhaushalte hatten überhaupt einen Kredit aufgenommen. Die durchschnittliche Kredithöhe entsprach bei den Arbeitern mit rund 75 Mark dem Wocheneinkommen einer Familie, lag bei den Angestellten mit rund 127 Mark allerdings deutlich darüber. Kreditkäufe wurden in fast allen Einkommensstufen nur bei Waren getätigt, deren Anschaffung einen größeren Geldbetrag erforderte, insbesondere bei Möbeln und sonstigen Einrichtungsgegenständen, Fahrrädern und Männerkleidung; auch der Kohlenvorrat für den Winter wurde häufig auf Kredit gekauft. Neben dem eigentlichen Kreditkauf wurden Schulden auch durch das „Anschreibe-System" gemacht: Die Hausfrau bezahlte ihre täglichen kleinen Käufe nicht sofort, sondern ließ „anschreiben" und bezahlte am Wochen- bzw. Monatsende. Diese Zahlungsweise, die insbesondere bei Nahrungs- und Genußmitteln vor dem Ersten Weltkrieg weit verbreitet war, machte die Inflation unmöglich. Erst nach der Währungsstabilisierung bürgerte sich das „Anschreibe-System" wieder ein.[37]

In allergrößten Notfällen mußte der Gang zum Leihhaus helfen. In den zwanziger Jahren gab es in Hamburg fünf städtische Leihhäuser. An der Zahl der dort belehnten Pfänder läßt sich deutlich die Entwicklung der Lebenshaltung ablesen:[38]

Jahr	Zahl der belehnten Pfänder	Jahr	Zahl der belehnten Pfänder	Jahr	Zahl der belehnten Pfänder
1919	45311	1924	233384	1929	205364
1920	105918	1925	180228	1930	208007
1921	178195	1926	168283	1931	189476
1922	209085	1927	176427	1932	213469
1923	238577	1928	195341	1933	197227

Besonders groß war die Zahl der belehnten Pfänder 1923, auf dem Höhepunkt der Inflation, und 1932, auf dem Gipfel der Wirtschaftskrise. Der durchschnittliche Betrag für ein Pfand lag seit der Stabilisierung bei 15 Mark. Am häufigsten wurden Wertgegenstände (Gold, Silber, Uhren), Kleidungsstücke und Leinen verpfändet.[39]

Ein Vergleich der Lebenshaltung in der Phase der relativen wirtschaftlichen Stabilisierung Mitte der zwanziger Jahre mit der in den Vorkriegsjahren ist anhand der Erhebung des Statistischen Landesamtes Hamburg von 1926 und der Erhebung des Statistischen Reichsamtes von 1907 möglich. Beide Erhebungen wurden nach ähnlichen Methoden erstellt und bearbeitet. Die Hamburger Erhebung umfaßte 146 Arbeiter- und 46 Angestelltenhaushaltungen; an der Reichserhebung waren u.a. 194 Arbeiter- und 30 Angestelltenfamilien aus Hamburg beteiligt. Da für das Jahr 1926 nähere Informationen über die Einkommenszusammensetzung in den Erhebungshaushalten nicht vorliegen, kann im folgenden lediglich untersucht werden, inwieweit sich die Ausgabenzusammensetzung verändert hat.[40]

Zwar waren 1926 die Einnahmen pro Haushalt bei den Arbeitern wie bei den Angestellten erheblich angestiegen – das Nominaleinkommen der Arbeiterfamilien durchschnittlich um 53 %, das der Angestelltenfamilien um 43 % –, doch gleichzeitig war die Kaufkraft der Mark erheblich geringer als 1907. Dies zeigt deutlich die Analyse der Ausgabenentwicklung zwischen 1907 und

1926 (vgl. Tabelle 7). Der Vergleich der Einkommens- mit der Ausgabenentwicklung zwischen 1907 und 1926 ergibt nur bei den Arbeiterhaushalten eine leichte Verbesserung des Lebensstandards, das Einkommen war hier trotz der erheblichen Preissteigerungen stärker angestiegen als die Ausgaben. In den Angestelltenfamilien konnte der Lebensstandard der Vorkriegszeit bestenfalls gehalten werden.

Tab. 7: *Der durchschnittliche Anstieg der Ausgaben pro Haushalt zwischen 1907 und 1926 in ausgewählten Hamburger Arbeiter- und Angestelltenfamilien*[41]

Ausgabengruppen	Durchschnittl. Anstieg der Ausgaben pro Haushalt in %			
	Arbeiter		Angestellte	
Physiologisch notwendige Lebensbedürfnisse insgesamt	31,9		29,2	
davon: Nahrungs- und Genußmittel		33,9		31,7
Wohnungsausgaben insgesamt		24,5		19,6
Miete		2,4		5,6
Mobiliar		62,8		43,3
Heizung		61,6		74,6
Bekleidung und Wäsche		45,4		29,2
Pflichtausgaben	315,3		242,3	
davon: Steuern		643,9		404,0
Versicherungen		241,3		184,0
Sonstige Lebensbedürfnisse (insb. kulturelle)	94,4		59,7	
Anstieg der Ausgaben insgesamt	49,9		44,9	
Anstieg des Nominaleinkommens	55,0		42,6	

Bei den Ausgaben hatten sich allgemein die Pflichtausgaben für Steuern und Versicherungen am stärksten erhöht. An zweiter Stelle stand der Ausgabenanstieg für die sonstigen, überwiegend kulturellen Bedürfnisse. Erst an dritter Stelle kam der Ausgabenzuwachs der physiologisch notwendigen Bedürfnisse. Der außerordentlich starke Anstieg der Pflichtausgaben war der ‚Preis', den die lohn- und gehaltsabhängigen Familien für den Ausbau des Wohlfahrtsstaates bezahlen mußten. Durch ihre Steuern und ihre Pflichtversicherungsleistungen trugen sie zur Finanzierung der sozialen Reformen bei. Der relativ geringe Zuwachs der Ausgaben für die physiologisch notwendigen Bedürfnisse war zum einen Folge der Mietpreisentwicklung; aufgrund der gesetzlichen Mietpreisbindung stiegen die Mieten bis 1926 geringer an als alle übrigen Preise. Zum anderen resultierte er aus dem Rückgang der durchschnittlichen Haushaltsgröße; kleinere Familien hatten weniger Ausgaben für Ernährung, Bekleidung und Wäsche. Hinzu kam, daß die Preise für Nahrungsmittel relativ gering angestiegen waren. Der starke Zuwachs der Ausgaben für die sonstigen Bedürfnisse hatte mehrere Ursachen: Die Preise dieser Ausgabengruppe waren relativ stark angestiegen, der Ausgabenspielraum hierfür war größer geworden, die Prioritätensetzung im Konsum hatte sich verändert: In der Vorkriegszeit wurden Einkommenszuwächse vorrangig für eine Verbesserung von Ernährung und Kleidung ausgegeben. Mitte der zwanziger Jahre nutzten Arbeiter- und Angestelltenfamilien einen größeren Ausgabenspielraum eher für die Befriedigung sonstiger Bedürfnisse. Im Rahmen des neuen großstädtischen Konsumstils gaben sie mehr Geld als früher für Bildung und Kultur, Vergnügungen und gesellige Anlässe, Verbands- und Vereinsbeiträge, Gesundheits- und Körperpflege aus. Weniger freiwillig als vielmehr vorrangig Folge der veränderten Wohnsituation war die Erhöhung der Verkehrsausgaben. Infolge der Citybildung wohnten immer mehr Erwerbstätige, die im Hafen oder der Innenstadt arbeiteten, in einem der äußeren Stadtteile Hamburgs und mußten deshalb mit öffentlichen Verkehrsmitteln zu ihrem Arbeitsplatz fahren.[42]

Die Entwicklung der Lebenshaltung verlief zwischen 1907 und 1926 allerdings keineswegs geradlinig.[43] Ein Indikator für das Auf und Ab des Lebensstandards ist der Anteil der Ausgaben, der für die Ernährung aufgewandt werden mußte. Er soll im folgenden im Zusammenhang mit der Versorgungslage betrachtet werden.

Im Jahre 1907 lag der Anteil der Ausgaben für Nahrungs- und Genußmittel in den durch die statische Erhebung erfaßten 194 überwiegend bessersituierten Hamburger Arbeiterhaushaltungen durchschnittlich bei 45 bis 50 %. Es blieben trotz kräftiger Kost[44] zumindest genügend Mittel für die Befriedigung der Wohn- und Kleidungsbedürfnisse übrig.[45] Während des Ersten Weltkrieges mußten nach zeitgenössischen Schätzungen bis zu 60 % der Ausgaben für Nahrungsmittel aufgebracht werden. Die Preise stiegen angesichts der knappen Versorgungslage um das zweieinhalb- bis dreifache. Lebensmittel wurden rationiert, deren Qualität ging zurück, immer mehr ‚Ersatz'-Nahrungsmittel wurden angeboten. Gleichzeitig stieg bei den Erwerbstätigen der Nahrungsbedarf infolge überlanger Arbeitszeiten und hoher Dauerbelastung an. Die Verknappung des Heizmaterials verschlimmerte die Situation. Das Hamburgische Kriegsversorgungsamt, das im September 1916 zur Koordination aller Maßnahmen auf dem Ernährungssektor eingerichtet worden war, konnte gegen die Not wenig ausrichten. Es versuchte vorrangig, für eine effektive Verteilung des Vorhandenen zu sorgen, mit geringem Erfolg. Immer mehr Güter des täglichen Bedarfs verschwanden im illegalen Schwarzhandel.[46] Von den rationierten Nahrungsmengen allein konnte keine Familie satt werden. Immer weitere Bevölkerungskreise litten in den Kriegsjahren Hunger. Vor allem bei Frauen, Kindern und alten Menschen kam es zu chronischer Unterernährung. Deren gesundheitliche Auswirkungen beschrieb das Medizinalamt Hamburg im Februar 1919 in einem Bericht an das Kriegsversorgungsamt:

> „Abgesehen von der erhöhten Sterblichkeit (der alten Menschen, K.H.) ..., zeigten sich die Folgen der Unterernährung der Bevölkerung in allgemeiner Gewichtsabnahme, Abnahme der Leistungsfähigkeit bei der körperlichen wie der geistigen Arbeit, Zunahme der Darmkrankheiten, der Tuberkulose (die Zahl der Tuberkulosekranken ist um fast ein Drittel – von 12.000 auf 17.000 – gestiegen), Auftreten zahlreicher Fälle von Blutarmut, namentlich bei Frauen, Unterleibsleiden bei Frauen, Aufhören der Menses und in vielen anderen Leiden. Die Neugeborenen sind jetzt kleiner und zarter als in den ersten Kriegsjahren, die Säuglinge nehmen nicht genügend zu, auch die älteren Kinder bleiben jetzt deutlich im Gewicht und Längenmaß zurück. Ihre körperliche Munterkeit, Leistungs- und Lernfähigkeit hat sehr gelitten."[47]

In den ersten Nachkriegsjahren verbesserte sich der Lebensstandard der Hamburger Arbeiterschaft nur langsam und erreichte aufgrund der anhaltenden Versorgungsschwierigkeiten und der zunehmenden Inflation nicht annähernd das Niveau der Vorkriegszeit.[48] Das Hamburgische Kriegsversorgungsamt regelte nach wie vor die Verteilung der rationierten Güter und setzte für alle Waren des täglichen Bedarfs Höchstpreise fest. Der Zwangsbewirtschaftung unterstanden zunächst sämtliche wichtigen Lebensmittel, Bekleidung und Wäsche, Reinigungsmittel sowie Kohlen. Die vorgesehenen Rationen waren knapp bemessen, die Qualität der Güter immer noch schlecht.[49] Die Ernährung breiter Bevölkerungskreise blieb unzureichend; das Nahrungsdefizit der Kriegsjahre konnte nicht ausgeglichen werden. Pendant von Lebensmittelnot und Zwangswirtschaft war auch in den Nachkriegsjahren der blühende Schwarzhandel, der dem staatlich kontrollierten Markt einen erheblichen Teil der Waren entzog. Von ihm profitierten, wie im Krieg, vorrangig die Wohlhabenden; doch auch die Arbeiterschaft konnte den Nahrungsmittelbedarf ohne zusätzliche Versorgung aus dem Schleichhandel nicht decken. *Leo Lippmann*, Regierungsrat in Hamburg, beschrieb die Versorgungssituation im Jahr 1919 folgendermaßen:

> „Vom Schleichhandel profitiert zur Zeit wohl die gesamte städtische Bevölkerung. Keiner glaubt mit den

Kartenrationen auskommen zu können, und so sucht heute wohl fast jeder in der Bevölkerung, aufs Land hinauszuziehen und Kartoffeln einzuhamstern oder von guten Nachbarn, denen ein derartiger Zug zum Land geglückt ist, oder die Beziehungen zum Lande haben, Kartoffeln und wenn möglich, auch einmal Fettigkeiten zu erhalten. Das dem so ist, zeigt ein kurzer Besuch auf den Hamburger Bahnhöfen, wo Männlein und Weiblein, bepackt mit Kartoffeln und gefüllten Rucksäcken, freudestrahlend über die gelungene Hamsterfahrt, die Personensperre passieren."[50]

Erst im Zuge der Aufhebung der Zwangsbewirtschaftung verbesserte sich die Versorgungslage: Anfang 1919 wurde die Bewirtschaftung von Bekleidung und Wäsche aufgehoben, im Verlauf des Jahres 1920 die Rationierung von Reinigungsmitteln sowie einem großen Teil der Lebensmittel; zu Beginn des Jahres 1921 wurden nur noch Brot, Mehl, Zucker und Vollmilch sowie Kohlen bewirtschaftet. Die endgültige Aufhebung der Zwangsbewirtschaftung von Lebensmitteln und Brennstoffen erfolgte in Hamburg im Sommer 1921.[51] In der Folgezeit füllten sich die bislang leeren Märkte und Läden zwar wieder, die Qualität der Produkte verbesserte sich. Doch nun setzte ein immer stärkerer Anstieg der Preise ein. Um den familiären Bedarf an allernötigsten Lebensmitteln zu decken, waren die Arbeiterfrauen gezwungen, einen immer größeren Teil des Familieneinkommens für die Ernährung auszugeben.[52] Anfang 1923, kurz vor dem Höhepunkt der Inflation, mußten in den vom Statistischen Landesamt Hamburg in einer Erhebung erfaßten 88 „minderbemittelten Familien" etwa 66 % der Gesamtausgaben für Ernährung aufgewandt werden, um mit dem überproportional starken Preisanstieg bei Nahrungsmitteln Schritt zu halten. Der Ausgabeanteil für Bekleidung und Wäsche schrumpfte auf nur 12 %, der für Miete betrug aufgrund der gesetzlichen Mietpreisbindung sogar weniger als 1 %.[53] Für die Hausfrauen bedeutete die Teuerung erhebliche Mehrarbeit. Die Auswirkung der Inflation auf die Haushaltsführung der Arbeiterfrauen beschreibt ein Artikel des ‚Hamburger Echo' vom September 1922:

„Schon vor dem Krieg ist es so gewesen, daß die verheiratete Frau ihr halbes Leben verzetteln mußte mit den tausend kleinen Sorgen des Alltags um Essen, Reinigung und Wiederherrichtung. So starb viel Lebensmut und Lebensfreude im Kochtopf, im Zwang der Pfennigsorgen. Was sich aber heute auf diesem Gebiete abspielt, ist mit jener Zeit schlechterdings nicht vergleichbar. Heute verrichtet jede Frau, die sich um einen Haushalt zu kümmern hat, eine hoffnungslose Arbeit ...

Am Freitag oder Sonnabend kommt ein Bündel Scheine mit großen Zahlen in die Hand der Hausfrau; noch am gleichen Abend beginnt stets erneut die Katastrophe. Jeder noch so kunstvoll und noch so raffiniert ausgeklügelte Wirtschaftsplan wird durch die fortgesetzt anschwellenden Preise aller Bedürfnisse über den Haufen geworfen. Wie eine jeden Tag neu Ertrinkende wehrt sich die Mutter und Ehefrau dagegen, die Ernährung und alle sonstigen Bedürfnisse der Ihrigen immer weiter einschränken zu müssen ..."[54]

Während des Jahres 1923 verschlechterte sich der Lebensstandard breiter Kreise der Hamburger Arbeiterschaft weiter. Ende November, kurz nach der Währungsstabilisierung durch die Einführung der Rentenmark, berichtete das Hamburger Gesundheitsamt an den Senat:

„Während es im Vorjahr der Arbeiterbevölkerung im allgemeinen noch möglich war, soweit es sich um Familien mit geringer Kinderzahl handelte, die notwendigen Lebensmittel sich zu beschaffen, ist dies immer schwieriger und jetzt in sehr vielen Fällen ganz unmöglich geworden ... (Fett, Milch, Eier, Fleisch und auch Gemüse waren aus der Ernährung der weitaus meisten Familien verschwunden. K.H.) Neben dem Mangel der Ernährung und dem Fehlen der wichtigsten Nahrungsmittel in sehr vielen Familien, wirkt besonders schädlich der Mangel an Kleidung, Bett- und Leibwäsche, Feuerung und Seife. In zahllosen Familien findet sich kein Stück Bettzeug mehr, für Schmutz und ansteckende Krankheiten ist dadurch Tür und Tor geöffnet. Ein Wechsel der Leibwäsche ist oft unmöglich. In der jetzt begonnenen kalten Jahreszeit werden in den schlecht oder gar nicht geheizten Wohnungen sehr viele Erkältungskrankheiten vorkommen, die den Boden für tuberkulose Erkrankungen vorbereiten und ruhende neu aufflackern lassen werden. Die Übertragung ist außerordentlich schwer zu verhüten, da Gesunde und Kranke, infolge der großen Wohnungsnot, in engen Zimmern zusammenwohnen müssen."[55]

In den Kriegs- und Nachkriegsjahren die Folgen der wirtschaftlichen Not für ihre Familie möglichst gering zu halten, hieß für die Arbeiterfrauen, noch sparsamer zu wirtschaften, die subsistenzwirtschaftlichen Arbeiten im Haushalt zu intensivieren und nicht selten zugunsten von Mann und Kindern auf einen Teil des eigenen Essens zu verzichten. Der Preis, den sie dafür bezahlten, war chronische Erschöpfung, nicht selten auch physische oder psychische Erkrankung.[56]

Nach der Währungsstabilisierung stieg der Lebensstandard der arbeitenden Bevölkerung nur langsam wieder an. In den langjährigen Notzeiten hatten viele Arbeiterfamilien die letzten Reserven aufgebraucht: Das bescheidene Sparguthaben hatte die Inflation entwertet; Kleidung, Wäsche und Schuhzeug waren zerschlissen; die wenigen Wertgegenstände lagen im Pfandhaus.[57] Zunächst mußten die Anschaffungslücken, die in den letzten zehn Jahren entstanden waren, aufgefüllt und das Nachholbedürfnis bei der Ernährung gestillt werden. 1925/26 erreichten nach den Erhebungen des Statistischen Landesamtes Hamburg die erfaßten 146 bessersituierten Arbeiterfamilien wieder das durchschnittliche Niveau der Lebenshaltung der Vorkriegsjahre: Rund 45 % der Haushaltsausgaben wurden für Ernährung getätigt[58]. In breiten Arbeiterschichten scheint allerdings der Lebensstandard der Vorkriegszeit auch in der Hansestadt erst ein bis zwei Jahre später wieder erlangt worden zu sein.

In vielen Arbeiterhaushalten hielt der Anstieg des Lebensstandards allerdings nur kurze Zeit an; seit 1929 verschlechterte er sich infolge der Wirtschaftskrise erneut. Im Sommer 1932, auf deren Höhepunkt, war von der Massenerwerbslosigkeit ein Viertel der Hamburger Bevölkerung mittelbar oder unmittelbar betroffen. Immer mehr Haushalte mußten weitestgehend von Arbeitslosengeld, Krisenfürsorge oder Wohlfahrtsunterstützung leben und eine drastische Verschlechterung ihrer sozialen Lage bewältigen. Doch nicht nur die Familien der Erwerbslosen, auch die der Erwerbstätigen litten unter der Krise. In der Hansestadt mußte im Sommer 1932 rund ein Fünftel der Beschäftigten kurzarbeiten. Öffentlicher Dienst und Privatwirtschaft nutzten die Rezession zudem für eine drastische Senkung der Löhne und Gehälter, die durch die Preissenkungen nicht ausgeglichen werden konnte. Nach zeitgenössischen Schätzungen mußten selbst Familien, die nicht von der Erwerbslosigkeit betroffen waren, erneut mehr als 50 % des Familieneinkommens für die Ernährung aufwenden. Infolge des sinkenden Einkommens stieg auch der Anteil der Wohnungsausgaben auf 25 bis 30 %. Zwar bemühten sich viele Hamburger Familien in den Jahren der Wirtschaftskrise um eine billigere Wohnung, doch der großen Nachfrage nach ‚Kleinstwohnungen' stand nur ein geringes Angebot gegenüber.[59]

* * *

Infolge von Not und Existenzunsicherheit war die Arbeiterfamilie traditionell vorrangig eine Arbeits-, Wirtschafts- und Wohngemeinschaft zur Sicherung des Lebensunterhalts ihrer Angehörigen. Jedes Familienmitglied mußte, soweit es ihm möglich war, seinen Beitrag zur Existenzsicherung leisten. Im Mittelpunkt der Familie stand die Arbeiterfrau, deren inner- und außerhäuslichen Arbeitsleistungen die Basis der familiären „Notökonomie" bildeten und den Zusammenhalt der Familie garantierten, die jedoch ungeachtet dessen hierarchisch-patriarchalisch organisiert war.

Seit der Jahrhundertwende boten die sozioökonomischen Verhältnisse in Großstädten wie Hamburg einer wachsenden Zahl von Arbeiterfamilien die Möglichkeit, zumindest ansatzweise ein Familienleben gemäß dem auch in immer breiteren Arbeiterkreisen erstrebten Ideal der ‚modernen Kleinfamilie' zu realisieren. Arbeiterehepaare im sozialdemokratischen Milieu gehörten aufgrund ihres sozialen Status und ihrer kulturellen Mentalität zu den Arbeiterschichten, in denen dieser Trend besonders früh einsetzte. Im Zuge dieser Entwicklung wandelte sich auch die Lebenshaltung. Die Versorgung wurde tendenziell stärker marktorientiert. Es bildete sich in den zwanziger Jahren vorrangig in jungen bessersituierten Arbeiterfamilien ein ‚moderner' großstädtischer Konsumstil heraus, dessen Hauptkennzeichen ein relativ großer Ausgabenanteil für kulturelle Bedürfnisse war. Verbunden war dieser Konsumstil insbesondere im sozialdemokratischen Milieu häufig mit dem Streben nach einer „zeitgemäß, rationalen“ Gestaltung aller Bereiche des privaten Alltags. Die Finanzierung dieses Konsumstils scheint vorrangig durch eine bewußte Einschränkung der Familiengröße möglich gewesen zu sein.

Wie das sozialdemokratische Milieu Hamburgs zeigt, wurde der Wandel in der Lebenshaltung selbst in bessergestellten Arbeiterschichten durch die anhaltende Abhängigkeit von der wirtschaftlichen Entwicklung gebrochen. Versorgungskrisen und Inflation, Wohnungsnot und Massenerwerbslosigkeit beeinträchtigten in mehr oder minder ausgeprägtem Maße auch die Lebenshaltung dieser Arbeiterfamilien. ‚Puffer‘ bei der Bewältigung der marktbedingten Schwankungen des Einkommens des männlichen „Familienernährers“ waren primär die hauswirtschaftlichen Versorgungsleistungen der Frau, erst sekundär – vorrangig in anhaltenden Notsituationen – deren Erwerbstätigkeit sowie ggf. die bürokratiebezogene Versorgung. Wie das folgende Kapitel verdeutlicht, war Teil der familiären „Notökonomie“ in der Weimarer Republik selbst in bessergestellten Arbeiterschichten der Rückgriff auf traditionelle Formen der proletarischen Krisenbewältigung, die jedoch wieder aufgegeben wurden, sobald die ökonomischen Verhältnisse es erlaubten.

1.1.2 *Hauswirtschaftliche Versorgung und familiäre Lebenshaltung*

Die Arbeiterhausfrauen waren von Instabilität und Unsicherheit, Mangel und Not in der proletarischen Existenz am direktesten betroffen: Sie spürten Versorgungsschwierigkeiten und Einkommenseinbußen unmittelbar in ihrer Haushaltsführung. Ihre Aufgabe und ihre Leistung innerhalb der proletarischen Familie war das „Sparsamkeitsregiment“: Sie mußten von Tag zu Tag mit dem Mangel rechnen und wirtschaften, ihnen fiel es zu, die Bedürfnisse der anderen Familienangehörigen, insbesondere des Mannes, zu erfüllen aber auch zu kontrollieren. Die ökonomischen Grenzen für die Möglichkeiten der Bedürfnisbefriedigung schwankten mit dem Einkommen und der Versorgungslage. Eine langfristige Planung der Haushaltsausgaben und eine rationelle Vorratswirtschaft waren aufgrund der knappen und unsicheren Ressourcen, die Arbeiterfrauen im allgemeinen zur Verfügung standen, nur schwer möglich. Sie hatten die schwierige und arbeitsaufwendige Aufgabe, den Risikoausgleich der proletarischen Existenz in Haushalt und Familie täglich zu bewältigen. In ihrem häuslichen Arbeitsalltag erlebten sie direkt die Abhängigkeit von den wirtschaftlichen Verhältnissen, und zwar stärker als ihre Männer, denen sie durch ihre Arbeit und die innerfamiliäre Verteilung der Konsumgüter einen Teil des notbedingten Existenzdrucks abnahmen.

Besonders belastend wirkte sich die soziale Not in den zwanziger Jahren auf die Hausarbeit der jungen Arbeiterfrauen aus, die in den ersten Nachkriegsjahren geheiratet hatten und trotz Versorgungsschwierigkeiten und Inflation versuchen mußten, einen eigenen Hausstand aufzubauen. Zu dieser Generation gehörten *Lene B.* (geb. 1897), *Olga D.* (geb. 1897) und *Anna L.* (geb. 1899), die „als Freundinnen und Nachbarinnen“ gemeinsam interviewt werden wollten. Ihre Schilderung des damaligen Hausfrauenalltags verdeutlicht die Auswirkungen knapper materieller Ressourcen auf die Hausarbeit. Alle drei stammen aus kinderreichen sozialdemokratischen Arbeiterfamilien und hatten sich im Arbeiterjugendbund kennengelernt, mit 18 Jahren traten sie in die SPD ein. Bis zu ihrer Hochzeit, die die drei 1920 feierten, arbeitete Lene B. als Verkäuferin im Konsum-, Bau- und Sparverein ‚Produktion‘, Olga D. als Näherin in einem Konfektionsbetrieb und Anna L. als ungelernte Fabrikarbeiterin in wechselnder Stellung. Ende 1920 zogen die drei gemeinsam in die neuerbaute Siedlung Steenkamp. Dort bewohnen sie seitdem jeweils eine Siedlungshaus-Hälfte mit drei Zimmern und Küche, zu der ein großer Garten gehört, der

Hauptmotiv für den Einzug in die Siedlung war: Von ihm erhofften sie sich die Selbstversorgung mit Obst, Gemüse und Eiern; die Kaninchenställe sollten den Sonntagsbraten liefern. Lene B. bekam ihre beiden Kinder 1920 und 1923, Olga D. 1920 und 1928, Anna L. blieb kinderlos. Ihre Ehemänner verdienten als gelernte Arbeiter zwar relativ gut, doch das Einkommen reichte trotzdem kaum. Zudem war der Tischler Karl B. immer wieder für kürzere oder längere Zeit erwerbslos. Um die familiäre Existenz zu sichern, arbeitete Lene B. deshalb seit 1926 wieder als Aushilfsverkäuferin bei der ‚Pro'. Ihre Kinder betreute während der Arbeitszeit ihre Hausnachbarin Olga D.. Wenn Karl B. erwerbslos war, übernahm er die Kinder. Die Hausarbeit überließ er allerdings auch dann seiner Frau. Die drei berichten:

„Das waren ganz furchtbare Jahre, wenn man daran zurückdenkt ..." (Lene B.) „Wir hatten mehr Notjahre als reichliche Jahre ... Durchgehend von 1914 bis 1933 hatten wir Krieg, Inflation und Notjahre, so daß wir uns nichts kaufen konnten für den eigenen Haushalt. Zehn Jahre, bis 1932, haben wir gebraucht, ehe der Haushalt vollständig war ..." (Anna L.) „Wir wohnten hier ja zusammen und konnten uns gegenseitig helfen. Wenn das Geld ganz knapp war, hat die eine Seife gekauft und die andere Schuhwichse. Das wurde dann geteilt. Das Stück Seife wurde einfach durchgeschnitten. Mit solchen Sachen sind wir über die Runden gekommen ..." (Olga D.) „Das war überhaupt gut, daß wir zusammen wohnten, da haben wir uns oft gegenseitig helfen können ... Man muß sich überhaupt wundern, was wir damals alles geleistet haben. Wir haben beispielsweise genäht. Ich hab' gar nicht nähen gelernt, ich hab' nur einmal von meiner Schwester eine Anleitung gekriegt. Das habe ich mir dann angenommen und habe alles selber genäht, weil wir kein Geld hatten, etwas zu kaufen. Wir hatten nicht mal Geld, neuen Stoff zu kaufen. Wir haben Altes aufgetrennt und wieder neu zugeschnitten. Wir haben auch gehäkelt oder gestrickt. So haben wir die Kinder eingekleidet, nur durch unsere Arbeit. Am Tag hatten wir gar nicht viel Zeit. Abends, wenn die Kinder im Bett waren, dann haben wir angefangen zu nähen ..." (Lene B.) „Wir nähten uns alle Kleider selber, wir konnten uns gar keine kaufen ..." (Anna L.) „So war das, die Verhältnisse waren einfach anders. Ich hab' mich oft darüber geärgert, wenn es hieß, ach nur Hausfrau. Wir waren ja nicht nur Hausfrau. Wir waren Köchin, Erzieherin, Gärtnerin, Hausgehilfin und Näherin ... Wenn unser Mann erwerbslos war, haben wir notfalls auch noch Geld verdient ..." (Olga D.).

Ihren Hausfrauenalltag bewältigten alle drei nur unter Aufbietung sämtlicher Fähigkeiten und Kräfte. Entscheidenden Rückhalt gab ihnen die wechselseitige Hilfe durch die Freundinnen. Ohne das soziale Frauennetz, d.h. die gegenseitige Unterstützung von Müttern und Töchtern, Schwestern und Tanten, Freundinnen und Nachbarinnen, hätten viele Arbeiterfrauen die Sorgen und Nöte ihres Alltags nur schwer bewältigen können. In fast allen Erfahrungsberichten wird die Bedeutung des sozialen Frauennetzes sichtbar. Selten waren die Beziehungen allerdings so eng wie bei Lene B., Olga D. und Anna L.

Das beschriebene „Sparsamkeitsregiment" führten in ähnlicher Form die meisten Arbeiterhausfrauen. Die Frage „Wie spar' ich im Haushalt?" hatte zentrale Bedeutung für ihre Hausarbeit. Sie holten sich nicht nur Tips und Hinweise von Mutter, Freundin und Nachbarin, sondern lasen auch die Ratschläge in Haushaltsratgebern, Frauenzeitschriften und Kundenzeitschriften des Einzelhandels. Die vielen „nie versagenden, praktischen Ratgeber für Haushalt und Küche"[60], die in den zwanziger Jahren auf dem Buchmarkt angeboten wurden und nicht selten hohe Auflagenziffern erreichten, deuten darauf hin, daß die Nachfrage bei den Frauen groß war[61]. Keine populäre Frauenzeitschrift konnte darauf verzichten, ihren Leserinnen „Hausfrauen-Kniffe" und „Spar-Tips" zu geben.

Selbst die sozialdemokratische Zeitschrift ‚Die Gleichheit'[62] griff dieses Bedürfnis eines großen Teils ihrer Leserinnen nach Kriegsende in verstärktem Maße auf. Seit Juli 1919 enthielt sie halbmonatlich die illustrierte Beilage ‚Die Frau und ihr Haus. Zeitschrift für Kleidung, Gesundheit, Körperpflege und Wohnungsfragen', die ein praktischer „Ratgeber für Frauen" sein sollte. Neben Tips „für die Erleichterung der Haushaltsführung" brachte sie vor allem „Anleitungen für die Selbstfertigung der Bekleidung". Die Modevorschläge, zu denen Schnittmuster bestellt werden konnten, sollten es der „arbeitenden Frau ermöglichen, sich und ihre Kinder billig und schön zu kleiden". Die Führerinnen der SPD-Frauenorganisation hofften, daß die neue Beilage die Zahl der ‚Gleichheit'-Leserinnen steigern würde.[63]

Die illustrierte Zeitschrift ‚Frauenwelt'[64], Nachfolgeorgan der ‚Gleichheit', die seit März 1924 halbmonatlich vom SPD-Parteivorstand herausgegeben wurde, bemühte sich noch intensiver um die Hausfraueninteressen. Das Blatt versuchte, seinen Leserinnen mit vielfältigen Ratschlägen und Tips bei einer sparsamen und rationellen Haushaltsführung zu helfen. Neben einer Vielzahl von Artikeln, die sich mit Haushaltsfragen beschäftigten, enthielt es eine Reihe von regelmäßigen Rubriken wie: „Schmalhans mit Geschmack" mit Vorschlägen zur kostengünstigen und gesunden Ernährung, „Praktische Winke" mit diversen Tips zur Hausarbeit, „Die Axt im Hause" mit Ratschlägen zur handwerklichen Selbsthilfe, „Laube und Siedlung" mit Hinweisen zum Gartenbau[65]. Die monatliche Handarbeits- und Modebeilage ‚Selbst ist die Frau', zu der ein Schnittmusterbogen gehörte, ergänzte das Angebot. Sie enthielt neben Anleitungen zum kostengünstigen Nähen, Stricken und Häkeln von Kleidung und Wäsche unter der Rubrik „Aus Alt mach' Neu" regelmäßig Hinweise zur Aufarbeitung bzw. „Modernisierung" von Kleidung und Wäsche.

Wie sehr die Frage „Wie spar' ich?" die Leserinnen der ‚Frauenwelt' im Alltag beschäftigte, zeigt die Resonanz auf ein Preisausschreiben zu diesem Thema, in dem die Redaktion praktische Ratschläge erbat. Das Ergebnis des Preisausschreibens wurde im März 1926 veröffentlicht. Mehrere tausend Antworten gingen ein. Den ersten Preis erhielt eine Hausfrau, die außerordentlich detaillierte Sparvorschläge für sämtliche Bereiche der Haushaltsführung gemacht hatte. Ihr Motto für die Hausarbeit war:

> „Beginne nie gedankenlos dein Tagewerk! Vergiß nicht, alles was du willst beginnen, vorher in Gedanken durchzuspinnen!"[66]

Die Redaktion der ‚Frauenwelt' faßte das Ergebnis des Preisausschreibens mit folgenden Worten zusammen:

> „Das Gesamtbild der Einsendungen ist überaus erfreulich. Es zeigt besser als alle theoretischen Darlegungen, wie die Not der Zeit die Frauen unseres werktätigen Volkes klug und erfinderisch gemacht hat. Und wir wünschen nichts sehnlicher, als daß alle Frauen von diesen Ratschlägen ihrer in der Schule des Leidens gehärteten und erfahrenen Schwestern profitieren können."[67]

Neben dem üblichen Sparen und Wirtschaften kam dem günstigen Beschaffen und eigenen Produzieren in der Versorgung des Arbeiterhaushalts eine relativ große Bedeutung zu: Ohne „Hamstern" und „Besorgen", Gartenbau und Kleintierhaltung hätte der Kochtopf vor allem in Notzeiten nicht gefüllt werden können.[68] Der extreme Mangel an Nahrungsmitteln in den Kriegs- und Nachkriegsjahren trug in Hamburg entscheidend zur Verbreitung von Kleintierhaltung und Schrebergärten bei. Ohne die selbstproduzierten Lebensmittel wäre die Ernährung weiter Bevölkerungskreise in den Notjahren der Weimarer Republik noch schlechter gewesen.[69]

Die Kleintierhaltung war Anfang der zwanziger Jahre vor allem in den Arbeiterwohngebieten der Hansestadt außerordentlich weit verbreitet. Die Behörde für Wohnungspflege[70] klagte 1921, daß „das Halten von Hühnern, Kaninchen und sonstigen Kleintieren auf Böden und Balkonen, in Kellern und sogar in den Wohnungen" im Vergleich zur Vorkriegszeit „in erschreckendem Maße zugenommen" hätte[71]. Folge war eine wachsende „Ratten- und Ungezieferplage". Um dem entgegenzuwirken, untersagte das Hamburger Wohnungspflege-Gesetz vom Juli 1922 grundsätzlich „das Halten von Vieh und Kleintieren in Häusern, in Lichthöfen und auf den Teilen der Höfe, die nach den baupolizeilichen Vorschriften unbebaut bleiben müssen".[72] Zur Durchsetzung dieses Verbotes „überholte" die Wohnungspflegebehörde bis 1927 alle Arbeiterwohngebiete der Stadt, offenbar mit Erfolg: Die Kleintierhaltung ging in den meisten Arbeiterquartieren erheblich zurück. Der Schrebergarten ersetzte immer häufiger Hinterhof oder Balkon als Ort der Kleintierhaltung.

PRAKTISCHE WINKE

Neu für Alt

H. 16. Der reparierte Strumpf.

Bei jeder Durchsicht des Strumpfvorrates wird die Hausfrau mit Bedauern feststellen, daß beim Aussortieren verstopfter Strümpfe auch die guten Beinlängen in die Putzlappenkiste gesteckt werden müssen.

In diesen Beinlängen stecken Werte, die man noch ausnutzen sollte, denn mit wenig Mühe ergeben drei oder vier Beinlängen ein gutes Paar Strümpfe.

Diese Reparatur geht so vor sich:

Aus dem Schnittmusterbogen dieses Heftes radelt man den Füßlingsschnitt heraus und legt ihn auf Bruch zusammen (Abb. b). Nach Auflegen dieses Schnittes auf den auszubessernden Strumpf schneidet man das Stück heraus, welches nachher durch den neuen Füßling ersetzt wird (Abb. c). Nun näht man einen nach der Abb. d aus einem Beinling gewonnenen Füßling an Ferse und Spitze in *offener* Kappnaht zusammen und fügt ihn mit überwendlichen Stichen der guten Beinlänge an.

Das ist die ganze Arbeit und diese Nähte drücken nicht!

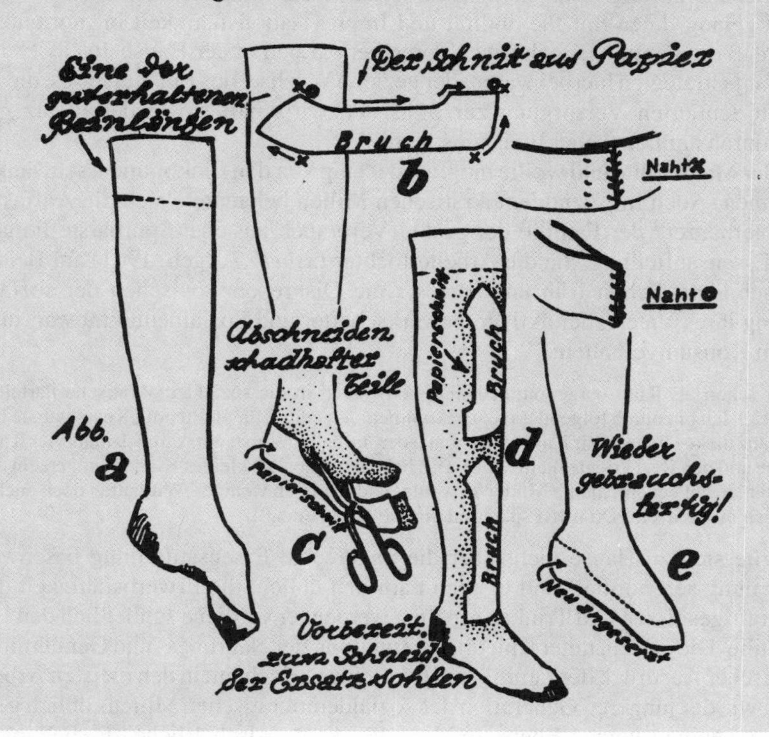

(*Frauenwelt, Heft 3, 1931*)

Lediglich in den großen Etagenhäusern von Barmbek und Eimsbüttel, wo viele Arbeiterfamilien wohnten, hielten die Bewohner entgegen dem Verbot weiterhin Kleintiere auf Böden, Balkonen und Höfen.[73]

Auch die Zahl der Kleingärten nahm seit Kriegsende in Hamburg wie andernorts erheblich zu: 1917 bewirtschafteten erst ca. 4.200 Haushalte der Stadt einen Schrebergarten, 1933 waren es 47.422. Anfang der dreißiger Jahre hatten ca. 13 % aller Hamburger Haushalte einen Kleingarten von durchschnittlich 500 qm, mehrheitlich waren es Arbeiter- und Angestelltenfamilien. Die Nachfrage übertraf bei weitem das Angebot. Nur ein Teil des Bedarfs konnte durch Land innerhalb des hamburgischen Staatsgebietes gedeckt werden; 1933 lagen 65 % aller Schrebergärten der Stadt im angrenzenden preußischen Gebiet. Die meisten Haushalte hatten ihr Land gepachtet; nur 28 % der Kleingärten waren in Privatbesitz. Vergeben wurde das Gartenland in Hamburg durch die staatliche Kleingartendienststelle, die die genehmigte Grundstücksgröße von der Haushaltsgröße abhängig machte.[74] Die Bewirtschaftung des Schrebergartens sowie die Pflege und Fütterung der Kleintiere war meistens Aufgabe der ganzen Familie. Am verbreitetsten scheint den Erfahrungsberichten nach folgende Arbeitsteilung gewesen zu sein: Der Mann erledigte nach Feierabend die schwere Gartenarbeit, werkelte an der Laube oder den ‚Ställen' und war für die Kleintiere verantwortlich. Die Frau übernahm die tägliche Gartenarbeit; ihr oblag das Ernten von Obst und Gemüse und dessen Verwertung durch das Einkochen, Einlegen, Entsaften und Dörren. Die Kinder halfen der Mutter im Garten und mußten ggf. das notwendige Kaninchen- oder Hühnerfutter sammeln.

Durch ihre Haushaltsführung versuchten die Arbeiterfrauen, Einkommensschwankungen auszugleichen. Dies gelang ihnen mit Flexibilität und Improvisationsfähigkeit in ‚normalen' Zeiten häufig so gut, daß die Familienangehörigen von einem „Loch in der Haushaltskasse" nur wenig spürten. Ihre Hauptstrategien hierbei waren: der gezielte Wechsel des Einkaufsortes, die Rückkehr von der marktorientierten Versorgung zur Subsistenzwirtschaft sowie der Ersatz gewohnter Konsumgüter durch ähnliche, aber preisgünstigere.[75]

Vor allem der Mann sollte und wollte möglichst wenig von den Einkommensschwankungen zu spüren bekommen. Auch im sozialdemokratischen Milieu behauptete sich die Auffassung, daß ihm als „Haupternährer" der Familie der größte Verbrauch zustehe. Spürbarste Folge war die hierarchische Essensaufteilung, die die Arbeitertochter *Lisbeth T.* (geb. 1901) am Beispiel ihres Elternhauses schildert. Schon früh empfand sie die Diskrepanz zwischen der sozialistischen Weltanschauung ihres Vaters, der aktiver Gewerkschafter und Sozialdemokrat war, und seinem innerfamiliären Konsumverhalten:

> „Ich hatte mir schon als Kind vorgenommen: ‚Du gehst auch in die sozialdemokratische Partei, die ist für Gerechtigkeit ...' Ich bin durch folgendes dazu gekommen: Ich mußte für 50 Pfennig Knackwürste holen, dafür gab's sechs ganz dicke Dinger. Wir Kinder kriegten jeder ‚ne halbe Wurst, wir waren damals vier Kinder, meine Mutter aß eine und den Rest kriegte mein Vater. Das habe ich schon als kleines Kind als ungerecht empfunden, daß mein Vater so viel bekam, meine Mutter so wenig, und wir noch weniger. Wir hatten doch auch Hunger ... Darum hab' ich mir gedacht, Du trittst später mal in die Partei ein ..."

Lisbeth T. durfte sich zu Hause nicht über die ungerechte Essensaufteilung beschweren: Die ungleiche Zuteilung sei ‚normal' und in allen Familien üblich; die Erwerbsfähigkeit des Vaters müsse durch kräftiges Essen und Trinken erhalten werden; er verdiene schließlich den Lebensunterhalt der Familie. Die extrem unterschiedliche Zuteilung der Nahrungs- und Genußmittel war im Alltag symbolischer Ausdruck der familiären Hierarchie und scheint in den meisten Arbeiterfamilien der älteren wie der jüngeren Generation des sozialdemokratischen Milieus üblich gewesen zu sein. Einzig die wenigen jungen Ehepaare, die eine „kameradschaftliche" Beziehung zu leben versuchten, veränderten die Zuteilungsrituale. Lisbeth T. sorgte als Ehefrau und Mutter dafür, daß es in ihrer vierköpfigen Familie beim Essen „gerecht" zuging. Ihr Mann, ein Tischler, der wie sie engagiertes Mitglied der SPD war, unterstützte sie darin.[76]

In den meisten Arbeiterfamilien war der innerfamiliäre Status in starkem Maße vom Verdienst abhängig. Geld bedeutete aufgrund der Marktabhängigkeit der familiären Lebenshaltung Macht und Konsum. Je mehr Geld die Angehörigen zum Familieneinkommen beisteuerten, desto besser war in der Regel ihre Versorgung in der Familie und desto größer war häufig auch der Einkommensanteil, den sie als frei verfügbares „Taschengeld" zurückbehalten durften. Üblicherweise führten der Mann und die erwerbstätigen Kinder nicht ihren gesamten Verdienst in die Haushaltskasse ab. Vom Taschengeld mußten sie insbesondere ihre Aufwendungen für Genußmittel, Fahrgeld und kulturelle Bedürfnisse tätigen. Wer im Alltag die Entscheidung über die Höhe des jeweiligen Taschengeldes und des innerfamiliären Konsumniveaus traf, hing nicht nur von den konkreten Beziehungsstrukturen in der Familie ab, sondern auch von regionalen und milieuspezifischen Normen.[77]

In der älteren Generation des sozialdemokratischen Milieus in Hamburg scheint es so gewesen zu sein, daß der Mann der Frau einen mehr oder minder großen Teil des Verdienstes als „Wirtschaftsgeld" zuteilte, über das sie frei verfügen konnte; sein Taschengeld behielt er ein. Das „Budgetrecht" der Arbeiterhausfrau endete also an der Grenze, die der Mann setzte. Dies bedeutete vor allem für die nichterwerbstätige Arbeiterfrau eine ständige Ambivalenz ihrer innerfamiliären Stellung: Sie war vom Einkommen des Mannes abhängig und gleichzeitig für das Auskommen der Familie verantwortlich. Das „Recht" der eigenständigen Haushaltsführung war angesichts des beschränkten Finanzspielraumes für sie keine „Machtposition", sondern eine arbeitsintensive und verantwortungsvolle Pflicht.[78] Die Zwiespältigkeit des „Budgetrechts" wird in der folgenden Schilderung der Arbeitertochter *Agnes A.* (geb. 1898) sichtbar. Ihr Vater Franz H. war zwar engagierter Sozialdemokrat, gleichzeitig aber eingefleischter ‚Patriarch', der ein Familienleben gemäß dem bürgerlichen Leitbild erstrebte. Ihre Mutter Frieda H. hatte bis zu ihrer Heirat als Dienstmädchen gearbeitet. Der Vater bestand darauf, daß sie als „seine" Ehefrau jede außerhäusliche Erwerbsarbeit aufgab. Allenfalls durch Untervermietung durfte Frieda H. die Haushaltskasse aufbessern. Die Töchter Agnes und Paula (geb. 1900) lebten bis zu ihrer Heirat in der elterlichen Wohnung. Agnes A. erzählt:

> „Mein Vater verdiente Anfang der zwanziger Jahre als Klavierbauer relativ gut, im Durchschnitt ungefähr 32 Mark die Woche Grundlohn, dazu kamen noch diverse Sonderzulagen. Meine Mutter wußte damals nie genau, wieviel mein Vater verdiente. Er gab ihr 21 Mark Wirtschaftsgeld die Woche. Damit mußte Mutter auskommen, wenn es nicht langte gab es Krach. Das Wirtschaftsgeld war bei uns zu Hause, wie überall, sehr karg bemessen. Es langte kaum; mittwochs und donnerstags konnte nur noch das Allernötigste gekauft werden, Brot und Margarine. Freitags gab es endlich wieder Geld. Zum Einkaufen konnten die Frauen erst gehen, wenn der Mann mit seinem Lohn von der Arbeit gekommen war."[79]

Die Folge war, daß Frieda H. – wie manch' andere Arbeiterfrau auch – heimlich stundenweise putzen ging, um die Haushaltskasse aufzubessern. Dieses ‚offene Geheimnis', das Töchter, Freundinnen und Nachbarinnen mit ihr teilten, wollte nur der eigene Mann nicht wahrhaben. Seine ‚Ehre' als gelernter Arbeiter gebot es ihm, keine erwerbstätige Frau zu haben[80]. Er wußte um die Bedeutung der Hausarbeit für die familiäre Lebenshaltung, nicht zuletzt deshalb hatte er ein „tüchtiges Dienstmädchen" geheiratet, trotzdem erkannte er den Wert dieser Arbeit nicht an. Dies war ihm nicht zuletzt deshalb möglich, weil er den größten Teil des Tages außer Haus war und ihre Tätigkeit nicht sah; er konnte sie ignorieren und verdrängen. Anders seine Töchter, die die Hausarbeit der Mutter nicht nur alltäglich erlebten , sondern ihr auch dabei helfen mußten.[81]

Agnes A. versucht, die weitverbreitete Ambivalenz der Arbeiter in der Haltung zur weiblichen Hausarbeit zu beschreiben und zu erklären:

> „*Ein Arbeiter, der keine tüchtige Hausfrau geheiratet hatte, war aufgeschmissen.* Das sahen die meisten Arbeiter

auch ein. Die Männer hatten den Ehrgeiz, eine tüchtige Frau zu heiraten, *im Hause* zu haben. Aber bestimmen wollten trotzdem sie. Daher kam es ja zu vielen Streitereien. Die Männer waren sauer, wenn die Frau mit dem Geld nicht auskam, wenn sie zu Hause nach der Arbeit kein anständiges Essen bekamen, wenn sie dann nicht alles ordentlich und einigermaßen gemütlich vorfanden und ihre Ruhe hatten ... Ein Mann, dessen Frau sich gegen seine Ansprüche durchsetzte ..., stand in den Augen der anderen Ehemänner unter dem Pantoffel. Das war für einen Mann das schlimmste, was er sich vorstellen konnte. Das wollte keiner, weil sich dann auch die Kollegen stets lustig über ihn machten. In ihren Augen war er dann kein Mann. Um ihre Stellung in der Familie zu behaupten, mußten die Männer alles, was die Frau tat, als minderwertig einstufen, ihr Selbstbewußtsein klein halten. Was ich nie verstanden habe, warum haben diese Männer die Hausarbeit *wirklich nicht* geschätzt, obgleich sie doch davon abhängig waren. Was hätten die bloß alle gemacht, wenn sie keine Frauen gehabt hätten, die immer nur gearbeitet haben? Von Kameradschaftlichkeit in der Ehe wurde zwar viel geredet, zumindest in der SPD, aber sie wurde noch wenig gelebt. Wir waren auch in der Weimarer Republik alle ein Produkt der Untertanenerziehung."[82]

Die Wertschätzung, die der Mann den häuslichen Leistungen seiner Frau entgegenbrachte, hing entscheidend von der Beziehung des Arbeiterpaares ab. Nur in einer partnerschaftlichen Ehe, die bei Beibehaltung der traditionellen geschlechtsspezifischen Arbeitsteilung durch „hierarchische Parallelität"[83] gekennzeichnet war, konnte die Arbeiterfrau von Seiten des Mannes mit Anerkennung für ihre Hausarbeit rechnen. Vor allem in der jungen Generation des sozialdemokratischen Milieus begann sich eine „kameradschaftliche" Eheeinstellung durchzusetzen; gelebt wurde sie allerdings nur von wenigen bessersituierten Ehepaaren.[84]

Trotz des großen Konfliktpotentials, das Einkommen und Auskommen, Wertung und Mißachtung von Hausarbeit darstellten, kam es zumindest im sozialdemokratischen Milieu in den wenigsten Familien zu offenen Auseinandersetzungen um diese Frage. Eine der Hauptursachen hierfür scheint mir zu sein, daß die meisten Frauen selbst weder bereit noch in der Lage waren, diesen Konflikt auszutragen. Das bewußte Stillschweigen über das spannungsreiche Thema war zum einen Voraussetzung für die von Frau und Mann erstrebte eheliche ‚Harmonie'[85], zum anderen Ausdruck der spezifischen Sozialisation und Situation der Arbeiterfrauen. Sie hatten nicht selten die vorherrschende Minderbewertung der Hausarbeit verinnerlicht und kannten aus dem Elternhaus und der Nachbarschaft keine anderen Verhältnisse. Bereits als junges Mädchen erfuhren sie, daß die Durchsetzungsfähigkeit in der Familie in Konfliktsituationen entscheidend von der Höhe des Verdienstes abhing. Durch die Marktabhängigkeit der proletarischen Existenz und die Nicht-Entlohnung der hauswirtschaftlichen Versorgung bewerteten sie selbst die große ökonomische Bedeutung der Hausarbeit für die familiäre Lebenshaltung häufig nicht adäquat. Ihre häuslichen Leistungen erschienen ihnen nur als Äquivalent im Tauschzusammenhang geschlechtsspezifischer Arbeitsteilung: Der Mann verdiente durch seine Arbeit ein Einkommen, an dem er die Frau teilhaben ließ, weil sie für ihn und die Kinder die Hausarbeit machte.

* * *

Der Haushalt in bessersituierten Arbeiterkreisen des sozialdemokratischen Milieus funktionierte in der Weimarer Republik als ‚arbeitsteilige Solidargemeinschaft mit hierarchisch-patriarchalischer Struktur'. Aufgrund der Marktabhängigkeit der proletarischen Existenz kam dem Geldeinkommen aus Erwerbsarbeit für die familiäre Lebenshaltung eine entscheidende Bedeutung zu. Dies begründete die Bedeutung des Verdienstes für die Position in der familiären Hierarchie. Von den hauswirtschaftlichen Versorgungsleistungen der Frau hing zwar zu einem erheblichen Teil die familiäre Lebenshaltung ab. Da sie selten direkt Geld einbrachte, wurde ihr Wert ungeachtet dessen insbesondere vom „Familienernährer" häufig unterschätzt. Anerkennung fand sie am ehesten im sozialen Frauennetz. Die wechselseitige Hilfe von weiblichen Verwandten, Freundinnen und Nachbarinnen bot Arbeiterfrauen bei der Bewältigung der Alltagsarbeit und der Lösung der Alltagsprobleme in der Regel den stärksten Rückhalt.

1.2 Die Wohnung als Arbeitsplatz der Hausfrau

Die Wohnungsfrage war in starkem Maße eine Frauenfrage, denn Heim und Küche waren der zentrale Arbeitsplatz von Hausfrauen und Müttern und prägten entscheidend deren Haus- und Familienarbeit: Je nach Ausstattung der Wohnung mit modernem Komfort unterschied sich der Umfang ihrer täglichen Arbeiten im Haushalt; die Wohnungseinrichtung beeinflußte Art und Ausmaß der Reinigungsarbeiten; mit der Belegungsdichte nahm der Arbeitsaufwand zu, der erforderlich war, die Wohnung ordentlich und sauber zu halten; in einer dunklen, feuchten, überfüllten Wohnung stieg das Risiko von Erkrankungen bei Kindern und Erwachsenen, so daß häufig zusätzlicher Aufwand für die Krankenpflege notwendig wurde; eine kleine enge Wohnung und ein kinderfeindliches Wohnumfeld erschwerten den Hausfrauen die Kinderaufsicht. Die Lage der Wohnung und die Infrastruktur im Stadtteil entschieden u.a. über ihren Zeitaufwand für die Wege zu Geschäften, Behörden und sozialen Einrichtungen sowie zu ihrer außerhäuslichen Erwerbsarbeit.

Die Wohnung war zugleich der Ort, in dem sich ein beträchtlicher Teil des Familienlebens abspielte. Die Wohnsituation beeinflußte das familiäre Zusammenleben und die innerhäuslichen Handlungsspielräume der Familienmitglieder: Größe und Belegungsdichte der Wohnung entschieden über den Grad der Beeinträchtigung des Familienlebens durch häusliche Erwerbsarbeiten wie die Heimarbeit an der Nähmaschine, das Waschen und Bügeln fremder Wäsche und die Untervermietung. In einer überfüllten Wohnung fand sich für das einzelne Familienmitglied nur schwer eine Rückzugsmöglichkeit. Hiervon waren nicht alle Familienangehörigen in gleichem Maße betroffen, denn die Wohnbedürfnisse wurden im Rahmen des Möglichen ebenso hierarchisch befriedigt wie die Konsumbedürfnisse[1]. Mit der Enge und Bedrängtheit in der Wohnung nahm das Risiko von innerfamiliären Spannungen zu.

Wohnblock, Straße und Stadtviertel waren Orte, in denen Kultur[2] und Politik im Alltag gelebt wurden. Günstige Voraussetzungen für eine entfaltete Stadtteilkultur und –politik ergaben sich, wenn die Bewohner eine relativ homogene soziale Gruppe mit ähnlichen Alltagserfahrungen und einer großen politischen Übereinstimmung bildeten und im Quartier gewachsene soziale Strukturen sowie öffentliche Plätze vorhanden waren, die Kommunikation und gemeinsame Aktivitäten ermöglichten. Solche Stätten unterschieden sich u.a. nach Alter und Geschlecht ihrer Besucher(innen); im sozialdemokratischen Milieu Hamburgs waren z.B. Orte der Männeröffentlichkeit die „Parteikneipen“, solche der Frauenöffentlichkeit u.a. Wohnungen, Höfe, Märkte und Läden, vor allem die der ‚Produktion‘. Diese ‚Frauenorte‘ bildeten die räumliche Basis des sozialen Frauennetzes im Arbeitermilieu. Stadtteile und Straßen waren neben den Betrieben die Grundeinheit der politischen, kulturellen und sozialen Arbeit für die Organisationen der sozialdemokratischen Arbeiterbewegung Hamburgs; zumindest in den Arbeiterwohngebieten, die traditionell Hochburgen der SPD waren, gab es ein intensives kulturelles und politisches Vereinsleben zu dem auch Feiern und Feste gehörten[3].

Die Bedeutung der Wohnsituation für die Qualität des Familienlebens wurde auch in der zeitgenössischen Öffentlichkeit allgemein anerkannt. Deshalb veranlaßten „Wohnungsnot“ und „Wohnungselend“, die quantitative und qualitative Seite des starken Wohnungsmangels, der nach dem Ende des Ersten Weltkrieges herrschte, die regierenden Politiker in Reich, Ländern und Gemeinden sehr viel intensiver als in der Vorkriegszeit[4], Wohnungspolitik zu betreiben.[5] Die Wohnungsnot, deren sichtbarste Folgen die Zunahme der Untermietverhältnisse und der überfüllten Wohnungen waren, galt in der Nachkriegszeit als große soziale Gefahr. Politiker(innen) aller Weimarer Parteien ebenso wie Mediziner(innen), Pädagog(inn)en und Fürsorger(innen) fürchteten, daß die Wohnungsnot den „Zerfall der Familie“ und die „Zerrüttung von Sitte und Moral“ beschleunigen und zu einer „Schädigung der Volksgesundheit“ beitragen würde. Besonders bedenklich schien ihnen zu sein, daß bedrängte Wohnverhältnisse ein „gesundes und glückliches Familienleben“ verhinderten: Im Interesse der Gesellschaft sei es erforderlich, daß die Erwerbstätigen in ihrem „Heim“ einen Ort fänden, der ihnen „Ruhe und Zufriedenheit“ geben würde und in dem sie „Kraft für ihre Aufgaben im Volksleben“ schöpfen könnten. Ihre Hauptsorge galt darüber hinaus den vermuteten negativen gesundheitlichen und sittlichen Folgen für die Jugend: In einer dicht zusammengedrängten Familie ließe es sich nicht vermeiden, daß „geschlechtliche Vorgänge zur Beobachtung und Kenntnis sämtlicher Familienmitglieder“ kämen und der „Schleier der Schamhaftigkeit weggezogen“ werde, der sonst „im Interesse der Sittlichkeit über ihnen ausgebreitet“ läge. „Wenn heranwachsende Kinder Entblößungen und geschlechtliche Dinge täglich um sich herum“ sähen und hörten, dann müßten deren „Keuschheit und Schamgefühl“ beeinträchtigt werden. Damit werde „eine starke Hemmung gegen den frühen außerehelichen Geschlechtsverkehr zerstört und der Verbreitung der Geschlechtskrankheiten Vorschub geleistet“.[6] Um den vermeintlichen Gefahren für Staat und Gesellschaft entgegenzuwirken, wurde in der Weimarer Republik in verstärktem Maße der Bau von „Familienwohnungen“ gefordert. Als solche galten abgeschlossene Einzelwohnungen mit mindestens zwei Räumen und Küche, die pro Wohnraum mit maximal zwei Personen belegt sein sollten, und die Grundvoraussetzungen „Licht, Luft, Reinlichkeit und Schalldichtigkeit“ erfüllten.[7]

Die Wohnungspolitik war ein zentraler Bestandteil der familienorientierten Sozialpolitik des Weimarer „Wohlfahrtsstaates“, der in Art. 155 seiner Verfassung „jedem Deutschen eine gesunde Wohnung“ versprach. Die vorrangigen Ziele der Wohnungspolitik waren die Schaffung einer ausreichenden Menge von Wohnungen und die Beseitigung der Mängel in den vorhandenen. In der Praxis hatte angesichts des großen Wohnungsfehlbestandes die Bekämpfung der Wohnungsnot Vorrang vor der Linderung des Wohnungselends.[8] Höchste Priorität kam der Förderung des Wohnungsneubaus zu, der insbesondere in der Phase der relativen Stabilisierung in starkem Maße subventioniert wurde[9]. Der bestmöglichen Verwaltung des Wohnungsmangels diente die Wohnungszwangswirtschaft, die mit ihren drei Grundpfeilern, dem Reichsmietengesetz vom März 1922, dem Reichsmieterschutzgesetz von Juni 1923 und dem Wohnungsmangelgesetz von Juli 1923 bis Anfang der dreißiger Jahre Bestand hatte. Mit diesem Instrumentarium sollte der vorhandene Wohnraum erhalten, erfaßt und verteilt, die Nachfrage durch eine gesetzliche Regelung der Mieten gesteuert und der Kündigungsschutz der Mieter weitgehend gesichert werden. Entsprechende Maßnahmen waren angesichts der absehbaren Wohnungsnot nach Kriegsende bereits während des Ersten Weltkrieges von der Reichsregierung eingeleitet und in den ersten Nachkriegsjahren systematisch ausgebaut worden. In der Stabilisierungsphase wurde die Wohnungszwangswirtschaft von der bürgerlichen Regierung, die seit November 1923 die Reichspolitik bestimmte, schrittweise gelockert. Als Reaktion auf das veränderte wirtschaftliche und politische Kräfteverhältnis erstrebte sie die zügige Wiedereinführung einer „freien Wohnungswirtschaft“. Der zunehmende Wohnungsmangel schien ihr nur durch eine verstärkte Förderung des Wohnungsneubaus in Verbindung mit einer Einschränkung der Wohnraumbewirtschaftung, einer Anhebung der gesetzlich festgeschriebenen Höchstmieten und einer Aufhebung des Mieterschutzes zu bekämpfen zu sein.[10]

In der Reformpolitik der SPD kam der sozialen Wohnungspolitik eine besonders große Bedeutung zu. Grundprinzip dieser Politik war die Subventionierung des Wohnungsneubaus und die Förderung gemeinwirtschaftlicher Bauträger als Substitut für gesellschaftliche Struktureingriffe; die private Verfügungsgewalt auf dem Wohnungsmarkt sollte lediglich durch lenkende und kontrollierende Eingriffe des Staates begrenzt werden.[11] Auch die Hamburger Sozialdemokratie verfolgte in Bürgerschaft und Senat diese wohnungspolitische Linie, die von der DDP mitgetragen wurde. Unterstützung fanden beide Parteien bei den gemeinnützigen Wohnungsbaugesellschaften und -genossenschaften, von denen viele der Arbeiterbewegung nahestanden.[12] Da sich das Reich auf dem wohnungspolitischen Sektor mit einer Rahmengesetzgebung begnügte und die praxisrelevanten Ausführungsbestimmungen den Ländern und Kommunen überließ, konnte die SPD in Hamburg relativ viel Einfluß auf die Entwicklung der Wohnungspolitik nehmen[13].

Der soziale Wohnungsbau erzielte in der Weimarer Republik beachtliche Erfolge. Im gesamten Deutschen Reich wurden zwischen 1919 und 1933 rund 2,8 Millionen Wohnungen gebaut, von denen 81 % staatlich subventioniert waren. Allein in Hamburg entstanden in diesem Zeitraum 65.000 Wohnungen durch Neubau und 12.400 Wohnungen durch An- und Ausbau.[14] Angesichts der sichtbaren Leistungen der öffentlichen Wohnungspolitik wird in der neueren Historiographie zum Weimarer „Wohlfahrtsstaat" zum einen die These vertreten, daß die Wohnungsnot infolge des sozialen Wohnungsbaus zwar „nicht beseitigt, aber doch spürbar gelindert und die Qualität des Wohnens verbessert" worden sei[15]. Zum anderen wird behauptet, daß „die Wohnungsnot nicht länger ein schichtenspezifisches Problem" gewesen sei, welches insbesondere die Arbeiterbevölkerung betroffen hätte, weil die „Maßnahmen der Wohnungsämter und anderer Behörden wichtiger für das Maß an Chancen am Wohnungsmarkt" gewesen seien „als die Höhe des Einkommens"[16]. Beide Thesen treffen auf die Wohnsituation der Hamburger Arbeiterschaft nicht zu.

1.2.1 *Wohnungsnot und Wohnungselend*

Nach dem Ende des Ersten Weltkrieges herrschte in sämtlichen deutschen Großstädten extreme Wohnungsnot. Einer deutlich erhöhten Wohnungsnachfrage stand ein extrem geringes Wohnungsangebot gegenüber: In den Kriegsjahren war die Neubautätigkeit im gesamten Reichsgebiet fast vollständig zum erliegen gekommen[17]. Die Nachfrage nach Wohnungen hatte hingegen nach Kriegsende stark zugenommen, verursacht vor allem durch eine sprunghaft steigende Zahl von Eheschließungen sowie den Zustrom von Flüchtlingen aus abgetretenen und besetzten Gebieten[18]. Die Zahl der Haushalte stieg in den Nachkriegsjahren in der Hansestadt wie andernorts erheblich stärker an als die Zahl der Wohnungen (vgl. Tabelle 8). Diese Tendenz war aufgrund des spezifischen Altersaufbaus der Bevölkerung in den Großstädten allgemein sehr viel ausgeprägter als im Reichsdurchschnitt[19].

Um der Wohnungsnot gegensteuern zu können, unterstand der größte Teil des Wohnungsbestandes seit Beginn der Weimarer Republik der Wohnraumbewirtschaftung. In Hamburg oblag diese dem neueingerichteten Wohnungsamt, welches die Aufgabe hatte, alle vorhandenen Wohnungen zu erfassen, den Abbruch von Wohnungen zu verhindern, durch Instandsetzung, Aus- und Umbau sowie Teilung von Großwohnungen neuen Wohnraum zu gewinnen und freiwerdenden bzw. entstehenden Wohnraum an die Wohnungssuchenden zu vergeben.[20] Die Wohnraumbewirtschaftung erstreckte sich bis Anfang der dreißiger Jahre auf sämtliche Wohnungen und Räume in der Hansestadt; ausgenommen waren nur Um- und Ausbauten sowie privat finanzierte Neubauten.[21] Möblierte und leere Zimmer wurden lediglich bis Dezember 1922 vom Wohnungsamt bewirtschaftet[22].

Das Gesamtausmaß des Wohnungsmangels läßt sich für die Stadt Hamburg nicht ermitteln, da die Statistik des Wohnungsamtes lediglich Auskunft über Zahl und Zusammensetzung der offiziell anerkannten Wohnungssuchenden gibt. Als solche wurden von der Behörde nur etwa 40 % der Wohnungsbewerber eingestuft.[23] Grundvoraussetzung war ein über einjähriger, ununterbrochener

Tab. 8: *Die Haushaltungen im hamburgischen Staat nach ihrer Größe (Personenzahl). 1910, 1925 und 1933*[24]

Haushaltsgröße in Personen	Zahl der Haushaltungen						Veränderung (1910 = 100)	
	1910	v.H.	1925	v.H.	1933	v.H.	1925	1933
1	17223	7,0	23477	7,2	34792	9,1	136	202
2	42326	17,2	74716	22,8	108657	28,3	177	257
3	51783	21,1	90709	27,7	111403	29,1	175	215
4	48849	19,9	69823	21,3	72738	19,0	143	149
5	36547	14,9	37816	11,5	32944	8,6	103	90
6	22836	9,3	17446	5,3	13854	3,6	76	61
7	12877	5,2	7613	2,3	5302	1,4	59	41
8 und mehr	13134	5,3	6116	1,9	3761	1,0	47	29
Insgesamt	245575	100	327716	100	383451	100	133	156

Aufenthalt in der Stadt. Ausgenommen hiervon war nur die folgende Gruppe „dringlicher" Wohnungsbewerber:

- Flüchtlinge und Vertriebene,
- in die Stadt versetzte Beamte und Militärpersonen,
- Personen, deren wirtschaftliche Bedeutung für die Hansestadt durch ein Attest der Handels-, Gewerbe- oder Detaillistenkammer bescheinigt worden war.

Aus dem Kreis derer, die die Grundvoraussetzung erfüllten, erkannte das Wohnungsamt lediglich Ehepaare, Verlobte mit einer Aufgebotsbescheinigung sowie verwitwete, geschiedene und in Scheidung lebende Alleinstehende mit Kindern als Wohnungssuchende an. Alleinstehende ohne Kinder hatten keinen Anspruch auf eine eigene Wohnung.[25] Besonders betroffen waren von diesem Ausschluß infolge des kriegsbedingten ‚Frauenüberschusses' die 28.600 alleinstehenden Frauen über dreißig, deren größte Gruppe mit 58 % die 30- bis 40jährigen bildeten.[26] Hamburg grenzte mit dieser Bestimmung den Kreis der anerkannten Wohnungssuchenden sehr viel stärker ein, als die meisten anderen Großstädte des Deutschen Reiches. In der Nachbarstadt Altona wurde z.B. alleinstehenden Berufstätigen über dreißig, die mehr als drei Jahre ansässig waren, die Wohnungsberechtigung vom Wohnungsamt erteilt. Alle Eingaben an Senat und Bürgerschaft, eine ähnliche Regelung auch in der Hansestadt einzuführen, wurden angesichts der großen Zahl wohnungsloser Familien abgelehnt.[27]

Die Wartezeit auf eine Wohnung war abhängig von dem Zeitpunkt der Eintragung in die Liste des Wohnungsamtes und dem Grad der Dringlichkeit. Jederzeit mit dem Vermerk „dringlich" in die Liste aufgenommen wurden neben der oben beschriebenen Personengruppe nur:

- rechtmäßige Inhaber von Wohnungen in Gebäuden, deren Abbruch die Wohnungspflegebehörde als notwendig ansah, bzw. von Wohnungen, die sie für unzulänglich und unbewohnbar erklärte,
- Inhaber von Dienst- und Werkwohnungen, denen gekündigt wurde, vorausgesetzt sie waren mindestens fünf Jahre polizeilich in Hamburg gemeldet,
- ortsansässige Ehepaare mit drei oder mehr in häuslicher Gemeinschaft lebenden Kindern,
- Personen, die mindestens 70 % kriegsbeschädigt oder schwerkrank bzw. invalid waren und einer besonderen Pflege bedurften.[28]

Im Dezember 1927 führte das Wohnungsamt zwecks stärkerer Differenzierung der wachsenden Zahl von Wohnungssuchenden die Kategorie „vordringlich" ein. Zu dieser Gruppe, der sofort eine Wohnung zugewiesen wurde, gehörten nur:

- Auslandsdeutsche und Flüchtlinge,
- Räumungsschuldner mit gerichtlich zuerkannten Ersatzräumen,
- Wohnungsinhaber, die durch unvorhergesehene Ereignisse unverschuldet ihre Unterkunft verloren hatten,
- rechtmäßige Inhaber von Wohnungen, die von der Behörde für Wohnungspflege oder dem Gesundheitsamt als „unbewohnbar" eingestuft worden waren oder deren Benutzung in „sittlicher und hygienischer Hinsicht nicht verantwortet werden" konnte.[29]

Trotz aller Einschränkungen war die Zahl der behördlich registrierten Wohnungssuchenden, die nach amtlicher Einschätzung mit dem realen Wohnungsbedarf der wohnungssuchenden Familien weitgehend übereinstimmte, in Hamburg außerordentlich groß[30]. Sie stieg seit Kriegsende stetig an (vgl. Tabelle 9); 1919 suchten erst 6.100 Parteien eine Wohnung, 1931 waren es fast 70.000 mit über 150.000 Angehörigen. Von den eingetragenen Wohnungssuchenden waren durchschnittlich 92 % „wohnungslos", d.h. ohne eigene Wohnung. Die meisten lebten zur Untermiete. Nur ein relativ geringer Teil aller Wohnungssuchenden wurde vom Wohnungsamt als „dringlich" und „vordringlich" eingestuft; 1919 waren es rund 2 %, bis 1929 stieg der Anteil auf 9 % an, 1930 schnellte er auf 15 % hoch. Diese Entwicklung ist Ausdruck der zunehmenden Wohnungsnot, die in der Wirtschaftskrise eskalierte: Bis Ende der zwanziger Jahre waren es hauptsächlich Wohnungssuchende, die in einer „unbewohnbaren" bzw. „ungeeigneten" Wohnung wohnten, die als „dringlich" bzw. „vordringlich" in die Warteliste aufgenommen wurden. Mit dem wachsenden Wohnungsmangel nahm das Wohnungselend zu und damit stiegen auch Zahl und Anteil dieser Gruppe von Wohnungssuchenden an. Seit dem Beginn der Wirtschaftskrise mußten immer mehr dieser Haushalte darauf verzichten, eine bessere aber auch teurere Wohnung zu suchen. Statt dessen nahm infolge der steigenden Massenarbeitslosigkeit die Zahl der obdachlosen Räumungsschuldner und der erwerbslosen Wohnungsinhaber zu. Letztere suchten eine billigere Wohnung, um einer drohenden Räumungsklage infolge von Mietschulden zu entgehen. Beide Gruppen stellten seit 1929/30 den größten Anteil unter den Dringlichkeitsfällen.[31]

Juristischer Hintergrund für diese Entwicklung in der zweiten Hälfte der zwanziger Jahre waren die weitreichenden Einschränkungen des Mieterschutzgesetzes von 1922, die die bürgerliche Reichstagsmehrheit im Zuge der Lockerung der Wohnungszwangswirtschaft beschlossen hatte. Von entscheidender Bedeutung waren die Novelle vom Juni 1926, die u.a. die Aufhebung des Mietverhältnisses bei Zahlungsunfähigkeit des Mieters ermöglichte, sowie die Novelle vom Februar 1928, die das Kündigungsrecht des Vermieters grundsätzlich wiederherstellte.[32] Infolge der Novelle von 1926 setzte in Hamburg eine Flut von Räumungsklagen beim Amtsgericht ein: Von Anfang Juli 1926 bis Ende Februar 1927 wurden 6.900 Mieter angezeigt. Bei 3.200 Beklagten konnte die Räumungsklage durch eine Mietunterstützung des Wohnungsamtes abgewendet werden. Ein Teil der verbleibenden Fälle erledigte sich dadurch, daß die Räumungsklage abgewiesen wurde oder daß ein Vergleich zwischen beiden Parteien zustande kam. 1.800 Familien verurteilte das Gericht jedoch zur Räumung ihrer Wohnung.[33] Die Situation dieser zwangsexmittierten Familien war trostlos. Entweder hausten sie zur Untermiete in einem Zimmer oder sie akzeptierten die vom Wohnungsamt angebotene „Notunterkunft". Da die Zahl der vorhandenen Notwohnungen und Asylplätze viel zu gering war, brachte das Wohnungsamt die exmittierten Familien vorrangig in sogenannten „Verfallswohnungen" unter, die die Wohnungspflegebehörde aufgrund ihres desolaten Zustandes eigentlich als „unbewohnbar" hätte sperren müssen.[34] Die Zahl der Räumungsklagen nahm seit 1926 in Hamburg ständig zu. Betroffen waren überwiegend sozial schwache und kinderreiche Familien aus der Arbeiterschaft, die eigentlichen Opfer der Wohnungsnot. Ihre ohnehin geringen Chancen auf dem Wohnungsmarkt verschlechterten sich in der Wirtschaftskrise weiter.

Tab. 9: *Die Wohnungssuchenden in der Stadt Hamburg nach dem Grund der Aufnahme in die Liste der Wohnungssuchenden. 1919–1931*

Jahr	Wohnungssuchende am 31.12. des Jahres				Grund der Neuaufnahme in Prozent [a]				
	insgesamt	Wohnungslose	dringlich oder vordringlich[b]	Neuaufnahmen im Jahr bis zum Stichtag	Haushaltsgründung	Unbrauchbarkeit der Wohnung	Zusammenwohnen mehrerer Haushalte	Zuzug	Verschiedenes
1919	6099		110						
1920	14777		903	17297	48,9	2,4	30,8	3,5	14,4
1921	24944		1691	19847	53,9	3,6	31,1	3,6	7,7
1922	32056		2650	16859	47,6	2,3	32,2	2,7	15,1
1923	36837		2971	12961	33,8	1,5	49,9	1,5	13,3
1924	38077		3055	8643	28,4	1,3	52,7	2,8	14,7
1925	34197	32239	2440	10790	Von hundert „dringlichen“ bzw. „vordringlichen“ waren				
1926	41248	38057	3799	19409					
1927	45732	41745	4469	24458					
					Räumungsschuldner mit und ohne Ersatzraum		Inhaber von ungeeigneten, nicht tauschbaren Wohnungen		Wohnungsinhaber, die selbst gekündigt haben
1928	53898	49790	4329	27222	28,9		71,1		
1929	59437	55625	5360	30212	43,5		56,5		
1930	59117	53935	8827	30389	39,7		27,9		32,5
1931	59643	51279	1266	32360	28,6		6,6		64,8

a) Ab 1928 nur Angaben über die Zahl der dringlichen bzw. vordringlichen Neuaufnahmen.
b) Von 1919 bis 1927 nur dringliche Neuaufnahmen, von 1928 bis 1931 dringliche und vordringliche Neuaufnahmen.

Quelle: StA WA.I 47, Nr.12: Betrifft: Beitrag Hamburgs für die Denkschrift des Reichsarbeitsministeriums über die Entwicklung des Wohnungs- und Siedlungswesens im Deutschen Reich im Jahre 1924, Hamburg März 1925; ebd.: Wohnungsamt. Erstattung von Jahres berichten, 1925–1929; StA SB.I AF44.10, Bd.2, Nr.108: Wohnungsamt. Die Lage des Wohnungsmarktes Anfang 1932; Peters 1933, 64.

Die Zusammensetzung der Wohnungssuchenden, die sich erstmals in die Liste des Wohnungsamtes eintragen ließen, veränderte sich in den zwanziger Jahren erheblich: Nach Kriegsende bildeten zunächst jungverheiratete Paare, die einen eigenen Haushalt gründen wollten, die größte Gruppe. Ihre Zahl und ihr Anteil gingen mit dem Rückgang der Eheschließungen seit 1921 zurück. Stattdessen stellten Ehepaare bzw. Familien mit eigenem Haushalt, die zur Untermiete wohnten, eine immer größere Zahl und einen zunehmenden Anteil der neuaufgenommenen Wohnungssuchenden. Mitte der zwanziger Jahre bildeten sie die größte Gruppe unter den Wohnungsneubewerbern (vgl. Tabelle 9). Die durchschnittliche Wartezeit auf eine eigene Wohnung betrug zu diesem Zeitpunkt bis zu sechs Jahre[35]. Dieses Faktum bewegte in der zweiten Hälfte der zwanziger Jahre offensichtlich immer mehr junge Paare, die langfristig heiraten wollten, dazu, sich prophylaktisch als wohnungssuchend in die Liste des Wohnungsamtes einzutragen; Zahl und Anteil der Verlobten unter den Wohnungsneubewerbern stiegen seit 1925 sprunghaft an.

Die veränderte Zusammensetzung der amtlich anerkannten Wohnungsneubewerber wirkte sich auch auf die Zusammensetzung der Gesamtzahl der Wohnungssuchenden aus. Tabelle 10, die Aufschluß über Familienstand und Kinderzahl aller zwischen 1925 und 1931 in der Stadt Hamburg eingetragenen Wohnungssuchenden gibt, bestätigt die Tendenz, die in Hinblick auf die Wohnungsneubewerber beschrieben wurde. Die Zahl der Ehepaare mit und ohne Kinder, die eine eigene Wohnung suchten, stieg zwischen 1925 und 1931 zwar von 24.800 auf 27.500 an, doch ihr Anteil an den Wohnungssuchenden ging von 72 % auf 46 % zurück. Die Zahl der wohnungssuchenden Verlobten stieg im gleichen Zeitraum sehr viel stärker an, 1925 waren es erst 8.100 Paare, 1931 hingegen 27.700; demgemäß vergrößerte sich ihr Anteil an den Wohnungssuchenden von 24 % auf 46 %. Zahl und Anteil der Einzelpersonen, die in der Regel nur in die Liste des Wohnungsamtes aufgenommen wurden, wenn sie ein Kind hatten, blieben bis 1933 gering. Von den Ehepaaren hatten Mitte der zwanziger Jahre 52 % Kinder, bis 1931 stieg der Anteil der Familien auf 58 % an. Überwiegend waren es Ehepaare mit einem Kind, doch immerhin 24 % hatten zwei und 18 % drei und mehr Kinder. Selbst von diesen kinderreichen Familie besaßen 48 % im Jahr 1931 keine eigene Wohnung. Insgesamt war der Anteil der Wohnungslosen unter den Ehepaaren mit Kindern zwischen 1925 und 1931 von 89 % auf 69 % zurückgegangen.[36]

Zu den vielen wohnungslosen Ehepaaren gehörten Anfang der dreißiger Jahre auch *Caroline* und *Franz J.* Die Arbeitertochter Caroline J. (geb. 1902) war bis zu ihrer Heirat 1928 als ungelernte Arbeiterin in einer Packerei tätig. Ihr Mann war Schriftsetzer und verdiente als gelernter Arbeiter relativ gut. Er gehörte der SPD und der freien Gewerkschaft an, seine Frau blieb unorganisiert. Ihr Bericht veranschaulicht die konkreten Auswirkungen von Wohnungsnot und Wohnungszwangswirtschaft auf Lebensgestaltung und Wohnsituation eines jungen Arbeiterpaares:

> „Wir waren ein ewiges Brautpaar. Schon als junge Leute in der AJ (Arbeiterjugend, K.H.) haben mein Mann und ich uns kennengelernt. Fast fünf Jahre waren wir verlobt. Geheiratet haben wir nicht, weil wir einfach keine Wohnung bekamen ... Dabei haben wir uns wirklich bemüht ... Die Wohnungsnot war schlimm. Fast alles lief über das Wohnungsamt. Als Verlobte mußte man dort ewig auf eine Wohnung warten. Ohne Wohnung wollte ich eigentlich nicht heiraten. 1928 hat mein Mann dann gesagt: ‚So, ich will nicht mehr länger warten'. Dann haben wir doch geheiratet, auch ohne eigene Wohnung. Vorher hatten wir uns an einen Makler gewandt. Der hat uns zwar keine Wohnung, aber drei Zimmer beschafft, in der Allee, für 75 Mark im Monat, das war viel Geld damals. Es war eine sehr große Wohnung, eigentlich eine Offizierswohnung, dahinter lagen die Kasernen. Allerdings hatte sie kein Bad, das war früher selten. Das kleinste der drei Zimmer hatte ich als Küche eingerichtet. Außer uns wohnte da noch ein junges Mädchen, ebenfalls zur Untermiete. Die Vermieterin, eine alte Dame, war Witwe. Sie verdiente sich ihr Geld mit dem Vermieten der Zimmer ... Eineinhalb Jahre wohnten wir da ...
>
> Doch wir kamen mit dem Geld schlecht zurecht. Wir hatten ja auch noch so viel abzubezahlen, die ganzen Möbel ... über einen Kollegen bekam mein Mann ein Zimmer in der Sierichstraße angeboten, wieder zur

Tab. 10: *Die Wohnungssuchenden in der Stadt Hamburg nach dem Familienstand und der Kinderzahl. 1925–1931*

Jahr	Art der Wohnungs-suchenden	Wohnungs-suchende zusammen		Von hundert Parteien waren											
				Verheiratete						Einzelpersonen			Verlobte		
		Par-teien	Per-sonen	Anzahl der Kinder					Par-teien insg.	ohne Kin-der	mit Kin-dern	Par-teien insg.	ohne Kin-der	mit Kin-dern	Par-teien insg.
				keine	1	2	3	über 3							
1925	A	32239	80045	36,3	27,3	6,4	1,2	0,5	71,5	0,3	3,0	3,3	24,2	1,0	25,1
	B	1958	8136	16,1	19,8	17,2	12,5	21,8	87,4	2,5	9,9	12,3	0,2	0,1	0,3
	C	34197	88181	35,1	26,8	7,0	1,8	1,7	72,5	0,4	3,4	3,8	22,8	0,9	23,7
1926	C	41248	105229	30,0	22,8	6,8	2,0	1,9	63,5	0,6	4,2	4,8	30,5	1,1	31,6
1927	A	41754	99549	27,1	19,4	5,1	1,0	0,5	53,2	0,3	3,9	4,2	41,2	1,5	42,7
	B	3978	16179	12,4	16,9	19,7	13,7	18,9	81,6	4,4	13,6	18,0	0,1	0,2	0,3
	C	45732	115728	25,8	19,2	6,4	2,1	2,1	55,6	0,6	4,7	5,4	37,6	1,3	39,0
1928	C	53898	133718	23,3	16,6	5,8	2,1	1,9	49,7	0,7	5,0	5,7	43,1	1,5	44,6
1929	A	55625	134119	22,3	15,9	5,3	1,8	1,3	46,6	0,4	3,8	4,2	47,4	1,7	49,1
	B	3812	14575	15,0	17,2	17,9	9,8	14,7	74,6	4,1	21,0	25,1	0,1	0,2	0,3
	C	59437	148694	21,9	16,0	6,1	2,3	2,2	48,4	0,7	4,9	5,6	44,4	1,6	46,0
1930	C	59117	148504	19,9	15,2	5,9	2,3	2,3	45,5	0,7	5,5	6,2	46,3	2,0	48,3
1931	A	51279	122113	19,4	14,4	4,3	1,5	1,2	40,9	0,4	4,7	5,1	51,2	2,8	54,0
	B	8364	29656	20,6	21,9	18,0	8,2	9,9	78,5	2,6	18,8	21,3	0,1	0,1	0,1
	C	59643	151769	19,6	15,5	6,2	2,4	2,4	46,1	0,7	6,7	7,4	44,1	2,4	46,4

A: Wohnungslose B: Inhaber einer selbständigen Wohnung C: Zusammen Wohnungssuchende

Quelle: StJbu 1925, 132; StJbu 1926/27, 134; StJbu 1927/28, 128; StJbu 1929/30, 144; StJbu 1931/32, 80.

Untermiete. Der Kollege war sehr viel unterwegs. Ihm allein war die Wohnung zu teuer ... Sie hatte zwei Zimmer, eins bewohnte er, eins wir. Die Küche gehörte auch uns. Doch wenn er kam, dann saß er bei mir in der Küche. Das mochte ich gar nicht gern. Ich hatte ja nur meine Küche und das Schlafzimmer ... Doch wir brauchten bloß die Hälfte der vorherigen Miete zu bezahlen ... Ein Jahr habe ich es da nur ausgehalten. 1931 zogen wir in die Wohnung meiner Schwägerin nach Eimsbüttel. Meine Schwägerin hatte Land in Niendorf, mit einer Laube. Da konnte man auch schlafen, aber es war eigentlich nicht erlaubt, dort zu wohnen. Als mein Schwager arbeitslos wurde, zogen sie auf's Land. Sie konnten die Miete nicht mehr bezahlen. Aber sie blieben noch gemeldet in unserer Wohnung, das mußten sie. Sonst wär' das nicht gegangen. Dort haben wir das erste Mal allein gewohnt ..."

Andere Berichte von befragten Frauen deuten darauf hin, daß die Erfahrungen von Caroline und Franz J. nicht ungewöhnlich waren. Die Wohnungsnot betraf neben den wohnungslosen Alleinstehenden vorrangig junge Paare, die eine Familie gründen wollten. Ältere Ehepaare, die bereits in der Vorkriegszeit geheiratet hatten und seitdem in der Hansestadt lebten, bewohnten in der Regel eine eigene Wohnung. Die Wohnungsnot wirkte sich erheblich auf die Lebensplanung und den Alltag junger Paare aus: Angesichts der fehlenden Wohnung verschoben sie immer wieder die erstrebte Heirat. Der Gang zum Standesamt hätte ihnen keine Vorteile gebracht, sondern lediglich das Risiko, daß die Frau als sogenannte „Doppelverdienerin" ihre Erwerbsarbeit verlor. Die Zeit bis zur Gründung eines eigenen Haushalts sollte zumindest dafür genutzt werden, gemeinsam für den Hausstand zu arbeiten und zu sparen. Ein Zusammenleben als „Einlogierer" bei fremden Vermietern versuchten zumindest im sozialdemokratischen Milieu die meisten jungen Paare zu vermeiden. Vor allem die Frauen lehnten dies ab. Sie sahen bei Freundinnen und Kolleginnen, wie außerordentlich einschränkend sich diese Wohnform auf Haushaltsführung und Eheleben auswirkte. Es kam leicht zu Spannungen und Konflikten mit den Vermietern; die Folge war ein häufiger Wechsel des Quartiers. Verbreiteter war im sozialdemokratischen Milieu, daß verlobte bzw. jungverheiratete Paare gemeinsam zu Eltern bzw. Schwiegereltern zogen.

Reich, Länder und Gemeinden bemühten sich seit Beginn der Weimarer Republik, die sozialen Folgen des Wohnungsmangels durch die Wohnungszwangswirtschaft zu begrenzen. In Hamburg wurde wie allerorts seit 1919 die Wohnraumvergabe von einem Wohnungsamt geregelt. Zunächst wies diese Behörde den Wohnungssuchenden freiwerdende bzw. entstehende Wohnungen je nach Dringlichkeit und Wartezeit direkt zu. Binnen 24 Stunden mußten sie sich mit dem Vermieter in Verbindung setzen und das Verhandlungsergebnis umgehend mitteilen. Falls sie dies versäumten, erlosch jeder Anspruch auf die betreffende Wohnung. Lehnten sie die Anmietung der Wohnung aus Gründen ab, die dem Wohnungsamt nicht stichhaltig schienen, wurde ihnen vor Ablauf von drei bis sechs Monaten keine andere Wohnung zugewiesen. Weigerte sich der Vermieter, so war dem Wohnungsamt, falls es die Gründe als unzureichend einstufte, eine Zwangseinweisung möglich.[37] Im Zuge der Lockerung der Wohnungszwangswirtschaft veränderte das hamburgische Wohnungsamt im Dezember 1928 das Wohnungsvergabeverfahren. Die Wohnungssuchenden mußten sich nun selbständig um eine Wohnung bewerben. Sie erhielten einen Bewerbungsausweis, in dem der Grad der Dringlichkeit und die Wartezeit vermerkt waren. Die Zahl der ausgegebenen Ausweise richtete sich nach der Zahl der in den einzelnen Mietegruppen voraussichtlich freiwerdenden Wohnungen und der Zahl der eingetragenen Bewerber. Das Wohnungsangebot konnten die Wohnungssuchenden dem dreimal wöchentlich erscheinenden ‚Hamburger Wohnungsanzeiger' entnehmen, binnen zwei Tagen mußten sie sich bewerben. Lediglich folgende Einschränkungen begrenzten ihr Bewerbungsrecht:

- Um Kleinwohnungen der untersten Mietegruppe mit bis zu 600 Mark Miete im Jahr konnten sich nur Wohnungssuchende mit dem Ausweisvermerk „vordringlich" bzw. einer extrem langen Wartezeit bewerben.
- Um Mittelwohnungen mit 600 bis 1200 Mark Miete pro Jahr durften sich auch alle Wohnungs-

suchenden mit dem Ausweisvermerk „dringlich" sowie die Inhaber solcher Altbauwohnungen bewerben, die vom Wohnungsamt auf schriftlichen Antrag für leicht vermietbar erklärt worden waren.
- Die Bewerbung um Wohnungen der höheren Mietekategorien über 1200 Mark, die für die Mehrheit der Wohnungssuchenden längst nicht mehr erschwinglich waren, wurden für einen weiteren Kreis von anerkannten Wohnungssuchenden mit kürzerer Wartezeit freigegeben.[38]

Dieses Vergabeverfahren verringerte für sozial Schwache, insbesondere für kinderreiche Familien, die Chancen auf eine eigene Wohnung. Profitiert haben von ihm neben den Wohnungsvermietern vor allem die bessersituierten Wohnungssuchenden, die sich eine Mittel- oder Großwohnung leisten konnten; sie erhielten jetzt schneller und leichter eine Wohnung ihrer Wahl. Die Masse der Wohnungssuchenden aus der Arbeiterschaft mußte nach wie vor lange Zeit auf eine eigene Wohnung warten.[39]

Ihre Chancen verschlechterten sich in der Wirtschaftskrise infolge der zunehmenden Einschränkung der Wohnungszwangswirtschaft weiter: Mit der Notverordnung vom Dezember 1930 hob die Reichsregierung Brüning die Bewirtschaftung aller Wohnungen mit mehr als 800 Mark Miete auf; die Notverordnung vom Dezember 1931 schränkte die Bewirtschaftung gar auf Altbauwohnungen bis zu 400 Mark Miete ein. Damit hatten die Wohnungsämter nur noch die Kompetenz, die Vergabe der Kleinwohnungen in den untersten Mietegruppen zu regeln. Die zweite Notverordnung verfügte zudem die gänzliche Aufhebung des Wohnungsmangelgesetzes zum April 1933.[40] Deshalb schloß das Hamburger Wohnungsamt Anfang 1932 die Liste der Wohnungssuchenden für Verlobte; Wohnungsinhaber wurden nur noch ausnahmsweise aufgenommen und Räumungsschuldner lediglich bei Vorhandensein von mindestens drei Kindern berücksichtigt. Seit Juni 1932 nahm die Behörde überhaupt keine Wohnungssuchenden mehr in ihre Liste auf.[41]

Das einzige Mittel, das langfristig dem Wohnungsmangel abhelfen konnte, war der Wohnungsneubau. Trotz der enormen Leistungen, die in Hamburg auf diesem Gebiet erbracht wurden – 1933 waren knapp 20 % des gesamten Wohnungsbestandes Neubauten –, hielt der Wohnungsbau nicht mit dem steigenden Wohnungsbedarf Schritt. Die Neubautätigkeit setzte in den ersten Nachkriegsjahren nur langsam ein. Erst ab 1924, in der Phase der relativen wirtschaftlichen Stabilisierung, kam es zu einem Bauboom, der entscheidend durch die verstärkte staatliche Subventionierung gefördert wurde.[42] Finanzielle Basis des öffentlichen Wohnungsbaus war im gesamten Deutschen Reich die im Februar 1924 eingeführte sogenannte „Hauszinssteuer": Als Kompensation für die erheblichen Vorteile, die Altbaumietern, d.h. den Inhabern von Wohnungen, die vor Juni 1918 erbaut worden waren, aus der staatlichen Mietpreisbindung durch das Reichsmietengesetz in den Inflationsjahren erwuchsen, sollten sie zur Finanzierung des Wohnungsneubaus herangezogen werden. Zu diesem Zweck wurde die „gesetzliche" Höchstmiete, die im Januar 1924 in Hamburg bei 33 % der „Friedensmiete" lag, d.h. der im Juni 1914 für einen entsprechenden Wohnraum gezahlten Miete, bis Oktober 1927 schrittweise auf 120 % der Vorkriegsmiete erhöht. Die Erhöhungsbeträge wurden weitgehend im Rahmen der „Hauszinssteuer" abgeschöpft; rund 60 % der öffentlichen Baukostenzuschüsse stammten aus diesen Steuereinnahmen.[43] Folge dieser Politik waren für Altbaubewohner erhebliche Mehraufwendungen für Miete, die vor allem das Haushaltsbudget einkommensschwacher Arbeiter- und Angestelltenfamilien belasteten. Die Expansion des Wohnungsneubaus hielt nur bis Anfang der dreißiger Jahre an; in der Wirtschaftskrise wurde im Rahmen der Deflationspolitik die öffentliche Finanzierung des Wohnungsneubaus drastisch eingeschränkt. Konsequenz war 1931/32 allgemein ein rapider Rückgang der Bautätigkeit (vgl. Tabelle 11).

Tab. 11: *Der Bestand an Wohnungen[a] im hamburgischen Staat und in der Stadt Hamburg. 1910–1933[b)44]*

Jahr	Staat				Stadt					
	Wohnungen		V.h. waren	Zuwachs	Wohnungen		V.h. waren	Zuwachs	Neubau	Umbau
	insg.	leer	leer		insg.	leer	leer			
1910	259900	16244	6,3	100	238727	15605	6,5	100		
1914	289697	15741	5,4	111,5	272061	15159	5,6	114,0	2969[c)]	
1919	291307	1968	0,7	112,1	274694	1794	0,7	115,1	112	554
1920	293608	526	0,2	113,0	276586	468	0,2	115,9	418	1557
1921	296005	442	0,1	113,9	278813	385	0,1	116,8	1189	1198
1922	299024	467	0,2	115,1	280906	389	0,1	117,7	2126	598
1923	304012	398	0,1	117,0	285121	324	0,1	119,4	2729	71
1924	305058	418	0,1	117,4	286433	361	0,1	120,0	1097	404
1926	314388	731	0,2	121,0	294416	643	0,2	123,3	6914	314
1927	320715	783	0,2	123,4	300522	722	0,2	125,9	7406	121
1928	329604	1306	0,4	126,8	307509	1159	0,4	128,8	8960	122
1929	339545	1672	0,5	130,6	316701	1578	0,5	132,7	10769	100
1933	371443	8031	2,2	142,9	347565	7941	2,3	145,6	23229	3355[d)]

Verschärft wurde die Kluft zwischen Wohnungsangebot und –nachfrage in Hamburg dadurch, daß die Mieten des größten Teils der verfügbaren Wohnungen der Zahlungsfähigkeit vieler Wohnungssuchender nicht entsprachen (vgl. Tabelle 12). Dies galt insbesondere für die Mieten der neuerbauten Wohnungen, wie folgende Zahlen des Statistischen Landesamtes verdeutlichen: 1930 konnten in der Stadt Hamburg 81 % aller Wohnungssuchenden bis zu 600 Mark Jahresmiete aufbringen, doch nur knapp 25 % aller fertiggestellten Neubauwohnungen wurde im gleichen Jahr für diesen Preis angeboten, für 41 % mußten 601 bis 800 Mark Miete bezahlt werden, für 36 % mehr als 800 Mark. Durchschnittlich lag die Miete von Neubauwohnungen bei vergleichbarer Größe um 44 % höher als die von Altbauwohnungen. Real war die Kostendifferenz meist noch größer: Die Neubaumieter mußten entweder einen Baukostenzuschuß oder einen Genossenschaftsanteil aufbringen; diese Zahlungen erreichten nicht selten die Höhe einer Jahresmiete.[45] 1931/32, auf dem Höhepunkt dér Wirtschaftskrise, vergrößerte sich die Kluft zwischen Wohnungsnachfrage und –angebot weiter. Die Folge war, daß trotz großer Wohnungsnot eine wachsende Zahl fertiggestellter Neubauwohnungen nicht bezogen wurde. 1931 standen nach zeitgenössischen Schätzungen in Hamburg bereits ca. 5 % der Neubauwohnungen leer; das Wohnungsamt mußte der Beleihungskasse 4.227 als unvermietbar melden.[46]

Das Ungleichgewicht auf dem Wohnungsmarkt verschärfte sich in der wirtschaftlichen Depression auch deshalb, weil immer mehr Wohnungsinhaber infolge von Erwerbslosigkeit oder Lohnabbau die Miete nicht mehr aufbringen konnten und deshalb eine kleinere und billigere Wohnung suchten. Diese Entwicklung konnte durch die zehnprozentige Senkung der Altbaumieten, die die Reichsregierung mit der Notverordnung vom Dezember 1930 anordnete, nicht aufgehalten werden[47]. Eine Erhebung des Wohnungsamtes vom April 1932 ergab, daß zu diesem Zeitpunkt in der Stadt mehr als 35.000 Familien in einer Wohnung lebten, deren Miete ihre finanziellen Möglichkeiten weit überstieg. Besonders betroffen waren die Inhaber von Neubauwohnungen; rund acht Prozent von ihnen waren mit der Zahlung der Miete mehr als einen Monat im Rückstand[48]. Einer wachsenden Zahl von Familien drohte die Exmittierung aufgrund von Mietschulden. Um dies zu verhindern, half das Wohlfahrtsamt zunächst durch Mietzuschüsse:

Tab. 12: *Das Angebot an freigewordenen und neuerbauten Wohnungen sowie der Wohnungsbedarf nach Zimmerzahl und Mietegruppen in der Stadt Hamburg. 1925–1931*[49]

Wohnungsangebot

Jahr	Angebot insgesamt[a)]	Von hundert angebotenen Wohnungen waren									
		A-Wohnungen mit			B-Wohnungen[b)]	Wohnungen der Mietegruppe (Friedensmiete)					
		1–2 Zimmern	3–4 Zimmern	über 4 Zimmern		bis 300 M	301–400 M	401–600 M	601–800 M	801–1200 M	über 1200 M
1925	8582	38,7	47,6	8,6	5,2	18,2	22,2	27,8	13,9	8,3	9,6
1926	11077	34,6	52,2	8,0	5,2	16,3	17,9	28,1	16,7	9,8	11,1
1927	18316	46,7	42,8	5,9	4,5	13,9	15,2	32,5	19,0	10,8	8,7
1928	17577	48,2	40,8	6,5	4,5	14,1	14,4	25,7	21,3	14,5	10,0
1929	22975	45,7	45,7	6,0	2,7	14,4	13,8	22,3	23,0	16,9	9,6
1930	28353	48,8	44,5	6,7	1,4	13,2	13,8	22,0	26,0	16,2	8,8
1931	30357	47,4	45,5	7,1	1,0	28,2		26,9	23,9	14,9	6,1

Wohnungsbedarf

Jahr	Bedarf insgesamt[c)]	Von hundert angebotenen Wohnungen waren									
		A-Wohnungen mit			eine B-Wohnungen	eine Wohnungen der Mietegruppe					
		1–2 Zimmern	3–4 Zimmern	über 4 Zimmern		bis 300 M	301–400 M	401–600 M	601–800 M	801–1200 M	über 1200 M
1925	32239	33,3	63,2	3,0	0,5	1,4	38,0	44,4	10,0	4,6	1,6
1926	38057	33,6	62,6	3,3	0,5	0,3	40,3	42,9	9,8	4,5	2,2
1927	41754	35,3	61,2	3,0	0,6	0,1	38,2	45,2	9,8	4,6	2,1
1928	49790	37,9	59,1	2,6	0,4	0,2	30,8	51,7	10,3	4,7	2,2
1929	55625	39,5	57,9	2,2	0,3	0,1	21,7	60,0	11,0	5,1	2,2
1930	53935	40,5	57,2	2,1	0,2	15,6		65,0	11,8	5,5	2,1
1931	51279	42,4	55,3	2,1	0,2	17,4		63,7	11,7	5,2	2,0

A-Wohnungen: Nur für Wohnzwecke. B-Wohnungen: Für Wohn- und Geschäftszwecke.

1929 stellten 21.484 Familien einen Antrag auf Mietunterstützung, ein Jahr später waren es bereits 31.091; drei Viertel dieser Anträge wurden genehmigt.[50] Von den Unterstützten waren 1930:
– 43 % Familien von Arbeitslosenhilfe- und Krisenunterstützungsempfänger(inne)n,
– 27 % Familien von Wohlfahrtsempfänger(inne)n,
– 20 % Familien sonstiger Mietschuldner(innen),
– 10 % kinderreiche Familien.
Die Deflationspolitik des hamburgischen Senats zwang das Wohlfahrtsamt seit 1931, die Zahl der Mietunterstützungen zu reduzieren. Obwohl die Not größer geworden war, erhielten 1931 nur noch 20.719 und 1932 gar nur 12.976 Familien einen Mietzuschuß.[51]

Folge der ungünstigen Entwicklung auf dem Arbeits- und Wohnungsmarkt waren nach der Einschränkung der Wohnraumbewirtschaftung durch die Notverordnungen von 1930 und 1931 wahre „Massenumzüge“: 1931 wurden in Hamburg insgesamt 225.769 und 1932 gar 249.471

Umzüge polizeilich gemeldet, die höchsten jährlichen Umzugszahlen seit 1914.[52] Infolge der Wohnraumbewirtschaftung, die Wohnungsinhabern nur den Tausch über das Wohnungsamt als Möglichkeit des Wohnungswechsels ließ[53], war die Umzugshäufigkeit nach dem Ersten Weltkrieg stark zurückgegangen. 1914 waren 277.591 Parteien in Hamburg umgezogen, 1924 nur noch 140.598. Der größte Teil der Umzüge, deren Zahl auch in den folgenden Jahren nicht viel höher lag, betraf in den zwanziger Jahren alleinstehende Untermieter, lediglich ca. 8 % der Umziehenden waren Familien. Dies änderte sich Anfang der dreißiger Jahre; der Anteil der Familien an den Umziehenden stieg auf 51 %.[54] Die Neubaugebiete waren 1931/32 von den „Massenumzügen" besonders betroffen[55]. Als Motiv für den Wohnungswechsel reichten sechs Mark Miete weniger im Monat aus. Dies zeigt das Beispiel von *Grete* und *Wilhelm M.*. Grete M. (geb. 1902), die bis zu ihrer Heirat im Jahr 1930 als Verkäuferin bei der ‚Produktion' arbeitete, hatte ihren späteren Mann bereits 1919 kennengelernt. Beide wollten erst heiraten, wenn eine eigene Wohnung zu erwarten war. Grete M. erzählt:

> „Nach jahrelanger Wartezeit zogen wir 1930 in eine 2-Zimmer-Neubauwohnung unserer Baugenossenschaft in der Jarrestadt. Dort haben wir nur bis Oktober 1932 gewohnt. Dann ging es nicht mehr. Denn inzwischen waren ja die großen Gehaltsabbauten im Zuge der Notverordnungen gewesen. Mein Mann hatte als kaufmännischer Angestellter nur noch ein Bruttogehalt von 195 Mark im Monat. Wir mußten 52 Mark Miete monatlich bezahlen. Das war uns zuviel. Ich konnte nichts hinzuverdienen, denn nach der Heirat war ich ja entlassen worden. Wir zogen nach Uhlenhorst in eine 2-Zimmer-Altbauwohnung, auch von unserer Baugenossenschaft. Dort brauchten wir nur 46 Mark Miete zu bezahlen. Wegen 6 Mark Miete sind wir hierhergezogen!"

Nur ein Bruchteil der Familien, die 1931/32 eine billigere Wohnung suchten, fand etwas entsprechendes. Ihnen boten sich zwei Wege, die Mietausgaben zu senken: Zum einen konnten sie zum Mittel der Untervermietung greifen. Dies taten insbesondere in den Neubauvierteln immer mehr Familien, weshalb sich dort ein Wohnmißstand verbreitete, der vorher hauptsächlich in den Altbauquartieren zu beobachten war: die Überbelegung kleiner Wohnungen.[56] Zum anderen bot sich denen, die einen eigenen Kleingarten besaßen, die Möglichkeit in ihre „Laube" zu ziehen. Das Wohnen im Kleingartenhäuschen breitete sich Anfang der dreißiger Jahre zunehmend aus. Laut offizieller Statistik wohnten 1933 in der Stadt Hamburg 1.742 Familien in ihrer „Laube", damit waren rund 8 % der Schrebergärten ständig bewohnt. Außerhalb der Stadtgrenzen lebten noch viel mehr Hamburger, die ihr Wohnungsproblem auf diese Weise gelöst hatten. Vier Fünftel der bewohnten „Lauben" in der Hansestadt lagen in den Stadtteilen Horn, Billbrook-Moorfleeth sowie Billwärder-Ausschlag.[57] Eine Besichtigung, die dort im Winter 1932/33 vom zuständigen Baurat des Wohnungsamtes vorgenommen wurde, ergab ein relativ positives Bild. Sein folgender Bericht vermittelt exemplarisch einen Eindruck:

> „Vorhanden sind 3 Kinder. Die Laube ist 60 qm, der Garten 460 qm groß. Herd und Ofen sind brandsicher, der Schornstein massiv ... Die Laube macht einen sehr ordentlichen Eindruck. Hühner werden gehalten. Wohnen seit Januar 1932 draußen und sind sehr zufrieden, halten die Unterkunft für besser als eine Stadtwohnung; sie sind derzeit ausgezogen wegen zu teurer Miete."[58]

Der größte Teil der besichtigten Lauben, die offiziell höchstens 20 qm groß sein durften, wurde von zwei bis drei Personen bewohnt. Die meisten Bewohner hatten ihre Unterkunft ‚illegal' ausgebaut und wetterfest gemacht. Die Laubenbewohner waren in der Regel mit ihrer Wohnsituation zufrieden, deshalb sprach sich der Baurat nur bei schwerwiegenden Mängeln gegen einen Verbleib aus.[59] Amtlich war das Wohnen in den Schrebergärten nicht gestattet. Mit dem Anwachsen der Zahl der bewohnten Lauben setzte zwischen den verantwortlichen Behörden eine intensive Diskussion darüber ein, ob dies zu dulden sei oder polizeiliche Maßnahmen dagegen ergriffen werden müßten. Vor allem das Wohnungs- und das Wohlfahrtsamt befürworteten eine Tolerierung. Sie konnten sich mit ihrer Position durchsetzen, denn alternativer Wohnraum hätte den Laubenbewohnern nicht zugewiesen werden können.[60] Das Wohnen in Lauben, das sich auch in anderen Großstädten wie Berlin Anfang der dreißiger Jahre stark ausbreitete, ist das sichtbarste Zeichen dafür, daß sich zumindest für die einkommensschwachen und erwerbslosen Bevölkerungskreise der Großstädte in der Wirtschaftskrise Wohnungsnot und Wohnungselend erheblich verschärften.[61]

* * *

Die extreme Wohnungsnot, die nach Kriegsende einsetzte und sich in der Weimarer Republik trotz eines intensiven Wohnungsneubaus weiter zuspitzte, prägte vorrangig die Wohnsituation der arbeitenden Bevölkerung in den Großstädten. Betroffen waren von ihr alle, die auf kostengünstigen Wohnraum angewiesen waren. In besonderem Maße beeinträchtigte sie jedoch Wohnmöglichkeiten und Lebensgestaltung der berufstätigen Alleinstehenden über dreißig, die in Hamburg keinen Anspruch auf eine eigene Wohnung hatten, sowie der jungen Paare, die eine eigene Familie gründen wollten. Im Rahmen des sozialen Wohnungsbaus wurden in Hamburg wie andernorts im Deutschen Reich in den zwanziger Jahren zwar erhebliche Leistungen erbracht, der Wohnungsbestand stieg stark an und entsprach modernen Standards, doch die neuen Wohnungen waren für die Masse der registrierten Wohnungssuchenden unerschwinglich.

Neben den berufstätigen Alleinstehenden und den jungen Paaren waren die sozial Schwachen vorrangig Opfer von Wohnungsnot und Wohnungselend. Betroffen waren insbesondere Familien von Arbeitslosen und Wohlfahrtsempfänger(inne)n sowie minderbemittelte und kinderreiche Familien. Ihre Chancen, auf dem Wohnungsmarkt eine angemessene Wohnung zu finden, verschlechterten sich infolge der schrittweisen Aufhebung der Wohnungszwangswirtschaft seit Mitte der zwanziger Jahre erheblich; ungünstig wirkten sich für sie insbesondere die Aufhebung des Kündigungsschutzes und die Lockerung des Wohnungsvergabeverfahrens aus.

Da die Wohnung der Hauptort für die Haus- und Familienarbeit von Ehefrauen und Müttern war, betrafen sie die Folgen von Wohnungsnot und Wohnungselend am stärksten. Sie waren ständig mit deren alltäglichen Auswirkungen – Überfüllung, Enge, Bedrängtheit, mangelnde Hygiene, Schmutz und Verwohntheit – in der Unterkunft der Familie konfrontiert.

1.2.2 *Die Wohnverhältnisse der Hamburger Arbeiterschaft*

Die Trennung von Haushalt und Werkstatt, Wohnung und Betrieb sowie die Ausbildung sozialspezifischer Wohnquartiere gelten als wichtigste räumliche Merkmale des Verstädterungs- und Urbanisierungsprozesses in der Industrialisierung. Diese funktionale und soziale Differenzierung und Strukturierung unterschied sich grundlegend von der räumlichen Gliederung der vorindustriellen Stadt, die bis in das 19. Jahrhundert hinein in erster Linie von städtischen Herrschafts- und Machtverhältnissen sowie von Status-, Wert- und Standesordnungen geprägt war.[62]

In Hamburg waren die räumlichen Grundstrukturen, die das Stadtbild in der Weimarer Republik prägten, bereits Ende des 19. Jahrhunderts in Ansätzen ausgebildet. Stärker als jede andere deutsche Großstadt hatte die Hansestadt schon im Kaiserreich den Weg der ‚Citybildung' beschritten. Die Grundlage der hamburgischen Wirtschaft blieben auch nach der Industrialisierung Handel und Schiffahrt; ein großer Teil der Arbeitsplätze konzentrierte sich deshalb auf den Hafen und die unmittelbar angeschlossene Innere Stadt. Durch die Bildung des Freihafens und die schnelle Entwicklung des Wirtschaftslebens setzte sich diese Konzentration in eine bauliche Verdichtung um: Die Innenstadt wurde zur ‚Geschäftshausstadt', in der Kontorhäuser zunehmend die überlieferte Bau- und Sozialstruktur verdrängten. Durch die Stadt- und Vorortbahnen sowie ein ausgedehntes Straßennetz wurden die Wohngebiete, die sich als monofunktionaler und weitgehend geschlossener Gürtel um die City ausdehnten, mit dem Hafen und seinen angrenzenden

Industriegebieten sowie dem innerstädtischen Geschäftszentrum verbunden. Bereits in der Vorkriegszeit konzentrierte sich auf diesen ‚Wohngürtel‘ der allergrößte Teil der Hamburger Wohnungen. In den zwanziger und dreißiger Jahren verstärkte sich diese Tendenz durch den Bau großer Neubausiedlungen am Stadtrand (vgl. Tabelle 13).[63]

Tab. 13: *Die zehn Stadtteile mit der größten Zahl von Wohnungen in der Stadt Hamburg. 1910, 1927 und 1933*[64]

Stadtteil		Von hundert Wohnungen lagen in		
		1910	1927	1933
Innere Stadt:[a)]	Neustadt	7,8	6,7	5,2
Angrenzende Stadtteile:[b)]	St.Georg	10,3	8,5	7,4
	St.Pauli	8,1	6,1	5,2
Äußere Stadtteile:[c)]	Eimsbüttel	13,4	12,4	11,1
	Eppendorf	8,3	8,4	7,6
	Winterhude	3,5	4,7	6,3
	Barmbek	10,0	14,6	17,4
	Eilbek	6,3	5,8	5,0
	Hamm	5,1	7,4	9,2
	Billwärder-Ausschlag	4,9	4,9	4,5
Wohnungen in der Stadt		223122	292670	338005

Das Sozialprofil der meisten Stadtteile Hamburgs war für die Zeitgenossen deutlich auszumachen. Mit Hilfe einer Sozialraumanalyse, die in Hinblick auf die Fragestellungen dieser Studie lediglich den sozialen und familiären Status berücksichtigt, können dessen Grundlinien retrospektivisch erschlossen werden[65]. Entscheidender Indikator für den sozialen Status eines Stadtteils ist neben der sozialen Zusammensetzung der erwerbstätigen Bevölkerung das Wohnen, denn die Möglichkeiten der Wohnungswahl waren in erheblichem Maße vom jeweiligen Einkommen abhängig. Die quantitativen Strukturen der Wohnverhältnisse in den einzelnen Stadtteilen Hamburgs können mit Hilfe der Reichswohnungszählung vom 16. Mai 1927 relativ genau erfaßt werden. Diese Zählung wurde von der Reichsregierung für alle Gemeinden mit mehr als 5.000 Einwohnern angeordnet, um genauen Aufschluß über das Ausmaß von Wohnungsnot und Wohnungselend zu erhalten und exaktere empirische Unterlagen für die Wohnungspolitik von Reich, Ländern und Gemeinden zu gewinnen[66]. Indikatoren für den familiären Status, die zugleich auch Auskunft über den sozialen Status geben, sind u.a. die Haushalts- und Familiengröße, die Geburtenentwicklung, d.h. insbesondere die eheliche und uneheliche ‚Fruchtbarkeitsziffer‘ und die Höhe der Säuglingssterblichkeit[67]. Auch hierzu liegt für die Stadt Hamburg wie für die einzelnen Stadtteile umfassendes sozialstatistisches Material vor. Die Quellenlage erweist sich aufgrund der relativ kleinräumlichen Gliederung der amtlichen Hamburger Stadtteile, die historisch gewachsen war, zwar für eine Sozialraumanalyse als außerordentlich günstig, trotzdem sind aber auch hier nur Tendenzaussagen zum Sozialprofil einzelner Viertel möglich, da die Bewohnerschaft der Quartiere nie gänzlich homogen zusammengesetzt war.[68] Angesichts der Hauptfragestellungen der Arbeit wird sich die Sozialraumanalyse auf die Stadtteile Hamburgs konzentrieren, in denen überdurchschnittlich viele Arbeiterfamilien wohnten, dazu gehörten die Alt- und Neustadt, St.Georg, St.Pauli, Eimsbüttel, Winterhude, Barmbek, Uhlenhorst, Hamm, Billwärder-Ausschlag, heute bekannt als Rothenburgsort, und Veddel. Den ‚Arbeiterwohngebieten‘ werden die ausgesprochen ‚bürgerlichen Viertel‘ Harvestehude, Rotherbaum und Hohenfelde vergleichend gegenübergestellt.[69]

Tab. 14: *Die bewohnten Wohnungen nach Größenklassen in Arbeiterwohngebieten und bürgerlichen Vierteln der Stadt Hamburg. 1927*[70]

Stadtteil	Von hundert bewohnten Wohnungen hatten ... Räume							
	1	2	3	1–3	4	1–4	4–6	über 6
Arbeiterwohngebiete:								
Altstadt	1,3	8,1	28,9	38,2	33,1	71,3	58,2	3,8
Neustadt	1,4	9,6	36,9	47,8	28,3	76,1	47,9	3,9
St.Georg	0,4	3,6	25,1	29,1	42,4	73,5	64,1	6,8
St.Pauli	0,6	4,6	23,8	29,0	34,3	67,5	67,7	4,5
Eimsbüttel	0,4	2,6	33,5	36,5	35,2	71,7	58,9	4,6
Winterhude	0,2	3,5	39,2	42,9	33,2	76,1	47,3	9,8
Barmbek	0,1	3,9	46,3	50,3	36,0	86,3	47,9	1,8
Uhlenhorst	0,2	3,4	36,8	40,4	43,9	84,3	56,0	15,5[a)]
Hamm	0,1	3,8	37,0	40,9	37,9	78,8	59,9	5,8
Billwärder-Ausschlag	0,3	3,3	49,5	53,0	36,9	89,9	46,4	0,6
Veddel	0,3	3,4	39,6	43,3	30,0	73,3	53,4	3,3
Bürgerliche Viertel:								
Rotherbaum	0,5	2,9	12,1	15,6	18,6	34,2	51,5	33,0
Harvestehude	0,3	2,2	9,3	11,8	16,7	28,5	43,8	44,4
Hohenfelde	0,4	1,9	9,5	11,8	27,4	39,2	54,7	28,6
Stadt Hamburg	0,4	3,7	31,5	35,6	33,9	69,6	56,7	7,7

In Hinblick auf das Wohnen sind Architektur und durchschnittliche Wohnungsgröße die deutlichsten Zeichen für den sozialen Status. Die Größenverteilung der Wohnungen war zwar insgesamt in Hamburg günstiger als in den anderen Großstädten des Deutschen Reiches, unterschied sich aber in den einzelnen Stadtteilen erheblich (vgl. Tabelle 14). Von allen Wohnungen die 1927 in der Hansestadt gezählt wurden, waren:

- 35,6 % Kleinwohnungen (im Reich: 51,4 %) mit ein (0,4 %), zwei (3,7 %) bzw. drei (31,5 %) Räumen,
- 56,7 % Mittelwohnungen (im Reich: 41,7 %) mit vier (33,9 %), fünf (13,9 %) bzw. sechs (8,8 %) Räumen,
- 7,7 % Großwohnungen (im Reich: 6,9 %) mit sieben und mehr Räumen.[71]

Bei der Bewertung der obigen Zahlen muß berücksichtigt werden, daß sowohl die Küche als auch nicht-heizbare Kammern in der Statistik als Wohnraum galten.

Die Stadtviertel mit dem höchsten sozialen Status – Harvestehude, Rotherbaum, Hohenfelde und Uhlenhorst-West – wiesen auch die beste Wohnqualität auf; hier war der Anteil der Mittelwohnungen mit fünf und sechs Zimmern sowie der Großwohnungen mit sieben und mehr Räumen am höchsten. Diese Wohngebiete der hanseatischen Oberschicht, deren Bild vornehme Villen und exklusive Mietshäuser mit großen, luxuriösen Wohnungen prägten, lagen nördlich der Inneren Stadt zu beiden Seiten der Außenalster.[72] Die Stadtteile mit dem niedrigsten sozialen Status waren die Neustadt, Barmbek und Billwärder-Ausschlag. Diese ausgesprochen proletarischen Viertel wiesen den höchsten Anteil von Kleinwohnungen auf, der auch in den meisten anderen Arbeiterwohngebieten über dem Durchschnitt der Stadt lag. In den hafennahen Quartieren der Alt- und Neustadt mit ihren vor der Industrialisierung erbauten „Gängevierteln" wohnten vor allem Familien unständig beschäftigter Hafen- und Gelegenheitsarbeiter[73]. Eine ähnliche soziale Zusammensetzung wies das hafennah gelegene St.Pauli-Süd auf. In St.Georg-Süd, bekannt als Hammerbrook, einem Wohngebiet, das an die Innere Stadt und den Hafen angrenzte, lebten neben Hafenarbeiter- vor allem Fabrikarbeiterfamilien.[74] Die übrigen Arbeiterwohngebiete am äußeren

Hammerbrooker Hinterhof: Idastraße 36, zwanziger Jahre (Lichtbildnerei der Baubehörde Hamburg)

Rande der Stadt wurden stärker von Facharbeiterfamilien bewohnt. Am bevölkerungsreichsten war Barmbek, insbesondere in den Altbaugebieten des Südteils lebten außerordentlich viele Arbeiterfamilien. Das Bild aller proletarischen Altbauquartiere außerhalb der Innenstadt wurde von vier- bis sechsstöckigen „Mietskasernen" in „Schlitzbauweise" geprägt: Vier Kleinwohnungen je Etage lagen in der Regel an einem eingebauten Mittelhaus („Vierspänner"). Tageslicht erhielt nur ein Teil der Zimmer. Die Fenster von Küchen und Aborten, aber auch von einem Teil der Wohnräume, lagen am lichtlosen Treppenhaus oder an einem dunklen Schacht zwischen den einzelnen Wohnungen. Querlüftung der Wohnung war nicht möglich. Im Hinterhof solcher Mietshäuser schloß sich häufig noch eine sogenannte „Terrasse" an, zwei schmale etwas niedrigere Häuserzeilen.[75] Die modernen Neubausiedlungen konzentrierten sich auf die äußeren Stadtteile im Norden und Osten Hamburgs, die größten geschlossenen Neubaugebiete lagen in Barmbek-Nord, Hamm und Winterhude-Süd. Hier war der Arbeiteranteil niedriger als in den proletarischen Altbauquartieren[76].

Bei der Wohnungssuche war für Arbeiterfamilien neben der Miethöhe ausschlaggebendes Kriterium für die Wahl der Wohnung deren Nähe zum Arbeitsplatz des Mannes, der seinen Arbeitsweg möglichst zu Fuß oder mit dem Fahrrad zurücklegen können sollte. Zwar stand in den zwanziger und dreißiger Jahren in Hamburg ein gut ausgebautes öffentliches Verkehrsnetz zur Verfügung, doch nur bessersituierte Arbeiter konnten sich die regelmäßige Benutzung von Hoch- und Straßenbahn leisten.[77] Die Ehefrau mußte sich bei der Wohnungswahl den Bedürfnissen und Interessen ihres Mannes unterordnen; § 1354 des BGB gab ihm das Recht, die Entscheidung über Wohnort und Wohnung ohne ihre Zustimmung zu treffen[78]. Als Hausfrau und Mutter war sie im Falle einer Erwerbstätigkeit gezwungen, bei der Wahl ihrer Erwerbsarbeit auf die Lage der Wohnung Rücksicht zu nehmen, die ihr Hauptarbeitsort blieb. Ihre außerhäusliche Arbeitsstätte mußte möglichst in Wohnungsnähe liegen.[79]

Der größte Teil der erwerbstätigen Wohnbevölkerung Hamburgs arbeitete in den zwanziger Jahren im Hafen und in der City (vgl. Tabelle 15). Zentren der Industrie waren das Hafengebiet und

Tab. 15: *Wohnort und Arbeitsstätte in der Stadt Hamburg. Die erwerbstätige Wohnbevölkerung der einzelnen Gebietsteile nach der Lage ihres Arbeitsortes. 1910 und 1925*[80]

Lage der Wohnung	Jahr	Erwerbstätige insges.	Von hundert Erwerbstätigen arbeiteten in					
			Hafengebiet	Innere Stadt	Angr. Stadtt.	Äußere Stadtt.	Geestvororte	Wechs. Stadtt.
Hafengebiet [a)]	1910	7403	81,0	10,7	2,7	1,2		4,4
	1925	12233	75,9	12,2	5,3	5,2	0,1	1,3
Innere Stadt	1910	47095	22,7	61,2	5,5	2,6		8,1
	1925	41127	25,9	54,5	7,8	6,1	0,2	5,4
Angrenzende Stadtteile	1910	103367	20,2	20,0	50,0	6,1		3,8
	1925	100039	20,3	22,2	43,3	10,5	0,3	3,4
Äußere Stadtteile	1910	236945	12,6	17,2	9,0	57,2		4,0
	1925	341523	15,7	23,0	11,5	46,7	0,7	2,4
Geestvororte [b)]	1925	8770	8,9	18,8	7,2	13,7	48,1	3,3
Stadt Hamburg	1910	394810	17,1	23,0	19,2	36,3		4,4
	1925	503692	18,8	25,1	17,3	34,6	1,4	2,8

Hammerbrook – hier konzentrierten sich die Großbetriebe des Eisen- und Metallgewerbes, der Nahrungs- und Genußmittelindustrie sowie der Chemischen Industrie – und die Stadtrandgebiete Billbrook, Barmbek, Eimsbüttel und Billwärder-Ausschlag. Das Handelsgewerbe, insbesondere die Betriebe des Großhandels, des Geld-, Bank- und Börsenwesens und der Handelsvermittlung, drängten sich in der City.[81]

Im Hafengebiet und in der inneren Stadt war auch in den zwanziger Jahren die Übereinstimmung von Wohn- und Erwerbsarbeitsort noch besonders hoch. Infolge der Citybildung fanden jedoch immer weniger Erwerbstätige in direkter Nähe ihres dortigen Arbeitsplatzes eine Wohnung. Eine wachsende Zahl mußte in den äußeren Stadtteilen Hamburgs wohnen: 1910 waren es erst 47 %, 1925 bereits 60 %.[82]

Vor allem Hafenarbeiter, die zu einem erheblichen Teil unständig beschäftigt waren und bei Arbeitsmangel häufig mehrmals täglich bei der Arbeitsvermittlung vorsprechen mußten, erstrebten eine Wohnung in Hafennähe.[83] Wenn sie aus ihrer Wohnung oder ihrem Untermietzimmer in der Neustadt, St.Pauli oder Billwärder-Ausschlag ausziehen mußten, versuchten sie eine Unterkunft innerhalb des Quartiers zu finden. Diese drei Arbeiterwohngebiete wiesen demgemäß in Hamburg den höchsten Anteil von Umzügen innerhalb des Stadtteils auf. Doch auch in den anderen alten Arbeitervierteln war der Anteil der Umzüge innerhalb des Wohngebietes überdurchschnittlich hoch. Dies zeigt folgende Übersicht für das Jahr 1931, das einzige für das Zahlen vorliegen:[84]

Stadtteil	Von hundert Umziehenden						
	blieben im Viertel insg.	Familien	Einzelp.	zogen in den benachbarten Stadtteil insgesamt			
Neustadt	60,3	62,3	59,6	I. 12,5	St.Pauli	II. 5,3	St.Georg
St.Pauli	60,8	60,0	61,2	13,9	Neustadt	7,2	Eimsbüttel
Billw.-Ausschlag	56,7	58,9	54,2	12,4	St.Georg	5,4	Hamm
Eimsbüttel	54,6	57,0	52,6	13,9	St.Pauli	7,3	Eppendorf
St.Georg	55,1	56,0	54,9	5,7	Neustadt	5,1	Barmbek
Barmbek	52,9	54,5	49,8	5,3	Uhlenhorst	5,2	St.Georg
zum Vergleich: Harvestehude	27,6	28,8	26,5	12,5	Eppendorf	10,4	Rotherbaum

Die Übersicht belegt zudem, daß Familien und Alleinstehende aus den alten Arbeiterwohngebieten, die ‚ihren' Stadtteil verlassen mußten, möglichst in ein benachbartes Viertel zogen. Ein Wechsel in ein entfernteres Quartier wurde nur erstrebt, wenn der Arbeitsort des Mannes sich sehr verändert hatte oder zwecks Verbesserung der Wohnsituation eine Neubauwohnung bezogen werden sollte. Neben pragmatischen Gründen haben sicher auch die emotionale Gebundenheit an den ‚eigenen' Stadtteil und die vielfältigen sozialen Kontakte innerhalb des Viertels dazu beigetragen, daß das Quartier selten gewechselt wurde.[85]

1.2.2.1 Die Wohnsituation Hamburger Arbeiterfamilien

Alte Arbeiterviertel

Die meisten Hamburger Arbeiterfamilien lebten in der Weimarer Republik nicht in einer modernen Neubausiedlung, sondern in einem Altbauviertel. Die Folgen des Wohnungsmangels zeigten sich in diesen alten Quartieren besonders deutlich. Drei Indikatoren geben neben der Zahl der registrierten Wohnungssuchenden Aufschluß über das Ausmaß von Wohnungsnot und Wohnungselend: Die Wohndichte pro Wohnung, die Belegungsdichte pro Wohnraum sowie Ausmaß und Form der Untermietverhältnisse.

Insgesamt waren die Wohnverhältnisse in der Stadt Hamburg trotz des eklatanten Wohnungsmangels Mitte der zwanziger Jahre etwas besser als in anderen Großstädten des Deutschen Reiches: Die Wohn- und Belegungsdichte lag in den bewohnten Wohnungen und Wohnräumen aller Größenklassen niedriger als im großstädtischen Durchschnitt. Hauptursachen hierfür waren der höhere Anteil an Mittel- und Großwohnungen sowie die geringere Haushaltsgröße. Dies zeigt folgende Übersicht für das Jahr 1927:[86]

Wohnungsgrößenklassen	Auf eine Wohnung kamen durchschnittlich Bewohner		Auf einen Wohnraum kamen durchschnittlich Bewohner	
	Hamburg	Reich [a)]	Hamburg	Reich [a)]
Kleinwohnungen (1–3 Wohnräume)	3,13	3,26	1,09	1,28
Mittelwohnungen (4–6 Wohnräume)	3,79	4,02	0,83	0,87
Großwohnungen (7 und mehr Wohnräume)	5,03	5,16	0,61	0,63
Überhaupt	3,65	3,70	0,86	0,98

a) Durchschnitt aller Großstädte im Deutschen Reich

Im Vergleich zur Vorkriegszeit war die Belegungsdichte in der Stadt Hamburg wie in den meisten anderen Großstädten des Deutschen Reiches in den Wohnungen sämtlicher Größenklassen zurückgegangen. 1910 wurde ein Wohnraum in der Hansestadt durchschnittlich von 1,2 Personen bewohnt, 1927 waren es nur noch 0,9 Personen. Diese Entwicklung war kein Ausdruck verbesserter Wohnverhältnisse. Bei der Interpretation der Zahlen müssen das Wohnungsangebot und die Zusammensetzung der Bewohner berücksichtigt werden: In den zwanziger Jahren wurden angesichts des Wohnungsmangels nicht selten Wohnungen bewohnt, die unter ‚normalen' Verhältnissen längst als ‚unbewohnbar' abgerissen worden wären. Infolge der veränderten Alterszusammensetzung der großstädtischen Bevölkerung war die Zahl der Erwachsenen insgesamt stark angestiegen, die der Kinder und Jugendlichen entsprechend zurückgegangen; es wohnten also mehr Erwachsene zusammen.[87]

Die durchschnittlichen Zahlen zu Wohnungs- und Belegungsdichte sagen wenig über die konkrete Wohnsituation von Arbeiterfamilien aus. In den alten Arbeiterwohngebieten, vor allem in Billwärder-Ausschlag und Barmbek, waren die Verhältnisse ungünstiger als in den übrigen Stadtteilen: Die Belegungsdichte pro Wohnraum und der Anteil der „stark belegten" und „überfüllten" Wohnungen waren deutlich höher (vgl. Tabelle 16). Als „stark belegt" galt offiziell eine Wohnung mit ein bis zwei Personen pro Wohnraum, als „überfüllt" eine solche mit mehr als zwei Personen pro Wohnraum. Dieses offizielle Kriterium für die „Überfüllung" einer Wohnung entsprach nach Ansicht der hamburgischen Behörde für Wohnungspflege nicht der Wohnrealität. Sie stufte auch die „stark belegten" Wohnungen als übervoll ein: Real seien in der Hansestadt nicht 4.251 Wohnungen überfüllt, sondern ca. 26.000, ein Viertel des Kleinwohnungsbestandes.[88]

Tab. 16: *Wohndichte und Kinderreichtum in Arbeiterwohngebieten und bürgerlichen Vierteln der Stadt Hamburg. 1927*[89]

Stadtteil	Durchschnittliche Bewohnerzahl pro Wohnraum				Von hundert Wohnungen		
	insg.	in Wohnungen mit 1 Wohnräumen	2	3	waren Wohnungem mit 1–2[a)] Pers. pro Wohnraum	mehr als[b)]	wurden von kinderreichen[c)] Familien bewohnt
Arbeiterwohngebiete:							
Altstadt	0,8	1,3	1,1	0,9	19,2	1,2	3,3
Neustadt	0,9	1,6	1,2	1,0	25,0	1,8	3,7
St.Georg	0,9	1,8	1,1	1,0	23,3	1,4	5,4
St.Pauli	0,9	1,7	1,2	1,0	25,4	1,5	4,3
Eimsbüttel	0,9	1,5	1,3	1,1	24,1	1,4	4,2
Winterhude	0,8	1,9	1,3	1,1	24,1	1,5	4,3
Barmbek	1,0	2,3	1,3	1,1	29,8	2,0	5,1
Uhlenhorst-Ost	1,0	1,3	1,2	1,1	27,9	2,0	5,7
Hamm	0,8	2,0	1,3	1,1	21,3	1,5	1,1
Billwärder-Ausschlag	1,0	2,2	1,4	1,2	33,8	2,8	5,9
Veddel	0,9	1,0	1,4	1,1	26,5	1,8	6,2
Bürgerliche Viertel:							
Rotherbaum	0,9	1,5	0,8	0,8	11,6	0,5	3,6
Harvestehude	0,6	1,5	0,9	1,0	7,6	0,3	3,8
Hohenfelde	0,7	1,7	1,0	0,9	11,3	0,6	3,4
Stadt Hamburg	0,9	1,7	1,2	1,1	23,1	1,5	4,3

Besonders beengt war meist die Wohnsituation von ‚kinderreichen' Familien, so wurden offiziell Ehepaare oder alleinerziehende Elternteile mit mindestens vier unverheirateten und noch in der elterlichen Wohnung lebenden Kindern bezeichnet[90]. Von den 12.681 kinderreichen Familien, die 1927 in der Stadt Hamburg lebten, hatten 59 % vier, 24 % fünf und 16 % sechs und mehr Kinder[91]. Überdurchschnittlich viele kinderreiche Familien wohnten in den alten Arbeiterquartieren, am höchsten war ihr Anteil in Veddel, Billwärder-Ausschlag und Uhlenhorst-Ost (vgl. Tabelle 16).

Einen ersten Einblick in die Wohnsituation kinderreicher Familien vermittelt die folgende Übersicht:[92]

Wohnungsgröße (Zahl der Wohnräume)	V.h. kinderreichen Familien bewohnten	Durchschnittliche Bewohnerzahl einer Wohnung
1–2	1,2	7,1
3–4	68,5	6,9
5–6	21,5	6,8
7 und mehr	8,8	8,4

Sämtliche Kleinwohnungen und ein großer Teil der Mittelwohnungen, die von kinderreichen Familien bewohnt wurden, waren laut amtlicher Statistik „überfüllt". In mehr als der Hälfte aller „überfüllten" Wohnungen der Stadt Hamburg lebten kinderreiche Familien. Mit steigender Kinderzahl verschlechterte sich in der Regel die Wohnsituation. Nur wenige kinderreiche Ehepaare konnten die Miete für eine Wohnungsgröße aufbringen, die der Kinderzahl angemessen gewesen wäre.[93] Die alltägliche Wohnsituation einer kinderreichen Arbeiterfamilie verdeutlicht die folgende Schilderung einer Hamburger Berufsschülerin, die mit ihrer Familie im Gängeviertel der Neustadt lebte. Sie berichtete 1929 ihrer Berufsschullehrerin:

> „Unsere Wohnung besteht aus 2 Zimmern und Küche ... Das eine Zimmer besitzt aber weder Fenster noch Tür, ist also eine Kammer. So besteht Schlaf-, Wohn- und Speisegemach aus einem Raum. Die Wohnung hat auch keinen Korridor, man tritt von draußen gleich in die Küche, dann in die Stube. Toilette und Brunnen befinden sich außerhalb der Wohnung im Hausflur. Der Boden geht auch von der Küche ab, auf dem sich ein künstlich hergerichteter Raum befindet. In dem unteren Raum haust unsere sechsköpfige Familie: die Eltern, zwei Töchter (23 und 20 Jahre), ein Sohn (14 Jahre) und eine Tochter (5 Jahre). In dem Bodengemach schläft der 21jährige Sohn und seine Frau mit einem zweijährigen Kind. Wegen Raummangel können auch nicht viele Betten aufgestellt werden. Die beiden älteren Töchter benutzen ein Bett, ebenfalls die Eltern mit der jüngsten Tochter, und der Sohn schläft auf dem Sofa. Auf dem Boden befindet sich auch ein großes und ein Kinderbett. In aller Kürze wird wohl dieses Kinderbett einen Sproß mehr beherbergen müssen.“[94]

Solche Wohn- und Schlafverhältnisse waren nichts Ungewöhnliches. Der Raummangel in den Arbeiterwohnungen verhinderte oft, daß für jedes Familienmitglied ein eigenes Bett aufgestellt werden konnte. Besonders extrem war die „Bettennot“ in kinderreichen Familien: Eine Erhebung, die das Wohlfahrtsamt und die Behörde für Wohnungspflege im April 1925 unter 310 kinderreichen Familien durchführten, ergab, daß hier auf 1,75 Personen ein Bett entfiel.[95] Not und Enge führten allerdings auch in kleineren Arbeiterfamilien häufig dazu, daß je zwei Familienmitglieder sich ein Bett teilen mußten. Überdurchschnittlich groß war der Bettenmangel in den Kleinwohnungen der alten Arbeiterviertel. Eine Erhebung, die die AOK-Hamburg Ende 1924 in 4.484 Mitgliedshaushalten durchführte, ergab für St. Georg und Barmbek Höchstwerte: Dort hatten 52 % bzw. 41 % der Familienmitglieder in den erfaßten Haushalten kein eigenes Bett[96]. Betroffen waren vom Bettenmangel am stärksten die Kinder. In Arbeiterfamilien scheint es üblich gewesen zu sein, daß gleichgeschlechtliche Geschwister in einem Bett schliefen. Von den befragten Frauen aus dem sozialdemokratischen Milieu berichteten viele, daß sie in ihrer Kindheit mit einer Schwester das Bett geteilt hätten. Entgegen der negativen Bewertung dieses Umstandes in der zeitgenössischen Öffentlichkeit sind ihre Erinnerungen hieran überwiegend positiv: Die körperliche Nähe einer vertrauten Person vermittelte ihnen nachts Wärme und Geborgenheit.[97] Auch im Jugendalter mußten viele Arbeiterkinder noch mit Geschwistern in einem Bett schlafen. Darauf deutet eine Erhebung unter sämtlichen Schülerinnen der Allgemeinen Mädchenberufsschulen Hamburgs hin, die im September 1926 durchgeführt wurde: Von den 8.404 befragten an- und ungelernten, berufs- und erwerbslosen Mädchen im Alter zwischen 14 und 18 Jahren hatten 29 % kein eigenes Bett.[98]

Die Wohnungsnot hatte nicht nur zur Folge, daß viele Arbeiterfamilien sich mit außerordentlich beengten Wohnverhältnissen begnügen mußten. Häufig waren ihre Wohnungen zudem auch noch verwohnt und wiesen erhebliche bauliche Mängel auf. Dies galt insbesondere für die Kriegs- und Nachkriegsjahre in denen nur wenige Mietshausbesitzer Instandsetzungsarbeiten an ihren Häusern vornahmen; es fehlten hierfür infolge der Inflation Kapital und Baumaterial. Die Folge waren außen: beschädigte Dächer und Dachrinnen, Außenwände und Balkone sowie Türen und Fenster; innen: insbesondere Feuchtigkeit von Decken und Wänden, Schäden an Fußböden, Rohren und Sielen, Feuerstellen, WC-Becken und Handsteinen. Das Hauptproblem, die Feuchtigkeit der Räume infolge undichter Decken und Wände, wurde durch ungenügendes Heizen verstärkt. Angesichts des Brennstoffmangels war eine vollständig beheizte Wohnung ein Luxus. Der Verfall der Altbauwohnungen wurde zudem dadurch gefördert, daß die wenigsten Familien in der Lage waren, Geld für die Renovierung ihrer Wohnung zu erübrigen. Auch fehlten aufgrund der Versorgungsschwierigkeiten die üblichen Reinigungs- und Pflegemittel zur Instandhaltung von Wohnung und Hausstand. Der Zustand der meisten Altbauten besserte sich in den Jahren der wirtschaftlichen Stabilisierung. Die Hauseigentümer ließen, gefördert durch staatliche Subventio-

Küche im Hamburger „Gängeviertel", Rademachergang, 1933/34 (Staatliche Landesbildstelle Hamburg)

nen, die notwendigen Reparaturen vornehmen. Die Bewohner konnten ihre Wohnungen wieder mehr heizen und waren eher in der Lage, Geld für die notwendige Wohnungsrenovierung zu erübrigen.[99]

In den engen, übervollen und verwohnten Altbauwohnungen ohne jeglichen Komfort wurde die Hausarbeit für viele Arbeiterfrauen zu einer wahren Sisyphusarbeit. Die Aufnahme eines „Einlogierers", so der zeitgenössische Ausdruck für einen Untermieter, vergrößerte ihre häusliche Arbeitslast: Die Hausarbeit wurde in der volleren Wohnung schwieriger und ihr Umfang nahm zu, da es zumindest bei einem männlichen Einlogierer üblich war, einen großen Teil der notwendigen Arbeiten zu dessen materieller Reproduktion gegen Entgelt zu übernehmen.

Auskunft über die quantitativen Strukturen der Untermietverhältnisse in der Stadt Hamburg gibt die Reichswohnungszählung von 1927. Der Begriff „Untermieter" wurde in dieser Zählung weiter gefaßt als in den vorherigen. Die amtlichen Statistiker verstanden darunter nicht mehr nur Einzelpersonen, sondern auch aufgenommene Haushaltungen und Familien, also alle, die in einer fremden Wohnung wohnten. Sie unterschieden drei Gruppen von Untermietern:
- selbständige Haushaltungen ohne eigene Wohnung,
- Familien ohne selbständige Haushaltung,
- aufgenommene Einzelpersonen.

Der Begriff „Schlafgänger", der in der Vorkriegszeit gebräuchlich gewesen war, tauchte in der Wohnungsstatistik der zwanziger Jahre nicht mehr auf. Hauptgrund hierfür war, daß es nach

Einschätzung der amtlichen Statistiker nur noch wenige „Schlafgänger" gab, d.h. Einlogierer, die nur eine Schlafgelegenheit mieteten.[100] In der Stadt Hamburg lebten 1927 in 73.583 Wohnungen Untermieter, d.h. 25,1 % aller Wohnungsinhaber hatten untervermietet. Knapp ein Drittel der Wohnbevölkerung lebte in Wohnungen mit Untermietern (31,7 %). Von den 292.670 bewohnten Wohnungen der Stadt waren zu diesem Zeitpunkt:[101]

43.604 Wohnungen mit nur einer Haushaltung und aufgenommenen Untermietern, davon:
 37.929 mit aufgenommenen Einzelpersonen
 (13,0 % aller Wohnungen mit 14,2 % aller Bewohner),
 5.675 mit aufgenommenen Familien
 (1,9 % aller Wohnungen mit 2,8 % aller Bewohner),
28.341 Wohnungen mit zwei Haushaltungen
 (9,7 % aller Wohnungen mit 2,8 % aller Bewohner),
1.638 Wohnungen mit drei und mehr Haushaltungen
 (0,6 % aller Wohnungen mit 1,1 % aller Bewohner).

Die Zahl der Wohnungslosen war infolge des Wohnungsmangels in den zwanziger Jahren in Hamburg höher als in der Vorkriegszeit: 1910 hatten 73.500 Menschen ein Zimmer gemietet, 12.900 eine Schlafstelle, das waren insgesamt 8,5 % der Wohnbevölkerung. 1927 hatte sich Zahl und Anteil fast verdoppelt, 155.900 Menschen, 14,6 % der Wohnbevölkerung, lebten nun als Untermieter. Nur ein Teil dieses Anstiegs ist auf die veränderte Zählweise der amtlichen Statistiker zurückzuführen.[102]

Aufgenommen wurden Einlogierer vor allem von den Inhabern größerer Altbauwohnungen: 1927 vermieteten nur 13 % aller Hauptmieter von Neubauwohnungen, aber 26 % aller Hauptmieter von Altbauwohnungen einen Teil ihres Wohnraumes; mehr als zwei Drittel aller Wohnungsinhaber, die Untermieter aufgenommen hatten, lebten in Mittelwohnungen mit vier bis sechs Zimmern (vgl. Tabelle 17). Ohne die Aufnahme von Einlogierern hätten viele von ihnen die Miete der Wohnung nicht aufbringen können. Die größte Gruppe der Zimmervermieter stellten alleinstehende Frauen, überwiegend Kriegerwitwen und Rentnerinnen, aber auch getrennt lebende und geschiedene Frauen.[103]

Tab. 17: *Die Wohnungen mit Untermietern in der Stadt Hamburg nach Wohnungsgrößen. 1927*[104]

Wohnungsgröße (Zahl der Räume incl. Küche)	Von hundert Wohnungen					
	waren von der Größe		waren im Besitz von Einzelpersonen		der jeweiligen Größenklasse hatten Untermieter	
	insgesamt	mit Untermietern	insgesamt	mit Untermietern	insgesamt	Wohnungen von Einzelpersonen
1	0,4	0,1	2,3	0,2	4,0	4,6
2	3,7	1,4	11,0	3,0	9,5	15,7
3	31,5	19,0	34,6	27,2	15,1	54,2
4 bis 6	56,7	67,9	47,3	62,2	30,1	75,6
7 und mehr	7,7	11,7	4,8	7,5	38,1	88,3
Insgesamt	100	100	100	100	25,1	57,5

In den einzelnen Stadtteilen Hamburgs war der Anteil der Wohnungen mit Untermietern und die Bedeutung der Untermietgruppen sehr unterschiedlich (vgl. Tabelle 18). Besonders hoch lag er in der Inneren Stadt und den hafennahen Wohngebieten St.Pauli-Süd, Neustadt und St.Georg-Süd, wo insbesondere Hafen- und Gelegenheitsarbeiter ein billiges Quartier suchten, zum anderen in den kleinbürgerlichen bzw. bürgerlichen Stadtteilen St.Georg-Nord, Hohenfelde und Rotherbaum, wo vor allem besserverdienende Angestellte und Beamte, aber auch Facharbeiter ihr Zimmer nahmen. Es waren überwiegend Einzelpersonen, die in diesen Vierteln eine Bleibe fanden; ihr Anteil an den Untermieter(inne)n war demgemäß überdurchschnittlich hoch. Je weiter der Stadtteil von den Arbeitsplätzen in Hafen und Innenstadt entfernt lag, desto stärker ging die Zimmer-Nachfrage bei den Alleinstehenden zurück. In den äußeren Stadtteilen mußten deshalb vermehrt auch Familien, die einen eigenen Haushalt führten, als Untermieter akzeptiert werden. Demgemäß war der Anteil der zweiten und weiteren Haushaltungen, die als Einlogierer aufgenommen wurden, in diesen Stadtteilen höher; dies galt insbesondere für die alten Arbeiterwohngebiete Barmbek, Billwärder-Ausschlag und Uhlenhorst-Ost.

Im Vergleich zu anderen Großstädten des Deutschen Reiches war der Anteil der Verwandten an den Untermietparteien in Hamburg mit 35 % außerordentlich gering. Im Durchschnitt der Großstädte lag er bei 53 %; insbesondere in ausgesprochenen Industriestädten, wie Mühlheim a.Rh. (79 %), Krefeld (75 %) oder Chemnitz (73 %), war er noch höher.[105] Auch in Hamburg waren in den rein proletarischen Wohngebieten, vor allem in Veddel und Billwärder-Ausschlag, Untermieter(in) und Zimmerwirt(in) erheblich häufiger verwandt als im Durchschnitt der Stadt. In Notzeiten schränkten Arbeiterfamilien üblicherweise den Wohnraum ein, um Familienmitgliedern Unterkunft zu gewähren und dadurch die Mietausgaben zu senken. Am verbreitetsten war, daß die ledigen, erwachsenen Kinder bei den Eltern wohnen blieben, häufig zogen auch jungverheiratete Paare zu Eltern bzw. Schwiegereltern, bis sie eine eigene Wohnung gefunden hatten. In der Regel wurde dann ein gemeinsamer Haushalt geführt; nicht selten trugen die Kinder den größten Teil der Miete der elterlichen Wohnung. Insgesamt lebten 73 % der verwandten Untermieter bei Eltern, Schwiegereltern oder Großeltern. Selten, lediglich in 9 % der Fälle, zog die ältere Generation in die Wohnung der Kinder. Hauptanlaß war der gemeinsame Einzug in eine größere Neubauwohnung, die die Kinder gemietet hatten. Im weitläufigeren Familienkreis wohnten 16 % der verwandten Untermieter.[106]

Nur wenn Verwandte, Freunde oder Arbeitskolleg(inn)en in Arbeiterhaushalten als Einlogierer aufgenommen wurden, bot das Untermietverhältnis Solidarisierungsmöglichkeiten, die auch den Reproduktionsbereich einbezogen, konnte die „halboffene Familienstruktur als klassenmäßige Kommunikations- und Sozialisationsinstanz“ dienen[107]. Ob und inwieweit diese Möglichkeiten im Alltag der Arbeiterfamilien realisiert wurden, hing von einer Vielzahl weiterer Faktoren ab. Neben emotionalen Bindungen und gemeinsamen Erfahrungen war von entscheidender Bedeutung die grundsätzliche Übereinstimmung der Lebensweise und der Lebensanschauung. Integration und Solidarisierung waren nur die eine mögliche Seite der Aufnahme von verwandten oder bekannten Untermietern, die andere waren ständige Streitereien und Nervereien, Raummangel, soziale Kontrolle, fehlender Platz zur eigenen Entfaltung.

Die meisten Untermietverhältnisse in Hamburg müssen als reine Zweckverhältnisse eingestuft werden. Das Vermieten wie das Mieten von Zimmern war Ausdruck der ökonomischen Notlage und des Wohnungsmangels. Es wurde von den Vermietern insbesondere dann als Geschäft begriffen, wenn Fremde einzogen. Die Fluktuation bei den Untermietverhältnissen war groß. Im Konfliktfall wechselten vor allem die gefragten Alleinstehenden schnell das Zimmer. Familien nahmen Einlogierer in der Regel nur solange auf, wie das Geld knapp war. Sobald die Finanzlage sich besserte, kündigten sie den Untermietern wieder. Die Arbeiterfrauen betrachteten das Zimmervermieten als eine zeitweilige Erwerbsarbeit, die sie im Hause leisten konnten. Irgendwann zwangen die Verhältnisse fast jede Arbeiterfamilie dazu unterzuvermieten. Am häufigsten war dies der Fall, wenn die Kinder noch nicht erwerbstätig waren bzw. die elterliche Wohnung bereits verlassen hatten. Agnes A. berichtet, daß ihre Mutter immer dann, wenn der Vater

Tab. 18: *Die Wohnungen mit Untermietern in Arbeiterwohngebieten und bürgerlichen Vierteln der Stadt Hamburg. 1927*

Stadtteil	Wohnungen insgesamt	V.h. Wohnungen hatten Untermieter	Untermietegruppen insgesamt[a)]	Aufgenommene Einzelpersonen	V.h. Untermietparteien[b)] waren			V.h. Untermietegruppen[a)] waren mit dem Hauptmieter verwandt	Von hundert	
					Haushalte	aufgenommene Familien	Einzelpersonen		Bewohnern	Haushalten
									wohnten zur Untermiete	
Arbeiterwohngebiete:										
Altstadt	5284	28,1	586	1671	21,8	4,2	74,0	32,4	17,4	8,5
Neustadt	18057	32,4	2644	6302	25,4	4,2	70,4	30,9	20,0	11,2
St. Georg	24902	35,3	4091	8999	25,1	6,1	68,7	35,3	20,6	11,7
St. Pauli	17682	41,0	3218	8088	24,2	4,2	71,5	33,2	23,4	13,4
Eimsbüttel	36151	22,8	4516	5732	36,2	7,9	55,9	36,1	13,1	9,3
Winterhude	13679	17,5	1323	1492	39,7	7,3	53,0	32,4	9,6	7,6
Barmbek	42784	19,6	4683	5220	40,9	6,3	52,7	37,6	11,0	8,7
Uhlenhorst	11580	25,4	1701	2061	38,6	6,6	54,8	35,1	14,8	11,1
Hamm	21768	18,5	2120	2690	36,9	7,2	55,9	37,4	10,4	7,5
Billwärder-Ausschlag	14249	21,3	1728	1828	40,1	8,5	51,4	44,1	11,9	9,1
Veddel	1484	23,2	206	208	38,9	10,9	50,2	52,4	13,6	9,8
Zusammen	207620	25,4	26816	44291	31,6	6,1	62,3	35,8	14,7	9,8
Bürgerliche Viertel:										
Rotherbaum	7423	35,3	1246	3063	24,3	4,7	71,1	28,6	20,8	12,3
Harvestehude	7138	26,0	1020	1628	32,8	5,7	61,5	24,9	14,6	10,8
Hohenfelde	8805	33,2	1585	2675	31,9	5,3	62,8	26,5	19,5	13,4
Zusammen	23366	31,7	3851	7366	29,2	5,2	65,7	26,7	18,4	12,3
Stadt Hamburg	292670	25,1	37848	61366	31,9	6,2	61,9	35,0	14,6	9,8

a) Nur zweite und weitere Haushaltungen und aufgenommene Familien. b) Untermietegruppen und aufgenommene Einzelpersonen.

Quelle: HStM 1/1928, 1ff.

erwerbslos war oder das Geld aus anderen Gründen nicht reichte, für kurze oder längere Zeit einen Untermieter aufnahm:

> „Zeitweilig haben meine Eltern das sogenannte kleine Zimmer, die ‚dunkle Kammer', die zum Lichthof raus lag, vermietet ... Dann nahmen wir einen sogenannten Einlogierer auf, der die Woche fünf, später sieben Mark bezahlen mußte. Dafür wusch meine Mutter ihm aber auch seine Wäsche. Und wenn er nichts zu essen hatte, kriegte er auch noch einen Teller Suppe. Wir behielten den jeweils nur solange, wie wir das Geld brauchten. Nur als Paula und ich zwar noch zu Hause wohnten, aber schon selbst verdienten, war das nicht nötig. So wie wir, machten es viele Arbeiterfamilien. In Notzeiten half man sich eben mit einem Einlogierer."

Die Mehrzahl der Hamburger Arbeiterfamilien lebte beengt in einer komfortlosen Zwei- bis Drei-Zimmer-Wohnung mit Ofenheizung in einem alten Mietshaus. Im folgenden sollen mit Hilfe von Erfahrungsberichten Einrichtung und Nutzung dieser verbreitetsten Form der Arbeiterwohnung rekonstruiert werden. Damit wird gleichzeitig ein wichtiger Teil der Haus- und Familienarbeit von Arbeiterfrauen in den Blick gerückt, denn das Einrichten und Instandhalten der Wohnung war wie die räumliche Organisation des Familienlebens Frauenaufgabe.

Die typische Wohnsituation einer bessergestellten Arbeiterfamilie aus dem sozialdemokratischen Milieu beschreibt *Wilma M.* (geb. 1913) am Beispiel ihres Elternhauses. Ihr Vater Johannes E. arbeitete als Maler in einer Malereigenossenschaft, er verdiente dort relativ gut. Ihre Mutter Henny E. war vor der Heirat im Jahre 1909 Dienstmädchen gewesen. Das Ehepaar hatte vier Kinder; der ältere Bruder von Wilma M. war 1911, die beiden jüngeren Schwestern waren 1922 und 1925 geboren worden:

> „Seit 1915 wohnten wir in Hoheluft-Nord, das war ein Viertel von Eimsbüttel, ganz am Stadtrand an der Grenze Preußens. Unsere Wohnung lag in einem Hinterhaus. Man nannte das Terrasse. Damals hätten wir lieber im Vorderhaus gewohnt, das war etwas Besseres. Doch heute möchte ich manchesmal wieder so wohnen. Vor dem langgezogenen Haus lagen lauter kleine Gärten. Im Grunde war die Terrasse ein einziger Spielplatz. Mutter konnte uns schon als sehr kleine Kinder rauslassen, weil nichts passieren konnte ... Wir hatten Glück. Unsere kleine Zwei-Zimmer-Wohnung lag luftig und hell. Wir hatten einen Balkon, von dem aus wir in die Schrebergärten sehen konnten. Rund ein Viertel von Vaters Einkommen ging wohl für die Miete drauf. Die zwei Zimmer hatten jeweils ungefähr 14 qm, hinzu kamen noch Toilette und Küche. Der Handstein war in der Küche. Dort hat sich eben alles abgespielt, das Waschen und Baden von uns Kindern, der wöchentliche Waschtag meiner Mutter ... Wir haben immer in der Küche gewohnt. Als wir kleiner waren, wurde das Wohnzimmer nur sonntags geheizt. Es war unsere ‚gute Stube' mit bürgerlichem Plüsch in Grün. Unsere Wohnung war immer gut in Farbe. Vater hat alles gemalt, auch die Möbel hat er zum Teil selber gebaut. Nachher, als meine kleinen Schwestern dazu kamen, wurde es zu eng. Nun mußte ein Bett in die Stube gestellt werden, in dem schlief mein Bruder. Die ältere Schwester schlief auf dem Stubensofa, die jüngere im Bett meiner Eltern. Mein Bett war die Couch in der Küche ..."

Solche Wohnverhältnisse waren in Hamburger Arbeiterfamilien weit verbreitet. Arbeit und Leben spielten sich allgemein in der Küche ab, die aus Kostengründen der einzige täglich beheizte Raum war, da der Kohleherd auch zum Kochen und zur Warmwasserbereitung genutzt wurde: In der Küche verrichtete die Frau einen großen Teil ihrer Hausarbeit und ggf. ihre Heimarbeit, hier vollzog sich die Körperpflege aller Familienangehörigen, hier machten die Kinder ihre Schularbeiten, lasen, lernten und spielten, hier erholten sich die (männlichen) Familienangehörigen von ihrer Erwerbsarbeit. Agnes A. beschreibt die Einrichtung der Wohnküche ihrer Eltern, deren Altbauwohnung in einer Eimsbütteler „Terrasse" lag:

> „Die Küche war neben der ‚guten Stube' der größte Raum in der Wohnung. Sie war hell und freundlich, durch das große Fenster. Ihr Mittelpunkt war der Kohleherd, neben ihm standen die Kohlenkiste mit Schütte sowie die Kochkiste. Eingerichtet war sie mit einem Chaiselongue, das stand vor dem Fenster, davor der große Küchentisch mit eingebauten Spülschüsseln, drumherum sehr stabile Küchenstühle. Das Küchengeschirr wurde zum einen in einem Schrank ohne Aufsatz aufbewahrt, zum anderen stand es auf Borden, die rundherum an den Küchenwänden angebracht waren, drei Stück. Auf dem Bord nahe dem Herd standen auch die Kruken

mit Salz, Zucker, Mehl usw. Die Borde schmückte meine Mutter mit selbstgehäkelten Spitzen. Die Küche war also an sich sehr einfach eingerichtet, aber wir konnten da gut sitzen und essen. Weil sie hell und immer blitzblank sauber war, haben wir uns dort alle sehr wohl gefühlt."[108]

Ein Bad hatte die Wohnung der Eltern von Agnes A., wie die meisten alten Arbeiterwohnungen, nicht[109]. Sie berichtet:

„Als Schulmädchen war ich der Meinung, wenn man eine Badewanne hatte, war man reich. Wir wurden jeden Samstag in die große Zinkwanne gesteckt, die dazu in die Küche gestellt wurde. Das Wasser mußte in dem großen Kessel auf dem offenen Herd heiß gemacht werden. Um das heiße Wasser auszunützen, mußten wir alle nacheinander in die Wanne, zum Schluß meine Mutter. Wenn meine Eltern sich wuschen, mußten wir raus aus der Küche ... Auch später lief das wöchentliche Bad bei uns so ab. Wir waren es so gewöhnt, doch längst nicht alle machten das. Das ganze war ja fürchterlich umständlich und kostete eine Menge Kohlen ..."[110]

Kohle war in den zwanziger Jahren der übliche Brennstoff mit dem in den Wohnungen der alten Arbeiterviertel geheizt und gekocht wurde. Der Gasherd setzte sich nur langsam durch. Lediglich in den Neubauwohnungen gehörte er zum üblichen Wohnstandard. Ein Elektroherd fand sich nur in den Küchen begüterter Hamburger Familien. Seine Anschaffung und Nutzung war noch teurer als die eines Gasherdes.[111]

Trotz der Enge in ihren Altbauwohnungen richteten die meisten Arbeiterehefrauen, wenn irgend möglich, eine „gute Stube" ein. Deren typische Einrichtung beschreibt *Hilde David* (geb. 1923) am Beispiel des großelterlichen Wohnzimmers in ihren Lebenserinnerungen:

„Der Plüsch der Stühle war von königlichem Rot ... Die Verzierungen an Stuhl- und Sofalehnen waren kunstvoll gedrechselt und großartige Staubfänger. Das Sofa hatte außerdem unten eine Reihe von kleinen roten Bommelchen, wie die feine Tischdecke ... In der Stube befand sich außerdem ein Vertiko, etwa 1,50 Meter hoch, mit einer breiten Schieblade über zwei durchgehenden Türen und dem Aufsatz mit gedrechselten und geschnitzten Schnörkeln obenauf ... Zwischen den beiden Fenstern gab es noch einen Spiegel, vor dem stand ein Schränkchen, darauf eine Uhr und wohl noch ein paar Kleinigkeiten ..."[112]

Benutzt wurde diese „gute Stube" nur zu ganz besonderen Anlässen:

„Die gute Stube ist für den Alltag völlig überflüssig. Aber wenn sie dann wirklich einmal benutzt wird – von sauberen kleinen Mädchen mit großen Haarschleifen und gestärkten Schürzen, von ebenso sauberen Jungen mit ungemütlichen festen Kragen, von Papa mit gezwirbeltem Schnurrbart und schließlich auch von Mama, die auf die Schnelle noch ihre beste Bluse gebügelt hat, – ja, dann ist das so festlich, daß es mehr als ein gewöhnlicher Sonntag sein muß: Weihnachten, Geburtstag oder Verlobung vielleicht."[113]

Die „gute Stube" war in Arbeiterwohnungen der sichtbare Ausdruck der Orientierung an den bürgerlichen Vorbildern von Vorgesetzten und „Dienstherrschaften". Deren Lebensstil, der Sicherheit und Glück zu versprechen schien, konnte jedoch angesichts der Arbeits- und Lebensbedingungen nie wirklich erreicht und gelebt werden. So war die „gute Stube" in der Realität vorrangig ein Symbol für den Wunsch nach sozialem Aufstieg, ein Mittel zur Abgrenzung von sozial Schwächeren, die sich diesen ‚Luxus' nicht leisten konnten.

Wenn ein jungverheiratetes Paar seine Wohnung bei der Haushaltsgründung im gängigen Stil neu einrichten wollte, mußte es selbst bei bescheidenen Ansprüchen mit erheblichen Kosten rechnen. Mindestens das Jahreseinkommen eines gelernten Arbeiters mußte Mitte der zwanziger Jahre für die komplette Neueinrichtung eines Hausstandes ausgegeben werden.[114] Dies konnten die meisten jungen Arbeiterehepaare nur durch Abzahlung finanzieren. Um die Einrichtungskosten zu senken, war es üblich, Möbel selber zu bauen, alte Möbel von Freunden und Verwandten zu übernehmen und gebrauchte Möbel zu kaufen.[115] Die Schwierigkeiten der Wohnungseinrichtung verdeutlicht die Schilderung von Lene B., die 1920 geheiratet hatte. Ihre Hausstandsgründung fiel in die wirtschaftlich besonders ungünstige Nachkriegszeit:

„Wir kamen hier in die leere Wohnung und hatten nicht mal Möbel, gar nichts. Mein Mann war ja nun Tischler,

Modelltischler allerdings. Er hat notdürftig erstmal ein paar Sessel und eine Bank für die Küche gemacht. Dann haben wir uns einen ganz alten Kleiderschrank bei einer Auktion ersteigert, die gebrauchten Betten bekamen wir aus einem Krankenhaus geschenkt ... 1932 hatten wir endlich unsere drei Zimmer durchmöbliert! 1932, da waren wir schon zwölf Jahre verheiratet!"

Die Erfahrungsberichte von Frauen aus dem sozialdemokratischen Milieu zeigen, wie sehr zumindest Arbeiterehefrauen dieses Milieus bestrebt waren, der beschränkten Wohnsituation in den Altbauquartieren und dem relativ geringen und schwankenden Einkommen zum Trotz ihren Familien ein „gemütliches, sauberes und ordentliches Heim" zu bieten. Das „Heim" hatte seit dem Ende des 19. Jahrhunderts vor allem in bessersituierten Arbeiterkreisen als Lebensraum der Familie zunehmend an Bedeutung gewonnen. Diese Entwicklung ging mit dem verstärkten Streben nach „Heimkultur" einher.

Neue Wohnsiedlungen

Knapp ein Fünftel aller Wohnungen Hamburgs waren Anfang der dreißiger Jahre Neubauwohnungen. Die Neubautätigkeit konzentrierte sich auf die äußeren Stadtteile im Norden und Osten Hamburgs. Dort entstanden große geschlossene, durch ein einheitliches stadtplanerisches Konzept gestaltete Neubausiedlungen. Beherrschende Gestalt der gesamten Stadtplanung in Hamburg war in den zwanziger Jahren Prof. Dr. *Fritz Schumacher*, der von 1909 bis 1933 Leiter der Hochbauabteilung der Baubehörde war. Trotz seiner begrenzten formalen Kompetenz gelang es ihm aufgrund seiner hervorragenden Qualifikation als Architekt und Stadtplaner auf den Wohnungsneubau der Stadt maßgeblichen Einfluß zu gewinnen. Schumachers Ziel war es, für die breite Masse der Bevölkerung „menschenwürdige", d.h. helle und luftige Wohnungen in architektonisch ansprechenden Häusern und Stadtteilen mit viel Grün zu schaffen. Die Mindestanforderungen, die seiner Ansicht nach an einen modernen Kleinwohnungsbau gestellt werden mußten, wurden durch eine Bekanntmachung des Senats vom Dezember 1918 über die staatliche Bauförderung zum offiziellen Maßstab: Danach sollten maximal zwei Wohnungen je Geschoß an einem Treppenhaus liegen („Zweispänner"); in den Wohnungen mußte gute Querlüftung möglich sein. Die Höhe der Mietshäuser wurde „abgezont", d.h. die Zahl der Stockwerke wurde je nach Lage auf drei bis vier begrenzt. Als Alternative zur bisher vorherrschenden „Schlitzbauweise" förderte Schumacher die „geschlossene Randbebauung", die automatisch die vorgeschriebene Querlüftung der Wohnungen sicherte: An sämtlichen Seiten eines Straßenblocks wurde ein zusammenhängender Gebäudekomplex errichtet, der nicht tiefer als die einzelne Wohnung war. So entstanden große umschlossene Innenhöfe, die Platz für gemeinschaftlich zu nutzende Grün-, Spiel- und Sportflächen boten. Neben dieser Bauweise war die „offene Randbebauung" in den zwanziger Jahren in Hamburg verbreitet, bei der die Häuserblocks an den Schmalseiten offen blieben, so daß noch mehr Sonne in die Innenhöfe kam.[116]

Bei der architektonischen Gestaltung der neuen Wohnsiedlungen förderte Schumacher das ‚Neue Bauen', das sich nach Kriegsende allgemein durchsetzte. Dessen auffallendstes Merkmal war das Wechselspiel von Differenziertheit und Uniformität. Siedlungen im neuen Baustil zeichneten sich durch eine relative Einheitlichkeit der äußeren Gestaltung aus; Kennzeichen waren u.a. Flachdächer, Transparenz der Baukörper, Ornamentlosigkeit, Reduzierung auf stark vereinfachte Bauteile sowie horizontal angeordnete Fenster- und Dachzonen. Ein entscheidendes Kriterium für die Siedlungsplanung wie für die Grundrißgestaltung war die Funktionalität. Zum üblichen Standard der Wohnungsausstattung gehörten fließend warmes und kaltes Wasser, Zentralheizung, eigenes WC sowie Dusch- oder Wannenbad. Der soziale Anspruch drückte sich insbesondere in den Genossenschaftsbauten in einem breiten Angebot von Gemeinschaftseinrichtungen aus; dazu gehörten modern ausgestattete Zentralwaschküchen und Bügelräume, Kindertagesheime, zahlreiche Geschäfte, Gemeinschaftsräume, Grünflächen sowie Spiel- und Sportplätze. In Hamburg setzte sich, von Schumacher gefördert, eine regionalspezifische Mischform des ‚Neuen Bauens' durch: Die neuen Stadtteile sollten sich harmonisch in das Stadtbild einpassen. Um schroffe Brüche mit der Tradition zu vermeiden, war Klinker das bevorzugte Baumaterial.[117]

Breite Unterstützung fanden Schumachers stadtplanerische Ziele seit Beginn der Weimarer Republik bei den maßgeblichen Regierungsparteien SPD und DDP. Vor allem die Sozialdemokratie verfolgte mit der Förderung des neuen Baustils zukunftsorientierte politische Absichten: „Das Neue Bauen sollte zum einen Symbol der Vereinbarkeit von gegenwärtiger Sozialreform und zukünftiger sozialistischer Gesellschaft sein, zum anderen einen für alle sichtbaren Schritt auf dem Weg zum Sozialismus darstellen, einen ‚praktischen Sozialismus'"[118]. Allerorts arbeiteten die SPD auf dem Gebiet des Wohnungsneubaus eng mit fortschrittlichen Architekten und Stadtplanern zusammen. Auch die Mehrzahl der gemeinnützigen Wohnungsbaugesellschaften unterstützte in Hamburg weitgehend die Ziele Schumachers; in der Stadt gab es in den zwanziger Jahren allein 125 Baugenossenschaften, zu denen als bedeutendste die ‚Allgemeine Deutsche Schiffszimmerer Genossenschaft' von 1875, der Konsum-, Bau- und Sparverein ‚Produktion' von 1899 und die ‚Baugenossenschaft freier Arbeiter' des ADGB von 1922 gehörten, die alle drei der sozialdemokratischen Arbeiterbewegung nahestanden.[119]

Den Umfang der Neubautätigkeit verdeutlicht für die Stadt Hamburg folgende Übersicht, die den Stand von 1933 zeigt:[120]

Stadtteil	Neubauwohnungen insgesamt	Von hundert Wohnungen waren Neubauwohnungen
Barmbek	22678	38,5
Hamm	11722	37,8
Winterhude	8625	41,1
Geestvororte	5556	58,5
Horn	2394	50,7
Veddel	1796	61,2

Zu den ersten Neubauvierteln nach Kriegsende gehörten Kleinhaussiedlungen in den Geestvororten und im Landgebiet, deren Entstehung durch die wohnungsreformerischen Ideen der „Gartenstadtbewegung" angeregt worden war. Das kleine Siedlungshaus mit Nutzgarten galt nicht nur bei den meisten bürgerlichen, sondern auch bei vielen sozialdemokratischen Sozial- und Wohnungsreformern als *die* Form des „familiengerechten Wohnens" schlechthin.[121] Zu den größten Projekten dieser Art gehörte in Hamburg die staatliche Siedlung Langenhorn, die 1919/20 erbaut wurde: 658 Wohnungen in Doppel- und Reihenhäusern mit großen Gärten, die mit Behelfsbaumitteln in Sparbauweise erstellt wurden. Den Wohnungen, die drei oder vier Zimmer umfaßten und 42 bzw. 50 qm groß waren, fehlte jeglicher Komfort. Siedler waren überwiegend gelernte Arbeiter und kleine Angestellte mit ihren Familien. Viele engagierten sich in der Arbeiterbewegung. In der Siedlung entfaltete sich eine rege Stadtteilkultur und -politik. Langenhorn war bis 1933 eine Hochburg der SPD. Dies zeigte sich u.a. in den Wahlergebnissen der Partei, die regelmäßig zu den besten der Stadt gehörten[122]. Einen ähnlichen Charakter trugen auch andere Kleinhaussiedlungen, die am äußeren Rand Hamburgs in den Nachkriegsjahren entstanden, so z.B. Genossenschaftssiedlungen in Berne, Fuhlsbüttel, Klein-Borstel und Nettelnburg-Billwerder[123].

Mit dem Bau von Gartenstadtsiedlungen konnte der große Wohnungsbedarf nicht gedeckt werden. Deshalb entwickelten sich Siedlungen mit Mehrfamilien-Mietshäusern in den zwanziger Jahren zur Hauptform des ‚Neuen Bauens'. Die größten geschlossenen Neubauviertel Hamburgs, die überwiegend in der Stabilisierungsphase entstanden, waren die Siedlung „Dulsberg" in

Barmbek-Nord, die „Jarrestadt" in Winterhude-Süd sowie Wohnanlagen in Hamm und Horn. Diese neuen Wohnsiedlungen wiesen in der Regel die beschriebenen Kennzeichen des ,Neuen Bauens' auf. Es überwog die modern ausgestattete Zweieinhalb- bis Drei-Zimmer-Wohnung mit 60 bis 70 qm, deren jährlicher Mietpreis Anfang der dreißiger Jahre zwischen 700 und 750 Mark lag.[124] Eine solche Wohnung konnten sich nur Familien gutverdienender Facharbeiter, Angestellter und Beamter leisten. Diese Bevölkerungsgruppe stellte den größten Teil der Mieter in den Neubaugebieten[125]. Es waren überwiegend junge Ehepaare ohne oder mit wenigen Kindern, die in die neuen Wohnungen zogen. Ein erheblicher Teil von ihnen hatte vorher keine eigene Wohnung besessen, sondern zur Untermiete bei Verwandten oder Fremden gewohnt. Insbesondere jungverheiratete Arbeiterpaare konnten die hohen Neubaumieten nur aufbringen, weil ihr Ausgabenspielraum aufgrund der kleinen Familiengröße weiter war als der älterer Ehepaare mit einer größeren Zahl heranwachsender nichterwerbstätiger Kinder.[126]

Der von Sozial- und Wohnungsreformern erstrebte große Umzug breiter Arbeiterkreise von den Altbauquartieren in die Neubausiedlungen fand in Hamburg nicht statt. Rund 95 % der Arbeiterfamilien lebten weiterhin in Altbauwohnungen.[127] Auch der größte Teil der wohnungslosen Wohnungssuchenden konnte sich die neuen Wohnungen nicht leisten. In einem resümierenden Bericht zur Lage auf dem Wohnungsmarkt zog das Hamburger Wohnungsamt aus der Situation 1928 folgende Konsequenz:

> „Für die Beseitigung der Wohnungsnot ist es von ausschlaggebender Bedeutung, daß bis auf weiteres fleißig gebaut wird, und zwar müssen solche Wohnungen gebaut werden, die die Bevölkerung bezahlen kann. In dieser Beziehung sind Fehler gemacht worden, mit dem Ergebnis, daß sich die erstellten Neubauwohnungen nicht oder nur schwer haben vermieten lassen ... Was nützen die schönsten Neubauwohnungen, wenn die Bevölkerung sie nicht bezahlen kann und in den übelsten Vorkriegswohnungen Hammerbrooks sitzen bleiben muß ... Die Verbilligung der Wohnung muß technisch durch einfache Ausstattung und Verkleinerung der Grundrisse erreicht werden. Beide Wege sind gangbar und versprechen Erfolg, ohne den Wohnwert der Wohnung herabzusetzen. Licht und Luft kann auch die einfachste Wohnung haben ..."[128]

Angesichts des wachsenden Wohnungsmangels erhob das Wohnungsamt immer vehementer die Forderung nach dem Bau von einfachen und billigen Kleinstwohnungen[129]. Unterstützt wurde es von der SPD, die Ende 1928 erstmals einen entsprechenden Antrag in der Hamburger Bürgerschaft einbrachte. Seit dem Beginn der Wirtschaftskrise wurde das neue wohnungsbaupolitische Ziel – die „Wohnung für das Existenzminimum" – in der Öffentlichkeit breit diskutiert.[130]. Der Hamburger Senat setzte 1930 eine ,Kommission zur Prüfung der Möglichkeiten der Senkung der Neubaumieten und der Frage der Kleinstwohnungen' ein, die folgende Maßnahmen zur Verbilligung des Wohnungsneubaus vorschlug:

- Verkleinerung der einzelnen Wohnung, maximale Wohnungsgröße zwei Räume,
- Zulassung einer höheren Stockwerkszahl, Einschränkung der unbebauten Freiflächen, statt der Klinkerbauweise die billigere Putzbauweise,
- Vereinfachung der Ausstattung der Wohnungen (weniger Zentralheizungen, kein Dusch- oder Wannenbad, kein Fließend-Warm-Wasser usw.),
- Zulassung von mehr als zwei Wohnungen an einem Treppenhaus[131].

In die gleiche Richtung zielten auch die Reichsrichtlinien zur ,zusätzlichen' Förderung des Wohnungsbaus aus dem Jahr 1930, die die Kleinstwohnung zur Norm erklärten[132]. Die erste größere geschlossene Wohnsiedlung Hamburgs, die den Vorschlägen der Senatskommission entsprach, lag in Veddel, einem kleinen, hafennahen Arbeiterstadtteil. Sie wurde 1931 von der ,Gemeinnützigen Deutschen Wohnungsbau-Gesellschaft m.b.H.' mit dem Ziel erbaut, billige Wohnungen für Hafenarbeiter zu schaffen: Es entstanden Zwei-Zimmer-Wohnungen von 43 und 47 qm Größe, die als „Dreispänner" um das Treppenhaus angeordnet waren; die Küche war mit rund 8 qm so klein, daß sie nicht als Wohnküche benutzt werden konnte, ein Duschbad fehlte.[133]

Mit dem Bau von „Kleinstwohnungen für das Existenzminimum“, der angesichts von Wohnungsnot und Wirtschaftskrise notwendig schien, wurden nicht nur die erreichten Wohnstandards wieder gesenkt, sondern auch ein grundlegendes Ziel der Wohnungsreform aufgegeben: die Erleichterung der Hausarbeit. Die Wohnungen in den neuen Siedlungen, die Mitte der zwanziger Jahre entstanden waren, hatten den Hausfrauen durch ihre Ausstattung und Einrichtung gemäß modernen Standards erhebliche Arbeitserleichterungen gebracht; Gleiches galt für die zentralen Waschküchen mit elektrischen Waschmaschinen, Wäscheschleudern und Bügeleisen, die vielen Wohnblocks angeschlossen waren. In den neuen Kleinstwohnungen fehlten diese Haushaltshilfen ebenso wie alle kostspieligeren Formen von Gemeinschaftseinrichtungen.[134]

Die neuen Wohnsiedlungen, die in der Hochphase des ‚Neuen Bauens‘ zwischen 1924 und 1930 erstellt wurden, waren nicht nur als „Prototypen“ des modernen Wohnens gedacht, sondern sollten auch Vorbildfunktion für den erwünschten Wandel städtischer Lebensformen haben. Erstrebt wurde ein Familienleben gemäß dem Ideal der ‚modernen Kleinfamilie‘ im Kontext einer sozialen bzw. sozialistischen Gesellschaftsordnung. Vor allem Sozial- und Wohnungsreformer, die der SPD nahestanden, konzipierten die Siedlungen als „Elitewohngemeinschaften“. In der Tat scheint zumindest in Hamburg in den neuen Wohngebieten die junge Elite der Arbeiter- und Angestelltenschaft aus dem sozialdemokratischen Milieu gelebt zu haben. Darauf deuten die Erfahrungsberichte der befragten Frauen hin. Jedes bessergestellte Ehepaar aus diesem Kreis, das in den zwanziger und dreißiger Jahren heiratete, zog früher oder später in eine Neubauwohnung. Für die meisten war das ‚Neue Bauen‘ der Inbegriff von Modernität und sozialem Fortschritt; sie machten diese Einschätzung nicht nur an der Architektur und dem Standard der Wohnungsausstattung fest, sondern auch an dem großen Angebot von Gemeinschaftseinrichtungen. Gefördert wurde der Zuzug sozialdemokratischer Familien in die neuen Siedlungen nicht zuletzt dadurch, daß ein großer Teil der genossenschaftlichen Bauträger, die der Arbeiterbewegung nahestanden, den Genossenschaftsbeitritt nur unter der Voraussetzung gestattete, daß das zukünftige Mitglied der entsprechenden Arbeiterorganisation angehörte. Dies galt u.a. für sämtliche Genossenschaften der freien Gewerkschaften und für den Konsum-, Bau- und Sparverein ‚Produktion‘.[135]

Typisches Beispiel für ein junges sozialdemokratisches Ehepaar, das in eine genossenschaftliche Neubauwohnung zog, sind *Lili* und *Herbert D.* (beide 1904 geb.). Sie wollten ihre sozialistische Gesinnung in einer „modernen“ Lebensgestaltung ausdrücken, die sich u.a. in der Wohnweise dokumentieren sollte. Deshalb richteten sie ihre Wohnung im Stil der ‚Neuen Sachlichkeit‘ ein. Mit ihrer Lebens- und Wohnkultur grenzten sie sich bewußt von der Elterngeneration ab, die noch in einem alten Arbeiterquartier wohnte. Lili und Herbert D. stammten aus sozialdemokratischen Arbeiterfamilien. Herbert D. wurde nach seiner Elektrikerlehre technischer Fernmeldebeamter bei der Reichspost, Lili D. arbeitete als Telegraphengehilfin beim Fernmeldeamt. Beide engagierten sich in der SAJ und traten 1927 in die SPD ein. Herbert D. war zudem in der Gewerkschaft aktiv. Nach der Heirat im August 1930 wohnten sie zunächst als Untermieter bei den Eltern; Anfang 1931 zogen sie in die erste eigene Wohnung in Hamm, die ihnen jedoch zu teuer war. Im Oktober 1931 erhielten sie eine günstigere Neubauwohnung:

> „Unsere zweite Wohnung lag in Horn, ... Es war ein Block des ‚Gemeinnützigen Bauvereins der Postbeamten‘, in dem nur Postbedienstete wohnten. Unsere Wohnung war etwa 50 qm groß und bestand aus zwei Zimmern, Küche, Duschbad und Toilette. Dazu gehörte noch ein Boden. Geheizt haben wir mit einem Kohleofen im Wohnzimmer und einem Kohleherd in der Küche. Dort stand auch die ‚Hamburger Kohlenkiste‘. Dazu besaßen wir einen eigenen dreiflammigen Gaskocher. Die Kohlen lagerten wir auf dem Boden. Dort hatten wir die Kohlenablage durch eine Trennwand abgedeckt, um den verbliebenen, größeren Raum als ‚Fremden-Schlafraum‘ für Besuch zu nutzen. Bis Juni 1933, als Arno kam, wohnten wir dort zu zweit. Später, als Rainer geboren wurde (Juni 1936, K.H.), zu viert ...

Lili und Herbert D. (links im Bild) beim Kaffeetrinken mit Freunden in ihrer Neubauwohnung, 1932 (Privatbesitz)

Wir waren natürlich ganz modern eingerichtet ... Unser Wohnzimmer war das Modernste, was es damals gab. Es war von Bornhold, denn nur Bornhold hatte damals die ‚neue Linie'. Es kostete 1.130 Mark – das war viel Geld. Wir konnten es aufbringen, weil ich nach unserer Heirat als ‚Doppelverdienerin' aus dem Postdienst ausscheiden mußte und dafür eine Abfindungssumme von 1.200 Mark erhalten hatte. Wir wollten keine Plüschmöbel, wie die Eltern, keine Nippessachen. Stattdessen kauften wir Bunzlauer-Geschirr und Schwedisch-Leinen ..."

Lili D. hat eine Grundriß-Skizze ihrer ersten Wohnung mit einer „Aufstellung über den Umfang der Möbelausstattung zur Überprüfung der Aufstellungsmöglichkeiten" aufbewahrt, der zu entnehmen ist, welche Möbel zum neueingerichteten, „modernen" Hausstand des Ehepaares gehörten: Für die Küche hatte das Ehepaar einen „dreiteiligen Reformküchenschrank", einen „Küchentisch mit Aufwäsche", einen „Gaskochtisch", eine „Gastherme über dem Handstein", eine „Kohlentruhe mit Schubfächern", ein „Küchenschränkchen" sowie zwei Stühle und einen Hocker angeschafft. Diese „praktische, zeitsparende" Küche entsprach den neuesten Einrichtungsvorschlägen, die in Haushaltsratgebern und Frauenzeitschriften zur „Rationalisierung der Hausarbeit" gemacht wurden[136]. Auch die anderen Räume waren gemäß den Vorschlägen der ‚Neuen Wohnkultur' mit schlichten, funktionsgerechten Möbeln eingerichtet. Im Korridor standen ein „Besenschrank" und eine „kleine Kommode". Für das Schlafzimmer aus Nußbaum hatte das Ehepaar einen „Kleiderschrank", ein „Doppelbett mit angebauten Nachtschränkchen", eine „Kommode", eine „Wäschetruhe" sowie „zwei Hocker" angeschafft. Die Wohnzimmereinrichtung – Anbaumöbel aus Kaukasisch-Nußbaum – bestand aus einem „Bücherschrank mit Schreibplatte", einem

„Kredenz mit Schubfächern", einem „runden Eßtisch mit fünf Stühlen", einer „Chaiselongue" sowie einem Sessel. Dieses Wohnzimmer sollte nicht, wie die „gute Stube" der Eltern, nur an Fest- und Feiertagen benutzt werden.

Lili und Herbert D. waren damals sehr stolz auf ihre Wohnung, doch nur wenige gleichgesinnte Freunde verstanden das. Die meisten Nachbarn, Bekannten und Verwandten fanden ihre Möbel „viel zu kahl und kalt". Sie konnten nicht verstehen, warum das Ehepaar für diese „ärmlichen Möbel" bereitwillig „teures Geld" bezahlte. Diese Einstellung war weit verbreitet. Nur relativ wenige, überwiegend jüngere Menschen aus dem Umkreis der Arbeiterjugend-, Arbeiterkultur- und Lebensreformbewegung standen der ‚Neuen Wohnkultur' aufgeschlossen gegenüber und begriffen sie als Teil einer vernünftigen, praktischen und gesunden Lebenshaltung.[137] Die ‚Neue Wohnkultur' konnten sich aufgrund des bis zu 40 % höheren Preises für die Möbel ohnehin nur junge, kleine Familien sehr gut verdienender Facharbeiter, Angestellter und Beamter leisten[138]. Die Masse der jungverheirateten Arbeiterpaare war froh, wenn sie ihren neugegründeten Hausstand möglichst kostengünstig zusammenbekam. Ältere Ehepaare, die aus einer Altbauwohnung in eine Neubauwohnung zogen, nahmen ihre Möbel selbstverständlich mit und blieben in ihnen wohnen, solange sie ihre Funktion erfüllten. Mit ihrer alten, dunklen, sperrigen Einrichtung aus der Kaiserzeit zog ein Stück der Beengtheit gründerzeitlicher Wohnkultur in die Neubauwohnungen ein.[139]

Lili D. und andere befragte Frauen, die in einem genossenschaftlichen Neubaublock lebten, berichteten von einem relativ engen Zusammenhalt der Mieter, der entscheidend durch die gemeinsame politische Anschauung und Aktivität gefördert wurde. Vor allem in Barmbek-Nord und Winterhude-Jarrestadt arbeiteten außerordentlich aktive Distrikte und Bezirke der SPD mit einem jungen engagierten Funktionärskörper. In beiden Wohngebieten gab es rege SPD-Frauengruppen[140]. Politische Übereinstimmung und Zugehörigkeit zur gleichen Generation begünstigten bei den Frauen die nachbarschaftlichen Kontakte. Treffpunkte der jungen Hausfrauen und Mütter waren die verschiedenen Gemeinschaftseinrichtungen. *Martha B.* (geb. 1897) berichtet über die Nachbarschaftsbeziehungen unter den Frauen ihres Wohnblocks. Sie zog 1928 mit ihrer Familie in ein Neubaugebiet der ‚Baugenossenschaft freier Gewerkschafter' in Barmbek-Nord. Martha B. arbeitete bis zu ihrer Heirat und der Geburt der Tochter im Jahr 1921 als Buchbinderin, Franz B. war Betonfacharbeiter und seit 1925 Gewerkschaftsangestellter. Beide engagierten sich u.a. in der SPD. Martha B. erzählt:

> „Wir hatten einen engen nachbarschaftlichen Kontakt zueinander. Wir halfen uns, wo wir konnten. Ich konnte meine Nachbarin bitten, auch mal auf meine Lütte zu achten.
>
> Für uns Frauen waren die Waschküche und der Spielplatz im Innenhof des Wohnblocks richtige Treffpunkte. Jeden Sommer machten wir Frauen aus dem Block ein Kinderfest mit großer Tafel im Innenhof. Dieser Innenhof hatte Sandkiste und Planschbecken, Rosen und Rasen. Wunderbar zum Spielen für die Kinder. Dort deckten wir die Tafel, machten Spiele und Kasperletheater. Dazu wurde Kuchen gebacken, jede brachte einen runter. In der großen Waschküche, die uns zur Verfügung gestellt wurde, konnten wir für die Kinder Kakao und für uns Kaffee kochen. Wir machten alles so gut, wie wir das eben machen konnten ... Das hat Spaß gebracht ...
>
> In Wahlkampfzeiten war bei uns selbstverständlich fast jedes Fenster schwarz-rot-gold beflaggt."

Wie in den Altbauquartieren, wo das soziale Frauennetz aufgrund der räumlichen und sozialen Nähe traditionell stark ausgeprägt war, entstand auch in den Neubausiedlungen, die von Genossenschaften aus dem Umfeld der Arbeiterbewegung gebaut worden waren, relativ schnell ein soziales Frauennetz. Dieses wurde durch zwei Faktoren entscheidend gefördert: zum einen die homogene soziale Zusammensetzung der Bewohnerinnen, zum anderen das Angebot an Gemeinschaftseinrichtungen, die vorrangig Orte der Frauenöffentlichkeit waren.

Block der „Baugenossenschaft freier Gewerkschafter" in Barmbek-Nord, Elligersweg/Rungestraße, 1929. Blick in den Innenhof aus der Wohnung von Martha B. (Privatbesitz)

* * *

Der eklatante Wohnungsmangel betraf in den zwanziger und dreißiger Jahren in Hamburg nicht nur die große Zahl der Wohnungslosen, sondern wirkte sich auch auf die Wohnsituation der Wohnungsinhaber aus. Sichtbarster Ausdruck von Wohnungsnot und Wohnungselend war in den alten Arbeiterwohngebieten, in denen die Mehrzahl der Arbeiterfamilien lebte, die Überfüllung eines erheblichen Teils der Wohnungen, die durch die Aufnahme von Einlogierern verstärkt wurde. Enge und Bedrängtheit prägten in den Altbauwohnungen das familiäre Zusammenleben. Vor allem in Notzeiten, wenn die Existenzsorgen besonders groß waren, verstärkte dies die Gefahr von Spannungen und Konflikten. Unter dieser Situation litten insbesondere Hausfrauen und Mütter, die stärker als die anderen Familienmitglieder an die Wohnung gebunden waren und sich zudem für die Harmonie des Familienlebens verantwortlich fühlten.

Die Wohnverhältnisse in den neuen Wohnsiedlungen waren in der Regel günstiger als in den Altbauquartieren. Doch von den dort gebotenen Möglichkeiten der Haushalts- und Wohnungsreform, die zu einer Arbeitsentlastung der Hausfrauen und Mütter beitrugen, profitierte nur eine kleine Gruppe der Arbeiterschaft. Neben Angestellten- und Beamtenfamilien waren es überwiegend junge, kleine Familien bessersituierter Facharbeiter aus dem Umfeld der Arbeiterbewegung, die in die Neubauwohnungen zogen. Ihr Lebensstil, der in der neueren Forschung mit Attributen wie „modern, sauber, rational, diszipliniert sowie familienorientiert" charakterisiert wird, hatte Vorbildfunktion für breitere Kreise der Arbeiterschaft.[141]

Insgesamt verstärkten die Neubausiedlungen den Trend zur ‚modernen Kleinfamilie': Ihre Lage am Rande der Stadt forcierte die Trennung von Wohnquartieren und Erwerbsarbeitsstätten;

dies erschwerte es verheirateten Frauen, eine Erwerbsarbeit in der Nähe der Wohnung zu finden. Der typische Grundriß vieler Neubauwohnungen mit Wohnzimmer, Elternschlafzimmer, kleinem Kinderzimmer und sogenannter „Arbeitsküche“, einer Kleinstküche in der höchstens eine Person arbeiten konnte, förderte die geschlechtsspezifische Arbeitsteilung in der Familie und verstärkte die ‚Unsichtbarkeit‘ der Hausfrauenarbeit für Ehemann und Kinder.[142]

1.2.2.2 Die Wohnsituation alleinstehender Arbeiterfrauen

Aufgrund der hamburgischen Wohnungsmangelverordnung vom Oktober 1923 hatten alleinstehende Wohnungssuchende ohne Kind grundsätzlich keinen Anspruch auf eine eigene Wohnung. Sie waren darauf angewiesen bei Verwandten oder Fremden als Untermieter zu wohnen. 1933 lebten in der Stadt Hamburg insgesamt 25.257 Frauen und 20.830 Männer als Untermieter; Frauen stellten damit 54,8 % aller Einlogierer. Im Vergleich zur Vorkriegszeit war der Frauenanteil unter den Untermietern erheblich angestiegen: 1905 gab es insgesamt 12.115 weibliche und 52.092 männliche Einlogierer; der Frauenanteil lag nur bei 18,9 %.[143]

In den zwanziger und dreißiger Jahren zogen zumindest in der Großstadt Hamburg immer mehr jüngere ledige Frauen aus der elterlichen Wohnung aus und lebten allein zur Untermiete. Besonders verbreitet scheint dies unter den jungen Frauen im sozialdemokratischen Milieu – vor allem bei Arbeiterjugendbündlerinnen – gewesen zu sein. Von den 93 befragten Frauen, die verheiratet waren, verließen 23 schon vor der Heirat das Elternhaus, darunter 15 Frauen, die nach 1905 geboren worden waren. 57 zogen aus der elterlichen Wohnung im Jahr der Heirat aus, 13 wohnten auch danach mit ihrem Ehemann bei Eltern bzw. Schwiegereltern. Von den 13 Frauen, die nicht heirateten, blieben nur vier bei den Eltern wohnen. Zu den jungen Frauen aus dem sozialdemokratischen Milieu, die relativ früh zu Hause auszogen, gehörte Lili D. Bis zu ihrem 21. Lebensjahr wohnte sie mit ihren beiden jüngeren Schwestern in der 3-Zimmer-Wohnung der Eltern in Rothenburgsort. Der Vater war Maler, engagierter Gewerkschafter und Sozialdemokrat. Die Mutter, die vor ihrer Heirat als Dienstmädchen gearbeitet hatte, war sehr christlich und konservativ eingestellt. Lili D. schildert die Gründe für ihren Auszug aus der elterlichen Wohnung und beschreibt ihre damalige Wohnsituation als Untermieterin:

> „Im Februar 1922 trat ich meinen Dienst als Telegraphengehilfin im Ortsamt Hamburg an. Ich war 17 Jahre alt und eine von den Jüngsten ... Ich machte aus meinem Leben, was mir gefiel. Derzeit bekam ich 140 Mark Monatsbezüge, davon mußte ich 40 bis 60 Mark zu Hause abgeben. Ich ging in den Arbeiter-Turnverein ..., kaufte mir ein Fahrrad. Meine Schwester und ich machten Sonntagswanderungen, im Dirndl-Kleid. Wir gingen zum Tanzen. Wir hatten Kavaliere. Ich besuchte Kurse der Volkshochschule. Im gleichen Jahr traten meine Schwester und ich auch in die SAJ ein. Wir nähten uns Reformkleider, kauften uns Schuhe mit flachen Absätzen im Reformhaus, beschäftigten uns mit Reform-Ernährung und ließen uns einen Bubi-Kopf schneiden. Natürlich waren wir auch Anhängerinnen der Freikörperkultur. Meiner Mutter war das alles nicht recht. Sie hätte lieber schicke, junge Damen der ‚besseren Gesellschaft‘ aus uns gemacht ... 1924 zogen meine Schwester und ich aus unserem Elternhaus aus. Es war kein Auskommen mehr mit unserer Mutter. Sie konnte nicht akzeptieren, wie wir uns entwickelten. Und wir konnten ihr dauerndes Geschimpfe und Genörgele an uns nicht ertragen ... Es gab ständig Zank. Meine Mutter machte uns das Leben zu Hause ehrlich gesagt zur Hölle ... Als es zu Hause einmal fürchterlichen Krach gab, da hab‘ ich gesagt: ‚So, das ist das letzte Mal. Ich ziehe jetzt aus‘. Und da hat mein Vater gesagt – er mußte natürlich zu meiner Mutter halten, nicht? –: ‚Wenn Du ausziehst, dann geht Deine Schwester gleich mit. Eine allein das gibt es nicht‘ ...
>
> Wir fanden ein Zimmer in Borgfelde ... Die Frau war eine Kriegerwitwe und hatte vier Kinder. Das Zimmer hatte ein Bett und eine Chaiselongue ... Dort hatten wir eine schöne Zeit, es war zwar ebenso eng wie zu Hause, aber wir waren frei. Das Zimmer hat glaube ich 30 Mark im Monat gekostet, ohne irgendwelchen Komfort, kein Kaffee, kein Frühstück. Es gab auch kein Bad. Die Frau mußte untervermieten, ihre Rente reichte einfach nicht. Wir waren freundlich zueinander, aber hatten wenig Kontakt ... Meine Eltern vermieteten ein Zimmer an Fremde ...“

Auch andere befragte Frauen erzählten, daß ständige Konflikte mit den Eltern ihr Hauptmotiv für den Auszug waren. Offensichtlich hatten auch im sozialdemokratischen Milieu viele Mütter und Väter erhebliche Schwierigkeiten, die ihnen fremde Lebensweise ihrer Töchter zu verstehen und zu akzeptieren.[144] Wenn ältere und jüngere Generation keine Toleranz und kein Verständnis füreinander aufbrachten, konnte das beengte Zusammenleben in den Arbeiterwohnungen die Generationskonflikte verstärken. Den Auseinandersetzungen entzogen sich in zunehmendem Maße auch junge Frauen durch den Auszug aus dem Elternhaus. Bei der Suche nach einer Unterkunft stießen sie nicht selten auf erhebliche Schwierigkeiten. Das Angebot an möblierten Zimmern war in den zwanziger Jahren zwar groß, doch dies galt vorrangig für Männer. Vor allem ältere Zimmerwirtinnen scheinen der festen Überzeugung gewesen zu sein, daß alleinstehende Frauen die nicht bei ihren Eltern wohnten, nur „Rumtreiberinnen" sein konnten. Eine „anständige Tochter" hatte ihrer Ansicht nach bis zur Heirat zu Hause zu wohnen.[145] Hinter diesen Vorbehalten standen nicht selten handfeste ökonomische Motive. Diese beschrieb die ‚Frauen-Beilage des Hamburger Echo' 1928 in einem Artikel zur Wohnungsnot der alleinstehenden Frauen:

> „Die Schwierigkeiten für die Frau beginnen schon bei der Zimmersuche. Welche Bedingungen werden da gestellt und wie oft bekommt sie zu hören: ‚An Damen habe ich noch nie vermietet und möchte es auch nicht.' Worin liegt nun diese Voreingenommenheit gegen die Frauen und ist sie begründet? Fraglos ist der Zimmerherr angenehmer. Er bereitet sich kein Essen im Hause. Er will nicht Strümpfe oder kleine Wäschestücke selbst reinigen. Er läßt alles außer dem Hause oder durch die Vermieterin verrichten und schafft dieser unter Umständen noch eine weitere Einnahmequelle ... Die Frau aber, die doch in allen Tarifverträgen weit niedrigere Löhne bekommt als der Mann, muß diese Arbeiten gezwungenermaßen selbst leisten ... Hat das Mädchen nun endlich ein Zimmer gefunden, so sind es wiederum all zu oft die oben angeführten kleinen Verrichtungen, die zu Auseinandersetzungen und Streit mit der Zimmervermieterin führen."[146]

Angesichts der spezifischen Wohnungsnöte alleinstehender Frauen, von denen die geringerverdienenden Arbeitnehmerinnen in besonderem Maße betroffen waren, forderten sowohl die Funktionärinnen der freien Gewerkschaften und der SPD als auch die Führerinnen des ‚Stadtbundes Hamburgischer Frauenvereine' in Eingaben und Resolutionen an Bürgerschaft und Senat in den zwanziger Jahren immer wieder das „Recht auf eine eigene Wohnung für alleinstehende Berufstätige" und den Bau von „Ledigenwohnheimen" für Frauen.[147]

Das erste Heim dieser Art, das im Januar 1929 mit 70 Ein-Zimmer-Appartements am Nagelsweg in St.Georg eröffnet wurde, war für ledige Mütter gedacht. Initiiert und finanziert wurde es vom ADGB, verwaltet von der ‚Arbeiterwohlfahrt'. Den Bewohnerinnen standen vielfältige Gemeinschaftseinrichtungen zur Verfügung: Lesesaal, Bibliothek, Tagesraum sowie gemeinsame Küche, Wäscherei und Nähstube. Ein gewählter Heimrat kontrollierte gemeinsam mit der AWO-Geschäftsführerin die Verwaltung des Hauses, dem ein Kindertagesheim mit 80 Plätzen für Krabbel-, Klein- und Schulkinder angeschlossen war[148]. Die Mehrzahl der 69 Mieterinnen, die in das neue Wohnheim zogen, stammte aus der Arbeiterschaft; 24 waren Arbeiterinnen, 17 Tag-, Putz- oder Kochfrauen und 17 kaufmännische Angestellte, fünf arbeiteten in erzieherischen oder pflegerischen Berufen und sechs waren erwerbslos. Ihre Alterszusammensetzung war gemischt, zehn waren zwischen 20 und 30 Jahren, 37 zwischen 30 und 50 Jahren und 22 über 50 Jahre alt. Von den 49 ledigen Müttern hatten 46 ein Kind und 3 zwei Kinder. Die alleinerziehenden Frauen, die in das Heim zogen, hatten vorher die Zustimmung des Wohnungs- und des Jugendamtes einholen müssen. Nur ein Bruchteil der Frauen, die sich um einen Platz im Wohnheim bewarben, fand dort eine Bleibe. Die Mieterinnen des Frauenwohnheimes Nagelsweg brauchten keinen Baukostenzuschuß zu zahlen. Die Miete, die die Kosten für Heizung und Strom enthielt, war mit 37,50 Mark monatlich relativ gering. 9,60 Mark mußten im Monat zusätzlich für Aufenthalt und Verpflegung des Kindes im Tagesheim aufgebracht werden. Bei einem durchschnittlichen Monatseinkommen der Bewohnerinnen von 127 Mark waren diese Ausgaben für die

Und die ledige Frau?

Ein schwieriges Problem der sozialen Gemeinschaft ist die Stellung und Einordnung der ledigen Frau in die Gesellschaft. Nicht nur das einfache Zahlenverhältnis, daß es mehr Frauen als Männer gibt, sondern vor allem auch die Tatsache, daß heute unter den berufstätigen Frauen ein verständlicher Trieb zu spüren ist, die einmal errungene Selbständigkeit auch weiter zu erhalten, sie nicht mit der Problematik einer Ehe zu vertauschen, sind die Ursachen des ständigen Anwachsens der Zahlenkolumnen in der Statistik lediger Frauen. Sollen sie stets nun als Untermieterinnen in einer fremden Wohnung ein geduldetes Dasein führen? Ihr Bestreben nach hauswirtschaftlicher Selbständigkeit läßt andere Wege suchen. Die Arbeiterschaft hat sie aufgenommen und in Hamburg haben die freien Gewerkschaften neben der „Heimstätte", dem großen Arbeiterhotel, nunmehr das Ledigenheim der freien Gewerkschaften entstehen lassen, über das unsere Bilder besser berichten als jedes beschreibende Wort.

Wohnraum im Ledigenheim

Das Ledigenheim der freien Gewerkschaften in Hamburg

Kinderspielzimmer im Ledigenheim

Links: Küche einer Ledigenwohnung

(Volk und Zeit. Illustrierte Beilage des Hamburger Echo, Nr. 14, 1929)

meisten eben noch tragbar; zwölf benötigten eine Unterstützung vom Wohlfahrtsamt.[149]

Das zweite Frauenwohnheim am Schwalbenplatz in Barmbek-Nord entstand auf Initiative des ‚Stadtbundes Hamburgischer Frauenvereine' und wurde 1931 von der ‚Gemeinnützigen Kleinhaus-Baugesellschaft m.b.H.' erbaut. Den Bewohnerinnen der 200 Appartements standen ebenfalls Gemeinschaftseinrichtungen von „höchstem Komfort" zur Verfügung. Da dieses Wohnheim ohne jegliche Zuschüsse errichtet werden mußte, fiel der zu leistende Baukostenzuschuß mit 2000,– Mark sehr hoch aus. 52,– Mark Monatsmiete mußten für ein Ein-Zimmer-Appartement mit Kochnische gezahlt werden. Soviel konnten nur besserverdienende Frauen aufbringen. Deshalb wohnten dort überwiegend kaufmännische Angestellte, Lehrerinnen, Beamtinnen und Selbständige.[150]

Zu den wenigen ledigen Frauen, die in einem der beiden Frauenwohnheime Hamburgs unterkamen, gehörte die Sozialdemokratin *Anni Kienast* (geb. 1897), die als Verkäuferin in der ‚Produktion' arbeitete. Da sie eine bekannte Gewerkschaftsfunktionärin war, wurde sie 1933 von der neuen nationalsozialistischen Genossenschaftsleitung der ‚Pro' entlassen. Von 1929 bis 1933 lebte sie im Frauenwohnheim Nagelsweg, wo sie zur kleinen Gruppe der kinderlosen Frauen gehörte. Sie beschreibt die dortige Wohnsituation:

> „Das Heim war damals revolutionär. Es war zunächst das einzige in ganz Hamburg. Von uns Frauen war ein solches Heim schon lange gefordert worden, es gab ja so viele ledige Frauen und Mütter. Das Heim ist von den Gewerkschaften finanziert worden ... Wir hatten alle eine Ein-Zimmer-Wohnung, kleiner als 30 qm, aber schön, mit einer eigenen Küche. Die Toiletten und Bäder lagen draußen, auf jedem Stockwerk. Wir wohnten mit elf Frauen auf einer Etage ... Die Frauen, die aufgenommen wurden, mußten Mitglied einer Gewerkschaft sein. Das war ja wohl auch berechtigt ... Im Heim hatten wir einen wunderbaren Gemeinschaftsraum. Dort haben wir abends oder am Wochenende auch mal zusammengesessen und geredet. Manchmal machten wir auch plattdeutsche Vorlesungen. Doch wir waren von der Arbeit immer recht abgespannt. Die meisten hatten ja auch noch Kinder ... Bis 1933 war ich Vorsitzende unseres Heimrates. Vor allem die ledigen Frauen mit Kind – das waren die meisten – hatten es schwer. Für die hab' ich mich besonders eingesetzt. Sie sprachen kaum über ihre Nöte. Aber man sah den Frauen an, wie schwer sie zu tragen hatten. Leicht war es nicht als ledige Mutter ... 1933, als die Nazis an die Macht kamen, mußten viele von uns ausziehen. Wir wurden entlassen und konnten die Miete nicht mehr bezahlen. Ich bin dann mit Freunden in eine Art Wohngemeinschaft zusammengezogen. Wir teilten uns Miete und Lebensunterhalt. Ich hab' vorher immer gedacht: ‚Hier bleibe ich, bis ich sterbe', so gut hat es mir da gefallen ... Wir Frauen versuchten, uns ein wenig gegenseitig zu helfen. Im Heim waren wir eine richtige Gemeinschaft ...".

Das Wohnen in diesem Frauenwohnheim war für die Mieterinnen eine attraktive Alternative zu anderen Wohnformen. Das breite Angebot an Gemeinschaftseinrichtungen erleichterte ihnen erheblich die Haus- und Familienarbeit und schuf günstige Voraussetzungen für enge soziale Kontakte unter den Bewohnerinnen.

* * *

Einen Platz in den beiden Hamburger Frauenwohnheimen Nagelsweg und Schwalbenplatz erhielten nur wenige. Die Wohnmisere der Masse der alleinstehenden Frauen blieb bestehen, sie mußten weiterhin bei Verwandten oder Fremden „auf Zimmer" wohnen. Das Beispiel des Frauenwohnheims Nagelsweg zeigt allerdings, welche alternativen Formen des Zusammenlebens von alleinstehenden Frauen in der Weimarer Republik bei einer entsprechenden Wohnungsbaupolitik auch für einen breiteren Kreis möglich gewesen wären. In Aufbau und Angebot dieses Heimes war die Idee einer kollektiven Lebens- und Wohnweise verwirklicht worden, die in dem alten Gedanken einer Wohnungs- und Haushaltsreform mit Hilfe des ‚Einküchenhauses' angelegt war.[151] Solche alternativen Wohnformen blieben in der Weimarer Republik jedoch eine Ausnahmeerscheinung.

1.3 Die alltägliche Hausarbeit von Arbeiterfrauen

Die alltägliche Hausarbeit umfaßte im Arbeiterhaushalt vielfältige Aufgaben und Verrichtungen. Die vier wichtigsten Funktionen waren: die Sicherstellung der Ernährung, die Herstellung und Instandhaltung von Kleidung und Wäsche, die Instandhaltung der Wohnung und des Hausstandes sowie die Sorge für das physische und damit auch psychische Wohlergehen der Familienangehörigen.[1] Der Umfang dieser materiellen Hausarbeiten war von einer Vielzahl von Faktoren abhängig, neben der Einkommenshöhe und der Wohnsituation[2] insbesondere von der Familiengröße und –zusammensetzung sowie der Phase im Familienzyklus. Deshalb ist es nicht möglich, *die* alltägliche Hausarbeit in *dem* Arbeiterhaushalt zu analysieren. Im folgenden Kapitel kann lediglich versucht werden, anhand des Beispiels einer Arbeiterfamilie die sich regelmäßig wiederholenden, besonders kraft- und zeitaufwendigen Hausarbeiten sowie das Erlernen der häuslichen Arbeiten und der diesbezüglichen Normen und Standards im Arbeiterhaushalt zu beschreiben. Dabei erweisen sich Erfahrungsberichte als die einzige genaue und zuverlässige Quelle. Zeitgenössische Haushaltsratgeber können wie die Haushaltstips in Frauenzeitschriften und Werbeblättern des Einzelhandels lediglich Auskunft über die vorherrschenden Normen und Standards der Hausarbeit geben.

1.3.1 *Der Tages- und Wochenablauf der Hausarbeit*

Als Beispiel für die Analyse der alltäglichen Hausarbeit wurde die sozialdemokratische Arbeiterfamilie H. ausgewählt. Die Tochter Agnes A. schildert im Interview ausführlich die häusliche Arbeit ihrer Mutter Frieda H. (geb. 1870) und vergleicht diese mit der Arbeit im eigenen Haushalt. Dabei wird deutlich, wie wenig sich die alltägliche Hausarbeit von Arbeiterfrauen in der ersten Hälfte des 20. Jahrhunderts verändert hat, da sie sich die vielen neuen technischen Hilfsmittel – u.a. Elektro- oder Gasherd, Kühlschrank, Waschmaschine, Boiler, Staubsauger –, die in wachsender Zahl angeboten wurden, in der Regel nicht leisten konnten.[3]

Das Ehepaar H. lebte mit den beiden Töchtern Agnes und Paula in einer Vier-Zimmer-Altbauwohnung. Franz H. war bis zu seiner Pensionierung als Klavierbauer tätig. Agnes A. arbeitete Anfang der zwanziger Jahre als Behördenangestellte, ihre Schwester als kaufmännische Angestellte. Selbst als beide Töchter verdienten, konnte sich Frieda H. nicht ausschließlich der Haus- und Familienarbeit widmen; sie mußte durch Putzen die Haushaltskasse aufbessern. Hilfe bei der Bewältigung der häuslichen Arbeitslast erhielt sie von ihren Töchtern, die sie schon früh zur Mitarbeit angehalten hatte. 1920 heiratete Agnes A. und verließ die elterliche Wohnung. Doch schon kurz nach der Geburt ihres Sohnes im Februar 1921 trennte sie sich von ihrem Mann und zog wieder zu den Eltern. Ihre Mutter beaufsichtigte während ihrer Erwerbsarbeitszeit das Enkelkind. 1925 heiratete Agnes A. erneut. Mit ihrem zweiten Mann, einem Zimmerer, und ihrem Sohn zog sie nach Cismar in Schleswig-Holstein. Beide leiteten dort bis 1933 gemeinsam ein Landesjugendheim. 1926 wurde ihr zweites und 1928 ihr drittes Kind geboren.

Agnes A. beschreibt im folgenden zunächst den Tages- und Wochenablauf der Hausarbeit ihrer Mutter:

> „Meine Mutter und später auch ich standen morgens sehr früh, zwischen fünf und sechs Uhr auf, säuberten den Herd von der kalten Asche und heizten ihn mit Holzspänen und Papier an. Als erstes wurden dann der Malzkaffee gekocht und Stullen für unseren Vater geschmiert. Mutter machte ihm auch das Frühstück zurecht. Er mußte

um sieben, manchmal schon um sechs Uhr aus dem Haus. Solange wir noch zur Schule gingen, weckte Mutter uns, wenn der Vater weg war. Auch uns machte sie das Frühstück zurecht – Marmeladen-Brote und Milch – und half uns beim Schmieren unserer Schulbrote; auf denen war entweder Kunsthonig oder Kümmelkäse. Später, als wir selber arbeiteten, standen wir kurz nach unserer Mutter auf und halfen ihr bei den morgendlichen Aufgaben.

Wenn alle aus dem Haus waren, so gegen sieben, acht Uhr, fing meine Mutter, wie fast alle Hausfrauen an, den Haushalt aufzuräumen, die Betten zu lüften – mindestens zwei Stunden lang –, danach die Betten zu machen und die Wohnung zu säubern. Als erstes wurden alle Räume und die Küche gefegt, dann gewischt. Das wurde mit Ausnahme der beiden Waschtage und des Sonntags an allen Tagen gemacht. Ein- bis zweimal die Woche wurde der Boden außerdem noch gewachst. Das Wischen und Wachsen passierte auf den Knien, jede Ecke wurde mitgenommen. Wir Frauen waren damals ja noch viel penibler als heute. Dann wurde zumindest oberflächlich Staub gewischt. Besonders unpraktisch waren die vielen Nippes-Sachen, die auch wir überall rumstehen hatten. Das waren echte Staubfänger. Die wurden einmal die Woche gründlich gemacht. Nach diesen Arbeiten mußte die Hausfrau ans Einkaufen und Essenmachen denken. Da wir frische Lebensmittel so schlecht aufbewahren konnten, mußte Mutter, wie später auch ich, jeden morgen los zum Einkaufen. Nach dem Einkauf mußte das Essen vorbereitet werden. Eine Stunde täglich benötigte man für das Einkaufen bestimmt. Zwischen ein und zwei Uhr, wenn die Kinder aus der Schule kamen, mußte das Essen auf dem Tisch stehen. Nach dem Mittagessen wurde abgewaschen. Nicht nur das Geschirr vom Mittag, sondern auch noch das vom Frühstück. Abgewaschen wurde in den beiden Schüsseln unter dem Küchentisch, die herausgezogen werden konnten. Das Abwaschen war eine ziemliche Prozedur. Es wurde vorsortiert, mit Zeitungspapier ausgewischt, um die Essensreste zu entfernen, vorgespült, abgewaschen, nachgespült, abgetrocknet und weggeräumt. Das alles ohne Fließend-warm-Wasser! Spülmittel war ein Schuß Soda.

Nach dem Abwasch machte Mutter, solange wir zur Schule gingen, mit uns Schularbeiten. Wir arbeiteten am Küchentisch und sie saß dabei, stopfte Strümpfe bzw. nähte etwas oder stand am Bügelbrett und paßte nebenher auf, daß wir alles sorgfältig erledigten. Danach mußte sie bald daran denken, das Essen für meinen Vater vorzubereiten, der zwischen sechs und sieben Uhr von der Arbeit kam. Er verlangte, daß zumindest Kartoffeln oder Gemüse für ihn frisch gekocht wurden. Außerdem wollte er nach der Arbeit von ihr umsorgt werden. Für uns Kinder machte Mutter, solange wir zur Schule gingen, abends noch Extra-Essen, meistens Bratkartoffeln. Später als meine Schwester und ich auch erwerbstätig waren, aßen wir alle zusammen abends warm. Für uns beide war es als Berufstätige schon eine enorme Erleichterung, daß unsere Mutter einen großen Teil der Hausarbeit schmiß ... Nach dem Abendessen mußte wieder abgewaschen werden, dabei halfen wir. Danach ging es erneut ans Stopfen und Nähen ...

Montags und dienstags war Wäsche, mittwochs und donnerstags wurden die Reinigungsarbeiten erledigt, die nur ein- bis zweimal die Woche gemacht wurden, donnerstags und freitags wurde gebügelt, freitags abends oder samstags vormittags wurde der Wocheneinkauf erledigt. Samstagnachmittag war Badetag, außerdem mußte das Essen für Sonntag vorbereitet werden. Hinzu kamen die Arbeiten, die in großen Abständen anfielen, alle 14 Tage das Treppenhaus reinigen, alle zwei bis drei Wochen Fenster putzen. Im Frühjahr und Herbst mußte die Sommer- bzw. Wintergarderobe aufgearbeitet werden. Von Juni bis Oktober wurde viel eingemacht. Vor Weihnachten mußten die Weihnachtsvorbereitungen getroffen werden. Alle Fest- und Feiertage machten viel zusätzliche Arbeit ...

Wenn ein Kind krank wurde, mußte die Frau es pflegen. Bei zwei, drei Kindern war eigentlich immer eines mehr oder weniger krank. Dagegen gab es verschiedene Hausmittelchen: Holunderbeersaft gegen Erkältung und Fieber, kalte Wadenwickel bei sehr hohem Fieber, ein selbstgekochter Sirup aus echter Lakritze, Zwiebeln, Wurzeln und Kandis gegen Husten, den schrecklichen Lebertran zur Stärkung. Man rannte nicht gleich, so wie heute, zum Arzt ... Auch alle Gänge zu Behörden, ob es die Schule, der Kindergarten oder das Gesundheitsamt war, erledigten wir Frauen. Wir sprachen mit den Lehrern, besuchten die Elternabende.

Unsere Tage als Hausfrau waren ausgefüllt mit Arbeit. Das war bei meiner Mutter nicht anders als bei mir. Ich habe sehr viele von ihren Maßstäben und Normen für meinen Haushalt übernommen. Wir arbeiteten von morgens sechs bis acht, neun Uhr abends und kamen wenig zu uns selbst. Wir hatten ja auch keinerlei Maschinen ...“[4]

Der Tagesablauf von Frieda H. zeigt, wie sehr sich Einteilung und Zeitpunkt ihrer häuslichen Arbeiten nach der Arbeitszeit des Ehemannes und der Schul- bzw. Arbeitszeit ihrer Töchter richteten. Wie die meisten Hausfrauen bemühte sie sich, deren Bedürfnissen gerecht zu werden. Allgemein prägte vorrangig die Arbeitszeit des Mannes den Rhythmus des Familienlebens und damit den Tagesablauf der Hausarbeit. Er erwartete in der Regel vor Arbeitsbeginn ein Frühstück und nach Feierabend eine warme Mahlzeit, Ruhe und die Möglichkeit zur Entspannung.[5]

Die Arbeiten für die Ernährung der Familie nahmen einen erheblichen Teil der täglichen und wöchentlichen Arbeitszeit der Hausfrauen in Anspruch. Agnes A. beschreibt zunächst den Einkauf ihrer Mutter, für die es als engagierte Sozialdemokratin „selbstverständlich" war, Mitglied des Konsum-, Bau- und Sparvereins ‚Produktion' zu werden, bei dem sie den größten Teil des täglichen Lebensmittelbedarfs deckte:

„Freitags – (wenn es den wöchentlichen Lohn gab, K.H.) – war der Generaleinkauf, den erledigten meine Mutter und später auch ich bei der ‚Pro'. Schon als Kinder hielt sie uns dazu an, zu keinem Krämer zu gehen ... Wir hatten ein Einkaufsbuch von der ‚Pro', in das schrieben wir, was wir haben wollten. Das zwang uns als Hausfrauen dazu, uns bereits vorher zu überlegen, was wir kaufen wollten. Wenn uns im Laufe der Woche etwas einfiel, was wir am Freitag kaufen wollten, schrieben wir das schon mal in das Einkaufsbuch ein. Dieses Buch war eine große Hilfe beim Wirtschaften, weil es zur Planung und Berechnung zwang. Wir konnten kontrollieren, wo das Geld schon wieder geblieben war. Das Einkaufsbuch wurde im Laden in einen Kasten gesteckt, und dann wurde der Reihe nach gemäß unseren eingetragenen Wünschen bedient ...

Milch und Brot sowie frische Nahrungsmittel für das Essen wurden täglich eingekauft, von Genossenschafterinnen selbstverständlich auch in der ‚Pro'. Wir nahmen auch einen weiteren Weg in Kauf ... Einmal die Woche kam eine Frau vom Lande in unsere Terrasse, verkaufte frische Eier und auch mal ein Stück Speck von Tür zu Tür. Bei ihr, ebenso wie beim Gemüsehöker, der immer freitags abends in die Terrasse kam, war es preisgünstiger als im Laden. Beim Einkauf achteten wir sehr darauf, daß wir das kauften, was es je nach Saison am günstigsten gab, das galt vor allem für Obst und Gemüse.

Der Einkauf am Freitagabend oder Samstagmorgen war für die Frauen unserer Terrasse immer ein kleiner Festtag, der aus dem Einerlei des Alltags herausfiel. Sie erschienen alle mit frischgestärkten und gebügelten, möglichst weißen Schürzen bei dem Gemüsehöker und bei den Händlern. Wenn eine einmal nicht so adrett und proper aussah, war sie für die anderen eine Schlampe ... Dort wurden die neuesten Nachrichten ausgetauscht ... Unsere Hinterhofterrasse war, wie so viele andere, ein Dorf. Jeder kannte jeden, einige waren sogar versippt und verschwägert. Auch für uns Kinder war der Einkaufstag ein kleines Fest. Mutter brachte immer zwei Rippen Schokolade für uns mit ..."

Der tägliche und wöchentliche Einkauf, der einen erheblichen Teil der Hausarbeitszeit beanspruchte, war für Arbeiterhausfrauen die beste Möglichkeit, aus der Wohnung herauszukommen und Kontakt mit anderen Menschen aufzunehmen. Insbesondere der ‚Groß-Einkauf' am Wochenende war für sie ein öffentliches „Fest", dessen sichtbares Symbol, das gleichzeitig der sozialen Abgrenzung diente, die weiße „Ausgehschürze" war. Bürgersteige und Höfe, Läden und Märkte waren die zentralen kommunikativen Treffpunkte der proletarischen Hausfrauenöffentlichkeit. Hier wurden während des Einkaufs die neuesten Neuigkeiten, Tips, Hinweise und Ratschläge ausgetauscht. Dies war in den Läden der genossenschaftlichen ‚Produktion' nicht viel anders als beim Krämer um die Ecke. Nur der Inhalt der Gespräche unterschied sich gelegentlich.

Die Schilderung von Agnes A. verdeutlicht, daß der Einkauf ohne Kühlschrank und Gefriertruhe mehr Zeit beanspruchte, da alle frischen, leicht verderblichen Nahrungsmittel insbesondere in der wärmeren Jahreszeit schlecht gelagert werden konnten. Trotz der Tricks und Kniffe zu deren Lagerung, die jede Hausfrau kannte, mußte tagtäglich eingekauft werden. Agnes A. beschreibt einige der Möglichkeiten zur Lagerung der frischen Nahrungsmittel:

„Aufbewahrt wurden die meisten verderblichen Nahrungsmittel im ‚Fliegenschrank'. Das war ein kastenähnliches Gebilde, mit blauem engmaschigem Draht bespannt, das luftig im Schatten der Speisekammer hing, wenn eine vorhanden war. Was kühl gestellt werden mußte, kam in die Speisekammer oder in der kühleren Jahreszeit auf den Balkon, meist in Tongefäßen, die z.B. bei Butter und Milch in einem Wasserbad standen ..."[6]

Neben dem Einkaufen beanspruchten die Zubereitung der Nahrung und der Abwasch einen bedeutenden Teil der täglichen Arbeitszeit der Hausfrau. Der Ernährungsstandard war seit der Jahrhundertwende auch in Arbeiterfamilien deutlich angestiegen. Tendenziell hatte sich in den zwanziger Jahren eine leichter verdauliche, nährstoffreichere und schmackhaftere Kost (Fleisch, Weißbrot, Obst, Gemüse und Milch) gegenüber einer voluminösen, ballastreichen und schwer verdaulichen sowie wenig geschmacksanreizenden Ernährung (Roggenbrot, Kartoffeln, Hülsenfrüchte) durchgesetzt. In einkommensschwachen Haushalten waren Kartoffeln und Hülsenfrüchte jedoch nach wie vor die Notspeise.[7] Einfluß auf die veränderten Ernährungsgewohnheiten hatte neben der Hebung des Lebensstandards die Entwicklung einer Ernährungswissenschaft, deren Ergebnisse in den zwanziger Jahren auch den Arbeiterfrauen über Zeitschriften, Kochbücher und Haushaltsratgeber nahegebracht wurden.[8] Die veränderte Ernährungsweise, in deren Mittelpunkt eine verdaulichere, leichtere und damit gesündere Kost stand, war notwendig geworden, weil der Arbeitsprozeß andere Anforderungen an die Arbeitskraft stellte: An die Stelle schwerer körperlicher Arbeit, die vorrangig physisch belastete, traten zunehmend Tätigkeiten, die primär eine psychische Belastung darstellten.[9] Die Mahlzeiten dienten neben der physischen Reproduktion der Arbeitskraft mehr und mehr der psychischen. Das Essen sollte nicht mehr nur satt machen, sondern schmackhaft und abwechslungsreich sein. Deshalb wurde den Arbeiterfrauen vorgeschlagen, trotz des knappen Haushaltsbudgets „Kochkünstlerinnen" zu werden, die „mit Phantasiefülle und künstlerischem Schwung" eine „billige, ‚feine Küche'" mit mehr Saucen und Tunken, kürzer gekochtem Gemüse, frischen Salaten und Rohkost auf den Tisch bringen.[10]

Im Alltag hatten die meisten Arbeiterhausfrauen vermutlich wenig Muße, „kochkünstlerisch" tätig zu sein. Ihre Hauptsorge war eine nahrhafte, gesunde und vor allem billige Kost. Agnes A. beschreibt den Speisezettel im elterlichen Haushalt, der charakteristisch für die durchschnittliche Hamburger Arbeiterküche in der Zwischenkriegszeit zu sein scheint:

> „Unser Speisezettel war insgesamt sehr einfach. Einmal die Woche gab es Reis – Milchreis mit Zucker und Zimt oder Tomatenreis –, freitags gab es immer Fisch, sehr viel Heringe, gebraten oder in sauer eingelegt. Abwechslung brachten verschiedene Mehlspeisen – z.B. Eierpfannkuchen mit Apfelmus –, Kartoffelgerichte sowie Eintöpfe, vor allem aus Hülsenfrüchten auf Speck gekocht. Gewürzt wurde mit Salz und Pfeffer, Wacholderbeeren, Lorbeerblättern und viel Zwiebeln. Gebratenes gab es eigentlich nur am Sonntag. Vater bekam immer das größte Stück, als ‚Ernährer' der Familie, auch als wir schon selbst verdienten. Nachtisch gab es eigentlich nie ... Zum Kochen benutzten wir viel die Kochkiste. Reis und Hülsenfrüchte wurden nur angekocht und kamen dann in die Kochkiste. So sparten wir Brennmaterial ... Alles war bei uns so einfach wie möglich. Das blieb auch so, als wir selber verdienten ..."

Auch beim Brennmaterial zum Kochen mußte gespart werden. Dabei half in vielen Arbeiterhaushalten die selbstgebaute „Kochkiste", „eine an allen Innenseiten mit einem schlechten Wärmeleiter (Holzwolle, Heu, Roßhaar, Zeitungspapier) ausgefütterte Holzkiste, die den Zweck hat(te), irgendwie vorgekochte Speisen im warmen, verschlossenen Kochtopf aufzunehmen und gar werden zu lassen."[11] Gleichzeitig diente die Kochkiste zum Warmhalten des Essens. Sie erleichterte dadurch nicht nur den Waschtag, für den das Essen vorgekocht wurde, sondern auch das Kochen für erwerbstätige Familienangehörige, die zu unterschiedlichen Zeiten Feierabend hatten. Im Sommer konnte sie zudem als ‚Kühlschrank' benutzt werden. Die Speisen wurden gekühlt in die gut gelüftete Kochkiste gestellt und so frisch gehalten.

Neben den alltäglichen Arbeiten für die Ernährung der Familie nahm die Reinigung und Pflege von Kleidung und Wäsche einen erheblichen Teil der wöchentlichen Arbeitszeit der Arbeiterfrau in Anspruch. Da die Ausstattung bei dem geringen Einkommen der meisten Arbeiterfamilien nicht umfangreich war, mußte mit dem Vorhandenen sehr pfleglich umgegangen werden. Agnes A. erzählt:

> „Wir besaßen viel weniger Wäsche als heute, Bettwäsche und Handtücher höchstens einmal zum Wechseln. Wenn man drei Stück Leibwäsche von allem hatte, war man gut bestückt. Natürlich wurde sie seltener gewechselt, bei uns einmal die Woche. Nachtzeug kannten wir nicht. Wir trugen unsere alten Waschblusen zum Schlafen auf. Kleidung besaßen wir auch wenig. Ein Alltags- und ein Sonntagskleid. Das Alltagskleid war meist abgelegt, stammte von Verwandten oder den Töchtern der ehemaligen Herrschaft meiner Mutter. Sie ging dort auch später noch putzen ... Als meine Schwester und ich berufstätig wurden, mußten wir für das Büro mehr

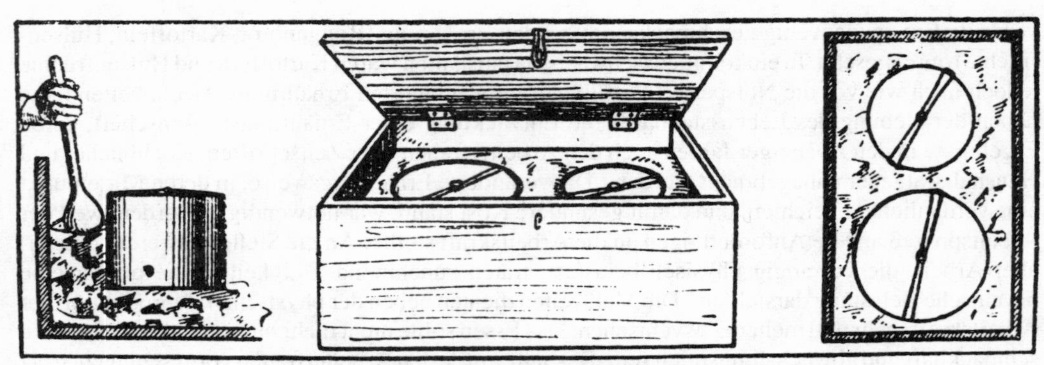

61. Wie eine Kochkiste hergestellt wird und wie sie aussieht

(Frauenwelt, Heft 8, 1926)

darauf achten und brauchten etwas zum Wechseln. Für meine Mutter brachten bloß verschiedene Schürzen über dem Alltagskleid Abwechslung in ihr Äußeres ... Eine Frau, die im Hause keine Schürze trug, war keine Frau. Die anständige Schürze war sozusagen das Sinnbild der Hausfrau ... Die Männer trugen zur Arbeit ihre Baumwollkleidung, darunter Flanellhemden und lange Unterhosen, in denen schliefen sie auch. Die verschmutzte dreckige Arbeitskleidung war der Graus jedes Waschtages. Der Dreck ging einfach nicht raus. Die Arbeitskleidung mußte extra gewaschen werden. Es war immer sehr schwierig, sie schnell genug trocken zu kriegen, denn eine Arbeitskleidung zum Wechseln besaßen die wenigsten Männer ...

Die meiste Kleidung stellten wir selbst her, abgelegte Kleidungsstücke wurden geändert und der neuen Mode angepaßt. Das machten wir auf unserer Trittnähmaschine ... Gekauft wurde eigentlich nur der Anzug meines Vaters sowie später unsere Mäntel ... Die schlimmste Arbeit war für mich das Strümpfe-Stricken und -Stopfen. Doch auch das Flicken, Stricken und Häkeln war eine ziemliche Quälerei ... Gelernt haben wir das alles in der Schule, im Handarbeitsunterricht ..."

Da wenig Wäsche und Kleidung vorhanden war, mußte diese länger getragen werden und war, wenn sie gewaschen wurde, entsprechend verdreckt. Dies erschwerte die Reinigung. Das Waschen und Bügeln war eine besonders zeitraubende Hausarbeit. Wie häufig gewaschen wurde, hing von der Zahl der Familienmitglieder, vom Wäschevorrat, vom Raum, der zur Aufbewahrung der schmutzigen Wäsche zur Verfügung stand, sowie in Wohnblocks mit Waschküche nicht zuletzt von der Waschküchenordnung ab. Üblicherweise wurde die „Große Wäsche" alle ein bis drei Wochen angesetzt.[12] Deren Ablauf beschreibt Agnes A. folgendermaßen:

„Meine Mutter, und später auch ich, haben jede Woche gewaschen, montags wurde die Wäsche vorbereitet, Dienstag war der Waschtag, freitags wurde gebügelt. So waren drei Tage der Woche schon reichlich mit Arbeit ausgefüllt ... Montags nachmittags wurde die Wäsche sortiert, nach bunt, weiß und Strümpfen. Dann wurde sie in lauwarmem Wasser mit Bleichsoda eingeweicht. An diesem Tag wurde auch das Essen, ein Eintopf, für den nächsten Tag vorgekocht. Das brauchte dann nur noch warm gemacht zu werden ... Am nächsten morgen ging es um sechs Uhr mit dem Waschen weiter ... Die eingeweichte Wäsche wurde in den vorbereiteten Waschkessel auf dem Herd getan. Dazu kam Waschpulver, Persil oder Famos. Die Wäsche mußte zweimal gekocht werden. In der Küche war es heiß, der Kessel dampfte. Nach dem ersten Mal wurde sie in die Zinkwanne, die auf einem Dreibein-Holzbock stand, getan, mit Hilfe einer Holzzange. Sie kam ja aus dem kochenden Wasser. Wenn sie etwas abgekühlt war, wurde sie ordentlich geruffelt. Kragen und Manschetten wurden mit der Bürste bearbeitet ... Nach dieser Prozedur wurde sie ein zweites Mal rein gekocht und im Anschluß zwei- bis dreimal in kaltem Wasser gespült. Ins letzte Spülwasser kam ein Beutelchen ‚Blau', das bleichte die Wäsche. Außerdem wurden Kartoffeln gerieben. Der flüssige Sud, der beim Reiben entstand, wurde in heißem Wasser aufgelöst und als Stärke genutzt. Die Stärke-Wäsche wurde im letzten Spülgang extra gespült. Ich kaufte später Hoffmanns-Reisstärke ... Das Wassertragen vom Handstein zur Zinkwanne war immer eine ziemliche Schlepperei. Zum Schluß wurde die Wäsche durch die Wringmaschine gedreht, die allerdings bei uns nur selten funktionierte ... Feinwäsche und die Arbeitskleidung mußten extra gewaschen werden ...

Viel Arbeit machte das Strümpfe-Waschen. In einem Bottich für sich wurden die Strümpfe eingeweicht. Sie mußten in einer lauwarmen Lauge gewaschen werden, die Wolle wäre sonst verfilzt. Dafür wurde das zweite Kochwasser der Wäsche genommen ... Jeder Strumpf wurde einzeln gewaschen ... Nach dem Waschen mußten die Waschgeräte sowie die Küche saubergemacht werden. Ein Teil der Waschlauge wurde in einem Eimer aufbewahrt und zum Reinigen benutzt ... Abends um acht Uhr wurde die Wäsche zum guten Schluß auf dem Boden oder in der Küche aufgehängt. Alles, was besonders schnell trocknen sollte, hing in der Küche, die Arbeitskleidung über'm Herd. Unter der Decke waren Leinen gespannt ...

Wenn die Wäsche trocken war, wurde sie sorgfältig gelegt und gereckt, eingesprengt und dann mit Bolzeneisen gebügelt. Etwas anderes konnte auch ich mir zunächst nicht leisten. Das Bügeln kostete noch einmal viel Zeit. Wir bügelten fast alles. Bei einem Bolzenbügeleisen waren wir von der Herdhitze abhängig. Die Bügeltemperatur war nicht gleichmäßig ... Bei der Wäsche mußten wir, auch als wir bereits berufstätig waren, unserer Mutter nach der Arbeit helfen. – Was das bloß für eine Arbeit war ..."

Der Waschtag wurde von vielen Arbeiterhausfrauen als der anstrengendste Teil der Hausarbeit erlebt. Er beeinträchtigte zudem erheblich das Familienleben, da die Küche – der Hauptaufenthaltsraum in den Arbeiterwohnungen – an diesem Tag vollgestellt, heiß und voller Dampf war.

Auch das Aufräumen und Reinigen der Wohnung kostete viel Zeit und Kraft. Umfang und Abfolge dieser Arbeiten im geschilderten Tagesablauf von Frieda H. entsprachen den Normen zeitgenössischer Haushaltsratgeber. Hinzu kamen Arbeiten, die in größeren Zeitabständen anfielen:

– Zur wöchentlichen Reinigung gehörten u.a.:
  das Abwischen der inneren und äußeren Fensterbretter und der Türen sowie der Kacheln in Küche und Toilette, das Reinigen der Möbel, das Putzen der Spiegel und Metallteile, das gründliche Staubwischen.
– Zur mehrwöchentlichen bis monatlichen Reinigung gehörten:
  das Putzen der Fenster und inneren Glastüren, die Entfernung des Staubes von den oberen Schrankteilen sowie größeren Öfen, das Entstauben der Lampen, das Wachsen vielbelaufener Fußböden sowie das Reinigen des Treppenhauses.[13]

Außerdem war es üblich, zweimal im Jahr „großreinzumachen". Agnes A. beschreibt diesen „großen Hausputz":

„Zweimal im Jahr wurde gründlich reingemacht, zum Frühjahr, wenn die Sonne anfing zu scheinen und zum Herbst/Winter noch einmal. Zu Weihnachten mußte die Wohnung blitzeblank sein, das war so Usus. Dann wurde alles umgekrempelt. Die Betten wurden auseinandergenommen, geseift und geklopft, die Teppiche wurden ebenfalls geklopft, die Fußböden noch gründlicher als sonst gebohnert, Fenster und Türen wurden geseift und geputzt sowie die Gardinen gewaschen. Alle Schränke und Borde ausgewischt und aufgeräumt, außen auf Hochglanz poliert. Alles glänzte und spiegelte nur so ... Eigentlich fand ich zumindest den Groß-Hausputz im Herbst überflüssig. Einmal im Jahr hätte auch gereicht. Dieses eine Mal war allerdings wirklich nötig, denn die Enge der Wohnungen ließ kein richtiges Lüften zu. Alles verdreckte durch die vollere Belegung der Wohnungen und die Ofenheizung viel schneller als heute. Es entsteht ja sehr viel mehr Dreck, wenn Du mit fünf oder sechs Personen wie wir später, als ich mit meinem Sohn wieder bei meinen Eltern lebte, in einer 60 qm großen Wohnung wohnst.

An den Tagen des Großreinemachens, meist erstreckte sich das über eine ganze Woche, stand die Bude kopf. Die Männer flohen in die nächste Kneipe. Für uns Frauen war es entsetzlich viel Arbeit. Doch dem Zwang entziehen konnten wir uns nur schwer. Die Nachbarinnen kontrollierten sich auch bei uns in der Terrasse gegenseitig, was die eine tat und ließ, wußte die andere. Wenn wir nicht zweimal im Jahr groß saubergemacht hätten, wären wir als Schlampen angesehen worden. Das wollten wir nicht, das wollte keine ..."

Um die häusliche Arbeitslast zu verringern, empfahlen „moderne" Haushaltsratgeber den Hausfrauen, sich darauf zu beschränken, im Frühjahr großsauberzumachen.[14]

Das Beispiel von Frieda H. und ihrer Tochter Agnes A., das durch Berichte anderer befragter Frauen aus dem sozialdemokratischen Milieu bestätigt wird, zeigt, daß die langjährige, systematische Aufklärungs- und Erziehungsarbeit, die Staat, Kirchen und bürgerliche Verbände mit dem Ziel einer „hygienischen Zivilisierung"[15] der Arbeiterfrauen betrieben, erfolgreich war. Wie viele andere Arbeiterfrauen hatten beide die normativen Hygiene- und Reinlichkeitsstandards des Bürgertums weitgehend verinnerlicht und bemühten sich, ihnen in ihrer alltäglichen Hausarbeit gerecht zu werden. Voraussetzung für die Akzeptanz, vor allem aber für die Realisierung der Normen und Standards waren Geld und Zeit. Um die Anforderungen erfüllen zu können, mußte der Lebensstandard der Arbeiterfamilie so hoch sein, daß die Arbeiterfrau ihre Arbeitskraft vorrangig dem Haushalt widmen konnte. Deren Verwirklichung erforderte zudem eine ausreichende Versorgung mit Reinigungsmitteln. Daran mangelte es insbesondere in den Kriegs- und ersten Nachkriegsjahren, als warmes Wasser und Seife ein „unerschwinglicher Luxus" waren[16].

Zunächst übernahmen Frauen aus bessersituierten Arbeiterkreisen die herrschenden Normen und Standards zur Haushaltsführung, ihnen folgten breitere Frauenschichten der Arbeiterschaft. Entscheidend gefördert wurde diese Entwicklung in Hamburg vermutlich durch die Einführung des obligatorischen Hauswirtschaftsunterrichts an den Mädchenvolksschulen im Jahre 1908 [17]. In der Weimarer Republik hatten viele Arbeiterfrauen die bürgerlichen Anforderungen zur Haushaltsführung soweit verinnerlicht, daß sie sie nicht mehr hinterfragten. Agnes A. berichtet:

> „All diese vielen Arbeiten und Gänge waren so selbstverständlich. Von einer guten Hausfrau wurden sie ohne zu fragen erledigt. Wir hatten es von unseren Müttern so gelernt, es war uns in der Schule so beigebracht worden. Wir kannten es aus dem Haushalt unserer Herrschaft ... Diese Normen waren uns in Fleisch und Blut übergegangen ..."[18]

Durch wechselseitige soziale Kontrolle in Familie, Freundeskreis und Nachbarschaft sorgten auch Arbeiterfrauen selbst für die Verbreitung und Realisierung der erstrebten Normen und Standards der Haushaltsführung. Zentrale Gründe für deren Übernahme durch Arbeiterhausfrauen scheinen mir gewesen zu sein, daß sie zum einen halfen, ihrem häuslichen Arbeitsalltag eine Struktur zu geben, zum anderen soziale Bestätigung verschafften. Deren Erfüllung wertete ihre Hausarbeit auf: Sie gab ihnen die Gewißheit, „eine gute Hausfrau und keine Schlampe" zu sein, und brachte die Anerkennung von Müttern und Tanten, Freundinnen und Nachbarinnen.

1.3.2 *Das Erlernen der häuslichen Pflichten in der Arbeiterfamilie*

Die meisten Arbeitertöchter lernten hausfrauliche Fähigkeiten und Fertigkeiten von ihren Müttern. In der Regel wurden sie in der Familie schon früh zu häuslichen Arbeiten herangezogen. Agnes A. erzählt:

> „Meine Kenntnisse über die im Haushalt anfallenden Arbeiten habe ich vorrangig durch meine Mutter, die Dienstmädchen und Köchin gewesen ist. Auch mein sehr strenger, preußisch erzogener Vater hielt sehr auf Ordnung, Sauberkeit und Korrektheit. Meine Eltern gingen davon aus, daß ihre beiden Töchter im Haushalt nicht früh genug angelernt werden können, damit sie im Leben nachher bestehen können. Wir hatten schon mit sieben/acht Jahren unsere ganz besonderen Pflichten. Meine Schwester mußte dabei helfen, täglich die Küche sauber zu halten. Sie hatte den Kachelfußboden zu wischen, die Kacheln und die Messingteile blank zu halten. Ich mußte Mutter dabei helfen, die Zimmer zu reinigen. Meine Aufgabe war es, den Fußboden zu reinigen, die Möbel sauber zu halten und staubzuwischen ... Sonntags kontrollierte Vater, ob alles blank war ... Wir haben diese Pflichten im Haushalt immer als furchtbaren Zwang empfunden. Unser Vater war allerdings auch besonders streng. Doch soweit ich mich erinnere, hatten auch alle unsere Schulfreundinnen in dem Alter bereits im Haushalt zu helfen."

Agnes A., die in der Wilhelminischen Zeit aufwuchs, empfand die häusliche Mithilfe zwar als „furchtbaren Zwang", doch als Mutter bestand sie später selbst darauf, daß ihre Kinder im Haushalt halfen. In der Weimarer Zeit war dies in Arbeiterfamilien allgemein üblich. Eine Studie „Über die häusliche Hilfeleistung von Kindern" von *Margret Barth* und *Annemarie Niemeyer*, die 1929/30 rund 1.000 Berliner Kinder und Jugendliche in Horten, Schulen und Berufsausbildungsstätten befragten, ergab, daß die meisten Jungen und Mädchen aus dem Arbeitermilieu ab dem sechsten Lebensjahr im Haushalt helfen mußten. Bei den Jüngeren wurde in Hinblick auf die zugeteilten Arbeiten kein Unterschied zwischen den Geschlechtern gemacht. Botengänge und Einkäufe waren bei Jungen und Mädchen die häufigsten Aufgaben. Systematisch wurden Kinder erst etwa ab dem achten Lebensjahr zur Mithilfe im Haushalt herangezogen. Zu den gelegentlichen Aufgaben kamen regelmäßige Arbeiten: neben der Beaufsichtigung kleinerer Geschwister, das Reinigen der Küche, das Abtrocknen und die Hilfe bei der großen Wäsche. Bei all diesen Tätigkeiten mußten zunächst auch Jungen mit anpacken. Mit zunehmendem Alter brauchten sie bei der Hausarbeit immer seltener zu helfen. Statt dessen übernahmen sie neben der Schule eine bezahlte Arbeit und unterstützten auf diese Weise die Familie. Bei den Mädchen stieg der Umfang der häuslichen Aufgaben mit dem Alter an. Spezifische Arbeiten der älteren Mädchen waren die Versorgung der jüngsten Geschwister sowie das Ausbessern von Kleidung und Wäsche. Allgemein wurden Kinder in Arbeiterfamilien häufiger und stärker zur Mithilfe herangezogen als in Angestellten- und Beamtenfamilien. Die meisten Arbeiterkinder scheinen die Mithilfe im Haushalt als notwendige und selbstverständliche Pflicht empfunden zu haben, die sie in dem Bewußtsein erfüllten, ihre überarbeitete Mutter dadurch zu entlasten.[19]

Durch die häuslichen Hilfeleistungen erlernten Arbeitertöchter die vielfältigen Hausarbeiten und übernahmen die Normen und Standards ihrer Mütter. Sie erfuhren zugleich schon als Mädchen die geringere Bewertung der unbezahlten Hausarbeit im Vergleich zur bezahlten Erwerbsarbeit durch die erwachsenen männlichen Familienangehörigen.

Mit den hausfraulichen Fähigkeiten und Fertigkeiten erlernten die jungen Mädchen früh die Frauen von der Gesellschaft zugewiesene Rolle. Später, als Ehefrauen, war es für sie ebenso wie für ihre Männer selbstverständlich, daß ihre Aufgabe in der Ehe die Haushaltsführung war. Häufig scheinen Arbeiterfrauen ihre tägliche Hausarbeit, die Gebrauchswerte für den direkten Konsum schuf, als befriedigender empfunden zu haben, als die ihnen offenstehenden Erwerbsarbeiten. Hauptgrund hierfür war vermutlich, daß die Hausarbeit sich mittelbar und unmittelbar auf Menschen, auf die Befriedigung ihrer Bedürfnisse bezog und immer auch eine persönliche Beziehung mit einschloß. Als primär an Bedürfnisse gebundene Arbeit blieb Hausarbeit ‚ganzheitlich' strukturiert: Sie beinhaltete eine Vielzahl einzelner, nicht arbeitsteilig zerlegbarer Tätigkeiten, die mit anderen gleichzeitig anfallenden Arbeiten in Einklang gebracht werden mußten. Aufgrund dieser ‚ganzheitlichen' Struktur war Hausarbeit weniger entfremdet als industrielle Erwerbsarbeit. Sie widersetzte sich der Zeitstruktur einer abstrakt industriellen Zeitökonomie.[20] Trotzdem war auf Dauer der Tages- und Wochenablauf der Hausfrau mindestens so eintönig, wie der einer Arbeiterin oder Hausangestellten. Die häusliche Arbeitszeit war unbegrenzt und ungeregelt. Einen Feierabend und ein freies Wochenende kannten nur wenige proletarische Hausfrauen. Hausarbeit erschien vielen Arbeiterfrauen auf Dauer wie eine Sisyphusarbeit, die nichts Bleibendes produzierte, deren Ergebnisse tagtäglich wieder zerstört wurden. Der ständigen Unabgeschlossenheit der Hausarbeit entsprach ihre Unsichtbarkeit; die Ergebnisse der Hausarbeit verschwanden meist schneller wieder, als sie erbracht wurden. Das Wesen der Hausarbeit bestand geradezu darin, unsichtbar zu sein. Als „gute Hausfrau" galt die Arbeiterfrau, deren tagtägliche Anstrengung für den Mann wenig sichtbar war: Er sollte die Wohnung nach seinem Feierabend aufgeräumt und sauber vorfinden, das Essen hatte fertig auf dem gedeckten Tisch zu stehen. Diese Unsichtbarkeit der Hausarbeit war einer der Gründe dafür, warum die Hausfrau vom Ehemann so selten Anerkennung für ihre häusliche Arbeit erhielt.[21] Agnes A. berichtet:

> „Wir empfanden die Hausarbeit selbst nicht als besonders schwer und belastend. Etwas anderes kannten wir nicht und konnten wir uns nicht vorstellen. Auch wenn wir Geld verdienten, hätten wir Hausarbeit machen müssen ...
> Was das Schlimmste an der ganzen Sache war, so sehe ich es heute, unsere Arbeit wurde nicht gewertet. Von

den Männern hörten wir immer wieder, ,Was habt ihr schon zu tun? Das bißchen Hausarbeit ...' Die Männer werteten die Hausarbeit absolut nicht und interessierten sich auch nicht für sie. Erst wenn wir mal krank wurden, oder nicht mehr konnten, merkten die Männer was ihnen alles abging, wenn wir ausfielen ... Die meisten Frauen nahmen es so hin. Es war nun mal so. Wir waren ja alle als Untertanen erzogen. Erst ganz langsam änderte sich das. Mir und auch meiner Mutter wurde der Wert der Hausarbeit durch die Gespräche auf den SPD-Frauenabenden bewußt. Langsam dämmerte es uns: Hausarbeit ist auch eine wichtige Arbeit."

* * *

Die alltägliche Hausarbeit als eine notwendige und bedürfnisorientierte Arbeit wurde von vielen Arbeiterfrauen zwar als befriedigender empfunden als die Erwerbsarbeit in Fabrik, Laden oder Büro. Dies verstärkte angesichts des erheblichen Arbeits- und Zeitaufwands im Haushalt ihr Streben, als Ehefrau die Erwerbsarbeit weitgehend aufzugeben. Sie hofften dadurch mehr arbeitsfreie Zeit zu gewinnen. Doch ungeachtet dessen scheint Hausarbeit unter den damaligen Bedingungen wenig zur Förderung des Selbstwertgefühls von Arbeiterfrauen beigetragen zu haben. Ihre Aufgabe als Hausfrau bestand im wesentlichen darin, ständig für andere, für die Bedürfnisse des Mannes und der Kinder, bereit und verfügbar zu sein. Deshalb war es für sie selbst in ihrer arbeitsfreien Zeit so schwer, eigene Interessen und Aktivitäten zu entwickeln. Dazu wäre gerade jene Selbständigkeit und Unabhängigkeit notwendig gewesen, die im Hausfrauenalltag ständig negiert werden mußte[22].

Die meisten Arbeiterfrauen bezogen ihre Identität nicht aus dem, was sie selbst waren und leisteten, sondern aus dem, was sie für andere und durch andere waren. Da sie aufgrund ihrer geschlechtsspezifischen häuslichen Arbeitssituation schwer ein ausgeprägtes Selbstbewußtsein und eigene Interessen entwickeln konnten, war es für sie auch viel schwieriger als für ihre männlichen Klassengenossen gesellschaftspolitisch aktiv zu werden. Dies hätte die Artikulation eigener Interessen, die Erkenntnis ihrer gesellschaftlichen Relevanz sowie der Möglichkeit ihrer politischen Durchsetzung vorausgesetzt.

1.4 Der „spezifisch weibliche Hauptberuf Hausfrau"

„Hausfrau" galt den Zeitgenossen in der Weimarer Republik allgemein als der „weibliche Hauptberuf" schlechthin. Die geschlechtsspezifische Arbeitsteilung in Familie und Gesellschaft wurde nur vereinzelt in Frage gestellt. Selbst die sozialdemokratische Arbeiterbewegung ging davon aus, daß Haus- und Familienarbeit weitgehend Aufgaben der Frauen seien. Erziehung und Ausbildung der jungen Mädchen waren im Bürgertum wie in der Arbeiterschaft vorrangig auf Ehe und Familie ausgerichtet. Die geschlechtsspezifische Arbeitsteilung blieb zwar im ersten Drittel des 20. Jahrhunderts die gleiche, doch die gesellschaftlichen Anforderungen an die private Reproduktionsarbeit der Frauen veränderten sich mit dem Wandel im Produktionsbereich: Die materielle Hausarbeit verlor an Bedeutung, die psycho-soziale Familienarbeit gewann zunehmend an Gewicht. Demgemäß wandelte sich das angestrebte Hausfrauenideal. War im Kaiserreich noch die ständig tätige, nimmer ruhende Hausfrau das propagierte Leitbild, so wurde in der Weimarer Republik für die rationell arbeitende und wirtschaftende Hausfrau geworben. „Rationalisierung der Hausarbeit" war ein gängiges Schlagwort der zwanziger Jahre: Die Hausfrauen sollten lernen, nicht nur mit Geld und Material, sondern auch mit ihrer eigenen Kraft und Zeit haushälterisch umzugehen. Angestrebt wurde eine Arbeitsentlastung im Haushalt, die Familie und Gesellschaft zugute kommen sollte. Populär war die Idee einer Haushaltsrationalisierung, die aus Amerika stammte und dort bereits in der Vorkriegszeit propagiert worden war, vor allem in der bürgerlichen Frauenbewegung. Doch auch von der SPD-Frauenorganisation wurde sie aufgegriffen. Die Sozialdemokratinnen betrachteten den „rationalisierten Einzelhaushalt" als ersten Schritt auf dem Weg zu einer umfassenden Haushaltsreform mittels des „genossenschaftlichen Großhaushalts".

1.4.1 *„Rationalisierung der Hausarbeit"*

Das zentrale Ziel einer Haushaltsrationalisierung, die zunächst vorrangig von bürgerlichen Kreisen propagiert wurde, beschreiben folgende Ausführungen der Hauswirtschaftswissenschaftlerin *Erna Meyer*, die in den zwanziger Jahren die bekannteste deutsche Protagonistin dieser Idee war[1]:

> „*Die Heranbildung unserer Frauen und Mütter für die Zukunft unserer Volksgesamtheit (ist) von ausschlaggebender Bedeutung* ... Noch recht langsam breitet sich die Erkenntnis aus, daß nur der *wirtschaftlich geführte Hausbetrieb* die Frau ihrer eigentlichen Aufgabe gerecht werden lassen kann. Kann doch nur durch solche Rationalisierung dem Hinabsinken ins Aschenbrödeltum vorgebeugt werden, und nur durch sie die Frau trotz des täglich wachsenden Lebenskampfes wieder das werden, was sie einst war: die Hüterin und Weckerin geistiger Werte; damit aber ist der gesunde Wiederaufbau unserer Gesellschaft aufs engste verknüpft. Nur wenn die ganze Bedeutung des *wirtschaftlichen Prinzips* wie für die Produktion auch für die Verbrauchswirtschaft erfaßt, und wenn ihm auf allen Teilgebieten der Gesundheitspflege, der Kleidung, der Ernährung, Wohnung und Betriebsführung (des Haushalts, K.H.) zur Verwirklichung verholfen wird, kann bei den heute gegebenen Verhältnissen die zeitliche und körperliche *Entlastung der Hausfrau* und Mutter erreicht werden, die für die Erfüllung ihrer eigentlichen Aufgabe und damit eben für den Fortbestand der Volkskraft und Volksgesundheit dringendes Erfordernis ist."[2]

Die bürgerlichen Verfechter(innen) einer Haushaltsrationalisierung hofften, mit Hilfe einer privaten Haushaltsreform der von ihnen beschworenen „Krise der Familie" entgegenwirken zu können.[3] Sie erkannten, daß die traditionelle Form der privaten Reproduktionsarbeit den gewandelten Anforderungen der Produktion nicht mehr genügte; die Familienarbeit gewann zunehmende Bedeutung:

- Das zur Verfügung stehende Arbeitskräftepotential wurde infolge des Geburtenrückgangs kleiner. Dieser Entwicklung sollte u.a. durch eine Verringerung der Säuglings- und Kleinkindersterblichkeit begegnet werden. Ein Mittel hierzu waren höhere normative Anforderungen an die Säuglings- und Kinderpflege.
- Der Produktionsprozeß verlangte qualifiziertere Arbeitskräfte, die die neuen, komplizierteren Produktionsabläufe und –techniken beherrschen konnten. Erziehung und Ausbildung der Kinder und Jugendlichen mußten sich den veränderten Anforderungen der Produktion anpassen. Der Ausbau der Schul- und Berufsausbildung reichte nicht aus. Es wurde zunehmend erforderlich, daß auch die Mütter sich intensiver mit der Bildung ihrer Kindern beschäftigten.
- Im Produktionsprozeß wichen die physischen Belastungen immer mehr den psychischen. Aufgabe der Hausfrau war es, diese veränderten Anforderungen an die Erwerbstätigen durch ihre Haus- und Familienarbeit aufzufangen. Die Gefühlswerte des Familienlebens sollten für wachsende Entfremdung, Frustrationen und Streß im Erwerbsleben entschädigen.

Diese gewandelten gesellschaftlichen Anforderungen an die private Reproduktionsarbeit wurden in der zeitgenössischen Literatur zur Haushaltsrationalisierung breit erörtert.[4] Entscheidend gefördert wurde die öffentliche Diskussion über die Notwendigkeit einer Haushaltsreform durch die Zeit des Ersten Weltkrieges, in der die volkswirtschaftliche Bedeutung der Hausarbeit unübersehbar gewesen war[5]. Sozioökonomische Voraussetzung für die Veränderung der privaten Alltagsarbeit war der gestiegene Lebensstandard breiter Bevölkerungskreise, an dem seit der zweiten Hälfte des 19. Jahrhunderts auch die Arbeiterschaft teilhatte. Mit der Verbesserung der Lebenshaltung stiegen die Standards der sozialen Hygiene und der alltäglichen Lebensführung und damit die Anforderungen an die weibliche Haus- und Familienarbeit.[6]

Mit Hilfe einer „Rationalisierung der Hausarbeit" sollte eine Effektivierung, Modernisierung und Professionalisierung der privaten Reproduktionsarbeit erreicht werden. Vorbild war die „Rationalisierung der Produktion", die das amerikanische Wirtschaftssystem bereits vor dem Ersten Weltkrieg bestimmte. In Deutschland setzte ein intensiver Rationalisierungsprozeß erst in der Phase der relativen wirtschaftlichen Stabilisierung ein. Grundgedanke der Rationalisierung in der Wirtschaft war es, mit Hilfe einer „wissenschaftlichen Betriebsführung" systematisch alle Mittel anzuwenden, die Technik und planmäßige Organisation boten, um die Gütererzeugung zu vereinfachen, zu steigern und zu verbessern. Durch eine Verbilligung der Produktion sollte deren Wirtschaftlichkeit gehoben werden.[7] Entsprechend diesem Vorbild sollte mittels einer „wissenschaftlichen Haushaltsführung" eine Ersparnis von Material, Arbeitskraft und Zeit in der Hauswirtschaft erreicht werden.

1.4.1.1 „Der neue Haushalt"

„Rationalisierung" war ein Schlüsselwort der Weimarer Zeit. Alles sollte vernünftiger und effektiver gestaltet werden, nicht nur die Produktions-, sondern auch die Reproduktionssphäre. Hier waren zentrale Bereiche der Rationalisierungsbemühungen der Wohnungsneubau, die Wohnraumgestaltung und die Haushaltsführung. Die neuen Wohnungen sollten ebenso wie ihre Einrichtung vor allem funktional sein. Träger dieser Bewegung des „Neuen Bauens und Wohnens" waren überwiegend männliche Stadtplaner, Architekten und Designer. Unterstützt wurden sie vorrangig vom linksliberalen Bürgertum und der sozialdemokratischen Arbeiterbewegung.[8] Zentrales Anliegen der Bewegung waren der Bau von familiengerechten und zweckmäßigen, d.h. den Anforderungen der Gesundheit und Hygiene, der Raum- und Arbeitsökonomie entsprechenden Wohnungen sowie die Produktion von funktionsgerechten Möbeln und Haushaltsgegenständen, die unter Ausnutzung der Möglichkeiten moderner industrieller Produktionsweise hergestellt werden und dem neuesten Stand der technischen Entwicklung entsprechen sollten. Damit wollte sie zu einer Wohnungs- und Haushaltsreform beitragen, die breiten Kreisen der Bevölkerung zugänglich sein sollte.[9] Im Mittelpunkt ihrer Reformvorschläge stand die Küche als Hauptarbeitsplatz der Hausfrau:

> „In keinem Raum der Wohnung zeigt sich so stark die geänderte Baugesinnung, die an Stelle schlecht entworfener Großräumigkeit gut geplante Kleinräumigkeit setzt, wie in der Küche. Der neuzeitliche Architekt entwirft die Küche ebenso, wie er einen Fabrikarbeitsraum entwerfen würde unter Berücksichtigung bester Beleuchtung, logischer Abwicklung des Arbeitsprozesses, kürzester Wege zwischen den Arbeitsplätzen untereinander und den Plätzen, an welche die fertiggestellten Materialien, in unserem Fall die Speisen, gebracht werden müssen."[10]

Statt der Wohnküche empfahlen „neuzeitliche" Architekt(inn)en in Übereinstimmung mit Sozial- und Wohnungsreformer(inne)n die „Arbeits- oder Kochküche". Die Wohnküche, die in Arbeiterhaushalten traditionell vorherrschte, lehnten sie ab, weil sie „zu schlechten Wohnsitten" veranlassen würde: Besonders problematisch erschien ihnen die fehlende Funktionstrennung in der Wohnung; da Arbeit und Leben der Familienangehörigen sich den größten Teil des Tages in der Küche abspielten, sei diese allzuoft überfüllt, stickig und unhygienisch. Ein harmonisches, für alle erholsames Familienleben sei nur möglich, wenn Wohn- und Arbeitsbereich auch in der Wohnung getrennt seien.[11] Durch den in der Küche „entbehrlichen" Raum sollten Wohn- und Schlafzimmer vergrößert werden.[12] Der erste Entwurf zur Einrichtung einer „Arbeitsküche", der im „Massenwohnungsbau für Minderbemittelte" umgesetzt wurde und entsprechend breite öffentliche Resonanz fand, war die sogenannte „Frankfurter Küche", die die Architektin *Grete Schütte-Lihotzky* 1926 für den kommunalen Wohnungsbau der Stadt Frankfurt entwarf[13]. Sie wurde zum Prototyp einer vorfabrizierten, festeingebauten „Arbeitsküche" in Mietwohnungen. Die „Frankfurter Küche" enthielt auf einer Fläche von rund sechseinhalb Quadratmetern alle nötigen Möbel und Großgeräte als Einbauten bzw. Installationen; sie war vom Wohnraum mit dem Eßplatz durch eine Schiebetür abgetrennt. Die geringe Größe der Küche sollte nicht nur arbeitserleichternd sein, sondern zugleich das Wohnen in diesem Raum verhindern. Zwischen 1926 und 1931 wurden in Frankfurt mehr als 8.000 Wohnungen mit Variationen dieses Küchentyps gebaut.[14]

Die „Arbeitsküche" erzwang eine strikte räumliche Trennung von Hausarbeit und Familienleben; die Hausfrau wurde bei ihrer Küchenarbeit isoliert. Die Küche war in der Regel so klein, daß ein gemeinsames Arbeiten von mehr als ein bis zwei Familienangehörigen in diesem Raum nicht möglich war. Infolgedessen verstärkte sich die geschlechtsspezifische Arbeitsteilung in der Familie. Die „Arbeitsküche" erschwerte es zudem der Hausfrau, ihre häuslichen Arbeiten, von denen sie einen erheblichen Teil in der Küche verrichten mußte, wie in der traditionellen Wohnküche mit der Beaufsichtigung und Betreuung der Kinder zu verbinden.[15] Für Arbeiterfamilien war die „Arbeitsküche" auch deshalb wenig sinnvoll, weil sie in der kälteren Jahreszeit aufgrund des geringen Einkommens häufig nur einen Raum der Wohnung, die Küche, heizen konnten. Familien mit niedrigem Einkommen, die in einer Neubauwohnung lebten, waren nicht selten gezwungen, die neue „Arbeitsküche" möglichst weitgehend in der alten Weise als Wohnküche zu nutzen. Zumindest die alltäglichen Mahlzeiten wurden auch weiterhin in der Küche eingenommen.[16]

Diese traditionelle Nutzung der „Arbeitsküche" scheint in Neubausiedlungen so weit verbreitet gewesen zu sein, daß in der zweiten Hälfte der zwanziger Jahre zunehmend Stimmen laut wurden, die vorschlugen, im Wohnungsneubau zumindest bei den Kleinwohnungen die Wohnküche wieder einzuführen: Der Kochteil sollte in einer abgetrennten Nische der Wohnküche untergebracht werden.[17] In Hamburg, das nicht zu den Zentren der Avantgarde-Architektur des

„Neuen Bauens“ gehörte, war die Wohnküche in vielen Neubauwohnungen ohnehin beibehalten worden[18]. In einer Ausstellung über „Neues Wohnen“, die der Bund Deutscher Architekten (BDA) in Zusammenarbeit mit der hamburgischen Behörde für Wohnungspflege im September 1927 veranstaltete, war der Musterentwurf einer „modernen Hamburger Wohnküche“ des Architekten *Friedrich R. Ostermeyer* ausgestellt, den das ‚Hamburger Echo‘ beschrieb:

„Die Küche selbst ist 3,68 x 3,68 Meter groß, also rund 15 Quadratmeter. In der Fensterwand befindet sich rechts die Tür zur Loggia, links die Tür zur hellen luftigen Speisekammer; in der Mitte die Fensternische, durch einen Klapptisch mit Schubladen für Küchenabfälle ausgenutzt. Zwischen Fenster und Loggiatür wurde ein Plättbrett befestigt, das an der Wand hochgeklappt wird. Auf der rechten Seite an der Wand befindet sich, von der Küchentür aus gerechnet, der Kessel für die Naragheizung, in gleiche Höhe gebracht mit dem danebenstehenden Gasherd. Neben dem Gasherd befindet sich ein Handstein mit Kalt- und Warmwasserleitung. Dann folgt der zweiteilige Aufwaschtisch mit Schrank und Hähnen für Kalt- und Warmwasser ... Die dem Herd und dem Aufwasch gegenüberliegende Wand enthält Schränke und Schubladen für alle in der Küche notwendigen Dinge, sowie Besenschrank. Diese Schrankwand hat eine Nische mit Sitzbank. Vor der Sitzbank der Eßtisch mit vier Stühlen, so daß 6 Personen zu Tisch sitzen können ... Sehr praktisch ist die Kohlenschütte neben dem Naragkessel angelegt. In der Loggia vor der Küche ist die Aschenschütte eingebaut. Die Warmwasserversorgung des Handsteins und der Abwasch erfolgt durch eine im Badezimmer aufzuhängende Gastherme ... Die Küche erweckte auf der Ausstellung bei den Besuchern besonderes Interesse, da sie den Anforderungen der Hamburger Hausfrauen im weitestgehenden Maße gerecht wird.“[19]

Das Blatt empfahl diesen Entwurf einer modernen Wohnküche den gemeinnützigen Wohnungsbaugenossenschaften der Hansestadt zur Ausführung.

Eine Neubauwohnung mit funktionsgerechter Küche, moderner Haushalts- und Sanitärtechnik und arbeitserleichternden Gemeinschaftseinrichtungen konnten sich nur besserverdienende Familien leisten[20]. Von größerer Relevanz für die Rationalisierung der Masse der Haushalte war die Anwendung der Grundgedanken des Taylorismus – der „wissenschaftlichen Betriebsführung“ – auf die Haushaltsführung. Die erste bürgerliche Veröffentlichung, die in diese Richtung zielte, war das Buch „Die rationelle Haushaltsführung“ der Amerikanerin *Christine Frederick,* das 1921 auch in Deutschland erschien. Die Autorin regte an, die Arbeitsprozesse im Haushalt nach arbeitswissenschaftlichen Gesichtspunkten zu organisieren. Ihre Vorschläge entwickelte sie anhand des wohlhabenden bürgerlichen Haushalts. Ihr ging es vorrangig um eine Verminderung überflüssiger und unkreativer Hausarbeit. Sie wollte das Hausfrauendasein so reformieren, daß die Hausarbeit der bürgerlichen Hausfrau eine befriedigende Alternative zur Berufsarbeit böte.[21] Entscheidende Impulse für eine breitere öffentliche Diskussion über die „rationelle Haushaltsführung“ gaben in Deutschland *Bruno Taut* und Erna Meyer. Beide entwickelten ihre Vorschläge für „*den* Haushalt der Frau“, beanspruchten also schichtenübergreifende Allgemeingültigkeit.

Der Architekt Bruno Taut, der der SPD nahestand und seit Beginn der zwanziger Jahre häufig für gemeinnützige Wohnungsbauträger der Arbeiterbewegung tätig war[22], veröffentlichte 1924 sein Buch „Die neue Wohnung“, in dessen Mittelpunkt Überlegungen zur Reform des Wohnens in Altbauwohnungen standen. Für Taut war die Frau als die „eigentliche Schöpferin des Heimes“ durch die vorherrschende Wohnungsweise „versklavt“, da sie einen großen Teil ihrer täglichen Arbeitszeit für die Reinigung einer unzweckmäßig eingerichteten und genutzten Wohnung opfern mußte. Er schlug ihr deshalb eine „Generalüberholung der Wohnung“ vor:

Eine Frau, die dazu bereit ist, „wird ... mit dem Speicher beginnen und ... die Kisten und Koffer ... auf ihren Inhalt genau durchsehen und alles dem Lumpen- und Papierhändler weggeben, mit dessen späterer Benutzung nicht zu rechnen ist ... Darauf würde die Inventur aller kleinen Einzelstücke innerhalb der Wohnung selbst folgen, der Kleider, Wäsche, des Spielzeuges und des sonstigen kleinen Hausrates, wovon das Überflüssige erbarmungslos wegzubringen, das etwa noch in späterer Zukunft Brauchbare in jene freigewordenen Kisten auf dem Boden und im Keller zu schaffen ist ... Ist dies geschehen, so geht man die Zimmer selbst durch, ohne ihre Einrichtung bis dahin anzugreifen. Und hier derselbe Vorgang: von den Fenstern wird alles bis auf den eigentlich nötigen

83. Zweckmäßige Möbelstellung

(Erna Meyer, Der neue Haushalt, Stuttgart 1926)

> Vorhang weggenommen (gegen störende Blicke aus dem Vis-a-vis bliebe ein glatter Mullvorhang), überflüssige Kissen, Decken, Nippes, Vasen, Bildchen, Fächer, Haussegen, Sprüche und all dies geht den Weg des Irdischen. Ebenso überflüssige Vorleger, Fellchen über Teppichen und noch so vielerlei, was dem klaren Verstand der Hausfrau zu entscheiden bleibt. Hat man dies herausgenommen, so wird man ... überflüssige Möbel (entfernen) ... Die übriggebliebenen Möbel kann man nun sehr leicht verbessern; selbst die schlechtesten Ramschmöbel haben noch einen konstruktiven Körper ... Muschelaufsätze, Aufbauten über den Sofas, Troddeln, Fransen usw. sind leicht abzunehmen, im übrigen werden die Auswüchse vom Tischler abgesägt. Man wird erstaunt sein, wie glatte saubere Möbel man herausbekommt, besonders, wenn man nachher mit Anstrich ganz oder teilweise nachhilft. Wenn man die Zahl der Tische, der Stühle, ihre Aufstellung und ihren Gebrauch genau überlegt, so wird man zu einer herrlichen Raumbefreiung in den meisten Fällen kommen ... Der Fußboden, der in den alten Mietskasernen oft der beste Teil des Hauses ist, wird dann nur sehr vorsichtig mit höchstens einem Teppich oder auch gar nicht zu belegen sein ... Tischdecken, außer beim Essen sollten überflüssig sein ... Ist die Hausfrau mit ihren Arbeiten soweit gekommen, so hat sich inzwischen so viel schöpferisches Talent in ihr entwickelt, daß sie das übrige, die „Schönheit" (gemeint war eine schlichte, einfarbige Renovierung der Räume, K.H.) fast allein machen kann, jedenfalls sehr leicht im raschen Einverständnis mit einem der neuen Maler oder Architekten ... Die praktische Frage der Kosten ... wird die Frau in ihrer natürlichen Wirtschaftlichkeit spielend durch den Verkauf der Überflüssigkeiten lösen ..."[23]

Dieses Programm einer „Generalüberholung" sollte die Hausfrau schrittweise in die Praxis umsetzen. Als notwendig sah Taut darüber hinaus eine veränderte, funktionale Nutzung der Wohnung an; er empfahl insbesondere die Abschaffung der „Guten Stube; dieser Raum sollte alltäglich als Wohnzimmer der Familie genutzt werden. Taut warb für seine Vorschläge mit dem Argument, daß eine in dieser Weise „entrümpelte" Wohnung ihren Bewohnern nicht nur mehr Raum bieten, sondern der Hausfrau auch die Aufräum- und Reinigungsarbeiten erleichtern würde. Zudem entspräche sie dem zeitgenössischen Schönheitsideal, das das „Praktische und Ästhetische als Einheit" betrachte.[24] Bruno Tauts Buch, das alle zur Reform der Altbauwohnung entwickelten Anregungen auf eingängige Weise zusammenfaßte, wurde von Frauenzeitschriften und Haushaltsratgebern breit rezipiert.[25]

Die Hauswirtschaftswissenschaftlerin Erna Meyer behandelte in ihrem Buch „Der neue Haushalt", das erstmals 1926 erschien, neben der Reform des Wohnens sämtliche Probleme einer rationellen Haushaltsführung. Sie faßte in ihrer Schrift alle bisherigen Überlegungen zur Wohnungs- und Haushaltsreform auf anschauliche Weise zusammen und entwickelte viele konkrete Vorschläge für die alltägliche Arbeit der Hausfrauen. Dies trug entscheidend zur Popularität ihres Buches bei, das außerordentlich weit verbreitet war und auch in der Frauenbewegung und Frauenpresse stark rezipiert wurde. Nach Erna Meyer war die zentrale Voraussetzung für den Erfolg der Haushaltsrationalisierung ein Einstellungswandel der Hausfrau. Sie mußte die Hausarbeit selbst als Beruf anerkennen.:

> „Mit dieser Achtung (vor dem eigenen Tun, K.H.), mit dem Bewußtsein ihrer Verantwortlichkeit und ihres eigenen Könnens erringt die Frau für sich selbst die Freude an ihrer Arbeit. Aus zermürbendem Frondienst wandelt sich diese Arbeit in freudiges Schaffen, das der Frau, die dazu berufen, nun endlich selbst wertvoll wird, wie das aller anderen ‚Berufe'. Ist sie selbst erst einmal so weit, dann kann auch die Achtung der anderen, draußen Stehenden nicht mehr ausbleiben, und die bisher fehlende, schmerzlich vermißte Anerkennung des Hausfrauentums als ernste Berufsarbeit wird sich kampflos einstellen."[26]

Als Hauptmittel zur „Rationalisierung der Hausarbeit" betrachtete Erna Meyer die „Selbsterziehung der Frau", nicht die vielfach empfohlene „Technisierung" des Haushalts nach amerikanischem Vorbild:

> „Die Benutzung von Maschinen muß heute, so wünschenswert sie in gewissem Sinne sein mag, für die Masse noch als Zukunftstraum angesehen werden. Nur wenige vermögen sie zu erschwingen, und die Verwendung in großen Gemeinschaftsanlagen oder der Einbau in neuen Häusern beginnt eben erst in schwachen Anfängen. Wenn also auch dahin gewirkt werden muß, daß die maschinelle Technik für immer weitere und gerade für die minderbemittelten, arbeitsüberhäuften Bevölkerungsschichten an Bedeutung gewinnt, so müssen wir Frauen doch längst vor Verwirklichung solcher Ziele die innere Umstellung der Hausführung durch die Erziehungsarbeit an uns selbst erreicht haben."[27]

Nur für die Frauen des bessersituierten Bürgertums, von denen sich in den zwanziger Jahren immer weniger die Beschäftigung einer Hausangestellten leisten konnten, war die „Technisierung des Haushalts" ein Weg der „Arbeitsrationalisierung": Die bürgerliche Hausfrau wurde zur „Leiterin des hauswirtschaftlichen Betriebes", der ein „Maschinenpark" bei der Bewältigung der Hausarbeit half. Zielgruppe der Werbung für die größeren Gas- und Elektrogeräte im Haushalt waren dementsprechend die Frauen des wohlhabenden Bürgertums. Die neuen technischen Haushaltsgeräte wurden ihnen in Anzeigen als kostengünstige Alternative „zum Mädchen" angeboten.[28]

Angesichts des begrenzten Wirkungskreises einer Haushaltsrationalisierung durch Technisierung stellte Erna Meyer in den Mittelpunkt ihres Buches die Beschreibung material-, zeit- und arbeitskraftsparender Methoden, die sich die Hausfrau auf dem Wege der „Selbsterziehung" aneignen sollte. Grundvoraussetzung für die Durchsetzung des „wirtschaftlichen Prinzips im Haushalt" war ihrer Ansicht nach „die Durchdenkung jeder einzelnen Arbeit". Als Anleitung dazu dienten ihre „zehn Gebote" zur Haushaltsrationalisierung, die der Hausfrau helfen sollten, vom „sinnlos erscheinenden Chaos der Verrichtungen zu planvoller Hausarbeit" überzugehen:

„A. Zur Verbesserung der Wohnung als Arbeitsstätte:

1. Die Lage der Wohnräume, also Grundriß und alle sonstigen Einzelheiten des Haushalts seien derart, daß die zu nehmenden Wege und alle zu verrichtenden Instandhaltungsarbeiten auf ein mögliches Mindestmaß beschränkt werden (vorwiegend Architektensache).
2. Die Einrichtung der Wohnung, besonders der Wirtschaftsräume, ist so zu gestalten, daß sich ein Mindestmaß an Reinhaltungsarbeit und an Wegen während des Arbeitens ergibt.
3. Alles ‚Handwerkszeug' muß leicht erreichbar an der Stelle aufbewahrt werden, an der es am häufigsten gebraucht wird (‚griffbereit'), und seine Anordnung bei der einzelnen Verrichtung muß so getroffen werden, daß ein Mindestmaß an Bewegungen (Kraftaufwand) zu seiner Handhabung notwendig ist.
4. Alles Handwerkszeug muß sich in tadellosem, gebrauchsfähigem Zustand befinden, und es müssen auch alle übrigen Gegenstände des Hausrats zweckentsprechend sein.

B. Zur Verbesserung der Arbeitsmethoden:

5. Arbeite stets mit ‚richtiger' Körperhaltung, d.h. erledige alles, wenn irgend möglich, sitzend und in einer alle Muskelanspannungen vermeidenden Stellung. Beachte dabei eine zweckmäßige Arbeitshöhe und schaffe dir alle Hilfsmittel, um diese jederzeit einhalten zu können.
6. Sorge für ausreichende Beleuchtung und gute Luft, besonders auch während der Arbeit in der Küche.
7. Schalte regelmäßige 5 bis 15 Minuten währende Pausen wirklichen Arbeitsruhens ein.
8. Entwickle deinen Körper durch planvolle Leibesübungen außerhalb der Arbeitszeit und wende das Gelernte in der Zehn- oder Zwanzigminutenpause während der Arbeit an. Sorge für zweckmäßige Berufskleidung!

Um eine gute Arbeitsorganisation zu erreichen, muß

9. jede Verrichtung bis ins einzelne durchdacht werden, so daß man die beste, in jedem Sonderfall mögliche Erledigungsart herausfindet.
10. Ebenso muß die günstigste Reihenfolge verschiedener Arbeiten überlegt und sorgfältig aufeinander abgestimmt, d.h. also eine ‚richtige Disposition' vorgenommen werden."[29]

Um die Hausarbeit im Tages- und Wochenablauf sinnvoll zu „disponieren", schlug Erna Meyer der Hausfrau vor, sich einen Wochenarbeitsplan und einen Wochen-Küchenzettel zu machen. Beides könne zwar wegen täglich vorkommender, unvorhergesehener Zwischenfälle oft nicht genau eingehalten werden, gebe aber zumindest „ein festes Gerüst" für den Arbeitsablauf. Über sämtliche Planungen sollte sich die Hausfrau in ihrem „häuslichen Büro" ebenso Notizen machen, wie über alle ihr einfallenden Arbeiten, Einkäufe und Gänge, die sie zu erledigen hatte.[30] Im praktischen Teil ihres Haushaltsratgebers konkretisierte Erna Meyer ihre „Zehn Gebote" zur Haushaltsrationalisierung in Hinblick auf die einzelnen Arbeiten der Hausfrau. Sie stellte im jeweiligen Arbeitszusammenhang sinnvollen neuen Hausrat sowie empfehlenswerte größere und kleinere technische Hilfsmittel vor.[31]

* * *

Die Vorschläge der populärsten deutschen Propagandisten einer Wohnungs- und Haushaltsreform – Bruno Taut und Erna Meyer – beanspruchten Gültigkeit für die Haushaltsführung der Masse der Hausfrauen. Sie ignorierten dabei sowohl die schichtenspezifischen Unterschiede der Hausarbeit als auch die Differenzen in der Haushaltsführung erwerbstätiger und nichterwerbstätiger Hausfrauen. De facto waren ihre Anregungen zur Haushaltsrationalisierung auf die Hausfrauen des Klein- und Mittelbürgertums zugeschnitten, bei denen dieser Gedanke auch auf die größte Resonanz stieß. Zur Popularität in diesen Frauenschichten trug entscheidend bei, daß die Hausarbeit für sie aufgrund der wirtschaftlichen und sozialen Entwicklung in besonderem Maße zu einem Problem geworden war. Im Vergleich zu den Frauen des Großbürgertums auf der einen und der Arbeiterschaft auf der anderen Seite hatte sich ihre Situation am stärksten verändert: Infolge der inflationären Entwicklung in der Kriegs- und Nachkriegszeit waren große Teile des Klein- und Mittelbürgertums proletarisiert worden. Der Lebensstandard der Vorkriegszeit konnte nicht mehr gehalten werden. Das „Alleinmädchen" als Haushaltshilfe mußte abgeschafft, die Hausarbeit nun ausschließlich von der Hausfrau verrichtet werden. Manche Frau war gar genötigt, erwerbstätig zu werden.[32] Die Haushaltsrationalisierung entlastete die Frauen des Klein- und Mittelbürgertums von materieller Hausarbeit.

Sämtlichen Vorschlägen zur Haushaltsrationalisierung lag das Verständnis der Hausarbeit als Berufstätigkeit zugrunde. Die Normen der „Männerwelt des Berufs" wurden in modifizierter Form auf die „Frauenwelt des Haushalts und der Familie" übertragen. Der in der „Frauenwelt" fehlende ökonomische Anreiz zu einer Effizienzsteigerung wurde durch den ideellen Anreiz eines glücklichen und harmonischen Familienlebens im eigenen Heim ersetzt. Die Frau wurde zur „Schöpferin des Heimes" erhoben. Statt einer (besseren) Bezahlung für die effektivere Leistung, wie in der „Männerwelt", wurden ihr Selbstachtung, Selbstbewußtsein und gesteigerte Kreativität sowie mehr Zeit für ihre wichtigeren, gewachsenen Aufgaben als Mutter, Gattin und Staatsbürgerin versprochen.[33] Infolge der Haushaltsrationalisierung sollten die Hausfrauen nicht weniger, sondern andere Arbeiten verrichten. Es ging nicht um eine wirkliche Gleichstellung der unbezahlten Hausarbeit mit der bezahlten Berufsarbeit – dieses Ziel hätte die Forderung nach der materiellen Anerkennung der häuslichen Arbeit zur Folge haben müssen –, sondern um eine ideelle Gleichstellung. Hausarbeit war und blieb „Arbeit aus Liebe". Durch die Haushaltsrationalisierung sollte im Gegenteil mehr Kraft und Zeit der Hausfrau für die „Liebesarbeit", d.h. ihre psycho-sozialen Aufgaben als Mutter und Gattin freigesetzt werden. Der Frau selbst wurde die Verantwortung für die geringe individuelle und gesellschaftliche Anerkennung und Wertschätzung der Hausarbeit zugewiesen, als deren Ursache die fehlende Selbstachtung für die eigene Arbeit ausgemacht wurde. Die Haushaltsrationalisierung stellte die geschlechtsspezifische Arbeitsteilung nicht in Frage, sondern trug zu ihrer Stabilisierung bei. Sie förderte langfristig die Verbreitung der ‚modernen Kleinfamilie' in weiten Kreisen der Bevölkerung.[34]

1.4.1.2 Vom „rationalisierten Einzelhaushalt" zum „genossenschaftlichen Großhaushalt"

Auch die sozialdemokratische Frauenbewegung propagierte in der Weimarer Republik eine „Rationalisierung der Hausarbeit". Im Unterschied zur bürgerlichen Frauenbewegung betrachtete sie den „rationalisierten Einzelhaushalt" allerdings nur als ersten Schritt zu einer sozialistischen Haushaltsreform. Ihr langfristiges Ziel war der „genossenschaftliche Großhaushalt", d.h. eine Zentralisierung der Hauswirtschaft, von der sie sich eine weitreichende Arbeitsentlastung der proletarischen Hausfrauen erhoffte. In der Haushaltsrationalisierung sahen die Sozialdemokratinnen ein Mittel, mit dem die einzelne Arbeiterfrau kurzfristig ihre häusliche Arbeitsbelastung verringern konnte. Dies betrachteten die Führerinnen der SPD-Frauenorganisation als entscheidende Voraussetzung für ein stärkeres gesellschaftliches Engagement der Frauen.[35] Ihre Zielsetzung reichte damit über die der bürgerlichen Verfechter(innen) einer Haushaltsrationalisierung hinaus, denen es in erster Linie um eine Stabilisierung der systemerhaltenden Institution Familie, um eine Anpassung der Reproduktionsarbeit an die gewandelten Anforderungen der Produktion ging.

Seit ihren Anfängen hatte die sozialdemokratische Frauenbewegung zwar die Notwendigkeit einer Haushaltsreform erkannt, doch diesbezügliche Vorstellungen blieben lange Zeit vage. Zu den ersten Sozialdemokraten, die sich öffentlich mit dieser Frage auseinandersetzten, gehörte *August Bebel*, der bedeutendste Führer der deutschen Sozialdemokratie vor dem Ersten Weltkrieg[36]. Bereits in seiner weitverbreiteten Schrift „Die Frau und der Sozialismus", die erstmals 1879 erschien, hatte er „kommunistische Küchen" – „Zentralnahrungsbereitungsanstalten" – sowie „Zentralwaschanstalten" und „Zentralreinigungsanstalten" als langfristiges Ziel einer sozialistischen Haushaltsreform vorgeschlagen. Kurzfristig erhoffte er sich eine Arbeitsentlastung der Hausfrauen durch die Verbreitung der modernen Haushaltstechnik.[37] Erst nach der Jahrhundertwende wurde die Idee „genossenschaftliche Großhaushalte" intensiver in der sozialdemokratischen Frauenbewegung diskutiert[38]. Den Anstoß zu dieser Debatte gab 1901 das Erscheinen der Broschüre „Frauenarbeit und Hauswirtschaft" von *Lily Braun*, einer Anhängerin des revisionistischen Flügels der SPD[39]. In der Schrift schlug sie die Zentralisierung der Hausarbeit als Weg zur Befreiung der Frau vor: Durch das „Einküchenhaus" sollte bereits in der kapitalistischen Gesellschaft eine wesentliche Voraussetzung für die Emanzipation der Frau geschaffen werden, nämlich deren Entlastung von häuslicher Arbeit für die Übernahme „höherwertiger Berufe".[40] Ihr Vorschlag war in der sozialdemokratischen Frauenbewegung umstritten. Die Kritikerinnen – die bekannteste war *Clara Zetkin*, die Führerin des radikalen Flügels der proletarischen Frauenbewegung[41] – stellten nicht die Idee des „Einküchenhauses" als solche in Frage, sondern nur die Hoffnung, daß diese Reform ein Schritt auf dem Wege zum Sozialismus sei, der sich bereits im Kapitalismus realisieren ließe; die Haushaltsgenossenschaften könnten nicht Basis, sondern nur späte Errungenschaft des Sozialismus sein.[42] Sie teilten die skeptische bis ablehnende Haltung, mit der große Teile der sozialdemokratischen Arbeiterbewegung um die Jahrhundertwende noch dem Gedanken der Genossenschaftsbewegung gegenüberstanden. Letztlich war diese erste Auseinandersetzung um das „Einküchenhaus" eine Kontroverse über die angemessene sozialistische Strategie zur Befreiung der Frau, die eng mit den Strategiedebatten innerhalb der Gesamtpartei verbunden war.[43]

Das Ziel des genossenschaftlichen Großhaushalts blieb in der SPD-Frauenorganisation umstritten, doch mit dem Wachsen der Genossenschaftsbewegung nahm die Zahl der Sozialdemokratinnen zu, die sich dafür einsetzten. 1913 trat selbst ‚Die Gleichheit', deren Chefredakteurin von 1892 bis 1917 Clara Zetkin war, in einer Artikelfolge zum Thema „Kann die Bürde der Hausfrau erleichtert werden?" für die Einrichtung „hauswirtschaftlicher Genossenschaften" ein:

> „Die Konsumgenossenschaften haben sich in kurzer Zeit zu mächtigen Gebilden entwickelt. Sie haben eine Mitgliederzahl von Hunderttausenden und einen Umsatz von Millionen ... In allen Großstädten haben die Konsumvereine in jedem Stadtviertel Verkaufsstellen. Könnten sie nicht ebensogut allmählich in jedem Stadtteil ein genossenschaftliches Speisehaus errichten? Ein solches Speisehaus würde sich rentieren wie jede private Gastwirtschaft, ebenso ein damit verbundenes Ledigenheim. Die Räume des Speisehauses könnten tagsüber Kindern zum Aufenthalt dienen, deren Eltern berufstätig sind usw. Entsprechend der Zahl der Kinder wären beruflich gebildete pflegende und erziehende Kräfte für den ganzen Tag bzw. für die schulfreien Nachmittagsstunden zu besolden ...
>
> In vollkommenerer und erweiterter Form könnten Einrichtungen der geschilderten Art überall dort entstehen, wo durch die Kommunen, durch Baugenossenschaften oder gar durch Arbeiterkonsumvereine selbst Arbeiterwohnungskolonien geschaffen würden. Hier wäre gleich von Anfang an für die nötigen gemeinsamen Einrichtungen in großzügiger Weise unter Benutzung der modernen technischen Hilfsmittel zu sorgen: Ledigenheime, Zentralküche, Speisehaus, Waschhaus, Badeanstalt, Kinderspielplatz, Räume für die Geselligkeit."[44]

Der Aufbau solcher Einrichtungen wurde in der Artikelfolge langfristig als eine Angelegenheit der Kommunen betrachtet, denn solange staatliche Subventionen ausblieben, würde von den Errungenschaften der genossenschaftlichen Gemeinschaftseinrichtungen nur die „bestsituierte Schicht des Proletariats" profitieren, die allein die Miete in den neuen Arbeiterwohnhäusern bezahlen könne. Für diese Schicht käme es weniger darauf an, „den Frauen die Erwerbsarbeit außer Haus zu ermöglichen". Vielmehr könne „hier durch planmäßige Organisation, durch genossenschaftliches Zusammenwirken der Hausfrauen die Lebenshaltung der Mitglieder gehoben" und „Zeit und Mittel für höhere Kulturzwecke freigemacht werden."[45] Dieser Einschätzung lag die Auffassung zugrunde, daß die Erwerbsarbeit der Arbeiterfrauen lediglich ein notbedingtes Übel sei.

Die Publikation der Artikelfolge in der ‚Gleichheit' war Ausdruck einer Gesamttendenz in der

SPD: Die Anhänger(innen) einer Revision der sozialistischen Frauenemanzipationstheorie gewannen zunehmend an Einfluß. Ihr Wortführer war der sozialdemokratische Journalist und Reichstagsabgeordnete *Edmund Fischer*[46]. Er stellte seit 1905 in Veröffentlichungen immer wieder die Kernaussage der Emanzipationstheorie in Frage, daß die allgemeine Berufstätigkeit der Frauen eine zwangsläufige Folge der kapitalistischen Produktionsweise und zugleich ein notwendiger Schritt zu ihrer individuellen und gesellschaftlichen Emanzipation sei. Die Berufstätigkeit der Frau hielt er für „etwas Unnatürliches, gesellschaftlich Ungesundes, Schädliches, eines der kapitalistischen Übel, das mit der Beseitigung des Kapitalismus verschwinden“ werde und verschwinden müsse. Seiner Ansicht nach war es das wesentliche, „tief in der Natur des Weibes begründete Lebensziel der Frauen“, „Mutter zu sein und der Erziehung und Pflege der Kinder zu leben“. Der alte Emanzipationsstandpunkt lasse sich nicht mehr aufrechterhalten, da die „sogenannte ‚Frauenemanzipation‘“ „der weiblichen Natur und der menschlichen Natur überhaupt“ widerstrebe; sie sei „Unnatur und daher undurchführbar“.[47] Wichtigstes Ziel der SPD müsse es sein, die Frau der Familie wiederzugeben. Fischer glaubte, daß in der Zukunft die Familie für die „große Masse“ mehr und mehr zu dem Ort werden würde, „wo der Erwerbstätige allein noch seinen individuellen Neigungen leben“ könne, wo er für die „Bitternisse des beruflichen Lebens in der Liebe seiner Familienmitglieder eine Entschädigung“ finden werde.[48] Die Argumentation Edmund Fischers entsprach dem herrschenden Leitbild der ‚modernen Kleinfamilie‘; seine Zukunftsvision von der Familie antizipierte die veränderten Anforderungen des Produktionsprozesses an die individuelle Reproduktion. Den zunehmenden Bestrebungen zu einer Revision der sozialistischen Emanzipationstheorie wurde in der Vorkriegszeit selbst in der sozialdemokratischen Frauenbewegung immer seltener Kritik und Widerstand entgegengesetzt[49]. Die meisten Sozialdemokrat(inn)en hatten das herrschende Frauen- und Familienleitbild verinnerlicht[50].

Angesichts der allgemeinen Versorgungsschwierigkeiten während und nach dem Ersten Weltkrieg traten sozialdemokratische Wirtschaftswissenschaftler(innen) in der Nachkriegszeit verstärkt für eine Förderung des „hauswirtschaftlichen Großbetriebes“ ein, primär wegen der größeren ökonomischen Rentabilität.[51] Auch in der MSPD-Frauenorganisation wurde der Gedanke des genossenschaftlichen Großhaushalts nach Kriegsende erneut diskutiert. Angeregt hatte die Debatte die Redaktion der ‚Gleichheit‘, die ihre Leserinnen Anfang 1920 um eine Stellungnahme zu diesem Reformvorschlag bat.[52] Die meisten Einsenderinnen standen der Einführung von hauswirtschaftlichen Gemeinschaftseinrichtungen jedoch skeptisch bzw. ablehnend gegenüber: Ihr Hauptargument war, daß solche Einrichtungen das „liebevolle Eingehen der Hausfrau“ auf die Wünsche und Bedürfnisse der Ihrigen unmöglich machten, das doch erst die Gefühlswerte schaffe, die für das Familienleben so bedeutsam seien. „Gar mancher Mann“ heirate wegen dieser Gefühlswerte. Er verlange nach einer „individuellen Behandlung“, einer „liebevollen Rücksichtnahme auf seinen Gaumen und auf seinen Magen.“[53]

Die Ablehnung hauswirtschaftlicher Gemeinschaftseinrichtungen, die durch die schlechten Erfahrungen mit den Kriegsküchen verstärkt wurde, war wesentlich Resultat der spezifischen Nachkriegsverhältnisse: Die meisten Arbeiterehefrauen, die während des Krieges erwerbstätig geworden waren, wollten nach Kriegsende ihre Erwerbsarbeit wieder aufgeben, um sich ausschließlich Haushalt und Familie widmen zu können, die sie in den Kriegsjahren hatten vernachlässigen müssen; ihre Ehemänner sehnten sich danach, in der Familie die leidvollen Erfahrungen des Krieges zu vergessen.[54] Diesen Hoffnungen und Sehnsüchten entsprach in den Nachkriegsjahren eine allgemeine Tendenz in vielen sozialdemokratischen Publikationen: Die Bedeutung des „Heimes“, das als das einzig „Feste und Standhafte im Tumult allen Wirkens“ galt, wurde betont und die Familie zu einer Stätte verklärt, „wo der Mann nach des Tages Last und Kämpfen eine Ruhestatt“ finden und „die Frau in Liebe und Glück die Kinder erziehen“ könne.[55]. Das Leitbild der ‚modernen Kleinfamilie' war seit dem Ende des Ersten Weltkrieges fester Bestandteil der sozialdemokratischen Ideologie. Seine Propagierung diente nicht zuletzt der ideologischen Absicherung der Demobilmachungspolitik, deren zentrales Ziel eine Entlastung des Arbeitsmarktes durch die Entlassung angeblich „nichterwerbsbedürftiger" Frauen war. Diese Politik wurde zunächst nicht nur von Politikern der Regierungsparteien – MSPD, DDP und Zentrum – sowie Arbeitgeberverbänden und Gewerkschaften unterstützt, sondern auch von der bürgerlichen und der mehrheitssozialdemokratischen Frauenbewegung.[56] Die ideologische Aufwertung der Hausarbeit sollte die Frauen, die erwerbstätig sein wollten, über den Verlust ihres Arbeitsplatzes hinwegtrösten. Offen sprach dies ein Artikel im ‚Frauen-Hausschatz', dem sozialdemokratischen ‚Jahrbuch für Arbeiterfrauen und Töchter', aus:

> „... dies sei der Frau unserer Notjahre, die zurückverbannt ist aus Weite in Enge, von der Tribüne des freien Platzes in die Kleinarbeit des Hauses, helle Gewißheit, daß doch keiner ihrer Handgriffe umsonst geschieht. Und Dank ist es schließlich, wenn sie trotz aller Zerstörung ihrer Danaidenarbeit plötzlich über das frische Weiß des Tischtuches das Glanzlicht eines Lächelns auf den Gesichtern aufleuchten sieht, das Unzerstörbarste von allem, was sie geben kann: Seele."[57]

Kritisiert wurde die Demobilmachungspolitik zunächst lediglich von führenden Funktionärinnen der USPD, die sich für das „gleiche Recht der Frau auf Erwerbsarbeit" einsetzten und eine Haushaltsreform mittels genossenschaftlicher Großhaushalte forderten.[58]

Für die MSPD-Frauenorganisation waren die Möglichkeiten einer Haushalts- und Wohnungsreform in den ersten Nachkriegsjahren kein zentrales Thema. Erst als sich die Arbeitsmarktlage für Frauen wieder besserte und selbst die außerhäusliche Erwerbstätigkeit von Ehefrauen und Müttern zunahm, beschäftigte sie sich intensiver mit dieser Frage. Im Mittelpunkt der Diskussion stand die Rationalisierung der Hausarbeit, insbesondere die systematische Anwendung rationeller Arbeitsmethoden. Die ersten Artikel hierzu erschienen in der sozialdemokratischen Frauenpresse zwar bereits Anfang der zwanziger Jahre[59], doch eine intensivere Auseinandersetzung mit dem Thema begann erst Mitte der zwanziger Jahre. Nun veröffentlichten die SPD-Frauenzeitschriften und -Frauenbeilagen regelmäßig Artikel zur Haushalts- und Wohnungsreform; auch die ‚Frauen-Beilage des Hamburger Echo' griff das Thema auf.[60] In der Hansestadt bemühte sich sogar der SPD-Bildungsausschuß um die Propagierung der Haushaltsrationalisierung. Er stellte 1925 für die Frauenabende einen Lichtbildvortrag zum Thema „Mein Heim, meine Welt!" zusammen, in dem praktische Vorschläge zur individuellen Wohnungs- und Haushaltsreform in Altbauwohnungen gezeigt wurden, die sich auf die Schrift ‚Die neue Wohnung' von Bruno Taut stützten.[61] 1926 thematisierte der Bildungsausschuß die Möglichkeiten der individuellen Wohnungs- und Haushaltsreform auch auf seiner Weihnachtsausstellung im Gewerkschaftshaus, die von ca. 28.000 Menschen besucht wurde. Eine „schlechte, unhygienische" wurde einer „guten und vorbildlichen Wohnungseinrichtung" gegenübergestellt, „zeitgemäße" Möbel sowie „moderner" Hausrat gezeigt.[62] Am intensivsten bemühte sich die ‚Frauenwelt', ihren Leserinnen die Gedanken der Haushaltsrationalisierung nahezubringen; in fast jedem Heft brachte sie hierzu Artikel[63], in denen sie nicht nur zeit- und kraftsparende Arbeitsmethoden empfahl und ausführlich über den neuesten Stand der Haushaltstechnik, Vorschläge zur Einrichtung der „neuen Küche" sowie das Angebot von funktionsgerechten Möbeln und entsprechendem Hausrat informierte, sondern auch beispielhafte Projekte des neuen Wohnungsbaus vorstellte[64].

Auf der Kieler Reichsfrauenkonferenz im Mai 1927 befaßte sich die SPD-Frauenorganisation erstmals auch zentral mit dem Thema Wohnungs- und Haushaltsreform. Die Diskussion zu diesem Tagesordnungspunkt wurde durch einen Vortrag zu „Wohnungsnot und Wohnungsreform" von *Hertha Kraus*, einer renommierten Wohlfahrtspflegerin,[65] eingeleitet, die die schlechten, bedrängten Wohnverhältnisse in den Altwohnungen neben dem Wohnungsmangel als das zentrale

Gemeinschaftswaschküche im Friedrich-Ebert-Hof in Altona, 1928 (Museum der Arbeit, Hamburg)

Problem der Wohnungsnot beschrieb. Um hier kurzfristig Abhilfe zu schaffen, schlug sie eine individuelle „Reform der Altbauwohnungen" durch „Entrümpelung" und „Modernisierung" der vorhandenen Wohnungseinrichtung vor.[66] Langfristig forderte sie die Einrichtung von genossenschaftlichen und kommunalen „Wohnungsergänzungen": Zentrale Waschküchen, Aufenthaltsräume für Kinder und Jugendliche, Spiel-, Sport- und Grünflächen, Krippen, Kindergärten und -horte, Jugend- und Volksheime, die von jeder Wohnung aus in wenigen Minuten erreichbar sein sollten, müßten in allen Stadtquartieren geschaffen werden. Für die ferne Zukunft erstrebte sie die Einrichtung von „genossenschaftlichen Großhaushalten". Ihre Ausführungen sind charakteristisch für die offizielle Haltung, die zu dieser Frage seit Mitte der zwanziger Jahre in der SPD-Frauenorganisation vorherrschte:

> „Gestritten wird über die ... ganze zentrale Wirtschaftseinrichtung, welche die einen als Allheilmittel anpreisen, die andern als den Todesstoß gegen die Familie verdammen. Wir haben in Wien in den Großbauten der sozialistischen Gemeinde ein Beispiel, an dem wir uns unterrichten lassen können, ob diese Form des Großhaushalts wünschenswert und praktisch ist. Darüber hinaus gibt es Formen, die stärker zentralisiert sind, die Großküchen haben, aus denen die fertigen Speisen allen zur Verfügung gestellt werden ... Unbestreitbar ist, daß es rationeller wäre, die Kochtöpfe in gewissem Maß zu zentralisieren. Es ist wirtschaftlich zweifellos ein Unsinn, daß bei 10 Familien desselben Hauses 10 Gasflammen brennen, um 10 Töpfe Kartoffeln zu kochen usw. Ob die Zentralisation psychologisch tragbar ist, nach unseren heutigen Anschauungen, scheint mir eine ungeklärte Frage zu sein ... Es ist denkbar, daß in manchen Gruppen der genossenschaftliche Geist so stark entwickelt ist, daß mit diesem Großhaushalt eine neue Lebensform gefunden wird, die deshalb zu begrüßen wäre, weil sie eine wesentliche Entlastung der Hausfrau mit sich bringt, die dann ihre Kraft für andere Dinge frei haben würde ... "[67]

Hertha Kraus begriff die Haushaltsrationalisierung als erste Etappe bei der Durchsetzung „genossenschaftlicher Großhaushalte“, als Voraussetzung für deren zukünftige Realisierung. Der Schritt zum „rationalisierten Einzelhaushalt“ könne von jeder Frau selbst getan werden; notwendig sei hierzu lediglich die „Revolutionierung des eigenen Ich“.[68] Als Teil der notwendigen Haushaltsreform betrachtete sie eine veränderte Arbeitsteilung in der Familie:

> „Wenn wir die Verwirklichung des sozialistischen Ideals auf dem Wege der Genossenschaftlichkeit sehen, ist es nicht zu früh, daß wir heute mit der Genossenschaftlichkeit bei uns selbst anfangen, und zwar da, wo wir selbst die uns umgebenden Menschen zu Genossen heranbilden und unser Leben im Geist der Genossenschaft aufbauen können. Dazu gehört die Genossenschaftlichkeit der Familie, das gemeinsame Tragen der Haushaltsaufgaben von Mann, Frau und Kindern, und zwar Töchtern und Söhnen. Wir unterschätzen Hausfrauenarbeit recht häufig und stellen sie der Berufsarbeit anderer Art hintan. Wir stellen häufig die Arbeit der Frau der Arbeit des Mannes hintan. Wenn die berufstätige Tochter nach Hause kommt, wird sie in den Haushalt mit eingespannt, während der Sohn bedient wird. Den Söhnen und Männern, die wir nur bedienen, und denen wir niemals die Freude des Helfens vermitteln, verleiden wir gleichzeitig, Genossen im Haushalt zu werden. Wir sind selber Schuld daran, daß sie die Arbeit des Haushalts nicht in genossenschaftlichem oder sozialistischem Sinne auffassen.“[69]

Im Unterschied zu bürgerlichen Verfechter(inne)n einer Haushaltsrationalisierung trat Hertha Kraus für eine veränderte geschlechtsspezifische Arbeitsteilung im Einzelhaushalt ein, die sie als Teil der notwendigen sozialistischen Lebensreform begriff. Die Konferenzdiskussion bestätigte weitgehend ihre Position[70]. Vortrag und Debatte der Reichsfrauenkonferenz legten die Haltung fest, die die sozialdemokratische Frauenbewegung in den nächsten Jahren offinziell in dieser Frage einnahm: Haushaltsrationalisierung und Wohnungsreform galten als erster konkreter Schritt zu einer langfristigen genossenschaftlichen bzw. kommunalen Reform des Wohnens und der Hausarbeit, in deren Mittelpunkt der „Großhaushalt“ stehen sollte.[71] Die vorherrschende Form der geschlechtsspezifischen Arbeitsteilung wurde nicht grundsätzlich in Frage gestellt, sondern sollte lediglich partiell in der Familie verändert werden[72].

Nach der Reichsfrauenkonferenz 1927 setzte eine verstärkte Auseinandersetzung mit den Möglichkeiten einer Wohnungs- und Haushaltsreform in der sozialdemokratischen Frauenbewegung ein[73]. Der Frauen-Aktionsausschuß der Hamburger SPD veranstaltete zur Auswertung der Konferenz im August 1927 eine Allgemeine Frauenmitgliederversammlung zum Thema „Entlastung der Hausfrau“ im Gewerkschaftshaus. Eingeladen waren insbesondere die Funktionärinnen aus den Distrikten und Bezirken, die die Diskussion in die Frauengruppen tragen sollten.[74] Seit Herbst 1927 stand das Thema immer wieder auf der Tagesordnung der SPD-Frauenabende in der Hansestadt.[75]

Die Mehrzahl der Arbeiterfrauen aus dem sozialdemokratischen Milieu scheint den Vorschlägen zur Wohnungs- und Haushaltsreform ebenso skeptisch distanziert gegenübergestanden zu haben wie die Masse der proletarischen Hausfrauen. Typisch war vermutlich die Haltung von Agnes A.:

> „Von der Rationalisierung der Hausarbeit lasen wir in den Tageszeitungen, im (Hamburger) ‚Echo‘. Auch auf den Frauenabenden der SPD wurde darüber gesprochen. Wir wünschten uns auch was zum Geburtstag, z.B. schenkte mir eine Freundin eine Jenaer-Glasschüssel, die war hitzefest. Doch das waren nur kleinere Haushaltsgegenstände, die wir uns schenken ließen. Alle größeren Geräte waren zu teuer, davon konnten wir nur träumen ... Die meisten Vorschläge, die von Architekten und Ingenieuren zur Arbeitsersparnis gemacht wurden, waren zwar wertvoll, berücksichtigten aber meist zu wenig die Realität der Masse der Hausfrauen ... Wir räumten unsere Wohnung nicht um; wenn wir einmal eingerichtet waren, waren wir eingerichtet.“[76]

Besonders vehement sperrten sich ältere Arbeiterfrauen gegen die „neumodischen“ Ideen der Haushaltsrationalisierung. Zu einer „Modernisierung“ ihrer alten Möbel waren sie nicht bereit. Die gründerzeitliche Einrichtung symbolisierte für sie bürgerlichen Wohlstand und Gemütlichkeit.[77] Der größte Teil der Arbeiterfrauen betrachtete die Vorschläge zur Reform ihres Haushaltes schlicht

Die gute Stube **Der Unterricht durchs Beispiel** Die schlechte Stube

gezeigt in der Weihnachtsausstellung des Bildungsausschusses der SPD., Hamburg

(Volk und Zeit, Illustrierte Beilage des Hamburger Echo, Nr. 1, 1927)

als unrealistisch. In den kleinen Arbeiterwohnungen stellte sich das Problem der langen Wege, der rationellen Anordnung von Möbeln nicht. Angesichts des geringen Haushaltsbudgets und der knappen Zeit waren sie ohnehin gezwungen, höchst rationell zu arbeiten und sich auf das Nötigste zu beschränken. Dies galt insbesondere dann, wenn sie neben ihren Aufgaben in Haushalt und Familie auch noch erwerbstätig waren.[78] Vorrangig eine relativ kleine Gruppe jüngerer, gesellschaftlich engagierter Arbeiterfrauen griff die Vorschläge zur Haushaltsrationalisierung auf und war bereit, den Hausstand „modern und praktisch" umzugestalten. Diesen Eindruck bestätigt der Bericht von Lisbeth T., die bis zu ihrer Heirat 1924 als kaufmännische Angestellte tätig war. Gemeinsam mit ihrem Mann Max T. versuchte sie, ihrer sozialistischen Lebenseinstellung auch in der Wohnungseinrichtung Ausdruck zu verleihen:

> „Wir hatten hier in Hamburg in den zwanziger Jahren fast jedes Jahr zu Weihnachten im Gewerkschaftshaus eine Ausstellung vom Bildungsausschuß der SPD. Da wurde einmal ein alt eingerichtetes Zimmer mit viel Plüsch und Kitsch und ein modern und praktisch eingerichtetes Zimmer gezeigt. Das fand ich sehr interessant ... Dabei war auch eine Tischlerwerkstatt. Die haben den Leuten gezeigt, wie man zum Beispiel ein altes Schlafzimmer mit all' dem Krimskrams, mit Muscheln und gedrechselten Säulen, modernisiert, indem man die Verzierungen absägt und das ganze streicht. Es war für uns insofern modern, als wir Frauen nicht immer den Staub aus den vielen kleinen Schnörkeln wegpinseln mußten ... In der Ausstellung wurde gezeigt, wie man alles praktischer machen konnte, danach sah so ein Zimmer ganz anders aus. Wir hatten auch noch so ein altes Schlafzimmer, das hat mein Mann danach modernisiert ..."[79]

Entgegen allen hochgesteckten Hoffnungen und Erwartungen waren die Möglichkeiten der Haushaltsrationalisierung im Arbeiterhaushalt gering:

- Eine „Entrümpelung" der Wohnung war in der Regel unnötig, da die meisten Arbeiterfamilien ohnehin nicht viel mehr als das Nötigste besaßen. Von ihrem liebgewonnenen Zierrat mochten sich die wenigsten Arbeiterfrauen trennen.
- Eine „Modernisierung" der Wohnungseinrichtung scheiterte häufig schon an den Materialkosten. Von den meisten Arbeiterfrauen wurde sie zudem abgelehnt.
- Mit Geld und Material mußte im Arbeiterhaushalt ohnehin gerechnet werden. Eine Vorratswirtschaft war aufgrund des geringen Einkommens nur selten möglich. Das Haushaltsbuch konnte bei einer sparsameren Haushaltsführung helfen, erforderte aber von der Arbeiterfrau erhebliche Disziplin und bedeutete für sie eine vermehrte Arbeitsbelastung.
- Eine systematische Planung des Tages- und Wochenablaufs der Hausarbeit konnte Arbeiterfrauen zwar eine Arbeitsentlastung bringen, setzte aber Ausdauer und Energie voraus.

Die Erkenntnisse und Errungenschaften der Haushaltsrationalisierung hielten nur in wenigen Arbeiterhaushalten Einzug. Die meisten Arbeiterfrauen nahmen mit einer Mischung aus Resignation und Selbstverständlichkeit die gegebene Situation im Haushalt hin. Selbst die Möglichkeit einer veränderten Arbeitsteilung in der Familie zogen nur wenige in Betracht. Nicht einmal bei jungen sozialdemokratischen Ehepaaren war es üblich, daß die Partner sich die Hausarbeit teilten; die Ehemänner verrichteten auch hier bestenfalls handwerkliche Arbeiten, Gartenarbeiten und Handreichungen, wie das Besorgen und Vorbereiten der Feuerung.[80] Den Wunsch nach weiterreichenden Möglichkeiten der Haushaltsreform artikulierten nur wenige Arbeiterfrauen. Viele sehnten sich zwar danach, in einem modern ausgestatteten Neubaublock mit Zentralwaschküche und Kindertagesheim zu wohnen, doch jede Form des Großhaushalts lehnten sie als „Zwangseinrichtung" ab. Sie fürchteten, „daß die Mechanisierung, die schon ihre Berufsarbeit ergriffen hatte, ihnen nun auch dieses letzte Gebiet eigner individueller Betätigung rauben könnte."[81] Vorrangig junge, in der Arbeiterbewegung engagierte Frauen traten für die Forderung nach dem genossenschaftlichen Großhaushalt ein.

Die begrenzte Breitenwirkung und die geringen Erfolge der Propaganda für eine Haushaltsrationalisierung sahen auch SPD-Funktionärinnen. 1929 schrieb eine Sozialdemokratin im ‚Hamburger Echo' unter dem Titel „Rationalisierung im Arbeiterhaushalt":

> „Wir Frauen dürfen gewiß stolz sein, in welcher kurzen Zeitspanne große Fortschritte auf dem Gebiet der Rationalisierung des Haushalts gemacht worden sind. Stellen wir jedoch die Frage, in welchem Maße die Segnungen der Haushaltsrationalisierung den breiten Massen zugute kommen, eine Frage deren Beantwortung doch allein für die Bedeutung aller auf diesem Gebiet getroffenen Neuerungen ausschlaggebend ist, dann wird dieser Stolz ganz wesentlich gedämpft. Die Schicht jener Bevölkerungskreise, in die die neuen Erkenntnisse bisher eingedrungen sind, ist noch außerordentlich klein, und viel zu wenige Frauen haben überhaupt den Willen, diese Erkenntnisse in ihrem eigenen Haushalt in die Praxis umzusetzen."[82]

In der sozialdemokratischen Frauenbewegung wurde deshalb in der zweiten Hälfte der zwanziger Jahre intensiv die Frage erörtert, wie der Masse der Arbeiterfrauen die Vorschläge zu Haushaltsrationalisierung und Wohnungsreform wirkungsvoll vermittelt werden könnten. Die Propaganda in der Parteipresse und auf Frauenabenden reichte offensichtlich nicht aus. Als eine Möglichkeit der Abhilfe wurde die Aufklärung und Erziehung der Arbeiterfrauen durch die Wohnungspflege diskutiert. Ausführlicher beschäftigte sich damit 1927 ein Artikel in der Zeitschrift ‚Arbeiterwohlfahrt'. Dessen Autorin *Käthe Radtke* schlug vor, daß die Wohnungspflege nicht nur in den Fällen aktiv werden sollte, in denen sie aufgrund der objektiven Beschaffenheit eine schlechte Wohnung vorfand, sondern auch dort eingreifen müßte, wo sie aufgrund „falscher Benutzungsweise durch die Familie" auf schlechte Wohnverhältnisse traf bzw. der Haushalt „verwahrlost" war. In diesen Fällen sollte die ehrenamtliche oder angestellte Fürsorgerin „erzieherische Arbeit" leisten:

> „Nur nach einem Ausräumen der Mängel läßt sich erkennen, ob es sich um eine durch die schlechten Verhältnisse erzeugte durchaus verständliche Unlust zu Haushaltsführung handelt oder nicht. Die äußere Besserung der Wohnung wird in ersterem Falle meist ausreichen, um Lust und Liebe der Frau zu einer guten Haushaltsführung zu wecken. Sollte aber auch dann eine völlige Unfähigkeit der Hausfrau zum Wirtschaften zutage treten, so müßte die Fürsorgerin hier an die tiefste Wurzel des Übels gehen. Mit pädagogischem Geschick muß sie in vielleicht langer Erziehungsarbeit versuchen, eine gute Hausfrau heranzubilden ... Eine gute Wohnungspflege (schafft) nicht nur helle Räume, sondern auch gesunde Familien und sie kann und soll ihr Aufgabengebiet weiterziehend Trägerin und Verbreiterin einer guten heimatlichen Wohnkultur werden."[83]

Nur vereinzelt wurde dieser Vorschlag in der SPD-Frauenorganisation in Frage gestellt, zu den wenigen Kritikerinnen gehörte *Clara Zils-Eckstein*[84]. In einer Replik auf den Artikel von Käthe Radtke, die ebenfalls in der Zeitschrift ‚Arbeiterwohlfahrt' erschien, betonte sie, daß nur durch eine entsprechende Sozial- und Wohnungspolitik eine Wohnungs- und Haushaltsreform und damit eine Entlastung der Hausfrauen erreicht werden könne. Aufgabe der Fürsorge sei es „soziale Schäden zu beseitigen", aber nicht „individuelle Mängel zu heilen". Die Fürsorgerin könne keine „Generalerzieherin für das Volk" sein. Die Erziehung zu einer gehobenen Wohnkultur sei allein Aufgabe des Haushaltungsunterrichts an Volks- und Berufsschulen.[85] Mit ihrer Position konnte sich Clara Zils-Eckstein in der sozialdemokratischen Frauenbewegung nicht durchsetzen. Allgemein forderten die Genossinnen in der zweiten Hälfte der zwanziger Jahre, daß die öffentliche Wohnungspflege sich um eine Aufklärung der Hausfrauen über die Möglichkeiten einer individuellen Haushalts- und Wohnungsreform bemühen sollte.

* * *

Mit ihrem Engagement für eine Haushaltsreform stellte die SPD-Frauenorganisation die vorherrschende geschlechtsspezifische Arbeitsteilung nicht grundsätzlich in Frage. Die meisten leitenden Funktionärinnen akzeptierten das Leitbild der ‚modernen Kleinfamilie'. Durch ihre Propaganda für eine Reform des Einzelhaushalts trugen sie zur Verbreitung dieses Familienleitbildes bei und verstärkten die Festschreibung der geschlechtsspezifischen Arbeitsteilung in Familie und Gesellschaft.[86] Obwohl die sozialdemokratische Frauenbewegung den „rationalisierten Einzelhaushalt" offiziell als ersten Schritt zum „genossenschaftlichen Großhaushalt" bezeichnete, setzte sie sich in der politischen Praxis vorrangig für eine Haushaltsrationalisierung ein und entwickelte keine Strategien zur langfristigen Durchsetzung des Großhaushaltes. Auf das Engagement für grundlegende gesellschaftliche Veränderungen wurde zugunsten individueller Reformen verzichtet. Die (Selbst)Erziehung der Arbeiterfrauen zur „rationellen Haushaltsführung" galt als vorrangige Aufgabe. Die Vorschläge zur „Rationalisierung der Hausarbeit" richteten sich dem Anspruch nach an alle Frauen und versprachen ihnen eine Verminderung ihrer häuslichen Arbeitsüberlastung. Da sie de facto aber nicht der Realität im proletarischen Haushalt entsprachen, konnten Arbeiterfrauen von ihnen wenig profitieren. Dies war der Hauptgrund dafür, daß selbst die intensive sozialdemokratische Propaganda für den „rationalisierten Einzelhaushalt" die Masse der Arbeiterfrauen nicht erreichte. Die sozialen Ursachen für die geringe Resonanz in proletarischen Frauenkreisen wurde von den Führerinnen der SPD-Frauenorganisation weitgehend ignoriert. Sie machten die „reaktionäre Einstellung", die angeblich viele Hausfrauen allen hauswirtschaftlichen Modernisierungen entgegenbrachten, für die geringe Breitenwirkung verantwortlich und wiesen damit den Frauen die „Schuld" für ihre Arbeitsüberlastung zu.[87]

1.4.1.3 „Reform der Altwohnungen"

Die öffentliche Wohnungspflege wurde von der sozialdemokratischen wie der bürgerlichen Frauenbewegung als eine zentrale Institution zur Aufklärung breiter Hausfrauenkreise über die Möglichkeiten einer individuellen Haushalts- und Wohnungsreform betrachtet[88]. Eine der Kommunen, in denen in der Weimarer Republik eine solche Aufklärungsarbeit von der Wohnungspflegebehörde versucht wurde, war Hamburg, das zu den ersten Bundesstaaten im Deutschen Reich gehörte, die eine Behörde für Wohnungspflege eingerichtet hatten. Bereits 1899 trat hier ein Wohnungspflegegesetz in Kraft, dessen Hauptteil allgemeine Grundsätze über die Benutzung und hygienische Beschaffenheit von Wohnungen fixierte.[89] Zwecks Kontrolle über die Einhaltung der Gesetzesbestimmungen wurde die Wohnungspflegebehörde eingerichtet, die in Analogie zur Armenpflege weitgehend als ehrenamtliches Organ aufgebaut war. Dadurch sollte der Anschein einer polizeilichen Institution vermieden werden. Die Novellierung des Wohnungspflegegesetzes im Jahre 1907 brachte zwar keine Neuerung der Grundprinzipien und der Organisationsstruktur der Wohnungspflege, doch die Vorschriften zur Wohnungsüberfüllung und hygienischen Ausstattung wurden beträchtlich erweitert.[90]

Im Juli 1922 wurden die Bestimmungen des Wohnungspflegegesetzes erneut geändert. Das neue Gesetz galt in der Weimarer Zeit allgemein als vorbildlich.[91] Aufbau und Aufgaben der Behörde für Wohnungspflege regelte auf der Grundlage dieses Gesetzes die Geschäftsordnung vom November 1922. Als wichtigste Aufgaben im Außendienst bestimmte sie:

„– die Aufsicht über die gesundheitsgemäße Beschaffenheit und Benutzung aller Wohn- und Schlafräume, ..., mit den dazugehörigen Nebenräumen, Gängen, Treppen, Böden, Kellern, Höfen, Lichthöfen, Lichtschächten; ...
– die Aufsicht über die Aufnahme familienfremder Personen als Zimmermieter, Einlieger oder Schlafgänger;
– die Fürsorge für die Bewohner, wenn sich aus der Benutzung und Beschaffenheit der Räume soziale und hygienische Mißstände ergeben und keine anderen Behörden zuständig sind.“[92]

Nach wie vor leistete die Behörde einen großen Teil ihrer Arbeit auf ehrenamtlicher Basis. Für den gesamten Außendienst waren Mitte der zwanziger Jahre nur 13 technische Außenbeamte und vier Wohnungsfürsorgerinnen angestellt, die von 34 ehrenamtlichen Wohnungspfleger(inne)n unterstützt wurden. Seit 1921 waren Frauen zur besoldeten und ehrenamtlichen Tätigkeit in der Wohnungspflege zugelassen. Nach den Vorschriften der Geschäftsordnung von 1922 sollte etwa die Hälfte der ehrenamtlichen Wohnungspfleger(innen) weiblich sein. In der Realität war der Frauenanteil geringer, er lag Mitte der zwanziger Jahre bei rund 38 %.[93] Um die Einhaltung der gesetzlichen Bestimmungen zu kontrollieren, oblag der Wohnungspflege die Besichtigung des vorhandenen Wohnungsbestandes. Zu diesem Zweck war das Stadtgebiet in Kreise und Pflegebezirke eingeteilt, die denen des 1920 eingerichteten Wohlfahrtsamtes entsprachen.[94] Sie wurden von den angestellten Mitarbeiter(inne)n in Zusammenarbeit mit den ehrenamtlichen Pfleger(inne)n betreut und visitiert, die befugt waren, zwischen 9 und 20 Uhr Zutritt zu allen Wohnungen zu verlangen und Auskünfte über die Wohnverhältnisse einzuholen. Die Besichtigung der Wohnungen hatte sich gemäß der Geschäftsordnung nicht nur auf bauliche Mängel, sondern auch auf die Beschaffenheit und Benutzungsart sämtlicher Räume zu erstrecken. Der Sauberkeit war besondere Beachtung zu schenken.[95]

Seit Anfang der zwanziger Jahre sah die Hamburger Behörde für Wohnungspflege es als eine wichtige Aufgabe an, durch ihre Fürsorgetätigkeit Einfluß auf Wohnungsnutzung und Haushaltsführung zu nehmen:

„Die Fürsorgetätigkeit erstreckt sich auf die dauernde Kleinarbeit in der Aufklärung und erziehlichen Beeinflussung der Familien, besonders der Hausfrauen, mit dem Ziel einer guten gesunden Wohnweise. Die Hausfrauen sind über die grundlegenden Begriffe der Hygiene und die Behandlung der Wohnräume zu belehren. Der Erfolg der Wohnungspflege hängt im wesentlichen von der persönlichen Erziehungsarbeit von Mensch zu Mensch ab.“[96]

Die Wirkung dieser Fürsorgetätigkeit, die den weiblichen Mitarbeiterinnen übertragen wurde, war beschränkt. Die Zahl der angestellten Fürsorgerinnen und ehrenamtlichen Pflegerinnen reichte nicht aus, um regelmäßig einen breiteren Kreis der Arbeiterhaushalte zu besichtigen: Im Jahr 1925 führten die angestellten Wohnungsfürsorgerinnen der Behörde beispielsweise 7.205 Hausbesuche durch. Die Fürsorgerinnen konzentrierten sich angesichts ihrer begrenzten Möglichkeiten auf Haushalte mit „schlechter Wohnweise und Wohnungsbenutzung“ in den Altbauquartieren der Arbeiterschaft. Angaben über Hausbesuche der ehrenamtlichen Wohnungspflegerinnen lagen der Behörde nicht vor.[97] Die Zahl war vermutlich niedriger als bei den besoldeten Wohnungsfürsorgerinnen, denn die Behörde für Wohnungspflege beklagte regelmäßig die geringe Aktivität und Zuverlässigkeit der ehrenamtlichen Kräfte. Vor allem in den Jahren der Wirtschaftskrise gingen deren Leistungen nach Behördeneinschätzung immer mehr zurück; nur ein Teil nahm die zugewiesenen Aufgaben überhaupt noch wahr.[98]

Um breitere Frauenkreise über eine „gute und gesunde Wohnweise“ aufzuklären, hielten die angestellten Wohnungsfürsorgerinnen der Behörde zunehmend Lichtbild-Vorträge ab: Sie besuchten

Frauengruppen und referierten auf den Elternabenden von Kindertagesheimen, -gärten und -horten sowie Schulen.[99] Als schriftliches Aufklärungsmaterial gab die Behörde für Wohnungspflege darüber hinaus 1926 eine kleine Broschüre heraus, die die Mieter(innen) mit Hilfe von „anspruchslosen Reimen" sowie „bunten und freundlichen Bildern" über ihre Pflichten bezüglich Hygiene und Sauberkeit der Wohnung aufklären sollte.[100] Als Mitte der zwanziger Jahre die Diskussion über eine Reform des Wohnens als Teil der Haushaltsrationalisierung verstärkt einsetzte, nahm sich die Behörde für Wohnungspflege auch dieser Frage an. Ihre Aufklärungstätigkeit zu diesem Thema konzentrierte sich auf die „Reform der Altwohnungen". Erste Initiative hierzu war die Beteiligung an der Ausstellung „Neues Wohnen" des ‚Bundes Deutscher Architekten', die im September 1927 in der Stadthalle stattfand. Dort zeigte die Behörde eine Küche, die die Modernisierung einer alten Küche in „neuzeitlichem Sinne" demonstrieren sollte.[101] Im Januar 1928 veranstaltete die Wohnungspflegebehörde in Gemeinschaft mit zahlreichen Hamburger Frauenverbänden sowie dem Lehrkörper der ‚Allgemeinen Gewerbeschulen für das weibliche Geschlecht' eine Vortragsreihe zum Thema „Reform der Altwohnungen", die im großen Saal der Kunsthalle stattfand. Unterstützt wurde diese Vortragsreihe von Gesundheitsamt, Jugendamt und Wohlfahrtsamt.[102] An den drei Abenden standen folgende Themen auf dem Programm:

- „Die Verbesserung der Altwohnungen vom Standpunkt der Volkshygiene"; „Die bautechnische Verbesserung der Altwohnung",
- „Die Verbesserung der Altwohnungen vom Standpunkt der Wohlfahrtspflege"; „Die Verbesserung der Altwohnungen vom Standpunkt der Jugendfürsorge",
- „Die Verbesserung der Altwohnungen vom hauswirtschaftlichen Standpunkt"; „Die Ausstattung der Altwohnungen mit billigem Hausrat".[103]

Die Vorträge entsprachen in ihrer Tendenz den sozialpolitischen Zielen der Bewegung für eine Haushaltsrationalisierung. Die Referent(inn)en, renommierte Fachleute, schilderten die „Reform der Altwohnungen" als Mittel zur Festigung des gefährdeten Familienlebens: Sie könne zur Entlastung der Hausfrauen für ihre Familienpflichten beitragen, sei ein Weg zur Hebung des Lebensstandards und der Wohnkultur und eine Möglichkeit zur Verbesserung der sozialen Hygiene und damit des Gesundheitszustandes. Die Wohnungspflegebehörde wollte durch diese Vortragsreihe eine weitgehend kostenneutrale Reform des Wohnens und der Hausarbeit propagieren. Deshalb hatte sie die Referent(inn)en gebeten, bei ihren Anregungen Rücksicht auf die „finanzielle Lage des Staates und der Grundeigentümer" zu nehmen und möglichst viele praktische Beispiele und Verbesserungsvorschläge vorzustellen, die in privater Initiative der Haushalte realisiert werden konnten.[104] Zielgruppe der Vortragsreihe waren neben Hausfrauen, „die schon gewisse Kenntnisse über die Rationalisierung der Hauswirtschaft" hatten, vor allem Lehrerinnen und Fürsorgerinnen, also Frauen, die durch ihre berufliche Tätigkeit zu einer Verbreitung der Vorschläge zur Wohnungs- und Haushaltsreform in weiten Bevölkerungskreisen beitragen konnten[105]. Die Vortragsreihe fand eine breite öffentliche Resonanz. Alle Abende waren außerordentlich gut besucht.[106]

Ausstellungsbeteiligung und Vortragsreihe blieben bis 1933 zwar die beiden einzigen größeren öffentlichen Veranstaltungen, mit denen die Hamburger Wohnungspflegebehörde für die Idee einer „Rationalisierung der Hausarbeit" warb. Sie unterstützte jedoch die Durchführung von speziellen „Frauenkursen", die seit Sommer 1930 von der Hamburger Volkshochschule in Zusammenarbeit mit der sozialdemokratischen ‚Zentralkommission für das Bildungswesen' angeboten wurden. Deren Ziel war die Aufklärung über Möglichkeiten einer individuellen Haushalts- und Wohnungsreform; im Sommersemester 1930 beschäftigten sich zwei von zehn Frauenkursen mit diesem Thema. Da die Resonanz außerordentlich groß war, wurde das Angebot im Wintersemester 1930/31 auf acht von 17 Kursen erweitert.[107]

Der Erfolg der Erziehungs- und Aufklärungsbemühungen der hamburgischen Behörde für Wohnungspflege läßt sich nur schwer einschätzen; dies gilt insbesondere für die Fürsorgetätigkeit. Da für die einzelne Hausfrau, die über ihre Pflichten im Haushalt belehrt und zu einer „gesunden und guten Wohnkultur" erzogen werden sollte, die Berücksichtigung der Vorschläge häufig mehr Arbeit bedeutete, ist zu vermuten, daß sie schon aus diesem Grund den Anregungen skeptisch bis ablehnend gegenüberstand. Angesichts der beschränkten Personalkapazität war zudem die Breitenwirkung dieser individuellen Erziehungsarbeit relativ gering. Die öffentliche Aufklärungsarbeit, die die Wohnungspflegebehörde zum Thema „Reform des Wohnens und der Hausarbeit" zu leisten versuchte, trug insgesamt sicher zu einer Verbreitung des Gedankens der Haushaltsrationalisierung bei. Durch die Vorträge und Lichtbildvorführungen der Wohnungsfürsorgerinnen wurden auch Frauen der unteren sozialen Schichten angesprochen. Zu bezweifeln ist allerdings, daß sie nach einem einmaligen Vortrag Wohnweise und Haushaltsführung grundlegend änderten. Erfolgreicher war vermutlich die Aufklärung im Rahmen der „Frauenkurse" der Volkshochschule, die überwiegend von verlobten und jungverheirateten Frauen aus bessersituierten Arbeiter- und Angestelltenkreisen besucht wurden, denn diese Frauengruppe stand den Ideen der Wohnungs- und Haushaltsreform ohnehin am aufgeschlossensten gegenüber.

* * *

Die Erziehungs- und Aufklärungsarbeit der Hamburger Behörde für Wohnungspflege zum Thema Haushalts- und Wohnungsreform konzentrierte sich auf das Problem der „Reform der Altwohnungen", d.h. auf die Verbesserung der Wohnsituation und der Haushaltsführung von minderbemittelten Familien in den proletarischen Altbauquartieren. Ihr ging es dabei nicht vorrangig um eine Arbeitsentlastung der Hausfrauen, sondern um die Verbreitung neuer Standards der sozialen Hygiene und der Wohnkultur in breiten Bevölkerungskreisen. Da die Aktivitäten der hamburgischen Wohnungspflegebehörde nicht primär darauf ausgerichtet waren, den Gedanken einer Entlastung der Frau mit Hilfe der Haushaltsrationalisierung zu propagieren, konnte die Erziehung der Arbeiterfrauen durch die Wohnungspflege entgegen den Hoffnungen der sozialdemokratischen Frauenbewegung wenig zu einer Ersparnis von Zeit und Kraft im Arbeiterhaushalt und damit einer Freisetzung der Frauen für ein verstärktes gesellschaftliches Engagement beitragen. Sie half jedoch, auf individuellem Wege die schlimmsten Folgen der Wohnungsnot in einem Teil der Arbeiterwohnungen zu lindern, und förderte die Durchsetzung gehobener Sozialhygiene- und Wohnstandards in breiteren Arbeiterkreisen.

1.4.2 *Schulische Erziehung für den „weiblichen Hauptberuf"*

> „Die Hauptträgerin des Familienlebens ist die Frau ... Die Familie ist Grundlage unserer gesellschaftlichen und staatlichen Ordnung. Ohne geordnetes Familienleben keine Sittlichkeit, keine wirtschaftliche Wohlfahrt, keine körperliche Gesundheit, kein innerer Frieden. Darum zwingt neben der Pflicht der Menschenliebe auch die Rücksicht auf das öffentliche Interesse, alles zu thun, was möglich ist, um einem weiteren Verfall des Familienlebens der unbemittelten Bevölkerung ... Einhalt zu gebieten."[108]

Mit dieser Begründung wurde dem Hamburger Senat 1900 in einem angeforderten Gutachten die obligatorische Einführung des Haushaltungsunterrichts an den Mädchenvolksschulen vorgeschlagen. Die Ausführungen zeigen, welch große Bedeutung bürgerliche Kreise der Familie zumaßen. Sie galt als zentrale staatserhaltende und systemstabilisierende Institution. Das Leitbild des Familienlebens aller sozialen Schichten sollte die ‚moderne Kleinfamilie' sein. Der Schulerziehung, insbesondere dem Hauswirtschaftsunterricht für „Mädchen aus der unbemittelten Bevölkerung", wurde schon früh große Bedeutung für dessen Verbreitung in Arbeiterkreisen beigemessen[109]. Seit den 80er Jahren des 19. Jahrhunderts gab es bürgerliche Initiativen zur Einführung dieses Faches an den Staatsschulen. Hamburg war nach Baden der zweite Bundesstaat im Deutschen Reich, der den obligatorischen Haushaltungsunterricht an den Mädchenvolksschulen beschloß: Seit 1908 erhielten alle Volksschülerinnen der Hansestadt nicht nur Handarbeits-, sondern auch Hauswirtschaftsunterricht. Als einziger weiterer Bundesstaat schloß sich Sachsen diesem Beispiel an. Wie im Kaiserreich blieb auch in der Weimarer Republik die Durchführung des hauswirtschaftlichen Unterrichts an den Volksschulen den einzelnen Ländern, Provinzen und Gemeinden überlassen.[110] Dies änderte sich erst im Dritten Reich: 1939 setzte das Reichsministerium für Wissenschaft, Erziehung und Volksbildung durch einen entsprechenden Erlaß den obligatorischen Hauswirtschaftsunterricht für alle Volksschülerinnen des Reichsgebietes durch.[111]

In der Weimarer Republik konzentrierte sich die hauswirtschaftliche Ausbildung der jungen Mädchen in den meisten Regionen des Deutschen Reiches auf die sogenannten „Fortbildungsschulen", d.h. die Berufsschulen. Mit der Weimarer Verfassung war die allgemeine Schulpflicht für Jungen *und Mädchen* bis zum 18.Lebensjahr ausgedehnt worden; als Regelschulen galten Volksschule und anschließende Fortbildungsschule. Im Kaiserreich hatten nur wenige Bundesstaaten, darunter Bayern, Baden, Württemberg und Sachsen, die obligatorische Fortbildungsschulpflicht eingeführt und dabei auch die Mädchen einbezogen. In Hamburg war 1913 – vergleichsweise spät – lediglich die Fortbildungsschulpflicht für Jungen eingeführt worden, deren Durchsetzung allerdings infolge des Ersten Weltkrieges scheiterte. Wie in den meisten Bundesstaaten, Provinzen und Gemeinden des Deutschen Reiches hatte sich die Berufsschulausbildung für Mädchen auch in der Hansestadt auf den freiwilligen Besuch von Handels- und Fachgewerbeschulen beschränkt, die zum größten Teil von privaten und halböffentlichen Trägern betrieben wurden. In Hamburg war die erste ‚Gewerbeschule für Mädchen' 1867 durch Initiative des im selben Jahr gegründeten ‚Vereins zur Förderung weiblicher Erwerbstätigkeit' entstanden, dessen Vorsitzende *Emilie Wüstenfeld* war, eine engagierte Mitstreiterin der bürgerlichen Frauenbewegung[112]. Diese halböffentliche Schule blieb bis zum Ende des Kaiserreichs die einzige Gewerbeschule für Mädchen in der Hansestadt. Daneben gab es seit der Jahrhundertwende eine wachsende Zahl privater, kommerziell betriebener Handelsschulen sowie seit 1902 auch eine staatliche ‚Fortbildungsschule für weibliche Handelsbeflissene'. Angesichts der schnell wachsenden Schülerinnenzahl mußte 1910 eine zweite staatliche Handelsschule für Mädchen eröffnet werden. Da für den Besuch der privaten wie der öffentlichen Fortbildungsschulen Schulgeld gezahlt werden mußte, war er nur wenigen Arbeitertöchtern möglich. In der Weimarer Republik dienten zur Pflichtberufsschulausbildung der Mädchen neben den Handels- und Fachgewerbeschulen die neueingeführten Allgemeinen Mädchenberufsschulen, die von allen an- und ungelernten sowie berufs- und erwerbslosen jungen Frauen besucht werden sollten. Hauptziel dieser neuen Schulen war allgemein die Ausbildung der Mädchen für ihren zukünftigen „Hauptberuf Hausfrau und Mutter".[113]

1.4.2.1 Der Hauswirtschaftsunterricht an Hamburgs Mädchenvolksschulen

Der Einführung des Hauswirtschaftsunterrichts in den Hamburger Mädchenvolksschulen war eine bereits in den 1880er Jahren einsetzende öffentliche Diskussion über die Notwendigkeit einer „gründlichen hauswirtschaftlichen Ausbildung unbemittelter Mädchen" vorausgegangen. Wichtige Impulse erhielt diese Diskussion durch die Gründung privater Haushaltungsschulen, um die sich bürgerliche Kreise der Hansestadt seit den 1890er Jahren in zunehmendem Maße bemühten. Neben den Kirchen war in dieser Richtung vor allem die bürgerliche Frauenbewegung aktiv.

Erste Initiative zur hauswirtschaftlichen Ausbildung von Arbeitertöchtern war der 1894 gegründete ‚Verein für Haushaltungsschulen in Eimsbüttel', der zwischen 1895 und 1900 fünf Haushaltungsschulen in Eimsbüttel, Hammerbrook und Billwärder-Ausschlag einrichtete. In ihnen sollten die Mädchen „kurz vor oder nach Austritt aus der Schule durch planmäßige Anleitung und praktischen Unterricht zur Führung eines einfachen Haushalts herangebildet werden". Der Unterricht in den Haushaltungsschulen des Vereins wurde kostenlos erteilt, lediglich das Essen mußte bezahlt werden. Schulpflichtige Schülerinnen wurden während des letzten Schuljahres an zwei Nachmittagen in der Woche unterrichtet, schulentlassene Mädchen in dreimonatigen Kursen an vier Tagen der Woche. Der Unterricht, den ausgebildete Haushaltungslehrerinnen erteilten, erstreckte sich vorrangig auf die „Zurichtung und das Kochen einfacher nahrhafter Speisen ..., Scheuern, Waschen und Plätten".[114] Der Verein warb mit Hilfe der Volksschullehrer(innen) in den Stadtteilen sowie durch Anzeigen in den großen Tageszeitungen der Stadt, u.a. dem ‚Hamburger Echo'. Seine Arbeit wurde zunächst lediglich durch private Spenden und Wohltätigkeitsbasare finanziert.[115]

Diesem Beispiel folgten weitere Initiativen[116]. Am bedeutendsten war der ‚Verein für Haushaltungsschulen in Hamburg von 1899', der von der Ortsgruppe des ‚Allgemeinen Deutschen Frauenvereins'(ADF) gegründet worden war. Zwischen 1900 und 1905 eröffnete der Verein, dessen Aktivitäten von vielen namhaften Angehörigen der hanseatischen Oberschicht durch Spenden unterstützt wurden, sieben Haushaltungsschulen in der Neustadt, Eimsbüttel, Eilbek, Barmbek, Hammerbrook und Billwärder-Ausschlag.[117] Die Initiatorinnen betrachteten als eine Hauptursache der „im Volk bestehenden Not", daß die Arbeiterfrau oft nicht verstehe, mit dem Wochenlohn des Mannes auszukommen:

> „Sie hat es nicht gelernt. Die Frau des Volkes übernimmt in den meisten Fällen ungenügend vorbereitet ihren Hausfrauenberuf. Ihr Mangel an praktischen Kenntnissen und die hierdurch bedingte Unfähigkeit, in richtiger Weise zu sparen und Ordnung zu halten, verursacht Unzufriedenheit, Armuth und Elend."[118]

Gemäß dieser Anschauung war es Hauptziel des Vereins, „schulentlassene Mädchen in allen Zweigen einer einfachen, sachgemäßen Haushaltsführung zu unterweisen":

> „Frühzeitig soll durch diesen Unterricht in die Herzen der jungen Schülerinnen die Liebe und das rechte Verständnis für häusliche Arbeit geweckt werden; sie sollen einsehen lernen, daß für die Frau in erster Linie der ‚Hausfrauenberuf' in Betracht kommt, einerlei ob sie denselben im Elternhaus, bei Fremden in dienender Stellung oder späterhin in ihrem eigenen Heim ausübt. Der Zug unserer Zeit, der die Frauen und Mädchen, welche genötigt sind, am Erwerbsleben theilzunehmen, in die Fabriken treibt, ist ungesund ..."[119]

Die Ausbildung dauerte ein halbes Jahr, die Schülerinnen wurden jede Woche fünf Stunden täglich im „Kochen und Backen der einfachen Küche, Instandhalten, Waschen und Plätten der Küchenwäsche und Maschinennähen" unterrichtet. Dafür mußten sie ein geringes Schulgeld bezahlen und die Kosten des Essens erstatten. Der Verein bot darüber hinaus „für junge Mädchen besserer Stände" Koch- und Haushaltungskurse an und ermöglichte ihnen in einem Seminar die Ausbildung zur Haushaltungslehrerin.[120] Die Motive der bürgerlichen Vereinsgründerinnen waren nicht so uneigennützig, wie es scheint: Hinter ihrem sozialen Engagement stand das sehr persönliche Interesse an einer ausreichenden Zahl qualifizierter Hausangestellter. Sie hofften durch ihre Initiative den Dienstmädchenmangel einschränken und den „Dienstbotenstand heben zu können".[121] Dem Verein war deshalb eine Fortbildungsschule angegliedert, die für Hausangestellte u.a. Abendkurse in „Feinplätten" und „feinbürgerlichem Kochen und Backen" anbot. Er arbeitete zudem eng mit der 1900 eingerichteten „Stellenvermittlung" für weibliches Dienstpersonal zusammen, einem Zweigverein der Hamburger Ortsgruppe des ADF. Dieser Zweigverein, der sich 1904 in ‚Hamburger Hausfrauenverein e.V.' umbenannte, da seine Tätigkeit weit über die Stellenvermittlung hinausgewachsen war[122], gründete 1905 in St.Georg die erste ‚Fachschule für weibliches Hauspersonal' im Reichsgebiet, die für ein geringes Schulgeld einjährige hauswirtschaftliche Kurse anbot[123].

Alle privaten Einrichtungen, die für schulpflichtige bzw. schulentlassene junge Mädchen aus minderbemittelten Kreisen Haushaltungsunterricht anboten, wurden von staatlicher Seite weitgehend unterstützt und gefördert. Doch gegen eine Einführung des Haushaltungsunterrichts in Staatsschulen wehrten sich die verantwortlichen Politiker lange Zeit aus Kostengründen.[124] Wie andernorts im Deutschen Reich war auch in der Hansestadt die Armenpflege die treibende Kraft bei der Institutionalisierung der hauswirtschaftlichen Ausbildung. Bereits 1900 forderte der Direktor des Hamburger Armen-Collegiums in einem ausführlichen Gutachten, das er auf Verlangen des Senats angefertigt hatte, „die Einführung des obligatorischen Haushaltungsunterrichts in der Volksschule für alle im letzten Schuljahr stehenden Mädchen", da höchstens 15 bis 20 % aller Volksschülerinnen durch private Einrichtungen eine hauswirtschaftliche Ausbildung erhielten[125]. Er begründete seine Forderung mit der sozialen und staatspolitischen Bedeutung einer geordneten Haushaltsführung und eines glücklichen Familienlebens. Die folgende Argumentation im Gutachten des Armen-Collegiums ist charakteristisch für die staatlichen Überlegungen, die in der Hansestadt zur Einführung eines obligatorischen Haushaltungsunterrichts an Volksschulen führten:

> „... vom sozialpolitischen Standpunkte aus (ist) das Bedürfnis nach einer gründlichen hauswirtschaftlichen Ausbildung ungleich dringender ..., als dasjenige nach Erweiterung der wissenschaftlichen Bildung ... Wenn schon jede zur Führung eines Hausstandes berufene weibliche Person arbeitstüchtig und haushaltskundig sein sollte, so wird diese Forderung zur Voraussetzung und unerläßlichen Bedingung im Haushalt des Minderbemittelten. Hier ruht das Glück oder Unglück des gesamten Ehestandes in der Haushaltsführung der Frau; an ihre Tüchtigkeit ist und bleibt das Eheglück geknüpft ...
>
> Dieser Verpflichtung und Aufgabe, deren Erfüllung sich um so schwieriger gestaltet, je geringer das Einkommen ist, sind aber die Arbeiterfrauen unserer Tage vielfach gar nicht gewachsen. Man ist zwar in weiten Kreisen immer noch geneigt, die Haushaltsführung für etwas zu halten, was die Frau, soweit sie es nicht im elterlichen Hause gelernt habe, sich unschwer in der Praxis von selbst aneigne. Diese Annahme ist indessen durchaus verfehlt ...
>
> Soll die Ehe die Gewähr eines dauernden glücklichen Bestandes in sich tragen, so muß der Mann am Morgen an seine Arbeit gehen können in dem Bewußtsein, daß seine Frau mit dem geringen Haushaltsgelde sparsam und gewissenhaft wirtschaftet und ordentlich für das Hauswesen und die Kinder sorgt. Er muß ferner die Gewißheit haben, daß er bei seiner Heimkehr eine, wenn auch noch so einfache, aber richtig gewählte und wohlzubereitete Speise vorfindet, die er von reinlichem Tische und aus sauberen Gefäßen zur rechten Zeit gemeinsam mit Frau und Kindern genießen kann, und in der noch so bescheidenen Wohnung sollten Ordnung und Reinlichkeit und die dadurch bedingte Behaglichkeit herrschen, so daß der Mann die wenigen Stunden, die er in der Wohnung zubringen kann, dort ein trautes Heim besitzt, in welchem er Ruhe und Erholung findet ...
>
> Ist sonach ohne tüchtige Hausfrau ein gedeihliches Familienleben undenkbar, so sind Staat und Gemeinde, deren Grundlage die Familie bildet, an der Beseitigung des in Rede stehenden sozialen Mißstandes erheblich interessiert. Ein wesentliches Mittel zur Besserung, wenn auch gewiß kein Allheilmittel, ist die Erziehung der Mädchen zur Haushaltung und Wirtschaftlichkeit, so daß die Schaffung von Einrichtungen, durch welche den künftigen Arbeiterfrauen der Erwerb der für eine sachgemäße Wirtschaftsführung erforderlichen Kenntnisse im Wege einer besonderen, auf die Verhältnisse der ärmeren Klassen zugeschnittenen theoretischen wie praktischen Ausbildung auf allen Gebieten des Hauswesens ermöglicht wird, als ein dringendes soziales Bedürfnis bezeichnet werden muß."[126]

Für das Hamburger Armen-Collegium war der Haushaltungsunterricht an Volksschulen ein Mittel zur Verbesserung der sozialen Lage der arbeitenden Bevölkerung und zur Sicherung des Bestandes des „erschütterten" Familienlebens. Die Haushaltsführung der Arbeiterfrauen, denen die Schuld an der Not der Familien zugewiesen wurde, sollte zur Beseitigung des sozialen Elends und damit zum Ausgleich sozialer Spannungen und Konflikte beitragen.[127]

Als Alternative zum obligatorischen Haushaltungsunterricht im letzten Schuljahr der Volksschule wurde in der Öffentlichkeit die Einführung der Fortbildungsschulpflicht für Mädchen diskutiert. Im Rahmen der Fortbildungsschule sollte auch das Fach Hauswirtschaft unterrichtet werden. Für diese Alternative trat die Mehrheit der Hamburger Volksschullehrerschaft ein. Vordergründig lehnten die Lehrer(innen) die Einführung des obligatorischen Haushaltungsunterrichts an den Mädchenvolksschulen mit dem Verweis auf die mangelnde „Reife" der Schülerinnen und die Gefährdung ihrer Allgemeinbildung durch den zu erwartenden Stundenausfall ab. Hinter diesen Einwänden stand die Befürchtung, daß die Einführung des Haushaltungsunterrichts in der Volksschule von den politischen Instanzen als Argument gegen die Notwendigkeit der obligatorischen Fortbildungsschule für Mädchen benutzt werden würde.[128] Trotz heftiger Kritik aus den Reihen der Lehrerschaft trat das Armen-Collegium auch in den folgenden Jahren unbeirrt für seine Forderung ein[129], mit Erfolg: Im Mai 1908, nach einem dreijährigen Versuch an zunächst zwei, später sieben Volksschulen, beschloß die Bürgerschaft einstimmig die sukzessive Einführung des obligatorischen Hauswirtschaftsunterrichts an den Mädchenvolksschulen[130]. Die Befürchtungen der Lehrerschaft bestätigten sich: Für Bürgerschaft und Senat war mit dem Beschluß die obligatorische Fortbildungsschule für Mädchen zunächst „abgetan"[131].

Die Einführung eines Haushaltungsunterrichts an den höheren Mädchenschulen war in Hamburg im Unterschied zu anderen Bundesstaaten des Reiches, vor allem Preußen, nie ernsthaft erörtert worden. Dies entsprach den dezidiert sozialpolitischen Intentionen, die in der Hansestadt staatlicherseits mit dem Hauswirtschaftsunterricht verfolgt wurden. Den verantwortlichen Politikern schienen die Töchter des Bürgertums keine hauswirtschaftliche Ausbildung zu benötigen. Die Gestaltung des höheren Mädchenschulwesens wurde allgemein in Hamburg länger als andernorts im Deutschen Reich vernachlässigt. Erst seit 1910 bemühte sich der Stadtstaat um eine Ordnung des bestehenden privaten und halböffentlichen Mädchenschulwesens und eröffnete die ersten beiden staatlichen höheren Mädchenschulen.[132]

Den sozialpolitischen Absichten, die Senat und Bürgerschaft mit der Einführung des obligatorischen Hauswirtschaftsunterrichts an den Mädchenvolksschulen verfolgte, entsprach der „Lehrplan der Haushaltungsschulen für Volksschülerinnen", den die Oberschulbehörde im November 1912 verabschiedete: Ziel des Haushaltungsunterrichts sollte es sein, den Mädchen Grundkenntnisse und -fertigkeiten der Hausarbeit zu vermitteln. Sie sollten zu pflichtbewußten Hausfrauen erzogen werden, die ihren Haushalt „sparsam, ordentlich und sauber" führen konnten. Besonderes Gewicht wurde auf eine „wirtschaftliche Haushaltsführung" gelegt; die Mädchen sollten lernen, mit einem knappen Haushaltsgeld auszukommen.[133] Gemäß dem vorherrschenden didaktischen Ansatz der Lernschule legte der Lehrplan den Inhalt der wöchentlichen Unterrichtseinheiten nach einem starren Schema fest, das in regelmäßiger Abfolge die theoretische Besprechung des jeweiligen Unterrichtsgegenstandes, die Rezeptbesprechung und -berechnung, die Zubereitung des Mittagessens, das Einnehmen der Mahlzeit und anschließende praktische Extraarbeiten, zu denen auf jeden Fall die Reinigung der Lehrküche gehörte, umfaßte.[134] Der allgemeine „Lehrplan für hamburgische Volksschulen" vom September 1911 schrieb vor, daß der Haushaltungsunterricht in der letzten Klassenstufe erteilt werden sollte; das war allgemein das siebte Schuljahr, für besonders begabte Volksschülerinnen die Selekta, ein zusätzliches achtes Schuljahr. Vier Stunden wöchentlich waren vorgesehen. Hinzu kamen im siebten Schuljahr noch drei, in der Selekta zwei Stunden Nadelarbeitsunterricht, der den Volksschülerinnen bereits seit dem zweiten Schuljahr erteilt wurde. Die geschlechtsspezifische Ausbildung der Mädchen ging auf Kosten der allgemeinbildenden. Ihre Benachteiligung wurde dadurch verstärkt, daß für sie im letzten Schuljahr 30, für Jungen hingegen 32 Unterrichtsstunden vorgesehen waren.[135]

Die schlechtere Allgemeinbildung der Mädchen stand nach der obligatorischen Einführung des

Hauswirtschaftsunterricht in der Mädchenvolksschule Moortwiete, 1925 (Altonaer Museum, Hamburg)

Haushaltungsunterrichts im Mittelpunkt der Kritik der Lehrerschaft. Um hier eine Änderung zu erreichen, trug die Schulsynode, die Vertretung der Hamburger Lehrer(innen), der Oberschulbehörde 1913 im Rahmen der allgemeinen Diskussion um eine Neufassung des Unterrichtsgesetzes von 1870 Vorschläge zur Reform des Haushaltungsunterrichts vor. Da das eigentliche Ziel, die Verlegung dieses Unterrichtsfaches in die schulfreie Zeit, nicht zu erreichen war, regte die Schulsynode eine stärkere Integration in den Gesamtunterricht an: Vorgeschlagen wurden u.a. eine Angleichung der Gesamtstundenzahl von Jungen und Mädchen im letzten Schuljahr, die einheitliche Durchführung des Haushaltungsunterrichts im siebten Schuljahr, um den Bildungserfolg der Selekta nicht zu beeinträchtigen, sowie die Festlegung der Fächer, in denen die Unterrichtsstunden zugunsten des Hauswirtschaftsunterrichts ausfallen sollten.[136] Die Oberschulbehörde griff die Vorschläge der Schulsynode zwar auf: Sie sprach Empfehlungen zum Stundenausfall aus und beschloß, in ausgewählten Mädchenvolksschulen versuchsweise den Haushaltungsunterricht einheitlich im siebten Schuljahr durchzuführen.[137] Doch diese konnten infolge des Ersten Weltkrieges nicht realisiert werden: Der gesamte Schulbetrieb wurde durch den Krieg in Mitleidenschaft gezogen. Ein erheblicher Teil der Unterrichtsstunden mußte ausfallen, da Lehrer(innen) fehlten. Sie waren zum Militärdienst eingezogen bzw. zur Arbeit im Kriegsversorgungsamtes verpflichtet worden. Seit 1915 waren immer mehr Volksschulen gezwungen, den Hauswirtschaftsunterricht einzustellen, denn Schulen mit hauswirtschaftlichen Lehrräumen wurden entweder als Lazarette benutzt oder in den Dienst der neueingerichteten Kriegsküchen gestellt.[138]

In den Nachkriegsjahren konnte der hauswirtschaftliche Unterricht an den Mädchenvolksschulen weiterhin nur in beschränktem Maße durchgeführt werden, hinderlich war vor allem der

Mangel an Nahrungs- und Reinigungsmitteln sowie Brennstoffen. Um den Unterricht aufrechterhalten zu können, mußten zunächst die Eltern Geld und Lebensmittel zur Verfügung stellen. 1922 bot das Wohlfahrtsamt an, den Haushaltungsunterricht dadurch zu finanzieren, daß in den Schulküchen für bedürftige Rentner(innen) gekocht wurde. Die Oberschulbehörde stimmte diesem Angebot zu. Von April 1922 bis März 1926 wurden in 40 Schulküchen täglich 4.000 Rentner(innen) mit einer warmen Mahlzeit versorgt.[139]

Die Reaktion der Volksschülerinnen auf den Hauswirtschaftsunterricht hing entscheidend von den Lebensumständen im Elternhaus ab. Relativ gesicherte Existenzbedingungen scheinen die Voraussetzung dafür gewesen zu sein, daß die in diesem Fach vermittelten Normen der Hausarbeit im elterlichen Haushalt zu verwirklichen waren und deshalb von den Mädchen angenommen werden konnten. Wenn sie hingegen erlebten, wie wenig die Inhalte des Haushaltungsunterrichts zu Hause zu realisieren waren, standen sie dem Fach skeptisch bis ablehnend gegenüber. Auf diesen Zusammenhang verweist der folgende Bericht von Agnes A., die zu einem der ersten Jahrgänge gehörte, der in Hamburg am hauswirtschaftlichen Unterricht der Mädchenvolksschulen teilnahm:

> „Ich kann mich noch sehr gut an den Haushaltungsunterricht erinnern ... Wir haben ihn mitgemacht. Stolz waren wir vor allem auf die weißen Schürzen, die wir tragen mußten, mit Topflappen an langen Bändern. Vieles von den Regeln, die uns beigebracht wurden, ist bei mir hängengeblieben:
> - Speisen dürfen nur bei geschlossenem Fenster aufgetragen werden, da sie sonst kalt werden ...
> - Die Abwaschlappen müssen mit dem Fadenverlauf ausgewrungen werden, damit sie länger halten ...
> - Das Geschirr muß wegen der Hygiene penibel sauber gehalten werden ...
> - Handtücher waren nur in geringer Zahl vorhanden, aber es hatte eben ganz bestimmte Handtücher zu geben, die nur für einen ganz bestimmten Zweck gebraucht werden durften ...
>
> Diese Regeln zur Hausarbeit wurden uns richtig eingebläut, damit wir sie auch ja nie vergessen. Was ja dann auch funktionierte ... Ich hab' den Haushaltungsunterricht immer sehr gern mitgemacht, weil ich von zu Haus aus Freude an der Ordnung und Systematik hatte, die uns abverlangt wurde. Die meisten meiner Mitschülerinnen fanden ihn allerdings blöd, weil sie die vielen Regeln als überflüssig ansahen. Sie kamen ja auch häufig aus Arbeiterfamilien mit vielen Kindern, wo diese Regeln sehr schwer einzuhalten waren. Sie fanden sie insofern übertrieben, weil sie sich im Haushalt zu sehr behelfen mußten ..."[140]

Die Arbeitertochter Agnes A. wuchs in relativ gesicherten Verhältnissen auf. Ihre Eltern legten großen Wert auf Ordnung und Sauberkeit. Die Mutter, die hauptberuflich den Haushalt führte, versuchte ihren Töchtern zu vermitteln, welch große Bedeutung eine sparsame Haushaltsführung für die Lebenshaltung der Familie hatte.

Verstärkt wurde die positive bzw. negative Einstellung der Volksschülerinnen zum Hauswirtschaftsunterricht durch entsprechende Äußerungen von Familienangehörigen. Die größten Vorbehalte scheinen minderbemittelte Arbeitereltern gehabt zu haben. Sie interessierten sich meist wenig für die hauswirtschaftliche Ausbildung ihrer Tochter. Ihnen schien eine Vorbereitung auf das Erwerbsleben wichtiger zu sein, denn die Tochter wurde nach der Schulentlassung sofort als Mitverdienerin der Familie gebraucht.[141] Die erforderlichen hausfraulichen Kenntnisse und Fähigkeiten hatte sie in den Augen dieser Eltern bereits zu Hause gelernt bzw. würde sie sich in der eigenen Praxis als Hausfrau und Mutter schnell aneignen können. Besser gestellte Arbeitereltern standen dem Haushaltungsunterricht in der Regel positiver gegenüber. Sie glaubten, daß dieser ihrer Tochter später bei einer wirtschaftlichen Haushaltsführung helfen würde. Vor allem die Arbeiterfrauen wußten aus eigener Erfahrung, welch große Bedeutung der Hausarbeit für die Lebenshaltung zukam, wenn der Mann „Haupternährer" der Familie und die Frau „Nur-Hausfrau" war. Insgesamt ist zu vermuten, daß der obligatorische Hauswirtschaftsunterricht an den Volksschulen bei der Arbeiterfrauengeneration, die in den zwanziger und dreißiger Jahren eine eigene Familie gründete, die Disposition zur Übernahme des Leitbildes der ‚modernen Kleinfamilie' verstärkte.

„Modernisierung" der hauswirtschaftlichen Ausbildung

Die Neugestaltung des Schulwesens war nach der Novemberrevolution 1918 eine zentrale Aufgabe, um die sich in Reich und Ländern insbesondere SPD und DDP bemühten. Die Weimarer Verfassung legte die Grundzüge der Bildungsreform fest: Das gesamte Schulwesen wurde unter die Aufsicht des Staates gestellt (Art.144). Die allgemeine Schulpflicht wurde für Jungen und Mädchen bis zum vollendeten 18. Lebensjahr ausgedehnt. An den Regelschulen sollten Unterricht und Lernmittel unentgeltlich sein (Art.145). Eine gemeinsame Grundschule, die die ersten vier Jahrgänge umfassen sollte, wurde allen Schularten vorangestellt. Der „Zugang Minderbemittelter zu den mittleren und höheren Schulen" sollte durch die Bereitstellung von öffentlichen Mitteln, insbesondere Erziehungsbeihilfen, gefördert werden (Art.146). In allen Schulen war „sittliche Bildung, staatsbürgerliche Gesinnung, persönliche und berufliche Tüchtigkeit im Geiste des deutschen Volkstums und der Völkerversöhnung zu erstreben". Diesem Bildungsziel sollten die „neuen Lehrfächer" „Staatsbürgerkunde" und „Arbeitsunterricht" dienen (Art.148).[142] In der bildungspolitischen Diskussion herrschte keine Einigkeit darüber, ob der Arbeitsschulgedanke, der dem Artikel 148 zugrunde lag, als Unterrichtsprinzip oder in Gestalt neuer Fächer – nämlich als Werk- bzw. Hauswirtschaftsunterricht – besser verwirklicht werden könnte. Eine Vereinbarung der Länderregierungen zum Arbeitsunterricht, die 1923 getroffen wurde, sah zwar „die Schaffung von Gelegenheiten zu planmäßiger Werktätigkeit für Schüler und Schülerinnen" vor, doch nur wenige Länder beschlossen als Konsequenz aus dieser Vereinbarung die Einführung des obligatorischen Hauswirtschaftsunterrichts an Volksschulen.[143]

In Hamburg bemühten sich Senat und Oberschulbehörde, die Neugestaltung des Schulwesens zügig in Angriff zu nehmen. Die „Modernisierung" der hauswirtschaftlichen Ausbildung war Teil dieser Bildungsreform.[144] Erster Schritt zur Umgestaltung des Volksschulwesens war der „Lehrplan-Entwurf für eine achtklassige Volksschule" von April 1919. In ihm verwirklichte die Oberschulbehörde eine alte Forderung der Lehrerschaft, sie glich die Gesamtstundenzahl von Jungen und Mädchen an. Unberücksichtigt blieb der Vorschlag, in den Mädchenvolksschulen den Hauswirtschaftsunterricht einheitlich in den Gesamtstundenplan zu integrieren.[145] Neue Impulse erhielt die alte Diskussion über die Reform der hauswirtschaftlichen Ausbildung durch die Verabschiedung des hamburgischen Gesetzes über die Fortbildungsschulpflicht im Oktober 1919, das auch die Mädchen zum Besuch einer Berufsschule verpflichtete. Teile der Eltern- und Lehrerschaft forderten, daß die hauswirtschaftliche Ausbildung der Mädchen sich auf die neueingeführten Fortbildungsschulen beschränken solle. Sie begründeten ihre Forderung mit den erheblichen Problemen, die der Durchführung des Haushaltungsunterrichts an den Volksschulen im Wege standen.[146] Die Oberschulbehörde lehnte diesen Vorschlag ab. Ihrer Ansicht nach war der hauswirtschaftliche Unterricht an den Volksschulen aus volkswirtschaftlichen Gründen notwendig: als allgemeine Einführung der Mädchen in ihre zukünftigen Aufgaben als Hausfrau. Die Fortbildungsschule solle vor allem Berufsschule sein. Deshalb müsse sich die Ausbildung an den Fachgewerbe- und Handelsschulen auf die außerhäusliche Berufsarbeit konzentrieren. Nur in der Allgemeinen Mädchenberufsschule, die von 60 % der Fortbildungsschülerinnen besucht werde, stehe die Ausbildung zum Hausfrauenberuf im Mittelpunkt. Der Haushaltungsunterricht der Volksschule bilde die Grundlage für den Unterricht an den Allgemeinen Mädchenberufsschulen und garantiere, daß auch die Mädchen, die die Fachgewerbeschulen oder Handelsschulen besuchten, ein Mindestmaß an hauswirtschaftlicher Ausbildung erhielten. Eine weiterreichende Reform des Faches Hauswirtschaft an den Volksschulen sah die Oberschulbehörde jedoch als notwendig an. Deshalb setzte sie im September 1920 einen Ausschuß ein, der den Auftrag erhielt, diese Neugestaltung vorzubereiten.[147]

Die Position der Oberschulbehörde wurde nicht nur von der neueingerichteten Berufsschulbehörde unterstützt, sondern auch von den Vertretungen der Lehrerschaft an den Volks- und Berufsschulen[148]. In der Öffentlichkeit fand ihre Haltung ebenfalls breite Zustimmung[149]. Besonders engagiert setzten sich die bürgerliche und die sozialdemokratische Frauenbewegung für die Beibehaltung des hauswirtschaftlichen Unterrichts an den Volksschulen ein. Die Hamburger Ortsgruppen des Allgemeinen Deutschen Frauenvereins und des Deutsch-Evangelischen Frauenbundes stellten im Januar 1920 gemeinsam mit allen hauswirtschaftlichen Frauenvereinigungen der Stadt einen entsprechenden Antrag an Oberschulbehörde und Bürgerschaft. Ihr Hauptargument war die allgemeine volkswirtschaftliche Relevanz der Hausarbeit. Im Hauswirtschaftsunterricht an der Volksschule sahen sie ein zentrales Mittel der geschlechtsspezifischen Rollen- und Berufserziehung.[150]

Auch die SPD-Frauenorganisation Hamburgs trat für eine gründliche hauswirtschaftliche Ausbildung der jungen Frauen ein. In der Parteipresse erschienen Anfang der zwanziger Jahre eine ganze Reihe von Artikeln in denen die Beibehaltung des Hauswirtschaftsunterrichts in den Volksschulen gefordert wurde.[151] Die Argumentation der sozialdemokratischen Frauenbewegung war in dieser Frage ähnlich wie die der bürgerlichen: Auch sie sah im Hauswirtschaftsunterricht vor allem ein Mittel der volkswirtschaftlich notwendigen „Berufserziehung", durch die die Mädchen für ihren „Hauptberuf Hausfrau und Mutter" ausgebildet werden sollten, der dadurch an gesellschaftlichem Ansehen gewinnen würde. Erstrebt wurde also mittels der hauswirtschaftlichen Ausbildung auch eine soziale Aufwertung des „Hausfrauenberufes", den die verheirateten Frauen in der Regel hauptberuflich ausüben sollten. Die SPD-Funktionärinnen betrachteten in den zwanziger Jahren mehrheitlich die Erwerbsarbeit in Abkehr von der sozialistischen Emanzipationstheorie nicht mehr als unbedingte Voraussetzung für die individuelle und gesellschaftliche Befreiung der Frau.[152]

Mit dem Verständnis des Haushaltungsunterrichts als „Berufserziehung" verbanden bürgerliche und sozialdemokratische Frauenbewegung die Forderung nach einer „Modernisierung" der hauswirtschaftlichen Ausbildung. Unter dem Einfluß der Idee einer Haushaltsrationalisierung änderte sich ihr Bildungsziel für den Hauswirtschaftsunterricht: Es reichte ihnen nicht mehr, daß die Hausfrau ihren Haushalt „sparsam, sauber und ordentlich" versorgte, sie sollte zudem „rationell mit Arbeitskraft, Geld und Zeit wirtschaften". Erstrebt wurde, daß sie die „gewonnene Kraft und Zeit" ihrer Familie widmete; sie sollte die ‚materielle' Hausarbeit zugunsten der Familienarbeit, vorrangig der ‚psycho-sozialen' Fürsorge für Ehemann und Kinder, reduzieren. Bürgerliche und sozialdemokratische Frauenbewegung betrachteten die Haushaltsrationalisierung als zentrales Mittel zur Modernisierung und Professionalisierung der privaten Alltagsarbeit. Sie hofften, mit Hilfe des Hauswirtschaftsunterrichts die jungen Frauen zu „modernen" Ehefrauen, Hausfrauen und Müttern erziehen zu können.[153]

Eines der ersten Unterrichtshandbücher, in dem die Forderung der Frauenbewegung dezidiert aufgegriffen wurde, erschien 1928 unter dem Titel „Neuzeitliche Hauswirtschaftslehre"[154]. Herausgeberin war Erna Meyer. Das Buch, unter dessen zehn Autorinnen vier Hamburger Berufsschullehrerinnen waren, beschrieb allgemeine Bildungsziele, Inhalte sowie Didaktik und Methodik des „modernen Haushaltungsunterrichts". Einleitend begründete die Herausgeberin die Notwendigkeit einer Reform der hauswirtschaftlichen Ausbildung:

> „Die im Haushalt der Durchschnittshausfrau geübte Arbeitsweise ist, wie wir alle wissen, eine im großen und ganzen unverändert von früheren Generationen übernommene, und auch der hauswirtschaftliche Unterricht stützte sich bisher – unbeschadet gewisser Vertiefungen und Verbesserungen im einzelnen – auf dieselbe Überlieferung.
>
> Daran heute noch festzuhalten, wird aber täglich unmöglicher. Ist doch vor allem inzwischen die menschliche Arbeitskraft so viel kostbarer geworden, daß ihre physische und zeitliche Inanspruchnahme für die Hausarbeit aus Rücksicht auf andere Belastung ... auf ein äußerstes Minimum zurückgedrängt werden mußte ...
>
> Diesem bittern Muß beginnt heute aber schon zweierlei von Positivem gegenüberzustehen: der *Fortschritt*

der Technik aller Apparatur und die *Durchbildung der Arbeitsmethoden* auf Grund der auf anderen Gebieten gewonnenen Erkenntnisse. Ziel für den hauswirtschaftlichen Unterricht muß es sein, beides den Schülerinnen nicht nur nahezubringen, sondern sie damit vollkommen zu durchdringen, damit sie der Zeit, in der sie nun einmal leben, mit dem gerade für ihre Überwindung notwendigen Wissen und Können gegenüberstehen."[155]

Allgemeines Bildungsziel der „neuzeitlichen Hauswirtschaftslehre" war es, der jungen Frauengeneration zu vermitteln, daß ihre „schönste und größte Aufgabe die seelische Förderung von Mann und Kindern" sei[156]. Es sollten Frauen herangebildet werden, „die auch den ‚Seelenhunger' zu stillen vermögen":

„Für die auf hauswirtschaftliche Bildung und Erziehung gerichtete Schularbeit darf das Unterrichtsziel nicht mehr nur in einer verstandesmäßigen Erfassung und werkgerechten Erledigung der häuslichen Reinigungsarbeiten und der Erziehung zu Sauberkeit, Ordnung und ähnlichen häuslichen Tugenden gesehen werden, wie das bisher zumeist der Fall war. Vielmehr ist die Arbeits- und Erziehungsrichtung auf ein höher gelegenes, umfassenderes Ziel zu nehmen: auf die *Ganzheit* der ... besonderen Frauenaufgabe."[157]

Das Unterrichtshandbuch orientierte im Anschluß an das Einführungskapitel zu den allgemeinen Bildungszielen über alle Bereiche einer modernen Hauswirtschaft: die neuesten Erkenntnisse der allgemeinen Gesundheitslehre und der Ernährungswissenschaft, eine zeitgemäße, gesunde Kleidung, die neue Wohnkultur und Möglichkeiten zur Reform der Altwohnungen sowie moderne Arbeitsgeräte und rationellere Arbeitsmethoden im Haushalt. Darüber hinaus enthielt es exemplarisch Vorschläge zu einer neuen Didaktik und Methodik des Hauswirtschaftsunterrichts in der Berufsschule. Um das Bildungsziel realisieren zu können, sei es notwendig, von der „Lernschule" zur „Erlebnisschule" zu kommen. Die „Atmosphäre" der Schule müsse sich ändern. Dazu sei zu allererst eine Einrichtung und Ausstattung der hauswirtschaftlichen Unterrichtsräume gemäß den Anforderungen der Haushaltsrationalisierung notwendig. Ziel war es, den Mädchen durch das Arbeiten in „modernen" Räumen die Erfahrung zu vermitteln, daß sie als Hausfrauen bei einer entsprechenden Einrichtung und Ausstattung der Wohnung und einer rationellen Arbeitsweise im Haushalt viel Zeit und Kraft sparen könnten. In Abgrenzung zum traditionellen Haushaltungsunterricht empfahl das Handbuch eine Reduzierung der Stoffülle zugunsten einer tieferen inhaltlichen Durchdringung des einzelnen Unterrichtsgegenstandes durch das selbsttätige Lernen der Schülerinnen.[158]

Die Hamburger Oberschulbehörde griff bei ihrer Reform des Haushaltungsunterrichts in den Volksschulen die Forderung der Frauenbewegung nach einer „Modernisierung" der hauswirtschaftlichen Ausbildung auf. Dies zeigen die „Richtlinien für den Arbeitsplan der hamburgischen Volksschule", die im Februar 1926 nach eingehenden Beratungen beschlossen wurden und an die Stelle der „Lehrpläne für hamburgische Volksschulen" von 1911 und des „Lehrplan-Entwurfes für hamburgische Volksschulen" von 1919 traten.[159] Die Richtlinien hatten bis zum Ende der Weimarer Republik Gültigkeit. 1932 wurde zwar eine Neugestaltung der Unterrichtspläne diskutiert. Doch zu einer Beschlußfassung kam es vor 1933 nicht mehr.[160] Folgende Empfehlungen der neuen Richtlinien zum Fach Hauswirtschaft ersetzten den „Lehrplan der Haushaltungsschulen für Volksschülerinnen" von 1912:

„Durch den hauswirtschaftlichen Unterricht soll das Interesse der Mädchen für hauswirtschaftliche Arbeit angeregt, gefördert und erhalten werden. Er soll die Schülerinnen mit den Arbeiten des Haushaltes vertraut machen und zu ihrer verständigen und zweckmäßigen Ausführung anleiten. Das Verständnis ist zu wecken für die richtige Ernährung, für den Nährwert der Nahrungsmittel, deren Güte, Einkauf und Behandlung, sowie für sparsame Verwendung aller Brenn- und Reinigungsstoffe.

Durch Berechnen der Küchenzettel und Führen eines von jeder Schülerin anzulegenden Wirtschaftsbuches wird der Wert des Geldes und die Notwendigkeit der sparsamen Wirtschaftsführung erkannt.

Der Haushaltungsunterricht bietet neben dem Unterricht in Menschenkunde die Gelegenheit, den Schülerinnen die Bedeutung der Gesundheit klarzumachen und ihnen zu zeigen, auf welche Art und Weise

Körperpflege zu treiben ist und wie im besonderen die Forderungen nach Reinlichkeit, Sauberkeit und Ordnung zu erfüllen sind.

In der Kinder- und Krankenpflege sollen die Schülerinnen auf die richtige Behandlung der Säuglinge, der Kranken, und besonders auch auf die Nachteile veralteter Gewohnheiten bei der Behandlung aufmerksam gemacht werden.

Es ist erforderlich, daß der Unterricht in der Naturkunde mit dem hauswirtschaftlichen Unterricht Hand in Hand gehe und in der Schulküche auch das in der Naturkunde Erkannte praktisch angewandt werde."[161]

Der Vergleich der neuen mit den alten Empfehlungen zum Fach Hauswirtschaft verdeutlicht die veränderte Zielsetzung des hauswirtschaftlichen Unterrichts in den Hamburger Volksschulen. Das allgemeine Bildungsziel des Haushaltungsunterrichts war zwar gleich geblieben: Er sollte die Mädchen auf ihren zukünftigen Hauptberuf als Hausfrau und Mutter vorbereiten. Doch das angestrebte Hausfrauenleitbild hatte sich geändert: Die Mädchen sollten als spätere Hausfrauen ihre Pflichten nicht mechanisch, sondern verständig und zweckmäßig erfüllen, d.h. die Hausarbeit durchdenken, planen und rationalisieren. Es reichte nicht mehr, daß sie lernten, die Familie sparsam aber ausreichend zu ernähren, ihnen sollte darüber hinaus beigebracht werden, richtig, d.h. gesund und abwechslungsreich zu kochen. Deshalb wurde in den Richtlinien von 1926 ein stärkeres Gewicht auf die Vermittlung von Grundkenntnissen der Ernährungswissenschaft gelegt. Den Mädchen sollte nahegebracht werden, daß sie später als Mütter in der Kinder- und Krankenpflege nicht nur den Ratschlägen und Anweisungen des Arztes und der Fürsorgerin Folge zu leisten hatten, sondern durch eine bewußte Körperpflege zur eigenen Gesunderhaltung wie zu der ihrer Familie beitragen mußten. Auch auf die Unterweisung in der Säuglingspflege wurde in den zwanziger Jahren mehr Wert gelegt. Um diesen Unterricht zu verbessern, mußten seit 1925 alle Haushaltungslehrerinnen an einem Kursus in Säuglingspflege teilnehmen. Die neuen Erkenntnisse der Allgemeinmedizin, der Säuglingspflege und der Kindererziehung, der Ernährungswissenschaft sowie der Hauswirtschaft sollten soweit möglich im Haushaltungsunterricht der Hamburger Volksschulen berücksichtigt werden.[162]

Nach den Richtlinien von 1926 sollte das Fach Hauswirtschaft einheitlich in der letzten, achten Klasse unterrichtet werden, drei Unterrichtsstunden pro Woche waren dafür vorgesehen, außerdem zwei für das Fach Nadelarbeit. Bei einer Gesamtstundenzahl von 30 bzw. 32 Wochenstunden, die allgemein vorgeschrieben war, fielen bei den Mädchen im letzten Schuljahr wöchentlich fünf Stunden des Unterrichts zugunsten der „spezifisch weiblichen" Fächer aus: Jeweils eine Stunde Naturlehre, Zeichnen und Turnen sowie zwei Stunden Algebra.[163] Aussagen über die Umsetzung der neuen Richtlinien im Unterricht können nicht gemacht werden, da die Aufstellung eines Arbeitsplanes den Volksschulen überlassen war. Grundsätzlich empfahlen die Richtlinien, daß für die Gestaltung dieses Arbeitsplanes „in erster Linie die Bildungsbedürfnisse des Kindes entscheidend" sein sollten.[164]

Mit den Empfehlungen zum Fach Hauswirtschaft in den neuen „Richtlinien für den Arbeitsplan der hamburgischen Volksschulen" hatte die Oberschulbehörde Didaktik und Methodik des Haushaltungsunterrichts den gewandelten Zeitbedürfnissen angepaßt. Das neue Hausfrauenleitbild, das den Empfehlungen zugrunde lag, entsprach den veränderten gesellschaftlichen Anforderungen an die Reproduktionsarbeit der Frauen. Den jungen Mädchen sollte frühzeitig vermittelt werden, daß ihre zukünftige Hauptaufgabe als Hausfrau und Mutter gemäß den Bestrebungen für eine Haushaltsrationalisierung die Familienarbeit war. Die Hamburger Richtlinien zur hauswirtschaftlichen Ausbildung der Volksschülerinnen galten bei den Zeitgenossen zu Recht als ausgesprochen „modern".

1.4.2.2 Erziehung zur „weiblichen Doppelrolle“ in den Allgemeinen Mädchenberufsschulen

Das hamburgische Gesetz über die Fortbildungsschulpflicht vom Oktober 1919 sah neben den Handels- und Fachgewerbeschulen für Mädchen die Einrichtung Allgemeiner Mädchenberufsschulen vor. Seit der Verabschiedung des hamburgischen Gesetzes über die Verwaltung des Berufsschulwesens im Juli 1922 trugen diese Schulen den Namen „Allgemeine Gewerbeschulen für das weibliche Geschlecht“.[165] Direktorin der vier Schulen war seit November 1924 die Sozialdemokratin *Olga Essig*, die im Februar 1929 zur Oberschulrätin für das gesamte Berufsschulwesen der Stadt ernannt wurde.[166] Grundgedanke bei dessen Auf- und Ausbau war in der Hansestadt das „Prinzip der beruflichen Gliederung“. Nach ihm wurden auch die Allgemeinen Mädchenberufsschulen organisiert, die von Hausangestellten, an- und ungelernten Arbeiterinnen und Angestellten, erwerbslosen Mädchen und sogenannten „Haustöchtern“ im Alter von 14 bis 17 Jahren besucht werden mußten. Ihrem Unterricht lag das Modell der „weiblichen Doppelrolle“ zugrunde: Primär wurden sie für ihren zukünftigen „Hauptberuf Hausfrau und Mutter“ ausgebildet, sekundär für ihre Erwerbsphase bis zur Heirat.[167] Das Bildungsziel des Unterrichts beschreiben folgende Auszüge aus zwei Schriften, die 1927 und 1929 vom Lehrkörper der Hamburger Fortbildungsschulen für Mädchen herausgegeben wurden:

> „Von der Voraussetzung ausgehend, daß für jedes Mädchen, unabhängig von ihrer späteren Berufswahl und sozialen Stellung ein Grundmaß hausmütterlicher Einstellung notwendig ist, hat man in der allgemeinen Berufsschule für die weibliche Jugend hauswirtschaftlichen Unterricht ...“[168] „Hier soll neben der einfachen praktischen Ausbildung, die den Mädchen der weitesten Schichten im Hause gar nicht gegeben werden kann, weil es die Mutter nicht gelernt hat, oder auch keine Zeit zu gründlicher Belehrung findet, die Familie eine neue Singgebung erfahren, indem Hausfrauenarbeit und Mutterpflege in Beziehung gebracht werden zu den tiefsten und schönsten Werten des Gemütes und des Geistes unseres Volkes ...“[169]

Demgemäß stand im Lehrplan die Ausbildung für die Haus- und Familienarbeit im Vordergrund, deren Inhalt *Lilly Peters*, Schulleiterin einer der vier Allgemeinen Mädchenberufsschule in der Hansestadt, folgendermaßen beschrieb:

> „... Erziehungsgrundlage (ist) das den Frauen durch Überlieferung bestimmte Arbeitsgebiet der Hausfrau. Nicht im althergebrachten Sinne der Hauswirtschaft, die sich mit den einfachsten Fertigkeiten der Haushaltsführung deckt, womöglich unter Ausschluß wissenschaftlicher Fundierung wie moderner Technik, sondern im Sinne der Verbrauchswirtschaft, die die Zusammenhänge des Einzelhaushalts mit dem Gesamtwirtschaftsleben aufdeckt und Forderungen der Gesamtheit über die des persönlichen Wohlbehagens und der persönlichen wirtschaftlichen Leistungsfähigkeit stellt. ‚Anerkennung der produktiven Arbeit der Hausfrau durch Förderung ihrer Ausbildung, Organisation und wirtschaftlichen Vertretung‘ und damit Anerkennung der Frau als Staatsbürgerin. Dieser Aufgabe Rechnung tragend sind die Richtlinien und Bildungspläne für die drei Schuljahre unserer Schülerinnen von folgenden Gedankengängen beherrscht:
>
> Unsere Schülerinnen haben in den beiden ersten Jahren acht Wochenstunden, vier Stunden praktischen, vier Stunden theoretischen Unterricht, die Hausangestellten haben zur Zeit erst vier Wochenstunden, ebenso alle Schülerinnen des dritten Jahrganges.
>
> Der Unterrichtsstoff der Unterklassen soll dem Jungmädchen zu seiner persönlichen Entwicklung verhelfen und seine tätige Einordnung in die Gesellschaft vorbereiten. In den Mittelpunkt des zweiten Jahres tritt das Heim mit den wirtschaftlichen und kulturellen Aufgaben der Hausfrau. Zwei Linien bestimmen dieses Jahr:
>
> 1. Anerkennung der produktiven Arbeit der Hausfrau als Berufsarbeit;
> 2. Freilegen von Kräften für wertvollere Arbeit durch Anwendung der zeit- und kraftsparenden Mittel in der Haushaltsführung.
>
> Das dritte Schuljahr berücksichtigt die pflegerischen und erzieherischen Aufgaben der Frau im eigenen Heim, in der engsten Nachbarschaft, es fordert über diese hinaus Verpflichtung und Verantwortung gegenüber der Gemeinschaft.“[170]

Der Lehrplan des Hauswirtschaftsunterrichts an den Allgemeinen Mädchenberufsschulen Hamburgs entsprach weitgehend den Bestrebungen für eine Haushaltsrationalisierung. Im Unterricht konnten Grundfertigkeiten und -fähigkeiten in Hauswirtschaft und Nadelarbeit aus der Volksschule vorausgesetzt werden. Deshalb war es möglich, ein stärkeres Gewicht auf die Ausbildung für die Familienarbeit zu legen. Die intensive Vermittlung der Erkenntnisse und Errungenschaften der Haushaltsrationalisierung sollte den Mädchen zeigen, auf welche Weise sie Zeit und Kraft für die Bewältigung ihrer Familienaufgaben gewinnen könnten. Dem entsprachen der Fächerkanon und die Unterrichtsschwerpunkte:

- Hauswirtschaft: Rationelle Hausarbeit und wirtschaftliche Haushaltsführung, Haushaltstechnik, Waschen und Plätten, Nahrungsmittellehre, Kochen und Backen,
- Nadelarbeit: Ausbessern und Neuanfertigen von Wäsche- und Kleidungsstücken von Hand und mit der Maschine,
- Gesundheitslehre und Gesundheitspflege: Allgemeine Körperlehre und -pflege, Krankheitsverhütung, gesunde Ernährung, Wohnungshygiene, Säuglings- und Krankenpflege, Arbeitsschutz bei häuslichen Arbeiten, Erste Hilfe, soziale Einrichtungen, Gesundheitspolitik,
- praktische und theoretische Erziehungslehre: Geistesbildung des Kindes, Gemüts- und Gefühlsbildung des Kindes, sittliche Erziehung, Gemeinschaftserziehung, Anleitung und Anregung zur Beschäftigung mit Kindern,
- Kulturkunde: Freizeitgestaltung und Familienleben, Heimkultur, allgemeine und berufliche Fortbildung, Erholung, Vergnügen, Lektüre, Arbeits- und Festkleidung, Jugendpflege, Jugendbewegung, Berufsvereine,
- Wirtschafts- und Gesellschaftskunde: Rechte und Pflichten der Frau in Familie und Gesellschaft, Familienrecht und Familienleben, Schul- und Bildungsfragen, soziale Fragen (Jugendwohlfahrt und allgemeine Fürsorge), Staatsbürgerkunde.

Wie die Jungen erhielten auch die Mädchen, die die Allgemeine Berufsschule besuchten, in der Regel acht Stunden Unterricht wöchentlich, darunter bei Erwerbstätigen seit 1924 zwei Stunden „Berufskunde". Im Unterschied zu den Mädchen wurden die Jungen jedoch neben der Berufskunde in allgemeinbildenden Fächern unterrichtet. Dies verdeutlicht das Ausmaß der geschlechtsspezifischen Erziehungsbemühungen, deren Folge eine schlechtere Allgemeinbildung der Mädchen war.[171]

An den Handels- und Fachgewerbeschulen Hamburgs erhielten die Schülerinnen keinen hauswirtschaftlichen Unterricht. Die Berufsschulbehörde lehnte dies mit der Begründung ab, daß die berufliche Qualifikation der Mädchen nicht geringer sein dürfe als die der Jungen. Auch Arbeitgeberverbände und Gewerkschaften sprachen sich gegen die Aufnahme des Faches Hauswirtschaft in den Unterricht der Mädchenberufsschulen für gelernte Berufe aus. Sie traten grundsätzlich für eine gleiche schulische Ausbildung von weiblichen und männlichen Lehrlingen im kaufmännischen und gewerblichen Bereich ein.[172] Um auch den Mädchen, die einen Beruf erlernten, die Möglichkeit einer hauswirtschaftlichen Ausbildung zu geben, bot die Berufsschulbehörde seit 1921 Abendkurse an. Obwohl das Schulgeld für diese Kurse niedrig war, blieb die Resonanz gering; die Teilnehmerinnenzahl pro Semester lag Mitte der zwanziger Jahre zwischen 180 und 260.[173]

Der größte Teil aller fortbildungsschulpflichtigen Mädchen Hamburgs besuchte in den Jahren der Weimarer Republik die ‚Allgemeinen Gewerbeschulen für das weibliche Geschlecht' und erhielt somit eine Ausbildung für den Hausfrauenberuf. Dies verdeutlicht folgende Aufstellung:[174]

Jahr[a)]	Pflichtschülerinnen insgesamt	Von hundert Schülerinnen besuchten die Allg. Gewerbeschule	Handelsschule	Fachgewerbeschule
1925	20935	62,1	25,4	12,5
1926	20751	64,7	21,3	12,9
1927	19816	63,5	21,9	14,6
1928	20057	59,9	26,0	14,1
1929	18840	54,2	30,8	14,9
1930	17432	51,4	33,5	15,1
1931	14779	46,7	36,3	17,1
1932	11420	44,9	37,3	17,8

a) Die Angaben beziehen sich auf das Sommerhalbjahr

Im Verlauf der zwanziger Jahre ging der Anteil der Pflichtfortbildungsschülerinnen, die die Allgemeinen Mädchenberufsschulen besuchten, jedoch deutlich zurück. Mehr junge Frauen erstrebten einen gelernten Erwerbsberuf und bemühten sich um eine entsprechende Ausbildung. Deshalb stieg der Anteil der Fachgewerbe- und Handelsschülerinnen.[175]

Der Einführung der obligatorischen Fortbildungsschulpflicht für Mädchen begegneten viele Eltern und Schülerinnen sowie Arbeitgeber zunächst mit Ablehnung und Widerstand. Als das hamburgische Gesetz über die Fortbildungsschulpflicht 1919 in Kraft trat, bestand noch die verlängerte allgemeine Schulpflicht, die alle Volksschüler(innen) zum Besuch des 9. Schuljahres verpflichtete. Sie sollte zum einen in der Demobilmachungsphase den Arbeitsmarkt entlasten, zum anderen die Bildungslücken der Schüler(innen) schließen, die durch den kriegsbedingten Unterrichtsausfall entstanden waren. Erst mit Beginn des Winterhalbjahres 1920/21 konnten die ‚Allgemeinen Gewerbeschulen für das weibliche Geschlecht' ihren Unterricht aufnehmen. Für die ersten Jahrgänge der Mittel- und Oberklassen waren vorher lediglich Nadelarbeitskurse angeboten worden.[176] Der Aufbau der neuen Schulen gestaltete sich in den ersten Jahren schwierig, da es an allem fehlte: an Schulräumen, geeigneten Lehrkräften und Unterrichtsmaterialien für die praktischen Fächer, insbesondere für Hauswirtschaft und Nadelarbeit. Der Schulbesuch war schlecht. In den ersten beiden Jahren verzeichneten die Allgemeinen Mädchenberufsschulen eine Versäumnisquote von fast 50 %, obwohl zahlreiche Schülerinnen von der Unterrichtspflicht befreit worden waren. Die Schülerinnen der höheren Klassen waren in der Regel schon ein bis zwei Jahre der Schule entwachsen und konnten sich nur schwer an den erneuten Schulzwang gewöhnen. Da die Unterrichtsbedingungen ungenügend waren und die Mädchen deshalb vor allem in den praktischen Fächern, die den größten Teil der zunächst vierstündigen Unterrichtszeit ausmachten, wenig Nützliches lernten, empfanden viele die neue Schule als überflüssig und langweilig. Zudem mußten die erwerbstätigen Schülerinnen erhebliche Einkommenseinbußen hinnehmen, da der Unterricht während der Arbeitszeit stattfand. Von Eltern und Arbeitgebern wurden sie häufig in ihrer Ablehnung bestärkt; in der Familie belastete der Einkommensausfall die Haushaltskasse, im Betrieb fielen die billigen Arbeitskräfte aus.[177]

Mit der Institutionalisierung der Allgemeinen Mädchenberufsschulen, deren Unterrichtsbedingungen in den folgenden Jahren systematisch verbessert wurden, verringerte sich die Versäumnisquote langsam. 1921/22 lag sie durchschnittlich bei 32 %, 1922/23 bei 29 %.[178] Die Berufsschulbehörde bemühte sich intensiv, für die Ziele dieser Schulen bei Eltern und Arbeitgebern zu werben. Da öffentliche Aufklärung nicht ausreichte, richtete sie im September 1921 die Schulfürsorge ein, für die eine Anzahl von Lehrerinnen vom Unterricht freigestellt wurde. Ihre Aufgabe war in Zusammenarbeit mit den Klassenlehrerinnen u.a. das persönliche Gespräch mit Eltern und Arbeitgebern fehlender Schülerinnen. Gegen Arbeitgeber, die den Schülerinnen die Möglichkeit boten bzw. sie dazu aufforderten, in der Unterrichtszeit erwerbstätig zu sein, gingen Schulfürsorge und Berufsschulbehörde mit Strafverfügungen vor. Ihnen wurde untersagt, die schulpflichtigen Mädchen in irgendeiner Form während der Unterrichtszeit zu beschäftigen. Den Schülerinnen fehlte so der ökonomische Anreiz für das Fernbleiben vom Unterricht.[179] Der Schulbesuch stieg von Jahr zu Jahr. 1923/24 lag die Versäumnisquote bei rund 25 %, 1924/25 nur noch bei 19 %[180].

Eltern, Arbeitgeber und Schülerinnen begannen im Laufe der zwanziger Jahre mehr und mehr den Besuch der Allgemeinen Mädchenberufsschulen als selbstverständliche Pflicht zu akzeptieren. Nach Einschätzung der Berufsschulbehörde kamen die Schülerinnen immer häufiger gerne in den Unterricht; dies gelte insbesondere für erwerbstätige Mädchen, die in ihm eine willkommene Abwechslung vom monotonen und eintönigen Arbeitsalltag erblickten. Entscheidend gefördert wurde diese Entwicklung nach Ansicht der Behörde dadurch, daß die Unterrichtsbedingungen sich in der Phase der relativen wirtschaftlichen Stabilisierung ganz erheblich verbesserten: Neue, moderne Schulräume wurden eingerichtet, Unterrichtsmaterialien standen in ausreichendem Maße zur Verfügung, zunehmend unterrichteten ausgebildete und engagierte Fachlehrerinnen, ihr Unterricht entsprach nicht selten dem neuesten Erkenntnis- und Diskussionsstand der Pädagogik und ermöglichte den Schülerinnen ein selbsttätiges Lernen.[181] Die Schülervertretung, die die hamburgische Berufsschulbehörde im Juni 1924 für sämtliche ihr unterstellten Schulen einrichtete, bot ihnen erstmals einen rechtlich gesicherten Raum für die Vertretung ihrer Interessen sowie für soziales Engagement[182].

Die Auswirkungen des Unterrichts der ‚Allgemeinen Gewerbeschulen für das weibliche Geschlecht' auf die geschlechtsspezifische Sozialisation der Schülerinnen, die zum größten Teil aus der Arbeiterschaft stammten, können aufgrund der Quellenlage nur vermutet werden. Wahrscheinlich trug er nicht unwesentlich dazu bei, „moderne" Hausfrauen und Mütter heranzubilden, die sich bemühten, Haushalt und Familie gemäß den neuen Normen und Standards zu gestalten. Die meisten Mädchen scheinen die Rollenerwartungen, die ihnen nicht nur an den Allgemeinen Mädchenberufsschulen vermittelt wurden, akzeptiert zu haben.

* * *

Senat und Bürgerschaft der Hansestadt beschlossen die Einführung des obligatorischen Haushaltungsunterrichts an den Mädchenvolksschulen vorrangig aus politischen Motiven. Sie betrachteten die hauswirtschaftliche Ausbildung der „unbemittelten Töchter des Volkes" nicht nur als eine sozialpolitische Maßnahme zur Hebung der proletarischen Lebensverhältnisse, als einen Weg zur hygienischen Zivilisierung der Arbeiterfamilie, sondern vor allem als ein zentrales Mittel zur geschlechtsspezifischen Erziehung der Arbeitertöchter im Sinne des herrschenden Leitbildes der ‚modernen Kleinfamilie'. Mit Hilfe des obligatorischen Haushaltungsunterrichts sollten Arbeitermädchen systematisch zu normenkonformen Hausfrauen und Müttern erzogen werden, die sich für das physische und psychische Wohlergehen ihrer Männer und Kinder verantwortlich fühlten. Eine solche Pflichtausbildung schien bürgerlichen Kreisen angesichts zunehmender sozialer und politischer Klassenauseinandersetzungen seit dem Ende des 19. Jahrhunderts immer dringender zu werden, denn sie betrachteten die Familie als gesellschaftsstabilisierende Institution, die dem Arbeiter einen privaten Ausgleich für Ausbeutung und Unterdrückung im Erwerbsleben bieten und auf diese Weise seiner politischen Radikalisierung entgegenwirken konnte.

An diesem grundlegenden politischen Ziel des Hauswirtschaftsunterrichts an Volks- und Berufsschulen änderte sich in der Weimarer Republik nichts. Auch die SPD, die sich selbst als staatstragende Partei der jungen Republik verstand, bemühte sich konsequent um eine familienstabilisierende Politik. Dies verdeutlicht das Beispiel der Hamburger SPD, die gemeinsam mit DDP (bzw. DStP) und DVP bis 1933 die Senatspolitik bestimmte. Der Sozialdemokrat *Emil*

Krause trug als Senator und Präses der Landesschulbehörde von 1919 bis 1933 die Verantwortung für die hamburgische Schulpolitik[183]. Seine Partei förderte in den zwanziger Jahren entscheidend die Bildungsreform[184]. Teil der „Modernisierung" war die Neugestaltung der hauswirtschaftlichen Ausbildung, die den veränderten gesellschaftlichen Anforderungen angepaßt werden mußte. Die Schülerinnen sollten in den zwanziger Jahren zu „modernen" Hausfrauen und Müttern ausgebildet werden, die die Familienarbeit, insbesondere die psycho-soziale Arbeit für Mann und Kinder, als ihre Hauptaufgabe betrachteten. Diese Veränderung zeigte sich in Hamburg am deutlichsten im Unterricht der Allgemeinen Mädchenberufsschulen, deren geschlechtsspezifischer Fächerkanon neben der Ausbildung für eine „neuzeitliche" Haushaltsführung ein Schwergewicht auf die Ausbildung für die Familienarbeit legte. Die Ausbildung für den Erwerbsberuf hatte hingegen nur einen relativ geringen Stellenwert. Gemäß dem Modell der „weiblichen Doppelrolle", mit dem das Leitbild der ‚modernen Kleinfamilie' der Realität der Masse der Frauen angepaßt wurde, galt die Erwerbsarbeit lediglich als „Übergangsphase" und „Provisorium".

1.5 Organisation der „proletarischen Hausfrauen“

Alle Arbeiterehefrauen, auch die erwerbstätigen, waren Hausfrauen. Haushalt und Familie bildeten ihren zentralen Lebenszusammenhang. Die häuslichen und familiären Probleme, die demgemäß im Mittelpunkt ihres Interesses standen, wurden von der sozialdemokratischen Arbeiterbewegung lange Zeit nur am Rande aufgegriffen. In der SPD-Frauenorganisation setzte erst in den zwanziger Jahren eine intensivere Auseinandersetzung mit der „Hausfrauenfrage“ ein. Ein zentraler Diskussionspunkt, der im Rahmen dieser Debatte erörtert wurde, war das Fehlen einer Organisation, die die spezifischen Berufsinteressen der proletarischen Hausfrauen vertrat. Denn ein Anschluß der Arbeiterfrauen an einen der bestehenden bürgerlichen Hausfrauenverbände kam für die Sozialdemokratinnen aus sozialen und politischen Gründen nicht in Frage[1]. Den herrschenden Mißstand beschrieb *Else Meitmann*, Funktionärin der Hamburger SPD-Frauenorganisation, in einem Artikel, der im November 1926 unter dem Titel „Die Gewerkschaft der Hausfrau“ im ‚Hamburger Echo‘ erschien:

> „‚Gast-Vorträge, Handarbeitsabende, Betriebsbesichtigungen und Vorträge über Nahrungsmittel sind nicht Aufgaben einer politischen Partei.‘ Wer hat nicht schon dieses Urteil über unsere Frauenabende gehört? Alle Vorstellungen über die Wirksamkeit dieser Arbeit fruchten nicht, weil – ein Kern Wahrheit darin steckt.
>
> Man ist in Deutschland gewöhnt, den Kampf des Proletariats zu zerlegen in den politischen, gewerkschaftlichen und genossenschaftlichen.
>
> Ehe der Mann zu den großen Zielen der politischen Partei findet, interessiert ihn die Gewerkschaft als Hilfstruppe im Erwerbsleben. Ebenso die Arbeiterin. Nur die Hausfrau kommt direkt von ihrer Berufsarbeit, der Hausarbeit, zu uns in die Partei, schwer beladen mit unzähligen Berufssorgen.
>
> Unsere Frauengruppe muß ihnen die Gewerkschaft ersetzen. So scheint es. Aber ihre Arbeit bleibt Stückwerk und lahmer Trost. Denn Gewerkschaften müssen die Wirtschaft gestalten, müssen eingreifen in den Kampf.
>
> Es gibt eine Organisation, die enger mit den Hausfraueninteressen und der Haushaltsführung zusammenhängt: Die Konsumgenossenschaft. Sie kämpft für die vorteilhafteste Anlage des erworbenen Lohnes, den die Hausfrau verwaltet, durch Ausschaltung des Zwischenhandels und Aufhebung des Profits. Sie könnte die Gewerkschaft der Hausfrau sein.
>
> Könnte! Heute sieht man auf den Vertreterversammlungen der Genossenschaften kaum eine Frau unter hundert Männern. Ganz selbstverständlich erwirbt der Mann als Familienoberhaupt auch die Mitgliedschaft im Konsumverein. Er besitzt dann das Stimmrecht und kann mitwirken an der Ausgestaltung und Wirtschaftsführung der Genossenschaft. Den sachverständigen Rat muß er sich dafür von seiner Frau holen, denn sie kommt doch eigentlich nur im täglichen Leben mit dem Verein in Berührung. Sie hat Beschwerden, sie hat Vorschläge. Aber sie hat nicht mitzureden!“[2]

Auch die Konsumgenossenschaften, deren Aufgaben direkt die Hausfraueninteressen betrafen, bemühten sich nur unzureichend um die Organisation der proletarischen Hausfrauen. Angesichts dieser Situation forderten viele Sozialdemokratinnen die Gründung einer sozialistischen Hausfrauenorganisation. Obwohl diese Forderung von der Parteiführung aus grundsätzlichen Erwägungen abgelehnt wurde, gründeten leitende Funktionärinnen der Bremer und der Hamburger SPD 1929 mit Zustimmung des Bezirks-Frauenausschusses Hamburg-Nordwest lokale sozialistische Hausfrauenorganisationen, die ersten und einzigen im Deutschen Reich. Es entstanden die ‚Bremer Hausfrauengemeinschaft e.V.‘ und die ‚Hauswirtschaftliche Vereinigung. Interessengemeinschaft der Hausfrauen Hamburgs e.V.‘.

1.5.1 *Sozialdemokratische Hausfrauenpolitik*

Die sozialdemokratische Frauenbewegung wurde überwiegend von Hausfrauen getragen. Mitte der zwanziger Jahre stellten nichterwerbstätige bzw. teilzeitbeschäftigte Hausfrauen im Reichsdurchschnitt 67 % der weiblichen Mitglieder, in der Hamburger Partei waren es sogar 72 %.[3] Auch die Mehrheit der wahlberechtigten Frauen arbeitete hauptberuflich im Haushalt. Diese soziale Zusammensetzung von Wählerinnen und weiblichen Parteimitgliedern war nach der Einführung des Frauenwahlrechts für die SPD-Führung der entscheidende Grund für eine stärkere Berücksichtigung der Hausfraueninteressen in Frauenarbeit und Frauenagitation.

Auf der Görlitzer Reichsfrauenkonferenz 1921 erörterten die Funktionärinnen der SPD-Frauenorganisation erstmals die Frage, wie die Interessen der Arbeiterhausfrauen besser vertreten werden könnten. Angeregt worden war diese Diskussion durch folgenden Antrag der Landesorganisation Hamburg:

> „Die Frauenkonferenz in Görlitz beauftragt die Leitung der sozialdemokratischen Frauenbewegung, mit möglichster Beschleunigung die Frage zu prüfen, ob und in welcher Form unsere Genossinnen der Gründung von Hausfrauenberufsorganisationen nähertreten sollen.“[4]

Mit der Antragsbegründung war *Johannes Begier* beauftragt worden, der zu diesem Zeitpunkt als Parteisekretär der Hamburger SPD u.a. für Frauenfragen zuständig war[5]. Als Hauptargument für die Gründung einer sozialdemokratischen Hausfrauenorganisation führte er die veränderten politischen Verhältnisse an, die dringend eine eigene Hausfrauenorganisation erforderten. Vom Staat seien mit dem Reichswirtschaftsrat und den Konsumentenkammern Einrichtungen geschaffen worden, deren Aufgabe u.a. die Vertretung der Verbraucherinteressen sei. In diese neu eingerichteten Gremien würden auch Delegierte der Hausfrauenorganisationen berufen. Da aber nur bürgerliche Hausfrauenverbände existierten, seien in ihnen die Berufs- und Verbraucherinteressen der Arbeiterfrauen nicht vertreten. Den proletarischen Hausfrauen fehle eine eigene Berufsorganisation. Die Konsumvereine würden lediglich ihre Verbraucherinteressen wahrnehmen, nicht aber ihre Berufsinteressen. Um hier Abhilfe zu schaffen, habe die Hamburger SPD bereits 1920 Kontakt mit dem Konsum-, Bau- und Sparverein ‚Produktion‘ aufgenommen. Gemeinsam würde die Gründung einer eigenen Hausfrauenorganisation erwogen.[6] Eine solche Organisation müsse keine Konkurrenz für die SPD sein, sondern könne im Gegenteil ein „Rekrutierungsfeld für die Partei“ darstellen:

> „Gerade in der heutigen Zeit haben wir mit einer gewissen Müdigkeit innerhalb der weiblichen Bevölkerung gegenüber der Politik zu rechnen, so daß es außerordentlich schwierig ist, neue weibliche Parteimitglieder zu gewinnen. Deshalb müssen wir uns die Frage vorlegen, ob es nicht vielleicht noch andere Mittel gibt, um das Interesse der Frauen zu wecken und sie uns auf diesem Umwege heranzuziehen. Ein solcher Umweg wird evtl. durch die vorgeschlagene Organisation geschaffen ...“[7]

Der Hamburger Antrag fand die Zustimmung der Frauenkonferenz und wurde zur Behandlung an den Parteivorstand überwiesen.

Die Argumentation, mit der Johannes Begier die Notwendigkeit einer Interessenvertretung der proletarischen Hausfrauen begründete, ist charakteristisch für die sozialdemokratische Haltung zur Hausfrauenfrage in den ersten Nachkriegsjahren. Neben dem Bestreben, in den neugeschaffenen wirtschaftlichen Gremien parteipolitisch angemessen repräsentiert zu sein, stand bei den meisten leitenden SPD-Funktionär(inn)en das Motiv im Vordergrund, Hausfrauen aus der Arbeiterschaft und dem Kleinbürgertum als Mitglieder und Wählerinnen zu gewinnen. Um dieses Ziel zu erreichen, mußte der ideologische und politische Einfluß der bürgerlichen Hausfrauenverbände zurückgedrängt werden. Die Parteiführung lehnte die Gründung einer proletarischen Hausfrauenorganisation ab. Im Vordergrund standen dabei organisationspolitische Motive; sie befürchtete eine Überorganisation der sozialdemokratischen Arbeiterbewegung. Das Reichsfrauensekretariat griff das Thema deshalb nach der Görlitzer Reichsfrauenkonferenz zunächst nicht wieder auf.[8]

Neue Impulse erhielt die innerparteiliche Diskussion über eine Interessenvertretung der Arbeiterhausfrauen Mitte der zwanziger Jahre. Die öffentliche Debatte über die Haushaltsrationalisierung führte in der sozialdemokratischen Frauenbewegung zu einer intensiveren Auseinandersetzung mit der „Hausfrauenfrage“.[9] Nach der Kieler Reichsfrauenkonferenz 1927, auf deren Tagesordnung die Wohnungs- und Haushaltsreform gestanden hatte, setzte in der Frauenorganisation eine breite Diskussion über die „Hausfrauen in der Partei“ ein. Zentrales Forum dieser Auseinandersetzung war die Zeitschrift ‚Genossin‘. Immer mehr Funktionärinnen forderten eine „sozialistische Hausfrauenorganisation“, die die Berufsinteressen der proletarischen Hausfrauen vertreten sollte. Zur Realisierung dieser Forderung wurden verschiedene Vorschläge vorgetragen, die alle umstritten blieben: Die Empfehlung, sich massenhaft den bürgerlichen Hausfrauenvereinen anzuschließen und diese von innen heraus zu verändern, wurde mehrheitlich nach wie vor abgelehnt; die Anregung, eine eigene Hausfrauenorganisation zu gründen, verwarf die Parteiführung; der Vorschlag, die Konsumgenossenschaften zu einer Interessenorganisation der Hausfrauen auszubauen, galt als unrealistisch, da die Genossenschaften als politisch unabhängige Organisationen keine sozialistische Hausfrauenpolitik betreiben konnten.[10]

Die Diskussion über Möglichkeiten einer Interessenorganisation proletarischer Hausfrauen verlief weiter ergebnislos[11]. Erst im August 1929 traf die Parteiführung in dieser Frage eine Entscheidung, die die Reichsfrauensekretärin der SPD, *Marie Juchacz*, in der ‚Genossin‘ vorstellte: Statt eine neue Organisation zu gründen, übertrug der Parteivorstand die Vertretung der Hausfraueninteressen der ‚Arbeiterwohlfahrt‘[12]. Dort wurde eine Abteilung „Wohnungswesen und Hauswirtschaft“ eingerichtet, die eng mit der SPD-Frauenorganisation und den Konsumgenossenschaften zusammenarbeiten sollte. Das Ziel der Arbeit, die „Hilfe für die Hausfrau der Arbeiterklasse“, sollte erreicht werden durch den Einfluß auf die Gestaltung des Bauwesens in den Gemeinden, die Einwirkung auf die Gestaltung des Haushalts und die „kulturerzieherische Arbeit“ für die Gedanken der Wohnungs- und Haushaltsreform „in der Masse der arbeitenden Frauen“.[13] Im Einzelnen sollte die neueingerichtete Abteilung „Wohnungswesen und Hauswirtschaft“ folgende Arbeitsgebiete übernehmen:

„1. Wohnungsbau.
Richtlinien für die Gewährung öffentlicher Gelder. (Ohne öffentliches Geld kann keine Wohnung für die breiten Massen mehr gebaut werden, die Vergebung der Baugelder ist eine wichtige Vorbedingung für den Abbau der Wohnungsnot.) Bekämpfung der Raumnot, sowie Raumforderung betr. der Zahl der Räume, ihrer Größe und Lage, der Licht- und Luftverhältnisse. Die Anlage der Aborte, der Müllbeseitigung, der Badeeinrichtung. Wohnungsergänzungen, bestehend in zentralen Bade- und Waschanlagen, Grünflächen, Kinderspielplätzen, Krippen, Kindergärten, Hort, Gesellschaftssälen usw. Die Frage des Großhaushalts, des Ledigenheimes, die technische Bauweise.

2. Wohnungseinrichtung und Hauswirtschaft.
Raumkultur, Arbeitstechnik, Rationalisierung der Arbeitskraft, Wohnungseinrichtung, Öfen, Wandschränke, Möbelvertrieb, Küchen, Anwendung von Gas und Elektrizität im Haushalt, Erleichterungsapparate, Normierung, Ernährung, Haushaltspflege, Wohnküche oder kleine Arbeitsküche, Einfluß auf Haushaltungsschulen usw.

3. Propaganda und Aufklärung.
Zeitschriften, Tagespresse, Ausstellungen, Beratung, Erziehung zur Geschmacksbildung, Kurse, Vorträge, Lichtbild und Film.“[14]

Mit der Einrichtung der Abteilung „Wohnungswesen und Hauswirtschaft“ in der ‚Arbeiterwohlfahrt‘ endete die sozialdemokratische Diskussion über die Möglichkeiten einer Organisation der proletarischen Hausfrauen, an der sich auch die Hamburger Genossinnen lebhaft beteiligt hatten. Material über die Arbeit dieser AWO-Abteilung liegt nicht vor. Weder in den Zeitschriften

‚Arbeiterwohlfahrt' und ‚Genossin' noch in der Illustrierten ‚Frauenwelt' fanden sich zwischen 1929 und 1933 Berichte über deren Aktivitäten.

1.5.2 *Die ‚Hauswirtschaftliche Vereinigung. Interessengemeinschaft der Hausfrauen Hamburgs e.V.'*

Nach mehrjährigen Diskussionen in der SPD-Landesorganisation Hamburg und im Bezirksverband Hamburg-Nordwest gründeten leitende Funktionärinnen der Hamburger SPD im März 1929 die ‚Hauswirtschaftliche Vereinigung. Interessengemeinschaft der Hausfrauen Hamburgs e.V.'. Kurze Zeit später folgten die Bremer Genossinnen mit der Gründung der ‚Bremer Hausfrauengemeinschaft e.V.'. Die Eintragung beider Organisationen in das Vereinsregister erfolgte mehrere Monate vor dem offiziellen Beschluß der Parteiführung, keine eigene Hausfrauenorganisation zu gründen.[15] Aufgrund dieses Beschlusses blieben Hamburg und Bremen bis zum Ende der Weimarer Republik die einzigen SPD-Landesverbände mit einem sozialistischen Hausfrauenverein[16]. Die ‚Hauswirtschaftliche Vereinigung' umfaßte neben Einzelmitgliedern auch korporative Mitgliedschaften, ihr gehörten u.a. die ‚Produktion' und die ‚Arbeiterwohlfahrt' an; insgesamt repräsentierte sie 37.000 Hamburger Hausfrauen. Die Geschäftsstelle des Vereins war im Parteibüro der Hamburger SPD in der Großen Theaterstraße untergebracht.[17] Seine politische Leitung lag in den Händen von sozialdemokratischen Funktionärinnen, Vereinsvorsitzende war *Hedwig Günther*, die seit 1928 dem Parteivorstand der Hamburger SPD angehörte und zugleich deren Frauenaktionsausschuß leitete.

Das zentrale politische Ziel, das die führenden Sozialdemokratinnen mit der Gründung der ‚Hauswirtschaftlichen Vereinigung' verfolgten, beschrieb Hedwig Günther mit folgenden Worten:

> „Unsere Vereinigung hat sich im Besonderen die Aufgabe gestellt, die Hausfraueninteressen der werktätigen Bevölkerung zu vertreten. Sie will versuchen, durch Zusammenarbeit mit den gesetzgebenden Körperschaften, den Behörden, den zuständigen Wirtschaftskammern, den Versorgungsbetrieben und den Produktiv- und Konsumgenossenschaften Einfluß zu gewinnen auf alle die Hausfrauen betreffenden Angelegenheiten."[18]

Die Interessen der proletarischen Hausfrauen sollten endlich in den staatlichen Einrichtungen und den gesetzgebenden Körperschaften Hamburgs vertreten werden. Besondere Bedeutung maßen die leitenden Genossinnen der Mitarbeit in der hamburgischen Konsumentenkammer bei, die als offizielle Verbrauchervertretung im November 1918 gegründet worden war. Ihr gehörten u.a. Delegierte des Einzelhandels, der Genossenschaften und der Hausfrauenvereine an:

> „Die Vereinigung ist Mitglied der Konsumentenkammer Hamburg, an deren Vorstandssitzungen eine Vertreterin mit beratender Stimme teilnimmt ... Ein großes Arbeitsfeld der Konsumentenkammer ist die gutachterliche Tätigkeit. Die Kammer ist verpflichtet, allen Behörden mit Gutachten zur Hand zu gehen. Wurden bisher von irgendeiner Seite Gutachten von Hausfrauen angefordert, so wurden diese Gutachten von den bürgerlichen Hausfrauen abgegeben, die dann als die Ansichten der Hamburger Hausfrauen in die Öffentlichkeit gingen ... (Jetzt sind, K.H.) die Konsumentenkammern gezwungen, zwei stark voneinander abweichende Gutachten der Hausfrauen weiterzuleiten ..."[19]

Gleichzeitig hofften die leitenden Funktionärinnen, durch die ‚Hauswirtschaftliche Vereinigung' den Einfluß der SPD unter den Arbeiterfrauen erweitern zu können:

> „Die Gründung der Hauswirtschaftlichen Vereinigung bedeutet auch einen weiteren Mithelfer für unsere Agitation. Können wir doch den Arbeiterfrauen mit Recht sagen, daß wir über diesen Weg versuchen, auch ihre besonderen Interessen als Hausfrauen zu vertreten."[20]

Um die Arbeit der ‚Hauswirtschaftlichen Vereinigung' breitenwirksam zu gestalten, beschloß der

Frauenaktionsausschuß der SPD, daß der Verein eine eigenständige Frauenarbeit leisten solle. Seit Februar 1931 führte er deshalb Frauenabende durch, die im ‚Hamburger Echo‘ neben den Frauenveranstaltungen der Partei angekündigt wurden. In allen 20 Distrikten des Stadtgebietes und in drei Distrikten des Landgebietes der Hamburger SPD trafen sich mehr oder minder regelmäßig Gruppen des Vereins. Besonders aktiv arbeiteten die Gruppen Eimsbüttel, Barmbek-Nord und -Süd sowie St.Pauli-Nord und -Süd. In diesen großen Arbeiterwohngebieten waren auch die SPD-Distrikte in der Frauenarbeit führend.

Der Kreis der Funktionärinnen in den SPD-Frauengruppen und den Gruppen der ‚Hauswirtschaftlichen Vereinigung‘ war weitgehend identisch. Um einer Arbeitsüberlastung der aktiven Sozialdemokratinnen vorzubeugen, wurde mit der Einführung einer eigenständigen Frauenarbeit der ‚Hauswirtschaftlichen Vereinigung‘ eine verstärkte Arbeitsteilung zwischen dem Verein und der SPD-Frauenorganisation beschlossen. Der Frauenaktionsausschuß regte an, daß sich die Frauengruppen der Partei angesichts der zunehmenden sozioökonomischen Probleme und des wachsenden Einflusses der NSDAP wieder stärker auf die Beschäftigung mit allgemeinen sozialen und politischen Fragen konzentrieren sollten. In den Mittelpunkt der Frauenarbeit der Partei rückte mehr und mehr die Auseinandersetzung mit der frauenfeindlichen Politik der Nationalsozialisten. Der ‚Hauswirtschaftlichen Vereinigung‘ wurde die Beschäftigung mit den politischen und praktischen Problemen von Haushalt, Wohnen und Familie übertragen. Auf den Frauenabenden des Vereins standen demgemäß als häufigste Themen auf der Tagesordnung: Möglichkeiten einer Rationalisierung der Hausarbeit, Fragen der Wohnungsreform, Gesundheitsfürsorge und -politik, Familienpolitik und Eherecht, Erziehungsfragen, sowie Bevölkerungspolitik, Sexualaufklärung und § 218. Daneben wurde auch die sozialfürsorgerische Tätigkeit der ‚Arbeiterwohlfahrt‘ und die genossenschaftliche Arbeit der ‚Produktion‘ erörtert. Der Verein griff in seiner Öffentlichkeitsarbeit alle Themen auf, die die Arbeiterfrau als Ehefrau, Hausfrau und Mutter betrafen, und propagierte die sozialdemokratischen Reformvorschläge zu Haushalt und Wohnen, Ehe und Familie. In Wahlkampfzeiten organisierte er zusätzlich eigene Werbeveranstaltungen für die SPD.

Die ‚Hauswirtschaftliche Vereinigung‘ sollte den SPD-Frauengruppen darüber hinaus auch die Organisation eines großen Teils der Kultur- und Freizeitaktivitäten abnehmen, die seit Anfang der zwanziger Jahre in immer größerem Umfang durchgeführt worden waren, um die weiblichen Mitglieder in stärkerem Maße an die Partei zu binden und den persönlichen Zusammenhalt der SPD-Frauengruppen zu fördern. Seit Februar 1931 wurden die monatlichen bzw. 14tägigen Handarbeitsabende in den Distrikten als Aktivitäten des Vereins durchgeführt, ebenso die Bunten Abende, auf denen Rezitationen und Musik geboten wurde. Auch die Sommer-Ausflüge in den Stadtpark oder zu den Erholungsgebieten am Stadtrand, zu denen die Frauen in der Regel ihre Kinder mitbringen konnten, organisierte seit diesem Zeitpunkt der Verein, ebenfalls die Besichtigungen, die u.a. zu den sozialen Einrichtungen der ‚Arbeiterwohlfahrt‘ und des hamburgischen Staates, zu den Betrieben der ‚Produktion‘ sowie in die Lehrküche der Hamburger Gaswerke führten. Das Angebot der ‚Hauswirtschaftlichen Vereinigung‘ stieß bei den Arbeiterfrauen aus dem sozialdemokratischen Milieu auf große Resonanz. Endlich wurden ihre Interessen und Probleme als Hausfrauen und Mütter konsequent aufgegriffen. Der Verein wurde zwischen 1929 und 1933 zu einem festen Bestandteil der sozialdemokratischen Frauenbewegung Hamburgs.[21]

* * *

In der Weimarer Republik setzte sich die SPD-Frauenbewegung sehr viel intensiver als im Kaiserreich mit der „Hausfrauenfrage“ auseinander. Die Motive, die die führenden Sozialdemokratinnen dazu veranlaßten, sich stärker für die Interessen der proletarischen Hausfrauen einzusetzen, wandelten sich im Verlauf der zwanziger Jahre: In den ersten Nachkriegsjahren engagierten sie sich vorrangig für die „Hausfrauenfrage“, weil sie den Einfluß der SPD unter den Wählerinnen verbreitern und die weiblichen Mitglieder stärker an die Partei binden wollten. Aufgabe der geforderten sozialistischen Hausfrauenorganisation sollte es sein, die Interessen der Arbeiterfrauen im Reichswirtschaftsrat und den neugeschaffenen staatlichen Verbrauchervertretungen einzubringen. Der wachsende Einfluß der Idee einer Haushaltsrationalisierung bewegte sie seit Mitte der zwanziger Jahre dazu, sich intensiver mit dem Thema Hausarbeit und Haushaltsreform auseinanderzusetzen. Sie betrachteten es nun auch als Aufgabe einer Interessenorganisation der proletarischen Hausfrauen, dafür zu wirken, daß von den Erkenntnissen und Errungenschaften der Wohnungs- und Haushaltsreform auch Arbeiterhaushalte profitierten. Entgegen der Forderung vieler Sozialdemokratinnen lehnte die Parteiführung die Gründung einer reichsweiten sozialistischen Hausfrauenorganisation bis 1933 aus organisationspolitischen Gründen ab. Diese Haltung erweist sich rückblickend als kurzsichtig, da das Beispiel der ‚Hauswirtschaftlichen Vereinigung‘ in Hamburg zeigt, welche Möglichkeiten eine sozialistische Hausfrauenorganisation für die Aktivierung der sogenannten „indifferenten“ Frauen im sozialdemokratischen Milieu bot.

1.5.3 *Die Konsumgenossenschaften als „Gewerkschaft der Hausfrauen“*

Anfang der zwanziger Jahre setzte sowohl in der SPD-Frauenorganisation als auch in den Konsumgenossenschaften eine breite Diskussion über das Thema „Die Frau in der Genossenschaftsbewegung“ ein[22]. Angeregt worden war die Debatte durch die erste internationale genossenschaftliche Frauenkonferenz, die im August 1921 im Anschluß an den 10. Internationalen Genossenschaftstag in Basel stattfand. An der Konferenz nahmen 40 Frauen aus sechs Ländern teil[23]; der Zentralverband deutscher Konsumvereine (ZdK) hatte keine Delegierte entsandt. Die Konferenz diente dem Erfahrungsaustausch über den Stand der genossenschaftlichen Frauenarbeit. Im Mittelpunkt der Erörterungen standen die Stellung der Frauen in der Genossenschaftsbewegung und die Perspektiven genossenschaftlicher Frauenarbeit. Die Konferenz beschloß die Bildung eines internationalen genossenschaftlichen Frauenausschusses, zu dessen Präsidentin die österreichische Sozialdemokratin *Emmy Freundlich*[24] gewählt wurde, und rief zur Gründung nationaler genossenschaftlicher Frauenorganisationen auf.[25]

In Deutschland veranlaßten die Beschlüsse dieser Frauenkonferenz die aktiven Genossenschafterinnen zu einer kritischen Bestandsaufnahme. Sie mußten feststellen, daß 1921:

- zwar immerhin 20 % der mehr als 2,8 Millionen Mitglieder des ZdK Frauen waren, doch in Vorstand und Ausschuß ausschließlich Männer saßen (diese Situation bestand seit der Gründung des ZdK im Jahr 1903),
- lediglich in einer der 1.337 Genossenschaften, die dem ZdK angeschlossen waren, eine Frau im Vorstand vertreten war.[26]

Frauen waren auch in allen anderen Gremien des ZdK, der Regionalverbände und der ihnen angeschlossenen Genossenschaften ganz erheblich unterrepräsentiert. Dies zeigte sich besonders deutlich auf den Genossenschaftstagen, auf denen Frauen nie mehr als 3 % der Delegierten stellten. Das Fehlen einer deutschen Vertreterin auf der ersten internationalen genossenschaftlichen Frauentagung wurde von Genossenschafterinnen als Symbol der Diskriminierung der Frauen in der deutschen Konsumvereinsbewegung gewertet.[27]

Obwohl den Konsumgenossenschaften Anfang der zwanziger Jahre eine erhebliche Zahl weiblicher Mitglieder angehörte, waren sie real eine ‚Männerorganisation‘, die Fraueninteressen nur am Rande vertrat und sich nicht um Frauenarbeit und -agitation bemühte. Dies war in den Anfängen der Genossenschaftsbewegung anders gewesen. Zumindest der ZdK hatte in den ersten Jahren nach seiner Konstituierung Frauenagitation betrieben[28]. 1904 übernahm er von der ‚Groß-

„Frühzeitige Aufklärung“ (Konsumgenossenschaftliches Volksblatt, Nr. 6, 1932)

einkaufsgesellschaft Deutscher Konsumvereine m.b.H.‘ die Herausgabe des ‚Frauen-Genossenschaftsblattes‘, das bereits seit April 1902 erschien. Mit dieser Zeitschrift wollte der ZdK die weiblichen Mitglieder zu genossenschaftlichem Denken und Handeln bewegen und ihnen „erziehen und haushalten helfen“.[29] Neben Berichten aus der Genossenschaftsbewegung und Artikeln zu Fragen der Genossenschaftspolitik enthielt das Blatt Haushalts- und Erziehungstips sowie ein umfangreiches Feuilleton. Das ‚Frauen-Genossenschaftsblatt‘ konnte seine Auflage von 120.000 im Jahr 1902 auf 210.000 im Jahr 1907 steigern.[30] Bald nach seiner Gründung gab der Zentralverband darüber hinaus zur Frauenagitation eine Broschüre mit dem Titel „Was bietet der Konsumverein der Arbeiterfrau?“ heraus[31]. Bis 1908 war das ‚Frauen-Genossenschaftsblatt‘ die einzige Mitgliederzeitschrift des ZdK[32]. Um eine Zeitung zu schaffen, die neben den weiblichen auch die männlichen Mitglieder ansprach, wurde seit 1908 das ‚Konsumgenossenschaftliche Volksblatt‘ von der neugegründeten Verlagsanstalt des ZdK herausgegeben; das ‚Frauen-Genossenschaftsblatt‘ wurde eingestellt. In dem neuen Blatt war den weiblichen Mitgliedern lediglich die Rubrik „Für unsere Frauen“ gewidmet, die vorrangig Haushaltstips enthielt. Das ‚Konsumgenossenschaftliche Volksblatt‘ erschien bis 1933. Seine Auflage stieg von 220.000 im Jahr 1908 auf 1.440.000 im Jahr 1931. Bereits 1913 hatten die Regionalverbände der Genossenschaften die Möglichkeit erhalten, auf Auswechselseiten genauer über die Tätigkeit der ihnen angeschlossenen Konsumvereine zu berichten.[33]

Die Bestandsaufnahme der genossenschaftlichen Frauenarbeit fiel Anfang der zwanziger Jahre wenig erfreulich aus. Dies konnte auch die ZdK-Führung nicht ignorieren. Im Januar 1922 regte sie deshalb in der ‚Konsumgenossenschaftlichen Rundschau‘, dem Zentralorgan des ZdK, erstmals eine Diskussion über das Thema „Die Frau in der Genossenschaft“ an.[34] An der Debatte beteiligten sich überwiegend Frauen. Sie beschrieben einhellig als eine zentrale Ursache, die einer gleichberechtigten Mitarbeit der Frauen im Wege stand, die Koppelung von Mitgliedschaft und Mitbestimmungsrechten: In der Regel wurde der Mann als „Ernährer“ der Familie Mitglied der Genossenschaften, er erwarb den Geschäftsanteil. Damit standen allein ihm die genossenschaftlichen Mitbestimmungsrechte zu. Seine Frau durfte und sollte zwar täglich im Konsumverein einkaufen, aber das passive und aktive Wahlrecht zu sämtlichen Genossenschaftsgremien, das Recht zur Mitentscheidung, blieb ihr vorenthalten. Als Möglichkeiten der Abhilfe wurden in der ‚Konsumgenossenschaftlichen Rundschau‘ die Doppelmitgliedschaft bzw. die Übertragung der Mitgliedschaft und damit der Mitbestimmungsrechte vom Mann auf die Frau erörtert: Die Doppelmitgliedschaft war angesichts der bestehenden Rechtsbestimmungen keine realistische Lösung des Problems, denn viele Arbeiterfamilien konnten den damit verbundenen doppelten Geschäftsanteil nicht aufbringen, der durchschnittlich dem vollen Wochenlohn eines gelernten Arbeiters entsprach. Die Übertragung der Mitgliedschaft setzte die Bereitschaft des Mannes voraus, auf seine Mitbestimmungsrechte zu verzichten. Dies lehnten die meisten Genossenschafter ab.[35]

Neben einer Neuregelung der Mitgliedschaft und der Mitbestimmungsrechte forderten die Frauen in der ‚Konsumgenossenschaftlichen Rundschau‘ den Ausbau der genossenschaftlichen Frauenarbeit. Um eine gleichberechtigte Mitwirkung und Mitentscheidung der Frauen zu erreichen, schlugen sie u.a. vor,

- die Frauenagitation der Genossenschaften erheblich zu intensivieren,
- regelmäßig kleinere und größere Frauenversammlungen abzuhalten und Besichtigungen der Genossenschaftsbetriebe und -einrichtungen anzubieten,
- Frauen, die bereit wären, eine Funktion zu übernehmen, stärker zu fördern und zu unterstützen,
- zur Anleitung der Frauenarbeit und -agitation zumindest in den größeren Genossenschaften eine Frauensekretärin anzustellen.[36]

Die Diskussion in der ‚Konsumgenossenschaftlichen Rundschau‘ regte die ZdK-Führung auch intern zu einer Debatte über die Möglichkeiten genossenschaftlicher Frauenarbeit an. Resultat war, daß Vorstand, Ausschuß und Verbandssekretäre des ZdK auf ihrer turnusmäßigen Sitzung im September 1922 die folgenden „Richtlinien für die Mitarbeit der Frau in der Konsumgenossenschaft“ beschlossen, die allgemeinverbindlich Ziele und Formen der genossenschaftlichen Frauenarbeit und -agitation festlegten:

„Die Leitungen des Zentralverbandes und der Revisionsverbände anerkennen die Notwendigkeit der Aufklärungs- und Erziehungsarbeit unter den Frauen der Verbraucherfamilien. Bestmögliche Unterstützung soll ihr zuteil werden.

Ziel der besonderen Arbeit unter den Frauen muß es sein:

1. die Frauen durch genossenschaftliche und volkswirtschaftliche Aufklärung
a) zu treuen, überzeugten Genossenschafterinnen zu machen und sie für die genossenschaftlichen Zukunftsaufgaben vorzubereiten;
b) sie in die wirtschaftlichen und genossenschaftlichen Zeitfragen einzuführen;
2. Unter den Frauen das Verständnis für genossenschaftliche Kleinarbeit wachzurufen und sie zur bezirksweise gegliederten Mitarbeit anzuleiten:
a) zur Aufnahme neuer Genossen,
b) zum Besuche säumiger und ausgeschiedener Genossen,
c) zur Einkassierung des Geschäftsguthabens usw.,
d) zur Zustellung der Genossenschaftspresse,
e) auf einen guten Besuch der genossenschaftlichen Veranstaltungen, Versammlungen usw. hinzuwirken.

Über die Arbeiten ist fortlaufend Statistik zu führen, aus der bezirksweise die Leistungen und Erfolge zu ersehen sind. Die unter 1 und 2 aufgeführten Arbeiten können sich nur im Rahmen der allgemeinen genossenschaftlichen Organisation auswirken. Zu diesem Zweck wird den Genossenschaftsverwaltungen empfohlen, darauf hinzuarbeiten, daß in allen Körperschaften, besonders im Genossenschaftsrat bzw. in der Vertreterversammlung, Frauen, die über die nötige Zeit und über den erforderlichen Arbeitswillen verfügen, in größerer Anzahl und im Aufsichtsrat ebenfalls Frauen mit den entsprechenden Voraussetzungen vertreten sind.

Befinden sich im Genossenschaftsrat oder in einem Verteilungsbezirk mehrere weibliche Funktionäre, so kann deren bezirks- oder abteilungsweise Zusammenfassung zu besonderen Frauengruppen im Rahmen der Gesamtorganisation erstrebt werden.

In beiden Fällen wird darauf hinzuwirken sein, daß die genossenschaftliche Erziehungs- und Kleinarbeit *gemeinsam* vor sich geht. In besonderer Weise können Frauenzusammenkünfte mit genossenschaftlichem, allgemein belehrendem, hauswirtschaftlichem und geselligem Charakter zweckmäßig erscheinen.

Die Arbeiten des Genossenschaftsrats oder Mitgliederausschusses bzw. der besonderen Frauengruppen vollziehen sich im Einvernehmen mit Vorstand und Aufsichtsrat bzw. mit den von der Verwaltung beauftragten Personen (Sekretär, Sekretärin usw.).

Ein besonderer Arbeitsplan soll für die Aufgaben der Frauengruppen (Werbe- und Bildungsausschüsse) aufgestellt werden ...“[37]

Zur Schulung der Funktionärinnen wurden örtlich und regional Unterrichtskurse zu genossenschaftlichen, volkswirtschaftlichen und evtl. hauswirtschaftlichen Fragen empfohlen, die von der Fortbildungskommission des ZdK angeleitet werden sollten.

Diese „Richtlinien für die Mitarbeit der Frau in der Konsumgenossenschaft“ wurden 1923 vom Görlitzer Genossenschaftstag bestätigt. *Robert Schweikert*, der Leiter der Fortbildungskommission des ZdK, hatte vor der Beschlußfassung in einem Referat ausführlich deren Zielsetzung erläutert. Bei der Formulierung der Richtlinien seien die Leitungsgremien des ZdK von dem Gedanken ausgegangen, daß die Konsumgenossenschaften das „naturgemäße“ Aufgabengebiet der Hausfrau seien:

„Sind doch der Frau von Natur aus und durch die gesellschaftliche Entwicklung bedingt wirtschaftliche, im besonderen hauswirtschaftliche und Erziehungsfragen zugewiesen, Aufgaben, die an Größe und Verantwortung von Jahr zu Jahr zunehmen, deren Erfüllung im Interesse einer gesunden Familienwirtschaft alle Kräfte und Energie, allen Scharfsinn der Frau in Anspruch nimmt. Zusammenfassend sei an die Aufgaben der Frau bei der Ernährung, Bekleidung, Besorgung der Wohnung, also an die Arbeiten der Frau in Haus und Küche, erinnert. Hier eröffnete sich in den letzten Jahren der Hausfrau eine Welt neuer Probleme und unzähliger Schwierigkeiten, die, verknüpft mit hauswirtschaftlichen Umstellungen, alle in die Frage einmünden: Wie können mit dem

> Einkommen des Mannes bzw. der erwerbstätigen Familienmitglieder die Anforderungen des Haushalts durchgeführt, die kulturellen Bedürfnisse befriedigt und die Erziehungspflichten erfüllt werden?“[38]

Die Organisation, die den Frauen bei der Lösung dieser Frage helfen könne, sei die Konsumgenossenschaft. Durch die planmäßige Organisierung des Bedarfs, deren Folge eine Stärkung der Kaufkraft sei, könne ein bestimmender Einfluß auf die Gestaltung der Produktion und damit auf die Wirtschafts- und Kulturverhältnisse ausgeübt werden. Das Ausmaß des Einflusses sei nicht zuletzt davon abhängig, in welchem Umfang die Hausfrauen den täglichen Bedarf ausschließlich im Konsumverein deckten. Zentrales Ziel der Aufklärungs- und Erziehungsarbeit unter den Frauen müsse es deshalb sein, sie als überzeugte Kundinnen der Konsumgenossenschaften zu gewinnen.[39] Folgende „natürliche Arbeitsteilung“ zwischen Frau und Mann war nach Schweikert in der Genossenschaftsbewegung anzustreben:

> „Der Mann übernimmt zur Zeit den bestimmenden und entscheidenden Einfluß auf Stand und Gang der Organisation, auf die Beschlüsse der verfassungsgebenden, leitenden und kontrollierenden Organe; die Frau des Mitglieds hingegen ist dazu berufen, den täglichen Haus- und Küchenbedarf von den Verteilungsstellen zu entnehmen.“[40]

Eine Neuregelung der Mitgliedschaft hielt er deshalb nicht für notwendig. Bei den überwiegend männlichen Delegierten des Görlitzer Genossenschaftstags fanden die Ausführungen Robert Schweikerts uneingeschränkte Zustimmung[41]. Der ZdK-Vorstand gab sein Referat 1923 als Broschüre heraus[42].

Die Ziele, die engagierte Genossenschafterinnen mit ihrer Forderung nach einem Ausbau der genossenschaftlichen Frauenarbeit und -agitation erstrebten, unterschieden sich deutlich von den Intentionen, die die meisten leitenden ZdK-Funktionäre verfolgten, wenn sie für eine verstärkte Förderung der weiblichen Mitarbeit eintraten. Den Genossenschafterinnen ging es darum, nicht nur in der Kleinarbeit mitwirken zu dürfen, sondern auch in den Selbstverwaltungsgremien der Konsumgenossenschaften gleichberechtigt vertreten zu sein. Die ZdK-Funktionäre griffen die Forderung nach einem Ausbau der Frauenarbeit und -agitation in der Regel lediglich auf, weil sie daran interessiert waren, die Frauen als Kundinnen an die Genossenschaften zu binden. Sie sahen in ihnen ausschließlich Konsumentinnen, deren Engagement sich auf die Kleinarbeit im Umfeld der Verkaufsstellen beschränken sollte. Nur wenige waren bereit, auf einen Teil ihrer innerverbandlichen Macht zu verzichten und den Frauen Platz für eine gleichberechtigte Mitarbeit auf allen Ebenen der Organisation einzuräumen. Ziele und Forderungen der Genossenschafterinnen mobilisierten die Abwehr der ZdK-Funktionäre. Ein Mittel, mit dem sie die männliche Vormachtstellung in den Genossenschaften sichern wollten, war die Festschreibung der „natürlichen“ geschlechtsspezifischen Arbeitsteilung, die auch den „Richtlinien für die Mitarbeit der Frau in der Genossenschaft“ zugrunde lag. Mit dieser Arbeitsteilung konnte die herkömmliche Regelung der Mitgliedschaft und damit der Mitbestimmungsrechte verteidigt werden, die die Frauen erheblich diskriminierte.

Mit der Umsetzung der „Richtlinien zur Mitarbeit der Frau in der Konsumgenossenschaft“ begannen die meisten Konsumvereine des ZdK erst seit Beginn der Stabilisierungsphase. Zu den Genossenschaften, die sich in der zweiten Hälfte der zwanziger Jahre intensiv um die Frauenarbeit bemühten, gehörte der Hamburger Konsum-, Bau- und Sparverein ‚Produktion‘.

1.5.3.1 Frauen im Hamburger Konsum-, Bau- und Sparverein ‚Produktion‘

Die ‚Produktion‘, die 1899 gemäß einem Beschluß des Hamburger Gewerkschaftskartells gegründet worden war, entstand als erste deutsche Konsumgenossenschaft durch gewerkschaftliche Initiative. Der Konsum-, Bau- und Sparverein begriff sich dezidierter als alle früher gegründeten Konsumgenossenschaften als Teil der Arbeiterbewegung und wurde in Hinblick auf Ziele und Aufbau Vorbild für nachfolgende Genossenschaftsgründungen.[43] Seine Ziele beschrieben die Initiator(inn)en in einem Flugblatt, das zwecks Werbung für die neue Genossenschaft in einer Auflage von 200.000 Exemplaren im März 1899, knapp zwei Monate nach der offiziellen Gründung, in Hamburg, Altona und Wandsbek von Haus zu Haus verteilt wurde:

> „Es gilt ein Werk lebendiger Selbsthülfe sowohl als praktischen Idealismus zu schaffen ...
> Wir wollen erreichen: daß die Frauen unserer Mitglieder ihren Hausstand mit weniger Geld vorteilhafter führen können als bisher. Darum beginnen wir mit dem Konsumverein, der gute unverfälschte Waren preiswürdig liefern wird.
> Wir wollen erreichen: daß die Familien unserer Mitglieder im Falle der Not (Arbeitslosigkeit, Krankheit, Wochenbett usw.) einen Sparpfennig haben. Zu diesem Zwecke wird statutengemäß ein Notfonds und ein Warenvorschußfonds und eine Sparkasse eingerichtet werden.
> Wir wollen erreichen: daß entsprechend der fortschreitenden Ansammlung von Mitteln nach und nach unsere Mitglieder in durch den Verein erbauten Häusern gesunde, menschenwürdige Wohnungen erhalten, deren Mietpreis nicht abhängig ist von der Gnade des Hauswirts ...
> Wir wollen erreichen: daß das Einkommen unserer Mitglieder sich hebt. Darum wollen wir im Verhältnis der sich ansammelnden Mittel zur Eigenproduktion übergehen, damit dem Verein der Unternehmergewinn aus den nach und nach in Angriff genommenen Produktionszweigen zufällt.“[44]

Die Gründer(innen) der ‚Produktion‘, zu denen als bekannteste der Gewerkschafter *Adolph von Elm*[45] und die Sozialdemokratin *Helma Steinbach* gehörten, erstrebten kurzfristig die wirtschaftliche Selbsthilfe der Arbeiterfamilien, langfristig aber eine Bedarfsdeckungswirtschaft unter Berücksichtigung der Interessen der Endverbraucher und damit eine Umgestaltung des Wirtschaftssystems[46]. Ihre Vorstellungen zum Aufbau der neuen Genossenschaft lehnten sich an das Vorbild der 1844 in England gegründeten Konsumgenossenschaft ‚Rochdale Society of Equitable Pioneers‘ an, deren Zielsetzung und Organisationsaufbau richtungsweisend für die Genossenschaftsbewegung waren[47].

Die ‚Produktion‘ wurde gemäß den Organisationsgrundsätzen, die im Statut von 1899 festgelegt waren, zunächst durch die Genossenschaftsmitglieder nach dem Prinzip der direkten Demokratie selbstverwaltet[48]. Die Generalversammlung aller Mitglieder war das höchste beschlußfassende Gremium; sie wählte Vorstand und Aufsichtsrat, die die laufenden Geschäfte leiteten. Im Oktober 1902 wurde gemäß einem Beschluß der Generalversammlung ein Mitgliederausschuß eingeführt, der als repräsentatives Mitgliederorgan den Zusammenhalt zwischen Mitgliedern und Verwaltung stärken sollte. Pro Verkaufsstelle, als solche galten lediglich die Kolonialwarengeschäfte, wurden drei Ausschußmitglieder gewählt.[49]

Seit der Novelle zum Genossenschaftsgesetz, die im Juli 1922 in Kraft trat, waren Konsumgenossenschaften mit mehr als 10.000 Mitgliedern verpflichtet, die Generalversammlung aus Vertretern bestehen zu lassen[50]. Demgemäß beschloß die Generalversammlung der ‚Produktion‘ im Mai 1923 eine Anpassung des Statuts: Der Mitgliederausschuß wurde zur Vertreterversammlung und damit zum höchsten beschlußfassenden Gremium, zu dessen Aufgaben u.a. die Wahl des Vorstandes und des Aufsichtsrates sowie die Entscheidung über die Verteilung des Reingewinns gehörten. Wahlberechtigt und wählbar war jedes Mitglied, das mindesten ein Jahr der Genossenschaft angehörte und einen Umsatz aufwies, der seinen wirtschaftlichen Verhältnissen entsprach. Gewählt wurden die Ausschußmitglieder für drei Jahre. Konkrete Aufgaben des Mitgliederausschusses, dessen Arbeit durch ein angestelltes Sekretariat organisiert und koordiniert wurde, waren nach dem Statut von 1923:

1. die Agitation für die Genossenschaft,
2. die Übermittlung von Wünschen und Beschwerden seitens der Mitglieder an den Vorstand der Genossenschaft,
3. die Kontrolle der Verkaufsstellen,
4. erforderlichenfalls Mitarbeit bei den Inventuren,
5. Mitwirkung in den Kommissionen des Aufsichtsrates,
6. die Teilnahme an genossenschaftlichen Tagungen durch Delegierte.[51]

Um diese Aufgaben erfüllen zu können, gliederte sich der Mitgliederausschuß in zehn Bezirke, denen jeweils ein gewählter Bezirksführer vorstand. Die zehn Bezirksführer bildeten den Vorstand des Mitgliederausschusses. Zur Information dienten die ‚Wöchentlichen Mitteilungen an den Mitgliederausschuß', die seit 1924 regelmäßig erschienen. Unterstützt wurde die Arbeit des Mitgliederausschusses durch ehrenamtliche Mitarbeiter(innen); jede Verkaufsstelle hatte einen Stamm von zehn bis fünfzehn Funktionär(inn)en. Ihre Aufgabe war neben der Mitgliederwerbung die Verteilung des ‚Konsumgenossenschaftlichen Volksblattes' an die Mitgliederhaushalte sowie die Hilfe bei der Vorbereitung der Mitgliederversammlungen, die regelmäßig in allen Verkaufsstellen durchgeführt wurden. Mitte der zwanziger Jahre unterstützten die Arbeit der ‚Produktion' rund 5.000 ehrenamtliche Mitarbeiter(innen).[52] Zu ihnen gehörte auch *Caroline S.* (geb. 1900), die gleich nach ihrer Heirat 1923 Mitglied der ‚Pro' geworden war. Sie beschreibt ihre Tätigkeit im Mitgliederausschuß:

> „Die Wahlen fanden abends im Laden statt, nach Feierabend, wenn 30 da waren, waren es viele, es waren immer nur die Aktivsten. Als Mitgliederausschuß haben wir die Gewichte kontrolliert, wir haben gemeutert, als dann später alles in Päckchen abgepackt war, weil das Verschwendung war, und das mußten ja die Mitglieder bezahlen! Wenn Mitglieder unzufrieden waren, haben wir sie aufgesucht und mit ihnen gesprochen. Jede Woche mußten die Sparschränke leer gemacht und das Geld auf die Bank gebracht werden. Und Berichte nach oben über den Laden waren auch jeden Monat zu schreiben."[53]

Finanziert wurde die Arbeit der ‚Produktion' ausschließlich aus den Mitteln, die von den Mitgliedern aufgebracht wurden. Jedes Mitglied mußte bei seinem Eintritt einen Geschäftsanteil und eine Haftsumme in Höhe von je 30 Mark erwerben. Im Unterschied zu anderen Konsumvereinen, die an ihre Mitglieder eine möglichst hohe Dividende ausbezahlten, gewährte die ‚Produktion' von Anfang an höchstens 5 % ihres Umsatzes als Rückvergütung.[54] Dieses Geld wurde der freien Verfügung solange entzogen, bis ein „Notfonds" in Höhe von 100 Mark aufgebracht war, den die Mitglieder sich nur in Notfällen auszahlen lassen konnten. Alle Einlagen, die die Summe von 100 Mark überstiegen, wurden als täglich kündbare Spareinlagen behandelt. Das Statut legte fest, daß der nach Auszahlung der Rückvergütung verbleibende Gewinn zu einem erheblichen Teil in den Ausbau des eigenen Unternehmens investiert werden sollte. Neben diesem „Produktionsfonds" waren verschiedene andere Rücklagenbestände vorgesehen, u.a. ein „Bildungsfonds", der Zwecken der Arbeiterbildung dienen sollte, ein „Warenvorschußfonds", aus dem Mitgliedern im äußersten Bedarfsfall ein Kredit zum Bareinkauf im Konsumverein gewährt werden sollte, sowie ein „Unterstützungsfonds" für die Familien bedürftiger Pensionär(inn)e(n) der ‚Produktion'.[55]

Im Juli 1899 eröffnete die ‚Produktion' ihre erste „Verkaufsstelle" in der Neustadt. Die Zahl der Läden und Lager und damit der Beschäftigten stieg in den nächsten Jahren und Jahrzehnten erheblich an. Anfang der dreißiger Jahre umfaßte der Konsum-, Bau- und Sparverein die meisten „Verkaufsstellen" seit seiner Gründung und war das größte Einzelhandelsunternehmen im Raum Groß-Hamburg geworden. Ihm waren 1931 insgesamt 489 Läden und Läger angeschlossen, von denen knapp 70 % im Hamburger Stadtgebiet lagen.[56] Im Einzelhandel wie in Industrie und Gewerbe Hamburgs war die ‚Produktion' ein bedeutender Arbeitgeber: Ihre Waren wurden in

Tab. 19: *Die Mitglieder des Konsum-, Bau- und Sparvereins ‚Produktion‘ zu Hamburg nach Beruf und Geschlecht. 1914–1931*

Jahr	Mitglieder		Von hundert Mitgliedern waren									Von hundert Frauen waren		
	insgesamt	Frauen[a)]	Frauen	Arbeite-rinnen	Büro-ange-stellte	Ehe-frauen	Arbei-ter(in-nen)	Ange-stellte	Beamte/ Lehrer	Selb-ständige	sonst. Berufe[b)]	Arbeite-rinnen	Büro-ange-stellte[c)]	Ehe-frauen
1914	74328	12742	17,1	1,2	0,3	15,7	74,7	4,1	0,6	3,7	1,2	7,2	1,5	91,3
1915	83627	19035	22,8	1,3	0,3	21,2	67,9	4,6	0,9	3,9	1,5	5,5	1,3	93,2
1916	99021	28603	28,9	1,7	0,3	26,9	61,5	4,5	1,3	4,1	1,7	5,8	1,2	93,0
1917	105483	32844	31,1	1,8	0,4	29,0	58,7	4,6	1,7	4,2	1,8	5,7	1,2	93,1
1919	112344	36419	32,4	2,2	0,5	29,7	56,9	5,1	2,2	4,4	1,7	6,8	1,6	91,6
1920	120724	39324	32,6	2,2	0,8	29,6	55,1	5,8	3,0	4,6	1,9	6,7	2,3	91,0
1921	125077	41195	32,9	2,1	0,8	30,0	53,5	6,2	3,9	4,4	2,0	6,4	2,4	91,2
1922	136954	44817	32,7	2,1	0,8	29,9	52,8	6,5	4,5	4,3	2,0	6,3	2,5	91,2
1924	115407	35653	30,9	1,9	0,9	28,1	54,5	6,7	4,4	4,2	2,0	6,1	2,9	91,0
1925	118342	36348	30,7	2,0	0,9	27,9	55,0	6,6	4,4	4,2	2,0	6,4	2,9	90,7
1926	94938	26655	28,1	2,3	1,1	24,7	56,7	7,4	5,1	3,9	2,1	8,1	3,8	88,0
1927	92129	23691	25,7	2,0	c)	23,7	59,9	6,9	5,1	2,5	1,9	7,8		92,2
1928	100737	26991	26,8	1,9		24,9	59,0	6,8	5,0	2,5	1,8	7,1		92,9
1929	116128	31318	27,0	1,8		25,1	59,6	6,4	4,8	2,4	1,6	6,8		93,2
1930	128631	34758	27,0	2,0		25,0	59,6	6,6	4,8	2,2	1,8	7,3		92,7
1931	134679	36181	26,9	2,2		24,7	59,6	7,1	4,8	2,1	1,9	8,2		91,8

a) Die Kategorie ‚Frauen‘ umfaßt nicht alle weiblichen Mitglieder der ‚Produktion‘, da die meisten Berufsgruppen in den Quellen nicht nach dem Geschlecht differenziert wurden.
b) Die Kategorie ‚sonstige Berufe‘ umfaßt u.a. Akademiker, freie Berufe, Künstler, Musiker, Schriftsteller, Redakteure, Berufslose und Rentner.
c) Die Kategorie ‚Büroangestellte‘ wurde als weiblich gewertet, die der ‚Handlungsgehilfen‘ als männlich. Seit 1927 wurde in den Quellen zwischen beiden nicht mehr differenziert.

Quelle: Gb.Pro 1913, 22f; Gb.Pro 1925, 21; Gb.Pro 1926, 18f; Gb.Pro 1927, 17f; Gb.Pro 1928, 17f; Gb.Pro 1929, 47f; Gb.Pro 1930, 59f; Gb.Pro 1931, 45f.

zwölf eigenen Betrieben hergestellt[57]. Von den 3.879 Arbeitnehmern, die sie 1931 beschäftigte, waren 48 % im Verkauf tätig. Die Baugenossenschaft verwaltete zu diesem Zeitpunkt 132 Grundstücke und mehr als 2.000 Wohnungen im Groß-Hamburger Raum. Die Sparkasse entwickelte sich mit einem Netz von 25 Filialen zum drittgrößten Sparinstitut der Stadt; sie verwaltete 1931 rund 46 Millionen Mark an Spareinlagen auf 127.000 Konten.[58] Mit diesem Geschäftsumfang war die ‚Produktion‘ in der Weimarer Republik die größte Genossenschaft des ZdK[59].

Die weiblichen Konsumvereinsmitglieder

Ein entscheidender Faktor der erfolgreichen Geschäftsentwicklung des Konsum-, Bau- und Sparvereins ‚Produktion‘ war die große Mitgliederzahl, die schon im ersten Jahrzehnt nach der Gründung von 2.900 auf 41.900 stieg[60]. Überdurchschnittlich war der Mitgliederzuwachs der ‚Produktion‘ mit 51 % in den Jahren des Ersten Weltkrieges; erheblich nahm vor allem die Zahl der weiblichen Mitglieder zu, die sich zwischen 1914 und 1919 fast verdreifachte. Auch in der Nachkriegszeit hielt der Mitgliederzustrom an, erreichte allerdings zwischen 1919 und 1922 mit insgesamt 22 % nicht mehr den Umfang der Kriegszeit. Der prozentuale Zuwachs bei männlichen und weiblichen Mitgliedern unterschied sich in den Nachkriegsjahren nur geringfügig. (Vgl. Tabelle 19) Die Mitgliederentwicklung des ZdK zeigt zwischen 1914 und 1922 eine ähnliche Tendenz wie die der ‚Produktion‘[61].

Hauptursache für die bedeutende Mitgliederzunahme der Konsumgenossenschaften in den Kriegs- und Nachkriegsjahren war die schlechte Versorgungslage. Wie die Hamburger ‚Produktion‘ versuchten auch die meisten anderen Konsumvereine im Reichsgebiet, Gütermangel und Preiswucher zu begegnen, indem sie frühzeitig Vorratswirtschaft betrieben, die pro Mitglied abzugebenden Warenmengen begrenzten und Höchstpreise festsetzten, die in den Tageszeitungen veröffentlicht wurden, um auf den Einzelhandel Druck auszuüben.[62] Diese Politik im Interesse der Konsumenten, deren Folge Versorgungsvorteile für Genossenschaftsmitglieder waren, bewegte in der Kriegszeit viele Arbeiterfrauen dazu, einem Konsumverein beizutreten. Sie wurden selbst Mitglied, da ihre Ehemänner entweder als Soldaten an der Front standen oder im Krieg gefallen waren. Dies erklärt den überdurchschnittlichen Zuwachs an weiblichen Genossenschaftsmitgliedern; der Frauenanteil in der ‚Produktion‘ stieg zwischen 1914 und 1919 von 17 % auf 32 % an. Er lag, wie im gesamten folgenden Jahrzehnt, deutlich höher als der Frauenanteil im ZdK, der von 15 % im Jahr 1914 auf 21 % im Jahr 1919 angestiegen war.[63]

Die preisgünstigere und bessere Versorgung durch die Konsumgenossenschaft veranlaßte auch in den Nachkriegsjahren viele Konsumenten zum Eintritt. Da die Zwangswirtschaft zunächst aufrechterhalten wurde, waren rationierte Waren nach wie vor am besten im Konsumverein zu bekommen. Die Genossenschaften betrieben zudem in der folgenden Phase der Hochinflation keine Politik der Waren-Hortung und der unangemessenen Preissteigerungen. In der Weimarer Republik wurde es für Sozialdemokraten und Gewerkschafter immer mehr zur „selbstverständlichen Pflicht“, die Genossenschaftsbewegung durch ihren Beitritt zu unterstützen.

Längst nicht alle Mitglieder der Konsumgenossenschaften waren auch regelmäßige Kunden. In der ‚Produktion‘ lag die „Nichtkäuferrate“ in der Vorkriegszeit durchschnittlich bei 40 %, in den Kriegsjahren ging sie auf 35 % zurück, in der Nachkriegszeit stieg sie auf mehr als 45 % an.[64] Der hohe Nichtkäufer-Anteil war für die Konsumgenossenschaften ein altes Problem, das sich in den zwanziger Jahren verschärfte. Ursachen hierfür waren u.a. der Wandel der Geschäftspolitik des privaten Einzelhandels und ein geändertes Kaufverhalten der Konsumenten: Auch der private Einzelhandel bot mittlerweile Qualitätsware zu Festpreisen an und gewährte „Rabatt“. Immer mehr fertig abgepackte „Markenware“, für die breit geworben wurde, eroberte den Markt. Die Hausfrauen entwickelten ein „Markenbewußtsein“ und verlangten die bekannten Produkte. Die Bereitschaft des Einzelhandels „anzuschreiben“, war in Notzeiten ein zusätzlicher Kaufanreiz. Hinzu kam, daß der nächste „Krämer“ häufig näher lag als die Verkaufsstelle des Konsumvereins.[65] Da der Einkauf der Lebensmittel und Konsumgüter in der Regel Aufgabe der Frauen war, ist der hohe Anteil von Nichtkäufern unter den Mitgliedern der Konsumgenossenschaften nicht zuletzt auf ihr Kaufverhalten zurückzuführen. Regelmäßige Kundinnen „ihres Konsumvereins“ waren nur Frauen, die von den Zielen der Genossenschaftsbewegung überzeugt waren. Zum festen Käuferinnenkreis gehörten vorrangig engagierte Sozialdemokratinnen und Gewerkschafterinnen. Typisches Beispiel ist Caroline S.:

> „Meine Mutter hat schon in der ‚Pro‘ gekauft, und wir haben auch nie woanders gekauft, wir sind dann auch gleich eingetreten, als wir geheiratet haben. Wir gehörten einfach dazu, das war ein Arbeiterunternehmen. Viele benutzten die ‚Pro‘ nur zum Einkaufen, aber das Genossenschaftliche, das ja so bindet, ging vielen nicht ein ...“[66]

Mitgliedschaft und Einkauf im Konsumverein waren in den zwanziger Jahren bei vielen jüngeren, organisierten Frauen aus dem sozialdemokratischen Milieu Teil der proletarischen Familientradition. Die Töchter folgten dem Beispiel der Mütter.

Auf den Zusammenhang von überzeugter Mitgliedschaft und Kaufverhalten der Frauen wiesen führende Genossenschafterinnen immer wieder hin, so auch die Berliner Sozialdemokratin *Gertrud Lodahl*[67], die auf dem Mannheimer Genossenschaftstag 1929 über das Thema „Die Mitarbeit der Frau in der Konsumgenossenschaftsbewegung“ referierte; sie sprach als erste Frau vor diesem Gremium:

> „Wir erleben es so unendlich häufig: Der Mann wird geworben für die Konsumgenossenschaft, ist vollkommen überzeugt von der Richtigkeit der Bewegung, geht nach Hause und sagt zu seiner Frau: Ich bin Mitglied geworden in der Konsumgenossenschaft, du hast dort zu kaufen. Irgendwelche Aufklärung findet nicht statt. Die Frau soll tun, was der Mann wünscht. Wenn sie es nicht immer tut, so ist das ganz erklärlich, denn sie ist genossenschaftlich nicht überzeugt, sie ist eben bloß da, den Wunsch ihres Mannes zu erfüllen; sie weiß nicht, warum und wieso, und wird demzufolge viel leichter dazu kommen, ihre Einkäufe, wie bisher, bei irgendwelchen Privatgeschäften zu machen, weil sie ja die genossenschaftliche Überzeugung gar nicht haben kann. Darum sage ich: Bei der Werbung neuer Mitglieder legen wir Wert darauf, daß die Frau Mitglied wird. (Zuruf von Remmele, Karlsruhe: Falsch!) Daß die Frau als Mitglied eine Vertretung in der Genossenschaft hat, das ist wichtiger und notwendiger, als wenn die Männer es sind. Die Frauen kaufen ein, und wenn sie selbst als Mitglieder interessiert sind, werden sie viel eher für den genossenschaftlichen Gedanken zu erwärmen sein.“[68]

Diesen Ausführungen widersprachen die meisten männlichen Diskussionsteilnehmer auf dem Genossenschaftstag heftig. Die Leitung des ZdK propagierte nach wie vor die Mitgliedschaft des Mannes, selbst eine Doppelmitgliedschaft wurde abgelehnt.[69] Diese Haltung, die die Frauen von einer Mitwirkung in den Gremien der Selbstverwaltung ausschloß, kritisierten engagierte Genossenschafterinnen seit Mitte der zwanziger Jahre immer häufiger, ohne jedoch bis 1933 einen Positionswandel des ZdK durchsetzen zu können.[70]

Eine weitere Ursache für die hohe „Nichtkäuferrate“ war in den Kriegs- und Nachkriegsjahren die fehlende genossenschaftliche Frauenarbeit. Während des Ersten Weltkrieges hatten sich viele Frauen ausschließlich aus ökonomischen Gründen einem Konsumverein angeschlossen. Sie sahen in der Konsumgenossenschaft letztlich nur eine Einkaufsquelle unter anderen. Mit der Normalisierung der Wirtschaftsverhältnisse deckten sie den Bedarf ihrer Familien zunehmend wieder im privaten Einzelhandel. Diese Frauen waren nicht als „überzeugte Genossenschafterinnen“ Mitglied geworden, sondern als „Konsumentinnen“. Sie kannten die gesellschafts- und wirtschaftspolitischen Ziele der Genossenschaftsbewegung nur unzureichend. Der ZdK versäumte es bis Mitte der zwanziger Jahre, sich intensiv um ihre Aufklärung zu bemühen.

Der Hamburger Konsum-, Bau- und Sparverein ‚Produktion‘ versuchte das Problem der Nichtkäufer(innen) seit 1923/24 durch eine „weitgehende Bereinigung der Mitgliederliste“ zu lösen. Motiv war die Beeinträchtigung der Umsatzstatistik und damit der Erfolgsbilanz durch die „Nichtkäufer“. Alle Mitglieder, die über einen längeren Zeitraum von den konsumgenossenschaftlichen Einrichtungen keinen Gebrauch machten, wurden gemäß dem Statut, das die Mitglieder verpflichtete, ihren Bedarf in der Genossenschaft zu decken, aus der „Genossenliste“ gestrichen. Die Überprüfung der Mitgliederlisten ergab einen weiterer Grund für die hohe „Nichtkäuferrate“, die schlecht geführte Mitgliederstatistik, in der viele Genossenschafter als Mitglied gezählt wurden, die bereits seit längerer Zeit aus dem Geschäftsbereich der ‚Produktion‘ verzogen waren.[71] Infolge der jährlichen Revision der Mitgliederlisten ging der Anteil der „Nichtkäufer“ seit 1924 deutlich zurück. Ende der zwanziger Jahre lag er zwischen ein und zwei Prozent. Die Zahl der jährlich ausgeschlossenen Mitglieder war zwischen 1924 und 1928 erheblich:[72]

1924	1925	1926	1927	1928	1929	1930
15816	40	32771	22236	12664	2041	1295

Demgemäß ging die Mitgliederzahl der ‚Produktion‘ zunächst zurück, zwischen 1922 und 1927 verlor der Konsumverein 33 % seiner Mitglieder; der Frauenanteil sank von 33 % auf 26 %. Seit Ende der zwanziger Jahre stieg die Mitgliederzahl wieder an; zwischen 1927 und 1931 konnten die Mitgliederverluste der vorherigen Jahre annähernd ausgeglichen werden. Auch der Frauenanteil nahm geringfügig zu, er lag 1931 bei 27 %; der Anteil der weiblichen Mitglieder im ZdK war im selben Jahr mit 19 % erheblich geringer. Die Mitgliederentwicklung des Zentralverbandes war in den zwanziger Jahren ungünstiger verlaufen als die der ‚Produktion‘. Trotzdem hatte der ZdK wie die ‚Pro‘ 1931 deutlich mehr Mitglieder als 1919.[73]

Ende der zwanziger Jahre gehörte in rund 35 % aller Hamburger Haushalte zumindest ein Familienmitglied der ‚Produktion‘ an. Mit diesem genossenschaftlichen Organisationsgrad, der nur noch von Stuttgart und Leipzig übertroffen wurde, stand die Hansestadt mit an der Spitze des Reiches.[74] Relativ am häufigsten waren Arbeiterhaushalte genossenschaftlich organisiert. Der größte Teil der männlichen und weiblichen Konsumvereinsmitglieder stammte in der Weimarer Republik in Hamburg wie im Reich aus der Arbeiterklasse: Mitte der zwanziger Jahre waren von den männlichen Mitgliedern der ‚Produktion‘ 76 % Arbeiter, 8 % Angestellte und je 6 % Beamte und selbständige Gewerbetreibende; von den weiblichen Mitgliedern waren 91 % hauptberufliche Hausfrauen, überwiegend verheiratete, daneben verwitwete Arbeiterfrauen, 6 % Arbeiterinnen und 3 % Büroangestellte.[75] Im Vergleich zur Vorkriegszeit war der Arbeiteranteil in der ‚Produktion‘ jedoch deutlich zurückgegangen: 1914 stammten noch 89 % aller männlichen Mitglieder aus der Arbeiterschaft; die veränderten politischen Verhältnisse nach der Novemberrevolution führten dazu, daß sich andere soziale Schichten in stärkerem Maße dem Konsumverein anschlossen.[76] Die soziale Zusammensetzung der weiblichen Mitglieder der ‚Produktion‘ hatte sich seit der Vorkriegszeit nur geringfügig verändert. Bereits 1914 stellten hauptberufliche Hausfrauen mit 91 % die überwiegende Mehrheit der Genossenschafterinnen. Gemäß der Arbeitsmarktentwicklung war lediglich der Anteil der Arbeiterinnen zwischen 1914 und 1925 geringfügig zurückgegangen und der der Büroangestellten angestiegen. SPD und ‚Produktion‘ bemühten sich erst seit Ende der zwanziger Jahre durch vereinzelte Werbeartikel im ‚Hamburger Echo‘ und seiner Beilage ‚Die freie Gewerkschaft‘, mehr ledige erwerbstätige Frauen als Genossenschaftsmitglieder zu gewinnen. Diese Bemühungen waren jedoch wenig erfolgreich, da die genossenschaftliche Frauenarbeit vorrangig die verheirateten Hausfrauen ansprach.[77]

Frauenarbeit der ‚Produktion‘

Die Diskussion über die „Frau in den Konsumgenossenschaften“, die seit 1921 im Zentralverband geführt wurde, veranlaßte die ‚Produktion‘ wie viele andere Konsumvereine, sich stärker um die Frauenarbeit zu bemühen. 1922 veranstaltete das Sekretariat des Mitgliederausschusses der ‚Pro‘ in Zusammenarbeit mit der Fortbildungskommission des ZdK erstmals einen speziellen Kursus für die ehrenamtlichen Funktionärinnen des Konsumvereins, dessen Thema die „Einführung in die Konsumgenossenschaftsbewegung“ war.[78] Doch erst nach der Stabilisierung konnte mit einer eigenständigen Frauenarbeit begonnen werden. Neben dem Schulungskursus für ehrenamtliche Funktionärinnen, der wiederholt wurde, bot das Sekretariat 1924 zwanzig „Hauswirtschaftliche Kurse für Mitgliederfrauen“ an. In den drei Kursabenden und den zwei sich anschließenden Betriebsbesichtigungen wurde den Hausfrauen die Leistungsfähigkeit der genossenschaftlichen Eigenproduktion gezeigt. Auf diese Weise sollten sie von der „Notwendigkeit genossenschaftlichen Handelns eindringlich“ überzeugt werden.[79] Vierzig Teilnehmerinnen besuchten durchschnittlich die Kurse, die aufgrund ihres Erfolges bis Anfang der dreißiger Jahre regelmäßig wiederholt wurden[80]. Um auch in befreundeten Organisationen für die Ziele der Konsumgenossenschaft zu werben, wurden Vortragsabende, Film- und Lichtbildvorführungen sowie Besichtigungen der ‚Produktions‘-Betriebe angeboten, die auf breites Interesse in Frauenkreisen stießen.[81]

1925 führte das Sekretariat der ‚Produktion‘ erstmals genossenschaftliche Frauenabende in den Bezirken durch, deren Zielsetzung und Ablauf folgende Ausführungen von *Walter Postelt*[82], einem der beiden Angestellten Sekretäre des Konsumvereins, beschreiben:

> „Im Gegensatz zu den meisten anderen Konsumgenossenschaften hat es die ‚Produktion‘ stets abgelehnt, sogenannte ‚Kaffeenachmittage‘ zu veranstalten. Kaffee und Kuchen können sich die Hausfrauen auch zu Hause leisten, außerdem ist damit in Groß-Hamburg wenig zu erreichen. Es kam vielmehr darauf an, den Frauen etwas zu bieten, was sie zu Hause nicht finden. So wurde besonderer Wert darauf gelegt, daß die Frauenabende einen ernsten und unterhaltenden Charakter bekamen. Auf jeder derartigen Veranstaltung wird ein Vortrag gehalten, der sich mit genossenschaftlichen Fragen beschäftigt. Den Frauen wird eine kurze Niederschrift des Vortrages ausgehändigt, damit sie in der Lage sind, das Gehörte im Hause noch einmal durchzulesen und in Gesprächen mit anderen Frauen zu verwenden. Eine Aussprache findet nicht statt, weil dabei auf Grund langjähriger Erfahrungen wenig oder nichts Ersprießliches herauskommt. Außerdem wird eine derartige Aussprache selbst abgelehnt. Im zweiten Teil bieten die Abende Vorlesungen ernster und heiterer Natur aus den Werken anerkannter Schriftsteller, gute Musik, Tanz oder Gesang ...“[83]

Themen solcher genossenschaftlicher Frauenabende waren zwischen 1927 und 1930 beispielsweise: „Dienst am Verbraucher!“, „Was wir wollen – Frau und Genossenschaft“, „Rabatt oder Rückvergütung?“, „Volkswirtschaft – Hauswirtschaft“, „Die Frau als Baumeisterin der Zukunft“[84]. Die Resonanz auf dieses Angebot war groß: Durchschnittlich kamen 300 bis 400 Besucherinnen. Die Zahl der Frauenabende, die im ersten Jahr bei 37 lag, konnte bereits im folgenden Jahr auf 64 erhöht werden. In ähnlichem Umfang wurden diese Abende bis 1933 durchgeführt.[85]

Seit 1926 organisierte das Sekretariat der ‚Produktion‘ darüber hinaus zwei- bis dreimal jährlich eine zentrale Frauenveranstaltung im Gewerkschaftshaus. Zu diesem „Großen Frauenabend“ wurden „bedeutende Redner – häufig von auswärts – und erste künstlerische Kräfte verpflichtet“[86]. Der Erfolg war stets ein überfülltes Haus. Außerdem führte die ‚Pro‘ seit 1927 jährlich im Frühjahr und im Herbst jeweils sechs Tage lang eine „Modenschau“ im großen Saal des Gewerkschaftshauses durch, die für die genossenschaftlichen Warenhäuser werben sollte. Diese Modenschau, die Jahr für Jahr von über 25.000 Menschen besucht wurde, war die größte ihrer Art im Hamburger Raum[87].

Die Frauenveranstaltungen der ‚Produktion‘ waren bei den Arbeiterfrauen aus dem sozialdemokratischen Milieu außerordentlich beliebt, da sie Abwechslung in ihren Alltag brachten. Viele Frauen trafen sich regelmäßig auf diesen Veranstaltungen. Zwischen manchen entstand ein enger persönlicher Kontakt. Caroline S. berichtet:

> „Vom Frauenausschuß wurden auch Abende für Frauen organisiert, mit Vorträgen über die Fabriken und Firmen zum Beispiel, es gab auch mal Besichtigungen und Kochvorführungen. Die Abende waren gut besucht, man kannte sich und freute sich, wenn man jemanden traf, es waren immer wieder dieselben, wir waren eine richtig verschworene Gemeinschaft; wir sind noch heute zusammen, haben noch unsere Kaffeekränzchen, einmal im Monat ...“[88]

Die Frauenarbeit der ‚Produktion‘ wurde seit 1927 von einem Frauenausschuß organisiert, der auf Beschluß des Mitgliederausschusses gebildet worden war. Ihm gehörten dreißig Genossenschafterinnen an; in jedem Bezirk wurden drei Frauen gewählt. Dem Frauenausschuß, der sich einmal monatlich traf, wurde die Vorbereitung und Durchführung sämtlicher Frauenveranstaltungen sowie die Anleitung der neugebildeten Frauengruppen in den Bezirken übertragen. Zu den Aufgaben dieser Frauengruppen gehörte neben regelmäßigen Hausbesuchen bei den „Mitgliederfrauen“ des Bezirks u.a. die Werbung für den Besuch von Frauenveranstaltungen der ‚Produktion‘ sowie die Mithilfe bei deren Durchführung. Vorsitzende des Frauenausschusses war von 1927 bis 1933 die Sozialdemokratin *Clara Schweer*, die von März 1931 bis Dezember 1933 auch dem Aufsichtsrat der ‚Pro‘ angehörte.[89]

Das Sekretariat der ‚Produktion‘ schätzte die Frauenarbeit als erfolgreich ein. Die durchgeführten Veranstaltungen trugen zum einen dazu bei, viele „Mitgliederfrauen“ von der „Leistungsfähigkeit ihres eigenen Unternehmens zu überzeugen“ und als regelmäßige Kundinnen zu gewinnen, zum anderen stieg infolge der Frauenarbeit die Zahl der Funktionärinnen erheblich an. Insbesondere im Umfeld der Verteilungsstellen wurden immer mehr Frauen ehrenamtlich tätig. Angesprochen wurden durch die Frauenarbeit und -agitation insbesondere ältere, verheiratete Hausfrauen, vermutlich zu einem nicht unerheblichen Teil unorganisierte „Mitgliederfrauen“.[90]

Zu einem ähnlichen Resultat führten die Frauenaktivitäten in den meisten anderen Konsumgenossenschaften des ZdK. Ungeachtet dessen boten selbst Anfang der dreißiger Jahre noch längst nicht alle Genossenschaften des Zentralverbandes eigenständige Frauenveranstaltungen an. Insbesondere die kleineren Konsumvereine vernachlässigten die Frauenarbeit. Ihnen fehlten, so die offizielle Begründung, nicht nur die finanziellen Mittel, sondern auch „geeignete Persönlichkeiten“ zu deren Anleitung.[91] 1931 organisierten von den 968 Konsumvereinen im ZdK erst 43 % besondere Frauenversammlungen (durchschnittliche Besucherinnenzahl: 150), 42 % Unterhaltungsabende für Frauen (durchschnittliche Besucherinnenzahl: 250 bis 300) und 6 % Schulungskurse für Funktionärinnen (durchschnittliche Teilnehmerinnenzahl: 50 bis 60).[92] Die Formen der Frauenarbeit und die Themen der Frauenversammlungen waren überall ähnlich wie in der ‚Produktion‘, deren Frauenaktivitäten als vorbildlich galten[93]. Außer der ‚Pro‘ hatten nur wenige große Genossenschaften des ZdK die Anleitung der Frauenaktivitäten einem eigenständigen Frauenausschuß übertragen. Frauengruppen gab es 1931, zehn Jahre nach der Verabschiedung der „Richtlinien für die Mitarbeit der Frau in der Konsumgenossenschaft“, erst in 44 Konsumvereinen des Zentralverbandes. Ihre Bildung war zwar in den Richtlinien empfohlen, aber vom ZdK wenig gefördert worden.[94]

Die Anleitung der genossenschaftlichen Frauenarbeit und -agitation im Zentralverband lag ausschließlich in den Händen von Männern. In den Leitungsgremien des ZdK fand sich keine Frau. Offiziell war der Fortbildungskommission die Betreuung der Frauenaktivitäten übertragen worden. Ihr Beitrag zur Förderung der genossenschaftlichen Frauenbewegung war neben einer regelmäßigen Berichterstattung auf den Genossenschaftstagen die Durchführung besonderer

Schulungskurse für Frauen. Diese Kurse sollten durch „systematische Erziehungsarbeit“ das weibliche „Wissensdefizit“ in genossenschaftlichen Fragen ausgleichen.[95] Die Form war den vermeintlichen „Besonderheiten hinsichtlich des Auffassungsvermögens und der Gedankenwelt“ der Frauen angepaßt[96]. Der Unterrichtsstoff sollte durch anschauliche Vorträge vermittelt werden; eine Aussprache wurde mit folgender Begründung abgelehnt:

> „Einige Teilnehmerinnen möchten die Konstruktion der Frauenkurse geändert sehen. Man solle auch die Teilnehmerinnen reden lassen. Diese Wünsche verwechseln einen Kursus mit einer Konferenz oder einer Versammlung. Die Fortbildungskommission hat sich zur Aufgabe gestellt, Wissen zu lehren ... Es kann ... vorkommen, daß jemand mit der vorgetragenen Lehre nicht einverstanden ist. Dann wird eine ‚Diskussion‘ der Streitfrage wohl in allen Fällen mehr Schaden als Nutzen stiften ... Zum Lehrkursus paßt die Aussprache nach dem Vortrag überhaupt nicht. Wer lernt – und das soll im Kursus geschehen – soll das Gehörte und Gesehene verarbeiten, er soll aber nicht unmittelbar nach dem Erlernen als Lehrer auftreten wollen.“[97]

Eine derartige männliche Bevormundung durchzog sämtliche Initiativen der Fortbildungskommission zur Förderung der genossenschaftlichen Frauenarbeit. Kritisches, selbstbewußtes Engagement der Genossenschafterinnen war nicht erwünscht. Die Frau wurde, wie eine Delegierte auf dem Essener Genossenschaftstag 1927 kritisierte, „nicht als gleichberechtigte Kämpferin, als gleichberechtigte Kameradin und Genossin angesehen“, sondern als minderwertiges „Geschlechtswesen“.[98] Welcher Frauentyp von den männlichen Funktionären bevorzugt wurde, zeigen folgende Ausführungen aus der ‚Konsumgenossenschaftlichen Rundschau‘. Sie erschienen 1928, nach dem Dresdner Genossenschaftstag, auf dem weibliche Delegierte erneut Kritik an der Frauenarbeit der Fortbildungskommission vorgetragen hatten:

> „... einer großen Organisation (ist) nicht mit mehr oder minder schönen Reden der Frau gedient ... Wir sind ketzerisch genug, die Frau, die den mit der Konsumvereinsverteilungsstelle verwachsenen Henkelkorb trägt, durch stille und wirksame Treue die Fernstehenden anzieht und aufrüttelt, für die Mitarbeiterin zu halten, die wir gewinnen und erziehen wollen.“[99]

Männliche Abwehr gegenüber Genossenschafterinnen, die sich nicht mit dem zugewiesenen Platz in der genossenschaftlichen „Kleinarbeit“ begnügen wollten, sondern selbstbewußt gleiche Rechte in allen Gremien der Selbstverwaltung forderten, verhinderte eine gleichberechtigte Einbeziehung der Frauen in die Genossenschaftsbewegung.[100]

1.5.3.2 Die Stellung der Frauen in den Genossenschaften

> „Es liegt durchaus nicht so, daß die Frau unter allen Umständen in alle Funktionen und Körperschaften hinein muß. Sie möchte es, und dieser Wunsch ist begreiflich, weil wir sie ständig umwerben. Wir veranstalten alle möglichen Sachen. Wir haben Versammlungen, Kaffeeabende, sonstige Unterhaltung, Vorträge und dergleichen mehr, und durch diese Veranstaltungen kommt bei den Frauen eine gewisse Begehrlichkeit, und sie sind der Meinung, daß sie unter allen Umständen in die Verwaltungskörperschaften hinein müssen. Wir haben 27 % unserer Mitgliedschaft unter den Frauen und 73 % stellen die Männer. Diese 27 % Frauen sind der Meinung, daß sie unter allen Umständen einen Aufsichtsratposten haben müssen. Nun wäre nichts dagegen einzuwenden, wenn eine entsprechende Persönlichkeit da wäre. Aber daran hapert es gerade. Diese Persönlichkeit, die fehlt ...
>
> Es kann doch nicht einfach so gehen, eine Frau muß, weil sie eine Frau ist, im Aufsichtsrat sein, sie wird die Sache dann schon betreiben. Es kommt darauf an: Hat sie die nötige Qualifikation, ist sie den Aufgaben gewachsen, kann sie die Dinge übersehen, die in einer genossenschaftlichen Verwaltung zu erledigen sind? Nur wenn dies der Fall ist, können wir die Frauen auch zu diesen Verwaltungsarbeiten hinzuziehen. Es mag in anderen Orten besser liegen als bei uns. Augenblicklich liegen die Verhältnisse so, daß wir unter unseren 27 % Frauen, soweit sie uns bekannt sind, nicht die geeignete Person haben.“[101]

Diesen Beitrag leistete *Julius Müller*[102], Vorstandsmitglied der Hamburger ‚Produktion‘, 1929 auf dem Mannheimer Genossenschaftstag in der Debatte zum Thema „Die Mitarbeit der Frau in der

Konsumgenossenschaftsbewegung". Seine Argumentation kennzeichnet die Haltung des ‚Pro'-Vorstandes zur gleichberechtigten Einbeziehung der Frauen in die genossenschaftlichen Verwaltungskörperschaften. Sie ist typisch für die Einstellung der leitenden ZdK-Funktionäre zu dieser Frage, die Frauen schlicht die Qualifikation für höhere genossenschaftliche Funktionen absprachen.[103] Auch Julius Müller versuchte die fehlende Vertretung der Frauen in den Verwaltungskörperschaften der ‚Produktion' damit zu erklären, daß sich unter den mehr als 31.000 weiblichen Mitgliedern und Funktionärinnen, die der ‚Pro' 1929 angehörten, keine kompetente Genossenschafterin fände. Nach längeren, heftigen Auseinandersetzungen konnten die Hamburger Genossenschafterinnen durchsetzen, daß die Vorsitzende des Frauenausschusses, Clara Schweer, in den Aufsichtsrat der ‚Pro' gewählt wurde. Zwischen 1918 und 1931 hatte keine Frau diesem neunköpfigen Leitungsgremium angehört; vorher war in der Regel zumindest eine Frau in den Aufsichtsrat gewählt worden.[104] Dem Vorstand des Konsumvereins hatten seit dessen Gründung nur Männer angehört. Auch unter den sechs Delegierten für den Genossenschaftstag, die der ‚Pro' meistens zustanden, fand sich höchstens eine Frau.[105]

Ähnlich sah es in den meisten Genossenschaften des ZdK aus: 1931 fand(en) sich in den 968 Konsumvereinen des Zentralverbandes nirgends eine Frau im Vorstand, in 76 Genossenschaften (8 %) eine Frau, vereinzelt auch zwei Frauen im Aufsichtsrat, in 171 Konsumvereinen (18 %) Frauen im Genossenschaftsrat bzw. der Vertreterversammlung.[106] Auch auf den Genossenschaftstagen dominierten nach wie vor Männer[107]. Die Anstellung von Frauensekretärinnen in den finanzkräftigen Genossenschaften wurde von der ZdK-Leitung mit der Begründung abgetan, daß Frauen mit entsprechender Qualifikation fehlten.[108] Auch die ‚Produktion' hatte keine Frauensekretärin angestellt. Der Vorschlag, ein Reichsfrauensekretariat im ZdK einzurichten sowie einen zentralen Frauenausschuß zu bilden, wurde ebenso abgelehnt wie die Anregung, zentrale Frauenkonferenzen durchzuführen.[109] Formal begründete der ZdK-Vorstand seine Haltung damit, daß eine Zusammenfassung der Frauen auf Reichsebene erst dann möglich sei, wenn in allen Konsumvereinen Frauengruppen bestehen würden[110]. Hinter dieser Argumentation standen jedoch andere Motive. Sie wurden von *Vollrath Klepzig*[111], Mitglied des ZdK-Ausschusses, in einem Vortrag zum Thema „Die Mitarbeit der Frauen in den Konsumgenossenschaften" ausgesprochen, den er im November 1929 auf der Konferenz des Vorstandes und des Ausschusses des Zentralverbandes mit den Verbandssekretären, einem reinen ‚Männertreffen', hielt:

> „Nach welchem Rechte sollte für die Frauen ... ein Staat im Staate, eine besondere Organisation in der großen auf breitester demokratischer Grundlage aufgebauten Verbraucherorganisation geschaffen werden? Ein derartiges Recht gibt es nicht. Die Verwirklichung dieser Forderung der Frauen hieße nicht nur die Demokratie auf den Kopf stellen, sondern sie würde auch zu einer gewaltigen Beunruhigung der sich in der großen Mehrheit befindlichen männlichen Konsumgenossenschaftsmitglieder führen ...
>
> Nachdem die Männer jahrzehntelang für die Gleichberechtigung der Frauen gekämpft haben, müssen sie jetzt – nachdem die Geschlechter gleichgestellt wurden – die zu weit gehenden Forderungen der Frauen mit dem früher so oft von den Frauen gegebenen Hinweis ablehnen: Gleiches Recht für alle."[112]

Mit dieser Auffassung stand Klepzig, der im Auftrag des ZdK-Vorstandes referierte, nicht allein. Er konnte sich der Unterstützung der meisten männlichen Funktionäre des Zentralverbandes sicher sein.[113]

* * *

Frauenarbeit und -agitation des ZdK lag in der Weimarer Republik das vorherrschende, bürgerliche Frauenbild zugrunde, das von der männlichen Mitglieder- und Funktionärsmehrheit in den Konsumgenossenschaften offener als in den meisten anderen Arbeiterorganisationen vertreten wurde. Die ZdK-Führung propagierte eine „natürliche Arbeitsteilung" der Geschlechter innerhalb der Genossenschaftsbewegung, mit der sie der gefürchteten Konkurrenz selbstbewußter, gleichberechtigter Genossenschafterinnen Herr zu werden versuchte. Von den führenden Genossenschafterinnen wurde die Frauenpolitik der Konsumgenossenschaften in den zwanziger Jahren immer wieder erfolglos kritisiert. Sie konnten lediglich einen Ausbau der Frauenarbeit und -agitation im Umfeld der Verteilungsstellen erreichen. Diese Frauenaktivitäten stießen bei vielen Arbeiterfrauen aus dem sozialdemokratischen Milieu auf positive Resonanz: Das kurzfristige, ökonomische Ziel der Genossenschaftsbewegung, die Hebung des Lebensstandards der Arbeiterfamilien, entsprach ihren Interessen als Hausfrauen. Die Versorgung durch den Konsumverein erleichterte ihnen eine wirtschaftliche Haushaltsführung. Die Verteilungsstelle war für sie nicht nur Einkaufsort, sondern auch Treffpunkt und Informationszentrale. Das Veranstaltungsangebot für Frauen mit seiner Mischung aus Information und Unterhaltung kam ihren Bedürfnissen entgegen und bestätigte sie in ihrem Rollenverständnis. Die meisten Arbeiterfrauen hatten selbst das Frauenbild verinnerlicht, das den Frauenaktivitäten der Konsumgenossenschaften zugrunde lag. Die ehrenamtliche Mitarbeit im Konsumverein war für sie ein Schritt zur persönlichen Emanzipation, der ihnen aus ihrem isolierten Hausfrauenalltag heraushalf. Durch die Betätigung im Konsumverein standen sie in regelmäßigem Kontakt zu gleichgestellten und gleichgesinnten Frauen und konnten in einem Bereich tätig sein, der mit ihrer Lebenssituation übereinstimmte. Die Konsumgenossenschaften trugen zu einer deutlichen Verbesserung der Lebensbedingungen der Arbeiterschaft bei, doch ihre Frauenarbeit war wenig emanzipativ: Sie förderte eine Stabilisierung des traditionellen Rollenverhaltens der Geschlechter.

„Die Frau hielt die Familie zusammen ...“
Thea A. (geb. 1898)

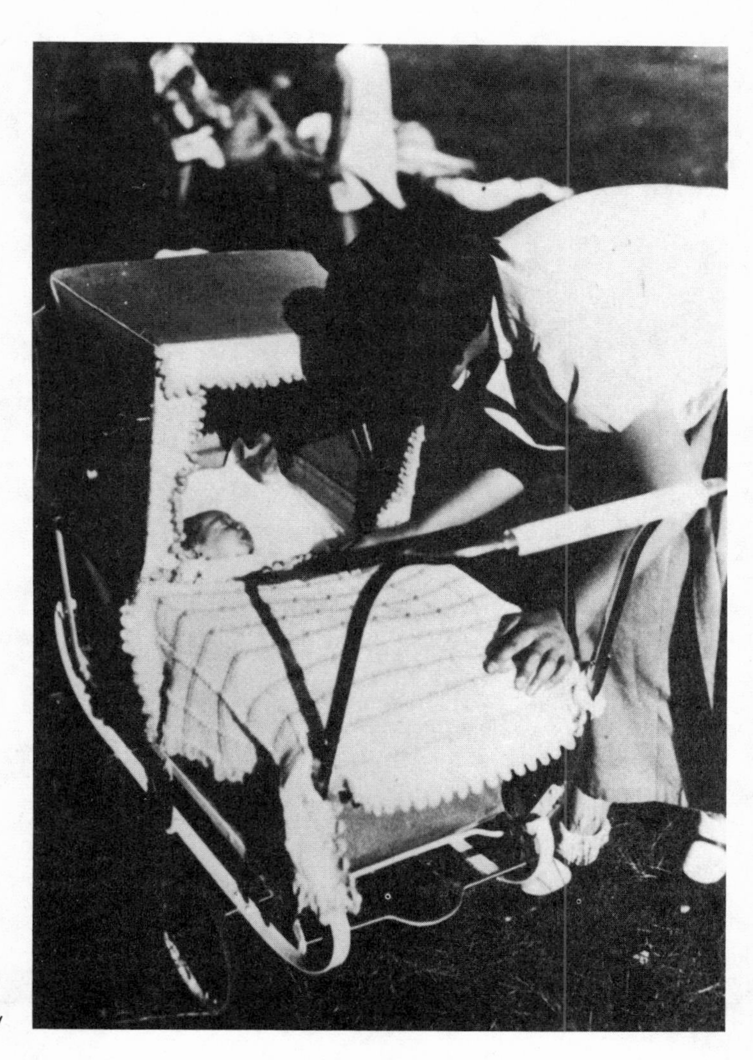

2

Familienarbeit und Arbeiterfamilie

Lili D. mit ihrem ersten Kind, 1933 (Privatbesitz)

Über die „Krise der Familie" wurde in den ersten drei Jahrzehnten dieses Jahrhunderts viel geschrieben und geredet. Vor allem deutsch-nationale und christlich-konservative Zeitgenoss(inn)en beschworen einen „Zerfall des Familienlebens", den sie u.a. festmachten an der Zunahme der außerhäuslichen Erwerbsarbeit von verheirateten Frauen und Müttern, dem starken Geburtenrückgang, der zunehmenden Bedeutung der öffentlichen Erziehung von Kindern und Jugendlichen, dem vermeintlichen Niedergang von Anstand, Sitte und Moral und dem Anstieg der Scheidungszahlen. Das negative Urteil bezog sich vorrangig auf die Arbeiterfamilie, die am bürgerlichen Leitbild der ‚modernen Kleinfamilie' gemessen wurde.[1] Angesichts dieses Maßstabes mußte die proletarische Familie defizitär und desolat erscheinen, denn er verstellte den Blick für ihre spezifische Qualität als Kernzelle einer „Kultur der Armut"[2], deren Struktur an die der vorindustriellen Familie in Landwirtschaft, Kleinhandwerk und Hausindustrie anknüpfte[3]. Infolge sozialer Not und Existenzunsicherheit war die proletarische Familie in starkem Maße eine Erwerbs-, Zweck- und Notgemeinschaft zur Sicherung des Lebensunterhalts ihrer Angehörigen, die alle ihren spezifischen Beitrag zur Existenzsicherung leisten mußten. Die traditionellen Grundstrukturen prägten bis Anfang dieses Jahrhunderts den Familienalltag breiter Arbeiterkreise und kennzeichneten auch noch in der Zwischenkriegszeit die Familienrealität in Teilen der Arbeiterschaft, insbesondere in Familien ungelernter und unständig beschäftigter sowie erwerbsloser Arbeiter.[4]

Mit dem Anstieg des Lebensstandards begann sich seit dem Ende des 19. Jahrhunderts das bürgerliche Familienleitbild auch in der Arbeiterschaft durchzusetzen, zunächst vorrangig in bessergestellten, gelernten Arbeiterschichten. In den zwanziger Jahren verbreitete es sich verstärkt auch in an- und ungelernten Arbeiterkreisen. Insbesondere die junge Arbeitergeneration, die in diesem Jahrzehnt eine Familie gründete, erstrebte ein Familienleben gemäß diesem Ideal.[5] Diese Entwicklung veränderte die Anforderungen an die Haus- und Familienarbeit der Arbeiterfrauen, die Kraft und Zeit in verstärktem Maße ihrer Familie, vor allem der Pflege und Erziehung der Kinder und der psycho-sozialen Betreuung des Mannes widmen sollten.[6] Das Kind rückte auch in der Arbeiterfamilie zunehmend in den Mittelpunkt. Voraussetzung hierfür war die Verbreitung von Familienplanung und Geburtenkontrolle. Die Kleinfamilie mit ein bis drei Kindern setzte sich in Arbeiterkreisen zunehmend durch, zunächst vorrangig bei bessersituierten Arbeiterehepaaren.[7] Verbunden war mit dieser Entwicklung die Verbreitung eines schichtenübergreifenden Familienzyklusmodells, dessen Phasen erstmals deutlich differenziert waren: Erstheirat (Phase der Familiengründung), Geburt des ersten und weiterer Kinder, deren Betreuung und Erziehung im Säuglings- und Kleinkindalter, im Schulalter sowie als schulentlassene Erwerbstätige (Phase der Familienexpansion), gemeinsames Alter des Ehepaares nach dem Auszug der Kinder aus dem Elternhaus (Phase der Familienschrumpfung), Tod eines Ehegatten (Phase der Familienauflösung). Die Verbreitung dieses idealtypischen Modells setzte die Möglichkeit einer bewußten Familienplanung und die Verlängerung der individuellen Lebenserwartung voraus.[8]

Bei der Vermittlung der neuen Anforderungen an die Haus- und Familienarbeit von Arbeiterfrauen kam der öffentlichen Fürsorge, die in der Weimarer Republik erheblich ausgebaut wurde, neben der Erziehung in Volks- und Allgemeinen Mädchenberufsschulen entscheidende Bedeutung zu. Sie wurde programmatisch auf das „Wohl der Familie" ausgerichtet und entwickelte sich zur „Familienfürsorge".[9] Ins Zentrum des fürsorgerischen Interesses und damit der Kontrolle des Staates rückten Mutter und Kind. Vorrangig durch die Säuglings- und Kleinkinderfürsorge wurden den Arbeitermüttern „zeitgemäße" Normen und Standards der Familienarbeit vermittelt. Die Intentionen der kommunalen SPD-Politik unterschieden sich hierbei in den zwanziger Jahren nur geringfügig von denen der bürgerlichen Sozialhygiene- und Fürsorgebewegung. Gemeinsame Hauptziele waren im Interesse einer „quantitativen und qualitativen Bevölkerungspolitik" ein weiterer Rückgang der Säuglings-und Kleinkindersterblichkeit und verbesserte „Aufzuchtbedingungen" für die Masse der Säuglinge und Kleinkinder aus der Arbeiterschaft.[10]

Entgegen dem in der zeitgenössischen Diskussion beschworenen Trend zum „Zerfall" stabilisierte sich die Familie seit der Jahrhundertwende auch in der Arbeiterschaft. Die sozioökonomischen Verhältnisse boten immer breiteren Arbeiterkreisen die Möglichkeit, zumindest ansatzweise ein gefühlsbetontes Familienleben gemäß dem bürgerlichen Leitbild zu realisieren. Voraussetzung für diese Emotionalisierung war eine relative Stabilität der Lebensbedingungen. Zum Hauptort der Gefühlswelt der proletarischen Familie wurde der neuentstehende ‚Freiraum' der Freizeit.

2.1 Arbeiterfamilie und Bevölkerungspolitik

Artikel 119 der Weimarer Verfassung vom 11. August 1919 lautete:

> „Die Ehe steht als Grundlage des Familienlebens und der Erhaltung und Vermehrung der Nation unter dem besonderen Schutze der Verfassung. Sie beruht auf der Gleichberechtigung der beiden Geschlechter.
> Die Reinerhaltung, Gesundung und soziale Förderung der Familie ist Aufgabe des Staates und der Gemeinden. Kinderreiche Familien haben Anspruch auf ausgleichende Fürsorge.
> Die Mutterschaft hat Anspruch auf den Schutz und die Fürsorge des Staates."

Welches Gewicht die Regierungsparteien der jungen Weimarer Republik der Familie beimaßen, zeigt der obige Verfassungsartikel, der das Ergebnis eines Kompromisses von DDP, MSPD und Zentrum war und deren gemeinsame familienpolitische Ziele zusammenfaßte: die Stabilisierung der staatstragenden Institution Familie und die quantitative wie qualitative Sicherung des Bevölkerungsbestandes.[1] Zwar wurde auch das Gleichberechtigungspostulat in diesen Artikel aufgenommen. Die „grundsätzliche" Gleichstellung der Geschlechter sollte sich nicht nur auf die staatsbürgerlichen Rechte und Pflichten beziehen, sondern auch auf die Ehe. Doch die innereheliche Gleichberechtigung wurde durch das Verfassungspostulat „Schutz der Familie" begrenzt, dem in der politischen Umsetzung eine höhere Priorität zukam. Die Gleichberechtigung der Geschlechter sollte sich im Rahmen der vorherrschenden geschlechtsspezifischen Arbeitsteilung bewegen.

In der Realität wurden die familienpolitischen Ziele, die die Weimarer Verfassung vorgab, nur unzureichend eingelöst. Ihrer Verwirklichung standen schon die alten Gesetze des Kaiserreichs entgegen, die zu einem großen Teil in der Weimarer Republik uneingeschränkte Gültigkeit besaßen, vor allem das Ehe- und Familienrecht des Bürgerlichen Gesetzbuches von 1896, das die lebenslange monogame Ehe als einzig akzeptierte Form des Zusammenlebens von Frau und Mann und als Grundlage des Familienlebens festschrieb. Es privilegierte den Mann bei innerehelichen Entscheidungen und regelte die geschlechtsspezifische Arbeitsteilung in Ehe und Familie, diskriminierte die ledige Mutter und benachteiligte das nichteheliche Kind. Artikel 121 der Weimarer Verfassung sah zwar vor, daß den „unehelichen Kindern ... durch die Gesetzgebung die gleichen Bedingungen für ihre leibliche, seelische und gesellschaftliche Entwicklung zu schaffen (seien) wie den ehelichen Kindern", doch jegliche Reform des Nichtehelichenrechts wie des Ehe- und Familienrechts insgesamt scheiterte in der Weimarer Republik. Auch die soziale Förderung der Familie durch Reich, Länder und Gemeinden blieb trotz aller Bemühungen um eine familienorientierte Sozialpolitik und Fürsorge unzureichend. Die Unterstützung minderbemittelter, kinderreicher Familien reichte ebenso wenig wie der Schutz und die Fürsorge für die ledigen und die verheirateten Mütter. Die ergriffenen Maßnahmen waren zwar ein Anfang, konnten aber unbemittelten Müttern und ihren Kindern keine Existenz sichern. Die Not vor allem der alleinerziehenden Mütter sowie der Arbeiterfrauen in kinderreichen, minderbemittelten Familien wurde kaum gelindert. Reich, Länder und Gemeinden bemühten sich in der Weimarer Republik zwar erstmals systematischer um eine familienorientierte soziale Reformpolitik, die vorrangig den Unterschichten zugute kommen sollte, doch ihren Maßnahmen waren angesichts der angespannten Lage der Staatsfinanzen enge Grenzen gesetzt. Sie zielten zudem nicht darauf ab, Frauen mit Kindern direkt und unabhängig von einem Ehemann eine Existenz zu sichern. Ihr Lebensunterhalt sollte im Regelfall über den Mann gewährleistet werden.

Hochzeitsfoto eines kaufmännischen Angestellten und einer Telegraphengehilfin, 1928 (Privatbesitz)

2.1.1 *Die Ehe als Grundlage der Familie*

„Die Ehe ist nicht nur der einzige erlaubte Ort für Sexualgemeinschaft, Lebensgemeinschaft, Mutterschaft. Die Ehe ist auch der hauptsächliche Ort der sozialen Geltung der Frau. Das zeigt sich schon darin, daß eine verheiratete Frau mehr ‚darf' als ein Mädchen. Sie genießt mehr Ansehen, wird respektvoller behandelt, sie darf Sexualverkehr pflegen, Kinder haben, einem eigenen Haushalt vorstehen, auf Kosten ihres Mannes leben, kurz, sie hat allerhand Vorteile ...

Aber diesen positiven Seiten in der Ehe stehen so manche negative gegenüber. Das Gesetz gestattet der großjährigen Frau alles, was es dem Manne gestattet. Sobald die Frau sich aber verheiratet, büßt sie einen Teil ihrer staatsbürgerlichen Rechte ein ... Sie ‚darf' juristisch sehr viel weniger als eine ledige Frau."[2]

Mit diesen Worten charakterisierte die Psychologin *Alice Rühle-Gerstel* 1932 in ihrem Buch „Das Frauenproblem der Gegenwart" die ambivalenten Auswirkungen der Heirat auf die gesellschaftliche Stellung der Frau: Die Eheschließung steigerte das soziale Ansehen der Frau erheblich, war jedoch gleichzeitig mit dem Verlust bürgerlicher Rechte verbunden; die Frau wurde erneut ‚unmündig'. Die rechtliche Stellung der Ehepartner war im Ehe- und Familienrecht des Bürgerlichen Gesetzbuches geregelt, dessen Bestimmungen im Alltag insbesondere in Konfliktsituationen Relevanz bekamen, weil sie den Handlungsspielraum der Betroffenen festschrieben. Es bestimmte zwar, daß die Ehegatten einander „zur ehelichen Lebensgemeinschaft verpflichtet" seien (§ 1353).[3] Darunter verstand die Rechtsprechung der Weimarer Republik „das gemeinsame Tragen aller im Leben entstehenden Leiden und Freuden, einen gegenseitigen Beistand in allen Lebenslagen, ein kameradschaftliches Ausharren in Tagen der Not, ein gegenseitiges Bemühen um das seelische und leibliche Wohl des anderen und eine Verpflichtung zum ehelichen Verkehr".[4] Doch innerhalb dieser ehelichen Lebensgemeinschaft waren Rechte und Pflichten von Frau und Mann sehr ungleich verteilt. Allein dem Mann wurde „die Entscheidung in allen das gemeinschaftliche eheliche Leben betreffenden Angelegenheiten" zugesprochen. Er war grundsätzlich befugt, über Wohnort und gemeinsame Wohnung sowie Lebensführung der Eheleute zu bestimmen. Nur wenn er seine Rechte mißbrauchte, konnte die Frau sich seiner Entscheidung widersetzen (§ 1354). Unter einem „Mißbrauch" verstand die zeitgenössische Rechtsprechung lediglich ein den Verhältnissen nicht angepaßtes, unvernünftiges Verhalten[5]. Nur fortschrittliche Jurist(inn)en sahen es bereits als „Mißbrauch" an, wenn der Mann wichtige Entscheidungen in gemeinsamen ehelichen Angelegenheiten ohne Rücksprache mit seiner Frau traf[6].

Innerhalb der Ehe war der Mann „nach Maßgabe seiner Lebensstellung, seines Vermögens und seiner Erwerbsfähigkeit" verpflichtet, der Frau Unterhalt zu gewähren. Für sie galt dies umgekehrt nur, wenn der Mann „außer Stande" war, sich selbst zu unterhalten (§ 1360). Eheliche Pflicht der Frau war die Leitung des „gemeinschaftlichen Hauswesens". Ihr oblag die „Schlüsselgewalt", das „Recht auf Führung des gemeinsamen Hauswesens für Rechnung des Ehemannes".[7] Hierfür mußte der Mann ihr regelmäßig ein angemessenes Wirtschaftsgeld zur Verfügung stellen. Darüber hinaus war die Frau verpflichtet, „Arbeiten im Hauswesen und im Geschäft des Mannes" zu übernehmen, „soweit eine solche Tätigkeit nach den Verhältnissen, in denen die Ehegatten" lebten, üblich war (§§ 1356/57). Einer außerhäuslichen Erwerbsarbeit durfte sie nur nachgehen, wenn sie die Ehepflichten nicht vernachlässigte. War dies nach Ansicht des Ehemannes der Fall, stand ihm das Recht zu, das Arbeitsverhältnis seiner Frau mit sofortiger Wirkung zu kündigen. Die Berechtigung zu diesem Schritt mußte vorher vom Vormundschaftsgericht überprüft werden (§ 1358). Die Ehefrau hingegen hatte selbst dann kein Recht, den Ehemann zur Aufgabe einer Berufstätigkeit zu zwingen, wenn ihre Interessen in Mitleidenschaft gezogen waren oder das Familienleben durch diese Stellung beeinträchtigt wurde. Erheblich benachteiligt war die Ehefrau auch durch die Bestimmungen des ehelichen Güterrechts im BGB, dessen umfangreiche Bestimmungen im Alltag vermögensloser Arbeiterpaare allerdings wenig praktische Relevanz hatten[8].

Im Unterschied hierzu wirkten die familienrechtlichen Bestimmungen des BGB auch im proletarischen Familienalltag. Sie wiesen der Frau zwar das Recht und die Pflicht zu, „für die Person des Kindes zu sorgen", doch die „elterliche Gewalt" oblag allein dem Mann. Als Vater hatte er „das Recht und die Pflicht, für die Person und das Vermögen des Kindes zu sorgen" (§ 1627) und dessen Interessen zu vertreten (§ 1630), es „zu erziehen, zu beaufsichtigen und seinen Aufenthalt zu bestimmen". Er durfte auch „kraft des Erziehungsrechts angemessene Zuchtmittel gegen das Kind anwenden" (§ 1631). Bei Meinungsverschiedenheiten der Eltern gab der Mann den Ausschlag (§ 1634). Erst wenn der Vater gestorben oder für tot erklärt worden war bzw. seine elterliche Gewalt verwirkt hatte und die Ehe aufgelöst worden war, ging diese auf die Mutter über (§ 1684). Das Kind war verpflichtet, solange es dem elterlichen Hausstand angehörte und von den Eltern erzogen oder unterhalten wurde, „in einer seinen Kräften und seiner Lebensstellung entsprechenden Weise den Eltern in ihrem Hauswesen und Geschäfte Dienste zu leisten" (§ 1617).

Das Ehe- und Familienrecht des BGB schrieb patriarchalische Hierarchie und Gewaltverhältnisse innerhalb der Familie fest: Es sicherte die Vorherrschaft des Mannes, der seine Machtansprüche in innerfamiliären Konflikten mit den rechtlichen Bestimmungen des BGB begründen und notfalls auch durchsetzen konnte. Schon das Wissen um diesen Tatbestand stärkte seine formale familiäre Stellung. Der patriarchale, frauendiskriminierende Charakter der ehe- und familienrechtlichen Bestimmungen des BGB war von breiten Teilen der Frauenbewegung von Anfang an scharf kritisiert worden. In der Weimarer Republik traten der ‚Bund Deutscher Frauenvereine' ebenso wie die sozialdemokratische Frauenbewegung für eine umfassende Reform des Ehe- und Familienrechts ein. Die engagierten Frauenrechtlerinnen betonten, daß der in der Weimarer Verfassung garantierte Gleichberechtigungsanspruch der Frauen in Ehe und Familie nicht realisiert werden konnte, solange das Bürgerliche Gesetzbuch Gültigkeit hatte.[9]

2.1.1.1 Weibliche Lebensentwürfe

Trotz der Kritik am herrschenden Ehe- und Familienrecht galt die Ehe in weiten Kreisen der bürgerlichen wie sozialdemokratischen Frauenbewegung als Grundlage des Familienlebens. Die Institutionen ‚Ehe' und ‚Familie' wurden nur von einzelnen grundsätzlich in Frage gestellt. Auch in der Arbeiterschaft galt die Ehe als selbstverständliche Voraussetzung für eine Familiengründung.[10] Dies bedeutete jedoch nicht, daß die Heirat allgemein ersehnt wurde. Vor allem die jungen Frauen kannten die Zwänge und Belastungen der Ehe und versuchten, Heirat und Familiengründung möglichst lange hinauszuzögern. Ihre Einstellung zur Ehe war durch die ambivalenten Auswirkungen der Heirat auf die gesellschaftliche Stellung der Frau geprägt: Sie fürchteten die Ehe, weil sie unter ungünstigen Verhältnissen für sie mit extremer Arbeitsbelastung und dem Verlust individueller Freiheiten verbunden war. Sie erstrebten die Ehe, weil ihr gesellschaftliches Ansehen, ihr sozialer Handlungsfreiraum als verheiratete Frau stieg. Die lebenslange Ehelosigkeit wurde ihnen vor allem von den weiblichen Verwandten als drohendes Schreckgespenst an die Wand gemalt. Agnes A. berichtet:

> „Wir sind immer in dem Gedanken erzogen worden: ‚Ihr müßt heiraten!' Ein sitzengebliebenes Mädchen war irgendwie etwas Anrüchiges, Negatives, Minderwertiges ..."[11]

Obwohl die ledigen Frauen in der Weimarer Republik rund ein Viertel der erwachsenen weiblichen Bevölkerung stellten, blieben sie „Frauen zweiter Wahl". Mit der verfassungsrechtlichen Gleichstellung und den wachsenden Möglichkeiten für Frauen, ihren Lebensunterhalt autonom durch Erwerbsarbeit zu sichern, scheint sich die Diskriminierung der ledigen erwachsenen Frauen sogar verstärkt zu haben: Pendant der intensivierten Propagierung von Ehe und Familie als der alleinigen

Lebensform von Frauen war eine Abwertung des sozialen Status lediger Frauen.[12] Diese Entwicklung betraf in besonderem Maße die Generation der 30- bis 40jährigen Frauen, die in der Kriegs- und Nachkriegszeit im heiratsfähigen Alter waren. Ihre Heiratsaussichten waren außerordentlich schlecht, da der Erste Weltkrieg die Zahl der Männer stark dezimiert hatte. Kamen 1910 in Hamburg in der Altersgruppe der 30- bis 40jährigen noch 142 Männer auf 100 Frauen, so waren es 1925 lediglich 76. Insgesamt lebten 1925 in der Hansestadt 107.000 ledige Frauen. Von ihnen gehörten 61 % zur Altersgruppe der 20- bis 30jährigen, 19 % zu den 30- bis 40jährigen und 20 % zu den über 40jährigen.[13]

Die ambivalente Eheeinstellung vieler Arbeitertöchter wurde in starkem Maße durch den Widerspruch zwischen den Erfahrungen in Familie, Freundeskreis und Nachbarschaft und dem vorherrschenden Familienleitbild geprägt. Im Elternhaus erlebten sie, wie beengt das Leben ihrer Mutter war, und setzten deshalb Heirat und Familiengründung zunächst vorrangig mit einem erheblichen Anstieg der Arbeitsbelastung, einem Verzicht auf persönliche Freizeit, einer Verringerung der individuellen Freiheit und einer Einschränkung des persönlichen Konsums gleich. Sie wollten daher „nie" so wie ihre Mutter leben.[14] Anschaulich schildert dies *Hilde Ollenhauer* (geb. 1902), die Tochter eines sozialdemokratischen Maurers. Ihre Mutter, die vor der Heirat als Plätterin gearbeitet hatte, trug zum Familieneinkommen als Waschfrau bei. Die Lebensverhältnisse der Familie, die mit vier Kindern als „kinderreich" galt, waren sehr beschränkt. Das Leben der Mutter war mit Haus-, Familien- und Erwerbsarbeit vollständig ausgefüllt. An politischen Fragen war sie wenig interessiert:

> „Meine Mutter hat natürlich immer vom Heiraten gesprochen, das hat sie sicherlich auch von mir erwartet. Das war für eine Mutter typisch, daß sie ihre Kinder möglichst glücklich verheiratet sehen wollte ... Ich war überhaupt nicht darauf aus, weil unsere Familienverhältnisse, unsere Wohnverhältnisse so außerordentlich eng waren ... Ich habe darunter sehr gelitten ... Das war auch einer der Gründe, weswegen ich Ende 1923 nach Hamburg gegangen bin ...
>
> Meine Mutter, ihre Rolle, die sie in der Familie spielte, war für mich ein Grund zu sagen: ‚Vorläufig heirate ich erst einmal nicht'. Das war mir alles viel zu eng, dieses ganze Leben. Dieses ständige Arbeiten, nichts als arbeiten ... Meine Mutter war wirklich ein Arbeitstier ... Es lag sicher auch an ihrer Mentalität. Es war nicht so, daß sie eine gering begabte Frau war. Absolut nicht. Aber sie hatte zu wenig Anregung und zu wenig Möglichkeiten."

Hilde Ollenhauer wäre gerne Lehrerin geworden, doch ihre Eltern konnten ihr aus finanziellen Gründen nur eine zweijährige Lehre als Bürogehilfin ermöglichen. Die Mutter hoffte, wie viele andere Arbeiterfrauen auch, auf eine „glückliche" Heirat der Tochter, weil sie sich dann keine Sorgen mehr um deren Auskommen und Zukunft zu machen brauchte. Für ihre Generation war die Hochzeit noch selbstverständlicher Schlußpunkt in der Entwicklung des Mädchens zur Frau.[15] Gegen diesen Lebensplan wehrte sich Hilde Ollenhauer schon in jungen Jahren. Bereits im Alter von 14 wurde sie Mitglied der Arbeiterjugend, schon bald übernahm sie Funktionen. Ihre politische Entwicklung wurde vor allem durch den ältesten Bruder, *Erich Ollenhauer*[16], beeinflußt. 1919 machte die Magdeburger SAJ ihr das Angebot, als Sekretärin im SAJ-Büro zu arbeiten. Diese Stellung hatte sie bis 1923 inne. Als die Hamburger SAJ ihr den gleichen Posten anbot, verließ sie das Elternhaus und zog in die Hansestadt. Von 1928 bis zu ihrer Entlassung 1933 war sie als Geschäftsführerin des Hamburger Jugendausschusses tätig. Nach einjähriger Erwerbslosigkeit fand sie wieder Arbeit. Bis zu ihrer Pensionierung bemühte sie sich, ihr politisches und soziales Interesse mit der Berufsarbeit zu verbinden. Hilde Ollenhauer heiratete nicht. Im Unterschied zu vielen anderen Arbeitertöchtern, behielt sie ihre ablehnende Einstellung zur traditionellen Ehe bei:

> „Warum habe ich nicht geheiratet? Hier liegt eine Antwort: Da waren sicher eine ganze Menge junger Männer in meinem Alter, die sich für mich interessierten, aber diese Frage war für mich gegenstandslos ... Vor allem

aufgrund der Überlegung, daß ich die Rolle, die meine Mutter in unserer Familie gespielt hatte, so nicht spielen wollte. Da mußte sich vorher noch einiges ändern, da mußte Raum da sein für bestimmte Dinge, wie politische Arbeit, Bildung und Kultur ... Es war sicher, wenn ich mir das nachträglich überlege, auch das Streben in mir, das Leben ein bißchen bewußter zu gestalten. Das war wohl mehr eine Utopie. Aber das war die Antwort ... Freundschaften waren nicht das Alleinige für mich, wie für so viele Mädchen."

Voraussetzung für die Realisierung eines alternativen Lebensplanes waren eine relativ qualifizierte Berufsausbildung und eine befriedigende Berufstätigkeit. Zu den wenigen Arbeitertöchtern, die diesen beruflichen Aufstieg schafften, gehörte *Thea Asmus* (geb. 1898), die Tochter eines Transportarbeiters. Ihre Mutter arbeitete als Putz- und Zugehfrau. Beide Eltern waren, wie später auch die vier Kinder, in der SPD aktiv. Thea Asmus trat mit 14 Jahren in die Arbeiterjugend ein, wo ihr schon bald Funktionen übertragen wurden. Sie machte zunächst eine dreijährige kaufmännische Lehre. Seit 1916 arbeitete sie als Kontoristin bei der ‚Produktion', von 1923 bis 1927 war sie als Sekretärin im Büro des Hauptvorstandes der Zimmerer-Gewerkschaft tätig. Mit 29 Jahren hatte sie soviel Geld gespart, daß sie die erstrebte zweijährige Ausbildung am Sozialpädagogischen Institut Hamburg und das anschließende einjährige Praktikum absolvieren konnte. Mit 32 Jahren, in einem Alter, in dem die meisten Arbeitertöchter bereits lange verheiratet waren, hatte sie ihr Ziel erreicht: Sie konnte als Sozialfürsorgerin arbeiten. In diesem Beruf, der neben der politischen Arbeit ihr Lebensinhalt wurde, blieb sie bis zu ihrer Pensionierung tätig. Für eine Ehe war kein Raum:

„Durch meine Parteiarbeit lag mir das Soziale eigentlich sehr am Herzen. Da mußte etwas getan werden ... Ich war schon als junger Mensch – mit 18 Jahren – ... als ehrenamtliche Wohlfahrtspflegerin, so nannte man es damals, ohne Ausbildung tätig ... Fürsorgerin war für mich eigentlich *der* Beruf, den ich sehr gern ausgeübt habe ... Ich war mit meinem Beruf verheiratet, der hat mich völlig in Anspruch genommen. Nebenbei hab' ich immer Partei- und Gewerkschaftsarbeit gemacht ... Für die Ehe hätte ich gar keine Zeit gehabt, der Gedanke war bei mir gar nicht da ..."

Da Arbeitermädchen sehr viel geringere Bildungs- und Berufschancen als Bürgertöchter hatten, entschieden sie sich nur selten für die Lebensalternative des Berufes. Die damit in der Regel verbundene Ehelosigkeit wählten nicht alle freiwillig. Häufig hatte der Arbeitsmarkt sie vor die Entscheidung „Ehe und Familie" oder „Beruf" gestellt.[17]

Arbeitertöchter entwickelten am ehesten dann einen alternativen Lebensentwurf zur Ehe, wenn sie von ihrem Umfeld dazu angeregt und ermutigt wurden, was allerdings selbst im sozialdemokratischen Milieu nur selten der Fall war. Diesen Zusammenhang verdeutlicht der folgende Bericht von Wilma M., die in ihrer kritischen Einstellung zur Ehe vor allem von der Mutter *Henny E.* (geb. 1888) bestärkt wurde.[18] Als engagierte Sozialdemokratin versuchte Henny E. ihre Tochter aufgrund der eigenen, als leidvoll empfundenen Lebensgeschichte emanzipativ zu erziehen. Sie war als Tochter eines Malermeisters in sehr ärmlichen Verhältnissen groß geworden, da der Vater lange Jahre trank. Die Last von Haus- und Erwerbsarbeit lag ausschließlich auf den Schultern ihrer Mutter, die den Lebensunterhalt der vierköpfigen Familie durch Putzen verdiente. Nach der Schulentlassung mußte Henny E. sofort in Stellung auf einem Gutshof gehen. Später arbeitete sie als Dienstmädchen in Hamburg. Ihr Bruder hingegen durfte einen Beruf erlernen. In der Hansestadt begegnete Henny E. ihrem zukünftigen Mann, einem Malergesellen. Die Tochter Wilma M. erzählt:

„Vater war sieben Jahre älter als Mutter. Zwei Jahre lang hat sie sich tüchtig gegen eine Heirat gewehrt. Sie wollte nicht heiraten, nie so wie ihre Mutter leben ... 1909 haben sie dann doch geheiratet. Mutter war 21 Jahre alt."

Das Heiratsalter von Henny E. entsprach der damaligen Norm für Arbeiterfrauen. Das Ehepaar E. bekam vier Kinder. Henny E., die sich seit dem Ende des Ersten Weltkriegs in der sozialdemokratischen Frauenbewegung engagierte, versuchte, ihrer Tochter das eigene Schicksal zu ersparen:

> „Die Frauenfrage als solche ist mir durch meine Mutter klar gemacht worden. Sie gab mir schon früh die Lebenserinnerungen von Adelheid Popp, einer österreichischen Sozialistin. Mit 16 Jahren las ich ‚Die Frau und der Sozialismus' von Bebel sowie ‚Die Frauenfrage' von Lily Braun. Auch in der SAJ beschäftigten wir uns mit der Frauenfrage ..."

Henny E. vermittelte ihrer Tochter einen alternativen weiblichen Lebensentwurf, in dessen Mittelpunkt die Berufstätigkeit stand, und sorgte dafür, daß ihre Tochter eine „richtige" Berufsausbildung erhielt:

> „Mutter meinte, ich sollte Kindergärtnerin werden. Sie sagte immer: ‚Meine Tochter soll etwas Richtiges lernen, die soll nicht den ersten besten Mann heiraten. Von ihrem Beruf muß sie allein existieren können.' Das war in den zwanziger Jahren gar nicht so selbstverständlich. Selbst bei Genossentöchtern hieß es: ‚Hast Du nichts Besseres zu tun? Du heiratest ja doch!'"

Wilma M. begann ihre zweijährige Ausbildung am Fröbelseminar im April 1932. In ihrer Freizeit engagierte sie sich in der SAJ. Bei den ‚Kinderfreunden', der 1924 gegründeten Kinderorganisation der SPD, der sie selbst als Mädchen angehört hatte, machte sie als Helferin mit. 1935, nach einem einjährigen Praktikum, trat sie als Aushilfskraft ihre erste Stelle in einem Kindergarten an, für ein Monatsgehalt von 56 Mark:

> „So hatte ich zwar einen Beruf, aber keine Existenz. Immer wollte ich einen Beruf haben, um nicht zu heiraten. Wenn ich an meine spätere Zukunft dachte, stellte ich mir nur Beruf und Kind, aber keinen Mann vor. Meinen Beruf wollte ich mit der Arbeit in der sozialdemokratischen Bewegung verbinden, vielleicht bei den ‚Kinderfreunden' ... Mit diesen Vorstellungen bin ich natürlich oft angeeckt. Für die Eltern meiner Freundinnen war ich deshalb ein rotes Tuch ... Die beste Jugendzeit, alle Pläne sind uns durch die Nazis kaputt gegangen."

Das Beispiel von Wilma M. zeigt, daß Arbeitertöchter ihrer Generation, die in der Weimarer Republik die Schule besuchten, zwar erstmals die Möglichkeit zu einer qualifizierten Schul- und Berufsausbildung hatten, da die Reformen im Schulwesen die Bildungschancen von Arbeiterkindern geringfügig vergrößerten.[19] Doch die Realisierung des alternativen Zukunftsentwurfes scheiterte häufig im Dritten Reich. Die nationalsozialistische Herrschaft bekämpfte mit der Frauenemanzipation auch sämtliche alternativen weiblichen Lebensentwürfe. Wilma M. gab ihre Zukunftspläne mit der Heirat im Jahr 1940 auf.

* * *

Die Zahl der Arbeitertöchter, denen es gelang, einen alternativen Lebensentwurf zu Ehe und Familie zu realisieren, blieb gering. Die Ehe galt als Grundlage des Familienlebens. Nichtverheiratete Mütter wurden rechtlich und sozial diskriminiert. Ledige Frauen hatten einen geringeren sozialen Status als verheiratete. Durch die bewußte Entscheidung für eine alternative weibliche Lebensform stellten Frauen sich gegen die herrschenden Normen und Werte. Sie mußten, wenn sie keinen Kreis gleichgesinnter Freundinnen fanden, mit sozialer Isolation rechnen. Als Verheiratete erreichten Frauen zwar einen höheren sozialen Status, verloren aber viele juristische Freiheiten. Diese Situation war der Grund für die ambivalente, sich im Lebenszyklus wandelnde Eheeinstellung vieler Arbeiterfrauen: Hatten sie in den ersten Jahren nach der Schulentlassung häufig noch die Auffassung vertreten, daß sie „nie" heiraten würden, „nie" so wie ihre Mutter leben wollten, änderte sich mit zunehmendem Alter und wachsender Berufs- und Lebenserfahrung ihre Haltung. Die Erwerbstätigkeit war angesichts geringer Bezahlung und schlechter Arbeitsbedingungen auf Dauer unbefriedigend und ein beruflicher Aufstieg oder Wechsel nicht zu erwarten. Die Frauen begannen in der Ehe eine Alternative zur anstrengenden Erwerbsarbeit zu sehen und auf das zukünftige Glück in der eigenen Familie zu hoffen. Der Einstellungswandel, der sich bei vielen Arbeiterfrauen vollzog, war eine Entscheidung für das „kleinere Übel", die Alice Rühle-Gerstel aus der Frauenperspektive folgendermaßen beschrieb:

„Ich sehe zwar, daß die Frau in der Ehe nichts zu lachen hat. Ich höre zwar, daß die Ehe für die Frau mehr Last als Lust bietet. Ich weiß aber, daß ich schließlich doch werde heiraten müssen. Von allen Seiten höre ich, daß die Ehe der Frauen natürlicher Beruf sei, und so will ich denn schließlich, was ich muß."[20]

2.1.1.2 Partnerwahl und Heiratsverhalten

Die Partnerwahl von Frauen stand unter doppeltem Druck: Zum einen war es für sie wichtiger als für den Mann, sich zu verheiraten, zum anderen war es für sie schwieriger. Die gesellschaftlichen Normen gestatteten es der Frau nicht, auf den Mann ihrer Wahl direkt zuzugehen. Ihr blieb nur die Möglichkeit, seine Aufmerksamkeit zu erregen und zu warten, bis er auf sie zukam. Auch einen Heiratsantrag konnte nur der Mann machen. Die gesellschaftliche Rollenzuweisung bei der Wahl des Ehepartners, die in der Weimarer Republik so unvermindert Gültigkeit hatte wie im Kaiserreich, wurde in der Arbeiterschaft nahezu ebenso streng eingehalten wie im Bürgertum. Dies war auch im sozialdemokratischen Milieu nicht anders; selbst die organisierte Arbeiterjugend beachtete bei der „Anbändelung" zu ersten Freundschaften die geschlechtsspezifische Rollenteilung. Zentraler Unterschied zum Bürgertum war, daß die Partnerwahl in Arbeiterkreisen in stärkerem Maße eine Liebeswahl war; konventionelle Hindernisse – vor allem angemessener Stand und ausreichender Besitz – entfielen weitgehend.[21]

Die Zeit der Partnerwahl – des „Anbändelns" – war für Arbeiterjugendliche das Wochenende. Es verhieß nach einer arbeitsreichen Woche Freiheit vom Arbeitszwang, selbstbestimmte Freizeit, Muße und Geselligkeit. Nach Erfüllung ihrer häuslichen Pflichten gingen die jungen Hausangestellten, Arbeiterinnen und Angestellten, wenn es die Eltern erlaubten, ihren eigenen Vergnügungen nach. Für die meisten gehörte an jedem Wochenende der Tanz dazu. In ihren besten, möglichst modischen „Sonntagskleidern" zogen sie in Cafés, Tanzdielen und Tanzsäle. In jedem Hamburger Stadtteil gab es größere und kleinere Tanzlokale, in denen sich die Jugend traf – meist getrennt nach sozialer Herkunft und beruflicher Stellung. Die bekanntesten waren „Sagebiel" an der Drehbahn sowie der „Conventgarten" und das „Collosseum" an der Hoheluftchaussee. Wenn ein Mädchen einen „Schatz" suchte, ging sie mit ihren Freundinnen – auf keinen Fall ohne Begleitung – zum Tanzen. Allein durften nur Jungen gehen, Mädchen brachte dies in einen schlechten Ruf. In Tanzlokalen begannen vermutlich die meisten Freundschaften und Ehen von unorganisierten Arbeiterpaaren.[22]

Neben Tanzlokalen boten u.a. Familie, Nachbarschaft und Bekanntenkreis sowie der Arbeitsplatz die Möglichkeit, einen Freund kennenzulernen. Für die junge Frauengeneration der Weimarer Republik gewannen zudem Vereine und Verbände eine wachsende Bedeutung als Orte des „Anbändelns". Dies galt insbesondere für das sozialdemokratische Milieu. Vor allem die Arbeiterjugendbewegung hatte sich seit ihren Anfängen, die in Hamburg bis zum Jahr 1905 zurückreichen, nicht nur zu einer „Kaderschmiede" der Arbeiterbewegung, sondern auch zu einer „Eheschmiede" der organisierten Arbeiterschaft entwickelt.[23] Dies verdeutlichen die Berichte der befragten Frauen aus dem sozialdemokratischen Milieu: Von den 91 Frauen, die erzählten, wo sie ihren Ehemann kennenlernten, nannten 44 die Arbeiterjugend. 17 begegneten ihm erstmals in einer anderen Arbeiterorganisation bzw. im Rahmen von Aktivitäten der Arbeiterbewegung, neun am Arbeitsplatz. 15 Frauen trafen auf ihren zukünftigen Partner in der privaten Freizeit im Freundeskreis, drei in der Familie, eine in der Nachbarschaft. Mehr als zwei Drittel der befragten Frauen aus sozialdemokratischem Milieu lernten ihren späteren Ehepartner also über die Arbeiterbewegung kennen. Politisch engagierte junge Menschen suchten und fanden in der Arbeiterbewegung am ehesten den Lebenspartner mit gleicher Weltanschauung und ähnlichen Lebensvorstellungen. Die junge organisierte Arbeitergeneration der Weimarer Republik legte auf eine weitgehende Übereinstimmung von Gesinnung und Interessen bei Frau und Mann mehr Wert als ihre Elterngeneration. Deshalb war die Bedeutung der herkömmlichen Orte, in denen junge Paare sich kennenlernten, im sozialdemokratischen Milieu der zwanziger Jahre vergleichsweise geringer.

In der Regel erinnerten sich die befragten Frauen gerne an die Situation, in der sie ihren späteren Ehemann kennenlernten. Beispielhaft sollen hier zwei Berichte herausgegriffen werden. Die kaufmännische Angestellte Lisbeth T., die aus einem sozialdemokratischen Arbeiterhaushalt stammte, war seit 1915 Mitglied im Arbeiterjugendbund. Nach einem Ausflug des sozialdemokratischen ‚Ausschusses zur Förderung der Jugendspiele'[24], an dem sie mit ihren jüngeren Geschwistern teilnahm, ging ihr späterer Mann, der die Gruppe als „Wanderführer" begleitet hatte, auf sie zu:

> „Mein Mann, der Max, hatte mich gefragt: ‚Kommst Du auch? Wir gehen alle in den Stadtpark zum Reigentanzen' ... Meine Großmutter hatte an dem Tag Geburtstag. Abends sollten wir noch alle zu ihr kommen. Da hab' ich gesagt: ‚Ne' Mutter, heute kann ich nicht!' Das gab ein Theater, doch ich bin weggekommen ... Als ich ankam, stand Max allein da. ‚Wo sind denn die anderen?' ‚Wir können ja noch einen Augenblick warten', sagte er, ‚Sonst gehen wir allein dahin'. ‚Alleine tanzen, wie willst Du denn das machen?' ‚Wir können ja ein bißchen durch den Stadtpark gehen' ... Als es allmählich dunkel wurde haben wir uns auf eine Bank gesetzt und da hat er mir einen Kuß gegeben. Oh Gott, was hab' ich geheult. Ich hatte doch einen Freund ... Dem hab' ich dann geschrieben, ich könnte keinen Freund mehr haben. Ich wäre jetzt beim ‚Ausschuß zur Förderung der Jugendspiele' ... So hab' ich mich rausgeschwindelt ... Max war nun mein Freund ... Wir waren zusammen in der Arbeiterjugend und im Ausschuß. Max und ich kannten uns beinah sechs Jahre, bevor wir geheiratet haben. Das war 1924 ..."

Diese Schilderung von Lisbeth T. ist ein Beispiel dafür, daß auch in der Arbeiterjugend der erste aktive Schritt zum Beginn einer Beziehung normalerweise vom Jungen ausging.

Der folgende Bericht von Lili D. verdeutlicht, welche Bedeutung der Kleidung als Erkennungszeichen gleicher Gesinnung und damit als Anknüpfungspunkt für die Kontaktaufnahme zwischen Frau und Mann in der jungen Arbeiterschaft zukam. Vor allem überzeugte Arbeiterjugendbündler(innen) drückten mit ihrer Kleidung ihre politische Einstellung aus: In der jugendbewegten Phase der SAJ trugen die Mädchen Reformkleider und Beiderwandröcke, Stirnreifen, Zöpfe oder Schnecken, die Jungen Hemden mit Schillerkragen und knielange Samthosen. In der Phase der Roten Pioniere, die in der Hamburger SAJ 1927 begann, vereinheitlichte sich die Kleidung zur Kluft: Nun trugen Jungen wie Mädchen zum blauen Hemd den roten Schlips mit dem SAJ-Abzeichen und passende blaue Manchesterhosen oder -röcke, die Zöpfe fielen, der „Bubikopf" war praktischer. Lili und Herbert D. begegneten sich erstmals an ihrem Arbeitsplatz. Beide gehörten der SAJ an. Lili D. erzählt:

> „Wir lernten uns im Fernsprechamt Binderstraße kennen. Es war furchtbar aufregend. Er erschien nämlich wie ein richtiger Revolutionär, mit Manchesterjacke an, kurzen Hosen, Kniestrümpfen, offenem Schillerkragen, ganz genau wie ein Jugendbündler. So sah ich ihn erstmalig in der Kantine. In den ‚heiligen' Amtssälen herrschte über so ein unverfrorenes Auftreten Aufregung ... Als wir uns dann im Sommer 1925 eines morgens auf der Straße begegneten, ich kam aus dem Nachtdienst und er ging zum Dienst, da sahen wir gegenseitig unser SAJ-Abzeichen am Revers. Das ‚Frei Heil' war wie aus einem Munde gesprochen. Von da an trafen wir uns oft am Schwarzen Brett im Amt und besprachen Zusammenkünfte und anderes ... Ich wechselte von der Hammerbrooker SAJ-Gruppe zur Eilbecker SAJ-Gruppe, wo mein Freund Herbert Mitglied war. So waren wir auch dort zusammen. Wir sangen gemeinsam im Chor und gingen zusammen mit der Gruppe auf Fahrt, sowie auch zu zwein auf Radfahrten."

Die meisten Arbeitermädchen hatten zwischen dem 16. und 18. Lebensjahr den ersten „Schatz". Mit diesem, meist älteren Freund wurde ein großer Teil der freien Zeit gemeinsam verbracht. Das junge Paar ging zum Tanzen, besuchte das Kino, trieb Sport oder unternahm mit Freunden

Ausflüge und Wanderungen. Waren beide in der Arbeiterjugend, so machten sie gemeinsam deren Aktivitäten mit. Im allgemeinen bezahlte der Liebste als „Kavalier" die Ausgaben für die gemeinsame Freizeit. Doch bei jungen Paaren aus der Arbeiterjugendbewegung wurde es mehr und mehr zur Regel, daß beide sich die Kosten teilten. Auf diese Weise sollte in der Beziehung weder Abhängigkeit noch Verpflichtung entstehen. Das junge Arbeitermädchen erhoffte sich von der gemeinsamen Freizeit einen Ausgleich für den ermüdenden, eintönigen Arbeitsalltag. Durch einen „Schatz" nahm zudem ihr Ansehen bei Kolleginnen und Freundinnen zu, damit stieg auch ihr Selbstwertgefühl. Über den Freund konnte sie sich einen Teil der Anerkennung holen, die ihr in Familie und Erwerbsleben versagt wurde.[25]

Bei der Partnerwahl spielten vielfältige – bewußte und unbewußte – Faktoren eine Rolle. In der Regel wählten schon die Mädchen ihren Freund unter dem Gesichtspunkt aus, ob er als zukünftiger Ehepartner in Frage kam. Gleiches galt in eingeschränktem Maße auch für die Jungen. Die Kriterien der Partnerwahl waren jedoch bei beiden Geschlechtern verschieden. Für die meisten jungen Mädchen war der soziale Status des Freundes besonders wichtig. Sie wählten möglichst „nach oben". Ihr „Kavalier" sollte einen qualifizierteren Beruf, eine höhere soziale Stellung haben. Der zukünftige Ehemann sollte durch seine Person, seine Leistung und seinen Erfolg der Frau den sozialen Aufstieg ermöglichen, den sie sich aus eigener Kraft nicht zutraute bzw. der ihr verwehrt war. Bei erwachsenen Frauen im heiratsfähigen Alter reduzierten sich diese Hoffnungen auf das Bestreben, einen Ehemann zu finden, der mit seinem Einkommen eine Familie ausreichend ernähren konnte, der „ordentlich, brav und tüchtig" war. Er durfte kein „Leichtfuß" sein, der das Einkommen vertrank oder verspielte. Sie wünschten sich für ihre Kinder einen „guten Vater". Für die meisten jungen Männer war zunächst wichtig, ob das Mädchen „nett und schön" war und zu ihnen paßte. Wenn sie ins Heiratsalter kamen, wurde es zunehmend wichtig, ob die Partnerin auch eine „gute Hausfrau und Mutter" sein würde. Die Ehefrau sollte vor allem wirtschaften können. Durch diese Kriterien der Partnerwahl wurde nicht nur die vorherrschende Rollenteilung in der Ehe langfristig festgeschrieben, sondern zugleich die Beziehungshierarchie zwischen den Eheleuten: Der Mann war in der Ehe häufig schon aufgrund von Bildung und sozialem Status der Überlegene.[26]

Entgegen bürgerlichen Vorurteilen hatten längst nicht alle Arbeitermädchen mit ihrem „Schatz" schon bald sexuellen Verkehr. Man „ging" zusammen, war sich in der Regel in der Beziehung treu, doch dabei blieb es zunächst. Die junge Frau mußte mit ihren Zugeständnissen an die Wünsche des Freundes „dosiert" umgehen. Wenn sie schnell einer sexuellen Beziehung zustimmte, galt sie in den Augen ihrer Umwelt als „liederlich". Erst nach längerer Bekanntschaft und bei ernsthaften Heiratsabsichten ihres Freundes stimmte sie in der Regel sexuellem Verkehr zu. Ihre „Ehre" bestand nicht darin, bis zur Ehe „keusch" zu bleiben; Jungfräulichkeit besaß keinen Wert an sich. Ihrer „Ehre" war Genüge getan, wenn der Freund ihr die Heirat versprochen hatte. Dann bestand für sie kein moralischer Grund mehr, sich seinem sexuellen Drängen zu verweigern. Letztlich war ihr „Ruf" vom Verhalten des Freundes abhängig. Wenn er sein Eheversprechen einhielt, war ihre „Ehre" auch im Fall einer vorehelichen Schwangerschaft nicht gefährdet. In Hinblick auf die Sexualität vor der Ehe galten in der Arbeiterschaft also andere moralische Werte als im Bürgertum. Voreheliche Sexualität blieb in Arbeiterkreisen in den zwanziger Jahren vor allem ein Problem der Verhütung. Die Angst vor einem Kind war groß, das Wissen über Sexualität und Verhütung gering.[27]

Aus Angst vor einer nichtehelichen Schwangerschaft standen viele Arbeitereltern der Freundschaft ihrer jungen Tochter mit Ablehnung, zumindest aber mit Skepsis gegenüber. Dies galt vor allem für den Vater. Er versuchte, die Liebesbeziehung insbesondere dann mit einem Verbot zu unterbinden, wenn ihm die Tochter zu jung erschien. Seine stereotype Drohung war: „Laß' Dich bloß nicht mit Jungs ein!" Dafür verbündete sich die Mutter nicht selten heimlich mit der Tochter und gab ihr durch Mitwissen und Gewährenlassen Rückhalt. Doch mit mehr als dem guten Ratschlag „Paß' auf" konnte sie ihr selten helfen. Allgemein versuchten Arbeitereltern, die befürchtete Gefahr einer folgenreichen sexuellen Verführung ihrer heranwachsenden Tochter durch eine Einschränkung der freien Zeit und eine Kontrolle der Freizeitgestaltung einzudämmen.[28]

Das Alter, in dem Arbeiterjugendliche erstmals Geschlechtsverkehr hatten, war vom Grad ihrer schulischen und beruflichen Bildung sowie vom Einfluß und Vorbild des sozialen Umfeldes abhängig. Dies zeigte sich besonders deutlich bei Arbeiterjugendbündler(inne)n. Die SAJ praktizierte eine koedukative Erziehung, die in der Weimarer Republik noch relativ selten war. Deshalb sah sich die Organisation vielen Angriffen seitens bürgerlicher und klerikaler Kreise ausgesetzt, die „Schamlosigkeiten" und „sexuelle Verwahrlosung" witterten. Hauptziel ihrer Kritik waren die gemeinsamen Fahrten und Wanderungen am Wochenende, die Zeltlager. Den Angriffen der Kritiker versuchte die SAJ durch die Propagierung zwischengeschlechtlicher Kameradschaftlichkeit und puritanischer Sittenstrenge zu begegnen. Pärchenbildung wurde in den SAJ-Gruppen nur bei den Älteren, d.h. den 18- bis 20jährigen, toleriert. Es herrschte ein strenger Ehrenkodex. Diesen schildert *Anneliese F.* (geb. 1910), die 1924 in die SAJ eintrat:

> „Wenn sich ein Paar vorbeibenommen hätte, wenn sie irgendwie aus der Reihe getanzt wären, privatisiert hätten und sich nicht in die Gruppe eingeordnet hätten, wären sie einer derartigen Verachtung anheim gefallen, daß es kein Paar wagte. Das war eigentlich völlig unmöglich. Man schloß sich praktisch selbst aus. Ich kann mich an fast keinen Fall erinnern, wo eine SAJlerin ein uneheliches Kind gekriegt hat ..."

Den jungen Paaren wurde auch privat Enthaltsamkeit empfohlen; Sexualität sollte den Erwachsenen vorbehalten bleiben. Diese Einstellung wurde innerhalb der SAJ allgemein akzeptiert.[29] Die Folge war, daß junge Paare aus der organisierten Arbeiterjugend in der Regel relativ spät sexuellen Kontakt aufnahmen. Bei vielen SAJlerinnen gab es dafür noch einen weiteren Grund, den *Elfriede P.* (geb. 1909) beschreibt:

> „Das Erwachsensein, die sexuelle Sinnlichkeit, ist bei uns sehr viel später eingetreten als heute. Das war aber nur ein Phänomen der Arbeiterjugend. Im normalen Alltag von Arbeitern fand Sexualität schon statt ... Sie war das Sonntagsvergnügen des Mannes ... Einzelne Schulkolleginnen von mir hatten z.B. schon früh einen Freund, einige bekamen auch ein uneheliches Kind. Wir wollten so etwas nicht. Wir wollten nicht so aufwachsen, wie unsere Eltern. Wir wollten erstmal selber frei sein, wollten uns selbst den Partner suchen, aber nicht so hineinschliddern, wie das meiner Mutter, aber auch meinen Schulkolleginnen z.T. noch so gegangen ist ... Diese Eheverhältnisse, in denen der Mann abends spät nach Hause kam, ziemlich autoritär war, die Frau allein die Kinder versorgen mußte, dadurch ans Haus gebunden war, die wollten wir nicht. Wir wollten das freier gestalten. Für uns Mädchen war die Arbeiterjugend ein wichtiger Schritt, selbstbewußter und freier zu werden. Wir wollten selbst entscheiden, wann wir mit der Sexualität beginnen ... Wir wollten nicht als halbe Schulmädchen mit den Folgen dran sitzen. Wir sahen ja die jungen Frauen, die fast keine Zeit mehr hatten ..."

Angesichts der erheblichen Probleme bei der Schwangerschaftsverhütung, die Jugendliche in besonderem Maße hatten, bedeutete der bewußte Verzicht auf die Sexualität für einen Teil der SAJlerinnen einen Schritt zu ihrer Befreiung als Frau.

Mit dem Erwachsenwerden änderte sich in der Regel bei ehemaligen Arbeiterjugendbündler(inne)n die Einstellung zur Sexualität. Spätestens mit dem 20. Lebensjahr verließen die meisten die SAJ. In den Beziehungen erwachsener, unverheirateter Paare aus sozialdemokratischem Milieu war Sexualität ein selbstverständlicher Bestandteil. Nach längerer, häufig mehrjähriger Freundschaft verlobte sich das junge Paar. Dieser Schritt war angesichts der Wohnungsnot schon aus praktischen Gründen üblich: Nur Verlobte hatten ein Anrecht darauf, sich als wohnungssuchend in die Listen des Wohnungsamtes eintragen zu lassen, und konnten langfristig mit der Zuweisung einer eigenen Wohnung rechnen. Zum Standesamt gingen zumindest bessergestellte Arbeiterpaare möglichst erst, wenn eine eigene Wohnung bezogen werden konnte. Da die übliche Wartezeit auf eine Wohnung fünf bis sechs Jahre betrug, lag zwischen Verlobung und Heirat häufig ein entsprechender Zeitraum. Die junge Frauengeneration der Weimarer Republik heiratete später als die Generation der Mütter. Dies galt auch für Arbeitertöchter.

Das durchschnittliche Heiratsalter der Ledigen lag Mitte der zwanziger Jahre in Hamburg bei den Frauen bei 26,0 und bei den Männern bei 29,0 Jahren. In den Großstädten ehelichten die Ledigen allgemein später, im Reichsdurchschnitt lag das Heiratsalter der Frauen bei 25,3 und der Männer bei 27,4 Jahren. Im Vergleich zur Vorkriegszeit war das Eheschließungsalter der ledigen Frauen angestiegen, das der ledigen Männer leicht zurückgegangen. 1913 hatte es im Reichsdurchschnitt bei den Frauen bei 24,7 und bei den Männern bei 27,5 Jahren gelegen.[30] In den zwanziger Jahren zeigte sich nicht nur in Hamburg erstmals die Tendenz einer Verringerung der Altersdifferenz zwischen den Ehepartnern (vgl. Tabelle 20)[31] . Zu dieser Entwicklung trugen die sozioökonomischen Verhältnisse ebenso bei wie das zunehmend akzeptierte Familienleitbild: Die Ansprüche an das Familienleben waren allgemein gestiegen. Man heiratete möglichst erst, wenn das Nötigste für den Hausstand zusammen war und die zukünftige Familie eine sichere materielle Basis hatte. Um diese zu erreichen, war die Erwerbsarbeit von Frau und Mann nötig. Viele verlobte Frauen verzichteten auf eine Heirat, da sie angesichts der Situation auf dem Arbeitsmarkt nicht das Risiko einer Entlassung eingehen wollten. Hinzu kam, daß das moderne Ehe-Ideal vom Ehepaar nicht nur die Erfüllung der traditionellen Rollen forderte, sondern auch eine erfüllte Liebesbeziehung und ein partnerschaftlicheres Verhältnis von Frau und Mann.[32]

Tab. 20: *Die zusammenlebenden Ehepaare in der Stadt Hamburg nach dem Altersunterschied zwischen Frau und Mann. 1900, 1910 und 1925*[33]

Anteil der Ehen in %, in denen	1900	1910	1925
die Frau jünger war:	75,6	78,2	77,5
davon über 15 Jahre	2,8	3,0	3,0
10–15 "	7,3	8,4	6,8
5–10 "	23,9	29,2	22,9
bis 5 "	41,7	37,6	44,8
die Frau gleich alt war:	0,03	0,05	0,03
die Frau älter war:	24,4	21,8	22,4
davon über 10 Jahre	1,4	1,6	1,0
5–10 "	4,2	4,5	3,3
bis 5 "	18,8	15,7	18,2

Die sozialen Unterschiede im Heiratsverhalten waren erheblich: In Arbeiterkreisen wurde früher als in den anderen sozialen Klassen und Schichten geheiratet. Im Bürgertum standen häufiger ökonomische und soziale „Ehehindernisse" einer Heirat im Wege: Es durfte nur geheiratet werden, wenn die Herkunft beider Partner übereinstimmte und der zukünftigen Familie eine ausreichende materielle Basis zur Verfügung stand. Voraussetzung für eine gesicherte Existenz war eine feste, qualifizierte Berufsstellung des Mannes, die dieser in der Regel erst nach einer längeren Berufsausbildung erreichte.[34] Auch innerhalb der Arbeiterschaft gab es soziale Differenzen im Heiratsverhalten. Ein Vergleich des durchschnittlichen Heiratsalters der ledigen Frauen Hamburgs insgesamt mit dem der befragten Frauen aus dem sozialdemokratischen Milieu deutet darauf hin, daß in Arbeiterkreisen mit zunehmender Berufsqualifikation das Heiratsalter stieg. Die befragten Frauen, deren Qualifikationsniveau über dem weiblichen Durchschnitt lag, heirateten mehrheitlich möglichst spät, um die Phase ihrer größten persönlichen Freiheit als erwachsene, verlobte Frauen voll auszukosten. Sie nutzten diese Zeit für ihre Bildungs-, Kultur- und Freizeitinteressen.

Ehe und Familie als persönliche Lebensform setzten sich seit der zweiten Hälfte des 19. Jahrhunderts auch in der Arbeiterschaft mehr und mehr durch. Diese Entwicklung schlug sich in einer erheblichen Zunahme der Zahl der Eheschließungen nieder, die stärker anstieg als die Zahl der heiratsfähigen Erwachsenen und als die Wohnbevölkerung insgesamt. Dieser Trend war in den Großstädten besonders ausgeprägt, wie die Entwicklung der Heiratsziffer verdeutlicht. Im Reichsdurchschnitt kamen 1910 auf 1.000 Einwohner 7,7 Heiraten, 1928 waren es 9,2. In Hamburg stieg die Heiratsziffer von 8,6 im Jahr 1910 auf 9,8 im Jahr 1928 an. Die Hansestadt wies nach Berlin die höchste Quote an Eheschließungen auf. Ursache der höheren Heiratsziffer in den Großstädten war vor allem die spezifische Bevölkerungsstruktur; der Anteil der heiratsfähigen Erwachsenen war dort am größten.[35]

Tab. 21: *Die jährlichen Eheschließungen und gerichtlichen Ehelösungen im hamburgischen Staat. 1910–1933*[36]
(Verglichen mit dem Jahresdurchschnitt der Jahrzehnte 1881–1910)

Jahr	Eheschließungen		Gerichtliche Ehelösungen		
	insgesamt	auf tausend der Bevölkerung	Scheidungen	Nichtigkeitserklärungen	auf hundert Eheschließungen
1881–1890	4798	9,1			
1891–1900	6251	9,1	372	5	6,0
1901–1910	7660	8,7	620	8	8,2
1910	8578	8,6	918	18	10,9
1911	9007	8,7	919	10	10,3
1912	9549	9,0	1012	7	10,7
1913	9362	8,6	1004	13	10,9
1914	10952	10,1	1071	15	9,9
1915	7062	6,6	722	10	10,4
1916	5606	5,3	612	3	11,0
1917	5923	5,6	562	10	9,7
1918	7308	7,0	682	11	9,5
1919	14368	13,5	1574	18	11,1
1920	16168	15,0	2415	18	15,0
1921	13709	12,5	2049	24	15,1
1922	14844	13,3	1969	36	13,5
1923	13684	12,1	1807	25	13,4
1924	9918	8,7	1925	24	19,7
1925	10015	8,7	1899	25	19,2
1926	10292	8,8	2094	24	20,6
1927	11332	9,5	2282	35	20,4
1928	11826	9,8	2347	21	20,0
1929	12484	10,2	2477	23	20,0
1930	12255	10,0	2464	30	20,4
1931	10880	8,8	2230	31	20,8
1932	10678	8,7	2317	30	22,0
1933	14538	11,9	2355	35	16,4

Aufschluß über die Entwicklung der jährlichen Eheschließungen im hamburgischen Staat gibt Tabelle 21, die zeigt, daß deren Zahl seit dem Kaiserreich nicht kontinuierlich anstieg; die Zunahme wurde durch erhebliche Schwankungen unterbrochen. Mit ihrem Heiratsverhalten reagierten die jungen Paare direkt auf politische und wirtschaftliche Entwicklungen[37] . In der

Vorkriegszeit lag die Heiratsziffer durchschnittlich bei 8,7. Im Jahr 1914 stieg sie sprunghaft auf 10,1 an; viele junge Paare ließen sich trauen, bevor der Mann zum Militärdienst eingezogen wurde. In den Kriegsjahren sank die Zahl der Eheschließungen und damit auch die Heiratsziffer drastisch; ihren Tiefpunkt erreichte sie 1916 mit 5,3. Den Schritt zum Standesamt holten viele Paare nach Kriegsende nach. 1920 erreichte die Zahl der Eheschließungen ihren Höhepunkt; die Heiratsziffer übertraf mit 15,0 bei weitem die durchschnittlichen Werte seit der Jahrhundertwende und wurde auch in den folgenden Jahren nicht wieder erreicht. Mit der Zuspitzung der Inflation ging die Heiratsziffer erneut zurück; sie fiel bis 1924 auf 8,7. Die schlechten wirtschaftlichen Verhältnisse und die Verschärfung der Wohnungsnot hielten viele Paare davon ab zu heiraten. Erst gegen Ende der zwanziger Jahre stieg die Zahl der Eheschließungen langsam wieder an. 1929 lag die Heiratsziffer bei 10,2. Offenbar hofften nicht wenige Paare auf ein Anhalten der relativ stabilen Wirtschaftslage. In der Wirtschaftskrise ging die Zahl der Heiraten erneut deutlich zurück. Die Heiratsziffer fiel auf 8,7 im Jahr 1932. Angesichts der Massenarbeitslosigkeit schien vielen Paaren das Risiko einer Familiengründung zu groß.

* * *

Seit der zweiten Hälfte des 19. Jahrhunderts setzten sich Ehe und Familie als Lebensform zwar in immer breiteren Bevölkerungskreisen durch, doch das Heiratsverhalten in den Klassen und Schichten blieb verschieden. In der Arbeiterschaft heirateten insbesondere die Männer früher als im Bürgertum. Die Partnerwahl war weitgehend eine Liebeswahl. Allerdings herrschte auch hier bei der Partnersuche eine strenge Rollenteilung, die selbst im sozialdemokratischen Milieu galt. Dies stand nicht in Widerspruch dazu, daß sich junge Frauen und Männer aus diesem Milieu häufiger als die Elterngeneration eine partnerschaftliche Beziehung auf der Basis einer gleichen Lebensanschauung wünschten. Denn die damaligen Vorstellungen von ehelicher Partnerschaft stellten die traditionelle Rollenteilung von Frau und Mann nicht in Frage.[38]

Seit der Jahrhundertwende begann sich als Reaktion auf die gewandelten sozialen Verhältnisse auch in der Arbeiterschaft eine „rationalere" Einstellung zu Ehe und Familienplanung durchzusetzen. Zunächst bemühten sich vorrangig bessersituierte, gelernte Arbeiterkreise um eine planvolle Gestaltung der privaten Lebensweise. Mittels Heiratsverhalten und Familienplanung versuchten insbesondere junge Arbeiterpaare, ihre soziale Lage direkt zu beeinflussen. Sie wollten ihre private Lebensweise den ökonomischen Bedingungen anpassen. Hinter diesem „rationaleren" Verhalten standen eine starke Aufstiegsorientierung und der Wille, das eigene Schicksal nicht mehr als unabänderlich hinzunehmen. Deshalb waren eine „moderne" Eheeinstellung und ein verändertes Heiratsverhalten in der jungen Generation des sozialdemokratischen Milieus besonders verbreitet. Die Verwirklichung dieser „rationaleren" Haltung scheiterte jedoch bei vielen jungen Arbeiterpaaren an der Realität. Dies wird bei der Betrachtung der privaten Anlässe deutlich, die letztendlich zur Heirat führten.

2.1.1.3 Heiratsanlässe

Liebe war für junge Arbeiterpaare nur selten ein Grund, zum Standesamt zu gehen. Veranlaßt wurden sie zu diesem Schritt durch andere Motive. Der Einfluß der politischen und sozialen Verhältnisse auf das Heiratsverhalten wurde bereits geschildert. Im folgenden sollen die drei wichtigsten privaten Heiratsanlässe näher betrachtet werden: 1. die konfliktgeladene Enge und Bedrängtheit im Elternhaus, 2. die sozialen und rechtlichen Schwierigkeiten als nichtverheiratetes Paar und 3. die nichteheliche Schwangerschaft.

Die „Flucht" aus dem Elternhaus war vor allem bei jüngeren Paaren aus der Arbeiterschaft ein wichtiges Motiv für den Schritt zum Standesamt. Da es für ledige Frauen mit sehr viel größeren materiellen und sozialen Schwierigkeiten verbunden war, allein zu leben, als für ledige Männer, und Arbeitertöchter infolgedessen häufiger als Arbeitersöhne bis zu ihrer Heirat bei den Eltern wohnten, hatte die junge Frau meist ein größeres Interesse an der Eheschließung als ihr Partner. Spätestens mit ihrer Volljährigkeit wollte sie aus der Enge und Not im Elternhaus heraus sein. Ihre Sehnsucht war ein eigenes harmonisches Familienleben. Auch Paula und Karl K. heirateten aus diesem Grund bereits in jungen Jahren. *Paula K.* (geb. 1897) war in ärmlichen Verhältnissen aufgewachsen. Ihr Stiefvater arbeitete unständig beschäftigt im Hafen. Er war zwar Mitglied der SPD, gehörte aber zu den Sozialdemokraten, die an der häuslichen Garderobe auch ihre Gesinnung ablegten. Er vertrank und verlebte einen großen Teil des Einkommens. In angetrunkenem Zustand ließ er Ärger und Frustrationen u.a. durch Prügel an Frau und Kindern aus. Die Mutter hielt die Familie zusammen. Sie arbeitete als Putzfrau und erzog die sechs Kinder. Paula K. kannte ihren späteren Mann, der in der Nachbarschaft wohnte, seit ihrer Kindheit. Konkreter Anlaß zur Heirat im Jahr 1917 war die Einberufung von Karl K., der als Maschinenschlosser zum Dienst bei Krupp in Essen verpflichtet wurde. Um seine Frau mitnehmen zu können, gingen beide zum Standesamt. Paula K. berichtet:

> „Ich bin schon früh zu Hause weg ... Dort habe ich es nicht mehr ausgehalten ... Einmal hat mein Vater mich und meine Mutter so geschlagen, daß mein Mann gesagt hat, ‚Da bleibst Du nicht mehr, das gibt es gar nicht.' Ich bin zu seiner Cousine gezogen. Dort war es nett und schön. Mit 17 habe ich mich schon verlobt, weil ich nicht mehr im Haus wohnte ... Als mein Mann dienstverpflichtet wurde 1917, haben wir geheiratet. Da war ich 20 und er 25, viel zu jung."

Neben dem Bedürfnis, den beengten, konfliktgeladenen Verhältnissen im Elternhaus zu entkommen, war es die Sehnsucht, nach einem unkontrollierten, eigenen Raum, die ein nichtverheiratetes Paar dazu bewegte, die Beziehung zu legalisieren. Die meisten Paare hatten vor der Eheschließung zwar Intimverkehr, doch sie fanden hierfür nur schwer einen ungestörten Ort. Noch schwieriger war es, als unverheiratete zusammenzuwohnen. Die herrschende, bürgerliche Sexualmoral lehnte außereheliche Sexualität als „unzüchtig" ab. Der Staat versuchte diese Form der „sittenzersetzenden Unzucht"[39] u.a. durch das Verbot von „Konkubinat" und „Kuppelei" zu bekämpfen: Als „Konkubinat" galt „das fortgesetzte außereheliche Zusammenleben eines Paares", das strafbar war, sobald es „öffentliches Ärgernis" erregte.[40] Die „wilde Ehe" bildete nicht nur das beliebte Recherchierobjekt schnüffelnder Polizisten, sondern auch die umlagerte Zielscheibe des Tratsches, der Neugier und sittlichen Entrüstung aller Klatschmäuler der Nachbarschaft. Für die Justiz war der Tatbestand des „öffentlichen Ärgernisses" schon gegeben, wenn üble Nachreden über das Paar umgingen, die von Nachbarn, Vermietern oder der Polizei angezeigt wurden.[41] Des Tatbestands der „Kuppelei" machte sich schuldig, wer „gewohnheitsmäßig (d.h. nicht nur einmal, sondern öfters und fortgesetzt) oder aus Eigennutz ... Gelegenheit zur Unzucht" gewährte oder vermittelte[42]. Das „Kuppelei"-Verbot richtete sich vorrangig gegen den Bordellbetrieb. Doch auch Vermieter und Eltern mußten mit Anklage rechnen. Aus Angst vor einer Anzeige vermieteten Wirtinnen im allgemeinen kein Zimmer an unverheiratete Paare. Um Klatsch und Tratsch der Nachbarn zu vermeiden, untersagten sie ihren alleinstehenden Untermieter(inne)n Herren- bzw. Damenbesuch. Angesichts der Wohnungsnot nahmen Arbeitereltern zwar häufig ihre verlobten Kinder in der Wohnung auf, doch auch sie fürchteten das Gerede der Nachbarn und drängten deshalb meist zu einer Heirat. Dies schildert der Bericht von Lili D., deren Eltern 1926, als die ältere Schwester anläßlich ihrer Heirat endgültig das Elternhaus verließ[43], einen Untermieter suchten und ihren Verlobten Herbert D. aufnahmen. Das Paar wollte noch nicht heiraten, da es beide

Einkommen benötigte, um den Hausstand zusammensparen zu können. Nach einer Eheschließung mußte Lili D. als Postangestellte mit ihrer Entlassung rechnen. Der Vater hatte dafür zunächst Verständnis. Seine Einstellung änderte sich jedoch:

> „Doch dann hat eines Tages mein Vater gesagt, er könne diese Schleicherei nachts nicht mehr aushalten: ‚Da muß was geschehen!‘ ... Meine Eltern drängten: ‚Entweder ihr heiratet, oder es muß etwas anderes geschehen‘ ... Mein Mann hat zunächst ein anderes Zimmer genommen, damit meine Eltern nicht unter den Verdacht der Kuppelei kommen konnten. Wir haben so schnell wie möglich geheiratet ...“

Nach der Heirat im August 1930 zog Herbert D. wieder in die Wohnung der Schwiegereltern. Im Januar 1931 konnte das Paar endlich die erste eigene Wohnung beziehen.

Häufigster Anlaß für eine Eheschließung war auch in der Weimarer Republik die nichteheliche Schwangerschaft. Aufgrund der großen Schwierigkeiten, einen ungestörten Ort für den Geschlechtsverkehr zu finden, behalfen sich nicht wenige Paare im Dunkeln mit Torbögen, Hauseingängen und Parkanlagen. Hier wurde eine sichere Schwangerschaftsverhütung selbst für aufgeklärte Paare zum Problem. Infolgedessen kam es relativ häufig zu einer Schwangerschaft. In der Regel ging das Paar vor der Geburt des Kindes zum Standesamt. Für die Mehrzahl der Arbeiter war es „Ehrensache“, die Freundin zu heiraten, wenn sie ein Kind erwartete. Im Falle einer Schwangerschaft zeigte sich für die Frau, wie ernsthaft die Heiratsabsichten waren, von denen der Freund gesprochen hatte. Aus Angst vor dem unerfreulichen Schicksal als ledige Mutter drängte sie zu einer Heirat.[44]

Hauptursache der großen Zahl nichtehelicher Schwangerschaften in Arbeiterkreisen war fehlende bzw. mangelhafte Schwangerschaftsverhütung. Zwar waren im Vergleich zum Kaiserreich mehr junge Paare bestrebt, ihre familiäre Zukunft „rational“ zu planen. Sie wollten später als ihre Eltern heiraten und Kinder bekommen. Doch wie ihre Eltern wußten auch sie wenig über Verhütungsmittel und kamen schlecht an diese heran. In der Regel „verhüteten“ auch sie mit dem Coitus interruptus.[45] Selbst im allgemein aufgeklärteren sozialdemokratischen Milieu heirateten die meisten Paare wegen einer Schwangerschaft. Die Unwissenheit über sexuelle Fragen war verbunden mit der Scham, „darüber“ zu reden. Eltern mochten ihre Kinder nicht aufklären, junge Paare konnten nicht über ihre sexuellen Bedürfnisse sprechen.[46] Die Folge war, daß manche Arbeitertochter den ersten Geschlechtsverkehr so unvorbereitet erlebte wie Martha B.. Mit stillschweigender Duldung des Vaters, eines aktiven Sozialdemokraten, hatte die Mutter ihre drei Töchter christlich-konservativ erzogen. Über Sexualität wurde in der Familie nicht gesprochen. Ihren Mann Franz B., der in der Nachbarschaft wohnte, hatte Martha B. im Arbeiterjugendbund näher kennengelernt; das Paar verlobte sich 1919. Ende 1920 wurde ihnen eine Wohnung zugewiesen. Martha B. berichtet:

> „Mein Mann mußte in der Wohnung einziehen, sonst wäre sie uns wieder weggenommen worden. Darum wurde unser Schlafzimmer, das wir schon gekauft hatten, dort aufgestellt. Darin hat er geschlafen ... Einmal bin ich dageblieben bei Franz in der neuen Wohnung ... Das war im Februar. Es war so kalt, und wir haben zusammen geschlafen. Ich hab‘ noch nie vorher mit meinem Mann irgendwie ... Man hat sich mal geknutscht und befummelt aber mehr nicht. Wir hatten noch nie einen geschlechtlichen Verkehr gehabt, und da war’s passiert ... Das war von selbst gekommen, es kam einfach, war einfach ... Wir haben gar nicht darüber gesprochen. Es wurde kein Wort darüber gesagt, mein Mann war ganz ruhig. Er ist von da aus zur Arbeit gegangen, ich auch...
>
> Mein Mann hat mich, wenn er fertig war, immer von der Arbeit abgeholt. Aber an dem Tag, da bin ich ausgeratzt. Ich war so verwirrt, ich war nicht glücklich, ich liebte meinen Mann sehr, aber ... Ich wußte gar nichts darüber, niemand hat mich vorher aufgeklärt ... Mir war sehr weinerlich zumute. Als ich zu Hause ankam, sagte meine Mutter gleich zu mir: ‚Na, nun hast Du ja Deine Hochzeit hinter Dir. Nun geh‘ man dahin, wo Du hingehörst.‘ ... Meine Mutter hat mich verstoßen, die hat gesagt: ‚Geh!‘ Das war nicht schön ...
>
> Ich hab’ erstmal geheult ... ‚Ach wein' doch nicht‘, meinte mein Mann ... Ich bin erstmal zu ihm gezogen und von da aus zur Arbeit gegangen ... Nach einiger Zeit wurde mir so übel, darum sagte Franz: ‚Du solltest mal zum

Arzt gehen.' Der stellte fest: ‚Ja, Sie kriegen ein Kind'. Als ich es meinem Mann erzählte, sagte der bloß: ‚Na, dann ward dat ja Tied' ... Gleich am anderen Tag haben wir das Aufgebot bestellt ... Ohne Kind hätten wir auch ganz gut so leben können. Wir waren damals schon soweit, daß man auch ohne Trauschein verheiratet sein kann ... Aber mein Mann war sinnig: ‚Wenn wir ein Kind zur Welt bringen, was unehelich geboren wird, hat es keine Rechte ... Wie stehen wir dann da, unserem Kind gegenüber?' ... Das wollten wir natürlich auf keinen Fall ... Wir sind dann zum Standesamt gegangen. Und was war die Folge? Nachbarn und Freunde alles rundherum, wollte eine Hochzeit haben. Wir hatten gar nicht viel Geld, da ist unser letztes Geld bei der Hochzeit drauf gegangen. Doch wir hatten eine tolle Hochzeit ..."

Der Bericht von Martha B. verdeutlicht neben den Problemen, die mit der „Sprachlosigkeit" in sexuellen Fragen verbunden waren, den Einfluß der herrschenden, bürgerlichen Sexualmoral auch in sozialdemokratischen Arbeiterkreisen. Die christlich-konservative Erziehung der Mutter blieb nicht ohne Wirkung auf Martha B.. Obwohl sie als Mitglied des Arbeiterjugendbundes theoretisch für eine „Ehe ohne Trauschein" eintrat, hatte sie nach ihrem ersten vorehelichen Sexualverkehr große Schwierigkeiten, dieses Erlebnis zu verarbeiten.

* * *

Die Analyse der Heiratsanlässe zeigt, daß vor allem in bessersituierten Arbeiterkreisen in den zwanziger Jahren eine spezifische Form der proletarischen Doppelmoral herrschte: Sexualität wurde zwar gelebt, durfte aber nicht öffentlich werden. Dies wird sowohl bei der Haltung zu vorehelichem Geschlechtsverkehr und nichtehelicher Schwangerschaft deutlich, als auch bei der Unfähigkeit, über sexuelle Fragen zu sprechen:

- Voreheliche Sexualität wurde den jungen Paaren zwar stillschweigend gestattet, mußte jedoch vor der Öffentlichkeit versteckt werden. Ein Paar, das offen in „wilder Ehe" zusammenlebte, galt als „unmoralisch".
- Eine Schwangerschaft war keine „Schande" für die ledige Frau, wenn die Beziehung zum Freund vor der Geburt des Kindes durch das Standesamt „legalisiert" wurde. Blieb die junge Mutter hingegen ledig, mußte sie mit unverhohlener, moralischer Geringschätzung oder gar Ablehnung rechnen.
- Sexualität war zwar ein Teil des Lebens, doch es galt als „anstößig", offen über sexuelle Bedürfnisse und Erfahrungen zu sprechen. Die „Scham" verhinderte selbst bei jungen Paaren aus der Arbeiterjugendbewegung ein Gespräch über Möglichkeiten der Schwangerschaftsverhütung. Ungeachtet dessen erstrebten sie Familienplanung und Geburtenkontrolle. Vor allem die jungen Frauen wünschten sich keine ungeplanten Schwangerschaften.

Die proletarische Doppelmoral erschwerte ein offenes Verhältnis zur Sexualität, stand einer frühen und breiten Sexualaufklärung und einer wirksamen Schwangerschaftsverhütung im Wege und führte zu unglücklichen „Zwangsehen". Sie erschwerte jungen Arbeiterpaaren die Realisierung ihrer „rationalen" Vorstellungen zu Heiratsverhalten und Familienplanung. Besonders stark litten unter ihr ledige Mütter. Von der bürgerlichen unterschied sich die proletarische Doppelmoral dadurch, daß sie Frau und Mann auch vor der Ehe das Ausleben von Sexualität gestattete, wenn beide bereit waren im Falle einer Schwangerschaft zu heiraten. Diese Bedingung verdeutlicht den ambivalenten Charakter der proletarischen Sexualmoral. Einerseits vermittelte sie dem jungen, unverheirateten Paar einen größeren sexuellen Freiraum und garantierte der Frau weitgehende Sicherheit vor dessen möglichen negativen Auswirkungen, indem sie den Mann im Falle einer Schwangerschaft zur Heirat verpflichtete, – insofern erfüllte sie im Rahmen des gegebenen Gesellschaftssystems eine wichtige soziale Funktion. Andererseits bewertete sie, wie die bürgerliche Moral, jede nicht verheimlichte Sexualität der unverheirateten Frau als „unmoralisch" und bewirkte die gesellschaftliche Isolierung der ledigen Mütter. Auch in der proletarischen Doppelmoral war die Diskriminierung der Nichtehelichkeit ein notwendiges Pendant zur Durchsetzung der Ehe als einzig akzeptierter Form des Zusammenlebens von Frau und Mann.

Diese Form proletarischer Sexualmoral war neu. Bis zum Anfang dieses Jahrhunderts hatte in weiten Teilen der Arbeiterschaft noch eine ‚traditionellere' Einstellung vorgeherrscht: Voreheliche Sexualität war üblich, „wilde Ehen" wurden toleriert, ein nichteheliches Kind war zwar nicht erwünscht, wurde aber, ebenso wie die ledige Mutter, in proletarischen Kreisen in der Regel nicht diskriminiert. Hauptursache dieser ‚liberaleren' Einstellung waren Moraltradition und sozioökonomische Verhältnisse. In der ländlichen Gesellschaft war voreheliche Sexualität insbesondere in den Unterschichten üblich gewesen. Im Falle einer Schwangerschaft erzwang die soziale Kontrolle der dörflichen Gemeinschaft in der Regel die Heirat. In den expandierenden Städten behielten die Zuwanderer vom Lande diese ‚traditionelle' Einstellung bei, die sich jedoch unter den veränderten Arbeits- und Lebensbedingungen zunehmend als inadäquat erwies.[47]

Erst mit der stetigen Verbesserung der proletarischen Lebensbedingungen seit dem Ende des 19. Jahrhunderts entstanden die sozioökonomischen Voraussetzungen dafür, daß sich – zunächst vorrangig in der gehobenen Arbeiterschaft – eine veränderte Sexualmoral durchsetzen konnte, deren Norm die Ehe als die einzig legitime Form des Zusammenlebens von Frau und Mann war. Paare aus dieser Arbeiterschicht bemühten sich in der Regel um eine „rationale Familienplanung". Ein nichteheliches Kind schien angesichts der gewachsenen Möglichkeiten einer Geburtenkontrolle nicht mehr notwendig zu sein.[48] Die Verbreitung dieser ‚modernen' Einstellung zu Ehe, Sexualität und Fortpflanzung in der Arbeiterschaft war mit einer zunehmenden Diskriminierung der Nichtehelichkeit verbunden.

2.1.2 *Die „Unehelichkeit": Pendant der Ehelichkeit*

Das bürgerliche Familienleitbild proklamierte die Ehe als einzig legitime Form des Zusammenlebens von Frau und Mann, als Grundlage des Familienlebens. Teil dieses Leitbildes war eine Sexualmoral, die Sexualität und Fortpflanzung nur in der Ehe gestattete. Vor- und außereheliche Sexualität galt offiziell für beide Geschlechter als illegitim. Doch diese Sexualmoral war eine Doppelmoral: Eine Frau, deren vor- oder außereheliche Sexualität öffentlich wurde, stand außerhalb der „ehrbaren" Gesellschaft. Sichtbarstes Zeichen ihrer „Unmoral" war ein nichteheliches Kind. Einem Mann hingegen wurde außereheliche Sexualität stillschweigend gestattet. Diese Doppelmoral ermöglichte dem bürgerlichen Mann das Ausleben seiner sexuellen Bedürfnisse bei „käuflichen Huren" und garantierte ihm zugleich die „Keuschheit" des „anständigen Mädchens" und die „Treue" der Ehefrau.[49]

Staat und Kirchen bemühten sich, diese repressive Sexualmoral, deren Hauptfunktion die Garantie der monogamen Ehe als Grundlage der Familie und damit die Sicherung der bürgerlichen Herrschafts- und Eigentumsverhältnisse war[50], auch in der Arbeiterschaft zu verbreiten. Direkten Niederschlag fand sie im Ehe- und Familienrecht sowie im Erbrecht des Bürgerlichen Gesetzbuchs: Ein „uneheliches" Kind und dessen Vater galten nicht als verwandt (§ 1589). Es erhielt den Familiennamen der Mutter und hatte nur im Verhältnis zur Mutter und ihren Verwandten die rechtliche Stellung eines ehelichen Kindes. Wenn die Mutter heiratete, behielt das Kind deren Mädchennamen (§§ 1705/06). Diese rechtliche Regelung der Verwandtschaftsverhältnisse schloß nichteheliche Kinder als gesetzliche Erben des Vaters aus, der lediglich verpflichtet war, dem Kind bis zur Vollendung des 16. Lebensjahres „den der Lebensstellung der Mutter entsprechenden Unterhalt zu gewähren". Die Unterstützung sollte die gesamten Kosten des Lebensbedarfs sowie die Kosten der Erziehung und der Vorbildung zu einem Beruf umfassen. Nur wenn das Kind zur Zeit der Vollendung des 16. Lebensjahres infolge körperlicher oder geistiger Gebrechen außer

Stande war, sich selbst zu unterhalten, hatte der Vater ihm auch über diese Zeit hinaus Unterstützung zu gewähren (§ 1708). Der Unterhalt war als Geldrente regelmäßig drei Monate im voraus zu bezahlen (§ 1710). Im Todesfall des Vaters waren dessen rechtliche Erben zur Unterhaltszahlung verpflichtet (§ 1712). Diese Regelung des Unterhalts diskriminierte das nichteheliche Kind und schützte die Besitzinteressen des Vaters: Jedes dritte nichteheliche Kind hatte nach zeitgenössischen Schätzungen im Deutschen Reich einen begüterten Vater und eine mittellose Mutter[51]. Der Mutter stand keinerlei Unterstützung zu. Der „Schwängerer" mußte ihr lediglich die Kosten des Unterhalts für die ersten sechs Wochen nach der Entbindung ersetzen sowie alle Aufwendungen, die infolge von Schwangerschaft und Entbindung notwendig wurden (§ 1715). Das BGB verpflichtete die ledige Mutter zwar, für ihr Kind zu sorgen, doch ihr stand weder die elterliche Gewalt über das Kind zu, noch das Recht, dessen Interessen zu vertreten. Beides wurde einem Vormund übertragen (§ 1707). In Hamburg waren dies zunächst von der ‚Vormundschaftsbehörde der Senatskommission für Justizverwaltung' bestellte Einzelvormünder, „angesehene Bürger", die bereit waren, dieses „Ehrenamt" zu übernehmen. 1910 wurde in der Stadt die Amtsvormundschaft eingeführt, die der neugeschaffenen ‚Behörde für öffentliche Jugendfürsorge' oblag.[52] Allgemein führte erst das ‚Reichsgesetz für Jugendwohlfahrt' (RJWG) vom 9. Juli 1922, das im Februar 1924 in Kraft trat, die gesetzliche Vormundschaft durch das Jugendamt ein. Diese Behörde konnte im Interesse des „Mündels" eine Einzelperson – möglich war auch die ledige Mutter selber – als Vormund bestellen.[53]

Das Bürgerliche Gesetzbuch, das die herrschende sexuelle Doppelmoral in seinen ehe- und familienrechtlichen Bestimmungen festschrieb, indem es die ledige Mutter und ihr nichteheliches Kind diskriminierte, stand im Widerspruch zu Artikel 121 der Weimarer Verfassung, der die rechtliche und soziale Gleichstellung des „unehelichen" mit dem ehelichen Kind forderte.[54] Dies wurde von der sozialdemokratischen Frauenbewegung in den zwanziger Jahren scharf kritisiert. Die SPD trat ebenso wie die KPD innerhalb und außerhalb des Reichstages für eine Reform des Nichtehelichenrechts ein. Die führenden Funktionärinnen der sozialdemokratischen Frauenorganisation forderten die völlige Gleichstellung der ledigen Mutter und ihres Kindes, kritisierten jede Form der Diskriminierung der „Unehelichkeit" und traten für eine gleiche Bewertung von ehelicher und nichtehelicher Mutterschaft ein.[55] Insbesondere plädierten sie dafür, daß
- ein nichteheliches Kind und sein Vater als verwandt gelten,
- einem nichtehelichen Kind auch ein Recht auf Führung des Vaternamens zugestanden wird,
- dem nichtehelichen Kind das gleiche Erbrecht zuerkannt wird, wie dem ehelichen,
- das Unterhaltsrecht nach der Leistungsfähigkeit des Vaters geregelt wird.[56]

Von Staat und Gemeinden verlangten sie einen Ausbau der sozialen Fürsorge für die ledige Mutter und ihr Kind. Hauptargument, mit dem in parteioffiziellen Veröffentlichungen diese Position begründet wurde, war der Verweis auf die allgemeine Bedeutung der Mutterschaft für die Bevölkerungsentwicklung. Folgende Ausführungen aus einer Frauenbroschüre, die der Parteivorstand 1928 anläßlich der Reichstagswahlen herausgab, sind für diese Argumentation charakteristisch:

> „Es ist eine unnatürliche und darum unmenschliche Moralauffassung, die Massen gesunder Frauen das Recht auf Mutterschaft abspricht ... Indem wir Achtung vor der Mutterschaft als solcher verlangen, dienen wir einer höheren Sittlichkeit. Mutterschaft soll um ihrer selbst willen als die Fortpflanzung des Menschengeschlechts gewertet werden und die soziale Gesetzgebung und Fürsorge soll dafür bürgen, daß auch die Menschheitsentwicklung nicht stille steht."[57]

Die Doppelmoral, die hinter der Diskriminierung der nichtehelichen Mütter stand, wurde in offiziellen Verlautbarungen der SPD nur vorsichtig kritisiert. Doch viele sozialdemokratische

Funktionärinnen argumentierten radikaler und forderten einen grundlegenden Wandel der Sexualmoral. Ihre Vorstellungen von einer neuen Sexualethik führten sie auf eine alte sozialistische Position zurück: August Bebel hatte bereits 1878 in seinen Studien „Über die gegenwärtige und zukünftige Stellung der Frau" die sexuelle Doppelmoral kritisiert. Für ihn war Sexualität für Frau und Mann ein natürliches Bedürfnis, dessen Unterdrückung schädliche gesundheitliche wie psychische Folgen hätte. Die Befriedigung des Geschlechtstriebes betrachtete er als ausschließlich persönliche Sache.[58] Ein Jahr später bekräftigte er in seinem Buch „Die Frau und der Sozialismus" diese Position und entwarf die Sexualethik einer zukünftigen, sozialistischen Gesellschaft[59]: Voraussetzung einer neuen Beziehung zwischen den Geschlechtern war für Bebel die Abschaffung der „Zwangsehe", die er als eine notwendige „Folge der bürgerlichen Eigentumsverhältnisse" ansah. Er forderte die gleiche Behandlung von ehelichen und nichtehelichen Kindern. Wenn jede „blöde Scheu und lächerliche Heimlichtuerei, über geschlechtliche Dinge zu sprechen", verschwände, würde sich auch der „Verkehr der Geschlechter weit natürlicher gestalten". In der sozialistischen Zukunft sollte die Ehe ausschließlich auf der freien Liebeswahl von Frau und Mann beruhen und jederzeit in beiderseitigem Einverständnis wieder gelöst werden können. Die Frau würde „sozial und ökonomisch vollkommen" unabhängig sein und dem Mann als „Freie, Gleiche" gegenübertreten, als „Herrin ihrer Geschicke". Ihre Erziehung sollte der des Mannes gleich sein, „mit Ausnahme der Abweichungen, welche die Verschiedenheit des Geschlechts und der geschlechtlichen Funktionen bedingen". Bebel ging als Sohn seiner Zeit selbstverständlich davon aus, daß die Unterschiede zwischen den Geschlechtern zum größten Teil natur- und nicht kulturbedingt seien. Deshalb glaubte er, daß auch in der sozialistischen Gesellschaft eine „natürliche" Arbeitsteilung zwischen den Geschlechtern bestehen würde.

August Bebels Vorstellungen von einer zukünftigen Sexualethik waren in der damaligen Zeit radikal und befreiend. Doch geteilt wurden sie nur von einem kleinen Kreis der Genoss(inn)en. Vor allem in der sozialdemokratischen Frauenbewegung wurden sie aufgegriffen und erörtert.[60] Ein Teil ihrer führenden Funktionärinnen war es auch, der in der Weimarer Republik öffentlich für eine neue Sexualethik warb: Mutter- und Elternschaft sollte nicht nach den Kriterien der sogenannten Legitimität bewertet werden, sondern nach dem Verhalten der Eltern zu ihrem Kind. Jede Frau müsse das Recht auf eine bewußt und frei gewählte Mutterschaft haben. Dafür müßten Aufklärung über und Verbreitung von Verhütungsmitteln sowie eine Freigabe der Abtreibung die Voraussetzungen schaffen. Eine sexuelle Doppelmoral sei grundsätzlich abzulehnen. Die Frau habe ebenso ausgeprägte sexuelle Bedürfnisse wie der Mann. Sie müsse deshalb auch dasselbe Recht haben, diese Bedürfnisse auszuleben. Sexualität sei nichts Unmoralisches, sie werde durch die Liebe legitimiert, die zwei Personen füreinander empfänden, nicht durch den Akt der Eheschließung. Die Institution der Ehe sollte allerdings nicht abgeschafft, sondern lediglich als freier Vertrag zwischen Gleichen auf eine „höhere" Grundlage gestellt werden.[61]

Diese Vorstellungen entsprachen in vielem den Grundgedanken der „Neuen Ethik", die von den Anhängerinnen des radikalen Flügels der bürgerlichen Frauenbewegung schon in der Vorkriegszeit propagiert worden waren. Bekannteste Vorkämpferin für eine neue Sexualmoral war *Helene Stöcker*, Initiatorin und langjähriges Vorstandsmitglied des 1905 gegründeten ‚Bundes für Mutterschutz'[62]. Von dieser Organisation gingen nicht nur in den Vorkriegsjahren entscheidende Impulse für die öffentliche Diskussion um eine neue Ethik aus, sie spielte auch in der Sexualreformbewegung der Weimarer Republik eine wichtige Rolle. Von Anfang an engagierten sich im ‚Deutschen Bund für Mutterschutz und Sexualreform' (DBfM), wie der Verein seit 1908 hieß, auch Sozialdemokrat(inn)en. Zu ihnen gehörten Lily Braun, *Henriette Fürth* und *Adele Schreiber*[63]. Die Verbindung zwischen DBfM und SPD-Frauenbewegung war zumindest im Hamburg in den zwanziger Jahren außerordentlich eng[64].

Konservative und klerikale Kreise kämpften erbittert gegen die „unmoralischen" Vorstellungen einer neuen Ethik und eine grundlegende Reform des Nichtehelichenrechts. Ihrer Auffassung nach würde eine liberalere Sexualmoral zu einem weiteren „Zerfall von Sitte und Anstand", zu einer „Zerstörung des Familienlebens" führen. Diese Ansicht wurde auch von der Mehrheit im ‚Bund Deutscher Frauenvereine' geteilt[65]. Alle Initiativen der Arbeiterparteien zu einer Novellierung des Nichtehelichenrechts scheiterten bis 1933[66]. Selbst innerhalb der sozialdemokratischen Arbeiterschaft fand eine neue Sexualethik nur begrenzt Unterstützung, wenn auch der Kreis derjenigen, die für eine liberalere Sexualmoral eintraten, in der Weimarer Republik größer war als im Kaiserreich. Vor allem in der SPD-Frauenorganisation, der Arbeiterjugendbewegung und bei den Jungsozialisten[67] wurde eine neue Ethik diskutiert und vertreten. Sehr viel stärker verbreitet war dagegen in den zwanziger Jahren vor allem in bessersituierten Arbeiterkreisen die neue Form der proletarischen Sexualmoral, deren Hauptinhalt eine „moderne", „rationale" Einstellung zu Sexualität und Fortpflanzung war.

2.1.2.1 Nichteheliche Geburten und voreheliche Verhältnisse

Die veränderte Einstellung zu Sexualität, Ehe und Familie, die sich seit dem Ende des 19. Jahrhunderts in immer breiteren Bevölkerungsschichten durchsetzte, zeigte sich nicht nur im Heiratsverhalten, sondern auch in der Entwicklung der Geburten, insbesondere der illegitimen, die im folgenden näher betrachtet werden soll.

Die Geborenenziffer, d.h. die Zahl der während eines Jahres Geborenen bezogen auf die mittlere Wohnbevölkerung desselben Jahres, ging im hamburgischen Staat seit den 1880er Jahren – von Schwankungen unterbrochen – zurück (vgl. Tab 22). Der Geburtenrückgang erfaßte zunächst jedoch nur die ehelich Geborenen, die Zahl der nichtehelich Geborenen stieg bis zur Vorkriegszeit weiter an. Die Nichtehelichenquote, d.h. der Anteil der nichtehelich Geborenen an allen Geborenen, erreichte 1913 mit 15 % ihren Höchststand. Zahl und Anteil der nichtehelich Geborenen gingen erst seit den Kriegsjahren zurück. Bis 1925 fiel die Nichtehelichenquote im hamburgischen Staat auf 12 %.[68] In der Hansestadt, wie in allen Großstädten des Deutschen Reiches, setzte der Rückgang der nichtehelichen Geburten früher ein und war stärker ausgeprägt als im Reichsdurchschnitt. Dort stieg die Nichtehelichenquote auch in der Nachkriegszeit weiter an: 1913 lag sie bei 10 %, 1925 hingegen bei 14 %.[69]

Aufschluß über den Verlauf des Rückgangs der illegitimen Geburten gibt die „uneheliche Fruchtbarkeitsziffer", d.h. die Zahl der während eines Jahres nichtehelich Geborenen bezogen auf die unverheirateten Frauen im gebärfähigen Alter von 15 bis 45 Jahren zur Jahresmitte desselben Jahres. Die folgende Übersicht verdeutlicht die unterschiedliche Entwicklung dieser „unehelichen Fruchtbarkeitsziffer" in Hamburg und im Reichsdurchschnitt zwischen 1900 und 1933[70]:

Jahr	Uneheliche Fruchtbarkeitsziffer		Veränderung (1900 = 100)	
	Hamburg	Reich	Hamburg	Reich
1900	28,0	29,3	100	100
1910	25,8	25,6	92	87
1919	14,0	21,7 a)	50	74 a)
1925	12,3	18,4	44	63
1933	11,4	-	41	-

a) Angaben für 1920

Tab. 22: *Die jährlich lebend und tot, ehelich und nichtehelich Geborenen im hamburgischen Staat. 1910–1933*[71]
(Verglichen mit dem Jahresdurchschnitt der Jahrzehnte 1881–1910)

Jahr	Geborene im Staat			Geborene auf 1000 der mittleren Wohnbevölkerung	Von hundert			
	insg.	nichtehelich	tot		Geborenen	Totgeborenen	Geborenen	nichtehel. Geborenen
		geboren			waren nichtehelich		waren tot	
1881–1890	19269	2054	645	36,6	10,7		3,3	
1891–1900	23835	2823	778	34,6	11,8		3,3	
1901–1910	23421	3068	759	26,6	13,1		3,2	
1910	23999	3373	768	24,0	14,1	22,1	3,2	5,0
1911	23414	3188	800	22,7	13,6	22,6	3,4	5,7
1912	23846	3269	784	22,4	13,7	21,7	3,3	5,2
1913	24237	3542	790	22,2	14,6	26,3	3,3	5,9
1914	23738	3435	864	21,8	14,5	22,9	3,6	5,8
1915	18106	2614	617	16,9	14,4	20,9	3,4	4,9
1916	12584	1762	423	11,9	14,0	23,2	3,4	5,6
1917	10435	1320	329	9,8	12,6	20,4	3,2	5,1
1918	10858	1432	390	10,4	13,2	22,8	3,6	6,2
1919	16779	1865	568	15,8	11,1	23,2	3,4	7,1
1920	22323	2605	757	20,8	11,7	23,4	3,4	6,8
1921	20280	2437	791	18,5	12,0	25,0	3,9	8,1
1922	18077	2258	690	16,1	12,5	27,4	3,8	8,4
1923	16641	1889	634	14,7	11,4	24,6	3,8	8,3
1924	16843	1796	575	14,8	10,7	22,9	3,4	7,4
1925	17619	2096	609	15,3	11,9	22,5	3,5	6,5
1926	16556	2090	545	14,2	12,6	24,8	3,3	6,5
1927	16286	2090	509	13,8	12,8	22,2	3,1	5,4
1928	17117	2244	512	14,2	13,1	24,4	3,0	5,6
1929	17068	2188	519	14,0	12,8	22,4	3,0	5,3
1930	17098	2058	539	13,9	12,0	21,7	3,2	5,7
1931	15707	2023	461	12,8	12,9	23,6	2,9	5,4
1932	14131	1785	387	11,6	12,6	22,0	2,7	4,8
1933	14302	1481	397	11,7	10,4	21,2	2,8	5,7

Das Ausmaß des Rückganges der nichtehelichen Geburten kann erst richtig beurteilt werden, wenn berücksichtigt wird, daß sich in den zwanziger Jahren der voreheliche Geschlechtsverkehr, d.h. vorrangig der „Verlobtenverkehr", in breiteren großstädtischen Bevölkerungskreisen durchsetzte. Ursache hierfür waren neben dem zeitbedingten Einstellungswandel zu Sexualität und Fortpflanzung die sozioökonomischen „Heiratshindernisse": ungünstige Arbeitsmarktlage, wirtschaftliche Not und Wohnungsmangel. Die Zahl der „Frühehen" ging in den Großstädten seit der Vorkriegszeit allgemein zurück.[72] Eine Folge dieser Entwicklung war der Anstieg des Durchschnittsalters der unverheirateten Mütter Neugeborener: 1913 waren noch 72 % von ihnen bei der Geburt des Kindes jünger als 25 Jahre gewesen, 1932 waren es nur noch 64 %. Trotzdem lag das Alter unverheirateter Mütter zum Zeitpunkt der Geburt im Durchschnitt weiterhin deutlich unter dem verheirateter Mütter, von denen 1932 nur 33 % bei der Geburt jünger als 25 Jahre waren (vgl. Tabelle 23).

Bei der Analyse der Entwicklung der Altersstruktur der zum Zeitpunkt der Niederkunft unverheirateten Mütter fällt die starke Abnahme des Anteils der unter 20jährigen im Zeitraum 1913 bis

Tab. 23: *Die unverheirateten und die verheirateten Mütter neugeborener Kinder im hamburgischen Staat nach dem Alter. 1913–1932*[73]

Jahr	Von hundert Müttern nichtehelich Geborener waren alt ...					Von hundert Müttern ehelich Geborener waren alt ...				
	bis 20	20–25	25–30	30–35	über 35	bis 20	20–25	25–30	30–35	über 35
1913	28,1	43,7	17,2	6,1	4,9	3,0	29,1	33,1	20,5	14,4
1919	12,1	44,6	27,0	10,1	6,2	1,0	21,3	36,6	25,0	16,1
1925	22,5	45,6	19,3	7,2	5,4	2,4	23,9	34,8	24,5	14,3
1932	20,6	43,8	20,3	9,3	6,0	3,8	29,0	36,2	20,0	11,0

1919 auf. Diese Entwicklung, bei der es sich absolut um einen Rückgang der Geburten um 76 % handelt, war vorrangig Folge des Krieges, in dessen Verlauf der allergrößte Teil der über 18jährigen jungen Männer eingezogen wurde. In den Kriegsjahren hatten insbesondere die unter 20jährigen Frauen wenig Möglichkeiten, einen Mann kennenzulernen. Dies wirkte sich auch noch im ersten Jahr nach Kriegsende auf den Anteil dieser Altersgruppe an den ledigen Müttern aus. Derselbe Effekt sorgte bei der Altersgruppe der 20- bis 25jährigen für die Stabilität des Anteils an den unverheirateten Gebärenden, was angesichts des starken Rückgangs nichtehelicher Geburten insgesamt einer Halbierung der Zahl der von diesen Frauen Geborenen gleichkommt. Dem starken Anstieg des Anteils der über 25jährigen an den Müttern nichtehelich Geborener entspricht absolut eine vergleichsweise geringe Abnahme der Zahl der Geburten. Die Abwesenheit der Männer infolge des Krieges spielte in dieser Altersgruppe eine geringere Rolle, da die meisten Paare sich bereits vor 1914 kennengelernt hatten. Lediglich die Kriegsverluste bei den Männern wirkten sich zusätzlich negativ auf die Zahl der Geburten aus. In der Folgezeit glich sich die Altersstruktur der nichtehelich Gebärenden wieder der der Vorkriegszeit an, wobei sich allerdings ein deutlicher Rückgang des Anteils der unter 20jährigen zugunsten der über 25jährigen feststellen läßt. Hauptursache hierfür waren vermutlich das steigende Heiratsalter der Frauen in Verbindung mit einer zunehmenden Verbreitung des vorehelichen Geschlechtsverkehrs. Dem überwiegend jungen Alter der unverheirateten Mütter entsprach ihr Familienstand: Anfang der dreißiger Jahren waren in Hamburg 89 % ledig, 3 % verwitwet und 8 % geschieden.[74]

Bei der Einschätzung des nichtehelichen Geburtenrückganges muß berücksichtigt werden, daß die illegitimen Geburten durch sehr unterschiedliche Beziehungen zu den Eltern gekennzeichnet waren. Deren Gesamtzahl umfaßte neben den nichtehelichen Geburten im eigentlichen Sinne voreheliche Geburten und Geburten in eheähnlichen Verhältnissen. Aufschluß über die Bedeutung der letzten beiden Gruppen gibt der Umfang der „Legitimierungen", d.h. der Eheschließungen von Eltern „unehelicher" Kinder. Diese galten gemäß dem BGB nach der Heirat als „ehelich".[75] In Hamburg wurde auf diese Weise rund ein Drittel der nichtehelich geborenen Kinder vor ihrem 18. Lebensjahr „legitimiert". Mehr als vier Fünftel der Legitimierungen erfolgten in den ersten drei Jahren nach der Geburt des Kindes. Aufschluß über Umfang und Entwicklung der „Legitimierungen" in der Stadt Hamburg gibt Tabelle 24.

Die Zahl der „Legitimierungen" belegt, daß ein erheblicher Teil der illegitimen Geburten voreheliche Geburten waren. Sobald die Voraussetzungen gegeben waren, wurde geheiratet. Es waren überwiegend soziale und wirtschaftliche Gründe, die eine Eheschließung verhinderten. Deshalb lag die „Legitimierungs-Quote" bei den nichtehelichen Kindern, die in den Nachkriegs- und Inflationsjahren sowie in den Jahren der Wirtschaftskrise geboren worden waren, überdurchschnittlich hoch. Ein Vergleich der Bedeutung der „Legitimierungen" in Kaiserreich und Weimarer Republik ist aufgrund fehlender Daten nicht möglich. Annemarie Niemeyer schätzte in ihrer

Tab. 24: *Legitimierung nichtehelich geborener Kinder in den ersten drei Lebensjahren. Geburtsjahrgänge 1919–1930 der Stadt Hamburg*[76]

Geburtsjahr	Lebendgeborene nichteheliche Kinder insgesamt	In den ersten drei Lebensjahren			
		verstarben		wurden legitimiert	
		insgesamt	v.H.	insgesamt	v.H.
1919	1735	454	26,2	357	27,9
1920	2428	666	27,4	522	29,6
1921	2239	487	21,6	504	28,8
1922	2069	509	24,6	459	29,4
1923	1708	499	29,2	350	27,9
1924	1664	352	21,2	325	24,8
1925	1959	321	16,4	432	26,4
1926	1955	288	14,7	456	27,2
1927	1981	259	13,1	468	27,1
1928	2025	297	14,7	480	27,8
1929	1972	302	15,3	535	32,0
1930	1846	267	14,5	497	31,5

Studie „Zur Struktur der Familie" aus dem Jahr 1931, daß im Vergleich zur Vorkriegszeit die Zahl der vorehelichen Geburten relativ gleich geblieben sei und die der nichtehelichen Geburten erheblich abgenommen hätte; angestiegen sei vor allem die Zahl der Kinder aus eheähnlichen Verhältnissen.[77] Den überdurchschnittlich starken Rückgang der nichtehelichen Geburten führte sie auf die zunehmende Verbreitung der Geburtenkontrolle zurück. Hauptmittel der ledigen Frauen sei die Abtreibung.[78]

Auf die zunehmende Bedeutung, die illegale Schwangerschaftsabbrüche als Mittel der Geburtenkontrolle für unverheiratete Frauen erlangten, deuten Höhe und Entwicklung der Totgeburtenquote bei den nichtehelich Geborenen hin (vgl. Tabelle 22). Als Totgeburt wurde in der medizinischen Fachliteratur jedes Kind bezeichnet, das nach der 28. Schwangerschaftswoche tot zur Welt kam. Es wurde angenommen, daß sie in vielen Fällen die kurz- bzw. langfristige Folge eines Abtreibungsversuchs war.[79] Im Durchschnitt der Jahre 1920 bis 1929 waren in Hamburg 7 % aller nichtehelich Geborenen, aber nur 3 % aller ehelich Geborenen Totgeburten. Im Vergleich zur Vorkriegszeit war der Anteil der nichtehelichen Totgeburten deutlich angestiegen: im Durchschnitt der Jahre 1905 bis 1914 betrug die Quote 5 %. Der Anteil der ehelichen Totgeburten war hingegen annähernd gleich geblieben.[80] Entscheidende Ursache für die höhere nichteheliche Totgeburtenquote waren neben dem höheren Anteil abortiver Eingriffe die ungünstigeren wirtschaftlichen und sozialen Verhältnisse lediger, schwangerer Frauen, die mehrheitlich aus der Arbeiterschaft stammten. Bei Arbeiterfrauen, insbesondere bei Arbeiterinnen, lag die Totgeburtenquote generell höher als bei Frauen des Bürgertums, da die soziale Not sie zwang, ohne Rücksicht auf ihren Zustand solange wie möglich zu arbeiten. Hinzu kam, daß allgemein ihre physische Beanspruchung größer und ihr Gesundheitszustand schlechter waren.[81]

Bei der Betrachtung des Zusammenhangs von nichtehelicher Totgeburtenquote und sozialer Stellung der ledigen Schwangeren fällt auf, daß die Totgeburtenquote bei Frauen in qualifizierten Berufen seit der Vorkriegszeit in der Regel stärker angestiegen war als bei gering qualifizierten Frauen (vgl. Tabelle 25). Dies zeigt am deutlichsten der Vergleich von ungelernten und gelernten Arbeiterinnen. Vor dem Hintergrund der Tendenz anderer Quellen, vorrangig der Interviews, deuten die Zahlen darauf hin, daß der überdurchschnittlich starke Rückgang des Anteils der gelernten Arbeiterinnen unter den unverheirateten Müttern zwischen 1905 und 1929 vorrangig auf

Tab. 25: *Nichtehelich Geborene und tot Geborene nach dem Beruf der Mutter im hamburgischen Staat. Im Durchschnitt der Jahre 1905 bis 1914 und 1920 bis 1929*[82]

Beruf der Mutter	Nichtehelich Geborene				Tot Geborene auf 100 nichtehelich Geborene a)	
	insgesamt		in Prozent			
	1905–14	1920–29	1905–14	1920–29	1905–14	1920–29
Ungelernte Arbeiterin	710	557	21,8	26,9	5,3	5,1
Gelernte Arbeiterin	467	135	14,3	6,5	5,2	7,9
Angestellte	241	202	7,4	9,7	6,0	6,7
Hauspersonal	1395	852	42,7	41,1	4,8	5,3
Angehörige von typischen Berufen im Gast- und Schankwirtschaftsgewerbe	31	20	0,9	1,0	7,8	6,4
Personal in der Gesundheitspflege	22	33	0,7	1,6	6,7	7,0
Lehrperson (einschließl. Kindergärtnerin)	6	4	0,2	0,2	3,2	2,6
Personal im Theater-, Musik- und Schaustellungsgewerbe	20	15	0,6	0,7	9,0	6,1
Selbständige	21	14	0,6	0,7	8,4	8,6
Berufslose	353	242	10,8	11,7	4,0	6,2
Zusammen	3266	2074	100	100	5,0	5,8

a) Über die absolute Zahl der Totgeburten liegen keine Angaben vor.

ein besonders ausgeprägtes Streben nach Geburtenkontrolle zurückzuführen ist. Denn bei ihnen stieg im gleichen Zeitraum die Totgeburtenquote außerordentlich an, was angesichts des Ausbaus von Mutterschutz und Schwangerenfürsorge die Annahme eines hohen Anteils an Totgeburten infolge von Abtreibungsversuchen nahelegt. Aufgrund der gewandelten Einstellung zu Sexualität, Ehe und Familie, die vor allem in bessersituierten Arbeiterkreisen in den zwanziger Jahren vorherrschte[83], mußten Frauen aus dieser Arbeiterschicht bei einer nichtehelichen Schwangerschaft mit stärkerer sozialer Diskriminierung durch ihre Umwelt rechnen. Die Berichte der befragten Frauen aus dem sozialdemokratischen Milieu verweisen darauf, daß nicht das außereheliche Verhältnis selbst, aber dessen Folge, ein „unerwünschtes" Kind, aufgrund der Möglichkeiten der Geburtenkontrolle als „unnötig" galt. Eine nichteheliche Geburt kam bei Frauen aus gehobenen Arbeiterkreisen deshalb seltener vor: Mit dem Ausbildungsgrad stieg das Wissen über und die Bereitschaft zur Schwangerschaftsverhütung; das höhere Einkommen ermöglichte die Anwendung wirksamerer Antikonzeptiva. Die Abtreibung war eine „Notlösung", die im seltener gewordenen Fall einer nichtehelichen Schwangerschaft allerdings häufiger gesucht wurde. Eine typische Vertreterin dieser „modernen", „rationalen" Einstellung zu Sexualität und Fortpflanzung war Lili D.. Sie berichtet:

> „Wohl die meisten Brautpaare hatten vor der Heirat Intimverkehr. Der gehörte doch zur Vollkommenheit des Glückes. Das Ergebnis war – in den meisten Fällen – die Muß-Heirat. Als ich meinen Mann kennen und lieben lernte, war ich 22 Jahre alt. Ich war noch Jungfrau ‚Rühr'-mich-nicht-an!'. Als es zwischen uns intim wurde, habe ich mich nach einem Gespräch mit unserem beratenden Arzt aus der FKK-Bewegung ... bereit gefunden, eine sogenannte Spirale, die in die Gebärmutter eingeführt wurde, mit auszuprobieren. Leider war dieses Verhütungsmittel aber noch im Anfangsstadium der Entwicklung und führte auch bei mir dazu, daß ich schwanger wurde. Selbstverständlich wollten wir dieses ungewünschte Kind nicht haben. Ich wollte nicht

heiraten ‚müssen'; vor allem sollte das Kind niemals sagen können, wir lieben es nicht ... Da die Spirale, die in der Erprobung war, bei mir versagt hatte, sah sich der Arzt verpflichtet, mir – auf unseren Wunsch hin – zu helfen."

Diese Schilderung macht den zentralen Inhalt der neuen, „modernen" proletarischen Sexualmoral deutlich: Da Sexualität nicht mehr notwendig die Fortpflanzung zur Folge haben mußte, waren nur noch geplante Kinder erwünscht.

Aufschluß darüber, in welchen Frauenkreisen Hamburgs sich die „modernere" Einstellung zu Sexualität und Fortpflanzung seit der Vorkriegszeit in erster Linie durchgesetzt hatte, gibt die Analyse der Entwicklung des sozialen Status unverheirateter Mütter seit der Jahrhundertwende (vgl. Tabelle 25): Obwohl der Anteil der Hausangestellten an den erwerbstätigen Frauen seit der Vorkriegszeit erheblich zurückgegangen war, blieb ihr Anteil an den unverheirateten Müttern annähernd gleich. Auch in den zwanziger Jahren stellten sie die größte Gruppe. An zweiter Stelle standen die ungelernten Arbeiterinnen, deren Anteil seit der Vorkriegszeit deutlich angestiegen war. Stark zurückgegangen war hingegen der Anteil der gelernten Arbeiterinnen an den unverheirateten Müttern, obwohl deren Anteil an den weiblichen Erwerbstätigen leicht gestiegen war. Zugenommen hatte zudem der Angestelltenanteil. Hauptursache hierfür war der außerordentlich starke Anstieg des Anteils der Angestellten an den erwerbstätigen Frauen. Ledige Frauen in qualifizierten Berufen brachten offensichtlich seltener ein nichteheliches Kind zur Welt, wie folgende Zahlen über die relative Häufigkeit nichtehelicher Geburten bestätigen: Auf 1000 unverheiratete weibliche Personen im Alter von 14 bis 40 Jahren der jeweiligen Berufsgruppe entfielen im Jahr 1925 in Hamburg nichteheliche Geburten: Hausangestellte: 25,0; Arbeiterinnen: 17,2; Angestellte: 4,6; Selbständige: 3,9; Berufslose: 5,5 [84].

Bei den Hausangestellten war die relative Häufigkeit der illegitimen Geburten am größten. Dorothee Wierling kommt in ihrer Studie über Dienstmädchen zu dem Ergebnis, daß hierfür zwei Faktoren verantwortlich waren: zum einen die traditionelle Einstellung zu Sexualität und Fortpflanzung, die bei vielen Hausangestellten noch vorgeherrscht habe; zum anderen die spezifische Arbeitssituation, die eine Heirat in der Regel unmöglich machte.[85] Wenn eine schwangere Hausangestellte mit ihrem Partner (noch) keine Familie gründen konnte, weil die materiellen Voraussetzungen fehlten, mußte sie auf eine Eheschließung verzichten, um weiterhin Geld verdienen zu können. Ihr Kind blieb nichtehelich. Sie war gezwungen, es nach der Geburt so schnell wie möglich in Pflege zu geben. Häufig holte das Paar später eine Heirat nach. Der hohe Anteil der ledigen Mütter bei Hausangestellten und ungelernten Arbeiterinnen hatte Tradition. Beide Gruppen stellten bereits in der zweiten Hälfte des 19. Jahrhunderts absolut und relativ den größten Teil der unverheirateten Schwangeren.[86] Hauptursache hierfür war und blieb vermutlich die herkömmliche Einstellung zu Sexualität und Fortpflanzung, die in Teilen der Arbeiterschaft noch relativ lange vorherrschte. Darauf deutet auch die soziale Zusammensetzung der Männer hin, die ein nichteheliches Kind zeugten. Bei ihnen stellten Arbeiter absolut und relativ ebenfalls die größte Gruppe. Dies zeigt für die Zeit um 1930 folgende Übersicht, in der die soziale Zusammensetzung der männlichen Erwerbspersonen in der Stadt Hamburg der der Väter nichtehelicher Kinder gegenübergestellt wird[87]:

Soziale Stellung	Von hundert	
	männlichen Erwerbspersonen waren im Jahr 1933	Vätern anerkannter nichtehelicher Kinder waren im Durchschnitt der Jahre 1929–1933
Arbeiter	53,7	67,9
Angestellte	23,8	10,5
Beamte	6,4	2,2
Sonstige Berufe	16,2 [a)]	19,5

a) davon waren 97,9 % Selbständige

Eine ähnliche soziale Zusammensetzung der Väter nichtehelicher Kinder wurde auch andernorts im Deutschen Reich festgestellt[88].

* * *

Voreheliche Sexualität wurde nach dem Ende des Ersten Weltkrieges in den Großstädten auch über die Arbeiterschaft hinaus in immer breiteren Bevölkerungskreisen üblich. Trotz der Zunahme des außerehelichen Geschlechtsverkehrs ging die Zahl der nichtehelichen Geburten in den zwanziger Jahren in den Großstädten erheblich zurück, sehr viel stärker als die der ehelichen. Die Durchsetzung einer „modernen" proletarischen Sexualmoral in immer breiteren Arbeiterkreisen erweist sich als Teil einer gesamtgesellschaftlichen Veränderung: Aus schichtenspezifischen Varianten wurde zunehmend eine einheitliche schichtenübergreifende Sexualmoral, deren Hauptinhalt eine „rationalere" Einstellung zu Sexualität und Fortpflanzung war. Diese Entwicklung bedeutete für Arbeiterfrauen einerseits einen ersten Schritt zu ihrer sexuellen Befreiung: Sexualität mußte für sie nicht mehr zwangsläufig mit Fortpflanzung verbunden sein. Andererseits führte sie zu einer intensiveren öffentlichen Kontrolle ihres Sexualverhaltens und verstärkte vor allem in der Arbeiterschaft die soziale Diskriminierung lediger Mütter.

2.1.2.2 Die Situation lediger junger Mütter

Die Situation lediger Mütter aus der großstädtischen Arbeiterschaft war in der Weimarer Republik durch eine zeitspezifische Ambivalenz geprägt: Innerhalb ihres Milieus mußten sie zwar mit zunehmender Diskriminierung rechnen, doch der Verschlechterung ihres sozialen Ansehens stand die Verbesserung ihrer sozialen Lage gegenüber. Reich, Länder und Gemeinden bemühten sich intensiv um den Ausbau der sozialen Fürsorge für nichteheliche Mütter und Kinder. Im Mittelpunkt der staatlichen Maßnahmen stand im Interesse einer pronatalistischen Bevölkerungspolitik die Verbesserung der Lebensbedingungen und damit der Überlebenschancen der nichtehelichen Kinder.

Die Situation einer ledigen, jungen Mutter aus dem großstädtischen Arbeitermilieu veranschaulicht der folgende Bericht von *Irma B.* (geb. 1911), die aus einer sozialdemokratischen Arbeiterfamilie stammt. Ihr Vater war Tischler, die Mutter hatte vor der Heirat als Hausangestellte gearbeitet. Die sechsköpfige Familie wohnte in einer 42 qm kleinen Wohnung im Arbeiterstadtteil Barmbek. Von 1928 bis 1933 war der Vater erwerbslos. Die finanzielle Situation der Familie war in dieser Zeit so schlecht, daß Irma B. 1929 ihre Ausbildung am Lyzeum abbrechen und als Verkäuferin bei der ‚Produktion' anfangen mußte. Sie gehörte zunächst der SAJ an, wechselte jedoch schon bald in den KJVD. Dort lernte sie ihren Freund Hans K. (geb. 1904) kennen, den Sohn eines Maurers, der das Lehrerseminar besuchte. Die siebenköpfige Familie K. lebte ebenfalls in Barmbek. 1930 wurde der Sohn von Irma B. und Hans K. geboren. Bereits ein Jahr später trennte sich das Paar. Hans K. zog aus Hamburg fort. Er verstarb 1934. Irma B. schildert, wie es zur Schwangerschaft und Geburt ihres nichtehelichen Kindes kam:

> „Eines Tages sagte mein Freund: ‚Du kannst gehen. Du bist ein Mädchen, aber ich bin ein Mann. Deinetwegen kann ich nicht zum Knaben werden, Du kannst aber meinetwegen zu einer Frau werden' ... Ich hatte ihn halt lieb', da bin ich da geblieben ... Schutzmittel kannten wir nicht, konnten wir uns auch nicht leisten ... Natürlich ging es irgendwann mal schief ... Ich war 17 Jahre, als ich das erste Mal schwanger wurde. Mein Hausarzt half mir. Ein Jahr später passierte es wieder, daß ich schwanger war. Diesmal lehnte der Arzt die Hilfe ab und riet mir zu heiraten. Ich versuchte es bei einem anderen Arzt. Auch der war nicht bereit, etwas zu unternehmen. Er machte mir klar, in welch große Gefahr ich ihn mit meinem Anliegen brachte. Als mein Freund mich bat, das Kind auszutragen, fiel mir ein Stein vom Herzen ..."

Wie Irma B. gaben viele junge Frauen irgendwann dem Drängen ihres Freundes nach. Da beide Partner meist zu jung, unerfahren und unwissend waren, um sich um eine systematische Empfängnisverhütung zu bemühen, kam es relativ häufig zu einer nichtehelichen Schwangerschaft. Eine Abtreibung scheiterte gerade bei Jugendlichen nicht selten an deren Unkenntnis und Geldmangel. Irma B., die mit 18 Jahren ein nichteheliches Kind erwartete, war kein Einzelfall. Gut ein Fünftel der unverheirateten Mütter war jünger als 20 Jahre.[89] Da die Angst vor dem gesundheitsgefährdenden Eingriff groß war, begrüßten es viele ledige Frauen, wenn der Freund sie bat, das Kind auszutragen, und knüpften an diese Bitte die Hoffnung auf eine Heirat.

Auf die nichteheliche Schwangerschaft reagierten Familie und Nachbarschaft nicht selten mit unverhohlener Ablehnung. Irma B. erzählt:

> „Als mein Vater merkte, daß ich in anderen Umständen war, im fünften Monat, da jagte er mich Hals über Kopf aus der Wohnung raus: ‚Raus aus meinem Haus! Du bist der schwarze Fleck auf meiner weißen Weste.' Ich wurde also an die Luft gesetzt. Lediglich mein Bett bekam ich mit. Ich nahm ein Zimmer ... Bis zur Niederkunft mußte ich noch dreimal umziehen ... Ich stand ganz alleine da. Keiner hat mich beraten, wie ich mich ernähren sollte. Ärztliche Untersuchungen gab es nicht. Während der Schwangerschaft ging ich immer noch arbeiten, als Verkäuferin bei der ‚Pro', mußte den ganzen Tag stehen und laufen ... Es passierte mir ab und zu, daß Straßenjungs mir nachliefen und mich verspotteten ... Der Laden war am Schleidenplatz (in Barmbek-Süd, K.H.), meine Geschichte hatte sich mittlerweile im Viertel rumgesprochen ..."

Die Schilderung zeigt, daß in den zwanziger Jahren selbst im sozialdemokratischen Arbeitermilieu eine nichteheliche Schwangerschaft von Eltern als „Schande" erlebt wurde. Offiziell lehnte die SPD zwar jede Diskriminierung der ledigen Mutter und ihres Kindes ab. Diese Haltung wurde theoretisch vermutlich von manchem sozialdemokratischen Arbeiter geteilt. Wenn aber seine eigene ledige Tochter schwanger wurde und trotzdem nicht heiratete, reagierte auch er mit moralischer Entrüstung. Irma B. vermutet, daß hinter dieser Einstellung bei ihrem Vater, wie bei anderen Arbeitern auch, Existenzangst stand: Er war erwerbslos, das Familieneinkommen reichte ohnehin nicht. Die Wohnung war schon für sechs Personen viel zu klein. Für ein weiteres Familienmitglied fehlten Geld und Raum. Der Vater „verstieß" die Tochter, um zusätzliche materielle Belastungen abzuwehren.[90] Die soziale Not hat vermutlich nicht wenige Arbeitereltern dazu gebracht, ähnlich auf die nichteheliche Schwangerschaft ihrer Tochter zu reagieren[91]. Wie verbreitet diese schroffe Reaktion in Arbeiterkreisen war, läßt sich nicht feststellen. Allgemeine Hinweise auf das Verhalten von Eltern und Geschwistern gibt eine Studie aus dem Jahr 1925, die von *Egon Weinzierl* erstellt wurde. Er kam zu dem Ergebnis, daß in etwa einem Drittel aller Fälle die Tochter anläßlich einer nichtehelichen Schwangerschaft aus der Familie verwiesen wurde. Allerdings käme es nur bei dem geringeren Teil zu einem endgültigen Bruch. In einem weiteren Drittel aller Fälle würde das Familienleben in eine schwere Krise gestürzt werden. Lediglich im verbleibenden Drittel der betroffenen Familien käme es nicht zu Störungen. Nach Weinzierl waren es allgemein überwiegend die Väter, die mit moralischer Entrüstung auf die nichteheliche Schwangerschaft der Tochter reagierten. Daneben hätten sich insbesondere ältere Brüder über den „Fehltritt" der Schwester empört. Mütter und Schwestern würden meist viel milder urteilen. Nicht selten hielten sie trotz eines öffentlich vollzogenen Bruchs die Verbindung zur Tochter bzw. Schwester heimlich aufrecht.[92]

Wenn die Eltern der schwangeren Tochter jede Unterstützung verweigerten oder sie gar verstießen, verschlechterte das deren Situation dramatisch. Sie verlor Unterkunft und materiellen wie emotionalen Rückhalt der Familie. Nur wenige hatten wie Irma B. das Glück, daß ihr Freund sie unterstützte. Er half ihr bei der Zimmersuche, renovierte die zukünftige Bleibe von Mutter und Kind und besorgte die Säuglingsausstattung. Wenige Wochen nach der Geburt des Sohnes bezog das junge Paar eine gemeinsame Wohnung. Irma B. berichtet:

> „Die Vermieterin kündigte mich bald nach der Entbindung, da sie das schön renovierte Zimmer wohl selber haben wollte ... Daraufhin nahmen mein Freund und ich uns eine gemeinsame, eigene Wohnung. Wir hatten nichts ... Ich ging also weiterhin arbeiten ... Heiraten konnten wir nicht, weil wir meinen Verdienst brauchten. Damals hieß es: ‚Verheiratete Frauen raus aus dem Berufsleben!' ... Unser Junge kam weg, die Schwester von Hans nahm ihn in Pflege. Gleich nach 6 Wochen mußte ich mich von meinem kleinen Kind trennen! Das hat mir sehr weh getan, das muß ich ehrlich gestehen. Ich konnte ja auch tagsüber kaum hinkommen zu ihm, morgens um 7 ging ich zur Arbeit, abends um 8 kam ich erst wieder nach Hause. Da wartete die Hausarbeit. Hans kannte das nicht anders von zu Hause: Er ließ sich bedienen. Da half all' das Gerede über Partnerschaftlichkeit nichts ... Ich arbeitete also tagtäglich bis 11 Uhr nachts und fiel dann todmüde ins Bett. Das Kind war weit weg, am anderen Ende der Stadt ...
>
> Meine Situation hatte sich nach der Entbindung schlagartig geändert. Da erwuchsen mir Pflichten und Aufgaben, auf die ich nicht vorbereitet war, die ich kaum bewältigen konnte. Das bedrückte mich so sehr, daß ich allergrößte Angst vor Schwangerschaften bekam ...
>
> Das Ganze ging nur eine Weile gut. Die Belastungen waren für mich zu groß, das hielt unsere Freundschaft nicht aus. Wir trennten uns. Mein Freund hatte eine andere Frau kennengelernt ... Ich war mit dem Jungen ganz allein ..."

Die Schilderung verdeutlicht die Schwierigkeiten, mit denen die nichteheliche Lebensgemeinschaft eines jugendlichen Paares konfrontiert war. Nicht selten zerbrach die Beziehung wie bei Irma B. und Hans K. an diesen Problemen. Die Mehrzahl der ledigen jungen Mütter mußte die fremden, neuen Erfahrungen von Schwangerschaft, Geburt und Wochenbett allein verarbeiten. Nach der Entbindung stürzte in der Regel eine Vielzahl von Problemen auf sie ein: Eine Wohnung und ein neuer Arbeitsplatz mußten gesucht, Vormundschaft und Unterhalt geregelt sowie eine Pflegestelle für das Kind gefunden werden. Bei der Bewältigung dieser Situation boten verschiedene private und öffentliche Einrichtungen den Frauen in Hamburg ihre Hilfe an. Im folgenden sollen Akzeptanz und Wirksamkeit dieser Angebote untersucht werden.

Schon die Zeit von Geburt und Wochenbett stellte viele ledige Schwangere vor große Schwierigkeiten. Immer weniger entbanden in der elterlichen Wohnung und wurden während des Wochenbetts in der Familie gepflegt. Ursache waren neben der zunehmenden sozialen Diskriminierung der nichtehelichen Mutterschaft in Arbeiterkreisen, deren Folge nicht selten der kürzere oder längere Ausschluß aus der Familiengemeinschaft war, die ungünstigen wirtschaftlichen Verhältnisse in der Kriegs- und Nachkriegszeit sowie die durch die Wohnungsnot bedingte schlechte Wohnsituation vieler Arbeiterfamilien. Einen Ausweg bot ledigen Schwangeren in dieser Notlage die Klinikentbindung. 1925 kamen in Hamburg 67 % aller nichtehelichen Kinder als sogenannte „Anstaltsgeburten" zur Welt. Im Jahr 1913 waren es erst 37 % gewesen.[93] Um die Not der alleinstehenden und minderbemittelten Schwangeren und Wöchnerinnen zu lindern, war das Angebot an Klinikplätzen in Hamburg seit der Vorkriegszeit systematisch ausgebaut worden. Einen entscheidenden Fortschritt für deren medizinische Versorgung brachte die Eröffnung des staatlichen „Instituts für Geburtshilfe" an der Finkenau im Jahr 1914. Dort kam auch der Sohn von Irma B. zur Welt. Ziel dieser Klinik war es, „unbemittelten schwangeren Frauen die Möglichkeit zu bieten, der Geburt in Ruhe entgegenzusehen, die Geburt in hygienisch einwandfreien Verhältnissen unter Beistand geschulter Kräfte und ärztlicher Hilfe zu vollziehen und die Folgen unbelastet von unmittelbarer Not, unter günstigen Verhältnissen zu überwinden."[94]

Nach dem zehntägigen Klinikaufenthalt suchten nicht wenige ledige Mütter verzweifelt eine Unterkunft für sich und das Kind. Besonders häufig waren Hausangestellte obdachlos. Sie verloren vor der Entbindung mit dem Arbeitsplatz in der Regel auch ihre Bleibe. Junge Mütter mit Säuglingen fanden nur sehr schwer ein geeignetes Zimmer. Viele waren deshalb gezwungen, ihr Kind gleich nach der Entbindung in Pflege zu geben. Hilfe boten in dieser Situation „Mütterheime", deren Einrichtung in Hamburg insbesondere vom ‚Deutschen Bund für Mutterschutz' betrieben worden war.[95] Seit ihrer Gründung im Jahr 1905 bemühte sich die DBfM-Ortsgruppe um die Fürsorge für unverheiratete Mütter und deren Kinder[96]. Sie betrieb u.a. eine Sozial- und Rechtsberatungsstelle für ledige Mütter und vermittelte geeignete Pflegestellen für nichteheliche Kinder[97]. Die Einrichtung eines Mütterheimes scheiterte zunächst an den fehlenden finanziellen Mitteln. Nach fünf Jahren war das nötige Geld zusammen. Das erste Mütterheim Hamburgs konnte im Mai 1910 eröffnet werden. Offizieller Träger war der Verein ‚Mütterheim des Bundes für Mutterschutz e.V.'. Das Heim bot 20 Müttern und 15 Kindern Platz. Es wurde von einer Oberschwester geleitet, der eine Säuglingsschwester zur Seite stand. Die ärztliche Versorgung übernahmen ehrenamtlich drei Mediziner. Unterstützt wurde diese Einrichtung in der Hansestadt vom liberalen Bürgertum und sozialdemokratischen Kreisen.[98]

Ende 1912 schied die ‚Ortsgruppe Hamburg' aus dem ‚Deutschen Bund für Mutterschutz und Sexualreform' aus. Anlaß waren, wie andernorts auch, unüberbrückbare ideologische Differenzen mit der Zentrale des DBfM in Berlin: Die Mitgliedermehrheit der Ortsgruppe lehnte die radikalen Ziele der „Neuen Ethik" ab. Sie verstand den Verein als „Zentrale für Mutterschutz" und wollte dessen Aktivitäten auf die „tätige Fürsorge für die durch die Mutterschaft Bedrängten" beschränken.[99] Ihre Tätigkeit konzentrierte sich nach dem Austritt ausschließlich auf die Förderung des Mütterheimes[100]. Bis 1924 blieb das ‚Hamburger Mütterheim e.V.' das einzige in der Hansestadt. Die Nachfrage der ledigen Schwangeren und Wöchnerinnen übertraf bei weitem das Angebot an Plätzen. Es konnten nur obdachlose Frauen berücksichtigt werden.[101] Daran hatte auch der Umzug des Heimes in ein geräumigeres Haus in Groß-Borstel 1923 nichts geändert, obwohl es nun Platz für 8 Schwangere, 27 Wöchnerinnen mit Kind sowie 60 einzelne Kinder bot[102]. Mehr als drei Viertel der Frauen, die in dem Heim um Aufnahme baten, waren Hausangestellte[103]. Die durchschnittliche Dauer des Aufenthalts betrug vier Monate. In der Regel blieb die Frau dort, bis sie Arbeit und Unterkunft gefunden hatte. Das Kind wurde so lange im Heim betreut, bis sich eine geeignete Pflegestelle fand. Von Anfang an wurden die aufgenommenen Frauen und Mädchen zu allen im Heim anfallenden Arbeiten herangezogen. Unter Anleitung der Säuglingsschwester betreuten, verpflegten und ernährten sie ihr Kind selbst.[104] Der Aufenthalt im Heim kostete für Mutter und Kind Ende der zwanziger Jahre 2,50 Mark pro Tag. Wenn die junge Frau dieses Tagegeld nicht aufbringen konnte, übernahm das Wohlfahrtsamt die Kosten.[105]

Um die Wohnungsnot der ledigen Schwangeren und Wöchnerinnen zu lindern, die sich in der Nachkriegszeit weiter zugespitzt hatte, boten seit 1924 auch das „Marthahaus" der Diakonissenanstalt und das katholische „Wilhelmsstift" 52 Plätzen für Mutter und Kind sowie 28 Plätze für einzelne Kinder an. Beide Einrichtungen standen jedoch nur evangelischen bzw. katholischen Müttern offen.[106] Da selbst dieses erweiterte Angebot bei weitem noch nicht ausreichte, wurde auf Drängen des Jugendamtes 1928 ein weiteres Mütterheim als Sonderabteilung des evangelischen ‚Magdalenenstiftes' in Betrieb genommen. Das „Magdalenenheim" konnte 30 Frauen und 18 Kinder beherbergen. Hier fanden in erster Linie sogenannte „schwererziehbare Minderjährige" eine Bleibe.[107] Insgesamt standen Ende der zwanziger Jahre in ganz Hamburg 20 Plätze für Schwangere, 105 Plätze für Mutter und Kind sowie 88 Plätze für einzelne Kinder in Mütterheimen zur Verfügung[108]. Nach Ansicht des Jugendamtes war dieses Angebot völlig unzureichend. Es schätzte, daß in der Regel ein Drittel der ledigen Mütter nach ihrem Klinikaufenthalt einen Heimplatz benötigte[109]. Um diesen Bedarf zu decken, forderte es ein weiteres Mütterheim mit mindestens 40 Plätzen für Mutter und Kind[110]. Alle diesbezüglichen Anträge des Jugendamtes scheiterten an der „angespannten Finanzlage"[111].

Neben der Wohnungsnot belastete die meisten ledigen Mütter die Angst vor dem Verlust ihres Arbeitsplatzes. Besonders ungünstig war auch hier die Situation der Hausangestellten. Für sie gab es weder Arbeits- noch Mutterschutz. Das ‚Gesetz über die Beschäftigung vor und nach der Niederkunft', das im Juli 1927 verabschiedet wurde, erstreckte sich nicht auf die erwerbstätigen Frauen in Land- und Hauswirtschaft. Die Schutzbestimmungen für Schwangere und Wöchnerinnen waren lediglich in Industrie, Handel und Verwaltung ausgeweitet worden: Sie galten nicht mehr ausschließlich für Arbeiterinnen in Betrieben mit mehr als zehn Beschäftigten, sondern für alle Arbeiterinnen und weiblichen Angestellten. Diese waren berechtigt, ihre Arbeit sechs Wochen vor dem ärztlich attestierten Entbindungstermin einzustellen. Erst sechs Wochen nach der Geburt sollte die junge Mutter wieder zur Arbeit gehen. Während der Dauer der gesamten zwölf Wochen bestand ein besonderer Kündigungsschutz. Nach Arbeitsaufnahme mußte stillenden Arbeiterinnen und Angestellten auf Wunsch bis zu sechs Monaten nach der Entbindung eine tägliche Stillzeit von bis zu zweimal einer halben Stunde gewährt werden.[112] Um die Einhaltung der Bestimmungen des ‚Gesetzes über die Beschäftigung vor und nach der Niederkunft' kontrollieren zu können, richtete das hamburgische Gewerbeaufsichtsamt 1927 eine „weibliche Arbeitsaufsicht" ein. Gewerbeaufsichtsbeamtinnen kontrollierten in den Betrieben die Arbeitsverhältnisse der Schwangeren und Wöchnerinnen. Zu diesem Zweck meldeten Jugendbehörde, Gesundheitsbehörde und Krankenkassen dem Gewerbeaufsichtsamt alle bekanntgewordenen schwangeren Arbeitnehmerinnen.[113]

Zur Sicherung des Lebensunterhalts in der gesetzlich vorgesehenen „Schonzeit" sollte die „Wochenhilfe" beitragen. Bereits in der Vorkriegszeit hatten erwerbstätige, krankenversicherte Frauen bei einer Schwangerschaft vier Wochen vor der Entbindung eine geringe Wochenhilfe erhalten. Im Ersten Weltkrieg wurde die Wochenhilfe darüber hinaus an unbemittelte, nichterwerbstätige „Kriegerfrauen" gezahlt. Mit der Verabschiedung des ‚Gesetzes über Wochenhilfe und Wochenfürsorge' im September 1919 wurden die Leistungen der „Wochenhilfe" auch auf die sogenannten „Familienversicherten", d.h. alle im Haushalt des versicherten Haushaltungsvorstandes lebenden weiblichen Angehörigen ausgedehnt. Dieses Gesetz schrieb die „Wochenhilfe" als Pflichtleistung der Krankenkassen fest. In der „Schonzeit" erhielten Schwangere und Wöchnerinnen ein „Wochengeld", das mindestens 1,50 Mark täglich betragen mußte. Allgemein hatte es die Höhe des Krankengeldes. Bei erwerbstätigen Frauen erreichte es somit knapp die Hälfte des vorherigen Lohnes, der in der Regel ohnehin niedrig war. Daneben hatten Schwangere und Wöchnerinnen unentgeltlich Anspruch auf Hebammenhilfe, ärztlichen Beistand und Arzneimittel. Außerdem stand ihnen ein Entbindungskostenbeitrag von 25 Mark zu. Stillgeld in Höhe von 75 Pfg. täglich wurde nach der Geburt zwölf Wochen lang gewährt, aber nur wenn die Wöchnerin tatsächlich stillte. Dies war bei erwerbstätigen Müttern in der Regel nur bis zum Ablauf der „Schonzeit" der Fall. „Familienversicherte" Frauen hatten vier Wochen vor und sechs Wochen nach der Entbindung einen Anspruch auf Wochengeld und erhielten ansonsten die gleichen Leistungen wie die selbstversicherten erwerbstätigen Frauen. Voraussetzung für die Zahlung an selbst- wie familienversicherte Frauen war, daß die bzw. der Versicherte in den letzten zwei Jahren vor der Niederkunft mindestens zehn Monate – davon sechs im letzten Jahr – krankenversichert gewesen war.[114] Auch die Wochenfürsorge aller Frauen, bei denen diese Voraussetzung nicht erfüllt war, regelten zunächst die Krankenkassen. Durch die Fürsorgepflichtverordnung vom Februar 1924 wurde diese Aufgabe dann der öffentlichen Wohlfahrtspflege übertragen.[115] Die Leistungen des ,Gesetzes über Wochenhilfe und Wochenfürsorge' wurden angesichts der inflationären Entwicklung in den Nachkriegsjahren mehrfach verbessert, konnten aber trotzdem nicht annähernd den Lebensbedarf decken. Auch nach der Währungsstabilisierung wurde das Reichsgesetz wiederholt novelliert, um die Leistungen zumindest ansatzweise der Entwicklung der Lebenshaltungskosten anzupassen.[116]

Näheren Aufschluß über die wirtschaftliche Situation der ledigen wie der verheirateten Arbeitnehmerinnen in der Zeit vor und nach der Geburt des Kindes geben die jährlichen Erhebungen, die seit 1927 vom hamburgischen Gewerbeaufsichtsamt in Zusammenarbeit mit der Jugendbehörde, der Gesundheitsbehörde und den Krankenkassen durchgeführt wurden. Exemplarisch werden im folgenden die Ergebnisse des Jahres 1930 vorgestellt: Dem hamburgischen Gewerbeaufsichtsamt wurden 646 Schwangerschaften von Arbeiterinnen und Angestellten bekannt. 560 Meldungen wertete es anhand eines Fragebogens aus, darunter fanden sich 142 ledige Schwangere (25 %) und 418 verheiratete (75 %). 92 % der Ledigen und 84 % der Verheirateten waren gewerblich tätig, die übrigen arbeiteten im Kaufmännischen. Überwiegend erwarteten die Frauen ihr erstes (65 %) oder zweites (26 %) Kind. Nichts kennzeichnet die Not der Schwangeren deutlicher als die Tatsache, daß nur 13 % ihre Arbeit mit Beginn der gesetzlichen Schutzfrist einstellten. 39 % hörten vorzeitig auf zu arbeiten, zumeist weil sie entlassen worden waren. 49 % arbeiteten auch während der gesetzlichen Schutzfrist, davon 24 % vier bzw. fünf Wochen vor, 20 % zwei bzw. drei Wochen vor und 5 % noch eine Woche vor der Entbindung. Dies waren überwiegend ledige Frauen. Sie gehörten auch zu den Wöchnerinnen, die vor oder bei Ablauf der gesetzlichen Schutzfrist als erste wieder die Arbeit aufnahmen (15 %). 20 % wurden erst nach längerer, zum Teil mehrere Monate dauernder Schonfrist wieder erwerbstätig. Die Frauen, die ganz aus dem Erwerbsleben ausschieden (65 %) waren vermutlich fast alle verheiratet. Doch auch von ihnen gaben längst nicht alle freiwillig ihre ganztägige Erwerbstätigkeit auf; knapp die Hälfte (45 %) war wegen angeblichem Arbeitsmangels oder ohne Angabe von Gründen nicht wieder beschäftigt worden.[117]

Die Arbeitgeber hielten die Bestimmungen des neuen Gesetzes formal meist ein, umgingen den Kündigungsschutz jedoch häufig dadurch, daß sie schwangere Arbeitnehmerinnen bereits vor Beginn der Schutzfrist entließen. Lieber bezahlten sie eine Strafe, als daß sie in ihrem Betrieb nicht voll leistungsfähige Arbeitnehmerinnen beschäftigten. Die gesetzlichen Regelungen zum Schutz erwerbstätiger Schwangerer und Wöchnerinnen sowie zur Wochenhilfe, die in der Weimarer Republik erlassen wurden, waren nur ein geringer Fortschritt. Vor allem die Höhe der Wochenhilfe erwies sich als viel zu gering. Sie reichte nicht annähernd zur Sicherung des Existenzminimums. Deshalb waren insbesondere alleinstehende Ledige genötigt, bis kurz vor der Entbindung zu arbeiten. Um einer Kündigung zu entgehen, verheimlichten sie ihren Zustand so lange wie möglich und „mogelten" bei der Bestimmung des Geburtstermines. Nach der Niederkunft mußten sie sich so schnell wie möglich wieder eine Erwerbsarbeit suchen.[118]

Die wirtschaftlichen Verhältnisse der ledigen Mütter waren allgemein schlecht. Der Lohn reichte nur selten aus, um sich und das Kind ausreichend zu ernähren und ordentlich zu kleiden. Säuglingsausstattung und Säuglingspflege kosteten ebenso Geld wie der Krippen- bzw. Pflegeplatz für das Kind. Der Staat ging gemäß den Bestimmungen des BGB davon aus, daß der sogenannte „Erzeuger" des nichtehelichen Kindes für dessen Unterhalt zu sorgen hatte. Nur in extremen Notfällen wurde die „Bedürftigkeit" der ledigen Mutter anerkannt und ihr Wohlfahrtsunterstützung gewährt, wenn der „Kindsvater" keine Alimente zahlte. Sie war deshalb darauf angewiesen, daß der Vater des Kindes ihr unverzüglich die Unkosten für Entbindung und Wochenbett erstattete und schnell mit der regelmäßigen Zahlung der Alimente begann. Doch damit konnte sie im Regelfall nicht rechnen. Bevor sie Unterhaltszahlungen vom Vater des Kindes erhielt, mußte sie durchsetzen, daß dieser seine Vaterschaft anerkannte. Nur ein Teil der „Erzeuger" tat dies freiwillig. Zeitgenössische Studien schätzen einen Anteil von 47 bis 67 % freiwilliger Anerkennungen.[119] Die Bereitschaft des Vaters war von einer Vielzahl von Faktoren abhängig. Neben der Beziehung der Eltern spielten Alter, Beruf und Familienstand des Mannes sowie die Lebensumstände der Frau eine Rolle. Am häufigsten weigerten sich außer verheirateten Männern ledige, ungelernte und unständig beschäftigte Arbeiter mit geringem, unregelmäßigem Einkommen, die Vaterschaft anzuerkennen. Sie wollten keine finanziellen Einbußen in Kauf nehmen und konnten sich ihrer Verantwortung leicht durch einen Ortswechsel entziehen. Hauptargument, mit dem von den Männern die Anerkennung der Vaterschaft verweigert wurde, war die Behauptung vom „Mehrfachverkehr" der Frau. Dieser Einwand galt vor Gericht im Falle eines sogenannten „liederlichen Lebenswandels" der Frau als glaubhaft. Besonders schwer hatten es deshalb unverheiratete Mütter mit mehreren nichtehelichen Kindern, eine Alimentenzahlung durchzusetzen.[120]

Der Mindestbetrag des Unterhaltssatzes lag Anfang der zwanziger Jahre in Hamburg bei 90 Mark monatlich.[121] Die Zahlungsmoral der „Erzeuger" war recht wechselhaft und vor allem bei Arbeitern, außer vom Verhältnis zu Mutter und Kind, in starkem Maße auch von der beruflichen Stellung und der wirtschaftlichen Konjunktur abhängig. Bessersituierte gelernte Arbeiter zahlten regelmäßiger als unständig beschäftigte, ungelernte. In den Zeiten von Lohnabbau, Kurzarbeit und Arbeitslosigkeit, wenn das Einkommen der Arbeiter für den eigenen Lebensunterhalt kaum reichte, drückten sie sich besonders häufig vor der Unterhaltszahlung.[122] In der Hansestadt mußten ledige Mütter die rechtliche Auseinandersetzung um die Anerkennung der Vaterschaft und die Regelung der Alimente nicht selbst führen. Seit ihrer Gründung im Jahr 1910 oblag der ‚Behörde für öffentliche Jugendfürsorge' die gesetzliche Vormundschaft für nichteheliche Kinder und damit auch die Unterhaltsregelung. Der möglichen Überleitung der Amtsvormundschaft in eine Einzelvormundschaft stimmte die Behörde erst zu, wenn die Unterhaltsfrage geklärt war.[123] Um für eine regelmäßige Unterhaltszahlung Sorge tragen zu können, bestand die Behörde in der Regel darauf, daß der Vater die Zahlung an ihre Kasse richtete. Eine Ausnahme wurde nur bei Paaren gestattet, die in gutem Einvernehmen miteinander standen.[124] Die Amtsvormundschaft erfüllte für den Staat eine doppelte Funktion: Einerseits sollte sie den Unterhalt des nichtehelichen Kindes sicherstellen, ohne die Staatskasse zu belasten, andererseits gewährleistete sie eine intensive soziale Kontrolle der ledigen Mütter, die im Interesse einer „gesunden" und „ordnungsgemäßen" Aufzucht und Erziehung der nichtehelichen Kinder für notwendig gehalten wurde. Aufgrund der zentralen Bedeutung der Amtsvormundschaft wurde nur ein kleiner Teil der nichtehelichen Kinder einer Einzelvormundschaft übergeben: Mitte der zwanziger Jahre waren es nicht mehr als 20 %[125]. Für die ledige Mutter hatte die Einführung der amtlichen Vormundschaft ambivalente Konsequenzen: Angesichts der bestehenden gesetzlichen Regelung des Unterhalts für nichteheliche Kinder führte die Möglichkeit, durch die Amtsvormundschaft den „Erzeuger" rascher und nachdrücklicher zur Erfüllung seiner Unterhaltspflicht anzuhalten, zu einer besseren materiellen Versorgung. In der Realität erwies sich allerdings die proletarische Moral, die von unverheirateten Vätern die Eheschließung verlangte, als größerer Schutz für die ledige Mutter als alle festgeschriebenen Rechtsgrundsätze.[126] Auf der anderen Seite brachte die Amtsvormundschaft ihr vermehrte staatliche Kontrolle und Disziplinierung. Sie war der entscheidende Schritt zu ihrer umfassenden „fürsorglichen Belagerung".

Nach Inkrafttreten des ‚Reichsgesetzes für Jugendwohlfahrt' oblag die Fürsorge für ledige Mütter und nichteheliche Kinder allgemein den Jugendämtern. In der Hansestadt übernahm die entsprechenden Aufgaben die ‚Behörde für öffentliche Jugendfürsorge', die im Zuge einer Verwaltungsreform Anfang 1924 offiziell den Namen ‚Landesjugendamt' erhielt. Das RJWG brachte für die gesamte öffentliche Jugendwohlfahrt in Hamburg kaum neue Aufgaben, da die Jugendbehörde seit 1910 nach und nach fast alle den Jugendämtern übertragenen Tätigkeiten bereits übernommen hatte. Die Hansestadt hatte nach zeitgenössischer Einschätzung seit der Vorkriegszeit auf dem Gebiet der öffentlichen Jugendfürsorge bahnbrechend gewirkt. Ihre Einrichtungen und Erfahrungen hatten richtunggebend die Inhalte des RJWG bestimmt. Dies galt auch für die Nichtehelichen-Fürsorge.[127]

Bereits seit der Jahrhundertwende hatten sich staatliche Instanzen in Hamburg um die Fürsorge für nichteheliche Kinder bemüht, bis zur Gründung der Jugendbehörde insbesondere das Waisenhauskollegium, das 1905 die Betreuung der ihm anvertrauten nichtehelichen Kinder durch fachlich vorgebildete, ehrenamtlich tätige Fürsorger(innen) einführte.[128] Nach Kriegsende intensivierte die hamburgische Jugendbehörde ihre Fürsorgetätigkeit für nichteheliche Kinder. Dies schlug sich in einem deutlichen Anstieg der Zahl der ehrenamtlichen Jugendpfleger(innen) nieder: 1919 waren 1.786 für die hamburgische Jugendbehörde tätig, darunter 458 Frauen (26 %), 1927, als der Ausbau der öffentlichen Jugendfürsorge abgeschlossen war, 2.359, davon 404 Frauen (17 %). Die meisten ehrenamtlichen Mitarbeiter(innen) des Jugendamtes stammten auch in der Weimarer Republik aus bürgerlichen Verhältnissen. Ihr Haupttätigkeitsfeld waren die Nichtehelichen- und die Pflegekinder-Fürsorge.[129]

Hauptmotiv für sämtliche öffentlichen und privaten Maßnahmen der Nichtehelichen-Fürsorge war von Anfang an der Kampf gegen die extrem hohe Sterblichkeit nichtehelicher Säuglinge[130]. Nicht nur die Totgeburtenquote lag bei nichtehelichen Kindern sehr viel höher als bei ehelichen, sondern auch die Sterblichkeit im Säuglingsalter. In den ersten zwei Jahrzehnten dieses Jahrhunderts war zwar auch die Sterblichkeit nichtehelicher Säuglinge zurückgegangen, jedoch nicht so stark wie die der ehelichen (vgl. Tabelle 30). Die allgemeinen Maßnahmen zur Bekämpfung der Säuglingssterblichkeit, die von der privaten und öffentlichen Fürsorge ergriffen worden waren, reichten nicht aus, um auch die Lebenschancen der nichtehelichen Säuglinge zu erhöhen.[131] Denn wesentliche Ursache für deren hohe Sterbeziffer waren die besonders ungünstigen sozialen und wirtschaftlichen Verhältnisse der ledigen Mütter, die diese daran hinderten, für eine adäquate Ernährung, Pflege und Erziehung ihrer Kinder zu sorgen.[132] Wenn die Lebenschancen nichtehelicher Säuglinge vergrößert werden sollten, mußte auch die Fürsorge für die ledigen Mütter ausgebaut werden.

Gemäß dieser Erkenntnis richtete die hamburgische Jugendbehörde 1921 die Abteilung ‚Fürsorge für werdende Mütter' ein, deren Aufgabe es war, unverheirateten Frauen in der schwierigen Zeit vor und nach der Entbindung zu helfen. Die drei angestellten Gesundheitsfürsorgerinnen der neuen Abteilung sollten in Zusammenarbeit mit den ehrenamtlichen Mitarbeiterinnen möglichst frühzeitig mit der ledigen Mutter in Verbindung treten, sie über ihre Rechte und Möglichkeiten informieren und ihr helfen, die neue Situation zu bewältigen.[133] 1922 eröffnete diese Abteilung eine Schwangerenberatung für unverheiratete Frauen. Die Fürsorgerinnen hielten im staatlichen ‚Institut für Geburtshilfe' täglich, in den anderen Entbindungsanstalten sowie im Jugendamt zweimal wöchentlich Sprechstunden ab. Dort konnte die Schwangere nicht nur Hinweise zu einer gesunden Lebensweise und richtigen Ernährung während der Schwangerschaft sowie Ratschläge zur Entbindung erhalten, sondern auch Informationen über Wochenhilfe und Wochenfürsorge, Schutzbestimmungen am Arbeitsplatz, Unterkunftsmöglichkeiten nach der Geburt, späteren Unterbringungsmöglichkeiten für das Kind sowie zum Nichtehelichenrecht.[134] Knapp ein Drittel der unverheirateten Schwangeren nahm in den ersten Jahren dieses Beratungsangebot an[135]. Nachdem das hamburgische Jugendamt im Jahr 1927 in Zusammenarbeit mit den übrigen Behörden, den Krankenkassen, einer großen Zahl von Betrieben sowie vielen Ärzten eine Plakat-Aktion durchgeführt hatte, mit der es für seine Beratungsstellen warb, stieg der Besuch leicht an.[136] Jetzt kamen ca. 35 % der ledigen Schwangeren. 1928 erschienen beispielsweise von 2.052 werdenden unverheirateten Müttern 707 in der Schwangerenberatung, davon kamen 7 % in den ersten drei Monaten der Schwangerschaft, 35 % im zweiten und 58 % im letzten Drittel. Mit dem Alter, dem Lebensstandard und dem Ausbildungsgrad nahm die Einsicht in die Notwendigkeit einer rechtzeitigen Vorsorge und damit die Inanspruchnahme des Beratungsangebots zu. Hausangestellte, gelernte Arbeiterinnen und vor allem kaufmännische Angestellte besuchten die Schwangerenberatung des Jugendamtes deutlich häufiger als Haustöchter und ungelernte Arbeiterinnen. Besonders gering war die Besuchsquote allgemein bei den unter 20jährigen, die in der Regel sowohl am schlechtesten über ihre Rechte als auch über das öffentliche Fürsorgeangebot informiert waren.[137]

Die Mehrzahl der ledigen Schwangeren versuchte ihren Zustand bis zuletzt zu verbergen und wurde durch die Fürsorge des Jugendamtes erst nach ihrer Entbindung erreicht. Da nichtehelich Geborene dem Jugendamt nicht nur von den Kliniken, sondern auch von den Standesämtern gemeldet wurden, erfaßte die Behörde selbst die Hausgeburten. Alle unverheirateten Wöchnerinnen wurden in den ersten zehn Tagen nach der Entbindung von einer Fürsorgerin des Jugendamtes aufgesucht, die feststellte, ob Mutter und Kind eine taugliche Unterkunft und einen gesicherten Lebensunterhalt hatten. Die Fürsorgerinnen unterstützten bedürftige Mütter durch Bett- und Leibwäsche für den Säugling sowie stärkende Nahrungsmittel, obdachlosen Frauen wiesen sie einen Platz in einem Mütterheim zu, erwerbslosen Frauen halfen sie bei der Arbeitssuche und erwerbstätigen Müttern vermittelten sie einen Krippenplatz oder eine Pflegestelle für das Kind.[138] Bis in das Kleinkindalter hinein überwachte das Jugendamt systematisch die Entwicklung des nichtehelichen Kindes. Zweimal monatlich, im Krankheitsfall häufiger, suchte eine Fürsorgerin die Mutter auf. Sie kontrollierte, ob der Säugling ausreichend gestillt bzw. richtig ernährt und wie er gepflegt wurde. Auf Anweisung der Fürsorgerin mußte die Mutter das Kind in der ärztlichen Beratungsstunde des Jugendamtes vorstellen.[139] Um sie notfalls zwingen zu können, den Anweisungen der Fürsorgerin Folge zu leisten, behielt das hamburgische Jugendamt bis zum Ende des zweiten Lebensjahres generell die gesetzliche Vormundschaft. Nur durch eine intensive Kontrolle der Mütter glaubte der Staat für das Wohlergehen der nichtehelichen Kinder sorgen zu können.[140]

Die Betreuung des Kindes während der Arbeitszeit war für die ledige Mutter ein großes Problem. Nur relativ wenige Frauen konnten ihren Säugling bei Verwandten unterbringen. Immer seltener war die mütterliche Familie zur Mithilfe bereit. Das hamburgische Jugendamt stieß bei seinem Versuch, die Pflege der Säuglinge den Großeltern anzuvertrauen, auf massive Ablehnung: Diese „wollten mit ihren unehelichen Enkeln ... nichts zu tun haben und waren auf keine Weise dazu zu bringen, ihren Sinn zu ändern."[141] Auch private Pflegeheimplätze standen im Vergleich zur Vorkriegszeit nur noch in sehr geringem Maße zur Verfügung. 1920 gab es in ganz Hamburg lediglich drei Heime mit 40 bis 50 Betten. Bei einer Zahl von bis zu 250 nichtehelichen Geburten monatlich spielten sie für die Unterbringung der Kinder kaum eine Rolle. Die meisten nichtehelichen Säuglinge wurden bei fremden Leuten in Privatpflege gegeben. Nichtehelich Geborene stellten Mitte der zwanziger Jahre 90 % aller Pflegekinder.[142] Die Mehrzahl der Pflegemütter waren Arbeiterfrauen, die versuchten, durch die Aufnahme eines „Kostkindes" die Haushaltskasse aufzubessern[143]. Häufig wohnten sie in der Nachbarschaft und waren mit der leiblichen Mutter schon länger bekannt. Die Aufsicht über das Pflegestellenwesen oblag in Hamburg seit 1910 der neueingerichteten Jugendbehörde, die den Kostgeldsatz festlegte, die Auswahl der Pflegestellen kontrollierte und die Pflegeplätze vergab. Vorher hatte diese Aufgabe gemäß dem Gesetz über das Kostkinderwesen von 1897 zum Kompetenzbereich der Polizei gehört, die eng mit dem Waisenhauskollegium zusammenarbeitete, dem die laufende Beaufsichtigung der „Kostkinder" übertragen worden war.[144] Das RJWG führte allgemein die Überwachung des Pflegekinderwesens ein. Eine Neuerung brachte in Hamburg lediglich die Bestimmung, daß auch die Pflegestellen von Jugendlichen zwischen dem 14. und dem 18. Lebensjahr zu beaufsichtigen waren.[145]

Während ledige Mütter in der Vorkriegszeit relativ leicht eine Pflegestelle für ihren Säugling gefunden hatten, bereitete die Suche ihnen in den Kriegs- und Nachkriegsjahren zunehmend Schwierigkeiten. Hauptursache für diesen Wandel war nach Ansicht der hamburgischen Jugendbehörde die ungünstige Entwicklung der wirtschaftlichen und sozialen Verhältnisse. Sie konstatierte 1922:

> „In der Vorkriegszeit fanden sich genügend Frauen, die für das damalige Kostgeld von 300 Mark im Jahr gern einen Säugling aufnahmen. Sie betrachteten das Kostgeld gleichsam als einen Zuschuß zu ihrem Hausstandsgeld, während Ernährung und Kleidung des Kindes ihnen kaum ins Gewicht fiel. Heute ist das anders geworden. Die Wohnungsnot zwingt dazu, jeden Platz in der Wohnung auszunutzen, und das Halten von Einlogierern ist gewinnbringender als das Halten von Kostkindern."[146]

Angesichts der Versorgungsschwierigkeiten und der inflationären Preisentwicklung stiegen nicht nur die Arbeitsanforderungen an die Pflegemütter, sondern auch deren Unkosten. Das Kostgeld konnte in der Hochphase der Inflation nicht annähernd die notwendigen Ausgaben für Ernährung und Kleidung des Kindes decken. Immer mehr Arbeiterfrauen sahen sich genötigt, ihr Pflegekind aufzugeben. Die Fluktuation der Pflegestellen stieg zum Schaden der Kinder erheblich an.[147] Um dieser Entwicklung entgegenzuwirken, erhöhte die Jugendbehörde in den Nachkriegsjahren mehrfach den Kostgeldsatz[148]. Darüber hinaus versuchte sie, in mehreren Anzeigenkampagnen, die von der Hamburger Presse unterstützt wurden, Pflegefamilien anzuwerben. Doch der Erfolg dieser Maßnahmen blieb aus. Das Angebot an privaten Pflegestellen ging weiter zurück.[149] Die Folge war eine zunehmende Überfüllung der staatlichen Anstalten. Rund 15 % der nichtehelich geborenen Säuglinge mußten Anfang der zwanziger Jahre in Hamburg dort untergebracht werden; in „normalen" Zeiten waren es höchstens 8 %.[150] Der Mangel an geeigneten Unterbringungsmöglichkeiten für diese Kinder war in den ersten Jahren nach Kriegsende eine Hauptursache für den Anstieg der Sterblichkeit der nichtehelichen Säuglinge (vgl. Tabelle 30).[151]

Mit der Stabilisierung der wirtschaftlichen Verhältnisse verbesserte sich das private Pflegestellenangebot zunächst nur wenig; dies änderte sich erst nach einer deutlichen Erhöhung des Pflegegeldtarifs im Juli 1925.[152] Die Zahl der Kinder in privater Pflege stieg von 1.731 im Jahr 1925 auf 2.805 im Jahr 1930[153]. Das vermehrte Pflegestellenangebot gab dem Jugendamt die Möglichkeit, eine Reform des Pflegekinderwesens einzuleiten. Vor allem die Kriterien, nach denen Pflegestellen vergeben wurden, sollten verschärft werden. 1927 erließ das Jugendamt eine neue „Pflegestellenordnung", die vorsah, daß die staatliche Erlaubnis nur nach einer eingehenden Inspektion der Pflegestelle durch eine Jugendamtsfürsorgerin erteilt werden durfte. Sie hatte folgende Auswahlkriterien anzuwenden:

> „Die Erlaubnis wird nur solchen Pflegeeltern erteilt, zu denen das Jugendamt volles Vertrauen hat, daß sie ein Kind zu einem ehrlichen, fröhlichen und tüchtigen Menschen erziehen können, und wo die Verhältnisse der Familie so sind, daß das Kind eine gesunde und frohe Jugend genießen kann..
>
> Als Pflegeeltern kommen deshalb nur fleißige, strebsame Eheleute, in einzelnen Fällen alleinstehende Frauen in Frage, deren Haushalt sauber und geordnet ist. Da das Pflegegeld im allgemeinen in erster Linie der Deckung der Bedürfnisse des Kindes dienen soll, kein Entgelt für die Pflege ist, so müssen sie in geordneten wirtschaftlichen Verhältnissen leben und nicht von der Unterstützung von anderer Seite abhängig sein. Sie müssen ein liebevolles und anständiges Familien- und Eheleben führen und ihre eigenen Kinder zu tüchtigen Menschen erziehen oder erzogen haben ...
>
> Die Zahl der Pflegekinder in einer Familie soll unter Hinzurechnung der eigenen Kinder die Höhe nicht überschreiten, die in einer natürlichen Familie möglich ist ...
>
> Die Wohnung muß trocken und luftig sein, sowie hell und genügend groß für alle dort zusammen lebenden

> Personen. Jedes Pflegekind soll ein eigenes Bett in angemessenem Zustande haben. Vom 6. bis 8. Lebensjahre an sollen Kinder nicht mehr im ehelichen Schlafzimmer schlafen und auch nicht in Zimmern mit erwachsenen Personen des anderen Geschlechts zusammen untergebracht sein ...
>
> In der Pflegefamilie darf keine ansteckende Krankheit, insbesondere keine Tuberkulose oder Syphilis, vorhanden sein ... Ferner dürfen nicht vorhanden sein: Geisteskrankheiten, Epilepsie und andere schwere Nervenleiden ...“[154]

Die Erlaubnis des Jugendamtes war widerrufbar und galt nur für das jeweils vorgesehene Kind. Bis zur Schulreife wurde die Entwicklung des Pflegekindes durch Hausbesuche einer Fürsorgerin des Jugendamtes überwacht. Zugleich wurde mit ihnen die Haus- und Familienarbeit der Pflegemutter kontrolliert. Das jeweilige Datum des Besuchs und ihre Eindrücke notierte die Fürsorgerin in einem „Pflegekinderbuch“, das seit Mai 1927 vom Jugendamt an Pflegeeltern ausgegeben wurde. Es sollte zur Kontrolle und Information der Pflegeeltern dienen. Darum enthielt es neben der neuen „Pflegekinderordnung“ auch Ratschläge zur Pflege und Erziehung des Kindes. Seit dem Winter 1925/26 führten die Fürsorgerinnen des Jugendamtes darüber hinaus jedes Jahr von Oktober bis April monatlich „Mütterabende“ durch, die vorrangig der Aufklärung der Pflegemütter über Kinderpflege und -erziehung dienten. Anreiz für den Besuch der Vorträge, die ehrenamtlich von Fürsorgerinnen, Ärzt(inn)en, Amtsvormündern und Kindergärtnerinnen gehalten wurden, war ein anschließendes „gemütliches Beisammensein“ mit Tee und Kuchen. Die Resonanz war groß; das Jugendamt konnte in fast allen 17 Fürsorgebezirken „Mütterabende“ abhalten, die durchschnittlich von 30 Frauen besucht wurden. Ein solches Angebot für Pflegemütter gab es außer in Hamburg nur in fünf anderen Großstädten des Reiches.[155]

Angesichts des steigenden Angebots von Pflegestellen konnte das Jugendamt die schärferen Auswahlkriterien der neuen Pflegestellenordnung immer konsequenter anwenden. Die Folge war ein zunehmender Anteil abgelehnter Anerkennungsanträge: 1925 lag er erst bei 3 %, fünf Jahre später bereits bei 53 %. Immer seltener wurden die Pflegestellen akzeptiert, die die ledige Mutter selbst vorschlug.[156] Mit der Reform des Pflegekinderwesens erreichte das Jugendamt zwar insgesamt eine Verbesserung der Pflege der nichtehelichen Kinder. Dies kam deren Entwicklung zugute und entlastete ihre Mütter von einem Teil der Sorgen. Ein Indiz für die verbesserte Situation ist der Rückgang der Sterblichkeit nichtehelicher Säuglinge, der 1924 einsetzte und selbst in der Wirtschaftskrise anhielt (vgl. Tabelle 30). Doch gleichzeitig verstärkte sich auch in diesem Bereich die staatliche Kontrolle und Disziplinierung weiblicher Haus- und Familienarbeit: Betroffen waren hiervon neben den ledigen Müttern auch die Pflegemütter.

* * *

Seit Beginn der Weimarer Republik bemühten sich Reich, Länder und Gemeinden um einen Ausbau der Fürsorge für ledige Mütter und nichteheliche Kinder. Hauptziel der Initiativen war auch im sozialdemokratisch regierten Stadtstaat Hamburg eine Verbesserung der Lebensbedingungen und damit der Lebenschancen der Kinder. Doch die erhoffte Wirkung, eine erhebliche Abnahme der Totgeburten und der Sterblichkeit bei den nichtehelichen Kindern, blieb in den Notjahren der Nachkriegszeit aus. Erst mit der relativen Stabilisierung der wirtschaftlichen Verhältnisse waren die sozioökonomischen Voraussetzungen dafür gegeben, daß die ergriffenen Maßnahmen sich positiv auf deren Lebenschancen auswirken konnten. Auch die soziale Situation der ledigen Mütter verbesserte sich seit Mitte der zwanziger Jahre zumindest in Hamburg geringfügig. Dazu trug neben der intensiven Fürsorge für ledige Mütter u.a. der Ausbau des Mutterschutzes und der Wochenhilfe bei. Sämtliche Maßnahmen blieben allerdings unzureichend, sie endeten an den engen Grenzen der Staatsfinanzen. Die materielle Situation der ledigen Mütter aus der Arbeiterschaft war nach wie vor außerordentlich prekär. Die Wirkung der staatlichen

Fürsorge war zudem ambivalent: Einerseits fanden sie im Rahmen des Möglichen Rat und Hilfe beim Jugendamt; andererseits vermehrte dieses mit der Fürsorgetätigkeit in starkem Maße die soziale Kontrolle. Die staatlichen Fürsorgemaßnahmen zielten nicht auf Autonomie und soziale Gleichstellung der ledigen Mütter, sondern verstärkten im Gegenteil deren Abhängigkeit von „Vater Staat" und förderten deren Diskriminierung und Stigmatisierung als „soziale Randgruppe". Über die Reaktion der ledigen Mütter auf die verstärkte Kontrolle durch die öffentliche Jugendfürsorge berichten die vorliegenden Quellen nichts. Zu vermuten ist, daß die Frauen in ihrer Not die soziale Kontrolle hinnahmen, um die materiellen Unterstützungen zu erhalten. Das öffentliche Kontrollnetz war zudem in Hamburg in Bezug auf die ledigen Mütter seit Mitte der zwanziger Jahre so dicht, daß sie sich der Beaufsichtigung und Bevormundung auf Dauer nur schwer entziehen konnten. Sie waren in der Hansestadt – wie andernorts auch – eine der Frauengruppen, die besonders intensiv „fürsorglich belagert" wurden.

2.1.3 *„Wunschkinder" statt „Angstkinder"*

> „Jeder denkende Mensch hat das Ziel, daß seine Kinder einmal materiell gesichert dastehen und an einem wahrhaften Kulturleben teilhaben können. Aber er sieht auch die Hindernisse, die der Erreichung dieses Zieles entgegenstehen: Wirtschaftliche Verhältnisse können einen Aufstieg erschweren oder gar einen Abstieg erwirken; Ernährungsstörungen und Volksseuchen, wie Tuberkulose, Geschlechtskrankheiten und Alkoholismus, bedrohen das Leben, besonders in den ersten Jahren. Je größer die Zahl der Kinder im Verhältnis zum Einkommen der Familie ist, umso größer sind die Gefahren, denen das Kind ausgesetzt ist. Wir können daher das Kernproblem für den Erwachsenen auch so formulieren: ‚Wie passe ich die Zahl meiner Kinder meiner wirtschaftlichen Lage an?'"[157]

Mit diesen Worten beschrieb ein Artikel der ‚Frauen-Beilage des Hamburger Echo' aus dem Jahr 1928 einige Motive, die immer mehr Arbeiterpaare dazu bewogen, ihre Kinderzahl zu begrenzen. Nach zeitgenössischen Schätzungen bemühten sich Anfang der dreißiger Jahre bereits 80 bis 90 % von ihnen um eine Geburtenbeschränkung: Sie wollten „Wunschkinder", keine „Angstkinder"[158]. Familienplanung und Geburtenkontrolle waren Teil des „demographischen Übergangs" von einem ‚traditionellen' zu einem ‚modernen' generativen Verhalten[159]. Eine wesentliche sozioökonomische Ursache für diesen Wandel war die veränderte Stellung und Funktion des Kindes in der Familie: In der vorindustriellen Gesellschaft hatten Kinder noch einen festen ökonomischen Platz in der Familie gehabt: als Erben, Arbeitskräfte und Alterssicherung der Eltern. Dies änderte sich mit der Industrialisierung: Aus dem „Kindersegen" wurde eine „Kinderlast". Die Industriegesellschaft stellte immer größere Anforderungen an Ernährung, Erziehung und Ausbildung der zukünftigen Arbeitskräfte. Der Staat setzte die allgemeine Schulpflicht durch und schränkte die Kindererwerbsarbeit mehr und mehr ein. Die Eltern mußten ohne den Kinderlohn des Nachwuchses auskommen, der später erwerbstätig wurde und die Familienkasse länger belastete. Für Arbeiterfamilien bedeutete jedes Kind einen „Esser mehr". Mit steigendem Lebensstandard wandelte sich die Lebensauffassung und mit ihr die Einstellung zum Kind. Der sozialdemokratische Arzt *Julian Marcuse* beschrieb diesen Mentalitätswandel folgendermaßen:

> „Erst mit der Verbesserung seiner wirtschaftlichen und sozialen Verhältnisse beginnt der Mensch ökonomisch zu denken und für die Zukunft zu sorgen. Wo Not und Elend herrscht, Unbildung und Unkultur zu Hause sind, der Mensch von der Hand in den Mund lebt, jede Möglichkeit, sich und die Seinen vorwärts zu bringen, vollständig ausgeschlossen sieht, fehlt jeder Antrieb, irgendwie an die eigene Zukunft und diejenige der Kinder zu denken. Mit zunehmendem Wohlstand und steigender Bildung tritt eine Änderung ein. Die Möglichkeit und der Ehrgeiz, sich und die Seinen heraufzuarbeiten, beginnt sich zu zeigen und mit dem Steigen der Möglichkeiten wächst das Streben, dieselben auszunutzen. Mit der Mehrung des Wohlstands und der Bildung erweitert sich der Bedürfniskreis des Menschen und in dem Maße, in dem die Ansprüche über das zum Leben Notwendige hinausgehen, in dem der Mensch emporkommt, wachsen Besonnenheit und Selbstbeherrschung und die Sorgen

um die wirtschaftliche Zukunft und die eigene Bequemlichkeit. Damit entsteht das Streben, einer allzu großen Vermehrung vorzubeugen."[160]

Mit diesem Mentalitätswandel veränderte sich das generative Verhalten: An die Stelle des ‚traditionellen', durch soziale Kontrolle von außen geprägten Verhaltens trat ein ‚rationales', ‚modernes', das von individueller und innerfamiliärer Kontrolle bestimmt wurde. Teil dieses neuen Reproduktionsverhaltens war neben Familienplanung und Geburtenkontrolle die verstärkte Fürsorge für das einzelne Kind[161].

2.1.3.1 Familienplanung und Geburtenkontrolle

Die Einstellung von Arbeitertöchtern zur Mutterschaft wurde von zwei entgegengesetzten Einflüssen geprägt, die seit der Kindheit wirkten: der „Erfahrung von dem schlechten Los der Frau als Mutter" und der Ideologie von dem „heiligen Beruf der Frau zur Mutterschaft".[162] Immer wieder hörten sie, nicht nur von Staat, Kirchen und weiten Teilen der bürgerlichen Öffentlichkeit, sondern auch in der sozialdemokratischen Arbeiterbewegung, daß die eheliche Mutterschaft das „höchste Glück", die Erfüllung der Frau sei. Das herrschende Mutterschaftsideal stand jedoch im Widerspruch zur proletarischen Realität. Schon in jungen Jahren erlebten Arbeitermädchen in Familie und Nachbarschaft die schweren physischen und psychischen Belastungen, unter denen Mütter infolge von Schwangerschaft, Geburt und Wochenbett litten: Jedes weitere Kind schwächte die Gesundheit der Frau. Das Risiko, an den Folgen von Geburt und Wochenbett zu sterben, war noch relativ groß: 1925 kamen im Reichsdurchschnitt auf 1.000 Geburten 4,8 Todesfälle durch Kindbettfieber und andere Schwangerschafts- und Geburtsfolgen. Im Vergleich zur Vorkriegszeit hatte die Quote der Todesfälle zugenommen, 1910 lag sie bei 3,1.[163] Ursache hierfür war zum einen die soziale Not in den Kriegs- und Nachkriegsjahren, in deren Folge sich der Gesundheitszustand vieler Frauen erheblich verschlechterte, zum anderen der Anstieg der Abtreibungen[164].

Arbeiterfrauen sahen seit dem Ende des 19. Jahrhunderts bei Vorgesetzten und Dienstherrschaft, aber auch bei Verwandten und Freunden, immer häufiger die Vorteile einer kleinen Kinderzahl: Der Lebensstandard der Familie war höher, die Lebenschance des einzelnen Kindes größer, der Gesundheitszustand der Frau besser und ihre Arbeitsbelastung geringer. Auch sie erstrebten deshalb Familienplanung und Geburtenkontrolle. Die ledigen Arbeiterfrauen nahmen sich vor, auf keinen Fall unerwünscht schwanger zu werden und heiraten zu müssen. Sie wollten erst dann eine Familie gründen, wenn die wirtschaftlichen und sozialen Verhältnisse es gestatteten. Diese Einstellung wurde von ihren Freunden bzw. Verlobten meist geteilt.[165] Die verheirateten Arbeiterfrauen erstrebten eine Geburtenbeschränkung, weil sie nicht mehr bereit waren, die Lasten der Mutterschaft unkontrolliert hinzunehmen. Sie wollten nur so viele Kinder, wie sie „anständig" ernähren, kleiden und erziehen konnten. Zudem sahen sie in der Geburtenregelung eine Möglichkeit, ihre familiäre Arbeitsbelastung zu verringern und so ihre Gesundheit zu erhalten.[166] Auf diese Motive von Arbeiterehefrauen deuten auch die Ergebnisse zweier Erhebungen hin, die der Arzt *Max Marcuse* 1912 und 1917 zum „ehelichen Präventivverkehr" durchführte[167].

Die Initiative zur Geburtenkontrolle ging in vielen, wenn nicht den meisten Arbeiterehen von den Frauen aus, auf die sich nicht wenige Männer verließen[168]. Extreme Beispiele männlicher Gleichgültigkeit finden sich in der Erhebung von Max Marcuse aus dem Jahr 1917:

- Ein 38jähriger Gerber, der mit einer 37jährigen Schneiderin 14 Jahre verheiratet war, erzählt: „Ich habe nie etwas gemacht; ob meine Frau sich ‚vorgesehen' hat, weiß ich nicht. Sie hat öfters so geredet, weil sie doch unterleibskrank ist." Das Paar hatte zwei lebende Kinder, zwei Kinder

Eine junge Arbeiterfamilie: Bertha F. mit Ehemann und Tochter, 1929 (Privatbesitz)

waren verstorben. Die Frau hatte bereits zwei Aborte hinter sich. Trotzdem war es dem Mann egal, ob noch Kinder kamen: „Ich kriege sie ja nicht!“[169]

– Eine ähnliche Haltung zeigte ein 29jähriger Fleischergeselle, der mit einer 25jährigen Verkäuferin verheiratet war. In sieben Ehejahren hatte die Frau vier Kinder zur Welt gebracht, zwei waren verstorben. Der Mann wandte keine Schutzmaßnahmen an: „aber meine Frau hat sich wohl vorgesehen, denn die wollte schon die letzten beiden Kinder nicht mehr haben. Eines ist ja davon auch gestorben ... mir ist es egal, ob noch welche kommen, und ich kümmere mich nicht darum, ob meine Frau etwas macht.“[170]

Auch wenn verheiratete Arbeiter bei der Familienplanung nicht die Initiative ergriffen, erstrebten sie meist ebenfalls eine Geburtenbeschränkung. Stärker als bei ihren Frauen scheinen bei ihnen ökonomische Motive im Vordergrund gestanden zu haben.[171] Mit welchen Argumenten Männer für eine Geburtenkontrolle eintraten, verdeutlichen folgende Beispiele aus derselben Erhebung:

– Ein 33jähriger Dreher, der mit einer 29jährigen Putzmacherin fünf Jahre verheiratet war: „Mit Kindern kann man es heutzutage zu nichts bringen, und man ist doch noch jung und will es einmal besser im Leben haben.“ Das Paar hatte ein Kind. Die Frau hatte während der Ehe einmal abgetrieben.[172]
– Ein 34jähriger Schlossermeister, der mit einer 27jährigen Näherin verheiratet war: „Wir wollen vorwärtskommen und unsere Tochter soll es besser haben, als meine Frau und meine Schwestern es hatten“. Nach fünfjähriger Ehe hatte das Paar eine Tochter.[173]

- Ein 27jähriger Fabrikarbeiter, der eine zwei Jahr ältere Heimarbeiterin geheiratet hatte: Kinder sind „nichts für unsereinen. Kinder sind nur für reiche Leute." Das Paar war drei Jahre verheiratet und hatte ein Kind.[174]
- Ein 37jähriger Wagenbauer, der seit 12 Jahren verheiratet war: „Mehr als 2 Kinder kann man nicht heutzutage anständig erziehen." Das Paar hatte zwei Kinder.[175]
- Ein 25 Jahre alter Wagenbauer, der mit einer 26jährigen Verkäuferin verheiratet war: „Man lebt doch viel freier ohne Kinder.. Wir sind ja noch jung und wollen erst mal noch was vom Leben haben. Später kann man dann vielleicht noch immer mal an ein Kind denken." Das Paar war eineinhalb Jahre verheiratet und kinderlos.[176]

Während Arbeiterehefrauen Kinderreichtum vor allem wegen der Arbeitsbelastung und der negativen Folgen für ihre Gesundheit fürchteten, schreckten verheiratete Arbeiter hauptsächlich die finanziellen Auswirkungen einer großen Kinderzahl. Sie sahen vorrangig, daß jedes weitere Kind die Haushaltskasse belastete und den Ausgabenspielraum einschränkte. Kinderreichtum machte alle Aufstiegshoffnungen zunichte und verringerte die Zukunftschancen des Nachwuchses. In der Regel kamen mehrere Faktoren und Motive zusammen, wenn Frau und Mann sich für Geburtenkontrolle entschieden. Von bedeutendem Einfluß waren: die soziale Stellung und berufliche Qualifikation der Ehepartner, die Einkommensverhältnisse, die Wohnsituation, die Familiengröße, das Alter von Frau und Mann, der Gesundheitszustand der Familienmitglieder, insbesondere der Frau, das Gesellschaftsbild und die politische Anschauung sowie die Religionszugehörigkeit und Religiosität. Entscheidend geprägt wurde die Einstellung zur Geburtenregelung durch die Normen und Werte des umgebenden Milieus: War eine kleine Kinderzahl in Familie und Nachbarschaft, bei Arbeitskolleg(inn)en und im Freundeskreis vorherrschende Norm, so wurde diese in der Regel vom Paar geteilt; gleiches galt, wenn im Umfeld des Paares noch ein traditionelles Fortpflanzungsverhalten überwog.

Eine Unterscheidung zwischen „kurzfristigen, hedonistischen" und langfristigen, „zweckhaft rationalen" Motiven, wie sie Robert P. Neumann vornimmt, erscheint mir angesichts der Realität der meisten Arbeiterehepaare nicht sinnvoll zu sein[177]. Auch bei kurzfristigen Anlässen zur Geburtenbeschränkung, z.B. vorübergehender Erwerbslosigkeit, spielten in der Regel längerfristige, zukunftsorientierte Überlegungen eine Rolle. Nur sehr selten wird im Arbeitermilieu „Lebensgenuß" ausschließliches Motiv für die Geburtenkontrolle gewesen sein. Die meisten Arbeiterpaare sahen in der Geburtenbeschränkung eine Möglichkeit, im privaten Rahmen Einfluß auf das eigene Schicksal und die Zukunft der Kinder zu nehmen. Es ging ihnen um die Sicherung des physischen Überlebens der Familienmitglieder, um einen Erhalt des sozialen Status, um eine Teilhabe am gesellschaftlichen Fortschritt.[178] Unterschiedlich war lediglich der Grad der Bewußtheit über die eigenen Motive, die Frau und Mann zur Geburtenkontrolle bewogen.

Genaueren Aufschluß über Umfang und Verbreitung der Geburtenkontrolle gibt die Analyse der Geburtenentwicklung. In Hamburg, wie in allen Großstädten, war der Geburtenrückgang besonders stark ausgeprägt; nach Berlin hatte die Hansestadt seit dem Ende des 19. Jahrhunderts die niedrigsten Geburtenziffern im Deutschen Reich.[179] Im 19. Jahrhundert waren die Geburtenzahlen in der Hansestadt wie überall im Deutschen Reich stetig angestiegen. Besonders groß war der Zuwachs in den 1860er Jahren, als die letzten Heiratsbeschränkungen aufgehoben wurden. Die Folge war bis Mitte der 1870er Jahre ein weder vorher noch nachher erreichter Anstieg der Heiraten, dem eine außerordentliche Zunahme der Geburten folgte. 1876 hatte die Geburtenziffer ihren höchsten Stand erreicht: In Hamburg kamen 41,6 Geborene auf 1.000 Einwohner, im Reichsdurchschnitt 40,9. Bis zum Ende des 19. Jahrhunderts fiel die Geburtenziffer bei steigenden Geburtenzahlen in der Hansestadt auf 30,2, im Reich auf 35,6.[180] Nach der Jahrhundertwende verstärkte sich der Geburtenrückgang (vgl. Tabelle 22). Vor allem im Ersten Weltkrieg ging die

Geburtenziffer drastisch zurück. Heirat und Familiengründung wurden während der Kriegsjahre von vielen Paaren auf zukünftige Friedenszeiten verschoben. Der kriegsbedingte Geburtenrückgang konnte in der Nachkriegszeit nicht ausgeglichen werden. Zwar nahmen infolge des Anstiegs der Eheschließungen auch Geburtenzahl und -ziffer kurzfristig zu, doch bereits seit 1921 gingen sie weiter zurück[181]. In der Stabilisierungsphase blieben beide Kennzahlen in Hamburg vorübergehend konstant, während sie im Reich weiter fielen. Mit der Zuspitzung der Wirtschaftskrise setzte auch in der Hansestadt wieder ein Geburtenrückgang ein. 1932 erreichte die Geburtenziffer in Hamburg mit 11,6, ein Jahr später im Reich mit 14,7 ihren tiefsten Stand in der Zwischenkriegszeit.[182]

Aufschluß über den Verlauf des ehelichen Geburtenrückgangs gibt die „eheliche Fruchtbarkeitsziffer", d.h. die Zahl der ehelich Geborenen auf 1.000 verheiratete Frauen im gebärfähigen Alter von 15 bis 45 Jahren. Die folgende Übersicht verdeutlicht die unterschiedliche Entwicklung in Hamburg und im Reich zwischen 1900 und 1933[183]:

Jahr	Eheliche Fruchtbarkeitsziffer		Veränderung (1900 = 100)	
	Hamburg	Reich	Hamburg	Reich
1900	204,6	302,6	100	100
1910	147,3	227,0	72	75
1919	124,9	198,2 a)	61	65 a)
1925	89,0	146,3	43	48
1933	70,3	-	34	-

a) Angaben für 1920

Die Übersicht zeigt, daß die Geburtenkontrolle bei den Ehepaaren in Hamburg stärker verbreitet war als allgemein im Deutschen Reich. Generell setzte sich das ‚moderne' Reproduktionsverhalten zunächst im Bürgertum durch. Hier waren am frühesten die sozioökonomischen Bedingungen für den beschriebenen Mentalitätswandel vorhanden. Beamte und Angestellte folgten diesem Vorbild mit dem Ziel des sozialen Aufstiegs. Seit der Jahrhundertwende bemühte sich in zunehmendem Maße auch die Arbeiterschaft um eine Geburtenbeschränkung.[184] Diese Entwicklung verdeutlicht für Hamburg Tabelle 26. Hier lag die Geburtenziffer um die Jahrhundertwende in den bevölkerungsreichen Arbeitervierteln am Rande der Stadt noch doppelt so hoch wie in Harvestehude, dem vornehmsten Wohngebiet des Bürgertums. Die Geburtenziffer in den meisten Arbeiterwohngebieten übertraf deutlich den Durchschnitt der Hansestadt. Dreißig Jahre später war die Differenz zwischen Arbeiterquartieren und bürgerlichen Vierteln sehr viel geringer geworden, dies galt insbesondere für die Neubaugebiete am Stadtrand, wo viele gelernte Arbeiter mit ihren Familien wohnten. Das generative Verhalten der Arbeiterschaft hatte sich dem des Bürgertums weitgehend angeglichen. Geringfügig über dem Durchschnitt der Stadt lag die Geburtenziffer nur noch in den hafennahen Wohngebieten, in denen überwiegend Familien unständig beschäftigter Arbeiter wohnten. Genaueren Aufschluß über die Familiengröße in den verschiedenen sozialen Schichten gibt für das Jahr 1933 Tabelle 27, die zeigt, daß sich Anfang der dreißiger Jahre die Kleinfamilie weitgehend durchgesetzt hatte. Von den Ehepaaren mit Kind(ern) hatten 39 % ein Kind, 29 % zwei, 15 % drei und nur 18 % vier und mehr Kinder. Der Trend zur Ein-Kind-Familie war bei den Angestellten und Beamten am stärksten ausgeprägt. In beiden Schichten war das Zwei-Kinder-System schon in der Zeit vor dem Ersten Weltkrieg vorherrschende Norm gewesen und wurde in den folgenden beiden Jahrzehnten rasch durch das Ein-Kind-System ersetzt. Arbeiter hatten wie die Selbständigen häufiger vier und mehr Kinder. Bei den Selbständigen gab es erhebliche

Tab. 26: *Die Geburtenziffer in Arbeiterwohngebieten und bürgerlichen Vierteln der Stadt Hamburg. 1900–1933*[185]

Stadtteil	Auf 1.000 der Wohnbevölkerung kamen ... Lebendgeborene			
	1900	1910	1925	1933
Arbeiterwohngebiete:				
Altstadt	23,6	17,0	14,3	10,7
Neustadt	29,2	19,4	15,1	11,0
St.Georg	27,1	18,9	13,5	11,5
St.Pauli	27,4	18,4	13,3	12,2
Eimsbüttel	30,5	27,6	12,9	8,7
Winterhude	34,2	30,9	13,7	10,2
Barmbek	32,9	29,4	15,9	11,0
Uhlenhorst	36,3	26,5	14,5	10,0
Hamm	33,0	28,3	13,5	11,1
Billw.-Ausschlag	38,7	27,6	15,6	12,6
Veddel	29,0	20,3	16,7	16,2
Bürgerliche Viertel:				
Rotherbaum	18,0	10,7	11,3	9,4
Harvestehude	17,5	13,8	12,6	7,2
Hohenfelde	22,2	13,6	13,0	8,3
Stadt insgesamt	29,0	23,2	14,6	11,4

Unterschiede in der Familiengröße. Die Kinderzahl der freiberuflich Tätigen war sehr viel geringer als die der Handwerker, Händler und Gastwirte.[186] Auffallend ist der große Kinderreichtum der Berufslosen. Deren bedeutendste Gruppen stellten Witwen, Rentner und Pensionäre sowie Unterstützungsempfänger, d.h. Alte und Erwerbsunfähige.[187] Dies verweist darauf, daß die Kinderzahl bei älteren Ehepaaren, die vor dem Ersten Weltkrieg geheiratet hatten, allgemein größer war als bei den Paaren der jungen Generation. Diesen generationsspezifischen Unterschied bestätigt auch Tabelle 28. Besonders gering war Anfang der dreißiger Jahre die Kinderzahl der jungverheirateten Paare, die ihr erstes Kind immer häufiger erst einige Jahre nach der Hochzeit erwarteten. Überdurchschnittlich groß war die Zahl der kinderlosen Jungehen bei Angestellten und Arbeitern. Zentrale Ursachen hierfür waren Wohnungsmangel und wirtschaftliche Rezession. Zeitgenössische Untersuchungen zum Zusammenhang von Erwerbslosigkeit und Kinderzahl kommen zu dem Ergebnis, daß in Zeiten großer Arbeitslosigkeit nicht die Erwerbslosen selbst ihre Kinderzahl besonders stark kontrollierten, sondern die Erwerbstätigen. Ihr Motiv war die Angst vor der ungewissen Zukunft.[188] Eine kleine, aber wachsende Zahl von Ehepaaren verzichtete ganz auf Kinder. Vor allem bei Ehen, in denen beide Partner in qualifizierten Berufen tätig waren, zeigte sich der Trend zur Kinderlosigkeit: Ein Kind stand der beruflichen Karriere im Wege und beeinträchtigte die Möglichkeiten der Selbstverwirklichung in Beruf und Privatleben. Dieser war Ausdruck einer veränderten Einstellung zur Ehe. Bewußt kinderlose Paare betrachteten als deren Hauptinhalt nicht mehr die Erzeugung und Erziehung von Kindern, sondern die Liebes- und Lebensgemeinschaft von Frau und Mann.[189]

In der Arbeiterschaft bemühten sich zunächst bessersituierte, gelernte Arbeiter um eine Geburtenkontrolle. Bei ungelernten, unständig beschäftigten Arbeitern begann sich der Gedanke der Familienplanung sehr viel langsamer durchzusetzen (vgl. Tabelle 29).

Anfang der dreißiger Jahre war in Hamburg der Kinderreichtum in den Familien an- und ungelernter Arbeiter am größten[190]. Doch auch einige Berufsgruppen der gelernten Arbeiter hatten

Tab. 27: *Die Familien im hamburgischen Staat nach der Berufsstellung des Familienvorstandes und der Kinderzahl[a]). 1933*[191]

Kinder-zahl	Ehepaare insgesamt	v.H.	Von hundert Ehepaaren hatten Kinder					
			Arbeiter	Angest.	Beamte	Selbst.	Mith.Fa.	Berufsl.
0	83545	29,7	29,6	33,4	25,0	29,0	50,6	27,8
1	76666	27,2	28,7	31,0	29,9	25,4	24,4	14,6
2	57464	20,4	19,5	20,7	25,5	22,5	15,8	15,6
3	29233	10,4	9,9	8,5	11,3	11,8	5,2	12,9
4	14752	5,3	5,3	3,3	4,6	5,3	2,6	9,0
über 4	20021	7,1	7,1	3,1	3,6	6,1	1,4	20,1
Zusammen	281681	100	124943	52685	22481	54061	348	27162
V.h. Familienvorständen waren			44,4	18,7	8,0	19,2	0,1	9,6

Tab. 28: *Die verheirateten Frauen im hamburgischen Staat nach Kinderzahl[a]) und Ehedauer. 1933*[192]

Ehedauer	Ehefrauen insgesamt	V.h. Ehefrauen waren ... Jahre verheiratet	Von hundert Ehefrauen hatten in der bestehenden Ehe ... geborene Kinder				
			0	1	2	3	über 3
bis 5 Jahre	49778	17,1	55,4	35,0	8,0	1,3	0,3
5–10 Jahre	48584	16,7	37,4	34,6	19,6	5,6	2,7
10–20 Jahre	85837	29,5	27,9	30,0	25,0	10,5	6,6
über 20 Jahre	107197	36,8	15,4	18,4	22,8	16,7	26,8
Zusammen	291396	100	29,6	27,3	20,4	10,4	12,3

noch relativ häufig vier und mehr Kinder. Besonders oft war dies bei Maurern und Schuhmachern der Fall, Arbeitern in traditionellen Handwerksberufen mit relativ geringem Jahresverdienst und unsicherem Arbeitsplatz[193]. Die Familien gelernter Arbeiter waren allgemein kleiner. Berufsgruppen mit einer auffallend geringen Kinderzahl waren Bäcker und Konditoren, Klempner und Mechaniker sowie Schmiede und Schlosser. Generell bemühten sich vor allem Facharbeiter, die in der Industrie beschäftigt waren, um eine Familienplanung.[194] Noch stärker als gelernte Arbeiter versuchten Angestellte, ihre Kinderzahl einzuschränken. Im Unterschied zu an- und ungelernten Arbeitern, die häufig unständig beschäftigt waren und ein relativ geringes und zudem schwankendes Einkommen hatten, konnten Facharbeiter und Angestellte hoffen, durch eine Geburtenbeschränkung ihren gesicherten Lebensstandard halten bzw. heben zu können. Ihr Handeln war demgemäß stärker zielgerichtet und zukunftsorientiert.[195]

Verstärkt wurde eine ‚moderne', rationale Lebenseinstellung durch das Engagement in der Arbeiterbewegung. Der sozialdemokratische Arzt *Karl Kautsky jun.*[196] beschrieb 1924 in zeitgemäß pathetischen Worten, wie die sozialistische Weltanschauung die Bereitschaft zur Familienplanung förderte:

> Was den Lumpenproletarier „kennzeichnet, ist stumpfe Ergebung in sein Schicksal und Gleichgültigkeit gegenüber den Folgen seines Tuns. Der moderne Industrieproletarier dagegen ist ein anderer Mensch: nicht gleichgültig steht er seinem Lose gegenüber, sondern er empfindet es mit voller Schärfe, daß er ein besitzloser

Tab. 29: *Ehepaare nach ihrer Kinderzahl in einigen wichtigen Berufen der Arbeiterschaft in der Stadt Hamburg. 1933*[197]

Beruf des Familienvorstandes (unselbständig beschäftigt)	Ehepaare insgesamt	Von hundert Ehepaaren hatten ... Kinder				
		0	1	2	3	über 3
gelernter Arbeiter:						
Bäcker/Konditor	2055	32,6	31,2	18,2	9,0	9,0
Fleischer	1354	33,5	30,1	17,7	9,2	9,6
Klempner/Mechaniker	2927	31,4	31,8	19,4	8,3	9,1
Maurer	2400	25,8	26,2	20,0	12,0	16,0
Maler/Tapezierer	3256	27,5	30,2	19,3	9,8	13,1
Schmied/Schlosser	9211	30,4	32,4	19,3	9,0	8,9
Schneider	1623	30,3	25,9	19,4	11,6	12,8
Schuhmacher	503	30,4	27,8	14,7	11,9	15,1
Tischler	3767	26,7	28,8	20,3	10,3	13,9
un- oder angelernter Arbeiter:	37658	29,1	25,9	19,0	10,4	15,6
Angestellter:						
Kaufmännischer oder Büroangestellter	15497	34,4	31,4	20,2	8,0	6,1
Verkäufer	2208	35,6	32,2	17,9	7,5	6,7
Buchhalter	5431	33,3	33,8	21,2	6,7	5,0
Fach- oder technischer Angestellter	2416	32,2	30,3	20,1	9,2	8,2
Stadt Hamburg insgesamt	261400	30,4	27,3	20,1	10,1	12,0

Proletarier ist. Ihm ist seine Klassenlage in aller Klarheit bewußt geworden, er leidet unter ihr nicht nur körperlich, sondern auch seelisch, und er kämpft mit aller Hingabe, mit allem Opfermut, um die Lage seiner Klasse zu verbessern. Nicht nur in materieller Hinsicht. Mit zunehmender Intelligenz und Bildung wachsen auch die Ansprüche geistiger Art, der Arbeiter will seinen Anteil an allen Kulturgütern. Gleichzeitig entwickelt sich ein tiefes Verantwortlichkeitsgefühl in ihm: er zeugt nicht wahllos Kinder, ohne sich darum zu kümmern, was aus ihnen wird, sondern er will seinen Nachkommen ein besseres, schöneres Los bereiten, als er es gefunden hatte, er will sie zu gesunden, gebildeten Menschen erziehen.

Zunehmende Erkenntnis der Klassenlage des Proletariers, seiner Abhängigkeit von den Gesellschaftsmächten, die ihn mit Arbeitslosigkeit, Hunger und Verelendung bedrohen, mag er auch noch so fleißig, nüchtern und sparsam sein, und zunehmendes Verantwortlichkeitsgefühl gegenüber seiner Nachkommenschaft, das sind letzten Endes die psychologischen Triebfedern, die mit unwiderstehlicher Macht breite Schichten des Proletariats zur Geburtenbeschränkung zwingen ...“[198]

Die Ausführungen Kautskys könnten erklären, warum vor allem gelernte Industriearbeiter Geburtenkontrolle betrieben. Der Organisationsgrad war in den modernen Großbetrieben der Industrie in der Regel höher als in den Kleinbetrieben des traditionellen Handwerks. Gewerkschaftliche und politische Organisation waren Ausdruck einer industriell-städtisch geprägten, gesellschaftlichen Handlungsorientierung und Handlungsform, die auch das Privatleben beeinflußte. Dementsprechend war das Streben nach Familienplanung und Geburtenkontrolle im sozialdemokratischen Milieu der Zwischenkriegszeit besonders stark verbreitet. Darauf deuten auch die Berichte der 106 befragten Frauen hin: 85 von ihnen hatten Kinder, davon 29 eines, 43 zwei, 8 drei und 2 vier Kinder.[199] Diese Zahlen scheinen typisch für die junge sozialdemokratische Frauengeneration gewesen zu sein, deren generatives Verhalten sich deutlich von dem älterer Frauengenerationen unterschied: Nur 2 % der befragten Frauen, aber 59 % ihrer Mütter waren „kinderreich“, d.h. hatten mehr als drei Kinder. Im sozialdemokratischen Arbeitermilieu kamen mehrere Faktoren zusammen, die eine schnelle Verbreitung des ‚modernen' generativen Verhaltens förderten: höhere Berufsqualifikation, bessere soziale Situation, individueller Aufstiegswille, geringe religiöse Gebundenheit und sozialistische Weltanschauung.

* * *

Familienplanung und Geburtenkontrolle waren Teil einer ‚Modernisierung' des generativen Verhaltens, die seit der Jahrhundertwende in zunehmendem Maße auch die Arbeiterschaft erfaßte. Ende der Weimarer Republik bemühte sich der größte Teil aller Arbeiterpaare um eine Einschränkung der Kinderzahl. Die jungen Paare, die in den zwanziger und dreißiger Jahren eine Familie gründeten, gehörten zur ersten Arbeitergeneration, die bei Heiratsverhalten und Familienplanung konsequent das vorherrschende Ideal der ‚modernen Kleinfamilie' zu realisieren versuchte und es zumindest ansatzweise auch realisieren konnte. In den meisten Arbeiterehen ging die Initiative zur Geburtenbeschränkung von den Frauen aus. Familienplanung und Geburtenkontrolle erweiterten ihren Handlungsspielraum. Sie konnten den Umfang ihrer familiären Arbeitsbelastungen stärker selbst bestimmen, konnten dafür sorgen, daß ihnen in der Familie mehr Raum für eigene Interessen und Bedürfnisse blieb. Solange Sexualität mit Fortpflanzung verbunden war, wirkte die biologische Vorgabe, die der Frau die Mutterschaft ermöglichte, als biologischer Zwang, den die bürgerliche Gesellschaft durch Ideologie und Rechtsprechung verstärkte. Damit wurde aus dem biologischen Zwang ein sozialer: Indem die Gesellschaft der Frau die exklusive Verantwortung für die Nachkommenschaft zuwies, fesselte sie sie an das Haus, machte sie vom Mann abhängig. Die Geburtenkontrolle bot Frauen die Möglichkeit, sich vom biologischen „Gebärzwang" zu befreien. Dies war eine zentrale Voraussetzung für die Befreiung vom sozialen „Gebärzwang", der die geschlechtsspezifische Arbeitsteilung sicherte. Damit erweist sich die Trennung von Sexualität und Fortpflanzung, die Selbstbestimmung der Frau über ihren Körper als ein entscheidender Schritt zur Emanzipation des weiblichen Geschlechts.

2.1.3.2 Säuglingssterblichkeit und Säuglingsfürsorge

Infolge von Familienplanung und Geburtenkontrolle gewann das einzelne Kind stärkere Bedeutung für die Eltern. Die Lebenschancen der geborenen Kinder stiegen: Die Reduzierung der Kinderzahl vergrößerte den Ausgabenspielraum der Familie. Die Eltern konnten mehr Geld für Ernährung, Körperpflege und Kleidung sowie Freizeitaktivitäten und Bildung ihrer Kinder aufwenden. Gleichzeitig ermöglichte die kleinere Kinderzahl es der Mutter, in die Pflege und Erziehung des einzelnen Kindes mehr Zeit zu investieren. Dies war die Voraussetzung dafür, daß höhere Anforderungen an die mütterliche Pflege- und Erziehungsarbeit durchgesetzt werden konnten. Der Zeitaufwand für die Familienarbeit nahm trotz der Verringerung der Familiengröße auch für Arbeiterfrauen in den ersten drei Jahrzehnten dieses Jahrhunderts erheblich zu. [200]

Eine hohe Säuglings- und Kleinkindersterblichkeit war Teil des ‚traditionellen' generativen Prozesses. Sie reduzierte auf ‚natürliche' Weise die Kinderzahl. In der Phase des demographischen Übergangs von der vorindustriellen zur industriellen Bevölkerungsweise stiegen seit Anfang des 19. Jahrhunderts nicht nur die Geburtenzahlen erheblich an, sondern auch die Sterblichkeit von Säuglingen und Kleinkindern.[201] Starben in der ersten Hälfte des 19. Jahrhunderts in Hamburg zwischen 15 und 20 % der Kinder im Säuglingsalter, so lag diese Quote seit der Jahrhundertmitte bei 20 bis 25 %[202]. Eine entscheidende Ursache dieser Entwicklung war der Anstieg der Nichtehelichenquote, denn die Sterblichkeit nichtehelich geborener Säuglinge war aufgrund ihrer besonders ungünstigen Lebensbedingungen außerordentlich groß.[203] Daneben war die Zunahme der

Tab. 30: *Die Sterblichkeit der ehelichen und nichtehelichen Kinder im ersten Lebensjahr im hamburgischen Staat. 1910–1933*[204]

Jahr	Gestorbene Säuglinge		Von hundert Lebendgeborenen starben im 1. Lebensjahr			Von hundert Gestorbenen waren nichtehelich
	insgesamt	nichtehel.	insgesamt	ehelich	nichtehel.	
1881–1890	4467	892	24,0	21,4	43,4	20,0
1891–1892	6281	1317	27,4	24,3	49,3	21,0
1893–1900	4224	963	17,7	16,0	34,1	22,8
1901–1910	3596	818	15,4	14,0	26,7	22,7
1910	3473	821	14,7	13,2	24,3	23,6
1911	3354	801	15,6	13,0	25,1	23,9
1912	2799	675	12,7	10,6	20,6	24,1
1913	2704	607	11,3	10,4	17,1	22,4
1914	2738	645	12,1	10,6	18,8	23,6
1915	1695	372	9,2	8,8	14,2	21,9
1916	1272	311	9,8	9,1	17,7	24,4
1917	1113	250	10,2	9,7	18,9	22,5
1918	1229	296	12,1	10,2	20,7	24,1
1919	1726	420	12,8	9,0	22,5	24,3
1920	2139	527	10,8	8,4	20,2	24,6
1921	1926	461	9,1	8,5	18,9	23,9
1922	1857	478	10,1	9,0	21,2	25,7
1923	1457	339	9,6	7,8	17,9	23,3
1924	1375	304	8,8	7,3	16,1	22,1
1925	1337	297	8,1	6,9	16,5	22,2
1926	1162	263	7,4	6,4	12,5	22,6
1927	1165	241	7,3	6,7	11,5	20,7
1928	1321	284	7,7	7,1	12,7	21,5
1929	1202	268	7,0	6,4	12,2	22,3
1930	1198	248	7,0	7,0	12,1	20,7
1931	1051	258	6,7	5,9	12,8	24,5
1932	874	199	6,2	5,6	11,1	22,8
1933	893	166	6,2	5,8	11,2	18,6

Säuglingssterblichkeit auch Folge der mangelhaften sozialen Hygiene in den expandierenden industriellen Ballungszentren. In den Großstädten lag die Sterblichkeit bei ehelich wie nichtehelich Geborenen in der zweiten Hälfte des 19. Jahrhunderts generell über dem Reichsdurchschnitt. Sie nahm mit der Größe der Stadt zu, wies allerdings im Stadtgebiet erhebliche soziale Unterschiede auf. Besonders häufig starben Säuglinge im Arbeitermilieu.[205] Erst seit dem ausgehenden 19. Jahrhundert ging – zunächst vorrangig in den Großstädten – die Säuglings- und Kleinkindersterblichkeit im Deutschen Reich zurück. Entscheidende Voraussetzung hierfür waren die verbesserten Arbeits- und Lebensverhältnisse breiter Bevölkerungskreise. Sozialpolitik und städtehygienische infrastrukturelle Maßnahmen trugen wie die allgemeinen Fortschritte der sozialen Hygiene entscheidend zu günstigeren Gesundheitsverhältnissen bei. Nach der Jahrhundertwende setzte im Reich ein stärkerer Rückgang der Säuglingssterblichkeit ein, der – von leichten Schwankungen unterbrochen – bis zum Ende der Weimarer Republik anhielt[206]. Im Stadtstaat Hamburg sank die Säuglingssterblichkeit bereits in den 1890er Jahren stark (vgl. Tabelle 30). Auch in den folgenden drei Jahrzehnten übertraf deren Rückgang in der Hansestadt den im Reich: Während sie dort von 21 % im Jahr 1900 auf 11 % im Jahr 1925 fiel, sank sie in Hamburg im gleichen Zeitraum von 17 % auf 8 %, das damitnach Frankfurt a.M., Stuttgart, Bremen und Wiesbaden in den zwanziger Jahren die geringste Säuglingssterblichkeit aufwies.[207]

Tab. 31: *Die Säuglingssterblichkeit in Arbeiterwohngebieten und bürgerlichen Vierteln der Stadt Hamburg. 1900–1933.*[208]

Stadtteil	Von hundert lebendgeborenen Kindern starben im ersten Lebensjahr ...			
	1900	1910	1925	1933
Arbeiterwohngebiete:				
Altstadt	20,5	20,2	7,7	6,1
Neustadt	23,1	19,6	10,7	9,3
St.Georg	16,5	17,1	9,8	8,7
St.Pauli	18,8	15,7	10,5	7,9
Eimsbüttel	17,5	13,3	9,2	7,7
Winterhude	18,5	22,0	7,5	5,0
Barmbek	21,0	14,6	8,1	4,9
Uhlenhorst	20,9	17,2	9,1	5,7
Hamm	16,6	15,2	6,6	6,0
Billw.-Ausschlag	20,6	16,0	5,8	7,6
Veddel	14,1	12,0	8,2	5,0
Bürgerliche Viertel:				
Rotherbaum	9,8	7,7	5,7	7,1
Harvestehude	8,3	4,2	5,7	3,4
Hohenfelde	11,4	14,2	6,8	7,4
Stadt insgesamt	18,4	14,9	8,2	6,4

Die Säuglingssterblichkeit war vorrangig ein soziales Problem. Die Überlebenschancen eines neugeborenen Bürgerkindes waren selbst in den zwanziger Jahren noch sehr viel größer als die eines Arbeiterkindes. Entscheidenden Einfluß auf das Sterberisiko eines Säuglings hatte neben der sozialen Stellung und dem Einkommen der Eltern die Familiengröße.[209] Die sozial differenzierte Entwicklung der Säuglingssterblichkeit verdeutlicht für die Stadt Hamburg die Tabelle 31. Der Rückgang der Säuglingssterblichkeit setzte wie der Geburtenrückgang zunächst im Bürgertum ein. Um die Jahrhundertwende war das Sterberisiko eines Säuglings, der in einem der Arbeiterwohngebiete Hamburgs aufwuchs, noch mehr als doppelt so groß wie das eines Säuglings, der in Harvestehude groß wurde. Besonders hoch lag die Säuglingssterblichkeit in der Neustadt und in Barmbek. In zwei Arbeiterwohngebieten – Winterhude und St.Georg – stieg die Säuglingssterblichkeit nach der Jahrhundertwende sogar noch an[210]. Allgemein setzte der Rückgang zunächst nur langsam ein. Lediglich in Barmbek, einem neueren Arbeiterviertel am Stadtrand verringerte sich die Sterblichkeit der Säuglinge bereits bis 1910 deutlich. Entscheidend ging die Säuglingssterblichkeit in den übrigen Arbeiterstadtteilen erst zwischen 1910 und 1925 zurück. Besonders stark war die Abnahme bis 1914. In den zwanziger und dreißiger Jahren hielt der Rückgang der Säuglingssterblichkeit an. In einem Teil der Arbeiterviertel lag sie 1933 bereits unter der durchschnittlichen Sterblichkeitsziffer der Hansestadt; dazu gehörten mit Barmbek, Winterhude, Hamm und Veddel Viertel mit ausgedehnten Neubausiedlungen. Deutlich über dem Durchschnitt lag die Säuglingssterblichkeit 1933 in der Neustadt, St.Georg und St.Pauli, hafennahen Arbeiterwohngebieten mit extrem ungünstigen Wohnverhältnissen[211]. In diesen drei Stadtteilen lagen die Vergnügungsviertel Hamburgs, die zugleich Zentren der Prostitution waren. Hier kamen die meisten nichtehelichen Kinder zur Welt. Da allgemein das Sterberisiko nichtehelicher Kinder sehr viel größer war als das ehelicher, lag die Säuglingssterblichkeit in diesen Arbeitervierteln überdurchschnittlich hoch.[212] Innerhalb von drei Jahrzehnten hatte sich die Säuglingssterblichkeit in den Arbeitervierteln Hamburgs weitgehend der in den bürgerlichen Wohngebieten angeglichen. Zunächst sank sie in den Familien bessersituierter gelernter Arbeiter, erst später in den Familien ungelernter und unständig beschäftigter Arbeiter. Für einen Säugling, der in der kinderreichen Familie eines ungelernten Arbeiters aufwuchs, war das Sterberisiko jedoch auch Anfang der dreißiger Jahre noch zwei- bis dreimal so groß wie für einen Säugling, der als einziges Kind in wohlhabenden Verhältnissen heranwuchs.[213]

Neben der Einschränkung der Kinderzahl, der Verbesserung der sozialhygienischen Verhältnisse und dem allgemeinen Anstieg des Lebensstandards war ein wichtiger Faktor, der zur Reduzierung der Säuglingssterblichkeit beitrug, das fürsorgerische Engagement privater und öffentlicher Institutionen für eine „Modernisierung" der Säuglingsernährung und -pflege in breiten Bevölkerungskreisen. Bis zur zweiten Hälfte des 19. Jahrhunderts hatte sich vorrangig das gebildete Bürgertum um eine „zeitgemäße und gesunde Aufzucht" des eigenen Nachwuchses bemüht.[214] Angesichts des bis in die 1870er Jahre anhaltenden Anstiegs der Säuglingssterblichkeit, der in der ersten Hälfte des 19. Jahrhunderts eingesetzt hatte, rückte die Notwendigkeit einer allgemeinen Verbesserung von Ernährung und Pflege der Säuglinge zunehmend in das öffentliche Bewußtsein. Verstärkt wurde dies durch den Ende des 19. Jahrhunderts einsetzenden Geburtenrückgang. Mehr und mehr galt ein „energischer Kampf gegen die Säuglingssterblichkeit" mittels eines Ausbaus der Säuglingsfürsorge als „das einzig wirksame Mittel zur Vermehrung" der Bevölkerungszahl[215]. Hauptzielgruppe der zunächst vorrangig von bürgerlichen Kreisen getragenen Sozialhygiene- und Fürsorgebewegung waren die Frauen und Mütter aus der Arbeiterschaft[216].

Als Hauptursache der hohen Säuglingssterblichkeit im Arbeitermilieu diagnostizierten Mediziner „Unwissenheit" und „Nachlässigkeit": Die „Frauen des Volkes" würden die neugeborenen Kinder in „gesundheitswidriger Weise" nähren und pflegen; am stärksten werde die Gesundheit der Säuglinge durch die künstliche Ernährung gefährdet.[217] Sie erklärten deshalb das Stillen zur „natürlichen Pflicht und Schuldigkeit einer jeden Mutter":

> „Keine gewissenhafte Frau, der das Leben und Gedeihen ihres Kindes am Herzen liegt, dürfte sich unter irgend welchen Umständen davon abhalten lassen, falls nicht absolut zwingende Beweggründe es ihr unmöglich machen. Die Unterlassung des Stillens ist nur dann gerechtfertigt, wenn der körperliche Zustand der Frau es verbietet oder wenn die von ihr abgesonderte Milch für die Ernährung des Säuglings unzureichend ist."[218]

Einzig die „Ernährung an der Mutterbrust" bot nach ärztlicher Ansicht „eine einigermaßen sichere Gewähr" dafür, „daß ein gesundes neugeborenes Kind ... ohne wesentliche Gefährdung seiner Gesundheit" das Ende des ersten Lebensjahres erreichte. Den Frauen wurde deshalb empfohlen, ihr Kind in den ersten sechs Lebensmonaten ausschließlich zu stillen, danach könnten sie mit Brühen und Suppen beifüttern. Ab dem neunten Lebensmonat sollte der Säugling langsam abgestillt werden. Nun bräuchte das Kind eine kräftigere Kost.[219] Das Stillen hatte den Vorzug, daß das Kind keimfrei ernährt und gegen gefährliche Infektionskrankheiten weitgehend immunisiert wurde. Muttermilch war für den Säugling am leichtesten verdaulich. Künstliche Nahrung – verdünnte Kuhmilch oder Mehlbrei – konnte heftige Störungen im Magen-Darm-Trakt hervorrufen, die häufig zum Tode führten. „Flaschenkinder" starben noch in der Vorkriegszeit mehr als viermal so häufig wie „Brustkinder".[220] „Ernährungsstörungen", insbesondere Brechdurchfall, waren vor dem Ersten Weltkrieg Haupttodesursache der Säuglinge und führten dazu, daß vor allem in heißen Sommermonaten deren Sterblichkeit meist erheblich anstieg[221].

Entgegen ärztlicher Annahme stillten Arbeiterfrauen ihr Kind schon aus finanziellen Gründen weit häufiger als Mütter aus dem Bürgertum[222]. Doch nur selten waren sie in der Lage, dies so lange zu tun, wie es die Ärzte empfahlen. Die Not zwang nicht wenige, schon bald nach der Entbindung wieder erwerbstätig zu werden. Die Erwerbsarbeit ließ sich meist nicht mit dem Stillen des Kindes vereinbaren. Zudem fehlte mancher Arbeiterfrau schlicht die Kraft: Ihr Körper war durch chronische Krankheiten, mangelhafte Ernährung und Überarbeitung so geschwächt, daß die Muttermilch schon bald nicht mehr ausreichte.[223] Eine gesunde Ersatznahrung in Form von

Kuhmilch war mit großen Mühen und hohen Kosten verbunden, die in Arbeiterhaushalten meist nicht aufgebracht werden konnten:

> Es „fehlen kühle Orte zur Aufbewahrung der Milch, es fehlt die nöthige Zahl reinlicher Gefäße, die genügende Reinigung der Saugflaschen und -hütchen, das nöthige Feuermaterial zu genügender Erwärmung, ja oft genug sogar die genügende Menge Milch, wodurch die armen Mütter genöthigt sind, zu allerhand Surrogaten zweifelhafter Natur Zuflucht zu nehmen."[224]

Hochwertige Ersatznahrung, die von der Industrie angeboten wurde, konnten Arbeitermütter nur selten bezahlen. Hinzu kam, daß sie meist weder etwas über die hygienischen Voraussetzungen einer künstlichen Ernährung noch über die Nahrungsbedürfnisse des Säuglings wußten. Aus Sorge um das kindliche Wohlergehen neigten sie dazu, daß Kind mit Kuhmilch und Mehlbrei zu überfüttern.[225]

Angesichts dieser Umstände konzentrierte sich der Kampf gegen die Säuglingssterblichkeit auf die Förderung des Stillens. Bereits in den 1870er und 1880er Jahren setzte die erste Stillkampagne ein, deren vorrangiges Ziel die Aufklärung der Arbeiterfrauen war.[226] Mit Hilfe von Ratgebern, Vorträgen und persönlicher Belehrung sollten sie zum Stillen angehalten und über die Regeln einer hygienischen Säuglingspflege informiert werden. Die mündliche Belehrung galt als erfolgreichste Form der Aufklärung. Den Ärzten, insbesondere den Amtsärzten, kam dabei eine hervorragende Rolle zu: Sie bekamen anläßlich der Pockenschutzimpfung fast jeden Säugling zu sehen und hatten bei diesem Anlaß eindringlich auf die Notwendigkeit einer natürlichen Ernährung und einer hygienischen Pflege hinzuweisen. Hamburg führte bereits 1872 als erster deutscher Bundesstaat die gesetzliche Pockenschutzimpfung ein, zwei Jahre vor dem Deutschen Reich, und verband damit eine obligatorische Kurzberatung über Säuglingsernährung und -pflege.[227] Die Wirkung war wenig zufriedenstellend. Nach der Jahrhundertwende bemühte sich das hamburgische Medizinalkollegium deshalb zusätzlich um eine breitenwirksame schriftliche Aufklärung. Seit Dezember 1904 gab es „Ratschläge zur Ernährung der Säuglinge" heraus, die auf dem Standesamt obligatorisch allen ausgehändigt wurden, die die Geburt eines Kindes anmeldeten.[228] Dem knappen Merkblatt konnte die junge Mutter alles Wissenswerte über Säuglingsernährung und -pflege entnehmen. Der Hinweis auf die öffentlichen Einrichtungen zur Säuglingsfürsorge am Schluß des Merkblattes wurde von Jahr zu Jahr aktualisiert.[229] Auch andernorts gaben Kommunen sowie Hygienevereine und Frauenverbände seit der Jahrhundertwende Merkblätter zu Säuglingspflege und -ernährung heraus[230] .

Trotz der Propaganda für eine hygienische und gesunde Säuglingsernährung und –pflege sank die Säuglingssterblichkeit nicht. Deshalb engagierten sich Ärzte und Sozialreformer(innen) seit dem Ende des 19. Jahrhunderts verstärkt für den Aufbau einer Säuglingsfürsorge. Sie erkannten, daß Aufklärung allein nicht helfen konnte. Da Ursache der hohen Säuglingssterblichkeit in erster Linie die soziale Not war, mußte deren Bekämpfung sozialhygienische Reformen sowie die vermehrte Fürsorge für Mutter und Kind umfassen.[231] Diese Auffassung vertrat auch die sozialdemokratische Arbeiter- und Frauenbewegung, die sich seit der Vorkriegszeit energisch für einen Ausbau des Mutterschutzes und der Säuglingsfürsorge einsetzte.[232]

Erste Initiative zu einer praktischen Säuglingsfürsorge war die Einrichtung von Milchküchen, deren Aufgabe es war, minderbemittelten Müttern, die ihr Kind künstlich ernähren mußten, sterilisierte Kuhmilch zu einem erschwinglichen Preis zugänglich zu machen und sie über die Voraussetzungen einer gesunden und hygienischen Flaschenernährung aufzuklären. Stillpropaganda betrieben diese Milchküchen allgemein nicht. Hamburg war auf diesem Gebiet der Säuglingsfürsorge im Deutschen Reich führend: Bereits 1889 richtete die St.-Gertrud-Gemeindepflege in dem Arbeiterstadtteil Winterhude die erste Milchküche Deutschlands ein, der bis zum

Beginn des Ersten Weltkriegs neun weitere in anderen Hamburger Kirchengemeinden folgten. 1904 initiierte zudem die ,Patriotische Gesellschaft' die Gründung eines ,Vereins Säuglingsmilchküchen', der im selben Jahr in der Neustadt die erste leistungsfähige Groß-Milchküche aufmachte. Fünf Jahre später betrieb die ,Patriotische Gesellschaft' im gesamten Stadtgebiet bereits 20 Milchküchen, die Milchmischungen aller Art in trinkfertigen Portionsflaschen abgaben. Erst 1921 stellten die Milchküchen in der Hansestadt ihre Tätigkeit ein.[233]

Im Unterschied zu den meisten anderen Trägern von Milchküchen bemühte sich die ,Patriotische Gesellschaft' um eine weiterreichende Säuglingsfürsorge. Von Anfang an warb der Verein für das Stillen. 1907 stellte er darüber hinaus vier Säuglingspflegerinnen ein, die jede Familie aufsuchten, von der Milch angefordert wurde. Wenn es der Gesundheitszustand der Mutter und die äußeren Verhältnisse der Familie erlaubten, versuchten sie die Mutter des Neugeborenen zum Stillen zu bewegen. Zusätzlich fand in den meisten Ausgabestellen wöchentlich eine ärztliche Sprechstunde statt, die allen Müttern offen stand.[234] Die Resonanz auf die Milchküchen, deren Tätigkeit von der Presse durch aufklärende Artikel und Bekanntmachung der Ausgabestellen unterstützt wurde, war in Hamburg selbst bei Arbeiterfrauen groß, da der Preis der Milch subventioniert wurde[235]. Der Erfolg der weiterreichenden Fürsorgetätigkeit blieb jedoch gering. Mütter und Säuglinge wurden zu spät und zu unsystematisch erfaßt[236]. Abhilfe sollte die Einrichtung von Säuglingsfürsorgestellen schaffen. 1908 wurden die ersten drei in Hamburg durch Einzelinitiative von Kinderärzten in den Arbeitervierteln Billwärder-Ausschlag, St.Pauli und Winterhude eingerichtet.[237] Auch andernorts entstanden in dieser Zeit Säuglingsfürsorgestellen. Ziel dieser Einrichtungen war es nicht nur, werdende und gewordene Mütter über eine zweckmäßige Säuglingsernährung und -pflege zu informieren und zum Stillen zu bewegen, die Entwicklung des neugeborenen Kindes sollte darüber hinaus durch eine systematische offene Fürsorge kontrolliert werden. Die Säuglingsberatungsstellen konzentrierten ihre Tätigkeit allgemein auf Mütter und Kinder der unbemittelten Volksschichten.[238]

1909 wurden sämtliche Initiativen zur Säuglingsfürsorge in der ,Deutschen Vereinigung für Säuglingsschutz' zusammengefaßt, die unter dem Protektorat der Kaiserin in Berlin gegründet worden war. Noch im selben Jahr entstand in Hamburg eine der ersten Landeszentralen, der sich alle in der Stadt bestehenden Säuglingsfürsorgeeinrichtungen anschlossen.[239] Die ,Landeszentrale Hamburg der Deutschen Vereinigung für Säuglings- und Kleinkinderschutz e.V.' war bis zum Ende der Weimarer Republik Trägerin der systematischen offenen Fürsorge für alle ehelich geborenen Säuglinge; ihre Tätigkeit unterstand der Aufsicht der Gesundheitsbehörde und wurde seit 1911 durch Staatszuschüsse subventioniert. Bis 1911 gelang es der Landeszentrale, in allen Hamburger Stadtteilen Säuglingsfürsorgestellen zu eröffnen, die in angemieteten Räumen von Behörden, Krankenhäusern, Schulen und Gemeindehäusern untergebracht waren. Dort hielten Kinderärzte auf Honorarbasis wöchentlich Beratungsstunden ab. Für den Außendienst wurden Kinderpflegerinnen als Säuglingsfürsorgerinnen angestellt.[240]

Die Fürsorgetätigkeit der Landeszentrale setzte gleich nach dem Wochenbett ein; jedes Neugeborene wurde ihr vom Standesamt gemeldet. Möglichst bald suchte die zuständige Fürsorgerin die junge Mutter in ihrer Wohnung auf und entschied, ob es notwendig sei, den Säugling in Fürsorge zu nehmen.[241] Ihr Ziel war es, die Mutter zum regelmäßigen Besuch der ärztlichen Beratungsstunde zu bewegen. Bis zum Ende seines ersten Lebensjahres sollte das Kind mindestens alle zwei Monate dem Fürsorgearzt vorgestellt werden. Nur wenn die Mutter die ärztliche Beratungsstunde nicht aufsuchte, machte die Fürsorgerin weitere Hausbesuche. Aufgabe des Fürsorgearztes war es, die körperliche Entwicklung des Kindes zu kontrollieren. Bei jedem Besuch in der Beratungsstunde untersuchte und wog er den Säugling und trug den Befund in das Gesundheitsbuch ein, das über jedes Kind geführt wurde. Zudem machte er die Mutter auf bestehende Gesundheitsschwächen aufmerksam und belehrte sie über deren Behandlung. Im

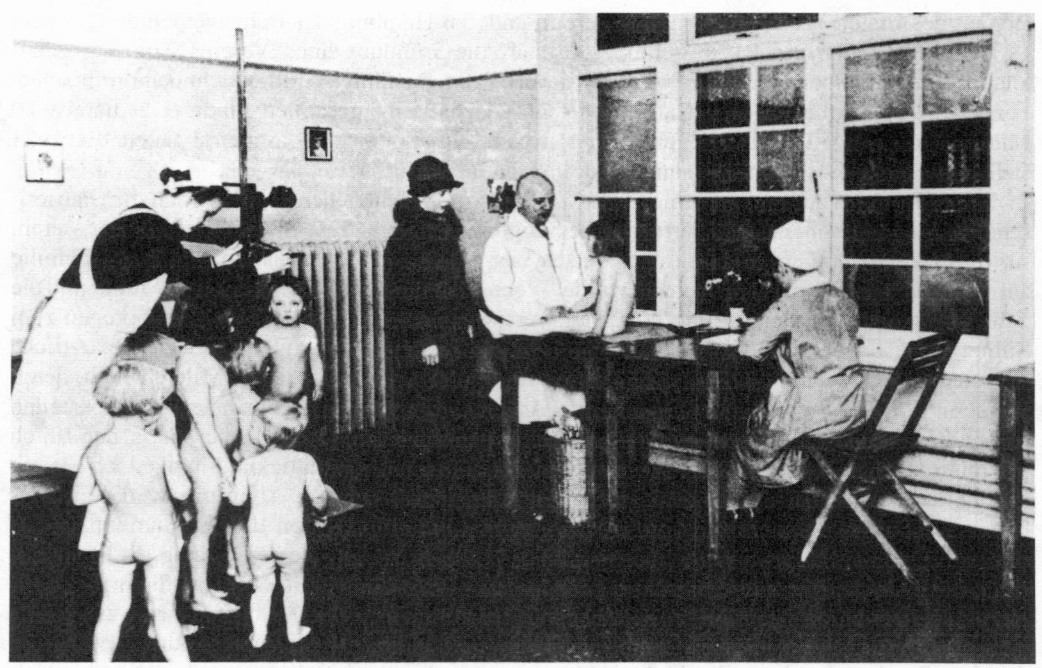

Beratungsstelle der Landeszentrale Hamburg der deutschen Vereinigung für Säuglings- und Kleinkinderschutz (Frauen-Spiegel der Hamburger Nachrichten, Nr. 15, 1930)

Mittelpunkt der ärztlichen Beratung stand die Ernährung des Kindes, die anhand einer Gewichtskurve genau überwacht wurde. Eine weiterreichende Behandlung durfte er nicht durchführen. Die Mutter eines kranken Kindes mußte von ihm an den nächsten Kinderarzt überwiesen werden.[242]

Bereits drei Jahre nach der Gründung der Landeszentrale Hamburg erfaßte die Säuglingsfürsorge durch die Hausbesuche der Fürsorgerinnen 91 % der gemeldeten Neugeborenen; in den zwanziger Jahren lag diese Quote nur geringfügig höher. Doch der Besuch der ärztlichen Sprechstunde war in der Vorkriegszeit noch gering. Nicht mehr als 10 % der aufgesuchten Mütter stellten ihr Kind regelmäßig dem Fürsorgearzt vor.[243] Dies änderte sich erst nach Kriegsbeginn. Im Dezember 1914 waren durch eine Bundesratsverordnung mit der Kriegswochenhilfe auch Stillprämien eingeführt worden. Die „Stillkontrolle" übertrugen die meisten Betriebs- und Ortskrankenkassen der Hansestadt der Landeszentrale. Einer Mutter, die die „Stillprämie" erhalten wollte, wurde nahegelegt mit ihrem Säugling die ärztliche Beratungsstunde aufzusuchen.[244] Die Folge waren ständig steigende Besuchszahlen; mehr als die Hälfte aller Mütter stellte ihren Säugling Ende des Krieges dem Fürsorgearzt vor. Neben der ungünstigen Ernährungslage, die die Mütter mangels Alternativen zum Stillen zwang, hatten möglicherweise auch die „Stillprämien" deren Stillbereitschaft gefördert. Zudem stieg während des Krieges der Anteil der stillenden Mütter deutlich an: In der Vorkriegszeit lag er bei 75 %, bei Kriegsende hingegen bei 96 %.[245]

Angesichts der Bevölkerungsverluste schenkte die Öffentlichkeit dem Kampf gegen die Säuglings- und Kleinkindersterblichkeit in den Kriegsjahren vermehrte Aufmerksamkeit[246]. Um die Lücke zwischen der Säuglingsfürsorge und dem seit 1907 in Hamburg arbeitenden schulärztlichen Dienst auszufüllen dehnte die Landeszentrale 1917 ihre Gesundheitsfürsorge auf Kleinkinder aus. Die Arbeitsweise der Kleinkinderfürsorge entsprach weitgehend der der Säuglingsfürsorge. Betreut wurden ausschließlich fürsorgebedürftige Kinder aus minderbemittelten Familien.[247]

Langfristiges Ziel der Landeszentrale war eine umfassende gesundheitliche und wirtschaftliche „Familienfürsorge", in deren Mittelpunkt Mutter und Kind stehen sollten. Dieses Ziel entsprach einer allgemeinen Tendenz: Im Verlauf der zwanziger Jahre trat allerorts eine umfassende „Familienfürsorge" an die Stelle einer „Spezialfürsorge" durch die einzelnen Hilfszweige. Dadurch sollte eine möglichst effektive und optimale Betreuung fürsorgebedürftiger Familien erreicht werden.[248] Erster Schritt zur Einführung einer Familienfürsorge war in Hamburg die Zusammenarbeit von Landeszentrale und Wohlfahrtsabteilung des Arbeitsamtes, für die die Fürsorgerinnen der Landeszentrale seit der Einrichtung des Arbeitsamtes im Jahr 1918 tätig waren. Als diese im November 1921 im neu eingerichteten Wohlfahrtsamt aufging, hielt dessen Leitung aufgrund der positiven Erfahrungen am Prinzip der Familienfürsorge fest.[249]

Durch die Kooperation mit dem Wohlfahrtsamt stieg die Zahl der Fürsorgerinnen, die auf dem Gebiet des Säuglings- und Kleinkinderschutzes tätig werden konnten, erheblich an: 1917 arbeiteten zehn Säuglings- und zehn Kleinkinderfürsorgerinnen für die Landeszentrale, 1927 waren 108 Fürsorgerinnen für Landeszentrale und Wohlfahrtsamt gegen Bezahlung tätig.[250] Die gestiegene Fürsorgerinnenzahl ermöglichte es der Landeszentrale, die Fürsorgetätigkeit weiter auszubauen. Vor allem die Einzelbetreuung von Mutter und Kind wurde intensiviert: In der Vorkriegszeit waren nach dem ersten obligatorischen Hausbesuch nicht mehr als durchschnittlich 1,8 Nachbesuche pro Säugling möglich gewesen, bis Mitte der zwanziger Jahre stieg die Zahl der Nachbesuche auf durchschnittlich 10,8 im ersten Lebensjahr an.[251] Solange die Mutter stillte, waren die Fürsorgerinnen zu Hausbesuchen verpflichtet. Ihnen oblag die Stillkontrolle, die nach dem Gesetz über Wochenhilfe und Wochenfürsorge von 1919 Voraussetzung für die Zahlung des Stillgeldes war.[252] Bei ihren Hausbesuchen kontrollierten die Fürsorgerinnen nicht nur Säuglingsernährung und –pflege, sondern auch Hygiene und Reinlichkeit der Wohnung sowie Haushaltsführung[253]. Sie drangen darauf, daß die Mütter mit ihren Säuglingen regelmäßig die ärztlichen Beratungsstunden aufsuchten. Als materiellen Anreiz für deren Besuch bot die Landeszentrale nach Kriegsende folgende Hilfen: Bedürftige Mütter konnten Bett- und Leibwäsche erhalten, stillende Mütter bekamen Zusatznahrungs- und Stärkungsmittel, Kleinkinder wurden für die Quäkerspeisung vorgeschlagen und zu Erholungskuren vermittelt.[254]

Der Erfolg der Bemühungen blieb nicht aus, immer mehr Mütter suchten die ärztlichen Beratungsstunden auf: 1919 stellten erst 55 % aller Mütter ihr Kind dem Fürsorgearzt vor, 1925 waren es 67 % und 1933 bereits 89 %. Die Frauen kamen durchschnittlich fünf- bis sechsmal.[255] Die Landeszentrale führte den steigenden Besuch der ärztlichen Beratungsstunden nicht zuletzt darauf zurück, daß die enge Verbindung zum Wohlfahrtsamt die „Autorität der Fürsorgerinnen gegenüber den Müttern in guter Weise gehoben" habe. Diese befolgten „in der Hoffnung auf wirtschaftliche Hilfen auch die gesundheitlichen Ratschläge".[256] In der Wirtschaftskrise mußte die Landeszentrale die Außenfürsorge einschränken; die Zahl der Nachbesuche pro Säugling ging bis 1933 auf 4,9 zurück. Die Fürsorgerinnen wurden mit steigender Massenarbeitslosigkeit zunehmend in der wirtschaftlichen Fürsorge des Wohlfahrtsamtes eingesetzt.[257]

Mit Hilfe der öffentlichen Säuglingsfürsorge sollten die Mütter der unteren Volksschichten zu einem „rationalen" Umgang mit ihren neugeborenen Kindern erzogen werden. Der alte Glaube, daß jede Mutter von Natur aus ihr Kind richtig ernähren und pflegen könne, galt nicht mehr. Mutterschaft wurde zunehmend zu einem Beruf, der erlernt werden mußte.[258] Um die Ausbildung für den „Mutterberuf" bemühten sich neben der ‚Landeszentrale Hamburg der Deutschen Vereinigung für Säuglings- und Kleinkinderschutz' in den zwanziger Jahren auch andere öffentliche und private Institutionen und Organisationen der Hansestadt: Bereits in den Volksschulen wurden die zukünftigen Mütter im Rahmen des Haushaltungsunterrichts in der Säuglingspflege unterwiesen. In den Allgemeinen Mädchenberufsschulen waren Kindererziehung und -pflege ebenfalls Bestandteil des Unterrichts.[259] Das ‚staatliche Institut für Geburtshilfe' bot seit 1919 „Mütterschulkurse für werdende Mütter aller Stände" an. An sieben Abenden wurden die Teilnehmerinnen u.a. über Schwangerschaft und Wochenbett, körperliche und geistige Entwicklung des Säuglings sowie Ernährung und Pflege des gesunden und kranken Säuglings und Kleinkindes unterrichtet.[260] Der Andrang zu diesen Kursen war so groß, daß seit 1926 auch das ‚Hamburger Säuglingsheim e.V.' unentgeltlich „Mütterschulkurse" durchführte.[261] Ähnliche Kurse fanden in den zwanziger Jahren in vielen anderen Großstädten des Deutschen Reiches statt[262]. Werdende Mütter wurden zudem durch eine Vielzahl von Handbüchern und Ratgebern über eine „neuzeitliche" Säuglingsernährung und -pflege aufgeklärt[263]. Auch die SPD gab eine ganze Reihe einschlägiger Gesundheitsbücher für die Frauen heraus[264]. Selbst Frauen- und Familienzeitschriften sowie die Frauenbeilagen der Tageszeitungen belehrten die Mütter über dieses Thema.[265]

Im Mittelpunkt des Trommelfeuers der Belehrungen über eine „neuzeitliche" Säuglingsernährung und -pflege, das in den zwanziger Jahren auf die jungen Mütter niederging, standen drei Prinzipien: „Ruhe, Reinlichkeit und Regelmäßigkeit". Aufschluß über die offiziell angestrebten Standards, die die neue Müttergeneration beherrschen sollte, gibt das Merkblatt „Ratschläge zur Ernährung der Säuglinge" des Hamburger Medizinalkollegiums, das bis 1925 bei Geburtsmeldungen von den Standesbeamten ausgegeben wurde. Sein Inhalt war in Zusammenarbeit mit der Landeszentrale jeweils dem neuesten Stand der Kinderheilkunde angepaßt worden.[266] 1926 wurde es durch die Broschüre „Unser Kind und seine Pflege" abgelöst[267]. Das Merkblatt verpflichtete die Mutter zum Stillen des Neugeborenen. Keine Ernährungsart sei gesünder, „billiger und bequemer". Wenn die Mutter erwerbstätig sein müsse, solle sie den Säugling wenigstens vor und nach der Arbeitszeit stillen. Die detaillierten Ratschläge zum Stillen, die ihr gegeben wurden, brachen mit alten Traditionen. Das Kind sollte nun nicht mehr zu trinken bekommen, sooft es danach verlangte, sondern systematisch nach der Uhr ernährt werden. Alle drei bis vier Stunden und nicht öfter als fünf- bis sechsmal in 24 Stunden sollte der Säugling gestillt werden. Des Nachts müßten Mutter und Kind sechs bis acht Stunden Ruhe haben. „Nach wenigen Tagen" gewöhne sich „jedes Kind daran". Dem Säugling sollte jedesmal nur eine Brust gereicht werden, sonst werde es „faul im Trinken" und sauge die Brust nicht leer. Das schade der Milchbildung. Auf keinen Fall dürfe das Kind länger als nötig saugen. Auch die üblichen „Lutscher und Schnuller" wurden abgelehnt, sie verwöhnten das Kind und machten es krank. Das Merkblatt forderte von der Mutter „peinlichstes Sauberhalten des Kindes und seiner Umgebung" sowie „gute Lüftung des Zimmers". Der Säugling sollte so häufig wie möglich trockengelegt und täglich in warmem Wasser gebadet werden. Im Falle von Krankheiten sollte die Mutter sofort den Arzt rufen. Mit der künstlichen Ernährung dürfte sie nur auf ärztlichen Rat beginnen. Ausführlich beschrieb das Merkblatt, was sie dabei zu beachten hatte: Es informierte sie über die richtige Milchmischung und die dem Alter des Säuglings angemessene Milchmenge und gab Hinweise für eine hygienische Nahrungszubereitung.[268]

Im Zentrum des „rationalen" Umgangs mit dem Säugling stand die hygienische Behandlung des kindlichen Körpers. Das Ziel, eine gesunde Entwicklung, wurde von Ärzten und Säuglingsfürsorgerinnen an Gewicht und Wachstum festgemacht. Diese Indikatoren ließen sich messen und kontrollieren. Die emotionalen Bedürfnisse des Säuglings blieben unberücksichtigt.[269] Oberstes Ziel war ein geregelter Ernährungs-, Verdauungs- und Schlafrhythmus. Diese körperfunktionale Ausrichtung der Säuglingsfürsorge prägte entscheidend den Charakter des Kindes: Die Erziehung zu Anpassung und Unterordnung setzte nun bereits im Säuglingsalter ein. Das Kind sollte von Anfang an lernen, seine Bedürfnisse zu kontrollieren. Deshalb durfte der Körperkontakt zwischen Mutter und Kind nicht zu lustbetont sein, hatte das Stillen ausschließlich der Ernährung zu dienen. Deshalb auch wurde der Mutter empfohlen, mit der Reinlichkeitserziehung zu beginnen, sobald das Kind sitzen konnte[270]. Der kindliche „Eigensinn" müßte so früh wie möglich gebrochen werden, damit das Kind „nichts merkte", nicht rebellierte. Es sollte ohne eigenen Willen reibungslos funktionieren.[271] Dieses Ziel hatte die Mutter mit Konsequenz und Härte zu verfolgen. Ihrem schreienden Kind durfte sie nicht sofort die Brust geben, sondern mußte warten, bis die vorgeschriebene Stillzeit gekommen war. Solange sollte sie es schreien lassen, notfalls in einem entfernten Raum:

> „Es hat sich noch kein Kind tot oder krank geschrien."[272]
> „Sobald ihr's hochnehmt, wie es will, so hat's aus Eigensinn geschrien.
> Nun heißt es, doppelt es erziehn, ihm deutlich zu Bewußtsein bringen:
> Durch Schreien läßt sich nichts erzwingen!"[273]

Diese Erziehungsempfehlungen standen in der Tradition der sogenannten „Schwarzen Pädagogik"[274], deren Hauptziel es war, das Kind zu unbedingtem Gehorsam zu erziehen. Den Müttern wurde vor allem die versteckte Dressur als Erziehungsmittel nahegelegt: Liebesentzug und Manipulation mit dem Ziel der Abwehr und Unterdrückung der spontanen kindlichen Bedürfnisse und Gefühle. Die Folgen der „Schwarzen Pädagogik" sind schwerwiegend: Da der Erwachsene sich an diese Unterdrückung in seiner Kindheit später nicht mehr erinnert, ist er nicht in der Lage, ähnliche Manipulationen durch andere zu durchschauen, er ist aufgrund der Beschädigung seines eigenen Willens leicht zu beherrschen und infolge der Verdrängung seiner frühkindlichen Erlebnisse nur allzu bereit, seinen Kindern dieselbe Erziehung zukommen zu lassen.[275]

Den Empfehlungen zur „modernen Säuglingsernährung und -pflege" standen die meisten Arbeiterfrauen mit Skepsis gegenüber. Das vorgeschlagene Verhalten war ihnen fremd. Es widersprach ihrem menschlichen Gefühl, stellte höhere Anforderungen an ihre Arbeitskraft und ihre Nerven und kostete zudem mehr Geld. Vor allem Arbeitermütter, die bereits ein Kind zur Welt gebracht hatten, trugen vielfältige Einwände vor. Sie empfanden die Hausbesuche der Säuglingsfürsorgerin als lästige Kontrolle und sträubten sich, ihren arbeitsintensiven Ratschlägen Folge zu leisten.[276] Die neuen Anforderungen an ihr Pflegeverhalten verstärkten den psychischen Druck, der ohnehin auf ihnen lastete. Letztlich wurden sie für die hohe Säuglingssterblichkeit verantwortlich gemacht, obwohl sie die Lebensumstände der Kinder nur zu einem geringen Teil selbst bestimmen konnten. Die verbesserten Lebenschancen ihrer Kinder mußten die Arbeiterfrauen mit mehr Arbeit und größerem psychischen Streß erkaufen. Die Arbeitsentlastung, die sie durch Familienplanung und Geburtenkontrolle erreicht hatten, wurde durch die vermehrten Anforderungen an Kinderpflege und -erziehung aufgehoben. Die verstärkte soziale Kontrolle ihrer Familienarbeit beschränkte die Chancen einer größere Selbstbestimmung, die Familienplanung und Geburtenkontrolle versprachen. Der Widerstand gegen die „neumodischen" Vorschriften zu Säuglingsernährung und -pflege war so groß, daß aufwendige Propaganda allein nicht ausreichte, um sie an die Frau zu bringen. Materielle Anreize, strenge Kontrolle und institutioneller Druck waren nötig, um die Arbeiterfrauen zu einem „rationalen" Umgang mit den neugeborenen Kindern zu bewegen.

Am erfolgreichsten scheint die Erziehungskampagne für eine „neuzeitliche" Säuglingsernährung und -pflege bei jungen Frauen aus der bessersituierten Arbeiterschaft gewesen zu sein: Unerfahrene Mütter waren am leichtesten zur Einhaltung der Vorschriften zu bewegen. Sie befolgten die Ratschläge aus Sorge um Gesundheit und Wohlergehen des Kindes. Ehefrauen gelernter Arbeiter konnten eher die höheren Ausgaben aufbringen, die damit verbunden waren, als Frauen an- und ungelernter oder unselbständig beschäftigter Arbeiter. Zudem waren sie seltener als diese genötigt, schon bald nach der Geburt wieder erwerbstätig zu werden. Als „Nur"-Hausfrauen fanden sie eher Zeit, die arbeitsaufwendigen Pflegevorschriften zu befolgen. Sie bemühten sich insgesamt stärker um eine „zeitgemäße, gesunde und rationale" Lebensweise. Die Vorstellungen der „modernen" Säuglingsernährung und -pflege stießen bei ihnen deshalb auf die stärkste Resonanz. Auf die zunehmende Akzeptanz in der jungen Müttergeneration deuten nicht nur die Berichte der befragten Frauen aus dem sozialdemokratischen Milieu hin, sondern auch die steigenden Besucherzahlen in den ärztlichen Beratungsstunden der Landeszentrale. Da die Erfolgsaussichten bei dieser bessersituierten Frauengruppe am größten waren, konzentrierte sich die öffentliche Säuglingsfürsorge in Hamburg vermutlich auch stärker auf die bevölkerungsreichen Wohngebiete Eimsbüttel, Barmbek, Winterhude, Uhlenhorst, Hamm und Horn am Rande der Stadt, wo neben Familien von kleinen Angestellten und Beamten überwiegend Familien gelernter Arbeiter wohnten, als auf die Altstadtquartiere in der Stadtmitte, in denen viele ungelernte Arbeiter mit ihren Familien lebten.[277]

Frühsterblichkeit, Schwangerenfürsorge und Geburtshilfe

Anfang der dreißiger Jahre konnte die ‚Deutsche Vereinigung für Säuglings- und Kleinkinderschutz e.V.' eine erfolgreiche Bilanz ziehen: Innerhalb von drei Jahrzehnten war die Säuglingssterblichkeit im Reich um mehr als 50 % gesunken, besonders stark war sie bei den älteren Säuglingen zurückgegangen. Dies war nicht zuletzt eine Folge der Säuglingsfürsorge, mit deren Hilfe erreicht worden war, daß immer mehr Frauen die Standards der „modernen Säuglingsernährung und -pflege" übernahmen.[278] Nicht mehr „Ernährungsstörungen" waren die Haupttodesursache bei Säuglingen, sondern sogenannte „Lebensschwäche". Die Veränderung zeigt für den hamburgischen Staat folgende Übersicht[279]:

Todesursache	V.h. gestorbenen Säuglingen starben im Durchschnitt der Jahre an	
	1905–1908	1929–1931
Lebensschwäche	23,6	46,5
Krankheiten der Atmungsorgane (insb. Lungenentzündung)	14,5	17,7
Ernährungserkrankungen	37,0	9,2
Anderen Krankheiten	24,9	26,6

Mit der wachsenden Bedeutung der Todesursache „Lebensschwäche" nahm der Anteil der Frühsterblichkeit zu. Sie betraf sowohl die sogenannten „reifen Neugeborenen" als auch die „Frühgeborenen". Die Maßnahmen zur Bekämpfung der allgemeinen Säuglingssterblichkeit konnten gegen die Frühsterblichkeit nichts ausrichten. Die Zahl der Säuglinge, die in der ersten Lebenswoche starben, blieb nicht nur unvermindert hoch, sondern stieg in der Nachkriegszeit sogar noch leicht an. Die zunehmende Bedeutung der Frühsterblichkeit verdeutlicht für den hamburgischen Staat die folgende Übersicht[280]:

Alter	Von hundert gestorbenen Säuglingen wurden im Durchschnitt der Jahre ... alt			
	1900–1908		1929–1931	
	ehelich	nichtehelich	ehelich	nichtehelich
1 Tag	8,8	8,2	24,6	30,8
2–7 Tage	8,1	7,8	18,5	28,0
8–31 "	12,2	11,9	9,2	7,7
1–2 Monate	10,8	15,3	9,2	7,7
3–6 "	32,4	37,1	23,1	18,2
7–12 "	27,7	20,1	15,4	7,7

Lange Zeit hatten die Mediziner alles, was zur Frühsterblichkeit führte, als „Lebensschwäche" bezeichnet. Erst genauere Untersuchungen in den zwanziger Jahren brachten näheren Aufschluß über deren Ursachen. Sie ergaben, daß Hauptgrund das „Geburtstrauma" war, d.h. eine körperliche Schädigung des Kindes bei der natürlichen oder operativen Geburt. Schwierigkeiten bei der Entbindung traten vor allem bei sogenannten „späten Erstgeburten" auf, darunter verstanden die Ärzte Entbindungen von Frauen, die nach dem 25. Lebensjahr ihr erstes Kind zur Welt brachten. Da der Anteil der „späten Erstgeburten" an den Entbindungen als Folge von Familienplanung und Geburtenregelung zunahm, stieg auch die Zahl der komplizierten Geburten an. Dies hatte trotz der Fortschritte in der Geburtshilfe wesentlich dazu geführt, daß die Frühsterblichkeit nicht zurückgegangen war.[281] Erst an zweiter Stelle kam als Todesursache die „echte Lebensschwäche", an der insbesondere Frühgeborene starben[282]. Sie wurde von den Medizinern vorrangig auf die zunehmende Frauenarbeit in Industrie und Handel zurückgeführt. Vor allem übermäßige Fabrikarbeit schädigte nach ihrer Ansicht den Embryo schon während der Schwangerschaft.[283]

Angesichts des anhaltenden Geburtenrückgangs sahen Mediziner und Politiker in den Jahren der Weimarer Republik in der Frühsterblichkeit „das bedeutungsvollste Problem bei der Bekämpfung der Säuglingssterblichkeit"[284]. Die öffentlichen Erörterungen dieser Frage konzentrierten sich deshalb immer stärker auf sinnvolle Maßnahmen zu deren Reduzierung. Auch im „Reichsausschuß für Bevölkerungsfragen", einem Expertengremium aus Medizinern, Bevölkerungswissenschaftlern und Sozialpolitikern, das vom Reichsministerium des Inneren und vom Reichsgesundheitsamt im Januar 1930 konstituiert worden war, stand der Kampf gegen die Säuglingsfrühsterblichkeit im Mittelpunkt der Diskussionen. Die Vorschläge, die hierzu von diesem Gremium entwickelt wurden, waren richtungsweisend. Es plädierte u.a. für

- eine Verbesserung von Wochenhilfe und Wochenfürsorge,
- einen erweiterten und effektiveren Arbeitsschutz für alle erwerbstätigen Schwangeren und Wöchnerinnen,
- einen Ausbau der offenen Schwangerenfürsorge für verheiratete Frauen,
- eine Verbesserung der Geburtshilfe und eine Förderung der Anstaltsentbindungen,
- sowie einen Ausbau der geschlossenen Frühgeborenenfürsorge.[285]

Bei seinen Vorschlägen stützte sich der Reichsausschuß auf praktische Erfahrungen in Ländern und Kommunen, die insbesondere auf dem Gebiet der Schwangerenfürsorge und der Geburtshilfe vorlagen. Zu den Ländern des Deutschen Reiches, in denen beide Fürsorgegebiete relativ weit entwickelt waren, gehörte der Stadtstaat Hamburg.[286]

In der Hansestadt hatte die Diskussion über eine Erweiterung der Fürsorge für Schwangere und Wöchnerinnen sowie eine Verbesserung der Geburtshilfe bereits Ende des Ersten Weltkrieges eingesetzt[287]. Angeregt worden war sie von der ‚Landeszentrale Hamburg der Deutschen Vereinigung für Säuglings- und Kleinkinderschutz', die vor allem die Einführung einer unentgeltlichen Schwangerenfürsorge für alle bedürftigen Wöchnerinnen forderte[288]. Gegen diesen Vorschlag sperrte sich primär aus ökonomischen Motiven vehement die Hamburger Ortsgruppe des ‚Verbandes der Ärzte Deutschlands zur Wahrung ihrer wirtschaftlichen Interessen' (Hartmannbund)[289]. Die staatlichen Instanzen gaben den ärztlichen Standesinteressen nach und betrieben zunächst lediglich die Einführung einer Fürsorge für ledige Schwangere[290]. Erst seit Mitte der zwanziger Jahre, als deutlich wurde, daß die Frühsterblichkeit sich zu *dem* Hauptproblem bei der Bekämpfung der Säuglingssterblichkeit entwickelte, wandelte sich die Haltung der Hamburger Ortsgruppe des ‚Hartmannbundes', deren Vorstand nun selbst die Einführung einer Schwangerenfürsorge für minderbemittelte, verheiratete Mütter betrieb, mit Erfolg: In Zusammenarbeit mit Gesundheitsbehörde und Krankenkassen gelang im August 1928 die Eröffnung von sieben Schwangerenberatungsstellen in den Stadtteilen St. Georg, St. Pauli, Eimsbüttel, Eppendorf, Barmbek, Hamm und Billwärder-Ausschlag, die in den Räumen der dortigen Säuglingsberatungsstellen untergebracht waren.[291] Einmal wöchentlich bot dort ein Arzt, unterstützt von einer Hebamme und einer Säuglingsfürsorgerin, unentgeltliche Beratung an. Die Schwangere konnte sich ärztlich untersuchen lassen, wurde mit den wichtigsten Gesetzesbestimmungen und Verordnungen für Schwangere und Wöchnerinnen bekanntgemacht und über Hilfsmöglichkeiten anderer Fürsorgestellen, Wohlfahrtseinrichtungen und Behörden unterrichtet; zudem wurden Zeit und Ort der Entbindung mit ihr besprochen. Bei Erkrankungen wurde sie zur Behandlung an einen praktischen Arzt oder Facharzt überwiesen.[292]

Die Schwangerenberatungsstellen arbeiteten eng mit den Säuglingsberatungsstellen und dem Gewerbeaufsichtsamt zusammen. Wo es nötig schien, machte die Fürsorgerin der zuständigen Säuglingsberatungsstelle bereits während der Schwangerschaft einen Hausbesuch, um Wohnungs- und Lebensverhältnisse der werdenden Mutter zu ermitteln und frühzeitig Hilfsmaßnahmen ergreifen zu können. Erwerbstätige Schwangere wurden seit Oktober 1928 grundsätzlich von den Fürsorgerinnen aufgesucht. Alle beim Gewerbeaufsichtsamt von Jugendbehörde, Gesundheitsbehörde und Krankenkassen eingehenden Meldungen über schwangere Arbeitnehmerinnen wurden zu diesem Zweck an die Schwangerenberatungsstellen weitergeleitet.[293] Bei ihren Hausbesuchen drangen die Fürsorgerinnen darauf, daß die werdenden Mütter die „Grundregeln der Hygiene in den Schwangerschaftsmonaten" beachteten: Sie sollten körperliche Anstrengungen vermeiden und sich soweit wie möglich schonen, ihre sportliche Betätigung auf Spaziergänge in der frischen Luft und leichte gymnastische Übungen beschränken, für „peinlichste Reinlichkeit" sorgen und eine „regelmäßige und vernünftige Körperpflege" betreiben, Kleidung und Schuhwerk ihrer „veränderten Körperbeschaffenheit" anpassen und bei der Ernährung „schwer verdauliche, gewürzte oder stark blähende Speisen" und „stark erhitzende Getränke (schwere Alkoholika, starker Kaffee)" vermeiden sowie sich vor einer „Überfüllung des Magens" hüten.[294] Mit ihren Ratschlägen stießen die Fürsorgerinnen nicht selten auf Befremdung: Wie sollte eine erwerbstätige Schwangere sich schonen? Woher die Zeit für Spaziergänge und eine intensive Körperpflege nehmen? Wie das Geld für passende Bekleidung und bessere Ernährung aufbringen? Manche erwerbstätige Schwangere hat den Hausbesuch der Fürsorgerin vermutlich als kontrollierende Einmischung in ihre „Privatangelegenheiten" empfunden.

Die Inanspruchnahme der Schwangerenberatungsstellen entsprach nicht den Erwartungen der Betreiber. Da der Besuch freiwillig war und nur beraten, nicht behandelt werden durfte, hielten ihn viele Arbeiterfrauen für „überflüssig". Sie wandten sich angesichts ihrer knappen Zeit lieber gleich an ihre Hebamme oder ihren Arzt. Da die Kompetenzen der Schwangerenberatungsstellen bis zum Ende der Weimarer Republik nicht erweitert wurden, blieb der Besuch schwach. Die Schwangerenfürsorge erreichte in Hamburg vorrangig die sogenannten „Problemgruppen" der erwerbstätigen und der ledigen Schwangeren.[295]

Erfolgreicher waren in der Hansestadt die Bemühungen um eine Verbesserung der Geburtshilfe, d.h. insbesondere um die Förderung der Klinikentbindungen: Anfang der dreißiger Jahre brachten 63 % aller schwangeren Frauen ihr Kind in einem Krankenhaus zur Welt.[296] Damit wies Hamburg nach Bremen im Deutschen Reich die höchste Quote von Klinikentbindungen auf. Im Reichsdurchschnitt fanden zu diesem Zeitpunkt nur knapp 27 % aller Geburten in einem Krankenhaus statt.[297] 1930 gab es in der Stadt Hamburg fünf staatliche und 14 private Krankenhäuser mit Entbindungsabteilungen. 69 % der Klinikentbindungen fanden in einem staatlichen Krankenhaus statt.[298] Aufschluß über die Zunahme der Klinikentbindungen im hamburgischen Staat seit der Vorkriegszeit gibt folgende Übersicht[299] :

Jahr	Klinikentbindungen		Von hundert Geborenen kamen in einer Klinik zur Welt		
	insgesamt	V.h. waren nichtehelich	insgesamt	ehelich	nichtehelich
1901–10	1226	69,9	4,7	1,8	27,9
1910	1723	59,5	7,2	3,4	30,4
1914	3180	46,8	13,4	8,3	43,3
1916–18	2666	31,3	22,2	16,9	46,9
1919	3797	22,7	22,6	19,7	46,2
1925	7616	18,5	43,2	40,0	67,1
1933	8937	11,0	62,5	62,0	66,6

In der Vorkriegszeit hatten nur ledige oder arme Frauen ihr Kind in einer „Entbindungsanstalt" zur Welt gebracht. Bessersituierte Frauen nahmen die Möglichkeit einer „Anstaltsentbindung" lediglich in Anspruch, wenn sie mit Geburtskomplikationen rechnen mußten.[300] Allgemein scheinen Frauen eine Hausgeburt vorgezogen zu haben, weil ihnen dabei die vertraute Hebamme helfen konnte. Mutter, Schwester, Freundin oder Nachbarin hatten die Möglichkeit, ihnen in den schweren Stunden der Entbindung zur Seite zu stehen. In der Regel suchte die Schwangere ihre Hebamme bereits vor der Geburt auf. Diese stellte den Entbindungstermin fest und traf Anweisungen für die häusliche Geburtsvorbereitung: Die Schwangere hatte rechtzeitig „für eine zweckmäßige Zurichtung der Umgebung" Sorge zu tragen. Das Bett sollte so aufgestellt werden, daß man von allen Seiten bequem heran konnte. Das Lager mußte von „peinlicher Reinlichkeit" sein. Empfohlen wurde eine „feste Matratze" als Unterlage, die mit einem wasserdichten Gummituch belegt und von einem reinen Leinenlaken bedeckt sein sollte. Heißes Wasser war reichlich bereitzustellen, da es zur Reinigung in großen Mengen gebraucht wurde. Unbedingt mußten auch mindestens zwei Waschschüsseln, eine Bettschüssel und eine Anzahl reiner Handtücher zur Verfügung stehen.[301]

In den Notjahren der Kriegs- und Nachkriegszeit waren immer weniger Schwangere in der Lage, die notwendigen Vorbereitungen für die Hausgeburt zu treffen. Die Klinikentbindung bot in dieser Situation eine Alternative, die insbesondere von Arbeiterfrauen zunehmend wahrgenommen wurde. Sie hofften, während des zehntägigen Wochenbetts im Krankenhaus eine bessere Pflege sowie mehr Ruhe und Erholung zu finden[302]. Gefördert wurde diese Entwicklung durch die veränderte öffentliche Einstellung zur Klinikentbindung. Insbesondere Arbeiterfrauen wurde in den zwanziger Jahren eine „Anstaltsentbindung" empfohlen.[303] Charakteristisch ist folgende Argumentation der sozialdemokratischen Funktionärin *Grete Wöhrmann*, die sich 1930 im ‚Hamburger Echo' mit der Frage „Anstalts- oder Hausentbindung?" auseinandersetzte:

> „Unsere Ärztegenossen weisen immer wieder darauf hin, wie wünschenswert es gerade für die Arbeiterfrau sei, wenn jede schwangere Frau bei ihrer Entbindung eine Anstalt aufsuchen würde. Nur dann ist die Gewähr dafür gegeben, daß die neusten technischen Errungenschaften im Bedarfsfalle in Anwendung kommen können. Vor allem können auch Infektionen, die das Leben einer Wöchnerin stark gefährden, durch die hygienisch und technisch einwandfreien Anstalten vermieden werden. Wie wohl es tut, bei der schweren Stunde der Entbindung in fachmännischer, sicherer Obhut zu sein, kann jede Frau bestätigen, die in einer Anstalt ihre Niederkunft erwartete. Wie viele Menschenleben wurden schon in den Anstalten gerettet, weil bei eintretenden Komplikationen alle Hilfsmittel sofort zur Verfügung stehen, was bei der Hausentbindung meistens nicht der Fall ist. Wenn auch das Gefühlsmäßige vieler sich verständlicherweise für Hausentbindung entschließt, sollte doch aus vorerwähnten Gründen Anstaltsentbindung vorgezogen werden."[304]

Vor allem Ärzte plädierten für die Klinikentbindung, weil sie hofften, durch eine bessere medizinische Betreuung der Geburt im Falle von Komplikationen das Sterberisiko von Mutter und Kind verringern zu können. Die Mehrzahl aller Geburten verlief zwar komplikationslos, doch wenn es zu Komplikationen kam, war schnelle ärztliche Hilfe nötig. Daran haperte es bei Hausgeburten: In der Regel betreute die Hebamme die Entbindung allein. Wenn Geburtskomplikationen auftraten, mit denen diese nicht fertig wurde, mußte der Arzt erst gerufen werden und traf häufig zu spät ein. Zudem waren die Bedingungen, unter denen dieser bei einer Hausgeburt die notwendige „geburtshilfliche Operation" vornehmen mußte, extrem ungünstig. Häufig waren nicht einmal die hygienischen Grundvoraussetzungen gegeben. Das Risiko, an einer Geburtskomplikation zu sterben, war so für Mutter und Kind bei einer Hausentbindung sehr viel höher als bei einer Klinikentbindung. Dies war für Arbeiterfrauen ein weiteres Argument für die „Anstaltsentbindung".

Bei 6 bis 8 % aller Entbindungen war in den zwanziger Jahren in Hamburg eine „geburtshilfliche Operation" notwendig. Die verbreitetsten „Geburtskomplikationen", die einen solchen Eingriff erforderten, waren anormale Kindslage und zu enges Becken der Mutter. Seltener und gefährlicher waren „Placenta praevia", eine zum Gebärmuttermund vorverlagerte Placenta, deren Folge starke Blutungen bei der Geburt waren, und „Eklampsie", krampfartige „Schwangerschaftsanfälle".[305] Aufschluß über Art und Folgen „geburtshilflicher Operationen" bei den Entbindungen im hamburgischen Staat gibt folgende Übersicht[306]:

Jahr	1901	1910	1919	1925	1933
Von 100 Geburten kam es zu geburtshilflichen Operationen	5,5	6,4	5,8	7,7	5,8
Von 100 geburtshilflichen Operationen waren:					
Zangenentbindung	49,2	52,5	56,9	43,1	47,1
Wendung	23,5	16,9	14,7	9,9	6,2
Extraktion	22,6	26,2	22,7	32,3	14,9
Zerstückelung	3,0	1,9	2,0	3,6	5,2
Künstliche Frühgeburt	1,3	1,1	0,5	0,2	0,6
Kaiserschnitt	0,4	2,6	3,3	10,8	27,7
Bei hundert Geburtskomplikationen starben:					
von den Kindern	18,1	17,2	13,9	15,7	16,2
von den Müttern	4,0	4,0	1,3	1,6	a)

a) Für 1933 liegen keine Angaben vor.

Der häufigste operative Eingriff bei der Geburt war und blieb in den ersten drei Jahrzehnten dieses Jahrhunderts die „Zangenentbindung", die angewandt wurde, wenn aufgrund der Komplikationen eine sehr schnelle Entbindung notwendig war oder eine langwierige Geburt rasch beendet werden mußte. Verbreitet waren auch die „Wendung" des Kindes im Mutterleib, die vor allem bei anormaler Kindslage versucht wurde, sowie die „Extraktion". Bei diesen „geburtshilflichen Operationen" war das Sterberisiko der Mutter dank der Fortschritte in der Geburtshilfe bereits in der Vorkriegszeit relativ gering. Sehr viel gefährdeter war das Kind, das relativ häufig während oder kurz nach der Geburt verstarb. Erst der Kaiserschnitt, der an die Stelle von „Extraktion" und „Wendung" trat und sich mit der verbesserten operativen Technik mehr und mehr durchsetzte, brachte hier eine Änderung. Das Sterberisiko bei einem Kaiserschnitt war für Mutter und Kind Anfang der dreißiger Jahre nur noch relativ gering: 1 % der Mütter und 4 % der Kinder starben an den Folgen des Eingriffs, dessen Verbreitung den Trend zur Klinikentbindung förderte.[307]

Die Fortschritte auf dem Gebiet der Schwangerenfürsorge und der Geburtshilfe, die in der

Zwischenkriegszeit erreicht wurden, verminderten bedeutend das Risiko für Gesundheit und Leben, das noch Ende des 19. Jahrhunderts mit jeder Geburt verbunden gewesen war. Frauen brauchten weniger Angst vor einer Entbindung zu haben. Zugleich war diese Entwicklung mit einer wachsenden Kontrolle der Ärzte über den weiblichen Körper verbunden. Der Einfluß von Frauen wurde in der Geburtshilfe durch die Verbreitung der Klinikentbindung gänzlich zurückgedrängt. Dies bekamen am deutlichsten die Hebammen zu spüren, deren Berufssituation sich innerhalb weniger Jahrzehnte drastisch verschlechterte[308].

* * *

Der Ausbau der Säuglings- und Kleinkinderfürsorge wie der Schwangerenfürsorge und die Verbreitung der Klinikentbindung waren Teil einer „Rationalisierung des Alltags", in deren Mittelpunkt die Reproduktionsarbeit der Frau stand. Hauptzielgruppe dieser durch die öffentliche und private Fürsorge intensiv geförderten Entwicklung waren die Arbeiterfrauen.[309] Ihre alltägliche Familienarbeit sollte ebenso wie die Hausarbeit „rationalisiert" werden: Gefordert wurden mehr Disziplin, Regelmäßigkeit, Vorsorge und Effizienz. Hauptträger der „fürsorglichen Belagerung"[310] der Arbeiterfrauen waren bürgerliche Ärzte und Fürsorgerinnen. Ihrem Berufsinteresse entsprachen Expansion und Professionalisierung von Medizin und Fürsorge[311]. Doch auch die sozialdemokratische Arbeiterbewegung unterstützte diese Entwicklung. Der Ausbau der Fürsorge für Mutter und Kind war zentraler Bestandteil der familienorientierten Sozialpolitik, die von der SPD in Reich, Ländern und Gemeinden zu verwirklichen versucht wurde.[312]

Die Wirkung der „Rationalisierung des Alltags" war für Frauen und Kinder der Arbeiterschaft ambivalent. Zwar stiegen die Lebenschancen des einzelnen Kindes durch Geburtenbeschränkung und „hygienische Zivilisierung" der Mütter. Doch zugleich setzte die Erziehung zu Anpassung und Unterordnung mit der „modernen Säuglingspflege" nun auch im Arbeitermilieu gleich nach der Geburt ein. Für die Frauen verminderte der Medikalisierungsprozeß einerseits erheblich das gesundheitliche Risiko von Schwangerschaft und Geburt. Andererseits verstärkte er die soziale Kontrolle ihrer Familienarbeit. Die Anforderungen an deren Intensität stiegen, wodurch der individuelle und gesellschaftliche Handlungsspielraum wieder eingeschränkt wurde, den sie durch Familienplanung und Geburtenkontrolle gewannen. In letzter Konsequenz verstärkte die „Rationalisierung" der privaten Alltagsarbeit die Anbindung der Arbeiterfrauen an Haushalt und Familie, da sie die geschlechtsspezifische Arbeitsteilung in der Arbeiterfamilie mittels ‚Modernisierung' stabilisierte.

2.2 „Rationalisierung der Fortpflanzung“

Das Sinken der Geburtenziffern bei konstanten Heiratsziffern und steigendem Lebensstandard war ein Phänomen, das Wissenschaft und Politik seit dem Ende des 19. Jahrhunderts in zunehmendem Maße beschäftigte. In der zeitgenössischen Öffentlichkeit setzte eine intensive Diskussion über Ursachen und Folgen dieser neuen Erscheinung ein, die mit dem Schlagwort „Rationalisierung der Fortpflanzung“ gekennzeichnet wurde.[1] Diesen Begriff hatten in der Vorkriegszeit unabhängig voneinander der sozialdemokratische Sozialhygieniker *Alfred Grotjahn* und der bürgerliche Nationalökonom *Julius Wolf* geprägt[2]. Grotjahn kennzeichnete mit ihm sein bevölkerungspolitisches Ziel, die Verbindung von „quantitativer“ und „qualitativer“ Geburtenpolitik, deren Voraussetzung ihm die Ablösung des „naiven Gebärtypus“ durch den „rationalen Fortpflanzungstypus“ zu sein schien[3]. Wolf benutzte diesen Begriff deskriptiv zur Erklärung des Geburtenrückgangs, der seiner Ansicht nach überwiegend wirtschaftlich motiviert war und mit einer Änderung der Sexualmoral einherginge[4].

Die zeitgenössischen Anschauungen über die Bewertung des Geburtenrückgangs gingen weit auseinander. Am heftigsten verurteilten ihn nationalistische und christlich-konservative Kreise des Bürgertums. Sie werteten die sinkenden Geburtenziffern als Symptom machtpolitischen und wirtschaftlichen Verfalls des deutschen Nationalstaats sowie als Ausdruck des religiös-sittlichen Niedergangs des deutschen Volkes.[5] Den Kampf gegen die Geburtenbeschränkung betrachteten sie als „Lebensfrage der deutschen Nation“[6]. Bevölkerungspolitisches Ziel des Staates mußte ihrer Ansicht nach eine „quantitative“ Geburtenpolitik sein, die mit einem Ausbau der staatlichen Reglementierung der Geburtenkontrolle durchgesetzt werden sollte. Das Verbot der Abtreibung durch die §§ 218 bis 220 des Strafgesetzbuches des Deutschen Reiches von 1871 genügte ihnen nicht:

> „§ 218. Eine Schwangere, welche ihre Frucht vorsätzlich abtreibt oder im Mutterleibe tödtet, wird mit Zuchthaus bis zu fünf Jahren bestraft.
>
> Sind mildernde Umstände vorhanden, so tritt Gefängnisstrafe nicht unter sechs Monaten ein.
>
> Dieselben Strafvorschriften finden auf denjenigen Anwendung, welcher mit Einwilligung der Schwangeren die Mittel zu der Abtreibung oder Tödtung bei ihr angewendet oder ihr beigebracht hat.
>
> § 219. Mit Zuchthaus bis zu zehn Jahren wird bestraft, wer einer Schwangeren, welche ihre Frucht abgetrieben oder getödtet hat, gegen Entgelt die Mittel hierzu verschafft, bei ihr angewendet oder ihr beigebracht hat.
>
> § 220. Wer die Leibesfrucht einer Schwangeren ohne deren Wissen oder Willen vorsätzlich abtreibt oder tödtet, wird mit Zuchthaus nicht unter zwei Jahren bestraft.
>
> Ist durch die Handlung der Tod der Schwangeren verursacht worden, so tritt Zuchthausstrafe nicht unter zehn Jahren oder lebenslängliche Zuchthausstrafe ein.“[7]

Auch den sogenannten „Unzuchtsparagraphen“ des Strafgesetzbuches, der im Juni 1900 novelliert worden war, hielten sie für unzureichend. Der § 184, Abs.3 stellte die Ankündigung, Anpreisung oder Ausstellung von „Gegenständen, die zu unzüchtigem Gebrauche bestimmt“ waren, unter Strafe.[8] Damit wurde der Zugang zu Verhütungsmittel erheblich erschwert, denn gemäß einem Urteil des Reichsgerichtes vom September 1901 zählten auch Antikonzeptiva zu diesen Gegenständen, weil nicht garantiert war, daß Mittel zur Empfängnisverhütung nur beim „züchtigen“ ehelichen Verkehr Verwendung fanden, sie vielmehr auch beim „unzüchtigen“ außerehelichen Verkehr angewandt werden konnten. Bis 1911 dehnte das Reichsgericht in Urteilen das Ankündigungsverbot sogar auf den Versand von Katalogen und Prospekten über „hygienische Bedarfsartikel“ aus, unter denen empfängnisverhütende Mittel vermutet wurden. Dieses Verbot galt auch dann, wenn die Empfänger verheiratet waren oder das Werbematerial ausdrücklich angefordert hatten. Selbst Anzeigen in medizinischen Zeitschriften wurden verboten.[9]

Konservative und klerikale Kreise forderten von der kaiserlichen Regierung das generelle Verbot von Verhütungsmitteln. Im Februar 1914 brachte das Zentrum im Reichstag einen entsprechenden ‚Gesetzentwurf betr. Mittel zur Verhinderung von Geburten' ein, der von der Fortschrittlichen Volkspartei, den Konservativen und den Nationalliberalen unterstützt wurde. Der Antrag blieb ohne gesetzgeberische Konsequenzen. Der Bevölkerungsrückgang im Ersten Weltkrieg veranlaßte die Reichsregierung, die Arbeit an der bevölkerungspolitischen Gesetzgebung zu intensivieren. Im November 1917 legte sie dem Bundesrat neben dem Entwurf eines ‚Gesetzes zur Bekämpfung der Geschlechtskrankheiten' und einer dazu gehörenden ‚Bekanntmachung betr. die Vorschriften zur Überwachung der gewerbsmäßigen Unzucht' auch den Entwurf eines ‚Gesetzes betr. den Verkehr mit Mitteln zur Verhinderung der Geburten' vor. Ihre Initiative begründete die Regierung mit dem „verhängnisvollen Einfluß" des Geburtenrückgangs auf die „wirtschaftliche und politische Zukunft des deutschen Volkes", der durch die Abwesenheit der Männer im Felde und durch die Kriegsverluste noch verstärkt werde.[10]

Der Entwurf des ‚Gesetzes betr. den Verkehr mit Mitteln zur Verhinderung der Geburten' nahm den Leitgedanken der Gesetzesinitiative von 1914 wieder auf und versuchte, den damals aufgekommenen Bedenken durch modifizierte Formulierungen gerecht zu werden. Der Gesetzentwurf gab dem Bundesrat die Möglichkeit, durch Verordnung die Herstellung, die Einfuhr und den Vertrieb von Verhütungs- und Abortivmitteln zu verbieten oder zu beschränken; bei Mitteln, die auch zur Verhütung von Geschlechtskrankheiten notwendig waren – dazu zählten insbesondere die Kondome –, war jedoch auf die Bedürfnisse des Gesundheitsschutzes Rücksicht zu nehmen. Die öffentliche Ankündigung, Anpreisung und Ausstellung von empfängnisverhütenden Mitteln sollte nach dem Entwurf generell strafbar sein; ausgenommen war nur die Werbung bei Ärzten, Apothekern und Händlern sowie in ärztlichen Fachzeitschriften. Bestraft werden sollte zudem das öffentliche Angebot von Diensten zu einer Abtreibung, egal ob dies in offener oder versteckter Form erfolgte. Die Verabschiedung dieses repressiven bevölkerungspolitischen Gesetzes verhinderte die Novemberrevolution.[11]

In der Weimarer Republik verschärfte sich angesichts des anhaltenden Geburtenrückgangs die Auseinandersetzung um bevölkerungspolitische Fragen. Konservative und klerikale Zeitgenossen werteten die zunehmende Verbreitung von Familienplanung und Geburtenkontrolle als „nationale Katastrophe". Sie konnten in der Trennung von Sexualität und Fortpflanzung nur einen Verfall von Sitte und Moral sehen, eine Auflösung aller Normen und Werte, die das Triebleben der Menschen bisher unter Kontrolle gehalten hatten. In den Mittelpunkt der bevölkerungspolitischen Diskussion rückte in den zwanziger Jahren mehr und mehr der illegale Schwangerschaftsabbruch, der zu einem Massenphänomen geworden war[12]. Da das Ziel nationalistischer und konservativ-klerikaler Kreise des Bürgertums nach wie vor eine „quantitative Bevölkerungspolitik" war, kämpften sie mit allen Mitteln für die Beibehaltung des Abtreibungsverbotes, dessen Aufhebung von immer breiteren Bevölkerungskreisen gefordert wurde. Die Front der Gegner einer Reform der Abtreibungsparagraphen reichte vom ‚Deutschen Ärztevereinsbund' (DÄVB), der mitgliederstärksten und einflußreichsten ärztlichen Standesorganisation, über den ‚Bund Deutscher Frauenvereine', die evangelische und die katholische Kirche bis zu den bürgerlichen Parteien, dem Zentrum und der NSDAP. Der DÄVB, dem Mitte der zwanziger Jahre rund 95 % der Ärzte angehörten, lehnte offiziell jede grundlegende Reform der Abtreibungsparagraphen ab. Lediglich zur Forderung nach einer medizinischen Indikation konnten sich die ärztlichen Standesvertreter durchringen. Entsprechende Leitsätze wurden 1925 auf dem 44. Deutschen Ärztetag in Leipzig angenommen[13]. In ihnen hieß es zur Begründung dieser Position:

„Eine Aufhebung der gesetzlichen Strafbestimmungen wäre ein verhängnisvoller Mißgriff. Hemmungslose Zunahme der Abtreibungen, weitere Verwilderung der Geschlechtssitten, Vermehrung der Geschlechtskrankheiten wären die unausbleiblichen Folgen.“[14]

Worin führende ärztliche Standesvertreter die Hauptursache der sogenannten „Abtreibungsseuche“ sahen, zeigt folgende Stellungnahme der Hamburger Ärztekammer aus dem Jahr 1927:

„Die meisten Aborte (sind) auf Leichtsinn und Leidensscheu der heutigen Frauen zurückzuführen ...; die Haltlosigkeit der heutigen Jugend, der Mangel an ernster Lebensanschauung und an Nachdenken über den Sinn des Lebens und das Fehlen jeder Verantwortlichkeit gegenüber Staat, Gesellschaft und dem keimenden Leben berechtigt wohl dazu, mehr in solchen Beweggründen die Ursache für die vielen künstlichen Aborte zu suchen als in der Qual und Not des Hungers. Wer der Abtreibungsseuche wirksam entgegentreten will, wird nur in der Stärkung der Tapferkeit unserer Frauen und des Sittlichkeitsgefühls unseres ganzen Volkes, die einmal kommen muß, wenn nicht das ganze Volk zugrunde gehen soll ..., ein Gegenmittel dagegen finden.“[15]

Die Führer der Ärzteschaft beschworen im Falle einer Freigabe der Abtreibung „den sicheren Ruin“ des deutschen Volkes[16].

Auch der ‚Bund Deutscher Frauenvereine‘ bekämpfte energisch die Freigabe der Abtreibung, trat aber für eine Reform der §§ 218 bis 220 ein. Auf der Dresdner Generalversammlung 1925 wurde mehrheitlich die Forderung nach der sozial-medizinischen Indikation beschlossen. Darüber hinaus setzte sich der BDF für eine Herabsetzung des Strafmaßes und die Abschaffung der Zuchthausstrafe ein.[17] Grundsätzlich betrachteten die Führerinnen des BDF die Abtreibung als einen „Schritt wider die Natur und wider den tiefsten Instinkt der Frau, der nicht verirrt werden“ dürfe, sondern „gestärkt werden“ müsse[18]. Bei einer Freigabe des Aborts befürchteten sie eine „Züchtung sexueller Verwilderung“[19] sowie eine Ausuferung des außerehelichen Geschlechtsverkehrs, die eine „Verrohung des sittlichen Bewußtseins“ nach sich ziehen und jede „Achtung vor der Frau“ zerstören würde[20]. Sie glaubten, daß „die Frauen in und außer der Ehe noch viel stärker sexuell ausgebeutet werden würden“ und schutzlos den Männern ausgeliefert seien, wenn die Folgen der „sexuellen Ausschweifungen“ jederzeit straflos durch eine Abtreibung beseitigt werden könnten[21].

Die evangelische Kirche plädierte ebenfalls für den Erhalt des Abtreibungsverbots, setzte sich jedoch für eine sozial-medizinische und eine ethische Indikation ein[22]. „Jede Vernichtung eines neuen, für die Ewigkeit bestimmten Lebens“ betrachtete sie als „eine Übertretung des Gebotes ‚Du sollst nicht töten‘ und ihre leichtfertige Vornahme (als) eine Sünde ...“. Sie forderte deshalb vom Staat, „auch künftig die Abtreibung als Vergehen oder Verbrechen strafrechtlich zu verfolgen“. Den sozialen Ursachen der Geburtenbeschränkung wollte sie mit der „Schaffung von privaten und öffentlichen Hilfsmöglichkeiten“ begegnen, um trotz der „wirtschaftlichen Verelendung“ breitester Volksschichten „die Zeugung und Aufzucht gesunden Nachwuchses zu ermöglichen“.[23]

Die Haltung der bürgerlichen Parteien war nicht einheitlich. Die DNVP sprach sich gegen jede Liberalisierung der Abtreibungsparagraphen aus. Sie betrachtete den Geburtenrückgang als eine ernsthafte „Bedrohung für die militärische, wirtschaftliche und kulturelle Zukunft des deutschen Volkes“. Die DVP befürwortete zumindest eine Strafmilderung, verwarf aber alle weiterreichenden Reformvorschläge. Die DDP setzte sich für eine medizinisch-soziale Indikation ein.[24]

Erbitterte Gegner jeglicher Liberalisierung des Abtreibungsrechts waren das Zentrum und die katholische Kirche. Papst Pius XI. gab im Dezember 1930 seine Enzyklika „Über die christliche Ehe ...“ heraus, in der er die katholischen Dogmen zu Ehe, Familie und Geburtenregelung programmatisch fixierte: Hauptzweck der „lebenslänglichen und unauflöslichen Ehe“ sei „das Segensgut der Nachkommenschaft“[25]. „Jeder Gebrauch der Ehe, bei dessen Vollzug der Akt durch die Willkür des Menschen seiner natürlichen Kraft zur Weckung neuen Lebens beraubt“ werde, verstoße „gegen das Gesetz Gottes und der Natur"[26]. Im Unterschied zur evangelischen lehnte die katholische Kirche außer Enthaltsamkeit und Rhythmusmethode also jede Form der Empfängnisverhütung ab[27]. Die Abtreibung war nach katholischem Dogma Mord. Die Enzyklika betonte, daß es „Sache der staatlichen Autorität" sei, „durch zweckmäßige Gesetze und Strafen das Leben Unschuldiger zu schützen; und zwar umso mehr, je weniger das gefährdete Leben sich selber schützen" könne. Hier stünden „an erster Stelle die Kinder, die die Mutter noch unter dem Herzen" trage.[28]

Neben dem Zentrum und der katholischen Kirche waren die Nationalsozialisten die radikalsten Gegner einer Reform der Abtreibungsparagraphen. Mit dem Verweis auf die Notwendigkeit einer „aktiven Bevölkerungspolitik", die die „Kampfkraft" des deutschen Volkes in zukünftigen Auseinandersetzungen um Volk und Raum stärken sollte, brachte die NSDAP bereits im Mai 1930 einen Gesetzentwurf „zum Schutze des deutschen Volkes" im Reichstag ein, dessen § 5 bereits den rassistischen Charakter der Bevölkerungspolitik nach einer nationalsozialistischen Machtübernahme ahnen ließ:

> „Wer es unternimmt, die natürliche Fruchtbarkeit des deutschen Volkes zum Schaden der deutschen Nation künstlich zu hemmen, oder in Wort, Schrift, Druckbild oder in anderer Weise solche Bestrebungen fördert, oder wer durch Vermischung mit Angehörigen der jüdischen Blutsgemeinschaft oder farbiger Rassen zur rassistischen Verschlechterung oder Zersetzung beiträgt oder beizutragen droht, wird wegen Rassenverrats mit Zuchthaus bestraft."[29]

Dieser einflußreichen Front der Befürworter eines weitreichenden Abtreibungsverbots stand in den zwanziger Jahren eine breite Bewegung für eine grundlegende Reform der Abtreibungsparagraphen gegenüber, deren politisches Spektrum von den fortschrittlichen Liberalen über die Sozialdemokraten bis zu den Kommunisten reichte. Ihre Mitstreiter(innen) verstanden den Kampf gegen das Abtreibungsverbot als Teil des Engagements für eine umfassende Sexualreform[30]. Familienplanung und Geburtenkontrolle wurden von ihnen als Schritt zu einer grundlegenden Neugestaltung von Sexualität, Ehe und Familie begrüßt. Vor allem liberale und sozialistische Ärzte, die in der Sexualreformbewegung eine führende Rolle einnahmen, begrüßten die positiven bevölkerungspolitischen Auswirkungen des Geburtenrückgangs. Sie glaubten, daß die Durchsetzung eines „rationalen Fortpflanzungstypus" Voraussetzung für eine Steigerung der „Qualität der Nachkommenschaft" sei[31]. Wichtiger als eine große Zahl von Nachkommen war ihnen, daß „gesunde Mütter gesunde, lebensfähige Kinder" zur Welt brachten und in intakten Familien zu „starken, biologisch hochwertigen Menschen" heranzogen. Sie traten für eine „qualitative Bevölkerungspolitik" ein, die auch die Eugenik einschließen sollte.[32]

Die Sexualreformbewegung war Ausdruck der ökonomischen und sozialen Krise im Nachkriegsdeutschland. Angesichts dieser Krise, der in allen gesellschaftlichen Bereichen mit Rationalisierung und „Modernisierung" zu begegnen versucht wurde, erschienen ihren Anhänger(inne)n die herrschenden, traditionellen Vorstellungen zu Ehe, Familie und Sexualität obsolet geworden zu sein. Sie setzten sich für eine „Rationalisierung der Fortpflanzung ein": Auch der Reproduktionsbereich und mit ihm das sexuelle Verhalten sollte „rational" gestaltet werden. Sexualität durfte nicht mehr zu einer ungeplanten Fortpflanzung führen, Familiengründung mußte gemäß den Erkenntnissen der Eugenik erfolgen. Voraussetzung hierfür war eine systematische Geburtenkontrolle.[33] Die Sexualität sollte „freier" und „natürlicher" werden, indem sie bewußter und kontrollierter gelebt wurde; eine befriedigende Sexualität von Frau und Mann innerhalb der Ehe galt als Voraussetzung physischer und psychischer Gesundheit. Eine Ehe ohne sexuelle Harmonie erschien „unnatürlich" und „ungesund".[34] Die Gefühlswerte der Sexualität wurden zu einem entscheidenden Faktor bei der Emotionalisierung der „modernen" Ehe. Die Sexualreformbewegung stellte die Institution der Ehe und die mit ihr verbundene geschlechtsspezifische Arbeitsteilung nicht in Frage. Ihre Bemühungen zielten im Gegenteil darauf ab, die Ehe zeitgemäß zu reformieren und auf diese Weise zu einer Stabilisierung des Familienlebens beizutragen. Außereheliche Sexualität wurde höchstens als voreheliche Sexualität toleriert.[35] Da sich die Probleme von Sexualität und Fortpflanzung in der Arbeiterschaft anders stellten als im Bürgertum, wurden schichtenspezifische Reformvorschläge entwickelt: Der bürgerliche Mann erhielt in einer Vielzahl von Eheratgebern Anleitungen für sexuelle Techniken, die zu einem befriedigenden, harmonischen Eheleben führen sollten[36]. Das Arbeiterehepaar, insbesondere die Frau, wurde über die Möglichkeiten der Empfängnisverhütung, die Gefahren einer Abtreibung und die Notwendigkeit eugenischer Hygiene aufgeklärt[37].

Die Wirkung der Sexualreformbewegung war ambivalent: Einerseits erstrebte sie eine sexuelle Befreiung von Mann *und Frau*, andererseits förderte sie eine verstärkte Kontrolle von Sexualität und Fortpflanzung durch Wissenschaft und Staat, von der insbesondere Frauen betroffen waren: Die Sexualreformer erkannten zwar die weibliche Sexualität an, definierten diese aber in männlichen Begrifflichkeiten und forderten die sexuelle Befriedigung für Frauen vorrangig zur Festigung des Ehelebens; sie wollten Verhütung und Abtreibung erlauben, aber nur wenn diese von ihnen als „notwendig“ anerkannt wurden und „kontrolliert“ erfolgten.[38]

Massenwirksamstes Ziel der Sexualreformbewegung war die Abschaffung des Abtreibungsverbotes. Der Kampf gegen die Abtreibungsparagraphen wurde vor allem von sozialdemokratischen und kommunistischen Frauen seit Beginn der Weimarer Republik geführt. Die Arbeiterparteien machten ihn zu einem festen Bestandteil ihrer Sozial- und Gesundheitspolitik. Maßgeblich unterstützt wurden sie vom parteipolitisch unabhängigen ‚Verein Sozialistischer Ärzte‘, einer kleinen, aber sehr aktiven linken Ärzteorganisation[39]. Der Bewegung gegen die Abtreibungsparagraphen gelang es in der Weimarer Republik nicht, das Abtreibungsverbot zu Fall zu bringen. Die Front der Reformgegner war zu stark. Lediglich eine Verringerung des Strafmaßes für die Abtreibung konnten die Arbeiterparteien im Reichstag durchsetzen, der im Mai 1926 folgende reformierte Fassung des § 218 verabschiedete, die an die Stelle der §§ 218 bis 220 im Strafgesetzbuch von 1871 trat:

> „Eine Frau, die ihre Frucht im Mutterleib oder durch Abtreibung tötet oder die Tötung durch einen anderen zuläßt, wird mit Gefängnis bestraft.
> Ebenso wird ein anderer bestraft, der eine Frucht im Mutterleib oder durch Abtreibung tötet.
> Der Versuch ist strafbar.
> Wer die im Abs.2 bezeichnete Tat ohne Einwilligung der Schwangeren oder gewerbsmäßig begeht, wird mit Zuchthaus bestraft. Ebenso wird bestraft, wer einer Schwangeren ein Mittel oder Werkzeug zur Abtreibung der Frucht gewerbsmäßig verschafft. Sind mildernde Umstände vorhanden, so tritt Gefängnisstrafe nicht unter drei Monaten ein.“[40]

2.2.1 *Sexualität und Geburtenkontrolle im proletarischen Frauenalltag*

> „Wieviel Angst vor neuer Schwangerschaft, wieviel Angst vor jeder Hingabe an den Gatten verfolgt uns arme Frauen, wieviel Angst, wenn die vorige Geburt nicht normal war. Dazu kommt noch die Sorge um die Ernährung zu vieler Kinder. Mit wieviel froher Hoffnung und Sehnsucht tritt man in die Ehe ein. Aber Jahre der Sorge und Entsagung kommen und einen Wunsch nach dem anderen muß man begraben, weil der Kindersegen alles verschlingt. Man hatte viele Pläne, aber alle waren unerfüllbar, weil die Mittel nicht reichten. Die Verhältnisse erlauben dem Arbeiter keine große Kinderzahl, denn sie bringen den Ruin der Familie. Muß die Mutter mit verdienen, dann leiden darunter Kinder und Haushalt; arbeitet sie aber nicht mit, so gehen alle an Unterernährung zugrunde. Also bleibt als Ausweg nur die *Einschränkung der Geburten* als einziges Mittel.
> *Die große Frage ist nur das Wie, ohne Leben und Gesundheit der Frau zu gefährden.*“[41]

Mit diesen Worten beschrieb eine Sozialdemokratin 1924 im ‚Hamburger Echo‘ das zentrale

Problem der meisten Arbeiterfrauen: Die Geburtenbeschränkung. Fast alle wünschten sich eine kleine Familie, doch nur wenigen gelang eine sichere Empfängnisverhütung. Deshalb lebten die meisten in ständiger Angst vor einer Schwangerschaft. Im Notfall mußte die Abtreibung helfen. Eine erfolgreiche Geburtenkontrolle brachte den Arbeiterfrauen neben der Vergrößerung des materiellen Spielraums eine erhebliche Arbeitsentlastung, sie wurde von ihnen als eine Möglichkeit der persönlichen Befreiung erlebt. Die Trennung von Sexualität und Fortpflanzung war für sie eine wichtige Voraussetzung für ein angstfreies Geschlechtsleben. Die Verbreitung der Geburtenkontrolle, die sich entgegen allen ökonomischen, sozialen und juristischen Hindernissen durchsetzte, soll deshalb im folgenden als spezifisch weibliche Form des gesellschaftlichen Handelns interpretiert werden, als Schritt zur individuellen Emanzipation und als Widerstand gegen den staatlichen „Gebärzwang".

2.2.1.1 Sexualaufklärung und Sexualerziehung

„Geschlechtliche Erziehung" in der Arbeiterfamilie

> „Aufklärung über sexuelle Fragen war im Elternhaus durchgängig tabu ... Trotz der engen Wohnverhältnisse – wir wohnten zu fünft in zwei Zimmern – haben wir unsere Eltern auch nie nackend gesehen. Sie haben sich nie vor unseren Augen ausgezogen. Wenn sie sich gewaschen haben, wurden wir Kinder aus der Küche gescheucht. Nur meine kleinen Geschwister hab' ich nackend gesehen, weil ich ja auf sie aufpassen mußte. Von meinen Bruder wußte ich so, daß er da unten ein Anhängsel hatte. Weiter wußten wir nichts, da wurde nicht drüber gesprochen ..."

Wie Elfriede P. wurden die meisten Arbeitertöchter von ihren Eltern nicht aufgeklärt. Dies war in der Weimarer Republik nicht viel anders als im Kaiserreich. Auch in sozialdemokratischen Familien fand eine Aufklärung über sexuelle Fragen nur selten statt. Dies bestätigen einhellig die Berichte der befragten Frauen:

> „Über das Thema durfte nicht geredet werden."[42] „Es war überhaupt ‚nicht anständig' darüber zu sprechen."[4]
> „Das war Schweinkram."[44]

Sexualität war ein tabuisiertes Thema. Das Schweigen, mit dem sexuelle Fragen in der Arbeiterfamilie übergangen wurden, stand in Widerspruch zur Lebenssituation. Einen entscheidenden Einfluß auf die sexuelle Sozialisation von Arbeiterkindern übten die Wohnverhältnisse aus: Wo sich eine vielköpfige Familie nachts in ein oder zwei Schlafräumen drängte und die Betten teilte, waren die Kinder mit der Körperlichkeit von Eltern und Geschwistern direkt konfrontiert. Sexuelle Bedürfnisse blieben ihnen nicht verborgen; sie wurden Zeugen des elterlichen Geschlechtsverkehrs, der Selbstbefriedigung von älteren Geschwistern. Diese Unmittelbarkeit des Erlebens führte nicht zu sexueller Aufgeklärtheit. Das unfreiwillige Erlebnis verurteilte die Kinder zum Schweigen. Sie reagierten mit Scham- und Schuldgefühlen. Über allem Sexuellen lag der Schleier des Geheimnisvollen und Verbotenen. Die Erfahrungen und Erlebnisse konnten nicht verarbeitet werden, weil es für sexuelle Gefühle keine Ausdrucksform gab. In sexuellen Fragen herrschte „Sprachlosigkeit" und Unwissen; jede Form der Auseinandersetzung mit dem Thema war in der Arbeiterfamilie tabu. Deshalb zeigten sich die wenigsten Arbeitereltern nackt vor ihren Kindern. Fragen der Kinder wurden entweder übergangen oder mit dem Märchen vom Klapperstorch beantwortet.[45] Die „Geheimnistuerei" der Erwachsenen verstärkte die Neugier des Kindes. Es versuchte, sich heimlich und mit schlechtem Gewissen über die aufkommenden Fragen zum Geschlechtlichen zu informieren.

In den wenigen Arbeiterfamilien, in denen die Kinder aufgeklärt wurden, war dies meist Aufgabe der Mutter[46]. Ihren Bemühungen waren enge Grenzen gesetzt: Sie wußte selber wenig und schämte sich, „darüber" zu sprechen, empfand Sexualität vielleicht gar als angstbesetzt und lästig. Nur ausgesprochen fortschrittliche und couragierte Mütter wagten in den zwanziger Jahren den Versuch einer offenen und natürlichen Sexualerziehung.[47] Irma B. schildert ihre ‚Aufklärung':

„Das Jungen anders gebaut waren als Mädchen, erfuhr ich bei kindlichen Arztspielen ... Irgendwann später beobachtete ich die veränderte Figur der Nachbarin und meine Mutter erklärte mir, daß die Frau ein Kind unter dem Herzen trägt ... Sie erzählte mir, nicht der Klapperstorch bringt die Kinder, sondern die Mutter empfängt sie. Neun Monate wachsen sie unter ihrem Herzen auf ... Mehr konnte sie mir nicht sagen. Sie hatte wirklich keine Ahnung. Sie wußte zwar, wie sie ein Kind kriegen konnte, wie sie es empfängt, aber das hat sie uns nicht erzählt ... Mehr kriegte ich jedenfalls nicht raus, bis ich in die Pubertät hineinwuchs."

Genauere Informationen über Sexualität und Fortpflanzung erhielten die meisten Arbeitertöchter durch Spielkameradinnen oder Schulfreundinnen[48]. Irma B. erzählt:

„Eine Freundin von mir, die ein paar Jahre älter war, wurde von der Mutter aufgeklärt. Diese Mutter war sehr fortschrittlich. All das, was die Mutter am Abend ihrer Tochter erzählte, gab die mir am nächsten Tag brühwarm weiter. Das war eigentlich eine sehr schöne Angelegenheit. Von der aber meine Mutter, meine Eltern nichts erfuhren ..."

Meistens tauschten die Kinder ihr sexuelles Wissen allerdings in abfälligem Ton aus, erzählten Zoten und machten „dreckige Witze". Wie bei den Erwachsenen waren eindeutige Zweideutigkeiten die einzige Form, in der über Sexualität geredet werden konnte, so blieb die notwendige Distanz zur bedrohlichen Geschlechtlichkeit gewahrt. Zoten und Witze durchbrachen das Schweigen und boten eine Möglichkeit, sexuelle Erfahrungen zu verarbeiten. Sie waren Ausdruck der Ambivalenz im proletarischen Umgang mit der Sexualität.[49] Bei manchem Arbeitermädchen hinterließ die aggressive und zweideutige „Winkelaufklärung" tiefe Spuren[50], so auch bei Wilma M.:

„Mit elf Jahren, als meine Mutter am Küchenherd stand und kochte, habe ich laut gedacht und gefragt: ‚... Und dann kommt das Kind und entwickelt sich im Körper der Mutter'. Das wußte ich schon. ‚Aber wo kommt das Kleine her. Wieso fängt es an zu wachsen?' Doch sie hat bloß geantwortet: ‚Dazu bist Du noch zu klein! Das kann ich Dir nicht erzählen'. Etwas später kriegte ich es in der Schule durch schlechte Witze mit. Doch ich habe gedacht: ‚Die sind ja blöde. Was die davon erzählen. Das gibt es doch gar nicht, daß ein Mann bei einer Frau so etwas macht. Das kann doch gar nicht angehen'. Bei meinen beiden kleinen Schwestern konnte ich mir den Körper, den Unterleib von einem Mädchen ganz genau angucken. Und dann hab' ich gemerkt: ‚Aha, das stimmt also doch'. Das hat mich sehr abgestoßen. Davon wollte ich nichts wissen. Als ich 14 Jahre alt war, zur Jugendweihe, hat mir meine Mutter das Buch ‚Bub und Mädel' von Max Hodann gegeben. Das hab' ich nicht gelesen. Von dem Schweinkram wollte ich nichts mehr wissen."

Wilma M. hatte noch als erwachsene Frau ein gestörtes Verhältnis zur Sexualität. Erst spät lernte sie, offen darüber zu sprechen. Wie ihr ging es vielen Arbeitertöchtern mit ähnlicher sexueller Sozialisation. Sie empfanden Sexualität ihr Leben lang als „gräßlich". Nur ihrem Freund oder Ehemann zuliebe, der „das" brauchte, ließen sie sich auf Geschlechtsverkehr ein.[51] In dieser Einstellung wurden viele von den Müttern bestärkt. Irma B. berichtet:

„Später, als junge Frau, gab mir meine Mutter den Hinweis, daß der Geschlechtstrieb bei dem Mann viel stärker sei als bei der Frau: ‚Er kann verrückt werden, wenn er keine Lösung findet. Die Frau braucht das nicht.' Der Mann hatte ein Anrecht auf sexuelle Betätigung, die Frau ganz und gar nicht. Sexualität hätte für die Frau nur Sinn als Zeugung. Eine unfruchtbare Frau sei wertlos."

Diese Haltung entsprach der vorherrschenden Auffassung, daß der „Sexualtrieb eine spezifisch männliche Strebung" sei. Die Frau galt als „geschlechtlich schwach entwickeltes oder überhaupt unempfindliches Wesen". Einzige Funktion der weiblichen Sexualität wäre die Fortpflanzung.[52]

Infolge ihrer sexuellen Sozialisation war das Verhältnis zur eigenen Geschlechtlichkeit bei

Arbeiterfrauen häufig gestört. Zwar wurden auch die Arbeiterjungen auf das Liebesleben schlecht vorbereitet, doch die Arbeitermädchen wurden „noch besonders aufgescheucht durch die ängstliche Erwartung, daß die Sexualität nicht nur etwas Anrüchiges sei, sondern auch noch in der Ehe durch die Oberhoheit des Mannes und in der Mutterschaft durch Leiden und Schmerzen verschärft werde."[53] Sinnbild für die sexuellen Leiden der Frau war die Menstruation: Als unentrinnbare monatliche Last wurde sie nach jedem Geschlechtsverkehr angstvoll erwartet. Ihre erste Mensis erinnern die meisten befragten Frauen als unangenehmen Schrecken, auf den sie nicht vorbereitet waren. Einziger Kommentar der Mutter war allgemein: „Das hast Du jetzt alle vier Wochen – find Dich damit ab" und „Laß' Dich bloß nicht mit Jungen ein."[54]

Die Sexualerziehung belastete in vielen Arbeiterfamilien irgendwann das Vertrauensverhältnis zwischen den Eltern und der Tochter. Das Mädchen war enttäuscht, daß die Eltern sie „angelogen" hatten, versteckte – mit schlechtem Gewissen – die eigene Sexualität vor ihnen und verheimlichte sein sexuelles Wissen. Die junge Frau merkte nach den ersten sexuellen Erfahrungen, wie schlecht die Eltern sie darauf vorbereitet hatten. Wilma M. wirft dies ihrer Mutter noch heute vor:

> „Meine Mutter hat auf diesem Gebiet ziemlich versagt ... Sie hatte doch schon so ungeheuer viel aufgenommen ..."

Sie empfand das „Versagen" der Mutter besonders schmerzlich, weil diese sich als engagierte Sozialdemokratin ansonsten um eine fortschrittliche Erziehung bemüht hatte. Aufgrund der eigenen sexuellen Sozialisation konnte ihre Mutter allerdings nicht offen und unbefangen mit ihr über geschlechtliche Dinge reden und griff deshalb zu einer indirekten Form, indem sie ihr eine sehr liberale Broschüre zur Lektüre gab.

Auch andere sozialdemokratische Mütter und Väter wählten in den zwanziger Jahren aus Scham und Unsicherheit diese Form der Aufklärung: Wenn ihre Kinder „alt genug" waren, drückten sie ihnen kommentarlos Bücher und Broschüren zur „sexuellen Frage" in die Hand. Anneliese und *Luise F.* (geb. 1910), deren Eltern der SPD angehörten, erinnern sich in einem Gespräch:

> „L.F.: Wir kriegten zu Hause Bücher von Magnus Hirschfeld und Max Hodann zu lesen, doch gesprochen wurde darüber nicht. A.F.: Die lasen wir. Für uns junge Leute gab es vor allem die Schriften von Max Hodann. Das war ja ein sozialistischer Arzt. L.F.: ‚Bub und Mädel' hieß glaube ich das Buch ... Diese Broschüre hat mein Vater für uns gekauft. Er hat wahrscheinlich gemeint, was für ein Wunder er da getan hat. A.F.: Weil Verwandte und Nachbarn das als furchtbar unanständig angesehen haben. Eltern, die ihren Kindern erlaubten, solche Bücher zu lesen, waren unmoralisch. Das gehörte sich nicht."

Das Gespräch macht verständlich, warum die Eltern von Wilma M., Anneliese F. und Luise F. ihr Verhalten als fortschrittlich empfanden: Die Umwelt lehnte selbst ihre vorsichtigen Aufklärungsbemühungen als „unanständig" ab. In Freundeskreis und Nachbarschaft wurden die Kinder überhaupt nicht über Sexualität und Fortpflanzung informiert.

Die Diskrepanz zwischen der offiziellen Position der SPD und dem persönlichen Verhalten der Mitglieder war in den zwanziger Jahren nur in wenigen Fragen so groß wie bei der Sexualerziehung[55]. Die Partei hatte die Forderung nach einer frühzeitigen Sexualaufklärung und -erziehung zwar nie offiziell in ihr Programm aufgenommen, unterstützte sie aber indirekt, indem sie diesbezügliche Stellungnahmen sozialistischer Mediziner und Pädagog(inn)en in ihrer Presse veröffentlichte, deren Aufklärungsbroschüren in ihren Verlagen herausgab und zur Lektüre empfahl sowie einschlägige Vorträge für die Mitglieder organisierte.

Bereits in der Vorkriegszeit hatte sich die SPD für eine „geschlechtliche Erziehung" im Elternhaus eingesetzt, die angesichts der Unwissenheit großer Teile der proletarischen Elternschaft durch eine schulische Aufklärung ergänzt werden sollte. Die sozialdemokratischen Vorschläge zur Sexualpädagogik, entsprachen der Auffassung fortschrittlicher Mediziner und Pädagog(inn)en[56]. Bereits 1906 hatte Clara Zetkin in ihrem Referat „Über die sozialistische Erziehung in der Familie" auf dem Mannheimer SPD-Parteitag die sexuelle Aufklärung der Kinder thematisiert[57]. 1907 referierte Henriette Fürth auf dem Dritten Kongreß der ‚Deutschen Gesellschaft zur Bekämpfung der Geschlechtskrankheiten', der sich mit dem Thema Sexualpädagogik beschäftigte, über „Diätetik und Erziehung"[58]. Ein Jahr später sprach *Käte Duncker* auf der sozialdemokratischen Frauenkonferenz in Nürnberg im Rahmen eines Vortrags über die „Sozialistische Erziehung im Hause" zum Thema Sexualaufklärung und -erziehung[59]. Zu den ersten sozialdemokratischen Broschüren, die sich ausführlich mit diesem Bereich befaßten, gehörten Publikationen von Henriette Fürth und *Otto Rühle*, die 1903 und 1907 erschienen[60]. 1908 folgte eine Schrift des sozialdemokratischen Arztes Julian Marcuse[61]. Sämtliche Vorträge und Broschüren richteten sich insbesondere an die proletarischen Mütter und sollten ihnen in dieser „heiklen und schwierigen Erziehungsfrage Ratgeber und Wegweiser sein"[62]. Der Tenor war meist der gleiche: Der Geschlechtstrieb wurde als „natürliche" Lebensäußerung angesehen, in der sich die „schöpferische Lebenskraft" offenbare[63]. Bis zur Pubertät sei das Kind ein asexuelles Wesen. Bei einem normalen Entwicklungsverlauf erwache der Geschlechtstrieb erst mit dem 14. bis 15. Lebensjahr. Die „völlige Geschlechtsreife" werde beim Mann erst um das 25. und bei der Frau um das 20. Lebensjahr erreicht. Jede sexuelle Betätigung vor Eintritt der geschlechtlichen Reife würde dem jungen Menschen schweren gesundheitlichen und seelischen Schaden zufügen.[64] Als besonders gefährliches „Laster" galt bei Kindern und Jugendlichen die Onanie, die als Ursache „körperlichen und geistigen Verfalls" angesehen wurde. Sie werde durch die „lascive Winkelaufklärung" auf der Straße gefördert, zu der die Kinder getrieben würden, wenn die Eltern sie nicht rechtzeitig vor Eintritt der Pubertät selbst aufklärten. Die Onanie galt als Vorstufe zum frühen vorehelichen Geschlechtsverkehr, der „nicht bloß für den Einzelnen, sondern für ganze Familien und Generationen zu einer Quelle des Unglücks und Verderbens werden könne", denn bei ihm bestehe immer die „schwere Gefahr geschlechtlicher Ansteckung".[65]

Ziel der Sexualpädagogik in Elternhaus und Schule sollte es sein, die „Keuschheit und Reinheit" des Kindes zu bewahren, es vor dem „sittenverderbenden Einfluß" der Straßenaufklärung zu schützen und vor den Gefahren von Onanie, vorehelichem Geschlechtsverkehr, Prostitution und Geschlechtskrankheiten eindringlich zu warnen[66]. Erreicht werden sollte dies durch eine Stärkung des „Schamgefühls" und eine Erziehung zur „Triebbeherrschung". Hierzu sollten die Eltern dem Kind mit „sittlichem Beispiel vorangehen": Jede „sinnliche Berührung", jedes „Preisgeben des nackten Körpers" müsse vor den Augen des Kindes vermieden werden, auch wenn dies in den engen Arbeiterwohnungen noch so schwer sei. Die Eltern wurden aufgefordert, dem Kind auf alle Fragen zu den „natürlichen Vorgängen des Geschlechtlichen" ehrlich, aber dem Alter gemäß zu antworten[67]. Ihnen wurde empfohlen, dem Kind „die Wunder der Fortpflanzung" durch „Naturbetrachtungen" nahezubringen: „Man rede erst von der Erzeugung der Pflanzen, dann von der Erzeugung der Säugetiere und schließlich von der Erzeugung des Menschen."[68] Erst im Jugendalter sollte auf den Zeugungsvorgang selbst und die Gefahren einer „vorzeitigen oder übermäßigen Befriedigung" des Geschlechtstriebes eingegangen werden[69]. Das Thema Empfängnisverhütung wurde nicht angesprochen. Der Schule wurde die Aufgabe der naturwissenschaftlichen Unterweisung über die Vermehrung bei Pflanzen und Tieren sowie der vertieften Aufklärung über die Fortpflanzung des Menschen zugewiesen.[70]

Den genannten Vorträgen und Schriften folgten in der Vorkriegszeit weitere sozialdemokratische Publikationen mit gleicher Tendenz[71]. In der Weimarer Republik wurden diese Erziehungsratgeber und Aufklärungsbroschüren von der SPD weiterhin vertrieben und den Mitgliedern zur Lektüre empfohlen[72]. Die beschriebenen Vorstellungen zur Sexualpädagogik, die von liberalen bürgerlichen Kreisen geteilt wurden[73], blieben auch in den zwanziger Jahren in der Partei die vorherrschenden. Lediglich das christlich-konservative Bürgertum lehnte jegliche direkte Sexualaufklärung von Kindern ab[74].

Die von der SPD propagierte Sexualerziehung galt in der Weimarer Republik als „modern und liberal", sprengte jedoch nicht die Grenzen der vorherrschenden bürgerlichen Normen: Jede Form der Sexualität von Kindern und Jugendlichen wurde abgelehnt; als eigentlicher Ort des Geschlechtslebens von Frau und Mann galt die Ehe. Erziehung zur Ehefähigkeit war das unausgesprochene Ziel dieser Sexualpädagogik. Ihre Aufgabe bestand wesentlich darin, die Kinder und Jugendlichen von der Sexualität abzulenken und abzuhalten. Sexualaufklärung erfolgte mit der Absicht, das Kind bzw. den Jugendlichen zur vollständigen Triebbeherrschung zu bewegen. Begründet wurde diese aus heutiger Sicht repressive Sexualerziehung mit der Behauptung, das Kind sei „asexuell". Die sexualpädagogischen Vorstellungen der SPD bestärkten die Arbeitereltern in ihrem ambivalenten Umgang mit der Sexualität: Das zentrale Element der Sexualität, die Lust, sollte vor den Kindern und Jugendlichen verborgen werden; der nackte Körper mußte schamhaft versteckt, die Prüderie verstärkt werden; die Eltern sollten dem fragenden Kind in umschreibender Form nur das Nötigste antworten; erst beim Eintritt in die Erwachsenenwelt, so spät wie nur möglich, sollte es über den Zeugungsakt aufgeklärt werden. Die von der Partei propagierte Sexualerziehung förderte im sozialdemokratischen Milieu die Verbreitung der neuen proletarischen (Doppel)-Moral.

Neue Impulse erhielt die Sexualpädagogik durch die Psychoanalyse. Bereits 1905 hatte *Sigmund Freud* in einer Abhandlung über die „infantile Sexualität" geschrieben:

> „Es ist ein Stück der populären Meinung über den Geschlechtstrieb, daß er der Kindheit fehle und erst in der als Pubertät bezeichneten Lebensperiode erwache. Allein dies ist nicht nur ein einfacher, sondern sogar ein folgenschwerer Irrtum, da er hauptsächlich unsere gegenwärtige Unkenntnis der grundlegenden Verhältnisse des Sexuallebens verschuldet."[75]

Freud gab mit seinen Forschungen den Anstoß für eine Neubewertung der Rolle, die die Sexualität in der Entwicklung des Kindes spielt. Die Bedeutung Freuds liegt nicht darin, daß er als erster sexuelle Verhaltensweisen bei Kindern beobachtet hatte; schon andere Autoren vor ihm, vor allem Mediziner, hatten sich gegen die herrschende Lehre vom asexuellen Kind gewandt[76]. Er war jedoch der erste, der eine systematische Theorie der menschlichen Entwicklung formulierte, in der die kindliche Sexualität als zentraler Bestandteil enthalten war[77]. Ein wesentliches Ziel der kindlichen Entwicklung war für Freud eine gelungene „Sublimierung", d.h. Kanalisierung der sexuellen Triebkräfte, die er als Grundlage der Zivilisation betrachtete[78]. Sexualaufklärung und -erziehung sollten dem Kind bei der Beherrschung seiner Triebe helfen. Freud setzte sich deshalb für eine frühzeitige und offene Aufklärung des Kindes ein, um ihm die Möglichkeit zu geben, sich intellektuell mit seinen sexuellen Empfindungen auseinanderzusetzen und sie in gelungener Weise zu verarbeiten. Der kindliche Wissensdrang dürfe nicht zerstört werden. Er lehnte jede „Geheimnistuerei" der Eltern ab. Sie fördere in unnötiger Weise das sexuelle Interesse des Kindes. Nur eine offene Aufklärung verhindere, daß das Kind in der Sexualität etwas „Niedriges und Verabscheuenswertes" sehe.[79]

Freuds Sexualtheorie stieß bei seinen Zeitgenossen, auch unter Fachkollegen, auf großen Widerspruch. Umstritten waren insbesondere seine Vorstellungen über die Entwicklung der kindlichen Sexualität und seine Haltung zur sexuellen Aufklärung. Nur fortschrittliche Mediziner, Pädagog(inn)en und Psycholog(inn)en aus dem Umfeld der Sexualreformbewegung griffen sie auf[80]. Zu ihnen gehörte der sozialistische Arzt *Max Hodann*, einer der bekanntesten und umstrittensten Sexualpädagogen seiner Zeit[81], der in den zwanziger Jahren entscheidend die sexualpädagogische Diskussion in der Arbeiterbewegung beeinflußte. Besonders groß war seine Popularität bei den ‚Kinderfreunden' sowie in der SAJ und der sozialdemokratischen Frauenbewegung. Max Hodann bemühte sich, die bürgerliche Begrenztheit der Freudschen Theorie zu sprengen. Er verstand die Sexualfrage als gesellschaftliche und politische Frage:

> „Gesellschaftliche Fragen sind Klassenfragen; der Kampf um die Lösung der Sexualfrage somit ein Teilgebiet des Klassenkampfes. Damit wird aus einem Problem, das zu behandeln und zu verstehen uns ursprünglich die individuelle Not des einzelnen Menschen gedrängt hat, ein Problem von gesellschaftlicher Bedeutung, das, zu seinem Teile, vielleicht zu einer Verständigung der heute gespaltenen arbeitenden Massen wenigstens auf einem Gebiet führen kann: Zum einheitlichen Kampf gegen Klassenjustiz, Klassenmedizin und Priesterherrschaft, zum einheitlichen Kampf für proletarische Sozialpolitik."[82]

Hodanns Ziel war eine neue Ethik im geschlechtlichen Leben. Voraussetzung hierfür schien ihm eine grundlegende sozialistische Umgestaltung der Gesellschaft zu sein. Gemäß diesem Verständnis der Sexualfrage konzentrierte er seine Tätigkeit auf eine *politische* Sexualaufklärung der Arbeiterschaft. Hierzu verfaßte er eine ganze Reihe von Schriften, die für wenig Geld Antworten auf die problematischen Fragen des damaligen Geschlechtslebens gaben[83]. Diese Publikationen stießen in Arbeiterkreisen auf große Resonanz, weil sie in populärer Sprache offen, klar und parteilich die Sexualfrage ansprachen und für die unmittelbare Gegenwart geschrieben waren. Seine publizistische Arbeit ergänzte Hodann durch zahllose öffentliche Vorträge.

Besonderes intensiv bemühte sich Max Hodann um die Sexualaufklärung von proletarischen Kindern und Jugendlichen. In seiner sexualpädagogischen Tätigkeit erlebte er immer wieder, daß die Arbeitereltern aus Unwissenheit und Scham nicht in der Lage waren, mit ihren Kindern offen über sexuelle Fragen zu sprechen. Um ihnen bei der Sexualerziehung ihrer Kinder zu helfen, verfaßte er Aufklärungsbroschüren: 1924 erschien „Bub und Mädel", eine Schrift, die sich an Arbeiterjugendliche richtete, 1926 „Woher die Kinder kommen", eine Broschüre für Arbeiterkinder. Bei den ‚Kinderfreunden' und in der SAJ wurden diese Aufklärungsschriften schnell populär[84]. Konservative und klerikale Kreise hingegen reagierten mit einem Sturm der moralischen Entrüstung. Besonders umstritten war die Broschüre „Bub und Mädel", die sich als erste direkt an die Jugendlichen wandte[85]. In ihr informierte Hodann seine jungen Leser(innen) in Gesprächsform über alle Grundprobleme des Sexuallebens: Er klärte sie nicht nur über Körperbau und Körperfunktionen von Frau und Mann sowie Sexualität und Fortpflanzung auf, sondern auch über Verhütung und Abtreibung, wobei er den Klassencharakter des Abtreibungsparagraphen scharf kritisierte. Das bürgerliche Familienleitbild und die herrschende sexuelle Doppelmoral erörterte er ebenso kritisch wie Spießertum und Prüderie in der Arbeiterbewegung. Die Diskriminierung der Mädchen und Frauen in Familie und Gesellschaft wurde von ihm verurteilt. Als Ziel propagierte er eine partnerschaftliche Beziehung von Frau und Mann.

Ausgangspunkt der Darstellung Hodanns waren die sexuellen Probleme der Jugendlichen. Er klärte sie deshalb u.a. darüber auf, daß entgegen der gängigen Auffassung Onanie nicht gesundheitsgefährdend sei. Die meisten Menschen würden zumindest vorübergehend onanieren. Gefährlich seien lediglich die „Ammenmärchen und Schreckgespenste der Phantasie", mit denen „verkalkte ‚Erzieher'hirne" die Jugendlichen schrecken würden. Sie führten zu der „Zwangsvorstellung", daß es sich bei der „Onanie um ein furchtbares Laster" handle, „das unheilbares Siechtum nach sich ziehe".[86] Hodann riet den Jugendlichen nicht aus körperlichen, sondern aus seelischen Gründen davon ab zu onanieren, denn das „völlige Gewährenlassen gegenüber dieser Art der Triebentspannung" könne eine „Schwächung des Willens" fördern.[87] Auch mit dem jugendlichen Bedürfnis nach genitaler Sexualität setzte er sich auseinander. Jungen Paaren empfahl er mit dem Geschlechtsverkehr zu warten, bis sie über die notwendige Liebesfähigkeit und Lebenserfahrung verfügen würden. Sie wären nach der Pubertät zwar biologisch geschlechtsreif, ihnen würde aber noch die nötige soziale Reife zur genitalen Sexualität fehlen. Ratsam sei es deshalb, jede „vorzeitige und verfrühte Bindung" zu vermeiden. Wenn das Paar aber seine sexuellen Bedürfnisse gar nicht beherrschen könne, so solle „es wenigstens nicht leichtsinnig Kinder in die Welt setzen und also Vorbeugungsmittel benutzen".[88]

Wie die meisten Ärzte und Psychologen aus dem Umfeld der Sexualreformbewegung teilte Max Hodann die Auffassung Freuds, daß die Jugendlichen in den Entwicklungsjahren alle Energie für ihre psychische Reife benötigten[89]. Auch er betrachtete letztlich die Persönlichkeitsentwicklung als Folge eines gelungenen Sublimierungsprozesses und plädierte infolgedessen für Triebbeherrschung in Kindheit und Jugend. Die kindliche und jugendliche Sexualität sollte jedoch nicht mehr autoritär von außen unterdrückt werden, sondern erstrebt wurde, daß Kinder und Jugendliche selbst lernten, ihre Triebe zu beherrschen. Diese Zielsetzung entsprach den Bestrebungen für eine „Rationalisierung der Fortpflanzung": Sexualität sollte „freier" und „natürlicher" werden, indem sie bewußter und kontrollierter gelebt wurde.

Max Hodanns sexualpädagogische Vorstellungen galten in der Weimarer Republik als außerordentlich fortschrittlich und freizügig. Sie entsprachen dem modernsten Stand wissenschaftlicher Erkenntnis. Eine noch liberalere Sexualpädagogik war unter den damaligen gesellschaftlichen Verhältnissen nicht denkbar. Die Zeitgenoss(inn)en betrachteten es zu Recht als großen Fortschritt, daß endlich über sexuelle Fragen zwischen Eltern und Kindern, unter Jugendlichen und Erwachsenen offen und klar gesprochen werden sollte. Sie sahen es als weitreichende Liberalisierung an, daß die äußere, extrem repressive und sexualfeindliche Kontrolle des Geschlechtslebens durch eine innere Kontrolle ersetzt werden und das einzelne Individuum nur sich selbst, niemandem sonst, über sein sexuelles Verhalten rechenschaftspflichtig sein sollte. Die neue Ethik, für die Hodann eintrat, betrachteten sie als emanzipativ, weil sie die herrschende Rollenteilung zwischen den Geschlechtern in Frage stellte und für ein partnerschaftliches Eheideal eintrat. Rückblickend erweisen sich die sexualpädagogischen Vorstellungen Hodanns trotz ihrer zeitbedingten Beschränktheit als ein entscheidender und notwendiger Schritt auf dem langfristigen Weg zu einer weiterreichenden Sexualreform.

Viele sozialdemokratische Eltern kauften und lasen in den zwanziger Jahren die Aufklärungsschriften von Max Hodann, aber nur sehr wenige setzten sie um. Schon die Realisierung der vergleichsweise traditionellen sexualpädagogischen Vorschläge, für die in den zwanziger Jahren in der SPD hauptsächlich geworben wurde, stieß auf große Schwierigkeiten. Noch größer waren die Barrieren, die der Verwirklichung der ausgesprochen liberalen Sexualpädagogik Hodanns im Wege standen. Den meisten Eltern war zwar bewußt, daß sie ihre Kinder eigentlich aufklären müßten, doch ihre eigene sexuelle Sozialisation hinderte sie daran, ihre Erkenntnisse in die Erziehung einfließen zu lassen: Eine veränderte Sexualeinstellung ließ sich nicht mit Hilfe von intellektuellem Wissen erreichen. Als Kinder und Jugendliche waren ihre sexuellen Bedürfnisse unterdrückt worden. Da sie keine Möglichkeit gehabt hatten, diese Erfahrung zu verarbeiten, ähnelte ihre eigene Erziehungspraxis der ihrer Eltern. Das bloße Wissen über die Notwendigkeit einer Sexualaufklärung schützte sie nicht vor den Gefühlen, die diese Forderung auslöste: Scham, Angst, Abwehr, Ekel, Lust. Selbst wenn sie diese Gefühle bezwangen bzw. verdrängten und sich in der empfohlenen Form um eine Aufklärung bemühten, vermittelten sie dem Kind unausgesprochen das Bündel ihrer ambivalenten Gefühle zur Sexualität.[90].

Hodanns fortschrittliche sexualpädagogische Vorstellungen gewannen innerhalb der sozialdemokratischen Arbeiterbewegung seit Mitte der zwanziger Jahre zwar immer größeren Einfluß, doch sie konnten die traditionelleren Anschauungen zur Sexualerziehung nicht verdrängen. Aufgegriffen wurden seine Vorschläge vor allem bei den ‚Kinderfreunden' und in der SAJ. Dort erfuhren viele Kinder und Jugendliche aus der Arbeiterschaft sachlich fundiert Näheres über sexuelle Fragen.

Arbeiterjugend und „sexuelle Frage“

> „Eine der dankbarsten Aufgaben der sozialistischen Jugendbewegung ist es ..., der Arbeiterjugend über die Geschlechtsfrage das unbedingt nötige Wissen zu vermitteln, das ihr in der Volksschule vorenthalten wurde. Die geschlechtliche Aufklärung ist eine der wichtigsten Punkte im Erziehungs- und Bildungsprogramm der arbeitenden Jugend. Ohne diese Aufklärung kommt heutzutage kein Mensch mehr aus, und es hat schon mancher bitter bereuen müssen, daß auf diesem Gebiet seine Kenntnisse nicht hinreichten, um ihn vor Schaden zu bewahren. Wenn man der Jugend also schon einen Rat erteilt, so sei es der, daß sie sich nicht zu spät mit der sexuellen Frage beschäftige.“[91]

So begründete *Hans Hackmack* 1921 in seiner Broschüre „Arbeiterjugend und sexuelle Frage“ die Notwendigkeit einer Sexualaufklärung in der sozialistischen Jugendbewegung, die Teil einer umfassenden Sexualerziehung sein sollte, deren Ziel eine neue Ethik war: Angestrebt wurde ein gleichberechtigtes und partnerschaftliches Verhältnis zwischen den Geschlechtern. Durch die koedukative Erziehung in der Arbeiterjugend sollten die Heranwachsenden ein unbefangenes und natürliches Verhalten gegenüber dem anderen Geschlecht lernen. Alle „unnatürlichen Schranken“, die die bürgerliche Gesellschaft „gewissenhaft zwischen den Geschlechtern aufgerichtet hatte“, sollten „eingerissen“ werden.[92] Die „natürlichen Geschlechtsunterschiede“ hingegen sollten erhalten, die „weibliche Eigenart“ der Mädchen bewahrt werden; sie galten als gleichwertig, aber nicht gleichartig[93]. Jede „Prüderie“ wurde abgelehnt, Nacktheit galt als natürlich. Der Geschlechtstrieb wurde als „Naturtrieb“ betrachtet, der durch die Liebe veredelt werde.[94]

Sexualaufklärung und -erziehung sollten den Arbeiterjugendlichen bei der „Beherrschung und Lenkung der Triebe“ helfen und ihr „Verantwortungsgefühl“ wecken und fördern, denn:

> „Man hat es in der Hand, seine besten geistigen und körperlichen Kräfte entweder vorzeitig zu verbrauchen, oder damit in zweckmäßiger, gesunder und natürlicher Weise umzugehen. Man hat es auch in der Hand, ob man sich zu einem lebenden Seuchenherd und zum Krüppel machen will oder nicht. Aber die Verantwortung ist noch größer. Uns als Jugend steht die Ehe bevor und darin sollen wir jederzeit mit ruhigem Gefühl Rechenschaft darüber ablegen können, daß wir unserer Triebe stets Herr waren, uns nicht entwürdigten. Wir haben auch der Gemeinschaft, der Gesamtheit gegenüber Verantwortungsgefühl aufzubringen, denn nur wenn die menschliche Gesellschaft in ihren einzelnen Gliedern aufrechte, willensstarke und vom Guten durchdrungene und gelenkte Persönlichkeiten aufzuweisen hat, wird sie nicht eine Gesellschaft der Unterdrückten, Geknechteten und Gewalthaber, sondern eine Gesellschaft der Aufrechten und Freien sein.“[95]

Die sozialistische Arbeiterjugend verstand sich in den ersten Jahren der Weimarer Republik als „Kulturbewegung“. Alle Bereiche der Gesellschaft, auch Kultur und Lebensweise, sollten im sozialistischen Geist umgestaltet werden. Das Streben nach einer neuen Ethik, einer umfassenden Lebensreform war Teil dieses kulturellen Kampfes. Ziel war ein „Neuer Mensch“, der sich durch die Herrschaft des Willens über die Triebe auszeichnen sollte.[96] Gemäß dieser Zielsetzung war die „sexuelle Frage“ in der Nachkriegszeit in Hamburg wie andernorts ein zentrales Thema der sozialistischen Jugendbewegung[97].

In der Realität blieb die Sexualaufklärung recht „blumig“ und diente vor allem der ethischen Erziehung. Die Jugendlichen sollten zu einer „beherrschten“, „sauberen“ und „gesunden“ Lebensweise angehalten werden. Irma B. berichtet:

> „In unserer SAJ-Gruppe wurden zu diesem Thema extra Mädchenabende eingerichtet. Die Aufklärung dort war sehr ‚blümerant‘. Da wurde von Bienen gesprochen und von Schmetterlingen. Das junge Mädchen wurde als Blüte, als Rosenknospe bezeichnet, die aufblühe. Das ganze war eine sehr poetische Angelegenheit. Viel ist dabei nicht herausgekommen. Die Sprache war so verschlüsselt, daß ich nichts davon behalten habe. Es war wohl vorwiegend eine moralische Erziehung. Reine Liebe, Treue, schöne Nacktheit wurden gepriesen und im übrigen blieb der Körper zwischen Bauchnabel und Kniescheibe tabu.“

Auf ähnliche Weise wurde die „sexuelle Frage“ Anfang der zwanziger Jahre auch in anderen AJ-Gruppen Hamburgs behandelt. Spezielle Mädchenabende zu diesem Thema führten allerdings nur vier der 48 Abteilungen durch, die die Trennung von Jungen und Mädchen mit der verbreiteten Scheu begründeten, vor dem anderen Geschlecht über Sexualität und Fortpflanzung zu sprechen.[98] Generell wurden vom Arbeiterjugendbund Groß-Hamburg Mädchenabende abgelehnt, weil sie dem Prinzip der Gemeinschaftserziehung widersprächen[99]. Andere Landesverbände vertraten in dieser Frage eine abweichende Position[100].

Die sexualpädagogischen Ziele, die die sozialistische Arbeiterjugend Anfang der zwanziger Jahre verfolgte, unterschieden sich von den allgemein in der sozialdemokratischen Arbeiterbewegung vorherrschenden: Angestrebt wurde zwar auch die völlige Triebbeherrschung, die Erziehung zur Ehefähigkeit; jede voreheliche Sexualität war verpönt. Doch im Gegensatz zur SPD trat der Arbeiterjugendbund geschlossen für eine neue Ethik ein: Sehr viel konsequenter als die Mutterpartei erstrebte er ein gewandeltes Geschlechterverhältnis. Leitbild bei der Erziehung zur Ehefähigkeit war nicht die herkömmliche bürgerliche Ehe, sondern die „Kameradschaftsehe", die „Jungehe als Kampfgemeinschaft". Die Verteilung der Geschlechterrollen in dieser Ehe entsprach allerdings der herrschenden Norm der ‚modernen Kleinfamilie'[101]. Die befragten Frauen, die in diesen Aufbruchsjahren der Arbeiterjugend angehörten, erlebten deren Sexualpädagogik als befreiend und neu; *Erna Wagner* (geb. 1903) erzählt:

> „Mit der Jugendbewegung war ein neuer Ton gekommen. Man trug andere Kleider, man war freier, man war auch sexuell freier ..."

Ihr Maßstab war die herrschende Sexualmoral des Bürgertums, das die neue Ethik der Arbeiterjugend als eine „unmoralische, sittenbedrohende" Provokation empfand.

Seit Mitte der zwanziger Jahre änderten sich Inhalt und Form der Sexualpädagogik in der SAJ. Zwei Faktoren beeinflußten entscheidend diese Entwicklung, die sich in Hamburg wie im Reich abzeichnete: Zum einen der Wandel der Arbeiterjugend von einer „jugendbewegten Kulturorganisation" zu einer „sozialistischen Erziehungs- und Kampfgemeinschaft"[102]; zum anderen die sexualpädagogische Diskussion im Kontext der Sexualreformbewegung. Rezipiert wurden vor allem die Schriften Max Hodanns, dessen Vorstellungen bis zum Ende der Weimarer Republik entscheidend die Sexualpädagogik der SAJ bestimmten: Die Sexualfrage wurde jetzt stärker als eine politische Frage behandelt. Im Brennpunkt der Kritik standen noch deutlicher als Anfang der zwanziger Jahre die herrschende Moral und das bürgerliche Frauen- und Familienideal.[103] Die Sexualaufklärung war nicht mehr „blumig", sondern direkter und klarer; jede „feige Heimlichtuerei und Prüderie" wurde abgelehnt. Zentrales Moment der Sexualpädagogik war nach wie vor die Gemeinschaftserziehung. Sie sollte ein „kameradschaftliches und sittliches Verhältnis zwischen den Geschlechtern" fördern. Junge und Mädchen galten in der SAJ als gleichberechtigt. Ihr Verhalten zueinander sollte „natürlich, wahrhaftig und verantwortungsbewußt" sein.[104] Geändert hatte sich jedoch das angestrebte Bild von den Geschlechterrollen; Ziel war nun die berufstätige, selbstbewußte Staatsbürgerin, nicht mehr die „natürlich-weibliche" Mutter und Hausfrau[105]. Aufgabe der Sexualerziehung blieb zwar die Triebbeherrschung, doch die sexuellen Bedürfnisse mußten nicht mehr bis zur Ehe unterdrückt werden. Genitale Sexualität wurde als natürliches Bedürfnis des erwachsenen Menschen anerkannt. Sie wurde akzeptiert, sobald die junge Frau bzw. der junge Mann die „psychische Reife" für eine Liebesbeziehung erreicht hatte, d.h. erwachsen war. Bis zu diesem Zeitpunkt wurde den Jugendlichen die „Beherrschung des Geschlechtstriebes" empfohlen.[106]

In der alltäglichen Arbeit der SAJ-Gruppen hatte die „sexuelle Frage" in der zweiten Hälfte der zwanziger Jahre eine geringere Bedeutung als zu Beginn der Weimarer Republik. Mit dem Wandel der Arbeiterjugend zu einer „sozialistischen Erziehung- und Kampfgemeinschaft" gewannen allgemeinpolitische Themen mehr Gewicht. Die Diskussion über eine umfassende Kultur- und

Lebensreform, deren Bestandteil die neue Sexualethik war, trat in den Hintergrund. *Anni B.* (geb. 1911) berichtet:

> „In den meisten Gruppen der Jugendbewegung standen andere Interessen im Vordergrund. Dieses Thema (die sexuelle Frage, K.H.) war echt hinten angestellt. Das galt sowohl für die SAJ als auch für die Gewerkschaftsjugend. Das war allgemein so. Wir jungen Menschen aus der Arbeiterjugend sind für die Sache (des Sozialismus, K.H.) ins Feuer gegangen. Da gab es nichts daneben. Wir haben aber schon das Buch „Bub und Mädel" von Max Hodann gelesen. Dr.Hodann war *der* Experte. Er kam auch nach Hamburg und hielt Vorträge im Gewerkschaftshaus. Zu denen sind wir geschlossen mit der Gruppe hingegangen. Für den, der dort nicht fragen mochte, das waren ja die wenigsten, die das getan hätten, hatte er einen Fragekasten, in den die Zettel mit den Fragen eingeworfen werden konnten, auf die antwortete er. Erst langsam, als wir älter wurden, wurde dieses Interesse bei uns aktuell, dabei half uns Max Hodann. Nach seinen Vorträgen kamen auch erste Gespräche auf ... Über diese Vorträge, die bis tief in die Nacht gingen, wurde in der Folge auch in der Gruppe gesprochen. Jeder hatte nachher das Buch. Ich muß sagen, das war eine sehr gute Sache. Ganz besonders in der damaligen Zeit. heute ist ja überall davon die Rede, aber damals war das einfach tabu und keiner wußte richtig Bescheid."

Vor allem die älteren SAJler(innen) interessierten sich offen für die „sexuelle Frage". Sie fanden den Mut, das Thema in der Gruppe anzusprechen. Allgemein waren die Hemmungen bei den Jugendlichen groß, sie „genierten" sich, „darüber" zu sprechen. Von der Gruppenleitung wurde es meist erst auf die Tagesordnung gesetzt, wenn sich Freundschaften in der Gruppe anbahnten. Üblicherweise wurde zum „Aufklärungsabend" ein(e) sachverständige(r) Referent(in) eingeladen. Am beliebtesten waren in der Hamburger SAJ *Paula Henningsen,* eine leitende Funktionärin der SPD-Frauenbewegung und *John Toeplitz*, ein sozialdemokratischer Arzt. In der Vorbereitung des Abends erhielten die Jugendlichen in der Regel die Gelegenheit, ihre Fragen schriftlich zu formulieren. Die Offenheit, mit der in einer SAJ-Gruppe über sexuelle Fragen gesprochen wurde, hing in entscheidendem Maße von der Haltung der Gruppenleitung und des Referenten ab. Elfriede P. beschreibt einen Aufklärungsabend mit John Toeplitz:

> „Dr.Toeplitz kam zu uns auf den Gruppenabend und hat über die sexuelle Frage referiert. Er hat uns das ganz fabelhaft beigebracht. Anhand von Zeichnungen hat er uns die Grundbegriffe erklärt, was ist ein Mann, was ist eine Frau, wie hängt das zusammen. Er hat auch über die Partnerschaft mit uns gesprochen. Sexualität bejahte er, aber nicht zu früh, denn in der Entwicklung der Jugendlichen setzt zwar die Sexualität mit 14/15 Jahren ein, aber die Persönlichkeit ist noch nicht voll ausgereift, ebensowenig die geistige Aufnahmefähigkeit. Wir sollten versuchen, uns erst selbst als Menschen zu fördern, und dann erst mit der Partnerschaft beginnen. Er meinte, wir müßten abwägen. Es gäbe auch Menschen, die sehr früh mit der Sexualität anfingen, besonders in der Arbeiterschaft wäre das ja eigentlich gang und gebe. Sehr viele junge Mädchen kämen mit einem unehelichen Kind nach Hause, dadurch entständen viele Schwierigkeiten in der Familie. Auf dieses Problem hat er uns gut hingewiesen. Daneben haben wir Hodann und Freud gelesen, was für uns schon sehr schwierig war. Darüber haben wir dann diskutiert, eigentlich ganz offen. Wichtig war dabei der Referent. Dr.Toeplitz hat z.B. die Probleme der jungen Menschen ganz offen dargelegt. Das hat uns sehr geholfen."

Die Aufklärung in der SAJ gab endlich Antwort auf die vielen heimlichen Fragen zu Sexualität und Fortpflanzung, die weder im Elternhaus noch in der Schule beantwortet wurden. Sie führte soweit, daß manche junge Arbeitertochter mehr wußte als ihre Eltern. Irma B. erzählt, wie sie nach einem SAJ-Gruppenabend zur „sexuellen Frage" ihr neuerworbenes Wissen gleich an die Eltern weitergab:

> „Ich weiß noch, wie ich abends nach Hause kam: Am Küchentisch saßen meine Eltern. Vater holte seinen dicken Bleistift und ein Stück Papier und ich erklärte den beiden den Aufbau der Geschlechtsorgane bei Mann und Frau ... Beide saßen mit hochrotem Kopf da, keiner sagte was. Die paßten aber ganz genau auf. Als Ruhe war, sagte mein Vater zu mir: ‚Ach Du dumme Deern, mach' daß Du zu Bett kommst, Du verstehst da doch noch nichts von.' ... Ich hab' also meinen Vater aufgeklärt ..."

Die Sexualerziehung, die in der sozialistischen Arbeiterjugend seit Mitte der zwanziger Jahre praktiziert wurde, war ein großer Fortschritt. Dies empfanden auch die meisten befragten Frauen, die der SAJ in dieser Zeit angehörten: Endlich wurden sie sachlich, umfassend und verständnisvoll

Hamburger SAJlerinnen auf dem Amsterdamer Jugendtag der „Sozialistischen Jugendinternationale" im Mai 1926 (Privatbesitz)

über Sexualität und Fortpflanzung aufgeklärt. Die vermittelten Kenntnisse halfen ihnen später bei der Geburtenkontrolle. Die anerzogene Sprachlosigkeit über sexuelle Fragen wurde durchbrochen. Dies war eine entscheidende Voraussetzung dafür, daß sie als Erwachsene mit ihrem Partner über Sexualität und Geburtenkontrolle sprechen konnten. Ihre Lebenseinstellung und ihre Lebensziele änderten sich. Sie begannen die traditionellen Geschlechterrollen und damit den herrschenden weiblichen Lebensentwurf, der die Frau auf ihre Rolle als Gattin, Hausfrau und Mutter beschränkte, in Frage zu stellen. Einhellig betonten die befragten Frauen, daß Jungen und Mädchen in der SAJ gelernt hätten, kameradschaftlich miteinander umzugehen. Die Koedukation, ein zentraler Bestandteil der Sexualerziehung, stärkte das Selbstbewußtsein der Mädchen und vermittelte ihnen das Gefühl, gleichberechtigt zu sein. Wilma M. bestätigt dies, verweist aber auch auf die problematische Seite der propagierten Kameradschaftlichkeit und die Grenzen der Gleichberechtigung:

> „Wir Mädchen empfanden uns als gleichwertig. Nie hörten wir: ‚Nein, ein Mädchen kann das nicht!' Wie in den Kinderfreunden machten wir auch in der SAJ alles gemeinsam. Wir waren meist ganz Kameraden, burschikos. Die Jungens sollten uns nicht anmerken, wenn uns etwas schwer fiel. Und trotzdem waren wenig Mädchen in den Leitungen der Arbeiterjugend. Meist wollten die Mädchen nicht. Sie machten ihren Mund in politischen Diskussionen nicht auf. Typische Mädchenaufgabe war das Führen des Protokollbuchs über unsere wöchentlichen Abteilungsabende. Ich war schon eine Ausnahme. Durch meine Erziehung zu Hause war meine Haltung als Mädchen in der SAJ-Gruppe wahrscheinlich schon sehr selbstbewußt. Ich diskutierte mit. Beliebter waren allerdings bei den Jungen die Mädchen, die nie etwas konnten, immer Hilfe brauchten. Kumpelhaftigkeit wurde als selbstverständlich angenommen, doch wir Mädchen, die wir Kumpel waren, wurden dadurch fast zu Jungen, und die behandelten uns auch so."

Die Einbeziehung der Mädchen, die Anfang der dreißiger Jahre in Hamburg 47 % der SAJ-Mitglieder stellten, entsprach noch nicht den propagierten Ansprüchen von „Gleichberechtigung" und „Kameradschaftlichkeit"[107]. Nur schrittweise und sehr langsam konnte das anerzogene geschlechtsspezifische Verhalten verändert werden. Die Änderungen betrafen zunächst das Erscheinungsbild und die Umgangsformen zwischen den Geschlechtern. Allgemein wurden die Mädchen in der SAJ mit Achtung behandelt; nur selten begegneten ihnen Jungen offen mit Geringschätzung. In der Theorie galten Mädchen und Jungen als gleichwertig. In der Praxis allerdings war der Junge Maßstab der weiblichen Emanzipation. Nach Ansicht der meisten SAJler war nur diejenige ein „richtiges SAJ-Mädel", die sich bemühte, „ein richtiger, handfester Junge zu sein"[108]. Diese Ansicht herrschte in vielen Gruppen vor, da die Jungen überwiegend das Sagen hatten. Engagierte SAJlerinnen bemühten sich, diesem Ideal zu entsprechen und glichen sich an: Sie trugen „Kluft" und Bubikopf, waren „richtige Kumpel". Doch selbst sie kämpften häufig mit erheblichen Minderwertigkeitsgefühlen; nach außen wirkten sie selbstbewußt, im Inneren zweifelten sie an ihren Fähigkeiten und fühlten sich den Jungen unterlegen. Sie trauten sich Leitungsfunktionen nicht zu. Deshalb waren noch 1931 im Reichsgebiet nur 17 % aller Gruppenvorsitzenden und 14 % aller Mitglieder in den Bezirks- und Unterbezirksvorständen der SAJ Mädchen[109]. Die jungen Frauen hatten die herrschende gesellschaftliche Minderbewertung alles Weiblichen verinnerlicht[110]. Das angestrebte Ideal in der SAJ war zwar eine aktive, selbstbewußte Kameradin, doch privat wahrte mancher SAJler gerade zu diesen „richtigen SAJ-Mädels" Distanz. Sie waren in seinen Augen keine „richtigen Mädchen" mehr. Die Ansprüche dieser engagierten SAJlerinnen an ihren Freund und zukünftigen Lebenspartner waren ihm auf Dauer zu anstrengend; er suchte als Freundin bzw. Ehefrau lieber ein angepaßteres Mädchen. Nur überzeugte, engagierte und aufgeschlossene SAJler waren bereit, den Anspruch von „Gleichberechtigung" und „Kameradschaftlichkeit" auch privat zu leben.

Der Umgang zwischen den Geschlechtern sollte in der SAJ „natürlicher" und „freier" sein, in der Realität hieß das geschlechtsneutral und asexuell. Liebesbeziehungen zwischen Jungen und Mädchen wurden von vielen Gruppenleitern unterdrückt. Sie störten angeblich die Gruppengemeinschaft. Sinnlichkeit und Erotik waren in den meisten SAJ-Gruppen verpönt[111]. Elfriede P. stellt fest:

> „Wir haben die äußere Körperlichkeit sehr stark von der Sexualität und Erotik abgetrennt. Sexualität und Erotik kam bei uns in der Arbeiterjugend überhaupt nicht zum Tragen, auch nicht hinter verschlossenen Türen."

In den meisten SAJ-Gruppen herrschte puritanische Sittenstrenge. Wilma M., die von 1928 bis 1931 der Eimsbütteler SAJ-Gruppe „Ludwig Frank" angehörte, versucht diese Erscheinung zu erklären:

> „Wir fühlten uns als Elite. Die SAJ verstand sich als Elite-Gruppe innerhalb der Arbeiterschaft, insbesondere innerhalb der arbeitenden Jugend allgemein. Eine Elite wollten wir in jeder Beziehung sein, auch auf diesem Gebiet. Wir wollten unsere Ziele und unsere Bewegung nicht durch einen schlechten Ruf gefährden ... Im Prinzip waren wir für Koedukation und schliefen auch auf Nachtfahrten in einem Zelt, aber auf der anderen Seite war das ja furchtbar gefährlich ... Es kam immer wieder vor, daß z.B. ein Mädchen in eine Gruppe reinkam, die sehr auf solche Sachen aus war. Die nur zu uns kam, weil bei uns so schöne Jungs waren. Die konnte eine Gruppe vollkommen durcheinander bringen, wenn alle im Zelt gemeinsam schliefen und sie einen Jungen nach dem anderen vernaschte. So ein Mädchen mußte aus der Gruppe rausgeschmissen werden. Dieses Gespinst, das so etwas passieren könnte, hatten natürlich die Gruppenleiter ... Unsere Gruppenleiter kamen unter Umständen mit dem Gesetz in Konflikt, wenn sie es laufen ließen ... Deshalb wurden wir zwar aufgeklärt, aber jede natürliche Sinnlichkeit ist unterdrückt worden ..."

Die Erklärung von Wilma M. weist auf eine Hauptursache des Puritanismus in der SAJ hin: die Schwierigkeit, sich von der herrschenden bürgerlichen Sexualmoral zu lösen und in einer sittenstrengen und sexualfeindlichen Umwelt eine liberalere Sexualpädagogik zu praktizieren.

Auch das zentrale Ziel der Sexualerziehung, die Triebbeherrschung, trug zu der puritanischen Einstellung bei, da es von den Jugendlichen völlige Enthaltsamkeit forderte. Wie dieses Ziel in der Realität vermittelt wurde, zeigt folgender Auszug aus dem „Tagebuch" der SAJ-Gruppe „Ludwig Frank". Im Mittelpunkt des Aufklärungsabends, der im Juni 1929 stattfand, stand das Thema ‚Onanie'. Der Gruppenleiter Paul S. schrieb das Protokoll:

> „Der Abend sollte uns Aufschluß geben über sexuelle Fragen. C., ein besonderer Kenner in solchen Sachen, sollte uns die Fragen beantworten. Er gab uns erst eine allgemeine Einführung über den Geschlechtstrieb an und für sich und die Entwicklung der Geschlechtstriebe. Nun ging's an die Fragen, die schriftlich gestellt waren. Ich will einige herausgreifen: Hat Onanie Einfluß auf die geistige Tätigkeit des Menschen. Dazu folgendes: Enthaltsamkeit ist natürlich besser, denn in diesem Fall kommen die Hormone (Lebensgeister) dem Körper zugute, verhelfen also zu einer geistigen Frische. Im anderen Fall, die Hormone werden ausgeschieden und zugleich tritt als weiteres Übel hinzu, die damit verbundene Aufregung ... Solange Onanie in Grenzen getrieben wird, schadet sie körperlich nicht, aber seelisch können schwere Konflikte entstehen. Also nochmal: Enthaltsamkeit ist besser, schon in Hinsicht darauf, daß man die Willenskräfte äußerst stärkt ..."[112]

Eine solche Argumentation verstärkte die sexuellen Ängste und Hemmungen der Jugendlichen und ließ sie mit ihren sexuellen Nöten allein. Sexualfeindlichkeit und Prüderie versteckten sich hinter scheinrationalen Argumenten.

Doch diese insgesamt geringen Parallelen mit der überkommenen bürgerlichen Sexualmoral konnten nicht verhindern, daß die sexualpädagogischen Ziele, die die sozialistische Jugendbewegung in der Weimarer Republik verfolgte, bei konservativen und klerikalen Kreisen des Bürgertums auf empörte Ablehnung stießen. Im Mittelpunkt ihrer Kritik stand die Gemeinschaftserziehung, die sie als „unsittlich" und „amoralisch" verurteilten. Die demagogischen und verleumderischen Vorwürfe verstärkten in der SAJ bei Mitgliedern und Funktionären die Tendenzen zum Puritanismus. Um den Gegnern ihrer Sexualerziehung möglichst wenig Anlaß für Angriffe zu bieten, andererseits aber am zentralen Erziehungsgrundsatz – der Koedukation – festhalten zu können, reagierten sie mit der Propagierung von Triebbeherrschung und Sittenstrenge. Begründet wurde diese Forderung mit dem Selbstverständnis als sozialistischer „Elitetruppe der deutschen Jugend", das zu vorbildlichem Verhalten im Öffentlichen wie im Privaten verpflichte[113].

Sexualpädagogik in der Schule

In der Vorkriegszeit setzten sich für eine „geschlechtliche Aufklärung" in der Schule neben der SPD vor allem die ‚Deutsche Gesellschaft zur Bekämpfung der Geschlechtskrankheiten' (DGBG) und der ‚Deutsche Bund für Mutterschutz und Sexualreform' ein[114]. Auch in der bürgerlichen Frauenbewegung, insbesondere im Umkreis des deutschen Zweigvereins der ‚Internationalen abolitionistischen Föderation' (IAF) und des ‚Allgemeinen Deutschen Lehrerinnenvereins', wurde die Notwendigkeit einer „sexual-sittlichen Erziehung" in der Schule erörtert.[115] Den Verfechter(inne)n einer schulischen Sexualaufklärung schien es angesichts der zunehmenden Verbreitung der Geschlechtskrankheiten unbedingt notwendig zu sein, die Jugend „bei ihrem Eintritt ins Leben vor sittlichen Gefahren zu schützen". Da die meisten Eltern ihrer Ansicht nach auf dem Gebiet der Sexualerziehung gänzlich versagten, nicht zuletzt aufgrund allgemeiner Unwissenheit, traten sie für eine „geschlechtliche Aufklärung" in der Schule ein. Die Schülerinnen und Schüler des letzten Schuljahres sollten auf naturwissenschaftlicher Grundlage im Biologieunterricht über die Fortpflanzung des Menschen unterwiesen und mit „taktvollen Worten" vor jeder außerehelichen Sexualität gewarnt werden. Im Mittelpunkt der Belehrungen müßte die Aufklärung über Gefahren der „geschlechtlichen Krankheiten" stehen.[116] In den Jahren des Ersten Weltkrieges, in denen sich Geschlechtskrankheiten in verstärktem Maße ausbreiteten, traten immer häufiger auch konservativere bürgerliche Kreise für eine schulische Sexualpädagogik ein. Da sie die Zunahme der „geschlechtlichen Krankheiten" auf den „wachsenden Zerfall von Sitte und Moral" zurückführten, plädierten sie vorrangig für eine moralische Erziehung.[117]

Nach Kriegsende hielt die öffentliche Debatte über Funktion, Möglichkeiten und Grenzen einer schulischen Sexualpädagogik an. Besonders intensiv wurde die Diskussion von Pädagogen und Pädagoginnen geführt. Einig waren sie sich über das Ziel: Sexualaufklärung und -erziehung sollten der „durch die lange Kriegszeit bedingten Verwilderung der Sitten" in der Jugend entgegenwirken[118]. Über die sexualpädagogischen Methoden hingegen gab es kontroverse Auffassungen. Sozialdemokratische und liberale Pädagog(inn)en traten für eine „direkte Sexualpädagogik" ein, d.h. eine „offene und direkte Behandlung des Sexuellen" im Unterricht[119]. Ihre Vorstellungen zur „geschlechtlichen Erziehung" entsprachen weitgehend denen, die Mediziner und Pädagogen, wie Julian Marcuse und Otto Rühle, bereits in der Vorkriegszeit vertreten hatten. Konservative Pädagog(inn)en lehnten hingegen nach wie vor jede „theoretische Aufklärung" in der Schule ab und plädierten für eine „indirekte Sexualpädagogik": Durch „Anwendung der allgemeinen Methoden zur Willensstärkung, zur Verfeinerung des Gefühls, durch Erweckung von Pietät und religiöser Scheu" wollten sie „erzieherisch auf den Sexualtrieb" einwirken. Ihrer Ansicht nach mußte das Elternhaus Hauptträger der „geschlechtlichen Erziehung" bleiben. Die Schule hatte den Eltern lediglich helfend zur Seite zu stehen.[120]

Bis zum Ende des Kaiserreiches hatte eine Sexualaufklärung in den Schulen offiziell nicht stattgefunden. In Hamburg war jede „direkte Belehrung der Schülerinnen über geschlechtliche Verhältnisse während des Unterrichts" verboten gewesen. Die Oberschulbehörde hatte im Juni 1901 einen entsprechenden Beschluß gefaßt, der sich zwar nur auf Mädchenschulen bezog, in der Praxis aber auch auf Knabenschulen angewandt wurde.[121] Anlaß war eine Versammlung des Vereins Hamburger Volksschullehrerinnen im März des Jahres gewesen, auf der *Lida Gustava Heymann*, eine Vertreterin des radikalen Flügels der bürgerlichen Frauenbewegung, die 1899 den deutschen Zweigverein der IAF mitbegründet hatte und Vorsitzende von dessen Hamburg-Altonaer Ortsgruppe war, einen Vortrag zum Thema „Bewahrung der schulentlassenen Jugend in gesundheitlicher und sittlicher Hinsicht" gehalten hatte[122]. In dem Referat hatte sie dafür plädiert, schulentlassene Mädchen durch einen Vortrag über „die Frage der Fortpflanzung des Menschen aufzuklären", um sie vor sittlichen Gefahren zu schützen. In der Diskussion war nicht nur diese Forderung von der Mehrzahl der Anwesenden unterstützt worden, sondern die Versammlung war darüber hinaus auch für eine „geschlechtliche Belehrung" der heranwachsenden Schülerinnen während der Schulzeit eingetreten. Gerade „Mädchen des Volkes" kämen nach ihrem Schulaustritt in Lebensverhältnisse, „wo die Versuchung in verschiedenster Gestalt" an sie herantrete. Davor müßten sie rechtzeitig gewarnt werden.[123] Um solchen Bestrebungen energisch entgegenzutreten, hatte die Oberschulbehörde das Verbot jeglicher Sexualaufklärung beschlossen. Übertretungen sollten disziplinarisch geahndet werden[124]. Hauptargument für diese Haltung war, daß die sexuelle Aufklärung eine individuelle Sache sei, die im Schulunterricht nicht angemessen behandelt werden könne. Die Lehrer und Lehrerinnen seien zudem für eine derartige Belehrung nicht genügend ausgebildet, auch sei von den Eltern Widerspruch zu erwarten, wenn in ihre Erziehungsaufgaben eingegriffen werde.[125] Trotz der Drohung mit einer Disziplinarstrafe wurde die Verordnung von 1901 immer wieder von Lehrern und Lehrerinnen ignoriert:

> „... gewiß nicht aus Fahrlässigkeit und in leichtfertigem Hinwegsetzen über behördliche Anordnungen, sondern vielmehr aus dem Pflichtbewußtsein des besonnenen Erziehers heraus, der sich bewußt sein mußte, daß er in einer der wichtigsten Erziehungsfragen der ihm anvertrauten Jugend um so weniger versagen dürfe, als bei dieser sich die Erziehung durch das Elternhaus nur noch in den seltensten Fällen als ausreichend erwies."[126]

Bis zum Ende des Kaiserreiches blieben sämtliche Initiativen zur Einführung einer „geschlechtlichen Aufklärung" in den Hamburger Schulen erfolglos: Dies galt sowohl für einen Antrag der Ortsgruppe des ‚Bundes für Mutterschutz' Anfang 1906 als auch für eine Initiative des Vorstandes des ‚Hamburg-Altonaer Zweigvereins der Internationalen abolitionistischen Föderation' vom September 1907 sowie verschiedene Vorstöße aus den Reihen der Hamburger Lehrerschaft. Die Oberschulbehörde beschloß, angeregt durch eine Petition des ‚Bundes für Mutterschutz', im April 1907 lediglich die Einführung von Aufklärungsvorträgen über die „Gefahren des Geschlechtslebens", die Mediziner vor den Schulabgängern der höheren Staatsschulen halten sollten.[127] Erst nach der Novemberrevolution, unter neuer sozialdemokratischer Leitung, hob die Hamburger Oberschulbehörde das Verbot der Sexualaufklärung von 1901 offiziell auf. Angeregt worden war dieser Beschluß durch eine Initiative des Reichsministeriums des Inneren, das den Länderregierungen im Februar 1919 vorgeschlagen hatte, angesichts der wachsenden Verbreitung „vorzeitigen geschlechtlichen Verkehrs" und der daraus resultierenden Zunahme der Geschlechtskrankheiten unter Jugendlichen die Einführung einer „geschlechtlichen Belehrung" in den Schulen zu prüfen.[128] Der Senat bat die Oberschulbehörde um Stellungnahme. Nach eingehenden Erörterungen hob diese im Juli 1919 das alte Verbot auf, sprach sich grundsätzlich für eine schulische Sexualaufklärung aus und setzte eine Kommission ein, die konkrete Vorschläge zu deren Durchführung erarbeiten sollte.[129]

Die Bestrebungen der Oberschulbehörde wurden von Teilen der Eltern- und Lehrerschaft, die der SPD nahestanden, aktiv unterstützt[130]. Besonders engagiert setzte sich für die Forderung nach Einführung einer schulischen Sexualpädagogik die „Gesellschaft der Freunde des vaterländischen Schul- und Erziehungswesens" (GFvSE) ein[131]. Auch der Schulbeirat, die gemeinschaftliche Vertretung von Eltern und Lehrern, beschäftigte sich ausführlich mit der Frage. Im Juni 1921 lud er die Vertreter(innen) der Lehrkörper und der Elternräte sämtlicher Schulen des Stadtgebiets zu einer Versammlung mit dem Thema „Die Frage der geschlechtlichen Aufklärung in Schule und Haus" ein.[132] Gemäß einem Beschluß dieser Versammlung schlug der Schulbeirat vor, Vertreter aus seinen Reihen in die Behördenkommission aufzunehmen. Diesem Vorschlag entsprach die Oberschulbehörde.[133] Im Januar 1922 legte die erweiterte Kommission ihre Empfehlungen in Form von sexualpädagogischen Richtlinien vor[134]. Im Juli des Jahres verabschiedete die Behörde eine überarbeitete Fassung dieser Richtlinien und beschloß, es den Lehrkörpern anheimzustellen, in welchem Umfang sie diese an ihrer Schule realisieren wollten.[135] Die Richtlinien der Kommission, für deren endgültige Formulierung Dr. *Paul Groebel*, Lehrer an einer Hamburger Oberrealschule, verantwortlich war, wurden unter dem Titel „Sexualpädagogik in Schule und Haus" noch im selben Jahr veröffentlicht[136].

Die sexualpädagogischen Vorstellungen, die die hamburgische Oberschulbehörde in den neuen Richtlinien vertrat, entsprachen weitgehend der Position sozialdemokratischer und liberaler Pädagogen und Mediziner. Bei der Erarbeitung und Beschlußfassung hatte sich der starke Einfluß der SPD in der Behörde ausgewirkt. Eine direkte, offene Sexualaufklärung wurde für notwendig gehalten, um die Jugend vor den schweren „sittlichen Schädigungen" der modernen Lebensweise zu bewahren, in deren Vordergrund sich so außerordentlich stark die „sexuelle Reizung" gedrängt habe. Aus „innerer Nötigung" heraus würde die Jugend unter sich bereits „das Triebleben und seine Beziehungen zum Gemeinschafts- und Seelenleben auf das eingehendste" erörtern. Aufgabe der Pädagogen sei es, ihr dabei helfend zur Seite zu stehen. Das Elternhaus würde hier in den meisten Fällen versagen. Die Schule hätte die soziale Pflicht, die Versäumnisse der Eltern auszugleichen. Damit solle ihnen jedoch nicht die Hauptverantwortung für Sexualaufklärung und -erziehung genommen werden. Zentrales Ziel der schulischen Sexualpädagogik mußte nach den Richtlinien die Erziehung zur Triebbeherrschung sein:

„Die Triebgewalten müssen unter Berücksichtigung ihrer nun einmal naturgesetzlich gegebenen Bedingungen so durch den Willen geregelt und beherrscht werden, daß sie Gemeinschaftsleben und Persönlichkeit nicht schädigen, sondern sogar fördern und vertiefen.“[137]

Die Sexualethik, die diesem pädagogischen Ziel zugrunde lag, erläuterte Paul Groebel 1923 in einen Artikel der ‚Hamburger Lehrerzeitung‘, die von der GFvSE herausgegeben wurde: Darin lehnte er jede „prinzipielle Verdammnis“ des natürlichen Sexualtriebes ab. Denn dieser sei „nicht nur Erreger körperlicher Lustgefühle“, sondern auch „Schöpfer erhöhten geistigen Lebens“. Angesichts der Kraft des Naturtriebes könne das Ideal keine „dauernde Askese um ihrer selbst willen“ sein. Das Individuum müsse vielmehr „um seiner selbst willen den Kampf gegen den Trieb bejahen“. Aus diesem Kampf würden „die größten Persönlichkeitswerte“ entspringen, „weil seelische Kämpfe am meisten seelische Vertiefung“ bewirkten. Das sexualethische Ideal müsse Natur und Kultur in Einklang bringen, erstrebenswert sei deshalb, „sowohl aus der Unterdrückung wie aus dem Genuß des Triebes Persönlichkeits- und Gemeinschaftswerte zu schaffen“.[138]

Die Hamburger Richtlinien verwarfen zwar die „asketische Sexualethik“ konservativer und klerikaler Kreise, lehnten aber gemäß dem zeitgenössischen Grundkonsens jede Form vorehelicher Sexualität wie auch die Onanie ab[139]. Ziel war die Erziehung zur Ehe. Besonderer Wert wurde hierauf bei den Mädchen gelegt, wie folgende Leitsätze der Richtlinien zeigen:

„Um Verständnis für den Wert der Ehe im Gegensatz zu allen sogenannten ‚freien Verhältnissen‘ zu wecken, ist bei den Mädchen besonders anzuknüpfen an ihr mütterliches Verantwortungsgefühl und an ihren Stolz.
Leitsätze

1. Die Ehe ist die sicherste Grundlage für eine gedeihliche Entwicklung des Kindes, ferner die beste Gewähr für den Willen des Mannes zur Treue. Hinweis auf die wirtschaftliche, soziale und seelische Notlage der unehelichen Mütter und Kinder.
2. Freie Verhältnisse bergen in sich die große Gefahr einer geschlechtlichen Ansteckung, die auch das Kind gefährdet.
3. Präventivverkehr verletzt die Seele des Mädchens; wegen der Unzuverlässigkeit aller Schutzmittel belastet er das Mädchen mit der beständigen ‚Angst vor dem Kinde‘, die in schreiendem Gegensatz zum echten weiblichen Empfinden steht.
4. Im ‚Verhältnis‘ erniedrigt sich das Mädchen leicht zu einem Spielzeug für vorübergehenden Gebrauch. Es wird als Geschlechtswesen und nicht als Persönlichkeit gewertet. Gefahr des schrittweisen Herabsinkens. Auch ein Verhältnis zwischen zwei Menschen gleicher Bildung und gleichen Standes gefährdet das Mädchen weit ernster und nachhaltiger als den Mann.
5. Diejenigen Mädchen, denen Ehe und Mutterschaft versagt bleibt, können ihre ‚Muttersehnsucht‘ durch mütterliche Fürsorge in Familie, Beruf, soziale Arbeit zu befriedigen suchen. Hinweis auf die Berufe, die den Gemütsbedürfnissen des Mädchens entsprechen.“[140]

Die Sexualpädagogik sollte nach den Vorstellungen der Oberschulbehörde zur Festigung der staatstragenden Institution der Ehe und zur Stabilisierung der Geschlechterrollen beitragen. Angestrebt wurde das Leitbild der ‚modernen Kleinfamilie‘: Frau und Mann sollten in der Ehe nicht nur ihre traditionellen Aufgaben erfüllen, sondern auch Liebespartner und Kameraden sein. Die Richtlinien setzten sich für eine gemäßigte „Rationalisierung der Fortpflanzung“ ein: Propagiert wurden die „Jungehe mit leichterer Scheidungsmöglichkeit“ und das Recht auf Empfängnisverhütung für Ehepaare. Jede „doppelte Moral“ für Frau und Mann wurde abgelehnt.[141] Die sexualpädagogischen Ziele der Hamburger Richtlinien entsprachen den veränderten Anforderungen der Zeit und galten in den zwanziger Jahren als ausgesprochen „modern“.

Zu Inhalt und Methoden der schulischen Sexualerziehung gaben die Richtlinien nur allgemeine Hinweise: Das Thema sollte nicht durch isolierte Einzelvorträge abgehandelt werden, sondern integrativer Bestandteil des Unterrichts sein. Eine besondere Bedeutung käme neben der Behandlung in der Klassengemeinschaft den Einzelgesprächen zu. Den Schulen wurde empfohlen, die biologischen und hygienischen Aspekte des Themas insbesondere im Biologieunterricht zu behandeln, die ethischen und sozialen vor allem im Deutsch-, Geschichts- und Religionsunterricht.

Im 1. bis 4. Schuljahr sollten die Schüler(innen) über die äußeren Geschlechtsunterschiede und die Herkunft des Kindes aufgeklärt werden. Im 5. bis 9. Schuljahr wurde die Besprechung des „Zeugungsaktes“ und der „jugendlichen sexuellen Verirrungen“ empfohlen. Um eine „schmutzige Aufklärung“ zu vermeiden, sollten die Schüler(innen) spätestens im 12. bis 13. Lebensjahr über den Bau der Geschlechtsorgane und die menschliche Fortpflanzung unterrichtet werden. Im letzten, dem 9. Schuljahr waren hygienische und ethische Fragen des Geschlechtslebens zu behandeln. Die Warnung vor vorehelicher Sexualität und Geschlechtskrankheiten hatte dabei im Vordergrund zu stehen. In den Fortbildungs- und Fachschulen, den Oberklassen höherer Lehranstalten, der Universität wie der Volkshochschule sollte eine intensivere Auseinandersetzung mit sexualethischen Problemen folgen. Besondere Kurse zum Thema wurden erst für Universität und Volkshochschule empfohlen. Dort sollte auch über die Möglichkeiten der Empfängnisverhütung aufgeklärt werden.[142]

Um die neuen Richtlinien bei Eltern und Lehrern bekannt zu machen, lud die Oberschulbehörde Ende 1922 zu zwei sexualpädagogischen Vortragsreihen ein, die an jeweils fünf Abenden in den Oberrealschulen Uhlenhorst und Eimsbüttel stattfanden und auf großes Interesse stießen[143]. Daneben richtete die Behörde zwei sexualpädagogische Ausbildungskurse für Lehrer(innen) ein, die regelmäßig wiederholt wurden[144].

Da es den Hamburger Schulen durch den Beschluß der Oberschulbehörde vom Juli 1922 freigestellt war, ob und in welchem Umfang sie die sexualpädagogischen Richtlinien umsetzten, läßt sich über deren Realisierung im Schulalltag wenig sagen. Von den befragten Frauen, die zwischen 1922 und 1933 die Schule besuchten, ist keine im Unterricht aufgeklärt worden. Sie betonen übereinstimmend, daß Sexualität und Fortpflanzung im Schulunterricht allgemein Tabuthemen waren. Einige Lehrer und Lehrerinnen hätten wohl in „blümeranten“ Worten eine vorsichtige Sexualaufklärung versucht, doch diese sei so „nebulös“ gewesen, daß sie keine nützlichen Erkenntnisse gebracht hätte. Diese Art der „Aufklärung“ hätte die Hemmungen, „darüber“ zu sprechen, eher verstärkt. Nur einzelne besonders aufgeschlossene und fortschrittliche Pädagogen hätten sich um eine direkte und offene Sexualaufklärung bemüht. Der überwiegende Teil sei für eine Sexualaufklärung und -erziehung viel zu „gehemmt und verklemmt“ gewesen. Lediglich in den Berufsschulen war die Behandlung des Themas verpflichtend. Im Vordergrund stand hier jedoch ausschließlich die „eingehende Aufklärung über die Gefahren der Geschlechtskrankheiten“.[145]

In der Öffentlichkeit waren die sozialpädagogischen Richtlinien der Hamburger Oberschulbehörde von Anfang an umstritten. SPD, KPD und DDP unterstützten sie als notwendigen Schritt zu einer zeitgemäßen Sexualerziehung. Von DVP und DNVP wurden sie abgelehnt; christlich-konservativen und deutsch-nationalen Kreisen waren die Richtlinien viel zu liberal. In ihrem Kampf für „Sitte und Anstand“ scheuten sie nicht vor Demagogie und Denunziation zurück. Dies zeigt der „Fall Toeplitz“, der 1929 die Öffentlichkeit in der Hansestadt heftig bewegte. Er verdeutlicht die zentrale politische Bedeutung, die der Sexualpädagogik von den Zeitgenossen allgemein zuerkannt wurde.

Ausgelöst worden war die Auseinandersetzung durch einen Vortrag des sozialdemokratischen Arztes John Toeplitz über die „sexuelle Frage“, den er Ende Januar 1929 in einer öffentlichen Versammlung der ‚Vereinigung sozialistischer Schüler‘ (V.S.S.) gehalten hatte. Mit Handzetteln hatte die V.S.S. unter den höheren Schülern und Schülerinnen Hamburg-Altonas für die Veranstaltung geworben, die in der Oberrealschule Eppendorf stattfand. Rund 100 Besucher(innen) kamen, überwiegend Jugendliche zwischen 15 und 20 Jahren.[146] Die Ausführungen von Toeplitz stützten sich auf die neuesten Erkenntnisse fortschrittlicher Sexualwissenschaftler(innen) und

Sexualpädagog(inn)en aus dem Umfeld der Sexualreformbewegung: Einleitend stellte Toeplitz fest, daß es sich bei der „sexuellen Frage" letztlich um eine politische und weltanschauliche Frage handle; er wollte das Thema als Sozialist behandeln. Im Vortrag selbst beschäftigte er sich zunächst mit der Sexualentwicklung von Kind und Jugendlichem sowie den körperlichen und seelischen Unterschieden von Frau und Mann, klärte dann über die körperlichen Gefahren der Geschlechtskrankheiten auf und setzte sich zum Schluß ausführlich mit sexualethischen Problemen auseinander. Er trat für eine bewußte Triebbeherrschung ein, warnte aber vor übertriebenen sexuellen Ängsten. Die Haltung zur sexuellen Frage müsse sich durch „Verantwortung vor der Gemeinschaft und der kommenden Generation" auszeichnen. Anzustreben sei eine neue Ethik. Am Ende seines Vortrages betonte Toeplitz, daß das sexuelle Verhalten nicht durch äußere Verbote gesteuert werden könne und dürfe, sondern nur durch das innere Verantwortungsbewußtsein des Individuums. In sexuellen Dingen könnten keine allgemeingültigen Regeln aufgestellt werden. Jeder solle so leben, wie er leben müsse.[147]

Diesen Vortrag nahmen christlich-konservative, deutsch-nationale und nationalsozialistische Kreise Hamburgs zum Anlaß für eine Hetzkampagne gegen jede Liberalisierung von Sexualmoral und Sexualpädagogik: Bereits wenige Tage nach der Veranstaltung protestierte das Kollegium der Oberrealschule Eppendorf bei der Oberschulbehörde und bat, geeignete Maßnahmen zu treffen, welche „derartige Vorträge" in Zukunft unmöglich machen. Es stützte sich auf den verfälschenden Bericht eines Kollegiumsmitgliedes, in dem Dr.Toeplitz u.a. vorgeworfen wurde, unverhüllt für die Freigabe des geschlechtlichen Verkehrs zwischen Jugendlichen eingetreten zu sein.[148] Aufgrund des gleichen Berichtes beschwerte sich auch der Elternrat der Schule in einem Schreiben bei der Oberschulbehörde und forderte energische Maßnahmen zum sittlichen Schutz der Jugend[149]. Die deutsch-nationalen ‚Hamburger Nachrichten' machten den Vorfall Anfang Februar mit einer demagogisch-denunziatorischen Darstellung des Vortrags und der Versammlung publik[150]. ‚Der Stahlhelm. Bund der Frontsoldaten, Gau Hamburg' reagierte prompt mit einer „Mahnung an die Elternschaft Groß-Hamburgs", die in allen bürgerlichen Zeitungen der Stadt abgedruckt wurde. In der Erklärung, die die Darstellung der ‚Hamburger Nachrichten' kolportierte, wurde die Oberschulbehörde aufgefordert, „es zukünftig als ihre Pflicht anzusehen, die ihr von den Eltern anvertrauten Kinder gegen solchen platten Schmutz zu schützen", und die Öffentlichkeit aufgerufen, „einer Wiederholung solcher planmäßigen und zielbewußten Entsittlichung unserer Kinder den erforderlichen Widerstand entgegenzusetzen".[151] Der Aufruf verhallte nicht ungehört. Eine breite konservative Front machte gegen die „Jugendverheerung" mobil:

– Die ‚Rechtsfraktion der Hamburger Lehrerkammer' wandte sich mit einem Offenen Brief an die Oberschulbehörde und forderte von ihr, daß sie „mit allen ihr zu Gebote stehenden Mitteln" solche Vorgänge „künftig unterdrückt". Sie charakterisierte den Vortrag von Toeplitz „als eine Aufforderung an die Jugend zu hemmungslosem Triebleben", als „den Versuch einer absichtlichen Niederbrechung aller durch Religion, Sittlichkeit und Vernunft gebotenen Hemmungen".[152]
– Die Abgeordnetenversammlung des bürgerlichen ‚Stadtbundes Hamburgischer Frauenvereine' verabschiedete eine Entschließung in der sie „Eltern und Erzieher und vor allem die Jugend selbst ... zu einer geschlossenen Abwehr gegen die aufdringliche und mißverständliche Art der Aufklärung über sexuelle Fragen, wie sie in dem Vortrag von Dr.Toeplitz gegeben wurde," aufrief. Sie lehnte „eine Behandlung so schwieriger Fragen in öffentlichen Versammlungen ab".[153]
– Auch der Vorstand der Hamburgischen Ärztekammer, der ‚Centralausschuß Hamburgischer Bürgervereine' und der ‚Nationale Block Nordmark' protestierten in Erklärungen gegen jede öffentliche Sexualaufklärung der Jugendlichen[154].
– Selbstverständlich verurteilten auch DVP und DNVP den Vorfall. Die Deutschnationalen werteten den Vortrag von Toeplitz als „Bolschewisierung der Kindergemüter"[155].

In der Hamburger Presse wurde der „Fall Toeplitz" breit diskutiert. Deutschnationale und nationalsozialistische Kreise nutzten den „Skandal" zu antisozialistischer Hetze. Er war für sie „das Ergebnis einer planmäßigen Entsittlichung" der Jugend „durch die sozialdemokratische Partei"[156]. Antisemitische Ausfälle gegen den „Juden" Toeplitz ergänzten die Kampagne[157]. Auch außerhalb Hamburgs verwandten diese Kreise den Vorfall für ihre reaktionäre Propaganda[158].

Ende Februar 1929 stand der „Fall Toeplitz" auf der Tagesordnung der Hamburger Bürgerschaft. Anlaß war eine Anfrage des DNVP-Abgeordneten Nagel, in der der Senat um Stellungnahme gebeten wurde.[159] Die Antwort des Senats lautete:

> „Die Oberschulbehörde hat dem Senat berichtet, daß sie die Veranstaltung nach Art der Zusammenberufung und der Zusammensetzung der Versammlung und den Vortrag und die Diskussion, die nach Form und Inhalt gegen die von der Behörde 1922 erlassenen Richtlinien über Sexualpädagogik in Schule und Haus in jeder Beziehung verstoßen, entschieden mißbilligt. Die Oberschulbehörde hat den Vorgang zum Anlaß genommen, die Vergebung von Schulräumen für Veranstaltungen, die nicht von den Schulen getroffen werden, fortan, um über den Charakter jederzeit unterrichtet zu sein, zu zentralisieren. Schulräume werden in Zukunft zu Veranstaltungen, die für Jugendliche ungeeignet sind, nur dann vergeben werden, wenn ausreichend Gewähr dafür gegeben ist, daß Schüler keinen Zutritt erhalten. Der Senat billigt diesen Standpunkt der Oberschulbehörde."[160]

Obwohl der Oberschulbehörde der reale Ablauf der Veranstaltung und der genaue Inhalt des Vortrages von Dr.Toeplitz bekannt war – sie war sowohl vom Referenten selbst als auch von Jugendlichen und erwachsenen Teilnehmern ausführlich informiert worden –, kam es zu dieser Stellungnahme, die zeigt, daß auch die sozialdemokratisch geleitete Behörde eine öffentliche Sexualaufklärung von Jugendlichen nicht unterstützen wollte[161]. Selbstverständlich schloß sich der Senat, dem SPD, DDP und DVP angehörten, der Position der Oberschulbehörde an.

Die Bürgerschaftsdebatte zum „Fall Toeplitz" wurde von allen Parteien genutzt, um ihre grundsätzlichen Vorstellungen zur Sexualpädagogik vorzutragen und zu den sexualpädagogischen Richtlinien der Oberschulbehörde Stellung zu nehmen. Die Redner(innen) von DDP, DVP und DNVP begrüßten einhellig die „entschiedene" Stellungnahme des Senats zum „Fall Toeplitz". Sie unterstützten vor allem den Beschluß der Oberschulbehörde, die Vergabe von Schulräumen für öffentliche Versammlungen schärfer zu kontrollieren. Bei der Beurteilung der sexualpädagogischen Richtlinien gingen ihre Meinungen jedoch nach wie vor weit auseinander; während die DDP sie verteidigte, wurden sie von DVP und DNVP abgelehnt. Besonders scharf verurteilte der DVP-Redner Hurtzig die Richtlinien. Im Mittelpunkt seiner Polemik stand deren Sexualethik. Er kritisierte vor allem, daß die Richtlinien zum einen verheirateten Ehepaaren grundsätzlich das Recht zugestanden, Sexualität und Fortpflanzung zu trennen, und deshalb dafür plädierten, Studierende der Universität und der Volkshochschule über Empfängnisverhütung aufzuklären, zum anderen die Jungehe mit leichter Scheidungsmöglichkeit propagierten. Hurtzig, der jede direkte und offene Sexualaufklärung in der Schule ablehnte, forderte eine grundlegende Revision der sexualpädagogischen Richtlinien durch die Oberschulbehörde. Die Ausführungen des DNVP-Sprechers Nagel, der ebenfalls jede schulische Sexualaufklärung verwarf, verdeutlichen die bevölkerungspolitischen Motive, die konservative und klerikale Kreise zur Abwehr jeder Liberalisierung von Sexualethik und Sexualpädagogik bewegten: Er wertete den Kampf gegen die „Entsittlichung der Jugend" als einen Kampf für den Erhalt des deutschen Staates. Denn der „Verfall der Sitten" hatte nach seiner Ansicht zwangsläufig den „Bevölkerungsverfall Deutschlands", den „völkischen Untergang" zur Folge.[162]

Der sozialdemokratische Sprecher *Richard Ballerstaedt*, der als Schulrat für das Volksschulwesen und Vorstandsmitglied der GFvSE Mitglied der Behördenkommission gewesen war, die die sexualpädagogischen Richtlinien erarbeitet hatte, verteidigte diese. Die Stellungnahme des Senats zum „Fall Toeplitz" hingegen unterstützte er nur mit Vorbehalten. Seiner Auffassung nach war – gemessen an den Richtlinien – lediglich die Form, nicht der Inhalt des Vortrages von Toeplitz zu kritisieren. Der Vortrag sei zwar „pädagogisch ein Mißgriff", denn öffentliche Aufklärungsvorträge vor jungen Menschen seien prinzipiell abzulehnen, vor allem solche vor Jugendlichen beiderlei Geschlechts, aber inhaltlich sei er nicht zu beanstanden gewesen. Die Versammlung sei „ernst, würdig und anständig verlaufen". Dies hätten verschiedene „Ohrenzeugen" bestätigt. Die Berichterstattung in der Rechtspresse sei schlicht falsch.[163] Ballerstaedt warf den Rechten vor, ausschließlich aus „politischen Motiven" ein „bewußtes Kesseltreiben gegen den Vortragenden" initiiert zu haben:

> „Man wollte in dem Referenten den Juden treffen und zugleich den Sozialdemokraten ... Man wollte mit dem ganzen Vorgehen ... die Sozialdemokratische Partei in der Öffentlichkeit verunglimpfen ... Wir verurteilen aufs nachdrücklichste die politische Hetze gegen Dr. Toeplitz und den parteipolitischen Mißbrauch einer Angelegenheit, deren sittlich ernste Bedeutung eigentlich einem solchen parteipolitischen Mißbrauch widersprechen sollte."[164]

Die Haltung des ‚Hamburger Echo' im „Fall Toeplitz" war weniger kritisch. Das SPD-Blatt unterstützte die Stellungnahme des Senats und distanzierte sich vom Vortrag des Parteimitglieds John Toeplitz[165]. Die KPD kritisierte als einzige Partei innerhalb wie außerhalb der Bürgerschaft scharf die Hetzkampagne der Rechten[166]. Auch bei fortschrittlichen Eltern und Lehrern löste deren Vorgehen Empörung aus. Es setzte erneut eine intensive Diskussion über die Sexualpädagogik in Schule und Elternhaus ein[167]. Linke und liberale Organisationen versuchten, dem ideologischen Einfluß der konservativen und klerikalen Kreise durch die Propaganda für eine liberale Sexualpädagogik entgegenzuwirken: Die KPD-nahe ‚Arbeitsgemeinschaft der sozialpolitischen Organisationen' hielt Mitte Februar eine Versammlung zum Thema ab[168]. Anfang April folgte die ‚Hamburger Ortsgruppe des Bundes für Mutterschutz und Sexualreform' mit einer Veranstaltung[169]. Im August des Jahres machte die ‚Gesellschaft der Freunde des vaterländischen Schul- und Erziehungswesens' die „sexuelle Aufklärung" zum Thema einer öffentlichen Arbeitsversammlung[170]. Auch die Oberschulbehörde bemühte sich verstärkt, ihre Vorstellungen zur Sexualaufklärung und -erziehung bei Eltern und Lehrern zu verbreiten[171]. Bis zum Ende der Weimarer Republik blieb die Sexualpädagogik ein heftig umstrittenes politisches Thema. Hinter der Auseinandersetzung über Sexualaufklärung und -erziehung stand, wie der „Fall Toeplitz" deutlich macht, eine Kontroverse über die erstrebten politischen und sozialen Verhältnisse, die notwendige Form und Funktion von Ehe und Familie, die bevölkerungspolitischen Ziele sowie das angestrebte Geschlechterverhältnis.

* * *

Die sexuelle Sozialisation der Arbeiterfrauen und -töchter war in Kaiserreich und Weimarer Republik allgemein durch eine repressive Sexualpädagogik geprägt. Die intensive Propaganda für eine konservative Sexualmoral, die Staat, Kirche und bürgerliche Medien seit dem Kaiserreich in der Bevölkerung durchzusetzen versuchten, hatte ihre Spuren auch in der Sexualerziehung der Arbeiterschaft hinterlassen. Dies zeigt die neue, spezifisch proletarische (Doppel)-Moral, die in den zwanziger Jahren weit verbreitet war. Deutschnationale und christlich-konservative Kreise des Bürgertums hofften, mit Hilfe einer repressiven und sexualfeindlichen Erziehung Moral und Verhalten des Proletariats in ihrem Sinne beeinflussen zu können. Sie betrachteten die Schule neben der Familie als den zentralen Ort zur Vermittlung der erstrebten Moralvorstellungen an Heranwachsende.

Liberale und sozialdemokratische Kreise setzten sich seit der Vorkriegszeit für eine „Modernisierung" der Sexualpädagogik ein. Gemäß dem zentralen Ziel, einer „Rationalisierung der Fortpflanzung", sollte eine „neuzeitliche" Sexualaufklärung und -erziehung der jungen Generation den für notwendig gehaltenen Wandel des generativen Verhaltens fördern. Im Rahmen der Institution Ehe, die nicht in Frage gestellt wurde, sollte ein „rationaler Fortpflanzungstypus" praktiziert werden. In der Weimarer Republik versuchte insbesondere die SPD, in der Schulpolitik ihre sexualpädagogischen Vorstellungen durchzusetzen. Dies zeigen die hamburgischen Richtlinien für eine „Sexualpädagogik in Schule und Haus" aus dem Jahr 1922. Die sexualpädagogischen Vorstellungen liberaler und sozialdemokratischer Kreise standen im Schußfeld der Kritik des deutschnationalen und christlich-konservativen Bürgertums, das jede Liberalisierung des Sexuallebens und jegliche Reform des Geschlechterverhältnisses ablehnte. Es fürchtete, daß eine Enttabuisierung der Sexualität zur Auflösung der herrschenden Normen und Werte beitragen und den „Zerfall der Familie" verstärken könne. Die Förderung eines „rationalem Fortpflanzungstypus" durch eine liberale Sexualpädagogik vergrößerte ihrer Ansicht nach das Ausmaß des „gefährlichen" Geburtenrückgangs. Hauptziel war es, die herrschenden Moralvorstellungen als einzig legitime Norm des Sexualverhaltens durchzusetzen und damit die systemstabilisierende Institution Ehe abzusichern. Zudem sollte die erstrebte quantitative Bevölkerungspolitik auf diese Weise unterstützt werden.

In der sozialistischen Jugendbewegung herrschten seit Mitte der zwanziger Jahre noch liberalere sexualpädagogische Vorstellungen als in der SPD vor. Diese waren entscheidend durch die Sexualtheorie Freuds beeinflußt worden: Die Existenz einer kindlichen Sexualität und deren hervorragende Bedeutung für die psychische Entwicklung wurden anerkannt. Im Interesse eines gelungenen Entwicklungsprozesses wurde zwar bis zum Erwachsenenalter Triebbeherrschung gefordert, doch die Sexualität der Kindern und Jugendlichen wurde nicht mehr autoritär von außen unterdrückt. Sie sollten selbst lernen, ihre Triebe zu zügeln. Erwachsenen war Sexualität auch vor der Ehe gestattet. Eine Trennung von Sexualität und Fortpflanzung galt als sinnvoll und notwendig. Angestrebt wurde eine neue Ethik im Verhältnis der Geschlechter, jede Form der Doppelmoral wurde verworfen.

Das sexualpädagogische Konzept, das die SAJ verfolgte, war für die damalige Zeit außerordentlich fortschrittlich und emanzipativ: Für SAJler(innen) war der Arbeiterjugendbund der wichtigste Ort ihrer Sexualaufklärung. Sie lernten dort, über „sexuelle Fragen" zu sprechen, überwanden die anerzogene Prüderie. Die Gemeinschaftserziehung förderte einen natürlichen Umgang zwischen den Geschlechtern. Die Jugendlichen begannen, die traditionellen Rollen von Frau und Mann in Frage zu stellen, und entwickelten alternative Lebensentwürfe. Gemessen an heutigen Maßstäben erscheint allerdings auch die Sexualpädagogik der SAJ in ihrem Wesen als repressiv, ihre Wirkung war ambivalent: Kehrseite der Koedukation war der Puritanismus, die äußere Körperlichkeit wurde von jeder Sinnlichkeit und Erotik abgetrennt; die Beziehung zwischen Jungen und Mädchen war – scheinbar – asexuell. Mit dem selbstgewählten Puritanismus versuchte die SAJ den heftigen Angriffen konservativer und klerikaler Kreise zu begegnen.

2.2.1.2 Möglichkeiten und Schwierigkeiten der Schwangerschaftsverhütung

Familienplanung und Geburtenkontrolle waren in erster Linie eine Sache der Frau. Sie trug letztlich die Verantwortung für den Nachwuchs; ihre Aufgabe war die Pflege und Erziehung des Kindes. Arbeiterfrauen strebten deshalb meist stärker als ihre Männer nach einer Beschränkung der Kinderzahl. Doch die Realisierung dieses Wunsches scheiterte nicht selten an den unzureichenden Möglichkeiten der Schwangerschaftsverhütung, die sich im Vergleich zum Kaiserreich nur geringfügig verbessert hatten.

Eines der ältesten und wohl bei allen Völkern am meisten verbreiteten Verhütungsverfahren war der ‚Coitus interruptus'. Das „Sich-in-acht-Nehmen", das „Vor-der-Tür-Abladen" des Mannes, wie es im Volksmund auch hieß, war außerordentlich unsicher; die Fehlquote lag extrem hoch[172]. Deshalb rieten fachkundige Mediziner in den zwanziger Jahren allgemein davon ab, dieses Verfahren anzuwenden[173]. Sie empfahlen statt dessen die Benutzung des Präservativs, das seit der Mitte des 19. Jahrhunderts weitere Verbreitung fand, als es kostengünstig industriell aus Gummi produziert werden konnte.[174] In der Weimarer Republik bot der Handel eine Vielzahl von Präservativen in verschiedenen Formen an, die so schöne Namen trugen wie „Pechs Garantie", „Neverriß" und „Ohnefurcht". Am bekanntesten war „Fromms Act", von dem allein mehr als 24 Millionen Stück pro Jahr hergestellt wurden.[175] Qualität und damit Sicherheit des Kondoms, volkstümlich „Überzieher" genannt, hingen entscheidend vom Preis ab, der zwischen 30 und 70 Pfennigen schwankte. Das entsprach dem durchschnittlichen Stundenlohn eines Facharbeiters. Einfache Präservative rissen leicht, festere waren auf Dauer für Arbeiterpaare zu teuer. Nur sie boten jedoch bei richtiger Verwendung einen sicheren Schutz vor der Empfängnis. Um zu sparen, benutzte mancher Arbeiter sein Gummikondom mehrfach, damit stieg für die Frau das Risiko einer Schwangerschaft. Obwohl das Präservativ ein leicht zu handhabendes und relativ sicheres Verhütungsmittel war, lehnte der „größte Teil der Männerwelt" nach einhelligem zeitgenössischem Urteil dessen Dauergebrauch ab, da es das „Lustgefühl" beeinträchtige.[176]

Bei beiden Verfahren mußten sich die Frauen auf ihre Partner verlassen. Da sie die Zuverlässigkeit der Männer häufig zu Recht bezweifelten, war es den meisten lieber, wenn sie selbst für die Empfängnisverhütung sorgen konnten.[177] Ihnen stand zwar eine Vielzahl von Verhütungsmitteln und -techniken zur Verfügung, doch nur wenige boten einen so sicheren Empfängnisschutz wie das Präservativ.

Das verbreitetste Verhütungsverfahren bei Arbeiterfrauen war die Scheidenspülung nach dem Geschlechtsakt. Zum „Duschen", so der volkstümliche Ausdruck, nahmen sie meist einen „Irrigator" zu Hilfe: Ein 1/2 bis 1 Liter fassendes Gefäß, an dessen unterem Ende sich ein Ausfluß befand, an dem ein 1 bis 1,50 Meter langer Gummischlauch angebracht war, der in ein Röhrchen mit schmaler Öffnung auslief. Der Behälter wurde mit lauwarmem Wasser gefüllt, dem ein desinfizierendes Mittel zugesetzt wurde; am gebräuchlichsten waren Zitronensäure, Holzessig, Chlorzink oder Kaliumpermanganat. Die Anwendung dieses Geräts beschrieb eine populären Aufklärungsbroschüre folgendermaßen:

> „Den Irrigator hängt man 1,50 Meter hoch an die Wand oder stellt ihn in gleicher Höhe auf einen Tisch oder ein Konsolbrett. Nun preßt man den Gummischlauch am unteren Ende um, so daß das Wasser nicht auslaufen kann, setzt sich auf ein Becken, zieht die Knie an, daß die Füße flach aufliegen und lehnt sich mit dem Rücken an die Wand ... Jetzt lockert man den Schlauch, läßt wenig Wasser in das Becken einlaufen, um die Luft aus dem Schlauch zu entfernen, und führt das Röhrchen so tief in die Scheide, bis es auf Widerstand stößt. Dann geht man ein wenig zurück, damit das Wasser frei eindringen kann. Es empfiehlt sich, die Schamlippen fest zusammenzupressen, mit der Hand noch behilflich zu sein, so daß das Wasser nicht abfließen kann. So dehnt das Wasser die Scheide und dringt in alle Falten. Dann spreizt man die Beine und läßt das Wasser abfließen. Dieses Öffnen und Schließen der Beine wird mehrere Male wiederholt."[178]

Dieses Anwendungsverfahren war vielen Frauen zu unbequem und umständlich. Zudem fehlte insbesondere in den engen und überfüllten proletarischen Schlafzimmern jede Möglichkeit, die Spülung vorschriftsmäßig durchzuführen. In der Praxis wurde sie deshalb meistens mehr schlecht als recht in stehender oder hockender Stellung auf der Toilette ausgeführt, nicht selten erst Stunden nach dem Geschlechtsverkehr.[179] Um den Frauen die Scheidenspülung zu erleichtern, bot der Handel seit der Vorkriegszeit den „Schließirrigator" an, auch „Birnenspritze" genannt. Er bestand aus einer Gummibirne, in die bis zu einem halben Liter Wasser eingezogen werden konnte, und einer „Schließröhre". Zwischen beiden befand sich ein ovales Zwischenstück, das den Scheidenausgang dicht abschloß. Das Wasser konnte durch Druck auf den Gummiballon leicht in die Scheide hineingetrieben werden und von dort wieder in den Ballon zurückströmen.[180] Zur Verbreitung des „Irrigators" hatte entscheidend der Umstand beigetragen, daß er als einziges Verhütungsmittel leicht auf Krankenschein erhältlich war. Die Krankenkassen erstatteten die Kosten für Antikonzeptiva nur zum Zwecke der Krankheitsverhütung. Da eine regelmäßige Spülung von vielen Medizinern jedoch aus hygienischen Gründen empfohlen wurde, konnten sich Frauen „Irrigator" oder „Mutterspritze" einfach verschreiben lassen. Ausreichende Indikation war die Notwendigkeit, die Vagina von Ausfluß zu reinigen.[181] Selbst bei vorschriftsmäßiger Anwendung war die Scheidenspülung ein höchst unsicheres und zudem gesundheitsgefährdendes Verfahren. Die Flüssigkeit konnte in Uterus und Tuben eindringen und zu Entzündungen, Verklebungen oder Sterilität führen. Immer mehr Gynäkologen rieten deshalb generell von Spülungen ab.[182] Zur Empfängnisverhütung empfahlen sie den Frauen die Anwendung wirksamerer mechanischer und chemischer Mittel.

Als das billigste und zuverlässigste mechanische Verhütungsmittel für die Frau galt bei fachkundigen Medizinern das Diaphragma, auch „Scheidenokklusiv-Pessar" genannt. Entwickelt und erstmals beschrieben worden war es 1882 von dem Flensburger Arzt Wilhelm Mensinga.[183] In den zwanziger Jahren bot der Handel in Deutschland achtzig patentierte Pessare an. Den Frauen wurde allgemein empfohlen, das Scheidenpessar, eine runde Gummikappe mit verstärktem Rand, vor dem Einsetzen mit einer spermiziden Salbe zu bestreichen. Ein gut sitzendes Pessar war beim Geschlechtsakt weder von der Frau noch vom Mann zu spüren. Mit seiner Hilfe konnte die Frau also auch gegen den Willen des Mannes heimlich verhüten.[184] Bei vorschriftsmäßigem Gebrauch, regelmäßiger Reinigung und richtiger Lagerung blieb ein Diaphragma, das zwischen 1,50 und 4,– Mark kostete, ein bis zwei Jahre gebrauchsfähig[185]. Die erfolgreiche Anwendung dieses Verhütungsmittels war allerdings an einige Voraussetzungen gebunden:

1. Ein Arzt mußte die richtige Größe bestimmen – ein zu großes oder zu kleines Diaphragma gewährte keinen Schutz – und der Frau dessen Handhabung beibringen. Dazu waren nur wenige Ärzte bereit und fähig.
2. Die Frau selber mußte lernen, das Diaphragma richtig zu benutzen, was eine ausreichende Unterweisung und etwas Übung erforderte.
3. Das Scheidenpessar durfte nicht länger als 24 Stunden getragen werden. Lange Zeit war es üblich gewesen, daß der Arzt der Frau das Diaphragma nach der Menstruation einsetzte und vor Beginn der nächsten entfernte. Da zum einen das Risiko groß war, daß das Pessar sich verschob und nicht mehr sicher wirkte, zum anderen die Gefahr von Unterleibsentzündungen bestand, lehnten fachkundige Ärzte in den zwanziger Jahren längeres Tragen des Diaphragmas ab.[186]

Bei vorschriftsmäßiger Anwendung des Pessars in Kombination mit einer spermiziden Salbe war dessen Fehlquote gering.

Neben dem Diaphragma gab es in den zwanziger Jahren als mechanische Schutzmittel für die Frau noch Sicherheitsschwämmchen, Portiokappen und Intra-Uterin-Pessare. Zu den ältesten Verhütungsmitteln gehörte das „Sicherheitsschwämmchen": Ein kleiner Natur- oder Gummischwamm in einem feinen Netz mit einem Faden zum Herausziehen. Der Schwamm sollte den Muttermund abschließen. Vor dem Einführen in die Scheide wurde er mit einer desinfizierenden Flüssigkeit getränkt, am gebräuchlichsten waren Essig- oder Zitronensäure. Neben den „Sicherheitsschwämmchen" bot der Handel auch „antikonzeptionelle Wattebäuschchen" an, die ähnlich wirkten. Dieses Präventivverfahren, das vor allem von Hebammen propagiert wurde, war leicht zugänglich und zudem billig.[187] Inwieweit es einen sicheren Empfängnisschutz bot, war in der Ärzteschaft umstritten; von den meisten Medizinern wurde es in den zwanziger Jahren als unsicher abgelehnt. Der Volksmund sprach allgemein vom „Unsicherheitsschwämmchen".[188]

Die Portiokappe, in den zwanziger Jahren als „Occlusiv-Zervix-Pessar" bekannt, war bereits 1838 von dem Berliner Gynäkologen Friedrich Adolph Wilde eingeführt worden. Dieses Pessar aus Edelmetallen oder Zelluloid sollte den Muttermund dicht anliegend abschließen und so eine

Empfängnis verhindern. Es wurde vom Arzt der jeweiligen Größe der Portio, dem in die Scheide hineinragenden Teil des Uterus, angepaßt und mußte von ihm vor jeder Menstruation entfernt und danach neu eingeführt werden. Die Frau war also gezwungen, regelmäßig einen Arzt zu konsultieren. Die Sicherheit der Portiokappe war so groß wie die des Diaphragmas; es bestand jedoch die Gefahr von Infektionen. Als entscheidender Nachteil galt, daß ihre Anwendung die Frau in außerordentlich starkem Maße vom Arzt abhängig machte.[189]

Das Intrauterinpessar war ein relativ junges Verhütungsmittel. Erstmals empfahl 1909 der deutsche Arzt R. Richter, zur Schwangerschaftsverhütung zwei oder drei „Silkworm"-Schlingen – haardünne Seidenfäden, die an einem harten Kopf aus Glas befestigt sein sollten – in den Uterus einzulegen. In den zwanziger Jahren bot der Handel verschiedene Modelle des Intrauterinpessars an, u.a. den „Obturator", das „Stiftpessar", das „Sterilette" und die „Silkwormrosette". Deren Preis lag generell bei 20 Mark.[190] Allen gemein war, daß sie zwar relativ zuverlässig eine Schwangerschaft verhüteten, aber außerordentlich gesundheitsgefährdend waren; sie konnten schwerste Unterleibsentzündungen und Sterilität verursachen; vereinzelt kam es sogar zu Todesfällen. Vorbild für die heutige Form der „Spirale" waren die von dem Berliner Gynäkologen Ernst Gräfenberg seit 1928 propagierten Ringe, die zunächst aus „Silkworm", später aus Silber oder Gold angefertigt wurden. Gräfenberg führte den Ring ausschließlich in die Gebärmutterhöhle ein, um aufsteigende Infektionen zu vermeiden; sein Applikationsverfahren wahrte strenge Asepsis. Damit verminderte er erheblich das Gesundheitsrisiko.[191] Trotzdem stieß der „Gräfenberg-Ring" bei den meisten Frauenärzten auf Ablehnung. Sie betrachteten das Intrauterinpessar aufgrund seiner besonderen Wirkungsweise als „Abtreibungsmittel"[192].

Neben diesen mechanischen Verhütungsmitteln, gab es eine Vielzahl von chemischen Präparaten; 128 Tabletten, Kugeln, Ovale und Zäpfchen, Pulver, Cremes und Salben bot der Handel in den zwanziger Jahren an. Außerdem gab es diverse Tränke, Tinkturen und Tees auf Kräuterbasis, die meist nicht hielten, was sie versprachen.[193] Wirksamer waren die modernen chemischen Präparate. Zu den verbreitetsten Mitteln gehörten die Tabletten-Marken „Semori" und „Speton", von denen jeweils zwölf Stück 2,65 Mark kosteten, sowie die „Patentex"-Salbe, die mit Einführungsrohr zu einem Preis von 3,95 Mark verkauft wurde; eine Tube sollte laut Werbung für etwa 40maligen Gebrauch genügen[194]. Das Wirkungsprinzip aller chemischen Verhütungsmittel war ähnlich: Vor dem Geschlechtsverkehr mußte die Frau das Präparat möglichst tief in die Scheide einführen, dort sollte es die Spermien entweder immobil machen oder zerstören und zugleich durch Verschluß des Zervixeinganges deren Eindringen in die Gebärmutter verhindern. Die gebräuchlichsten spermiziden Substanzen waren Borsäure, Zinksulfat, Chinosol und organische Quecksilberverbindungen. Die Sicherheit der chemischen Verhütungsmittel war sehr unterschiedlich; selten entsprach deren Wirkung den Versprechungen der Werbung. Vom alleinigen Gebrauch chemischer Verhütungsmittel rieten fachkundige Mediziner deshalb ab; sie empfahlen diese Präparate ausschließlich als Ergänzung zu Kondom und Diaphragma. Diese Kombination wurde von ihnen als besonders sicher angepriesen, da sie allein ihren Anforderungen an ein Verhütungsverfahren entsprach, das

- möglichst sicher sein sollte,
- keine körperliche oder seelische Gesundheitsschädigung hervorrufen durfte,
- bequem ohne Hilfe Dritter angewandt werden können mußte und
- einen erschwinglichen Preis haben sollte.[195]

Medizinische Forschung und Lehre beschäftigten sich in der Weimarer Republik nur am Rande mit dem Problem der Schwangerschaftsverhütung. Der Wissensstand über Antikonzeptiva war bei den meisten Ärzt(inn)en gering. Weder auf der Universität noch in den Frauenkliniken hatten sie Gelegenheit, sich darüber zu informieren. In den offiziellen Lehrbüchern fehlte dieses Kapitel.

Verbreitete Aufklärungsschrift aus den zwanziger Jahren (Privatbesitz)

Veröffentlichungen zum Thema entstanden vorrangig außerhalb der institutionalisierten medizinischen Wissenschaft.[196]

Forschungen zur Empfängnisverhütung betrieben nur einzelne Mediziner. Zu ihnen gehörten die Gynäkologen Hermann Knaus und Kiusako Ogino, die Anfang der dreißiger Jahre die Möglichkeit einer natürlichen Prävention verifizierten. Beide entdeckten unabhängig voneinander, daß der Eisprung etwa vierzehn Tage vor der nächsten Menstruation stattfindet und empfahlen die „Rhythmusmethode" als natürliches Verhütungsverfahren; Geschlechtsverkehr sollte nur in der empfängnisfreien Zeit vor und nach dem Eisprung praktiziert werden. Voraussetzung für dieses Verfahren war eine längere Beobachtung des individuellen Zyklus, auf deren Grundlage das „Konzeptionsoptimum" errechnet werden konnte. Die Erkenntnisse von Knaus und Ogino widerlegten endgültig die alte Auffassung, daß die empfängnisfreie Zeit der Frau in der Mitte des Zyklus läge. Mit der „Rhythmusmethode" stand ein Verhütungsverfahren zur Verfügung, das bei strenger Beobachtung der Vorschriften relativ sicher und zudem kostenlos war.[197] Deshalb wurde es in den Frauenzeitschriften der Arbeiterparteien als Fortschritt gepriesen, „der im Proletarierleben viel Not und Sorge zu verhüten" vermöge[198].

Der Vertrieb der Verhütungsmittel blieb privaten Geschäftsleuten überlassen. Die Hersteller von chemischen und mechanischen Schutzmitteln warben in Tagespresse, Frauenzeitschriften und Familienblättern. Ihre Inserate boten in leicht verschleierter Form Verhütungsmittel als „Gummi- und chirurgische Bedarfsartikel", „hygienische Schutzmittel", „antiseptischer Frauenschutz" oder „Spülapparat" an. Direkt versandt wurden Prospekte, Kataloge und Preislisten; die Adressen ermittelten Industrie und Handel durch die Mitteilungen der Standesämter über Trauungen sowie die Verlobungs- und Geburtsanzeigen der Zeitungen. Nicht selten warben Ärzte und Hebammen gegen entsprechendes Honorar für Verhütungsmittel. Antikonzeptiva konnten nicht nur direkt bei den betreffenden Firmen bestellt werden, sondern waren auch in Apotheken, Drogerien und Warenhäusern erhältlich. Vertreter(innen) boten die Mittel von Tür zu Tür feil und verkauften ihre Produkte auf Versammlungen zur „hygienischen Aufklärung".[199] Die Werbeprospekte der Herstellerfirmen versprachen viel:

> „‚Frauenhilfe', wenn die monatliche Regel stockt oder gar ausbleibt, ohne Sorge. Ich helfe und schütze ihre Gesundheit." (Kräutertee und -tropfen)[200]
>
> „Das wissenschaftlich begutachtete Vorbeugungsmittel ‚Frauentrost Hammo' steht in Bezug auf Zuverlässigkeit, Bequemlichkeit und Reinlichkeit einzig und unerreicht da." (Tabletten mit Einführungsrohr)[201]
>
> „‚Nefi', die Perle aller Frauenschutzapparate, das sicherste und vollkommenste Mittel zur Verhütung der Empfängnis ..." (Irrigator)[202]
>
> „‚Parapurum', ein geradezu ideales Schutz- und Desinfektionsmittel, bei dem die Fehler anderer Präparate vermieden werden." (Gelatinekugeln)[203]

Ein glaubwürdiger und seriöser Eindruck sollte durch abgedruckte ärztliche Gutachten und eine pseudowissenschaftliche Aufmachung erweckt werden[204]. Die Hersteller konnten alles behaupten, da Qualität und Wirksamkeit der angebotenen Mittel nicht staatlich überprüft wurden. Die wenigsten Produkte hielten, was sie versprachen.

Herstellung und Vertrieb von Verhütungsmitteln waren außerordentlich profitabel. Gewinne von 1.000 bis 1.500 % pro Stück waren in der Branche die Regel. Häufig wurde mit der Not der schlecht informierten Frauen und Mädchen spekuliert und deren Glauben ausgenutzt, daß die teuersten Verhütungsmittel auch die besten seien. Dem unüberschaubaren Angebot standen viele Frauen hilflos gegenüber. Sie vertrauten zunächst den Versprechungen der Werbung und gaben in der Hoffnung auf eine sichere Empfängnisverhütung viel Geld für ein unwirksames Mittel aus. Wenn sie trotzdem schwanger wurden, was nicht selten vorkam, stellte sich schnell ein generelles Mißtrauen gegen alle Verhütungsmittel ein.[205]

Wie sah die Realität der Schwangerschaftsverhütung aus? Diese Frage läßt sich nur schwer beantworten, da hierzu keine repräsentativen Untersuchungen vorliegen. Anhaltspunkte gibt eine Erhebung, deren Ergebnisse 1930 die Fachzeitschrift ‚Medizinische Welt‘ veröffentlichte. In einer großstädtischen Frauenklinik waren 837 Frauen, über deren Familienstand, Alter und soziale Stellung nichts mitgeteilt wurde, zu dem Verhütungsverfahren befragt worden, das sie oder ihr Partner anwandten. Es verhüteten 60,6 % mit Coitus interruptus, 20,1 % mit dem Kondom, 6,9 % mit Spülungen, 4,2 % mit dem Diaphragma, 2,4 % mit chemischen Verhütungsmitteln, 1,7 % mit einem Intrauterinpessar, 1,3 % mit Enthaltsamkeit, 1,2 % mittels einer Eileiterunterbindung, 0,5 % mit einem Sicherheitsschwämmchen, 1,2 % auf unbestimmte Weise.[206]
Diese Erhebung bestätigt die Einschätzung zeitgenössischer Mediziner, daß der Coitus interruptus nach wie vor das verbreitetste Verfahren der Empfängnisverhütung war. Vor allem Arbeiterpaare versuchten, durch das „Aufpassen“ zu verhüten, das die Frauen sehr häufig durch eine Spülung ergänzten. Kondom und Diaphragma wurden nur in bessersituierten Arbeiterkreisen benutzt.[207]
Diese Einschätzung bestätigen Berichte befragter Frauen. Elfriede P. erzählt:

> „Für uns gab es praktisch keine Verhütungsmittel. Das war allgemein so. Wir wußten von Kondom und Pessar, aber das war zu teuer. Das lag nicht drin. Es war auch schwer, an diese Dinge heranzukommen. Die gab es nur unter dem Ladentisch ... Uns blieb nur das Aufpassen übrig, das war nicht gerade sicher.“

Besonders verbreitet war der Coitus interruptus bei jungen, unverheirateten Paaren. Irma B. berichtet:

> „Auswaschen der Vagina mit Seifenwasser oder Wasser mit Sagrotanzusatz, das war nur möglich, wenn die Gelegenheit dazu gegeben war. Da aber unehelicher Beischlaf bei gebotenen Gelegenheiten als Kuppelei galt und strafbar war, wurde der Coitus von unverheirateten und jungen Leuten unter den unsichersten Umständen vollzogen. Kondome waren zu teuer. Sie wurden nur in geringem Maße benutzt. Auch Pessare waren im Gebrauch und Cremes. Ich weiß aber nicht, wo sie erhältlich waren. Ich mochte auch mit niemandem darüber reden. Fast allemal wurde der Coitus interruptus praktiziert.“

Haupthindernisse für die Anwendung sicherer Verhütungsverfahren waren in Arbeiterkreisen neben dem Geldmangel Unwissenheit und Scham. Aufgrund der fehlenden bzw. mangelhaften Sexualaufklärung war die Unkenntnis über Aufbau und Funktion der Geschlechtsorgane sowie Verhütungstechniken groß. Die Scham, „darüber“ zu sprechen, verhinderte häufig, daß Arbeiterfrauen sich über die Möglichkeiten der Empfängnisverhütung bei einem Arzt informierten. Hinzu kam, daß die Krankenkassen eine ärztliche Beratung nur in Ausnahmefällen bezahlten.[208] Wenn die Frauen ihre Hemmungen überwanden und trotz der Kosten einen Arzt um Rat baten, stießen sie nicht selten auf Ablehnung oder Unkenntnis; die Ratschläge, die sie erhielten waren häufig unpraktikabel oder gar falsch. Die Ärztin *Martha Ruben-Wolf* berichtete auf dem ersten „Ärztekursus für Geburtenregelung“, der im Dezember 1928 in Berlin stattfand:

> „Die schlimmsten Hemmungen unserer Patientinnen aber wurzeln in falschen ärztlichen Auskünften. Die häufigsten Auskünfte, die die Frauen heute noch in den ärztlichen Sprechstunden erhalten, sind, daß ‚alle Schutzmittel schädlich‘ seien, und ‚daß es kein sicheres Schutzmittel gibt‘. Das kommt zum großen Teil aus der schon vorher erwähnten schlechten medizinischen Ausbildung, aus der standhaft bewahrten Unkenntnis, zum großen Teil aber handelt es sich um bewußte reaktionäre Abschreckungsmanöver.“[209]

Nützliche Informationen über die Möglichkeiten der Schwangerschaftsverhütung erhielten Arbeiterfrauen am ehesten von ihren Geschlechtsgenossinnen. Der Austausch von Tips und Hinweisen über Verhütungsmittel und -methoden war eine wichtige Form der Selbsthilfe im sozialem Frauennetz. Irma B. erzählt:

> „Wir jungen Frauen aus der Arbeiterjugend sprachen später – als wir schon längere Zeit Freunde hatten – auch über das Problem der Sexualität ... Wir tauschten die Aufklärungsbücher aus und redeten über sie. Nicht öffentlich in den Veranstaltungen, nur privat ... Wir redeten über Verhütungsmittel ... Irgendjemand wußte auch

> immer eine Adresse, bei der man abtreiben konnte ... Das sprach sich rum. Wir haben uns dabei, so gut es eben ging, gegenseitig geholfen ..."

Von ihren Freunden oder Ehemännern konnten Arbeiterfrauen in der Regel keine Hilfe erwarten. Die meisten Männer überließen die Verantwortung für die Geburtenkontrolle ihren Frauen; nicht wenige lehnten eine Schwangerschaftsverhütung gänzlich ab. In diesen Fällen wurde die Geburtenkontrolle leicht zu einem ständigen ehelichen Konfliktherd: Der Mann forderte ein „natürliches" Liebesleben, die Frau wollte auf keinen Fall ein Kind.[210] Konnte sie ihren Mann nicht überzeugen, blieb ihr nur die Möglichkeit, ihren Wunsch mit sexueller Verweigerung durchzusetzen oder heimlich zu verhüten[211].

Folge der unsicheren Verhütungsverfahren war bei vielen Arbeiterfrauen während und nach jedem Geschlechtsverkehr die Angst vor einer Schwangerschaft. Von Monat zu Monat kreiste ihr Denken und Fühlen um das Ausbleiben bzw. Einsetzen der Regel. Sie erlebten Sexualität nicht als Lust, sondern als Last, zu der sie sich nur aus Liebe oder „ehelicher Pflicht" bereit fanden. Irma B. berichtet:

> „Ich konnte an nichts anderes denken, wenn ich mit Hans zusammen war, als: ‚Ist das gutgegangen, ist das nicht gutgegangen? Was wird nach diesen vier Wochen?' Man war immer nur mit dem Gedanken unterhalb des Bauchnabels, weiter hatte man nichts im Kopf als diese wahnsinnige Angst ... Ich wußte, wie gefährlich eine Abtreibung war, ich wußte, daß eine Kameradin nie mehr hinterher Kinder bekam und sehr unglücklich darüber war, daß sie nach der ersten Abtreibung gleich steril war. – Uns wurde ja eingeredet: ‚Daß wichtigste an einer Frau ist, daß sie Kinder haben kann und bekommt.' – ... Ärzte halfen uns selten, also saßen wir immer nur in Angst und Schrecken; ist es gutgegangen, ist es nicht gutgegangen ..."

Ähnlich erlebte es *Agnes S.* (geb. 1912):

> „Meine Mutter verstarb an den Folgen eines illegalen Eingriffs. Ich war damals 18 Jahre alt; es war entsetzlich für mich. Ich hatte seitdem furchtbare Angst vor jedem Verkehr, obgleich ich ‚Patentex' als Verhütungsmittel benutzte und mein Mann Gummis verwandte. Trotz dieser Vorsichtsmaßnahmen bin ich unerwünscht schwanger geworden, habe dann deshalb geheiratet und während der Ehe noch viermal abtreiben müssen, es war fürchterlich. Die Sexualität war für mich sehr belastend und ich glaube, so ging es damals sehr vielen Frauen ..."[212]

Von zeitgenössischen Sexualwissenschaftlern wurde die „Konzeptionsangst" als das zentrale Problem der weiblichen „Sexualnot" betrachtet. In ihrer Praxis erlebten sie immer wieder, daß die ständige Angst vor einer Schwangerschaft zu schweren sexuellen Störungen führte. Sie betrachteten die „Konzeptionsangst" als eine Hauptursache weiblicher Frigidität; nach ärztlichen Schätzungen waren in den zwanziger Jahren über 50 % der Frauen „gefühlskalt". Eine weitere Ursache schien ihnen „die erotische Unkultiviertheit der Männerwelt" zu sein: Die Männer wüßten nicht, wie eine Frau empfinde, wie sie sexuell behandelt werden müsse; allzuhäufig würden sie gegen den Willen der Frau rücksichtslos ihre sexuellen Bedürfnisse durchsetzen.[213] Vor allem in der Arbeiterschaft werde der Sexualverkehr vom Mann als etwas geübt, das die Frau zu erdulden habe[214]. Diese Einschätzung bestätigen Berichte befragter Frauen. Sie zeigen, in welchen Arbeiterkreisen eine solche Einstellung vorherrschte, und machen die Umstände deutlich, die zu einem solchen Verhalten führten. Elfriede P. erzählt:

> „Der einzige Luxus, den der Arbeiter sich geleistet hat, war in vielen Familien der Schnaps, das Bier für den Mann. Danach waren seine Hemmungen weg. Für unsere Eltern war das Sexuelle das Sonntagsvergnügen, vor allem für unsere Väter. Bei uns war das schon anders. Daher kam die große Zahl der Kinder in den Familien unserer Eltern ..."

Thea Asmus, die als Fürsorgerin im Arbeiterviertel Hammerbrook arbeitete, ergänzt:

> „Ich wußte, wie schwer die Frauen es hatten, daß sie sich den Männern nicht verweigern konnten, wenn sie

betrunken nach Hause kamen. Der Alkohol spielte damals eine große Rolle, gerade in der Arbeiterschaft ... Die Frauen haben geklagt, daß sie den Sexualverkehr mit ihrem Mann nicht mehr wünschten: Er vergewaltige sie fast, um sich befriedigen zu können."

Den Berichten zufolge suchten insbesondere an- und ungelernte Arbeiter in der Sexualität einen Ausgleich für ihre Frustrationen. Sie betrachteten den Geschlechtsverkehr als „ein billig zu habendes Vergnügen", als ihr „eheliches Recht"[215].

Die Mehrheit der männlichen Sexualwissenschaftler hoffte, die diagnostizierten Hauptursachen für die weibliche Frigidität durch eine entsprechende Sexualaufklärung beseitigen zu können. Mit Hilfe von Aufklärungsbüchern und Eheratgebern versuchten sie zu einem harmonischen und und für beide Gatten befriedigenden Eheleben beizutragen. Ihr Ziel war die Stabilisierung der ‚modernen Kleinfamilie' mit Hilfe eines erfüllten und glücklichen Sexuallebens der Ehepartner. Populärster Protagonist dieser Auffassung war der Frauenarzt *Theodor Hendrik Van de Velde*[216]. Die weiblichen Sexualreformerinnen, zu denen als bekannteste *Sofie Lazarsfeld*, Alice Rühle-Gerstel, Helene Stöcker und *Maria Krische* gehörten, sahen in der Frigidität der Frau mehr. Sie beschrieben das weibliche Sexualverhalten als Symptom weiblicher Unterordnung, als unbewußten Protest gegen weibliche Sexualunterdrückung. Mit ihrer sogenannten „Gefühlskälte", ihrer sexuellen Verweigerung und ihrem Streben nach einer Geburtenkontrolle wehrten sich die Frauen gegen ihre sexuelle, soziale und ökonomische Diskriminierung. In ihren Augen konnte eine neue Sexualkultur nur in veränderten sozialen Verhältnissen gelebt werden und setzte ein neues, gleichberechtigtes Verhältnis der Geschlechter voraus. Diese neue Beziehung der Geschlechter erforderte ihrer Auffassung nach auch neue Formen des Zusammenlebens von Frau und Mann. Die Frau selbst müßte ihre Lebensvorstellungen wie ihre sexuellen Bedürfnisse und Wünsche formulieren.[217]

* * *

Dem Streben nach Geburtenbeschränkung waren in Arbeiterkreisen enge Grenzen gesetzt: Unwissenheit, Scham und Geldmangel standen einer effektiven Empfängnisverhütung im Wege. Aufgrund der sexuellen Sozialisation war das Wissen über die Möglichkeiten der Geburtenkontrolle allgemein gering; die anerzogenen Hemmungen behinderten eine Befriedigung des Informationsbedürfnisses. Auch von der Mehrzahl der Ärzte konnten Arbeiterfrauen in dieser Frage keine Hilfe erwarten. Haupthindernis einer sicheren Empfängnisverhütung scheint bei vielen Arbeiterpaaren das geringe Einkommen gewesen zu sein; sie konnten sich die sicheren, aber teuren Verhütungsmittel nicht leisten. Als Ausweg blieb ihnen nur das „Aufpassen". Die Folge der unsicheren Schwangerschaftsverhütung war bei vielen Arbeiterfrauen eine ausgeprägte „Konzeptionsangst", hinter der häufig die Angst vor der Abtreibung stand. Nur selten waren die Frauen bereit, ein ungewolltes Kind auszutragen. Wenn sie trotz aller Verhütungsbemühungen schwanger wurden, griffen sie zum Abbruch.

2.2.1.3 Letzter Ausweg aus der Not: Die Abtreibung

„Unser Wohngebiet war ein reines Arbeiterviertel. Ich hörte schon als Mädchen mit gespitzten Ohren zu, wenn die Frauen sich unterhielten. Sie tauschten häufig ihre Sorgen aus. Vor allem in der Nachbarschaft ... Ich erinnere mich, daß eine Nachbarin meiner Mutter erzählte: ‚Ja wenn mein Mann seine Hose an den Bettpfosten hängt, bin ich bereits fest.' Die hatte ja wohl dreizehn Aborte, drei Kinder liefen rum. Die Frau war nur noch Haut und Knochen ... Von anderen hörte ich, die Mutter war bei einer Abtreibung verblutet. Da saß der Mann alleine mit seinen beiden Kindern da. Eine Nachbarin unten im Haus ‚ging im Blut', so sagten die Frauen. Sie rieten ihr, nicht zu schnell zu einem Arzt zu gehen: ‚Der stoppt die Geschichte, dann kommt womöglich ein behindertes

> Kind.' Die Frauen haben den Arztbesuch bis auf die letzte Minute hinausgezögert, bekamen dann leicht Wundfieber, einige starben ... Das war bestimmt eine ganz harte Zeit. Die Frauen stammten alle noch aus großen Familien, nun galt als Ideal auch bei ihnen die Zwei-Kinder-Familie ... Die Wohnungen waren zu klein, die Not war zu groß, die Kinder sollten es einmal besser haben. Deshalb wollten sie weniger Kinder ... In unserer Nachbarschaft war es keine Seltenheit, daß auf eine Geburt bei den Frauen vier bis fünf Abtreibungen kamen!"

Ähnliche Erfahrungen wie Irma B. machten viele Arbeiterfrauen. Die Abtreibung war Teil des proletarischen Frauenalltags. Schon junge Arbeitermädchen erfuhren in Familie und Nachbarschaft die Sorgen und Nöte, die Frauen zum Schwangerschaftsabbruch bewegten. Sie erlebten das „Kippen", so hieß im Volksmund das Abtreiben, als notwendiges Mittel der Geburtenkontrolle: Wenn die beschränkten Möglichkeiten der Empfängnisverhütung versagten, mußte der Abbruch helfen.

Nach zeitgenössischen Schätzungen wurden 90 % aller Abtreibungen aus wirtschaftlichen und sozialen Gründen vorgenommen[218]. Überwiegend waren es verheiratete Arbeiterfrauen mit mehreren Kindern, die sich trotz des Abtreibungsverbots zu einem Schwangerschaftsabbruch entschlossen[219]. Die Notlage der Frauen beschreibt der folgende Bericht treffend, der 1927 in der ‚Frauen-Beilage des Hamburger Echo' erschien:

> „Sie war erst 28 Jahre, hatte mit 21 Jahren geheiratet und war Mutter von fünf Kindern. Nun war sie wieder in anderen Umständen ...
>
> Ich kann nicht mehr, glauben Sie mir, ich halte es nicht mehr aus. Jedesmal habe ich eine schwere Entbindung gehabt ... Bei dem Gedanken an meine Kinder tut mir alles weh, es treibt mir die Tränen in die Augen ... Wir haben für die fünf Kinder nur zwei Betten, das größte schläft mit bei uns. Auch sonst ist alles verbraucht, keine Wäsche, kein Wagen, kein Federbett ist mehr übrig, und wenn wir auch Geld hätten - wir haben eine so kleine Wohnung, daß wir kein Bett mehr aufstellen können. Mein Mann ist schon lange arbeitslos und hat keine Aussicht auf Arbeit, da ist ja an eine Neuanschaffung gar nicht zu denken.
>
> Und wie schwer sich meine Kinder haben ziehen lassen, besonders die letzten drei. Ich kann ihnen ja nicht mehr genügend Nahrung geben, und so bringen sie die englische Krankheit schon mit auf die Welt. Wie soll ich denn auch noch ein gesundes Kind zur Welt bringen, ich bin ja selbst unterernährt!"[220]

Nach ärztlichen Schätzungen wurden Ende der zwanziger Jahre im Deutschen Reich zwischen 800.000 und 1.000.000 Abtreibungen jährlich vorgenommen[221]. In Hamburg nahm die Gesundheitsbehörde ca. 15.000 Schwangerschaftsabbrüche im Jahr an; auf eine Geburt soll in der Stadt annähernd eine Abtreibung gekommen sein[222]. Vermutet wurde, daß bis zu 80 % der Aborte illegal waren[223]. Vor allem in Arbeiterkreisen scheint der Schwangerschaftsabbruch seit der Jahrhundertwende mehr und mehr zu einem wichtigen Mittel der Geburtenbeschränkung geworden zu sein. In den zwanziger Jahren kamen hier nach Berichten der befragten Frauen nicht selten fünf und mehr Abtreibungen auf eine Geburt. Da die meisten Aborte in aller Verschwiegenheit stattfanden, läßt sich die Entwicklung der Häufigkeitsrate nicht belegen. Es gibt allerdings Anhaltspunkte dafür, daß die Abtreibungsziffer in den ersten drei Jahrzehnten des 20. Jahrhunderts erheblich angestiegen ist.

Ein Indikator ist die Entwicklung der Zahl der Fehlgeburten in Entbindungsanstalten und Krankenhäusern, über die die amtliche Statistik Auskunft gibt. Hauptursache der meisten Fehlgeburten, die in den Kliniken behandelt wurden, war ein illegaler Abort; höchstens 10 % waren legal außerhalb oder innerhalb der Kliniken von einem Arzt eingeleitet worden. Die Zahl der spontanen Fehlgeburten blieb verschwindend gering.[224] Von den illegalen Abtreibungen kamen nach amtlichen Schätzungen höchstens ein Viertel bis ein Fünftel in eine Klinik: Abortfälle mit gefährlichem Ausgang, d.h. mit größeren Verletzungen der Unterleibsorgane und des Darmes, schweren Komplikationen und Infektionen[225]. In der Stadt Hamburg hatte sich die Zahl der Fehlgeburten in den staatlichen Kliniken zwischen 1910 und 1930 fast verdoppelt (vgl. Tabelle 32). Noch deutlicher wird die Zunahme der Fehlgeburten in Relation zur Entwicklung der Geburten; die Fehlgeburtenquote hatte sich innerhalb von zwei Jahrzehnten verdreifacht. Eine ähnlich steigende Tendenz zeigt die Fehlgeburtenstatistik des Reiches[226]. Nach zeitgenössischen Beobachtungen nahm die Zahl der Abtreibungen besonders stark in den Notjahren der Kriegs- und Nachkriegszeit sowie der Wirtschaftskrise zu[227].

Tab. 32: *Fehlgeburten in den staatlichen Krankenhäusern der Stadt Hamburg. 1910–1933*[228]

Jahr	Fehlgeb. insges.	Auf 100 Geborene kamen Fehlgeburten	Todesfälle insgesamt	Auf 100 Fehlgeburten kamen Todesfälle
1910	1200	5,5	61	5,1
1911	1183	5,5	65	5,5
1912	1555	7,1	59	3,8
1919	1652	10,6	196	11,9
1920	1817	8,7	211	11,6
1921	1986	10,5	197	9,9
1922	1769	10,5	218	12,3
1923	1660	10,7	161	9,7
1924	2107	13,5	149	7,1
1925	2163	12,6	118	5,5
1926	2168	14,1	109	5,0
1927	2066	13,7	86	4,2
1928	2611	16,4	82	3,1
1929	2536	14,7	83	3,3
1930	2335	13,9		
1931	2035	13,9		
1932	2487	19,1		
1933	1983	15,0		

Entscheidende Voraussetzung für die Verbreitung der Abtreibung war die Anwendung neuer Abortivmethoden, die den Frauen einen relativ sicheren Schwangerschaftsabbruch ermöglichten. Diese neuen Methoden kamen Mitte des 19. Jahrhundert auf und verdrängten mehr und mehr die traditionellen Abortivverfahren mit Hilfe pflanzlicher Mittel, deren Wirkung im allgemeinen unsicherer war: Ihr Erfolg hing wesentlich von der Qualität der verwendeten Mittel, dem Zeitpunkt der Anwendung und der richtigen Dosierung ab; bei zu geringer Dosis blieb die abortive Wirkung aus, bei zu hoher Dosis bestand die Gefahr des Todes der Mutter. Zu den pflanzlichen Abortivmitteln, die im 19. Jahrhundert noch weit verbreitet waren, gehörten das Mutterkorn und der Sadebaum. Das hochgiftige Mutterkorn, ein Pilz der sich auf Getreidekörnern festsetzt, war ein besonders wirksames Mittel. Von dem pulverisierten Mutterkorn war nur eine Dosis von wenigen Gramm nötig. Die Abtreibung gelang fast immer; doch die Gefahr, daß die Mutter daran starb, war außerordentlich groß. Die obersten Spitzen der jungen Triebe des Sadebaums waren ebenfalls ein wirkungsvolles Abortivmittel. Allzu reichlich genossen konnte auch ein Teeabguß aus den Spitzen des Sadebaums den Tod herbeiführen. Als pflanzliche Abtreibungsmittel waren den Frauen daneben u.a. bekannt: der Saft der Aloe, Öl aus Eibenblättern, Gartenrautenöl, der Abguß von Hopfenblättern, Tee aus den Blätterspitzen des Lebensbaums, Öl oder Tee aus Petersilienblättern, Rainfarnöl, die pulverisierten Blätterspitzen des Wacholder und der Tabak. Üblich war beim Ausbleiben der Regel auch der Genuß von heißem Bier oder Rotwein mit Safran.[229]

Die neuen Abortivverfahren setzten sich zunächst in den größeren Städten durch, wo die Frauen den Kontakt zur ländlichen Tradition am frühesten verloren. In ihrer städtischen Umgebung war es ihnen nicht mehr möglich, die pflanzlichen Mittel anzubauen bzw. zu sammeln. Sie mußten auf das Angebot von Drogerien und Apotheken zurückgreifen, die häufig für viel Geld verfälschte, unwirksame pflanzliche Mittel anboten. Das weibliche Vertrauen in die traditionellen Abortivmittel sank. Städtische Frauen benutzten statt dessen immer häufiger anorganische Präparate – hochgiftige Mittel auf der Basis von Arsen, Blei, Phosphor und anderen Metallen. Ihre Wirkung beruhte darauf, daß sie den Fötus eher als die Mutter töteten. Am häufigsten wurde Blei in Form von „Bleipflasterpillen" angewandt. Alle diese Mittel waren für die Mutter mit dem Risiko schwerer gesundheitlicher Schädigungen verbunden; bei zu hoher Dosierung führten sie gar zu ihrem Tod. Von den Frauen wurden sie deshalb nur im äußersten Notfall verwandt. Gegen Ende des 19. Jahrhunderts setzten sich zunehmend zwei neue chemische Mittel – Chinin und Apiol – durch, die industriell hergestellt wurden und als Pillen und Tabletten in jeder Apotheke gekauft werden konnten. Beide Präparate wirkten, in kleineren Dosen genommen, anregend auf die Gebärmutter. Größere Dosen führten zu schweren Vergiftungserscheinungen.[230]

Neben die medikamentöse Abtreibung traten im Verlauf des 19. Jahrhunderts neue Techniken des instrumentellen Aborts, die zunächst ausschließlich von Medizinern angewandt wurden, sich aber schon bald auch bei gewerbsmäßigen Abtreiber(inne)n durchsetzten. Älteste Technik des instrumentellen Aborts war die Punktion der Fruchtblase mit einem scharfen spitzen Objekt, durch die eine Frühgeburt eingeleitet wurde. Zum Standardverfahren beim „professionellen Abort" wurde die Punktion Mitte des 19. Jahrhunderts, als die ersten Gummikatheter auf den Markt kamen. Nun brauchten Arzt bzw. Abtreiber(in) nicht mehr aufs Geratewohl mit einem spitzen Draht in der Gebärmutter herumzustochern, sondern konnten den stumpfen Katheter solange bewegen, bis sie auf den Embryo stießen. Das Risiko dieses Abtreibungsverfahrens blieb sehr groß: Es konnte zu einer Perforation der Gebärmutter kommen; da die Erfordernisse einer strengen Asepsis häufig mißachtet wurden, bestand die Gefahr einer lebensbedrohenden Infektion.[231]

Die Injektion von Flüssigkeit in die Gebärmutter war als Abtreibungsmethode seit dem Altertum bekannt. Sie beruht auf der Erkenntnis, daß die Gebärmutter zu einem frühen Zeitpunkt der Schwangerschaft zu Kontraktionen veranlaßt werden kann, wenn ihre Wände gereizt werden. Zum verbreitetsten Verfahren der „professionellen" Abtreibung wurde die Injektion im letzten Viertel des 19. Jahrhunderts, als sich allgemein die Benutzung einer „Birnenspritze" mit aufgesetztem Uterinrohr durchsetzte. Mit starkem Druck wurde das Wasser, dem in der Regel eine desinfizierende Substanz beigemischt war, aus der Gummispritze durch ein gebogenes, vorne spitz auslaufendes Hartgummi- oder Metallrohr in die Gebärmutter gepreßt. „Birnenspritzen" kamen als „Frauendusche", „Gesundheitsspüler", „Mutterspritzen" usw. in den Handel und waren wie die Uterinrohre in jedem Geschäft zu kaufen, das hygienische Bedarfsartikel vertrieb. Sie dienten vorrangig zur Scheidenspülung; als Verhütungsmittel fanden sie sich in vielen Haushalten. Immer häufiger besorgten sich die Frauen das notwendige Uterinrohr und versuchten selbst den Abort. Die Injektion wurde in der ersten Hälfte des 20. Jahrhunderts zur üblichsten Form einer eigenhändigen Abtreibung, denn im Vergleich zu medikamentöser Abtreibung und Punktion empfanden die Frauen sie als relativ sicher, obwohl auch dieses Abtreibungsverfahren nicht risikolos war: Ohne strenge Asepsis bestand die Gefahr von schweren Infektionen; bei unachtsamem Gebrauch konnte das Uterinrohr die Gebärmutter perforieren oder es konnten Luftblasen in den Ball der Spritze gelangen und zu einer tödlichen Luftembolie führen.[232]

In der Medizin wurden Punktion und Injektion seit dem Ende des 19. Jahrhunderts mehr und mehr durch eine neue Abtreibungstechnik verdrängt: Dilatation und Curettage, die Dehnung des Gebärmutterhalskanals mit anschließender Ausschabung, kurz „D-und-C" genannt. Bei dieser Operation wurde die Gebärmutter mittels Metallstäben oder Quellstiften aus Blattang geöffnet und mit einer Kürette ausgekratzt. Zunächst wurde die Curettage von den Ärzten nur angewandt, um die Reste unvollständiger Aborte auszuräumen. Erst seit den 1890er Jahren nutzten sie das Verfahren auch für den legalen Abort aus medizinischen Gründen. Die Curettage setzte sich bei den Ärzten durch, weil sie nicht nur eine frühe, sondern bei strenger Asepsis auch eine relativ risikolose Schwangerschaftsunterbrechung gestattete. Bei sachkundiger Anwendung kam es kaum zu Krankheits- oder Sterbefällen. Die Möglichkeit von Erweiterung und Ausschabung machten sich bald auch gewerbsmäßige Abtreiber(innen) zunutze. Sie öffneten die Zervix und führten ein dünnes, festes Katheter ein, mit dem sie eine Gebärmutterblutung hervorriefen. Mit diesem „legalen" Grund für eine Schwangerschaftsunterbrechung suchte die Frau einen Arzt auf, der eine Curettage vornehmen mußte, da die Schwangerschaft offensichtlich kurz vor dem Abbruch stand.[233]

Die neuen Abtreibungsverfahren trugen entscheidend zur Zunahme der Abortziffern bei. Sie waren Voraussetzung dafür, daß die Frauen im Falle einer unerwünschten Schwangerschaft immer häufiger selbst abtrieben, bzw. abtreiben ließen.

Welche Frauen entschlossen sich zu einem Schwangerschaftsabbruch? Entgegen der bei den Zeitgenossen weit verbreiteten Ansicht waren es nicht vorrangig ledige Frauen, die abtrieben, sondern verheiratete. Diesen Tatbestand, der von fortschrittlichen Frauenärzten immer wieder hervorgehoben wurde, bestätigt auch eine Erhebung, die 1913 in dreizehn Hamburger Privatkliniken durchgeführt wurde. Über 557 der 572 Abortfälle, die gemeldet wurden, liegen nähere Angaben vor: Von den Frauen waren 76 % verheiratet und 24 % ledig. Die Mehrzahl der verheirateten Frauen war zwischen 26 und 35 Jahren alt (61 %), die meisten ledigen Frauen waren jünger als 26 Jahre (73 %).[234] Erhebungen, die in der Weimarer Republik in verschiedenen Großstädten durchgeführt wurden, deuten darauf hin, daß sich die Zusammensetzung der abtreibenden Frauen nach dem Krieg verändert hatte. Vor 1914 scheinen es überwiegend länger verheiratete kinderreiche Frauen gewesen zu sein, die sich zu einem Abort entschlossen. Nach 1919 nahm offenbar der Anteil der jungverheirateten kinderlosen bzw. kinderarmen Frauen, vor allem aber der Anteil der ledigen Frauen erheblich zu.[235]

Frauen aller Volksschichten griffen im Notfall auf die Abtreibung zurück. Da relativ sichere Methoden der Empfängnisverhütung im Bürgertum weiter verbreitet waren als in der Arbeiterschaft, wurde dort allerdings vermutlich seltener abgetrieben. Wenn es doch zu einer unerwünschten Schwangerschaft kam, hatten Frauen aus den gehobeneren sozialen Schichten zudem eher die Möglichkeit, eine Abtreibung in einer Privatklinik vornehmen bzw. behandeln zu lassen. Darauf deuten zumindest die Ergebnisse der Hamburger Erhebung aus dem Jahr 1913 hin: Von den erfaßten Ehefrauen waren 52 % mit einem – meist gelernten – Arbeiter verheiratet, 29 % mit einem Angestellten, 10 % mit einem Beamten und 9 % mit einem Selbständigen. Von den ledigen Frauen waren 35 % als Angestellte tätig, 21 % verdienten als – in der Regel gelernte – Arbeiterin ihren Lebensunterhalt und 20 % als Hausangestellte, 8 % arbeiteten als Lehrerin oder Erzieherin, 15 % waren berufslos.[236] Bessersituierte Frauen waren unter den Privatklinik-Patientinnen in stärkerem Maße vertreten als im Durchschnitt der erwachsenen weiblichen Stadtbevölkerung der Vorkriegszeit. Eine Frau des Bürgertums fand gegen entsprechende Bezahlung immer einen Arzt – häufig in einer Privatklinik –, der zu einer Schwangerschaftsunterbrechung bereit war. Er bescheinigte ihr die „medizinische Notwendigkeit" für den Eingriff; damit galt der Schwangerschaftsabbruch als „legal". Bis zu 200 Mark verlangten Mediziner in den zwanziger Jahren für einen solchen Abort.[237] Nach dem geltenden Recht war zwar grundsätzlich jede Abtreibung strafbar, doch das Reichsgericht gestattete die Ausnahme des „übergesetzlichen Notstandes". Auf diesen Rechtsgrundsatz, der besagt, daß es dann, wenn zwei rechtlich geschützte Güter in Widerstreit geraten und das eine nur auf Kosten des anderen gehalten werden kann, nicht rechtswidrig ist, das höherwertige auf Kosten des minderwertigen zu wahren, konnte sich ein Arzt berufen, der zur Rettung der Mutter die Frucht tötete. Ihr Leben galt als „höherwertiges Rechtsgut". In der Rechtsprechung zu den Abtreibungsparagraphen wurde die Auslegung dieses Grundsatzes allerdings nicht einheitlich gehandhabt.[238]

In der ärztlichen Praxis wurde die Notwendigkeit zu einer medizinischen Indikation sehr unterschiedlich beurteilt. Die meisten Ärzte hielten eine Abtreibung nur für erforderlich, wenn die Schwangere schwer tuberkulös, herzkrank, nierenkrank oder psychisch krank war oder die Gefahr einer Stoffwechselvergiftung bestand.[239] Fortschrittliche Mediziner wie der renommierte Gynäkologe

Max Hirsch konstatierten, daß konservative Standeskollegen sich seit der Jahrhundertwende in zunehmendem Maße bemühten, „unter dem Einfluß einer nur auf die Quantität eingestellten Bevölkerungspolitik ... den therapeutischen Abortus möglichst vollkommen zu verdrängen“[240]. Dies zeigte sich insbesondere in den staatlichen Krankenhäusern. In Hamburg wurde nach Aussage des Gesundheitsamtes in den zwanziger Jahren eine medizinisch indizierte Abtreibung „nur ganz ausnahmsweise“ zugelassen. 1925 gab es beispielsweise in sämtlichen staatlichen Kliniken der Stadt nur zwei Fälle. Zu jedem medizinischen Abort mußte vorher der zuständige Physikus gehört werden. In den Privatkliniken wie in der privat- und kassenärztlichen Praxis durfte eine medizinisch indizierte Schwangerschaftsunterbrechung in Hamburg nach § 13 der ärztlichen Standesordnung von Dezember 1924 nur aufgrund einer gemeinsamen Beratung und Untersuchung zweier Ärzte, die zur Übereinstimmung geführt hatte, vorgenommen werden. Beide mußten hierüber einen Bericht anfertigen und zu ihren Krankenakten legen.[241]

Wie häufig Ärzte in der Praxis medizinisch indizierte Abtreibungen vornahmen, läßt sich nicht sagen. Alfred Grotjahn schätzte 1932, daß 10 bis 20 % sämtlicher Ärzte zu Abtreibungen bereit waren und diese auch durchführten, wenn sie es für angezeigt hielten und es sich machen ließ[242]. Für den Gynäkologen *Carl Credé* stand fest, daß vor allem praktische Ärzte im Notfall zur Hilfe bereit waren. Da sie alltäglich „die ganzen Nöte des Volkes“ erleben würden, sei ihre Haltung liberaler als die vieler Fach- oder Amtsärzte. Credé konstatierte eine Diskrepanz zwischen den offiziellen Verlautbarungen der ärztlichen Standesorganisationen und der Haltung eines bedeutenden Teiles ihrer Mitglieder.[243] Diese Einschätzung bestätigt eine Erhebung, die die Hamburgische Ärztekammer 1930 zur Reform des Abtreibungsparagraphen durchführte[244]. Die Befragung, die in der Weimarer Republik in dieser Form einmalig war, darf zwar nicht als repräsentativ für *die* Haltung *der* deutschen Ärzteschaft gewertet werden, eine ähnliche Umfrage im ländlichen oder katholischen Gebieten wäre vermutlich zu ganz anderen Ergebnissen gekommen, kann aber als charakteristisch für die Einstellung der Ärzte in einer evangelischen Großstadt angesehen werden. Die Erhebung erfolgte mit Hilfe eines Fragebogens, der an alle im hamburgischen Staat tätigen Ärzte und Ärztinnen verteilt wurde. Von 1.266 ausgesandten Bogen kamen 880 ausgefüllt zurück. 56 der Antwortenden waren Ärztinnen; ihr Anteil entsprach mit 6 % dem der Frauen in der Hamburger Ärzteschaft. Das Echo auf die Aktion der Ärztekammer war mit einer Rücklaufquote von 70 % erstaunlich groß und belegt das Interesse an der Abtreibungsproblematik. Von den Antwortenden waren 62 % praktische Ärzte, 8 % Fachärzte und 30 % angestellte oder beamtete Ärzte im Öffentlichen Dienst. Die Haltung zur Reform des § 218, die die Mehrheit der Befragten vertrat, unterschied sich deutlich von den offiziellen Verlautbarungen der ärztlichen Standesorganisationen: 96 % der Ärztinnen und Ärzte hielten eine Novellierung des Abtreibungsparagraphen für erforderlich. Es plädierten:
- 98 % für die gesetzliche Anerkennung der medizinischen Indikation bei drohender Gefahr für das Leben der Frau, 95 % auch bei drohender Gefahr für die Gesundheit der Frau,
- 79 % für eine sozial-medizinische Indikation,
- 66 % für eine eugenische Indikation,
- 38 % für eine rein soziale Indikation.

Darüber hinaus sollten folgende Gründe als Indikation anerkannt werden: Von den Ärztinnen und Ärzten traten
- 92 % für eine Abtreibung bei nachgewiesener Notzucht oder nachgewiesenem Inzest, d.h. für eine ethische Indikation ein,
- 69 % für einen Abbruch bei Jugendlichen bis zum 16. Lebensjahr,
- 56 % für einen Eingriff bei zu rascher Folge der Schwangerschaften,
- 48 % für einen Abort beim Vorhandensein von mindestens vier Kindern,
- 40 % für eine Abtreibung bei Frauen über 40 Jahren.

Eine völlige Freigabe der Schwangerschaftsunterbrechung forderten allerdings lediglich 7 % der Befragten. Insbesondere die junge Medizinergeneration im Alter von 20 bis 40 Jahren, die rund 40 % der Antwortenden stellte, setzte sich für eine grundlegende Reform des Abtreibungsparagraphen ein. Von ihnen sprachen sich 50 % für eine rein soziale Indikation aus. Grundsätzlich wurde in vielen Fragebögen betont, daß der „Kampf gegen den Abort auf einer völlig falschen Linie geführt werde. Das Gesetz nütze gar nichts. Eine neue Regelung könne in einigen Fällen den Arzt schützen, würde aber an der Riesenzahl der Aborte und an den großen Gefahren für die Frau nichts ändern ... ‚Schwangerschaftsverhütung' sei hier die Parole. Bei richtiger Schwangerschaftsverhütung trete die Abortfrage sofort zurück."[245] Angesichts dieses Erhebungsergebnisses tat die DÄVB-Führung alles, um eine solche Befragung andernorts zu verhindern; offenbar fürchtete sie weitere ähnliche Resultate[246].

Die Hamburger Ärztekammer hatte bei der Auswertung der Enquete nicht zwischen der Haltung von Ärztinnen und Ärzten unterschieden. Eine Erhebung, die der ‚Bund Deutscher Ärztinnen' (BDÄ) 1931 im gesamten Reichsgebiet durchführte, läßt vermuten, daß die Position zur Abtreibungsfrage bei Ärztinnen allgemein liberaler war als bei Ärzten.[247] Der BDÄ, dem 1930 ca. 800 Medizinerinnen angehörten, versandte einen Fragebogen an alle 2.836 approbierten Ärztinnen im Deutschen Reich; 1.352 (48 %) antworteten. Von den BDÄ-Mitgliedern beteiligten sich 68 %. Der überwiegende Teil der Antwortenden war, wie die Mehrzahl aller Medizinerinnen, zwischen 30 und 50 Jahren alt, stammte aus einer Großstadt und war als praktische Ärztin tätig. Die Erhebung brachte folgendes Ergebnis:

Für eine	waren von allen Ärztinnen	waren von den BDÄ-Mitgliedern
Aufhebung des § 218	20,9 %	23,3 %
Änderung des § 218	72,7 %	73,3 %
Beibehaltung des § 218	6,4 %	3,4 %

Fast alle Befürworterinnen einer Reform traten für eine medizinische Indikation ein, über 80 % wünschten sowohl eine eugenische, eine ethische als auch eine medizinisch-soziale Indikation, 57 % plädierten für eine rein soziale Indikation. Angesichts der relativ geringen Beteiligung an der Umfrage darf das Ergebnis nicht vorschnell verallgemeinert werden. Es scheint aber zumindest für die Großstädte Berlin und Hamburg repräsentativ zu sein, in denen der Einfluß des BDÄ besonders groß war.[248]

Es gab also eine ganze Reihe von Ärztinnen und Ärzten, die Verständnis für die Sorgen und Nöte der Frauen hatten. In jeder größeren Stadt fanden sich Mediziner, die kostenlos oder gegen ein geringes Honorar auch minderbemittelten Frauen halfen. Meist waren es Kassenärzte, deren Praxis in einem Arbeiterviertel lag; sie waren alltäglich mit den Sorgen und Nöten der Arbeiterfrauen konfrontiert. Zu den bekannten Hamburger Ärzten, die im Notfall kostenlos eine Abtreibung vornahmen, gehörten *Rudolf Elkan, Georg Manes* und John Toeplitz. Alle drei standen der SPD nahe und engagierten sich in der Sexualreformbewegung. Bei sozialdemokratischen Funktionärinnen galten diese drei Ärzte als „Geheimtip". Zu ihnen konnten sie im Notfall Genossinnen schicken; aus Angst vor Denunziation und Strafverfolgung vermittelten sie allerdings ausschließlich persönlich bekannte und vertrauenswürdige Frauen. Lisbeth T. erzählt:

> „Wenn eine Frau wirklich in Not war, dann haben wir sie zu Dr.Manes schicken können. Das mußte aber immer ganz, ganz geheim bleiben, das konnte man lange nicht mit jeder Frau machen, denn nicht alle konnten ihren Mund halten, das war das Schlimme. Aber in manchem dringenden Fall hat der uns geholfen ..."

Um einer Strafverfolgung zu entgehen und Arzt und Patientin im strafrechtlichen Sinne nicht zu Komplizen zu machen, entstand ein stillschweigendes Ritual: Die Frau durfte den Arzt nicht um eine Abtreibung bitten; der Arzt nahm die Abtreibung vor, ohne ein Wort darüber zu verlieren.[249] Die Bedeutung dieses Rituals und dessen Ablauf beschreibt die Arbeiterfrau *Käte U.* (geb. 1907). Sie hatte 1925 wegen einer Schwangerschaft heiraten müssen und wollte angesichts der unsicheren Zukunftsperspektive kein zweites Kind:

> „Ich bin zu meinem Doktor gegangen, und der hat gesagt, ich soll man das Kind kriegen. ‚Nein', hab' ich gesagt, ‚Und das sag ich, wenn eine Frau ihr Kind nicht haben will, dann kriegt sie's nicht, das steht fest. Dann geh ich eben zu irgendeiner Frau'. Und dann sagt er: ‚Weißt Du denn, daß da ein großes Risiko ist?' ‚Ja', sag ich, ‚das ist egal.' Und dann war ich bei zwei Ärzten hier in Hamburg, von denen ich wußte, die tun sowas. Aber ich war zu doof. Ich bin hingegangen und hab' gesagt, was ich gern wollte. Das durften die natürlich auch nicht. Da war ich ganz verzweifelt. Da war das schon im vierten Monat. Dann hat mir irgendjemand gesagt: ‚Du bist ja auch dumm, du mußt nicht sagen, was du willst. Du mußt so tun: Deine Regel ist weggeblieben und du weißt gar nicht, was mit dir los ist, und dann überläßt du alles andere dem Arzt.' So. Und dann bekam ich eine Adresse. Und da bin ich hingegangen und hab' gesagt: ‚Ich weiß gar nicht, was mit mir los ist.' Und der untersucht mich und sagt: ‚Ja, das scheint ja ‚ne Schwangerschaft zu sein.' ‚Oh, Gott', sag ich. Und dann machte er irgendwas und sagt: ‚Kommen Sie man in einer Woche wieder.' Und nach sieben Tagen fing ich an zu bluten, also ging ich am nächsten Tag hin, und dann hat er eine Ausschabung gemacht ... Als ich aufwachte – aus der Narkose –, hab' ich gesagt: ‚Oh, wie schön, es hat gar nicht weh getan.' Und dann hab ich ihn gefragt, wieviel er bekommt: ‚45 Mark'. Er hat aber nicht gesagt, was er gemacht hat, gar nichts. Wurde nicht drüber gesprochen."[250]

Frauen, denen dieses Ritual nicht bekannt war, fanden nur schwer ärztliche Unterstützung. Sie mußten von erfahreneren Freundinnen, Verwandten oder Nachbarinnen eingeweiht werden; meistens wurden ihnen außer der Adresse des Arztes auch die notwendigen Verhaltensmaßregeln mitgegeben.

Das gesundheitliche Risiko einer Abtreibung war bei einem Arzt in der Regel am geringsten. Doch längst nicht alle Mediziner, die gelegentlich Schwangerschaftsunterbrechungen durchführten, besaßen die entsprechenden Kenntnisse und Fähigkeiten. Insbesondere Ärzten, die aus berufsethischen Gründen nur in extremen Notfällen zu einer Abtreibung bereit waren, fehlte die Routine. Sie konnten mit ihrem Eingriff Gesundheit und Leben der Frau gefährden. Ein solches Beispiel schildert Irma B., die mit 17 Jahren zum ersten Mal schwanger wurde. Ihr Hausarzt, der im allgemeinen keine Schwangerschaftsabbrüche vornahm, half ihr aus Mitleid. Er führte die Abtreibung in der Wohnung der Eltern durch:

> „Ich kam auf den Küchentisch. Die Mutter und eine Nachbarin hielten meine Beine fest. Das Gerät war bereits im Kochtopf sterilisiert worden. Eine Narkose bekam ich nicht. Als der Arzt sich mühte – das Licht war nicht ausreichend –, wurde meine Mutter ohnmächtig und der Arzt mußte bei ihr zugreifen, während die scharfen Instrumente in meinem Leib waren. Der Versuch mußte abgebrochen werden. Tagelang ging ich im Blut, bis der Arzt mich ins Krankenhaus verwies, mich aber zuvor genau instruierte, was ich zu sagen habe, wenn den dortigen Ärzten meine innere Wundheit auffiel. Welche Not und Sorgen mag er ausgestanden haben in dieser Zeit! Geld hat er dafür weder bekommen noch verlangt."

Nach dieser Erfahrung nahm der Arzt keine Abtreibungen mehr vor. Als Irma B. ihn ein zweites Mal um Hilfe bat, lehnte er mit dem Hinweis auf die Risiken ab.

Die Mehrzahl der proletarischen Frauen fand keinen Arzt, der ihnen half. Sie waren gezwungen, eine „weise Frau" um Hilfe zu bitten, zu einer gewerbsmäßigen Abtreiberin zu gehen oder gar selbst einen Abtreibungsversuch vorzunehmen. In den meisten Arbeiterquartieren gab es eine „weise Frau", so hießen im Volksmund Frauen, die abtreiben konnten. Irma B. erzählt:

> „Wenn die Frauen schwanger waren, gingen sie zur ‚weisen Frau'. Die Adresse besorgten sie sich heimlich. Die Abtreibung kostete 50 Mark. Das Geld war kaum aufzutreiben und bedeutete Hunger für die ganze Familie. Oft war es mit einem Gang nicht getan."

Die Adresse einer „weisen Frau" wurde im Viertel unter der Hand weitergegeben. Häufig hatte sie eine Ausbildung als Hebamme oder Krankenschwester. Ihre ersten „Abort-Patientinnen" waren nicht selten Verwandte, Freundinnen oder Nachbarinnen, die sie um Hilfe gebeten hatten. Ihre Fähigkeit sprach sich im Quartier schnell herum; weitere Frauen kamen. Zentrales Motiv, das die meisten zur Hilfe veranlaßte, war Mitleid; zudem bot ihnen diese Arbeit eine zusätzliche Verdienstmöglichkeit. Das übliche Honorar lag zwischen 20 und 50 Mark, vereinzelt machten die Frauen es auch kostenlos. Das Abortivverfahren, das die Mehrzahl von ihnen benutzte, war die Injektion. Nur selten hatte ihr Eingriff schwerwiegende gesundheitliche Folgen, da sie in der Regel routiniert waren und sich im Rahmen der gegebenen Möglichkeiten um Asepsis bemühten.[251]

Im Unterschied zu den „weisen Frauen" machten die gewerbsmäßigen Abtreiber(innen) aus der Not ein Geschäft. Überwiegend waren es Frauen, die mit illegalen Schwangerschaftsabbrüchen ihren Lebensunterhalt verdienten. Offiziell arbeiteten sie als „Krankenbehandlerin" oder „Masseuse".[252] Ihren Kundinnen boten sie ihre Dienste mittels Anzeigen in den großen Tageszeitungen an. Tagtäglich erschienen dort spaltenweise Annoncen, wie diese aus dem ‚Hamburger Anzeiger' vom 10. Oktober 1925:

> „Frauenleiden aller Art. Langjährige Praxis. Reelle Bedienung. Frau K., Steindamm 77, III"
> „Krankenbehandlung jeder Art, Rat und Auskunft für Damen. Frau P., Conventstraße Nr.13, staatl. geprüft."[253]

In der Hansestadt lehnten nur zwei Tageszeitungen derartige Anzeigen ab: das ‚Hamburger Echo' und die ‚Hamburger Nachrichten'[254]. Viele „Krankenbehandlerinnen" beschränkten sich nicht darauf, ihre Dienste in den Tageszeitungen ihrer Heimatstadt anzubieten, sondern annoncierten auch in der Presse des weiteren Umlandes[255]. Je nach den Einkommensverhältnissen ihrer Kundinnen verlangten sie für eine Abtreibung zwischen 30 und 200 Mark. Den Eingriff machten sie überwiegend mit Punktion oder Injektion, einige benutzten auch das „Sterilett", ein stielförmiges Intrauterinpessar[256].

Einblick in die Praxis einer „Krankenbehandlerin" gibt der Prozeß gegen die Ehefrau *Selma H.* (geb. 1892), der im November 1927 vor dem Hamburger Schwurgericht stattfand[257]. Die Anklage lautete auf „gewerbsmäßige Abtreibung der Leibesfrucht gegen Entgelt in mehreren Fällen, darunter in vier Fällen mit Todesfolge". Selma H. behauptete, in Dresden von einem Arzt in der Krankenbehandlung unterrichtet worden zu sein. Obwohl sie keine Prüfung abgelegt hatte, war sie von der Hamburger Polizeibehörde als Krankenbehandlerin zugelassen worden und hatte einen entsprechenden Gewerbeschein erhalten. Ihre Tätigkeit übte sie zuletzt in St.Georg aus. Aufgrund ihrer langjährigen Praxis hatte sie einen großen Kundinnenkreis, selbst vom Lande kamen die Frauen wegen einer Abtreibung zu ihr. Das Honorar, das sie für diesen Eingriff verlangte, schwankte zwischen 30 und 50 Mark. Ihre Tätigkeit war vom Verlobten des Tagmädchens B. angezeigt worden, das im Mai 1925 an den Folgen eines Eingriffs von Selma H. verstorben war. Anzeige hatte im selben Monat auch der Arzt eines Hamburger Krankenhauses erstattet, dem die Kontoristin B. vor ihrem Tod den Eingriff gestanden hatte. Im Februar und August 1926 starben zwei weitere Kundinnen von Selma H. in Hamburger Krankenhäusern. Todesursache war in allen vier Fällen eine schwere Sepsis. Dieser Ausgang kam bei gewerbsmäßigen Abtreibungen immer wieder vor; manche Kurpfuscherin betrieb ihre Abtreibungspraxis skrupellos ohne Ausbildung unter den unhygienischsten Bedingungen[258]. Das Gericht verurteilte die Angeklagte H. zu sieben Jahren Zuchthaus und fünf Jahren Ehrverlust. In der Hamburger Öffentlichkeit führte dieser Fall zu einer heftigen Diskussion über das Geschäftsgebaren der Tageszeitungen, die die einschlägigen Anzeigen von gewerbsmäßigen Abtreiberinnen aus Profitgründen aufnahmen. Auch Selma H. hatte ihre Kundinnen durch Zeitungsannoncen geworben.[259]

Viele Arbeiterfrauen konnten das Geld für eine professionelle Abtreibung nicht aufbringen und halfen sich deshalb selbst. Zunächst versuchten sie, mit einfachen Hausmitteln „die Tage durchzukriegen": einem heißen Fußbad, dazu einen Glühwein oder einen Tee aus Kamille und Rosmarin. Wenn die Blutung trotzdem ausblieb, griffen sie zu anderen Mitteln. Einige hofften, durch extrem schwere körperliche Betätigung eine Fehlgeburt herbeizuführen: In ihrer Verzweiflung sprangen sie von Tischen und Stühlen, hoben schwer und arbeiteten bis zur totalen Erschöpfung. Andere kauften für viel Geld Pillen, Tinkturen und Tees „Zur sofortigen Beseitigung der Blutstockung bei Frauen", „Zur Wiedererlangung der Menstruation", die nicht nur jede Apotheke führte, sondern die auch in vielen Zeitungen und Zeitschriften per Inserat angeboten wurden.[260] Bei diesen in der Regel wenig erfolgreichen Versuchen blieb es nicht. Irma B. erzählt:

> „Wenn wir erst einmal wußten, wie man abtrieb, wie wir da drinnen gebaut waren, gingen wir selbst dabei, um das Geld zu sparen. Die Frauen machten es mit Stricknadeln oder kauften sich eine ‚Mutterdusche' und spritzten damit Seifenwasser in den Uterus. Dabei mußten sie aufpassen, daß sie sich nicht ansteckten, daß keine Luft mitkam ...
>
> Ich lernte es von einer älteren Freundin. Die hatte bis zum 20. Lebensjahr vier Geburten – davon drei Totgeburten – und in den folgenden zwei Jahren vier Abtreibungen durch eine ‚weise Frau'. Dann hatte sie gelernt, wie so eine Unterbrechung vorzunehmen war, und erklärte mir den Eingriff sehr genau. Ich beschaffte mir also eine Dusche mit dünnem Ansatzrohr und wenn es ein, zwei Tage über die Zeit war, daß meine Regel eintreten sollte, versuchte ich sofort, Seifenwasser in den Uterus zu spritzen ...
>
> Oft wurden die Frauen bei solchen Prozeduren unfruchtbar, ohne es zu wissen, und standen die Ängste um die Schwangerschaft von Monat zu Monat weiter aus."

Seit der Vorkriegszeit nahm die Zahl der Frauen, die selbst abtrieben, offenbar von Jahr zu Jahr zu.[261] In der Weimarer Republik wurde vor allem in Arbeiterkreisen ein großer, wenn nicht der größte Teil der Abtreibungen von den Frauen selbst vorgenommen. Verwandte, Freundinnen und Nachbarinnen halfen sich gegenseitig bei der Schwangerschaftsunterbrechung. Diese Selbsthilfe gefährdete in sehr viel stärkerem Maße als die professionelle Abtreibung Gesundheit und Leben. Die Frauen kannten die Risiken ihres Handelns. Immer wieder erlebten oder hörten sie, daß in ihrem engeren oder weiteren Umfeld eine Frau an den Folgen des Eingriffs schwer erkrankte oder starb. Ihre Angst war deshalb groß, trotzdem entschlossen sie sich im Notfall zu einem Abort.

Genaue Angaben über Art und Umfang der Erkrankungen sowie die Zahl der Todesfälle infolge von illegalen Abtreibungen liegen nicht vor. Ärztliche Schätzungen schwankten in den zwanziger Jahren in Hinblick auf die Zahl der Todesfälle im Deutschen Reich zwischen 5.000 und 48.000 jährlich. Betroffen waren überwiegend Arbeiterfrauen, die den Eingriff unter den gesundheitsgefährdendsten Bedingungen vornehmen mußten.[262] Einen Anhaltspunkt für deren Sterberisiko bei einer illegalen Abtreibung gibt die Quote der Todesfälle bei den Fehlgeburten, die in staatlichen Kliniken behandelt wurden. Sie lag in Hamburg Anfang der zwanziger Jahren bei 12 % und ging bis zum Ende des Jahrzehnts auf rund 3 % zurück. Der Rückgang der Todesfälle infolge von Abtreibungen ist eine Tendenz, die im gesamten Reichsgebiet zu beobachten war. Zwei Ursachen trugen entscheidend zu dieser Entwicklung bei: Zum einen die stärkere Beteiligung der Ärzteschaft an illegalen Aborten; zum anderen die Verbesserung der operationsanatomischen Kenntnisse, der Technik und der Asepsis bei den professionellen Abtreiber(inne)n und den selbst abtreibenden Frauen[263].

Der Frauenarzt Max Hirsch wies seine Zeitgenossen mit Recht darauf hin, daß aufgrund der relativ großen Zahl abtreibungsbedingter Todesfälle in den staatlichen Kliniken, die andernorts noch erheblich höher lag als in Hamburg, die Folgen der Schwangerschaftsunterbrechung nicht überschätzt werden dürften. Denn dort drängten sich „die Fälle mit verhängnisvollen Ausgängen". Er nahm an, daß weniger als 1 % aller illegalen Abtreibungen mit dem Tod endeten. Viel häufiger waren seiner Erfahrung nach Folgen entzündlicher Art, die Gesundheit und Arbeitsfähigkeit der Frauen erheblich beeinträchtigten und nicht selten zur Sterilität führten. Die Zahl der schweren Erkrankungen infolge von illegalen Abtreibungen wurde in den zwanziger Jahren im Deutschen Reich auf 50.000 bis 100.000 jährlich geschätzt.[264] In rund 30 % der Fälle erzeugte der „Pfuschabort" Unfruchtbarkeit, der kunstgerecht ausgeführte Abort hingegen nur in 3 %[265]. Max Hirsch vertrat die Ansicht, daß die gesundheitlichen Risiken einer Abtreibung von Teilen der Ärzteschaft bewußt übertrieben wurden, um die Frauen von diesem Eingriff abzuhalten. In seiner Untersuchung über die „Fruchtabtreibung" aus dem Jahr 1921 kam er zu dem Ergebnis, daß die typische Form der illegalen Abtreibung „nicht die mit Verletzungen, Infektionen und lebensbedrohenden Blutungen" verbundene sei, „sondern die des einfachen, unkomplizierten Abortes"[266].

Ein Unrechtsbewußtsein hatten bei der Abtreibung die wenigsten Frauen. Sie wußten zwar, daß jeder Schwangerschaftsabbruch verboten war, doch da sie den Eingriff als eine alltägliche Notwendigkeit erlebten, empfanden die meisten ihn weder als unmoralisch noch als unsittlich. Lediglich Frauen mit starken religiösen Bindungen hatten moralische Skrupel, wenn sie abtrieben. Die Mehrheit aller abtreibenden Frauen war nach einem komplikationslosen Eingriff eher erleichtert als bedrückt.[267] Die Angst vor der Entdeckung ihres illegalen Handelns versuchten fast alle zu verdrängen. Vor allem bei Arbeiterfrauen war die Empörung über den § 218 groß; im sozialdemokratischen Milieu galt er allgemein als „Klassenparagraph": Von den rund 10.000 Anzeigen, die im gesamten Reichsgebiet jährlich wegen Vergehens gegen den § 218 erstattet wurden, trafen 80 bis 90 % Frauen aus der Arbeiterschaft[268]. In der Abtreibungsfrage bestand zwischen der herrschenden Rechtsprechung und dem Rechtsempfinden der breiten Massen eine unüberbrückbare Kluft.

Nur ein Bruchteil aller Abtreibungsfälle kam vor Gericht. Angesichts der ständig steigenden Abtreibungszahlen bemühten sich Polizei und Justiz zwar seit der Jahrhundertwende um eine schärfere Strafverfolgung der Vergehen gegen die Abtreibungsparagraphen. Die Zahl der Verurteilungen stieg demgemäß im Deutschen Reich erheblich an. Doch in Relation zur Zahl der jährlichen Abtreibungen blieb die der Verurteilungen gering; es wurden wegen Abtreibung im Durchschnitt der Jahre verurteilt:

	1890–99	1900–09	1910–14	1915–18	1919–27	1928–33
Personen	360	600	1590	1010	4960	3869

Besonders groß war die Zahl der Verurteilungen im Reich mit 7.190 im Jahr 1925, sie lag fast fünfmal so hoch wie 1913.[269] Zeitgenössische Beobachter sprachen Mitte der zwanziger Jahre von einer „wahren Verurteilungsepedemie", deren einzige Funktion die Abschreckung sei[270].

Wie kam es zu den Abtreibungsprozessen? Nicht selten wurde die Kriminalpolizei zu einem Ermittlungsverfahren durch unüberhörbaren Tratsch in einer Straße oder einem Viertel veranlaßt, häufiger allerdings durch eine Denunziation: Aus Ärger oder Mißgunst, Haß oder Rache erstatteten Familienangehörige, ehemalige Freunde und geschiedene Ehemänner, Nachbar(inne)n und Arbeitskolleg(inn)en Anzeige.[271] Manchmal lag die Abtreibung Monate oder gar Jahre zurück. Dies war auch im folgendem Beispiel der Fall. Im August 1927 erstattete die Ehefrau *Lotte L.* (geb. 1893) auf einem Polizeirevier in Braunschweig Anzeige gegen *Anna F.* (geb. 1894), die als Haustochter bei ihren Eltern lebte[272]:

> „Ich vermute, daß sich die Tochter unseres Hauswirtes, Anna F., im v. Jahre die Leibesfrucht abgetrieben hat. Die F. war nach meiner Ansicht schwanger, man sah ihr an, daß sie im Leibe stärker wurde. Im Mai 1926 reiste sie nach Hamburg zu ihrer Schwester Luise S., geb. F., ich glaube diese wohnt dort im Mittelweg. Nach etwa 6 Monaten kam die F. nach hier zurück und man merkte, daß sie sehr schlank geworden war. Die Mutter der F. hat mir dann gesagt, ihre Tochter habe einen schweren Magen- und Darmkatarrh gehabt. Diese Angabe bezweifle ich. Ich habe mit der Erstattung der Anzeige immer zurückgehalten und komme jetzt erst dazu, weil mich die F. kürzlich beleidigt hat."

Diese Anzeige führte in Braunschweig und Hamburg zu umfangreichen Ermittlungsverfahren der

Kriminalpolizei, die jedoch eingestellt werden mußten: Anna F. hatte damals tatsächlich an einem schweren Magen- und Darmkatarrh gelitten, der mit erheblichen Gewichtsverlusten verbunden war. Der behandelnde Facharzt empfahl einen Schwangerschaftsabbruch, der nach der Genehmigung durch das Hamburger Gesundheitsamt von einem Frauenarzt ausgeführt worden war. In diesem Fall blieb die Denunziation zwar folgenlos, in anderen Fällen führte sie jedoch zu Strafverfahren.

Häufig kam es auch zu einem Ermittlungsverfahren, wenn die Schwangere an den Folgen der Abtreibung verstorben war. Die Angehörigen oder der behandelnde Arzt erstatteten Anzeige. Mediziner waren in der Hansestadt aufgrund der hamburgischen Ärzteordnung generell verpflichtet, der Polizeibehörde anzuzeigen, wenn sich bei Verstorbenen während der Krankheit oder nach dem Tode Spuren einer widernatürlichen Todesursache gezeigt hatten. Als solche galt auch ein Abort. Die Krankenhausärzte der Hansestadt wurden zudem im Mai 1929 durch die Gesundheitsbehörde angewiesen, sich darum zu bemühen, in allen Fällen, wo der Verdacht einer kriminellen Abtreibung bestand, das Geheimnis von ihren Patientinnen zu ermitteln. Die Behörde empfahl, wenn der Fall es zuließ, das Geständnis der Patientin vor einem zweiten Arzt oder der Oberschwester wiederholen zu lassen, also vor Zeugen, die ebenfalls an ihre berufliche Schweigepflicht gebunden waren. Dadurch sei die Möglichkeit gegeben, beim Tod einer solchen Patientin Polizeibehörde oder Staatsanwaltschaft den Fall anzuzeigen, ohne daß das ärztliche Berufsgeheimnis verletzt würde oder daß der Patientin selber ein Schaden irgendwelcher Art erwachsen könnte. Erklärtes Ziel dieser Anweisung war „der Kampf gegen die gewerbsmäßige Lohnabtreibung“ und gegen den „ungeheuren Schaden an der Volksgesundheit“, den sie bewirkte.[273] In welchem Umfang die Krankenhausärzte dieser Anweisung nachkamen, läßt sich nicht feststellen.

Aufschluß über die Zahl sämtlicher Anzeigen und Verurteilungen wegen Vergehens gegen die Abtreibungsparagraphen in der Stadt Hamburg gibt für die Jahre 1927 bis 1930, die einzigen, für die genaue Angaben vorliegen, die folgende Übersicht[274]:

Jahr	Anzeigen	Rechtskräftige Verurteilungen			Art des Urteils		
		insgesamt	Frauen	Männer	Geldstrafe	Gefängnis	Zuchthaus
1927	418	117	87	30	23	90	4
1928	264	98	62	36	42	52	4
1929	273	86	59	27	35	49	2
1930	268	70	60	10	40	29	1

Die Zahlen deuten darauf hin, daß nur ein relativ geringer Teil der Anzeigen zu einer rechtskräftigen Verurteilung führte. Die Strafverfolgung betraf überwiegend Frauen. Die Männer, die aufgrund der Abtreibungsparagraphen angeklagt wurden, waren mehrheitlich Ehepartner oder Freunde der angezeigten Frauen, denen Beihilfe zur Abtreibung vorgeworfen wurde, weil sie der Schwangeren das Geld für die Abtreibung gegeben oder ihr bei diesem Eingriff in anderer Form geholfen hatten. Auf der Anklagebank saßen aber auch immer wieder Kurpfuscher. Nur einmal kam es in den zwanziger Jahren in Hamburg zu einem Strafverfahren gegen einen Arzt[275].

Die Rechtsprechung wurde durch den § 218 geregelt. Nach dessen Reform im Mai 1926 galt die Abtreibung, die von der Schwangeren selbst oder mit ihrer Einwilligung vorgenommen wurde, nicht mehr als Verbrechen, sondern nur noch als Vergehen, das mit Gefängnis bestraft wurde. Die höchstzulässige Dauer der Gefängnisstrafe betrug fünf Jahre. Der Vergehenscharakter des Abtreibungsdeliktes beseitigte für den Richter auch den vorher bestehenden Zwang, Untersuchungshaft zu verhängen. Nur bei Fluchtverdacht oder Verdunklungsgefahr durfte sie noch angeordnet

Die Frau des seit sieben Monaten arbeitslosen Metallarbeiters Krause wurde wegen Vergehens gegen den § 218 StGB. zu 6 Monaten Gefängnis verurteilt.

Denn nach der Moral des Gesetzes hätte die Frau besser so gehandelt:

(Der Wahre Jacob, Nr. 12, 1930)

werden. Vor der Reform saß manch angeklagte Arbeiterfrau bis zum Prozeßtermin monatelang im Untersuchungsgefängnis. Bis 1926 war für alle Fälle der Abtreibung eine Zuchthausstrafe zwingend vorgeschrieben. Nur wenn mildernde Umstände vorlagen, konnte auf Gefängnis, jedoch nicht unter sechs Monaten erkannt werden. In der reformierten Fassung war eine Mindestgrenze der jetzt nur noch zulässigen Gefängnisstrafe nicht festgelegt. Auch nach der Revision des § 218 war der Abtreibungsversuch strafbar, dies galt selbst für den Versuch an einem „untauglichen Objekt" mit „untauglichen Mitteln", also z.B. bei einer Scheinschwangerschaft. Die lange Verjährungsfrist von zehn Jahren, die der Denunziation Tür und Tor öffnete, blieb ebenfalls bestehen. Desgleichen wurde die hohe Strafandrohung für „Lohnabtreibung" im revidierten § 218 beibehalten. Sie galt als Verbrechen und konnte mit Zuchthaus bis zu 15 Jahren bestraft werden. Das Gesetz machte keinen Unterschied zwischen der „Lohnabtreiberin", die nur um des Geldes willen arbeitete, und der „weisen Frau" oder dem Arzt, die der Schwangeren durch den Eingriff helfen wollten und dafür eine Aufwandsentschädigung verlangten. Bei jeder Bezahlung – war sie auch noch so gering – handelte es sich juristisch um eine „gewerbsmäßige" Abtreibung. Für alle Abtreibungsverfahren galten die allgemeinen Bestimmungen über die Bewährungsfrist. Dadurch hatten die Gerichte die Möglichkeit, Verurteilte vor der Verbüßung ihrer Strafe zu bewahren. Für das Abtreibungsvergehen der Schwangeren selbst war seit der Reform von 1926 das Schöffengericht zuständig. Nur noch Verfahren wegen „gewerbsmäßiger" Abtreibung kamen vor das Schwurgericht, in dessen Aufgabenbereich Straftaten fielen, die mit Zuchthaus bedroht wurden. In der Praxis war es allerdings üblich, in allen Fällen, in denen die abtreibende Frau eine(n) bezahlte(n) Helfer(in) hatte, beide gemeinsam vor dem Schwurgericht anzuklagen. Dies wurde auch in der Hansestadt so praktiziert.[276]

Die Rechtsprechung der Hamburger Gerichte in Abtreibungsprozessen galt bei den Zeitgenossen als liberal. Das ‚Hamburger Echo' kam 1925 zu folgendem Urteil:

> Als „einzigen Lichtblick in diesen wahrhaft tief traurigen Verhandlungen findet man, daß unsere Hamburger Richter die Opfer dieses veralteten Strafparagraphen in den allermeisten Fällen äußerst menschlich und milde verurteilen. Sie begnügen sich, weil der Paragraph nun einmal noch besteht, mit der denkbar niedrigsten vorgesehenen Strafe und sprechen dabei stets eine Bewährungsfrist aus. Erbarmungslos hingegen werden diejenigen Personen verurteilt, denen nachgewiesen werden kann, daß sie des klingenden Gewinns halber, diesen Opfern die Hand geboten haben."[277]

Eine Auswertung der Prozeßberichterstattung in der Hamburger Presse bestätigt diese Einschätzung weitgehend. Nach der Reform des § 218 herrschte folgende Rechtsprechung vor: Bei „Lohnabtreibung" mit Todesfolge war eine langjährige Zuchthausstrafe üblich. „Gewerbsmäßige Abtreiber(innen)" mußten im Normalfall mit zwei bis drei Jahren Zuchthaus, bei mildernden Umständen mit ein bis zwei Jahren Gefängnis rechnen. Die abtreibenden Frauen selbst wurden zu einer ein- bis vierwöchigen Gefängnisstrafe oder einer entsprechenden Geldstrafe von 30 bis 100 Mark verurteilt. Eine ähnliche Strafe erwartete die, die ihnen durch Geld oder Hinweise geholfen hatten.

Beispielhaft sei hier über ein Strafverfahren berichtet, daß im März 1926 vor dem Hamburger Schwurgericht stattfand. Angeklagt waren *Hanne K.* (geb. 1883), *Martha O.* (geb. 1900) und *Emmy G.* (geb. 1904)[278]. Zu der Anklage war es aufgrund einer Denunziation gekommen. Die Ehefrau Hanne K. betrieb offiziell in ihrer Hammerbrooker Wohnung einen Handel mit „Mutterschutzmitteln". Durch eine Bekannte war das Dienstmädchen Martha O., die im vierten Monat schwanger war, an Hanne K. verwiesen worden. Mit ihrem Einkommen ernährte sie ihre alten Eltern. Wegen ihres schwangeren Zustands fand sie jedoch keine Arbeit mehr, deshalb wollte sie abtreiben. Hanne K. setzte ihr für ein Honorar von 20 Mark ein Stiftpessar ein. 14 Tage später kam es zu einer Fehlgeburt. Nach kurzer Zeit wurde Hanne K. von Martha O. erneut wegen einer Abtreibung aufgesucht. Beide Frauen waren vor Gericht geständig. Das Tagmädchen Emmy G.

behauptete von ihrer Schwangerschaft keine Ahnung gehabt zu haben, da ihre Regel wiederholt unregelmäßig gewesen sei. Sie wäre nur zu Frau K. gegangen, da eine Bekannte erzählt habe, sie könne sich von ihr einen Schutz gegen Empfängnis einsetzen lassen. Nach drei bis vier Monaten sei es überraschend zu einer Fehlgeburt gekommen. Gegenteiliges konnte Emmy G. vom Gericht nicht nachgewiesen werden. Sie mußte mangels ausreichender Beweise freigesprochen werden. Hanne K. hingegen wurde wegen „Lohnabtreibung" zu einem Jahr und einem Monat Zuchthaus verurteilt und Martha O. wegen „Abtreibung im Wiederholungsfalle" zu sieben Monaten Gefängnis. Mit den relativ hohen Strafen sollte ein abschreckendes Exempel statuiert werden. Da beide Angeklagte keine Vorstrafen hatten, schlug das Gericht sie dem Senat zur Begnadigung vor. Die Senatskommission für die Justizverwaltung entschied, die Strafe von Martha O. auf Bewährung auszusetzen. Das Gnadengesuch für Hanna K. lehnte sie zunächst ab und gewährte lediglich Strafaufschub. Nach einem erneuten Gnadengesuch des Ehemanns Hugo K. wandelte die Senatskommission im September 1926 die Zuchthausstrafe in eine Gefängnisstrafe von gleicher Dauer um, die durch Zahlung einer Geldbuße von 1.500 Mark abzuwenden war. 750 Mark sollten sofort entrichtet werden, der Rest bis spätestens April 1927, Ratenzahlung wurde gestattet. Es war nicht zu ermitteln, ob das Ehepaar K. in der Lage war, diesen hohen Geldbetrag aufzutreiben, der dem Jahreseinkommen eines Fabrikarbeiters entsprach.

Wenn es auch in Relation zur Zahl der illegalen Schwangerschaftsabbrüche nur selten zu einem Abtreibungsverfahren kam, so mußte doch jeder, der an einem Abort beteiligt war, noch Jahre nach dem Eingriff mit einer Anzeige und einer Verurteilung rechnen.

* * *

Aufgrund der drastischen Zunahme der Abtreibungsziffern zwischen 1880 und 1930 spricht Edward Shorter in seinem Buch „Der weibliche Körper als Schicksal" von einer „Abtreibungsrevolution"[279]. Er vertritt die Auffassung, daß diese Entwicklung primär auf den medizinischen und technischen Fortschritt zurückzuführen war. Shorter konstatiert zwar, daß die Frauen auch eine größere Bereitschaft zur Abtreibung gehabt hätten, betont aber, daß dieser Wunsch ohne die vielfältigen medizinischen Fortschritte nicht so massenhaft hätte realisiert werden können. Für ihn war die relativ sichere medizinische Abtreibung ein „Geschenk des technologischen Fortschritts", der allen Frauen seit den zwanziger Jahren „ein ganz wichtiges Stück Freiheit verschaffte: die Freiheit von unerwünschten Schwangerschaften".[280] Mit diesem Urteil überschätzt Shorter die Breitenwirkung des medizinischen Fortschritts bei der Abtreibungstechnik und ignoriert die klassenspezifische Realität der Abtreibung. Er betrachtet die Abtreibungsproblematik nicht im Zusammenhang von Familienplanung und Geburtenkontrolle und übersieht die Bedeutung der Empfängnisverhütung für die Trennung von Sexualität und Fortpflanzung[281]: Seit dem Ende des 19. Jahrhunderts bemühte sich nicht nur das Bürgertum, sondern auch die Arbeiterschaft in immer stärkerem Maße um eine Geburtenbeschränkung. Diese Entwicklung war Teil der Durchsetzung eines ‚modernen' generativen Verhaltens, in dessen Zentrum die Trennung von Sexualität und Fortpflanzung stand. Da die Möglichkeiten der Empfängnisverhütung für Arbeiterfrauen jedoch auch in der Zwischenkriegszeit noch außerordentlich beschränkt waren, mußten viele ihre Kinderzahl mittels Abtreibung regeln. Die verbesserten Abortivtechniken waren lediglich Voraussetzung dafür, daß sich diese „Notlösung" massenhaft verbreitete. Der Abtreibungsalltag wurde, wie die Verhütungsmöglichkeiten, entscheidend von der Klassenlage der Frauen bestimmt. Für die Masse der Arbeiterfrauen war die „Freiheit von unerwünschten Schwangerschaften" in der Weimarer Republik noch lange nicht erreicht. Wie die Entwicklung bis zur Gegenwart zeigt, gingen die Abtreibungszahlen wieder zurück, als den Frauen einfache und sichere Methoden der Empfängnisverhütung zur Verfügung standen. Damit erweist sich die von Shorter postulierte

„Abtreibungsrevolution“ als erste Phase in einem langfristigen Prozeß der Trennung von Sexualität und Fortpflanzung, dessen erfolgreicher Verlauf ein entscheidender Schritt zur Emanzipation des weiblichen Geschlechts war und ist.

2.2.2 *Die bevölkerungspolitischen Vorstellungen der Sozialdemokratie*

2.2.2.1 Bevölkerungspolitik als „Menschenökonomie“

Für breite Kreise des konservativen und klerikalen Bürgertums war es im Kaiserreich ausgemachte Sache, daß der Geburtenrückgang in der Arbeiterschaft letztlich auf den wachsenden Einfluß der Sozialdemokratie zurückzuführen sei. In dieser Auffassung wurden sie von renommierten bürgerlichen Wissenschaftlern bestätigt. So kam der Nationalökonom Julius Wolf 1912 in seiner Untersuchung über „Kinderzahl und Sozialdemokratie in Deutschland“ zu der lakonischen Schlußfolgerung: „Die Sozialdemokratie übt sich in Abstinenz“[282]. Der Bevölkerungswissenschaftler *Jean Bornträger* behauptete in seinem Buch „Der Geburtenrückgang in Deutschland, seine Bewertung und seine Bekämpfung“, das 1912 als erste regierungsoffiziöse Schrift zu diesem Thema erschien, daß auf die Seite der neuen Lehre von der Geburtenbeschränkung – wenngleich nicht ausnahmslos – auch die Sozialdemokratie getreten sei[283].

Die SPD wies diesen Vorwurf entschieden zurück. Ihre Führung betonte in der Öffentlichkeit immer wieder, daß die Partei keine Propaganda für eine Geburtenkontrolle betreibe. In der Tat lehnte die Mehrzahl der führenden Sozialdemokrat(inn)en vor dem Ersten Weltkrieg Malthusianismus wie Neomalthusianismus ab, die ihnen mit der sozialistischen Weltanschauung nicht vereinbar schienen.[284] Nur wenige SPD-Mitglieder, vorrangig Mediziner, traten im Kaiserreich öffentlich für Familienplanung und Geburtenkontrolle ein[285]. Zu den ersten Sozialisten, die eine Geburtenbeschränkung propagierten, gehörte der Schweizer Arzt *Fritz Brupbacher*, dessen Broschüre „Kindersegen – und kein Ende?“ 1904 erstmals in Deutschland erschien. Die Schrift wurde so populär, daß sie innerhalb von fünf Jahren eine Auflage von 60.000 Exemplaren erreichte.[286] Brupbacher forderte die Arbeiterfrauen auf, im Interesse ihrer Gesundheit, der Lebensfähigkeit ihrer Kinder und des Wohlergehens ihrer Familien die Kinderzahl einzuschränken und klärte sie über sichere Möglichkeiten der Empfängnisverhütung auf. Er betonte, daß „die Einschränkung der Kinderzahl“ kein Mittel des Klassenkampfes sei und die „Kampfesmittel des Proletariats nicht unentbehrlich mache“[287], betrachtete aber die Geburtenbeschränkung als Voraussetzung für die Emanzipation der Frau:

> „Nie wird eine wirkliche Frauenbefreiung möglich sein, solange die Frau noch so sehr unter der Last der Geburten leidet. Erst wenn sich die Frau von ihrer Sklaverei der Gebärmutter emanzipiert, wird sie sich überhaupt emanzipieren. Deshalb soll gerade die Frau sich energisch wehren gegen einen zu reichlichen Kindersegen ... (Er) ist das größte Hindernis für die persönliche Vervollkommnung und die freie Entwicklung des Weibes. Geistig und körperlich richten zu viele Geburten die Frau zugrunde, machen sie zu einem tiefstehenden Wesen, einem Menschen zweiter Ordnung ... Wie soll sie da der Frauenbewegung, dem Sozialismus sich anschließen, auch nur den Bestrebungen des Mannes Verständnis entgegenbringen.“[288]

Seit 1910 propagierten die Berliner Ärzte *Alfred Bernstein* und *Julius Moses* öffentlich Familienplanung und Geburtenkontrolle[289]. Die beiden Sozialdemokraten, die auf Veranstaltungen des ‚Berliner Hausarztvereins‘ in den Arbeiterwohngebieten der Stadt Vorträge über die Möglichkeiten der Schwangerschaftsverhütung hielten, gingen so weit, die Arbeiterfrauen zum „Gebärstreik“[290] aufzurufen: Ihr bewußter Verzicht auf Schwangerschaft sei ein Schritt im Klassenkampf, ein Druckmittel gegen die herrschende Klasse, das den Staat zu Verbesserungen im Bereich der Gesundheits- und Familienpolitik zwingen würde. Zudem könnten sie durch einen „Gebärstreik", der den Herrschenden die notwendigen Arbeiter und Soldaten vorenthalte, das Ende des Kapitalismus beschleunigen. Alfred Bernstein begründete den Vorschlag des „Gebärstreiks" 1913 ausführlich in einer Broschüre mit dem Titel „Wie fördern wir den kulturellen Rückgang der Geburten?", die innerhalb kürzester Zeit eine Auflage von 33.000 Exemplaren erreichte. Sie gipfelte in folgendem Aufruf:

> „Ihr Arbeiterfrauen, in deren Schoß unsere Zukunftshoffnungen ruhen, ihr Gedrückten und Geknebelten, ihr habt die Siegespalme in der Hand, wenn ihr euch weigert, weiter als Gebärmaschinen zu fungieren. Der Gebärstreik, der unblutige, er wird den Kapitalismus auf die Knie zwingen.
> Nieder mit dem Kapitalismus, hoch die Solidarität der sozialistischen Frauen.
> Sozialistische Frauen, fordert eure Menschenrechte! Gewährt man sie euch nicht, dann organisiert den Geburtenstreik."[291]

Die „Gebärstreik"-Forderung wurde bei den Arbeiterfrauen sehr schnell populär. Die Versammlungen der beiden Ärzte hatten großen Zulauf. Im gesamten Reichsgebiet erregte ihre „Gebärstreik"-Kampagne öffentliche Aufmerksamkeit. Die konservativen und klerikalen Kreise des Bürgertums fühlten sich in ihrem Vorurteil bestätigt: „Die Sozialdemokratie" rief zum „Gebärstreik" auf. Um dieser Auffassung entgegenzutreten, distanzierte sich die SPD-Führung von der Kampagne der beiden Parteimitglieder. Im Juli 1913 erschien eine erste offizielle Stellungnahme im ‚Vorwärts'; allerorts folgten in der Parteipresse Artikel, die sich kritisch mit der Parole des „Gebärstreiks" auseinandersetzten.[292] Eine heftige innerparteiliche Diskussion begann. Die Position, die die SPD-Führung in der „Gebärstreik"-Debatte entwickelte, bestimmte ihre Bevölkerungspolitik bis zum Beginn der Weimarer Republik.

Die sozialdemokratische Führung lehnte den „Gebärstreik" als „politisches Kampfmitteln" ab[293]: Wohl könne die Geburtenbeschränkung dem einzelnen Arbeiterpaar helfen, seine Kinder besser zu ernähren und zu erziehen, doch die soziale Lage der Arbeiterklasse insgesamt könne sie nicht heben. Das „kapitalistische Ausbeutungsregime", die Ursache für Not und Elend der Arbeiterklasse, bleibe bestehen, die „drückende politische und wirtschaftliche Rechtlosigkeit des Proletariats" werde nicht beseitigt. Nur durch den wirtschaftlichen und politischen Kampf sei eine Befreiung der proletarischen Frauen und Männer zu erreichen. Auch die Frau erringe die Gleichberechtigung „nicht durch weniger Kinder, sondern aller Reaktion zum Trotz durch ihren energischeren und ausgedehnteren Kampf".[294] Die Arbeiterklasse dürfe nicht vergessen, daß „für ihren Befreiungskampf die große Masse von ausschlaggebender Bedeutung" sei. Ein Blick in die Geschichte zeige, daß „die aufstrebenden Klassen nicht durch ihre Qualität, sondern durch ihre Masse gesiegt" hätten. „Kinderreichtum" sei „ein gesunder Reichtum gewesen".[295]

Diese parteioffizielle Argumentation leuchtete den wenigsten Arbeiterfrauen ein. Zu überzeugend waren im Alltag die Auswirkungen der Geburtenbeschränkung. In der sozialdemokratischen Frauenbewegung nahm die Zahl der Genossinnen zu, die für Familienplanung und Geburtenkontrolle eintraten. Die Parteiführung glaubte, eingreifen zu müssen. Sie rief in Berlin für den 22. August 1913 zu einer Versammlung „Gegen den Gebärstreik" auf. Der Massenandrang war groß, rund 4.000 Besucher – überwiegend Frauen – kamen. Referentinnen waren Clara Zetkin und *Luise Zietz* als Führerinnen der Frauenbewegung sowie *Rosa Luxemburg*[296]. Sie bemühten sich erfolglos, die Anwesenden von der parteioffiziellen Position zu überzeugen, denn diese berücksichtigte zu wenig die Realität der Arbeiterfrauen.

Die Führerinnen der sozialdemokratischen Frauenbewegung verkannten insbesondere die Bedeutung der Geburtenkontrolle für die Emanzipation der Frau. Sie sahen noch nicht, welch machtvolles Instrument patriarchalischer Herrschaft über Frauen die „Zwangsmutterschaft" war: Sie sichert, wie Silvia Kontos zu Recht schreibt, „gesamtgesellschaftlich die physische und psycho-soziale Reproduktion sowie die unbezahlte Hausarbeit und die minderbezahlte Lohnarbeit der Frau und individuell ihre psychische und soziale Abhängigkeit vom Mann. D.h. die Mutterschaft ist unter der Kontrolle von Männern so sehr Grund der gesellschaftlichen Ohnmacht von Frauen, wie sie unter der autonomen Verfügung von Frauen Quelle ihrer gesellschaftlichen Macht sein kann."[297] Solche Gedanken waren den Führerinnen der sozialdemokratischen Frauenbewegung fremd. Sie erkannten nicht, daß die Geburtenbeschränkung der Arbeiterfrau endlich die Möglichkeit gab, den Umfang ihrer Reproduktionsarbeit stärker selbst zu bestimmen. Die Forderung nach dem Selbstbestimmungsrecht der Frau über ihren Körper stand für sie in Widerspruch zur sozialistischen Weltanschauung. Sie verurteilten den „Gebärstreik", weil ihrer Ansicht nach für den Sieg der Arbeiterklasse die „Zahl der Soldaten für die Revolution" von ausschlaggebender Bedeutung war[298].

Dieser Position trat vor allem Julius Moses entgegen. Er plädierte für eine „qualitative Bevölkerungspolitik", nicht auf die Quantität, sondern auf die Qualität komme es an. Die Arbeiterfrauen müßten endlich „vom Elend des allzureichen Kindersegens" befreit werden. Auch sie wollten bei dem Kampf „um die Gesundung und Gesunderhaltung der Arbeitermassen" mitkämpfen, doch „die Last des Gebärens" hindere sie daran. Darum müßten sie von dieser Last befreit werden. Seine Ausführungen wurden mit „stürmischem, langanhaltendem Beifall" unterstützt.[299] Die Mehrheit der Versammlungsbesucher(innen) stand hinter Alfred Bernstein und Julius Moses; der Parteivorstand mußte darauf verzichten, die vorbereitete Resolution „Gegen den Gebärstreik" zur Abstimmung zu stellen.[300] Um eine Klärung der Frage herbeizuführen, wurde für den 28. August eine Fortsetzungsveranstaltung angesetzt. Auf ihr versuchten die Führerinnen der sozialdemokratischen Frauenbewegung zu vermitteln; Clara Zetkin betonte demgemäß in ihrem Schlußwort: Familienplanung und Geburtenkontrolle seien eine legitime Privatangelegenheit, die als programmatische Forderung der Partei allerdings abgelehnt werden müsse. Die Ablehnung „des Gebärstreiks als revolutionärem Kampfmittel des Proletariats" bedeute nicht, daß die Partei Proletarierinnen verurteilen würde, die sich aus sozialen Gründen genötigt sehen, ihre Kinderzahl zu beschränken. Die Sozialdemokratie fordere im Gegenteil seit langen Jahren „wegen der sozialen Untergründe des kriminellen Aborts" die Abschaffung des § 218.[301] Die Ausführungen Clara Zetkins entsprachen der Position der SPD-Führung, die geschlossen für eine „quantitative Bevölkerungspolitik" eintrat. Mit der Formel von der Geburtenkontrolle als „Privatsache" versuchte sie einen innerparteilichen Konsens herzustellen, dies mißlang jedoch.[302] Clara Zetkin, die Referentin der Parteileitung, konnte sich mit ihrer Auffassung auch in der zweiten Versammlung nicht durchsetzen. Die Mehrheit der Anwesenden unterstützte nach wie vor die Parole vom „Gebärstreik".

Mit dem Vorschlag eines „Gebärstreiks" knüpften Alfred Bernstein und Julius Moses an den Problemen der Arbeiterfrauen an, für die reicher Kindersegen eine schwere Last war. Sie zeigten den Genossinnen eine Möglichkeit, in ihrem zentralen Lebensbereich – der Familie – politisch zu handeln und vermittelten ihnen das Gefühl, daß ihre persönlichen Interessen und Bedürfnisse mit den Zielen der Arbeiterbewegung in Einklang standen. Die Parole vom „Gebärstreik" gab den Arbeiterfrauen Handlungsfähigkeit, die über den privaten Bereich hinausreichte: Durch die Geburtenbeschränkung konnten sie demonstrieren, daß sie nicht länger bereit waren, ohne entsprechende soziale Voraussetzungen Kinder zur Welt zu bringen. Die Möglichkeit einer Trennung von Sexualität und Fortpflanzung erlebten sie als entscheidenden Schritt zu ihrer Emanzipation, der ihren Handlungsspielraum vergrößerte. Familienplanung und Geburtenkontrolle waren Fragen von öffentlichem Interesse, die in besonderem Maße die Frauen betrafen. Deshalb verstanden es viele Genossinnen nicht, daß die Führung von Partei und Frauenbewegung diese Fragen als „Privatangelegenheit" behandelte. Sie erwarteten, daß die SPD auch zu bevölkerungspolitischen Fragen eindeutig Stellung bezog.[303]

Die Debatte um den „Gebärstreik" macht deutlich, daß selbst die Führerinnen der sozialdemokratischen Frauenbewegung im Kaiserreich die Bedeutung des Reproduktionsbereichs unterschätzten. Ihr Kampf für die Emanzipation der Frau konzentrierte sich auf eine Änderung des Produktionsbereiches. Die Familienarbeit der Arbeiterfrauen wurde für die Interessen der (männlichen) Arbeiterbewegung instrumentalisiert. Bis zur „Gebärstreik"-Debatte waren bevölkerungspolitische Probleme für die SPD nur ein Nebenthema gewesen; es gab keine ausformulierte offizielle Position zur Bevölkerungspolitik. Erst diese Debatte veranlaßte die Führung von Partei und Frauenbewegung, sich intensiver mit dem Thema auseinanderzusetzen. Sie war der Anfang einer regen innerparteilichen Diskussion über Bevölkerungspolitik, Familienplanung und Geburtenkontrolle. In der Folgezeit erschien dazu in der SPD-Presse, vor allem in der Frauenzeitschrift ‚Die Gleichheit', eine Vielzahl von Artikeln[304].

Unabhängig von allen innerparteilichen Kontroversen über den „Gebärstreik" trat die SPD geschlossen der Offensive konservativer und klerikaler Kreise entgegen, die mittels des Verbots von Verhütungsmitteln die Geburtenzahlen steigern wollten. Programmatische Grundlage des Widerstands war vor und während des Ersten Weltkriegs das Konzept einer „sozialen Bevölkerungspolitik": Der Geburtenrückgang sei Folge des sozioökonomischen Systems des Kapitalismus. Die soziale Not zwinge die Arbeiterklasse zur Geburtenbeschränkung. Eine Zunahme des Nachwuchses sei zwar erstrebenswert, könne aber nur durch soziale Reformen erreicht werden. Staatliche Zwangsmaßnahmen vergrößerten lediglich die Not der Frauen. Deshalb trat die SPD für eine Freigabe der Verhütungsmittel und eine Aufhebung des Abtreibungsverbots ein.[305] Als das Zentrum 1914, unterstützt von den übrigen bürgerlichen Parteien, im Reichstag einen Gesetzentwurf zum Verbot von Verhütungsmitteln einbrachte, organisierte die SPD in Hamburg wie überall im Reich Protestveranstaltungen „Gegen den staatlichen Gebärzwang"[306].

In den letzten Kriegsjahren bahnte sich in der Sozialdemokratie ein Wandel der bevölkerungspolitischen Position an: Familienplanung und Geburtenkontrolle wurden nicht mehr lediglich als „Privatsache" betrachtet, sondern in stärkerem Maße als „Parteiangelegenheit" behandelt.[307] Diese Tendenz zeigte sich erstmals in der Debatte um die repressiven bevölkerungspolitischen Gesetze, die die kaiserliche Regierung im November 1917 dem Bundesrat vorlegte. Die MSPD lehnte diese Gesetze, die einen „staatlichen Gebärzwang" durchsetzen sollten, entschieden ab[308]. Um deren Verabschiedung zu verhindern, organisierte die mehrheitssozialdemokratische Frauenbewegung im gesamten Reichsgebiet Protestaktionen[309]. Die Hamburger Genossinnen veranstalteten im August 1918 eine öffentliche Kundgebung zum Thema „Die Frauen und die Bevölkerungspolitik"[310]. Referent war *Heinrich Schulz*, Mitglied des Parteivorstandes und neben Marie Juchacz damaliger Chefredakteur der ‚Gleichheit'[311]. Seine Ausführungen sind charakteristisch für die veränderte bevölkerungspolitische Haltung, die sich in immer breiteren Parteikreisen durchsetzte; Familienplanung und Geburtenkontrolle wurden mehr und mehr als Teil einer notwendigen „Rationalisierung der Fortpflanzung" begriffen:

> „Die naive Art der Volksvermehrung, bei der die Eltern einem Kinde nach dem anderen das Leben gaben, und wodurch die Frau zur Sklavin des Kindes wurde, ist der rationellen Methode gewichen. Die infolge der modernen Produktionsweise selbständig gewordene Frau will nicht willenloses Werkzeug sein; mit Hilfe der sogenannten Präventivmittel entscheidet sie selbst, ob und wieviele Kinder sie haben will. Es entsteht nun die Frage für alle Sozialpolitiker, Ärzte usw.: Sollen alle Präventivmittel verboten werden, damit auch die unvernünftige Anwendung derselben verhindert wird; oder aber ist die Anwendung derselben Präventivmittel ein sozialer Fortschritt, der eine natürliche Regelung der Volksvermehrung gewährleistet? Unsere Antwort muß lauten: Ebenso wie Maschinen und Großbetriebe Zeichen des sozialen Fortschritts sind, ebenso sind es die Präventivmittel; ebenso aber wie wir danach trachten, die Nachteile der ersteren zu beseitigen, damit nur die Vorteile der Bevölkerung zugute kommen, muß unser Trachten in gleichem Sinne den Präventivmitteln gelten."[312]

Nicht durch einen „staatlichen Gebärzwang" konnte nach Ansicht von Heinrich Schulz die Kinderzahl gesteigert werden, sondern nur durch soziale Reformen, die verhinderten, daß den Eltern jeder Familienzuwachs „zur Qual" werde. Seine Ausführungen wurden mit „langanhaltendem, stürmischem Beifall" von der Versammlung unterstützt. Einstimmig verabschiedeten die Anwesenden folgende Protestresolution:

> „Die von mehr als dreitausend Personen, vorwiegend Frauen besuchte Versammlung am 19. August 1918 im Gewerkschaftshause lehnt die beiden Gesetzentwürfe gegen die Behinderung der Geburten ab. Sie sieht in dem Gesetz ein unzulässiges Eingreifen in das Selbstbestimmungsrecht des Menschen, insbesondere der Frauen. Es muß dem Verantwortungsgefühl der Eltern überlassen bleiben, wie oft und wann die Frau Mutter werden will. Die geplanten gesetzgeberischen Maßnahmen werden auch keinen Geburtenzuwachs hervorbringen, aber den kriminellen Abortus vermehren und damit die Gesundheit der Frauen schwer schädigen.
>
> Die Versammelten fordern demgegenüber sozialpolitische und steuerpolitische Maßnahmen zur Unterstützung kinderreicher Familien, besseren Mutter- und Kinderschutz, soziale Hebung der außerehelichen Mutter und ihres Kindes, Beseitigung der Ehehindernisse, sowie gleichberechtigte Mitarbeit der Frauen in Staat und Gemeinde durch Gewährung des Wahlrechts zu allen öffentlichen Körperschaften.
>
> Eine gute äußere Politik, die die Mütter vor solch ungeheuren Opfern bewahrt, wie sie im Augenblick von ihnen gefordert werden, ist ein besseres Mittel zur Stärkung des Willens zur Mutterschaft als die Gesetzentwürfe."[313]

Der Hamburger MSPD-Landesverband war damit einer der ersten, der sich für eine „Rationalisierung der Fortpflanzung" aussprach und das Selbstbestimmungsrecht der Eltern bei der Familienplanung forderte. Innerhalb der Partei nahm er damit eine ausgesprochen radikale Position ein.

Der Geburtenrückgang wurde im Verlauf des Ersten Weltkrieges von immer mehr Sozialdemokraten als nationales Problem und damit als Problem der Parteipolitik betrachtet. Am nachdrücklichsten vertrat diese Position Alfred Grotjahn, der Begründer der modernen Sozialhygiene. Sein bevölkerungspolitisches Konzept einer „Rationalisierung der Fortpflanzung" hatte Grotjahn bereits in der Vorkriegszeit entwickelt[314]. In der Weimarer Republik galt er allgemein als Autorität in Fragen der Bevölkerungspolitik. Grotjahn, der seit seiner Jugend der Sozialdemokratie nahegestanden hatte und 1919 Parteimitglied geworden war, bestimmte in den ersten Jahren der Weimarer Republik entscheidend die Gesundheits- und Bevölkerungspolitik der MSPD: 1921 zog er für die Partei in den Reichstag ein und wurde sogleich zum gesundheitspolitischen Sprecher der Fraktion gewählt. Im Auftrag des Parteivorstand verfaßte er den Abschnitt „Öffentliche Gesundheitspflege" für das neue Parteiprogramm, das im September 1921 auf dem Görlitzer Parteitag verabschiedet wurde.[315] Im selben Jahr beauftragte ihn die Parteiführung, seine Vorstellungen von einer „sozialistischen Bevölkerungspolitik" in einer Broschüre darzulegen; darüber hinaus erhielt er die Möglichkeit diese u.a. in der Frauenzeitschrift ‚Die Gleichheit' und im theoretischen Hauptorgan ‚Neue Zeit' ausführlich darzustellen[316]:

Bei der Betrachtung der Fortpflanzung des Menschen unterschied Grotjahn zwei Typen: den „naiven", bei dem unbeschränkt Kinder geboren würden, und den „rationalen", bei dem die Familiengröße geplant und die Kinderzahl mit Hilfe von Präventivmitteln beschränkt werde. Die Durchsetzung des „rationalen Typus der Fortpflanzung" war für Grotjahn Hauptursache des Geburtenrückgangs. Veranlaßt würden die meisten Eltern zur Geburtenbeschränkung durch die für eine „Kinderaufzucht ganz besonders ungünstigen Bedingungen der kapitalistischen Wirtschaftsform". Grundsätzlich begrüßte Grotjahn diese Entwicklung; problematisch erschien ihm lediglich, daß die „Rationalisierung der Fortpflanzung" bisher „nur nach rein privatwirtschaftlichen Gesichtspunkten" betrieben würde, „ohne Rücksicht darauf, ob nicht wichtige allgemeine Interessen des Gesamtvolkes dadurch verletzt werden". Dies war seiner Ansicht nach dann der Fall, wenn als Folge der Geburtenbeschränkung die Bevölkerungszahl abnahm. Zu einem Bevölkerungsrückgang müsse es unweigerlich kommen, wenn sich das „Zweikindersystem" durchsetze. „Die

Erhaltung des Bevölkerungsgleichgewichts" war für Grotjahn nur gewährleistet, „wenn jedes Ehepaar mindestens drei Kinder über das fünfte Lebensjahr hinaus hochbringt". Die Gefahren des Bevölkerungsrückgangs dürften von der Sozialdemokratie nicht unterschätzt werden. „Jedes Volk, jede Klasse, jede Schicht, die jene Mindestforderung" nicht erfülle, werde „im Laufe der Zeit mit Sicherheit von kinderreicheren Schichten oder Nachbarvölkern überflügelt werden". Hier drohten „unleugbare Gefahren, die keineswegs nur vom nationalen Gesichtspunkte, sondern auch von dem des Interesses einer mächtigen, zur politischen Reife gediehenen Arbeiterschaft betrachtet" werden müßten.[317] Denn „die politische und wirtschaftliche Macht des Proletariats" wäre „im hohen Maße von ihrer numerischen Stärke abhängig"[318]. Mit dieser Argumentation gegen einen unkontrollierten Geburtenrückgang stand Grotjahn in der Tradition der Parteiführung, die 1913 in der „Gebärstreik"-Debatte die Propaganda für eine Geburtenkontrolle mit ähnlicher Begründung abgelehnt hatte. Die chauvinistischen Untertöne in seiner Beurteilung des Geburtenrückgangs stießen Anfang der zwanziger Jahre in der MSPD nicht auf Kritik.[319]

Dem Geburtenrückgang konnte nach Ansicht von Grotjahn nur durch eine Geburtenregelung begegnet werden. Ziel einer „sozialistischen Bevölkerungspolitik" mußte für ihn deshalb die quantitative wie qualitative „Rationalisierung der Fortpflanzung" sein[320]. Die quantitative Rationalisierung sollte nach volkswirtschaftlichen Prinzipien erfolgen; die Bevölkerungszahl müßte den „zeitlichen und örtlichen Produktionsmöglichkeiten" entsprechen[321]. Die qualitative Rationalisierung sollte nach den Erkenntnissen der Eugenik durchgeführt werden; die „Erzeugung und Fortpflanzung von körperlich und geistig Minderwertigen" müßte verhindert, die „der Rüstigen und Höherwertigen" gefördert werden[322]. Diese Zielformulierung wurde in der MSPD unwidersprochen hingenommen. Auch Sozialdemokrat(inn)en benutzten selbstverständlich das Züchtungs- und Auslesevokabular der Eugenik. Abgelehnt wurde von ihnen lediglich die sozialdarwinistisch determinierte Rassenhygiene.[323]

Das Ziel einer quantitativen wie qualitativen „Rationalisierung der Fortpflanzung" konnte nach Auffassung Grotjahns nur erreicht werden, wenn zum einen der „Willen zum Kinde und die Freude am Kinde" durch eine „wirtschaftliche Bevorrechtung der Elternschaft" gefördert, zum anderen Familienplanung und Geburtenkontrolle nach wissenschaftlichen Richtlinien vorgenommen würden.[324] Grotjahn schlug folgende „Fortpflanzungsregeln" vor:

„1. Jedes Elternpaar hat die Pflicht, eine Mindestzahl von drei Kindern über das fünfte Lebensjahr hinaus hochzubringen.
2. Diese Mindestzahl ist auch in solchen Fällen anzustreben, in denen die Beschaffenheit der Eltern eine unerhebliche Minderwertigkeit der Nachkommen erwarten läßt, doch ist in diesen Fällen die Mindestzahl nicht zu überschreiten.
3. Jedes Elternpaar, das sich durch besondere Rüstigkeit auszeichnet, hat das Recht, die Mindestzahl um das Doppelte zu überschreiten und für jedes überschreitende Kind eine wirtschaftliche Gegenleistung in Empfang zu nehmen, die von allen Ledigen oder Ehepaaren, die aus gleichviel welchen Gründen hinter der Mindestzahl zurückbleiben, in Form einer Elternschaftsversicherung beizusteuern ist."[325]

Um eine solche Geburtenregelung durchzusetzen, hielt Grotjahn es für nötig, daß Familienplanung und Geburtenkontrolle ausschließlich unter „Führung der ärztlichen Wissenschaft" betrieben werden[326]. Eine öffentliche Aufklärung über Mittel und Methoden der Empfängnisverhütung lehnte er ebenso ab wie die Aufhebung des Abtreibungsverbots; beides würde den Geburtenrückgang unnötig verstärken[327].

Grotjahn sprach der Frau jedes Selbstbestimmungsrecht über ihren Körper ab[328]. Er betrachtete es als soziale Pflicht des weiblichen Geschlechts, „so viele Kinder zur Welt zu bringen und aufzuziehen, daß mindestens der Bevölkerungsstand gewahrt bleibt"[329]. Das „übertriebene Emanzipationsstreben" großer Teile der Frauenbewegung lehnte er im Interesse einer „ausgeglichenen Bevölkerungsbilanz" ab. Kritisch stand er insbesondere der Forderung nach dem gleichen

Erwerbsrecht für Frauen gegenüber. Für ihn entsprach das Dasein als Hausfrau und Mutter der weiblichen Bestimmung. Als den „Kern der Frauenfrage" betrachtete er demgemäß die Förderung von Ehe und Familie.[330] Letztlich reduzierte er mit seiner quantitativ ausgerichteten Bevölkerungspolitik die Frau auf ihre Funktion als „Gebärmutter". Die antifeministische Haltung Grotjahns wurde in den Nachkriegsjahren selbst von den Funktionärinnen der sozialdemokratischen Frauenbewegung nicht öffentlich kritisiert. Seine bevölkerungspolitische Forderung „Frauen zurück an Herd und Wiege" entsprach dem Trend der Nachkriegszeit: Mit Hilfe der Demobilmachungsverordnungen sollten die Frauen aus dem Erwerbsleben gedrängt werden.

Im Unterschied zur MSPD, die in den ersten Jahren der Weimarer Republik das bevölkerungspolitische Ziel einer quantitativen und qualitativen „Rationalisierung der Fortpflanzung" verfolgte, vertrat die USPD von Anfang an eine rein „qualitative Bevölkerungspolitik"[331]. Dies war nicht zuletzt auf den Einfluß von Julius Moses zurückzuführen, der 1912 in die SPD eingetreten war. Ein Jahr später gründete er mit anderen Kollegen den ‚Sozialdemokratischen Ärzteverein', aus dem der ‚Verein Sozialistischer Ärzte' hervorging[332]. Als Gegner der Burgfriedenspolitik trat Moses 1917 in die USPD über, deren Hauptvorstand er von 1919 bis 1922 angehörte. 1920 wurde er erstmals in den Reichstag gewählt. Als gesundheitspolitischer Sprecher bestimmte er wesentlich die Gesundheits- und Bevölkerungspolitik der USPD.[333]

Julius Moses gehörte zu den wenigen führenden Sozialdemokraten, die bereits vor dem Ersten Weltkrieg eine „qualitative Bevölkerungspolitik" propagiert hatten. Im Mittelpunkt seiner Vorstellungen stand der Begriff der „Menschenökonomie". Er vertrat die Anschauung, daß „der Reichtum der Nation in ihren produktiven Kräften" bestehe, deren wichtigste der Mensch sei. Not und Elend der Gegenwart hätten in den Gesundheits- und Bevölkerungsproblemen ihre „eigentliche und letzte Wurzel". Die „Menschenökonomie" fordere, daß dem Erhalt des „wertvollsten Kapitals des Staates", des Menschen, alle Kraft gewidmet werden müsse. Dies sei vorrangige Aufgabe der öffentlichen Bevölkerungs-, Gesundheits- und Sozialpolitik, in deren Zentrum Mütter und Kinder, „die Zukunft des gesamten Volkes", stehen müßten.[334] Familienplanung und Geburtenkontrolle betrachtete Moses als Teil dieser „Menschenökonomie". Er betonte, daß sich nur durch eine Beschränkung der Kinderzahl die Lebenschancen des einzelnen Kindes vergrößern würden. Deshalb trat er für eine Freigabe von Abtreibung und Verhütung ein.[335]

In den folgenden Jahren gewann die „qualitative Bevölkerungspolitik" in der Arbeiterbewegung immer mehr Anhänger(innen): Durch die Not der Kriegs- und Nachkriegszeit hatte sich der Gesundheitszustand weiter Bevölkerungskreise erheblich verschlechtert, besonders betroffen waren Frauen und Kinder. Bevölkerungspolitik war für viele Sozialdemokrat(inn)en nur noch als Sozialpolitik denkbar. „Menschenökonomie" wurde zu einem bevölkerungspolitischen Schlagwort der Nachkriegszeit.[336] Nach der Wiedervereinigung der Sozialdemokratie gewann eine ausschließlich qualitativ ausgerichtete Bevölkerungspolitik auch in der SPD immer mehr Zustimmung. Dieser Wandel wurde nach außen dadurch sichtbar, daß Julius Moses 1924 Alfred Grotjahn als gesundheitspolitischen Sprecher der Partei ablöste. Moses hatte seit 1922 entscheidenden Einfluß auf die Gesundheits- und Bevölkerungspolitik der SPD: Nach dem Zusammenschluß von MSPD und USPD war er in den Parteivorstand gewählt worden. Bis 1932 gehörte er dem Reichstag an. Grotjahn, der seit jeher dem rechten Flügel der Partei nahegestanden hatte, zog sich seit 1922 mehr und mehr aus der politischen Arbeit zurück; 1924 schied er aus dem Reichstag aus.[337]

Mitte der zwanziger Jahre hatte sich das Konzept einer „qualitativen Bevölkerungspolitik" in der SPD durchgesetzt. Dies zeigte die Tagung „Sozialismus und Bevölkerungspolitik" die vom ‚Hauptausschuß für Arbeiterwohlfahrt', dem Leitungsgremium der sozialdemokratischen Wohlfahrtsorganisation, im September 1926 in Jena veranstaltet wurde. Diese Tagung war die erste und

einzige der SPD, die sich ausschließlich mit bevölkerungspolitischen Fragen beschäftigte. Behandelt wurden folgende Themen:
- Sozialismus und Bevölkerungspolitik (Referent: *Max Quarck*)
- Schutz der schwangeren Arbeiterin im Betrieb (Referenten: *Gertrud Hanna* und Julius Moses)
- Prostitution und Reglementierung (Referenten: *Andreas Knack* und *Louise Schroeder*)
- Schwangerschaftsunterbrechung und -verhütung (Referenten: Karl Kautsky jun. und *Elisabeth Kirschmann-Röhl*).[338]

Ziel war die Erarbeitung eines detaillierten Programms für eine sozialistische Bevölkerungspolitik.

Nichts symbolisiert deutlicher den bevölkerungspolitischen Positionswandel der SPD als die Tatsache, daß Alfred Grotjahn, einst führender Bevölkerungspolitiker der Partei, weder in die Vorbereitung der Tagung einbezogen wurde, noch als Referent vorgesehen war[339]. Das Hauptreferat zum Thema „Sozialismus und Bevölkerungspolitik" hielt Max Quarck, ein renommierter Sozialpolitiker der SPD. In seinem Überblick über den Wandel der bevölkerungspolitischen Vorstellungen der Partei setzte er sich auch mit Alfred Grotjahn auseinander: Er lobte ihn zwar als „eifrigsten und erfolgreichsten Förderer einer sozialistischen Bevölkerungspolitik", kritisierte jedoch die quantitative Ausrichtung seiner bevölkerungspolitischen Vorstellungen. Er würde die sozialen und kulturellen Vorzüge der Geburtenregelung nicht sehen.[340] Zum Schluß seines Vortrags faßte Max Quarck das sozialdemokratische Programm einer „qualitativen Bevölkerungspolitik" zusammen:

> „Der Sozialismus ist die größte bisher geschichtlich dagewesene Befreiungsbewegung der Massen auf Grund wissenschaftlichen Wissens. Seinen Erfolg will er erreichen durch Herstellung der Gemeinwirtschaft auf allen Gebieten unter Beseitigung des Profitinteresses des Einzelnen. Dazu dient die allmähliche Abschaffung des Privateigentums und die Einführung gemeinwirtschaftlicher Betriebe. Um diese Betriebe zu beherrschen und verwalten zu können, braucht er gemeinwirtschaftlich denkende Menschen. Es gilt nicht bloß die Verhältnisse zu ändern, sondern auch die Menschen, die in der neuen Gesellschaft leben sollen. Dazu bedürfen wir der Anwendung menschlicher Überlegung schon bei der Zeugung unserer Nachkommenschaft. Unsere Kulturbestrebung, den Menschen zu beeinflussen und zu heben, muß schon einsetzen bei seiner Entstehung. Wir müssen das Sich-gehen-lassen überwinden, das bisher bei großen Bevölkerungsteilen als der Weisheit letzter Schluß galt. Es ist durchaus sozialistisch, wenn die Kultur- und Menschenökonomie bis zur Beantwortung der Frage gesteigert wird: Auf welche Weise können wir vollgebildete, körperlich und geistig gut ausgerüstete Menschen erzielen, die alle möglichst vollkommene Helfer zur Herbeiführung und Verwirklichung des Sozialismus sein werden? Bei dieser Kulturfrage aber entscheidet die Qualität und Güte, nicht die Quantität oder die Menge. Die Zahl der Nachkommenschaft, die eine nach dem Sozialismus strebende Gesellschaftsschicht mit allen Eigenschaften des zielbewußten und unterrichteten Kampfes ausstatten kann – das ist das Ausmaß des Bevölkerungszuwachses, auf das sich diese Gesellschaftsschicht bewußt einstellen muß. Diese Zahl muß erreicht, darf aber auch nicht durch zügellose Kindervermehrung überschritten werden, wenn ein kulturelles Geschlecht aufwachsen soll, das den schwierigen Aufgaben des Sozialismus gewachsen ist."[341]

Dieses Konzept vertrat die SPD bis zum Ende der Weimarer Republik. Es wurde vor allem von der ‚Arbeitsgemeinschaft sozialdemokratischer Ärzte', der ‚Arbeiterwohlfahrt' und der sozialdemokratischen Frauenbewegung propagiert[342].

* * *

Der Problemkreis von Bevölkerungspolitik, Familienplanung und Geburtenkontrolle betraf in erster Linie Frauen. Sie brachten die Kinder zur Welt und sicherten durch ihre Haus- und Familienarbeit die Reproduktion. Doch wie in der gesamten Gesellschaft wurde der Diskurs über dieses Thema auch in der sozialdemokratischen Arbeiterbewegung von (Fach-)Männern – vor allem Medizinern – beherrscht. Sie bestimmten die offizielle Bevölkerungspolitik und beeinflußten entscheidend die Haltung zu Familienplanung und Geburtenkontrolle. Ausgangspunkt ihrer bevölkerungspolitischen Vorschläge sollten zwar „die gesellschaftlichen Interessen der Arbeiterbewegung" sein. In der Realität berücksichtigten sie aber Interessen und Bedürfnisse der weiblichen Hälfte der Arbeiterbewegung nur am Rande. Die meisten sozialdemokratischen Mediziner verkannten die Bedeutung der Geburtenkontrolle für die weibliche Emanzipation und sprachen der Frau jedes Selbstbestimmungsrecht über ihren Körper ab. An diesem Punkt setzte die Kritik aus den Reihen der sozialdemokratischen Frauenbewegung ein. Viele Genossinnen plädierten für ihr Recht auf Selbstbestimmung. Diese Forderung war und blieb in der SPD umstritten. Das zeigte sich besonders deutlich bei der innerparteilichen Kontroverse um Abschaffung oder Reform des § 218.

2.2.2.2 Die Haltung der SPD zum § 218

Am 2. Juli 1920 stellte die Fraktion der Unabhängigen Sozialdemokratie im Reichstag folgenden Antrag:

> „§ 1: Die Paragraphen 218, 219 und 220 des Strafgesetzbuches werden aufgehoben.
> § 2: Dieses Gesetz tritt mit dem Tage der Verkündung in Kraft."[343]

Der Änderungsantrag, der keine Mehrheit fand, entsprach der liberalen Haltung, die die Sozialdemokratie vor und während des Krieges in der Auseinandersetzung um den Abtreibungsparagraphen eingenommen hatte: Sie trat traditionell für die Abschaffung des Abtreibungsverbotes ein. Angeregt hatten die Gesetzesinitiative der USPD-Fraktion *Martha Arendsee*[344], eine führende Funktionärin der Frauenbewegung, und Julius Moses. Die Argumentation, mit der sie die Forderung nach völliger Freigabe der Abtreibung begründeten, ist charakteristisch für die Haltung, die linke Sozialdemokrat(inn)en in den Jahren der Weimarer Republik zu den Abtreibungsparagraphen einnahmen. Ausführlich erläuterten sie ihre Position in der USPD-Frauenzeitschrift ‚Die Kämpferin'[345]. Martha Arendsee schrieb dort im Juni 1920:

> „Die bürgerliche Gesellschaft tut nichts, um die Frau während der Schwangerschaft genügend zu schonen. Sie sorgt nicht dafür, daß das junge Menschenkind, das das Licht der Welt erblickt, unter gesunden menschenwürdigen Verhältnissen aufwächst. Sie gibt den Frauen und Mädchen der Arbeiterklasse nicht die Möglichkeit, dem Kinde eine fürsorgliche Mutter sein zu können. Sie bestraft aber die Schwangere, die ihre Frucht vorsätzlich abtreibt oder im Mutterleibe tötet, mit Zuchthaus bis zu 5 Jahren, bei mildernden Umständen mit Gefängnis nicht unter 6 Monaten ...
>
> Die Strafbestimmungen stellen in der Praxis ... einen Ausnahmezustand gegen die Frauen und Mädchen der Arbeiterklasse dar. Sie schrecken nicht, sondern führen dazu, daß derartige Operationen geheim, mit hohen Kosten verbunden, ausgeführt werden. Während die Frauen der Besitzenden jederzeit einen Hausarzt zur Hand haben, der ihnen diskrete und sachgemäße Behandlung zuteil werden lassen kann, geht die Frau der Arbeiterklasse zur billigen Kurpfuscherin, deren Behandlung die größten gesundheitlichen Schädigungen mit sich bringt, sie aber auch leichter Strafen aussetzt. Wenn wir die Beseitigung der Strafbestimmungen fordern, so reden wir damit nicht der Abtreibung das Wort, denn sie ist in jedem Falle unnatürlich und gesundheitsschädlich, sondern wir wollen freie Bahn schaffen für eine vernünftige Sexualhygiene, wollen die Frau selbst über ihren Körper entscheiden lassen. Die Frau trägt die Leiden und Beschwerden der Schwangerschaft und Geburt, sie trägt die Verantwortung der Mutterschaft, sie soll aber auch selbst entscheiden, ob sie Mutter werden will oder nicht."[346]

Für linke Sozialdemokrat(inn)en war der § 218 ein „Klassenparagraph". Sie lehnten den staatlichen „Mutterschaftszwang" ab und traten für das Selbstbestimmungsrecht der Frau über ihren Körper ein. Viele ehemalige Unabhängige behielten diese Position nach dem Zusammenschluß von MSPD und USPD bei, so auch Julius Moses, der die Verbreitung von Verhütungsmitteln und die Freigabe der Abtreibung als Teil einer „qualitativen Bevölkerungspolitik" verstand.[347]

Innerhalb der MSPD war die Haltung zu den §§ 218–220 umstritten. Es gab in den ersten Jahren der Weimarer Republik keine offizielle Position *der Partei*. Das Spektrum der Standpunkte reichte von der völligen Freigabe der Abtreibung, also der Streichung der Paragraphen, über eine Fristenlösung, d.h. die Freigabe des Schwangerschaftsabbruchs in den ersten drei Monaten, eine erweiterte Indikationsregelung sowie eine Kombination von Fristen- und Indikationsregelung, bis zu einer Reform der bestehenden §§ 218–220 durch eine Verringerung des Strafmaßes und die Einführung einer begrenzten Indikationsregelung.

Ein großer – wenn nicht der überwiegende – Teil der Mitglieder befürwortete in der Nachkriegszeit die Freigabe der Abtreibung[348]. Mit dieser Position stand die Mitgliederbasis im Widerspruch zur Parteiführung. Die Männer-Mehrheit in Parteivorstand und Reichstagsfraktion wollte die §§ 218–220 auf keinen Fall aufheben[349]. Ihr schien nur eine auf die sozial-medizinische und eugenische Indikation begrenzte Regelung politisch vertretbar zu sein. Das Abtreibungsverbot hielt sie für ein unverzichtbares Mittel der erstrebten quantitativen und qualitativen Bevölkerungspolitik. Dieser Widerspruch ist darauf zurückzuführen, daß für die Basis, vor allem für die weiblichen Mitglieder, die Abtreibung ein unmittelbares, lebenswichtiges Problem war, während die Einstellung der Führung mehr auf taktischen und parteipolitischen Überlegungen basierte, die mit den Wünschen und Interessen der Mitgliedermehrheit nur bedingt übereinstimmten[350]. Für die Freigabe der Abtreibung setzten sich vor allem die sozialdemokratischen Frauen ein[351]. Die Genossinnen erwarteten mehrheitlich, daß die neue Reichsregierung unter Führung der MSPD die alte Parteiforderung nach Abschaffung des „staatlichen Gebärzwangs" endlich realisierte. Ihre Forderung wurde von einer Minderheit der Reichstagsfraktion in eingeschränkter Form aufgegriffen. 53 von 112 MSPD-Abgeordneten unterstützten einen Antrag, dessen Ziel die Einführung einer Fristenregelung war. Initiatoren waren *Clara Bohm-Schuch*, die damalige Chefredakteurin der Frauenzeitschrift ‚Die Gleichheit', und *Gustav Radbruch*, Rechtsexperte der MSPD[352]. Der Antrag, den die Fraktionsminderheit dem Reichstag am 31. Juli 1920 vorlegte und der ebenfalls abgelehnt wurde, sah vor, daß im Strafgesetzbuch ein § 219a mit folgendem Wortlaut eingeführt werden sollte:

> „Die in §§ 218 und 219 des Strafgesetzbuches bezeichneten Handlungen – also Abtreibungshandlungen der Schwangeren selbst oder mit ihrem Einverständnis – sind nicht strafbar, wenn sie von der Schwangeren oder einem staatlich anerkannten (approbierten) Arzte innerhalb der ersten drei Monate der Schwangerschaft vorgenommen worden sind."[353]

Um die innerparteiliche Diskussion zu Bevölkerungspolitik und Abtreibungsfrage voranzutreiben und die Standpunkte zu klären, gab der Parteivorstand 1921 eine Broschüre zum Thema „Abtreibung der Leibesfrucht" heraus, die kontroverse Beiträge von Grotjahn und Radbruch enthielt.

Gustav Radbruch begründete die Forderung nach der Fristenregelung: Er lehnte das Abtreibungsverbot als „krasses Klassenrecht" ab, dessen Opfer vor allem Arbeiterfrauen seien. Die Abtreibungsstrafe bleibe „bevölkerungspolitisch unwirksam". Eine abtreibungswillige Frau lasse sich nicht aufhalten. Sie werde lediglich gezwungen, unter den gesundheitsgefährdendsten Bedingungen illegal abzutreiben. Einigen Hundert verurteilten Frauen stünden Hunderttausende gegenüber, die ungestraft blieben. „Ein Gesetz aber, das in der überwiegenden Mehrzahl seiner Anwendungsfälle straflos seiner spotten" lasse, schade dem „Ansehen der Rechtsordnung" und richte „durch sein mißachtetes Dasein im Rechtsbewußtsein der Masse weit mehr Verwüstungen an, als (es) seine völlige Beseitigung" könne.[354]

Soweit entsprach die Position Radbruchs der Haltung der USPD. Abgelehnt wurde von ihm jedoch eine völlige Freigabe, die er mit einem unbegrenzten „Recht der Frau über ihren eigenen Körper" gleichsetzte[355]. „Der sozialistische Gedanke" fordere „die Verantwortung gegenüber der Volksgemeinschaft auch für den eigenen Körper"[356]. Diesen Standpunkt teilten im Gegensatz zu vielen Genossinnen die meisten leitenden Funktionärinnen der MSPD-Frauenorganisation. Sie unterstützten deshalb die Einführung einer Fristenregelung.[357] Für die Dreimonatsgrenze plädierte

Radbruch „nicht aus naturwissenschaftlichen, sondern aus rein strafrechtlichen Erwägungen": Zum einen werde selbst für die unerfahrene Frau die Schwangerschaft spätestens im dritten Monat erkennbar, zum anderen sei die Unterbrechung der Schwangerschaft innerhalb der ersten drei Monate noch mit verhältnismäßig geringer Gefahr verbunden. In späteren Monaten seien die gesundheitlichen Risiken zu groß.[358] Eine Indikationsregelung wurde von Radbruch abgelehnt, weil es letztlich eine „Gewissensfrage" sei, die nur die Frau selbst entscheiden können, ob berechtigte Gründe für die Unterbrechung der Schwangerschaft gegeben seien:

> „Soll etwa der Arzt eine Untersuchung anstellen müssen, ob die wirtschaftlichen Verhältnisse der Frau, die ihn um die Unterbrechung ihrer Schwangerschaft angeht, ihr die Erziehung eines weiteren Kindes gestatten? Oder soll er der Schwangeren ohne Prüfung glauben, daß sie das Opfer einer Vergewaltigung sei? Beides bei Gefahr schwerer Bestrafung im Falle einer unrichtigen Aufnahme. Der gewissenhafte Arzt würde solches Ansinnen abweisen, der Abtreibungsspezialist sich nach wie vor seine Gewissenlosigkeit und sein Risiko bezahlen lassen. Oder endlich, sollte nach einem etwas weltfremden Vorschlage ein ärztlicher Gerichtshof das Todesurteil über die Leibesfrucht fällen müssen?"[359]

Seinen Parteifreunden, die aus bevölkerungspolitischen Gründen für die Beibehaltung des Abtreibungsverbotes plädierten, hielt Radbruch entgegen, daß das „beste Kampfmittel gegen die Abtreibung" eine Sozialpolitik im Interesse von Mutter und Kind sei[360]. In der Broschüre des Parteivorstandes aus dem Jahr 1921 vertrat er in der Abtreibungsfrage eine liberale Position. Als Radbruch allerdings ein Jahr später Justizminister wurde, konnte er aufgrund des vehementen Widerstandes der bürgerlichen Koalitionspartner in der Reichsregierung, insbesondere der Vertreter der DVP und des Zentrums, nur wenig tun, um die von ihm zuvor befürwortete Einführung der Fristenregelung in die Praxis umzusetzen.

Alfred Grotjahn erläuterte die Gründe, die seiner Meinung nach für die Beibehaltung eines Abtreibungsverbotes sprachen. Der Parteivorstand hatte ihn beauftragt, ausführlich seine Vorstellungen von einer sozialistischen Bevölkerungspolitik darzulegen und daraus seine Haltung zu den §§ 218–220 abzuleiten: Er hielt die Auffassung, „daß die Frau zu jeder Zeit Herrin ihres eigenen Körpers sei und schon aus diesem Grunde darüber verfügen könne, ob sie ihre Leibesfrucht austragen oder abtreiben lassen wolle", für unsozialistisch. Eine solche Forderung könnten „verstiegene Liberale" aufstellen; Sozialisten jedoch sollte der Standpunkt näher liegen, „daß von dem Augenblick an, in dem sich männlicher Samenfaden und weibliche Eizelle zum aufkeimenden Leben eines neuen Individuums verbunden haben, die in den Leib der Mutter tief eingebettete Frucht keineswegs mehr eine rein individuelle Angelegenheit der Schwangeren" sei.[361] Auch ein eingeschränktes Selbstbestimmungsrecht der Frau, wie es die Fristenregelung vorsah, lehnte Grotjahn ab. Er bezweifelte, daß die Schwangere zu einer vernünftigen Entscheidung fähig sei: In der Schwangerschaft würden „Gefühle mannigfaltigster und heftigster Art auf die Frau einstürmen und sie zum Spielball der Suggestionen ihrer Angehörigen machen".[362]

Das oberste Ziel einer „sozialistischen Bevölkerungspolitik" – eine „ausgeglichene Bevölkerungsbilanz" – konnte nach Ansicht von Grotjahn nur durch eine Beibehaltung der §§ 218–220 erreicht werden. Er glaubte, daß eine Aufhebung des Abtreibungsverbots als „Aufforderung zur Abtreibung" wirken würde. Zwangsläufige Folge wäre eine Zunahme der Abtreibungen. Befürchtet wurden von ihm vor allem „üble Verheerungen" beim „Verlobtenverkehr": Das Abtreibungsverbot schütze die Frau im Falle einer unehelichen Schwangerschaft vor der Zumutung einer Abtreibung. Bei einer völligen Straflosigkeit dieses Eingriffs sei sie dem Druck von Angehörigen, die sie zu einer Schwangerschaftsunterbrechung bewegen wollten, wehrlos ausgeliefert. Die Abtreibung würde an die Stelle der bisher üblichen Heirat treten. Ein weiterer Rückgang der „Frühehen" wäre die Folge. Diese Entwicklung müsse mit allen Mitteln verhindert werden; denn die „Frühehe" sei die „einzige Bürgschaft gegen die Verwilderung im Geschlechtsleben und gegen die Ausdehnung der Geschlechtskrankheiten". Zudem lehnte Grotjahn die Abtreibung auch aus medizinischen Gründen als ein „gefährliches, unzweckmäßiges, teures und zugleich überflüssiges“ Mittel der Geburtenbeschränkung ab. Selbst unter günstigsten Bedingungen sei der künstliche Abort ein komplizierter Eingriff, der nur aus zwingendsten medizinischen und eugenischen Gründen vorgenommen werden sollte. Dies sei einhellige Meinung der Ärzteschaft.[363]

Wie die meisten Sozialdemokraten, die eine primär quantitativ ausgerichtete Bevölkerungspolitik verfolgten, verwarf Grotjahn zwar eine Aufhebung des Abtreibungsverbots, nicht jedoch eine Reform der §§ 218–220. Er schlug vor, den künstlichen Abort weiter als strafbare Handlung im Strafgesetzbuch aufzuführen, das Strafmaß für die abtreibende Frau aber bedeutend herabzumindern. Wichtig sei lediglich, daß „die Abtreibung auf der Verbotstafel, als welche das Strafrecht noch immer eine wichtige und unentbehrliche Rolle“ spiele, aufgeführt werde. Straffreiheit forderte er für die medizinische und eugenische Indikation.[364] Erst Anfang der dreißiger Jahre, angesichts der Massennot in der Wirtschaftskrise, trat er auch für die soziale Indikation ein[365].

Der Initiativantrag der Fraktionsminderheit löste in der MSPD eine intensive Diskussion über die Abtreibungsparagraphen aus. In der sozialdemokratischen Frauenbewegung waren Bevölkerungspolitik, Familienplanung und Geburtenkontrolle Anfang der zwanziger Jahre überall im Reich die am häufigsten diskutierten Themen[366]. Die Hamburger Genossinnen vertraten in der Debatte eine ausgesprochen radikale Position: Sie postulierten „ein Recht der Frau auf Unterbrechung der Schwangerschaft“ und traten für „die völlige Freigabe der Abtreibung“ ein. Die Schwangerschaftsunterbrechung sollte generell gestattet sein, wenn sie von einem approbierten, in der Geburtshilfe erfahrenen Arzt bzw. einer Ärztin durchgeführt wurde. Die Kosten des Eingriffs sollten die Krankenkassen tragen. Diese Position bekräftigten sie in einem Antrag an die Kasseler Reichsfrauenkonferenz im Oktober 1920, der auf einer Frauenversammlung, die der Vorbereitung dieser Konferenz diente, beschlossen wurde.[367] In dem Antrag begründeten sie ihre Haltung folgendermaßen:

> „Uns leiten hauptsächlich drei Gesichtspunkte: einmal, daß dieselben sozialen Gründe zur Unterbrechung der Schwangerschaft auch noch nach dem dritten Monat für eine Frau geltend werden können, und daß man es getrost einer Besprechung zwischen der Frau und ihrem Arzt überlassen könne, wann die Unterbrechung stattzufinden habe; wir haben die feste Überzeugung, daß durch gesetzliche Festlegung einer Unterbrechungsgrenze nur neue Komplikationen geschaffen werden, daß wir als Sozialisten bei den Erfahrungen, die wir bisher mit der Rechtsprechung gemacht haben, wahrlich allen Grund hätten, ein neues Recht so frei und unanfechtbar wie nur möglich zu gestalten. Dann aber hielten wir es auch für unerläßlich, daß allen Schwangeren die genügende wirtschaftliche Beihilfe von vornherein sichergestellt werde, damit das Recht auf Unterbrechung der Schwangerschaft nicht ein Vorrecht nur der begüterten Frauen werde.“[368]

Die Hamburger Delegierten brachten den Antrag auf der Kasseler Frauenkonferenz ein, fanden jedoch keine Unterstützung. Die Konferenzleitung unterband eine ausführliche Diskussion und verhinderte eine Abstimmung. Der Antrag wurde lediglich als Material an die Reichstagsfraktion überwiesen.[369] Die Parteiführung bemühte sich, die Hamburger Genossinnen von ihrem radikalen Standpunkt abzubringen. Der Landesvorstand berief für den 1. November 1920 eine Mitgliederversammlung zum Thema „Das Recht der Frau auf Mutterschaft und Mutterschutz“ ein, auf der die Haltung in der Abtreibungsfrage geklärt werden sollte. Referentin war Clara Bohm-Schuch, Protagonistin einer Fristenregelung. Wegen des erwarteten Andrangs war als Versammlungsort der große Saal von ‚Sagebiel‘ gewählt worden. Die kontroversen Standpunkte stießen in der Diskussion heftig aufeinander. Anders als bei den meisten Mitgliederversammlungen beteiligten sich viele Frauen an der Debatte. Eine Einigung konnte nicht erzielt werden, deshalb wurde die Diskussion am 11. November im Gewerkschaftshaus fortgesetzt.[370] Am Ende der zweiten Versammlung hatte die Parteiführung ihr Ziel erreicht; die Genossinnen forderten in der Öffentlichkeit vorerst nicht mehr die Streichung der §§ 218–220.[371]

Die Hamburger Sozialdemokratinnen gehörten bis zum Ende der Weimarer Republik zu den engagiertesten Befürworterinnen einer völligen Abtreibungsfreigabe. Ihre Position wurde im Landesverband besonders von Ärzten unterstützt, u.a. von Andreas Knack, dem gesundheitspolitischen Sprecher der Hamburger SPD[372]. Das Bündnis von Frauen und Ärzten erreichte, daß der Landesverband sich seit Anfang der zwanziger Jahre zumindest für die Fristenregelung einsetzte; die Hamburger SPD brachte 1921 auf dem Görlitzer und 1922 auf dem Augsburger Parteitag entsprechende Anträge ein.[373]

Der Parteivorstand versuchte in den ersten Jahren der Weimarer Republik mit dem Verweis auf die innerparteilichen Kontroversen jede offizielle Stellungnahme zu den Abtreibungsparagraphen zu verhindern. Obwohl Bevölkerungspolitik, Familienplanung und Geburtenkontrolle mittlerweile allgemein als „Parteisache“ galten, behandelte er die Haltung in der Abtreibungsfrage als „Privatangelegenheit“[374]: Jeder Parteibeschluß hierzu hätte die innerparteilichen Kontroversen verstärkt und Wähler(innen) verprellt; dies sollte vermieden werden. Das Thema wurde auf den Parteitagen nicht diskutiert, Anträge zur Abtreibungsfrage wurden als Material an die Reichstagsfraktion überwiesen[375]. Das Görlitzer Programm, das 1921 das Erfurter Programm von 1891 ablöste, ging nur mit einem sehr allgemeinen Satz auf die bevölkerungspolitischen Fragen ein[376]. Selbst eine offizielle Stellungnahme der sozialdemokratischen Frauenbewegung wurde unterbunden. Dies war nur möglich, weil deren Führerinnen diese Politik unterstützten[377]. Sie ignorierten alle Anträge, Bevölkerungspolitik, Familienplanung und Geburtenkontrolle zum Tagesordnungspunkt einer Reichsfrauenkonferenz zu machen und unterbanden auf diesen Konferenzen jede dezidierte Stellungnahme zur Reform des Abtreibungsparagraphen[378]. Die Görlitzer Frauenkonferenz im September 1921 verabschiedete lediglich eine Resolution in der allgemein gefordert wurde, die §§ 218 und 219 dahingehend abzuändern, „daß die Verbrecherstrafe für Abtreibungen durch eine soziale Regelung der Geburtenzahl und die Verhütung unsozialer Geburten ersetzt“ werde[379]. Erst auf dem Berliner Reichsfrauentag im Juni 1924 unterstützten sie eine deutliche Stellungnahme der SPD-Frauenorganisation zur Abtreibungsfrage: In einer Resolution wurde die Reichstagsfraktion aufgefordert, sich dafür einzusetzen, daß der „seinerzeit eingebrachte Antrag zur Abänderung des § 218, der die Straffreiheit bei Unterbrechung der Schwangerschaft in den ersten drei Monaten gewähren will, schleunigst im Reichstag zur Beratung kommt“.[380] Dieser Beschluß war Ausdruck eines Positionswandels der SPD-Führung in der Abtreibungsfrage.

Der Zusammenschluß von MSPD und USPD im September 1922 hatte in der sozialdemokratischen Partei die Gruppe der Befürworter einer Abtreibungsfreigabe gestärkt[381]. Im Kontext der Durchsetzung einer primär „qualitativen Bevölkerungspolitik“ wandelte sich auch die offizielle Haltung der SPD in der Abtreibungsfrage. Die Partei trat öffentlich immer deutlicher für eine Abtreibungsfreigabe ein. Gefördert wurde diese Entwicklung durch die wachsende außerparlamentarische Bewegung gegen das Abtreibungsverbot, deren zugkräftige Parole „Weg mit dem § 218!“ war. In dieser Bewegung spielte die KPD eine bedeutende Rolle, da sie sich konsequent für die völlige Freigabe der Abtreibung einsetzte.[382] Nicht nur in der Arbeiterschaft, sondern auch in liberalen Kreisen des Bürgertums nahm die Zahl der Befürworter dieser Forderung ständig zu. Dieser Massenstimmung glaubte sich die SPD-Führung nicht entziehen zu können. Sie fürchtete, daß der Einfluß der KPD in der § 218-Bewegung weiter zunehmen würde, wenn die Partei sich nicht öffentlich für eine „Freigabe der Abtreibung“ aussprach. Der genaue Inhalt dieser Forderung wurde nicht definiert, so daß darunter sowohl die Streichung der Abtreibungsparagraphen als auch eine Fristenlösung verstanden werden konnte. Die Parteiführung verzichtete generell darauf, die Vorstellungen zu Bevölkerungspolitik und Sexualreform programmatisch zu fixieren. Das Heidelberger Programm, das 1925 das Görlitzer Programm ablöste, schwieg zu diesem Thema[383]. Die Einfügung diesbezüglicher Forderungen wurde als „eine Belastung des Parteiprogramms“ betrachtet:

„... sowohl den Parteikreisen gegenüber, die sich noch nicht genügend mit diesen Fragen beschäftigt haben und vielfach noch ‚rein- bzw. klein-bürgerlich' denken, als auch den Parteien gegenüber, mit denen wir im Kampfe stehen. Besonders in den Gegenden des Zentrumseinflusses wird die Agitationsarbeit durch derartige Forderungen der Sozialdemokratie nicht erleichtert."[384]

Angesichts der wachsenden außerparlamentarischen Bewegung gegen die Abtreibungsparagraphen wurde die sozialdemokratische Fraktion im Reichstag aktiv. Im Februar 1925 brachte sie geschlossen einen Antrag zur Reform des § 218 ein, dessen Wortlaut weitgehend der Gesetzesinitiative der Fraktionsminderheit aus dem Jahr 1920 entsprach[385]. Dieser Antrag scheiterte schon im Rechtsausschuß des Reichstages, wo er im Dezember 1925 behandelt wurde. Mit 14 zu 12 Stimmen lehnten ihn die konservativen bürgerlichen Parteien und das Zentrum ab; Unterstützung fand er nur bei KPD und DDP. Ebenso wurden weitergehende Anträge der KPD abgelehnt, die die Streichung der §§ 218 und 219 und die Amnestierung aller aufgrund dieses „Schandparagraphen" Verurteilten verlangt hatten. Hierfür hatten nur Kommunisten und Sozialdemokraten gestimmt. Um zumindest eine „Milderung des § 218" zu erreichen, brachte die SPD im Rechtsausschuß einen Eventualantrag ein, der eine Senkung des Strafmaßes bei Abtreibungen vorsah: die Zuchthausstrafe sollte in eine Gefängnisstrafe umgewandelt und mildernde Umstände eingeführt werden.[386] Der Eventualantrag fand im Rechtsausschuß eine Mehrheit und wurde im Mai 1926 mit den Stimmen von SPD, KPD, DDP und DVP im Reichstag verabschiedet[387].

Seit Beginn der Weimarer Republik hatte der Rechtsausschuß des Reichstags an einer Reform des Strafgesetzbuches gearbeitet. 1927 legte er einen Gesetzentwurf vor. Angesichts des anhaltenden Drucks der außerparlamentarischen Bewegung gegen den § 218 setzte sich die SPD in der Debatte über diesen Entwurf für die völlige Abschaffung des Abtreibungsverbotes ein: Als 1929 die §§ 253 und 254 im Rechtsausschuß behandelt wurden, die an die Stelle des geltenden Abtreibungsparagraphen treten sollten, forderte sie die Streichung. Erst nachdem dieser Antrag keine Mehrheit fand, bemühte sich die Partei mit einem Eventualantrag um die Einführung der Fristenregelung. Auch dieser zweite Antrag scheiterte; durchsetzen konnten die sozialdemokratischen Ausschußmitglieder lediglich geringe Milderungen des vorliegenden konservativen Entwurfes.[388]

Die meisten Sozialdemokrat(inn)en unterstützten zwar Ende der zwanziger Jahre die Forderung nach einer Streichung des Abtreibungsparagraphen, doch nach wie vor gab es exponierte Parteimitglieder, die dieses ablehnten. Umstritten war die Haltung in der Abtreibungsfrage vor allem bei den Medizinern. Viele sozialdemokratische Ärzte und Ärztinnen plädierten für die völlige Freigabe der Abtreibung[389]. Öffentlich engagierten sich dafür neben Julius Moses vor allem *Käte Frankenthal*[390] und Julian Marcuse. Auch der ‚Verein sozialistischer Ärzte', dem etliche Sozialdemokrat(inn)en angehörten, forderte offiziell die „völlige Beseitigung des Paragraphen 218"[391]. Der großen Gruppe der ärztlichen Befürworter einer gänzlichen Abtreibungsfreigabe stand eine kleine, aber einflußreiche Gruppe ärztlicher Gegner gegenüber. Ihr Hauptsprecher war nach wie vor Alfred Grotjahn, auf den sich innerhalb wie außerhalb der SPD die Anhänger eines Abtreibungsverbotes beriefen.[392] Neben Grotjahn war Karl Kautsky jun. in der Partei der exponierteste ärztliche Kritiker einer Freigabe der Abtreibung. Er hatte 1924 eine Schrift mit dem Titel „Der Kampf gegen den Geburtenrückgang. Kapitalistische oder sozialistische Geburtenpolitik?" veröffentlicht, die in der SPD große Aufmerksamkeit erregte. In ihr plädierte er zwar im Gegensatz zu Grotjahn für eine ausschließlich „qualitative Bevölkerungspolitik", lehnte jedoch mit ähnlichen Argumenten wie dieser eine Aufhebung des Abtreibungsverbotes ab[393]: Kautsky bestritt jedes Selbstbestimmungsrecht der Frau bei einer Abtreibung, die er als „Vernichtung eines Lebewesens" wertete. Sie dürfe deshalb „nicht lediglich dem Gutdünken der Mutter oder gar einer dritten Person überlassen" werden, sondern könne nur „als Akt unentrinnbarer Notwehr" anerkannt werden. Er glaubte, daß bei einer Aufhebung des Abtreibungsverbotes „hilflosen Frauen die letzte Stütze gegenüber leichtfertigen Abtreibungswünschen der Männer“ genommen werde. Dadurch würde die Zahl der Abtreibungen ansteigen. Dies müsse schon aus medizinischen Gründen auf jeden Fall verhindert werden, denn jeder künstliche Abortus sei ein gefährlicher Eingriff, der nur in extremen Notfällen vorgenommen werden dürfe. Aus diesem Grund verwarf Kautsky auch eine Fristenregelung. Sie schien ihm zudem juristisch und medizinisch unhaltbar zu sein. Der Zeitpunkt der Schwangerschaft sei oft nur schwer festzustellen. Zwar sei eine Abtreibung in den ersten drei Monaten technisch leichter, im Notfall könne sie aber auch nach dem Ende des dritten Monats ohne unverhältnismäßig großes Risiko durchgeführt werden. Wenn eine Schwangerschaftsunterbrechung sich als notwendig erweise, müsse sie jederzeit vorgenommen werden können. Kautsky propagierte eine erweiterte Indikationsregelung. Er schlug vor, daß die Abtreibung ohne Fixierung eines Termins straffrei sein sollte:

1. „aus medizinischer, eugenischer und sozial-medizinischer Indikation“, wenn ein approbierter Arzt den Eingriff für notwendig hält,
2. „aus sozialer Indikation, wenn die öffentliche Fürsorge bekennen muß, daß ein zwingender Notstand vorliegt, den sie nicht beheben kann.“[394]

Dem innerparteilichen Streit über die Haltung zur Abtreibungsfrage maß Kautsky „rein akademische Bedeutung“ zu:

> „Ganz gleich wie sich der einzelne theoretisch entscheiden mag, bei der jetzigen Zusammensetzung der gesetzgebenden Körperschaften ... in Deutschland kommt eine völlige Aufhebung des Paragraphen schlechterdings nicht in Frage. Worüber sich beide Richtungen völlig einig sind, das ist die Anschauung, daß das Gesetz in seiner heutigen Form und Anwendung unerträglich ist und eine Änderung und Milderung Platz greifen muß.“[395]

Deshalb rief er zu einer „freien“, nicht durch „dogmatische Bindungen festgelegten“ Diskussion auf[396].

Die Schrift von Karl Kautsky jun. wurde den Mitgliedern in der Parteipresse zur Lektüre empfohlen[397]. Der SPD-Parteivorstand gab ihm 1925 zudem die Möglichkeit, im neuen theoretischen Hauptorgan ‚Die Gesellschaft‘ ausführlich seine Position darzulegen[398]. Auf der ersten und einzigen bevölkerungspolitischen Tagung der deutschen Sozialdemokratie im September 1926 hielt Kautsky das Hauptreferat zum Thema „Schwangerschaftsunterbrechung und -verhütung“[399]. Zum Schluß seines Vortrages, in dem er gegen eine Fristenregelung und für eine erweiterte Indikationsregelung argumentierte, forderte er, daß die Haltung zum Abtreibungsparagraphen angesichts des politischen Kräfteverhältnisses von der SPD nicht als „Weltanschauungsfrage“, sondern als „praktische Tagesfrage“ behandelt werden müsse. Nur dann seien Fortschritte zu erzielen:

> „Stellen Sie nicht schwer erfüllbare, pseudoradikale Forderungen, die einer gerade herrschenden Massenströmung entsprechen mögen, sondern sorgen Sie dafür, daß rasche praktische Hilfe geleistet wird. Wenn irgendwo, so ist hier das alte Wort am Platze: ‚Jeder Schritt wirklicher Bewegung ist mehr wert als das schönste Programm!‘“[400]

Damit sprach Kautsky aus, was die Parteiführung seit langem stillschweigend praktizierte. Deshalb widersprach seine Koreferentin Elisabeth Kirschmann-Röhl, eine leitende Funktionärin der sozialdemokratischen Frauenbewegung, seinen Ausführungen nicht[401]. In der Tagungsdiskussion hingegen wurden sie scharf als opportunistisch kritisiert[402].

Karl Kautsky jun. beeinflußte entscheidend die offizielle Haltung der SPD in der Abtreibungsfrage. Mit seinen Vorschlägen förderte er einen erneuten Positionswandel. Anfang der dreißiger Jahre rückten Parteiführung und Reichstagsfraktion von der Forderung nach einer Streichung der Abtreibungsparagraphen wieder ab. Als im Herbst 1931 im Rechtsausschuß des Reichstages die

§§ 253 und 254 des überarbeiteten Strafgesetzentwurfs behandelt wurden, verzichtete die Partei darauf, deren Abschaffung zu fordern. Statt dessen brachte sie folgenden Antrag ein:

„§ 253. Eine Frau, die ihre Frucht im Mutterleib oder durch Abtreibung tötet oder die Tötung durch einen anderen zuläßt, wird mit Gefängnis bis zu 6 Monaten bestraft. Bei mildernden Umständen ist anstelle einer verwirkten Freiheitsstrafe auf Geldstrafe bis zu M 3,– herab zuerkennen, wenn diese Strafe genügt, um den Strafzweck zu erreichen ...
Die Handlungen bleiben straflos, wenn sie mit Einwilligung der Schwangeren von einem approbierten Arzt innerhalb der ersten drei Monate der Schwangerschaft vorgenommen worden sind.

§ 254. Eine Abtreibung im Sinne dieses Gesetzes liegt nicht vor, wenn ein Arzt eine Schwangerschaft unterbricht, weil es nach den Regeln der ärztlichen Kunst zur Abwendung einer Gefahr für das Leben oder die Gesundheit der Mutter erforderlich ist, und weil es nach den Regeln der ärztlichen Kunst notwendig ist, um die Geburt eines siechen oder geistig minderwertigen Kindes zu verhindern, weil es notwendig ist, um einen schweren wirtschaftlichen Notstand für das zu erwartende Kind oder für bereits vorhandene Kinder vorzubeugen oder wenn die Schwängerung bei Verübung von Notzucht, Schändung, Blutschande oder Unzucht mit Kindern eingetreten ist ...“[403]

Dieser Antrag war ein allseitiger politischer Kompromiß: Parteiführung und Reichstagsfraktion gaben die Forderung nach einer Streichung des Abtreibungsparagraphen auf, behielten die Forderung nach einer Fristenregelung bei und ergänzten sie um eine erweiterte Indikation, die nach Ablauf der Dreimonatsgrenze in Kraft treten sollte. Mit diesem Antrag kam die SPD-Führung den Kritikern einer Abtreibungsfreigabe entgegen. Sie hoffte so, die bürgerlichen Parteien und das Zentrum zu Zugeständnissen bewegen zu können.[404]

Diesen Positionswandel vollzogen Parteiführung und Reichstagsfraktion stillschweigend, ohne Diskussion. Jede innerparteiliche Auseinandersetzung zur Abtreibungsfrage wurde verhindert. Dem Leipziger Parteitag, der Anfang Juni 1931 stattfand, lagen mehrere Anträge zur Abtreibungsfrage vor, die teils eine Änderung, teils eine Beseitigung der Abtreibungsparagraphen verlangten. Sie wurden von der Antragskommission zu einer Resolution zusammengefaßt, die ohne Aussprache angenommen und an die Reichstagsfraktion überwiesen wurde. Diese Resolution war so allgemein gehalten, daß ihr alle Delegierten zustimmen konnten. Damit überließ der Parteitag der Reichstagsfraktion die konkrete Formulierung der sozialdemokratischen Haltung. In ähnlicher Weise wurde auch mit anderen kontroversen „Spezialfragen“ verfahren. Die Diskussion konzentrierte sich auf die „Erörterung der großen politischen Richtlinien“. Die Parteiführung verschaffte der Reichstagsfraktion so einen Handlungsspielraum für ihre Tolerierungspolitik.[405]

Die veränderte Haltung in der Abtreibungsfrage wurde von der gesamten Parteiführung getragen, auch von den leitenden Funktionärinnen der Frauenorganisation[406]. Zu den wenigen exponierten Sozialdemokratinnen, die den Kurswechsel der Partei öffentlich kritisierten, gehörte Käte Frankenthal. Sie publizierte 1931 eine Broschüre mit dem Titel „§ 218 streichen – nicht ändern“, in der sie die „grundsätzliche Änderung des früher eingenommenen Parteistandpunktes“ anprangerte[407]. Käte Frankenthal lehnte jeden Kompromiß in der Abtreibungsfrage ab. Ihre Position faßte sie in der Broschüre mit folgenden Worten zusammen:

„Unser Kampf muß sich richten in erster Linie gegen den § 184, der die Volksaufklärung über ungewollte Schwangerschaften hindert. Wir müssen verlangen, daß die Kenntnis über Verhütungsmittel und die Kenntnis über die Gefahren des Aborts, besonders des Aborts in späteren Monaten, weiteste Verbreitung finden. Dazu brauchen wir u.a. öffentliche Ehe- und Sexualberatungsstellen. Wir müssen ferner fordern das Recht auf Mutterschaft für jede Frau, verheiratet oder unverheiratet, durch Fürsorge für die Schwangere und für das Kind. Wir müssen danach streben, daß der Pfuscherabort beseitigt wird. Auch hier wird das geeignetste Mittel Aufklärung über die Gefahren sein, vor allem aber die Festsetzung entsprechend niedriger Sätze in den ärztlichen Gebührenordnungen und Beseitigung der Strafen für die Schwangere und den Arzt! ... Hier kann man kein ‚kleineres Übel‘ bekämpfen; in dieser Frage kann man nur dem Übel an die Wurzel gehen, indem der Antrag von 1929 wieder aufgenommen wird, den § 218 zu streichen.“[408]

Mit diesen Forderungen vertrat Käte Frankenthal dezidiert die weiblichen Interessen. Ihre Position wurde von vielen Genossinnen an der Parteibasis geteilt. Ihnen fehlte jedoch jede Möglichkeit, die Politik von Parteiführung und Reichstagsfraktion zu beeinflussen. Sie nahmen den Kurswechsel in der Abtreibungsfrage hin; innerparteilicher Widerstand war für sie undenkbar. Eher reagierten sie mit Resignation und Rückzug oder wurden außerhalb der Partei gegen das Abtreibungsverbot aktiv.

* * *

Bevölkerungspolitik, Familienplanung und Geburtenkontrolle waren politische Themen, die proletarische Frauen in besonderem Maße betrafen: Angesichts ihrer beschränkten Verhütungsmöglichkeiten war die völlige bzw. befristete Freigabe der Abtreibung für sie eine zentrale politische Forderung. Eine sozialistische Politik im Interesse der Frauen hätte Bevölkerungspolitik, Familienplanung und Geburtenkontrolle nicht als Nebenfragen abtun dürfen, sondern als Grundsatzfragen behandeln müssen. Dazu konnte sich die SPD nicht durchringen. Zwar betrachtete die Parteiführung diesen Themenkomplex seit dem Ende des Kaiserreiches nicht mehr als „Privatangelegenheit", sondern als „Parteisache", aber letztlich behielten Probleme des Reproduktionsbereichs in ihrer Politik einen sekundären Stellenwert. Dies zeigte sich besonders deutlich in der Haltung zum § 218. Für die SPD-Führung war die Abtreibung nie eine weltanschauliche Grundsatzfrage, sondern immer ein tagespolitisches Problem, zu dem sie abhängig vom jeweiligen innerparteilichen und gesellschaftlichen Kräfteverhältnis Stellung bezog. Folge der taktischen Haltung war ein mehrfacher Wechsel der offiziellen Parteiposition in der Abtreibungsfrage.

Die leitenden Funktionärinnen der sozialdemokratischen Frauenbewegung setzten sich gegen die Geringschätzung des Reproduktionsbereichs in der Parteipolitik weder im Kaiserreich noch in der Weimarer Republik energisch zur Wehr. Bei innerparteilichen Kontroversen um Bevölkerungspolitik, Familienplanung und Geburtenkontrolle unterstützten sie letztlich immer die Politik der Parteiführung. Obwohl die meisten Genossinnen in der Frauenbewegung seit dem Kaiserreich eine Freigabe der Abtreibung forderten, vertraten die führenden Funktionärinnen diese Forderung nicht konsequent in den Leitungsgremien der Partei. Der Widerspruch zwischen den unmittelbaren Interessen der Parteibasis und der Politik der SPD-Führung bestand in der Abtreibungsfrage mehr oder minder offen bis zum Ende der Weimarer Republik.

2.2.3 *Der Kampf der Sozialdemokratinnen gegen den § 218*

Der Kampf gegen die Abtreibungsparagraphen war seit Beginn der Weimarer Republik ein Schwerpunkt der sozialdemokratischen Frauenbewegung, den sie als Teil einer sozialistischen Bevölkerungs- und Sexualpolitik betrachtete. Ihr Engagement konzentrierte sich auf zwei Bereiche: Sie kämpfte zum einen unter dem Motto „Vorbeugen – nicht abtreiben" gegen die steigende Zahl der Schwangerschaftsabbrüche; zum anderen stritt sie für eine Aufhebung des Abtreibungsverbots.

2.2.3.1 „Vorbeugen – nicht abtreiben"

> „Was heute nicht deutlich genug wird: Wir waren nicht für die Abtreibung an sich, wir waren eigentlich mehr dafür, daß vorbeugende Möglichkeiten geschaffen werden. Wir haben die Frauen mehr aufgeklärt: Was tue ich, um gar nicht erst in diese Situation zu kommen? ...
>
> Wir betonten, vorbeugen ist besser als abtreiben. Unabhängig davon lehnten wir die gerichtlichen und gesetzlichen Maßnahmen ab, die die Frauen betrafen, wenn sie bei einer Abtreibung ertappt wurden. Denn die

richteten sich natürlich überwiegend gegen die Frauen der arbeitenden Schichten, die selbst nicht imstande waren, sich Verhütungsmittel zu verschaffen ..."[409]

Mit diesen Worten beschreibt *Paula Karpinski* (geb. 1897) die Haltung, die in den zwanziger Jahren unter Sozialdemokratinnen vorherrschte. Zwar traten sie mehrheitlich für eine völlige bzw. befristete Abtreibungsfreigabe ein, doch den Schwangerschaftsabbruch selbst lehnten sie als gesundheitsgefährdend ab. Sie bekämpften das Abtreibungsverbot, weil sie überzeugt waren, „daß eine soziale Krankheitserscheinung ... nicht durch das Strafgesetz geheilt werden" könnte[410]. Die Verringerung der Abtreibungszahl durch Empfängnisverhütung war zentraler Schwerpunkt ihres Kampfes gegen den § 218. Als Voraussetzung für eine weite Verbreitung sexualhygienischer Kenntnisse und sicherer Verhütungsverfahren forderten sie:

- die Abschaffung des § 184, der jede Form der öffentlichen Sexualaufklärung behinderte,
- die Übernahme der Kosten für die Empfängnisverhütung durch die Krankenkassen,
- die Einrichtung öffentlicher Ehe- und Sexualberatungsstellen in allen Städten und Gemeinden, die nicht nur beraten, sondern auch behandeln sollten.

Für diese Forderungen setzte sich die sozialdemokratische Frauenbewegung, unterstützt von der ‚Arbeiterwohlfahrt', im gesamten Reichsgebiet ein.[411] Darüber hinaus bemühten sich die Genossinnen intensiv um eine breite Sexualaufklärung.

Die diesbezügliche Tätigkeit der Hamburger SPD-Frauenorganisation konzentrierte sich auf die Aufklärung über Sexualhygiene und Geburtenregelung: In den meisten SPD-Frauengruppen stand das Thema von Jahr zu Jahr wieder auf der Tagesordnung[412]. Die Genossinnen informierten sich nicht nur über Aufbau, Funktion und Entwicklung des weiblichen Körpers, Frauenkrankheiten, Körperpflege und Körperkultur, sondern sprachen auch über weibliche und männliche Sexualität, Liebe, Ehe und Partnerschaft. Am größten war das Informationsbedürfnis über die Möglichkeiten der Schwangerschaftsverhütung. Im allgemeinen wurde zur Behandlung dieses Themenkomplexes ein Referent oder eine Referentin eingeladen. Beliebteste Gäste waren, wie in der SAJ, Paula Henningsen und John Toeplitz, denen es nach einhelliger Auffassung der befragten Sozialdemokratinnen besonders gut gelang, die Frauen zu einem Gespräch über dies „heikle Thema" anzuregen. Üblich war daneben auch die gemeinsame Lektüre einer Aufklärungsbroschüre, an die sich ein Erfahrungsaustausch anschloß. Das Informationsbedürfnis der Frauen war so groß, daß die sozialdemokratische ‚Zentralkommission für das Bildungswesen Groß-Hamburg' seit dem Winterhalbjahr 1928/29 regelmäßig einen Frauenkurs zum Thema „Sexualhygiene" unter der Leitung von John Toeplitz anbot. Am ersten Kurs nahmen 51 Frauen teil.[413]

In einzelnen Distrikten erreichten die Genossinnen, daß das Thema „Geburtenregelung und Sexualhygiene" auch auf die Tagesordnung der allgemeinen Mitgliederversammlung gesetzt wurde. Irma B. berichtet, daß der SPD-Distrikt Barmbek-Süd Anfang der zwanziger Jahre dazu sogar eine Versammlungsreihe durchführte, und beschreibt, wie ihre Eltern dieses Angebot aufnahmen:

„Meine Eltern wußten wenig von diesen ganzen Dingen. Das änderte sich erst, als die SPD eines Tages in der Bachstraße eine große Versammlungsreihe für die erwachsenen Frauen und Männer machte, in der sie über die Möglichkeiten der Schwangerschaftsverhütung aufgeklärt wurden. Da sind meine Eltern hingegangen. Das waren vier Vortragsabende. Davon hat meine Mutter uns berichtet ... Das Wichtigste davon war meiner Mutter der Rat, eine Schwangerschaft durch sofortiges und gründliches Waschen der Vagina nach dem Coitus zu vermeiden ... Mehr konnten wir uns nicht leisten."

Unterstützt wurden diese mündlichen Aufklärungsbemühungen durch die sozialdemokratische Presse. Im ‚Hamburger Echo' und seiner ‚Frauen-Beilage' erschienen seit Anfang der zwanziger Jahre regelmäßig Artikel, die sich mit dem Thema „Geburtenregelung und Sexualhygiene" befaßten. In ihnen wurde intensiv das Für und Wider einzelner Verhütungsverfahren erörtert; sie informierten die Leser(innen) über den neuesten Stand der Sexualwissenschaft und aktuelle

Diskussionen in der Sexualreformbewegung und wiesen auf Neuerscheinungen zum Thema hin. Rezensionen nahmen einen besonders großen Stellenwert ein. Mit ihnen versuchte die Redaktion ihren Leser(inne)n bei der Auswahl von Broschüren und Sachbüchern zu helfen, die in den zwanziger Jahren zahlreich zur „sexuellen Frage" erschienen.[414] Auch ‚Genossin' und ‚Frauenwelt' beschäftigten sich mit dem Thema und rezensierten regelmäßig Neuerscheinungen[415].

Der größte Teil der Aufklärungsschriften entstand im Kontext der Sexualreformbewegung, Autoren waren Fachleute und Laien. Zu den verbreitetsten Schriften, die ausführlich über die Möglichkeiten der Empfängnisverhütung informierten, gehörten im sozialdemokratischen Milieu:

- „Die sexuelle Frage. Gekürzte Volksausgabe" (1. Auflage 1912) von Dr.med. *Auguste Forel* (Preis: 2,85 Mark),[416]
- „Das Gesundheitsbuch der Frau" (1. Auflage 1922) von Dr.med. Alfred Grotjahn (Preis: 4,50 Mark),
- „Erlösung von der Schwangerschaft" (1. Auflage 1922) von Luise Otto (Preis: ca. 1,– Mark),
- „Geschlecht und Liebe" (1. Auflage 1926) von Dr.med. Max Hodann (Preis: 10,– Mark),
- „Abtreibung oder Verhütung der Schwangerschaft?" (1. Auflage 1928) von *Maria Winter* (Preis: 50 Pfennig),
- „Warum Geburtenregelung?" (1. Auflage 1929) von Dr.med. Julian Marcuse, Herausgeber ‚Hauptausschuß für Arbeiterwohlfahrt' (Preis: ca. 50 Pfennig).

Alle sechs Schriften waren in jeder Partei-Buchhandlung zu kaufen. Am häufigsten wurden die preiswerteren Aufklärungsbroschüren verlangt. Die Ausgabe von 4,50 oder gar 10,– Mark für ein Buch konnten sich nur relativ wenige Arbeiterfrauen leisten. Bei den Sozialdemokratinnen war die Schrift von „Luise Otto" besonders beliebt. Allein die erweiterte und überarbeitete Fassung der Broschüre mit dem Titel „Vorbeugen – nicht abtreiben" erreichte zwischen 1925 und 1928 eine Auflage von 175.000 Exemplaren. Verfasser war *Wilhelm Riepekohl*, ein sozialdemokratischer Journalist, der durch das weibliche Pseudonym einen breiteren Leserinnenkreis anzusprechen hoffte[417]. Riepekohl hatte sich bemüht, eine Aufklärungsbroschüre für Arbeiterfrauen zu schreiben, die von deren Erfahrungen und Problemen ausging. Die Sprache des Heftes, die jeden belehrenden und moralisierenden Ton vermied, war sachlich und klar. Ihr Inhalt entsprach weitgehend dem Stand der Medizin. Im Gegensatz zu renommierten Ärzten wie Forel und Grotjahn empfahl Riepekohl jedoch nicht das Kondom, sondern das Pessar oder ein chemisches Präparat wie „Patentex" zur Verhütung, da diese Verfahren von der Frau angewandt und kontrolliert werden könnten. Zusätzlich sollte sie nach jedem Geschlechtsakt eine Spülung vornehmen.[418]

In der Hamburger SPD war die Schrift von „Luise Otto", die ein Magdeburger Parteiverlag herausgegeben hatte, heftig umstritten. Im Mittelpunkt dieses Streits, der 1923 im ‚Hamburger Echo' ausgetragen wurde, stand das Selbstbestimmungsrecht der Frau bei der Geburtenkontrolle. Als exponierte Kontrahenten standen sich sozialdemokratische Ärzte und Funktionärinnen der Frauenbewegung gegenüber. Ausgelöst wurde der Meinungsstreit durch eine Rezension von *Egon Wertheimer*, der die Verbreitung dieser Schrift kategorisch ablehnte. Ihr Inhalt wäre „mangelhaft und ungenügend" und ihr Ton „peinlich derb", der „Sache nicht angemessenen, ja stellenweise geradezu zynisch". Die Broschüre würde „das echte Gefühl jeder Frau verletzen", da sie das „letzte, tiefe, unaussprechliche Geheimnis" antaste, das das Geschlechtliche umgebe. Wertheimer warf der ‚Autorin' nicht nur „Laientum" vor, sondern sprach ihr auch die „moralische Qualifikation" für eine Aufklärungsbroschüre ab.[419] Ein zweiter Artikel von Andreas Knack, unterstützte diese Position vehement[420]. Die scharfe Kritik forderte weiblichen Widerspruch heraus. Zunächst nahm *Dora Wagner* Stellung, die dem Frauenaktionsausschuß angehörte. Sie wies die Einschätzung von Wertheimer und Knack energisch zurück; der Ton der Broschüre wäre der Wirklichkeit angemessen. Besonders verärgert war sie über den Vorwurf der „Laienhaftigkeit":

> Man macht „der Verfasserin den Vorwurf der Laienhaftigkeit. Da muß ich doch fragen: Sind wir Frauen, die geschlechtliche Dinge aus Erfahrung kennen, die darüber nachgedacht, gehört und gelesen haben, wirklich so große Laien auf diesem Gebiet und dem unseres eigenen Körpers, daß uns jedes Urteil darüber abgesprochen werden muß? Wissen die studierten Männer wirklich immer so viel besser, wie es mit unseren körperlichen und seelischen Nöten beschaffen ist, oder sind sie nicht vielleicht auch manchmal Laien auf diesem Gebiet?"[421]

Dora Wagner empfahl allen Frauen, die ihre Kinderzahl den „miserablen Verhältnissen entsprechend klein" halten wollten, die Schrift von „Luise Otto". Sie betonte, daß „viele Parteigenossinnen in Hamburg" mit ihr der gleichen Meinung wären.[422] Dies bestätigte *Anna Wendt*, ebenfalls Mitglied des Frauenaktionsausschusses, in einem folgenden Artikel[423]. Das Thema erregte die Gemüter der Leser(innen) des ‚Hamburger Echo'; die Redaktion erhielt eine Vielzahl von Leserbriefen. Eine Annäherung der Standpunkte konnte nicht erreicht werden.

Dieser Meinungsstreit zwischen Ärzten und Frauen – ‚männlichen Fachleuten' und ‚weiblichen Laien' für Sexualität und Geburtenkontrolle – verweist auf einen Interessenkonflikt, der tendenziell in der gesamten Sexualreformbewegung bestand. Viele Frauen traten für das Selbstbestimmungsrecht über ihren Körper ein; sie wollten allein über ihre Fortpflanzung entscheiden. Die meisten Ärzte lehnten diese Forderung ab; sie beanspruchten in allen Fragen von Geburtenregelung und Sexualhygiene die Rolle von Experten. Die Kontrolle über die erstrebte „Rationalisierung der Fortpflanzung" sollte allein in ihren Händen liegen, denn sie glaubten als einzige kompetent über Verhütung und Abtreibung entscheiden zu können. Es drängt sich die Vermutung auf, daß viele Ärzte – zumindest unbewußt – die Kontrolle über die Geburtenregelung in männlichen Händen wissen wollten. Darauf deutet zumindest die von Medizinern bevorzugte Empfehlung von Kondom oder Portiokappe als Verhütungsmittel hin.[424] Den Interessenkonflikt zwischen ‚männlichen Fachleuten' und ‚weiblichen Laien' sahen auch führende Sexualwissenschaftler(innen). Vor allem Ärztinnen und Psychologinnen kritisierten die Haltung ihrer männlichen Kollegen.[425]

Bei ihrer Aufklärungstätigkeit arbeitete die sozialdemokratische Frauenbewegung im gesamten Reichsgebiet mit den Laienorganisationen für Geburtenregelung zusammen, die seit der Vorkriegszeit allerorts entstanden waren. Ihr Ziel war eine qualitative „Rationalisierung der Fortpflanzung". Die Sexualreformbewegung betrachtete die Trennung von Sexualität und Fortpflanzung nicht nur als entscheidendes Mittel im Kampf gegen die gesundheitsgefährdenden illegalen Abtreibungen, sondern auch als Voraussetzung für eine weiterreichende Ehe- und Sexualreform im Geiste einer neuen Ethik und eine „positive Eugenik".[426] Ein zentrales Tätigkeitsfeld aller Laienorganisationen für Geburtenregelung war die öffentliche Aufklärung über die Möglichkeiten einer sicheren Empfängnisverhütung. Die älteste Organisation war der ‚Deutsche Bund für Mutterschutz und Sexualreform', der bereits 1905 gegründet worden war. 1913 entstand daneben die ‚Gesellschaft für Sexualreform' (Gesex). Anders als der DBfM, der sich umfassend für eine „Neue Ethik" einsetzte, konzentrierte sich die Tätigkeit der Gesex von Anfang an auf den Kampf gegen den § 218 und für eine Geburtenregelung. Beide Organisationen waren Gründungen des links-liberalen Bürgertums. Der DBfM blieb in der Weimarer Republik eine unabhängige, links-liberale Organisation, während die Gesex, deren Mitglieder größtenteils Akademiker und Intellektuelle waren, sich den Arbeiterorganisationen für Geburtenregelung anschloß. Die Mitgliederzahl beider Vereine war im Vergleich zu den proletarischen Massenorganisationen gering; 1932 gehörten dem DBfM im gesamten Reichsgebiet etwa 2.000 Mitglieder an, der Gesex 200.[427]

Die ersten proletarischen Laienorganisationen für Geburtenregelung gingen Anfang der zwanziger Jahre aus Verbänden hervor, die von Fabrikanten oder Lieferanten von Verhütungsmitteln ins Leben gerufen worden waren. Sie wollten mit Hilfe dieser Organisationen, die neomalthusianistische Propaganda betrieben, ihren Umsatz steigern. Doch ihr Einfluß in den Organisationen ging schnell zurück. Mitte der zwanziger Jahre bildeten sich die ersten unabhängigen Arbeiterorganisationen für Geburtenregelung, deren Bedeutung rasch zunahm. Anfang der dreißiger Jahre arbeiteten im Reich vierzehn größere Laienorganisationen für Geburtenregelung, denen rund 113.000 Mitglieder angehörten; daneben gab es noch mehrere kleinere Gruppen. Der Masseneinfluß der Sexualreformbewegung reichte über die Mitgliederzahl weit hinaus.[428] Die drei mitgliederstärksten Verbände waren 1932:

- Die ‚Liga für Mutterschutz und soziale Familienhygiene. Bund für bewußte Geburtenregelung' (Liga) mit 26.000 Mitgliedern. Ihr waren 13 Gaue mit 81 Ortsgruppen angeschlossen. Entstanden war sie 1928 durch Zusammenschluß mehrerer kleiner Verbände. Sitz der Liga, deren Tätigkeit sich auf Preußen konzentrierte, war Berlin. Ihr Organ ‚Liebe und Leben' hatte eine Auflage von 60.000 Exemplaren.[429]
- Der ‚Reichsverband für Geburtenregelung und Sexualhygiene' (RV) mit 20.000 Mitgliedern, der ebenfalls 1928 als Einheitsverband verschiedener kleinerer Vereine gegründet worden war. Ihm hatte sich auch die Gesex angeschlossen. Besonders groß war sein Einfluß in der proletarischen Freidenkerbewegung. Die Hauptgeschäftsstelle des RV lag in Nürnberg, dem Wohnort des ersten Vorsitzenden *Franz Gampe*. Dem RV gehörten 13 Gaue mit 230 Ortsgruppen an, besonders stark war er in Bayern, Sachsen, Thüringen und Norddeutschland. Sein Zentralorgan ‚Sexualhygiene' erschien in einer Auflage von 21.000 Exemplaren.[430]
- Der ‚Volksbund für Mutterschutz und Sexualhygiene' (Volksbund) mit 9.000 Mitgliedern, der 1925 entstanden war. Seine Tätigkeit beschränkte sich auf Schlesien, dort gehörten ihm 110 Ortsgruppen an; Sitz war Liegnitz. Die Zeitschrift ‚Weckruf', die eine Auflage von 30.000 Exemplaren hatte, wurde auch von fünf kleineren Verbänden außerhalb Schlesiens bezogen.[431]

Alle Laienorganisationen finanzierten ihre Arbeit durch Mitgliedsbeiträge. In der Regel wurde ein Jahresbeitrag von 3 bis 6 Mark gefordert, für den die Mitglieder die durchweg monatlich erscheinende Zeitschrift ihres Verbandes erhielten. Fast alle Laienorganisationen für Geburtenregelung verstanden sich als „parteipolitisch neutral"; die Mehrzahl, darunter auch die drei größten, bekannten sich jedoch ausdrücklich zur „sozialistischen Weltanschauung". Parteipolitisch gebunden war lediglich der ‚Einheitsverband für proletarische Sexualreform und Mutterschutz' (EpS), der der KPD nahestand, die seine Gründung 1931 betrieben hatte. Sitz des EpS war Düsseldorf; der größte Teil seiner 40 Ortsgruppen lag im Ruhrgebiet. Innerhalb eines Jahres konnte dieser neue Verband 6.000 Mitglieder gewinnen.[432] Seit Ende der zwanziger Jahre gab es innerhalb der Sexualreformbewegung intensive Bemühungen für einen Zusammenschluß aller Laienorganisationen für Geburtenregelung zu einem Reichsverband. Erster Schritt hierzu war im Juli 1930 die Gründung einer ‚Arbeitsgemeinschaft der Verbände für Sexualreform', der fast alle bedeutenden Organisationen angeschlossen waren. Sie sollte die Vereinigung sämtlicher Verbände vorbereiten. Dieser Schritt scheiterte jedoch auf dem ‚Vereinigungskongreß', der im Juni 1931 in Berlin stattfand, an unüberbrückbaren organisationspolitischen Differenzen.[433]

In Hamburg blieb der DBfM lange Zeit die einzige Laienorganisation für Geburtenregelung; erst 1930 kam es zur Gründung einer Ortsgruppe des RV. Die Neugründung der Hamburger Ortsgruppe des DBfM Anfang 1913, die nach dem Ausscheiden der konservativen Ortsgruppen-Mehrheit aus dem nationalen Verband notwendig geworden war, wurde vor allem von links-liberalen und sozialdemokratischen Kreisen getragen. Viele Mitglieder der kleinen, aber sehr aktiven Gruppe gehörten der SPD an. Sowohl der langjährige Vorsitzende Dr. Manes[434], als auch sein Stellvertreter Dr. Lichtenstein waren Sozialdemokraten. Der Sitz der Geschäftsstelle lag in der Diagonalstraße im Arbeiterviertel Hammerbrook. DBfM und SPD arbeiteten in der Hansestadt eng zusammen. Führende Sozialdemokrat(inn)en sprachen als Referent(inn)en auf Veranstaltungen der Ortsgrup-

Hamburger Ortsgruppe des Deutschen Bundes für Mutterschutz, E.V.

Geschäftsstelle: Hamburg 26, Diagonalstraße 4 I.

In unseren

Sexualberatungsstellen

erteilen wir Rat in Fragen des Geschlechtslebens mit allen seinen Auswirkungen und Folgeerscheinungen!

(Eugenik, Geschlechts- und Frauen-Krankheiten, Eheberatung, Schwangerschaft etc.)

Sprechstunden:

jeden Montag: 7–8 Uhr abends, Kaiser Wilhelmstraße 93
jeden Donnerstag: 7–8 Uhr abends, Bismarckstraße 79

(Staatsarchiv Hamburg)

pe, der DBfM unterstützte die sexualpolitischen Initiativen der Partei durch seine Öffentlichkeitsarbeit. Das ‚Hamburger Echo' und seine ‚Frauen-Beilage' kündigten regelmäßig die Veranstaltungen der Ortsgruppe an und berichteten über ihre Tätigkeit. Ihren Vorsitzenden wurde immer wieder die Möglichkeit gegeben, in Artikeln für die Ziele der Organisation zu werben.[435]

In erster Linie engagierten sich Frauen in der Ortsgruppe; Männer wurden nur selten Mitglied. Zu den Mitarbeiterinnen gehörte auch Agnes A.:

> „Mitglied im ‚Bund für Mutterschutz und Sexualreform' wurde ich durch eine Werbung in der SPD-Frauengruppe ... Ich muß 1918/19 eingetreten sein ... Der ‚Bund für Mutterschutz' war schon fast eine Unterorganisation der SPD; na' das ist etwas zuviel gesagt ... Der ‚Bund für Mutterschutz' kämpfte vor allem gegen das Abtreibungsverbot ... (Er) versuchte auch zu meiner Zeit schon die Frauen und Mädchen aufzuklären, wie sie eine Schwangerschaft verhindern können ... Wir versuchten eine breite öffentliche Aufklärung, die Arbeit war sehr umfangreich ... Vorbeugende Verhütung setzt ja Informationen über die Funktionen des Körpers voraus ...
>
> Dr.Manes und Dr.Lichtenstein hielten Aufklärungsvorträge ... Sie nahmen den Frauen die Angst und halfen ihnen ... Die Arbeit hing eigentlich an zwei Menschen, der ganze ‚Bund für Mutterschutz' hing in Hamburg an zwei Personen. Trotzdem war die Zahl der Anhänger und Sympathisanten bestimmt zigmal so groß wie die der eingeschriebenen Mitglieder ... Er muß viele Anhänger gehabt haben, denn die Versammlungen waren immer überfüllt ... 400 bis 600, soviel kamen sicher ..."[436]

Die Ortsgruppe konzentrierte ihre Tätigkeit auf die öffentliche Sexualaufklärung. Sie organisierte regelmäßig bevölkerungs- und sexualpolitische Vorträge im Gewerkschaftshaus. Eingeladen wurde beispielsweise zu folgenden Themen: „Von der Heuchelei in der Erotik", „Kameradschaftsehe oder freie Bindung", „Familie und Staat", „Sexuelle Probleme", „Sexualerziehung, Abtreibung und Geburtenregelung", „Das Recht der Frau auf Unterbrechung der Schwangerschaft", „Kampf gegen die §§ 218/219".[437] Beliebtester Referent beim Hamburger Publikum war Max Hodann, dessen Vorträge regelmäßig überfüllt waren.

Darüber hinaus betrieb die Ortsgruppe seit 1924 zwei „Sexualberatungsstellen". Deren Einrichtung hatte sie bereits vor dem Ersten Weltkrieg beabsichtigt, doch die Ausführung der Idee scheiterte an den fehlenden materiellen Voraussetzungen[438]. Im Januar 1924 hatte der Hamburger DBfM sein Ziel erreicht: Er konnte eine eigene Sexualberatungsstelle eröffnen, die erste einer Laienorganisation für Geburtenregelung[439]. Die Einrichtung war zunächst in den Räumen des Arbeitsamtes Große Bleichen untergebracht, zog jedoch bald in die Räume der Allgemeinen Ortskrankenkasse in der Kaiser-Wilhelm-Straße um. Neben dieser Sexualberatungsstelle im Zentrum eröffnete die Ortsgruppe wenige Monate später eine zweite in der Bismarckstraße in Eimsbüttel, die ebenfalls in AOK-Räumen lag. Sprechstunde war in beiden Beratungsstellen einmal wöchentlich in den Abendstunden.[440]

Das Aufgabenfeld der Sexualberatungsstellen umriß Georg Manes folgendermaßen:

> „Bereits im jugendlichen Alter machen sich Störungen des Geschlechtslebens bemerkbar, auf Grund deren den Eltern Rat und Auskunft erteilt werden muß. Im heranreifenden Alter zeigen sich oft die ersten Anzeichen geschlechtlicher Perversion, über die ebenfalls den Eltern, zum Teil auch den Jugendlichen selbst, Aufklärung erteilt werden muß. Im erwachsenen Alter sind die Anforderungen des Sexuallebens sehr mannigfach; zunächst kann es sich um die einfache Aufklärung des Zusammenlebens der Geschlechter handeln, sodann kommt das große Gebiet der Hygiene des Ehelebens in Betracht. Hier spielt zunächst die Frage einer gesundheitlichen Eheberatung eine Rolle, sodann die Frage einer Geburtenregelung nach eugenischen Gesichtspunkten. Durch das Sexualleben kommt es bei der heutigen Lage des Zivil- und Strafrechts nicht selten zu rechtlichen Verwicklungen. Von besonderer Bedeutung sind hier die Fragen der Ehescheidung ... Auch im späteren Alter werden Störungen des Sexuallebens nicht selten gesehen, die zum Teil in Zusammenhang mit dem physiologischen Erlöschen des Geschlechtstriebes stehen."[441]

Für die Beratungstätigkeit fand sich eine genügende Zahl ehrenamtlicher Mitarbeiter(innen): u.a. Ärzte, Rechtsanwälte, Lehrer(innen) und Sozialfürsorgerinnen[442]. In beiden Beratungsstellen waren ein leitender Arzt, zwei Vertreter sowie ein oder zwei Sozialberaterinnen regelmäßig tätig. Um die Kosten zu decken, wurden für die Beratung 30 Pfennig verlangt; für Unbemittelte war sie jedoch unentgeltlich. Entgegen anfänglichen Hoffnungen erhielt die Ortsgruppe für ihre Tätigkeit keine staatlichen Zuschüsse.[443] Das Hamburger Gesundheitsamt stand ihrer Aktivität lange Zeit mit großem Mißtrauen gegenüber; seine Leitung befürchtete eine weitere „Auflockerung der Sitten"[444]. Die AOK unterstützte ihre Arbeit lediglich durch die kostengünstige Überlassung von Räumen.

Die Eröffnung der Sexualberatungsstellen erregte weit über Hamburg hinaus Aufsehen. Tageszeitungen und Fachpresse berichteten ausführlich. Das ‚Hamburger Echo' empfahl seinen Leser(inne)n den Besuch[445]. Die DBfM-Ortsgruppe erreichte, daß die Arbeiterpresse regelmäßig auf die Beratungsstellen hinwies. Darüber hinaus warb sie durch Handzettel und Plakate, die – soweit gestattet – überall dort auslagen bzw. aushingen, wo größere Menschenmassen hinkamen, z.B. in den Zahlstellen der Krankenkassen und den Speiseräumen der großen Industriebetriebe. In öffentlichen Gebäuden war der Ortsgruppe die Werbung von den Behörden untersagt worden.[446] Trotz der intensiven Werbebemühungen war die Existenz der Sexualberatungsstellen nur einem kleinen Teil der Bevölkerung bekannt. Selbst im sozialdemokratischen Milieu wußte manche Arbeiterfrau nichts von dieser Einrichtung.

Durchschnittlich fünf bis zehn Besucher(innen) kamen pro Abend in die Beratungsstellen. Aufschluß über die soziale Zusammensetzung der Ratsuchenden und ihre Anliegen gibt eine Erhebung über die Tätigkeit in den ersten beiden Jahren[447]. 1924/25 kamen 798 Besucher(innen) in die beiden Sexualberatungsstellen, 79 % davon Frauen. 84 % der Ratsuchenden waren verheiratet; die Mehrzahl hatte die Dreißig bereits überschritten. Von den Frauen waren nur 14 %

kinderlos, 34 % hatten ein, 18 % zwei und 32 % drei und mehr Kinder. Eine ähnliche Besucherstruktur wiesen gemäß zeitgenössischen Berichten auch die meisten anderen Ehe- und Sexualberatungsstellen auf. Allgemein kam der größte Teil der Ratsuchenden aus der Arbeiterschaft.[448] Über die Anlässe des Besuchs gibt folgende Aufstellung Auskunft. 1924/25 kamen in die zwei Beratungsstellen des Hamburger DBfM von den Frauen:

- 36 % ausschließlich um sich über die Möglichkeiten der Empfängnisverhütung beraten zu lassen,
- 25 % mit dem Wunsch nach einer Schwangerschaftsunterbrechung, meist hofften sie auf eine medizinische Indikation,
- 18 % wegen einer Schwangerschaftsberatung,
- 8 % wegen einer Sexualberatung im engeren Sinne, meist aufgrund von Ehekonflikten,
- 8 % um sich über Geschlechtskrankheiten oder Frauenleiden beraten zu lassen,
- 3 % wegen einer Rechtsauskunft,
- 1 % um sich anläßlich der geplanten Heirat eugenisch beraten zu lassen.

Hauptmotiv der meisten Besucherinnen war die Geburtenregelung. Selbst wenn der Anlaß für den Besuch ein anderer war, verbanden sie ihn in der Regel mit der Frage nach den Möglichkeiten der Empfängnisverhütung[449]. Diese Beobachtung bestätigen auch Berichte aus anderen Sexualberatungsstellen[450]. Die Gründe, die die Männer für ihren Besuch in der Sexualberatungsstelle nannten, waren andere; von ihnen kamen 1924/25 in Hamburg

- 24 % um sich über Geschlechtskrankheiten beraten zu lassen,
- 20 % wegen Fragen der Empfängnisverhütung,
- 18 % wegen Störungen des Sexualverkehrs,
- 17 % um sich Rat bei Beziehungs- bzw. Eheproblemen zu holen,
- 9 % zur vorehelichen eugenischen Beratung,
- 9 % wegen sogenannter „Perversionen",
- 3 % zur Rechtsberatung.

Die beiden Sexualberatungsstellen der DBfM-Ortsgruppe mußten ihre Tätigkeit auf die Beratung beschränken, ärztliche Behandlung war ihnen nicht gestattet. Die Folge war, daß die Frauen zwar über die verschiedenen Möglichkeiten der Verhütung informiert werden konnten, ihnen jedoch nicht praktisch durch Vertrieb und Anpassung von Verhütungsmitteln geholfen werden durfte. Wenn eine medizinische Behandlung notwendig war, z.B. die Verordnung und Anpassung eines Pessars, mußten die Ratsuchenden an einen Arzt überwiesen werden.[451] Die erzwungene Beschränkung auf die Beratungstätigkeit war Hauptursache dafür, daß der Besuch der beiden Sexualberatungsstellen des Hamburger DBfM geringer als erwartet blieb. Eine Beratungsstelle, die keine praktische Hilfe leisten konnte, war vor allem für Arbeiterfrauen von geringem Nutzen.

Nach dem Vorbild der Hamburger Sexualberatungsstellen eröffnete der DBfM ferner in Berlin, Breslau und Frankfurt a.M. Beratungszentren. Auch andere Laienorganisationen für Geburtenregelung begannen mehr und mehr, Sexualberatungsstellen einzurichten. Im Gegensatz zum DBfM, beschränkten sich die meisten anderen Organisationen jedoch nicht auf die Aufklärung, sondern gaben in ihren Sexualberatungsstellen an Mitglieder auch kostengünstig Verhütungsmittel ab.[452] Langfristiges Ziel der Sexualreformbewegung, das von den Arbeiterparteien unterstützt wurde, war die Einrichtung von öffentlichen Ehe- und Sexualberatungsstellen, die massenwirksame Aufklärungsarbeit leisten und kostenlos Verhütungsmittel abgeben sollten. Träger sollten die Krankenkassen oder die Gesundheitsämter sein. Diese Forderung wurde nur in wenigen Großstädten aufgegriffen[453]. Vorbildlich war hier Berlin; Ende der zwanziger Jahren gab es dort elf „städtische Eheberatungsstellen" und sieben „Geburtenregelungsstellen des Verbandes der Krankenkassen", die nicht nur Aufklärung boten, sondern auch Verhütungsmittel ausgaben. Der

Verband der Berliner Krankenkassen umging das Verbot, die Kosten von Verhütungsmitteln zu decken, indem er sich auf die Reichsversicherungsordnung berief, die zur Bereitstellung heilender und präventiver Versorgung berechtigte. Er argumentierte, daß es zur Aufrechterhaltung der Volksgesundheit viel vernünftiger und kostensparender sei, Verhütungsmittel zur Verfügung zu stellen, als die Behandlungskosten bei Komplikationen infolge verpfuschter illegaler Abtreibungen und die Aufwendungen für Säuglingskrankheiten und -sterblichkeit in übergroßen Familien zu tragen. Durch eine systematische Geburtenregelung könne die „eugenische Qualität" des Nachwuchses verbessert werden.[454]

Die eugenische Denkweise, die in dieser Argumentation sichtbar wurde, teilten die meisten Mediziner, ihre Konsequenzen waren jedoch andere. Mehrheitlich lehnten sie eine Aufklärung über die Möglichkeiten der Geburtenkontrolle und erst recht die Ausgabe von Verhütungsmitteln in öffentlichen Ehe- und Sexualberatungsstellen ab; sie erwarteten eine weitere „Zersetzung von Anstand und Sitte" und eine Zunahme des Geburtenrückgangs.[455] Hinter dieser Argumentation stand bei vielen Ärzten vermutlich die Angst vor Einkommenseinbußen; sie befürchteten, daß die Einrichtung öffentlicher Ehe- und Sexualberatungsstellen, die bei allen Problemen des Geschlechtslebens beraten und behandeln durften, zu einem Rückgang ihrer Patientinnenzahl führen würde. Ihnen war bewußt, daß vor allem Arbeiterfrauen ärztliche Hilfe nur in Anspruch nahmen, wenn sie schwanger waren oder gynäkologische Probleme hatten.[456] Die Mehrzahl der Ärzte trat lediglich für die Einrichtung „medizinischer Eheberatungsstellen" ein. Deren erklärte Aufgabe war es, den Staat vor einem „minderwertigen, unbrauchbaren Nachwuchs" zu schützen. In diesen Beratungsstellen wurden Ehebewerber über die Gefahren vererbbarer Erkrankungen für die Nachkommenschaft aufgeklärt. Nach eingehender ärztlicher Untersuchung erhielten sie ein „Heiratszeugnis", das über die Aussichten informierte, die für die „körperliche und geistige Wertigkeit ihrer Nachkommen" bestanden. Die Forderung der Ärzte wurde von Reich, Ländern und Kommunen aufgegriffen. Führend waren auf diesem Gebiet die sozialdemokratisch regierten Länder Hamburg und Preußen.[457]

Im Januar 1927 wurde in der Hansestadt eine „Vertrauensstelle für Verlobte und Eheleute" eröffnet. Ihr Aufgabenbereich war größer als der der meisten anderen öffentlichen Eheberatungsstellen: Sie bot nicht nur eine eugenische Beratung für Brautpaare an, sondern half zudem schlichtend bei Ehekonflikten und gab Auskunft bei eherechtlichen Fragen. Die Vertrauensstelle sollte eine „Zentrale der Familienpflege und Familienfürsorge" sein, die Ratsuchenden nach klärender Aussprache die notwendige Hilfe durch den Fachmann oder in Frage kommende öffentliche Stellen vermittelte.[458] Träger war zunächst der ‚Hamburgische Verein der Freunde des Rechtsauskunftswesens und des Güteverfahrens', dessen Initiative von einem breiten „Förderer-kreis" gestützt wurde[459]. Im September 1927 übernahm das Gesundheitsamt, in dessen Räumen die „Vertrauensstelle" untergebracht war, die Trägerschaft. Dreimal wöchentlich war Sprechstunde; die Beratung erfolgte kostenlos. Die Arbeitsweise der Hamburger Einrichtung galt allgemein als beispielhaft.[460] Die Besucherzahl der „Vertrauensstelle für Verlobte und Eheleute" blieb mit rund 660 im Jahr trotz intensiver Öffentlichkeitsarbeit und breiter Unterstützung der Presse geringer als erwartet[461]. Auch in den meisten anderen Eheberatungsstellen, die ausschließlich juristische, psychologische und eugenische Beratung anboten, erfüllten die Besucherzahlen die Hoffnungen ihrer Träger nicht. Am schlechtesten wurden die Einrichtungen besucht, die sich auf eugenische Beratung beschränkten. In weiten Bevölkerungskreisen war zum Leidwesen der Ärzteschaft ein „eugenisches Bewußtsein" nicht vorhanden. Das Besucherinteresse konzentrierte sich auf die Beratung über Probleme des Geschlechtslebens, vor allem Fragen der Geburtenregelung. In Einrichtungen, die hier Rat und vor allem praktische Hilfe boten, war der Besucherzustrom groß.[462] Dies zeigt das Beispiel der „Geburtenregelungsstellen" des Berliner Verbandes der Krankenkassen: Die erste Beratungsstelle nahm im Juli 1928 ihre Arbeit auf, weitere vier folgten im Oktober

1928; bis zum Ende des Jahres kamen bereits 851 Besucher(innen). 1929 ließen sich in den sieben über ganz Berlin verteilten Beratungsstellen 5.574 Besucher(innen) beraten.[463]

Die Sexualreformbewegung kritisierte die staatliche Beschränkung auf eine reine „Heirats- und Eheberatung" scharf. Sie forderte öffentliche Beratungsstellen, die umfassend über alle Fragen des Geschlechtslebens, auch über die Möglichkeiten der Geburtenregelung, informieren und praktische Hilfe leisten sollten. Vor allem von sozialistischen Ärzten wurde die Notwendigkeit einer Präventivberatung betont. Sie wäre das einzig wirksame Mittel im Kampf gegen die Abtreibung und diene gleichzeitig einer „qualitativen Rationalisierung der Fortpflanzung".[464] Auch in Hamburg wurde das Fehlen einer öffentlichen Sexualberatungsstelle seit Mitte der zwanziger Jahre in sozialistischen Kreisen immer lautstärker kritisiert. Im ‚Hamburger Echo' setzte im November 1929 eine intensive Diskussion über die „skandalösen" Zustände in der Stadt ein: Die beiden Beratungsstellen des DBfM könnten nur unzureichend arbeiten, da sie zu „untätiger Sexualberatung" gezwungen wären und ihnen jede staatliche Unterstützung fehlen würde. Die Einrichtung öffentlicher Sexualberatungsstellen wäre bisher am „ärztekammerlichen Einfluß im Gesundheitsamt" gescheitert, dem es gelungen wäre, „jeden Versuch, in Hamburg auf dem Gebiete der Sexualberatung praktische Arbeit zu leisten, zu ersticken".[465]

Der öffentliche Druck wurde Anfang 1930 so groß, daß die hamburgische Gesundheitsbehörde im Juni des Jahres endlich eine Kommission einsetzte, die ein Konzept für eine öffentliche „Sexualfürsorge" erarbeiten sollte[466]. Nach drei Monaten legte diese ihre Vorschläge Vertretern der Wohlfahrtsbehörde, des Jugendamtes, der Landesversicherungsanstalt, der Krankenkassen, der Ärzteschaft und der Sexualreform-Organisationen zur Diskussion vor: Sie empfahl die Einrichtung einer „Schwangeren-, Ehe- und Sexualberatung", kurz „S.E.S.", in der alle bisherigen Bestrebungen auf diesem Gebiet – private wie öffentliche – zusammengefaßt werden sollten. Zu den Aufgaben der „S.E.S." sollten auch die Beratung über die Möglichkeiten der Empfängnisverhütung und die Anpassung von Verhütungsmitteln gehören. Vorgeschlagen wurde, diese Mittel auf Verordnung gegen geringes Entgelt abzugeben. Geleitet werden sollte die neue Einrichtung durch ein Kuratorium unter Vorsitz der Gesundheitsbehörde. Das Konzept fand allgemeine Zustimmung. Beschlossen wurde, im Januar 1931 zunächst mit vier Beratungsstellen zu beginnen, die in den Räumen des Gesundheitsamtes und der AOK untergebracht werden sollten. Die Kosten wollten sich Gesundheits- und Wohlfahrtsbehörde, Landesversicherungsanstalt und Krankenkassen teilen.[467] Die Hamburger Presse berichtete ausführlich über das geplante Projekt. Die Vorbereitungen waren termingerecht abgeschlossen und die Eröffnung der „S.E.S." allgemein angekündigt, doch die Inbetriebnahme unterblieb. Die öffentliche „Schwangeren-, Ehe- und Sexualberatung" fiel „dem allgemeinen Zwang zum Sparen zum Opfer".[468]

Um der „untätigen Sexualberatung" in Hamburg durch Selbsthilfe ein Ende zu bereiten, initiierten die beiden sozialdemokratischen Bürgerschaftsabgeordneten Paula Henningsen und *Adele Reiche* gemeinsam mit sozialistischen Ärzten, darunter Rudolf Elkan, die Gründung einer Ortsgruppe des ‚Reichsverbandes für Geburtenregelung und Sexualhygiene'. Tatkräftig unterstützt wurde diese Initiative vom ‚Arbeiter-Samariter-Bund' (ASB). Auf der Gründungsversammlung der Ortsgruppe, die im Mai 1930 stattfand, wurde *Wilhelm Lehfeldt* zum ersten und Paula Henningsen zur zweiten Vorsitzenden gewählt; im August 1931 tauschten beide die Funktion. Im Beirat des Vorstandes saßen u.a. Rudolf Elkan und Adele Reiche.[469] Die erste öffentliche Versammlung führte die Ortsgruppe bereits Anfang Juni 1930 zum Thema „Sexualelend – Sexualberatung" durch; Referent war Max Hodann. Der große Saal des Gewerkschaftshauses war bis zum letzten Platz gefüllt, annähernd 2.000 Besucher(innen) kamen.[470] Es folgten weitere Werbeveranstaltungen. Neben zentralen Vortragsabenden im Gewerkschaftshaus, organisierte die Ortsgruppe auch

Werbevorträge in den Außenbezirken der Stadt – vor allem in den Arbeitervierteln – und in zahlreichen Orten rings um Hamburg. Darüber hinaus warb sie durch Filmvorführungen. Diese öffentlichen Veranstaltungen, für die mit Zeitungsanzeigen und Flugblättern geworben wurde, stießen auf große Resonanz.[471]

Die Mitgliederzahl der anfänglich kleinen Ortsgruppe stieg rasch an. In knapp zwei Jahren warb sie 1.500 Mitglieder, darunter viele Frauen. Die politische und weltanschauliche Einstellung der Mitgliedschaft war keineswegs homogen. Der Ortsgruppe gehörten Sozialdemokrat(inn)en, Kommunist(inn)en und Parteilose an.[472] Die gemeinsamen Ziele, die alle Mitglieder über parteipolitische Grenzen hinweg verbanden, beschrieb ein Werbeflugblatt der Ortsgruppe aus dem Jahr 1932:

„Der Reichsverband für Geburtenregelung kämpft wirksam für die Befreiung der Menschen von der Sexualnot und gegen die Abtreibungsseuche.

Wer für unsere und kommende Generationen eine humane, der Not der Zeit entsprechende Sexual-Gesetzgebung wünscht, wem die Bekämpfung des § 218 und die Befreiung der Frauen wirklich am Herzen liegt, werde Mitglied des Reichsverbandes für Geburtenregelung.

Wer glaubt, eine weitere Vergrößerung seiner Familie nicht verantworten zu können, lerne im Reichsverband für Geburtenregelung Unglück zu verhüten. Die stets wachsende Wirtschaftsnot zwingt alle Verantwortlichen zu einer vernünftigen Beschränkung der Kinderzahl – aber nur eine einwandfreie Verhütungstechnik bewahrt die Frau vor den zahllosen vermeidbaren Frauenkrankheiten!

Wer es darum ernst meint mit der Verantwortung für die Gesundheit von Frau und Kind, wer nicht wünscht, daß seine wirtschaftliche Notlage durch Sexualnot noch vergrößert werde, der werde Mitglied im Reichsverband für Geburtenregelung und Sexualhygiene e.V. Ortsgruppe Hamburg."[473]

Im Unterschied zu anderen Ortsgruppen war der sozialdemokratische Einfluß im Hamburger RV groß: Im Vorstand saßen Sozialdemokrat(inn)en; viele Mitglieder gehörten der SPD an; die Tätigkeit der Ortsgruppe wurde von der Partei unterstützt. Dies war eine entscheidende Voraussetzung für die guten Beziehungen, die der Hamburger RV zu Behörden und Krankenkassen hatte. In anderen Gebieten des Reiches war das Verhältnis des Verbandes zu den öffentlichen Institutionen sehr viel schlechter.[474] Die leitenden Funktionär(inn)e(n) der Hamburger Partei sahen in den Laienorganisationen für Geburtenregelung keine Konkurrenz, sondern eine Ergänzung ihres Kampfes für eine Sexualreform. Im Bewußtsein vieler Genossinnen waren die Ortsgruppen des DBfM und des RV mehr oder minder „Unterorganisationen" der SPD. Eine so enge Verbindung zwischen sozialdemokratischer Frauenbewegung und Sexualreform-Organisationen war im Reich selten.[475]

Unter den Mitgliedern der Hamburger Ortsgruppen des DBfM wie des RV spielte die Parteizugehörigkeit keine große Rolle. Dies galt insbesondere für die Frauen; gemeinsame Betroffenheit und gemeinsames Interesse führte sie zusammen. Agnes A. berichtet:

„Das war alles viel selbstverständlicher. Da wurde nicht gefragt, bist Du Kommunistin oder Sozialdemokratin oder Bürgerliche, das gab es gar nicht. Es gab auch keine Feindschaften, kein Angeifern usw. Die Frauen haben das eigentlich mit viel größerer Toleranz gemacht als die Männer ... Da war weniger Animosität als heute; unter den Frauen war sie nicht da ..."[476]

Der Landesvorstand der Hamburger SPD duldete die Zusammenarbeit von sozialdemokratischen, kommunistischen und parteilosen Frauen in den Ortsgruppen des DBfM und des RV, da deren Leitung in den Händen von Sozialdemokrat(inn)en lag. Sie bestimmten die Politik beider Sexualreform-Organisationen. Jede offizielle Zusammenarbeit von Frauenaktionsausschuß der SPD und Frauenleitung der KPD wurde hingegen in der Hansestadt, wie andernorts, aufgrund des feindlichen Verhältnisses der beiden Arbeiterparteien abgelehnt.

Die Hamburger Ortsgruppe des Reichsverbandes bemühte sich im Rahmen ihre Möglichkeiten um eine „sexualhygienische Erziehung" ihrer Mitglieder. Sie führte monatlich Mitgliederversammlungen durch, die der Besprechung organisationspolitischer Fragen, vor allem aber der

Aufklärung über Sexualhygiene und Geburtenregelung dienten. Eugenische Themen waren, wie allgemein in der Sexualreformbewegung, selbstverständlicher Bestandteil dieser Aufklärung.[477] Das Themenspektrum der Mitgliederversammlungen verdeutlicht der Veranstaltungskalender des Jahres 1931:

„Januar :	Jahres- und Generalversammlung (Wahlen usw.).
Febr./April/Mai :	Einführung in das Gebiet der Bevölkerungskunde, Anatomie und Physiologie der menschlichen Geschlechtsorgane. Theorie und Technik der Schwangerschaftsverhütung. (Dr. Elkan)
März :	Werden und Wirken des ‚Reichsverbandes für Geburtenregelung'. (Franz Gampe, Nürnberg)
Juni :	Chirurgische Frauenkrankheiten. (Dr. Wohlauer)
Juli :	Vorstandsbericht über den Verlauf der Berliner Einigungskonferenz der sexualreformerischen Laienverbände.
August :	Entzündliche Frauenkrankheiten. (Dr. Neubauer)
September :	Über die fabrikatorische Herstellung einiger Verhütungsmittel. (Dr.Elkan)
Oktober:	Die Vernichtung lebensunwerten Lebens. (Paula Henningsen)
November:	Rassenkunde, Eugenik, Sterilisation (Dr. Kankeleit)“[478]

Das Interesse der Mitglieder an den Vorträgen, denen sich meist eine lebhafte Aussprache anschloß, war groß: Regelmäßig kamen 300 bis 400 Besucher(innen).

Die Mitgliederzahl des Hamburger RV stieg vor allem deshalb so schnell an, weil er nicht nur umfassende Sexualaufklärung, sondern auch praktische Hilfe bot. In der Geschäftsstelle am Besenbinderhof in St.Georg, die an zwei Abenden in der Woche geöffnet war, konnten sich die Mitglieder über Krankenkassen-, Wohlfahrts-, Arbeitsamts- und Ärzteangelegenheiten beraten lassen und erhielten kostengünstig Verhütungsmittel. Auskünfte über die Möglichkeiten der Geburtenregelung wurden dort offiziell nicht gegeben, da ausschließlich „Laien-Funktionäre“ als Berater tätig waren. Anders als die Berliner betrieb die Hamburger Ortsgruppe des RV keine öffentliche Sexualberatungsstelle. Ihr fehlten Mittel und Möglichkeiten. Zum „medizinischen Beratungs-Zentrum“ der Ortsgruppe entwickelte sich die Praxis von Dr. Rudolf Elkan, zu dem Frauen verwiesen wurden, die Rat und Hilfe eines Arztes brauchten. In Theorie und Praxis der Schwangerschaftsverhütung führte die weiblichen Mitglieder der „Frauenkursus“ ein, der seit Anfang 1931 regelmäßig durchgeführt wurde. Der Andrang war groß. Leiterin des Kursus war Paula Henningsen.[479] Paula Karpinski erinnert sich:

> „Die Männer sagten immer: ‚Paula Henningsens unanständiger Verein'. Dort haben wir versucht, uns darüber Kenntnisse zu verschaffen, welche Mittel es gibt, um eine Schwangerschaft zu verhüten. Wir sind damals z.B. in Hamm zusammengekommen, in dem Block der Kinderreichen, und sie hat uns Pessare usw. gezeigt. Wir sollten lernen, wie man Pessare einsetzt, darum fragte sie: ‚Wer will sich zur Verfügung stellen, damit ich es mal zeigen kann?' Eine von uns machte es.“[480]

Die praxisbezogene Selbsthilfe für Frauen konnte die RV-Ortsgruppe nur anbieten, weil sich diese Tätigkeit auf Mitglieder beschränkte. Ihre Arbeitsweise war vor allem für Arbeiterfrauen sehr viel attraktiver als die der DBfM-Ortsgruppe, denn sie half ihnen nicht nur theoretisch, sondern auch praktisch bei der Geburtenregelung. Ähnlich wie die Hamburger arbeiteten auch andere Ortsgruppen des RV[481].

Den Initiativen der Sexualreformbewegung bereiteten die Nationalsozialisten 1933 ein schnelles Ende. Bald nach der Machtübernahme durchsuchte die Hamburger Polizei die Praxen der bekannten Ärzte aus dem Umfeld der Sexualreform-Organisationen. Aufgrund der Eintragungen in die Patientinnen-Karteien wurde eine ganze Reihe von Frauen wegen Vergehens gegen den § 218 vor Gericht gestellt.[482] Von den Ärzten emigrierten viele nach den ersten Erfahrungen mit Haft und Verfolgung ins Ausland[483].

* * *

Für die sozialdemokratische Frauenbewegung war die Aufklärung über Sexualhygiene und Geburtenregelung seit Beginn der Weimarer Republik ein zentraler Schwerpunkt in ihrem Kampf gegen den § 218. Bei ihrer Aufklärungstätigkeit arbeitete sie mehr oder minder intensiv mit Laienorganisationen für Geburtenregelung zusammen. In Hamburg war das Verhältnis zwischen der SPD und den beiden in der Stadt tätigen Sexualreform-Organisationen, DBfM und RV, von Anfang an besonders eng: Sozialdemokrat(inn)en leiteten diese Organisationen; viele ihrer Mitglieder gehörten der SPD an; die Partei unterstützte deren Aufklärungsarbeit. Die Aktivitäten der Sexualreformbewegung und der Arbeiterparteien trugen entscheidend dazu bei, daß sich sexualhygienische Kenntnisse in weiteren Kreisen der Arbeiterschaft, vor allem im Umfeld der organisierten Arbeiterbewegung, verbreiteten.

Für die Arbeiterfrauen und -töchter, die sich in der sozialdemokratischen Frauenbewegung und/oder in einer Sexualreform-Organisation für die Aufklärung über Sexualhygiene und Geburtenregelung einsetzten, war dieses Engagement ein wichtiger Schritt zur Selbsthilfe. Sie beanspruchten für sich aus der Not des Alltags heraus das Recht auf „Selbstbestimmung über ihren Körper", wollten selbst über ihre Fortpflanzung entscheiden. Ihre Einstellung widersprach der vieler Ärzte in der Sexualreformbewegung, die die Forderung nach dem „weiblichen Selbstbestimmungsrecht" ablehnten und die Rolle des Experten in allen Fragen von Sexualhygiene und Geburtenregelung beanspruchten. Dieser Interessenkonflikt zwischen ‚weiblichen Laien' und ‚männlichen Fachleuten' war in den ambivalenten Zielen der Sexualreformbewegung angelegt. Einerseits erstrebte sie eine Befreiung der individuellen Sexualität, andererseits eine gesellschaftliche Kontrolle der Fortpflanzung. Um das zentrale Ziel einer qualitativen Rationalisierung der Reproduktion zu erreichen, war es nicht nur notwendig, daß die Sexualität vom Einzelnen bewußt und beherrscht gelebt wurde, sondern auch, daß das individuelle Sexual- und Fortpflanzungsverhalten von der Gesellschaft kontrolliert wurde. Diese Aufgabe wurde dem Arzt als „Experten" zugewiesen. Damit bekam die Medizin die Funktion eines Steuerungsinstruments der Bevölkerungspolitik.

Die weiterreichenden gesellschaftlichen Ziele, die von den „medizinischen Experten" der Sexualreformbewegung erstrebt wurden, ihre differenzierten theoretischen Diskussionen, rezipierten nur wenige Frauen aus der Arbeiterschaft. Die meisten proletarischen Mitstreiterinnen der Sexualreformbewegung engagierten sich aufgrund konkreter Betroffenheit. Ihre zentralen Anliegen waren eine breite Sexualaufklärung, eine Verbesserung der Verhütungsmöglichkeiten und die Beseitigung des Abtreibungsverbotes.

2.2.3.2 „Nieder mit dem Abtreibungsparagraphen!"

> „Der § 218 war eines der Hauptthemen für uns Frauen. Auf jeder Demonstration machten wir ihn Anfang der dreißiger Jahre zum Thema. Er war für uns nicht zu trennen von der Unterbewertung der Frau. Damals war das für uns eine ganz starke Frage, weil wir von der Gesellschaft und von unseren eigenen Männern unterdrückt wurden ..."

Ille W. (geb. 1907) beteiligte sich aktiv am Kampf gegen das Abtreibungsverbot. Für sie – wie für viele gesellschaftlich engagierte Arbeiterfrauen – war der § 218 ein Symbol der öffentlichen und privaten Unterdrückung von Frauen. Ihr Engagement gegen den Abtreibungsparagraphen war gleichzeitig ein Engagement für die Emanzipation ihres Geschlechts. Starke persönliche Betroffenheit motivierte sie zum Kampf gegen das Abtreibungsverbot. Parteilose, sozialdemokratische und kommunistische Arbeiterfrauen trugen in der Weimarer Republik in entscheidendem Maße die Bewegung gegen den § 218.

Die sozialdemokratische Frauenbewegung sah im Kampf gegen den Abtreibungsparagraphen einen Schwerpunkt ihrer Politik. Ihr Ziel war die Freigabe des Schwangerschaftsabbruchs, d.h. die Streichung der Abtreibungsparagraphen bzw. die Fristenlösung. Sie konzentrierte sich bei ihrem Vorgehen auf innerparteiliche Diskussionen, parlamentarische Initiativen und öffentliche Agitation. Form, Inhalt und Intensität ihres Engagements wurden in entscheidendem Maße von der jeweiligen Haltung beeinflußt, die die Gesamtpartei in der Abtreibungsfrage einnahm: In den ersten Jahren der Weimarer Republik, als innerhalb der SPD die Position zum Abtreibungsparagraphen außerordentlich umstritten war, konzentrierten sich die Sozialdemokratinnen auf die innerparteiliche Diskussion. Es galt für die Genossinnen zunächst in den eigenen Reihen die Forderung nach der völligen bzw. befristeten Abtreibungsfreigabe durchzusetzen. Dies gelang erst, als der Zusammenschluß von MSPD und USPD die Anhängerschaft dieser Forderung in der Partei erheblich stärkte. Nun wurden die parlamentarischen Initiativen zur Aufhebung des Abtreibungsverbots von der Mehrheit der sozialdemokratischen Abgeordneten getragen. Die sozialdemokratische Frauenbewegung konnte sich der öffentlichen Agitation für die Abtreibungsfreigabe zuwenden. Gefördert wurde der Positionswandel der Parteiführung durch das Wachsen der Bewegung gegen den Abtreibungsparagraphen, in der die KPD eine bedeutende Rolle spielte[484]. Die führenden Sozialdemokraten griffen in der zweiten Hälfte der zwanziger Jahre die Parole „Weg mit dem § 218“ auf, um den Einfluß auf die Anhängerschaft in dieser Frage nicht zu verlieren. Für sie war die Haltung zum Abtreibungsparagraphen keine Grundsatzfrage, sondern ein tagespolitisches Problem, zu dem sie abhängig vom jeweiligen Kräfteverhältnis Stellung bezog. Diese Einstellung, die letztlich von den meisten leitenden Funktionärinnen der Frauenorganisation akzeptiert wurde, verhinderte, daß die Partei kontinuierlich und konsequent gegen das Abtreibungsverbot vorging.

Im Vergleich zur offiziellen Haltung des Reichsfrauensekretariats vertraten die Hamburger Sozialdemokratinnen in der Abtreibungsfrage eine radikale Position: Sie forderten konsequent „die völlige Freigabe der Abtreibung“ und setzten sich grundsätzlich für das „Recht der Frau auf Selbstbestimmung über ihren Körper“ ein. In der öffentlichen Agitation verbanden sie diese Haltung von Anfang an mit der Forderung nach vermehrter Fürsorge für Mutter und Kind und gesellschaftlicher Anerkennung der nichtehelichen Mutterschaft; sie plädierten für eine systematische Geburtenregelung und machten deutlich, daß sie zwar für die Aufhebung des Abtreibungsverbots, aber gegen die Abtreibung waren. Diese Position vertraten die Genossinnen bereits auf ihrer ersten öffentlichen Frauenversammlung gegen das Abtreibungsverbot, die im September 1919 zum Thema „Mutterschutz und Kinderfürsorge“ im großen Saal des Gewerkschaftshauses stattfand; Referentin war Adele Schreiber eine bekannte, sozialdemokratische Sexualreformerin.[485]

In den ersten Jahren der Weimarer Republik verhinderte die innerparteiliche Auseinandersetzung über die Haltung zur Abtreibungsfrage, daß die Hamburger SPD-Frauenorganisation weitere öffentliche Frauenversammlungen gegen die Abtreibungsparagraphen durchführen konnte. Innerhalb des Landesverbandes wurde deren Forderung nach einer völligen wie nach einer befristeten Abtreibungsfreigabe vor allem von den leitenden männlichen Parteifunktionären abgelehnt. Dies zeigte sich deutlich 1920 bei der innerparteilichen Kontroverse über den Antrag zur Einführung der Fristenregelung, den die sozialdemokratische Fraktionsminderheit im Reichstag eingebracht hatte. Der Hamburger Parteivorstand unterband jede öffentliche Stellungnahme für diesen Antrag. An Stelle des Frauenaktionsausschusses der SPD führte deshalb die Ortsgruppe des DBfM im April 1921 eine Veranstaltung zu dieser Gesetzesinitiative durch, auf der der sozialdemokratische Arzt und Bürgerschaftsabgeordnete Andreas Knack zum Thema „Das Recht der Frau auf Unterbrechung der Schwangerschaft“ sprach.[486] Die Hamburger Genossinnen erreichten zwischen 1920 und 1923 durch intensive innerparteiliche Diskussionen, daß sich immer mehr Genossen im Landesverband ihrer Forderung nach einer völligen Abtreibungsfreigabe anschlossen.[487]

Angesichts der wachsenden sozialen Not in den Inflationsjahren stiegen die Abtreibungszahlen nach zeitgenössischen Berichten sprunghaft an. Eine Reform der Abtreibungsparagraphen wurde immer dringender erforderlich. 1923 entstand in Hamburg erstmals eine breitere Bewegung gegen die §§ 218/219. Die Initiative hierzu ging von der KPD aus, die nach dem Zusammenschluß von MSPD und USPD im Jahr 1922 als einzige Partei konsequent für die Streichung der Abtreibungsparagraphen eintrat. Im gesamten Reichsgebiet betrieb die KPD eine intensive Propaganda gegen das Abtreibungsverbot. Höhepunkt ihrer Kampagne waren die Jahre 1922/23. In verschiedenen Großstädten kam es zu Massenversammlungen gegen die §§ 218/219[488]. Auch die Hamburger Partei griff das Thema innerhalb und außerhalb des Parlaments auf. Ende März 1923 stellte die kommunistische Bürgerschaftsfraktion folgenden Antrag:

> „Die Bürgerschaft beschließt: Der Senat wird beauftragt bei der Reichsregierung dahin zu wirken, daß die §§ 218 und 219 des Strafgesetzbuches aufgehoben werden."[489]

Um bei der Abstimmung ein koordiniertes Vorgehen der Fraktionen beider Arbeiterparteien zu erreichen und öffentlichen Druck auf das Parlament auszuüben, schlug die Frauen-Agitationskommission der KPD Mitte April 1923 in einem Schreiben dem Frauenaktionsausschuß der SPD „eine gemeinsame Aktion aller proletarischen Frauen" gegen den Abtreibungsparagraphen vor. Als Verhandlungsbasis boten die Kommunistinnen folgende drei Punkte an:

> „1. Die Frauen aller proletarischen Parteien verpflichten ihre Parlamentsmitglieder, im Reichstag wie in den Landtagen für die Aufhebung der §§ 218 und 219 zu wirken.
> 2. Die Frauen der VSPD, Landesorganisation Hamburg, treten an ihre Vertreter in der Hamburger Bürgerschaft heran, um den Antrag der kommunistischen Fraktion zur Annahme zu bringen.
> 3. Sämtliche Frauen proletarischer Parteien werden von einem paritätischen Aktionskomitee zu einer Demonstrationsversammlung aufgefordert, um der Reichs- und Landesregierung dadurch zu bekunden, daß die proletarischen Frauen gewillt sind, die Aufhebung der Schmachparagraphen zu erzwingen."[490]

Der Frauenaktionsausschuß der Hamburger SPD reagierte nicht. Es kam zu keiner Koordination des Vorgehens. Die KPD-Fraktion wollte über den Antrag möglichst bald abstimmen lassen. Die SPD-Fraktion versuchte die Behandlung im Bürgerschaftsplenum hinauszuzögern, um die Gegner in den eigenen Reihen vom KPD-Antrag überzeugen zu können. Ende April 1923 beantragte die KPD in der Bürgerschaft gegen den Willen der SPD die Abstimmung. Der Antrag wurde zwar mit den Stimmen von SPD und KPD angenommen, doch eine ganze Reihe sozialdemokratischer Abgeordneter stimmte dagegen.[491]

Um den Senat zur Umsetzung des verabschiedeten Antrags zu bewegen, verstärkte die Frauen-Agitationskommission der KPD ihre außerparlamentarischen Aktivitäten gegen das Abtreibungsverbot. Kommunistinnen schrieben eine Szenenfolge mit dem Titel „§§ 218/219", die am Beispiel einer „Scheuerfrau" und ihrer „Gnädigen" die schichtenspezifische Realität der Abtreibung anprangerte und mit einem Aufruf zum Kampf gegen die Abtreibungsparagraphen endete.[492] Gemeinsam studierten die Autorinnen das Stück ein und führten es innerhalb kürzester Zeit in sechs Protestveranstaltungen der KPD auf. Der Andrang zu den Aufführungen war jedesmal sehr stark. Bei einer zentralen Kundgebung im Gewerkschaftshaus war der große Saal so voll, daß viele hundert Besucherinnen wieder umkehren mußten. In einer dieser Veranstaltungen bildete sich aus dem Publikum heraus eine ‚Kommission zur Bekämpfung der Abtreibungsparagraphen', in der parteilose, sozialdemokratische und kommunistische Frauen zusammenarbeiteten. Ihr konkretes Ziel war neben der Umsetzung des Bürgerschaftsbeschlusses durch den Senat eine Amnestie für alle Frauen, die in Hamburg aufgrund der §§ 218/219 verurteilt worden waren. Sie konnten dabei auf das Beispiel des sächsischen Landtages verweisen, der einen entsprechenden Beschluß gefaßt hatte. Darüber hinaus forderten sie die Einrichtung von öffentlichen Ehe- und Sexualberatungsstellen. Diese unabhängige Frauenkommission wurde in der folgenden Zeit sehr aktiv. Sie verhandelte mit den Fraktionen der Arbeiterparteien und trug dem Senat ihre Forderungen vor.[493] Nicht zuletzt aufgrund des Drucks der außerparlamentarischen Bewegung legte der Senat nach zwei Monaten, Ende Juni 1923, den Bürgerschaftsbeschluß zu den §§ 218/219 der Reichsregierung in einer Denkschrift vor. Um Genaueres über den Inhalt der Denkschrift zu erfahren, stellte die sozialdemokratische Bürgerschaftsfraktion Anfang Juli 1923 eine „Anfrage an den Senat betreffend den § 218 des Reichsstrafgesetzbuches", in der sie auch die Forderungen der Frauenkommission aufgriff.[494] Die Antwort des Senat blieb allgemein und unverbindlich.

Um ihren Forderungen öffentlich Nachdruck zu verleihen, organisierte die ‚Kommission zur Bekämpfung der Abtreibungsparagraphen' in den folgenden Wochen und Monaten immer wieder Frauenversammlungen. Höhepunkt ihrer Aktionen war Mitte August 1923 eine „Protestkundgebung gegen das Verhalten der Reichsregierung und des Hamburger Senats" im großen Saal des Gewerkschaftshauses. Trotz offizieller Einladung durch die Kommission beteiligte sich der Frauenaktionsausschuß der Hamburger SPD nicht.[495] Dies hinderte viele Sozialdemokratinnen jedoch nicht daran, die Kundgebung zu besuchen. Die Bereitschaft, gemeinsam mit anderen betroffenen Frauen über die Parteigrenzen hinweg gegen die §§ 218/219 aktiv zu werden, war größer als die Parteidisziplin. Trotz des intensiven Engagements erreichten die Aktionen der Frauenkommission selbst das Ziel einer regionalen Amnestie nicht. Im Herbst 1923 stellte sie ihre Aktivität ein.

Bereits diese erste breitere Bewegung gegen die Abtreibungsparagraphen in Hamburg zeigt die politischen Grenzen, die dem Kampf der sozialdemokratischen Frauenbewegung gegen das Abtreibungsverbot gesetzt waren. Die Partei tolerierte zwar, daß Sozialdemokratinnen innerhalb der unabhängigen Laienorganisationen für Geburtenregelung mit Kommunistinnen zusammenarbeiteten, doch jede offizielle Zusammenarbeit zwischen Frauenaktionsausschuß der SPD und Frauen-Agitationskommission der KPD wurde abgelehnt. Die meisten sozialdemokratischen Funktionärinnen unterstützten diese Position, die dem feindlichen Verhältnis der beiden Arbeiterparteien entsprach. Für viele Sozialdemokratinnen hingegen, die nicht durch Funktionen in das Parteileben eingebunden waren, hatte diese politische Grenze nur geringe Bedeutung. In ihrem Alltag betrachteten sie es als selbstverständlich, Frauen in ihrem persönlichen Umfeld zu helfen; die jeweilige politische Anschauung spielte dabei eine unbedeutende Rolle. Sie wußten, daß sie in erster Linie von ihren Geschlechtsgenossinnen Unterstützung erwarten konnten. Durch ihre familiäre, freundschaftliche und nachbarschaftliche Hilfe im sozialen Frauennetz lebten sie wie viele Arbeiterfrauen tägliche Solidarität. Dies war ihre primäre Form des gesellschaftlichen Handelns, die über Organisationsgrenzen hinwegreichte. Der Ansatzpunkt für ihr gesellschaftliches Engagement war eher spontan, veranlaßt durch drängende Alltagsprobleme aus ihrem zentralen Lebenszusammenhang des Haushalts und der Familie. Eines ihrer größten Probleme war die Geburtenkontrolle. In dieser Frage war die weibliche Bereitschaft zum Handeln deshalb besonders groß. Die Formen des Handelns orientierten sich aufgrund der Alltagsnähe des Problems stark am Alltagsverhalten. Da im Alltag vieler Arbeiterfrauen, selbst etlicher Sozialdemokratinnen, die Parteizugehörigkeit keine große Bedeutung hatte, setzten sie sich auch im gesellschaftspolitischen Handeln leicht über diese Parteigrenzen hinweg. Je stärker die einzelne Sozialdemokratin in die Partei integriert war, desto mehr übernahm sie auch die Denkmuster und Verhaltensweisen der Funktionär(inn)e(n), desto weniger war sie bereit, mit Kommunistinnen zusammenzuarbeiten.

Die Abtreibungsparagraphen blieben auch in den folgenden Jahren ein umstrittenes Thema. Arbeiterparteien wie Sexualreform-Organisationen griffen die Abtreibungsfrage immer wieder in ihrer Öffentlichkeitsarbeit auf. In der SPD-Agitation war die Reform des Paragraphen insbesondere in Wahlkampfzeiten ein zentrales Thema. Beispielsweise war der Auftakt der sozialdemokratischen Frauenagitation des Hamburger Reichstags- und Bürgerschaftswahlkampfes im Herbst

1924 eine Frauenversammlung „Gegen den § 218". Sie fand Ende August 1924 im großen Saal des Gewerkschaftshauses statt, der bis auf den letzten Platz gefüllt war; Referentin war Adele Schreiber. Sie betonte, daß jede Frau, die die Beseitigung des Abtreibungsparagraphen erstrebe, für die „Erstarkung der Sozialdemokratie" wirken müsse. Nur über diesen Weg könne „das ungeheuerliche Unrecht, das im § 218" liege, beseitigt werden. Die Versammlung nahm zwei Resolutionen an, die sich an Reichstag und sozialdemokratische Reichstagsfraktion wandten und die „schnellste Beseitigung des § 218" verlangten. Eine dritte Entschließung forderte vom Hamburger Senat die Begnadigung der aufgrund des § 218 Inhaftierten.[496] Auch im Reichstagswahlkampf 1928 stand der Abtreibungsparagraph im Mittelpunkt der sozialdemokratischen Frauenagitation. Die Hamburger SPD zeigte den Film „Kreuzzug des Weibes", der sich mit dem § 218 auseinandersetzte. Zu den 22 Vorführungen im gesamten Stadtgebiet kamen 15.000 Besucherinnen.[497]

Wirtschaftskrise und Massenarbeitslosigkeit zwangen seit Ende der zwanziger Jahre immer mehr proletarische Frauen zur illegalen Abtreibung. Der Kampf gegen den § 218 erhielt neuen Aufschwung. Das öffentliche Bewußtsein über die Abtreibungsproblematik wurde entscheidend durch das Engagement von Künstlern und Schriftstellern gefördert: Zu den ersten Autoren, die sich mit dem Thema beschäftigten, gehörte der Sozialdemokrat *Bruno Schönlank*. Er publizierte bereits 1920 das Drama „Verfluchter Segen", in dessen Mittelpunkt der Armenarzt Dr. Werder steht, der aufgrund einer Denunziation wegen Verstoßes gegen das Abtreibungsverbot vor Gericht kommt und zu einer eineinhalbjährigen Gefängnisstrafe verurteilt wird.[498] Seit Anfang der zwanziger Jahre schrieben bekannte Literaten wie *Bertolt Brecht, Kurt Tucholsky* und *Erich Weinert* in Lyrik und Prosa über die Abtreibungsfrage. Schriftsteller verschiedenster Provenienz thematisierten sie in Erzählungen und Romanen, unter ihnen *Frank Arnau, Willi Bredel, Alfred Döblin, Hans Fallada, Albert Hotopp, Franz Krey, Ernst Ottwaldt, Hans José Rehfisch* und *Arnold Zweig*.[499] Bahnbrechende Wirkung hatten zwei Theaterstücke: „§ 218. Gequälte Menschen" von Carl Credé und „Cyankali" von *Friedrich Wolf*[500].

Das Theaterstück „§ 218. Gequälte Menschen" des sozialdemokratischen Arztes Carl Credé wurde 1929 durch die Berliner „Piscator-Bühne" uraufgeführt[501]. Der Celler Gynäkologe Credé war 1926 bekannt geworden, weil er gemeinsam mit einem Kollegen aufgrund einer Denunziation wegen Vergehens gegen den Abtreibungsparagraphen angeklagt worden war. Im Gerichtsgefängnis verfaßte er die Schrift „Volk in Not! Das Unheil des Abtreibungsparagraphen", die illustriert mit Zeichnungen von *Käthe Kollwitz* 1927 erschien. Politisches Ziel Credés war ein Volksentscheid zur Abschaffung des § 218.[502] Dafür kämpfte er auch mit seinem Theaterstück. Dessen Hauptfigur ist „Die Nolten", eine vierzigjährige abgearbeitete Arbeiterfrau mit drei Töchtern, die aufgrund der Not ihrer Familie kein weiteres Kind mehr haben will. Sie geht zu einer Kurpfuscherin und stirbt an den Folgen des illegalen Eingriff. Credés Stück stellt die „Tragik der Armen dar, die mit dem § 218 in Konflikt kommen".[503] Es erregte in der provokativen Inszenierung von *Erwin Piscator* allgemeines Aufsehen[504]. Die Zeitgenossen sahen in dem Schauspiel Credés „eine flammende und lauttönende Werbung" für die Aufhebung des § 218[505]. Die Tournee der „Piscator-Bühne" wurde ein großer Erfolg, trotz aller Stör- und Sabotageversuche konservativer und nationalsozialistischer Kreise[506]. Fast den gesamten Januar 1930 gastierte das Schauspielkollektiv mit Credés Stück „§ 218" im Hamburger Raum. Die Gruppe trat zunächst in der „Schauburg Wandsbek" auf, danach im Altonaer Schillertheater und zuletzt im Hamburger Carl-Schultze-Theater. Eröffnet wurde das Hamburger Gastspiel durch eine Aufführung der sozialdemokratischen ‚Zentralkommission für das Bildungswesen Groß-Hamburg'. Das ‚Hamburger Echo' berichtete mehrfach über das Stück und warb für seinen Besuch. Vor allem jüngere Frauen und Männer aus der Arbeiterschaft strömten in das Theaterstück von Credé.[507]

Das Schauspiel „Cyankali" des kommunistischen Arztes Friedrich Wolf wurde 1929 im Berliner Lessingtheater uraufgeführt[508]. Es erzählt die Geschichte des unverheirateten Arbeiterpaares Hete und Paul, deren ursprünglicher Wunsch – ihr ungeplantes Kind zu behalten – sich ändert, als beide erwerbslos werden. Hete entschließt sich zu einer Abtreibung, findet keinen Arzt, der hilft, versucht – unterstützt von der Mutter – den Eingriff schließlich selbst mit Hilfe von Cyankali und stirbt an seinen Folgen. Das Stück endet mit dem verzweifelten letzten Aufschrei Hetes: „Tausende ... müssen ... so sterben ... Hilft ... uns ... denn niemand?"[509] Friedrich Wolfs Schauspiel konzentrierte sich auf das persönliche Schicksal der Hete Fent. An ihrem Beispiel zeigte er die sozialen Ursachen der Abtreibung und verdeutlichte den Klassencharakter des Abtreibungsparagraphen. „Cyankali" wurde eine öffentliche Sensation. Allein in Berlin wurde es von der „Gruppe junger Schauspieler" über hundert Mal gespielt. Das Theaterkollektiv ging mit dem Stück auf Tournee und gastierte in fast allen größeren deutschen Städten. Der Besucherzustrom war sehr stark; daran konnte auch die massive Hetzkampagne reaktionärer Kreise nichts ändern.[510] Der Schriftsteller *Erich Kästner* schrieb über die Publikumsreaktionen:

> „Am Schluß der Cyankaliaufführung, die ich besuchte, schrie eine Stimme vom Balkon: ‚Nieder mit dem § 218!' und ein tumultarischer Chor von Männer- und Mädchenstimmen rief: ‚Nieder mit ihm! Nieder! Nieder!' Und die Zeitungen griffen das Thema wieder auf, und die Ärzte antworteten. Und die juristische Reichstagskommission wird wieder Arbeit bekommen und erneut Stellung nehmen müssen. Durch eine Theaterstück veranlaßt! Es macht wieder Mut!"[511]

In Hamburg trat die „Gruppe junger Schauspieler" im Februar 1930 in der Volksoper auf. Das ‚Hamburger Echo' rief seine Leser(innen) auf: „Geht alle in die Volksoper! Zu Friedrich Wolfs Cyankali!"[512] Das Stück wurde zum beherrschenden Gesprächsthema der Stadt. Das Theater mit seinen 1.300 Plätzen war in jeder Vorstellung ausverkauft; die Gruppe gastierte 14 Tage in Hamburg.[513] Die Aufführung war so beeindruckend, daß sich noch heute einige der befragten Sozialdemokratinnen lebhaft daran erinnern.

Schon bald wurde „Cyankali" auch verfilmt: Regie führte *Hans Tintner*, Hauptdarstellerin war *Grete Mosheim*. Die Uraufführung des Spielfilms fand Ende Mai 1930 in Berlin statt.[514] Millionen Menschen überall in Deutschland sahen den Film „Cyankali", der entscheidend zur Mobilisierung gegen den § 218 beitrug. Die Furcht konservativer Kreise vor der politisierenden Wirkung dieses Films war so groß, daß sie sein Verbot durchzusetzen versuchten. Dies mißlang, doch die Hetze gegen den Film ging weiter. Sie gipfelte darin, daß deutsch-nationale und katholische Blätter zum Boykott der Kinos aufriefen, die „Cyankali" zeigten.[515] Im Juli 1930 war der Film erstmals in Hamburg zu sehen, in der „Schauburg" am Millerntor. ‚Volk und Zeit', die illustrierte Beilage des ‚Hamburger Echo', brachte aus diesem Anlaß eine ausführliche Bildreportage. Das ‚Echo' forderte seine Leser(innen) in einer Film-Kritik zum Kino-Besuch auf.[516] Im Reichstagswahlkampf im September 1930 setzte die Hamburger SPD den Film „Cyankali" in der Frauenagitation ein[517]. Daneben warb sie in diesem Wahlkampf mit dem wenige Monate zuvor uraufgeführten Dokumentar-Film „Frauennot-Frauenglück" des Regisseurs *E. Tisse*. Der Film stellte „die furchtbaren Gefahren der heimlichen Abtreibung" dem Glück der Geburt eines Kindes gegenüber.[518]

Die Bewegung gegen den Abtreibungsparagraphen wuchs Anfang der dreißiger Jahre zu einer überparteilichen Massenaktion an. Immer breitere Kreise bekämpften das Abtreibungsverbot. In Hamburg kam es im Mai 1930 zur Gründung eines ‚Ortskartells gegen den § 218', eines Zusammenschlusses verschiedenster Gruppen und Organisationen. Die Initiative hierzu ging von der links-liberalen ‚Deutschen Liga für Menschenrechte' (DLfM)[519] aus. Vorbild war ein ähnlicher Zusammenschluß auf nationaler Ebene, das ‚Reichskomitee gegen den § 218'. Als Referent sollte auf der Gründungsversammlung der bekannte Sozialdemokrat Andreas Knack sprechen. Da er verhindert war, erläuterte an seiner Stelle Carl Credé das Ziel des neuen Bündnisses: Die soziale

Not sei Hauptursache der vielen Abtreibungen. Deshalb könne der sogenannten „Abtreibungsseuche“ nicht mit Hilfe von Gesetzesparagraphen Einhalt geboten werden. Sie trieben die Frauen lediglich dem „Kurpfuschertum“ zu und richteten dadurch erheblichen gesundheitlichen Schaden an. Einzig mit „dem gesunden Menschenverstand des Volkes unter Mitarbeit der Ärzte“ sei die Abtreibungsfrage zu lösen. Das Volk erstrebe zu Recht die „Freigabe der Schwangerschaftsunterbrechung“. Diese Forderung vertrete auch das neugegründete Reichskomitee. Lediglich Abtreibungen, die nicht von approbierten Ärzten durchgeführt werden, sollten nach wie vor bestraft werden. Zum Schluß seines Vortrages bat Credé die Anwesenden, „alles Trennende, jede Politik aus dieser ungeheuer wichtigen Frage herauszulassen. Es handle sich um das Glück der deutschen Familie und die Zukunft des ganzen Volkes“.[520] Eine führende Rolle bei der Gründung des Ortskartells hatten Mediziner. Die kleine Gruppe der Ärzt(inn)e(n), die sich für eine Sexualreform engagierte, trat allerorts besonders engagiert für ein überparteiliches Bündnis gegen den § 218 ein. Aufgrund ihres Berufes betrachteten die meisten den Kampf für eine Reform des Abtreibungsparagraphen vorrangig als ein sozialmedizinisches, weniger als ein politisches Problem. Selbst parteipolitisch gebundenen Ärzt(inn)en fiel es deshalb relativ leicht, in dieser Frage mit Menschen anderer Weltanschauung zusammenzuarbeiten. Dies zeigte sich deutlich in der Sexualreformbewegung.[521]

Auf der Gründungsversammlung des Hamburger ‚Ortskartells gegen den § 218‘ erklärten sich 35 Organisationen zur Mitarbeit bereit, darunter die Allgemeinen Ortskrankenkassen von Hamburg und Wandsbek und die Ortsgruppen der AWO, des DBfM und des ‚Zentralverbandes deutscher Kriegsbeschädigter und Kriegshinterbliebener‘. Selbst ein Vertreter der Ortsgruppe des ‚Hartmannbundes‘ bot im Namen seiner Organisation die Mithilfe der Ärzteschaft bei der „Verbesserung der bestehenden Zustände“ an. Das ‚Hamburger Echo‘ berichtete wohlwollend über die Gründungsversammlung.[522] Leider ist den vorliegenden Quellen nichts über die weitere Entwicklung dieses Zusammenschlusses zu entnehmen.

Die öffentliche Auseinandersetzung um den § 218 spitzte sich 1931 zu. Den Anstoß für das Entstehen einer breiten ‚Volksaktion gegen den § 218‘ gab im Februar 1931 die Verhaftung der Ärzte *Else Kienle*[523] und Friedrich Wolf in Stuttgart. Sie wurden aufgrund der anonymen Denunziation eines Kollegen der „gewerbsmäßigen Abtreibung“ bezichtigt. Zentraler Inhalt der Anklage war der Vorwurf der sozialen bzw. sozial-medizinischen Indikation. Mit den beiden Ärzten wurden mehr als 320 Frauen angeklagt. Das Ereignis erregte großes Aufsehen, da Friedrich Wolf als Autor des Theaterstücks „Cyankali“ allgemein bekannt war. Deutsch-nationale, christlich-konservative sowie nationalsozialistische Kreise nutzten den Vorfall, um ihn als Dichter zu diskreditieren; seine Stücke wurden im In- und Ausland von Bühnen und Rundfunkprogrammen abgesetzt.[524] In sozialistischen Kreisen galt die Justizaktion gegen Else Kienle und Friedrich Wolf als Beginn einer „verschärften Hetze gegen alle Kämpfer gegen den Schandparagraphen § 218“[525]. Die Presse berichtete im gesamten Reich ausführlich über den „Stuttgarter Justizskandal“. Auch das ‚Hamburger Echo‘ informierte seine Leser(innen) breit über die Entwicklung im „Fall Kienle/Wolf“. Beide Ärzte kamen wiederholt im ‚Echo‘ und seiner ‚Frauen-Beilage‘ zu Wort.[526]

Die Empörung über den Vorfall führte auf Reichsebene weite Kreise der Gegner des Abtreibungsparagraphen zu gemeinsamen Aktionen zusammen. Das weltanschauliche und soziale Spektrum der ‚Volksaktion gegen den § 218‘ war breit: Es reichte von der ‚Internationalen Frauenliga für Frieden und Freiheit‘[527], der ‚Deutschen Liga für Menschenrechte‘ und der ‚Internationalen Juristischen Vereinigung‘ über den ‚Verein Sozialistischer Ärzte‘ und die verschiedenen Sexualreform-Organisationen, darunter auch der ‚Deutsche Bund für Mutterschutz und Sexualreform‘, bis zur ‚Internationalen Arbeiterhilfe‘ und dem Reichsfrauensekretariat der KPD. Bekannte Wissenschaftler und Künstler unterstützten die Initiative. Die SPD und die ihr nahestehenden Organisationen beteiligten sich offiziell nicht an dem Bündnis, da sie jede Zusammenarbeit mit der KPD ablehnten.[528] Innerhalb kürzester Zeit bildeten sich im Reichsgebiet etwa 800 ‚Kampfausschüsse gegen den § 218 und für die Verteidigung Dr. Friedrich Wolfs und Dr. Else Kienles', die zwischen Februar und Mai mehr als 1.500 Protestversammlungen organisierten, z.T. Großkundgebungen mit 15.000 Besucher(inne)n. Entgegen der offiziellen Haltung ihrer Partei machten in den „Kampfausschüssen" auch viele Sozialdemokratinnen mit.[529] Sie teilten die Ziele der ‚Volksaktion' und wollten gemeinsam mit anderen Frauen aktiv werden. Das parlamentsbezogene Engagement ihrer Partei ermöglichte ihnen keine Eigenaktivität. Sie hofften durch außerparlamentarische, überparteiliche Aktionen folgende Forderungen durchsetzen zu können:

„– Für die Aufhebung des § 218 und aller Strafmaßnahmen,
– Sofortige Freilassung der Frau Dr. Kienle,
– Amnestierung aller unter § 218 Bestraften,
– Niederschlagung aller schwebenden Verfahren,
– Beseitigung aller Gesetze, welche die sexuelle Aufklärung der breiten Masse unter Strafe stellen,
– Kostenlose ärztliche Hilfe bei Schwangerschaftsunterbrechungen durch Krankenkassen und Gemeinden für die Werktätigen,
– Kostenlose Abgabe empfängnisverhütender Mittel,
– Umfassende Fürsorgemaßnahmen für Mutter und Kind,
– Aufhebung aller Abbaumaßnahmen in den Sozialhaushalten des Reiches, der Länder und Gemeinden,
– Für die Sicherung einer menschenwürdigen Existenz aller Werktätigen,
– Gegen Wohnungselend, Lohn- und Steuerraub."[530]

Höhepunkt der Massenbewegung gegen den Abtreibungsparagraphen war 1931 im gesamten Reich der Internationale Frauentag. Von den Kommunistinnen wurde er um den 8. März begangen, dem traditionellen Datum des Frauentages, von den Sozialdemokratinnen um den 15. April[531]. Auch in Hamburg kam es anläßlich des Internationalen Frauentages zu Frauenkundgebungen und -demonstrationen.

Die Frauen-Agitationskommission der KPD führte am Vorabend des 8. März eine Frauenkundgebung im Schillertheater durch, deren Auftakt vier große Demonstrationszüge bildeten, die aus den Arbeiterstadtteilen zum Kundgebungsort führten. Tausende von Frauen und Männern zogen durch die Straßen. Die Parolen der Demonstration waren: „Gegen den Gebärzwang des § 218! Gegen die Vorstöße des Unternehmertums auf die Rechte der Arbeiterklasse! Gegen Lohnabbau, Hunger und Faschismus! – Für gleichen Lohn für gleiche Arbeit!"[532]. Das Schillertheater, das rund 1.500 Menschen faßte, war schnell überfüllt. Hunderte fanden keinen Einlaß mehr. Ein zentrales Thema der Kundgebung war der Kampf gegen den Abtreibungsparagraphen.[533] Ähnliche Versammlungen der KPD fanden am 8. März auch in vielen anderen Städten des Reiches statt.

Die sozialdemokratische Frauenbewegung veranstaltete anläßlich des Internationalen Frauentages Mitte April im gesamten Reichsgebiet mehr als 1.000 Protestkundgebungen unter dem Motto: „Gegen § 218, gegen Krieg und Naziterror – für Frieden und Sozialismus". Zur Kundgebung des Hamburger Frauenaktionsausschusses, die am 15. April bei ‚Sagebiel' stattfand, kamen rund 4.000 Frauen. Rednerin war *Johanna Reitze*, langjährige SPD-Reichstagsabgeordnete im Wahlkreis Hamburg. Wie allerorts wurde eine „Entschließung gegen den § 218" verabschiedet, deren Inhalt der gewandelten Position entsprach, die die Gesamtpartei seit Anfang der dreißiger Jahre in der Abtreibungsfrage vertrat.[534] Im Gegensatz zur ‚Volksaktion gegen den § 218', die die Aufhebung des Abtreibungsparagraphen forderte, trat die SPD nun offiziell für eine Kombination von Fristenregelung und erweiterter Indikationsregelung ein.[535] Das Reichsfrauenbüro übergab die gesammelten „Entschließungen gegen den § 218" der sozialdemokratischen Reichstagsfraktion mit der Aufforderung, sie „als einen Ausdruck des Kampfeswillens der hinter der Sozialdemokratie stehenden Männer und Frauen" an den Reichstag und dessen Rechtsausschuß weiterzuleiten.[536]

Die Parolen des Internationalen Frauentages 1931 zeigen, wie stark die Genossinnen beider

Arbeiterparteien in den letzten Jahren der Weimarer Republik den Kampf gegen den § 218 mit dem Kampf gegen Sozialabbau und Rechtsentwicklung verbanden. Sie sahen im Massenelend die zentrale Ursache der zunehmenden Abtreibungszahl; für sie war die Politik des „staatlichen Gebärzwangs" eng mit dem Bestreben verbunden, die Frauenrechte in Wirtschaft, Gesellschaft und Politik einzuschränken. Die sozialdemokratische Reichstagsabgeordnete *Mathilde Wurm* analysierte den zentralen Inhalt dieser frauenfeindlichen Politik, deren Vorreiter die Nationalsozialisten waren, in einem Artikel, der anläßlich des Internationalen Frauentags 1931 in der ‚Frauen-Beilage des Hamburger Echo' erschien[537]:

> „Ein enger Zusammenhang besteht zwischen den Versuchen, den Frauen ihre mühsam und schwer erkämpfte wirtschaftliche Unabhängigkeit zu nehmen und jenem anderen Anschlag, der heute mit verstärkter Kraft gegen sie geführt wird mit dem Ziel, sie ans Haus zu zwingen, die Gebärtätigkeit als ihre Hauptpflicht zu kennzeichnen und sie zu zwingen, trotz der Millionenerwerbslosigkeit immer mehr Menschen in die Welt zu setzen, die der Kapitalismus nicht ernähren kann, die aber immer aufs neue die industrielle Reservearmee schaffen, durch die die Profite des Unternehmertums gesichert werden sollen. Wirtschaftlich, sozial, politisch – auf der ganzen Linie eine Reaktion, unter der die Frauen besonders empfindlich zu leiden haben. Alle bürgerlichen Parteien wollen unter Führung des Zentrums ungehemmten Menschenzuwachs ... Am deutlichsten sprechen das die Nationalsozialisten aus ... Mit dieser Auffassung des Gebärzwangs für die Frau steht durchaus in Übereinstimmung die Geringschätzung, die der Faschismus der Frau überhaupt entgegenbringt ..."[538]

Die sozialdemokratische Frauenbewegung betonte in ihrer Agitation immer wieder, daß ein Erfolg in der Abtreibungsfrage nur durch einen gesamtpolitischen Sieg über die Reaktion zu erreichen war. Diese Einschätzung demonstrierte die Hamburger SPD im Juni 1931 mit einer öffentlichen Großkundgebung, deren Motto war: „Gegen soziale und kulturelle Reaktion! Der Kampf um die Geburtenregelung, um die Freiheit des Geistes und um die soziale Sicherstellung der Arbeiterklasse". Redner waren der Mediziner Julian Marcuse und der Nationalökonom *Erik Nölting*[539]. Der Besucherzustrom zu dieser Kundgebung war außerordentlich; der große Saal des Gewerkschaftshauses war in kürzester Zeit überfüllt.[540] Mit der Versammlung zeigte die Parteiführung der Hamburger SPD, daß sie mittlerweile Bevölkerungspolitik und Geburtenregelung als zentrale politische Themen betrachtete, die die gesamte Partei betrafen.

Die Massenbewegung gegen den § 218 erreichte 1931 zwar die Haftentlassung von Friedrich Wolf und Else Kienle, aber ihrem Kampf gegen den Abtreibungsparagraphen war kein Erfolg beschieden. Angesichts der zunehmenden Rechtsentwicklung konnte das Abtreibungsverbot nicht zu Fall gebracht werden.

* * *

Der Kampf gegen das Abtreibungsverbot war für die sozialdemokratische Frauenbewegung auf regionaler Ebene in den Jahren der Weimarer Republik ein zentraler Schwerpunkt ihrer Politik. Inhalt, Formen und Intensität dieses Kampfes wurden entscheidend durch die jeweilige Haltung beeinflußt, die die Gesamtpartei zum § 218 einnahm. Als wesentliches Hindernis eines konsequenten Vorgehens erwies sich, daß die Parteiführung die Abtreibungsfrage nicht als Grundsatzfrage ansah, sondern als tagespolitisches Problem, zu dem sie abhängig vom jeweiligen Kräfteverhältnis Stellung bezog. Der offizielle Handlungsspielraum der Sozialdemokratinnen war zudem dadurch beschränkt, daß die Gesamtpartei jede Form der Zusammenarbeit mit der KPD und ihren Unterorganisationen aufgrund des feindlichen Verhältnisses zwischen beiden Arbeiterparteien ablehnte. Diese Position wurde von den meisten leitenden Funktionärinnen der SPD-Frauenorganisation auf Reichsebene mitgetragen.

Im Unterschied zu ihnen setzte sich manche Sozialdemokratin an der Basis über die offiziellen Grenzen, die ihrem Engagement gegen den § 218 von der Partei gezogen wurden, hinweg. Dies zeigt sowohl die Kampagne der Hamburger ,Kommission zur Bekämpfung der Abtreibungsparagraphen' im Jahr 1923 als auch die ,Volksaktion gegen den § 218' im Jahr 1931. Die Betroffenheit von der Abtreibungsfrage war bei vielen Genossinnen so groß, daß sie selber aktiv werden wollten. Das Vorgehen ihrer Partei bot ihnen hierfür zu wenig Spielraum. Sie hofften durch außerparlamentarische überparteiliche Aktionen ihr Ziel einer Abtreibungsfreigabe schneller erreichen zu können und waren eher als ihre männlichen Genossen bereit, sich dabei über politische Grenzen hinwegzusetzen, weil die Parteizugehörigkeit in ihrem zentralen Lebenszusammenhang Haushalt und Familie nur eine unbedeutende Rolle spielte. Sie erlebten immer wieder, wie wichtig in ihrem Alltag die praktische Solidarität der Geschlechtsgenossinnen im sozialen Frauennetz war. Verwandte, Freundinnen und Nachbarinnen halfen sich meist, ohne daß nach der politischen Position gefragt wurde. Vor allem bei gesellschaftlichen Problemen, die dem weiblichen Alltag nahe waren, wie der Abtreibungsfrage, neigten sie dazu ihre ,privaten' Formen des Handelns im gesellschaftlichen Handeln fortzusetzen.

2.3 Familienideale – Familienrealität

Auch in sozialdemokratischen Kreisen wurde die „Krise der Familie“ in der Weimarer Republik breit diskutiert. Insbesondere sozialistische Pädagog(inn)en, Psycholog(inn)en und Soziolog(inn)en beschäftigten sich mit diesem Phänomen.[1] Ihre Beschreibung des Zustandes der Familie unterschied sich nicht wesentlich von der bürgerlicher Wissenschaftler(innen). Dies zeigen folgende Ausführungen Maria Krisches aus dem Jahr 1932, die unter dem Titel „Wie stehen wir zur Familie?“ in der ‚Gewerkschaftlichen Frauenzeitung‘ erschienen:

> „Tatsächlich beobachten wir, daß auch ohne gewaltsame Eingriffe eine wachsende Aushöhlung der Familie auch bei uns stattfindet. Sie verkleinert sich (weniger Kinder werden geboren), sie verliert an Aufgaben (Kindererziehung wird durch die Schulen eine öffentliche Angelegenheit, während früher jeder nur im Hause lernte), sie verliert ihre wirtschaftliche Bedeutung (die Jugend verdient nicht im Hause der Eltern, sondern in Kontoren und Fabriken ihr Brot), sie verliert ihre sozialen Aufgaben (Versorgung von Kranken und Alten), Frau und Jugend machen sich frei, sie ist nicht mehr Produktions-, sondern höchstens noch Konsumtionsgemeinschaft, das heißt, sie erzeugt nicht Güter, sondern regelt nur den Verbrauch.“[2]

Lediglich die Bewertung des Phänomens durch sozialistische Wissenschaftler(innen) war eine andere. Sie betrachteten die „fortschreitende Auflösung der Familie“ als Ausdruck des notwendigen historischen Wandels. Ihrer Ansicht nach mußte die Familie „als gesellschaftliche Einrichtung“ in der kapitalistischen Klassengesellschaft so geordnet sein, daß sie dieses System stützte. Deshalb lehnten sie die vorherrschende hierarchische und patriarchalische Familienform ab. Den beobachteten „Zerfall“ dieser Familie werteten sie demgemäß nicht als gesellschaftliche Gefahr, sondern als Chance zu einem Neubeginn. Die veränderten gesellschaftlichen Anforderungen an das Familienleben forderten ihrer Ansicht nach eine grundlegende Ehe- und Familienreform. Ziel sollte der „vergesellschaftete Mensch“ sein, dessen private Lebenshaltung den Anforderungen der erstrebten sozialistischen Gesellschaft entsprach. Die Zielsetzung bürgerlicher, insbesondere deutsch-nationaler und christlich-konservativer Wissenschaftler(innen), die Wiederherstellung der traditionellen Familienstrukturen, lehnten sie als anachronistisch ab.

2.3.1 *„Geschlechtscharaktere“: natur- oder kulturbedingt?*

Historisch-gesellschaftliche, kurz kulturell entstandene Unterschiede zwischen den Geschlechtern wurden traditionell auf naturbedingte, vorrangig biologische Unterschiede zurückgeführt und damit gerechtfertigt und befestigt. Seit dem Ende des 18. Jahrhunderts wurden die Geschlechtsunterschiede, die die damaligen Zeitgenossen mit dem Begriff „Geschlechtscharaktere“ bezeichneten, in extrem verstärktem Maße dualistisch-dichotomisch zugeordnet.[3] Frauen wurden primär in Bezug zu ihrer biologisch-geschlechtlichen Seite gesehen, Männer wurden ebenfalls aufgrund ihrer „Natur“ als kulturell-gesellschaftlich Tätige und Befähigte beschrieben. Als zentrale Merkmale der Frau galten Passivität und Emotionalität, des Mannes hingegen Aktivität und Rationalität. Der potentielle Gegensatz zwischen den Geschlechtern, der in der extrem polaristischen Zuordnung der „Geschlechtscharaktere“ angelegt war, wurde durch das Regulativ der „Ergänzung“ harmonisiert.[4] Zentrale gesellschaftliche Funktion dieser verstärkten dualistisch-dichotomischen Zuordnung der „Geschlechtscharaktere“ war zum einen „zweifellos die ideologische Absicherung von patriarchalischer Herrschaft“ unter den gewandelten Verhältnissen der entstehenden bürgerlichen Gesellschaft, zum anderen die Legitimierung der allgemein werdenden „Dissoziation von Erwerbs- und Familienleben als gleichsam natürlich“. Die Ideale der bürgerlichen Gesellschaft –

Freiheit, Gleichheit, Bildung –, die im Prinzip auch die Frauen mit einbeziehen, standen im Widerspruch zu den für wünschenswert erachteten Ehe- und Familienverhältnissen. Mit Hilfe der verstärkten Zuschreibung polaristischer Geschlechtscharaktere wurde im „Falle der Frauen die postulierte Entfaltung der vernünftigen Persönlichkeit" mit dem erstrebten Leitbild des Familienlebens ausgesöhnt und die neue Form der geschlechtsspezifischen Arbeitsteilung in Familie und Gesellschaft ideologisch fundiert.[5] Definiert und „wissenschaftlich" begründet wurde der polaristische „Geschlechtscharakter" bis zum Beginn des 20. Jahrhunderts vor allem von Medizinern, die aufgrund ihrer Erforschung des weiblichen Körpers nicht nur ‚empirisch fundierte' Aussagen über Physis und Psyche der Frau machten, sondern auch über deren soziale Bestimmung.[6] Seit der Jahrhundertwende traten Psychologie und Psychoanalyse in zunehmendem Maße an die Stelle der Medizin[7] .

Das auf der Geschlechterpolarität aufbauende Familien- und Gesellschaftsmodell war gegen Ende des 19. Jahrhunderts zumindest im Bürgertum, wo die sozioökonomischen Voraussetzungen für seine Rezeption vorhanden waren, soweit verbreitet, daß es selbst die meisten Mitstreiterinnen der bürgerlichen Frauenbewegung teilten. Deren Führerinnen begründeten ihre Forderung nach der Gleichberechtigung des weiblichen Geschlechts seit dem Ende der 1870er Jahre zunehmend mit der „spezifischen Kulturaufgabe" der Frau, dem weiblichen Prinzip der „Mütterlichkeit" in allen Bereichen der Gesellschaft Geltung zu verschaffen und damit in der inhumanen Männerwelt mehr Humanität zu realisieren. Grundlage dieses Emanzipationskonzeptes der „organisierten Mütterlichkeit"[8] war ein Geschlechterbild, daß von der „Gleichwertigkeit, aber Andersartigkeit" der Frau ausging. Die Führerinnen der bürgerlichen Frauenbewegung nahmen die vorherrschende Vorstellung von den polaristischen „Geschlechtscharakteren" auf, die von der „natürlichen Ungleichheit" der Geschlechter ausging, bestritten aber die damit üblicherweise verbundene Minderbewertung der Frau. „Mütterlichkeit" wurde in ihren Vorstellungen zum zentralen Wesensmerkmal jeder Frau, selbst der kinderlosen.[9] Nur von einzelnen bürgerlichen Frauenrechtlerinnen, die dem sogenannten ‚radikalen' Flügel nahestanden, wurde dieses pseudo-egalitäre Geschlechterbild der ‚gemäßigten' Mehrheit in der bürgerlichen Frauenbewegung kritisiert. Ausgangspunkt ihrer Kritik war ein naturrechtlich begründetes egalitäres Emanzipationskonzept.[10]

In Arbeiterkreisen setzte sich das polaristische Geschlechterbild vermutlich im Kontext der Verbreitung des Leitbildes der ‚modernen Kleinfamilie' durch. In der bessersituierten, sozialdemokratischen Arbeiterschaft wurde es mehr oder minder reflektiert bereits in der Vorkriegszeit vertreten und zwar weitgehend unabhängig von der jeweiligen politischen Position innerhalb des Parteispektrums.[11] Öffentlich propagiert wurde das polaristische Geschlechterbild in der pseudoegalitären Variante der bürgerlichen Frauenbewegung allerdings vorrangig von Funktionärinnen, die dem revisionistischen Flügel der Partei nahestanden, unter ihnen als bekannteste Lily Braun, Henriette Fürth, *Oda Olberg* und *Wally Zepler*[12] .

Im Kaiserreich wurden wie in der bürgerlichen so auch in der proletarischen Frauenbewegung nur vereinzelt Stimmen laut, die das polaristische Geschlechterbild mit seinem Postulat von der „natürlichen Andersartigkeit" der Frau dezidiert in Frage stellten. Zu diesen Kritikerinnen gehörte Clara Zetkin. Ihre geschlechterpsychologischen Vorstellungen entwickelte sie am eindeutigsten in der Auseinandersetzung mit Edmund Fischer, der bei seinem Versuch einer Revision der sozialistischen Emanzipationstheorie von diesem Geschlechterbild ausging.[13] In der Replik auf Fischer, der glaubte, daß eine Emanzipation der Frau nur durch deren Beschränkung auf den „natürlichen Hauptberuf" Ehefrau, Hausfrau und Mutter möglich sei, bestritt sie, daß die „Natur des Weibes eine ewiggegebene, unwandelbare Größe (sei), die von keinem Hauch der geschichtlichen Entwicklung berührt" werde. Das Wesen der Frau umfasse sehr viel mehr als ihr biologisches Geschlecht. Die Zuweisung geschlechtsspezifischer Aufgaben in Wirtschaft, Gesellschaft und Politik sei solange abzulehnen, bis auch die Frauen ausreichend Gelegenheit gehabt hätten, ihre Fähigkeiten zu entwickeln. Vorher dürfe und könne kein Urteil über die weiblichen Fähigkeiten und deren Grenzen abgegeben werden. Die Reduzierung der Frau auf ihren angeblichen „Naturberuf" lehnte sie entschieden ab. Clara Zetkin kennzeichnete das Geschlechterbild Fischers als Kern seiner revisionistischen Emanzipationstheorie, die vorgebe dem Wesen der Frau gerechter zu werden, sie jedoch letztlich zum „Hausmütterchen" degradiere, die der Frau größere Freiheit und die Befreiung von ihre doppelten Unterdrückung, der „Lohn- und Haussklaverei" verspreche, sie aber nur um so fester an den „rückständigen Einzelhaushalt", die „kleinbürgerlichen Spießerbedürfnisse" des Mannes binde. Fischer fordere die Aufrechterhaltung solcher Lebensbedingungen, die die Frau im Kapitalismus versklavten, abhängig machten und demütigten.[14] Trotz dieser scharfen Kritik an Edmund Fischers Geschlechterbild und Emanzipationsstrategie, vertrat auch Clara Zetkin die Auffassung von der Andersartigkeit der Geschlechter. Das Wesen der Frau schien selbst ihr durch die „Mütterlichkeit" geprägt. Im Gegensatz zu den meisten zeitgenössischen Vertreter(inne)n des pseudo-egalitären Geschlechterbildes sah sie jedoch, daß die Geschlechtsunterschiede nicht vorrangig natur-, sondern kulturbedingt waren. Die Betonung der Historizität der Geschlechtsunterschiede und der geschlechtsspezifischen Arbeitsteilung schloß die Möglichkeit einer Veränderung ein.[15]

Nach der Spaltung der Sozialdemokratie vertrat die MSPD-Frauenorganisation offiziell das pseudo-egalitäre Geschlechterbild, das in der Weimarer Republik entscheidend Emanzipationsstrategie und Frauenpolitik bestimmte. Die wenigen Kritikerinnen dieses Geschlechterbildes, die wie Clara Zetkin meist dem radikalen Parteiflügel nahegestanden hatten, hatten die Partei verlassen.[16] Die geschlechterpsychologischen Vorstellungen, die die Führerinnen der mehrheitssozialdemokratischen Frauenbewegung in den zwanziger Jahren propagierten, unterschieden sich in nichts mehr von denen des gemäßigten Flügels der bürgerlichen Frauenbewegung. In einer dreiteiligen Artikelserie, die unter dem Titel „Was soll die Frau dem Manne sein?" 1920 in der ‚Gleichheit' erschien, hieß es beispielsweise einleitend:

> „Vollkommen gleichwertig aber gänzlich ungleichartig stehen die beiden Geschlechter nebeneinander, doch nicht miteinander im Leben, dessen Reichtümer sich um so völliger erschließen, dessen Rätsel sich um so restloser lösen lassen, wenn es beiden gelingt, einander zur Ergänzung zu reizen. Dieses geschieht aber keineswegs durch Aufgeben und Verwischen, sondern durch Entwicklung und Steigerung der Geschlechtseigenart. Diese Ergänzung soll auf allen Lebensbereichen stattfinden."[17]

Als Hauptwesenszug der Frau galt die „Mütterlichkeit", die zur „höchsten Erfüllung des Naturgesetzes", zu einem „Schöpfungswunder" überhöht wurde. Erst in der Mutterschaft und im mütterlichen Dienst erfülle sich das Frauenleben. Die Mutter wurde als Bild „selbstloser Menschlichkeit" verehrt, als „Verkörperung" von „Mitleid, Güte, Liebe, Hilfsbereitschaft, Opferwilligkeit und Hingabe für den Nächsten."[18] Im Gegensatz zur „altruistischen Frau" galt der „egoistische Mann" als mehr vernunftbestimmt, stärker auf das Allgemeine, die Sache orientiert. Nur er könne aufgrund seines Geschlechtscharakters schöpferisch tätig sein.[19] Aus dem polaristischen Charakter der Geschlechter wurden deren sich ergänzende gesellschaftliche Aufgaben abgeleitet. In der obigen Artikelserie, deren Argumentation charakteristisch für die Vielzahl von Veröffentlichungen zur Geschlechterpsychologie ist, die nach Kriegsende vorrangig in den Organen der sozialdemokratischen Frauen- und Jugendbewegung publiziert wurden[20], hieß es z.B.:

> „Als Mutter, als Gattin, als Geliebte, als Schwester, in jedem Verhältnis, das ihm sein eigenstes Naturrecht – mit Hingabe lieben zu dürfen – erschloß, hat das Weib dem schaffenden, suchenden, kämpfenden Mann Leib und Seele erquickt, gestärkt und gehalten, gepflegt und getröstet, und so die allergrößte Bedeutung für ihn und sein Werk gewonnen ... Ein Heim zu sein ist das Weib seiner körperlichen, geistigen und gemütlichen Veranlagung nach berufen. Ein Heim für alles, was zum Werden und Wachsen, stillen hegenden Schutz nötig hat ...
>
> Überall ist das richtige Verhältnis der Geschlechter zueinander von der Schöpferkraft des Mannes, von der Empfänglichkeit des Weibes abhängig und für das Glück des einzelnen wie für das Gedeihen der Menschheit

ist beides gleich wichtig. Der Mann erarbeitet, das Weib verarbeitet. Der Mann baut auf, das Weib baut aus. Der Mann schafft neue Werte, das Weib verbreitet sie. – Überall ergänzt es den Mann."[21]

Entsprechend dieser postulierten „natürlichen Aufgabenteilung" propagierte die Artikelserie als „höchsten Beruf der Frau" den der Ehefrau und Mutter. Ihren „Naturberuf" könne sie allerdings nur voll ausfüllen, wenn sie nicht durch die „graue Not" zur Erwerbstätigkeit gezwungen wäre.[22] Selbst diese Einschätzung der weiblichen Erwerbsarbeit stieß 1920 innerhalb der MSPD-Frauenorganisation nicht auf öffentliche Kritik. Erwerbstätigkeit und Mutterschaft scheinen die meisten Funktionärinnen angesichts der damaligen gesellschaftlichen Verhältnisse als unvereinbar betrachtet zu haben.[23] Eine zentrale politische Konsequenz des pseudo-egalitären Geschlechterbildes war für die Führerinnen der mehrheitssozialdemokratischen Frauenbewegung die Forderung, daß die Mutterschaft endlich auch politisch so hoch gewertet werden müsse, wie es ihr sittlich und gesellschaftlich zustehe. Nur die Anerkennung der „Mutterschaft als Volksdienst", deren Ausdruck die umfassende materielle Fürsorge für Mutter und Kind und die Gleichstellung der nichtehelichen mit der ehelichen Mutter sei, könne eine wirkliche Gleichberechtigung der Frau garantieren.[24]

Erst nach dem Zusammenschluß von MSPD und USPD wurden in der Frauenorganisation wieder Stimmen laut, die das pseudo-egalitäre Geschlechterbild in Frage stellten. Die Kritikerinnen stützten sich auf die Erkenntnisse zweier neuer psychologischer Forschungsansätze, der kulturhistorischen Geschlechterpsychologie *Mathilde Vaertings*[25] und der Individualpsychologie *Alfred Adlers*[26]. Beide bezogen eine dezidierte Gegenposition zur vorherrschenden psychologischen Lehrmeinung, die das polaristische Geschlechterbild als „natürlich" legitimierte. Mathilde Vaertings Konzept einer kulturhistorischen Geschlechterpsychologie, das sie Anfang der zwanziger Jahre in ihrem zweibändigen Werk zur „Neubegründung der Psychologie von Mann und Weib"[27] vorstellte, war für die Zeitgenossen revolutionär: Sie belegte die historische Relativität von weiblichen und männlichen Eigenschaften durch die Analyse der alten matriarchalischen Gesellschaften, vor allem der hochentwickelten Kulturen Ägyptens, Libyens und Spartas; dort hätten die heute als ‚weiblich' verstandenen Eigenschaften auf Männer zugetroffen und umgekehrt die ‚männlichen' Eigenschaften auf Frauen. Von objektiv nachweisbaren, konstanten physiologisch begründeten Geschlechtsunterschieden könne also nicht die Rede sein. Die geschlechtliche Eigenart erweise sich vorrangig als Produkt von „eingeschlechtlicher Vorherrschaft".[28] In ihrer Auseinandersetzung mit der vorherrschenden Geschlechterpsychologie, deren Ergebnisse ihrer Ansicht nach durch den „Männerstaat" geprägt waren, wies sie die entscheidende Rolle der Erziehung für die Herausbildung der differentiellen Geschlechtscharaktere nach. Deren Theorien hätten sich in der Erziehungspraxis die stärkste Stütze geschaffen:

„Man läßt die Knaben und Mädchen sich nicht frei nach ihren Anlagen entwickeln, um auf Grund dieser Erfahrungen ein Bild ihrer psychischen Verschiedenheit zu erhalten. Sondern die Erziehung sucht den Geschlechtern von Kind an die männliche und weibliche Eigenart aufzuoktroyieren, welche in der jeweils herrschenden Theorie vorgeschrieben ist. Da diese Theorie stets ein Produkt des Machtverhältnisses der Geschlechter ist, so findet die Erziehung stets in diesem Sinne statt."[29]

Erst bei einer gleichen Erziehung und einer vollen Gleichberechtigung der Geschlechter in Wirtschaft, Gesellschaft und Politik, in deren Folge sich die „künstliche sexuelle Differenzierung der eingeschlechtlichen Vorherrschaft" abbauen werde und die „individuelle Eigenart" sich entwickeln könne, wären Aussagen darüber möglich, ob und inwieweit geschlechtliche Eigenarten angeboren seien.[30] Die „Neubegründung der Psychologie von Mann und Weib" von Mathilde Vaerting wurde zum Standardwerk für eine neue kulturhistorische Erklärung der Geschlechtsunterschiede. An dieser hervorragenden Bedeutung änderten auch die Schwächen des Werkes nichts: die zum Teil undifferenzierte Materialdeutung, die Vernachlässigung sozioökonomischer Strukturen und Entwicklungen sowie die mechanistische Denkweise.[31]

Auch die Individualpsychologie Alfred Adlers, eines ehemaligen Freud-Schülers, behauptete eine weitgehende Kulturbedingtheit der Geschlechtsunterschiede: Sie betrachtete das Seelenleben als einen zielstrebigen, von „Ich- und Gemeinschaftstrieben" beherrschten „Lebensplan". Aus der Notwendigkeit der sozialen Einordnung würden für den einzelnen Menschen von frühester Kindheit an häufig „Minderwertigkeitserlebnisse" erwachsen. Das Bestreben, die daraus resultierenden Minderwertigkeitsgefühle zu kompensieren, präge den Charakter. Es könne zu hohen Leistungen führen, aber auch zu psychischen Konflikten und Neurosen der verschiedensten Art. Mit diesem Ansatz erklärte die Individualpsychologie auch die Geschlechtsunterschiede: In der herrschenden Männergesellschaft würde die Frau seit ihrer frühesten Kindheit unter der Minderbewertung ihres Geschlechts leiden. Ihre geringe soziale Stellung und nicht vorrangig die „biologische Weiblichkeit" würden ihren Geschlechtscharakter prägen.[32] Der individualpsychologische Ansatz, mit dem Alfred Adler und seine Schüler(innen), zu denen als eine der bekanntesten Alice Rühle-Gerstel gehörte[33], die Geschlechtsunterschiede erklärten, war insgesamt differenzierter als der kulturhistorische Mathilde Vaertings; er bezog biologische und soziale Faktoren stärker ein: Im Mittelpunkt stand bei ihm die menschliche Aktivität, das Biologische wurde zum „bloß antreibenden oder hemmenden Faktor, das Soziale zum bloß einschränkenden oder freigebendem Spielraum"[34]. Da beide Neuansätze zu einer Geschlechterpsychologie die Geschlechtsunterschiede als in starkem Maße historisch und gesellschaftlich bedingt betrachteten, gaben sie den Blick frei für Veränderungsperspektiven des Geschlechterverhältnisses.

Die geschlechterpsychologischen Konzepte Mathilde Vaertings und Alfred Adlers wurden in den zwanziger Jahren auch in der sozialdemokratischen Presse rezipiert. Die Zahl der Veröffentlichungen blieb jedoch insgesamt gering und beschränkte sich in erster Linie auf die Zeitschriften der Frauen- und Jugendorganisation.[35] In der SPD-Frauenbewegung stand die verstärkte Rezeption im Kontext der Auseinandersetzung um Emanzipationstheorie und Emanzipationsstrategie, die Mitte der zwanziger Jahre einsetzte. Gestützt auf die neuen geschlechterpsychologischen Erkenntnisse stellten insbesondere jüngere Funktionärinnen, die aus der SAJ und den Jungsozialisten kamen und überwiegend auf dem linken Parteiflügel standen, die geschlechtsspezifische Emanzipationsstrategie in Frage, die von der SPD-Frauenorganisation seit Kriegsende vertreten wurde.[36] Ihr Ziel war eine Rückbesinnung auf die sozialistische Emanzipationstheorie, deren marxistische Grundlage sie mit dem neuen kulturhistorischen Geschlechterbild verbinden wollten: Sie betonten die sozioökonomischen Ursachen der jeweiligen Geschlechtervorherrschaft und wiesen auf die Auswirkung der Klassenlage auf das Ausmaß der geschlechtlichen Unterdrückung hin. Geschlechter-, Klassen- und Rassenunterdrückung hätten ähnliche Folgen für die Psyche der Unterdrückten, die „die typischen Tugenden von Sklaven" entwickeln würden; sie verinnerlichten die ihnen von den Herrschenden zugewiesene Inferiorität und seien passiv, angepaßt und untertänig.[37] Damit verwiesen die sozialdemokratischen Kritikerinnen des pseudo-egalitären Geschlechterbildes bereits auf eine zentrale Ursache für die geringe Bereitschaft der Unterdrückten, sich gegen ihre Unterdrücker zur Wehr zu setzen, die auch von neueren psychologischen und soziologischen Studien betont wird[38].

Größeren Einfluß erlangten die Kritikerinnen des pseudo-egalitären Geschlechterbildes in der SPD-Frauenorganisation erst Ende der zwanziger Jahre, als dort allgemein eine Rückbesinnung auf Grundgedanken der sozialistischen Emanzipationstheorie einsetzte.[39] Die Mehrheit der Genossinnen vertrat allerdings auch zu diesem Zeitpunkt mehr oder minder reflektiert die in der Gesellschaft vorherrschende Vorstellung von der „Naturbedingtheit" der Geschlechtsunterschiede. Das pseudo-egalitäre Geschlechterbild entsprach zumindest annähernd der Realität ihres Familienlebens, wertete ihre Familienarbeit auf und vermittelte ihnen dadurch Selbstwertgefühl.

* * *

Das polaristische Geschlechterbild hatte sich im Zuge der Entwicklung der Industriegesellschaft als herrschende Ideologie in allen Gesellschaftsschichten mehr oder minder durchgesetzt und war im Alltag zu einem Geschlechterrollenstereotyp geworden: einem stark vereinfachten, weit verbreiteten Bild, einer „kulturellen Objektivation"; das heißt, es bestand unabhängig und außerhalb des Individuums und prägte sämtliche Lebensbereiche der Gesellschaft[40]. Für das Individuum, das durch Familie und Gesellschaft im Sinne dieses Geschlechterrollenstereotyps sozialisiert wurde, war es außerordentlich schwer, sich von dem verinnerlichten Bild zu befreien, das in entscheidendem Maße sein Fühlen, Denken und Handeln prägte. Die Geschlechtsidentität, die sich in der Regel am vorherrschenden Geschlechterrollenstereotyp orientierte, war zentraler Bestandteil seiner gesamten Identität, seines Selbst-Bewußtseins.[41]

Die moderne Psychologie hat nachgewiesen, daß Geschlechterrollenstereotype weitgehend resistent gegenüber Veränderungen sind. Dies gilt auf individueller wie sozialer Ebene selbst dann, wenn die alltägliche Erfahrung ihnen widerspricht. Als eine wesentliche Ursache hierfür betrachtet sie deren institutionelle Verwurzelung, die über Generationen hinweg eine Stabilität geschlechtsspezifischen Verhaltens schafft. Sozialer Wandel in der Definition der Geschlechterrollen kann deshalb nur im Zusammenhang mit der Veränderung der sozialen Institutionen erfolgen, die auf der vorherrschenden Geschlechterrollendifferenzierung aufbauen.[42] Da die Zuweisung polaristischer Geschlechtscharaktere, die Dissoziation in eine „Männerwelt" des Erwerbslebens und eine „Frauenwelt" von Haushalt und Familie, die Basis der Industriegesellschaft war und ist, erforderte und erfordert ein grundlegender Wandel im Geschlechterbild und Geschlechterverhältnis außerordentlich weitreichende Strukturveränderungen in der Gesamtgesellschaft.[43]

2.3.2 *Sozialdemokratische Vorschläge zur Reform des Ehe- und Familienlebens*

2.3.2.1 Sozialistische Familienerziehung

Seit der Jahrhundertwende begann die SPD sich intensiver mit den Möglichkeiten einer sozialistischen Erziehung auseinanderzusetzen. Anstoß hierfür waren die wachsenden Anstrengungen von Staat, Kirchen und bürgerlichen Verbänden, die Arbeiterfamilie zu einem „Bollwerk" gegen die „Umsturzbestrebungen" der Sozialdemokratie auszubauen. Besonders intensiv bemühten sich deutsch-nationale und christlich-konservative Kreise um eine „staatstragende" Erziehung von Kindern und Jugendlichen.[44] Ziel der Sozialdemokratie war es, den Einfluß der bürgerlichen Bildungs- und Erziehungsbestrebungen in der Arbeiterschaft zurückzudrängen und ihnen sozialistische Alternativen gegenüberzustellen. Im Kontext der Diskussion über eine sozialistische Bildungs- und Erziehungsarbeit wurden auch die Grundzüge einer Theorie der sozialistischen Familienerziehung entwickelt.[45] Entscheidende Bedeutung hierfür hatte der Mannheimer Parteitag 1906, auf dem das Thema „Sozialdemokratie und Volkserziehung" erstmals auf der Tagesordnung stand. Die Referenten Clara Zetkin und Heinrich Schulz legten sechs Leitsätze vor, die sich mit dem Klassencharakter der damaligen Schule, den Zielen der sozialistischen Schulerziehung, den Forderungen zur Schulreform, der Familienerziehung, der Erwachsenenbildung und der Erziehung in sozialistischen Jugendorganisationen beschäftigten. Im Mittelpunkt des vierten Leitsatzes stand die sozialistische Erziehung in der Arbeiterfamilie. Seine Empfehlungen kennzeichnen die Position, die in der Vorkriegs-SPD zur Familienerziehung vorherrschte[46]:

> „Der geschichtlichen Entwicklung eignet nicht die Tendenz, die Erziehung im Heim auszuschalten, sondern sie zu vertiefen. Die Erziehung im Heim hat das Wirken der öffentlichen Unterrichts- und Erziehungsanstalten zu vervollständigen. Sie soll nicht bloß Mutterwerk, sie muß gemeinsames Elternwerk sein. Die Sozialdemokratie ... erklärt es für die selbstverständlichste Pflicht der Parteiangehörigen, daß sie die Kinder im Geist der sozialistischen Weltanschauung erziehen. Solange aber der Klassenstaat besteht und die Volksschule als

Werkzeug der Klassenherrschaft mißbraucht wird, kann sich die häusliche Erziehung nicht harmonisch an den Schulunterricht angliedern, sie muß vielmehr im großen Umfange bewußt und planmäßig den Tendenzen entgegenwirken, welche diesen verfälschen und vergiften ... Die Erziehung im Geiste der sozialistischen Weltanschauung erfolgt nicht dadurch, daß man die unmündigen Kinder zum Auswendiglernen programmatischer Formeln zwingt. Sie fordert aber, daß diese durch eine zweckentsprechende Geistes- und Charakterpflege für das Verständnis der sozialistischen Theorien und die Betätigung sozialistischer Gesinnung vorbereitet werden. Dazu gehört, daß man die Kinder in die Welt des natürlichen und sozialen Lebens und seiner Triebkräfte einführt ..., daß man sie zum Wollen und zum Gebrauch der Freiheit erzieht; daß man in ihnen die Gefühle der Brüderlichkeit, der Liebe zur Wahrheit, Freiheit, Gerechtigkeit und Schönheit erweckt und pflegt. Das lebendige persönliche Beispiel der Erziehenden ist dabei ein Faktor von größter Wichtigkeit."[47]

Auf dem Parteitag erläuterte Clara Zetkin diesen vierten Leitsatz. Ausgangspunkt ihres Referates war die Frage nach dem Wesen und der Entwicklung der Familie. Sie betonte, daß die kapitalistische Produktionsweise einen tiefgehenden Umgestaltungsprozeß der bürgerlich-patriarchalischen Familie bewirke; sie verwandle die Familie von einer wirtschaftlichen in eine sittliche Einheit. Mehr und mehr gehe die Naturalwirtschaft, welche die Vorbedingung für die produktive Tätigkeit der Frau im Hause gewesen sei, zurück. Während die bürgerliche Frau infolgedessen von jeglicher produktiver Arbeit entlastet werden würde, werde die proletarische Frau immer stärker in den außerhäuslichen Produktionsprozeß integriert werden. Diese Entwicklung führe im Proletariat zur Auflösung der alten Familienform; Inhalt und Wesen der Familie würden jedoch „versittlicht und gehoben". Die Erwerbstätigkeit der proletarischen Frau sei Voraussetzung für ihre wirtschaftliche und persönliche Unabhängigkeit. Frau und Mann stünden sich nun als Gleichberechtigte gegenüber. Grundlage ihrer Beziehung seien ausschließlich „sittliche Werte".[48]

Diese Entwicklung verändere auch die Beziehung von Eltern und Kindern. Die Erwerbsarbeit hindere die Arbeiterfrau daran, ihre Aufgaben als Hausfrau und Erzieherin der Kinder in genügendem Maße wahrzunehmen; da es an gesellschaftlichen Hilfsangeboten mangele, sei ihr Mann gezwungen, ihr einen Teil der Haus- und Erziehungsarbeit abzunehmen. Dies entlaste die Frau und komme der Erziehung der Kinder zugute. Für ihre harmonische Entwicklung bräuchten sie Mutter und Vater, denn in der Verschiedenheit von Frau und Mann, ihrer „geistigen und sittlichen Eigenart", liege ein äußerst wichtiges und wertvolles Erziehungsmoment. Die häusliche Erziehung stand nach Ansicht Clara Zetkins nicht im Widerspruch zur öffentlichen Erziehung, beide würden einander ergänzen. Die Sozialdemokratie befürworte die wachsende Bedeutung der öffentlichen Erziehung, denn nur die Gemeinschaftserziehung könne in den Kindern „von zartester Jugend an alle jene Gefühle" entwickeln, „welche Wurzeln der sozialen Tugenden" seien, deren die Gesellschaft bedürfe. Während die öffentliche Erziehung sozial engagierte „Bürger" erziehe, fördere die häusliche Erziehung „starke Persönlichkeiten".[49] Diese positive Einschätzung der Möglichkeiten einer häuslichen Erziehung wich von ihrer früheren Auffassung ab, daß die gesamte Erziehungsarbeit eine ausschließlich gesellschaftliche Aufgabe sein müsse[50].

Als zentrales Ziel der sozialistischen Familienerziehung beschrieb Clara Zetkin die Förderung sozialistischen Fühlens und Denkens. Dieses Ziel könnte niemals erreicht werden, wenn die Eltern den Kindern als starre Autoritäten gegenübertreten, sie zwingen statt überzeugen würden.[51] Wichtigstes Mittel der häuslichen Erziehung war ihrer Ansicht nach die „produktive Arbeit". Für das Kind sei das Spiel eine Arbeit, eine Äußerungsform des inneren Tätigkeitsdranges. Schon bald gehe das Kind vom Spiel zur produktiven Arbeit über, denn es kenne kein größeres Vergnügen, als in freier, schöpferischer Tätigkeit etwas Nützliches, Wertvolles zu tun. Die häusliche Erziehung zur Arbeit fördere entscheidend das soziale Fühlen und Denken des Kindes und könne darüber hinaus gesellschaftlichen Vorurteilen über den Wert der Arbeit entgegenwirken:

„Durch die Art, wie die Eltern sich zu der Arbeit stellen, können sie schon dem zartesten Kind die Auffassung fest einpflanzen, daß es für die soziale Wertung nur eine Arbeit gibt, gesellschaftlich notwendige, gesellschaftlich nützliche Arbeit. In diesem Zusammenhang möchte ich ganz besonders auf die Pflicht der Eltern aufmerksam machen, ihre Knaben und Mädchen nicht in den Vorurteilen aufzuziehen, daß es Arbeiten gibt, die des Mannes unwürdig sind, die aber dem Weib geziemen. Knaben und Mädchen sollen alle Verrichtungen, die das häusliche Leben mit sich bringt, mit gleich großer Geschicklichkeit und Freude verrichten können. Ich will dadurch keineswegs die Teilung der Arbeit zwischen den Geschlechtern beseitigt wissen, soweit dieselbe sozial notwendig ist und im Hinblick auf das Ergebnis der Arbeit durch vererbte Disposition und Geschicklichkeit geboten erscheint, mag auch an dem Vererbten das unter sozialen Einflüssen geschichtlich Erworbene ein gut Teil haben. Ich will nur dem alten Vorurteil von höherwertiger Männerarbeit und minderwertiger Frauenarbeit entgegenzuwirken suchen."[52]

Zum Schluß ihrer Ausführungen befaßte sich Clara Zetkin mit den Realisierungschancen ihrer Vorschläge. Sie betonte, daß die sozioökonomischen Schwierigkeiten, die einer sozialistischen-Familienerziehung entgegenstünden, sehr groß seien. Deshalb müsse sich die Sozialdemokratie für soziale Reformen einsetzen, welche den Arbeitereltern eine gute häusliche Erziehung ermöglichten. Hierzu gehörten u.a. die Einführung des Achtstundentages, höhere Löhne, eine Wohnungsreform, Gesundheitsschutz sowie Fürsorge für Mutter und Kind. Die materiellen Hindernisse dürften jedoch nach Ansicht Clara Zetkins nicht zur Rechtfertigung der eigenen Versäumnisse auf diesem Gebiet dienen. Die Arbeiterbewegung habe im allgemeinen in ihren Organisationen die verhältnismäßig bessergestellten Schichten des Proletariats erfaßt. Die Eltern dieser Schichten könnten „unendlich viel mehr für die Erziehung ihrer Kinder zum Sozialismus tun". Voraussetzung hierfür seien lediglich „gewissenhafte Selbsterziehung" und „geistige Fortbildung". Aufgabe der Partei müsse es sein, dies Streben der proletarischen Eltern zu fördern und sie durch Aufklärung und Schulung auf ihre erzieherischen Pflichten vorzubereiten. Hierbei käme der sozialdemokratischen Presse eine hervorragende Rolle zu. Sie müsse pädagogischen Fragen stärkere Beachtung schenken.[53]

Clara Zetkin entwickelte in ihrem Referat die Grundzüge einer sozialistischen Familienerziehungstheorie. Ihr Konzept war sehr viel radikaler als die neuentstandene bürgerliche Reformpädagogik, von der sie allerdings viele konkrete pädagogische Anregungen übernahm.[54] Wegweisend waren ihre Überlegungen zu einer neuen familiären Aufgabenteilung zwischen Frau und Mann sowie ihre Vorschläge zu einer gleichen häuslichen Arbeitserziehung von Mädchen und Jungen. Problematisch erscheint aus heutiger Perspektive die Grundannahme ihrer Ausführungen, daß sich durch veränderte sozioökonomische Verhältnisse automatisch das Verhalten ändere. Zetkins Anregungen erreichten nur einen kleinen Kreis von Genoss(inn)en. Entgegen dem Beschluß des Mannheimer Parteitags wurde ihr Vortrag vom Parteivorstand nicht als Broschüre veröffentlicht.[55]

Weiterentwickelt wurde das Konzept einer sozialistischen Familienerziehung von Käte Duncker, die 1908 auf der sozialdemokratischen Frauenkonferenz in Nürnberg einen Vortrag über die „Sozialistische Erziehung im Hause" hielt, der 1914 in erweiterter und überarbeiteter Form als Broschüre in der „Sozialdemokratischen-Frauen-Bibliothek" erschien. Käte Duncker übernahm Clara Zetkins Analyse des Wesens und der Entwicklung der Familie in der kapitalistischen Gesellschaft, erweiterte aber deren pädagogisches Konzept und gab konkretere Erziehungsratschläge, die dem Diskussionsstand der Reformpädagogik entsprachen. Der „individualistischen Pädagogik des Bürgertums" stellte sie die „soziale Pädagogik" der sozialistischen Arbeiterschaft gegenüber, deren Aufgabe es wäre, die Jugend zu befähigen, an der „wichtigsten Kulturaufgabe der Gegenwart", der Verwirklichung des Sozialismus, mitzuwirken. Hierfür würden „gesunde, kräftige Menschen mit klarem Kopf und klassenbewußtem Denken, mit starkem Gerechtigkeitsgefühl und sozialem Empfinden, mit festem Willen und solidarischem Handeln" gebraucht.[56]

Basis der „intellektuellen" und „moralischen" Erziehung, mußte nach Ansicht von Käte Duncker die Heranbildung gesunder Menschen sein, denn in der Regel werde nur in „einem gesunden Körper ein gesunder Geist und ein starker Willen wohnen"[57]. Vorbedingungen für die

Gesundheit des Nachwuchses seien eine hygienische Wohnung, eine geeignete Ernährung und eine richtige Pflege. Deshalb müßten die Arbeiterfrauen die modernen Erkenntnisse von Wohnungshygiene, Ernährungswissenschaft und Kinderheilkunde in ihrer Haus- und Familienarbeit stärker berücksichtigen[58]. Im Zentrum der „intellektuellen Erziehung" sollte die Entwicklung der geistigen Fähigkeiten des Kindes stehen. Teil dieser Erziehung sei die Vermittlung des Geistes der sozialistischen Weltanschauung, des Klassenbewußtseins. Hauptaufgabe der „moralischen Erziehung" sei es, das „Solidaritätsgefühl", die „Grundlage der proletarischen Klassenmoral", in den Herzen der Kinder zu erwecken. Der beste Ort hierfür sei die Familie, vorausgesetzt es herrschten Einigkeit und Harmonie. Die Eltern müßten lernen, den „sogenannten Eigensinn" des Kindes als Voraussetzung für einen „tüchtigen Charakter" zu achten. So falsch es sei, den Kindern ohne jede Einschränkung den Willen zu lassen, so falsch sei auch die Unterdrückung des Eigensinns durch unausgesetzte Bevormundung und harte Behandlung. Ständiges Reglementieren führe zu „Kriecherei" und „Duckmäusertum" oder „Trotz". Die elterliche Erziehung sollte ausschließlich da eingreifen, wo das Kind im Begriff sei, „sich selbst zu schädigen oder das Recht und Wohlbefinden anderer zu verletzen". Nur in solchen Situationen seien Befehle und Verbote angebracht. Ziel sei der „freie Gehorsam" aufgrund der Einsicht in die Gründe, nicht der „blinde Gehorsam". Die Eltern hätten die Pflicht, dem Kind die Gründe für ihr Verbot zu erklären. Wenn das Kind allerdings ein Verbot übertrete, das aus „guten Gründen" gegeben worden sei, bliebe ihnen nichts anderes übrig, als sich Gehorsam zu erzwingen oder die Übertretung zu bestrafen. Jede Form der Prügel sei als Strafe abzulehnen. Das beste Mittel sei es, das Kind in allen Fällen, in denen es keinen unheilbaren Schaden erleide, die „Folgen seines Tuns" tragen zu lassen; aus dem Schaden werde es klug werden.[59] Zum Schluß ihrer Ausführungen betonte Käte Duncker, daß die Verwirklichung ihrer Erziehungsvorschläge in den Familien, in denen ein „wirklich sozialistischer Geist" herrsche, relativ leicht möglich sei. Doch leider seien diese recht selten. Sie forderte die Genossinnen auf, hier Wandel zu schaffen, Wandel bei sich selbst. Wenn sie es wirklich ernst meinten mit der sozialistischen Erziehung der Jugend, dann müßten sie mit der Selbsterziehung den Anfang machen und daran arbeiten, daß „der sozialistische Geist" ihre gesamte Lebensführung durchdringe.[60]

Die Veröffentlichung des Referats von Käte Duncker, die die Frauenkonferenz beschlossen hatte, wurde vom Parteivorstand sechs Jahre hinausgezögert. Die entsprechende Broschüre erschien zudem in der relativ niedrigen Auflage von 20.000 Exemplaren. Eine weitere Verbreitung hielt die Parteiführung nicht für opportun, denn das Konzept einer sozialistischen Erziehung war in der SPD umstritten. Viele führende Genossen lehnten eine politische Erziehung der Kinder und Jugendlichen grundsätzlich ab. Zu den Wortführern dieser Position gehörte Heinrich Schulz. Auf die Frage „Darf man einer sozialdemokratischen Jugenderziehung das Wort reden?" hatte er bereits 1901 in einem Artikel der ‚Neuen Zeit' geantwortet:

> „Solange die Sozialdemokratie noch wie gegenwärtig eine kämpfende Partei ist, verneine ich die Frage. Die Jugenderziehung darf nicht zur Förderung und Propagierung von Parteiinteressen gemacht werden. Der Parteikampf hat so mancherlei Schattenseiten und fordert von dem Einzelnen so viel Opfer und Entbehrungen, daß es eine Versündigung an der Jugend und an den gerade durch ihre goldene Naivität und Unberührtheit so wunderbaren Kinderjahren wäre, wollte man ihnen durch Parteipolitik ihre durch nichts zu ersetzenden Vorzüge rauben."[61]

Heinrich Schulz' Bild von der Kindheit entsprach bürgerlichen Topoi, nicht aber proletarischer Realität. Hinter seiner Ablehnung einer politischen Erziehung stand vermutlich die unausgesprochene Angst vor einer Radikalisierung der Kinder und Jugendlichen[62]. Der Konflikt über die Ziele der Familienerziehung wurde in der Vorkriegs-SPD nicht offen ausgetragen. Beide Positionen standen nebeneinander. Dies zeigen deutlich die sozialdemokratischen Erziehungsbroschüren, die zwischen 1905 und 1914 erschienen; Autoren waren neben Käte Duncker und Heinrich Schulz u.a. die Pädagogen *Julian Borchardt*[63] und Otto Rühle. Lediglich Käte Duncker setzte sich offensiv für eine sozialistische Familienerziehung ein. Borchardt, Rühle und Schulz beschränkten sich weitgehend auf die Vermittlung humanistischer Erziehungsvorstellungen im Sinne der bürgerlichen Reformpädagogik[64]. Die vorherrschende geschlechtsspezifische Aufgabenteilung in der Familie stellten sie nicht in Frage.

In der Sozialdemokratie der Vorkriegszeit beschäftigte sich vor allem die Frauenbewegung intensiv mit dem Konzept einer sozialistischen Familienerziehung. In den Empfehlungen des ‚Leitfadens für Leseabende' aus dem Jahr 1911 war das Thema „Kindererziehung und -pflege" beispielsweise ein Schwerpunkt.[65] Von der Hamburger SPD wurde dieser Vorschlag aufgegriffen. „Erziehungsfragen" gehörten seit 1912 zum regelmäßigen Themenangebot der Frauenversammlungen[66]. Doch auch über die Frauenorganisation hinaus bemühte sich die Landesorganisation um dieses Thema. Eine wichtige Rolle spielten bei der Vermittlung alternativer Erziehungsvorstellungen sozialdemokratische Volksschullehrer. Sie waren als Referenten in der Partei tätig, bemühten sich an Volksschulen um die Gründung von Elterngemeinschaften und initiierten die Bildung von Müttergruppen in den Wohnblocks des Konsum-, Bau- und Sparvereins ‚Produktion'.[67] Derart intensive Bemühungen um „Erziehungsfragen" waren in der deutschen Sozialdemokratie allgemein nicht üblich.

Aber auch in der Hamburger SPD blieb die theoretische Auseinandersetzung mit dem Thema trotz aller Bemühungen auf einen relativ kleinen Kreis engagierter Sozialdemokrat(inn)en beschränkt. Die Mehrzahl der Genossinnen wie der Genossen unterschätzte die Bedeutung der Erziehung für die politische Sozialisation des Individuums. Eine entscheidende Ursache hierfür war das beschränkte Verständnis der Marxschen Theorie: Viele Sozialdemokrat(inn)en glaubten an eine ökonomisch determinierte, mechanistische Entwicklung zum Sozialismus und hofften, daß mit der zwangsläufigen Zuspitzung der Klassenantagonismen automatisch das revolutionäre Klassenbewußtsein wachsen würde. Sie teilten zudem das vorherrschende biologistische Menschenbild, in dessen Folge die Bedeutung der kulturellen Sozialisation für die allgemeine Persönlichkeitsentwicklung unterschätzt wurde. Groß war hingegen insbesondere bei den Genossinnen das Interesse an praktischen Erziehungsratschlägen, die ihnen bei der Bewältigung der alltäglichen Erziehungsprobleme halfen. Dies zeigt u.a. die weite Verbreitung der Schrift „Die Mutter als Erzieherin" von Heinrich Schulz, die in der sozialdemokratischen Frauenbewegung außerordentlich populär war. Die kleine Broschüre, die erstmals 1907 erschien und bis 1926 achtmal neu aufgelegt werden mußte, faßte Beiträge zusammen, die Schulz 1906/07 für eine gleichnamige Rubrik in der ‚Gleichheit' geschrieben hatte. Er gab den Leserinnen konkrete Erziehungsratschläge, die am unmittelbaren Erleben in der häuslichen Gemeinschaft anknüpften. Die einzelnen Abhandlungen, die alle Bereiche des Erziehungsalltags erfaßten, trugen Titel wie: „Gib ein gutes Beispiel", „Du sollst nicht prügeln", „Du sollst Dein Kind nicht verzärteln", „Lerne Widerspruch zu ertragen", „Unterstütze die Arbeitslust Deiner Kinder", „Spiele mit Deinen Kindern", „Beherrsche Dich und sei gütig", „Sei die Gefährtin Deiner Kinder".[68] Schulz ging bei seinen Ausführungen davon aus, daß die Arbeiterfrau sich überwiegend auf ihre Aufgabe als Hausfrau und Mutter beschränken könne. Er wies ihr die Hauptverantwortung für die Erziehung der Kinder zu. Seine erzieherischen Ratschläge wurzelten zwar in der Reformpädagogik, waren jedoch mit einer ausgesprochenen Ordnungsorientierung verbunden. Zentrale Erziehungsziele waren „freier Gehorsam", Ordnung und Sauberkeit.[69] Die Mehrzahl der Arbeiterfrauen im sozialdemokratischen Milieu erreichte auch dieser Erziehungsratgeber nicht. Ihre Skepsis gegenüber „neumodischen" Erziehungsvorstellungen war groß; dahinter standen vermutlich Unsicherheit und Angst. Die Vorschläge zu einer veränderten Familienerziehung stellten hohe emotionale und intellektuelle Anforderungen an die Mutter, die nur wenige Arbeiterfrauen erfüllen konnten. Sie hatten hierzu aufgrund ihrer eigenen Sozialisation nicht die notwendigen Voraussetzungen.

Fest des Hamburger ‚Ausschusses zur Förderung der Jugendspiele' bei „Mudder Rieck" in der Harburger Heide, 1919 (Privatbesitz)

Geringer war die Skepsis bei praktischen Erziehungsangeboten der SPD. Das Bedürfnis nach einer anregenden Ergänzung bzw. einer Entlastung der häuslichen Erziehung war bei vielen Müttern aus dem sozialdemokratischen Milieu groß. Dies zeigt der Erfolg des Hamburger ‚Ausschusses zur Förderung der Jugendspiele' (AzFJ), der im April 1912 auf Initiative von Sozialdemokrat(inn)en in Barmbek entstand. Der Ausschuß hatte es sich zur Aufgabe gestellt, „die Erziehungsarbeit der Eltern" zu unterstützen: Durch Spiele, Wanderungen sowie durch Turn- und Schwimmunterricht sollte der Gemeinschaftsgeist der Kinder entwickelt und ihre Gesundheit sowie ihre Lebensfreude gefördert werden; Besichtigungen sollten sie mit ihrer Heimat vertraut machen; auf den „Handbetätigungsabenden" wurde mit ihnen gebastelt und gemalt.[70] Das Landheim „Mudder Rieck" in der Neugrabener Heide bot die Möglichkeit zu Wochenendausflügen und Ferienaufenthalten[71]. Als Helfer stellten sich Genoss(inn)en der Arbeiterturner und -schwimmer, der ‚Naturfreunde' sowie der Arbeiterjugend zur Verfügung. Darüber hinaus konnten immer mehr Mütter zur Mitarbeit gewonnen werden. In „Mütterspielkursen" wurden sie systematisch als Helferinnen ausgebildet.[72] Die Hamburger SPD unterstützte die Arbeit des AzFJ politisch und finanziell. Zur Deckung der Unkosten mußte von den Eltern pro Familie nur ein Mitgliedsbeitrag von 50 Pfg. verlangt werden[73].

Die Resonanz auf dieses konkrete Erziehungsangebot, das die Arbeiterkinder zumindest einige Stunden in der Woche aus der Not und Enge ihres Lebenszusammenhanges herausholte und ihnen vielfältige Anregungen gab, war außerordentlich positiv: Der AzFJ begann seine Arbeit im April 1912 mit 180 Eltern und 270 Kindern, bis Ende des Jahres stieg die Zahl auf 538 Eltern und 925 Kinder an, die alle aus Barmbek und Uhlenhorst stammten[74]. Schon bald dehnte er seine Tätigkeit auch auf die anderen Hamburger Arbeiterstadtteile aus. 1922, zehn Jahre nach der Gründung, konnte der Vorsitzende *Gottlieb Tente* im ‚Hamburger Echo' resümieren, daß dem AzFJ 11 Wanderdistrikte, 95 Turn- und Sportabteilungen, 22 Reigen- und Volkstanzabteilungen, 21 Spiel- und Handbetätigungsabteilungen, 5 Abteilungen für Rhythmische Gymnastik, 5 Musikabteilungen, 10 Kinderchöre sowie eine gut ausgestattete Kinderbibliothek angeschlossen waren. Über 20.000 Kinder kamen jede Woche zu den Veranstaltungen, die seit 1919 überwiegend in Schulräumen stattfanden. 300 Helfer und Helferinnen waren in den 15 Distriktsausschüssen tätig.[75] Die Arbeit des AzFJ war bis Anfang der zwanziger Jahre im Deutschen Reich einmalig. Zwar gab es auch andernorts bereits in der Vorkriegszeit „Kinderferienwanderungen" und „Kinderferienspiele", doch diese saisonale Arbeit, die vorrangig von Sozialdemokratinnen getragen wurde, war nicht in das Wirken einer kontinuierlich arbeitenden Jugendfürsorgeorganisation integriert.

Vorbild des Hamburger ‚Ausschusses zur Förderung der Jugendspiele' war der österreichische ‚Arbeiterverein Kinderfreunde', der bereits 1908 in Graz von Sozialdemokraten zwecks „Förderung des geistigen und leiblichen Wohls der Arbeiterkinder" gegründet worden war. Die Arbeit des Vereins hatte von Anfang an einen stark fürsorgerischen Charakter. Die österreichischen ‚Kinderfreunde', die sich gemäß Statut als „nichtpolitischer Verein" verstanden, wuchsen innerhalb kürzester Zeit zu einer Massenorganisation an.[76] Auch der AzFJ betrieb in Übereinstimmung mit der Hamburger SPD-Führung eine fürsorgerische, „nichtpolitische" Kinderarbeit. Dies war vermutlich ein Grund für seinen Erfolg: Er bot den Eltern im sozialdemokratischen Milieu eine willkommene Ergänzung ihrer häuslichen Erziehung ohne Anforderungen an ihr Erziehungsverhalten zu stellen.

Zu Beginn der Weimarer Republik verlief der sozialdemokratische Diskurs über die Familienerziehung trotz veränderter politischer Verhältnisse weitgehend in den alten Bahnen der Vorkriegszeit. Die Fronten hatten sich allerdings nach der Parteispaltung geklärt: In der MSPD setzte sich das Konzept einer politisch ‚neutralen' „republikanischen" Erziehung von Kindern und Jugendlichen durch; während die USPD für eine sozialistische Pädagogik eintrat[77]. In der Mehrheitssozialdemokratie befaßte sich nach der Novemberrevolution zunächst nur die Frauenbewegung mit dem Thema Familienerziehung. Dies entsprach der politischen Arbeitsteilung zwischen den Geschlechtern, die als Teil der neuen geschlechtsspezifischen Emanzipationsstrategie von der MSPD propagiert wurde[78]. Den „sozialistischen Frauen und Müttern" wurde die Hauptverantwortung für die Erziehung des Nachwuchses zugewiesen: Sie sollten „schon in der demokratischen Republik ein Geschlecht zum Heranwachsen bringen, das Träger ... des kommenden sozialistischen Menschentums" sein konnte.[79] Um den Genossinnen bei der Bewältigung ihrer Erziehungsaufgabe zu helfen, bemühte sich die MSPD-Parteiführung intensiv um deren Schulung. 1919/20 wurde in der ‚Gleichheit' erneut die Serie „Die Mutter als Erzieherin" von Heinrich Schulz abgedruckt. Der Autor ergänzte die alten Beiträge durch neue. Die erweiterte Serie erschien 1921 als „siebente, verbesserte und vermehrte Auflage" der gleichnamigen Erziehungsbroschüre.[80] Von 1920 bis 1922 publizierte ‚Die Gleichheit' eine Artikelfolge mit dem Titel „Briefe über Kindererziehung an eine Sozialistin", deren Autor *E. Penzig* in einem fiktiven Briefwechsel auf die alltäglichen Erziehungssorgen von Arbeitermüttern einging. Diese Artikelserie wurde 1922 mit gleichem Titel als Broschüre veröffentlicht.[81] Auch die Schrift von Julian Borchardt aus dem Jahr 1905 wurde 1922 neu aufgelegt[82].

Gemäß dem Wandel der SPD zu einer Reformpartei gewannen Bildung und Erziehung in den zwanziger Jahren in Theorie und Praxis der Partei zunehmend an Gewicht[83]. Eine eigenständige Bildungs- und Erziehungsarbeit galt als zentrales Mittel der Bewußtseins- und damit der Gesellschaftsveränderung. Nach der Währungsstabilisierung bemühte sich die Partei verstärkt um den Auf- und Ausbau eigener Bildungs-, Erziehungs- und Kulturorganisationen, die zu einem wichtigen Bestandteil der sozialdemokratischen Arbeiterbewegung wurden.[84] Eine der bedeutendsten Organisationsneugründungen war die ‚Reichsarbeitsgemeinschaft der Kinderfreunde' (RAG) im August 1924[85]. Der Arbeit dieser sozialdemokratischen Kinderorganisation lag das Konzept einer sozialistischen Pädagogik zugrunde, das sich in der Partei seit der Wiedervereinigung von MSPD und USPD zumindest in der Theorie durchgesetzt hatte. Die bekanntesten Verfechter dieses Konzeptes waren *Kurt Löwenstein* und *Anna Siemsen*, beide ehemals Unabhängige Sozialdemokraten[86]. Die sozialistische Pädagogik blieb bis zum Ende der Weimarer Republik in der Partei umstritten; von vielen Mitgliedern und Funktionären wurde eine politische Erziehung weiterhin abgelehnt. Ihr Wortführer blieb Heinrich Schulz, der sich nach wie vor für eine ‚neutrale' republikanische Erziehung einsetzte.[87]

Zu den Pädagogen, die die sozialdemokratische Diskussion über eine sozialistische Erziehung in der Weimarer Republik entscheidend beeinflußten, gehörten neben Kurt Löwenstein und Anna Siemsen *Otto Felix Kanitz* und Otto Rühle[88]. Gemeinsames Kennzeichen ihrer pädagogischen Vorstellungen war die zugrundeliegende Synthese von Soziologie und Psychologie[89]: Soziologische Theorie war die Neuinterpretation des Marxismus durch den österreichischen Philosophen und Soziologen *Max Adler*. Im Mittelpunkt seiner Arbeit stand die Frage nach dem Verhältnis von Sein und Bewußtsein, die er mit Hilfe der Kantschen Erkenntniskritik zu beantworten versuchte. Für Max Adler gab es in der Marxschen Theorie weder einen Gegensatz noch einen Determinismus im Verhältnis von Sein und Bewußtsein. Er betonte die Bedeutung des „tätigen Ichs", das durch aktives Eingreifen die Veränderung des Bewußtseins vorantreiben könne. Damit gewannen Erziehung und Bildung in der marxistischen Theorie einen neuen Stellenwert; sie wurden zu einem zentralen Bestandteil des Klassenkampfes.[90] Verbunden wurde dieser neuinterpretierte Marxismus mit der Individualpsychologie Alfred Adlers, die als einzige psychologische Theorie die Voraussetzung für eine sinnvolle Synthese bot, da sie das Individuum in seinem gesellschaftlichen Kontext als soziales Wesen sah und die Bedeutung der Erziehung und der Umwelteinflüsse für die psychische Entwicklung des Menschen betonte. Sie forderte eine neue pädagogische Praxis, in deren Mittelpunkt Ermutigung, Abbau falscher Autorität und Integration in die Gemeinschaft stehen sollten.[91]

Zentrales Erziehungsziel der sozialistischen Pädagogik, die die SPD seit Mitte der zwanziger Jahre offiziell vertrat, war das „Hineinwachsen der Kinder in den Kampf um den Sozialismus"[92]. Eine politisch ‚neutrale' Pädagogik könnte es in der kapitalistischen Gesellschaft nicht geben; die Erziehung der Arbeiterkinder, die als „Träger der werdenden Gesellschaft" galten, müßte proletarische Klassenerziehung sein[93]. Inhalt und Methoden entwickelte die sozialistische Pädagogik aufgrund der Analyse der Situation des proletarischen Kindes in der bürgerlichen Gesellschaft. Sie versuchte die Auswirkungen der spezifischen Klassenlage des Arbeiterkindes auf dessen Psyche zu beschreiben. Im Mittelpunkt des Interesses stand die vorherrschende Form der Arbeiterfamilie, die als eine „im äußersten Zustande der Zersetzung und Auflösung befindliche, mit allen Mängeln, Disharmonien und Gebrechen des Niedergangs behaftete Kleinbürgerfamilie"[94], als ein „Klassenstaat im kleinen" beschrieben wurde[95]. Derselbe Arbeiter, der in der Fabrik vom Kapitalisten oder dessen Beauftragten beherrscht werde, verwandle sich daheim in einen Herrscher über Frau und Kinder. Grundlage dieser Herrschaft sei seine ökonomische Machtstellung in der Familie.[96] Das Kind befinde sich aufgrund seiner wirtschaftlichen, rechtlichen und körperlichen Ohnmacht am untersten Ende der Familienhierarchie. Besonders ungünstig sei die Situation des proletarischen Mädchens, das als Angehörige der Arbeiterklasse, als Kind und als Geschlechtswesen dreifach unterjocht sei.[97] Die Unterdrückung in Familie und Gesellschaft löse beim Arbeiterkind ein „tiefgehendes Gefühl der Minderwertigkeit aus". Es fühle sich „bedrängt und benachteiligt", „bedrückt und verspottet", „beschimpft und getreten". Es werde mutlos und ziehe sich – da es im Leben stets zu unterliegen fürchte – „in die Burg seiner Zukunftsträume zurück". Das Gefühl der

Minderwertigkeit, das sowohl die Quelle der „Entmutigung“ als auch der „Herrschsucht“ des Proletarierkindes sei, trete als „gesetzmäßige Reaktion auf die allgemeine Bedrückung auf, die das Kind allerorts und allezeit“ erlebe. So erziehe „jede Generation der Erwachsenen die unter ihr heranwachsende Generation der Kinder zur Herrschsucht“, lähme die „in der Natur jedes Menschen lebenden sozialen Triebe“ und mache „aus mutigen, gemeinschaftsfreudigen Menschenkindern entmutigte, herrschsüchtige Erwachsene“.[98] Das Arbeiterkind könne nur dann „Träger der sozialistischen Zukunft“ werden, wenn dieser „unheilvolle Zirkel“ bereits in der Gegenwart durch eine sozialistische Erziehung durchbrochen werde[99]. Leider sähe die Erziehungsrealität in den meisten Arbeiterfamilien anders aus. „Das große, das einzige Ideal des Proletariats, das sozialistische Ideal“ sei „ständig außer Haus“[100]. Die Arbeitereltern wären in der Regel zu einer sozialistischen Erziehung nicht in der Lage, ihnen fehlten dazu jegliche Voraussetzungen. Die proletarische Familie galt sozialistischen Pädagog(inn)en deshalb als „der denkbar ungünstigste Erziehungsboden“.[101]

Konsequenz dieser Einschätzung der vorherrschenden Form proletarischer Familienerziehung war die Forderung nach der „Selbsterziehung“ in sozialistischen Kinder- und Jugendorganisationen. Als solche gab es in der deutschen Sozialdemokratie seit Mitte der zwanziger Jahre neben den ‚Kinderfreunden‘ für die 8- bis 14jährigen Schulkinder die ‚Sozialistische Arbeiterjugend‘ für die 14- bis 18- bzw. 21jährigen Jugendlichen. Besonders engagiert setzte sich für das Konzept der Selbsterziehung Kurt Löwenstein ein, der Vorsitzende der RAG, die die Orts- und Bezirksarbeitsgemeinschaften der ‚Kinderfreunde‘ zusammenfaßte, die seit Anfang der zwanziger Jahre nach österreichischem Vorbild auch in Deutschland entstanden waren[102]. Geleitet wurde die RAG durch einen Reichsvorstand, dem neben den gewählten Mitgliedern je ein Vertreter von SPD, SAJ, AWO und ADGB angehörte. Hierdurch sollte „die direkte Beteiligung der gesamten sozialistischen Bewegung an der Kinderfreundebewegung zum Ausdruck gebracht“ werden[103], deren Zielsetzung Kurt Löwenstein folgendermaßen beschrieb:

> Sie „will nicht nur eine Hilfsaktion für notleidende Proletarierkinder sein, sie will auch nicht die mannigfaltigen reformpädagogischen Bemühungen unserer Zeit um einen neuen Versuch bereichern. Sie will vielmehr grundsätzlich und tatsächlich die sozialistische Erziehung verwirklichen ...
>
> Die Arbeiterklasse kann sich nicht befreien, ohne die Gesellschaft selbst zu ändern. So sehr die Differenzierung des modernen Arbeitsprozesses und die dadurch bedingte Abhängigkeit der Menschen voneinander den gesellschaftlichen Prozeß zum Sozialismus hindrängt, so wenig ist der Sozialismus ein selbstverständlicher und rein automatischer Prozeß. Die Produktionsverhältnisse gestalten nur deshalb die Menschen, weil sie ihr eigenes Werk sind. Die Menschen müssen daher selbst den Sozialismus verwirklichen. Die Kinder für die Verwirklichung des Sozialismus fähig zu machen, ist die positive Erziehungsaufgabe der Kinderfreunde.“[104]

In seiner Schrift „Das Kind als Träger der werdenden Gesellschaft“, die 1924 erschien, konkretisierte Löwenstein die pädagogischen Ziele der ‚Kinderfreunde‘. Er forderte Erziehung zur Weltlichkeit, zu Demokratie und Solidarität, zur genossenschaftlichen Arbeit, zum Internationalismus und Pazifismus.[105] Die Erziehungsmethoden, mit deren Hilfe diese Ziele erreicht werden sollten, waren entscheidend von der Reformpädagogik beeinflußt. Die ‚Kinderfreunde‘ bemühten sich „vom Kinde aus“ zu handeln; im Mittelpunkt standen die Selbständigkeit und die Selbsttätigkeit des Kindes in der Kindergemeinschaft.[106] Alle obrigkeitsstaatlichen und patriarchalischen Vorrechte und alle „persönliche Autorität“ der Erwachsenen gegenüber den Kindern sollten restlos abgebaut werden; erstrebt wurde die Gleichberechtigung beider Generationen. Die ‚Kinderfreunde‘ verzichteten bewußt auf Strafe, Belohnung, Anerkennung und Auszeichnung; an ihre Stelle sollte „ein Gefühl genossenschaftlicher Verbundenheit, ein Denken nach Gemeinschaftszwecken und kollektiven Kategorien“ treten. Selbstverständlich wurde das Prinzip der Koedukation von Jungen und Mädchen propagiert.[107] Der Kinderkreis war seit 1928 allgemein in Altersgruppen eingeteilt: Die jüngsten Mitglieder, die 8- bis 10jährigen, gehörten zu den ‚Nestfalken‘, ihnen

Die Kinderfreunde-Gruppe Hamburg Hoheluft mit ihren Leiterinnen Henny E. und Lola W. (in der Mitte der oberen und mittleren Reihe), 1924 (Privatbesitz)

folgten die 10- bis 12jährigen ‚Jungfalken', die 12- bis 14jährigen bildeten die ‚Roten Falken'. Erkennungszeichen der ‚Falken' war die blaue „Kluft" mit dem roten Falkenabzeichen.[108] Die ‚Kinderfreunde'-Gruppen trafen sich mindestens einmal wöchentlich zu Sport und Spiel, zum Basteln und Zeichnen, zum Singen und Theaterspielen, zu Gruppengesprächen usw.; am Wochenende wurden Ausflüge und Wanderungen, in den Ferien längere Ausfahrten unternommen[109]. Höhepunkt der pädagogischen Aktivitäten waren die „roten Kinderrepubliken", große von den Kindern selbstverwaltete Zeltlager. Die erste Kinderrepublik war das Zeltlager Seekamp bei Kiel, an dem 1927 rund 2.300 ‚Falken' aus Deutschland, darunter allein 330 aus Hamburg, aber auch Kinder aus Österreich, der Tschechoslowakei und Dänemark teilnahmen.[110] Die Eltern sollten durch Elternkreise oder Erziehungsvereine, die sich monatlich trafen, in die Arbeit der ‚Kinderfreunde' einbezogen werden. Mit ihrem monatlichen Mitgliedsbeitrag, durchschnittlich 30 Pfennig, unterstützten sie die ‚Kinderfreunde'. Ziel der Elternarbeit war die Aktivierung der Arbeitereltern für die sozialistische Erziehungsbewegung.[111]

Getragen wurde die Arbeit der Kinderfreundebewegung durch den Helfer(innen)kreis: Pädagogische ‚Laien' aus der Arbeiterschaft, die Mitglied der SAJ oder SPD sein mußten. Die Anforderungen an die Helfer(innen) waren groß; sie hatten sich nicht nur mit den neuen Erkenntnissen der sozialistischen Pädagogik auseinanderzusetzen, sondern sollten sie auch in ihrem eigenen Verhalten verwirklichen. Ihre Arbeit wurde systematisch von den Orts- und Bezirksvorständen sowie der RAG-Führung angeleitet. Hierzu dienten u.a. regelmäßige Helferbesprechungen auf Distrikts- und Ortsebene, regionale und zentrale „Helferschulungen" sowie das vierteljährlich erscheinende Arbeitsblatt ‚Der Helfer'.[112]

Die deutsche Kinderfreundebewegung wuchs seit Mitte der zwanziger Jahre rasch an: 1930 gab es in 788 Gemeinden Ortsgruppen; in den insgesamt 4.500 ‚Falken'-Gruppen machten 120.000

Kinder mit, die von 10.000 Helfer(inne)n betreut wurden; 70.000 Eltern unterstützten die ‚Kinderfreunde' durch ihre Mitgliedschaft[113]. In Hamburg entstand im Januar 1924 aus dem ‚Ausschuß zur Förderung der Jugendspiele' der ‚Arbeiterverein Kinderfreunde'; Vorsitzender der Ortsgruppe war *Kurt Adams*, der auch den Bezirk Hamburg-Nordwest leitete, der im Mai 1925 gegründet wurde.[114] Die Mitgliederzahl des Vereins blieb in der Hansestadt relativ gering; 1930 umfaßten die ‚Kinderfreunde' im gesamten Bezirk Hamburg-Nordwest 5.000 ‚Falken'. Der größte Teil gehörte der Hamburger Ortsgruppe an, die in jedem SPD-Distrikt ‚Falken'-Gruppen hatte.[115] Zentrum der pädagogischen Arbeit war vor allem an den Wochenenden und in den Ferien das ‚Kinderfreunde'-Heim im Jugendpark Langenhorn, das 1928 eröffnet werden konnte. Es war neben dem Landheim „Mudder Rieck" beliebtes Ziel von Ausflügen, Wanderungen und Zeltlagern.[116] Zwecks Information und Werbung gab der Bezirk Hamburg-Nordwest der ‚Kinderfreunde' seit November 1926 das vierseitige Mitteilungsblatt ‚Unser Weg' in einer Auflage von 3.500 Exemplaren heraus[117]. Auch das ‚Hamburger Echo' berichtete regelmäßig über die Arbeit der ‚Kinderfreunde' und veröffentlichte das Veranstaltungsprogramm. Im Unterschied zu vielen anderen Parteizeitungen lag allerdings ‚Der Kinderfreund', der mit 350.000 Exemplaren Ende der zwanziger Jahre die am weitesten verbreitete Kinderzeitschrift Deutschlands war, dem ‚Echo' nicht bei.[118]

Der ‚Arbeiterverein Kinderfreunde' erreichte in Hamburg nie die Breitenwirkung des ‚Ausschusses zur Förderung der Jugendspiele'. Dies lag vermutlich nicht zuletzt daran, daß er im Unterschied zum AzFJ eine sozialistische Erziehung anstrebte. Die Vorbehalte vieler Arbeitereltern gegenüber dem Erziehungskonzept der ‚Kinderfreunde' waren groß. Selbst von den Parteigenoss(inn)en schickte nur ein kleiner Teil die Kinder in diese Organisation. Teilweise standen sie Erziehungsfragen gänzlich gleichgültig gegenüber, teilweise lehnten sie das Konzept einer sozialistischen Pädagogik als „neumodisch" und „überflüssig" ab. Hinter dieser Haltung scheint häufig die Angst vor deren Auswirkungen auf das Familienleben gestanden zu haben: Sie fürchteten eine Entfremdung von ihren Kinder und fühlten sich von den neuen Ansprüchen an ihr Erziehungsverhalten überfordert.[119] Hinzu kam, daß ihnen nicht selten das Geld für den Mitgliedsbeitrag fehlte.

Die SPD förderte offiziell die Kinderfreundebewegung; so verabschiedete beispielsweise der Berliner Parteitag 1924 einen Antrag der Landesorganisation Hamburg, der die Parteigenossen aufrief, „die Arbeit der Kinderfreunde auf das lebhafteste zu unterstützen und in Orten, wo noch keine Kindergruppen" bestehen, „eine Kinderbewegung im Anschluß an die ‚Reichsarbeitsgemeinschaft der Kinderfreunde' ins Leben zu rufen".[120] Doch die praktische Unterstützung vor Ort blieb häufig aus[121]. Um Ängste und Vorurteile abzubauen, bemühten sich die ‚Kinderfreunde' wie auch die SAJ um eine intensive Aufklärung der sozialdemokratischen Eltern[122]. Die Frauenorganisation beschäftigte sich mit dem Thema „Kinder- und Jugendbewegung und Elternhaus"[123], in der Parteipresse erschienen dazu immer wieder Artikel[124].

Anfangs bestanden auf Reichsebene Spannungen zwischen AWO, ATSB und ‚Kinderfreunden', die überwiegend auf Abgrenzungsschwierigkeiten und Konkurrenz beruhten: Alle drei Organisationen betrieben eine eigene Kinderarbeit; Schwerpunkt der AWO war die Fürsorge für Arbeiterkinder, der ATSB konzentrierte sich auf deren körperliche „Ertüchtigung", Aufgabe der ‚Kinderfreunde' war die sozialistische Erziehung. Erst nachdem die Arbeitsbereiche 1927/28 klar abgegrenzt wurden, entwickelte sich eine bessere Zusammenarbeit.[125] Anders als im Reich war in Hamburg zumindest die Zusammenarbeit von AWO und ‚Kinderfreunden' von Anfang an konstruktiv. Beide Organisationen wirkten gemeinsam in der Kindererholungsfürsorge.[126] Eng war in der Hansestadt auch die Verbindung zwischen ‚Kinderfreunden' und SAJ. Dies zeigt sich u.a. daran, daß es dem Hamburger Verein im Unterschied zu anderen Ortsgruppen der ‚Kinderfreunde' gelang, die ‚Roten Falken' fast vollständig in die Arbeiterjugend zu überführen.[127] Ein entscheidender Grund für die gute Zusammenarbeit war vermutlich, daß der größte Teil der 350 Helfer(innen), die 1930 im Bezirk Hamburg-Nordwest mitmachten, aus der SAJ kam. Ältere Parteigenoss(inn)en fanden sich nur selten bereit, bei den ‚Kinderfreunden' aktiv zu werden; sie fühlten sich den hohen Ansprüchen, die die sozialistische Pädagogik an ihr Verhalten stellte, häufig nicht gewachsen.[128] Diese Anforderungen waren neben der außerordentlich großen zeitlichen Belastung durch die Kinderarbeit auch eine der Ursachen dafür, daß die ‚Kinderfreunde' von Anfang an erhebliche Schwierigkeiten hatten, genügend Helfer(innen) zu finden.[129]

Die führenden sozialdemokratischen Pädagog(inn)en betrachteten ‚Kinderfreunde' und SAJ zwar als Hauptort einer sozialistischen Pädagogik, verzichteten aber nicht darauf, von den Parteigenoss(inn)en auch in der Familie eine alternative Erziehung zu fordern. Obwohl sie die Grenzen der bestehenden proletarischen Familienerziehung sahen und betonten, daß die Familie ihre volle Funktionsfähigkeit als Erziehungsgemeinschaft erst in einer sozialistischen Gesellschaft wiedererlangen könnte, betrachteten sie die Veränderung der Familienerziehung als Gegenwartsaufgabe, zu der zumindest organisierte Arbeitereltern ihren Beitrag leisten müßten.[130] Mit den Zielen und Methoden einer sozialistischen Familienerziehung beschäftigte sich insbesondere Otto Felix Kanitz, der seine Vorstellungen mit folgenden Worten zusammenfaßte:

> „Sozialisten ... haben die Pflicht, schon in der Gegenwart auch auf diesem Gebiet des Alltagslebens soweit als möglich revolutionär zu sein. ‚Behandelt Kinder in den Umgangsformen wie Erwachsene!' Dieses einfache Gesetz müßte allen erwachsenen Sozialisten in Fleisch und Blut übergehen. Damit erlöst man die Kinder, wenigstens zum Teil, aus dem gesellschaftlichen Kerker, in dem sie Herrschsucht und Hochmut der Erwachsenen gefangen hält, damit vernichtet man, so gut das in der bestehenden Wirtschafts- und Familienordnung möglich ist, die Bildung des Herrscherwillens in den Kindern, damit trägt man zur Bildung eines sozialistischen Lebensplanes in den Kindern der Arbeiterklasse bei."[131]

Die sozialdemokratischen Eltern wurden aufgefordert, ihre Kinder wie gleichberechtigte Genossen zu behandeln. An die Stelle von Herrschaft sollte Partnerschaft treten. Blinder Gehorsam wurde ebenso abgelehnt wie jede Form der Prügelstrafe. Erstrebt wurde eine Erziehung zu „Wahrhaftigkeit, Tapferkeit, Opfermut, Selbstbewußtsein, Klassenbewußtsein, Gemeinschaftsgeist, kritischem Denken" und dem „Glauben an die großen Ideen des Sozialismus"[132]. Diese Ziele ließen sich erreichen, wenn die elterliche Erziehung von dem Geist „der Achtung vor dem Kinde als dem künftigen Träger der werdenden sozialistischen Gesellschaft" erfüllt sei[133]. Kurt Löwenstein riet den Parteigenoss(inn)en:

> „Wenn eure Familie nicht mehr ein kleiner Obrigkeitsstaat ist, sondern wenn ihr Achtung selbst vor dem kleinsten Kinde habt, wenn ihr eure Kinder früh fühlen laßt, daß auch sie etwas wert sind und wenn ihr sie an Gemeinschaftsaufgaben gewöhnt – dann erzieht ihr sie im sozialistischen Sinne."[134]

Die praktischen Erziehungsratschläge, die die sozialistische Pädagogik Arbeitereltern gab, entsprachen weitgehend den sozialdemokratischen Vorschlägen zur Familienerziehung aus der Vorkriegszeit[135] .

Das Programm einer sozialistischen Familienerziehung, das sozialdemokratische Pädagog(inn)en seit Mitte der zwanziger Jahre propagierten, wurde in der Partei nur zögernd rezipiert. Die Auseinandersetzung mit diesem alternativen Erziehungskonzept konzentrierte sich auf ‚Kinderfreunde', SAJ und Jungsozialisten, in deren Zeitschriften Erziehungsfragen am häufigsten thematisiert wurden.[136] Daneben beschäftigte sich vorrangig die SPD-Frauenorganisation mit dem Thema[137]. Der Parteivorstand gab zwei Erziehungsbroschüren heraus, die das neue Konzept einer sozialistischen Pädagogik propagierten. Da beide sich vorrangig an die Arbeiterfrauen richteten, wurde in der sozialdemokratischen Frauenpresse intensiv für sie geworben. 1924 erschien die Schrift „Das Kind und der Sozialismus" des österreichischen Sozialdemokraten *Max Winter*[138];

1929 kam die Broschüre „Die proletarische Frau und ihre Erziehungsaufgabe" heraus, die von der Pädagogin *Henny Schumacher* verfaßt worden war[139]. Stärker als ihre Pädagogenkollegen berücksichtigte Henny Schumacher in ihrer Schrift die Geschlechterproblematik. Gestützt auf die kulturhistorische Geschlechterpsychologie Mathilde Vaertings und die Individualpsychologie Alfred Adlers beschrieb sie Ursachen und Folgen der geschlechtsspezifischen Erziehung in der Arbeiterfamilie: Die proletarische Frau unterstütze „unbewußt die geringe Meinung des männlichen Geschlechts über die Psyche und die Leistungen der Frau", die Folge der „Vorherrschaft des Mannes im Männerstaat" sei. Dies zeige sich besonders deutlich in ihrer Erziehung. Sie gewähre „den Knaben Freiheiten, die sie ihren Mädchen nicht" gestatte; sie halte sie von „niedrigen Arbeiten" fern und entwürdige sich zur „Dienerin". Die Knaben merkten sehr bald, daß sie eine bevorzugte Stellung gegenüber ihren Schwestern, dem weiblichen Geschlecht überhaupt, einnehmen. Aus der psychischen Einstellung zu den Geschlechtern ergäben sich die verschiedenartigen Erziehungsmethoden bei Jungen und Mädchen:[140]

> „Anstatt durch eine freiheitlich entwickelnde Erziehung beiden Geschlechtern die Möglichkeit zu geben, ihre Eigenart zu entfalten, übernimmt man die im Männerstaate herrschende, also von Männern geprägte Anschauung von der ‚weiblichen Eigenart' und zwingt sie dadurch den Mädchen auf ... Auf diese Weise anerzieht man den Mädchen die ‚echt weiblichen' Tugenden, wie Unterwürfigkeit und Abhängigkeit vom Urteil der Welt, wie Gehorsam, Feigheit, Sentimentalität und Unsachlichkeit ... Die Folge dieser Erziehung ist aber, daß sich im Mädchen besonders stark Minderwertigkeitsgefühle regen. Hand in Hand mit ihrer Verstärkung wächst das Bestreben, sich auf irgend eine Weise die Achtung der Umwelt zu erringen. So kommt es zur Koketterie, zur List – auch Weltklugheit genannt – und zur äußeren Nachgiebigkeit: zur ‚chronischen Schmeichelei', durch die man ‚hintenherum' die Macht erlangt, die einem auf geradem Wege nicht gewährt wird."[141]

Henny Schumacher forderte die Arbeiterfrauen in ihrer Schrift auf, sich in Familie und Gesellschaft für eine sozialistische Pädagogik einzusetzen. Da die langfristig erstrebte, umfassende öffentliche Fürsorge und Erziehung für Säuglinge, Klein- und Schulkinder sowie Jugendliche in der Gegenwart noch nicht zu erreichen war, plädierte sie für proletarische Selbsthilfe, die sich auf drei Bereiche konzentrieren sollte:

1. Die Mitarbeit in den Selbsthilfeorganisationen der Arbeiterschaft, vor allem in der ‚Arbeiterwohlfahrt' und in den ‚Kinderfreunden'.
2. Die Mitwirkung in der kommunalen Verwaltung, insbesondere in den Elternbeiräten der Schulen. Hier hätten die Arbeitermütter und -väter die Möglichkeit, „schon heute Einfluß auf die Schule" zu gewinnen. „Ihre beratende positive Wirksamkeit" könne „sich auf fast alle Schul- und Erziehungsfragen erstrecken".
3. Die Gestaltung des Familienlebens im Sinne der sozialistischen Weltanschauung.[142]

In allen drei Bereichen sollte insbesondere die proletarische Frau aktiv werden. Grundsätzlich sei die Erziehung zwar eine „menschliche Aufgabe", die von beiden Geschlechtern in gleichem Maße wahrgenommen werden müsse. Doch da sie aufgrund der noch vorherrschenden Arbeitsteilung zwischen den Geschlechtern vorrangig in den Händen der Frau liege, komme ihr bei der Erziehungsreform eine größere Verantwortung zu. Die geschichtliche Aufgabe der Arbeiterfrau bestehe darin, „ihren ganzen Einfluß – Persönlichkeitswerte und sachliches Wissen – aufzubieten, um die Erziehung freiheitlich zu gestalten". Unbeeinflußt von „Tradition, Sitte und Gewohnheit" solle sie Mädchen und Jungen die Möglichkeit zur gleichen Entfaltung geben.[143] Ihr oberstes Erziehungsziel müsse die „Revolutionierung der heranwachsenden Jugend sein:

> „Sie hat es in der Hand, Weltbild und Weltanschauung des Menschen in der Richtung auf den Sozialismus zu gestalten. Sie darf dies nicht dadurch erreichen, daß sie das kindliche Gemüt mit niederdrückender Sorge erfüllt, daß sie Bitterkeit in jugendliche Herzen pflanzt und Neid und Haß gegen Andersdenkende züchtet. Die echte Sozialistin wird im Gegenteil – bei allem Verständnis für diese Stimmungen – von allumfassender Menschenliebe erfüllt sein, was sie allerdings nicht hindern darf, Systeme und Personen, die dem Menschenanstieg zur Gefahr werden, aufs Schärfste zu bekämpfen. So soll die proletarische Mutter die Seelen ihrer Kinder

aufwühlen, daß sie empfänglich werden für Freud und Leid ihrer Mitmenschen. Sie soll in ihnen die leidenschaftliche Liebe zur Gerechtigkeit wecken und sie mit Empörung erfüllen über jede Ungerechtigkeit, geschehe sie ihnen oder anderen. Sie soll ihre Augen hell und klar machen, daß sie die Ursachen von Not und Elend erkennen ... Der Sozialismus bricht durch in den Seelen der Menschen. Die proletarische Frau und Mutter leite ihr Erwachen."[144]

In der sozialdemokratischen Frauenbewegung scheint das Interesse an einer Auseinandersetzung mit den Vorschlägen zu einer sozialistischen Pädagogik in den zwanziger Jahren größer als in der Vorkriegszeit gewesen zu sein. Im Bezirk Hamburg-Nordwest bildeten Erziehungsfragen beispielsweise auf den Frauenkonferenzen der Jahre 1924 und 1926 einen thematischen Schwerpunkt[145]. Die Funktionärinnen sollten motiviert werden, die Genossinnen vor Ort zu einer intensiveren Beschäftigung mit den Grundfragen einer sozialistischen Pädagogik anzuregen. Dementsprechend gehörte das Thema ‚Erziehung in Schule und Elternhaus' in der Hamburger SPD zu den Fragen, die regelmäßig auf den Frauenabenden behandelt wurden. Gefragte Referentinnen hierzu waren die Lehrerinnen *Antonie Kähler*, *Erna tum Suden*, Dora Wagner und Erna Wagner.[146] Der Bildungsausschuß der Landesorganisation bot darüber hinaus mehrfach Kurse zum Thema „Erziehungsfragen" an, die alle außerordentlich gut besucht waren[147]. Am interessiertesten waren an der Auseinandersetzung mit Erziehungsproblemen die jüngeren Mütter in den SPD-Frauengruppen, von denen nicht wenige über die Arbeiterjugend zur Partei gekommen waren. Sie scheinen in besonderem Maße bestrebt gewesen zu sein, ihre Weltanschauung auch in der eigenen Familie zu leben, schickten ihren Nachwuchs am häufigsten zu den ‚Kinderfreunden' und engagierten sich am stärksten in der schulischen Elternarbeit.

* * *

Aufgrund der gewandelten politischen Verhältnisse nach der Novemberrevolution gewann die Beeinflussung des Bewußtseins und Verhaltens der Massen in Ideologie und Politik der Sozialdemokratie ein stärkeres Gewicht. Damit erhielten Erziehung und Bildung in der sozialistischen Theorie und Praxis größere Bedeutung. Sie galten als zentrale Mittel der Gesellschaftsveränderung. Dieser Wandel war Voraussetzung für die Entstehung und Verbreitung einer neuen Form sozialistischer Pädagogik, deren Hauptkennzeichen die ihr zugrundeliegende Verbindung von marxistischer Soziologie und Individualpsychologie war. Obwohl ihre Verfechter(innen) die „Selbsterziehung" der Kinder und Jugendlichen in ihren Organisationen aufgrund der vorherrschenden proletarischen Familienverhältnisse als Hauptmittel einer sozialistischen Erziehung ansahen, verzichteten sie nicht darauf, von den sozialdemokratischen Eltern auch in der Familie ein verändertes Erziehungsverhalten zu fordern. Deren Vorstellungen zu einer sozialistischen Familienerziehung knüpften an die Konzepte an, die vorrangig in der sozialdemokratischen Frauenbewegung bereits vor 1914 entwickelt worden waren, betonten jedoch stärker die Notwendigkeit eines gleichberechtigten und partnerschaftlichen Umgangs von Eltern und Kindern. Sie stellten als Konsequenz ihres kulturhistorischen Geschlechterbildes die bestehende geschlechtsspezifische Arbeitsteilung in der Familie radikaler in Frage und verbanden damit eine schärfere Kritik an der rollenspezifischen Erziehung von Jungen und Mädchen. Von sozialistischen Eltern forderten sie eine konsequente Abkehr von den bürgerlichen Normen und Werten sowie eine grundlegende Veränderung ihres persönlichen Verhaltens und ihrer Lebensweise.

2.3.2.2 Von der „Zwangsehe" zur „Kameradschaftsehe"

> „Mit der Ablehnung der bürgerlich konventionellen Ehe, der Standes-, Geld- und Versorgungsheirat, mit der Bekämpfung gesellschaftlicher Zustände, die den biologisch Minderwertigen die Familiengründung und die Fortpflanzung erlaubte, sobald sie die materiellen Mittel hatten, während dies den Jungen und Gesunden in unendlich vielen Fällen versagt war, mit dem Kampf um die Anerkennung der unehelichen Mutterschaft, um Erleichterung der Scheidung, um die rechtliche Gleichstellung der Ehefrau und die Achtung vor dem sittlich hochstehenden freien Liebesbund zweier Menschen ist von der Sozialdemokratie durchaus nicht die Ehe und Familie als wertvolle Kulturschöpfung verneint ... Im Gegenteil. Alles was die Sozialdemokratie sozialpolitisch leistet auf den Gebieten des Wohnungsbaus und der Wohnungskultur, der Säuglings- und Kinderfürsorge, der Geburtenregelung, Eheberatung und Bekämpfung der Geschlechtskrankheiten wirkt im höchsten Sinne eheaufbauend, bewirkt unendlich mehr zur Möglichkeit eines gesunden Familienlebens als alle gutgemeinten, moralgewürzten Phrasen vom ‚christlichen, deutschen Familienleben'."[148]

Diese Ausführungen, die 1930 unter dem Titel „Sozialismus und Ehe" in der ‚Frauen-Beilage des Hamburger Echo' erschienen, charakterisieren treffend die Haltung zur Ehe, die die SPD in der Weimarer Republik offiziell vertrat. Die Partei lehnte die Ehe nicht grundsätzlich ab, sie verurteilte lediglich den Anachronismus der bürgerlich-patriarchalischen „Zwangsehe"[149], die für sie ein „Ausfluß der bürgerlichen Erwerbs- und Eigentumsordnung" war. Der obige Artikel faßt ihre zentralen Kritikpunkte zusammen. Ziel der sozialdemokratischen Vorschläge zur Ehereform war eine Anpassung der Form und des Inhalts der Ehe an die gewandelten gesellschaftlichen Verhältnisse. Als vordringlichen Reformschritt forderte die SPD eine Liberalisierung des Scheidungsrechts, durch die der Zwangscharakter der Ehe aufgehoben werden sollte.[150]

Die Zahl der Scheidungen war seit der zweiten Hälfte des 19. Jahrhunderts im gesamten Reichsgebiet stetig gestiegen. Diese Entwicklung konnte auch die Einführung eines restriktiveren Scheidungsrechts mit dem BGB nicht aufhalten; nur kurzfristig ging die Zahl der Scheidungen in Relation zu den bestehenden Ehen zurück. Besonders ausgeprägt war der Anstieg der Scheidungsziffern allerorts nach dem Ende des Ersten Weltkriegs.[151] Die Zeitgenossen werteten dies als einen Ausdruck der zerrüttenden Wirkung, die der Krieg auf das Eheleben gehabt habe[152]. Die beschriebene Entwicklung verdeutlicht für die Stadt Hamburg folgende Aufstellung:[153]

Jahr	Bestehende Ehen	Ehescheidungen	Auf 1.000 bestehende Ehen entfallen Ehescheidungen	Veränderung der Scheidungsziffer (1900 = 100)
1900	132890	446	3,4	100
1905	153808	649	4,2	126
1910	186447	932	5,0	149
1925	251882	1997	7,9	236

Mit seiner Scheidungsziffer stand Hamburg nach Berlin Mitte der zwanziger Jahre an der Spitze des Reiches, wo sie zu diesem Zeitpunkt erst bei 2,8 lag. Scheidungen waren auch in der Weimarer Republik primär eine Erscheinung des städtischen Lebens. Neben sozialen und regionalen Faktoren übte das konfessionelle Milieu einen nachhaltigen Einfluß auf das Scheidungsverhalten aus. Die Scheidungshäufigkeit war in katholischen Ehen deutlich geringer als in anderen.[154] An der Zunahme der Ehescheidungen waren überwiegend kinderlose Paare beteiligt. Ihr Anteil an der Gesamtzahl der Geschiedenen betrug in Hamburg in der Vorkriegszeit 38 %, Mitte der zwanziger Jahre hingegen 50 %. Die meisten Paare ließen sich in den ersten zehn Jahren ihrer Ehe scheiden.[155]

Die Zahl der zerrütteten Ehen war in der Realität sehr viel größer, als es die Scheidungsziffern vermuten lassen. Das Scheidungsrecht des BGB, das die monogame Dauerehe sichern sollte, verhinderte manche Ehescheidung. Gesetzlich anerkannte Gründe für eine gerichtliche Ehelösung waren lediglich: „Ehebruch", „Lebensnachstellung", „bösliche Verlassung", „schwere Verletzung der ehelichen Pflichten" und „Geisteskrankheit" (§§ 1565–1569)[156]. Selbst die schwerste Zerrüttung einer Ehe galt nicht als Scheidungsgrund. Immer mußte nachgewiesenes Verschulden vorliegen. Um die gerichtliche Lösung einer zerrütteten Ehe zu ermöglichen, übernahm nicht selten einer der beiden Partner, häufig der Mann, formal die Schuld.[157] In den zwanziger Jahren überwog die Zahl der allein für „schuldig" erklärten Männer deutlich die Zahl der allein für „schuldig" erklärten Frauen. Auffallend ist jedoch, daß sich der Anteil der „schuldig" geschiedenen Frauen seit der Vorkriegszeit erhöht hatte. Für diese Entwicklung sind verschiedene Erklärungen denkbar: u.a. ein Wandel des weiblichen Verhaltens, d.h. eine beginnende Emanzipation von der traditionellen Frauenrolle, ungünstigere sozioökonomische Verhältnisse, die mehr Männer dazu bewegten, sich den Folgen eines Schuldspruches zu entziehen sowie eine frauenfeindlichere Spruchpraxis der Scheidungsgerichte.[158] Vor allem Frauen scheinen aus Sorge um die Kinder, aus Angst vor der unsicheren Zukunft und aus Rücksicht auf die öffentliche Meinung zur Aufrechterhaltung der Ehe gedrängt zu haben. Ihre Sorgen und Ängste sind verständlich, denn die Zukunftsaussichten einer geschiedenen Frau waren in der Regel nicht rosig. Schon das Unterhaltsrecht benachteiligte die Ehefrau erheblich. Nur wenn der Mann für alleinschuldig erklärt worden war, hatte sie auch nach der Ehescheidung das Recht, „standesgemäßen Unterhalt" von ihm zu beanspruchen. Dies galt aber nur insoweit, als sie ihre Existenz „nicht aus den Einkünften ihres Vermögens" oder „dem Ertrag ihrer Arbeit bestreiten" konnte, „sofern nach den Verhältnissen, in denen die Ehegatten gelebt (hatten), Erwerb durch Arbeit der Frau üblich" war (§ 1578).[159] Geschiedene Arbeiterfrauen konnten aufgrund dieses Paragraphen in der Regel nicht mit Unterhaltszahlungen rechnen.

Die wachsende Zahl der Scheidungen zeigte nach Ansicht der SPD eindringlich die Notwendigkeit einer umfassenden Ehereform. Nicht nur das Eherecht müßte geändert werden, sondern auch Form und Inhalt des Ehelebens. Vor allem die sozialdemokratische Frauenbewegung setzte sich seit Kriegsende intensiv mit dieser Frage auseinander; in der ‚Gleichheit' erschienen hierzu regelmäßig Artikel.[160] Die zentrale sozialdemokratische Schrift zur Ehereform war eine Studie von *Sophie Schöfer*, einer promovierten Juristin, die Anfang der zwanziger Jahre zu den führenden Funktionärinnen der SPD-Frauenorganisation gehörte. Die Broschüre wurde 1922 unter dem Titel „Das Eheproblem" von der Partei herausgegeben.[161] Für Sophie Schöfer lag der „Kern des Eheproblems" in der Aufgabe der Ehe, zwei Menschen mit verschiedenen Wesen, unterschiedlichen Erfahrungen und Erwartungen „zu einer untrennbaren Einheit" zu verbinden. Dieses Eheproblem, das so alt wäre wie die Ehe selbst, hätte sich in den letzten Jahrzehnten außerordentlich verschärft, da sich bei den Frauen eine starke innere Wandlung vollzogen hätte. Sie wären als Frauen wie als Menschen selbständiger und freier geworden und stellten höhere Ansprüche an das gesellschaftliche und familiäre Leben.[162] In zunehmendem Maße würden sie unter der Disharmonie und Gleichgültigkeit in der bürgerlichen „Zwangsehe" leiden. Sie wären immer weniger bereit, Entmündigung und Unterdrückung durch den Ehemann hinzunehmen.

Langfristiges Ziel einer Ehereform war für Sophie Schöfer die grundlegende Umgestaltung der Ehe zu einer Lebensgemeinschaft freier und gleicher Partner. Erst in einer sozialistischen Gesellschaft ohne Klassen- und Geschlechterherrschaft schien ihr die Verwirklichung dieses Zieles endgültig möglich zu sein.[163] Als ersten Schritt zum notwendigen Wandel betrachtete sie neben der Reform des Eherechts die Neugestaltung des Ehelebens. Schon in der bestehenden Gesellschaft könne und müsse um die „Ehe als Lebensgemeinschaft" gerungen werden:

> „Es braucht gar nicht so viel an der Eheform geändert zu werden, wenn nur die Menschen, Männer wie Frauen, sich des Sinnes der Ehe bewußter werden, wenn sie die Ehe nicht bloß auffassen als Wirtschafts- und Geschlechtsgemeinschaft. Wird die Ehe als Lebensgemeinschaft im höheren Sinne gewertet, dann werden diese

> äußeren Momente von selbst in den Hintergrund treten und der tiefe Sinn der Ehe wird allmählich den Platz einnehmen, der ihm gebührt."[164]

Dieser Sinn der Ehe läge nicht nur in der Erzeugung und Erziehung des Nachwuchses, sondern auch in der „seelischen Förderung und Erhebung, des inneren Wachstums, der gegenseitigen Beglückung" der Ehepartner. Dieser Anschauung lag das Bild von der „naturbedingten Andersartigkeit" der Geschlechter zugrunde, die erst in der ehelichen Lebensgemeinschaft durch die wechselseitige Ergänzung zur vollen Entfaltung kommen könnte. Eine Beschränkung der Ehefrau auf ihre traditionelle Rolle als „Hausfrau und Mutter" lehnte Sophie Schöfer ab. Ihr schien im Gegenteil die außerhäusliche Berufsarbeit der Frau die entscheidende Voraussetzung für eine gleichberechtigte Ehebeziehung zu sein. Ohne die ökonomische Selbständigkeit der Frau bliebe die Ehe immer mehr eine Wirtschafts- als eine Lebensgemeinschaft. Erst die finanziell unabhängige Frau sei nicht mehr auf eine Heirat angewiesen. Bei einem Scheitern der Ehe könne sie sich jederzeit vom Mann trennen. Durch die „wirtschaftliche Selbständigkeit der Frau" werde die Ehe von „Käuflichkeit und Verkäuflichkeit" befreit. Die Berufsarbeit würde den Gesichtskreis und die Interessen der Ehefrau zudem erheblich erweitern. Sie sei nicht mehr auf den kleinen Kreis von Haushalt und Familie beschränkt. Dies käme der Beziehung der Ehepartner ebenso zugute wie der Erziehung der Kinder: Die berufstätige Ehefrau und Mutter sei ausgeglichener, zufriedener und selbstbewußter. Das Familienleben wäre sehr viel stärker gemeinschaftlich ausgerichtet.[165]

Sophie Schöfer sah, daß es aufgrund der bestehenden Wirtschaftsverhältnisse und des „unrationellen Haushaltsbetriebes" für die meisten Frauen sehr schwer war, ohne „Schaden für sich und ihre Gesundheit" Beruf, Ehe und Mutterschaft zu vereinbaren[166]. Bisher hätten sich nur Frauen mit einer qualifizierten Berufsausbildung und einem lohnenden Einkommen freiwillig dazu entschlossen, alle drei Aufgaben zu übernehmen. Für die Masse der verheirateten Frauen sei die Erwerbsarbeit, zu der sie in der Regel aufgrund der Not gezwungen seien, nicht mehr als eine unwillkommene „Doppelarbeit und Überlastung". Voraussetzung für eine Wandlung sei deshalb zum einen die Schaffung neuer befriedigender Erwerbsarbeitsbereiche für Frauen und die Neuorganisation der Erwerbsarbeit, zum anderen die Reform der Hauswirtschaft und des öffentlichen Erziehungswesens. Das Erwerbsleben müsse so organisiert werden, daß die Frau die Berufsarbeit mit ihren häuslichen und familiären Pflichten vereinbaren könne.[167]

Unabhängig von den Schwierigkeiten, die der Realisierung einer gleichberechtigten, auf der wirtschaftlichen Selbständigkeit beider Ehepartner basierenden Lebensgemeinschaft im Wege standen, konnte sich jedes Ehepaar nach Ansicht von Sophie Schöfer um eine Umgestaltung seines Ehelebens bemühen. Voraussetzung hierfür sei lediglich eine veränderte Eheeinstellung: Frau und Mann müßten lernen, sich als gleichwertige und gleichrangige Menschen zu betrachten. Beide sollten versuchen, ihre Persönlichkeit zu wahren und die des anderen zu akzeptieren; nur dann sei in der Ehe ein Austausch der Interessen und Meinungen, ein gegenseitiges Geben und Nehmen möglich. Für ein erfülltes Geschlechtsleben sei die Verbindung von erotischer und seelischer Liebe von allergrößter Bedeutung. Jede sexuelle Doppelmoral lehnte Sophie Schöfer ab. Als günstigste Eheform betrachtete sie die „trennbare Monogamie":[168]

> „Der Geist der Ehe besteht in der Liebe, in der Ausschließlichkeit, mit der sich ein Wesen auf ein anderes einstellt, in der Treue, mit der eins zum anderen spricht: Ich bin dein und du bist mein ... Ja, Freiheit, die absolute Freiheit, sich zu trennen, wenn die Fortsetzung einer Ehe zur inneren Unmöglichkeit geworden ist, die muß sein! Aber Freiheiten innerhalb der Ehe, wo Mann und Frau heute dahin, morgen dorthin glauben äugeln zu können, ohne das eheliche Verhältnis zu gefährden, die entwürdigen die Ehe und lassen sie bestenfalls als eine Wirtschaftsgemeinschaft mit gegenseitiger Duldung in sexuellen Dingen erscheinen; mit dem Begriff Ehe aber haben derartige Gemeinschaften nichts zu tun."[169]

Die Eheeinstellung hatte sich nach Ansicht von Sophie Schöfer bereits bei vielen Menschen gewandelt. Vor allem die jüngere Generation lehne die „bürgerlich-patriarchalische Zwangsehe"

ab und erstrebe ein verändertes Eheleben. Das Ehe- und Familienrecht des BGB entspreche den gewandelten gesellschaftlichen Verhältnissen nicht mehr und stehe in Widerspruch zur Weimarer Verfassung, die bestimme, daß die Ehe auf der „Gleichberechtigung der Geschlechter" beruhe. Eine Rechtsreform sei dringend erforderlich, zentrale Änderungen müßten sein:
– volle Gleichberechtigung von Frau und Mann in der Ehe,
– vollständige Gütertrennung der Ehepartner,
– gleiche Elternrechte und -pflichten für Mutter und Vater,
– völlige Gleichstellung des nichtehelichen mit dem ehelichen Kind,
– starke Vereinfachung der Ehescheidung, Anerkennung des Zerrüttungsprinzips, sofortige Scheidung auf Wunsch beider Ehegatten.[170]

Die Grundgedanken der Schrift „Das Eheproblem" waren nicht neu. Bereits im Kaiserreich hatten führende Sozialdemokratinnen, eine ähnliche Position vertreten. Entscheidender Verdienst Sophie Schöfers war die Konkretisierung der sozialdemokratischen Vorstellungen zur Ehereform. Ihre Vorschläge galten in der damaligen Zeit als außerordentlich radikal, obwohl sie den Rahmen der vorherrschenden geschlechtsspezifischen Arbeitsteilung in Ehe und Familie nicht sprengten.

Die führenden Funktionärinnen der SPD teilten in den zwanziger Jahren mehrheitlich die Reformvorstellungen Sophie Schöfers[171]. Nur ein Punkt war innerhalb der sozialdemokratischen Frauenbewegung umstritten: die Bedeutung der außerhäuslichen Erwerbsarbeit für die wirtschaftliche und persönliche Befreiung der Frau, für deren Gleichberechtigung in der Ehe. Viele Funktionärinnen traten zwar grundsätzlich für das „Recht der Frau auf Erwerbsarbeit" ein und betonten, daß auch verheirateten Frauen dieses Recht nicht genommen werden dürfe, da sie in der Regel notbedingt erwerbstätig seien. Doch wünschenswert schien ihnen die außerhäusliche Erwerbstätigkeit der verheirateten Frau, vor allem der Mutter, nicht zu sein.[172] Die meisten Sozialdemokratinnen, die Erwerbsarbeit und Mutterschaft nicht für vereinbar hielten, erkannten zwar grundsätzlich die Bedeutung der wirtschaftlichen Selbständigkeit für die eheliche Gleichberechtigung an, doch sie glaubten diese auch auf anderem Weg – durch die gesellschaftliche Anerkennung der Haus- und Familienarbeit – erreichen zu können: Diese Arbeit müsse endlich genauso hoch bewertet werden wie die Erwerbsarbeit; Mutterschaft müsse in vollem Maß als „staatsbürgerliche Leistung" anerkannt und entsprechend honoriert werden; der Staat habe die Kosten der Mutterschaft und der Kindererziehung durch „Kinderbeihilfen" und sonstige soziale Leistungen zu übernehmen.[173] Einzelnen Kritikerinnen reichte dies nicht aus. Sie schlugen wie *Ella Wierzbitzki*, eine führende Funktionärin der Hamburger SPD, zusätzlich die Bezahlung der Haus- und Familienarbeit vor. Im April 1919 schrieb sie unter dem Titel „Moderne Ehe" in der ‚Gleichheit':

> „Weiter sollte künftig die Arbeiterschaft den Stand einnehmen (und verteidigen!), daß der Mann der Ernährer der Familie sein muß, daß jedenfalls die Frau, welche Mutter ist, ins Haus gehört! ‚Die Familie ist die Keimzelle der Kultur', auch die Arbeiterfamilie! Der Arbeiter muß sich soviel Lohn erkämpfen, daß sein Weib nicht erwerben braucht. Leisten beide Gatten Erwerbsarbeit, so leisten sie doch in einem sechzehnstündigen Arbeitstag nicht mehr als den Erwerb des Familieneinkommens. Damit die Unterhaltspflicht nicht umgangen werden kann, die Frau also ökonomisch unabhängig steht, muß jeder Arbeitgeber verpflichtet sein, ein Haushaltsgeld in gesetzlich festzulegender Höhe auf Wunsch an die Ehefrau des Beschäftigten auszuzahlen."[174]

Dieser Vorschlag fand bei den Genossinnen keine breitere Unterstützung. Bis zum Ende der Weimarer Republik blieb die Kontroverse über die Bedeutung der Frauenerwerbsarbeit für die wirtschaftliche und persönliche Befreiung der Frau in der sozialdemokratischen Frauenbewegung bestehen[175]. Die Mehrheit der Genossinnen vertrat die Auffassung, daß die Mutter ins Haus gehöre. Diese Haltung ist angesichts der Realität der proletarischen Frauenerwerbsarbeit verständlich. Die

Befreiung von der notbedingten dreifachen Arbeitslast durch Erwerb, Haushalt und Familie war für die meisten Arbeiterfrauen ein erstrebenswertes Ziel.

In der zweiten Hälfte der zwanziger Jahre erhielt die sozialdemokratische Diskussion zur Ehereform neue Impulse: Die Sexualreformbewegung rückte Sexualität und Fortpflanzung stärker in den Blickpunkt des Interesses; die Ergebnisse der kulturhistorischen Geschlechterpsychologie und der Individualpsychologie stellten die naturbedingte Andersartigkeit von Frau und Mann und damit auch die vorherrschende geschlechtsspezifische Arbeitsteilung in Ehe und Familie in Frage. Vor allem junge Frauen aus den Reihen der SAJ und der Jungsozialisten griffen diese Anregungen auf. Sie betrachteten das Ringen um eine neue Eheeinstellung und eine veränderte Sexualmoral als Teil ihres Kampfes für eine umfassende sozialistische Lebensreform. Zum zentralen Begriff der Debatte wurde die „Kameradschaftsehe". Doch die Anschauungen über den Inhalt dieses Begriffs gingen weit auseinander. Drei Grundrichtungen lassen sich ausmachen: zum ersten die Benutzung des Begriffs für die „Ehe als Lebensgemeinschaft", wie sie von Sophie Schöfer vorgeschlagen worden war, zum zweiten die Verwendung im Sinne des amerikanischen Jugend- und Familienrichters *Ben B. Lindsey* und zum dritten der Gebrauch in Anlehnung an den marxistischen Soziologen *Paul Krische*[176].

Ben B. Lindsey wurde 1927 in Deutschland durch sein Buch „Die Revolution der modernen Jugend" bekannt, das auch in sozialdemokratischen Kreisen Aufmerksamkeit erregte[177]. Er beschrieb in dem Buch die „Sexualnot" der amerikanischen Jugend: Die herrschende Sexualmoral zwinge die Jugendlichen, sich heimlich über die bewegenden Fragen zu Sexualität und Fortpflanzung zu informieren und ihre sexuellen Bedürfnisse hinter dem Rücken der Erwachsenen auszuleben. Ihre Sexualeinstellung sei häufig ausgesprochen liberal; der voreheliche Geschlechtsverkehr werde von vielen als Selbstverständlichkeit angesehen. Lindsey interpretierte diese Haltung der Jugend als Auflehnung gegen die herkömmliche Sexualmoral und das überlebte Ideal der Zwangsehe. Sein Ziel war ein neues „sexuelles Sittengesetz", dessen Grundlage die „Freiheit von allen ungesunden Konventionen", die „Natürlichkeit in allen lebensnotwendigen Dingen" sein sollte. Das Eherecht müsse dieser neuen Moral angepaßt werden.[178] In seinem Buch „Kameradschaftsehe", das 1928 in deutscher Sprache erschien, entwickelte Ben B. Lindsey konkrete Vorschläge zur Ehereform: Die Institution der Ehe müsse grundsätzlich erhalten werden; sie sei eine „gesunde und vernünftige Einrichtung" und habe „einen ihr selbst innewohnenden Wert von sehr hohem Rang, der nicht durch irgendeine andere Lebensweise geschaffen werden" könne. Notwendig sei jedoch eine neue Form der Ehe, die die Dauermonogamie und damit die Stabilität der Ehe fördere.[179] Diese Wirkung erhoffte sich Lindsey von der Einführung der „Kameradschaftsehe", einer „rechtskräftig geschlossenen Ehe mit gesetzlich anerkannter Geburtenkontrolle und dem Recht für kinderlose Paare, sich mit beiderseitiger Einwilligung jederzeit scheiden lassen zu können, ohne daß für gewöhnlich Unterhaltsbeiträge zu zahlen" seien. Erst wenn die Ehepartner sicher waren, daß sie „auf die Dauer miteinander auskommen", und wirtschaftlich stark genug waren, um Kinder ernähren und erziehen zu können, sollten sie von der kinderlosen „Kameradschaftsehe" zur „Familienehe" mit Kindern übergehen.[180] Für diese Reform könne das Ehe- und Familienrecht weitgehend unverändert bleiben, nötig seien lediglich die staatliche Legalisierung der Geburtenkontrolle (Empfängnisverhütung und Abtreibung) für Eheleute und die Erleichterung der Ehescheidung für kinderlose Paare[181]. Lindseys Vorstellungen von einer „Kameradschaftsehe" hatten viel Ähnlichkeit mit anderen vieldiskutierten Reformvorschlägen wie der „Jugendehe", der „Probeehe", der „Stufenehe" und der „Zeitehe"[182].

Auch in der sozialdemokratischen Frauenbewegung wurde Lindseys Konzept der „Kameradschaftsehe" erörtert. Schon bald nach dem Erscheinen seines Buches veröffentlichte die ‚Frauenwelt' eine Rezension, deren Tenor charakteristisch für die Einstellung vieler Funktionärinnen ist[183].

Die Autorin würdigte seine Vorschläge zwar als ersten Schritt zur notwendigen Ehereform, kritisierte aber deren Begrenztheit:

> „Lindseys Kameradschaftsehe könnte tatsächlich der Beginn einer Lösung der aus dem heutigen Ehesystem sich ergebenden Konflikte werden. Allerdings darf man nicht von einer Erweiterung der äußeren Gesetze allein das Heil erwarten, denn die Ehemisere liegt genau so begründet in dem Mangel an Bereitschaft und Fähigkeit den anderen zu achten, zu verstehen, und darin, daß man am Ehegatten Eigentumsrechte geltend macht und nicht die freie Persönlichkeit in ihm respektiert. Im selben Maße wie die Bindung ans äußere Gesetz eingeschränkt wird, muß die moralische Verantwortung, das sittliche Gesetz im Inneren des Menschen wachsen. An Stelle des disziplinarischen Zwangs von außen muß die innere freiwillige Disziplin treten.“[184]

Ausgangspunkt dieser Kritik waren die in der SPD-Frauenbewegung vorherrschenden Vorstellungen zum Ziel einer Ehereform. Den Genossinnen reichte eine Änderung des Ehe- und Familienrechts nicht.

Paul Krische hatte seine Vorstellungen von einer „Kameradschaftsehe“ erstmals 1920 in dem Buch „Die Frau als Kamerad“ vorgetragen, in dem er sich für eine „absolute Gleichberechtigung“ der Geschlechter in allen Lebensbereichen einsetzte. Ausgangspunkt seiner Forderung war ein „kulturhistorisches Geschlechterbild“. Krische bestritt die naturbedingte Andersartigkeit der Frau und kritisierte die vorherrschende geschlechtsspezifische Arbeitsteilung.[185] Ausführlicher formulierte er sein Ehekonzept in der Schrift „Die Soziologie der Ehe“, die 1922 von der ‚Verlagsanstalt für proletarische Freidenker‘ herausgegeben wurde. Es ähnelte dem Vorschlag der „Ehe als Lebensgemeinschaft“ von Sophie Schöfer, wich jedoch in einem zentralen Punkt davon ab: Krische plädierte für eine veränderte Arbeitsteilung von Frau und Mann in Ehe und Familie; die „Verteilung der Arbeiten und Aufgaben sollte nicht nach den Sitten und Vorurteilen der Männerkultur, sondern der persönlichen Eignung“ erfolgen; Frau und Mann sollten sich neben ihrer Erwerbsarbeit Hauswirtschaft und Kindererziehung teilen.[186] Die Vorstellungen Krisches, die in der damaligen Zeit als radikal galten[187], wurden vor allem von Jungsozialist(inn)en aufgegriffen; in den ‚Jungsozialistischen Blättern‘ setzte in der zweiten Hälfte der zwanziger Jahre eine intensive Diskussion über Kameradschaftlichkeit in Ehe und Familie ein[188]. Allgemein stießen sie in der SPD auf wenig Resonanz[189].

Die Ehereform gehörte zu den „brennenden Fragen“, die die sozialdemokratische Frauenbewegung in den zwanziger Jahren kontinuierlich beschäftigten. Das Interesse an diesem Thema war bei den engagierten Genossinnen groß, wie auch ein Preisausschreiben der ‚Frauenwelt‘ im September 1929 zeigte. Die Leserinnen wurden gebeten, sich zu folgender Frage zu äußern: „Wie stehst du zur heutigen gesetzlichen Form der Ehe?“ In der vorgegebenen Frist von zwei Wochen antworteten fast 300 Frauen. Ihre Einsendungen spiegeln die verschiedenen Positionen wider, die in der sozialdemokratischen Frauenbewegung in dieser Frage vertreten wurden: Einig waren sich alle darin, daß Form und Inhalt der Ehe geändert werden müßten. Durchgängig wurde eine Reform des Ehe- und Familienrechts und eine veränderte Eheeinstellung gefordert. Alle erstrebten mehr Gleichberechtigung und Kameradschaftlichkeit zwischen den Ehepartnern. Doch in Hinblick auf die konkreten Reformforderungen herrschten erhebliche Meinungsverschiedenheiten.[190]

Die theoretische Diskussion über Inhalt und Formen einer Ehereform wurde in der sozialdemokratischen Frauenbewegung vor allem von Funktionärinnen getragen, besonders stark engagierte sich die jüngere Generation. Auf den Frauenabenden der SPD wurde das Thema regelmäßig behandelt; in der Hamburger Frauenorganisation gehörte es zu den am meisten diskutierten Problemen[191]. Trotzdem erreichten die Vorschläge zur Neugestaltung des Ehe- und Familienlebens viele Sozialdemokratinnen nicht. Die Diskrepanz zwischen sozialistischer Theorie und persönlicher Praxis war wie auf allen Gebieten des Alltagslebens groß. Dies kritisierte auch eine Teilnehmerin des Preisausschreibens:

„Es wird heut soviel geredet von sozialistischer Lebensgestaltung, von Freiheit und Gleichberechtigung, aber wie oft bleibt's bei der schönen Phrase. In der Praxis, im Alltag, in den Beziehungen der Geschlechter zueinander sind wir noch weit entfernt von der Wirklichkeit dieser schönen Ideen. Gerade in Bezug auf das Eheleben sind noch die spießbürgerlichsten Ideale im Schwunge, auch bei sozialistischen Menschen bis tief hinein in die Arbeiterschaft, mögen sie politisch und wirtschaftlich sonst noch so erfreulich geschult und aufgeklärt sein."[192]

* * *

Entgegen allen Behauptungen konservativer Kreise setzte sich die SPD weder im Kaiserreich noch in der Weimarer Republik für die Abschaffung von Ehe und Familie ein. Abgelehnt wurde lediglich die „bürgerlich konventionelle Zwangsehe" mit ihrer „Standes-, Geld- und Versorgungsheirat". Die veränderten gesellschaftlichen Verhältnisse würden eine umfassende Ehereform erfordern. Das Ehe- und Familienrecht des BGB müsse den Bestimmungen der Weimarer Verfassung angepaßt werden. Notwendig sei die volle Gleichberechtigung der Partner in Ehe und Familie, die Erleichterung der Ehescheidung sowie die rechtliche Gleichstellung der nichtehelichen mit der ehelichen Mutterschaft.

Neben einer Änderung des Eherechts forderte die SPD auch eine neue Eheeinstellung. Vor allem die sozialdemokratische Frauenbewegung setzte sich für eine Neugestaltung des Ehelebens ein. Ihr Ziel war die „Kameradschaftsehe". Darunter verstanden die meisten Genossinnen eine „Lebensgemeinschaft von Frau und Mann" auf der Basis von „Liebe, Ehrfurcht und Vertrauen". Umstritten war, ob die Erwerbsarbeit der Frau eine Voraussetzung für die Gleichberechtigung in der Ehe sei. Eine Minderheit der Genossinnen betrachtete die ökonomische Selbständigkeit der Frau als unabdingbare Voraussetzung für ihre persönliche und gesellschaftliche Befreiung. Um der Ehefrau und Mutter die Erwerbsarbeit zu ermöglichen, setzte sie sich für eine Neuorganisation der Erwerbsarbeitswelt und eine Reform des Haushalts ein und forderte den Ausbau öffentlicher Erziehungseinrichtungen. Die Mehrheit der Genossinnen vertrat die Auffassung, daß die Mutter generell ins Haus gehöre. Für die Gleichberechtigung der Ehepartner schien es ihr ausreichend zu sein, wenn die Haus- und Familienarbeit von der Gesellschaft genauso hoch gewertet werden würde wie die Erwerbsarbeit und der Staat die Mutterschaftsleistungen angemessen honoriere.

Die sozialdemokratische Frauenbewegung setzte sich auch für eine neue Eheethik ohne jede Doppelmoral ein. Als einziges Kriterium für die Legitimität einer Beziehung galt offiziell die Liebe. Erstrebte Eheform war die „trennbare Monogamie". Als Voraussetzung für die Verbreitung dieser neuen Ethik wurde die Trennung von Sexualität und Fortpflanzung betrachtet. Nur so könnten die vielen, durch eine ungewollte Schwangerschaft verursachten „Zwangsheiraten" verhindert werden, deren Folge nicht selten unglückliche Ehen seien. Diese Vorstellungen zeigen den engen Zusammenhang von Ehe- und Sexualreform. Mit ihren Vorschlägen zur Neugestaltung der Ehe förderte die SPD die Rationalisierung des Alltags: Heirat und Familiengründung sollten Teil eines bewußten und geplanten Verhaltens werden, daß sich an den Normen einer neuen Ethik und den sozialen Notwendigkeiten der Gesellschaft orientierte.

2.3.3 *Der Familienalltag im sozialdemokratischen Milieu*

Die sozialdemokratische Partei erwartete von ihren Mitgliedern unabhängig von jeder sozialen und rechtlichen Ehe- und Familienreform das Bemühen um eine Umgestaltung des Ehe- und Familienlebens. Jeder Genosse und jede Genossin sollte zum Zukunftsziel, der sozialistischen Gesellschaft, nicht nur durch ihr gesellschaftliches Engagement, sondern auch durch eine Veränderung ihres Alltagsverhaltens beitragen. Erstrebt wurde die Familie als „partnerschaftliche Lebensgemeinschaft".[193] Im folgenden wird anhand von Berichten der befragten Frauen untersucht, inwieweit die beschriebenen Vorschläge zur Neugestaltung des Ehe- und Familienlebens im sozialdemokratischen Milieu aufgegriffen und realisiert wurden. Dabei stehen die schicht- und generationsspezifischen Unterschiede im Familienalltag im Vordergrund.

Mit Hilfe der Erfahrungsberichte kann lediglich eine Annäherung an die Grundstrukturen der vielfältigen Realität des Familienlebens im sozialdemokratischen Milieu versucht werden. Der Alltag sah in jeder Familie anders aus; Form und Inhalt waren von einer Vielzahl von Faktoren abhängig. Besonders stark wurden sie durch die jeweilige soziale Situation, die Familiengröße und die konkrete Phase im Familienzyklus geprägt. Familie war im Alltag nichts Statisches, ihre Realität veränderte sich ständig. Neben den objektiven Bedingungen kam der subjektiven Dimension, den Emotionen, den bewußten und unbewußten Bedürfnissen und Sehnsüchten der einzelnen Familienangehörigen eine große Bedeutung für den konkreten Familienalltag zu. Als private Lebensform war die Familie offen für die verschiedensten, häufig widersprüchlichen Erwartungen und Wünsche an das Zusammenleben. Deren Einlösung war sowohl von den materiellen Ressourcen abhängig, die der Familie zur Verfügung standen, als auch vom Maß der innerfamiliär geleisteten ‚Beziehungs-Arbeit'. In der Realität wurde das familiäre Zusammenleben von den Angehörigen je nach ihrer Stellung in der Familie sehr unterschiedlich erfahren. Die Position in der Familiengemeinschaft war nichts Konstantes: Sie änderte sich mit dem Wandel der Lebensbedingungen und der Phasen im Familienzyklus. Der Konsens über die familiäre Struktur mußte immer wieder neu hergestellt werden. Jede Neudefinition der Stellung einzelner Familienangehöriger war in der Regel mit Konflikten und Spannungen verbunden. Den größten Teil der ‚Beziehungs-Arbeit', die zur Lösung solcher Konflikte und zur Herstellung eines möglichst harmonischen Familienlebens notwendig war, leistete die Frau.[194]

2.3.3.1 Das Familienleben der älteren Arbeitergeneration

„Ich wurde 1896 in der Nähe von Dresden geboren. Als ich vier Jahre alt war, nach der Heirat meiner Mutter und meines Stiefvaters, sind wir nach Altona gezogen. Mein Stiefvater war Bäcker. Er hatte hier in Altona eine Anstellung bekommen, in einer Mehlfabrik. Dort hat er jahrelang gearbeitet, doch dann machte die Fabrik pleite. Danach ging er in den Hafen. Wir waren sechs Kinder ... Außer mir noch die Tochter meines Stiefvaters, die ein Jahr älter war als ich, und vier gemeinsame Kinder. Wenn alle auf die Welt gekommen wären und überlebt hätten, wären wir zwölf geworden, zwölf! ... Meine Eltern hätten nie heiraten dürfen. Sie haben sich nicht vertragen. Nicht selten hat mein Vater meine Mutter zum Verkehr gezwungen. Das war nicht schön, das als Kind zu erleben ... Oft hab' ich meine Mutter gefragt: ‚Warum hast Du den Mann überhaupt geheiratet?' Sie wollte nicht allein bleiben, mit Kind und unverheiratet ...

Unser Stiefvater war grob, der war grob, oh, und ungerecht: Ich war ja nicht seine Tochter. Seiner Tochter gab er alles, aber wenn ich Geburtstag hatte, dann kriegte ich kein Stück. Darum habe ich manchmal so bitterlich geweint ... Vor meinem Vater hatte ich immer Angst. Er hat uns viel geschlagen. Wenn er schlug, dann schlug er immer mit dem Pantoffel ... Wir durften in der Wohnung nicht laut sein, ... nicht toben, sonst gab es was vor den Hintern ... Ich bin so streng erzogen worden. Darum war ich bei meinem Kind nicht streng ... Es ist schlimm, wenn man so ängstlich leben muß. Es war wirklich nicht schön zu Hause ... Das einzig Schöne war, daß ich in der Schule, Gott sei Dank, eine von den Besten war. Da freute ich mich selber drüber ...

Wir haben in einer Terrassenwohnung in nur zwei Räumen gewohnt. Vier Betten standen in dem einen Zimmer, immer zwei mußten in einem schlafen. Unser Wohnraum war die Küche ... Das Geld war bei uns sehr knapp. Mein Vater lieferte nicht alles ab. Er hat es zwar nicht vertrunken, aber verpraßt. Er war in den ‚Florasälen', in denen es Theater und Musik gab. Bestimmt hatte er eine Liebste, wie das so ist bei den Männern. Doch da sind wir nicht hinter gekommen. Meine Mutter war immer so treu und so brav. Die hat von morgens bis abends gearbeitet. Schon frühmorgens fing sie an. Wir mußten mit ihr um sechs Uhr aufstehen. Sie hat für andere Leute gewaschen und geputzt. Höchstens vier Mark erhielt sie für den ganzen Tag. Ich als Älteste mußte meine Geschwister in die Warteschule bzw. Krippe bringen. Abgehetzt bin ich in die Schule gekommen ... Ich hab' schon früh bei fremden Leuten arbeiten müssen, mit zehn Jahren. Ich mußte Essen austragen, für einen

Mittagstisch. Da bin ich gewesen, bis ich aus der Schule kam ... Ich mußte das Essen aus dem Haus bringen, zu all' denen, die keine Mittagspause machen konnten ... Zwischendurch aß ich dort auch zu Mittag. Das fand ich schön. Ich kriegte dasselbe Essen wie die Erwachsenen. Das war für uns Kinder nicht selbstverständlich. Bei uns zu Hause gab es, wenn wir sonntags Fleisch aßen, nur ein winziges Stückchen für uns Kinder, das meiste kriegte mein Vater. Dort kriegte auch ich eine ganze Karbonade. Ich arbeitete in der Mittagspause der Schule, um elf hörten wir auf, um zwei fingen wir wieder an. Wenn ich mit der Schule fertig war, mußte ich wieder zum Mittagstisch, um Lebensmittel für ihn abzuholen, Zucker, Mehl, immer in großen Tüten. Das war eine ganz schöne Schlepperei, umsonst bin ich nicht so schief. Trotzdem war ich selig, ich hab' das so gerne getan. Dort durfte ich reden und machen, was ich wollte, ganz anders als zu Hause. Außerdem konnte ich meine Mutter so unterstützen. Ich kriegte für diese Aushilfe eine Mark die Woche, die gab ich ihr. Auch als ich nach der Schule verdiente, mußte ich mein Geld, solange ich zu Hause wohnte, abgeben. Ich wurde Badewärterin im Bismarckbad. Das hört sich so hochtrabend an, eigentlich war ich nur ,Mädchen für alles'. Was sollte ich sonst werden? Ich hatte ja nichts gelernt ... Ich bin früh zu Hause weg, hab' ja auch viel zu jung geheiratet, mit 20 Jahren. Für mich war das vielleicht ganz gut. Erst durch meinen Mann bin ich zu dem geworden, was ich bin ..."

Die von Paula K. geschilderten Verhältnisse veranschaulichen den Alltag einer kinderreichen Familie eines unständig beschäftigten Arbeiters in der Vorkriegszeit. Ihr Bericht verdeutlicht, wie stark die extrem ungünstigen sozialen Verhältnisse in dieser unteren Arbeiterschicht das Familienleben prägten, in dessen Zentrum der Kampf um die Existenz stand. Fast alle Arbeiterehefrauen dieser Schicht waren, wie die Mutter von Paula K., gezwungen, durch Erwerbsarbeit den Unterhalt der Familie zu sichern.[195] Auch die Kinder mußten und wollten in der Regel schon im Schulalter ihren Beitrag leisten. Kinderarbeit war in der Vorkriegszeit in Arbeiterkreisen noch weit verbreitet. Dies zeigt eine Erhebung der Hamburger Oberschulbehörde aus dem Jahr 1904, die sämtliche Volksschulen der Stadt erfaßte: 72 % der Mädchen und 32 % der Jungen zwischen dem 10. und 14. Lebensjahr waren in irgendeiner Form erwerbstätig. Art, Umfang und Dauer der Beschäftigung unterschieden sich erheblich, der Übergang von der häuslichen Mithilfe zur Erwerbsarbeit war fließend, denn nicht selten waren die Eltern die Arbeitgeber: Jungen arbeiteten vor allem als Austräger und Boten; Mädchen halfen häufiger in einem fremden Haushalt oder beaufsichtigten Nachbarskinder; üblich waren auch die Aushilfe in Laden oder Gaststätte und die Mithilfe bei der Heimarbeit.[196] Seit Anfang des Jahrhunderts ging die gewerbliche Kinderarbeit in verstärktem Maße zurück. Zu dieser Entwicklung trug vorrangig der steigende Lebensstandard der Arbeiterschaft bei, daneben auch der verbesserte gesetzliche Kinderarbeitsschutz[197]. Wie der Bericht von Paula K. zeigt, empfanden die Kinder selbst ihre Erwerbsarbeit nicht nur als Belastung; sie vermittelte ihnen auch Anerkennung und Selbstbewußtsein.

Eine Kindheit ohne jegliche Pflichten in der Familie kannten nur wenige Arbeiterkinder. Ihre Zeit zum Spiel war in der Regel beschränkt. Spielplätze der Arbeiterkinder waren Hinterhöfe und Terrassen, Straßen und Plätze. Im Unterschied zu den Jungen konzentrierte sich der Spielraum der Mädchen auf das nahe Umfeld des Wohnhauses. Dies lag nicht zuletzt daran, daß sie durch ihre spezifischen familiären Aufgaben – insbesondere die Beaufsichtigung jüngerer Geschwister – stärker in ihrer Bewegungsfreiheit eingeschränkt waren. Da Spielzeug teuer war, mußten sich die Kinder mit Ideenreichtum und Improvisation helfen. Selten spielten Mädchen und Jungen zusammen, nicht nur ihre Spielorte, auch ihre Spielformen waren zu verschieden: Mädchen bevorzugten im Freien Kleinball-Spiele, Probespiele, Reigen und Spaziergänge; Jungen liebten sportliche Ballspiele und Tobespiele.[198]

Der Bericht von Paula K. zeigt, wie begrenzt der Raum für emotionale Wärme aufgrund der Enge und Bedrängtheit der Lebensverhältnisse in minderbemittelten kinderreichen Arbeiterfamilien war: Die Frau konzentrierte ihre Fürsorge und Liebe in erster Linie auf die Kinder. Sie bemühte sich, nicht zuletzt um derentwillen, die Familie zusammenzuhalten. Für die Kinder war die Mutter meist Haupterziehungsperson und Mittelpunkt der Familie. Das alltägliche Erleben ihrer Belastungen und Bemühungen verstärkte die emotionale Bindung zu ihr.[199] Der Vater, der die meiste Zeit außerhalb der Familie war, wurde – wie im Falle von Paula K. – nicht selten primär als angstmachende und strafende Instanz erlebt[200]. Er beanspruchte als „Haupternährer“ den Platz an der Spitze der familiären Hierarchie[201]. Durchzusetzen versuchten nicht wenige Männer diesen Anspruch gegenüber Frau und Kindern mit Gewalt. Richard M., der seiner Frau mit Schlägen seinen Willen aufzwang, war keine Ausnahme. Bei Kindern scheint die Prügelstrafe in der Vorkriegszeit auch im sozialdemokratischen Milieu ein übliches Erziehungsmittel gewesen zu sein. Zu gewalttätigem Verhalten des Mannes kam es besonders häufig unter Alkoholeinfluß. Die Frau schlug ihre Kinder vor allem in Situationen extremer physischer und psychischer Überforderung und Überlastung.[202] In den zwanziger Jahren setzte sich bei immer mehr Sozialdemokrat(inn)en ein Einstellungswandel zur Prügelstrafe durch, der nicht zuletzt Folge der Parteipropaganda gegen Schläge als ‚Erziehungsmittel‘ war. Ende der Weimarer Republik vertraten bereits relativ viele Sozialdemokrat(inn)en die Auffassung, daß auf Prügel verzichtet werden sollte. Dies schloß jedoch nicht aus, daß sie in familiären Konfliktsituationen trotzdem zu diesem Mittel griffen.[203]

Der Erziehungsstil der meisten Arbeitereltern scheint auf den ersten Blick mehr oder minder autoritär gewesen zu sein, denn ihr oberstes Erziehungsziel war Gehorsam. Daneben erstrebten die meisten u.a. Pünktlichkeit, Ordentlichkeit und Sauberkeit, Fleiß, Anständigkeit und Ehrlichkeit, aber auch Selbständigkeit. Bei näherer Betrachtung zeigt sich die Ambivalenz dieser proletarischen Erziehungsnormen. Die angestrebten Eigenschaften entsprachen zwar der herrschenden „Schwarzen Pädagogik“, deren Hauptziel Gehorsam, d.h. ein angepaßtes und untertäniges Verhalten war.[204] Doch anders als im bürgerlichen waren sie im proletarischen Alltag insofern sinnvoll, als sie für das Funktionieren der Arbeiterfamilie als Solidargemeinschaft notwendig waren. Die Eltern forderten sie aufgrund der Alltagszwänge: Unpünktlichkeit der Kinder verursachte der Mutter Arbeit; eine erwerbstätige Arbeiterfrau konnte es sich z.B. angesichts ihrer Belastungen nicht leisten, lange mit dem Essen auf die Kinder zu warten. Ordentlichkeit war in den engen übervollen Arbeiterwohnungen eine dringende Notwendigkeit. Die Kinder mußten früh lernen, sorgsam mit Hausrat und Kleidung umzugehen; beides sollte so lange wie möglich halten, da es nur schwer ersetzt werden konnte. Jedes zu flickende Loch bedeutete zudem für die Hausfrau Mehrarbeit. Sauberkeit ersparte ihr viel Arbeit; je länger beispielsweise Kleidung und Wäsche rein blieben, desto seltener mußte sie waschen; wenn die Kinder in der Wohnung wenig Dreck machten, brauchte sie nicht so häufig zu putzen. Fleiß galt als Voraussetzung für ein ausreichendes Einkommen und beruflichen Aufstieg. Selbständigkeit mußten die Eltern von den Kindern früh verlangen, da sie aufgrund ihrer Arbeitsbelastung in der Regel wenig Zeit hatten, sich um sie zu kümmern. Um die notwendigen Eigenschaften durchzusetzen, forderten fast alle Arbeitereltern strikten Gehorsam. Sie hatten weder Zeit noch Kraft, lange mit den Kindern über deren Verhalten zu diskutieren; zudem fehlten ihnen dazu häufig Fähigkeit und Bereitschaft.[205]

Die Aneignung von elterlichen Anschauungen und Verhaltensnormen war und ist ein differenzierter Prozeß. Kinder orientieren sich in den seltensten Fällen vollständig und ungebrochen am Vorbild der Eltern.[206] Wie ambivalent die kindliche Einstellung zu den Eltern aufgrund deren Widersprüchlichkeit in Denken, Fühlen und Handeln sein konnte, wird am Beispiel der Beziehung von Paula K. zu ihrem Stiefvater deutlich. Sie empfand ihn zwar als außerordentlich hart und streng, ungerecht und unsozial, bewunderte aber ungeachtet dessen sein politisches Engagement. Richard M. war Mitglied der freien Gewerkschaften und der SPD. Er besuchte regelmäßig die Versammlungen beider Organisationen und half bei der ‚Kleinarbeit‘. Trotz des geringen Familieneinkommens abonnierte er verschiedene Parteizeitungen. Dies scheint für überzeugte Sozialdemokraten eine selbstverständliche Pflicht gewesen zu sein, die für die Familie nicht selten ein großes finanzielles Opfer bedeutete; gelesen wurden die Parteipublikationen vorrangig vom Mann[207]. Die politische Gesinnung von Richard M. kam allerdings im Umgang mit seinen Kindern lediglich darin zum Ausdruck, daß er versuchte, ihnen die Ideen der Sozialdemokratie nahezubringen. Aufgrund der großen Diskrepanz zwischen persönlichem Verhalten und politischer Überzeugung war diesen Bemühungen wenig Erfolg beschieden. Nur Paula K. übernahm seine Weltanschauung. Sie erzählt:

> „Darüber hab' ich mich gefreut, daß er in der SPD war und das ‚Hamburger Echo' las. Doch meine Mutter sagte immer: ‚Was nützt mir das, der Mann redet so viel, dabei tut er das nicht mal für die Familie'. Ich kann das gut verstehen. Denn mein Vater war so ungerecht und unsozial: Z.B. holte er sich was zum Abendbrot und aß es vor unseren Augen auf. Bei uns gab es ja nicht viel zum Abendbrot, eine Schnitte Brot mit Margarine, mehr nicht. Er brachte sich Ölsardinen, andere Fische, oder ein Stück Leberwurst mit. Das legte er alles auf den Tisch. Wir haben zugeguckt. Er hat uns nicht ein Stück abgegeben, nicht ein einziges Stück ... Es war alles sehr widersprüchlich an ihm: Als ich 12 oder 13 Jahre alt war, sagte er zu mir: ‚Du kommst jetzt mit, Du hast immer Deinen Mund offen'. Da mußte ich mit in SPD-Versammlungen ... Wenn wir danach abends nach Hause gingen, mußte ich meinem Vater erzählen, was in der Versammlung alles gesprochen wurde ... Meiner Mutter und mir bezahlte er die ‚Gleichheit', solange ich noch zu Hause wohnte, schon seit ich 14 war ..."

Wie bei Richard M. fielen auch bei manch anderem Sozialdemokraten politische Gesinnung und persönliches Verhalten weit auseinander. Besonders groß scheint diese Diskrepanz aufgrund der ungünstigeren Arbeits- und Lebensbedingungen bei ungelernten Arbeitern gewesen zu sein.[208]

Die Freizeit, d.h. die arbeitsfreie Zeit, war nicht nur ein Freiraum für die individuelle Selbstverwirklichung, sondern auch der zentrale Ort eines gemeinsamen Familienlebens. Die Bedeutung der Freizeit nahm mit der Verkürzung der Arbeitszeit auch in der Arbeiterschaft zu.[209] Von dieser Entwicklung profitierten Frauen und Männer in sehr unterschiedlichem Maße. Für die meisten Arbeiter – Väter wie Söhne – begann mit dem Feierabend die Freizeit. Sie hatten die Möglichkeit, der Enge und Bedrängtheit in der Wohnung zu entfliehen. Auch für sozialdemokratische Arbeiter war die Männergemeinschaft des Wirtshauses ein zentraler Ort ihrer Freizeit: Die Parteilokale waren ‚Kommunikationszentren der männlichen Arbeiterbewegung', in denen nicht nur die meisten Versammlungen stattfanden, sondern sich die Genossen mit Freunden, Kollegen und Nachbarn auch privat trafen.[210] Für Arbeiterehefrauen, aber auch für viele Arbeitertöchter, fing mit dem Ende der Erwerbsarbeit die zweite Schicht in Haushalt und Familie an. Selbst Arbeiterehefrauen, die nicht erwerbstätig zu sein brauchten, hatten wenig persönliche Freizeit. Für Hausfrauen und Mütter war auch der Sonntag, an dem ein Großteil der gemeinsamen familiären Freizeitaktivitäten stattfand, mehr oder minder mit Arbeit ausgefüllt.[211] Einen typischen „Hausfrauen-Sonntag" schildert folgender Bericht, der 1931 in der SPD-Zeitschrift ‚Frauenwelt' erschien:

> „Warum kann die Hausfrau sich keinen Sonntag leisten? Warum muß oft gerade der Sonntag besonders anstrengend für sie sein? In den meisten Fällen wird am Sonntag ein Stündchen Schlaf zugegeben, das Frühstück ein wenig in die Länge gezogen. Während diese Umstände den übrigen Familienmitgliedern eine Erholung bedeuten, muß die Hausfrau die versäumte Zeit nachher durch doppelte Eile nachholen. Die Zimmer müssen gemacht, für das Töchterlein noch ein frisches Krägelchen auf das Kleidchen zum Nachmittagsspaziergang genäht werden, und dann das gute sonntägliche Mittagessen ... Sie muß hetzen und eilen, damit man recht früh essen kann, um bald zum Spaziergang zu kommen ... Für viele ist der Ausflug nur eine Anstrengung mehr ..."[212]

Trotz dieser Belastungen legten zumindest im sozialdemokratischen Milieu die meisten Arbeiterfrauen auf eine gemeinsame sonntägliche Freizeitgestaltung ihrer Familie großen Wert. Sie symbolisierte in ihren Augen ein intaktes Familienleben. Mit Familienbesuchen, Ausflügen und Spaziergängen im „Sonntagsstaat" versuchten sie, ihren Traum von der bürgerlichen Existenz zu leben, zudem boten diese Aktivitäten ihnen eine der wenigen Möglichkeiten, aus dem Haus herauszukommen.

Dem Traum vom bürgerlichen Leben hingen viele Arbeiterfrauen offenbar auch in den wenigen arbeitsfreien Stunden nach, die ihnen persönlich zur Verfügung standen. Darauf deuten ihre Freizeitvergnügen hin. Agnes A. schildert, wie ihre Mutter Friede H., die wie ihr Mann Mitglied der SPD war und regelmäßig die größeren Frauenversammlungen der Partei besuchte, die ihr verbleibende knappe Freizeit ausfüllte:

> „Ein Vergnügen hatten insbesondere die Frauen der Generation meiner Mutter kaum. Neben dem monatlichen Stadtbummel erlaubte sie sich, einmal die Woche – mittwochs – am Gartenzaun des Gartenlokals ‚Hallwachs' bei uns in Eimsbüttel zu stehen. Dort spielte an diesem Tag eine Kapelle. Sie schwelgte vermutlich in Jugenderinnerungen. Wenn sie etwas las, las sie am liebsten Liebesromane mit Grafen und Baronen. Wir brachten ihr manchmal, als wir älter waren, andere Lektüre aus der Öffentlichen Bücherhalle mit; doch die wollte sie nicht. Beim Lesen ihrer Groschenromane träumte sie sich wohl in eine bessere Welt hinein, vergaß ihren Alltag. Sie träumte sich in die Welt der Grafen und Barone, wir in die Welt des Sozialismus ..."[213]

Ihre Freizeitvorlieben teilte Frieda H. mit vielen anderen Arbeiterfrauen. Neben den geschilderten Aktivitäten entwickelte sich in den zwanziger Jahren der Kinobesuch zu einer immer beliebteren Freizeitbeschäftigung, deren Umfang allerdings die Einkommensverhältnisse enge Grenzen setzte[214]. Der Bericht von Agnes A. verdeutlicht, daß nicht nur überzeugte Sozialdemokraten, sondern auch engagierte Sozialdemokratinnen in ihrem Alltagshandeln häufig ambivalent waren: Sie erstrebten eine neue sozialistische Gesellschaft und träumten sich gleichzeitig in den „besseren" Teil der alten Welt hinein.

Die Gestaltung der gemeinsamen ‚Familienfreizeit' richtete sich in den meisten Arbeiterfamilien nach den Wünschen des Mannes. Er erwartete in der Regel von seiner Frau, daß das Essen fertig war, wenn er Feierabend hatte. Solange er sich im Haus aufhielt, sollte sie für seine Ruhe und Bequemlichkeit sorgen; alle anderen Familienangehörigen hatten ihr Verhalten seinen Bedürfnissen anzupassen. Den gemeinsamen Feierabend in ihrem Elternhaus beschreibt Agnes A.:

> „Wenn der Abwasch nach dem Abendessen erledigt war, saßen wir alle am Küchentisch unter der Lampe. Vater las sein Echo, wir lasen, handarbeiteten oder halfen der Mutter beim Stopfen und Flicken. Dabei durften wir nicht reden. Vater wollte nicht gestört werden ..."

Der Ablauf des Feierabends war ein zentrales „Ritual der Macht", mit dem mancher Arbeiter alltäglich seine Stellung als ‚Oberhaupt der Familie' demonstrierte[215]. Wenn er nicht zu Hause war, verlief der Abend häufig ganz anders. Agnes A. erzählt:

> „Wenn Vater nicht da war, sangen wir zusammen oder lasen uns etwas vor, meistens auf Platt: Kienau, Reuter oder auch Storm. Je älter wir wurden, desto mehr lebten meine Schwester und ich unser eigenes Leben. Wir waren dann abends viel weg, besuchten Versammlungen der Arbeiterjugend und später der SPD, gingen ins Theater oder Kino, wanderten am Wochenende mit Freunden ..."

Wie viele erwerbstätige Arbeiterjugendliche nutzten Agnes A. und Paula R. jede Chance, der Enge im Elternhaus zu entfliehen. Beliebteste Freizeitaktivitäten waren allgemein „Vergnügungen" in der „Clique", bei Mädchen insbesondere der Bummel sowie der Besuch von Kinos, Cafés und Tanzlokalen gemeinsam mit Freundinnen.[216] Einem Jugendverband schlossen sich überwiegend bessersituierte Arbeiterjugendliche an. Der sozialistische Arbeiterjugendbund, in dem sich Agnes A. und ihre Schwester engagierten, war eine von vielen Organisationsmöglichkeiten, die allerdings nur von einem kleinen Teil der männliche und einem noch kleineren Teil der weiblichen Jugendlichen genutzt wurde: Gemäß einer repräsentativen Umfrage, die im Frühjahr 1927 unter 200.000 Berufsschüler(inne)n im Deutschen Reich durchgeführt wurde, waren in den Großstädten 22 % der Jungen und 14 % der Mädchen Mitglied in einer Jugendvereinigung und 37 % der Jungen sowie 18 % der Mädchen Mitglied in einem Turn- oder Sportverein. Von diesen organisierten Jugendlichen gehörte knapp ein Zehntel einem sozialistischen Verband an.[217] Auch wenn die Freizeit in Vereinen und Verbänden für Jugendliche in den zwanziger Jahren wachsende Bedeutung gewann und sie möglichst viel arbeitsfreie Zeit außer Haus zu verbringen suchten, spielte die familienbezogene Freizeitgestaltung nach wie vor eine wichtige Rolle. Dies galt insbesondere für die Mädchen.[218] In einer Erhebung unter 2000 Berliner Jugendlichen aus dem Jahr 1930 wurden beispielsweise folgende familiäre Freizeitaktivitäten genannt: Spaziergänge und -fahrten, Kleingartenaufenthalte, Gesellschaftsspiele, Musik, Sport, Radiohören, Theater-, Kino- und Konzertbesuche.[219] Die Vielfalt der Freizeitbeschäftigungen im Kreise der Familie war also groß. Offenbar wurde in den zwanziger Jahren die gewachsene arbeitsfreie Zeit von Arbeiterfamilien zunehmend zu einer gemeinsamen Freizeitgestaltung genutzt. Dies traf in besonderem Maße auf die jungen Familien der bessergestellten Arbeiterschaft zu.[220]

Wie der Feierabend so verliefen meist auch die Sonn- und Feiertage nach den Bedürfnissen und Vorstellungen des ‚Familienoberhauptes‘. Frau und Kinder konnten in der Regel bestenfalls Vorschläge oder Wünsche äußern.[221] Darauf deutet zumindest folgender Bericht von Agnes A. hin, in dem sie mit dem alljährlichen Pfingstausflug einen Höhepunkt der familiären Freizeit in ihrem Elternhaus schildert:

> „Meine Eltern hatten einen Freundeskreis, das waren alles Parteigenossen. Mit diesen Parteifreunden machten wir einmal im Jahr zu Pfingsten einen Ausflug. Man traf sich morgens um sechs, die Mutter hatte den ganzen Tag vorher zu tun, um das Picknick vorzubereiten und die Unterröcke zu plätten. Jedes Mädchen kriegte drei Unterröcke an und ein Oberteil; das plättete sie alles mit dem Bolzeneisen. Die Frauen waren natürlich sehr ungünstig angezogen, eingezwängt in Korsetts, mit hohen Schuhen. Wir waren ja gar nicht gewohnt, auf Landstraßen zu marschieren. Die Männer marschierten voran und politisierten. Sie kamen nicht auf die Idee, zehn Pfennig für die Straßenbahn nach Stellingen zu opfern. Das Ziel war Hagenbeck. Als wir dort ankamen, ging es nicht etwa hinein ... Die Männer fanden am Rande des Parks einen grün bewachsenen Rasen und ein Brett und daran ließ man sich auf seinen sauberen Taschentüchern nieder und holte aus dem Schuhkarton das mitgebrachte Picknick. Die Männer kloppten Skat, die Frauen saßen da, langweilten sich und dösten, weil sie überanstrengt waren. Wir Kinder rannten an das Gitter von Hagenbeck, aber rein kamen wir nicht. Wir hatten ja kein Eintrittsgeld. Wir sahen durch das Gitter die Flamingos, hörten die Löwen brüllen und die Papageien schreien ... Und abends ging es dann zu Fuß wieder zurück. Eineinhalb Stunden von Stellingen bis Eimsbüttel, in glühender Sonne. Einer der Freunde, ein Junggeselle, der hatte die glückliche Idee, an einer Seltersbude eine himbeerfarbene Brause für die Kinder zu spendieren, für die Frauen einen Eierlikör und für die Männer eine halbe Flasche Bier. Abends waren alle der Meinung, es war ein schöner Tag. Vor allem die Männer ... Die Frauen waren noch so genügsam und anspruchslos. Die kamen ja gar nicht auf die Idee, etwas zu fordern. Das hatte ja doch keinen Zweck.“[222]

Die äußere Anordnung dieser Freizeitaktivität war ein Spiegel der inneren Familienbeziehungen, der familiären Hierarchie.

Die Rolle des Mannes als ‚Oberhaupt der Familie‘ wurde von vielen Arbeiterfrauen innerhalb und außerhalb des sozialdemokratischen Milieus nicht nur passiv geduldet, sondern aktiv gefördert: Ihr Familienideal entsprach den vorherrschenden patriarchalischen Vorstellungen; sie erzogen ihre Kinder in diesem Sinne. Dies berichtet auch Martha B., deren Vater Ernst N., ein gelernter Maurer, der SPD und den freien Gewerkschaften angehörte. Ihre Mutter Bertha N., die bis zu ihrer Heirat als Krankenpflegerin gearbeitet hatte, blieb unorganisiert. Das Ehepaar wohnte mit seinen drei Töchtern in einer 3-Zimmer-Altbauwohnung. Martha B. erzählt:

> „Meine Mutter hat sich für Politik nicht interessiert. Sie hielt uns in Zeug, war fleißig und sauber, ... Sie war wohl innerlich immer noch so'n bißchen fromm, glaube ich ... Sie ist es nie los geworden. Sie ist von Kind auf an religiös gewesen. Meine Großmutter war gar nicht mal so. Aber meine Mutter war eben nun mal so, doch sie war eine gute Mutter. Da gibt's nichts. Aber mein Vater hatte das Sagen. Sie hat uns so erzogen, wie wenn der Vater der liebe Gott wäre. Ich weiß noch, wenn wir hinfielen und etwas dabei kaputt ging ..., z.B. Geschirr, dann erzählte sie uns, wie lange unser Papa im Schweiße seines Angesichts arbeiten muß, bis sie den Teller kaufen kann. Das hab' ich nie von anderen gehört ... Schläge haben wir nicht gekriegt ... Unser Papa, den wir so liebten, war für uns Gott ... Sonntags machte er mit uns Ausflüge, jeden Sonntag ...“

Aufgabenteilung und Machtkonstellation in der Ehe von Bertha und Ernst N., die auf beiderseitigem Einverständnis beruhten, waren typisch für die „guten“ Ehen in bessergestellten Arbeiterkreisen. Die Frau hatte die praktische Alltagsautorität, dem Mann kam die Rolle als Familienoberhaupt zu: Bertha N. sollte und mußte nicht erwerbstätig sein; sie war ausschließlich für Haushalt und Familie zuständig. In ihren Händen lag die „Finanzverwaltung"; ihr Mann lieferte fast alles Geld bei ihr ab. Wie die meisten Arbeiterehefrauen mußte sie angesichts der langen Arbeitszeit ihres Mannes auch die „Außenvertretung" der Familie übernehmen: Sie erledigte die Gänge zu Ämtern und Behörden, hielt den Kontakt zur Schule, sprach mit dem Vermieter. Ernst N. erwartete von ihr, daß in Haushalt und Familie alles reibungslos lief. Aufgrund seiner berufsbedingten Abwesenheit von der Familie und seiner Zurückhaltung bzw. Gleichgültigkeit gegenüber häuslichen und familiären Belangen war seine Frau für die Kinder im Alltag Ansprechpartnerin und Vertrauensperson. Im allgemeinen mischte sich Ernst N. nicht in die Erziehung seiner Frau ein. Er tolerierte z.B., daß Bertha N. die Töchter taufen und konfirmieren ließ; dies war im sozialdemokratischen Milieu nichts Ungewöhnliches[223]. Erziehungsprobleme mußte Bertha N. im Alltag allein lösen. Erst wenn sie nicht mehr weiter wußte und ihren Mann um ein Machtwort bat, griff er als Hintergrundautorität in die Erziehung ein. Auf Prügel verzichtete er jedoch grundsätzlich. Für seine Töchter war Ernst N. ein richtiger „Sonntagsvater". Sie erlebten in der Regel nur sein „Sonn- und Feiertagsgesicht". Erst nach ihrer Schulentlassung kümmerte sich Ernst N. intensiver um ihre Entwicklung. Er setzte sich dafür ein, daß alle drei Töchter einen Beruf erlernten, sorgte dafür, daß sie in den Arbeiterjugendbund gingen, und förderte auch später ihr politisches Engagement. Bei seiner Frau akzeptierte er die christlich-konservative Grundhaltung; er versuchte nicht, sie zum Eintritt in die SPD zu bewegen. Nach Ansicht von Martha B. führten ihre Eltern eine „glückliche und harmonische Ehe": „Zwischen den beiden hat reine Liebe, richtige Liebe geherrscht".

Die Berichte der befragten Frauen deuten darauf hin, daß diese Form der Familienkonstellation, die sich durch eine autoritär-patriarchalische Struktur auszeichnete, die auf dem beiderseitigen Einverständnis der Ehepartner beruhte, zwischen 1900 und 1933 in der bessersituierten sozialdemokratischen Arbeiterschaft die verbreitetste war. Die anerkannte Stellung des Ehemannes und Vaters als „Familienoberhaupt" beruhte vor allem auf seiner beruflichen und sozialen Position außerhalb des Hauses und auf seiner Funktion als „Haupternährer" bzw. „Alleinernährer" der Familie. Häufiger als kinderreiche Familien ungelernter Arbeiter lebten bessergestellte kinderarme Arbeiterfamilien offenbar ein relativ harmonisches Familienleben, in dem körperliche Gewalt nur in Ausnahmesituationen stattfand. Die Basis der Harmonie in diesen Familien beschrieb Alice Rühle-Gerstel 1932 in ihrer psychologischen Studie über „Das Frauenproblem der Gegenwart" folgendermaßen:

> „Ihr Glück besteht eben darin, daß Mann, Frau und Kinder freiwillig und gern den ihnen von Sitte und Herkommen zugedachten Rang einnehmen. Und der ist für die Frau ein zweiter Rang. Der Gatte mag durch Güte, Takt, liebevolles Verständnis diesen Umstand angenehm verschleiert halten: nur insofern er, mindestens im Unterbewußtsein der Gattin als unumstößliche Gegebenheit bestehen bleibt, ist die Familie ‚glücklich' oder auch einfach glücklich."[224]

In intakten und stabilen Familien wurden Spannungen und Meinungsverschiedenheiten selten offen ausgetragen; das stillschweigende Dulden und Tolerieren war ein wesentliches Merkmal der innerfamiliären Beziehungen.[225] Das Ideal familiärer ‚Harmonie' wurde allerdings allzuhäufig auf Kosten der Frau erreicht: Sie ordnete ihre Bedürfnisse und Wünsche selbstverständlich denen des Mannes unter. Als „gute Ehefrau" nahm sie ihm außer der Erwerbsarbeit alle Lasten des Alltags ab, ließ ihm aber das Renommee der Familienautorität. Als „ideale Mutter" vermittelte sie ausgleichend und verbindend zwischen Vater und Kindern.[226] Sie akzeptierte die großen und kleinen „Rituale der Macht", mit denen ihr Ehemann versuchte, seine reale Abhängigkeit und Ohnmacht in der Gesellschaft zumindest in der Familie zu kompensieren. Nicht selten wollte er damit zugleich seine reale Schwäche und Machtlosigkeit in der Familie verdecken. Er spürte, daß seine Frau in der Familie die Stärkere war: Ohne sie konnte er seinen Alltag außerhalb des

Berufslebens und der Politik nicht bewältigen. Er war auf ihre Haus- und Familienarbeit angewiesen.[227] Je offensichtlicher der Mann seiner Frau in der Familie unterlegen war, desto größer war für ihn in der Regel die Bedeutung symbolischer „Machtrituale“. Alice Rühle-Gerstel charakterisierte die spezifische Problematik dieser Familienkonstellation:

„Auch wenn in der normalen Familie die Frau der stärkere Mensch ist, stärker an Geist, Charakter und Fähigkeiten, auch wenn ihr schwächerer Mann dies in einer guten Stunde anerkennt, bleibt die Frau der an Rang zweitgeordnete Mensch. Und gerade in solcher Qualitätsverteilung, wie der eben erwähnten, muß die Frau all ihre Überlegenheit aufbieten, um dem Mann die Illusion seiner Überlegenheit zu bieten ...

Die Zweitrangigkeit der Frau bleibt auch in jenen Familien erhalten, wo die Frau offensichtlich erstrangig ist, und zwar nicht nur eherechtlich-theoretisch, sondern auch der praktischen Anordnung und dem Bewußtsein der Beteiligten nach ... Solch eine auf den Kopf gestellte Normalfamilie lebt in einem unterirdisch gespannten, befangenen harmonielosen Zustand, weil die Beteiligten sich dumpf im Widerspruch fühlen zu einer Ordnung, die sie zumindest für ehrwürdig, wenn nicht gar für naturhaft gegeben oder gottgewollt halten.“[228]

Nicht in allen Familien der älteren Arbeitergeneration herrschte eine autoritär-patriarchalische Hierarchie. Es gab vereinzelt auch den Versuch partnerschaftlicher Ehe- und Familienbeziehungen. Aus einer solchen Arbeiterfamilie stammt Paula Karpinski, die Jüngste von fünf Geschwistern. Ihr Vater Heinrich T. war Staatskaiarbeiter, er engagierte sich in Gewerkschaft und SPD; ihre Mutter Monika T., ebenfalls Mitglied der SPD, hatte bis zur Heirat als Dienstmädchen gearbeitet. Beide Eltern waren überzeugte Freidenker. Paula Karpinski erzählt:

„Unsere Familie war eine Ausnahme: Mein Vater wünschte, daß meine Mutter nicht arbeitete. Dadurch haben wir zwar sehr knapp leben müssen, sind aber immer satt geworden, doch unsere Mutter war immer für uns da ... Die meisten Arbeiterfrauen mußten neben ihrer Tätigkeit im Hause, mit vielen Kindern, auch noch irgendwo Scheuern und Reinemachen ... Sie hatten weder Zeit, sich um ihre Kinder zu kümmern, noch sich politisch zu betätigen ...“[229]

Monika T. war froh, nicht erwerbstätig werden zu müssen. Obwohl sie und ihr Mann die Aufgaben in der Familie gemäß dem vorherrschenden Leitbild aufgeteilt hatten, lebten beide in einer partnerschaftlichen Beziehung. Heinrich T. erkannte im Gegensatz zu vielen anderen Arbeitern Ausmaß und Bedeutung der Haus- und Familienarbeit seiner Frau an. Er wußte, wie wichtig sie für die Lebensqualität der Familie war. Beide teilten die gleiche politische Weltanschauung und engagierten sich gemeinsam in der SPD. Sie versuchten, ihre Gesinnung auch in der Familie zu leben, und bemühten sich um eine sozialistische Erziehung der Kinder, die sie als gleichwertige Menschen behandelten. Prügel waren für sie kein Erziehungsmittel. Ihre Kinder brauchten keine gewerblichen Arbeiten zu übernehmen, mußten aber im Hause helfen. Sie erzogen die drei Söhne und die zwei Töchter möglichst gleich. Alle Kinder durften und sollten trotz des geringen Einkommens einen Beruf erlernen. Das Ehepaar T. bemühte sich, ihren Kindern die sozialistische Weltanschauung nahezubringen. Sie wurden schon früh in die abendlichen politischen Gespräche der Eltern einbezogen:

„Bei uns war es üblich, daß meine Mutter am Abend aus der Zeitung vorlas. Da im damaligen ‚Hamburger Echo‘ die Reichstagsberichte ziemlich vollständig abgedruckt wurden, habe ich schon als Kind einen Einblick bekommen in politische Verhältnisse und vor allen Dingen ein Gefühl dafür, daß die Arbeiterklasse eine Klasse war, die kaum Rechte im Staate hatte. Schon da entstand in mir das Gefühl, daß die Verhältnisse, in denen wir als Arbeiterklasse lebten, verbessert werden mußten. Meine Mutter bezog außer dem ‚Echo‘ die ‚Gleichheit‘. Die hatte eine Kinderbeilage, mit der wir durch vielerlei Artikel zum Nachdenken angeregt wurden ... Also kurz und gut, dieses Gefühl, daß ich kämpfen mußte, ist im Grunde genommen schon durch das Elternhaus vorgeprägt worden und da ich auch die Veranlagung hatte, mir nichts bieten zu lassen, war es ganz natürlich, daß ich, nachdem ich aus der Volksschule kam, in die Arbeiterjugend ging ...“

Politische Diskussionen scheinen in den meisten sozialdemokratischen Familien geführt worden zu sein, besonders häufig zwischen Vater und heranwachsenden Kindern; aus Zeitungen oder Büchern vorgelesen wurde dagegen offenbar relativ selten[230].

Die Arbeiterfamilie E. auf dem Gelände des Kinderfreunde-Heimes Martinistraße in Hamburg-Hoheluft, 1925 (Privatbesitz)

Die Ehebeziehung von Monika und Heinrich T. war durch „hierarchische Parallelität" gekennzeichnet. Der Umgang zwischen Eltern und Kindern war partnerschaftlich. Aufgrund der gemeinsamen politischen Überzeugung sowie der weitgehend konflikt- und spannungsfreien Beziehungen blieb der Zusammenhalt der Familie eng; familiäre Solidarität war für alle eine Selbstverständlichkeit. Paula Karpinski wuchs in dem Bewußtsein auf, sich immer auf Eltern und Geschwister verlassen zu können. In Einstellung und Verhalten waren und blieben ihre Eltern für sie Vorbild. Ihre familiäre Sozialisation gab ihr Selbstvertrauen und ermöglichte es ihr, später selbst eine kameradschaftliche Ehe zu führen.

In den wenigen sozialdemokratischen Familien der älteren Generation, in denen eine partnerschaftliche Familienkonstellation herrschte, war die Initiative hierzu offenbar relativ häufig von den Frauen ausgegangen; meist waren es engagierte Sozialdemokratinnen, die in der Frauenbewegung mitarbeiteten. Zu ihnen gehörte auch Henny E., die mit einem Malergesellen verheiratet war, der so gut verdiente, daß sie trotz der vier Kinder nicht erwerbstätig zu sein brauchte. Lange Jahre orientierte das Paar seinen Lebensstil an den bürgerlichen Vorbildern von Vorgesetzten und Dienstherrschaft, wenngleich es deren Lebensweise aufgrund der eigenen beschränkten Lebensverhältnisse nie erreichen konnte.[231] Die Tochter Wilma M. erzählt:

> „Vater war zwar schon lange Mitglied der SPD, aber zu Mutter sagte er immer: ‚Da brauchst Du nicht rein!' Irgendwann, bald nach dem Krieg hat sie gesagt: ‚Ich will aber!' Ausschlaggebend dafür waren wohl die Kriegserlebnisse. Der Krieg ging an ihr ja nicht spurlos vorüber. Sie wurde selbstbewußter, kritischer, resoluter, hat ja die ganzen Kriegsjahre auch allein vor allem gestanden. Mutter war ganz gegen den Krieg eingestellt. Um die Not zu lindern, half sie in der Kriegsküche mit."

Nach ihrem Parteieintritt 1919 entwickelte sich Henny E. zu einer engagierten Sozialdemokratin. Sie las regelmäßig das ‚Hamburger Echo' und ‚Die Gleichheit', später ‚Die Genossin', und machte in der Frauengruppe ihres SPD-Distrikts mit. 1922 wurde sie Helferin im ‚Ausschuß zur Förderung der Jugendspiele', der 1924 in eine Ortsgruppe der ‚Kinderfreunde' umgewandelt wurde[232]. Im gleichen Jahr wählten die Genossinnen sie zur Frauenleiterin ihres Distrikts; zudem übernahm sie die Leitung der ‚Arbeiterwohlfahrt' im Stadtteil. In der AWO engagierte sie sich vor allem bei der Vorbereitung und Durchführung der Kindertageskolonie auf dem Köhlbrand, wo sie jedes Jahr in den Sommermonaten als Helferin eine Kindergruppe betreute[233]. Später wurde sie auch noch in der ‚Arbeitsgemeinschaft Jugendweihe' aktiv.

Henny E. versuchte, Privatleben und Politik miteinander zu verbinden. Wie bei vielen Sozialdemokratinnen waren deshalb Erziehungs- und Sozialarbeit ihre bevorzugten Aufgabenbereiche[234]. Besonders gern machte sie jede Form der Kinderarbeit. Hier konnte sie ihre persönlichen Pflichten als Mutter mit ihrem politischen Engagement am besten vereinbaren. Wilma M. schildert, wie eng Familie und Politik bei ihrer Mutter verflochten waren:

> „Gemeinsam mit anderen Genossinnen der SPD baute sie 1924 die Kinderfreunde-Gruppe in unserem Stadtteil auf. Der erste Abend fand in der Turnhalle der benachbarten Volksschule statt. Die Kinder rannten zur Schule und schrien: ‚Da ist was los!' Das muß sich so rumgesprochen haben; am Anfang waren wir 250 Kinder. Die Frauen machten mit uns Kreisspiele. Bis wir eigene Räume erhielten, fanden die Nachmittage in den Klassenräumen der Schule statt. Es gab mittlerweile mehrere kleine Gruppen, in denen wir zusammen bastelten, sangen und Theater spielten. Uns wurde auch vorgelesen. Im Sommer ging es raus auf den Schulhof, dort machten wir Volkstänze. Sonntags, wenn wir ins Grüne zogen – natürlich zu Fuß –, waren alle dabei, die älteren Genossen, die Frauen, die Kinder. Die Kleinsten saßen im Bollerwagen ... Später erhielten die Kinderfreunde unseres Stadtteils drei ehemalige Lazarett-Baracken günstig zur Miete. Die bauten unsere Väter selbst aus. Das war natürlich auch etwas für meinen Vater. Er hat alles mitarrangiert ... Um die Baracken herum war soviel Land, daß wir Kinder gemeinsame Gärten hatten, die wir selbständig bebauen durften. In unserem Kinderfreunde-Heim konnten wir freier spielen. Mutter ging oft mit meinen beiden Schwestern schon nachmittags hin, saß da und nähte irgendetwas ... Im Sommer war das Heim ein richtiger Treffpunkt für Mütter und Kinder. Diese Zeit

war wirklich schön. Dort wurden wir ernst genommen und wie kleine Menschen behandelt. Jungen und Mädchen waren gemeinsam in einer Gruppe. Unterschiede wurden nicht gemacht. Das war damals wirklich revolutionär ...

Die Mitarbeit meiner Mutter in den Kinderfreunden und in der SPD hat sich auch auf ihre Erziehung ausgewirkt, die sie ganz umstellte. Wir durften nun auch im Wohnzimmer spielen, die gute Stube auf den Kopf stellen, uns verkleiden, zu Hause mit anderen Kindern Theater spielen ..."

Henny E. sorgte dafür, daß ihre Kinder alle einen Beruf erlernten und förderte deren politisches Interesse. Sohn wie Töchter mußten, solange sie zur Schule gingen, im Haushalt helfen.

Das politische Engagement von Henny E. veränderte auch ihre Ehe. Sie war nicht mehr bereit, sich duldend ihrem Mann unterzuordnen, sondern begann, ihre Interessen zu formulieren und setzte ihren Willen auch gegen seinen Widerstand durch. Ihre Ansprüche an das eheliche Zusammenleben stiegen. Sie wünschte sich eine gleichberechtigte und partnerschaftliche Beziehung, eine Lebensgemeinschaft. Der Widerspruch zwischen Wünschen und Realität machte sie unzufrieden. Es kam erstmals zu offenen Ehekonflikten. Johannes E. reagierte auf die Persönlichkeitsentwicklung seiner Frau erschrocken und hilflos. Er fühlte sich bedroht und verunsichert: Seine Position als Familienoberhaupt wurde offen von ihr in Frage gestellt. Um den alten Zustand wieder herzustellen, versuchte er die Ursache ihres Wandels, ihr politisches Engagement, mittels eines „Machtwortes" abzustellen:

„Eines Tages hat mein Vater gesagt: ‚Du, das will ich aber nicht, daß Du immer unterwegs bist'. Als Mutter ihm antwortete: ‚Aber ich will das! Da kannst Du gar nichts machen, sonst müssen wir uns trennen!', ist er bleich geworden und hat nichts wieder gesagt. Später hat er ihr sogar geholfen. Gemeinsam sind beide regelmäßig zu den monatlichen Bezirks- und Distriktsabenden der SPD gegangen. Mutter war dort eine der wenigen Frauen."

Johannes E. begann sich mit den neuen Verhältnissen in seiner Ehe zu arrangieren. Er fing an, das politische Engagement seiner Frau zu unterstützen. Ohne diesen Wandel ihres Mannes hätte Henny E. sich nicht so stark gesellschaftlich betätigen können. Wie anfänglich Johannes E. sperrten sich viele Sozialdemokraten gegen ein politisches Engagement ihrer Frauen. Hinter dieser Abwehr stand vermutlich häufig die Angst vor einer persönlichen Emanzipation der Frau, die für sie mit einer Einbuße an Macht und Privilegien in der Familie verbunden war.

Die Angst vor dem Verlust von Kontrolle und Einfluß scheint auch ein Hauptgrund dafür gewesen zu sein, daß viele Sozialdemokraten eine Mitgliedschaft ihrer Kinder in den ‚Kinderfreunden' oder der SAJ ablehnten. Darauf deutet zumindest der Bericht von Elfriede P. hin, die 1926 gegen den Willen ihres Stiefvaters in die SAJ eintrat und dort schon bald Funktionen übernahm. Von 1927 bis 1933 machte sie daneben als Helferin bei den ‚Kinderfreunden' mit und war Kinderleiterin im Arbeitersportverein. Sie erzählt:

„Mein Stiefvater war Bäcker, arbeitete jedoch als Kutscher. Mutter hatte ihn 1916 geheiratet, zwei Jahre nachdem mein Vater im Krieg gefallen war. Mein Stiefvater war zwar Mitglied der SPD, aber nicht aktiv ... (Die Mutter war nicht in der SPD, K.H.) Trotzdem war er dagegen, daß ich in die SAJ eintrat. Viele ältere Sozialdemokraten haben ihre Kinder nicht zu den Kinderfreunden und der SAJ geschickt. Wir haben bei den Kinderfreunden immer sehr viel agitieren und reden müssen, bis sie uns die Kinder dann doch hinschickten. Sie hatten Angst, daß ihre Kinder ihnen entfremdet werden. Wir waren nun doch anders in der Erziehung als die Eltern. Bei denen war das mehr auf Gehorsam getrimmt und bei uns war das mehr freundschaftlich, kameradschaftlich ... Wir haben vor allem als Arbeiterjugendliche einen etwas eigenen Willen bekommen und haben uns manchesmal nicht dem gefügt, was die Eltern eigentlich mit uns vorhatten. Das paßte den Eltern nicht; z.B. sonntags wollten wir wandern und nicht bei den Eltern bleiben, mit ihnen Kaffee trinken und spazieren gehen. Das war ihnen fremd und ungewohnt. Vor allen Dingen wußten sie nicht, was wir da machten, was wir anstellten. Im Hintergrund stand immer die Frage: ‚Was machen die nun, fressen die was aus?' Sie hatten uns nicht mehr so im Griff. Wir waren ein bißchen selbständiger geworden. Wir hatten eine ganz andere Lebenshaltung, das verunsicherte die Eltern. Besonders beunruhigend war, daß wir Mädchen und Jungen zusammen loszogen. Sie konnten sich nicht vorstellen, daß da keine sexuellen Dinge liefen. Da kam nichts vor. Die Mädchen wurden ja als Menschen geachtet von den Jungen. Das war auch meinem Vater fremd. Er sah in der Frau nur ein Geschlechtswesen ...

Es gab wirklich viele Eltern, vor allem Väter, die in der SPD waren, doch die haben gar nichts dafür getan, daß ihre Kinder in eine gleiche Richtung kamen. Zumindest nicht solange sie Jugendliche waren. Ihre Angst war der Verlust der Kontrolle über ihre Kinder, ein Autoritätsverlust. Das muß sie sehr getroffen haben, daß sie nicht mehr so autoritär sein konnten. Natürlich gab es auch Familien bei denen es anders war ..."

Besonders skeptisch standen viele sozialdemokratische Väter einer Organisierung der Tochter gegenüber. Ihre größte Angst war, daß in der koedukativen Kinder- bzw. Jugendgruppe „etwas passieren könnte". Suspekt waren ihnen vor allem die Wochenend- und Ferienfahrten, bei denen Jungen und Mädchen gemeinsam übernachteten. Mütter scheinen aufgeschlossener für das Erziehungsangebot von Kinderfreunden und SAJ gewesen zu sein.[235] Nur relativ wenige Arbeitereltern schickten ihre Kinder von sich aus in die sozialistischen Erziehungsorganisationen; meist kamen sie aufgrund der Werbung von älteren Geschwistern oder gleichaltrigen Schulfreund(inn)en, Nachbarskindern bzw. Arbeitskolleg(inn)en[236].

Die Skepsis gegenüber den sozialdemokratischen Vorschlägen für eine partnerschaftliche Gestaltung der Ehe und eine sozialistische Erziehung der Kinder war und blieb bis zum Ende der Weimarer Republik bei vielen Parteimitgliedern der älteren Generation groß. Nur relativ wenige waren zu weitreichenden persönlichen Verhaltensänderungen bereit.

2.3.3.2 Die jungen Familien

Auch das Ehe- und Familienleben der meisten jungen Paare im sozialdemokratischen Milieu, die in den zwanziger Jahren eine Familie gründeten, war mehr oder minder durch die beschriebenen autoritär-patriarchalischen Grundstrukturen geprägt. Diese Generation scheint sich jedoch noch stärker als die Elterngeneration am Leitbild der ‚modernen Kleinfamilie' orientiert und um dessen Realisierung bemüht zu haben. Vor allem die bessersituierten, in der SPD engagierten Paare aus dem Umfeld der Arbeiterjugendbewegung versuchten, dieses Ideal zu leben. Voraussetzung hierfür war ein Anstieg des Lebensstandards, der zum einen durch die systematische Begrenzung der Kinderzahl erreicht wurde, zum anderen Folge sozialen Aufstiegs war. Auffallend ist, daß viele junge, engagierte Sozialdemokraten und Sozialdemokratinnen in den zwanziger Jahren eine höhere Berufsqualifikation als ihre Eltern hatten.[237] Dies war insbesondere in organisierten Arbeiterfamilien nicht selten entscheidend durch die Eltern gefördert worden, die ihren Kindern mit großem persönlichen Einsatz eine bessere Schul- und Berufsausbildung ermöglicht hatten. Die folgende Analyse des Alltags junger Familien im sozialdemokratischen Milieu der Weimarer Republik konzentriert sich ausschließlich auf den Kreis aufstiegsorientierter, ‚moderner' Facharbeiter- und Angestelltenfamilien, da bei ihnen der Wandel im Familienalltag an deutlichsten sichtbar wird.

Zu diesen jungen sozialdemokratischen Arbeiterpaaren gehörten Martha und Franz B., die 1921 geheiratet hatten. Im selben Jahr kam ihr einziges Kind zur Welt. Martha B., eine gelernte Buchbinderin, war nur bis zur Geburt erwerbstätig; ihr Mann, der 1925 als besoldetes Mitglied in den Vorstand des Ortskartells Groß-Hamburg des Deutschen Bauarbeiterverbandes gewählt wurde, verdiente genug. Aufgrund seiner leitenden Gewerkschaftsaufgaben mußte Franz B. seit Mitte der zwanziger Jahre sehr viel reisen. Soweit dies möglich war, begleitete ihn seine Frau; die Tochter kam währenddessen zur Großmutter. Wie die meisten führenden Funktionäre der Arbeiterbewegung konnte Franz B. politisch nur so aktiv sein, weil seine Frau ihm die Lasten des Alltags vollständig abnahm[238].

Im Vergleich zu ihrer Mutter empfand Martha B. sich in ihrer Ehe als gleichberechtigt: Sie teilte Weltanschauung und Interessen mit ihrem Mann. Im Familienalltag kam der gemeinsamen Freizeit ein sehr viel größeres Gewicht zu. Sie bemühte sich durch eine rationelle Haushaltsführung mehr Zeit für Mann und Tochter zu gewinnen. Dies fiel ihr leicht, da die Familie eine komfortable Drei-Zimmer-Neubauwohnung bewohnte. Die vorherrschende geschlechtsspezifische Arbeitsteilung stellte jedoch auch Martha B. nicht in Frage. Sie erzählt:

> „Mein Mann wollte nach der Geburt von Lotte nicht, daß ich weiter arbeite: ‚Mit meinem Geld, da kommen wir doch aus. Das Geld, wo Du eine Woche für arbeiten mußt, habe ich in zwei Stunden verdient. Es steht also in keinem Verhältnis. Und wir haben unsere Gemütlichkeit.' Wenn er nach Hause kam, hatte ich seinen Tee fertig und sein Abendbrot, konnte ihn auch betreuen ... Das fand ich in Ordnung ...
>
> Wenn mein Mann abends nach Hause kam, waren wir zusammen. Ich ging immer zu allen Versammlungen mit. Bis das Kind eingeschlafen war, bin ich zu Hause geblieben ..., dann konnte ich nachgehen. Manchmal war es so schlimm, daß ich meiner Nachbarin, ich stand mich immer gut mit meinen Nachbarn, den Schlüssel zu meiner Wohnung gab, um nach dem Rechten zu gucken ..."

Martha und Franz B. kamen nicht auf den Gedanken, sich in der abendlichen Beaufsichtigung ihres Kindes abzuwechseln. Wie ihre Mutter machte letztlich auch Martha B. die Bedürfnisse und Interessen ihres Mannes zu den eigenen. Familienleben und Freizeitgestaltung spielten sich weitgehend nach seinen Wünschen ab. Ein typischer Sonntag verlief beispielsweise folgendermaßen: Morgens, wenn sie den Sonntagsbraten zubereitete, ging ihr Mann zum Fußball. Er war passives Mitglied in einem Arbeiterfußballklub. Pünktlich zum Essen kam er zurück. Nachmittags traf die Familie sich mit Freunden und Verwandten. Im Sommer war der Schrebergarten, wie in vielen anderen Arbeiterfamilien, bevorzugter Treffpunkt, im Winter mußte man mit der Wohnung vorliebnehmen[239]. Martha B. erzählt:

> „Sonntags, im Winter, da gingen wir häufig zu meiner Schwester Olga ... Sie hatte zwei Babys, da fehlte ihr die Zeit, zu mir zu kommen. Das war zu umständlich. Darum gingen wir lieber zu ihr, das war ihr angenehmer ... Nach dem Mittagessen machte mein Mann erst ein Nickerchen und dann ging er zu Olga und Robert; Sch. kam auch ... Mein Mann mochte gerne Skat spielen, war ein Skathai. Wenn er kam, hieß es: ‚Franzl, wir setzen gleich einen Skat an.' ... Am Nachmittag kam ich dann nach. Da Olga auch Skat spielte, ließ sie das Geschirr vom Mittag stehen. Das war allerhand, der ganze Herd war voll. Ich hab' abgewaschen. So war das immer, ich sag das so, wie es war. Meine Lotte saß da auf einem Stuhl und spielte ... Abends hab' ich Lotte nach Haus' gebracht, zum Schlafen, und hab' Abendbrot gemacht. Das brachte ich dann später mit ..."

Ohne Klagen und ohne Kritik erzählt Martha B. von diesen Winter-Sonntagen, die für sie viel Arbeit und wenig Erholung brachten. Schöne Erinnerungen hat sie vor allem an die Ausflüge und Wanderungen, die ihre Familie an Sommerwochenenden mit den ‚Naturfreunden' machte[240]. Gern erinnert sie sich auch an die kurzen Reisen mit ihrem Mann, die das Paar ab und zu an Tagungs- und Kongreßfahrten anschloß. Trotz des Anspruchs auf Partnerschaftlichkeit waren Martha und Franz B. im Ehe- und Familienalltag nicht gleichberechtigt. Beide konnten ihre autoritär-patriarchalische Sozialisation nur in begrenztem Maße überwinden.

Auch in der jungen Generation führten nur relativ wenige Paare im sozialdemokratischen Milieu ein partnerschaftliches Ehe- und Familienleben. Zu ihnen gehörten Paula und Karl K., die 1917 geheiratet hatten. Für Paula K. war der Alltag in ihrem Elternhaus in jeder Beziehung ein abschreckendes Beispiel gewesen. Sie versuchte alles anders, „besser" zu machen. Ihr Ziel war eine „Kameradschaftsehe". Paula und Karl K. hatten sich im Arbeiterjugendbund kennengelernt. Karl K. arbeitete als Maschinenschlosser; von 1929 bis 1935 war er erwerbslos. Paula K. war bis zur Geburt ihres einzigen Kindes im Jahr 1921 als Verkäuferin bei der ‚Produktion' tätig[241]. Schon ein Jahr später nahm sie diese Erwerbsarbeit wieder auf, arbeitete nun allerdings nur an zwei Wochentagen. In dieser Zeit beaufsichtigte ihre Mutter die Enkeltochter. Paula K. mußte zwar aus finanziellen Gründen erwerbstätig sein, doch die Arbeit machte ihr auch Spaß, gab ihr Selbstbewußtsein und persönliche Unabhängigkeit. Deshalb wollte sie auf keinen Fall ganz aufhören.

Daneben führte sie den Haushalt in der 2-Zimmer-Altbauwohnung einer Genossenschaftssiedlung und betreute das Kind.

Trotz ihrer Arbeitsbelastung fand Paula K. Zeit zur politischen Betätigung, denn ihre Mutter betreute die Tochter, wenn sie Termine hatte, und ihr Mann half ihr bei Hausarbeit und Kindererziehung. 1917 war Paula K. gemeinsam mit ihrem Mann in die SPD eingetreten. Sie gehörte zu den Gründungsmitgliedern der Altonaer ‚Arbeiterwohlfahrt', die ihr politischer Arbeitsschwerpunkt blieb. Jahr für Jahr arbeitete sie in den Sommermonaten als Helferin in der Kinderferienkolonie Köhlbrand. Von 1931 bis 1933 war sie zudem Leiterin der AWO und der SPD-Frauengruppe in ihrem Wohndistrikt. Sie besuchte seit ihrem Parteieintritt regelmäßig die Frauenabende und ging gemeinsam mit ihrem Mann zu den allgemeinen Parteiversammlungen. In ihrer Freizeit sang sie daneben im ‚Chor der freien Volksbühne Altona'. Karl K. war aktives Mitglied im Metallarbeiterverband. Seit 1924 engagierte er sich außerdem im ‚Reichsbanner', der republikanischen Schutzorganisation. Paula K. schildert ihr Ehe- und Familienleben als außerordentlich glücklich. Maßstab ihres Urteils waren die Kindheitserfahrungen:

> „Ich war glücklich verheiratet, ich hab' einen lieben Mann gehabt ... Wir haben zusammen wie Geschwister gelebt. Wir sind immer zusammen gewesen. Unser inneres Denken hat übereingestimmt. Mein Mann war auch in der Arbeiterwohlfahrt und in der SPD ... Er unterstützte, daß ich so viel unterwegs war. Der sagte immer: ‚Geh' man zu, ich mach' das alles fertig'. Er hat dann, vor allem als er arbeitslos war, den ganzen Haushalt mitgemacht. Er war immer in der Küche ..."

Wie das Beispiel von Paula und Karl K. zeigt, war die eheliche Gleichberechtigung an eine Gleichbewertung von Erwerbs-, Haus- und Familienarbeit geknüpft, die Voraussetzung für eine veränderte Arbeitsteilung zwischen den Ehepartnern war: Das Paar brauchte die vorherrschende geschlechtsspezifische Arbeitsteilung zwar nicht grundsätzlich in Frage zu stellen, mußte aber die damit verbundene Minderbewertung der weiblichen Arbeit in Haushalt und Familie aufgeben und ggf. zu einer veränderten Verteilung der Aufgaben und Pflichten bereit sein. Nur wenn der Mann der Frau einen Teil ihrer Arbeit abnahm, konnte sie Zeit für ihre persönlichen Interessen wie für gesellschaftliches Handeln erübrigen.

Paula K. sah in der Erwerbsarbeit eine wichtige Basis für ihre eheliche Gleichberechtigung. Sie hatte bereits in der Kindheit erfahren, wie stark ihre Stellung in der Familie vom Einkommen abhing. Die meisten Sozialdemokratinnen, die eine gleichberechtigte und partnerschaftliche Ehe erstrebten, teilten ihre Auffassung nicht. So auch Paula Karpinski, die es als außerordentlich positiv erfahren hatte, daß ihre Mutter nicht erwerbstätig zu sein brauchte und ausschließlich für die Familie da sein konnte. Ihr schien das Beispiel der Eltern zu zeigen, daß auch bei einer traditionellen Aufgabenteilung zwischen Frau und Mann eine partnerschaftliche Ehe möglich war:

> „Im Gegensatz zu der Betonung heute, daß die Frauen sagen: ‚Wir wollen gleichberechtigt sein und deshalb möchten wir unsere Berufschancen weiter nutzen, zur Selbstentwicklung und Selbstbestätigung', muß ich sagen, daß das für uns überhaupt keine Rolle gespielt hat. Das Wort Gleichberechtigung haben wir überhaupt nicht dauernd im Munde geführt, wir haben aber so gelebt ...
>
> In meiner Ehe war es eine Selbstverständlichkeit, daß, solange beide sowohl berufs- wie auch politisch tätig waren, man auch im Haushalt die Dinge gemeinsam machte; was notwendig war, wurde getan ... In unserer Ehe haben wir nicht viel über Gleichberechtigung diskutiert. Darüber muß man nicht viel reden, das tut man, und so lebt man in der Familie. Da beginnt es nämlich ..."[242]

Paula und Carl Karpinski hatten sich im Arbeiterjugendbund kennengelernt; 1920 heirateten sie. 1925 konnten sie ihre erste eigene Wohnung in einem Neubaublock beziehen. Carl Karpinski war gelernter Vermessungstechniker; nach einigen Jahren Berufstätigkeit studierte er auf der Bauschule und wurde selbständiger Architekt. Das Studium finanzierte seine Frau durch ihre Erwerbsarbeit. Paula Karpinski arbeitete nach dem einjährigen Besuch der Handelsschule zunächst als Stenotypistin, später als Buchhalterin und Abteilungsleiterin in verschiedenen Büros. 1925, als ihr

Paula und Carl Karpinski, 1939 (Privatbesitz)

Mann sein Studium abgeschlossen hatte und durch seinen neuen Beruf den Lebensunterhalt sichern konnte, begann sie eine dreijährige Ausbildung zur staatlich geprüften Wohlfahrtspflegerin am Sozialpädagogischen Institut Hamburg, die sie vorrangig als Qualifikation für ihre politische Arbeit betrachtete. Paula Karpinski gehörte seit 1913 der SPD an; seit 1922 engagierte sie sich gemeinsam mit ihrem Mann bei den Jungsozialisten. Von 1924 bis 1927 war sie Helferin bei den ‚Kinderfreunden'. Seit 1928 gehörte sie dem Distriktsvorstand ihres Stadtteils als Schriftführerin an. Im gleichen Jahr wurde sie in den Frauenaktionsausschuß gewählt; von 1930 bis 1933 war sie Mitglied im Landesvorstand der Hamburger SPD und von 1931 bis 1933 Abgeordnete der Hamburgischen Bürgerschaft. Paula Karpinski erzählt, wie sie ihre politischen Aufgaben bewältigte:

> „Weil ich dann noch – da war ich schon 32 Jahre – ein Kind haben wollte, bin ich im Hause geblieben. Ich wollte nicht mehr berufstätig sein, da ich soviel mit der Partei zu tun hatte. Als ich in die Bürgerschaft kam, mußte ich meinen Jungen oft zu meinen Eltern bringen. Man mußte sehr flott sein im Haushalt, beim Kochen usw., um alles zu schaffen. Nach der Hausarbeit setzte ich mich an meinen Schreibtisch und las das, was im Moment für die politische Arbeit und die Referententätigkeit notwendig war, und arbeitete es aus. Abends war mein Mann da, der paßte dann auf das Kind auf, ich ging in die Versammlung oder zum Referat, je nach dem, was sich ergab. Das war natürlich leichter, solange kein Kind da war. Zwei bis drei Abende waren es doch, die ich politisch unterwegs war. Und dazu gehörte eben – mein Mann hatte ja auch Funktionen in der Gewerkschaft –, daß man sich einig war, daß immer einer für das Kind sorgte ...
>
> Unsere politische Arbeit haben wir Frauen ehrenamtlich gemacht. Sie hat uns derart ausgefüllt und soviel Zeit gekostet ... Wann hätten wir das machen sollen, wenn wir Haushalt und Beruf gehabt hätten ..."[243]

Die Aufgabe ihrer Erwerbsarbeit schien Paula Karpinski nicht nur Voraussetzung für ihr verstärktes politisches Engagement zu sein, auch aus Verantwortung gegenüber ihrem Kind hielt sie diesen Schritt für notwendig. Noch heute sagt sie:

> „Wenn ich mich für die Ehe und für Kinder entscheide, dann kann ich nicht einfach darauf bestehen, weiter berufstätig zu bleiben ... Dann habe ich eine Verpflichtung. Es ist keine Phrase, daß das Kind die Beziehung zur Mutter und zum Vater braucht ... Also mir wäre es gleichgültig, ob der Mann oder die Frau dann diese Rolle übernimmt ..., aber ich halte es für unbedingt wichtig, daß das Kind Kontakt zu seinen Eltern hat. Darum finde ich, daß man auch als Familie bereit sein muß, gewisse Opfer zu bringen. Auch das Opfer, daß man vielleicht einige Jahre darauf verzichtet, weiter berufstätig zu sein."

Paula Karpinski führte eine gleichberechtigte Ehe. Trotz aller Belastungen nahmen sie und ihr Mann sich Zeit für gemeinsame Freizeitaktivitäten. Mit ihrem Freundeskreis, überwiegend ehemalige Jungsozialist(inn)en, machten sie am Wochenende regelmäßig Ausflüge und Wanderungen. Beide besuchten gemeinsam Volkshochschulkurse, gingen ins Theater und lasen viel.

Über die Erziehungsmethoden junger Arbeiterpaare aus dem sozialdemokratischen Milieu kann wenig gesagt werden, da deren Kinder gegen Ende der Weimarer Republik in der Regel noch klein waren. Die Berichte der befragten Frauen deuten darauf hin, daß sie sich als junge Mütter bemühten, ihr Baby gemäß den Ratschlägen der „neuzeitlichen" Säuglingsernährung und -pflege zu behandeln. Der Umgang zwischen Eltern und Kindern scheint in den jungen Familien freier und offener gewesen zu sein. Prügel als Erziehungsmittel waren verpönt. Vor allem junge Eltern, die aktiv in der Arbeiterjugendbewegung mitgearbeitet hatten und sich als Helfer in den ‚Kinderfreunden' engagierten, scheinen sich um eine Veränderung ihres Erziehungsstils bemüht zu haben. Dies Streben zeigte sich am deutlichsten in der Gestaltung der Familienfreizeit. Die Arbeitertochter Hilde David beschreibt in ihren Lebenserinnerungen die Wanderungen und Ausflüge, die ihre Eltern gemeinsam mit gleichgesinnten Freunden aus der Arbeiterjugend unternahmen:

> „Daß unsere Wohnung (in Harburg, K.H.) so günstig für Wanderungen und Ausflüge lag, war ein besonderes Geschenk, das wir oft nutzten. Vor allem natürlich an sommerlichen Wochenenden. Dann fuhren junge Freunde meiner Eltern mit, oft wurde gezeltet ... Wir brauchten nur wenige Eisenbahnstationen zu fahren und waren dann

> schon in herrlichsten Heidegebieten ... Für die Wanderungen bekam ich einen winzig kleinen Rucksack, in dem wohl höchstens ein Höschen Platz hatte. Rucksack und braune Sandalen und ein ärmelloses Kleid mit einfachem Bindegürtel trugen auch die großen Mädchen, die mitwanderten, und so gehörten wir alle zusammen. Ob andere Kinder dabei waren, weiß ich gar nicht. Mir ist so, als sei ich von lauter Erwachsenen umgeben gewesen: von fröhlichen Wochenenderwachsenen, die ‚eine Woche Hammerschlag, eine Woche Häuserquader' an irgendeinen Nagel gehängt hatten und nun eine freie, duftende Welt genossen ...
>
> Wir haben auch schön gespielt. Die Großen nutzten es aus, daß sie ihrer Zwänge ledig waren, sie tobten und liefen und lachten, machten Turnkunststücke, und irgendwo war ich immer dabei ... Wir haben auch gesungen. In dieser Zeit erwarb ich die Anfänge eines Liederschatzes, den zunächst meine Mutter pflegte und den ich später selbst gern vergrößerte. Die meisten Lieder lernte ich mit Gitarrenbegleitung kennen. Mehrere Wanderfreunde müssen ein Instrument gehabt haben."[244]

Maßstab der Bewertung der eigenen Kindererziehung war der Vergleich mit der elterlichen Erziehung. Gemessen daran erschien den meisten befragten Frauen ihr Erziehungsstil liberaler und partnerschaftlicher.

* * *

Die Umgestaltung des Ehe- und Familienalltags, die die SPD ihren Mitgliedern nahelegte, wurde in den sozialdemokratischen Familien nur in sehr begrenztem Maße verwirklicht. Bei den älteren Mitglieder scheinen die Vorbehalte gegenüber den sozialdemokratischen Vorschlägen zur Ehe- und Familienreform besonders groß gewesen zu sein. Jüngere Sozialdemokrat(inn)en, vor allem ehemalige Arbeiterjugendbündler(innen), standen dem Gedanken einer umfassenden Lebensreform aufgeschlossener gegenüber. Häufig ging die Initiative zu einer Neugestaltung des Ehe- und Familienlebens von den Frauen aus: Vor allen in der Frauenbewegung engagierte Genossinnen sahen darin eine Möglichkeit, in ihrem zentralen Lebensbereich Haushalt und Familie zum Aufbau der erstrebten sozialistischen Gesellschaftsordnung beizutragen. Von einer gleichberechtigten und kameradschaftlichen Ehebeziehung erhofften sie sich mehr privaten und gesellschaftlichen Handlungsspielraum. Durch eine alternative Erziehung wollten sie ihre Kinder zu „Trägern der Zukunftsgesellschaft" erziehen[245]. Sozialdemokratische Männer hatten meist sehr viel weniger Interesse an einer Änderung der bestehenden Familienstrukturen. Sie scheinen häufig den Verlust von Einfluß, Macht und Privilegien in der Familie gefürchtet zu haben. Selbst die Paare, die ein partnerschaftliches Ehe- und Familienleben erstrebten, waren nur selten in der Lage, dieses Ziel auch wirklich zu leben. Ihre Persönlichkeit war meist durch eine autoritär-patriarchalische Sozialisation geprägt. Eine Änderung ihres Verhaltens und der ihm zugrundeliegenden Gefühle ließ sich nicht mit Hilfe von intellektuellem Wissen und Wollen erreichen. Dies war zwar eine wichtige Voraussetzung doch hinzu kommen mußte zum einen die emotionale Auseinandersetzung mit den erstrebten Verhaltenszielen; zum anderen mußten die entsprechenden sozialen Voraussetzungen für die neue Lebensweise zumindest ansatzweise vorhanden sein.

Das Ehe- und Familienleben der meisten älteren Arbeiterpaare im sozialdemokratischen Milieu war durch autoritär-patriarchalische Grundstrukturen geprägt. Zwei Haupttypen lassen sich hierbei unterscheiden:

1. Die Familien ungelernter und unständig beschäftigter Arbeiter mit extrem autoritär-patriarchalischer Hierarchie und ausgeprägten Gewaltverhältnissen, in denen die Erwerbstätigkeit der Frau trotz großer Kinderzahl die Regel war. Die Mutter bildete den Mittelpunkt der Familie, die vorrangig eine Erwerbs-, Zweck- und Notgemeinschaft war. Sozioökonomische Basis dieser Familienkonstellation waren materielle Not, extreme Existenzunsicherheit und überdurchschnittliche Enge und Bedrängtheit in der Wohnsituation.
2. Die Familien bessersituierter, gelernter Arbeiter mit einer autoritär-patriarchalischen Familienkonstellation, die auf dem beiderseitigen Einverständnis der Ehepartner beruhte. Ihr gemein-

sames Ideal war das bürgerliche Familienleitbild. Das Paar hatte häufig eine kleinere Kinderzahl. Die Frau brauchte in der Regel nur in Notzeiten erwerbstätig zu sein. Sozioökonomische Basis dieser Familienkonstellation, die im sozialdemokratischen Milieu in den ersten drei Jahrzehnten dieses Jahrhunderts vorherrschend gewesen zu sein scheint, waren vorrangig die berufliche und soziale Position des Mannes außerhalb der Familie und seine Stellung als „Haupt-“ bzw. „Alleinernährer“.

Trotz ähnlicher Grundstrukturen unterschied sich der proletarische Familienalltag aufgrund der spezifischen Klassenlage in erheblichem Maße von dem bürgerlicher Familien. Die Arbeiterfamilie blieb Arbeits- und Solidargemeinschaft. Vor allem für Arbeiterfrauen und -töchter war sie in Notzeiten in der Regel ein Ort der Solidarität. Sie konnten sich zumindest auf die Unterstützung der weiblichen Familienangehörigen verlassen.

Auch der Familienalltag der meisten jüngeren Arbeiterpaare aus dem sozialdemokratischen Milieu wurde in den zwanziger Jahren durch autoritär-patriarchalische Grundstrukturen geprägt. Die junge Generation orientierte sich jedoch noch stärker als die ältere am Leitbild der ‚modernen Kleinfamilie‘, dessen Durchsetzung mit einer Verfestigung der geschlechtsspezifischen Arbeitsteilung in der Familie verbunden war: Immer mehr Ehepaare erstrebten eine Beschränkung der Frau auf ihre Aufgaben als Ehefrau, Hausfrau und Mutter. Gestiegener Lebensstandard und Verkürzung der Erwerbsarbeitszeit waren entscheidende Voraussetzungen für eine Emotionalisierung des proletarischen Familienlebens, die mit dieser Entwicklung verbunden war. Die Familienfreizeit wurde mehr und mehr zum zentralen Ort des gemeinsamen Familienlebens. Dieser Wandel scheint im sozialdemokratischen Milieu nicht mit einer zunehmenden Isolierung der Familie wie der Familienangehörigen verbunden gewesen zu sein. Vor allem junge, politisch engagierte Arbeiterpaare pflegten häufig engen Kontakt zu gleichgesinnten Familienangehörigen und Freunden.

Nur ein kleiner Kreis überwiegend jüngerer Paare, die sich gemeinsam in der Sozialdemokratie engagierten und zum größten Teil aus der Arbeiterjugendbewegung kamen, lebte im Alltag eine gleichberechtigte und partnerschaftliche Ehe- und Familienkonstellation. Es waren mehrheitlich Söhne und Töchter aus sozialdemokratischen Arbeiterfamilien, die einen sozialen Aufstieg in Facharbeiter-, Angestellten- oder Beamtenpositionen geschafft hatten. Die Frau war je nach der Phase im Familienzyklus und in Absprache mit ihrem Ehepartner erwerbstätig; der Mann anerkannte ihre Arbeit in Haushalt und Familie und übernahm, wenn es notwendig war, einen Teil der Haus- und Familienarbeit. Das Ehepaar bemühte sich gemeinsam um eine sozialistische Erziehung der Kinder. Sozioökonomische Basis dieser neuen Familienkonstellation waren relativ gesicherte wirtschaftliche Verhältnisse, eine kleine Kinderzahl, ein relativ hoher Bildungsgrad beider Ehepartner, starkes gemeinsames Engagement in der sozialdemokratischen Arbeiterbewegung und ein bei beiden ausgeprägtes Streben, die politische Gesinnung auch in einer alltäglichen Lebensreform auszudrücken.

„Wir hatten keinen Beruf, wir hatten Arbeit ...“

Irma K. (geb. 1908)

3

Arbeiterfrauen im Erwerbsleben

Tubenherstellung in der Chemischen Industrie: Aufdrehen der Verschlußkappen, 1932 (Beiersdorf, Hamburg)

Die Mehrheit der erwerbstätigen Arbeiterfrauen betrachtete unabhängig vom Familienstand nicht das Erwerbsleben, sondern Haushalt und Familie als zentralen Bereich ihres Lebenszusammenhanges. Entgegen der Grundannahme der sozialistischen Frauenemanzipationstheorie, die Erwerbstätigkeit sei eine unabdingbare Voraussetzung für die individuelle und gesellschaftliche Befreiung des weiblichen Geschlechts, zeigt sich bei einer genaueren Betrachtung des Alltags von proletarischen Frauen eine ambivalente, wenn nicht gar gegenteilige Wirkung der Erwerbsarbeit: Sie bedeutete zunächst einmal eine größere Belastung, die angesichts der spezifischen weiblichen Arbeitssituation häufig Zeit und Kraft zu gesellschaftlichem Handeln nahm; zugleich konnte sie allerdings auch ein Schritt zur persönlichen Befreiung sein, indem sie die ökonomische Abhängigkeit verringerte und den weiblichen Erfahrungsraum erweiterte. Durch die bloße Präsenz in der „Männerwelt des Berufs" wurden Arbeiterfrauen nicht „revolutioniert"[1]. Wie die Erwerbstätigkeit von ihnen erlebt wurde und ob sie eine emanzipationsfördernde Wirkung hatte, hing von einer Vielzahl von Faktoren ab; nicht nur von ihren Zugangschancen zum Arbeitsmarkt, der Art und den Bedingungen ihrer Erwerbsarbeit, ihrer Entlohnung sowie ihren sozialen Beziehungen am Arbeitsplatz, sondern auch von ihrer Phase im Lebenszyklus sowie dem Umfang ihrer häuslichen und familiären Belastungen. Beeinflußt wurde ihre Erfahrung der Erwerbsarbeit zudem von der Frauenpolitik und Frauenarbeit der Gewerkschaften, die nur dann zu einer Erweiterung des Handlungsspielraumes der erwerbstätigen Frauen beitragen konnten, wenn sie deren geschlechtsspezifische Bedürfnisse und Interessen berücksichtigten.

3.1 Frauen in der „Männerwelt des Berufs"

> „Im allgemeinen sieht man die Berufstätigkeit der Frau als einen Notzustand an. Der Mann verdient nicht genug, um Frau und Töchter zu ernähren und infolgedessen müssen die weiblichen Mitglieder der Familie ebenso zum Lebensunterhalt beitragen wie die männlichen, wenn die Familie als Wirtschaftsverband überhaupt bestehen soll."[1]

Mit diesen Worten beginnt ein Artikel aus der ‚Frauen-Beilage des Hamburger Echo', der im Juli 1929 zum Thema Berufsarbeit der Frau erschien. Das Zitat beschreibt treffend die Einstellung zur Frauenerwerbsarbeit, die in der Weimarer Republik auch in Arbeiterkreisen vorherrschte: Frauenerwerbstätigkeit galt als Übergangsphase zwischen Schulentlassung und Heirat sowie als notbedingtes Provisorium in der Ehe. Verstärkt wurde diese Haltung bei der Masse der erwerbstätigen Frauen durch ihre spezifisch weibliche Arbeitssituation, die gekennzeichnet war durch ein Arbeitsplatzangebot von überwiegend unqualifizierten und schlecht bezahlten Erwerbsarbeiten sowie die gleichzeitige Verpflichtung zu mehr oder minder viel Haus- und Familienarbeit. Diese Situation wurde durch das vorherrschende Familienleitbild zementiert: Mit dem Verweis auf den sogenannten „weiblichen Hauptberuf" Hausfrau und Mutter wurden Mädchen und Frauen gleiche Berufschancen verwehrt. Da Frauenerwerbsarbeit als „Übergang" und „Zuverdienst" galt, brauchte sie zudem nicht gleich entlohnt zu werden wie Männererwerbsarbeit. Letztlich diente die Argumentation mit dem „weiblichen Hauptberuf" dazu, die geschlechtsspezifische Segmentierung des Arbeitsmarktes zu sichern und Frauen zu einem billigen und flexiblen Arbeitskräftepotential zu degradieren. Die Situation auf dem Arbeitsmarkt wiederum reproduzierte die abhängige und untergeordnete Stellung von Mädchen und Frauen in der Familie. Der deutlich geringere Lohn, den sie zum Familieneinkommen beisteuern konnten, verfestigte ihren niedrigeren Status in der Familienhierarchie und ihre materielle und persönliche Abhängigkeit vom Vater bzw. Ehemann. Im Leitbild der ‚modernen Kleinfamilie' war auch die Doppelrolle verheirateter Frauen als Hausfrau und Mutter einerseits und Erwerbstätiger andererseits bereits angelegt: Wenn die Frau mit ihrer häuslichen Rolle die Verantwortung für das Wohlergehen akzeptierte, mußte sie in Zeiten familiärer Not zur Erwerbsarbeit greifen, um die Existenz der Familie zu sichern. Die sozioökonomischen Verhältnisse nötigten sie – gefördert durch die Ideologie des Familienleitbildes – zu einem flexiblen Einsatz ihrer Arbeitskraft. Diese Vorüberlegungen verdeutlichen, daß die Frauenerwerbsarbeit nur im Kontext von Haus- und Familienarbeit adäquat analysiert werden kann.

3.1.1 *Die Strukturen des weiblichen Arbeitsmarktes in Hamburg*

Frauen stellten in der Weimarer Republik – wie ein halbes Jahrhundert zuvor im Kaiserreich – rund ein Drittel der hauptberuflich Erwerbstätigen. Nach wie vor war jede dritte Frau im erwerbsfähigen Alter voll erwerbstätig. Hinter diesen relativ stabilen Quoten verbirgt sich ein grundlegender qualitativer Wandel, dessen Haupttendenzen – die Veränderung der sozialen Zusammensetzung der hauptberuflich erwerbstätigen Frauen sowie der weiblichen Erwerbsformen und Erwerbsarbeitsbereiche – näher betrachtet werden sollen.

Der weibliche Arbeitsmarkt in Hamburg, ein spezifisch großstädtischer Arbeitsmarkt mit ausgesprochen ‚moderner' Wirtschaftsstruktur, wies bereits in den zwanziger Jahren eine Verteilung der Frauenerwerbsarbeit auf, wie sie sich insgesamt erst in den 50er Jahren in der Bundesrepublik Deutschland zeigte.[2] Hamburg war mit seinem Hafen das ausgeprägteste Handels- und

Dienstleistungszentrum unter den deutschen Großstädten, daneben aber auch wichtigster Industriestandort im norddeutschen Raum. Sein Arbeitsmarkt wies eine extrem hohe Geschlechtssegregation auf, vor allem in Industrie und Gewerbe, die aufgrund des großen Gewichts der Branchen, die unmittelbar von der Entwicklung des Handels und des Verkehrs abhängig waren – vorrangig des Maschinen–, Apparate- und Fahrzeugbaus, in dessen Mittelpunkt der Schiffbau stand –, überwiegend Arbeitern Erwerb boten. Frauen wurden nur in wenigen Branchen von Industrie und Gewerbe in größerem Umfang als Arbeiterinnen beschäftigt, vor allem im Bekleidungsgewerbe und der Nahrungs- und Genußmittelindustrie. Sie fanden jedoch in zunehmenden Maße Arbeit als Angestellte im expandierenden Dienstleistungssektor. Bereits Mitte der zwanziger Jahre gab es in der Hansestadt mehr weibliche Angestellte als Arbeiterinnen.

Die folgende Analyse der Entwicklung des weiblichen Arbeitsmarktes in Hamburg, bei der auf einen Vergleich mit dem Reich weitgehend verzichtet wird, da hierzu eine ganze Reihe von Studien vorliegt[3], stützt sich zum einen auf die amtlichen Volks- und Berufszählungen[4] vornehmlich der Jahre 1907, 1925 und 1933, zum anderen auf die Jahresberichte des hamburgischen Gewerbeaufsichtsamtes für die Jahre 1914 bis 1932. Dabei ist zu berücksichtigen, daß die amtlichen Berufszählungen die vielfältigen Formen der Frauenerwerbsarbeit nur unzureichend erfaßten. Hauptgrund hierfür war die sich wandelnde Vorstellung der Statistiker, was als Erwerbstätigkeit zu definieren und demgemäß zu zählen sei: Bis 1950 rechneten sie zu den Erwerbspersonen nur sogenannte „Hauptberufstätige"; jede Form der „Nebenberufstätigkeit", die von Männern meist neben einem Haupterwerb, von Frauen hingegen als einzige Erwerbsarbeit angegeben wurde, was der heutigen Teilzeitarbeit entspricht, wurde bei der Ermittlung der Erwerbsbeteiligung nicht als Erwerbstätigkeit gewertet. Die Folge der restriktiven Auslegung des Begriffs „Nebenberufstätigkeit" war nicht nur die langjährige Untererfassung der Mithelfenden Familienangehörigen, die erst 1925 annähernd realistisch gezählt wurden, sondern der weiblichen Erwerbstätigen insgesamt. Die Vielzahl von weiblichen Erwerbsarbeiten auf dem ‚grauen Arbeitsmarkt' trat in den amtlichen Statistiken nicht in Erscheinung.[5] Die jährlichen Zählungen des hamburgischen Gewerbeaufsichtsamtes erstreckten sich bis 1924 nur auf die gewerblichen Arbeitnehmer(innen) der revisionspflichtigen Betriebe mit mindestens zehn Beschäftigten. Seit 1925 wurden alle Arbeitnehmer(innen) in Betrieben mit fünf und mehr Beschäftigten gezählt. Zusätzlich wurden generell die Gewerbebetriebe revidiert, die unabhängig von der Größe besonderen Schutzvorschriften unterlagen. Die Zählungen des Gewerbeaufsichtsamts erfaßten die einzelnen Gewerbegruppen in sehr unterschiedlichem Maße. Der Grad war vorrangig abhängig von der Höhe des Kleingewerbe- und Heimarbeit-Anteils in der Branche.[6] Aufgrund der beschränkten Aussagekraft beider Quellen können nur die Grundstrukturen und Grundtendenzen der Entwicklung des weiblichen Arbeitsmarktes in der Hansestadt aufgezeigt werden.

Ersten Aufschluß über die Entwicklung der geschlechtsspezifischen Erwerbstätigkeit im hamburgischen Staat und im Deutschen Reich gibt für die Jahre 1882 bis 1933 die Tabelle 1. Auffallend ist als Grundtendenz in Hamburg wie im Reich bei beiden Geschlechtern, daß die Zahl der Erwerbspersonen, d.h. der hauptberuflich Erwerbstätigen einschließlich der Erwerbslosen, stärker anstieg als die Bevölkerungszahl. Die Erwerbsquote – der Anteil der Erwerbspersonen an der Bevölkerung – nahm demgemäß seit den 1880er Jahren zu. Ursache hierfür war vorrangig die Veränderung des Altersaufbaus der Wohnbevölkerung: Der Anteil der nicht erwerbsfähigen Altersgruppe der Unter-15jährigen ging in Hamburg wie im Reich zurück[7]. Die Erwerbsquote lag in der Hansestadt bei den Männern im gesamten Zeitraum deutlich höher als im Reichsdurchschnitt. Die seit 1882 steigende Differenz ist vorrangig auf die typisch großstädtische Zusammensetzung der Wohnbevölkerung zurückzuführen: In dem Stadtstaat war der Anteil der erwerbsfähigen Altersgruppen an der Wohnbevölkerung größer als im Durchschnitt des Reiches. Haupturesache hierfür war die bis zur Vorkriegszeit außerordentlich starke Zuwanderung von erwachsenen Arbeitskräften, die – wenn auch erheblich vermindert – in den zwanziger Jahren anhielt.[8] Da die Zuwanderung der Männer deutlich die der Frauen übertraf, ging der Frauenanteil an der Wohnbevölkerung zwischen 1882 und 1907 so stark zurück, daß er unter dem des Reiches lag. Dies änderte sich in der Nachkriegszeit. Nun übertraf der Frauenanteil in der Hansestadt den im Reich, was vorrangig Konsequenz des Ersten Weltkrieges war, der insbesondere in den Großstädten zum sogenannten ‚Frauenüberschuß' geführt hatte. Die Erwerbsquote der Frauen war im gesamten Zeitraum in Hamburg niedriger als im Reichsdurchschnitt. Zentrale Ursache hierfür war die spezifische Struktur des hamburgischen Arbeitsmarktes. Generell hat auch das methodische Verfahren der Zählung der hauptberuflich Erwerbstätigen die Höhe der Erwerbsquote, insbesondere die der Frauen, beeinflußt: Die Untererfassung der Mithelfenden Familienangehörigen – überwiegend Frauen – wirkte sich in Hamburg in geringerem Maße aus als im Reichsdurchschnitt, wo der Mithilfe im Familienbetrieb eine sehr viel größere Bedeutung zukam.[9] Die verbesserte Erfassung der Mithelfenden Familienangehörigen in der Erwerbsstatistik trug mit zu der überdurchschnittlich starken Zunahme der Zahl der weiblichen Erwerbspersonen zwischen 1907 und 1925 bei[10]. Der Rückgang der Frauenerwerbsquote bis 1933, der im Reich stärker war als im hamburgischen Staat, war primär Folge der Wirtschaftskrise.

Die Erwerbsquote der erwerbsfähigen Frauen differierte erheblich nach Alter und Familienstand (vgl. Tabelle 4). Die Erwerbsbeteiligung war am Anfang dieses Jahrhunderts bei den 14- bis 19jährigen Mädchen und Frauen allgemein am größten. Für diese Altersgruppe wurde die hauptberufliche Erwerbstätigkeit in breiten Bevölkerungsschichten seit der Jahrhundertwende zunehmend eine Selbstverständlichkeit. Demgemäß stieg ihre Erwerbsquote im hamburgischen Staat zwischen 1907 und 1925 von 65 % auf 77 %. Der Rückgang auf 72 % im Jahr 1933 war Folge der Wirtschaftskrise, von deren Massenarbeitslosigkeit vor allem ältere, ausgelernte Jugendliche allerorts in überdurchschnittlich starkem Maße betroffen waren[11]. Die Abnahme der Erwerbsbeteiligung der Unter-20jährigen war Hauptursache des Gesamtrückgangs der Frauenerwerbsquote zwischen 1925 und 1933. Bei den 20- bis 59jährigen Frauen stieg die Erwerbsbeteiligung trotz Wirtschaftskrise bis 1933 an. Generell nahm mit zunehmendem Alter die Quote der hauptberuflich erwerbstätigen Frauen ab. An diesem Trend änderte in der Hansestadt auch die starke Zunahme der Erwerbsbeteiligung in der Altersgruppe der 20- bis 29jährigen nichts, die 1907 bei 45 %, 1933 hingegen bei 59 % lag. Bei den 30- bis 59jährigen stieg die Erwerbsquote in diesem Zeitraum nur von 22 % auf 28 % an, bei den Über-60jährigen ging sie gar von 16 % auf 8 % zurück, vermutlich infolge der verbesserten Altersabsicherung. Entsprechend der Altersstruktur der weiblichen Erwerbspersonen war die Erwerbsquote bei den Ledigen am höchsten; sie stieg in Hamburg zwischen 1907 und 1933 von 72 % auf 80 %. Die verwitweten und geschiedenen Frauen stellten die Gruppe mit der zweitgrößten Erwerbsbeteiligung, die allerdings im gleichen Zeitraum von 42 % auf 28 % zurückging, wahrscheinlich als Folge der besseren Witwenversorgung. Bei den verheirateten Frauen war und blieb die Quote der hauptberuflich Erwerbstätigen trotz des Anstiegs von 6 % auf 13 % zwischen 1907 und 1933 am geringsten. Die Analyse zeigt, daß der Anstieg der Frauenerwerbsquote im hamburgischen Staat zwischen 1907 und 1933 nicht nur auf eine bessere statistische Erfassung der hauptberuflich erwerbstätigen Frauen, sondern auch auf eine reale Zunahme der hauptberuflichen Erwerbsbeteiligung der Frauen zurückzuführen ist.[12]

Mit dieser Entwicklung veränderte sich die soziale Zusammensetzung der hauptberuflich erwerbstätigen Frauen (vgl. Tabellen 3 und 4). Im hamburgischen Staat sank der Anteil der ledigen weiblichen Erwerbstätigen, von denen der größte Teil zu den 20- bis 29jährigen gehörte, zwischen 1907 und 1933 von 76 % auf 67 %. Dieser Trend korrespondierte mit dem Rückgang des Anteils der ledigen Frauen an der weiblichen Wohnbevölkerung im erwerbsfähigen Alter. Rückläufig war auch der Anteil der Verwitweten und Geschiedenen an den weiblichen Erwerbspersonen, die mehrheitlich zwischen 30 und 60 Jahren alt waren, er fiel zwischen 1907 und 1933 von 15 % auf 13 %, obwohl im gleichen Zeitraum deren Anteil an der weiblichen Wohnbevölkerung im erwerbsfähigen Alter angestiegen war. Stark zugenommen hatte hingegen der Anteil der Verheirateten an den weiblichen Erwerbspersonen, die ebenfalls überwiegend zur Altersgruppe der 30- bis 59jährigen gehörten, 1907 lag er bei 9 %, 1933 bei 20 %; diese Entwicklung war nur teilweise Folge des Anstiegs des Anteils der verheirateten Frauen an der weiblichen Wohnbevölkerung.

Dem beschriebenen Wandel in Hinblick auf den Familienstand der hauptberuflich erwerbstätigen Frauen entsprach die Entwicklung der Alterszusammensetzung: Der Anteil der 14- bis 19jährigen fiel zwischen 1907 und 1933 erheblich stärker als es dem Rückgang des Anteils dieser Altersgruppe an der erwerbsfähigen weiblichen Wohnbevölkerung entsprochen hätte. Der Anteil der Über-60jährigen ging geringfügig zurück, was angesichts der starken Zunahme dieser Altersgruppe an der weiblichen Wohnbevölkerung im erwerbsfähigen Alter einer deutlichen Abnahme der Erwerbsbeteiligung entspricht. Erheblich angestiegen war der Anteil der 20- bis 59jährigen, sehr viel stärker als in der erwerbsfähigen weiblichen Wohnbevölkerung. Verheiratete stellten entgegen allen arbeitsmarktpolitischen Bestrebungen, einen wachsenden Anteil der hauptberuflich erwerbstätigen Frauen. Dieser langfristig anhaltende Trend war die Haupttendenz des Wandels der sozialen Zusammensetzung der weiblichen Erwerbspersonen. Er ging mit einer Veränderung der Erwerbsformen und Erwerbsarbeitsbereiche von Frauen einher.

Die Strukturen des weiblichen Arbeitsmarktes waren bis zur Vorkriegszeit allgemein durch haushaltsnahe Erwerbsformen[13] bestimmt. Im hamburgischen Staat arbeiteten 1907 in ihnen fast zwei Drittel der weiblichen Erwerbspersonen, 38 % als Hausangestellte, 20 % als Selbständige und 3 % als Mithelfende Familienangehörige; von den außerhäuslich erwerbstätigen Frauen waren 33 % Arbeiterin und 7 % Angestellte bzw. Beamtin[14] (vgl. Tabelle 37). Ein bedeutender Teil der haushaltsnahen Erwerbsformen – die Arbeit der Selbständigen, zu denen auch die als „Hausgewerbetreibende“ bezeichneten hauptberuflichen Heimarbeiter(innen) zählten, und der Mithelfenden Familienangehörigen – war zugleich familial, während die Tätigkeit der Hausangestellten ebenso wie die der Arbeiterinnen, Angestellten und Beamtinnen marktvermittelt war[15] . Vor allem verheiratete Frauen waren in familienbezogenen Erwerbsformen tätig, ledige arbeiteten bereits in sehr viel stärkerem Maße in marktvermittelten.

In den folgenden drei Jahrzehnten verlagerte sich die hauptberufliche Erwerbsarbeit der Frauen zunehmend aus dem Umfeld des eigenen oder fremden Haushalts heraus in Fabrik, Laden oder Büro. Die marktvermittelten Erwerbsformen traten immer stärker an die Stelle der familialen. Zunehmend wurden auch verheiratete Frauen hauptberuflich in außerhäuslichen, marktvermittelten Erwerbsformen tätig. Dieser für die hauptberuflich erwerbstätigen Frauen folgenreiche Wandel vollzog sich in der großstädtischen Wirtschaft Hamburgs sehr viel früher als im Reichsdurchschnitt.[16] 1933 hatten sich die Strukturen des weiblichen Arbeitsmarktes in der Hansestadt grundlegend gewandelt. Jetzt waren rund zwei Drittel der weiblichen Erwerbspersonen außerhäuslich erwerbstätig, 34 % als Angestellte bzw. Beamtin und 31 % als Arbeiterin.[17] Von den haushaltsnah erwerbstätigen Frauen arbeiteten zwar nach wie vor die meisten als Hausangestellte, deren Anteil an den weiblichen Erwerbspersonen war jedoch überdurchschnittlich stark zurückgegangen, er lag bei 17 %. Eine deutliche Abnahme zeigte sich auch bei den Selbständigen, deren Anteil nun bei 9 % lag. Genau so hoch war der Anteil der Mithelfenden Familienangehörigen, der infolge der besseren statistischen Erfassung deutlich angestiegen war. Haupttätigkeitsbereich der Angestellten war Anfang der dreißiger Jahre die Wirtschaftsabteilung ‚Handel und Verkehr', wo 61 % arbeiteten, davon allein 49 % im Handelsgewerbe. Öffentliche und Private Dienste (24 %) sowie Industrie und Gewerbe (14 %) hatten nur eine relativ geringe Bedeutung. Die Arbeiterinnen waren nach wie vor überwiegend in Industrie und Gewerbe tätig (50 %), daneben vor allem in

Handel und Verkehr (29 %) sowie Öffentlichen und Privaten Diensten (16 %). Der größte Teil der Selbständigen wie der Mithelfenden Familienangehörigen arbeitete weiterhin in Handel und Verkehr (53 % bzw. 62 %) sowie in Industrie und Gewerbe (25 % bzw. 14 %). (Vgl. Tabelle 38)

Die Veränderung der Erwerbsformen und Erwerbsarbeitsbereiche war für die Mehrzahl der weiblichen Erwerbstätigen mit einer Verlagerung des Erwerbsarbeitsortes verbunden. Immer weniger arbeiteten innerhalb der eigenen bzw. fremden Wohnung oder auf dem Wohngrundstück (vgl. Tabelle 33). In der Vorkriegszeit hatte noch über die Hälfte aller hauptberuflich erwerbstätigen Frauen in der Wohnung bzw. auf dem Wohngrundstück gearbeitet, Mitte der zwanziger Jahre war es nur noch gut ein Drittel. Neben den Dienstboten stellten nach wie vor Selbständige und Mithelfende Familienangehörige die meisten wohnungsnah Beschäftigten.[18] Auffallend ist, daß Frauen in jeder sozialen Stellung in einem höheren Maße wohnungsnah erwerbstätig waren als Männer. Vor allem Verheiratete bemühten sich aufgrund ihrer häuslichen und familiären Belastungen, einen Erwerbsarbeitsplatz zu finden, der in der Nähe der eigenen Wohnung, ihres Hauptarbeitsortes, lag. Dies wurde in Hamburg mit dem Strukturwandel des weiblichen Arbeitsmarktes zunehmend schwieriger.

Tab. 33: *Die erwerbstätige Wohnbevölkerung im hamburgischen Staat nach Lage der Erwerbsarbeitsstätte, Geschlecht und Stellung im Beruf. 1910 und 1925*[19]

		Erwerbstätige insgesamt (ohne Erwerbslose)	Von hundert Erwerbstätigen		Von hundert Erwerbstätigen,	
			arbeiteten in der Wohnung bzw. auf dem Wohngrundstück	waren	die in der Wohnung bzw. auf dem Wohngrundstück	die außerhalb des Wohngrundstücks
					arbeiteten, waren	
Selbständige:						
1910	M	72995	55,5	22,8	65,0	12,6
	F	24981	69,9	18,6	23,1	12,9
1925	M	74645	50,7	18,4	74,3	10,3
	F	18853	72,7	10,5	21,7	4,4
Angestellte:						
1910	M	62226	2,8	19,4	2,8	23,4
	F	11138	3,3	8,3	0,5	18,4
1925	M	127777	3,3	31,4	8,3	34,7
	F	58583	6,8	32,6	6,3	46,8
Arbeiter (incl. Hausangestellte und Mithelfende Familienangehörige)[a]:						
1910	M	185393	10,8	57,8	32,2	64,0
	F	98058	59,0	73,1	76,4	68,7
1925	M	204327	4,4	50,2	17,4	54,9
	F	102222	44,4	56,9	72,0	48,7
Zusammen:						
1910	M	320614	19,4	70,5		
	F	134177	56,4	29,5		
1925	M	406749	12,5	69,4		
	F	179658	35,1	30,6		

a) (siehe Anmerkung 20)

Genaueren Aufschluß über die Entwicklung der Grundstrukturen des weiblichen Arbeitsmarktes im hamburgischen Staat geben für die Jahre 1907, 1925 und 1933 die Tabellen 34 bis 38, die im folgenden analysiert werden sollen.

Tab. 34: *Die Erwerbspersonen im hamburgischen Staat nach dem Geschlecht in den Wirtschaftsgruppen und Wirtschaftsabteilungen. 1907, 1925 und 1933*[20]

Wirtschaftsgruppe[a)]	Erwerbspersonen insgesamt			davon weiblich			V.h. Erwerbspersonen waren weiblich			V.h. Frauen waren tätig in		
	1907	1925	1933	1907	1925	1933	1907	1925	1933	1907	1925	1933
11 Landwirtschaft	11516	12671	13816	2746	4869	4523	23,8	38,4	32,7	2,5	2,7	2,4
12 Forstwirtschaft	360	1714	2132	2	75	121	0,6	4,4	5,7	0,0	0,0	0,1
21 Bergbau	291	291	377	3	11	19	1,0	3,8	5,0	0,0	0,0	0,0
22 Industrie der Steine	2311	2075	2075	94	243	180	4,1	11,7	8,7	0,1	0,1	0,1
23 Metallgewinnung	} 16204	2774	2452	} 489	147	112	} 3,0	5,3	4,6	} 0,4	0,1	0,1
24 Metallwarenherstellung		14377	15613		1625	1463		11,3	9,4		0,9	0,8
25 Maschinenbau	16356	32269	27614	420	1172	860	2,6	3,6	3,1	0,4	0,7	0,5
26 Elektrotechnik/Feinmechanik		8872	8940		1312	1433		14,8	16,0		0,7	0,8
27 Chemische Industrie	5616	9434	10212	809	2672	3549	14,4	28,3	34,8	0,7	1,5	1,9
28 Textilindustrie	2347	3784	3696	1230	2392	2331	52,4	63,2	63,1	1,1	1,3	1,3
29 Papierindustrie	7494	10430	11123	1829	3656	3869	24,4	35,1	34,8	1,6	2,0	2,1
30 Lederindustrie	6237	1754	1248	800	379	230	12,8	21,6	18,4	0,7	0,2	0,1
31 Kautschukindustrie		4201	3197		1362	1327		32,4	41,5		0,8	0,7
32 Holzindustrie	14692	15197	11655	635	1654	889	4,3	10,9	7,6	0,6	0,9	0,5
33 Musikinstrumentebau		1109	712		96	56		8,7	7,9		0,1	0,0
34 Nahrungsmittelindustrie	20689	29855	33385	3068	9527	11376	14,8	31,9	34,1	2,8	5,3	6,2
35 Reinigungsgewerbe	9541	} 30428	6063	4783	} 19016	5188	54,4	} 62,5	74,7	4,7	} 10,6	2,5
36 Sonstiges Bekleidungsgewerbe	27097		20235	16062		10803	9,3		53,4	14,4		5,8
37 Baugewerbe	35199	30485	35966	143	869	1172	0,4	2,9	3,3	0,1	0,5	0,6
38 Wasser/Gas/Elektrizität		4924	5291		156	340		3,2	6,4		0,1	0,2
41 Handelsgewerbe	96170	157253	154778	17483	49547	53674	18,2	31,5	34,7	15,7	27,6	29,1
42 Versicherungswesen	3619	6291	15023	281	1575	3805	7,8	25,0	25,3	0,3	0,9	2,1
43 Verkehrswesen	43270	79241	80889	1483	5693	4528	3,4	7,2	5,6	1,3	3,2	2,5
44 Gastwirtschaften	19484	23755	24865	8622	11991	11399	44,3	50,5	45,8	7,7	6,7	6,2
61 Hausangestellte	42628	39266	31281	41780	39033	31185	98,0	99,4	99,7	37,5	21,7	16,9
62 Sonst. häusl. Dienste/ohne feste Stell.	4653	3985	4811	490	1345	2471	10,5	33,8	51,4	0,4	0,7	1,3
Wirtschaftsabteilung[a)]												
1 Land- und Forstwirtschaft	11876	14385	15948	2748	4944	4644	23,1	34,4	29,1	2,5	2,8	2,5
2/3 Industrie und Gewerbe	164074	202259	199854	30770	46289	44540	18,8	22,9	22,3	27,6	25,8	24,1
4 Handel und Verkehr	162543	266540	275555	27869	68806	73406	17,1	25,8	26,7	25,0	38,3	39,7
5 Öffentliche und Private Dienste	31117	59972	75801	7899	19241	28461	25,4	32,1	37,5	7,1	10,7	15,4
6 Häusl. Dienste/ohne feste Stellung	47281	43251	36092	42270	40378	33656	89,4	93,4	93,3	37,9	22,5	18,2
Insgesamt	416891	586407	603250	111556	179658	184707	26,8	30,6	30,6	100	100	100

a) Siehe Anmerkung 20.

Quelle: StM Nr.1, 1910, 10ff; HStM, Sonderbeitrag 1, 1926, 145; StHSt H.33, T.2, 1928, 90ff; VBBZ 1935, 19ff.

Tab. 35: *Die Erwerbspersonen im hamburgischen Staat nach dem Geschlecht in den Wirtschaftsgruppen und Wirtschaftsabteilungen. Veränderung zwischen 1907 und 1933*[21]

Wirtschaftsgruppe	Frauen				Männer	
	absolut		in Prozent		in Prozent	
	1907–25	1925–33	1907–25	1925–33	1907–25	1925–33
11 Landwirtschaft	+2123	-46	+77,3	-7,1	-11,0	+19,1
12 Forstwirtschaft	+73	+46	+3650,0	+61,3	+357,8	+22,7
21 Bergbau	+8	+8	+266,7	+72,7	-2,8	+27,9
22 Industrie der Steine	+149	-63	+158,5	-25,9	-17,4	+3,4
Metallindustrie	+1283	-197	+262,4	-11,1	-2,1	+7,2
25 Maschinenbau	+752	-312	+179,0	-26,6	+95,1	-14,0
26 Elektrotechnik / Feinmechanik	+1312	+121		+9,2		-0,7
27 Chemische Industrie	+1863	+877	+230,3	+32,8	+40,7	-1,5
28 Textilindustrie	+1162	-61	+94,5	-2,6	+24,6	-1,9
29 Papierindustrie	+1827	+213	+99,9	+5,8	+19,6	+7,1
30 Lederindustrie	-421	-149	-52,6	-39,3	-74,7	-26,0
31 Kautschukindustrie	+1362	-35	-2,6	-34,1		
32 Holzindustrie	+1019	-765	+160,5	-46,3	-3,7	-20,5
33 Musikinstrumentebau	+96	-40	-41,7	-35,2		
34 Nahrungsmittelindustrie	+6459	+1849	+210,5	+19,4	+15,4	+8,3
Reinigungs- und Bekleidungsgew.	-2234	-3682	-10,5	-19,4	-25,8	-3,9
37 Baugewerbe	+726	+303	+507,7	+34,9	-15,5	+17,5
38 Wasser / Gas / Elektrizität	+156	+184		+117,9		+3,8
41 Handelsgewerbe	+32064	+4127	+183,4	+8,3	+36,9	-6,1
42 Versicherungswesen	+1294	+2230	+460,5	+141,6	+41,3	+137,9
43 Verkehrswesen	+4210	-1165	+283,9	-20,5	+76,0	+3,8
44 Gastwirtschaften	+3369	-592	+39,1	-4,9	+8,3	+14,5
61 Hausangestellte	-2747	-7848	-6,6	-20,1	-72,5	-58,8
62 Sonstige häusliche Dienste/ ohne feste Stellung	+855	+1126	+174,5	+83,7	-36,6	-11,4
Wirtschaftsabteilung						
1 Land- und Forstwirtschaft	+2196	-300	+79,9	-6,1	+3,4	+19,7
2/3 Industrie und Gewerbe	+15519	-1749	+50,4	-3,8	+17,0	-0,4
4 Handel und Verkehr	+40937	+4600	+146,9	+6,7	+46,8	+2,2
5 Öffentliche und Private Dienste	+11342	+9220	+143,6	+47,9	+75,4	+16,2
6 Häusl. Dienste / ohne feste Stellung	-1892	-6722	-4,5	-16,6	-42,7	-15,2
Insgesamt	+68102	+5049	+61,0	+2,8	+33,2	+2,9

Quelle wie Tabelle 34.

In den Häuslichen Diensten arbeitete in der Vorkriegszeit noch der größte Teil aller hauptberuflich erwerbstätigen Frauen Hamburgs, deren Zahl ging jedoch in den folgenden drei Jahrzehnten erheblich zurück, zwischen 1907 und 1933 von 38 % auf 18 %. Die Bedeutung dieser Wirtschaftsabteilung war und blieb aufgrund der starken Nachfrage in der reichen hanseatischen Oberschicht immer noch sehr viel größer als im Reichsdurchschnitt[22]. Die Häuslichen Dienste hatten sich im Verlauf des Industrialisierungsprozesses im 19. Jahrhundert allgemein zu einem ausgesprochenen Frauenarbeitsbereich entwickelt[23]. Nach der Jahrhundertwende stieg der Frauenanteil weiter an, in Hamburg zwischen 1907 und 1933 von 89 % auf 93 %. Von den zu diesem Zeitpunkt in den

Tab. 36: *Die Erwerbspersonen im hamburgischen Staat nach Geschlecht und Stellung im Beruf in den Wirtschaftsgruppen und Wirtschaftsabteilungen. 1907, 1925 und 1933*

Wirtschaftsgruppe	Von hundert Erwerbspersonen der jeweiligen Wirtschaftsgruppe bzw. Wirtschaftsabteilung und Berufsstellung waren weiblich														
	Insgesamt			Selbständige[a]			Angestellte[b]			Mithelfende Familienangehörige[c]			Arbeiter[d]		
	1907	1925	1933	1907	1925	1933	1907	1925	1933	1907	1925	1933	1907	1925	1933
11 Landwirtschaft	23,8	38,4	32,7	10,2	12,6	13,2	4,1	9,8	13,7	51,3	88,1	75,0	21,1	15,4	12,0
12 Forstwirtschaft	0,6	4,4	5,7		0,3	1,8		4,4	2,5		66,7	50,0	1,4	5,7	6,7
21 Bergbau	1,0	3,8	5,0				5,1	14,9	16,4					1,7	2,6
22 Industrie der Steine	4,1	11,7	8,7	3,3	3,9	2,5	12,4	27,4	27,5		100,0	50,0	3,4	9,8	6,5
23 Metallgewinnung	} 3,0	5,3	4,6	} 3,1	1,6	2,0	} 10,7	20,3	17,1	} 66,7			} 2,6	2,2	2,4
24 Metallwarenherstellung		11,3	9,4		2,2	2,9		30,4	31,6		91,8	69,9		10,6	7,8
25 Maschinenbau	2,6	3,6	3,1	1,3	1,2	1,7	9,4	14,4	14,7	100,0	90,0	22,2	1,4	1,4	1,2
26 Elektrotechnik/Feinmechanik		14,8	16,0		2,1	2,8		31,1	29,2		96,2	82,6		12,4	14,2
27 Chemische Industrie	14,4	28,3	34,8	1,8	4,7	3,9	13,2	32,4	37,5		100,0	100,0	16,2	27,9	34,8
28 Textilindustrie	52,4	63,2	63,1	64,2	47,8	42,5	13,1	38,7	41,6	100,0	90,9	94,7	54,3	70,9	68,8
29 Papierindustrie	24,4	35,1	34,8	5,8	8,2	12,5	25,0	36,2	39,0	100,0	97,2	84,8	26,9	37,8	36,0
30 Lederindustrie	12,8	21,6	18,4	3,5	3,4	2,8	8,2	33,8	33,5	83,3	90,9	100,0	15,3	21,3	16,7
31 Kautschukindustrie		32,4	41,5		38,4	8,0		26,2	33,6		60,0	100,0		33,9	44,7
32 Holzindustrie	4,3	10,9	7,6	6,7	2,5	2,5	10,4	31,1	29,5	75,0	90,2	65,0	3,4	10,0	6,6
33 Musikinstrumentebau		8,7	7,9		5,4	4,2		29,4	23,8		75,0	100,0		5,0	5,7
34 Nahrungsmittelindustrie	14,8	31,9	34,1	3,3	5,7	7,5	13,5	39,6	46,3	96,0	96,8	91,1	17,9	30,1	30,2
35 Reinigungsgewerbe	54,4	} 62,5	74,7	48,9	} 48,5	41,7	59,5	} 62,0	67,9	86,7	} 91,2	88,5	56,7	} 70,5	64,7
36 Sonstiges Bekleidungsgewerbe	59,3		53,4	55,4			57,7			95,9			63,3		
37 Baugewerbe	0,4	2,9	3,3	1,3	1,5	1,7	3,5	15,6	18,1		89,7	65,0		1,2	1,6
38 Wasser/Gas/Elektrizität		3,2	6,4		2,6			7,7	10,3					1,5	4,7
41 Handelsgewerbe	18,2	31,5	34,7	15,8	16,3	19,1	16,6	37,7	41,9	82,6	92,3	90,6	18,6	20,4	23,1
42 Versicherungswesen	7,8	25,0	25,3	1,9	1,5	5,1	9,3	27,7	24,7		100,0	84,2	3,6	34,0	43,1
43 Verkehrswesen	3,4	7,2	5,6	2,0	2,3	5,0	10,2	17,3	12,1	13,3	66,3	77,7	0,8	1,9	2,5
44 Gastwirtschaften	44,3	50,5	45,8	44,6	47,2	27,6	24,7	38,8	31,0	88,5	94,5	94,5	41,1	46,9	46,5
Wirtschaftsabteilung															
1 Land- und Forstwirtschaft	23,1	34,4	29,1	9,6	11,4	12,5	3,6	6,5	7,5	51,2	88,1	74,9	20,6	14,0	11,0
2/3 Industrie und Gewerbe	18,8	22,9	22,3	30,0	21,0	17,3	13,8	29,3	32,6	92,0	94,4	86,7	15,8	20,9	20,0
4 Handel und Verkehr	17,1	25,8	26,6	19,9	19,1	18,8	14,1	32,6	33,6	84,3	92,6	91,1	15,5	13,2	15,8
5 Öffentliche und Private Dienste	25,4	32,1	37,5	34,8	27,0	32,9	3,8	29,6	33,1		93,9	93,1	34,6	42,5	48,4
6 Häusl. Dienste/ohne feste Stellung	89,4	93,4	93,3												
Insgesamt	26,8	30,6	30,6	25,3	20,2	19,8	12,4	31,4	33,4	69,1	91,7	86,8	16,5	19,2	20,6

a)–d) Siehe Anmerkung 21. Quelle wie Tabelle 34.

Tab. 37: *Die weiblichen Erwerbspersonen im hamburgischen Staat nach der Stellung im Beruf in den Wirtschaftsgruppen und Wirtschaftsabteilungen. 1907, 1925 und 1933*

Wirtschaftsgruppe	Von hundert weiblichen Erwerbspersonen der Wirtschaftsgruppe bzw. Wirtschaftsabteilung waren														
	Selbständige[a]			Angestellte[b]			Mithelfende Familienangehörige[c]			Arbeiterinnen[d]			Hausangestellte		
	1907	1925	1933	1907	1925	1933	1907	1925	1933	1907	1925	1933	1907	1925	1933
11 Landwirtschaft	11,9	7,8	9,0	0,3	0,7	1,1	43,6	75,2	74,3	44,2	16,3	15,6			
12 Forstwirtschaft		1,3	3,3		32,0	9,9		2,7	7,4	100,0	64,0	79,3			
21 Bergbau				100,0	63,6	57,9					36,4	42,1			
22 Industrie der Steine	9,6	4,5	3,9	23,4	32,9	38,3		2,1	2,2	67,0	60,5	55,6			
23 Metallgewinnung	9,8	0,7	0,9	15,3	66,0	55,4	0,4			74,4	33,3	43,8			
24 Metallwarenherstellung		3,1	4,3		22,4	24,1		3,4	6,4		71,1	65,3			
25 Maschinenbau	3,8	0,9	1,5	53,1	68,0	65,5	0,5	0,8	0,5	42,6	30,4	32,6			
26 Elektrotechnik/Feinmechanik		2,2	2,4		39,5	33,4		3,8	5,0		54,5	59,2			
27 Chemische Industrie	0,9	0,9	0,4	23,4	41,9	37,4		0,3	0,5	75,8	56,9	61,7			
28 Textilindustrie	29,4	9,2	4,7	2,7	9,6	10,1	0,5	1,3	1,5	67,4	79,9	83,7			
29 Papierindustrie	2,7	2,2	3,1	8,5	13,7	14,2	0,3	1,0	2,2	88,5	83,2	80,5			
30 Lederindustrie	4,4	2,1	2,2	5,9	28,2	26,5	0,6	2,6	8,3	89,1	67,0	63,0			
31 Kautschukindustrie		2,8	0,5		16,7	17,7		0,2	0,4		80,2	81,5			
32 Holzindustrie	25,2	4,1	4,9	10,7	27,4	23,2	2,4	2,2	4,4	61,7	66,3	67,5			
33 Musikinstrumentebau		7,3	8,9		46,9	35,7		3,1	3,6		42,7	51,8			
34 Nahrungsmittelindustrie	4,6	2,0	1,8	9,7	26,6	26,7	3,9	11,1	11,2	81,7	60,3	60,2			
35 Reinigungsgewerbe	31,2	27,8	22,6	2,9	6,0	5,4	1,6	2,8	4,5	64,3	63,4	67,5			
36 Sonstiges Bekleidungsgewerbe	47,7			2,2			0,7			49,3					
37 Baugewerbe	36,4	8,3	6,8	57,3	54,9	46,7		6,0	7,9	6,3	30,8	38,6			
38 Wasser/Gas/Elektrizität		0,6			64,7	49,1					34,6	50,9			
41 Handelsgewerbe	25,2	13,6	13,9	22,1	60,8	57,0	6,4	13,9	14,4	46,3	11,8	14,7			
42 Versicherungswesen	3,6	0,7	1,5	92,9	89,8	79,4		0,3	0,8	3,6	9,2	18,3			
43 Verkehrswesen	5,0	1,4	3,1	80,6	81,5	61,3	0,1	1,0	5,2	14,2	16,2	30,4			
44 Gastwirtschaften	39,7	26,6	10,7	0,5	14,2	9,8	8,3	19,6	21,1	51,5	39,6	58,5			
Wirtschaftsabteilung															
1 Land- und Forstwirtschaft	11,9	7,7	8,9	0,3	1,2	1,4	43,6	74,1	72,5	44,2	17,0	17,2			
2/3 Industrie und Gewerbe	33,0	13,1	9,4	5,5	19,0	19,7	1,2	4,1	5,5	60,3	63,8	65,5			
4 Handel und Verkehr	28,4	14,5	12,1	19,3	55,0	51,1	6,6	13,5	14,1	45,8	17,0	22,7			
5 Öffentliche und Private Dienste	52,9	12,4	11,6	4,6	59,6	53,0		1,2	2,2	42,5	26,9	33,2			
6 Häusl. Dienste/ohne feste Stellung		0,0			1,0	1,7		0,0		1,2	2,3	5,7	98,8	96,7	92,7
Insgesamt	20,2	10,5	9,1	6,7	32,6	33,6	3,0	8,4	9,1	32,6	26,8	31,4	37,5	21,7	16,9

a)–d) Siehe Anmerkung 21. Quelle wie Tabelle 34.

Tab. 38: *Die weiblichen Erwerbspersonen im hamburgischen Staat nach Wirtschaftsgruppen und Wirtschaftsabteilungen in den verschiedenen Berufsstellungen. 1907, 1925 und 1933*

Wirtschaftsgruppe	Von hundert weiblichen Erwerbspersonen der jeweiligen Berufsstellung waren tätig in											
	Selbständige[a)]			Angestellte[b)]			Mithelfende Familienangehörige[c)]			Arbeiterinnen[d)]		
	1907	1925	1933	1907	1925	1933	1907	1925	1933	1907	1925	1933
11 Landwirtschaft	1,5	2,0	2,4	0,1	0,1	0,1	35,4	24,3	20,0	3,3	1,6	1,2
12 Forstwirtschaft		0,0	0,0		0,0	0,0		0,0	0,1		0,1	0,2
21 Bergbau				0,0	0,0	0,0					0,0	0,0
22 Industrie der Steine	0,0	0,1	0,0	0,3	0,1	0,1		0,0	0,0	0,2	0,3	0,2
23 Metallgewinnung	} 0,2	0,0	0,0	} 1,0	0,2	0,1	} 0,1	0,0	0,0	} 1,0	0,1	0,1
24 Metallwarenherstellung		0,3	0,4		0,6	0,6		0,4	0,6		2,4	1,6
25 Maschinenbau	0,1	0,1	0,1	3,0	1,4	0,9	0,1	0,1	0,0	0,5	0,7	0,5
26 Elektrotechnik/Feinmechanik		0,2	0,2		0,9	0,8		0,3	0,4		1,5	1,5
27 Chemische Industrie	0,0	0,1	0,1	2,5	1,9	2,1		0,0	0,1	1,7	3,2	3,8
28 Textilindustrie	1,6	1,2	0,7	0,4	0,4	0,4	0,2	0,2	0,2	2,3	4,0	3,4
29 Papierindustrie	0,2	0,4	0,7	2,1	0,9	0,9	0,2	0,2	0,5	4,5	6,3	5,4
30 Lederindustrie	0,2	0,0	0,0	0,6	0,2	0,1	0,1	0,1	0,1	2,0	0,5	0,3
31 Kautschukindustrie		0,2	0,0		0,4	0,4		0,0	0,0		2,3	1,9
32 Holzindustrie	0,7	0,4	0,3	0,9	0,8	0,3	0,4	0,2	0,2	1,1	2,3	1,0
33 Musikinstrumentebau		0,0	0,0		0,1	0,0		0,0	0,0		0,1	0,1
34 Nahrungsmittelindustrie	0,6	1,0	1,2	4,0	4,3	4,9	3,5	7,0	7,6	6,9	11,9	11,8
35 Reinigungsgewerbe	7,2	} 28,0	20,7	2,0	} 2,0	1,3	2,5	} 3,5	4,1	9,2	} 25,1	17,9
36 Sonstiges Bekleidungsgewerbe	34,0			4,8			3,5			21,8		
37 Baugewerbe	0,2	0,4	0,5	1,1	0,8	0,9		0,3	0,6	0,0	0,6	0,8
38 Wasser/Gas/Elektrizität		0,0			0,2	0,3					0,1	0,3
41 Handelsgewerbe	19,5	35,6	44,5	52,0	51,4	49,4	32,9	45,6	45,9	22,3	12,2	13,6
42 Versicherungswesen	0,0	0,1	0,3	3,5	2,4	4,9		0,0	0,2	0,0	0,3	1,2
43 Verkehrswesen	0,3	0,4	0,8	16,1	7,9	4,5	0,1	0,4	1,4	0,6	1,9	2,4
44 Gastwirtschaften	15,2	16,9	7,2	0,6	2,9	1,8	21,1	15,6	14,3	12,2	9,9	11,5
Wirtschaftsabteilung												
1 Land- und Forstwirtschaft	1,5	2,0	2,5	0,1	0,1	0,1	35,4	24,3	20,0	3,3	1,7	1,4
2/3 Industrie und Gewerbe	45,0	32,3	24,9	22,9	15,0	14,1	10,6	12,5	14,5	51,0	61,3	50,3
4 Handel und Verkehr	35,0	53,1	52,9	72,2	64,6	60,5	54,1	61,6	61,8	35,1	24,2	28,7
5 Öffentliche und Private Dienste	18,5	12,6	19,8	4,9	19,6	24,3		1,5	3,7	9,2	10,7	16,3
6 Häusl. Dienste/ohne feste Stellung		0,0			0,7	0,9		0,0		1,3	1,9	3,3
Insgesamt	22579	18853	16754	7445	58583	61996	3386	15060	16807	36366	48129	57965

a)–d) Siehe Anmerkung 21. Quelle wie Tabelle 34.

Häuslichen Diensten tätigen Frauen waren 93 % Hausangestellte, die übrigen verdienten mit Lohnarbeiten wechselnder Art, z.B. als Wasch- oder Putzfrau, ihren Lebensunterhalt.

Industrie und Gewerbe waren vor dem Ersten Weltkrieg in der Hansestadt der zweitgrößte Arbeitsbereich von hauptberuflich erwerbenden Frauen, 1907 waren hier 28 % der weiblichen Erwerbspersonen tätig. Bis Mitte der zwanziger Jahre nahm die Zahl der Frauen in dieser Wirtschaftsabteilung zwar noch zu, deren Zuwachsrate übertraf gar erheblich die der Männer, die Bedeutung als Frauenarbeitsbereich ging jedoch bereits zurück. 1925 arbeiteten in ihr 26 %, 1933 nur noch 24 % der weiblichen Erwerbspersonen. Zu diesem Zeitpunkt lag der Frauenanteil an den Erwerbstätigen dieser Wirtschaftsabteilung bei 22 %. Im Reich hingegen setzte die Stagnation erst Mitte der zwanziger Jahre ein[24]. Die meisten Frauen in dieser Wirtschaftsabteilung waren Anfang der dreißiger Jahre in Hamburg Arbeiterinnen, deren Anteil zwischen 1907 und 1933 von 60 % auf 66 % angestiegen war. Dieser Zuwachs wurde erheblich von dem der weiblichen Angestellten übertroffen, deren Anteil im gleichen Zeitraum von 6 % auf 20 % angewachsen war. Deutlich abgenommen hatte hingegen sowohl absolut als auch relativ die Bedeutung der Selbständigen, 1907 waren noch 33 % der Frauen in Industrie und Gewerbe selbständig, 1933 hingegen lediglich 9 %.

Traditioneller Schwerpunkt der gewerblichen Frauenarbeit war in Hamburg das Bekleidungs- und Reinigungsgewerbe, dessen Erwerbspersonenzahl im Gegensatz zu den meisten anderen Wirtschaftsgruppen der Stadt seit der Vorkriegszeit deutlich zurückging. Hiervon waren zunächst in stärkerem Maße Männer betroffen, seit Mitte der zwanziger Jahre vorrangig Frauen. Arbeiteten 1907 noch 19 % aller weiblichen Erwerbspersonen im Bekleidungs- und Reinigungsgewerbe, waren es 1933 nur noch 8 %. Der Frauenanteil an den Erwerbstätigen lag zu diesem Zeitpunkt bei 61 %. Hauptarbeitsbereiche der Frauen, in denen ihr Anteil den Branchendurchschnitt erheblich übertraf, waren die Kleider- und Wäscheherstellung, die Reinigung und Wiederaufbereitung von Textilien sowie die Mützen- und Hutmacherei, überwiegend Klein- und Kleinstbetriebe.[25] Die berufliche Zusammensetzung der weiblichen Erwerbstätigen im Bekleidungs- und Reinigungsgewerbe änderte sich seit der Jahrhundertwende stark: Der Anteil der Arbeiterinnen stieg zwischen 1907 und 1933 von 53 % auf 67 %, der der Selbständigen fiel von 44 % auf 23 %. Die Branche war absolut und relativ am stärksten vom Selbständigenrückgang betroffen. Trotzdem arbeitete Anfang der dreißiger Jahre immer noch ein Fünftel aller selbständigen Frauen in dieser Wirtschaftsgruppe, viele waren Hausgewerbetreibende. Der Übergang zwischen abhängig beschäftigter und selbständiger Tätigkeit war insbesondere in der Kleider- und Wäscheherstellung fließend.

Zu *dem* industriellen Frauenarbeitsplatz Hamburgs entwickelte sich seit der Jahrhundertwende die Nahrungs- und Genußmittelindustrie. Der Anstieg der Zahl der weiblichen Erwerbspersonen, der bis Anfang der dreißiger Jahre anhielt, übertraf absolut alle anderen Branchen der Wirtschaftsabteilung, relativ wurde er lediglich von der Chemischen Industrie übertroffen. Arbeiteten 1907 erst 3 % aller weiblichen Erwerbspersonen in der Nahrungs- und Genußmittelindustrie, waren es 1933 bereits 6 %. Der Frauenanteil an den Erwerbstätigen nahm in diesem Zeitraum erheblich zu, er stieg von 15 % auf 34 %. Drei Fünftel der weiblichen Arbeitskräfte waren Anfang der dreißiger Jahre Arbeiterinnen. Ihre Tätigkeit konzentrierte sich auf die Großbetriebe der Fisch- und Tabakindustrie, der Fleischkonserven- und Wurstwarenherstellung sowie der Kakao-, Schokoladen-, Zuckerwaren- und Konfitürenproduktion, in denen der Frauenanteil mehr als doppelt so hoch lag wie im Branchendurchschnitt. Daneben arbeiteten Frauen in der Back- und Teigwarenherstellung sowie den Kaffeeröstereien und der Kaffeeherstellung.[26] Beschäftigt waren die Arbeiterinnen u.a. mit der manuellen Vorbereitung von Nahrungsmitteln wie Fischen, Gemüse und Obst für die maschinelle Verarbeitung, mit dem Kochen, Zubereiten, Abfüllen und Verpacken von Nahrungs- und Genußmitteln – hierbei bedienten sie die verschiedensten Maschinen – sowie sämtlichen

Arbeiten in der Zigarren- und Zigarettenherstellung.[27] Vor allem in kleinen Bäckereien, Konditoreien und Schlachtereien waren Mithelfende Familienangehörige tätig. Ihr Anteil an den weiblichen Erwerbspersonen war Anfang der dreißiger Jahre mit 11 % doppelt so hoch wie im Durchschnitt der Wirtschaftsabteilung.

Von relativ großer Bedeutung für die gewerbliche wie die industrielle Frauenarbeit war in Hamburg auch die Papierindustrie mit dem Vervielfältigungsgewerbe, wo der Zuwachs der weiblichen Erwerbspersonen ebenfalls den Durchschnitt der Wirtschaftsabteilung übertraf und selbst in der Wirtschaftskrise anhielt. 1933 arbeiteten in der Branche 2 % aller hauptberuflich erwerbstätigen Frauen, darunter 81 % Arbeiterinnen. Die meisten waren als Anlegerinnen, Bogenfängerinnen, Falzerinnen, Packerinnen und Buchbinderinnen in den Großbetrieben des Verlagswesens und Vervielfältigungsgewerbes tätig. Daneben standen sie an den Papierschneide-, Stanz-, Heft-, Briefumschlag- und Gummiermaschinen der Papierindustrie. Hier lag der Frauenanteil an den Erwerbstätigen, der zwischen 1907 und 1933 von 24 % auf 35 % angestiegen war, doppelt so hoch wie allgemein in der Wirtschaftsgruppe.[28]

Die Textilindustrie, im Reich bis Mitte der zwanziger Jahre die wichtigste ,Frauenindustrie', hatte in Hamburg vergleichsweise geringe Bedeutung[29]. Zwar stieg die Zahl der Frauen, die in dieser Wirtschaftsgruppe arbeiteten, bis 1925 noch relativ stark an, doch deren Anteil an den hauptberuflich erwerbstätigen Frauen stagnierte seit der Jahrhundertwende um 1 %. Der Anteil der Arbeiterinnen, der bis Anfang der dreißiger Jahre auf 84 % angestiegen war, übertraf in der Textilindustrie alle anderen Branchen der Wirtschaftsabteilung. Sie arbeiteten u.a. als Hasplerinnen, Hechlerinnen, Spulerinnen, Spinnerinnen, Weberinnen, Seilerinnen, Sacknäherinnen und Lumpensortiererinnen[30]. Frauenarbeit ersetzte in dem Gewerbezweig zunehmend Männerarbeit. Infolgedessen stieg der Frauenanteil an den Erwerbspersonen zwischen 1907 und 1933 von 52 % auf 63 %. Annähernd die Hälfte aller weiblichen Erwerbstätigen der Hamburger Textilindustrie arbeitete in einem Großbetrieb der Wollindustrie – ,Bischof & Rodatz' –, in dem der Frauenanteil bei 83 % lag. Daneben waren sie vor allem in der Juteindustrie tätig.[31]

Übertroffen wurde die Bedeutung der Textilindustrie in der Hansestadt in der Weimarer Republik von der Chemischen Industrie, die bis Anfang der dreißiger Jahre außerordentlich stark expandierte. 1907 arbeiteten 0,7 % aller weiblichen Erwerbspersonen dort, 1933 waren es 1,9 %. Der Frauenanteil an den Erwerbstätigen stieg in diesem Zeitraum von 14 % auf 35 %. Anfang der dreißiger Jahre waren 62 % der beschäftigten Frauen Arbeiterinnen, die überwiegend in den Großbetrieben der Produktion von chemisch-technischen Artikeln, ätherischen Ölen und Riechstoffen sowie kosmetischen Präparaten und der chemisch-pharmazeutischen und photo-chemischen Industrie arbeiteten, wo der Frauenanteil fast doppelt so hoch war wie im Durchschnitt der Wirtschaftsgruppe. Arbeiterinnen verrichteten überall vorrangig leichtere Pack- und Transport- sowie Hilfsarbeiten.[32] Die Chemische Industrie gehörte aufgrund ihrer modernen Betriebsstruktur zu den Branchen von Industrie und Gewerbe, in denen der Angestelltenanteil bei den weiblichen Erwerbspersonen, der zwischen 1907 und 1933 von 23 % auf 37 % angestiegen war, überdurchschnittlich hoch lag. Übertroffen wurde er nur in einigen ausgesprochenen ,Männerindustrien' der Wirtschaftsabteilung.

In diesen fünf Wirtschaftsgruppen – dem Bekleidungs- und Reinigungsgewerbe, der Nahrungs- und Genußmittelindustrie, der Papierindustrie, der Chemischen Industrie sowie der Textilindustrie – arbeiteten in der Weimarer Republik vier Fünftel aller weiblichen Erwerbspersonen in Industrie und Gewerbe Hamburgs. Ihre Tätigkeit konzentrierte sich somit auf die Konsumgüterindustrien. Lediglich die Chemische Industrie gehörte zu den Grundstoff-, Produktions- und Investitionsgüterindustrien, in denen überwiegend Männer tätig waren.[33]

Seinen spezifischen Charakter erhielt das Wirtschaftsleben Hamburgs durch die überragende

Bedeutung von Handel und Verkehr: 45 % aller Erwerbstätigen und 64 % aller Betriebe gehörten Mitte der zwanziger Jahre zu dieser Wirtschaftsabteilung, deren Erwerbspersonenzahl zwischen 1907 und 1925 eine Zuwachsrate aufwies, die die von Industrie und Gewerbe um das Dreifache übertraf und deren Zunahme trotz Wirtschaftskrise bis 1933 anhielt.[34] Die Zuwachsrate der hauptberuflich erwerbstätigen Frauen, die dreimal so groß wie bei den Männern war, stieg hier stärker an als in allen anderen Wirtschaftsabteilungen. Der Frauenanteil an den Erwerbspersonen erhöhte sich zwischen 1907 und 1933 von 17 % auf 27 %. Zu diesem Zeitpunkt arbeiteten in Handel und Verkehr 40 % aller weiblichen Erwerbspersonen, 1907 waren es erst 25 % gewesen. Bereits seit Mitte der zwanziger Jahre waren die meisten hauptberuflich erwerbenden Frauen Hamburgs in der Wirtschaftsabteilung tätig, prozentual erheblich mehr als im Reich[35] . Überwiegend arbeiteten sie als Angestellte, deren Anteil zwischen 1907 und 1925 von 19 % auf 55 % gestiegen war. Die Bedeutung der Angestelltentätigkeit hatte in diesem Zeitraum bei den Frauen sehr viel stärker zugenommen als bei den Männern, infolgedessen stieg der Frauenanteil an den Angestellten von 14 % auf 33 %. Da seit Mitte der zwanziger Jahre, insbesondere während der Wirtschaftskrise, der Anteil der Angestellten an den Erwerbspersonen der Wirtschaftsabteilung zurückging und hiervon Männer in stärkerem Maße als Frauen betroffen waren, stieg der Frauenanteil an den Angestellten bis 1933 auf 34 %. Der Angestelltenanteil an den weiblichen Erwerbspersonen fiel im gleichen Zeitraum auf 51 %. Außerordentlich stark zurückgegangen war zwischen 1907 und 1925 der Arbeiterinnenanteil an den weiblichen Erwerbspersonen der Wirtschaftsabteilung, von 46 % auf 17 %; in der Folgezeit stieg er jedoch wieder an, 1933 lag er bei 23 %. Zu diesem Zeitpunkt stellten die Frauen 16 % der Arbeiter. Ebenfalls zurückgegangen war die Bedeutung der selbständigen Frauenarbeit, deren Anteil zwischen 1907 und 1933 von 28 % auf 12 % sank. Der Frauenanteil an den Selbständigen schwankte im gesamten Zeitraum um 19 %. Im Vergleich zu den anderen Wirtschaftsabteilungen hatte die Mithilfe im Familienbetrieb, die zum allergrößten Teil von Frauen geleistet wurde, in Handel und Verkehr einen besonderen Stellenwert, Anfang der dreißiger Jahre waren 14 % der weiblichen Erwerbspersonen Mithelfende Familienangehörige.

Die meisten hauptberuflich erwerbstätigen Frauen der Wirtschaftsabteilung arbeiteten im Handelsgewerbe, das sich seit der Jahrhundertwende in Hamburg zu dem bedeutendsten Tätigkeitsfeld für Frauen entwickelt hatte. Ihre Zuwachsrate übertraf bei weitem die der Männer und blieb auch nach 1925 positiv, als die Zahl der männlichen Erwerbspersonen wieder zurückging. 1907 waren erst 16 % aller weiblichen Erwerbstätigen in der Wirtschaftsgruppe beschäftigt, 1933 hingegen bereits 29 %. In der Mehrzahl arbeiteten sie zu diesem Zeitpunkt als Angestellte (57 %), relativ wenige waren Arbeiterin (15 %), Mithelfende Familienangehörige oder Selbständige (je 14 %). Der Frauenanteil lag im Handelsgewerbe Anfang der dreißiger Jahre mit 35 % deutlich höher als im Durchschnitt der Wirtschaftsabteilung, am höchsten war er – abgesehen von den Mithelfenden Familienangehörigen – bei den Angestellten (42 %). Im Unterschied zum Reich, wo der Einzel- und Kleinhandel an erster Stelle stand, hatten in Hamburg der Großhandel sowie der Ein- und Ausfuhrhandel das größte Gewicht. Hier arbeiteten auch die meisten Angestellten, vorwiegend in den Büros der kleineren und mittleren Betriebe. Trotzdem war der Frauenanteil geringer als im Durchschnitt der Wirtschaftsgruppe. Erst an zweiter Stelle stand in der Hansestadt der Einzel- und Kleinhandel, in dem der Frauenanteil an den Angestellten überdurchschnittlich hoch lag. Die meisten arbeiteten als Verkäuferin im Lebensmittel- und Textilhandel, überwiegend in kleinen Geschäften. Entgegen dem Bild vieler Zeitgenossen kam dem Kaufhaus als Arbeitsplatz von Angestellten selbst in der Großstadt Hamburg in den zwanziger Jahren noch eine relativ geringe Bedeutung zu: Nur 5 % aller Angestellten des Handelsgewerbe waren 1925 in einem der 15 Warenhäuser der Stadt tätig.[36]

Viele Frauen arbeiteten auch im Gaststättengewerbe, dessen Bedeutung für die Frauenerwerbsarbeit jedoch trotz einer bis Mitte der zwanziger Jahre steigenden Zahl von weiblichen Erwerbspersonen zurückging. Arbeiteten 1907 noch 8 % aller hauptberuflich erwerbstätigen Frauen in diesem Gewerbe, waren es 1933 nur noch 6 %. Der Frauenanteil an den Erwerbspersonen schwankte in diesem Zeitraum zwischen 44 % und 51 %. Die meisten Frauen waren Anfang der dreißiger Jahre Arbeiterinnen (58 %) und verdienten als Kellnerin, Serviermädchen, Buffetfräulein oder Zimmermädchen ihren Unterhalt. Überdurchschnittlich viele Frauen halfen im Gaststättengewerbe im Familienbetrieb, Anfang der dreißiger Jahre waren es 21 %. Der Anteil der selbständig tätigen Frauen, darunter viele Witwen, die die Wirtschaft ihres verstorbenen Mannes weiterführten, lag zu diesem Zeitpunkt nur noch bei 11 %.[37]

Immer mehr Frauen arbeiteten im Verkehrsgewerbe, in dem in der Weimarer Republik nach dem Handelsgewerbe die meisten Menschen der Hansestadt beschäftigt waren. Die Zahl der weiblichen Erwerbspersonen stieg nur bis Mitte der zwanziger Jahre an, zwischen 1925 und 1933 ging sie – anders als die Zahl der männlichen Erwerbspersonen – wieder zurück. Arbeiteten 1907 erst 1,3 % aller hauptberuflich erwerbstätigen Frauen dort, waren es 1925 bereits 3,2 %, 1933 jedoch nur noch 2,5 %. Das Verkehrsgewerbe war im gesamten Zeitraum ein ausgesprochenes ‚Männergewerbe‘. Der Frauenanteil blieb unbedeutend, er stieg zwischen 1907 und 1933 lediglich von 3 % auf 6 %. Frauen arbeiteten in dieser Wirtschaftsgruppe überwiegend als Büroangestellte, Anfang der dreißiger Jahre lag der Angestelltenanteil an den weiblichen Erwerbspersonen des Verkehrsgewerbes bei 61 %, als Arbeiterin waren 30 % tätig.[38]

Im Versicherungswesen Hamburgs waren ebenfalls überwiegend Männer tätig. Die Zahl der weiblichen Erwerbspersonen stieg in dieser Wirtschaftsgruppe jedoch außerordentlich stark an, insbesondere in den zwanziger Jahren, als die Versicherungsunternehmen erheblich expandierten. Der Zuwachs hielt in der Wirtschaftskrise an und übertraf zwischen 1925 und 1933 alle anderen Wirtschaftsgruppen der Stadt. Die Zuwachsrate der weiblichen Erwerbspersonen überragte zwischen 1907 und 1925 die der männlichen um mehr als das Elffache, in den folgenden Jahren lag sie nur noch geringfügig höher. 1907 arbeiteten erst 0,3 % aller hauptberuflich erwerbstätigen Frauen im Versicherungswesen, 1933 waren es 2,1 %. Stellten Frauen in der Vorkriegszeit erst 8 % der Erwerbstätigen dieser Wirtschaftsgruppe, waren es 1933 bereits 25 %. Meist arbeiteten sie als Büroangestellte; Anfang der dreißiger Jahre lag der Angestelltenanteil unter den weiblichen Erwerbspersonen der Branche bei 79 %. 18 % waren Arbeiterinnen, überwiegend Reinmachefrauen.[39]

Auch in den Öffentlichen und Privaten Diensten, in denen in Hamburg immer erheblich mehr Frauen tätig waren als im Reichsdurchschnitt[40], gewann die Frauenerwerbsarbeit seit der Vorkriegszeit zunehmend an Bedeutung. Die Zuwachsrate bei den hauptberuflich erwerbstätigen Frauen lag zwischen 1907 und 1925 nur geringfügig unter den Spitzenwerten von Handel und Verkehr, zwischen 1925 und 1933 übertraf sie diese gar erheblich. Arbeiteten 1907 erst 7 % aller hauptberuflich erwerbstätigen Frauen in der Wirtschaftsabteilung, waren es 1933 bereits 15 %. Der Frauenanteil stieg in diesem Zeitraum von 24 % auf 38 %.

In der Vorkriegszeit waren in den Öffentlichen und Privaten Diensten noch 53 % aller erwerbstätigen Frauen selbständig, zumeist arbeiteten sie als freiberufliche Künstlerin oder betrieben einen Kleinstbetrieb im Hygienischen Gewerbe. Die übrigen waren zum größten Teil Arbeiterinnen (42 %), die ihren Unterhalt als Putzfrauen in der öffentlichen Verwaltung oder als Haus- und Küchenhilfen in Heimen und Anstalten des staatlichen wie des privaten Gesundheits- und Wohlfahrtswesens verdienten. Frauen stellten jeweils 35 % der Selbständigen und der Arbeiter.[41]

Anfang der dreißiger Jahre sah die berufliche Zusammensetzung der weiblichen Erwerbspersonen in den Öffentlichen und Privaten Diensten gänzlich anders aus: Die bedeutendste Gruppe bildeten mit 53 % die Angestellten und Beamtinnen, deren Anteil 1907 erst bei 5 % gelegen hatte.

Ihr Anteil in dieser Berufsstellung war auf 33 % angestiegen. Mehrheitlich arbeiteten sie in pflegerischen und sozialen Berufen, in denen der Frauenanteil mit 83 % erheblich über dem Durchschnitt lag. Relativ viele Frauen waren auch als Lehrerin tätig; das Schulwesen wies einen Frauenanteil von 46 % auf. In der staatlichen Verwaltung hingegen dominierten Männer, die 86 % aller Verwaltungsangestellten und -beamten stellten. Der Anteil der Selbständigen an den weiblichen Erwerbspersonen der Wirtschaftsabteilung lag nur noch bei 12 %; unter ihnen fanden sich jetzt auch Akademikerinnen, insbesondere Ärztinnen und Juristinnen. Abgenommen hatte ebenfalls der Arbeiterinnenanteil, der bei 33 % lag. Neben den alten Arbeitsbereichen bot Arbeiterinnen das Hygienische Gewerbe, zu dem auch das Friseurgewerbe zählte, zunehmend Beschäftigung. Während der Frauenanteil bei den Selbständigen auf 28 % zurückgegangen war, war er bei den Arbeitern auf 48 % angestiegen.[42] Frauen partizipierten in den Öffentlichen und Privaten Diensten quantitativ zwar in stärkerem Maße als Männer von der Expansion, doch sie waren auch hier mehrheitlich in qualitativ schlechteren Arbeitsplätzen tätig.

Die Strukturen der Arbeitswelt formten sich in der Industriegesellschaft über die männliche Erwerbsarbeit. Frauen wurden erst nachträglich in das außerhäusliche Erwerbsleben einbezogen, zum Teil als Ersatz für abwandernde Männer in traditionellen Branchen mit zurückgehender Bedeutung, zum Teil als neue Arbeitskräftegruppe in entstehenden modernen Wirtschaftsbranchen. Sie mußten von Beginn an in einem „durch Ungleichheit und männliche Dominanz" geprägten Erwerbssystem Arbeitsplätze als „dauerhafte Lückenbüßer" übernehmen.[43] Der geschlechtsspezifische Arbeitsmarkt war vorrangig Folge der Nachfrage nach Arbeitskräften. Diese versuchten die für sie günstigsten Arbeitsbedingungen und die beste Entlohnung zu erhalten, doch ihre Erfolgschancen, die von einer Vielzahl von Faktoren abhingen – neben der betrieblichen Nachfrage vor allem von Berufsqualifikation, Berufserfahrung, Leistungsfähigkeit und räumlicher Mobilität –, waren begrenzt. Da Männer den größten Teil der gelernten, berufserfahrenen und mobilen Arbeitskräfte stellten, hatten sie im allgemeinen bessere Arbeitsmarktchancen als Frauen. Diesen standen vorrangig Erwerbstätigkeiten offen, die Männer in der Regel nicht verrichten wollten.[44]

Auffallendste Erscheinung der Entwicklung des weiblichen Arbeitsmarktes in Hamburg wie im Reich war der Rückgang des Anteils der Beschäftigten in den Häuslichen Diensten, der bereits vor der Mitte des 19. Jahrhunderts eingesetzt hatte und sich im ersten Drittel des 20. Jahrhunderts außerordentlich stark beschleunigte, vorrangig seit dem Ersten Weltkrieg. Im Kaiserreich war der Dienstbotenberuf der „Einstiegsberuf" für weibliche Arbeitskräfte vom Lande in den städtischen Arbeitsmarkt gewesen. Auch in Hamburg stammte nur ein relativ kleiner Teil der Hausangestellten aus dem Stadtgebiet, die Mehrzahl kam aus den umliegenden Landregionen.[45] Überwiegend waren es Töchter aus der ländlichen Unterschicht, aus Arbeiterfamilien sowie minderbemittelten Handwerker- und Bauernhaushalten, die als Hausangestellte in die Stadt gingen[46]. Seit Anfang der Weimarer Republik ging der Anteil der Hausgehilfinnen vom Lande in der Hansestadt wie in anderen Großstädten deutlich zurück[47]. Eingeleitet worden war diese Entwicklung durch die Zuzugsbeschränkungen in der Demobilmachungsphase, verstärkt wurde sie durch die im Vergleich zum Kaiserreich generell ungünstigere Arbeitsmarktlage, die viele städtische Mädchen und Frauen zwang, in den Häuslichen Dienst zu gehen.[48] Diese Entwicklung führte dazu, daß in den Jahren der Wirtschaftskrise die Nachfrage nach einer Arbeit in diesem Bereich in Hamburg erstmals das Angebot übertraf[49].

Zurückzuführen ist die zurückgehende Bedeutung der Häuslichen Dienste als Erwerbsbereich von Frauen vorrangig auf zwei sich ergänzende Ursachen: zum einen den qualitativen Wandel des weiblichen Arbeitsmarktes, der insbesondere jungen ledigen Frauen zunehmend attraktivere und lukrativere Erwerbsmöglichkeiten außerhalb des Haushalts bot, zum anderen die Veränderung der

Hauswirtschaft im Verlauf der Industrialisierung[50]. Die Nachfrage nach weiblichen Arbeitskräften stieg seit dem Ende des 19. Jahrhunderts in Industrie und Gewerbe sowie Handel und Verkehr stark an. Vor allem in den Kriegsjahren verließen viele junge Frauen die Häuslichen Dienste.[51] In der Nachkriegszeit waren alle Bemühungen, ehemalige Hausangestellte, die nun als Arbeiterinnen oder Angestellte ihren Lebensunterhalt verdienten, wieder in die Häuslichen Dienste zurückzudrängen, wenig erfolgreich[52]. Selbst die Drohung des Arbeitsamtes, erwerbslosen Arbeiterinnen und Angestellten, die ehemals Hausgehilfin waren, bei einer Verweigerung der Rückkehr in den Häuslichen Dienst die Erwerbslosenunterstützung zu entziehen, half nicht. In den Haushalt vermittelte Angestellte und Arbeiterinnen wechselten so schnell wie möglich den Arbeitsbereich.[53]

Zudem veränderte sich das Arbeitsplatzangebot in den Häuslichen Diensten, die Nachfrage nach Hauspersonal ging zurück. Die Arbeit, die die Hausangestellten Anfang des 20. Jahrhunderts verrichteten, unterschied sich erheblich von der Anfang bis Mitte des 19. Jahrhunderts. Der städtische bürgerliche Haushalt war extrem marktabhängig geworden, die Erwerbsarbeit war in der Regel aus dem Hause verlagert worden, die Hausarbeit bestand mehr in der Vorbereitung von Konsum und in der Pflege von Haushaltseinrichtung, Kleidung und Wäsche als in der Produktion von Verbrauchsgütern. Neben die auf materielle Güter gerichtete Arbeit war in verstärktem Maße die Tätigkeit für Repräsentation und persönliche Bedienung getreten.[54] Immer weniger Haushalte waren finanziell in der Lage, Hauspersonal zu halten: 1871 waren es in Hamburg 24 %, 1900 noch 13 %, 1925 nur 7 %[55]. Besonders stark sank die Nachfrage nach Hausangestellten in der Hochphase der Inflation, in der eine schnell wachsende Zahl klein- und mittelbürgerlicher Haushalte deren Anstellung nicht mehr finanzieren konnte[56]. Nach der Währungsstabilisierung beschäftigte in größerem Umfang nur noch die reiche hanseatische Oberschicht Hauspersonal[57].

An die Stelle der Hausangestellten trat in den Haushalten des Klein- und Mittelstandes zunehmend die Haushaltstechnik. Die Bestrebungen der Haushaltsrationalisierung und -technisierung, die die bürgerliche Hausfrau zur „Leiterin eines modernen hauswirtschaftlichen Betriebes“ erhoben, erleichterten ihr den Verzicht auf die Hausgehilfin ebenso, wie die Veränderung der Wohn- und Lebensverhältnisse.[58] Das moderne großstädtische Familienleben in einer relativ kleinen Mietwohnung drängte zum „Verzicht auf die Hilfe von Hausangestellten“, bestenfalls wurden stundenweise häusliche Hilfskräfte beschäftigt[59]. Die zurückgehende Nachfrage nach Hausangestellten war der Hauptgrund dafür, daß deren Zahl zwischen 1925 und 1933 erheblich stärker sank als in den Jahrzehnten zuvor.

Zu *den* Haupterwerbsarbeitsbereichen von Frauen entwickelten sich in Hamburg seit dem Ende des 19. Jahrhunderts Industrie und Gewerbe sowie Handel und Verkehr. Bei der Analyse der Entwicklung der gewerblichen und industriellen Frauenarbeit lassen sich folgende Phasen unterscheiden: relative Stagnation bis zum Beginn der 1890er Jahre, Expansion bis Mitte der 1920er Jahre und erneut relative Stagnation[60]. Mit der verstärkten Ausbreitung von Industrie und Gewerbe seit dem Ende des 19. Jahrhunderts stieg zunehmend auch die Nachfrage nach weiblichen Arbeitskräften. Dies galt in der Expansionsphase der gewerblichen und industriellen Frauenarbeit nicht nur für die neu entstehenden, modernen Branchen, vorrangig die Nahrungs- und Genußmittelindustrie sowie die Chemische Industrie, sondern auch für die traditionellen Branchen, insbesondere die Textilindustrie. Lediglich im Bekleidungs- und Reinigungsgewerbe nahm die Zahl der weiblichen Erwerbspersonen nur bis zur Vorkriegszeit zu. Während die modernen Branchen nach 1925 weiter expandierten, stagnierte die Bedeutung der traditionellen Branchen bzw. ging gar zurück. Bis zum Ersten Weltkrieg herrschte in Industrie und Gewerbe ein ausgesprochener Mangel an qualifizierten männlichen Arbeitern. In den expansiven Branchen waren mit ihnen neue Arbeitsplätze zu besetzen, in den traditionellen Wirtschaftsgruppen fehlten sie, weil sie zu konkurrierenden modernen Branchen mit attraktiveren Arbeitsbedingungen und höherer Entlohnung abgewandert waren. Der Arbeitskräftebedarf war nur zu decken, indem das Arbeitskräftereservoir umgeschichtet und erweitert wurde. Immer mehr ungelernte Kräfte, in der Mehrzahl Frauen, wurden in den gewerblichen und industriellen Arbeitsmarkt einbezogen: Töchter großstädtischer Arbeiter, die gezwungen waren zu verdienen, aber keinerlei Ausbildung vorweisen konnten, junge Mädchen vom Lande, die sich über die Häuslichen Dienste in das städtische Wirtschaftsleben eingegliedert hatten und in die Fabrik wechselten, sowie verheiratete Arbeiterfrauen, die „hinzuverdienen" mußten.[61] Um dieses Arbeitskräftereservoir ausschöpfen zu können, stellte eine wachsende Zahl von Betrieben ihre Produktionsweise um. Im Kaiserreich wurden zunächst insbesondere in traditionellen Branchen von Industrie und Gewerbe, in denen Frauen abgewanderte qualifizierte Arbeiter ersetzen mußten, Veränderungen in der Produktionstechnik vorgenommen. Die neu eingestellten Arbeiterinnen leisteten gleichwertige Arbeit, wurden aber erheblich geringer bezahlt, denn es galt „schlechterdings als eine Selbstverständlichkeit, daß die Frau billiger zu arbeiten hat als der Mann"[62]. Die „Billigkeit" war das zentrale Motiv der Arbeitgeber für die Beschäftigung von Frauen. Der Ersatz der Männer- durch Frauenarbeit brachte ihnen einen entscheidenden Konkurrenzvorteil. Sie konnten kostengünstiger produzieren.[63]

Intensivere Erfahrungen mit der industriellen Frauenarbeit sammelten in Hamburg viele Arbeitgeber während des Ersten Weltkrieges[64]. Vor allem die Arbeiterinnenzahl stieg in den Kriegsjahren stark an. Die kriegsbedingte Notwendigkeit des Einsatzes von Frauen in Branchen und Arbeitsbereichen, die bisher weitgehend Männern vorbehalten waren, zwang vielfach zu einer Rationalisierung des Produktionsverfahrens, die vor allem in den Gewerbezweigen, in denen sich die Frauenarbeit „bewährte" – u.a. der Chemischen Industrie –, nicht wieder rückgängig gemacht wurde.[65] In der Phase der wirtschaftlichen Demobilmachung nach Kriegsende gingen Zahl und Anteil der Arbeiterinnen insgesamt zwar kurzfristig erheblich zurück, 1920 lagen sie unter dem Stand von 1913, am geringsten jedoch in den Branchen, in denen während des Krieges zwecks Beschäftigung von Frauen Produktionsumstellungen vorgenommen worden waren. Seit 1921 stiegen Arbeiterinnenzahl und -anteil wieder an.[66] (Vgl. Tabelle 39 und 48)

Tab. 39: *Die Beschäftigten in den vom hamburgischen Gewerbeaufsichtsamt erfaßten Betrieben[a)] nach dem Geschlecht und der Stellung im Beruf. 1913–1932*[67]

Jahr	Beschäftigte		Von hundert Erwerbspersonen waren weiblich		Veränderung (1913 = 100 bzw. 1925 = 100)			
					Arbeiter		Angestellte	
	insgesamt	Frauen	Arbeit.	Angest.	Frauen	Männer	Frauen	Männer
1913	109203	22435	20,5		100	100		
1918	91711	30363	33,1		135	71		
1919	91437	22507	24,6		100	79		
1920	99601	20914	21,0		93	91		
1921	113394	23693	20,9		106	103		
1922	126396	27324	21,6		122	114		
1924	113808	28029	24,6		125	99		
1925	125363	33372	23,8	44,8	100	100	100	100
1926	285135	75106	20,2	36,8	142	174	506	706
1927	335364	84688	19,1	36,8	162	214	561	781
1928	307862	82032	20,9	37,4	164	193	522	710
1929	315278	82140	20,2	37,4	164	201	523	710
1930	267966	75795	22,7	37,8	149	158	488	651
1932[b)]	182569	55038	25,2	37,2	105	97	366	501

In den zwanziger Jahren hielt die ‚Industrialisierung' der gewerblichen Frauenerwerbsarbeit an.

Im Zuge des allgemeinen Rationalisierungsprozesses, der in der Phase der relativen wirtschaftlichen Stabilisierung seinen Höhepunkt erreichte, entstand insbesondere in den Großbetrieben der expandierenden, modernen Branchen der Nahrungs- und Genußmittel- sowie der Chemischen Industrie eine Vielzahl neuer Arbeitsplätze für Arbeiterinnen. Durch die Einführung der „Fließarbeit“, die immer mit einer weitestgehenden Arbeitszerlegung verbunden war, konnte die Produktion gesteigert und verbilligt werden.[68] Die an die Rationalisierung gekoppelte Beschäftigungspolitik beschrieb der Leiter einer Hamburger Gummifabrik 1928 folgendermaßen:

> „Wir nehmen Frauen überall da, wo sie die Arbeit leisten können, denn wir müssen ja möglichst billig arbeiten ... Jedes neue Produktionsverfahren wird zunächst von gelernten Leuten ausgeführt, bis man genaue Erfahrungen über den Verlauf und Erfolg hat; ergibt sich dann, daß der Vorgang einfach ist oder vereinfacht werden kann, werden die gelernten Arbeiter durch billigere weibliche Arbeitskräfte ersetzt. Dabei braucht nicht eine direkte Verdrängung der Gelernten durch die Ungelernten, also hier der Arbeiterinnen, vorliegen, es kann auch sein, daß überhaupt nur ein oder einige wenige Gelernte im Betrieb sind, die das Ausprobieren neuer Techniken zu besorgen haben und für diese Zwecke dauernd bleiben, während für die weitere Ausführung Arbeiterinnen eingestellt werden.“[69]

Im Zuge des Rationalisierungsprozesses differenzierte sich in der Hansestadt die Arbeitskräftenachfrage der Industrie: Es wurde nicht mehr ‚die Arbeiterin‘ schlechthin eingestellt, „sondern in sorgfältigster Auslese für die verschiedenen Verrichtungen ... (wurden) bestimmte Fähigkeiten, Kenntnisse und Fertigkeiten verlangt bzw. die Arbeiterin nach Möglichkeit zur Dauerarbeit herangebildet“[70] . Gefragt waren nicht mehr vorrangig ungelernte, sondern mehr und mehr angelernte Arbeiterinnen. Bei den Männern hingegen wurden nach wie vor gelernte Kräfte bevorzugt: 1925 waren in Hamburg von den Arbeitern 39 % ungelernte Kräfte, 48 % Facharbeiter und 13 % Betriebshandwerker; unter den Arbeiterinnen fanden sich 60 % ungelernte Kräfte, 31 % Facharbeiterinnen und 8 % Betriebshandwerkerinnen[71] . In Industriebetrieben sehr unterschiedlicher Branchen verrichteten Arbeiterinnen ähnliche Arbeiten. Sie übten in der Regel gering qualifizierte, monotone Tätigkeiten aus, die die Fähigkeit erforderten, „die einfachste, eintönigste Verrichtung stundenlang auszuführen, ohne an Aufmerksamkeit nachzulassen“. Verantwortungsbewußtsein und Selbständigkeit wurden Frauen von den Arbeitgebern abgesprochen, deshalb waren sie „durchweg nur mit Arbeiten beschäftigt, die keine ausgedehnte Verantwortung verlang(t)en ... Für alles Einrichten, Instandhalten und etwaiges Eingreifen bei Versagen der Maschinen ... (waren) Arbeiter da, meist gelernte Maschinenarbeiter.“[72]

Die Tätigkeit von Arbeiterinnen und Arbeitern konzentrierte sich also nicht nur auf unterschiedliche Wirtschaftsgruppen und Branchenbereiche, sondern selbst innerhalb eines Betriebes auf verschiedene Tätigkeiten[73] . Die gewerbliche und industrielle Frauenarbeit ergänzte lediglich die der Männer, ‚verdrängte‘ sie jedoch nicht[74] . Dies bestätigen für den Hamburger Arbeitsmarkt die jährlichen Zählungen des Gewerbeaufsichtsamtes. Selbst in der Hochphase der Rationalisierung Mitte der zwanziger Jahre stieg nicht nur die Zahl der Arbeiterinnen stark an, sondern auch die der Arbeiter; die Zuwachsrate der Männer übertraf gar die der Frauen. Die Verhältnisse änderten sich mit dem Einsetzen der Rezession, in deren Folge die Zahl der Arbeiter stärker zurückging als die der Arbeiterinnen und demgemäß der Frauenanteil anstieg (vgl. Tabelle 39). Doch auch diese Entwicklung war nicht Folge eines ‚Verdrängungsprozesses‘, sondern lediglich Resultat der unterschiedlich starken Betroffenheit von Konsum- und Produktionsgüterindustrien durch die Wirtschaftskrise: Da Arbeiterinnen vorrangig in der Konsumgüterproduktion tätig waren, die unter der Rezession in geringerem Maße litt, war der Beschäftigungsrückgang bei ihnen niedriger.[75]

Bei der kaufmännischen Frauenarbeit vollzog sich eine ähnliche Entwicklung wie bei der gewerblichen und industriellen[76]. Mit der Expansion des hamburgischen Handelsgewerbes erhöhte sich die Nachfrage nach kaufmännischem Personal außerordentlich. Der erste Arbeitsbereich, in dem zunehmend Frauen eingesetzt wurden, war Ende des 19. Jahrhunderts der Verkauf, wo zunächst vorwiegend Töchter aus Mittel- und Kleinbürgerfamilien arbeiteten, seit der Jahrhundertwende in wachsendem Maße auch Töchter bessersituierter Arbeiter.[77] Die Bürotätigkeit eroberten Frauen massenhaft seit Anfang dieses Jahrhunderts. Auch als Bürogehilfinnen wurden zunächst überwiegend Töchter aus dem Mittel- und Kleinbürgertum tätig, Arbeitertöchter drangen in die Büroberufe erst nach dem Ersten Weltkrieg in verstärktem Maße ein.[78]

Die Differenzierung und Standardisierung vieler Tätigkeitsbereiche in den Büros, in deren Folge der ehemals privilegierte kaufmännische Beruf einer ständig wachsenden Zahl gering qualifizierter Angestellter geöffnet wurde, hatte bereits in den 1890er Jahren begonnen. In diesem Prozeß, der mit einer gesellschaftlichen Abwertung der Angestelltentätigkeit verbunden war, spielten die Frauen eine entscheidende Rolle: Sie übernahmen die einfachen schematischen Arbeiten, wie Kopieren, Registrieren und Ablegen der Briefe, Adressenschreiben, Telefonbedienung, Sortieren der Post usw., die sich allmählich zu rein weiblichen Tätigkeitsgebieten ausdifferenzierten. Qualifiziertere Positionen blieben weitgehend den Männern vorbehalten. Durch die Einführung der Schreibmaschine um die Jahrhundertwende erhielt die „Feminisierung des Kontors“ einen zusätzlichen Anstoß. Immer mehr junge Frauen strömten als Stenotypistinnen in die Büros. Sie wurden auch zur Bedienung anderer Büromaschinen, wie Addier- und Rechenmaschinen, Buchungsmaschinen, Hollerithmaschinen sowie Adressier- und Frankiermaschinen eingesetzt.[79]

In den Kriegsjahren stieg die Zahl der weiblichen Handels- und Büroangestellten weiter an; Frauen mußten zunehmend die zum Militärdienst eingezogenen Männer ersetzen. Sie wurden selbst in verantwortungsvolleren Positionen eingesetzt, die ihnen vor dem Ersten Weltkrieg weitestgehend verschlossen geblieben waren.[80] Nach Kriegsende ging die Zahl der weiblichen Angestellten zunächst erheblich zurück, allerdings nicht in dem Ausmaß wie die Zahl der Arbeiterinnen, stieg jedoch schnell wieder an, besonders stark in der Hochphase der Inflation, als zur Erledigung der laufenden kaufmännischen Arbeiten immer mehr Hilfskräfte angestellt werden mußten. 1924 – nach der Wiedereinführung geordneter Währungsverhältnisse – sank die Zahl aller beschäftigten kaufmännischen Angestellten in Hamburg um etwa ein Viertel.[81]

In der Stabilisierungsphase nahm die Zahl der kaufmännischen Angestellten erneut zu. In der Industrie führte der Rationalisierungsprozeß, mit dem in der Produktion begonnen worden war, zu einer bedeutenden Ausdehnung des Verwaltungsapparates, der jetzt nicht nur die Produktion selbst plante und kontrollierte, sondern auch die Produktions- und Absatzbedingungen organisierte. Überall in der Verwaltung wurde zudem verstärkt rationalisiert: Arbeitsfunktionen wurden noch mehr standardisiert und vereinfacht, weitere Büromaschinen eingeführt[82]. Dies vergrößerte die Nachfrage nach weiblichen Angestellten. Das hamburgische Gewerbeaufsichtsamt konstatierte 1926:

> „Die weitgehend durchgeführte Arbeitsteilung in der Buchhaltung gestattet die Heranziehung weiblicher angelernter Arbeitskräfte in erhöhtem Maße, und die Bedienung der immer zahlreicher werdenden Büromaschinen bietet vorzugsweise den weiblichen Angestellten ein reiches Betätigungsfeld.“[83]

Im Einzelhandel setzte sich Teilzeitarbeit in den größeren Betrieben zunehmend durch. In den geschäftlichen Spitzenzeiten vermehrten die Mode- und Kaufhäuser die Zahl ihrer Verkäuferinnen zeitweilig um die Hälfte, in einzelnen Warenhäusern wurde das Personal gar verdoppelt.[84]

Von einer ‚Verdrängung‘ der Männer- durch Frauenarbeit kann auch bei den kaufmännischen Angestellten nicht gesprochen werden. Wie bei den Arbeitern wurden beide Geschlechter in unterschiedlichen Arbeitsbereichen und Tätigkeiten eingesetzt.[85] Gemäß den jährlichen Zählungen des hamburgischen Gewerbeaufsichtsamtes stieg die Zahl der männlichen wie der weiblichen Angestellten zwischen 1925 und 1929 in außerordentlich starkem Maße, sehr viel stärker als die der Arbeiter und Arbeiterinnen. Die Zuwachsrate der Männer übertraf auch bei den Angestellten die der Frauen. In den Jahren der Rezession waren vom Beschäftigungsrückgang beide Geschlechter in relativ gleichem Maße betroffen. Der Frauenanteil blieb bei den Angestellten zwischen 1929 und 1932 in allen Betriebsgrößen-Klassen annähernd konstant. (Vgl. Tabelle 39)

* * *

Die Integration in das marktvermittelte, außerhäusliche Erwerbsleben setzte bei den Frauen später ein, geschah dafür aber erheblich schneller als bei den Männern. Zwar verblieben die Frauen länger in traditionellen, haushaltsnahen Erwerbsformen, die zu einem erheblichen Teil familienbezogen waren, wurden dann aber verstärkt in die modernen Erwerbsarbeitsbereiche integriert, vor allem in den Dienstleistungssektor. Dieser Prozeß vollzog sich auf dem großstädtischen Arbeitsmarkt Hamburgs, der von Handel und Verkehr geprägt war, früher und ausgeprägter als im Reichsdurchschnitt.

Die Expansion der außerhäuslichen Frauenerwerbsarbeit war in keinem Bereich des Wirtschaftslebens die Folge einer „Verdrängung" der Männererwerbsarbeit. Mit der Behauptung eines „Verdrängungs"-Prozesses wird unterstellt, daß die unqualifizierteren billigeren weiblichen Arbeitskräfte beruflich ausgebildete Männer ersetzt hätten. Richtig ist hingegen, daß Frauen in der Regel zusätzlich eingestellt und in anderen Arbeitsbereichen und Tätigkeiten eingesetzt wurden. Beide Geschlechter bewegten sich auf verschiedenen Segmenten des Arbeitsmarktes. Lediglich in höher gestellten und besser bezahlten Berufen, u.a. im Öffentlichen Dienst, konkurrierten Frauen und Männer um die gleichen Arbeitsplätze. Nach Abschluß der Demobilmachungsphase, in der mit Hilfe staatlicher Verordnungen die alte geschlechtsspezifische Segmentierung des Arbeitsmarktes weitgehend wieder hergestellt wurde, die im Ersten Weltkrieg außer Kraft gesetzt worden war, bestand Konkurrenz auf dem Arbeitsmarkt real vorrangig innerhalb der geschlechtsspezifischen Segmente, d.h. unter Frauen und unter Männern.[86]

Im Unterschied zum männlichen Arbeitsmarkt zeichnete sich der weibliche nicht nur durch ein geringeres Qualifikationsniveau und eine schlechtere Bezahlung, sondern auch durch eine höhere Fluktuation aus. Die Berufstätigkeit der Männer erstreckte sich in der Regel über das gesamte erwerbsfähige Alter. Die meisten Frauen waren hingegen nur in der Altersphase zwischen Schulentlassung und Heirat vollerwerbstätig. Als Ehefrauen übten sie zwar in zunehmendem, aber noch relativ geringen Maße eine hauptberufliche Erwerbsarbeit aus. Die höhere Fluktuation erforderte von Frauen stärkere Flexibilität in der Wahl ihrer Erwerbsarbeit. Sie waren gezwungen, schneller auf Veränderungen im Wirtschaftsleben zu reagieren.

3.1.2 *Erwerbsarbeit im Lebenszyklus von Arbeiterfrauen*

3.1.2.1 Berufswünsche und Berufswahl von Arbeitertöchtern

Die Mehrzahl aller Mädchen besuchte in Hamburg die achtstufige Volksschule[87]. Von den 6.799 Schülerinnen, die 1926 die Schule verließen, hatten 93 % einen Volksschulabschluß und 6 % einen Realschulabschluß, lediglich 1 % hatte die Hochschulreife erlangt. Die Zahl der Schülerinnen, die eine höhere Schule besuchten, war zwar seit der Vorkriegszeit erheblich angestiegen, doch nach wie vor stand dieser Bildungsweg vorrangig Bürgertöchtern offen.[88] Daran änderte auch die 1920 eingeführte Staffelung des Schulgeldes nach Einkommen und Kinderzahl nur wenig[89]. Für die meisten Mädchen stellte sich so bereits im Alter von 13 bis 15 Jahren die Frage: „Was will ich werden?"

Die Berufsmöglichkeiten, die ihnen offenstanden, waren im Vergleich zu denen der Jungen sehr viel geringer. Die amtliche Berufsstatistik wies Anfang der dreißiger Jahre in der Hansestadt 245 ‚Männerberufe', aber nur 149 ‚Frauenberufe‘ auf[90]. Drei Viertel der hauptberuflich erwerbstätigen Frauen waren in lediglich zehn Berufen tätig (vgl. Tabelle 41). Auch das Angebot an Berufsausbildungen war sehr viel kleiner: Eine Übersicht des hamburgischen Arbeitsamtes über die 1930 in der Stadt vertretenen Lehrberufe weist für Jungen 51 gewerbliche und 4 kaufmännische Ausbildungsberufe auf, für Mädchen hingegen nur 10 gewerbliche und 5 kaufmännische[91]. Im Handwerk gehörten zu den wichtigsten weiblichen Lehrberufen: Damenschneiderin, Wäscheschneiderin, Pelznäherin, Putzmacherin, Stickerin, Plätterin, Friseurin und Blumenbinderin[92]. Die Ausbildung sollte gemäß den Vorschriften der Innungen und Gewerbekammern, die auch die Höchstzahl der Lehrlinge in den einzelnen Berufen festsetzten, auf der Grundlage eines Lehrvertrages erfolgen, dauerte zwei bzw. drei Jahre und schloß mit der Gesellinnenprüfung ab[93]. Neben der Handwerkslehre gab es die Möglichkeit eine bis zu zwei Jahren dauernde Anlernzeit in einem Industriebetrieb zu absolvieren und sich durch diese sogenannte „Industrielehre“ zur Facharbeiterin zu qualifizieren. Diese Ausbildungsform wurde vorrangig in der Konfektion, daneben in der Textil- und Papierindustrie sowie dem Vervielfältigungsgewerbe angeboten.[94] Im kaufmännischen Bereich gab es für Mädchen mehrere Ausbildungswege. Für Büroangestellte war die älteste und lange Zeit verbreitetste Form der Besuch einer privaten Handelsschule. Nach einem in der Regel höchstens ein Jahr dauernden Kursus, der sich meist auf das Erlernen von Stenographie und Schreibmaschine beschränkte, trat das Mädchen als „Bürogehilfin“ in das Erwerbsleben ein.[95] In der Weimarer Republik ging die Bedeutung dieses Ausbildungsweges immer mehr zurück; nur noch ein kleiner Teil aller Pflichtberufsschülerinnen besuchte in Hamburg eine der 16 privaten Handelsschulen. Eine qualifiziertere, allerdings rein theoretische, kaufmännische Ausbildung bot der Besuch der staatlichen Tageshandelsschule, der ein bis drei Jahre dauern konnte. Diesen Weg beschritten in den zwanziger Jahren in der Hansestadt ebenfalls nur relativ wenige Mädchen.[96] Statt dessen setzte sich auch für weibliche Büroangestellte die größtenteils dreijährige Lehre immer mehr durch[97]. Die Verkäuferinnen absolvierten in den zwanziger Jahren in Hamburg in der Regel eine Lehre, die überwiegend zwei Jahre dauerte. Bereits in der Vorkriegszeit war die praktische Ausbildung der „Ladenmädchen“ üblich gewesen, die allgemein jedoch nicht mehr als ein Jahr umfaßte.[98] Sämtliche gewerblichen wie kaufmännischen Lehrmädchen waren seit der Einführung der Fortbildungsschulpflicht im Jahr 1919 neben der betrieblichen Ausbildung drei Jahre lang zum wöchentlich achtstündigen Besuch einer staatlichen Fachgewerbe- bzw. Handelsschule verpflichtet[99].

Den Mädchen standen nicht nur weniger Ausbildungsmöglichkeiten offen als den Jungen, sondern ihre Ausbildung war zudem kürzer und damit in der Regel schlechter. Sie absolvierten mehrheitlich eine zwei- bis dreijährige Lehrzeit, Jungen hingegen eine drei- bis vierjährige[100]. Ihnen erwuchsen hierdurch erhebliche Nachteile auf dem Arbeitsmarkt. Alle jungen Frauen, die bereits nach ein bzw. zwei Jahren ihre Lehre beendeten, aufgrund der gesetzlichen Fortbildungsschulpflicht aber noch ein drittes Jahr die Berufsschule besuchen mußten, hatten wie auch die ungelernten Berufsschülerinnen große Schwierigkeiten eine Erwerbsarbeitsstelle zu finden.[101] Ihre geringe Qualifikation wurde zudem als Argument benutzt, um ihre schlechtere Bezahlung selbst bei gleicher Tätigkeit zu rechtfertigen.

Bereits während der Lehrzeit lag der Lohn der Mädchen in allen Wirtschaftsbranchen Hamburgs durchschnittlich 25 % unter dem der Jungen, da ihre Ausbildung nicht als gleichwertig galt. Die Entlohnung, die nach Lehrjahren gestaffelt war, schwankte erheblich. In den Handwerksberufen lag sie in der Regel deutlich niedriger als in den kaufmännischen Berufen. Dies verdeutlicht folgende Übersicht über die Spitzenlöhne in den bedeutendsten weiblichen Lehrberufen, die sich auf obige Aufstellung des hamburgischen Arbeitsamtes von 1930 stützt:[102]

Lehrberuf		1.	2.	3.	Lehrjahr
Wäscheschneiderin		1	2	6	Mark wöchentlich
Damenschneiderin		2	4	6	„ „
Friseurin		3	4	-	„ „
Verkäuferin	- Lebensmittelhandel	25	32	-	Mark monatlich
	- Textilhandel	32	43	-	„ „
Kontoristin	- Großhandel	22	30	43	„ „
	- Industrie	40	45	55	„ „

Die Lohnskala der Lehrlinge spiegelte bereits die Einkommenshierarchie der ausgelernten Kräfte wider.

Den beschränkten Ausbildungs- und Berufsmöglichkeiten paßten sich die Berufswünsche der Mädchen an. Dies geht aus einer Befragung hervor, die die Hamburger Oberschulbehörde 1926 unter der Volksschuljugend des letzten Schuljahres durchführte[103]: Während 14 % der Mädchen keinen bestimmten Berufswunsch hatten, war dies nur bei 8 % der Jungen der Fall. 65 % der Mädchen, hingegen 92 % der Jungen wollten eine Berufsausbildung absolvieren. Die Berufswünsche der Volksschülerinnen konzentrierten sich auf wenige Berufe. 58 % wollten eine gewerbliche oder kaufmännische Lehre machen (darunter hatten als Berufsziel: 16 % Schneiderin, 13 % Friseurin, 11 % Verkäuferin und 7 % Kontoristin). Die Ausbildung als Kindergärtnerin, Säuglings- oder Kinderpflegerin wünschten sich 6 %; nur 1 % hoffte, Lehrerin werden zu können. Unter den 21 %, die keine Berufsausbildung erstrebten, waren 14 %, die Hausangestellte, aber nur 0,2 % die Arbeiterin werden wollten. Insgesamt standen bei einer annähernd gleichen Zahl von 6.119 befragten Volksschülerinnen und 6.368 Volksschülern 55 unterschiedliche Berufswünsche der Mädchen 118 der Jungen gegenüber.

Die Ausformung eines von der Gesellschaft akzeptierten weiblichen bzw. männlichen Rollenverhaltens war und ist auf das engste mit Berufswünschen und Berufswahl verknüpft[104]. Für Jungen hatte die Beschäftigung mit der zukünftigen Berufswahl angesichts der Perspektive lebenslanger Erwerbstätigkeit einen größeren Stellenwert als für Mädchen, deren Lebensplan in der Regel durch die Doppelorientierung auf die Familienwelt einerseits und die Erwerbswelt andererseits sehr viel weniger eindeutig war. Für Arbeitertöchter stand die Frage im Vordergrund, wie lange sie vor und während der Ehe erwerbstätig sein würden. Die meisten hatten zwar bereits die Vorstellung übernommen, daß der Hauptberuf der Frau der der Hausfrau und Mutter sei, und hofften, daß ihre Erwerbstätigkeit von begrenzter Dauer sein würde, sahen aber gleichzeitig nicht selten die unbefriedigende Arbeitsrealität ihrer Mutter in Haushalt und Familie, angesichts derer ihnen die Heirat nicht per se eine attraktive Lebensperspektive zu sein schien. Hinzu kam, daß ein großer Teil registrierte, wie ihre Mutter auf die eine oder andere Weise zum Familieneinkommen „hinzuverdienen“ mußte, die Heirat also offensichtlich keine Garantie für einen gesicherten und ausreichenden Lebensunterhalt und damit die ‚Befreiung‘ vom Erwerbszwang war.[105] Diese Ambivalenz beeinflußte bei vielen Mädchen die Einstellung zur zukünftigen Berufstätigkeit und damit auch ihre Berufswünsche. Sie führte bei den einen zu unentschlossenen und unklaren Berufsvorstellungen, bei den anderen zum Streben nach einer Berufsausbildung. Diese sollte jedoch aufgrund der Antizipation der späteren Rolle als Hausfrau und Mutter entweder möglichst kurz und kostengünstig sein oder in Berufen erfolgen, die auf die späteren Aufgaben in Haushalt und Familie vorzubereiten schienen.[106] Die Kinder- und Jugendpsychologin *Charlotte Bühler*[107] unterschied 1929 in einer Studie über „Die innere Einstellung des reifenden Mädchens zu Umwelt und Leben“ vier Grundtypen der Berufseinstellung von 12- bis 14jährigen Mädchen, die deren Berufswünsche prägten:

1. „der Beruf als *notwendiges Übel* infolge der wirtschaftlichen Lage". Diese Auffassung würden die meisten Mädchen vertreten, insbesondere Arbeitertöchter.
2. „der Beruf als *Vorbereitung zur Ehe*". Mädchen mit dieser Einstellung wollten Hausangestellte, Schneiderin, Köchin, Kindergärtnerin oder Säuglingspflegerin werden. Sie stammten zu einem großen Teil aus dem Kleinbürgertum.
3. der Beruf, „um *selbständig* zu werden". Diese Haltung würden vorrangig Mädchen aus „gedrückten, abhängigen Verhältnissen" einnehmen, die hofften so schnell wie möglich ökonomisch und damit auch persönlich unabhängig zu sein.
4. „der Beruf *aus sachlichem Interesse*". Nur ein kleiner Teil aller Mädchen wünsche sich einen Beruf ausschließlich aus „beruflichen und sachlichen Arbeitsinteressen".[108]

Zwar war die Berufsorientierung der Mädchen in der Weimarer Republik gemessen an den Berufswünschen der Jungen noch wenig entwickelt, doch im Vergleich zur Vorkriegszeit zeigt sich ein deutlicher Wandel: Die Berufsvorstellungen der Volksschülerinnen waren in den zwanziger Jahren sehr viel konkreter und differenzierter; der Wunsch, einen Beruf zu erlernen, war für viele zu einer Selbstverständlichkeit geworden, das Feld der erstrebten Berufe hatte sich verändert. Auf diese Entwicklung verweisen die Ergebnisse der jährlichen Befragungen, die die hamburgische Oberschulbehörde seit den Vorkriegsjahren unter den Volksschüler(inne)n des letzten Schuljahres durchführte (vgl. Tabelle 40).

Tab. 40: *Die Berufswünsche Hamburger Volksschülerinnen. 1912/13–1932/33*[109]

Berufsfeld	Von hundert Schülerinnen hatten den Wunsch, in dem Berufsfeld tätig zu werden					
	1912/13	1921/22	1923/24	1926/27	1929/30	1932/33
I Häusliche Dienste	37,3	20,4	16,3	18,7	17,5	22,8
II Handwerk und Industrie	7,3	20,7	13,3	37,5	15,9	17,1
III Handelsgewerbe	15,0	19,9	29,0	19,2	28,1	29,6
IV Verkehrsgewerbe	-	0,5	0,2	0,03	-	0,03
V Wissenschaftl. Berufe	-	0,03	0,1	0,6	0,02	-
VI Lehrberufe und erzieherische Berufe		1,2	0,6	6,0	4,8	2,6
VII Pflegerische und soziale Berufe	1,4 a)	0,3	0,3	1,1	12,7	10,4
VIII Künstlerische Berufe		0,4	0,1	0,6	1,2	1,4
IX Weiterer Schulbesuch und Verbleib im Haus	39,0 b)	7,1	6,6	2,4	0,7	0,9
X Unentschlossen		29,6	33,4	13,7	19,1	15,2
Insgesamt	7016	6648	7125	6215	4560	3078

a) Die Berufsgruppen VI und VII zusammen. b) Die Gruppen IX und X zusammen.

Im Schuljahr 1912/13 wußten die meisten Mädchen nicht, welchen Erwerbsberuf sie ergreifen sollten, und wollten vermutlich nicht zuletzt deshalb im Elternhaus verbleiben (39 %). Von denjenigen, die konkretere Berufsvorstellungen hatten, hoffte der größte Teil auf eine Tätigkeit im Häuslichen Dienst (37 %). Handelsgewerbe sowie Handwerk und Industrie hatten als erstrebtes Berufsfeld erst eine relativ geringe Bedeutung (15 % bzw. 7 %). Marginal war der Anteil der Mädchen, die in einem erzieherischen, pflegerischen oder sozialen Frauenberuf tätig werden wollten (1 %). Zwanzig Jahre später sahen die Berufsvorstellungen der befragten Mädchen gänzlich anders aus: Der Anteil der „Unentschlossenen" lag 1932/33 trotz Wirtschaftskrise ‚nur' noch bei 15 %. Lediglich 1 % hoffte im Elternhaus bleiben bzw. weiter die Schule besuchen zu können. Die meisten Mädchen wollten nun im Handelsgewerbe tätig werden (30 %). Stark gewachsen war auch die Attraktivität der Berufe in Handwerk und Industrie (17 %); ihr Anteil war allerdings vor Beginn der Rezession mehr als doppelt so hoch gewesen. In den Häuslichen Dienst wollten nur 23 % der Mädchen. Die Anziehungskraft dieses Berufsfeldes war Mitte der zwanziger Jahre noch geringer gewesen; im Schuljahr 1923/24 hatten lediglich 16 % hier tätig werden wollen. Aufgrund der ungünstigen Arbeitsmarktlage strebten auf dem Höhepunkt der Krise wieder mehr Mädchen diesen Arbeitsbereich an. Zurückgegangen war in der Hauptphase der Rezession auch der Anteil der Volksschülerinnen, die einen erzieherischen, pflegerischen oder sozialen Beruf ergreifen wollten, der bis Ende der zwanziger Jahre außerordentlich stark angestiegen war; 1929/30 lag er bei 18 %, 1932/33 hingegen nur noch bei 13 %.[110]

Tabelle 40 zeigt, in welchem Ausmaß die Berufswünsche der Volksschülerinnen durch die jeweilige Arbeitsmarktlage, d.h. die angebotenen und für sie erreichbaren Ausbildungs- und Arbeitsmöglichkeiten geprägt wurden. Die Entwicklung des weiblichen Arbeitsmarktes bestimmte entscheidend den Wandel der Berufsvorstellungen seit der Vorkriegszeit: Die Vielfalt möglicher Frauenerwerbsarbeiten hatte zugenommen, es wurden mehr qualifizierte weibliche Kräfte nachgefragt; dieser Trend schlug sich in den Berufswünschen der Mädchen nieder, mit denen sie zugleich immer auch auf die konkrete Konjunkturlage reagierten. Verstärkt wurde dieses arbeitsmarktorientierte Berufswahlverhalten durch die seit dem Ende des Ersten Weltkrieges allerorts arbeitenden kommunalen Ämter für Berufsberatung und Lehrstellenvermittlung. Von zentralem Einfluß waren daneben weiterhin die wirtschaftlichen Verhältnisse im Elternhaus. Zudem formten nach wie vor die Berufserfahrungen und Berufsvorstellungen, die in Familie, Freundeskreis und Nachbarschaft vorherrschten, in starkem Maße die Berufsziele der Mädchen.

Die Haltung zur Frauenerwerbsarbeit hatte sich seit der Vorkriegszeit in breiten Bevölkerungskreisen gewandelt. Vor allem bei jungen, ledigen Frauen wurde die Erwerbstätigkeit zwischen Schulentlassung und Heirat allgemein als Notwendigkeit akzeptiert. Die Forderung nach einer Berufsausbildung für Mädchen hingegen, die in der Öffentlichkeit zunehmend propagiert wurde, fand nur bei einem Teil der Eltern Unterstützung. Die Erwerbstätigkeit der Tochter galt allgemein als Übergangsphase zur Ehe. Da das Geld knapp war, stand eine Ausbildung zuerst den Söhnen zu, die ihr Leben lang erwerbstätig sein würden.

Zu den politischen Kräften, die in der Weimarer Republik eine Berufsausbildung für Mädchen forderten, gehörte die sozialdemokratische Arbeiterbewegung. Besonders vehement propagierten diese Forderung die Sozialistische Arbeiterjugend und die SPD-Frauenorganisation. In der Parteipresse erschienen insbesondere vor den Schulentlassungen im März alljährlich Artikel, die die Arbeitereltern aufforderten, ihren Töchtern wie ihren Söhnen eine Berufsausbildung zu ermöglichen. Hauptargument, war die ungewisse Zukunftsperspektive der Mädchen: Es könne weder sicher damit gerechnet werden, daß sie heiraten würden und verheiratet blieben, noch daß sie als Verheiratete immer versorgt seien und nie erwerbstätig werden müßten; zu ihrer Existenzsicherung bräuchten sie die Ausbildung in einem Erwerbsberuf. Zudem wurde betont, daß eine qualifizierte Berufsausbildung eine wichtige Voraussetzung für ihre ökonomische Unabhängigkeit und damit zugleich ihre individuelle Gleichberechtigung sei: Nur eine ledige Frau, die selbst einen ausreichenden Lebensunterhalt verdienen würde, wäre nicht auf eine „Zwangsheirat“ angewiesen; lediglich eine verheiratete Frau, die jederzeit das Einkommen für sich und ihre Kinder erwerben könne, sei wirtschaftlich und persönlich nicht vom Mann abhängig. Die Ausbildung für den Erwerbsberuf sollte deshalb bei den Mädchen die Ausbildung für den „weiblichen Hauptberuf Hausfrau und Mutter“ ergänzen.[111]

Die SPD-Propaganda für eine Berufsausbildung der Mädchen zeigte im sozialdemokratischen

Milieu seit der Vorkriegszeit zunehmend Wirkung. Die Berichte der befragten Frauen deuten darauf hin, daß vor allem engagierte sozialdemokratische Arbeitereltern sich bemühten, nicht nur ihrem Sohn, sondern auch ihrer Tochter eine berufliche Ausbildung zu ermöglichen.[112] Viele Parteigenossen und –genossinnen betrachteten in den zwanziger Jahren die Berufsausbildung der Tochter als Schritt zum sozialen Aufstieg, für den sie bereitwillig materielle Opfer brachten. Diese Haltung, die Ausdruck einer auf die Zukunft gerichteten Lebenseinstellung war, von der vorrangig die Kinder profitierten, war besonders bei Sozialdemokratinnen verbreitet, die selbst keinen Beruf hatten erlernen können, dies aber der Tochter aufgrund der eigenen schlechten Erwerbserfahrungen ermöglichen wollten. Vor allem in der Vorkriegszeit mußten sie die Berufsausbildung der Tochter nicht selten offen oder heimlich gegen den Willen des Ehemannes durchsetzen. Zu den Sozialdemokraten, die eine Berufsausbildung für Mädchen strikt ablehnten, gehörte der Vater von Agnes A., die 1912 nach der Selekta die Volksschule verließ. Sie beschreibt den Konflikt zwischen ihren Eltern:

> „Für meinen Vater war es undenkbar, daß Mädchen einen Beruf erlernen: ‚Kommt gar nicht in Frage, ist hinausgeworfenes Geld. Sie lernt ja doch einen Mann kennen und heiratet, dann soll sie Erbsensuppe kochen, Strümpfe stopfen und Kinder kriegen'. Mutter war wütend und hat zuerst versucht, ihn umzustimmen. Sie wollte, daß ich einen Beruf erlerne. Doch Vater ließ überhaupt nicht mit sich reden. Er verfolgte zwar sein ‚Hamburger Echo', aber die Politik in der Familie umzusetzen ... Es war schlimm für meine Mutter. Sie hatte die Vorstellung: ‚Meine Kinder sollen es besser haben als wir'. Sie machte keine Unterschiede zwischen Jungs und Mädel ... Von einer Nachbarin hörte sie dann, daß die ihre Tochter heimlich auf die höhere Handelsschule schickte. Meine Mutter nahm vier Treppenhäuser an, zum Scheuern, und schickte mich ebenfalls dorthin. Wir durften das Vater nicht verraten. Sie war immer in Trab, damit er das nicht merkte."[113]

Erst nach dem Ersten Weltkrieg wandelte sich die Einstellung zur Berufsausbildung für Mädchen in weiteren Kreisen des sozialdemokratischen Milieus.

Nicht das schulentlassene Mädchen, sondern deren Eltern trafen in den meisten Fällen letztlich die Berufsentscheidung. Ihre Hauptfrage war: „Soll und kann die Tochter einen Beruf erlernen?" Viele Arbeitereltern mußten diese Frage abschlägig beantworten, denn ihre soziale Lage ermöglichte es ihnen nicht, eine Berufsausbildung zu finanzieren. Dies galt insbesondere für kinderreiche Familien ungelernter Arbeiter.[114] Die schulentlassene Tochter mußte sofort erwerbstätig werden. Die Berufsentscheidung wurde vorrangig durch ökonomischen Realismus geprägt: Primäres Berufsziel war es, schnell ausreichend Geld zu verdienen. Viele Mädchen hofften, der Familie – insbesondere der überarbeiteten Mutter – durch ihre Erwerbstätigkeit helfen zu können und erstrebten zugleich mehr ökonomische Selbständigkeit und damit auch persönliche Freiheit.[115] Drei Erwerbsalternativen standen Ungelernten offen: Sie konnten Bürohilfskraft werden, als Hausangestellte in Stellung gehen oder als ungelernte Arbeiterin in der Fabrik anfangen. In der Binnenhierarchie der ungelernten Erwerbsarbeiten nach sozialem Status, Attraktivität der Tätigkeit und Entlohnung war die Arbeit als Bürohilfskraft die begehrteste. Das hohe soziale Ansehen von Büroarbeit strahlte selbst auf die untergeordneten Beschäftigungen in diesem Bereich aus.[116] An zweiter Stelle stand die Tätigkeit als Hausangestellte. Vor allem die Eltern legten ihren Töchtern nahe, in Stellung zu gehen. Ihr Hauptargument war, daß das Mädchen dort die Haushaltsführung erlernen und sich somit auf ihre Zukunft als Hausfrau und Mutter vorbereiten könne[117]. Am unbeliebtesten war die Tätigkeit der ungelernten Fabrikarbeiterin, da der Ruf der „Miedjes" – so wurden in Hamburg Fabrikarbeiterinnen genannt – selbst in Arbeiterkreisen denkbar schlecht war[118].

Wenn Arbeitereltern sich dafür entschieden, der Tochter nach der Schulentlassung eine Berufsausbildung zu ermöglichen, bestimmten neben den wirtschaftlichen Verhältnissen in stärkerem Maße deren Zukunftspläne und Wertvorstellungen die Berufswahl. Das Zusammenwirken der verschiedenen Faktoren verdeutlicht der folgende Bericht von Anni B., die 1925 die Volksschule verließ:

> „Mein Vater ist 1916 im Krieg gefallen. Da war ich fünf Jahre alt. Er war als Sattler und Tapezierer aktiver Gewerkschafter. Meine Mutter stand auf dem Standpunkt, ‚Du bist allein, hast keinen Vater, also streng Dich an. Du kannst lernen'. Sie wollte, daß ich so früh wie möglich auf eigenen Beinen stehe und verdiene. Trotzdem sollte ich einen Beruf erlernen. Ihr Schicksal wollte sie mir ersparen. Sie stammte vom Lande, aus dem Hannoverschen, und ist mit neun Geschwistern großgeworden. Ihre Brüder durften in die Lehre, sie und ihre Schwestern mußten gleich in Stellung. Das war früher so ... Ich wäre gerne Lehrerin geworden. Die Prüfung für das Lyzeum hatte ich bereits bestanden, meine Klassenlehrerin hatte mir auch schon ein Stipendium für die Schulbücher besorgt, plötzlich sagte meine Mutter: ‚Nein, das kommt gar nicht in Frage, noch diese vielen Schuljahre. Du mußt so früh wie möglich im Beruf stehen'. Selbst mein Schulleiter konnte sie nicht umstimmen. Sie sah, daß ihre Unterstützung als Kriegerwitwe nicht ausreichte, um mir eine längere Schulausbildung zu ermöglichen. Ich wurde kaufmännische Angestellte. Meine Mutter hat diesen Beruf für mich ausgewählt. Selber hatte ich als 14jährige keinerlei Übersicht. Es gab, als ich aus der Schule kam, nicht viele Berufe für uns Arbeitertöchter zur Auswahl: Wir konnten Schneiderin oder Näherin werden, oder Verkäuferin. In Stellung schicken wollte Mutter mich nicht: ‚Den Schmutz anderer Leute wegmachen, das brauchst Du nicht!'. Fabrikarbeit kam auch nicht in Frage, denn wer dort arbeitete, wurde schon ein bißchen schief angesehen. ‚Die geht nur in die Fabrik', hieß es von ihr. Meine ältere Schwester, die nach ihrer Lehre als Schneiderin arbeitslos war und in der Fabrik arbeiten mußte, machte immer wieder diese Erfahrung. Die Arbeit im Kontor war schon eher etwas. Die wurde akzeptiert. Andere richtige Frauenberufe, wie Lehrerin, Kindergärtnerin oder Fürsorgerin, waren für uns nicht drin. Es gab zwar eine Berufsberatung in der Schule, doch über unsere Berufsmöglichkeiten wurden wir nicht richtig aufgeklärt. Dort hieß es bloß, ‚Du kannst rechnen, Du kannst schreiben, also bitte geh' ins Kaufmännische' ...
>
> Für mich ging kein Weg daran vorbei. 1925 fing ich mit meiner Lehre bei ‚Gebr.Robinson' an, einem großen Hamburger Modehaus. Unten war der Laden und oben lagen die Büroräume mit der Expeditionsabteilung für In- und Ausland. Dort lernte ich. Zweimal die Woche, einmal vormittags, einmal nachmittags, ging ich zur Handelsschule, drei Jahre lang. Danach mußte ich ohne offiziellen Abschluß abgehen. Den gab es damals für Mädchen in kaufmännischen Berufen nicht. 25 Mark monatlich erhielt ich im ersten Lehrjahr, 30 Mark im zweiten. Davon mußte ich all' meine Ausgaben bezahlen, auch die Kleidung. Abzugeben brauchte ich im Hause nichts."

Viele Arbeitereltern trafen die konkrete Berufsentscheidung über den Kopf der Tochter hinweg. Die Berichte der befragten Frauen aus dem sozialdemokratischen Milieu deuten darauf hin, daß die Eltern bei der Berufswahl der Mädchen stärker Einfluß genommen haben als bei der der Jungen. Dies galt vor allem für die Mütter, die dabei nicht selten die eigenen unerfüllten Berufswünsche für die Tochter zu realisieren versuchten.[119] Die Entscheidungsspielräume der Arbeitereltern waren durch die ökonomische Realität stark eingeschränkt. Die Ausbildung in einem „richtigen Frauenberuf", die zumindest im sozialdemokratischen Milieu relativ viele Mädchen mit der Hoffnung auf eine befriedigende und gesellschaftlich sinnvolle Berufstätigkeit ersehnten, konnten nur ausgesprochen gutsituierte Arbeitereltern ihren Töchtern ermöglichen[120]. Realisierbarer war eine gewerbliche oder kaufmännische Ausbildung. Am verbreitetsten scheint in Hamburg als relativ kurzer und damit kostengünstiger Ausbildungsweg die „Industrielehre" gewesen zu sein. Die längere und dadurch teurere Handwerkslehre in einem der typischen ‚Frauen'-Gewerbe wählten zumeist Eltern, die die Tochter einen Beruf erlernen lassen wollten, der sie einerseits auf ihre späteren Aufgaben als Hausfrau und Mutter vorbereiten sollte, und den sie andererseits in Notzeiten auch als verheiratete Frau ausüben konnte, als Tagelohnarbeit oder Hausgewerbe.[121] Für die Ausbildung in einem kaufmännischen Beruf entschieden sich eher Arbeitereltern mit sehr starker Aufstiegsorientierung[122].

In der Binnenhierarchie der gewerblichen und kaufmännischen Lehrberufe stand der Büroberuf an der Spitze, weil er relativ hoch entlohnt war und zudem als der „sauberste" und „vornehmste" galt. Doch nur eine Minderheit der Arbeitermädchen, vorrangig Töchter aus bessersituierten Familien, ergriff in den zwanziger Jahren diesen Beruf. Besonders gering war ihr Anteil unter den jungen Frauen, die eine dreijährige Kontorlehre machten. Eine Prüfung der Schülerkarten der Staatlichen Handelsschulen Hamburgs ergab 1928, daß von den im April des Jahres eingeschulten weiblichen Kontorlehrlingen lediglich 10 % aus der Arbeiterschaft stammten. Größer war der Anteil der Arbeitertöchter unter den jungen Frauen, die sich durch Kurse auf einer privaten Handelsschule oder den Besuch der staatlichen Tageshandelsschule für die Tätigkeit der Kontoristin qualifizierten. Diese schulischen Ausbildungen waren meist kürzer und zudem leichter zugänglich als die betriebliche Lehre. Häufiger entschieden sich Arbeitereltern für die Ausbildung der Tochter als Verkäuferin. Von den Pflichtberufsschülerinnen, die 1928 in die staatliche Handelsschule für Verkäuferinnen in Hamburg eingeschult wurden, waren 17 % Arbeitertöchter.[123] Der Verkäuferinnenberuf, vor allem im Textilhandel, war bei Arbeitermädchen außerordentlich begehrt. Der ständige Kontakt mit „feinen Kunden“, die relativ saubere Arbeit und der Zwang zu gepflegter Kleidung erschienen ihnen höchst erstrebenswert.[124]

Beeinflußt wurde die Berufswahl von Eltern und Jugendlichen seit Beginn der Weimarer Republik zunehmend durch den Staat, der sich mit Hilfe der neugeschaffenen Einrichtung der öffentlichen Berufsberatung und Lehrstellenvermittlung bemühte, deren Berufsentscheidung gemäß den volkswirtschaftlichen Erfordernissen zu lenken. Diesbezügliche Bestrebungen hatten bereits in der Vorkriegszeit bestanden und waren in den Kriegsjahren ein erhebliches Stück vorangekommen. Doch erst nach Kriegsende entstanden allerorts entsprechende öffentliche Einrichtungen. Entscheidender Anstoß zu deren Aufbau war eine Verordnung des Reichsamtes für wirtschaftliche Demobilmachung vom 4. Dezember 1918, die den Landes-Zentralbehörden die Ermächtigung erteilte, Gemeinden und Gemeindebehörden zur Schaffung von Einrichtungen für die gemeinnützige Berufsberatung möglichst in Verbindung mit öffentlichen, unparteiischen Arbeitsnachweisen zu verpflichten.[125] In Hamburg war bereits 1916 als Zusammenschluß sämtlicher bestehender privater Berufsberatungsstellen eine ‚Zentrale für Berufsberatung und Lehrstellenvermittlung e.V.‘ gegründet worden[126]. Ende Oktober 1919 beschloß die Bürgerschaft die Verstaatlichung dieser Zentrale, die im Juli 1920 als Abteilung dem Arbeitsamt angegliedert und im November 1920 dem neugegründeten ‚Öffentlichen Arbeitsnachweis‘ angeschlossen wurde.[127] Die Durchführung der öffentlichen Berufsberatung und Lehrstellenvermittlung wurde reichsgesetzlich erst durch die vom Präsidenten der Reichsarbeitsverwaltung aufgrund des Arbeitsnachweisgesetzes erlassenen ‚Allgemeinen Bestimmungen über die Berufsberatung und Lehrstellenvermittlung vom 12. Mai 1923‘ geregelt.[128] Deren Pflichtaufgaben sollten gemäß dieser Bestimmungen sein:

„a) die planmäßige Vorbereitung der Berufswahl Jugendlicher (z.B. berufskundliche Besprechungen und Führungen im Rahmen des Schulunterrichts) und die Aufklärung der Öffentlichkeit über Berufsfragen (z.B. durch Elternabende, berufskundliche Vorträge und Ausstellungen);
b) die Erteilung von Rat und Auskunft an ratsuchende Personen beiderlei Geschlechts in allen Fällen, welche die Berufswahl sowohl beim Eintritt in das Berufsleben wie beim Berufswechsel und die Berufsausbildung und -fortbildung betreffen ...;
c) die Vermittlung in beruflich, sittlich und gesundheitlich einwandfreie Anlern- und Lehrstellen.“[129]

Bei Berufsberatung und Lehrstellenvermittlung sollte „eine der volkswirtschaftlichen Lage entsprechende Verteilung der Berufsanwärter und eine zweckmäßige Ausnutzung der vorhandenen Ausbildungsgelegenheiten“ erstrebt werden. Dabei waren „sowohl die Neigung, die körperliche wie geistige Eignung und die wirtschaftlichen und Familienverhältnisse der vor der Berufswahl stehenden Personen, als auch die Lage des Arbeitsmarktes und die Aussichten des zu wählenden Berufes angemessen zu berücksichtigen.“[130]

Die hamburgische ‚Zentrale für Berufsberatung und Lehrstellenvermittlung‘ orientierte sich bei ihrer Tätigkeit – entgegen dem Wortlaut der Bestimmungen – vorrangig an den Interessen und Bedürfnissen der Arbeitgeber. In den meisten Wirtschaftszweigen war die Zusammenarbeit mit den „Lehrherren" eng. Zwischen dem größten Teil der Innungen und der Zentrale bestand eine Vereinbarung, nur solche Lehrlinge in einem Betrieb aufzunehmen, die von der Berufsberatung als tauglich befunden worden waren.[131] An dieser Praxis änderte sich nichts, als die bis dahin kommunal betriebene Zentrale gemäß dem ‚Gesetz über Arbeitsvermittlung und Arbeitslosenversicherung' (AVAG) vom 16. Juli 1927 als Teil des hamburgischen Arbeitsamtes Anfang Oktober 1928 der Reichsanstalt für Arbeitsvermittlung und Arbeitslosenversicherung unterstellt wurde. Seitdem gehörte sie in den Kompetenzbereich des neugegründeten Landesarbeitsamtes Nordmark, dessen Sitz in Hamburg lag und das außer für das hamburgische Stadt- und Landgebiet für die preußischen Gebietsteile Altona, Harburg und Wandsbek zuständig war.[132]

Grundlage der individuellen Berufsberatung der Schulabgänger war ein Fragebogen zu Elternhaus, Freizeitgestaltung und Berufswünschen, der von den Schüler(inne)n des letzten Schuljahres ausgefüllt werden mußte. Seit 1926 hatten die Eltern zu den Ausführungen ihres Kindes Stellung zu nehmen. Ergänzt wurde der Fragebogen durch „Bemerkungen der Schule" zu den häuslichen Verhältnissen, den Fähigkeiten, dem Sozialverhalten und dem Berufswunsch des Kindes sowie einem Kommentar des Schularztes zu dessen Gesundheitszustand, über deren Inhalt weder Eltern noch Schüler(innen) informiert wurden. Dieses Material leitete die Oberschulbehörde an die ‚Zentrale für Berufsberatung und Lehrstellenvermittlung' weiter.[133] Der Fragebogen war bei Eltern und Lehrer(inne)n umstritten: Von den Eltern wurde kritisiert, daß sie kein Recht auf Einsicht und damit keinerlei Kontrolle über die Mitteilungen der Lehrer(innen) hatten; viele Lehrer(innen), selbst die Schulleiterkonferenz, waren besorgt, daß dem Urteil der Schule eine „Permanenzbedeutung" beigelegt werden könnte, die „zu einer unbeabsichtigten Schädigung des betreffenden Schülers" führen würde.[134] Diese Gefahr wurde dadurch verstärkt, daß von einer intensiven persönlichen Beratung durch die Zentrale angesichts der geringen Zahl von zehn Berater(inne)n nicht die Rede sein konnte. Über eine Vermittlung entschied letztlich der knappe Eindruck durch Schulzeugnis, Fragebogen und Gespräch.[135]

Das Bedürfnis nach einer Berufsorientierung und der Wunsch nach Hilfe bei der Ausbildungs- bzw. Arbeitsplatzsuche war bei den schulentlassenen Jugendlichen und deren Eltern so groß, daß trotz aller Bedenken gegen die Tätigkeit der Zentrale, deren Besucher(innen)-Zahl von Jahr zu Jahr stieg. Ende der zwanziger Jahre wurde der allergrößte Teil der Volksschüler(innen) erfaßt, die ins Erwerbsleben eintraten: Im Schuljahr 1928/29 kamen 83 % der Jungen und 82 % der Mädchen zur Beratung. Hauptmotiv für den Besuch war die Hoffnung, einen dem Berufswunsch entsprechenden Ausbildungsplatz vermittelt zu bekommen. Die Chancen hierfür waren jedoch aufgrund der extrem ungünstigen Relation von Ratsuchenden und zur Verfügung stehenden offenen Lehrstellen vor allem bei den Mädchen gering: 1928/29 kamen auf hundert männliche Ratsuchende 54 offene Lehrstellen, auf hundert weibliche Ratsuchende nur 28. Von den zur Verfügung stehenden Ausbildungsplätzen konnten zudem nicht alle genutzt werden; rund ein Fünftel der angeboten Stellen war nicht geeignet. Lediglich der kleinere Teil der ratsuchenden Volksschüler(innen) erhielt mit Hilfe der Zentrale einen Ausbildungs- bzw. Arbeitsplatz; 1928/29 waren es immerhin 48 % der Jungen, aber nur 35 % der Mädchen. Die höchste Vermittlungsquote bei den weiblichen Ratsuchenden erreichte die Zentrale bei den kaufmännischen Angestellten, etwas niedriger lag sie bei den Hausangestellten, am ungünstigsten war sie in den meisten handwerklichen Lehrberufen.[136] In der Wirtschaftskrise gingen die Chancen, über die Zentrale einen Ausbildungs- bzw. Arbeitsplatz vermittelt zu bekommen noch weiter zurück: Von den ratsuchenden Volksschüler(inne)n des Schuljahres 1931/32 erhielten nur 34 % der Jungen und 14 % der Mädchen eine Stelle durch die Zentrale. Die meisten mußten sich mit Hilfe der Eltern selber einen Ausbildungs- bzw. Arbeitsplatz suchen.[137]

Zwar erstrebten immer mehr Arbeitermädchen in der Weimarer Republik eine Berufsausbildung und eine wachsende Zahl von Arbeitereltern war bereit, ihren Töchtern dies zu ermöglichen. Doch die Chancen, einen Ausbildungsplatz zu finden – gar den gewünschten, waren außerordentlich gering, noch geringer als bei Arbeiterjungen. Letztlich mußten die Eltern den Ausbildungs- bzw. Arbeitsplatz für ihre Tochter nehmen, der sich ihnen bot. Wie schwer Wünsche und Realität in Übereinstimmung zu bringen waren, zeigt eine Erhebung des ADGB-Ortsausschusses vom Dezember 1926 über die ausgeübten Tätigkeiten der Pflichtberufsschüler und -schülerinnen im Raum Groß-Hamburg[138]: Von den 18.682 Schülerinnen im Alter zwischen 14 und 18 Jahren waren die meisten „berufslos“ (31 %). Diese Mädchen, die mehrheitlich lieber heute als morgen eine regelmäßige Erwerbsarbeit aufgenommen hätten, trugen zum Unterhalt der Familie durch Aushilfserwerbsarbeiten und die Mithilfe im elterlichen Haushalt bei. Einen Anspruch auf Arbeitslosenunterstützung hatten sie nicht, da sie nicht als Erwerbslose galten. Als solche wurden nur die 4 % gezählt, die nach der Schulentlassung bereits längere Zeit erwerbstätig gewesen waren. Obwohl fast kein Mädchen ungelernte Arbeiterin werden wollte, waren 10 % als solche tätig; 17 % hatten Hausangestellte werden müssen. Nur 14 % der Schülerinnen hatten einen gewerblichen Ausbildungsplatz gefunden. Ein Teil hatte vermutlich statt eines gewerblichen einen kaufmännischen Lehrberuf ergriffen, denn 24 % arbeiteten in Büro und Laden. Die Berufschancen der 25.194 Jungen im Alter zwischen 14 und 18 Jahren, die zum gleichen Zeitpunkt die Pflichtberufsschulen im Groß-Hamburger Raum besuchten, waren sehr viel besser: Von ihnen waren lediglich 4 % berufslos und 2 % erwerbslos. Nur 12 % arbeiteten als Ungelernte. 56 % hatten eine gewerbliche und 26 % eine kaufmännische Lehrstelle gefunden. Die Erhebung des ADGB-Ortsausschusses ergab, daß zwar fast 43 % aller Pflichtberufsschüler und -schülerinnen im Raum Groß-Hamburg Mädchen waren, doch sie stellten 94 % der berufs- bzw. erwerbslosen, 67 % der ungelernten und nur 16 % der gelernten Jugendlichen.

Seit Mitte der zwanziger Jahre verbesserten sich die Ausbildungschancen der Mädchen stetig. Ein immer größerer Teil konnte einen gewerblichen oder kaufmännischen Beruf erlernen. Dieser Trend hielt sogar in der Wirtschaftskrise an. Dies belegt die Entwicklung der Zusammensetzung der Pflichtberufsschülerinnen Hamburgs: Besuchten 1925 noch 62 % von ihnen als Ungelernte, Berufs- oder Erwerbslose die Allgemeine Gewerbeschule, waren es 1932 trotz Wirtschaftskrise lediglich 45 %. Der Anteil der Handelsschülerinnen stieg im gleichen Zeitraum von 25 % auf 37 %, der der Fachgewerbeschülerinnen von 13 % auf 18 %.[139] Einige gelernte Frauenberufe entwickelten sich zu ausgesprochenen ‚Jugendberufen', in denen überdurchschnittlich viele Unter-20jährige arbeiteten. Zu den wichtigsten gehörten Anfang der dreißiger Jahre im hamburgischen Staat in der Reihenfolge ihrer quantitativen Bedeutung: Kontoristin, Verkäuferin, Schneiderin, Wäscherin und Plätterin, Putzmacherin sowie Buchbinderin. In diesen Berufen war der Frauenanteil bei den Unter-20jährigen höher als bei den Über-20jährigen. Das berufliche Ausbildungsniveau der 14- bis 19jährigen Mädchen lag Ende der Weimarer Republik deutlich über dem Durchschnitt der weiblichen Erwerbspersonen. Unabhängig davon arbeitete auch von ihnen nach wie vor ein großer Teil als Hausangestellte und ungelernte Fabrikarbeiterin. (Vgl. Tabelle 41) Darunter fanden sich vermutlich nicht wenige Mädchen, die nach der gewerblichen Lehre entlassen worden waren. Die sogenannte „Lehrlingszüchterei“ war vor allem im Bekleidungsgewerbe mit seiner außerordentlich großen Zahl von Kleinstbetrieben in den zwanziger und dreißiger Jahren weit verbreitet: Die Meister(innen) beschäftigten regelmäßig ein bis zwei Lehrlinge als billigste Hilfsarbeitskräfte[140], die am Ende der Lehrzeit entlassen wurde und notgedrungen in die Industrie oder die Häuslichen Dienste wechselten. Viele blieben auch erwerbslos, vor allem in den Jahren der Wirtschaftskrise. Die 18- bis 25jährigen Jugendlichen, denen nach der Ausbildung gekündigt worden war, gehörten in der Rezession zu den Gruppen, die in besonders starkem Maße von der Erwerbslosigkeit betroffen waren. Ihre Chancen, wieder einen Arbeitsplatz zu finden waren aufgrund der großen Konkurrenz in den jungen Altersgruppen schlecht: Seit Ende

Tab. 41: *Die zwanzig bedeutendsten ‚Frauenberufe‘ im hamburgischen Staat. 1933*
Vergleich der weiblichen Erwerbspersonen insgesamt mit den unter 20jährigen Berufsanfängerinnen.

Beruf	Alle Frauen				Frauen unter 20			V.h. Frauen waren unter 20	V.h. Erwerbspersonen waren Frauen	V.h. Erwerbspers. unter 20 waren Frauen
	Rang	insg.	davon selbst.	V.h. waren	Rang	insg.	V.h. waren			
Hausangestellte	1	31185		16,9	1	5822	23,8	18,7	99,7	99,8
davon nicht im Haushalt ihres Arbeitgebers lebend		11854		6,4		2771	11,3	23,4	99,4	99,7
Ungelernte Arbeiterin	2	28930		15,7	4	2771	11,3	9,6	30,7	51,7
Kaufmännische Angestellte	3	20957		11,3	2	4471	18,3	21,3	36,4	49,8
Mithelfende Familienangehörige	4	16807		9,1	6	853	3,5	5,1	86,8	62,2
Verkäuferin	5	13721		7,4	3	3908	16,0	28,5	65,7	71,1
Eigentümerin oder Pächterin	6	9896	9896	5,4	24	72	0,3	0,7	23,8	50,0
Ungelerntes Schank- und Wirtschaftspersonal	7	6319		3,4	9	583	2,4	9,2	81,1	88,3
Schneiderin	8	6318	2170	3,4	5	990	4,0	15,7	55,5	81,0
Stenotypistin, Stenographin	9	6121		3,3	8	640	2,6	10,5	96,3	97,9
Buchhalterin, Kassiererin	10	4669		2,5	16	164	0,7	3,5	35,4	70,7
Krankenschwester	11	4371	100	2,4	20	116	0,5	2,7	82,0	98,3
Näherin, Stepperin	12	3186	313	1,7	10	355	1,4	11,1	98,2	98,3
Wäscherin, Büglerin, Plätterin	13	3157	445	1,7	7	707	2,9	22,4	84,1	97,5
Friseuse, Schönheitspflegerin	14	2380	876	1,3	12	303	1,2	12,7	39,4	38,6
Köchin, Kochfrau	15	2010	16	1,1	14	258	1,1	12,8	52,6	58,9
Beamtin in nichtleitender Stellung	16	1822		1,0	66	5	0,0	0,3	11,9	26,3
Fachpersonal in Büro und Verwaltung	17	1808		1,0	17	162	0,7	9,0	32,8	51,8
Volks- oder Mittelschullehrerin	18	1778		1,0		0			47,5	
Fischarbeiterin	19	977		0,5	22	82	0,3	8,4	76,5	73,9
Putzmacherin	20	937	87	0,5	13	269	1,1	28,7	99,2	99,6
Buchbinderin	23	837	10	0,5	19	132	0,5	15,8	54,2	69,5
Landwirtschaftliche Magd	31	426		0,2	15	220	0,9	51,6	27,4	46,0
Schulentlassene	38	341		0,2	11	337	1,4	98,8	51,7	51,8
Büro- oder Kassenbotin	41	320		0,2	18	146	0,6	45,6	4,3	8,1
Sonstige Berufe		15434	2746	8,4		1130	4,6	7,3	6,4	18,3
Insgesamt		84707	16659	100		24496	100	13,3	30,6	57,8

Quelle: VBBZ 1935, 22ff.

der zwanziger Jahre drängten die geburtsstarken Jahrgänge der Vorkriegszeit in das Erwerbsleben.[141]

* * *

Berufswunsch und Berufswahl der in das Erwerbsleben eintretenden jungen Frauen sind immer auch Ausdruck der Strukturveränderungen auf dem Arbeitsmarkt. Der spezifische Arbeitskräftebedarf der Wirtschaft für die Zukunft zeigt sich in der Regel früh im Angebot an Ausbildungs- und Arbeitsplätzen für die Schulentlassenen. Hier wurden auch in den zwanziger Jahren die Weichen für die weitere Entwicklung des geschlechtsspezifischen Arbeitsmarktes gestellt. Die berufliche Angebotsstruktur, die die schulentlassenen jungen Frauen bei ihrem Eintritt in das Erwerbsleben vorfanden, bestimmte neben der sozialen Herkunft entscheidend ihre Berufswünsche, vor allem aber ihre Berufsentscheidung. In Vorstellungen und Wünschen über die zukünftige Erwerbstätigkeit drücken sich zugleich Einstellungen und Erwartungen in Hinblick auf die weitere Lebensperspektive aus. Die Berufswünsche der Mädchen waren in den zwanziger Jahren in starkem Maße durch ihre Orientierung auf den zukünftigen „Hauptberuf Hausfrau und Mutter“ geprägt.

Die weitgehend durch die wirtschaftlichen Verhältnisse geformte Berufsentscheidung der jungen Frauen war nicht nur von zentraler Bedeutung für deren zukünftige Chancen, ggf. eine vom Mann unabhängige Existenz zu führen, sondern auch für deren spätere Möglichkeiten, die Aufgaben als Hausfrau und Mutter mit der Erwerbstätigkeit zu vereinbaren. In der jungen Frauengeneration, die in der Weimarer Republik in Großstädten wie Hamburg in das Erwerbsleben eintrat, begann sich das Modell der „weiblichen Doppelrolle“ in Form der phasenweisen Erwerbstätigkeit erstmals stärker durchzusetzen: Die außerhäusliche Erwerbstätigkeit bis zur Heirat bzw. bis zur Geburt des ersten Kindes wurde selbstverständlich. Ein wachsender Teil absolvierte eine – wenn auch beschränkte – Ausbildung in einem außerhäuslichen, marktvermittelten Beruf. Dies förderte ihre Möglichkeiten, in einer früheren oder späteren Phase des Familienzyklus wieder voll erwerbstätig zu werden, denn entscheidend für die spätere Erwerbsbeteiligung in verschiedenen Phasen des Familienzyklus ist das Ausmaß, in welchem ledige Frauen vor ihrer Heirat moderne, haushaltsferne Arbeitsplätze innehaben, die sie von den Bedingungen des Arbeitsplatzes her auch über den Zeitpunkt der Heirat hinaus weiter ausüben können, und aus denen sie nicht mit der Heirat qua Konvention ausscheiden müssen, wie bei den haushaltsbezogenen Arbeitsplätzen der mithelfenden Familienangehörigen, Mägde und Dienenden in fremden Haushalten.[142] In lebensgeschichtlicher Kontinuität legt die unterschiedliche Erwerbserfahrung, die aufeinanderfolgende Frauengenerationen nach ihrer Schulentlassung machen, die Grundlage für eine je unterschiedliche Erwerbsbeteiligung Jahre und Jahrzehnte danach.

3.1.2.2 Jung und ledig: Hausangestellte, Verkäuferinnen und Kontoristinnen

Die meisten hauptberuflich erwerbstätigen Frauen Hamburgs waren in der Weimarer Republik jung und ledig: Mitte der zwanziger Jahre stellten die 14- bis 30jährigen, von denen 94 % unverheiratet waren, 59 % aller vollerwerbenden Frauen (vgl. Tabelle 3). Der größte Teil war als Angestellte (39 %), Arbeiterin (29 %) oder Hausangestellte (26 %) tätig. In diesen drei Berufspositionen stellten die unter 30jährigen einen überdurchschnittlich hohen Anteil: Bei den weiblichen Angestellten waren es 71 %, bei den Arbeiterinnen 63 % und bei den Hausangestellten 70 %.[143]

Hausangestellte

„Wir Mädchen mußten in den Dienst, gleich Geld verdienen, wenn wir konfirmiert waren, mußten aus dem Haus. Möglichst ganz in Stellung, damit die Eltern entlastet waren. Das Einkommen meines Vaters, eines Bautischlers, war knapp. Er mußte jederzeit mit Arbeitslosigkeit rechnen ... Ich persönlich hatte nur eine Tagstelle, weil ich die Jüngste war. Da waren die Großen schon raus aus dem Haus. Ich hatte es daher schon besser, durfte wenigstens zu Hause schlafen.

5 Mark die Woche kriegte ich, das war sehr sehr knapp ... 1914, nach Kriegsbeginn, nahm ich mir eine Stellung als Botin bei ‚Menck & Hambrook', um rauszukommen. Ich hatte mich aber schon bei der ‚Produktion' angemeldet, als Verkäuferin. Nach einer Prüfung wurde ich angenommen. Als Verkäuferin bei der ‚Pro' war ich schon einen kleinen Schritt höher gekommen. Brauchte meiner Mutter nicht mehr zur Last zu fallen ..."

Für Lene B., die 1911 die Volksschule verließ, war es aufgrund der schlechten Wohn- und Einkommensverhältnisse in ihrem Elternhaus noch beinah ebenso selbstverständlich wie für ihre Mutter, nach der Schule sofort in Stellung zu gehen. Zwar wünschte sie sich eine Berufsausbildung und ihre Eltern – beide Mitglied der SPD – hätten ihr diese gerne ermöglicht, doch das Einkommen der neunköpfigen Familie reichte nicht. Wie ihre drei älteren Schwestern wurde Lene B. Hausangestellte, blieb jedoch, anders als noch ihre Mutter, nicht mehr bis zur Heirat in diesem Beruf. Sie betrachtete, wie immer mehr großstädtische Arbeitertöchter, die Hausangestelltentätigkeit lediglich als ‚Einstiegsberuf' in das Erwerbsleben und war bestrebt so schnell wie möglich eine attraktivere und besser bezahlte Tätigkeit in Industrie, Handwerk oder Handel zu finden.[144] Die jungen Mädchen hofften, in ihrem „Übergangsberuf" die Haushaltsführung erlernen und durch ihr Einkommen die Familie unterstützen zu können. Den größten Teil ihres Verdienstes lieferten sie, wie die Mehrzahl der erwerbstätigen Mädchen, zu Hause ab. Nur selten waren sie in der Lage, für ihre spätere Berufsausbildung bzw. für die Aussteuer zu sparen. Die reichsweite Erhebung, die *Bernhard Mewes* im Frühjahr 1927 unter 200.000 Berufsschüler(inne)n durchführte, ergab, daß 32 % der Mädchen den gesamten Lohn und 43 % einen mehr oder minder großen Teil des Lohnes abgeben mußten, lediglich 26 % konnten ihren Verdienst behalten.[145] Meist mußten sie dann sämtliche persönlichen Ausgaben, u.a. für Kleidung und Wäsche, Freizeit und Bildung sowie Verkehrsmittel, selber bezahlen.

Viele Arbeitereltern bestärkten ihre Töchter in der Auffassung von der Hausangestelltentätigkeit als „Übergangsberuf". Martha B., die 1912 aus der Volksschule entlassen wurde, berichtet:

„Ich bin Dienstmädchen geworden, weil meine Eltern das wollten. Meine Eltern wollten, daß ich erstmal aus dem Haus gehe, damit ich mal was anderes sehe, woanders bin. Sie wollten ein bißchen Selbständigkeit in uns hineinpflanzen. Meine ältere Schwester Olga wurde zunächst auch Dienstmädchen ... Nachdem wir zwei Jahr in Stellung waren – ich war ja beinah drei – sollten wir uns einen Beruf wählen, damit wir nachher, wenn wir in Not sind, auch unseren Beruf haben und sagen können: ‚Ich faß' mit an.' Meine Eltern hatten das so geplant ... Wir sollten erst die Haushaltsführung erlernen. Von April 1912 bis März 1913 habe ich eine Haushaltungsschule besucht, da haben wir Kochen und Nähen gelernt. Das war eine private Haushaltungsschule, die mußten wir bezahlen. Der Unterricht kostete drei Mark pro Woche, davon waren 1,25 Mark Essensgeld. Das war ein Opfer von meinem Vater, das war bestimmt ein Opfer. Denn meine Schwester war ja ein Jahr vorher auch schon da."

Im sozialdemokratischen Milieu, in dem auch Martha B. aufwuchs, bewegten vor allem bessersituierte, aufstiegsorientierte Arbeitereltern ähnliche Motive, ihre Tochter für wenige Jahre in den Häuslichen Dienst zu geben, bevor sie einen „richtigen" Beruf erlernte. Martha B., die von April 1913 bis Februar 1916 Hausangestellte war, machte im Anschluß an diese Tätigkeit eine einjährige Industrielehre als Falzerin in einer Buchdruckerei. Ihre ein Jahr ältere Schwester Olga wurde Verkäuferin.

Seit dem Ende des 19. Jahrhunderts war zwar eine wachsende Zahl junger Frauen bestrebt, nach wenigen Jahren den Häuslichen Dienst zu verlassen, doch längst nicht alle schafften diesen

Arbeitsplatzwechsel, wie folgende Übersicht über die Altersstruktur der weiblichen Hausangestellten im hamburgischen Staat verdeutlicht:[146]

Alter	V.h. Hausangestellten waren 1871	1925	Zunahme (1871 = 100)	V.h. arbeiteten 1925 in Tagstellen	höheren Diensten
unter 16	4,0	4,9	208	50,1	
16–20	30,1	23,9	137	27,9	0,3
21–30	49,2	41,1	145	16,1	4,1
31–40	10,0	13,7	236	27,8	20,7
41–50	3,6	7,6	368	39,4	30,6
51–60	1,9	6,4	584	56,1	
über 60	1,1	2,4	375	29,4	31,6
Insgesamt	22529	39033	173	26,8	9,7

Der Vergleich der Jahre 1871 und 1925 zeigt, daß die Alterszusammensetzung der Hausangestellten sich innerhalb von fünf Jahrzehnten deutlich verändert hatte. Zwar stellten die unter 30jährigen nach wie vor die größte Altersgruppe, doch der Anteil der 16- bis 30jährigen war stark zurückgegangen. Zugenommen hatte hingegen der Anteil der 30- bis 60jährigen. Trotz dieses Wandels blieb der überwiegende Teil der häuslichen Bediensteten unverheiratet: 1925 waren im hamburgischen Staat 86 % ledig, 10 % verwitwet oder geschieden und 4 % verheiratet[147]. Entgegen ihren Wünschen und Hoffnungen hatten viele der ‚älteren', über 30jährigen Hausangestellten weder einen Ehemann gefunden, noch den Wechsel in einen anderen Erwerbsarbeitsbereich geschafft. Allerdings war der Anteil der Hausangestellten, die in „gehobenen Stellungen" tätig waren, d.h. als Haushälterin, Hausdame oder Wirtschafterin, in den älteren Altersgruppen sehr viel höher als in den jüngeren. Mitte der zwanziger Jahre arbeiteten 10 % aller weiblichen Dienstboten im hamburgischen Staat in höheren Positionen, davon waren 82 % über 30 Jahre alt. 26 % aller Hausangestellten dieser Altersgruppe waren in einer gehobenen Stellung tätig, hingegen nur 4 % aller Hausgehilfinnen zwischen 20 und 30 Jahren. Ein zunehmender Anteil des Hauspersonals arbeitete in Tagstellen, vorrangig die unter 16jährigen und die 40- bis 60jährigen. In letzterer Altersgruppe fanden sich vermutlich die meisten verheirateten, verwitweten und geschiedenen Hausgehilfinnen, die neben der Erwerbsarbeit als Putz-, Wasch-, Zugeh- oder Tagfrau einen eigenen Haushalt führten. Viele waren ehemalige Dienstmädchen, die nach der Heirat zunächst aus den Häuslichen Diensten ausgeschieden waren und aufgrund wirtschaftlicher Not dort später wieder hauptberuflich erwerbstätig wurden. Chancen auf dem hamburgischen Arbeitsmarkt hatten insbesondere Reinmache- und Waschfrauen, allerdings nur bis zum 45. Lebensjahr; danach waren sie nach den Erfahrungen des Arbeitsamtes für ihren Beruf „arbeitsmarktunfähig". Am gefragtesten war Mitte der zwanziger Jahre in der Hansestadt berufserfahrenes, aber noch junges und lediges Hauspersonal im Alter von 18 bis 30 Jahren, insbesondere „Alleinmädchen mit Kochkenntnissen". Nach der Heirat mußten Hausangestellte in der Regel mit der Kündigung rechnen.[148]

Nicht nur die soziale Zusammensetzung der Hausangestellten sah in der Weimarer Republik anders aus als im Kaiserreich, auch deren Rechtsstellung hatte sich entscheidend verändert. Bis zur Novemberrevolution waren Rechte und Pflichten des „Gesindes", zu dem auch die Dienstboten zählten, in sogenannten Gesindeordnungen geregelt worden, die in sämtlichen Bundesstaaten des Deutschen Reiches bestanden[149]. In Hamburg war eine reguläre Gesindeordnung erst spät, am 15. April 1899 in Kraft getreten. Die rechtliche Position des Hauspersonals, die in dem Stadtstaat aufgrund des bis dahin weitgehend ungeregelten Dienstverhältnisses extrem ungünstig gewesen war, verbesserte sich dadurch nur wenig, da in jeder Beziehung ungleiches Recht festgeschrieben wurde:[150] Während die „Herrschaft“ bei „Nichterfüllung des Dienstvertrages“ durch die Hausangestellte Schadensersatz für nicht geleistete Arbeit und strafrechtliche Verfolgung verlangen konnte, hatten Dienstboten im umgekehrten Fall bestenfalls eine privatrechtliche Entschädigung zu erwarten. Das Kündigungsrecht ermöglichte der „Herrschaft“ aus vielfältigen Gründen eine sofortige Entlassung, beim Hauspersonal hingegen wurden nur wenig Gründe für eine fristlose Aufhebung des Dienstverhältnisses anerkannt, nämlich: „Thätliche Mißhandlung, Verstoß gegen die guten Sitten von der Dienstherrschaft, Verweigerung des fälligen Lohnes und der gebührenden Kost, bleibende Verlegung des Wohnsitzes außerhalb des Hamburger Stadtgebietes“[151]. Entlohnung und Arbeitszeit blieben weitgehend ungeregelt. Die „Herrschaft“ war lediglich verpflichtet, „zur Beiwohnung des Gottesdienstes, zur Besorgung der eigenen Angelegenheiten und zum Genuß erlaubter Vergnügungen die im Miethsvertrag festgesetzte, andernfalls aber eine angemessene Zeit zu gestatten“[152].

Die soziale Lage der Hausangestellten war vor allem im Krankheitsfall prekär. Gemäß der hamburgischen Gesindeordnung konnten sie im Falle einer mehr als eine Woche dauernden „unverschuldeten“ Krankheit – es wurde nicht definiert was darunter zu verstehen sei – von der „Herrschaft“ entlassen werden. Diese war allerdings verpflichtet, bis zu sechs Wochen lang für eine „angemessene Pflege“ zu sorgen. Bei „selbstverschuldeter“ Krankheit konnte der Dienstvertrag durch die Arbeitgeber sofort gekündigt werden, ein Versorgungsanspruch bestand nicht. Bei „Verschulden“ der Krankheit durch die „Herrschaft“ war diese verpflichtet, den Lohn weiterhin zu bezahlen sowie Pflege- und Kurkosten zu übernehmen.[153] Allgemein unterstanden Hausangestellte bis 1914 nicht der gesetzlichen Krankenversicherung. Möglich war allerdings die freiwillige Versicherung des Gesindes in der Ortskrankenkasse, wenn die Gemeinde dies gestattete. Einzelne Länder, darunter auch Hamburg, führten 1892 anläßlich der Novellierung des Krankenversicherungsgesetzes die Pflichtversicherung jedoch auch für Hausangestellte ein. Die Krankenkassenbeiträge setzten sich in der Hansestadt aus 1/3 Arbeitgeber- und 2/3 Arbeitnehmeranteil zusammen. Durchschnittlich ein Zehntel des Einkommens mußte eine Hausangestellte für die Krankenversicherung aufwenden. Angesichts des ohnehin geringen Verdienstes versuchten viele, sich der Versicherungspflicht zu entziehen, indem sie Verträge abschlossen, die zwar auf längere Zeit angelegt waren, aber jederzeit gekündigt werden konnten. Damit waren sie nicht versicherungspflichtig.[154]

Am 12. November 1918 hob der Rat der Volksbeauftragten per Dekret die geltenden Gesindeordnungen auf. Zu einer reichsweiten gesetzlichen Regelung der Arbeitsbedingungen der Hausangestellten kam es in der Weimarer Republik nicht.[155] Abgesehen von den §§ 611 bis 630 des Bürgerlichen Gesetzbuches bezüglich des Dienstvertrages fehlte somit jegliche Rechtsgrundlage für die Tätigkeit im Häuslichen Dienst. Diese Paragraphen regelten allgemein Rechte und Pflichten des „Dienstberechtigten“ und des „Dienstverpflichteten“. Von entscheidender Bedeutung waren in den zwanziger Jahren die Bestimmungen über das Kündigungsrecht (§§ 620 bis 630). Danach richtete sich die Kündigungsfrist bei der verbreitetsten Form des zeitlich unbestimmten Dienstvertrages ausschließlich nach der Art der vereinbarten Vergütungszahlung. Bei der üblichen monatlichen Entlohnung war eine Kündigung nur zum Ende eines Kalendermonats zulässig und hatte spätestens am 15. des Monats zu erfolgen. Wenn „ein wichtiger Grund vorlag“ – was darunter zu verstehen sei, wurde nicht definiert –, war beiden Vertragspartnern eine fristlose Kündigung gestattet, ebenso bei „vertragswidrigem Verhalten“ (§§ 626 und 628).

Zu Regelungen der Arbeitszeit und der Entlohnung kam es in den zwanziger Jahren lediglich auf örtlicher Ebene[156]. In Hamburg wurde bereits am 20. Januar 1919 vom Arbeiter- und Soldatenrat eine „Verordnung zur Regelung der Freizeit“ von Hausangestellten erlassen, die folgendes bestimmte:

„Sämtlichen Dienstboten, die vor Aufhebung der Hamburgischen und Schleswig-Holsteinischen Dienstbotenverordnungen diesen unterstanden, ist an jedem Sonntage wie auch allwöchentlich an einem Wochentage eine um 4 Uhr nachmittags beginnende und bis mindestens 11 Uhr dauernde Ausgehzeit zu gewähren. Die Verlängerung dieser Freizeit über 11 Uhr hinaus bleibt der Vereinbarung zwischen den Vertragsstellen vorbehalten. – Diese Verordnung hat Gesetzeskraft."[157]

Das hamburgische Arbeitsamt veröffentlichte in den zwanziger Jahren regelmäßig Richtlinien zur Entlohnung des Hauspersonals, die allerdings nicht verbindlich waren[158]. Eine tarifvertragsähnliche Regelung zwischen den Hausangestelltenorganisationen und den Hausfrauenverbänden scheiterte in der Hansestadt wie andernorts an unüberwindbaren Interessenkonflikten[159].

Rechtlich geregelt war in der Weimarer Republik erstmals die Stellenvermittlung. Im Kaiserreich war der verbreitetste Weg, eine Stelle als Hausangestellte zu finden, der Besuch einer gewerblichen Stellenvermittlung für Hauspersonal gewesen. Daneben fand sich ein Arbeitsplatz über die Stellenanzeigen in den Tageszeitungen sowie die persönliche Vermittlung durch Verwandte, Freundinnen und Nachbarinnen.[160] Gemeinnützige Stellennachweise erlangten in Hamburg für die Vermittlung von Hauspersonal erst seit Beginn des Ersten Weltkriegs größere Bedeutung[161], was nicht zuletzt Folge des Zusammenschlusses des größten Teils der gemeinnützigen Stellennachweise zur ‚Gesellschaft für Arbeitsnachweise e.V.' war, der im Dezember 1914 im Rahmen der allgemeinen Bestrebungen zu einer grundsätzlichen Neuordnung der Arbeitsvermittlung in der Kriegswirtschaft erfolgte. Die weibliche Abteilung dieser Gesellschaft betrieb u.a. vier Zweigstellen für Hauspersonal.[162] Gemäß der seit dem Ende des Ersten Weltkriegs von der Reichsregierung im Rahmen der wirtschaftlichen Demobilmachung verfolgten Politik des Ausbaus der öffentlichen Arbeitsvermittlung beschloß die Hamburgische Bürgerschaft am 10. November 1920 die Verstaatlichung der ‚Gesellschaft', die als ‚Öffentlicher Arbeitsnachweis' dem Arbeitsamt angegliedert wurde. Reichsweit wurden Funktion und Organisation der öffentlichen Arbeitsvermittlung umfassend erstmals durch das Arbeitsnachweisgesetz vom 22. Juli 1922 geregelt, das allerdings entgegen der Forderung von freien Gewerkschaften und SPD keinen Benutzungszwang für die öffentlichen Arbeitsnachweise vorschrieb.[163] Daran änderte auch das AVAG vom Juli 1927 nichts. Die drei staatlichen „Facharbeitsnachweise für Hauspersonal", die seit 1922 arbeiteten, und für die das Arbeitsamt in der Öffentlichkeit intensiv warb, wurden in immer stärkerem Maße von Arbeitnehmerinnen und Arbeitgeberinnen in Anspruch genommen.[164] 1927 meldeten sich bereits 48.956 Mädchen und Frauen, von denen 35.316 eine Stelle in den Häuslichen Diensten nachgewiesen werden konnte. Durch die rund 64 gewerblichen Stellenvermittlungen für Hausangestellte, deren Betrieb seit dem Erlaß des Arbeitsnachweisgesetzes 1922 der Aufsicht durch das Arbeitsamt unterstand, wurden im selben Jahr 9.813 Häusliche Bedienstete vermittelt.[165]

Trotz aller rechtlichen Veränderungen blieb der Arbeitsalltag der meisten Hausangestellten in der Weimarer Republik weitgehend der gleiche wie in den letzten Jahrzehnten des Kaiserreiches. Die Alltagserfahrungen eines jungen Dienstmädchens verdeutlicht folgender Bericht von Martha B., die ihre erste Stelle 1913 antrat:

„Nach der Schule war ich zuerst bei den Callenbergs. Da war ich als Servier- und Kleinmädchen, empfohlen von der Lehrerin Fräulein Unterwader aus der Haushaltungsschule, per Brief. Sie schrieb, ich hätte eine besondere Fähigkeit fürs Servieren. Ich wurde auch eingestellt. Die hatten außer mir noch zwei Mädchen: Elfriede als Hausmädchen und Ella als Köchin. Es war ein Elf-Zimmer-Haus, dort wohnten sie mit sechs Personen. Das war ganz schön anstrengend für mich. Morgens um fünf auf. Die Botin, die die Brötchen brachte, weckte uns. Wir hatten unser Mädchenzimmer im Keller, dunkel war es nicht, aber vergittert und kalt, mit Zementfußboden. Sonst war es sauber. Zu Essen bekamen wir reichlich, aber es blieb auch immer allerhand übrig. Die Arbeit ging bis abends um zehn. Sie waren sehr nett zu mir, muß ich ja sagen, immer höflich ..."

(Museum für Kunst und Gewerbe)

Martha B. blieb nur drei Monate in dieser Stellung. Anlaß für ihre Kündigung war ein Konflikt mit einer ihrer beiden Arbeitskolleginnen:

> „Zu meinen Aufgaben gehörte es, jeden Abend das Silbergeschirr überzuzählen, ob auch alles da war. Ich bekam den Schlüssel fürs Eßzimmer und mußte danach wieder abschließen. Anschließend sollte ich ins Bett gehen. Doch ich ging in die Küche. Ella war abends so kaputt, daß sie schon bald zu mir sagte: ‚Du kannst mal Kartoffeln schälen für morgen, kannst mir mithelfen. Und im übrigen, überall wo ich in Stellung war, ... sind wir alle zusammen geschlossen ins Bett gegangen. Wenn Du früher ins Bett gehst, ist das nicht richtig.' ... Und ich habe Kartoffeln geschält. Eines Tages sagte Madame: ‚Wie sehen bloß ihre Hände aus? Wieso haben sie schwarze Ritzen?' ‚Ja', sag' ich: ‚Das kommt vom Kartoffeln schälen.' Da bekam Ella unten ordentlich eine reingehängt. Danach war das Verhältnis zwischen uns gestört. Das war nicht schön. Deshalb sagte meine Mutter: ‚Dann kündige.' Danach kam ich über meine Schwester Olga zu Frau Küpper. Da war ich gern, das war eine liebevolle Frau. Sie war Lehrerin an einer Höheren Schule. Ihr Mann war Kapitän, der war Direktor der Seemannsschule. Da hab' ich eine schöne Zeit verlebt. Ich war Alleinmädchen ... Ich war nicht so bannig überlastet mit Arbeit. Sie gaben viel Arbeit außer Haus, auch die Wäsche ..."

Martha B. mußte bei Frau Küpper auch jeden Sonntag voll arbeiten. Dies war bei Abschluß des Dienstvertrages vereinbart worden. Dafür erhielt sie ein „Sonntagsgeld". In der Woche hatte sie regelmäßig einen Nachmittag und Abend frei. Diese Zeit nutzte sie, um zunächst ihre Mutter zu besuchen und anschließend gemeinsam mit der älteren Schwester zum Gruppenabend des Arbeiterjugendbundes zu gehen. Spätestens um 22 Uhr mußte sie wieder im Hause ihrer Herrschaft sein. Die Stellung bei Frau Küpper verließ Martha B. erst nach zwei Jahren. Anlaß für die Kündigung, die auf Drängen der Eltern erfolgte, war die regelmäßige Sonntagsarbeit. Die Herrschaft war nicht bereit, deren Ausmaß zu reduzieren. In ihrer dritten und letzten Stelle als Alleinmädchen bei Frau Kröber, einer alleinstehenden Gutsbesitzerstochter, blieb Martha B. nur kurze Zeit. Folgender Vorfall führte zu ihrer schnellen Kündigung:

> „Einmal, da hatten wir Gesellschaft und ich mußte servieren. Da war der Krieg schon lange ausgebrochen und alle Gäste waren in der Stimmung ‚Heil Dir im Siegerkranz'. Da sagte Madame: ‚Es ist höchste Zeit, daß endlich mal etwas geschieht, denn es ist ja nicht mehr auseinanderzuhalten, ob man ein Arbeitermädchen oder ein Patriziermädchen an der Alster trifft. Wird höchste Zeit, daß der Korb höher gehängt wird, der Brotkorb'. Ich bin ganz rot angelaufen vor Wut, das fühlte ich ordentlich. Die Geschichte habe ich auch zu Hause erzählt und zum März habe ich gekündigt."

Wie Martha B. wurden die meisten Hausangestellten als „Mädchen für Alles" eingestellt, deren Anteil unter den häuslichen Bediensteten ständig stieg, weil immer weniger bürgerliche Haushalte sich die Beschäftigung von mehr Hauspersonal, von Dienstboten überhaupt, leisten konnten. Um die Jahrhundertwende arbeitete erst rund die Hälfte aller Hausangestellten Hamburgs als Alleinmädchen, Mitte der zwanziger Jahre waren es vermutlich mehr als zwei Drittel.[166] Deren Aufgaben waren vielfältig: Sie mußten für die Reinigung der Wohnung und die Pflege des Hausstandes sorgen, Wäsche und Kleidung säubern und instandhalten, sämtliche für die Ernährung notwendigen Arbeiten erledigen und zudem die persönliche Bedienung der Herrschaft und ihrer Gäste leisten. Die konkreten Arbeitsanforderungen an ein Alleinmädchen hingen entscheidend vom Arbeitgeberhaushalt ab, vorrangig von dessen Größe und sozialer Lage. Am umfangreichsten waren die Anforderungen in der Regel in großen kleinbürgerlichen Haushalten, die sich neben dem Alleinmädchen weder die zeitweilige Beschäftigung von Hilfspersonal, noch die Inanspruchnahme außerhäuslicher Dienstleistungen oder den Kauf von arbeitserleichternder Haushaltstechnik leisten konnten. Hier war in der Regel auch die Entlohnung am schlechtesten. Eine geringere Arbeitsbelastung und ein höherer Verdienst erwartete Alleinmädchen meist in kleinen mittelbürgerlichen Haushalten, die – wie auch das von Martha B. geschilderte Beispiel des Ehepaares Küpper zeigt – eher in der Lage waren, einen Teil der notwendigen Arbeiten, vorrangig die regelmäßig anfallende Großwäsche sowie den Großputz der Wohnung in Frühjahr und Herbst durch zusätzlich beschäftigtes Hilfspersonal erledigen zu lassen. Gemäß den Unterschieden in sozialem Status, Arbeitsbedingungen und Entlohnung stand die Tätigkeit als Alleinmädchen in einem mittelbürgerlichen Haushalt in der innerberuflichen Hierarchie über der in einem kleinbürgerlichen. Noch angesehener war die Arbeit in einem reichen Haushalt der Oberschicht, der mehr Hauspersonal beschäftigen konnte und in der Regel noch höheren Lohn bezahlte. Nur hier war eine berufliche Spezialisierung möglich: Frauen ohne Vorbildung konnten als Kleinmädchen, Hausmädchen, Zimmermädchen oder Kindermädchen tätig werden; ausgebildete und berufserfahrene Kräfte arbeiteten als Köchin oder gar als Haushälterin bzw. Wirtschafterin. Qualifizierung und Spezialisierung waren neben dem gezielten Wechsel in einen „besseren“ Arbeitgeberhaushalt die einzig möglichen Formen des beruflichen Aufstiegs für Hausangestellte.[167]

Einen Eindruck von den Arbeitsbedingungen und der Entlohnung der Hausgehilfinnen vermittelt eine Erhebung, die das Reichsarbeitsministerium in Zusammenarbeit mit den Hausfrauen- und Hausangestelltenorganisationen im Jahre 1926 durchführte. Verteilt wurden reichsweit 10.000 Fragebögen. Die Rücklaufquote war mit 42 % außerordentlich gering; lediglich 4.039 Fragebögen konnten bearbeitet werden.[168] *Gertrud Israel*, die im Auftrag der ‚Gesellschaft für soziale Reform‘ die Erhebung auswertete, kam angesichts dieser geringen Zahl zu dem Ergebnis, daß die Umfrage „lediglich als Stichprobe gewertet werden“ dürfe[169]. Deren Repräsentativität wurde zudem dadurch beeinträchtigt, daß es sich bei den erfaßten Hausangestellten um solche handelte, die entweder selbst organisiert waren oder die bei einer organisierten Hausfrau arbeiteten; die Ergebnisse spiegeln also vermutlich günstigere Verhältnisse als allgemein verbreitet wider. Die Erhebung soll hier trotzdem herangezogen werden, da sie die einzige empirische Quelle zur Arbeitssituation der Hausangestellten in der Weimarer Republik ist. Von den erfaßten Hausangestellten lebten 47 % in Großstädten, je 22 % in Mittel- bzw. Kleinstädten und 8 % auf dem Lande[170]. Deren Alterszusammensetzung unterschied sich nur geringfügig von der der Hamburger Hausangestellten[171]. Die berufliche Zusammensetzung war ungünstiger als in der Hansestadt: Nur 3 % waren in gehobenen Stellungen als Haushälterin, Hausdame oder Wirtschafterin tätig. Die Masse arbeitete in einfachen Diensten, 61 % als Alleinmädchen, 14 % als Hausmädchen, 10 % als Köchin, 8 % als Stütze und 5 % als Küchenmädchen, Kindermädchen oder Haustochter[172]. Die Angaben über die tägliche Arbeitszeit waren sehr ungenau. Mehr als zwei Drittel der erfaßten Hausangestellten begannen ihre Arbeit zwischen 6 und 8 Uhr morgens, die übrigen mußten bereits vor 6 Uhr anfangen. Über die Hälfte der Befragten gab an, normalerweise vor 20 Uhr mit der Arbeit aufhören zu können. Der Rest war nicht selten bis 22 Uhr beschäftigt. Selbst ein freier Sonntag war nicht selbstverständlich, nur zwei Drittel der Befragten hatten jeden Sonntag frei; ein knappes Drittel hatte zusätzlich noch alle 8 bis 14 Tage einen Wochentag frei.[173] In Relation zur Arbeitszeit war die Entlohnung viel zu gering: 30 % der erfaßten Hausangestellten verdienten weniger als 25 Mark im Monat, 60 % zwischen 25 und 40 Mark, 9 % zwischen 41 und 60 Mark und nur 1 % mehr als 60 Mark monatlich. Die niedrigsten Barlöhne erhielten Kindermädchen, gefolgt von Haus- und Küchenmädchen sowie Alleinmädchen. Die höchsten Verdienste erzielten Köchinnen, Haushälterinnen und Stützen.[174] Die Löhne der durch die Reichserhebung erfaßten Hausangestellten entsprachen annähernd den Richtlinien des hamburgischen Arbeitsamtes, das Mitte der zwanziger Jahre beispielsweise für ein berufsunerfahrenes Kleinmädchen einen Monatslohn von 20 bis 25 Mark empfahl, für ein eingearbeitetes Klein- oder Alleinmädchen einen Verdienst von 40 bis 45 Mark und für eine Köchin einen Lohn von 55 Mark.[175] Zu diesem Barlohn sollten ausreichende Kost und eine ordentliche Schlafstelle kommen[176]. Über Ernährung und Unterbringung gibt die Reichserhebung wenig Aufschluß[177]. Allgemein scheint beides auch in den zwanziger Jahren noch häufig ein Grund zur Klage gewesen zu sein. Hauptursache des relativ schlechten Gesundheitszustandes vieler Hausangestellter war die extrem lange Arbeitszeit. Zu den ausgesprochenen Berufskrankheiten gehörten Blutarmut bzw. Bleichsucht, die eine Folge des ständigen Aufenthalts in geschlossenen Räumen, der langen Arbeitszeit und des fehlenden Schlafes waren, sowie Rheumatismus, der aus dem häufigen Umgang mit Wasser und der Arbeit in feuchter, kalter und zugiger Luft resultierte.[178]

Die soziale Ungleichheit trat in kaum einem anderen Arbeitsverhältnis so deutlich und unmittelbar zutage wie im Häuslichen Dienst. Ihre sichtbarsten Kennzeichen waren: keine geregelte Arbeitszeit, nahezu ständiger Zwang, verfügbar zu sein, die Pflicht zur Erledigung sämtlicher ‚Dreckarbeiten' und zur persönlichen Bedienung, getrennter Tisch, minderwertiges Essen, die Anrede in der zweiten Person singular und beim Vornamen, nicht selten einem fremden, von der Herrschaft ausgewählten, das Wohnen am Rande des Haushalts, im Keller oder unter dem Dach und der Zutritt durch den „Eingang für Personal und Lieferanten".[179] Aus der Arbeit selbst konnte die Hausangestellte wenig Selbstbestätigung ziehen. Die Tätigkeit im Haushalt galt zwar als das weibliche Aufgabenfeld schlechthin, doch als Arbeit wurde sie weder bei der Hausfrau noch bei der Hausangestellten anerkannt.[180] Aufgrund der isolierten Arbeitssituation fehlte vor allem den Alleinmädchen während ihrer Arbeitszeit weitgehend die Möglichkeit zu Erfahrungsaustausch und Solidarisierung mit Kolleginnen. Kommunikationsmöglichkeiten ergaben sich während des Arbeitstages lediglich bei Einkäufen oder Botengängen.[181]

Die geringe Freizeit schränkte auch die privaten Kommunikationsmöglichkeiten der Hausangestellten erheblich ein. Wenn Eltern und Geschwister in derselben Stadt lebten, besuchten vor allem die jungen Mädchen in der arbeitsfreien Zeit meist die Familienangehörigen. Erst wenn sie älter wurden, verbrachten sie einen Teil der Freizeit mit der Freundin oder dem Freund. Die Bindung an die Herkunftsfamilie scheint jedoch selbst bei älteren Hausgehilfinnen noch sehr eng gewesen zu sein.[182] Der familiäre Rückhalt stärkte nicht selten ihre Konfliktfähigkeit in der Auseinandersetzung mit der Herrschaft. Vor allem bei jungen Hausangestellten scheinen die Eltern, insbesondere die Mütter, die Arbeitsbedingungen ihrer Tochter kontrolliert zu haben. Am leichtesten war das bei Tagstellen möglich. Dies war ein Hauptgrund dafür, daß der Anteil der Hausangestellten in Tagstellen bei den unter 16jährigen so außerordentlich hoch lag.

Das Verhältnis zwischen Hausangestellter und Hausfrau scheint sich seit der Jahrhundertwende zunehmend gewandelt zu haben. Aus dem „persönlichen Dienstverhältnis" wurde ein „stärker kapitalistisch geprägtes Lohnarbeitsverhältnis"[183]. Indikatoren im Verhalten der Hausangestellten waren die stärkere Betonung von Rechtsansprüchen, die Abwehr des Unterwerfungs- und Dienstcharakters bestimmter Verrichtungen und die Umdefinition des Häuslichen Dienstes zu einem bezahlten Job. Zentrale Strategien mit denen sie die „Versachlichung" der Arbeitsbeziehungen im Haushalt durchsetzten, waren der Stellenwechsel und die Tätigkeit in Tagstellen. Angesichts der gewandelten Arbeitseinstellung vieler Hausangestellter kam es seit der Vorkriegszeit offenbar immer häufiger zu Konflikten mit der „Hausherrin". Im Streitfall entzogen sich die jungen Frauen durch Stellenwechsel. Nur wenige Monate dauernde Arbeitsverhältnisse scheinen in den zwanziger Jahren zumindest in Hamburg weit verbreitet gewesen zu sein; die öffentlichen ‚Facharbeitsnachweise für Hauspersonal' klagten regelmäßig über die „hohe Fluktuation" der vermittelten Hausgehilfinnen.[184] Der Stellenwechsel wurde zu dem erfolgreichsten individuellen Mittel, mit dem Hausgehilfinnen ihre Arbeitssituation verbessern konnten. Der Auszug aus dem Arbeitgeberhaushalt, um den sich eine zunehmende Zahl der Hausangestellten bemühte – 1925 arbeiten in Hamburg erst 27 %, 1933 bereits 38 % in Tagstellen – entwickelte sich zu der zentralen Möglichkeit, der totalen Kontrolle und Verfügung durch die Herrschaft zu entgehen.[185] Gefördert wurde der Wandel der Hausangestelltentätigkeit zu einer Form kapitalistischer Lohnarbeit durch die Veränderungen, die sich nach dem Ersten Weltkrieg im bürgerlichen Haushalt selbst vollzogen: Die Hausarbeit der Hausfrauen aus dem Kleinbürgertum und der Mittelschicht wurde professionalisiert und rationalisiert. Die Propagierung der „Hausarbeit als Beruf" ermöglichte ihnen die Sicht des „Haushalts als Betrieb" und damit die Akzeptanz einer Versachlichung des früheren Dienstverhältnisses. Immer weniger klein- und mittelbürgerliche Familien hatten die Möglichkeit, aber auch die Bereitschaft, die Hausangestellte im eigenen Haushalt wohnen zu lassen, immer mehr waren gezwungen, statt einer festen Hausgehilfin stunden- oder tageweise Hilfspersonal zu beschäftigen. Zunehmend erleichterte die Haushaltstechnik den Hausfrauen dieser Schichten die Hausarbeit.[186]

Verkäuferinnen und Kontoristinnen

Zu *dem* Aufstiegsberuf von Arbeitertöchtern entwickelte sich in der Weimarer Republik der Angestelltenberuf[187]. Die Aufstiegshoffnungen der jungen Frauen wurden entscheidend durch das Bild verstärkt, das die Massenmedien von den Angestellten zeichneten. In Modezeitschriften und Illustrierten, Kolportageromanen und Spielfilmen wurde die junge, attraktive Angestellte zum Prototyp der „Neuen Frau“ stilisiert, die sozialen Aufstieg und persönliches Glück durch die Heirat eines Arbeitskollegen, womöglich gar eines Vorgesetzten oder des Chefs höchstpersönlich erreichte. Insbesondere die Filmindustrie nährte in einer Vielzahl von Angestelltenfilmen diesbezügliche Wünsche und Sehnsüchte.[188] Sozialpsychologische Basis für die Wirkung dieses Traumbildes war die Berufseinstellung der meisten jungen Angestellten. Die vorherrschende Haltung beschreibt Anni B., die von 1925 bis 1933 selbst als Kontoristin tätig war:

> „Die meisten Mädels arbeiteten in schlecht bezahlten Stellungen ... Bei aller Aufgeschlossenheit hoffte jedes Mädchen im Stillen auf die Heirat. Da gab es wohl wenig Ausnahmen. Die Versorgung durch den Mann in der Ehe war damals einfach so üblich. Obschon ich mich fragte: ‚Wieso wird eine Frau darauf gedrillt zu heiraten?‘. Ich hatte mir gewünscht, einen Beruf zu haben, in dem ich auch als Frau länger wirken kann. Es ist wahrlich keine Glückseligkeit, ein Leben lang ins Büro zu gehen.“

Stärker als die Tätigkeit als Hausgehilfin bzw. Arbeiterin war die der Angestellten in der Weimarer Zeit eine ausgesprochene ‚Übergangstätigkeit‘ zwischen Schulentlassung und Familiengründung. Dies galt insbesondere für die kaufmännischen Angestellten, von denen Mitte der zwanziger Jahre im hamburgischen Staat 90 % ledig waren, hingegen nur 6 % verheiratet und 5 % verwitwet oder geschieden. Der Zusammensetzung nach dem Familienstand entsprach die Altersstruktur, 76 % von ihnen waren jünger als 30 Jahre.[189] Genaueren Aufschluß über die quantitative Bedeutung der wichtigsten kaufmännischen Frauenberufe im hamburgischen Staat und deren spezifische Altersstruktur gibt Tabelle 42.

In den drei bedeutendsten kaufmännischen Frauenberufen Kontoristin, Verkäuferin und Stenotypistin, in denen Anfang der dreißiger Jahre 70 % aller weiblichen Angestellten der Hansestadt arbeiteten, lag der Anteil der unter 30jährigen überdurchschnittlich hoch; besonders niedrig war der Altersdurchschnitt bei den Verkäuferinnen. Nur 14 % aller weiblichen Angestellten arbeiteten in qualifizierteren kaufmännischen Berufen. Am größten war mit 8 % die Gruppe der Buchhalterinnen und Kassiererinnen. Der Frauenanteil in den höheren Berufspositionen war überwiegend sehr viel geringer als allgemein bei den kaufmännischen Angestellten. Der Altersdurchschnitt lag deutlich höher; von den Buchhalterinnen und Kassiererinnen waren beispielsweise 62 % älter als 30 Jahre. Die meisten weiblichen Angestellten in höheren Berufspositionen waren vermutlich ledig. Der Anteil der Verheirateten, Verwitweten und Geschiedenen dürfte jedoch größer gewesen sein als in den geringer qualifizierten Berufen. Während Kontoristinnen, Verkäuferinnen und Stenotypistinnen nach ihrer Heirat in der Regel mit der Kündigung von Seiten des Arbeitgebers rechnen mußten – nur der Einzelhandel beschäftigte in nennenswertem Umfang verheiratete Frauen weiter, allerdings nur als Teilzeit- und Aushilfskräfte –, wurden qualifizierte kaufmännische Angestellte nach der Eheschließung seltener entlassen.[190]

Tab. 42: *Die weiblichen Angestellten im hamburgischen Staat in den bedeutendsten kaufmännischen Berufen nach dem Alter. 1933*[191]

Beruf	Weibliche Angest. insgesamt	Von hundert weiblichen Angestellten waren					V.h. Angestellten waren Frauen
		tätig als	unter 20	20–29	30–59	ab 60	
			Jahre alt				
Kontoristin	20957	36,0	21,3	47,9	30,2	0,5	36,4 [a)]
Verkäuferin	13721	23,6	28,5	49,0	22,3	0,3	65,7
Stenotypistin/ Stenographin	6121	10,5	10,5	61,5	27,9	0,1	96,3
Buchhalterin/ Kassiererin	4669	8,0	3,5	35,0	60,4	1,1	35,4
Lageristin/ Expedientin	866	1,5	9,8	44,8	43,6	1,7	12,2
Korrespondentin	386	0,7	4,7	43,3	51,8	0,3	20,9
Abteilungsleiterin/ Prokuristin	292	0,5	-	18,8	77,1	4,1	6,7
sonstiges Fachpersonal in Büro und Verwaltung	1808	3,1	9,0	38,0	51,3	1,8	32,8
Zusammen	48820	83,8	19,4	48,2	32,1	0,6	41,8

a) Anteil an den sonstigen kaufmännischen Angestellten, die bei den Frauen mit den Kontoristinnen gleichgesetzt wurden.

Die Mehrzahl der Arbeitertöchter, die einen kaufmännischen Beruf ergriffen, wurde in der Weimarer Republik Verkäuferin. Einblick in deren Arbeitsalltag vermittelt der folgende Bericht einer Textilverkäuferin aus dem Jahr 1928. Die Textilbranche war neben dem Lebensmittelhandel der Hauptarbeitsbereich von Verkäuferinnen:

> „Morgens 8 Uhr 15 Minuten wird aufgemacht. Nun wird, solange die Jüngeren abstauben und auskehren, das Lager durchgesehen und nachgefüllt. Dazwischen kommen Kunden, frühmorgens meist mit Mustern. Hat man nach viel Mühe zu einem der verschiedenen Muster glücklich was gefunden, so heißt es, man müsse nun die Schneiderin darüber befragen. So nebenbei ist auch eine Bestellung von auswärtiger Kundschaft zu erledigen.
>
> Nun kommt Post oder Frachtgut. Die Ware muß ausgepackt, nachgemessen und genau durchgesehen werden. Ist sie fehlerfrei, so kann sie ausgezeichnet und ins Lager eingereiht werden ... Dazwischen kommt immer wieder Kundschaft, die mit größter Liebenswürdigkeit und Sorgfalt bedient werden will ... So geht der Vormittag vorüber. Nach eindreiviertelstündiger Mittagspause geht die Arbeit weiter. Eine Dame will sich unsere Frühjahrsneuheiten ansehen. Sie hat sich mit einer Freundin verabredet und ist noch etwas zu früh daran. Diese Zeit nützt sie zur Besichtigung unseres Lagers aus. Man gibt sich nun alle Mühe, der Dame alles zu zeigen und hofft schon, sie zu einem Einkauf zu bewegen. Aber daran denkt die Dame ja gar nicht. Nachdem sie wieder weg ist, kommt der Chef her und fragt: ‚Warum hat die Dame nichts gekauft?‘ Wie unangenehm einen diese Frage berührt!
>
> So kurz vor Torschluß kommen noch zwei ... Nachdem ihnen das schon in Ordnung gebrachte Lager bereitwilligst gezeigt wird, können sie sich für heute abend noch nicht entschließen. Sie wollen die Stoffe noch bei Tag ansehen. So ist es bereits 7 Uhr vorüber, bis die Damen das Lokal verlassen. Nachher muß nochmals alles aufgeräumt werden.“[192]

Der Bericht verdeutlicht die Vielzahl der Tätigkeiten, die eine Verkäuferin im Laufe ihres Arbeitstages verrichten mußte. Neben den beschriebenen waren dies häufig: die Bedienung und Abrechnung der Kasse, die Bestellung fehlender Waren sowie das Dekorieren des Geschäftsraumes und der Schaufenster.[193] Der Umgang mit der Kundschaft stellte besondere Anforderungen an die Persönlichkeit der Verkäuferin, die häufig mit herablassendem, aggressivem, unfreundlichem oder zerstreutem Verhalten der Kund(inn)en konfrontiert war. Im Interesse des Verkaufserfolges, der für jeden Vorgesetzten Hauptmaßstab der Leistungsfähigkeit war, forderte der Kundenverkehr von ihr jederzeit Anpassungsfähigkeit, Freundlichkeit und Geduld.[194]

Die in dem obigen Bericht beschriebene tägliche Arbeitszeit war relativ günstig. Allgemein galt der achtstündige Maximalarbeitstag, den der Rat der Volksbeauftragten bereits am 12. November 1918 proklamiert hatte, seit der Verabschiedung der Verordnungen über die Regelung der Arbeitszeit gewerblicher Arbeiter vom 23. November 1918 und Angestellter vom 18. März 1919. Die wöchentliche Arbeitszeit sollte 48 Stunden nicht überschreiten.[195] Folgende Regelungen zur Arbeitszeit blieben in der Weimarer Republik unverändert in Kraft: Die Beschäftigung von Arbeiterinnen war wochentags zwischen 20 Uhr abends und 6 Uhr morgens, an Samstagen und vor Festtagen nach 17 Uhr verboten. Nur in Betrieben mit Mehrschichtsystem war eine Beschäftigung der Arbeiterinnen bis 22 Uhr gestattet. In jedem Fall war eine ununterbrochene Ruhezeit von mindestens elf Stunden zu gewähren. Zwischen den Arbeitsstunden war für Arbeiterinnen eine mindestens einstündige Mittagspause vorgeschrieben. Für weibliche Angestellte bestand kein Nachtarbeitsverbot, es war lediglich für beide Geschlechter eine elfstündige Mindestruhezeit vorgesehen. Läden jeder Art waren von 19 Uhr abends bis 7 Uhr morgens für den Geschäftsverkehr geschlossen zu halten. An höchstens 20 Tagen im Jahr konnte die örtliche Polizeibehörde jedoch eine Öffnung des Geschäftes bis 21 Uhr gestatten. Bei einer mehr als sechsstündigen Tagesarbeitszeit, war den Angestellten eine mindestens halbstündige Ruhepause zu gewähren. Endete die tägliche Arbeitszeit nach 16 Uhr, so war für alle Angestellten, die ihre Hauptmahlzeit außerhalb des Betriebes einnehmen mußten, eine mindestens eineinhalbstündige Mittagspause vorgeschrieben. Auf einen Jahresurlaub bestand kein gesetzlicher Anspruch.[196] Die Kontrolle über die Einhaltung der Regelungen oblag den Gewerbeaufsichtsämtern[197]. Nach dem Erlaß der Arbeitszeitverordnung vom 21. Dezember 1923 wurde neben Ausnahmen für besondere Notfälle an 30 Tagen für Frauen und Jugendliche eine bis zu einstündige und für Männer eine bis zu zweistündige Mehrarbeit auf Anordnung des Arbeitgebers gestattet, die nach Anhörung der gesetzlichen Betriebsvertretung über die 30 Tage hinaus ausgedehnt werden konnte und nicht gemäß dem Überstundentarif entlohnt zu werden brauchte. Darüber hinaus wurde die reguläre Einführung einer maximal 54- bzw. 56-stündigen Arbeitswoche durch jeden Tarifvertrag ermöglicht.[198] An dieser Arbeitszeitregelung änderte das Arbeitszeitnotgesetz vom 14.April 1927 nur wenig. Zentrale Neuerungen waren die Einführung eines obligatorischen Mehrarbeitszuschlages von 25 % und einer mehr als 10stündigen Arbeitszeit in nicht gesundheitsgefährdenden Betrieben, falls „dringende Gründe des Gemeinwohls" vorlagen, Voraussetzung hierfür war eine behördliche Genehmigung.[199]

Für das Verkaufspersonal im hamburgischen Einzelhandel war 1919 in einem allgemein verbindlichen Tarifvertrag die 48-Stunden-Woche vereinbart worden[200]. Das Gewerbeaufsichtsamt stellte allerdings ständig Verstöße gegen diese Arbeitszeitregelung fest. Rund drei Viertel der Einzelhandels-Angestellten in der Hansestadt arbeiteten Anfang der zwanziger Jahre regelmäßig länger als acht Stunden täglich. Auch Sonntagsarbeit war üblich, vor allem im Handel mit Brot und Backwaren sowie Milchprodukten. Nach dem Erlaß der Arbeitszeitverordnung vom Dezember 1923 wurde die Arbeitszeit im hamburgischen Einzelhandel mit Zustimmung des Gewerbeaufsichtsamtes allgemein wieder auf 54 Stunden erhöht. Der Arbeitsbeginn der Verkäufer(innen) entsprach in der Regel dem Geschäftsbeginn um 7 bzw. 8 Uhr morgens, das Ende der Arbeitszeit war für die meisten mit der Ladenschlußzeit um 19 Uhr noch nicht erreicht. Da der Verkauf am anderen Morgen in der üblichen Weise wieder aufgenommen werden sollte, mußten in jedem Fall die Verkaufsräume auf- und die Waren wieder ordnungsgemäß eingeräumt werden. Diese Arbeiten nahmen gewöhnlich bis zu einer Stunde in Anspruch. In Zeiten der Hochsaison –

Ausverkauf, „Weiße Wochen“, Weihnachten – gestattete das hamburgische Gewerbeaufsichtsamt zudem grundsätzlich eine Verlängerung der Verkaufszeit bis 20 Uhr. Eine tägliche Arbeitszeit bis 21 Uhr war dann für Verkäufer(innen) nichts Außergewöhnliches.[201]

Die Entlohnung einer Verkäuferin war zwar besser als die einer Hausangestellten, übertraf aber nicht die einer angelernten Arbeiterin. Die Höhe des Monatsgehalts war zudem in den Einzelhandelszweigen recht unterschiedlich. Am besten verdienten laut Tarif im Jahr 1919 in Hamburg die Verkäuferinnen in den Textil- und Kaufhäusern. Sie sollten mindestens 170 Mark brutto im Monat erhalten. Am schlechtesten wurden Verkäuferinnen im Lebensmittelhandel bezahlt, ihr Mindestgehalt lag bei 90 Mark brutto monatlich. In den meisten Tarifverträgen des Einzelhandels war 1919 in Hamburg eine Differenz zwischen Frauen- und Männergehältern von 5 bis 10 Prozent vereinbart worden. Lediglich in den Warenhäusern erhielten beide Geschlechter bei gleicher Tätigkeit ein gleiches Gehalt.[202] Beeinflußt wurde die Gehaltshöhe im Einzelhandel neben der Branchenzugehörigkeit und dem Geschlecht vorrangig durch Berufsqualifikation und Berufserfahrung. Die meisten Tarifverträge im Einzelhandel sahen bis zum neunten bzw. zehnten Berufsjahr Gehaltssteigerungen vor, danach stagnierte die Gehaltshöhe.[203]

Verkäuferinnen, besonders Fachkräfte im Textil- und Schuhwarenhandel, waren in den zwanziger Jahren in Hamburg immer gefragt, allerdings nur solange sie „jung und attraktiv“ waren[204]. Die „erotische Werbekraft“ des jugendlichen weiblichen Personals setzten viele Geschäftsinhaber gerne zur Umsatzsteigerung ein. So war es nicht nur in Hamburg üblich, daß die Mode- und Kaufhäuser in ihren Verkaufsräumen nach Ladenschluß regelmäßig Modenschauen für geladene Gesellschaften veranstalteten, in denen sich die Verkäuferinnen als ‚Mannequins‘ betätigen mußten. Für die ‚ältere‘ Verkäuferin – hierzu zählten Frauen ab dreißig! – wurden die ‚fehlenden‘ Berufsattribute „Jugendlichkeit“ und „Attraktivität“ vor allem im Textilhandel schnell zum Entlassungsgrund.[205]

Der Einzelhandel bot Verkäuferinnen zwar insgesamt wenig Aufstiegsmöglichkeiten – Aufstiegsberufe waren Kassiererin, Verkaufslehrerin, Abteilungs- und Filialleiterin –, doch die Chancen waren für Frauen aufgrund der geringeren männlichen Konkurrenz besser als im Bürobereich[206]. Verbreitetere Form des beruflichen Fortkommens war auch bei den Verkäuferinnen der gezielte Arbeitsplatzwechsel. Die Hierarchie der Arbeitsplätze im Einzelhandel war vorrangig vom sozialen Status der zu verkaufenden Produkte, daneben auch von den Arbeitsbedingungen und der Entlohnung abhängig.[207] Im sozialdemokratischen Milieu Hamburgs war bevorzugter Arbeitsplatz die ‚Produktion', die sich bis Ende der zwanziger Jahre zu einem der größten Arbeitgeber im Einzelhandel der Stadt entwickelte[208]. Grete M., die Tochter eines Malers und einer Näherin, die beide aktive Mitglieder der SPD waren, beschreibt, warum sie gerne Verkäuferin in der ‚Pro‘ werden wollte, und schildert die dortige Arbeitssituation:

> „1920 bin ich nach bestandener Prüfung bei der ‚Pro‘ angefangen, da habe ich bis zu meiner Heirat (im Jahr 1930, K.H.) gearbeitet. Verkäuferin bei der ‚Produktion', das war etwas ganz anderes, als wenn ich zu Karstadt oder sonstwo hingegangen wäre. Das wäre für mich überhaupt nicht in Frage gekommen. Das war eben ein genossenschaftlicher Betrieb. Wir hatten bessere Arbeitsbedingungen. Mit 94 Mark im Monat fing ich als Anlernling an. Im Verkauf gab es keine Lehrlinge. Später erhielt ich 120 Mark im Monat ... Das war eine Menge Geld im Vergleich zu anderen Frauenberufen. Als Verkäuferin mußten wir alles selbst machen, auch die allabendliche Abrechnung im Kassenbuch. Unsere Arbeitszeit ging von 7 Uhr morgens bis 20 nach 7 Uhr abends. Wir hatten 20 Minuten Frühstückspause. Von 1 bis 3 Uhr war Mittagszeit. Offiziell war um 7 Uhr Schluß, aber die Aufräumungsarbeiten dauerten länger. Dafür hatten wir einen halben Tag in der Woche frei. Überstunden wurden nicht bezahlt, sondern aufgeschrieben und abgebummelt. Natürlich haben wir fix arbeiten müssen, unser Lagerleiter hat uns dazu angehalten. Aber er war gerecht. Damals war alles sehr kollegial. Bei Konflikten haben wir gegen den Lagerleiter zusammengestanden ... Ich war später erst als Kassiererin, dann als Verkaufslehrerin tätig. Ich hab' gern in der ‚Pro‘ gearbeitet ... Wer bei uns von der ‚Pro‘ wegging, wurde überall mit Kußhand genommen.“

Brotladen des Hamburger Konsum-, Bau- und Sparvereins ‚Produktion‘, 1926 (Museum der Arbeit, Hamburg)

Käthe P. (geb. 1902), die seit 1919 als Verkäuferin in der ‚Produktion‘ arbeitete, bevorzugte aus ähnlichen Motiven diesen Arbeitsplatz:

> „In unserem Frühstücksraum stand ein Spruch, den kann ich noch heute auswendig: ‚Ehrlichkeit, Gewissenhaftigkeit und Fleiß sind die tragenden Säulen der Genossenschaft. Wer an diesen Säulen rüttelt, schließt sich damit selbst aus der Gemeinschaft aus‘ ... Es war besser als in Privatbetrieben, es gab ein Zusammengehörigkeitsgefühl auch mit den Kunden. Die meisten waren echte Genossenschafter, die haben wirklich als Arbeiter gekauft in der ‚PRO‘ ... Wir waren früher stolz, daß wir da arbeiten durften, das war ‚ne Ehre ...“[209]

Vor allem engagierte junge Sozialdemokratinnen bemühten sich um eine Stelle als Verkäuferin bei der ‚Produktion‘[210].

Begehrter noch als der Beruf der Verkäuferin war bei vielen jungen Frauen der der Kontoristin, in dem auch in den zwanziger Jahren noch relativ wenige Arbeitertöchter tätig waren[211]. Hinter der Berufsbezeichnung Kontoristin verbarg sich eine Vielzahl von Bürotätigkeiten: neben dem Schreibmaschineschreiben u.a. das Bedienen der verschiedensten Büromaschinen, die Bearbeitung und Verwaltung des Schriftverkehrs sowie die Erledigung des Telephonverkehrs. Vor allem in kleineren Betrieben, die nicht selten nur eine einzige Bürokraft beschäftigten, verrichteten Kontoristinnen alle anfallenden Büroarbeiten. Als Stenotypistin wurden in der Regel nur Kräfte bezeichnet, die neben dem Schreibmaschineschreiben auch die Stenographie beherrschten und ausschließlich Reinschriften von Schriftstücken herzustellen hatten. Stenotypistinnen wurden überwiegend in den Büros größerer Unternehmen und in der Öffentlichen Verwaltung beschäftigt.[212]

Arbeitsalltag und Arbeitserfahrungen einer jungen Kontoristin veranschaulicht der folgende

Bericht der Arbeitertochter *Anita S.* (geb. 1913), die seit 1929 im Büro arbeitete. Wie so viele Volksschülerinnen hatte sie nach der Schulentlassung weder einen Ausbildungs- noch einen Arbeitsplatz gefunden. So besuchte sie einen Schreibmaschinekursus, den das Arbeitsamt für Erwerbslose anbot. Er blieb ihre einzige Vorbereitung auf den Büroberuf.

> „Ich fing als Fakturistin in einer kleinen Im- und Exportfirma an. Dort arbeiteten zehn bis 15 Fakturistinnen im Saal. Aus Körben mit Aufträgen mußten wir Kolonnen schreiben und abends alles zusammenzählen. Ich erinnere noch sehr genau meine Wut auf die Kollegen, die sich immer die größeren Rechnungen rauspickten und abends eher fertig waren als wir Jüngeren und Unerfahreneren. Abends mußte alles ausgewiesen werden. Es war laut dort, ein ewiges Geklapper. Ich habe eigentlich mehr unter dem Arbeitsstreß und der Hetze gelitten. In der Firma war ich ein halbes Jahr und kriegte 80 bis 90 Mark im Monat. Das habe ich alles bis auf zehn Mark zu Hause abgegeben ...
>
> Die Beleuchtung und Belüftung in den Büros war schlecht, ich hatte einen schlechten Stuhl, immer Rücken- und Nackenschmerzen, hatte später auch Folgeschäden.“ „Mittags war ich oft sehr müde. Einmal bin ich auf dem Klo eingeschlafen. Ab da habe ich ab und zu dort geschlafen. Wir hatten ein bis zwei Stunden Mittag, das war eher eine Belastung als Erholung, weil das Büro in der Stadt war und ich nicht nach Hause konnte. Die Arbeitszeit war von acht bis sechs Uhr abends, um acht Uhr war ich dann zu Hause.
>
> Für das Maschineschreiben nahm man nur Frauen. Es war nie richtig rauszukriegen, was die Männer verdienten, die kriegten irgendwelche Zuschläge. Arbeitskräfte waren billig. Man hat den untersten Dreck im Büro gemacht als Ablegerin und Fakturistin. Ich war sehr frustriert. Abends hatte ich kaum noch Kraft, mein Privatleben zu gestalten. Fast jeden dritten Tag mußten die Strümpfe gestopft werden, Makostrümpfe, die gingen immer kaputt. Man mußte gut angezogen sein, freundliche Miene machen, bescheiden und höflich sein ... Es war sehr wichtig bei den Chefs beliebt zu sein ... Ich habe diese Abhängigkeit sehr empfunden.“ „Meine Mutter war nur Reinmachefrau, in meinem Beruf machte man sich nicht schmutzig. Er galt als gehobener Beruf, und ich verdiente zehn Mark mehr als sie. Ich brauchte nicht so unzufrieden sein wie meine Mutter ...“[213]

Für Büroangestellte im Handels- und Verkehrsgewerbe war in Hamburg 1919 in den meisten Tarifverträgen ein achtstündiger Arbeitstag vereinbart worden, die wöchentliche Arbeitszeit sollte 48 Stunden nicht überschreiten, für Angestellte in der Industrie und im Öffentlichen Dienst wurde eine 45-Stunden-Woche und für Versicherungsangestellte eine 40- bis 43-Stunden-Woche festgelegt. Darüber hinaus sahen fast alle 1919 in der Hansestadt abgeschlossenen Tarifverträge der Angestellten einen mindestens sechstägigen Jahresurlaub vor.[214] Diese Arbeitszeitvereinbarungen wurden in den zwanziger Jahren von der Arbeitgeberseite nicht grundsätzlich in Frage gestellt. Das hamburgische Gewerbeaufsichtsamt konstatierte allerdings 1927, daß es viele Arbeitgeber in der Praxis „nach wie vor als selbstverständliche Pflicht jedes im Monatsgehalt stehenden Angestellten (betrachteten), täglich alle vorliegenden Arbeiten aufzuarbeiten und die kurz vor Schluß der festgesetzten Arbeitszeit noch anfallenden laufenden Geschäftsvorfälle zu erledigen, selbst wenn dadurch die tägliche Arbeitszeit überschritten“ wurde. Ihren Anspruch auf Bezahlung der Überstunden machten Kontoristinnen ebenso selten geltend wie Verkäuferinnen, „da sie nachteilige Folgen für ihre Stellung“ befürchteten[215].

Die Mittagspause der kaufmännischen Arbeitnehmer(innen) war in der Regel länger als die der gewerblichen. Vor allem im Einzel- und Großhandel sowie im Bank- und Versicherungsgewerbe war in Hamburg eine eineinhalb- bis zweistündige „Tischzeit“ üblich, so daß die Angestellten dem Arbeitgeber auch in den Abendstunden zur Verfügung standen. Die Mittagspause der Arbeiter(innen) dauerte meist nicht länger als eine Stunde. Lange Pausen wurden angesichts des unzureichenden Angebots an Pausenräumen und Kantinen von den Arbeitnehmer(inne)n überwiegend eher als Belastung denn als Erholung empfunden, da es ihnen in Hamburg aufgrund der langen Wege zwischen Arbeitsstätte und Wohnung in der Regel nicht möglich war, das Mittagessen zu Hause einzunehmen. Gemäß der Forderung des Gewerbeaufsichtsamtes hatte die Mehrzahl der mittleren und größeren Betriebe zwar Pausenräume eingerichtet, doch diese waren häufig wenig einladend. Nur in einigen großen Bankhäusern, Handelsfirmen, Versicherungsgesellschaften und Industriebetrieben gab es Kantinen. Die meisten Arbeitnehmer(innen) brachten Speisen und Getränke –

überwiegend geschmierte „Stullen" und Obst, sowie Kaffee, Milch oder Tee in der Thermosflasche – zur Arbeitsstätte mit und verzehrten diese am Arbeitsplatz. Nur wenige Besserverdienende konnten sich den regelmäßigen Besuch einer Speisewirtschaft leisten.[216]

Die Entlohnung der Kontoristinnen und Stenotypistinnen war im Durchschnitt besser als die von Verkäuferinnen und Arbeiterinnen. Laut Tarif verdienten männliche wie weibliche Büroangestellte 1919 in Hamburg mindestens 200 Mark brutto im Monat; am höchsten war das tariflich festgesetzte Mindestmonatsgehalt im Großhandel mit 225 Mark und im Versicherungsgewerbe mit 250 Mark. Gehaltsdifferenzen für Frauen und Männer sahen die Tarifvereinbarungen 1919 für gleiche Büro- und Verwaltungstätigkeit nicht vor.[217] Dies änderte sich auch in den folgenden Jahren nicht. Da beide Geschlechter jedoch in der Regel in sehr unterschiedlichen Arbeitsbereichen tätig waren, differierte ihr Gehalt de facto erheblich. Die Männer übten mehrheitlich qualifiziertere Tätigkeiten aus und verdienten so allgemein mehr. Als Verheiratete erhielten sie zudem in vielen Betrieben einen Sozialzuschlag von bis zu 10 %. Das Gehalt der Büroangestellten war wie das der Handelsangestellten nach Berufsjahren gestaffelt.[218]

Im Bürobereich wurden ‚ältere', über 30jährige weibliche Angestellte von den Arbeitgebern ebensowenig geschätzt wie im Einzelhandel. Zum einen war ihr Gehalt höher, zum anderen erfüllten sie in der Regel weniger bereitwillig als Berufsanfängerinnen die Anforderungen der Vorgesetzten. Hinzu kam, daß ihre Leistungsfähigkeit häufig nicht mehr so groß war wie die der jüngeren Kolleginnen. Typische Berufskrankheiten waren ähnlich wie bei Verkäuferinnen neben Schmerzen in Nacken, Schultern, Armen und Händen sowie chronischen Kopfschmerzen, die Verminderung der Sehkraft, Blutarmut und Nervenleiden.[219] Ältere kaufmännische Angestellte waren auf dem Arbeitsmarkt nur noch sehr schwer zu vermitteln. Eine Erhebung des hamburgischen Gewerbeaufsichtsamtes im Jahr 1925 ergab, daß der größte Teil der stellenlosen weiblichen Angestellten über 30 Jahre alt war. Bei Neueinstellungen wurden „durchweg jüngere, unverheiratete Kräfte bevorzugt". Da es genügend Nachwuchs gab, verschlechterte sich die Arbeitsmarktlage der ‚älteren' kaufmännischen Angestellten seit Mitte der zwanziger Jahre zusehends.[220]

Die beruflichen Aufstiegsmöglichkeiten waren für Kontoristinnen und Stenotypistinnen außerordentlich gering. Nur wenige höher qualifizierte und berufserfahrene weibliche Büroangestellte hatten Chancen, Privatsekretärin, Korrespondentin, Buchhalterin oder Bürovorsteherin zu werden.[221] Vor allem in den ersten Berufsjahren war die verbreitetste Strategie zur Verbesserung der Berufsposition, der Arbeitsbedingungen und des Einkommens bei ihnen ebenfalls der Stellenwechsel.[222] Junge Frauen aus dem sozialdemokratischem Milieu arbeiteten auch als Büroangestellte bevorzugt in einem gewerkschaftlichen bzw. genossenschaftlichen Betrieb. Anni B., die 1925/26 eine zweijährige Lehre als Kontoristin in der Expeditionsabteilung eines großen Hamburger Modehauses absolviert hatte, wechselte nach deren Abschluß in das Büro des ADGB-Ortsausschusses Groß-Hamburg. Sie beschreibt die Vorzüge ihres dortigen Arbeitsplatzes:

> „Mir hat es in der Lehre gar nicht gefallen. Dieser große Betrieb, alles war so unpersönlich. Ich habe mich da kreuzunglücklich gefühlt ... Deshalb wechselte ich in das Zentralbüro des ADGB über ... Dort hat es mir besser gefallen. Die Arbeit war dort so, wie ich sie mir immer gewünscht hatte. Ich wußte zwar vorher nicht, was mir fehlte, aber ich fühlte mich in meiner Lehrstelle nicht wohl in meiner Haut. Plötzlich war alles anders ... Die Atmosphäre unter den Kolleginnen war kameradschaftlicher, ich konnte selbständig arbeiten ... Wir hatten sehr viel Freiheit bei unserer Arbeit. Es war schon so, daß wir genügend zu tun hatten, aber wenn wir einmal Leerlauf hatten, dann konnten wir auch sagen: ‚So, heute nachmittag noch von 4 bis 5 Uhr, das reicht. Um 5 Uhr können wir den Laden zu machen. Dann kommt nichts mehr'. – Wir hatten normalerweise von 9 Uhr morgens bis abends um 7 Uhr geöffnet, von 1 bis 4 Uhr war Tischzeit – ... Die Arbeitsbedingungen waren insofern freizügig, als wir uns die Arbeit selbst einteilen konnten. Das ging alles sehr harmonisch und kameradschaftlich, es herrschte kein Befehlston. Das fand ich herrlich ... Als ich in der Gewerkschaft anfing, kriegte ich 60 Mark im Monat, nach drei Monaten wurde mein Gehalt auf 105 Mark erhöht. Das war damals bereits eine ganze Menge. Nach einem Jahr erhielt ich 178 Mark monatlich. Um dies Gehalt hat mich manche beneidet ..."

Arbeitszeit und Entlohnung der Verkäuferinnen und Kontoristinnen entsprachen selten genau den bestehenden gesetzlichen Bestimmungen und Tarifvereinbarungen[223]. Aufschluß über die Arbeitsrealität organisierter weiblicher Angestellter, die vermutlich günstiger war als die der Masse der Angestellten, geben drei Erhebungen, die Ende der zwanziger Jahre von den großen Angestelltenverbänden – dem liberalen ‚Gewerkschaftsbund der Angestellten‘ (GDA), dem christlich-nationalen ‚Verband der weiblichen Handels- und Büroangestellten‘ (VWA) und dem freigewerkschaftlichen ‚Zentralverband der Angestellten‘ (ZdA) – durchgeführt wurden und insgesamt 60.000 Frauen erfaßten. Deren Grundtendenzen stimmen trotz der unterschiedlichen Zusammensetzung der weiblichen Mitgliedschaft überein[224]. Im folgenden sollen die Hauptergebnisse der ZdA-Erhebung vorgestellt werden, die 1929 durchgeführt wurde, denn in diesem Verband organisierten sich überwiegend Verkäuferinnen und Kontoristinnen aus dem Arbeitermilieu.[225]

Die ZdA-Erhebung stützte sich auf 5.741 Fragebögen aus 300 Orten. Von den Einsenderinnen lebten 63 % in einer Großstadt, 20 % in einer Mittelstadt und 17 % in einer Kleinstadt. Dies entsprach ungefähr der regionalen Verteilung der weiblichen Angestellten im Reichsdurchschnitt. Von den in der Erhebung erfaßten Angestellten arbeiteten 46 % als Verkäuferin, 23 % als Kontoristin, 16 % als Stenotypistin oder Korrespondentin und 5 % als Buchhalterin.[226] Der Anteil der Verkäuferinnen war aufgrund der sozialen Zusammensetzung der weiblichen ZdA-Mitgliedschaft, höher als im Reichsdurchschnitt[227]. Da Angestellte in Genossenschaften generell verpflichtet waren, sich im ZdA zu organisieren, lag in der Erhebung der Anteil derjenigen, die in einem genossenschaftlichen Betrieb arbeiteten, mit 35 % überdurchschnittlich hoch. Daneben waren 23 % im privaten Einzelhandel tätig, 11 % arbeiteten in der Industrie, 8 % im Großhandel, 6 % in Behörden oder Verwaltungen und 4 % bei Sozialversicherungen[228]. Das Durchschnittsalter war infolge des Übergewichts der Verkäuferinnen etwas niedriger als allgemein im Reich: 37 % waren unter 20 Jahren, 47 % zwischen 20 und 30 Jahren und 17 % über 30 Jahre alt. Der Familienstand entsprach der Altersstruktur: 92 % waren ledig, 5 % verheiratet und 3 % verwitwet bzw. geschieden.[229] Der allergrößte Teil der befragten Angestellten hatte die Volksschule besucht (84 %) und im Anschluß eine kaufmännische Lehre absolviert (63 %). Besonders hoch war der Anteil der Volksschülerinnen unter den Angestellten der Genossenschaften (92 %) und des Einzelhandels (88 %), dort arbeiteten zugleich die meisten Angestellten mit einer Lehre (74 % bzw. 85 %).[230]

Nur 58 % der Befragten hatten eine reguläre Wochenarbeitszeit von 48 Stunden, die übrigen mußten länger arbeiten. Allgemein war die Arbeitszeit im Einzelhandel am ungünstigsten; hier arbeiteten 56 % mehr als 48 Stunden in der Woche. 27 % aller Befragten mußten zusätzlich regelmäßig Überstunden leisten, 14 % unregelmäßig. Auch hier waren die Bedingungen im Einzelhandel am schlechtesten, wo 27 % regelmäßig und 27 % unregelmäßig länger arbeiten mußten. Nur 44 % der Angestellten mit Überstunden erhielten eine entsprechende Bezahlung. 46 % verrichteten die Mehrarbeit ohne jegliches Entgelt. Die Entlohnung entsprach bei 83 % der Befragten dem Tarif, 14 % wurden unter Tarif und 3 % über Tarif bezahlt. Am schlechtesten war auch hier die Situation im Einzelhandel, wo nur 79 % tarifgemäß entlohnt wurden, 18 % hingegen unter Tarif und 4 % über Tarif. Nur in den Genossenschaften wurde der Tarifvertrag in der Regel eingehalten. Von den befragten Angestellten verdienten 28 % bis zu 100 Mark brutto im Monat, 31 % zwischen 100 und 150 Mark, 22 % zwischen 150 und 200 Mark und 18 % mehr als 200 Mark. Besonders gering war das Durchschnittseinkommen allgemein im Einzelhandel.[231]

Der Verdienst gestattete es den wenigsten weiblichen Angestellten eine „selbständige Existenz“ zu führen[232]. Von den Befragten wohnten 84 % bei Eltern oder Verwandten, 7 % zur Untermiete und nur 9 % konnten sich eine eigene Wohnung leisten. Lediglich 30 % derjenigen, die im Elternhaus wohnten, hatten ein eigenes Zimmer. Fast alle zahlten ein Kost- und Mietgeld an die

Eltern. In 82 % der Fälle lag dieser Betrag über 50 Mark monatlich.[233] Selbstverständlich wurde zu Hause auch erwartet, daß die erwerbstätige Tochter nach Feierabend bei der Hausarbeit half. Sie mußte zumindest ihre Kleidung und Wäsche selbst in Ordnung halten. Der Zeit- und Geldaufwand für Kleidung und Körperpflege war bei den befragten Angestellten relativ hoch. Die Kleidung war nach Wohnung und Ernährung der größte Ausgabeposten. Nicht selten ließen sich die hierfür notwendigen Aufwendungen nur auf Kosten der Ernährung bestreiten.[234] Für sonstige Ausgaben, insbesondere für Freizeit und Bildung blieb nur sehr wenig Einkommen übrig. Die Hälfte der Befragten gab an, sich weder einen Kino- noch einen Theaterbesuch leisten zu können. Hauptfreizeitbeschäftigung war der Sport, den 62 % mehr oder minder regelmäßig betrieben. Ein Fünftel gehörte einem Sportverein an.[235]

In der zeitgenössischen Öffentlichkeit wurde der relativ hohe Aufwand für Kleidung und Körperpflege, den viele weibliche Angestellte betrieben, als ein Zeichen ihrer „Orientierung auf Äußerlichkeiten", als Ausdruck ihrer „Oberflächlichkeit" gewertet[236]. Bei genauerer Betrachtung zeigt sich jedoch, wie sehr sie beruflich auf eine sorgfältige Pflege des Äußeren angewiesen waren. In vielen Geschäften wurde eine modische Kleidung geradezu verlangt bzw. war eine bestimmte Kleidung vorgeschrieben[237] :

> „Die Kaufmännische Angestellte mit dem links und rechts gestrickten wollenen Strumpf findet keine Anstellung. Die gepflegte Haarfrisur, der gute Schuh, die gefällige Kleidung, das alles spielt besonders bei Verkäuferinnen, Stenotypistinnen, Sekretärinnen eine nicht zu unterschätzende Rolle."[238]

Die kaufmännischen Stellenvermittlung des hamburgischen Arbeitsamtes konstatierte 1925, daß stellenlose Verkäuferinnen und Kontoristinnen in besonders guter und modischer Kleidung selbst dann sehr viel leichter zu vermitteln seien als „einfach und bescheiden auftretende Erwerbslose", wenn ihre Zeugnisse „zu wünschen übrig" ließen[239].

Mit ihrer „Orientierung auf Äußerlichkeiten" versuchten weibliche Angestellte zugleich die fehlende Befriedigung im Berufsalltag zu kompensieren. Die Massenmedien bemühten sich, den jungen Frauen die unbefriedigende Arbeitsrealität durch das Traumbild der attraktiven und lebenslustigen Angestellten zu versüßen, die sich in Mode und Freizeitkonsum verwirklichte. Dieser Tagtraum wurde von vielen begierig aufgegriffen, denn er brachte Spannung in den grauen Alltag. Im Festhalten an dieser Wunschvorstellung offenbarte sich sowohl ihre Anpassung an das herrschende Frauenbild, ihre Integration in die sozial und geschlechtlich bestimmten Machtverhältnisse der Gesellschaft, als auch die Hoffnung, dem bedrückenden und beengenden Alltag zum Trotz ein Stück eigenes Leben zu leben.[240] Sie versuchten, zumindest in ihrer arbeitsfreien Zeit den Tagtraum zu realisieren. Die wenige Freizeit, die sie außerhalb der Familie verbrachten, war für sie der einzige Freiraum, den sie *selbst* bestimmen konnten. Das gemeinsame Erleben dieser Freizeit in einer „Clique" von Freundinnen und Kolleginnen steigerte das Selbstwertgefühl der jungen Frauen und bot ihnen nicht selten auch im Berufsleben Halt.[241] Dies zeigt der folgende Bericht von Lili D., die seit 1922 als Telegraphengehilfin bei der Post arbeitete:

> „Zuerst mochte ich nicht bei der Post arbeiten. Wir Volksschülerinnen wurden von den ‚höheren Töchtern' nicht als vollwertig angesehen und mußten ihre Arroganz ständig ertragen. Ich fühlte mich ganz minderwertig. Mit der Zeit fanden wir Volksschülerinnen uns im Amt zu harmonisierenden Gruppen, ‚Cliquen' nannten wir sie, zusammen. Wir standen uns jeweils auch politisch nahe. Als ich selber eine ‚Clique' hatte, war es schön im Amt. Unsere Freizeit gestalteten wir, soweit es möglich war, wie *wir* es wollten. Wir machten Ausflüge, trieben Sport, gingen ins Kino oder zum Tanzen."

Der finanzielle Spielraum für Mode und Freizeitkonsum war allerdings, wie die Erhebungen der Angestelltenverbände zeigen, für die meisten jungen Frauen außerordentlich beschränkt.

Viele Arbeitgeber scheinen die „Orientierung auf Äußerlichkeiten" bei ihren weiblichen Angestellten nicht nur systematisch gefördert zu haben, um deren „erotische Werbekraft" im

Kontor der Firma Luft, Maack & Co, Hamburg, 20er Jahre (Museum für Hamburgische Geschichte)

Interesse geschäftlicher Umsatzsteigerung zu nutzen, sonden auch um sie als Mittel einer die innerbetrieblichen Machtverhältnisse stabilisierenden Personalpolitik einzusetzen. Sie benutzten das Bedürfnis der weiblichen Angestellten nach Bestätigung ihrer äußeren Erscheinung durch männliche Kollegen und Vorgesetzte, das häufig die fehlende berufliche Anerkennung ersetzen mußte, um die Konkurrenz der Frauen untereinander zu forcieren und so ihre Solidarisierung zu verhindern. Einzelne besonders anpassungsbereite, junge, attraktive Frauen wurden sichtbar bevorzugt. Deren Privilegien – u.a. ein höheres Gehalt und damit die Möglichkeit eines vermehrten Aufwandes für Kleidung, Körperpflege und Freizeit – waren meist von einer erotischen Beziehung zum Vorgesetzten oder gar Chef abhängig. Die kaufmännische Vermittlungsabteilung des hamburgischen Arbeitsamtes berichtete 1925, daß solche „Verhältnisse“ relativ häufig anzutreffen seien.[242]

Die Mehrzahl der jungen weiblichen Angestellten, auch der freigewerkschaftlich organisierten, verhielt sich im Berufsleben geschlechtsrollenkonform. Die Zwänge des Berufsalltags nötigten selbst engagierte Gewerkschafterinnen und Sozialdemokratinnen zur Anpassung.

* * *

Trotz des starken Rückgangs der Zahl der Hausangestellten, des Wandels ihrer sozialen Zusammensetzung, der tendenziellen Verbesserung ihrer Rechtsstellung und der zunehmenden Versachlichung ihres Arbeitsverhältnisses scheint das Urteil verfehlt, daß die „‚Dienstbotenfrage‘ im alten Sinne schon in der Weimarer Republik der Vergangenheit angehört“ hätte[243] . Die Häuslichen Dienste waren nach wie vor ein wichtiger Erwerbsbereich für Frauen. Die Arbeitssituation der großen Masse der Hausangestellten, die in den zwanziger Jahren noch im Haushalt der Herrschaft lebte, unterschied sich im Alltag nur wenig von den ungünstigen Verhältnissen der Vorkriegszeit. Arbeitsbedingungen und Entlohnung blieben rechtlich weitgehend ungeregelt. Im Vergleich zur Tätigkeit als kaufmännische Angestellte oder gelernte Arbeiterin schien den meisten Arbeitertöchtern der Häusliche Dienst nach wie vor unattraktiver zu sein. Wenn sie nach der Schulentlassung Hausangestellte wurden, begriffen sie diesen Schritt überwiegend als Einstieg in das Erwerbsleben. Sie hofften, nach einigen Jahren im Häuslichen Dienst einen „richtigen“ Erwerbsberuf ergreifen zu können. Viele wollten Verkäuferin oder Kontoristin werden.

Entgegen dem Traumbild vom ‚Aufstiegsberuf‘ Angestellte, das die Massenmedien in der Weimarer Republik zeichneten, erwies sich jedoch der Arbeitsalltag für die allermeisten Verkäuferinnen und Kontoristinnen schnell als außerordentlich anstrengend und wenig befriedigend. Einzig realistische Zukunftsperspektive, die von diesem „Übel“ erlöste, schien den meisten die Heirat zu sein. Stärker als Hausgehilfinnen und Arbeiterinnen begriffen junge ledige Angestellte ihre Erwerbstätigkeit ausschließlich als „Übergangsphase“ zwischen Schulentlassung und Heirat. Bei ihnen war die Orientierung auf das Leitbild der ‚modernen Kleinfamilie‘ am deutlichsten ausgeprägt und beeinflußte am nachhaltigsten ihre Berufseinstellung.

3.1.2.3 Bis zum Alter: Arbeiterin

Auch als Arbeiterin waren zwar überwiegend junge und ledige Frauen tätig, 63 % waren Mitte der zwanziger Jahre in Hamburg jünger als 30 und 67 % ledig, doch im Vergleich zu den Hausgehilfinnen und den weiblichen Angestellten arbeiteten sehr viel mehr ältere verheiratete, verwitwete oder geschiedene Frauen in diesem Erwerbsberuf: 34 % waren zwischen 30 und 60 Jahren alt, davon die Hälfte zwischen 30 und 40, 3 % waren gar über-60jährig, immerhin 16 % waren verheiratet und 17 % verwitwet oder geschieden (vgl. Tabelle 43). Im Unterschied zu den Haus-, Handels- und Büroangestellten wurden Arbeiterinnen nach ihrer Heirat von den Arbeitgebern häufig weiterbeschäftigt, insbesondere wenn sie zum „Stamm“ der eingearbeiteten qualifizierten Kräfte gehörten[244]. Auch gelernte Arbeiterinnen, die anläßlich der Eheschließung bzw. der Geburt ihres ersten Kindes ihre Erwerbsarbeit aufgegeben hatten und nur wenige Jahre aussetzten, fanden relativ leicht wieder einen Arbeitsplatz in der Fabrik. Sehr viel schwieriger war dies für an- und ungelernte verheiratete, verwitwete oder geschiedene Arbeiterinnen, die längere Zeit aus dem Erwerbsleben ausgeschieden waren. Das hamburgische Gewerbeaufsichtsamt stellte 1927 nach einer Erhebung „über die Beschäftigung der verheirateten (einschließlich der geschiedenen und verwitweten) Arbeitnehmerinnen“ in Hinblick auf die Arbeitsmarktchancen dieser Arbeiterinnengruppe fest:

> „Verheiratete finden sich namentlich in solchen Betrieben, in denen die Arbeit sich unter unangenehmen Begleiterscheinungen, wie großer Wärme, Staub- und Dunstentwicklung, Nässe, Schmutz, abspielt. Die ledige Arbeiterin meidet nach Möglichkeit solche Betriebe; dafür findet hier die ältere, verheiratete Arbeiterin noch am leichtesten einen Arbeitsplatz. Daher sind die verheirateten Arbeiterinnen stark vertreten in der Glasgespinstfabrikation (starke Wärme), in der Metallbearbeitung (ölbenetzte Arbeitsstücke, Schmutz, Dünste beim Löten usw.), in der Sacknäherei und Asbestspinnerei (Staub), in den Darmzubereitungsanstalten, in großen Wäschereien und Kaffeeröstereien (sowie den Fischfabriken, K.H.) (Nässe und Dünste). Man geht wohl nicht fehl in der Annahme, daß in den meisten Fällen die Not und der Lebenskampf gerade die verheirateten Arbeitnehmerinnen zwingen, weniger wählerisch bei der Art der Erwerbsarbeit zu sein.“[245]

Die Arbeitsmarktchancen von Arbeiterinnen verringerten sich in Industrie und Gewerbe unabhängig vom Familienstand mit zunehmendem Alter. Dies war ein Grund dafür, daß mit dem Alter der Anteil der Arbeiterinnen anstieg, die ganztags als Putzfrauen oder Küchenhilfen arbeiteten. Hier

Tab. 43: *Die Arbeiterinnen im hamburgischen Staat nach Alter und Familienstand in den Wirtschaftsgruppen und Wirtschaftsabteilungen. 1925*

a) Wirtschaftsgruppen differenziert nach dem Alter sowie nach dem Familienstand und Familienstand differenziert nach den Wirtschaftsgruppen.

Wirtschaftsgruppe	Arbeiterinnen insg.	Von hundert Arbeiterinnen der Wirtschaftsgruppe bzw. Wirtschaftsabteilung waren									Von hundert Arbeiterinnen waren tätig in			
		bis 20	20–30	30–40	40–50	50–60	ab 60	ledig	verh.	vw/gs	insg.	ledig	verh.	vw/gs
11 Landwirtschaft	794	50,0	30,9	8,4	5,4	3,1	2,1	87,7	6,0	6,3	1,6	2,2	0,6	0,6
12 Forstwirtschaft	48	27,1	54,2	6,3	6,3	4,2	2,1	70,8	16,7	12,5	0,1	0,1	0,1	0,1
21 Bergbau	4			25,0	50,0	25,0		25,0	25,0	50,0	0,0	0,0	0,0	0,0
22 Industrie der Steine	147	34,0	49,0	11,6	3,4	1,4	0,7	72,8	13,6	13,6	0,3	0,3	0,3	0,2
23 Metallgewinnung	49	16,3	38,8	16,3	14,3	10,2	4,1	51,0	24,5	24,5	0,1	0,1	0,2	0,1
24 Metallwarenherstellung	1155	21,0	51,9	16,1	7,4	2,9	0,5	70,9	16,1	13,0	2,4	2,5	2,5	1,8
25 Maschinenbau	356	21,3	45,2	14,6	13,8	3,9	1,1	68,3	16,0	15,7	0,7	0,8	0,8	0,7
26 Elektrotechnik/Feinmechanik	715	23,4	53,7	13,0	6,4	2,5	1,0	74,1	14,8	11,0	1,5	1,6	1,4	1,0
27 Chemische Industrie	1521	18,5	48,7	18,3	10,2	3,2	1,2	67,6	17,5	14,9	3,2	3,2	3,5	2,7
28 Textilindustrie	1912	39,7	34,6	12,3	7,2	4,4	1,7	73,4	15,6	11,0	4,0	4,3	4,0	2,5
29 Papierindustrie	3040	37,2	43,6	11,4	4,9	2,3	0,6	77,8	14,3	7,8	6,3	7,3	5,8	2,9
30 Lederindustrie	254	16,5	55,5	11,8	10,6	4,7	0,8	71,3	14,2	14,6	0,5	0,6	0,5	0,4
31 Kautschukindustrie	1093	13,7	56,6	17,7	7,4	3,4	1,2	66,6	17,8	15,6	2,3	2,2	2,6	2,1
32 Holzindustrie	1096	27,3	49,1	14,9	5,8	1,8	1,1	72,2	17,6	10,2	2,3	2,4	2,6	1,4
33 Musikinstrumentebau	41	56,1	17,1	12,2	9,8	4,9		78,0	14,6	7,3	0,1	0,1	0,1	0,0
34 Nahrungsmittelindustrie	5745	19,2	50,7	16,0	8,4	4,2	1,6	68,6	17,2	14,2	11,9	12,2	13,2	9,9
35 Bekleidungsgewerbe	12062	34,7	33,4	15,9	8,6	4,8	2,6	75,6	13,5	11,0	25,1	28,2	21,6	16,1
37 Baugewerbe	268	21,3	35,8	16,8	15,7	7,5	3,0	54,5	24,3	21,3	0,6	0,5	0,9	0,7
38 Wasser/Gas/Elektrizität	54	11,1	18,5	22,2	24,1	20,4	3,7	37,0	24,1	38,9	0,1	0,1	0,2	0,3
41 Handelsgewerbe	5852	19,8	31,1	16,8	14,6	11,8	5,9	52,9	23,6	23,5	12,2	9,6	18,4	16,6
42 Versicherungswesen	145	0,7	6,9	22,8	29,7	22,1	17,9	15,2	34,5	50,3	0,3	0,1	0,7	0,9
43 Verkehrswesen	923	3,4	16,7	21,8	28,3	21,9	8,0	28,2	20,3	51,6	1,9	0,8	2,5	5,8
44 Gastwirtschaften	4746	15,8	46,4	20,8	9,5	4,7	2,7	75,3	11,7	13,0	9,9	11,0	7,4	7,4
Wirtschaftsabteilung														
1 Land- und Forstwirtschaft	842	48,7	32,2	8,3	5,5	3,2	2,1	86,7	6,7	6,7	1,7	2,3	0,7	0,7
2/3 Industrie und Gewerbe	29512	29,1	41,7	15,2	8,1	4,1	1,8	72,8	15,3	12,0	61,3	66,4	59,9	42,8
4 Handel und Verkehr	11666	16,7	35,9	18,9	13,8	9,8	4,9	59,6	18,6	21,7	24,2	21,5	28,9	30,7
5 Öffentliche und Private Dienste	5171	13,6	29,7	20,1	18,5	12,5	5,6	52,8	11,9	35,3	10,7	8,4	8,2	22,1
6 Häusl. Dienste/ohne feste Stell.	938	6,7	22,7	21,5	22,2	16,1	10,8	50,2	17,3	32,5	1,9	1,5	2,2	3,7
Insgesamt	48129	24,3	38,5	16,7	10,8	6,6	3,2	67,2	15,6	17,2	48129	32359	7511	8259

Vgl. Anmerkung 20 und 21 d). Quelle: StHSt H.33, T.2, 1928, 55, 61 u. 290–303.

Tab. 43: *Die Arbeiterinnen im hamburgischen Staat nach Alter und Familienstand in den Wirtschaftsgruppen und Wirtschaftsabteilungen. 1925*

b) Wirtschaftsgruppen und Wirtschaftsabteilungen differenziert nach Familienstand und Alter

Familienstand	ledig							verheiratet							verwitwet oder geschieden					
Wirtschaftsgruppe	Arbeiterinnen insg.	Von hundert ledigen Arbeiterinnen der Wirtschaftsgruppe bzw. -abteilung waren alt						Arbeiterinnen insg.	Von hundert verheirateten Arbeiterinnen der Wirtschaftsgruppe bzw. -abteilung waren alt						Arbeiterinnen insg.	V. h. verwitw./gesch. Arbeiterinnen d. Wirtschaftsgr. bzw. -abteilung waren				
		bis 20	20–30	30–40	40–50	50–60	ab 60		bis 20	20–30	30–40	40–50	50–60	ab 60		20–30	30–40	40–50	50–60	ab 60
11 Landwirtschaft	696	57,0	33,0	5,7	2,3	1,3	0,6	48		27,1	31,3	22,9	10,4	8,3	50	4,0	24,0	32,0	22,0	18,0
12 Forstwirtschaft	34	38,2	58,8	2,9				8		75,0	12,5	12,5			6		16,7	33,3	33,3	16,7
21 Bergbau	1			100				1					100		2			100		
22 Industrie der Steine	107	46,7	50,5	2,8				20		55,0	30,0	15,0			20	35,0	40,0	10,0	10,0	5,0
23 Metallgewinnung	25	32,0	52,0	16,0				12		41,7	16,7	33,3		8,3	12	8,3	16,7	25,0	41,7	8,3
24 Metallwarenherstellung	819	29,3	59,3	8,1	2,1	1,2		186	1,6	49,5	30,6	15,6	2,2	0,5	150	14,7	42,0	26,7	13,3	3,3
25 Maschinenbau	243	31,3	53,1	11,1	4,1	0,4		57		40,4	29,8	22,8	5,3	1,8	56	16,1	14,3	46,4	17,9	5,4
26 Elektrotechnik/Feinmechanik	530	31,3	58,5	7,2	2,6	0,4		106	0,9	52,8	29,2	13,2	2,8	0,9	79	22,8	30,4	22,8	16,5	7,6
27 Chemische Industrie	1028	26,9	57,2	11,4	3,5	0,8	0,2	266	1,5	47,7	32,3	12,8	4,9	0,8	227	11,0	33,0	37,4	12,3	6,2
28 Textilindustrie	1403	54,0	36,6	6,0	1,9	1,1	0,5	299	1,0	44,8	30,1	14,7	7,7	1,7	210	6,7	29,5	31,9	21,9	10,0
29 Papierindustrie	2366	47,5	45,4	5,0	1,5	0,6		436	1,8	49,5	33,9	10,8	3,7	0,2	238	14,3	33,6	27,7	17,2	7,1
30 Lederindustrie	181	23,2	64,6	6,1	3,9	2,2		36		52,8	33,3	8,3	5,6		37	13,5	18,9	45,9	16,2	5,4
31 Kautschukindustrie	728	20,3	67,3	9,1	1,9	1,1	0,3	195	1,0	52,3	33,3	9,7	2,1	1,5	170	15,9	36,5	28,2	14,7	4,7
32 Holzindustrie	791	37,5	51,7	8,2	1,9	0,4	0,3	193	1,0	56,5	28,5	11,9	1,6	0,5	112	17,9	38,4	23,2	12,5	8,0
33 Musikinstrumentebau	32	71,9	18,8	6,3		3,1		6		16,7	33,3	50,0			3		33,3	33,3	33,3	
34 Nahrungsmittelindustrie	3939	27,7	60,5	9,1	1,9	0,6	0,3	988	1,1	42,3	31,5	17,2	6,4	1,5	818	13,4	30,4	29,2	18,9	7,9
35 Bekleidungsgewerbe	9113	45,8	37,3	9,6	3,9	2,3	1,1	1623	0,5	32,6	41,7	17,0	6,0	2,2	1326	7,5	27,4	30,7	20,8	13,7
37 Baugewerbe	146	39,0	46,6	7,5	5,5	0,7	0,7	65		38,5	35,4	18,5	6,2	1,5	57	5,3	19,3	38,6	26,3	10,5
38 Wasser/Gas/Elektrizität	20	30,0	40,0	15,0	10,0	5,0		13		7,7	23,1	38,5	30,8		21	4,8	28,6	28,6	28,6	9,5
41 Handelsgewerbe	3098	37,3	44,8	9,5	4,4	3,1	1,1	1381	0,4	25,4	29,2	26,3	15,2	3,5	1373	6,0	20,8	26,0	28,1	19,1
42 Versicherungswesen	22	4,5	18,2	13,6	18,2	18,2	27,3	50		10,0	18,0	40,0	18,0	14,0	73	1,4	28,8	26,0	26,0	17,8
43 Verkehrswesen	260	11,9	43,8	23,8	12,7	5,4	2,3	187		16,0	27,8	29,4	22,5	4,3	476	2,1	18,3	36,3	30,7	12,6
44 Gastwirtschaften	3575	21,0	54,3	17,0	5,4	1,5	0,9	556	0,5	34,0	32,4	21,2	8,6	3,2	615	11,5	33,0	22,8	19,5	13,2
Wirtschaftsabteilung																				
1 Land- und Forstwirtschaft	730	56,2	34,2	5,6	2,2	1,2	0,5	56		33,9	28,6	21,4	8,9	7,1	56	3,6	23,2	32,1	23,2	17,9
2/3 Industrie und Gewerbe	21472	39,8	46,8	8,6	2,8	1,4	0,6	4502	0,9	41,5	35,2	15,5	5,4	1,5	3538	11,2	30,1	30,4	18,7	9,6
4 Handel und Verkehr	6955	27,8	49,6	13,9	5,2	2,4	1,1	2174	0,4	26,4	29,6	25,6	14,2	3,8	2537	6,5	23,5	27,2	26,4	16,4
5 Öffentliche und Private Dienste	2731	25,6	48,3	14,1	6,8	3,5	1,7	617	0,5	21,9	25,9	27,7	17,8	6,2	1823	4,5	27,2	32,9	24,1	11,4
Zusammen [a]	31888	36,3	47,2	10,2	3,7	1,8	0,8	7349	0,7	35,3	32,7	19,6	9,0	2,6	7954	8,1	27,3	29,9	22,5	12,2
V.h. Arbeiterinnen des Alters waren ledig		99,5	82,3	41,5	23,6	18,9	17,8	verheir.	0,5	14,2	30,8	28,8	22,0	13,5	verw./gesch.	3,5	27,8	47,7	59,1	68,7

a) Ohne Wirtschaftsabteilung 6: Häusliche Dienste und Erwerbstätigkeit ohne feste Stellung oder ohne Angabe der Betriebszugehörigkeit (471 ledige, 162 verheiratete und 305 verwitwete oder geschiedene Arbeiterinnen). Vgl. auch Anmerkung 20 und 21 d). Quelle: StHSt H.33, T.2, 1928, 290–303.

boten Handel und Verkehr sowie die Öffentlichen und Privaten Dienste in Hamburg die meisten Arbeitsplätze.

Genaueren Aufschluß über die alters- und familienstandsspezifischen Arbeitsbereiche der Arbeiterinnen gibt für den hamburgischen Staat im Jahr 1925 Tabelle 43. Sie zeigt, daß in den quantitativ bedeutenden Wirtschaftsgruppen mit mehr als 1.000 Arbeiterinnen die jüngste Altersgruppe der unter 20jährigen, die zu fast 100 % ledig war, überdurchschnittlich häufig in der Textilindustrie, der Papierindustrie mit dem Vervielfältigungsgewerbe sowie dem Bekleidungsgewerbe beschäftigt war. Die 20- bis 30jährigen Arbeiterinnen, von denen 82 % ledig, 14 % verheiratet und 4 % verwitwet oder geschieden waren, arbeiteten überdurchschnittlich häufig in der Kautschukindustrie, zu der auch die Asbestindustrie zählte, der Metallwarenherstellung, der Nahrungs- und Genußmittelindustrie, der Holzindustrie mit dem Schnitzstoffgewerbe, der Chemischen Industrie sowie dem Gaststättengewerbe. In dieser Altersstufe unterschieden sich die Arbeitsbereiche von ledigen, verheirateten, verwitweten und geschiedenen Arbeiterinnen erst geringfügig. Dies war bei den 30- bis 40jährigen Arbeiterinnen anders, bei denen die Ledigen nur noch 41 % stellten, die Verheirateten hingegen 31 % und die Verwitweten oder Geschiedenen 28 %. Die Ledigen arbeiteten überdurchschnittlich häufig im Gaststättengewerbe, in den Öffentlichen und Privaten Diensten sowie in der Chemischen Industrie, die Verheirateten hingegen vor allem im Bekleidungsgewerbe, die Verwitweten und Geschiedenen in der Metallwarenherstellung, der Holzindustrie und der Kautschukindustrie. Bei den über 40jährigen Arbeiterinnen nahm mit zunehmendem Alter der Anteil der Ledigen weiter ab, von den 40- bis 50jährigen waren 24 % ledig, von den 50- bis 60jährigen 19 % und von den über 60jährigen 18 %. Auch der Anteil der Verheirateten ging nun zurück, bei den 40- bis 50jährigen stellten sie 29 %, bei den 50- bis 60jährigen 22 % und bei den über 60jährigen 13 %. Die größte Gruppe bildeten die Verwitweten und Geschiedenen, deren Anteil außerordentlich anstieg, bei den 40- bis 50jährigen waren es 48 %, bei den 50- bis 60jährigen 59 % und bei den über 60jährigen 69 %. Die zentralen Arbeitsbereiche mit einem überdurchschnittlich hohen Anteil von über 40jährigen Arbeiterinnen waren bei den Verheirateten und Ledigen die Öffentlichen und Privaten Dienste sowie das Handelsgewerbe, bei den Verwitweten und Geschiedenen daneben bis zum 50. Lebensjahr Chemie- und Textilindustrie.

Arbeitsbedingungen und Entlohnung der Arbeiterinnen waren in der Weimarer Republik zwar durch gesetzliche Bestimmungen und Tarifvereinbarungen geregelt, deren praktische Relevanz im Arbeitsalltag scheint allerdings relativ gering gewesen zu sein scheint. Dies zeigt sich schon bei der Betrachtung der Arbeitszeit. Arbeiterinnen profitierten von der Einführung des Achtstundentages in der Novemberrevolution in geringerem Maße als Arbeiter. Lediglich für einen Teil der jungen, ledigen Frauen verringerte sich die tägliche Arbeitsbelastung. Die meisten verheirateten, verwitweten und geschiedenen Arbeiterinnen nutzten die durch die kürzere Erwerbsarbeit gewonnene Zeit zur besseren Erfüllung ihrer häuslichen und familiären Pflichten. Diese Möglichkeit der Arbeitsumverteilung bestand jedoch nur kurz, denn schon bald wurde die Arbeitszeit in einem großen Teil der Industrie- und Gewerbebetriebe wieder ausgedehnt. Hiervon waren in besonderem Maße die ‚Frauenindustrien‘ betroffen.[246]

Generell war in Hamburg für Arbeiter(innen) in den Tarifverhandlungen des Jahres 1919 die 48-Stunden-Woche vereinbart worden; die tägliche Arbeitszeit sollte acht Stunden nicht überschreiten[247]. In den ersten Nachkriegsjahren wurde diese Regelung weitgehend eingehalten, doch nach der Lockerung der Arbeitszeitregelung durch die Arbeitszeitverordnung vom Dezember 1923 machten viele Betriebe öfter von der Möglichkeit Gebrauch, die Arbeitszeit auf neun bzw. zehn Stunden täglich auszudehnen. „Überarbeit“ für Arbeiterinnen war vor allem in den metallverarbeitenden Betrieben, den Buchdruckereien, den Seifenfabriken, den Betrieben der Textil-, Holz- und Nahrungsmittelindustrie sowie des Bekleidungs- und Reinigungsgewerbes üblich.[248]

Tab. 44: *Die Arbeitszeit in Industrie und Gewerbe des Wirtschaftsraumes Groß-Hamburg.* Ausgewählte Branchen mit überdurchschnittlicher Bedeutung für die gewerbliche Frauenarbeit Zusammengestellt nach Erhebungen des ADGB-Ortsausschusses in den Jahren 1924–1928 und 1930

	Erhebung vom											
	10.–14.5.1924		24.–29.8.1925		21.–26.6.1926		25.–30.4.1927		1.–6.10.1928		10.–15.2.1930	
Arbeitszeit	Besch.	%	Besch.	%	Besch.	%	Besch.	%	Besch.	%	Besch.	%
Chemieindustrie	3052		11178		7953		9587		6582		6027	
Kurzarbeit	0		297	2,7	1687	21,2	145	1,5	23	0,3	511	8,5
unter 48 Std.	12	0,4	607	5,4	445	5,6	70	0,7	30	0,5	339	5,6
48 Stunden	877	28,7	7799	69,8	3836	48,2	6901	72,0	5554	84,4	4716	78,2
48–51 Std.	45	1,5	526	4,7	231	2,9	393	4,1	487	7,4	147	2,4
52–54 Std.	1186	38,9	1101	9,8	888	11,2	1394	14,5	56	0,9	169	2,8
über 54 Std.	932	30,5	848	7,6	866	10,9	684	7,1	432	6,6	145	2,4
Textilindustrie	10185		9724		9783		4550		5980		9870	
Kurzarbeit	0		0		2783	28,4	150	3,3	24	0,4	5400	54,7
unter 48 Std.	3027	29,7	130	1,3	500	5,1	0		0		0	
48 Stunden	212	2,1	3220	33,1	300	3,1	900	19,8	4349	72,7	4150	42,0
48–51 Std.	3600	35,3	3772	38,8	0		1300	28,6	1607	26,9	120	1,2
52–54 Std.	1721	16,9	2602	26,8	6200	63,4	2200	48,4	0		200	2,0
über 54 Std.	1625	16,0	0		0		0		0		0	
Vervielfältigungsg.	3867		3906		2515		4565		4272		6181	
Kurzarbeit	0		0		17	0,7	449	9,8	11	0,3	87	1,4
unter 48 Std.	0	241	6,2	248	9,9	185	4,1	188	4,4	204	3,3	
48 Stunden	1795	46,4	3547	90,8	2064	82,1	3783	82,9	3711	86,9	5741	92,9
48–51 Std.	26	0,7	32	0,8	158	6,3	15	0,3	142	3,3	66	1,1
52–54 Std.	2046	52,9	64	1,6	24	1,0	43	0,9	133	3,1	64	1,0
über 54 Std.	0		22	0,6	4	0,2	90	2,0	87	2,0	19	0,3
Margarine- und Speisefettherst.			3737		3377		3246		3312			
Kurzarbeit			0		0		0		0			
unter 48 Std			0		95	2,8	65	2,0	23	0,7		
48 Stunden			3564	95,4	3047	90,2	3025	93,2	2997	90,5		
48–51 Std.			64	1,7	73	2,2	54	1,7	153	4,6		
52–54 Std.			27	0,7	30	0,9	57	1,8	60	1,8		
über 54 Std.			82	2,2	132	3,9	45	1,4	79	2,4		
Tabakindustrie			3975		3722		5912		5389			
Kurzarbeit			404	10,1	384	10,3	45	0,8	1995	37,0		
unter 48 Std.			0		0		0		15	0,3		
48 Stunden			3571	89,9	3213	86,3	5771	97,6	3379	62,7		
48–51 Std.			0		0		0		0			
52–54 Std.			0		0		0		0			
über 54 Std.			0		125	3,4	96	1,6	0			
Bekleidungsgewerbe			8950		6306		7550		5120			
Kurzarbeit			4850	54,2	5920	93,9	0		400	7,8		
unter 48 Std.			0		0		0		0			
48 Stunden			4100	45,8	386	6,1	6600	87,4	4420	86,3		
48–51 Std.			0		0		530	7,0	180	3,5		
52–54 Std.			0		0		420	5,6	120	2,3		
über 54 Std.			0		0		0		0			
Zusammen	17104		41470		33656		35410		30655		22078	
Kurzarbeit	0		5551	13,4	10791	32,1	789	2,2	2453	8,0	5998	27,2
unter 48 Std.	3039	17,8	978	2,4	1288	3,8	320	0,9	256	0,8	543	2,5
48 Stunden	2884	16,9	25801	62,2	12846	38,2	26980	76,2	24410	79,6	14607	66,2
48–51 Std.	3671	21,5	4394	10,6	462	1,4	2292	6,5	2569	8,4	333	1,5
52–54 Std.	4953	29,0	3794	9,1	7142	21,2	4114	11,6	369	1,2	433	2,0
über 54 Std.	2557	14,9	952	2,3	1127	3,3	915	2,6	598	2,0	164	0,7
Erfaßte Beschäftigte insgesamt	44698		92717		80797		95634		86178		73399	

Quelle: Jb.OA-ADGB 1928, 19ff; Jb.OA-ADGB 1930, 21ff.

Aufschluß über die Entwicklung der Erwerbsarbeitszeit nach dem Erlaß der Arbeitszeitverordnung vom Dezember 1923 geben für zentrale Industrie- und Gewerbebranchen des Wirtschaftsgebietes Groß-Hamburg die Arbeitszeiterhebungen, die der ADGB-Ortsausschuß zwischen 1924 und 1930 regelmäßig durchführte. Deren Ergebnisse sind für die Gewerbezweige, in denen überdurchschnittlich viele Arbeiterinnen tätig waren, in Tabelle 44 zusammengestellt. Auch wenn die ADGB-Erhebungen nur einen kleinen Teil der Erwerbstätigen im Groß-Hamburger Raum erfaßten und lediglich kurzfristige Stichproben waren, die zudem noch zu unterschiedlichen Jahreszeiten durchgeführt wurden, spiegeln sie durchaus realistisch den Trend der Arbeitszeitentwicklung wider. 1924, zu Beginn der Phase der relativen wirtschaftlichen Stabilisierung, arbeiteten in den ausgewählten ‚Frauen'-Branchen nur noch 35 % der Beschäftigten 48 und weniger Stunden. Kurzgearbeitet wurde nicht. 21 % mußten zwischen 48 und 51 Stunden arbeiten, 29 % zwischen 51 und 54 Stunden, 15 % gar mehr als 54 Stunden. Besonders betroffen waren von der Ausdehnung der Arbeitszeit die Textil- und Chemieindustrie sowie das Vervielfältigungsgewerbe. Ein Vergleich mit den übrigen durch die Enquete erfaßten Branchen zeigt, daß die Arbeitszeit in den ‚Frauen'-Branchen durchschnittlich am längsten war; lediglich die Metallindustrie wies noch ähnlich ungünstige Arbeitszeiten auf. Die Arbeitgeber nutzten scheinbar den relativ geringen gewerkschaftlichen Organisationsgrad der Frauen für eine rücksichtslosere Arbeitszeitpolitik. Am längsten war die durchschnittliche Wochenarbeitszeit bis zum Beginn der Wirtschaftskrise in der Textilindustrie. Selbst nach dem Erlaß des Arbeitszeitnotgesetzes vom April 1927 wurde hier zunächst noch überdurchschnittlich häufig länger als 48 Stunden gearbeitet. Allgemein verkürzte sich vor dem Hintergrund der ansteigenden Konjunktur, die die Arbeitskampfbedingungen der Arbeiterschaft verbesserte, in Folge dieses Gesetzes die Arbeitszeit[249]. 1928 wiesen von den Beschäftigten der ausgewählten ‚Frauen'-Branchen 80 % eine Arbeitszeit von 48 und weniger Stunden auf, lediglich 12 % arbeiteten länger, darunter 8 % zwischen 48 und 51 Stunden; 8 % mußten kurzarbeiten. Zwei Jahre später – während der Wirtschaftskrise – war der Anteil der Kurzarbeit auf 27 % gestiegen, der der Überarbeit hingegen auf 4 % zurückgegangen. Am stärksten wurde in der Textilindustrie kurzgearbeitet, hier lag der Anteil 1930 bei 55 %. Die ‚Frauen'-Branchen, überwiegend Konsumgüterindustrien, wiesen in der Krise generell eine hohe Kurzarbeits-Quote auf.[250]

Obwohl der Arbeitstag in vielen Betrieben auf 9 bis 10 Stunden ausgedehnt wurde, traten immer mehr Arbeiterinnen für eine „durchgehende Arbeitszeit" ein. Sie lehnten vor allem die für Arbeiterinnen vorgeschriebene mindestens einstündige Mittagspause ab. Die meisten wünschten sich kürzere Pausen in der Hoffnung auf einen früheren Arbeitsschluß. Sie wollten so schnell wie möglich zu Hause sein, da dort die ‚zweite Schicht' wartete. Die Arbeitgeber gaben diesem Wunsch gerne nach, denn die kurzen Pausen waren besonders im Winter, wenn an Licht und Heizung gespart werden konnte, für sie wirtschaftlicher.[251] Das hamburgische Gewerbeaufsichtsamt genehmigte die Verkürzung der Pausen in der Regel, hielt jedoch an folgenden Mindestforderungen fest:

> „Bei einer Arbeitszeit bis zu 9 Stunden 1/2 Stunde Pause, bis zu 9-1/2-stündiger Arbeitszeit insgesamt 3/4 Stunde Pause einschließlich einer halbstündigen Mittagspause, bis zu 10stündiger Arbeitszeit 1 Stunde Pause, davon 1/2 Stunde Mittagspause."[252]

Großen Wert legten die meisten Arbeiterinnen zudem auf einen möglichst frühen Arbeitsschluß am Samstag, da dieser Tag für alle arbeitsintensiveren Hausarbeiten reserviert war. In der Regel wurde samstags nur bis 14 Uhr gearbeitet.[253]

Neben der geschlechtsspezifischen Arbeitszeitregelung[254] bestanden für Arbeiterinnen weitere spezielle Arbeitsschutzbestimmungen: Der „Beschäftigungsschutz" der Gewerbeordnung, der vor Gefahren für Leben und Gesundheit" bewahren sollte, „die aus der Beschäftigung selbst" entsprangen[255], verbot die Arbeit von Frauen in Kokereien, beim Transport von Materialien bei Bauten aller Art, in Bergwerken, Salinen, Aufbereitungsanstalten, in unterirdisch betriebenen Brüchen sowie in Gruben unter Tage, bei der Förderung, dem Transport und der Verladung auch über Tage. Das Reichsarbeitsministerium, wie vorher der Bundesrat, waren zudem ermächtigt, die Verwendung von Arbeiterinnen für bestimmte Gewerbezweige, die „mit besonderen Gefahren für Gesundheit und Sittlichkeit" verbunden waren, zu untersagen bzw. von besonderen Bedingungen abhängig zu machen[256]. Aufgrund dieser Ermächtigung waren für eine Vielzahl von Branchen Bestimmungen erlassen worden. Zu einer grundlegenden Neuregelung des Arbeitsschutzes kam es in der Weimarer Republik nicht. Ein umfassender Arbeitsschutzgesetzentwurf, den die Reichsregierung nach langjährigen Vorarbeiten im Dezember 1926 vorlegte, scheiterte.[257] Wichtigste Einzelreform war für Arbeitnehmerinnen die Verabschiedung des ‚Gesetzes über die Beschäftigung vor und nach der Niederkunft' im Juli 1927[258]. Die Wirkung der geschlechtsspezifischen Arbeitsschutzbestimmungen war für die erwerbstätigen Frauen ambivalent: Einerseits schützten sie – allerdings meist unzulänglich – vor übergroßer Ausbeutung ihrer Arbeitskraft und damit der Gefährdung ihrer Gesundheit, andererseits verstärkten sie ihre Benachteiligung auf dem Arbeitsmarkt, indem sie die geschlechtsspezifische Segregation förderten. Die Schutzwirkung war aufgrund der unzureichenden Formulierung der Bestimmungen nicht so groß, daß sie den diskriminierenden Effekt ausgleichen konnte.

Die Kontrolle über die Einhaltung sämtlicher Arbeitsschutzbestimmungen oblag den Gewerbeaufsichtsämtern, die zudem den „Gefahrenschutz" in den Betrieben überprüfen sollten, d.h. den „Schutz vor Unfällen", den „Schutz vor gewerblichen Erkrankungen" und den „Schutz gegen Sittlichkeitsgefährdung". Als Voraussetzung für einen wirksamen „Gefahrenschutz" betrachtete das hamburgische Gewerbeaufsichtsamt die Einhaltung folgender „arbeitshygienischer Grundforderungen": „ausreichend große und helle" Arbeitsräume, die sich „genügend erwärmen und lüften" ließen, trocken waren und gegen Feuchtigkeit geschützt sein sollten, leicht zu reinigende Fußböden und Wände sowie Maßnahmen „zum Hintanhalten von Geräuschen und Erschütterungen". Es verlangte zudem, daß „Sitzgelegenheiten, Wasch-, Bade- und Umkleideräume sowie Bedürfnisanstalten" in „angemessenem Umfange und gesundheitlich einwandfrei zur Verfügung" zu stehen hätten.[259]

Räumlichkeiten und Einrichtung der meisten Hamburger Fabriken und Gewerbebetriebe entsprachen den arbeitshygienischen Anforderungen des Gewerbeaufsichtsamtes nicht. Eine Ausnahme bildeten lediglich die modernen Großbetriebe, insbesondere in der Nahrungs- und Genußmittelindustrie und der Chemischen Industrie, die deshalb von vielen Arbeiterinnen als Arbeitsstätte bevorzugt wurden.[260] Dies bestätigt der Bericht von *Lisbeth M.* (geb. 1911), die 1927 in der Zigarettenfabrikation von Haus Neuerburg – später Reemtsma – als ungelernte Arbeiterin anfing:

> „Wir waren ein reiner Frauenbetrieb. Männer waren nur als Schlosser und Betriebshandwerker tätig, um die Maschinen zu reparieren. Haus Neuerburg war ein richtiger Musterbetrieb. Alles war pikobello sauber. Die Räume waren hell und freundlich. Wir arbeiteten im weißen Kitteln mit Häubchen. Meine Mutter, die als Kriegerwitwe auch Fabrikarbeiterin war, sagte immer zu mir: ‚Was hast Du für ein Glück, daß Du da anfangen konntest ...' Auch unser Lohn war ordentlich."

In der Regel hatten die Arbeiterinnen allen Grund, über mangelnde Beleuchtung, schlechte Belüftung, schwer erträgliche Hitze, zu geringen Lärmschutz, starke Staubentwicklung und unzureichende Wasch- und Ankleideräume zu klagen[261]. Die ungenügende Ausstattung der Arbeitsräume und des Arbeitsplatzes gefährdete die Gesundheit der Arbeiterinnen, indem sie die Entstehung spezifischer Berufskrankheiten förderte: Tabakarbeiterinnen erkrankten doppelt so häufig wie ihre Kolleginnen in anderen Industriezweigen an TBC. Die starke Staubentwicklung

Seifenfertigung an Einzelstanzen, ca. 1931 (Beiersdorf, Hamburg)

in der Textilindustrie, insbesondere in der Juteverarbeitung, forcierte die Entwicklung von Erkrankungen der Atemwege. Die Nässe und Kälte des Arbeitsplatzes in der fischverarbeitenden Industrie führte bei dem größten Teil der Frauen, die längere Zeit dort arbeiteten, zu rheumatischen Leiden. Die Näherinnen im Bekleidungsgewerbe litten überdurchschnittlich häufig an Kreislauferkrankungen und Blutarmut. Viele Arbeiterinnen klagten auch über Krampfadern als Folge des ständigen Stehens an der Maschine. Verstärkt wurde die gesundheitliche Gefährdung der Arbeiterinnen durch ihre Belastung mit Haus- und Erwerbsarbeit. Die chronische Überanstrengung führte bei vielen zu Übermüdung und nervlicher Überreiztheit.[262]

Trotz ihrer in der Regel doppelten bzw. dreifachen Arbeitsbelastung meldeten sich Arbeitnehmerinnen nicht sehr viel häufiger arbeitsunfähig krank als ihre Kollegen. Beispielsweise kamen 1929 in der Hamburger AOK auf 100 versicherungspflichtige Frauen 4,54 arbeitsunfähige Kranke, auf 100 versicherungspflichtige Männer 4,39.[263] Die vollerwerbstätigen Frauen waren in der Regel auf den Verdienst angewiesen und zögerten lange, ehe sie sich krank meldeten. Das geringe Krankengeld konnte den Unterhalt nicht sichern. Wenn sie zu häufig krank waren, mußten sie zudem ihre Entlassung befürchten. Besonders stark war die Gruppe der 20- bis 30jährigen Frauen von Erkrankungen mit Arbeitsunfähigkeit betroffen, in geringerem Maße die der 30- bis 40jährigen. Primär litten die Frauen beider Altersgruppen an Erkrankungen der Unterleibsorgane, häufig infolge von Geburten oder Abtreibungen.[264] Nicht die angeblich „schwächere Konstitution" führte zu der geringfügig höheren Erkrankungsquote bei den weiblichen Pflichtversicherten, sondern die geschlechtsspezifisch höheren Gesundheitsbelastungen in der Lebensphase zwischen 20 und 40 Jahren.[265] Männer wurden vor allem ab dem 40. Lebensjahr arbeitsunfähig krank. Hauptursache war bei ihnen der Verschleiß ihrer Arbeitskraft und damit ihrer Gesundheit durch die Erwerbsarbeit.[266]

Die Rationalisierung verstärkte die physische und psychische Beanspruchung der Arbeiterinnen. Gerade bei monotonen, mechanischen Akkordarbeiten bestand die Gefahr nervlicher Überanstrengung, deren Folge Nervosität, Schlaflosigkeit und Nervenschmerzen waren. Entgegen der immer wieder vorgebrachten Behauptung, monotone Arbeiten würden von den Arbeiterinnen sehr viel besser ertragen als von den Arbeitern, litten auch die Frauen unter der Einförmigkeit der Arbeit.[267] Möglich war ihnen die Akkordarbeit nur, weil sie den Komplex ‚Fabrikarbeit' aus ihrem Fühlen und Denken verdrängten. Die Arbeiterinnen funktionierten an der Maschine ‚wie von selbst', in ihrem Innern waren sie vollständig unbeteiligt.[268] Eine 26 Jahre alte Textilarbeiterin beschrieb 1928 diesen Zustand:

> „Mir geht es oft so, daß ich selbst nur noch Maschine bin; Arme, Hände, Füße, alles funktioniert mechanisch, und ist es endlich 1/2 5 Uhr, bin ich so ausgepumpt, daß ich mich kaum freuen kann, daß die Zeit nun mir gehört ..."[269]

Im Geiste weilten viele Arbeiterinnen während der Arbeit außerhalb der Fabrik: Sie ließen ihren Gedanken und ihrer Phantasie freien Lauf, sehnten sich nach der Freizeit und den Freunden, dachten an die Familie, beschäftigten sich mit Alltagssorgen, oder planten die Hausarbeit nach ‚Feierabend'.[270] Ein großer Teil der Arbeiterinnen scheint während der Fabrikarbeit in zwei Welten gelebt zu haben, einer inneren und einer äußeren. Dieses Nebeneinander übertrug sich häufig auch auf das Leben außerhalb der Fabrik, war eine Ursache von Brüchen und Widersprüchen zwischen realer Arbeits- und Lebenssituation und persönlichem Sehnen und Hoffen. Nur durch Verdrängung konnten die meisten Arbeiterinnen ihre Lage ertragen. Ihre allgemein beobachtete „Interesselosigkeit" am Erwerbsarbeitsprozeß war Teil dieser Verdrängung und zugleich Ausdruck ihrer Resignation.[271] Mit der Berufsqualifikation nahmen zwar in der Regel das Interesse am Arbeitsprozeß und die Arbeitsfreude zu, der Wille und die Fähigkeit zur monotonen Akkordarbeit jedoch ab. Deshalb stellten die Arbeitgeber für die Fließbandarbeit bevorzugt ungelernte Arbeiterinnen ein. Gelernte Arbeiter wären mehrheitlich weder bereit noch in der Lage gewesen, diese Arbeit zu verrichten.[272]

Infolge der Rationalisierung stiegen nicht nur die psychischen und physischen Erkrankungen, sondern auch das Risiko von Betriebsunfällen. Die AOK-Hamburg konstatierte diesbezüglich in ihrem Jahresbericht 1927:

> „In immer schnellerem Tempo verdrängt die Maschine die Handarbeit, steigert das Arbeitstempo und trägt zur Vermehrung der Unfälle bei. In der Krankheitsgruppe ‚Verletzungen und sonstige Einwirkungen' haben sich die Krankheitstage mit Arbeitsunfähigkeit gegenüber dem Vorjahre um 20,9 % vermehrt, das ist die größte Steigerung, die unter allen Krankheitsgruppen eingetreten ist."[273]

Jedes 13. versicherungspflichtige Mitglied der Hamburger AOK erlitt im Jahr 1927 einen Betriebsunfall. Besonders hoch war die Zahl der Unfälle außer im Baugewerbe, wo auf jedes 6. Mitglied ein Unfall kam, in der Nahrungs- und Genußmittelindustrie sowie in der metallverarbeitenden Industrie und der Maschinenindustrie, wo auf jedes 9. Mitglied ein Unfall kam.[274]

Die Entlohnung der Arbeiterinnen variierte erheblich. Am höchsten war in der Regel der Lohn der Arbeiterinnen im Öffentlichen Dienst und in gemeinwirtschaftlichen und genossenschaftlichen Betrieben. Eine ungelernte Gemeindearbeiterin verdiente beispielsweise 1919 in Hamburg bei 48stündiger Arbeitszeit laut Tarif rund 82 Mark pro Woche, eine angelernte oder gelernte gar 87 Mark. Der durchschnittliche Wochenspitzenlohn einer Fabrikarbeiterin lag hingegen bei 47 Mark.[275] Das Einkommen der Arbeiterinnen war darüber hinaus von der Berufsqualifikation, der Art der Entlohnung (Zeit- oder Akkordlohn) und dem Alter abhängig. In den meisten Tarifverträgen, die in den zwanziger Jahren im Wirtschaftsgebiet Groß-Hamburg abgeschlossen wurden, stieg die Lohnstaffelung nach dem Alter bei den Arbeiterinnen nur bis zum 20. Lebensjahr, bei den Arbeitern hingegen bis zum 25. Lebensjahr. Diese erhielten zudem vielfach einen im Tarifvertrag festgelegten Verheiratetenzuschlag.[276] Aufschluß über die Höhe der tarifvertraglich festgesetzten Wochenlöhne der Arbeiterinnen ausgewählter Berufsgruppen im Groß-Hamburger Wirtschaftsgebiet gibt für die Jahre 1919, 1924, 1927 und 1930 Tabelle 45. Sie informiert zugleich über die Differenz zwischen Frauen- und Männerlöhnen.

Arbeiterinnen wurden generell erheblich niedriger entlohnt als Arbeiter. Die durchschnittliche Lohndifferenz zwischen den Geschlechtern, die in den Gewerbezweigen stark variierte, war sehr viel größer als bei den Handels- und Büroangestellten.[277] Zum Beispiel erhielten Fabrikarbeiterinnen in Hamburg laut Tarif 1919 bei gleicher Arbeitszeit und gleichartiger Tätigkeit durchschnittlich 19 % weniger Lohn als ihre Kollegen; in der Vorkriegszeit waren es gar 50 % gewesen[278]. Die Verringerung der Differenz zwischen Frauen- und Männerlöhnen, die sich nach Kriegsende in allen Berufsgruppen und Branchen zeigte, war im wesentlichen Folge der Anpassung der Löhne an die in den Kriegsjahren stark gestiegenen Lebenshaltungskosten. Diese Anpassung war meist in absoluten Beträgen vorgenommen worden; die Löhne stiegen also in den unteren Lohngruppen, in denen vorwiegend Frauen beschäftigt waren, relativ stärker. Dadurch sollte ein weiteres Abgleiten der niedrigen Einkommensgruppen unter das Existenzminimum verhindert werden. Die nominale Angleichung der Lohnspanne in den Jahren 1914 bis 1918 brachte für die Arbeiterinnen in der Regel keine Verbesserung ihres Realeinkommens, dieses ging im Gegenteil zurück.[279] Diese Entwicklung, die in den Jahren der Nachkriegsinflation anhielt, bedeutete für die Frauen also keinen realen Fortschritt in der Lohnfrage.[280] Dies zeigte sich in der Phase der relativen wirtschaftlichen Stabilisierung, als die alten geschlechtsspezifischen Lohndifferenzen in abgeschwächter Form wieder hergestellt wurden: Im Dezember 1924 erhielten beispielsweise in Hamburg un- bzw. angelernte Fabrikarbeiterinnen laut Tarif durchschnittlich 44 % weniger Lohn als männliche Kollegen, die eine vergleichbare Tätigkeit ausübten.[281] Diese Lohndifferenz änderte sich im folgenden Jahrzehnt nur geringfügig. Ähnlich verlief die Entwicklung andernorts.[282] Generell erreichten seit Mitte der zwanziger Jahre die höchsten tariflichen Wochenlöhne gelernter Arbeiterinnen

Tab. 45: *Die tarifvertraglich festgesetzten Wochenlöhne der Arbeiterinnen ausgewählter Berufsgruppen im Wirtschaftsgebiet Groß-Hamburg. 1919, 1924, 1927 und 1930.*

Spitzenlöhne pro Woche bei 48stündiger Arbeitszeit und vergleichbarer Tätigkeit.

Berufsgruppe	Januar 1919		Dezember 1924		Dezember 1927		Januar 1930	
	Lohn [a)]	% [b)]	Lohn	%	Lohn	%	Lohn	%
Fabrikarbeiterin								
Chemische Fabrik	55,20	96	19,20	67	26,40	69	25,28	57
Seifen-, Parfümerieherst.	38,40	73	20,16	67	24,96	66	27,84	64
Margarineherstellung	53,76	78	22,32	66	30,24	66	35,04	66
Fischkonservenfabrik	72,00	88	18,24	63	24,00	63	28,80	64
Papierfabrik	40,80	85	22,08	67	25,92	66	32,16	74
Wäscherei	43,20	64	20,16	65	26,00	63	31,68	69
Zigarettenindustrie	24,00	53	22,55	61	29,28	60	36,96	64
Holzarbeiterin								
Korkarbeiterin	33,60	47	19,20	60	24,96	59	28,32	60
Vergolderin	76,80	57	26,40	79	41,28	80	48,96	80
Metallarbeiterin								
Gold- und Silberwaren	75,00	84	18,72	56	-	-	-	-
Blechwaren	72,00	53	17,76	54	25,44	58	29,76	60
Textilarbeiterin								
Gemischte Betriebe	40,80	71	11,04	59	25,92 - 35,04	66	23,04	67
Bekleidungsarbeiterin								
Damenmaßschneiderin	48,96	64	33,12	78	50,40	91	48,00	78
Büglerin (Konfektion)	-	-	25,30	81	37,44	81	-	-
Putzmacherin	46,25	-	24,00	-	28,80	-	33,12	-
Handstickerin	55,00	-	22,56	-	30,24	-	37,92	-
Maschinenstickerin	65,00	-	24,96	-	34,08	-	37,92	-
Buchbinderin								
Buchbinderin	79,50	56	26,67	65	29,28	56	31,20	57
Kartonagen und	50,00 -	56						
Papierwaren	65,00	46	22,08	63	28,32	63	-	-
Graphische Hilfsarbeiterin								
Hilfsarbeiterin (ledig)	40,32	57	23,10	70	29,28	70	-	-
Hilfsarbeiterin (verh.)			31,02	89	31,20	69	-	-
Anlegerin	50,00	-	24,06	-	29,92	-	32,16	-
Transportarbeiterin								
Lagerarbeiterin bei Genossenschaft			25,30	67	35,04	66	-	-
Gemeindearbeiterin								
Gelernte	86,80	82	24,96	75	36,96	79	-	-
Angelernte	86,80	90	22,08	77	34,08	80	-	-
Ungelernte	81,80	89	20,16	75	32,64	79	42,72	80

a) Wochenlohn in Mark
b) Frauenlohn in Prozent des Männerlohnes

Quelle: Jb.Gk.HH 1919, 62ff; Jb.OA-ADGB 1924, 131ff; Jb.OA-ADGB 1927, 137ff; Jb.OA-ADGB 1930, 22ff.

bestenfalls den Stand der niedrigsten Löhne ungelernter Arbeiter. In der Realität war die Lohnspanne häufig noch sehr viel größer, denn bei einem Vergleich der tariflich vereinbarten Spitzenlöhne bleibt unberücksichtigt, daß der Nettolohn der männlichen Arbeiter durch betriebsintern zugesicherte Sozialzuschläge, z.B. für Verheiratete, oft noch höher lag.[283]

Die schlechten Arbeitsbedingungen und die relativ niedrige Entlohnung waren neben der geringen Berufsqualifikation zentrale Faktoren, die die Berufseinstellung der meisten Arbeiterinnen prägten. Sie raubten auf Dauer jede Berufsfreude und förderten so die Orientierung auf Haushalt und Familie.

Junge ledige Arbeiterinnen

Die Mehrzahl der jugendlichen Arbeiterinnen Hamburgs, die in überdurchschnittlich starkem Maße in der Textilindustrie, der Papierindustrie mit dem Vervielfältigungsgewerbe und dem Bekleidungsgewerbe tätig waren (vgl. Tabelle 43), hatte keinerlei Berufsausbildung. Der Anteil der ungelernten war jedoch deutlich geringer als bei den älteren Arbeiterinnen: 1925 waren von den unter 20jährigen Arbeiterinnen 47 % ungelernt und 46 % angelernt oder gelernt, 7 % arbeiteten als Betriebshandwerkerin; von den über 20jährigen waren dagegen 65 % ungelernt, aber nur 27 % angelernt oder gelernt, 9 % waren Betriebshandwerkerin.[284] Freiwillig hatten die wenigsten jugendlichen Arbeiterinnen eine un- bzw. angelernte Erwerbsarbeit ergriffen. Viele hätten gerne einen handwerklichen Beruf erlernt. Die Zahl der gewerblichen Lehrstellen für Mädchen entsprach jedoch nicht annähernd der Nachfrage.[285] Die meisten gelernten Arbeiterinnen zwischen 14 und 20 Jahren waren im Bekleidungsgewerbe tätig, zu dem auch das Reinigungsgewerbe zählte. Sie arbeiteten zum größten Teil als Schneiderin, daneben als Wäscherin, Büglerin und Plätterin, als Näherin und Stepperin sowie als Putzmacherin (vgl. Tabelle 41). Die Bedeutung des Bekleidungsgewerbes als Arbeitsbereich war für die jugendlichen Arbeiterinnen weitaus größer als für die erwachsenen: Während 1925 von den unter 20jährigen 36 % in dieser Wirtschaftsgruppe arbeiteten, waren es von den über 20jährigen nur 22 %[286].

Die Tätigkeit als Schneiderin stand bei den Mädchen in der Hierarchie der Arbeiterinnenberufe an erster Stelle. Viele ergriffen diesen Beruf in der Hoffnung, sich eines Tages selbständig machen zu können. Doch die Chancen hierzu wurden immer schlechter. 1933 war nur noch ein Drittel aller Schneiderinnen im hamburgischen Staat selbständig tätig, darunter fanden sich viele sogenannte „Hausgewerbetreibende“.[287] Arbeitsalltag und Arbeitserfahrungen einer jungen abhängig beschäftigten Schneiderin veranschaulicht der folgende Bericht aus dem Jahr 1930:

> „Ich bin nach einer dreijährigen Lehrzeit jetzt im dritten Jahre in meinem Schneiderinnenberufe tätig. Tagaus, tagein geht es zur Nähstube. Manchmal mit Freude, oft aber mit Unlust. Wir arbeiten Kostüme, Gesellschaftskleider erstklassigen Pariser Modellen nach. Dabei wird natürlich nicht gefragt, ob sie dem eigenen Geschmack entsprechen, denn es heißt natürlich, daß man jedes Teil genau nach Vorschrift der Erstarbeiterin anfertigen muß. Oft habe ich den Wunsch, auch einmal die Stelle der Erstarbeiterin einzunehmen und selbständig arbeiten zu können ... In meiner Lehre hatte ich immer den Wunsch, die Kunstgewerbeschule zu besuchen. Ich wollte lernen, eigene Entwürfe zu machen, nicht immer das nacharbeiten, was die Mode, vor allem die Pariser Mode vorschreibt. Heute habe ich solche Wünsche längst begraben müssen. Die wirtschaftliche Lage zwingt mich dazu. Nur manchmal noch, wenn ich für mich selbst arbeite, dann zeichne ich mir meine eignen Modelle und freue mich, wenn es mir gelingt, schöne Formen und Farben zusammenzubringen. Dann wächst in mir wieder das Verlangen, könntest du dich doch immer damit beschäftigen und brauchtest du doch nicht immer nur die Nähnadel zu schwingen und die Maschine zu treten.“[288]

Mit dem Wunsch, später kreativ arbeiten zu können, erlernten viele junge Arbeiterinnen den Schneiderinnenberuf. Doch wie in obigem Beispiel erfüllte sich diese Hoffnung in den wenigsten Fällen. Die jungen Frauen mußten froh sein, wenn sie überhaupt entsprechend ihrer Qualifikation als Schneiderin Beschäftigung fanden. Im Bekleidungsgewerbe setzte sich in Hamburg seit der

Vorkriegszeit immer mehr die Konfektion durch. Hier wurden überwiegend Näherinnen eingestellt, deren Lohn deutlich unter dem der Schneiderinnen lag. So erhielt eine gelernte Damenmaßschneiderin 1919 in Hamburg laut Tarif bei einer 48stündigen Arbeitszeit einen Mindestwochenlohn von 49 Mark, eine Konfektionsnäherin hingegen nur 38 Mark[289].

Die Tariflöhne der Bekleidungsarbeiter(innen) waren in der Hansestadt im Vergleich zu anderen Orten relativ hoch; da ihr Organisationsgrad größer war als im Reichsdurchschnitt, war auch ihr Druck bei Tarifauseinandersetzungen stärker[290]. Die Konfektionsindustrie reagierte mit einer wachsenden Abwanderung in andere Orte, vor allem in Ost- und Süddeutschland, denn ihre Auftragslage verschlechterte sich zunehmend. Der Textilhandel kaufte wegen der günstigeren Preise mehr und mehr dort ein, wo aufgrund der niedrigeren Löhne billiger produziert werden konnte. Infolge dieser Entwicklung verloren im Verlauf der zwanziger Jahre viele Konfektionsarbeiter(innen) im Hamburger Raum ihren Arbeitsplatz.[291] Die Verschlechterung der Arbeitsmarktlage wurde durch die Rationalisierung weiter verstärkt, die vor allem in der Wäschefabrikation, der Herstellung von Arbeits- und Berufskleidung und der Herrenkonfektion betrieben wurde, die in der Konfektion der Hansestadt dominierten. Zunehmend wurden elektrisch angetriebene Spezialmaschinen eingesetzt, vor allem Knopfloch-, Hohlsaum- und Steppmaschinen. Dies ermöglichte selbst die Beschäftigung von angelernten Kräften. Die Technisierung war mit einer verstärkten Arbeitsteilung und dem Einsatz von Fließbandarbeit verbunden.[292] *Mina Amann* beschrieb 1929 in einer Studie zur „Frauenarbeit im Bekleidungsgewerbe“ die Folgen für die Arbeit der Näherin am Beispiel der Produktion von Herrenoberhemden:

> „Die Näherin fertigt immer nur einen bestimmten Teil an, z.B. die Aermel. Die Manschetten aber macht wieder eine andere, die dritte macht nur Vorderteile, die vierte setzt das Hemd zusammen, die fünfte setzt die Aermel ein, die sechste fertigt den Kragen und die siebente näht ihn auf. So kann die Anfertigung eines Oberhemdes in 7 und mehr Teile zerlegt werden. Dadurch tritt nicht nur eine Leistungssteigerung ein, sondern die Stücke fallen immer gleichmäßig aus.“[293]

Bei einem solchen Produktionsverfahren wurde in der Regel im Gruppenakkord gearbeitet, bei dem der Verdienst der einzelnen Arbeiterin vom Arbeitstempo und der Akkordleistung der Gruppe abhing. Die Folgen wurden in obiger Untersuchung beschrieben:

> Eine Arbeiterin „treibt die andere an, denn wenn eine Arbeiterin zurückbleibt, stockt die ganze Gruppe. Dann kommt noch der Ehrgeiz des Betriebsleiters hinzu, die Leistungsfähigkeit immer noch zu steigern, und ohne daß die Arbeiterinnen es zunächst merken, wird täglich das laufende Band eingestellt. Sekunden spielen hierbei eine Rolle. Einhalt wird hier erst geboten, wenn Näherinnen mit ihren Nerven vollständig zusammengebrochen sind ... Gegen diese Gefahren versagt eben auch der gesetzliche Arbeitsschutz, der schwer anzuwenden ist.“[294]

Konsequenz der Rationalisierung in der Konfektion war zum einen, daß die Produktion, die im Kaiserreich noch zu mehr als der Hälfte in Heimarbeit erfolgt war, immer stärker in die Betriebe verlagert wurde, zum anderen, daß immer weniger Arbeitskräfte die gleiche Menge Konfektionsware herstellen konnten. Arbeitete eine Näherin in Heimarbeit an einem Oberhemd früher fünf Stunden, so wurde bei nicht nur gleichbleibender, sondern besserer Ausführung im Betrieb höchstens eine Stunde für das gleiche Hemd benötigt.[295]

Angesichts der ständig zurückgehenden Arbeitskräftenachfrage waren Bekleidungsarbeiterinnen in Hamburg immer häufiger genötigt, unter Tarif zu arbeiten, wenn sie eine Anstellung finden wollten. Ihr Einkommen besserten sie durch Privataufträge auf, die sie für einen Spottpreis übernahmen. Diese ‚Schwarzarbeit‘, die für sie existenznotwendig war, beeinträchtigte wiederum die Auftragslage ihrer Arbeitgeber. Ein zusätzliches Problem war die extreme Abhängigkeit des Bekleidungsgewerbe von Konjunktur, Mode und Saison. Innerhalb eines Jahres schwankte der Beschäftigungsgrad außerordentlich: Überstunden im Frühjahr und Herbst, Kurzarbeit im Sommer und Winter waren die Regel. Nicht wenige Näherinnen wurden überhaupt nur befristet für die

Zeiten der jährlichen Hochsaison eingestellt.[296] Erwerbslose Bekleidungsarbeiterinnen fanden im Verlauf der zwanziger Jahre immer schwerer wieder einen Arbeitsplatz in ihrer Branche. Viele fingen nach längerer Erwerbslosigkeit in einem anderen Gewerbezweig als ungelernte Fabrikarbeiterin an.

Auch wenn die jungen Arbeiterinnen nach außen in starkem Maße die Hierarchie der Arbeiterinnenberufe betonten, deren Maßstab Entlohnung, Arbeitsbedingungen und sozialer Status waren[297], scheint sich die Berufseinstellung von ungelernten, angelernten und gelernten Kräften nach einigen Berufsjahren nur graduell unterschieden zu haben. Wie das Beispiel des Bekleidungsgewerbes zeigt, war zum einen auch die Tätigkeit in den gelernten Arbeiterinnenberufen wenig befriedigend, zum anderen waren infolge der Rationalisierung die Übergänge von un- und angelernter zu gelernter Frauenarbeit im Arbeitsprozeß zunehmend fließend. Bei jungen Arbeitern, die aufgrund der Erwartung langjähriger Berufstätigkeit bereits mit einer gänzlich anderen Berufshaltung in das Erwerbsleben eingetreten waren, scheinen die Unterschiede in der Berufseinstellung von Un- oder Angelernten und Gelernten sehr viel stärker ausgeprägt gewesen zu sein.[298]

Die ersten Berufsjahre nach der Schulentlassung waren die Phase, in der sich die Berufssituation und damit die Berufserfahrung von Arbeiterinnen am stärksten unterschied. Handwerks- und Industrielehrlinge entwickelten während der Ausbildungszeit nicht selten eine Beziehung zu ihrer Arbeit und infolgedessen auch Berufsstolz. Sie glaubten, als gelernte bessere Berufschancen und größere Aufstiegsmöglichkeiten zu haben. Wermutstropfen während der Lehre waren die extrem niedrige Position in der Betriebshierarchie, die starke Abhängigkeit von den ausbildenden Vorgesetzten und der geringe Lehrlingslohn. Häufig zeigte sich schon bald nach Beginn der Ausbildung, daß der Lehrherr bzw. die Lehrherrin die Lehrlinge lediglich als billigste Hilfskräfte eingestellt hatte.[299] Für junge Arbeiterinnen, die nach der Schulentlassung als ungelernte Kräfte in Industrie oder Gewerbe anfingen, stellte sich die Berufssituation anders dar. Als Berufsanfängerinnen wurden sie zunächst vorrangig mit Hilfsarbeiten beschäftigt. Trotzdem schien ihnen das fremde und neue Erwerbsleben nicht selten anregend und interessant zu sein. Sie hofften noch auf berufliches Fortkommen und sahen dies schon in den Arbeiten, die die erwachsenen Kolleginnen ausführen durften. Ihr Ziel war die Tätigkeit als Facharbeiterin. Der im Vergleich zu Lehrlingen deutlich höhere Lohn glich für sie den Verzicht auf eine reguläre Ausbildung aus. Viele scheinen froh gewesen zu sein, endlich Geld zu verdienen, denn ein eigenes Einkommen, das zur Haushaltskasse beigesteuert werden konnte, erhöhte ihren sozialen Status in der Familie und vergrößerte ihre Unabhängigkeit. Ihr Selbstwertgefühl und ihre Selbständigkeit wuchsen.[300] Typisch für die ungelernte jugendliche Arbeiterin im ersten bis zweiten Berufsjahr scheinen folgende Äußerungen zu sein, die die Gewerkschaftsfunktionärin *Else Niewiera*[301] 1929 in einem Beitrag über „Die weibliche Jugend in der Industrie“ zusammengestellt hatte:

> „Wenn man heutzutage beschäftigt ist, hat man mehr Recht und Ansehen bei den Leuten. Man kann auch schon sagen: ‚Ich verdiene‘“. – „Meine Arbeit gefällt mir, weil sie mir gut von den Händen geht und ich, wenn die Woche um ist, mit meinem Verdienst zufrieden bin“. – „Mein einziger Wunsch wäre, wenn ich selbst eine Drosselmaschine versehen könnte, um selbständiger zu sein“.[302]

Nach wenigen Berufsjahren hatte sich bei den meisten Arbeiterinnen die Berufseinstellung grundlegend verändert. Unabhängig von ihrer Qualifikation empfanden sie die Erwerbsarbeit mehr und mehr als unbefriedigend und belastend und erkannten, daß an ein wirkliches berufliches Fortkommen für sie nicht zu denken war.[303] Charakteristisch für diese Haltung sind folgende Stellungnahmen von Fabrikarbeiterinnen aus dem obigen Artikel:

> „Ja warum muß ich zur Fabrik gehen, von früh bis spät hinter der Maschine stehen, die staubige Luft einatmen und angestrengt tätig sein, so daß ich am Feierabend todmüde bin ...? In der Schule hatte ich es mir ganz anders

vorgestellt. Ich habe immer gedacht, wenn du erst einmal aus der Schule entlassen bist, dann bist du frei. Aber ich habe mich geirrt ...!" – „In eintöniger langweiliger Arbeit haste ich nach Akkord. Die mechanische Arbeit ist mir widerlich und verhaßt geworden. Die Maschine fesselt wohl den Körper, aber nicht den Geist." – „Die Arbeit befriedigt mich jetzt nicht mehr, weil alles monoton vor sich geht. Jeden Tag dasselbe, so daß es fast geisttötend wirkt".[304]

Auf ihre Arbeitssituation reagierten insbesondere ungelernte junge Arbeiterinnen mit häufigem Stellenwechsel. Sobald sie eine Tätigkeit als zu eintönig empfanden, der Verdienst ihnen zu gering erschien oder das Betriebsklima ihnen nicht gefiel, suchten sie eine neue Arbeit.[305] Die vielfältigen Motive des Arbeitsplatzwechsels veranschaulicht der folgende Bericht von Caroline J., die nach ihrer Entlassung aus der Volksschule im Jahr 1916 zunächst als Alleinmädchen arbeitete und dann in der Fabrik anfing. Er beschreibt zugleich beispielhaft die Berufslaufbahn einer ungelernten Arbeiterin:

„In die Kartonagefabrik, wo ich 1917 anfing, bin ich durch eine Schulfreundin gekommen. Die war da tätig. Sie sagte zu mir: ‚Komm doch, da kannst Du mehr verdienen und hast ein schöneres Leben'. Zu dieser Zeit hatte ich ja eine Stelle als Dienstmädchen. In der Kartonagefabrik mußten wir Zigarettenkartons kleben, alles mit der Hand. Dort sind wir nach Kriegsende entlassen worden, mußten den zurückkehrenden Männern Platz machen. Ich bin dann als Hilfskraft in das Kontor der ‚Hamburg-Bremer-Feuerversicherung' vermittelt worden, zum Akten abheften. Doch da blieb ich nicht lange. Die anderen trugen ihre Nase so hoch. Ich war als Hilfskraft der letzte Dreck. Meine Freundin, die bei ‚Beiersdorf' in der Zahnpastafabrik untergekommen war, holte mich nach. Sie sagte: ‚Du, Line, willst nicht hierherkommen, da verdienst Du mehr'. Als da mal nichts zu tun war, sind wir entlassen worden, fanden bald eine Stelle in einem pharmazeutischen Betrieb. Doch da sind wir auch nicht lange geblieben, verdienten zu wenig. Zuletzt sind wir zur ‚Packerei Julius Grossmann' gekommen. Da bin ich 1923 Vorarbeiterin geworden. Uns gefiel es dort gut. Wir gehörten bald zum Stamm. Die Kolleginnen waren alle recht nett. Meine Freundin und ich haben möglichst immer zusammengearbeitet. In der Packerei bin ich bis zu meiner Heirat 1928 geblieben."

Wie Caroline J. scheinen viele jugendliche Arbeiterinnen gemeinsam mit einer Freundin gearbeitet und ggf. den Betrieb gewechselt zu haben. Zu zweit ließen sich die Widrigkeiten des Erwerbslebens leichter ertragen. Nach einer ersten Phase relativ häufigen Stellenwechsels als ungelernte Kraft, qualifizierten sich viele zur angelernten Facharbeiterin. Als solche entwickelten sie meist größere Arbeitsplatzkontinuität.

Da die Arbeit selbst auf Dauer wenig Befriedigung und Bestätigung brachte und demgemäß ohne innere Anteilnahme verrichtet wurde, waren das Betriebsklima und die sozialen Kontakte am Arbeitsplatz neben dem Verdienst offensichtlich die wichtigsten Momente in der Berufsbeziehung der jungen ledigen Arbeiterinnen. Ein gutes Betriebsklima, vorrangig ein kameradschaftliches Verhältnis unter den Arbeiterinnen, eine freundliche und gerechte Behandlung durch die Vorgesetzten, sowie deren Anerkennung der Arbeitsleistung mußten die fehlende Arbeitsbefriedigung ersetzen[306]. Hinzu kam vor allem bei jugendlichen Arbeiterinnen das Bedürfnis nach erotischer Bestätigung. Sie setzten ihre Weiblichkeit als ein Mittel gegenüber männlichen Vorgesetzten ein, mit dem sie sich persönliche Anerkennung und kleine Vorteile zu holen und Konflikte zu lösen versuchten.[307] Mit zunehmendem Alter scheint das kameradschaftliche Verhältnis zu den Kolleginnen für viele Arbeiterinnen wichtiger als die Bestätigung durch die Vorgesetzten geworden zu sein. Dies galt insbesondere für die erfahreneren über 20jährigen Arbeiterinnen, die zum „Stamm" gehörten. In der Frauengemeinschaft erlebten sie eine Form der Anerkennung, die den meisten vorher unbekannt war. Die gemeinsame Arbeit und die gleiche untergeordnete Position im Betrieb erzeugten unter den Frauen ein Zusammengehörigkeitsgefühl, das Männer, die ihnen in der Regel nur als bessergestellte Facharbeiter, Betriebshandwerker und Werksmeister gegenübertraten, ausschloß.[308] Solidarität unter den Arbeiterinnen beschränkte sich allerdings meist auf den engen Kreis der eigenen Gruppe bzw. Abteilung im Betrieb. Selten scheint sie in organisiertes gewerkschaftliches Handeln gemündet zu haben. Die Mehrzahl der jungen Arbeiterinnen fand sich schon bald nach dem Eintritt ins Erwerbsleben resigniert mit ihren Arbeitsbedingungen und ihrer Entlohnung ab[309]. Nur wenige, die häufig aus dem sozialdemokratischen oder kommunistischen Milieu stammten, hatten die Kraft, gemeinsam mit anderen für eine Verbesserung ihrer Arbeitssituation zu kämpfen. Mit dem Engagement in den Gewerkschaften, einer Arbeiterpartei oder einer Arbeiterkulturorganisation fanden sie für sich außerhalb der Erwerbsarbeit einen sinnvollen Lebensinhalt, der ihnen Befriedigung brachte.[310]

Die Freizeit war für die Masse der jungen ledigen Arbeiterinnen ebenso wie für die Hausgehilfinnen und die Angestellten der Alltagsbereich, in dem sie sich zu leben versuchten. Mit ihren außerhäuslichen Freizeitaktivitäten entflohen sie der Enge des Elternhauses und der Last des Arbeitsalltags.[311] Dieser Freiraum der Freizeit war allerdings erheblich beschränkt, sowohl räumlich und zeitlich als auch finanziell. Die Mehrzahl wohnte bis zur Heirat bei den Eltern, nur wenige konnten sich ein Untermietzimmer oder gar eine eigene Wohnung leisten[312]. Sie mußten einen großen Teil des Einkommens in die elterliche Haushaltskasse einzahlen, häufig erheblich mehr als ihre Brüder[313]. Für Freizeit und Konsum blieb nur wenig übrig. Immerhin verfügten viele im Unterschied zu verheirateten Arbeiterinnen, die in der Regel ihren gesamten Verdienst zum Familieneinkommen beisteuerten, über etwas Taschengeld. Die Freizeitmöglichkeiten wurden zudem durch die Pflichten im elterlichen Haushalt eingeschränkt. Um die Mutter zu entlasten, halfen die jungen Arbeiterinnen ihr meist willig. Ungern hingegen erfüllten sie die häuslichen Anforderungen von Vater und Brüdern, die sich „in der durchschnittlichen proletarischen Familie ... mit größter Selbstverständlichkeit von dem schon müde von der Arbeit heimkehrenden Mädchen bedienen“ ließen.[314]

Nach der Schulentlassung scheinen viele jugendliche Arbeiterinnen zunächst fest davon überzeugt gewesen zu sein, „niemals zu heiraten“. Sie sahen in ihrem persönlichen Umkreis, daß die Heirat für Arbeiterfrauen in der Regel eine Vermehrung der Arbeitslast und eine Verringerung der Freizeit sowie des Konsums bedeutete. Zunächst erlebten sie die neue Lebensphase der Erwerbstätigkeit als Zeit relativer persönlicher Freiheit. Mit dem Alter und der Berufserfahrung veränderte sich diese Einstellung. Nach langjähriger unbefriedigender und ermüdender Erwerbsarbeit waren die meisten bestrebt zu heiraten. Hauptmotiv war neben der Hoffnung, zumindest vorübergehend die Erwerbstätigkeit aufgeben zu können, der Wunsch, ein selbständigeres und selbstbestimmteres Leben zu führen. Der einzig realistische Weg hierzu, schien ihnen die Gründung einer eigenen Familie zu sein.[315] Die jungen ledigen Arbeiterinnen hofften zwar ebenso wie die Hausgehilfinnen und Angestellten, daß ihr zukünftiger Mann die Familie allein ernähren können würde, rechneten aber realistischerweise damit, daß sie in Notsituationen zeitweilig „hinzuverdienen“ müßten. Auf jeden Fall wollten sie sich in den ersten Jahren nach der Heirat auf die Haus- und Familienarbeit beschränken. Ihr Hauptmotiv war der Wunsch, sich intensiv um die Pflege und Erziehung der Kinder kümmern zu können. Typische Gründe hierfür führt *Bertha F.* (geb. 1900) an, die 1927 einen Bauarbeiter heiratete und im folgenden Jahr ihr erstes Kind bekam:

> „Warum habe ich aufgehört zu arbeiten? Ich wollte wirklich viel Zeit für mein Kind haben. Es sollte behütet aufwachsen. Wo hätte ich es während der Arbeit lassen sollen? Damals gab es ja nur ganz wenige Kindergärten. Und die, die es gab, taugten meist nichts. Die waren mir alle zu konservativ und christlich ...“

Spätestens mit der Geburt des ersten Kindes, die häufig mit der Heirat zusammenfiel, gaben die meisten Arbeiterinnen ihre Erwerbsarbeit auf[316]. Bestärkt wurden sie hierin von ihren Ehemännern. Vor allem gelernte Arbeiter scheinen ihre Frauen gedrängt zu haben, nach der Heirat aus dem Erwerbsleben auszuscheiden. Ihre Hauptmotiv war jedoch meist ein anderes als das ihrer Frauen: Sie wünschten sich eine nichterwerbstätige Ehefrau um ihrer häuslichen „Bequemlichkeit“ und „Gemütlichkeit“ willen und betrachteten sie als sichtbares Zeichen ihrer Qualität als „Familienernährer", wovon nicht zuletzt ihr Ansehen in der Männerwelt abhing. Diese Haltung verdeutlicht der folgende Bericht von Caroline J.:

> „Nach der Heirat 1928 habe ich sofort aufgehört zu arbeiten. Obwohl wir gar nichts hatten. Mein Mann war Schriftsetzer. Er wollte, daß ich nicht mehr weiterarbeite. Wir mußten uns unsere Möbel auf Abzahlung kaufen, trotzdem wollte er es so. Das war damals einfach so Sitte, daß wir Frauen nach der Heirat nicht mehr weiterarbeiteten. Seine Kollegen, fast alles Gewerkschafter, hätten ihn sonst schief angesehen. Das wollte er ganz und gar nicht ... Meine Freundin hat auch sofort aufgehört. Heute versteh' ich das nicht, ich hätte noch so gut arbeiten und verdienen können. Erst 1936 kam unser Sohn ..."

Erich Fromm[317] erklärt in seiner sozialpsychologischen Untersuchung über „Arbeiter und Angestellte am Vorabend des Dritten Reiches", die sich auf eine breit angelegte Erhebung stützte, die das Frankfurter Institut für Sozialforschung in den Jahren 1929 bis 1932 durchführte, die Haltung der Arbeitermehrheit, die die Erwerbsarbeit der eigenen Ehefrau ablehnte, folgendermaßen:

> „Viele Männer weisen in ihrem Charakter einen konstitutiv autoritären Zug auf. In ihrem Innersten haben sie den tiefen Wunsch, über eine Person zu verfügen, die schwächer ist, ihnen gehorcht und sie bewundert, wobei dieses Bedürfnis seine Befriedigung durch die Abhängigkeit der Frauen findet. Zweifellos blieben viele Arbeiter in ihrer Persönlichkeit auch dann autoritär, wenn sie in politischer Hinsicht eine antiautoritäre Haltung annahmen, und dies ist insofern nicht überraschend, als die autoritäre Charakterstruktur selbst ein Produkt der Geschichte ist."[318]

Die unterschiedlichen Motive von Frauen und Männern änderten nichts daran, daß sich beide in der Sache mehrheitlich einig waren: Es schien ihnen erstrebenswert zu sein, daß verheiratete Frauen nicht erwerbstätig waren, vor allem dann, wenn sie kleine Kinder hatten.

Verheiratete Arbeiterinnen

Ungeachtet aller Vorstellungen und Wünsche war ein erheblicher Teil der Arbeiterfrauen schon bald nach der Heirat bzw. der Geburt der Kinder wieder gezwungen, erwerbstätig zu werden[319]. In den meisten Arbeiterfamilien reichte das Einkommen des Mannes auf Dauer nicht aus, vor allem bei einer größeren Kinderzahl; verschärft wurde die Not durch Erwerbslosigkeit, Erwerbsbeschränktheit oder Erwerbsunfähigkeit des ‚Familienernährers'. Im Alltag gab es viele Gründe, die verheiratete Arbeiterfrauen dazu bewegten, wieder erwerbstätig zu werden. Neben den beschriebenen waren es vorrangig hohe Verschuldung, z.B. infolge der Hausstandsgründung, die Finanzierung größerer Ausgaben und höherer Aufwendungen, u.a. aufgrund der Berufsausbildung der Kinder, sowie die finanzielle Unterstützung von bedürftigen Angehörigen, insbesondere der alten und erwerbsunfähigen Eltern. Nicht selten mußten sie auch Geld verdienen, weil ihr Ehemann nur einen geringen Teil seines Verdienstes zum Familieneinkommen beisteuerte oder gar Frau und Kinder verlassen hatte.[320]

Die meisten Arbeiterehefrauen besserten durch stundenweise Erwerbsarbeiten wie Waschen und Bügeln, Scheuern und Putzen, Nähen und Stopfen die Haushaltskasse auf. Auch die Untervermietung nutzten sie für einen Zuverdienst[321]. In der Regel arbeiteten sie ohne Steuerkarte und Sozialversicherung. Die Vielfalt der Erwerbsarbeiten, die notfalls von einer Frau geleistet wurden, verdeutlicht der folgende Bericht von Bertha F., die nach der Geburt ihres ersten Kindes nur ein Jahr lang mit der Erwerbstätigkeit aussetzen konnte. Ihr Mann verlor 1929 seine Arbeit und blieb bis 1934 erwerbslos. Sie sicherte das Überleben der Familie durch „Schwarzarbeit", um den Anspruch ihres Mannes auf volle Arbeitslosenunterstützung nicht zu gefährden:

> „Als mein Mann 1929 erwerbslos wurde, habe ich halbtags im Büro des Gemeindevorstandes in Billwerder geholfen, ohne Steuerkarte. Daneben habe ich alle möglichen anderen Arbeiten gemacht: Ich hab' auf Hochzeiten gekocht, bei Bekannten sauber gemacht, für Fremde genäht. So hab' ich dann immer noch etwas

hinzuverdient, sonst wären wir nicht durchgekommen. Mein Mann kriegte 16 Mark Arbeitslosengeld die Woche. Mehr als 1 Mark pro Stunde erhielt ich nicht. Wenn ich arbeitete, paßte mein Mann auf das Kind auf und machte Haus- und Gartenarbeit. Wir wohnten ja in der Siedlung Nettelnburg bei meinen Schwiegereltern, die hatten ein großes Stück Land hinterm Haus und Vieh. ‚Heute habe ich Hausdienst' hat er an solchen Tagen, wo ich arbeitete, immer gesagt ..."

Für viele verheiratete Arbeiterfrauen kam irgendwann der Zeitpunkt, an dem die wirtschaftliche Lage der Familie sie zwang, wieder vollerwerbstätig zu werden. Die meisten versuchten, eine Stelle als Arbeiterin zu finden. Um die Erwerbsarbeit leichter mit der Haus- und Familienarbeit vereinbaren zu können, waren Hauptkriterien ihrer Arbeitsplatzwahl die Nähe des Erwerbsarbeitsortes zu ihrer Wohnung[322] und die Flexibilität der Erwerbsarbeitszeit. Einkommen, Arbeitsbedingungen und Betriebsklima spielten nur eine sekundäre Rolle. Die Arbeitsmarktnachfrage zwang insbesondere die älteren verheirateten Arbeiterinnen, ohnehin jede Arbeit anzunehmen, die sich bot.

Von den über 40jährigen verheirateten Arbeiterinnen fanden die meisten in der Weimarer Republik nur noch Arbeit als Reinmachefrau in Handel und Verkehr sowie Öffentlichem und Privatem Dienst. Der Stundenlohn der Putzfrauen war in der Regel außerordentlich gering. Relativ am besten wurden sie im Öffentlichen Dienst entlohnt, wo sie beispielsweise nach der ‚Lohnordnung für Scheuerfrauen bei hamburgischen Behörden vom 24. Juni 1924' maximal 45 Pfennige pro Stunde erhielten[323]. Vorteil dieser Erwerbsarbeit war, daß die Arbeitszeit in der Regel auf dreißig Stunden pro Woche begrenzt war und somit nicht den gesamten Arbeitstag beanspruchte. Es blieb mehr Zeit für Haushalt und Familie. Hauptarbeitsbereiche der unter 40jährigen verheirateten Arbeiterinnen waren in der Weimarer Republik das Bekleidungsgewerbe sowie die Nahrungs- und Genußmittelindustrie.

Im Bekleidungsgewerbe arbeiteten die meisten als abhängig beschäftigte Schneiderin bzw. Näherin in der Konfektion oder als Heimarbeiterin. Die quantitative Bedeutung des Hausgewerbes, das zur selbständigen Tätigkeit zählte, war in Hamburg im Vergleich zu anderen Städten des Deutschen Reiches, vor allem Berlin, gering[324]. Der Umfang der Heimarbeit im Bekleidungsgewerbe war seit der Vorkriegszeit stark zurückgegangen. Die amtliche Statistik, die nur die hauptberufliche Heimarbeit erfaßte, zählte 1907 im hamburgischen Staat 1.919 Heimarbeiterinnen, davon arbeiteten 85 % im Bekleidungsgewerbe. 1925 gab es insgesamt 1.055 weibliche Hausgewerbetreibende, von denen 83 % in der Bekleidungsbranche tätig waren. Bis 1933 ging die hauptberufliche Heimarbeit weiter zurück, die Statistiker zählten 315 weibliche Hausgewerbetreibende.[325]

Diese Zahlen spiegeln allerdings nicht annähernd realistisch das Ausmaß der weiblichen Heimarbeit wider, nur ein Teil wurde erfaßt. Die tatsächliche Zahl der Heimarbeiterinnen konnte selbst das hamburgische Gewerbeaufsichtsamt nur schätzen, denn die wenigsten Arbeitgeber meldeten – wie es das Hausarbeitsgesetz vom 20. Dezember 1911 vorsah – die von ihnen in Heimarbeit beschäftigten Frauen[326]. 1922 nahm das Gewerbeaufsichtsamt eine Zahl von 8.000 bis 10.000 Heimarbeiterinnen an, gemeldet waren lediglich 198! Die Zahl der bei der Ortskrankenkasse am Jahresschluß versicherten Hausgewerbetreibenden betrug 703. Überwiegend waren es verheiratete, verwitwete und geschiedene Frauen aus der Arbeiterschaft.[327]

Der folgende Bericht von Grete M., deren Mutter Johanna A. lange Jahre als Näherin Heimarbeit leistete, verdeutlicht die Motive, die Arbeiterehefrauen zu dieser Erwerbsform bewegten, und veranschaulicht deren Arbeitsalltag:

„Meine Mutter hat immer mitgearbeitet, das mußte sie. Als Maler mußte mein Vater insbesondere im Winter jederzeit mit Arbeitslosigkeit rechnen. Sie fing mit der Heimarbeit an, weil sie mich nicht allein lassen wollte. Wir hatten in Hamburg keine Verwandten, die auf mich aufpassen konnten. Sie hat Schürzen genäht, Tag und

Nacht ... Die mußten zugeschnitten und genäht werden. Alles mit ihrer Tretnähmaschine. Elektrische Nähmaschinen kamen erst in den zwanziger Jahren auf. Die konnte Mutter sich nicht leisten. Sie hatte sich das Nähen nur angenommen. Um das Zuschneiden zu erlernen, hat sie mal einen Kursus mitgemacht. Wenn sie nicht fertig wurde, mußte Vater ihr abends helfen. In zwei bis drei Tagen mußte das Dutzend Kleiderschürzen fertig werden. Solange ich noch nicht selber arbeitete, war es meine Aufgabe, die fertigen Schürzen wegzubringen und neues Material abzuholen. Obwohl Mutter nicht viel Zeit hatte, war sie in Notfällen immer für mich da.“

Wie Johanna A. entschieden sich viele verheiratete Arbeiterfrauen für die Heimarbeit, weil sie glaubten, diese besser mit der Haus- und Familienarbeit, vor allem der Versorgung und Beaufsichtigung ihrer Kinder verbinden zu können, als jede außerhäusliche Erwerbsarbeit[328]. In der Realität fiel es jedoch auch den Heimarbeiterinnen schwer, Erwerbs-, Haus- und Familienpflichten zu vereinbaren. Sie konnten sich vor allem nicht in dem Ausmaß um ihre Kinder kümmern, wie sie es gehofft hatten. Ungewollt schädigten sie nicht selten gar deren Entwicklung. Dies galt insbesondere für Kleinkinder, die unter ständiger mütterlicher Aufsicht bleiben sollten: Deren Bewegungsfreiraum war außerordentlich beschränkt; der durch die Näharbeit entstehende Staub sowie die durch mangelndes Lüften verbrauchte Luft schädigten den jungen Organismus; die Überreiztheit und Nervosität der überarbeiteten Mutter übertrug sich auf das Kind.[329]

Der Arbeitsalltag einer Heimarbeiterin sah in der Weimarer Republik nicht viel anders aus als im Kaiserreich, dies bestätigt der Bericht von Grete M. Nach wie vor war in den meisten Fällen die Wohnküche die ‚Werkstatt‘ der Heimarbeiterinnen.[330] Auch die Arbeit selbst hatte sich nur wenig verändert, weiterhin nähten die meisten an einer Tretnähmaschine, eine elektrische Nähmaschine konnten sie sich nicht leisten.[331] Unverändert war die tägliche Erwerbsarbeitszeit der Heimarbeiterinnen je nach Erwerbsnotwendigkeit und Auftragslage sehr unterschiedlich. Ein erheblicher Teil betrieb die Heimarbeit nur als „Zuverdienst“ und drängte sie auf die Stunden zusammen, in denen Mann und Kinder außer Haus waren. Diejenigen, die auf einen möglichst hohen Verdienst angewiesen waren, dehnten die Heimarbeit hingegen soweit aus, wie es ihre Kräfte erlaubten. Insbesondere in den wenigen Monaten der Saison im Frühjahr und Herbst arbeiteten sie bis zur Erschöpfung, um für die anschließend zu erwartende Zeit der schlechten Auftragslage Geld zurücklegen zu können.[332] In diesen Zeiten extremer Arbeitsbelastung mußten die Kinder nach wie vor der Mutter bei der Heimarbeit helfen, insbesondere durch Botengänge[333].

Die Arbeitsbedingungen der Heimarbeit blieben in der Praxis ungeregelt und unkontrolliert. Verbessert hatte sich seit der Vorkriegszeit lediglich die Entlohnung. Die Stücklöhne waren deutlich angestiegen. 1914 wurden beispielsweise in Hamburg für ein Dutzend „Hausstandsschürzen“ ca. 4,40 Mark gezahlt, 1919 hingegen ca. 11 Mark. Zudem wurden in der Nachkriegszeit die Materialkosten erstattet, die insbesondere für Garn anfielen. Der durchschnittliche Stundenlohn einer Heimarbeiterin in der Konfektion lag 1920 nach den Angaben des hamburgischen Gewerbeaufsichtsamtes bei 1 bis 2 Mark. Sie verdiente damit bestenfalls 50 % des Stundenlohnes einer Näherin in einem Konfektionsbetrieb.[334] Alle Versuche einer gesetzlichen Regelung von Arbeitsbedingungen und Entlohnung der Hausgewerbetreibenden scheiterten in der Praxis. Das Hausarbeitsgesetz von Dezember 1911 schrieb zwar u.a. die behördliche Listenführung über die beschäftigten Heimarbeiterinnen, die Einführung von Lohnbüchern bzw. Arbeitszetteln und den Aushang der Lohnlisten in den Lieferräumen vor und enthielt einige Vorschriften zum Gesundheitsschutz, blieb jedoch „so gut wie ganz auf dem Papier stehen“[335]. Die Bestimmungen erwiesen sich als vollkommen unzureichend. Seit Anfang der zwanziger Jahre wurde deshalb im Reichstag an einer Novelle des Heimarbeitergesetzes gearbeitet, die am 27. Juni 1923 verabschiedet wurde. Vor allem Aufbau und Funktion der Fachausschüsse, die Arbeitsbedingungen sowie Entlohnung ordnen sollten, wurden neu geregelt. Deren Kompetenz wurde dahingehend erweitert, daß sie nun Tarifverträge als allgemein verbindlich beschließen konnten.[336] In Hamburg gab es in den zwanziger Jahren nur den ‚Fachausschuß für Kleider- und Wäschefertigung, Stickerei und verwandte Berufsarten'. Dessen Tarifverhandlungen waren außerordentlich schwierig, da ihm – wie allerorts – drei Tarifpartner angehörten: die Vertreter der Fabrikanten, der Heimarbeiterinnen und der ‚Zwischenmeister'. Letztere vergaben die Heimarbeit im Auftrag der Fabrikanten an die Frauen. Die ‚Zwischenmeister' waren in den Tarifverhandlungen oft die schwierigsten und hartnäckigsten Kontrahenten der Heimarbeiterinnen, denn je niedriger die Löhne der Frauen waren, desto höher war der für sie verbleibende Teil der verfügbaren Lohnsumme. Die ohnehin geringe tarifvertraglich festgesetzte Entlohnung erhielten längst nicht alle Heimarbeiterinnen. Unkenntnis und vor allem die Angst, die Arbeit zu verlieren, hinderten sie daran, den ihnen zustehenden Lohn zu fordern. Ihre Arbeitsmarktposition hatte sich infolge der Rationalisierung in der Konfektion erheblich verschlechtert.[337]

In der Nahrungs- und Genußmittelindustrie waren die verheirateten Arbeiterinnen vorrangig in den Betrieben tätig, deren Arbeitskräftebedarf saisonal stark schwankte und deren Arbeitsbedingungen extrem ungünstig waren, vorrangig der obst- und gemüseverarbeitenden Industrie und den Fischfabriken. Am höchsten war der Anteil verheirateter Arbeiterinnen mit 75 % in der fischverarbeitenden Industrie. „Ohne Not geht niemand zu den Fischen", dieser Ausspruch war unter den Fischarbeiterinnen häufig zu hören. Ihre Arbeit gehörte neben dem Lumpensammeln und -sortieren zu den unangenehmsten, schmutzigsten und am schlechtesten bezahlten Tätigkeiten. Der Stundenlohn einer ungelernten Arbeiterin in der Fischindustrie lag rund 10 % unter dem sonst für Ungelernte in Hamburg üblichen Lohn.[338] Den Arbeitsalltag einer Fischarbeiterin veranschaulicht der folgende Bericht von *Anni K.* (geb. 1910), die bis zu ihrer Heirat im Jahr 1931 die meiste Zeit als Hausangestellte gearbeitet hatte. 1933, als ihr Mann, ein Arbeiter, ins KZ kam, mußte sie wieder vollerwerbstätig werden und fing „bei den Fischen" an. Dort arbeitete sie bis 1937:

> „Um 6 Uhr morgens ging es los, erst wurden die klammen Klamotten vom vorherigen Tag wieder angezogen, die waren noch nicht getrocknet. Denn sind wir in die Halle hinuntergegangen. Kalt war das, ist ja logisch, der Fisch muß kalt verarbeitet werden. In der Ecke stand zwar ein alter Koksofen, aber der mußte ja auch erst angemacht werden, und es dauerte seine Zeit, bis der Wärme abgab. 10 bis 15 Frauen standen nebeneinander um den großen Tisch. Da konntest Du auch nicht dauernd weg. Wir mußten die Heringe, die auf den Tisch geschüttet wurden, auf Spitten, lange Stangen, aufziehen. Das ging so, daß wir den Hering in die Hand nahmen, die Spitze durch die Augen ..., bis so ungefähr 20 Stück auf einer Stange waren. Und denn die nächsten, das mußte schnell gehen. Nach 10 bis 15 Stangen haben wir sie zum Rahmen vor dem Räucherofen rübergetragen. Dort mußten wir die Fische noch ein bißchen auseinanderziehen; wenn sie zusammenbackten, verdarb der Fisch und wurde kein Bückling. Diese Rahmen wurden an und für sich von Männern in den Räucherofen geschoben. Aber es waren sehr wenig Männer da, und denn haben wir Frauen das meistens auch gemacht. Das war eine Abwechslung für uns, und außerdem kamen wir mal in den warmen Räucherofen. Eine halbe Stunde hatten wir Frühstück und Mittag, und nur, wenn wir Glück hatten, bekamen wir einen Platz am Ofen. Meistens saßen dort die Alten ... Wir hatten keine Lederschürze und Stiefel wie einige, die schon etwas reicher waren, sondern Holzpantoffel mit 3–4 Herrensocken über und alles klitschenaß. Diese Erkältung, die wir immer mit uns rumschleppen mußten. Wenn wir krank waren, hieß es nach 3–4 Wochen: Entlassen! ... Verdient haben wir 45 Pfennig die Stunde, die Männer hatten über 'ne Mark, und wir haben auch Männerarbeit gemacht."[339]

Der Arbeitsalltag von Anni K. hätte in der Weimarer Republik nicht viel anders ausgesehen als im Dritten Reich.

Die Arbeit in der Fischindustrie war überwiegend Saisonarbeit und konzentrierte sich auf die Zeit zwischen Spätsommer und Frühling. In diesen Monaten waren Überstunden, Nacht- und Sonntagsarbeit die Regel. Nach der Hauptsaison wurden in den Großbetrieben Hunderte von Frauen erwerbslos. Weiterbeschäftigt wurde nur ein kleiner „Stamm" von Eingearbeiteten, die in der Saison als Vorarbeiterinnen tätig waren. In der Fischindustrie arbeiteten vor allem Arbeiterehefrauen, die nicht kontinuierlich auf einen Erwerb angewiesen waren. Annähernd die Hälfte aller beschäftigten Frauen waren Aushilfsarbeiterinnen, die nicht länger als einen Monat im jeweiligen Betrieb verblieben. Aus diesem Grund leisteten sie meist auch bereitwillig die geforderten

Überstunden, die allgemein vergütet wurden. Nur so kamen sie auf ein einigermaßen ausreichendes Einkommen. Nachtarbeit und Spätschichten wurden von den verheirateten Fischarbeiterinnen bevorzugt übernommen. Dadurch glaubten sie, den Pflichten als Hausfrau und Mutter eher gerecht werden zu können.[340]

Das Verantwortungsgefühl gegenüber der Familie, deren Lebensunterhalt bestritten werden mußte, bewegte verheiratete Heim- wie Fabrikarbeiterinnen dazu, bei unangenehmer, belastender Beschäftigung auszuharren. Ihnen war bewußt, wie schwer sie eine andere Erwerbsarbeit finden würden. Die Verpflichtungen in Haushalt und Familie zwangen sie zu einer Reduktion ihrer Ansprüche in Hinblick auf Arbeitsbedingungen und Entlohnung. Jeder Kompromiß, den sie bei der Erwerbsarbeit eingingen – Verkürzung der Pausen, das Leisten von Nachtschichten, Saison- und Teilzeitarbeit, Überstunden, Heimarbeit usw. –, diente letztlich dazu, ihre verschiedenen Pflichten besser vereinbaren zu können.[341] Meist leisteten sie nur so lange und soviel Erwerbsarbeit, wie ökonomisch unbedingt notwendig war.

In der Regel lastete auf den verheirateten Arbeiterinnen neben der Erwerbsarbeit weiterhin der größte Teil der Haus– und Familienarbeit. Anschaulich schildert ihren Arbeitsalltag eine 53 Jahre alte, verheiratete Textilarbeiterin mit zwei Kindern:

> „Mein Arbeitstag besteht darin, daß ich um 5 Uhr aufstehe, mich ankleide und das Frühstück besorge. Dann müssen die Kinder geweckt werden, denn der eine ist schulpflichtig und der andere geht in eine Spielschule. Nachdem dann gefrühstückt worden ist, muß ich den Jüngsten in die Spielschule schaffen, um dann meiner Arbeit nachgehen zu können. Die Arbeit beginnt um 7 Uhr. Ich bin jedoch schon müde und abgespannt, ehe ich mit der Arbeit beginne ...
>
> Ist dann endlich Feierabend, muß ich erst die Kinder aus der Spielschule holen und dann die Wirtschaft besorgen ... Da ich die Arbeiten nicht an einem Abend erledigen kann, so muß ich mir die Arbeit einteilen. Während ich nun das Essen für den nächsten Tag koche, muß ich den einen Abend das Geschirr aufwaschen und dergleichen andere Kleinigkeiten besorgen, während ich am nächsten Tag die Kleidungsstücke für mich und die Kinder ausbessere. Außerdem müssen noch allabendlich die Schularbeiten mit den Kindern gemacht werden. *So wird es dann 10 bis 11 Uhr, ehe ich zur wohlverdienten Ruhe komme* ...
>
> Kommt nun der Sonnabendnachmittag, wo andere Frauen mit ihren Arbeiten fertig sind, so muß ich jetzt erst nochmals ordentlich arbeiten, obwohl mir etwas Ruhe wirklich mehr not tut. Denn wenn ich meine Wirtschaft nur einigermaßen in Ordnung halten will, so bleibt mir weiter nichts übrig als zu arbeiten und auf alles andere zu verzichten. Geht man wirklich mal einem Vergnügen nach, so muß alles stehen- und liegenbleiben, um an einem anderen Tage gerichtet zu werden, was dann nur noch schwerer fällt.
>
> Also komme ich am Sonnabend nach Hause, so müssen Lebensmittel für die kommende Woche eingekauft werden, dann werden die Kinder gebadet, die Kinderwäsche wird gewaschen, Stuben und Treppen gescheuert und was sonst noch zum Reinemachen gehört, vorgenommen. *Außerdem muß ich alle drei bis vier Wochen große Wäsche waschen, was denn auch den ganzen Sonntag in Anspruch nimmt, denn am Abend kann ich das nicht mehr gut erledigen. Der Sonntag verläuft darum auch bereits wie ein Wochentag, nur, daß man zu Hause ist.* Denn vor 3 bis 4 Uhr wird es selten, ehe ich mit den häuslichen Arbeiten fertig bin ..."[342]

Die wenigsten Ehemänner halfen ihrer erwerbstätigen Frau bei der Hausarbeit. Ihrem Vorbild folgten die meisten erwerbstätigen Söhne. „Heinzelmännchen im Proletarierhaushalt" waren die schulpflichtigen Kinder, die erwerbstätigen Töchter, weibliche Verwandte sowie Freundinnen und Nachbarinnen. Ohne deren Hilfe hätten die meisten verheirateten Arbeiterinnen Haus- und Familienarbeit nicht bewältigen können.[343]

Hauptproblem war für verheiratete Arbeiterinnen die Beaufsichtigung und Versorgung der Kinder während ihrer Erwerbsarbeitszeit. Krippen-, Kindergarten-, Hort- und Tagesheimplätze standen in der Weimarer Republik nur in viel zu geringem Maße zur Verfügung. Der Bedarf war sehr viel größer als das Angebot. Daten zur Erwerbstätigkeit von Müttern wurden im Rahmen der amtlichen Berufszählungen im hamburgischen Staat erstmals 1933 erhoben. Gezählt wurden lediglich die hauptberuflich erwerbenden Ehefrauen nach sozialer Stellung und Kinderzahl. Die publizierten Ergebnisse sind nicht nach Stadt und Landgebiet differenziert. Über das Alter der Kinder erfahren wir nichts. Die Zählung ergab, daß 1933 im hamburgischen Staat 60 % aller 30.405 erwerbstätigen Ehefrauen Kinder hatten, davon 42 % ein Kind, 29 % zwei Kinder, 15 % drei Kinder und 14 % vier und mehr Kinder. Knapp drei Viertel von ihnen arbeiteten haushaltsnah: 53 % waren Mithelfende Familienangehörige und 19 % Selbständige. Die außerhäuslich Tätigen waren zu 21 % als Arbeiterin, 5 % als Angestellte, 1,7 % als Hausgehilfin und 0,6 % als Beamtin beschäftigt. Von den 7.142 verheirateten Arbeiterinnen hatten 54 % Kinder. Der Anteil der erwerbstätigen Mütter lag damit deutlich niedriger als im Durchschnitt. Von den verheirateten Arbeiterinnen mit Kind hatten 46 % ein Kind, 26 % zwei Kinder, 13 % drei Kinder und 15 % vier und mehr Kinder. Deren Kinderzahl unterschied sich also nur geringfügig vom Durchschnitt.[344]

Genauere Daten über die Zahl der Krippen, Kindergärten, Horte und Tagesheime, deren Lage und deren Platzangebot gibt es nur für das Jahr 1930, sie beziehen sich zudem lediglich auf das Stadtgebiet Hamburgs. Aufschluß hierüber gibt Tabelle 46, die sämtliche Einrichtungen umfaßt, die dem ‚Ausschuß für Kinderanstalten e.V.' angehörten, einem Zusammenschluß aller als gemeinnützig anerkannten privaten Träger. Die 78 „Kinderanstalten" des Ausschusses verfügten insgesamt über 4.743 Plätze, davon waren 6 % Krippen-, 22 % Kindergarten-, 61 % Tagesheim- und 11 % Hortplätze. 76 % der Einrichtungen und 77 % der angebotenen Plätze lagen in den überwiegend von Arbeiterfamilien bewohnten Stadtteilen. Daneben gab es in der Hansestadt noch sechs Schulkindergärten, die von der Oberschulbehörde betrieben wurden und nur schulpflichtige Kinder aufnahmen, die als noch nicht schulreif um ein Jahr von der Einschulung zurückgestellt worden waren, fünf staatliche Fröbelkindergärten sowie 31 als Erwerbsunternehmen betriebene Privatkindergärten.[345]

Die Tagesheime, „Warteschulen" genannt, waren in Hamburg die älteste Form der „Kinderanstalten" und wurden überwiegend von Kirchengemeinden betrieben. Bis in die Nachkriegszeit hinein behielten sie den Charakter von „Bewahranstalten für Proletarierkinder".[346] Erklärtes Hauptziel des ‚Verbandes Hamburgischer Warteschulen e.V.', des Zusammenschlusses des größten Teils dieser Einrichtungen, war es, zu verhindern, daß die Kinder erwerbstätiger Mütter unbeaufsichtigt auf der Straße spielten, „wo das schlechte Beispiel der Kameraden und die Verlockungen der Großstadt" auf sie einwirkten und sie stark gefährdeten[347]. Neben diesem christlich-konservativen Verband betrieb die Hamburger ‚Arbeiterwohlfahrt' seit 1924 mit reformpädagogischem Konzept eine wachsende Zahl von Tagesheimen[348]. Aufgenommen wurden in allen Heimen nur Kinder zwischen 3 und 14 Jahren, „die aus zwingenden Gründen der Fürsorge in der eigenen Familie entbehren" mußten[349]. Geöffnet hatten die Heime von 7 Uhr morgens bis 18 Uhr abends. Im täglichen Pflegegeld von 40 bis 50 Pfennig pro Kind, das um 1925 bezahlt werden mußte, waren drei Mahlzeiten enthalten.[350]

Eine ähnliche Zielsetzung wie der ‚Verband Hamburgischer Warteschulen e.V.' verfolgten der ‚Verband Hamburger Mädchenhorte e.V.', in dem viele Frauen aus den Reihen der bürgerlichen Frauenbewegung mitarbeiteten, und der ‚Verband Hamburger Knabenhorte e.V.', dessen Einrichtungen größtenteils von Kirchengemeinden getragen wurden. Beide Vereine schlossen sich 1929 zum ‚Verband Hamburger Kinderhorte e.V.' zusammen. Betreut wurden in den Horten, die in der Regel in Schulen untergebracht und nur zwischen 15 und 18 Uhr geöffnet waren, fast ausschließlich schulpflichtige Arbeiterkinder, die dort ihre Schulaufgaben erledigten und „zweckentsprechend beschäftigt" wurden. Dafür mußten Mitte der zwanziger Jahre 60 Pfennig Pflegegeld pro Woche bezahlt werden.[351] Die Kindergärten, die zum größten Teil dem Verein ‚Vereinigte Fröbel-Kindergärten e.V.' angeschlossen waren, arbeiteten stärker pädagogisch. Ihr oberstes Ziel war die „körperliche, geistige und sittliche Förderung" der Kinder. Sie waren nur von 9 bis 13 Uhr geöffnet und nahmen ausschließlich Kinder zwischen 3 und 6 Jahren auf. Diese stammten mehrheitlich aus

Tab. 46: *Die dem ‚Ausschuß für Kinderanstalten e.V.‘ angeschlossenen privaten halboffenen Kinderanstalten in den Arbeiterwohngebieten der Stadt Hamburg 1930*

Stadtteil	Kinder-anstalten insgesamt		Krippen mit Tag- und Nacht-abteilungen		Tagesheime für				Vormittagskindergärten				Nachmittags-horte	
					Klein- und Schulkinder		Schulkinder		Vereinigte Fröbel-Kindergärten		Volks-kindergärten			
	Zahl	Plätze	Zahl	Plätze	Zahl	Plätze	Zahl	Plätze	Zahl	Plätze	Zahl	Plätze	Zahl	Plätze
Altstadt	3	105	1	20							1	45	1	40
Neustadt	8	478	1	38	3	220	1	60	1	60			2	100
St. Georg	12	694	1	24	4	310	2	80	3	160			3	120
St. Pauli	6	450	1	20	2	230			1	100			2	100
Eimsbüttel	8	555	2	55	2	200			3	260			1	40
Winterhude	4	245			2	180							2	65
Barmbek	10	596	2	41	6	395	2	160						
Uhlenhorst	2	160			1	100			1	60				
Hamm	1	100			1	100								
Billwärder-Ausschlag	4	225			1	80			1	80			2	65
Veddel	1	50			1	50								
Zusammen	59	3658	8	198	23	1865	5	300	10	720	1	45	13	530
Stadt Hamburg insgesamt	78	4743	10	273	30	2335	9	575	13	900	3	130	13	530
V.h. lagen in den Arbeiterwohngebieten	75,6	77,1	80,0	72,5	76,7	79,9	55,6	52,2	76,9	80,0	33,3	34,6	100	100

Quelle: StJbu 1930/31, 315.

dem Klein- und Mittelbürgertum, denn den wöchentlichen Pflegesatz von 1 bis 1,50 Mark konnten die meisten Arbeitereltern nicht aufbringen.[352] Neben diesen Einrichtungen gab es noch die Krippen, in denen Kinder im Alter von 14 Tagen bis 3 Jahren aufgenommen wurden. Deren Träger waren im ‚Verband Hamburger Krippen e.V.‘ zusammengeschlossen. Eingerichtet für jeweils 20 bis 30 Kinder, hatten die Krippen in der Regel von morgens 7 bis abends 18 Uhr geöffnet, zusätzlich unterhielten einzelne eine Nachtabteilung. Mehrheitlich lagen die Krippen in der Nähe eines Tagesheimes, um Müttern mit mehreren Kindern lange Wege zu ersparen. Für ein tägliches Pflegegeld von 70 bis 80 Pfennig wurden die Säuglinge und Kleinkinder Mitte der zwanziger Jahre nicht nur vollständig beköstigt, sondern auch mit Kleidung und Wäsche ausgestattet. Die Unterbringung der Kleinsten erwies sich für die Mütter als besondere Schwierigkeit; Krippenplätze waren außerordentlich rar.[353]

Der ‚Ausschuß für Kinderanstalten e.V.‘, die Dachorganisation sämtlicher gemeinnütziger Träger von Einrichtungen der „halboffenen Kinderfürsorge“, war 1918 von der ‚Hamburgischen Gesellschaft für Wohltätigkeit‘ als eine Unterabteilung gegründet worden, machte sich aber gleich nach Kriegsende als ‚Ausschuß für Säuglings- und Kleinkinderanstalten e.V.‘ selbständig.[354] Erklärter Zweck war es:

> „eine zusammenfassende über das Interesse der einzelnen Anstalten hinausgehende Stelle zu sein, die sich mit der außerhäuslichen Versorgung von Säuglingen, Klein- und Schulkindern beschäftigt und für die Durchführung der als berechtigt anzuerkennenden gesundheitlichen und erziehlichen Forderungen zu sorgen hat. Weitere Aufgaben des Ausschusses sind: Beratung der Anstalten, Neugründung von Anstalten, tunlichste Vermehrung der Einnahmen in den Anstalten, Belebung der privaten Wohltätigkeit, Beschaffung privater Mittel etc.“[355]

Das Hamburgische Ausführungsgesetz zum RJWG vom Januar 1924 bestimmte den Ausschuß als das vom Landesjugendamt eingesetzte aufsichtsführende Organ über die privaten Anstalten der halboffenen Kinderfürsorge. Die Arbeit des Ausschusses, dessen Tätigkeit zum größten Teil mit staatlichen Mitteln finanziert wurde, regelten seit Februar 1922 die vom Senat beschlossenen ‚Vorschriften für die Einrichtung und den Betrieb von Krippen, Warteschulen und Kindergärten im Bezirk der Stadt Hamburg', die mehrfach ergänzt, erweitert und schließlich im Februar 1925 durch eine neue ‚Senatsverordnung sowie Richtlinien und Vorschriften des Landesjugendamtes betreffend die Aufsicht über die Anstalten für Minderjährige im Hamburgischen Staat‘ ersetzt wurden.[356] Ziel der pädagogischen Arbeit sollte gemäß dieser Verordnung

> „die Weckung und Förderung aller im Kinde liegenden Kräfte (sein, die) ... durch eine bewußte planmäßige Erziehung versucht werden (muß). Geistig-seelische und körperliche Kräfte müssen als gleichwertig anerkannt und gleichmäßig gefördert werden. Zielbewußte Beschäftigungen und Sinnesübungen sind neben Turnen, Atemübungen, freien Bewegungen in frischer Luft regelmäßig in den Tagesplan aufzunehmen, ebensosehr ist das gestalterische freie Spiel zu pflegen. Neben den auf pädagogischer Grundlage beruhenden Erziehungsmaßnahmen muß der Leiterin genügend Material für die darstellende Tätigkeit, insbesondere die Fröbelschen Beschäftigungen, für Bewegungsspiele ... und für häusliche Beschäftigungen zur Verfügung stehen ... Körperliche Züchtigung sollte vermieden werden.“[357]

Um die Realisierung dieser Ziele zu gewährleisten, sollten alle Einrichtungen von einer staatlich geprüften Säuglingsschwester bzw. Kindergärtnerin geleitet werden. Die Größe der Kindergruppen war auf 25 begrenzt. Die Erziehungsarbeit hatte in engem Zusammenwirken mit dem Elternhaus zu erfolgen, weshalb neben Elternabenden regelmäßige Hausbesuche vorgeschrieben waren.[358]

In der Praxis scheiterte die Umsetzung der Senatsverordnung. Das Landesjugendamt mußte im September 1929 konstatieren, daß der ‚Ausschuß für Kinderanstalten‘ „eine systematische Durchgestaltung des Heim- und Hortwesens für das vorschul- und schulpflichtige Alter ... und damit die beste und vollste Ausnutzung der gewährten staatlichen Mittel ... nicht zu leisten“ vermochte[359]. Kritisiert wurde, daß:

– der Heim- und Hortbesuch der Kinder weitestgehend vom „Zufall und der Einsicht der Eltern“

abhinge. Gerade die Bedürftigsten würden vielfach nicht erfaßt, da die Zusammenarbeit mit den Organen des Jugendamtes und der Lehrerschaft äußerst mangelhaft sei.
– nur ein geringer Teil des Personals sozialpädagogisch ausgebildet und staatlich geprüft sei. Der Ausschuß habe eine „innere Erfassung und Beeinflussung des erzieherischen Personals“ versäumt. Die Mehrzahl der Einrichtungen, insbesondere die kirchlichen, widersetzten sich jedem pädagogischen Reformversuch.
– eine „lebendige Anteilnahme der Elternschaft“ nicht gefördert werde, häufig gar unerwünscht sei.
– die Ausstattung der Einrichtungen mangelhaft sei.
– die Öffnungszeiten der Einrichtungen nicht den Bedürfnissen der erwerbstätigen Mütter angepaßt seien. Ein früherer Beginn und ein späterer Schluß seien notwendig.[360]

Das Landesjugendamt forderte aufgrund der Mißstände einen größeren Einfluß auf den ‚Ausschuß für Kinderanstalten‘[361]. Dem entsprechend entzog der Senat im Oktober 1930 dem Ausschuß die widerruflich übertragene Aufsicht über die Anstalten der halboffenen Kinderfürsorge. Ende Januar 1931 wurde der Ausschuß offiziell dem Jugendamt angegliedert, seine Geschäftsstelle bildete eine eigene Abteilung, die von einer pädagogischen Fachdezernentin geführt wurde. Er blieb jedoch zugleich als eingetragener Verein bestehen, dem weiterhin die Aufgabe oblag, die vom Staat bewilligten Mittel für die halboffene Kinderfürsorge zu verteilen. Seine Satzung blieb demgemäß unverändert. Dem gewählten Vorstand des Ausschusses wurde zur besseren Kontrolle lediglich ein Arbeitsausschuß zur Seite gestellt, dem außer den beiden Vereinsvorsitzenden ein Staatskommissar und je ein Vertreter bzw. eine Vertreterin der Verbände der Krippen, Horte und Tagesheime, der ‚Arbeiterwohlfahrt‘ und der Landeszentrale für Säuglings- und Kleinkinderschutz angehörten.[362]

Hauptproblem der offenen Kinderfürsorge in Hamburg war neben den beschriebenen Mängeln und Mißständen in den bestehenden Einrichtungen die Diskrepanz zwischen dem relativ kleinen Angebot an Plätzen und dem sehr viel größeren Bedarf. Das Ausmaß dieses Mißverhältnisses erhellt eine Erhebung, die die Arbeitsgemeinschaft ‚Kindergarten, Hort, Tagesheim‘ der GFvSE im Dezember 1928 in den Volksschulen des Arbeiterbezirkes Rothenburgsort-Veddel durchführte[363]. Erfaßt wurden 3.299 Jungen und 3.236 Mädchen, im Alter zwischen 6 und 14 Jahren. 17 % von ihnen wurden zwar als „hortbedürftig“ eingestuft, d.h. sie waren tagsüber ohne jede Aufsicht, kamen aus „gestörtem Familienkreis“ oder waren „erziehlich ungünstigen Einflüssen“ ausgesetzt[364], doch nur 3 % waren real in einem Hort bzw. einem Tagesheim untergebracht, 9 % blieben tagsüber ohne jede Aufsicht. Allein zur Deckung des Bedarfs an Plätzen für „hortbedürftige“ Volksschulkinder hätten nach den Berechnungen der Arbeitsgemeinschaft in dem Stadtteil zusätzlich zu den drei bestehenden Horten bzw. Tagesheimen weitere 16 geschaffen werden müssen. Nicht viel kleiner war der zusätzliche Bedarf an Einrichtungen für Säuglinge und Kleinkinder. In allen Arbeitervierteln war der Mangel an Krippen-, Kindergarten-, Tagesheim- und Hortplätzen besonders groß, obwohl die vorhandenen „Kinderanstalten“ in der Regel stark überfüllt waren. Besonders ungünstig war die Situation in Winterhude, Hammerbrook, Neustadt, St.Pauli, Hamm und Horn. Die wenigen Plätze wurden in erster Linie an „erziehungsbedürftige Kinder aus schwierigen Familienverhältnissen“ vergeben. Erst in zweiter Linie wurden „normal entwickelte“ Kinder erwerbstätiger Mütter aufgenommen.[365]

Der Mangel an Krippen-, Kindergarten-, Heim- und Hortplätzen spitzte sich seit Mitte der zwanziger Jahre bedenklich zu. Erst Anfang der dreißiger Jahre, auf dem Höhepunkt der Wirtschaftskrise, ging die Nachfrage zurück. Die Ursachen hierfür schildert der folgende Auszug aus dem Jahresbericht 1931 der Hamburger ‚Arbeiterwohlfahrt‘:

„Die Sparmaßnahmen des Staates machten einen recht fühlbaren Eingriff in den Tagesheimbetrieb erforderlich.

> Diese Einrichtungen werden am stärksten von der Krise beeinflußt. Obwohl die Erziehung und Betreuung von Klein- und Schulkindern bei den heute herrschenden schlechten familiären und häuslichen Verhältnissen mehr denn je geboten erscheint, läßt der Besuch der Heime durch steigende Bedürftigkeit der Eltern immer mehr nach, auch die Wohlfahrtsbehörde schränkt die Übernahme der Kosten für bedürftige Kinder ständig ein."[366]

Immer weniger Arbeitereltern konnten das Pflegegeld erübrigen. Der Rückgang der Kinderzahlen wurde insbesondere von den Tagesheimen dadurch aufzuhalten versucht, daß sie sich für die freie Kinderarbeit öffneten[367]. Die Heime der AWO richteten beispielsweise Bastel-, Handarbeits-, Musik- und Theatergruppen für Kinder der verschiedenen Altersstufen ein, die nur ein geringes Entgelt kosteten. Für Kinder von Müttern mit Teilzeitbeschäftigung wurden zudem zu ermäßigten Preisen Vormittagsgruppen geschaffen.[368]

Das in jeder Beziehung mangelhafte Angebot der halboffenen Kinderfürsorge stieß in weiten Kreisen der sozialdemokratischen Arbeiterschaft Hamburgs auf scharfe Kritik, in deren Mittelpunkt neben dem Fehlen einer ausreichenden Zahl von Plätzen die christlich-konservative Ausrichtung der meisten Einrichtungen stand[369]. Um dem Mißstand abzuhelfen, richtete die ‚Arbeiterwohlfahrt' 1924 die ersten zwei Kindergärten in den Stadtteilen Eppendorf und Hammerbrook ein. Bis 1930 gelang es ihr, sechs weitere Kindertagesheime in Barmbek, Eppendorf, Winterhude, St.Georg, Neustadt und Langenhorn zu eröffnen. 580 Kinder konnten in den acht Einrichtungen betreut werden, deren Arbeit nach fortschrittlichsten pädagogischen Grundsätzen ausgerichtet war: Jungen und Mädchen wurden koedukativ erzogen; sie sollten vorrangig soziales, kameradschaftliches Verhalten lernen und selbständig und selbstverantwortlich tätig sein. Ausgebildete Kindergärtnerinnen kümmerten sich um die Kinder, die in 15- bis 20köpfige Gruppen eingeteilt waren. Mütter und Väter wurden durch regelmäßige Elternabende in die pädagogische Arbeit einbezogen. 50 Pfennige pro Tag mußten die Eltern Ende der zwanziger Jahre für Aufenthalt und Verpflegung des Kindes zahlen.[370] Dieses Angebot der AWO war ein wichtiger Schritt zur Verbesserung der halboffenen Kinderfürsorge in der Hansestadt, das durch die vorbildliche pädagogische Arbeit eine Herausforderung für die übrigen kirchlichen und bürgerlichen „Kinderanstalten" darstellte.

Ein bedeutender Teil der erwerbstätigen Arbeitermütter erhielt für den Nachwuchs keinen Platz in einer Einrichtung der halboffenen Kinderfürsorge und mußte nach einer anderweitigen Unterbringungsmöglichkeit suchen. Die meisten fanden eine Verwandte, Freundin oder Nachbarin, die gegen ein geringes Kostgeld die Kinder beaufsichtigte und versorgte. Am häufigsten übernahm eine der beiden Großmütter deren Betreuung. Sobald die Kinder alt genug waren, blieben sie in der Regel sich selbst überlassen.[371] Angesichts dieser Situation hätte die Mehrzahl der erwerbstätigen Arbeitermütter lieber heute als morgen ihre Erwerbsarbeit aufgegeben. Sie wünschten sich nichts sehnlicher, als ausschließlich „fürsorgliche" Mutter und „gute" Hausfrau sein zu können.[372]

* * *

Die meisten jungen ledigen Arbeiterinnen hofften ebenso wie die Mehrzahl der Hausgehilfinnen und Angestellten, im Falle einer Heirat nicht mehr erwerbstätig sein zu müssen. Hauptgrund für diesen Wunsch waren die Kinder: Deren Betreuung während der Erwerbsarbeitszeit war das Hauptproblem erwerbstätiger Arbeitermütter. Das Angebot der halboffenen Kinderfürsorge reichte weder quantitativ noch qualitativ aus, um hier Abhilfe zu schaffen.

Die Mehrzahl der verheirateten Arbeiterfrauen war bis zur Heirat bzw. der Geburt des ersten Kindes berufstätig, gab danach die Erwerbsarbeit für kürzere oder längere Zeit auf und bemühte sich erst wieder um einen Erwerb, wenn das Familieneinkommen es erforderte. Wichtigste Kriterien der Arbeitsplatzwahl waren für sie die Nähe der Arbeitsstelle zur Wohnung und die Flexibilität der Erwerbsarbeitszeit. Entlohnung, Arbeitsbedingungen und Arbeitsklima, die für die

Ledigen Hauptkriterien waren, spielten bei ihnen nur eine sekundäre Rolle. Letztlich mußten sie ohnehin jede Erwerbsarbeit akzeptieren, die sich ihnen bot. Die Mehrzahl übernahm Teilzeitarbeit als Putz-, Wasch- oder Zugehfrau oder Heimarbeit. Nur in extremen Notsituationen suchten sie eine ganztägige Erwerbsarbeit, in der Regel in der Fabrik. Hier fanden sie jedoch meist nur in jüngeren Jahren eine Beschäftigung, denn mit zunehmendem Alter verschlechterten sich ihre Arbeitsmarktchancen dramatisch. Spätestens ab dem 40. Lebensjahr hatten sie nicht nur in der Industrie, sondern auch in den Häuslichen Diensten nur noch wenig Aussicht auf eine Arbeitsstelle.

Angesicht der geringen Berufsqualifikation, der schlechten Arbeitsbedingungen und der niedrigen Entlohnung, vor allem aber der Doppel- bzw. Dreifachbelastung, war die Erwerbstätigkeit für die meisten Arbeiterfrauen wenig emanzipationsfördernd. Sie vergrößerte zwar ihre ökonomische Unabhängigkeit von Vater bzw. Ehemann und verbesserte die Position in der Familienhierarchie, doch der Verdienst reichte für eine selbständige Existenz in der Regel nicht aus. Die Art der Arbeit, die überwiegend weder Befriedigung vermittelte noch wirklich Anerkennung fand, steigerte das Selbstwertgefühl nur selten, eher wirkte in diese Richtung die persönliche Bestätigung durch die Arbeitskolleginnen. Durch die Berufstätigkeit erweiterte sich zwar der Gesichtskreis der Frauen, ihre sozialen Kontakte nahmen zu, im besten Fall erlebten sie in Konfliktsituationen kollegiale Solidarität und erhielten Anregung zur Auseinandersetzung mit gesellschaftlichen Fragen, doch meist fehlten ihnen Zeit und Kraft, um diese Möglichkeiten für sich zu nutzen. Vor allem verheiratete Frauen waren durch die Doppelrolle physisch und psychisch überfordert.

3.2 Frauenerwerbsarbeit und Arbeitsmarktpolitik

Zum politischen Thema wurde und wird Frauenerwerbsarbeit vor allem in Zeiten der Massenarbeitslosigkeit; dies zeigen die Jahre der Weimarer Republik besonders deutlich, in denen in einem bis dahin unbekannten Ausmaß Erwerbslosigkeit zu einem Massenphänomen wurde. Mit Ausnahme der Jahre 1920/21 bis 1922/23 mit ihrem boomartigen Wirtschaftswachstum lag die durchschnittliche Arbeitslosigkeit immer erheblich über dem Vorkriegsniveau, extrem hoch war sie im Rezessionsjahr 1926 sowie in den Jahren der Weltwirtschaftskrise 1929 bis 1933.[1] Aufgrund der relativ günstigen Arbeitsmarktlage waren außerordentliche Eingriffe in den Arbeitsmarkt von Seiten der Reichsregierung bis zum Beginn des Ersten Weltkrieges nicht notwendig gewesen. In den Kriegsjahren wurde seine Beeinflussung jedoch immer mehr zu einem sozialpolitischen Zentralproblem. Erste Ansätze zu einer Regulierung des Arbeitsmarktes wurden entwickelt, an die der Weimarer Staat anknüpfen konnte. Das neue Massenphänomen Erwerbslosigkeit zwang zu einer systematischen Arbeitsmarktpolitik, deren wichtigste Instrumente arbeitsmarktregulierende Verordnungen, Arbeitsschutz, Erwerbslosenfürsorge, Arbeitsnachweis, Berufsberatung und Lehrstellenvermittlung sowie Arbeitsbeschaffung waren.[2]

Betrieben wurde die staatliche Arbeitsmarktpolitik in der Weimarer Republik geschlechtsspezifisch, als Teil der familienorientierten Sozialpolitik: Das in Artikel 163 der Verfassung verbriefte Recht auf Arbeit wurde uneingeschränkt lediglich den Männern zugestanden. Mit dem Verweis auf ihren „Hauptberuf Hausfrau und Mutter" wurde es vor allem verheirateten Frauen abgesprochen, die als wirtschaftlich ‚versorgt' galten. Deren Verdrängung vom primären Arbeitsmarkt war insbesondere in der Demobilmachungsphase nach dem Ersten Weltkrieg und in den Jahren der Wirtschaftskrise ein zentrales Ziel der Arbeitsmarktpolitik.[3]

Der Kampf gegen die Erwerbsarbeit verheirateter Frauen, der sogenannten „Doppelverdienerinnen", wurde von weiten Kreisen der Bevölkerung, Männern *und Frauen*, aus allen sozialen Schichten unabhängig von Alter und Familienstand unterstützt. Nicht nur christlich-konservative und nationalsozialistische, sondern auch liberale und sozialdemokratische Kreise forderten angesichts der Massenarbeitslosigkeit die Entlastung des Arbeitsmarktes durch die Entlassung der „Doppelverdienerinnen". Das deutet darauf hin, daß dieser Kampf mehr war als ein Feldzug „christlicher Paternalisten" und „männlicher Chauvinisten", wie er bisher in der historischen Forschung vorrangig interpretiert wurde[4] : Er muß vielmehr als Ausdruck des grundlegenden gesellschaftlichen Problems betrachtet werden, daß die Möglichkeiten zur Sicherung des Einkommens der Familienhaushalte in Widerspruch zu den vorherrschenden Normen über die Familie standen, von dem in besonderem Maße Arbeiterfrauen betroffen waren[5] .

3.2.1 *Die Demobilmachung der Frauenerwerbsarbeit nach dem Ersten Weltkrieg*

> „Der Bedarf der Industrie an Ersatzkräften für die zum Militärdienst eingezogenen Männer, ebenso aber auch die bedrängte wirtschaftliche Lage, die für viele Frauen durch den Krieg entstanden war, hat dazu geführt, daß etwa vom zweiten Kriegsjahr ab in den gewerblichen Betrieben Arbeiterinnen in immer wachsender Zahl beschäftigt wurden. Während vor dem Kriege Frauen fast nur in Betrieben tätig waren, die ihrem Wesen und ihrer Neigung entsprachen, drangen sie jetzt in fast alle Beschäftigungsarten ein, obwohl viele Arbeitgeber anfangs gegen die Einstellung von Arbeiterinnen Mißtrauen und Abneigung hegten."[6]

Mit diesen Worten resümierte das hamburgische Gewerbeaufsichtsamt 1919 die Entwicklung der

Frauen in der Schlosserei, 1917/18 (Beiersdorf, Hamburg)

gewerblichen Frauenerwerbsarbeit während des Ersten Weltkrieges[7]. In den ersten Monaten nach Kriegsbeginn war die Zahl der Arbeiterinnen in Hamburg, wie allerorts, stark zurückgegangen, denn betroffen waren vom Beschäftigungsrückgang infolge der Umstellung von der Friedens- auf die Kriegswirtschaft vor allem die Konsumgüterindustrien, die primär für den zivilen Bedarf produzierten und in denen viele Frauen tätig waren, insbesondere das Bekleidungs- und Reinigungsgewerbe, daneben auch die Papierindustrie mit dem Vervielfältigungsgewerbe, die Nahrungs- und Genußmittelindustrie sowie die Textilindustrie.[8] Seit Anfang 1915 stieg die Zahl der Arbeiterinnen wieder an, im Herbst des Jahres übertraf sie bereits den Stand der Vorkriegszeit, ihren Höchststand erreichte sie 1918 in den letzten Kriegsmonaten. Die Zählungen des Gewerbeaufsichtsamtes Hamburg ergaben, daß die Arbeiterinnenzahl zwischen 1913 und 1918 um 35 % zunahm, ihr Anteil an allen gewerblich Beschäftigten stieg von 21 % auf 33 %. Der Zuwachs bei den Arbeiterinnen glich einen erheblichen Teil des Rückgangs bei den Arbeitern aus, die zunehmend zum Heer eingezogen wurden. (Vgl. Tabelle 39)

Im Vergleich zum Reichsdurchschnitt war der Arbeiterinnenzuwachs in Hamburg relativ gering[9]. Dies lag daran, daß die überwiegend auf die spezifischen Bedürfnisse von Handel und Verkehr ausgerichtete Industrie der Stadt große Schwierigkeiten hatte, sich auf die Kriegswirtschaft umzustellen. Gemessen an anderen Industriezentren, wie z.B. Berlin oder dem Rheinisch-Westfälischen Raum, wies die Kriegsproduktion in der Stadt nur einen geringen Umfang auf, was sich zwischen 1913 und 1918 in einem Rückgang der Zahl der gewerblich Beschäftigten um 16 % niederschlug. Die beiden wichtigsten Zweige der Kriegsindustrie waren in Hamburg die Metallverarbeitung und der Maschinen-, Apparate- und Fahrzeugbau, insbesondere der Schiffbau, die außerordentlich stark expandierten, wovon wiederum die Zulieferer profitierten, u.a. die Holzindustrie. Kriegswichtig waren daneben die Chemische Industrie sowie die Teile der Nahrungs- und Genußmittelindustrie, die für die Verproviantierung des Heeres produzierten. Eine ausgedehnte Munitionsindustrie gab es im Hamburger Stadtgebiet nicht. Die großen Pulverfabriken, deren Beschäftigtenzahl in den Kriegsjahren erheblich zunahm, lagen in den benachbarten ländlichen Gebieten Preußens. In ihnen waren bei Kriegsende allein 18.000 Arbeitskräfte tätig, von denen viele aus Hamburg stammten.[10]

In zunehmenden Maße ersetzte Frauenarbeit während des Krieges allerorts in Industrie und Gewerbe Männerarbeit. Am stärksten stieg die Arbeiterinnenzahl in Hamburg in der Holzindustrie, wo Frauen nicht nur beim Bohren, Glätten, Anstreichen, Lackieren, Polieren sowie an Holzbearbeitungsmaschinen beschäftigt wurden, sondern auch in der Korbflechterei, die bisher vorwiegend von Männern ausgeübt wurde. Auch in der Metallverarbeitung sowie im Maschinen-, Apparate und Fahrzeugbau nahm sie sehr stark zu. Dort wurden Frauen mit Ausnahme des Schiffbaus, in dem sie überwiegend als Hilfskräfte arbeiteten, nicht nur mit leicht erlernbaren Tätigkeiten beschäftigt, sondern traten vielfach auch an die Stelle von Facharbeitern und mußten Tätigkeiten verrichten, die einen großen Kraftaufwand erforderten. Sie waren u.a. als Kernmacherinnen, Formerinnen, Schmelzerinnen, Dreherinnen und Fräserinnen tätig. Einen erheblichen Zuwachs verzeichneten weiter die Chemische Industrie und die Papierindustrie, wo Arbeiterinnen die Arbeitsplätze besetzten, in denen vor dem Krieg angelernte männliche Arbeiter tätig gewesen waren.[11] Ermöglicht worden war diese Entwicklung durch das Gesetz vom 4. August 1914, das den Erlaß von Ausnahmen von der Gewerbeordnung gestattete und in dessen Folge der gesamte Kinder-, Jugendlichen- und Frauenschutz sowie der zehnstündige Maximalarbeitstag aufgehoben wurden.[12]

Der Arbeiterinnenzuwachs in Industrie und Gewerbe Hamburgs rekrutierte sich vorrangig aus folgenden vier Frauengruppen: zum ersten städtische Hausangestellte, die sich angezogen durch die relativ hohen Löhne und die Aussicht auf ein ungebundeneres Leben in den kriegswichtigen Industrien meldeten, die Beschäftigtenzahl in den Häuslichen Diensten der Hansestadt sank zwischen 1913 und 1918 um 40 %[13]; zum zweiten Dienstmädchen und Tagelöhnerinnen vom umliegenden Lande, die sich einen lukrativeren Erwerb erhofften, der Zuwachs der weiblichen Bevölkerung war in Hamburg trotz des Krieges relativ hoch[14]; zum dritten erwerbslose Arbeiterinnen des Bekleidungs- und Reinigungsgewerbes, in denen die Auftragslage während des Krieges insgesamt schlecht blieb, einzig die Uniformnäherei war gut beschäftigt; zum vierten verheiratete Arbeiterfrauen, die die kriegsbedingte Not zur Erwerbstätigkeit zwang, viele von ihnen waren vor ihrer Heirat Fabrikarbeiterin gewesen. Daneben nahm auch manche stellenlose Handels- oder Büroangestellte Fabrikarbeit an.[15] Über deren jeweiligen Anteil am Arbeiterinnenzuwachs liegen keine Daten vor. Insgesamt bestätigt sich in Hamburg der Trend, den jüngst Ute Daniel in ihrer Studie zur ‚Frauenlohnarbeit im Ersten Weltkrieg‘ für das Reichsgebiet konstatiert: „Nicht aus neu ins Erwerbsleben eintretenden Frauen rekrutierte sich der überproportionale Anstieg der Frauenarbeit in den kriegsindustriellen Branchen, sondern aus Frauen, die bislang in anderen industriellen Branchen oder in außerindustriellen Arbeitsverhältnissen beschäftigt waren.“[16]

Der Zuwachs der Arbeiterinnenzahl übertraf zwischen 1914 und 1918 in der Hansestadt, erheblich den der Gesamtzahl der weiblichen Beschäftigten, die gemäß den amtlichen Monatsberichten über die Lage auf dem hamburgischen Arbeitsmarkt nur um 13 % zunahm[17]. Diese Steigerungsrate erweist sich, wie die des Reiches, bei einem Vergleich mit der Entwicklung in den zwei Jahrzehnten vor dem Ersten Weltkrieg als erstaunlich gering.[18] Der zeitgenössische Eindruck, die Frauenerwerbsarbeit habe in außerordentlich starkem Maße zugenommen, stützte sich weitgehend auf die Entwicklung in Industrie und Gewerbe. Verstärkt wurde er zum einen durch die sichtbare Veränderung der Geschlechterrelation im Erwerbsleben – der Frauenanteil an allen Beschäftigten stieg in Hamburg zwischen 1914 und 1918 von 33 % auf 51 % –, zum anderen durch das massive Eindringen der Frauen in Erwerbsbereiche, die traditionell den Männern vorbehalten waren.

Die öffentliche Diskussion über die „Frauenarbeit in der Übergangswirtschaft" setzte intensiv erst im letzten Kriegsjahr ein. Allgemeines Ziel war die Wiedereinstellung der aus den Schützengräben zurückkehrenden Männer in ihren alten Betrieben. Sowohl Reichsregierung, Arbeitgeberverbände und Gewerkschaften als auch bürgerliche und sozialdemokratische Frauenbewegung vertraten diese Forderung, deren zwangsläufige Folge die Entlassung der Frauen war, die die zum Heeresdienst eingezogenen Männer ersetzt hatten. Allgemein wurde davon ausgegangen, daß die Mehrzahl dieser Frauen freiwillig die während des Krieges besetzten Arbeitsplätze verlassen würde, die sie nur notbedingt eingenommen hatten. Als ausreichendes Mittel für eine ‚Normalisierung' des Geschlechterverhältnisses im Erwerbsleben galt die Wiedereinführung des Arbeitsschutzes für Frauen.[19]

Wie die Reichsregierung und die Mehrzahl der Parteien und Verbände waren auch MSPD und freie Gewerkschaften nicht mit einem realistischen Wirtschaftsprogramm auf die Situation nach Kriegsende vorbereitet. Bei der Aufstellung der Vorschläge scheint man allgemein mehr von einem Sieg als einer Niederlage Deutschlands im Krieg ausgegangen zu sein und rechnete deshalb nicht mit erheblichen Schwierigkeiten auf dem Arbeitsmarkt.[20] Dies bestätigen folgende Ausführungen Mathilde Wurms auf der Reichsfrauenkonferenz der USPD Ende November 1919:

> „Schon in den letzten zwei Kriegsjahren war die Erörterung über Rückführung der Kriegs- in die Friedenswirtschaft an der Tagesordnung. Man hatte sich zwar bei uns einen anderen Frieden vorgestellt, einen ‚Siegfrieden'; die schönsten Pläne waren entworfen über die Art der Demobilisation; langsam sollten die Truppen zurückgeführt werden in die Friedensarbeit, und das gesamte Wirtschaftsleben sollte nach und nach wieder umgestellt werden ... Von all diesen schönen Plänen hat sich nichts verwirklichen lassen, denn die Demobilisierung war eine höchst unfreiwillige, hervorgerufen durch die militärische Niederlage."[21]

Zu den wenigen, die in den Reihen der Mehrheitssozialdemokratie schon frühzeitig vor der Gefahr einer Massenarbeitslosigkeit in Folge der Demobilmachung gewarnt hatten, gehörte Gertrud Hanna, 1907 bis 1933 Leiterin des Arbeiterinnensekretariats der Generalkommission der freien Gewerkschaften bzw. des ADGB-Bundesvorstands[22] . Auf dem 10. Gewerkschaftskongreß Anfang Juli 1919 kritisierte sie die Haltung, die während des Krieges in MSPD und freien Gewerkschaften vorgeherrscht hatte:

> „Es war vorauszusehen, daß bei Kriegsende, mit Eintritt des Waffenstillstandes schon, eine Stockung im Erwerbsleben auftreten werde, die ganz besonders schädliche Folgen für die Frauen nach sich ziehen müsse. Leider ist während des Krieges nicht genügend Vorsorge getroffen worden. Überall, wo ich in Versammlungen und sonst darauf hinwies, ist mir entgegengehalten worden: ich sehe zu schwarz, wir würden nach dem Kriege eine gute Konjunktur haben, und auch die Frauen, die auf Arbeit angewiesen sind, würden dann die Möglichkeit dazu finden. Allerdings haben wir, als wir das Moment erörterten, an einen solchen Ausgang des Krieges nicht gedacht ... Nun müssen wir uns heute mit der Tatsache abfinden, daß die Arbeitslosigkeit riesengroß ist, bei Männern und bei Frauen."[23]

Erst in den letzten Kriegsmonaten war auf Reichsebene eine Demobilmachungsplanung vorbereitet worden. Bei Beginn des Waffenstillstandes lag lediglich der organisatorische und inhaltliche Rahmen für die notwendige schnelle Demobilmachung an Heeres- und Heimatfront vor. Arbeitsgrundlage für den Aufbau der zentralen und regionalen Demobilmachungsbehörden war die ‚Verordnung über die wirtschaftliche Demobilmachung' vom 7. November 1918 [24]. Am 12. November 1918 wurde das ‚Reichsamt für wirtschaftliche Demobilmachung' (DMA) eingerichtet[25], das von Anfang an eng mit der am 15. November 1918 gebildeten ‚Zentralarbeitsgemeinschaft' (ZAG) zwischen den großen Arbeitgeberverbänden und den Gewerkschaften zusammenarbeitete, zu deren zentralen Zielen die Einflußnahme auf eine effektive wirtschaftliche Demobilmachung gehörte[26]. Unter anderem war in Übereinstimmung mit dem DMA im ZAG-Abkommen vereinbart worden, daß „sämtliche aus dem Heeresdienst zurückkehrenden Arbeitnehmer ... Anspruch darauf (haben), in die Arbeitsstelle sofort nach Meldung wieder einzutreten, die sie vor dem Kriege innehatten."[27]. Die Demobilmachungsplanungen wurden in dieser Phase insgesamt von einem bemerkenswerten Konsens zwischen neuer Reichsregierung, Arbeitgebern und Gewerkschaften getragen, dessen Basis die gemeinsame Furcht vor einer revolutionären Umgestaltung der bestehenden gesellschaftlichen Verhältnisse war[28].

Die bei der Demobilmachung der Frauenerwerbsarbeit erstrebte Politik wurde vom Kriegsamt in ‚Richtlinien betr. die Überleitung der kriegswirtschaftlichen Frauenarbeit in den Friedenszustand' festgelegt, die am 7. November 1918 publiziert wurden. In ihnen hieß es:

> „Angesichts des riesigen Umfanges, den die industrielle Frauenarbeit in Deutschland während des Krieges erreicht hat, ist die Frage ihrer Überleitung aus der Kriegs- in die Friedenswirtschaft eine Frage schwerwiegendster Bedeutung für Volkswirtschaft und Volkskraft, ...
>
> Es wird sich nicht nur darum handeln, den ernsten Gefahren zu begegnen, die aus der plötzlich oder lange dauernden Arbeitslosigkeit größerer Frauenmengen, namentlich in den Industriecentren, für Ruhe und Ordnung, sowie für die Gesundheit der Bevölkerung entstehen, sondern vor allem darum, die Arbeitskraft der Frau im Wirtschaftsleben wieder in einer ihrer Eigenart entsprechenden Weise einzuordnen, sei es durch Rückführung in die Familie, die mit allen Mitteln gefördert werden muß, ... sei es durch Überführung in Berufe, die entweder schon vor dem Frieden Frauenberufe waren oder sich im Verlaufe der wirtschaftlichen Entwicklung als für sie geeignet erwiesen haben. Auch die Rückführung der zur Deckung des Bedarfs der Industrie an fremde Orte verpflanzten Arbeiterinnen in ihre Heimat, muß – namentlich auch mit Rücksicht auf die Ernährungsfrage in den Industriestädten – Bedacht genommen werden."[29]

Oberster Grundsatz der Demobilmachung sollte es sein, „daß den männlichen Arbeitskräften, vor allem den Kriegsteilnehmern eine ausreichende Zahl auskömmlicher Arbeitsplätze gesichert" wird. Nur soweit es sich mit diesem Grundsatz vereinbaren ließe, sei eine „Weiterverwertung der Arbeitskräfte der Frauen für Arbeiten, die ihrer Eigenart entsprechen und sie gesundheitlich nicht schädigen, im wirtschaftlichen Interesse". Entlassungen sollten in folgender Reihenfolge durchgeführt werden:

> „a) *nicht auf Erwerb angewiesene Frauen* (z.B. solche, deren Ernährer wieder ausreichend verdient);
> b) *Frauen*, die *in anderen Berufen* (z.B. Landwirtschaft, häuslichen Berufen) sofort Arbeit finden können bzw. früher in ihnen tätig waren;
> c) *ortsfremde ledige Frauen*, sofern für Unterkunft auch nach der Entlassung, Rückführung in die Heimat und Versorgung dort gesorgt ist;
> d) *Jugendliche*, die einer geregelten Ausbildung zugeführt werden können."[30]

Die Entlassungen sollten „möglichst frühzeitig, tunlichst 14 Tage vorher" angekündigt werden. Es wurde empfohlen, bei der Arbeitsvermittlung „besondere Rücksicht auf die Auffüllung solcher Berufe" zu legen, „die Mangel an Arbeitskräften haben (Landwirtschaft, Hauswirtschaft), namentlich durch solche Frauen, die früher in diesen Berufen tätig waren".[31] Diese Richtlinien, die lediglich Empfehlungen waren, formulierten klar und eindeutig die Hauptziele, die bei der Demobilmachung der Frauenerwerbsarbeit verfolgt wurden: zum ersten die Arbeitsplatzbeschaffung für die Männer, zum zweiten die Wiederherstellung der herkömmlichen geschlechtsspezifischen Segmente auf dem Arbeitsmarkt und zum dritten die Stärkung der Familie durch Rückführung der Ehefrauen und Mütter in ihren „Hauptberuf". Die Wiederaufrichtung der vor dem Kriege vorherrschenden geschlechtsspezifischen Arbeitsteilung in Wirtschaft, Gesellschaft und Familie wurde als wichtiger Garant für eine Stabilisierung der unruhigen politischen Verhältnisse betrachtet. Gefürchtet wurde, daß die Erwerbslosigkeit zu einer weiteren Radikalisierung der verheirateten wie der ledigen Männer beitragen könnte, die von der Front zurückkehrten. Den Frauen wurde unterstellt, daß sie sich gegen ihre Entlassung höchstens vereinzelt wehren würden.

Um der befürchteten sozialen und politischen Unruhe unter den Erwerbslosen vorzubeugen und

„die Revolutionsbewegung nicht leichtsinnig zu nähren“[32], wurden die Gemeinden bereits am 13. November 1918 von der Reichsregierung per Verordnung verpflichtet, „eine Fürsorge für Erwerbslose einzurichten, der sie nicht den Rechtscharakter der Armenpflege beilegen“ durften. Sie sollte „arbeitsfähigen und arbeitswilligen über 14 Jahre alten Personen, die infolge des Krieges durch Erwerbslosigkeit sich in bedürftiger Lage befinden, gewährt werden“. Das Reich beteiligte sich mit drei, die Länder mit zwei Sechsteln an den Kosten. Über die Leistungsbemessung sollten die Gemeinden eigenverantwortlich befinden. Die neueingeführte allgemeine Erwerbslosenfürsorge, die an die vom Bundesrat am 18. Dezember 1914 beschlossene Arbeitslosenfürsorge im Rahmen der Kriegswohlfahrtspflege anknüpfte, wurde in den folgenden Wochen, Monaten und Jahren in zahlreichen Verordnungen modifiziert und den wechselnden Verhältnissen angepaßt, abgelöst wurde sie erst im Juli 1927 durch das AVAG.[33]

Die ersten Erwerbslosenfürsorge-Verordnungen nach Kriegsende bauten auf einer Unterstützung auf, deren Mindestsatz dem Ortslohn der Reichsversicherungsordnung entsprechen sollte. Um die Kosten zu beschränken, wurden bereits im Januar 1919 Höchstsätze – nach Ortsklassen, Geschlecht und Alter gestuft und durch Zuschläge für Familienangehörige ergänzt – und eine Begrenzung der Bezugsdauer auf 26 Wochen eingeführt. Weibliche Erwerbslose erhielten höchstens zwei Drittel des Unterstützungssatzes der Männer. Grundsätzlich sollte die Erwerbslosenunterstützung nur nach einer Prüfung der Bedürftigkeit vergeben werden. Mädchen und Frauen wurden, wenn sie mit dem erwerbstätigen Vater bzw. Ehemann in einem Haushalt lebten, in der Regel als „nicht bedürftig“ eingestuft. Ergänzt wurde die Erwerbslosenfürsorge durch die Anordnung vom 9. Dezember 1918 über Arbeitsnachweise, die unter finanzieller Beihilfe des Reiches den Ausbau der lokalen und zentralen Arbeitsnachweise verfügte. Zwecks zentraler Zusammenfassung der diesbezüglichen Tätigkeiten wurde im Winter 1919/20 zunächst eine Abteilung im Reichsarbeitsministerium geschaffen, die Anfang Mai 1920 in das neugegründete Reichsamt für Arbeitsvermittlung überführt wurde. Gesetzlich geregelt wurde dieses Aufgabenfeld durch das Arbeitsnachweisgesetz vom Juli 1922.[34]

Erster Schritt zur Umsetzung der ‚Richtlinien betr. die Überleitung der kriegswirtschaftlichen Frauenarbeit‘ war die Anordnung des Rates der Volksbeauftragten vom 12. November 1918, daß „die bei Beginn des Krieges aufgehobenen Arbeiterschutzbestimmungen ... wieder in Kraft gesetzt“ werden[35], deren Folge eine Einschränkung der Zugangschancen von Frauen zum Arbeitsmarkt war, denn ihre Beschäftigung war nun wieder in einer ganzen Reihe von Arbeitsplätzen untersagt. Den Verantwortlichen ging es bei dieser Anordnung nicht nur um den gesundheitlichen Schutz der erwerbstätigen Frauen, sondern auch um eine Wiederherstellung der Geschlechtersegregation auf dem Arbeitsmarkt. Zweiter Schritt war die Anordnung des DMA vom 1. Dezember 1918, zwecks Sicherstellung von „Ruhe und Ordnung“ die zurückkehrenden Kriegsteilnehmer bevorzugt in ihren alten Betrieben einzustellen[36].

Gesetzlich abgesichert wurde die in den Richtlinien angestrebte Demobilmachungspolitik durch die am 4. Januar 1919 erlassene Reichs-‘Verordnung über die Einstellung, Entlassung und Entlohnung gewerblicher Arbeiter während der Zeit der wirtschaftlichen Demobilmachung‘, die zunächst nur für Betriebe mit mindestens zwanzig Beschäftigten galt, und eine am 24. Januar 1919 folgende entsprechende Reichsverordnung für Angestellte, deren Geltungsbereich von vornherein nicht begrenzt war. Beide Verordnungen schränkten die Arbeitgeber in ihrer Arbeitnehmerpolitik weitgehend ein. Sie verpflichteten diese zur Wiedereinstellung der Kriegsteilnehmer, die am 14. August 1914 bei ihnen beschäftigt gewesen waren. Bevor die Betriebe hierfür bislang Beschäftigte entlassen durften, mußten sie kurzarbeiten lassen, konnten dies allerdings mit entsprechenden Lohnkürzungen verbinden. Erst wenn die „Verhältnisse des Betriebes“ eine Wiedereinstellung der ehemaligen Soldaten „ganz oder teilweise unmöglich“ machten, war es den Arbeitgebern gestattet, Entlassungen vorzunehmen, für die sie generell die Zustimmung der neugeschaffenen Arbeiter- und Angestelltenausschüsse brauchten. Bei den Kündigungen sollte darauf geachtet werden, daß die „älteren eingearbeiteten Arbeiter und diejenigen mit versorgungsberechtigter Familie" weiterbeschäftigt wurden, ebenso „Kriegshinterbliebene". Die Empfehlungen in Hinblick auf etwaige Entlassungen orientierten sich an den Richtlinien, waren jedoch ‚geschlechtsneutral' formuliert.[37] Gleiches galt für die Reichs-‚Verordnung über die Freimachung von Arbeitsstellen während der Zeit der wirtschaftlichen Demobilmachung' vom 28. März 1919, die die örtlichen Demobilmachungsausschüsse befugte, „Arbeitgeber zur Freimachung von Arbeitsstellen anzuhalten, wenn sich dies zur Bekämpfung der Arbeitslosigkeit als notwendig erweist". In ihr hieß es:

„Die Entlassung kann angeordnet werden gegenüber Arbeitnehmern, welche
1. weder auf Erwerb angewiesen sind, noch bei Kriegsausbruch einen Erwerbsberuf hatten;
2. bei Kriegsausbruch oder später als Arbeiter in einem land- oder forstwirtschaftlichen Haupt- oder Nebenbetrieb als Bergarbeiter oder als Gesinde tätig waren;
3. während des Krieges von einem anderen Ort zugezogen sind ..."[38]

Sämtliche noch folgenden Abänderungen und Neufassungen der Reichsverordnungen zur wirtschaftlichen Demobilmachung änderten an der grundsätzlichen Stoßrichtung gegen die Frauenerwerbsarbeit nichts.

In Hamburg wurde die wirtschaftliche Demobilmachung seit Oktober 1918 vorbereitet. Am 2. Dezember des Jahres nahm das neueingerichtete Arbeitsamt als Abteilung des Kriegsversorgungsamtes seine Tätigkeit auf. Ihm oblagen in Zusammenarbeit mit dem Demobilmachungskommissar und dem Demobilmachungsausschuß sämtliche arbeitsmarktpolitischen Aufgaben der wirtschaftlichen Demobilmachung. Im Februar 1920 wurde es in eine selbständige Behörde umgewandelt. Die offizielle Ernennung des Demobilmachungskommissars und des Demobilmachungsausschusses, deren Hauptaufgaben es waren, die Reichsbestimmungen zur Demobilmachung auf die Hamburger Verhältnisse anzuwenden sowie Maßnahmen zur Herstellung eines geordneten Wirtschaftslebens zu initiieren und zu kontrollieren, erfolgte am 28. November 1918 durch einen Erlaß des Arbeiter- und Soldatenrats. Der Demobilmachungsausschuß, der mit jeweils zwölf Arbeitgeber- und Arbeitnehmervertretern, unter denen sich nur *eine* Frau befand, paritätisch besetzt war, wurde im November 1920 dem Arbeitsamt angegliedert und bestand ab Januar 1921 nur noch als dessen Abteilung. Die Dienststelle des Demobilmachungskommissars wurde erst im April 1924 durch eine Reichsverordnung vom März des Jahres aufgelöst. Die verbleibenden Aufgaben übernahm das Gewerbeaufsichtsamt.[39]

Die Hamburger Demobilmachungspolitik entsprach in Hinblick auf die Frauenerwerbsarbeit der des Reiches. Am 11. April 1919 erließ der Demobilmachungsausschuß gestützt auf die Reichsverordnung vom 28. März 1919 eine ‚Bekanntmachung über die Freimachung von Arbeitsstellen während der Zeit der wirtschaftlichen Demobilmachung', deren Formulierung weitgehend dieser Reichs-Verordnung entsprach[40]. Erklärtes Ziel war, die „noch beschäftigten weiblichen Personen durch Kriegsteilnehmer" zu ersetzen[41]. Von den angeordneten Entlassungen waren fast ausschließlich Frauen betroffen: Alle Ehefrauen, die während des Krieges erwerbstätig geworden waren, wurden uneingeschränkt als „nicht erwerbsbedürftig" eingestuft, ebenso die jungen Mädchen, die in den Kriegsjahren ins Erwerbsleben eingetreten waren und durch Väter und Brüder „versorgt" werden konnten; sämtliche ledigen Arbeiterinnen und Angestellten, die in der Kriegszeit die Häuslichen Dienste verlassen hatten, sollten dorthin zurückgedrängt, die vielen zugezogenen Frauen wieder in ihre ländliche Heimat zurückgeschickt werden.[42] Veranlaßt worden war der Demobilmachungsausschuß zu dieser Bekanntmachung durch die außerordentlich hohe Erwerbslosigkeit, die trotz der Demobilmachungsverordnungen des DMA vom 4. und 24. Januar 1919 in Hamburg herrschte. Von 100.000 heimgekehrten Soldaten hatten im April 1919 in der Stadt erst

40.000 wieder einen Arbeitsplatz[43]. Die amtliche Arbeitsmarktstatistik zählte in diesem Monat 69.445 Erwerbslose (vgl. Tabelle 47).

Tab. 47: *Die Erwerbslosen und die vom Demobilmachungsausschuß freigemachten Stellen in der Stadt Hamburg. 1919–1920*[44]

Monat	Erwerbslose insgesamt [a)]		Freigemachte Stellen	
	1919	1920	1919	1920
Januar	74632	39140		554
Februar	69700	38954		594
März	70488	33404		992
April	69445	32198		1053
Mai	72048	33310		1055
Juni	68128	37675	366	1309
Juli	72389	38343	384	1418
August	74173	38496	358	1261
September	62324	37684	749	1273
Oktober	55106	34383	609	
November	51118	29886	318	
Dezember	43731	27886	385	

a) Geschlechtsspezifisch differenzierte Angaben liegen nicht vor.

Die Zahl der erwerbstätigen Frauen war in Hamburg zwar in den ersten Wochen nach Kriegsende drastisch zurückgegangen. Vor allem die Arbeiterinnenzahl sank schnell auf das Niveau der Vorkriegszeit (vgl. Tabelle 39), doch angesichts der erheblichen Schwierigkeiten, die die Umstellung von der Kriegs- auf die Friedensproduktion der Hamburger Wirtschaft bereitete, war die Erwerbslosigkeit hoch und ging erst seit Herbst 1919 langsam zurück.

Insbesondere verheiratete Arbeiterinnen scheinen nach der Rückkehr ihres Mannes in großer Zahl selbst die im Krieg eingenommene Stellung gekündigt bzw. widerspruchslos die Entlassung akzeptiert zu haben, da sie ihre Erwerbsarbeit in den Kriegsjahren ohnehin als „Notersatz" betrachtet hatten[45]. Auf sie wartete in Haushalt und Familie, die sie während des Krieges hatten vernachlässigen müssen, genug Arbeit. Die extremen Belastungen des Kriegsalltags hatten viele zudem so erschöpft, daß sie froh waren, vorerst nicht erwerbstätig sein zu müssen. Das hamburgische Gewerbeaufsichtsamt berichtete 1919:

> „Nach allgemeinen Beobachtungen hat ... zweifellos die Lebenshaltung und die Gesundheit der Arbeiterinnen schwer und ernst unter den Kriegsverhältnissen gelitten. Die seelischen Erschütterungen durch den Tod von Angehörigen, die vielen Entbehrungen, hervorgerufen durch den Mangel an allen Lebensbedürfnissen, an Nahrungsmitteln, Kleidung, Heizung und Beleuchtung, haben wie auf die ganze Bevölkerung so naturgemäß am meisten auf die Frauen und Mädchen der Arbeiterschaft unheilvolle Wirkung ausgeübt. Die Fabrik- und Werkstattarbeiterinnen, die durch fest geregelte Arbeitszeit verhindert waren, an den zeitraubenden Einkäufen, dem stundenlangen Anstehen vor den Ladengeschäften teilzunehmen, waren den Entbehrungen besonders ausgesetzt und mußten oft genug unter der Zerrüttung ihres Familienlebens und ihrer wirtschaftlichen Verhältnisse leiden."[46]

Hinzu kam, daß offenbar ein ganz erheblicher Teil der nach langen strapazen- und entbehrungsreichen Kriegsjahren heimkehrenden Männer von ihren Frauen erwartete, daß sie die Erwerbsarbeit aufgaben:

> „Wenn sie selbst wieder zu ihrer Berufsarbeit gingen, so wollten sie nach Feierabend einen Haushalt vorfinden, den die so lang entbehrte Frauengeschicklichkeit und Frauensorge oft mit den bescheidensten Mitteln wohnlich und gemütlich gemacht hatte."[47]

Auch von den ledigen Frauen verließen offensichtlich viele nach Kriegsende bald das Erwerbsleben bzw. akzeptierten die Kündigung durch den Arbeitgeber bereitwillig. Überwiegend waren es Verlobte, die sich nach den hinter ihnen liegenden Belastungen nach dem Rückzug in eine eigene Familie sehnten und deshalb die in der Kriegszeit aufgeschobene Heirat so schnell wie möglich nachholen wollten. In den ersten beiden Nachkriegsjahren stiegen Heirats- und Geburtenziffern in Hamburg, wie andernorts, außerordentlich stark an.[48]

Anders verhielt es sich mit der großen Zahl von Frauen, die während des Krieges erwerbstätig geworden waren und weiterhin Geld verdienen mußten: junge ledige Mädchen und Frauen, die durch ihre Erwerbsarbeit zum Unterhalt der Elternfamilie beitragen mußten, ältere verheirate Frauen, deren Mann das Familieneinkommen nicht bestreiten konnte oder wollte, und verwitwete oder geschiedene Frauen.[49] Sie verließen ihre Arbeitsstellen bei einer Kündigung höchst widerwillig, weil sie wußten, daß ihre Arbeitsmarktchancen angesichts der hohen Erwerbslosigkeit gering waren. Insbesondere jüngere Frauen waren über die Entlassung aus den neueroberten gewerblichen oder kaufmännischen Arbeitsplätzen empört und weigerten sich meist, in die Häuslichen Dienste oder die Landwirtschaft zurückzukehren, wo Arbeitsbedingungen und Entlohnung schlechter waren. Offene Stellen in diesen Bereichen konnten die öffentlichen Arbeitsnachweise in Hamburg trotz Erwerbslosigkeit nur sehr schwer besetzen.[50]

Das Interesse der erwerbsbedürftigen Frauen, ihren im Krieg eingenommenen gewerblichen oder kaufmännischen Arbeitsplatz zu behalten, deckte sich offensichtlich mit dem Interesse vieler Arbeitgeber. Der Hamburger Demobilmachungskommissar klagte Anfang Oktober 1919 in einem Schreiben an das Reichsarbeitsministerium, daß „ein größerer Teil der Arbeitgeber" den Demobilmachungsverordnungen nicht nachgekommen sei, weil sie bei einer Entlassung der im Krieg eingestellten, mittlerweile eingearbeiteten und zudem „billigen" Frauenarbeitskräfte, für die das Arbeits- bzw. Produktionsverfahren umgestellt worden war, „eine Herabsetzung der Arbeitsleistung und der Wettbewerbsfähigkeit" ihres Betriebes befürchteten; es würden

Tab. 48: *Die Arbeiterinnen in den vom hamburgischen Gewerbeaufsichtsamt erfaßten Betrieben der für die gewerbliche Frauenarbeit wichtigsten Branchen. 1913, 1919 und 1920*[51]

Gewerbezweig	Arbeiterinnen insgesamt			Veränderung (1913 = 100)		Von hundert Arbeitern waren weiblich		
	1913	1919	1920	1919	1920	1913	1919	1920
Metallverarbeitung	618	1105	1061	179	172	7,1	14,2	13,3
Maschinen-, Apparate- und Fahrzeugbau	501	875	886	175	177	1,4	2,7	2,2
Chemische Industrie	575	992	989	173	172	22,2	33,9	36,6
Textilindustrie	970	715	871	74	90	58,9	69,9	69,9
Papierindustrie	517	823	781	159	151	53,3	66,9	67,2
Vervielfältigungsgewerbe	1642	1706	1715	104	104	26,2	30,6	29,6
Holzindustrie	378	759	802	201	212	5,2	12,6	11,6
Nahrungs- u. Genußmittelindustrie	3956	3558	3403	90	86	25,4	32,9	33,4
Leder- u. Kautschukverarbeitung	1552	1684	1283	109	83	32,4	45,9	37,5
Bekleidungsgewerbe	7483	5654	5618	75	75	77,6	76,9	76,3
Reinigungsgewerbe	2507	1706	1715	80	72	65,0	72,8	73,3
Zusammen	21263	21389	20023	101	94	19,5	23,4	20,1

deshalb „zahlreiche Ausnahmegesuche" gestellt. Dies beeinträchtige erheblich die Wirkung der Demobilmachungsverordnungen.[52] Auf ein solches Arbeitgeberverhalten deuten auch die Erhebungen des hamburgischen Gewerbeaufsichtsamtes aus den Jahren 1919 und 1920 hin (vgl. Tabelle 48).

Zwar fiel die Zahl der Arbeiterinnen 1919/20 in den durch die hamburgische Gewerbeaufsicht erfaßten Betrieben insgesamt unter den Stand von 1913 und ihr Anteil an den gewerblich Beschäftigten ging soweit zurück, daß er nur noch knapp über dem Anteil von 1913 lag, doch in sämtlichen Branchen, in denen während des Krieges Arbeiterinnenzahl und -anteil überdurchschnittlich stark angestiegen waren, übertraf beides auch 1920 noch erheblich das Niveau von 1913. Dies galt selbst für die ausgesprochenen ‚Männer'-Industrien der Metallverarbeitung sowie des Maschinen-, Apparate- und Fahrzeugbaus. In den traditionellen ‚Frauen'-Branchen, vor allem dem Bekleidungs- und Reinigungsgewerbe und der Textilindustrie blieb die Beschäftigungslage nach Kriegsende zunächst außerordentlich schlecht. Dies änderte sich erst 1921/22 mit der ansteigenden Konjunktur, die auch die Konsumgüterindustrien erfaßte (vgl. Tabelle 39).

Der arbeitsmarktpolitische Erfolg der Bekanntmachung vom 11. April 1919 war für den hamburgischen Demobilmachungsausschuß unbefriedigend: In den ersten sechs Monaten nach ihrem Erlaß wurde lediglich die Freimachung von insgesamt 2.466 Arbeitsstellen erreicht. Der Demobilmachungskommissar forderte das Reichsarbeitsministerium deshalb Anfang Oktober 1919 in einem Schreiben zu einer noch schärferen Abfassung der Reichsverordnung vom 28. März 1919 auf[53]. Sie wurde am 1. Dezember 1919 erlassen und ermöglichte u.a. die Kündigung der „nicht auf Erwerb angewiesenen", die bereits vor Kriegsbeginn erwerbstätig gewesen waren, sowie derjenigen, die „seit dem 1. August 1914 ihren Beruf gewechselt" hatten, „sofern in dem Bezirke des Demobilmachungsausschusses ein erheblicher Mangel an Arbeitskräften ihres früheren Berufes" bestand[54]. Damit wurde der Kreis der von der sogenannten „Freimachungsverordnung" betroffenen Frauen erheblich erweitert: Die Demobilmachungsausschüsse bekamen das Recht, die Entlassung *aller* Mädchen und Frauen anzuordnen, die sie als „nicht-erwerbsbedürftig" einstuften, und konnten die Entlassung eines sehr viel größeren Teiles der Arbeitnehmerinnen anordnen, die im Verlauf des Krieges den Beruf gewechselt hatten. Die geänderte Reichsverordnung zielte zum einen auf die gänzliche Verdrängung der verheirateten Frauen aus dem Erwerbsleben, zum anderen auf eine noch weitergehende Wiederherstellung des geschlechtssegregierten Arbeitsmarktes.[55] Von der Ermächtigung der Reichsverordnung machte der Hamburger Demobilmachungsausschuß unverzüglich Gebrauch: Am 30. Dezember 1919 erließ er eine entsprechende Bekanntmachung[56].

Erst infolge dieser Bekanntmachung war sein Erfolg bei der Freimachung von Arbeitsstellen größer. Durch besondere Ermittlungsbeamte ließ er „alle in Frage kommenden Betriebe und Geschäfte überholen und daraufhin prüfen, ob dort Frauen beschäftigt waren, die einen Ernährer hatten oder sonst auf Grund der Verordnung" hätten entlassen werden müssen[57]. Mit der AOK-Hamburg vereinbarte er, daß seine Ermittlungsbeamten die AOK-Kartei der als nebenbeschäftigt gemeldeten Krankenversicherten mit den Listen der aus den Betrieben entfernten Frauen und Mädchen vergleichen konnten, um auf diese Weise die erneute Aufnahme einer Beschäftigung zu verhindern[58]. Die Zahl der freigemachten Stellen stieg seit Januar 1920 erheblich an, in den ersten sechs Monaten des Jahres waren es allein 5.557. Insgesamt wurden aufgrund der Bekanntmachungen des Demobilmachungsausschusses zwischen Mai 1919 und September 1920 rund 12.700 Stellen „freigemacht", davon 75 % im Jahr 1920. (vgl. Tabelle 47). Fast ausschließlich waren es Frauen, die auf diese Weise ihre Erwerbsarbeit verloren. Da die meisten entgegen der Einschätzung des Demobilmachungsausschusses erwerbsbedürftig waren, suchten sie unverzüglich wieder eine Stelle. Die Zusammenarbeit zwischen AOK und Demobilmachungsausschuß nötigte die einen, sich eine Erwerbsarbeit auf dem sekundären Arbeitsmarkt zu suchen, die sie ohne Kranken- und

Sozialversicherung ausüben konnten, und zwang die anderen, wieder eine schlechter entlohnte Tätigkeit in den traditionellen ‚Frauen'-Segmenten des primären Arbeitsmarktes zu übernehmen.[59]

Die allermeisten Frauen, die aufgrund der Freimachungsverordnung entlassen wurden, scheinen mit Enttäuschung, Resignation und Rückzug reagiert zu haben. Dies galt zumindest für viele junge ledige Arbeiterinnen und Angestellte aus dem sozialdemokratischen Milieu, die sich in den Kriegsjahren und der Revolutionszeit erstmals gesellschaftlich engagiert und organisiert hatten. Deren Reaktion beschreibt Agnes A.:

> „Ihr Protest äußerte sich vor allem im ‚Ohne-Mich-Standpunkt', dem Passiv-werden ... Die Demobilmachungsverordnung war für viele ein Enttäuschung. Sie hatten im Krieg arbeiten müssen, um Geld zu verdienen, hatten gelernt, was es heißt, selbständig zu denken, arbeiten und handeln, auch auf anderen Gebieten, und wollten das natürlich nicht aufgeben. ... Im Betrieb waren sie von den verbliebenen Kollegen aufgefordert worden, Mitglieder der Gewerkschaft zu werden und hofften nun, daß sie wirklich gleichberechtigt zum Zuge kommen würden ..."[60]

Viele Frauen, die 1918/19 Mitglied der freien Gewerkschaften oder der MSPD geworden waren, scheinen nicht zuletzt aus Enttäuschung über deren Demobilmachungspolitik schon bald wieder ausgetreten zu sein. Darauf deutet die Entwicklung der weiblichen Mitgliederzahlen beider Organisationen hin.[61]

Erst im Frühjahr 1921, angesichts einer sich zunehmend verbessernden Konjunktur, wurde auf Reichsebene mit dem Abbau der Demobilmachungsverordnungen begonnen. Am 5. März des Jahres wurde die Reichsverordnung über die Freimachung von Arbeitsstellen für den größten Teil des Deutschen Reiches außer Kraft gesetzt. Sie galt nur noch in Orten mit mindestens 100.000 Einwohnern und mehr als 1,5 % unterstützten Erwerbslosen.[62] Hamburg gehörte zu diesen Städten, doch auch hier wurde sie mit der Verbesserung der Arbeitsmarktlage immer umstrittener. Vor allem die Arbeitgeber protestierten gegen die Freimachungsverordnung, die ihre Arbeitnehmerpolitik in den Betrieben entgegen ihren ökonomischen Interessen reglementierte. Anfang August 1921 wurde der ‚Arbeitgeberverband Hamburg-Altona e.V.', einem Beschluß der Delegiertenversammlung folgend beim Senat vorstellig und verlangte ihre Aufhebung in der Hansestadt.[63] Gegen diese Arbeitgeberforderung wehrten sich die Gewerkschaften im Interesse ihrer männlichen Mitgliedermehrheit heftig, die bei einer unkontrollierten Konkurrenz der „billigeren" weiblichen Arbeitskräfte, um ihre Arbeitsplätze fürchtete. Ende September 1921 beschloß die Gewerkschaftsvorständekonferenz einstimmig ein Gutachten, in dem vor der Aufhebung der Freimachungsverordnung dringend gewarnt wurde.[64] Dessen ungeachtet schlug der Demobilmachungskommissar dies Ende November 1921 dem Senat vor, der sie zum 1. Februar 1922 außer Kraft setzte[65]. Die Reichsverordnung lief am 31. März 1922 aus. Endgültig aufgehoben wurden sämtliche Demobilmachungsverordnungen am 18. November 1923.

Der ADGB-Ortsausschuß Groß-Hamburg gab sich mit dem Senatserlaß nicht zufrieden und stellte 1922 wiederholt Anträge an die hamburgischen Staatsinstanzen, in denen er als eine Maßnahme zur Bekämpfung von Arbeitslosigkeit die Wiedereinführung der Freimachungsverordnung verlangte. Zur Absicherung seiner Forderung führte er im Oktober 1922, unterstützt von den Arbeiter- und Angestelltenräten, in allen größeren Betrieben eine Umfrage zum Beschäftigungsgrad durch, in der auch nach der Zahl der verheirateten Arbeiterinnen gefragt wurde, „deren Männer (sich) anderweitig in voller Beschäftigung" befanden. Die Umfrage-Ergebnisse faßte er in einer Denkschrift zusammen, die als Vorschlag zur Bekämpfung von Arbeitslosigkeit u.a. die Forderung enthielt, das Verbot „der Doppelbeschäftigung (Mann und Frau einer Familie)" wieder einzuführen. Um die arbeitsmarktpolitische Wirkung dieses Verbotes zu belegen, enthielt sie eine Liste aller 872 in den von der Umfrage erfaßten Betrieben arbeitenden Ehefrauen.[66] Das hamburgische Arbeitsamt griff die Initiative des ADGB-Ortsausschusses auf und schlug dem Senat im Dezember 1922 vor, beim Reichsarbeitsministerium die Wiedereinführung des Verbots der „Doppelbeschäftigung von Eheleuten" mittels einer Sonderermächtigung für großstädtische Bezirke zu beantragen[67]. Der Demobilmachungskommissar, der vom Senat um ein Gutachten gebeten worden war, empfahl ebenso wie der Wirtschaftsrat, die Deputation für Handel, Schiffahrt und Gewerbe sowie der Arbeitgeberverband eine Ablehnung des Vorschlages. Sein Gutachten vom 16. Februar 1923 ist ein hervorragendes Dokument für die arbeitsmarktpolitischen Auswirkungen des „Doppelverdiener-Verbotes" in der Nachkriegszeit:

> „Das Verbot der sogenannten Doppelbeschäftigung von Mann und Frau (hat sich) vielfach in der Richtung einer rücksichtslosen Verdrängung der Frauen ausgewirkt. So machten sich auf Seiten der Arbeitnehmer nicht nur Bestrebungen geltend, in *gewerblichen Betrieben* die Ehefrauen, deren Männer Verdienst hatten, aus der Stellung zu bringen oder verheiratete Garderoben- und Scheuerfrauen aus ihren alten Posten zu verdrängen, in denen sie teilweise seit Jahrzehnten tätig waren, sondern es wurde auf Grund der Freimachungsverordnung darauf hinzuwirken versucht, ganz allgemein die Beschäftigung von weiblichen Personen, z.B. im Gastwirtsgewerbe, im Versicherungsgewerbe und im Verkehrsgewerbe, zu verhindern. Auch die Eingabe des Ortsausschusses spricht nur von dem Ersatz verheirateter Frauen durch *männliche* Arbeitskräfte und berücksichtigt nicht auch weibliche Erwerbslose, die vielleicht in erster Linie geeignet wären, an die Stelle verheirateter Frauen zu treten ...
>
> Auch kann man nicht behaupten, daß durch Freimachung der vom Ortsausschuß angegebenen, für Hamburg verhältnismäßig geringen Zahl von Stellen, die von Ehefrauen besetzt sind, die erwartete große Arbeitslosigkeit erheblich herabgedrückt werden würde. Die Nachprüfung der Freimachungsanträge führt erfahrungsgemäß zur Belassung einer Anzahl von verheirateten Frauen in ihren Stellungen, sei es, daß die Plätze der verheirateten, besonders angelernten und befähigten Frauen nicht ohne weiteres durch andere Kräfte ausgefüllt werden können, sei es, daß bei Prüfung der Erwerbsbedürftigkeit der gegenwärtigen Wirtschaftslage, die bei vielen Familien im Gegensatz zu früheren Verhältnissen eine erwerbstätige Mitarbeit der Ehefrau erforderlich macht, mehr Rechnung getragen werden muß ... Die Erfahrung (hat) gelehrt, daß die Entlassenen bei einem anderen Arbeitgeber wieder in Arbeit traten ...
>
> (Ist es bereits; K.H.) nur nach langwierigen Ermittlungen gegen den Widerstand der Betroffenen und ihrer Arbeitgeber zu erreichen, (daß verheiratete weibliche Arbeitskräfte durch andere weibliche Arbeitskräfte, die erwerbslos sind, ersetzt werden), so vermehren sich die Schwierigkeiten noch, wenn es sich darum handelt, Frauen bei Arbeiten, für die sie sich besonders eignen, durch *männliche* Arbeitskräfte zu ersetzen, da damit leicht eine Herabsetzung der Arbeitsleistung und der Wettbewerbsfähigkeit des Betriebes verbunden sein kann ...
>
> Die geschilderten Erscheinungen auf dem Gebiete der Freimachung von Arbeitsstellen verheirateter Frauen läßt es nicht ratsam erscheinen, das Verbot der sogenannten Doppelbeschäftigung wieder einzuführen ... Die vorgeschlagene Maßnahme bedeutet nur ein kleines Mittel, daß bei erheblicher Arbeitslosigkeit ohne merkliche Wirkung bleiben wird ..."[68]

Das Gutachten des Hamburger Demobilmachungskommissars bestätigt, daß die mit Hilfe der Freimachungsverordnung betriebenen Frauenentlassungen in der Phase der wirtschaftlichen Demobilmachung nicht zu einer Entlastung des Arbeitsmarktes, sondern zu einer Umverteilung der Arbeitskräfte führte: Die traditionelle geschlechtsspezifische Arbeitsteilung im Erwerbsleben wurde weitgehend wiederhergestellt, d.h. die Frauen wurden zugunsten der Männer in die geringer qualifizierten und schlechter bezahlten Tätigkeiten auf dem weiblichen Segment des Arbeitsmarktes zurückgedrängt. In dem wiederhergestellten geschlechtssegregierten Arbeitsmarkt brachte die Entlassung der verheirateten Frauen keine Arbeitsplätze für Männer, sondern bestenfalls für ledige Frauen.

In der breiten Öffentlichkeit wurden in den ersten Nachkriegsjahren die realen arbeitsmarktpolitischen Wirkungen der Demobilmachungspolitik nicht gesehen[69]. Es bestand allgemein die Überzeugung, daß die Entlassung von Frauen Arbeitsplätze für Männer schaffen würde und die Demobilmachungsverordnungen deshalb ein probates Mittel gegen die hohe Arbeitslosigkeit unter den zurückgekehrten Kriegsteilnehmern seien.

Am lautstärksten wurde der Abbau der Frauenerwerbsarbeit durch eine strikte Anwendung der Demobilmachungsverordnungen von den männlichen Erwerbslosen gefordert, die in ihrer Not selbst vor der Denunziation angeblich „nicht-erwerbsbedürftiger" Frauen nicht zurückschreckten[70]. Unterstützung fanden sie bei der großen Mehrheit der männlichen Arbeitnehmer, die in den Kolleginnen nur „billige Schmutzkonkurrentinnen" sahen, die eigentlich „ins Haus" gehörten, sowie den von den Männern dominierten Betriebsvertretungen der Arbeiter und Angestellten, die entscheidenden Einfluß auf Einstellungen und Entlassungen hatten[71]. Auch die Berufsorganisationen der Männer, allen voran der ‚Deutschnationale Handlungsgehilfen Verband', sowie die freien Gewerkschaften, deren Politik ebenfalls weitgehend von Männern bestimmt wurde, trugen die Demobilmachungspolitik[72]. Mit Blick auf die weiblichen Mitglieder lehnten die freien Gewerkschaften allerdings einen generellen Kampf gegen die Frauenerwerbsarbeit ab. Der 10. Gewerkschaftskongreß Anfang Juli 1919 beschloß einen entsprechenden Antrag, der das „Recht der Frauen auf Arbeitsplätze, *die ihren Kräften und Fähigkeiten entsprechen*", bekräftigte und die Mitglieder verpflichtete, „bei Einstellungen und Entlassungen ... frauenfeindliche Bestrebungen nicht zur Geltung kommen" zu lassen[73]. An der antifeministischen Demobilmachungspraxis änderte dieser Beschluß nichts, der Frauen ohnehin nur ein geschlechtsspezifisch eingeschränktes „Recht auf Arbeit" zugestand. Die Gewerkschaftsforderung, „bei der Entlassung nicht schematisch (zu) verfahren, sondern auch soziale Gesichtspunkte gelten (zu) lassen", führte de facto zur Kündigung von Frauen, die generell als nicht bzw. weniger erwerbsbedürftig eingestuft wurden[74]. Auf dem 11. Gewerkschaftskongreß im Juni 1922 wurde rückblickend insbesondere die Entlassung der verheirateten Frauen als sozial gerechtfertigt. Im Bericht des ADGB-Bundesvorstandes zum Punkt „Frauenarbeit und Arbeiterinnenfragen" hieß es:

> „Daß in der Mehrzahl aller Fälle Frauen – besonders verheiratete – von den Vorschriften betroffen wurden, lag zum erheblichen Teil in den Verhältnissen. Vom volkswirtschaftlichen Standpunkt aus war es gerechter und leichter zu ertragen, wenn die Frau entlassen wurde, deren Mann in Arbeit stand, als zuzugeben, daß in einer Familie Mann und Frau arbeiteten und verdienten, während in der anderen die gesamten Familienmitglieder von der geringen Arbeitslosenunterstützung des Mannes leben mußten, weil der Mann keine Arbeit finden konnte."[75]

Diese Position teilten auch die führenden Funktionärinnen der freien Gewerkschaften. In ihrem Hauptreferat zur Frauenerwerbsarbeit auf dem 10. Gewerkschaftskongreß forderte Gertrud Hanna zwar, die Gewerkschaften dürften es nicht zulassen, daß sich in ihren Reihen wieder der Standpunkt breit mache: „Die Frau gehört ins Haus". Doch angesichts der Massenarbeitslosigkeit betrachtete auch sie die Erwerbslosigkeit von Frauen als das „kleinere Übel". Deren Entlassung ließe sich nicht umgehen, solange „Hunderttausende von Kriegsteilnehmern" erwerbslos seien. Klagen über ungerechtfertigte Entlassungen von Arbeiterinnen hielt sie in „vielen Fällen für übertrieben und mit Rücksicht auf die Gesamtlage (für) nicht berechtigt". Urheber der vereinzelt vorkommenden „Ungerechtigkeiten" seien überwiegend unerfahrene „Leute", die infolge der Revolutionsereignisse in die betrieblichen Arbeiter- und Angestelltenkommissionen sowie die örtlichen Gewerkschaftsleitungen gekommen seien. Auch die Frauen selbst treffe ein Teil der Verantwortung, denn die Männer könnten „über ihren Kopf hinweg bestimmen", weil die Frauen ihnen bisher die Arbeiten in den Organisationen überlassen hätten.[76] Eine ähnliche Argumentation durchzog die meisten öffentlichen Stellungnahmen führender Gewerkschafterinnen zur wirtschaftlichen Demobilmachung[77]. Grundsätzliche Kritik an der frauenfeindlichen Demobilmachungspolitik wurde in den Reihen der freien Gewerkschaften nur vereinzelt laut. Die Opponentinnen, überwiegend Gewerkschafterinnen, die USPD bzw. KPD nahestanden, hatten keine Chance, ihre Position in der Gewerkschaftspresse zu publizieren.[78] Selbst die ‚Gewerkschaftliche Frauenzeitung' veröffentlichte keine kritischen Grundsatzbeiträge zum Thema.

Erst angesichts der drastisch zurückgehenden Zahl weiblicher Mitglieder vermehrten sich in den freien Gewerkschaften die Stimmen, die sich kritisch mit der Demobilmachungspolitik auseinandersetzten. Es wurde zunehmend erkannt, daß aufgrund des geschlechtssegregierten

Arbeitsmarktes Frauenentlassungen kein Mittel waren, das Männern Arbeitsplätze schaffen konnte.[79] Am frühesten und konsequentesten setzte sich diese Erkenntnis in den freigewerkschaftlichen Angestelltenverbänden durch. Anläßlich einer Eingabe des ‚Deutschen Städtetages' vom März 1923 an das Reichsarbeitsministerium, ein Notgesetz zur Entlassung der „Doppelverdiener" zu erlassen, das primär die Entlassung verheirateter Arbeitnehmerinnen ermöglichen sollte[80] , überreichte der AfA-Bund dem Reichsarbeitsministerium im Juni 1923 ein umfangreiches Gutachten, in dem er betonte, daß auch „der verheirateten Frau das Recht auf freie Berufswahl und Entfaltung ihrer besonderen Kenntnisse und Fähigkeiten" zustehe und schon deshalb ein solches Notgesetz entschieden abzulehnen sei. Es sei zudem unsozial und „nicht geeignet ..., die Lage des Arbeitsmarktes volkswirtschaftlich gesehen zu verbessern, sondern höchstens zu verschleiern"[81].

Die MSPD betrieb die Demobilmachungspolitik nach Kriegsende ebenso kritiklos wie die freien Gewerkschaften. Selbst von den weiblichen Mitgliedern und Funktionären wurde ihre Notwendigkeit nicht in Frage gestellt. Dies zeigte sich auf der ersten MSPD-Reichsfrauenkonferenz nach Kriegsende im Juni 1919, auf der ein Schwerpunktthema „Frauenarbeit und Frauenschutz" war. Die Ausführungen der Referentin Gertrud Hanna, die weitgehend das gleiche vortrug, wie wenig später auf dem 10. Gewerkschaftstag, fanden die Zustimmung der Anwesenden.[82] Lediglich die extrem frauenfeindlichen Auswüchse der Demobilmachungspraxis wurden in der Folgezeit von den Führerinnen der MSPD-Frauenorganisation kritisiert. So unterstützten auch die MSPD-Parlamentarierinnen Anfang August 1919 eine „Interpellation weiblicher Abgeordneter an die Nationalversammlung", in der es hieß:

> „Tatsächlich vollziehen sich, teils unter dem Druck männlicher Berufsorganisationen, teils geradezu auf Anordnung der lokalen Demobilmachungsausschüsse, die Entlassungen in einem Umfang und in einer Art und Weise, in der nicht nur eine schwere Ungerechtigkeit den Frauen gegenüber liegt, sondern aus der auch schwere soziale und sittliche Gefahren sich ergeben müssen."[83]

Im Unterschied zu den Führerinnen der MSPD-Frauenbewegung lehnten die leitenden Funktionärinnen der USPD die Demobilmachungspolitik von Anfang an als antifeministisch ab. Zu den schärfsten Kritikerinnen gehörte Mathilde Wurm. In ihrem Referat zur Frauenerwerbsarbeit, das sie auf der USPD-Reichsfrauenkonferenz Ende November 1919 hielt, führte sie aus:

> „Zwischen Mann und Weib entspann sich ein ungeheurer Kampf um Arbeit und Brot. Der Kampf gegen die erwerbstätigen Frauen wurde unterstützt von den Behörden, von einem Teil der Unternehmer, und, was für uns als Sozialisten das Bitterste war, er wurde mit aller Schärfe geführt von den eigenen Klassengenossen der Arbeiterinnen, von den männlichen Arbeitskollegen. Die Masse der männlichen Arbeiter fragte gar nicht nach der Gleichberechtigung der Frau, sie fragte nicht danach, was aus den Frauen werden sollte, die während des Krieges das Heim aufrechterhalten hatten, mit Opfern ohne Zahl und durch Arbeit über ihre Kraft! Das alles war vergessen. Jeder Mann dachte nur daran, wie er selbst möglichst bald wieder zu einer nutzbringenden Arbeit gelangen könnte. Und so wurden die Frauen von ihren Klassengenossen aus der Arbeit verdrängt. Der Augenblick war gekommen, Klassensolidarität von Arbeiter zu Arbeiterin zu beweisen, und dieser große Augenblick, der einen entscheidenden Einfluß hätte ausüben können, neben der *politischen* Gleichberechtigung auch der Frau die *wirtschaftliche* Gleichberechtigung innerhalb der Arbeiterklasse selber zu verleihen, dieser große Augenblick fand ein kleines Geschlecht."[84]

In der MSPD-Frauenorganisation setzte sich nur langsam die Erkenntnis durch, daß nicht nur die Praxis der Demobilmachungspolitik, sondern die Verordnungen selbst dem Gleichberechtigungspostulat der Weimarer Verfassung widersprachen und zudem die Erwerbslosigkeit nicht beseitigten, sondern lediglich die soziale Not vergrößerten[85] . In diese Richtung zielende Kritik wurde erstmals auf der Kasseler Reichsfrauenkonferenz Mitte Oktober 1920 laut, die einen Parteitags-Antrag mit folgendem Wortlaut beschloß:

> „Der Parteitag beauftragt die Reichstagsfraktion, dafür zu sorgen, daß die die Frauenarbeit erschwerenden

Bestimmungen der Demobilmachungskommission aufgehoben und in der gleichen Weise wirkende Verordnungen nicht wieder erlassen werden.“[86]

Der Parteitag überwies diesen Antrag an die Reichstagsfraktion. Auf dem Görlitzer MSPD-Parteitag im September 1921 konnten die leitenden Funktionärinnen durchsetzen, daß im neuen Parteiprogramm die Forderung „Allgemeines Recht der Frauen auf Erwerb“ aufgenommen wurde[87]. Für diese Forderung setzten sich die Führerinnen der MSPD-Frauenorganisation seit Anfang der zwanziger Jahre innerhalb und außerhalb der Partei immer wieder ein.

Auf lokaler Ebene scheinen die MSPD-Funktionärinnen länger als auf zentraler Ebene die Demobilmachungspolitik unterstützt zu haben. Darauf deutet zumindest die Diskussion in der Hamburger Frauenorganisation hin, die Ende September 1920 folgenden Antrag für den bevorstehenden Reichsparteitag beschloß:

„In Anbetracht der immer mehr um sich greifenden Erwerbslosigkeit und der dadurch bedingten Not, ist es unbedingt notwendig, daß die Verordnung der Demobilmachungskommission, nach der die gleichzeitige erwerbstätige Beschäftigung von Mann und Frau verboten ist, streng durchgeführt wird ... Wir verlangen, daß das Gesetz auch auf die Beamten angewendet wird, solange die Arbeitslosigkeit es erfordert.“[88]

Diese Position wurde offenbar von den meisten Hamburger MSPD-Genossinnen geteilt: Die große Mehrheit der nichterwerbstätigen Hausfrauen konnte aus Angst vor der Erwerbslosigkeit des eigenen Ehemannes in den verheirateten Arbeitnehmerinnen meist nur Frauen sehen, die den Männern den Erwerb und den Familien den Ernährer nahmen; die kleine Gruppe der erwerbstätigen Ledigen sah in den verheirateten Arbeitnehmerinnen vorrangig Konkurrentinnen, die ihre Arbeitsmarktchancen verringerten[89].

Die programmatische Rückbesinnung der SPD auf die sozialistische Grundposition „allgemeines Recht der Frauen auf Erwerb“ hatte keine praktischen politischen Folgen. Dies zeigte schon bald die Haltung der Partei zur ‚Verordnung zur Herabminderung der Personalausgaben des Reiches‘, die von der bürgerlichen Reichsregierung am 27. Oktober 1923 erlassen wurde und die inflationsbedingte Krise der Staatsfinanzen durch einen drastischen Personalabbau in Reich, Ländern und Gemeinden beheben sollte[90]. Unter anderem wurde die Entlassung verheirateter Angestellter und Beamtinnen ermöglicht[91]. Dies widersprach Artikel 128 der Weimarer Verfassung:

„Alle Staatsbürger ohne Unterschied sind nach Maßgabe der Gesetze und entsprechend ihrer Befähigung und ihren Leistungen zu den Öffentlichen Ämtern zuzulassen.

Alle Ausnahmebedingungen gegen weibliche Beamte werden beseitigt ...“

Verheirateten Beamtinnen stand erst seit Beginn der Weimarer Republik der Staatsdienst offen[92]. Im Rahmen der Demobilmachungspolitik hatten die Politiker ihre verfassungsmäßig garantierten Rechte noch unangetastet gelassen. Sie wurden bei einer Heirat anders als im Kaiserreich nicht entlassen. Dies änderte sich mit der Personalabbauverordnung.

Anfang August 1925 beschloß der Reichstag zwar die Einstellung des Personalabbaus. Heiratende weibliche Angestellte brauchten nicht mehr entlassen zu werden. Der Antrag der weiblichen Abgeordneten aller Parteien, auch das Ausnahmerecht für verheiratete Beamtinnen abzuschaffen, wurde jedoch abgelehnt. Den bereits abgebauten, wie den zukünftig ausscheidenden Beamtinnen, wurde ebenso wie den entlassenen Angestellten lediglich eine Abfindungssumme bezahlt. Beamtinnen konnte in Zukunft nach ihrem Ausscheiden bei ungesicherten wirtschaftlichen Verhältnissen der Familie eine Abfindungssumme in Höhe des Ruhegehaltes gewährt werden. Die Kündigung war nun bei „Wahrung der dienstlichen Bedürfnisse“ mit einer dreimonatigen Frist beiden Seiten gestattet. Erst im März 1929 wurde das Ausnahmerecht für verheiratete Beamtinnen außer Kraft gesetzt.[93]

Die sozialdemokratisch regierten Länder – unter ihnen auch Hamburg – setzten die Personalabbauverordnung in Hinblick auf die Frauenentlassungen kritiklos um. Der hamburgische Senat verfügte am 22. November 1923 das Ausscheiden verheirateter Beamtinnen und Angestellter aus dem Öffentlichen Dienst zum 31. Dezember des Jahres. Auch alle künftig heiratenden Beamtinnen und Angestellten sollten entlassen werden. Der Senat ging davon aus, daß deren „wirtschaftliche Versorgung durch die Heirat gesichert ... (sei), so daß die Kündigung ohne nähere Ermittlung der Behörde über diesen Punkt ausgesprochen werden" könne.[94] Eine entsprechende Verfügung wurde am 24. Januar 1924 auch für die verheirateten Arbeiterinnen erlassen[95]. Über die Zahl der abgebauten verheirateten Beamtinnen, Angestellten, und Arbeiterinnen liegen keine Angaben vor. Zu ermitteln war lediglich, daß allein 296 verheiratete Lehrerinnen entlassen wurden[96]. Insgesamt ging die Zahl der Beamten im hamburgischen Staatsdienst infolge der Personalabbauverordnungen bis April 1924 um 8 % zurück, die der Angestellten um 19 % und die der Arbeiter um 14 %, im Reichsdurchschnitt waren die Abbauquoten sehr viel höher[97]. In der Hamburger Öffentlichkeit wurde die verfassungswidrige Entlassung der verheirateten Frauen im Öffentlichen Dienst lediglich von den Führerinnen des bürgerlichen ‚Stadtbundes Hamburgischer Frauenvereine' sowie den betroffenen Lehrerinnen kritisiert, die sich zu einem ‚Aktionsausschuß verheirateter Lehrerinnen' zusammenschlossen[98]. Die SPD rechtfertigte sie im ‚Hamburger Echo' als „Notmaßnahme", die „größeres Unrecht verhindern" solle[99].

Die Haltung der Gesamtpartei zum Abbau der verheirateten Frauen im Staatsdienst wurde auf der Berliner Reichsfrauenkonferenz im Juni 1924 scharf kritisiert[100]. Die Konferenzteilnehmerinnen verabschiedeten eine Resolution, in der sie „von der Partei" forderten, „daß sie ihren alten programmatischen Grundsatz: allgemeines Recht der Frauen auf Erwerb, theoretisch und praktisch energisch zur Durchführung bringt"[101]. Ein Jahr später beschloß der Heidelberger Parteitag einen in die gleiche Richtung zielenden Antrag[102]. Doch alle programmatischen Grundsatzbeschlüsse von Gesamtpartei und Frauenorganisation konnten nichts daran ändern, daß in wirtschaftlichen Krisenzeiten von der Masse der Parteimitglieder und Funktionäre beiderlei Geschlechts der Abbau der Erwerbsarbeit verheirateter Frauen als probates Mittel zur Bekämpfung von Erwerbslosigkeit betrachtet wurde. Dies zeigte sich in den Jahren der Wirtschaftskrise.

* * *

Hauptfunktion der Demobilmachung der Frauenerwerbsarbeit nach dem Ende des Ersten Weltkrieges war die möglichst weitgehende Wiederherstellung der geschlechtsspezifischen Arbeitsteilung in Wirtschaft, Gesellschaft und Familie. Die ledigen Frauen sollten auf das weibliche Segment des Arbeitsmarktes und die verheirateten Frauen in die Familie zurückgedrängt werden. Der Wirkungsbereich der Demobilmachungsverordnungen beschränkte sich auf die Arbeiterinnen und Angestellten. Die Beamtinnen, die in der Weimarer Verfassung erstmals den Beamten gleichgestellt wurden, blieben ausgeschlossen. Erst die Personalabbauverordnung ermöglichte die verfassungswidrige Entlassung der verheirateten Beamtinnen. Damit wurde die Umstrukturierung des Arbeitsmarktes nach Kriegsende vorerst abgeschlossen.

Nach der Demobilmachungsphase bestand Konkurrenz auf dem Arbeitsmarkt real wieder vorrangig innerhalb der geschlechtsspezifischen Segmente, d.h. unter Frauen und unter Männern. Dies war eine Ursache dafür, daß in den folgenden Rezessionsphasen ledige Frauen vehement die Forderung nach dem „Abbau der Doppelverdiener" vertraten. Sie waren häufig noch schärfere Gegnerinnen der Erwerbsarbeit verheirateter Frauen als die Männer, denn sie profitierten auf dem geschlechtsspezifisch segregierten Arbeitsmarkt am direktesten von der Verdrängung verheirateter Frauen.

3.2.2 *Der Kampf gegen die „Doppelverdienerinnen" in der Wirtschaftskrise*

3.2.2.1 Geschlechtsspezifische Erwerbslosigkeit

Seit Herbst 1929 stieg die Erwerbslosenzahl in Hamburg wie andernorts stetig an. Im Sommer 1932, auf dem Höhepunkt der Wirtschaftskrise, suchten 34.000 Frauen und 119.000 Männer in der Stadt eine Stelle (vgl. Tabelle 49). Jeder zweite Arbeiter und jeder vierte Angestellte hatte keine Arbeit; einschließlich der Familienangehörigen war fast ein Viertel der Bevölkerung von der Erwerbslosigkeit betroffen. Von den Erwerbstätigen mußte zudem rund ein Fünftel kurzarbeiten.[103]

Tab. 49: *Der Hamburger Arbeitsmarkt. 1928–1932 Arbeitssuchende und Unterstützungsempfänger(innen)*[104]

Jahr	Monat[a)]	Arbeitssuchende insg.	Arbeitssuchende Frauen	Unterstützungsempfänger insg.	Unterstützungsempfänger Frauen	Von den Unterstützten erhielten ALU insg.	ALU Frauen	KRU insg.	KRU Frauen
1928	Januar	49221	10896	27456	5641				
	Juni	44350	11961	28993	7417	25049	6405	3944	1012
1929	Januar	56778	12426	38270	8125	34271	7334	3999	791
	Juni	43318	12182	33385	8920	27231	7403	6154	1517
1930	Januar	66734	14731	43984	8820	38057	7602	5927	1218
	Juni	67976	15450	47782	10724	38435	8679	9347	2045
1931	Januar	99907	19511	62783	12431	43634	8690	19149	3741
	Juni	103617	20873	62209	11718	39217	8462	22992	3256
1932	Januar	148075	30497	81556	15175	38965	9374	42591	5801
	Juni	153195	33975	73680	14154	27989	7429	45691	6725

Jahr	Monat[a)]	Auf 100 zu besetz. Stellen entfielen Arbeitssuchende M	F	Von hundert Arbeitssuchenden waren Frauen	Unterstützungsempf. waren Frauen	Empfängern von ALU waren Frauen	KRU waren Frauen	Arbeitssuchenden wurden unterstützt M	F	Unterstützten erhielten KRU M	F
1928	Januar	210	255	22,1	20,5			56,9	51,8		
	Juni	218	298	27,0	25,6	25,6	25,7	66,6	62,0	13,6	13,6
1929	Januar	239	305	21,9	21,2	21,4	19,8	68,0	65,4	10,6	9,7
	Juni	222	318	28,1	26,7	27,2	24,7	78,6	73,2	19,0	17,0
1930	Januar	388	459	22,1	20,1	20,0	20,6	67,6	59,9	13,4	13,8
	Juni	337	517	22,7	22,4	22,6	21,9	70,6	69,4	19,7	19,1
1931	Januar	666	775	19,5	19,8	19,9	19,5	62,6	63,7	30,6	30,1
	Juni	841	1036	20,1	18,8	21,6	14,2	61,0	56,1	39,1	27,8
1932	Januar			20,6	18,6	24,1	13,6	56,5	49,8	55,4	38,2
	Juni			22,2	19,2	26,5	14,7	49,9	41,7	65,5	47,5

a) Jeweils Monatsende.

Die Zahl der Beschäftigten in Hamburger Gewerbebetrieben ging erheblich zurück, gemäß den amtlichen Betriebszählungen zwischen 1925 und 1933 um 24 %; gleichzeitig war die Zahl der

Erwerbsfähigen um mehr als 8 % angestiegen[105]. Am stärksten betroffen waren vom Rückgang Industrie und Gewerbe, wo 1933 rund 35 % Beschäftigte weniger arbeiteten. Die einzelnen Branchen der Wirtschaftsabteilung litten unter der Rezession in sehr unterschiedlichem Maße, dies veranschaulicht folgende Übersicht:[106]

Branchen in Industrie und Gewerbe mit hohem Beschäftigtenrückgang	Rückgang der Beschäftigtenzahlen zwischen 1925 und 1933	
Maschinen-, Apparate- und Fahrzeugbau	- 19157	- 54,2 %
Baugewerbe	- 12956	- 43,7 %
Holz- und Schnitzstoffgewerbe	- 7516	- 58,8 %
Bekleidungsgewerbe	- 7293	- 38,9 %
Metallwarenherstellung	- 4818	- 39,8 %
Papierindustrie und Vervielfältigungsgewerbe	- 3363	- 28,3 %
Elektrotechnik und Feinmechanik	- 3134	- 36,3 %
Kautschukindustrie	- 2851	- 61,7 %
Nahrungs- und Genußmittelindustrie	- 2769	- 11,9 %
Textilindustrie	- 1659	- 47,6 %
Industrie und Gewerbe insgesamt	- 66858	- 35,4 %

Am höchsten war der Beschäftigungsrückgang absolut und relativ in den Produktionsgüterindustrien, in denen überwiegend Männer arbeiteten, deutlich geringer in den Konsumgüterindustrien, in denen die meisten Frauen tätig waren. Hier wurde dafür in sehr viel höherem Maße kurzgearbeitet (vgl. Tabelle 44)[107]. Eine Ausnahme bildete die Textilindustrie, in der zu Beginn der Rezession überdurchschnittlich häufig kurzgearbeitet wurde, seit 1930 jedoch immer mehr Beschäftigte entlassen wurden und infolgedessen deren Zahl bis 1933 stark abnahm. Lediglich das Reinigungsgewerbe wies zwischen 1925 und 1933 einen Zuwachs auf, die Zahl der Beschäftigten stieg um 2.190 (32 %). In der Chemischen Industrie blieb die Beschäftigtenzahl annähernd gleich.

In Handel und Verkehr Hamburgs war der Beschäftigungsrückgang mit 16 % geringer. Auch hier verlief die Entwicklung in den einzelnen Branchen verschieden:

Branchen in Handel und Verkehr mit hohem Beschäftigtenrückgang	Rückgang der Beschäftigtenzahlen zwischen 1925 und 1933	
Großhandel	- 20583	- 34,8 %
Verkehrsgewerbe	- 15683	- 20,1 %
Vermittlung, Verwaltung, Beratung	- 4197	- 19,2 %
Gaststättengewerbe	- 3145	- 14,4 %
Handel und Verkehr insgesamt	- 45091	- 16,0 %

Betroffen waren vom Beschäftigungsrückgang auch in dieser Wirtschaftsabteilung am stärksten Gewerbezweige, in denen der Frauenanteil relativ gering war. Im Einzelhandel hingegen, wo Frauenarbeit überwog, stieg die Zahl der Beschäftigten zwischen 1925 und 1933 um 1.148 (2 %) an. Auch das Versicherungsgewerbe verzeichnete einen Zuwachs, hier nahm die Beschäftigtenzahl um 884 (14 %) zu.

Insgesamt war die Beschäftigungslage in der Krise in den Bereichen der hamburgischen Wirtschaft am günstigsten, in denen Erzeugnisse bzw. Dienstleistungen des absolut unentbehrlichen alltäglichen Bedarfs produziert bzw. angeboten wurden[108]. Hier wurden in relativ starkem Maße Frauen beschäftigt; infolgedessen waren weibliche Angestellte, vor allem aber Arbeiterinnen, vom Beschäftigungsrückgang weniger stark betroffen als ihre männlichen Kollegen; der Frauenanteil an den Arbeitern stieg laut Statistik des hamburgischen Gewerbeaufsichtsamtes zwischen 1929 und 1932 von 20 % auf 25 %, der Frauenanteil an den Angestellten blieb mit 37 % gleich (vgl. Tabelle 39). Eine ähnliche Tendenz zeigte sich in der Rezession auch in anderen großstädtischen Regionen des Deutschen Reiches[109].

Die Beschäftigungspolitik der Arbeitgeber traf im Verlauf der Wirtschaftskrise die Arbeitnehmer je nach Berufserfahrung und Berufsqualifikation in sehr unterschiedlichem Maße. In der ersten Phase von Ende 1929 bis Ende 1930 scheinen zunächst vorrangig die Randbelegschaften abgebaut worden zu sein. Besonders betroffen waren zum einen unerfahrene und ungelernte Kräfte, die jederzeit ersetzt werden konnten, vorrangig Jugendliche und Frauen, zum anderen ältere, nicht mehr voll leistungsfähige Kräfte. Angelernte und gelernte Kräfte, die zum Stammpersonal zählten, mußten unabhängig von Geschlecht und Familienstand in der ersten Phase seltener mit einer Kündigung rechnen. In der zweiten Phase von Anfang 1931 bis Ende 1932, auf dem Höhepunkt der Krise, wurde zunehmend auch berufserfahrenes und qualifiziertes Stammpersonal entlassen und nur noch eine kleine Kernbelegschaft weiterbeschäftigt. Je nach Auftragslage stellten die Arbeitgeber zusätzlich befristet Hilfskräfte ein, unter denen sich als anspruchslose und flexible Arbeitskräfte relativ viele Frauen fanden, die vor allem in Industrie und Gewerbe deshalb bevorzugt wurden, weil sie „billiger“ und zudem aufgrund ihrer Berufserfahrung und Berufseinstellung sowie ihrer schlechten Rechtsposition als Erwerbslose eher als männliche Arbeitslose bereit waren, diese extrem gering bezahlten kurzfristigen Jobs zu übernehmen. Erst in der dritten Phase der Krise von Anfang 1933 bis Ende 1934, der Aufschwungperiode, sank die Frauenbeschäftigungsquote wieder, blieb allerdings über dem Niveau vor Beginn der Rezession.[110]

Die Erwerbslosenstatistik der amtlichen Berufszählung aus dem Jahr 1933 bestätigt für den hamburgischen Staat die Tendenz der Entwicklung der Beschäftigtenzahlen (vgl. Tabelle 50): Die Erwerbslosenquote lag in Industrie und Gewerbe am höchsten, 45 % der Männer und 33 % der Frauen hatten hier keine Arbeit. Extrem groß war die Frauenerwerbslosigkeit in der Wirtschaftsabteilung bei der „Lohnarbeit wechselnder Art“, überdurchschnittlich hoch daneben auch in der Holzindustrie sowie in der Textil-, Kautschuk- und Papierindustrie. Auffallend ist, daß die Arbeitslosenquote der verheirateten Frauen, die allgemein geringer war als die der ledigen, in letzteren drei Branchen höher lag. Verheiratete wurden hier offensichtlich in stärkerem Maße entlassen als Ledige. Deutlich niedriger lag die Erwerbslosenquote in Handel und Verkehr, wo 27 % der männlichen und 21 % der weiblichen Erwerbspersonen arbeitslos waren. Die Häuslichen Dienste, in denen fast ausschließlich Frauen tätig waren, wiesen eine Erwerbslosenquote von 23 % auf. Am geringsten war die Erwerbslosigkeit in den Öffentlichen und Privaten Diensten, nur hier übertraf laut Statistik die Arbeitslosenquote der Frauen (14 %) die der Männer (12 %). Ursache war der Personalabbau im Staatsdienst, bei dem vorrangig weibliche Beschäftigte entlassen wurden. Frauen scheinen nach dieser Statistik von der Erwerbslosigkeit in geringerem Maße betroffen gewesen zu sein als Männer, 32 % aller männlichen aber nur 23 % aller weiblichen Erwerbspersonen waren arbeitslos. Übertroffen wurde die Erwerbslosenquote der Männer von der der Frauen außer in den Öffentlichen und Privaten Diensten in bedeutendem Maße lediglich in der Textil- und Papierindustrie sowie in der Nahrungs- und Genußmittelindustrie.

Die amtliche Statistik über die Zahl der Erwerbslosen vermittelt weder ein realistisches Bild über das Ausmaß der Erwerbslosigkeit noch über die Betroffenheit der Geschlechter. Die „unsichtbare Arbeitslosigkeit“ war groß und stieg aufgrund der staatlichen Sozialpolitik im Verlauf der Wirtschaftskrise erheblich an. Nach zeitgenössischen Schätzungen war 1932 ca. ein Fünftel aller Erwerbslosen nicht durch die amtliche Statistik erfaßt. Hauptsächlich waren es Arbeitslose ohne Anspruch auf öffentliche Unterstützung und ohne Hoffnung, durch Vermittlung des Arbeitsamtes eine Stelle zu bekommen. Die Mehrzahl von ihnen meldete sich nicht mehr bei den Arbeitsämtern.[111] Eine große, wenn nicht die größte Gruppe der „unsichtbaren Erwerbslosen“

Tab. 50: *Die Erwerbslosen im hamburgischen Staat nach Geschlecht und Familienstand in den Wirtschaftsgruppen und Wirtschaftsabteilungen. 1933*

Wirtschaftsgruppe	Erwerbslose insgesamt	Von hundert						
		Erwerbspersonen waren erwerbslos	männlichen	weiblichen	Erwerbspersonen	Erwerbslosen	weiblichen Erwerbspers. waren verheiratet	weiblichen verheirateten Erwerbspersonen waren erwerbslos
			Erwerbspersonen waren erwerbslos		waren Frauen			
Landwirtschaft	2603	18,8	26,2	3,7	32,7	6,5	56,1	1,3
Forstwirtschaft	544	25,5	25,4	28,1	5,7	6,3	16,5	20,0
Bergbau / Industrie der Steine	1323	54,0	55,1	41,2	8,1	6,2	24,1	35,4
Metallgewinnung	1002	40,9	41,6	25,9	4,6	2,9	18,8	23,8
Metallwarenherstellung	7460	47,8	49,8	28,2	9,4	5,5	24,8	27,8
Maschinenbau	15685	56,8	57,5	35,8	3,1	2,0	15,8	37,5
Elektrotechnik	2788	43,5	45,8	32,5	17,2	12,9	17,2	39,5
Feinmechanik	777	30,7	31,6	24,5	13,0	10,4	26,4	17,2
Chemische Industrie	2722	26,7	27,6	24,8	34,8	32,4	15,6	33,3
Textilindustrie	1838	49,7	46,0	51,9	63,1	65,8	25,1	50,5
Papierindustrie	944	36,6	33,6	38,8	58,5	62,0	17,2	52,3
Druckgewerbe	3026	35,4	35,7	34,6	27,6	27,0	20,3	39,5
Lederindustrie	562	45,0	48,0	31,7	18,4	13,0	22,6	38,5
Kautschukindustrie	1367	42,8	45,3	39,2	41,5	38,0	17,4	51,5
Holzindustrie	6287	53,9	55,2	39,3	7,6	5,6	21,5	39,8
Musikinstrumentebau	432	60,7	63,1	32,1	7,9	4,2	19,6	18,2
Nahrungsmittelindustrie	10328	30,9	29,5	33,7	34,1	37,1	27,8	30,9
Bekleidungsgewerbe	7041	26,8	26,5	26,9	58,3	58,7	20,2	22,0
Baugewerbe	19520	54,3	55,1	30,4	3,3	1,8	23,0	21,9
Wasser / Gas / Elektrizität	674	12,7	12,3	18,8	6,4	9,5	11,5	17,9
Ohne feste Stellung	2933	86,2	89,3	81,9	41,2	39,1	14,9	62,7
Handelsgewerbe	35729	23,1	24,1	21,1	34,7	31,8	26,9	10,0
Versicherungswesen	2190	14,6	14,6	14,6	25,3	25,4	13,5	10,5
Reichspost und -bahn	1558	8,7	9,1	6,5	13,3	9,9	7,2	5,8
Verkehr	21892	34,7	35,3	17,3	3,4	1,7	23,7	11,5
Gastwirtschaften	7986	32,1	36,2	27,3	45,8	38,9	31,0	17,0
Wirtschaftsabteilung								
Land- und Forstwirtschaft	3147	19,7	26,0	4,4	29,1	6,5	55,1	1,4
Industrie und Gewerbe	86709	42,7	45,4	33,2	22,6	17,6	21,7	31,5
Handel und Verkehr	69355	25,2	26,6	21,2	26,6	22,4	26,1	11,3
Öffentliche und Private Dienste	9652	12,7	11,9	14,2	37,5	41,8	13,8	13,4
Häusliche Dienste	7554	23,1	43,3	22,8	98,7	97,5	4,1	54,3
Insgesamt	176417	29,2	32,0	23,0	30,6	24,0	20,0	17,8

Quelle: VBBZ 1935, 14ff.

bildeten Frauen, insbesondere Ehefrauen. Eine zeitgenössische Studie schätzte, daß im Winter 1932/33 auf 100 registrierte weibliche Arbeitslose mindestens 31 nicht sichtbare kamen, auf 100 gemeldete männliche Erwerbslose hingegen nur 24. Daneben gehörten vor allem junge und ältere Arbeitnehmer zu den „unsichtbaren Arbeitslosen".[112]

Die vergleichende Analyse der Entwicklung der Beschäftigtenzahlen einerseits und der sichtbaren und unsichtbaren Erwerbslosenzahlen andererseits deutet darauf hin, daß das Risiko entlassen zu werden in der Wirtschaftskrise nur für qualifizierte berufserfahrene Arbeiterinnen in den Konsumgüterindustrien deutlich geringer war als für die Masse der Arbeiter. Sie mußten dafür sehr viel häufiger kurzarbeiten. Ansonsten scheinen die Arbeitsmarktchancen der Frauen, entgegen dem Eindruck der amtlichen Arbeitslosenstatistik nicht besser gewesen zu sein als die der Männer. Für die erwerbslosen Frauen, die auf eine regulär entlohnte Vollzeitstelle angewiesen waren und sich beim Arbeitsamt als arbeitssuchend meldeten, wurde es zunehmend schwieriger, eine Arbeit zu finden; ihre Aussichten waren auf dem Höhepunkt der Krise deutlich schlechter als die der Männer: Im Sommer 1931 entfielen im hamburgischen Staat auf 100 zu besetzende Stellen bei den Frauen 1.036 Arbeitssuchende bei den Männern hingegen 841 (vgl. Tabelle 49). Lediglich bei den extrem schlecht bezahlten Gelegenheitsjobs waren ihre Chancen größer. Darum fragten immer mehr arbeitssuchende Frauen beim Arbeitsamt nach einer Tätigkeit im Häuslichen Dienst oder einer Lohnarbeit wechselnder Art nach. Diese Entwicklung verdeutlicht für den hamburgischen Staat folgende Übersicht[113]:

Jahr	Arbeitssuchende Frauen insgesamt		V.h. arbeitssuchenden Frauen fragten nach	
	Lohnarbeit wechselnder Art	Häusliche Dienste	Lohnarbeit wechselnder Art	Häuslichen Diensten
1928	791	1960	7,2	17,9
1930	1636	2699	11,1	18,3
1932	3630	8054	11,9	26,4

Insbesondere verheiratete Frauen scheinen versucht zu haben, eine Arbeit in den Häuslichen Diensten zu finden: zum einen erwerbslose Ehefrauen, die ihre Stelle in Industrie und Gewerbe verloren hatten und weiter auf Verdienst angewiesen waren, zum anderen bisher nicht hauptberuflich erwerbstätige Hausfrauen, die aufgrund der Arbeitslosigkeit des Mannes gezwungen waren, Erwerbsarbeit zu finden. Ihre Aussichten, eine Stelle zu bekommen, verschlechterten sich jedoch aufgrund der stark zurückgehenden Arbeitskräftenachfrage und der wachsenden Konkurrenz auch in den Häuslichen Diensten. Die Erwerbslosenquote der verheirateten Frauen lag deshalb 1933 hier erheblich über dem Durchschnitt (vgl. Tabelle 50).

Die soziale Absicherung der erwerbslosen Frauen war in der Regel sehr viel schlechter als die der arbeitslosen Männer. Die gesamte Sozialpolitik war in der Weimarer Republik darauf ausgerichtet, auch in Notzeiten die Reproduktion der Familie über den Mann als „Ernährer" zu sichern. Frauen wurden als Angehörige von Männern – Vätern oder Ehemännern – behandelt, allenfalls als ‚Zuverdienerinnen'. Sie fielen demgemäß in erheblich stärkerem Maße durch die ohnehin grob gestrickten Maschen des sozialen Netzes der Sozialversicherungen und wurden mehr schlecht als recht durch die allgemeine Fürsorge aufgefangen.

Am 16. Juli 1927 war nach langwierigen Auseinandersetzungen das AVAG verabschiedet worden, mit dem die Erwerbslosenunterstützung auf der Grundlage des Versicherungsprinzips neu geregelt und die „Bedürftigkeitsprüfung" offiziell abgeschafft wurde. Das Fürsorgeprinzip der im Rahmen der wirtschaftlichen Demobilmachung eingeführten Erwerbslosenfürsorge war zwar

Tab. 51: *Die Unterstützungsempfänger(innen) in Hamburg nach dem Geschlecht und der Höhe der Unterstützung. 1929–1932*[a)]

Lohnklasse	Wöchentlicher Arbeits-verdienst in Reichsmark	Wöchentliche Arbeitslosen-unterstützung eines/r Ledigen in Reichsmark				Von hundert Empfänger(inne)n von ALU waren in der Lohnklasse							
						Männer				Frauen			
		1929	1930	1931	1932	1929	1930	1931	1932	1929	1930	1931	1932
I	bis 10	6,00	6,00	5,60	5,10	0,9	1,0	0,6	1,6	2,2	1,4	2,6	4,2
II	10–14	7,80	7,80	7,20	6,00	1,0	0,8	0,6	2,0	3,2	2,5	5,9	11,1
III	14–18	8,80	8,80	8,00	7,20	1,0	1,1	0,8	1,5	5,5	5,3	5,6	7,8
IV	18–24	9,87	9,87	8,82	8,40	2,0	2,1	2,1	3,5	16,2	17,1	26,9	25,8
V	24–30	10,80	10,80	9,45	8,40	3,5	3,3	3,2	5,1	28,4	28,2	23,0	24,8
VI	30–36	13,20	13,20	11,55	8,40	5,9	4,3	4,3	8,8	22,9	22,4	18,5	16,1
VII	36–42	14,63	14,63	12,68	9,90	16,8	11,7	9,7	14,9	10,3	14,5	10,4	5,7
VIII	42–48	15,75	15,75	13,50	9,90	22,9	22,5	27,9	32,8	6,4	4,5	2,9	2,4
IX	48–54	17,85	17,85	15,30	11,70	11,0	14,3	13,8	10,7	3,1	1,9	2,4	1,0
X	54–60	19,95	19,95	17,10	11,70	11,8	11,5	14,7	7,1	0,9	1,1	0,8	0,7
XI	über 60	22,05	22,05	18,90	11,70	23,2	27,6	22,5	11,9	0,8	1,2	0,9	0,5
ALU-Empfänger(innen) insgesamt						22242	31410	27226	15060	6844	8468	6555	5342

Lohnklasse	Wöchentlicher Arbeits-verdienst in Reichsmark	Wöchentliche Krisen-unterstützung eines/r Ledigen in Reichsmark				Von hundert Empfänger(inne)n von KRU waren in der Lohnklasse							
						Männer				Frauen			
		1929	1930	1931	1932	1929	1930	1931	1932	1929	1930	1931	1932
I	bis 10	6,00	6,00	5,60	5,10	0,1	0,1	0,1	0,2	0,1	0,2	0,4	0,8
II	10–14	7,80	7,80	7,20	6,00	0,5	0,2	0,1	0,3	0,3	1,0	1,0	2,7
III	14–18	8,80	8,80	8,00	7,20	1,1	0,2	0,2	0,3	2,5	2,1	2,1	2,9
IV	18–24	9,87	9,87	8,82	8,40	2,5	0,9	1,0	1,4	12,0	5,9	20,8	16,4
V	24–30	10,80	9,87	8,82	8,40	5,1	1,6	2,2	2,9	20,8	17,7	26,3	28,2
VI	30–36	13,20	9,87	8,82	8,40	13,0	6,2	5,2	4,8	39,2	42,1	12,5	25,3
VII	36–42	13,20	10,80	9,45	9,90	14,6	16,9	11,2	12,3	13,9	20,0	14,9	13,7
VIII	42–48	14,63	10,80	9,45	9,90	16,7	27,7	13,1	20,4	3,7	8,3	10,7	4,7
IX	48–54	14,63	13,20	11,55	11,70	12,9	11,0	14,9	14,8	2,1	2,6	5,5	2,6
X	54–60	15,75	13,20	11,55	11,70	12,7	11,6	15,2	15,4	2,1	-	4,4	1,5
XI	über 60	15,75	13,20	11,55	11,70	20,9	23,6	36,8	27,4	3,4	-	1,5	1,2
KRU-Empfänger(innen) insgesamt						3889	10408	31791	35254	1148	2468	4510	6233

a) Stichtag jeweils 15. Oktober.

Quelle: Büttner 1982, 705; eigene Berechnungen.

bereits mit der Verordnung vom 15. Oktober 1923 durchbrochen worden, indem zu Gunsten der öffentlichen Hand der Hauptteil (8/9) der Kosten je zur Hälfte den krankenversicherungspflichtigen Arbeitnehmern und ihren Arbeitgebern übertragen wurde, die Überprüfung der Bedürftigkeit wurde aber beibehalten. Weibliche Erwerbstätige mußten den gleichen Beitrag wie männliche zahlen, ohne das gleiche Recht auf Unterstützung zu haben; sie galten in der Regel nach wie vor als „nicht bedürftig". Zwar beschloß der Reichstag bereits am 23. Juli 1924 die Gleichstellung von weiblichen und männlichen Erwerbslosen, doch erst im Februar 1925 wurde die Differenzierung nach Geschlechtern beseitigt. Die Diskriminierung der Mädchen und Frauen in der Erwerbslosenfürsorge konnte bis 1925 praktiziert werden, ohne daß von Seiten der freien Gewerkschaften offiziell massive Kritik laut wurde.[114]

Mit dem AVAG wurden Arbeitsvermittlung und Berufsberatung, Arbeitsbeschaffung und Arbeitslosenversicherung sowie die Förderung der Arbeitsplatzerhaltung und der Arbeitsaufnahme in der Reichsanstalt für Arbeitsvermittlung und Arbeitslosenversicherung zusammengeführt. Als selbständige Körperschaft unter der Aufsicht des Reichsarbeitsministers dreistufig in Hauptstelle, Landesarbeitsämter und Arbeitsämter gegliedert wurde sie drittelparitätisch von Vertretern der Arbeitnehmer, Arbeitgeber und der öffentlichen Hand selbstverwaltet. Die Mittel für die gesamten Aufgaben der Reichsanstalt hatten Arbeitgeber und versicherte Arbeitnehmer zu gleichen Teilen durch Beiträge zu erbringen. Die Versicherungsbeiträge wurden als einheitlicher prozentualer Zuschlag zu den Krankenkassenbeiträgen, gestaffelt nach Grundlohnklassen, erhoben. Der Beitragssatz belief sich 1927 auf 3 % und stieg bis Oktober 1930 auf 6,5 %.[115]

Die Arbeitslosenversicherung umfaßte alle kranken- und angestelltenversicherten Erwerbstätigen. Ausgeschlossen waren u.a. langfristige Beschäftigungsverhältnisse in der Land- und Forstwirtschaft, Beschäftigungen aufgrund eines mindestens zweijährigen Lehrvertrages mit Ausnahme der letzten zwölf Monate der Vertragszeit und sogenannte „geringfügige Beschäftigungen", d.h. Beschäftigungen bis zu 24 Stunden in der Woche oder bis zu einem Wochenlohn in Höhe von 8 Mark und einem Monatslohn bis zu 35 Mark. Einen Rechtsanspruch auf Arbeitslosengeld hatte, wer arbeitsfähig, arbeitswillig und unfreiwillig erwerbslos war, die Anwartschaft von 26 Wochen Beschäftigung in den vorangegangenen zwölf Monaten erfüllte und seinen Anspruch noch nicht ausgeschöpft hatte. Auch eine Kurzarbeiterunterstützung war vorgesehen. Die Arbeitslosenunterstützung (ALU) wurde – je nach Alter und Familienstand – erst nach 3, 7 oder 14 Tagen Wartezeit gezahlt, höchstens 26 Wochen lang, für berufsübliche Arbeitslosigkeit ggf. nach besonderer Verordnung 39 Wochen lang. Die Höhe der Leistungen richtete sich nach dem durchschnittlichen Einkommen in den letzten sechs Monaten vor Beginn der Erwerbslosigkeit und war in elf Lohnklassen gestaffelt. Zu der sogenannten Hauptunterstützung, der Mindestunterstützung für Alleinstehende, kam ggf. eine begrenzte Zahl von Zuschlägen für unterhaltsberechtigte Familienangehörige. Einschließlich dieser Zuschläge waren die Höchstsätze in den beiden untersten Einkommensklassen auf 80 %, in den mittleren Lohnklassen auf 65 % und den obersten Lohnklassen auf 60 % begrenzt (vgl. Tabelle 51).

Im Anschluß an die Arbeitslosenunterstützung konnte nach einer Bedürftigkeitsprüfung Krisenunterstützung (KRU) bezogen werden, die als besondere Maßnahme für Zeiten andauernd ungünstiger Arbeitsmarktlage im AVAG verankert und durch Verordnungen vom 28. September 1927 und 6. November 1928 ausgestaltet worden war. Ihre Einrichtung durch den Reichsarbeitsminister war abhängig von der Arbeitsmarktlage und konnte sowohl auf bestimmte Berufe als auch auf bestimmte Bezirke beschränkt werden. Die Kosten der KRU trugen Reich (4/5) und Gemeinden (1/5). Gezahlt wurde sie nur an bedürftige versicherte Arbeitnehmer, die arbeitsfähig, arbeitswillig und unfreiwillig erwerbslos waren sowie entweder die Anwartschaftszeit für die ALU nicht erfüllt hatten, aber innerhalb der letzten zwei Jahre mindestens 13 Wochen in einer versicherungspflichtigen Beschäftigung gestanden, oder den Anspruch auf ALU bereits erschöpft hatten. Die Unterstützungsdauer in der KRU war auf 39 Wochen befristet, konnte aber in besonderen Härtefällen für über-40jährige Erwerbslose auf 52 Wochen verlängert werden. Ihre Höhe war wie die ALU unter Berücksichtigung des Familienstandes nach dem Einkommen gestaffelt und entsprach dieser bis Lohnklasse VI, in den höheren Lohnklassen gingen die Leistungen bis auf 71 % der ALU zurück (vgl. Tabelle 51).

Frauen wurden im AVAG den Männern zwar formal gleichgestellt real aber erheblich benachteiligt[116]. Der Ausschluß der sogenannten „geringfügigen Beschäftigungen" traf in erster Linie Frauen, die in sehr viel höherem Maße als Männer Teilzeitarbeit leisteten und zudem im Durchschnitt erheblich weniger verdienten. Folge war, daß erwerbslose Frauen seltener Unterstützung erhielten (vgl. Tabelle 49). Zudem wirkte sich aufgrund der niedrigen Frauenlöhne und -gehälter auch die Regelung, die Leistungen nach dem Einkommen zu staffeln, zum Nachteil der erwerbslosen Frauen aus: Ihre Unterstützung lag im Durchschnitt deutlich unter der der erwerbslosen Männer (vgl. Tabelle 51). Nur verheiratete Männer bekamen zudem als „Familienernährer" in der Regel Zuschläge für unterhaltsberechtigte Familienangehörigen zu ALU bzw. KRU.

Dritte Stufe der sozialen Absicherung der Erwerbslosen war die allgemeine Fürsorge, die ausschließlich von den Gemeinden finanziert wurde, die nach der ‚Reichsverordnung über Fürsorgepflicht' (RFV) vom 13. Februar 1924, die im Januar 1925 in Kraft trat, Notleidende unterstützen mußten. Voraussetzung für den Erhalt von Wohlfahrtsunterstützung (WU) war „Hilfsbedürftigkeit". Als „hilfsbedürftig" galt, „wer den notwendigen Lebensbedarf für sich und seine unterhaltsberechtigten Angehörigen nicht oder nicht ausreichend aus eigenen Kräften und Mitteln beschaffen" konnte „und ihn auch nicht von anderer Seite, insbesondere von Angehörigen," erhielt. Die Hilfsbedürftigkeit wurde vom zuständigen Wohlfahrtsamt überprüft, das dabei nicht nur Einkommen und Besitz des Antragstellers bzw. der Antragstellerin, sondern auch der ihm bzw. ihr gegenüber gesetzlich zum Unterhalt verpflichteten Familienmitglieder – Eltern, Kinder, Ehepartner – und der mit ihm bzw. ihr in einem Haushalt lebenden Angehörigen berücksichtigte. Die WU sollte den „notwendigen Lebensbedarf" decken und konnte in Geld oder Sachleistungen gewährt werden.[117] In Hamburg belief sich der Richtsatz für einen alleinstehenden Erwachsenen seit Oktober 1925 unverändert auf 9 Mark in der Woche, für jeden unterhaltsberechtigten Erwachsenen oder Jugendlichen kamen 5 Mark, für jedes unter 15jährige Kind 3 Mark hinzu. Zusätzlich wurden verschiedene Sachleistungen wie die Lieferung von Kleidung, Wäsche und Schuhzeug sowie Brennmaterialien, die verbilligte Abgabe von Lebensmitteln und die kostenlose medizinische Versorgung gewährt. Mit diesen Leistungen stand der Stadtstaat bis zum Ende der zwanziger Jahre an der Spitze der deutschen Städte. Die tatsächlichen Zahlungen blieben allerdings infolge der weitgehenden Anrechnung sonstiger Einkommen und Zuwendungen häufig hinter den Richtsätzen zurück. Ende 1927 war dies bei 49 % der Unterstützten der Fall, in 34 % der Fälle entsprach die WU dem Richtsatz und nur in 17 % der Fälle wurde von der bestehenden Möglichkeit Gebrauch gemacht, den Richtsatz zu überschreiten. Die soziale Situation der WU-Empfänger(innen) wurde durch regelmäßige Hausbesuche ehrenamtlicher Wohlfahrtspfleger(innen) kontrolliert. Die Dauer der Unterstützung richtete sich nach der Dauer der von diesen anerkannten Hilfsbedürftigkeit. Die Leistungen der allgemeinen Fürsorge mußten vom Empfänger bzw. der Empfängerin oder deren unterhaltsverpflichteten Angehörigen zurückgezahlt werden, sobald diese dazu in der Lage waren.[118]

Frauen stellten den größten Teil der Hilfsbedürftigen der allgemeinen Fürsorge. Für Hamburg liegt eine nach Geschlechtern differenzierte Statistik nur für das Jahr 1927 vor, in dem 61 % aller 16.400 Unterstützungsempfänger(innen) der allgemeinen Fürsorge weiblich waren. Die Mehrzahl der Frauen befand sich im erwerbsfähigen Alter: 8 % waren jünger als 18 Jahre, 12 % zwischen 18 und 30 Jahren, 54 % zwischen 31 und 65 Jahren alt und 27 % älter als 65 Jahre. Der größte Teil

(*Volk und Zeit. Illustrierte Beilage des Hamburger Echo, Nr. 20, 1930*)

bestritt den Lebensunterhalt allein: 42 % waren verwitwet, 31 % ledig, 15 % verheiratet, aber getrennt lebend, und 12 % geschieden.[119] Viele der unterstützten Frauen im erwerbsfähigen Alter scheinen erwerbslos gewesen zu sein, ohne Anspruch auf Erwerbslosenfürsorge gehabt zu haben. In den Jahren der Wirtschaftskrise stieg die Zahl der Frauen, die ihren Lebensunterhalt nur mit Hilfe der allgemeinen Fürsorge bestreiten konnten, weiter an; darunter befand sich vermutlich ein wachsender Anteil erwerbsloser Frauen ohne Recht auf ALU oder KRU, denn im Rahmen der Notverordnungspolitik wurde seit 1930 der Kreis der Arbeitnehmer(innen), die Anspruch auf Arbeitslosenhilfe gemäß dem AVAG hatten, stark eingeschränkt; betroffen waren hiervon neben Jugendlichen in besonderem Maße Frauen. „Mitbestimmend" hierfür war nach Ansicht des ADGB-Bundesvorstandes zum einen der „Umstand, daß Frauenerwerbsarbeit, insbesondere Erwerbsarbeit verheirateter Frauen, als überwiegend zusätzlich betrachtet" wurde, zum anderen die Einschätzung, daß von den Frauen der „geringste Widerstand" zu erwarten sei[120]. In der breiten Öffentlichkeit, selbst in der sozialdemokratischen Arbeiterschaft, war der Protest gegen die frauenfeindliche Ausrichtung des Sozialabbaus gering, denn er entsprach, wie die ‚Gewerkschaftliche Frauenzeitung' 1931 zu Recht betonte, in der Tendenz der allgemein vorherrschenden Anschauung, daß „Erwerbsarbeit verheirateter Frauen zum mindesten in einer Zeit großer Arbeitslosigkeit verboten werden müsse"[121].

Die soziale Not wurde in der Wirtschaftskrise zunehmend durch die staatliche Sparpolitik verstärkt, die sich auf sämtlichen Gebieten der Sozialpolitik auswirkte. Hauptmittel des Sozialabbaus waren auf Reichsebene zwischen 1930 und 1932 die Notverordnungen der Reichsregierung. Ein zentraler Bereich der Kürzungen betraf die Leistungen gemäß dem AVAG[122].

Die erste Notverordnung vom 26. Juli 1930 bestimmte u.a., daß sämtliche Hausgewerbetreibende aus der Arbeitslosenversicherung ausschieden. Der Begriff der „geringfügigen Beschäftigung" wurde erheblich erweitert; alle, die weniger als 30 Wochenstunden arbeiteten oder weniger als 10 Mark wöchentlich bzw. 45 Mark monatlich verdienten, waren nicht mehr arbeitslosenversichert. Beide Bestimmungen betrafen überwiegend Frauen. Hatten beide Ehepartner Anspruch auf ALU, so wurde die niedrigere – in der Regel die der Frau – um die Hälfte gekürzt. Jedes andere Einkommen der Ehefrau bis auf 35 Mark im Monat wurde voll auf die ALU des Mannes angerechnet. Die Wartezeiten bis zur ersten Auszahlung der ALU verlängerten sich allgemein auf 14 Tage.[123]

Die Reichsverordnung vom 11. Oktober 1930 dehnte die Krisenfürsorge zwar auf fast alle Berufe aus, ausgeschlossen waren nur Angehörige der Berufsgruppen „Landwirtschaft" und „Häusliche Dienste", beschränkte sie zugleich aber auf die aus der Arbeitslosenversicherung ausgesteuerten Erwachsenen, so daß außer den unter 21jährigen Erwerbslosen auch alle Arbeitnehmer, die wegen zu kurzer Beschäftigung noch keinen Anspruch auf Versicherungsleistungen erworben hatten, von der Krisenfürsorge ausgeschlossen waren. Die maximale Bezugsdauer der KRU wurde zudem auf 32 bzw. für ältere Arbeitnehmer auf 45 Wochen gekürzt, die Leistungen in den höheren Lohnklassen gesenkt und die Bestimmungen über die Bedürftigkeitsprüfung verschärft. Unter anderem verfügte die Verordnung, daß an Frauen bei der Vergabe der Unterstützung strengere Maßstäbe anzulegen waren, als an Männer; Ehefrauen wurden in der Regel nicht als „bedürftig" anerkannt. Infolgedessen ging der Anteil der Frauen, die in die Krisenfürsorge übernommen wurden, in Hamburg wie andernorts deutlich zurück (vgl. Tabelle 49).[124]

Die Notverordnung vom 5. Juni 1931 hob für alle unter 21jährigen Erwerbslosen sowie für verheiratete Frauen das Versicherungsprinzip gänzlich auf und führte für die ALU die gleiche Bedürftigkeitsprüfung ein wie für die KRU. Damit ging insbesondere der Kreis der unterstützungsberechtigten weiblichen Erwerbslosen weiter zurück. Für die Bemessung der Unterstützungshöhe war nur noch der Verdienst in den letzten drei Monaten entscheidend. Die Folge war aufgrund des allgemeinen Lohn- und Gehaltsabbaus eine Verringerung der durchschnittlichen Unterstützungshöhe. Zudem wurden sämtliche Leistungen von ALU und KRU gesenkt, die Wartezeit bis zur ersten Zahlung der ALU je nach Familienstand auf bis zu drei Wochen verlängert und die Ablehnung von „nach der Vorbildung oder der früheren Tätigkeit" unzumutbarer Arbeit praktisch unmöglich gemacht. „Geringfügige Gelegenheitsarbeiten" des Erwerbslosen sollten auf die Leistungen der ALU angerechnet werden.[125] Als Folge aller Kürzungen sank die Durchschnittsunterstützung im Bezirk des Arbeitsamtes Hamburg zwischen Oktober 1930 und 1931 in der ALU um 21 % von 84 auf 67 Mark monatlich, in der KRU um 28 % von 78 auf 56 Mark im Monat. Die Notverordnung vom 14. Juni 1932 verfügte eine weitere Kürzung der Unterstützungssätze (vgl. Tabelle 51). Im Oktober 1931 wurde zudem der Termin des Übergangs von der ALU zur KRU vorverlegt, was für die anspruchsberechtigten Erwerbslosen eine erhebliche Verschlechterung der Leistungen und zugleich eine frühere Aussteuerung bedeutete: Statt nach 65 bzw. bei über 40jährigen nach 78 Wochen war dies jetzt nach 58 bzw. 71 Wochen der Fall.[126] Der Anteil der Erwerbslosen, die ALU bzw. KRU erhielten, ging seit Beginn der Krise ständig zurück, im Juni 1932 bezogen in Hamburg nur noch 50 % der männlichen und 42 % der weiblichen Arbeitssuchenden diese Leistungen. Unter den Unterstützungsempfängern stieg der Anteil derjenigen, die KRU bekamen, ständig an, besonders stark seit 1931, im Juni 1932 erhielten in der Hansestadt 65 % der männlichen und 48 % der weiblichen Unterstützungsempfänger KRU (vgl. Tabelle 49).

Die bürokratische Praxis der Arbeitsämter erschwerte die Situation der Erwerbslosen zusätzlich. Obwohl die Vermittlungschancen äußerst gering waren, mußten sich in Hamburg alle Arbeitslosen mit Anspruch auf ALU bzw. KRU zwecks Kontrolle zunächst täglich bei ihrem Arbeitsnachweis melden, wo stundenlanges Warten die Regel war; erst im Juli 1931 wurde die Zahl der Stempeltage für den größten Teil der Berufsgruppen auf drei pro Woche herabgesetzt. Die Mitarbeiter(innen) des Arbeitsamtes, die völlig überlastet waren, brachten nur selten Verständnis für die Sorgen und Nöte der vorsprechenden Erwerbslosen auf.[127] Sie legten die Bestimmungen über die Bedürftigkeit in der Praxis vielfach so rigoros aus, überschätzten insbesondere die Hilfsmöglichkeiten der Angehörigen derart, daß nicht nur bei KRU-, sondern auch bei ALU-Empfänger(inne)n immer häufiger das Wohlfahrtsamt einspringen und durch Zusatzunterstützungen das Existenzminimum sichern mußte. 1932 wurden in Hamburg 15.000 von ihnen zusätzlich laufend von der allgemeinen Fürsorge unterstützt, 27.100 Personen erhielten eine einmalige Barzuweisung[128].

Mit zunehmender Dauerarbeitslosigkeit stieg die Zahl der Alleinstehenden und Familien, die auf die allgemeine Fürsorge angewiesen waren, erheblich an. 1929 bezogen in Hamburg erst 31.600 Menschen eine laufende Barunterstützung vom Wohlfahrtsamt, 1932 waren es 144.800, darunter 61 % sogenannte „Wohlfahrtserwerbslose", 10 % ALU- bzw. KRU-Empfänger(innen), die zusätzlich unterstützt werden mußten, 17 % sonstige Empfänger(innen) der allgemeinen Fürsorge, 9 % Sozialrentner(innen) sowie je 1 % Kleinrentner(innen) und Kriegsopfer. Allein zwischen 1931 und 1932 war die Zahl der Empfänger(innen) laufender WU in der Hansestadt um 55 % gestiegen, besonders ausgeprägt waren die Zuwächse in den Arbeiterquartieren, wo sie – wie beispielsweise im Bereich der Wohlfahrtsstelle XV (Eimsbüttel/St.Pauli) – bis zu 132 % erreichten. Zudem mußte 1932 in der Stadt 98.900 Menschen einmalig durch einen Zuschuß geholfen werden.[129]

Die laufende Wohlfahrtsunterstützung reichte selbst nach Einschätzung des hamburgischen Wohlfahrtsamtes kaum für das Notwendigste. Für einen Erwachsenen waren die wöchentlichen Geldmittel nach der Zahlung von Miete, Feuerung, Kochgas und Licht sowie dem Kauf von 3 kg Brot und 5 kg Kartoffeln, einem Pfund Margarine, einem Pfund Fleisch, Wurst oder Fisch, 250 Gramm Zucker, 250 Gramm Korn-Kaffee und einem Liter Milch erschöpft. Verschlimmert wurde die Situation für viele Wohlfahrtserwerbslose durch die entwürdigende Behandlung von Seiten der Mitarbeiter(innen) des Wohlfahrtsamtes, die Arbeitslosigkeit ungeachtet der Realität nicht selten als „selbstverschuldet" betrachteten.[130] Angesichts des ständig wachsenden Ansturms auf die Wohlfahrtsämter waren deren Mitarbeiter(innen) vollständig überlastet. Sie hatten immer weniger Zeit für persönliche Gespräche und individuelle Fürsorge und standen zudem unter dem zunehmenden Druck ihrer Vorgesetzten, trotz der offensichtlichen Not die Unterstützungszahlungen einzuschränken und zu kürzen.[131] Die Entwicklung der Zahl der Mitarbeiter(innen) im hamburgischen Wohlfahrtsamt entsprach nicht annähernd den Anforderungen. Das Personal in den Wohlfahrtsstellen, deren Zahl 1931 von 11 auf 14 erhöht wurde, stieg zwischen 1925 und 1931 nur von 726 auf 1.006. An den Sprechtagen wurden 1931/32 in einzelnen Wohlfahrtsstellen einschließlich der Kassenzahlungen bis zu 12.000 Personen gezählt.[132] Die große Zahl der Hilfsbedürftigen konnte in den zur Verfügung stehenden Räumen kaum abgefertigt werden: „Das Publikum war gezwungen, stundenlang, eng zusammengepfercht in den schlechten Warteräumen auszuharren."[133] Auch die Belastungen der ehrenamtlichen Wohlfahrtspfleger(innen), deren Zahl zwischen 1925 und 1931 nur geringfügig von 2.213 auf 2.550 anstieg, nahmen erheblich zu. Vor Beginn der Krise betreute jede(r) von ihnen 5,7 Fälle, 1931 waren es 14. Eine intensive persönliche Fürsorge für die ihnen zugeordneten Unterstützungsempfänger(innen) war nicht mehr möglich.[134] Angesichts dieser Zustände kam es auf den Wohlfahrtsstellen immer häufiger zu empörtem Protest der Unterstützungsempfänger(innen)[135] .

Erwerbslosigkeit bedeutete für Frauen und Männer nicht das gleiche, dies galt in besonderem Maße für Verheiratete[136]. Männer verloren mit ihrer Erwerbsarbeit die Beziehung zu ihrem zentralen Lebenszusammenhang, dem Erwerbsleben. Als Ehemänner und Väter büßten sie zudem weitgehend ihren Status als „Familienernährer" und damit eine entscheidende Grundlage ihrer innerfamiliären Autorität ein. Erwerbslosigkeit war für sie nicht nur mit einem Verlust von gesellschaft-

Erwerbslose Frauen bei „Notstandsarbeiten“ des Hamburgischen Wohlfahrtsamtes, ca. 1931 (Privatbesitz)

lichem Ansehen, sondern meist auch von familiärer Macht verbunden, vor allem dann, wenn Ehefrau und Kinder erwerbstätig waren bzw. wurden. Nicht selten scheinen sie versucht zu haben, dies mit verstärktem Druck und vermehrter Gewalt auszugleichen. Erwerbslosigkeit bedeutete für die meisten Männer im wörtlichen Sinne Arbeitslosigkeit, ihr Leben verlor den zentralen Inhalt. Als einzige Orientierungspunkte im Tagesablauf verblieben bei vielen Aufstehen, Mittagessen und Schlafengehen. Zur häufigsten Form der Zeitverwendung entwickelte sich das Nichtstun. Anders verhielt es sich lediglich bei politisch organisierten und engagierten männlichen Erwerbslosen, die nicht selten den größten Teil ihrer Zeit der Parteiarbeit widmeten. Nur wenige erwerbslose Männer waren aufgrund ihrer geschlechtsspezifischen Sozialisation bereit, der Ehefrau in größerem Umfang bei Haus- und Familienarbeit zu helfen. Dies schien ihnen den Verlust ihrer familiären Rolle zu offensichtlich zu dokumentieren.[137]

Frauen, insbesondere Ehefrauen, wurden zwar erwerbslos aber nie arbeitslos. Ihnen blieb die Arbeit in Haushalt und Familie, die ohnehin ihren zentralen Lebenszusammenhang bildeten. Die eigene Erwerbslosigkeit, wie die Erwerbslosigkeit ihres Ehemannes oder der Kinder, bedeutete für sie in jedem Fall mehr Arbeit. Die Haushaltsführung war für sie in wirtschaftlichen Notzeiten doppelt schwierig. Sie mußten versuchen, das fehlende Einkommen partiell durch intensivere Hausarbeit auszugleichen, insbesondere die subsistenzwirtschaftlichen Arbeiten zu verstärken.[138] Darüber hinaus bemühten sie sich, die eigene Existenz wie die der Familie durch vermehrte eigene Erwerbsarbeit auf dem sekundären wie dem primären Arbeitsmarkt zu sichern. Im Unterschied zu vielen erwerbslosen Männern, vor allem noch nicht ausgesteuerten höher qualifizierten Arbeitern und Angestellten, waren Frauen bereit, auch extrem schlecht bezahlte und gering qualifizierte Gelegenheitsarbeiten jeglicher Art anzunehmen. Die Haltung der Männer wurde durch die

Notverordnung vom Juni 1931 verstärkt: Die Anrechnung „geringfügiger Gelegenheitsarbeiten" auf die ALU stellte sie vor die Alternative, eine Vollzeitbeschäftigung zu suchen oder nicht auf dem Arbeitsmarkt aufzutreten, wollten sie ihre Unterstützung nicht verlieren[139]. Die Notverordnungspolitik förderte so letztlich die Erwerbsarbeit insbesondere der Ehefrauen.

Auch mit anderen Mitteln versuchten viele Frauen, in der Wirtschaftskrise die Existenz der Familie zu sichern. Um das Haushaltsbudget nicht noch stärker zu belasten, bemühten sie sich in verstärktem Maße um Geburtenkontrolle. Darauf deutet in Hamburg u.a. der überdurchschnittlich hohe Rückgang der ehelichen wie der unehelichen Lebendgeborenen zwischen 1929 und 1932 hin. Sie intensivierten den Zusammenhalt im sozialen Frauennetz, das entscheidend zum alltäglichen Überleben beitrug; soweit es ihnen möglich war, unterstützten sich weibliche Verwandte, Freundinnen und Nachbarinnen gegenseitig. Eine wichtige Form der (Selbst)Hilfe war die Aufnahme von erwerbslosen Verwandten oder Bekannten in die eigene Wohnung, wodurch für beide Seiten die Mietausgaben reduziert werden konnten. Im extremen Notfall suchten sie gemeinsam eine kleinere und billigere Wohnung oder organisierten den Umzug in die Laube. Im sozialdemokratischen Milieu engagierten sich insbesondere die Arbeiterfrauen angesichts der wachsenden eigenen und fremden Not in Selbsthilfe-Initiativen. Vorrangig im Rahmen der Arbeiterwohlfahrt organisierten sie Sammlungen, richteten Nähstuben ein, führten Speisungen durch usw.[140]

Wenn der Mann arbeitslos war, wurde die Frau in der Regel zur „Ernährerin" der Familie. Damit stellte die Erwerbslosigkeit sowohl die gewohnten geschlechtsspezifischen Aufgaben und Rollen in Frage als auch die familiäre Hierarchie. Die Autorität der Frau, der in Notsituationen in verstärktem Maße die Funktion zufiel, die Familie zusammenzuhalten, nahm insbesondere bei den Kindern zu.[141] Folgen waren in den meisten Familien vermehrte Spannungen und Konflikte; mit ihnen wuchs die Sehnsucht nach dem Ideal der ‚modernen Kleinfamilie', das Glück und Harmonie zu versprechen schien. Die bedrückende Realität förderte die Illusion, daß das erstrebte Familienideal lebbar wäre, wenn die alte Arbeitsteilung zwischen den Geschlechtern durch eine staatliche Arbeitsmarktpolitik wiederhergestellt würde. Dies war vermutlich eine entscheidende sozialpsychologische Ursache für die breite Resonanz auf die Parole „Abbau der Doppelverdiener!" auch in weiten Kreisen der Arbeiterschaft. Gefördert wurde die Kampagne gegen die Erwerbsarbeit verheirateter Frauen durch die öffentliche Diskussion über die „Krise der Familie", die in den Jahren der Wirtschaftskrise verstärkt einsetzte und in deren Kontext vehement eine familienstabilisierende Sozialpolitik gefordert wurde, als deren zentrales Mittel der Familienlohn des Mannes und die Rückführung der erwerbstätigen Ehefrauen in die Familie galten[142].

3.2.2.2 Die „Doppelverdiener"-Kampagne

Mit wachsender Massenarbeitslosigkeit erscholl in der Wirtschaftskrise die Parole „Abbau der Doppelverdiener" immer lauter, die zwar besonders vehement von NSDAP, DNVP und Zentrum vertreten wurde, aber auch in DVP, DStP und SPD sowie Gewerkschaften breite Unterstützung fand[143]. Die ZdA-Zeitschrift ‚Rundschau der Frau' beschrieb die Situation im Februar 1931 folgendermaßen:

> „Die Frage der ‚Doppelverdiener' ist in ein akutes Stadium getreten. Fast in jedem Betrieb, fast in jeder Zeitung, in jeder Diskussion wird die Entfernung der Doppelverdiener als erste praktische Maßnahme gegen die Arbeitslosenkatastrophe verlangt. Unter ‚Doppelverdienern' wird dabei fast immer die verheiratete Frau genannt, doch gehen sehr viele Forderungen offen dazu über, damit überhaupt ein Verbot, zumindest eine wesentliche Einschränkung der Frauenarbeit zu beantragen, weil man in der Frauenarbeit eine Ursache der Arbeitslosigkeit zu erblicken glaubt!"[144]

Die Diskussion über die Ursachen der Massenerwerbslosigkeit und mögliche Wege ihrer Bekämpfung scheint sich in der breiten Öffentlichkeit weitgehend auf die sogenannten „Doppelverdiener" konzentriert zu haben.

Die Haltung von freien Gewerkschaften und SPD zur Erwerbsarbeit verheirateter Frauen war nach wie vor ambivalent, Theorie und politische Praxis stimmten nicht überein. Am konsequentesten setzten sich weiterhin die Angestelltenverbände für „das allgemeine Recht der Frau auf Erwerb" ein[145]. In einem diesbezüglichen Gutachten des AfA-Bundes für die Reichsregierung vom 24. Februar 1931 hieß es:

„Nach unserer Auffassung sind Doppelverdiener diejenigen Arbeitnehmer, die neben ihrem Einkommen aus ihrem Hauptberuf oder neben ihrer Pension eine zweite Beschäftigung gegen Entgelt übernehmen ... Als Doppelverdiener sind keineswegs aber die verheirateten Frauen, die noch berufstätig sind, anzusehen. Ganz davon abgesehen, daß man hier der Frau das in der Reichsverfassung anerkannte Recht auf Arbeit nehmen würde, bestehen eine Fülle von sachlich ernsten Bedenken. Eine allgemeine Ausschaltung der verheirateten Frau würde zu großen sozialen Härten führen ... Bei dem Gros der berufstätigen Frauen besteht Zwang zum Mitverdienen ... Der Erfolg eines Vorgehens gegen die Beschäftigung der verheirateten Frauen stände in keinem Verhältnis zu den sozialen Härten ... sowie zu der grundsätzlichen Mißachtung der Verfassung."[146]

Weniger eindeutig war die Position des ADGB. Offiziell bezog der Bundesausschuß erstmals am 27. März 1929 Stellung, er verabschiedete einstimmig folgende Entschließung:

„Es entspricht gewerkschaftlicher Praxis, in Zeiten großer Arbeitslosigkeit zu versuchen, die Arbeitsgelegenheiten nach Möglichkeit zu strecken ... Der Vorstand des ADGB, vertritt daher den Standpunkt, daß es in Zeiten großer lang anhaltender Arbeitslosigkeit sich nicht umgehen läßt, das nach der Verfassung jedermann gewährleistete Recht auf Arbeit insofern einzuschränken, daß Arbeitsplätze die von Personen besetzt sind, die nicht unbedingt auf eigenen Arbeitsverdienst angewiesen sind, frei gemacht werden für solche Arbeitslose, die Erwerbsarbeit zur Deckung ihres Lebensunterhalts brauchen.

Hierbei ist so zu verfahren, daß unbillige Härten nach Möglichkeit vermieden werden. Es entspricht nicht der Auffassung des Vorstandes des ADGB, wenn grundsätzlich oder ausschließlich verheiratete Frauen von den Arbeitsplätzen entfernt werden. Ein solches Verfahren würde gegen Gesetz und Recht verstoßen und dem beabsichtigten Zweck nicht dienen.

Die verheirateten Frauen haben, wie jeder andere Staatsbürger nach der Verfassung und nach dem in der Arbeiterbewegung geltenden Grundsatz der Gleichberechtigung von Mann und Frau ein Recht auf Arbeit. Dieses grundsätzliche Recht darf insbesondere von den Mitgliedern der Gewerkschaften nicht angetastet werden. Machen außerordentliche Notlagen außerordentliche Mittel zur Abwehr notwendig, so müssen diese sich im Rahmen gleicher grundsätzlicher Anwendungen für beide Geschlechter halten."[147]

In der politischen Praxis des ADGB zeigte sich, daß zu den *„Personen, die nicht unbedingt auf Verdienst angewiesen sind"*, vorrangig verheiratete Frauen gezählt wurden[148]. Entscheidend geprägt wurde diese ambivalente Haltung durch das zugrundeliegende Familienleitbild, das deutlich in einem Beschluß des Internationalen Arbeiterinnenkomitees im Oktober 1929 formuliert wurde, dem sich die Vorstände des IGB und des ADGB anschlossen:

„Die Gewerkschaftsbewegung erstrebt Arbeits- und Lebensbedingungen, die es den Angehörigen der Arbeiterklasse ermöglichen, eine Familie zu gründen und zu erhalten, ohne daß verheiratete Frauen zum Mitverdienen aus wirtschaftlicher Not gezwungen sind. Die Gewerkschaften halten solche Arbeits- und Lebensbedingungen für die günstige Entwicklung der Familienangehörigen und zur Förderung des Familienlebens und Familienglücks für notwendig."[149]

Gemäß dieser Position, die von der Masse der männlichen wie weiblichen Mitglieder und Funktionäre geteilt wurde, galt der Mann als der „Ernährer der Familie", infolgedessen schien es „sozial" zu sein, wie in der Demobilmachungsphase bei Arbeitseinschränkungen im Betrieb zunächst die „versorgten" verheirateten Frauen zu entlassen. Man wollte dadurch – wie Gertrud Hanna auf dem 14. Gewerkschaftskongreß im September 1931 betonte – verhindern, „daß die Fälle sich mehren, wo die Frau gezwungen ist, die Familie zu ernähren, weil der Mann keine Arbeit mehr finden kann"[150]. Diese Praxis stand für den ADGB nicht im Widerspruch zum grundsätzlichen Eintreten für das „Recht auch der verheirateten Frau auf Arbeit"[151].

Die Haltung der SPD war in der Frage der „Doppelverdiener" ebenfalls ambivalent. Offiziell lehnte sie gemäß der 1925 im Heidelberger Parteiprogramm formulierten Grundposition „Gleiches Recht der Frauen auf Erwerbsarbeit"[152] jede gesetzlich angeordnete Entlassung verheirateter Frauen ab. Der Magdeburger Parteitag im Mai 1929 beschloß nach einem Hauptreferat von Marie Juchacz zum Thema „Die Frau in Politik und Wirtschaft", in dem sie sich u.a. kritisch mit der Parole vom „Abbau der Doppelverdiener" auseinandersetzte[153], folgenden Antrag:

> „Um das Ziel des Sozialismus – die Umwandlung der kapitalistischen Privatwirtschaft in die soziale Gemeinwirtschaft – zu erreichen, bedarf es ebenso wie der Mitarbeit des Mannes auch der der Frau, die in Deutschland zwar politisch gleichberechtigt, aber wirtschaftlich und sozial unfrei geblieben ist.
>
> 11 1/2 Millionen Frauen stehen heute im Erwerbsleben, davon sind 3,7 Millionen verheiratet. Insbesondere diese letztern aus dem Erwerbsleben zu verdrängen, erscheint vielen als ein Mittel zur Behebung der Erwerbslosigkeit. Die Verdrängung der Frau aus dem Betrieb, ihr Ersatz durch den Mann ist heute zahlenmäßig wie arbeitstechnisch unmöglich und widerspräche auch dem von der Sozialdemokratie aufgestellten Grundsatz des Rechtes der Frau auf Erwerbsarbeit.
>
> Deshalb anerkennt der Parteitag, entsprechend dem Beschluß der SAI in Marseille 1925 und gestützt auf das Heidelberger Programm das gleiche Recht der Frau auf Erwerbsarbeit."[154]

Insbesondere die leitenden Funktionärinnen der SPD-Frauenorganisation hatten auf dem Parteitag zu einem solchen Grundsatzbeschluß gedrängt, der ihnen dringend erforderlich erschien, weil nicht nur in der Mitgliedschaft, sondern selbst in der Parteiführung das Recht der Frau, insbesondere der verheirateten, auf Erwerbsarbeit umstritten war[155]. Angesichts der auch in den eigenen Reihen wachsenden Zahl von Stimmen, die den „Abbau der Doppelverdiener" als probates Mittel im Kampf gegen die Massenarbeitslosigkeit forderten, setzten sie auf dem Leipziger Parteitag Anfang Juni 1931 die Verabschiedung einer „Resolution zur Frage der Frauenerwerbsarbeit" durch, in der die „Doppelverdiener"-Kampagne nicht nur scharf kritisiert, sondern zugleich auch deren gesellschaftliche Funktion charakterisiert wurde:

> „Der Kampf um die Behebung der Arbeitslosigkeit ist von Unternehmertum und Reaktion dazu benutzt worden, um die Kampfbasis zu verschieben und die Massen von den eigentlichen Ursachen der Arbeitslosigkeit und von den wirksamen Möglichkeiten sie zu bekämpfen, abzulenken. Die Sozialdemokratische Partei bekämpft aufs schärfste die Hetze gegen die arbeitende Frau – gleichviel, ob sie ledig oder verheiratet ist. Nicht die erwerbstätige Frau ist schuld an der anwachsenden Arbeitslosigkeit, sondern das kapitalistische System, das es mit voller Energie zu bekämpfen gilt. Wir verwerfen die Versuche, von welcher Seite sie auch kommen mögen, einen Keil in die Arbeiterschaft hineinzutreiben und bekennen uns erneut zu der bereits in unserem Heidelberger Programm aufgestellten Forderung ‚Gleiches Recht der Frau auf die Erwerbsarbeit'. Daß bei Entlassungen die soziale Lage des einzelnen Berücksichtigung finden muß und daß vor allem der wirtschaftlich Schwächere seinen Arbeitsplatz behalten soll, ist selbstverständlich und sowohl von der Partei wie auch von den Gewerkschaften zu wiederholten Malen zum Ausdruck gebracht worden. Ebenso selbstverständlich ist es aber auch, daß der wirtschaftlich Stärkere absolut nicht die Frau, auch nicht die verheiratete Frau sein muß.
>
> Wir wenden uns aufs entschiedenste gegen die Versuche, auf diesem Wege einen Kampf der Arbeiter untereinander zu inszenieren. Unsere Forderung heißt nicht ‚Kampf gegen die Erwerbsarbeit der Frau', sondern ‚Kampf gegen das kapitalistische System, das allein die Schuld an der wachsenden Arbeitslosigkeit trägt'.
>
> Zu diesem Kampfe brauchen wir alle Männer und Frauen. Die Frauen werden nur dann geschlossen und kampffreudig in den Reihen der kämpfenden Massen des Proletariats stehen, wenn sie gleichberechtigt sind und nicht unter ein Sonderrecht gestellt werden."[156]

In der politischen Praxis der SPD fanden die Erkenntnisse dieser Parteitagsbeschlüsse nur wenig Berücksichtigung. Die Masse der Parteimitglieder und Funktionäre interpretierte die Richtlinie, *„bei Entlassungen die soziale Lage des einzelnen"* zu berücksichtigen, im Sinne der Forderung nach einer Entlassung der verheirateten Frauen. So schrieb beispielsweise das ‚Hamburger Echo' im März 1930 in einem Artikel zum Thema „Erwerbslose und Doppelverdiener":

„Das Recht der Frau auf Arbeit ist zwar ein unbestrittener Grundsatz. Es fragt sich nur, ob nicht zur Zeit unter dem Druck der hohen Arbeitslosigkeit die Unterbringung von Arbeitslosen in die Stellen, die sonst von einer ‚doppelverdienenden' Frau ausgefüllt werden, wichtiger ist, als das starre Festhalten an einem schönen Grundsatz. *Die Frage stellen, heißt sie heute zu Gunsten der Erwerbslosen beantworten.*"[157]

Die Angst vor dem Verlust des Arbeitsplatzes bzw. die Hoffnung auf ein Ende der eigenen Erwerbslosigkeit führte vermutlich bei den meisten männlichen Mitgliedern und Funktionären von freien Gewerkschaften und SPD zu dieser Auffassung, die dadurch verstärkt wurde, daß sie zum überwiegenden Teil die Erwerbstätigkeit der verheirateten Frau ohnehin grundsätzlich ablehnten[158].

Doch auch relativ viele Gewerkschafterinnen und Sozialdemokratinnen unterstützten angesichts der Massenerwerbslosigkeit die Forderung nach der Entlassung der „Doppelverdienerinnen". Von einer entsprechenden Arbeitsmarktpolitik erhofften die Verheirateten für ihren Mann und die Ledigen für sich selbst verbesserte Arbeitsmarktchancen[159]. Bei einer Heirat scheinen die meisten Frauen im sozialdemokratischen Milieu ihre Entlassung als „selbstverständlich" akzeptiert zu haben, wenn ihr Mann eine Erwerbsarbeit hatte. Darauf deutet auch der folgende Bericht von Grete M. hin, die aktives Mitglied in ZdA und SPD war und bis zu ihrer Heirat 1930 als Verkäuferin bei der ‚Produktion' arbeitete. Ihr wurde, wie allen heiratenden Frauen, von der Genossenschaft gekündigt:

„Die Entlassung nach der Heirat fanden wir damals eigentlich ganz selbstverständlich. Das war tariflich geregelt. Als Ehefrauen durften wir nur noch als Aushilfen angestellt sein. Wir sahen den Mann als Ernährer der Familie, was er tatsächlich in diesen Jahren auch war ... Mein Mann und ich hätten gerne früher geheiratet, aber wir mußten erst die Genossenschaftsanteile für unsere Wohnung und den Hausstand abbezahlen. Solange habe ich noch gearbeitet."

Selbst von nicht wenigen Partei- und Gewerkschaftsfunktionärinnen an der Basis scheint diese Auffassung vertreten worden zu sein. *Käthe W.* (geb. 1902), die von 1925 bis 1933 als Kontoristin bei der GEG arbeitete, Sozialdemokratin und aktives ZdA-Mitglied war und von 1931 bis 1933 als einzige Frau dem Betriebsrat der GEG angehörte, berichtet:

„Auf die Entlassung der verheirateten Frauen habe ich im Betriebsrat nicht reagiert. Diese Ungerechtigkeit ist mir erst später bewußt geworden ... Daß die Frauen das Geld meistens brauchten, kam mir damals gar nicht in den Sinn. Dies, obwohl Hans und ich lange nicht heirateten, weil ich so gerne arbeitete und wir ohne mein Geld nicht über die Runden gekommen wären. Wir haben einfach so zusammengelebt, wie viele unserer Freunde auch ..."

Beide Berichte zeigen eine Ambivalenz im Bewußtsein der betroffenen Frauen: Einerseits akzeptierten sie die Kündigung verheirateter Frauen bzw. forderten diese gar, andererseits konnten oder wollten sie ihre Erwerbsarbeit nicht aufgeben und verzichteten, um nicht entlassen zu werden, auf eine Heirat. In der Wirtschaftskrise ging nicht zuletzt deshalb die Zahl der Heiraten in Hamburg und andernorts deutlich zurück; eine wachsende Zahl von Paaren lebte ohne Trauschein zusammen[160]. Der Vorstand der Reichsanstalt für Arbeitsvermittlung und Arbeitslosenversicherung sprach sich im Dezember 1930 nicht zuletzt wegen der „schweren sittlichen Folgen" dieser Entwicklung gegen ein allgemeines gesetzliches Verbot des „Doppelverdienertums" aus, als dessen Folge er ein weiteres Anwachsen der „Konkubinate" befürchtete[161].

Bei den verheirateten Frauen, die auf eine hauptberufliche Erwerbsarbeit angewiesen waren, verstärkte sich im Verlauf der Wirtschaftskrise die Angst vor einer Entlassung. Das öffentliche Klima verschlechterte sich infolge der „Doppelverdiener"-Kampagne derart, daß Denunziations-Schreiben wieder möglich wurden. In zunehmender Zahl meldeten verbitterte Erwerbslose verheiratete Frauen bei Arbeitgeber, Betriebsrat oder Arbeitsamt als „Doppelverdienerinnen". Die Folge war in der Regel ein Überprüfungsverfahren und nicht selten auch die Kündigung[162].

Um zumindest die weiblichen Parteimitglieder über die fatalen Auswirkungen der Forderung nach dem „Abbau der Doppelverdiener" aufzuklären, erschienen in der sozialdemokratischen Frauenpresse, insbesondere in ‚Frauenwelt', ‚Genossin', ‚Gewerkschaftlicher Frauenzeitung' und ‚Rundschau der Frau', seit Beginn der Rezession in zunehmender Zahl Artikel, die sich kritisch damit auseinandersetzten. Auch im ‚Hamburger Echo' und seiner ‚Frauen-Beilage' begann hierzu eine intensive Debatte.[163] Der Frauenaktionsausschuß der Hamburger SPD initiierte 1931 in der Frauenorganisation eine breite Diskussion, deren Höhepunkt Ende November des Jahres eine große Frauenversammlung zum Thema „Das Recht der Frau auf Arbeit" mit Gertrud Hanna als Referentin war[164].

Ungeachtet aller offiziellen Verlautbarungen von SPD und freien Gewerkschaften griffen die sozialdemokratischen Parlamentarier im Reichstag ebenso wie in der Hamburger Bürgerschaft in den Jahren der Wirtschaftskrise die Forderung nach dem „Abbau der Doppelverdiener" auf, die in der Öffentlichkeit besonders vehement in Hinblick auf den Staatsdienst vertreten wurde, und unterstützten die entsprechende Arbeitsmarktpolitik von Reichsregierung und Senat.

Der Reichsarbeitsminister hatte bereits am 24. September 1926 anläßlich der damaligen Rezession in einem Schreiben an die ‚Vereinigung der deutschen Arbeitgeberverbände', das als Richtlinie auch an die übrigen Reichsministerien und die obersten Sozialbehörden der Länder ging, die Arbeitgeber aufgefordert, bei notwendigen Entlassungen in erster Linie „Doppelverdiener" auszuscheiden und für die Dauer der Depression keine neu einzustellen. Diese Initiative hatte das ‚Hamburgische Landesamt für Arbeitsvermittlung' mit einem gleichlautenden Schreiben an die im Wirtschaftsrat der Hansestadt vertretenen Gruppen unterstützt.[165] Die nach der Verabschiedung des AVAG neugeschaffene ‚Reichsanstalt für Arbeitsvermittlung und Arbeitslosenversicherung' griff die Initiative des Reichsarbeitsministeriums auf und wies die Arbeitsämter an, „bei der Vermittlung von Arbeitssuchenden einen etwaigen Doppelverdienst zu berücksichtigen"[166]. In der Wirtschaftskrise bekräftigte der Reichsarbeitsminister das Schreiben aus dem Jahr 1926 in einem Brief vom 22. Dezember 1930 an den gleichen Adressatenkreis. Sein Ansinnen fand nicht nur bei der ‚Reichsanstalt für Arbeitsvermittlung und Arbeitslosenversicherung' Unterstützung, sondern auch beim Deutschen Städtetag und der ‚Vereinigung der deutschen Arbeitgeberverbände'[167].

Die hamburgische Bürgerschaft war in der vom Reichsarbeitsminister gewünschten Richtung bereits am 10. Dezember 1930 aktiv geworden. Veranlaßt durch eine ganze Reihe von Eingaben, in denen die Entlassung der „Doppelverdiener" aus dem Öffentlichen Dienst gefordert worden war, ersuchte sie den Senat in einer ‚Entschließung zur Frage der Bekämpfung der Arbeitslosigkeit', „dahin zu wirken, daß im Staatsdienst und in den unter staatlichem Einfluß stehenden Wirtschaftsbetrieben die gleichzeitige Beschäftigung von Eheleuten und die Beschäftigung von Frauen, deren Männer anderweitig voll beschäftigt sind, vermieden werden"[168]. Zwar protestierten bürgerliche und sozialdemokratische Frauenbewegung in der Hansestadt einhellig gegen diesen Bürgerschaftsbeschluß[169], doch ihre Eingaben konnten nicht verhindern, daß der SPD-geführte Senat sich am 20. April 1931 der Empfehlung der Bürgerschaft anschloß. In Anlehnung an das Schreiben des Reichsarbeitsministers von Dezember 1930 beschloß der Senat als Verwaltungsmaßnahme für Behörden und gemischt wirtschaftliche Unternehmen, daß „bei Entlassungen in erster Linie die sogenannten Doppelverdiener ausscheiden und keine Doppelverdiener neu eingestellt werden sollen, solange unter den Arbeitslosen geeignete andere Kräfte verfügbar" seien.[170]

Im Januar 1932 bat das Hamburger Arbeitsamt um einen Bericht über die Auswirkungen des Senatsbeschlusses. Dessen arbeitsmarktpolitische Wirkung war mehr als dürftig; dies zeigt folgende Aufstellung:[171]

Im April 1931 im hamburgischen Staatsdienst beschäftigte Ehefrauen		Bis zum Januar 1932 entlassene (a) bzw. freiwillig ausgeschiedene (b) Ehefrauen	
Scheuerfrauen	2142	a: 426	b: -
Behördenangestellte	24	a: 13	b: 7
angestellte Lehrerinnen	80	a: 6	b: 3
verbeamtete Lehrerinnen	168		b: -
verbeamtete Fürsorgerinnen	9		b: -

Die Mehrzahl der verheirateten Arbeiterinnen, Angestellten und Beamtinnen war bereits im Rahmen der Personalabbauverordnungen aus dem Staatsdienst entlassen worden. Diejenigen, die noch beschäftigt wurden, mußten zum überwiegenden Teil selbst von offizieller Seite als „erwerbsbedürftig" anerkannt werden. Die Gesamtzahl der Entlassenen war so relativ gering. Ungeachtet dessen bedeutete die Kündigung für diese Frauen eine große Härte. Bei der Auswertung des Resultats des Senatserlasses kam der zuständige Senatsreferent intern zu dem Ergebnis:

> „Vom arbeitsmarktpolitischen Standpunkt aus betrachtet, sind die Maßnahmen nahezu wirkungslos geblieben. Lediglich die Staatskasse hat erhebliche Ersparnisse erzielt. Wenn man den Kampf, der in der Öffentlichkeit um das Doppelverdienen geführt wurde, in Vergleich setzt zu dem Ergebnis, so möchte man sagen, daß der Kampf einer besseren Sache wert gewesen wäre."[172]

Durchgeführt worden war der Erlaß vor allem aus „staatspolitischen" Gründen, wegen der erhofften beruhigenden „psychologischen Wirkung" auf die Erwerbslosen[173].

Der öffentliche Druck auf die Regierungen von Reich und Ländern nahm mit der Zuspitzung der Wirtschaftskrise zu. Immer lautstärker wurde als Maßnahme gegen die Massenarbeitslosigkeit ein generelles gesetzliches Verbot des „Doppelverdienertums" verlangt[174]. Die Reichsregierung griff diese Forderung bereits im Februar 1931 auf und setzte hierzu eine Sachverständigen-Kommission ein, die in ihrem Gutachten zu dem Ergebnis kam, daß eine gesetzliche Regelung für den öffentlichen Dienst und die kommunalen Unternehmen ratsam, für die Privatwirtschaft hingegen abzulehnen sei. Dort würde die generelle Entlassung von Frauen, insbesondere verheirateten, vielfach Produktionsumstellungen erfordern, die den Betrieben nicht zuzumuten wären. Empfehlenswert seien hier lediglich Betriebsvereinbarungen zwischen Arbeitgebern und Arbeitnehmervertretungen über Einstellungen und Entlassungen, in die auch eine „Richtlinie über den Ausschluß von Doppelverdienern" aufgenommen werden könnte, sowie die „Durchprüfung der Belegschaft" auf „wirtschaftlich versorgte" Arbeitnehmer, die entlassen werden sollten, wenn es die jeweiligen Betriebsverhältnisse zuließen.[175]

In einem Schreiben an die ‚Vereinigung Deutscher Arbeitgeberverbände' griff der Reichsarbeitsminister am 6. Juni 1931 die Empfehlungen der Sachverständigen-Kommission auf und bat, bei den Mitgliedern für die Umsetzung in den Betrieben zu werben. Im Antwortschreiben vom 26. Juni 1926 sagte die Vereinigung zwar zu, die Empfehlungen des Gutachtens den Mitgliedern vortragen zu wollen, betonte aber, daß deren Umsetzung in der Privatwirtschaft „lediglich in betriebsindividueller Behandlung" gefördert werden könne, auf keinen Fall durch betriebliche „Kollektiv-Vereinbarungen" und gesetzliche Maßnahmen.[176] Hinter dieser Haltung stand die Furcht vor wirtschaftlichen Einbußen durch den Verlust der Konkurrenzfähigkeit bei erzwungenen, den unternehmerischen Interessen widersprechenden Entlassungen. In der Praxis taten die meisten Arbeitgeber „nicht das geringste gegen das Doppelverdienertum" in der Privatwirtschaft, forderten aber dessen Verbot im Öffentlichen Dienst[177].

Gemäß dem Gutachten der Sachverständigen-Kommission bereitete die Reichsregierung für den Öffentlichen Dienst unter Reichsaufsicht gesetzliche Maßnahmen vor. Die Krise machte ihrer Ansicht nach insbesondere bei Post und Reichsbahn weitreichende Personaleinschränkungen notwendig. Entlassen werden sollten mit Hilfe eines Gesetzes vorrangig die verheirateten Beamtinnen. Seit dem Herbst 1931 wurde im Reichstag über den entsprechenden Entwurf eines ‚Gesetzes über die Rechtsstellung der weiblichen Beamten' beraten, der vom Zentrum vorgelegt worden war, und am 12. Mai 1932 mit der notwendigen Zweidrittelmehrheit verabschiedet wurde; bis auf die KPD hatten alle Parteien zugestimmt. Dieses Gesetz, das die Entlassung der verheirateten Reichsbeamtinnen gegen Gewährung einer Abfindungssumme ermöglichte, sofern deren Versorgung „nach der Höhe des Familieneinkommens dauernd gesichert" schien, stand im Widerspruch zur Weimarer Verfassung, die mit Artikel 128 alle Ausnahmebestimmungen gegen weibliche Beamte aufgehoben hatte. Der Verfassungsbruch, der in der Tradition der Personalabbauverordnungen stand, wurde vollzogen, obwohl die arbeitsmarktpolitische Bedeutung des Gesetzes gering war. In der Reichspostverwaltung, die am energischsten ein solches Gesetz gefordert hatte, waren 1932 lediglich 1.200 verheiratete Beamtinnen beschäftigt, von denen höchstens 800 bis 900 für eine Entlassung in Frage kamen.[178] Die SPD versuchte, ihre Zustimmung zu dem Gesetz mit der „psychologischen Wirkung" auf große Teile der eigenen Parteianhänger zu rechtfertigen. Sie befürchtete deren Flucht ins radikale Lager nach rechts und links.[179] Auch in der Frage des „gleichen Rechts auf Arbeit" – einer Zentralforderung der sozialdemokratischen Frauenbewegung – bestimmte so letztlich parteitaktisches und tagespolitisches Kalkül die Position der Parteiführung.

Die Mehrheit der Frauenberufsorganisationen auch der Beamtinnen sprach sich gegen das ‚Gesetz über die Rechtsstellung der weiblichen Beamten' aus. Neben den katholischen Beamtinnenverbänden hatte sich allerdings auch der ‚Reichsverband der Deutschen Post- und Telegraphenbeamtinnen' unter dem Druck der Reichspostverwaltung mit der Gesetzesänderung einverstanden erklärt. Er sah keinen anderen Weg, angesichts der zu erwartenden Entlassungen den wegen Heirat gekündigten Beamtinnen zumindest eine Abfindungssumme zu sichern.[180] Seine Position entsprach den Interessen der fast ausschließlich ledigen weiblichen Mitglieder. Die Haltung des Reichsverbandes ist ein Beispiel dafür, wie stark der Konkurrenzkampf zwischen ledigen und verheirateten Frauen in Krisenzeiten auf dem Arbeitsmarkt war. Die „unverheirateten Frauen (waren meist) noch schärfere Gegner der Arbeit verheirateter Frauen als die Männer", weil sie in ihnen „unmittelbare Konkurrentinnen" sahen.[181]

* * *

Folge sämtlicher staatlicher Maßnahmen zum „Abbau der Doppelverdiener" im Öffentlichen Dienst war in den Jahren der Wirtschaftskrise nicht die Verringerung oder gar Beseitigung der Erwerbslosigkeit, sondern zum einen eine Einsparung von Staatsmitteln, zum anderen eine Fortsetzung der Umstrukturierung des Arbeitsmarktes. Die Frauen sollten zugunsten der Männer vor allem aus den ihnen noch verbliebenen, qualifizierteren, besser bezahlten Tätigkeiten verdrängt werden, die sie erst in den letzten beiden Jahrzehnten vorrangig im Staatsdienst erobert hatten. Die staatlichen Maßnahmen machen deutlich: „Nicht um die Quantität, sondern um die Qualität der Frauenarbeit" ging in der Wirtschaftskrise der Kampf[182]. Untergeordnete, gering qualifizierte, gesundheitsschädigende Arbeiten durften sie für niedrigen Lohn auch weiterhin verrichten. Diese Politik wurde von den Arbeitgeberverbänden gefördert, die zwar für den Öffentlichen Dienst die Entlassung der „Doppelverdiener" forderten, staatliche Anordnungen für die privaten Unternehmen jedoch seit der Aufhebung der Demobilmachungsverordnungen immer wieder abgelehnt hatten. Sie befürchteten, daß ein Abbau der Frauenarbeit ihre Konkurrenzfähigkeit beeinträchtigen würde. In der Praxis taten die meisten Arbeitgeber nichts gegen das „Doppelverdienertum". Sie beschäftigten im Gegenteil aus Rentabilitätsgründen in der Wirtschaftskrise bevorzugt die billigeren weiblichen Arbeitskräfte.

Die staatliche Arbeitsmarktpolitik gegen die „Doppelverdienerinnen“, d.h. die Maßnahmen im Öffentlichen Dienst und die Empfehlungen für die Privatwirtschaft sowie die Notverordnungen zum AVAG, die insbesondere die Ansprüche verheirateter Frauen einschränkten, waren Teil einer staatlichen Sozialpolitik, deren Ziel es war, die Arbeit verheirateter Frauen im öffentlichen Interesse einer Familialisierung breiter Volksschichten auf Haushalt und Familie zu beschränken. Die Wirtschaftskrise zeigt deutlich die Grenzen dieser Politik: Zum eine akzeptierte der Weimarer Staat seit dem Abschluß der Demobilmachungsphase widerstandslos die Grenzen, die durch die Kapitalinteressen gesetzt wurden, zum anderen stieß diese Politik schnell an die Grenzen der Staatsfinanzen; das Geld für eine wirklich familienstabilisierende Sozialpolitik fehlte, die öffentlichen Sparmaßnahmen wirkten im Gegenteil kontraproduktiv.

Neben der arbeitsmarktpolitischen und gesellschaftlichen Bedeutung kam vor allem den staatlichen Maßnahmen zum „Abbau der Doppelverdiener“ im Staatsdienst, als öffentlich sichtbarem Bereich, eine zentrale politische Bedeutung zu. Mit ihnen wurde der Eindruck erweckt, es würde staatlicherseits etwas gegen die Massenarbeitslosigkeit getan. Sie sollten eine psychologisch beruhigende Wirkung auf die erregten und empörten Erwerbslosen ausüben und deren politische Radikalisierung verhindern. Ganz offensichtlich hatten sie diese Funktion im Kalkül der SPD. Die verheirateten Frauen spielten in der öffentlichen Diskussion über die Erwerbslosigkeit und ihre Ursachen die Rolle des ‚Sündenbocks‘. Die Parole vom „Abbau der Doppelverdiener“ lenkte von den eigentlichen strukturellen Ursachen der Massenarbeitslosigkeit ab und orientierte den Volkszorn über die Wirtschaftskrise auf eine soziale Gruppe, die sich nicht wehren konnte. Dies gelang nicht zuletzt deshalb, weil sie selbst das Familienideal teilten, das hinter der Parole stand. Die Forderung nach der Entlassung der „Doppelverdienerinnen“ zielte sozialpsychologisch betrachtet auf gesellschaftliche Verhältnisse, die die Realisierung des allgemein erstrebten Ideals der ‚modernen Kleinfamilie‘ ermöglichen sollten.

3.3 Frauen in den freien Gewerkschaften

In der Novemberrevolution 1918 erfüllten sich zentrale Forderungen der freien Gewerkschaften, für die diese jahrzehntelang gekämpft hatten: die Anerkennung der Gewerkschaften als „berufene Vertretung der Arbeiterschaft", der die volle Koalitionsfreiheit garantiert wurde; die allgemeine Einführung kollektiver Arbeitsverträge sowie die Einrichtung von paritätischen Arbeitsnachweisen und Schlichtungsausschüssen; die Einsetzung von Arbeiter- und Angestelltenausschüssen in Betrieben mit mehr als 50 Beschäftigten, die u.a. darüber zu wachen hatten, daß die Arbeitsverhältnisse im Betrieb nach Maßgabe der Kollektivvereinbarung geregelt wurden, und die Ausschaltung der „wirtschaftsfriedlichen" Werkvereine als Tarifpartner. Tarifvertragsrecht, betriebliche Mitbestimmung und Schlichtungswesen waren die eng aufeinander bezogenen Bestandteile des kollektiven Arbeitsrechts, daß die Form der Arbeitsbeziehungen in der Weimarer Republik regeln sollte. Als eine der wichtigsten sozialpolitischen Errungenschaften betrachteten die freien Gewerkschaften den Achtstundentag, der sich schon bald zu einem zentralen Konfliktpunkt der Auseinandersetzungen zwischen Arbeit und Kapital entwickeln sollte. Fixiert wurden diese Reformen erstmals im ZAG-Abkommen vom 15. November 1918. Bestätigt und rechtlich abgesichert wurden sie in der Nachkriegszeit durch die staatliche Gesetzgebung, teilweise allerdings nur durch Demobilmachungsverordnungen, deren Verfügungen vorläufigen Charakter trugen, sowie Notverordnungen. Ein Teil fand gar Aufnahme in die Weimarer Verfassung.[1]

Die freien Gewerkschaften setzten in der neuen Republik den politischen Kurs, den sie im Ersten Weltkrieg eingeschlagen hatten, verstärkt fort: Anerkennung ihres Existenzrechts durch Staat und Unternehmer, gleichzeitig Übernahme staatspolitischer Mitverantwortung mit dem Ziel sozialpolitischer Reformen. Ihr Aufstieg zu einer anerkannten und mitgestaltenden Kraft in Staat und Wirtschaft war nach Kriegsende von einem bis dahin einmaligen Mitgliederzustrom begleitet, der den der christlich-nationalen und liberalen Richtungsgewerkschaften bei weitem übertraf. Einen erheblichen Teil der neugewonnenen Mitglieder stellten Frauen. Der Organisationsgrad der erwerbstätigen Frauen, der allgemein geringer als der der erwerbstätigen Männer war, erhöhte sich in der Nachkriegszeit deutlich. Ungeachtet dessen war ihr politischer Einfluß in den freien Gewerkschaften auf sämtlichen Organisationsebenen verschwindend gering: Die Gewerkschaften blieben in der Weimarer Republik ausgesprochene Männerorganisationen, die primär die Interessen ihrer männlichen Mitgliedermehrheit vertraten.[2]

Bei der Umgestaltung der Organisation, zu der sämtliche Gewerkschaften nach dem Krieg aufgrund der gewandelten politischen Verhältnisse und der neuen organisatorischen Erfordernisse gezwungen waren, blieben Frauen(interessen) unberücksichtigt. Im Zuge der Neuorganisation der freien Gewerkschaften, die in drei Richtungen zielte – erstens Reorganisation und Stärkung des Dachverbandes, zweitens verbesserte Berücksichtigung der verschiedenen Arbeitnehmergruppen und drittens Modernisierung der Verbändestruktur – beschloß der 10. Gewerkschaftskongreß Ende Juni 1919 die Gründung des ‚Allgemeinen Deutschen Gewerkschaftsbundes' (ADGB) als Dachverband. An die Stelle der bislang formal sehr lockeren Verbindung von mehr als fünfzig Einzelverbänden sollte eine engere Form des Zusammenwirkens treten, ohne den föderativen Charakter grundsätzlich anzutasten. Die Struktur des ADGB, die die neue Satzung vorschrieb, unterschied sich nur wenig von derjenigen, welche 1914 im „Regulativ für das Zusammenwirken der Gewerkschaften Deutschlands" festgelegt worden war: Aus der Generalkommission wurde der Bundesvorstand und aus der Vorständekonferenz der Bundesausschuß. Höchstes beschlußfassendes Organ blieb der alle drei Jahre einzuberufende Gewerkschaftskongreß. Die Satzung faßte jedoch Funktionen und Kompetenzen der Führungsgremien genauer. Dem 15köpfigen Bundesvorstand oblagen Agitation und Bildungsarbeit, Bereitstellung von Informationsressourcen, Koordination und Kommunikation sowie Außenvertretung des Bundes. Laufend überwacht wurde die Vorstandsarbeit durch den Bundesausschuß, das höchste Beschlußorgan zwischen den Gewerkschaftskongressen, in dem jeder Verbandsvorstand durch eine Stimme vertreten war; erst 1922 erhielten die größeren Verbände einen zweiten Sitz. Regional gliederte sich der ADGB in Ortsausschüsse, die die alten Ortskartelle ablösten. Aus den rechtlich selbständigen Zusammenschlüssen der Verwaltungsstellen aller am Ort vertretenen Einzelgewerkschaften wurden damit lokale Organe des Bundes, in denen die Ortsvereine der Zentralverbände unter einem gewählten Vorstand zusammengeschlossen waren. 1922 wurden zudem Bezirksausschüsse eingerichtet, deren Sekretäre vom Bundesvorstand benannt wurden. Der Organisationsaufbau der Einzelgewerkschaften im ADGB entsprach in der Grundstruktur dem des Dachverbandes. Die freigewerkschaftlichen Angestelltenverbände, die im November 1920 den ‚Allgemeinen freien Angestelltenbund' (AfA-Bund) gebildet hatten, dessen Organisationsstruktur sich an die des ADGB anlehnte, verließen endgültig nach dem ersten AfA-Kongreß im Oktober 1921 den ADGB. Die vom ADGB erstrebte Integration der Arbeiter-, Angestellten- und Beamtenbewegung, blieb auf der Stufe einer engen Kooperation mit dem AfA-Bund und dem im Juni 1922 gegründeten ‚Allgemeinen Deutschen Beamtenbund' (ADB) stehen.[3]

Bereits Ende 1920 war der Gipfel gewerkschaftlicher Machtentfaltung allgemein überschritten; es begann ein Rückgang, der sich während Hyperinflation und Währungsstabilisierung bedrohlich zuspitzte und dessen sichtbarstes Zeichen ein 1923 einsetzender außerordentlich großer Mitgliederverlust war, von dem die freien Gewerkschaften in stärkerem Maße betroffen waren als die christlich-nationalen und liberalen. Der Tiefpunkt der Mitgliederzahlen war bei allen drei Richtungsgewerkschaften erst im Rezessionsjahr 1926 erreicht. In überdurchschnittlich starkem Maße verließen Frauen die freien Gewerkschaften, der Rückgang ihrer Mitgliederzahl setzte bereits 1921 ein und verstärkte sich 1923. Ihr Mitgliederanteil sank bis Anfang der dreißiger Jahre stetig. Trotz der schweren politischen und organisatorischen Rückschläge gehörten die freien Gewerkschaften in Wirtschaft und Politik weiterhin zu den bedeutendsten Organisationen. Ihnen gelang es, in der Phase der relativen wirtschaftlichen Stabilisierung soziale Handlungsfähigkeit und organisatorische Kraft partiell zurückzugewinnen; Ausdruck hierfür war in den Jahren 1927 bis 1929 ein deutlicher Mitgliederzuwachs, der auch die christlich-nationalen und liberalen Gewerkschaften erfaßte. Vom politischen und organisatorischen Aufschwung der Gewerkschaftsbewegung, der in der Wirtschaftskrise abgebrochen wurde, profitierten die männlichen Erwerbstätigen aufgrund der männerorientierten Gewerkschaftspolitik in stärkerem Maße. Nicht zuletzt deshalb waren die meisten neugewonnenen Mitglieder in den freien Gewerkschaften Männer.

Diese Grundlinien prägten auch die Entwicklung der freien Gewerkschaften im Hamburger Raum, die in der Arbeiterschaft des Wirtschaftsgebietes nach der Novemberrevolution so gut wie konkurrenzlos dominierten und ihre Führungsposition bis zum Ende der Weimarer Republik behaupten konnten. Im Unterschied zu anderen Regionen blieb die Attraktivität der Christlichen Gewerkschaften in der Hansestadt selbst bei den Arbeiterinnen gering. In der Hamburger Angestelltenschaft war der freigewerkschaftliche Einfluß traditionsgemäß kleiner. Hier hatten liberale und christlich-nationale Gewerkschaften ebenfalls große Anziehungskraft; deren Einfluß war unter den männlichen Angestellten besonders groß, die weiblichen Angestellten tendierten allgemein stärker zum freigewerkschaftlichen Verband.[4] Der ADGB-Ortsausschuß Groß-Hamburg, der neben der Hansestadt die preußischen Nachbarorte Altona, Wandsbek, Schiffbek, Wilhelmsburg sowie Blankenese mit den Elbgemeinden umfaßte und zu den mitgliederstärksten im Reich gehörte, wurde im Juni 1920 gebildet. Dem 18köpfigen Ortsvorstand oblagen gemäß Satzung im lokalen Rahmen weitgehend die gleichen Aufgaben wie dem Bundesvorstand auf Reichsebene. Die Geschäfte wurden von einem „engeren Vorstand" mit neun Mitgliedern geführt.[5]

In den neueren Publikationen zur Gewerkschaftsgeschichte werden die geschlechtsspezifische Ausrichtung von Politik und Verbandsarbeit sowie die Unterschiede in Organisationsverhalten und Gewerkschaftsengagement von Frauen und Männern bestenfalls am Rande erörtert. Analyse und Darstellung erfolgen aus männlicher Perspektive; die weiblichen Erwerbstätigen werden am Maßstab der männlichen gemessen und Organisationsgrad sowie Gewerkschaftsengagement der Frauen, die allgemein geringer waren als die der Männer, demgemäß als „angepaßt" und defizitär gewertet[6]. Nicht gesehen wird meist, daß die geschlechtsspezifischen Unterschiede in den Arbeits- und Lebensbedingungen und damit auch in den Bedürfnissen und Interessen primär das geschlechtsspezifische gewerkschaftliche Organisationsverhalten verursachten[7]. Dieser Zusammenhang soll im folgenden vor dem Hintergrund der beschriebenen Grundlinien der Gewerkschaftsentwicklung in der Weimarer Republik näher betrachtet werden. Die Analyse wird sich auf zwei mitgliederstarke Einzelverbände mit überdurchschnittlich hohem Frauenanteil konzentrieren, den ‚Deutschen Textilarbeiterverband' (DTAV) und den ‚Zentralverband der Angestellten' (ZdA).

3.3.1 *Die weiblichen Gewerkschaftsmitglieder*

> „Zu Hause wurde in meiner Kindheit nicht viel über Politik gesprochen. Das lag daran, daß mein Vater beim Staat beschäftigt war, als Kesselschmied bei der ‚Stadtwasserkunst'. Er hatte Angst vor der Entlassung. Mit der mußte er rechnen, wenn bekannt wurde, daß er Anhänger der SPD war. Doch mir war schon als Schülerin klar, daß er Mitglied der Partei geworden wäre, wenn er gedurft hätte. Wir lasen nämlich das ‚Hamburger Echo', teilten uns das Abonnement mit einer Nachbarsfamilie. Natürlich war mein Vater in der Gewerkschaft ... Als ich älter war, in den Kriegsjahren, diskutierte ich mit meiner Mutter häufiger über politische und soziale Fragen, besuchte auch politische Versammlungen von allen Parteien. Damals, mit der Novemberrevolution, begann überhaupt eine neue Zeit für mich. Ich wurde Mitglied der Gewerkschaften und wenig später auch der SPD ... Ebenso wie meine Eltern ...
>
> Als ich zu meiner ersten Gewerkschaftsversammlung ging, das war am 9. November 1918, war ich gleich Feuer und Flamme ... Am nächsten morgen bin ich, wie immer, in den Betrieb gegangen, das Kaufhaus Vollmer auf dem Steindamm. Seit 1917 arbeitete ich dort als ausgelernte Textilfachverkäuferin ... Morgens war unser Chef immer zum Einkauf neuer Waren unterwegs. Das nutzte ich aus, stellte mich auf eine Freitreppe und habe den Kolleginnen von der Versammlung berichtet. Ich war so begeistert, daß ich gar keine Angst spürte. Zum Schluß forderte ich sie auf, in die Gewerkschaft einzutreten. Aufnahmeformulare für den ‚Zentralverband der Handlungsgehilfen' (ZdH, einer der drei Angestelltenverbände, aus denen 1919 der ZdA hervorging, K.H.) hatte ich gleich mitgebracht. Und sie sind auch eingetreten. Nach Dienstschluß bin ich zum Gewerkschaftshaus und hab' die Eintrittserklärungen abgegeben. Bald ging ich jeden Abend ins Gewerkschaftsbüro und habe mitgeholfen, vor allem bei der Büroarbeit. Ich besuchte alle Versammlungen des ZdH ... Nach der Novemberrevolution organisierten sich zwar auch viele weibliche Angestellte, aber nur wenige arbeiteten aktiv mit."

Ähnliche Motive, wie die von Anni Kienast beschriebenen, ließen viele Arbeitnehmer(innen) 1918/19 in die freien Gewerkschaften strömen; insbesondere während und nach der Novemberrevolution stieg deren Mitgliederzahl stark an (vgl. Tabelle 52). Die Beitrittswelle rekrutierte sich überwiegend aus dem Reservoir der bisher nicht gewerkschaftlich organisierten Erwerbstätigen, was u.a. durch die Ausdehnung der Koalitionsfreiheit auf alle Berufsgruppen gefördert wurde. Der Bericht verdeutlicht die politische Aufbruchsstimmung in der Anfangsphase der Weimarer Republik, von der breite Kreise der Bevölkerung, vor allem die Arbeiterschaft, erfaßt waren. Die Kriegs- und Revolutionszeit hatte entscheidend zu einer allgemeinen Politisierung beigetragen, die sich in einer hohen Bereitschaft zu gewerkschaftlicher und politischer Organisierung niederschlug. Hauptmotiv für den Gewerkschaftseintritt war bei beiden Geschlechtern die Hoffnung auf eine schnelle Verbesserung ihrer Arbeits- und Lebensbedingungen, insbesondere eine Erhöhung des Reallohnes und eine Verkürzung der Arbeitszeit. Die Gewerkschaften, die zu einer anerkannten und einflußreichen gesellschaftlichen Kraft geworden waren, schienen stark genug, die dazu notwendigen Schritte zügig durchzusetzen. Zudem boten sie vielfältige soziale Hilfen, u.a. bei Erwerbslosigkeit, gewährten Rat und Beistand bei Rechtsproblemen und zahlten bei Einkommensausfall infolge von Arbeitskämpfen Unterstützung.[8]

Tab. 52: *Die Mitglieder der freien Gewerkschaften[a)] in Groß-Hamburg[b)] und im Deutschen Reich. 1914–1931*[9]

Jahr	Hamburg			Reich			Veränderung (1919 = 100)			
	Mitglieder[c)]		Frauenanteil	Mitglieder[d)]		Frauenanteil	Hamburg		Reich	
	insges.	Frauen	in %	insges.	Frauen	in %	F	M	F	M
1914	118484	10018	8,5	2075759	210314	10,1	17	59	18	44
1915	67151	9132	13,6	1159497	177535	15,3	15	32	15	23
1916	49536	9836	19,9	966705	185810	19,2	17	22	16	18
1917	50154	13257	26,4	1106657	268614	24,3	22	20	23	20
1918	147856	44342	30,0	1664991	422957	25,4	75	56	35	29
1919	243125	59388	24,4	5479073	1192767	21,8	100	100	100	100
1920	270501	61871	22,9	7890102	1710761	21,7	104	114	143	144
1921	243971	51003	20,9	7567978	1518341	20,1	86	105	127	141
1922	252039	50896	20,2	7895065	1687840	21,4	86	109	142	145
1923	233293	46052	19,7	7138416	1526155	21,4	78	102	128	131
1924	154383	29377	19,0	4618353	921140	19,9	49	68	77	86
1925	160869	26920	16,7	4156451	751585	18,1	45	73	63	79
1926	163302	23694	14,5	3977309	659499	16,6	40	76	55	77
1927	173301	24810	14,3	4150160	650501	15,7	42	81	55	82
1928	201020	27288	13,6	4653586	712430	15,3	46	95	60	92
1929	213448	28940	13,6	4906228	722892	14,7	49	100	61	98
1930	200910			4821832	684978	14,2			57	97
1931	186203			4417852	617968	14,0			52	89

a) Ab 1921 ausschließlich ADGB.
b) Raum des Gewerkschaftskartells bzw. ADGB-Ortsausschusses Groß-Hamburg.
c) 1918 und 1928–1931: 4. Quartal, sonst Jahresdurchschnitt.
d) Jahresdurchschnitt.

Die Zahl der Gewerkschaftsmitglieder, die in den ersten beiden Kriegsjahren vorrangig aufgrund der hohen Mitgliederverluste bei den Männern, erheblich zurückgegangen war, stieg seit 1917 wieder an. Die Mitgliedergewinne im Ortskartell Groß-Hamburg waren deutlich höher als im Reich; 1918 lag die Mitgliederzahl um 25 % über der von 1914. Die Protest- und Organisationsbereitschaft war 1917/18 in den Großstädten allgemein am ausgeprägtesten.[10] Besonders groß war der Mitgliederzuwachs im Raum Groß-Hamburg bei den Frauen; ihr Mitgliederanteil erreichte 1918 mit 30 % einen Höchststand. Hauptgrund für diesen außerordentlichen Zustrom, der den Reichsdurchschnitt bei weitem übertraf, war die wachsende Einbeziehung der Frauen in die Kriegswirtschaft; am stärksten stieg ihre Zahl in den Verbänden der Berufe und Wirtschaftszweige, in denen die Frauenerwerbsarbeit während des Krieges überdurchschnittlich zugenommen hatte (vgl. für Hamburg Tabelle 53c). Desillusioniert über die militärische Lage, bedrückt von der Sorge um die eingezogenen männlichen Verwandten und Freunde, physisch und psychisch durch das Übermaß an Erwerbsarbeit erschöpft, unzufrieden über die schlechte Versorgung mit Gütern des täglichen Bedarfs, die die alltägliche Hausarbeit erheblich erschwerte, und aktiviert durch die Zuspitzung der sozialen und politischen Auseinandersetzungen schlossen sie sich den freien Gewerkschaften an.[11]

Nach Kriegsende hielt der Mitgliederzustrom an. Den Mitgliederhöchststand erreichte der ADGB im Raum Groß-Hamburg 1920, im Reich hingegen 1922. Die Mitgliederzahl hatte sich zwischen 1914 und 1920 in Hamburg mehr als verdoppelt, im Reich nahezu vervierfacht. Die industriell geprägten Gebiete, insbesondere die traditionellen Zentren der Arbeiterbewegung, wiesen allgemein prozentual niedrigere Zuwächse auf. Die höchsten Mitgliedergewinne verbuchten die ländlichen Regionen, in denen die freien Gewerkschaften vor dem Kriege ausgesprochen schwach gewesen waren. Der überproportional starke Anstieg in Landgemeinden sowie Klein- und Mittelstädten glich das in der Vorkriegszeit vorherrschende Organisationsgefälle zu den Großstädten aus. Am Mitgliederzuwachs waren bis dahin nicht oder kaum organisierte Berufsgruppen am meisten beteiligt: Staatsarbeiter(innen), Eisenbahner und Landarbeiter(innen) sowie Angestellte. Die Gewerkschaften drangen auch in die ungelernte Arbeiterschaft ein, die sie bis dahin nur wenig erfaßt hatten. In der Mitgliedschaft wurde der Anteil der handwerklich ausgebildeten Facharbeiter aus Klein- und Mittelbetrieben durch den der an- und ungelernten Industriearbeiter aus Großbetrieben zurückgedrängt, damit näherte sich ihre Zusammensetzung der Struktur der Arbeiterschaft an.[12]

Zu den Arbeitnehmergruppen, die sich erstmals in verstärktem Maße organisierten, gehörten auch die Frauen. Ihr Zuwachs übertraf zwischen 1914 und 1920 erheblich den der Männer. Im Raum Groß-Hamburg stieg die Zahl der weiblichen Mitglieder in den freien Gewerkschaften um das Fünffache, im Reich um mehr als das Siebenfache; hier erreichte die Beitrittswelle der Frauen 1919/20 ihren Höhepunkt, im Ortskartell Groß-Hamburg hingegen bereits 1918/19. Der Zustrom der weiblichen Mitglieder war in der Hansestadt in den ersten beiden Nachkriegsjahren deutlich geringer, die Zuwachsrate lag – anders als im Reich – erheblich unter der der Männer. Den höchsten Stand erreichte die weibliche Mitgliederzahl im ADGB-Ortsausschuß Groß-Hamburg 1920, zu diesem Zeitpunkt lag der Frauenanteil bei 23 %. Die meisten Frauen gehörten, gemäß der Erwerbsstruktur im Wirtschaftsraum, dem ZdA, dem ‚Verband der Fabrikarbeiter Deutschlands' (VFD), dem ‚Deutschen Bekleidungsarbeiterverband' (DBV), dem ‚Deutschen Transportarbeiterverband' und dem ‚Zentralverband der Hausangestellten' (ZH) an. Der Frauenanteil war in den örtlichen Gewerkschaftsgruppen der Hausangestellten, Buchbinder, Textilarbeiter, Bekleidungsarbeiter, Graphischen Hilfsarbeiter und Tabakarbeiter am höchsten. (Vgl. Tabelle 52 und 53)

1921 setzte in den freien Gewerkschaften der Mitgliederrückgang ein, zunächst primär verursacht durch das Ausscheiden des ZdA aus dem ADGB im Oktober 1921. Ein Teil dieses vorrangig organisationspolitisch bedingten Mitgliederverlustes konnte im Boomjahr 1922 wieder ausgeglichen werden. Die Abnahme der Mitgliederzahl war im ADGB-Ortsausschuß Groß-Hamburg stärker ausgeprägt als im Reich, wo die Mitgliederzahl 1922 bei den Männern den Stand von 1920 übertraf. Der überdurchschnittliche Rückgang bis 1923 ging im Raum Groß-Hamburg vor allem auf die Austrittswelle bei weiblichen Mitgliedern zurück. Der Frauenanteil verringerte sich so stark, daß er 1922 erstmals unter dem des Reiches lag. Nur teilweise wurde diese Entwicklung durch das Ausscheiden der ZdA-Ortsgruppe verursacht, deren Frauenanteil den des ZdA auf Reichsebene deutlich übertraf. Auf dem Höhepunkt der Inflationskrise 1923/24 setzte in den Gewerkschaften allgemein ein Mitgliederexodus ein, der bis 1926 anhielt und an dem die Frauen in stärkerem Maße beteiligt waren. Ihr Mitgliederanteil ging nun auch im Reichsdurchschnitt erheblich zurück, 1926 lag er bei 17 %, im Raum Groß-Hamburg bei 15 %. Insgesamt verringerte sich die Zahl der ADGB-Mitglieder zwischen 1922 und 1926 im Reich um 50 %, im hamburgischen Städtegebiet nur um 35 %. (Vgl. Tabelle 52)

Anni Kienast beschreibt im folgenden am Beispiel des ZdA, der zu den Verbänden mit den stärksten Mitgliederverlusten gehörte (vgl. insb. Tabelle 55), einen Teil der Ursachen. Ihr Bericht verdeutlicht zugleich die Schwierigkeiten, die der Gewinnung weiblicher Angestellter für den ZdA im Wege standen.[13]

> „Anfang 1919 war der Mitgliederzustrom so groß, daß wir im Büro Schwierigkeiten hatten, mit dem Ausstellen der Bücher nachzukommen. Viele neu eingetretene Mitglieder wurden nicht einmal kassiert, waren nicht in die Gewerkschaftsarbeit einbezogen. Nicht wenige neu eingetretene Frauen traten bald wieder aus, wurden nie richtig erfaßt ... Außerdem waren nicht wenige enttäuscht, daß es nicht so schnell vorwärts ging, wie sie gehofft hatten ...
>
> Nachdem die anfängliche politische Euphorie verrauscht war, wurde die Mitgliederwerbung unter den Frauen immer schwieriger. Das merkte ich bei meiner Agitation in den Geschäften. In den Warenhäusern, wo auch viele der Abteilungsleiter organisiert waren, war es einfacher. Die unterstützten mich. In den kleinen Geschäften war es viel schwieriger, weil da meistens der Chef anwesend war. Die Angestellten wagten nicht, ihren Mund aufzumachen, aus Angst vor der Kündigung. Dort wurde ich meist sehr schnell aus dem Geschäft verwiesen ... Nicht selten sagte der Chef einfach zu seinen Angestellten: ‚Ich wünsche das nicht, daß Sie in der Gewerkschaft sind'. Tarifverträge galten damals eigentlich nur für die Arbeitnehmer, die in einer Gewerkschaft waren. Um zu verhindern, daß ihre Angestellten sich deshalb organisierten, bezahlten bereits 1919 immer mehr Arbeitgeber alle Angestellten nach Tarif, auch die, die nicht organisiert waren. So fiel der Anreiz für viele Kolleginnen weg, sich einer Gewerkschaft anzuschließen ...
>
> Noch schwieriger als die Gewinnung der Verkäuferinnen war die der weiblichen Büroangestellten. Die fühlten sich als etwas Besseres. Wollten mit Verkäuferinnen und womöglich Arbeiterinnen nicht auf einer Stufe stehen. Deshalb traten viele von ihnen, wenn sie sich überhaupt organisierten, nicht in den ZdA, sondern z.B. einen Berufsverband wie den VWA (den christlich-nationalen ‚Verband der weiblichen Büro- und Handelsangestellten', K.H.) ein. Im ZdA waren vor allem Verkäuferinnen der Warenhäuser, der großen Kaufhäuser sowie der ‚Pro' organisiert ..."

Der dramatische Mitgliederrückgang 1923/24 war vorrangig eine Begleit- und Folgeerscheinung von Hyperinflation und Währungsstabilisierung. Das politische und wirtschaftliche Kräfteverhältnis verschob sich immer mehr zu Ungunsten der Gewerkschaften. Arbeitskonflikte endeten häufiger mit einer Niederlage. Enttäuscht von den, gemessen an ihren Erwartungen, geringen sozialen Fortschritten, zermürbt von der wirtschaftlichen Not, die sich in der Inflationskrise zuspitzte, verließen insbesondere viele der während und nach dem Kriege neugewonnenen Mitglieder die Gewerkschaften wieder. Ihnen schien die Mitgliedschaft nutzlos geworden zu sein, denn soziale Hilfsmöglichkeiten und Kampfkraft der Gewerkschaften waren aufgrund der durch die Inflation geleerten Kassen erschöpft. Der Mitgliederschwund hielt 1925/26 aufgrund des wirtschaftlichen Zwischentiefs an, in dem die Erwerbslosigkeit ein bis dahin unbekanntes Ausmaß erreichte. Gefördert wurde die Austrittsbewegung durch organisatorische Probleme; den Gewerkschaften gelang es nicht, die riesige Zahl der neuen Mitglieder zu integrieren.[14]

Zu diesen für beide Geschlechter geltenden Ursachen kam bei den Frauen als spezieller Grund die antifeministische Demobilmachungspolitik der Gewerkschaften[15]. Der besonders vehemente Kampf des ADGB-Ortsausschusses Groß-Hamburg gegen die vermeintlichen „Doppelverdienerinnen" führte vermutlich dazu, daß hier die Austrittswelle der Frauen früher als im Reich einsetzte und stärker ausfiel (vgl. Tabelle 52)[16]. Dafür spricht, daß die Zahl der organisierten Arbeitnehmerinnen im Wirtschaftsgebiet Groß-Hamburg zunächst am stärksten in den Verbänden der Berufe und Branchen zurückging, in denen die Frauen im Zuge der Demobilmachungspolitik vorrangig ihre Arbeitsplätze zugunsten der zurückkehrenden Männer räumen mußten. In den Wirtschaftszweigen hingegen, die im Zuge der inflationsbedingten Hochkonjunktur 1921 bis 1923 in steigendem Maße Frauen beschäftigten, hielt der Zuwachs bei den weiblichen Mitgliedern bis 1922/23 an. Hier setzte auch bei den Frauen der Mitgliederrückgang erst 1923/24 ein. (Vgl. Tabelle 53c)

Allgemein stiegen die Mitgliederzahlen der freien Gewerkschaften erst seit 1927 wieder an, als eine Phase relativ günstiger Konjunktur einsetzte, die auch die gewerkschaftlichen Kampfbedin-

Tab. 53: *Die weiblichen Mitglieder ausgewählter Einzelverbände der freien Gewerkschaften Groß-Hamburgs[a]. 1913–1929*

a) Anteil der Frauen an der Gesamtmitgliederschaft der Einzelverbände

Gewerkschaft der	Von hundert Mitgliedern waren weiblich															
	1913	1914	1915	1916	1917	1918	1919	1920	1921	1923	1924	1925	1926	1927	1928	1929
Angestellten[b]	43,4	44,5	53,4	57,1	80,8	60,4	46,3	44,7	46,3							
Bekleidungsarbeiter[c]	14,8	21,0	32,8	41,2	63,1	70,2	69,9	67,7	66,4	72,1	70,0	68,0	60,0	53,5	53,0	52,7
Buchbinder	64,1	68,1	76,7	76,7	81,1	79,3	79,1	80,6	76,1	77,8	68,1	73,5	74,5	73,5	70,8	73,4
Fabrikarbeiter	17,3	17,4	21,4	24,3	35,1	50,2	49,2	46,3	43,8	44,2	37,5	38,6	32,8	27,6	28,4	27,7
Gemeindearbeiter	2,3	2,3	3,4	4,9	10,2	31,9	19,0	20,4	20,6	18,9	17,0	17,5	17,8	17,3	17,3	16,6
Graphischen Hilfsarb.	61,8	62,8	77,5	80,5	75,1	65,7	72,1	65,9	70,7	62,7	71,3	72,6	69,1	70,3	70,3	57,9
Hausangestellten[d]	100	100	100	100	100	100	100	100	100							
Holzarbeiter	1,0	1,3	1,6	3,9	19,3	15,7	12,0	9,5	7,9	10,1	8,1	9,2	5,8	5,2	6,3	4,9
Hotelangestellten[e]	0,8	2,6	3,9	5,8	6,1	5,3	26,6	42,1	35,2	39,1	28,9	23,1	22,4	21,7	20,5	19,6
Lebensmittelarbeiter[f]	11,0	8,1	12,6	22,9	34,6	33,8	26,1	28,6	29,1	28,6	25,7	25,4	23,7	25,4	25,7	27,9
Metallarbeiter	0,7	0,7	0,9	2,4	5,5	10,5	6,5	4,8	4,3	4,7	4,5	4,2	4,1	4,2	4,4	4,6
Tabakarbeiter	23,3	17,4	24,9	39,1	36,9	31,2	35,2	50,8	54,8	65,8	66,1	60,0	65,1	70,4	67,0	74,4
Textilarbeiter	58,3	54,1	63,6	76,6	80,6	78,8	73,0	73,4	75,4	77,8	74,3	69,1	59,5	63,7	55,3	54,2
Transportarbeiter[g]	2,1	2,8	5,1	9,4	17,5	22,9	15,1	10,7	7,1	9,9	11,1	7,3	6,9	7,2	8,3	8,0
Alle Gewerkschaften	7,3	8,5	13,6	19,9	26,4	30,0	24,4	22,9	20,9	19,7	19,0	16,7	14,5	14,3	13,6	13,6

a) Das Gewerkschaftskartell bzw. der ADGB-Ortsausschuß Groß-Hamburg umfaßte Hamburg-Altona, Wandsbek, Schiffbek, Wilhelmsburg sowie Blankenese mit den Elbgemeinden.
b) 1913–1919: Zusammen Verband der Bureauangestellten und Verband der Handlungsgehilfen, ab 1920: ‚Zentralverband der Angestellten'.
c) 1913–1920: Schneider.
d) Im März 1923 wurde der ‚Zentralverband der Hausangestellten' reichsweit aufgelöst und dem neugegründeten ‚Deutschen Verkehrsbund' angeschlossen.
e) 1913–1920: Gastwirtsgehilfen.
f) Nahrungsmittel- und Getränkearbeiter einschließlich Bäcker, Fleischer, Konditoren, Brauerei- und Mühlenarbeiter.
g) Ab 1923: ‚Deutscher Verkehrsverbund', ohne Schiffer.

Quelle wie Tabelle 52

Tab. 53: *Die weiblichen Mitglieder ausgewählter Einzelverbände der freien Gewerkschaften Groß-Hamburgs. 1913–1929*

b) Anteil der Frauen in den Einzelverbänden an der weiblichen Mitgliederschaft aller freien Gewerkschaften

Gewerkschaft der	Von hundert weiblichen Mitgliedern gehörten an															
	1913	1914	1915	1916	1917	1918	1919	1920	1921	1923	1924	1925	1926	1927	1928	1929
Angestellten	13,2	16,4	21,1	21,7	18,2	13,5	15,4	18,1	13,7							
Bekleidungsarbeiter	4,7	6,2	6,5	6,8	10,2	11,1	11,8	10,1	9,8	13,0	17,3	16,7	11,9	9,1	8,4	7,3
Buchbinder	8,2	10,0	10,5	9,8	6,8	3,9	4,0	4,8	4,5	5,6	5,9	7,6	8,0	7,5	6,5	7,1
Fabrikarbeiter	18,1	15,2	11,6	8,3	9,9	12,0	13,1	12,6	14,9	17,0	11,0	14,3	13,2	10,5	11,3	11,0
Gemeindearbeiter	1,4	1,4	1,4	1,5	2,6	5,3	6,6	8,2	9,7	9,5	11,0	13,1	16,6	16,7	16,9	16,6
Graphischen Hilfsarb.	5,1	5,6	4,8	4,3	2,1	1,2	1,8	1,5	2,8	1,8	3,2	4,7	5,1	5,5	6,2	4,3
Hausangestellten	17,9	19,0	16,2	13,4	12,8	14,7	12,7	8,3	5,9							
Holzarbeiter	0,7	0,9	0,7	1,2	5,2	2,5	2,0	1,6	1,7	2,4	2,5	3,2	2,1	1,9	2,5	1,9
Hotelangestellten	0,2	0,4	0,3	0,3	0,1	0,2	1,9	3,5	2,7	3,4	2,5	1,8	2,1	2,0	2,6	2,6
Lebensmittelarbeiter	6,5	4,1	4,0	4,7	5,7	4,3	3,6	4,6	6,1	7,3	8,4	9,4	9,4	10,0	11,6	12,2
Metallarbeiter	1,6	1,4	1,1	2,0	3,9	7,3	3,8	2,8	3,0	3,1	3,1	3,1	3,4	3,7	4,4	4,8
Tabakarbeiter	6,3	3,5	5,0	8,6	4,6	1,6	1,5	3,0	4,6	7,0	10,3	7,3	9,7	13,0	9,8	12,5
Textilarbeiter	8,3	7,3	7,8	8,8	7,2	5,5	5,0	6,0	9,5	14,6	9,8	5,2	2,8	5,9	3,7	3,1
Transportarbeiter	6,9	7,5	7,8	7,4	9,1	13,2	11,1	8,8	6,6	11,6	10,2	9,4	10,9	10,9	13,6	13,0
Alle Gewerkschaften	10447	10018	9132	9836	13257	44342	59388	61871	51003	46052	29377	26920	23694	24810	27288	28940

Anmerkungen und Quelle wie Tabelle 53 a)

Tab. 53: *Die weiblichen Mitglieder ausgewählter Einzelverbände der freien Gewerkschaften Groß-Hamburgs. 1913–1929*

c) Veränderung der weiblichen Mitgliederzahlen

Gewerkschaft der	Weibl. Mitgl. 1919	Veränderung (1919 = 100)															
		1913	1914	1915	1916	1917	1918	1919	1920	1921	1923	1924	1925	1926	1927	1928	1929
Angestellten	9134	15	18	21	23	26	66	100	123	77							
Bekleidungsarbeiter	6992	7	9	8	10	19	70	100	89	72	86	73	64	40	32	33	30
Buchbinder	2399	36	42	40	40	38	71	100	124	97	108	72	85	79	78	74	85
Fabrikarbeiter	7808	24	20	14	10	17	68	100	100	97	100	41	49	40	33	40	41
Gemeindearbeiter	3905	4	4	3	4	9	60	100	130	126	112	83	90	101	106	118	123
Graphischen Hilfsarb.	1048	51	53	42	40	26	51	100	88	136	80	91	120	115	129	163	119
Hausangestellten	7521	25	25	20	18	23	87	100	68	40							
Holzarbeiter	1172	7	8	5	10	59	95	100	87	73	94	62	73	42	41	57	46
Hotelangestellten	1134	1	4	2	2	2	9	100	193	121	138	66	44	43	43	62	66
Lebensmittelarbeiter	2272	7	6	4	9	23	143	100	76	66	63	40	37	35	40	53	61
Metallarbeiter	2139	32	19	17	22	35	89	100	132	145	156	115	118	105	116	147	165
Tabakarbeiter	915	72	38	50	93	67	80	100	203	257	353	330	213	252	353	293	397
Textilarbeiter	2991	29	24	24	29	32	81	100	123	161	225	96	47	23	49	34	30
Transportarbeiter	6614	11	11	11	11	18	89	100	82	51	81	45	38	39	41	56	57
Frauen insgesamt	59388	18	17	15	17	22	75	100	104	86	78	49	45	40	42	46	49
Mitglieder insgesamt	243125	59	49	28	20	21	61	100	111	100	96	63	66	67	71	83	88

Anmerkungen und Quelle wie Tabelle 53 a)

gungen verbesserte. Der Zuwachs, der nur bis zum Beginn der Wirtschaftskrise anhielt, war im ADGB-Ortsausschuß Groß-Hamburg zwischen 1926 und 1929 mit 31 % höher als im Reichsdurchschnitt, wo die Mitgliederzahl um 23 % zunahm. Die Zuwachsrate bei den Männern übertraf deutlich die der Frauen, deren Zahl im Raum Groß-Hamburg um 22 % und im Reich um 10 % stieg. (vgl. Tabelle 52). Die meisten weiblichen Mitglieder gewannen die Verbände der Branchen, in denen die industrielle Frauenarbeit in der Stabilisierungsphase stark expandierte (vgl. Tabelle 53c); hier war der prozentuale Zuwachs bei den Frauen im Ortsausschuß Groß-Hamburg größer als bei den Männern. Insgesamt ging der Anteil der Frauen an der ADGB-Mitgliedschaft weiter zurück, 1929 lag er im Reich bei 15 % und im hamburgischen Städtegebiet bei 14 %. Am größten war die Zahl der weiblichen Mitglieder zu diesem Zeitpunkt in den Ortsgruppen des ‚Verbandes der Gemeinde- und Staatsarbeiter', des ‚Deutschen Verkehrsbundes' (DVB), dem nach der Auflösung des ZH im März 1923 auch die Häuslichen Bediensteten angehörten[17], des Tabakarbeiterverbandes, des ‚Verbandes der Nahrungsmittel- und Getränkearbeiter' sowie des VFD. In diesen fünf Gewerkschaften, die alle zwischen 1927 und 1929 einen überdurchschnittlich hohen Zuwachs weiblicher Mitglieder verzeichneten, waren Ende der zwanziger Jahre fast zwei Drittel aller Frauen im ADGB-Ortsausschuß organisiert. Der Frauenanteil war gemäß der Beschäftigtenstruktur nach wie vor in den Gewerkschaftsgruppen der Tabakarbeiter, Buchbinder, Graphischen Hilfsarbeiter, Textilarbeiter und Bekleidungsarbeiter am höchsten. (Vgl. Tabelle 53a und b)

Die Unterschiede in der Mitgliederentwicklung der Einzelverbände des ADGB wurden nach dem Ende der revolutionären Kriegs- und Nachkriegsphase, wo in außerordentlichem Maße politische und rechtliche Faktoren gewirkt hatten, stärker durch Veränderungen in der Struktur des Erwerbslebens und der Beschäftigten sowie die branchenspezifische Konjunkturentwicklung beeinflußt, daneben aber auch durch die jeweilige Verbandspolitik und Verbandsarbeit sowie den Verlauf von Arbeitskämpfen. Dies zeigt deutlich die Entwicklung der Mitgliederzahl in DTAV und ZdA (vgl. Tabelle 54 und 55).

Im DTAV hielt der Mitgliederzustrom bei beiden Geschlechtern aufgrund der günstigen Konjunkturlage in der Textilindustrie bis 1922/23 an. Die Zahl der neugewonnenen weiblichen Mitglieder übertraf alle anderen Verbände. Gefördert wurde diese Entwicklung durch die 1922 einsetzenden systematischen Bemühungen um Frauenpolitik und Frauenarbeit, die nach der Währungsstabilisierung erheblich intensiviert wurden. Nach Einschätzung des DTAV trugen diese entscheidend dazu bei, daß der Rückgang der weiblichen Mitgliederzahl 1923/24 bis 1926/27 prozentual geringer war als durchschnittlich im ADGB, obwohl die Textilindustrie seit 1924 in besonders starkem Maße von Konjunkturschwankungen betroffen war und im Rezessionsjahr 1926 die höchste Erwerbslosenquote aufwies. Die Verluste bei den weiblichen Mitgliedern konzentrierten sich seit 1924/25 vorrangig auf die Gaue des DTAV, in denen die Frauenarbeit mangelhaft war. Hierzu gehörte auch der Gau Hannover, dem die Hamburger Filiale angeschlossen war.[18] Bereits Mitte der zwanziger Jahre war der Organisationsgrad der Frauen in der Textilindustrie höher als der der Männer. Von den Arbeiterinnen gehörten im Deutschen Reich 28 % dem DTAV an, 7 % dem Christlichen Textilarbeiterverband (TAV) und 0,5 % sonstigen Verbänden, von den Arbeitern hingegen 23 % dem DTAV, 6 % dem TAV und 0,5 % sonstigen Verbänden. Damit übertraf der Organisationsgrad der Frauen in der Textilindustrie – anders als bei den Männern – den Reichsdurchschnitt in der Gesamtindustrie.[19] Der starke Mitgliederzuwachs der DTAV-Filiale Groß-Hamburg im Jahr 1927, der bei beiden Geschlechtern erheblich über dem Durchschnitt des ADGB-Ortsausschusses lag, war Begleiterscheinung eines heftigen und langandauernden Arbeitskampfes in den drei größten Betrieben der örtlichen Textilindustrie[20]. Allein in den Monaten April bis Juni, auf dem Höhepunkt des Arbeitskonfliktes, der in einem neunwöchigen Streik gipfelte, an dem 5.000 Beschäftigte beteiligt waren, gewann die DTAV-Filiale 2.398 neue

Tab. 54: *Die Mitglieder des DTAV in Groß-Hamburg*[a] *und im Deutschen Reich. 1914–1930*[21]

Jahr	Hamburg			Reich			Veränderung (1919 = 100)			
	Mitglieder		Frauen-anteil	Mitglieder		Frauen-anteil	Hamburg		Reich	
	insges.	Frauen	in %	insges.	Frauen	in %	F	M	F	M
1914	1347	729	54,1	121637	50238	41,3	24	56	25	69
1915	1123	714	63,6	77196	39615	51,3	24	37	19	36
1916	1126	862	76,6	61647	35889	58,2	29	24	18	25
1917	1176	948	80,6	66460	45971	69,2	32	21	22	20
1918	3077	2426	78,8	91292	67797	74,3	81	59	33	23
1919	4099	2991	73,0	308705	204982	66,4	100	100	100	100
1920	5025	3689	73,4	491480	321532	65,4	123	121	157	164
1921	6406	4827	75,4	586964	382258	65,1	161	143	186	197
1922				704852	468444	66,5			229	228
1923	8663	6742	77,8	689465	461969	67,0	225	173	225	219
1924	3882	2886	74,3	425510	274881	64,6	96	90	134	145
1925	2025	1400	69,1	323190	199309	61,7	47	56	97	119
1926	1131	673	59,5	296287	178133	60,1	23	41	87	114
1927	2279	1452	63,7	292930	172008	58,7	49	75	84	117
1928	1828	1010	55,3	306137	177140	57,9	34	74	86	124
1929	1642	890	54,2	303269	174776	57,6	30	68	85	124
1930				288657	165217	57,2			81	119

a) Raum des Gewerkschaftskartells bzw. ADGB-Ortsausschusses Groß-Hamburg.

Mitglieder. Nach dem Streik, der mit einer partiellen Niederlage endete, traten viele der eben Neugewonnenen wieder aus dem DTAV aus; allein in den Monaten Juli bis September verließen 1.144 Mitglieder die Ortsgruppe.[22] Dieses Organisationsverhalten bei Arbeitskämpfen scheint bei den Frauen ausgeprägter als bei den Männern gewesen zu sein[23]. Sie reagierten auf Mängel in der Verbandspolitik und Verbandsarbeit sowie Niederlagen in Arbeitskämpfen eher mit dem Gewerkschaftsaustritt. Da sie in den Verbänden so gut wie keinen Einfluß hatten, war dies für viele die einzige Möglichkeit, Enttäuschung und Unmut zu demonstrieren.

Die Mitgliederentwicklung des ZdA unterschied sich in der Gesamttendenz bis 1926 nicht von der des ADGB, der Mitgliederrückgang war allerdings bei beiden Geschlechtern stärker ausgeprägt und die prozentualen Unterschiede zwischen Frauen und Männern waren geringer. Seit 1927 stiegen auch im ZdA die Mitgliederzahlen an, bei den Männern schwächer als bei den Frauen, deren Mitgliederanteil deutlich zunahm. Im ZdA wurde diese ‚Sonderentwicklung' nicht nur auf das starke Anwachsen der weiblichen Angestelltenschaft zurückgeführt, sondern auch auf den Ausbau der Frauenagitation, die seit 1928 im Unterschied zur Masse der übrigen Verbände systematischer betrieben wurde.[24]

Der gewerkschaftliche Organisationsgrad der erwerbstätigen Frauen blieb allgemein hinter dem der erwerbstätigen Männer zurück. Darauf verweist schon die Tatsache, daß der Frauenanteil in den meisten Verbänden niedriger war als der Frauenanteil in dem jeweiligen Beruf bzw. der Branche. Annähernd genaue Angaben zum Organisationsgrad liegen nur für das Reich vor[25]. Dort waren 1925 nach Berechnungen des ADGB 43 % aller Arbeiter und 20 % aller Arbeiterinnen, zu denen auch die Hausangestellten gezählt wurden, deren Organisationsgrad mit ca. 2–3 % außerordentlich gering war, Mitglied einer Gewerkschaft bzw. eines Berufsverbandes. Von den

Tab. 55: *Die Mitglieder des ZdA[a] in Groß-Hamburg[b] und im Deutschen Reich. 1914–1931*[26]

Jahr	Hamburg[c]			Reich			Veränderung (1919 = 100)			
	Mitglieder		Frauen-anteil	Mitglieder		Frauen-anteil	Hamburg		Reich	
	insges.	Frauen	in %	insges.	Frauen	in %	F	M	F	M
1914	3700	1645	44,5	25848	14917	57,7	18	19	9	6
1915	3612	1930	53,4	25519	14736	57,7	21	16	8	6
1916	3729	2130	57,1	26175	15544	59,4	23	15	9	6
1917	2990	2415	80,8	30555	19576	64,1	26	5	11	6
1918	9912	5991	60,4	66228	44243	66,8	66	37	25	12
1919	19742	9134	46,3	366051	175204	47,9	100	100	100	100
1920	25095	11220	44,7	363521	167219	46,0	123	131	95	103
d)	29511	12673	42,9							
1921	15142	7008	46,3	296503	139322	47,0	77	77	80	82
d)	24047	10581	44,0							
1922	23483	10891	46,4	298118	147632	49,5			84	79
1923	20678	9524	46,1	269597	134768	50,0			77	71
1924	13561	6050	44,6	174095	82149	47,2			47	48
1925	12244	5060	41,3	152868	70549	46,2			40	43
1926	12587	5253	41,7	149266	69282	46,4			40	42
1927	13039			152230	71102	46,7			41	43
1928				176212	83844	47,6			48	48
1929				199450	97648	49,0			56	53
1930				210380	105370	50,1			60	55
1931				203489	102007	50,1			58	53

a) Bis 1919 nur ZdH.
b) Raum des Gewerkschaftskartells bzw. ADGB-Ortsausschusses Groß-Hamburg.
c) Ab 1922 Gau Schleswig-Holstein. Angaben für die Ortsgruppe Hamburg, die zu diesem Gau gehörte und dort die meisten Mitglieder stellte, liegen nach 1921 nicht mehr vor.
d) Gau Schleswig-Holstein.

organisierten Arbeiterinnen gehörten 77 % dem ADGB an, 15 % den Christlichen Gewerkschaften und 8 % sonstigen Verbänden.[27] Im Raum Groß-Hamburg war der Organisationsgrad wie in allen industriellen Ballungszentren höher als im Reichsdurchschnitt.[28] Wie stark das Organisationsverhalten von Berufsqualifikation und sozialer Stellung beeinflußt wurde, zeigt der deutlich höhere Organisationsgrad der Angestellten- und Beamtenschaft: 71 % aller männlichen und 26 % aller weiblichen Angestellten und Beamten waren Mitglied einer Gewerkschaft bzw. eines Berufsverbandes. Auffallend ist die große Differenz im Organisationsgrad von weiblichen Angestellten und Beamten, der bei 22 % bzw. 50 % lag. Von den organisierten weiblichen Angestellten gehörten 31 % dem AfA-Bund an, jeweils 26 % dem liberalen GDA und der christlich-nationalen Gedag sowie 17 % sonstigen Verbänden. Die organisierten Beamtinnen gehörten zu 80 % dem Deutschen Beamtenbund an, zu 1 % dem ADB und 17 % sonstigen Verbänden.[29]

Das Organisationsverhalten wurde von einer Vielzahl von Faktoren beeinflußt[30]. Die wichtigsten waren:

– Berufsqualifikation, Arbeitsbedingungen und Entlohnung: Das Interesse an einer Veränderung der Arbeitsbedingungen und damit die Bereitschaft, sich gewerkschaftlich zu organisieren, wurden durch Berufskontinuität und Berufsmotivation gefördert, die vorrangig von der Berufsqualifikation, den Arbeitsbedingungen und der Entlohnung abhängig waren. Je ungünstiger Arbeitsbedingungen und Entlohnung waren und je geringer die Berufskontinuität war, desto schwieriger waren die Arbeitnehmer(innen) in der Regel für die Gewerkschaften zu gewinnen.

- Arbeitsort und Arbeitszeit: Allgemein war in größeren Betrieben der Organisationsgrad höher. Je kleiner der Betrieb war, desto weniger Arbeitnehmer(innen) waren in der Regel organisiert. Der direkte Kontakt zum Arbeitgeber förderte die persönliche Abhängigkeit. Nicht selten versuchte dieser mit Repressalien den Anschluß an eine Gewerkschaft zu verhindern. Saison- und Teilzeitarbeit verringerte erheblich die Organisationsbereitschaft.
- Alter und Berufserfahrung: Erst nach mehrjähriger Berufstätigkeit schloß sich die Mehrzahl der Gewerkschaftsmitglieder ihrem Verband an. Eine reichsweite Erhebung des DTAV aus dem Jahr 1926 ergab beispielsweise, daß der größte Teil der Mitglieder zwischen dem 20. und dem 35. Lebensjahr eintrat[31]. Jugendliche Arbeitnehmer(innen) scheinen allgemein sehr schwer für die Gewerkschaften zu gewinnen gewesen zu sein[32].
- Tradition, Einfluß und Politik der Gewerkschaften in der Branche bzw. dem Beruf sowie dem jeweiligen Betrieb: Ein traditionsgemäß hoher gewerkschaftlicher Organisationsgrad in der Branche bzw. dem Beruf förderte die Organisationsbereitschaft ebenso wie eine langjährige und feste Verankerung der Gewerkschaften im Betrieb. Generell erleichterte das Organisationsprinzip des Industrieverbandes die gewerkschaftliche Organisierung der unqualifizierten Arbeitskräfte[33]. Nur Arbeitnehmerschichten, deren Interessen und Bedürfnisse in Gewerkschaftspolitik und Verbandsarbeit berücksichtigt wurden, konnten gewonnen und als Mitglieder gehalten werden. Die Attraktivität der Gewerkschaften war in starkem Maße von ihren Erfolgen abhängig.

Diese Faktoren prägten zwar das Organisationsverhalten beider Geschlechter, bei den Frauen waren jedoch aufgrund der spezifischen Struktur des weiblichen Arbeitsmarktes in viel stärkerem Maße die Bedingungen anzutreffen, die hemmend auf die Bereitschaft zur gewerkschaftlichen Organisierung wirkten[34]. Hinzu kamen bei ihnen geschlechtsspezifische Faktoren, die entscheidend dazu beitrugen, daß ihr Organisationsgrad im Durchschnitt geringer als der der Männer war[35]. Vielen erwerbstätigen Frauen schien „Gewerkschaftssache“ wie jede Politik „Männersache“ zu sein. In dieser Haltung wurden sie selbst von ihren gewerkschaftlich organisierten Vätern und Brüdern, Ehemännern und Freunden häufig bestärkt[36]. Daran änderten auch offizielle Beschlüsse auf Gewerkschaftstagen wenig, die es den organisierten Arbeitern zur Pflicht machten, „ihre beruflich tätigen Familienangehörigen den zuständigen freien Organisationen zuzuführen“[37]. Da die Masse der Frauen ihre Erwerbstätigkeit als „Übergangsphase“ bzw. als „Provisorium“ betrachtete, erachteten viele eine gewerkschaftliche Organisierung nicht für notwendig. Zudem belastete sie neben der Erwerbsarbeit abhängig von Familienstand und Kinderzahl fast immer ein mehr oder minder großes Maß an Haus- und Familienarbeit. Ihnen fehlten deshalb häufig auch Zeit und Kraft für jede organisierte Form des gesellschaftlichen Engagements.

Daß die geschlechtsspezifischen Arbeits- und Lebensbedingungen bei Frauen und Männern zu anderen Bedürfnissen und Interessen in Hinblick auf Gewerkschaftspolitik und Verbandsarbeit führten und der Hauptgrund für ihr unterschiedliches Organisationsverhalten waren, wurde in der innergewerkschaftlichen Diskussion nicht genügend reflektiert. Die meisten Analysen blieben dabei stehen, den niedrigeren Organisationsgrad der Frauen an männlichen Maßstäben zu messen und als defizitär und minderwertig zu interpretieren. Häufig wurde er den Frauen als verantwortungsloses ‚Fehlverhalten‘ vorgeworfen, das die Kraft der Gewerkschaftsbewegung schwäche.[38] Der einzige freigewerkschaftliche Verband, in dem die Auswirkungen der geschlechtsspezifischen Arbeits- und Lebensbedingungen auf das Organisationsverhalten der Arbeiterinnen breiter erörtert wurde, war bis Ende der zwanziger Jahre der DTAV. Zunächst war die Diskussion ähnlich verlaufen wie allgemein in ADGB und AfA-Bund. Seit Mitte der zwanziger Jahre setzte jedoch ein Wandel ein, der mit einem verstärkten Engagement in Frauenpolitik und Frauenarbeit einherging.

Mehr Frauen wurden im Verband aktiv, ihr Einfluß in der innerverbandlichen Diskussion wuchs.[39] Intensiver diskutiert wurde der Zusammenhang von Arbeits- und Lebensbedingungen, geschlechtsspezifischen Bedürfnissen und Interessen und gesellschaftlichem Handeln erstmals 1926 auf dem ersten Reichskongreß der Textilarbeiterinnen in Gera[40]. Im ‚Textil-Arbeiter' erschien zum gleichen Zeitpunkt ein Artikel, in dem die „Befreiung der erwerbstätigen Frau von der Hauswirtschaft" gefordert wurde: Vor allem den verheirateten Arbeiterinnen müsse ein Teil der Last „ihres Doppelberufes" abgenommen werden, um ihnen „zum Wohle ihrer Familie und zum Wohle des Volksganzen" die Entwicklung zu „gleichberechtigten schöpferisch-tätigen Menschen" zu ermöglichen.[41] Auch auf dem 16. Verbandstag des DTAV im Juni 1927 wurde der Problemkreis thematisiert[42]. Die Delegierten verabschiedeten eine Entschließung, die Hauptvorstand und Arbeiterinnensekretariat beauftragte, „im Interesse der übergroßen Zahl der in der Textilindustrie beschäftigten Frauen und Mädchen zu prüfen, welche Maßnahmen zur Befreiung der erwerbstätigen Arbeiterinnen von der Hausarbeit ergriffen werden können"[43]. Ausführlich wurde die Problematik im Oktober 1927 auf einer Konferenz der weiblichen Verbandsfunktionäre diskutiert. Es wurde beschlossen, daß das Arbeiterinnensekretariat sich verstärkt der Frage der Haushaltsreform widmen solle.[44] Um genaue Informationen über den Arbeitsalltag der Textilarbeiterinnen zu erhalten und auf dieser Grundlage ein konkretes Forderungsprogramm erarbeiten zu können, führte das Arbeiterinnensekretariat im Juli 1928 ein Preisausschreiben zum Thema „Mein Arbeitstag – Mein Wochenende" durch, bei dem die Arbeiterinnen gebeten wurden, ihren Alltag zu schildern[45]. Die 150 eingegangenen Berichte veröffentlichten Hauptvorstand und Arbeiterinnensekretariat 1930 in einer gleichnamigen Broschüre, deren Nachwort einen umfassenden Forderungskatalog zur Entlastung der Arbeiterinnen von Haus- und Familienarbeit enthielt. Vorgeschlagen wurden folgende Maßnahmen:

- die Einführung des Achtstundentages und eines freien Sonnabendnachmittags in der Fabrik,
- der Ausbau des gesetzlichen Mutterschutzes,
- staatliche Erziehungsbeihilfen in Geld oder Naturalien,
- der öffentliche Bau zweckmäßiger und kostengünstiger Wohnungen, die dem Stande der Technik gemäß mit arbeitssparenden Einrichtungen versehen sein sollten,
- die kommunale Einrichtung zentraler Speisehäuser, Waschhäuser und Kindertagesheime,
- die Entwicklung der Konsumgenossenschaften zu einem „Reformator und Organisator der proletarischen Hauswirtschaft" durch ein erweitertes Angebot an kostengünstiger arbeitssparender Haushaltstechnik, systematische Bemühungen um die Erziehung zu einer „rationellen Haushaltsführung", die Einrichtung „genossenschaftlicher Hilfseinrichtungen", insbesondere von Mittagstischen, sowie die Verbesserung des Einkaufsservices durch günstigere Verkaufszeiten, fahrbare Läden und die Lieferung bestellter Waren „frei Haus".[46]

Plädiert wurde zudem für eine veränderte Arbeitsteilung in Ehe und Familie:

> „Im proletarischen Elternhause darf es für Knaben und Mädchen kein verschiedenes Recht geben. Die Versorgung des Haushalts hat nicht nur den Müttern und Töchtern zu obliegen. Väter und Söhne müssen dort, wo Mutter und Schwester miterwerben, auch ihr Teil zur Erledigung des Haushalts beitragen."[47]

Die Realisierung dieses Forderungskatalogs hätte entscheidend zur Entlastung der erwerbstätigen Frauen beitragen können.

* * *

Hauptgrund für das unterschiedliche Organisationsverhalten von erwerbstätigen Frauen und Männern waren die Unterschiede in den Arbeits- und Lebensbedingungen und damit zugleich in den Bedürfnissen und Interessen. Einziger freigewerkschaftlicher Verband, in dem dieser Zusammenhang erörtert wurde, blieb bis zum Ende der zwanziger Jahre der DTAV. Erst zu diesem Zeitpunkt setzte eine entsprechende Diskussion auch in anderen freien Gewerkschaftsverbänden ein, u.a. im ZdA[48]. Im theoretischen Organ des ADGB, der Zeitschrift ‚Die Arbeit', erschien hierzu 1930 erstmals ein Artikel[49]. Angesichts eines ständig zurückgehenden Frauenanteils im ADGB forderten immer mehr Gewerkschafterinnen ein Umdenken in Frauenpolitik und Frauenarbeit. Sie betonten, daß die freien Gewerkschaften die erwerbstätigen Frauen als Mitglieder nur gewinnen und vor allem halten könnten, wenn sie in ihrer Politik und Verbandsarbeit deren geschlechtsspezifische Bedürfnisse und Interessen stärker berücksichtigten. Ausgangspunkt der gewerkschaftlichen Frauenpolitik und Frauenarbeit müsse die Tatsache sein, daß Frauen anders als Männer neben ihrer Erwerbsarbeit unabhängig von Alter und Familienstand in der Regel immer auch Haus- und Familienarbeit zu leisten hätten.

3.3.2 *Frauenpolitik und Frauenarbeit der freien Gewerkschaften*

3.3.2.1 Gewerkschaftspolitik und Geschlechterinteressen

> „Der 10. Kongreß der Gewerkschaften Deutschlands erneuert die bereits auf früheren Kongressen gefaßten Beschlüsse, die auf die Notwendigkeit intensivster Aufklärungsarbeit zur Gewinnung der weiblichen Arbeitskraft für die gewerkschaftlichen Organisationen hinweisen. Er sieht darin und in der Heranziehung der organisierten Frauen zur tätigen Mitarbeit in den Gewerkschaften ein Mittel, etwaige Interessengegensätze zwischen Männern und Frauen im Arbeitsverhältnis auszugleichen und den Frauen eine dem Werte ihrer Leistungen entsprechende Bezahlung zu verschaffen. Das Wirken für gleiche Bezahlung von Männer- und Frauenarbeit bei gleicher Leistung erscheint dem Kongreß selbstverständlich. Der Kongreß anerkennt das Recht der Frauen auf Arbeitsplätze, die ihren Kräften und Fähigkeiten entsprechen ..."[50]

In der Theorie beanspruchten die freien Gewerkschaften, wie diese Entschließung aus dem Jahr 1919 zeigt, erwerbstätige Frauen und Männer gleichermaßen zu vertreten. In der Praxis orientierte sich ihre Politik vorrangig an den Interessen der männlichen Mitgliedermehrheit. An einer Gewinnung von weiblichen Mitgliedern waren sie primär interessiert, weil ohne eine Einbeziehung der Frauen in die Gewerkschaftsbewegung eine erfolgreiche Gewerkschaftspolitik für die Männer auf Dauer nicht möglich war. Dies galt in besonderem Maße für die Verbände der Branchen und Berufe mit einem hohen Frauenanteil. Die mangelhafte Vertretung der Fraueninteressen durch die freien Gewerkschaften zeigte sich besonders deutlich bei ihrer Haltung zu zwei traditionellen Zentralforderungen der sozialistischen Arbeiterinnenbewegung: gleiches Recht der Frauen auf Erwerbsarbeit und gleicher Lohn für gleiche Leistung.

1. Gleiches Recht der Frauen auf Erwerbsarbeit[51]:
Theoretisch trat der ADGB zwar für diese Forderung ein, stellte sie jedoch in der politischen Praxis insbesondere in Krisenzeiten mit hoher Massenarbeitslosigkeit aus vorgeblich ‚sozialen Gründen' schnell wieder in Frage. Ambivalent war insbesondere seine Haltung zur Erwerbsarbeit verheirateter Frauen. Der AfA-Bund trat seit seiner Gründung konsequenter für diese Forderung ein. Eine entscheidende Ursache hierfür war vermutlich die größere Bedeutung der Frauenerwerbsarbeit im Angestelltenbereich. Bei einer vergleichenden Analyse der Position der Einzelgewerkschaften fällt auf, daß die Verbände der Branchen und Berufe mit einem überdurchschnittlich hohen Frauenanteil – wie DTAV und ZdA – sich konsequenter für das gleiche Erwerbsrecht der Frauen einsetzten[52]. Im Interesse einer erfolgreichen Gewerkschaftspolitik waren sie stärker gezwungen, Geschlechterkonkurrenz auf dem Arbeitsmarkt entgegenzuwirken.

2. Gleicher Lohn für gleiche Leistung[53]:
Offiziell setzten sich die freien Gewerkschaften auch für diese Forderung ein. In der tarifpolitischen Praxis der Einzelverbände wurde sie jedoch selbst im ersten Nachkriegsjahr, als die politische Situation für einen Abbau der geschlechtsspezifischen Entlohnung günstig war, weil die Grundlinien der zukünftigen Lohnpolitik festgelegt wurden, nur selten berücksichtigt[54]. Darauf deutet die vorsichtige Kritik hin, die Gertrud Hanna auf dem 10. Gewerkschaftskongreß übte:

> „... neuerdings hat sich gezeigt, daß selbst die Forderungen, die die Organisationen aufstellen, Frauenlöhne enthielten, die nur etwas über die Hälfte desjenigen betrugen, was für die Männer gefordert wurde. Wenn ein solches Ergebnis aus den Verhandlungen herausgekommen wäre, würde ich darüber heute nichts sagen; aber wenn von vornherein solche Forderungen gestellt werden, dann möchte ich sagen, organisieren wir ja dadurch den Lohndruck der Arbeiterinnen ... Wir sollten doch wenigstens versuchen, die Lohndifferenzen zwischen Männer- und Frauenarbeit aus der Welt zu schaffen ... Wir sollten uns bemühen, den Grundsatz allgemein zur Geltung zu bringen: gleicher Lohn für gleiche Leistung."[55]

Auf dem 11. Gewerkschaftskongreß 1922 thematisierte der ADGB-Bundesvorstand die Problematik der geschlechtsspezifischen Entlohnung ausführlich. In seinem Tätigkeitsbericht kritisierte er die vorherrschende tarifpolitische Praxis und betonte nachdrücklich die Forderung „Gleicher Lohn für gleiche Leistung". Insbesondere die Einführung eines „Einheitslohnes für Arbeiterinnen" sei abzulehnen, denn auf diese Weise werde Frauenarbeit von vornherein zu minderwertigerer Leistung degradiert, „und zwar in noch höherem Maße, als dies schon durch die niedrigere Entlohnung der Frau zum Ausdruck" komme. Lohnpolitisches Ziel müsse es sein, daß Frauenarbeit der gleiche Wert wie Männerarbeit beigemessen werde.[56] Auch in den folgenden Jahren vertrat der ADGB-Bundesvorstand theoretisch diese Position[57]. In der Praxis hingegen spielte die Frage der Differenz zwischen Frauen- und Männerlöhnen in den meisten Tarif- und Schlichtungsverhandlungen bis 1933 keine nennenswerte Rolle. Die gewerkschaftliche Lohnpolitik trug praktisch zu einer Verfestigung der Unterbezahlung der Frauen bei: Durch die gleichen prozentualen Lohnerhöhungen vergrößerte sich die Differenz zwischen Frauen- und Männerlöhnen.[58] Fast alle freigewerkschaftlichen Verbände akzeptierten ganz erhebliche Lohnunterschiede, oft stellten sie selbst von vornherein geschlechtsspezifische Lohnforderungen auf[59]. Lediglich einzelne Verbände – darunter DTAV und ZdA – bemühten sich, in ihrer Lohnpolitik die Differenz zwischen Frauen- und Männerlöhnen zu verringern. Entscheidender Grund scheint auch hier die größere Konkurrenz zwischen Frauen- und Männerarbeit gewesen zu sein. In Branchen und Berufen mit hohem Frauenanteil führte der Lohndruck der niedrigeren Frauenlöhne dazu, daß auch das Lohnniveau der Männer, die ähnliche oder gleiche Arbeiten verrichteten, relativ niedrig war. Dies zeigte sich besonders deutlich in der Textilindustrie; während der Lohn einer Textilfacharbeiterin dem durchschnittlichen Verdienst von ähnlich qualifizierten Arbeiterinnen anderer Wirtschaftszweige entsprach, lag der eines qualifizierten Textilarbeiters am unteren Ende der Lohnskala der Facharbeiter[60].

Der DTAV hatte im Verbandsstatut die lohnpolitische Grundposition „gleicher Lohn für gleiche Leistung" festgeschrieben. Demgemäß setzte er im März 1919 in der „Reichsarbeitsgemeinschaft für die Textilindustrie" den Beschluß durch, daß in den abzuschließenden Tarifverträgen bei gleicher Arbeit gleiche Akkordsätze festzusetzen seien, der in der Folgezeit allgemein realisiert wurde. Hiervon profitierten vor allem Arbeiterinnen, da 70 % von ihnen im Akkord arbeiteten. Beim Zeitlohn mußte der DTAV eine Differenzierung nach Alter und Geschlecht akzeptieren.[61] Die zunächst relativ geringe Differenz zwischen Frauen- und Männerlöhnen vergrößerte sich schnell wieder, da die Textilunternehmer die vereinbarten Tarifbestimmungen in der Praxis unterliefen. Trotzdem blieb die geschlechtsspezifische Lohndifferenz geringer als in vielen anderen Branchen. 1928 lagen die Frauenlöhne in der Textilindustrie ‚nur' rund 25 % unter den Männerlöhnen; allgemein betrug die Differenz in der Industrie rund 33 %.[62]

Der ZdA trat im Vergleich zu anderen freigewerkschaftlichen Verbänden relativ konsequent für eine gleiche Bezahlung von Frauen und Männern ein. Infolgedessen erreichte er die Gehaltsabschlüsse mit der geringsten Geschlechterdifferenz. 1928 sahen beispielsweise von 591 Tarifverträgen, die der ZdA im Reich abgeschlossen hatte, 10 % eine gleiche Bezahlung, 9 % eine Gehaltsdifferenz von weniger als 10 %, 65 % einen Gehaltsabzug von 10 % und 16 % von mehr als 10 % vor.[63] Ein ähnliches Ergebnis erreichte der Verband zwischen 1924 und 1930 alljährlich[64]. Relativiert wurde dieser Erfolg dadurch, daß der weitaus größte Teil der weiblichen Angestellten von den Unternehmern „grundsätzlich nur in der niedrigsten Tarifgruppe eingereiht" wurde[65].

Hauptursache für die Einstufung der erwerbstätigen Frauen am unteren Ende der Tarifskala, die nicht nur bei kaufmännischen, sondern auch bei gewerblichen Tätigkeiten üblich war – hier gab es die verbreitete Niedriglohn-Kategorie „Arbeiterin" –, war die allgemein vorherrschende Minderbewertung der weiblichen Arbeitskraft[66]. Selbst die Mehrzahl der männlichen Mitglieder und Funktionäre in den freien Gewerkschaften glaubte, die Frau sei im Erwerbsleben generell weniger leistungsfähig als der Mann[67]. Wie verbreitet diese Anschauung im ADGB war, zeigt die Reaktion auf folgenden Antrag, den der Textilarbeiter-Verband Limbach auf dem 13. Gewerkschaftskongreß 1928 einbrachte:

> „Der Kongreß verpflichtet die einzelnen Verbände, die Forderung auf gleichen Lohn für gleiche Arbeit mit größerem Nachdruck zu vertreten, als das bisher der Fall war. Bei allen kommenden Lohnbewegungen und Tarifverhandlungen soll nicht nur eine weitgehende Verminderung der Lohnspanne (entweder durch Pfennigzuschläge oder durch stärkere Erhöhung der Frauenlöhne) angestrebt, sondern die Beseitigung der Lohnkategorie ‚Arbeiterin' überhaupt gefordert werden."[68]

Die Antragskommission wies den ersten Teil des Antrages mit der Begründung zurück, daß seine Annahme einen unberechtigten Vorwurf gegen die Verbände bedeuten würde[69]. Zum zweiten Teil erklärte ihr Berichterstatter:

> „Der zweite Teil verlangt, daß in Tarifverträgen die Kategorie ‚Arbeiterinnen' überhaupt gestrichen wird. Die Kommission ist der Meinung, daß das nicht die notwendige Konsequenz der Forderung: für gleiche Leistung gleichen Lohn ist, denn in vielen Berufen, wohl in den meisten, ist es so, daß die Arbeiterin doch nicht die volle Arbeitskraft des Mannes erreicht, und daß sie im Tarifvertrag mit einem geringeren Lohn eingesetzt ist, wodurch dieser Leistungsunterschied zum Ausdruck kommt, eben die Verwirklichung des Prinzips für gleiche Leistungen gleicher Lohn. Das heißt doch auch: da, wo Männer mehr leisten, auch mehr Lohn für die Männer. Deshalb beantragt die Kommission, den zweiten Teil des Antrages abzulehnen und damit den ganzen Antrag als erledigt zu erklären."[70]

Der Gewerkschaftskongreß schloß sich dieser Auffassung an[71]. Die geringere Bewertung der weiblichen Arbeitskraft war in den freien Gewerkschaften *das* Haupthindernis, das einem konsequenten Kampf für die gleiche Entlohnung beider Geschlechter im Wege stand. Aufgrund der hohen Geschlechtssegregation des Arbeitsmarktes leisteten Frauen und Männer nur selten die gleiche Arbeit. Obwohl angesichts der unterschiedlichen Tätigkeiten kein sachlicher Leistungsvergleich möglich war, wurden Arbeiten, die Frauen verrichteten, generell als mindere Leistung eingestuft. Zu diesem Ergebnis kam auch die Gewerkschaftsfunktionärin *Judith Grünfeld* bei ihrer Analyse des „Lohnproblems" der Arbeiterin, die 1929 in der ADGB-Zeitschrift ‚Die Arbeit' erschien. Sie forderte deshalb, daß die freien Gewerkschaften sich in ihrer Tarifpolitik endlich energisch für eine grundsätzlich gleiche Bewertung männlicher und weiblicher Arbeitsleistung einsetzen und die Abschaffung der diskriminierenden Frauenlohngruppen verlangen müßten. An die Stelle der Forderung gleicher Lohn für *gleiche Leistung* hätte angesichts des geschlechtssegregierten Arbeitsmarktes die Forderung „gleicher Lohn für *gleichwertige Leistung*" zu treten. Zum Abbau ungerechtfertigter Lohnspannen wäre es zudem notwendig, für Frauen grundsätzlich prozentual höhere Lohnforderungen zu stellen. Ihrer Ansicht nach hatte die Delegiertenmehrheit des 13. Gewerkschaftskongresses mit der Ablehnung des Limbacher Antrages ein lohnpolitisches

Konzept verworfen, das zu einer Verringerung der geschlechtsspezifischen Lohndifferenzen hätte beitragen können.[72]

Nicht wenige Arbeitnehmerinnen reagierten auf die mangelhafte Vertretung von Fraueninteressen in der Gewerkschaftspolitik mit Resignation und Rückzug. Dies zeigte sich insbesondere in den Arbeitskämpfen.

3.3.2.2 Das Streikverhalten von Frauen

Nach der Novemberrevolution war die Streikbereitschaft allgemein außerordentlich groß. Selbst Berufsgruppen, die im Kaiserreich auf ein offensives Vorgehen in Arbeitskonflikten verzichtet hatten, griffen in der revolutionären Nachkriegsphase zu diesem Kampfmittel. Die Arbeitskämpfe der Jahre 1919/20 begannen – wie bereits in den letzten Kriegsjahren – relativ häufig als ‚wilde Streiks' mit sozioökonomischen *und* politischen Zielen, deren Führung dann die Gewerkschaften übernahmen, die sich bemühten, sie umgehend auf ausschließlich wirtschaftliche Forderungen auszurichten. Ihr Hauptziel war es, die Kaufkraftverluste der Kriegszeit auszugleichen und den Achtstundentag tarifvertraglich abzusichern. Aufgrund des Kräfteverhältnisses kam es in den ersten beiden Nachkriegsjahren kaum zu Aussperrungen.[73] (Vgl. Tabelle 56)

Auch die erwerbstätigen Frauen engagierten sich zu Beginn der Weimarer Republik verstärkt in Arbeitskämpfen. Schon in den letzten beiden Kriegsjahren war ihre Streikbereitschaft groß gewesen, der Frauenanteil an den Streikenden lag im Deutschen Reich bei 34 %. Daß nur ein Teil dieser hohen Quote auf den starken Anstieg des Frauenanteils unter den Erwerbstätigen zurückzuführen ist, deutet der Vergleich des Anteils der weiblichen Streikenden mit dem der weiblichen Gewerkschaftsmitglieder an, der sehr viel niedriger lag. Nach Kriegsende blieb die Streikbeteiligung der Frauen zunächst höher als in der Vorkriegszeit: Betrug der durchschnittliche Frauenanteil an den Streikenden im Reich zwischen 1900 und 1914 laut freigewerkschaftlicher Statistik 8 %, lag er 1919 bei 14 %[74]. Im Wirtschaftsraum Groß-Hamburg waren gar 35 % aller Streikenden im ersten Nachkriegsjahr Frauen. Dieser Anteil übertraf bei weitem den der weiblichen Mitglieder im örtlichen Gewerkschaftskartell. Die Streikbeteiligung der Frauen erreichte 1919 im Groß-Hamburger Raum eine bis 1933 unübertroffene Höhe. Die Zahl der streikenden Frauen war lediglich 1922 größer. Die drei Streiks mit der höchsten Frauenbeteiligung waren 1919 im Wirtschaftsgebiet Groß-Hamburg:

- der 14tägige Streik von 1.385 Arbeiterinnen und 65 Arbeitern in der Damenmaß-Konfektion,
- der 5tägige Streik von 2.089 weiblichen und 337 männlichen Textil- und Kaufhausangestellten,
- der 35tägige Streik von 2.400 weiblichen und 2.550 männlichen Versicherungsangestellten.[75]

Fast drei Viertel aller im Jahr 1919 im Raum Groß-Hamburg streikenden Frauen waren in einen dieser drei Arbeitskämpfe einbezogen. Besonders stark scheint die Kampfbereitschaft bei den weiblichen Angestellten gewesen zu sein, was vermutlich dadurch gefördert wurde, daß die freigewerkschaftlichen Angestelltenverbände sich nach Kriegsende offensiv für die lohnpolitischen Interessen ihrer weiblichen Mitglieder einsetzten.

Beispielhaft soll im folgenden der Streik in den Textil- und Kaufhäusern geschildert werden, der nach der Novemberrevolution der erste große ‚Frauenstreik' im Raum Groß-Hamburg war. Auftakt des Arbeitskonfliktes war im November 1918 eine öffentliche Versammlung der Waren- und Kaufhausangestellten im großen Saal des Gewerkschaftshauses, zu der der ZdH eingeladen hatte. Diese Versammlung bekräftigte nach mehrstündiger Diskussion folgende Forderungen: „Bessere Gehälter und Arbeitsbedingungen", „Gleiche Bezahlung für Frauen und Männer", „7-Uhr-Ladenschluß"[76] und wählte eine Tarifkommission, die unter der Leitung des Vorsitzenden der Hamburger ZdH-Ortsgruppe *John Ehrenteit*[77] einen Tarifvertragsentwurf erarbeitete und Verhandlungen mit den Arbeitgebern aufnahm. Diese mußten Anfang 1919 ergebnislos abgebrochen werden. Es kam zum Streik, dessen Verlauf Anni Kienast schildert, die damals als Verkäuferin in einem Hammerbrooker Textilkaufhaus arbeitete:

> „Die Warenhausbesitzer und Geschäftsleute wollten auf unsere Forderungen nicht eingehen. Wir mußten streiken! Das war das erste Mal, daß in Hamburg die Angestellten der Textilkaufhäuser und Warenhäuser streikten, überwiegend waren es Verkäuferinnen. Auch für mich war es der erste Streik. Den Zeitpunkt des Streiks hatten wir so gewählt, daß Winterschlußverkauf war. Dadurch erlitten die Warenhausbesitzer und Geschäftsleute besonders große Einbußen. Wir brauchten nur fünf Tage zu streiken, dann gaben sie nach ..."

Durch die Einmütigkeit und Geschlossenheit der Beteiligten war der Streik ein voller Erfolg. Folgende Bestimmungen konnten im Tarifvertrag durchgesetzt werden: die 48stündige Arbeitswoche, der 7-Uhr-Ladenschluß, 6 bis 18 Tage Jahresurlaub je nach Alter und Beschäftigungsdauer sowie grundsätzlich gleiches Gehalt für beide Geschlechter. Zudem wurde eine erhebliche Gehaltssteigerung erreicht.[78]

Nach dem Abschluß des Tarifvertrages begann die zweite Phase des Arbeitskampfes: Die Realisierung der Vertragsvereinbarungen mußte gegen den Widerstand der Arbeitgeber durchgesetzt werden. Anni Kienast beschreibt den Ablauf dieser Phase in ihrem Betrieb:

> „Nachdem der Tarifvertrag abgeschlossen war, wollte ich seine Anwendung auch bei mir im Betrieb durchsetzen. Dort gefiel es mir eigentlich ganz gut. Ich hatte bis zu diesem Zeitpunkt keine Schwierigkeiten mit dem Chef. Doch wir mußten täglich von 8 bis 12 Uhr und von 14 bis 20 Uhr, sonnabends bis 21 Uhr arbeiten. Laut dem neuen Tarifvertrag konnten wir bereits um 19 Uhr nach Hause gehen. Ich forderte meine Kolleginnen auf, mit mir eine Stunde früher als sonst das Geschäft zu verlassen. Alle versprachen es. Doch um 19 Uhr verließ ich allein das Geschäft! Meine fristlose Kündigung war die Quittung dafür. Herrn Vollmer war es lieber, mir zwei Monate Gehalt zu bezahlen und mich fristlos aus dem Betrieb zu entfernen, als länger ‚seine Verkäuferinnen aufhetzen' zu lassen."

Sie verzichtete darauf, gegen ihre rechtswidrige Entlassung gerichtlich vorzugehen. Der Wiedereinstellung zog sie eine Abfindung in Höhe von zwei Monatsgehältern vor, die der ZdH für sie durchgesetzt hatte. Der Ortsgruppen-Vorsitzende des Verbandes, dem sie mittlerweile als engagierte Gewerkschafterin bekannt war, bot ihr die Stelle als seine Sekretärin im Büro der Ortsverwaltung an.

Vor allem die Durchsetzung des Achtstundentages führte 1919/20 in vielen Betrieben zu erheblichen Konflikten. Die Schwierigkeiten scheinen in Unternehmen mit einem hohen Anteil weiblicher Beschäftigter besonders groß gewesen zu sein. Die Arbeitgeber nutzten arbeitsrechtliche Unkenntnis und gewerkschaftliche Unerfahrenheit der Frauen und schüchterten sie mit der Androhung von Repressalien ein. Wirksamstes Druckmittel war die Kündigungsdrohung. Den Ablauf eines solchen Konfliktes schildert Martha B., die als Falzerin dem ‚Deutschen Buchbinder-Verband' angehörte:

> „Es war im Oktober 1920. Ich arbeitete bei ‚Hartung & Co Druckerei Gesellschaft' in der Borgfelderstraße 28. Das Zehn-Stunden-täglich-Arbeiten wurde durch das tägliche Überstunden-Machen zur Gewohnheit. Da ich durch das Kassieren der Beiträge für die Gewerkschaft einmal pro Woche montags auf der Gewerkschaft abrechnete, brachte ich das vor. Eine Betriebsversammlung fand außerhalb der Fabrik statt. Ein Schreiben an den Chef wurde aufgestellt und ich sollte Unterschriften sammeln. Alle Frauen haben unterschrieben. Und ich damit zum Chef. Der steckte die Hände in die Hosentasche und lachte laut. ‚Wie stellen sie sich das vor?', sagte er ... Ich fühlte, wie mir das Blut zu Kopf stieg. Der Kompagnon war schneller als ich. Ich hörte ihn schreien: ‚Alle mal herkommen!' Sie standen im Kreis. ‚Wer sich weigert, Überstunden zu machen, wird wegen Arbeitsverweigerung sofort entlassen.' Er fragte jede einzeln. Alle wollten Überstunden machen. Ich als letzte sagte klar und deutlich laut: ‚*Nein!*' ‚Sie sind entlassen.' Auf der Gewerkschaft verschaffte man mir sofort eine andere Arbeit. Bei Hartung durften keine Überstunden weiter gemacht werden. Er mußte Arbeitskräfte vom Arbeitsamt einstellen. Es gab sehr viele Arbeitslose ..."[79]

Tab. 56: *Streiks und Aussperrungen in Hamburg.*[a)] *Beteiligung der Frauen. 1919–1932*

Jahr	Streiks	Aussperrungen	Bestreikte Betriebe	Aussperrende Betriebe	Streikende			Ausgesperrte			Verlust an Arbeitstagen durch	
					insges.	Frauen	V.h. waren Frauen	insges.	Frauen	V.h. waren Frauen	Streik	Aussperrung
1919	31		636		23464	8164	34,8				71906	
1920	54		3823		28927	5630	19,5					
1921	84	9	1863		29892	5242	17,5				662643	168675
1922	54	13	2259	549	38786	8851	22,8	4666	314	6,7	464789	66892
1923	88	10	2897	38	116036	5219	4,5	15245	141	0,9	660810	120975
1924	79	21	2252	1153	38406	2581	6,7	33135	1033	3,1	435896	1280368
1925	53	6	978	1273	16521	1467	8,9	17607	1774	10,1	336400	608131
1926	24	4	513	8	18826	296	1,6	130			80355	1252
1927	46		435	1	7108	2112	29,7				91715	
1928	36	3	736	3	10414	59	0,6	384	169	44,0	138755	146405
1929	36		859		22548	191	0,8				1298724	
1930	27		92		3181	16	0,5				47877	
1931	15		576		2092	121	5,8				40877	
1932	23		63		9833	585	5,9				45877	

a) Bis 1924 für den Raum Groß-Hamburg nach den Angaben des ADGB-Ortsausschusses, ab 1925 für den hamburgischen Staat nach den Angaben der amtlichen Statistik. Eine einheitliche Quellengrundlage konnte nicht benutzt werden, da Gewerkschaftsstatistik wie amtliche Statistik nicht für den gesamten Zeitraum nach Geschlechtern differenzierte Angaben enthalten.

Quelle: Jb.Gk.HH 1919, 62ff; Jb.OA-ADGB 1920, 98ff; Jb.OA-ADGB 1921, 84f; Jb.OA-ADGB 1922, 10; StJbu 1925, 274; StJbu 1927/28, 309; StJbu 1928/29, 287; StJbu 1929/30, 292; StJbu 1932/33, 156.

Anni Kienast (2. v. links), Betriebsrätin der Kaufhausangestellten der „Produktion" mit ihren Kolleg(inn)en, 1927 (Privatbesitz)

Längst nicht alle Konflikte endeten für die Arbeiterinnen so positiv. Zum einen war der Organisationsgrad im Vervielfältigungsgewerbe überdurchschnittlich hoch, dies stärkte in den Betrieben den Einfluß der Gewerkschaften, zum anderen fanden nur wenige Gewerkschaftsmitglieder den Mut, sich wie Martha B. letztlich allein gegen den Arbeitgeber zu stellen.

Nach 1920 nahmen die rein ökonomischen Arbeitskämpfe vor dem Hintergrund des sich verändernden wirtschaftlichen und politischen Kräfteverhältnisses allgemein zu. Die Streiks der Jahre 1921 bis 1923 waren vorrangig Ausdruck des immer verzweifelteren Versuchs von Arbeitnehmern und Gewerkschaften, bei den Lohnerhöhungen mit der Inflation Schritt zu halten und die sozialpolitischen Errungenschaften der Revolutionszeit gegen die erstarkenden Arbeitgeber zu verteidigen, die sich zunehmend gegen Reallohnerhöhungen sperrten und versuchten, die Produktivität durch eine Ausweitung des achtstündigen Arbeitstages zu steigern. Am stärksten waren die Streikaktivitäten in dieser Phase im Reich 1922, im Groß-Hamburger Raum hingegen 1923. Hier erreichten sie in Hinblick auf die Zahl der Streiks und der bestreikten Betriebe sowie die Zahl der Streikenden einen bis zum Ende der Weimarer Republik unübertroffenen Höhepunkt; beteiligt waren jedoch im Unterschied zu den vorhergehenden vier Jahren fast ausschließlich Männer. In den Arbeitskämpfen setzten die Arbeitgeber immer häufiger das Mittel der Aussperrung ein, im Reichsdurchschnitt früher als im Wirtschaftsgebiet Groß-Hamburg.[80]

Die Streikbeteiligung der Frauen ging nach 1919 im Raum Groß-Hamburg drastisch zurück. Der Frauenanteil an den Streikenden fiel bis 1921 auf 18 % und war damit wieder niedriger als der Anteil der weiblichen Mitglieder im ADGB-Ortsausschuß. 1922 stieg der Anteil der Frauen an den

Streikenden noch einmal kurzfristig an und erreichte 23 %, im folgenden Jahr sank er auf 5 %. Trotz des starken Rückgangs lag die weibliche Streikbeteiligung im hamburgischen Städtegebiet Anfang der zwanziger Jahre zunächst weiterhin deutlich über dem Reichsdurchschnitt[81]. Streiks mit einer hohen Frauenbeteiligung fanden zwischen 1920 und 1923 in der Bekleidungskonfektion, dem Druckereigewerbe, der Fischkonservenindustrie und dem Gaststättengewerbe statt. Außerordentlich viele Frauen waren zudem 1923 in einen Streik des Fabrikarbeiterverbandes einbezogen. Am höchsten war die Streikaktivität der Frauen zwischen 1921 und 1923 in der Textilindustrie: 1921 streikten 14 Tage lang 807 Arbeiterinnen und 259 Arbeiter, 1922 streikten 9 Tage lang 4.024 Arbeiter(innen), 1923 streikten 18 Tage lang 5.379 Arbeiterinnen und 1.572 Arbeiter.[82]

Der starke Rückgang der weiblichen Streikbeteiligung, der im Reich nach Kriegsende früher und stärker eingesetzt hatte als im Raum Groß-Hamburg, war vermutlich zum einen Ausdruck der Enttäuschung und Resignation, mit der viele erwerbstätige Frauen auf die gesellschaftliche Entwicklung reagierten[83], zum anderen Reaktion auf die gewerkschaftliche Tarifpolitik. Nur den Verbänden, die sich wie der DTAV relativ konsequent für die Fraueninteressen einsetzten, gelang offenbar eine stärkere Mobilisierung für Streiks. Hinzu kam, daß die erwerbstätigen Frauen in sozioökonomischen Krisenzeiten wie der Hyperinflation besonders große Vorbehalte gegen das Kampfmittel des Streiks hatten. Aufgrund ihrer Familienorientiertheit neigten sie ohnehin stärker zu einer vorsichtigen, auf friedliche Verständigung zielenden Taktik in Arbeitskonflikten, weil sie in Haushalt und Familie direkter als die erwerbstätigen Männer die Auswirkungen eines Streiks spürten, der das geringe Einkommen vorübergehend noch schmälerte.[84]

Das Jahr 1924 war das der schwersten Arbeitskämpfe in der Weimarer Republik. Die Neuordnung der Währung und die Arbeitszeitverordnung vom Dezember 1923 machten neue Tarifabschlüsse erforderlich, bei denen es vordergründig um eine Verteidigung des Achtstundentages und die Abwehr von Reallohnsenkungen, grundsätzlich aber um die soziale Ausgestaltung der Republik ging. Arbeitgeber wie Arbeitnehmer maßen dem Achtstundentag hierbei geradezu symbolische Bedeutung zu. Für die Gewerkschaften war durch die Arbeitszeitverordnung eine der zentralen „Revolutionserrungenschaften" bedroht. Die Arbeitskämpfe wurden mit erbitterter Härte geführt und gipfelten häufig in Aussperrungen. Die Arbeitgeber nutzten die geschwächte Position der Gewerkschaften, um ihre Ziele durchzusetzen. Ausdruck ihrer Kampfbereitschaft ist die Tatsache, daß 1924 sowohl im Reich als auch im Raum Groß-Hamburg der Verlust an Arbeitstagen infolge von Aussperrungen den infolge von Streiks übertraf. Die Zahl der Ausgesperrten erreichte im hamburgischen Wirtschaftsgebiet eine bis 1933 einmalige Höhe. Auch 1925 setzten die Arbeitgeber allerorts in außerordentlich starkem Maße das Kampfmittel der Aussperrung ein. Aufgrund der sich verschlechternden Konjunkturlage gingen die Streikaktivitäten seit 1925 deutlich zurück. Im Reich erreichten sie 1926, in Hamburg erst 1927 einen vorläufigen Tiefstand.[85] Die strukturelle Schwäche der Arbeitnehmerseite wurde durch die zunehmende Zahl der staatlichen Schlichtungsverfahren nur unzureichend aufgefangen. Das Reichsarbeitsministerium hatte zwar seinen Einfluß auf die Tarifpolitik durch die Schlichtungsverordnung vom Oktober 1923 erheblich erweitert, die u.a. die Zwangsschlichtung und die Verbindlichkeitserklärung eines Schiedsspruches ermöglichte, nutzte diesen aber zwischen 1924 und 1929 zunehmend zugunsten der Arbeitgeber.[86] In der Hochkonjunkturphase 1927/28 betrieben die Gewerkschaften wieder eine aktivere Tarifpolitik. 1927 verliefen die meisten Lohnbewegungen noch friedlich. 1928/29 verschärften sich die Tarifauseinandersetzungen, die Dauer von Streiks und Aussperrungen stieg. Die Arbeitgeberseite versuchte immer kompromißloser, ihre Interessen durchzusetzen. Seit Beginn der Wirtschaftskrise verschlechterten sich die Kampfbedingungen der Gewerkschaften weiter, die Streikaktivitäten gingen zurück. Im Hamburger Raum erreichten sie 1931 den tiefsten Stand seit 1919.[87]

Bei der Analyse der Streikentwicklung seit 1924 fällt die extrem geringe Beteiligung der Frauen auf. Ihr Anteil an den Streikenden stieg im Raum Groß-Hamburg nach der Währungsstabilisierung nur geringfügig an, 1924 lag er bei 7 %, 1925 bei 9 %. Im Rezessionsjahr 1926 fiel er jedoch auf 2 % und erreichte damit einen vorläufigen Tiefstand. Streiks mit hoher Frauenbeteiligung organisierten in dieser Phase lediglich der Bekleidungs- und der Fabrikarbeiterverband[88]. Die außerordentlich starke weibliche Streikbeteiligung von 30 % im Jahr 1927 ist ausschließlich auf einen Arbeitskampf in der Textilindustrie zurückzuführen, die zu den wenigen Branchen gehörte, in denen in diesem Jahr gestreikt wurde. Seit 1928 waren in die Arbeitskämpfe fast ausschließlich Männer einbezogen: Der Frauenanteil an den Streikenden lag bis 1930 unter ein Prozent; 1931/32 stieg er auf 6 %. Die Faktoren, die bereits nach 1919 zum Rückgang der weiblichen Streikbeteiligung beigetragen hatten, wurden nach 1924 durch das grundlegend veränderte politische Kräfteverhältnis verstärkt. Von einem Streik glaubten viele erwerbstätige Frauen nun offenbar auch aufgrund der geringen Erfolgsaussichten nichts mehr erwarten zu können.

Zu den wenigen großen Arbeitskämpfen, die nach 1924 von Frauen getragen wurden, gehörte im Raum Groß-Hamburg der neunwöchige Streik, den 1927 die rund 5.000 Beschäftigten der drei größten örtlichen Textilbetriebe führten, der ‚Sternwollspinnerei Bahrenfeld GmbH', der ‚Hamburger Wollkämmerei GmbH' in Wilhelmsburg sowie der Firma ‚Bischoff & Rodatz' in Hamburg. Der Streik in diesen Betrieben, die zur ‚Norddeutschen Wollkämmerei und Kammgarnspinnerei' (NWK), dem führenden Textilkonzern im Deutschen Reich gehörten, soll im folgenden näher geschildert werden, weil er Teil eines der längsten und härtesten Arbeitskonflikte der Weimarer Zeit war.[89]

Die Textilindustrie gehörte nach der Währungsstabilisierung zu den Branchen mit den niedrigsten Lohnerhöhungen und den stärksten Arbeitszeitverlängerungen. Sie war zudem am meisten von der Rezession 1925/26 betroffen.[90] Die Arbeitgeber der Textilwirtschaft, die zum extrem konservativen Flügel des Kapitals gehörten, tendierten zu einer ausgesprochen rigiden Tarifpolitik und nutzten dabei den Umstand, daß Frauen den größten Teil ihrer Beschäftigten stellten. Häufiger als in den meisten anderen Wirtschaftszweigen endeten Arbeitskonflikte in der Textilindustrie mit einer Zwangsschlichtung. Die Textilgewerkschaften konnten zwischen 1924 und 1926 in vielen Tarifbezirken die ohnehin geringen Lohnsteigerungen nur durch für verbindlich erklärte Schiedssprüche durchsetzen[91]. Die seit Herbst 1926 steigende Konjunktur der Textilwirtschaft nutzte der DTAV um verlorengegangenes Terrain zurückzuerobern. Es setzte eine lebhafte Streikbewegung ein, die bis zum Jahr 1927 anhielt, das nach Einschätzung des Verbandes, gemessen an der Zahl der durch Streiks und Aussperrungen verlorengegangenen Arbeitstage, neben 1921 „das schwerste Kampfjahr" seit seinem Bestehen war[92]. Hauptziele waren allerorts:

- die Einhaltung des Achtstundentages und die Einschränkung der Überstunden,
- die Verbesserung der Arbeitsbedingungen und der Entlohnung der Akkordarbeiter(innen), die schlechter gestellt waren als die Zeitlohnarbeiter(innen),
- eine deutliche Erhöhung des Reallohnes.[93]

Um insbesondere die Kolleginnen für die Tarifauseinandersetzungen zu mobilisieren, führte der DTAV im April 1927 reichsweit eine „General-Sammlung der Textilarbeiterinnen" durch, mit deren Vorbereitung schon Anfang des Jahres begonnen worden war. In fast allen Ortsgruppen setzte eine rege Werbearbeit unter den Frauen ein, deren Hauptmittel Flugblattverteilung, Haus- und Betriebsagitation sowie Frauenversammlungen waren. Es konnten rund 10.000 neue Mitglieder gewonnen werden, darunter mehr als zwei Drittel Frauen.[94]

Zu den Unternehmen, in denen es 1927 zu besonders harten Tarifauseinandersetzungen kam, gehörte die NWK, die im gesamten Reich 16 Betriebe umfaßte. Der bereits 1884 gegründete Konzern betrieb eine extrem arbeitnehmerfeindliche Politik.[95] In den drei Hamburger Firmen war entgegen dem 1924 abgeschlossenen Rahmentarifvertrag der Textilindustrie des Niederelbebezirks, der eine tägliche Arbeitszeit von acht Stunden vorsah und nur in Ausnahmefällen – nach Anhörung des Betriebsrates – neun Stunden pro Tag gestattete, dreieinhalb Jahre lang ununterbrochen 52 bis 54 Stunden pro Woche gearbeitet worden, obwohl zeitweilig nur die Hälfte der Belegschaften beschäftigt werden konnte. Darüber hinaus hatten die Firmenleitungen ohne Befragung der Betriebsräte ein Entlohnungssystem mit Prämien und Leistungszuschlägen eingeführt, das die tariflich vereinbarte Stunden- bzw. Akkordentlohnung außer Kraft setzte. Die Folge war eine außerordentliche Verschärfung des Leistungsdrucks; nur mit erheblicher Anstrengung konnte der alte Lohn noch erreicht werden.[96] Eine ähnliche Politik hatten nach 1924 alle Unternehmen des NWK-Konzerns betrieben[97].

Der permanente Bruch des Tarifvertrages durch die Arbeitgeberseite, die sich absolut unnachgiebig zeigte, bewegte die Beschäftigten der drei Hamburger Betriebe, von denen nur die Hälfte gewerkschaftlich organisiert war, geschlossen zum Streik, der am 25. April 1927 begann. Mehr als zwei Drittel der Streikenden, die die Einhaltung des Rahmentarifvertrages und eine 15prozentige Lohnerhöhung forderten, waren Frauen. Die relativ hohe Lohnforderung begründete der DTAV mit dem niedrigen Lohnniveau der Textilindustrie im Groß-Hamburger Raum. In diesem Tarifbezirk hatte der Verband zwischen 1924 und 1927 die prozentual geringsten Lohnsteigerungen durchsetzen können.[98] Zugleich solidarisierten sich die Streikenden durch die Arbeitsniederlegung mit den Kollegen und Kolleginnen der vier NWK-Betriebe in Westthüringen sowie im Stammbetrieb Delmenhorst, die aus ähnlichem Anlaß schon länger streikten. Ihnen schlossen sich am gleichen Tag auch die Belegschaften der Konzernbetriebe in Leipzig und Wernshausen an.[99]

Der Erfolg des Arbeitskampfes in der NWK hing entscheidend von der Kampfkraft in den drei Hamburger Betrieben ab, die die größte Abteilung des Konzerns bildeten. Darum wurde der Streik hier von der Arbeitgeberseite besonders erbittert bekämpft. Bereits zwei Tage nach Streikbeginn versandten die Firmenleitungen der Hamburger Betriebe per Post an die Beschäftigten ein Flugblatt, in dem diesen mit der fristlosen Entlassung gedroht wurde, falls sie die Arbeit nicht am nächsten Tag wieder aufnehmen würden. Gleichzeitig beantragten sie beim Landgericht Hamburg eine einstweilige Verfügung gegen den Streik, die mit der demagogischen Behauptung begründet wurde, der DTAV hätte sich mit dem Aufruf zum Streik des Tarifbruchs schuldig gemacht.[100] Am 29. April kam das Gericht dem Antrag nach und verbot dem DTAV, Filiale Hamburg und Umgegend, den Streik in den drei Betrieben in irgendeiner Weise zu unterstützen, „sei es durch Anweisungen an die Streikenden oder durch Aufforderung zum Streikposten-Stehen oder durch Gewährung von Streikunterstützung an Mitglieder oder durch irgendwelche anderen Mittel, und zwar bei einer vom Gericht für den einzelnen Fall der Zuwidersetzung festzusetzenden Geld- oder Haftstrafe."[101] Obwohl der DTAV unverzüglich Einspruch beim Landgericht einlegte, kam es erst am 25. Mai zur Verhandlung, in der die Verfügung bestätigt wurde. Der Verband erhob sogleich Einspruch beim Oberlandesgericht, das diesem erst am 20. Juli, fast einen Monat nach Beendigung des Streiks, nachgab. Der Entscheidung des Hamburger Landgerichtes folgten Anfang Mai die Landgerichte Leipzig und Meiningen, bei denen ebenfalls einstweilige Verfügungen von Firmenleitungen bestreikter NWK-Betriebe beantragt worden waren. Anders als in Hamburg gaben die Richter dort jedoch den Einsprüchen der DTAV-Filialen relativ schnell nach. Die Praxis des Hamburger Landgerichts, per einstweiliger Verfügung in erheblichen Maße das Streikrecht der Arbeitnehmer zu beschneiden und damit zugunsten der Arbeitgeber in einen „unbequemen" Arbeitskampf einzugreifen, hatte zwar in der Hansestadt Tradition – bereits „in früheren Jahren" war es ähnlich vorgegangen –, war jedoch im Reich offenbar einmalig.[102] Erst nach dem Streik im NWK-Konzern scheint dieses Verfahren auch andernorts Schule gemacht zu haben[103].

Das Vorgehen der Hamburger Richter wurde in der Arbeiterpresse scharf kritisiert. Funktion sei es, den Kampfeswillen der Streikenden durch eine „Hungerblockade" zu brechen.[104] Dies gelang aufgrund der breiten Solidaritätsbewegung nicht. Die Vielzahl der Hilfsaktivitäten, u.a. die Sammlung von Geld- und Sachspenden, die Einrichtung von Speisungen für die Streikenden und ihre Familien, die Verteilung von Essens- und Brotmarken sowie die Organisation des Streikposten-Stehens, wurden vom Hamburger Arbeiterrat koordiniert. Selbst gegen diese Hilfsmaßnahmen gingen die Arbeitgeber gerichtlich vor. Mit ihrer Behauptung, diese seien vom DTAV organisiert, erwirkten sie beim Landgericht einen Strafantrag gegen *Paul Frauböse*, den Vorsitzenden der DTAV-Filiale. Trotz des massiven Drucks fanden sich in Hamburg bis zum Streikabbruch keine Streikbrecher(innen).[105]

Bereits am 2. Mai hatte sich der Streik auf fast alle Betriebe des NWK-Konzerns ausgedehnt, vier Fünftel der Beschäftigten, mehr als 20.000 Textilarbeiter(innen), streikten[106]. Das Reichsarbeitsministerium griff auf Antrag des DTAV-Hauptvorstandes in den Arbeitskonflikt ein und ordnete zentrale Schlichtungsverhandlungen an. Am 16. Mai erklärte ein Schiedsspruch, der nur für die NWK-Betriebe mit bestehenden Mantel- und Lohntarifen galt, diese Tarife für gültig. Weitere Verhandlungen wurden auf die örtliche Ebene verwiesen. Da die Arbeiter(innen) der Hamburger Betriebe über die alte Regelung von Arbeitszeit und Entlohnung hinaus eine Lohnerhöhung durchsetzen wollten, streikten sie weiter. Erst als nach neun Wochen Streik dessen Fortsetzung aussichtslos schien, beschlossen die Beschäftigten in einer Urabstimmung am 26. Juni, die Arbeit wieder aufzunehmen.[107] Der Streik endete für die Textilarbeiter(innen) trotz des außerordentlich harten und langen Kampfes, der unter extrem schwierigen Bedingungen geführt wurde, nur mit einem Teilerfolg. Die Enttäuschung darüber scheint unter den Beschäftigten der drei Betriebe sehr groß gewesen zu sein, denn resigniert verließen viele, die erst vor oder während des Arbeitskampfes Mitglied des DTAV geworden waren, den Verband kurz danach wieder[108]. Bis zum Ende der Weimarer Republik konnte die Hamburger DTAV-Filiale keinen Streik mehr führen.

Die Analyse des Streikverhaltens der erwerbstätigen Frauen deutet darauf hin, daß die männerorientierte Lohnpolitik ein entscheidender Faktor für die relativ geringe weibliche Streikbeteiligung war. Da die Masse der freigewerkschaftlichen Verbände Fraueninteressen in ihrer Tarifpolitik nur am Rande berücksichtigten, bestand für die erwerbstätigen Frauen wenig Grund, deren Tarifforderungen aktiv zu unterstützen. Hinzu kam, daß Frauen aufgrund ihres geringeren gewerkschaftlichen Organisationsgrades und ihrer größeren Unerfahrenheit in Arbeitskämpfen ohnehin zu den Arbeitnehmerschichten gehörten, die schwerer zu einem Streik zu bewegen waren.

3.3.2.3 Gewerkschaftliche Frauenarbeit

Auf dem 10. Gewerkschaftskongreß 1919 hielt die Reichsfrauensekretärin Gertrud Hanna ein Referat zur „Organisierung der Arbeiterinnen“, in dem sie u.a. ihre Vorstellungen zur gewerkschaftlichen Frauenarbeit erläuterte. In Übereinstimmung mit der Gewerkschaftsführung lehnte sie jede Form der „Sonderorganisation“ von Frauen in den freien Gewerkschaften ab, denn Frauen und Männer seien gleichberechtigte Mitglieder für die keine unterschiedlichen Bestimmungen gelten dürften. Ziel müßte es sein, daß die Frauen in der Organisation in gleicher Weise mitarbeiteten wie die Männer. Aufgabe der Gewerkschaften wäre es hierfür durch eine verstärkte Frauenagitation zu wirken. Mehr als bisher müßten sie die Frauen auch zu allen Verbandsaufgaben heranziehen. Insbesondere warnte Gertrud Hanna vor regelmäßigen „Sonderveranstaltungen“ für Frauen. Da die Berufsfragen für „Männer und Frauen zum größten Teil die gleichen“ seien, könnten sie in gemeinsamen Veranstaltungen erörtert werden. Durch „Sonderveranstaltungen“ würde lediglich zum Ausdruck gebracht werden, „daß die Frauen nicht so gleichberechtigt in den

Gewerkschaften sind, wie sie eigentlich sein sollten". Auch von „Frauenecken" und „Frauenbeilagen" in den Gewerkschaftsblättern riet sie ab, denn nicht nur diese Ecke oder jene Beilage sei für die Frauen, „sondern das gesamte Blatt".[109] Gertrud Hanna betonte, daß diese Ansicht nicht im Widerspruch zur Existenz der ‚Gewerkschaftlichen Frauenzeitung' stünde, die die Fachblätter der einzelnen Verbände lediglich ergänze:

> „Wir müssen die Frauen ja in vielen Fällen erst aufklären über die Zusammenhänge des Wirtschaftslebens, über verschiedene Berufsfragen, die für die Männer zum Teil doch schon Selbstverständlichkeiten sind. Darum ist die Behandlung solcher Fragen in einer besonderen Zeitung, die *neben* der Fachzeitung gelesen werden soll, heute noch eine Notwendigkeit."[110]

Diese Grundposition bestimmte bis Ende der zwanziger Jahre weitgehend die gewerkschaftliche Frauenarbeit.

Entgegen allen Gleichberechtigungs-Postulaten blieb die Einbeziehung der weiblichen Mitglieder in die Gewerkschaftsarbeit allgemein geringer als die der männlichen Mitglieder. Die spezifischen Gründe, die Frauen daran hinderten, sich an der Verbandsarbeit zu beteiligen, beschrieb eine 27jährige, verheiratete Textilarbeiterin, die Betriebsratsvorsitzende in einer Strumpfstrickerei war, 1928 folgendermaßen:

> „Erstens haben viele noch die alte Auffassung, daß die Frau in Politik und Wirtschaft nichts hineinzureden hat. Zweitens ist die Frau oftmals als Hausfrau, Mutter und Textilarbeiterin derart abgespannt und überlastet, daß ihr die Zeit und die Lust zur Mitarbeit fehlt. Dazu kommt noch das Dritte, daß es leider noch Männer gibt, welche ihre Frau schon mehr als Dienstmädchen betrachten anstatt als Lebensgefährtin. Sie setzen sich lieber ins Wirtshaus zum Biere oder lesen die Zeitung, anstatt ihrer Frau bei der häuslichen Arbeit zu helfen. *Viele glauben, mit dem Verbandsbuche oder gar mit dem Parteibuche in der Tasche wäre es geschafft; der rechte Gewerkschaftler muß aber erst in seiner Familie für soziale Verhältnisse sorgen. Er muß seiner Frau ebenfalls die Gleichberechtigung zugestehen. Durch die Entlastung im Haushalte kann die Frau mehr Freizeit haben, ... kann auch ihre Pflichten als Arbeiterin innerhalb und außerhalb des Betriebes erfüllen, indem sie mitwirkt im Interesse des Verbandes zum Wohle der organisierten Textilarbeiterschaft!*"[111]

Hinzu kam als weiterer Grund, daß die Verbandsarbeit der meisten Einzelgewerkschaften den spezifischen Bedürfnissen und Interessen der weiblichen Mitglieder nicht gerecht wurde. Dies galt in besonderem Maße für die Bildungsarbeit, deren Hauptfunktion die Gewinnung engagierter und überzeugter Gewerkschaftsmitglieder war.

Nach dem Ersten Weltkrieg gewann die Bildungsarbeit in den freien Gewerkschaften verstärkte Bedeutung, da die große Zahl neuer Mitglieder in die Organisation integriert und an die aktive Mitarbeit herangeführt werden mußte. Ihre Blütezeit erlebte sie nach der Währungsstabilisierung, als die finanzielle Situation der Dachverbände und Einzelgewerkschaften sich wieder gebessert hatte.[112] Ihre wichtigsten Mittel waren die Gewerkschaftspresse, die Gewerkschaftsversammlungen sowie die Schulungsarbeit auf zentraler und regionaler Ebene.

Die Gewerkschaftspresse, das Massenmedium zur Information, Schulung und Motivation der Gewerkschaftsbasis, bot den weiblichen Mitgliedern allgemein wenig Anreiz zur Lektüre. Nur sporadisch wurden in Artikeln Frauenfragen aufgegriffen. Dies galt sowohl für das Zentralorgan des ADGB, bis 1923 das ‚Correspondenzblatt', seit 1924 die ‚Gewerkschafts-Zeitung', als auch für die seit 1924 vom ADGB publizierte theoretische Zeitschrift ‚Die Arbeit'. In der lokalen Gewerkschaftspresse, wie dem Mitteilungsblatt des ADGB-Ortsausschusses Groß-Hamburg ‚Die freie Gewerkschaft', das seit Februar 1922 als wöchentliche Beilage des ‚Hamburger Echo' erschien, wurden ebenfalls nur sehr selten Artikel zu Frauenthemen veröffentlicht.[113] Eines der wenigen Verbandsblätter, das regelmäßig Beiträge zu Frauenproblemen enthielt, war seit Mitte der zwanziger Jahre der ‚Textil-Arbeiter' des DTAV. Aus dem knappen „Frauenteil" des wöchentlich erscheinenden Organs mit ein bis zwei Artikeln wurde 1927 eine ganzseitige „Frauenbeilage", für

Rundschau der Frau

MATERIALIEN FÜR WEIBLICHE FUNKTIONÄRE IM Z. D. A.

HERAUSGEGEBEN VOM ZENTRALVERBAND DER ANGESTELLTEN / BERLIN

JAHRG. IV / Nr. 1 • ERSCHEINT NACH BEDARF • JANUAR 1933

ZUM GEWERKSCHAFTLICHEN ORGANISATIONSSTAND DER WEIBLICHEN ANGESTELLTEN.

In den Zeiten wirtschaftlicher Krisis und Arbeitslosigkeit ist die Frauenarbeit immer das hat die Entwicklung gezeigt— besonderen Angriffen ausgesetzt, und diese Erschütterungen wirken sich auch auf die gewerkschaftlichen Organisierungsverhältnisse der Frauen aus. Die Organisationsstärke ist meist ein Gradmesser für die Situation des Frauenarbeitsmarktes. Für das Sinken und Steigen des Frauenanteils in den Gewerkschaften sind allerdings **neben den wirtschaftlichen auch psychologische Gründe** maßgebend: es wäre zu untersuchen, ob ein Sinken in geringerem Beschäftigungsgrad und größerer Arbeitslosigkeit der Frauen begründet ist, oder ob durch geringere gewerkschaftliche Treue, durch Verständnislosigkeit, Benachteiligung der Frauen usw. Die „Gewerkschaftszeitung" **stellte kürzlich** (in Nr. 45 v. 5. 11. 32) an Hand der Jahrbücher des ADGB fest, **daß bei den Arbeiterinnen der Prozentsatz der gewerkschaftlich organisierten Frauen in den letzten Jahren ständig zurückgegangen ist** — obwohl man „von einem relativen Rückgang der Frauen in den Belegschaften bestimmt nicht reden kann; es läßt sich vielmehr behaupten, daß die Frauenarbeit relativ gar allmählich zunimmt". Wie ist diese Lage bei den weiblichen Angestellten?

Die Zahlen der gewerkschaftlich organisierten weiblichen Angestellten. Um ein genaues Bild an Hand genauen Materials zu erhalten, wollen wir hier nicht sämtliche Berufsverbände weiblicher Angestellter heranziehen (wir haben einmal in „Rundschau der Frau" Nr. 10/1930 die Zahl der in Verbänden „organisierten" weiblichen Angestellten auf 350 000 = 25% der weiblichen Angestellten überhaupt geschätzt), sondern uns auf die in den drei größten G e w e r k s c h a f t s v e r b ä n d e n organisierten Frauen, im ZdA, GDA und VwA. beschränken. Allerdings muß betont werden, daß die Zahlen, die der GDA im Statistischen Jahrbuch (in seinen eigenen Jahrbüchern gibt er für die weiblichen Mitglieder überhaupt keine Zahl an) angibt, bekanntermaßen nicht stimmen und zu hoch sind. Die Mitgliedszahlen betrugen hier in den letzten 4 Jahren:

	ZdA		GDA		
	insgesamt	Frauen = %	insgesamt angeblich	Frauen = % angeblich	VwA
1928	176 212	83 844 = 47.6%	301 967	75 276 = 24,9%	77 431
1929	199 450	97 648 = 48.5%	302 117	87 296 = 28,9%	84 817
1930	210 380	105 370 = 50.1%	335 428	101 119 = 30,0%	92 031
1931	203 489	102 007 = 50,1%	327 742	103 078 = 31.4%	92 390

Die Zahl der weiblichen Gewerkschaftsmitglieder betrug also in den letzten 4 Jahren abgerundet: 1928: 236 000; 1929: 270 000; 1930: 298 000; 1931: 297 000. Der geringe Zahlenrückgang hat aber an dem Verhältnisanteil der Frauen nichts geändert: d i e T e n d e n z i s t s t ä n d i g s t e i g e n d — während bei den Arbeiterinnen auch in den Verbänden mit überwiegend weiblicher Mitgliedschaft, z. B. bei den Tabakarbeitern, den Buchbindern, den Hutarbeitern, den Textilarbeitern der Prozentsatz der Frauen gesunken ist.

(Rundschau der Frau, Nr. 1, 1933)

Gewerkschaftliche Frauenzeitung

16. Jahrgang	Berlin, Dienstag, den 15. November 1932	Nummer 11

Kollegin, wir rufen Dich!

Wir wenden uns an Dich als eine der vielen, die im Erwerbsleben stehen und dort arbeiten für ihr tägliches Brot! Dafür arbeiten rund 6 Millionen Mädchen und Frauen. Sie sitzen vom Morgen bis zum Abend an der Nähmaschine; sie stehen am Schraubstock, an der Spinnmaschine und am Webstuhl; sie sitzen in langen Reihen vor dem vorbeilaufenden Arbeitsstück am Fließband; sie fertigen Kleider und Wäsche, sie fertigen und verpacken Zigaretten, Schokolade, sie fertigen Schuhe, Holzwaren, Spielsachen, sie bedienen in Friseurgeschäften und in Gastwirtschaften; sie pflegen Kranke; kurz — wir finden Arbeiterinnen in allen Zweigen des Erwerbslebens. Endlos ist die Reihe der für Arbeiterinnen in Frage kommenden Berufszweige, verschiedenartig ist die Verwendung von Frauenarbeit. In einem ist sie aber völlig gleich:

Frauenarbeit ist billige Arbeit!

Sie wird erheblich niedriger entlohnt als Männerarbeit, oftmals sogar noch niedriger als Arbeit jugendlicher Arbeitnehmer. Ist Frauenarbeit so wenig wertvoll? Wäre dies der Fall, man würde wohl in zahllosen Fällen auf sie verzichten. Wir sehen aber, daß Frauenarbeit in immer neue Arbeitsgebiete eindringt, ohne daß die Qualität der Arbeitsprodukte unserer Wirtschaft nur im geringsten darunter leidet.

Ist aber Eure Minderbezahlung berechtigt?

Es wird behauptet, die Frauen brauchen weniger als Männer! Ist das richtig? Fast könnte es so scheinen, wenn wir uns vor Augen führen, wie Arbeiterinnen leben. Viele Arbeiterinnen leisten sich nur an wenigen Tagen der Woche warmes Essen. Sie beschränken sich in bezug auf Wohnung; sie nähen, waschen und bügeln ihre Kleidung selber, und sie kochen sich selber ihre warmen Mahlzeiten. Warum tun sie das? Weil ihr Arbeitseinkommen nicht ausreicht, anders leben zu können. Nur aus diesem Grunde legen sie sich Beschränkungen auf. Deshalb opfern sie Freizeit und Gelegenheit zur Weiterbildung. Deshalb opfern sie Gesundheit und Lebensfreude. **Was als Ursache für die Minderbezahlung bezeichnet wird, ist tatsächlich ihre Folge.**

Soll das immer so bleiben?
Können wir diese Zustände denn nicht ändern?

Wir sagen ja und nochmals ja! Wir wollen und können erreichen, daß die Arbeit, die Frauen im Erwerbsleben leisten, materiell und ideell besser gewertet wird. Wir wollen und können es dahin bringen, daß wir von unseren männlichen Kollegen nicht mehr als Konkurrentinnen und Lohndrückerinnen angesehen werden. Wir wollen und können dies erreichen durch unsere gewerkschaftliche Organisation

(Gewerkschaftliche Frauenzeitung, Nr. 15, 1932)

deren Inhalt das Arbeiterinnensekretariat verantwortlich war. Darüber hinaus brachte die Redaktion des Blattes weiterhin auch im vierseitigen Hauptteil Beiträge zu Frauenthemen.[114]

Umfassendere Informationen zu Frauenfragen bot lange Zeit lediglich die ‚Gewerkschaftliche Frauenzeitung', die seit Februar 1916 von der Generalkommission der freien Gewerkschaften herausgegeben wurde[115]. Schriftleiterin war bis 1933 Gertrud Hanna. Das Blatt erschien bis Februar 1923 vierzehntägig, danach bis zu seiner vorläufigen Einstellung im Oktober 1923 monatlich. Ab Januar 1925 wurde es vom ADGB-Bundesvorstand wieder herausgegeben, allerdings nur monatlich. Diese Entscheidung wurde damit begründet, daß „die Frauenzeitung nicht als Ersatz für das Verbandsorgan, sondern nur neben der ordentlichen Verbandszeitung gegeben" werde, die jedes Mitglied obligatorisch erhalte, und deshalb ein häufigeres Erscheinen nicht nötig sei.[116] Die Auflagenhöhe der Zeitschrift war gemessen an der Zahl der weiblichen Gewerkschaftsmitglieder relativ gering. Aufschluß über ihre Verbreitung zwischen 1916 und 1931 gibt folgende Übersicht:[117]

Jahr	Auflage	Jahr	Auflage	Jahr	Auflage
1916	52000	1923	275000	1928	70000
1917	100000	1925	59000	1929	74000
1919	375000	1926	76000	1930	79000
1922	460000	1927	69000	1931	78000

Ziel der ‚Gewerkschaftlichen Frauenzeitung' war es, unter den erwerbstätigen Frauen „Erziehungsarbeit zu leisten und Aufklärung über Aufgaben und Erfolge der Gewerkschaftsbewegung zu verbreiten"[118]. Ansprechen sollte sie nicht nur die weiblichen Gewerkschaftsmitglieder, sondern auch deren unorganisierte Kolleginnen. Inhaltlicher Schwerpunkt des Blattes waren vorrangig Probleme des Erwerbslebens, die den Leserinnen eingebettet in ein „unterhaltsames" Feuilleton vermittelt wurden. Der Charakter der Zeitung war wenig kämpferisch, der Ton häufig belehrend und moralisierend, die Sprache um Ausgleich von Interessenkonflikten bemüht. Auch Kritik an frauenfeindlichem Verhalten männlicher Gewerkschaftsmitglieder oder -funktionäre wurde bestenfalls in sehr defensivem Ton vorgetragen.[119] Form und Inhalt der ‚Gewerkschaftlichen Frauenzeitung' waren unter den Gewerkschaftsfunktionärinnen umstritten. Nach Ansicht ihrer Kritikerinnen war sie „absolut nicht dazu angetan, die Kolleginnen gewerkschaftlich zu schulen", da in ihr nur „ganz seichte Artikel und Romane" ständen. Doch Vorschläge zur Umgestaltung des Blattes verhallten ungehört.[120] Der ADGB-Bundesvorstand hatte kein Interesse an einer kämpferischen Frauenzeitung, die konsequent und radikal die Interessen der weiblichen Erwerbstätigen vertrat.

Seit Januar 1930 gab es in den freien Gewerkschaften eine zweite Frauenzeitschrift, die ‚Rundschau der Frau', die vom ZdA herausgegeben wurde. Das Blatt, dessen Schriftleitung in den Händen der Berliner ZdA-Funktionärin *Susanne Suhr* lag, trug den Untertitel „Materialien für die weiblichen Funktionäre im ZdA" und erschien „nach Bedarf", das hieß in der Regel monatlich. Es informierte ausführlich über alle aktuellen Probleme der erwerbstätigen Frauen im allgemeinen und der weiblichen Angestellten im besonderen, bezog Stellung zu zentralen Grundfragen der Frauenerwerbsarbeit, berichtete aus anderen Berufsverbänden und Gewerkschaften und gab Anregungen für die gewerkschaftliche Frauenarbeit im ZdA. Der Ton war insgesamt kritischer und kämpferischer als der der ‚Gewerkschaftlichen Frauenzeitung'.[121]

Hauptfunktion der Gewerkschaftsversammlungen auf Orts-, Verbands- und Betriebsebene waren Information, Erfahrungsaustausch und Meinungsbildung der Mitglieder. Angesprochen werden sollten beide Geschlechter. In der Praxis war der Versammlungsbetrieb „mit seinen qualmigen Tabakswolken", dem „Bierdunst" und den „stereotypen Redewendungen des seit langem bekannten Verbands- oder Sektionsleiters" jedoch ausschließlich auf die männlichen Interessen zugeschnitten[122]. Bei der Wahl von Ort und Zeit der Versammlungen wurde die spezifische Situation der Frauen ignoriert. Statt beispielsweise eine Betriebsversammlung sofort nach Feierabend in einem Raum in unmittelbarer Nähe des Betriebes anzusetzen und vom Verband eine angemessene Saalmiete zu zahlen, wurden den Kolleginnen ein abendlicher Versammlungsbeginn, lange Wege und ein Verzehrzwang im Versammlungslokal zugemutet. Solche Umstände hielten sie, im Unterschied zu vielen Männern, vom Versammlungsbesuch ab.[123] Die Themenwahl orientierte sich nur an den Problemen der Kollegen. Frauenfragen wurden auf den allgemeinen Gewerkschaftsversammlungen in der Regel nicht behandelt. Spezielle Frauenversammlungen scheinen die meisten Einzelverbände selten bzw. nie durchgeführt zu haben. Gleiches galt offenbar für die Mehrzahl der Ortsausschüsse von ADGB und AfA-Bund.[124] Die einzige öffentliche Gewerkschaftsversammlung, auf der der ADGB-Ortsausschuß Groß-Hamburg in der Weimarer Republik die Probleme der erwerbstätigen Frauen thematisierte, fand im September 1926 im Rahmen einer internationalen gewerkschaftlichen Werbewoche statt. Auf dieser Versammlung wurde zwar von den anwesenden Kolleginnen gefordert, daß „öfter derartige gewerkschaftliche Frauenversammlungen stattfinden mögen", doch ihr Wunsch wurde vom Ortsausschuß nicht aufgegriffen.[125]

Eine sehr viel geringere Breitenwirkung als Gewerkschaftspresse und Gewerkschaftsversammlungen hatte die Schulungsarbeit, die die freien Gewerkschaften auf regionaler und zentraler Ebene betrieben. In ihrem Mittelpunkt standen die Vermittlung sozial-, betriebs- und volkswirtschaftlicher Kenntnisse für Gewerkschaftsfunktionäre und Betriebsräte sowie die Ausbildung des Funktionärsnachwuchses. Dieses Bildungsangebot in Form von Abendkursen, Wochenendseminaren und Heimschullehrgängen wurde von weiblichen Mitgliedern in sehr geringem Maße wahrgenommen, in der Regel nur dann, wenn es von Thema, Arbeitsform und organisatorischem Rahmen her ihren Bedürfnissen angepaßt war.[126]

Auf örtlicher Ebene organisierten meist zentrale Ausschüsse von ADGB, AfA-Bund und ADB die Schulungsarbeit für sämtliche Einzelverbände. Doch nur wenige Ortsausschüsse leisteten so wie der ‚Bildungsausschuß der freien Gewerkschaften Hamburgs' eine systematische Schulungsarbeit[127]. Begonnen wurde damit nach der Währungsstabilisierung. In der Kriegszeit und den ersten Nachkriegsjahren war die Bildungsarbeit im Gewerkschaftskartell praktisch zum Erliegen gekommen.[128] Im Winter 1926/27 bot der ‚Bildungsausschuß' erstmals einen speziellen Kursus für weibliche Mitglieder an; das Thema der abendlichen Vortragsreihe lautete „Die Frau in Wirtschaft und Gesellschaft". Angemeldet hatten sich zwar 22 Kolleginnen, doch die Hälfte von ihnen blieb im Laufe der Zeit weg. Die Arbeitsform – lange Referate und wenig Diskussion – entsprach nicht ihren Bedürfnissen; gewünscht wurden stattdessen Arbeitsgemeinschaften.[129] Erst die 1928 von SPD und freien Gewerkschaften geschaffene ‚Zentralkommission für das Bildungswesen Groß-Hamburg' griff diese Anregung auf. Die Folge war ein deutlicher Anstieg der Teilnehmerinnenzahl im Frauenkursus: Den ersten Abendkurs mit der neuen Arbeitsform zum Thema „Arbeits- und Lebensformen der Frau unserer Zeit" im Winter 1928/29 besuchten 47 Frauen. An den übrigen sieben Abendseminaren, die sich in diesem Halbjahr mit Problemen der Arbeitswelt beschäftigten, nahmen insgesamt nur 45 Frauen teil, ihr Anteil an allen Teilnehmern lag bei 2 %. Ähnlich gering war er bei den Wochenendseminaren und Heimschullehrgängen. Deshalb bot die Zentralkommission im Winter 1929/30 erstmals einen „Sonderlehrgang" für erwerbstätige Frauen an. An dem zehntägigen Kursus zum Thema „Die Frau in Staat und Wirtschaft" nahmen 25 Frauen teil, darunter 12, die von den Gewerkschaften delegiert worden waren. Dieser „Heimschullehrgang" wurde im nächsten Jahr wiederholt.[130]

Auch auf zentraler Ebene organisierten die Dachverbände den größten Teil des Bildungsangebots. Eigene Schulungsstätten hatten nur wenige große Einzelgewerkschaften, darunter der

Metall- und der Fabrikarbeiterverband. Bis zur Einweihung der Bundesschule in Bernau im Mai 1930 besaß der ADGB keine eigene Bildungsstätte. Ihm standen jedoch für mehrmonatige Kurse zur Ausbildung des Funktionärsnachwuchses vier staatlich getragene Bildungseinrichtungen offen: die seit 1920 bestehende Heimvolkshochschule in Tinz/Thüringen, die 1921 gegründete Akademie der Arbeit in Frankfurt a.M. sowie die 1922 eingerichteten Wirtschaftsfachschulen in Berlin und Düsseldorf. Der Anteil der Frauen, die von den Verbänden zu zentralen Lehrgängen delegiert wurden, war relativ gering. In den Jahren 1922 bis 1926 fanden sich beispielsweise unter den 573 vom ADGB entsandten Teilnehmern nur 49 Frauen; 46 von ihnen waren in Tinz, wo im Unterschied zu den anderen drei Bildungsstätten spezielle Frauenkurse angeboten wurden.[131] Noch ungünstiger war die Geschlechterrelation bei den Absolventinnen der ADGB-Bundesschule; im ersten Jahr wurde sie von 1.710 Männern und 45 Frauen besucht. Im nächsten Jahr verdreifachte sich zwar die Zahl der Absolventinnen, ihr Anteil blieb aber nach wie vor gering. Dies änderte sich tendenziell 1932, als die Bundesschule Bernau erstmals Frauenkurse anbot.[132]

Eine weitreichende Folge des unzureichenden gewerkschaftlichen Bildungsangebots für Frauen war der Mangel an engagierten und geschulten Gewerkschafterinnen. Um hier Abhilfe zu schaffen, wurde von führenden Gewerkschaftsfunktionärinnen die Anstellung von Frauensekretärinnen gefordert, die sich ausschließlich der Förderung von Frauenagitation und Frauenbildungsarbeit widmen sollten[133]. Diese Forderung verhallte so gut wie ungehört. Nur vereinzelt beschäftigten Dachverbände und Einzelgewerkschaften auf zentraler oder regionaler Ebene eine solche Kraft.[134] Auch der ADGB-Ortsausschuß Groß-Hamburg stellte hierfür kein Geld zur Verfügung.

Die männerorientierte Gewerkschaftsarbeit wurde von den leitenden Gewerkschaftsfunktionärinnen lange Zeit nur sehr vorsichtig kritisiert. Sie neigten dazu, den weiblichen Mitgliedern die Verantwortung für die Mängel in Frauenagitation und Frauenbildungsarbeit zuzuweisen: Diese würden sich nicht genügend in der Organisation engagieren und sich zuwenig für die eigenen Interessen einsetzen.[135] Deutlichere Worte der Kritik am frauenfeindlichen Verhalten der männlichen Mitglieder und Funktionäre fand die Reichsfrauensekretärin öffentlich erst 1928. In einem Artikel der Zeitschrift ‚Die Arbeit' mit dem Titel „Die Frauen in den Gewerkschaften" rügte Gertrud Hanna, daß die Männer zum einen „Probleme, die als Frauenfragen gelten", nicht für allgemein wichtig hielten und wenig oder gar nicht beachteten und zum anderen aufgrund „männlich-spießerhafter Vorurteile" Frauen aus „verantwortlicher und leitender Tätigkeit" ausschalteten.[136]

Die wenigen Gewerkschaftsfunktionärinnen, die die Mängel der gewerkschaftlichen Frauenarbeit schon früher scharf kritisierten, gehörten überwiegend zur linken innergewerkschaftlichen Opposition, die in der Weimarer Republik immer in der Minderheit blieb und der in der Gewerkschaftsöffentlichkeit, insbesondere in der Presse, von den führenden Mehrheitssozialdemokraten nur ein sehr kleiner Raum zugestanden wurde[137]. Ein Forum, das der Opposition offenstand, waren die Gewerkschaftskongresse. Diese Möglichkeit wurde auch von Frauenseite genutzt. Auf dem 11. Gewerkschaftskongreß brachten vier der sieben anwesenden weiblichen Delegierten – Funktionärinnen des DMV und des DTAV – eine „Entschließung zur Frauenfrage" ein, die von 50 der 690 Delegierten unterzeichnet wurde. *Gertrud Faber* (DMV) begründete den Antrag, in dem nicht nur die bisherige Frauenpolitik und Frauenarbeit der freien Gewerkschaften verurteilt, sondern zugleich Vorschläge zur Förderung von Frauenagitation und Frauenbildungsarbeit gemacht wurden[138]. Der ADGB-Bundesvorstand sollte folgende Maßnahmen ergreifen:

„1. In allen Gewerkschaften mit einer großen Anzahl von weiblichen Mitgliedern sind regelmäßig mindestens einmal jährlich Frauenkonferenzen einzuberufen, sowohl durch Ortskartelle, Bezirke und von der Zentralstelle des Verbandes.

In allen Zahlstellen sind Frauenagitationskommissionen zu wählen, die in Kursen weitergebildet und geschult werden, um dadurch agitatorische Kräfte für die Gewerkschaften zu gewinnen.

Die Einberufung von besonderen Gewerkschaftsversammlungen zu besonderen Frauenfragen ... sowie die Organisierung von öffentlichen Frauenversammlungen bei großen Streiks ... sind den Verbänden bzw. Ortskartellen zur Durchführung zu empfehlen. – Zu den Arbeiterhochschulen Frankfurt, Volkshochschule Tinz, Betriebsräteschulen usw. ist eine entsprechende Anzahl von Arbeiterinnen zu berücksichtigen. – Zu den Verbandstagen, Gewerkschaftskongressen, Betriebsrätekongressen ist von den Gewerkschaftsverbänden mehr wie bisher die Delegation von Arbeiterinnen zu propagieren.

2. Das bisherige Frauenorgan: Die Gewerkschaftliche Frauenzeitung, muß zu einem wahren Schulungsorgan und Klassenkampforgan umgestaltet werden ... Die Fachblätter und das Bundesorgan müssen ebenfalls zu allen wichtigen Problemen der Arbeiterin Stellung nehmen ...
3. Die Gewerkschaften müssen ferner Flugblätter und Broschüren zur Aufklärung unter den breiten Massen der Arbeiterinnen herausgeben."[139]

Der ADGB-Vorsitzende *Theodor Leipart*[140] empfahl die Ablehnung dieses Antrages. In seiner Begründung setzte er sich nicht inhaltlich mit der Vorlage auseinander, sondern diffamierte die Kompetenz der Antragstellerinnen: Ihre Anregungen seien „ohne Klarheit, ohne Verständnis für die Möglichkeiten und Notwendigkeiten" formuliert. Er forderte die Delegierten auf, sich „mit Entschiedenheit dagegen zu verwahren, daß solch mangelhaft vorbereitete, so absolut unüberlegte Dinge in Form einer ernsthaft gemeinten Entschließung dem Kongreß vorgelegt werden".[141] Die Delegiertenmehrheit folgte der Empfehlung und lehnte ohne jede weitere Erörterung den Antrag ab. Die Reaktion Leiparts auf die Kritik der Frauen war typisch. Die männlichen Funktionäre wiesen Vorwürfe und Forderungen von weiblichen Gewerkschaftsmitgliedern meist mit arroganter Überheblichkeit zurück. Die Ablehnung des Antrages entsprach der Grundposition von Bundesvorstand und Reichsfrauensekretariat des ADGB, keine „Sonderveranstaltungen für Frauen" zu fördern. Demgemäß wurde sie von Gertrud Hanna in der ‚Gewerkschaftlichen Frauenzeitung' auch als richtige Entscheidung gerechtfertigt[142].

Nur wenige Verbände in den freien Gewerkschaften bemühten sich um Frauenagitation und Frauenbildungsarbeit und versuchten ansatzweise, die weiblichen Mitglieder in die Gewerkschaftsarbeit einzubeziehen. Der einzige Verband, der seit Anfang der zwanziger Jahre systematisch gewerkschaftliche Frauenarbeit betrieb, war der ‚Deutsche Textilarbeiter-Verband'. Entgegen der Grundposition der ADGB-Führung und den Vorbehalten vieler männlicher Mitglieder und Funktionäre in den eigenen Reihen baute die DTAV-Führung im Rahmen des Verbandes eine eigenständige „Textilarbeiterinnen-Organisation" auf.

Der DTAV hatte mit der Frauenarbeit bereits in der Vorkriegszeit begonnen: 1907 organisierte er erstmals regionale Arbeiterinnenkonferenzen, rund 200 im gesamten Reichsgebiet; 1909 richtete er als einer der ersten Verbände ein zentrales Arbeiterinnensekretariat ein, dessen Leitung *Martha Hoppe* übertragen wurde, die seit 1904 Beisitzerin im Zentralvorstand war.[143] Im Rahmen der allgemeinen Neuorganisation nach Kriegsende beschloß der DTAV 1919 eine Umstrukturierung der Hauptvorstandsarbeit, deren Konsequenz die Auflösung des Arbeiterinnensekretariats als selbständige Einrichtung war. Auf dem 14. Verbandstag des DTAV 1921 kam es deshalb zum Eklat. Gemäß einem Antrag der weiblichen Delegierten wurde die Wiederbelebung des Arbeiterinnensekretariats beschlossen.[144] Dessen Leitung lag weiterhin in den Händen von Martha Hoppe, ihre Nachfolge traten 1926 *Else Krummschmidt* und *Emma Ritsche* an[145].

Die Wiederbelebung der DTAV-Frauenarbeit setzte 1922 ein, vorrangig in den Gauen Dresden und Düsseldorf, brach aber 1923 ab, als infolge der Hyperinflation fast die gesamte Verbandsarbeit lahmgelegt war[146]. Erst nach der Währungsstabilisierung gelang reichsweit ein systematischer Aufbau der Frauenarbeit, deren Ziel es gemäß den vom 15. Verbandstag des DTAV im April 1924 beschlossenen „Richtlinien über die organisatorische Tätigkeit der Textilarbeiterinnen" sein sollte, die Arbeiterinnen „aus ihrer Gleichgültigkeit“ zu wecken und zu „überzeugten Verbandsmitgliedern“ und „tätigen Gewerkschaftlerinnen“ heranzubilden, die fähig werden für die „Verwaltungsaufgaben innerhalb der Organisation und für die Erfüllung der aus der politischen Gleichberechtigung der weiblichen Bevölkerung sich ergebenden sozialen Aufgaben“.[147] Träger der gewerkschaftlichen Frauenarbeit waren auf der Ortsebene „Arbeiterinnenkommissionen“ und „Arbeiterinnengruppen“ und auf der Bezirksebene „Gauausschüsse für Arbeiterinnenfragen“. Die Reichsleitung oblag dem „Zentralsekretariat für Arbeiterinnenfragen“, das den Status einer Abteilung des Hauptvorstandes hatte. Die Orts- und Bezirksgremien der „Textilarbeiterinnen-Organisation“ waren verpflichtet, dem Zentralsekretariat regelmäßig über ihre Tätigkeit zu berichten. Auf allen Ebenen des Verbandes hatten Frauengremien und allgemeine Körperschaften, die fördernd, nicht hemmend wirken sollten und deshalb nur bei „wichtigen Gründen“ Einspruch erheben durften, eng zusammenzuwirken. Den „Organen der Textilarbeiterinnen-Organisationsarbeit“ wurde in den Richtlinien nahegelegt,

> „in eingehender Gedankenarbeit für die Entwicklung eines frischen, selbständigen Lebens innerhalb der organisierten Textilarbeiterinnen zu sorgen und möglichst losgelöst von jeder Schablone, den Bedürfnissen entsprechende Maßnahmen zu ergreifen und Veranstaltungen zu arrangieren“.[148]

Aufschluß über die Entwicklung der „Textilarbeiterinnen-Organisation“ geben u.a. die Berichte des zentralen Arbeiterinnensekretariats, die seit 1922 im Jahrbuch des DTAV abgedruckt wurden. Danach erfolgte der Aufbau nach dem 15.Verbandstag sehr zügig. Allerorts wurden Arbeiterinnenkonferenzen zur Bildung von Arbeiterinnenkommissionen einberufen. Am Ende des Jahres 1924 existierten in 143 der 240 Ortsgruppen Arbeiterinnenkommissionen, die in der Regel aus neun Frauen bestanden. Ihre Aufgabe war es, vor Ort die Frauenarbeit zu organisieren. Sie bereiteten die Hausagitation vor, führten allgemeine Frauenversammlungen durch, luden zu Arbeiterinnenkonferenzen ein und leiteten die Tätigkeit der Arbeiterinnengruppen an, in denen sich ein vielfältiges Leben mit Vortrags- und Leseabenden, Film- und Lichtbildvorträgen, Näh- und Handarbeitsabenden, Unterhaltungsabenden, Besichtigungen sowie Ausflügen und Wanderungen entfaltete.[149] Aufschluß über die quantitative Entwicklung der Arbeiterinnenkommissionen des DTAV zwischen 1924 und 1929 gibt folgende Übersicht:[150]

Jahr	Arbeiterinnenkommissionen	Veranstaltungen	Anwesende Personen
1924	143	333	7903
1925	146	746	24996
1926	186	998	38786
1927	169	2824	63884
1928	103	1484	43064
1929	77	1392	43640

Verbreitetste Veranstaltungsform waren neben den Sitzungen der Arbeiterinnenkommissionen die Vortragsabende, deren Themenpalette außerordentlich breit war. Behandelt wurden neben Problemen des Erwerbslebens, der Gewerkschaftspolitik und der Gewerkschaftsarbeit auch Fragen der Haus- und Familienarbeit. Besucht wurden die Vortragsabende durchschnittlich von 30 bis 40 Arbeiterinnen.[151]

Zentren der „Textilarbeiterinnen-Organisation“ waren die Gaue Dresden und Liegnitz. Im Gau Hannover war die Frauenarbeit des DTAV neben dem Gau Kassel am wenigsten entwickelt. Lediglich in sieben der 22 Ortsgruppen war eine Arbeiterinnenkommission tätig, darunter auch eine in Hamburg, die zu den aktivsten im Gau gehörte. Sie führte 1926/27, als die örtliche Frauenarbeit ihren Höhepunkt erreichte, insgesamt 27 Veranstaltungen durch, die von 1.137

Personen besucht wurden und organisierte u.a. eine Arbeiterinnenkonferenz sowie fünf große öffentliche Frauenversammlungen.[152]

Politischer Schwerpunkt der Frauenarbeit des DTAV war von 1922 bis 1927 der Kampf für einen verbesserten Schwangeren- und Wöchnerinnenschutz der Textilarbeiterinnen. Hierzu entfaltete das Arbeiterinnensekretariat, maßgeblich unterstützt vom Verbandsvorsitzenden *Hermann Jäckel*[153], auf Reichsebene eine breit angelegte Kampagne, deren Höhepunkt im Oktober 1926 der „1. Kongreß der Textilarbeiterinnen Deutschlands" in Gera bildete, der von 340 Delegierten, darunter 280 Frauen, aus dem gesamten Reich besucht war[154]. Vier der acht Referate auf dem zweitägigen Kongreß beschäftigten sich mit dem Problemkreis Fabrikarbeit und Mutterschaft[155]. Den Abschluß der Konferenz, die in der Öffentlichkeit erhebliches Aufsehen erregte, bildete eine „gewaltige Demonstration der Textilarbeiterinnen" aus allen Regionen des Reiches[156]. Die Kampagne des DTAV für einen Ausbau des Mutterschutzes der erwerbstätigen Frauen fand mit der Verabschiedung des ‚Gesetzes über die Beschäftigung vor und nach der Niederkunft' 1927 einen vorläufigen Abschluß[157].

Seit 1927 verlegte das Arbeiterinnensekretariat den politischen Schwerpunkt der Frauenarbeit auf den Kampf für eine „Befreiung der Arbeiterinnen von der Hausarbeit"[158]. Zum Hauptziel der Bildungsarbeit in der „Textilarbeiterinnen-Organisation" wurde die systematische Heranbildung von Funktionärinnen, deren Zahl gemessen an der der weiblichen Mitglieder immer noch relativ gering war. Dem 16. Verbandstag des DTAV 1928 lag demgemäß ein Antrag des Arbeiterinnensekretariats vor, spezielle Schulungskurse für Arbeiterinnen einzurichten, in denen „vor allen Dingen Gewerkschafts- und Verbandsgeschichte sowie wirtschaftspolitische Fragen behandelt werden" sollten. In den folgenden Jahren wurde die Schulung der weiblichen Mitglieder nicht nur in den Arbeiterinnengruppen intensiviert, sondern es wurden auf Gauebene auch eine ganze Reihe von Wochenendkursen für Frauen durchgeführt, allerdings nicht im Gau Hannover.[159]

Die DTAV-Führung schätzte die Tätigkeit der „Textilarbeiterinnen-Organisation" als Erfolg ein. Im Jahrbuch 1928 zog das Arbeiterinnensekretariat folgende Zwischenbilanz: Die Frauenarbeit hätte nicht nur dazu geführt, daß der Rückgang der weiblichen Mitglieder im DTAV „im Vergleich zu Verbänden ähnlicher Größe und Struktur relativ niedrig" sei, sondern auch dazu beigetragen, einen festen Stamm aktiver Gewerkschafterinnen heranzubilden und die Zahl der Funktionärinnen zu steigern. Fast alle Frauen, die im Gesamtverband Funktionen übernähmen, hätten „ihren ersten Ansporn, ihre erste Ausbildung in Veranstaltungen für Frauen" erhalten. Die Frauenarbeit wirke sich zudem positiv auf die allgemeine Verbandspolitik und Verbandsarbeit aus. Zunehmend würden im DTAV „sogenannte Frauenfragen zu Fragen der Gesamtbewegung gemacht und somit der verengte Interessenkreis der männlichen Mitglieder und Funktionäre erweitert".[160] Das Verbandsleben werde sichtbar bereichert:

> „Sie (die Verbandspropaganda, K.H.) ist in Orten mit guter Arbeiterinnenbewegung viel individueller geworden, weicht von gewohnten Schemen und Mitteln zugunsten örtlicher und neuerer Bedürfnisse mit erfreulicher Anpassungsfähigkeit ab und müht sich sehr, in jedem Fall nicht bloß an die Mitglieder, sondern an das einzelne Mitglied heranzukommen. Man legt Wert auf die Einladung, auf das Aussehen des Versammlungsraumes, auf eine einfache klare Ankündigung der zu besprechenden Themen, auf abwechslungsreiche Veranstaltungen (Einschalten von Rezitationen, Musik, Gesang in Versammlungen), auf die Pflege des Gemeinschaftsgeistes und das stete Nahebringen gewerkschaftlicher Solidarität (Ferienausflüge, Kinder-, Altenbescherung usw.). Ohne Zweifel gewinnt das Verbandsleben durch das Hineinlegen dieser persönlichen Momente. Die Mitglieder *erfahren* nicht nur, sondern sie *erleben* etwas. Erlebnisse aber lockern gute Kräfte, beseitigen Mißtrauen und schaffen dafür Vertrauen zur Verbandssache und Verbandsführung."[161]

Das Beispiel des DTAV zeigt, daß die Einbindung der weiblichen Mitglieder in die Gewerkschaften trotz aller strukturellen Schwierigkeiten möglich war, wenn Politik und Verbandsarbeit in ausreichendem Maße deren Bedürfnisse und Interessen berücksichtigten. Dabei hatte sich in der Verbandspraxis die „Sonderorganisation" der Arbeiterinnen als erfolgreicher Weg erwiesen. Ungeachtet dessen hielt Gertrud Hanna weiterhin an ihrer kritischen Position fest. Darauf verweist ihr Artikel zum Thema „Die Frauen in den Gewerkschaften" aus dem Jahr 1928, in dem sie ihre Ablehnung von regelmäßigen „Sonderveranstaltungen" für Frauen bekräftigte. Ihr schienen diese zum einen dazu beigetragen zu haben, daß Fraueninteressen von den Gewerkschaften nicht genügend wahrgenommen würden, weil sich die Verbände nun „überhaupt nicht mehr" mit den Problemen der Frauenerwerbsarbeit beschäftigen müßten, zum anderen sah sie in ihnen auch einen Grund für die geringe Repräsentanz von Frauen in den Leitungsgremien der Verbände, denn sie würden die Anschauung bestätigen, daß Frauen nicht in gleicher Weise wie Männer fähig seien, sich im öffentlichen Leben zu betätigen.[162]

Gegen diese Einschätzung bezog das Arbeiterinnensekretariat des DTAV im Verbands-Jahrbuch 1928 offensiv Stellung. Es wies nach, daß die Argumentation jeder sachlichen Grundlage entbehrte: Der DTAV sei der einzige Verband mit regelmäßigen „Sonderveranstaltungen" für die weiblichen Mitglieder; ein Zustand, der nur auf einen Fachverband beschränkt sei, könne nicht die Mängel in der Gesamtbewegung verschulden, um so weniger als er in dieser Organisation eine gegenteilige Wirkung zeige. Im Gegenzug forderte das Arbeiterinnensekretariat eine grundlegende Kurskorrektur in der Ausrichtung der gewerkschaftlichen Frauenarbeit.[163] Aufgrund der unterschiedlichen gesellschaftlichen Stellung und Wesensart von Frauen und Männern müßten die freien Gewerkschaften damit rechnen,

> „daß die weiblichen Arbeitnehmer in gewisser Hinsicht andere Bedürfnisse als die männlichen Arbeitnehmer besitzen und daß demzufolge dieses nicht nur in der Art der gestellten Aufgaben, vielmehr ebenso in der Art der Werbe-, Schulungs- und Arbeitsmethoden Berücksichtigung zu finden hat."[164]

Die Debatte über die adäquate Form der gewerkschaftlichen Frauenarbeit lief in den folgenden Jahren weiter. Auf dem 17. Verbandstag des DTAV 1930 bekräftigte Else Niewiera, seit 1927 Hauptvorstandsmitglied, im Bericht zur Arbeiterinnenbewegung die Position des Verbandes, die auch in anderen Einzelgewerkschaften an Einfluß gewann[165].

Zu den Verbänden, die in der zweiten Hälfte der zwanziger Jahre besondere Maßnahmen zur Werbung und Schulung weiblicher Mitglieder einzuleiten begannen, gehörten der VFD und der ZdA. Der ‚Verband der Fabrikarbeiter Deutschlands' richtete 1927 ein zentrales Arbeiterinnensekretariat als Abteilung des Hauptvorstandes ein; Frauensekretärin wurde *Anna Zammert*[166]. Dem Verband gehörten nach dem DTAV im Reich die meisten weiblichen Mitglieder an. Der Frauenanteil war allerdings erheblich geringer: 1922, als der Verband seinen Mitgliederhöchststand erreicht hatte, lag er bei 28 %, bis 1926 fiel er auf 22 %, auf diesem Niveau hielt er sich bis 1929.[167] Die Hamburger Ortsgruppe des VFD gehörte Ende der zwanziger Jahre zu den Filialen des ADGB-Ortsausschusses mit den meisten weiblichen Mitgliedern. Ihr Frauenanteil lag traditionell über dem Reichsdurchschnitt, er fiel von 44 % im Jahr 1923, als die Filiale den Höchststand der weiblichen Mitgliederzahl erreicht hatte, auf 28 % im Jahr 1927; diese Höhe hielt er bis 1929 (vgl. Tabelle 53). Der starke Rückgang der weiblichen Mitgliederzahl war für den VFD, ebenso wie für den ZdA, der entscheidende Grund für den Ausbau der gewerkschaftlichen Frauenarbeit, den die Verbandsführung seit 1928 systematisch betrieb: Es wurde nach dem Vorbild des DTAV auf Ortsausschuß- und Gauebene mit dem Aufbau von Arbeiterinnen-Agitationskommissionen begonnen, die die Frauenagitation organisierten, Frauenkonferenzen und Frauenversammlungen durchführten und die Frauenschulungsarbeit in Form von Arbeitsgemeinschaften und Wochenendkursen für Funktionärinnen förderten.[168]

Auch der ‚Zentralverband der Angestellten' begann 1928 mit einer systematischeren gewerkschaftlichen Frauenarbeit. Auf dem 3. Verbandstag 1927 war erstmals seit Bestehen des Verbandes breiter über Frauenfragen diskutiert worden. Die einzige weibliche Delegierte hatte die fehlende Repräsentanz der Frauen auf dem Kongreß scharf kritisiert und gefordert, daß der ZdA sich in Politik und Verbandsarbeit endlich auch für Fraueninteressen einsetzen solle[169]. Nach dem Verbandstag leitete die ZdA-Führung den Ausbau der Frauenagitation ein. Den Aufbau einer eigenständigen Interessenorganisation der weiblichen Mitglieder im Rahmen des Verbandes betrieb sie im Unterschied zum VFD-Hauptvorstand nicht[170]. Gefördert wurde diese Entwicklung zum einen durch die Erkenntnis von der wachsenden Bedeutung der Frauenarbeit im Angestelltenberuf, zum anderen durch den Druck der Konkurrenz von GdA und VWA, die sich beide um die gewerkschaftliche Organisierung der weiblichen Angestellten bemühten[171]. Zu den ersten ZdA-Ortsgruppen, die eine systematische Frauenarbeit einleiteten, gehörte Hamburg. Seit Februar 1928 arbeitete ein „weiblicher Aktionsausschuß", der von *Fanny David* geleitet wurde, die seit 1920 als einzige Frau dem Vorstand des ZdA-Ortsausschusses angehörte; Mitarbeiterinnen waren u.a. Thea Asmus und Anni Kienast. Der Frauenaktionsausschuß traf sich monatlich und bereitete sämtliche örtlichen Frauenaktivitäten vor. Deren öffentlicher Auftakt war im September 1928 eine gut besuchte Frauenversammlung mit Clara Bohm-Schuch zum Thema „Die Stellung der Frau im Erwerbsleben". Seit diesem Zeitpunkt lud die ZdA-Ortsgruppe regelmäßig zu allgemeinen Frauenversammlungen ein.[172] Der Frauenaktionsausschuß trug auch einen erheblichen Teil der örtlichen Vorbereitungen der Werbewochen unter den weiblichen Angestellten, die der Verband reichsweit 1928 und 1929 durchführte[173]. Folge der Frauenarbeit des ZdA, die in Hamburg sehr viel entwickelter als andernorts gewesen zu sein scheint, war zum einen ein deutlicher Zuwachs der weiblichen Mitgliederzahl, zum anderen eine stärkere Einbeziehung der Frauen in die Verbandsarbeit, insbesondere ihr Versammlungsbesuch nahm zu[174].

3.3.2.4 Die Stellung der Frauen in den freien Gewerkschaften

> „Weniger erfreulich ist die Klage, die ich, wie vor drei Jahren, auch heute wieder vorbringen muß darüber, daß die praktische Mitarbeit der weiblichen Mitglieder im allgemeinen so wenig in die Erscheinung tritt. Es sind immer noch seltene Ausnahmefälle, daß wir Frauen finden unter den Funktionären der Verbände, in den Ortsverwaltungen oder Vorständen, als Betriebsräte, als Arbeitsrichter, in den Verwaltungsausschüssen der Arbeitsämter oder auf anderen ähnlichen Posten."[175]

Mit diesen Worten kritisierte Theodor Leipart auf dem 13. Gewerkschaftskongreß 1928 im Bericht des Bundesvorstandes die geringe Zahl der Frauen in ehrenamtlichen und besoldeten Funktionen der Gewerkschaften. Gemessen an den Männern schien die Relation zwischen der Zahl der weiblichen Mitglieder und Funktionären in der Tat ungünstig zu sein: Von den männlichen Gewerkschaftsmitgliedern übten Ende der zwanziger Jahre rund 20 % eine Funktion aus, von den weiblichen hingegen höchstens 4 %[176]. Selbst im DTAV waren die Verhältnisse nicht viel besser. Eine Erhebung, die das Arbeiterinnensekretariat im September 1927 durchführte und die 170.000 weibliche Mitglieder erfaßte, ergab einen durchschnittlichen Funktionärinnenanteil von 4,1 %. Von den 6.889 DTAV-Funktionärinnen waren 49 % in der „Verbandsverwaltung", 45 % in der „Sozialpolitik", 5 % in der „Kommunalpolitik" und 1 % in der „Rechtspflege" tätig.[177] Die Mehrzahl der Funktionärinnen arbeitete ehrenamtlich in der „Verbandsverwaltung" mit, überwiegend an der Organisationsbasis: Sie waren Vertrauensfrau im Betrieb oder Verbandskassiererin, organisierten als Mitglied eines Werbeausschusses die Haus- und Betriebsagitation oder gehörten einer Arbeiterinnenkommission an. In höheren ehrenamtlichen Leitungsfunktionen fanden sich nur vereinzelt Frauen; die besoldeten Verbandsfunktionäre waren fast ausschließlich Männer[178]. Im Bereich der „Sozialpolitik" übten die meisten Funktionärinnen das Amt der Betriebsrätin aus, nur einzelne waren Krankenkassenvorstands- oder -ausschußmitglied, Arbeitsgerichtsbeisitzerin

Tab. 57: *Frauen in den Betriebsräten des groß-hamburgischen Wirtschaftsgebietes. 1925 und 1930*

Industriegruppe	Betriebe insgesamt		Beschäftigte insgesamt		V.h. Besch. waren Frauen		Betriebsratsmitglieder insgesamt				Von hundert Betriebsräten waren Frauen		Von hundert Betriebsräten gehörten 1930 den freien Gewerkschaften nicht an
	1925	1930	1925	1930	1925	1930	1925		1930				
							insg.	F	insg.	F	1925	1930	
Banken, Handel, Versicherungen	34	57	6399	17364	41,5	41,6	179	29	239	23	16,2	9,6	0,4
Baugewerbe und Steinindustrie	93	117	3167	6445	1,7	1,0	189	1	338	0	0,5		2,6
Bekleidung, Leder, Textil	90	73	9400	11535	61,9	60,1	274	74	233	33	27,0	14,2	22,7
Chemie	85	96	16619	17946	28,5	32,4	404	39	432	43	9,7	10,0	24,5
Freie Berufe	10	10	1418	1839	40,3	40,0	48	4	98	6	8,3	6,1	5,1
Graphisches Gewerbe und Papierindustrie	63	103	5739	9218	38,6	36,1	245	22	373	34	9,0	9,1	13,1
Holzindustrie	80	79	4053	4463	21,4	18,2	229	10	248	11	4,4	4,4	3,2
Nahrungs- und Genußmittelindustrie	186	188	17528	20592	52,2	46,2	642	90	686	101	14,0	14,7	0,7
Metallindustrie	185	191	36303	40002	7,9	6,6	857	12	817	13	1,4	1,6	18,6
Staatliche und kommunale Behörden und Institute	80	66	21048	30964	19,5	19,4	476	44	472	58	9,2	12,3	3,6
Transport und Verkehr	726	710	35283	45066	1,5	4,3	618	3	812	2	0,5	0,2	7,6
Sozialversicherung	4	11	661	1635	12,9	20,4	18	0	36	2		5,6	2,7
Zusammen	1636	1701	157618	207069	21,4	21,9	4179	328	4784	326	7,8	6,8	12,8

Quelle: Jb.OA-ADGB 1925, 64ff; Jb.OA-ADGB 1930, 50ff.

oder Verwaltungsausschußmitglied einer Arbeitsbehörde. Zur kleinen Gruppe der Funktionärinnen in der „Kommunalpolitik" zählten alle, die in einem Kommunalparlament oder einer Kommunalverwaltung mitarbeiteten. Am geringsten war die Zahl der Funktionärinnen die als Schöffin oder Geschworene in der „Rechtspflege" tätig waren.

Die Tätigkeitsschwerpunkte der Funktionärinnen scheinen in den übrigen freigewerkschaftlichen Verbänden ähnlich wie im DTAV gewesen zu sein: Die Masse engagierte sich ehrenamtlich in der Verbandsarbeit, überwiegend in basisnahen Funktionen; geringer war der Umfang der weiblichen Mitarbeit in den Betriebsräten[179]. In der Textilindustrie lag der Frauenanteil in den Betriebsvertretungen höher als in den meisten anderen Wirtschaftszweigen; zwischen 1925 und 1930 betrug er durchschnittlich 30 %; in den Regionen, in denen der DTAV eine besonders aktive Frauenarbeit betrieb, erreichte er über 40 %. Mehr als vier Fünftel aller Betriebsratsmitglieder in der Textilindustrie wurden vom DTAV gestellt.[180]

Im groß-hamburgischen Wirtschaftsgebiet betrug der Frauenanteil in den Betriebsräten zwischen 1925 und 1930 durchschnittlich nur 7 %, er lag damit weit unter dem Frauenanteil an den Beschäftigten, der in den Betrieben mit Betriebsrat im gleichen Zeitraum durchschnittlich 22 % erreichte. Gemäß der Beschäftigtenstruktur waren die Branchen mit dem höchsten Anteil weiblicher Betriebsratsmitglieder das Bekleidungsgewerbe und die Textilindustrie, wo er zwischen 1925 und 1930 bei 18 % lag, sowie die Nahrungs- und Genußmittelindustrie, wo er bei 14 % lag. Überdurchschnittlich groß war der Betriebsrätinnen-Anteil daneben in der Wirtschaftsgruppe Handel, Banken und Versicherungen sowie im Öffentlichen Dienst.[181] (Vgl. Tabelle 57) Selbst in den Branchen mit einem relativ hohen Anteil weiblicher Betriebsratsmitglieder waren Frauen – gemessen an ihrem Beschäftigtenanteil – in den Betriebsvertretungen erheblich unterrepräsentiert. Die Folge war ein außerordentlich geringer Fraueneinfluß in dem betrieblichen Mitbestimmungsgremium, zu dessen Aufgaben gemäß dem Betriebsrätegesetz vom Februar 1920 u.a. die Mitentscheidung bei Einstellungen und Entlassungen, die Kontrolle über die Einhaltung von Arbeitsschutz- und Arbeitszeitbestimmungen, die Bekämpfung von Unfall- und Gesundheitsgefahren sowie die Mitverwaltung der betrieblichen Wohlfahrtseinrichtungen gehörte[182].

Nur in einem kleinen Teil der Betriebe machten die Arbeitnehmer(innen) überhaupt von ihrem Recht der Betriebsratswahl Gebrauch. Im Raum Groß-Hamburg wurde 1930 erst in 11 % aller Betriebe mit 5 bis 49 Beschäftigten und in 56 % aller Betriebe mit 50 und mehr Beschäftigten ein Betriebsrat gewählt. Fast neun Zehntel dieser Betriebsratsmitglieder gehörten einem freigewerkschaftlichen Verband an.[183] Vor allem in Betrieben mit kleiner Beschäftigtenzahl, hohem Angestelltenanteil oder geringem Organisationsgrad bereitete es den Gewerkschaften erhebliche Schwierigkeiten, Kandidat(inn)en für die Betriebsvertretung zu finden. Hier war die Abhängigkeit vom Arbeitgeber besonders groß, der nicht selten versuchte, durch die Androhung von Repressalien eine Kandidatur für den Betriebsrat zu verhindern. Verstärkt wurden Ängste und Hemmungen durch geringe gewerkschaftliche Erfahrung. Neben diesen allgemeinen Gründen wirkten bei den Frauen die bereits geschilderten geschlechtsspezifischen Faktoren, so daß ihre Bereitschaft, für den Betriebsrat zu kandidieren, meist noch geringer als die ihrer Kollegen war. Hinzu kam als zusätzliches Hindernis, daß offenbar selbst organisierte Arbeitnehmer „der Wahl von Frauen in den Betriebsrat Schwierigkeiten" bereiteten. Dies vergrößerte bei den Kolleginnen die vorhandenen Hemmungen.[184]

In der Regel fanden sich nur erfahrenere und geschulte Gewerkschafterinnen dazu bereit, im Betriebsrat mitzuarbeiten. An ihre Tätigkeit wurden meist höhere Anforderungen als an die ihrer männlichen Betriebsratskollegen gestellt. Sie mußten im Betrieb ständig beweisen, daß sie in der Lage waren, dieses Amt auszuüben. Schon kleine Fehler und Schwächen bestätigten das verbreitete Vorurteil gegen Frauen in öffentlichen Ämtern und führten dazu, daß bei der nächsten Betriebsratswahl wieder nur Männer gewählt wurden.[185] Die vielfältigen täglichen Anforderungen, die eine Betriebsrätin erfüllen mußte, beschreibt der folgende Bericht einer 44jährigen verheirateten aber kinderlosen Weberin aus dem Jahr 1928:

> „Als ich den Arbeitssaal (einen Raum mit 760 Webstühlen) betrete, höre ich schon verschiedene herumklappern. Ich gehe hin und sage ihnen, wir fangen erst um 7 Uhr an und nicht 10 Minuten vorher. Fünf Minuten vergehen, ehe ich an meinen Webstuhl komme. Allgemeine Begrüßung der Kolleginnen. In den paar Minuten werden noch Meinungen ausgetauscht, wie es gestern in der Versammlung war. Warum warst du nicht da? Die andere: mein Kind ist krank. Die zweite spricht: ich war so müde. Die dritte spricht, na da komm man das nächste Mal mit, da bist du nicht müde, das war so interessant ... Da ertönt die Sirene – Arbeitsanfang! ... Da kommt eine Weberin und spricht: ich habe keinen Schuß, ich soll nach Hause gehen, aber ich brauche Geld. Die Sache wird geregelt, die Weberin bleibt ... Eine halbe Stunde vergeht, ich muß zur Schau; ein paar Weberinnen haben schlechte Ware abgeliefert, ich drücke die Strafen so weit wie möglich herunter. Dann arbeite ich wieder an meinem Stuhl ... Unterdessen ist es 1/2 12 Uhr – Mittag. Gott sei Dank! Wir gehen in den Speisesaal ... Nach dem Essen kommen die Kolleginnen mit Fragen, die beantwortet werden ... Die Zeit vergeht zu schnell, es ist schon wieder 1 Uhr. Anfang zur Arbeit! Ich stehe wieder an meinem Stuhl und denke darüber nach, was ich nach Feierabend zu erledigen habe. Da fällt mir ein: um 1/2 6 Uhr Vorstandssitzung im Büro. Unterdessen ist es 3 Uhr, ich habe meine Sprechstunden als Betriebsrat zu erledigen ... Nachher komme ich mit meinen Betriebsratskolleginnen zusammen und wir unterhalten uns über Betriebsfragen. Es ist jetzt 1/2 5 Uhr, Feierabend ... Schnell in die Garderobe, waschen und umziehen und zur Sitzung. Um 1/2 8 Uhr ist Schluß. Nun schnell nach Hause ..."[186]

Wenn die Kolleginnen im Betrieb merkten, daß „die Frau im Betriebsrat" sich für ihre Interessen einsetzte, wurde diese, wie im obigen Beispiel, schnell zu ihrer Hauptansprechpartnerin für alle anfallenden Probleme[187].

Den größten Teil der Funktionärinnen im ADGB scheinen 25- bis 50jährige, verheiratete, verwitwete oder geschiedene Frauen gestellt zu haben, die schon länger gewerkschaftlich organisiert waren. Darauf deutet die Erhebung des DTAV-Arbeiterinnensekretariats von September 1927 hin: Von den erfaßten Funktionärinnen waren 60 % verheiratet, 29 % ledig und 11 % verwitwet oder geschieden; 38 % hatten Kinder, die überwiegend herangewachsen waren.[188] Im AfA-Bund scheint die soziale Zusammensetzung der Funktionärinnen ähnlich gewesen zu sein, der Altersdurchschnitt war jedoch offenbar etwas niedriger und der Ledigen-Anteil höher[189]. Damit glich die Struktur des weiblichen Funktionärskörpers in starkem Maße der des männlichen[190]. Ältere, langjährige Gewerkschaftsmitglieder brachten offenbar am ehesten die zentralen Voraussetzungen für die Funktionärstätigkeit mit: Lebens-, Berufs- und Gewerkschaftserfahrung sowie sachliche Kompetenz.

Die generative Zusammensetzung der Funktionärinnen unterschied sich auffallend von der der weiblichen Mitglieder insgesamt, die im Durchschnitt sehr viel jünger waren. Im DTAV, der Ende 1926 eine Erhebung über Eintrittsjahr und Alter seiner Mitglieder durchführte, gehörten zu diesem Zeitpunkt 61 % zu den unter 35jährigen (vgl. Tabelle 58). In den meisten anderen Verbänden war diese Tendenz noch stärker ausgeprägt, denn aufgrund der spezifischen Altersstruktur der weiblichen Beschäftigten in der Textilindustrie, in der überdurchschnittlich viele verheiratete Frauen arbeiteten, war der Anteil der älteren Gewerkschafterinnen im DTAV höher[191]. Entsprechend dem Alter war auch die Mitgliedsdauer in der Regel erheblich kürzer. Die DTAV-Erhebung ergab, daß 26 % der weiblichen Mitglieder erst in den letzten beiden Jahren eingetreten waren; in anderen Verbänden lag dieser Anteil noch höher[192].

Die Fluktuation der weiblichen Gewerkschaftsmitglieder war vorrangig aufgrund der höheren Fluktuation von Frauen im Erwerbsleben erheblich stärker als die der männlichen. Folge war eine spezifische Struktur der weiblichen Mitgliederschaft: Wie das Beispiel des DTAV zeigt, war ihr Altersdurchschnitt niedriger und ihre Mitgliedsdauer in der Regel kürzer als die der männlichen. Dies war offensichtlich eine zentrale Ursache dafür, daß Frauen seltener als Männer Funktionen übernahmen. Die weiblichen Mitglieder schieden mehrheitlich aus dem Berufsleben und damit aus

Tab. 58: *Die Mitglieder des DTAV im Deutschen Reich nach dem Eintrittsjahr und dem Alter. Dezember 1926*[193]

Eintritts-jahr	Von hundert waren eingetreten	
	Frauen	Männer
1926	12,2	10,3
1925	14,1	12,7
1924	6,7	5,2
1923	3,5	2,6
1922	7,8	5,2
1921	10,2	6,9
1920	9,9	9,0
1919	18,1	24,1
1918	8,2	5,2
1917	3,5	1,5
1902–1916	5,3	14,5
vor 1902	0,2	2,7

Alter	Von hundert waren alt	
	Frauen	Männer
bis 20	12,6	10,3
20 bis 35	47,9	38,5
35 bis 50	26,3	26,2
50 bis 65	11,5	20,0
ab 65	1,7	5,0
Insgesamt	161442	112642

den Gewerkschaften aus, bevor sie in den Lebensabschnitt kamen, in dem sich bei der Masse der männlichen Mitglieder das Interesse an einer Funktionsübernahme erst verstärkt zu entwickeln begann[194]. Letztendlich führten die gleichen Faktoren, die zum niedrigeren gewerkschaftlichen Organisationsgrad und zum geringeren Gewerkschaftsengagement von Frauen beitrugen, auch dazu, daß sie seltener als Gewerkschaftsfunktionärin tätig waren.

Für die Gewerkschafterinnen, die sich als Funktionärin betätigten, scheint dies trotz der vermehrten Arbeitsbelastung ein Bedürfnis und eine Bereicherung gewesen zu sein. Sie verrichteten die Gewerkschaftsarbeit in der Überzeugung, etwas sozial Sinnvolles und politisch Notwendiges zu leisten. Die gesellschaftlichen Zukunftshoffnungen, die sie an ihr Gewerkschaftsengagement knüpften, führten nicht selten zu einer optimistischeren Lebenseinstellung und strahlten so auch auf den Alltag aus.[195] Diesen Zusammenhang verdeutlicht folgende Schilderung einer 29jährigen verheirateten Spulerin ohne Kinder aus dem Jahr 1928:

> „Als Funktionär der Gewerkschaft bin ich aber gezwungen mitunter einige Abende in der Woche für Sitzungen oder Versammlungen zu opfern, so daß die übrigen Abende noch länger werden ... *Und doch möchte ich meine Gewerkschaftsarbeit nicht missen, sie ist Inhalt meines Lebens und der dadurch gefaßte Kampfesmut wirkt sich auch auf die Arbeitsstunden aus. Man sieht dann etwas siegessicherer in die Zukunft, als dies bei den indifferenten Kolleginnen der Fall ist.*"[196]

Die Übernahme einer Gewerkschaftsfunktion befriedigte geistige und soziale Bedürfnisse und wirkte sich häufig positiv auf das Selbstwertgefühl aus, vor allem dann, wenn die Tätigkeit bei den Kollegen und Kolleginnen Anerkennung fand. Sie konnte zudem einen intensiveren persönlichen Kontakt zu Kolleg(inn)en fördern und auf diese Weise den Freundeskreis erweitern. Gewerkschaftsarbeit wurde so Teil einer befriedigenden Freizeitgestaltung. Dies verdeutlicht der folgende Bericht einer 32jährigen ledigen Spinnerin aus dem Jahr 1928:

> „Mein Wochenende! Hab es mir freiwillig gewählt ... Hauskassieren! Nicht sehr verlockend für einen Teil unserer Mitglieder; ich mags nicht missen. Das Kollegialitätsverhältnis bildet sich erst so richtig aus. Alles, was unsere Kollegen auf dem Herzen haben, wird offenbart. So mancher gute Rat erteilt. Hin und wieder versuchen sie mit einer Kleinigkeit, sei es nur eine Tasse Kaffee oder ein Stück Obst, den Weg auszugleichen. Nur Sonntagnachmittag komme ich mit Kolleginnen zusammen. Da verkürzt ein Spaziergang, erheitert ein Plauderstündchen

oder eine kurze Radtour die Zeit und das ist genug! Davon hat sich sogar ein kleiner Kreis unserer Kolleginnen überzeugt, die das gleiche Wochenende mit mir teilen, und auch Arbeit verrichten helfen als Funktionär."[197]

Engagierte Gewerkschafterinnen, die versuchten, die Interessen ihrer Kolleginnen zu vertreten und den Fraueneinfluß in der Gewerkschaftsbewegung zu erweitern, stießen schnell an die von den Männern gesetzten Grenzen: In der gewerkschaftlichen Basisarbeit sahen diese Frauen zwar gern, doch bei der Besetzung einflußreicherer ehrenamtlicher oder besoldeter Funktionen zogen sie Männer vor. Folge dieses antifeministischen Verhaltens war, daß Frauen aus allen entscheidenden Gremien der freien Gewerkschaften zwischen 1919 und 1933 weitgehend ausgeschlossen waren.

Der weibliche Delegiertenanteil auf Kongressen, Verbandstagen, Konferenzen und Vertreterversammlungen der freien Gewerkschaften entsprach auf keiner Ebene auch nur annähernd dem Anteil der weiblichen Gewerkschaftsmitglieder. Am geringsten war die Vertretung der Frauen im höchsten beschlußfassenden Gremium, den Reichskongressen von ADGB und AfA-Bund. Auf den ADGB-Kongressen lag der Anteil der weiblichen Delegierten bis 1928 bei 1 %, 1931 stieg er auf 4 %.[198] Selbst die mitgliederstarken Verbände mit größeren Delegationen und die Verbände mit überwiegend weiblichen Mitgliedern entsandten zu den Reichskongressen fast ausschließlich Männer[199]. Auch auf den Verbandstagen der Einzelgewerkschaften waren Frauen stark unterrepräsentiert. Beispielsweise lag der Frauenanteil unter den Delegierten der DTAV-Verbandstage bis 1927 bei 10 %, 1930 erreichte er 12 %[200]. Im ZdA fanden sich bis 1927 unter den Verbandstags-Delegierten gar nur knapp 2 % Frauen, erst 1930 erhöhte sich der Frauenanteil auf 13 %[201]. Nicht viel besser scheint die Situation auf Bezirks- und Ortsebene gewesen zu sein[202]. Neben männlichem Streben nach Ansehen, Einfluß und Macht in den Gewerkschaften führten insbesondere bei Gewerkschaftskongressen und Verbandstagen die Auswahlkriterien der Delegierten zu dieser Frauendiskriminierung: Aus organisationspolitischen Gründen wurden vorrangig leitende ehrenamtliche und besoldete Funktionäre delegiert, also fast ausschließlich Männer.[203] Zwar kritisierten Gewerkschafterinnen die Diskriminierung der Frauen bei der Delegiertenwahl immer wieder[204], eine Änderung setzte jedoch in Dachverbänden und Einzelgewerkschaften erst ein, als die Benachteiligung aufgrund eines gegen Null sinkenden Frauenanteils auf den Reichskongressen von ADGB und AfA-Bund im Jahr 1928 so offensichtlich geworden war, daß sie über die freien Gewerkschaften hinaus öffentlich breit diskutiert wurde.[205]

Die Männerdominanz auf Gewerkschaftskongressen, Verbandstagen, Konferenzen und Vertreterversammlungen war eine Ursache dafür, daß Frauenfragen dort höchstens am Rande erörtert wurden. Sie führte zudem dazu, daß die Gewerkschafterinnen nur wenig Chancen hatten, die Wahl von Frauen in Leitungsfunktionen durchzusetzen. Ihre Kandidatinnen-Vorschläge wurden schlicht überstimmt. Auch in den Leitungsgremien der freien Gewerkschaften dominierten infolgedessen Männer:

– Weder im Bundesvorstand noch im Bundesausschuß des ADGB war eine Frau vertreten.
– Dem Vorstand des ADGB-Ortsausschusses Groß-Hamburg gehörte seit 1923 keine Frau mehr an. 1908 bis 1913 war *Luise Kähler* und 1913 bis 1923 *Marie Bautz* als jeweilige Ortsvorsitzende des ‚Zentralverbandes der Hausangestellten' weibliches Mitglied des Vorstandes des Gewerkschaftskartells bzw. des Ortsausschusses gewesen.[206]
– Als Verbandsvorsitzende amtierte auf Reichsebene seit dem Anschluß des ‚Zentralverbandes der Hausangestellten' an den ‚Deutschen Verkehrsbund' im Jahre 1923 keine Frau mehr. Seit 1913 hatte Luise Kähler, den ZH geleitet. Nach dem Tod von *Paula Thiede*, die von 1908 bis 1919 dem ‚Verband der Buch- und Steindruckereihilfsarbeiter' vorstand, war sie bis 1923 die einzige weibliche Verbandsvorsitzende.[207]
– Auch um einen Platz im Hauptvorstand mußten die Frauen in den meisten Einzelgewerkschaften kämpfen; dies galt selbst für Verbände mit einem hohen Anteil weiblicher Mitglieder. Im

zehnköpfigen DTAV-Hauptvorstand war beispielsweise erst seit 1927 eine Frau, Else Niewiera, vertreten[208].

Im AfA-Bund sah die Situation nicht besser aus. Die heftige Auseinandersetzung, die auf dem 4. Verbandstag des ZdA 1930 anläßlich eines Antrages geführt wurde, der die Wahl einer Frau in den neunköpfigen Hauptvorstand forderte, verdeutlicht die Mechanismen der Diskriminierung. In diesem Jahr schied ein männliches Vorstandsmitglied aus Altersgründen aus dem Gremium aus. Dies schien den weiblichen Delegierten eine günstige Gelegenheit zu sein, die Wahl einer Frau in den Hauptvorstand durchzusetzen, denn es brauchte dafür kein Mann abgewählt zu werden, was so gut wie unmöglich gewesen wäre, da die Personalkontinuität in den Leitungsgremien der Gewerkschaften traditionsgemäß außerordentlich groß war.[209] Unterstützung fand die Frauenforderung auch bei einigen Männern, die männliche Delegiertenmehrheit des ZdA-Verbandstages lehnte sie allerdings wie die ZdA-Führung ab. Die Argumentation, mit der Hauptvorstandsmitglied *Fritz Schröder*[210] diese Haltung begründete, war typisch:

> „Wir sind für die Gleichberechtigung der Männer und Frauen auch in unserem Verbande, aber nicht für eine Bevorzugung der Frauen. (Zustimmung.) Die Tatsache, daß jemand eine Frau ist, kann noch nicht als Beweis dafür angesehen werden, daß sie etwas besonderes getan hat ... Aber es scheint mir, verehrte Kolleginnen und Kollegen, daß ein Teil unserer Delegierten der Meinung ist, daß man die Frauenfrage innerhalb unseres Verbandes nur dadurch lösen könne, daß man ein weibliches Vorstandsmitglied anstellt. Aber rein zu Dekorationszwecken brauchen wir letzten Endes kein weibliches Mitglied im Vorstand. Es hat keinen Zweck, daß eine Kollegin im Vorstand ist, die nicht wirklich alle Arbeiten mitmachen kann, und darauf kommt es an. Nur Frau sein und deshalb angestellt werden geht nicht an, denn wir müssen bei der Anstellung als Sekretärin oder Vorstandsmitglied doch von der Frau dieselben Bedingungen und Voraussetzungen verlangen wie von den Männern, und zwar die Voraussetzungen die notwendig sind, um einen solchen Posten in der Gewerkschaftsbewegung ausfüllen zu können. (Zuruf: Ich glaube doch, daß Kolleginnen vorhanden sind, die den Posten ausfüllen können.) ... Deshalb ist die Frage, im Verbandsvorstand unbedingt eine Frau zu haben, nicht das Primäre, sondern das Primäre ist, den Vorstand mit Personen zu besetzen, die das Vertrauen des Verbandes haben und von denen Sie überzeugt sind, daß sie diese Arbeit leisten können."[211]

Diese Position, die auch andere leitende Funktionäre auf dem Verbandstag vertraten[212], wurde von weiblichen Delegierten heftig kritisiert. Auf Empörung stieß vor allem die Behauptung, es gäbe keine qualifizierte Kandidatin. Hauptgrund für die geringe Vertretung der Frauen in Leitungsfunktionen schien den Kritikerinnen männliche Überheblichkeit zu sein. Sie würden Frauen die notwendige Kompetenz einfach nicht zutrauen.[213]

Ähnlich wie in den Konsumgenossenschaften trat die Mehrzahl der männlichen Funktionäre in den freien Gewerkschaften der Wahl von Frauen in Leitungsgremien mit dem ‚Argument' fehlender Qualifikation der Kandidatinnen entgegen, das auf dem „allgemein geltenden Vorurteil" beruhte, „daß Frauen sich nicht für derartige Aufgaben eignen" würden. Daß dieses Vorurteil eine zentrale Ursache für die verschwindend geringe Repräsentanz von Frauen in Leitungsgremien war, mußte 1928 selbst der ADGB-Bundesvorstand konstatieren, der im Jahrbuch kritisierte, daß als dessen Folge der zu leistenden Arbeit wertvolle Kräfte vorenthalten und der Erfolg der Werbearbeit unter den Frauen beeinträchtigt werden würden.[214]

Vor allem die ungünstige Wirkung auf die Werbekraft unter weiblichen Erwerbstätigen scheint ADGB-Bundesvorstand und Reichsfrauensekretariat Ende der zwanziger Jahre dazu bewegt zu haben, den Ausschluß der Frauen aus Organisationsleitungen und -vertretungen verstärkt zu kritisieren. Befürchtet wurde, daß in der Öffentlichkeit der Eindruck entstehen könnte, die freien Gewerkschaften würden nur die Interessen der erwerbstätigen Männer vertreten. Deutlich artikulierte diese Gefahr Ende 1928 Gertrud Hanna in der Zeitschrift ‚Die Arbeit':

> „Es ist ... auf Dauer für die Gesamtbewegung nicht tragbar, in der jetzt üblichen Art Frauen von der Mitwirkung bei den allgemeinen Aufgaben der Bewegung fernzuhalten ... Im Ernst (kann) nicht behauptet werden, daß nicht mehr brauchbare Frauen in der Gewerkschaftsbewegung angetroffen werden ...

Die einseitige Zusammensetzung unserer Organisationsleitungen und -vertretungen kann auf die Dauer das Vertrauen der Frauen zu unserer Bewegung untergraben, besonders, wenn sich in Frauenkreisen die Meinung verbreitet: man wirbt um sie, weil man die Beiträge von ihnen und ihre Beteiligung an den Lohnbewegungen braucht, erkennt aber im übrigen die weiblichen Mitglieder nicht als vollwertig an ...“[215]

Alle Kritik an der Frauendiskriminierung bei der Besetzung von einflußreichen Gewerkschaftsämtern und -funktionen änderte bis 1933 an der Praxis nur wenig. Die Macht in den freien Gewerkschaften lag in den Händen von Männern, einer „fest im Sattel sitzenden“ Führungsgruppe, hinter der ein starker, effizienter bürokratischer Apparat stand. Die männlichen Funktionsträger verteidigten ihre Dominanz bei der Besetzung von leitenden Ämtern und Funktionen gegenüber weiblichen Ansprüchen nicht zuletzt deshalb, weil diese Positionen in der Regel mit Prestige und Privilegien verbunden waren. Rückhalt fanden sie bei einer Basis, die die Position der Gewerkschaftsführer „so gut wie nicht in Frage“ stellte.[216]

* * *

Entgegen aller Theorie waren Frauen innerhalb der freien Gewerkschaften keine gleichberechtigten Mitstreiterinnen. Das realitätsfremde Postulat von gleichen Interessen, Rechten und Pflichten der männlichen und weiblichen Gewerkschaftsmitglieder kehrte sich in der Praxis gegen die Frauen, da die männlichen Interessen, Pflichten und Rechte zum Maßstab für Theorie und Praxis der Gewerkschaften wurden. In ihrer Politik vertraten die Männerorganisationen ADGB und AfA-Bund Fraueninteressen nur insoweit, als sie sich mit den Interessen der männlichen Mitgliedermehrheit deckten. Dies galt insbesondere für die Zentralforderungen der sozialistischen Arbeiterinnenbewegung: „Gleiches Recht der Frauen auf Erwerb“ und „Gleicher Lohn für gleiche Leistung“. Die Verbandsarbeit war in fast allen Einzelgewerkschaften ausschließlich auf die männlichen Bedürfnisse und Interessen ausgerichtet. Den spezifischen Arbeits- und Lebensbedingungen und den daraus resultierenden spezifischen Bedürfnissen und Interessen der Frauen wurden die freigewerkschaftlichen Verbände in ihrer Politik und Verbandsarbeit in keiner Weise gerecht. Einzige positiv zu nennende Ausnahme ist der DTAV. Der Fraueneinfluß stieß allerdings selbst in diesem Verband auf Männergrenzen: Politisch entscheidende Posten blieben weitgehend Männern vorbehalten.

Angesichts der männerorientierten Theorie und Praxis der freien Gewerkschaften stellt sich die Frage, warum Frauen überhaupt Mitglieder und Mitstreiterinnen wurden und blieben. Offenbar sahen sie keinen anderen Weg, in der „Männerwelt des Berufs“ ihre Situation als Erwerbstätige zu ändern, als das Engagement in den freien Gewerkschaften. Eine mangelhafte Vertretung ihrer Arbeitnehmerinteressen schien ihnen besser als überhaupt keine zu sein. Angesichts der männerdominierten Strukturen benötigten Funktionärinnen für den Versuch, in den Gewerkschaften, aber gegen die Masse der männlichen Mitglieder und Funktionäre, eine Politik im Interesse der erwerbstätigen Frauen durchzusetzen, erhebliche Kraft und Ausdauer. Beides scheint an der Gewerkschaftsbasis vorrangig der Zusammenhalt unter den Kolleginnen gegeben zu haben.

Die wenigen Gewerkschaftsfunktionärinnen, die in Leitungspositionen aufstiegen, befanden sich in einer schwierigen Situation: Wollten sie die Interessen ihrer Kolleginnen konsequent vertreten, mußten sie diese in der Regel gegen die männlichen Mitglieder und Funktionäre durchsetzen. Ihre Position, die vermehrten innergewerkschaftlichen Einfluß im Interesse der Frauen ermöglichte, konnten sie angesichts der machtpolitisch bedingten Mehrheitsverhältnisse in der Organisation jedoch nur behaupten, wenn sie die männliche Unterstützung behielten. Dieses Dilemma scheint manche leitende Funktionärin dadurch ‚gelöst‘ zu haben, daß sie sich in ihrem Denken und Verhalten bewußt oder unbewußt dem der männlichen Kollegen anglich.

„Für uns Genossinnen war es viel schwieriger als für die Männer ...“

Paula K. (geb. 1897)

4

Die sozialdemokratische Frauenbewegung

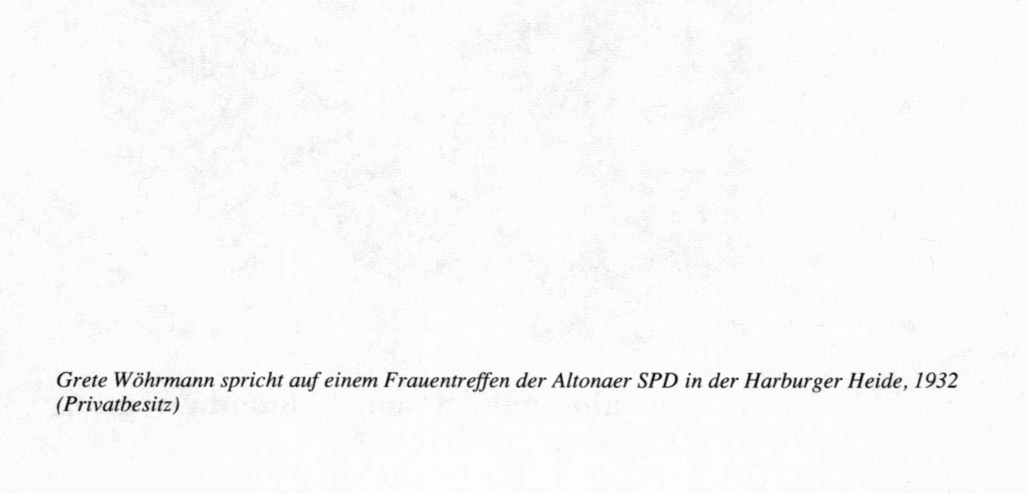

Grete Wöhrmann spricht auf einem Frauentreffen der Altonaer SPD in der Harburger Heide, 1932 (Privatbesitz)

Für die sozialdemokratische Frauenbewegung schien mit der Einführung des allgemeinen und gleichen Wahlrechts in der Novemberrevolution 1918 „die volle Demokratie im politischen Leben" erreicht. Als „gleichberechtigte Staatsbürgerinnen" sollten die Frauen in der parlamentarischen Demokratie gemeinsam mit den Männern für den Sozialismus kämpfen, der erst „allen arbeitenden Menschen und dem ganzen weiblichen Geschlecht die wirtschaftliche und kulturelle Gleichberechtigung" bringen würde.[1] Marie Juchacz, Reichsfrauensekretärin und Mitglied des Parteivorstandes, beschrieb 1920 in einem „Leitfaden für die Frauenbewegung"[2] die offizielle Haltung, die das Reichsfrauenbüro der MSPD Anfang der Weimarer Republik zur Frauenfrage einnahm:

> „Unser Platz ist in der Partei, wir Frauen müssen uns eifrig am Parteileben beteiligen, weil die gleichen Aufgaben und Ziele Männer und Frauen der arbeitenden Klassen vereinen. Trotzdem aber ist es nötig, daß innerhalb der Partei Frauenagitation besonders betrieben wird. Gleichberechtigt sein, heißt nicht gleichartig sein. Wir sollen doch mit unserm vollen Eintritt in das politische Leben nicht nur die Zahl der Wähler vermehren, sondern auch durch unseren speziellen weiblichen Einfluß zu seiner Gestaltung und Bereicherung beitragen. Dazu aber brauchen wir eine besondere Behandlung derjenigen Fragen, denen die Frauen ihrer ganzen Naturveranlagung entsprechend ein überwiegendes Interesse entgegenbringen ..."[3]

Nach der Spaltung der sozialdemokratischen Partei im April 1917 setzte in der MSPD-Frauenbewegung ein weitreichender Wandel in Theorie und Praxis ein, der entscheidend durch die staatsbürgerliche Gleichstellung der Frauen gefördert wurde: An die Stelle der alten sozialistischen Emanzipationstheorie trat eine geschlechtsspezifische Emanzipationsstrategie, in deren Folge die Ausrichtung der Frauenpolitik verändert und die Frauenarbeit ausgebaut wurde. Seit Anfang der Weimarer Republik betrieb das Reichsfrauenbüro den Aufbau einer „Sonderorganisation" der Frauen im Rahmen der Partei. Diese Frauenorganisation, zu deren Hochburgen Hamburg gehörte, war eng in die Gesamtpartei eingebunden, die „ganz überwiegend eine Männerpartei"[4] war. Jede autonome Organisation der sozialdemokratischen Frauen wurde nach wie vor abgelehnt.

Nachdem durch das Reichsvereinsgesetz von 1908 die politische Organisation von Frauen erstmals reichsweit gestattet worden war, hatte die männerdominierte SPD-Führung eine Integration der sozialdemokratischen Frauenbewegung in die Gesamtpartei betrieben. In der Folgezeit bemühte sie sich zunehmend, die Autonomie der Frauenorganisation einzuschränken.[5] In Hamburg hatte diese Entwicklung schon früher eingesetzt. Aufgrund eines liberalen Vereinsgesetzes durften sich Frauen hier seit 1893 politisch organisieren. Nach wachsendem männlichen Widerstand gegen die autonome „Sonderorganisation" der Frauen hatte die Hamburger SPD-Führung 1903 das reichsweit verbreitete System weiblicher Vertrauenspersonen abgeschafft und die Frauen vollständig in die Partei integriert.[6]

Theorie und Praxis der sozialdemokratischen Frauenbewegung, die im Mittelpunkt dieses letzten Abschnitts der Studie stehen, wurden entscheidend durch Ideologie und Politik der Gesamtpartei bestimmt. Deren Wandel von einer proletarischen Klassenpartei zu einer staatstragenden Reformpartei prägte auch die Entwicklung von Emanzipationsstrategie, Frauenpolitik und Frauenarbeit und soll deshalb im folgenden als Hintergrund für die Analyse angedeutet werden:

Die MSPD bekannte sich nach der Novemberrevolution 1918 vorbehaltlos zur Weimarer Republik. In der parlamentarischen Demokratie sah sie die „durch die geschichtliche Entwicklung unwiderruflich gegebene Staatsform"[7], in der auf dem Wege sozialer Reformen der Sozialismus durchgesetzt werden könne. Die SPD, vor 1914 ohne jede gesellschaftliche Anerkennung durch die herrschenden Kreise und von jeder verantwortlichen Mitarbeit im Staat ausgeschlossen, wurde zur „eigentlichen Staatspartei" der Weimarer Republik[8]. Vorbereitet worden war dieser Wandel bereits im Kaiserreich. Seit der Jahrhundertwende betrieb die deutsche Sozialdemokratie in der Praxis mehr und mehr eine reformistische Politik, die jedoch mit einer radikalen Theorie und

Programmatik verbunden war, die von der Parteimehrheit, gestützt auf das Erfurter Programm von 1891, verbal bis zum Beginn des Ersten Weltkriegs vertreten wurde. Der Widerspruch zwischen Praxis und Theorie, der die Politik des „offiziellen Radikalismus“[9] charakterisierte, war Ansatzpunkt für die Kritik des revisionistischen Flügels in der SPD, der die Aufhebung dieser Dichotomie durch die Formulierung einer praxisgerechten Theorie erstrebte. Die Revisionisten lehnten die Vorstellung der Gesellschaftsveränderung durch einen revolutionären Akt ab und traten statt dessen für eine evolutionäre Umwandlung der Gesellschaft ein. Ihnen schienen soziale Fortschritte nur durch eine reformistische Politik zu erreichen zu sein: durch die Ausnutzung der legalen Möglichkeiten zur Machtteilhabe in Staat und Gesellschaft und die Demokratisierung der Wirtschaft mittels der Genossenschaften und der Gewerkschaften; im Mittelpunkt ihrer strategischen Vorstellungen stand der Parlamentarismus. In der Vorkriegs-SPD konnten sich die Revisionisten mit ihren Vorstellungen nicht durchsetzen. Ohne größeren Masseneinfluß blieb auch der linke Parteiflügel. Ansatzpunkt seiner Kritik war ebenfalls die Widersprüchlichkeit des „offiziellen Radikalismus“. Den Linken ging es jedoch um die konsequente Verbindung der marxistischen Theorie mit einer revolutionären Praxis.[10]

Bei Beginn des Ersten Weltkriegs schien den Führern der deutschen Sozialdemokratie nicht nur die Möglichkeit, sondern auch die Notwendigkeit zu bestehen, den Beweis für die patriotische Zuverlässigkeit anzutreten und die bisherige politische Rolle als Opposition par excellence aufzugeben. Sie glaubten an einen „Verteidigungskrieg gegen den russischen Despotismus“, dessen Sieg eine ungeheure Gefahr für die Unabhängigkeit Deutschlands, für seine wirtschaftliche und kulturelle Entwicklung bedeuten würde. Mit Kriegskredit-Bewilligung und Burgfriedenspolitik wurde die SPD zu einem „‚integrierten‘ Bestandteil des ‚pluralistischen‘ herrschenden Systems“[11]. Eine wachsende Minderheit innerhalb der Partei lehnte jedoch diese Politik ab. Die Auseinandersetzungen führten 1917 zum Bruch: Die Opposition, zu der Anhänger(innen) aller drei Parteiflügel gehörten, schloß sich im April zur ‚Unabhängigen Sozialdemokratischen Partei Deutschlands‘ zusammen.[12]

Die MSPD blieb nach der Spaltung Mehrheitspartei der deutschen Arbeiterbewegung. Sie nutze in der Novemberrevolution ihren Einfluß, um ihr Ziel, eine parlamentarische Republik, durchzusetzen. Bei den Wahlen zur Nationalversammlung am 19. Januar 1919 war die MSPD mit 37,9 % der Stimmen stärkste Partei, die USPD erhielt 7,6 %[13]. Mit DDP und Zentrum bildete die MSPD die erste Reichsregierung der neuen Republik[14]. Der Parteiführung gelang es nicht, ihr Machtgewicht für grundlegende wirtschaftliche, soziale und politische Reformen auszunutzen und eine langfristige Änderung des politischen Kräfteverhältnisses abzusichern[15]. Mit der wachsenden Unzufriedenheit weiter Arbeiterkreise über die politische und sozioökonomische Entwicklung nahm der Masseneinfluß der USPD zu. Bei den Reichstagswahlen im Juni 1920 verlor die MSPD fast die Hälfte ihrer Wähler; sie erhielt nur noch 21,7 % der Stimmen. Die USPD rückte mit 17,9 % nahe an die MSPD heran.[16] Nach der Vereinigung der USPD-Mehrheit mit der KPD im Dezember 1920 trat die VKPD die Nachfolge als Massenpartei links von der Sozialdemokratie an[17].

Die MSPD beschloß auf dem Görlitzer Parteitag im September 1921 ein neues Programm, das die Entwicklung von einer proletarischen Klassenpartei zu einer linken Volkspartei programmatisch absichern sollte[18]. Entscheidenden Einfluß auf seine Formulierung hatten führende Revisionisten. Mit dem Görlitzer Programm versuchte die Parteiführung, der Sozialdemokratie das Rüstzeug zu geben, das sie ihrer Ansicht nach brauchte, um in einem demokratischen Staat mit parlamentarischem Regierungssystem politische Macht auszuüben[19]. Dieser Intention entsprach ein vom Parteitag mehrheitlich gefaßter Beschluß, durch Beteiligung an Koalitionsregierungen mit bürgerlichen Parteien den politischen Einfluß der Partei verstärkt auf der Regierungsebene geltend zu machen, gebilligt wurde auch die Koalition mit der national-liberalen DVP[20]. Dieser Beschluß öffnete den Weg für einen Wiedereintritt der Partei in die Reichsregierung, aus der sie nach der

Reichstagswahl im Juni 1920 ausgeschieden war. Von Oktober 1921 bis November 1922 bildeten MSPD, DDP, Zentrum und DVP erstmals eine große Koalition.

Den Anspruch der MSPD die „Partei des arbeitenden Volkes in Stadt und Land" zu sein, führte das Görlitzer Programm schon dadurch ad absurdum, daß eine grundsätzliche Aussage zur Frauenfrage fehlte. Es widmete den Problemen der Frauen, die über die Hälfte des „arbeitenden Volkes" stellten, nur wenige verstreute Zeilen. Aufgenommen worden waren lediglich folgende Forderungen der sozialdemokratischen Frauenbewegung:

– „Vollständige verfassungsmäßige und tatsächliche Gleichstellung aller über 20 Jahre alten Staatsbürger ohne Unterschied des Geschlechts, der Herkunft und der Religion",
– „Allgemeines Recht der Frauen auf Erwerb",
– „Verbot der Nachtarbeit für Frauen und Jugendliche",
– „Verbot der Arbeit von Frauen und Jugendlichen in besonders gesundheitsschädlichen Betrieben, sowie an Maschinen mit besonderer Unfallgefahr",
– „Mitwirkung der Frauen in allen Justizämtern",
– „Gemeinsame Erziehung beider Geschlechter durch beide Geschlechter".[21]

Das Görlitzer Programm dokumentierte, daß Frauenfragen für die Männermehrheit in der MSPD den Charakter von Nebenfragen hatten.

Der Zusammenschluß von MSPD und Rest-USPD zur ‚Vereinigten Sozialdemokratischen Partei Deutschlands' im September 1922 stärkte die Linkskräfte innerhalb der Partei[22]. Der Einigungsparteitag beschloß, ein neues Programm für die VSPD zu erarbeiten, das dem veränderten innerparteilichen Kräfteverhältnis Rechnung tragen sollte. Resultat der Verhandlungen zwischen den verschiedenen Parteiflügeln war das Heidelberger Programm, das im September 1925 vom Parteitag verabschiedet wurde[23]. Es stellte den Versuch dar, im theoretischen Teil auf der Basis einer sozioökonomischen Analyse das Erfurter Programm in die Gegenwart fortzuschreiben. Die Formulierung der Einzelforderungen im praktischen Teil lehnte sich hingegen weitgehend an das Görlitzer Programm an. Dies galt im wesentlichen auch für die Frauenforderungen; neu aufgenommen worden waren aufgrund des Drängens der SPD-Frauenorganisation folgende Forderungen zum Bürgerlichen Gesetzbuch:

– „Erleichterung der Ehescheidung",
– „Gleichstellung der Frau mit dem Mann",
– „Gleichstellung der unehelichen Kinder mit den ehelichen"[24].

Eine grundsätzliche Erörterung der Frauenfrage fehlte nach wie vor. Insgesamt reproduzierte das Heidelberger Programm die bereits in der Vorkriegszeit bestehende Kluft zwischen radikaler Theorie und reformistischer Praxis unter den veränderten politischen Bedingungen der Weimarer Republik[25].

Nach dem Zusammenschluß von SPD und USPD nahmen die innerparteilichen Auseinandersetzungen um Strategie und Taktik zu. Die Stellung zur Weimarer Republik blieb bis 1933 umstritten. Die SPD-Linke sah in ihr nicht den Volksstaat, von dem die Parteiführung sprach und an den die Mehrheit der Parteimitglieder glaubte, sondern den bürgerlichen Klassenstaat. Im Mittelpunkt der Kontroverse stand die Koalitionspolitik. Dem linken Parteiflügel gelang es nicht, sich auf den Parteitagen durchzusetzen.[26] Die innerparteilichen Auseinandersetzungen spitzten sich in der Endphase der Weimarer Republik zu. Nachdem die Koalitionsregierung, die die SPD mit DDP, Zentrum und DVP im Juni 1928 nach vierjähriger Opposition gebildet hatte, im März 1930 zerbrochen war, entschied sich die SPD-Führung für eine Tolerierung des bürgerlichen Minderheitskabinetts unter dem Zentrums-Kanzler Heinrich Brüning, das zunächst mit wechselnden Mehrheiten und dann mit Hilfe des Notstandsrechts des Reichspräsidenten regierte. Die Tolerierungspolitik setzte die Parteileitung nach den Reichstagswahlen im September 1930, bei denen die NSDAP erstmals einen Millionenerfolg erzielte, fort, weil sie glaubte, angesichts der

Mehrheitsverhältnisse im Reichstag nur auf diese Weise Schlimmeres – eine Regierung Hitler – verhindern zu können. Die linke Opposition kritisierte diese Politik scharf: Sie mache die SPD in den Augen der breiten Massen mitschuldig an der wirtschaftlichen Not und untergrabe so ihren politischen Einfluß in der arbeitenden Bevölkerung. Die Parteilinke forderte ein klares sozialistisches Krisenprogramm und außerparlamentarische Aktionen zu seiner Durchsetzung. Nur auf diesem Wege könne der Vormarsch der NSDAP gestoppt werden. Teile der Linken schlossen sich im Oktober 1931 zur ‚Sozialistischen Arbeiterpartei Deutschlands' zusammen. Die SAP, deren Masseneinfluß gering war, versuchte bis 1933 vergeblich, eine Einheitsfront der beiden Arbeiterparteien SPD und KPD gegen den Faschismus zustande zu bringen. Deren antifaschistischer Kampf blieb in den Grenzen des jeweiligen Lagers befangen.[27]

Die Hamburger SPD-Organisation gehörte seit der Wilhelminischen Zeit zu den leistungsfähigsten und finanzstärksten der Partei[28]. Früher als im Reich hatte sich in ihr der „reformistisch-revisionistische rechte Flügel der Gesamtpartei" durchgesetzt[29], nicht zuletzt aufgrund des Dränsgens der Vertreter der freien Gewerkschaften und der Genossenschaften, die bedeutenden Einfluß hatten. Neben Breslau und München war die Hansestadt das Zentrum der Parteirechten. Übereinstimmend sahen Führung und Mitgliedermehrheit die Hauptaufgabe der Partei nicht darin, „revolutionäre Demonstrationspolitik" zu treiben, sondern durch rege parlamentarische Arbeit Verbesserungen für die Arbeiterschaft zu erreichen[30]. Die Wahlerfolge der Hamburger SPD schienen diese Politik zu bestätigen. Der Stimmenanteil der Partei stieg bis zur Reichstagswahl 1912 auf 61,3 % an[31].

In der Hamburger Sozialdemokratie herrschte bei aller Kritik an den bestehenden Zuständen bereits vor dem Ersten Weltkrieg eine staatsbejahende Einstellung vor. Die Parteiführung unterstützte demgemäß auch vorbehaltlos Kriegskreditbewilligung und Burgfriedenspolitik und bemühte sich um eine konstruktive Mitarbeit bei der Bewältigung der durch den Krieg anfallenden Aufgaben[32]. In der Novemberrevolution erreichte sie ihr zentrales kommunalpolitisches Ziel, eine nach dem allgemeinen und gleichen Wahlrecht berufene Vertretung der Hamburger Bevölkerung[33]. Aus der Neuwahl der Bürgerschaft am 16. März 1919 ging die MSPD mit 50,4 % der Stimmen als stärkste Partei hervor, die USPD erhielt lediglich 8,1 %[34]. Den Hamburger Unabhängigen war es infolge der vielfältigen polizeilichen Behinderungen, denen sie aufgrund des Belagerungszustandes seit ihrer Gründung ausgesetzt waren, nicht möglich gewesen, sich als sozialistische Alternative zur Mehrheitssozialdemokratie zu profilieren. Ihre Mitgliederzahl blieb zunächst gering; Anfang 1918 gehörten ihnen nur wenige hundert Mitglieder an. Während und nach der Novemberrevolution konnte die USPD auch in der Hansestadt ihren Masseneinfluß rasch ausdehnen.[35] Bei der Reichstagswahl im Juni 1920 erhielt sie 15,1 % der Wählerstimmen; die SPD erreichte nur noch einen Anteil von 38,4 %[36]. Der Einfluß der Unabhängigen blieb in Hamburg jedoch insgesamt relativ gering, ihr Stimmenanteil lag unter dem Reichsdurchschnitt.

Die Hamburger USPD stand – mit Ausnahme ihrer Bürgerschaftsfraktion – mehrheitlich auf dem linken Flügel der Partei; 95 % der Mitglieder traten nach dem Anschluß der Gesamtpartei an die Kommunistische Internationale in die VKPD über, die dadurch auch in der Hansestadt zu einer Massenpartei wurde[37]. Die Restgruppe der USPD, die sich als ‚USP-Groß Hamburg' formiert hatte, blieb ohne politische Bedeutung[38]. Dies zeigte sich bei den Bürgerschaftswahlen im Februar 1921, bei denen sie lediglich 1,4 % der Stimmen erhielt, die VKPD hingegen 11 % und die SPD 40,6 %[39]. Die Vereinigung von Rest-USPD und MSPD stärkte zwar auch in der Hamburger Sozialdemokratie die Linkskräfte, doch die Landesorganisation blieb eine Hochburg des rechten Parteiflügels. Die Linke erlangte, anders als in den ehemaligen Zentren der USPD – Groß-Berlin, Sachsen, Thüringen und Westliches Westfalen –, bis 1933 keinen relevanten Einfluß.[40]

Die Sozialdemokratie der Hansestadt betrieb in der Weimarer Republik noch konsequenter als die Reichspartei eine staatsbejahende und staatstragende Politik. Von Anfang an machte sie die Durchführung gesellschaftlicher Reformen von der Mitarbeit aufgeschlossener Teile des Bürgertums abhängig.[41] Eine Koalition von SPD und DDP bestimmte in den ersten Jahren der Weimarer Republik die Politik des hamburgischen Senats. Die Landesorganisation der DDP, deren Mitglieder überwiegend aus der Angestelltenschaft und dem Bildungsbürgertum stammten, gehörte zum linken Parteiflügel. Nachdem das Bündnis beider Parteien bei der Bürgerschaftswahl im Oktober 1924 die absolute Mehrheit verloren hatte, kam es nach langwierigen und schwierigen Verhandlungen, bei denen die SPD wesentliche Zugeständnisse machen mußte, im März 1925 erstmals zur Bildung einer großen Koalition mit der DVP. Ihr Landesverband, der die gesellschaftlich führenden Schichten der Stadt repräsentierte, gehörte zum rechten Flügel dieser Partei. Die Koalition von SPD, DDP (bzw. DStP) und DVP hielt bis März 1933.[42]

Der „konservativ-defensive Kurs" der Hamburger SPD fand zwar die grundsätzliche Zustimmung der meisten Mitglieder, doch bei weiten Teilen der unorganisierten Arbeiterschaft stieß er auf wenig Verständnis. Immer mehr Arbeiter wandten sich von der SPD ab; viele wählten statt dessen die KPD. Darauf deutet deren seit 1924 wachsender Stimmenanteil hin.[43] Hatte sie bei den Bürgerschaftswahlen im Oktober 1924 erst 14,7 % der Stimmen erhalten, so waren es bei den Bürgerschaftswahlen im September 1931 21,9 %. Der Anteil der SPD war hingegen von 32,5 % auf 27,8 % zurückgegangen; besonders stark waren ihre Verluste bei der Bürgerschaftswahl 1931. Diese Wahl dokumentierte, wie bereits die Reichstagswahl im September 1930, die Radikalisierung weiter Bevölkerungskreise in der Wirtschaftskrise. Mit ihrem Wahlverhalten brachten viele Wähler(innen) ihre Mißstimmung über die allgemeine Verschlechterung der Lebenshaltung, die Massenarbeitslosigkeit und den Sozialabbau zum Ausdruck. Angesichts der politischen Ohnmacht der staatstragenden Parteien der Weimarer Republik wandten sie sich den radikalen Oppositionsparteien KPD und NSDAP zu. Der Stimmenanteil der Nationalsozialisten stieg von 2,2 % bei der Bürgerschaftswahl im Februar 1928 auf 26,2 % an; die NSDAP wurde damit bei der Bürgerschaftswahl 1931 zweitstärkste Partei. In dieser Wahl verloren die Senatsparteien ihre Mehrheit. Da die Oppositionsparteien KPD, DNVP und NSDAP miteinander nicht koalitionsfähig waren und keine der Regierungsparteien ausscherte, trat der alte Senat zwar zurück, amtierte jedoch gemäß der Hamburger Verfassung geschäftsführend weiter. An dem politischen Kräfteverhältnis änderte auch die Neuwahl im April 1932 nichts Grundlegendes. Die SPD konnte ihr Stimmenergebnis zwar verbessern, sie erreichte 30,2 %, trotzdem war sie nicht mehr stärkste Fraktion. Die KPD mußte erhebliche Stimmenverluste hinnehmen, ihr Anteil fiel auf 16 %. Den größten Zulauf hatte die NSDAP, die 31,2 % der Stimmen erhielt. Erstmals seit 1919 war in Hamburg eine Senatsbildung ohne SPD möglich. DVP und DNVP waren grundsätzlich zu einer Koalition mit der NSDAP bereit; die DStP hielt jedoch an der Zusammenarbeit mit der SPD fest. Der geschäftsführende Senat konnte bis zur Machtübernahme durch die Nationalsozialisten weiter amtieren.[44]

4.1 Ideologie und Politik der sozialdemokratischen Frauenbewegung

Die Entwicklung von Ideologie und Politik der sozialdemokratischen Frauenbewegung wurde seit dem Ende des Kaiserreichs entscheidend durch den Wandel der Emanzipationsstrategie bestimmt, der deshalb im Mittelpunkt dieses Kapitels steht. Untersucht wird, welche Faktoren zur Revision der sozialistischen Emanzipationstheorie führten, an deren Stelle zu Beginn der Weimarer Republik offiziell eine geschlechtsspezifische Emanzipationsstrategie trat, welche Auswirkungen diese Revision für die Frauenpolitik und Frauenarbeit, insbesondere die Frauenagitation hatte und inwieweit die Emanzipationstheorie bis zum Ende der Weimarer Republik in der sozialdemokratischen Frauenbewegung weiter entwickelt wurde.

4.1.1 *Radikale Theorie und Kampf für Reformen*

> „Jahrtausendealte Fesseln sind geborsten. Über Nacht ...
>
> Gestern noch waren die deutschen Frauen unfrei, ein unterdrücktes Geschlecht, das auch der erwachenden Demokratie nur mühsam kleine Zugeständnisse abringen konnte.
>
> Heute sind die deutschen Frauen die freiesten der Welt. Sie haben die volle und unbedingte Gleichberechtigung mit dem Manne, sie können zu allen Körperschaften wählen und gewählt werden.
>
> Wem verdanken sie ihre Freiheit und Gleichheit? Dem gewaltigen Wetter der Revolution, das am 9. November mit ungeheurer und unwiderstehlicher Gewalt über Deutschland losbrach ... Deutsche Frauen jubelt, ihr habt Anlaß dazu! ...“[1]

Mit diesen euphorischen Worten begrüßte die ‚Gleichheit‘ die „staatsbürgerliche Gleichstellung“ der Frauen, die ihnen durch die neue revolutionäre Regierung, den Rat der Volksbeauftragten, am 12. November 1918 zuerkannt worden war[2]. Damit hatte die SPD-Frauenbewegung das zentrale politische Ziel erreicht, für das sie sich lange Jahre eingesetzt hatte.

Der Kampf für das Frauenwahlrecht war seit der Jahrhundertwende mehr und mehr zum Schwerpunkt der sozialdemokratischen Frauenpolitik geworden. Die SPD war im Kaiserreich lange Zeit die einzige Partei, die für die Forderung des allgemeinen und gleichen Wahlrechts für beide Geschlechter eingetreten war. Als erste nahm sie auf dem Erfurter Parteitag im Oktober 1891 folgende Forderung in ihr Programm auf:[3]

> „Allgemeines, gleiches, direktes Wahl- und Stimmrecht mit geheimer Stimmabgabe aller über 20 Jahre alten Reichsangehörigen ohne Unterschied des Geschlechts für alle Wahlen und Abstimmungen.“[4]

Im Dezember 1894 brachte die sozialdemokratische Fraktion im Reichstag erstmals einen Antrag mit dieser Forderung ein, der jedoch bei den bürgerlichen Parteien keine Unterstützung fand, die alle Bestrebungen zu einer „staatsbürgerlichen Gleichstellung“ der Frauen ablehnten[5]. An dieser Haltung änderte auch das Reichsvereinsgesetz vom Mai 1908 wenig. Lediglich die kleine linksliberale ‚Demokratische Vereinigung‘ nahm 1910 auf ihrem Kölner Parteitag die Forderung nach der „vollsten staatsbürgerlichen Rechtsgleichheit“ beider Geschlechter in das Programm auf[6]. Bis zur Novemberrevolution 1918 stimmten die großen bürgerlichen Parteien im Reichstag gegen alle Anträge zur Einführung des Frauenstimmrechts[7]. Selbst die bürgerliche Frauenbewegung sprach sich mehrheitlich gegen das allgemeine und gleiche Wahlrecht für beide Geschlechter aus. Sie trat lediglich für das „beschränkte Damenwahlrecht“ ein, die Ausdehnung des bestehenden Klassenwahlrechtes auf die Frauen[8]. Erst in den Kriegsjahren, nachdem selbst die Reichsregierung angesichts zunehmender innenpolitischer Auseinandersetzungen eine Wahlrechtsreform erörtert hatte, änderte sich die vorherrschende Haltung im BDF, dessen Generalversammlung sich im September 1917 der Forderung nach einem allgemeinen und gleichen Frauenwahlrecht anschloß[9].

Die sozialdemokratische Partei trat zwar theoretisch für das allgemeine Frauenstimmrecht ein: Auf Antrag der Frauenorganisation wurde die entsprechende Forderung des Erfurter Programms auf dem Dresdner Parteitag 1903 bekräftigt und die Partei verpflichtet, in allen Kampagnen für das allgemeine, gleiche und direkte Wahlrecht auch das Frauenstimmrecht explizit einzubeziehen und „mit allem Nachdruck" zu vertreten[10]. In der politischen Praxis nahmen die Genossen es mit der Umsetzung dieses Parteitagsbeschlusses allerdings nicht so genau. Die Hamburger SPD vermied es beispielsweise in der Auseinandersetzung um die Einschränkung des Bürgerschaftswahlrechts 1905/06 in ihrer Argumentation, die Kritik an der Senatsvorlage für das neue Wahlrecht mit der Forderung nach dem Frauenstimmrecht zu verbinden. In der Bürgerschaftsdebatte begnügten sich die Sozialdemokraten mit der Forderung nach dem „allgemeinen Wahlrecht für alle *Bürger*"[11]. Ihre Abkehr vom Parteitagsbeschluß begründeten sie mit den größeren Aussichten, die die Annahme ihres Antrags dadurch hätte. Ungeachtet dieses Entgegenkommens der sozialdemokratischen Fraktion stimmte die Mehrheit der bürgerlichen Abgeordneten im Februar 1906 für die Einführung eines Zweiklassenwahlrechts, das die Besitzenden erheblich begünstigte.[12]

In Hamburg, wie überall im Reich, kämpften vor allem die Genossinnen für die Forderung nach dem allgemeinen und gleichen Frauenwahlrecht. Insbesondere in Wahlkampfzeiten versuchten sie in ihrer Frauenagitation für dieses Ziel zu werben.[13] Zu *dem* Kampftag für das Frauenstimmrecht wurde der „Internationale Frauentag", der von der 2. Internationalen Sozialistischen Frauenkonferenz im August 1910 auf Antrag der deutschen Sozialdemokratinnen beschlossen worden war[14]. In ihrem Antrag hieß es:

> „Im Einvernehmen mit den klassenbewußten politischen und gewerkschaftlichen Organisationen des Proletariats in ihrem Lande veranstalten die sozialistischen Frauen aller Länder jedes Jahr einen Frauentag, der in erster Linie der Agitation für das Frauenwahlrecht dient. Die Forderung muß in ihrem Zusammenhang mit der ganzen Frauenfrage der sozialistischen Auffassung gemäß beleuchtet werden."[15]

Am 19. März 1911 fand der erste Internationale Frauentag auch in Hamburg statt: Die Genossinnen hatten durch Hausagitation für den Frauentag geworben und dabei über 11.000 Exemplare einer Sondernummer der ‚Gleichheit' zum Frauenwahlrecht verteilt. Die Resonanz war groß; an den 19 öffentlichen Frauenversammlungen nahmen rund 4.500 Personen teil, überwiegend Frauen. In allen Versammlungen wurde eine Resolution für das Frauenwahlrecht angenommen. Im Anschluß an eine der Kundgebungen kam es in der Hansestadt zur ersten kleineren Straßendemonstration von Frauen: 150 Sozialdemokratinnen marschierten zum Rathaus.[16] Auch andernorts war der Frauentag ein voller Erfolg. Trotzdem wurde er von den Genossen mit Skepsis betrachtet. Sie befürchteten „Separatismus" und „Feminismus". Es paßte ihnen nicht, daß die Genossinnen selbständig ihre politische Gleichberechtigung zu erkämpfen versuchten. Politische Agitation in der Öffentlichkeit schien ihnen „Männersache" zu sein. Die Genossinnen sollten sich darauf beschränken, sie bei der Kleinarbeit in der Partei zu unterstützen. Die wachsende Opposition in der eigenen Partei konnte nicht verhindern, daß die Sozialdemokratinnen bis 1914 alljährlich den Internationalen Frauentag durchführten. Er war für sie Symbol ihres Anspruchs auf Gleichberechtigung und Unabhängigkeit, ein öffentlicher Ausdruck ihrer engagierten Teilnahme am politischen Geschehen.[17]

Die führenden Funktionärinnen der sozialdemokratischen Frauenbewegung des Kaiserreichs betrachteten die Forderung nach dem Frauenwahlrecht gemäß einer Resolution der Mannheimer SPD-Frauenkonferenz von 1906 als „das Ergebnis der durch die kapitalistische Produktionsweise gezeitigten wirtschaftlichen und sozialen Umwälzungen", insbesondere „der Revolutionierung der Arbeit, der Stellung und des Bewußtseins der Frau". Dem Wesen nach sei sie zwar eine

„Konsequenz des bürgerlich-demokratischen Prinzips", doch zur Massenforderung werde sie erst durch „die steigende Erwerbstätigkeit des weiblichen Geschlechtes", denn das Frauenwahlrecht sei „das Korrelat der wirtschaftlichen Emanzipation der Frau vom Haushalt und ihrer ökonomischen Unabhängigkeit von der Familie aufgrund ihrer Berufsarbeit".[18] Die politische Funktion des Frauenwahlrechts im Kampf um die Emanzipation des weiblichen Geschlechts beschrieb Clara Zetkin in ihrem Referat „Zur Frage des Frauenwahlrechts" auf der Mannheimer Frauenkonferenz folgendermaßen:

> „Die Proletarierinnen ... wollen mittels des Wahlrechtes nicht nur ihre ökonomischen und kulturellen Gegenwartsinteressen verteidigen, sondern auch für die teuersten Zukunftshoffnungen kämpfen ... Die politische Arbeit und der politische Kampf der proletarischen Frauen hat daher ein über die Gegenwart und ihre Reformierung hinausreichendes Ziel: den Sturz des Kapitalismus. Und so fordern die Proletarierinnen das Wahlrecht vor allem zum Kampfe gegen die Kapitalistenklasse und gegen die kapitalistische Ordnung. Gewiß: auch sie wollen möglichst durchgreifende soziale Reformen, aber zu ganz anderem Zweck als die bürgerlichen Frauenrechtlerinnen. Nicht um die bürgerliche Gesellschaft, die kapitalistische Wirtschaftsordnung zu stützen; nein, um die Kampfesfähigkeit des Proletariats gegen sie zu steigern. Kurz das A und O unserer Wahlrechtsforderung bleibt: wir verlangen gleiche politische Rechte mit dem Manne, damit wir ungehemmt durch gesetzliche Schranken mitarbeiten, mitkämpfen können, um diese Gesellschaft zu stürzen."[19]

Die Führerinnen der sozialdemokratischen Frauenbewegung betrachteten vor 1914 die Erlangung des Frauenwahlrechts nur als eine Etappe zum Endziel, der sozialistischen Revolution, die ihrer Ansicht nach allein die endgültige Befreiung der proletarischen Frau bringen konnte. Sie hofften, daß das Wahlrecht langfristig nicht nur zur politischen Schulung der Frauen beitragen, sondern sie auch in verstärktem Maße in die sozialen und politischen Klassenauseinandersetzungen einbeziehen würde.[20] Diese Haltung zum Frauenwahlrecht, die einen gemeinsamen Stimmrechtskampf mit bürgerlichen Frauen ausschloß[21], stieß in der Vorkriegs-Sozialdemokratie nur im revisionistischen Lager auf Kritik. So wertete Wally Zepler, eine der führenden Revisionistinnen, die schnelle Verwirklichung der Forderung nach dem allgemeinen Frauenstimmrecht angesichts des politischen Kräfteverhältnisses als unrealistisch. Ihr schien dies Ziel nur „schrittweise" erreichbar zu sein. Deshalb schlug sie vor, zunächst auf allen politischen Ebenen nur die Ausdehnung des bestehenden Klassenwahlrechts auf die Frauen zu verlangen. Der Weg zum allgemeinen führte ihrer Ansicht nach über das kommunale Frauenwahlrecht. Für den Wahlrechtskampf empfahl sie ein Zusammengehen mit der bürgerlichen Frauenbewegung.[22] Hinter dieser Kritik stand eine grundsätzliche Ablehnung der sozialistischen Emanzipationstheorie, die der offiziellen Haltung der sozialdemokratischen Frauenbewegung zum Frauenwahlrecht zugrunde lag.

Die sozialistische Emanzipationstheorie wurde von der Führung der Frauenbewegung bis zur Spaltung der Sozialdemokratie 1917 vertreten[23]. Ihre Ausformulierung war entscheidend durch Clara Zetkin geprägt worden, die 1889 in ihrer Schrift „Die Arbeiterinnen- und Frauenfrage der Gegenwart" die theoretischen Überlegungen von Marx, Engels und Bebel zur Frauenemanzipation aufgegriffen, differenziert und zu einer konsistenten Theorie weiterentwickelt hatte[24]. Clara Zetkin betrachtete in Anlehnung an die ‚Väter' der sozialistischen Emanzipationstheorie die Frauenfrage primär als eine soziale und ökonomische Frage. Für die proletarische Frau habe sie aufgrund der Klassenlage einen grundsätzlich anderen Charakter als für die Frau des Bürgertums. Ihre Situation sei wie die des proletarischen Mannes in erster Linie durch ihre Stellung im Produktionsprozeß, die Ausbeutung durch die Kapitalherrschaft bestimmt. Den Ursprung der modernen Frauenfrage leitete Clara Zetkin aus den Veränderungen der Produktionsverhältnisse ab. Mit der Entwicklung des Kapitalismus werde die ökonomische Basis des produktiven Wirkens der Frau im Haushalt zerstört, zugleich entstehe für die proletarische Frau die Notwendigkeit der außerhäuslichen Erwerbsarbeit. Erst diese schaffe „das wirthschaftliche Fundament, ohne welches eine Befreiung und Gleichstellung des weiblichen Geschlechts ein Ding der Unmöglichkeit" sei. Clara Zetkin betonte die Rolle der Frauenerwerbsarbeit als erste und wesentliche Voraussetzung der Frauenemanzipation: Sie mache die Frau nicht nur vom Mann unabhängig und stelle sie ihm als Gleiche gegenüber, sondern schaffe auch die Voraussetzung für ihre Integration in den Befreiungskampf der Arbeiterklasse. Um Arbeitsbedingungen und Entlohnung der arbeitenden Frau zu verbessern und negative Auswirkungen der Geschlechterkonkurrenz auf dem Arbeitsmarkt zu verhindern, sei es notwendig, daß die Frau organisiert und politisch aufgeklärt werde. Zudem würde durch die Einbeziehung der Frau in das Erwerbsleben deren anachronistische Bindung an Haushalt und Familie aufgehoben; das traditionelle Frauen- und Familienbild, das die doppelte Unterdrückung der Frau ideologisch sichere, verliere seine ökonomische Basis, wenn es auch im gesellschaftlichen Überbau noch tradiert werde. Trotz aller üblen Begleiterscheinungen sei die Frauenerwerbsarbeit damit bereits unter den herrschenden kapitalistischen Verhältnissen ein Fortschritt, wenn sich auch ihre befreiende Wirkung erst in der sozialistischen Gesellschaft voll entfalten könne.[25]

Aus der Analyse der Klassenlage der proletarischen Frau zog Clara Zetkin die Konsequenz, daß ihr Befreiungskampf nicht, wie bei der bürgerlichen Frau, ein Kampf gegen den Mann ihrer Klasse sein könne, sondern umgekehrt ein „Kampf mit dem Mann ihrer Klasse gegen die Kapitalistenklasse" sein müsse. Das Endziel ihres Kampfes sei „nicht die freie Konkurrenz mit dem Manne", wie bei der bürgerlichen Frau, „sondern die Herbeiführung der politischen Herrschaft des Proletariats".[26] Denn eine endgültige Befreiung der proletarischen Frau sei aufgrund ihrer Klassenlage erst in der sozialistischen Gesellschaft möglich, die sowohl die Lohn- als auch die Haussklaverei der Frau aufheben werde[27]. Ein gemeinsamer Kampf von proletarischer und bürgerlicher Frau schien Clara Zetkin aufgrund ihrer antagonistischen Klassenlage unmöglich[28].

Die sozialistische Emanzipationstheorie in der Formulierung Clara Zetkins thematisierte zwar die geschlechtsspezifische Unterdrückung, sah die Veränderung des Geschlechterverhältnisses jedoch als zwangsläufige Folge der ökonomischen Umwälzungen[29]. Sie verkannte Umfang und Bedeutung des Geschlechterkonflikts in der Arbeiterklasse. Infolge ihrer Fixierung auf den Produktionsbereich ignorierte sie die Relevanz des Reproduktionsbereichs für die Emanzipation der Frau, der – weil vermeintlich unproduktiv – als sekundär, in seiner privaten Organisationsform zudem als rückständig, implizit als minderwertig galt. Dieses Urteil bestimmte die Wertung der weiblichen Haus- und Familienarbeit. Die Frauenfrage wurde der allgemeinen Arbeiterfrage untergeordnet, der Frauenkampf in den Klassenkampf integriert. Anspruch war zwar die gleichberechtigte Einbeziehung der Frauen in die Arbeiterbewegung, doch die Realität sah anders aus. Die Entscheidung für eine gemeinsame Organisation mit den Männern implizierte von Anfang an den Zwang, auf deren geschlechtsspezifische Interessen Rücksicht nehmen zu müssen. Diese Defizite der sozialistischen Emanzipationstheorie hatten weitreichende Folgen für die Praxis: Sie verhinderten nicht nur die Lösung der Geschlechterfrage in den eigenen Reihen, sondern vor allem auch die Entwicklung einer Politik, die den Bedürfnissen und Interessen der proletarischen Frauen entsprach, deren zentraler Lebenszusammenhang auch im Falle der Erwerbsarbeit Haushalt und Familie blieben.

Erst in der unmittelbaren Vorkriegszeit setzten sich die leitenden Funktionärinnen der sozialdemokratischen Frauenbewegung intensiver mit den Fragen des Reproduktionsbereichs und der geschlechtsspezifischen Unterdrückung auseinander[30]. Die Erörterung dieses Problemkreises war nicht zuletzt durch die zunehmende revisionistische Kritik an der sozialistischen Emanzipationstheorie angeregt worden[31]. Ziel der kleinen Gruppe von Revisionistinnen um Wally Zepler war eine realitätsgerechte Emanzipationsstrategie. Zentrale Voraussetzung hierfür schien ihnen die stärkere Betonung des geschlechtsspezifischen Unterdrückungszusammenhanges zu sein, den sie in den Mittelpunkt ihrer theoretischen Überlegungen stellten.[32] Sie lösten die Frauenfrage von der sozialen Frage und gaben der Frauenbewegung den Stellenwert eines eigenständigen, der Arbeiterbewegung gleichwertigen Zusammenschlusses zur „umfassenden und bedeutungsvollen Kultur- und Wirtschaftsrevolutionierung". Ihre Vorstellungen zur Frauenemanzipation, die durch ein evolutionäres Geschichtsbild und ein idealistisch begründetes, pseudo-egalitäres Geschlechterbild geprägt waren, entsprachen in vielen Aspekten denen der bürgerlichen Frauenbewegung. Gesellschaftlicher Fortschritt schien ihnen auch in der Frauenfrage nur auf dem Wege schrittweiser Reformen möglich zu sein.[33] Praktische Konsequenz war eine Politik des Kompromisses; sie traten grundsätzlich dafür ein, auch in der Frauenfrage realisierbare Tagesforderungen zu formulieren und bei deren Durchsetzung mit der bürgerlichen Frauenbewegung zusammenzuarbeiten[34].

Die Revisionistinnen konnten sich mit ihren theoretischen Vorstellungen bis zur Spaltung der Sozialdemokratie in der Frauenbewegung nicht durchsetzen. Die meisten Genossinnen, die auf Reichsebene wie in den regionalen Hochburgen der sozialdemokratischen Frauenbewegung – neben Hamburg: Berlin, Dresden und Leipzig – in der Vorkriegszeit leitend aktiv waren, standen auf dem Boden der sozialistischen Emanzipationstheorie[35]:

Luise Zietz, von 1909 bis 1916 einzige Frau im Parteivorstand, sowie *Ottilie Baader*[36], von 1900 bis 1908 Zentralvertrauensperson der Frauenbewegung und von 1908 bis 1916 unter Leitung von Luise Zietz im Frauenbüro tätig, das 1911 dem Büro des Parteivorstandes angegliedert wurde, unterstützten die Politik des Parteizentrums, die vom „offiziellen Radikalismus" geprägt war; Clara Zetkin, von 1891 bis 1917 Chefredakteurin der ‚Gleichheit', vertrat die Politik des linken Parteiflügels. Die führenden Funktionärinnen in Hamburg – *Linchen Baumann, Helene Brandenburg* und Johanna Reitze – waren Vertreterinnen des „offiziellen Radikalismus". Nur Helma Steinbach, deren politischer Arbeitsschwerpunkt die Genossenschaften waren, gehörte zum reformistischen Parteiflügel, beteiligte sich aber nicht an der Kontroverse um die sozialistische Emanzipationstheorie.

Die Einstellung der führenden Funktionärinnen prägte die offiziellen Stellungnahmen der sozialdemokratischen Frauenbewegung zu den Vorschlägen der Revisionistinnen. Die Masse der Sozialdemokratinnen bekam wenig von der Kontroverse um die Emanzipationstheorie mit. Ihre Kenntnis der sozialistischen Theorie beschränkte sich auf „eine Vertrautheit mit den sozialdemokratischen Forderungen, den Stellungnahmen zu politischen und wirtschaftlichen Fragen und allenfalls auf die allgemeinen sozialistischen Grundsätze", die die Partei vertrat[37]. In den öffentlichen Frauenversammlungen standen Grundfragen der marxistischen Theorie in der Vorkriegszeit zumindest in Hamburg nicht auf der Tagesordnung; Thema waren tagespolitische Frauenforderungen[38]. Die Lese- und Diskutierabende, die gemäß einem Beschluß des Nürnberger Parteitags seit 1908 für die Genossinnen eingerichtet werden sollten, hatten zwar offiziell das Ziel, die Frauen „die Grundsätze und die Endziele der Sozialdemokratie zu lehren und sie an sozialistisches Denken zu gewöhnen"[39], doch in der Realität konzentrierte sich das Bildungsangebot häufig auf eine unsystematische Auswahl „frauengemäßer" Themen[40]. In Hamburg, wo seit 1909 zentrale Frauenbildungsabende in Form von Vortragszyklen durchgeführt wurden, versuchte die Bildungskommission gezielt, Themenauswahl und Form „der besonderen Stellung und Veranlagung der Frau" anzupassen[41]. Schwerpunktthemen waren Kindererziehung und Kinderschutz, Sexualität und Geburtenkontrolle sowie Sozialpolitik und Wohlfahrtspflege[42]. Das Interesse bei den aktiven Genossinnen war so groß, daß das Angebot ausgeweitet werden mußte; seit 1911 boten alle drei Hamburger Wahlkreise einmal jährlich einen Vortragszyklus an. Durchschnittlich kamen 120 bis 200 Besucherinnen pro Abend.[43] Die Frauenbildungsabende erreichten nur den relativ kleinen Kreis der engagierten Sozialdemokratinnen. Den meisten weiblichen Parteimitgliedern fehlte aufgrund ihrer extremen Arbeitsbelastungen für den Besuch der Lese- und Diskutierabende und der allgemeinen Mitgliederversammlungen ebenso Zeit und Kraft wie zum Studium von Büchern und Broschüren. Einzige Schrift, die von vielen Sozialdemokratinnen gelesen wurde, war „Die

Frau und der Sozialismus" von August Bebel.[44] Nicht wenige schafften selbst die Lektüre der regionalen SPD-Tageszeitung kaum[45].

Auch die seit Ende 1891 erscheinende ,Gleichheit' wurde zumindest in Hamburg nur von den besonders interessierten Genossinnen gelesen. 1912 hatten in der Landesorganisation 1.378 der 8.004 weiblichen Parteimitglieder die Zeitschrift abonniert, also etwas mehr als 17 %. Im Reichsdurchschnitt war der Anteil der ,Gleichheit'-Abonnentinnen unter den weiblichen Mitgliedern zum gleichen Zeitpunkt mit rund 80 % sehr viel höher.[46] Ursache der Differenz war vermutlich, daß die Zeitschrift in der Hansestadt im Unterschied zu vielen anderen Regionen des Reiches weder von der Partei noch von den freien Gewerkschaften obligatorisch an die weiblichen Mitglieder geliefert wurde. Die Leserinnenzahl übertraf allgemein die Abonnentinnenzahl, da die Zeitschrift meist von mehreren weiblichen Familienmitgliedern gelesen und nicht selten auch an Freundinnen und Nachbarinnen ausgeliehen wurde[47].

Für die engagierten Genossinnen war die ,Gleichheit' zentrales sozialistisches Agitations-, Informations- und Schulungsorgan. Das Blatt verfolgte das Ziel, „die Genossinnen, die im Vordertreffen des Kampfes" standen, „prinzipiell klar auf den Boden der Sozialdemokratie zu stellen" und sie zu befähigen, ihrerseits aufklärend und lehrend unter ihren Klassengenossinnen zu wirken[48]. Zu diesem Zweck enthielt es neben Abhandlungen zur Geschichte der Arbeiterbewegung, Artikeln zu ideologischen und politischen Grundsatzfragen und Darstellungen der proletarischen Arbeits- und Lebensbedingungen Kommentare zur Tagespolitik und Berichte aus der Frauenbewegung. Die Bremer SPD-Frauenkonferenz 1904 beschloß eine Änderung dieses Konzepts; die Zeitschrift sollte zukünftig verstärkt auch der Agitation unter den unorganisierten Arbeiterfrauen dienen und deshalb mehr allgemeine Aufklärungs- und Bildungsarbeit leisten. Diesem Beschluß entsprechend wurde das Blatt seit 1905 „populärer" gestaltet: Das regelmäßige Feuilleton mit Gedichten, Kurzgeschichten, Lebensbildern und Fortsetzungsromanen wurde erheblich erweitert; mit Hilfe der Literatur, überwiegend humanistische bürgerliche Autoren, daneben Arbeiterdichter, sollten die Leserinnen mit sozialkritischen Gedanken in anspruchsvoller und ansprechender literarischer Form konfrontiert werden. Ergänzt wurde das Blatt durch die abwechselnd erscheinenden Beilagen ,Für unsere Mütter und Hausfrauen' und ,Für unsere Kinder', die den Arbeiterfrauen bei einer „besseren Erfüllung ihrer Pflichten" in Haushalt und Familie helfen und ihrer „allseitigen Selbstbildung" dienen sollten[49]. Die neue Konzeption förderte die Verbreitung der Frauenzeitschrift, deren Auflagenhöhe von 28.700 im Jahr 1904 auf 124.000 im Jahr 1914 stieg[50]. Als Chefredakteurin der ,Gleichheit' war Clara Zetkin im Kaiserreich die einflußreichste Propagandistin der sozialistischen Emanzipationstheorie in der sozialdemokratischen Frauenbewegung. Hinter dem Vorwurf der geringen Popularität und schweren Verständlichkeit des Blattes, der auch nach 1905 vor allem im revisionistischen Lager immer wieder erhoben wurde, versteckte sich dementsprechend häufig Kritik an der inhaltlichen Ausrichtung der Zeitschrift.[51]

Bei der Masse der Genossinnen an der Parteibasis waren die radikalen Gedanken der sozialistischen Emanzipationstheorie nicht tief verankert[52]. Statt zu „theoretisieren", engagierten sie sich lieber für eine Reformarbeit, bei der sie praktisch tätig werden und auf eine konkrete Verbesserung ihrer Lebensbedingungen hoffen konnten. Sie machten z.B. in den von der Bremer Frauenkonferenz 1904 beschlossenen Kinderschutzkommissionen mit, deren Aufgabe es war, die Einhaltung des 1903 erlassenen „Gesetzes betreffend die Kinderarbeit in gewerblichen Betrieben" vor Ort zu kontrollieren und Gesetzesübertretungen den Gewerbeaufsichtsämtern anzuzeigen. 1911 arbeiteten in 135 Orten solche Kinderschutzkommissionen. Einige Ortsgruppen ergänzten ihre Kontrolltätigkeit in den letzten Vorkriegsjahren durch praktische Kinderfürsorge; sie organisierten in den Sommermonaten Kinderferienwanderungen.[53] In Hamburg nahm die ,Zentralkommission für den Kinderschutz' 1908 ihre Arbeit auf. Die Zahl ihrer Mitarbeiterinnen stieg stetig an, 1913 waren 712

Frauen als Kontrolleurinnen tätig.[54] Ein weiterer Arbeitsbereich war in der Hansestadt der 1912 gegründete ‚Ausschuß zur Förderung der Jugendspiele‘[55].

Die kommunalpolitische Tätigkeit der Sozialdemokratinnen war 1911 in Jena erstmals auch Tagesordnungspunkt einer Frauenkonferenz. In ihrem Referat empfahl *Klara Weyl*[56] den Genossinnen die Wohlfahrtspflege im weitesten Sinne als Tätigkeitsfeld. Sie sollten sich nicht nur in der freien Fürsorge betätigen, sondern auch in den kommunalen Körperschaften.[57] In letzteren waren in der Vorkriegszeit überwiegend bürgerliche Frauen tätig. Luise Zietz berichtete im Juni 1914 in einem Referat zum Thema „Wahlrecht und Tätigkeit der Frau in der Gemeinde“, das sie im Parteiausschuß[58] hielt, daß in der öffentlichen Fürsorge, insbesondere der Armen- und Waisenpflege, 6.000 bürgerliche Frauen, aber nur 300 Genossinnen tätig seien. Um diesen Zustand zu ändern beschloß der Parteiausschuß, die kommunale Arbeit der Genossinnen u.a. durch gezielte Schulung zu fördern. Gleichzeitig empfahl er, zwecks einer „gleichberechtigten Betätigung der Frau“ in der Gemeinde, „energisch“ die Forderung des kommunalen Frauenwahlrechts zu propagieren und in den Bundesstaaten, in denen dies bisher noch nicht geschehen sei, hierfür zu petitionieren.[59] Dieser Beschluß entsprach der mittlerweile auch von der Parteiführung verfolgten Strategie der schrittweisen Erlangung des Frauenwahlrechts.

* * *

Die Analyse von Ideologie und Politik der sozialdemokratischen Frauenbewegung in der unmittelbaren Vorkriegszeit zeigt, daß diese trotz des offiziellen Bekenntnisses zur sozialistischen Emanzipationstheorie, in der Praxis mehr und mehr eine reformistische Politik betrieb. Analog zur Gesamtpartei konzentrierte sich ihre Tätigkeit auf die Agitation für das demokratische Frauenwahlrecht und den Kampf um konkrete soziale Reformen. Als Hauptbetätigungsfeld wurde den Genossinnen zunehmend die freie und kommunale Wohlfahrtspflege zugewiesen. In der sozialdemokratischen Frauenbewegung herrschte also in den letzten Vorkriegsjahren die gleiche Dichotomie zwischen radikaler Theorie und reformistischer Praxis vor wie in der Gesamtpartei. Diese Dichotomie zeigte sich besonders ausgeprägt in der Frauenorganisation der Hamburger SPD. Die Radikalität der sozialdemokratischen Frauenbewegung, die in der Literatur lange Zeit behauptet wurde[60], erweist sich bei näherer Betrachtung zumindest für die letzten Jahre vor Kriegsbeginn als Mythos, der sich ausschließlich auf die Aussagen der radikalen Führerinnen der Frauenbewegung und die Auswertung ihrer offiziellen Verlautbarungen, insbesondere der ‚Gleichheit‘, stützt[61]. In der Führung der Frauenbewegung hatten Funktionärinnen der Parteilinken neben denen des Parteizentrums in der Tat einen starken Einfluß. Die radikale sozialistische Emanzipationstheorie, die sie propagierten, war im Bewußtsein der Genossinnen an der Basis aufgrund ihres großen Bildungs- und Theoriedefizits jedoch nicht tief verankert. Deren Hauptinteresse richtete sich auf konkrete soziale Fortschritte mittels praktischer Reformarbeit. Die theoretischen Richtungskämpfe in der Partei spielten sich außerhalb ihres Verständnisses ab[62]. Dies galt auch für die Kontroverse um die sozialistische Emanzipationstheorie, die sich seit der Jahrhundertwende stetig zuspitzte. In der jüngeren Funktionärinnengeneration scheinen die Gedanken der Verfechterinnen einer Revision der sozialistischen Emanzipationstheorie jedoch zunehmend an Einfluß gewonnen zu haben[63].

4.1.2 *Burgfriedenspolitik versus Kriegsopposition*

Drei Tage nach der Bewilligung der Kriegskredite durch die sozialdemokratische Reichstagsfraktion riefen am 7. August 1914 SPD-Parteivorstand und Generalkommission der freien Gewerkschaften die Genossinnen zu einer „allgemeinen Hilfsaktion" auf[64]. Die ‚Gleichheit' druckte den Aufruf, den Luise Zietz für die SPD unterzeichnet hatte, Ende des Monats ab:

„Angesichts der unsäglichen Not und dem furchtbaren Jammer, die der Krieg über die Arbeiterfamilien bringt, gilt es, den verzweifelten Frauen, den verwaisten Kindern, den Arbeitslosen, den Kranken und Leidenden mit Rat und Tat beizustehen. Die Genossinnen sollten persönlich Fühlung nehmen mit den Hilfesuchenden und in kameradschaftlicher Weise ihnen beistehen.

Als wichtigste Arbeitsgebiete dieser Hilfsaktion kämen etwa die folgenden in Betracht, die am besten allerorts bestimmten Frauengruppen zugewiesen werden:

1. Auskunftserteilung;
2. Kommunale Arbeit;
3. Kinderfürsorge;
4. Kranken- und Wöchnerinnenhilfe ...

Durch diese Tätigkeit leisten die Genossinnen direkte Hilfe und schaffen reiche moralische Werte. Ihre liebevolle Anteilnahme an den Sorgen und dem Leid der Hilfesuchenden, ihr trostreicher Zuspruch wird das Zusammengehörigkeitsgefühl unserer Arbeitsbrüder und -schwestern stark entfachen und heben. Ihr Vorgehen wird ein reicher Trost für die im Felde stehenden Arbeitsbrüder sein und den Hilfeleistenden selbst wird ihre segensreiche Tätigkeit eine wohltuende Ablenkung bringen und die hohe innere Befriedigung, nach besten Kräften bei der Milderung seelischer und körperlicher Not mitgewirkt zu haben. Das Werk der Hilfeleistung wird ein Werk der Sammlung, des gegenseitigen Sichstützens und Aufrichtens, der Ausdruck schöner Solidarität sein."[65]

Diese Orientierung auf die praktische soziale Arbeit, die der Frauenpolitik in den letzten Vorkriegsjahren entsprach, stieß bei den Sozialdemokratinnen auf Resonanz. Schon wenige Wochen nach dem Erscheinen des Aufrufs konnte Luise Zietz in der ‚Gleichheit' berichten, daß sich die Genossinnen überall im Reich „opferbereit" in den Dienst der Hilfsaktion gestellt hätten[66]. In den meisten Parteibezirken konzentrierte sich ihre Tätigkeit auf die kommunale Kriegsfürsorge; häufig arbeiteten sie hierbei mit bürgerlichen Frauen zusammen[67]. Diese hatten sich Anfang des Krieges auf Initiative der BDF-Führung im ‚Nationalen Frauendienst' zusammengeschlossen, dessen Tätigkeit sich gemäß dem Ziel der Mobilisierung der Frauen für die „vaterländische Arbeit an der Heimatfront" auf die Mitarbeit bei der Lebensmittelverteilung, die Fürsorge für die Familien der Soldaten und die kriegsbedingt Erwerbslosen sowie die Vermittlung von Frauen zur Arbeit in kriegswichtigen Betrieben konzentrierte.[68] Durch die Mitarbeit im ‚Nationalen Frauendienst', die vom SPD-Parteivorstand mit dem Argument empfohlen wurde, daß nur so eine Zersplitterung der Kräfte auf Kosten der Hilfesuchenden zu vermeiden sei, wurde das bisherige Prinzip der strikten Ablehnung einer Zusammenarbeit mit der bürgerlichen Frauenbewegung aufgehoben[69]. Besonders vehement setzten sich führende Revisionistinnen für die Beteiligung am ‚Nationalen Frauendienst' ein. Sie betrachteten die gemeinsame soziale Tätigkeit der Frauen als willig gebrachtes „Opfer" für das „Vaterland", als „Grund- und Eckstein des Durchhaltens in der Heimat, des Sieges an den Fronten". Durch ihre kommunale Arbeit würde sich die Frauenbewegung in die Gesamtgesellschaft einordnen; die Frauen erbrächten mit ihr den Erweis, daß sie als Staatsbürgerinnen mündig geworden seien und ihnen gleiche politische Rechte wie dem Mann zustünden.[70] Sie hegten wie die bürgerlichen Frauen die Hoffnung auf die Gewährung des Frauenwahlrechts als Anerkennung für die Leistungen an der „Heimatfront"[71].

In Hamburg lagen sämtliche Aufgaben der Kriegsfürsorge in den Händen der ‚Hamburgischen Kriegshilfe', die freie und öffentliche Träger zusammenfaßte. Von Anfang an arbeiteten SPD und freie Gewerkschaften in diesem Zusammenschluß mit.[72] Von August 1914 bis Dezember 1915 war der ‚Hamburgischen Kriegshilfe' ein ‚Frauenausschuß' angeschlossen, in dem die SPD-Frauenorganisation neben 61 anderen Frauenvereinen mitwirkte. Im Januar 1916 wurde die soziale Frauenarbeit vollständig in die ‚Hamburgische Kriegshilfe' integriert. Zu diesem Zeitpunkt arbeiteten 1.055 Frauen ehrenamtlich in der Kriegsfürsorge: Allein 673 von ihnen waren als Familienpflegerin tätig, 106 wirkten in den Bewilligungsausschüssen der Fürsorgebezirke mit, 145 halfen in den Büros der Bezirke, der Rest arbeitete zum größten Teil in der Jugendpflege. Darüber hinaus betätigten sich zahlreiche Frauen in den Kriegsküchen und Nähstuben. Die meisten ehrenamtlichen Mitarbeiterinnen der ‚Hamburgischen Kriegshilfe' kamen aus der bürgerlichen Frauenbewegung; die Zahl der Genossinnen war in Hamburg wie überall im Reich schnell zurückgegangen, denn auch immer mehr sozialdemokratische Arbeiterfrauen waren gezwungen, erwerbstätig zu werden, da die „Kriegerfrauen"-Unterstützung nicht ausreichte. Sie mußten ihre Mitarbeit in der Kriegshilfe aufgeben und wurden nicht selten im Verlauf des Krieges selbst zum Objekt der Kriegsfürsorge.[73] Hinzu kam, daß sich die Zusammenarbeit zwischen sozialdemokratischen und bürgerlichen Frauen nicht selten als schwierig erwies und manche Genossin sich deshalb zurückzog[74]. In der Partei warteten genügend Aufgaben auf sie, denn die Frauen mußten in wachsendem Maße die zum Wehrdienst eingezogenen Genossen ersetzen[75].

Einziger Bereich, in dem eine größere Zahl von Sozialdemokratinnen mitarbeitete, waren die ‚Hamburgischen Kriegsküchen', deren Leitung die ‚Kriegshilfe' im Mai 1915 angesichts der zunehmenden Lebensmittelknappheit übernahm. Eine der beiden Delegierten, die SPD und freie Gewerkschaften in den „Speisungsausschuß", das Leitungsgremium der Kriegsküchen, entsandten, war Johanna Reitze, die seit 1908 als einzige Frau dem Landesvorstand angehörte. Im Juni 1915 arbeiteten 59 Küchen, die überwiegend in Arbeitervierteln lagen. Aufgrund des Lebensmittelmangels stieg der Zulauf jedoch so stark an, daß zunehmend auch in den ‚besseren' Wohngebieten Küchen eröffnet werden mußten. Im März 1916 waren bereits 70 Kriegsküchen in Betrieb, in denen täglich über 100.000 Personen gespeist wurden. Die Arbeit konnte zunächst noch ehrenamtlich geleistet werden, doch schon bald mußten die Mitarbeiterinnen, darunter viele sozialdemokratische Arbeiterfrauen, angesichts des Umfangs der Tätigkeit bezahlt werden.[76]

Die Mehrheit der Sozialdemokratinnen unterstützte bei Kriegsbeginn die Politik der Parteiführung. Kritisiert wurde sie zunächst nur von einer kleinen Gruppe radikaler Kriegsgegnerinnen des linken Parteiflügels um Clara Zetkin und Käte Duncker, die die Frauen zu einem entschiedenen Kampf gegen den Krieg aufforderten und eine offizielle Mitarbeit in der öffentlichen Kriegsfürsorge angesichts der Burgfriedenspolitik ablehnten. Ihrer Ansicht nach konnte es nicht Aufgabe der SPD sein, durch eine Mitarbeit in der Kriegsfürsorge zu einer „Stärkung der Heimatfront" beizutragen und auf diese Weise den Krieg zu verlängern. Die Partei müsse vielmehr die kriegsbedingte Krisensituation zum Sturz des herrschenden Systems nutzen. Die Fürsorgetätigkeit entziehe die Genossinnen den wichtigen Parteiarbeiten und lenke sie von der notwendigen Antikriegsarbeit ab.[77]

Im Verlauf des Ersten Weltkrieges nahm in der sozialdemokratischen Frauenbewegung, wie in der Gesamtpartei, die Kritik an der Politik der SPD- und Gewerkschaftsführung zu. Die Kriegsopposition versuchte, auf allen Ebenen mit allen verfügbaren Mitteln gegen den Krieg und die Burgfriedenspolitik aktiv zu werden.[78] Die ‚Gleichheit', die als eine der wenigen sozialdemokratischen Zeitungen ihre Antikriegs-Haltung beibehalten hatte, wurde zu einem ihrer zentralen Informations- und Agitationsorgane[79]. Clara Zetkin versuchte systematisch, ihren Einfluß als Schriftleiterin der ‚Gleichheit', die gemäß dem Beschluß der 1. Internationalen sozialistischen Frauenkonferenz 1907 auch Organ der ‚Sozialistischen Fraueninternationale' war, für die Verbreiterung der Antikriegsbewegung im In- und Ausland zu nutzen. Da das Blatt ein internationales Organ war, konnte der SPD-Parteivorstand nicht ohne weiteres darüber verfügen. Deshalb versuchte er gemeinsam mit der Führung der freien Gewerkschaften, dessen Masseneinfluß zurückzudrängen. Viele SPD-Bezirks- und Ortsverbände, die mit der politischen Richtung der ‚Gleichheit' nicht einverstanden waren, kündigten ihre Abonnements. Zum gleichen Schritt entschloß sich eine ganze Reihe freigewerkschaftlicher Verbände. Infolge dieser Politik verlor die Zeitschrift zwischen 1914 und 1917 ca. 70.000 Abonnenten. Seit Januar 1916 gaben die freien Gewerkschaften ein eigenes Frauenblatt heraus, die ‚Gewerkschaftliche Frauenzeitung'.[80] Parteivorstand und Gewerkschaftsführung riefen dazu auf, die ‚Gleichheit' abzubestellen und statt dessen diese neue Zeitschrift zu abonnieren. Die Kampagne gegen die ‚Gleichheit' war neben den ungünstigen wirtschaftlichen Verhältnissen eine entscheidende Ursache für den drastischen Auflagenrückgang des Blattes, dessen Auflagenzahl zwischen 1914 und 1917 im Reich von 124.000 auf 19.000, in Hamburg von 1.400 auf 350 fiel.[81] Erst Ende Mai 1917, nach der Gründung der USPD, der sich Clara Zetkin anschloß, gelang es dem MSPD-Parteivorstand, sie als Chefredakteurin der ‚Gleichheit' mit der Begründung abzusetzen, daß es nicht anginge, ein „Zentralorgan durch Gegner redigieren" zu lassen[82]. Seit Juni 1917 erschien die ‚Gleichheit' unter der Leitung von Marie Juchacz und Heinrich Schulz, die die Zeitschrift durch „politische Schulung, leicht verständliche Belehrung und wertvolle Unterhaltung" zu „einem gern gelesenen, von den Arbeiterfrauen stets mit Ungeduld erwarteten Familienblatt im besten Sinne des Wortes gestalten" wollten[83]. In der MSPD setzte nach dem Redaktionswechsel eine intensive Werbung für die ‚Gleichheit' ein, deren Auflagenhöhe bis 1919 auf 33.000 Exemplare anstieg[84].

Auftakt für eine breitere Antikriegsagitation und erste öffentliche Aktionen gegen den Krieg war die internationale Berner Konferenz sozialistischer Frauen im März 1915, die von Clara Zetkin als Internationaler Frauensekretärin organisiert worden war. An der Konferenz nahmen 25 Delegierte aus Deutschland, England, Frankreich, Holland, Italien, Polen, Rußland und der Schweiz teil. Aus Deutschland kamen neben Clara Zetkin: *Lore Agnes*, Martha Arendsee, Käte Duncker, *Toni Sender, Bertha Thalheimer* und *Margarete Wengels*[85]. Sie beteiligten sich gegen den Willen des Parteivorstandes an der Konferenz, der diese Antikriegsaktion ablehnte. Die Berner Frauenkonferenz beschloß ein „Manifest", das die arbeitenden Frauen der kriegführenden Länder aufrief, sich zum Kampf für Frieden und Sozialismus zusammenzuschließen. Es wurde nach der Konferenz entgegen dem Verbot des Parteivorstandes auch im Deutschen Reich als Flugblatt verbreitet. Bis Mai 1915 waren rund 100.000, Ende Juni bereits 300.000 Exemplare in mehr als 40 Orten verteilt.[86]

Mit der zunehmenden Verschlechterung der wirtschaftlichen und sozialen Lage an der „Heimatfront" wuchs die Antikriegsstimmung in breiten Kreisen der Bevölkerung. Immer häufiger kam es zu spontanen Protestaktionen – Demonstrationen, Hungerkrawallen, Streiks –, die sich zunächst vorrangig gegen die schlechte Versorgungslage und die katastrophalen Erwerbsarbeitsbedingungen richteten, schon bald aber auch grundsätzlich gegen den Krieg wandten. Träger dieser spontanen Proteste waren häufig Frauen und Jugendliche.[87] Immer mehr leitende Funktionärinnen der SPD, darunter auch Luise Zietz, standen offen auf Seiten der Kriegsopposition. Um eine offizielle Stellungnahme der sozialdemokratischen Frauenbewegung gegen Kriegskreditbewilligung und Burgfriedenspolitik zu verhindern, lehnte der Parteivorstand, unterstützt von der Mehrheit im Parteiausschuß, die Forderung des Reichsfrauenbüros ab, eine Frauenkonferenz zum Thema „Frauenagitation während des Krieges" einzuberufen.[88] Als Ersatz organisierten die Berliner Genossinnen im Anschluß an die Reichskonferenz der Partei im September 1916 eine Konferenz der Parteifunktionärinnen von Groß-Berlin, an der auf eigene Kosten u.a. Genossinnen aus Braunschweig, Breslau, Düsseldorf, Hamburg, Leipzig, Remscheid, Stettin und Stuttgart teilnahmen. Vertreterin der Hamburger Sozialdemokratinnen war Linchen Baumann.[89] Einhellig verurteilten die Anwesenden in einer Erklärung die Ablehnung einer Reichsfrauenkonferenz. Sie verabschiedeten einstimmig eine Resolution „zur baldigen Herbeiführung des Friedens", die von der sozialdemokratischen Partei „eine selbständige Politik" forderte, sowie eine Resolution zur

Ernährungsfrage. Der ‚Gleichheit' sprach die Konferenz Lob und Anerkennung für ihre „vorbildliche" Haltung seit Kriegsbeginn aus; sie sei zu einem „Rückhalt" im „Widerstand gegen den Chauvinismus" sowie beim „Festhalten am internationalen Sozialismus" geworden.[90]

Der Konflikt zwischen der Führung der Frauenbewegung und der Gesamtpartei erreichte im Winter 1916/17 seinen Höhepunkt. Am 15. Februar 1917 wurde Luise Zietz aus dem Parteivorstand ausgeschlossen. Offizieller Anlaß zu diesem Schritt war ihr öffentlicher Protest gegen die Maßregelung der Parteiopposition. Damit hatte sie sich nach Auffassung des Parteivorstandes gegen einen Mehrheitsbeschluß des Gremiums gestellt.[91] Gleichzeitig erging die Anordnung, Ottilie Baader als Hilfsarbeiterin in die Registratur der Parteikorrespondenz zu versetzen[92]. Mit der Amtsenthebung von Luise Zietz und Ottilie Baader löste der Parteivorstand de facto das Frauenbüro auf, beraubte die sozialdemokratische Frauenbewegung so ihres zentralen Führungsgremiums und verweigerte ihr zugleich das Recht einer Vertretung in der Parteiführung. Die ‚Gleichheit' kommentierte:

> „Das Vorgehen des Parteivorstandes läuft hinaus auf eine weitere Mißhandlung des Rechts der Genossinnen, gleichzeitig aber auch auf eine Verletzung der Parteipflicht, im Interesse des proletarischen Befreiungsringens die sozialistische Frauenbewegung zu fördern."[93]

Gegen den „Gewaltakt" des Parteivorstandes erhob sich in der Frauenbewegung heftiger Protest, so auch in der Hansestadt[94]. Am 20. Februar 1917 fand das erste Mal seit Kriegsbeginn wieder eine Frauenversammlung aller drei Hamburger Wahlkreise statt. Angesetzt worden war das Thema „Ursachen und Folgen der Zunahme der weiblichen Erwerbsarbeit während des Krieges", über das Luise Zietz referieren sollte. Da das Redeverbot, das die Militärbehörden im März 1916 für sie erlassen hatten, trotz eines Antrages des Hamburger Parteivorstandes nicht aufgehoben worden war, übernahm Linchen Baumann das Referat. Im Anschluß an ihren Vortrag kam es zu einer stürmischen Debatte über die Maßnahmen des Parteivorstandes, an deren Schluß von den Anwesenden – 350 Frauen und 50 Männer – folgende Resolution mit großer Mehrheit angenommen wurde:

> „Die im Gewerkschaftshaus am 20.Februar tagende Frauenversammlung der drei Hamburger Wahlkreise begrüßt das entschlossene Eintreten der Genossinnen Zietz und Zetkin für den internationalen Sozialismus, sie verurteilt den an der Genossin Zietz begangenen Gewaltstreich des Parteivorstandes. Die Versammlung hebt ferner ihr Einverständnis mit der ‚Gleichheit' hervor und erwartet, daß sie den Frauen unter der Leitung der Genossin Zetkin erhalten bleibt."[95]

Als einzige Rednerin hatte sich in der Diskussion Johanna Reitze gegen die Annahme der Resolution ausgesprochen. Ihre Argumentation ist charakteristisch für die Haltung vieler Sozialdemokratinnen, die eine Opposition gegen die Parteiführung ablehnten:

> „Auch ich stehe schon lange in der Arbeiterbewegung und habe manches herunterschlucken müssen, wenn ich anderer Meinung war, doch ich habe mich immer der Mehrheit gefügt. Wohin würden wir kommen in einer Organisation, wenn jeder seine eigenen Wege gehen würde. Der Weg, der jetzt innerhalb unserer Partei beschritten ist, ist der gefährlichste Weg, den es geben kann und gerade jetzt in den schwersten Stunden unseres Lebens. 40 Jahre lang haben wir in unserer Organisation gearbeitet und was erleben wir jetzt? Möge jeder für seine Meinung eintreten, das ist sein gutes Recht, aber die Minderheit soll sich der Mehrheit unterordnen."[96]

Überlegungen dieser Art führten dazu, daß die Mehrzahl der Sozialdemokratinnen nach der Parteispaltung Mitglied der MSPD blieb. Zwar war eine Antikriegsstimmung in den letzten Kriegsjahren unter den Genossinnen weit verbreitet, ihre Friedenssehnsucht war groß, doch nur relativ wenige verließen wegen der Politik der MSPD-Führung die Partei, da eine Spaltung der Sozialdemokratie von ihnen prinzipiell abgelehnt wurde. Von den ideologischen und politischen Hintergründen, die zur Gründung der USPD geführt hatten, wußten sie nicht viel. Über die Position der Opposition informierten nur einzelne Blätter der Partei ausführlich und korrekt; das ‚Hamburger Echo' gehörte nicht dazu. Lediglich in den traditionellen Hochburgen der Parteilinken wechselte auch ein erheblicher Teil der weiblichen Mitglieder zu den Unabhängigen über; besonders stark war der weibliche Zustrom zur USPD im Bezirk Groß-Berlin.[97]

Im Unterschied zur Masse der weiblichen Mitglieder gingen die meisten Führerinnen der Frauenbewegung zu den Unabhängigen, auch Luise Zietz und Clara Zetkin; manche langjährige Funktionärin der Frauenbewegung folgte ihrem Vorbild[98]. In Hamburg schloß sich als einzige leitende Funktionärin Linchen Baumann den Unabhängigen an[99]. Helene Brandenburg hatte sich aus Enttäuschung über die Politik der Parteiführung schon zu Kriegsbeginn aus der aktiven Parteiarbeit zurückgezogen[100]. Die Leitung der Hamburger MSPD-Frauenorganisation verblieb nach der Parteispaltung zunächst allein in den Händen von Johanna Reitze. Helma Steinbach, die ihr anfangs zur Seite stand, verstarb im Juli 1918[101]. Nach der Novemberrevolution, als auch in der Hansestadt eine neue Frauengeneration die Führung übernahm, zu der *Margarethe Andresen, Hermine Peine, Olga Stolten*, Ella Wierzbitzki und *Grete Zabe* gehörten, blieb Johanna Reitze, die 1919 in die Nationalversammlung gewählt wurde und dem Reichstag bis 1932 angehörte, in der Hamburger Frauenorganisation außerordentlich einflußreich.

* * *

Die Folgen der innerparteilichen Auseinandersetzungen um Kriegskreditbewilligung und Burgfriedenspolitik sowie der Parteispaltung waren für die sozialdemokratische Frauenbewegung weitreichend: „Schärfer noch als die Gesamtpartei" war „die Frauenbewegung von den inneren Gegensätzen ... in Mitleidenschaft gezogen" worden[102]. Aus Angst vor kritischen politischen Stellungnahmen der leitenden Funktionärinnen, vor einer weiteren Radikalisierung der weiblichen Mitglieder und zunehmenden Antikriegs-Aktivitäten der Frauen schränkte die Parteiführung den Handlungsspielraum der Frauenbewegung in den Kriegsjahren immer mehr ein und unterband weitgehend eigenständige Aktivitäten. Das Versammlungsleben der Genossinnen litt erheblich unter dieser Entwicklung. Im Berichtsjahr 1915/16 fanden im gesamten Reich 394 noch öffentliche Frauenversammlungen statt, zu einem erheblichen Teil anläßlich des Internationalen Frauentages im März 1916, der vom Parteivorstand auf Drängen des Frauenbüros beschlossen worden war. Im Berichtsjahr 1916/17 waren es reichsweit nur noch 200 öffentliche Frauenversammlungen.[103] Die Parteiführung hatte im Januar 1917 einen Antrag des Frauenbüros abgelehnt, Kundgebungen anläßlich des Internationalen Frauentages durchzuführen[104]. Die Hamburger SPD veranstaltete bis zum Frühjahr 1917 überhaupt keine öffentlichen Frauenversammlungen, selbst zu Frauenmitgliederversammlungen lud sie nur sporadisch ein. Auch das Versammlungsleben der Gesamtpartei war in Hamburg, wie andernorts, zwar stark eingeschränkt, jedoch nicht in diesem Ausmaß.[105] Frauenarbeit und Frauenagitation, die wie die gesamte Parteiarbeit unter den Bedingungen des Belagerungszustandes in den Kriegsjahren ohnehin erschwert waren, litten dadurch außerordentlich. Der Kontakt zu vielen weiblichen Mitgliedern ging verloren. Diese Entwicklung wurde dadurch verschärft, daß zu Kriegsbeginn die „Kriegerfrauen" in der Regel von ihren Mitgliedsbeiträgen befreit worden waren; so fiel auch die Verbindung über die Hauskassierung weg. Die fehlende Einbeziehung in die Partei war eine entscheidende Ursache für den Rückgang der weiblichen Mitgliedszahl während des Krieges.[106] Infolge der Parteispaltung verlor die MSPD-Frauenbewegung zudem einen großen Teil ihrer leitenden Funktionärinnen. Die meisten langjährigen Führerinnen schlossen sich der USPD an und versuchten dort eine Frauenpolitik und Frauenarbeit zu betreiben, die der sozialistischen Emanzipationstheorie entsprach.[107] In der MSPD-Frauenbewegung trat eine neue Frauengeneration die Führung an[108], die loyal hinter der Politik der Parteiführung stand.

4.1.3 *Geschlechtsspezifische Emanzipationsstrategie und reformistische Frauenpolitik*

4.1.3.1 Revision der sozialistischen Emanzipationstheorie

Nach der Parteispaltung ging die MSPD-Führung unverzüglich daran, „die Frauenbewegung organisatorisch und geistig wieder zu sammeln und zu festigen“[109]. Hauptmotiv hierfür scheint die Angst gewesen zu sein, daß die Frauen „den Unabhängigen anheimfallen“, die sich von Anfang an intensiv um die Frauenarbeit bemühten[110]. Auf dem Gothaer Gründungsparteitag der USPD Anfang April 1917 war nicht nur beschlossen worden, ein Reichsfrauenbüro einzurichten, dessen Leitung Luise Zietz übertragen wurde, und einen Reichsfrauenausschuß zu bilden, der „Maßnahmen zur Förderung der Frauenbewegung“ beraten und anregen sollte, sondern vereinbart worden war auch, Anfang Mai 1917 anläßlich des Internationalen Frauentages eine reichsweite Frauenwoche mit Kundgebungen für den Frieden, das Frauenwahlrecht sowie den Arbeiterinnen-, Säuglings- und Mutterschutz durchzuführen.[111] Angesichts dieser Offensive der Unabhängigen stimmte der MSPD-Parteiausschuß Mitte April 1917 für den Vorschlag des Parteivorstands, „sobald wie möglich“ eine Reichsfrauenkonferenz einzuberufen, die Frauenpolitik und Frauenarbeit der MSPD-Frauenbewegung diskutieren und organisieren sollte[112]. An dieser Frauenkonferenz, die Mitte Juli 1917 in Berlin stattfand, nahmen 50 Delegierte aus fast allen Parteibezirken teil; die Hamburger Genossinnen vertrat Johanna Reitze. Die Leitung der Konferenz, deren Themenschwerpunkte die Mitarbeit in der Kriegsfürsorge, der Kampf für das Frauenwahlrecht und die Frauenagitation waren, lag in den Händen von Marie Juchacz und Wally Zepler, die auch referierten.[113]

Diskussion und Beschlußfassung dieser ersten MSPD-Frauenkonferenz zeigten, daß die neue Funktionärinnengeneration voll hinter der Politik der Parteiführung stand. In einer Resolution „Zur politischen Situation und zur Friedensfrage“ unterstützte die Konferenz grundsätzlich die Haltung der Reichstagsfraktion und verlangte von den „maßgebenden Stellen des Reiches“ den unverzüglichen Abschluß eines „Verständigungsfriedens“. Sie verabschiedete eine Entschließung, in der nicht nur die praktische Tätigkeit in der Kriegsfürsorge ausdrücklich gebilligt wurde, sondern auch die dadurch notwendig gewordene „gemeinsame Arbeit mit öffentlichen Behörden und bürgerlichen Frauenorganisationen“. Zudem forderte sie darin die volle staatsbürgerliche Gleichstellung der Frauen in einer parlamentarischen Demokratie. Für dieses Ziel sollten sich die Genossinnen in „unablässiger tatkräftiger Propaganda“ einsetzen. Die Diskussion der Konferenz zeigte, daß die Führerinnen der MSPD-Frauenbewegung nun auch in der Stimmrechtsfrage einen gemeinsamen Kampf mit bürgerlichen Frauen nicht mehr ausschlossen.[114] In der Entschließung der Berliner Frauenkonferenz deutete sich schon die zukünftige Politik der mehrheitssozialdemokratischen Frauenbewegung an: die Orientierung auf Partei und Parlament als Hauptmittel auch der Frauenpolitik sowie Sozialpolitik und Wohlfahrtspflege als politisches Haupttätigkeitsfeld der Frauen. Diese Ausrichtung wurde vom Würzburger MSPD-Parteitag im Oktober 1917 bestätigt[115]. Die ‚Gleichheit‘, die ausführlich über die Berliner Frauenkonferenz berichtete, trug entscheidend zur Propagierung des neuen Kurses bei[116].

Nach der Reichsfrauenkonferenz setzte eine intensive Propaganda der MSPD-Frauenbewegung für das „uneingeschränkte Frauenwahlrecht“ ein, die sowohl durch die verstärkte Agitation der linkssozialistischen wie der bürgerlichen Frauenbewegung für dieses Ziel Auftrieb erhielt, als auch durch die allgemeinen innenpolitischen Auseinandersetzungen um eine Demokratisierung in Reich, Ländern und Gemeinden[117]. Angesichts dieser Entwicklung schien es der MSPD-Parteiführung opportun zu sein, die Agitation der Genossinnen verstärkt zu unterstützen. In Hamburg fand anläßlich der Diskussion über eine Reform des Bürgerschaftswahlrechts bereits Anfang Juni 1917 eine Frauenmitgliederversammlung aller drei Wahlkreise zum Thema „Die Staatsbürgerrechte der

Ein Teil der weiblichen MSPD-Abgeordneten in der Nationalversammlung, von links: Louise Schroeder, Clara Bohm-Schuch, Johanna Reitze, Elisabeth Kirschmann-Roehl und Marie Juchacz (Privatbesitz)

Frauen" statt[118]. Mitte Oktober führte die Landesorganisation hierzu auch eine öffentliche Frauenversammlung durch, zu der über 800 Frauen kamen[119].

Der Positionswandel, den der BDF in der Haltung zum demokratischen Frauenstimmrecht im September 1917 offiziell vollzog, ermöglichte ein gemeinsames Vorgehen von bürgerlichen und sozialdemokratischen Frauen in der Stimmrechtsfrage. Auftakt einer Reihe von Initiativen war im Dezember 1917 eine Eingabe zum Frauenwahlrecht an die Preußische Abgeordnetenversammlung.[120] In Hamburg kam es im Frühjahr 1918 erstmals zu einem gemeinsamen Vorgehen: Bürgerliche und sozialdemokratische Frauen luden Ende April zu einer „Kundgebung für das Frauenstimmrecht" ein, an deren Schluß die 1.500 anwesenden Frauen in einer einstimmig verabschiedeten Resolution an die „bürgerschaftliche Wahlrechtskommission das dringende Ersuchen" richteten, „bei ihrer Beschlußfassung über die Reform des Wahlrechts zur Bürgerschaft auch den Frauen die Staatsbürgerrechte nicht zu versagen"[121]. Die Mobilisierung der Frauen für die Forderung des Frauenstimmrechts nahm in den nächsten Monaten in der Hansestadt erheblich zu. Dies zeigte die zweite gemeinsame Frauenversammlung, die Ende Oktober 1918 zum Thema „Frauenforderungen im neuen Deutschland" stattfand und zu der über 5.000 Frauen kamen[122].

Die Novemberrevolution 1918 brachte das allgemeine und gleiche Wahlrecht, das für die leitenden Funktionärinnen der MSPD-Frauenorganisation „sichtbarer Ausdruck der Gleichberechtigung der Frauen im neuen Deutschland" war[123]. Die staatsbürgerliche Gleichstellung des weiblichen Geschlechts erforderte ihrer Ansicht nach eine Revision der alten sozialistischen Emanzipationstheorie. Marie Juchacz, die zu den Frauen gehörte, die am 19. Januar 1919 in die Nationalversammlung gewählt worden waren, beschrieb in ihrer ersten Parlamentsrede, die programmatischen Charakter hatte, das veränderte Verständnis von der Frauenfrage:

„Die Frauen besitzen heute das ihnen zustehende Recht der Staatsbürgerinnen ... Durch die politische Gleichstellung ist nun meinem Geschlecht die Möglichkeit gegeben zur vollen Entfaltung seiner Kräfte ... Ich möchte hier sagen, daß die Frauenfrage, so wie es jetzt ist in Deutschland, in ihrem alten Sinne nicht mehr besteht, daß sie gelöst ist. Wir werden es nicht mehr nötig haben, mit Versammlungen, mit Resolutionen, mit Eingaben um unser Recht zu kämpfen. Der politische Kampf, der immer bestehen bleiben wird, wird sich von nun an in anderen Formen abspielen. Innerhalb des durch Weltanschauung und selbstgewählte Parteigruppierung gezogenen Rahmens haben wir Frauen nunmehr Gelegenheit, unsere Kräfte auswirken zu lassen.

Aber damit begeben wir uns keineswegs des Rechtes, andersgeartete Menschen, weibliche Menschen zu sein. Es wird uns nicht einfallen, unser Frauentum zu verleugnen, weil wir in die politische Arena getreten sind und für die Rechte des Volkes mitkämpfen."[124]

Als politische Arbeitsgebiete, „für welche das weibliche Geschlecht ganz besonders geeignet" sei und an denen es folglich ein spezielles Interesse habe, beschrieb Marie Juchacz in ihrer Rede Sozialpolitik und Wohlfahrtspflege sowie Erziehung und Volksbildung.

Mit der politischen Gleichberechtigung schien den Führerinnen der sozialdemokratischen Frauenbewegung die entscheidende Voraussetzung für die Emanzipation der Frau erreicht zu sein. Sie glaubten die wirtschaftliche und soziale Gleichstellung des weiblichen Geschlechts mit den Mitteln der parlamentarischen Demokratie erlangen zu können. Das allgemeine und gleiche Wahlrecht betrachteten sie gemäß der veränderten Gesamtstrategie ihrer Partei als „die schärfste Waffe" im sozialistischen Befreiungskampf[125]. Ausgehend vom pseudo-egalitären Geschlechterbild, das die Mehrheitssozialdemokratie seit der Spaltung offiziell propagierte, schien den leitenden Funktionärinnen der Frauenbewegung der einzig erfolgversprechende Weg zur vollständigen Emanzipation des weiblichen Geschlechts eine systematische Erweiterung des spezifisch weiblichen Kultureinflusses zu sein: Aufgabe der Frau sei es, der „Nurmännerpolitik des Verstandes" eine Politik gegenüberzustellen, die von „verstehendem Gefühl durchströmt" sei[126].

Intensiv wurde die geschlechtsspezifische Emanzipationsstrategie von den führenden Sozialdemokratinnen im Kontext der Diskussion über den Entwurf des neuen Parteiprogramms erörtert. Ein Artikel, der mit dem Titel „Die Frauen und das neue Parteiprogramm" im September 1921, kurz vor dem Görlitzer Parteitag, in der ‚Neuen Zeit' erschien, leitete die Debatte ein. In ihm erläuterte die Autorin Sophie Schöfer die Grundgedanken des neuen Emanzipationskonzeptes und leitete daraus die Frauenforderungen an das Parteiprogramm ab. Ausgehend von dem Ziel einer Erweiterung des weiblichen Kultureinflusses, definierte sie „männliche" und „weibliche" Aufgaben in der Politik:

„Eignet der männlichen Wesensart mehr der Kampf, so ist es Frauensache, zu hüten, zu schützen, zu bewahren. Hat der Mann mehr Interesse, mehr Verständnis für äußere Geschehnisse, für Gütererzeugung und Güterwirtschaft, so eignet der Frau mehr die Vertiefung in das Menschenleben und Menschenschicksal ... In dieser Rolle der Frau als Hüterin und Schützerin des Menschenlebens haben wir auch die Frauenaufgabe in der Politik zu erblicken ... Die Frau ist die berufene Schöpferin der Menschenökonomie, denn sie trägt die Kosten des Lebens; sie opfert dem neuen Menschen in Mühe und Sorge ihr Blut und Leben. Die Frau allein weiß, was Menschenleben wert ist, sie hat es körperlich erfahren und innerlich durchkostet. Darum muß sie verlangen, daß mit Menschenleben menschlicher umgegangen wird ... Faßt die Frau ihre Aufgabe als Hüterin und Schützerin des Menschenlebens in diesem Sinne auf, dann erstrecken sich die Fäden ihrer Wirksamkeit auf alle Gebiete des öffentlichen Lebens. Diesen Gedanken der Menschenökonomie muß die Frau hineintragen in die Außenpolitik, in die Wirtschaftspolitik, ... in unser Recht, ... in unsere Kulturpolitik, in die Bevölkerungspolitik, in die Sozialpolitik."[127]

Sophie Schöfer betonte, daß die „menschenökonomischen" Aufgaben der Frau „umfassend sozial" seien. Die „eigentliche soziale Arbeit" wäre nur ein Teil dieser Aufgaben. „Großzügige Menschenwirtschaft" könne erst getrieben werden, wenn die „sozialistische Gemeinwirtschaft" erreicht sei, deshalb müsse sich die Frau als „Menschenökonomin" für eine grundlegende Umgestaltung der Gesellschaft einsetzen. Ausgehend von diesen Überlegungen kritisierte sie am Entwurf des Parteiprogramms, daß er sich vorrangig auf die „männlichen" Aufgaben in der Politik konzentriere. Die „Güterwirtschaft" erschiene „als übergeordneter, alles beherrschender" Bereich, dem sich alle anderen Bereiche der Politik, insbesondere aber die Sozial- und Kulturpolitik, unterzuordnen hätten. Sie forderte die Partei auf, die Prioritätensetzung im neuen Programm zu ändern; „Sozialismus unter dem Grundsatz der Menschenökonomie" müsse der Leitgedanke werden.

Die führenden Funktionärinnen der MSPD-Frauenorganisation teilten die Anschauungen Sophie Schöfers. Ihr wurde vom Reichsfrauenbüro die Aufgabe übertragen, auf der Görlitzer Reichsfrauenkonferenz, die dem Parteitag vorausging, das Hauptreferat zum Schwerpunkt – Sozialpolitik und Wohlfahrtspflege – zu halten.[128] In ihrem Vortrag über die „Soziale Frauenarbeit in der Gemeinde", in dem sie ausgehend von den Grundgedanken der geschlechtsspezifischen Emanzipationsstrategie die „Frauenaufgaben" in der Politik beschrieb, kritisierte sie erneut die einseitige Ausrichtung des Parteiprogramms. Er wurde von der Konferenz mit „lebhaftem Beifall" aufgenommen.[129] Ihre Kritik griffen mehrere Rednerinnen auf, unter ihnen auch Ella Wierzbitzki, Mitglied des Frauenaktionsausschusses der Hamburger MSPD. Sie forderte im Namen ihrer Genossinnen ein Aktionsprogramm zur Frauenfrage:

> „Wenn wir das Parteiprogramm, wie es jetzt vorgelegt worden ist, durchlesen, dann müssen wir feststellen, daß man die Frauenfrage als solche gar nicht behandelt hat, daß man sie nur als Teil der allgemeinen politischen Arbeit erörtert hat ... Die Leitgedanken die gestern von hoher Warte aus von der Genossin Schöfer dargelegt worden sind, müssen verbunden mit den praktischen Forderungen, im Parteiprogramm so kurz wie möglich zusammengefaßt werden. Die ideale Erfüllung dieser Forderung wäre für uns ein Aktionsprogramm."[130]

Grete Zabe, ebenfalls Mitglied des Frauenaktionsausschusses der Landesorganisation, bekräftigte die Forderung nach einem Frauen-Aktionsprogramm:

> „Dieses Aktionsprogramm (wird) nur deshalb gefordert, weil wir alle fühlen, daß die Männer die Gleichberechtigung der Frauen innerhalb der Bewegung nicht ganz ernst nehmen. Wir Frauen sind alle der Auffassung: Frauenrechte sind Menschenrechte, aber unsere Männer handeln nicht danach, auch nicht innerhalb der Partei."[131]

Um ihr Ziel durchzusetzen, hatten die Hamburger Genossinnen gemäß dem Beschluß einer Frauenmitgliederversammlung der Landesorganisation einen entsprechenden Antrag auf der Frauenkonferenz eingebracht, den sie jedoch auf Anregung von Marie Juchacz zurückzogen, die vorgeschlagen hatte, statt dessen die schriftlich vorliegenden Leitsätze zum Themenschwerpunkt Sozialpolitik und Wohlfahrtspflege als Resolution zu verabschieden.[132] Die Diskussion der Reichsfrauenkonferenz über die neue geschlechtsspezifische Emanzipationsstrategie blieb in der Gesamtpartei zwar ohne Resonanz, doch in der Frauenorganisation setzte eine breite Debatte ein, die systematisch durch das Reichsfrauenbüro gefördert wurde. Die ‚Gleichheit' berichtete ausführlich über die Görlitzer Frauenkonferenz[133]. Das Referat Sophie Schöfers kam im Februar 1922 als Broschüre heraus[134]. In der SPD-Presse erschien eine ganze Reihe von Artikeln, die sich mit der neuen Emanzipationsstrategie beschäftigten[135].

Mit der geschlechtsspezifischen Emanzipationsstrategie revidierten die Führerinnen der MSPD-Frauenbewegung zu Beginn der Weimarer Republik offiziell die sozialistische Emanzipationstheorie. Der alte Grundsatz, daß die wirtschaftliche und kulturelle Gleichberechtigung des weiblichen Geschlechts nur durch eine sozialistische Revolution zu verwirklichen sei, hatte seine Gültigkeit verloren. Die außerhäusliche Erwerbsarbeit der Frau wurde nicht mehr als unabdingbare Voraussetzung für ihre individuelle und gesellschaftliche Emanzipation betrachtet. Bereits im Kaiserreich waren diese beiden Grundgedanken der sozialistischen Emanzipationstheorie in der SPD zwar immer häufiger in Frage gestellt worden. Doch erst seit Beginn der Weimarer Republik, mit dem Wandel der SPD zu einer staatstragenden Reformpartei, war eine offizielle Revision notwendig und möglich geworden. Da die Durchsetzung der Menschenökonomie als spezifischer

Kulturauftrag der Frau im Zentrum der neuen Emanzipationstheorie stand, veränderte sich der Schwerpunkt in der Strategie: Nicht mehr der Produktions-, sondern der Reproduktionsbereich stand im Mittelpunkt. Folge war, daß die MSPD-Frauenorganisation in ihrer Politik stärker als in der Vorkriegszeit die Probleme der arbeitenden Frau als Hausfrau und Mutter aufgriff.[136]

Die theoretischen Vorstellungen zur Frauenfrage, die die MSPD-Frauenbewegung seit Beginn der Weimarer Republik vertrat, unterschieden sich nur noch wenig vom Konzept der „organisierten Mütterlichkeit" des gemäßigten Flügels der bürgerlichen Frauenbewegung[137]. Doch trotz der weitreichenden Übereinstimmung im Verständnis der Frauenfrage lehnten es die Führerinnen der MSPD-Frauenorganisation weiterhin ab, dem BDF beizutreten. Lediglich eine punktuelle Zusammenarbeit zwischen sozialdemokratischer und bürgerlicher Frauenbewegung hielten sie für zweckmäßig. *Hedwig Wachenheim* [138] begründete diese Position in einem Vortrag zur „Vereinsarbeit" auf der Görlitzer Frauenkonferenz vorrangig mit den konträren Positionen, die sozialdemokratische und bürgerliche Frauenbewegung bei sehr vielen Frauenproblemen vertraten.[139] Diese Differenzen zeigten sich besonders deutlich in der parlamentarischen Frauenarbeit: Zwar waren Hauptttätigkeitsfelder der weiblichen Abgeordneten aller Parteien in der Nationalversammlung und im Reichstag ebenso wie in der Hamburgischen Bürgerschaft Sozialpolitik und Wohlfahrtspflege, Bevölkerungspolitik und Gesundheitsfürsorge, Jugendfürsorge und –pflege, Bildungs- und Schulpolitik sowie Ehe- und Familienrecht[140], doch in diesen Fragen vertraten sie häufig unterschiedliche Auffassungen. Klassenlage, Weltanschauung und Parteizugehörigkeit, nicht vorrangig das Geschlecht, gaben in der Regel auch dann den Ausschlag, wenn sie über Frauenprobleme im weitesten Sinne eine politische Entscheidung zu treffen hatten.[141] Zentraler Bereich, in dem bürgerliche und sozialdemokratische Frauen in den zwanziger Jahren außerhalb des Parlaments zusammenarbeiteten, war die praktische Sozialarbeit[142].

Politische Konsequenz der geschlechtsspezifischen Emanzipationsstrategie war eine reformistische Frauenpolitik: Zum Hauptttätigkeitsfeld der Genossinnen innerhalb der Partei wurden Sozialpolitik und Wohlfahrtspflege. Zwar hatte die sozialdemokratische Frauenbewegung auch schon vor und vor allem während des Ersten Weltkriegs praktische soziale Arbeit betrieben, doch nach der Novemberrevolution wurde diese systematisch ausgebaut; organisatorischer Rahmen hierfür war die im Dezember 1919 gegründete ‚Arbeiterwohlfahrt'[143]. Die Thematik beherrschte in den ersten Jahren nach Kriegsende den Inhalt der ‚Gleichheit'[144] ebenso wie die Diskussionen auf den Reichs- und Bezirksfrauenkonferenzen[145]; dies galt auch für den Bezirk Hamburg-Nordwest[146]. Zum Hauptmittel gesellschaftlicher Veränderungen im Interesse der Frauen wurden die Mitarbeit in Partei und Parlament. Die Gewinnung der Frau als Wählerin galt als eine zentrale Aufgabe der sozialdemokratischen Frauenorganisation.

Das Frauenwahlrecht zwang die SPD, „der Agitation unter den Frauen eine weit höhere Aufmerksamkeit zu widmen als bisher"[147]. Die Partei versuchte gemäß dem Ziel, eine Volkspartei zu werden, Frauen aller arbeitenden Bevölkerungskreise anzusprechen, indem sie deren schichtenübergreifende Interessen als Staatsbürgerinnen, Hausfrauen und Mütter in den Mittelpunkt ihrer Frauenagitation stellte[148]. Deren Hauptmittel waren in den ersten Nachkriegsjahren öffentliche Frauenversammlungen mit Referat und anschließender Diskussion, für die mit Anzeigen, Handzetteln und Flugblättern geworben wurde. Bis 1923 organisierte der Frauenaktionsausschuß jährlich ein bis zwei zentrale Frauenversammlungen im Gewerkschaftshaus, zu denen er bekannte Funktionärinnen aus dem gesamten Reichsgebiet als Rednerinnen einlud. Hauptthema waren neben bevölkerungs- und sozialpolitischen Problemen tagespolitische Fragen[149]. Darüber hinaus führten die Frauenausschüsse aller größeren Parteidistrikte in den Wahlkampfzeiten kleinere Frauenversammlungen durch[150]. Mit der Zuspitzung der Inflation, fehlten immer häufiger die Mittel für öffentliche Frauenversammlungen. Das Interesse der Frauen an jeder Form der

Parteiagitation ließ zudem außerordentlich nach. Der Tätigkeitsbericht der SPD-Landesorganisation Hamburg für die Jahre 1921 bis 1924 konstatierte rückblickend:

> „Auch die Frauenbewegung stand die letzten Jahre unter dem Zeichen der Inflation. Gerade die Frauen waren es, die unter der Inflation am meisten zu leiden hatten. War es doch ihre Aufgabe, dafür zu sorgen, daß das vom Manne verdiente Geld nicht entwertete, daß sofort Lebensmittel und anderes zum Leben Notwendige gekauft wurde. Es war daher schwer, in dieser Zeit, in der die Frauen fast nur von den großen Zahlen und Preisen beherrscht waren, sie für irgend etwas anderes zu interessieren, und daher war auch der Besuch der Veranstaltungen durchweg ein sehr mangelhafter."[151]

Neben der Versammlungsagitation versuchte die Partei die Frauen in Wahlkampfzeiten mit speziellen Flugblättern und Plakaten anzusprechen. Der Umfang dieser Agitation, die bis 1933 systematisch ausgebaut wurde[152], war erheblich. Anläßlich der Wahl zur Nationalversammlung im Januar 1919 ließ die Parteiführung beispielsweise nicht nur ein Plakat mit dem Motto „Gleiche Rechte – Gleiche Pflichten. Frauen wählt sozialdemokratisch!" drucken, sondern stellte als Agitationshilfen auch eine kleine Broschüre mit „Material für Redner" sowie zwölf verschiedene Frauenflugblätter zur Verfügung[153]. Der Landesvorstand der Hamburger SPD verteilte darüber hinaus zwei eigene Frauenflugblätter in einer Auflage von jeweils 370.000 Exemplaren[154]. Aufgabe der Genossinnen war es in den Wahlkämpfen die Flugschriften und Broschüren an die Frau zu bringen.

Als wichtigstes Mittel zur kontinuierlichen Agitation, Information und Schulung der Frauen galt die Parteipresse[155]. Zentrales Organ der MSPD-Frauenbewegung blieb bis zur inflationsbedingten Einstellung im September 1923 die ‚Gleichheit', deren Redaktion im Mai 1919 Clara Bohm-Schuch übernahm. Sie wurde im Januar 1922 von ihrer Mitarbeiterin *Elli Radtke-Warmuth* [156] abgelöst, die sich nach dem Zusammenschluß von MSPD und USPD die Schriftleitung mit Mathilde Wurm teilte, der Chefredakteurin der eingestellten USPD-Frauenzeitschrift ‚Die Kämpferin'.[157] Mit dem Redaktionswechsel im Frühjahr 1919 änderte sich die Konzeption der ‚Gleichheit' erneut: Angesichts des Frauenwahlrechts, das zu einer verstärkten Frauenagitation zwang, sollte die Zeitschrift zu einem aktuellen und populären „Massenblatt" ausgestaltet werden, das auch sogenannte „indifferente" Frauenschichten ansprach. Politisches Ziel wurde die Ausbildung der Frauen zu „Staatsbürgerinnen", „Kulturträgerinnen" und „Erzieherinnen". Mehr Aktualität hoffte die Redaktion durch das wöchentliche Erscheinen der Zeitschrift zu erreichen, das im Juli 1919 eingeführt wurde und mit dem Wechsel des Verlagsortes von Stuttgart nach Berlin, dem Druckort, verbunden war. Vorher war das Blatt lediglich alle 14 Tage herausgekommen. Mehr Popularität wollte sie durch eine veränderte Schwerpunktsetzung des Inhalts erlangen. Die politische Berichterstattung sollte zwar nach wie vor im Vordergrund stehen, doch neben tagespolitischen Fragen sollten in stärkerem Maße Probleme der Sozial- und Kommunalpolitik aufgenommen werden. Größeres Gewicht wollte die Leitung zudem auf die Behandlung aller Fragen legen, die Frauen als Hausfrauen und Mütter betrafen. Darüber hinaus sollte das Feuilleton erweitert werden, dessen Ziel nicht mehr vorrangig kulturelle Bildung war, sondern Erbauung und Unterhaltung. Als zentrales Mittel der Popularisierung wurde die neue illustrierte Beilage ‚Die Frau und ihr Haus' angesehen, die seit Juni 1919 halbmonatlich erschien und die alte Beilage ‚Für unsere Hausfrauen und Mütter' ablöste.[158] Die Kinderbeilage kam weiter heraus, seit April 1921 unter dem neuen Titel ‚Kinderland'[159]. Neben der Agitation der „indifferenten Frauen" sollte die ‚Gleichheit' nach wie vor der Information und Schulung der Genossinnen dienen und ihre Frauenarbeit anleiten. Die Redaktion betrachtete die Zeitschrift als „geistiges Bindeglied zwischen den Genossinnen" und legte deshalb besonderen Wert auf Berichte aus der Frauenbewegung, von denen sie sich Anregungen für die Praxis erhoffte[160]. An dieser Konzeption der ‚Gleichheit' änderte sich nach der Vereinigung von MSPD und USPD nichts, lediglich der Ton der politischen Artikel wurde kämpferischer[161]. Die Erscheinungsform mußte jedoch aufgrund der inflationären Preisentwicklung mehrfach umgestellt werden: Ab Januar 1921 kam die Zeitschrift wieder vierzehntägig heraus, im April 1922 wurde ihr Umfang reduziert und zudem die Beilage ‚Die Frau und ihr Haus' eingestellt[162].

Das Ziel, die ‚Gleichheit' zu einem „Massenblatt" zu machen, wurde nicht erreicht. Trotz aller Bemühungen um eine „Popularisierung" sank die Auflage 1919/20 innerhalb eines Jahres von 33.000 auf 11.000. Hauptursache hierfür waren nach Ansicht des Parteiausschusses, der Anfang Dezember 1920 über den Abonnentenrückgang des Blattes diskutierte, Probleme des Vertriebs und der Expedition. Beschlossen wurde deshalb, „eine Art Preßkommission zu bestimmen", die beides überwachen sollte[163]. Der Auflagenrückgang konnte bis Ende 1921 teilweise wieder ausgeglichen werden, die Auflagenhöhe stieg auf 25.000 an. Doch erst nach dem Zusammenschluß von MSPD und USPD nahm die Auflagenzahl des Blattes deutlich zu, Ende 1922 lag sie bei 36.000 .[164] Selbst von den Genossinnen hatte nur ein kleiner Teil die Zeitschrift abonniert, 1919 waren es nicht mehr als 16 %, 1920 nur noch 7 %. Um eine größere Verbreitung der ‚Gleichheit' unter den weiblichen Parteimitgliedern zu erreichen, stellte die Reichsfrauenkonferenz 1920 an den Kasseler Parteitag den Antrag auf obligatorische Lieferung der Zeitschrift; im Jahr 1921 wiederholte die Hamburger Landesorganisation einen entsprechenden Antrag auf dem Görlitzer Parteitag. In beiden Fällen wurde er an den Parteivorstand überwiesen, der ihn in Übereinstimmung mit dem Parteiausschuß ablehnte. Die meisten Parteibezirke befürchteten, daß die Erhöhung des Mitgliedsbeitrages für die Frauen, die aufgrund der ungünstigen Finanzlage der Partei zwangsläufig die Folge einer obligatorischen Lieferung des Blattes gewesen wäre, zu einem weiteren Rückgang der weiblichen Mitgliederzahl führen würde.[165]

Auch in Hamburg hatte nach wie vor nur ein kleiner Kreis der Sozialdemokratinnen die ‚Gleichheit' abonniert. Hauptgrund für die geringe Verbreitung scheint neben mangelndem Interesse die Geldknappheit gewesen zu sein; viele Arbeiterfamilien konnten sich nur die SPD-Tageszeitung – das ‚Hamburger Echo' – leisten, das 80 bis 90 % der sozialdemokratischen Haushalte lasen[166]. Als eine der ersten Parteizeitungen führte das Blatt im September 1919 eine ‚Frauen-Beilage' ein, die monatlich in vierseitigem Umfang erschien. Daneben richtete es die wöchentliche Rubrik „Für unsere Frauen" ein. Die Betreuung der ‚Frauen-Beilage' und der ‚Frauenecke' übertrug die Redaktion *Louise Wegbrod*, der ersten weiblichen Redakteurin, die daneben für die Jugendbeilage und das Feuilleton verantwortlich war[167]. Die ‚Frauen-Beilage des Hamburger Echo' beschäftigte sich mit allen Aspekten der Frauenfrage: ideologischen und politischen Grundproblemen der Frauenbewegung, frauenpolitischen Tagesforderungen und alltäglichen Frauenproblemen.[168] Autorinnen waren überwiegend leitende Funktionärinnen der Landesorganisation, die ihre Artikel speziell für die ‚Frauen-Beilage' schrieben. Daneben wurden auch Beiträge führender Funktionärinnen des Reiches aufgenommen[169]. Im Feuilleton dominierten neben kulturhistorischen Betrachtungen und Erzählungen Gedichte, vor allem von norddeutschen Poeten wie Hermann und Matthias Claudius und Theodor Storm sowie Arbeiterdichter(inne)n wie Richard Dehmel und Clara Müller-Jahnke. Die ‚Frauenecke' des ‚Hamburger Echo' enthielt überwiegend Artikel zu aktuellen Frauenfragen, Berichte aus der Frauenbewegung, Rezensionen sowie Veranstaltungshinweise und Termine. Darüber hinaus behandelte das Blatt zentrale frauenpolitische Themen auch im allgemeinen Teil. Im Feuilleton der Tageszeitung fanden die Leserinnen regelmäßig einen Fortsetzungsroman; am häufigsten wurden zwischen 1919 und 1933 sozialkritische Autoren wie Martin Andersen-Nexö, Jack London und Upton Sinclair und Arbeiterdichter wie Max Barthel und Willy Harms abgedruckt.[170] Bei den Hamburger Genossinnen war das „Echo" außerordentlich beliebt. In fast allen Frauengruppen der Landesorganisation wurden wichtige frauenpolitische Artikel aus dem Blatt vorgelesen und diskutiert.[171]

Reichsweit galt das ‚Hamburger Echo' in der SPD-Frauenorganisation als vorbildlich[172]. Louise Wegbrod, die bis 1933 zu den wenigen sozialdemokratischen Redakteurinnen im Reich gehörte, arbeitete eng mit dem Frauenaktionsausschuß zusammen, der regelmäßig mindestens eine Genossin für die Pressekommission aufstellte[173]. Anders als in der Gesamtpartei hatte die Frauenorganisation in der Hamburger SPD so relativ starken Einfluß auf die Pressearbeit. Im allgemeinen wurden die Parteizeitungen ausschließlich von Männern gemacht und kontrolliert[174]. Deren spießbürgerliches Frauenbild bestimmte die Gestaltung der Frauenbeilagen und -ecken. Sie bemühten sich im redaktionellen Teil wie im Feuilleton, das zumeist auch als eine Art Frauenbeilage angesehen wurde, „weitestgehende Konzessionen an das zu machen", was sie sich unter dem „Geschmack der Frau" vorstellten: „Skandalgeschichten, Histörchen und Courths-Mahler-Romane"[175].

Insgesamt trug die MSPD-Frauenpresse in den ersten Jahren der Weimarer Republik entscheidend zur Verbreitung der Grundgedanken der neuen geschlechtsspezifischen Emanzipationsstrategie und des ihr zugrundeliegenden pseudo-egalitären Geschlechterbildes unter den engagierten Genossinnen der sozialdemokratischen Frauenbewegung bei.

4.1.3.2 Kontroversen um die Emanzipationsstrategie

Bis zum Zusammenschluß von MSPD und USPD wurden in der mehrheitssozialdemokratischen Frauenbewegung nur vereinzelt Stimmen laut, die die neue geschlechtsspezifische Emanzipationsstrategie und ihre Folgen für Politik und Agitation in Frage stellten[176]. Kritik kam überwiegend aus den Reihen der Unabhängigen. Die leitenden USPD-Genossinnen lehnten vor allem die Zuweisung geschlechtsspezifischer Tätigkeitsfelder in der Politik ab. Luise Zietz, bis zu ihrem Tod im Januar 1922 Führerin der USPD-Frauenbewegung, hatte die neue Emanzipationsstrategie der MSPD-Frauenorganisation bereits im Februar 1919 in der Nationalversammlung kritisiert. Anlaß waren die zitierten Ausführungen ihrer Vorrednerin Marie Juchacz:

> „Bisher faßten die Sozialdemokratinnen die staatsbürgerliche Gleichberechtigung der Frau nicht so auf, daß bestimmte Gebiete des öffentlichen Lebens für die Betätigung der Frau abgetrennt und ihr zugewiesen würden, sondern wir Sozialdemokratinnen haben stets unter der politischen und staatsbürgerlichen Gleichstellung der Frau verstanden, daß die Frau neben dem Mann überall gemeinsam sich betätigen soll."[177]

Die meisten MSPD-Funktionärinnen unterstützten den Wandel von Ideologie und Politik der Frauenbewegung, der in ihren Augen nicht mehr war als eine Anpassung an die gewandelten politischen Verhältnisse. Mit der Einführung der parlamentarischen Demokratie verbanden sie die Hoffnung auf weiterreichende gesellschaftliche Veränderungen und eine gleichberechtigte Einbeziehung der Frauen in die Politik. Doch schon bald wurden ihre Erwartungen enttäuscht. Sie mußten erkennen, daß „das wirkliche Leben ein Hohn auf die Verfassung" war[178]: Trotz der staatsbürgerlichen Gleichstellung waren und blieben Frauen in Wirtschaft, Gesellschaft und Politik erheblich benachteiligt. Selbst eine Anpassung des geltenden Rechts, insbesondere des Bürgerlichen Gesetzbuches und des Strafgesetzbuches, an die Bestimmungen der Verfassung scheiterte. Sichtbarster Ausdruck des geringen Fraueneinflusses in Parteien und Parlamenten war die sinkende Zahl der weiblichen Abgeordneten. Diese Entwicklung verdeutlicht für Nationalversammlung und Reichstag folgende Übersicht:[179]

Von hundert Abgeordneten waren Frauen:

Wahltermin	1919	1920	1924	1924	1928	1930	1932	1932
- insgesamt	8,9	7,9	6,1	6,7	6,7	6,8	6,3	6,3
- SPD-Fraktion	10,9	8,8	11,0	11,5	13,2	11,2	11,3	10,7

Der Frauenanteil hatte in der Nationalversammlung eine bis zum Ende der Weimarer Republik nicht wieder erreichte Höhe. Schon mit der Reichstagswahl im Juni 1920 nahm er erheblich ab, besonders stark war der Rückgang bei der Reichstagswahl im Mai 1924. Die SPD-Fraktion wies bis 1933 die größte Zahl weiblicher Abgeordneter und von Mai 1924 bis September 1930 auch den höchsten Frauenanteil auf. Betroffen waren vom Rückgang des Parlamentarierinnenanteils vorrangig die Fraktionen der bürgerlichen Parteien. Verstärkt wurde die Abnahme des Fraueneinflusses im Reichstag seit 1930 durch das Anwachsen der NSDAP-Fraktion, in deren Reihen sich grundsätzlich keine Frauen fanden, da die Nationalsozialisten deren „staatsbürgerliche Gleichstellung“ ablehnten.

Eine ähnliche Entwicklung wie im Reichstag vollzog sich zwischen 1919 und 1933 in der Hamburgischen Bürgerschaft, in der der Parlamentarierinnenanteil generell höher lag (vgl. Tabelle 59). Der Rückgang des Anteils der weiblichen Abgeordneten war hier allerdings in den ersten Nachkriegsjahren nicht so stark ausgeprägt wie im Reichstag, was nicht zuletzt dadurch verursacht wurde, daß der Frauenanteil in den Fraktionen von DDP und DVP bis 1931 deutlich größer war.

Tab. 59: *Frauen in der Hamburgischen Bürgerschaft. 1919–1933*[180]

Wahltermin	16.3.1919			20.2.1921			26.10.1924		
	Abgeordn. insges.	davon Frauen	%	Abgeordn. insges.	davon Frauen	%	Abgeordn. insges.	davon Frauen	%
- KPD				17	2	11,8	24	2	8,3
- USPD	13	2	15,4	2	0				
- SPD	82	9	12,1	67	7	10,4	53	6	11,3
- DDP	33	4	11,0	23	4	17,4	21	3	14,3
- DVP	13	1	7,7	23	2	8,7	23	2	8,7
- DNVP	4	1	25,0	18	2	11,1	28	2	7,1
Insgesamt	160	17	10,6	160	17	10,6	160	15	9,4

Wahltermin	19.2.1928			27.9.1931			24.4.1932		
	Abgeordn. insges.	davon Frauen	%	Abgeordn. insges.	davon Frauen	%	Abgeordn. insges.	davon Frauen	%
- KPD	27	2	7,4	35	6	17,1	26	5	19,2
- SPD	60	7	11,7	46	5	10,9	49	5	10,2
- DDP/DStP	21	2	9,5	14	1	7,1	18	0	
- DVP	20	2	10,0	7	1	14,3	5	0	
- DNVP	22	2	9,1	9	0		7	0	
Insgesamt	160	15	9,4	160	13	8,1	160	10	6,3

Die großen Hoffnungen, die die Sozialdemokratinnen, wie viele Frauen, zu Beginn der Weimarer Republik hegten, wurden bald durch Enttäuschung und Resignation verdrängt. Ein erheblicher Teil der Frauen, die zu Beginn der Weimarer Republik Mitglied der MSPD geworden waren, trat deshalb schon bald wieder aus der Partei aus.[181] Angesichts der wirtschaftlichen, sozialen und politischen Entwicklung setzte sich unter den leitenden MSPD-Funktionärinnen zunehmend kritischer Realismus durch. Dies zeigte der Augsburger MSPD-Parteitag Ende September 1922, auf dem Johanna Reitze einen Vortrag zum Thema „Die Sozialdemokratie im Kampf um die wirtschaftliche und soziale Stellung der Frau“ hielt. Die Führerinnen der Frauenorganisation hatten den Tagesordnungspunkt durchgesetzt, um der Frauenfrage in der Diskussion der Gesamt-

1924 ein Beitrag zum Thema „Die Frau und die Politik“ erschien, in dem angesichts der allgemeinen „Klage über den Stillstand der Frauenbewegung“ eine Überprüfung der bisherigen Strategie gefordert wurde:

> „Nach dem Umsturz und nach den jeweiligen Wahlen stürzten sich die Frauen mit einem wahren Feuereifer auf die öffentliche Tätigkeit und bevorzugten da meist ein Gebiet, auf dem sie schon nicht mehr fremd waren: die Wohlfahrtspflege ... Es ist ... fraglich, ob es wirklich der richtige Weg war, den die Frau, halb unter eigenem Willen, halb unter Protektion des Mannes einschlug; denn die Stagnation, die wir jetzt in der Frauenfrage beobachten, scheint dagegen zu sprechen. Die Frauen hatten ein Recht, aus der Mütterlichkeit heraus sich der Wohlfahrtspflege zu widmen, noch dazu die Zeit diese Tätigkeit geradezu forderte, und diese Forderung durch das große Elend immerfort zu steigen schien. Aber es fragt sich nur, ist darum ein jahrzehntelanger Kampf unserer tüchtigsten Frauen geführt worden, damit er einzig und allein und fast ausschließlich in der Wohlfahrtspflege verebben sollte?“[213]

Der Artikel kritisierte, daß mit der „ausschließlichen Beschäftigung der Frau in der Wohlfahrtspflege“ eigentlich nichts Neues praktiziert worden wäre. Die geschlechtsspezifische Arbeitsteilung, die in der Familie vorherrschte, wäre lediglich in der Politik fortgesetzt worden. Die Frau hätte die „alte Tradition“ weitergetragen, „sich zuerst als Mutter zu fühlen und aus diesem Gefühl heraus auch ihre öffentliche Tätigkeit einzurichten“:

> „Unter der Dornenkrone der Mütterlichkeit, unter der sie vom Manne einst entrechtet worden war, in der sie der Mann auch heute noch am liebsten sieht, ... begann sie ihre neue Tätigkeit und belastete sich dadurch zu schwer mit alter Tradition ... Verkehrt war es, daß sich die Frau aus ihrem engen Gesichtskreis heraus verleiten ließ, in einem engen Tätigkeitsgebiet gefangen zu bleiben, weil es noch lange nicht ausgemacht ist, daß dies der einzig naturgegebene Weg für die Frau bedeutet.“

Durch die Selbstbeschränkung auf die soziale Arbeit würden die Frauen ihrem Ziel, der umfassenden Emanzipation des weiblichen Geschlechts, nicht näher kommen.

Diese Auffassung wurde von den meisten jüngeren Funktionärinnen der Hamburger SPD geteilt, die in der zweiten Hälfte der zwanziger Jahre immer mehr Leitungsaufgaben in der Frauenorganisation übernahmen. Zu ihnen gehörten u.a. Thea Asmus, Hedwig Günther, *Edith Hommes-Knack*, Paula Karpinski, Erna tum Suden und Erna Wagner. Aufgrund ihrer Erfahrungen in der SAJ, den Jungsozialisten bzw. der Sozialistischen Studentengruppe, wo sie als „gleichberechtigte Genossinnen“ mitgekämpft hatten, wollten sie sich auch innerhalb der SPD nicht auf ein spezielles Tätigkeitsfeld abdrängen lassen. Sie erstrebten eine Politisierung der Frauenarbeit, die ihnen nicht aktiv und kämpferisch genug war, und forderten, daß die Frauenagitation auch die Probleme der erwerbstätigen Frauen aufgreifen müßte. Nur durch diese Neuorientierung von Frauenarbeit und Frauenagitation ließen sich junge ledige Frauen als Wählerinnen, vor allem aber als Genossinnen gewinnen. Sie hofften, daß diese „belebenden Ideen“ in die Frauenbewegung hineintragen würden und so deren „großer Stagnation“ begegnet werden könnte.[214] Die Führung der Hamburger Frauenorganisation, deren Mehrheit Mitte der zwanziger Jahre noch die geschlechtsspezifische Emanzipationsstrategie vertrat, griff zunächst nur die Anregung auf, sich in der Agitation verstärkt um die erwerbstätigen Frauen zu bemühen. Seit 1927 gab sie vor allem in Wahlkampfzeiten für diese Frauengruppe Extra-Flugblätter heraus und organisierte eine Betriebsagitation.[215]

Auch im Reich waren es zuerst vorwiegend jüngere Funktionärinnen, die die geschlechtsspezifische Emanzipationsstrategie kritisierten. Zwei Artikel, die 1926 in den ‚Jungsozialistischen Blättern‘ erschienen, lösten eine heftige Debatte auf der Kieler Reichsfrauenkonferenz im Mai 1927 aus. Ihre Verfasserin *Dora Fabian*, eine ehemalige Mitarbeiterin von Marie Juchacz, forderte die SPD-Frauenorganisation zu einer Rückbesinnung auf die sozialistische Emanzipationstheorie auf: Die Frauen der Arbeiterschaft müßten in erster Linie zu „proletarischen Klassenkämpferinnen“ erzogen werden, nicht zu „Staatsbürgerinnen“ und „Wohlfahrtstanten“.[216] Auf der Kieler

Frauenkonferenz wurde diese Kritik zwar von führenden Funktionärinnen scharf zurückgewiesen[217], doch von vielen Delegierten scheint sie geteilt worden zu sein; dies zeigt die Reaktion auf den Tagungsbeitrag Dora Fabians in dem sie ihre Position bekräftigte[218].

Die Forderung nach einer Rückkehr zur sozialistischen Emanzipationstheorie stieß in der SPD-Frauenbewegung auf immer größere Resonanz. Diese Entwicklung wurde durch die Erfahrung von Antifeminismus und Geschlechterkonkurrenz in den eigenen Reihen gefördert[219]. Die Genossinnen erkannten mehr und mehr, daß die staatsbürgerliche Gleichstellung der Frau wenig brachte, solange sie in Wirtschaft, Gesellschaft und Politik diskriminiert blieb. Die Führung der SPD-Frauenorganisation griff die Forderung nach Rückbesinnung auf die alte sozialistische Emanzipationstheorie partiell auf. Dies zeigte der Magdeburger Parteitag im Mai 1929, auf dem Marie Juchacz ein Referat zum Thema „Die Frau in Politik und Wirtschaft" hielt. Ausgangspunkt ihres Vortrags war die Feststellung, daß in der Frauenfrage die wirtschaftliche Lage entscheidend sei. In den Mittelpunkt ihrer Ausführungen stellte sie deshalb die Frauenerwerbsarbeit: Sie analysierte deren Entwicklung, beschrieb deren volkswirtschaftliche Bedeutung und umriß die sozialdemokratischen Vorschläge zur Verbesserung von Entlohnung und Arbeitsbedingungen der erwerbstätigen Frauen. Gegen die Parole „Entlassung aller Doppelverdiener" gewandt, mit der sie sich kritisch auseinandersetzte, betonte sie den alten Grundgedanken der sozialistischen Emanzipationstheorie, daß die Erwerbsarbeit nicht nur eine ökonomische Notwendigkeit sei, zu der die Not die Frauen zwinge, sondern auch eine entscheidende Voraussetzung für ihre ökonomische Unabhängigkeit und damit für die wirtschaftliche und gesellschaftliche Emanzipation des weiblichen Geschlechts. Dem Konkurrenzkampf der Geschlechter auf dem Arbeitsmarkt könne nur durch eine gemeinsame Organisation von Frauen und Männern begegnet werden.[220] Unabhängig von dieser Rückkehr zu einem zentralen Grundgedanken der sozialistischen Emanzipationstheorie vertrat Marie Juchacz auf dem Parteitag nach wie vor ein pseudo-egalitäres Geschlechterbild. Die geschlechtsspezifische Emanzipationsstrategie wurde von ihr nicht grundsätzlich in Frage gestellt; demgemäß empfahl sie nach wie vor Sozialpolitik und Wohlfahrtspflege als „naturgemäß" weibliche Tätigkeitsfelder.[221]

Kritik an der geschlechtsspezifischen Emanzipationsstrategie übte in der Parteitagsdiskussion Anna Siemsen, die in ihrem Beitrag als Alternative die Theorie von der „besonderen Klassenlage der Frauen" vorstellte. Einleitend betonte sie, daß es eine „reine Frauenpolitik und reine Frauenangelegenheiten" nicht gäbe, sondern nur „allgemein gesellschaftliche Angelegenheiten, die allerdings vom Männer- und Frauenstandpunkt aus gesehen ein etwas anderes Gesicht" bekämen. Aber nicht aufgrund angeborener Wesensunterschiede, sondern aufgrund der „besonderen Klassenlage der Frauen". Weil sie später als die Männer in den kapitalistischen Produktionsprozeß eingetreten seien, würden sie darin auch in der Gegenwart noch eine erheblich unterdrücktere und unselbständigere Stellung einnehmen. In allen Bereichen wären Frauen in den allerungünstigsten Positionen tätig. Darin läge eine große Gefahr für die Arbeiterbewegung wie für das ganze Proletariat: die Geschlechterkonkurrenz, die sich in wirtschaftlichen Krisenzeiten auch in der SPD und den Gewerkschaften vermehrt zeige. Der männliche Kampf gegen die weibliche Erwerbsarbeit, gegen die gesellschaftliche Gleichstellung der Frau, hindere diese daran Klassenbewußtsein und Solidaritätsgefühl zu entwickeln. Diese Gefahr werde erhöht durch die Doppelstellung der Frau innerhalb der Gesellschaft. Im Gegensatz zum Mann, dessen Klassenlage eindeutig durch seine Berufszugehörigkeit bestimmt sei, der keine Möglichkeit habe, außerhalb der Erwerbsarbeit seine Existenz zu sichern, erscheine der Frau die Ehe als Möglichkeit zur Lebenssicherung oder gar zum Klassenaufstieg. Infolge ihrer traditionellen, kulturbedingten Fixierung auf die Familie und ihrer wirtschaftlichen Abhängigkeit vom Mann sei die Frau viel schwieriger zu organisieren. Einzige Strategie mit der dieser Schwierigkeit entgegengewirkt werden könne, sei einerseits eine wirkliche

Geschlechtersolidarität in der Arbeiterbewegung, andererseits eine „unermüdliche, tiefgreifende und grundsätzliche theoretische Aufklärung" der Frau, die sie brauche um ihre spezifische Klassenlage zu erkennen. An beidem fehle es bisher. Die Ausführungen Anna Siemsens wurden auf dem Parteitag mit „lebhaftem Beifall" aufgenommen. Einen Monat nach dem Parteitag erhielt sie die Möglichkeit, ihre Überlegungen in der ‚Genossin' zu publizieren.[222]

Die Theorie von der „besonderen Klassenlage der Frauen", deren Protagonistin Alice Rühle-Gerstel war, verband Grundgedanken der alten sozialistischen Emanzipationstheorie mit den neuen Erkenntnissen der kulturhistorischen Geschlechterpsychologie und der Individualpsychologie[223]. Vertreten wurde sie vorrangig von jüngeren SPD-Funktionärinnen. In der Hamburger Frauenorganisation gewann sie in den letzten Jahren der Weimarer Republik besonders großen Einfluß. Hier übernahm Ende der zwanziger Jahre eine jüngere Funktionärinnengeneration die Führung[224], die dieses theoretische Konzept vertrat und versuchte, daraus praktische Konsequenzen für die innerparteiliche Frauenarbeit und die Frauenagitation zu ziehen. Einerseits bemühte sie sich, die geschlechtsspezifischen Interessen der Frauen noch konsequenter zu vertreten; u.a. deshalb betrieb sie 1929 die Gründung der ‚Hauswirtschaftlichen Vereinigung' und unterstützte 1930 den Aufbau der ‚Ortsgruppe des Reichsverbandes für Geburtenregelung und Sexualhygiene'[225]. Andererseits regte sie eine stärkere Aufklärung der Frauen über Grundfragen der Emanzipationsstrategie und Probleme der Tagespolitik in Frauenagitation und parteiinterner Frauenarbeit an[226] und bemühte sich um einen systematischen Ausbau der Frauenschulung; seit Ende der zwanziger Jahre führte der Frauenaktionsausschuß verstärkt Frauenkurse durch, deren Hauptzielgruppe jüngere Genossinnen und Funktionärinnen waren[227]. Beliebteste Referentin dieser Frauenkurse war Anna Siemsen, die zwischen 1928 und 1932 wiederholt mit deren Leitung beauftragt wurde[228]. Elfriede P. besuchte Anfang 1931 einen Kurs mit Anna Siemsen. Sie berichtet:

> „Anna Siemsen hat uns Frauen ... in die Geschichte der Arbeiterbewegung eingeführt. Sie hat uns die Zusammenhänge zwischen der Berufstätigkeit und der Frauenbefreiung klargemacht ... Dieser Kursus ging über drei, vier Wochen. Er fand immer abends, zweimal in der Woche statt. Anna Siemsen hat sich gerade für die Frauenfrage innerhalb der Partei sehr stark gemacht ... Die Resonanz auf ihre Kurse war ... sehr groß ... Zu ihr sind die Frauen immer sehr gern hingegangen. Wir waren bei diesem Kurs zwischen 40 und 50 Frauen. Ich glaube die Zahl der Teilnehmerinnen ist beschränkt worden, weil man ja sonst nicht arbeiten kann. Dieser Kurs war nur für Frauen aus dem Unterbezirk Hamburg. Mit Anna Siemsen sind etliche Kurse in Hamburg gelaufen. Es waren immer mal wieder andere Frauen da, von daher sind wahrscheinlich eine ganze Menge Sozialdemokratinnen erfaßt worden."

Die intensive Frauenbildungsarbeit förderte in der Hamburger SPD-Frauenorganisation zwar die Verbreitung des theoretischen Konzepts von der „besonderen Klassenlage der Frauen" insbesondere unter den jungen Funktionärinnen, doch die Masse der Genossinnen, die sich nach wie vor wenig mit Problemen der Theorie beschäftigte, vertrat weiterhin eine Anschauung zur Frauenfrage, die eher der geschlechtsspezifischen Emanzipationsstrategie entsprach: ein mehr oder minder reflektiertes Konglomerat aus pseudo-egalitärem Geschlechterbild, allgemeinen Aussagen zur Frauenemanzipation und frauenpolitischen Tagesforderungen der SPD.

4.1.3.3 Frauenbewegung, Antifeminismus und Nationalsozialismus

Die politische Brisanz der Theorie von der „besonderen Klassenlage der Frauen" zeigte sich in den letzten Jahren der Weimarer Republik. Der wachsende Einfluß der NSDAP, der nach der Reichstagswahl im September 1930 unübersehbar geworden war, zwang die sozialdemokratische Frauenbewegung, sich mit dem Thema „Nationalsozialismus und Frauen" auseinanderzusetzen. In der SPD herrschte allgemein die Ansicht vor, daß ein erheblicher, wenn nicht der überwiegende

(Volk und Zeit. Illustrierte Beilage des Hamburger Echo, Nr. 15, 1931)

Teil aller „Naziwähler" Frauen gewesen seien[229]. Deshalb beschäftigte die leitenden Genossinnen vor allem die Frage, warum eine so offensichtlich frauenfeindliche Partei wie die NSDAP von Frauen gewählt wurde. In der Hamburger Frauenorganisation setzten sich die jüngeren Funktionärinnen besonders intensiv mit diesem Problem auseinander. Dabei nutzten sie die neue Theorie, um die sozialen und psychologischen Voraussetzungen des nationalsozialistischen Masseneinflusses zu erklären.[230] Schon im Juni 1930, zwei Monate vor der Reichstagswahl, erschien in der ‚Frauen-Beilage des Hamburger Echo' der erste Artikel hierzu. Die Autorin Edith Hommes-Knack kennzeichnete das vorherrschende traditionelle Frauenbild als eine entscheidende Ursache für den zunehmenden Einfluß der NSDAP. Ihre frauenfeindlichen Parolen, wie „Die Frau gehört ins Haus!" und „Politik ist Männersache!", fänden selbst innerhalb der Arbeiterschaft breite Zustimmung. Diese Feststellung verband sie mit deutlicher Kritik an der Politik von Partei und Frauenorganisation:

> „Daß so mittelalterliche Ansichten bei einem großen Teil der Bevölkerung heute noch möglich sind, liegt nicht zuletzt daran, daß *wir* diese Fragen in den letzten Jahrzehnten noch nicht genügend klären und bewältigen konnten. Der großen Masse, auch der Arbeiterschaft, ist die Forderung nach Gleichberechtigung der Frau, die Überzeugung von der Gleichwertigkeit der Frau noch lange nicht in Fleisch und Blut eingegangen. Die Arbeiter lassen sie sich vortragen, sie sagen auch nicht immer etwas dagegen, aber der alte Hauspascha schlummert noch gefährlich in ihnen. Wie in großen Mengen der Arbeiterschaft noch höchst gefährlich der *Antifeminismus* schlummert."[231]

Der mangelhaften sozialistischen Aufklärung und der fehlenden Auseinandersetzung mit dem proletarischen Antifeminismus, die „um der großen Zahl" der Mitglieder und Wähler willen früher unterlassen wurden, müsse es die SPD zuschreiben, daß unorganisierte, von der Politik der Partei enttäuschte Arbeiter leicht geneigt seien, zur NSDAP überzugehen, die sich auch sozialistisch nenne und obendrein ihren „reaktionären Ansichten über das tägliche Leben so bequem" entgegenkomme. Die Frauen, die in der Arbeiterbewegung „ihr Recht und ihre Anerkennung nicht finden" würden, schlössen sich den Nazis an, weil diese ihnen „wenigstens schöne Phrasen, die Erhaltung der Familie und ihren starken Arm" versprächen. Ursache ihrer Sehnsucht nach Ehe und Familie seien die übermäßige Ausbeutung im Erwerbsleben und die aus ihr resultierende Berufsmüdigkeit. Daraus folgerte sie:

> „Unser Kampf gegen den Nationalsozialismus muß deshalb intensivste Aufklärungsarbeit sein, er muß zum nicht geringen Teil die endgültige Regelung im Kampf der Geschlechter in unseren eigenen Reihen bringen. Jeder Genosse, der die Frauen in ihrem Kampf um Gleichberechtigung und Wissen nicht unterstützt, schafft Anhänger des Nationalsozialismus ... Jede Mutter, die den Sohn besser behandelt als die Tochter, die die Tochter mit Arbeit belastet, um eine imaginäre gute Hausfrau aus ihr zu machen, und dem Sohn die Freiheit läßt, versündigt sich an der kommenden Frauengeneration und der ganzen Arbeiterklasse."

Die Aufklärung über die frauenfeindliche Politik der NSDAP war seit Herbst 1930 Schwerpunkt der sozialdemokratischen Frauenagitation in der Hansestadt. Versucht wurde insbesondere in der ‚Frauen-Beilage des Hamburger Echo', die Kritik an den antifeministischen Auffassungen der Nationalsozialisten theoretisch zu fundieren und mit der Aufklärung über das eigene Emanzipationskonzept zu verbinden. Charakteristisch hierfür ist die Argumentation eines Artikels von Edith Hommes-Knack, der im Mai 1932 erschien:

> „Die Schicksalsverbundenheit der frauenrechtlerischen Bestrebungen mit dem Klassenkampf zwischen Kapital und Arbeit wird immer deutlicher. Wie das kapitalistische Wirtschaftssystem und seine gesellschaftliche Ordnung nur aufrechterhalten werden können, solange es gelingt, die besitzlose, gegen Lohn arbeitende Klasse in Abhängigkeit und Unterdrückung zu halten, so ist auch die wirtschaftliche und rechtliche Abhängigkeit der Frau vom Mann eine der Grundlagen, auf denen die gegenwärtige Ordnung beruht. Es kann das kapitalistische System eine solche gesellschaftliche Umbildung, wie sie die volle Gleichberechtigung der Frauen auf allen Gebieten notwendig mit sich bringen muß, einfach nicht ertragen, und vollends in seinem jetzigen Krisenzustand wehrt es sich darum mit der ihm eigenen Brutalität gegen alles, was den bestehenden gesellschaftlichen

> Aufbau zu erschüttern geeignet ist. Nur so ist die Haltung des Nationalsozialismus, jener vom Großkapital bezahlten politischen Bewegung, gegenüber den Frauen zu verstehen, nur so auch die Haltung aller andern bürgerlichen Parteien.
>
> Der Kampf um Frauenrechte wird somit ganz allein seine politische Stätte in Zukunft nur noch bei der sozialistischen Arbeiterbewegung haben. Auch hier ist er nicht leicht. Zwar sind die ideellen und prinzipiellen Grundlagen seit langem durch den Marxismus eindeutig gegeben. Damit sie wirksam werden und auch greifbare und durchgreifende praktische Formen annehmen, gilt es freilich die auch in unserem Lager vorhandene traditionelle Vormachtstellung des Mannes noch zu überwinden."[232]

In der Flugblatt- und Versammlungsagitation wurde die antifaschistische Aufklärung vorrangig mit der Propaganda für die zentralen frauenpolitischen Ziele der SPD verbunden, insbesondere für die Forderungen „Gleiches Recht der Frau auf Erwerb" und „Reform des § 218".

Folge des Wandels in Ideologie und Politik der Hamburger SPD-Frauenorganisation war seit Ende der zwanziger Jahre auch eine Änderung in der Form der Versammlungsagitation: Frauenkundgebungen und -demonstrationen lösten mehr und mehr Frauenfeierstunden und „Frauenwelt-Abende" ab; daneben wurde der Einsatz von Film und Lichtbild ausgebaut. In allen Wahlkämpfen seit 1928 bildete eine zentrale Frauenkundgebung, zu der die Genossinnen – verstärkt durch Kinderfreunde, SAJ und Reichsbanner – in mehreren großen Demonstrationszügen aus allen Stadtteilen anmarschierten, den Höhepunkt der Frauenagitation. Vorbereitet wurde diese Kundgebung durch öffentliche Frauenversammlungen in den Distrikten.[233] In ähnlicher Form beging die Hamburger Frauenorganisation seit 1930 auch den Internationalen Frauentag[234]. Die erste große antifaschistische Frauenkundgebung fand im Februar 1931 zum Thema „Der Nationalsozialismus, eine Gefahr für die Gleichberechtigung der Frau" im großen Saal von ‚Sagebiel' statt. Referentin vor über 3.000 Frauen war Toni Sender. Männern war der Zutritt nicht gestattet; auf diese Weise sollten gewalttätige Auseinandersetzungen zwischen politischen Gegnern, zu denen es in den allgemeinen Versammlungen immer häufiger kam, verhindert werden.[235] Es folgten bis 1933 eine ganze Reihe weiterer Frauendemonstrationen und -kundgebungen gegen den Nationalsozialismus[236].

Die Hamburger SPD-Frauenorganisation gehörte auch in den letzten Jahren der Weimarer Republik zu den aktivsten im Reich: Selbst 1931, in dem Jahr mit den meisten öffentlichen Frauenveranstaltungen seit 1919, führten von den 9.864 Ortsvereinen, lediglich 25 % öffentliche Frauenversammlungen und knapp 12 % Film- und Lichtbildabende durch. Die Versammlungstätigkeit konzentrierte sich auf die städtischen Ortsvereine in den Industrieregionen. Hier zeigte sich die gleiche Tendenz wie in Hamburg: Es wurden weniger Frauenfeierstunden und mehr Frauendemonstrationen und -kundgebungen veranstaltet. Allerorts nahm der Versammlungsbesuch der Frauen zu; sie beteiligten sich in stärkerem Maße als bisher an den allgemeinen politischen Veranstaltungen der Partei.[237] Ihre Organisationsbereitschaft wurde durch die zugespitzten politischen Auseinandersetzungen ebenfalls gefördert. Spezifische Folge der veränderten Ausrichtung sowie der Intensivierung der Frauenagitation der Hamburger SPD war vermutlich der überdurchschnittlich starke Anstieg der weiblichen Mitgliederzahl seit Anfang der dreißiger Jahre, der den des Reiches insbesondere 1931/32 deutlich übertraf (vgl. Tabelle 64).

Auch auf Reichsebene setzte sich die sozialdemokratische Frauenbewegung seit der Reichstagswahl im September 1930 mit dem Thema „Frauen und Nationalsozialismus" auseinander[238]. Die Tendenz zur Rückbesinnung auf Grundgedanken der sozialistischen Emanzipationstheorie verstärkte sich. Dies zeigte der Leipziger Parteitag Anfang Juni 1931, der auf Antrag des Frauenbüros zwei wichtige Resolutionen zur Frauenfrage verabschiedete: zum einen eine Stellungnahme zur „Frage der Frauenerwerbsarbeit", in der erneut „gleiches Recht der Frau auf die Erwerbsarbeit" gefordert wurde; zum anderen einen Antrag zum Thema „Frauen und Nationalsozialismus", in dem die Gefährdung der Frauenemanzipation durch den Faschismus beschrieben und die Frauen zum antifaschistischen Kampf aufgerufen wurden.[239]

Die Reichsführung der SPD-Frauenorganisation versuchte seit Ende 1930 die antifaschistische Frauenagitation zu fördern. Die ,Frauenwelt' veröffentlichte erstmals im Oktober 1930 einen Artikel zum Thema „Frauen und Nationalsozialismus". Seitdem erschienen hierzu regelmäßig Beiträge. Zu einem Schwerpunkt wurde die antifaschistische Aufklärung allerdings erst ab Januar 1932. Um die Verbreitung des Blattes zu fördern, erweiterte der Verlag den Umfang und senkte gleichzeitig den Preis.[240] Die ,Genossin' beschäftigte sich im Dezember 1930 erstmalig mit der Thematik. Seitdem enthielt sie neben entsprechenden Artikeln die Rubrik „Neues aus dem Dritten Reich", in der Zitate aus Veröffentlichungen und Reden führender Nationalsozialisten als Material für die antifaschistische Frauenagitation zusammengestellt waren.[241] Zudem gab das Frauenbüro spezielle Broschüren und Flugblätter heraus und stellte für öffentliche Frauenversammlungen einen Lichtbildvortrag zusammen[242]. Die Werbeabteilung der SPD publizierte darüber hinaus im Februar 1932 unter dem Titel „Nationalsozialismus und Frauenfrage. Material zur Information und Bekämpfung" eine umfangreiche Materialsammlung für die Agitation[243]. In den zentralen Parteipublikationen, die der antifaschistischen Frauenagitation dienen sollten, beschränkte sich die Aufklärung meist auf die Anprangerung der frauenfeindlichen Vorstellungen der NSDAP sowie die Bloßstellung und Verspottung ihrer Führer. Nach wie vor wurde das pseudo-egalitäre Geschlechterbild propagiert. Eine differenziertere Analyse des Zusammenhangs von Antifeminismus und Nationalsozialismus versuchten die zentralen Veröffentlichungen ebensowenig wie eine Aufklärung über die angestrebte Emanzipationsstrategie. Bestenfalls informierten sie über die sozialdemokratischen Tagesforderungen zur Frauenfrage.

Im Jahr 1932 erreichte die antifaschistische Aufklärungskampagne der sozialdemokratischen Frauenbewegung allerorts ihren Höhepunkt. Die Frauen waren in den Reichs-, Landtags- und Präsidentschaftswahlkämpfen dieses Jahres eine Hauptzielgruppe der Agitation[244]. Angestrebt wurde ihre Einbeziehung in das im Dezember 1931 von SPD, freien Gewerkschaften, ATSB und ,Reichsbanner' gegründete antifaschistische Bündnis der „Eisernen Front"[245]. Im März 1932 richteten Marie Juchacz für das Frauenbüro der SPD, Gertrud Hanna für das Arbeiterinnensekretariat des ADGB, *Johanna Sajdakowski* für die Frauen des AfA-Bundes und *Hilda Sucker* für den Frauenausschuß der ,Zentralkommission für Arbeitersport' folgenden Aufruf an die Frauen:

> „Frauen, wir rufen euch! Reiht euch ein in die Kampffront gegen den Faschismus, unterstützt die Formation der Eisernen Front. Frauen, eure Rechte als gleichberechtigte Staatsbürgerinnen sind durch die nationalsozialistischen Bürgerkriegshorden bedroht. Darum ihr Frauen und Mütter, ihr Arbeiterinnen und Angestellte, ihr sozialistischen Sportlerinnen: Reiht euch ein, kämpft mit in dem großen Entscheidungskampf, der den Weg freimachen soll zum Kampf um Frieden, Arbeit und Brot."[246]

Diesem Aufruf folgte im Juli 1932 ein zweiter[247]. Bereits im Februar 1932 hatte die Hamburger SPD-Frauenorganisation einen eigenen Appell in der ,Frauen-Beilage des Hamburger Echo' veröffentlicht, dem Tausende von Frauen folgten[248]. Dies zeigte die reichsweite „Rüstwoche der Eisernen Front", die „Freunden und Gegnern" die „Wucht und Kraft" des antifaschistischen Kampfbündnisses vor Augen führen sollte[249]. Über 10.000 Menschen kamen in der Hansestadt zur großen Abschlußkundgebung der „Rüstwoche" am 21. Februar 1932. Bis zu diesem Zeitpunkt hatten sich insgesamt 75.000 Hamburger(innen) in die „Eisernen Bücher" eingetragen, die in den Einzeichnungsstellen der Stadtteile auslagen, und damit ihren Widerstandswillen gegen den Faschismus bekundet.[250] Die Unterschriftensammlung wurde in der Hansestadt aufgrund der Resonanz bis Ende März 1932 fortgesetzt; zu diesem Zeitpunkt waren 132.610 Eintragungen registriert[251]. Um mehr Frauen für die „Eiserne Front" zu gewinnen, veranstaltete die SPD-Frauenorganisation Anfang März 1932 zwanzig öffentliche Frauenkundgebungen in den Distrik-

Frauen-Beilage
des Hamburger Echo

Nummer 7 | Sonnabend, 16. Juli 1932 | 14. Jahrgan[g]

Frauen, Ihr habt die Wahl!

Von Judith Grünfeld

Die Einstellung zur Gleichberechtigung der Frau und zur Frauenarbeit war seit jeher ein Gradmesser dafür, ob eine Partei Schrittmacherin der Reaktion oder Trägerin des sozialen und kulturellen Fortschritts war.

Der Nationalsozialismus wirbt heute mit ebenso gewissenlosen wie betrügerischen Verheißungen um die Stimmen der weiblichen Wähler und möchte lieber heute als morgen das Frauenstimmrecht zu Grabe tragen. Er verbirgt dabei sein Bestreben nach rücksichtsloser Männerherrschaft hinter den heuchlerischen Versprechungen der „Erlösung der Frauen von der Fronarbeit". Auf der Tagung der NS. Frauenschaften, die Ende März in München unter Leitung von Strasser und Feder stattfand, wurde laut Bericht des Völkischen Beobachters im Hauptreferat verkündet: „Unsere Parole heißt nicht Emanzipation vom Mann, sondern vom Erwerbsleben."

Wir wissen aus der Geschichte, daß die Frauen seit jeher um so härter im Daseinskampf arbeiten mußten, je stärker sie unterdrückt und der Männerherrschaft preisgegeben wurden. Es gehört bodenlose Unwissenheit und Demagogie dazu, um zu behaupten, daß die „Frauenemanzipation" die Erwerbsarbeit der Frauen verursacht habe. In Wirklichkeit waren die Frauen des Volkes gerade in den Zeiten der Alleinherrschaft des Mannes, die der Nationalsozialismus wieder herstellen will, buchstäblich Arbeitstiere.

Die Nationalsozialisten wollen die Zustände, die in Deutschland vor 60 Jahren den Arbeiterinnen beschieden waren, bevor die Sozialdemokratie den Arbeiterinnenschutz, den Achtstundentag, den Mutterschutz und die Gleichberechtigung der Frau erkämpft hatte, wieder herbeiführen, wo die Not die Frauen zwang, mitzuverdienen; für die Masse des Volkes war das Ideal der auf den Erwerb nicht

Das sollte jede Wählerin den Nationalsozialisten, die den Frauen im Dritten Reich den „natürlichen Beruf" in Aussicht stellen, immer wieder ins Gesicht

bieten sie ihnen nicht die Möglichkeit zum „natürlichen Beruf", sondern verschärfen ihre Not und ihr Elend. Alles Leid der Arbeitnehmer und ihrer Familien steigert der Faschismus bis zum äußersten; denn er betreibt Lohndruck zum Wohle der Unternehmer. Herr Pfaff macht in der genannten nationalsozialistischen Programmschrift den Unternehmern folgendes Angebot:

„Wenn die gesamte deutsche Industrie auch im heutigen Wirtschaftssystem einmütig den Beschluß fassen würde, alle Löhne und Gehälter um vielleicht 12 bis 15 % zu vermindern, unter gleichzeitiger Neueinstellung von vielleicht vier Millionen Arbeitsloser, so würden wir einen Streik, der etwa durch diese Lohnverminderung veranlaßt werden sollte, auf das schärfste verurteilen." (Seite 20.)

So wollen die Nationalsozialisten den weiteren Lohnraub den Unternehmern ermöglichen, trotzdem der Lohnabbau schon bisher die Arbeitslosigkeit immer mehr verschärft hat. Eine neue „Lohnverminderung", die Herr Pfaff in Aussicht stellt, würde den Männern völlig die Möglichkeit der Familienernährung und der Familiengründung nehmen und die Frauen erst recht zur Fronarbeit zwingen.

Als Knechte des Kapitals fordern die Nationalsozialisten nicht die Angleichung der Frauenlöhne an die Männerlöhne, sie predigen allgemeinen Lohnabbau und wagen es obendrein, den proletarischen Frauen den Segen des häuslichen Herdes bei Hungerlöhnen vorzuschwindeln.

Nur die Sozialdemokratie und die freien Gewerkschaften kämpfen seit Jahrzehnten für menschenwürdige Löhne, für Hebung der Frauenlöhne, für Frauenschutz und Mutterschutz, für politische und wirtschaftliche Gleichstellung der Frau. Den faschistischen Totengräbern der Frauenrechte und der Arbeitnehmerrechte

(Frauen-Beilage des Hamburger Echo, Nr. 7, 1932)

ten, die alle gut besucht waren[252]. Die Genossinnen wurden aufgefordert, bei Kolleginnen und Nachbarinnen für die „Eiserne Front" zu werben. Überall und jederzeit sollten sie wie die Genossen durch das Tragen des „Drei-Pfeile-Abzeichens" und den „Freiheitsgruß" – die „hochgereckte Faust gegen Terror und Reaktion" – ihre antifaschistische Gesinnung demonstrieren und durch den Verkauf von „Freiheitsmarken" die „Eiserne Front" unterstützen.[253]

Mit der Radikalisierung der politischen Auseinandersetzungen und dem Wachsen der Anhängerschaft der NSDAP wurden in der Öffentlichkeit immer häufiger Stimmen laut, die Politik wieder zur „Männersache" erklärten. Die Parolen der Nationalsozialisten, die die Frauen gänzlich aus dem öffentlichen Leben verdrängen wollten, fanden im Bürgertum, aber auch in Teilen der Arbeiterschaft, zunehmend Gehör. Gegen die Angriffe auf die sozialen, wirtschaftlichen und politischen Frauenrechte setzten sich bürgerliche und sozialdemokratische Frauen in Hamburg gemeinsam zur Wehr. Leitende Funktionärinnen der DStP und der DVP, unter ihnen *Emmy Beckmann* und *Emma Ender*[254], gründeten im Juni 1932 gemeinsam mit führenden Sozialdemokratinnen, darunter Olga Essig und Grete Zabe, die „Frauenfront 1932"[255]. In der Satzung der Frauenfront, die auf der Gründungsversammlung einstimmig angenommen worden war, hieß es:

„Die ‚Frauenfront 1932' ist gegründet zur Verteidigung der Frauenrechte in Staat, Familie und Beruf. In ihr

vereinigen sich Frauen aller politischen Richtungen. Die Frauenfront ruft auf:
- zum Kampf gegen alle Versuche, die Frauen aus dem politischen und öffentlichen Leben zu verdrängen,
- zum Kampf gegen alle Versuche, den Frauen das freie Recht auf Berufs- und Erwerbsarbeit zu schmälern oder zu rauben,
- zum Kampf gegen jede Gewaltanwendung bei weltanschaulichen und politischen Auseinandersetzungen ..."

Mitglied konnte jede Frau werden, die sich für diese Ziele einsetzen wollte. Um eine „Massenfront der Frauen" zur „Notwehr gegen die Kräfte der gesellschaftlichen Reaktion" zu erreichen, führte die „Frauenfront" mehrere gut besuchte Großkundgebungen durch.[256] Dieses enge Bündnis zwischen sozialdemokratischen und bürgerlichen Frauen war in der damaligen Zeit recht ungewöhnlich und in der Arbeiterbewegung entsprechend umstritten. Viele SPD-Mitglieder bezweifelten, daß ein organisatorischer Zusammenschluß mit bürgerlichen Frauen angesichts der weitreichenden weltanschaulichen und politischen Differenzen sinnvoll sei. Nur in wenigen Städten des Reiches kam es nach Hamburger Vorbild zu ähnlichen Bündnissen[257]. Entscheidende Voraussetzung für die Möglichkeit eines solchen Frauenzusammenschlusses war in der Hansestadt die konsequent liberale Haltung vieler führender Mitstreiterinnen der bürgerlichen Frauenbewegung. Sie scheuten sich wie Emma Ender, Vorsitzende des ‚Stadtbundes Hamburgischer Frauenvereine', und Emmy Beckmann, Vorsitzende des ‚Allgemeinen Deutschen Lehrerinnenvereins' im Reich und Vorstandsmitglied des Stadtbundes, nicht, öffentlich die frauenfeindliche Politik der NSDAP zu kritisieren[258]. Allgemein nahm die Führung des BDF zur Politik der NSDAP nur indirekt Stellung und beschränkte sich darauf, Terror und Gewalt von links und rechts zu verurteilen. Die parteipolitische ‚Neutralität' des Bundes verhinderte eine offensive Auseinandersetzung mit dem Nationalsozialismus. Die starke Betonung des „deutschnationalen Charakters" der eigenen Bewegung sowie das propagierte Frauenbild, in dessen Mittelpunkt die „Mütterlichkeit" stand, boten Berührungspunkte mit der NSDAP.[259]

In das antifaschistische Bündnis der „Frauenfront 1932" waren sozialdemokratische und bürgerlich-liberale, nicht jedoch kommunistische Frauen einbezogen. Ebensowenig wie den Männern gelang es den Frauen, ihre antikommunistischen bzw. antibürgerlichen und antisozialdemokratischen Vorbehalte und Vorurteile in der politischen Arbeit zu überwinden; dies galt vor allem für die leitenden Funktionärinnen, die in besonders starkem Maße in Ideologie und Politik ihre jeweiligen Partei eingebunden waren. Auch das antifaschistische Engagement der Frauen blieb meist in den Grenzen des jeweiligen Lagers befangen.

Trotz der Propagierung einer radikaleren Theorie betrieb die SPD-Frauenorganisation in Hamburg, wie im Reich, auch in den Jahren 1930 bis 1933 letztlich eine reformistische Frauenpolitik. Daran änderte die neue Ausrichtung von Frauenarbeit und Frauenagitation nichts. In der politischen Praxis blieben Sozialpolitik und Wohlfahrtspflege ein Tätigkeitsschwerpunkt der Hamburger Genossinnen. Nach wie vor galten Partei und Parlament als einzig denkbare Mittel der Gesellschaftsveränderung.

Die Reichsfrauenorganisation der SPD propagierte wie die Gesamtpartei in der Auseinandersetzung mit den Nationalsozialisten zwar radikale Kampflosungen, die der Resignation entgegenwirken sollten, die angesichts der anhaltenden Wirtschaftskrise und dem scheinbar unaufhaltsam wachsenden Einfluß der NSDAP auch unter den Mitgliedern vorherrschte. Die Genossinnen sollten wie die Genossen mobilisiert werden. Doch die vorgeschlagenen Aktivitäten sprengten nicht den herkömmlichen Rahmen von Agitation und Demonstration; Höhepunkte der Mitgliederaktivitäten blieben die Wahlkämpfe. Die Fixierung auf die traditionellen Mittel der parlamentarischen Demokratie galt auch für die „Eiserne Front", die sich lediglich durch „zeitgemäße", massenwirksamere Formen der Agitation und Propaganda auszeichnete. Größere außerparlamentarische Kampfaktionen unterblieben.[260] Die Machtübernahme der Nationalsozialisten bedeutete nicht nur das Ende jeglicher parlamentarischer Frauenarbeit, sondern auch das Ende der alten bürgerlichen und proletarischen Frauenbewegung[261].

* * *

Nach der Parteispaltung übernahmen jüngere Genossinnen die Führung der MSPD-Frauenorganisation. Diese neue Funktionärinnengeneration, die vorbehaltlos die Politik der Parteiführung unterstützte, setzte eine Revision der sozialistischen Emanzipationstheorie durch. An deren Stelle trat eine geschlechtsspezifische Emanzipationsstrategie, die auf einem pseudo-egalitären Geschlechterbild basierte, das die „Gleichwertigkeit, aber Andersartigkeit" von Frau und Mann postulierte. Ihr Hauptgedanke war die „Menschenökonomie" als „spezifisch weiblicher Kulturauftrag". Politische Konsequenz der neuen Strategie war eine reformistische Frauenpolitik: Sozialpolitik und Wohlfahrtspflege wurden anknüpfend an die soziale Frauenarbeit vor und während des Ersten Weltkrieges systematisch zu *dem* Haupttätigkeitsfeld der sozialdemokratischen Frauen ausgebaut. Als Hauptmittel der Frauenpolitik galten angesichts der erreichten staatsbürgerlichen Gleichstellung der Frauen die Mitarbeit in Partei und Parlament. Mit diesem neuen Emanzipationskonzept wurde die Dichotomie zwischen radikaler Theorie und reformistischer Praxis aufgehoben, die in der Vorkriegszeit auch in der sozialdemokratischen Frauenbewegung vorgeherrscht hatte.

Der Wandel in Ideologie und Politik der Frauenbewegung, der dem Wandel der SPD von einer proletarischen Klassenpartei zu einer staatstragenden Reformpartei entsprach, wurde von der Mehrheit der Genossinnen unterstützt. Die Revision der sozialistischen Emanzipationstheorie empfanden sie nicht nur als notwendige Anpassung an die veränderten gesellschaftlichen und politischen Verhältnisse, sondern auch als logische Konsequenz der seit den Vorkriegsjahren praktizierten reformistischen Frauenpolitik. Ansatzpunkt der Frauenemanzipation war in der geschlechtsspezifischen Emanzipationsstrategie anders als in der sozialistischen Emanzipationstheorie der Reproduktionsbereich. Dies führte dazu, daß die Probleme der Haus und Familienarbeit stärker in den Mittelpunkt der Frauenpolitik rückten, die dadurch den spezifischen Arbeits- und Lebensbedingungen der Arbeiterfrauen gerechter wurde.

Rückblickend erscheint der Versuch, eine Emanzipationsstrategie zu entwickeln, die am weiblichen Lebenszusammenhang anknüpft und die spezifischen Bedürfnisse und Interessen der Frauen aufgreift, durchaus sinnvoll. Als problematisch erweisen sich bei der Analyse der geschlechtsspezifischen Emanzipationsstrategie jedoch die Begründung mit dem pseudo-egalitären Geschlechterbild, die Zuweisung „spezifisch weiblicher" Tätigkeitsfelder in Wirtschaft, Gesellschaft und Politik sowie die Fixierung auf Partei und Parlament als Hauptmittel einer emanzipativen Frauenpolitik:

Da das pseudo-egalitäre Geschlechterbild von einer weitgehenden Naturbedingtheit der Geschlechtscharaktere ausging, schienen die Geschlechtsunterschiede und damit auch die Geschlechterrollen nur in sehr begrenztem Maße veränderbar zu sein. Die geschlechtsspezifische Emanzipationsstrategie, der dieses Geschlechterbild zugrunde lag, trug so zu einer Stabilisierung der herkömmlichen Geschlechterrollen und damit auch des Geschlechterverhältnisses bei.

Die vorherrschende geschlechtsspezifische Arbeitsteilung wurde durch die geschlechtsspezifische Emanzipationsstrategie in Wirtschaft, Gesellschaft und Politik festgeschrieben. Im neu eroberten Terrain der Politik ermöglichte sie den Frauen durch die Zuweisung des „spezifisch weiblichen Tätigkeitsbereichs" Sozialpolitik und Wohlfahrtspflege zwar einerseits ein befriedigendes gesellschaftliches Engagement ohne die in anderen Bereichen der Arbeiterbewegung vorherrschende Konkurrenz mit den Männern, andererseits beschränkte sie in der Praxis aber erheblich deren politischen Handlungsspielraum und Einfluß. Alle anderen Felder der Politik blieben weitgehend Männern vorbehalten. Die herrschende Männerwelt nutzte die (Selbst-) Beschränkung der Frauen auf „spezifisch weibliche“ Aufgabengebiete in der Politik, um die gesellschaftliche Diskriminierung der Frauen fortzusetzen und langfristig zu verstärken. In der politischen Praxis der sozialdemokratischen Partei richtete sich die Zuweisung geschlechtsspezifischer Arbeitsfelder gegen die Frauen, deren private und gesellschaftliche Reproduktionsarbeit für die von Männerinteressen bestimmte Arbeiterbewegung funktionalisiert wurde: Sie sollten die politische Kampfkraft des Mannes gewährleisten, ihm eine anregende und verständnisvolle Kameradin sein und die Kinder zu klassenbewußten Kämpfer(inne)n erziehen.

Gemäß der reformistischen Ideologie und Politik der SPD galt die Mitarbeit in Partei und Parlament auch als das Hauptmittel sozialdemokratischer Frauenpolitik. In der Praxis erwies sich dies als problematisch, denn trotz der proklamierten Gleichberechtigung der Geschlechter blieb die SPD eine Männerpartei, der *auch* Frauen angehörten. Sie wurden zwar als „andersartig“ definiert, aber mit Männermaß gemessen. Frauenfragen blieben ein Nebenthema, wurden der Männerpolitik untergeordnet. Hauptfunktion der Frauenbewegung war für die Männer die Stärkung der Arbeiterbewegung. Als entscheidendes Kriterium für den Erfolg der Frauenarbeit betrachteten sie die Zahl der neugewonnenen Wählerinnen und Genossinnen.

Erst seit Mitte der zwanziger Jahre wurde in der sozialdemokratischen Frauenbewegung in zunehmendem Maße Kritik an der geschlechtsspezifischen Emanzipationsstrategie und ihren Folgen für Frauenpolitik und Frauenarbeit, insbesondere Frauenagitation, laut. Immer mehr Genossinnen forderten angesichts der fortbestehenden Frauendiskriminierung in Wirtschaft, Gesellschaft und Politik eine Rückbesinnung auf Grundgedanken der sozialistischen Emanzipationstheorie. Diese Forderung wurde von der Führung der Frauenorganisation partiell aufgegriffen, ohne jedoch die geschlechtsspezifische Emanzipationsstrategie grundsätzlich in Frage zu stellen.

Vor allem bei jüngeren Funktionärinnen der SPD-Frauenorganisation setzte sich seit Ende der zwanziger Jahre die Theorie von der „besonderen Klassenlage der Frauen“ durch, die alte Grundsätze der sozialistischen Emanzipationstheorie mit den neuen Erkenntnissen der kulturhistorischen Geschlechterpsychologie und der Individualpsychologie verband. Die Lösung der Frauenfrage und der sozialen Frage wurden in diesem Konzept als untrennbar betrachtet:

> „Es gibt keine Lösung der Frauenfrage ohne Lösung der sozialen Frage – und es gibt keine Lösung der sozialen Frage ohne wenigstens versuchsweise, schrittweise Lösung auch der Geschlechterfrage ... Die Frau wird sich zu ihrer Klasse und zu ihrem Geschlecht bekennen müssen.“[262]

Diese Strategie, die den Frauen der Arbeiterschaft die Chance einer Emanzipation bot, weil sie sowohl deren spezifische Situation als Angehörige einer Klasse als auch eines Geschlechts berücksichtigte, konnte sich auf Reichsebene in der sozialdemokratischen Frauenbewegung nicht durchsetzen. In der Hamburger Frauenorganisation hingegen, wo Ende der zwanziger Jahre eine jüngere Funktionärinnengeneration in der Führung entscheidenden Einfluß gewann, bestimmte sie die Theoriediskussion und schlug sich auch in Frauenpolitik und Frauenarbeit nieder. Größtes Hindernis für die Realisierung dieser Strategie war das Fehlen eines autonomen Handlungsspielraums. Die leitenden Hamburger Genossinnen stellten die enge Einbindung in die SPD nicht in Frage und ordneten die Frauenpolitik den Gesamtinteressen der sozialdemokratischen Arbeiterbewegung unter.

4.2 Frauen und SPD

Für die Weimarer SPD war das politische Verhalten der Frauen immer wieder Anlaß zur Klage: Sie würden bei den Wahlen in stärkerem Maße als die Männer den christlich-konservativen Parteien ihre Stimme geben, seien sehr viel schwerer als Mitglieder für die sozialdemokratische Partei zu gewinnen und engagierten sich als Genossinnen in geringerem Maße in der Parteiarbeit. Maßstab für dieses Urteil war das politische Verhalten von Männern. Im folgenden Kapitel zum Verhältnis von Frauen und SPD soll dieses negative Bild hinterfragt werden. Versucht wird, das parteipolitische Handeln von Frauen aus ihrer geschlechtsspezifischen Sozialisation und Situation heraus zu erklären.

4.2.1 *Die Wählerinnen der SPD*

> „Frauen Hamburgs! ...
> Zum erstenmal in der Weltgeschichte werden wir aufgerufen, die Bestimmung unserer Geschichte selbst in die Hand zu nehmen ...
> Wir Frauen, die über die Hälfte des Volkes ausmachen, waren ausgeschlossen von der ‚Volksvertretung'. Wir wurden nicht gefragt bei der Abfassung der Gesetze, die über unser Wohl und Wehe entscheiden ... Wir waren wirtschaftlich und politisch entrechtet und rieben unsere Kraft auf unter der dreifachen Last der Erwerbsarbeit, der Hausarbeit, den Pflichten der Mutter ...
> Frauen! ... die sozialdemokratische Partei hat die Regierung übernommen. Sie hat uns in der ersten Stunde ihrer Macht zu freien, gleichberechtigten Staatsbürgerinnen erklärt, uns das aktive und passive Wahlrecht zu allen Körperschaften verliehen. Damit ist eine mächtige Waffe in unsere Hand gegeben. Jetzt heißt es, diese Waffe gebrauchen."[1]

Diesen Aufruf richtete die Hamburger MSPD im Januar 1919 anläßlich der Wahl zur Nationalversammlung an die Frauen. Weite Kreise der Sozialdemokratie rechneten bei dieser Wahl mit einer absoluten Mehrheit für die Partei. Sie erhofften einen bedeutenden Stimmenzuwachs durch die Einführung des Frauenwahlrechts. Da die SPD bis zur Novemberrevolution die einzige große Partei im Reichstag gewesen war, die sich für die „staatsbürgerliche Gleichstellung" des weiblichen Geschlechts eingesetzt hatte, erwarteten sie, daß die meisten Wählerinnen ihr die Stimme geben würden. Die Hoffnungen wurden enttäuscht: MSPD und USPD erhielten bei der Wahl zur Nationalversammlung im Reich zusammen nur knapp 46 % der Wählerstimmen[2]. Angesichts dieses Wahlausganges wurde in der MSPD die Frage aufgeworfen, ob das Wahlverhalten der Frauen den Wahlsieg verhindert habe. Viele Genossen behaupteten, „daß die Wahlen zur Nationalversammlung ... eine sozialistische Mehrheit ergeben hätten, wenn die Männer allein gewählt hätten"[3]. Beweisen konnten sie dies allerdings nicht; das statistische Material über das Stimmverhalten der Frauen war äußerst lückenhaft und nicht repräsentativ[4]. Trotzdem wurde diese Ansicht seit 1919 immer wieder laut.

Allgemeiner Konsens war in der SPD bis zum Ende der Weimarer Republik, daß die Partei bei den Wahlen infolge des Frauenwahlrechts in der Regel schlechter abschneide. Die Wahlergebnisse schienen darauf hinzudeuten, daß Frauen in stärkerem Maße als Männer die christlich-konservativen Parteien wählten.[5] In der Wahlagitation der SPD schwang aufgrund dieser Tendenz seit 1919 ständig der Vorwurf mit, daß die Frauen als Staatsbürgerinnen „mitverantwortlich" für die ungünstige wirtschaftliche, soziale und politische Entwicklung seien[6]. Das ‚Handbuch für sozialdemokratische Wähler' aus dem Jahr 1920 formulierte gar:

> „Wenn ... lange nicht das erreicht werden konnte, was wir Sozialdemokraten immer gefordert haben und was die Frauen erhofften, so liegt die Schuld bei den Frauen, die nicht sozialdemokratisch gewählt haben.“[7]

Immer wieder wies die SPD in ihrer Wahlagitation u.a. den Frauen die „Schuld“ für die geringen gesellschaftlichen Fortschritte zu. Vor allem Parteigenossen kritisierten das Stimmverhalten der Frauen.[8] Zugleich vernachlässigten sie, wie leitende Funktionärinnen bereits anläßlich des Reichstagswahlkampfes 1920 bemängelten, die Wahlagitation unter den Frauen. Die Werbung von Wählerinnen überließen sie weitgehend den Parteigenossinnen.[9]

In der sozialdemokratischen Frauenbewegung beanspruchte die Diskussion über das weibliche Wahlverhalten großen Raum[10]. Manche leitende Funktionärin übernahm dabei unreflektiert die männliche „Schuld-Zuweisung“ und machte ihren Geschlechtsgenossinnen bittere Vorwürfe. Charakteristisch für diese Haltung sind folgende Ausführungen in einem Artikel der Reichstagsabgeordneten *Maria Reese*[11], der im Mai 1928 unter dem Titel „Warum und wie wählt die erwerbstätige Frau?“ im Mitteilungsblatt des ADGB-Ortsausschusses Groß-Hamburg erschien:

> „Rechte verpflichten. Die Frau, der das Recht der Mitbestimmung der gesellschaftlichen Verhältnisse eingeräumt wurde, hat auch die Pflicht, dieses Recht gewissenhaft auszunutzen. Tut sie das nicht, so schädigt sie nicht nur sich selbst, sondern auch ihre Klassengenossen und verdient um dieses Frevels willen die Verachtung aller derer, die unter ihrer Gleichgültigkeit oder ihrem Leichtsinn leiden.“[12]

Ungeprüft ging dieser Artikel, wie viele andere ‚Analysen‘ des Wahlverhaltens der Frauen, die zwischen 1919 und 1933 in der sozialdemokratischen Presse erschienen, von einer „christlich-konservativen“ Einstellung der Frauen aus. Als Ursache dieser vermeintlichen ‚Grundhaltung‘ wurde neben Traditionsgebundenheit und Religiosität politische „Indifferenz“ angenommen.[13] Nur einzelne Beiträge bemühten sich um eine differenzierte Analyse der sozial-psychologischen Ursachen der weiblichen „Indifferenz“. Zu den ersten gehörte ein Artikel in der ‚Gleichheit‘ aus dem Jahr 1922 mit dem Titel „Die Ketten“, in dem darauf hingewiesen wurde, daß die Doppel- und Dreifachbelastung durch Erwerbs-, Haus- und Familienarbeit vor allem Arbeiterfrauen die Zeit für politische Bildung und Betätigung nehme. Die Sorge um das tägliche Überleben der Familie bestimme ihr Fühlen, Denken und Handeln. Sie seien „losgelöst vom öffentlichen Leben“ auf die „Gesellschaft gleich versklavter und geistig verkümmerter Hausfrauen“ angewiesen.[14]

Erst Mitte der zwanziger Jahre begann die Führung der SPD-Frauenorganisation sich gegen das in den Wahlauswertungen der Partei vorherrschende Argumentationsmuster der „Schuld-Zuweisung“ zu wehren. Die Auseinandersetzung stand im Kontext der zunehmenden Konflikte zwischen den Geschlechtern in der Partei[15]. Eine scharfe Kritik veröffentlichte das Frauenbüro erstmals 1925 in der ‚Genossin‘. Anlaß war die innerparteiliche Diskussion über den Ausgang der Reichspräsidentenwahl: In vielen Parteiblättern wurde „aus wenigen Beispielen getrennter Abstimmungen“ der allgemeine Schluß gezogen: „die Frauen haben Hindenburg gewählt!“[16]. Die Redaktion der ‚Genossin‘ stellte demgegenüber in einem „Nachwort zur Präsidentenwahl“ fest:

> „Wir behaupten keineswegs, daß die Frauen gut gewählt haben, im Gegenteil, wir wissen, eine wie zähe und schwierige Arbeit nötig ist, um alle die Frauen zu erfassen, die ihrer sozialen Lage nach zu uns gehören. Wir wenden uns aber ganz entschieden dagegen, daß wir als die Sündenböcke der Männer benutzt werden, wenn sie ihre eigene falsche Politik verbergen wollen. Im Verhältnis dazu, daß die Männer seit 60, die Frauen seit 7 Jahren das Wahlrecht haben, daß ihnen in weit höherem Maße die Möglichkeit politischer Bildung offensteht, als der doppelt und dreifach belasteten Frau, ja, daß sogar noch viele Parteigenossen ihre Frauen von der Beteiligung am politischen Leben zurückhalten, haben die Frauen ... sogar besser gewählt als die Männer ...“

Betont wurde, daß Klagen und Schuldzuweisungen nichts helfen würden, Handeln sei notwendig: Nicht nur Arbeit in der und Werben für die Partei, sondern auch „Auflehnung gegen den Zwang, der die politisch freie Frau in das Haus, in die Küche“ verweise. Eine genaue Analyse des

Wahlverhaltens der Frauen bei der Präsidentenwahl, die im folgenden Heft der ‚Genossin' erschien, untermauerte die Kritik[17]. In dem Beitrag wurden differenziertere Analysen zum weiblichen Stimmverhalten gefordert, denn nur sie ermöglichten ein angemessenes Urteil.

Zu den wenigen sozialdemokratischen Untersuchungen, die sich in der geforderten Weise mit dem Thema auseinandersetzten, gehörte ein Artikel Anna Siemsens, der 1928 unter dem Titel „Die Frauenwahlen" in den ‚Sozialistischen Monatsheften' erschien[18]. Hauptthese ihres Beitrags, in dem sie Einzelergebnisse aus verschiedenen Regionen des Deutschen Reiches verglich, war, daß es „ganz unmöglich" sei, „die Frauenwahlen in Bausch und Bogen zu beurteilen und von einer Gesamteinstellung und Gesamttendenz der Wählerinnen zu sprechen". Entscheidenden Einfluß auf das weibliche Wahlverhalten würden neben der jeweiligen sozialen Lage die konkreten örtlichen Verhältnisse ausüben, vor allem die wirtschaftliche Situation und die „kulturelle Atmosphäre". Sie wies im Einzelnen nach, daß in katholischen Regionen, in denen der Einfluß der Kirche bedeutender war als in evangelischen, auch Arbeiterfrauen und Arbeiterinnen stärker an das katholische Milieu gebunden blieben und mehrheitlich das Zentrum wählten. In den Großstädten der Industrieregionen mit überwiegend evangelischer Bevölkerung, den traditionellen Zentren der Arbeiterbewegung, entspräche der Anteil der Wählerinnen für die SPD hingegen annähernd dem der Wähler, übertreffe diesen manchesmal sogar. Vor allem ältere Frauen aus der Arbeiterschaft, Klein- und Sozialrentnerinnen, die in „der Erinnerung an die gute alte Zeit" lebten, und aufstiegsorientierte junge Arbeitertöchter, Hausangestellte, Verkäuferinnen und Kontoristinnen, die sich am Vorbild von Dienstherrschaft und Vorgesetzten orientierten, würden den bürgerlichen Parteien ihre Stimme geben. Die KPD fände selbst in den evangelischen Industrieregionen wenig Unterstützung bei den proletarischen Frauen. Dies liege daran, daß sie eine ausgesprochene „Männerpartei" sei, deren Politik und Agitation vorrangig die Interessen der jungen Arbeiter in den Großbetrieben ansprechen würde. Der „Strom des kommunistischen Einflusses" erreiche die Frauen nicht. Einzige Konstante, die sich bei der Analyse des weiblichen Wahlverhaltens zeige, sei, daß Frauen aller sozialen Schichten in weit geringerem Maße als Männer direktem politischem Einfluß ausgesetzt seien. Nur wenige läsen eine Zeitung, noch weniger besuchten eine Versammlung. Die Politik erreiche sie nicht so sehr als Argument, sondern eher als „politische Stimmung" im umgebenden Milieu, die ihre Einstellung präge. Deshalb gäbe das Wahlverhalten der Frauen ein besseres Bild von der „politischen Lokalatmosphäre" als das der Männer. Die Thesen Anna Siemsens, die die bis heute in der Wahlforschung zur Weimarer Republik vorherrschenden Globalaussagen zum weiblichen Wahlverhalten relativieren, werden durch die Analyse der wenigen Wahlen bestätigt, die zwischen 1919 und 1933 im Deutschen Reich nach Geschlechtern differenziert ausgewertet wurden[19].

Aufschluß über das Wahlverhalten der Hamburger Wählerinnen geben die Ergebnisse der Bürgerschaftswahl im Oktober 1924, der einzigen Wahl, bei der der Senat von der Möglichkeit Gebrauch machte, die Stimmenabgabe nach Geschlechtern zu trennen[20]. Ergänzt werden können diese Daten durch eine Untersuchung zur geschlechtsspezifischen Wahlbeteiligung bei der Bürgerschaftswahl im Februar 1928[21]. Aufgrund des begrenzten Quellenmaterials sind nur Tendenzaussagen zum geschlechtsspezifischen Wahlverhalten möglich[22].

Der Anteil der weiblichen Wahlberechtigten war aufgrund der Bevölkerungsstruktur reichsweit höher als der der männlichen. In der Stadt Hamburg kamen bei der Bürgerschaftswahl 1924 (1928) auf 100 wahlberechtigte Männer 112 (113) Frauen. Durch ihre größere Zahl hätten die Wählerinnen den Wahlausgang entscheidend beeinflussen können. Da die Frauen jedoch seltener von ihrem Wahlrecht Gebrauch machten, relativierte sich ihr Einfluß: Bei obigen Bürgerschaftswahlen entfielen auf 100 männliche 103 (109) weibliche Wähler.[23] Insgesamt stieg die Zahl der Wahlberechtigten zwischen 1919 und 1933 erheblich an: Im Reichsdurchschnitt hatten mindestens

40 % der Stimmberechtigten von 1932/33 in den Jahren 1919/20 noch nicht wählen dürfen. Der Einfluß der jungen Wähler(innen), die ihre politisch prägenden Erlebnisse in den letzten Kriegsjahren, der Revolutionszeit und den Inflationswirren erfuhren, war also in der Endphase der Weimarer Republik relativ groß.[24]

Ein Kennzeichen des Wahlverhaltens in der Weimarer Republik war die Instabilität der allgemeinen Wahlbeteiligung[25], deren Höhe entscheidend von den jeweiligen politischen und wirtschaftlichen Verhältnissen sowie der politischen Bedeutung der jeweiligen Wahl abhing; bei Kommunal- und Landtagswahlen war sie in der Regel geringer als bei Reichstagswahlen. Zudem gab es erhebliche regionale Unterschiede; die Landbevölkerung machte meist weniger Gebrauch von ihrem Stimmrecht als die Stadtbevölkerung.[26] Die genannten Faktoren wirkten sich bei den Frauen in stärkerem Maße aus als bei den Männern; die Geschlechterdifferenz in der Wahlbeteiligung schwankte erheblich (vgl. Tabelle 60).

Tab. 60: *Die Wahlbeteiligung nach dem Geschlecht der Wähler bei den Wahlen zur Nationalversammlung und zum Deutschen Reichstag. 1919–1930*[27]

Jahr	Wahlbeteiligung in Prozent				
	Reichsdurchschnitt insges.	in den nach Geschlechtern differenzierten Auszählungen insgesamt	Frauen	Männer	Differenz
1919	83,0	82,4	82,3	82,4	0,1
1920	79,1	67,8	63,3	72,7	9,4
1924 I	77,4	67,6	62,0	73,8	11,8
1924 II	78,8	68,3	62,6	74,7	12,1
1928	75,6	75,2	71,8	80,8	9,0
1930	82,0	81,1	78,4	84,4	6,0

Am geringsten war die Geschlechterdifferenz reichsweit bei der Wahl zur Nationalversammlung, bei der die Wahlberechtigten in außerordentlich hohem Maße von ihrem Wahlrecht Gebrauch machten. Die Wahlbeteiligung der Frauen entsprach annähernd der der Männer bzw. übertraf diese in einzelnen Regionen gar. Im hamburgischen Staat, wo 90,4 % aller Wahlberechtigten wählten (im Stadtgebiet: 90,6 %, im Landgebiet: 87,9 %), lag sie um 0,2 % höher als die der Männer.[28] Erster Weltkrieg und Novemberrevolution hatten offenbar politisierend gewirkt. Die Wahlbeteiligung der Frauen ging jedoch schon bald erheblich zurück, sehr viel stärker als die der Männer. Die Geschlechterdifferenz bei der Wahlbeteiligung war im Reichsdurchschnitt mit 12 % bei den Reichstagswahlen im Jahr 1924 am größten. Mit ihrer Stimmenthaltung drückten viele Frauen vermutlich ihre Enttäuschung und Resignation über die ungünstige wirtschaftliche und politische Entwicklung in der Nachkriegszeit aus. Während Männer hierauf tendenziell mit einer Radikalisierung reagierten – sie scheinen in verstärktem Maße für die Parteien der extremen Linken und Rechten (KPD und DNVP) gestimmt zu haben –, tendierten Frauen offenbar eher zur Wahlabstinenz. Trotz der Stabilisierung der wirtschaftlichen und politischen Verhältnisse nahm die allgemeine Wahlbeteiligung weiter ab; bei der Reichstagswahl 1928 erreichte sie mit 76 % ihren tiefsten Stand zwischen 1918 und 1933; die Geschlechterdifferenz hingegen verringerte sich seit 1924 stetig. Bei der Reichstagswahl 1928 lag sie durchschnittlich bei 9 %, bei der Reichstagswahl 1930 nur noch bei 6 %. Eine ähnliche Tendenz zeigte sich bei den Bürgerschaftswahlen in der Stadt Hamburg: Die allgemeine Wahlbeteiligung fiel von 80,9 % im Jahr 1919 auf 70,5 % im Jahr 1921 und erreichte 1924 mit 65,7 % ihren tiefsten Stand. Bis zur Bürgerschaftswahl 1928 stieg sie wieder auf 78,9 %. Die Differenz zwischen männlicher und weiblicher Wahlbeteiligung sank zwischen 1924 und 1928 von 5,8 % auf 2,8 %. In den folgenden Jahren nahm die allgemeine

Wahlbeteiligung weiter zu, bei der Bürgerschaftswahl 1931 lag sie bei 83,8 %.[29] Vor dem Hintergrund der Wirtschaftskrise verschärften sich seit Ende der zwanziger Jahre die politischen Auseinandersetzungen; das Interesse an politischen Fragen stieg. Auch die Frauen gingen offenbar in stärkerem Maße zur Wahl[30]. Insgesamt scheint die Geschlechterdifferenz in der Wahlbeteiligung bei den Wahlen in Hamburg, wie in anderen evangelischen Großstädten der industriellen Ballungszentren mit starker Arbeiterbewegung, deutlich geringer gewesen zu sein als im Reichsdurchschnitt.

Tab. 61: *Die Wahlbeteiligung nach Alter und Geschlecht der Wähler bei der Bürgerschaftswahl am 19. Februar 1928 in der Stadt Hamburg*[31]

Alter	Wahlbeteiligung in Prozent			
	insgesamt	Frauen	Männer	Differenz
20–25	69,0	69,0	68,9	+ 0,1
25–30	71,5	71,3	71,8	- 0,4
30–40	78,4	78,0	79,0	- 1,0
40–50	83,8	83,2	84,3	- 1,1
50–60	86,2	84,4	88,0	- 3,6
60–70	85,2	81,2	89,5	- 8,3
über 70	73,3	66,2	84,7	- 18,5
Insgesamt	78,9	77,5	80,4	- 2,8

Das Wahlverhalten wurde außer vom Geschlecht von Alter, Familienstand, sozialer Stellung und umgebendem Milieu beeinflußt. Die Unterschiede in der Wahlbeteiligung scheinen insgesamt stärker durch das Alter als durch das Geschlecht verursacht worden zu sein. Darauf deuten nicht nur die Hamburger Daten hin (vgl. Tabelle 61), sondern auch die wenigen anderen Sonderauszählungen im Reich. Die Wahlbeteiligung nahm offenbar allgemein mit dem Alter zu; bei den Frauen war sie in der Hansestadt zwischen dem 40. und dem 60. Lebensjahr am höchsten, bei den Männern zwischen dem 50. und 70. Die Geschlechterdifferenz in der Wahlbeteiligung scheint sich wie die in der Parteipräferenz mit dem Alter vergrößert zu haben. Am stärksten war sie bei den über 70jährigen.[32] Die jungen Frauen machten von ihrem Wahlrecht ebenso viel bzw. wenig Gebrauch wie ihre männlichen Altersgenossen. Insgesamt stellten die Jungwähler(innen) in Hamburg absolut und relativ die größte Gruppe unter den Nichtwähler(inne)n. Wenn sie wählten, scheinen sie häufiger als die älteren Wähler(innen) die Partei gewechselt zu haben und aufgrund ihrer generationsspezifischen politischen Erfahrungen offener für eine Radikalisierung nach links oder rechts gewesen zu sein.[33] Frauen zwischen dem 30. und 50. Lebensjahr nutzten ihr Wahlrecht beinah ebenso selbstverständlich wie die Männer; auffallendster Unterschied zwischen den Geschlechtern war in dieser Altersgruppe die größere „Parteitreue" der Frauen, die sich auch bei den über 50jährigen Wählerinnen zeigte[34]. Vor allem für alte, über 60jährige Frauen, die gänzlich durch das Kaiserreich geprägt worden waren, blieb Politik in der Weimarer Republik reine „Männersache". Sie lernten nur noch schwer, ihr neues Recht zu gebrauchen. Wenn sie zur Wahl gingen, stimmten sie eher als jüngere Frauen für eine christlich-konservative Partei. Diese Altersgruppe scheint zu deren treuesten Wählerinnen gehört zu haben.[35]

Material zum Zusammenhang von Familienstand und Wahlverhalten fehlt. Spätere Untersuchungen deuten jedoch darauf hin, daß Verheiratete beiderlei Geschlechts in stärkerem Maße von ihrem Wahlrecht Gebrauch machten. Aufgrund der Altersstruktur von Ledigen und Verheirateten entspräche der Einfluß des Familienstands weitgehend dem des Alters. Die Wahlentscheidung der Ehefrauen, die mehr als zwei Drittel der Wählerinnen stellten, soll sich vor allem in protestantischen Regionen mehrheitlich nicht von der ihrer Männer unterschieden haben; dies galt vermutlich insbesondere für die jüngeren Ehefrauen[36].

Nach der sozialen Stellung wurden die Stimmen lediglich in einzelnen Orten ausgezählt[37]. Diese Zählungen deuten darauf hin, daß die Wahlbeteiligung bei beiden Geschlechtern mit dem Bildungsgrad und der Berufsqualifikation zunahm. Am seltensten gingen die Hausangestellten zur Wahl, mehrheitlich ledige junge Frauen ohne Berufsausbildung.[38] Statistisches Material zum Zusammenhang von sozialer Stellung und Parteipräferenz fehlt. Die vorliegenden Wahldaten zu Gebieten mit unterschiedlicher Sozialstruktur der Bevölkerung, die nur Gebiets-, nicht aber Individualaussagen erlauben, verweisen jedoch auf den großen Einfluß des sozialen Milieus auf das Wahlverhalten[39]. Dies verdeutlichen die Ergebnisse der Hamburger Bürgerschaftswahl im Oktober 1924. Da deren Resultate für die einzelnen Stadtteile vorliegen, kann das geschlechtsspezifische Stimmverhalten in typischen Arbeiterwohngebieten dem in ausgesprochen bürgerlichen Vierteln gegenübergestellt werden (vgl. Tabelle 62).

Auf den ersten Blick bestätigen die Ergebnisse dieser Wahl den Trend, der sich reichsweit abzeichnete: Frauen wählten in geringerem Maße als Männer und stimmten häufiger als diese für die christlich-konservativen Parteien. Bei näherer Betrachtung der Unterschiede in den Stadtteilen ergibt sich ein differenzierteres Bild: Höhe wie Geschlechterdifferenz der Wahlbeteiligung unterschieden sich stark. Die Wahlbeteiligung der Männer, vor allem aber der Frauen war in den alten und neuen Wohngebieten der Arbeiterschaft am Rande der Stadt höher als in den bürgerlichen Vierteln. Am größten war sie in den traditionellen Hochburgen der SPD[40] – Billwärder-Ausschlag, Barmbek und Veddel, wo überwiegend Familien gelernter Arbeiter wohnten – sowie in Hamm und Winterhude mit ihren großen Neubaugebieten, in denen neben bessersituierten Facharbeitern viele Angestellte und Beamte mit ihren Familien lebten. Unter dem Durchschnitt lag die Wahlbeteiligung bei beiden Geschlechtern in den alten Arbeiterquartieren in Hafennähe – Alt- und Neustadt, St. Georg und St. Pauli –, wo viele Familien ungelernter und unständig beschäftigter Arbeiter wohnten. In der Neustadt und in St. Pauli hatte die KPD in der Weimarer Republik den größten Einfluß. Die Geschlechterdifferenz bei der Wahlbeteiligung war in den Arbeiterwohngebieten durchschnittlich geringer als in den bürgerlichen Vierteln, am niedrigsten war sie in drei Hochburgen der Arbeiterparteien: St.Pauli, Billwärder-Ausschlag und Veddel. Auffallend groß hingegen war sie in dem großbürgerlichen Wohngebiet Harvestehude. Dies lag vermutlich daran, daß hier das Hauspersonal einen erheblichen Teil der weiblichen Wahlberechtigten stellte[41].

Das soziale Milieu beeinflußte auch die Wahlentscheidung. In den Arbeiterwohngebieten, in denen SPD und KPD eindeutig dominierten, waren die geschlechtsspezifischen Unterschiede tendenziell geringer als im Durchschnitt der Stadt. Mit am geringsten war die Geschlechterdifferenz in den Arbeitervierteln bei den SPD-Wählern. Der Anteil der Frauenstimmen für diese Partei erreichte hier annähernd den der Männerstimmen, übertraf ihn teilweise gar. Letzteres galt insbesondere in den Hochburgen der KPD. Die Kommunisten wurden in erheblich größerem Maße von Männern gewählt, die im Verlauf der zwanziger Jahren mehr und mehr von der SPD zur KPD wanderten[42]. Vor allem jüngere und erwerbslose Arbeiter stimmten für die KPD[43]. Die proletarischen Frauen machten diesen Wechsel offenbar nur zögernd mit. Viele blieben der SPD treu, die ihnen als staatstragende und ordnungschaffende Partei „seriöser“ erschien als die KPD. Wenn sie von der Politik der SPD enttäuscht waren, reagierten sie eher mit Stimmenthaltung. Darauf deutet der überdurchschnittlich hohe Anteil von Nichtwählerinnen in der Alt- und Neustadt sowie St.Pauli hin. Nur wenige wechselten zu einer bürgerlichen Partei. Der Einfluß von DDP, DVP und DNVP war in den Wohngebieten der Arbeiterschaft sehr viel geringer als in den Vierteln des Bürgertums. Einen relativ hohen Stimmenanteil erreichten die bürgerlichen Parteien lediglich in Eimsbüttel, Uhlenhorst, Winterhude und Hamm, wo mehr Angestellte, Beamte und Selbständige lebten als in den Hochburgen der Arbeiterparteien – ausgesprochen proletarischen Wohngebie-

Tab. 62: *Wahlbeteiligung und Wahlergebnisse nach dem Geschlecht der Wähler bei der Bürgerschaftswahl am 26. Oktober 1924 in Arbeiterwohngebieten und bürgerlichen Vierteln der Stadt Hamburg*

Stadtteil	Wahlbeteiligung		SPD		KPD		Arbeiterparteien		DDP		DVP		DNVP		Bürgerliche Parteien		Differenz (F–M) [a]					
	F	M	F	M	F	M	F	M	F	M	F	M	F	M	F	M	Wahlbet.	SPD	KPD	DDP	DVP	DNVP
Arbeiterwohngebiete:																						
Altstadt	52,6	61,9	27,6	30,6	14,1	18,4	41,7	49,0	11,7	11,5	16,7	13,8	19,5	15,1	47,9	40,5	-9,3	-3,0	-4,3	0,2	2,9	4,3
Neustadt	51,6	56,6	32,5	31,1	20,6	26,7	53,1	57,8	11,0	11,4	10,4	9,1	14,6	11,9	36,0	32,4	-5,0	1,5	-6,1	-0,3	1,3	2,7
St. Georg	58,7	64,2	35,9	36,1	15,0	20,0	50,9	56,1	11,4	11,2	11,9	10,2	15,0	11,9	38,3	33,2	-5,5	-0,2	-5,0	0,2	1,8	3,1
St. Pauli	50,2	54,0	34,9	33,6	20,5	26,6	55,3	60,2	12,5	11,6	8,9	7,5	13,2	10,9	34,6	29,9	-3,8	1,2	-6,2	1,0	1,4	2,3
Eimsbüttel	63,0	69,0	32,4	33,0	13,8	17,8	46,2	50,8	15,0	14,7	13,8	12,0	16,7	13,8	45,5	40,6	-6,0	-0,6	-4,0	0,2	1,8	2,9
Winterhude	66,3	74,1	31,9	33,5	14,5	18,3	46,4	51,8	12,6	12,7	16,8	14,4	17,0	14,0	46,5	41,1	-7,8	-1,6	-3,8	-0,1	2,4	3,1
Barmbek	68,2	73,6	40,5	39,9	17,9	22,2	58,4	62,1	11,2	11,1	9,0	8,1	11,9	9,8	32,1	28,9	-5,4	0,6	-4,3	0,1	0,9	2,2
Uhlenhorst	64,6	72,1	28,5	29,6	15,1	19,3	43,6	48,9	10,6	11,3	17,1	14,7	19,9	16,0	47,6	41,9	-7,5	-1,1	-4,2	-0,6	2,4	4,0
Hamm	69,1	75,7	30,0	31,0	10,4	13,8	40,4	44,8	14,0	14,3	15,6	14,1	22,2	18,4	51,8	46,9	-6,6	-1,0	-3,4	-0,3	1,4	3,8
Billwärder-Ausschlag	70,3	74,4	48,6	47,1	18,3	23,1	66,9	70,1	8,9	8,6	7,4	6,5	7,7	7,0	24,0	22,0	-4,1	1,5	-4,8	0,2	0,9	0,8
Veddel	66,6	70,0	49,7	50,2	9,9	12,5	59,6	62,8	14,5	11,9	7,5	7,8	10,7	9,9	32,6	29,6	-3,4	-0,6	-2,6	2,5	-0,3	0,8
Zusammen	62,3	67,6	35,4	35,4	15,9	20,5	51,2	56,0	12,2	12,1	12,1	10,5	15,3	12,4	39,6	34,9	-5,3	-0,1	-4,7	0,1	1,6	2,8
Bürgerliche Viertel:																						
Rotherbaum	59,3	67,2	16,1	21,3	3,3	5,0	19,4	26,3	23,2	22,7	21,8	19,9	28,0	22,1	73,0	64,7	-8,0	-5,2	-1,7	0,6	1,9	5,9
Harvestehude	59,9	72,0	12,8	11,8	2,7	3,6	15,4	15,4	20,7	23,3	27,0	26,4	31,2	28,3	78,9	78,0	-12,2	0,9	-0,9	-2,6	0,5	2,9
Hohenfelde	65,1	69,6	15,8	18,3	4,0	6,3	19,8	24,6	11,8	13,2	23,8	22,9	33,8	29,0	69,3	65,0	-4,5	-2,5	-2,2	-1,4	0,9	4,8
Zusammen	61,5	69,4	14,9	17,5	3,4	5,1	18,3	22,6	18,2	19,3	24,2	22,9	31,2	26,5	73,5	68,6	-7,9	-2,6	-1,7	-1,1	1,3	4,7
Stadt Hamburg	63,0	68,7	31,8	33,0	12,9	17,4	44,7	50,4	13,5	13,3	14,3	12,4	18,5	14,8	46,3	40,6	-5,8	-1,2	-4,5	0,1	1,9	3,7

a) Die Differenzen wurden aufgrund der nichtgerundeten Zahlen der Quelle berechnet.

Quelle: StM Nr.16, 1924, 80f.

ten –, sowie in der Altstadt, wo der hohe Stimmenanteil für die bürgerlichen Parteien vermutlich Folge der außerordentlich geringen Wahlbeteiligung war; insbesondere potentielle Wähler vor allem aber Wählerinnen der Arbeiterparteien enthielten sich hier offenbar der Stimme. Die Differenz zwischen weiblicher und männlicher Stimmenzahl war in diesen Stadtteilen größer als in den anderen Arbeitervierteln; deutlich mehr Frauen als Männer gaben vor allem der DNVP ihre Stimme. Die geringste Geschlechterdifferenz bei den Wählerstimmen wies unter den bürgerlichen Parteien die DDP auf, deren Frauenstimmenanteil in der Stadt Hamburg allgemein den Männerstimmenanteil fast erreichte bzw. übertraf. Hochburgen der bürgerlichen Parteien waren die bevorzugten Wohngebiete des Bürgertums Harvestehude, Rotherbaum und Hohenfelde. Im Unterschied zu katholischen Regionen spielte das Zentrum in Hamburg nur eine unbedeutende Rolle; lediglich 1,3 % der Männer und 1,9 % der Frauen stimmten bei der Bürgerschaftswahl im Oktober 1924 für diese Partei[44]. Inwieweit sich das Wahlverhalten der Geschlechter in den folgenden Jahren in der Hansestadt veränderte, kann aufgrund fehlender Daten nicht gesagt werden.

Die beschriebenen Tendenzen in Hinblick auf die geschlechts- und milieuspezifische Parteipräferenz werden durch andere Erhebungen im Deutschen Reich bestätigt. Entgegen der immer wieder von der Weimarer SPD vorgebrachten Behauptung, daß die Frauen, die „ihrer Klassenlage nach zur Sozialdemokratie“[45] gehörten, weniger als die Männer SPD wählen würden, zeigt sich, daß Frauen zumindest in den traditionellen sozialdemokratischen Hochburgen der Arbeiterbewegung in annähernd gleicher, zum Teil gar größerer Zahl als Männer sozialdemokratisch wählten. Die Mehrzahl der SPD-Wählerinnen stammte wie die der SPD-Wähler vermutlich aus der Arbeiterschaft.[46]

Insgesamt war das Parteiensystem der Weimarer Republik zwischen 1919 und 1933 durch eine eminente Stabilität der großen Wählerblöcke gekennzeichnet, die vorrangig durch die sozialen, konfessionellen und kulturellen Grenzen des jeweiligen Milieus verursacht wurde, das hinter dem politischen Lager des linken (SPD, USPD, KPD), katholischen (Zentrum, BVP) und bürgerlich-protestantischen (DDP, DVP, DNVP, NSDAP) Blocks stand. Von geringerer Bedeutung scheinen traditionelle ideologische Grenzen zwischen sozialistischer Linker, liberaler Mitte und konservativer Rechter gewesen zu sein. Verbunden war der relativ stabile Einfluß der politischen Lager mit außerordentlich großen Umwälzungen und Verschiebungen innerhalb der jeweiligen Blöcke, die aufgrund der größeren „Parteitreue“ von Frauen vermutlich in stärkerem Maße durch das Wahlverhalten der Männer verursacht wurden.[47] Am höchsten war die innere Instabilität im bürgerlich-protestantischen Wählerblock. Dies zeigte sich besonders deutlich in den letzten Jahren der Weimarer Republik: Den größten Teil der seit der Reichstagswahl im September 1930 sprunghaft ansteigenden Zahl der NSDAP-Wähler(innen) stellten ehemalige Anhänger(innen) von DDP, DVP und vor allem DNVP.[48]

Unter der Wählerschaft der NSDAP – so der Konsens der neueren historischen Wahlforschung – überwog unbestreitbar das mittelständische Element, doch es gelang der Partei auch, Angehörige anderer Bevölkerungsschichten in großer Zahl zu mobilisieren. Sie trug bei aller Überrepräsentation des Mittelstandes am stärksten den Charakter einer ‚Volkspartei‘.[49] Bei dieser ausschließlich auf die Sozialstruktur ihrer Anhängerschaft bezogenen Charakterisierung darf nicht übersehen werden, daß sowohl der mit dem Zentrum oder der BVP verbundene katholische Bevölkerungsteil als auch die sozialistisch orientierte Arbeiterschaft sich als erheblich resistenter gegenüber dem Nationalsozialismus erwiesen als der Rest der Bevölkerung[50]. Darauf deutet zum einen hin, daß der NSDAP-Einfluß in katholischen Regionen, insbesondere in Landgebieten, vor 1933 deutlich niedriger war als in evangelischen Gegenden, insbesondere Stadtregionen, zum anderen, daß die NSDAP in industriellen Ballungszentren mit langjähriger Tradition und überdurchschnittlich starkem Einfluß der Arbeiterbewegung tendenziell schlechter abschnitt. Am ausgeprägtesten zeigte sich diese Korrelation neben Groß-Berlin in Hamburg.[51] Hier lag der Stimmenanteil der NSDAP 1932/33 deutlich unter dem Reichsdurchschnitt. Bei der Reichstagswahl im November 1932 erzielten die Nationalsozialisten in der Hansestadt lediglich 27,2 % der Stimmen, im Reich hingegen 33,1 %. Die beiden Arbeiterparteien erhielten in Hamburg zusammen 50,5 % (SPD: 28,6 %; KPD: 21,9 %); im Reich waren es nur 37,3 % (SPD: 20,4 %; KPD: 16,9 %).[52] In den Hochburgen von SPD und KPD gelang den Nationalsozialisten in der Hansestadt bis 1933 kein Einbruch. Gewählt wurden sie vor allem in den bürgerlichen Wohngebieten. Den höchsten Stimmenanteil erzielte die NSDAP in Hohenfelde.[53]

Die zeitgenössische These, daß vor allem die Frauen Hitler gewählt hätten, die auch von der SPD vertreten wurde, erweist sich angesichts des vorliegenden, allerdings äußerst lückenhaften Datenmaterials als falsch[54]. Bis 1932 war die NSDAP bei den Wählern tendenziell erfolgreicher als bei den Wählerinnen; sie verdankte ihren Aufstieg stärker den Männern[55]. Dies galt vorrangig für die katholischen Regionen. Doch auch in evangelischen Gegenden stimmten die Wählerinnen seltener für die NSDAP, die Differenz war jedoch geringer; bereits 1932 erzielte die Partei hier in einzelnen Städten geringfügig mehr Frauen- als Männerstimmen.[56] In den Hochburgen der Arbeiterparteien war der Einfluß der Nationalsozialisten offenbar auch bei den Frauen geringer. Während Männer hier im Zuge der politischen Radikalisierung von der SPD zur KPD wechselten, deren Stimmenanteil deutlich zunahm, hielten die Frauen der SPD in stärkerem Maße die Treue. Darauf deutet die Tatsache hin, daß in den traditionellen Zentren der Arbeiterbewegung einerseits der Anteil der Frauenstimmen für die SPD seit Anfang der dreißiger Jahre den der Männer übertraf, andererseits der Anteil der Frauenstimmen für die KPD nach wie vor deutlich niedriger als der der Männerstimmen war.[57]

* * *

Die Analyse der Hamburger Wahlergebnisse bestätigt den außerordentlich starken Einfluß des sozialen, kulturellen und politischen Milieus auf das Wahlverhalten. Da das politische Interesse von Frauen aufgrund ihrer geschlechtsspezifischen Sozialisation und Situation im allgemeinen geringer war und sie sich seltener als Männer aktiv mit politischen Fragen auseinandersetzten, wirkte bei ihnen der Einfluß ihres Umfeldes stärker. Dies zeigte sich besonders deutlich im katholischen Arbeitermilieu. Dort gehörten die Frauen zu den treuesten Wählerinnen des Zentrums[58]. Doch auch im sozialdemokratischen Milieu war die politische Beeinflussung durch das Umfeld erheblich. Nicht nur die Parteigenoss(inn)en wählten selbstverständlich SPD, sondern meist auch deren nichtorganisierte Familienangehörige. Dies galt vor allem für die Ehefrauen sozialdemokratischer Arbeiter. Demgemäß entsprach in den großstädtischen Hochburgen der Arbeiterbewegung der Anteil der Frauenstimmen für die SPD annähernd dem der Männerstimmen bzw. übertraf ihn gar.

Von einer christlich-konservativen Grundhaltung ‚der' Frauen, die auf einer angeblichen „religiösen Veranlagung" beruhe, kann nach einer differenzierten Analyse des weiblichen Wahlverhaltens nicht gesprochen werden. Der geschlechtsspezifische Einfluß der Religion war vor allem in den protestantischen Gegenden, die mehr als zwei Drittel des Deutschen Reiches ausmachten gering.[59] Hauptursachen für die Unterschiede im Wahlverhalten von Frauen und Männern waren die geschlechtsspezifische Sozialisation, die verschiedenen Arbeits- und Lebensbedingungen sowie die daraus resultierenden ungleichen Zugangsmöglichkeiten zur politischen Öffentlichkeit. Frauen wählten nicht ‚apolitisch', sondern anders: Sie machten ihre Entscheidung nicht von der konkreten Tagespolitik oder von politischen Theorien, sondern von der Grundlinie der Partei abhängig. Eine Ursache für dieses Stimmverhalten war vermutlich die relativ geringe politische Bildung vieler Wählerinnen.[60] Angesichts der Tatsache, daß die Frauen die politische Gleichstellung mit den Männern erst in der Novemberrevolution erlangt hatten, machten sie in der Weimarer Republik schnell selbstverständlichen Gebrauch von ihrem neuen staatsbürgerlichen Recht.

4.2.2 *Die weiblichen SPD-Mitglieder*

Neben der Gewinnung von Wählerinnen war die Werbung von weiblichen Mitgliedern zentrale Aufgabe der sozialdemokratischen Frauenbewegung. Denn, so hieß es 1924 in der ‚Genossin' in einem Aufruf zur „Werbearbeit":

> „Je größer die Zahl der in der Sozialdemokratischen Partei organisierten Frauen, um so stärker der Fraueneinfluß auf die Gestaltung des politischen und geistig-kulturellen Lebens innerhalb und außerhalb der Partei. Je stärker die sozialdemokratische ‚Frauenbewegung' sich entfaltet, desto größer wird die bewußte und sichtbare Einwirkung der Frauen auf die politische und soziale Entwicklung, desto stärker ist aber auch die erzieherische Einwirkung der sozialdemokratischen Frauen auf die große Masse des weiblichen Geschlechtes. Die sozialdemokratische Frauenbewegung muß zu einer Massenbewegung werden."[61]

Hauptzielgruppen der Mitgliederwerbung waren zum einen die unorganisierten Ehefrauen und Töchter der männlichen Parteimitglieder, zum anderen erwerbstätige Frauen, vorrangig gewerkschaftlich organisierte Arbeiterinnen und Angestellte[62].

In der Praxis konzentrierte sich die Werbearbeit insbesondere in den ersten Jahren der Weimarer Republik weitgehend auf die Gewinnung der Ehefrauen von Parteigenossen, mehrheitlich Arbeiterfrauen zwischen dem 30. und dem 50. Lebensjahr, die zwar nicht hauptberuflich erwerbstätig waren, aber in der Regel „hinzuverdienen" mußten[63]. Der Werbung dieser Zielgruppe standen erhebliche Schwierigkeiten entgegen. Hauptproblem war neben ihrer großen Arbeitsbelastung, die ihnen Zeit und Kraft zur Auseinandersetzung mit politischen Fragen nahm, ihr sozialisationsbedingtes Desinteresse an der Politik.[64] Typisches Beispiel ist Caroline J., die mit einem Schriftsetzer verheiratet war, der aktiv in SPD und freien Gewerkschaften mitarbeitete. Im Elternhaus hatte sie wie viele Arbeitertöchter gelernt, daß „Politik Männersache" war, um die sich Frauen nicht zu kümmern hatten. Nicht nur ihr Vater, ein Maschinenschlosser und überzeugter SPD-Anhänger vertrat diese Ansicht, sondern auch ihre mehr christlich-konservativ eingestellte Mutter. Als Mädchen kam Caroline J. zwar durch eine Freundin zur ‚Freien proletarischen Jugend' (FPJ), dort machte sie allerdings wie viele Jugendbündler(innen) vorrangig „aus Freude an den Dingen, die geboten wurden", mit, u.a. wegen der Lesungen, dem Gesang, den Wanderungen und dem Volkstanz. An den Diskussionen beteiligte sie sich – „wie alle Mädchen" – nicht. In der FPJ lernte sie ihren späteren Mann kennen. Bis zur Heirat im Jahr 1928 war sie als Arbeiterin tätig. Caroline J. erzählt:

> „Die meisten Frauen der sozialdemokratischen Männer waren nicht organisiert. Damals war es eigentlich nicht üblich, daß die Frauen auch in der Partei waren, das kam erst nach dem Zweiten Weltkrieg ... Da haben unsere Männer nicht drauf bestanden, sonst wären wir vielleicht eingetreten ... Ich kenne gar keine Frau, die damals in der Sozialdemokratie war. Sonst hätte sie doch zu uns mal gesagt: ‚Kommt auch mal mit!' Das haben unsere Männer aber auch nicht gesagt ... Niedergedrückt hat mein Mann mich nie, jeder konnte seine Einstellung haben, wie er wollte, ich auch ... Ich hab' einfach nicht so viel Interesse gezeigt ... Ich las wenig Zeitung ... Mein Mann war in der ‚Büchergilde', dort haben wir Bücher bezogen. Ich hab' vor allem Romane gelesen, auch die Klassiker sowie schöngeistige Literatur, weniger die Zeitung. Das ‚Hamburger Echo' hat vor allem mein Mann gelesen. Mitunter las er mir mal was vor, doch da hab' ich gar nicht richtig hingehört. Ich war dann mit meinen Gedanken ganz wo anders ..."

Viele Arbeiterehefrauen lasen wie Caroline J. statt der Tageszeitung lieber „schöne Romane" und unterhaltende Erzählungen, die sie von ihren alltäglichen Problemen und Sorgen ablenkten[65]. Ihr Bedürfnis nach Abwechslung, Entspannung und Unterhaltung war sehr viel größer als ihr Interesse am ‚Männerthema' Politik. Der Gedanke, gemeinsam mit dem Mann eine SPD-Versammlung zu besuchen, reizte sie nicht, denn das hieß, den ganzen Abend in einer verräucherten Kneipe – dem üblichen Versammlungslokal – zu sitzen und den Männern beim Politisieren zuzuhören.[66] Die wenige arbeitsfreie Zeit, die ihnen zur Verfügung stand, nutzten sie lieber für sich. Caroline J. traf sich regelmäßig mit ihren alten Freundinnen aus der FPJ, die ebenfalls mit Sozialdemokraten verheiratet waren:

> „Wir haben uns jede Woche zusammengesetzt und gehandarbeitet. An dem Tag, an dem unsere Männer auf die Parteiversammlung gingen, an dem sind wir abends zusammengekommen ... Wir hatten nicht das Interesse dafür, zu den Versammlungen hinzugehen. Wir haben lieber so zusammengesessen und uns einen gemütlichen Abend gemacht ... Doch für die SPD waren wir Frauen auch; manchmal haben wir politisiert, aber nicht viel."

Die zehnköpfige Frauenrunde, die sich „Verein lustiger Weiber" nannte, wurde im Laufe der Zeit kleiner: Sobald sie Mütter wurden, war es den jungen Frauen nur noch schwer möglich, abends aus dem Haus zu kommen.

Wie Franz J. akzeptierten die meisten Sozialdemokraten bereitwillig die Haltung ihrer Frau. Ihnen kam es nicht in den Sinn, ihr einen Teil der Hausarbeit und der Kindererziehung abzunehmen, um ihr den Besuch des Frauenabends oder einer öffentlichen Frauenversammlung zu ermöglichen. Häufig lehnten sie gar deren politische Engagement kategorisch ab. Paula Karpinski berichtet:

> „Die Gleichberechtigung (war) auch in unserer eigenen Organisation bei den Männern noch nicht so bewußt ... Es gab viele Männer, die es nicht für richtig hielten, daß ihre Frauen in der Frauenbewegung aktiv waren. Die wollten, daß ihre Frau abends im Hause bleibt und für die Kinder da ist ... Wir haben immer empfunden, daß uns viel mehr Frauen verloren gegangen wären, wenn wir die Frauenarbeit nicht gemacht hätten. Denn der Mann hat in dieser Beziehung häufig negativ gewirkt; er sagte nicht selten: ‚Es genügt, wenn ich in der Partei bin. Was soll meine Frau auch noch da? Die hat viel wichtigere Aufgaben im Hause, die soll sie gut machen'. So war die Einstellung!"[67]

Für die aktiven Genossinnen war es außerordentlich schwer, die Ehefrauen solcher Parteigenossen als Mitglied zu gewinnen[68], zumal häufig auch finanzielle Gründe gegen deren Parteibeitritt sprachen. Vor allem in den Notzeiten des Krieges, der Inflation und der Wirtschaftskrise konnte manche minderbemittelte Arbeiterfamilie den zweiten Mitgliedsbeitrag nicht aufbringen.[69]

Trotz aller Schwierigkeiten stellten die unorganisierten Ehefrauen der Parteigenossen das „Hauptreservoir" für die Mitgliederwerbung[70]. Ihr zentrales Motiv für den Eintritt in die SPD war die Hoffnung auf eine kurzfristige Verbesserung der sozialen Verhältnisse und eine langfristige, grundlegende Umgestaltung der Gesellschaftsordnung. Vor allem Arbeitermütter scheinen nicht zuletzt deshalb Mitglied der Partei geworden zu sein, weil sie für ihre Kinder einen sozialen Aufstieg und eine glücklichere Zukunft erhofften. Zu diesem Ziel wollten sie durch ihr Engagement in der sozialdemokratischen Arbeiterbewegung beitragen. Hinzu kam meist das Bedürfnis nach Bildung, Kultur und Geselligkeit. Neben geistiger Anregung erwarteten sie Entspannung und Unterhaltung. Diesen vielfältigen Bedürfnissen versuchte die Hamburger SPD in ihrer Frauenarbeit Rechnung zu tragen.[71]

Hauptmittel, mit dem die Ehefrauen der Parteigenossen von der SPD-Frauenorganisation geworben wurden, war die „Hausagitation": Zwei Genossinnen, eine ältere, erfahrene und eine jüngere, suchten die Frauen anhand einer Adressenliste auf, brachten ihnen Flugblätter oder kleinere Broschüren mit, warben für die Frauenzeitschrift und luden zum Besuch eines Frauenabends oder einer öffentlichen Frauenveranstaltung ein. Nach einigen Wochen wurde der Hausbesuch wiederholt. Den agitierenden Genossinnen wurde möglichst eine Straße zugeteilt, in der eine von beiden wohnte, denn die Agitation war sehr viel leichter, wenn bereits nachbarschaftliche

Frauentreffen der SPD-Altona bei „Mudder Rieck" in der Harburger Heide, September 1932 (Privatbesitz)

Kontakte bestanden.[72] Der Erfolg der Hausagitation hing in starkem Maße von der Einsatzbereitschaft und Überzeugungskraft der Genossinnen ab[73]. Um diese Form der Mitgliederwerbung effektiver zu gestalten, riefen Parteivorstand und Reichsfrauenbüro seit 1924 regelmäßig zu sogenannten „Frauenwerbewochen" auf. Die erste Werbeaktion war für Oktober 1924 geplant, konnte aber wegen des Wahlkampfes zur Reichstagswahl nicht durchgeführt werden[74]. Die Hamburger SPD holte die „Werbewoche" im April 1925 nach und gewann 316 weibliche und 915 männliche Mitglieder. Seitdem führte die Landesorganisation jährlich eine Werbeaktion durch, bei der durchschnittlich zwei- bis dreitausend neue Mitglieder gewonnen wurden, ein Viertel davon Frauen.[75]

Um die Werbung der zweiten Hauptzielgruppe, die erwerbstätigen Frauen bemühte sich die SPD-Frauenorganisation erst seit 1927 systematisch. Die Initiative hierzu war in Hamburg von den jüngeren Funktionärinnen der Frauenorganisation ausgegangen, die hofften, verstärkt junge, ledige Frauen für die Partei zu gewinnen[76]. Hauptform der Werbung sollte die „Betriebsagitation" sein[77]: Verantwortlich für die Werbung neuer Parteimitglieder und Leser(innen) der Parteipresse sowie die Verteilung von Flugblättern und Materialien der Partei waren auf der Betriebsebene die „Betriebsvertrauensleute" der SPD, überwiegend männliche Genossen, die von den Parteimitgliedern des Betriebes in diese Funktion gewählt worden waren. Mehrheitlich waren sie zugleich als Betriebsratsmitglieder oder Funktionäre der freien Gewerkschaften tätig. Ihre Werbearbeit im Betrieb erreichte vorwiegend die männlichen Erwerbstätigen. Um eine systematische Agitation unter den erwerbstätigen Frauen durchführen zu können, bat der Frauenaktionsausschuß die Ortsausschüsse von ADGB und AfA-Bund um Meldung aller zwar gewerkschaftlich aber nicht parteipolitisch organisierten Frauen in den Betrieben, in denen „Vertrauensleute" der Partei tätig waren. Mit deren Hilfe sollten diese Frauen angesprochen und geworben werden.[78] In der Praxis war die Betriebsagitation unter den Frauen in Hamburg nicht sehr erfolgreich; dazu trug eine Vielzahl von Schwierigkeiten bei: Die Zusammenarbeit mit den freien Gewerkschaften klappte nicht; die Unterstützung der Betriebsvertrauensleute fehlte häufig; zudem war die Zahl der Betriebe, in denen Sozialdemokraten als Vertrauensleute wirkten, relativ gering. 1927 arbeiteten 1.921 Vertrauensleute in 427 Unternehmen; erfaßt waren 5 % aller Betriebe mit 10 bis 200 Beschäftigten und 39 % aller Betriebe mit mehr als 200 Beschäftigten. Die Partei bemühte sich intensiv um einen Ausbau der Betriebsorganisation. Bis Ende 1930 stieg die Zahl der Vertrauensleute auf 2.525, erfaßt wurden nun 524 Unternehmen. Der sozialdemokratische Einfluß in den Betrieben blieb jedoch insgesamt geringer als erhofft. Durch die Betriebsagitation wurden vorrangig Männer geworben; 1927 gewann die SPD beispielsweise auf diesem Wege 1.157 männliche aber nur 122 weibliche Mitglieder.[79]

Hauptursache dieser erheblichen Differenz war die geschlechtsspezifische Bedeutung des Betriebes als Ort politischer Sozialisation. Für Männer war das Erwerbsleben der zentrale Lebenszusammenhang. Die Orientierung auf die öffentliche Sphäre der Arbeitswelt machte sie aufgeschlossener für wirtschaftliche, soziale und politische Fragen. Unter Männern waren politische Gespräche am Arbeitsplatz üblich. In welchem Maße der einzelne sie pflegte, hing von verschiedenen Faktoren ab: Klassenbewußtsein, Vertrautheit mit den Kollegen, Beaufsichtigung durch Vorgesetzte, Arbeitszeit und Art der Arbeit. Meist wurde in den Arbeitspausen und nach Feierabend politisiert. Häufig ging die Initiative hierzu von den organisierten Kollegen aus. Als übliche Vorstufe zum Eintritt in eine Arbeiterpartei galt die Organisation in den freien Gewerkschaften. Für die Männer war der Betrieb so *die* zentrale politische Sozialisationsinstanz, nicht jedoch für die erwerbstätigen Frauen.[80] Sie betrachteten als Ledige wie als Verheiratete die Erwerbsarbeit in der Regel als Übergangsphase, als Provisorium. Ihr gewerkschaftlicher Organisationsgrad war im Schnitt geringer als der der Männer. Mit ihren Kolleginnen diskutierten sie nur selten über Politik; die Kollegen sprachen über dieses „Männerthema" nur vereinzelt mit ihnen. Nach Feierabend hatten viele Frauen weder die Zeit noch die Kraft, gewerkschaftliche oder politische Versammlungen zu besuchen, weshalb vermutlich auch der Versuch des Frauenaktionsausschusses scheiterte, Arbeiterinnen und Angestellte durch eine spezielle Veranstaltung anzusprechen: Der Besuch der Frauenfeierstunde „Für die erwerbstätige Frau" mit Gertrud Hanna im November 1928 war „sehr schlecht". Weitere öffentliche Frauenversammlungen für diese Zielgruppe wurden zentral nicht mehr durchgeführt.[81] Einzelne Distrikte, darunter Eimsbüttel, versuchten vor allem die jungen Arbeiterinnen durch Filmabende anzusprechen. Diese Veranstaltungsform stieß auf größere Resonanz.[82]

Die erwerbstätigen Frauen waren noch schwerer als die ‚Nur'-Hausfrauen für politisches Engagement zu gewinnen. Für sie war nach ‚Feierabend' nur Schichtwechsel, die häusliche Arbeit wartete. Besonders schwierig war die Werbung der jungen, ledigen Frauen. Im Mittelpunkt ihres Interesses standen meist persönliche Fragen. Soziale und politische Themen beschäftigten sie in der Regel noch weniger als ältere, verheiratete Frauen. Dies galt auch für die meisten Arbeitertöchter aus dem sozialdemokratischen Milieu.[83]

Selbst für viele SAJlerinnen war es nicht selbstverständlich, Mitglied der SPD zu werden. Sobald sie ihren ersten festen Freund kennengelernt hatten, zogen sie sich aus der SAJ-Arbeit zurück. Diese Tendenz wurde dadurch gefördert, daß im Arbeiterjugendbund jede Pärchenbildung verpönt war.[84] Nur wenn der Freund selbst aktiver Sozialdemokrat war und zudem das politische Engagement seiner Freundin unterstützte, wechselte diese von der SAJ in die SPD. Lediglich sehr engagierte Jugendbündlerinnen wurden SPD-Mitglied. Zu ihnen gehörte Paula Karpinski, die 1911 – mit 14 Jahren – in den Arbeiterjugendbund eingetreten war. Diesen Schritt hatten ihre Eltern unterstützt. Im Vorstand ihrer AJ-Abteilung übernahm sie schon bald die Funktion der Schriftführerin. Bereits mit 16 Jahren, zwei Jahre früher als offiziell gestattet, schloß sie sich der SPD an, wo sie von Anfang an aktiv mitarbeitete. Paula Karpinski meint rückblickend:

> „Daß manche Frauen aus der Jugendbewegung nicht in die Partei gingen, lag sicher daran, daß ein wirkliches Interesse für wirtschaftliche und politische Fragen nicht so allgemein verbreitet war ... Nur die Aktiven, die sich der sozialistischen Überzeugung verpflichtet fühlten, die arbeiteten weiter ... Wir hatten das Bewußtsein: ‚Wir müssen etwas tun. Es geschieht nichts von selbst. Wir müssen uns organisieren.' Und darum dieser selbstverständliche Schritt: ‚Da will ich dabei sein. Ich gehe auch in die Partei.'"[85]

Nicht alle aktiven Jugendbündlerinnen, traten so begeistert der SPD bei. Vielen fehlte in der Partei das Gemeinschaftserlebnis, das „Streben nach einer neuen Kultur", das sie aus der Arbeiterjugend kannten. Von den älteren Genoss(inn)en wurden sie allzuhäufig als „ungern gesehene Gäste" behandelt, „die nur hinkommen, um Kritik zu üben und den Alten etwas vorzumachen". Die Jugendlichen neigten eher zu radikalen Positionen, ihnen paßten „Konservativismus" und „Spießbürgerlichkeit" der älteren Genoss(inn)en nicht. Sie vermißten in der Partei die Kameradschaftlichkeit unter den Genoss(inn)en, die sie aus der SAJ kannten. Die Älteren behandelten sie allzuoft autoritär und bevormundend.[86] Besonders kritisch standen viele ehemalige SAJlerinnen einer Mitarbeit in der SPD-Frauenorganisation gegenüber, die sie als einen Zusammenschluß älterer Hausfrauen, einen „Häkelbüddel- und Klönklub" ansahen. Verglichen mit ihren Müttern fühlten sie sich gleichberechtigt. Ihnen schien eine besondere Frauenorganisation nicht notwendig zu sein.[87] Sie waren zwar Mitglied der SPD geworden, arbeiteten aber nicht aktiv in Partei und Frauenbewegung mit. Ihr Haupttätigkeitsfeld waren die sozialdemokratischen ‚Nebenorganisationen', bevorzugt die ‚Kinderfreunde', der ATSB, die ‚Naturfreunde' oder der ‚Arbeitersängerbund'[88]. Die Tendenz zum ausschließlichen Engagement in den Vorfeld-Organisationen der SPD scheint bei den jungen Genossinnen stärker ausgeprägt gewesen zu sein als bei den jungen Genossen. Auch der ‚Jungsozialistischen Vereinigung', in der alle 18- bis 25jährigen Sozialdemokrat(inn)en mitarbeiten konnten, schlossen sich nur relativ wenige junge Frauen an. Das Diskussionsniveau war ihnen zu hoch, es wurde zuviel „theoretisiert".[89] Den Hamburger Jungsozialisten, die von Juli 1919 bis Februar 1926 existierten, gehörten durchschnittlich 400 bis 600 überwiegend männliche Mitglieder an[90].

Eine der Junggenossinnen, die weder in der Partei noch in der Frauenorganisation mitarbeiteten, war Lili D., die Tochter eines sozialdemokratischen Malergesellen. Sie hatte sich 1923 der SAJ angeschlossen und trat 1927 gemeinsam mit den Älteren aus ihrer SAJ-Gruppe in die SPD ein; dort blieb sie jedoch passives Mitglied. Lieber sang sie im ‚Barmbeker Volkschor' und machte in einem Arbeiterturnverein sowie im ASB mit. In ihrer Freizeit las sie zudem viel, vor allem Belletristik, und besuchte regelmäßig Kurse der Volkshochschule. 1931, als jungverheiratete Frau, bekam sie erstmals Kontakt zur SPD-Frauenorganisation:

> „Einmal sagte ... (meine Nachbarin): ‚Komm doch mal mit zu meinem Frauenabend' ... Als ich mitging, saßen da lauter alte Frauen so um 45. Für mich junge Frau war das wirklich langweilig. Es war ein richtiger Handarbeits-Klub: Da saßen sie alle und friemelten und friemelten, hatten ihre Hände in Betrieb. Ich bin überhaupt nicht handarbeitsinteressiert. Nein, das war das letzte. Ich konnte lesen, ich konnte vorlesen, auch plattdeutsch, ich konnte auswendig was vortragen, aber Handarbeiten machen? Ich konnte zwar alles machen, aber ich hatte keine Lust ... Natürlich haben sie sich dabei erzählt – ‚Denk Dir bloß mal' – geklatscht und getratscht ... Ich bin da zwei- oder dreimal hingegangen und dann hab' ich gesagt, das ist nichts für mich .."

Ähnlich schildern auch andere Frauen, die aus der SAJ zur SPD kamen, ihren Eindruck von den SPD-Frauenabenden[91]. Die vorherrschende Form der Frauenarbeit stand ihrer Einbeziehung in die Frauenorganisation im Wege.

Die „Nachwuchsfrage" wurde für die sozialdemokratische Frauenbewegung wie für die Gesamtpartei in der Weimarer Republik zu einem immer drängenderen Problem: Unübersehbar fehlte in den eigenen Reihen die jüngste Generation. Der Altersaufbau der Hamburger SPD (vgl.

Tab. 63: *Die Mitglieder der Hamburger SPD nach Alter und Geschlecht. 1908, 1926, 1929 und 1931*[92]

Alter	1908	1926	1926		1929		1931	
	Insgesamt		F	M	F	M	F	M
bis 20	3,0	2,5	2,5	2,5	3,1	2,5	3,4	2,1
20–30	31,4	15,5	17,0	15,1	18,0	16,7	19,9	17,4
30–40	33,0	23,5	27,9	22,1	25,7	21,5	23,2	21,1
40–50	21,2	29,3	29,4	29,3	28,3	27,1	27,1	26,4
50–60	9,1	20,1	17,2	21,0	17,9	21,6	18,1	21,2
über 60	2,3	9,1	6,0	10,1	7,0	10,6	8,4	11,9

Tabelle 63) entsprach weitgehend dem Reichsdurchschnitt. Allerorts war der überwiegende Teil der weiblichen wie der männlichen SPD-Mitglieder in der Weimarer Republik zwischen 30 und 50 Jahren alt; am geringsten waren die 18- bis 30jährigen vertreten. Dies hatte im Kaiserreich noch anders ausgesehen; der Altersdurchschnitt der Vorkriegs-SPD war deutlich jünger. In der Weimarer Republik gelang es der Partei in sehr viel geringerem Maße die junge Generation anzusprechen.[93] Viele engagierte Arbeiterjugendliche hielten die Politik der SPD, die überwiegend von älteren Funktionären bestimmt wurde, nicht für radikal und kämpferisch genug. In ihren Augen hatte sich die Partei an die bestehenden Verhältnisse angepaßt. Sie sahen keine Chance, in und mit der SPD eine sozialistische Gesellschaft zu erreichen. Zu fest saß die ältere Generation an den Hebeln der innerparteilichen Macht. Die oppositionelle Haltung scheint bei den jungen Männern stärker ausgeprägt gewesen zu sein als bei den jungen Frauen. Darauf deutet nicht nur deren größere Vorliebe für die KPD hin, die im Unterschied zur SPD eine ausgesprochen junge Partei, eine „‚Jungens'partei" war[94], sondern auch der geringere Anteil der jugendlichen Altersgruppe bei den männlichen SPD-Mitgliedern. Erst Ende der zwanziger Jahre nahm der Anteil der Jüngeren in der Hamburger SPD zu, vor allem bei den weiblichen Mitgliedern, was vorrangig ein Resultat der verstärkten Werbung junger, lediger Frauen war.

Mitte der zwanziger Jahre setzte reichsweit in der sozialdemokratischen Frauenbewegung eine intensive Diskussion zur „Nachwuchsfrage" ein, die durch entsprechende Artikel in der ‚Genossin' angeregt worden war[95]. Auf der Kieler Reichsfrauenkonferenz im Mai 1927 stand das Thema als ein Hauptpunkt auf der Tagesordnung. *Käte Fröhbrodt*[96], die dazu als Vertreterin des Hauptvorstandes der SAJ referierte, schlug folgende Maßnahmen vor: Zum einen sollten die jungen Mädchen schon während ihrer Mitgliedschaft in der SAJ zu den Veranstaltungen der Frauenorganisation hinzugezogen werden. Zum anderen sollte die „Überführung" der Junggenoss(inn)en in die SPD allerorts zu einer „Feierstunde", einer „Parteiweihe" ausgestaltet werden; mit diesen Veranstaltungen, die an einigen Orten bereits durchgeführt worden seien, hätten SAJ und SPD gute Erfahrungen gemacht.[97] Die Hamburger SPD griff die Anregungen auf. Der Frauenaktionsausschuß schlug den Distriktsfrauenausschüssen vor, insbesondere bei der Planung und Durchführung der dezentralen Frauenfeierstunden die SAJlerinnen hinzuzuziehen. Sie könnten u.a. zur Ausgestaltung des Kulturprogramms beitragen. Als einer der ersten Unterbezirke veranstaltete die Landesorganisation zudem 1927 eine „Parteiweihe", bei der 250 Junggenoss(inn)en aufgenommen wurden. Auch in den folgenden Jahren führte sie eine solche Feierstunde durch.[98]

In der zweiten Hälfte der zwanziger Jahre gewann die Hamburger SPD in Folge ihrer verstärkten Werbearbeit mehr als die Hälfte aller Neuaufnahmen durch die Haus- und Betriebsagitation[99]. Der Erfolg dieser organisierten Mitgliederwerbung war allerdings bei den Männern sehr viel größer als bei den Frauen, von denen nur ein relativ kleiner Teil auf diese Weise geworben wurde. Die meisten Sozialdemokratinnen kamen auf anderen Wegen in die Partei. Darauf verweisen die Berichte der befragten 106 Frauen, von denen 85 vor 1933 der SPD angehörten: sechs waren bereits in der Vorkriegszeit eingetreten, 17 während des Ersten Weltkrieges und 57 in der Weimarer Republik. Bei fünf Frauen ist der Zeitpunkt des Parteieintritts nicht bekannt. Das Eintrittsalter lag zwischen 21 und 26 Jahren. Den ersten Kontakt zur SPD bekamen 46 Frauen durch das Elternhaus oder Verwandte, 28 durch die Arbeiterjugendorganisation, zehn durch den Ehemann, vier durch Arbeitskolleg(inn)en, drei durch Freunde oder Nachbarn, zwei aufgrund von Lektüre und eine Frau durch die freien Gewerkschaften. Von zwölf Frauen wurden sowohl das Elternhaus als auch der Arbeiterjugendbund als zentrale Orte ihrer politischen Sozialisation genannt. Die Mehrzahl der Befragten gehörte in der Weimarer SPD zur relativ kleinen Gruppe der 20- bis 30jährigen Sozialdemokratinnen. Für diese Generation scheinen die Ergebnisse typisch zu sein.

Die meisten Junggenossinnen, die im Ersten Weltkrieg und in der Weimarer Republik zur SPD kamen, stammten vermutlich aus einem sozialdemokratischen Elternhaus. Der Eintritt in die SPD war für sie selbstverständliche Konsequenz der sozialistischen Familientradition: Sie sahen wie der Vater, seltener die Mutter, sich in der Partei engagierte und wurden schon als Kinder zu Festen und Feiern der Partei mitgenommen. Sie erlebten politische Diskussionen im Elternhaus. Ihnen stand, als sie älter waren, zumindest die Tageszeitung der SPD als Lektüre zur Verfügung. Wenn die Eltern überzeugte und engagierte Sozialdemokraten waren, die ihre sozialistische Weltanschauung auch im Alltag zu leben versuchten, förderten sie das politische Interesse ihrer Tochter und unterstützten ihr gesellschaftliches Engagement. Häufig regten auch ältere Geschwister die Auseinandersetzung mit politischen Fragen an. Sie nahmen die jüngeren Geschwister zu Versammlungen und Feiern des Arbeiterjugendbundes, der freien Gewerkschaften oder der SPD mit und gaben ihnen sozialdemokratische Schriften zur Lektüre.[100]

Neben dem Elternhaus war für einen großen Teil der jungen Sozialdemokratinnen die SAJ entscheidender Ort der Politisierung. Hier wurde ihre politische Bildung und ihr gesellschaftliches Engagement systematisch gefördert. Die engagierten SAJlerinnen empfanden sich als gleichberechtigt; sie wollten als Kameradinnen und Genossinnen mit den Männern für eine sozialistische Umgestaltung der Gesellschaft kämpfen. Motiv für ihren Eintritt war häufig der Wunsch, *aktiv* für eine Gesellschaftsveränderung einzutreten. Sie waren bestrebt, auch die eigenen Lebensverhältnisse gemäß dem sozialistischen Ideal zu gestalten. Zu diesen jungen Genossinnen gehörte die Arbeitertochter Lisbeth T., deren Eltern beide sehr engagierte Sozialdemokraten waren. Zu Hause wurden neben dem ‚Hamburger Echo' die ‚Neue Zeit' und die ‚Gleichheit' gelesen. Lisbeth T. machte seit ihrem 10. Lebensjahr im ‚Ausschuß zur Förderung der Jugendspiele' mit. Im Alter von 15 Jahren wurde sie Mitglied des Arbeiterjugendbundes. Daneben engagierte sie sich weiterhin im AzFJ, nun jedoch als Helferin. Über ihren Eintritt in die SPD berichtet sie:

> „Ich bin am 1.1.1919 eingetreten, mit 18 Jahren ... Mein Vater hat mich aufgenommen. Er war 25 Jahre Distriktskassierer in Barmbek. Ich hatte mir schon als Kind vorgenommen: ‚Du gehst auch in die sozialdemokratische Partei, die ist für Gerechtigkeit' ... Bebel war immer mein Vorbild, eigentlich auch Marx und Engels, die hingen nämlich bei uns an der Wand ... Schon vor meinem Eintritt habe ich immer mitgearbeitet, z.B. Flugblätter verbreitet oder zu Hause Listen für meinen Vater mit der Hand abgeschrieben. Mein Vater hatte als Kassierer große Bücher, in die wurde jedes Mitglied des Distrikts eingetragen ... Mit diesen Dingen habe ich mich auch schon beschäftigt, bevor ich in die Partei eingetreten bin ... Solidarität war uns das wichtigste. Wir haben bei unserem Eintritt gefragt, was können wir tun, was können wir noch machen, damit wir weiterkommen."

Für junge Sozialdemokratinnen mit ähnlicher politischer Sozialisation wie Lisbeth T. war es von Anfang an selbstverständlich, aktiv in der SPD mitzuarbeiten. Sie gehörten zu den Junggenossinnen, die am ehesten bereit waren, Funktionen in Partei und Frauenorganisation zu übernehmen.

Die politische Sozialisation der Sozialdemokratinnen im Alter von 30 bis 50 Jahren, die in der Weimarer Republik die Masse der weiblichen Parteimitglieder stellten, war in der Regel anders verlaufen. Wenige Genossinnen aus der älteren Generation stammten aus einem sozialdemokratischen Elternhaus.[101] Auch der Weg über die Arbeiterjugendbewegung bot sich erst der jüngeren Generation. Die Anfänge des Hamburger Arbeiterjugendbundes reichen zwar in das Jahr 1905 zurück, doch erfaßte er zunächst überwiegend Jungen. 1910 gehörten ihm 1.325 Mitglieder an, darunter 12 % Mädchen. Haupthindernis einer stärkeren Einbeziehung der Mädchen in die Arbeiterjugendbewegung war die Koedukation der Geschlechter, die selbst von vielen sozialdemokratischen Eltern abgelehnt wurde. Die elterlichen Vorbehalte bauten sich nur langsam ab. Erst in den zwanziger Jahren stieg der Anteil der Mädchen deutlich an, die 1930 47 % der 1.779 SAJ-Mitglieder Hamburgs stellten.[102]

Die meisten älteren Sozialdemokratinnen kamen über ihren organisierten Freund oder Ehemann in die SPD. Er hatte sie zur Auseinandersetzung mit wirtschaftlichen und politischen Fragen angeregt und ihr Engagement gefördert und hoffte nicht selten auf eine politische Interessengemeinschaft in der Ehe.[103] Wichtig war daneben das politische Gespräch im Freundeskreis, in der Nachbarschaft und im Betrieb. Häufiger als in der jüngeren Generation war das politische Interesse bei älteren Sozialdemokratinnen durch Arbeitskolleg(inn)en geweckt worden. Vor allem verheiratete Arbeiterinnen mit Kindern setzten sich nicht selten bereitwillig mit sozialen und politischen Fragen auseinander. Die Aufklärung über die gesellschaftlichen Ursachen ihrer Armut wirkte auf sie befreiend, da sie ihr eigenes Schicksal nicht mehr als „selbstverschuldet" anzusehen brauchten. Der Kampf für den Sozialismus schien ihnen ein Weg zu sein, der sie aus ihrem Elend „erlösen" und ihren Kindern eine Zukunft sichern konnte.[104]

Am Anfang des Politisierungsprozesses stand meist das Gespräch, insbesondere bei Frauen sehr viel seltener die Lektüre sozialistischer Publikationen[105]. Lediglich bei den wenigen Sozialdemokratinnen mit einer höheren Schulbildung spielten sozialistische Schriften eine größere Rolle[106]. Politischen Gesprächen folgte früher oder später der Besuch von Parteiversammlungen, der Kauf sozialdemokratischer Publikationen, das Abonnement eines Parteiblattes. Das intensivere Studium sozialistischer Lektüre gewann in der Regel erst später größere Bedeutung, vorrangig für Männer. Den Frauen fehlte hierfür aufgrund ihrer größeren Arbeitsbelastung meistens Zeit und Kraft. Zwischen der ersten Beschäftigung mit sozialen und politischen Fragen und dem Parteieintritt vergingen meist Monate oder gar Jahre. In der Regel dauerte der Politisierungsprozeß aufgrund der geschlechtsspezifischen Sozialisation und Situation bei Frauen länger. Sie kamen besonders in der älteren Generation meist später zur Partei als Männer.[107]

Gefördert oder behindert wurde die Organisierung durch die wirtschaftlichen und politischen Verhältnisse. Dies zeigt Tabelle 64 zur Mitgliederentwicklung der SPD zwischen 1914 und 1932. Hamburg gehörte in der Vorkriegszeit zu den Hochburgen der sozialdemokratischen Partei. Auch der Organisationsgrad der Frauen war höher als andernorts, der Frauenanteil in der Hamburger SPD übertraf den Reichsdurchschnitt. Während des Ersten Weltkrieges ging die Zahl der weiblichen, vor allem aber die der männlichen Parteimitglieder allgemein außerordentlich stark zurück. Hierzu trug eine Vielzahl von Faktoren bei: Ein Teil der Mitglieder konnte in den Notjahren des Krieges den Parteibeitrag nicht mehr aufbringen; „Kriegerfrauen", denen der Beitrag allgemein erlassen wurde, verloren den Kontakt zur Partei[108], ebenso viele eingezogene Soldaten. Die Opposition gegen die vorherrschende Parteipolitik wuchs; nicht wenige Mitglieder verließen aus Protest gegen Burgfriedenspolitik und Kriegskreditbewilligung die SPD. Ihren Höhepunkt erreichte diese Austrittswelle 1917, nach der Gründung der USPD; in der Mehrzahl waren es Männer, die zu den Unabhängigen überwechselten.[109] In der Hamburger SPD, einem Zentrum der Parteirechten, waren die Mitgliederverluste nach der Spaltung erheblich geringer als im Reichsdurchschnitt. Besonders viele Mitglieder verlor die Partei in Groß-Berlin, einem traditionellen Zentrum der Linken, in dem die USPD von Anfang an außerordentlich stark war[110]. Im letzten Kriegsjahr stieg die Mitgliederzahl der MSPD in den meisten Gebieten des Reiches langsam wieder an. Einen sprunghaften Mitgliederzuwachs verzeichnete die Partei jedoch erst während und nach der Novemberrevolution. Die Erfahrungen der Kriegsjahre und die zugespitzten sozialen und politischen Auseinandersetzungen der Revolutionszeit wirkten politisierend. Unter den neugewonnenen Mitgliedern fanden sich relativ viele Frauen. Folge der geschlechtsspezifischen Mitgliederentwicklung zwischen 1914 und 1919 war ein erheblicher Anstieg des Frauenanteils von 17 % auf 23 % in Hamburg und von 16 % auf 20 % im Reich.

Nach dem Ersten Weltkrieg strömten neue Schichten zur MSPD, neben Hausfrauen vor allem Angestellte und Beamte. Arbeiter stellten zwar noch immer die größte Gruppe der Parteimitglieder, doch ihr Anteil war im Vergleich zur Vorkriegszeit deutlich zurückgegangen; er lag in der Weimarer Republik durchschnittlich bei 60 %. Die Veränderung der sozialen Zusammensetzung verdeutlicht folgende Übersicht zur Hamburger SPD:[111]

Von hundert Mitgliedern waren	1914	1919	1931
Arbeiter	68,7	61,8	59,5
Angestellte	2,2	4,4	11,4
Beamte	0,1	3,6	3,9
Freiberufliche und Selbständige	5,3	4,5	4,5
Hausfrauen	14,9	17,3	18,0
Angehörige sonstiger Berufe	8,8	8,3	2,7

Von einer „Verbürgerlichung" der Sozialdemokratie im soziologischen Sinne kann angesichts dieser Entwicklung nicht gesprochen werden.[112]

Der Mitgliederzustrom zur MSPD hielt im Reich, von einem kurzfristigen Rückgang im Jahr 1922 unterbrochen, bis 1923 an; überwiegend waren es Männer, die in den ersten Nachkriegsjahren in die Partei eintraten. Bis 1920 stieg die Zahl der weiblichen Mitglieder im Reich zwar noch an, doch der Frauenanteil fiel schon seit 1919 wieder. Bereits 1921 setzte in der Reichspartei ein starker Rückgang der weiblichen Mitgliederzahl ein. 1923, als die Gesamtpartei ihren höchsten Mitgliederstand in der Weimarer Zeit erreichte, was nicht zuletzt Resultat des Zusammenschlusses von MSPD und USPD im September 1922 war, sank die Zahl der weiblichen Mitglieder auf ihren tiefsten Stand. Dementsprechend war der Frauenanteil, der bei 10 % lag, der geringste in der Weimarer Republik. Erst 1923/24 setzte im Reich auch bei den männlichen Mitgliedern ein starker Rückgang ein, der bis 1926 anhielt; in diesem Jahr erreichte die Gesamtzahl der Mitglieder in der Reichspartei ihren Tiefstand. Der Mitgliederzuwachs der Hamburger SPD, der nach Kriegsende ebenfalls vorrangig Folge des Zustroms von Männern war, hielt nur bis 1922 an. Während die Gesamtmitgliederzahl der Landesorganisation in diesem Jahr ihren Höchststand erreichte, war dies bei den weiblichen Mitgliedern bereits 1919 der Fall gewesen. Bis 1922 blieb deren Zahl annähernd gleich, danach setzte bei beiden Geschlechtern ein außerordentlich starker Mitgliederrückgang ein, der den Reichsdurchschnitt übertraf. Am stärksten waren die Mitgliederverluste der SPD allerorts in den Notjahren 1923/24.

Zur früher einsetzenden und stärker ausgeprägten Austrittsbewegung der Frauen trugen verschiedene Faktoren bei: Die meisten neugewonnenen Genossinnen kamen im Unterschied zu vielen Männern ohne jede politische Erfahrung in die Partei. Sie hatten sich der MSPD angeschlossen, weil sie den Versprechungen der Parteiführung geglaubt und auf eine schnelle Verwirklichung des „erlösenden" Sozialismus sowie eine rasche Emanzipation ihres Geschlechts gehofft hatten. Diese Hoffnungen wurden angesichts der ungünstigen Entwicklung der wirtschaftlichen, sozialen und politischen Verhältnisse und der anhaltenden Diskriminierung ihres Geschlechts rasch enttäuscht. Selbst in der Partei waren sie weder gleichgeachtet noch gleichberechtigt.[113] Schon bald nach ihrem Eintritt verließen deshalb viele wieder die MSPD. Gefördert wurde dieser Schritt durch

Mängel in der Frauenarbeit; der MSPD gelang es nicht, die neuen Genossinnen in die Partei zu integrieren.[114] Hinzu kamen pragmatische Gründe: Die wirtschaftliche Not in der Hochinflationsphase, die die Frauen als Hausfrauen und Mütter in besonderem Maße spürten, zwang zum Sparen. Ein Posten in ihrem Haushaltsbudget, den sie ohne Auswirkungen auf die Lebenshaltung streichen konnten, war der Parteibeitrag.[115] Enttäuscht und resigniert reagierten viele neugewonnene Genossinnen auf die Nachkriegsentwicklung mit ihrem Parteiaustritt und zogen sich, anders als die meisten Männer, die die MSPD verließen, wieder gänzlich aus der Politik zurück. Deren politische Haltung radikalisierte sich eher, sie wechselten zur USPD bzw. KPD.[116]

Die Gesamtmitgliederzahl stieg in Hamburg seit 1925 und im Reich seit 1927 wieder an, erreichte jedoch bis zum Ende der Weimarer Republik nicht den früheren Höchststand; 1932 lag sie in der Hansestadt um 27 % und im Reich um 20 % darunter. Der Mitgliederzustrom setzte bei den Frauen früher ein und war stärker ausgeprägt als bei den Männern; 1932 lag die Zahl der weiblichen Mitglieder in Hamburg um 11 % unter dem Höchststand von 1919, im Reich gar um 11 % über dem bisher höchsten Stand von 1920. Infolge dieser Entwicklung, die vermutlich entscheidend durch die nach der Währungsstabilisierung reichsweit verstärkten Bemühungen um Frauenpolitik und Frauenarbeit gefördert wurde, stieg der Frauenanteil im Reich bis 1932 auf 23 % und in der Hansestadt auf 26 %. Im Bezirk Hamburg-Nordwest stellten die Frauen im gleichen Jahr 24 % der Mitglieder. Damit wurde zwar der Reichsdurchschnitt übertroffen, jedoch nicht die Spitze des Reiches erreicht. Den höchsten Frauenanteil wies mit 31 % der Bezirk Magdeburg auf.[117] Allerdings gehörten dem Bezirk Hamburg-Nordwest neben dem Bezirk Groß-Berlin die meisten weiblichen Mitglieder an; 83 % von ihnen stammten aus dem Unterbezirk Hamburg[118]. Besonders erfolgreich war die Mitgliederwerbung unter den Frauen allgemein zwischen 1930 und 1933. Die zugespitzten politischen Auseinandersetzungen in der Wirtschaftskrise förderten offenbar in starkem Maße ihre Organisationsbereitschaft. (Vgl. Tabelle 64)

Der allergrößte Teil der weiblichen SPD-Mitglieder stammte in der Weimarer Republik wie im Deutschen Kaiserreich aus der Arbeiterschaft. Unverändert hatten nur sehr wenige Sozialdemokratinnen eine bürgerliche Herkunft. Aus ihrem Kreis kam die Mehrzahl der verschwindend kleinen Gruppe von Parteigenossinnen, die in einem höher qualifizierten Frauenberuf arbeitete. (Vgl. Tabelle 65) Die meisten weiblichen Parteimitglieder waren hauptberuflich im eigenen Haushalt tätig. In der Hamburger SPD waren diese ‚Nur'-Hausfrauen am 1920 einsetzenden Rückgang der weiblichen Mitgliederzahl zunächst in geringem Maße beteiligt, erst in der Hochinflation verließen sie massenhaft die SPD. Trotzdem stieg ihr Anteil von Schwankungen unterbrochen bis 1925 an; zu diesem Zeitpunkt erreichte er mit 82 % seinen höchsten Stand. Diese Entwicklung war nicht zuletzt Folge von Frauenpolitik und Frauenagitation der Partei, die vorrangig auf Hausfrauen und Mütter ausgerichtet waren. Der ohnehin geringe Anteil der erwerbstätigen Frauen fiel bis 1925 auf 18 %. Sie waren in sehr viel stärkerem Maße am Rückgang der weiblichen Mitgliederzahl beteiligt. Besonders groß war der Mitgliederverlust bei den Hausangestellten, bei denen er bis 1927 anhielt. Doch auch die Zahl der Arbeiterinnen, deren größte Gruppen die Fabrikarbeiterinnen, die Bekleidungsarbeiterinnen sowie die Transportarbeiterinnen stellten, ging sehr schnell zurück. Einen anhaltenden Mitgliederzuwachs verzeichnete die Hamburger SPD zwischen 1919 und 1922 lediglich bei den weiblichen Angestellten. In der Hochinflation nahm auch der Angestelltenanteil ab, jedoch in sehr viel geringerem Maße als bei Hausangestellten und Arbeiterinnen. Nach der Währungsstabilisierung stieg er schnell an. Die Zunahme bei den weiblichen Angestellten konnte bis Mitte der zwanziger Jahre jedoch den Rückgang bei den Hausangestellten und den Arbeiterinnen nicht ausgleichen. Ursache der starken Mitgliederverluste bei den erwerbstätigen Frauen war neben der ungünstige Arbeitsmarktentwicklung die frauendiskriminierende Demobilmachungspolitik, die die SPD als Regierungspartei

Tab. 64: *Die Mitglieder der SPD in Hamburg und im Deutschen Reich. 1914–1932*[a)]

Jahr	Hamburg			Reich			Veränderung (1919 = 100)			
	Mit-glieder insges.	davon Frauen	Frauen-anteil in %	Mit-glieder insges.	davon Frauen	Frauen-anteil in %	Hamburg		Reich	
							Frauen	Männer	Frauen	Männer
1914	67862	11684	17,2	1085905	174754	16,1	69	102	85	113
1915	38875	9712	25,0	585898	134663	23,0	57	53	65	56
1916	46937	8666	18,5	432618	112418	26,0	51	69	54	40
1917	41687	8079	19,4	243061	66608	27,4	48	61	32	22
1918				249411	70659	28,3			34	22
1919	72138	16928	23,5	1012299	206354	20,4	100	100	100	100
1920	75656	16332	21,6	1180208	207007	17,5	96	107	100	121
1921	76194	16609	21,8	1221059	192485	15,8	98	108	93	128
1922	78112	16892	21,6	1174106	184099	15,7	100	111	89	123
1923	71786	14391	20,0	1261072	130000	10,3	85	104	63	140
1924	45928	9621	20,9	940078	148125	15,8	57	66	72	98
1925	48688	10498	21,6	844495	153693	18,2	62	69	74	86
1926				806268	151811	18,8			74	81
1927	48094	12137	25,2	823520	165492	20,1	72	65	80	82
1928	48186	12444	25,8	867671	181541	20,9	74	65	88	85
1929	50220	12858	25,6	937381	198771	21,2	76	68	96	92
1930	51045	12261	24,0	1021777	218335	21,4	72	70	106	100
1931	53204	13207	24,8	1037384	228278	22,0	78	72	111	100
1932	56744	15003	26,4	1008953	230331	22,8	89	76	112	97

a) Stichtag bis 1925: 1. April, ab 1926: 1. Januar des Jahres.

Quelle: Pr.Pt.SPD 1917, 10; Pr.Pt.SPD 1919, 54; Pr.Pt.SPD 1921, 10f; Pr.Pt.SPD 1922, 11; Pr.Pt.SPD 1924, 16; Pr.Pt.SPD 1925, 29; Jbu.SPD 1926, 25; Jbu.SPD 1927, 181; Jbu.SPD 1929, 182; Jbu.SPD 1931, 115; Jb.SPD-HH 1927/28, 83; Tb.SPD-HH-Nw 1929/30, 41; Witt 1971, 53.

Tab. 65: *Die weiblichen Mitglieder der Hamburger SPD nach dem Beruf. 1919–1931*[a)]

Beruf[b)]	Frauen insg. 1919	Von hundert weiblichen Mitgliedern waren										Veränderung (1919 = 100)								
		1919	1920	1921	1922	1923	1924	1925	1927	1929	1931	1920	1921	1922	1923	1924	1925	1927	1929	1931
Arbeiterin	2166	13,8	12,2	10,0	9,4	10,3	10,1	8,8	7,3	9,7	12,6	78	69	61	59	44	38	34	51	73
davon:																				
Fabrikarbeiterin	966	6,1	5,4	3,3	4,1	3,9	4,5	3,1	2,0	2,5	3,8	78	51	60	50	44	30	20	29	49
Schneiderin	278	1,8	1,4	1,6	1,4	1,2	1,4	1,2	1,2	1,7	1,6	68	86	73	52	48	40	44	69	72
Transportarbeit.[c)]	354	2,2	1,7	1,2	1,0	2,0	0,6	0,9	0,8	1,4	1,8	68	51	39	70	16	24	21	44	62
Hausangestellte	893	5,7	3,2	2,3	3,2	2,5	2,5	2,2	1,4	1,3	1,8	49	39	51	35	26	23	16	16	26
Angestellte	685	4,4	4,3	4,8	5,6	3,9	5,3	5,2	5,3	6,8	10,2	87	105	115	71	73	71	76	113	187
Beamtin/Lehrerin	52	0,3	0,3	0,3	0,3	0,4	0,4	0,3	0,4	0,5	0,8	85	94	88	98	81	56	77	104	181
Akademikerin	0		0,0	0,0	0,0	0,0	0,0	0,0	0,1	0,1	0,3									
Künstlerin/ Schriftstellerin	3	0,0	0,0	0,0	0,0	0,0	0,0	0,0	0,0	0,0	0,1									
Selbständige Gewerbetreibende	212	1,3	1,2	0,9	1,2	0,9	1,0	1,0	0,8	1,4	0,9	76	67	80	52	44	46	38	76	55
Sonst. Erwerbstätige[d)]									13,0	11,9	1,0									
Erwerbstätige insg.	4011	25,5	21,2	18,5	19,7	18,1	19,4	17,6	28,4	31,8	27,6	73	69	69	56	46	41	70	90	86
Hausfrauen[e)]	11727	74,5	78,8	81,5	80,3	81,9	80,6	82,4	71,6	68,2	72,4	94	104	96	86	65	66	61	66	77
Zusammen[f)]	15738	15738	13911	14911	14084	12324	9420	9380	9925	11397	12532	88	95	89	78	60	60	63	72	80

a) Stichtag bis 1925: 1. April, 1927 und 1929: 1. Januar, 1931: 15. Januar.
b) Die Zuordnung einzelner Berufe zu Berufsgruppen erfolgte in Anlehnung an die Berufsstatistik im Tätigkeitsbericht 1929/30.
c) Einschließlich Verkehrsarbeiterinnen.
d) Einschließlich Privat- und Sozialrentnerinnen sowie Frauen ohne Berufsangabe.
e) Ab 1927 werden Hausfrauen in der Parteistatistik gesondert aufgeführt. Für die Jahre vorher wird hier die Zahl der ‚Frauen ohne Berufsangabe' mit den ‚Hausfrauen' gleichgesetzt.
f) Die Zahlen stimmen nicht mit denen aus Tabelle 64 überein, da in den Berufsstatistiken nicht alle Mitglieder erfaßt wurden.

Quelle: Jb.SPD-HH 1914–1919, 77ff; Jb.SPD-HH 1919–1921, 136ff; Jb.SPD-HH 1921–1924, 88ff; Jb.SPD-HH 1924/25, 107ff; Jb.SPD-HH 1927/28, 218ff; Tb.SPD-HH-Nw 1929/30, 50ff.

mitzuverantworten hatte[119]. Die Zunahme der weiblichen Mitglieder, die in der Hamburger SPD 1926 einsetzte, war vorrangig Folge des Zustroms von erwerbstätigen Frauen. Besonders stark nahm die Zahl der Angestellten zu. Dies entsprach den Veränderungen auf dem Arbeitsmarkt, auch immer mehr Arbeitertöchter ergriffen den Angestelltenberuf. Der Anstieg des Anteils der erwerbstätigen Frauen war vermutlich nicht zuletzt ein Resultat der veränderten Frauenpolitik und Frauenagitation der Landesorganisation, die seit 1927/28 verstärkt auch die Interessen dieser Frauengruppe aufgriffen.

Die reale Mitgliederfluktuation war in der SPD sehr viel größer als die Mitgliederstatistik ahnen läßt. Dies verdeutlicht die Gegenüberstellung von jährlichen Neuaufnahmen und realem Mitgliederzuwachs. Beispielsweise konnte die Hamburger SPD in den Jahren 1927/28 zwar insgesamt 13.586 Neuaufnahmen verzeichnen, jedoch nur eine Mitgliederzunahme von 2.126.[120] Eine reichsweite Erhebung zur Organisationsstatistik, die der Parteivorstand 1930 durchführte, ergab in Bezug auf die Mitgliedsdauer, daß von hundert Parteimitgliedern 47 % weniger als fünf Jahre der Partei angehörten, 16 % fünf bis zehn Jahre Mitglied waren, 17 % zehn bis fünfzehn Jahre und 21 % über fünfzehn Jahre.[121] Die SPD verfügte zwar noch über einen festen Kern alter Parteimitglieder, die schon seit der Vorkriegszeit mitkämpften – diese Generation stellte einen großen Teil der leitenden Funktionäre –, doch die Masse der Mitglieder besaß wenig politische Bildung und Erfahrung. Dieses Defizit war aufgrund der geschlechtsspezifischen politischen Sozialisation bei den Genossinnen stärker ausgeprägt. Es bedurfte erheblicher Schulungsanstrengungen, um aus den neugewonnenen Mitgliedern aktive und bewußte Mitstreiter(innen) der sozialdemokratischen Bewegung zu machen. Daran mangelte es vor allem in den ersten Jahren der Weimarer Republik in der gesamten Partei[122].

* * *

Die Analyse des Organisationsverhaltens zeigt, daß Frauen und Männer aufgrund der geschlechtsspezifischen Unterschiede in ihrer Sozialisation sowie ihrer Arbeits- und Lebensbedingungen auf verschiedenen Wegen zur SPD fanden: Zentraler Ort der Politisierung war bei Frauen die Familie, bei Männern der Betrieb. Die Mehrzahl der Sozialdemokratinnen, die in der Weimarer Republik in die SPD eintraten, kam entweder durch das Elternhaus oder durch den Freund bzw. Ehemann zur Partei. Das Motiv zum Eintritt war vor allem bei verheirateten Frauen häufig familienorientiert; sie wollten um ihrer Kinder willen für eine bessere Zukunft in einer sozialistischen Gesellschaft kämpfen.

Mehr Frauen als Männern fehlte zum Zeitpunkt ihres Parteibeitritts politische Bildung und Erfahrung. Diese Differenz wurde durch das unterschiedliche Leseverhalten verstärkt. Frauen lasen allgemein weniger sozialistische Publikationen. Ihnen fehlten aufgrund ihrer höheren Arbeitsbelastung Zeit und Kraft für eine anspruchsvolle Lektüre. Dies war auch ein Grund dafür, daß sie seltener Parteiveranstaltungen besuchten und in geringerem Maße das Schulungsangebot der Partei wahrnahmen. Die mangelhafte politische Bildung eines großen Teils der neuorganisierten Sozialdemokratinnen war vermutlich eine Ursache dafür, daß die Mitgliederfluktuation bei den Frauen noch größer als bei den Männern war. Sie scheinen mit ihrem parteipolitischen Organisationsverhalten direkter auf Veränderungen der politischen und wirtschaftlichen Verhältnisse reagiert zu haben.

Den Stamm der engagierten Genossinnen in der sozialdemokratischen Frauenbewegung der Weimarer Republik bildeten Hausfrauen im Alter von 30 bis 50 Jahren. Dem entsprachen bis in die zweite Hälfte der zwanziger Jahre Politik und Agitation der Frauenorganisation, der nicht zuletzt aufgrund dieser einseitigen Orientierung der Nachwuchs fehlte. Erst nachdem die Interessen der jungen erwerbstätigen Frauen verstärkt berücksichtigt wurden und sich Agitation und

Mitgliederwerbung mehr um diese Zielgruppe bemühten, stieg ihr Anteil an der weiblichen SPD-Mitgliedschaft an.

4.2.3 *Die Funktionärinnen*

Frauenarbeit und Frauenagitation der SPD wurden von einem kleinen Kreis der aktiven Genossinnen getragen. Nur wenige Sozialdemokratinnen konnten und wollten eine verantwortungsvolle politische Funktion übernehmen. Im folgenden soll anhand der Biographien der führenden Funktionärinnen der Hamburger Sozialdemokratie der Frage nachgegangen werden, was deren Sozialisation und Situation kennzeichnete.

Mit der staatsbürgerlichen Gleichstellung hatte sich der Aufgabenkreis der leitenden SPD-Funktionärinnen erweitert. Neben den Funktionen in Gesamtpartei und Frauenorganisation mußten viele auch parlamentarische Ämter in Reich, Ländern oder Gemeinden übernehmen. Von den 27 bekannten Genossinnen, die zwischen 1919 und 1933 in der Hamburger SPD eine führende Funktion ausübten, d.h. einem zentralen Leitungsgremium der Partei, der freien Gewerkschaften oder der Konsumgenossenschaften auf Orts-, Bezirks- oder Reichsebene bzw. einem Parlament angehörten[123] , waren 18 kürzere oder längere Zeit Mitglied der Bürgerschaft, eine war zudem Reichstagsabgeordnete. Vorrangig älteren erfahrenen Genossinnen wurde ein aussichtsreiches Bürgerschaftsmandat übertragen. Alle Hamburger Parlamentarierinnen arbeiteten daneben auf Landes- wie auf Distriktsebene in der Partei mit. Als Referentinnen waren darüber hinaus 13 der 26 Funktionärinnen tätig; acht hielten regelmäßig Vorträge in den Frauengruppen. Auffallend ist, daß die Mehrzahl der leitenden Funktionärinnen aus fünf der 32 Hamburger SPD-Distrikte kam. ‚Kaderschmieden' der Frauenorganisation waren Barmbek, Eimsbüttel, Eilbek, Uhlenhorst und St. Georg, die zu den mitgliederstärksten und aktivsten Distrikten der Landesorganisation gehörten.[124] Bereits in der Vorkriegszeit bildeten sie die Zentren der sozialdemokratischen Frauenbewegung in der Hansestadt. Die Genossinnen, die in diesen Distrikten Frauenarbeit und Frauenagitation anleiteten, bemühten sich traditionsgemäß um eine Förderung des Nachwuchses. Dies bedeutete nicht, daß der Generationswechsel immer spannungs- und konfliktfrei verlief.

Der Altersdurchschnitt der führenden Funktionärinnen lag deutlich über dem der weiblichen Parteimitglieder: Mitte der zwanziger Jahre waren rund 62 % der Funktionärinnen, aber nur 53 % der weiblichen Mitglieder älter als 40 Jahre (vgl. Tabelle 63). Zwei Generationen bestimmten in der Weimarer Republik Frauenpolitik und Frauenarbeit der Hamburger SPD: Eine große Gruppe von 17 älteren Genossinnen (Geburtsjahrgänge 1860 bis 1889) und eine kleine Gruppe von 10 jüngeren Genossinnen (Geburtsjahrgänge 1890 bis 1905).[125] Von den 17 leitenden Funktionärinnen, deren soziale Herkunft bekannt ist, stammten 11 aus einer Arbeiterfamilie, drei aus der Familie eines Selbständigen und drei aus der Familie eines Beamten. Relativ mehr Funktionärinnen als weibliche Mitglieder kamen aus bessergestellten Elternhäusern. Darauf deutet auch ihre Schul- und Berufsausbildung hin: Von den 23, die die Volksschule besuchten, gingen im Anschluß vier auf die Handelsschule, zwei studierten später am Sozialpädagogischen Institut und je eine besuchte das Fröbelseminar bzw. das Lehrerinnenseminar; auch alle vier, die zur höheren Schule gingen, absolvierten anschließend das Lehrerinnenseminar. Bei Eintritt ins Erwerbsleben waren zehn als kaufmännische Angestellte, acht als Dienstmädchen, fünf als Lehrerin und je eine als gelernte Arbeiterin, Erzieherin bzw. Kindergärtnerin tätig. Damit lag das schulische und berufliche Qualifikationsniveau der Funktionärinnen deutlich über dem Durchschnitt der weiblichen Parteimitglieder; dies galt insbesondere für die jüngere Generation, die den größten Teil der Funktionärinnen mit höherer Schulbildung und qualifiziertem Beruf stellte. Der Umstand läßt vermuten, daß eine fundierte Ausbildung eine günstige Voraussetzung für die Übernahme politischer Funktionen war. Sie gab Selbstvertrauen und Selbstsicherheit. Beides war notwendig, um sich in der ‚Männerpartei' SPD als Frau durchzusetzen und in höhere Positionen aufzusteigen.

Nur wenige ältere, aber fast alle jüngeren leitenden Funktionärinnen stammten aus einem sozialdemokratischen Elternhaus. Im Unterschied zu den meisten Familien im sozialdemokratischen Milieu, in denen nur der Vater Mitglied der SPD war, gehörten die Eltern der jüngeren Funktionärinnen in der Regel beide der Partei an. Dies deutet auf die große Bedeutung des mütterlichen Vorbildes hin: Frauen, die schon in ihrer Kindheit Politik selbstverständlich als ‚Frauen- und Männersache' erlebt hatten, scheinen eher bereit gewesen zu sein, politisch aktiv zu werden. Der Weg in die SPD unterschied sich bei älteren und jüngeren Funktionärinnen in ähnlicher Weise wie bei der Masse der Genossinnen: Die Älteren kamen überwiegend durch Geschwister, Ehemann oder Arbeitskolleg(inn)en zur Partei, die Jüngeren durch die Eltern und den Arbeiterjugendbund. Der Zeitpunkt des SPD-Beitritts lag bei 17 Funktionärinnen in der Vorkriegszeit, vier kamen in den Kriegsjahren zur Partei, vier in den ersten Nachkriegsjahren; nur zwei waren schon vor der Jahrhundertwende Parteimitglied geworden. Zum allergrößten Teil waren die Funktionärinnen, die in den zwanziger Jahren zur Führung der Hamburger SPD-Frauenorganisation gehörten, also zur Partei gekommen, als diese bereits eine reformistische Politik betrieb. Fast alle hatten in den Kriegsjahren die Politik der Parteiführung unterstützt. Nur eine Funktionärin, Johanna Reitze, hatte bereits in der Vorkriegszeit eine Leitungsfunktion in der Hamburger Partei inne gehabt. Entscheidende Politisierungsphase der meisten älteren Funktionärinnen war die Zeit des Ersten Weltkrieges, in der sie erstmals verantwortungsvolle politische Aufgaben übernahmen; von 13 ist bekannt, daß sie in der ‚Hamburgischen Kriegshilfe' mitarbeiteten. In eine Führungsposition stiegen sie erst zu Beginn der Weimarer Republik auf. Um die neuen Anforderungen erfüllen zu können, die das aktive und passive Frauenwahlrecht stellte, brauchte die Partei eine größere Zahl engagierter und erfahrener Funktionärinnen. Da es hieran nicht zuletzt infolge der Parteispaltung mangelte, konnten auch Sozialdemokratinnen in leitende Funktionen aufsteigen, die relativ wenig politische Erfahrung mitbrachten. Die jüngere Generation übernahm erst ab Mitte der zwanziger Jahre nach und nach Leitungsaufgaben in Gesamtpartei und Frauenorganisation.

In der Zeit ihres stärksten politischen Engagements, war die soziale Situation der leitenden Funktionärinnen allgemein sehr viel besser als die der Masse der Genossinnen. Sie lebten in gesicherten sozialen Verhältnissen und waren in geringerem Maße mit den Pflichten von Haushalt und Erziehung belastet: Von 13 der 16 verheirateten Funktionärinnen ist die berufliche Stellung des Ehemannes bekannt; fünf waren mit einem gelernten Arbeiter und drei mit einem Lehrer verheiratet, jeweils zwei mit einem Parteiangestellten bzw. einem kaufmännischen Angestellten und jeweils eine mit einem Akademiker bzw. einem Selbständigen. Nur eine der verheirateten Frauen war erwerbstätig, sie leitete die weibliche Abteilung der Berufsberatung des Arbeitsamtes. Kinder hatten zwölf, meist ein oder zwei. Bei acht Frauen waren diese über 14 Jahre alt und bedurften so keiner intensiven Betreuung mehr. Von den elf alleinstehenden Funktionärinnen waren neun ledig und je eine verwitwet bzw. geschieden. Bis auf die Witwe waren alle erwerbstätig; vier verdienten als Partei- bzw. Gewerkschaftsangestellte ihren Lebensunterhalt und je zwei als kaufmännische Angestellte in einem genossenschaftlichen Betrieb, Sozialfürsorgerin bzw. Lehrerin im öffentlichen Dienst. Alle waren also bei einem Arbeitgeber angestellt, der den zeitlichen Verpflichtungen der „staatsbürgerlichen" Betätigung Verständnis entgegenbrachte.

Die Auswertung der sozialen Situation der leitenden Funktionärinnen der Hamburger SPD zeigt, daß eine führende Position für Frauen nur schwer mit den Verpflichtungen als Ehefrau und Mutter zu vereinbaren war. Dies galt in besonderem Maße für eine Leitungsfunktion auf Reichsebene, z.B. das Mandat als Reichstagsabgeordnete, das mit längerer Abwesenheit vom Wohnort verbunden war.[126] Aus diesem Grund war der Anteil der alleinstehenden Frauen unter den

Funktionärinnen-Kursus „Weiße Taube" des SPD-Bezirks Hamburg-Nordwest in Bollersdorf an der Ostsee, 1932 (Privatbesitz)

führenden Funktionärinnen in Hamburg wie im Reich sehr viel höher als unter den weiblichen Parteimitgliedern[127]. Ehefrauen und Mütter konnten in der Regel nur dann eine Führungsposition übernehmen, wenn sie nicht erwerbstätig zu sein brauchten und wenige, schon ältere Kinder hatten.

Es gab in der Hamburger SPD jedoch auch einige verheiratete Funktionärinnen mit kleinen Kindern. Wie sie es schafften, die Pflichten in Haushalt und Familie mit ihrer politischen Arbeit zu vereinbaren, verdeutlichen beispielhaft die folgenden drei Berichte von Sozialdemokratinnen, aus der jüngeren Funktionärinnen-Generation. Grundvoraussetzung für stärkeres politisches Engagement von verheirateten Frauen mit Kindern war das Einverständnis des Ehepartners. Ohne seine Unterstützung konnten sie die vielfältigen politischen Verpflichtungen neben den häuslichen und familiären Aufgaben kaum bewältigen. Dies galt in besonderem Maße für die leitenden Funktionärinnen, deren Belastung durch die politische Arbeit der durch einen Beruf gleichkam. Dies betont auch Grete Wöhrmann, die von 1931 bis 1933 Frauenleiterin der Altonaer SPD war und dem Parteivorstand der Ortsgruppe angehörte. Ihren Mann hatte sie im Arbeiterjugendbund kennengelernt, beide engagierten sich in der Sozialdemokratie. Bis zu ihrer Heirat im Jahr 1923 arbeitete sie als kaufmännische Angestellte, zuletzt als Sekretärin beim freigewerkschaftlichen Transportarbeiterverband. Ihr Mann verdiente als Leiter der ‚Altonaer Betriebswerkstätten für Erwerbsbeschränkte' gut. Zwei Töchter wurden 1924 und 1928 geboren. Grete Wöhrmann berichtet:

> „Durch meinen Mann ist es überhaupt möglich geworden, das wäre sonst alles nicht möglich gewesen, daß man hätte so tätig sein können ... Er hatte sehr viel Verständnis dafür ... Wir sind eigentlich jeden Abend weg gewesen und haben mit Mühe und Not die Wochenenden frei gehalten für die Familie und unsere Kinder ..."[128]

Die Hausarbeit bewältigte Grete Wöhrmann mit einer „Morgenhilfe". Diesen ‚Luxus' konnten sich nur Frauen leisten, die mit einem gutverdienenden Ehemann verheiratet waren. Ein besonderes Problem war für sie die Betreuung der Kinder in den Abendstunden:

> „Ich muß zu meiner Schande gestehen, daß ich oft ein schlechtes Gewissen hatte, da wir die Kinder abends alleine schlafen ließen und weggegangen sind ... Man hat die Nachbarin gebeten, mal ein bißchen zu hören, aber es war nicht einfach, ich habe oft ein schlechtes Gewissen gehabt. Aber wir waren eben so in unserer Arbeit drin, wir waren beinahe berufstätig. Jede Freizeit war für uns ausgefüllt mit der Partei."

Für alle leitenden Funktionärinnen mit kleinen Kindern war deren Betreuung das Hauptproblem, das sie ohne die Hilfe von anderen nicht lösen konnten. Wenn der Ehemann keine Zeit hatte, sprangen Mutter oder Schwester, Nachbarin oder Freundin ein. Paula Karpinski teilte sich in der Regel die abendliche Beaufsichtigung ihres Sohnes, der 1930 geboren wurde, mit ihrem Mann. Tagsüber, notfalls auch abends, halfen die Eltern. Sie schildert ihren normalen Tagesablauf, der morgens mit der Hausarbeit begann, die sie möglichst „flott" erledigte:

> „Danach setzte ich mich an den Schreibtisch und las das, was im Moment notwendig war, arbeitete Referate etc. aus. Abends war mein Mann da. Der paßte dann auf das Kind auf. Ich ging in die Versammlung oder zum Referat – je nach dem, was sich ergab. Das war so ein typischer Tagesablauf. Dann gab es natürlich einzelne Tage, an denen man wenig zu tun hatte. Dann machte man, um alles in Ordnung zu halten, das, was zurückgeblieben war im Haushalt: Wäsche usw. Aber es gab auch Tage, da habe ich mir einen Apfel auf den Schreibtisch gelegt, habe den ganzen Tag gesessen und das vorbereitet, was ich vielleicht in zwei, drei Tagen machen mußte. Das ging natürlich leichter, wenn keine Kinder da waren. Dann als der Junge da war, mußte ich ihn immer noch zu meinen Eltern bringen. Wenn es spät geworden war, schlief ich bei meinen Eltern und ging morgens mit ihm wieder zurück nach Hause ... Zwei, drei Abende in der Woche waren ausgebucht. Und dazu kam, daß mein Mann ja auch Funktionen hatte. Er war mehr in der Gewerkschaft tätig. Es gehörte jedenfalls dazu, daß man sich einig war. Wir mußten sobald das Kind da war, gemeinsam dafür sorgen, daß das Kind versorgt war; denn daran lag uns ja gar nicht, daß dieses Kind vernachlässigt werden sollte. Ich wollte Freude haben, und das Kind sollte Freude haben und nicht das Gefühl, es wird so nebenbei behandelt ..."

Außer Paula Karpinski hatten noch die leitenden Funktionärinnen Margarethe Andresen und Hedwig Günther in den zwanziger Jahren ein kleines Kind. Beide waren ebenfalls mit einem engagierten Sozialdemokraten verheiratet, der ihnen bei Hausarbeit und Kinderbetreuung half.[129]

Weniger Probleme als den leitenden Funktionärinnen bereitete es den Genossinnen, die in den Bezirken und Distrikten Funktionen hatten, politisches Engagement, Hausarbeit und Kinderbetreuung zu vereinbaren. Dies zeigt der folgende Bericht von Lisbeth T., die von 1924 bis 1933 dem Distriktsfrauenausschuß der SPD Eimsbüttel angehörte. Bis 1924 arbeitete sie als kaufmännische Angestellte. Nach ihrer Heirat mit einem sozialdemokratischen Tischler ging sie Putzen, um die Haushaltskasse aufzubessern. Die beiden Töchter wurden 1927 und 1931 geboren. Lisbeth T. schildert ihren Alltag:

> „Ich bin morgens früh zum Saubermachen des Kontors, dann habe ich meine Flugblätter verteilt; das kam allerdings nicht oft vor. Die Hausarbeit hab' ich meist morgens gemacht, nachmittags war ich mit meinen Kindern zusammen, die politische Arbeit hab' ich in die Abendstunden verlegt ... Alle Monate einmal hatten wir Distriktsabend, hinzu kam einmal im Monat eine Vorstandssitzung. Ich gehörte ja zum Distriktsvorstand in Eimsbüttel, weil ich Schriftführerin war ... Für die Partei kassiert hab' ich auch abends, wenn meine Kinder im Bett waren. Ich hab' nur in unserem Bezirk kassiert ... Außerdem war ich Frauenvertreterin in unserem Bezirk, sogenannte Vertrauensfrau; als solche habe ich in der Frauenorganisation in Eimsbüttel mitgearbeitet. Wir haben uns von der Frauenagitationskommission einmal im Monat getroffen. Daneben habe ich auch noch Schulungskurse besucht ... Wir Frauen in unserem Bezirk kamen zusätzlich alle 14 Tage zusammen, das war mehr privater Art. Dazu haben wir die Kinder mitgebracht. Wir haben uns mal im Schrebergarten einer Frau getroffen, aber auch in verschiedenen Wohnungen. Das ging immer reihum. Einmal die Woche sind wir auch zusammen Schwimmen gewesen ... Meine Kinder wurden sehr selbständig ... Ich weiß nicht, ob ich da eine Ausnahme gewesen bin, aber ich habe immer gesagt: ‚Kinder können doch kein Hinderungsgrund sein.' Man kann seine Kinder doch so erziehen, daß man sie abends ins Bett bringt und sie dann alleine schlafen. Man braucht ja nicht erst morgens wieder zu kommen. Man ist ja schließlich um 1/4 nach 10 Uhr wieder im Hause. Ich habe das jedenfalls als junge Frau und Mutter so gehalten ..."

Lisbeth T. gehörte im Distrikt Eimsbüttel zu den besonders engagierten jungen Genossinnen. Ihr Bericht zeigt, in welchem Maße vor allem auf der Bezirks- und Distriktsebene die politische Arbeit für die Frauen ein Teil ihrer Freizeitgestaltung war, der vorrangig das Bedürfnis nach Bildung, Geselligkeit und Unterhaltung befriedigte. Hierbei konnten die Kinder weitgehend einbezogen werden.

Die Motive, die Sozialdemokratinnen trotz aller Belastungen zur Übernahme einer politischen Funktion bewegten, waren vielfältig. Generell spielte das politische Engagement in der Lebensgeschichte der befragten Funktionärinnen eine außerordentlich große Rolle. Es war ein zentraler Lebensinhalt, der dem eigenen Dasein Sinn gab, der über die engen Grenzen des persönlichen Lebens hinausreichte. Die sozialistische Überzeugung hatte quasi religiösen Charakter, wurde zum Glauben an die individuelle und gesellschaftliche Zukunft, gab Hoffnung und Kraft, wirkte aktivierend. Anschaulich schildert dies Lisbeth T.:

> „Für mich war die Sozialdemokratie *der* Lebensinhalt, in den ich meine ganze Familie mit einbezogen habe. Ich hatte das ganz große Glück, daß ich einen Mann hatte, der genauso eingestellt war, wie ich, der genauso aus einem sozialistischen Arbeiterhaushalt kam. Der Sozialismus war meine Religion, daran hab' ich geglaubt und daran glaube ich noch heute ... Mein Leitsatz, den ich mir selbst zurecht gebastelt hab', war: ‚Das Leben hat uns nicht immer heiter gelacht, schön ist es nur, wenn man selbst was draus macht' ... Nach diesem Leitsatz habe ich gelebt, habe ich auch politisch gearbeitet ..."

Auch andere befragte Funktionärinnen beschreiben als ein zentrales Motiv für das politische Engagement das Bedürfnis, die sozialistische Überzeugung zu leben, in praktisches Handeln umzusetzen. Besonders stark betont dies Paula Karpinski:

> „Ich hätte nie anders können, als Sozialistin zu sein und in diesem Sinne zu leben. Ich habe nie vorbeisehen können, wenn es Menschen schlecht geht. Mein Wahlspruch war: ‚Wir sind nicht auf der Welt, um es uns bequem zu machen, sondern wie müssen dafür sorgen, daß es vorwärts geht, daß wir etwas verändern, daß wir etwas aufbauen. Das was wir theoretisch wollen, müssen wir versuchen zu verwirklichen' ... Es war nicht nur im Kopf, das war auch in mir ..."[130]

Ähnlich empfindet es auch Thea Asmus. Ihr war und ist es wichtig, das Gefühl zu haben, nicht nur Objekt der Geschichte zu sein, sondern handelndes Subjekt. Sie hat die politische Arbeit als die große Bereicherung ihres Lebens erfahren:

> „Es ist doch so, daß man durch die Mitarbeit in der Partei, in der Gewerkschaft, in der AWO, in all diesen Organisationen, die zur Arbeiterschaft gehörten, sehr viel an persönlichem Wissen vermittelt bekommen hat, was auch als Mensch geprägt und bereichert hat. Ich wüßte gar nicht, wie mein Leben gelaufen wäre, wenn ich das alles nicht gehabt hätte. Das wäre ja schrecklich dürftig gewesen ... Man hat das Gefühl, man hat an vielen Dingen mitwirken können, wenn man auch nicht so unmittelbar daran teilgenommen hat, aber irgendwie hat man auch etwas in Bewegung setzen können. Ich finde, das ist doch ein recht gutes Gefühl, wenn man das von sich selbst sagen kann, auch wenn das in bescheidenem Rahmen geblieben ist. Man hat einmal für sich selbst gewonnen, aber man hat auch das Gefühl, für andere etwas getan zu haben ..."

Das Motiv der Bildung von Intellekt und Persönlichkeit wird von allen befragten Sozialdemokratinnen betont. Für *Irma Keilhack* (geb. 1908) stand es im Vordergrund. Sie arbeitete von 1929 bis 1933 als Sekretärin von *Karl Meitmann*[131] im Parteibüro, der seit 1929 erster Vorsitzender der Hamburger SPD war, und hatte damit das „große Glück" die politische Arbeit zum Beruf machen zu können:

> „Die Zugehörigkeit zur Gewerkschafts- und zur Arbeiterjugend und später auch zur sozialdemokratischen Partei war für mich so persönlichkeitsfördernd, daß sie alles andere mit ausgelöst hat, vor allem den Bildungswillen. Die außerschulische Bildungsarbeit in der Arbeiterbewegung mußte alle Nachteile einer zu kurzen und wenig qualifizierenden Schulausbildung beheben, damit wir im Leben bestehen konnten. Aber nicht nur intellektuell oder geistig haben wir uns in der Arbeiterbewegung qualifiziert, sondern auch persönlich: Wir haben gelernt,

Teilnehmer(innen) eines dreiwöchigen Schulungskursus des SPD-Bezirkes Hamburg-Nordwest im Hans-Birkholz-Heim in der Nordheide zum Thema „Kulturaufgaben des Sozialismus", 1928 (Privatbesitz)

> uns in einem Kreis intelligenter anspruchsvoller Menschen zu bewegen, zu argumentieren und zu überzeugen. In gewisser Weise wurden wir vielleicht sogar zu nachahmenswerten Vorbildern. Das scheint mir, hat die jahrzehntelange Mitarbeit in der sozialdemokratischen Arbeiterbewegung einfach bewirkt. Dort bin ich gefördert worden, dort bin ich gewachsen. Ohne die Arbeit in der sozialdemokratischen Bewegung wären viele Fähigkeiten einfach nicht geweckt worden. Ich hätte sie nicht nutzen können ... Im Grunde genommen war die sozialistische Bewegung eine große Bildungsbewegung ..."

Wichtig war neben den beschriebenen Motiven auch der zwischenmenschliche Kontakt, der durch das Engagement in Partei und Frauenorganisation entstand. Aus Genossinnen wurden nicht selten Freundinnen[132].

Von den engagierten Sozialdemokratinnen wurde die politische Arbeit allgemein als eine große Bereicherung erfahren: Sie gab ihrem Leben einen gesellschaftlichen Sinn, förderte ihre intellektuelle Bildung wie ihre Persönlichkeitsentwicklung und brachte ihnen vielfältige Kontakte zu anderen Menschen. Diese positiven Folgen überwogen nach Ansicht der meisten bei weitem die negativen persönlichen Konsequenzen des politischen Engagements, allen voran die vermehrte Arbeitsbelastung.

Bei der Analyse der Biographien der führenden Hamburger SPD-Funktionärinnen fallen die Unterschiede zwischen älteren und jüngeren Frauen auf: Die ältere Generation, die überwiegend in den 1870er und 1880er Jahren geboren worden war, stammte mehrheitlich aus minderbemittelten Arbeiterfamilien, konnte nur die Volksschule besuchen und hatte keine Chance einen qualifizierten Beruf zu erlernen. Der Eintritt in die SPD, der bei den meisten in der Vorkriegszeit erfolgte, war der erste Schritt zu öffentlichem Engagement; ihnen fehlte jegliche politische

Erfahrung. Nur wenige stammten aus einem sozialdemokratischen Elternhaus. Entscheidende Phase ihrer politischen Sozialisation war der Erste Weltkrieg. Durch die Kriegsfürsorge kamen sie zur sozialen Arbeit, die bis zum Ende der Weimarer Republik bei der Mehrheit ein Tätigkeitsschwerpunkt blieb. Diese ältere Funktionärinnen-Generation engagierte sich mit voller Überzeugung für die Frauenfrage. Sie hatte lange Jahre für die staatsbürgerliche Gleichstellung ihres Geschlechts gekämpft. Die Erlangung des Frauenwahlrechts erlebte sie als großen Erfolg. Selbstverständlich unterstützte sie die neue geschlechtsspezifische Emanzipationsstrategie. Die Mehrzahl der älteren Genossinnen war in den zwanziger Jahren nicht mehr erwerbstätig. Es lag für sie deshalb nahe, die Probleme des Haushalts und der Familie stärker in die Frauenpolitik der Partei einzubeziehen und die Frauenaktivitäten den Bedürfnissen und Interessen der Masse der Hausfrauen und Mütter anzupassen. Typische Vertreterinnen der älteren Funktionärinnen-Generation waren Johanna Reitze und Grete Zabe, die einflußreichsten Führerinnen der Hamburger SPD in der Weimarer Republik, sowie Hermine Peine, Olga und *Hanna Stolten*, Anna Wendt und Ella Wierzbitzki. Frauen mit höherer Schulbildung und qualifiziertem Beruf stellten in der älteren Generation eine Ausnahme dar; zu ihnen gehörten einzig die ehemaligen Lehrerinnen Paula Henningsen, Adele Reiche und Dora Wagner.

Die jüngere Generation, die überwiegend in den 1890er Jahren geboren worden war, stammte mehrheitlich zwar auch aus Arbeiterfamilien, war in der Regel jedoch unter günstigeren sozialen Verhältnissen groß geworden. Die Eltern gehörten meist der SPD an. Sie unterstützten, soweit es ihnen materiell möglich war, den Berufswunsch ihrer Tochter. Alle Funktionärinnen der jüngeren Generation hatten eine qualifizierte Berufsausbildung. Ihr schulisches und berufliches Bildungsniveau war höher als das der älteren Generation. Bei ihrem Eintritt in die SPD brachten sie bereits politische Erfahrungen aus dem Arbeiterjugendbund, den Jungsozialisten bzw. der Sozialistischen Studentengruppe mit. Im Vergleich zu den Frauen älterer Generationen fühlten sie sich gleichberechtigt. In der Jugendbewegung hatten sie erfahren, daß ein Mädchen jede Funktion übernehmen konnte, wenn sie „nur tüchtig und interessiert genug" war.[133] Die politische Gleichberechtigung beider Geschlechter empfanden sie als selbstverständlich. Sie wollten in der Arbeiterbewegung gemeinsam mit den Männern aktiv werden. Die Frauenarbeit betrachteten sie als „eine zusätzliche Sonderarbeit", die sie selbst nicht mehr brauchten[134]. Eine Zuweisung geschlechtsspezifischer Aufgabenbereiche in der Politik lehnten sie ab. Typische Vertreterinnen dieser jungen Generation waren Margarethe Andresen, Hedwig Günther, Paula Karpinski, nichterwerbstätige Mütter kleiner Kinder, sowie Thea Asmus, Erna tum Suden und Erna Wagner, ledige Frauen, die in höher qualifizierten Berufen arbeiteten.

Die jüngere Funktionärinnen-Generation stieg seit Mitte der zwanziger Jahre in die Leitung der Hamburger Frauenorganisation auf. Ab 1928/29 bestimmte sie entscheidend Frauenpolitik und Frauenarbeit der Landesorganisation. Dieser Generationswechsel war mit erheblichen Spannungen und Konflikten verbunden. Die ältere Frauengeneration hielt alle Posten in Frauenaktionsausschuß und Landesvorstand besetzt und war nur zögernd bereit, den nachdrängenden jüngeren Genossinnen Platz einzuräumen. Der „Nachwuchs" wurde von mancher älteren Funktionärin nur solange gefördert, wie er sich anpaßte und unterordnete. In den jungen, qualifizierten und selbstbewußten jungen Frauen sah sie vorrangig bedrohliche Konkurrentinnen. Hinter dieser Konkurrenzangst standen soziale und politische Ursachen. Die sozialen Hintergründe schildert Erna Wagner, eine Volksschullehrerin, die von 1927 bis 1931 Distriktsfrauenleiterin in Eimsbüttel war und von 1927 bis 1933 dem Frauenaktionsausschuß der Hamburger SPD angehörte:

> „Die Älteren wollten uns Jüngere nicht ... Wir hatten einige Auseinandersetzungen mit den älteren Frauen, die aber allmählich ausschieden ... Wir fanden, die konnten nichts. Wir dachten, wir konnten mehr. Und es war auch tatsächlich so. Eine der wenigen, die was konnte, war Johanna Reitze, die war damals Reichstagsabgeordnete.

Das war eine intelligente und kluge Frau ... Die älteren Genossinnen waren durchweg ganz einfache Arbeiterfrauen, die wenig Zeit gehabt hatten, etwas zu lernen. Sie hatten bestimmt nur Volksschulbildung, vielleicht nicht einmal eine gute berufliche Bildung. Plötzlich kam die jüngere Generation mit ihrer guten beruflichen Ausbildung, z.T. auch mit einer besseren Schulbildung ... Hedwig Günther, die aus einem kaufmännischen Beruf kam, Paula Karpinski, die Sozialarbeiterin geworden war und vorher auch als kaufmännische Angestellte tätig gewesen war, Thea Asmus, die Familienfürsorgerin war. Bei dieser Generation steckte eine andere Bildung dahinter ... Meine Mutter (Dora Wagner, K.H.) als Lehrerin war ja eine der wenigen in der älteren Generation, die eine gute Berufsausbildung hatte. Sie war auch fähig, die Sachen zu machen ...

Zum Beispiel waren die älteren Funktionärinnen häufig kaum in der Lage, ein Referat zu halten. Sie hielten welche, aber die waren auch danach. Wir konnten das. Dadurch wurden wir in den Distrikten und Bezirken relativ schnell bekannt, wir sind viel rumgekommen ... Die Jüngeren waren insgesamt sehr unzufrieden mit den Aktivitäten der Älteren ... Fast alle Funktionärinnen der jüngeren Generation, wie Paula Karpinski und Hedwig Günther, kamen aus sehr guten Gruppen der Arbeiterjugend und der Jungsozialisten. Das kam natürlich noch als Gegensatz hinzu ... Die Jahre nach 1928 waren ein Aufbruch in der Frauenarbeit der SPD."

Eine entscheidende Ursache des Generationskonflikts in der Hamburger Frauenorganisation waren also die Unterschiede in der sozialen Situation und der politischen Sozialisation zwischen älteren und jüngeren Funktionärinnen. Die junge Generation bestritt die Führungskompetenz vieler älterer Genossinnen. Die alte Generation empfand diese Kritik als Mißachtung ihrer Leistungen und reagierte mit Abwehr. Sie fürchtete, von der Jugend verdrängt zu werden.[135] Hinzu kamen politische Gründe für die Differenzen. Die jüngeren Funktionärinnen kritisierten die geschlechtsspezifische Emanzipationsstrategie sowie Form und Inhalt der vorherrschenden Frauenarbeit, die ihnen nicht politisch und kämpferisch genug war. Sie lehnten „reine Handarbeits- und Kaffeenachmittage" ab und forderten eine intensive sozialistische Aufklärung und Schulung der Frauen.[136] Thea Asmus, die neben ihrer Tätigkeit im Frauenaktionsausschuß von 1926 bis 1933 den Distriktsfrauenausschuß St.Georg-Süd leitete, schildert diesen Konflikt am Beispiel ihres Distrikts:

„Ich war nun immer mehr für Vorträge, während meine Vorgängerin nicht so sehr dafür war ... Sie betonte mehr die Unterhaltung innerhalb der Gruppe. Das reichte mir für diese Tätigkeit nicht aus, das hätte mir nicht gelegen. Es war ja auch notwendig, diesen Kreis der Frauen interessierter zu machen für andere Aufgaben außerhalb der Familie: Gesellschaftliche Aufgaben, politische Aufgaben. Sie mußten selber mitwirken, denn ohne ihre Mitwirkung hätten wir ja auch nichts für sie tun können. Man kann ja nicht erwarten, daß nur ein paar Frauen da sind, die nun für die große Anzahl der Frauen etwas tun, sondern sie mußten sich selbst engagieren. Dazu mußte man sie ja ein bißchen mobil machen. Das verstand meine liebe Genossin ... nicht so. Das lag ihr auch nicht so. Da kam ich nun als die jüngere, und trotzdem akzeptierten die Frauen mich und akzeptierten auch das, was ich brachte. Es kamen dann auch noch mehr jüngere Frauen dazu. Das war ja auch notwendig."

Ähnliche Kritik an der herkömmlichen Frauenarbeit der SPD wurde auch andernorts von jungen Funktionärinnen geäußert[137].

Die Spannungen zwischen älteren und jüngeren Funktionärinnen in der Hamburger Frauenorganisation waren Teil eines Generationskonfliktes, der die gesamte Landesorganisation durchzog. Angesichts der allgemeinen Stagnation der SPD forderten vor allem jüngere Funktionäre, daß die Partei mehr Aktivität entwickeln müsse um die Krise zu überwinden. Die Kritik an der Parteiführung, die auch andernorts im Reich laut wurde, verstärkte sich unter dem Eindruck der beginnenden Wirtschaftskrise und der fortschreitenden Radikalisierung weiter Bevölkerungskreise. Sie stand im Kontext der sich zuspitzenden innerparteilichen Auseinandersetzungen um die Strategie der Partei. Im Mittelpunkt der Kritik stand in der Hamburger SPD mehr und mehr *Max Leuteritz*, der seit 1919 Vorsitzender der Landesorganisation war[138]. Ihm warfen die jungen Funktionäre mangelnde Aktivität und Zielstrebigkeit vor. Vermutlich aufgrund der wachsenden Kritik trat er im Sommer 1929 zurück. Sein Nachfolger wurde Karl Meitmann, ein jüngerer, aktiver, rednerisch begabter Funktionär, der bis zu diesem Zeitpunkt das Amt des Unterbezirkssekretärs in Altona inne gehabt hatte. Er war von einer Gruppe jüngerer Funktionäre, zu der sowohl Anhänger des rechten als auch des linken Flügels der Partei gehörten, vorgeschlagen worden. Die Wahl Meitmanns bedeutete zwar keine grundsätzliche Absage an die bisherige Politik der Partei, zeigt jedoch das breite Unbehagen an der Umsetzung dieser Politik.[139]

Auch auf Reichsebene war das Verhältnis zwischen älterer und jüngerer Generation in Partei und Frauenorganisation gespannt. Kritik kam vor allem aus jungsozialistischen Kreisen. Kritisiert wurden neben der reformistischen Strategie und Politik Inhalt und Form der Parteiarbeit, insbesondere die „geistige Verflachung" und „Verspießerung der Partei", das mangelnde „Gemeinschaftsgefühl" sowie die „veralteten Ausdrucksformen"; Ziel war eine „grundlegende Erneuerung" der SPD.[140] Die Kritik am „Konservativismus" der „Vorkriegsgeneration" verstärkte sich seit 1930 angesichts der Tolerierungspolitik[141]. Eine grundsätzliche Klärung des Verhältnisses von „Partei und Jugend" versuchte die SPD-Führung auf dem Leipziger Parteitag 1931. Im Anschluß an ein Referat zum Thema, das Erich Ollenhauer, der damalige SAJ-Vorsitzende hielt, wurden zwei Resolutionen verabschiedet: Mit der einen beschloß der Parteitag die endgültige Auflösung der Jungsozialisten. Mit der anderen wurden die Genossinnen und Genossen aufgefordert, sich in stärkerem Maße um die Gewinnung der Jugend zu bemühen. ‚Kinderfreunde' und SAJ sollten „stets nach besten Kräften ideell und materiell" unterstützt, die junge Generation planmäßig in die Partei eingegliedert und vermehrt zur „verantwortlichen Mitarbeit" herangezogen werden.[142] In der sozialdemokratischen Frauenbewegung wurde der „Streit zwischen Jung und Alt" nach Feststellung des Reichsfrauenbüros ebenfalls 1931 beigelegt[143].

* * *

Die Analyse der Biographien leitender Funktionärinnen und die Auswertung der Erfahrungsberichte aktiver Sozialdemokratinnen aus der Hamburger SPD zeigen, welche Voraussetzungen die Bereitschaft zur Übernahme von führenden politischen Funktionen bei Frauen begünstigten: eine relativ gesicherte soziale Stellung, eine qualifizierte Schul- und Berufsausbildung, zumindest aber ein ausgeprägtes Bildungsbedürfnis, eine relativ geringe Belastung durch Erwerbs-, Haus- und Familienarbeit, ein familiäres Umfeld, das das politische Engagement begrüßte und unterstützte sowie Sozialisationserfahrungen, die das weibliche Selbstbewußtsein gestärkt hatten, gleich ob in Elternhaus, Schule, Berufsleben oder Arbeiterjugend. Aufgrund dieser Voraussetzungen stellten zwei Frauengruppen in der SPD-Frauenorganisation der Weimarer Republik die Masse der leitenden Funktionärinnen: zum einen ältere, nichterwerbstätige Ehefrauen von bessersituierten, engagierten Sozialdemokraten, die kinderlos waren bzw. herangewachsene Kinder hatten, zum anderen alleinstehende Frauen, die in höher qualifizierten Frauenberufen tätig waren. Für jungverheiratete Frauen mit kleinen Kindern war es außerordentlich schwierig, die Pflichten von Haushalt und Familie mit der politischen Arbeit zu vereinbaren. Sie schafften dies nur, wenn ihr Mann bereit war, einen Teil der Haus- und Familienarbeit zu übernehmen und ihnen weibliche Verwandte oder Bekannte im Hause halfen. Trotz aller Belastungen erlebten offenbar viele aktive Sozialdemokratinnen die politische Arbeit als große persönliche Bereicherung, die ihrem Leben einen gesellschaftlichen Sinn gab, die Bildung von Intellekt und Persönlichkeit förderte und vielfältige Kontakte zu anderen Menschen brachte.

4.3 Die Praxis der sozialdemokratischen Frauenbewegung

„Nachdem die Revolution den Frauen endlich die politische Gleichberechtigung gebracht hat, ist es jetzt Aufgabe der Partei, diese Gleichberechtigung von der Theorie in die Praxis zu überführen.

Nur durch aktive Mitarbeit, nicht allein durch theoretische Bildung kann die mangelhafte politische und parlamentarische Schulung der Frauen behoben werden. Nur dadurch kann ihre weitverbreitete Teilnahmslosigkeit der Politik und der Partei gegenüber beseitigt, können ihre durch jahrhundertelange politische Unfreiheit und einseitige Erziehung verkümmerten Fähigkeiten auf diesem Gebiet voll entwickelt werden.

Diese politische Einsicht der Frauen zu fördern, ist heute, wo sie das Stimmrecht haben, zur Lebensnotwendigkeit für die Partei geworden.

Ebenso sehr im Interesse der Partei wie in ihrem eigenen sind deshalb die Genossinnen in erhöhtem Maße zu allen Parteiposten und Parteikörperschaften, zu den Parlamenten und Verwaltungsämtern in Reich, Staat und Gemeinde heranzuziehen."[1]

Diese Entschließung, die die Hamburger Landesorganisation gemäß dem Antrag einer „Versammlung der aktiven Genossinnen" auf dem Weimarer Parteitag im Juni 1919 erfolgreich einbrachte[2], verdeutlicht das zentrale Ziel, das die leitenden Funktionärinnen der mehrheitssozialdemokratischen Frauenbewegung zu Beginn der Weimarer Republik mit der Frauenarbeit verfolgten: die praktische Verwirklichung der theoretisch postulierten Gleichberechtigung. Zwecks eines systematischen Ausbaus der Frauenarbeit betrieben sie zum einen den Aufbau einer Frauenorganisation im Rahmen der Gesamtpartei, zum anderen die Gründung einer sozialdemokratischen Wohlfahrtsorganisation – der ‚Arbeiterwohlfahrt' – als Haupttätigkeitsfeld der Frauen. Mit der Entstehung und Entwicklung beider Organisationen steht die Praxis der sozialdemokratischen Frauenbewegung im Mittelpunkt dieses Kapitels.

4.3.1 *Frauenarbeit in der SPD*

Nach der Novemberrevolution leitete die MSPD-Führung reichsweit eine Reorganisation der Partei ein. Parteispaltung und gewandelte politische Verhältnisse erforderten ihrer Ansicht nach eine straffere Organisationsstruktur. Der Aufbau der Organisation sollte der veränderten Einteilung der Reichstagswahlkreise angepaßt werden. Demgemäß beschloß der Weimarer Parteitag im Juni 1919 ein neues Organisationsstatut, das den Bezirksverband zur Grundlage der Organisation machte, der sich wiederum in Ortsvereine gliederte, die zu Unterbezirken zusammengelegt werden konnten. 1920 war die Umorganisation weitgehend abgeschlossen; zur Partei gehörten 32 Bezirksverbände mit 9.236 Ortsvereinen. „Oberste Vertretung" der MSPD blieb auf Reichsebene auch nach dem neuen Organisationsstatut der Parteitag, der einmal jährlich stattfinden sollte. Die Leitung der Partei lag bei dem vom Parteitag gewählten Parteivorstand, dem mindestens zwei Frauen angehören sollten. Dem Parteivorstand stand beratend der Parteiausschuß zur Seite, der sich aus je einem gewählten Vertreter jedes Bezirksverbandes zusammensetzte; Bezirke mit mehr als 10.000 weiblichen Mitgliedern hatten das Recht, zusätzlich eine Vertreterin zu entsenden. Die Kontrolle des Parteivorstandes unterstand einer neunköpfigen Kontrollkommission, die vom Parteitag gewählt wurde.[3]

Nach dem Zusammenschluß von MSPD und USPD war eine Überarbeitung der Organisationsgrundsätze erforderlich. Der Berliner Parteitag im Juni 1924 beschloß ein neues Statut, das bis zum Ende der Weimarer Republik galt. Hauptfunktion der meisten Veränderungen war eine organisatorische Absicherung der starken Position der führenden Parteiinstanzen, die der Parteileitung angesichts der wachsenden innerparteilichen Opposition notwendig zu sein schien.[4] Die Genossinnen konnten im neuen Statut eine Quotenregelung für die Besetzung von Parteiämtern und -funktionen durchsetzen; § 5 bestimmte:

> „In allen Leitungen der Organisationen und zu allen Delegationen ist den weiblichen Mitgliedern im Verhältnis ihrer Zahl eine Vertretung zu gewähren."[5]

Auf dem Heidelberger Parteitag im September 1925 erzielten sie einen weiteren Erfolg: Es wurde ein Änderungsantrag zum Parteistatut angenommen, dessen Folge eine erhebliche Steigerung der Zahl der Frauen im Parteiausschuß war; die zur Wahl einer Vertreterin notwendige Zahl von weiblichen Mitgliedern wurde auf 7.500 herabgesetzt. Neben den drei damals mitgliederstärksten Bezirken Brandenburg, Hamburg-Nordwest und Westliches Westfalen konnten nun auch die Bezirke Berlin, Breslau, Dresden, Hannover, Leipzig, Magdeburg und Schleswig-Holstein eine Vertreterin in den Parteiausschuß entsenden.[6]

Die Hamburger SPD, deren Organisationsapparat nach der Parteispaltung intakt geblieben war, begann bereits vor Kriegsende mit einer Neuorganisation. Im September 1918 beschlossen die drei weitgehend selbständigen SPD-Wahlkreise, die nur locker zusammengeschlossen waren, ihre Auflösung und bildeten eine straff gegliederte Landesorganisation. Auf Beschluß des Reichsparteiausschusses wurde sie im Dezember 1919 gemäß dem veränderten Organisationsstatut der Gesamtpartei Teil des neugeschaffenen Bezirksverbandes Hamburg-Nordwest, behielt jedoch den Status und die Kompetenzen einer selbständigen Regionalorganisation. Dem Bezirk Hamburg-Nordwest gehörten neben Hamburg die Unterbezirke Bremen, Unterweser, Achim-Verden und Vegesack-Blumenthal an. Die politische Führung des Bezirksverbandes lag in den Händen des Bezirksvorstandes, dem zunächst sieben, nach dem Zusammenschluß mit der USPD neun Mitglieder angehörten, darunter mindestens eine Frau.[7]

Die Hamburger Landesorganisation war „zur Förderung der Agitation und Erledigung der Verwaltungsgeschäfte" in Distrikte aufgeteilt, die den Stadtteilen entsprachen, und die wiederum in Bezirke gegliedert waren[8]. 1930 bestanden 38 Distrikte und 365 Bezirke[9]. Aufgabe dieser Untergliederungen war es in erster Linie, „die Mitglieder in möglichst weitgehendem Maße zu aktivieren, d.h. sie durch regelmäßige Versammlungen über die Ziele der Partei aufzuklären, zur Werbung neuer Mitglieder heranzuziehen und im Wahlkampf als Propagandisten einzusetzen". Die Leitung der Distrikte lag in der Hand von „Distriktsverwaltungen", die jährlich nach der Generalversammlung der Landesorganisation in den Jahreshauptversammlungen gewählt wurden. Zusammen mit dem Landesvorstand bildeten sie die sogenannte „Vertrauensmännerversammlung", die vor allen wichtigen Vorstandsentscheidungen als Diskussionsforum und informelle Entscheidungsinstanz wirkte. Höchstes beschlußfassendes Gremium der Landesorganisation war offiziell die Generalversammlung. Ihre Zusammensetzung entsprach der Delegiertenversammlung der Landesorganisation: Neben je drei gewählten Delegierten aus den Bezirken gehörten ihr u.a. der Landesvorstand, die Distriktsführer sowie die Reichstags- und Bürgerschaftsabgeordneten an[10]. In der Praxis waren Delegierten- und Generalversammlung vor allem ein „Akklamations- und Bestätigungsorgan" für die Vorschläge der Parteiführung. Politisches Leitungsgremium der Landesorganisation war der Parteivorstand, dem mindestens eine Frau angehören mußte. Er setzte sich aus einem ersten und zweiten Vorsitzenden sowie sieben Beisitzern zusammen. 1923 wurde deren Zahl auf neun, 1927 auf zehn erhöht. Der Vorsitzende hatte den Status eines Parteiangestellten. Aufgrund ihres Amtes gehörten zudem die drei Parteisekretäre zum Vorstand, die das Recht hatten, an allen Sitzungen der Parteigremien mit beschließender Stimme teilzunehmen. Beratend unterstützt wurde der Parteivorstand durch den Parteiausschuß, dem sämtliche Distriktsführer angehörten. Er traf sich mindestens einmal monatlich. Formal garantierte der Aufbau der Landesorganisation einen bedeutenden Einfluß der aktiven Mitglieder auf die Politik; in der Praxis wurde sie entscheidend durch den Landesvorstand und die Parlamentsabgeordneten bestimmt, die allgemein großen Einfluß in der Partei hatten[11].

Die sozialdemokratische Frauenorganisation wurde auf Reichsebene durch die weiblichen Mitglieder im Parteivorstand angeleitet: Einzige Frau unter den fünf besoldeten Vorstandsmitgliedern war Marie Juchacz, seit 1917 Frauensekretärin und seit 1919 zudem Leiterin der ‚Arbeiterwohlfahrt'; neben ihr gehörten dem 21köpfigen Parteivorstand noch *Elfriede Ryneck* und *Anna Nemitz* als ehrenamtliche Beisitzerinnen an, die 1920 bzw. 1922 in das Gremium gewählt wurden[12]. Das Frauensekretariat versandte zur Förderung der Frauenaktivitäten in den Bezirken regelmäßig Rundschreiben mit Anregungen und Anweisungen zur Frauenarbeit und Frauenagitation. Zudem gab es in Zusammenarbeit mit der Werbeabteilung des Parteivorstandes Agitationsmaterial und Aufklärungsschriften heraus, stellte Lichtbildvorträge zu aktuellen Themen zusammen und koordinierte seit Ende der zwanziger Jahre den Filmverleih. Die weiblichen Mitglieder im Parteiausschuß, die sich regelmäßig vor oder nach dessen Sitzungen trafen, hatten die Aufgabe, das Frauensekretariat bei seiner Arbeit beratend zu unterstützen.[13] Die Genossinnen des Bezirks Hamburg-Nordwest wurden im Parteiausschuß von 1919 bis 1921 von Ella Wierzbitzki und von 1919 bis 1933 von Johanna Reitze vertreten[14].

Die Anleitung der Frauenorganisation auf der Ebene der Bezirke, Unterbezirke und Ortsvereine regelte ein Beschluß des Parteiausschusses vom Dezember 1921, der bis 1933 Gültigkeit hatte:

„Die den Vorständen der Ortsgruppen, Unterbezirken usw. angehörenden Genossinnen haben die Aufgabe, die Agitation und Schulung der Frauen zu pflegen, und sind ihrem Vorstand dafür verantwortlich. Um eine bessere Fühlungnahme der Frauen untereinander, bis herauf zur Zentrale, zu ermöglichen, ist es notwendig, daß die im Vorstand sitzenden Genossinnen der Ortsgruppen mit den weiblichen Vorstandsmitgliedern der Unterbezirke, diese wieder mit dem weiblichen Vorstandsmitglied und letzteres mit dem weiblichen Mitglied des Parteivorstandes schriftlich in Verbindung treten. Der Schriftwechsel geht über die Sekretariate und erfolgt im sachlichen Einverständnis mit diesen resp. den in Frage kommenden Vorständen. Diese Form der Arbeit setzt das Vorhandensein von Frauengruppen, mindestens aber weiblichen Vertrauenspersonen in allen Orten, Unterbezirken und Bezirken und im Reich voraus, die im Einverständnis mit dem Vorstand arbeiten."[15]

Die Umsetzung dieses Beschlusses, um die sich die meisten Bezirke systematischer erst nach der Währungsstabilisierung bemühten, blieb vielerorts mangelhaft. 1930 gab es erst in 21 % aller 9.844 Ortsvereine eine Frauengruppe; von den bestehenden 2.097 Frauengruppen führten 87 % regelmäßig Frauenabende durch. Lediglich 162 Ortsvereine boten spezielle Schulungskurse für Frauen an. Auch auf Bezirksebene war das Angebot von Frauenkursen relativ gering; nur 13 der 33 Bezirke führten einen zentralen Kurs für Frauen durch. Am stärksten war die Frauenarbeit in den Ortsvereinen der mittleren und größeren Industriestädte entwickelt, den traditionellen Hochburgen der Arbeiterbewegung.[16]

Gefördert wurde die Frauenarbeit in den Bezirken, Unterbezirken und Ortsvereinen entscheidend durch die Anstellung von Frauensekretärinnen[17]. Auf Antrag der Genossinnen verabschiedete der Weimarer Parteitag 1919 deshalb eine Entschließung, die den Parteivorstand verpflichtete, „die Anstellung und Schulung weiblicher Kräfte in den Vorständen größerer Agitationsbezirke zu fördern und, wenn notwendig, finanziell zu unterstützen."[18] Trotzdem wurde zunächst nur in wenigen Bezirken eine Frauensekretärin beschäftigt. Die Parteiführung begründete dies zum einen mit den beschränkten finanziellen Mitteln, zum anderen mit dem angeblichen Mangel an geeigneten Genossinnen[19]. Zu den ersten Bezirksverbänden, in denen eine Frauensekretärin tätig war, gehörte Hamburg-Nordwest; seit November 1921 arbeitete Olga Stolten im Bezirksbüro. Erst nach der Währungsstabilisierung wurden mehr Frauensekretärinnen angestellt, bis 1927 in 17 Bezirksverbänden.[20] Die innerparteiliche Diskussion über die Anstellung von Frauensekretärinnen deutet darauf hin, daß zumindest nach 1923 nicht primär finanzielle oder personelle Gründe eine

Die Geschäftsführung des SPD-Bezirksvorstandes Hamburg-Nordwest mit drei weiblichen Bürokräften (3. v. links: Olga Stolten, die Bezirksfrauensekretärin) (Privatbesitz)

Umsetzung des Parteitagsbeschlusses von 1919 verhinderten, sondern die politische Prioritätensetzung der männlichen Funktionärsmehrheit in den leitenden Parteiinstanzen, die die Notwendigkeit einer systematischen Förderung der Frauenarbeit nicht sah[21].

Eine zentrale Bedeutung für die Anleitung der Funktionärinnen kam den Frauenkonferenzen zu. Hauptfunktion der Reichsfrauenkonferenzen, die bis 1927 regelmäßig vor oder nach den Parteitagen stattfanden, war Diskussion und Beschlußfassung der Leitlinien von Frauenpolitik und Frauenarbeit[22]. Delegiert wurden im Unterbezirk Hamburg wie andernorts nur führende Genossinnen[23]. Die Bezirks- und Unterbezirksfrauenkonferenzen, die ebenfalls regelmäßig durchgeführt werden sollten, hatten neben dem Erfahrungsaustausch vor allem die Funktion, einem breiteren Kreis von Funktionärinnen die zentralen Orientierungen zu Frauenpolitik und Frauenarbeit zu vermitteln. Die Richtlinien des Parteivorstandes für die sozialdemokratische Frauenorganisation aus dem Jahre 1920 bestimmten, daß Frauenkonferenzen nur von der jeweiligen Parteileitung einberufen werden konnten, unter deren Mitwirkung stattfinden mußten und keine „Sonderveranstaltungen politischer Natur" sein durften[24]. Auf Bezirks- und Unterbezirksebene führten zunächst nur die mitgliederstarken Verbände Frauenkonferenzen durch[25]. Zu den ersten Bezirken gehörte im November 1921 Hamburg-Nordwest, wo seitdem alle zwei bis drei Jahre eine Frauenkonferenz stattfand, die der Bezirksvorstand auf Wunsch der Genossinnen grundsätzlich unabhängig vom Bezirksparteitag durchführte. Ihr sollte so größeres politisches Gewicht und mehr öffentliche Aufmerksamkeit verliehen werden.[26]

Die Funktionärinnen der Hamburger MSPD begannen unter der Leitung von Johanna Reitze, die die Genossinnen bis Mai 1919 im Landesvorstand vertrat, und Ella Wierzbitzki, ihrer Nachfolgerin, nach der Novemberrevolution schon bald mit dem Aufbau der örtlichen Frauenorganisation. Eine „Versammlung der aktiven Genossinnen“, in der Landesorganisation zu diesem Zeitpunkt nicht mehr als 80 Frauen[27], beschloß im April 1919 einen Plan für das Vorgehen: Im folgenden Monat sollte auf einer allgemeinen Frauenmitgliederversammlung ein vorläufiger „Frauenwerbeausschuß“ gewählt werden, der „Richtlinien für die Hamburger Frauenbewegung“ erarbeiten sollte. Auf der Versammlung, die Mitte Mai stattfand, wurden Margarethe Andresen, *Minna Schröder*, Hanna und Olga Stolten, Johanna Reitze und Ella Wierzbitzki in dieses Gremium gewählt. Die Anwesenden beschlossen zudem, in allen Distrikten unverzüglich Frauenmitgliederversammlungen einzuberufen, die „weibliche Distriktsausschüsse“ wählen sollten.[28] Das erste Treffen dieser Ausschüsse fand Ende Juni statt und diente der Planung der weiteren Arbeit[29]. Für Anfang Juli wurde erneut eine allgemeine Frauenmitgliederversammlung einberufen, die die vorgelegten „Richtlinien für die Agitation unter den Frauen“ verabschiedete. Im Anschluß an diese Versammlung wählten die Distriktsfrauenausschüsse den „Frauenaktionsausschuß“, das neue Leitungsgremium der Hamburger Frauenorganisation; seine Zusammensetzung entsprach der des vorläufigen „Frauenwerbeausschusses“. Erste Frauenleiterin wurde Ella Wierzbitzki.[30]

Die „Richtlinien für die Agitation unter den Frauen“ der Hamburger SPD, die bis 1933 Gültigkeit hatten, galten im gesamten Reich als vorbildlich[31]. Einleitend hieß es in ihnen:

> „Zweck der Richtlinien ist es nicht, irgendwelche Sonderorganisation für die Frauen zu schaffen, sondern im Gegenteil alle Sondereinrichtungen überflüssig zu machen, indem darauf hingewirkt wird, daß die Genossinnen an Zahl, an Aufklärung, an praktischen Leistungen und demgemäß an Gewicht innerhalb der Partei nicht mehr hinter den Genossen zurückstehen.“[32]

Der „Organisationsplan“ sah folgenden Aufbau der Hamburger Frauenorganisation vor:

> „1. Jeder Parteibezirk bestimmt eine weibliche Vertrauensperson, deren Hauptaufgabe die Heranziehung weiterer aktiver Bezirksgenossinnen und die Überwachung der Hausagitation im Bezirk ist.
> 2. Die Gesamtheit der weiblichen Bezirksvertrauenspersonen bildet die Bestellkommission des Distrikts.
> 3. Im Anschluß an die allgemeinen Wahlen im April sind in jedem Distrikt in ordentlichen Frauenmitgliederversammlungen 4 Genossinnen als Vertreterinnen in die Distriktsverwaltung zu wählen. In Gemeinschaft mit den der Distriktsverwaltung angehörenden Genossinnen bilden sie den Distriktsausschuß, dessen Aufgabe es ist, die Frauenagitation in den Distrikten zu leiten ...
> 4. Der Frauen-Distriktsausschuß bestimmt aus seiner Mitte eine Vorsitzende dieses Ausschusses, die im Einvernehmen mit dem Distriktsführer die Beschlüsse des Distriktsausschusses ausführt, sowohl die Frauen-Distriktsausschußsitzungen, die Frauen-Mitgliederversammlungen, als auch eventuell öffentliche Frauenversammlungen einberuft sowie die Frauenbewegung des Distrikts im Verkehr mit der Zentrale für Frauenagitation im Parteibureau vertritt.
> 5. Die Gesamtheit der Frauen-Distriktsausschüsse wählt aus ihrer Mitte einen Aktionsausschuß von 5 Personen, der die Leitung der Hamburger Frauenbewegung und die tatkräftige Förderung der Agitation in die Hand zu nehmen hat. Der Aktionsausschuß hat das Recht, weitere Genossinnen oder Genossen hinzuzuziehen, falls ihm im Interesse der Sache deren Mitarbeit zweckdienlich erscheint.
> Sämtliche Maßnahmen des Aktionsausschusses sind gemeinsam mit den weiblichen Vorstandsmitgliedern des Sozialdemokratischen Vereins für das hamburgische Staatsgebiet sowie der Zentrale für Frauenagitation im Parteibureau zu treffen ...
> 6. Mindestens einmal vierteljährlich findet eine Zusammenkunft der Distriktsausschüsse mit dem Aktionsausschuß statt. Versammlungen aller aktiven Genossinnen werden nach Bedarf einberufen.“

Der Aufbau der Frauenorganisation lehnte sich an den der Landesorganisation an. Die Funktionärinnen der Frauenbewegung sollten auf allen Ebenen so eng wie möglich mit den Funktionären der Gesamtpartei zusammenarbeiten. Die Genossinnen konnten zwar ihre Leitungsgremien selbst wählen, durften aber keine autonomen Entscheidungen treffen. Sie mußten alle Beschlüsse mit den entsprechenden Instanzen der Gesamtpartei abstimmen.

Ein detaillierter „Arbeitsplan“ beschrieb in den „Richtlinien“ die Aufgaben der Funktionärinnen auf den verschiedenen Ebenen der Frauenorganisation:

Frauenkonferenz des SPD-Unterbezirks Hamburg im Stadtpark-Restaurant, Hamburg 1929 (Privatbesitz)

- Wichtigste Aufgabe der Bezirksvertrauensfrauen war die Aktivierung ihrer Bezirksgenossinnen. Sie sollten sie zum Versammlungs- und Veranstaltungsbesuch, zur Flugblattverteilung sowie zur Wahlagitation und Wahlarbeit motivieren und waren zudem für die Mitgliederwerbung mittels Hausagitation in ihrem Bezirk verantwortlich.
- Zentrale Aufgaben der Frauendistriktsausschüsse waren die Anleitung und Überwachung der Frauenarbeit in den Bezirken, die Organisation der Frauenwahlagitation im Stadtteil sowie die Vorbereitung und Durchführung der monatlichen Frauenabende. Sie sollten an allen Sitzungen der Distriktsverwaltung und den Zusammenkünften mit dem Aktionsausschuß teilnehmen.
- Zu den Aufgaben des Frauenaktionsausschusses gehörte die Koordination und Förderung der Frauenagitation, die Vorbereitung und Leitung der Wahlwerbung unter den Frauen sowie die Durchführung aller zentralen Veranstaltungen, die von den Genossinnen beschlossen wurden. Er sollte die Bildungsarbeit in den Frauengruppen durch die Aufstellung von Referentinnenlisten fördern, in Zusammenarbeit mit dem Bildungsausschuß der Partei Schulungskurse für die Genossinnen organisieren und für eine ausreichende Berücksichtigung der Frauenfragen in der Parteipresse Sorge tragen. Der Arbeitsplan betonte ausdrücklich, daß der Frauenaktionsausschuß all diese Maßnahmen und Veranstaltungen „im Einvernehmen mit dem Parteivorstand in die Wege zu leiten" hatte. Um die Aktivitäten von Gesamtpartei und Frauenorganisation zu koordinieren, nahm der Aktionsausschuß, zumindest aber eine Delegierte, an den Sitzungen des Parteiausschusses teil[33].

Die Umsetzung der „Richtlinien für die Agitation unter den Frauen" erfolgte sehr zügig. Im Oktober 1919 hatten noch elf von 35 Distrikten keinen Frauendistriktsausschuß und 61 von 365 Bezirken keine Vertrauensfrau. Doch schon im Juli 1920 fand sich kein Distrikt mehr ohne

Agitation anläßlich des Volksentscheids gegen die „Fürstenbezahlung", Hamburg 1926 (untere Reihe, 4. von links: Paula Karpinski) (Privatbesitz)

Frauendistriktsausschuß; nur in wenigen Bezirken fehlte eine Vertrauensfrau. Der Jahresbericht der Hamburger SPD wertete diese Entwicklung als einen „Erfolg, wie ihn wohl kaum eine andere Großstadt aufzuweisen in der Lage" sei. Dieses Ergebnis erzielten die aktiven Genossinnen, obwohl unter den männlichen Mitgliedern und Funktionären „teilweise eine gewisse Animosität" gegen die Richtlinien herrschte.[34]

Die gesamte Anleitung der Frauenarbeit wurde im Unterbezirk Hamburg ehrenamtlich geleistet. Nur kurze Zeit, von April 1920 bis März 1921, beschäftigte der Landesvorstand eine „Hilfssekretärin für die Frauenagitation" im Parteibüro[35]. Mehrfach stellten die Genossinnen danach einen Antrag auf Einstellung einer Frauensekretärin, der jedesmal mit dem Hinweis auf fehlende Mittel zurückgestellt wurde[36]. Die Hauptverantwortung für die Entwicklung der sozialdemokratischen Frauenbewegung in der Hansestadt lag so in den Händen der weiblichen Vorstandsmitglieder – Ella Wierzbitzki (1919–1920), Minna Schröder (1920–1922), Hermine Peine (1922–1930), Grete Zabe (1922–1933), Hedwig Günther (1928–1933) und Paula Karpinski (1930–1933) – und der Genossinnen im Frauenaktionsausschuß, dessen Vorsitzende nach Ella Wierzbitzki Minna Schröder (1920–1922), Grete Zabe (1922–1926), Anna Wendt (1926–1928) und Hedwig Günther (1928–1933) waren.

Die Anleitung der Frauenarbeit auf der Ebene des Bezirksverbandes Hamburg-Nordwest galt ebenfalls als vorbildlich. Der Bezirksvorstand hatte bereits im Herbst 1921 Richtlinien für die Frauenarbeit im Bezirk verabschiedet, die sich eng an die Richtlinien der Hamburger Frauenorganisation anlehnten[37]. Zunächst wurde die Frauenarbeit im Bezirk Hamburg-Nordwest ausschließlich durch die weiblichen Mitglieder im Bezirksvorstand angeleitet – Johanna Reitze (1920–1933), Ella Wierzbitzki (1920–1923) und Margarethe Andresen (1923–1933) –, die eng mit der Frauensekretärin Olga Stolten zusammenarbeiteten. Die zweite Bezirksfrauenkonferenz im Oktober 1924 beschloß die Einrichtung eines Bezirksfrauenausschusses, in dem aus jedem Unterbezirk eine Genossin vertreten sein sollte. Aufgabe dieses Ausschusses, der von der Bezirksfrauenkonferenz gewählt wurde, war es, in Abstimmung mit den weiblichen Bezirksvorstandsmitgliedern „zu den Agitation und Organisation unter den Frauen betreffenden Fragen Stellung" zu nehmen.[38] Seine Mitglieder waren berechtigt, an den Sitzungen der Unterbezirks- und Kreisvereinsvorstände mit beratender Stimme teilzunehmen[39]. Auf Antrag der Genossinnen wurde der Bezirksfrauenausschuß auf dem Cuxhavener Bezirksparteitag im Juni 1925 in der Satzung verankert[40]. Von 1925 bis 1933 vertrat Hedwig Günther die Hamburger Sozialdemokratinnen in diesem Ausschuß[41].

Hauptfunktionen der innerparteilichen Frauenarbeit waren die systematische Erfassung der weiblichen Mitglieder, die Stärkung ihres „Zusammengehörigkeitsgefühl" und ihrer Bindung an die Partei sowie ihre sozialistische Bildung und Schulung. Erstrebt wurde die Erziehung zu überzeugten Genossinnen, die sich an den Aktivitäten und dem Versammlungsleben der Gesamtpartei beteiligen.[42] Vor allem der Versammlungsbesuch der weiblichen Mitglieder war relativ gering. Frauen stellten selbst in den mitgliederstärksten und aktivsten Distrikten der Hamburger SPD wie Barmbek in den zwanziger Jahren bestenfalls 10 % der Versammlungsbesucher(innen)[43]. Eine zentrale Ursache hierfür scheinen Form und Inhalt der allgemeinen Mitgliederversammlungen gewesen zu sein, die sich ausschließlich an den Interessen der männlichen Mitgliedermehrheit orientierten: Versammlungsort war in der Regel ein schnell verräuchertes Parteilokal, der Tabakrauch der Männer hielt die Frauen fern. Frauenfragen standen höchstens in Wahlkampfzeiten auf der Tagesordnung. In der Diskussion dominierten Männer, Frauen hatten es schwer, sich Gehör und Anerkennung zu verschaffen. Hinzu kam, daß nur wenige Genossen den Versammlungsbesuch ihrer Frau förderten und unterstützten.[44] Der „Männerklüngel" auf den Parteiversammlungen schreckte selbst Genossinnen ab, die in der Frauenorganisation aktiv mitarbeiteten[45].

Zu der kleinen Gruppe der Genossinnen, die die allgemeinen Parteiversammlungen regelmäßig besuchten, gehörten neben den Funktionärinnen vor allem jüngere ledige Frauen aus der Arbeiterjugendbewegung, die in qualifizierteren Berufen arbeiteten und berufliche wie politische Zusammenarbeit mit Männern gewöhnt waren. Sie hatten deshalb auch eher den Mut mitzudiskutieren. Die reine Frauenarbeit interessierte sie nicht. Irma Keilhack beschreibt, warum:

> „Die praktische Frauenarbeit ... behagte mir nicht, einfach weil meine Generation damals zu wenig aktiv in dieser Frauenarbeit stand. Es waren kaum junge Frauen dabei. Aktiv war der mittelalte bis ältere Frauentyp, 40- bis 60jährige. Sie strickten und häkelten auf den Frauenabenden und tranken Kaffee. Sie sahen das ganze ein bißchen mehr von der Geselligkeit her, was ich nachträglich wahrscheinlich als dieser Generation gemäß akzeptieren muß, nur ich hatte damals keine Beziehung dazu. Ich sah auch den Sinn einer Frauenarbeit – offen gesagt – nicht ein. Ich sehe ihn heute vielmehr ein als damals. Wir sind koedukativ aufgewachsen. Ich bin zwar noch in eine Mädchenschule gegangen, aber sowie ich da weg war, bin ich sofort in gemischte Gruppen gekommen. Ich war in der Gewerkschaftsjugend in einer gemischten Gruppe, ebenso in der Arbeiterjugend und nachher natürlich auch bei den Jungsozialisten. Im Beruf war das auch völlig klar. Für mich war es daher unlogisch, mich in der Frauenarbeit besonders aktiv zu betätigen. Ich fand das eigentlich unsinnig, extra Frauenarbeit zu machen ... Daß die Frauen einmal unter sich sein wollten, das kann ich aus meiner Alterssituation heraus durchaus verstehen, den damals 40-, 50-, 60jährigen Frauen war es ja auch ein Bedürfnis. Aber als 20-, 25jährige habe ich das damals überhaupt nicht akzeptiert. Für mich war die Gesamtpartei der Boden, auf dem ich mich bewegte, und alles andere war Zeitvergeudung."

Zu Frauenabenden und Frauenversammlungen gingen diese jungen Sozialdemokratinnen bestenfalls, wenn ein interessanter Vortrag auf der Tagesordnung stand[46].

Tab. 66: *Weibliche Mitglieder und Frauengruppen in den Distrikten der Hamburger SPD. 1926 und 1930*[47]

Distrikte	1926			1930		
	Mitglieder		Frauen-anteil in %	Mitglieder		Frauen-anteil in %
	insges.	weiblich		insges.	weiblich	
Stadt-Distrikte:						
Altstadt	578	131	22,7	452	115	25,4
Neustadt	1752	476	27,2	1782	504	28,3
St.Georg-Nord	801	174	21,7	934	230	24,6
St.Georg-Süd	2905	665	22,9	2910	702	24,1
St.Pauli-Nord	920	239	26,0	967	258	26,7
St.Pauli-Süd	1042	263	25,2	1163	296	25,5
Eimsbüttel	4459	1146	25,7	5028	1278	25,4
Harvestehude-Hoheluft	1327	316	23,8	1595	389	24,4
Eppendorf-Winterhude	2223	511	23,0	2734	677	24,8
Groß-Borstel	111	31	27,9	157	57	36,3
Fuhlsbüttel	454	130	28,6	575	157	27,3
Langenhorn	613	172	28,1	904	268	29,6
Uhlenhorst	2468	659	26,7	3353	843	25,1
Barmbek	7720	1895	24,5			
- Barmbek-Nord [a)]				3013	735	24,4
- Barmbek-Süd [a)]				6692	1630	24,4
Hohenfelde	650	175	26,9	674	200	29,7
Eilbek	1751	369	21,1	1855	426	23,0
Hamm-Horn-Borgfelde	4470	1087	24,3	5665	1417	25,0
Rothenburgsort	3485	824	23,6	3327	763	22,9
Veddel	814	248	30,5	1354	374	27,6
Billbrook [b)]	90	10	11,1	80	5	6,3
Finkenwerder [b)]	97	12	12,4	164	19	11,6
Taubstumme [a) b)]				45	12	26,7
Parteibüro [a) b)]				451	62	13,7
Land-Distrikte:						
Farmsen-Berne	525	150	28,6	592	207	35,0
Volksdorf	86	22	25,6	172	62	36,0
Wohldorf-Ohlstedt [a) b)]				18	5	27,8
Groß-Hansdorf [a) b)]				47	14	29,8
Billwerder	290	95	32,8	385	127	33,0
Moorfleeth [b)]	26	5	19,2	41	7	17,1
Ochsenwerder [b)]	99	16	16,2	114	11	9,6
Moorwerder [b)]	15	0	24	0		
Moorburg [b)]	46	6	13,0	37	2	5,4
Bergedorf	1004	191	19,0	1504	392	26,1
Altengamme	95	16	16,8	94	17	18,1
Kirchwerder [a) b)]				92	9	9,8
Geesthacht [b)]	145	31	21,4	193	49	25,4
Cuxhaven	882	173	19,6	1169	215	18,4
Zusammen [c)]	41923	10227	24,4	50356	12534	24,9

a) 1928 wurden diese Distrikte im Zuge einer Neuaufteilung neu geschaffen.
b) In diesen Distrikten gab es 1930 noch keine Frauengruppe.
c) Die Endsummen sind unvollständig, da nicht alle Bezirke der Distrikte berichteten.

Hauptmittel zur Integration des größten Teils der weiblichen Mitglieder in die Partei waren so nicht die allgemeinen Mitgliederversammlungen, sondern die Frauengruppen, mit deren Aufbau im Unterbezirk Hamburg gemäß den „Richtlinien für die Agitation unter den Frauen" 1919 begonnen wurde. 1920 gab es bereits in 19 von 35 Distrikten eine Frauengruppe, bis 1930 stieg deren Zahl auf 25 an[48]. Frauengruppen arbeiteten überwiegend in den Stadt-Distrikten der Landesorganisation (vgl. Tabelle 66). Am aktivsten waren seit Beginn der zwanziger Jahre die Frauengruppen der Distrikte Barmbek, Eimsbüttel, St. Georg-Nord und -Süd, St.Pauli-Nord und -Süd, Rothenburgsort und Winterhude-Eppendorf, traditionellen SPD-Hochburgen mit einer großen Zahl weiblicher Mitglieder. Dort trafen sich die Genossinnen in der Regel bereits 1919/20 monatlich, in den übrigen Frauengruppen setzte sich dieser Rhythmus erst nach der Währungsstabilisierung durch. Versammlungsort war meist der Klubraum eines Parteilokals.[49] Der Frauenanteil in diesen mitgliederstarken Distrikten der alten Arbeiterquartiere entsprach trotz der aktiven Frauengruppen nur dem Durchschnitt der Stadt.

Deutlich höher lag er in den relativ kleinen, jüngeren Distrikten mit ausgedehnten Neubaugebieten, zu denen in Citynähe Veddel, am Stadtrand Fuhlsbüttel, Groß-Borstel und Langenhorn sowie im Landgebiet Billwerder und Farmsen-Berne gehörten. Mit Ausnahme von Veddel bildete das Zentrum dieser Distrikte eine genossenschaftlich erbaute Einzel- bzw. Doppelhaussiedlung in der überdurchschnittlich viele engagierte Sozialdemokraten – mehrheitlich gelernte Arbeiter und Angestellte – mit ihren Familien lebten. Vor allem in den dörflichen Siedlungen Berne, Langenhorn und Nettelnburg-Billwerder war das soziale Netz des sozialdemokratischen Milieus außerordentlich eng: Hier kannten sich fast alle Genoss(inn)en persönlich; politische, soziale und kulturelle Arbeit waren eng verflochten; es herrschte ein reges geselliges Leben mit Feiern und Festen. Der Anteil der SPD-Wähler und -Mitglieder war unter den Bewohnern beiderlei Geschlechts überdurchschnittlich hoch.[50] Offensichtlich begünstigten diese spezifischen Bedingungen, neben einer aktiven Frauenarbeit, entscheidend die parteipolitische Organisationsbereitschaft der Frauen.

Diesen Eindruck bestätigt der Bericht von Bertha F. über den Distrikt Billwerder, dessen Mittelpunkt die Siedlung Nettelnburg bildete, die seit Anfang der zwanziger Jahre von der ‚Gemeinnützigen Siedlungs-, Wirtschafts- und Produktivgenossenschaft für Kriegsbeschädigte, Kriegsteilnehmer und -hinterbliebene' erbaut wurde und 1930 aus etwa 300 Häusern bestand, zu denen jeweils ein großes Stück Gartenland gehörte[51]. Bertha F., die dort seit 1924 lebte, erzählt, daß die meisten männlichen Bewohner und ein erheblicher Teil ihrer Frauen der SPD angehört hätten[52]. Der Kontakt unter den Genoss(inn)en sei sehr eng gewesen, „richtig familiär". Das Zusammengehörigkeitsgefühl wäre von Anfang an durch die Verpflichtung zur gemeinsamen Arbeit für die Siedlung und das intensive Vereinsleben gestärkt worden. Neben der SPD gab es im Distrikt Billwerder Anfang der dreißiger Jahre die ‚Arbeiterwohlfahrt', die ‚Kinderfreunde', das ‚Reichsbanner', einen ‚Volkschor' und einen ‚Geselligkeitsverein'. Die engagierten Sozialdemokratinnen kamen zudem in der Frauengruppe zusammen, deren Abende von 20 bis 25 Frauen besucht wurden. Versammlungsort war zwischen 1928 und 1933, als Bertha F. Frauenleiterin des Distrikts war, ihre große Wohnküche:

> „Wir trafen uns lieber privat als in Lokalen. Ich habe dann eine Tasse Tee gekocht und irgendeine brachte Kekse mit, das war immer ganz gesellig ... (In einer Gastwirtschaft, K.H.) hätten wir was verzehren müssen und hätten auch viele Zuhörer gehabt. Und das wollten wir nicht! ... Oftmals haben wir unsere Handarbeit mitgebracht. Hedwig Günther hat uns immer auf dem Laufenden gehalten über die große Politik und über die Hamburger Politik. Die kam fast jedes Mal. Die war unsere Treue. Manchesmal haben wir auch in Büchern gelesen und dann darüber diskutiert, oder in der ‚Genossin' ..."

Der Frauenabend diente in dieser Frauengruppe neben der politischen Bildung der Genossinnen in starkem Maße der Anleitung der praktischen Frauenarbeit, die sich seit der Gründung der AWO-

Tab. 67: *Die Aktivitäten der Distrikts-Frauengruppen der Hamburger SPD. 1920–1932*

	1920	1921	1922	1923	1924	1925	1926	1927	1928	1929	1930	1931 [a]	1932
Von hundert themenbezogenen Frauenabenden hatten den Themenschwerpunkt:													
- Tagespolitik	11,4	1,2	1,6	5,6	3,7	3,3	1,1	3,9			6,4	14,9	10,8
- Parlament und Wahlen	26,3	32,1		13,3	47,2			14,2	21,1	1,8	11,2	9,9	41,4
- Wirtschafts- und Sozialpolitik allgemein	3,5	1,2	7,9	1,1		4,9	2,2			1,8	1,6	2,5	3,4
- Kommunalpolitik	1,8		3,2	4,4	3,7		1,1	2,4	1,6	1,8	2,1		
- Wohlfahrtspflege und soziale Arbeit	0,9	4,8	7,9	1,1	0,9	13,1	11,1	13,4	12,2	9,8	7,5	5,8	2,6
- Sozialistische Theorie und Geschichte	7,0	10,7	9,5	4,4	2,8	3,3	12,2	8,7	3,3	8,9	8,0	9,5	15,9
- Frauenrechte und Frauenbewegung	7,9	9,5	25,4	4,4	6,5	16,4	24,4	18,1	9,8	24,1	25,7	28,9	7,3
- Bevölkerungspolitik, Sexualität, § 218	17,5	21,4	20,6	16,7	4,6	14,8	11,1	15,7	11,4	19,6	11,2	8,3	6,0
- Ehe, Familie, Erziehung	14,9	13,1	11,1	5,6	15,7	8,2	13,3	4,7	8,9	14,3	13,9	6,2	3,0
- Hausarbeit	3,5	3,6	3,2	2,2	0,9	8,2	1,1	4,7	9,8	4,5	5,9	6,2	3,4
- Frauenerwerbsarbeit	2,6	1,2		1,1		3,3	4,4	3,1	8,1	6,3	3,2	4,1	2,2
- Unbekanntes Thema	2,6	1,2	9,5	40,0	13,9	24,6	17,8	11,0	13,8	7,1	3,2	3,7	3,9
Insgesamt [b]	114	84	63	90	108	61	90	127	123	112	187	242	232
Von hundert sonstigen Aktivitäten waren:													
- Kulturelle Abende				3,0	2,9	4,4	2,1	3,3	1,3	1,1	0,5	2,1	1,1
- „Bunte Abende“	42,9	57,1	15,4	4,0	10,1	7,8	10,2	13,1	5,9	5,6	10,1	6,0	7,0
- Frauenfeierstunden							10,7	2,3	9,1	4,2	5,8	3,0	0,2
- Literarische Abende	50,0	7,1	26,9	3,0		5,6	1,1	3,3	1,3	0,3	1,1	0,3	0,4
- Handarbeitsabende			50,0	75,8	74,6	56,7	58,8	55,1	46,9	60,3	58,1	58,6	72,4
- Ausflüge	7,1	35,7	7,7	8,1	10,1	21,1	12,3	14,0	16,9	16,9	11,8	14,8	7,9
- Besichtigungen				1,0	0,7	1,1	3,2	7,0	5,9	10,3	10,1	9,7	1,5
- Lichtbildvorträge				5,1	1,4	3,3	1,6	1,9	2,8	0,5	2,2	0,3	1,5
- Fahnenweihen									10,0	0,8	0,3	5,1	8,1
Insgesamt	14	14	26	99	138	90	187	214	320	378	365	331	471
Aktivitäten insgesamt	128	98	89	189	246	151	277	341	443	490	552	573	703
V.h. Aktivitäten der Frauengruppen waren themenbezogene Frauenabende	89,1	85,7	70,8	47,6	43,9	40,4	32,5	37,2	27,8	22,9	33,9	42,2	33,0

a) Ab Februar 1931 Veranstaltungen von Distriktsfrauengruppen und ‚Hauswirtschaftlicher Vereinigung‘ zusammen, die den größten Teil der ‚Sonstigen Aktivitäten‘ durchführte, insbesondere Ausflüge, Besichtigungen und Handarbeitsabende.

b) Zusätzlich führten alle Frauengruppen einmal jährlich eine Jahreshauptversammlung durch, auf der der Distriktsfrauenausschuß gewählt wurde.

Quelle: Unvollständige Zusammenstellung nach den Veranstaltungsankündigungen in der Rubrik „Merkblatt für unsere Frauen“ des ‚Hamburger Echo‘ 1920 bis 1932.

Nettelnburg-Billwerder im März 1931 auf die soziale Arbeit konzentrierte. Mittels der AWO-Arbeit gelang die Aktivierung von 40 der 127 weiblichen Mitglieder des Distrikts[53].

Allgemein war zentrale Funktion der Frauenabende die Aufklärung und Schulung der weiblichen Parteimitglieder. Näher erläuterte die verfolgten Ziele Hedwig Günther in einem Artikel zur Frauenbildungsarbeit, der 1929 in der ‚Frauen-Beilage des Hamburger Echo' erschien:

> „An unseren allmonatlich veranstalteten Frauenabenden, die wohl zahlenmäßig die meisten Frauen erfassen, versuchen wir, den Frauen die aktuellsten politischen Fragen verständlich zu machen und ihnen zu zeigen, warum so und nicht anders die Stellung der Sozialdemokraten zu den einzelnen Fragen sein muß. Weiter zeigen wir den Frauen, welche ganz besondere Aufgabe sie haben als Mütter, als Erzieherinnen, nämlich die, ganz bewußt schon in das junge Menschenkind das Samenkorn Sozialismus zu pflanzen, um immer neue Kämpfer für die Befreiung der Menschheit heranreifen zu lassen."[54]

In Hamburg, wie in anderen großstädtischen Parteiorganisationen, war die vorherrschende Form des Frauenabends ein Vortrag mit anschließender Aussprache[55]. Da sich alle leitenden Funktionärinnen zur Verfügung stellten, war die Zahl der Referentinnen in der Landesorganisation relativ groß[56]. In kleineren Städten, vor allem aber auf dem Lande, bereitete es sehr viel mehr Schwierigkeiten, regelmäßig eine Referentin zu finden, weshalb der Frauenabend hier meist als Leseabend durchgeführt wurde[57].

Das Themenspektrum der Frauenabende war in der Hamburger SPD-Frauenorganisation außerordentlich breit[58] (vgl. Tabelle 67). In den Wahljahren beanspruchte die Behandlung des Themenkreises ‚Parlament und Wahlen', d.h. vorrangig die inhaltliche und organisatorische Vorbereitung des Wahlkampfes, in der Regel die meiste Zeit. Einen großen Stellenwert hatte auch die Beschäftigung mit dem Themenkomplex ‚Frauenrechte und Frauenbewegung', d.h. die Erörterung aktueller Fragen der sozialdemokratischen Frauenorganisation. Daneben wurden folgende Themenbereiche besonders häufig behandelt:

- „Bevölkerungspolitik, Sexualität und § 218", d.h. vor allem die Aufklärung über Sexualität und Geburtenkontrolle, die Diskussion der politischen, rechtlichen und sozialen Probleme des Abtreibungsverbotes sowie der Kampf gegen die Geschlechtskrankheiten,
- „Ehe, Familie und Erziehung", d.h. insbesondere die Beschäftigung mit der Erziehung in Elternhaus und Schule, sehr viel seltener auch mit der sozialistischen Gemeinschaftserziehung in den ‚Kinderfreunden' und der SAJ,
- „Wohlfahrtspflege und soziale Arbeit", d.h. primär die Erörterung aktueller Probleme der AWO-Arbeit.

Wirtschafts-, sozial- und kommunalpolitische Themen sowie tagespolitische Fragen spielten auf den Frauenabenden nur eine untergeordnete Rolle. Dies änderte sich in Hamburg, wie im gesamten Reich, erst in den letzten Jahren der Weimarer Republik. Angesichts der heftigen politischen Auseinandersetzungen interessierten sich auch die Frauen in stärkerem Maße für diese Themen, insbesondere für die „brennenden Fragen" der Wirtschafts- und Innenpolitik[59]. Einen relativ großen Stellenwert hatte auf den Frauenabenden der Hamburger Frauenorganisation der Themenschwerpunkt „Sozialistische Theorie und Geschichte", d.h. vorrangig die Auseinandersetzung mit Grundfragen der sozialistischen Theorie und der Frauenemanzipationsstrategie sowie der Geschichte der sozialdemokratischen Arbeiter- und Frauenbewegung. Häufig wurde bei diesem Themenkomplex die Form des Leseabends gewählt.[60] Die theoretische Schulung der Genossinnen wurde seit Ende 1930 mit dem Ziel intensiviert, sie „systematisch für die dringend notwendige Diskussion mit den Gegnern" auszubilden[61]. Die Frauengruppen der Distrikte Barmbek-Nord und -Süd, Eilbek, Eppendorf-Winterhude, Fuhlsbüttel und Rothenburgsort boten neben den Frauenabenden Arbeitsgemeinschaften zu Grundfragen der sozialistischen Theorie an, die überwiegend von Funktionärinnen der jüngeren Generation geleitet wurden, darunter Edith Hommes-Knack, Erna tum Suden und Erna Wagner.[62]

Durch die Frauenabende erfaßte die Hamburger SPD zwar mehr Genossinnen als durch die allgemeinen Mitgliederversammlungen, doch insgesamt blieb deren Einbeziehung in die Parteiarbeit relativ gering. Um die sogenannten „indifferenten" Genossinnen zu integrieren und zu aktivieren, führten die Distrikte Barmbek, Eimsbüttel, St.Georg-Nord und -Süd, Uhlenhorst sowie Winterhude-Eppendorf Ende 1922 Handarbeitsabende bzw. -nachmittage ein. Die Mehrzahl der übrigen Stadt-Distrikte folgte in den nächsten Jahren.[63] Hamburg war der erste Unterbezirk, der diese neue Form der Frauenarbeit versuchte, die sich nach der Währungsstabilisierung reichsweit in der SPD-Frauenorganisation durchsetzte[64]. Der Jahresbericht 1924/25 der Landesorganisation konstatierte:

> „In fast allen Distrikten haben sich die Handarbeitsabende gut bewährt und wurden durch die Zusammenkünfte viele Frauen gewonnen zu Parteigenossinnen. Unkosten entstehen der Partei durch diese Veranstaltungen nicht. Die jeweiligen Unkosten tragen die Besucher dieser Abende selbst. Durchschnittlich kommen die Frauen alle 14 Tage entweder in einem Schulraum, in einem geeigneten Bezirkslokal, ja in einigen Distrikten auch bei den Genossinnen zusammen. In den Wintermonaten werden an den Abenden, während Handarbeiten gemacht werden, Referate gehalten, auch wird dort musiziert, rezitiert usw. Im Sommer dagegen werden gemeinsame Spaziergänge gemacht, Besichtigungen von Heimen, Anstalten usw. unternommen. Zu Weihnachten 1924 haben wohl fast alle Distrikte eine Weihnachtsfeier für die Kinder der Parteigenossen veranstaltet und besonders die bedürftigsten bedacht. Schon eine geraume Zeit vor Weihnachten wurde gesammelt: Geld und Zeug. Dann wurde an den Handarbeitsabenden fleißig genäht, gestrickt, und so wurden viele Kinder beschenkt. Ganz besonders haben gerade die Frauen der Handarbeitsabende durch ihre Handarbeiten auch die Tombola zu dem Wohlfahrtsfest des Hamburger Ausschusses für soziale Fürsorge am 18.April 1925 bedacht und somit zu einem guten Überschuß beigetragen. Das sei ihnen ganz besonders gedankt."[65]

Zum Handarbeitsabend kamen die weiblichen Mitglieder, weil sie dort die Befriedigung ihres Bedürfnisses nach Geselligkeit, Entspannung und Unterhaltung sowie kultureller und politischer Bildung mit notwendigen häuslichen Handarbeiten bzw. konkreter sozialer Arbeit verbinden konnten.

Die Handarbeitsabende waren und blieben in der Hamburger SPD umstritten. Viele Funktionäre, aber auch ein Teil der Funktionärinnen, lehnte diese Form der Frauenarbeit als „unpolitisch" ab.[66] Von den Distriktsfrauengruppen Billwerder, Eilbek und Hohenfelde wurden deshalb keine Handarbeitsabende durchgeführt. Ihnen schlossen sich Ende der zwanziger Jahre auch die Frauengruppen der Distrikte Farmsen-Berne, Fuhlsbüttel und Volksdorf an. Nur in 15 von 38 Hamburger Distrikten fanden 1930 noch Handarbeitsabende statt, überwiegend waren es die Stadt-Distrikte in den proletarischen Altbauquartieren.[67] Vor allem jüngere Funktionärinnen standen den Handarbeitsabenden skeptisch gegenüber. Sie akzeptierten diese Form der Frauenarbeit lediglich als „Mittel zum Zweck". Paula Karpinski, die von 1928 bis 1933 Frauenleiterin im Distrikt Barmbek-Nord war, berichtet:

> „Wir hielten es für notwendig, eine andere Form zu finden, um die Frauen zu interessieren, als die rein politische Veranstaltung. So ergaben sich die Handarbeitsnachmittage. Auch wenn wir das als zusätzliche Belastung innerhalb der politischen Arbeit empfanden, sahen wir es doch als Notwendigkeit an, die Frauen zu erfassen, sie zunächst einmal auf diesem Wege zu organisieren ... Wir aus der Jugendbewegung Kommenden (haben) immer dafür gesorgt, daß es nicht reine Kaffee- oder Handarbeitsnachmittage wurden, sondern daß ein politisches oder sonst die Frauen interessierendes Thema mit zur Debatte stand. Und dann wurde darüber auch diskutiert ... Über diese Arbeit sind manche Frauen zur rein politischen Tätigkeit gekommen ...
>
> Die Frauenarbeit war furchtbar schwer. Man muß sich einmal überlegen, wie wenig Voraussetzungen manche Frauen mitbrachten. Und sie nun mit einfachen politischen Dingen zu konfrontieren, das war gar nicht leicht, weil sie zum Teil nicht mitdenken konnten, weil sie viel zu weit weg waren von dem Gedankengut, das die sozialistische Idee ausmachte ... Das sollte nun plötzlich die Frauenarbeit versuchen aufzuholen ..."[68]

Das Leben der Frauengruppe Barmbek-Nord war typisch für die Distrikte, deren Frauenarbeit von einer jüngeren Funktionärin angeleitet wurden. Exemplarisch soll es für das Jahr 1930 geschildert werden[69]: Neben dem monatlichen Frauenabend auf dem überwiegend historische, theoretische und politische Themen auf der Tagesordnung standen, wie beispielsweise: „Frauen der Revolution“, „Aus Bebels Leben und Wirken“, „Der § 218“, fand in der Regel einmal im Monat ein Handarbeitsabend statt. Auf ihm wurden die verschiedensten Fragen behandelt, u.a.: „Die Arbeitslosenversicherung“, „Elternhaus und Schule“, „Die Alkoholfrage“, „Der heutige Strafvollzug“, „Der Jugendliche und seine Eltern“, „Die Hauspflegeorganisation der AWO“. Ab und zu wurde auch eine „heitere Vorlesung“ durchgeführt. Im Dezember fand die obligatorische Weihnachtsfeier statt. Alle zwei Monate stand zudem eine Besichtigung auf dem Programm, die die Genossinnen u.a. in die Großbäckerei der ‚Produktion‘, den Montessori-Kindergarten in Altona, das Frauengefängnis, die Kinderferienkolonie Köhlbrand der AWO sowie das staatliche Altenheim in Groß Borstel führte. Insbesondere in den Sommermonaten traf sich ein Teil der Genossinnen auf Bezirksebene auch ‚privat‘, vorrangig zu Ausflügen mit ihren Kindern.

Mit Handarbeitsabenden, Ausflügen und Besichtigungen, „Bunten“ und „Kulturellen Abenden“ auf Bezirks- und Distriktsebene kam die SPD-Frauenorganisation allerorts im Reich seit Mitte der zwanziger Jahre dem Bedürfnis der Arbeiterfrauen nach Abwechslung und Entspannung, Kultur und Geselligkeit entgegen. Diese Aktivitäten nahmen in der Frauenarbeit der Hamburger SPD einen immer größeren Stellenwert ein (vgl. Tabelle 67). Die jüngere Funktionärinnen-Generation, die Ende der zwanziger Jahre die Führung in der Hamburger Frauenorganisation übernahm, schränkte diese Aktivitäten nicht ein, da sie wußte, welch große Bedeutung sie für die Integration der weiblichen Mitglieder in die Partei sowie den persönlichen Zusammenhalt der Frauengruppen hatten. Sie versuchte sie lediglich stärker für Bildung und Schulung zu nutzen. Durch die gezielte Arbeitsteilung mit der ‚Hauswirtschaftlichen Vereinigung‘, die seit Februar 1931 den größten Teil der geselligen und unterhaltenden Aktivitäten durchführte, wollte sie eine Politisierung der eigentlichen SPD-Frauenarbeit erreichen. Auf den Frauenabenden sollte die historische, theoretische und politische Schulung der Genossinnen mehr Bedeutung gewinnen.[70]

Die Ausgestaltung der Frauenarbeit im Distrikt hing in starkem Maße von der Zusammensetzung des Frauenausschusses und der Persönlichkeit der Frauenleiterin ab. Die Qualifikation der Funktionärinnen in den Distrikten und Bezirken trug entscheidend zum Erfolg der Frauenarbeit bei. Deshalb bemühte sich der Frauenaktionsausschuß der Hamburger SPD von Anfang an systematisch um deren Anleitung und Schulung. Der Anleitung dienten zum einen die zunächst vierteljährlich, seit 1924 monatlich einberufenen Treffen der Frauendistriktsausschüsse, zum anderen unregelmäßig stattfindende Versammlungen der Bezirks- und Betriebsvertrauensfrauen[71]. Die Schulungsarbeit organisierte der Frauenaktionsausschuß in Zusammenarbeit mit dem Bildungsausschuß, dem seit Oktober 1919 die Leitung des Bildungswesens der Partei oblag, sowie dem Bildungssekretär, der seit Januar 1920 arbeitete. Der Aufgabenkreis des sozialdemokratischen Bildungswesens, das die Partei nach Kriegsende allerorts hatte neu aufbauen müssen, war in der Weimarer Republik kleiner als im Kaiserreich: Das neu entstehende Volkshochschulwesen ermöglichte den Verzicht auf die Durchführung allgemeinbildender Kurse, weshalb sich das Schulungsangebot auf Themen konzentrieren konnte, die für die Parteiarbeit von Relevanz waren.[72] Hauptziel der Schulungsarbeit wurde im SPD-Unterbezirk Hamburg die „Ausbildung von Agitationskräften und Parteifunktionären“[73]; erreicht werden sollte „eine möglichst hohe Durchschnittsbildung des ganzen Funktionärskörpers der Partei“[74].

Teil des neuen Parteibildungswesens war in der Hamburger Landesorganisation die „Sozialistische Frauenschule“, deren Hauptaufgabe die Ausbildung von Genossinnen war, die in Partei und Parlament Funktionen übernehmen konnten[75]. Im Winterhalbjahr 1919/20 bot die „Sozialistische Frauenschule“ neben einem „Referentinnen-Kursus“ folgende wöchentlich stattfindenden Abendkurse an: „Soziale und politische Geschichte der letzten Jahrzehnte“, „Erziehungsfragen“, „Geschichte der Frauenbewegung“, „Soziale Fürsorge und Wohlfahrtspflege“. Zu Beginn lag deren

Teilnehmerinnenzahl bei 145, im Laufe des Winters ging sie auf 72 zurück. Daneben bot der Bildungsausschuß 21 allgemeine Kurse an, die jedoch überwiegend von Männern besucht wurden. Auch hier sank die Teilnehmerzahl erheblich, von 590 auf 290. Im Sommerhalbjahr 1920 wurden erneut fünf Frauenkurse angeboten, deren Teilnehmerinnenzahl fiel von 98 auf 74.[76] Hauptursache für diese geringe Resonanz waren nach Ansicht des Frauenaktionsausschusses die „ungeheuren" Belastungen durch den Reichstagswahlkampf, der die Arbeitskraft der engagierten Genossinnen voll in Anspruch nahm[77]. Diese Einschätzung bestätigte sich im Winterhalbjahr 1920/21; zu den angebotenen fünf Frauenkursen kamen 152 Genossinnen, die größtenteils auch blieben[78]. Infolge der inflationären Entwicklung mußte die Landesorganisation seit Sommer 1921 das Kursangebot immer mehr einschränken; die vorerst letzten zwei Kurse, darunter auch ein Frauenkurs, fanden im Winter 1922/23 statt[79].

Nach der Währungsstabilisierung begann die Hamburger SPD mit der Reorganisation des Bildungswesens. Im Winter 1924/25 bot der Bildungsausschuß erstmals wieder Schulungskurse an. Die Resonanz war relativ groß, die Teilnehmer(innen)zahl der Kurse stieg in den folgenden Jahren stetig, die Abbruchquote ging zurück. Gefördert wurde diese Entwicklung durch die gewandelte Arbeitsweise: Mehr und mehr trat an die Stelle des Vortrags mit anschließender Aussprache die Arbeitsgemeinschaft. Einen Überblick über das Kursangebot und die Entwicklung der Teilnehmer(innen)zahl in den Jahren 1924 bis 1928 vermittelt folgende Übersicht:[80]

Jahr a)	Kurse insg.	Teilnehmer insgesamt am		Frauen-anteil in % b)	V.h. Frauen waren Hausfrauen	Frauen-kurse	Teilnehmerinnen am	
		Beginn	Ende				Beginn	Ende
1924/25	23	506	399	24,6	35,7	1	9	7
1925/26	24	726	504	37,7	38,4	1	20	20
1926/27	24	857	602	44,5	22,4	1	20	15
1927/28	21	737	562	34,3	35,2	1	13	11

a) Genaue Angaben für die Jahre 1929 bis 1933 liegen nicht vor.
b) Am Ende des Kurses.

Bei der Reorganisation des Bildungswesens ließ die Parteiführung die „Sozialistische Frauenschule" nicht wieder aufleben. Nur noch ein Kurs wurde regelmäßig zu einem speziellen Frauenthema angeboten. Erklärtes Ziel war die Integration der Frauen in die allgemeine Schulungsarbeit der Partei. Dies gelang: Der Anteil der Genossinnen unter den Besucher(inne)n der Abendkurse übertraf seit 1925/26 erheblich den Anteil der Frauen an den Parteimitgliedern. Insgesamt blieb der Kreis der Genossinnen und Genossen, die Bildungskurse besuchten, allerdings sehr gering: Selbst 1926/27, dem Jahr mit der höchsten Teilnehmer(innen)zahl, nahmen nur 2 % der männlichen und 3 % der weiblichen Parteimitglieder an Abendkursen teil. Mehr als zwei Drittel waren junge Genoss(inn)en im Alter bis zu 30 Jahren. Den größten Teil der Besucherinnen stellten ledige Frauen, von denen, gemessen an der sozialen Zusammensetzung der weiblichen Mitgliedschaft, überdurchschnittlich viele in relativ qualifizierten Frauenberufen tätig waren, die meisten als kaufmännische Angestellte. Ehefrauen und Mütter fanden hingegen nur selten die Zeit, einen Schulungskurs zu besuchen.

Das Arbeiterbildungswesen erlebte nach der Währungsstabilisierung allgemein eine Blütezeit. Entscheidend gefördert wurde diese Entwicklung allerorts durch zunehmende Koordination und Zentralisierung[81]. Im Raum Groß-Hamburg lag die Leitung des sozialdemokratischen Bildungswesens seit Juni 1928 in den Händen einer „Zentralkommission", der neben den SPD-Vorständen von Hamburg, Altona, Wandsbek und Wilhelmsburg auch die Vorstände der Ortsausschüsse von

ADGB und AfA-Bund angehörten. Eine Hauptaufgabe des neuen Gremiums war gemäß den Richtlinien die Organisierung des Unterrichtswesens, das sich auf geschichtliche, gesellschaftswissenschaftliche, politische und volkswirtschaftliche Kurse beschränken sollte.[82] Die Zentralkommission bemühte sich um eine engere Zusammenarbeit mit der Hamburger Volkshochschule, die seit ihrer Einrichtung im März 1919 von einem Sozialdemokraten geleitet wurde[83]. Seit 1930 bot die Zentralkommission neben eigenen Veranstaltungen auch Vorträge, Arbeitsgemeinschaften und Kurse im Rahmen der Volkshochschule an, vorrangig zu wirtschafts- und sozialpolitischen Themen.[84] Dieses Angebot trug zu einer erheblichen Steigerung der Besucher(innen)zahl der Volkshochschule bei und veränderte die soziale Zusammensetzung ihrer Besucherschaft: Der Arbeiteranteil stieg insbesondere bei den Männern deutlich an.[85]

Im Rahmen der Kooperation zwischen Zentralkommission und Volkshochschule wurde auch das Bildungsangebot für Frauen ausgebaut. Seit Sommer 1930 organisierte die Volkshochschule regelmäßig „Frauenkurse", deren Ziel es war, die „Frau in die gesellschaftlichen Aufgaben" der Zeit einzuführen. Neben Kursen zu kulturellen, sozioökonomischen und politischen Themen wurden Arbeitsgemeinschaften über „wirtschaftliche Haushaltsführung, zeitgemäße Ernährung, geschmackvolle Frauenkleidung und praktische Wohnkultur" angeboten.[86] Die Frauenkurse wurden außerordentlich positiv aufgenommen. Das Angebot mußte wegen der großen Nachfrage nach dem ersten Semester von 10 auf 16 Arbeitsgemeinschaften erhöht werden. Der Frauenanteil unter den Volkshochschüler(inne)n stieg deutlich an: Im Wintersemester 1929/30 stellten sie 46 % der 5.052 Teilnehmer, ein Jahr später bereits 51 % der 7.466 Teilnehmer. Die soziale Zusammensetzung der Frauenkurse der Volkshochschule war ähnlich wie die der Partei: Im Wintersemester 1930/31 waren von den 3.806 Besucherinnen 46 % Angestellte, 30 % Hausfrauen, 14 % Lehrerinnen oder frei Berufstätige und 11 % Arbeiterinnen, die meisten im Alter zwischen 20 und 35 Jahren.[87]

Einen bedeutenden Teil der Besucherinnen der Volkshochschulkurse stellten junge ledige Frauen aus dem sozialdemokratischen Milieu, darunter viele SAJlerinnen und Jungsozialistinnen. Sie gehörten allerorts zu den eifrigsten Besucher(inne)n der Bildungskurse von SPD, freien Gewerkschaften und Volkshochschule. Eine von ihnen war Irma Keilhack, sie erzählt:

> „Wir waren wirklich ganz ungeheuer lernwillig ... Der intelligentere Teil der Arbeiterschaft hat das, was er mangels Zeit in der Schule nicht lernen konnte – acht Jahre sind eben keine 13 Jahre –, neben seinem Beruf nachgeholt. Wir waren so aufnahmefähig, weil wir das freiwillig gemacht haben, wir waren motiviert. Für das Besuchen von Partei- und Gewerkschaftsschulen hat man früher kein Geld gekriegt. Im Gegenteil, dafür hat man geblecht, auf Lohn verzichtet, und selbst seinen Obolus, meist einen ziemlich erheblichen, dazu beigetragen ... Das haben wir einfach getan, weil wir das Bedürfnis hatten, Lücken aufzufüllen. Nebenbei haben wir immer furchtbar viel gelesen ...
>
> Wir hatten in den zwanziger Jahren in Hamburg ein sehr starkes Bildungswesen ... Im Rahmen der Kurse des SPD-Bildungsausschusses haben wir uns damals intensiv mit den Problemen des freiheitlichen Sozialismus und des Marxismus befaßt ... Die Zeit erforderte, daß man sich mit Zeitfragen auseinandersetzte, dazu brauchte man eine theoretische Schulung. Die war einfach unverzichtbar, wenn man nicht in den politischen Auseinandersetzungen zu Bache gehen wollte, in diesen wirklich scharfen Auseinandersetzungen ..."

Um einen größeren Kreis von Funktionärinnen, auch ältere, verheiratete Genossinnen, in die Schulungsarbeit einzubeziehen, führte der Hamburger Parteibildungsausschuß in Zusammenarbeit mit dem Frauenaktionsausschuß seit 1928 jährlich einen dreitägigen Lehrgang für Frauen durch, an dem die Mitglieder des Frauenaktionsausschusses und der Distriktsfrauenausschüsse sowie sämtliche Bezirksvertrauensfrauen teilnehmen sollten. „Zweck dieser Veranstaltung sollte (es) sein, diesem größeren Kreis ... grundlegendes Wissen als Voraussetzung für ersprießliche Funktionärinnentätigkeit zu vermitteln"[88]. Die Lehrgänge fanden an drei aufeinanderfolgenden Abenden von 18 bis 22 Uhr statt. Als Referentinnen wurden bekannte Funktionärinnen aus dem gesamten Reichsgebiet eingeladen. Themen der ersten drei Lehrgänge waren:

- „Die Frau und der Sozialismus" (1928, Leitung Anna Siemsen),
- „Die Stellung der Frau in der Familie im Wandel des Rechts" (1929, Leitung *Toni Pfülf*),
- „Die Frau in der Sozialgesetzgebung, im Beruf und als Konsumentin" (1930, Leitung Louise Schroeder, Else Niewiera und Judith Grünfeld).[89]

Die Resonanz auf diese Kurse war groß, regelmäßig kamen 320 Frauen[90].

Eine besonders intensive Schulung der Funktionärinnen und Funktionäre ermöglichten die dreiwöchigen „Internatskurse", die die 1926 gegründete „Parteischule" des Bezirks Hamburg-Nordwest ein- bis zweimal im Jahr durchführte. Hauptzielgruppe dieser Lehrgänge, deren Themenspektrum von der Finanzpolitik über die Wirtschafts- und Sozialpolitik bis zur Bildungspolitik reichte, waren engagierte junge Genoss(inn)en zwischen 20 und 35 Jahren. Für die Teilnahme, die kostenlos war, mußten sie von ihrer Ortsgruppe bzw. ihrem Distrikt vorgeschlagen werden. Über die endgültige Auswahl entschieden der Bezirks- und Unterbezirksvorstand. Unter den 20 Teilnehmer(inne)n des ersten „Heimschullehrganges" im November 1926 fanden sich zwei Genossinnen. Auch in den folgenden Kursen war der Frauenanteil nicht viel höher.[91] Um mehr Frauen einzubeziehen, veranstaltete die Bezirksparteischule im März 1928 erstmals einen einwöchigen Heimschullehrgang speziell für Genossinnen, an dem 20 Hausfrauen und zwei erwerbstätige Frauen teilnahmen. Im Mittelpunkt des Lehrgangs stand die inhaltliche und organisatorische Vorbereitung des kommenden Reichstagswahlkampfes.[92] Aufgrund des erfolgreichen Verlaufs führte der Unterbezirk Hamburg Ende Oktober 1928 einen eigenen achttägigen Frauenkurs unter der Leitung von Marie Juchacz zum Thema „Das Heidelberger Programm und seine Entwicklung unter Berücksichtigung der Geschichte der Sozialdemokratie" durch, an dem 20 überwiegend jüngere Funktionärinnen aus den Distriktsfrauenausschüssen teilnahmen. Der Hamburger Parteibildungsausschuß organisierte seitdem jährlich einen mehrtägigen Internatskurs für Frauen.[93]

Ergänzt wurde dieses Angebot der Bezirksparteischule durch die einwöchigen „Spitzenkurse für Frauen", die der ‚Reichsausschuß für sozialistische Bildungsarbeit' auf Anregung des Frauenbüros seit 1926 jährlich durchführte. Seit Februar 1930 organisierte das Frauenbüro zudem ein- bis zweimal im Jahr einen zehntägigen „Reichsschulungskursus für jüngere Funktionärinnen" zum Thema „Theoretische und praktische Grundlagen der Partei". An diesen Reichsfrauenkursen nahmen in der Regel auch zwei bis drei Genossinnen aus dem Bezirksverband Hamburg-Nordwest teil.[94] Daneben bestand für einzelne besonders engagierte junge Sozialdemokratinnen die Möglichkeit, an einem fünfmonatigen Frauenkurs der Heimvolkshochschule Tinz in Thüringen teilzunehmen[95]. Einzige Hamburgerinnen, die zwischen 1920 und 1930 Tinz besuchten, waren Thea Asmus, Irma Keilhack und *Ida Feist*.

Die Bedeutung der „Internatskurse" für die politische Schulung der Funktionärinnen beschrieb Hedwig Günther 1929 in dem bereits zitierten Artikel zur Frauenbildungsarbeit in der ‚Frauen-Beilage des Hamburger Echo':

> „Von ganz besonderem Wert für die Frauenbildungsarbeit sind die Internatskurse. Losgelöst von allen häuslichen oder Berufspflichten vermag eine solche acht- bis zehntägige Beschäftigung mit geistiger Arbeit, die in einem solchen Kursus geleistet wird, den Frauen mehr zu geben, als oft die Bildungsarbeit eines ganzen Jahres, die man neben seinen Verpflichtungen auf sich nimmt. Die planmäßige Arbeit, die in einem solchen Kursus geleistet wird, gibt vielen Frauen erst das Verständnis, wie man auch allein an seiner Weiterbildung arbeiten kann und überhaupt erst den Anreiz zum Lesen wissenschaftlicher Artikel und Werke ... Der Erfolg eines solchen Kurses zeigt sich auch darin, daß diese Frauen sich zu aktiver Mitarbeit innerlich stärker verpflichtet fühlen."[96]

Die systematische Schulung der Funktionärinnen, die seit Mitte der zwanziger Jahre vom Frauenaktionsausschuß der Hamburger SPD in Zusammenarbeit mit dem Parteibildungsausschuß mehr und mehr ausgebaut wurde, trug entscheidend zur Aktivierung und Schulung der jungen Funktionärinnen-Generation bei, die seit Ende der zwanziger Jahre nicht nur auf Landesebene, sondern auch in den Distrikten die Führung der Frauenorganisation übernahm. Diese junge

Generation setzte sich in stärkerem Maße für eine gezielte sozialistische Bildung aller weiblichen Parteimitglieder ein. Die Frauenschulungsarbeit des SPD-Unterbezirks Hamburg galt, wie das gesamte Bildungswesen der Landesorganisation, in der Weimarer SPD als vorbildlich. Sie trug entscheidend zum Erfolg der Frauenarbeit bei.

* * *

Ziel der innerparteilichen Frauenarbeit war für die Führung der SPD-Frauenorganisation die praktische Verwirklichung des theoretisch postulierten Gleichberechtigungs-Grundsatzes. Die leitenden Funktionärinnen betrachteten ebenso wie die Mehrzahl der führenden Funktionäre die Frauenarbeit letztlich als vorübergehende Notwendigkeit, die eingestellt werden konnte und sollte, sobald die gleichberechtigte Einbeziehung der Frauen in die Partei praktisch erreicht war, d.h. der Aktivitäts- und Bildungsgrad der weiblichen Parteimitglieder dem der männlichen entsprach. Damit wiesen sie der Frauenarbeit vorrangig die Aufgabe zu, weibliche ‚Defizite' auszugleichen. Hier zeigte sich die reale Bewertung der Geschlechter, die hinter dem Postulat von der „Gleichwertigkeit, aber Andersartigkeit" stand: Die „andersartigen" Qualitäten, die die Frauen in die politische Arbeit der Gesamtpartei hätten einbringen können, vor allem eine stärkere Verbindung von ‚Privatem' und ‚Politischem' und damit eine größere Berücksichtigung der Probleme des Reproduktionsbereichs in der Politik der Gesamtpartei, wurden nicht als gleichwertig geachtet.

Schwerpunkte der innerparteilichen Frauenarbeit waren in der Hamburger SPD die systematische Erfassung der weiblichen Mitglieder in den Frauengruppen, ihre politische Aufklärung und Schulung sowie ihre Aktivierung für die Parteiarbeit. Im Mittelpunkt der Aktivitäten stand der Frauenabend, dessen Hauptaufgabe neben der politischen Bildung die Organisation der praktischen Frauenarbeit und der Frauenagitation war. Nach der Währungsstabilisierung gewannen Kultur, Geselligkeit und Unterhaltung auch in der innerparteilichen Frauenarbeit zunehmend an Bedeutung, mit deren Hilfe vor allem die sogenannten „indifferenten" Genossinnen in die Frauenorganisation integriert werden sollten. Hauptmittel hierzu waren die Handarbeitsabende, die die Landesorganisation als erste im Reich einführte. Das Veranstaltungs- und Themenangebot der Frauenarbeit war vorrangig auf die Bedürfnisse und Interessen von Hausfrauen und Müttern im Alter zwischen 30 und 50 Jahren ausgerichtet, die den größten Teil der weiblichen Parteimitglieder stellten. Insgesamt galt die innerparteiliche Frauenarbeit der Hamburger Frauenorganisation als vorbildlich; ein vergleichbares Niveau wurde nur in wenigen anderen Großstädten erreicht[97].

4.3.2 *Haupttätigkeitsbereich vieler Sozialdemokratinnen: Die ‚Arbeiterwohlfahrt'*

Auf Antrag von Marie Juchacz beschloß der MSPD-Parteiausschuß am 13. Dezember 1919, „innerhalb der Parteiorganisation eine sozialdemokratische Wohlfahrtspflege zu konstituieren". Als „Zentralinstanz" wurde der ‚Hauptausschuß für Arbeiterwohlfahrt' geschaffen, dem auf der Ebene der Bezirksverbände und Ortsvereine lokale „Wohlfahrtsausschüsse" folgen sollten.[98] Der Parteiausschuß übertrug Marie Juchacz den Vorsitz der neuen Wohlfahrtsorganisation, zu ihrer Stellvertreterin wurde Elfriede Ryneck ernannt; beide übten ihr Amt bis 1933 aus. Am 30. Dezember 1919 rief der Parteivorstand in einem Rundschreiben Bezirksverbände und Ortsvereine offiziell zur Bildung von Bezirks- und Ortsausschüssen des ‚Hauptausschusses für Arbeiterwohlfahrt' auf.[99] Der ‚Hamburger Ausschuß für soziale Fürsorge e.V., Ortsgruppe des Hauptausschusses für Arbeiterwohlfahrt in Berlin' konstituierte sich im Februar 1920 und gehörte bis 1933 zu den größten, aktivsten und einflußreichsten AWO-Ortsverbänden[100].

Die Gründung einer sozialdemokratischen Wohlfahrtsorganisation war Teil des Wandels der SPD zu einer staatstragenden Reformpartei. Ein zentraler Bereich sozialdemokratischer Reformbestrebungen waren seit der Novemberrevolution Sozialpolitik und Wohlfahrtspflege, verstanden als planmäßige, zum Wohle der Allgemeinheit ausgeübte „Fürsorge für gefährdete und notleidende Mitmenschen", die sich auf das „gesundheitliche, sittliche und wirtschaftliche Wohl erstrecken und sowohl Vorbeugung als auch Abhilfe" bezwecken konnte[101]. Die MSPD trug nach Kriegsende als Regierungspartei in Reich, Ländern und Gemeinden entscheidend zur Entstehung des „Wohlfahrtsstaates" Weimarer Republik bei. Von Februar 1919 bis Juni 1920 und von Juni 1928 bis März 1930 leitete die Partei das Reichsarbeitsministerium, dem die Zuständigkeit für Sozialpolitik und Wohlfahrtspflege oblag. Politisches Hauptziel, das die MSPD-Parteiführung mit der Gründung der AWO verfolgte, war die effiziente Einflußnahme auf die Entwicklung von staatlicher Sozialpolitik und öffentlicher Wohlfahrtspflege. Hierzu schien ihr eine eigene sozialdemokratische Wohlfahrtsorganisation notwendig zu sein, die den bürgerlichen und konfessionellen Spitzenorganisationen der freien Wohlfahrtspflege gleichgestellt war und staatlicherseits anerkannt wurde. Daneben betrieb die MSPD-Führung aus einer ganzen Reihe weiterer Motive die Gründung der ‚Arbeiterwohlfahrt':

1. schien ihr angesichts der Massennot nach Kriegsende schnelle und unbürokratische soziale Hilfe notwendig zu sein, die vom Staat allein nicht geleistet werden konnte. Anknüpfend an die Tradition der ehrenamtlichen sozialen Arbeit, die vorrangig von sozialdemokratischen Frauen vor und vor allem während des Ersten Weltkrieges betrieben wurde, propagierte sie die Selbsthilfe der Arbeiterschaft, deren organisatorischen Rahmen die neue Wohlfahrtsorganisation bilden sollte.
2. war deren Gründung notwendig, um öffentliche Mittel für diese Selbsthilfeaktivitäten zu erhalten. Auch die sozialdemokratische Arbeiterschaft sollte von der staatlichen Subventionierung der freien Wohlfahrtspflege profitieren, die nach Kriegsende verstärkt wurde. Selbst die ausländischen Spendenmittel, die der Finanzierung von Hilfsmaßnahmen dienen sollten, wurden nur an staatlich anerkannte Wohlfahrtsverbände gegeben.
3. schwang bei der Propagierung der privaten Fürsorge durch eine sozialdemokratische Wohlfahrtsorganisation die Hoffnung mit, der politischen Agitation der Partei auf diese Weise einen „guten Resonanzboden" verschaffen zu können[102].
4. wurde die ‚Arbeiterwohlfahrt' nicht zuletzt deshalb gegründet, um einen organisatorischen Rahmen für die Einbeziehung der sozialdemokratischen Frauen in die soziale Arbeit zu schaffen.

Sozialpolitik und Wohlfahrtspflege galten gemäß der geschlechtsspezifischen Emanzipationsstrategie der mehrheitssozialdemokratischen Frauenbewegung als „naturgemäß weibliche" Aufgabenbereiche. Die ‚Arbeiterwohlfahrt' entwickelte sich dementsprechend zu einem Haupttätigkeitsfeld sozialdemokratischer Frauen, die den größeren Teil der überwiegend ehrenamtlichen Mitarbeiter(innen) in der Wohlfahrtsorganisation stellten. Ihr Engagement trug entscheidend dazu bei, daß die AWO innerhalb kurzer Zeit zu einem bedeutenden Spitzenverband der freien Wohlfahrtspflege neben ‚Caritas', ‚Innerer Mission', ‚Zentralwohlfahrtsstelle der deutschen Juden', ‚Deutschem Roten Kreuz' und ‚Paritätischem Wohlfahrtsverband' wurde. Hinter der Orientierung der weiblichen Mitglieder auf die Mitarbeit in der ‚Arbeiterwohlfahrt' stand ein für die sozialdemokratische Frauenbewegung neues Konzept der Frauenpolitisierung – „Durch soziale Arbeit zur Politik" –, das in weiten Teilen der bürgerlichen Frauenbewegung bereits seit dem Ende des 19. Jahrhunderts propagiert wurde[103]. Die leitenden Funktionärinnen der SPD-Frauenorganisation betrachteten die AWO-Arbeit als „Vorschule" der „politischen Frauenarbeit"[104]: Vor allem neugewonnene Genossinnen sollten durch die praktische soziale Arbeit

„staatsbürgerlich" erzogen, politisch aktiviert und an das Engagement in Frauenorganisation und Gesamtpartei herangeführt werden.

4.3.2.1 Entstehung und Entwicklung der ‚Arbeiterwohlfahrt'

Erst Ende des 19. Jahrhunderts hatte die SPD begonnen, sich mit den Problemen der Wohlfahrtspflege auseinanderzusetzen. Gefördert wurde diese Entwicklung durch den wachsenden sozialdemokratischen Einfluß in den Gemeindevertretungen. Die Partei war gezwungen, sich mit dem bisher vernachlässigten Gebiet der Kommunalpolitik intensiver zu beschäftigen.[105] Ein Problemkreis, zu dem sie Stellung beziehen mußte, war die vorherrschende Form der öffentlichen Armenpflege, die in ihren Grundzügen durch das ‚Gesetz über den Unterstützungswohnsitz' geregelt wurde, das im Juli 1871 in den meisten Bundesstaaten des Deutschen Reiches in Kraft getreten war. Danach wurde von der öffentlichen Armenpflege zur Sicherung des Lebensunterhalts in Form von Geld oder Naturalien unterstützt, wer volljährig war und zwei Jahre seinen „gewöhnlichen Aufenthalt" innerhalb eines Ortsarmenverbandes hatte. 1894 wurde das Mindestalter von 24 auf 18 Jahre, 1908 auf 16 Jahre herabgesetzt. Zugleich wurde mit der Novellierung von 1908 die Anwesenheitsfrist auf ein Jahr verkürzt. Ehefrauen teilten ab dem Zeitpunkt der Heirat den Unterstützungswohnsitz ihres Mannes und behielten ihn auch nach Ehescheidung oder Verwitwung, allerdings nur solange sie nicht länger als ein bzw. zwei Jahre vom Ort abwesend waren und unverheiratet blieben. Ein Rechtsanspruch auf Armenhilfe bestand nicht. Eine vorbeugende Fürsorge war ausgeschlossen. Die öffentliche Armenfürsorge beschränkte sich allerorts auf die Sicherung des Existenzminimums. Die Sätze für regelmäßige Beihilfen zum Lebensunterhalt differierten allerdings, besonders zwischen ländlichen und städtischen Ortsarmenverbänden. Jede finanzielle Hilfe mußte zurückgezahlt werden. Grundsätzlich war die Inanspruchnahme der öffentlichen Armenpflege mit der politischen Entrechtung, d.h. dem Entzug des Wahlrechts verbunden. Der größte Teil der Unterstützten stammte aus den ländlichen und städtischen Unterschichten, mehrheitlich waren es Frauen.[106]

Das öffentliche Armenwesen umfaßte zwei Bereiche, die geschlossene und die offene Armenpflege. Die geschlossene Armenpflege erstreckte sich auf die verschiedensten Anstalten, u.a. Waisenhäuser, „Idiotenanstalten", „Krüppelheime", „Siechenhäuser" und Krankenanstalten sowie „Zucht- und Arbeitshäuser". Die offene Armenpflege half Bedürftigen, die sich selbst versorgen konnten.[107] In Hamburg übernahm der Staat 1865 das gesamte öffentliche Armenwesen; die Leitung der „Allgemeinen Armenanstalt" wurde dem „Armenkollegium" übertragen. Erst relativ spät, im Jahre 1892, folgte die Hansestadt dem Beispiel anderer Großstädte des Reiches und reorganisierte die offene Armenpflege nach dem Vorbild des „Elberfelder Systems", das sich durch folgende vier Prinzipien auszeichnete: die Individualisierung der Unterstützungsleistung, die Dezentralisierung der Entscheidungskompetenz, die ehrenamtliche Durchführung von Aufgaben der öffentlichen Verwaltung und die Bestimmung von Zuständigkeiten nach rein räumlichen Kriterien[108]. Das Stadtgebiet wurde in zunächst 90, später 110 Armenbezirke eingeteilt, denen jeweils ein ehrenamtlicher Armenpfleger vorstand. Zur Betreuung der Hilfsbedürftigen, die persönlich erfolgen sollte, konnte er Helfer heranziehen. Als hilfsbedürftig wurden nur diejenigen anerkannt, die nachweisen konnten, daß sie arbeitsunfähig waren bzw. sich intensiv aber erfolglos um Arbeit bemüht hatten. Arbeitsfähige waren verpflichtet, jede ihnen angewiesene, ihren Kräften entsprechende Arbeit anzunehmen. Die Armenbezirke waren zu elf Armenkreisen zusammengefaßt, die u.a. darüber entschieden, ob für Hilfsbedürftige besondere Unterstützungen oder geschlossene Armenpflege notwendig waren. Die öffentliche Armenpflege, deren ehrenamtliche Mitarbeiter wie andernorts fast ausschließlich aus dem Bürgertum stammten, arbeitete eng mit der freien Wohlfahrtspflege zusammen, die in der Hansestadt besonders entfaltet war. Träger der privaten wohltätigen Stiftungen und Vereine waren verschiedene Kreise des Bürgertums sowie die Kirchen.[109] Im Kaiserreich hatte die private Wohltätigkeit, die sich zumeist örtlich begrenzt entfaltete, allgemein eine große Bedeutung. Finanziert wurde ihre laufende Arbeit im wesentlichen durch Spenden und Stiftungen; hinzu kamen in bescheidenem Rahmen kommunale Mittel. Herrschende Ansicht war, daß die freie Wohlfahrtspflege sich an die kommunale anzulehnen habe und von dieser für öffentliche Aufgaben herangezogen werden könne. Generell wurde der Vorrang der öffentlichen Wohlfahrtspflege betont, deren Hauptträger die Gemeinden waren; das Reich war auf diesem Gebiet finanziell noch nicht aktiv.[110]

Die SPD lehnte das System der öffentlichen Armenpflege wegen seines die Armen diskriminierenden Charakters ab. In ihren grundsätzlichen Stellungnahmen betonte die Partei den Zusammenhang von Armut und kapitalistischer Wirtschaftsordnung und leitete daraus die Forderung ab, daß die Armen, überwiegend Angehörige der Arbeiterschaft, nicht auf die „Gewährung von Wohltaten" angewiesen sein dürften, sondern rechtliche Ansprüche stellen können müßten, deren Garant der Staat sei. Jede Form der Privatwohltätigkeit wurde verworfen und demgemäß eine „Kommunalisierung" und „Sozialisierung" der gesamten Wohlfahrtspflege gefordert. Langfristiges Ziel der SPD war es, durch eine entsprechende Sozial- und Wirtschaftspolitik jede Form der Armut zu verhindern.[111] Diese Haltung stand nicht im Widerspruch zu den sozialen Aktivitäten – Kinderschutzkommissionen, Kinderferienspiele und -wanderungen –, die vorrangig von sozialdemokratischen Frauen in der Vorkriegszeit initiiert worden waren. Hier wurden Arbeiterfrauen für Arbeiterkinder aktiv; ihre soziale Arbeit trug den Charakter der vorbeugenden Selbsthilfe.[112]

Im Ersten Weltkrieg begann durch die Kriegsfürsorge eine neue Etappe in der Entwicklung der Wohlfahrtspflege. Seit Kriegsbeginn mußten immer breitere Bevölkerungskreise öffentliche Hilfe in Anspruch nehmen: u.a. die Mehrzahl der Familien, deren Ernährer zum Heeresdienst eingezogen, infolge von Kriegsverletzungen arbeitsunfähig geworden oder gar gestorben war. Diese Entwicklung machte eine Revision von Theorie und Praxis der öffentlichen Wohlfahrtspflege erforderlich. Bei den Opfern des Krieges war eine staatsbürgerliche Entmündigung nicht haltbar. Ihnen gegenüber reichte es auch nicht aus, lediglich das physische Existenzminimum zu sichern; Ziel mußte es sein, ihren sozialen Abstieg zu verhindern. Dieser Aufgabe war die traditionelle Armenpflege nicht gewachsen. Das Reich baute deshalb eine Kriegsfürsorge auf und aus und engagierte sich damit organisatorisch und finanziell erstmals stark in der Wohlfahrtspflege. Eingebunden wurden in diese Kriegsfürsorge unter vaterländischen Vorzeichen sowohl die kommunale Armenpflege als auch die private Wohltätigkeit. Der Ausbau der kommunalen Ämterstruktur auf dem Gebiet der Wohlfahrtspflege wurde in den Kriegsjahren entscheidend vorangetrieben.[113]

Nach Kriegsende mußte das System der Wohlfahrtspflege den veränderten gesellschaftlichen Verhältnissen angepaßt werden. Erforderlich war eine grundlegende Neugestaltung des gesamten Fürsorgewesens, was angesichts der allgemein desolaten finanziellen und wirtschaftlichen Situation ein schwieriges Vorhaben war. Der Aufgabenkreis der Wohlfahrtspflege hatte sich erheblich erweitert. Der hilfs- und unterstützungsbedürftige Bevölkerungsanteil war infolge von Krieg und Inflation enorm angewachsen. Allgemeiner Konsens bei der Reform des Fürsorgewesens war, daß alle Anklänge an das alte Armenwesen zu vermeiden waren und die Zuständigkeit für die Regelung der gesamten Sozialpolitik und des Fürsorgewesens beim Reich liegen mußte. Letzteres wurde demgemäß auch in der Verfassung der neuen Republik verankert.[114] Unterschiedliche Auffassungen bestanden in Hinblick auf den jeweiligen Stellenwert und das Verhältnis von öffentlicher und freier Wohlfahrtspflege. Die Sozialdemokratie bemühte sich, ihrem alten Grundsatz „soziale Fürsorge ist Aufgabe der Allgemeinheit" Geltung zu verschaffen, betonte demgemäß den „Vorrang der öffentlichen Wohlfahrtspflege" und trat für eine weitgehende „Kommunalisierung" und

„Sozialisierung" des Fürsorgewesens ein[115]. Bürgerliche und konfessionelle Kreise, insbesondere die bestehenden Spitzenverbände der freien Wohlfahrtspflege, wollten die freie neben der öffentlichen Fürsorge erhalten und beide gleichrangig nebeneinander stellen[116].

Auf Reichsebene ging die Zuständigkeit für Fürsorgeangelegenheiten weitgehend auf das neugebildete Reichsarbeitsministerium über; lediglich für die Gesundheitsfürsorge sowie die Jugendfürsorge und -pflege war weiterhin das Reichsministerium des Inneren verantwortlich. Auf der Länderebene wurden Wohlfahrtsministerien gebildet und eine grundlegende Verwaltungsreform des öffentlichen Wohlfahrtswesens eingeleitet. Während die neuen Verwaltungseinheiten der Fürsorge nach der Novemberrevolution relativ schnell bereitstanden, dauerte es einige Jahre, bis der Verfassungsauftrag, eine reichseinheitliche Fürsorgegesetzgebung zu schaffen, eingelöst wurde. Das ‚Reichsgesetz für Jugendwohlfahrt' wurde zwar bereits im Juli 1922 verabschiedet, trat aber erst im Februar 1924 in Kraft. Die ‚Reichsfürsorgepflichtverordnung' vom Februar 1924, trat zusammen mit den Ausführungsbestimmungen der ‚Reichsgrundsätze über Voraussetzung, Art und Maß der öffentlichen Fürsorge' vom Dezember 1924 im Januar 1925 in Kraft. Beide lösten endgültig das ‚Gesetz über den Unterstützungswohnsitz' ab.[117] Die bereits beschriebene ‚allgemeine Fürsorge' trat an die Stelle der offenen Armenpflege[118].

Die freie Wohlfahrtspflege befand sich in den ersten Nachkriegsjahren in einer schweren Krise: Der Spendenstrom war versiegt, die Stiftungsvermögen infolge der Inflation entwertet. Die Geldmittel zur dringend erforderlichen Neugestaltung der veralteten Einrichtungen fehlten. In zunehmendem Maße waren ihre Träger auf staatliche Subventionen angewiesen. Die politische Legitimität privater Fürsorge wurde in der öffentlichen Diskussion verstärkt in Frage gestellt. Gelöst wurde diese Krise der freien Wohlfahrtspflege nicht, wie breit gefordert, durch „Kommunalisierung" und „Sozialisierung". Das Reich, dessen Sozial- und Wohlfahrtspolitik seit Anfang der zwanziger Jahre entscheidend durch das Zentrum gestaltet wurde, das von Juni 1920 bis Juni 1928 und von März 1930 bis Juni 1932 den Reichsarbeitsminister stellte, betrieb gegen die Bestrebungen in vielen Kommunen eine Aufwertung der freien Wohlfahrtspflege durch Gesetzgebung und Finanzierung. Es sicherte deren Existenz durch das „Subsidiaritätsprinzip", das gesetzlich durch die RFV abgesichert wurde, die zum einen vorsah, daß die festgelegten Aufgaben der Fürsorgepflicht fortan von den öffentlichen Trägern auf die Verbände und Einrichtungen der freien Wohlfahrtspflege übertragen werden konnten, und zum anderen vorschrieb, daß die öffentlichen Fürsorgeträger eigene Einrichtungen nicht neu schaffen sollten, soweit geeignete Einrichtungen der freien Wohlfahrtspflege ausreichend vorhanden waren. Nach der Währungsstabilisierung gelang es den bürgerlichen und konfessionellen Spitzenverbänden, die sich im Dezember 1924 auf Reichsebene zur ‚Deutschen Liga der Freien Wohlfahrtspflege' zusammenschlossen, aufgrund der Politik des Reichsarbeitsministeriums, das eng mit ihnen kooperierte, ihren Wirkungskreis erheblich auszuweiten.[119]

In der Hansestadt ging die Initiative zur Neuorganisation der öffentlichen Wohlfahrtspflege wesentlich von der SPD aus, die entscheidend deren Gestaltung und Entwicklung beeinflußte. Die ‚Behörde für Wohlfahrtspflege' wurde zwischen 1919 und 1933 kontinuierlich von einem sozialdemokratischen Senator geleitet, bis 1925 von *Paul Hoffmann* und danach von *Paul Neumann*[120]. Zentraler Schritt zur Neugestaltung der öffentlichen Wohlfahrtspflege war in Hamburg die Verabschiedung des ‚Gesetzes über das Wohlfahrtsamt' durch die Bürgerschaft im Mai 1920, das im November 1921 in Kraft trat. Hauptaufgabengebiet des neugeschaffenen Amtes war die Fürsorgetätigkeit, die durch materielle Hilfe soziale Schäden verhindern, bzw. diesen abhelfen sollte. Im Wohlfahrtsamt wurden folgende öffentliche Fürsorgeeinrichtungen vereinigt: die Allgemeine Armenanstalt, die Aufsichtsbehörde für die milden Stiftungen, die Sektion für das Versorgungsheim und die Arbeitsanstalt, die Wohlfahrtsabteilung des Arbeitsamtes und das Fürsorgeamt für Kriegsbeschädigten- und Kriegshinterbliebenenfürsorge.[121] Die gesamte öffentliche Fürsorge war in der Hansestadt gemäß dem Prinzip der „Familienfürsorge" organisiert[122]; die Wohlfahrtsbehörde arbeitete eng mit der Jugend- und der Gesundheitsbehörde zusammen. Zwar wurde dem allgemeinen Trend einer Professionalisierung der Fürsorge[123] entsprechend auch im öffentlichen Fürsorgewesen Hamburgs eine zunehmende Zahl von berufsamtlichen Kräften beschäftigt, doch auf die Mitarbeit ehrenamtlicher Pfleger(innen) wurde weiterhin nicht verzichtet. Dies galt auch für die Tätigkeit des Wohlfahrtsamtes, dessen Gebiet in Bezirke eingeteilt war, denen ein ehrenamtlicher Bezirksleiter vorstand. 1927 gab es 217 Bezirke, die zu 11 Wohlfahrtsstellen zusammengefaßt waren. Diese Wohlfahrtsstellen wurden von berufsamtlichen Kräften geleitet. Aufgabe der ehrenamtlichen Pfleger(innen), von denen in jedem Bezirk durchschnittlich elf bis zwölf wirkten, war es u.a., die Lebensverhältnisse und die Bedürftigkeit derjenigen Parteien zu prüfen, welche eine Unterstützung beantragt hatten, und die Empfänger(innen) laufender Unterstützung zu beaufsichtigen.[124]

Das hamburgische Wohlfahrtsamt arbeitete eng mit den elf Spitzenverbänden der freien Wohlfahrtspflege zusammen, die in der Stadt tätig waren. 1925 wurde zum Zweck der Kooperation die ‚Freie Vereinigung der privaten und öffentlichen Wohlfahrtspflege in Hamburg' gegründet[125]. Einer ihrer Spitzenverbände war der ‚Verein für Arbeiterwohlfahrt. Hamburger Ausschuß für soziale Fürsorge e.V.', der aufgrund des spezifischen politischen Kräfteverhältnisses im hamburgischen Staat sehr viel enger mit der öffentlichen Fürsorge, aber auch mit den bürgerlichen und konfessionellen Spitzenverbänden der freien Wohlfahrtspflege zusammenarbeitete als viele andere AWO-Ortsausschüsse. Auf Reichsebene war die Kooperation nicht so entwickelt; dies zeigt sich schon daran, daß der ‚Hauptausschuß für Arbeiterwohlfahrt' sich aufgrund der erheblichen sozial- und wohlfahrtspolitischen Differenzen nicht der ‚Deutschen Liga der Freien Wohlfahrtspflege' anschloß.[126]

Politisches Hauptziel, das die MSPD-Parteiführung nach Kriegsende mit der Gründung einer sozialdemokratischen Wohlfahrtsorganisation verfolgte, war die effiziente Einflußnahme auf die Entwicklung der staatlichen Sozialpolitik und der öffentlichen Wohlfahrtspflege. Um deren Neugestaltung im Sinne sozialdemokratischer Vorstellungen erreichen zu können, die nach der Novemberrevolution möglich schien, war die Schaffung eines eigenen, staatlich anerkannten Wohlfahrtsverbandes notwendig.[127] Näher beschrieben dessen Aufgaben die Richtlinien des ‚Hauptausschusses für Arbeiterwohlfahrt', die im März 1920 veröffentlicht wurden:

„§ 1. Der ‚Hauptausschuß für Arbeiterwohlfahrt' bezweckt die Mitwirkung der Arbeiterschaft bei der Wohlfahrtspflege, um hierbei die soziale Auffassung der Arbeiterschaft durchzusetzen. Im besonderen will er die gesetzliche Regelung der Wohlfahrtspflege und ihre sachgemäße Ausführung fördern.

§ 2. Dieser Zweck soll erreicht werden durch:
1. Zusammenfassung aller in der Wohlfahrtspflege tätigen Frauen und Männer,
2. die Gewinnung neuer Kräfte,
3. die Schulung der bereits tätigen und der neu herangezogenen Kräfte,
4. Stellungnahme zu allen Fragen der Wohlfahrtspflege in der Öffentlichkeit und ihre wissenschaftliche Durcharbeitung,
5. die Wahrnehmung der Interessen der Arbeiter bei der Besetzung von Stellen und bei der Vermittlung ehrenamtlicher Hilfskräfte für die öffentliche Wohlfahrtspflege,
6. die Vertretung der Arbeiterschaft bei den Behörden des Reiches, der Länder und der Selbstverwaltungskörper, bei Zusammenschlüssen der Wohlfahrtsorganisationen sowie der Zusammenarbeit mit gleichartigen Organisationen.

§ 3. Zur Erfüllung dieser Aufgabe hat sich der ‚Hauptausschuß für Arbeiterwohlfahrt' gebildet. Er setzt sich zusammen aus einem geschäftsführenden Ausschuß von 7 Mitgliedern mit dem Sitze in Berlin und einem Beirat aus allen Teilen des Reichs und in der Wohlfahrtspflege erfahrenen Personen. Der Beirat kann durch Vertreter von Arbeiterorganisationen ergänzt werden."[128]

Diese Richtlinien des Hauptausschusses galten auch für die Bezirks- und Ortsausschüsse, die zu bilden waren. Ihnen sollte jedoch in der konkreten Ausgestaltung ihrer Arbeit „möglichste Freiheit" gelassen werden.[129]

Hauptfunktion der neuen sozialdemokratischen Wohlfahrtsorganisation war gemäß den obigen Richtlinien das Wirken für eine Reform der öffentlichen Fürsorge. Die „Mitwirkung der Arbeiterschaft bei der Wohlfahrtspflege", die primär als Aufgabe des Reiches, der Länder und der Gemeinden galt, sollte gemäß der in der MSPD-Führung vorherrschenden Anschauung zwar vorrangig „in der Mitverwaltung und Mitberatung und schließlich in der Ausführung bestimmter Pflichten" im Rahmen der öffentlichen Fürsorge bestehen[130], das Engagement in der freien Wohlfahrtspflege wurde jedoch nicht ausgeschlossen. Bereits im Rundschreiben vom 30. Dezember 1919, das die Gründung des ‚Hauptausschusses für Arbeiterwohlfahrt' offiziell bekannt gab, forderte der Parteivorstand die Mitglieder angesichts der kriegs- und inflationsbedingten Massennot zur sozialen Selbsthilfe auf. Er begründete deren Notwendigkeit damit, daß die öffentliche Fürsorge allein „den großen sozialen Notständen" nicht abhelfen könnte. „Viele Hände und Köpfe" müßten „mithelfen, um Hunger und Krankheit, körperliche, geistige und moralische Not zu lindern". Von dieser Arbeit dürften sich die Sozialdemokraten, die mit ihrem Wirken schon von jeher den Beweis sozialen Denkens und Fühlens erbracht hätten, nicht ausschließen.[131] Vor Ort hatten die Parteimitglieder nach Kriegsende ohnehin mit der sozialen Selbsthilfe begonnen. Vor allem die Genossinnen, die als Hausfrauen und Mütter in ihrem Alltag am direktesten mit Not und Elend konfrontiert waren, drängten darauf, „die sozialen Mißstände durch unmittelbare Hilfeleistung zu bekämpfen"[132]. In verschiedenen Gemeinden hatten sie Fürsorgestellen eingerichtet, die Sammlung und Verteilung von Kleidung und Schuhwerk organisiert und Notspeisungen durchgeführt. Diese „wildwachsenden" Selbsthilfeaktivitäten, die zum größten Teil aus privaten Mitteln finanziert wurden, sollten durch die Gründung der ‚Arbeiterwohlfahrt' vereinheitlicht, koordiniert und zu systematischer sozialer Arbeit im Rahmen der neuen Organisation ausgebaut werden.[133] Diesem Ziel entsprach das von *Friedrich Ebert* geprägte Motto des sozialdemokratischen Wohlfahrtsverbandes: „Die Arbeiterwohlfahrt ist die soziale Selbsthilfe der Arbeiterschaft"[134].

Um die freie soziale Arbeit ausbauen zu können, von der sich die MSPD-Führung nicht zuletzt eine positive Wirkung für die politische Agitation erhoffte[135], waren mehr finanzielle Mittel erforderlich, die privaten Spenden reichten nicht. Da staatliche Zuschüsse ausschließlich behördlich anerkannte freie Wohlfahrtsorganisationen erhielten, schien der Parteispitze auch deshalb die Gründung eines eigenen Wohlfahrtsverbandes notwendig zu sein. Ohne diesen wäre die sozialdemokratische Arbeiterschaft zudem von der Durchführung der vielfältigen Hilfsmaßnahmen ausgeschlossen gewesen, die durch Spenden des Auslands, insbesondere der Quäker aus den USA, der Schweiz und England, finanziert wurden. Der ‚Deutsche Zentralausschuß für Auslandsspenden' und seine Untergliederungen auf regionaler Ebene, die für die Verteilung dieser Mittel zuständig waren, übertrugen die Organisation der Hilfsmaßnahmen nur anerkannten Wohlfahrtsverbänden.[136]

Daneben verfolgten insbesondere die leitenden Funktionärinnen der MSPD-Frauenorganisation mit der Gründung der ‚Arbeiterwohlfahrt' das Ziel, einen organisatorischen Rahmen für das erstrebte soziale Engagement der Genossinnen zu schaffen, die primär die Arbeit des neuen Verbandes tragen sollten[137]. Ausführlich wurde dieses Motiv im Rechenschaftsbericht zur Entstehung und Entwicklung der ‚Arbeiterwohlfahrt' erläutert, den Marie Juchacz und *Johanna Heymann*, die erste Geschäftsführerin der AWO, 1924 im Auftrag des Hauptausschusses vorlegten. Dort hieß es:

> „Wer sich mit dem Wesen und der Geschichte der Frauenbewegung beschäftigt, der weiß, daß Frauenprobleme und soziale Fragen nicht voneinander zu trennen sind. Die Gründe liegen in der dauernden Wechselwirkung zwischen sozialer Lage und sozialen Bedürfnissen (sowohl bei der berufstätigen Frau wie der Hausfrau) und dem damit in engster Verbindung stehenden geistig-sozialen Leben in der Frauenbewegung ...

Die Gründer der Arbeiterwohlfahrt gingen u.a. *auch* von dem Gedanken aus, daß in der sozialistischen Frauenbewegung viele Kräfte stecken, die für das öffentliche Leben nutzbar gemacht werden können. Wohl wußten wir, daß namentlich in der ersten Zeit die Gefahr bestand, daß den anderen Gebieten der Arbeiterbewegung dadurch Kräfte entzogen werden könnten. Dieser Nachteil mußte mit in den Kauf genommen werden, konnten wir doch bestimmt damit rechnen, daß die Bewegung selbst dann später die noch in der Frauenwelt schlummernden Kräfte wecken würde."[138]

Diese Argumentation entsprach der geschlechtsspezifischen Emanzipationsstrategie. Parteivorstand und Frauenbüro betrachteten die neue Wohlfahrtsorganisation als den zentralen Ort der Politisierung und Aktivierung der weiblichen Parteimitglieder. Den intendierten Weg der Frauenpolitisierung beschrieb Hedwig Wachenheim, Mitglied der geschäftsführenden Leitung des Hauptausschusses, im September 1924 auf der zweiten Reichskonferenz der ‚Arbeiterwohlfahrt' in einem Referat zum Thema „Die Schulung für die Wohlfahrtsarbeit":

Ich habe gelernt, „in der Tätigkeit der Wohlfahrtspflege ein großes Moment der staatsbürgerlichen Erziehung zu erblicken. Die Menschen, die die Arbeit machen und vorher nicht gewußt haben, was eine Gemeinde und was ein Staat zu leisten haben, die vorher die Gesetzgebung und ihre Wege nicht gekannt haben, lernen es in dieser Arbeit allmählich. Aber sie bekommen auch Sinn für die gegenseitigen Verpflichtungen, die der Mensch in der Gemeinde, im Staat, und im Gemeinschaftsleben hat. Und Erziehung zum Gemeinschaftsleben und seinen Einrichtungen ist staatsbürgerliche Erziehung. Die Ausschüsse für Arbeiterwohlfahrt müssen das erkennen und als ihr oberstes Ziel setzen, solchen Gemeinschaftssinn in ihren Mitgliedern auszubilden und zwar nicht nur im wohlfahrtspflegerischen Sinne, sondern im großen staatsbürgerlichen Sinne, den Geist gegenseitiger Verantwortung."[139]

Angestrebt wurde, durch die „Erziehungsarbeit für die Wohlfahrtspflege" zugleich „Erziehungsarbeit für die Arbeiterbewegung" und deren „sozialistische Aufgaben" zu leisten und die Frauen über die soziale Arbeit an die politische Arbeit heranzuführen[140].

Neuere Studien zur Geschichte der Wohlfahrtspflege behaupten einen Widerspruch zwischen den politischen Zielen der ‚Arbeiterwohlfahrt', wie sie die Richtlinien des Hauptausschusses festlegten, und der Betätigung als sozialer Selbsthilfeorganisation der Arbeiterschaft[141]. Diesen Widerspruch gab es für die MSPD-Führung nicht. Soziale Arbeit als Selbsthilfe entspräche, so wurde im Rechenschaftsbericht des Hauptausschusses aus dem Jahr 1924 betont, dem „Geist der Solidarität, wie er im Laufe der Entwicklung in der Arbeiterschaft entstanden" sei, und hätte nichts gemein mit der bürgerlichen und konfessionellen Wohltätigkeit, die nach wie vor abgelehnt würde. Die freie Fürsorgetätigkeit der AWO, die „von Arbeitern für Arbeiter" geleistet würde, sollte lediglich die öffentliche Fürsorge ergänzen.[142]

Genauer umriß die wohlfahrtspolitischen Vorstellungen der SPD, insbesondere die Funktion und den Stellenwert von öffentlicher und freier Wohlfahrtspflege sowie das Verhältnis zwischen beiden, das Hauptreferat der ersten Reichstagung des ‚Hauptausschusses für Arbeiterwohlfahrt' im September 1921 zum Thema „Aufgaben und Ziele der neuzeitlichen Wohlfahrtspflege", das die renommierte Sozialpolitikerin *Helene Simon*[143] hielt. Der Vortrag, den der MSPD-Parteivorstand als Broschüre veröffentlichte, galt als *das* wohlfahrtspolitische Programm der AWO, das bis zum Ende der Weimarer Republik unvermindert Gültigkeit hatte[144]: Das sozialdemokratische Hauptziel einer „neuzeitlichen Wohlfahrtspflege" mußte nach Helene Simon die „allmähliche Ersetzung der Pflege der Armen durch die Verhütung der Klassenarmut" sein. Dies könne zum größten Teil nicht durch die Wohlfahrtspflege, sondern nur durch die allgemeine Politik erreicht werden.[145] Die spezielle Aufgabe der Wohlfahrtspflege sei es, die überkommenen armenrechtlichen und polizeilichen Maßnahmen durch solche vorbeugender, heilender und vorsorgender Natur zu ersetzen. Die Wohlfahrtspflege erstrebe „gegenüber dem kargen Existenzminimum der Armenpflege, die zur allgemeinen Gesundheit und Leistungsfähigkeit erforderliche Lebenshaltung aller Volksgenossen". Sie wolle „jedes Sinken unter ein der jeweiligen Wirtschaft und Kultur entsprechendes

Verbrauchsmindestmaß verhüten". Inhalt der Wohlfahrtspflege müsse die bestmögliche Arbeitsbefähigung aller arbeitsfähigen Personen und die Versorgung der noch nicht arbeitsfähigen Jugend, der vorübergehend erwerbsunfähigen Kranken und der nicht mehr erwerbsfähigen Invaliden sein. Die neuzeitliche Wohlfahrtspflege sei „Voraussetzung sowohl der Höchststeigerung der gesellschaftlichen Gütererzeugung als auch des gesellschaftlichen Güterausgleichs". In diesem Sinne gehöre „sie zu den Wesenselementen des Sozialismus":

> „Die sozialistische Weltanschauung führt mit Notwendigkeit zur modernen Wohlfahrtspflege, wie sie zur gewerkschaftlichen und genossenschaftlichen Organisation der Arbeiterschaft und zum Arbeiterschutz geführt hat. Gleich diesen dient sie der Gewinnung der Massen für die Sozialdemokratie ...
>
> Die Wohlfahrtspflege ist ihrer Natur nach unpolitisch. Die Art ihrer Ausgestaltung sowie das Tempo der Erfüllung ist jedoch von bestimmten politischen Voraussetzungen abhängig. Sie muß deshalb ihren Rückhalt im klassenbewußten Proletariat erhalten."

Dem ‚Hauptausschuß für Arbeiterwohlfahrt' käme bei der Umgestaltung des Wohlfahrtswesens eine große Bedeutung zu: Er schaffe der Wohlfahrtspflege die Stellung, die ihr innerhalb der sozialistischen Zielsetzung „im Sinne der Gestaltung eines einheitlichen, ineinander- und durchgreifenden Systems der Verhütung, Heilung und Versorgung" zukomme, sichere ferner der Arbeiterschaft die Stellung, die ihr innerhalb der allgemeinen öffentlichen und freien Wohlfahrtspflege gebühre und mache schließlich „die Arbeiter aus Objekten zu Subjekten, aus bloßen Pfleglingen zu Trägern der Wohlfahrtspflege". In ihrem Vortrag wandte sich Helene Simon gegen Bestrebungen innerhalb der SPD, die ‚Arbeiterwohlfahrt' auf das Wirken in der öffentlichen Wohlfahrtspflege zu beschränken. Sie betonte, daß die umfassende Gestaltung der Wohlfahrtspflege die „Verbindung von gesetzlicher Regelung und freier Mitarbeit" erfordere. Die freie Wohlfahrtspflege sei notwendig: „1. als Pfadfinder für die öffentlich–rechtliche Wohlfahrtspflege, 2. als ihre Ergänzung." Ausgangspunkt aller öffentlichen Wohlfahrtspflege sei die freie Hilfe gewesen, deshalb sollten auch die Mitglieder der AWO freie Initiativen entfalten.

Die ‚Arbeiterwohlfahrt' betonte in offiziellen Verlautbarungen immer wieder den „Vorrang der öffentlichen Wohlfahrtspflege" als obersten Grundsatz ihres Handelns[146]. Gemäß der wohlfahrtspolitischen Programmatik der SPD galt in der Theorie die Mitwirkung in der öffentlichen Wohlfahrtspflege als Schwerpunkt der AWO-Aktivitäten. In der Praxis hingegen gewann die eigenständige soziale Arbeit im Verlauf der zwanziger Jahre einen gleichrangigen, vor Ort nicht selten gar einen vorrangigen Stellenwert.[147]

Die Einstellung gegenüber der neugegründeten Wohlfahrtsorganisation war in der sozialdemokratischen Arbeiterschaft geteilt. Vor allem unter den Parteigenossen scheint die Skepsis groß gewesen zu sein. Hauptursache hierfür war aufgrund der negativen Erfahrungen mit der öffentlichen Armenpflege und der privaten Wohltätigkeit im Kaiserreich ein „grundsätzliches Mißtrauen" gegen jede Form der Wohlfahrtspflege. Von vielen wurde auch eine Schwächung der allgemeinen Arbeiterbewegung befürchtet, der durch die neue Organisation „Kräfte entzogen werden" könnten, die notwendig gebraucht würden.[148] Die Mehrzahl der Parteigenossinnen scheint die Gründung der ‚Arbeiterwohlfahrt' begrüßt zu haben, deren Verbindung zur Frauenorganisation von Anfang an eng war[149]. Die Einwände, die in den Reihen der Sozialdemokratie gegen die Gründung einer eigenen Wohlfahrtsorganisation vorgebracht wurden, konnten durch die erfolgreiche Entwicklung der AWO im Verlauf der zwanziger Jahre weitgehend ausgeräumt werden.

Innerhalb kürzester Zeit wurde die neue Wohlfahrtsorganisation aufgebaut. Bis zur ersten Reichstagung der AWO im September 1921 entstanden 28 Bezirks- und 300 Ortsausschüsse. Auf der zweiten Reichskonferenz 1924 konnte berichtet werden, daß 32 Bezirks- und 1.260 Ortsausschüsse mit 24.000 Mitarbeiter(inne)n tätig seien.[150] Diese Expansion der ‚Arbeiterwohlfahrt', die mit einer erheblichen Erweiterung der Arbeitsbereiche einherging, machte eine Neufassung der zentralen Richtlinien erforderlich. Hauptziele waren eine größere Effizienz und eine stärkere Vereinheitlichung der Organisation, die sich regional in sehr verschiedener Form entwickelt hatte. Eine entscheidende Differenz war das Verhältnis zur SPD. Vor allem in den ländlichen katholischen Regionen bestand häufig keine direkte Anbindung des AWO-Ortsausschusses an den SPD-Ortsverein; Mitglieder der ‚Arbeiterwohlfahrt' mußten nicht der SPD angehören. Die AWO betonte hier ihre Unabhängigkeit und hoffte auf diese Weise mehr Einfluß bei der katholischen Bevölkerung gewinnen zu können.[151] Nach umfangreichen Vorarbeiten nahm der Hauptausschuß im Dezember 1925 ein neues Statut an. Zentrale Neuerungen waren die veränderte Zusammensetzung des Hauptausschusses, dem nun die zehn Mitglieder des leitenden Arbeitsausschusses, die zehn Vorsitzenden der neueingerichteten Fachkommissionen sowie die Vertreter(innen) der Bezirke angehörten, eine engere Anbindung an die SPD und der straffere Aufbau der gesamten Organisation. Grundsätzlich sollten AWO-Mitglieder nun der SPD angehören. Der Aufbau der AWO mußte dem der Partei angepaßt werden. Die Richtlinien des Hauptausschusses galten auch für die Bezirks- und Ortsausschüsse. Falls die regionalen Verhältnisse die Aufstellung eines besonderen Statuts erforderten, waren die Unterausschüsse dazu berechtigt, mußten aber die Zustimmung des Hauptausschusses einholen.[152] Die neuen Richtlinien hatten bis März 1933 Geltung.

Nach zehnjähriger Tätigkeit konnte die ‚Arbeiterwohlfahrt' folgende Bilanz ziehen: Im gesamten Reichsgebiet arbeiteten in 35 Bezirken 2.300 Ortsausschüsse, deren Aktivitäten von 114.000 zumeist ehrenamtlichen Mitarbeiter(inne)n getragen wurden. Sie erteilten Rat und Auskunft in den 1.250 Sozialberatungsstellen, halfen in den 744 Nähstuben, ermöglichten in 600 Ortsausschüssen als Helfer(innen) mehr als 127.000 Kindern einen Aufenthalt in der örtlichen Erholungsfürsorge.[153] Zu ihrem Arbeitsgebiet gehörte neben der Mitarbeit in der öffentlichen Wohlfahrtspflege die freie Fürsorge für die verschiedensten Gruppen von Hilfsbedürftigen[154]. Darüber hinaus betrieben Hauptausschuß und Ortsausschüsse mit Hilfe angestellter Mitarbeiter(innen) 173 eigene Einrichtungen, die überwiegend der Kinder- und Jugendfürsorge gewidmet waren[155]. Gefördert wurden die Aktivitäten der ehrenamtlichen und berufsamtlichen Mitarbeiter(innen) durch eine intensive Aufklärung und Schulung. Zur Information der Mitglieder diente von 1920 bis 1923 die ‚Gleichheit', von 1924 bis 1926 die ‚Genossin'[156]. Seit Oktober 1926 gab der Hauptausschuß eine eigene halbmonatlich erscheinende Zeitschrift mit dem Titel ‚Arbeiterwohlfahrt' heraus, die mit einer Auflage von 10.000 Exemplaren begann. Redakteurin war Hedwig Wachenheim.[157] Daneben bemühte sich der Hauptausschuß von Anfang an, die Qualifizierung der ehrenamtlichen Mitarbeiter(innen) auf der Ebene der Bezirksverbände und Ortsausschüsse zu fördern[158]. Er regte u.a. regelmäßige Abend- und Internatskurse zu Grundproblemen der Wohlfahrtspflege an; 1930 fanden im gesamten Reichsgebiet 64 Arbeitsgemeinschaften von längerer Dauer, 124 Wochenendkurse und 28 ein- bis zweiwöchige Kurse statt[159]. Seit 1928 führte er zudem jährlich eine „Reichsschulungswoche" durch, zu der alle Bezirke eine(n) Delegierte(n) entsenden sollten[160]. Auch die Ausbildung berufsamtlicher Mitarbeiter(innen) der Fürsorge wurde vom Hauptausschuß gefördert. Im Oktober 1928 konnte die AWO gar eine eigene „Wohlfahrtsschule" in Berlin eröffnen.[161]

In der Hamburger MSPD wurde unabhängig von der Diskussion über die Notwendigkeit eines zentralen sozialdemokratischen Wohlfahrtsverbandes bereits seit Sommer 1919 die Gründung eines regionalen Vereins erörtert, in dem alle in der sozialen Fürsorge wirkenden Genossinnen und Genossen zusammengefaßt werden sollten. Besonders stark engagierte sich hierfür der neugeschaffene Frauenaktionsausschuß, der am 5. Dezember 1919 zu einer „Zusammenkunft aller Genossinnen" einlud, „die beruflich oder ehrenamtlich in der sozialen Arbeit" standen.[162] Diese Versammlung beschloß die Gründung einer örtlichen sozialdemokratischen Wohlfahrtsorganisation. Die Initiative des Frauenaktionsausschusses wurde vom Landesvorstand unterstützt. Die Motive, mit denen die Hamburger MSPD die Gründung einer regionalen Wohlfahrtsorganisation betrieb, entsprachen denen der Gesamtpartei.[163] Am 12.Februar 1920 fand die konstituierende Versammlung des ,Hamburger Ausschuß für soziale Fürsorge e.V., Ortsgruppe des Hauptausschusses für Arbeiterwohlfahrt in Berlin' statt; in einer Satzung wurden Zweck und Aufbau des Vereins festgelegt[164]. Als erster Vorsitzender wurde *Louis Korell* gewählt, der dieses Amt bis zur Auflösung des Vereins im September 1933 inne hatte. Sein Stellvertreter war Johannes Begier, den im März 1928 Hermine Peine ablöste.[165]

Als Mitglieder des ,Hamburger Ausschusses für soziale Fürsorge' galten laut Satzung alle Sozialdemokrat(inn)en, „soweit sie in der sozialen Fürsorge tätig" waren oder sein wollten. Wer aus der Partei ausgeschlossen wurde oder austrat, schied automatisch auch aus der AWO aus. Der Aufbau des Vereins entsprach dem der SPD-Landesorganisation. Organe waren der Geschäftsausschuß, der Vorstand, der Hauptausschuß, die Distriktsausschüsse und die Mitgliederversammlung, das höchste beschlußfassende Gremium, auf der sämtliche Mitglieder des Ortsausschusses stimmberechtigt waren. Sie wählte als Generalversammlung zu Beginn jedes Jahres den achtköpfigen Geschäftsausschuß, dem die „innere Verwaltung des Vereins" oblag. Den Vorstand bildeten der erste und der zweite Vorsitzende. Um die Arbeit in den Stadtteilen organisieren zu können, waren alle Mitglieder in „Distriktsausschüssen" zusammengefaßt. Diese wählten zu Beginn jedes Geschäftsjahres jeweils zwei Vertreter(innen) für den Hauptausschuß der Hamburger ,Arbeiterwohlfahrt', dem außerdem hinzugezogene Sachverständige angehörten. Aufgabe des Hauptausschusses war es, den Geschäftsausschuß zu beraten und zu unterstützen.[166]

Die Satzung der Hamburger AWO aus dem Jahr 1920 blieb bis März 1933 in Kraft[167]. Die Revision der ,Richtlinien des Hauptausschusses' im Dezember 1925, erforderte keine Änderungen. Lediglich der Name mußte angepaßt werden; seit der Generalversammlung im März 1926 hieß der Ortsausschuß ,Verein für Arbeiterwohlfahrt (Hamburger Ausschuß für soziale Fürsorge) e.V.'. Seine alte Satzung entsprach den Anforderungen der neuen zentralen Richtlinien. Die Hamburger AWO hatte sich von Anfang an als eine sozialdemokratische Organisation verstanden; eine enge Kooperation mit der Partei wurde auf allen Ebenen praktiziert.[168] Selbst ein Bezirksverband bestand bereits. Im November 1921 war der ,Bezirksausschuß für Arbeiterwohlfahrt' des Bezirksverbandes Hamburg-Nordwest gegründet worden, dessen räumliche Ausdehnung dem SPD-Bezirk entsprach[169]. Vorsitzender des AWO-Bezirksausschusses, dem Vertreter aus allen sechs Unterbezirken angehörten, war von 1921 bis 1933 *Heinrich Vogel*, der gleichzeitig den SPD-Bezirk Hamburg-Nordwest leitete[170].

Zweck des ,Hamburger Ausschusses für soziale Fürsorge e.V.' war es laut Satzung, „auf allen Gebieten der sozialen Fürsorge mitzuwirken, hierfür Mittel zu werben und seine Mitglieder für die soziale Arbeit heranzubilden"[171]. Die erklärte Hauptaufgabe des Ortsausschusses, die Mitwirkung bei der öffentlichen Fürsorge, wurde mit dem Ziel betrieben, „alle Wohltätigkeit und soziale Unternehmungen zu beeinflussen, unter staatliche Aufsicht zu bringen und auf die Gesetzgebung schließlich so einzuwirken, daß Wohltätigkeit überflüssig wird"[172]. Deshalb arbeitete die Hamburger AWO sehr engagiert beim Aufbau und Ausbau der öffentlichen Wohlfahrtspflege mit[173]. Ein erheblicher Teil der Mitglieder wirkte ehrenamtlich in der kommunalen Fürsorge: 1924 waren von den ca. 2.500 AWO-Mitarbeiter(inne)n 1.600 ehrenamtlich als Wohlfahrts- oder Jugendpfleger(in) tätig; bis 1931 stieg die Zahl auf 2.000 an.[174] Die AWO stellte in der Hansestadt zwischen 1924 und 1933 knapp die Hälfte der ehrenamtlichen Pfleger(innen) des Wohlfahrts- und Jugendamtes.

Die ehrenamtliche Mitwirkung der sozialdemokratischen Arbeiterschaft in der öffentlichen Wohlfahrtspflege konnte nicht konfliktlos durchgesetzt werden. In der Vorkriegszeit waren nur vereinzelt Arbeiter als Pfleger zugelassen worden; 1911 fanden sich beispielsweise unter 1.683 Armenpflegern des hamburgischen Staates nur sieben Arbeiter. Dieses „Ehrenamt" übernahmen mehrheitlich bessergestellte Bürger; die selbständigen Gewerbetreibenden – überwiegend Handwerksmeister sowie Einzelhändler und Kaufleute – stellten in der Vorkriegszeit 61 % der Armenpfleger, 11 % waren Beamte und Lehrer, 3 % Akademiker, der Rest verteilte sich auf sonstige bürgerliche Berufe. Auch die sieben Armenpflegerinnen stammten aus dem Bürgertum.[175] Selbst im Ersten Weltkrieg wehrten sich die Armenpfleger noch erbittert gegen ein Eindringen des „Arbeiterstandes" in ihre Reihen. 1918 fanden sich unter den 1.825 Armenpflegern der Hansestadt erst zehn Arbeiter[176].

Seit der Novemberrevolution drängte das hamburgische Armenkollegium auf Änderung; im Dezember 1918 forderte dessen Präses in einem Rundschreiben „die Herren Bezirksvorsteher und Armenpfleger" auf, „mehr als bisher Personen beiderlei Geschlechts aus dem Arbeiterstande den Eintritt in die ehrenamtliche Mitarbeit" zu gewähren[177]. Motiv für diese Initiative, die von den Armenpflegern nur höchst widerwillig aufgegriffen wurde, war die Hoffnung, daß auf diese Weise das „Vertrauen der Bevölkerung zu der öffentlichen Armenpflege", das nach Einschätzung des Armenkollegiums „noch geringer als vor dem Kriege" war, wieder wachsen würde. Arbeiter hätten „ein weitgehendes Verständnis für die Bedürfnisse und Lebensbedingungen der unteren Volksschichten" und könnten sich „mehr als jeder andere in die Art und die Seele der Unterstützten einfühlen" und ihr „Vertrauen erwerben". Dies würden die positiven Erfahrungen zeigen, die bei der Mitwirkung von „sozialdemokratischen Arbeitern" in der Kriegshilfe gemacht worden seien. Um mehr Arbeiter als Pfleger zu gewinnen, wurden MSPD und freie Gewerkschaften vom Armenkollegium gebeten, geeignete Personen vorzuschlagen.[178] Bis Januar 1919 erklärten sich ein weibliches und 32 männliche Partei- und Gewerkschaftsmitglieder bereit, als Armenpfleger tätig zu werden. Bis Ende 1919 stieg die Zahl auf 41 Frauen und 217 Männer an.[179]

Erst nach der Neugestaltung des kommunalen Fürsorgewesens änderte sich in Hamburg die Zusammensetzung der ehrenamtlichen Pflegerschaft grundlegend. Die Zahl der benötigten Mitarbeiter(innen) stieg infolge des Ausbaus der öffentlichen Fürsorge erheblich an. Nicht wenige alte Armenpfleger legten ihr Amt nieder, weil sie nicht bereit waren, unter den veränderten Bedingungen weiter in der öffentlichen Wohlfahrtspflege tätig zu sein. An ihre Stelle traten neue Kräfte, die zu einem erheblichen Teil aus der sozialdemokratischen Arbeiterbewegung stammten.[180] Trotzdem blieb der Arbeiteranteil an den ehrenamtlichen Wohlfahrtspflegern gemessen an der sozialen Zusammensetzung der Stadtbevölkerung relativ gering: Von den 2.074 männlichen Wohlfahrtspflegern, die 1927 für das hamburgische Wohlfahrtsamt tätig waren, verdienten nur 34 % ihren Lebensunterhalt als Arbeiter, davon fast zwei Drittel als Facharbeiter, 24 % waren Angestellte, davon mehr als ein Drittel Behördenangestellte, 10 % Beamte oder Lehrer sowie 2 % Akademiker. Immer noch war der Anteil der selbständigen Gewerbetreibenden unter den ehrenamtlichen Wohlfahrtspflegern mit 29 % überdurchschnittlich hoch. Von den 421 Wohlfahrtspflegerinnen, die 1927 in der Hansestadt ehrenamtlich arbeiteten, stammte ein größerer Teil aus der Arbeiterschaft: 52 % der 335 verheirateten nichterwerbstätigen Pflegerinnen waren mit einem Arbeiter verheiratet, davon mehr als zwei Drittel mit einem gelernten, 16 % mit einem Angestellten, 8 % mit einem Beamten und nur 10 % mit einem selbständigen Gewerbetreibenden. Von den 40 ledigen erwerbstätigen Pflegerinnen stammte ein größerer Teil aus dem Bürgertum, darauf deutet ihr relativ hohes berufliches Qualifikationsniveau hin; allein 23 % waren Lehrerin, 13 % Fürsorgerin und 20 % kaufmännische Angestellte, nur 15 % verdienten ihren Lebensunterhalt als Arbeiterin. Über die soziale Stellung der übrigen 46 Pflegerinnen ist nichts bekannt; sie waren zum überwiegenden Teil verwitwet oder geschieden.[181] Unter den ehrenamtlichen Pfleger(inne)n des Jugendamtes war der Arbeiteranteil noch geringer. 1927 waren nur 14 % der 1.955 männlichen Jugendpfleger Arbeiter, davon mehr als vier Fünftel gelernte, 37 % waren Beamte oder Staatsangestellte, 18 % selbständige Gewerbetreibende, 15 % Privatangestellte, 14 % Geistliche oder Lehrer und 1 % Akademiker. Über die soziale Stellung der 404 Jugendpflegerinnen ist nichts bekannt, mehrheitlich kamen sie vermutlich ebenfalls aus dem Bürgertum; ca. 90 % von ihnen waren verheiratet.[182] Haupthindernisse, die einer stärkeren Einbeziehung von Angehörigen der Arbeiterschaft in die ehrenamtliche Fürsorge der Kommunen im Wege standen, waren die lange Arbeitszeit und die starke Gebundenheit im Arbeitsverhältnis. Die Tätigkeit als Wohlfahrtspfleger(in) mußten sie in ihrer beschränkten arbeitsfreien Zeit ausüben. Zudem wurden als Pfleger(innen) nur Bürger(innen) zugelassen, deren persönliche Verhältnisse geordnet waren, d.h. die bei der Übernahme des Amtes nicht auf öffentliche Unterstützung angewiesen waren. Ein weiteres Hindernis waren die beengten Wohnverhältnisse, die es Arbeiter(fraue)n nur schwer möglich machten, Besuch zu empfangen und mit ihm ungestört zu sprechen. Pfleger(innen) mußten immer damit rechnen, von Menschen aus ihrem Wohlfahrtsbezirk aufgesucht und um Rat und Hilfe gebeten zu werden.[183]

Frauen waren und blieben in der Weimarer Republik unter den ehrenamtlichen Mitarbeitern der öffentlichen Fürsorge Hamburgs eine Minderheit. Bis zur Novemberrevolution hatten sich die männlichen Jugendpfleger, vor allem aber die Armenpfleger mit Vehemenz gegen eine stärkere Einbeziehung von Frauen in die Pflegertätigkeit gewehrt. Letztere duldeten Frauen nicht einmal als rechtlose Pflegehelferinnen[184]. Seit Inkrafttreten des novellierten Hamburgischen Armengesetzes vom September 1908 war die Zulassung von Frauen zum Pflegeramt zwar offiziell gestattet, doch das Gesetz trug der Einstellung der männlichen Pfleger dadurch Rechnung, daß „Personen des weiblichen Geschlechts" nur dann zu Armenpflegern gewählt werden konnten, wenn ihre Kandidatur von der Versammlung der Armenpfleger ihres zukünftigen Bezirks mit einer Mehrheit von mindestens drei Vierteln beschlossen wurde.[185] Die Argumente, mit denen sich die Armenpfleger gegen die Einbeziehung von Frauen wehrten, waren „wenig sachlich". Ihre Abneigung entsprang patriarchalischen Ängsten und Vorurteilen. Öffentlich behaupteten sie, weibliche Armenpfleger würden aufgrund ihres „gefühlsmäßigen Einschlags" bei der Vergabe von Unterstützung zu großzügig verfahren und so die kommunalen Armenlasten erhöhen.[186] Ihr Hauptargument in internen Diskussionen war, daß den Frauen durch die Armenpflege „der Eingang in die Staatsverwaltung" geöffnet werde. „Aus den ersten Schritten würde die Frauenbewegung weitere Folgen ziehen und jeder weitere Schritt werde zum Feminismus führen", der ein Schaden für das gesamte Staatswesen sei.[187] Selbst die Arbeit, die die Frauen während des Krieges in der ‚Hamburgischen Kriegshilfe' leisteten, überzeugte die Mehrheit der Armenpfleger nicht.

In der Hansestadt war der männliche Widerstand gegen Frauen in der Armenpflege besonders stark ausgeprägt. Dies zeigt der Vergleich mit anderen Großstädten des Deutschen Reiches: Während 1916 in Hamburg Frauen erst 1 % der Armenpfleger stellten, lag der Frauenanteil z.B. in Straßburg bei 55 %, in Bonn bei 42 %, in Mannheim bei 39 % und in Magdeburg bei 31 %. Vielerorts waren Frauen selbstverständlich als stimmberechtigte Mitglieder der Armendirektion zugelassen, nicht jedoch in der Hansestadt. Hauptursache für die erheblichen Unterschiede im Grad der Einbeziehung von Frauen scheint die politische Position der jeweiligen Mehrheit der männlichen Armenpfleger gewesen zu sein. In Städten, deren Armenwesen von liberalen reformorientierten Männern getragen und geleitet wurde, war der Widerstand gegen die Zulassung von Frauen zum „staatsbürgerlichen Ehrenamt" des Armenpflegers offenbar sehr viel geringer. In der Hansestadt konnte der Präses des Allgemeinen Armenkollegiums noch im April 1918 nur mit knapper Mehrheit einen Antrag durchsetzen, der forderte, in stärkerem Maße Frauen zur ehrenamtliche Pflegetätigkeit hinzuzuziehen und sie auch an leitender Stelle mitwirken zu lassen. Ein großer Teil der Armenpfleger akzeptierte die Argumente des Präses nicht, der den Antrag mit den guten Erfahrungen begründete, die in anderen Städten mit der Einbeziehung einer großen Zahl von Frauen in die Armenpflege gemacht worden seien: Im Unterschied zu vielen männlichen Pflegern würden die Frauen „die Armen in ihrer Wohnung eifrig aufsuchen"; dies steigere die „erziehlichen

Einflüsse" der Armenpflege auf die Hauptklientel, die Frauen, die vier Fünftel aller Unterstützten stellten.[188]

Der Beschluß des Armenkollegiums änderte nichts daran, daß sich die meisten Armenpfleger einer verstärkten Einbeziehung von Frauen widersetzten[189]. Erst nach der Neugestaltung des öffentlichen Wohlfahrtswesens war ihnen in Hamburg die ehrenamtliche Mitwirkung in der öffentlichen Wohlfahrtspflege unbehindert zugänglich[190]. Die Entwicklung der Zahl und des Anteils der Frauen, die in der Stadt Hamburg ehrenamtlich als Wohlfahrts- bzw. Jugendpflegerin tätig waren, verdeutlicht folgende Übersicht:[191]

Jahr	Wohlfahrts-pfleger insg.	davon Frauen	Frauenanteil in Prozent	Jugend-pfleger insg.	davon Frauen	Frauenanteil in Prozent
1908	1513	0				
1909	1527	7	0,5			
1913	1570	8	0,5			
1916	1938	21	1,1			
1919	1588	16	1,0	1786	458	25,6
1921	2000 (ca.)	379	19,0	1801	376	20,9
1927	2495	421	16,9	2359	404	17,1
1931	2492	520	20,9	2059	361	17,5

Unter den ehrenamtlichen Wohlfahrtspfleger(inne)n der Hansestadt nahm der Frauenanteil zwar im Verlauf der zwanziger Jahre zu, doch er blieb gemessen an der Zusammensetzung der Stadtbevölkerung gering. Zudem gelang es den Frauen nur selten, in führende ehrenamtliche Positionen der Wohlfahrtspflege aufzusteigen; 1927 fanden sich beispielsweise unter 217 Bezirksvorstehern nur 12 Frauen.[192] In der kommunalen Jugendfürsorge lag der Frauenanteil nach Kriegsende deutlich höher als in der öffentlichen Wohlfahrtspflege. Hier waren schon im Kaiserreich Frauen in größerer Zahl als ehrenamtliche Hilfskräfte einbezogen worden. Im Zuge der Expansion der öffentlichen Jugendfürsorge fiel der Frauenanteil stark; 1929 erreichte er mit 15,1 % einen Tiefststand.[193]

Angaben über das Geschlecht der AWO-Mitglieder, die ehrenamtlich in der öffentlichen Wohlfahrtspflege tätig waren, liegen nicht vor. Die Zusammensetzung der Gesamtzahl der Wohlfahrts- und Jugendpfleger(innen) deutet darauf hin, daß Frauen höchstens ein Viertel der sozialdemokratischen Wohlfahrtspfleger stellten. Ihr Anteil entspräche damit annähernd dem der weiblichen Mitglieder in der SPD. Ganz anders war die Geschlechterrelation bei der ehrenamtlichen Mitarbeit in der freien Wohlfahrtspflege; der allergrößte Teil der AWO-Mitglieder, die hier wirkten, waren Frauen.[194] In der Hamburger ‚Arbeiterwohlfahrt' gab es offenbar eine geschlechtsspezifische Aufgabenteilung: Die Genossen arbeiteten überwiegend in der öffentlichen Wohlfahrtspflege mit, die Genossinnen waren in der freien Wohlfahrtspflege tätig.

Von Anfang an bemühte sich der ‚Hamburger Ausschuß für soziale Fürsorge' neben dem ehrenamtlichen Engagement in der öffentlichen und freien Wohlfahrtspflege um die Einrichtung eigener Anstalten und Heime auf den Gebieten der Fürsorge mit fehlendem bzw. mangelhaftem Angebot[195]. Der Schwerpunkt dieser Arbeit, die von angestellten professionellen Kräften getragen wurde, war von Anfang an die Kinderfürsorge, denn von den Nöten der Zeit waren die Arbeiterkinder am stärksten betroffen. Bei der Gründung des ‚Hauptausschusses für Arbeiterwohlfahrt' war die Eröffnung eigener Anstalten und Heime nicht geplant gewesen; offiziell forderte die AWO gemäß den wohlfahrtspolitischen Vorstellungen der MSPD eine „Kommunalisierung" sämtlicher Einrichtungen der freien Wohlfahrtspflege. Doch, wie Johanna Heymann in ihrem Rechenschaftsbericht auf der zweiten Reichskonferenz der AWO 1924 feststellte, zwangen die Verhältnisse aufgrund der Wohlfahrtspolitik des Reichsarbeitsministeriums zum Umdenken.[196]

Der ‚Hamburger Ausschuß für soziale Fürsorge' betrieb als erster AWO-Ortsausschuß im Reich eine eigene Einrichtung: Im Mai 1920 eröffnete er ein Kindererholungsheim in Graal/Mecklenburg, das jeweils 43 Kinder zu einem vierwöchigen Erholungsaufenthalt aufnehmen konnte. 1923 mußte dieses Heim aufgrund der schwierigen Finanzverhältnisse in der Hochinflation den Betrieb einstellen.[197] Im Oktober 1922 wurde dem Ortsausschuß von einer Stiftung die Verwaltung eines Kinderheimes in Westerland auf Sylt übertragen, das er 1925 käuflich erwarb und in den folgenden Jahren ausbaute und modernisierte. Das ‚Dr. Roß-Kinderheim' konnte jeweils 80 Kinder für siebenwöchige Heil- und Erholungskuren aufnehmen.[198] Seit 1927 verwaltete der AWO-Ortsausschuß zudem das ‚Gorch-Fock-Hus' in St. Peter Ording, das von der ‚Erholungsstätten-Gesellschaft e.V.' in Betrieb genommen worden war. 50 Kinder konnten sich dort gleichzeitig erholen.[199]

Die Zahl der Kinder, die in Erholungsheime und Heilstätten geschickt werden konnten, blieb trotz intensiver Bemühungen der öffentlichen wie der freien Fürsorge in der Hansestadt relativ gering. Der Bedarf war sehr viel größer. Deshalb konzentrierte sich die Hamburger AWO auf die örtliche Erholungsfürsorge für Kinder, die als vorbeugende Fürsorge wirkte und zudem bedeutend weniger Mittel erforderte.[200] Zu *der* Stätte der örtlichen Erholungsfürsorge für Kinder wurde in Hamburg die Ferienkolonie Köhlbrand. Die AWO übernahm die Tageskolonie auf der Elbinsel Maakendamm 1922 von dem ‚Verein für Ferienwohlfahrtsbestrebungen', der dort seit 1900 einen „Ferienspielplatz" betrieb, und baute sie unterstützt vom AzFJ zu einer Ferientageskolonie für Arbeiterkinder aus.[201] Seit 1924 wurde die Tageskolonie von der ‚Arbeitsgemeinschaft Köhlbrand' getragen, der neben der AWO und dem ‚Arbeiterverein Kinderfreunde' auch der ‚Verein Kinderspielplatz am Köhlbrand' und die ‚Hamburgische Gesellschaft für Wohltätigkeit' angehörten, zwei bürgerliche Wohlfahrtsvereine[202]. Rund 2.750 Schulkinder und 250 Kleinkinder konnten seit Mitte der zwanziger Jahre täglich die Ferienkolonie besuchen. Anders als in anderen Einrichtungen wurde der größte Teil der Arbeit für die Tageskolonie ehrenamtlich bzw. für eine geringe Aufwandsentschädigung geleistet[203]. Seit 1924 begann der Ortsausschuß auch mit der Schaffung eigener Kindergärten und Kindertagesheime in den Arbeiterwohngebieten der Stadt. Bis 1931 gelang ihm die Eröffnung von acht Einrichtungen dieser Art[204].

Von Anfang an arbeitete die Hamburger ‚Arbeiterwohlfahrt' in der öffentlichen wie der freien Wohlfahrtspflege eng mit den freien Gewerkschaften, dem AzFJ und seiner Nachfolgeorganisation dem ‚Arbeiterverein Kinderfreunde' sowie dem ASB zusammen. Spannungen und Konflikte aufgrund von Konkurrenz um Aufgabenkompetenzen gab es in der Hansestadt nicht. Basis für diese enge Kooperation war vermutlich die politische Tradition der sozialdemokratischen Arbeiterbewegung in der Hansestadt, die sich schon in der Vorkriegszeit intensiv um eine eigenständige soziale Arbeit bemüht hatte.[205] Andernorts scheint das Verhältnis zwischen den einzelnen Organisationen konfliktgeladener gewesen zu sein[206]. Besonders spannungsreich war auf Reichsebene die Beziehung zwischen ‚Arbeiterwohlfahrt' und ‚Kinderfreunden'. Viele AWO-Mitglieder betrachteten die neugegründeten ‚Kinderfreunde' als „Konkurrenzunternehmen", das in ihren Arbeitsbereich, die Kinderfürsorge, eindrang[207]. Sie verkannten die Notwendigkeit einer sozialistischen Erziehungsorganisation und sahen zunächst nicht die Chancen einer engen Kooperation. Um eine „reibungslose Zusammenarbeit" zu ermöglichen, vereinbarten der ‚Hauptausschuß für Arbeiterwohlfahrt' und die Reichsleitung der ‚Kinderfreunde' Ende 1925 Richtlinien, in deren Mittelpunkt die Aufforderung zur einvernehmlichen und solidarischen Zusammenarbeit stand.[208]

Um die Mitglieder für ihre ehrenamtliche Arbeit in der öffentlichen und der freien Wohlfahrtspflege zu qualifizieren, bemühte sich die Hamburger ‚Arbeiterwohlfahrt' schon relativ früh um deren Bildung und Schulung. Die Distriktsausschüsse hielten seit 1922 zunächst alle zwei bis drei Monate, später monatlich, einen Distriktsabend ab, auf dem über ein breites Spektrum von sozialpolitischen und wohlfahrtspflegerischen, sozialpädagogischen und sozialpsychologischen

Themen referiert und diskutiert wurde. Er diente zudem dazu, die anstehenden Aufgaben der freien Wohlfahrtspflege im Stadtteil zu organisieren. Die Bildungs- und Anleitungsarbeit auf der Ebene der Distriktsauschüsse galt im gesamten Reich als vorbildlich.[209] Ort des Erfahrungsaustausches der AWO-Mitarbeiter(innen) auf Landesebene waren die Mitgliederversammlungen, die unregelmäßig anläßlich der Erörterung aktueller sozialpolitischer und wohlfahrtspflegerischer Themen stattfanden. Darüber hinaus lud der AWO-Bezirksausschuß Hamburg-Nordwest alle zwei Jahre zu einer Bezirkskonferenz ein.[210] Zwecks intensiverer Schulung engagierter AWO-Mitglieder bot die Hamburger SPD im Rahmen ihres Bildungswesens regelmäßig Abendkurse zum Thema Sozialpolitik und Wohlfahrtspflege an, die meist sehr gut besucht waren[211]. Der Bezirksausschuß der AWO Hamburg-Nordwest führte seit 1928 zudem einmal jährlich einen zweiwöchigen ‚Lehrkursus für Helfer und Helferinnen in der Wohlfahrtspflege' durch, an dem regelmäßig auch einige Hamburger AWO-Mitglieder teilnahmen. Der erste Kursus wurde von 14 Frauen und 13 Männern besucht, darunter sechs Hamburger(innen).[212]

Um in der berufsamtlichen Wohlfahrtspflege des Staates mehr Einfluß zu gewinnen, förderte die Hamburger AWO im Rahmen ihrer Möglichkeiten die Berufsausbildung von jungen Frauen aus sozialdemokratischen Arbeiterfamilien, die Fürsorgerin, Jugendleiterin oder Kindergärtnerin werden wollten, durch ein Stipendium[213]. Darüber hinaus waren alle Sozialdemokratinnen, die beruflich in der öffentlichen Fürsorge der Hansestadt arbeiteten, in einer „Fachgruppe sozialistischer Fürsorgerinnen" zusammengeschlossen. Gegründet worden war diese Gruppe, deren Vorsitzende bis 1933 Hanna Stolten war, nach dem ersten reichsweiten „Pfingsttreffen sozialistischer Fürsorgerinnen" im Juni 1925.[214] Funktion der Gruppe war es vorrangig berufsspezifische Weiterbildung zu betreiben und sich um eine Förderung des Berufsnachwuchses sowie eine Vertretung der Berufsinteressen zu bemühen. Die Zahl ihrer Mitarbeiterinnen stieg schnell an; 1925 arbeiteten etwa 50 Genossinnen mit, 1928 waren es schon mehr als 100 Genossinnen und Genossen, auch einige Männer waren dazugestoßen. Die Hamburger Fachgruppe war Vorbild für ähnliche Gründungen in anderen AWO-Ortsausschüssen.[215] Im März 1930 richtete der Ortsausschuß zusätzlich eine „Arbeitsgemeinschaft Personal der AWO" ein, die neben dem Erfahrungsaustausch und der Schulung der Intensivierung des persönlichen Kontaktes unter den angestellten Mitarbeiter(inne)n dienen sollte. Zu diesem Zeitpunkt beschäftigte die Hamburger AWO 68 festangestellte Kräfte, 45 als Erziehungs-, 18 als Küchen- und Pflege- sowie 5 als Büropersonal.[216]

Koordinierungsstelle für alle Aktivitäten des Ortsausschusses war das Büro in den Räumen der SPD-Zentrale in der Großen Theaterstraße. Im August 1922 wurde erstmals ein Geschäftsführer eingestellt, der jedoch aufgrund der bedrängten Finanzverhältnisse bereits ein Jahr später wieder entlassen werden mußte. Von 1924 bis 1933 beschäftigte der Ortsausschuß *Max Engel* in dieser Funktion.[217] Das AWO-Büro führte nicht nur die Geschäfte des Ortsausschusses, sondern entwikkelte sich schnell zu einer sozialen Beratungsstelle. Die Zahl der Rat- und Hilfesuchenden, die in die wöchentliche Sprechstunde kamen, stieg von 1.625 Personen im Jahr 1926 auf 7.500 im Jahr 1931 [218]: Erwerbslose baten um Auskunft über ihre Rechte, Mieter erkundigten sich nach den Möglichkeiten der Mietunterstützung, Obdachlose und Wanderer suchten eine Bleibe, Mittellose beantragten materielle Hilfe, Eltern ersuchten um Rat in Erziehungsfragen, Schulentlassene Jugendliche beantragten gemeinsam mit ihren Eltern einen Zuschuß für die notwendige Neueinkleidung vor ihrem Eintritt ins Erwerbsleben, bedürftige Schwangere entliehen einen Säuglingskorb mit Wäsche.[219] Angehörige erbaten Hilfe durch die ‚Hauspflege', in deren Rahmen AWO-Mitarbeiterinnen seit 1926 arbeitsunfähigen und kranken Müttern ehrenamtlich den Haushalt führten; rund 400 Fälle betreute die ‚Hauspflege' jährlich[220]. Die Summe der gewährten Unterstützung für „besonders bedürftige Genossen und Genossinnen" lag 1926 insgesamt bei 15.000 Mark, bis 1931 erhöhte sie sich auf 25.000 Mark[221].

Die Aktivitäten der ‚Arbeiterwohlfahrt' wurden zunächst ausschließlich durch freiwillige

Spenden von Privatpersonen und befreundeten Organisationen finanziert, seit 1926 zudem durch den Verkauf von Wohlfahrtsmarken. Um die eigene Arbeit unter den SPD-Mitgliedern bekannter zu machen und deren Spendenfreudigkeit zu steigern, veranstaltete der Hamburger Ortsausschuß seit 1925 jährlich ein „großes geselliges Fest mit Programm für jung und alt“ im Gewerkschaftshaus, das Auftakt der Reichslotterie war, mit der viele zentrale und regionale Einrichtungen der AWO finanziert wurden. Für die Tombola dieses Wohlfahrtsfestes nähten, strickten und häkelten die Genossinnen jedes Jahr in den Wintermonaten auf den Handarbeitsabenden der SPD-Frauengruppen.[222] Schon bald reichten die Mittel der Hamburger AWO jedoch nicht mehr aus, um die Arbeit zu finanzieren. Der Ortsausschuß war vor allem bei dem Betrieb der eigenen Einrichtungen auf immer größere Staatszuschüsse angewiesen.[223] Diese Abhängigkeit machte sich in den Jahren der Wirtschaftskrise deutlich bemerkbar. Die Arbeit wurde durch die öffentlichen Sparmaßnahmen spürbar betroffen. Insbesondere der Betrieb der eigenen Einrichtungen war aufgrund der Streichungen stark gefährdet.[224]

Die Machtübernahme der Nationalsozialisten bereitete den Aktivitäten der AWO trotz aller Anpassungsbemühungen an das neue Regime ein schnelles Ende. Dem ‚Hauptausschuß für Arbeiterwohlfahrt‘ nützte es nichts, daß er sich auf einer Reichssitzung am 17. März 1933 durch eine Änderung der Richtlinien von der SPD löste und seine völlige Unabhängigkeit erklärte. Er wurde am 12. Mai des Jahres gleichgeschaltet und in die ‚Deutsche Arbeitsfront‘ übernommen.[225] Auch die Hamburger AWO hatte im März 1933 durch eine entsprechende Satzungsänderung versucht, der drohenden Auflösung zu begegnen. Sie nahm den alten Namen ‚Hamburger Ausschuß für soziale Fürsorge e.V.‘ wieder an und verlegte ihr Büro. Trotzdem wurde sie am 29. September 1933 vom Senat aufgelöst, alle in ihrem Besitz befindlichen Einrichtungen wurden in die ‚NS-Volkswohlfahrt‘ überführt, die meisten Angestellten entlassen.[226]

4.3.2.2 Frauen in der ‚Arbeiterwohlfahrt‘

Die leitenden Funktionärinnen der mehrheitssozialdemokratischen Frauenbewegung betrachteten die ‚Arbeiterwohlfahrt‘ als die Organisation, in der die angestrebte Verknüpfung von Frauenfragen und sozialen Fragen praktisch verwirklicht werden könnte. Sie hatten ihre Gründung u.a. betrieben, weil sie hofften, in ihrem Rahmen das von ihnen propagierte Konzept der Frauenpolitisierung durch soziale Arbeit realisieren zu können. Gegenüber den innerparteilichen Kritiker(inne)n der Organisationsneugründung, die eine weitere Zersplitterung der Kräfte der sozialdemokratischen Arbeiterbewegung, insbesondere der Frauenbewegung befürchteten, betonten sie die Bedeutung der AWO als „staatsbürgerliche Erziehungsorganisation“.[227]

Durch eine Umfrage zum Verhältnis von Frauenorganisation und ‚Arbeiterwohlfahrt‘ versuchten Frauenbüro und Hauptausschuß ihr Konzept der Frauenpolitisierung zu untermauern. Deren Ergebnisse wurden auszugsweise im ersten Rechenschaftsbericht des Hauptausschusses aus dem Jahr 1924 veröffentlicht. Darin hieß es, daß sich unter der Vielzahl von Berichten aus Parteikreisen nur ein einziges ungünstiges Urteil gefunden hätte. Allgemein sei die positive Funktion der ‚Arbeiterwohlfahrt‘ für die Entwicklung der sozialdemokratischen Frauenbewegung betont worden. Eine genauere Auswertung der zitierten Stellungnahmen relativiert diese Bilanz; es entsteht ein differenzierteres, zum Teil gar widersprüchliches Bild:[228] Allgemeiner Konsens war offenbar, daß ‚Arbeiterwohlfahrt‘ und SPD-Frauenorganisation „ganz eng miteinander verwachsen“ seien. Unterschiedliche Anschauungen bestanden jedoch darüber, ob dies der Entwicklung der sozialdemokratischen Frauenbewegung uneingeschränkt förderlich war. Die einen sahen in der ‚Arbeiterwohlfahrt‘ den „Boden“, auf dem die Frauenbewegung wuchs und gedieh. „Durch die soziale Arbeit, die das ureigenste Interesse der Frau“ berühre, werde „so manche Frau, die für die politische

Bewegung nicht zu haben" sei, „in den Dienst der Arbeiterbewegung gestellt". Die praktische Fürsorgearbeit hätte „bei vielen Frauen erst das Parteiinteresse" geweckt. Sie würden durch die Betätigung in der ,Arbeiterwohlfahrt' lernen, „positive Arbeit für die Allgemeinheit zu leisten"; langfristig sei so ein „Stamm von guten, überzeugten Genossinnen" zu gewinnen. Die anderen erkannten zwar die Notwendigkeit der ,Arbeiterwohlfahrt' an und betonten deren agitatorische Bedeutung, bestritten aber, daß durch die soziale Arbeit in umfangreicherem Ausmaß neue Frauenkräfte für die Arbeiterbewegung mobilisiert werden könnten. Die „Funktionärinnen, die schon die Parteiarbeit" leisteten, würden „auch noch diese Arbeit tragen". Es bestehe die Gefahr, daß „durch Überspannung der Kräfte die Aktivität für die Partei erlahme". Die Frauen neigten dazu, „die politischen Tagesfragen und die Parteizugehörigkeit in den Hintergrund zu stellen und schließlich nur für die Wohlfahrtsfrage zu haben zu sein". Neue Genossinnen, die durch die soziale Arbeit gewonnen werden würden, ließen sich in der Regel nur sehr schwer für die „eigentliche Parteipolitik" erwärmen.

Hauptursache der widersprüchlichen Einschätzungen über die Bedeutung der ,Arbeiterwohlfahrt' für die Entwicklung der Frauenorganisation scheinen die Unterschiede in der konkreten Praxis vor Ort gewesen zu sein. Darauf deutet zumindest die Analyse der Hamburger Verhältnisse hin.

Die Gründung des ,Hamburger Ausschusses für soziale Fürsorge' war vor allem vom Frauenaktionsausschuß betrieben worden, dessen Anliegen jedoch bei der männlichen Mehrheit in Parteivorstand und Parteiausschuß der Landesorganisation auf breite Resonanz stieß. Die Schaffung einer sozialdemokratischen Wohlfahrtsorganisation wurde zu einer Angelegenheit der gesamten Parteiführung gemacht. Hintergrund hierfür war die große Bedeutung, die die Landesorganisation traditionsgemäß Sozialpolitik und Wohlfahrtspflege beimaß. In der Weimarer Republik wurde dieser Bereich zu einem zentralen Schwerpunkt der sozialdemokratischen Kommunalpolitik. Deshalb drängten die führenden Genossen von Anfang an in die Leitung des Vereins, in der bis 1933 Männer dominierten: Im Geschäftsausschuß fanden sich unter den acht Mitgliedern nur zwei bzw. drei Genossinnen. Der Frauenanteil in diesem Gremium lag mit rund 31 % zwar höher als im Landesvorstand der Hamburger SPD, wo rund 21 % der Mitglieder weiblich waren, und übertraf den durchschnittlichen Anteil der weiblichen Parteimitglieder von 23 %, doch im Vergleich zum Frauenanteil im ,Hauptausschuß für Arbeiterwohlfahrt', wo die Frauen sechs von zwölf Mitgliedern des ,geschäftsführenden Arbeitsausschusses' stellten, und zu vielen anderen Ortsausschüssen waren die Genossinnen in der Führung der Hamburger AWO relativ gering vertreten. Während auf Reichsebene die Führerinnen der SPD-Frauenorganisation in der Leitung der AWO entscheidenden Einfluß hatten, was sich schon darin zeigt, daß Marie Juchacz beiden Organisationen vorstand, war der Einfluß der leitenden Funktionärinnen der Hamburger Frauenorganisation in der Führung des AWO-Ortsausschusses gering. Die Zusammensetzung des ersten Geschäftsausschusses, der von Januar 1920 bis Oktober 1922 im Amt war und unter dessen fünf Mitgliedern sich Ella Wierzbitzki und Louise Wegbrod als Vertreterinnen des Frauenaktionsausschusses fanden, blieb eine Ausnahme.[229]

Sozialpolitik und Wohlfahrtspflege galten theoretisch zwar auch in der Hamburger Partei als zentrale Aufgabenbereiche der sozialdemokratischen Frauen und waren demgemäß ein Schwerpunkt ihrer praktischen Tätigkeit, doch selbst auf diesem Gebiet blieb ihr politischer Einfluß gering. Die Genossen bestimmten in der Hansestadt die Politik der ,Arbeiterwohlfahrt' und engagierten sich in der öffentlichen Fürsorge, den Genossinnen überließen sie die Arbeit in der freien Wohlfahrtspflege. Sie waren froh, die Frauen, in denen viele zumindest unbewußt lediglich Konkurrentinnen sahen, auf dieses Tätigkeitsfeld ,abschieben' zu können, das in ihren Augen eine relativ geringe politische Bedeutung hatte. Gefördert wurde diese geschlechtsspezifische Aufgabenteilung durch die Haltung vieler Genossinnen, die die Beschränkung auf die freie Wohlfahrtspflege akzeptierten, weil sie bei sozialen Selbsthilfe-Aktivitäten sehr direkt für ihre eigenen Interessen aktiv werden konnten und nicht mit Männern um Ämter und Posten konkurrieren mußten.

Die freie Wohlfahrtspflege im Stadtteil war von Anfang an ‚Frauensache'; auf der Ebene der Distrikte überließen die Genossen den Genossinnen selbst die Leitung der AWO. Meist lagen der Vorsitz des AWO-Distriktsausschusses und der Distriktsfrauengruppe in einer Hand. Die praktische Sozialarbeit beanspruchte einen nicht unerheblichen Teil der Arbeitskraft vieler Funktionärinnen.[230] AWO-Arbeit und innerparteiliche Frauenarbeit waren auf der Distriktsebene in den ersten Jahren nach der AWO-Gründung organisatorisch häufig nicht getrennt. Die Aktivitäten des AWO-Distriktsausschusses wurden in der Frauengruppe diskutiert und organisiert. Dies änderte sich erst, als die Führung der Hamburger AWO seit 1922 immer stärker darauf drang, regelmäßig eigene Mitgliederversammlungen in den Distrikten durchzuführen. Die fehlende Trennung von ‚Arbeiterwohlfahrt' und Frauenorganisation beeinträchtigte die Qualität der innerparteilichen Frauenarbeit und der Frauenagitation. Deshalb forderte *Marie Arning*[231] auf der zweiten Frauenkonferenz des Bezirks Hamburg-Nordwest im Oktober 1924 in einem Vortrag zur SPD-Frauenarbeit:

> „Es müssen mehr Kräfte freigemacht werden für die Mitarbeit. Besonders muß eine Arbeitsteilung streng durchgeführt werden. Heute geht ein großer Teil unserer Funktionärinnen in die Arbeiterwohlfahrt über. Es muß dahin gestrebt werden, die erfahrenen, tüchtigen Genossinnen in der Werbearbeit (der SPD, K.H.) zu beschäftigen und den jüngeren, neu geworbenen Kräften mehr die Arbeiterwohlfahrt zu überlassen."[232]

Seit Mitte der zwanziger Jahre bemühten sich die leitenden Funktionärinnen der Hamburger SPD, die geforderte Arbeitsteilung zwischen ‚Arbeiterwohlfahrt' und Frauenorganisation durchzusetzen. Die Funktionärinnen in den Distrikten wurden angehalten, neben der sozialen Arbeit die Frauenarbeit nicht zu vernachlässigen. Sie sollten versuchten, die AWO-Arbeit zu delegieren, vor allem an unerfahrene und passive Genossinnen aus den Frauengruppen. Es gelang in der Tat, Frauen aus diesem Kreis für die ‚Arbeiterwohlfahrt' zu aktivieren. Meist machten sie bald auch engagierter in den Frauengruppen mit, doch nur selten konnten sie zu einer Mitarbeit in der Gesamtpartei bewegt werden. Hauptmittel zur Einbeziehung bisher passiver Genossinnen waren die Handarbeitsabende, die in Hamburg eine direkte Verbindung zwischen AWO-Distriktsausschuß und SPD-Frauengruppe herstellten. Diese Funktion behielten die Handarbeitsabende auch nach der Gründung der ‚Hauswirtschaftlichen Vereinigung' bei, die sie seit 1931 in Arbeitsteilung mit der SPD-Frauenorganisation durchführte.[233] Das breitere Engagement in der ‚Arbeiterwohlfahrt' entlastete die Funktionärinnen, die sich wieder stärker der SPD-Frauenarbeit widmen konnten. Gefördert wurde diese Entwicklung durch den Generationswechsel in der Führung der Hamburger Frauenorganisation; die jüngeren Funktionärinnen lehnten allgemein eine Beschränkung auf Sozialpolitik und Wohlfahrtspflege ab und setzten sich besonders vehement für eine Arbeitsteilung von AWO und Frauenorganisation ein. Sie betrachteten als Schwerpunkt ihrer politischen Tätigkeit die Mitarbeit in der SPD.[234] Seit diese Arbeitsteilung konsequenter praktiziert wurde, galt das Konzept der Frauenpolitisierung durch Sozialarbeit in der Hamburger Frauenorganisation allgemein als erfolgreich[235].

Über Zahl und soziale Zusammensetzung der Mitarbeiter(innen) des ‚Hamburger Ausschuß für soziale Fürsorge e.V.' fehlen exakte Angaben. 1924 gab der Ortsausschuß eine Zahl von rund 2.500 Mitarbeiter(inne)n an, darunter mindestens 900, die sich ausschließlich in der freien Wohlfahrtspflege engagierten[236]. Überwiegend waren dies Hausfrauen und Mütter. Die Motive, die sozialdemokratische Arbeiterfrauen dazu bewegten, in der freien Wohlfahrtspflege mitzuarbeiten, schildert *Gerd Eggert* (geb. 1912) am Beispiel seiner Mutter *Alma Eggert*, die nach dem Tod ihres Mannes im Juni 1917 ihre drei Kinder allein großziehen mußte[237]. Da die Kriegerwitwenrente nicht reichte, arbeitete sie als Plätterin und Putzfrau. Er berichtet:

„Im Krieg war Mutter neben all dem auch noch in der Wohlfahrtsarbeit aktiv geworden. Sie arbeitete in der Kriegsküche Humboldtstraße. So kriegten wir Kinder mindestens einmal am Tag eine warme Mahlzeit. Aus dieser Zeit kannte sie viele Genossinnen aus der SPD. Die Notlage zwang die Frauen dazu, aktiv zu werden, da gab es kein Wenn und Aber. Die haben sich schon wegen ihrer Familie in der Wohlfahrtsarbeit engagiert, haben geholfen, wo sie helfen konnten. Den Arbeiterfrauen ging es ja allen so ... 1919, als die AWO hier als ‚Hamburger Ausschuß für soziale Fürsorge e.V.' gegründet wurde, war meine Mutter mit dabei. Sie war immer als Helferin in der AWO aktiv ... Durch die Mitarbeit in der Arbeiterwohlfahrt und der SPD, durch die Referate und Diskussionen auf den Distriktsabenden lernte sie viel Neues. Das war ihre ‚Schule' ... Die Frauen machten in der AWO und in der SPD mit, weil sie wollten, daß ihre Kinder es einmal besser haben als sie ..."[238]

Die praktische Tätigkeit in der ‚Arbeiterwohlfahrt' knüpfte an den sozialen Interessen und Problemen, den Erfahrungen und Handlungsformen der Arbeiterfrauen an; die Selbsthilfe im Rahmen ihres sozialen Frauennetzes war für sie von jeher eine Überlebensnotwendigkeit. Ohne wechselseitige Frauensolidarität hätten sie die vielfältigen Lasten und Nöte des Alltags nur schwer bewältigen können.[239] Weltanschauung und Parteizugehörigkeit spielten dabei in der Regel keine Rolle. Elfriede P. berichtet über die Nachbarschaftshilfe in ihrer Wohngegend in Eilbek:

„Die Nachbarschaftshilfe war viel stärker ausgeprägt als heute. Heute können ja die Leute nebenan sterben, da weiß kein Mensch was davon. Das gab es einfach nicht. Das war auch in den Häusern so, wo Menschen wohnten, die selbst politisch nicht aktiv waren. Die Nachbarn kannten sich und es war selbstverständlich, daß man sich gegenseitig half, daß man die Kinder beaufsichtigte, daß man fragen konnte, kannst Du die Kinder mal mitnehmen, zum Arzt oder in den Kindergarten zum Beispiel ... Man hatte immer das Gefühl, da kannst du hingehen, da kannst du was sagen ... Man wußte, daß man Gehör fand, wenn man mit irgendetwas kam, daß sie versuchten zu helfen ..."

Der Ansatzpunkt des privaten wie des gesellschaftlichen Handelns von Arbeiterfrauen war eher familienorientiert. Sie wollten wie Alma Eggert durch ihr Engagement die gegenwärtige Not der eigenen Familie lindern und eine bessere Zukunft für ihre Kinder erreichen. In der ‚Arbeiterwohlfahrt' konnten sie praktisch für diese persönlichen Ziele aktiv werden, die ihrer Ansicht nach zugleich gesellschaftliche Ziele waren, weil sie nur durch eine Umgestaltung der Gesellschaft erreicht werden konnten. Für das Engagement in der freien Wohlfahrtsarbeit der AWO mußten sie kein politisches Wissen mitbringen; ihre spezifischen Qualifikationen als Hausfrauen und Mütter waren gefragt.

Schwerpunkte der Selbsthilfe-Aktivitäten der Genossinnen in der Hamburger ‚Arbeiterwohlfahrt' waren die Fürsorge für Kinder, Alte und Erwerbslose. Das erste Projekt, das nach Kriegsende im wesentlichen durch ehrenamtliche soziale Arbeit aufgebaut wurde, war die Kinderferienkolonie Köhlbrand. Der Ortsausschuß begann den Betrieb der Tageskolonie im Jahr 1922 mit 1.200 Kindern[240]. Tag für Tag trafen sich die Arbeiterjungen und -mädchen in den Schulferien morgens um 8 Uhr an den Sammelplätzen in den Stadtteilen und gingen oder fuhren gemeinsam mit der Gruppe, der sie zugeteilt worden waren, unter Aufsicht zum Hafen; dort setzten sie mit dem Dampfer zum Maakendamm über. Jeweils 15 bis 20 Kinder bildeten eine Gruppe und wurden in der Regel von zwei Helferinnen betreut, einer älteren und einer jüngeren. Auf dem Koloniegelände spielten und bastelten, sangen und tanzten, turnten und schwammen die Kinder, unterbrochen nur von den Mahlzeiten und der allgemeinen Mittagsruhe. Erst abends gegen 17 Uhr ging es wieder nach Hause zurück.[241] Mit großen und kleinen Festen versuchten die Helferinnen Abwechslung in das Tagesprogramm zu bringen. Sie organisierten u.a. Kasperletheater, Strandfeste, Burgenbau-Wettbewerbe und sportliche Wettkämpfe, improvisierten Konzerte, Theateraufführungen oder Zirkusvorstellungen.[242] Darüber hinaus versuchten sie das soziale und politische Empfinden der

Küchenhelferinnen der Kinderferientageskolonie Köhlbrand der Hamburger Arbeiterwohlfahrt, ca. 1929 (Arbeiterwohlfahrt, Landesverband Hamburg)

Kinder zu wecken: Anläßlich der Verabschiedung der Weimarer Verfassung wurde alljährlich am 11. August eine „Verfassungsfeier“ durchgeführt. Um an den Ausbruch des Ersten Weltkrieges zu erinnern, organisierten sie jedes Jahr eine „Kundgebung gegen den Krieg“.[243]

Die Kinder kamen offensichtlich gerne zum Köhlbrand; die Besucherzahl stieg stetig. 1928 machten dort bereits 23.271 Mädchen und Jungen zwischen drei und vierzehn Jahren ein bis vier Wochen Ferien. Für die meisten war es die einzige Möglichkeit eines Erholungsurlaubs. Die Mehrzahl der Kinder besuchte die Tageskolonie, die seit 1924 durchgehend von Mai bis September geöffnet war, in den Pfingst- und Sommerferien (1928: 18.610). Doch in zunehmender Zahl kamen zum einen Kleinkinder (1928: 753), zum anderen Schulkinder (1928: 3.908).[244] Die Zahl der Schulklassen, die mit ihrer Lehrerin bzw. ihrem Lehrer für ein oder zwei Wochen die „Ferienschule des Köhlbrand“ besuchten, stieg besonders stark an, seit 1930 eine Unterrichtshalle und ein Klassenzimmer mit naturkundlichen Lehrmitteln fertiggestellt waren[245]. Angesichts des wachsenden Andranges mußte die Arbeitsgemeinschaft Köhlbrand die Anlage mit Hilfe von Staatsmitteln seit 1926/27 ständig erweitern[246]. Die Ferienkolonie der Hamburger AWO war nach Einschätzung des ‚Hauptausschusses für Arbeiterwohlfahrt‘ die größte Einrichtung ihrer Art im Reich[247].

Zum Köhlbrand durfte jedes Kind. Die Anmeldung konnten die Eltern im AWO-Büro, in den AWO-Kindertagesheimen, in allen Schulen sowie in den Anmeldestellen der Stadtteile – Privatwohnungen von AWO-Mitgliedern, die sich als „Vertrauensleute“ zur Verfügung gestellt hatten – abgeben. Die Adressen der Anmeldestellen wurden in den großen Hamburger Tageszeitungen veröffentlicht.[248] 3,75 Mark kostete der wöchentliche Aufenthalt auf der Tageskolonie inklusive Fahrgeld Ende der zwanziger Jahre; enthalten waren in dem Preis die Hin- und Rückfahrt mit U-Bahn und Elbdampfer sowie die Verpflegung: Frühstück, Mittagessen und Nachmittagskaffee. Dieser Preis war nur durch erhebliche staatliche Zuschüsse möglich.[249] Für besonders erholungsbedürftige Kinder aus mittellosen Familien gab es „Freistellen“, die durch „Patenschaften“, d.h.

durch Spenden in Höhe einer Tages- bzw. Wochenkarte finanziert wurden. Mitte der zwanziger Jahre konnte die AWO an 1.000 Kinder eine „Freistelle" vergeben.[250] Die erfolgreiche Arbeit der Tageskolonie Köhlbrand wurde in der Wirtschaftskrise zunehmend in Frage gestellt[251]. Aufgrund der Sparpolitik des Senats mußten Wohlfahrtsamt und Oberschulbehörde 1930 die jährliche Unterstützung kürzen; auch die Jugendbehörde strich den größten Teil der Zuschüsse. Die AWO war gezwungen, den Preis der Wochenkarte auf 4,– Mark zu erhöhen.[252] Dies traf insbesondere Kinder aus kinderreichen minderbemittelten Familien sowie die steigende Zahl von Kindern erwerbsloser Eltern. Die Folge war ein drastischer Rückgang der Besucherzahl der Ferienkolonie, die zwischen 1930 und 1931 um 25 % sank.[253] Um den Betrieb aufrechtzuerhalten, versuchte die AWO die staatlichen Kürzungen mit eigenen Mitteln auszugleichen; auch die Schulvereine erhöhten ihre Zuschüsse. Alle, die noch helfen konnten, wurden von der ‚Arbeitsgemeinschaft Köhlbrand' aufgerufen, in verstärktem Maße Patenschaften zu finanzieren.[254]

Um den umfangreichen Betrieb der Ferienkolonie Köhlbrand bewältigen zu können, war eine großer Stamm zuverlässiger Helferinnen notwendig, die in den Stadtteilen die Karten vertrieben und Spenden für Freiplätze sammelten, auf dem Köhlbrand die Organisation übernahmen, in der Küche mitarbeiteten und die Kindergruppen betreuten. Es waren überwiegend nichterwerbstätige Arbeiterfrauen mit Klein- oder Schulkindern, die in den Sommermonaten die Arbeit für die Ferienkolonie trugen. Wenn sie auf dem Köhlbrand halfen, brachten sie meist ihre Kinder mit. Auf diese Weise verschafften sie ihnen einen kostenlosen Erholungsurlaub. Die Frauen selbst betrachteten ihre Tätigkeit in der Ferienkolonie als willkommene Abwechslung in ihrem Alltag.[255] Zunächst leisteten die Genossinnen die Arbeit ohne jede Aufwandsentschädigung, lediglich Fahrt und Verpflegung für sich und die eigenen Kinder waren frei. Seit 1925 erhielten erwachsene Helferinnen ein wöchentliches Entgelt von 18 Mark, jugendliche Helferinnen unter 18 Jahren bekamen 10 Mark. Erwerbslosen bezahlte die AWO darüber hinaus die Sozialversicherung. Dies führte dazu, daß sich immer mehr jüngere, erwerbslose Genossinnen und in zunehmender Zahl auch Genossen um die Tätigkeit als Köhlbrand-Helfer(in) bei der ‚Arbeiterwohlfahrt' bewarben, darunter viele ältere Mitglieder der SAJ und der ‚Kinderfreunde'. Durch die Zahlung einer Aufwandsentschädigung sicherte sich die AWO einen festen Kreis von Mitarbeiter(inne)n, der Jahr für Jahr in den Sommermonaten half.[256] Die Helfer(innen) trafen sich während des Köhlbrandbetriebes einmal wöchentlich. Die Besprechungen dienten der Organisation der Arbeit, dem Erfahrungsaustausch und der Weiterbildung; hier wurde über pädagogische, psychologische und medizinische Fragen referiert und diskutiert. Die Durchführung dieser Helfer(innen)-Treffen wie die gesamte Anleitung der Erziehungsarbeit lag in den Händen der ‚Kinderfreunde'.[257]

Neben der Kindererholungsfürsorge war die Betreuung bedürftiger alter Menschen ein wichtiger Bereich der Selbsthilfe-Aktivitäten der Genossinnen, die in der Hamburger ‚Arbeiterwohlfahrt' mitarbeiteten. Bereits Anfang der zwanziger Jahre wurden in einigen AWO-Distrikten Mittagsfreitische für ältere Sozialdemokrat(inn)en eingerichtet. Besonders Bedürftige unterstützte die AWO durch finanzielle Zuwendungen oder Lebensmittelpakete. Alljährlich zu Weihnachten wurden rund 800 Alte zu einer „Feierstunde" ins Gewerkschaftshaus eingeladen.[258]

Als die Not in weiten Kreisen der Arbeiterschaft infolge von Teuerung und Erwerbslosigkeit immer größer wurde, initiierte der Arbeiterrat Groß-Hamburg Ende 1923, unterstützt von den freien Gewerkschaften, eine ‚Gewerkschaftliche Notspeisung'. Den erwerbslosen Gewerkschaftsmitgliedern sollte gegen ein geringes Entgelt täglich eine warme Mahlzeit verabreicht und ihre Familien durch Lebensmittel- und Wäschepakete unterstützt werden. Finanziert werden sollte diese Aktion durch die Spenden der beschäftigten Gewerkschafter(innen). Durchgeführt wurde sie zusammen mit der AWO, deren weibliche Mitglieder den gesamten Speisungsbetrieb organisierten. Die ‚Produktion' unterstützte das Projekt durch Lebensmittel- und Wäschespenden. Die

,Gewerkschaftliche Notspeisung' nahm im Januar 1924 ihre Arbeit auf; bis zum Winterende wurden täglich rund 5.500 Portionen Essen in den Notstandsküchen der Stadtteile – Turnhallen – sowie im Gewerkschaftshaus verteilt. Das Essen wurde in den Krankenanstalten gekocht und durch die Fahrbereitschaft der Polizei in die Turnhallen gebracht. Dort gaben es die AWO-Helferinnen für einen Preis von 10 Pfennigen aus, darüber hinaus verteilten sie 20.000 Lebensmittel-Pakete. Die ,Gewerkschaftliche Notspeisung' wurde seit 1924 alljährlich in ähnlichem Umfang in den Wintermonaten durchgeführt. Zusätzlich organisierten die Mitarbeiterinnen der AWO seit 1925 regelmäßig im Dezember zwei große Weihnachtsfeiern für jeweils 1.000 Kinder von Erwerbslosen im Gewerkschaftshaus, die bewirtet und beschenkt wurden. Das Hilfswerk der ,Gewerkschaftlichen Notspeisung' mußte seit Ende der zwanziger Jahre aufgrund der wachsenden Zahl von Arbeitslosen immer stärker durch staatliche Mittel gestützt werden.[259]

Angesichts der inflationsbedingten Massennot entstand auch die ,Hamburgische Frauenhilfe 1923', die vom ,Stadtbund Hamburgischer Frauenvereine' initiiert worden war. Die Ziele dieses Zusammenschlusses beschrieb der Gründungsaufruf vom Dezember 1923:

> „Zur Abwehr gegen die Not dieser Wintermonate hat sich ein großer Kreis Hamburger Frauen zusammengeschlossen. Sie wollen durch persönliche Leistungen und durch die Erweckung der Hilfsbereitschaft bei all denen, die noch seelische und wirtschaftliche Kraft einzusetzen haben, einen Damm bilden gegen die Flut des Elends. Die Frauenhilfe will durch ihre bewegliche, auf privater Hilfe aufgebaute Organisation in allen Bezirken der Stadt die Möglichkeit schaffen, in enge Fühlung mit allen bestehenden Einrichtungen jeder Not nachzugehen und Hilfe für sie zu suchen."[260]

Innerhalb kürzester Zeit entstanden in 21 Bezirken der Stadt 47 Bezirksgeschäftsstellen, 20 für die Erwachsenenfürsorge und 27 für die Kinderfürsorge. Diese Geschäftsstellen bildeten in den Stadtteilen den Mittelpunkt der ehrenamtlichen Hilfsaktivitäten der Frauen, deren Schwerpunkte waren:

- der Kampf gegen das Kinderelend durch die Organisation von Speisungen und die Sammlung und Verteilung von Kleidung und Schuhen,
- die Hilfe für obdachlose Frauen – vor allem für obdachlose Mütter mit kleinen Kindern – durch die Einrichtung von zwei Tages-Unterkunftsräumen in den Stadtteilen Neustadt und Rotherbaum,
- die Hilfe für erwerbslose und minderbemittelte Frauen durch die Einrichtung von zwei Nähstuben mit sachkundiger Leitung in den Stadtteilen Barmbek und Eimsbüttel, in denen den Frauen die Möglichkeit gegeben wurde, an Nähmaschinen kostenlos die Kleidung der Familie instand zu setzen.[261]

Bei diesen Aktivitäten arbeitete die ,Frauenhilfe' eng mit der Oberschulbehörde sowie dem Jugend- und dem Wohlfahrtsamt zusammen[262]. In der ,Frauenhilfe' machten nicht nur bürgerliche Frauen der verschiedensten Konfessionen und politischen Richtungen mit, sondern auch sozialdemokratische Arbeiterfrauen, die hierzu vom ,Hamburger Ausschuß für soziale Fürsorge' aufgerufen worden waren.[263]

Wieviele Sozialdemokratinnen in der ,Frauenhilfe' mitarbeiteten, läßt sich nicht feststellen. Aus dem erstem 1925 erschienenen Tätigkeitsbericht geht nur hervor, daß der sozialdemokratische Einfluß in der Leitung gering war: Im geschäftsführenden Arbeitsausschuß war keine Sozialdemokratin vertreten, lediglich drei von 21 Bezirken wurden durch eine Genossin geführt[264]. Zu vermuten ist, daß die Einbeziehung der sozialdemokratischen Frauen in die praktische Arbeit größer war. Die ,Hamburgische Frauenhilfe' ist ein Beispiel dafür, daß bürgerliche und sozialdemokratische Frauen in der freien Wohlfahrtspflege der Hansestadt auch nach dem Ende des Ersten Weltkrieges zusammenarbeiteten. Grundlage hierfür war reichsweit die ideologische Annäherung in der Emanzipationsstrategie. In der Hansestadt kamen zum einen die relativ positiven Erfahrungen bei der Zusammenarbeit in der ,Hamburgischen Kriegshilfe' hinzu, zum anderen das

Frauen in einer Nähstube der Hamburger Arbeiterwohlfahrt, ca. 1930/31 (Arbeiterwohlfahrt, Landesverband Hamburg)

spezifische politische Klima in der Stadt; die feste Senatskoalition zwischen SPD und DDP, später auch DVP, begünstigte außerhalb des Parlaments eine Zusammenarbeit.[265]

Die ‚Hamburgische Frauenhilfe' war drei Winter aktiv; im Februar 1926 stellte sie ihre Arbeit ein[266]. Lediglich die ‚Hamburger Nähstuben' wurden unter der Trägerschaft des Wohlfahrtsamtes fortgeführt, das die Ziele der Nähstubenarbeit erweiterte[267]. Frauen und Mädchen aus der Arbeiterschaft wurde nun von bezahlten Lehrerinnen systematisch das Nähen, Stopfen und Flicken mit der Maschine beigebracht: Verheiratete Hausfrauen sollten lernen, durch ihre Näharbeiten Ausgaben zu sparen und so zum Familieneinkommen beizutragen, ledige erwerbstätige Frauen sollten auf ihren zukünftigen Beruf als Hausfrau vorbereitet und zu einer sparsamen Wirtschaftsführung erzogen und jungen erwerbslosen Frauen sollte durch die Ausbildung in den Nähstuben eine Erwerbsgrundlage vermittelt werden.[268] Die Zahl der öffentlichen Nähstuben stieg auf fünf an, 1929 gab es sie auch in Hamm, in der Neustadt und in Rothenburgsort. Um den verschiedenen Zielgruppen gerecht zu werden, wurden spezielle Kurse angeboten, Morgenkurse für Hausfrauen, Nachmittagskurse für erwerbslose junge Mädchen und Abendkurse für erwerbstätige Frauen.[269] Die Resonanz auf die staatlichen Kurse, für die nur ein geringes Entgelt von ein bzw. zwei Mark bezahlt zu werden brauchte, blieb geringer als erhofft. 1928 kamen beispielsweise insgesamt lediglich 360 Frauen und 220 Mädchen.[270]

Die Räume der öffentlichen Nähstuben, die in Volksheimen oder Schulen untergebracht waren, wurden auch von den AWO-Distriktsausschüsse in den jeweiligen Stadtteilen als Nähstuben benutzt. Darüber hinaus betrieb die Hamburger AWO in den zwanziger Jahren noch eine eigene Nähstube in St.Georg-Süd[271]. Die Leitung aller sechs Nähstuben lag in den Händen einer Genossin, die eine Ausbildung als Schneiderin hatte. Zum Besuch waren alle Frauen aus dem Stadtteil eingeladen. Ihnen sollte durch die Anleitung zur Anfertigung und Reparatur von Kleidung und

Wäsche bei einer sparsamen Haushaltsführung geholfen werden. Von den Arbeiterfrauen des sozialdemokratischen Milieus wurde dieses Angebot gerne wahrgenommen. Die AWO-Nähstube war ein beliebter Treffpunkt. Bei der Arbeit wurde geklönt, vorgelesen, diskutiert und nicht selten auch gesungen. Die engagierten Genossinnen benutzten sie nicht nur für private Zwecke, sondern nähten auch für den Bedarf der AWO; in Wahlkampfzeiten halfen sie der SPD zudem durch das Nähen von Transparenten.[272]

In den Distrikten, in denen es eine Nähstube gab, bildete diese einen Schwerpunkt der ehrenamtlichen Arbeit der AWO-Frauen. Insgesamt kam der Nähstubenarbeit in der Hamburger AWO bis Anfang der dreißiger Jahre allerdings im Vergleich zu anderen Ortsausschüssen eine geringe Bedeutung zu. Dies änderte sich erst in der Wirtschaftskrise, als im Zuge des ‚Winterhilfswerks' und der ‚Solidaritätshilfe' allerorts die Zahl der Nähstuben erheblich zunahm[273]. Vor allem in den ländlichen Regionen scheint die AWO-Nähstube bereits in den zwanziger Jahren das Zentrum der Aktivitäten des AWO-Ortsausschusses gewesen zu sein, über das auch die Verbindung zur SPD und ihren Nebenorganisationen hergestellt wurde. Sie war dort offenbar ein zentraler ‚Dienstleistungsbetrieb' für die sozialdemokratischen Organisationen: Sämtliche anfallenden Näharbeiten erledigten die Genossinnen kostenlos.[274]

Aufgrund der ständig zunehmenden Massenarbeitslosigkeit in den Jahren der Wirtschaftskrise, die von einem Abbau der staatlichen Sozialleistungen begleitet war, stiegen die Hilfsanforderungen an die freie Wohlfahrtspflege außerordentlich stark an. Diese mußte sie mit geringeren finanziellen Mitteln bewältigen.[275] Die Hamburger AWO versuchte der wachsenden Massennot, wie andere Ortsausschüsse auch, auf zwei Wegen zu begegnen: Zum einen entschloß sie sich zwecks effektiver gemeinsamer Hilfsaktionen zu einer engeren Zusammenarbeit mit den bürgerlichen und konfessionellen Spitzenverbänden der freien Wohlfahrtspflege, zum anderen versuchte sie in der Arbeiterschaft die praktische Selbsthilfe weiter zu intensivieren.

In der Hansestadt kam es vermutlich aufgrund der spezifischen politischen Verhältnisse früher als in den meisten anderen Städten des Reiches zu einer gemeinsamen ‚Winterhilfe' der Spitzenverbände der privaten Fürsorge[276]. Bereits im Winter 1929/30 schlossen sich sämtliche staatlich anerkannten Verbände der freien Wohlfahrtspflege, darunter auch die AWO, der ‚Central-Ausschuß Hamburgischer Bürgervereine' sowie der ‚Stadtbund Hamburgischer Frauenvereine' zur Aktion „Volkshilfe in Volksnot" zusammen. Der Aufruf zu dieser Aktion wurde nicht nur vom ersten und zweiten Bürgermeister sowie dem Präsidenten der Bürgerschaft unterstützt, sondern auch von den Kirchen sowie der Handels-, Detaillisten-, Gewerbe- und Konsumentenkammer.[277] Erklärtes Ziel war es, die öffentliche Fürsorge angesichts der „ungeheuer großen Not" durch schnelle zusätzliche Hilfsmaßnahmen der privaten Fürsorge zu ergänzen[278]. Durch den Zusammenschluß sollte „eine Zersplitterung und ein Nebeneinander der Hilfskräfte" vermieden und verhindert werden, „daß Hilfsbedürftige Anträge bei verschiedenen Organisationen stellten und sich dadurch ungerechtfertigt bereicherten"[279]. Appelliert wurde an den Geist der „Volksgemeinschaft"; angesichts der „Volksnot" sollte die „Selbsthilfe durch das ganze deutsche Volk" erreicht werden. Insbesondere bürgerliche Kreise sahen in der ‚Winterhilfe' zudem eine „Maßnahme der innerpolitischen Beruhigung", die einer Radikalisierung der notleidenden Bevölkerungskreise entgegenwirken sollte: Sie hofften, daß die Hilfsaktion von den sozioökonomischen Ursachen der Wirtschaftskrise ablenken und den Eindruck vermitteln würde, es werde etwas gegen die „Volksnot" getan.[280]

Um die Hilfsaktion angesichts der wachsenden Not zu effektivieren, bildeten die Spitzenverbände der freien Wohlfahrtspflege in Hamburg im Winter 1931/32 mit der öffentlichen Wohlfahrtspflege der Hansestadt eine Arbeitsgemeinschaft. Durch die noch engere Zusammenarbeit mit dem Wohlfahrtsamt sollte eine „gleichmäßige Betreuung der Hilfsbedürftigen" sichergestellt werden.[281] Geplant und koordiniert wurden die Aktivitäten des ‚Winterhilfswerks' von einem geschäftsführenden Arbeitsausschuß, in dem die Spitzenverbände der freien Wohlfahrtspflege und die Wohlfahrtsbehörde stimmberechtigt vertreten waren. Neben diesem Zentralausschuß arbeiteten eine ganze Reihe von Spezialausschüssen, deren Aufgabe die Organisation der entsprechenden Aktivitäten auf zentraler Ebene war, u.a.: ein ‚Speisungsausschuß', ein ‚Ausschuß für Sammlung und Verteilung von Lebensmitteln', ein ‚Kleidersammlungsausschuß', ein ‚Ausschuß für Geldsammlung in Büchsen', ein ‚Ausschuß für die Durchführung einer Marzipanlotterie', ein ‚Presseausschuß' und ein ‚Werbeausschuß'. Die praktische Umsetzung in den Stadtteilen wurde von den Bezirksausschüssen getragen, deren Arbeit zwar allgemeine Richtlinien regelten, die aber einen weiten Handlungsspielraum ließen. 1931 waren 25 Bezirksausschüsse des ‚Winterhilfswerks' tätig.[282]

Die Hamburger AWO engagierte sich bei allen Aktivitäten des ‚Winterhilfswerks'. Ihre Mitglieder machten bei der Geldsammlung in den Straßen mit, sammelten von Tür zu Tür Kleidung, Wäsche und Schuhzeug, holten die regelmäßigen Lebensmittelspenden des Einzelhandels ab und verkauften allerorts Lotterielose. Vor allem die Genossinnen waren aktiv. Sie arbeiteten in den Küchen und Ausgabestellen der Speisungen für Kinder und Jugendliche, Erwerbslose und Rentner, halfen in den Nähstuben, bei der Reinigung und Aufarbeitung der gespendeten Kleidung und Wäsche und waren in den Geschäftsstellen der Bezirksausschüsse tätig, in denen die Hilfesuchenden einen Antrag auf Unterstützung stellen konnten und bei Bedürftigkeit Einkaufsgutscheine, Lebensmittel, Kleidung, Wäsche und Schuhzeug erhielten.[283] Wie bei anderen allgemeinen Wohlfahrtsaktivitäten zeigte sich auch beim ‚Winterhilfswerk' eine geschlechtsspezifische Aufgabenteilung: Frauen machten die praktische Arbeit, in der Leitung der Hilfsaktion überwogen sowohl zentral als auch in den Bezirken Männer. Mehrheitlich waren dies Vertreter der bürgerlichen und konfessionellen Wohlfahrtsverbände, deren Dominanz sich auf die Arbeit des ‚Winterhilfswerks' auswirkte, die stark den Charakter von Wohltätigkeit trug. Der politische Einfluß der AWO war beschränkt.[284] Die Praxis in den Stadtteilen hing entscheidend von der sozialen und politischen Zusammensetzung der Bezirksleitung und des Mitarbeiter(innen)-Stabes ab. Nur in den Bezirken, in denen die AWO die Leitung und den größten Teil der Mitarbeiter(innen) stellte, wie in dem unten geschilderten Beispiel der Siedlung Nettelnburg, hatte die Arbeit des ‚Winterhilfswerks' mehr den Charakter von Selbsthilfe.

Nach Hamburger Vorbild entstanden auch andernorts regionale ‚Winterhilfsaktionen'. Im Winter 1931/32 schlossen sich die Spitzenverbände der freien Wohlfahrtspflege reichsweit zu einem ‚Winterhilfswerk' zusammen, dessen Arbeit von der Reichsregierung unterstützt wurde. Initiiert worden war dieser Zusammenschluß von der ‚Liga freier Wohlfahrtsverbände'. Der ‚Hauptausschuß für Arbeiterwohlfahrt', der der Liga nicht angehörte, lehnte zwar eine Unterzeichnung des Reichsaufrufes ab, empfahl aber seinen Untergliederungen die Mitarbeit auf der örtlichen Ebene, wenn zwei Bedingungen erfüllt waren: Zum einen sollte die Mitwirkung der öffentlichen Fürsorge gesichert, zum anderen mußte die NSDAP von der Hilfsaktion ausgeschlossen sein.[285] Beides war in Hamburg von Anfang an der Fall.

Bereits vor der Gründung des reichsweiten ‚Winterhilfswerks' hatte der ‚Hauptausschuß für Arbeiterwohlfahrt' eine Hilfsaktion der Arbeiterschaft angeregt, die ‚Solidaritätshilfe'. Im Oktober 1931 erschien in allen der SPD nahestehenden Zeitungen und Zeitschriften ein „Aufruf zur Solidarität", der von AWO, SPD, SAJ, ADGB, AfA-Bund, ADB und ATSB unterzeichnet worden war.[286] In ihm hieß es:

> „Die Arbeiterwohlfahrt ruft die Arbeiterschaft und ihre Freunde, alle diejenigen, die für die große Gegenwartsnot Verständnis haben, zu einer Hilfsaktion für unsere notleidenden Klassenkameraden auf. Sie fordert dazu auf, zusammenzustehen und durch kameradschaftliches Helfen zu beweisen, daß die Schicksalsverbundenheit der Arbeiterschaft lebendig ist und bleibt. Die mitunterzeichneten Verbände schließen sich dem an. Wir wissen, daß wir mit dieser Hilfe nicht die sozialen Schäden der kapitalistischen Wirtschaft beheben können.

Es geht uns darum, den Kampfesmut und die moralische Kraft der arbeitslosen Klassengenossen zu erhalten."[287]

Dieser Aufruf stieß in der sozialdemokratischen Arbeiterschaft auf ein großes Echo. Organisiert wurde die ,Solidaritätshilfe' von der ,Arbeiterwohlfahrt'. Die Ortsausschüsse, die nicht in der ,Winterhilfe' mitarbeiteten, führten die Hilfsaktion ausschließlich durch, die übrigen zusätzlich.[288] Anders als beim ,Winterhilfswerk' sollten sich die Aktivitäten der ,Solidaritätshilfe' auf „Selbsthilfemaßnahmen Arbeitsloser für Arbeitslose" konzentrieren, die durch die Spenden der erwerbstätigen Klassengenoss(inn)en finanziert werden sollten. Die Erwerbslosen sollten nicht mehr „Objekt einer fremden Hilfe" sein, sondern selbst aktiv werden und auf diese Weise aus ihrer „zermürbenden Passivität" herausgerissen werden. Als Projekte der Selbsthilfe schlug der ,Hauptausschuß für Arbeiterwohlfahrt' u.a. die Einrichtung von ,Erwerbslosenküchen' und ,Werkstätten für Sachbeschaffung, Reparatur und Ausbesserung' durch die Arbeitslosen vor.[289]

Dieser Vorschlag wurde auch in Hamburg aufgegriffen. Anfang 1932 gründeten arbeitslose Sozialdemokrat(inn)en die ,Erwerbslosen-Selbsthilfe Groß-Hamburg e.V.', die innerhalb weniger Monate 15 ,Erwerbslosen-Selbsthilfe-Küchen' in den Arbeiterwohngebieten errichtete. Ermöglicht wurde die Arbeit durch die Mitgliedsbeiträge der erwerbstätigen Förderer sowie durch Geld- und Sachspenden der ,Produktion', anderer genossenschaftlicher Unternehmen und privater Firmen. Die Räume stellte in der Regel die Stadt zur Verfügung. Alle zur Einrichtung und zum Betrieb der Küche erforderlichen Arbeiten verrichteten die Erwerbslosen selbst. Die Küchenarbeit leisteten mehrheitlich Frauen, die selbst erwerbslos waren oder deren Mann keine Erwerbsarbeit hatte. Eine Portion Essen kostete für erwerbstätige Mitglieder 30 Pfennig, für erwerbslose Mitglieder 15 Pfennig. Über die ,Erwerbslosen-Selbsthilfe-Küchen' organisierten die Arbeitslosen auch den ,Reparaturdienst', d.h. den Austausch von handwerklichen Leistungen. Erwerbslose Schneider(innen), Schuhmacher, Tischler, Schlosser, Elektriker und Klempner arbeiteten zum Selbstkostenpreis für andere Erwerbslose.[290]

Durch die Einrichtung von ,Erwerbslosen-Selbsthilfe-Küchen', ,Nähstuben', ,Reparaturdiensten' u.ä. halfen sich erwerbslose Frauen und Männer aus dem sozialdemokratischen Milieu beim alltäglichen Überleben. Die AWO förderte und unterstützte diese Initiativen in allen Stadtteilen. In der Praxis gab es für die AWO-Mitglieder häufig keine scharfe Trennung zwischen ihren Aktivitäten im Rahmen des ,Winterhilfswerks' und der ,Solidaritätshilfe'. Beides war vor allem für die Erwerbslosen letztlich Selbsthilfe. Die folgende Schilderung über die AWO-Arbeit in der Siedlung Nettelnburg, die dem Jahresbericht 1931 der Hamburger ,Arbeiterwohlfahrt' entnommen wurde, zeigt beispielhaft die Selbsthilfe-Aktivitäten eines AWO-Distrikts in den Jahren der Wirtschaftskrise und verdeutlicht den Umfang der Arbeit, der speziell von den Genossinnen geleistet wurde:

„Dieser Distrikt wurde Anfang März 1931 in der Siedlung Nettelnburg gegründet. Die Gründungsversammlung war stark besucht und durch Werbung stieg die Mitgliederzahl innerhalb 2 Wochen auf 70, von denen 60 Abonnenten der Zeitschrift ,Arbeiterwohlfahrt' wurden.

Die Gründung des Distrikts war in dem schweren Winter 1930/31 eine Notwendigkeit, die dem Ziele des ,Vereins für Arbeiterwohlfahrt' ganz entsprach, und der Distrikt nahm seine Arbeit sofort tatkräftig auf. Diese bestand darin, daß der Distrikt die in der Nettelnburger Schule im Januar 1930 von der Schulgemeinschaft eingerichtete Kinderspeisung auf die Erwerbslosen ausdehnte. Ab Mitte März 1931 bis Juni wurden 3.013 Liter Essen an Erwerbslose abgegeben und 2.250 Liter an Kinder. Die letzteren erhielten das Essen unentgeltlich, während die Erwachsenen 15 Pfennig zahlen mußten.

Mit dem Kochen wurde von Juli bis September ausgesetzt, doch ruhten die Arbeiterwohlfahrtsmitglieder auch im Sommer nicht; denn jetzt wurde bei allen Siedlern das im Sommer reichlich geerntete Gemüse gesammelt, zur Schule getragen und dort von den Genossinnen in Dosen für den Winter eingemacht. Auch mit dem Trocknen von Obst wurde sich befaßt. Durch diese Arbeit im Sommer erreichten wir, daß uns zirka 1.000 Pfund an Gemüse und Früchten bei Beginn der Kochperiode, im November, zur Verfügung standen. Unsere ganze Arbeit war darauf eingestellt, auch dann, wenn alles andere versagen sollte, wenigstens die Essenausgabe solange als nur irgend möglich durchzuhalten. Ein Rundschreiben an alle Siedler lag in diesem Sinne bereits fertig zur Verbreitung bereit, als das Winterhilfswerk gegründet wurde, bei dem unser Distrikt die Führung in dem Bezirk der Winterhilfe übernahm. Dadurch wurden wir in die Lage versetzt, die Küche noch weiter auszubauen, das heißt wir konnten jetzt allen, die Essen haben wollten, solches geben und wieder auf den Satz von 15 Pfennig pro Liter heruntergehen, während wir sonst 20 Pfennig hätten fordern müssen. 40 Genossinnen, fast alle Mitglieder der Arbeiterwohlfahrt, teilten sich die Arbeit beim Kochen. Daneben wurden 2 Nähstuben eingerichtet. Eine für Auf- und Umarbeitung getragener Kleidungsstücke und eine für Weißnäherei. In beiden Nähstuben betätigen sich etwa 20 Genossinnen, die in der Schule aber nur zweimal wöchentlich arbeiten. Hier wird im wesentlichen nur vorbereitet, während die Hauptarbeit im Hause geleistet wird.

Die Arbeiterwohlfahrt Hamburg hat uns hierfür 2 Nähmaschinen zur Verfügung gestellt, die neben den in der Schule vorhandenen Maschinen ausgezeichnete Hilfe leisten.

Zum Weihnachtsfeste wurden 60 Pakete für Kinder gepackt, die zum großen Teil Erzeugnisse aus diesen Nähstuben enthielten ...“[291]

Leiterin der Frauengruppe des SPD-Distrikts Nettelnburg-Billwerder und des AWO-Distriktsausschusses Nettelnburg war Bertha F.. Durch die beschriebene AWO-Arbeit gelang es ihr, den größten Teil der Genossinnen zu aktivieren, die in der Siedlung Nettelnburg wohnten. Sie betonte im Interview, daß die meisten Arbeiten für die AWO in ihrem Distrikt von Frauen geleistet wurden. Die zeitintensive Mitarbeit war ihnen möglich, weil die Männer erwerbslos waren. Wenn ihre Frauen zum „AWO-Dienst“ mußten, blieben sie im Hause und beaufsichtigten die Kinder.

Selbst in den Jahren der Wirtschaftskrise, als sehr viele Genossen arbeitslos waren, wurde der größte Teil der praktischen Arbeit in den Selbsthilfe-Projekten der AWO von Genossinnen getragen. Ursache hierfür war die traditionelle geschlechtsspezifische Arbeitsteilung, die auch in der Praxis der Selbsthilfe fortgeführt wurde: Die erwerbslosen Männer engagierten sich in besonderem Maße bei der Beschaffung von Geld- und Sachspenden, übernahmen die Organisation und führten ggf. die notwendigen handwerklichen und landwirtschaftlichen Arbeiten aus. Durch diese Tätigkeiten sicherten sie die materielle und organisatorische Grundlage und verschafften sich den entscheidenden Einfluß. Den Frauen überließen sie die von ihnen gering bewerteten ‚hausfraulichen‘ Aufgaben, u.a. das Nähen, Reinigen und Ausgeben von Kleidung und Wäsche sowie das Zubereiten und Austeilen von Nahrung. Die meisten Männer waren aufgrund ihrer Sozialisation weder in der eigenen Familie noch in der Gesellschaft bereit, den Frauen Hausarbeiten abzunehmen; dies änderte sich in der Regel auch dann nicht, wenn sie arbeitslos wurden. Für Arbeiterfrauen hingegen bedeutete Erwerbslosigkeit in der Regel doppelte Arbeit. Sie mußten mit allen Mitteln versuchen, die Existenz der Familie zu sichern. Ein Weg hierzu war das Engagement in sozialen Selbsthilfe-Projekten.[292]

* * *

Die ‚Arbeiterwohlfahrt‘ entwickelte sich in der Weimarer Republik zu einem festen Bestandteil der sozialdemokratischen Arbeiter- und Frauenbewegung. In der politischen Praxis erwies sich die neue Organisation als ein wichtiges Mittel zur Beeinflussung der staatlichen Sozialpolitik und Wohlfahrtspflege. Dies galt insbesondere für die Länder und Gemeinden, die wie Hamburg sozialdemokratisch regiert wurden. Der politische Einfluß der AWO endete wie die Möglichkeiten einer Neugestaltung des Wohlfahrtswesens an den durch das Reich gesetzten rechtlichen und finanziellen Grenzen. Die Sozialdemokratie konnte ihr ursprüngliches Ziel, eine „Kommunalisierung“ und „Sozialisierung“ des gesamten Fürsorgewesens nicht durchsetzen. Offizielle Politik des Reiches, die von den bürgerlichen und konfessionellen Spitzenverbänden der freien Wohlfahrtspflege unterstützt wurde, war seit Anfang der zwanziger Jahre die systematische Förderung der freien Wohlfahrtspflege, die gleichrangig neben die öffentliche treten sollte. Die Praxis der AWO, die theoretisch den Vorrang der öffentlichen Fürsorge betonte, paßte sich dieser Politik an: Seit

Anfang der zwanziger Jahre betrieb sie reichsweit freie Wohlfahrtspflege nicht nur als ehrenamtliche Selbsthilfe der Arbeiterschaft, sondern begann zunehmend auch mit dem Aufbau eigener Einrichtungen, in denen berufsamtliche Kräfte tätig waren. Auch in der AWO-Arbeit zeigte sich in der Weimarer Republik der einsetzende Trend zur Professionalisierung der sozialen Arbeit. Die Organisation bemühte sich insbesondere auf ihrem Hauptbetätigungsfeld, der Kinderfürsorge, um eine Arbeit, die dem damaligen Stand der modernen Sozialpädagogik entsprach und versuchte zumindest in Hamburg, wo sie eng mit den ‚Kinderfreunden' zusammenarbeitete, sozialistische Erziehungsvorstellungen einfließen zu lassen. Mit den eigenen Projekten und Einrichtungen wollte sie vorbildliche Arbeit leisten und so eine Pionierrolle für die öffentliche Wohlfahrtspflege übernehmen.

Anders als viele andere Ortsausschüsse arbeitete die Hamburger AWO in der ehrenamtlichen freien Wohlfahrtspflege von Anfang an eng mit bürgerlichen und konfessionellen Kreisen zusammen, insbesondere in den extremen Notzeiten von Hochinflation und Wirtschaftskrise. Diese Kooperation knüpfte an die Tradition der ‚Hamburgischen Kriegshilfe' im Ersten Weltkrieg an, dem ersten regionalen Zusammenschluß sämtlicher Träger der freien Wohlfahrtspflege. Die Zusammenarbeit erwies sich, wie die Analyse der ‚Hamburgischen Frauenhilfe 1923' und der ‚Volkshilfe in Volksnot' zeigt, als problematisch. Der politische Einfluß der AWO in diesen Aktionen war gering und stand in krassem Widerspruch zum Leistungsanteil, den die AWO-Mitglieder an der Basis erbrachten.

Die ‚Arbeiterwohlfahrt' entwickelte sich gemäß den Vorstellungen von Parteivorstand und Frauenbüro zu einem Haupttätigkeitsfeld der sozialdemokratischen Frauen, deren Bereitschaft in der neuen Organisation mitzuwirken groß war. Die Orientierung auf die soziale Arbeit entsprach ihren Bedürfnissen, Interessen, Erfahrungen und Handlungsformen: Als Hausfrauen und Mütter aus der Arbeiterschaft waren sie in besonderem Maße von den sozialen Nöten betroffen. Der Ansatzpunkt ihres Handelns war eher familienorientiert. Sie wollten durch ihr Engagement eine konkrete Verbesserung der Lebensverhältnisse ihrer Familie und der Zukunftsaussichten ihrer Kinder erreichen. Soziale Arbeit war für sie Selbsthilfe. Die Arbeit in der AWO, vor allem die ehrenamtliche Betätigung in der freien Wohlfahrtspflege, in Selbsthilfe-Projekten knüpfte an ihren privaten Handlungsformen an. Im sozialen Netz der Frauen ihres Milieus lebten sie alltäglich ein Stück Solidarität, unabhängig von politischer Weltanschauung, über Glaubens- und Parteigrenzen hinweg. Für die Mitarbeit in der freien Wohlfahrtspflege der AWO waren ihre spezifischen Qualifikationen als Hausfrauen und Mütter gefragt. Zudem brauchten sie keine Konkurrenz mit Männern zu befürchten. Diese überließen den Frauen freiwillig die praktische Arbeit in der freien Wohlfahrtspflege. Wenn Genossen sich in der soziale Arbeit engagierten, beschränkten sie ihre Tätigkeit meist auf die öffentliche Wohlfahrtspflege sowie die Mitarbeit in den politisch entscheidenden Leitungsgremien der AWO. Selbst in dem als „naturgemäß weiblich" geltenden Politikfeld der Wohlfahrtspflege gab es zumindest in Hamburg eine hierarchische geschlechtsspezifische Arbeitsteilung, deren Folge auch hier eine Beschränkung des Fraueneinflusses war.

Angesichts der Arbeits- und Lebensbedingungen der proletarischen Frauen war das Konzept „Frauenpolitisierung durch Sozialarbeit" für die sozialdemokratische Frauenbewegung kurzfristig betrachtet erfolgreich: Durch die Mitarbeit in der ‚Arbeiterwohlfahrt' konnten Genossinnen aktiviert werden, die sich bisher nicht in der sozialdemokratischen Arbeiterbewegung engagiert hatten. Über die AWO-Arbeit wurden sie stärker in die Frauenorganisation und damit in die Gesamtpartei integriert. Meist gelang es allerdings nicht, sie auch in die allgemeine politische Arbeit der Gesamtpartei einzubeziehen. Begrenzt wurde das emanzipatorische Potential, das in diesem Politisierungskonzept aufgrund der Betonung eines anderen weiblichen Zugangs zur politischen Öffentlichkeit lag, durch die immanente Hierarchisierung: Die soziale Arbeit wurde lediglich als ‚Vorstufe' für die eigentliche politische Arbeit betrachtet, implizit galt sie als

‚minderwertige' Form des gesellschaftlichen Engagements. Dieser Hierarchisierung, die auch von vielen Funktionärinnen vertreten wurde, lagen die vorherrschenden männlichen Maßstäbe zugrunde, die die männlichen Formen des gesellschaftlichen Handelns als die ‚höherwertigen' einstuften. Bei einer Betrachtung der langfristigen politischen Wirkung erweist sich die geschlechtsspezifische Emanzipationsstrategie, die hinter der Orientierung der Frauen auf Sozialpolitik und Wohlfahrtspflege stand und mit dem Konzept „Frauenpolitisierung durch Sozialarbeit" verbunden war, als problematisch: Sie trug letztlich zum Erhalt der bestehenden Geschlechterverhältnisse bei und begünstigte eine Fortsetzung der politischen Diskriminierung der Frauen.[293]

4.4 Die Stellung der Frauen in der SPD

Die „vollständige Verwirklichung der verfassungsmäßigen Gleichstellung aller Staatsbürger ohne Unterschied des Geschlechts“ war eine zentrale Forderung des Görlitzer wie des Heidelberger Parteiprogramms der SPD[1]. Theoretisch setzte sich die Partei für die Gleichberechtigung der Frau in Wirtschaft, Gesellschaft und Politik ein. Auch in der eigenen Partei sollten die Genossinnen gemäß dem Organisationsstatut den Männern gleichgestellt sein[2]. Resümierend soll im folgenden untersucht werden, inwieweit dies Gleichberechtigungs-Postulat in der Praxis der SPD eingelöst wurde.

Entgegen allen programmatischen Aussagen der SPD zur Frauenfrage war die offizielle Politik der Partei eine Männerpolitik, d.h. eine Politik, die von Männern gemacht wurde und im wesentlichen die Interessen der männlichen Mitgliedermehrheit vertrat. Frauenfragen waren für die meisten Genossen nur ein Nebenthema. In Diskussion und Politik der Gesamtpartei spielten sie demgemäß nur eine untergeordnete Rolle. Dies zeigte sich deutlich in der Parteipresse wie im allgemeinen Parteileben. Die sozialdemokratische Presse beschäftigte sich außerhalb der Frauenzeitungen, Frauenbeilagen und Frauenecken nur am Rande mit frauenpolitischen Themen. Dies galt nicht nur für die meisten regionalen Tageszeitungen, sondern auch für das Zentralorgan, den ‚Vorwärts‘, die theoretischen Zeitschriften ‚Die Neue Zeit‘ bzw. ‚Die Gesellschaft‘ und die ‚Sozialdemokratische Parteikorrespondenz‘.[3] Das ‚Hamburger Echo‘ gehörte zu den wenigen sozialdemokratischen Tageszeitungen, in denen auch außerhalb der ‚Frauenbeilage‘ und der ‚Frauenecke‘ regelmäßig Artikel zu speziellen Frauenthemen und Berichte über Frauenversammlungen erschienen. Die sozialdemokratische Presse spiegelt insgesamt die Geringschätzung der Frauenfrage in der Gesamtpartei wider. Im allgemeinen Versammlungsleben der SPD standen Frauenfragen sehr selten auf der Tagesordnung. Zumindest in der Hamburger SPD wurden die Probleme der Frauen in den Mitgliederversammlungen der Landesorganisation wie der Distrikte und Bezirke nur vereinzelt aufgegriffen.[4] Gleiches galt für die Versammlungen der Delegierten und der Betriebsvertrauensleute[5]. In anderen Landesorganisationen der Partei war die Situation offenbar nicht anders[6]. Eine ähnlich geringe Bedeutung hatte die Erörterung von Frauenfragen auch auf den Bezirks- und Reichsparteitagen der SPD. Im Bezirk Hamburg-Nordwest standen die spezifischen Probleme der Frauen zwischen 1921 und 1933 lediglich einmal auf der Tagesordnung[7]. Auf Reichsparteitagen wurde dem Thema zwischen 1917 und 1933 nur zweimal ein spezieller Vortrag gewidmet[8]. An den Debatten über diese Referate beteiligten sich überwiegend Frauen; ansonsten dominierten auf den Redelisten der Parteitage Männer[9]. Frauenfragen waren offensichtlich für die meisten Genossen kein Thema, mit dem sie sich ernsthaft beschäftigten.

In der Gesamtpartei wurden selbst die Referate, Diskussionen und Beschlüsse der Reichsfrauenkonferenzen, dem höchsten beschlußfassenden Gremium der Frauenorganisation, nur am Rande rezipiert[10]. Als eine entscheidende Ursache hierfür galt in der Frauenorganisation der Termin der Reichsfrauenkonferenzen, die seit 1919 in der Regel im Anschluß an den Parteitag stattfanden[11]. Die Genossinnen hatten dadurch auf den Parteitagen weder die Möglichkeit, Diskussionsergebnisse und Beschlüsse der Reichsfrauenkonferenzen vorzutragen, noch Anträge und Stellungnahmen der Frauenorganisation einzubringen. Dies nahm den Reichsfrauenkonferenzen einen Teil ihrer politischen Bedeutung. Hinzu kam, daß die Berichterstattung der Parteipresse und die innerparteilichen Diskussionen sich auf die Parteitage konzentrierten. Bereits Anfang der zwanziger Jahre setzte angesichts dieser Situation in der sozialdemokratischen Frauenbewegung eine intensive

Diskussion über die Reichsfrauenkonferenzen ein. Zwei kontroverse Vorschläge wurden von den Genossinnen diskutiert:

– Die einen setzten sich dafür ein, gesonderte Reichsfrauenkonferenzen nicht mehr stattfinden zu lassen, wenn nicht besondere Umstände dafür sprachen, und statt dessen den Frauenfragen auf den Parteitagen mehr Raum zu geben und eine größere Zahl von Frauen zu den Parteitagen zu delegieren[12].
– Die anderen hielten es für unbedingt erforderlich, regelmäßig Reichsfrauenkonferenzen durchzuführen und schlugen vor, ihnen dadurch mehr politisches Gewicht und eine stärkere Aufmerksamkeit der Parteiöffentlichkeit zu verschaffen, daß sie vor den Parteitagen, aber losgelöst von ihnen stattfanden[13].

Die Kontroverse über beide Vorschläge spitzte sich Mitte der zwanziger Jahre zu und entwickelte sich zu einer Grundsatzdiskussion über den angemessenen Weg zu einer gleichberechtigten Integration der Frauen in die Partei und das erstrebenswerte Maß von politischer Autonomie der Frauenorganisation. Den ersten Vorschlag vertrat die Mehrheit der Funktionärinnen in Parteivorstand und Parteiausschuß, unter ihnen auch Johanna Reitze. Sie begründeten ihn offiziell mit dem Verweis auf die formale Gleichberechtigung der Geschlechter in der Partei, die ihren Ausdruck auch im Parteistatut von 1924 finden würde. Aufgabe müsse es sein, diesen Gleichberechtigungsanspruch auf allen Ebenen der Organisation durch eine enge Zusammenarbeit mit den Genossen einzulösen. Selbst eine begrenzte Autonomie der Frauenorganisation wurde von ihnen abgelehnt.[14] Den zweiten Vorschlag unterstützten überwiegend leitende Funktionärinnen, die zum linken Parteiflügel gehörten, sowie führende Genossinnen mit einer ausgeprägt frauenrechtlerischen Haltung, darunter auch Ella Wierzbitzki und Grete Zabe. Begründet wurde er von ihnen damit, daß eine spezielle Zusammenfassung der Frauen solange notwendig wäre, bis eine reale Gleichberechtigung der Geschlechter erreicht sei. Männer wären von den Frauenfragen nicht betroffen; von ihnen könnte deshalb auch nicht erwartet werden, daß sie sich für die Fraueninteressen aktiv einsetzten. Die Gleichberechtigung des weiblichen Geschlechts könne letztlich nur das Werk der Frauen selbst sein. Um Frauenfragen erörtern und Fraueninteressen artikulieren zu können, seien regelmäßige Reichsfrauenkonferenzen erforderlich.[15] Sie müßten vor den Parteitagen stattfinden, damit die Beschlüsse der Genossinnen dort „auf die eine oder andere Weise zur Erledigung kommen" könnten[16].

In der Frauenorganisation des Bezirks Hamburg-Nordwest konnten sich die Anhängerinnen der letzteren Position in der zweiten Hälfte der zwanziger Jahre durchsetzen; dies zeigt ein entsprechender Beschluß der Bezirksfrauenkonferenz im September 1928[17]. Auf Reichsebene blieben sie jedoch eine Minderheit; die Kieler Reichsfrauenkonferenz im Mai 1927 lehnte einen Antrag der Leipziger Genossinnen mit 33 zu 66 Stimmen ab, in dem gefordert wurde, „die Reichsfrauenkonferenz entweder vor dem Parteitage oder zu einem anderen Zeitpunkt, aber nicht unmittelbar nach dem Parteitage stattfinden zu lassen"[18]. Die Mehrheit der Delegierten folgte der Empfehlung von Marie Juchacz, die vorschlug Frauenkonferenzen „je nach Zweckmäßigkeit" stattfinden zu lassen[19]. Hinter ihrer Empfehlung, die die Haltung des Parteivorstandes repräsentierte, stand ganz offensichtlich die Befürchtung, daß sich Reichsfrauenkonferenzen, die vor den Parteitagen stattfanden, zu einem autonomen Forum der Frauenorganisation entwickeln könnten, das zu aktuellen Frauenfragen sowie den Themen des Parteitags kritisch Stellung bezog und entsprechende Anträge an den Parteitag verabschiedete[20].

Nach dem Beschluß der Kieler Reichsfrauenkonferenz fanden im Zusammenhang mit den Parteitagen keine Frauenkonferenzen mehr statt. Das Frauenbüro versuchte durchzusetzen, daß statt dessen der Frauenfrage auf den Parteitagen ein größeres Gewicht beigemessen und mehr Genossinnen delegiert wurden. Dies gelang nur bedingt; erreicht wurde zwar, daß auf dem folgenden Parteitag 1929 in Magdeburg ein politisches Referat zur Frauenproblematik gehalten wurde[21], aber der Anteil der Frauen unter den Delegierten war mit 12,6 % noch geringer als auf dem vorherigen Parteitag in Kiel mit 13,2 %. Erst auf dem Leipziger Parteitag 1931 stieg der Frauenanteil unter den Delegierten an; mit 15,2 % lag er deutlich über dem der bisherigen Parteitage.[22] Der Verzicht auf die Reichsfrauenkonferenzen führte längerfristig nicht dazu, daß die Frauenfrage auf den Parteitagen mehr Gewicht erhielt. Konsequenz war hingegen, daß den Sozialdemokratinnen seit 1927 auf Reichsebene ein Forum fehlte, in dem sie ihre Erfahrungen austauschen und einheitlich Stellung zu zentralen Fragen der Frauenpolitik sowie der allgemeinen Parteipolitik beziehen konnten. Die Position der Genossinnen in der Partei war de facto geschwächt worden.

Insgesamt hatten die Sozialdemokratinnen nur wenig Möglichkeiten, ihre spezifischen Fraueninteressen und -probleme in die Gesamtpartei einzubringen. Eine entscheidende Ursache hierfür war die Diskriminierung der Frauen in der SPD. Die bestehende Diskrepanz zwischen programmatischen Gleichberechtigungs-Postulaten und politischer Realität, die die Stellung der Frauen in der Weimarer SPD kennzeichnete, beschrieb eine Hamburger Funktionärin treffend in einem Artikel mit dem Titel „Praktische Gleichberechtigung“, der im September 1926 im ‚Hamburger Echo‘ erschien:

> „Eine der grundsätzlichen Forderungen unseres Programms bildet die Gleichberechtigung der Frau ... Aber die Anerkennung der Gleichberechtigung und ihre praktische Verwirklichung besonders im wirtschaftlichen und gesellschaftlichen Leben sind zweierlei ... Die Forderung des Parteiprogramms kann uns Frauen (nicht) darüberhinwegtäuschen, daß wir in den Reihen unserer eigenen Parteigenossenschaft von einer praktischen Gleichberechtigung von Mann und Frau noch sehr weit entfernt sind.“[23]

Auf keiner Ebene der Partei waren Frauen gleichberechtigt einbezogen. In den meisten Gremien waren sie in geringerem Maße vertreten, als es dem durchschnittlichen Anteil der weiblichen Mitglieder in den Jahren 1919 bis 1932 entsprochen hätte, der im Reich bei 19 % und in Hamburg bei 23 % lag:

- Schon die Zusammensetzung der Delegierten auf den Reichsparteitagen demonstrierte deutlich die innerparteilichen Machtverhältnisse zwischen den Geschlechtern: Im Durchschnitt waren 13 % von ihnen Frauen; in den Delegationen der Landesorganisation Hamburg lag der Frauenanteil bei rund 18 %.[24]
- Dem 21köpfigen Parteivorstand gehörten seit dem Zusammenschluß von MSPD und USPD drei Genossinnen an (Frauenanteil: 14 %)[25].
- Im neunköpfigen Bezirksvorstand der SPD Hamburg-Nordwest waren seit 1922 zwei Genossinnen vertreten (Frauenanteil: 22 %)[26].
- Dem elfköpfigen Landesvorstand der Hamburger SPD gehörten nach der Vereinigung von MSPD und USPD zunächst zwei, seit 1928 drei Genossinnen an; der Frauenanteil stieg von 18 % auf 27 %. Er war verglichen mit den Vorständen anderer Landesorganisationen und dem Reichsparteivorstand relativ hoch.[27]
- Mitte der zwanziger Jahre fand sich erst in fünf von 33 Distriktsvorständen der Hamburger SPD eine Frau als gewähltes Mitglied[28]. Bis Anfang der dreißiger Jahre stieg die Zahl der Distriktsvorstände, in denen eine gewählte Genossin saß, auf elf von 38 an[29]. In der Mehrzahl der übrigen Distrikte wurden die Fraueninteressen im Distriktsvorstand lediglich durch die obligatorisch kooptierte Vorsitzende der Frauengruppe vertreten. Auf Reichsebene war die Vertretung der Genossinnen in den Vorständen der Ortsvereine allgemein noch schlechter als in Hamburg. 1931 fand sich lediglich in 2.197 von 9.844 Ortsvereinen eine Frau im Vorstand[30].

„Typische Frauenfunktion“ in den Vorständen war allerorts auf allen Ebenen der Partei die „Schriftführerin“, deren Aufgabe es war, über alle Sitzungen ein Protokoll anzufertigen. Eine Frau als erste oder zweite Vorsitzende schien den meisten Genossen selbst auf der Ebene der Distrikte

Der Görlitzer MSPD-Parteitag im September 1921: Von 382 Delegierten waren 48 Frauen (Privatbesitz)

undenkbar.[31] Generell waren Wiederaufstellung und Wiederwahl bei Leitungsfunktionen, wie in den anderen sozialdemokratischen Arbeiterorganisationen, auch in der Partei die Regel. Den größten Teil der leitenden Funktionäre stellten ältere, gelernte Arbeiter, seltener Angestellte oder Beamte, die über Jahre ihr Amt ausübten. Diese Struktur erschwerte nicht nur einen Generationswechsel in der Führung, sondern auch die Integration von Frauen in Parteiämter.[32]

Besonders groß war die Geschlechterkonkurrenz bei der Aufstellung der Kandidatenlisten für Parlamentswahlen, denn hier ging es um vergütete Ämter, die mit großem öffentlichen Ansehen verbunden waren. Die Genossen waren nur schwer dazu zu bewegen, „den einmal eroberten Platz zugunsten einer Frau wieder aufzugeben“[33]. Trotz der staatsbürgerlichen Gleichstellung konnten die Sozialdemokratinnen nicht erreichen, daß der Kandidatinnenanteil auch nur annähernd dem Anteil der weiblichen Parteimitglieder oder gar dem der Wählerinnen entsprach. Sehr selten wurden den Genossinnen neben der ‚Alibi‘-Kandidatin weitere aussichtsreiche Listenplätze zugestanden.[34] 1920 beschrieb *Anna Blos*[35] in der ‚Gleichheit‘ die Situation folgendermaßen:

> „Eine bürgerliche Frau wies vor kurzem darauf hin, daß auf den sozialdemokratischen Wahllisten, wenn es gut ginge, eine einzige Frau an aussichtsreicher Stelle stand. Es war gewissermaßen eine Konzession, die der alten Parteiforderung gemacht wurde. Manche tüchtige Frau mußte zurücktreten, um einem Mann Platz zu machen. Der Zahl der Wählerinnen entsprechend sind nirgends Frauen aufgestellt worden. Die Verteilung der Frauen war häufig eine Machtfrage, und die Frauen sind die schwächeren.“[36]

Folge der Geschlechterkonkurrenz war, daß der Anteil der weiblichen SPD-Abgeordneten in den Parlamenten gering war. Dies verdeutlichen beispielhaft folgende Zahlen für das Jahr 1928:

– im Reichstag fanden sich unter den 152 sozialdemokratischen Parlamentariern 20 Frauen (13 %),

- in der Hamburgischen Bürgerschaft waren sieben der 60 SPD-Abgeordneten weiblich (12 %),
- von den 7.560 sozialdemokratischen Stadtverordneten im Reichsgebiet waren 372 Frauen (5 %),
- und von den 29.580 Gemeindevertretern der SPD im gesamten Reich waren 228 weiblich (0,8 %).[37]

Daß der Anteil der weiblichen Abgeordneten in den Fraktionen der SPD meist höher lag als in den Fraktionen der bürgerlichen Parteien, änderte nichts an der Enttäuschung vieler Funktionärinnen, die ihre Stellung in der Partei an deren Gleichberechtigungs-Postulaten maßen. Kritisiert wurde von ihnen insbesondere die verschwindend geringe Vertretung der Frauen in den kommunalen Parlamenten, denn gemäß der geschlechtsspezifischen Emanzipationsstrategie galt die soziale Arbeit in den Gemeinden als ein zentraler Aufgabenbereich der Frauen[38].

Wie die Diskriminierung der Genossinnen bei der Aufstellung der Kandidatenlisten für Parlamentswahlen in der Praxis ablief, zeigt die Auseinandersetzung um die Kandidatenliste zur Reichstagswahl im November 1932 in der Hamburger SPD. Johanna Reitze, die seit 1919 Reichstagsabgeordnete war, hatte ihr Mandat aus Altersgründen niedergelegt. Eine Nachfolgerin mußte gefunden werden. In der Landesorganisation wurde über die Kandidatenliste für Bürgerschaft und Reichstagswahlkreis von der Generalversammlung entschieden. Der Landesvorstand erstellte aufgrund der Anregungen der Distrikte und des Frauenaktionsausschusses eine Liste, in die er allerdings nur die Vorschläge aufnahm, die ihm vertretbar schienen. Nach Abstimmung mit den Genossinnen in den Frauengruppen schlug der Frauenaktionsausschuß als Nachfolgekandidatin für Johanna Reitze Margarethe Andresen vor, eine sehr erfahrene Funktionärin, die seit 1919 dem Frauenaktionsausschuß und seit 1923 dem Bezirksvorstand Hamburg-Nordwest angehörte. Dieser Vorschlag wurde von der Männermehrheit im Landesvorstand nicht aufgegriffen, die Erna tum Suden auf die Kandidatenliste setzte, eine jüngere Genossin, die zwar als Referentin außerordentlich aktiv und beliebt war, aber erst relativ kurze Zeit leitende Funktionen inne hatte. Die Delegiertenversammlung, in der ebenfalls die Männer dominierten, stimmte dem Vorschlag des Landesvorstands zu. Der neuen Kandidatin wurde statt dem zweiten Listenplatz von Johanna Reitze nur der vierte Listenplatz zugestanden. Folge war, daß aus dem Hamburger Wahlkreis keine Sozialdemokratin in den Reichstag einzog. Formal begründeten die Genossen ihre Entscheidung damit, daß Erna tum Suden im Unterschied zu Margarethe Andresen eine so mitreißende Rednerin wäre. Diese Qualifikation sei angesichts der zugespitzten politischen Auseinandersetzungen im Wahlkampf dringend erforderlich. Als ‚Anfängerin' in der politischen Arbeit könne ihr jedoch kein höherer Listenplatz zugestanden werden.[39] Hinter den Kulissen haben aber offensichtlich noch andere Motive mitgespielt. *Inge Mette*, die Schwester von Erna tum Suden, schätzt die Entscheidung der Genossen rückblickend als „Machtkampf" zwischen den Geschlechtern ein, die Männer hätten sich durchsetzen wollen. Erna Wagner, damals Mitglied des Frauenaktionsausschusses, glaubt, daß die Verwandtschaft mit dem damaligen Bildungssekretär der Hamburger SPD, *Alfred Mette* eine entscheidende Rolle für die „Blitzkarriere" Erna tum Sudens gespielt hätte. Immer wieder taucht in den Erfahrungsberichten der befragten Sozialdemokratinnen der Hinweis auf, daß ‚Beziehungen' zu leitenden Funktionären die politische Karriere von aufstiegsorientierten Genossinnen entscheidend gefördert hätten. Funktionärinnen, die darauf verzichteten, diese ‚Beziehungen' zu pflegen, hatten es offensichtlich schwerer, in der Partei Karriere zu machen. Gegen den Willen der Männermehrheit in der Parteiführung konnte keine Frau in eine leitende Funktion aufsteigen.

Wie in dem geschilderten Fall wurde die Ablehnung bzw. Abstufung einer Kandidatin in der Regel mit fehlender Qualifikation begründet. Dieses ‚Argument' erwies sich allzuhäufig als Vorwand, denn in der Realität wurde eine Frau von den Männern nur dann als kompetent anerkannt, wenn sie überdurchschnittlich qualifiziert war. Bei ihren Geschlechtsgenossen hingegen akzeptierten sie „viel Durchschnittliches“[40]. Diese Haltung, die an der Basis besonders ausgeprägt war[41], charakterisierte *Margarete Stegmann*[42] 1929 in der ‚Genossin‘ als „Frauenblindheit der Männer“, der die „Idee der männlichen Überlegenheit und der ausschließlichen Führerberufenheit des Mannes“ zugrunde liege. Die Männer würden sich generell für kompetenter halten.[43] Zum kleinen Kreis der Genossen, die die gleiche Kompetenz der Genossinnen anerkannten und ihre Mitarbeit förderten, gehörten relativ häufig junge Männer aus der SAJ und den Jungsozialisten, die dort gelernt hatten, Frauen als gleichwertig und gleichberechtigt zu achten[44]. Der Generationswechsel im Funktionärskörper, der Ende der zwanziger Jahre in der Hamburger SPD nicht nur in der Frauenorganisation, sondern auch in der Gesamtpartei einsetzte, förderte deshalb die Integration der Genossinnen in die politische Arbeit[45].

Der Mechanismus, der in der Praxis zur Benachteiligung der Genossinnen bei der Besetzung von Ämtern und Funktionen führte, war auf allen Ebenen der Organisation der gleiche. Er wird von Paula Karpinski folgendermaßen beschrieben:

> „Das war ganz einfach so: Es wird eine Liste mit Namen aufgestellt. Darunter sind Männer und Frauen. Und dann streicht man an, wen man hinein haben will. Und dann wird nachher ausgezählt, wieviele Stimmen der einzelne bekommen hat. Und da haben eben die Männer die Frauen sehr oft nicht gewählt. Eine Frau, die vielleicht hervorgetreten war, die wurde dann mitgewählt, weil ihr Name immer wieder erwähnt wurde, weil sie sich auch zu Wort meldete und weil sie aktiv war ... Man darf ja nicht vergessen, die Zusammensetzung der Versammlung war ja so, daß wir Frauen immer in der Minderheit waren. Infolgedessen konnten wir ja auch, da wir nur 20 % waren, wenn wir aus Prinzip eine Frau wählten, immer nur 20 % Stimmen bekommen. Wenn sie dann von den 80 % Männern keine Stimme bekam, dann war sie eben nachher, wenn 20 aufgestellt wurden und nur 12 zu wählen waren, doch unter den Tisch gefallen.“[46]

Die innerparteiliche Diskriminierung der Frauen war zu Beginn der Weimarer Republik kein Thema, das von den führenden Funktionärinnen intensiv erörtert wurde. Ihre Hoffnungen auf eine Realisierung des Gleichberechtigungs-Postulats in der Partei waren zunächst groß. Angesichts der anhaltenden Diskriminierung wurde zunehmend Kritik laut. 1921 formulierten einzelne Funktionärinnen, unter ihnen Ella Wierzbitzki und Grete Zabe, erstmals auch auf einer Reichsfrauenkonferenz ihren Unmut[47]. Die Hamburger Genossinnen brachten auf dem folgenden Parteitag einen Antrag ein, der es den Genossen zur Pflicht machte, „mehr als bisher die Frauen zu allen Arbeiten heranzuziehen, in öffentlichen Ämtern, Körperschaften und Funktionen“[48]. Der Antrag wurde zwar angenommen, in der Praxis änderte sich jedoch nichts. Auf den folgenden Reichsfrauenkonferenzen kritisierten immer mehr Funktionärinnen das diskriminierende Verhalten der Genossen[49]. Besonders groß war ihr Unmut über den zurückgehenden Frauenanteil in der SPD-Reichstagsfraktion. Die Stimmung unter einem Teil der Genossinnen charakterisiert folgender Antrag, der der Berliner Reichsfrauenkonferenz 1924 zur Abstimmung vorlag:

> „Der Agitationsausschuß der Frauengruppen in Württemberg stellt mit Entrüstung fest, daß bei der Aufstellung der Kandidatenliste die Frauen so wenig berücksichtigt worden sind. Die Zahl unserer Vertreterinnen ist infolgedessen auf elf Abgeordnete zurückgegangen. Auf der Reichsliste stand Genossin Juchacz erst an fünfter Stelle.
>
> Wir sind der Meinung, daß unsere Partei, die sich rühmt, als erste und einzige für die Gleichberechtigung der Frauen eingetreten zu sein, die Frauen in weit stärkerem Maße zur Mitarbeit heranziehen müßte. Ihre jetzige Vertretung steht in keinem Verhältnis zur Zahl der Wählerinnen.
>
> Wir hoffen, daß die Frauenkonferenz sich unserm Protest anschließt.“[50]

An Stelle dieses Antrags nahm die Konferenz auf Empfehlung von Marie Juchacz folgende Resolution an, die im Verlauf der Konferenz von Elisabeth Kirschmann-Röhl und anderen führenden Funktionärinnen eingebracht worden war, um seine Verabschiedung zu verhindern[51]:

> „Die seit der Umwälzung des November 1918 verflossenen fünf Jahre haben den Wert der Zusammenarbeit von Mann und Frau im Parlament bewiesen und damit die Berechtigung des jahrzehntelangen Kampfes der Sozialdemokratie für das aktive und passive Wahlrecht der Frau bekräftigt. Die Reichsfrauenkonferenz

bedauert deshalb, daß bei der Aufstellung der Kandidaten zum Reichs- und zu den Gemeindeparlamenten diesen Tatsachen nicht überall Rechnung getragen wurde. Sie fordert die Genossinnen auf, durch regste Mitarbeit am politischen Leben den Boden dafür zu schaffen, daß in Zukunft durch späteres Eintreten von Frauen in den Parlamentarismus die Interessen von Mann und Frau und damit der gesamten Menschheit gewahrt werden."[52]

Die Argumentation in beiden Anträgen charakterisiert zwei unterschiedliche Erklärungsansätze für die geringe Vertretung der Frauen in führenden Parteifunktionen und öffentlichen Ämtern, denen unterschiedliche Reaktionsweisen auf die innerparteiliche Diskriminierung der Frauen entsprachen:

Der Antrag der württembergischen Genossinnen repräsentiert die Argumentation einer wachsenden Minderheit von Funktionärinnen in der SPD-Frauenorganisation, die die Hauptursache für die innerparteiliche Diskriminierung der Frauen in der patriarchalischen Haltung der Genossen suchte und deren Verhalten deutlich kritisierte. Eine Wortführerin dieser Gruppe war auf Reichsebene Clara Bohm-Schuch. Sie schrieb 1926 in der ‚Genossin', daß „der Kampf des Mannes gegen die Frau" in der SPD „immer mehr Platz ergreife, seitdem es für die Frau in größerem Umfange möglich" sei, „in der Partei bezahlte Positionen einzunehmen". Sehr oft müßten Genossinnen sich „gegen Widerstände durchsetzen, wenn sie im Interesse der Frauen in der Organisation mitbestimmend sein" wollten. Bei der „politischen Kleinarbeit", der Flugblattverteilung, dem Zeitungsvertrieb und der Hauskassierung, würden die meisten Genossen Frauen zwar gerne sehen, doch die Übernahme verantwortungsvoller politischer Aufgaben durch Frauen würden sie „systematisch verhindern". Als Ursache des patriarchalischen Denkens und Verhaltens so vieler Genossen betrachtete sie die vorherrschende Erziehung. Ausdrücklich betonte sie, daß ein Mangel an qualifizierten Genossinnen, die für die Partei tätig werden könnten, nicht bestehe.[53] Voraussetzung für diese offensive Haltung in der Auseinandersetzung mit dem Antifeminismus der Genossen war ein ausgeprägtes weibliches Selbstbewußtsein. Die Genossinnen betrachteten sich als gleichwertig und forderten selbstverständlich gleiche Rechte. Insbesondere jüngere Funktionärinnen mit einer relativ qualifizierten Berufsausbildung, die aus der Arbeiterjugendbewegung oder den Jungsozialisten kamen, vertraten diese Position.

Der Antrag von Elisabeth Kirschmann-Röhl u.a. repräsentiert die Argumentation des Reichsfrauenbüros und der Mehrheit der führenden Funktionärinnen. Sie suchten die Ursachen für die geringe Vertretung von Frauen in leitenden politischen Funktionen überwiegend bei den Frauen selbst. Charakteristisch für diese Position ist die Reaktion von Marie Juchacz auf den obigen Antrag der Württemberger Genossinnen. Sie führte aus:

„Wir Frauen alle – und auch ich bekenne mich an dieser Stelle schuldig – kranken noch an den Eigenschaften, die uns durch die jahrhundertelange Erziehung der Frau überliefert worden sind, die uns in Fleisch und Blut übergegangen sind. Wir kranken an dem Bewußtsein unseres eigenen Unwertes, wir haben oftmals Hemmungen zu überwinden, um unsere guten Gedanken in Körperschaften, in denen wir verantwortlich arbeiten sollen, zum Ausdruck zu bringen. Wenn wir dann dabei versagt haben, wenn wir Gelegenheiten verpaßt haben, in denen es sich darum handelte, für das Frauengeschlecht einen Fortschritt zu erzielen, dann kommen wir in die Versuchung, davon zu sprechen, daß wir als Frauen zurückgedrängt worden seien. Suchen wir die Ursache dafür in uns selbst! Üben wir in jeder Stunde Selbstkritik! Wenn das erst geschieht, dann ist das Klagelied von der Zurückdrängung der Frauen ... sehr bald zum Verstummen gebracht."[54]

Marie Juchacz forderte die Genossinnen auf, statt „kleinliche Kritik" an den Genossen zu üben, die eigene „Selbsterziehung" voranzutreiben. Einen ähnlichen Tenor hatten all ihre Ausführungen zum Problem der innerparteilichen Geschlechterkonkurrenz, auch ihre Antwort auf die oben zitierten Ausführungen von Clara Bohm-Schuch in der ‚Genossin'[55]. Die Argumentation ist Ausdruck mangelnden weiblichen Selbstbewußtseins. Selbst Frauen in leitenden Parteifunktionen hatten aufgrund ihrer geschlechtsspezifischen Sozialisation das Gefühl weiblicher Inferiorität internalisiert. Entgegen allen öffentlich vertretenen Vorstellungen zur Frauenemanzipation glaubten sie vielfach nicht wirklich an die Gleichwertigkeit der Geschlechter. Sie hatten die männlichen Normen übernommen und maßen daran weibliches Verhalten. Dementsprechend gingen sie davon aus, daß Frauen in der Politik im allgemeinen weniger leisteten als Männer und zwangsläufig in Parteifunktionen geringer vertreten waren. Da sie annahmen, daß die Frauen ihre untergeordnete innerparteiliche Stellung selbst ‚verschuldet' hatten, konnten sie in der Auseinandersetzung mit den Genossen lediglich eine defensive Position einnehmen: Erst wenn die Frauen gleiche politische Leistungen wie die Männer erbrächten, hätten sie das Recht, innerparteiliche Gleichberechtigung von den Männern zu fordern. Politische Konsequenz dieser Haltung war eine Harmonisierung der innerparteilichen Geschlechterkonflikte. Mit ihrer Argumentation verhinderten Marie Juchacz und andere Funktionärinnen der Parteiführung eine offensive Auseinandersetzung mit dem Antifeminismus der Genossen. Dies entsprach den Interessen der Männermehrheit in der Parteiführung.

Unter den Sozialdemokratinnen an der Basis war der Kreis der Genossinnen, die das antifeministische Verhalten der Genossen offensiv kritisierten, noch kleiner als unter den führenden Funktionärinnen. Die Erfahrungsberichte deuten darauf hin, daß sie die innerparteiliche Diskriminierung der Frauen häufig überhaupt nicht als solche empfanden. Käthe W., die seit 1922 der SPD angehörte, versucht rückblickend die Ursachen hierfür zu beschreiben:

> „Insgesamt haben wir nicht unter der Benachteiligung gelitten. Vielleicht deshalb, weil die meisten Frauen von zu Hause aus, von der Mutter her, gewohnt waren, daß der Vater zuerst kam. Bei uns war es so, daß wir, wenn er abends nach Hause kam, von unserem Sofa in der Küche runter mußten. Da mußte er liegen. Er hatte das aber auch verdient, wenn er morgens schon um sechs oder fünf Uhr wegging. Daß das beste Stück Fleisch für unseren Vater war, waren wir auch gewohnt. Daß die Mutter alles im Haushalt machte ebenfalls. Wir sind immer noch so: Hausarbeit ist Frauensache. Das ist bei allen Frauen in unserem Alter glaube ich so."

Viele Sozialdemokratinnen waren ähnlich sozialisiert wie Käthe W.: Seit ihrer Kindheit hatten sie immer wieder erfahren, daß Jungen und Männern sehr viel mehr Rechte zustanden als Mädchen und Frauen; da sie die alltägliche Benachteiligung als ‚normal' betrachteten, wurde sie von ihnen nicht als Diskriminierung wahrgenommen. Hinzu kam, daß die geschlechtsspezifische Arbeitsteilung in der Arbeiterbewegung das Sichtbarwerden von Geschlechterkonkurrenz und Frauendiskriminierung an der Basis erschwerte: Solange die Genossinnen sich auf die Mitarbeit in der Frauenorganisation und der ‚Arbeiterwohlfahrt' sowie die ‚Kleinarbeit' in der Partei beschränkten, stellten sie die Vorrangstellung der Genossen nicht in Frage. Erst wenn sie in der Gesamtpartei mehr Einfluß beanspruchten und für Leitungsfunktionen kandidierten, setzte die Geschlechterkonkurrenz ein. In der politischen Praxis hieß dies, daß engagierte Funktionärinnen in sehr viel stärkerem Maße mit männlichem Antifeminismus und Frauendiskriminierung konfrontiert waren als die Masse der Genossinnen.

* * *

Entgegen dem programmatischen Anspruch der SPD, für die wirtschaftliche, gesellschaftliche und politische Gleichberechtigung beider Geschlechter zu kämpfen, waren Frauen in der Partei nicht gleichberechtigt. Dies zeigte sich zum einen am geringen Stellenwert, den Frauenfragen in der Diskussion und Politik der Gesamtpartei hatten, zum anderen an der Benachteiligung der Frauen bei der Besetzung von Ämtern und Positionen in Partei und Parlament, an der auch die Quotenregelung im Parteistatut von 1924 nur wenig änderte, da sie in der Praxis nicht konsequent umgesetzt wurde. Allerdings erscheint angesichts der aktuellen Diskussion über Quotierungen in Parteien und Verbänden der damalige Beschluß, der selbst in der SPD in Vergessenheit geraten ist, die 1988 nach langjährigen innerparteilichen Auseinandersetzungen erneut eine Quotenregelung für die

Besetzung von Parteiämtern und -funktionen beschloß, als Schritt in die richtige Richtung. In den übrigen Parteien der Weimarer Republik, insbesondere den bürgerlichen, waren die Repräsentation von Frauen noch geringer und ihre politischen Einfluß- und Gestaltungsmöglichkeiten noch beschränkter als in der SPD, so daß in den Reihen der bürgerlichen Frauenbewegung gar die Aufstellung von Frauenlisten oder die Bildung einer Frauenpartei erörtert wurde[56].

Eine stärkere Einbeziehung der Frauen in die innerparteiliche Verantwortung wurde in der SPD durch die gleichen Mechanismen der Frauendiskriminierung verhindert, wie in den Nebenorganisationen der Partei, den freien Gewerkschaften und den Konsumgenossenschaften: Die männliche Mitglieder- und Funktionärsmehrheit ging, bestärkt durch das vorherrschende Vorurteil, Politik sei Männersache, davon aus, daß Frauen für politische Ämter und Funktionen nicht qualifiziert seien. Demgemäß wählten sie bevorzugt Männer in ehren- und berufsamtliche Positionen. Ihre Mitgliedermehrheit gab ihnen die Möglichkeit, die Genossinnen bei Personalentscheidungen schlicht zu überstimmen. Wenn sie Frauen in Leitungsfunktionen wählten, mußten diese in der Regel überdurchschnittlich kompetent sein und hervorragende Fähigkeiten und Kenntnisse auf Gebieten vorweisen, die über den Kreis der frauenspezifischen Interessen hinausgingen.

Die Geschlechterkonkurrenz in der sozialdemokratischen Arbeiterbewegung, die sich potentiell durch die staatsbürgerliche Gleichstellung der Frauen verschärft hatte, wurde durch die Zuweisung „spezifisch weiblicher Aufgaben" in der Politik harmonisiert. Im politischen Alltag an der Basis war sie häufig nicht sichtbar, da sich Frauen und Männer weitgehend in verschiedenen Segmenten betätigten. Nur dann, wenn beide Geschlechter um gleiche Posten und Positionen konkurrierten, trat sie offen zutage. Im Gegensatz zur geschlechtsspezifischen Emanzipationsstrategie, die die „Andersartigkeit" aber „Gleichwertigkeit" der Frau betonte, empfand sich auch die Mehrzahl der Genossinnen und Funktionärinnen aufgrund ihrer geschlechtsspezifischen Sozialisation nicht als gleichwertig. Sie beurteilten ihr Verhalten und ihre Handeln mit den internalisierten Maßstäben der herrschenden Männerwelt. Wenn sie ihre politische Benachteiligung der Frauen wahrnahmen, suchten sie deren Ursachen überwiegend in eigenen ‚Defiziten'.

Frauenalltag und Männerpolitik. Eine Bilanz

Teil des noch heute vorherrschenden Bildes von der Weimarer Republik ist die „Neue Frau" als Prototyp der politischen, ökonomischen und kulturellen Emanzipation des weiblichen Geschlechts in der damaligen Zeit. Betont werden mit diesem Bild die Handlungsspielräume, die insbesondere die Frauen im Zuge des Modernisierungsprozesses, der die gesellschaftliche Entwicklung der zwanziger Jahre kennzeichnete, gewonnen hätten, u.a. infolge

- der verbesserten Bildungs- und Berufschancen,
- der vielfältigen sozialen Reformen des Weimarer „Wohlfahrtsstaates", insbesondere im Wohnungsbau, im Wohn- und Haushaltsbereich sowie im Fürsorgewesen für Mutter und Kind,
- der ‚Befreiung' der Körperlichkeit, d.h. vorrangig der möglichen Trennung von Sexualität und Fortpflanzung sowie
- der staatsbürgerlichen Gleichstellung.

Die Analyse des Frauenalltags und Frauenhandelns in dieser Zeit zeigt, daß dieses Bild nur einen kleinen Ausschnitt der Realität trifft. Der Handlungsspielraum der Masse der Mädchen und Frauen aus der Arbeiterschaft blieb in der Weimarer Republik trotz aller rechtlichen und sozialen Reformen außerordentlich beschränkt, vorrangig durch die sozioökonomischen Bedingungen, die den proletarischen Frauenalltag in der Klassengesellschaft prägten, aber auch durch die wirtschaftliche, soziale und politische Diskriminierung, die die Stellung der Frauen trotz staatsbürgerlicher Gleichstellung in der Männergesellschaft kennzeichnete, deren Normen und Werte, Rollenmuster und Leitbilder sie in der Regel mit ihrer Sozialisation internalisiert hatten. Dies galt auch für die Arbeiterfrauen aus dem untersuchten sozialdemokratischen Milieu Hamburgs, die mehrheitlich zur bessersituierten Arbeiterschaft gehörten. Insgesamt scheinen die Handlungsspielräume der jüngeren Frauengenerationen, die seit der Jahrhundertwende geboren worden waren, größer gewesen zu sein als die der älteren Frauengenerationen. Die jüngeren profitierten aufgrund ihrer generationsspezifischen Sozialisation und Situation zum einen in stärkerem Maße von der „Modernisierung" und „Rationalisierung", die in den zwanziger Jahren alle Arbeits- und Lebensbereiche erfaßte, und zum anderen in größerem Maße von der staatsbürgerlichen Gleichstellung, die sie als selbstverständliches Recht betrachteten.

Entgegen dem zeitgenössischen Eindruck einer starken quantitativen Expansion der Frauenerwerbsarbeit stellten Frauen in der Weimarer Republik – wie ein halbes Jahrhundert zuvor im Kaiserreich – rund ein Drittel der hauptberuflich Erwerbstätigen; unverändert war jede dritte Frau im erwerbsfähigen Alter vollerwerbstätig. Haupttrend der Entwicklung war ein grundlegender qualitativer Wandel: die Veränderung der weiblichen Erwerbsformen und Erwerbsarbeitsbereiche sowie der sozialen Zusammensetzung der weiblichen Erwerbstätigen.

Neue, moderne Erwerbsarbeitsbereiche für Frauen entstanden in Industrie, Handel, öffentlichem Dienst und privaten Dienstleistungen, die nicht zuletzt infolge von Technisierung und Rationalisierung höhere Anforderungen an deren berufliche Qualifikation stellten. Es bildeten sich die noch heute typischen Frauenmassenberufe wie Verkäuferin, Kontoristin und Fließbandarbeiterin heraus. Dieser Prozeß vollzog sich auf dem großstädtischen Arbeitsmarkt des Stadtstaates Hamburg früher und ausgeprägter als im Reichsdurchschnitt. Die mit dieser Entwicklung einhergehende Expansion der außerhäuslichen marktvermittelten Frauenerwerbsarbeit war in keinem

Bereich des Wirtschaftslebens die Folge einer „Verdrängung" der Männererwerbsarbeit. Beide Geschlechter bewegten sich nach Abschluß der Demobilmachungsphase, in der mit Hilfe der staatlichen Arbeitsmarktpolitik u.a. die alte geschlechtsspezifische Arbeitsteilung in Wirtschaft und Gesellschaft wiederhergestellt wurde, weitgehend in verschiedenen Segmenten des Arbeitsmarktes. Konkurrenz zwischen den Geschlechtern bestand real vorrangig bei einer kleinen Zahl höher gestellter und besser bezahlter Berufe, u.a. im Öffentlichen Dienst. Der weibliche Arbeitsmarkt zeichnete sich im Vergleich zum männlichen nach wie vor durch ein deutlich geringeres Qualifikationsniveau, eine sehr viel schlechtere Bezahlung und eine höhere Fluktuation aus.

In den neuen Frauenerwerbsbereichen arbeiteten in den zwanziger Jahren fast ausschließlich junge, ledige Frauen. Zu *den* Aufstiegsberufen für Arbeitertöchter entwickelten sich Verkäuferin und Kontoristin. Es war innerhalb der Arbeiterschaft vorrangig die junge Frauengeneration, die von den gewachsenen Bildungs- und Berufschancen profitierte. Im Vergleich zur Generation ihrer Mütter hatte eine größere Zahl von ihnen im Rahmen der begrenzten Möglichkeiten zumindest eine kurze Berufsausbildung absolvieren können. Diese Tendenz war im sozialdemokratischen Milieu besonders ausgeprägt; häufiger als allgemein üblich ermöglichten hier Arbeitereltern, insbesondere Arbeitermütter, ihren Töchtern mit der Hoffnung auf deren sozialen Aufstieg das Erlernen eines Berufs. Die Ausbildung für den „Erwerbsberuf" wurde zwar gemäß dem Modell der „weiblichen Doppelrolle" als erstrebenswert betrachtet, in Notfällen sollte die Frau ihre Existenz bzw. die ihrer Familie durch Erwerbsarbeit sichern können, als ihr „Hauptberuf" galt jedoch ungeachtet dessen der der Ehefrau, Hausfrau und Mutter. Mit der Qualifikation des Erwerbsberufs stieg zwar tendenziell auch der Verdienst, doch nach wie vor gestattete das Einkommen den meisten jungen, ledigen Frauen aus der Arbeiterschaft keine autonome Existenz. Mehrheitlich wohnten sie bis zu ihrer Heirat bei den Eltern und steuerten einen mehr oder minder großen Teil ihres Verdienstes zum Familieneinkommen bei. Von ihnen wurde zudem im Elternhaus meist erwartet, daß sie bei der Haus- und Familienarbeit halfen. Im Vergleich zu ihren Müttern verfügten sie allerdings sowohl über mehr arbeitsfreie Zeit als auch über etwas eigenes Geld, wenngleich für Freizeitgestaltung und persönlichen Konsum, einen der wenigen Freiräume, den sie im Rahmen der Grenzen, die ihre Eltern ihnen setzten, selbst bestimmen konnten, nur wenig übrig blieb. Zentrale Bereiche ihrer Freizeitgestaltung waren neben der kommerziellen Massenkultur, insbesondere dem Kino, das Tanzvergnügen und der Sport. Nur ein relativ kleiner Kreis engagierte sich in einer Jugendgruppe. Insgesamt waren die Freizeitmöglichkeiten junger Frauen in der Weimarer Republik größer als in der Vorkriegszeit.

Die Mehrzahl der erwerbstätigen Frauen betrachtete ihre Erwerbsarbeit gemäß dem auch in Arbeiterkreisen vorherrschenden Leitbild der ‚modernen Kleinfamilie' als Übergangsphase und Provisorium. Diese Einstellung wurde bei der jungen Frauengeneration neben der familiären Sozialisation entscheidend durch die Schulerziehung gefördert: Volksschulen und Allgemeine Mädchenberufsschulen bereiteten die Masse der Mädchen primär auf ihren sogenannten „natürlichen Hauptberuf" vor; hierzu diente in Hamburg in den zwanziger Jahren neben dem obligatorischen Hauswirtschafts- und Handarbeitsunterricht u.a. die von den Schulen fakultativ angebotene Sexualpädagogik. Den meisten jungen Frauen aus der Arbeiterschaft schien es erstrebenswert zu sein, spätestens nach der Geburt des ersten Kindes die Erwerbsarbeit aufzugeben. Ihr Hauptmotiv war angesichts fehlender bzw. äußerst mangelhafter öffentlicher Erziehungseinrichtungen die Fürsorge für das Kind. Gefördert wurde diese Haltung zum ersten durch die in der Regel unbefriedigenden Erwerbsarbeitsbedingungen, zum zweiten durch die sich mit Heirat und Familiengründung deutlich verstärkende Belastung mit Haus- und Familienarbeit und zum dritten durch die in den zwanziger Jahren angesichts eines bisher unbekannten Ausmaßes von Massenerwerbslosigkeit zunehmende Diskriminierung der außerhäuslichen Erwerbsarbeit verheirateter Frauen, die als sogenannte „Doppelverdienerinnen" denunziert wurden. Das „Recht auf Arbeit", das die

Weimarer Verfassung garantierte, galt uneingeschränkt nur für Männer. Die staatliche Arbeitsmarktpolitik, die von SPD und freien Gewerkschaften weitgehend mitgetragen wurde, sicherte vorrangig die Erwerbsinteressen der Männer. Unabhängig davon war die Masse der verheirateten Frauen aus der Arbeiterschaft insbesondere in Notzeiten gezwungen, zum Familieneinkommen in mehr oder minder großem Maße „hinzuzuverdienen". Überwiegend arbeiteten sie stundenweise auf dem sekundären Arbeitsmarkt, eine zunehmende Zahl war jedoch gezwungen, außerhäuslich vollerwerbstätig zu werden. Ihre Arbeitsmarktchancen waren in der Regel sehr viel schlechter als die junger lediger Frauen.

Die Erwerbstätigkeit war für Arbeiterfrauen unter den damals vorherrschenden Bedingungen nur wenig emanzipationsfördernd. Sie vergrößerte zwar die ökonomische Unabhängigkeit vom Vater bzw. Ehemann und verbesserte die Position in der Familienhierarchie, doch für eine selbständige Existenz reichte der Verdienst meist nicht. Da die Arbeit selbst in der Regel weder befriedigend war noch als solche anerkannt wurde, trug sie wenig zu einer Steigerung des Selbstwertgefühls bei. Durch die Erwerbstätigkeit vermehrten sich zwar die sozialen Kontakte der Frauen, ihr gesellschaftlicher Gesichtskreis erweiterte sich, sie erlebten vielleicht gar kollegiale Solidarität in innerbetrieblichen Konfliktsituationen, doch um diese Möglichkeiten für sich zu nutzen, fehlten ihnen meist Zeit und Kraft. Insbesondere verheiratete Frauen wurden durch ihre Doppel- bzw. Dreifachbelastung physisch und psychisch überfordert.

Primäres Ziel der familienorientierten Sozialpolitik des Weimarer „Wohlfahrtsstaats", zu dessen Ausgestaltung die zur Regierungsmacht gelangte SPD in Reich, Ländern und Gemeinden entscheidend beitrug, war die Sicherung der privaten Reproduktion breiter Bevölkerungskreise gemäß dem Leitbild der ‚modernen Kleinfamilie'. Mit Hilfe einer „Familialisierung der Arbeiterschaft von oben"[1], sollte nicht zuletzt die radikale und systemgefährdende Unruhe in Teilen der Arbeiterschaft, die angesichts der wirtschaftlichen und politischen Krisen zwischen 1919 und 1933 immer wieder bedrohlich anwuchs, befriedet werden. Teil dieser „Familialisierung" sollte eine „Modernisierung" und „Rationalisierung" des privaten Alltags sein, die entscheidend durch den Ausbau der öffentlichen Fürsorge forciert wurde, der mit einer schichtenübergreifenden Normierung des Alltagslebens und einer verstärkten sozialen Kontrolle und Disziplinierung normabweichenden Verhaltens einherging.

Für die meisten Frauen aus der Arbeiterschaft waren in der Weimarer Republik unabhängig von Alter, Familienstand und Hauptberuf Haushalt und Familie die zentralen Bereiche ihres Lebenszusammenhanges. Sie stellten die vorherrschende geschlechtsspezifische Arbeitsteilung nicht in Frage. Entgegen allen öffentlichen Bestrebungen zu einer „Rationalisierung" der Haus- und Familienarbeit sah diese bei der Mehrheit der Arbeiterfrauen, insbesondere älteren, in der Weimarer Republik nicht viel anders aus als in der Vorkriegszeit.

Für viele Arbeiterfamilien brachte der Weimarer „Wohlfahrtsstaat" zwar eine verbesserte soziale Absicherung in den Notzeiten von Krankheit, Invalidität und Erwerbslosigkeit, doch die öffentlichen Leistungen reichten nicht, um in diesen Situationen eine erhebliche Verschlechterung des Lebensstandards zu verhindern. Mangel und Instabilität prägten nach wie vor in weiten Arbeiterkreisen die Lebenshaltung. Ungünstig war insbesondere die soziale Lage von Familien ungelernter und unständig beschäftigter Arbeiter, sogenannten „unvollständigen Familien", kinderreichen Familien, Erwerbsunfähigen und Alten. Betroffen waren in all diesen Gruppen vorrangig Frauen, die aufgrund der systematisch angelegten Spaltung des Systems der sozialen Sicherung am ehesten durch das obere Netz der Sozialversicherung fielen, das vorrangig die vollerwerbstätigen Männer auffing, die als gegenwärtige bzw. zukünftige „Familienernährer" gedacht wurden. Frauen stellten so unverändert die größte Gruppe der Armen, die auf die öffentliche Fürsorge angewiesen waren.

Relativ am günstigsten war in den zwanziger Jahren innerhalb der Arbeiterschaft der Lebensstandard junger Familien qualifizierter Arbeiter mit kleiner Kinderzahl, die zumindest im sozialdemokratischen Milieu Hamburgs einen ausgesprochen ‚modernen' großstädtischen Konsum- und Lebensstil entwickelten und zu den Bevölkerungskreisen gehörten, die sich relativ früh ein Familienleben leisten konnten, das dem Ideal der ‚modernen Kleinfamilie' entsprach. Ermöglicht wurde dies nicht zuletzt durch Familienplanung und Geburtenkontrolle, die sich u.a. als individuelles Mittel zur Steuerung des gegenwärtigen und zukünftigen Lebensstandards durchsetzten.

Der Hauptarbeitsort proletarischer Hausfrauen und Mütter, die Wohnung, sah in der Weimarer Zeit nicht viel anders aus als in den Vorkriegsjahren. Die Mehrzahl der Arbeiterfamilien lebte zumindest in Hamburg unverändert in den proletarischen Altbauquartieren. Wohnungsmangel und Wohnungselend, von denen nach dem Ersten Weltkrieg insbesondere die Großstädte betroffen waren, verschlechterten tendenziell die Wohnsituation der arbeitenden Bevölkerung. Neben den jungen Arbeiterpaaren, die eine Familien gründen wollten, und zum Teil jahrelang auf eine für sie erschwingliche eigene Wohnung warten mußten, waren die sozial Schwachen, insbesondere minderbemittelte und kinderreiche Familien, die Hauptopfer der Wohnungsnot. Deren alltägliche Folgen – Überfüllung, Enge, Bedrängtheit, mangelnde Hygiene, Schmutz und Verwohntheit – trafen am stärksten Hausfrauen und Mütter, deren Haus- und Familienarbeit dadurch erheblich erschwert wurde.

Vorrangiges Ziel der staatlichen Wohnungspolitik war die Schaffung einer ausreichenden Menge von Wohnungen und die Beseitigung der Mängel in den vorhandenen. Angesichts des großen Wohnungsfehlbestandes konzentrierte sie sich in der Praxis auf die Förderung des Wohnungsneubaus und die bestmögliche Verwaltung des Mangels durch die Wohnungszwangswirtschaft. Von den beachtlichen Erfolgen des sozialen Wohnungsbaus, der in Ländern und Kommunen entscheidend von der SPD gefördert wurde, profitierten neben Angestellten- und Beamtenfamilien überwiegend bessersituierte junge Arbeiterfamilien, darunter viele aus dem sozialdemokratischen Milieu. Sie stellten zumindest in Hamburg einen großen Teil der Bewohner in den Neubausiedlungen, die durch die realisierten Möglichkeiten der Haushalts- und Wohnungsreform zu einer Arbeitsentlastung der Hausfrauen beitrugen, zugleich aber durch ihre Lage am Rande der Stadt und ihren ‚modernen' Wohnungsgrundriß die geschlechtsspezifische Arbeitsteilung in der Familie verstärkten.

Für die meisten proletarischen Hausfrauen brachten die seit Mitte der zwanziger Jahre breit diskutierten Vorschläge zur Reform von Wohnen und Haushalt wenig. Die neuen Wohnungen konnten sich ihre Familien nicht leisten; die Errungenschaften der Haushaltstechnisierung waren für sie unerschwinglich; die Vorschläge zur Haushaltsrationalisierung entsprachen nicht der Realität ihres Haushalts. Hauptziel der Bewegung für eine „Rationalisierung" der privaten Alltagsarbeit war keine Arbeitsentlastung, sondern eine Arbeitsumverteilung: Die Zeit und Kraft, die die Frau bei der materiellen Hausarbeit durch eine rationellere Arbeitsweise einsparte, sollte sie primär der Familienarbeit widmen, vorrangig der Pflege und Ernährung der Säuglinge und der Bildung und Erziehung der Kinder, aber auch der psycho-sozialen Betreuung des Mannes. Die Frau wurde für die „Harmonie" des Heimes verantwortlich gemacht, das einen Ausgleich für die zunehmende Entfremdung im Erwerbsleben bieten sollte. Die leitenden Funktionärinnen der SPD-Frauenbewegung, die sich mit einer ähnlichen Intention für eine Haushalts- und Wohnungsreform einsetzten, hofften zudem, daß die Frau durch die Haushaltsrationalisierung Zeit und Kraft für ein gesellschaftliches Engagement gewinnen würde. Sie begriffen die „Rationalisierung des Einzelhaushalts" als ersten Schritt zu einer sozialistischen Haushaltsreform, deren langfristiges Ziel der genossenschaftliche Großhaushalt sein sollte.

Insgesamt erhöhten die Bestrebungen zur „Modernisierung" und „Rationalisierung" der privaten Alltagsarbeit die Anforderungen an die Arbeiterfrauen, die somit die Lasten der „Familialisierung" trugen. Hauptzielgruppe der Erziehung zu „modernen Hausfrauen und Müttern", um die sich in Hamburg u.a. die Volksschulen und die Allgemeinen Mädchenberufsschulen, die öffentliche Schwangeren-, Säuglings- und Kleinkinderfürsorge für verheiratete und ledige Mütter sowie die Wohnungspflege bemühten, waren die jungen Frauen aus der Arbeiterschaft, die nicht zuletzt infolge dieser ‚erzieherischen und fürsorglichen Belagerung' zur ersten Frauengeneration gehörten, die versuchte das neue schichtenübergreifende Hausfrauen- und Mütterleitbild im Alltag zu realisieren. Eine zentrale Voraussetzung hierfür war die Arbeitsentlastung durch eine kleine Kinderzahl.

Das Streben nach Familienplanung und Geburtenkontrolle hatte sich seit der Jahrhundertwende zunehmend auch in der Arbeiterschaft durchgesetzt. Allerdings scheiterte die Realisierung häufig an der verbreiteten Unkenntnis über sichere Möglichkeiten der Empfängnisverhütung und den fehlenden materiellen Voraussetzungen für deren Anwendung. Besonders schwierig war eine Antikonzeption für junge ledige Paare, weshalb die Schwangerschaft in den zwanziger Jahren im Arbeitermilieu nach wie vor der Hauptanlaß für eine Heirat war. Für die Masse der Arbeiterehefrauen und -töchter im gebärfähigen Alter, auf denen in der Regel die Hauptverantwortung für die Geburtenregelung lastete, zählte eine ungewollte Schwangerschaft zu den Hauptängsten. Im Notfall griffen sie zur Abtreibung, die begünstigt durch neue risikolosere Abortivverfahren trotz des bestehenden Abtreibungsverbots im Strafgesetzbuch in den zwanziger Jahren zu einem zentralen Mittel der Geburtenverhütung wurde.

Die bevölkerungspolitischen und eugenischen Motive, mit denen überwiegend von männlichen Fachleuten – Medizinern, Bevölkerungs- und Sozialpolitikern, darunter viele, die der Arbeiterbewegung nahestanden – eine „Rationalisierung der Fortpflanzung" propagiert wurde, teilten die meisten Arbeiterfrauen, die sich für eine Sexualreform einsetzten, nicht. Ihnen ging es primär um eine weite Verbreitung sexualhygienischer Kenntnisse und sicherer Verhütungsverfahren sowie die Abschaffung des Abtreibungsverbotes. Viele forderten im Gegensatz zu den männlichen ‚Experten', die mehrheitlich die Kontrolle über alle Fragen von Geburtenregelung und Sexualhygiene beanspruchten, ein Selbstbestimmungsrecht der Frau über ihren Körper. Die Folge der möglichen Trennung von Sexualität und Fortpflanzung war für Arbeiterfrauen ambivalent: Einerseits vergrößerte sie den persönlichen Handlungsspielraum der Frauen entscheidend und war ein wichtiger Schritt zu ihrer individuellen Emanzipation, andererseits förderte sie im Kontext der schichtenübergreifenden Durchsetzung der ‚modernen Kleinfamilie' die Verbreitung einer proletarischen Doppelmoral, die zwar den vorehelichen Geschlechtsverkehr nach wie vor tolerierte, aber dessen öffentlich sichtbar werdende Folge, eine uneheliche Schwangerschaft, zunehmend diskriminierte.

Entgegen dem vor allem von deutschnationalen und christlich-konservativen Zeitgenossen beschworenen „Zerfall der Familie", den sie insbesondere in der Arbeiterschaft sahen, stabilisierte sich die Arbeiterfamilie seit der Jahrhundertwende: Arbeiterpaare heirateten häufiger, die Kinderzahl ging zurück, die Säuglingssterblichkeit sank, die Ansprüche an das Familienleben, insbesondere die Familienfreizeit, stiegen.

Die Familienkonstellation der meisten älteren Arbeiterpaare, die vor dem Ersten Weltkrieg geheiratet hatten, war durch autoritär-patriarchalische Grundstrukturen geprägt. Zwei Haupttypen lassen sich zumindest im sozialdemokratischen Milieu Hamburgs unterscheiden: Zum einen Familien ungelernter und unständig beschäftigter Arbeiter mit extrem patriarchalischer Hierarchie und ausgeprägten Gewaltverhältnissen, in denen die Frau trotz großer Kinderzahl in der Regel Erwerbsarbeit leistete. Diese Familien, deren sozioökonomische Basis materielle Not und extreme Existenzunsicherheit war, funktionierten vorrangig als Erwerbs-, Zweck- und Notgemeinschaften, die von der Frau zusammengehalten wurden. Zum anderen Familien bessersituierter, gelernter Arbeiter mit einer autoritär-patriarchalischen Familienkonstellation, die auf dem Einverständnis beider Ehepartner beruhte, deren Ideal das bürgerliche Familienleitbild war. Diese Familien hatten häufiger eine kleine Kinderzahl, die Frau brauchte nur in Notzeiten erwerbstätig zu sein. Ungeachtet der tendenziellen Angleichung an das Familienleben des Bürgertums unterschied sich der Familienalltag auch in diesen Familien aufgrund der proletarischen Klassenlage deutlich vom bürgerlichen Vorbild. Die Arbeiterfamilie blieb in der Weimarer Republik weitgehend eine hierarchisch-patriarchalisch strukturierte Arbeits- und Solidargemeinschaft; vor allem für die weiblichen Angehörigen war sie ein zentraler Ort der Solidarität und zugleich Ausgangspunkt und Basis des sozialen Frauennetzes.

Dies galt auch für die meisten jüngeren, in der Nachkriegszeit gegründeten Arbeiterfamilien, deren Familienalltag sich jedoch stärker am Leitbild der ‚modernen Kleinfamilie' und den Vorschlägen zur „Modernisierung" und „Rationalisierung" des Alltagslebens orientierte. Nur ein sehr kleiner Kreis, überwiegend junge Ehepaare aus der Arbeiterjugendbewegung, lebte im Alltag eine gleichberechtigte und partnerschaftliche Ehe- und Familienkonstellation, wie sie in den zwanziger Jahren vorrangig in der sozialistischen Frauen-, Kinder- und Jugendbewegung gefordert wurde. Deren Vorschläge zur Ehe- und Familienreform stießen in der breiten Masse der sozialdemokratischen Arbeiterschaft nicht auf Resonanz. Die wenigen engagierten Genossen, vor allem aber die Genossinnen, die sie aufgriffen und in ihren Familien zu realisieren versuchten, sahen in ihnen eine Möglichkeit, auch im Alltagsleben zum Aufbau der erstrebten sozialistischen Gesellschaftsordnung beizutragen. Von einer „kameradschaftlichen" Ehe erhofften sie sich einen größeren individuellen und gesellschaftlichen Handlungsspielraum; durch eine sozialistische Erziehung sollten ihre Kinder zu „Trägern der Zukunftsgesellschaft" werden.

Insgesamt scheint auch die Haus- und Familienarbeit im Arbeiterhaushalt wenig zur Förderung weiblichen Selbstwertgefühls beigetragen zu haben. Als primär an Bedürfnisse gebundene Arbeit blieb sie zwar ‚ganzheitlich' strukturiert und war weniger entfremdet als Erwerbsarbeit, weshalb sie nicht selten als befriedigender empfunden wurde, es fehlten aber materielle und soziale Anerkennung; insbesondere von der Männerwelt wurde die Arbeit in Haushalt und Familie gering geachtet. Dies obwohl Arbeiterfamilien insbesondere in Notsituationen ohne die zeitaufwendige und vielfältige Hausarbeit nur schwer hätten überleben können, denn den Arbeiterhausfrauen fiel die schwierige Aufgabe zu, den Risikoausgleich der proletarischen Existenz alltäglich zu bewältigen und so Mann und Kindern einen Teil des Existenzdrucks anzunehmen. Die Arbeit als Hausfrau und Mutter war primär auf die Bedürfnisse anderer ausgerichtet. Die hierdurch geförderte psychische Struktur erschwerte es erheblich, eigene Bedürfnisse und Interessen zu entwickeln. Da dies eine zentrale Voraussetzung für gesellschaftliches Handeln ist, fiel es Arbeiterfrauen in der Regel sehr viel schwerer als ihren männlichen Klassengenossen, die eigenen Bedürfnisse und Interessen privat und öffentlich zu artikulieren und zu vertreten.

Aufgrund ihres spezifischen Arbeits- und Lebenszusammenhanges war der Ansatzpunkt des gesellschaftlichen Handelns von Arbeiterfrauen in der Weimarer Republik eher haushalts- und familienorientiert. Sie agierten in starkem Maße spontan und unorganisiert. Wichtigste Form der Selbsthilfe war für jüngere wie ältere Arbeiterfrauen das soziale Frauennetz, das nicht nur bei dem alltäglichen Kampf gegen Hunger und Not, bei der Bewältigung physischer und psychischer Notsituationen, bei der Betreuung und Versorgung von Kindern, Kranken und Alten half, sondern auch Rat und Hilfe bei Problemen der Geburtenkontrolle gewährleistete. Diese weibliche Solidarität von Verwandten, Freundinnen und Nachbarinnen erweiterte die Handlungsfähigkeit der Arbeiterfrauen entscheidend. Eingeschränkt wurde der Handlungsspielraum, den das soziale Frauennetz bot, durch einen starken milieuspezifischen Normendruck und ein hohes Maß wechselseitiger sozialer Kontrolle.

Für organisiertes gesellschaftliches Handeln fehlte den meisten Arbeiterfrauen aufgrund ihrer

Doppel- bzw. Dreifachbelastung Kraft und Zeit. Hilfe bei der Bewältigung der privaten Alltagsarbeit konnten sie von ihren männlichen Angehörigen in der Regel nicht erwarten. Selbst sozialdemokratische Arbeiter weigerten sich häufig, ihrer Frau einen Teil der Haus- und Familienarbeit abzunehmen, um ihr politisches Engagement zu ermöglichen, denn auch sie vertraten in der Weimarer Republik noch ungebrochen die Auffassung, Politik sei „Männersache". Nicht wenige Arbeiterfrauen, insbesondere ältere, teilten diese Anschauung. Hieran hatte auch die staatsbürgerliche Gleichstellung der Frauen nur wenig ändern können. Das bedeutete jedoch nicht, daß die Mehrzahl der unorganisierten Arbeiterfrauen politisch „indifferent" war. Angesichts der Tatsache, daß Frauen erst seit Mai 1908 reichsweit die politische Organisierung gestattet war und sie erst im November 1918 das Wahlrecht erlangten, machten sie in der Weimarer Republik schnell selbstverständlichen Gebrauch von ihrem neuen Staatsbürgerinnenrecht. Frauen der Arbeiterschaft scheinen sich zumindest in den großstädtischen Hochburgen der Arbeiterbewegung wie Hamburg nicht nur in annähernd gleichem Maße wie Männer an den Wahlen beteiligt, sondern auch in annähernd gleichem, zum Teil gar stärkerem Maße SPD gewählt zu haben. Während ihre männlichen Klassengenossen seit Mitte der zwanziger Jahre in zunehmender Zahl zur KPD wechselten, blieben sie offenbar eher der SPD treu. Dies galt insbesondere für die Frauengeneration zwischen 30 und 50 Jahren. Die Geschlechterdifferenz in der Wahlbeteiligung nahm mit dem Alter zu, gleiches galt vermutlich auch für die Parteipräferenz: Alte Frauen scheinen im Arbeitermilieu am geringsten von ihrem Stimmrecht Gebrauch gemacht und, wenn sie wählten, am häufigsten für eine christlich-konservative bzw. bürgerliche Partei gestimmt zu haben.

Wenn Arbeiterfrauen sich genossenschaftlich, gewerkschaftlich oder parteipolitisch organisierten, erfolgte dies aufgrund ihrer geschlechtsspezifischen Sozialisation und Situation überwiegend auf anderen Wegen als bei ihren männlichen Klassengenossen: Zentraler Ort der Politisierung war bei den Frauen die Familie, bei den Männern der Betrieb. In der älteren Frauengeneration scheint die Organisierung in der Mehrzahl der Fälle durch den Freund bzw. Ehemann angeregt worden zu sein, in der jüngeren Generation spielte daneben das Elternhaus eine große Rolle. Der Betrieb, d.h. der Einfluß von Arbeitskolleg(inn)en, hatte anders als bei den Männern offenbar nur eine geringe Bedeutung. Über die Arbeiterjugendbewegung fand selbst im sozialdemokratischen Milieu nur ein relativ kleiner Kreis zur organisierten Arbeiterbewegung, es waren ausschließlich Frauen der jüngeren Generation.

Auch die Schwerpunkte der Organisierung unterschieden sich bei beiden Geschlechtern, dies galt zumindest für das sozialdemokratische Milieu Hamburgs: Während der größte Teil der organisierten Männer den freien Gewerkschaften angehörte, war die Mehrzahl der organisierten Frauen Mitglied im Konsum-, Bau- und Sparverein ‚Produktion'. Diese Verteilung entsprach dem jeweiligen Schwerpunkt des männlichen bzw. weiblichen Lebenszusammenhanges. Die allermeisten weiblichen Mitglieder der ‚Produktion' waren hauptberuflich Hausfrauen. Ihr Hauptmotiv für den Eintritt in den Konsumverein war die Möglichkeit einer qualitativ hochwertigen und zugleich preisgünstigen Versorgung mit Gütern des täglichen Bedarfs. Zugleich bot dessen auf Bildung und Unterhaltung, Kultur und Geselligkeit ausgerichtete Frauenarbeit, die seit Mitte der zwanziger Jahre systematisch betrieben wurde, für viele Arbeiterhausfrauen einen Anreiz zum Engagement. Die Betätigung in der Konsumgenossenschaft war für die meisten der erste Schritt zu organisiertem gesellschaftlichen Handeln. Zwar war deren Frauenpolitik und Frauenarbeit, die die Arbeiterhausfrauen in ihrem traditionellen Rollenverständnis bestätigten und auf die Kleinarbeit im Umfeld der Verkaufsstellen beschränkten, insgesamt nur wenig emanzipationsfördernd, ungeachtet dessen scheint die Konsumgenossenschaft eine „politische Vorschule" der Frauen gewesen zu sein.

Die freien Gewerkschaften hingegen, die als „politische Vorschule" der Männer galten, waren für erwerbstätige Frauen aufgrund der extrem an männlichen Interessen orientierten Politik und Verbandsarbeit im allgemeinen wenig attraktiv. Einziger freigewerkschaftlicher Verband, der sich seit Anfang der zwanziger Jahre systematisch bemühte, in Theorie und Praxis die spezifischen Fraueninteressen aufzugreifen, war der ‚Deutsche Textilarbeiterverband', der im Verbandsrahmen eine eigenständige ‚Textilarbeiterinnen-Organisation' schuf. Seinem Beispiel folgte Ende der zwanziger Jahre der ‚Verband der Fabrikarbeiter Deutschlands'. Wenn Frauen Gewerkschaftsmitglied wurden, dann häufig nur deshalb, weil sie in der „Männerwelt des Berufs" keine andere Möglichkeit der Vertretung ihrer Arbeitnehmerinteressen sahen. Vorrangig aufgrund der Zusammensetzung der weiblichen Erwerbstätigen war die Fluktuation bei den weiblichen Mitgliedern höher, der Altersdurchschnitt geringer und die Mitgliedsdauer sehr viel kürzer als bei den männlichen Mitgliedern. Dies scheint eine entscheidende Ursache dafür gewesen zu sein, daß Frauen in den freien Gewerkschaften noch seltener als in anderen Arbeiterorganisationen, in denen sie unabhängig von ihrem Hauptberuf längere Zeit Mitglied bleiben konnten, Funktionen übernahmen.

Der parteipolitische Organisationsgrad war bei beiden Geschlechtern deutlich geringer als der gewerkschaftliche bzw. genossenschaftliche. Wenn Frauen sich der SPD anschlossen, erfolgte ihr Parteibeitritt meist aus familienorientierten Gründen; sie wollten primär um ihrer Kinder willen für eine bessere Gegenwart und Zukunft kämpfen. Dies galt insbesondere für die Hausfrauen und Mütter zwischen 30 und 50 Jahren, die in der Weimarer SPD den größten Teil der weiblichen Mitglieder stellten. Den Motiven ihrer Organisation entsprachen die Schwerpunkte ihres politischen Engagements: Sie interessierten sich in besonders starkem Maße für alle Fragen, die Haushalt und Familie im weitesten Sinne betrafen und betätigten sich in den Bereichen der politischen Arbeit, die hier ansetzten. In Hamburg gehörten dazu außer der SPD-Frauenorganisation, deren Frauenpolitik und Frauenarbeit in den zwanziger Jahren wie im Reich primär auf die Bedürfnisse und Interessen von Hausfrauen und Müttern ausgerichtet waren, die ‚Arbeiterwohlfahrt', der ‚Ausschuß zur Förderung der Jugendspiele' bzw. der ‚Arbeiterverein Kinderfreunde', die ‚Hauswirtschaftliche Vereinigung. Interessengemeinschaft der Hausfrauen Hamburgs' sowie die Ortsgruppen des ‚Deutschen Bundes für Mutterschutz und Sexualreform' und des ‚Reichsverbandes für Geburtenregelung und Sexualhygiene', deren Politik in der Hansestadt von Sozialdemokrat(inn)en bestimmt wurde.

Politische Tätigkeitsschwerpunkte und Handlungsformen der sozialdemokratischen Hausfrauen und Mütter knüpften an deren Arbeits- und Lebensbedingungen sowie alltäglichen Erfahrungen und Handlungsformen an. Die Betätigung in der Frauenorganisation und den obigen Nebenorganisationen war für sie Selbsthilfe und politische Arbeit zugleich. Sie konnten dort ihre spezifischen Qualifikationen sinnvoll einbringen. Zudem brauchten sie keine Konkurrenz mit den Genossen zu fürchten, die ihnen gerne die praktische Kleinarbeit in diesen Arbeitsbereichen überließen. Wenn Männer sich in den Nebenorganisationen betätigten, konzentrierten sie ihre Mitarbeit mehrheitlich auf die politisch entscheidenden Gremien. Zumindest in Hamburg lag deren zentrale Leitung abgesehen von der ‚Hauswirtschaftlichen Vereinigung', in der ausschließlich Frauen mitarbeiteten, fest in Männerhänden, wenngleich der Frauenanteil in den Vorständen höher als in der SPD war. Auffallenderweise setzten sich Sozialdemokratinnen an der Basis dieser Nebenorganisationen bei ihrem Engagement nicht selten über die offiziellen Parteigrenzen hinweg; dies galt insbesondere für DBfM und RV. Sie waren hierzu offenbar eher als ihre männlichen Genossen bereit, weil die Parteizugehörigkeit in ihrem Lebenszusammenhang nur eine unbedeutende Rolle spielte. Auch im sozialen Frauennetz halfen sich Verwandte, Freundinnen und Nachbarinnen meist ungeachtet der jeweiligen Weltanschauung.

Nur einen relativ kleinen Teil der weiblichen SPD-Mitglieder stellten ledige, erwerbstätige Frauen unter dreißig Jahren. Da Frauenpolitik und Frauenarbeit der SPD in der Weimarer Republik deren Bedürfnisse und Interessen lediglich am Rande berücksichtigte, konnten sie nur schwer für die Partei gewonnen und in die Frauenorganisation integriert werden. Insbesondere die jungen

Genossinnen, die aus der Arbeiterjugendbewegung zur SPD kamen, lehnten die vorherrschende Form der sozialdemokratischen Frauenarbeit, in der Kultur, Unterhaltung und Geselligkeit neben der allgemeinen und politischen Bildung einen hohen Stellenwert hatten, als „niveaulos" und „unpolitisch" ab. Die einen engagierten sich primär in der Bildungs- und Kulturarbeit der sozialdemokratischen Arbeiterbewegung, die anderen arbeiteten aktiv in der Gesamtpartei mit. Die Mehrzahl dieser jungen Genossinnen empfand sich im Vergleich zu ihren Müttern als gleichberechtigt: Sie hatten eine bessere Schul- und Berufsausbildung, betrachteten die staatsbürgerliche Gleichstellung als gesichertes Recht und arbeiteten aufgrund ihrer Erfahrungen im Berufsleben und in der Arbeiterjugendbewegung auch in der Partei viel selbstverständlicher mit Männern zusammen. Ihnen schien deshalb eine spezielle Frauenorganisation im Rahmen der Partei nur für die „älteren, rückständigen" Frauen sinnvoll und notwendig zu sein.

Die Zahl der Frauen, die in der sozialdemokratischen Arbeiterbewegung Funktionen übernahmen, war relativ gering. Die meisten Funktionärinnen betätigten sich an der Basis der Arbeiterorganisationen. Nur wenige Frauen waren bereit und in der Lage, eine Leitungsfunktion zu übernehmen. Dies setzte neben langer politischer Erfahrung und einem ausgeprägten Selbstbewußtsein Arbeits- und Lebensbedingungen voraus, die ein starkes gesellschaftliches Engagement ermöglichten: eine gesicherte soziale Basis, frei verfügbare Zeit und ein privates Umfeld, das die politische Betätigung förderte und unterstützte. Aufgrund dieser Bedingungen bildeten zwei Frauengruppen die Mehrheit der leitenden Funktionärinnen: ältere Ehefrauen bessersituierter, engagierter Sozialdemokraten, die kinderlos waren bzw. herangewachsene Kinder hatten, sowie alleinstehende Frauen, von denen relativ viele in einem qualifizierten Frauenberuf tätig waren. Trotz aller Belastungen erlebten offenbar die meisten Funktionärinnen in der sozialdemokratischen Arbeiterbewegung ihre Tätigkeit als persönliche Bereicherung, die ihrem Leben einen gesellschaftlichen Sinn gab, die Bildung von Intellekt und Persönlichkeit förderte und vielfältige soziale Kontakte brachte, kurz als einen Schritt zu ihrer individuellen Emanzipation.

Die Organisationsbereitschaft von Arbeiterfrauen scheint in der Weimarer Zeit zwar größer als in den Vorkriegsjahren gewesen zu sein – darauf deutet u.a. die Tatsache hin, daß Zahl und Anteil der weiblichen Mitglieder in den Arbeiterorganisationen durchschnittlich den Vorkriegsstand übertrafen –, doch ihr Organisationsgrad war aufgrund der beschriebenen Faktoren nach wie vor geringer als der der männlichen Klassengenossen. Besonders groß war der Zustrom von Frauen zur sozialdemokratischen Arbeiterbewegung in der Kriegs- und Revolutionszeit gewesen. Doch der Zuwachs an weiblichen Mitgliedern, in dessen Folge der Frauenanteil deutlich anstieg, hielt nur kurze Zeit an. Die großen Hoffnungen, die nicht nur Frauen aus der Arbeiterschaft an die veränderten politischen Verhältnisse und ihre staatsbürgerliche Gleichstellung geknüpft hatten, erfüllten sich nicht. Schon bald zeigte sich, daß Frauen in Wirtschaft, Gesellschaft und Politik diskriminiert blieben. Folge enttäuschter Erwartungen scheint in den ersten Jahren der Weimarer Republik bei vielen Arbeiterfrauen ein Rückzug aus jeder organisierten Politik gewesen zu sein. In stärkerem Maße als ihre männlichen Klassengenossen verließen sie die sozialdemokratischen Organisationen, denen sie sich kurz zuvor angeschlossen hatten. Ein wahrer Massenexodus setzte bei weiblichen und männlichen Mitgliedern in der Phase der Hochinflation ein. Anders als viele Arbeiter, die nach links abwanderten, organisierten sich die meisten ausgetretenen Arbeiterfrauen offenbar nicht wieder.

Während es der SPD nicht zuletzt infolge eines systematischen Ausbaus der Frauenarbeit gelang, die Zahl der weiblichen Mitglieder seit Mitte der zwanziger Jahre so zu steigern, daß sie Anfang der dreißiger Jahre den Höchststand zu Beginn der Weimarer Republik übertraf, nahm die Zahl der weiblichen Mitglieder in den Konsumgenossenschaften und den freien Gewerkschaften in der zweiten Hälfte der zwanziger Jahre nicht wieder in dem Ausmaß zu. Hier lagen die Zuwächse der weiblichen Mitgliederzahl, anders als in der SPD, deutlich unter denen der männlichen. Folge war in Hamburg, daß der Frauenanteil Anfang der dreißiger Jahre in der SPD mit 26 % seinen höchsten Stand in der Weimarer Zeit erreichte, in der ‚Produktion' und im ADGB-Ortsausschuß hingegen mit 27 % bzw. 14 % deutlich unter dem hohen Niveau zu Beginn der Weimarer Republik blieb. Ähnlich verlief die Entwicklung im Reich.

Entscheidend beeinflußt wurde die Organisationsbereitschaft der Arbeiterfrauen neben der Entwicklung der sozioökonomischen und politischen Verhältnisse durch Frauenpolitik und Frauenarbeit der sozialdemokratischen Arbeiterbewegung, die sich theoretisch zwar seit langem für die Gleichberechtigung der Frauen in Wirtschaft, Gesellschaft und Politik einsetzte und ihnen demgemäß eine gleichberechtigte Stellung in ihren Organisationen zuerkannte, praktisch jedoch von Anfang an eine Männerbewegung war, die vorrangig die Interessen der männlichen Mitgliedermehrheit vertrat. Frauen waren auch in der Weimarer Republik in keiner sozialdemokratischen Arbeiterorganisation gleichberechtigt. Ihre Bedürfnisse und Interessen wurden in der Gesamtpolitik nur am Rande berücksichtigt, ihr politischer Einfluß blieb gering. Vorrangig unter drei Gesichtspunkten hatten Frauenpolitik und Frauenarbeit für die sozialdemokratische Arbeiterbewegung in der Weimarer Republik Relevanz:

1. waren sie notwendig, um Frauen als Wählerinnen für die SPD zu gewinnen, die in der parlamentarischen Demokratie auf Dauer nur erfolgreich sein konnte, wenn sie mindestens in gleichem Maße von Frauen wie von Männer gewählt wurde.
2. waren sie geboten, um Frauen als Mitkämpferinnen in die sozialdemokratische Arbeiterbewegung einbeziehen zu können, die ihren wirtschaftlichen, sozialen und politischen Kampf langfristig nur dann erfolgreich führen konnte, wenn er auch von Frauen aktiv unterstützt wurde; diese waren allerdings primär für die ‚Kleinarbeit' an der Basis gefragt.
3. waren sie erforderlich, um Frauen als pflichtbewußte Hausfrauen und treusorgende Mütter, als sozialistische Erzieherinnen zu gewinnen, die die Reproduktion der Arbeiterschaft wie der Arbeiterbewegung sicherten.

Die Haltung, die die Männermehrheit der sozialdemokratischen Arbeiterbewegung zur Frauenfrage einnahm, war durch einen „modernisierten proletarischen Antifeminismus"[2] geprägt: Frauenprobleme wurden nicht um der Frauen und ihrer Gleichberechtigung willen aufgegriffen, sondern gerieten vorrangig dann in das Blickfeld, wenn sie für die Interessen der Arbeiterklasse insgesamt, d.h. de facto ihres männlichen Teils, merkliche Konsequenzen hatten; die vorgeschlagenen Abhilfen bezweckten denn auch selten unmittelbar und primär die Verbesserung der Lage der Frauen. Deren Interessen wurden lediglich soweit vertreten, wie dies für die Verbesserung der familiären Reproduktion und die Entwicklung der Arbeiterbewegung funktional war. In der Praxis wurde den Frauen nur so viel Gleichberechtigung zugestanden, wie vom Standpunkt männlicher Interessen an der weiblichen Haus-, Familien- und Erwerbsarbeit unvermeidlich schien[3]. Besonders deutlich zeigte sich der „modernisierte proletarische Antifeminismus" bei der Haltung zu folgenden Zentralforderungen der sozialdemokratischen Frauenbewegung:

1. dem gleichen Recht der Frau auf Erwerbsarbeit, das in der Theorie zwar anerkannt wurde, in der politischen Praxis aber meist von der jeweiligen Arbeitsmarktlage, d.h. dem Grad der männlichen Erwerbslosigkeit, abhängig gemacht und in ein Recht auf Erwerbsarbeit im weiblichen Segment des Arbeitsmarktes umgedeutet wurde.
2. der gleichen Entlohnung für gleiche Leistung, die formal zwar unterstützt, in der Tarifpolitik real aber abgesehen von wenigen Ausnahmen nur sehr inkonsequent vertreten wurde.
3. der wirtschaftlichen und sozialen Anerkennung der weiblichen Haus- und Familienarbeit, die überwiegend bloß rhetorisch verfochten wurde.
4. der rechtlichen Gleichstellung der Frau in Ehe und Familie, die offiziell zwar gefordert, praktisch jedoch nicht konsequent vertreten wurde.

5. der Freigabe der Abtreibung, die erst und nur solange gefordert wurde, wie es angesichts der politischen Verhältnisse opportun schien; die offizielle Haltung zum § 218 wurde weitgehend von tagespolitischem Kalkül bestimmt.

Da die sozialdemokratische Frauenbewegung sich als Bestandteil der sozialdemokratischen Arbeiterbewegung verstand, prägte deren Ideologie und Politik in starkem Maße das Wirken der Frauen. In der Vorkriegszeit herrschte dementsprechend in der SPD-Frauenorganisation die gleiche Dichotomie zwischen radikaler Theorie und reformistischer Praxis vor wie in der Gesamtpartei. Offiziell propagiert wurde bis zur Parteispaltung im Jahr 1917 die sozialistische Emanzipationstheorie, deren Hauptgedanke war, daß die „volle Emanzipation des weiblichen Geschlechts" erst in einer sozialistischen Gesellschaft erreicht werden könne. Die Erwerbstätigkeit galt als unabdingbare Voraussetzung für die individuelle und gesellschaftliche Befreiung der Frau; in ihrer Folge werde sie in den Befreiungskampf der Arbeiterklasse integriert. Die Lösung der Frauenfrage wurde der Lösung der Klassenfrage untergeordnet; dahinter stand eine Verkennung des Ausmaßes der Geschlechterkonkurrenz in den eigenen Reihen und eine Unterschätzung der Bedeutung des Reproduktionsbereichs für die Emanzipation der Frau. Trotz der radikalen Theorie konzentrierte sich die praktische Tätigkeit auf die Agitation für das Frauenwahlrecht und den Kampf um konkrete rechtliche und soziale Reformen. Als ein Haupttätigkeitsfeld wurde den Genossinnen bereits zu diesem Zeitpunkt zunehmend die freie und kommunale Wohlfahrtspflege zugewiesen.

Nach der Parteispaltung, in deren Folge die Mehrzahl der alten Führerinnen der sozialdemokratischen Frauenbewegung zur USPD übertrat, übernahm eine jüngere Funktionärinnen-Generation in der MSPD die Leitung der Frauenorganisation. Zu Beginn der Weimarer Republik setzte sie, dem Wandel der MSPD zu einer staatstragenden Reformpartei entsprechend, eine Revision der alten sozialistischen Emanzipationstheorie durch, an deren Stelle eine geschlechtsspezifische Emanzipationsstrategie trat, die auf einem pseudo-egalitären Geschlechterbild beruhte, das die „Gleichwertigkeit", aber „naturbedingte Andersartigkeit" von Frau und Mann postulierte. Ihr Hauptgedanke war die „Menschenökonomie" als „spezifisch weiblicher Kulturauftrag". In ihren Grundzügen ähnelte die neue Emanzipationsstrategie dem Konzept der „organisierten Mütterlichkeit", das der BDF seit längerem vertrat. Politische Konsequenz der neuen Strategie war eine reformistische Frauenpolitik: Sozialpolitik und Wohlfahrtspflege wurden systematisch zum Haupttätigkeitsfeld der sozialdemokratischen Frauen ausgebaut. Als Hauptmittel einer emanzipativen Politik galt angesichts der staatsbürgerlichen Gleichstellung der Frauen die Mitarbeit in Partei und Parlament.

Die geschlechtsspezifische Emanzipationsstrategie erkannte die Bedeutung des Reproduktionsbereichs für die Emanzipation der Frau an. Die Sozialdemokratinnen griffen infolgedessen stärker die spezifischen Interessen und Probleme der Frauen als Ehefrauen, Hausfrauen und Mütter auf. Da die neue Strategie jedoch das vorherrschende polaristische Geschlechterbild und die geschlechtsspezifische Arbeitsteilung in Wirtschaft und Gesellschaft nicht in Frage stellte, sondern im Gegenteil auf die Politik übertrug und dadurch verstärkte, und zudem den politischen Handlungsrahmen auf Partei und Parlament begrenzte, trug sie letztlich zu einer Verfestigung des vorherrschenden Geschlechterverhältnisses bei. Die Geschlechterkonkurrenz in der Arbeiterbewegung, die sich potentiell durch die staatsbürgerliche Gleichstellung der Frauen verschärft hatte, wurde durch die Zuweisung „spezifisch weiblicher Aufgaben" in der Politik harmonisiert: Da Frauen und Männer sich überwiegend in verschiedenen politischen Segmenten betätigten, war sie an der Basis meist nicht sichtbar. Vorrangig wenn sie um gleiche Posten und Positionen konkurrierten, trat sie offen zu Tage. Der Konflikt wurde in der Regel jedoch nicht ausgetragen. Entgegen dem polaristischen Geschlechterbild, das die SPD-Frauenorganisation offiziell vertrat, empfand sich die Mehrzahl der Genossinnen aufgrund ihrer Sozialisation real nicht als gleichwertig; sie beurteilten ihr Verhalten und Handeln mit den internalisierten Maßstäben der herrschenden Männerwelt. Wenn sie die Benachteiligung der Frauen in der Arbeiterbewegung wahrnahmen, suchten sie deren Ursachen überwiegend in den eigenen ‚Defiziten'.

Erst seit Mitte der zwanziger Jahre wurde in der SPD-Frauenorganisation Kritik an der geschlechtsspezifischen Emanzipationsstrategie und ihren Folgen laut. Diese Kritik stand im Kontext der Strategiedebatte, die nach dem Zusammenschluß von USPD und MSPD im Jahr 1922 in der sozialdemokratischen Arbeiterbewegung verstärkt einsetzte. Eine zunehmende Zahl von Genossinnen, überwiegend jüngere Funktionärinnen, die aus der Arbeiterjugendbewegung und den Jungsozialisten kamen, daneben auch ältere Funktionärinnen, die mehrheitlich dem linken Parteiflügel nahestanden, forderte angesichts der anhaltenden Frauendiskriminierung in Wirtschaft, Gesellschaft und Politik und der Stagnation der Frauenbewegung eine Rückbesinnung auf die zentralen Grundgedanken der alten sozialistischen Emanzipationstheorie. Sie verbanden diese Forderung mit einer radikalen Kritik des pseudo-egalitären Geschlechterbildes und der vorherrschenden geschlechtsspezifischen Arbeitsteilung. Ihr Ziel war eine grundlegende Veränderung des Geschlechterverhältnisses. Diese Vorstellungen zur Frauenemanzipation faßte Ende der zwanziger Jahre die Theorie von der „besonderen Klassenlage der Frauen" zusammen, die alte Grundsätze der sozialistischen Emanzipationstheorie mit neuen Erkenntnissen der kulturhistorischen Geschlechterpsychologie und der Individualpsychologie verband. Frauenfrage und Soziale Frage wurden als gleichrangige Probleme betrachtet, deren Lösung untrennbar verbunden sei.

Die Theorie von der „besonderen Klassenlage der Frauen", die Arbeiterfrauen am ehesten die Chance einer gesellschaftlichen Emanzipation bot, weil sie sowohl deren spezifische Situation als Angehörige einer Klasse als auch eines Geschlechts berücksichtigte, konnte sich auf Reichsebene nicht durchsetzen. In Hamburg hingegen, wo Ende der zwanziger Jahre eine jüngere Frauengeneration die Führung in der SPD-Frauenorganisation übernahm, bestimmte sie in den letzten Jahren der Weimarer Republik die Theoriediskussion in der Frauenbewegung und schlug sich in Frauenpolitik und Frauenarbeit nieder. Haupthindernis für die Realisierung dieses Emanzipationskonzeptes war infolge der engen organisatorischen und politischen Anbindung der Frauenorganisation an die Gesamtpartei, die in der Praxis einer Unterordnung gleichkam, der Mangel an Autonomie. Den leitenden Funktionärinnen fehlte rückblickend betrachtet ein Handlungsspielraum, der es ihnen ermöglicht hätte, nötigenfalls gegen den Willen der Parteiführung eine eigenständige Frauenpolitik zu verfolgen.

Insgesamt scheinen die umfangreichen Aktivitäten der sozialdemokratischen Frauenbewegung, die insbesondere in der zweiten Hälfte der Weimarer Republik eine Blütezeit erlebte, nur relativ wenig Einfluß auf die in der sozialdemokratischen Arbeiterbewegung vorherrschende Haltung zur Frauenfrage gehabt zu haben. Eine Ursache hierfür war vermutlich, daß diese Aktivitäten für Männer in der Gesamtpartei häufig nicht sichtbar waren, weil die Genossinnen sie überwiegend in ihren eigenen, spezifisch weiblichen Segmenten der Arbeiterbewegung leisteten. Hinzu kam, daß diese Aktivitäten, deren Form in starkem Maße an der geschlechtsspezifischen Arbeits- und Lebensweise der Frauen in Haushalt und Familie anknüpfte, von Männern oft nicht als ernstzunehmende politische Arbeit wahrgenommen und gewertet wurden. Sie übertrugen die in der Gesellschaft vorherrschende Minderbewertung der weiblichen Arbeit in Haushalt und Familie auf die Politik. Die Genossinnen hatten nur wenig Möglichkeiten, die weiblichen Interessen und Probleme in die Gesamtbewegung einzubringen. Eine entscheidende Ursache hierfür war ihre „praktische Diskriminierung".

Entgegen dem Bild von der Weimarer Republik als Zeit der politischen, ökonomischen und kulturellen Emanzipation des weiblichen Geschlechts zeigt die Analyse des Alltagslebens und des gesellschaftlichen Handelns von Arbeiterfrauen, daß insbesondere der Handlungsspielraum der älteren Generation außerordentlich begrenzt blieb. Gewandelt hatte sich im Vergleich zur Wilhelminischen Zeit nicht primär ihr Alltagsleben, sondern vorrangig ihre Alltagserfahrung. Ihre Leitbilder und Normen und damit ihre Ansprüche und Erwartungen an das Alltagsleben veränderten sich offenbar in den ersten drei Jahrzehnten dieses Jahrhunderts schneller als ihre Realität. Damit verstärkten sich in der Alltagserfahrung die Brüche und Widersprüche. Dies vergrößerte individuelle und gesellschaftliche Unzufriedenheit. Die subjektive Erfahrung der Weimarer Republik als „Not- und Krisenzeit", die bei Arbeiterfrauen stärker ausgeprägt gewesen zu sein scheint als bei Arbeitermännern, war offenbar ein wesentlicher Grund für die auch in Arbeiterkreisen weit verbreitete Enttäuschung über die wirtschaftlichen, politischen und sozialen Verhältnisse im Weimarer „Wohlfahrtsstaat". Sie war vermutlich eine wichtige sozialpsychologische Basis für den in den letzten Jahren der Weimarer Republik selbst im Arbeitermilieu wachsenden Einfluß der Nationalsozialisten.

Anhang

Staatsgebiet der Freien und Hansestadt Hamburg

– Stadtteile und Vororte, Landgebietsteile –

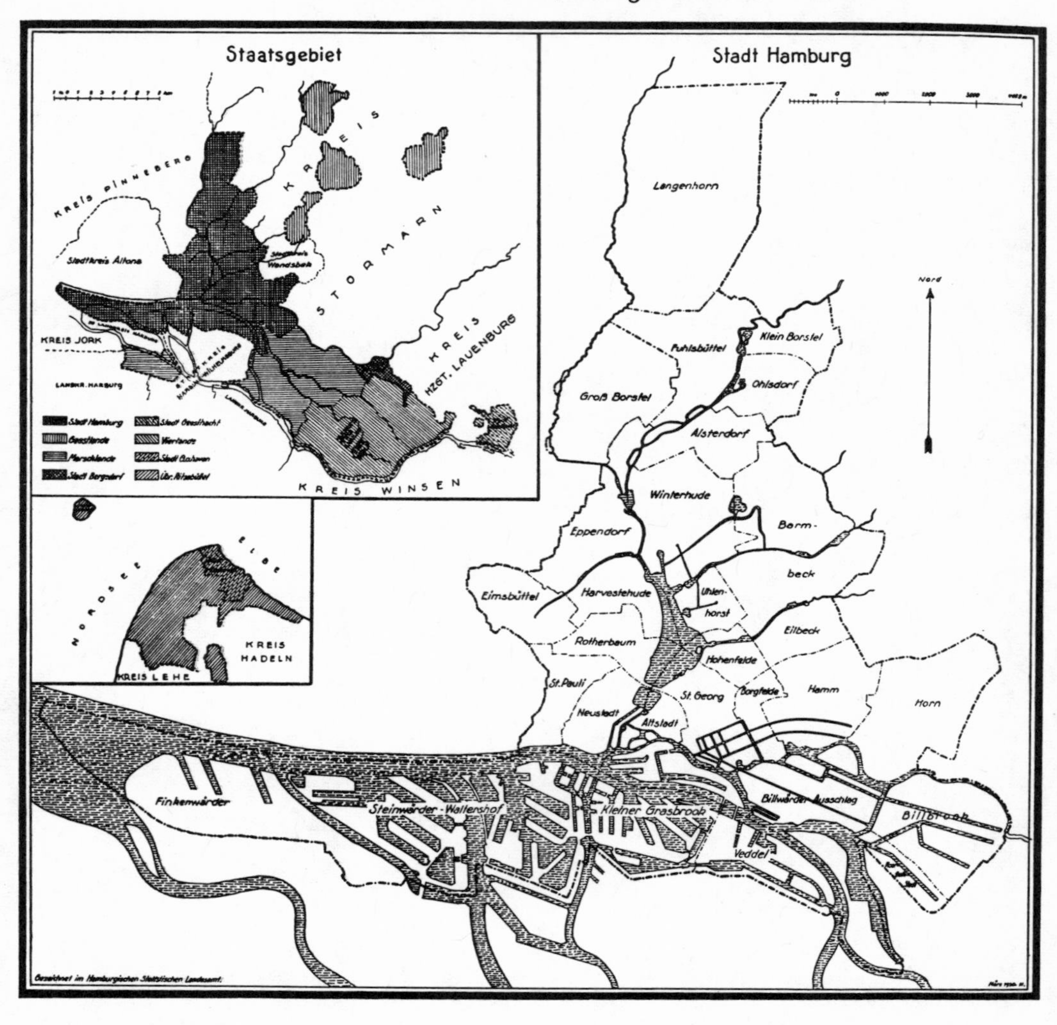

Abkürzungsverzeichnis

Ab.HH	Amtsblatt der Freien und Hansestadt Hamburg
ADF	Allgemeiner Deutscher Frauenverein
ADGB	Allgemeiner Deutscher Gewerkschaftsbund
ADB	Allgemeiner Deutscher Beamtenbund
ADLV	Allgemeiner Deutscher Lehrerinnenverein
AfA-Bund	Allgemeiner freier Angestelltenbund
AfB	Archiv für Bevölkerungspolitik
AfS	Archiv für Sozialgeschichte
AfsF	Ausschuß für soziale Fürsorge
AfSHD	Archiv für Soziale Hygiene und Demographie
AJ	Arbeiter-Jugend
AJB	Arbeiter-Jugendbund Hamburg
AJ-HE	Die arbeitende Jugend. Monatsbeilage für das Hamburger Echo
AOK	Allgemeine Ortskrankenkasse
AR	Angestellten-Rundschau
Arb.	Die Arbeit
ASB	Arbeiter-Samariter-Bund
AdsD	Archiv der sozialen Demokratie der Friedrich-Ebert-Stiftung
ATSB	Arbeiter-Turn- und Sportbund
AW	Arbeiterwohlfahrt (Zeitschrift)
AW-HH	Archiv der Arbeiterwohlfahrt Landesverband Hamburg e.V.
AWO	Arbeiterwohlfahrt
AWO-HH	Verein für Arbeiterwohlfahrt Hamburg
AVAG	Gesetz über Arbeitsvermittlung und Arbeitslosenversicherung
AzFJ	Ausschuß zur Förderung der Jugendspiele
BDA	Bund Deutscher Architekten
BDÄ	Bund Deutscher Ärztinnen
BDF	Bund Deutscher Frauenvereine
BGB	Bürgerliches Gesetzbuch
BVP	Bayrische Volkspartei
BzG	Beiträge zur Geschichte der Arbeiterbewegung
DAG	Deutsche Angestellten-Gewerkschaft
DÄVB	Deutscher Ärztevereinsbund
DBfM	Deutscher Bund für Mutterschutz und Sexualreform
DBV	Deutscher Bekleidungsarbeiterverband
DDP	Deutsche Demokratische Partei
DfG	Die freie Gewerkschaft
DGBG	Deutsche Gesellschaft zur Bekämpfung der Geschlechtskrankheiten
DHV	Deutschnationaler Handlungsgehilfen-Verband
DKP	Deutsche Kommunistische Partei
DMV	Deutscher Metallarbeiter-Verband
DNVP	Deutschnationale Volkspartei
DStP	Deutsche Staatspartei
DTAV	Deutscher Textilarbeiter-Verband
DTV	Deutscher Transportarbeiterverband
DVB	Deutscher Verkehrsbund
DVP	Deutsche Volkspartei
EpS	Einheitsverband für proletarische Sexualreform
FB-HE	Frauen-Beilage des Hamburger Echo

FGB	Frauen-Genossenschaftsblatt
FH	Der Frauen Hausschatz. Jahrbuch für Arbeiterfrauen und Töchter
Fk.	Frauenkonferenz
FK	Ferienkolonie Köhlbrand
FPJ	Freie Proletarische Jugend
FW	Frauenwelt
GA	Gewerbeaufsichtsamt und Bergbaubehörden Hamburg
Gb.	Geschäftsbericht
Gd	Geschichtsdidaktik
GdA	Gewerkschaftsbund der Angestellten
Ge.	Die Genossin
Gedag	Gesamtverband Deutscher Angestellten-Gewerkschaften
GEG	Großeinkaufs-Gesellschaft Deutscher Konsumvereine
Ges.	Die Gesellschaft
Gesex	Gesellschaft für Sexualreform
GF	Gewerkschaftliche Frauenzeitung
GFvSE	Gesellschaft der Freunde des vaterländischen Schul- und Erziehungswesens
Gk.HH	Hamburger Gewerkschaftskartell (und Arbeitersekretariat von Hamburg-Altona und Umgegend)
Gl.	Die Gleichheit
GuG	Geschichte und Gesellschaft
GV	Gesamtverband der Arbeitnehmer der öffentlichen Betriebe und des Personen- und Warenverkehrs
GZ	Gewerkschafts-Zeitung
HA	Hamburger Anzeiger
HBSA	Forschungsstelle für die Geschichte des Nationalsozialismus in Hamburg. Hamburger Bibliothek für Sozialgeschichte und Arbeiterbewegung
HC	Hamburgischer Correspondent
HdW	Handwörterbuch des Wohnungswesens
HdWo	Handwörterbuch der Wohlfahrtspflege
HE	Hamburger Echo
HF	Hamburger Fremdenblatt
HGVB	Hamburgisches Gesetz- und Verordnungsblatt
HLZ	Hamburger Lehrerzeitung
HN	Hamburger Nachrichten
HStM	Hamburger Statistische Monatsberichte
HVZ	Hamburger Volkszeitung
IAF	Internationale abolitionistische Föderation
IAH	Internationale Arbeiter-Hilfe
IFFF	Internationale Frauenliga für Frieden und Freiheit
IGB	Internationaler Gewerkschaftsbund
IWK	Internationale wissenschaftliche Korrespondenz zur Geschichte der deutschen Arbeiterbewegung
Jb.	Jahresbericht
JB	Jungsozialistische Blätter
Jbu.	Jahrbuch
Jbu.Fa.	Jahrbuch für Frauenarbeit
Jbu.SPD	Jahrbuch der deutschen Sozialdemokratie
JfG	Journal für Geschichte
JuV	Jugend und Volkswohl. Hamburgische Blätter für Wohlfahrtspflege und Jugendhilfe
JV	Jungvolk
Kä.	Die Kämpferin
KAPD	Kommunistische Arbeiterpartei Deutschlands

KJVD	Kommunistischer Jugendverband Deutschlands
KPD	Kommunistische Partei Deutschlands
KR	Konsumgenossenschaftliche Rundschau
KVB	Konsumgenossenschaftliches Volksblatt
LVZ	Leipziger Volkszeitung
MdBü	Mitglied der Hamburgischen Bürgerschaft
MdN	Mitglied der Nationalversammlung
MdR	Mitglied des Reichstags
MHG	Archiv und Bibliothek des Museums für Hamburgische Geschichte
MW	Die Medizinische Welt
NSDAP	Nationalsozialistische Deutsche Arbeiterpartei
NZ	Die Neue Zeit
OA-ADGB	Ortsausschuß Groß-Hamburg des Allgemeinen Deutschen Gewerkschaftsbundes
Pr.Fk.SPD	Protokoll der Frauenkonferenz der SPD
Pr.K.DTAV	Protokoll vom Kongreß der Textilarbeiterinnen Deutschlands
Pr.PA-SPD	Protokoll der Sitzungen des Parteiausschusses der SPD
Pr.Pt.SPD	Protokoll über die Verhandlungen des Parteitags der SPD
Pr.Rk.SPD	Protokoll der Reichskonferenz der SPD
Pr.V.DTAV	Protokoll vom Verbandstag des Deutschen Textilarbeiter-Verbandes
Pr.V.Gew.	Protokoll der Verhandlungen des Kongresses der Gewerkschaften Deutschlands
Pr.V.ZdA	Protokoll des Verbandstags des Zentralverbandes der Angestellten
Pr.Zdk	Gemeinschaftliche Sitzung des Vorstandes, Ausschusses und Generalrats des Zentralverbandes deutscher Konsumvereine
Pro	Konsum-, Bau- und Sparverein ‚Produktion'
RAG	Reichsarbeitsgemeinschaft der Kinderfreunde
RdF	Rundschau der Frau
Ref.Mat.	Referentenmaterial
RF	Die Rote Fahne
RFV	Reichsfürsorgepflichtverordnung
RGBl	Reichsgesetzblatt
RJWG	Reichsgesetz für Jugendwohlfahrt
RV	Reichsverband für Geburtenregelung und Sexualhygiene
SAJ	Sozialistische Arbeiterjugend
SAP	Sozialistische Arbeiterpartei
SED	Sozialistische Einheitspartei Deutschlands
SM	Sozialistische Monatshefte
SP	Soziale Praxis
SPD	Sozialdemokratische Partei Deutschlands
SPD-HH	Landesorganisation Hamburg der SPD
SPD-HH-Nw	SPD-Bezirksverband Hamburg-Nordwest
SPÖ	Sozialistische Partei Österreichs
StA.B	Staatsarchiv Bremen
StGB	Strafgesetzbuch
StHb	Statistisches Handbuch für den Hamburgischen Staat
StHSt	Statistik des Hamburgischen Staates
StJbu	Statistisches Jahrbuch für die Freie und Hansestadt Hamburg
StM	Statistische Mitteilungen über den Hamburgischen Staat
TA	Der Textil-Arbeiter
TAV	Christlicher Textilarbeiter-Verband
Tb.	Tätigkeitsbericht
TG	Archiv und Bibliothek der Thälmann-Gedenkstätte

USPD	Unabhängige Sozialdemokratische Partei Deutschlands
VB.FHH	Verwaltungsbehörden der Freien und Hansestadt Hamburg
VBBZ	Volks-, Berufs- und Betriebszählung in Hamburg
VFD	Verband der Fabrikarbeiter Deutschlands
VGSt	Verband der Gemeinde- und Staatsarbeiter
VNG	Verband der Nahrungsmittel- und Getränkearbeiter
VSÄ	Verein Sozialistischer Ärzte
VSWG	Vierteljahrschrift für Sozial- und Wirtschaftsgeschichte
VTD	Verband der Tabakarbeiter Deutschlands
VuZ	Volk und Zeit
VVN	Vereinigung der Verfolgten des Naziregimes
VWA	Verband der weiblichen Handels- und Büroangestellten
ZdA	Zentralverband der Angestellten
ZdH	Zentralverband der Handlungsgehilfen
ZdK	Zentralverband deutscher Konsumvereine
ZfG	Zeitschrift für Geschichtswissenschaft
ZH	Zentralverband der Hausangestellten

Tabellenverzeichnis

1 *Hausarbeit, Lebenshaltung und Wohnen*

2 *Familienarbeit und Arbeiterfamilie*

3 *Arbeiterfrauen im Erwerbsleben*

4 *Die sozialdemokratische Frauenbewegung*

Anhang

Kurzbiographien

Aufgenommen sind die Kurzbiographien aller zitierten Interviewpartnerinnen sowie der genannten bzw. zitierten Funktionärinnen der sozialdemokratischen Arbeiterbewegung Hamburgs. Die Kurzbiographien der leitenden Funktionärinnen, die für Kapitel 4.3.2 ausgewertet wurden, sind mit * gekennzeichnet.

Agnes A., geb. H. (1898–1986)

Agnes A. wurde wie ihre Schwester Paula R. (geb. 1900) in Hamburg geboren und wuchs in Eimsbüttel auf. Der Vater, ein gelernter Tischler, arbeitete als Klavierbauer, die Mutter war bis zur Heirat Dienstmädchen gewesen. Beide Eltern gehörten der SPD und der ‚Pro‘ an und engagierten sich in der Freidenkerbewegung. Der Vater, der Mitglied im Holzarbeiterverband war, übte diverse Leitungsfunktionen in Partei und Gewerkschaft aus. Agnes A. wohnte bis 1920 und von 1922 bis 1925 bei ihren Eltern in Eimsbüttel.

Nach der Volksschule, die Agnes A. mit der Selekta abschloß, besuchte sie von 1913 bis 1915 die Höhere Handelsschule. Anschließend arbeitete sie als Kontoristin. Von 1919 bis 1921 leitete sie den öffentlichen Arbeitsnachweis für jugendliche Arbeiterinnen, parallel besuchte sie die ‚Soziale Frauenschule Hamburg‘. 1922 bis 1924 war sie als Angestellte beim Statistischen Landesamt Hamburg tätig. 1925 bis 1933 leitete sie gemeinsam mit ihrem zweiten Mann das Heim des Landesjugendausschusses und der Wohlfahrtsbehörde der Provinz Schleswig Holstein in Cismar. 1933 bis 1963 arbeitete sie als Fürsorgerin in Hamburg. Ihre erste 1920 geschlossene Ehe wurde 1922 geschieden, 1925 heiratete sie erneut. Ihr zweiter Mann Karl A., von Beruf Zimmerer, später Architekt, war Mitglied von AJB, SPD und freien Gewerkschaften. Die drei Kinder wurden 1921, 1926 und 1928 geboren.

1913 kam Agnes A. zum AJB, wo sie von 1914 bis 1916 Distriktsleiterin in Eimsbüttel war, 1916 wurde sie Mitglied der SPD sowie des DBfM, 1920 der AWO. Darüber hinaus gehörte sie der ‚Büchergilde‘ und der ‚Volksbühne‘ an. 1949 bis 1955 gehörte sie dem Hauptvorstand der DAG an.

Quelle: Fragebogen und Interviews.

Margarethe Andresen, geb. Fischer (1892–1982) *

Margarethe Andresen wurde wie ihre zwei Geschwister in Wandsbek geboren. Die Eltern zogen bald nach ihrer Geburt nach St.Pauli. Ihr Vater war gelernter Buchbinder, ihre Mutter bis zur Heirat Dienstmädchen. Beide Eltern gehörten der SPD und den Freidenkern an, der Vater war zudem Gewerkschaftsmitglied.

Nach der Volksschule machte Margarethe Andresen von 1906 bis 1909 eine Lehre als Buchhalterin. 1910 sowie 1914 bis 1918 arbeitete sie als kaufmännische Angestellte. Seit 1918 war sie hauptberuflich Hausfrau. 1910 heiratete sie Franz Andresen, ebenfalls kaufmännischer Angestellter, der u.a. aktives Mitglied des AJB, der SPD, der freien Gewerkschaften, der ‚Pro‘ sowie des ‚Reichsbanner‘ war und das Kabarett „Lachen Links“ leitete. Ihre Kinder wurden 1910 und 1928 geboren. Das Ehepaar wohnte in Barmbek-Süd.

1907 wurde sie Mitglied des AJB, dort war sie bis 1914 Leiterin des Distrikts Barmbek, 1910 schloß sie sich auch der SPD an, wo sie folgenden Gremien angehörte: 1914 bis 1919 Distriktsvorstand Barmbek, 1919 bis 1933 Distriktsfrauenausschuß Barmbek(-Süd), Frauenaktionsausschuß und 1923 bis 1933 Bezirksvorstand Hamburg-Nordwest. 1924 war sie Delegierte der Reichsfrauenkonferenz, 1925 und 1927 des Reichsparteitages und der Reichsfrauenkonferenz und 1929 des Reichsparteitags. Außerdem gehörte sie der AWO, den ‚Kinderfreunden‘ und der ‚Pro‘ an. Auch nach 1945 war sie in der Sozialdemokratie aktiv.

Quelle: Fragebogen und Interview; AdsD SPD-HH: Mappe 140; Wickert 1986, Bd.2, 22ff.

Thea Asmus (geb. 1898) *

Thea Asmus wurde wie ihre drei Geschwister in Hamburg geboren und wuchs in Hammerbrook auf. Der Vater war Hafenarbeiter, die Mutter bis zur Heirat Dienstmädchen. Auch während der Ehe war sie häufig genötigt, ganztägige Aushilfsarbeiten in den Häuslichen Diensten anzunehmen. Beide Eltern gehörten der SPD und den freien Gewerkschaften an und waren Freidenker. Die Mutter engagierte sich gesellschaftlich in stärkerem Maße als der Vater.

Nach der Volksschule, die Thea Asmus mit der Selekta abschloß, machte sie 1913 bis 1916 eine kaufmännische Lehre. 1916 bis 1923 arbeitete sie als Kontoristin in der Verwaltung der ‚Pro' und 1923 bis 1927 im Büro des Hauptvorstandes der Zimmerer-Gewerkschaft. 1926 absolvierte sie einen dreimonatigen Lehrgang in der Heimvolkshochschule Tinz. 1927 bis 1929 besuchte sie das Sozialpädagogische Institut Hamburg. Im Anschluß machte sie ein einjähriges Praktikum und war danach bis zu ihrer Pensionierung 1963 Fürsorgerin des hamburgischen Jugendamtes. Sie blieb ledig und kinderlos und wohnte bis zum Tod ihrer Eltern mit diesen zusammen, zunächst in Hammerbrook später in Barmbek.

1911 schickten ihre Eltern sie zum AzFJ. 1912 wurde sie Mitglied des AJB, 1912 bis 1916 gehörte sie dem AJB-Vorstand des Distrikts Hammerbrook an. 1916 trat sie in die SPD ein, wo sie bald Funktionen auf der Bezirksebene übernahm. 1921 bis 1926 gehörte sie dem Frauendistriktsausschuß St.Georg-Nord an, 1926 bis 1933 leitete sie den Frauendistriktsausschuß St.Georg-Süd, zugleich gehörte sie dem Frauenaktionsausschuß an. 1928 bis 1933 war sie zudem Schriftführerin im Distriktsvorstand St.Georg-Süd sowie Mitglied im Frauenaktionsausschuß der ZdA-Ortsgruppe. Auch nach 1945 blieb sie in der SPD aktiv, sie war u.a. Kreisvorsitzende der ASF und Mitglied im Landesvorstand der ASF.

Quelle: Fragebogen und Interview.

Anni B., geb. K. (geb. 1911)

Anni B. wurde wie ihre ältere Stiefschwester aus der ersten Ehe der Mutter in Hamburg geboren und wuchs in Eimsbüttel auf. Ihr Vater, ein selbständiger Sattler und Tapezierer, Mitglied von SPD und freien Gewerkschaften, fiel 1916. Ihre Mutter, ehemals Dienstmädchen, deren erster Mann sowie zwei Söhne 1906 an TBC gestorben waren, hatte 1908 erneut geheiratet. Sie war politisch gänzlich desinteressiert. Anni B. zog 1921 wegen ständiger Streitereien aus der mütterlichen Wohnung aus.

Nach der Volksschule machte sie 1925/26 eine um ein Jahr verkürzte kaufmännische Lehre. 1927 bis 1933 war sie als Angestellte im Zentralbüro des ADGB-Ortsausschusses Groß-Hamburg tätig. 1933 wurde sie erwerbslos. 1934 heiratete sie Emil B., einen Textileinkäufer, der vor 1933 Mitglied in SAJ, SPD, ‚Reichsbanner' und ZdA gewesen war. 1927 und 1942 wurden ihre beiden Kinder geboren. Seit ihrer Heirat war sie hauptberuflich Hausfrau.

1926 wurde Anni B. Mitglied des ZdA, wo sie sich in der Jugendgruppe engagierte. 1927 trat sie in die SPD ein, war allerdings vor 1933 in der Partei nicht aktiv. Nach 1945 wurde sie Mitglied von AWO und SPD, nun engagierte sie sich stärker in der Parteiarbeit.

Quelle: Fragebogen und Interview.

Irma B., geb. H. (geb. 1911)

Irma B. wurde wie ihre drei Geschwister in Hamburg geboren und wuchs in Barmbek auf. Der Vater, ein Tischlergeselle, gehörte der SPD und den freien Gewerkschaften an. 1928 bis 1933 war er erwerbslos. Die Mutter war bis zur Heirat Hausangestellte und blieb unorganisiert.

Von der Volksschule wechselte Irma B. zum Lyzeum Lerchenfeld, mußte die höhere Schulausbildung jedoch aufgrund der Erwerbslosigkeit des Vaters abbrechen. Seit 1929 arbeitete sie als Verkäuferin bei der ‚Pro'. Nach 1945 machte sie eine Kurzausbildung zur Volksschullehrerin, seit 1958 arbeitete sie als Studienrätin an der Sonderschule für Gehör- und Sprachgeschädigte. Seit ihrer Pensionierung 1981 ist sie als freie Sprachtherapeutin tätig. 1930 brachte Irma B. ein nichteheliches Kind zur Welt, das sie allein groß zog.

Mitte der zwanziger Jahre wurde sie Mitglied der SAJ, 1930 wechselte sie zum KJVD. Nach 1945 gehörte sie keiner Partei an.

Quelle: Fragebogen und Interview.

Lene B., geb. R. (geb. 1897)

Lene B. wurde wie ihre sieben Geschwister in Altona geboren und wuchs dort im Stadtteil Ottensen auf. Ihr Vater war Tischler und gehörte dem Holzarbeiterverband an. Ihre Mutter war bis zur Heirat Dienstmädchen, danach war sie stundenweise als Putzfrau tätig. Beide Eltern gehörten der SPD an, waren aber nicht aktiv, die Mutter war zudem Mitglied der ‚Pro'.

Nach der Volksschule arbeitete Lene B. von 1911 bis 1914 als Tagmädchen. 1914 wechselte sie als Botin in die Fabrik, 1915 fing sie als Verkäuferin bei der ‚Pro' an. Nach ihrer Heirat 1920 arbeitete sie dort als Aushilfsverkäuferin weiter. Ihr Mann Karl B. war Modelltischler, als solcher gehörte er dem Holzarbeiterverband an, darüber hinaus war er Mitglied von AJB, SPD, AWO, ‚Naturfreunden' und ‚Reichsbanner'. 1920 und 1923 wurden die beiden Kinder geboren. Das Ehepaar zog 1920 in die Siedlung Steenkamp.

Lene B. kam 1912 zum AJB, dort übernahm sie insbesondere in der Kulturarbeit des Distrikts kleinere Funktionen. 1918 wurde sie Mitglied der SPD, seit 1920 gehörte sie der AWO, der ‚Pro' und den ‚Naturfreunden' an. In den zwanziger Jahren war sie vorwiegend als Rezitatorin in der Partei tätig. Auch nach 1945 engagierte sie sich in SPD und AWO.

Quelle: Fragebogen und Interview.

Martha B., geb. N. (geb. 1897)

Martha B. wurde wie ihre zwei Schwestern in Hamburg geboren und wuchs in Barmbek-Süd auf. Ihr Vater war Maurer und gehörte der SPD und den freien Gewerkschaften an. Ihre Mutter, bis zur Heirat Krankenpflegerin, danach hauptberuflich Hausfrau, war christlich-konservativ eingestellt und setzte Taufe und Konfirmation der Töchter durch.

Nach der Volksschule besuchte Martha B. ein Jahr eine private Haushaltungsschule. 1913 bis 1916 arbeitete sie als Hausangestellte. Anschließend machte sie eine einjährige Industrielehre als Falzerin in einer Buchdruckerei. Bis zu ihrer Heirat und der Geburt des einzigen Kindes 1921 arbeitete sie in diesem Beruf, danach war sie hauptberuflich Hausfrau. Ihr Mann Franz B. war von Beruf Maurer und qualifizierte sich zum Betonfacharbeiter und Gipser. Er gehörte u.a. AJB, SPD, ‚Pro' und ‚Reichsbanner' an. 1925 wurde er als besoldetes Mitglied in den Vorstand des Ortskartells des ‚Deutschen Bauarbeiterverbandes' gewählt. Daneben übte er weitere Leitungsfunktionen in anderen Arbeiterorganisationen aus. Im Faschismus war er illegal tätig und wurde mehrfach verhaftet. Das Ehepaar wohnte in Barmbek-Nord.

Martha B. wurde 1914 Mitglied des AJB und 1916 der SPD. 1919 wechselte sie zur USPD, 1922 kehrte sie zur SPD zurück, für die sie als Bezirkskassiererin tätig war. Daneben gehörte sie von 1908 bis 1912 und von 1928 bis 1932 einem Arbeiterturnverein sowie seit 1919 gemeinsam mit ihrem Mann den ‚Naturfreunden' an. Auch nach 1945 war sie Mitglied von SPD und AWO.

Quelle: Fragebogen und Interview; Nachlaß Martha B.; AdsD SPD-HH: Mappe 140.

Linchen Baumann, geb. Hahnemann (1868–1950)

Linchen Baumann wurde in Altona geboren und wuchs in Ottensen auf. Der Vater war Arbeiter, die Mutter Putzfrau.

Nach der Volksschule arbeitete Linchen Baumann als Dienstmädchen. Sie heiratete Ernst Baumann, einen sozialdemokratischen Arbeiter. 1896 und 1898 wurden ihre Söhne geboren. Zunächst wohnte die Familie in Altona, 1906 zog sie nach Barmbek-Süd.

1892 wurde sie Mitglied der SPD. Gefördert worden war dieser Schritt von ihrer Tante Christine Baumann (1837–1931), einer Weißnäherin, die zu den ältesten Vorkämpferinnen der proletarischen Frauenbewegung im Raum Groß-Hamburg gehörte und schon während des Sozialistengesetzes politisch aktiv war. Von Anfang an engagierte sich Linchen Baumann für die Frauenfrage. Seit 1906 arbeitete sie in der sozialdemokratischen Dienstbotenbewegung mit. 1907 wurde sie zur Vertrauensperson für den 6.Schleswig-Holsteinischen Reichstagswahlkreis gewählt, ein Jahr später in den Vorstand dieses SPD-Wahlkreises. Seit 1907 nahm sie an Reichsparteitagen und -frauenkonferenzen teil. 1913 wurde sie als Beisitzerin in den Vorstand der Groß-Hamburger Ortsgruppe des ZH und in den Vorstand des 3.Hamburger SPD-Wahlkreises gewählt, dem sie bis 1917 angehörte. 1917 wechselte sie als überzeugte Kriegsgegnerin zur USPD. 1922 kehrte sie zur SPD zurück, in der sie aufgrund einer schweren Krankheit nicht mehr aktiv mitarbeitete. Seit Ende der 1890er Jahre war sie eine enge Freundin von Luise

Zietz. Die Tante Christine Baumann ermöglichte Linchen Baumann das politische Engagement, indem sie bei Terminen auf deren Kinder aufpaßte.

Quelle: Interview mit Martha B.; Nachlaß Martha B.; StA PP S14760.

Marie Bautz, geb. Bachmann (1879–1929) *

Über das Elternhaus von Marie Bautz, die in Eppishofen bei Augsburg geboren wurde, ist nichts bekannt.

Nach der Volksschule ging sie zunächst als Dienstmädchen in Stellung und wechselte später als Arbeiterin in die Fabrik. 1900 heiratete sie einen Arbeiter. 1907 kam das Ehepaar nach Hamburg, wo sich Marie Bautz, die nach der Heirat hauptberuflich Hausfrau war, von Anfang an in der Dienstbotenbewegung engagierte. Das Ehepaar wohnte in Hammerbrook.

1913 bis 1923 war sie erste Vorsitzende der Hamburger Ortsgruppe des ZH und gehörte als solche dem Gewerkschaftskartell bzw. dem ADGB-Ortsausschuß Groß-Hamburg an. Bereits in der Vorkriegszeit war sie in der sozialdemokratischen Frauenbewegung aktiv. In den Kriegsjahren engagierte sie sich in der Kriegsfürsorge. 1919 war sie Delegierte auf Reichsparteitag und Reichsfrauenkonferenz der SPD. 1919 bis 1922 gehörte sie der Bürgerschaft an und arbeitete u.a. in der Jugendbehörde mit. 1922/23 zog sie sich aus Gesundheitsgründen aus der politischen Arbeit zurück.

Quelle: StA: Bürgerschaftsmitglieder 1859–1959, Handschrift 601; ebd. PP 19231; Wickert 1986, Bd.2, 12f.

Helene Brandenburg, geb. Rolfs (geb. 1872)

Über das Elternhaus von Helene Brandenburg, die in Rendsburg geboren wurde, ist nichts bekannt.

Nach der Volksschule verdiente sie ihren Lebensunterhalt als Arbeiterin. 1908 heiratete sie den sozialdemokratischen Korrektor Carl Brandenburg. Das Ehepaar wohnte in Eimsbüttel.

Helene Brandenburg war seit der Jahrhundertwende in der sozialdemokratischen Frauenbewegung Hamburgs aktiv. 1907 bis 1911 war sie Sekretärin des Hamburger Vereins der Dienstmädchen, Wasch- und Scheuerfrauen, der sich 1909 dem ZH anschloß, und gehörte dem Vorstand der Ortsgruppe an. 1910 wurde sie als Beisitzerin in den Vorstand des 3.Wahlkreises der Hamburger SPD gewählt. 1910 und 1911 nahm sie an Reichsparteitag und Reichsfrauenkonferenz der SPD teil. 1911 wurde sie als Schriftführerin in den Vorstand der Hamburger Filiale des DTAV gewählt. In der sozialdemokratischen Frauenbewegung engagierte sie sich in der Vorkriegszeit vorrangig als Referentin. Nach Beginn des Ersten Weltkrieges zog sie sich aus der politischen Arbeit der Sozialdemokratie gänzlich zurück.

Quelle: StA PP S10157.

Olga Brandt-Knack (1885–1978)

Olga Brandt-Knack, die eine fünf Jahre jüngere Schwester hatte, wurde in Hamburg geboren. Die Eltern zogen kurz nach ihrer Geburt nach Schleswig-Holstein, wo der Vater eine Stelle als Förster antrat. Er verstarb 1893 nach einjähriger schwerer Krankheit. Die Mutter zog nach Hamburg zurück und verdiente den Lebensunterhalt der Familie mehr schlecht als recht durch den Betrieb einer Fremdenpension.

1894 kam Olga Brandt-Knack durch Vermittlung ihres Lehrers, der ihr musikalisches und tänzerisches Talent erkannte, in die Kindertanzschule der Hamburgischen Staatsoper, in der sie bis 1900 ausgebildet wurde. 1900 wurde sie für drei Jahre als Elevin am Hamburgischen Stadttheater engagiert, zu dessen Tanzensemble sie bis 1933 gehörte. 1909 arbeitete sie erstmals als Choreographin. 1918 bis 1933 war sie Ballettmeisterin des Theaters. 1920 heiratete sie den sozialdemokratischen Arzt Andreas Knack (vgl. S. 736, Anmerkung 338), den sie seit 1914 kannte. Das Ehepaar wohnte in Barmbek. 1927 wurde die Ehe geschieden. 1933 wurde Olga Brandt-Knack aus dem Staatsdienst entlassen. Sie verdiente ihren Lebensunterhalt bis 1942 als Sprechstundenhilfe.

1902 schloß sie sich der ‚Genossenschaft Deutscher Bühnenangehöriger' an, 1907 gründete sie mit Kolleginnen die erste Berufsorganisation für Tänzer(innen), die ‚Ballettunion', die sich 1912 den freien Gewerkschaften anschloß. 1920 wurde sie Mitglied der SPD. In den zwanziger Jahren engagierte sie sich insbesondere in der Kulturarbeit der Partei, u.a. beteiligte sie sich an der künstlerischen Ausgestaltung von Festen und Feiern der Sozialdemokratie. Nach 1945 schloß sie sich wieder der SPD an, u.a. war sie 1946 bis 1957 Mitglied der

Bürgerschaft und 1948 bis 1960 Frauenreferentin der Gewerkschaft ‚Kunst' im DGB. Anfang der 1960er Jahre legte sie alle Ämter aus Altersgründen nieder.

Quelle: Nachlaß Olga Brandt-Knack: Brandt-Knack, Olga: Lebenslauf; ebd.: dies.: Mein Leben. Lebenserinnerungen 1976/77; StA: Bürgerschaftsmitglieder 1859–1959, Handschrift 601; AdsD SPD-HH: Mappe 72; ebd.: Mappe 140.

Lili D., geb. S. (1904–1986)

Lili D. wurde wie ihre zwei Schwestern in Hamburg geboren. Bis 1919 lebte die Familie im Eimsbütteler Stadtteil Hoheluft, danach in Rothenburgsort. Ihr Vater war Maler und gehörte der SPD, der ‚Pro' und den freien Gewerkschaften an, wo er als Vertrauensmann mitarbeitete. Die Mutter, bis zur Heirat Dienstmädchen, danach hauptberuflich Hausfrau, war christlich-konservativ eingestellt. Sie setzte Taufe und Konfirmation ihrer Töchter durch.

Nach der Volksschule arbeitete Lili D. 1919 bis 1921 als Hilfskraft in Kinderheimen, 1921/22 als kaufmännische Angestellte in einem Kontor. 1922 bis 1931 war sie als Telegraphengehilfin im Postamt Hamburg tätig. Aufgrund ihrer Heirat wurde ihr gekündigt. Ihr Mann Herbert D. war Technischer Fernmeldebeamter und gehörte freien Gewerkschaften, SAJ, SPD und AWO an. Die drei Söhne wurden 1933, 1936 und 1941 geboren. Das Ehepaar wohnte zunächst in Horn, dann in Hamm.

Lili D. wurde 1923 Mitglied der SAJ, 1927 trat sie in SPD und AWO ein. Seit 1931 war sie zudem Mitglied der ‚Pro'. Darüber hinaus gehörte sie dem ASB und einem Arbeiterturnverein an und sang von 1926 bis 1933 gemeinsam mit ihrem Mann im ‚Barmbeker Volkschor'. Nach 1945 schloß sie sich wieder der Sozialdemokratie an.

Quelle: Fragebogen und Interview.

Olga D., geb. H. (geb. 1897)

Olga D. wurde wie ihre fünf Geschwister in Altona geboren und wuchs im dortigen Stadtteil Ottensen auf. Der Vater war Fabrikarbeiter und gehörte dem VFD an. Die Mutter war bis zur Heirat Dienstmädchen und arbeitete danach als Putzfrau. Sie nahm zudem Pflegekinder auf. Beide Eltern gehörten der SPD an. Die Mutter war außerdem Mitglied der ‚Pro'.

Nach der Volksschule arbeitete Olga D. von 1911 bis 1914 als Tagmädchen, seit 1914 als angelernte Näherin. 1920 gab sie wegen ihrer Heirat und der Geburt des ersten Kindes ihre Erwerbstätigkeit auf. Ihr Mann Hans D. war Elektriker und gehörte AJB, DMV, SPD, AWO und ‚Reichsbanner' an. 1920 zog das Paar in die Siedlung Steenkamp. 1928 wurde das zweite Kind geboren.

1912 wurde sie Mitglied des AJB, 1917 trat sie in die SPD ein. 1920 wurde sie Mitglied der AWO und der ‚Pro'. In der Partei war sie vorwiegend auf Bezirksebene aktiv. Nach 1945 schloß sie sich wieder der SPD an und war bis 1980 Hauskassiererin.

Quelle: Fragebogen; Interview mit Lene B., Olga D. und Anna L.

Henny E. (1888–1956)

Henny E. wurde wie ihr älterer Bruder in Ratzeburg/Holstein geboren. Der Vater, ein Malermeister, war christlich und deutsch-national eingestellt. Da er trank, lebte die Familie in außerordentlich ärmlichen Verhältnissen. Die Mutter verdiente als Putzfrau den größten Teil des Familieneinkommens. 1900 zog die Familie nach Hademarschen/Holstein, dort eröffnete der Vater, der mit dem Trinken aufhörte, eine Malerwerkstatt. Erst jetzt verbesserten sich die materiellen Verhältnisse der Familie.

Nach der Volksschule mußte Henny E. in Stellung auf einem Gutshof. Sie ging bald als Dienstmädchen nach Altona. 1909, nach der Heirat mit Johannes E., einem Malergesellen, der SPD und freien Gewerkschaften angehörte, war sie hauptberuflich Hausfrau. Ihre Kinder wurden 1911, 1913, 1922 und 1925 geboren. Die Familie wohnte zunächst in Ottensen, ab 1911 in Hoheluft.

Nach der Novemberrevolution wurde Henny E. Mitglied der SPD, 1920 auch der AWO. Seit 1922 engagierte sie sich im AzFJ, seit 1924 in den ‚Kinderfreunden'. Im gleichen Jahr übernahm sie die Leitung des Frauenausschusses und der AWO des Distrikts Harvestehude-Hoheluft. Diese Funktionen übte sie bis 1933 aus. Nach 1945 wurde sie zwar wieder Mitglied der SPD, war politisch aber nicht mehr aktiv.

Quelle: Interview mit Wilma M.; Hagemann, in: Ruppert 1986, 69–78.

Olga Essig (1884–1965)

Olga Essig wurde in Bromberg/Westpreußen als Tochter von Bauern geboren.

Nach Abschluß der Volksschule nahm sie neben der Erwerbstätigkeit im Kontor Privatunterricht und legte die Reifeprüfung an der Oberrealschule in Kattowitz ab. Nach mehrjähriger Berufstätigkeit als Kontoristin und Buchhalterin in kaufmännischen und gewerblichen Betrieben arbeitete sie seit 1908 als Lehrerin an der staatlichen kaufmännischen Fortbildungsschule in Bromberg. 1914 legte sie die Diplomhandelslehrerprüfung sowie eine Zwischenprüfung in Technologie ab. In den Kriegsjahren studierte sie zunächst in Breslau, später in Frankfurt a.M. Wirtschafts- und Sozialwissenschaften sowie Pädagogik. Das Studium schloß sie 1918 mit der Promotion ab. 1919/20 wirkte sie als Mitarbeiterin der Stadtverwaltung in Frankfurt a.M. beim Ausbau des Berufsschulwesens mit. 1920 nahm sie eine Stelle als Leiterin der öffentlichen Frauenarbeitsschule der Stadt an. 1922 wurde sie zum ‚Vortragenden Rat' für das Referat ‚Mädchen-Berufsschulwesen' im Thüringischen Ministerium für Volksbildung ernannt. 1924, als die Rechtsparteien in Thüringen die Regierung übernahmen, wurde sie entlassen. Daraufhin bot ihr der hamburgische Senat die Position als Direktorin der Allgemeinen Mädchenberufsschulen an, 1929 ernannte er sie zur Oberschulrätin für die Berufsschulbehörde. 1933 wurde sie aus politischen Gründen „in den Ruhestand" versetzt. 1945 übertrug ihr der hamburgische Senat erneut das Amt der Oberschulrätin für die Berufsschulbehörde, das sie bis zu ihrer Pensionierung 1950 inne hatte.

Nach der Novemberrevolution wurde Olga Essig Mitglied der SPD, für die sie vor allem als Referentin aktiv war. 1920 schloß sie sich zudem dem ‚Bund entschiedener Schulreformer' an. 1946 gehörte sie zu den Mitbegründerinnen des ‚Hamburger Frauenringes e.V.', dessen Vorsitzende sie von 1946 bis 1948 und von 1950 bis 1952 war. Sie gründete auch die ‚Arbeitsgemeinschaft Hamburger Frauenorganisationen' mit.

Quelle: StA ZA A755: Olga Essig; AdsD SP: Olga Essig; Neuner 1980, 197–205; Hagemann, in: Lorent/Ullrich 1988, 356–359.

Anneliese F. (geb. 1910)

Anneliese F. wurde in Bergedorf geboren, das zum hamburgischen Staat gehörte, und wuchs dort mit ihren drei Geschwistern auf. Der Vater, von Beruf Klempner, war 1919 bis 1933 geschäftsführender Sekretär der DMV-Filiale Bergedorf und übte daneben vielfältige Leitungsfunktionen in der örtlichen SPD aus, u.a. war er 1931 bis 1933 Bürgermeister der Kleinstadt. Die Mutter verstarb 1917, die Stiefmutter war hauptberuflich Hausfrau und schloß sich auf Wunsch ihres Mannes der SPD an. Anneliese F. verließ 1931 das Elternhaus und zog nach Eimsbüttel.

Nach der Grundschule wechselte Anneliese F. zum Lyzeum, das sie nach der Obersekunda auf eigenen Wunsch verließ. Um ihr Berufsziel Redaktionssekretärin zu verwirklichen, arbeitete sie 1927/28 als Voluntärin beim sozialdemokratischen ‚Bergedorf-Sander-Volksblatt'. Nebenbei lernte sie in Abendkursen Schreibmaschine und Stenographie. 1928 fing sie als Stenotypistin im Büro von ‚Auer & Co' an. 1933 verlor sie diese Stelle. Bis 1945 arbeitete sie als Stenotypistin bei verschiedenen Privatfirmen, danach zunächst als Sekretärin in der Staatlichen Pressestelle, später im Büro der SPD-Fraktion sowie im Auswärtigen Amt. 1960 bis 1975 war sie Referentin in der Protokoll-Abteilung der Hamburger Senatskanzlei.

1924 wurde sie Mitglied der SAJ, dort übte sie im Vorstand ihrer Gruppe lange Zeit die Funktion der Schriftführerin aus. 1928 trat sie in die SPD ein, war dort jedoch nicht aktiv. 1933 kam sie aufgrund illegaler Parteiarbeit für kurze Zeit in „Schutzhaft". Nach 1945 schloß sie sich erneut der SPD an, seit 1960 war sie auf Distrikts- und Kreisebene aktiv.

Quelle: Fragebogen und Interview.

Bertha F., geb. P. (1900–1985)

Bertha F. wurde wie ihre vier Geschwister in Lokstedt, einem Vorort von Hamburg, geboren und wuchs in Eppendorf auf. Der Vater war Lagermeister, die Mutter nach der Heirat hauptberuflich Hausfrau. Beide Eltern gehörten der SPD an, der Vater zudem den freien Gewerkschaften an.

Nach der Volksschule besuchte Bertha F. zwei Jahre die Höhere Handelsschule. 1917 bis 1919 und 1922 bis 1928 arbeitete sie als kaufmännische Angestellte, 1919 bis 1922 als Krankenpflegerin. Als ZdA-Mitglied gehörte sie 1920 bis 1922 dem Betriebsrat des Krankenhauses Eppendorf an. 1927 heiratete sie Adolf F., einen Bauarbeiter, der von 1928 bis 1934 erwerbslos war. In dieser Zeit verdiente Bertha F. durch Aushilfsarbeiten den Lebensunterhalt der Familie. Adolf F. war Mitglied des Bauarbeiterverbandes, der SPD, der AWO und des ‚Reichsbanner'. 1928 und 1935 wurden ihre Kinder geboren. 1924 bis 1937 wohnte das Paar in der Siedlung Nettelnburg, 1937 zog es nach Altona.

1916 schloß sich Bertha F. dem AJB an, 1919 wurde sie Mitglied der SPD, 1928 zudem der AWO. 1928 bis 1933 war sie Frauenleiterin im SPD-Distrikt Nettelnburg-Billwerder und Bezirkskassiererin. Gemeinsam mit ihrem Mann sang sie im ‚Volkschor Billwerder'. Nach 1945 schloß sie sich wieder der SPD an und war auf Bezirks- und Distriktsebene aktiv.

Quelle: Fragebogen und Interview.

Luise F., geb. P. (geb. 1910)

Luise F. wurde wie ihre zwei Schwestern in Hamburg geboren und wuchs in Uhlenhorst auf. Der Vater war Arbeiter in einem Genossenschaftsbetrieb und Gewerkschafts-Kassierer. Die Mutter arbeitete bis zur Heirat als Dienstmädchen, danach als Putzfrau bei der ‚Pro'. Beide Eltern gehörten der SPD an.

Nach der Volksschule besuchte Luise F. zwei Jahre die Aufbauschule. 1926 bis 1928 arbeitete sie als Hausangestellte, 1928 bis 1936 als Kontoristin bei der GEG. 1936 wurde sie entlassen. 1939 heiratete sie Johannes F., einen sozialdemokratischen Lehrer, den sie aus der SAJ kannte, der 1933 entlassen worden war und aufgrund von Widerstandstätigkeit zweieinhalb Jahre ins Gefängnis kam. Nach 1945 arbeitete er wieder als Lehrer. Die beiden Kinder wurden 1942 und 1945 geboren. Luise F. war seit ihrer Heirat hauptberuflich Hausfrau.

1925 wurde sie Mitglied der SAJ, seit 1928 leitete sie die Gruppe Uhlenhorst I. 1931 bis 1933 gehörte sie dem Landesvorstand der Hamburger SAJ an. 1928 war sie Mitglied der SPD geworden. Nach 1933 führte sie ihre Uhlenhorster SAJ-Gruppe illegal weiter. 1936 wurde sie verhaftet, kam zunächst in Untersuchungshaft, später für kurze Zeit ins Gefängnis. Nach 1945 wurde sie wieder Mitglied der SPD, war aber nicht aktiv.

Quelle: Fragebogen; Interview mit Anneliese F., Luise F. und Elly N.

Ida Feist, geb. Palthus (1903–1987)

Ida Feist und ihre Schwester wurden in Hamburg geboren, die Familie lebte erst in Veddel, seit 1910 in Hammerbrook, seit 1929 in Barmbek. Der Vater, SPD- und Gewerkschaftsmitglied, war gelernter Segelmacher, arbeitete aber als ungelernter Arbeiter im Hafen. 1914 bis 1920 fuhr er zur See, um sich dem Kriegsdienst zu entziehen. Die Mutter arbeitete vor der Heirat als Dienstmädchen und Köchin, danach war sie zunächst als Aushilfskraft im Lebensmittelhandel tätig. Von 1914 bis 1921 arbeitete sie in einer Konservenfabrik. Danach war sie hauptberuflich Hausfrau. 1918 wurde sie Mitglied der SPD, in den zwanziger Jahren war sie politisch interessierter und engagierter als ihr Mann.

Ida Feist besuchte nach der Volksschule ein Jahr eine private Handelsschule. 1919 bis 1929 arbeitete sie als Kontoristin, zunächst in einer Privatfirma, dann bei der ‚Volksfürsorge' und zum Schluß im Büro der Verlagsgesellschaft des ZdK. Seit 1919 war sie Gewerkschaftsmitglied. 1929 machte sie gemeinsam mit ihrer Freundin Irma Keilhack einen halbjährigen Kurs in der Heimvolkshochschule Tinz. 1930 bis 1933 arbeiteten beide im Parteibüro der Hamburger SPD. 1933 wurde sie erwerbslos. 1934 heiratete sie ihren langjährigen Freund Karl Feist, einen Orthopädie-Mechaniker, der vor 1933 Mitglied von AJB, SPD, Jusos und DMV gewesen war. 1937 wurde die gemeinsame Tochter geboren. 1941 bis 1945 arbeitete Ida Feist als Kontoristin. 1947/48 machte sie in einem Sonderlehrgang eine Ausbildung zur Volksschullehrerin, als solche war sie bis 1966 tätig.

1920 wurde sie Mitglied des AJB, 1922 bis 1925 war sie als Helferin im AzFJ bzw. den ‚Kinderfreunden' tätig. 1925 trat sie in die SPD ein, bereits seit 1924 machte sie bei den Jusos mit. In der Partei war sie vorwiegend auf der Bezirksebene aktiv, u.a. als Hauskassiererin. 1933/34 war sie gemeinsam mit ihrem Mann illegal in der Parteiarbeit tätig. Nach 1945 schloß sie sich erneut SPD und AWO.

Quelle: Fragebogen und Interview; AdsD SPD-HH: Mappe 141.

Hedwig Günther, geb. Brosterhues (1896–1965) *

Hedwig Günther wurde wie ihre sieben Geschwister, darunter Grete Wöhrmann und Paula Zebuhr, in Hamburg geboren und wuchs in der Neustadt auf. 1914 bezog die Familie eine größere Wohnung in Rotherbaum. Der Vater war Schuhmacher, die Mutter, eine gelernte Weißnäherin, arbeitete als Putzfrau. Beide sympathisierten mit der SPD.

Nach der Volksschule absolvierte Hedwig Günther eine zweijährige kaufmännische Lehre und arbeitete bis zu ihrer Heirat 1923 zunächst als Kontoristin, später als Buchhalterin, danach war sie hauptberuflich Hausfrau. Ihr Mann Otto Günther, der Bruder von Minna L., war Techniker und leitete bis 1933 die Erwerbsbehinderten-Werkstätten in Winterhude. Er gehörte AJB, SPD und ZdA an. 1925 wurde die Tochter geboren. Das Paar wohnte seit 1923 in Barmbek-Süd.

1911 bis 1914 gehörte sie dem AJB an, zeitweilig war sie Mitglied des Distriktsvorstandes in der Neustadt. 1913 schloß sie sich der SPD an, 1920 der AWO, 1923 der ‚Pro'. 1925 bis 1928 war sie Distriktsfrauenleiterin in Barmbek, Mitglied des Frauenaktionsausschusses und des Frauenausschusses des Bezirks Hamburg-Nordwest, 1928 bis 1933 Vorsitzende des Frauenaktionsausschusses und Mitglied des Landesvorstandes. 1924 nahm sie als Delegierte an der Reichsfrauenkonferenz der SPD teil. Im Faschismus wurde sie mehrfach verhaftet. Nach 1945 wirkte sie beim Wiederaufbau der SPD mit. 1946 bis 1957 war sie Mitglied der Bürgerschaft und übte u.a. 1946 bis 1949 und 1951 bis 1953 das Amt der Schriftführerin der Bürgerschaft aus.

Quelle: Interviews mit Paula Karpinski und Grete Wöhrmann; Interview mit Paula Zebuhr; StA: Bürgerschaftsmitglieder 1859–1959, Handschrift 601; ebd. ZA A757: Hedwig Günther; Wickert 1986, Bd.2, 23.

Paula Henningsen, geb. Kuntzmann (1881–1969) *

Paula Henningsen wurde in Hannover als Tochter eines Zollbeamten geboren. Ihre Mutter, eine Schneidermeisterin, verstarb 1885 bei einer Entbindung. Der Vater heiratete erneut. Paula Henningsen wuchs gemeinsam mit den vier Geschwistern aus zweiter Ehe auf. Die Eltern erzogen die Kinder christlich. 1888 zog die Familie nach Hamburg, weil dem Vater die Stelle als Leiter des Hauptzollamtes angeboten worden war.

Im Anschluß an die Volksschule kam Paula Henningsen auf die Seminarschule. 1901 machte sie ihr Lehrerinnenexamen. Bis zur Heirat 1904 arbeitete sie als Volksschullehrerin, danach war sie hauptberuflich Hausfrau. Ihr Mann Nicolaus Henningsen, ebenfalls Lehrer, war nebenberuflich als Schriftsteller tätig. 1904, 1906 und 1917 wurden ihre Kinder geboren. Die Familie wohnte zunächst in Hamm, seit 1911 in Langenhorn.

Im Ersten Weltkrieg bekam Paula Henningsen durch Freunde ihres Mannes Kontakt zur SPD, in der sie nach 1919 vorrangig als Referentin tätig war. 1919 nahm sie als Delegierte an der Reichsfrauenkonferenz teil. 1921 wurde sie in die Bürgerschaft gewählt, der sie bis 1933 angehörte. Als Abgeordnete arbeitete sie vor allem in der Berufsschul- und der Gesundheitsbehörde mit. Von 1927 bis 1933 war sie Schriftführerin der Bürgerschaft. 1930 initiierte sie die Gründung der Hamburger Ortsgruppe des RV, deren Vorsitzende sie wurde. 1933 wurde die Ortsgruppe aufgelöst. Das Haus von Paula Henningsen wurde mehrfach von der Gestapo durchsucht. Nach 1945 war sie politisch nicht mehr aktiv.

Quelle: StA: Bürgerschaftsmitglieder 1859–1959, Handschrift 601; Nachlaß Paula Henningsen, daraus insb.: Henningsen, Paula: Die Kuntzmanns, Teil II, 1962–1966; Wickert 1986, Bd.2, 13.

Edith Hommes-Knack (geb. 1891) *

Über das Elterhaus von Edith Hommes-Knack, die in Breslau geboren wurde, ist nichts bekannt.

Nach dem Besuch der Volksschule und der staatlichen Handelsschule arbeitete sie als Kontoristin. Nach einem eineinhalbjährigen Studienaufenthalt in Amerika machte sie das Sprachlehrerinnenexamen. Das Studium an der Handelshochschule in Berlin schloß sie mit der DiplomHandelslehrerinnen-Prüfung ab. Seit 1919 leitete sie die weibliche Abteilung der Berufsberatung des hamburgischen Arbeitsamtes. 1928 heiratete sie Andreas Knack, den geschiedenen Ehemann von Olga Brandt-Knack. Das Ehepaar wohnte in Barmbek. 1933 wurden sie und ihr Mann aus dem Staatsdienst entlassen und emigrierten nach China. 1948 kamen sie nach Deutschland zurück. Andreas Knack wurde zum Präsidenten der Hamburgischen Gesundheitsbehörde ernannt. Dieses Amt übte er bis 1952 aus (vgl. auch S. 736, Anmerkung 338).

Nach Kriegsende schloß sich Edith Hommes der KPD an, die sie 1921 bis 1927 in der Bürgerschaft vertrat, u.a.

war sie Mitglied der Oberschulbehörde und der Jugendbehörde. 1927 wechselte sie zur SPD, für deren Frauenorganisation sie seit Ende der zwanziger Jahre tätig war.

Quelle: StA: Bürgerschaftsmitglieder 1859–1959, Handschrift 601; ebd. ZA A758: Edith Hommes; Hammer 1956, 57; Frankenthal 1981, 318.

Caroline J., geb. M (geb. 1902)

Caroline J. wurde wie ihre drei Geschwister in Hamburg geboren und wuchs in St.Pauli auf. Ihr Vater war Maschinenschlosser und Mitglied der freien Gewerkschaften. Ihre Mutter arbeitete nach der Heirat als Putzfrau. Sie war politisch gänzlich uninteressiert und erzog die Kinder gegen den Willen des Mannes evangelisch, ließ sie gar heimlich taufen und konfirmieren.

Nach der Volksschule, ging Caroline J. 1916 für ein Jahr als Alleinmädchen in Stellung. Seit 1917 verdiente sie als Fabrikarbeiterin ihren Lebensunterhalt. 1922 bis 1928 war sie als Vorarbeiterin in einer Packerei tätig. 1928, kurz nach der Heirat, gab sie auf Wunsch ihres Mannes Franz J., eines Schriftsetzers, der SPD- und Gewerkschaftsmitglied war und der ‚Büchergilde' angehörte, die Erwerbsarbeit auf und war hauptberuflich Hausfrau. Ihr Sohn wurde 1936 geboren.

1919 kam Caroline J. zur FPJ, wo sie bis 1923 mitmachte. 1928 wurde sie Mitglied der ‚Pro'. Erst nach 1945 schloß sie sich SPD und AWO an und übernahm auf der Bezirks- und Distriktsebene kleinere Funktionen.

Quelle: Fragebogen und Interview.

Paula K., geb. B. (1897–1985)

Paula K. wurde als nichteheliches Kind in Dresden geboren. Ihr leiblicher Vater verstarb vor ihrer Geburt bei einem Arbeitsunfall. Die Mutter heiratete einen verwitweten Bäcker, der eine Tochter in die Ehe einbrachte. 1901 zog die Familie nach Altona, hier wurden die vier Geschwister von Paula K. geboren. Der Stiefvater, der SPD- und Gewerkschaftsmitglied war, arbeitete als ungelernter Arbeiter im Hafen. Die Mutter, die sehr christlich gesinnt war, arbeitete auch nach der Heirat als Putzfrau. Paula K. verließ bereits 1914 das Elternhaus.

Nach der Volksschule war sie von 1912 bis 1917 als Badewärterin tätig. 1917 heiratete sie Karl K., einen Metallarbeiter, der Mitglied von AJB, SPD, AWO und ‚Reichbanner' war. Das Paar lebte 1917 bis 1919 in Essen, wo Karl K. bei Krupp Arbeit gefunden hatte, 1919 zog es nach Altona zurück. 1929 bis 1934 war Karl K. erwerbslos. 1919 bis 1921 arbeitete Paula K. als Verkäuferin bei der ‚Pro'. 1922, ein Jahr nach der Geburt ihrer Tochter, begann sie dort wieder als Verkäuferin, arbeitete nun allerdings nur zwei Tage in der Woche.

1912 kam sie zum AJB, 1917 wurde sie Mitglied der SPD, 1920 schloß sie sich der AWO an, die sich neben der Frauenorganisation zu ihren Haupttätigkeitsfeld entwickelte. 1931 bis 1933 war sie Distriktsleiterin der SPD-Frauengruppe und der AWO Bahrenfeld. Nach 1945 engagierte sie sich in SPD und AWO.

Quelle: Fragebogen und Interview.

Emmy Kaemmerer-Leonhardt (geb. 1890) *

Über die Biographie von Emmy Kaemmerer-Leonhardt, die in Hamburg geboren wurde, ist wenig bekannt.

Nach dem Besuch einer Höheren Schule verdiente sie ihren Lebensunterhalt als kaufmännische Angestellte. Sie hielt sich längere Zeit im Ausland auf. 1914/15 war sie Angestellte der ‚Hamburgischen Kriegshilfe', seit 1916 der freien Gewerkschaften. Anfang der zwanziger Jahre heiratete sie. Zu diesem Zeitpunkt wohnte sie im Stadtteil Rotherbaum.

1916 schloß sie sich SPD und freien Gewerkschaften an. 1919/20 gehörte sie dem Frauenaktionsausschuß der Hamburger SPD an, 1919 nahm sie an der Reichsfrauenkonferenz der Partei teil. 1919 bis 1921 war sie Bürgerschaftsmitglied, u.a. arbeitete sie in der Behörde für Wohnungspflege und im Universitätsausschuß mit. Nach 1921 trat sie in der Hansestadt nicht mehr öffentlich in Erscheinung.

Quelle: StA: Bürgerschaftsmitglieder 1859–1959, Handschrift 601; ebd.: Verzeichnis der Mitglieder der Bürgerschaft, Hamburg 1919.

Antonie Kähler, geb. Schubert (geb. 1875) *

Antonie Kähler, die in Friedland/Oberschlesien geboren wurde, verlor ihre Eltern früh. Sie wuchs zunächst bei Verwandten, später in einem Internat auf.

Im Anschluß an die Volksschule machte sie auf einer Handelsschule eine kaufmännische Ausbildung und arbeitete einige Jahre als Kontoristin. Nach ihrer Heirat mit dem Hamburger Kaufmann Adolf Kähler war sie hauptberuflich Hausfrau. Ihr Mann verstarb früh. Sie lebte als Witwe in Eilbek.

Schon in der Vorkriegszeit kam sie zur SPD und engagierte sich in der Frauenarbeit der Partei sowie der ehrenamtlichen Sozialarbeit. Während des Krieges half sie in der Kriegsfürsorge. Seit Anfang der zwanziger Jahre war sie ehrenamtliche Wohnungspflegerin. Seit 1920 gehörte dem Frauendistriktsausschuß Eilbek an. 1924 bis 1927 war sie Mitglied der Bürgerschaft und arbeitete u.a. in der Jugendbehörde und der Behörde für Wohnungspflege mit.

Quelle: StA: Bürgerschaftsmitglieder 1859–1959, Handschrift 601; ebd.: Verzeichnis der Mitglieder der Bürgerschaft, Hamburg 1924.

Luise Kähler, geb. Girnth (1869–1955)

Luise Kähler wurde in Berlin geboren und wuchs dort auf. Ihr Vater war Droschken- und Möbelkutscher, ihre Mutter bis zur Heirat Dienstmädchen. Beide Eltern gehörten der SPD an.

Nach der Volksschule arbeitete Luise Kähler 1884 bis 1892 als Dienstmädchen, 1893 bis 1895 war sie Stewardeß auf einem deutschen Passagierschiff. 1895 heiratete sie einen sozialdemokratischen Malergesellen. Das Ehepaar zog einen Sohn groß. Um die Jahrhundertwende siedelte die Familie von Berlin nach Hamburg.

1902 schloß sich Luise Kähler der SPD an, in der sie sofort aktiv wurde. 1906 gehörte sie zu den Gründerinnen des hamburgischen ‚Vereins der Dienstmädchen, Wasch- und Scheuerfrauen', dessen erste Vorsitzende sie wurde. Seit 1908 gehörte sie dem Vorstand des örtlichen Gewerkschaftskartells an. 1913 bis 1933 war sie erste Vorsitzende des ZH, weshalb die Familie nach Berlin zurückzog. 1923 bis 1933 war sie zweite Vorsitzende der Fachgruppe der Hausangestellten im DVB bzw. GV. 1914 bis 1918 half sie in der Kriegsfürsorge. 1919 gehörte sie zu den Mitbegründer(inne)n der AWO. 1919 bis 1933 war sie Mitglied im Preußischen Landtag. Während des Faschismus lebte sie in Berlin. 1945 half sie beim Wiederaufbau der SPD, 1946 schloß sie sich der SED an, 1947 dem ‚Demokratischen Frauenbund Deutschlands'.

Quelle: AdsD SP: Luise Kähler; Luise Kähler, in: Ge. 2/1929, 75; Niggemann 1981<a>, 315; Wickert 1986, Bd.2, 166.

Paula Karpinski, geb. Theefs (geb. 1897) *

Paula Karpinski wurde wie ihre drei Geschwister in Hamburg geboren und wuchs in Hammerbrook auf. Der Vater, engagiertes SPD- und Gewerkschaftsmitglied, war Hafenarbeiter. Die Mutter bis zur Heirat Dienstmädchen, danach hauptberuflich Hausfrau, gehörte ebenfalls der SPD an. Beide Eltern waren Freidenker.

Nach der Volksschule, die Paula Karpinski mit der Selekta abschloß, besuchte sie ein Jahr die Handelsschule. 1913 bis 1925 arbeitete sie zunächst als Kontoristin und Stenotypistin, später als Buchhalterin und Abteilungsleiterin. 1925 bis 1927 besuchte sie das Sozialpädagogische Institut Hamburg. Anschließend machte sie ein einjähriges Praktikum beim Arbeitsamt. Diese Ausbildung betrachtete sie als Qualifizierung für die politische Arbeit, der sie sich seit 1929 voll widmete. 1920 heiratete sie Carl Karpinski, einen Vermessungstechniker, der Architektur studierte und anschließend als selbständiger Architekt arbeitete. Er war Mitglied von AJB, SPD, AWO und freien Gewerkschaften. Der Sohn wurde 1930 geboren. In den ersten Ehejahren wohnte das Paar bei den Eltern von Paula Karpinski, 1925 bezog es eine eigene Wohnung in Barmbek-Nord.

1911 kam Paula Karpinski zum AJB, wo sie bald Schriftführerin im Distriktsvorstand St. Georg wurde. 1913 trat sie in die SPD ein, nach Kriegsende war sie kurze Zeit USPD-Mitglied. Seit 1922 machte sie bei den Jungsozialisten mit. 1924 bis 1927 war sie Helferin bei den ‚Kinderfreunden'. 1928 bis 1933 war sie Beisitzerin der SPD im Landesvorstand der SAJ, Leiterin des Frauendistriktsausschusses Barmbek-Nord und Mitglied im Frauenaktionsausschuß, 1930 bis 1933 war sie zudem Schriftführerin im Distriktsvorstand Barmbek-Nord sowie Mitglied im Landesvorstand der SPD und 1931 bis 1933 Mitglied der Bürgerschaft, als solches arbeitete sie u.a. in der Jugendbehörde mit. 1931 nahm sie am Reichsparteitag der SPD teil. 1933 und 1944 wurde sie wegen illegaler

Arbeit verhaftet, 1944 saß sie deshalb drei Monate im Gefängnis. Nach 1945 war sie am Wiederaufbau der SPD beteiligt und übte bis in die 60er Jahre eine Vielzahl von Leitungsfunktionen aus, u.a. war sie von 1946 bis 1966 Mitglied der Bürgerschaft und 1946 bis 1953 sowie 1957 bis 1961 Senatorin der Jugendbehörde.

Quelle: Fragebogen und Interviews; StA: Bürgerschaftsmitglieder 1859–1959, Handschrift 601; ebd. ZA A760: Paula Karpinski; AdsD SPD-HH: Mappe 147; ebd.: Mappe 162; AdsD SP: Paula Karpinski.

Irma Keilhack, geb. Schweder (geb. 1908)

Irma Keilhack wurde in Hamburg geboren, sie wuchs als Einzelkind in Hamm auf. Ihr Vater war zunächst Hafen-, später Bauarbeiter, ihre Mutter bis zur Heirat Dienstmädchen und Köchin, danach hauptberuflich Hausfrau. Während des Ersten Weltkrieges arbeitete sie in einer Pulverfabrik. Beide Eltern gehörten der SPD an, der Vater zudem den freien Gewerkschaften.

Nach der Volksschule machte Irma Keilhack 1922 bis 1925 eine kaufmännische Lehre. Danach arbeitete sie als Kontoristin in der GEG. 1929 besuchte sie gemeinsam mit ihrer Freundin Ida Feist einen halbjährigen Lehrgang in Tinz. 1929 bis 1933 arbeitete sie im Parteibüro der Hamburger SPD als Sekretärin von Karl Meitmann. 1933 wurde sie erwerbslos, fand jedoch bald Arbeit als kaufmännische Angestellte. 1935 heiratete sie Adolf Keilhack, einen gelernten Zimmerer, der sich zum Ingenieur qualifiziert hatte, und von 1930 bis 1933 und 1945 bis 1957 Parteisekretär der Hamburger SPD war. Er hatte vor 1933 AJB, SPD, Jusos, ‚Naturfreunden' und ATSB angehört. 1943 wurde der Sohn geboren.

1924 kam sie als Junghelferin zu den ‚Kinderfreunden', 1924/25 machte sie in der Jugendgruppe des ZdA mit. 1926 trat sie in SAJ und SPD ein. Sie wurde bald Vorsitzende der SAJ-Älterengruppe St.Georg-Süd/Hamm/Horn, die sich zu einer Juso-Gruppe entwickelte. In der SPD arbeitete sie vor 1933 vor allem auf der Bezirksebene. Im Faschismus war sie bis Mitte der dreißiger Jahre im Widerstand aktiv und wurde mehrfach verhaftet. Nach 1945 engagierte sich sich wieder in der SPD, u.a. war sie 1949 bis 1961 Mitglied des Bundestages und 1962 bis 1970 Mitglied der Bürgerschaft sowie Jugendsenatorin.

Quelle: AdsD SPD-HH: Mappe 119; ebd. SP: Irma Keilhack; Irma Keilhack, in: Faschismus 1981, 116–141.

Anni Kienast (1897–1985) *

Anni Kienast wurde wie ihre fünf Geschwister in Hamburg geboren und wuchs in Rothenburgsort auf. Der Vater, ein Gewerkschaftsmitglied, war Kesselschmied und arbeitete bei den hamburgischen Wasserwerken, die Mutter war bis zur Heirat Dienstmädchen und Köchin. 1912 bis 1918 führte sie ein kleines Gemüsegeschäft, danach war sie hauptberuflich Hausfrau. 1919 wurden beide Eltern Mitglied der SPD.

Nach der Volksschule half Anni Kienast zunächst zwei Jahre im elterlichen Haushalt. 1914 begann sie eine zweijährige Lehre als Textil-Verkäuferin. Anschließend arbeitete sie in verschiedenen Textilwarengeschäften. Im November 1918 wurde sie Mitglied des ZdH. 1919 wurde sie wegen ihres gewerkschaftlichen Engagements widerrechtlich entlassen. 1919 bis 1921 war sie Sekretärin im Büro des Hamburger ZdA-Ortsausschusses. Seit 1921 arbeitete sie als Warenhaus-Verkäuferin bei der ‚Pro'. 1934 wurde sie dort von den Nazis aus politischen Gründen entlassen und war ein Jahr erwerbslos. Erst 1935 fand sie wieder Arbeit im Einzelhandel, bis 1949 als Abteilungsleiterin eines Kaufhauses, 1949 bis 1959 als Einkäuferin bei der ‚Pro'.

1919 wurde sie Mitglied der SPD, 1926 der AWO und 1929, seit sie einen eigenen Haushalt führte, auch der ‚Pro'. Schwerpunkt ihrer politischen Arbeit waren die Gewerkschaften. 1922 bis 1933 gehörte sie dem Gesamtbetriebsrat der ‚Pro' an und war Delegierte der ZdA-Vertrauensleute-Versammlung. 1928 bis 1933 arbeitete sie im Frauenaktionsausschuß des Hamburger ZdA mit. Nach 1945 gehörte sie zu den Mitbegründer(inne)n der DAG. Bis 1957 war sie Mitglied im DAG-Hauptvorstand, 1946 bis 1949 zudem Mitglied der Hamburgischen Bürgerschaft.

Quelle: Fragebogen und Interview; Nachlaß Anni Kienast; StA: Bürgerschaftsmitglieder 1859–1959, Handschrift 601; AdsD SPD-HH: Mappe 72; Anni Kienast, in: Faschismus 1981, 20–31.

Martha Kimmerling, geb. Schütt (geb. 1873) *

Martha Kimmerling, über deren Biographie nur wenig bekannt ist, wurde in Altona geboren.

Im Anschluß an die Volksschule arbeitete sie als Dienstmädchen. Nach ihrer Heirat mit einem sozialdemokratischen Arbeiter im Jahr 1894 war sie hauptberuflich Hausfrau. Das Ehepaar lebte in Eimsbüttel.

Seit 1902 arbeitete sie aktiv in der SPD mit und übte auf der Distriktsebene Funktionen aus. In den Kriegsjahren half sie ehrenamtlich in einer Kriegsküche. 1919 bis 1921 war sie Mitglied der Bürgerschaft und arbeitete u.a. in der Vormundschaftsbehörde mit.

Quelle: StA: Bürgerschaftsmitglieder 1859–1959, Handschrift 601; ebd.: Verzeichnis der Mitglieder der Bürgerschaft, Hamburg 1919.

Anna L., geb. D. (geb. 1899)

Anna L. wurde in Bad Oldesloe geboren, 1904 zogen ihre Eltern nach Altona, wo Anna L. und ihre vier Geschwister im Stadtteil Ottensen aufwuchsen. Ihr Vater war ungelernter Marmorarbeiter und gehörte dem VFD an. Ihre Mutter war gelernte Schneiderin, als solche arbeitete sie auch nach der Heirat im Hause weiter. Beide Eltern sympathisierten mit der SPD

Nach der Volksschule besuchte Anna L. 1914/15 einen einjährigen Handelsschulkursus an der Mädchen-Gewerbeschule Altona. Da sie anschließend im Kaufmännischen keine Arbeit fand, verdiente sie ihren Lebensunterhalt bis zu ihrer Heirat 1920 als Fabrikarbeiterin. 1943 bis 1966 war sie als kaufmännische Angestellte tätig. Ihr Mann Heinrich L. war von Beruf Schriftsetzer, seit 1926 arbeitete er als Beamter im Altonaer Wohnungsamt, 1933 wurde er entlassen. Aufgrund einer schweren Krankheit war er seit Mitte der dreißiger Jahre erwerbsunfähig. Vor 1933 gehörte er AJB, SPD und ASB an. Das Ehepaar zog 1920 in die Siedlung Steenkamp.

1914 wurde Anna L. Mitglied des AJB, dort war sie in der Abteilung Ottensen III zwei Jahre Schriftführerin. 1916 wurde sie Mitglied der SPD, 1920 der AWO und der ‚Pro‘. Sie gehörte darüber hinaus auch der ‚Büchergilde‘ an, für die sie aktiv tätig war. Nach 1945 schloß sie sich wieder der SPD an, war aber nicht aktiv.

Quelle: Fragebogen; Interview mit Lene B., Olga D. und Anna L.

Minna L., geb. G. (geb. 1901)

Minna L. wurde wie ihre beiden Geschwister in Hamburg geboren und wuchs in St.Pauli auf. Ihr Vater, ein Kutscher, war SPD- und Gewerkschaftsmitglied. Ihre Mutter, hauptberuflich Hausfrau, blieb unorganisiert und erzog die Kinder christlich. Sie sorgte dafür, daß ihre Tochter in den evangelischen Mädchenbund ging.

Nach der Volksschule machte Minna L. eine Schneiderinnenlehre. 1918 bis 1928 war sie in diesem Beruf tätig. Nach der Heirat gab sie ihre Erwerbsarbeit zunächst auf. Ihr Mann Walter L., ein Kaufmann, war Mitglied in SPD, ZdA und ‚Reichsbanner‘. Das Ehepaar zog in die Siedlung Berne. 1934 wurde der Sohn geboren. Nach dem Tod ihres Mannes 1935 arbeitete sie wieder als Schneiderin.

1928 wurde sie, angeregt durch ihren Mann, Mitglied von SPD und AWO. Ihr Hauptttätigkeitsfeld waren die ‚Kinderfreunde‘ und der Arbeiterturnverein, wo sie als Helferin mitarbeitete. Daneben sang sie gemeinsam mit ihrem Mann in einem Arbeitergesangsverein. Nach 1945 schloß sie sich wieder SPD und AWO an.

Quelle: Fragebogen und Interview.

Grete M., geb. A. (geb. 1903)

Grete M. wurde in Hamburg geboren, sie wuchs als Einzelkind in Uhlenhorst auf. Der Vater, ein Malergeselle, war aktives SPD- und Gewerkschaftsmitglied. Die Mutter, ebenfalls Sozialdemokratin, arbeitete bis zur Heirat als Köchin, danach nähte sie in Heimarbeit. In den Kriegsjahren war sie Arbeiterin in einer Pulverfabrik, 1918 bis 1923 Putzfrau bei der ‚Pro‘. Beide Eltern waren Freidenker.

Nach der Volksschule besuchte Grete M. 1917/18 die Handelsschule. Da sie anschließend keine kaufmännische Arbeit fand, wurde sie Arbeiterin. Seit 1920 arbeitete sie bei der ‚Pro‘, zunächst als Verkäuferin, dann als Kassiererin und seit 1925 als Verkaufslehrerin. Nach ihrer Heirat 1930 wurde sie entlassen. Ihr Mann Wilhelm M., ein kaufmännischer Angestellter, gehörte SPD, AWO, ‚Reichsbanner‘, ZdA und ATSB an. Das Ehepaar lebte in Uhlenhorst. 1933 wurde die Tochter geboren.

1920 wurde Grete M. Mitglied der SPD, des ZdA und der ‚Pro‘, 1925 der AWO. Sie engagierte sich in der Partei vorrangig auf der Bezirksebene. Ihr Tätigkeitsschwerpunkt war die ‚Pro‘, in deren Frauenarbeit sie seit Mitte der zwanziger Jahre mitwirkte. Auch nach 1945 war sie in der Sozialdemokratie aktiv.

Quelle: Fragebogen und Interview.

Lisbeth M. (geb. 1911)

Lisbeth M. wurde in Hamburg geboren und wuchs in Eimsbüttel auf. Ihr Vater, ein sozialdemokratischer Arbeiter, fiel im Ersten Weltkrieg. Die Mutter ernährte die Familie als Fabrikarbeiterin.

Nach der Volksschule fing Lisbeth M. 1928 als Arbeiterin in der Zigarettenfabrikation von ‚Haus Neuerburg' an, wo sie bis zur Heirat mit Wilhelm M., einem Arbeiter, arbeitete. Sie zog zwei Kinder groß.

Über die SAJ kam sie zum KJVD und zur KPD. Im Faschismus war sie mit ihrem Mann illegal tätig. Nach 1945 schloß sie sich der KPD, 1968 der DKP, an und wurde Mitglied der VVN, wo sie aktiv mitarbeitete.

Quelle: Interview.

Wilma M., geb. E. (geb. 1913)

Wilma M. ist die Tochter von Henny E. (vgl. zum Elternhaus deren Kurzbiographie).

Nach der Volksschule absolvierte Wilma M. 1928 ein Hauswirtschaftliches Jahr an der Allgemeinen Mädchenberufsschule, das Voraussetzung für die Aufnahme in das Fröbelseminar war. 1929 bis 1931 arbeitete sie als „Morgenmädchen" in den Häuslichen Diensten, daneben besuchte sie dreimal wöchentlich die Abendschule, um den Realschulabschluß nachzumachen, den sie 1931 erreichte. 1931/32 arbeitete sie als Hausangestellte in Tagstellen. 1932 bis 1934 besuchte sie das Fröbelseminar, bis 1933 durch ein AWO-Stipendium gefördert. 1934/35 schloß sich ein Berufspraktikum an. Seit 1935 arbeitete sie als Kindergärtnerin. 1940 heiratete sie Hans M., einen Schlosser, der vor 1933 SAJ und SPD angehört hatte. 1942 und 1945 wurden ihre Kinder geboren. Nach der Heirat war sie nur noch vorübergehend erwerbstätig.

1922 kam Wilma M. zum AzFJ, 1924 bis 1928 gehörte sie den ‚Kinderfreunden' an. 1928 bis 1933 war sie in den Sommermonaten Junghelferin in der Kinderferienkolonie Köhlbrand. 1928 machte sie die Jugendweihe und trat mit dem gesamten Kurs in die SAJ ein. 1930 bis 1933 war sie Kassiererin und Schriftführerin im Vorstand der SAJ-Gruppe Eimsbüttel-Hoheluft. Nach 1945 schloß sie sich der SPD an, engagierte sich als Helferin bei der ‚Sozialistischen Jugend Deutschlands. Die Falken', machte in der ‚Arbeitsgemeinschaft Jugendweihe' mit und war Elternratsmitglied.

Quelle: Fragebogen und Interview; Hagemann, in: Ruppert 1986, 69–78.

Else Meitmann, geb. Adam (geb. 1902)

Else Meitmann wurde wie ihre vier Geschwister in Kiel geboren. Der Vater Hermann Adam, ein Schmied, war leitender Funktionär von ADGB und SPD im Bezirk Schleswig-Holstein. Er verdiente den Lebensunterhalt der Familie als Geschäftsführer der Kieler Konsumgenossenschaft. Die Mutter, ebenfalls Sozialdemokratin, war hauptberuflich Hausfrau.

Nach der Volksschule besuchte Else Meitmann drei Jahre die Kunstgewerbeschule und machte eine Ausbildung zur Innenarchitektin. In diesem Beruf war sie bis zu ihrer Heirat mit dem Sozialdemokraten Karl Meitmann (vgl. S. 810, Anmerkung 131) im Jahr 1922 tätig. Die beiden Kinder wurden 1923 und 1925 geboren. Seit 1922 war sie hauptberuflich Hausfrau.

1917 kam Else Meitmann zum AJB, 1920 wurde sie Mitglied von SPD und AWO. 1926 bis 1929 war sie Vorsitzende der Bildungskommission der Altonaer SPD. 1929 nahm sie am Reichsparteitag teil. 1930 bis 1933 war sie Frauenleiterin im Distrikt Fuhlsbüttel und als Schriftführerin Mitglied im Vorstand des Distrikts. Nach 1945 schloß sie sich wieder der SPD an.

Quelle: Fragebogen; Wickert 1986, Bd.2, 34; AdsD SP: Karl Meitmann; ebd. SPD-HH: Mappe 147.

Elly N., geb. L. (geb. 1914)

Elly N. wurde wie ihre beiden Schwestern in Hamburg geboren und wuchs im Stadtteil Eimsbüttel auf. Der Vater war Lithograph und arbeitete als Werkmeister in einer Kartonagefabrik, er gehörte den freien Gewerkschaften und der SPD an. Die Mutter war vor der Heirat zunächst Dienstmädchen, später Arbeiterin, danach hauptberuflich Hausfrau. Alle drei Kinder wurden auf ihren Wunsch getauft und konfirmiert.

Nach der Grundschule besuchte Elly N. 1924 bis 1933 zunächst eine Oberrealschule, dann ein Mädchengymnasium. 1933 bis 1935 machte sie eine kaufmännische Lehre, seitdem arbeitete sie zunächst als Stenotypistin später als Sekretärin überwiegend in Privatfirmen. Ihre erste Ehe, die sie 1937 schloß, wurde 1939 geschieden. 1942 heiratete erneut, ihr zweiter Mann Kurt N. war Drogist und hatte vor 1933 SAJ, SPD, AWO und ‚Reichsbanner' angehört. Er war nach 1933 im Widerstand aktiv, wurde verhaftet, kam zwei Jahre ins Zuchthaus, wurde 1943 zum sogenannten „Bewährungsbataillon 999" eingezogen und fiel kurz vor Kriegsende. 1944 wurde die Tochter der beiden geboren.

1928 trat Elly N. in die SAJ ein. Erst nach 1945 wurde sie Mitglied der SPD und der AWO.

Quelle: Fragebogen; Interview mit Anneliese F., Luise F. und Elly N.

Hilde Ollenhauer (geb. 1902)

Hilde Ollenhauer wurde wie ihre drei Geschwister, darunter als älterer Bruder Erich Ollenhauer, in Magdeburg geboren. Der Vater, SPD- und Gewerkschaftsmitglied, war Maurer. Die Mutter, politisch wenig interessiert, hatte bis zur Heirat erst als Plätterin, später als Kellnerin gearbeitet. Sie besserte das Familieneinkommen als Putzfrau auf.

Nach der Volksschule machte Hilde Ollenhauer 1916 bis 1918 eine kaufmännische Lehre, danach arbeitete sie kurze Zeit als Bürogehilfin. 1919 bis 1923 war sie Sekretärin im Büro der Magdeburger ‚Arbeiter-Jugend', 1923 bis 1928 im Büro der Hamburger SAJ. 1928 bis 1933 arbeitete sie als Geschäftsführerin des Hamburger Jugendausschusses. 1933 wurde sie entlassen und war bis 1934 erwerbslos. 1934 bis 1941 war sie Sachbearbeiterin in der örtlichen Kindererholungsfürsorge der NS-Volkswohlfahrt. 1941/42 besuchte sie das Sozialpädagogische Institut Hamburg. 1942 wurde ihre Tochter geboren, sie zog zu den Eltern nach Magdeburg und arbeitete dort 1943 bis 1945 in der städtischen Flüchtlingsbetreuung. Seit 1946 verdiente sie ihren Lebensunterhalt als Buchhalterin und Stenotypistin. 1950 kam sie wieder nach Hamburg, wo sie bis 1962 als Berufsberaterin beim Arbeitsamt tätig war.

1916 brachte sie ihr älterer Bruder zur ‚Arbeiter-Jugend', 1922 wurde sie Mitglied von SPD, AWO und ‚Pro'. In der Partei war sie vor 1933 vorrangig auf Bezirks- und Distriktsebene tätig, u.a. leitete sie 1932/33 die Distriktsfrauengruppe Eimsbüttel. Im April 1933 wurde sie für die SPD Mitglied der Bürgerschaft, der sie auch von 1957 bis 1974 angehörte. Seit 1962 ist sie Mitglied des geschäftsführenden Landesvorstandes der Hamburger AWO. Lange Jahre war sie Vorsitzende des Kuratoriums der ‚Deutschen Hilfsgemeinschaft'.

Quelle: Fragebogen und Interview; StA: Bürgerschaftsmitglieder 1859–1959, Handschrift 601; ebd.: Handbuch der Hamburgischen Bürgerschaft. Personalien, 7.Wahlperiode, Hamburg 1970; ebd. ZA A764: Hilde Ollenhauer; AdsD SP: Hilde Ollenhauer.

Elfriede P., geb. S. (geb. 1909)

Elfriede P. wurde wie ihre drei Geschwister in Hamburg geboren und wuchs in St.Georg-Süd auf. Ihr Vater, ein Fischhändler, fiel 1914. Die Mutter, die das Geschäft in kleinerem Umfang weiter betrieb, heiratete 1916 einen Kutscher, der SPD- und Gewerkschaftsmitglied war. Die Mutter, politisch nicht organisiert, erzog die Kinder christlich. Elfriede P. wurde getauft und konfirmiert.

Nach der Volksschule arbeitete sie zunächst als Helferin in einem evangelischen Kinderheim, anschließend als sogenannte Haustochter bei einem Pastor. 1924 begann sie eine zweijährige kaufmännische Ausbildung, danach arbeitete sie als Kontoristin. 1928/29 war sie ein Jahr erwerbslos. 1932 absolvierte sie einen halbjährigen Vorbereitungskursus für die Ausbildung am Sozialpädagogischen Institut Hamburg, die sie im gleichen Jahr begann, jedoch 1933 abbrechen mußte. Danach arbeitete sie wieder als Kontoristin. 1932 heiratete sie Ernst P., einen Tischler, der Mitglied in SAJ, SPD und freien Gewerkschaften war. Bereits 1925 war Elfriede P. aus dem Elternhaus ausgezogen und hatte als Untermieterin in Eilbek gewohnt. 1931 kaufte sich das Paar einen Schrebergarten in Bergstedt, in dessen Laube es 1932 zog. Die beiden Töchter kamen 1933 und 1936 zur Welt.

1926 wurde Elfriede P. Mitglied der SAJ, bald übernahm sie die Funktion als Schriftführerin und Obmännin in ihrer Abteilung. 1927 schloß sie sich den ‚Kinderfreunden' an, wo sie gemeinsam mit ihrem späteren Mann bis 1933 als Helferin tätig war. Beide betreuten auch die Kindergruppe eines Arbeitersportvereins. 1929 wurden sie Mitglied der ‚Naturfreunde'-Jugend. Seit 1927 gehörte Elfriede P. zudem SPD, AWO und ‚Pro' an. In der Partei war sie insbesondere auf Bezirksebene aktiv. Nach 1945 schloß sie sich wieder der SPD an.

Quelle: Fragebogen und Interview.

Hermine Peine, geb. Kreet (1881–1973) *

Die Arbeitertochter Hermine Peine wurde in Hamburg geboren.

Nach der Volksschule wurde sie Dienstmädchen. 1902 heiratete sie einen sozialdemokratischen Schneider und war hauptberuflich Hausfrau. Sie zog zwei Kinder groß. Die Familie lebte in St.Georg.

Hermine Peine kam durch ihren Mann zur SPD, der sie bereits in der Vorkriegszeit angehörte. Im Ersten Weltkrieg half sie in der Kriegsfürsorge. In den zwanziger Jahren war sie ehrenamtliche Pflegerin des Wohlfahrtsamtes. 1931 bis 1933 und 1945 bis 1949 leitete sie das 1931 eröffnete staatliche Altenheim in Groß-Borstel. 1919/20 gehörte sie zu den Gründerinnen der Hamburger AWO, deren Vorstand sie von 1925 bis 1930 angehörte, 1928 bis 1930 als zweite Vorsitzende. 1920 bis 1930 war sie Frauenleiterin im Distrikt St.Georg-Nord und Mitglied im Frauenaktionsausschuß, 1922 bis 1930 gehörte sie dem Landesvorstand der Hamburger SPD an. 1924, 1925 und 1927 nahm sie an den Reichsfrauenkonferenzen und 1927 auch am Reichsparteitag der SPD teil. 1930 bis 1933 gehörte sie dem Vorstand der Hamburger Ortsgruppe des RV an. 1924 bis 1933 war sie in der Bürgerschaft und arbeitete u.a. in der Wohlfahrtsbehörde mit. Nach 1945 engagierte sie sich wieder in SPD und AWO.

Quelle: Interview mit Ilse Z.; StA: Bürgerschaftsmitglieder 1859–1959, Handschrift 601; ebd. ZA A765: Hermine Peine; Wickert 1986, Bd.2, 24ff.

Adele Reiche, geb. Cordes (geb. 1875) *

Adele Reiche, über deren Eltenhaus nichts bekannt ist, wurde im Landkreis Wolfenbüttel geboren.

Nach der Volksschule besuchte sie 1892 bis 1896 das Lehrerinnenseminar. 1896 bis 1907 arbeitete sie als Lehrerin an Hamburger Volksschulen. Nach der Heirat mit Friedrich Reiche, einem Lehrer, im Jahr 1906 mußte sie aus dem Schuldienst ausscheiden und war hauptberuflich Hausfrau. Sie zog einen Sohn groß. 1915 bis 1918 wurde sie als Kriegshilfslehrerin eingestellt. Die Familie wohnte in Eilbek.

Adele Reiche kam bereits in der Vorkriegszeit zur SPD. 1914 wurde sie als Schriftführerin in den Distriktsvorstand der Eilbeker SPD gewählt, dem sie bis in die zwanziger Jahre angehörte. Im Ersten Weltkrieg engagierte sie sich in der Kriegsfürsorge, nach Kriegsende war sie weiterhin ehrenamtliche Jugendpflegerin. 1919 bis 1930 war sie Frauenleiterin im Distrikt Eilbek und gehörte dem Frauenaktionsausschuß an. 1925, 1927 und 1929 war sie Delegierte auf dem Reichsparteitag, 1925 und 1927 auch auf der Reichsfrauenkonferenz. 1919 bis 1931 gehörte sie der Bürgerschaft an und war u.a. Mitglied der Jugendbehörde sowie von 1923 bis 1928 Schriftführerin. 1931 zog sie sich aus Altersgründen aus der politischen Arbeit zurück.

Quelle: StA: Bürgerschaftsmitglieder 1850–1959, Handschrift 601; ebd. PP 19860; Wickert 1986, Bd.2, 26ff.

Johanna Reitze, geb. Leopold (1878–1949) *

Johanna Reitze, die in Hamburg geboren wurde, stammte aus einer kinderreichen Arbeiterfamilie.

Nach der Volksschule war sie zunächst zweieinhalb Jahre als Dienstmädchen, später als Druckereihilfsarbeiterin tätig. Durch Kolleg(inn)en in der Druckerei kam sie erstmals in Kontakt mit der Arbeiterbewegung. 1900 heiratete sie den sozialdemokratischen Redakteur Jean Reitze, seitdem war sie hauptberuflich Hausfrau. Die Ehe blieb kinderlos. Das Paar lebte in Eilbek.

1902 trat Johanna Reitze in die SPD ein. Gemeinsam mit ihrem Mann ging sie 1904 für sechs Monate auf die Parteischule nach Berlin. Seitdem war sie in der Hamburger SPD-Frauenbewegung aktiv. 1908 wurde sie in den Landesvorstand der Hamburger SPD gewählt, dem sie bis 1919 angehörte. Von 1908 bis 1931 nahm sie regelmäßig als Delegierte an den Frauenkonferenzen und Parteitagen auf Reichsebene teil. 1914 bis 1918 arbeitete sie in der hamburgischen Kriegsfürsorge mit, u.a. leitete sie den ‚Speiseausschuß für Kriegsküchen'. 1919/1920 gehörte sie der Bürgerschaft an, 1919 bis 1933 Nationalversammlung bzw. Reichstag. Ihre parlamentarischen Haupttätigkeitsgebiete waren Sozialpolitik und Wohlfahrtspflege. 1920 bis 1933 war sie Mitglied des Bezirksvorstandes der SPD Hamburg-Nordwest und 1919 bis 1933 des Reichsparteiausschusses. Nach 1933 blieb Johanna Reitze mit ihrem Mann in Hamburg. 1944 wurde sie von der Gestapo verhaftet und in „Schutzhaft" festgehalten. 1945 half sie vorrangig beim Wiederaufbau der AWO.

Quelle: StA PP 10274; Hammer 1956, 75; Hillger 1919, 497; Juchacz 1971, 111–113; Osterroth 1960, 247; Schwarz 1965, 734; Wickert 1986, Bd.2, 174.

Minna Schröder, geb. Beyer (geb. 1878) *

Minna Schröder, die Tochter eines Tischlers, wurde in Schwerin geboren.

Nach der Volksschule arbeitete sie als Dienstmädchen. 1899 heiratete sie in Schwerin den Schneider Rudi Schröder. Das Ehepaar zog 1907 nach Hamburg und wohnte in Uhlenhorst.

Bereits in den 1890er Jahren war sie für die Sozialdemokratie agitatorisch tätig. 1919 bis 1922 war sie Frauenleiterin in Uhlenhorst, gehörte dem Frauenaktionsausschuß an, den sie 1920 bis 1922 leitete, und war Mitglied der Bürgerschaft, u.a. arbeitete sie in der Wohlfahrtsbehörde mit. 1920 bis 1922 war sie Mitglied des Landesvorstandes der Hamburger SPD. 1921 nahm sie an der Reichsfrauenkonferenz teil. Nach 1922 zog sie sich aus unbekannten Gründen aus der Parteiarbeit zurück.

Quelle: StA: Bürgerschaftsmitglieder 1859–1959, Handschrift 601; Wickert 1986, Bd.2, 19.

Louise Schroeder (1887–1957)

Louise Schroeder wurde wie ihre drei Geschwister in Altona geboren und wuchs dort in Ottensen auf. Der Vater, ein ungelernter Bauarbeiter, war engagiertes SPD- und Gewerkschaftsmitglied. Die Mutter, eine Witwe, die in den Häuslichen Diensten arbeitete, hatte zwei Kindern in die zweite Ehe eingebracht. Auch sie war Sozialdemokratin. Um das Familieneinkommen aufzubessern führte sie nach der Heirat ein kleines Gemüsegeschäft.

Nach der Volksschule besuchte Louise Schroeder zwei Jahre eine Realschule und anschließend ein Jahr eine private Handelsschule. 1905 bis 1919 arbeitete sie in einer Versicherungsgesellschaft, zunächst als Kontoristin, später stieg sie zur Privatsekretärin des Firmenchefs auf. 1919 bis 1925 leitete sie die Pflegeabteilung des Fürsorgeamtes Altona. 1928 bis 1933 lehrte sie als Dozentin Sozialpolitik an der AWO-Wohlfahrtsschule sowie der ‚Deutschen Hochschule für Politik' in Berlin. 1933 wurde sie erwerbslos, seit 1935 betrieb sie einen kleinen Bäckerladen. Ihr Verlobter fiel im Ersten Weltkrieg. Sie blieb bei den Eltern wohnen, mietete jedoch 1923 eine größere Wohnung. 1933 zog sie gemeinsam mit der Mutter zur Familie der älteren Schwester nach Othmarschen. 1938 verzog sie nach Berlin, wo sie zunächst als Sekretärin später als Werksfürsorgerin Arbeit fand.

1910 wurde Louise Schroeder, vermittelt durch den Vater, Mitglied der SPD und des ZdH. 1914 bis 1918 arbeitete die überzeugte Kriegsgegnerin ehrenamtlich in der Kriegsfürsorge mit. 1915 bis 1918 gehörte sie dem Vorstand des SPD-Ortsvereins Altona-Ottensen an. 1919 bis 1933 war sie Mitglied des Bezirksvorstandes der SPD Schleswig-Holstein, der Stadtverordnetenversammlung Altona und der Nationalversammlung bzw. des Reichstags sowie Delegierte auf sämtlichen Reichsparteitagen und -frauenkonferenzen, 1919 bis 1924 Mitglied des Reichsparteiausschusses. 1919/20 gehörte sie zu den Gründer(inne)n der AWO-Altona, deren Vorstand sie bis 1922 angehörte. 1922 bis 1933 war sie Vorsitzende der AWO im Bezirk Schleswig-Holstein und Mitglied des AWO-Hauptausschusses. Im Faschismus stand sie unter ständiger Überwachung der Gestapo. Nach 1945 baute sie die Berliner SPD und AWO mit auf und übernahm eine Vielzahl von Leitungsfunktionen, u.a. war sie 1946 bis 1948 zweite Vorsitzende des Berliner SPD-Landesverbandes und 1947 bis 1951 stellvertretende Bürgermeisterin von Berlin. 1947/48 amtierte sie als Oberbürgermeisterin der Stadt, da der gewählte Oberbürgermeister Ernst Reuter von den sowjetischen Behörden nicht anerkannt wurde. 1948/49 war sie Vorsitzende des ‚Deutschen Städtetages', 1949 kam sie in den Bundestag.

Quelle: Interview mit Karla Seyfarth; StA ZA A769: Louise Schroeder; AdsD SP: Louise Schroeder, Box 1 u.2; Hammer 1956, 82f; Osterroth 1960, 271–273; Scholz/Oschilewski 1956; Schwarz 1965, 753f; Wickert 1986, Bd.2, 178f.

Clara Schweer (geb. 1895) *

Clara Schweer entstammte einer kinderreichen Hamburger Arbeiterfamilie.

Nach der Volksschule war sie zunächst Dienstmädchen, 1914 begann sie als Verkäuferin bei der ‚Pro'. Schon bald wurde sie Sekretärin im Büro der Geschäftsführung der Genossenschaft. Nach ihrer Heirat und der Geburt des Sohnes war sie ehrenamtlich in der Genossenschaftsbewegung aktiv.

1910 wurde sie Mitglied der freien Gewerkschaften, 1914 der SPD. 1927 bis 1933 war sie Vorsitzende des Frauenausschusses der ‚Pro', 1931 bis 1933 Mitglied des Aufsichtsrates der Genossenschaft. Nach 1945 engagierte sie sich wieder in der Sozialdemokratie. 1946 wurde sie erneut in den Aufsichtsrat der ‚Pro' gewählt, 1947 als erste

Frau auch in den Aufsichtsrat des ,Verbandes nordwestdeutscher Konsumgenossenschaften'. Die Leitung der ,Pro'-Frauengruppe wurde ihr nach 1945 ebenfalls wieder übertragen.

Quelle: Mendel/Rieger/Postelt 1949, 269.

Helma Steinbach, geb. Steiner (1847–1918)

Helma Steinbach entstammte einer verarmten Hamburger Kaufmannsfamilie.

Nach einer kurzen Ehe, die sie selbst 1878 auflöste, verdiente sie ihren Unterhalt als Näherin und Plätterin. Anfang der 1880er Jahre lernte sie Adolph von Elm kennen, mit dem sie bis zu ihrem Tod zusammenlebte und -arbeitete (vgl. S. 708, Anmerkung 45).

Bereits in der Zeit des Sozialistengesetzes gehörte sie zu den Vorkämpferinnen der proletarischen Frauenbewegung. 1888 gründete sie den ,Verband der Plätterinnen und Wäschearbeiter'. Seit Anfang der 1890er Jahre nahm sie an SPD-Reichsparteitagen und Gewerkschaftskongressen teil. 1898/99 gehörte sie zu den Gründer(inne)n der ,Produktion', deren Aufsichtsrat sie mit kurzen Unterbrechungen bis 1918 angehörte. 1903/04 war sie stellvertretende Vorsitzende des 3.Hamburger SPD-Wahlkreises. In der sozialdemokratischen Frauenbewegung Hamburgs war sie als Referentin und Rezitatorin aktiv.

Quelle: StA PP 2009; Mendel/Rieger/Postelt 1949, 252.

Ida Stengele, geb. Biedermann (geb. 1861) *

Über die Herkunft von Ida Stengele, die in Wyl im Schweizer Kanton Zürich geboren wurde, ist nichts bekannt.

Nach dem Besuch der Höheren Schule in Lausanne arbeitete sie als Erzieherin in Privatstellen in Österreich, Frankreich und Italien. 1894 heiratete sie den Hamburger Sozialdemokraten Gustav Stengele, der langjähriger Redakteur des ,Hamburger Echo' und sozialdemokratischer Bürgerschaftsabgeordneter war. Er verstarb 1917. Seit der Heirat war Ida Stengele hauptberuflich Hausfrau. Das Ehepaar lebte in Eimsbüttel.

Bereits in den 1890er Jahren war sie, vermittelt über ihren Mann, zur SPD gekommen. 1919 bis 1926 gehörte sie der Bürgerschaft an, u.a. arbeitete sie in der Jugendbehörde mit.

Quelle: StA: Bürgerschaftsmitglieder 1859–1959, Handschrift 601; ebd.: Verzeichnis der Mitglieder der Bürgerschaft, Hamburg 1919.

Hanna Stolten (1887–1943) * und Olga Stolten (1885–1974) *

Olga und Hanna Stolten wurden wie ihre drei Geschwister in Hamburg geboren und wuchsen in St.Pauli auf. Der Vater war Schuhmachermeister und Laternenanzünder. Die Mutter arbeitete in den Häuslichen Diensten. Sie erkrankte früh sehr schwer an Rheuma und mußte von den Töchtern gepflegt werden. Auch nach dem Tod der Eltern 1911 bzw. 1914 führten Olga und Hanna Stolten einen gemeinsamen Haushalt, zunächst zusammen mit den übrigen Geschistern in der elterlichen Wohnung, seit 1917 allein in einer eigenen Wohnung in Barmbek-Nord.

Olga Stolten arbeitete nach der Volksschule bis 1916 als Hausangestellte in Tagstellen. 1906 wurde ihre Tochter geboren. 1916 bis 1919 war sie Helferin in einer Kriegsküche. 1919 bis 1921 arbeitete sie als Fürsorgerin beim Arbeitsamt, ihre Aufgabe war die Betreuung erwerbsloser Frauen. 1921 bis 1933 war sie als AWO- und Frauensekretärin im SPD-Bezirksvorstand Hamburg-Nordwest tätig. 1933 eröffnete sie mit ihrer Schwester Hanna einen Zeitungskiosk, den beide bis 1943 betrieben.

Hanna Stolten erlernte nach der Volksschule den Beruf der Verkäuferin, bald fand sie eine Stelle in der ,Pro'. Sie wurde Mitglied des ZdH und gehörte seit 1912 dem Vorstand der Hamburger Filiale an. 1916 übernahm sie die Leitung einer Kriegsküche. Seit 1919 arbeitete sie als Fürsorgerin der Jugendbehörde, aufgrund ihrer Tätigkeit in der Kriegsfürsorge hatte sie die staatliche Anerkennung für diesen Beruf erhalten. 1926 bis 1933 war sie erste Vorsitzende der Fachgruppe sozialistischer Fürsorgerinnen der Hamburger AWO.

Die Schwestern wurden bereits vor 1914 Mitglied der SPD, beide arbeiteten aktiv in der Partei mit. 1919/20 gehörten sie dem Frauenaktionsausschuß der Hamburger SPD an und gründeten die Ortsgruppe der AWO mit, deren Vorstand Hanna Stolten 1930 bis 1933 angehörte. Olga Stolten war von 1919 bis 1925 Frauenleiterin des Distrikts Barmbek. 1925 war Hanna Stolten und 1927 Olga Stolten Delegierte auf Reichsparteitag und Reichsfrauenkonferenz, 1931 nahmen beide als Delegierte am Reichsparteitag teil. Hanna Stolten gehörte von 1928 bis 1932 der Bürgerschaft an und arbeitete u.a. in der Wohlfahrtsbehörde mit.

Quelle: Interview mit Grete Schuhmann; StA: Bürgerschaftsmitglieder 1859–1959, Handschrift 601; ebd. PP 17776; Wickert 1986, Bd.2, 26ff.

Julie Stubbe, geb. Ernst (geb. 1883) *

Julie Stubbe, über deren Elternhaus nichts bekannt ist, wurde in Hamburg geboren.

Nach der Volksschule erlernte sie den Beruf der Schneiderin. Nach der Heirat mit Heinrich Stubbe (1864–1941), einem Tischler, der seit den 1890er Jahren leitende Funktionen in der Hamburger SPD ausübte, war sie hauptberuflich Hausfrau. Ihr Mann war u.a. seit 1894 Geschäftsführer des Organs des Holzarbeiterverbandes, seit 1905 Angestellter der Zentralkasse der Tischler und 1907 bis 1919 Sekretär der drei Hamburg SPD-Wahlkreise. 1890 bis 1931 gehörte er dem SPD-Landesvorstand an, 1904 bis 1931 der Bürgerschaft und 1915 bis 1918 dem Reichstag. 1919 bis 1931 war er als Senator für die Verwaltung des hamburgischen Landgebietes zuständig. Das Ehepaar wohnte in Hohenfelde.

Julie Stubbe gehörte seit 1902 der SPD an und war in der Vorkriegszeit überwiegend in den freien Gewerkschaften tätig. Seit 1912 arbeitete sie im AzFJ mit. In den Kriegsjahren war sie Sekretärin der ‚Hamburgischen Kriegshilfe'. 1914 wurde sie als Schriftführerin in den Vorstand des SPD-Distrikts Hamm-Horn-Borgfelde gewählt, diese Funktion übte sie bis 1933 aus. 1919 bis 1933 war sie auch Frauenleiterin in diesem Distrikt. 1919 bis 1921 und 1922 bis 1924 gehörte sie der Bürgerschaft an, u.a. arbeitete sie in der Wohlfahrtsbehörde und der Kunstpflegekommission mit.

Quelle: StA: Bürgerschaftsmitglieder 1859–1959, Handschrift 601; ebd. PP 19953; Schröder 1986, 211; Witt 1971, 46.

Erna tum Suden (1903–1974) *

Erna tum Suden wurde wie ihre Schwester Inge Mette (geb. 1902) in Hamburg geboren. Der Vater war Volksschullehrer und gehörte der GFvSE an. Die Mutter, Tochter eines national-konservativ eingestellten Lehrers, war bis zur Heirat Haustochter. Sie durfte keinen Beruf erlernen. In der Ehe war sie hauptberuflich Hausfrau. Beide Eltern schlossen sich 1919 der SPD an. Die Familie wohnte zunächst in Eilbek, seit 1911 in Volksdorf.

Nach dem Lyzeum besuchte Erna tum Suden 1921 bis 1923 das Lehrerinnenseminar. Seit 1924 arbeitete sie als Volksschullehrerin im hamburgischen Schuldienst. 1933 wurde sie strafversetzt. 1943 ging sie nach Eutin, dort leitete sie seit 1945 bis zu ihrer Pensionierung eine Volksschule.

1922 wurde sie, angeregt durch die Eltern, Mitglied der SPD und der GFvSE. Seit 1923 machte sie in der ‚Sozialistischen Studentengruppe' mit. 1926 bis 1933 gehörte sie dem SPD-Distriktsvorstand Volksdorf an, 1928 bis 1933 leitete sie auch die Frauengruppe des Distrikts und gehörte der Gemeindevertretung in Volksdorf an. 1931 bis 1933 arbeitete sie zudem im Frauenaktionsausschuß mit. 1931 nahm sie am Reichsparteitag der SPD teil. 1932 stellte die Landesorganisation sie als Kandidatin für die Reichstagswahl auf. Nach 1945 engagierte sie sich vorrangig in der Gewerkschaft, sie gehörte u.a. bis 1968 dem GEW- und DGB-Landesvorstand Schleswig-Holstein an.

Quelle: Interview mit Inge und Alfred Mette; Wickert 1986, Bd.2, 36.

Lisbeth T., geb. B. (geb. 1901)

Lisbeth T. wurde wie ihre drei Geschwister in Hamburg geboren und wuchs in Barmbek-Süd auf. Ihr Vater, ein gelernter Klempner, gehörte den freien Gewerkschaften an. Er war bis 1913 als Fabrikarbeiter tätig, danach leitete er die Filiale des ‚Hamburger Echo' in Barmbek-Süd, der eine Parteibuchhandlung angeschlossen war. 1908 bis 1933 gehörte er dem SPD-Distriktsvorstand Barmbek(-Süd) als Kassierer an. Die Mutter, vor der Heirat Dienstmädchen, war hauptberuflich Hausfrau und ebenfalls SPD-Mitglied. 1915 bis 1918, als der Mann eingezogen war, leitete sie die ‚Echo'-Filiale. Darüber hinaus gehörten beide der ‚Pro' an, waren engagierte Freidenker und Gründungsmitglieder des AzFJ.

Lisbeth T. half der Mutter nach der Entlassung aus der Volksschule 1915 bis 1918 im Haushalt. 1919 begann sie als Verkäuferin bei der ‚Pro'. 1920 bis 1923 arbeitete sie als Sachbearbeiterin bei der ‚Volksfürsorge'. 1924 bis 1925 leitete sie die Parteibuchhandlung im Gewerkschaftshaus. Ende 1924 heiratete sie Max T., einen Tischler, der nach zweijähriger Erwerbslosigkeit seit 1928 zunächst in der Gesundheitsbehörde später in der Jugendbehörde arbeitete und 1933 entlassen wurde. 1936 fand er wieder Arbeit in seinem Beruf. Max T. war u.a. Mitglied von AzFJ, AJB, SPD und freien Gewerkschaften. 1927 und 1931 wurden die beiden Töchter geboren. Lisbeth T. besserte die Haushaltskasse als Putzfrau auf. Die Familie wohnte in Hoheluft.

1915 kam Lisbeth T. zum AJB. Seit 1917 war sie Helferin im AzFJ, in dem sie seit 1911 mitmachte. 1919 trat sie in die SPD ein, wo sie vor allem auf der Bezirks- und Distriktsebene aktiv war. 1927 wurde sie gemeinsam mit ihrem Mann Mitglied der AWO. Im Faschismus leistete das Ehepaar in den ersten Jahren illegale Parteiarbeit. Nach 1945 engagierte sich Lisbeth T. wieder in SPD und AWO.

Quelle: AdsD SPD-HH: Mappe 144; ebd. SP: Max T.; ebd.: Nachlaß Lisbeth T.

Katrine U., geb. I. (geb. 1905)

Katrine U. wurde wie ihre drei älteren Geschwister in Hamburg geboren und wuchs in Eimsbüttel auf. Der leibliche Vater starb 1907. Die Mutter, vor der Heirat Dienstmädchen und Köchin, verdiente den Unterhalt nach dem Tod ihres Mannes als Toilettenfrau und Wäscherin. 1919 heiratete sie einen Steinsetzer, der wie sie der SPD angehörte und sich den freien Gewerkschaften engagierte. Seitdem war sie hauptberuflich Hausfrau. Sie war politisch aktiver und interessierter als ihr zweiter Mann, u.a. übte sie das Amt einer Bezirksvertrauensfrau aus.

Nach der Volksschule machte Katrine U. 1921 bis 1923 eine Lehre als Blumenbinderin. Bis zur Geburt ihres Sohnes 1930 arbeitete sie in verschiedenen Blumengeschäften. 1929 heiratete sie Willi U., einen gelernten Gärtner, Mitglied in AJB, SPD, freien Gewerkschaften, ‚Naturfreunden', ‚Reichsbanner' und ATSB, der 1933 erwerbslos wurde. 1933 bis 1935 ernährte Katrine U. die Familie durch Aushilfsarbeiten. 1935 bis 1938 betrieb das Ehepaar ein eigenes Blumengeschäft, das es jedoch aus finanzellen Gründen aufgeben mußte. 1936 wurde die Tochter geboren. Die Familie wohnte bis 1935 in Barmbek-Nord, danach in Eimsbüttel.

1918 kam Katrine U., angeregt durch die Mutter, zum AJB, wo sie bald die Funktion als Kassiererin in ihrer Gruppe übernahm. 1922 wurde sie Mitglied der SPD und der freien Gewerkschaften, arbeitete jedoch nicht aktiv mit. 1929 schloß sie sich auch der ‚Pro' an. Ihr Interessenschwerpunkt waren Bildung und Kultur, sie gehörte der ‚Büchergilde' und den ‚Naturfreunden' an und besuchte VHS-Kurse. Nach 1945 engagierte sie sich stärker in der SPD, 1966 wurde sie Mitglied der AWO.

Quelle: Fragebogen und Interview; Nachlaß Katrine U.

Emma W., geb. E. (geb. 1902)

Emma W. wurde wie ihre drei Brüder in Hamburg geboren und wuchs in Eilbek auf. Der Vater, ein Formschlosser, war Mitglied in SPD und DMV. Auch die Mutter, hauptberuflich Hausfrau, schloß sich in den zwanziger Jahren der SPD an. 1928 zog die Familie nach Hamm, 1933 nach Meiendorf.

Nach der Volksschule fand Emma W. keine Lehrstelle, so übernahm sie 1918 Aushilfsarbeiten in einer Fabrik. 1919 erlernte sie ein Jahr die Weißnäherei. 1920 bis 1924 arbeitete sie im Lager der GEG-Schokoladenfabrik. 1925 besuchte sie einen einjährigen privaten Handelsschulkursus, anschließend arbeitete sie bis 1933 als Sekretärin im Büro der Filale des VNG. 1933 wurde sie erwerbslos. 1936 heiratete sie Gustav K., einen Kranführer, der vor 1933 SPD- und Gewerkschaftsmitglied gewesen war. Im gleichen Jahr wurde die Tochter geboren. Ihr erster Mann fiel im Zweiten Weltkrieg. Nach dem Krieg heiratete sie Hans W., einen Angestellten, der ebenfalls Sozialdemokrat war.

1920 wurde Emma W. Mitglied des AJB, 1921 der SPD. Seit 1924 machte sie als Helferin in den ‚Kinderfreunden' mit. Ihr Hauptinteresse galt der Kulturarbeit, sie sang im ‚Barmbeker Volkschor' und gehörte der ‚Büchergilde' sowie der ‚Volksbühne' an. Nach 1945 schloß sich Emma W. erneut der SPD an.

Quelle: Fragebogen; Interview mit Elfriede P. und Emma W.

Ille W. (geb. 1908)

Ille W. wurde in Köln als Tochter einen deutschnationalen Arbeiters geboren und streng katholisch erzogen.

Nach der Volksschule wurde sie Schneiderin, später arbeitete sie bis zur Heirat mit dem Arbeiter Walter W. als Kontoristin. Das Ehepaar zog vier Kinder groß.

Über eine katholische Jugendgruppe kam sie zur Gewerkschaftsjugend und den ‚Naturfreunden', von dort zum KJVD. Aufgrund erheblicher Spannungen im Elternhaus, zog Ille W. aus der elterlichen Wohnung aus und ging 1926 nach Hamburg. Dort wurde sie auch Mitglied der KPD. Sie engagierte sich vorrangig in der IAH und dem Jung-Spartakusbund, seit 1927 leitete sie eine Kindergruppe in Hammerbrook. Im Faschismus war sie wie ihr Mann im Widerstand aktiv, sie wurde 1934, 1935 und 1939 inhaftiert. Nach 1945 schloß sie sich der KPD, 1968 der DKP, an und wurde Mitglied der VVN, wo sie bis heute aktiv mitarbeitet.

Quelle: Interview.

Käthe W., geb. S. (geb. 1902)

Käthe W. wurde wie ihre Schwester in Altona geboren und wuchs in St.Pauli und Ottensen auf. Der Vater, ein Maschinenbauer, fuhr zeitweilig als Heizer zur See, ansonsten arbeitete er auf den Werften. Er gehörte SPD und DMV an und übte in beiden Organisationen kleinere Funktionen aus. Die Mutter, vor der Heirat Dienstmädchen, danach hauptberuflich Hausfrau, gehörte ebenfalls der SPD an und engagierte sich im ZH. 1917 wurde sie als überzeugte Kriegsgegnerin Mitglied der USPD, 1922 kehrte sie zur SPD zurück. 1927 zog die Familie nach Bahrenfeld.

Nach der Volksschule besuchte Käthe W. ein halbes Jahr eine private Handelsschule, um Stenographie und Schreibmaschine zu erlernen. Seit 1918 arbeitete sie als Stenotypistin bei verschiedenen Privatfirmen, seit 1925 im Büro der GEG. Als ZdA-Mitglied gehörte sie 1931 bis 1933 dem Gesamtbetriebsrat der GEG an. 1933 wurde sie entlassen. 1935 fand sie Arbeit als Kontoristin in einer Versicherungsgesellschaft und war mit kurzen Unterbrechungen bis zu ihrer Pensionierung 1967 dort tätig. 1939, bei Kriegsbeginn, heiratete sie Hans W., einen Buchdrucker, mit dem sie seit 1919 befreundet war, und der vor 1933 u.a. FPJ, SPD, freien Gewerkschaften und ‚Reichsbanner' angehört hatte. 1927 bis 1934 wohnte das Paar bei den Eltern von Käthe W., 1934 bezog es ein eigenes Siedlungshaus.

1917 kam Käthe W. zur FPJ, wo sie bis 1925 aktiv mitarbeitete, u.a. war sie 1918 bis 1925 Leiterin der Abteilung Ottensen. Nach dem Zusammenschluß von USPD und MSPD wurde sie im November 1922 Mitglied der SPD. 1925 schloß sie sich der ‚Pro' an. 1927 trat sie gemeinsam mit Hans W. in die ‚Naturfreunde' und den ASB ein. Nach 1945 trat sie erneut der SPD bei, 1946 wurde sie Mitglied der AWO.

Quelle: Fragebogen und Interview; Nachlaß Käthe W.

Dora Wagner (1876–1951) *

Dora Wagner wurde wie ihre beiden Brüder in Hamburg geboren. Der Vater war Hausmakler, die Mutter hauptberuflich Hausfrau.

Im Anschluß an die Höhere Schule besuchte sie das Lehrerinnenseminar. 1898 bis 1901 war sie Volksschullehrerin in Hamburg. 1901 heiratete sie Moses Wagner, einen Volksschullehrer, der bereits in der Vorkriegszeit mit der SPD sympathisierte und sich nach dem Ersten Weltkrieg der Partei anschloß. In den zwanziger Jahren gehörte er dem Vorstand der GFvSE sowie dem Vorstand der ‚Arbeitsgemeinschaft Jugendweihe' an. 1903 und 1908 wurden die beiden Töchter geboren. Seit der Heirat war Dora Wagner hauptberuflich Hausfrau. Die Familie wohnte in Eimsbüttel.

Schon während der Ausbildung am Lehrerinnenseminar gehörte Dora Wagner einem Kreis linksliberal eingestellter Akademiker an, in dem sie auch ihren Mann kennenlernte. 1916 schloß sich Dora Wagner der SPD an und engagierte sich bald in der Parteiarbeit. 1921 bis 1927 war sie Frauenleiterin im Distrikt Eimsbüttel und gehörte dem Distriktsvorstand sowie dem Frauenaktionsausschuß an. 1927 bis 1931 war sie Mitglied der Bürgerschaft, u.a. gehörte sie als solche der Oberschulbehörde an. Ende 1931 mußte sie jede politische Arbeit einstellen, da sie schwer erkrankte.

Quelle: Interview mit Erna Wagner; StA: Bürgerschaftsmitglieder 1859–1959, Handschrift 601.

Erna Wagner (1903–1983) *

Zum Elternhaus von Erna Wagner vgl. die Kurzbiographie ihrer Mutter Dora Wagner.

Nach der Volksschule besuchte sie 1919 bis 1924 das Lehrerinnenseminar und war anschließend fast zwei Jahre erwerbslos. Von 1926 bis zu ihrer Pensionierung 1966 arbeitete sie als Volksschullehrerin in Hamburg.

1915 bis 1920 machte sie in einer Hamburger ‚Wandervogel'-Gruppe mit. 1920 schloß sie sich dem AJB an, wo sie zunächst Obmännin einer Abteilung, seit 1921 Leiterin des Distrikts Eimsbüttel-Ost war. Im gleichen Jahr schloß sie sich der SPD und der GFvSE an. Seit 1925 engagierte sie sich in der SPD, vorrangig in der Frauenorganisation. 1927 bis 1931 war sie Frauenleiterin im Distrikt Eimsbüttel und Mitglied des Frauenaktionsausschusses. 1931 kandidierte sie für die Bürgerschaft. Nach 1945 schloß sie sich wieder der SPD an und wurde Mitglied der AWO. 1949 bis 1970 gehörte sie der Bürgerschaft an.

Quelle: Fragebogen und Interview; StA: Bürgerschaftsmitglieder 1859–1959, Handschrift 601; AdsD SP: Erna Wagner.

Juliane Wegbrod, verh. Eisenbarth (geb. 1882) und Louise Wegbrod (geb. 1883) *

Die Arbeitertöchter Juliane und Louise Wegbrod wurden in Hamburg geboren und wuchsen in Eimsbüttel auf.

Nach der Volksschule und einer kurzen Ausbildung auf einer privaten Handelsschule arbeiteten beide als Kontoristin.

Um die Jahrhundertwende schlossen sie sich SPD und ZdH an. 1913 wurde Louise Wegbrod als Schriftführerin in den Vorstand der ZdH-Ortsgruppe Groß-Hamburg gewählt. Seit der Vorkriegszeit arbeitete sie als Redaktionssekretärin beim ‚Hamburger Echo'. Ihre Schwester Juliane Wegbrod war bis 1916 Sekretärin des AJB. Beide engagierten sich während des Ersten Weltkriegs in der Kriegsopposition. Sie hatten enge Kontakte zu den ‚Hamburger Linksradikalen'. Juliane Wegbrod wurde 1916, Louise Wegbrod 1918 mit dem Vorwurf des „Landesverrats" verhaftet. 1919 wurde Louise Wegbrod die erste weibliche Redakteurin des ‚Hamburger Echo', ihr oblag bis 1933 die Betreuung der ‚Frauen-Beilage', der Arbeiterjugend-Beilage sowie des Kulturteils. Juliane Wegbrod war 1920/21 Frauensekretärin der Hamburger SPD. 1921 heiratete sie Heinrich Eisenbarth (1884–1950), einen Tischler, der von 1919 bis 1933 zweiter Vorsitzender der Hamburger SPD war.

Quelle: StA PP 16403; ebd. PP S13424; Witt 1971, 51.

Anna Wendt (geb. 1875) *

Über die Herkunft von Anna Wendt ist nichts bekannt.

Nach der Volksschule besuchte sie das Fröbelseminar und übte in Privatstellungen den Beruf der Kindergärtnerin aus. Nach ihrer Heirat 1899 war sie hauptberuflich Hausfrau. Sie zog vier Töchter groß. Die Familie lebte in den zwanziger Jahren in Fuhlsbüttel.

Bereits in der Vorkriegszeit kam Anna Wendt zur SPD. Im Ersten Weltkrieg betätigte sie sich ehrenamtlich in der Kriegsfürsorge, in den zwanziger Jahren war sie ehrenamtliche Jugend- und Wohlfahrtspflegerin, Bezirksvorsteherin des Wohlfahrtsamtes sowie Vormund und Schöffin. 1920 bis 1930 leitete sie die Frauengruppe des Distrikts Fuhlsbüttel, 1926 bis 1928 war sie Vorsitzende des Frauenaktionsausschusses, 1928 bis 1931 gehörte sie der Bürgerschaft an.

Quelle: Interview mit Erna Wagner; StA: Bürgerschaftsmitglieder 1859–1959, Handschrift 601.

Ella Wierzbitzki, geb. Francke (geb. 1880) *

Ella Wierzbitzki wurde in Kiel-Gaarden geboren. Über ihr Elternhaus ist nichts bekannt.

Nach der Volkssschule arbeitete sie als Dienstmädchen. Sie heiratete einen sozialdemokratischen Arbeiter, wurde hauptberuflich Hausfrau und bekam nach der Jahrhundertwende zwei Kinder. Die Familie zog zunächst nach Wilhelmsburg, 1912 nach Hamburg-Uhlenhorst. Um das Familieneinkommen aufzubessern, betrieb sie während des Krieges ein kleines Grünwarengeschäft. 1922/24 ließ sie sich scheiden, danach arbeitete sie zunächst als Kantinenfrau bei der GEG, später als Angestellte des Wohlfahrtsamtes. Seitdem war sie politisch nicht mehr aktiv.

Bereits in der Vorkriegszeit engagierte sich Ella Wierzbitzki in der SPD. 1911 bis 1913 war sie Vorsitzende der SPD-Frauengruppe in Wilhelmsburg. 1913 wurde sie als Schriftführerin in den Vorstand des 3.Hamburger SPD-Wahlkreises gewählt, seit 1915 war sie dessen stellvertretende Vorsitzende. Daneben engagierte sie sich seit 1911 als Referentin für die SPD. 1919/20 gehörte sie dem Landesvorstand der Hamburger SPD an und war Vorsitzende des Frauenaktionsausschusses. 1920 bis 1923 war sie Mitglied des Frauenaktionsausschusses und des Bezirksvorstandes der SPD Hamburg-Nordwest. 1919 und 1921 war sie Delegierte auf der Reichsfrauenkonferenz, 1921 auch auf dem Reichsparteitag.

Quelle: Interview mit Ilse Z.; StA PP 19253; ebd. PP S10157; Wickert 1986, Bd.2, 12ff.

Grete Wöhrmann, geb. Brosterhues (1900–1989)

Grete Wöhrmann ist eine Schwester von Hedwig Günther und Paula Zebuhr (vgl. zum Elternhaus die Kurzbiographie v. Hedwig Günther).

Nach der Volksschule, die sie mit der Selekta abschloß, machte sie eine zweijährige kaufmännische Lehre. Seit 1917 arbeitete sie als Kontoristin, 1919 bis 1923 war sie als Sekretärin im Büro der Filiale des Transportarbeiterverbandes tätig, der sie nach ihrer Heirat entließ. Ihr Mann Bernhard Wöhrmann, ein kaufmännischer Angestellter, war seit Anfang der zwanziger Jahre Geschäftsführer der städtischen Blindenfürsorge in Altona, wo das Paar seit 1926 lebte. 1923 bis 1926 wohnte es in der Wohnung der Eltern Brosterhues in Rotherbaum. Bernhard Wöhrmann wurde 1933 entlassen. Er war Mitglied in AJB, SPD, AWO, ‚Reichsbanner' und freien Gewerkschaften gewesen. Die Töchter wurden 1924 und 1928 geboren.

Grete Wöhrmann kam 1914 zum AJB, wo sie zunächst Obmännin, später Leiterin einer Jüngerengruppe war. 1918 trat sie in die SPD ein, seit 1919 gehörte sie der ‚Pro', seit 1927 der AWO an. Seit 1927 war sie Frauendistriktsleiterin in der Altonaer SPD, 1931 bis 1933 Leiterin der Frauenarbeit der Stadt, 1931 Delegierte auf dem Reichsparteitag. Nach 1945 arbeitete sie wieder in SPD und AWO mit, 1946 gehörte sie der Bürgerschaft an.

Quelle: Fragebogen; Interviews mit Paula Karpinski und Grete Wöhrmann; StA: Bürgerschaftsmitglieder 1859–1959, Handschrift 601; Wöhrmann (Lebenserinnerungen) 1985; AdsD SPD-HH: Mappe 72; Wickert 1986, Bd.2, 36.

Grete Zabe, geb. Tischkowski (1877–1963) *

Grete Zabe wurde wie ihre fünf Geschwister in Danzig geboren. Der Vater war Schiffszimmerergeselle, die Mutter Dienstmädchen. Als ihre Eltern 1882 verstarben, kam sie zunächst in ein Waisenhaus, später zu Pflegeeltern.

Nach der Volksschule arbeitete sie erst als Dienstmädchen später als Zigarettenarbeiterin. Seit der Heirat 1897 verdiente sie als Aushilfskraft im Einzelhandel zum Familieneinkommen hinzu. Ihr Mann Friedrich Wilhelm Zabe, SPD- Und Gewerkschaftsmitglied, war Malergeselle. 1898, 1902 und 1906 wurden ihre Kinder geboren. 1906/07 zog die Familie nach Hamburg; bis 1928 wohnte sie in Uhlenhorst, danach in der Siedlung Langenhorn.

1907 trat Grete Zabe auf Anregung ihres Mannes der SPD bei. Schon früh fiel sie auf den Versammlungen durch ihre engagierten Redebeiträge zur Frauenfrage auf. 1913 wurde sie als Beisitzerin in den Vorstand des Distrikts Uhlenhorst gewählt. Im Ersten Weltkrieg leitete sie die Kriegsküche dieses Stadtteils. 1919 kam sie in die Bürgerschaft, der sie bis 1933 angehörte. Sie arbeitete u.a. in der Oberschulbehörde mit und gehörte als einzige Frau der Deputation für das Gefängniswesen an. Daneben hatte sie vielfältige Funktionen innerhalb der Hamburger SPD: Sie war u.a. 1922 bis 1933 Frauenleiterin im Distrikt Uhlenhorst, Mitglied des Landesvorstandes und des Frauenaktionsausschusses, den sie 1922 bis 1926 leitete, sowie von 1919–1931 Delegierte auf sämtlichen Reichsparteitagen und Reichsfrauenkonferenzen. Darüber hinaus gehörte sie der AWO und der ‚Pro' an. 1933 und erneut 1944 wurde sie von der Gestapo festgenommen und für mehrere Tage in Haft gehalten. Ihre Familie erlebte mehrfach Hausdurchsuchungen. Auch nach 1945 arbeitete sie, soweit es ihre Kräften erlaubten, in SPD und AWO mit.

Quelle: Interview mit Ilse Z.; StA: Bürgerschaftsmitglieder 1859–1959, Handschrift 601; Hagemann, in: Asendorf 1984, 135; Wickert 1986, Bd.2, 12ff.

Paula Zebuhr, geb. Brosterhues (geb. 1899)

Paula Zebuhr ist eine Schwester von Hedwig Günther und Grete Wöhrmann (vgl. zum Elternhaus die Kurzbiographie v. Hedwig Günther).

Nach der Volksschule absolvierte sie eine zweijährige kaufmännische Lehre und arbeitete anschließend bis zu ihrer Heirat 1921 als Kontoristin. Ihr Mann Gustav Zebuhr, ein Maschinenschlosser, war Mitglied in AJB, SPD und DMV. Das Kind wurde 1921 geboren. Bis 1927, als sie eine eigene Wohnung in Barmbek-Süd erhielten, lebten Paula und Gustav Zebuhr in der Wohnung der Eltern Brosterhues.

1914 kam Paula Zebuhr über ihre älteren Schwestern zum AJB, wo sie bis 1916 in der Abteilung Neustadt II mitmachte. 1916 wurde sie Mitglied der SPD, 1920 der AWO, 1921 der ‚Pro'. Sie engagierte sich aktiv in der Parteiarbeit auf Bezirks- und Distriktsebene; 1928 bis 1933 war sie Leiterin des Distriktsfrauenausschusses und Schriftführerin im Distriktsvorstand Barmbek-Süd. Gemeinsam mit ihrem Mann sang sie im ‚Barmbeker Volkschor'. Auch nach 1945 arbeitete Paula Zebuhr aktiv in SPD und AWO mit.

Quelle: Fragebogen und Interview; AdsD SPD-HH: Mappe 144.

Luise Zietz, geb. Körner (1865–1922)

Luise Zietz wurde in Bargteheide/Holstein geboren. Der Vater verdiente als selbständiger Wollwirker mehr schlecht als recht den Lebensunterhalt der sechsköpfigen Familie. Alle Familienangehörigen mußten ihm bei der Arbeit helfen.

Nach der Volksschule ging Luise Zietz zunächst als Dienstmädchen in Stellung. Erst nach einigen Jahren konnte sie ihren Berufswunsch realisieren und auf dem Fröbelseminar in Hamburg den Beruf der Kindergärtnerin erlernen. Ihre Ehe mit dem sozialdemokratischen Hafenarbeiter Karl Zietz, der ihr politisches Interesse und Engagement entscheidend förderte, war nur von kurzer Dauer. Doch durch ihn kam sie mit der Arbeiterbewegung in der Hansestadt in Berührung.

Während des großen Hafenarbeiterstreiks 1896/97 warb sie auf öffentlichen Frauenversammlungen der SPD für die Ziele des Streiks. In den folgenden Jahren und Jahrzehnten machte sie sich auch auf Reichsebene als populäre Rednerin der sozialdemokratischen Frauenbewegung einen Namen. Sie verfaßte ein Vielzahl von Zeitungsartikeln, Flugblättern und Broschüren zur Frauenfrage. 1900 wählten die sozialdemokratischen Frauen Hamburgs sie erstmals zur Vertrauensfrau; diese Funktion hatte sie bis 1908 inne. 1908 bis 1917 gehörte sie als Frauensekretärin dem Parteivorstand der SPD an. 1917 wurde sie Mitglied der USPD, deren Frauensekretärin sie bis zu ihrem Tod war. Als solche gehörte sie dem geschäftsführenden USPD-Vorstand an. 1919 wurde sie in den Reichstag gewählt, dem sie bis 1922 angehörte.

Quelle: StA PP S5883, Bd.1 u.2; AdsD SP: Luise Zietz; Kautsky, Louise: Luise Zietz, in: FW 2/1932, 27f; dies.: Luise Zietz, in: FB-HE 1/1932; Juchacz 1971, 63–67; Evans 1979, 160–209; Osterroth 1960, 342; Weiland 1983, 294ff; Wickert 1986, Bd.2, 189 u.193.

Anmerkungen

Hinweise

1. Bei Zitaten aus Interviews wird auf eine Anmerkung verzichtet, wenn der Name der Gesprächspartnerin im Text angeführt wurde. Im Quellen- und Literaturverzeichnis findet sich ein Verzeichnis aller genannten bzw. zitierten Interviews. Kurzbiographien der Interviewpartnerinnen sowie der erwähnten bzw. zitierten Funktionärinnen der sozialdemokratischen Arbeiterbewegung Hamburgs finden sich in Teil 3 des Anhangs.
2. Kurze biographische Hinweise zu den übrigen im Text genannten bzw. zitierten Personen finden sich, soweit notwendig und ermittelbar, jeweils in der ersten Anmerkung zu diesen Personen. Die biographischen Hinweise enden aufgrund des zeitlichen Schwerpunkts der Arbeit in der Regel 1933.
3. Soweit Zahlenangaben in den Tabellen nicht unmittelbar aus den Quellen hervorgehen, beruhen sie auf eigenen Berechnungen.

Einleitung

1 Rühle-Gerstel 1972, 14.

2 Zum Begriff ‚Arbeiter' bzw. ‚Arbeiterschaft' vgl. Conze, Werner: Arbeiter, in: Brunner 1972, 216–242; zur Definition des Begriffs ‚Arbeiterfrauen' vgl. Plössel 1983, 1.

3 Zur methodischen Problematik dieser Ableitung der Klassenzugehörigkeit von Frauen vgl. Bock, Gisela: Der Platz der Frauen in der Geschichte, in: Nagl-Docekal/Wimmer 1984, 108–127, 120; dies. 1988, 385.

4 Vgl. Frevert 1986, 171ff; Knapp 1984, 301f; Kramer, Helgard: Weibliche Büroangestellte während der Weltwirtschaftskrise, in: dies. 1986, 127–180, 127ff; Peukert 1987<b>, 101ff.

5 Frevert 1986, 174.

6 Zum Modernisierungsbegriff vgl. u.a.: Wehler 1975; Nipperdey 1979; Ruffmann/Altrichter 1983.

7 Vgl. Becker-Schmidt, Regina: Probleme einer feministischen Theorie und Empirie in den Sozialwissenschaften, in: Konstruktionen 1985, 93–104.

8 Vgl. jüngst Abelshauser 1987.

9 Vgl. Abelshauser, Werner: Die Weimarer Republik – ein Wohlfahrtsstaat?, in: ders. 1987, 9–31, 9ff.

10 Vgl. ebd., 17ff.

11 Sieder 1987, 215.

12 Vgl. Abelshauser, in: ders. 1987, 25; Sieder 1987, 214ff.

13 Die aktuelle Diskussion in der Wirtschafts- und Sozialgeschichte spiegelt der Sammelband von Abelshauser wider: ders. 1987; vgl. daraus insb.: ders., 9–32; Mai, Gunther: „Wenn der Mensch Hunger hat, hört alles auf". Wirtschaftliche und soziale Ausgangsbedingungen der Weimarer Republik (1914–1924), 33–62; sowie Ritter 1986, 55ff.

Zur Entwicklung der Sozialpolitik in Deutschland seit der Industrialisierung vgl. u.a.: Bruch 1986; Haupt 1984; Hentschel 1983; Kaufmann 1982; Köhler/Zacher 1981; Leibfried 1985; Leibfried/Tennstedt 1985, insb. dies.: Armenpolitik und Arbeiterpolitik. Zur Entwicklung und Krise der traditionellen Sozialpolitik der Verteilungsformen, 64–93; Mommsen/Mock 1982; Mückenberger 1985; Preller 1978; Sachße 1986; ders./Tennstedt 1980; dies. 1988; Tennstedt 1981; Ritter 1983; ders. 1987. Einen vollständigeren Überblick über den Forschungsstand zur Geschichte der Sozialpolitik geben: Machtan 1987; Ritter 1986.

14 Zur feministischen Kritik am Sozialstaat vgl. Kickbusch/Riedmüller 1984, insb. dies.: Theoretische Perspektiven einer Sozialpolitikanalyse, 7–14; Hehr, Inge/Carola Möller: Die Illusion im Sozialstaat, in: Beiträge 13, 1985, 95–104; Balbo/Nowotny 1986; Dale/Foster 1986; Hernes, Helga Maria: Die zweigeteilte Sozialpolitik: Eine Polemik, in: Hausen/Nowotny 1986, 163–178, insb. 169ff; Lewis 1983; Rouette 1989, 9f; Wilson 1977.

15 Zur Entwicklung in der Weimarer Republik vgl. Köppen 1985, 70–101.

16 Zu den Begriffen Struktur- und Erfahrungsgeschichte vgl. Kocka 1986, 70–82; ders.: Sozialgeschichte zwischen Strukturgeschichte und Erfahrungsgeschichte, in: Schieder/Sellin 1986, Bd.1, 67–88; Medick, Hans: Vom Interesse der Sozialhistoriker an der Ethnologie. Bemerkungen zu einigen Motiven der Begegnung von Geschichtswissenschaft und Sozialanthropologie, in: Süssmuth 1984, 49–56; Kocka, Jürgen: Historisch-anthropologische Fragestellungen – ein Defizit der Historischen Sozialwissenschaft?, in: Süssmuth 1984, 73–83, 79f.

17 Kocka, in: Schieder/Sellin 1986, Bd.1, 79.

18 Ders.: Antwort an David Sabean, in: Brüggemeier/Kocka 1985, 61–69, 67.

19 Die Angaben beziehen sich auf die Wohnbevölkerung bzw. die Erwerbspersonen im Jahr 1925; vgl. StHSt H.33, T.2, 1928, 21 u. 35.

20 Vgl. Tb.SPD-HH-Nw 1929/30, 41. u. 50–54; sowie Tabelle 64.

21 Witt 1971, 19.

22 Zur Hamburger SPD in der Weimarer Republik vgl. insb.: Witt 1971; Büttner 1985.

23 Vgl. Büttner 1985, 190–232.

24 Vgl. Saldern 1985, 197; Winkler 1985<b>, 408ff. Zur Kommunalpolitik der SPD vgl. allgemein: Rebentisch 1985, 1–78; Saldern 1976, 295–352.

25 Zum Stand der Arbeiterkulturforschung vgl. Assion 1986; Bausinger, Hermann: Volkskultur und Sozialgeschichte, in: Schieder/Sellin 1987, 32–49; Boll 1986; Langewiesche, Dieter: Arbeiterkultur. Kultur der Arbeiterbewegung im Kaiserreich und in der Weimarer Republik. Bemerkungen zum Forschungsstand, in: Arbeiterkultur 1984, 9–29; ders. 1982; Lehmann 1984; Petzina 1986; Ritter, Gerhard A.: Arbeiterkultur im Deutschen Kaiserreich. Probleme und Forschungsansätze, in: ders. 1979, 15–39; Schindler, Norbert: Spuren in der Geschichte der ‚anderen' Zivilisation, in: Dülmen/Schindler 1984, 13–77; Will/Burns 1982, Bd. 1, insb. 9–22.

Zum aktuellen Forschungsstand der deutschen Frauengeschichte vgl. ausführlich: Frevert 1988<a>. Dieser Beitrag vermittelt einen ausgezeichneten Überblick.

26 Prokop 1980, 44.

27 Zu den theoretischen und methodischen Problemen der historischen Frauenforschung vgl. Barrett 1982; Becker-Schmidt, in: Konstruktionen 1985, 93–104; Bridenthal, Renate: Marxistisch-feministische Ansätze zur Frauengeschichte in den USA, in: ebd., 130–134; Beiträge 1, 1978; Beiträge 11, 1984, insb.: Opitz, Claudia: Der „andere Blick" der Frauen in der Geschichte – Überlegungen zu Analyse und Darstellungsmethoden feministischer Geschichtsforschung, 61–70; Bock, Gisela: Historische Frauenforschung: Fragestellungen und Perspektiven, in: Hausen 1983, 22–60; dies., in: Nagl-Docekal/Wimmer 1984, 108–127; dies. 1988; Borries, Bodo v.: Forschen und Lernen an Frauengeschichte – Versuch einer Zwischenbilanz, in: Joeres/Kuhn 1985, 49–91; Evans, Richard J.: Feminismus als Forschungskonzept. Anmerkungen für die Praxis, in: ebd., 35–48; Fox-Genovese 1983; Fraisse, Geneviéve: Feministische Singularität – Kritische Historiographie der Geschichte des Feminismus in Frankreich, in: Konstruktionen 1985, 134–140; Hausen 1981; Honegger, Claudia/Bettina Heintz: Zum Strukturwandel weiblicher Widerstandsformen, in: dies. 1981, 7–68; Kuhn, Annette: Identitätsgewinn durch Frauengeschichte. Gefahren, Grenzen, Möglichkeiten, in: Ristau 1985, 43–58; Lerner, Gerda: Eine feministische Theorie der Historie, in: Die ungeschriebene Geschichte 1984, 404–420; Lipp, Carola, Überlegungen zur Methodendiskussion. Kulturanthropologische, sozialwissenschaftliche und historische Ansätze zur Erforschung der Geschlechterbeziehung, in: Frauenalltag – Frauenforschung 1988, 29–46; Methoden in der Frauenforschung 1984; Wierling, Dorothee: Alltagsgeschichte und Geschichte der Geschlechterbeziehungen. Über historische und historiographische Verhältnisse, in: Lüdtke 1989, 169–190.

28 Tenfelde, Klaus: Schwierigkeiten mit dem Alltag, in: Kocka 1984, 376–394, 387. Vgl. Wehler, Hans-Ulrich: Königsweg zu neuen Ufern oder Irrgarten der Illusionen? Die westdeutsche Alltagsgeschichte: Geschichte „von innen" und „von unten", in: Brüggemeier/Kocka 1985, 17–47. Ähnlich schon Norbert Elias: Zum Begriff des Alltags, in: Hammerich/Klein 1978, 22–29.

Zur Diskussion um die Alltagsgeschichte vgl. Brüggemeier/Kocka 1985; Albrecht 1981; Bergmann/Schörken 1982; Borscheid, Peter: Plädoyer für eine Geschichte des Alltäglichen, in: ders./Teuteberg 1983, 1–14; ders.: Alltagsgeschichte – Modetorheit oder neues Tor zur Vergangenheit ?, in: Schieder/Sellin 1987, Bd.3, 78–100; Brozat 1983; Frei, Alfred Georg: Alltag-Region-Politik. Anmerkungen zur „neuen" Geschichtsbewegung, in: Ristau 1985, 83–102; Kocka, Jürgen: Zurück zur Erzählung? Plädoyer für historische Argumentation, in: ders. 1984, 395–408; ders. 1986, 162–174; ders., in: Schieder/Sellin 1986, Bd.1, 67–88; Lüdtke, Alf: Rekonstruktion von Alltagswirklichkeit – Entpolitisierung der Sozialgeschichte?, in: Berdahl 1982, 321–353; ders. 1978, 311ff; ders. 1983; ders. 1989; Medick, Hans: „Missionare im Ruderboot"? Ethnologische Erkenntnisweisen als Herausforderung an die Sozialgeschichte, in: Kocka 1984, 295–319; Niethammer 1980<b>; ders. 1985<a>; Peukert 1983; ders.: Arbeiteralltag – Mode oder Methode?, in:

Haumann 1982, 8–39; ders.: Ist die neuere Alltagsgeschichte theoriefeindlich?, in: Nagl-Docekal/Wimmer 1984, 7–17; Süssmuth 1984; Sieder, Reinhard: Zur Theoriebedürftigkeit der Neueren Alltagsgeschichte, in: Nagl-Docekal/Wimmer 1984, 24–41; Schindler, in: Dülmen/Schindler 1984, 13–77; Tenfelde,in: Kocka 1984, 376–394; Ullrich 1984; ders. 1985; Wehler 1985.

29 Wehler, in: Brüggemeier/Kocka 1985, 27.

30 Vgl. Peukert, in: Haumann 1982, 8–39.

31 Vgl. Joas, Hans: Einleitung, in: Heller 1981, 7–23.

32 Heller 1981, 24f u. 86f.

33 Vgl. Borscheid, in: ders./Teuteberg 1983, 6ff.

34 Vgl. Tenfelde, in: Kocka 1984, 387f.

35 Vgl. Beck-Gernsheim 1980, 23.

36 Ebd. 48.

37 Zur vorindustriellen Wirtschaft vgl. u.a.: Medick, Hans: Familienwirtschaft als Kategorie einer historisch-politischen Ökonomie. Die hausindustrielle Familienwirtschaft in der Übergangsphase zum Kapitalismus, in: Mitterauer/Sieder 1982, 271–299; ders.: Zur strukturellen Funktion von Haushalt und Familie im Übergang von der traditionellen Agrargesellschaft zum industriellen Kapitalismus. Die protoindustrielle Familienwirtschaft, in: Conze 1976, 254–282; Rosenbaum 1982, 189–250.

38 Zur Problematik von geschlechtsspezifischer Arbeitsteilung im Kapitalismus und zur Funktion sowie zum Charakter von Hausarbeit vgl. Beer 1984; Bennholdt-Thomsen, Veronika: Subsistenzproduktion und erweiterte Reproduktion, in: Gesellschaft 1981, 30– 51; dies.: Zur Bestimmung der geschlechtlichen Arbeitsteilung im Kapitalismus, in: Beiträge zur Frauenforschung 1983, 41–73; Ferree, Myra Marx: Hausarbeit und Erwerbsarbeit. Neue Entwicklungen in der amerikanischen Frauenforschung, in: Beiträge zur Frauenforschung 1983, 81–90; Kittler 1980; Kontos, Sylvia: Hausarbeit, Geburtenkontrolle und Frauenautonomie, in: Gesellschaft 1981, 12–29; Oakley 1978; Ostner 1982, 12ff; Ostner/Pieper 1980, 1ff.

39 Vgl. Bridenthal 1976. In der neueren feministischen Forschung wird der Reproduktionsbegriff zunehmend problematisiert; vgl. Barrett 1982, 177.

40 Bock, Gisela/Barbara Duden: Arbeit aus Liebe – Liebe als Arbeit. Zur Entstehung der Hausarbeit im Kapitalismus, in: Frauen und Wissenschaft 1977, 118–199.

41 Vgl. Hausen 1975, 196ff.

42 Vgl. Bridenthal, in: Konstruktionen 1985, 131.

43 Vgl. Ostner, Ilona/Barbara Pieper: Problemstruktur Familie. Oder über die Schwierigkeit in und mit Familie zu leben, in: dies. 1980, 96–170, 128ff.

44 Vgl. Ostner 1982, 12ff.

45 Vgl. Hausen 1975, 204ff.

46 Vgl. allgemein: Hausen, Karin: Familie und Familiengeschichte, in: Schieder/Sellin 1986, Bd.2, 64–89, 75. Zur Geschichte der bürgerlichen Familie vgl. Duden 1977; dies./Karin Hausen: Gesellschaftliche Arbeit – Geschlechtsspezifische Arbeitsteilung, in: Kuhn/Schneider 1979, 11–33; Frevert 1988<b>; Gerhard 1978, 81–95; Hausen, Karin: Die Polarisierung der ‚Geschlechtscharaktere' – Eine Spiegelung der Dissoziation von Erwerbs- und Familienleben, in: Conze 1976, 363–393; Hubbard 1983; Kocka, Jürgen: Familie, Unternehmer und Kapitalismus. An Beispielen aus der frühen deutschen Industrialisierung, in: Reif 1982, 163–186; Rang, Brita: Zur Geschichte des dualistischen Denkens über Mann und Frau, in: Dalhoff 1986, 194–205; Rosenbaum 1982, 251–380; Schwab, Dieter: Familie, in: Brunner 1975, 253–301; Shorter 1983; Sieder 1987, 125–145; Weber-Kellermann 1982, 102–117.

47 Vgl. Schmidt 1986, 24ff; Bollinger, Heinrich: Hof, Haushalt, Familie, in: Ostner/Pieper 1980, 1–72.

48 Vgl. Crew 1986; Donzelot 1980; Frevert 1985; Gordon 1986; Langewiesche, Dieter: Politische Orientierung und soziales Verhalten. Familienleben und Wohnverhältnisse von Arbeitern im „roten" Wien der Ersten Republik, in: Niethammer 1979, 171–187; Lewis, Jane: The Working-Class Wife and Mother and State Intervention. 1870–1918, in: dies. 1986, 99–120; Pirhofer, Gottfried/Reinhold Sieder: Zur Konstitution der Arbeiterfamilie im Roten Wien: Familienpolitik, Kulturreform, Alltag und Ästhetik, in: Mitterauer/Sieder 1982, 326–368; Rosenbaum 1982, 381–469; Schütze 1986; Sieder 1987, 146–242; Spree 1981, insb. 138–162.

49 Vgl. Gerhard 1978, 154–189;

50 Vgl. Hausen, in: Schieder/Sellin 1986, Bd.2, 75; dies. 1975, 196ff; Rosenbaum 1982, 32ff.

51 Zur Definition und zum Charakter der Kategorie „Geschlecht" siehe insb.: Bock 1988, 373ff; vgl. auch: Beer 1987, insb. Becker-Schmidt, Regina: Frauen und Deklassierung. Geschlecht und Klasse, 187–235; Bock, in: Hausen 1983, 33ff; dies., in: Nagl-Docekal/Wimmer 1984, 125; Hausen 1981; Kuhn, in: Ristau 1985, 52ff; Opitz, in: Beiträge 11, 1984, 61ff.

52 Zur Bedeutung der Kategorie „Geschlecht" für die Sozialgeschichte vgl. insb.: Bock 1988, 383ff; sowie dies.,

in: Nagl-Docekal/Wimmer 1984, 122ff; Hausen 1981, 351; Wierling, in Lüdtke 1989, 169–190.

53 Schissler 1987.

54 Vgl. Bock, in: Nagl-Docekal/Wimmer 1984, 113ff; dies. 1988, 367ff.

55 Kocka, in: ders. 1984, 405.

56 Zur Problematik der Arbeit mit schriftlichen Autobiographien vgl. Brüggemeier 1984, 206. Zu den Möglichkeiten und Schwierigkeiten der Arbeit mit (auto)biographischen Quellen in der feministischen Forschung vgl. u.a.: Beiträge 7, 1982; Ostner, Ilona: Scheu vor der Zeit? Die qualitative Erforschung von Lebenslauf und Biographie als Element einer feministischen Wissenschaft, in: Voges 1987, 103–124.

57 Zur Diskussion in der westdeutschen Geschichtswissenschaft vgl. u.a.: Bajohr 1980; Botz 1984; Brüggemeier 1984; ders.: Aneignung vergangener Wirklichkeit – Der Beitrag der Oral History, in: Voges 1987, 145–170; Fuchs 1984; Lehmann 1979/80; ders. 1980; Niethammer 1980<a>; ders. 1985<a>; ders. 1985<b>; Oral History 1982.

58 Vgl. Hagemann, Karen: Möglichkeiten und Probleme der „Oral History“ für Projekte zur Frauengeschichte am Beispiel meiner Arbeit zur sozialdemokratischen Frauenbewegung Hamburgs in der Weimarer Republik, in: Beiträge 5, 1981, 55–61.

59 Grele, Ronald J.: Ziellose Bewegung. Methodologische und theoretische Probleme der Oral History, in: Niethammer 1980<a>, 143–161, 147f.

60 Vgl. Brüggemeier 1984, 202ff; Fuchs 1984, 63ff, 167ff.

61 Vgl. Brüggemeier 1984, 200f; Bajohr 1980, 668f; Fuchs 1984, 135ff.

62 Die Arbeit mit Oral History stand entgegen methodischer Logik am Anfang der Forschungen für die Dissertation, da es angesichts des hohen Alters der Gesprächspartnerinnen dringend geboten schien, die Interviews durchzuführen.

63 Vgl. Fuchs 1984, 48f; Hurrelmann 1976.

64 Es wurden nicht immer vollständige Angaben gemacht.

65 Zur Problematik des Generations-Begriffs vgl. Reulecke, Jürgen: Jugendprotest – ein Kennzeichen des 20. Jahrhunderts, in: Dowe 1986, 1–11; Peukert, Detlev J.K: Alltagsleben und Generationserfahrungen von Jugendlichen in der Zwischenkriegszeit, in: ebd. 139–150.
Zum aktuellen Forschungsstand über die Sozialgeschichte der Jugend vgl. u.a.: Dowe 1986; Mitterauer 1986; Peukert 1987<a>. Die gesamte historische Jugendforschung konzentriert sich bisher vorrangig auf die männliche Jugend.

66 Zum Charakter und zur Funktion des offenen Interviews vgl. Brüggemeier 1984, 201; Fuchs 1984, 179ff; Lehmann 1979/80, 42ff.

67 Vgl. u.a.: Bertaux, Daniel/Isabelle Bertaux-Wiame: Autobiographisches Gedächtnis und kollektives Gedächtnis, in: Niethammer 1980<a>, 108–122; Fuchs 1984, 69ff; Maurer 1981.

68 Vgl. Brüggemeier 1984, 199.

69 Wierling 1987, 22.

70 Vgl. Fuchs 1984, 287. Zur Problematik einer „Querschnitt-Auswertung“, deren Folge zwangsläufig der Verlust der verschlungenen Wege individueller Lebenserfahrung ist, vgl. insb. Niethammer 1985<b>, 405ff.

1 *Hausarbeit, Lebenshaltung und Wohnen*

1 StA MK.I B31: Niederschrift über die zweite Sitzung der Arbeitsgruppe I (Geburtenproblem) des vom Reichsministeriun des Innern berufenen Reichsausschusses für Bevölkerungsfragen, 13.12.1930; vgl. auch: Bäumer 1933; Zahn 1918<a>, 2; ders.: Familienpolitik, in: SP 45/1927, 1116; ders. 1927, 1ff; Polligkeit 1927, insb. Fischer, Aloys: Familie und Gesellschaft, 1–20; Niemeyer 1931, insb. Salomon, Alice: Einführung zu den Forschungen über Bestand und Erschütterung der Familie in der Gegenwart, 5–8.
Friedrich Zahn gehörte in der Weimarer Republik zu den Protagonisten einer gezielten „Familienpolitik“, die unter diesem Begriff in den zwanziger Jahren erst als politisches Programm entwickelt wurde. Zu Begriff sowie Geschichte der Familienpolitik vgl. Wingen 1980, 589ff; sowie Jurczyk 1978, insb. 23–50.
Einen Überblick über den zeitgenössischen Diskussions- und Forschungsstand zu Familienpolitik und Familienfürsorge gibt die Bibliographie „Familie und Fürsorge“, die anläßlich der Zweiten Internationalen Konferenz für soziale Arbeit in Frankfurt a.M. im Juli 1932 herausgegeben wurde. Zur Diskussion in der SPD vgl. Abschnitt 2.

2 Vgl. auch im folgenden soweit nicht anders angemerkt: Hohorst 1978, 68; Müller, Walter/Johann Handl/ Angelika Willms: Frauenarbeit im Wandel. Forschungsfragen und Datenbasis, in: Müller/Willms/Handl 1983, 7–24, 20ff; Willms-Herget 1985, 70ff.

3 a) Anteil aller weiblichen Erwerbspersonen unter 20 an den 14–19jährigen (1907), bzw. den 15–19jährigen (1925 und 1933).
Quelle wie Tabellen 2 und 3.

4 VBBZ 1935, 34.

1.1 *Lebenshaltung und Hausarbeit*

1 Aus der großen Bedeutung der Hausarbeit für die Lebenshaltung darf nicht geschlossen werden, daß „unfähige" Arbeiterhausfrauen letztlich die Verantwortung für das häusliche Elend hatten; vgl. Schneider 1967, 114ff u. 150ff.

2 Vgl. Hausen 1975, 200f.

3 Vgl. Abelshauser, in: ders. 1987, 9–32; Büttner 1985, 189–232; Flemming, Jens: „... von Jahr zu Jahr ein Sorgen und Bangen ohne Ende", in: Ruppert 1986, 137–145; Hentschel 1983, 11–118; Preller 1978; Wiegand/Zapf 1982; Winkler 1985<b>, 81ff; ders. 1987, 19–87.

4 Vgl. Mai, in: Abelshauser 1987, 33–62.

5 Zur Entwicklung der Erwerbslosigkeit vgl. Abelshauser, in: ders. 1987, 23; Petzina, Dietmar: Arbeitslosigkeit in der Weimarer Republik, in: ebd., 239–259; sowie Kapitel 3.2.
Zum Stand der Inflationsforschung und den vorherrschenden Kontroversen in der Einschätzung der inflationären Entwicklung zwischen 1914 und 1923 vgl. Schneider 1986; Kunz, Andreas: Inflation als Verteilungskampf. Eine Bilanz der Neueren Forschung, in: Abelshauser 1987, 171–184; Mai, in: ebd., 33–62; Büsch/Feldman 1978, insb. 239–261; Feldman/Holtfrerich 1982, insb. 2–21; Holtfrerich 1980, insb. 193–269; Winkler 1985<a>, 373–392; Abelshauser 1981.

6 Vgl. Mai, in: Abelshauser 1987, 35ff.

7 Zum Forschungsstand zu Haushalt und Verbrauch vgl. Pierenkemper 1987<b>, insb. ders.: Haushalt und Verbrauch in historischer Perspektive – ein Forschungsüberblick, 1–24; Wiegand, Erich: Zur historischen Entwicklung der Löhne und Lebenshaltungskosten in Deutschland, in: Wiegand/Zapf 1982, 65–154; ders.: Zur Entwicklung der Einnahmen- und Ausgabenstrukturen privater Haushalte seit der Jahrhundertwende, in: ebd., 155–236.

8 Die Begriffe „marktgerichtete Versorgung" und „bürokratiebezogene Versorgung" werden in Anlehnung an Erich Wiegand verwandt. Sein Verständnis des Begriffs „haushalts-orientierte Versorgung" erscheint jedoch wenig brauchbar, da er lediglich Leistungen und Arbeiten berücksichtigt, die direkten Geldwert erbrachten. Deshalb wurde hier der erweiterte Begriff „hauswirtschaftliche Versorgung" eingeführt.
Vgl. Wiegand, Erich: Versorgungslagen privater Haushalte zu Beginn des 20. Jahrhunderts, in: Pierenkemper 1987<b>, 25–55, 27ff; ders.: Haushaltsproduktion seit der Jahrhundertwende, in: Glatzer/Becker-Schmitt 1986, 175–206.

9 Die Bedeutung der hauswirtschaftlichen Versorgung für die Lebenshaltung wird in der neueren Historiographie zu Haushalt und Verbrauch meist unterschätzt, wenn nicht gar übersehen; vgl. u.a.: Wiegand, in: Pierenkemper 1987<b>, 25–55; Spree, Reinhard: Klassen- und Schichtenbildung im Spiegel des Konsumverhaltens individueller Haushalte in Deutschland zu Beginn des 20. Jahrhunderts, in: ebd., 56–80; vgl. hierzu auch den treffenden Kommentar von Alf Lüdtke, in: ebd., 81–89; Triebel, Armin: Soziale Unterschiede beim Konsum im Ersten Weltkrieg und danach – Bruch mit der Vergangenheit?, in: ebd., 90–122; Mooser 1984, 73–99.
Positiv zu nennende Ausnahmen sind: Coyner 1975; Knapp 1984, 241ff.

10 Vgl. u.a. Mai, in: Abelshauser 1987, 47ff.

11 Vgl. u.a. Spree, in: Pierenkemper 1987<b>, 56–80; ders. 1985<a>; ders. 1985<b>.

12 Vgl. ders., in: Pierenkemper 1987<b>, 64ff; Mooser 1984, 73ff; Schomerus, Heilwig: Lebenszyklus und Lebenshaltung in Arbeiterhaushalten des 19. Jahrhunderts, in: Conze/Engelhardt 1979, 195–200; Coordt 1962, 5ff; Martens-Edelmann 1931, 56f.

13 Vgl. Lüdtke, in: Pierenkemper 1987<b>, 85ff; Knapp 1984, 259ff.

14 Vgl. für das Reich: Spree, in: Pierenkemper 1987<b>, 61, der zu einer gleichen Hypothese kommt.

15 Zu den methodischen Problemen der Haushaltsstatistik vgl. Flemming/Witt 1981, XIff; Pierenkemper, Toni: Das Rechnungsbuch der Hausfrau – und was wir daraus lernen können. Zur Verwendbarkeit privater Haushaltsrechnungen in der historischen Wirtschafts- und Sozialforschung, in: Wehler 1988, 38–63; daneben: Lüdtke, in: Pierenkemper 1987<b>, 85ff; StM Nr.12, 1921, 5–10; Die Lebenshaltung 1932, 9ff; StM Nr.26, 1931, 5ff; Martens-Edelmann 1931, 10.

16 Vgl. StJbu 1931/32, 132.

17 Nachlaß Katrine U.: Wirtschaftsbuch von Katrine U., Nov.1930–Okt.1931.
18 Vgl. Spree, in: Pierenkemper 1987<b>, 56–80.
19 Das Statistische Landesamt Hamburg begann im Januar 1923 als erstes und einziges Statistisches Amt im Reichsgebiet mit einer „Statistik der Lebenshaltung minderbemittelter Familien", die auf der Grundlage von 88 Wirtschaftsrechnungen erstellt wurde. Infolge der fortschreitenden Inflation wurde nur der erste Erhebungsmonat bearbeitet. 1924 nahm das Statistische Landesamt diese Arbeit erneut auf, freilich erst mit nur 22 Familien. Bis 1927 stieg die Zahl der Haushaltungen, deren Wirtschaftsrechnungen ausgewertet wurden, auf 294 an. Hier soll nur die Erhebung von 1927 ausgewertet werden, die aufgrund der gleichen Methode mit der Reichserhebung verglichen werden kann, die auch 59 Hamburger Haushalte umfaßte. Vgl. Statistik der Lebenshaltung 1923; Die Lebenshaltung minderbemittelter Familien im Hamburger Gebiet. Darstellung auf Grund von Wirtschaftsrechnungen, in: HStM 10/1925, 238–243; Die Lebenshaltung minderbemittelter Familien in Hamburg im Jahre 1925, StM Nr.20, 1926; Die Lebenshaltung minderbemittelter Familien in Hamburg im Jahre 1926, in: HStM 5/1927, 132–140; Die tatsächlichen Ernährungsausgaben und der wirkliche Verbrauch an Lebensmitteln in 300 Hamburger Familien im Jahre 1926, in: HStM 9/1928, 249–257; Die Lebenshaltung der wirtschaftlich schwachen Bevölkerung in Hamburg in den Jahren 1925 bis 1929, insbesondere im Jahre 1927. Aufgrund der Wirtschaftsrechnung von Haushaltungen, StM Nr.25, 1931; sowie zum Deutschen Reich: Die Lebenshaltung 1932; Tyszka 1934, 17f.
20 StM Nr.26, 1931, 6ff.
21 Zur Erwerbssituation vgl. ausführlich Kapitel 3.1.2.
22 Vgl. ebd., 8; Mit wieviel Geld lebt der Arbeiter in Hamburg?, in: HE Nr.22, 22.1.1930.
23 StM Nr.26, 1931, 8.
24 Vgl. ebd., 7–10; Die Lebenshaltung 1932, 17ff, 29ff u. 50ff; HStM 10/1929, 300ff; Tyszka 1934, 21.
25 Die Lebenshaltung 1932, 17f.
26 Vgl. StM Nr.26, 1931, 6f; Die Lebenshaltung 1932, 11f. Zur Problematik der Berechnungsmethode vgl. Flemming/Witt 1981, XI; Lüdtke, in: Pierenkemper 1987<b>, 85ff.
27 Vgl. StM Nr.26, 1931, 16; Die Lebenshaltung 1932, 19, 31 u. 58f.
28 Vgl. ebd., 11–18; HStM 10/1929, 303ff; Die Lebenshaltung 1932, 19ff, 31ff u. 50ff; Tyszka 1934, 21f.
29 Vgl. ebd., 14f; Flemming/Witt 1981, VII; Tenfelde 1977, 162f; StM Nr.26, 1931, 13f u. 18–26; HStM 9/1928, 249–257.
30 StM Nr.26, 1931, 12.
31 Vgl. StM Nr.26, 1931, 26; Tyszka 1934, 39f; Der Einfluß der Kinderzahl auf die Ausgabengestaltung im Arbeiterhaushalt, in: DfG 21/1930; Von der Lage kinderreicher Familien in Hamburg III, in: JuV Nr.5, 1925/26, 6f.
32 Vgl. Kapitel 1.1.2.
33 Vgl. StM Nr.26, 1931, 15; HStM 10/1929, 305; Tyszka 1934, 26ff; Wie wohnen kinderreiche Familien in Hamburg?, in: JuV Nr.7/8, 1928/29, 139f. Die beschriebene Tendenz bestätigt das sog. Schwabesche Gesetz, vgl. Lütge 1930.
34 Vgl. StM Nr.26, 1931, 15; Die Lebenshaltung 1932, 13, 31 u. 52ff; HStM 10/1929, 305.
35 Vgl. StM Nr.26, 1931, 16; Die Lebenshaltung 1932, 20, 31f u. 55ff; HStM 10/1929, 305; Arbeitslosigkeit und Verkehr, in: HE Nr.56, 25.2.1930.
36 Vgl. StM Nr.20, 1926, 11.
37 Vgl. StM Nr.26, 1931, 12f; Die Lebenshaltung 1932, 60ff; Abzahlungsgeschäft und Arbeiterhaushalt, in: Ge. 12/1926, 362–365.
38 StJbu 1925, 253; StJbu 1930/31, 250f; StJbu 1933/34, 150.
39 Von hundert Fällen, in denen verpfändet wurde, waren 1932: Wertgegenstände: 48,8; Kleidungsstücke: 18,7; Leinen: 18,1; Bettzeug: 0,9; sonstige Gegenstände: 13,5. Vgl. StJbu 1933/34, 150.
40 Vgl. Lebenshaltung und Ernährungslage Hamburger Familien in den Jahren 1926 und 1927, in: HStM 11/1928, 313–321; StM Nr.20, 1926, 21ff; Die Lebenshaltung minderbemittelter Familien in Hamburg in den Jahren 1907, 1925 und 1926 nach Haushaltsrechnungen, in: HStM 1927, 198–200; Mattutat, Hermann: Lebenshaltung und Lohnsteigerung, in: SM Bd.62, 1925, 448–454; May 1915, 277–324.
41 HStM 11/1928, 313f.
42 Vgl. ebd., 314; Tyszka 1934, 13f; Spree, in: Pierenkemper 1987<b>, 68ff; ders. 1985<a>; ders. 1985<b>.
43 Vgl. Mai, in: Abelshauser 1987, 47ff; Tyszka 1934, 16f; Die wirtschaftliche Lage Hamburgs 1921, 19.
44 Auf die Ernährungsgewohnheiten soll hier nicht näher eingegangen werden. Vgl. hierzu: Heischkel-Artelt 1976, 11–22; Teuteberg, Hans J.: Die Nahrung der sozialen Unterschichten im späten 19. Jahrhundert, in: ebd., 205–287; ders. 1979; ders. 1981; Sywottek, Arnold: Das Konsumverhalten der Arbeiter und die „sozialistischen" Konsumgenossenschaften, in: Lehmann 1984, 59–102, insb. 64ff. Eine ausführliche Beschreibung der Lebenshaltung Hamburger Haushaltungen in der Vorkriegszeit bietet: May 1915.

45 Vgl. Tyszka 1934, 16f.

46 Vgl. ebd.; Die wirtschaftliche Lage Hamburgs 1921, 31ff; Jb.GA 1914–1918, Bd.3, T.24, 48ff; Ullrich 1982, 63ff. Zur Versorgungslage während des Ersten Weltkrieges vgl. allgemein: Daniel 1989, 167–232; Roehr-Kohl 1987, 309–370; Triebel, in: Pierenkemper 1987<b>, 98ff; Mai, in: Abelshauser 1987, 48ff.

47 StA MK.II N32, Bd.1: Medizinalamt Hamburg, 24.2.1919. An das Kriegsversorgungsamt.

48 Vgl. Lippmann 1919, 3f; StA MK.II N33, Bd.1: Die schwierige Lage der Volksernährung, in: HF Nr.47, 26.1.1919.

49 Vgl. StA KV I.a.39: Aufstellungen über die in Hamburg verteilten rationierten Lebensmittel.

50 Lippmann 1919, 10.

51 Zur Problematik der Zwangswirtschaft vgl. näher: Büttner 1985, 20f; Lippmann 1964, 239ff; ders. 1919, 17ff; Die wirtschaftliche Lage Hamburgs 1921, 31ff; Jbu.ZdK 1920, 1–20; Jbu.ZdK 1921, 1–30; Jbu.ZdK 1922, 1–31.

52 Aufschluß über die Teuerungsentwicklung in Hamburg geben folgende Bestände im StA: StP.I–IV 7411; StP.I–IV 7413, Bd.1 u. 2; StP.I–IV 3285.

53 Vgl. Statistik der Lebenshaltung 1923, 2; Die wirtschaftliche Lage Hamburgs 1921, 31ff; StM Nr.12, 1921, 29ff; Tyszka 1934, 17ff. Allgemein vgl. Winkler 1985<a>, 153ff; Mai, in: Abelshauser 1987, 51ff.

54 Frau Sorge. Die Hausfrauen Hamburgs ertrinken in der Teuerung, in: HE Nr.434, 17.9.1922.

55 StA MK.II N32, Bd.2: Gesundheitsamt Hamburg, 20.11.1923.

56 Vgl. StA MK.II N32, Bd.2: Denkschrift über die gesundheitlichen Verhältnisse des deutschen Volkes in den Jahren 1923 und 1924, hg. v. Reichsminister des Inneren, Drucksache des Reichstages, Berlin 29.12.1925, 7.

57 Die Arbeiterfrau und die Not der Zeit, in: HE Nr.74, 16.3.1924.

58 Vgl. Tyszka 1934, 18–26.

59 Vgl. ebd., 77ff; Polligkeit, Wilhelm: Not und Existenzminimum, in: SM 27/1932, 817–822; HStM 1932, 232ff; Lebenshaltungsindexziffern und wie ihr Rückgang sich für den Haushalt des Verbrauchers auswirkt, in: JuV Nr.12, 1930/31, 234–240; Homburg 1985, 253f; Winkler 1987, 35ff u. 79ff; sowie insb. Lüdtke 1987. Vgl. auch Kapitel 1.2.1 und 3.2.2.

60 Baumgarten 1932, Untertitel.

61 Vgl. u.a. folgende Haushaltsratgeber, die in den zwanziger und dreißiger Jahren eine besonders hohe Auflage erreichten: Baumgarten 1932; Meyer 1929<b>; Margis 1928; Meyer/Bauer/Schmidt 1936; Sunlicht-Institut 1929<a>; dass. 1929<b>; Zimmermann 1924.

62 Zur Entwicklung der ‚Gleichheit' vgl. Kapitel 4.1.1, 4.1.2 und 4.1.3.1.

63 Clara Bohm-Schuch, in: Pr.Pt.SPD 1919, 469. Vgl. Juchacz 1920, 14; Die Frau und ihr Haus, H.1, 1.7.1919; Elisabeth Röhl, in: Pr.Pt.SPD 1919, 474f; vgl. auch S. 528ff.
Die Beilage ‚Die Frau und ihr Haus' erschien erstmals am 1. Juli 1919. Sie wurde von Elisabeth Röhl, Klara Sander und Else Wirminghaus herausgegeben. Kurzbiographien von Elisabeth Kirschmann-Röhl und Clara Bohm-Schuch vgl. Kapitel 2.2, Anmerkung 338 und 352.

64 Zur Entwicklung der ‚Frauenwelt' vgl. Kapitel 4.1.3.

65 Die ‚Frauenwelt' enthielt darüber hinaus noch die Rubriken: „Wer weiß Rat?" (Tips zu Fragen aller Art) und „Die Sprechstunde" (Ärztliche Ratschläge für Frau und Kinder).

66 Wie spar ich? I.Preis unseres Weihnachtspreisausschreibens, in: FW 6/1926, 81ff.

67 Ebd.

68 Vgl. Tröger, Annemarie: Die Dolchstoßlegende der Linken: „Frauen haben Hitler an die Macht gebracht!" Thesen zur Geschichte der Frauen am Vorabend des Dritten Reiches, in: Frauen und Wissenschaft 1977, 324–355, 334ff; Eilers 1983, 18ff.

69 StA SB.I EF50.67, Bd.1: Tierzucht und Tierhaltung im Stadtgebiet mit besonderer Berücksichtigung der Hamburger Verhältnisse. Sonderabdruck aus den ‚Mitteilungen der Deutschen Landwirtschafts-Gesellschaft', Nr.8, 1925.

70 Zur Entwicklung der Behörde für Wohnungspflege in Hamburg vgl. Kapitel 1.4.1.3.

71 StA MK.II G4, Bd.5: Jahresbericht der Behörde für Wohnungspflege für das Jahr 1921.

72 StA SB.I EF50.67, Bd.1: Bekanntmachung der Behörde für Wohnungspflege vom 27.11.1924, betreffend Kleintierhaltung in Häusern, in Lichthöfen und in Höfen.

73 Vgl. Jb.VB.FHH 1926, 247ff; Jb.VB.FHH 1927, 263.

74 Vgl. StJbu 1927/28, 258; StJbu 1933/34, 162; VBBZ 1935, 35.
Die Vergabe des Kleingartenlandes wurde in Hamburg geregelt durch:
– Verordnung des Senats v. 26.3.1920, betreffend Durchführung der Kleingarten- und Pachtlandverordnung v. 31.7.1915,
– Bekanntmachung betreffend Richtlinien für die Vergabe von Kleingartenland v.1.7.1925.

In: StA StP.I–IV 7436.

75 Vgl. Lüdtke, in: Pierenkemper 1987<b>, 88.

76 Vgl. auch Kapitel 2.3.3.

77 Vgl. Franzen-Hellersberg 1932, 32ff; Knapp 1984, 262; Lambertz, Jan/Pat Ayers: Eheliche Beziehungen, Geld und Gewalt in Liverpool 1919–1939, in: Dalhoff 1986, 253–264; dies.: Marriage Relations, Money, and Domestic Violence in Working-Class Liverpool. 1919–39, in: Lewis 1986, 195–219.

78 Dorothee Wierling überbetont in ihrer Studie zu den Dienstmädchen die ökonomische Macht, die im Budgetrecht von Arbeiterfrauen lag. Vgl. Wierling 1987, 257ff.

79 Agnes A., März 1984.

80 Vgl. Kapitel 3.1.2.3.

81 Vgl. Franzen-Hellersberg 1932, 32ff; Kelcher 1929, 12ff; Krolzig 1930, 82ff; Schumacher 1929, 12ff; Martens-Edelmann 1931, 59ff; Knapp 1984, 266.

82 Agnes A., März 1984.

83 Vgl. Knapp 1984, 267.

84 Vgl. Kapitel 2.3.3.2.

85 Vgl. hierzu ausführlich: Lambertz/Ayers, in: Dalhoff 1986, 253ff; sowie Kapitel 2.3.3.1.

1.2 *Die Wohnung als Arbeitsplatz der Hausfrau*

1 Vgl. hierzu Kapitel 2.3.3.1.

2 Zum Kulturbegriff im Kontext einer sozialhistorischen Alltagsgeschichte vgl. Kocka 1986, 152ff.

3 Zur Arbeiterkultur Hamburgs in den zwanziger und dreißiger Jahren vgl. insb.: Vorwärts- und nicht vergessen 1982.

4 Zur Wohnsituation der Arbeiterschaft und zur Wohnungspolitik im Deutschen Kaiserreich vgl. u.a.: Asmus 1982; Berger-Thimme 1976; Blumenroth 1975, 70ff; Brander 1984; Führ/Stemmrich 1985; Gransche, Elisabeth/Erich Wiegand: Zur Wohnsituation von Arbeiterhaushalten zu Beginn des 20. Jahrhunderts, in: Wiegand/Zapf 1982, 425–467; Gransche, Elisabeth/Franz Rothenbacher: Wohnbedingungen in der zweiten Hälfte des 19. Jahrhunderts 1861–1910, in: Wehler 1988, 64–95; Händler-Lachmann 1985; Häring 1974, 9ff; Niethammer 1987; Niethammer/Brüggemeier 1976; Saldern, Adelheid v.: Kommunalpolitik und Arbeiterwohnungsbau im Deutschen Kaiserreich, in: Niethammer 1979, 344–362; Wischermann 1985.
Speziell zu Hamburg: Grüttner,Michael: Soziale Hygiene und Soziale Kontrolle. Die Sanierung der Hamburger Gängeviertel 1892–1936, in: Herzig 1983, 359–371; Haspel, Jörg/Ursula Schneider: Wohnungsfragen, in: Plagemann 1984, 228–235; Nörnberg/Schubert 1975, 89–149; Wischermann, Clemens: Wohnungsnot und Städtewachstum. Standards und soziale Indikatoren städtischer Wohnungsversorgung im späten 19. Jahrhundert, in: Conze/Engelhardt 1979, 201–226; ders.: Wohnquartier und Lebensverhältnisse in der Urbanisierung, in: Herzig 1983, 339–358; ders. 1983<a>; ders. 1983<b>.

5 Zur Wohnsituation der Arbeiterschaft und zur Wohnungspolitik in der Weimarer Republik vgl. u.a.: Ruck,Michael: Der Wohnungsbau – Schnittpunkt von Sozial- und Wirtschaftspolitik. Probleme der öffentlichen Wohnungspolitik in der Hauszinssteuerära (1924/25–1930/31), in: Abelshauser 1987, 91–123; Schildt/Sywottek 1988, 41–287; Witt, Peter-Christian: Inflation, Wohnungszwangswirtschaft und Hauszinssteuer. Zur Regelung von Wohnungsbau und Wohnungsmarkt in der Weimarer Republik, in: Niethammer 1979, 385–407; Stratmann, Mechthild: Wohnungsbaupolitik in der Weimarer Republik, in: Wem gehört die Welt 1977, 40–49; Herlyn 1987; Silvermann 1970; Winkler 1985<b>, 76ff.
Speziell zu Hamburg u.a.: Büttner 1985, 190–203; Hipp 1982; ders.: Wohnungen für Arbeiter? Zum Wohnungsbau und zur Wohnungsbaupolitik in Hamburg in der zwanziger Jahren, in: Herzig 1983, 471–482; ders./Roland Jaeger: „Wo wohnt das Proletariat?“ Wohnverhältnisse der Arbeiterschaft, in: Vorwärts- und nicht vergessen 1982, 57–72; Nörnberg/Schubert 1975, 150–229; Saldern 1985.

6 StA MK.I B31: Niederschrift über die 1.Sitzung der AG.I (Geburtenproblem) des vom Reichsministerium des Inneren berufenen Reichsausschusses für Bevölkerungsfragen, 13.12.1930 in Berlin. Beratungsgegenstand: Familie und Wohnung; vgl. Laporte o.J.; HdW 1930, 828; Schumacher 1929, 18.

7 StA.MK.I B31: Niederschrift ..., a.a.O. Zur Diskussion um „familiengerechtes Wohnen“ im Kaiserreich vgl. Wischermann 1985; Führ/Stemmrich 1985, 49ff.

8 Vgl. Abelshauser, in: ders. 1987, 17f; Ruck, in: ebd., 94ff.

9 Zur Finanzierung des Wohnungsneubaus vgl. allgemein: Denkschrift 1924, 3401ff; Denkschrift 1927, 20ff; Gut 1928, 98–118; HdW 1930, 239–243; Witt, in: Niethammer 1979, 390ff; Ruck, in: Abelshauser 1987, 101ff.Speziell zu Hamburg: Büttner 1985, 190ff; Hipp 1982, 35ff; ders., in: Herzig 1983, 472ff; Nörnberg/

Schubert 1975, 180ff; Hamburg und seine Bauten 1929, 19ff.

10 Zur Wohnungszwangswirtschaft allgemein vgl. Gut 1928, 37ff; Preller 1978, 67ff, 286ff, 332ff, 394ff u. 483ff; HdW 1930, 539ff; Denkschrift 1924, 3397ff; Denkschrift 1927, 9ff; Meyerowitz 1929, 970ff; Stratmann, in: Wem gehört die Welt 1977, 40ff. Zur Wohnungszwangswirtschaft in Hamburg vgl. Peters 1921, 92; ders. 1933, 52ff; Hipp 1982, 12ff, Harz 1924.

11 Vgl. Saldern 1985, 183ff.

12 Vgl. Büttner 1985, 190ff.

13 Vgl. Saldern 1985, 184f.

14 Vgl. Abelshauser, in: ders. 1987, 17; Ruck, in: ebd., 96; sowie Tabelle 11.

15 Abelshauser, in: ders. 1987, 17.

16 Ebd., 28.

17 Nach der ‚Denkschrift über die Wohnungsnot und ihre Bekämpfung', die das Reichsarbeitsministerion im Jahr 1927 herausgab, belief sich der Reinzugang an Wohnungen in der Vorkriegszeit auf jährlich 200.000 Einheiten. In den fünf Kriegsjahren wurden hingegen insgesamt nur 130.000 Wohnungen gebaut. Vgl. Denkschrift 1927, 47. In Hamburg wurden zwischen 1914 und 1919 ganze 112 Wohnungen gebaut; vgl. StJbu 1930/31, 125ff. Zur Entwicklung des Wohnungsmarktes im Ersten Weltkrieg vgl. Denkschrift 1924, 3379ff; Preller 1978, 67ff; Witt, in: Niethammer 1979, 390ff; Ruck, in: Abelshauser 1987, 94f.

18 Allein der Zustrom an Flüchtlingsfamilien betrug zwischen 1919 und 1925 in Hamburg 13.015 Familien. Zur Entwicklung der Eheschließungen im hamburgischen Staat vgl. Kapitel 2.1.1.2.
Zu den Ursachen und dem Ausmaß der Wohnungsnot vgl. allgemein: Denkschrift 1924, 338ff; Denkschrift 1927, 4ff; Gut 1928, 24ff; Preller 1978, 286; Silvermann 1970, 112ff; Stratmann, in: Wem gehört die Welt 1977, 40; Wagner 1927/28.
Speziell zu Hamburg vgl: Brandt 1919; ders. 1921; Hipp 1982, 8ff; ders., in: Herzig 1983, 472; Peters 1933, 34ff; ders. 1925; Die Wohnungsnot 1925, 5ff; StA SB.I AF44.10: Beitrag Hamburgs für die Denkschrift des Reichsarbeitsministeriums über die Entwicklung des Wohnungs- und Siedlungswesens im Deutschen Reich im Jahre 1924, Hamburg März 1924; StA MK.II G4, Bd.5: Wohnungsamt Hamburg, Sept.1928. Betrifft: Die Lage des Wohnungsmarktes als Unterlage für die Neubaupolitik für das Jahr 1929; HStM 7/1930, 232–234.

19 In den Großstädten hatte der Anteil der Männer und Frauen im heiratsfähigen Alter sehr viel stärker zugenommen als im Reichsdurchschnitt. Dies verursachte letztlich nicht nur den erheblichen Anstieg der Eheschließungen, sondern auch die deutliche Zunahme der Einpersonenhaushalte wie der kleinen Familienhaushalte. Vgl. Hubbard 1983, 132; Niemeyer 1931, 142f; sowie Kapitel 2.1.1.2.

20 Zur Tätigkeit des Wohnungsamtes in Hamburg vgl. Peters, Heinrich: Die sozialen Aufgaben des Wohnungsamtes, in: JuV Nr.6, 1927/28, 93–96; ders. 1921, 11ff u. 45ff; Harz 1924, 7ff u. 32ff; StA SB.I AF44.16, Bd.1: Übersicht über die im Landesbezirk Hamburg seit 1918–1922 ergangenen Gesetze und Verordnungen über Wohnungs-, Siedlungs- und Bauwesen. Zusammenstellung der Senatskanzlei vom Okt.1924 auf Anfrage des Reichsarbeitsministeriums – Wohnressort – ; ebd.: Ergänzung dieser Zusammenstellung durch den Senatsreferenten Rautenberg vom Nov.1925 auf Anfrage des Reichsarbeitsministeriums – Wohnressort – ; Jb.VB. FHH 1925, 173ff.
Zum Reichswohnungsmangelgesetz vom Juli 1923 vgl. Gut 1928, 37; HdW 1930, 515ff; Peters 1933, 45f; Meyerowitz 1929, 995ff; Preller 1978, 235 u. 287; Denkschrift 1927, 8f.

21 1930, auf dem Höhepunkt des staatlich subventionierten Wohnungsbaus, wurden 99,5 % der Wohnungen in Hamburg mit öffentlichen Mitteln gebaut. Vgl. Nörnberg/Schubert 1975, 187.

22 StA StP.I–IV, Bd.1: Verordnung über die Vermittlung von Einzelzimmern vom 4.12.1922, HGVB Nr.167 v.6.12.1922; vgl. Harz 1924, 58f.

24 HStM 10/1929, 297; VBBZ 1935, 35.

23 Peters 1925, 310; Die Wohnungsnot 1925, 4.

25 Vgl. Harz 1924, 10ff; Peters 1933, 54ff.

26 StA WA.I 107: Die Wohnbevölkerung und die Erwerbstätigen im Alter von 30 bis 60 Jahren nach Altersgruppen in der Stadt Hamburg am 16.6.1924, Statistisches Landesamt. An die Baubehörde.

27 Vgl. StA WA.I 107, insb.: Stadtbund Hamburgischer Frauenvereine. An den Senat der Freien und Hansestadt Hamburg, Hamburg 10.4.1928. Betrifft: Wohnberechtigung für berufstätige Frauen; ebd.: Oberbaurat Peters an Staatsrat Rautenberg als Senatsreferenten, Hamburg 16.4.1928; sowie Hipp 1982, 26f.

28 Harz 1924, 12f.

29 StA SB.I AF44.10, Bd.1: Aus dem Gebiet des Wohnungswesens, 23.3.1928.

30 Trotz des stark eingeschränkten Kreises der offiziell anerkannten Wohnungssuchenden wurden die amtlichen Zahlen als Indikator für den Wohnungsfehlbestand in der Öffentlichkeit immer wieder angezweifelt – zu Unrecht, wie die amtliche Zählung der Wohnungssuchenden in der Stadt Hamburg von Juni/Juli 1925 ergab. Hauptkritiker waren der hamburgische Grundeigentümerverein und die ihm nahestehenden politischen

Kreise. Ihr Ziel war es, durch eine Verharmlosung der Wohnungsnot die Aufhebung der Wohnungszwangswirtschaft zu fördern. Die Zahlen des Wohnungsamtes wurden auch durch das Statistische Landesamt Hamburg bestätigt. Beide wandten sich energisch gegen die Polemik des hamburgischen Grundeigentümervereins. Vgl. Die Wohnungsnot 1925, 8ff; Jb.VB.FHH 1927, 102; Peters 1925, 309ff; Bräutigam 1926, 459ff; StA MK.II G12: Der praktische Wohnungsbedarf in der Stadt Hamburg; Die Berechnung des Wohnungsbedarfs in der Stadt Hamburg, in: HStM 7/1930, 232ff.

31 Vgl. StA SB.I AF44.10, Bd.2: Umquartierung. Wohnungsamt an Direktor Kießling von der Abteilung für Wohnungsfürsorge, Hamburg 11.7.1932 (zit.als Umquartierung 11.7.1932); ebd.: Umquartierung durch die Vermittlung von Altwohnungen seitens der Wohlfahrtsbehörde, Herrn Präsident Martini als Material für die Bürgerschaftssitzung vorgelegt, Hamburg 12.9.1932 (zit.als Umquartierung 12.9.1932).

32 Vgl. StA StP.I–IV 2022, Bd.1: Novelle zum Mieterschutzgesetz vom 29.6.1926, RGBl.I 1926, 111f; ebd.: Die Änderung des Mieterschutzgesetzes, in: HN vom 4.7.1926; ebd.: Gesetz über Mieterschutz und Mieteeinigungsämter in der Fassung vom 17.2.1928, RGBl. 1928, 25ff; Denkschrift 1927, 10; HdW 1930, 540ff; Meyerowitz 1929, 970ff; Preller 1978, 385.

33 StA SB.I AF44.10, Bd.1: Behörde für Wohnungspflege. Dem Wohlfahrtsamt zur Kenntnisnahme, Hamburg 8.4.1927.

34 Vgl. StA SB.I AF44.10, Bd.1: Behörde für Wohnungspflege an Herrn Senatsreferenten Rautenberg, Hamburg 21.11.1927. Betrifft: Unbewohnbarkeitserklärungen; ebd.: Auszug aus der Akte I. Unterabteilung EII c Nr.1, betreffend Behörde für Wohnungspflege über die Sitzung der Behörde für Wohnungspflege vom 8.11.1927.

35 Vgl. Jb.VB.FHH 1927, 102f; StA SB.I AF44.10, Bd.1: Aus dem Gebiet des Wohnungswesens 23.3.1928.

36 Vgl. StA SB.I AF44.10, Bd.2: Drucksache für die Senatssitzung, Nr.188, Hamburg 28.9.1932. Betrifft: Wohnungswirtschaft nach dem 31.3.1933 (zit.als Wohnungswirtschaft 1932); Peters 1933, 58ff.

37 StA WA 23: Bekanntmachung über die Vergabe von Wohnungen in der Stadt Hamburg vom 10.4.1924.

38 StA SB.I AF44.10, Bd.2: Bekanntmachung über die Wohnungsvergabe in Hamburg vom 12.12.1928, HGVB Nr.102 v.14.12.1928; vgl. Wie werden in Hamburg Wohnungen vergeben? Das Wohnungsamt klärt auf, in: HE Nr.160, 12.6.1929; Peters 1933, 74ff.

39 Vgl. StA SB.I AF44.10, Bd.2: Auszug aus der Niederschrift über die Leitersitzung am 22.4.1929 (Wohlfahrtsbehörde); ebd.: Wohlfahrtsamt. Jahresbericht 1929 über die Wohnungsfürsorge (Abt.II), Hamburg 15.3.1930.

40 Vgl. Peters 1933, 62ff; Jb.VB.FHH 1927, 103; Preller 1978, 485f; Wohnungswirtschaft 1932; StA SB.I AF44.10, Bd.2: Wohnungsamt. Dienststelle des Bezirkswohnungskommissars, März 1932. Die Lage auf dem Wohnungsmarkt Anfang 1932. Bericht für den Beschwerdeausschuß des Wohnungsamtes (zit.als Wohnungsamt 1932).

41 Vgl. Wohnungsamt 1932; Wohnungswirtschaft 1932.

42 Zur Entwicklung der Wohnungsbauproduktion in Hamburg vgl. Hipp 1982, 13ff u. 35ff; Nörnberg/Schubert 1975, 187ff; Peters 1933, 60 u. 116. Zur Wohnungsbauproduktion im Deutschen Reich zwischen 1919 und 1939 vgl. die Tabelle bei Ruck, in: Abelshauser 1987, 96.

43 Vgl. Ruck, in: Abelshauser 1987, 103ff; Witt, in: Niethammer 1979, 401; Büttner 1985, 191f; Denkschrift 1927, 9f u. 75; Gut 1928, 42f; HdW 1930, 520.

44 a) Einschließlich der Lauben, Anstalten, Wohnwagen, Flußfahrzeuge in den Kanälen und der amtlich für unbewohnbar erklärten Wohnungen, ohne rein gewerblich genutzte Räumlichkeiten.
b) In den Jahren 1925 und 1930 bis 1932 haben keine Zählungen der Räumlichkeiten statt gefunden.
c) Zwischen 1914 und 1918 wurden 1882 Wohnungen neu, bzw. um-, an- oder ausgebaut.
d)

Jahr	1930	1931	1932	1933
Neubau	11075	9325	2151	678
Umbau	90	247	1014	2004

Quelle: StJbu 1928/29, 124; StJbu 1930/31, 125 u. 127; StJbu 1932/33, 124; StJbu 1934/35, 78f; StJbu 1935/36, 70.

45 Vgl. StJbu 1930/31, 131; Hipp 1982, 32f; ders., in: Herzig 1983, 474f.

46 Wohnungsamt 1932; StA StP.I–IV 2003, Bd.5: Die Last der Neubauwohnung, in: HA Nr.267, 14.11.1930; ebd.: Problematische Neubauwohnung, in: HA Nr.284, 5.12.1931.

47 Die Mietsenkung in Hamburg, in: HA Nr.291, 14.12.1931; Preller 1978, 486.

48 Umquartierung 11.7.1932; StA StP.I–IV 2003, Bd.5: Problematische Neubauwohnung, a.a.O.

49 a) Im Laufe des Jahres freigewordene und neuerbaute Wohnungen; die Zahl der vermieteten Wohnungen deckte sich mit der Zahl der freigewordenen und neuerbauten.
b) Die Wohnungen für Wohn- und Geschäftszwecke sind ab 1930 in den A-Wohnungen enthalten.
c) Bedarf am 31.12. des Jahres (ohne Wohnungstausch); dazu kommen die Wohnungssuchenden, die sich im Besitz einer selbständigen Wohnung befanden.
Quelle: StJbu 1925, 130; StJbu 1926/27, 132; StJbu 1927/28, 126; StJbu 1928/29, 125; StJbu 1929/30, 142f;

StJbu 1930/31, 131f; StJbu 1931/32, 79.

50 Ebd.; StJbu 1929/30, 302f; StJbu 1930/31, 288.

51 StJbu 1930/31, 169; StJbu 1931/32, 170; StJbu 1932/33, 168.

52 StJbu 1925, 64; StJbu 1933/34, 32; vgl. Massenumzüge im Osterfrieden, in: HE Nr.82, 2.4.1932.

53 Vgl. Harz 1924, 18ff; Peters 1933, 78ff; HdW 1930, 826.

54 StJbu 1925, 64; StJbu 1933/34, 32; HStM 2/1932, 29.

55 Vgl. Massenumzüge im Osterfrieden, in: HE Nr.82, 2.4.1932.

56 Vgl. Umquartierung 12.9.1932; Wohnungsamt 1932.

57 StA SB.I AF47.13: Erhebung über die bewohnten Lauben auf hamburgischem Gebiet im Winter (1932–1933); StJbu 1933/34, 162.
Vgl. allgemein: Winkler 1987, 38f.

58 StA SB.I AF47.12: Bericht über die Besichtigung von Wohnlauben (1932–1933), 142 Besichtigungsprotokolle von Baurat Lehmann.

59 Vgl. ebd.; Wohnungswirtschaft 1932.

60 Vgl. StA SB.I AF47.10, Bd.1, Teil 1: insb.: Die Polizeibehörde Hamburg. Baupolizei. An Senator Schönfelder, Hamburg 28.5.1932; ebd.: Wohlfahrtsbehörde, 23.1.1932. Betrifft: Wohnlauben.

61 Vgl. Wohnungsamt 1932; Wohnungswirtschaft 1932.

62 Vgl. Wischermann, Clemens: Urbanisierung und innerstädtischer Strukturwandel am Beispiel Hamburgs: Verfahren moderner Stadtanalyse im historischen Vergleich, in: Matzerath 1984, 165–196, 165ff; Schwippe, Heinrich J./Christian Zeidler: Die Dimensionen der sozialräumlichen Differenzierung in Berlin und Hamburg im Industrialisierungsprozeß des 19. Jahrhunderts, in: ebd., 197–260, 201f.

63 Vgl. ebd., 223ff; Wischermann, in: Matzerath 1984, 165ff; ders., in: Herzig 1983, 339–358; Grüttner, in: ebd., 359–371; Hipp 1982, 42ff.

64 a) Als ‚Innere Stadt' galt 1910 und 1926 neben der Neustadt die Altstadt-Nord, seit 1925 auch die Altstadt-Süd.
b) ‚Angrenzende Stadtteile' waren St.Georg, St.Pauli und Rotherbaum.
c) Zu den ‚äußeren Stadtteilen' zählten 1910 und 1925 neben den aufgeführten Stadtteilen Harvestehude, Eppendorf, Uhlenhorst und Borgfelde. 1925 wurden auch Moorfleeth-Stadt und Billbrook dazugerechnet.
Quelle: StHb 1920, 132f; StJbu 1927/28, 103; VBBZ 1935, 37.

65 Zur Methodik der Sozialraumanalyse, ihren Möglichkeiten und Schwierigkeiten vgl. Wischermann 1983<a>, 295f; ders., in: Matzerath 1984, 171ff; Schwippe/Zeidler, in: ebd., 205ff.

66 Vgl. Denkschrift 1927, 65ff; HdW 1930, 606ff; Wagner 1927/28, 345ff.

67 Die Fruchtbarkeitsziffer ist die Zahl der während eines Jahres Geborenen bezogen auf die Frauen im Alter von 15 bis zu 44 Jahren zur Jahresmitte desselben Jahres. Vgl. Marschalck 1984, 191. Vgl. hierzu allgemein Kapitel 2.1.2.1 u. 2.1.3.

68 Vgl. Schwippe/Zeidler, in: Matzerath 1984, 219f.

69 Vgl. ebd., 238ff; Wischermann, in: Matzerath 1984, 172ff.

70 a) Uhlenhorst-Ost (Arbeiterquartier): 1,8 % der Wohnungen, Uhlenhorts-West (bürgerliches Wohngebiet): 28,6 % der Wohnungen.
Quelle: StJbu 1927/28, 108 u. 122.

71 StJbu 1927/28, 103.
In der Literatur wird der größere Anteil von Mittelwohnungen allgemein als Indiz für die relative Wohlhabenheit der Hamburger Bevölkerung gewertet. Die Durchschnittszahlen der Großstädte geben jedoch ein zu ungünstiges Bild, da durch Berlin mit seiner großen Zahl von Wohnungen und einem außerordentlich hohen Anteil von Kleinwohnungen (69 %) der Durchschnitt erheblich negativ beeinflußt wird. Vgl. May 1915, 304ff; Niemeyer 1931, 129f.

72 Vgl. Hipp 1975; Hipp 1976; Küster, Christian Ludwig/Volker Plagemann: Ein Stadthaus an der Elbe, ein Landhaus an der Alster, ein Rittergut in Holstein, in: Plagemann 1984, 236–239.

73 Zu den ‚Gängevierteln' in der Alt- und Neustadt Hamburgs vgl. Grüttner, in: Herzig 1983, 359–371; ders.: Die Hütten der Armut und des Lasters, in: Plagemann 1984, 240–243; Haspel, Jörg: Buden, Sähle, Höfe, Terrassen, Passagen, in: ebd., 244–247.

74 Vgl. Schult 1967, 23ff.

75 Funke 1974; Haspel, in: Plagemann 1984, 244ff; Wiek, Peter: Das Etagenhaus, in: ebd., 248–251.

76 Vgl. Hipp 1982, 42f.

77 Vgl. Schwippe/Zeidler, in: Matzerath 1984, 227.

78 BGB 1896, § 1354.

79 Vgl. hierzu Kapitel 3.1.1 sowie 3.1.2.3.

80 a) Zum ‚Hafengebiet' gehörten 1910 nur der Hafen und die Altstadt-Süd, 1925 neben dem Hafen auch

Waltershof und Finkenwerder. Die Altstadt-Süd wurde seit 1925 zur ,Inneren Stadt' gerechnet. Das Wohnen im Freihafen, der zum Hafengebiet gehörte, war verboten.
b) Zu den ,Geestvororten' wurden gerechnet: Groß-Borstel, Fuhlsbüttel, Langenhorn, Klein-Borstel, Ohlsdorf und Alsterdorf.
Vgl. auch Anmerkung 64. Quelle: StHSt H.30, 1919, 23; StJbu 1929/30, 25.

81 Vgl. HStM 9/1929, 266–271; Reymann 1930, 76ff.
82 StM Nr.24, 1930, 10–17; StHSt H.30, 1919,11–30.
83 Zu den Arbeits- und Lebensbedingungen der Hamburger Hafenarbeiter im Kaiserreich vgl. Grüttner 1984, zur Wohnsituation speziell: 102–126.
84 HStM 2/1932, 29–31.
85 Vgl. Warnke 1984, 66.
86 HStM 2/1930, 45.
87 Vgl. ebd.; HStM 6/1925, 142; Wagner 1927/28, 348.
88 Vgl. Jb.VB.FHH 1927, 263; StJbu 1927/28, 104.
89 a) ,stark belegte' Wohnungen
b) ,überfüllte' Wohnungen
c) Familien mit mindestens vier ledigen Kindern, die noch in der elterlichen Wohnung lebten. Gezählt wurden alle kinderreichen Familien, sowohl die 12.552 Wohungsinhaber als auch die 129 Untermieter.
Quelle: StJbu 1927/28, 108 u. 122.
90 Vgl. Wohnungsfürsorge für Kinderreiche, in: HdW 1930, 411ff; Wie wohnen kinderreiche Familien in Hamburg?, in: JuV Nr.7/8, 1928/29, 139f; Von der Lage kinderreicher Familien in Hamburg, I–IV, in: JuV 1925/26: Nr.1, 4f, Nr.4, 2f, Nr.5, 6f, Nr.8, 5f.
91 StJbu 1927/28, 119.
92 Ebd., 120ff.
93 Ebd., 119ff.
94 Koeberer, Luise: Die Wohnweise unserer berufstätigen weiblichen Jugend, in: Frauenarbeit und öffentliche Berufserziehung 1929, 27–32, 29.
95 HStM 7/1925, 165–167; vgl. StA MK.II G4, Bd.5: Bericht über die Tätigkeit der Behörde für Wohnungspflege im Jahre 1925, Hamburg 7.1.1926 (zit.als Jb.BfW 1925).
96 Jb.AOK 1925, 67f; vgl. auch: Jb.AOK 1926, 93f.
97 Ähnlich auch: Lipp, Carola: Sexualität und Heirat, in: Ruppert 1986, 186–197, 187.
98 Koeberer, in: Frauenarbeit und öffentliche Berufserziehung 1929, 27f.
Dieses Hamburger Ergebnis wird durch die Erhebung des Reichsausschusses der deutschen Jugendverbände bestätigt, die im Februar 1927 durchgeführt wurde. Von den erfaßten 199.113 erwerbstätigen Jugendlichen zwischen 14 und 18 Jahren schliefen 20 % nicht allein in ihrem Bett. Vgl. Von dem Leben und der Arbeit 1927, 55.
99 Vgl. HStM 7/1925, 165ff; Jb.VB.FHH 1926, 241ff; Jb.VB.FHH 1927, 261ff; StA MK.II G4, Bd.5: Jahresbericht der Behörde für Wohnungspflege für das Jahr 1921 (zit.als Jb.BfW 1921); Jb.BfW 1925.
100 Vgl. HdW 1930, 738; HStM 1/1928, 1ff; Jb.BfW 1921.
101 StJbu 1927/28, 114f.
102 Ebd.; Wischermann 1983<a>, 465ff.
103 Vgl. StJbu 1927/28, 110ff.
104 StJbu 1927/28, 109; HStM 1/1928, 1.
105 Niemeyer 1931, 132f; vgl. Denkschrift 1927, 66ff.
106 StJbu 1927/28, 118; vgl. Niemeyer 1931, 132ff.
107 Niethammer/Brüggemeier 1976, 174; vgl. Ehmer, Josef: Wohnen ohne eigene Wohnung. Zur sozialen Stellung von Untermietern und Bettgehern, in: Niethammer 1979, 132–150, 147; Wischermann 1983<a>, 347.
108 Agnes A., März 1984.
109 Zwar hatten 1928 63,7 % aller Wohungen im vornehmen Harvestehude ein Bad, aber nur 19,4 % aller Wohnungen im Arbeiterviertel Barmbek. Der größte Teil dieser Wohnungen mit Bad lag im Neubaugebiet Barmbek-Nord. Vgl. HStM 12/1928, 360.
110 Agnes A., März 1984.
111 Angaben über die Zahl der an das Gasnetz der Hamburger Gaswerke angeschlossenen Privathaushalte, in denen mit einem Gasherd gekocht wurde, liegen nicht vor. Auch die Jahresberichte der Hamburger Gaswerke geben darüber keinen Aufschluß.
Über die Zahl der in Hamburg angeschlossenen Elektroherde liegen nur für das Jahr 1932 Angaben vor: Zu diesem Zeitpunkt gab es in der Stadt erst 2700 angeschlossene E-Herde. Der Preis eines E-Herdes mit drei

Kochplatten und Backröhre lag damals bei 390,– Mark. Vgl. HEW. Strom für Hamburg 1982, 28..
112 Nachlaß Hilde David: Aus der Kommode.
113 Ebd.
114 Vgl. Anzeige von Rudolf Karstadt, in: HE Nr.296, 26.10.1927.
115 Vgl. Schneider,Ursula: „Wie richte ich meine Wohnung ein?" Wohnen und Haushalt, in: Vorwärts- und nicht vergessen 1982, 73–94, 82ff.
116 Vgl. Büttner 1985, 192ff; Hipp 1982, 42ff; Hamburg und seine Bauten 1929, 1ff.
117 Vgl. Hipp 1982, 15ff; Saldern 1985, 208ff.
118 Saldern 1985, 209.
119 Vgl. ebd., 201ff; Hipp 1982, 35ff.
120 VBBZ 1935, 37.
121 Vgl. Saldern 1985, 209.
122 Vgl. Büttner 1985, 197f; Warnke 1983, insb. 32ff.
123 Vgl. Hamburg und seine Bauten 1929, 26ff.
124 Vgl. Hipp 1982, 15ff.
125 Beispielsweise waren in der Siedlung Dulsberg von den Mietern 48 % Arbeiter, 29 % Angestellte, 7 % Beamte, 5 % Selbständige und 10 % Sonstige. Diese Siedlung ist aufgrund ihres relativ günstigen Mietniveaus nicht typisch für die Hamburger Neubausiedlungen. Hachmann 1981, 135f.
126 Vgl. Saldern,Adelheid: Lebensbedingungen und Lebenschancen in den Neubausiedlungen, in: Herlyn 1987, 51–73, 53ff; dies. 1985, 202f; Hipp 1982, 32.
127 Hipp 1982, 34.
128 StA MK.II G4, Bd.5: Betrifft: Die Lage des Wohnungsmarktes als Unterlage für die Neubaupolitik für das Jahr 1929, Hamburg Sept.1928 (zit.als Wohnungsmarkt 1929).
129 Vgl. StA WA.I 47: Wohnungsamt 1929. Jahresbericht 1925–1929; Jb.VB.FHH 1926, 248; Jb.VB.FHH 1927, 102; Wohnungmarkt 1929; Hipp 1982, 17f.
Zur Problematik der Neubaumieten im Reich vgl. Gut 1928, 34ff; Preller 1978, 484 u. 493; Spörhase 1946, 118.
130 Vgl. Hipp 1982, 18; HdW 1930, 424; Hamburg und seine Bauten 1953, 62ff u. 159f.
131 Vgl. Hipp 1982, 17.
132 Vgl. Saldern 1985, 222.
133 Vgl. Hamburg und seine Bauten 1929, 159.
134 Vgl. Hipp 1982, 18ff; Saldern 1985, 222.
135 Vgl. Saldern, in: Herlyn 1987, 51ff.
136 Vgl. Kapitel 1.4.1.
137 Vgl. Schneider, in: Vorwärts- und nicht vergessen 1982, 84ff.
Zu den Entwürfen, zur Herstellung und zur Verbreitung ‚billiger' moderner Wohnungseinrichtungen vgl. Günther 1984, 69–109.
138 Vgl. Arnold 1983, 86; Schneider, in: Vorwärts- und nicht vergessen 1982, 84ff.
139 Vgl. Stahl,Gisela: Von der Hauswirtschaft zum Haushalt oder wie man vom Haus zur Wohnung kommt, in: Wem gehört die Welt 1977, 87–108, 93f.
140 Vgl. Kapitel 4.3.1.
141 Vgl. Saldern, in: Herlyn 1987, 63f.
Die Ergebnisse dieser Studie bestätigen nicht die Behauptung von Adelheid v.Saldern, daß sich die staatlichen Erziehungsbemühungen der Sozial- und Wohnungsreformer in besonderem Maße auf die Hausfrauen und Mütter in den Neubausiedlungen Hamburgs konzentrierten (vgl. ebd., 62ff). Im Gegenteil, die Aktivitäten der hamburgischen Behörde für Wohnungspflege konzentrierten sich auf die Bewohnerinnen der Altbauwohnungen (vgl. Kapitel 1.4.1.3). In den neuen Siedlungen war die Bereitschaft zur Übernahme einer „modernen" Lebensweise bei den meisten Bewohnerinnen so groß, daß keine diesbezüglichen Erziehungsmaßnahmen ergriffen, sondern bestenfalls Aufklärungsarbeit geleistet werden mußte.
142 Zur ‚Arbeitsküche' vgl. Kapitel 1.4.1.1.
Zur Auswirkung der Wohnsituation auf das Familienleben und die geschlechtsspezifische Arbeitsteilung in der Familie vgl. Wahrhaftig 1982; Tränkle 1972.
143 Vgl. VBBZ 1935, 36; Wischermann 1983<a>, 465 u. 467f.
144 Vgl. Kapitel 2.3.2.2.
145 Dies berichteten mehrere der befragten Frauen, darunter auch Agnes A.
146 Das Recht auf eine eigene Wohnung, in: FB-HE 11/1928.
147 Vgl. u.a.: Die soziale Wohnungsreform im Dienste der Ledigenfürsorge, in: HE Nr.147, 29.3.1919; Das Wohnungsbedürfnis des alleinstehenden erwerbstätigen Menschen, in: HE Nr.299, 29.10.1927; Baut Ledi-

genheime!, in: FB-HE 8/1928; Ein Gespenst und seine Beschwörung, in: FB-HE 2/1930; StA WA.I 107: Stadtbund hamburgischer Frauenvereine. An das Wohnungsamt Hamburg, Hamburg 3.4.1928, Betrifft: Bereitstellung eines Teils der Hauszinssteuer zum Bau von Ledigenheimen.

148 Vgl. Hamburg und seine Bauten 1929, 31; Hipp 1982, 26f; Heim für alleinstehende Mädchen und Frauen, in: HE Nr.232, 23.8.1927; Das Wohnhaus der alleinstehenden Frau, in: HE Nr.26, 26.1.1929; Schlußsteinlegung im Frauenheim, in: HE Nr.30, 30.1.1929; Was erwarten wir Frauen von einem Frauenheim?, in: FB-HE 11/1928; „Jeden Morgen weckten wir die Kinder der Mütter, die früh zur Arbeit mußten ...“ Erinnerungen von Gerda Kohn, 1930 bis 1932 Leiterin des Kindertagesheimes Nagelsweg, in: Wir wollen zum Köhlbrand 1985, 50–52.

149 StA SB.I AF48.21: Liste der Bewohnerinnen des Frauenheimes Nagelsweg 16, 9.4.1929; ebd.: Wohlfahrtsstelle IX: Das Heim für alleinstehende Frauen und Mädchen des ADGB, ‚Frauenheim‘ benannt, Hamburg 26.4.1929; ebd.: Bedingungen für die Vermietung des Heimes für alleinstehende Frauen und Mädchen, Nagelsweg, Heimstätte des ADGB Ortsausschusses Groß-Hamburg, Hamburg Nov.1928; StA JB.I 541: Mitteilungsblatt der Jugendbehörde, Nr.42, v.19.11.1928.

150 Vgl. Hipp 1982, 26f; StA SB.I AF44.10, Bd.1: Frauenheim am Schwalbenplatz; HC Nr.37, 22.1.1928; ebd.: Für berufstätige Frauen, alleinstehende Damen und ältere Ehepaare: Heim zum Wohlfühlen; ‚Frauenheim am Schwalbenplatz, Werbebroschüre, Hamburg o.J.

151 Vgl. Hipp 1982, 26; HdW 1930, 232f u. 508f.
Zur Diskussion um das Einküchenhaus vgl. Kapitel 1.4.1.2.

1.3 *Die alltägliche Hausarbeit von Arbeiterinnen*

1 Vgl. Soder 1980, 31ff.

2 Vgl. Kapitel 1.1 und 1.2.2.

3 Zur Entwicklung der Haushaltstechnik vgl.: Hausen 1987, 290ff; Meyer/Orland 1982, 565ff; dies. 1983, 27–30; Moeller 1931, 55–71; Säuberlich 1928, 3–117; Schultheiss 1929, 32–102; Siebenmark 1983, 6–13.

4 Agnes A., März 1984. Auch alle folgenden Zitate in Kapitel 1.3 stammen aus diesem Interview.

5 Vgl. Baum/Westerkamp 1931, 99f.

6 Vgl. Baumgarten 1932, 61ff; Sunlicht-Institut 1929<a>, H.1: Die Kunst des Haushaltens, 27ff.

7 Vgl. Teuteberg 1979, 344–384; ders. 1981, 69f.

8 Zur Entwicklung der Ernährungswissenschaft vgl. Eulner, Hans-Heinz: Die Lehre von der Ernährung im Universitätsunterricht, in: Heischkel-Artelt 1976, 76–98; Mani,Nikolaus: Die wissenschaftliche Ernährungslehre im 19. Jahrhundert, in: ebd., 22–75; Dresel 1928, 114–178; Spitta 1920, 225–271; Teuteberg/Wiegelmann 1986, 63–281, 310–334, 345–370.
Ein typischer „moderner“ Ernährungsratgeber war Bottenberg 1927, vgl. insb. die Literaturempfehlungen auf 63f. Vgl. auch: Meyer 1928<b>, 33–47; Sunlicht-Institut 1929<a>, H.10: Die Ernährung, 3ff sowie H.11 u. 12 mit Kochrezepten.
Auch in den sozialdemokratischen Frauenzeitschriften wurde die „neuzeitliche Ernährung“ propagiert. Vgl. Die Hausfrau als Hüterin der Gesundheit, in: FB–HE 4/1927; Revolution in der Küche, in: FW 6/1931, 125.

9 Vgl. Teuteberg 1981, 71f; ders. 1979, 33f.

10 Das Kunstwerk der Küche, in: FW 11/1928, 254f.

11 Meyer 1929<b>, 66ff; vgl. Sunlicht-Institut 1929<a>, H.9: Die Küche, 12ff; Dampftopf und Kochkiste, in: FW 1/1930, 5.

12 Vgl. die Waschanleitungen in: Meyer 1929<b>, 143ff; Meyer/Bauer/Schmidt 1936, 135ff; Sunlicht-Institut 1929<a>, H.6: Das Waschen, H.7: Das Bügeln. Zur Geschichte der ‚Großen Wäsche‘ vgl. Meyer/Orland 1984, 42–47; Hausen 1987.

13 Vgl. Meyer 1929<b>, 137ff; Meyer/Bauer/Schmidt 1936, 15ff; Sunlicht-Institut 1929<a>, H.4: Die Pflege des Heimes, 17–32.

14 Vgl. Meyer 1929<b>, 141f; Sunlicht-Institut 1929<a>, H.5: Der große Hausputz.

15 Vgl. Frevert, Ute: The Civilizing Tendency of Hygiene. Working-Class Women under Medical Control im Imperial Germany, in: Fout 1984, 320–344.

16 StA MK.II N 32, Bd.2: Geh. Medizinalrat Prof.W.His: Der Niedergang der Lebenshaltung des Deutschen Volkes. Kundgebung der deutschen Ärzteschaft zur gesundheitlichen Notlage, 15.12.1922 in Berlin. Vgl. allgemein: StA MK.II N32, Bd.1 u. 2; sowie: StA Senatsakten Z.III z33: Von der deutschen Jugend Kleidernot. Ein Bericht des Schulinspektors Matthias Meyer, Hamburg 1.2.1921.

17 Vgl. Kapitel 1.4.2.

18 Vgl. Oakley 1978, 119ff.
19 Vgl. Barth/Niemeyer 1932, 9–35.
20 Vgl. Kittler 1980, 73f.
21 Vgl. Baum/Westerkamp 1931, 107; Reform der Hauswirtschaft, in: FB–HE 3/1929; siehe auch: Becker-Schmidt/Knapp/Schmidt 1984, 76ff; Ferree, in: Beiträge zur Frauenforschung 1983, 88f; Oakley 1978, 133–157; Pross 1976, 169–201.
22 Vgl. Beck-Gernsheim 1980, 103f; Schenk 1979, 161f.

1.4 *Der „spezifisch weibliche Hauptberuf Hausfrau"*

1 Vgl. Meyer 1929<b>. Die erste Auflage ihres Buches ‚Der neue Haushalt' erschien 1926. Zwischen 1926 und 1929 gab der Verlag 36 Auflagen dieser Schrift heraus.
2 Meyer 1928<b>, 5.
3 Vgl. insb. Zahn, Friedrich: Familienpolitik, in: SP 45/1927, 1116ff; sowie: Baum, Marie: Die Familie in Sozial- und Fürsorgepolitik der Gegenwart, in: SP 27/1932, 828ff; Fischer, in: Polligkeit 1927, 1–20; Tönnies, Ferdinand: Das soziale Leben der Familie, in: SP 27/1932, 822ff; Zahn 1918<a>, 5ff; ders. 1927, 1–25.
4 Vgl. insb. Potthoff 1921, 15ff; ders. 1928, 14ff; sowie allgemein: Kittler 1980, 43ff.
5 Vgl. insb. Wygodzinski 1916, 14ff u. 27ff; sowie allgemein: Kittler 1980, 40ff.
6 Vgl. Knapp 1984, 350ff; Bock/Duden, in: Frauen und Wissenschaft 1977, 167.
7 Zur Rationalisierungsdebatte in der Weimarer Republik vgl. Ebbinghaus 1984; Stollberg 1981; Winkler 1987, 87ff.
8 Vgl. Saldern 1985, 187ff.
9 Vgl. Hirdina, Heinz: Rationalisierte Hausarbeit. Die Küche im Neuen Bauen, in: Jahrbuch für Volkskunde 1983, 44–80; Stahl, in: Wem gehört die Welt 1977, 100ff.
10 HdW 1930, 449.
11 Vgl. ebd. 449ff; Meyer 1929<b>, 98; Taut 1925, 19f. Auch in der SPD-Frauenpresse wurde eine stärkere Funktionsdifferenzierung in der Wohnung propagiert. Vgl. Wohnküche oder Wohnzimmer und Küche getrennt?, in: Die Frau und ihr Haus Nr.4, 9.8.1919, 19f.
12 Vgl. Hirdina, in: Jahrbuch für Volkskunde 1983, 46ff; HdW 1930, 253ff u. 319ff; Schultheiss 1929, 6ff.
13 *Grete Schütte-Lihotzky* (geb. 1897), die aus einer Beamtenfamilie stammte, studierte als erste Österreicherin Architektur an der Akademie für Angewandte Kunst in Wien. 1920/21 arbeitete sie im Architekturbüro Holland mit (Wohn- und Kindergartenbau), 1921 bis 1925 zusammen mit Adolf Loos im ‚Österreichischen Verband für Siedlungs- und Kleingartenwesen'. 1923 bis 1927 war sie Mitglied der SPÖ. 1927 heiratete sie den Architekten Wilhelm Schütte. 1926 bis 1930 war sie Mitarbeiterin im Wohnungsbaureferat des Hochbauamtes Frankfurt a.M., das von Ernst May geleitet wurde. Sie spezialisierte sich auf Kinderkrippen und -gärten sowie Küchenrationalisierung. Vgl. ausführlich: Biographisches Handbuch 1980, 672.
14 Vgl. Lihotzky 1927, 120ff; dies.: Vom neuen Wohnungsbau, in: Von dem Leben und der Arbeit 1927, 32–37, 36f; Hirdina, in: Jahrbuch für Volkskunde 1983, 52ff; Uhlig 1981, 103ff.
15 Vgl. Hirdina, in: Jahrbuch für Volkskunde 1983, 66; Wahrhaftig 1982, 13 u. 122ff. Auch von Zeitgenossinnen wurde die „Arbeitsküche" in diesem Sinne kritisiert. Vgl. Der „Werkraum" der Hausfrau, in: FB-HE 3/1930.
16 Vgl. Hirdina, in: Jahrbuch für Volkskunde 1983, 65f.
17 Vgl. Schultheiss 1929, 27f.
18 Vgl. Hipp 1982, 18ff.
19 Neuerungen im Wohnungsbau. Hamburger Wohnküche in der Ausstellung ‚Neues Wohnen', in: HE Nr.258, 18.5.1927.
20 Vgl. Kapitel 1.2.2.1.
21 Vgl. Frederick 1921, 19; sowie Bernége 1927.
22 Vgl. Saldern 1985, 208.
23 Taut 1928, 60ff. Die erste Auflage seines Buches ‚Die neue Wohnung' erschien 1924; bis 1928 kamen vier Neuauflagen heraus.
24 Vgl. ebd., 70ff.
25 Vgl. Meyer 1929<b>. 71ff; Hartig 1929, 383f; Neundörfer 1929, 2–14 u. 33ff; Sunlicht-Institut 1929<a>, H.3: Die Einrichtung des Heimes, 15ff. Zur Rezeption in der SPD-Frauenpresse vgl. Kapitel 1.4.1.2.
26 Meyer 1929<b>, 3f.
27 Ebd., 5f.
28 Folgender Anzeigentext der ‚Werbestelle für Elektrizitätsverwertung GmbH Altona' erschien in die ‚Deut-

sche Hausfrau' Nr.1, 1.1.1933:
„,Sie müssen ein gutes Mädchen haben, Frau Doktor, alles so sauber – –. Meine Letzte, die Minna, na, das war ,ne Schlampe! Und jetzt ist mir ein Mädchen einfach zu teuer. RM 40,– im Monat und dann auch noch das Essen.'
,Mit meiner bin ich sehr zufrieden. Fleißig, häuslich, zuverlässig, unermüdlich, unbedingt sauber und – billig. Sie hat nur 2 Monate lang RM 40,– bekommen, – jetzt bekommt sie gar nichts mehr, na, und Essen überhaupt nicht!'
,Ich werd' blaß. Wie ist das möglich??'
,Mein Mädchen ist – ein Protos Junior-Staubsauger für RM 79,50. Besser und billiger bekommen sie keinen.'"
Auch andere Werbeanzeigen für größere Elektro- und Gasgeräte hatten ebenso wie die Werbung der Beratungsstellen von Gas- und Elektrizitätswerken eine ähnliche Tendenz. Vgl. Bielfeld 1930, 15; Kramer, in: dies. 1986, 139; Wierling 1987, 124ff.

29 Meyer 1929<b>, 32.

30 Vgl. ebd., 28ff.

31 Meyer 1929<b>, 38; vgl. dies. 1922, 116ff. Eine ähnliche Tendenz wie der Haushaltsratgeber von Erna Meyer hatten die meisten Schriften zur Haushaltsrationalisierung. Vgl. u.a.: Bode 1927, 4ff; Grünbaum-Sachs 1929, 40ff; Lüders 1929, 33ff; Margis 1927/28, 331–334; dies. 1928; Zahn-Harnack 1924, 88.

32 Vgl. Lange 1924, 39ff.

33 Vgl. Bock/Duden, in: Frauen und Wissenschaft 1977, 162ff; Kittler 1980, 67ff; Stahl, in: Wem gehört die Welt 1977, 105.

34 Vgl. Hirdina, in: Jahrbuch für Volkskunde 1983, 48f.

35 Dezidiert formuliert dies die Reichsfrauensekretärin Marie Juchacz in einem FW-Artikel mit dem Titel ,Der neue Haushalt', in dem sie das gleichnamige Buch von Erna Meyer vorstellt und allen Leserinnen der Zeitschrift dringend zur Lektüre empfiehlt. Vgl. FW 20/1926, 313.

36 Zur Kurzbiographie von *August Bebel* (1840–1913), einem gelernten Drechsler, der bis zu seinem Tod Vorsitzender der SPD war, vgl. Meyer 1986, 76f; Schröder 1986, 78.

37 Bebel 1976, 510ff.

38 Vgl. auch im folgenden: Uhlig 1981, 57ff; ders.: Zur Geschichte des Einküchenhauses, in: Niethammer 1979, 151–170, 187ff.

39 *Lily Braun*, geb. von Kretschmann (1865–1916), die aus verarmtem Adel stammte, heiratete 1893 den Nationalökonom Georg von Gizycki, einen sogenannten Kathedersozialisten, der bereits 1895 verstarb. Aus der 1896 geschlossenen Ehe mit dem revisionistischen SPD-Politiker Heinrich Braun ging ihr Sohn hervor. Zunächst engagierte sie sich in dem von Minna Cauer geführten Verein ,Frauenwohl', dessen Vorstand sie angehörte, 1895 schloß sie sich der SPD an, für die sie als Rednerin und Schriftstellerin tätig war. Um die Jahrhundertwende wurde sie zur prominentesten Vertreterin des revisionistischen Flügels innerhalb der proletarischen Frauenbewegung. Vgl. ihre Autobiographie Braun 1911; sowie Juchacz 1971, 53–57; Meier 1985; Osterroth 1960, 41–43; Weiland 1983, 51–53.

40 Vgl. Braun 1901<b>, 26f; dies. 1901<a>, 535ff.

41 *Clara Zetkin*, geb. Eißner (1857–1933), die aus einer liberalen Pastorenfamilie stammte, besuchte das von Auguste Schmidt, einer Mitbegründerin des ADF geleitete Lehrerinnenseminar in Leipzig. 1878 lernte sie den russischen Revolutionär Ossip Zetkin kennen, dessen Namen sie annahm. Das Paar hatte zwei Söhne. 1882 folgte sie ihrem Mann nach Zürich, 1883 gingen beide gemeinsam nach Paris, 1890 kehrte sie nach Deutschland zurück. Sie wurde zur Führerin und maßgeblichen Theoretikerin der sozialdemokratischen Frauenbewegung im Kaiserreich. Von 1892 bis 1917 leitete sie die Redaktion der ,Gleichheit', seit 1907 war sie zudem Sekretärin der ,Sozialistischen Fraueninternationale'. 1917 trat sie der USPD bei, 1919 wechselte sie zur KPD, in der sie bis 1933 führende Funktionen inne hatte, u.a. war sie ab Mai 1919 Chefredakteurin der Zeitschrift ,Die Kommunistin' und von 1920 bis 1933 Mitglied des Reichstages. Vgl. Bauer 1978; Dornemann 1974; Honeycutt 1975; Juchacz 1971, 39–44; Weiland 1983, 290–294; StA PP S1909; AsdD SP: Clara Zetkin.

42 Vgl. Bauer 1978, 111; Uhlig 1981, 64.

43 Vgl. Evans 1979, 118ff; Niggemann 1981<a>, 81ff; Richebächer 1982, 101ff u. 141ff; Thönnessen 1976, 66ff.
Zur Haltung der SPD zu den Genossenschaften um die Jahrhundertwende vgl. Kapitel 1.5.

44 Kann die Bürde der Hausfrau erleichtert werden?, II, in: Gl. Nr.23, 6.8.1913, 356f; vgl. auch Kann die Bürde der Hausfrau erleichtert werden?, I, in: Gl. Nr.22, 23.7.1913, 343f.

45 Kann die Bürde der Hausfrau erleichtert werden?, II, in: Gl. Nr.23, 6.8.1913, 356f.

46 Zur Kurzbiographie von *Edmund Fischer* (1864–1925), einem sozialdemokratischen Journalisten, der 1898 bis 1907 und 1912 bis 1918 dem Reichstag angehörte, vgl. Osterroth 1960, 82; Schröder 1986, 105f.

47 Fischer, Edmund: Die Frauenfrage, in: SM 1905, Bd.1, 258–266.
48 Ders. 1914, 41; vgl. ders. 1918, 520ff.
49 Zur zeitgnössischen Rezeption Fischers vgl. insb. Zepler 1919; sowie: Zetkin, Clara: Aus Krähwinkel, in: Gl. 15 (1905), 29 u. 37f (nach Bauer 1978, 59f); Häny-Lux, Ida: Beruf und Ehe, in: SM 1906, Bd.1, 870–876; Ihrer, Emma: Die proletarische Frau und die Berufstätigkeit, in: SM 1905, Bd.1, 443–449; Schur, Ernst: Frauenfrage und Kultur, in: SM 4/1907, 302–310.
Wurde die erste Veröffentlichung Fischers zur Frauenfrage, die 1905 erschien, zumindest von den führenden Sozialdemokratinnen wie Emma Ihrer und Clara Zetkin noch scharf kritisiert, so löste seine Veröffentlichung aus dem Jahr 1914 keine kritische Reaktion mehr aus. Zur Einschätzung der Diskussion um Fischer vgl. Bauer 1978, 58ff; Blos 1930, 62f; Bölke 1975, 38ff; Brandt 1976, 29ff; Evans 1979, 94; Kleinau, Elke: Über den Einfluß bürgerlicher Vorstellungen von Beruf, Ehe und Familie auf die sozialistische Frauenbewegung, in: Brehmer 1983, 145–168, 161ff; Lichey 1921, 7ff; Thönnessen 1976, 108ff. Zur Revision der sozialistischen Emanzipationstheorie vgl. auch Kapitel 4.1.2.
50 Vgl. Freier, Anna-Elisabeth: Dimensionen weiblichen Erlebens und Handelns innerhalb der proletarischen Frauenbewegung, in: Kuhn/Rüsen 1983, 195–218, 197ff; Kleinau 1985; sowie Kapitel 2.3.1 und 2.3.2.
51 Vgl. Essig 1920, 8–18; sowie allgemein: Adolph 1919, 24–58; Kittler 1980, 54ff; Uhlig 1981, 71–99; ders., in: Niethammer 1979, 161f.
52 Vgl. Hausangestellte, Hausfrau und Einzelküche, II–V, in: Gl. 40/1920, 326, Gl. Nr.41/42, 1920, 341, Gl. 44/1920, 358f, Gl. 49/1920, 400f.
53 Ebd., IV, in: Gl. 44/1920, 358.
54 Vgl. Kapitel 3.2.1.
55 Pfülf, Antonie: Das Heim als Selbstzweck oder Kraftquelle, in: FH 1923, 65ff.
56 Vgl. Kapitel 3.2.1.
57 Landau, Lola: Die Danaidenarbeit der Frau, in: FH 1925, 48f.
58 Vgl. Der Haushalt der Zukunft, in: Kä. 15/1919, 117f; Die Berufsorganisation der Hausfrau, in: Kä. 9/1920, 67f; „Berufsorganisation der Hausfrau“, in: Kä. 11/1920, 84; Die Umgestaltung des Hauswesens und die Hausfrauen, I u. II, in: Kä. 12/1920, 93 u. Kä. 16/1920, 126; Hausfrau und Sozialismus, in: Kä. 21/1920, 165f.
59 Vgl. Bücherschau. Die rationelle Haushaltsführung, in: Gl. 7/1921, 70; Heymann, Johanna: Neue Haushaltsformen, in: FH 1922, 93ff; Der gute Geschmack im Hause, in: ebd., 100f; Wirtschaftserleichterungen, in: HE Nr.48, 18.2.1923; Die Arbeitszeit der Hausfrau, in: Ge. 1/1925, 13f; Heimkultur, in: FW 24/1925, 363.
60 Vgl. u.a.: Rationelle Haushaltsführung, I u. II, in: GF 3/1928, 23f u. GF 5/1928, 39f; Neue Hauswirtschaft, in: GF 5/1929, 40; Hausarbeit ist Kopfarbeit, in: GF 8/1929, 64; Rationalisierter Einzelhaushalt oder Großhaushalt, in: Ge. 4/1927, 127ff; Die Hausfrau in ihrer Küche, in: HE Nr.114, 25.4.1926; Rationalisierung des Arbeiterhaushalts, in: HE Nr.76, 17.3.1929; Reform der Hauswirtschaft, in: FB-HE 3/1925; Die Frau und ihr Hausrat, in: FB-HE 4/1925; Der Haushalt von morgen, in: VuZ, 9.11.1926.
61 „Mein Heim, meine Welt!“, in: HE Nr.233, 24.8.1925.
62 Vgl. Jb.SPD-HH 1925/26, 9; VuZ 1/1927, 2.
Zur Vorkriegsgeschichte der Weihnachtsausstellung, die der SPD-Bildungsausschuß alljährlich durchführte, vgl. Grau, Gisela: „Der Mensch ist für den Sonntag da!“ Verein für Kunstpflege in Hamburg 1901–1914. Arbeiterkulturorganisation zwischen Sozialdemokratie und bürgerlicher Reformbewegung, in: Arbeiterkultur 1984, 89–117, 115ff.
63 Vgl. u.a. folgende Artikelserie von Henriette Fürth: Vom Werte der Haushaltsarbeit, in: FW 8/1927, 115; Die Bewertung der hauswirtschaftlichen Arbeit, in: FW 11/1927, 167; Zwei Nachbarinnen, in: FW 13/1927, 199; Hauswirtschaftliche Schulung der weiblichen Jugend, in: FW 15/1927, 232; Gegenseitige Hilfe, in: FW 17/1927, 261; Von der Ernährung, in: FW 18/1927, 278; Die Haushaltsbuchführung und die Technik im Haushalt, in: FW 23/1927, 361; Hausfrauensorgen, in: FW 26/1927, 409; Etwas von Teuerung, Zentralküche, hauswirtschaftlichen Erleichterungen und ähnlichen Dingen, in: FW 1/1928, 9.
64 Vgl. u.a.: Hausfrau und ‚Heim und Technik‘, in: FW 25/1928, 588f; Die neue Küche, in: FW 1/1929, 16; Aussichten und Grenzen des elektrischen Stromes im Haushalt, in: FW 24/1931, 560f; Fenstervorhänge, in: FW 5/1927, 71; Welcher Fußbodenbelag ist zeitgemäß?, in: FW 14/1928, 335; Kitsch dem Volke, in: FW 15/1928, 350f; Tapete und Bodenbelag, in: FW 10/1930, 230f; Wohnungsreform, in: FW 16/1927, 239; „Raum ist in der kleinsten Hütte ...!“, in: FW 5/1928, 108f;

Die neue Wohnung, in: FW 8/1928, 182f; Behagliches Wohnen auf 70 qm, in: FW 20/1928, 465f; Neue Wege im Wohnungsbau, in: FW 2/1929, 34f; Arbeiter-Siedlung vom Bauhaus Dessau, in: FW 13/1929, 298f; Die Wohnung unserer Zeit, in: FW 20/1931, 470ff.

65 *Hertha Kraus* (1897–1968), die Tochter eines Hochschullehrers, promovierte 1919 in Frankfurt a.M., 1920 bis 1923 leitete sie die Kinderernährungsstelle des ‚American Friends Service Committee' in Berlin. 1923 bis 1933 war sie Direktorin der Abteilung für öffentliche Wohlfahrtspflege der Stadt Köln sowie Dozentin der Schule für Sozialarbeit in Köln und arbeitete u.a. in der Kölner ‚Arbeiterwohlfahrt' mit. Vgl. Biographisches Handbuch 1980, 391.

66 Pr.Pt.SPD 1927, 345ff.

67 Ebd., 353.

68 Ebd., 367.

69 Ebd., 355.

70 Vgl. ebd., 355–369.

71 Vgl. u.a.: Rationalisierter Einzelhaushalt oder Großhaushalt, in: Ge. 4/1927, 127ff.

72 Vgl. Kapitel 2.3.1 und 2.3.2.

73 Vgl. u.a.: Neuzeitlicher Wohnungsbau, in: Ge. 8/1927, 280ff; Die Wohnungsausstellung in Kiel, in: ebd., 282ff; Ein Wohnhaus, in: ebd., 283f.

74 Die Entlastung der Hausfrau, in: HE Nr.221, 12.8.1927. Die Veranstaltung fand am 9.8.1927 statt.

75 Zwischen November 1927 und 1928 wurde das Thema im 12 von 19 Distrikten diskutiert. Dies ergab die Auswertung der Veranstaltungsankündigungen im HE. Zur Bedeutung des Themas ‚Haushalt/Wohnen' auf den SPD-Frauenabenden vgl. Tabelle 67.

76 Agnes A., März 1984.

77 Vgl. Pr.FK.SPD 1927, 358 u. 366.

78 Vgl. Hirdina, in: Jahrbuch für Volkskunde 1983, 48; Stahl, in: Wem gehört die Welt 1977, 105.

79 Vgl. Neue Wohnkultur mit alten Möbeln, in: FW 13/1930, 322; Fromm 1980, 142.

80 Von den 93 verheirateten Sozialdemokratinnen, die auf die Frage, ob ihr Ehemann ihnen im Haushalt geholfen hätte, antworteten, verneinten 54 % diese Frage. Die Hilfen, die die übrigen Frauen angaben, waren handwerkliche Arbeiten, Gartenarbeiten, Handreichungen (Abwasch, Tischdecken, Feuerung besorgen) sowie Aushilfe bei Ausfall der Frau. Nur sechs Frauen gaben an, daß ihr Mann ihnen bei allen Arbeiten im Haushalt half. Vgl. auch: Langewiesche, in: Niethammer 1979, 183; Leichter 1932, 82f.

81 Leichter 1932, 86; vgl. Langewiesche, in: Niethammer 1979, 183.

82 Rationalisierung des Arbeiterhaushalts, in: HE Nr.76, 17.3.1929; vgl. Rationalisierter Einzelhaushalt oder Großhaushalt, in: Ge. 4/1927, 127ff; Neue Hauswirtschaft, in: GF 5/1929, 40.

83 Radtke, Käthe: Wohnungspflege als Aufgabe der Außenfürsorge, in: AW 10/1927, 293. Über die Biographie von Käthe Radtke konnte nichts ermittelt werden.

84 *Clara Zils-Eckstein* (1896–1931), eine Arbeitertochter, war 1921 bis 1931 Parteisekretärin in Breslau und zugleich Stadtverordnete und später Stadtrats-Mitglied in der Stadt. Vgl. Clara Zils-Eckstein †, in: Ge. 4/1931, 160.

85 Zils-Eckstein, Clara: Zum Thema: Wohnungspflege und Wohnungsreform, in: AW 22/1927, 691ff.

86 Vgl. Kittler 1980, 70f.

87 Vgl. Pr.Pt.SPD 1927, 345.

88 Zur Diskussion in der bürgerlichen Frauenbewegung vgl.: Erna Meyer, Helene Krieger und Clara Israel zum Thema Sozialfürsorge und Haushaltsrationalisierung, in: SP 48/1928, 1157–1165; Kromer, Emma: Sozialfürsorge und Haushaltsrationalisierung, in: SP 6/1929, 148ff.

89 Vgl. Wischermann 1983<a>, 82ff; HdW 1930, 779ff.

90 Vgl. Wischermann 1983<a>, 88f.

91 Vgl. Wohnungspflegegesetz v.12.7.1922, in: HGVB 1922, 309ff; HdW 1930, 780ff.

92 StA SB.I EF50.14: § 1 der Geschäftsordnung der Behörde für Wohnungspflege v.21.11.1922 (zit.als Geschäftsordnung BfW 1922); Oberbaurat Dr.Brandt: Wohnungsaufsicht und Wohnungspflege, in: JuV Nr.6, 1927/28, 97–99.

93 Vgl. StA MK.II G4, Bd.5: Bericht über die Tätigkeit der Behörde für Wohnungspflege im Jahre 1925, Hamburg 7.1.1926 (zit.als Jb.BfW 1925); StA SB.I EF50.14: Jahresbericht der Behörde für Wohnungspflege 1921; ebd.: Bekanntmachung über die Verteilung der Wohnungspflegebereiche im Jahre 1925, Amtlicher Anzeiger Nr.9, 11.1.1925; Die Wohnungsfürsorgerin, in: HE Nr.31, 31.1.1925.

94 Vgl. Kapitel 4.3.2.

95 Vgl. § 7 und § 8 der Geschäftsordnung BfW 1922.

96 Ebd., § 11.

97 Vgl. Jb.BfW 1925.

98 Vgl. StA SB.I EF50.14: Schreiben von Oberbaurat Brandt, Leiter der Behörde für Wohnungspflege. An den Herrn Präsidenten. Betrifft: Ehrenamtliche Wohnungspflege, Hamburg 22.4.1933.

99 Vgl. Jb.VB.FHH 1926, 242; Jb.VB.FHH 1927, 261.

100 Vgl. StA StP.I–IV 2004: § 9!, in: HE v.20.11.1926.

101 Vgl. Jb.VB.FHH 1926, 261.

102 Veranstalter waren neben den Behörden:
- der ‚Bund hamburgischer Hausfrauen e.V.‘,
- der ‚Allgemeine Deutsche Frauenverein‘,
- der ‚Deutsche Verband der Sozialbeamtinnen‘,
- der ‚Verband der evangelischen Wohlfahrtspflegerinnen‘.

Vgl. Reform der Altwohnungen, in: HE Nr.20, 11.1.1928; Die Bedeutung der Altwohnungen, in: JuV Nr.10, 1927/28, 181f.

103 Es referierten an den drei Abenden:
9.1.1928: Physikus Dr.Holm und Oberbaurat Dr.Brandt
12.1.1928: Dr.Marie Baum (Berlin) und Dr.Hertz, Direktor des hamburgischen Landesjugendamtes
16.1.1928: Hildegard Margis (Berlin, Reichsverband Deutscher Hausfrauenvereine) und Architekt Voigt (Neuruppin, Hausrat Gildenhall GmbH)
Vgl. StA MK.II G12, Bd.3: Reform der Altwohnungen, in: HF Nr.346, 15.12.1927.

104 StA MK.II G12, Bd.3: Stichworte für Redner. Betreff: Veranstaltung der Behörde für Wohnungspflege im Januar 1928 „Reform der Altwohnungen“ (zit.als Stichworte 1928); vgl. ebd.: Die Verbesserung der Altwohnungen vom Standpunkt der Volkshygiene. Vortrag am 9.1.1928 um 8 Uhr abends in der Kunsthalle. Physikus Dr.Kurt Holm.

105 Stichworte 1928

106 Vgl. Reform der Altwohnungen, in: HE Nr.11, 11.1.1928; Die Behebung der Wohnungsnot, in: HE Nr.19, 19.1.1928; vgl. auch div. Artikel in: StA StP.I–IV 2004.

107 Vgl. Frauenkurse der Hamburger Volkshochschule, in: HE Nr.54, 23.2.1930; Frauenkurse in der Volkshochschule, in: HE Nr.261, 21.9.1930. Vgl. auch Kapitel 4.3.1.

108 Stuhlman 1900, 11.

109 Vgl. Tornieporth 1979, 87ff. Zur Schulgeschichte von Frauen vgl. Conradt/Heckmann-Janz 1985; Tornieporth 1979; Schecker 1963; Simmel 1980; Zinnecker 1979, insb. 49–59.
Zur Sozialgeschichte der deutschen Schulen allgemein vgl. Lundgreen 1981, Teil I u. II; speziell zur Entwicklung des höheren Schulwesens: Kraul 1984; zur Entwicklung des Berufsschulwesens: Greinert 1975. Die Entwicklung des Schulwesens in Hamburg beschreiben: Lorent/Ullrich 1988; Milberg 1970.

110 Vgl. Tornieporth 1979, 95ff.

111 Vgl. ebd., 284f.

112 *Emilie Wüstenfeld*, geb.Capelle (1817–1874), stammte aus dem hanseatischen Bürgertum und war mit einem Kaufmann verheiratet. Als überzeugte Philanthropin war sie Gesinnungsgenossin von Charlotte Paulsen (1798–1862) und wurde nach deren Tod Vorsitzende des Frauenbildungsvereins. 1867 gründete sie den ‚Verein zur Förderung weiblicher Erwerbstätigkeit‘ und die erste ‚Gewerbeschule für Mädchen‘ in Hamburg. Vgl. Allgemeine Deutsche Biographie 1970, Bd.25, 283.

113 Vgl. Greinert 1975, 21ff u. 102ff; Milberg 1970; Conradt/Heckmann-Janz 1985, 11ff.
Zur Entwicklung der gewerbliche Berufsschulausbildung für Mädchen vgl. Schlüter 1987, insb. 67ff; als Regionalstudie zur Sonderentwicklung in Bremen: Drechsel,Ulrike Wiltrud: Ausbildung für zwei Berufe. Zur Geschichte der Hauswirtschaftlichen Pflichtfortbildungsschule für Mädchen in Bremen 1920–1933, in: Dalhoff 1986, 100–112.
Zur Geschichte der ‚Gewerbeschule für Mädchen‘ in Hamburg vgl. Denkschrift zum 60jährigen Bestehen 1927. Die ‚Gewerbeschule für Mädchen‘ wurde 1921 verstaatlicht und als ‚Staatliche Schule für Frauenberufe‘ der Berufsschulbehörde unterstellt; vgl. ebd. 43ff.Zur Entwicklung der Handelsschulausbildung von Mädchen in der Hansestadt vgl. StHb 1920, 455; Schult, Johannes: Das hamburgische Berufsschulwesen, in: JuV Nr.9/10, 1926/27, 76f. Allgemein vgl. Pierenkemper 1987<a>, 120ff.

114 StA Cl.VII Lit.Q[d], Nr.176, Vol.1: Verein für Haushaltungsschulen in Eimsbüttel. Bericht über die Gründung und Entwicklung des Vereins und seiner Schule bis 1895.

115 Vgl. ebd.: Verein für Haushaltungsschulen in Eimsbüttel. Jahresbericht für 1986; ebd: Bericht über das Jahr 1911 und die Auflösung des Vereins Ende März 1912; Tornieporth 1979, 119.

116 1897/98 folgte Agnes Wolffson dem Beispiel und richtete auf eigene Kosten in Eimsbüttel und Uhlenhorst drei ‚Haushaltungsschulen für Volksschülerinnen‘ ein, die einjährige Kurse für Mädchen des letzten Schuljahres anboten. Vgl. StA OS.V 714a, Bd.2; StA Cl.VII Lit, Nr.179, Vol.1: Haushaltungsschulen für Mädchen 1898; StA Cl.VII Lit.H, Nr.8, Vol.42, Fasc.1: Gutachten des Armen-Collegiums. Drucksache für

die Senatssitzung Nr.201, 24.9.1900, 7 (zit.als Gutachten 1900).
Außer den beschriebenen gab es bis 1907 in Hamburg folgende Einrichtungen, die sich der Hauswirtschaftlichen Ausbildung von Mädchen und Frauen widmeten:

- Tagesschulen für schulentlassene Mädchen:
  * Kochschule der Gewerbeschule für Mädchen (Lehrgangsdauer 6 Monate, 75 Mark Lehrgeld oder 1 1/2 Jahre und 120 Mark Lehrgeld)
  * Haushaltungsschule und Dienstmädchen Lehranstalt Marthastift (2-jährige Ausbildung, Kost- und Schulgeld 200 Mark jährlich)
  * Israelitische Haushaltungsschule
  * Dienstmädchen Lehranstalt ‚Annaheim' der ADF-Ortsgruppe
- Stundenschulen für schulentlassene Mädchen:
  * Abendkurse der Gewerbeschule für Mädchen

Vgl. Gutachten 1900, 7f; Die Tätigkeit des ADF 1916, 14.

117 Vgl. StA Cl.VII Lit.Q[d], Nr.187, Vol.1: Bericht des Vereins für Haushaltungsschulen in Hamburg von 1899 (zit.als Bericht 1899); StA Kapsel A 576/72: Bericht des Vereins für Haushaltungsschulen über das Geschäftsjahr 1905, Hamburg 1906.

118 StA Cl.VII Lit.Q[d], Nr.187, Vol.1: Aufruf! Haushaltungsschule Sachsenstraße, in: HC Nr.129, 4.6.1899 (zit.als Aufruf 1899).

119 Bericht 1899.

120 StA Cl.VII Lit.Q[d], Nr.187, Vol.2: Bericht über die Anstalten des Vereins für Haushaltungsschulen v.23.10.1906. An die Verwaltung des Gewerbeschulwesens (zit.als Bericht 1906).

121 Vgl. Aufruf 1899.

122 Vgl. Bericht 1906; StA Cl.VII Lit.Q[d], Nr.187, Vol.2: Bericht über die ersten drei Jahre Tätigkeit der Stellenvermittlung der Hamburger Ortsgruppe des ADF.

123 Vgl. StA Cl.VII Lit.Q[d], Nr.187, Vol.2: Bericht über die Fachschulen für weibliches Hauspersonal, Besenbinderhof 31 v.23.10.1906; Deutelmoser 1978, 121ff.

124 Vgl. Tornieporth 1979, 119ff.

125 Gutachten 1900.

126 Ebd.

127 Vgl. Stuhlmann 1900, 11ff; Tornieporth 1979, 114ff u. 161ff.

128 Vgl. Tornieporth 1979, 120f.

129 Vgl. StA Cl.VII Lit.H, Nr.8, Vol.42, Fasc.3: Die soziale Bedeutung des Haushaltungsunterrichtes. Vortrag des Direktors des öffentlichen Armenwesens, gehalten in der Jahresversammlung der Organe der Armenverwaltung am 18.4.1901; StA Cl.VII Lit.H, Nr.8, Vol.42, Fasc.1: Bericht betreffend die Einführung des Haushaltungsunterrichts in die Volksschule vom Direktor des öffentlichen Armenwesens Buehl, Hamburg 20.11.1902.

130 Vgl. StA Cl.VII Lit.H, Nr.8, Vol.42, Fasc.1: Bericht und Antrag betreffend einen mit der Einführung von Haushaltungsunterricht an sechs Mädchen-Volksschulen anzustellenden Versuch, Hamburg 3.4.1902, Schulrat für das Volksschulwesen, Dr. Dilling. Ein sinngemäßer Antrag wurde erst 1905 beschlossen: StA OS.V 714a, Bd.1: Mitteilung des Senats an die Bürgerschaft, Nr.93 v.15.5.1905; ebd.: Mitteilung der Bürgerschaft an den Senat aus der 19.Sitzung v.13.5.1908.
Zur Haltung der Parteien vgl. StA OS.V 714k, Bd.1.

131 Vgl. Tornieporth 1979, 121.

132 Zur Entwicklung des höheren Mädchenschulwesen vgl. allgemein: Kraul 1984, 144ff; Conradt/Heckmann-Janz 1985, 19ff; Beckmann 1936; speziell zu Hamburg: Hagemann , Karen: Die erste Oberschulrätin Hamburgs. Emmy Beckmann, in: Lorent/Ullrich 1988, 342–350.

133 Vgl. Lehrplan der Haushaltungsschulen 1912.

134 Vgl. ebd. 3f u. 6ff.

135 Vgl. Lehrplan für die hamburgische Volksschule 1911, 64.

136 StA OS.V 714a, Bd.2: Hamburger Schulsynode, 11.3.1913. An Senator Dr.W.v.Melle, Präses der Oberschulbehörde zu Hamburg; ebd.: An die Sektion der hochlöblichen Oberschulbehörde zu Hamburg, 1915.

137 Ebd.: Auszug aus dem Protokoll der Inspektorenkonferenz am 18.4.1913; ebd.: Auszug aus dem Protokoll der Inspektorenkonferenz am 6.3.1915; ebd.: An den Präses der Oberschulbehörde, Sektion 3, Herrn Senator Mummsen, Hamburg 4.6.1915. Betrifft: Antrag der Schulsynode, die Lage des Haushaltungsunterrichts in unseren öffentlichen Volksschulen betreffend.

138 Vgl. ebd.; Jb.VB.FHH 1925, 250f u. 272.

139 Vgl. Jb.VB.FHH 1925, 250ff.

140 Agnes A., März 1981.

141 Vgl. Tornieporth 1979, 97.
142 Verfassung des Deutschen Reiches, Art.144–148.
143 Vgl. Tornieporth 1979, 284f.
144 Vgl. insb.: Milberg 1970; Büttner 1985, 212ff.
145 Vgl. Jb.VB.FHH 1925, 250ff; Lehrplan-Entwurf 1919, 5.
146 Vgl. StA OS.V 714a, Bd.2: Oberschulbehörde, Sektion für das Volksschulwesen. Protokollauszug. Hamburg, 25.3.1920; ebd.: Auszug aus den Protokollen der Oberschulbehörde, Hamburg 23.9.1920; ebd.: Oberschulbehörde, Hamburg 20.10.1923. An das Kollegium der Schule Heimhuderstr. 85; ebd.: Oberschulbehörde, Hamburg 19.12.1924. An die Elternräte und Kollegien der Eilbeker Mädchenschulen.
147 Ebd.: Oberschulbehörde. Protokollauszug, Hamburg 17.11.1921; ebd.: Oberschulbehörde, Hamburg 20.10.1923, a.a.O.; ebd.: Oberschulbehörde, Hamburg 19.12.1924, a.a.O.
148 StA BS.II F.XIb2: Beschluß des Lehrerrates, Hamburg 12.11.1919; ebd.: Protokollauszug der Kommission für die Allgemeine Fortbildungsschule für Mädchen, Hamburg 8.12.1919; Jb.VB.FHH 1925, 251f u. 289; Hauswirtschaftlicher Unterricht in der Pflichtfortbildungsschule, in: HE Nr.533, 15.11.1919.
149 Vgl. ebd.; StA BS.II F.XIb2: Hauswirtschaftlicher Unterricht im 9.Schuljahr, in: HF vom 29.11.1919; ebd.: Antrag betreffend Beibehaltung des hauswirtschaftlichen Unterrichts im letzten Schuljahr, Hamburg Jan.1920.
150 Vgl. ebd.
151 Vgl. Hauswirtschaftlicher Unterricht an der Pflichtfortbildungsschule, in: HE Nr.533, 15.11.1919; Der Haushaltungsunterricht in der Volksschule, in: HE Nr.423, 10.9.1920; Die Ausbildung tüchtiger Hausfrauen, in: HE Nr.344, 14.12.1924; Die neuen Frauenberufsschulen, I u. II, in: Gl. Nr.28, 30.8.1919 u. Gl. Nr.43, 13.12.1919, 338f; Zweckmäßige Wege zur hauswirtschaftlichen Ausbildung, in: GF 4/1920, 27f.
152 Vgl. Die Notwendigkeit hauswirtschaftlicher Ausbildung, in: Gl. Nr.28, 30.8.1919, 218f; Die verachtete Arbeit der Hausfrau, in: FB-HE 8/1922; Hauswirtschaftlicher Unterricht in den Pflichtfortbildungsschulen, in: HE Nr.563, 4.12.1919. Zur Revision der sozialistischen Emanzipationstheorie durch die MSPD-Frauenorganisation vgl. ausführlich Kapitel 1.4.3.1.
153 Vgl. u.a.: Junge Mädchen von heute, in: HE Nr.8, 7.2.1926; Hauswirtschaft als gelernter Beruf, in: FB-HE 3/1928; Moderne Berufsschule für junge Mädchen, in: FW 26/1930, 610f; Hauswirtschaftliche Ausbildung, in: SM Bd.64, 1927, 55f.
154 Meyer 1928<b>. Vgl. auch: Peter 1929, insb. 31ff; Sander, 1923; dies. 1928, insb. 7ff; Schecker 1929; Stecher 1927.
155 Meyer 1928<b>, 70.
156 Dies.: Arbeitsmethoden und Haushaltsplanung, in: ebd., 95–104, 97.
157 Peter, Rosa: Erziehung in der Berufsschule zur neuen Haushaltsführung, in: ebd., 109–130; 110ff.
158 Ebd., 113ff.
159 Vgl. StA OS.V 771a, Bd.4: Oberschulbehörde, Protokollauszug vom 18.2.1926; ebd.: Oberschulbehörde. An die Leitungen sämtlicher Volksschulen des Stadt- und Landgebietes, Hamburg 1.4.1926.
160 Vgl. StA OS.V 771a, Bd.5: An den Präses der Landesschulbehörde, i.A. des Organisationsausschusses der Landesschulbehörde, Hamburg 26.3.1932; Neugestaltung der Unterrichtspläne, in: HE Nr.11, 7.5.1932.
161 Richtlinien für den Arbeitsplan der hamburgischen Volksschule 1926, 81f. Die Bestimmungen zum Hauswirtschaftsunterricht änderten sich in den ‚Richtlinien für den Arbeitsplan der hamburgischen Volksschule' v. 1929 nicht.
162 Vgl. Lehrplan der Haushaltungsschulen 1912, 3f; Richtlinien 1929, 85; Jb.VB.FHH 1925, 272.
163 Richtlinien 1929, 95f.
164 Vgl. ebd., 10f.
165 Vgl. Jb.VB.FHH 1925, 289ff. Zur Geschichte der allgemeinen Fortbildungsschulen in Hamburg zwischen 1900 und 1923 vgl. Brühns 1982.
166 Vgl. Hagemann, Karen: Wegbereiterin der Berufsschulausbildung für Mädchen. Olga Essig, in: Lorent/Ullrich 1988, 356–360, 359.
167 Auras, in: Frauenarbeit und öffentliche Berufserziehung 1929, 64; Jb.VB.FHH 1925, 294.
168 Auras, Dora: Berufsleben und Arbeitspraxis der weiblichen Jugend in der Hauswirtschaft, in: Frauenarbeit und öffentliche Berufserziehung 1929, 63–68, 64.
169 Beckmann, Emmy: Bildungsaufgaben und Erziehungswerte der Mädchenberufsschulen, in: Von dem Leben und der Arbeit 1927, 26–32, 31.
170 Peters, Lilly: Unsere Aufgaben im neuen Schulhaus, in: Von dem Leben und der Arbeit 1927, 18–22, 19.
171 Vgl. StA BS.II F.XIb1: Entwurf eines Lehrplanes für den hauswirtschaftlichen Unterricht für das Schuljahr 1921/22; ebd.: Vorläufiger Lehrplan für die Unterklassen, 1924 (Von der Berufsschulbehörde am 13.5.1924 genehmigt); ebd.: Lehrplanentwurf für die Mittelklassen, 1925 (Von der Berufsschulbehörde am 25.6.1925 genehmigt); ebd.: Richtlinien für den Unterricht der Oberklassen, 1926; ebd.: Lehrplan für Hausangestellte

– Unterklassen; Auras, in: Frauenarbeit und öffentliche Berufserziehung 1929, 64.

172 Vgl. StA BS.II F.XIb2: Protokollauszug aus den Sitzungsprotokollen der Kommission für die Gewerbeschulen, 27.8.1920; ebd.: Staatliche Gewerbeschule II, Hamburg 2.11.1920; ebd.: Protokollauszug aus den Sitzungsprotokollen der Kommission für Gewerbeschule, 25.2.1921; ebd.: Auszug aus den Protokoll der Behörde für das Gewerbe- und Fortbildungsschulwesen, Hamburg 12.5.1921.

173 Vgl. StA BS.II F.XIf1: Bericht über das Schuljahr 1924/25; StA BS.II F.XIb4: Staatliche Hauswirtschaftliche Halbjahres Abendkurse in Kochen, Schneidern und Umändern, 1924.

174 StJbu 1925, 33f; StJbu 1926/27, 373ff; StJbu 1927/28, 283ff; StJbu 1928/29, 281ff; StJbu 1929/30, 295ff; StJbu 1930/31, 385ff; StJbu 1931/32, 224ff; StJbu 1932/33, 217ff.

175 Vgl. Kapitel 3.1.2.1.

176 Vgl. Jb.VB.FHH 1925, 292; StA BS.II F.XIf1: Bericht über die Allgemeine Fortbildungsschule für Mädchen im Schuljahr 1920/21 und im Schuljahr 1921/22 (zit.als BS-Bericht 1920–22).

177 Vgl. ebd.; Jb.VB.FHH 1925, 291ff; Koeberer,Luise: Unsere Schulfürsorgearbeit, in: Von dem Leben und der Arbeit 1927, 62–67.

178 Vgl. BS-Bericht 1920–22; StA BS.II F.XIf1: Bericht über das Schuljahr 1922/23. Staatliche Allgemeine Gewerbeschule für das weibliche Geschlecht.

179 Vgl. Koeberer, in: Von dem Leben und der Arbeit 1927, 62ff.

180 Vgl. StA BS.II F.XIf1: Bericht über das Schuljahr 1923/24; ebd.: Bericht über das Schuljahr 1924/25.

181 Vgl. ebd; Von dem Leben und der Arbeit 1927; Frauenarbeit und öffentliche Berufserziehung 1929.

182 Vgl. Wiese,Käthe: Die Schülervertretung an den allgemeinen Berufsschulen für die weibliche Jugend, in: Frauenarbeit und öffentliche Berufserziehung 1929, 81–88.

183 Der Sozialdemokrat *Emil Krause* (1870–1943), von Beruf Lehrer, war 1893 bis 1902 Gerichtsberichterstatter und 1902 bis 1919 Redakteur des ‚Hamburger Echo'. 1907 bis 1933 gehörte er der Hamburgischen Bürgerschaft an, von März 1919 bis März 1933 war er Schulsenator. Vgl. Schröder 1986, 148; Saul,Klaus: Der Schulsenator. Emil Krause, in: Lorent/Ullrich 1988, 330–334.

184 Vgl. Büttner 1985, 212ff.

1.5 *Organisation der „proletarischen Hausfrauen"*

1 Vgl. Pr.Fk.SPD 1921, 22f.
Es gab in den zwanziger Jahren auf Reichsebene folgende bürgerliche Hausfrauenorganisationen:
- ‚Reichsverband deutscher Hausfrauenvereine e.V.' (RDHV), (1915 unter Mitwirkung des BDF gegründet)
- ‚Hausfrauenorganisation des katholischen Deutschen Frauenbundes' (HKDF), (1914 vom katholischen Deutschen Frauenbund gegründet)
- ‚Reichsverband landwirtschaftlicher Hausfrauenvereine e.V.' (RLHV), (1922 vom RDHV gegründet)

Darüber hinaus arbeiteten seit 1925:
- die ‚Praktisch-wissenschaftliche Versuchsstelle für Hauswirtschaft' in Leipzig, die vom RDHV eingerichtet worden war;
- die ‚Zentrale für Hauswirtschaft' in Berlin, die eine Abteilung der ‚Akademie für soziale und pädagogische Frauenberufe' war.

Vgl. Heyl 1927, 32ff; Bridenthal, Renate: „Professional" Housewives: Stepsisters of the Womens Movement, in: Bridenthal/Grossmann/Kaplan 1984, 153–173.

2 Die Gewerkschaft der Hausfrau, in: HE Nr.329, 28.11.1926.

3 Vgl. Jb.SPD-HH 1927/28, 218f; Jbu.SPD 1930, 194.

4 Pr.Fk.SPD 1921, 73.

5 *Johannes Begier* (geb. 1886) war von Beruf Gastwirt. Anfang der zwanziger Jahre war er als Parteisekretär des SPD-Unterbezirks Hamburg u.a. für Jugend- und Frauenfragen zuständig. 1920/21 gehörte er der Hamburgischen Bürgerschaft an. Von 1919 bis 1928 war er stellvertretender Vorsitzender des Ortsausschusses der Hamburger ‚Arbeiterwohlfahrt'. Vgl. StA: Bürgerschaftsmitglieder 1859–1959, Handschrift 601.

6 Vgl. Pr.Fk.SPD 1921, 34.

7 Ebd.

8 Vgl. Juchacz, Marie: Wohnungswesen und Hauswirtschaft, in: Ge. 8/1929, 364.

9 Vgl. Kapitel 1.4.1.2.

10 Vgl. Die Hausfrau in der Partei, in: Ge. 8/1927, 289f; Hausfrauenorganisation – Konsumgenossenschaft, in: Ge. 8/1927, 287; Internationale proletarische oder bürgerliche Hausfrauenorganisation, in: Ge. 8/1929, 366f; Die Organisation der Hausfrau, in: HE Nr.265, 25.9.1927; Ein Hausfrauen-Reichsausschuß, in: Ge. 7/1929,

302; Pr.Pt.SPD 1931, 237.

11 Vgl. Pr.Pt.SPD 1929, 236f u. 245.

12 Zur Entwicklung der ‚Arbeiterwohlfahrt‘ vgl. Kapitel 4.3.2. *Marie Juchacz*, geb. Gohlke (1879–1956), stammte aus einer Handwerkerfamilie, ihr Vater war Zimmermeister. Nach der Volksschule arbeitete sie zwei Jahre als Dienstmädchen, danach kurze Zeit als Fabrikarbeiterin und 1896 bis 1898 als Krankenwärterin. 1899 machte sie eine Schneiderlehre und war in diesem Beruf bis 1913 tätig. In ihrer Ehe, die nur kurze Zeit hielt, brachte sie zwei Kinder zur Welt. Sie lebte bis zum Tod ihrer Schwester Elisabeth Kirschmann-Röhl (1888–1930) mit dieser zusammen. 1905 kamen beide zur SPD. Marie Juchacz war bis 1913 in verschiedenen Funktionen der sozialdemokratischen Frauenbewegung in Groß-Berlin tätig. 1913 bis 1917 war sie Parteisekretärin in Köln, 1917 bis 1933 Reichsvorsitzende der SPD-Frauenorganisation und als solche Mitglied im Parteivorstand, 1917 bis 1919 Chefredakteurin der ‚Gleichheit‘, 1919 bis 1933 Vorsitzende des ‚Hauptausschusses für Arbeiterwohlfahrt‘ und Mitglied der Nationalversammlung bzw. des Reichstags. Vgl. AsdD SP: Marie Juchacz; Marie Juchacz, in: FW 14/1932, 321; Marie Juchacz 1979; Roehl 1961; Hammer 1956, 56; Hillger 1919, 92; Schwarz 1965, 964; Weiland 1983, 135ff; Wickert 1986, Bd.2, 165f. Zu Elisabeth Kirschmann-Röhl vgl. S. 735f, Anmerkung 338.

13 Vgl. Juchacz, Marie: Wohnungswesen und Hauswirtschaft, in: Ge. 8/1929, 364ff.

14 Ebd., 365.

15 Vgl. StA OS.V 714K, Bd.2: Hauswirtschaftliche Vereinigung. Interessengemeinschaft der Hausfrauen Hamburgs e.V., Hamburg 20.5.1931. An die Oberschulbehörde (zit.als Hauswirtschaftliche Vereinigung 1931); Tb.SPD-HH-Nw 1929/30, 61.

16 Zwar hatten die Kieler Sozialdemokraten bereits 1927 die Einrichtung einer Interessenvertretung der Hausfrauen initiiert, diese war jedoch eine Abteilung der örtlichen Konsumgenossenschaften. Vgl. Die Organisation der Hausfrau, in: HE Nr.265, 25.9.1927.

17 Vgl. Hauswirtschaftliche Vereinigung 1931.

18 Ebd.

19 Hauswirtschaftliche Vereinigung. Interessengemeinschaft der Hausfrauen Hamburgs e.V., in: HE Nr.175, 28.6.1931.

20 Ebd.

21 Dies ergab die Auswertung der Veranstaltungshinweise im „Merkblatt für unsere Frauen“ der Jahrgänge 1931/32 des HE. Vgl. hierzu auch Kapitel 4.3.1.

22 Vgl. Die Frau im Genossenschaftsleben, in: Gl. 23/1922, 207f; Die Konsumgenossenschaften und die Frauen, in: Gl. Nr.13, 28.3.1919, 98ff; Werktätige Frauen und Konsumgenossenschaften, in: DfG 21/1927; Frauen und Genossenschaften, in: GF 12/1916, 93f; Die Frau in der Konsumgenossenschaft, in: GF 24/1917, 191f; Die Waffe der Frau, in: GF 13/1923, 100.Zur Geschichte der deutschen Konsumgenossenschaften vgl. Hasselmann 1971; Kluthe 1985; Novy 1985; Novy/Prinz 1985; Weuster 1980.

23 Die teilnehmenden Länder waren: USA, England, Holland, Österreich, Schweiz, Tschechoslowakei. Vgl. Freundlich 1923, 13ff.

24 Zur Kurzbiographie von *Emmy Freundlich* (1878–1948), einer führenden Funktionärin der sozialdemokratischen Frauenbewegung Österreichs, vgl. Weiland 1983, 104f.

25 Vgl. Freundlich 1923, 13ff; Genossenschaftsbewegung des Auslandes, in: KR 39/1921, 427; Konsumgenossenschaftliche Rundschau, in: Gl. 5/1923, 39f.

26 Vgl. Pr.ZdK 1925, 224; Festschrift des ZdK 1928, 33f u. 341.

27 Vgl. Trost, Julie: Das Genossenschaftswesen und die Frau, in: KR 4/1922, 32.

28 Zur Geschichte des ZdK vgl. Festschrift des ZdK 1928, 58–299; Fleißner 1924. Zur ZdK-Frauenarbeit vgl. Richebächer 1982, 252–255.

29 Kauffmann, Heinrich: Hamburg, im März 1902. Geehrte Frau!, in: FGB Nr.1, Apr.1902, 1. Zur Kurzbiographie von *Heinrich Kauffmann* (geb. 1864), der Chefredakteur des ‚Frauen-Genossenschaftsblattes‘ und einer der führenden Funktionäre des ZdK war, vgl. Festschrift des ZdK 1928, 309.

30 Vgl. ebd., 386f.

31 Vgl. David 1907.
Erst 1923 erschien eine weitere Broschüre zur Frauenagitation; vgl. Schweikert 1923.

32 Die ‚Konsumgenossenschaftliche Rundschau‘, die seit 1904 vom ZdK herausgegeben wurde, hatte den Charakter eines Fachblattes für Funktionäre. Die Auflage war relativ gering. 1907 lag sie bei 8.000 Exemplaren und stieg bis 1931 auf 27.000. Vgl. Festschrift des ZdK 1928, 369ff u. 386; Jb.ZdK 1931, 137.

33 Vgl. Festschrift des ZdK 1928, 388ff; Jb.ZdK 1931, 137. Der Charakter der Rubrik „Für unsere Frauen“, aus der später die „Frauen-Seite“ wurde, änderte sich bis 1932 nicht. Vgl. KVB 23 (1930) – 25 (1932).

34 Vgl. Trost, in: KR 4/1922, 32.

35 Vgl. ebd.; Rupprecht, Elsa: Wie gewinnen wir die Frau zur Mitarbeit?, in: KR 10/1922, 100f; Wichmann: Die

Frau in der Genossenschaft, in: KR 14/1922, 159.

36 Trost, in: KR 4/1922, 32; Freundlich, Emmy: Die Mitarbeit der Frauen in der Genossenschaftsbewegung, in: KR 10/1922, 99f; Rupprecht, in: ebd., 100f; Busch, Frida: Das Genossenschaftswesen und die Frau, in: ebd., 101f; Ruppenstein, Doris: Die Frau in der Genossenschaft, in: KR 14/1922, 159; Wichmann, in: ebd.

37 Vorstand, Ausschuß und Verbandssekretäre des Zentralverbandes deutscher Konsumvereine, in: KR 39/1922, 481f.

38 Schweikert, Robert: Die Frau in der Genossenschaftsbewegung, in: Pr.ZdK 1923, 86f.

39 Vgl. ebd., 87f.

40 Ebd., 90.

41 Vgl. ebd., 96f.

42 Vgl. Schweikert 1923.

43 Anlaß zur Gründung der ‚Pro' waren die Erfahrungen während des großen Hafenarbeiterstreiks 1896/97. Das Hamburger Gewerkschaftskartell hatte große Schwierigkeiten, die Streikgelder aufzubringen. Dies führte zu dem Vorschlag, den Streikenden nicht nur Bargeld auszuzahlen, sondern sie auch direkt mit Lebensmitteln zu versorgen. Das Gewerkschaftskartell setzte die Gründung der ‚Produktion' gegen den Widerstand weiter Kreise der sozialdemokratischen Arbeiterbewegung Hamburgs durch. Die skeptische bis ablehnende Haltung war Ausdruck der reservierten Einstellung, die die Gesamtpartei um die Jahrhundertwende zu den Konsumgenossenschaften einnahm. Es wurde nicht nur bezweifelt, daß die Genossenschaften langfristig im Stande sein würden, die kapitalistischen Produktionsverhältnisse zu beeinflussen und die Klassenlage der Arbeiter zu heben, sondern auch befürchtet, daß die Genossenschaften der SPD und den freien Gewerkschaften Mitstreiter(innen) abziehen und deren Arbeit damit beeinträchtigen würden. Seit der Jahrhundertwende wandelte sich die offizielle Haltung der SPD zu den Konsumgenossenschaften grundlegend. Ausdruck hierfür war die Resolution des Magdeburger Parteitages 1910, in der die genossenschaftliche Tätigkeit als wirksame Ergänzung des politischen und gewerkschaftlichen Kampfes für die Hebung der Lage der Arbeiterklasse bezeichnet und den Konsumgenossenschaften die Unterstützung der SPD zugesichert wurde. Damit galten die Konsumgenossenschaften auch programmatisch neben Partei und freien Gewerkschaften als dritte Säule der Arbeiterbewegung. Vorausgegangen war dieser Entwicklung die endgültige organisatorische Trennung der Konsumgenossenschaften vom mittelständischen ‚Allgemeinen Verband'. Nach länger anhaltenden Konflikten zwischen Produktiv- und Konsumgenossenschaften, die sich 1902 mit dem Ausschluß einer größeren Anzahl „sozialdemokratischer" Konsumvereine durch den Vorstand des ‚Allgemeinen Verbandes' zuspitzten, gründeten ausgeschlossene und aus Protest ausgetretene Konsumgenossenschaften, darunter auch die Hamburger ‚Produktion', im Mai 1903 den ‚Zentralverband deutscher Konsumvereine'.
Zur Entstehung der ‚Pro' vgl. Hasselmann 1974, 47–74; Mendel/Rieger 1924, 9–43; Mendel/Rieger/Postelt 1949, 23–67; Gb.Pro 1900; Gb.Pro 1908, 6–14; Vieth 1930<a>, 33ff.
Zur Haltung der SPD zu den Konsumgenossenschaften und ihrem Wandel in der Vorkriegszeit vgl. Fleißner 1924, 14–27; Hasselmann 1974, 64ff; Mendel/Rieger 1924, 32; Novy/Prinz 1985, 28ff; Sywottek 1982, 21f; ders.: Konsumgenossenschaften, in: Ruppert 1986, 298–306; Totomianz 1929, 164; Vierheller 1983, 63f; Weuster 1980, 215–239.

44 Zit.nach Mendel/Rieger/Postelt 1949, 59.

45 *Adolph von Elm* (1857–1916), ein gelernter Zigarrensortierer, gründete 1883 den ‚Verein der Zigarrensortierer', den er bis 1891 leitete. Im selben Jahr gehörte er zu den Mitbegründern der ‚Tabakarbeiter-Genossenschaft', deren Geschäftsführer er bis 1912 war. 1890 bis 1896 gehörte er der Generalkommission der Gewerkschaften an, 1894 bis 1907 war er Mitglied des Reichstags, 1899 bis 1916 Mitglied des Aufsichtsrats der ‚Pro', seit 1906 als dessen Vorsitzender. Adolph von Elm war der Lebensgefährte von Helma Steinbach (vgl. deren Kurzbiographie im Anhang). Vgl. Schröder 1986, 101f; Mendel/Rieger/Postelt 1949, 250f.

46 Vgl. Sywottek 1982, 22f; Vierheller 1983, 54ff; Weuster 1980, 157–214.

47 Die ‚Rochdale Pioneers' hatten in Hinblick auf den Organisationsaufbau folgende Grundsätze:
– jedem Mitglied eine Stimme,
– offene Mitgliedschaft,
– religiöse und politische Neutralität,
– Verkauf echter, unverfälschter Ware nur gegen Barzahlung,
– feste, beschränkte Verzinsung der Einlagen,
– Überschußverteilung als Rückvergütung auf die Einkäufe.
Vgl. Novy/Prinz 1985, 29; Vierheller 1983, 64ff.

48 Vgl. Hasselmann 1974, 70ff; Mendel/Rieger 1924, 34f; Mendel/Rieger/Postelt 1949, 50ff. 1911 gründete die ‚Produktion' die ‚Handelsgesellschaft Produktion m.b.H', um neu eingeführten steuerrechtlichen Benachteiligungen zu entgehen. Ihr übertrug die weiterhin bestehende Konsumgenossenschaft die Warengeschäfte. Diese umstrittene Rechtsform, die die Aufnahme des Nichtmitgliedergeschäftes gestattete, konnte nur bis

1928 beibehalten werden. Vgl. Vieth 1930<b>; Vierheller 1983, 71.

49 Vgl. Handbuch für die Agitation 1919, 29ff; Hasselmann 1974, 92ff.

50 Vgl. Festschrift des ZdK 1928, 230.

51 Vgl. Statuten der ‚Pro' 1923, 14–20.

52 Vgl. Mendel/Rieger/Postelt 1949, 171ff.

53 Zit.nach: Hagemann, Karen/Ursula Schneider: „Einer für alle, alle für einen". Selbsthilfe-Organisationen, in: Vorwärts- und nicht vergessen 1982, 95–111, 102.

54 Vgl. Hasselmann 1974, 8–47; Mendel/Rieger/Postelt 1949, 9–22; Vieth 1930<a>, 3ff.

55 Vgl. Statuten der ‚Pro' 1923, 27ff.

56 Es waren: 257 „Verkaufsstellen" (Kolonialwarengeschäfte), die zugleich als Zweigstellen der Sparkasse dienten, 115 Schlachter, 94 Brotläden, 4 Feinkostgeschäfte, 4 Technische Läden, 4 Möbelgeschäfte, 3 Kaufhäuser, 2 Kohlenläger und 6 sonstige Läden, darunter 4 „Wanderwagen", die in den Stadtrandgebieten eingesetzt wurden. Die Läden galten in Hinblick auf Warenangebot, Aufmachung und Ausstattung sowie die Ausbildung des Verkaufspersonals als vorbildlich. Vgl. Postelt 1928, 4ff u. 19ff; Gb.Pro 1931, 21f, 28f u. 48f.

57 Für die ‚Pro' arbeiteten 1931 in Hamburg: 4 Bäckereien, 2 Mühlen, jeweils eine Fleischfabrik, Kaffeerösterei, Kellerei, Chemische Fabrik und Möbelfabrik sowie ein eigener Technischer Betrieb. Vgl. Gb.Pro 1931, 8–29.

58 Vgl. ebd.; Vierheller 1983, 68.

59 Vgl. Vierheller 1983, 67; Jb.ZdK 1931, 94 u. 137; Gb.Pro 1931, 37. Der ZdK umfaßte 1931 insgesamt 968 Genossenschaften mit 2.979.210 Mitgliedern. Die ‚Pro' gehörte zum Regionalverband Nordwestdeutschland.
Zur Entwicklung der Genossenschaftsbewegung in der Weimarer Republik vgl. allgemein: Kluthe 1985, 98ff; Novy/Prinz 1985, 67–81; Weuster 1980, 577–607.

60 Vgl. Mendel/Rieger/Postelt 1949, 272.

61 Vgl. Festschrift des ZdK 1928, 333 u. 341.

62 Vgl. Hasselmann 1974, 125ff; Mendel/Rieger/Postelt 1949, 113–135; Festschrift des ZdK 1928, 164f; Sywottek, in: Lehmann 1984, 77.

63 Festschrift des ZdK 1928, 333 u. 341.

64 Vgl. Mendel/Rieger 1924, 105; Gb.Pro 1924, 9 u. 22.

65 Vgl. Sywottek, in: Lehmann 1984, 81f.

66 Zit.nach Hagemann/Schneider, in: Vorwärts- und nicht vergessen 1982, 102.

67 *Gertrud Lodahl* (geb. 1878), die aus einer Berliner Arbeiterfamilie stammte, arbeitete nach der Volksschule zunächst als Kindermädchen, später als Buchdruckereihilfsarbeiterin. Seit ihrer Heirat war sie hauptberuflich Hausfrau. 1898 wurde sie als Leiterin der Berliner Ortsgruppe Mitglied im Vorstand der ‚Gewerkschaft der Buchdruckerei- und Steindruckereihilfsarbeiter und -arbeiterinnen'. Seit der Vorkriegszeit gehörte sie dem Aufsichtsrat des Berliner Konsum-, Bau- und Sparvereins an. 1916 bis 1918 war sie Mitglied im Beirat des Berliner Kriegsernährungsamtes, 1915 bis 1919 der Preisprüfungsstelle Groß-Berlin, 1919/20 gehörte sie als Nachrückerin der Nationalversammlung an. Vgl. Hillger 1919, 145; Schwarz 1965, 706; Wickert 1986, Bd.2, 171.

68 Pr.ZdK 1929, 80.

69 Vgl. ebd., 91–107; Klepzig, Vollrath: Die Mitarbeit der Frauen in den Konsumgenossenschaften, in: KR 49/1929, 805–807.

70 Vgl. folgende Artikel zum Thema „Das Wahlrecht der Frauen in den Konsumgenossenschaften": Freundlich, Emmy, in: KR 37/1929, 616f; Holz, Carmen, in: KR 44/1929, 724; Meyer, Toni, in: KR 48/1929, 791f.

71 Vgl. § 73 der Statuten der ‚Pro' von 1923, 26; Gb.Pro 1924, 9.

72 Vgl. Gb.Pro 1925, 23; Gb.Pro 1926, 22; Gb.Pro 1927, 7; Gb.Pro 1928, 8; Gb.Pro 1929, 6; Gb.Pro 1930, 8.

73 Aufschluß über die Entwicklung im ZdK gibt folgende Übersicht:

Jahr	Genossenschaften insg.	Mitglieder	davon Frauen	Frauenanteil in %
1914	1109	1717519	266663	15,5
1919	1132	2308407	490358	21,2
1924	1163	3505180	619785	17,7
1931	968	2979210	561553	18,8

Vgl. Festschrift des ZdK 1928, 333 u. 341.
Im christlichen ‚Reichsverband Deutscher Konsumvereine' war der Frauenanteil noch ungünstiger. Dort waren 1930 nur 8,3 % der 794.000 Mitglieder in den 276 Konsumvereinen weiblich. Auch im RDK war weder die Mitgliedschaft der Ehefrau noch eine Doppelmitgliedschaft erwünscht. Vgl. Herbertz, Lene: Frauen in den Konsumgenossenschaften, in: Jbu.Fa. 1932, 123f.

74 In Stuttgart waren rund 55 % der Haushalte konsumgenossenschaftlich organisiert, in Leipzig 38 %. Vgl. Gb.Pro 1930, 79.

75 Gb.Pro 1925, 36.
76 Gb.Pro 1914, 33. Die Mitgliederstruktur von ‚Pro' und ZdK läßt sich nur eingeschränkt vergleichen, da sich die Erfassungsgrundlagen unterscheiden. Die Mitgliederzahlen des ZdK sind nicht nach dem Geschlecht differenziert und beziehen sich bei der Berufsgliederung nur auf Einzelberufe. Vgl. Festschrift des ZdK 1928, 341.
77 Vgl. Werktätige Frau und Konsumgenossenschaft, in: DfG 21/1927.
78 Vgl. Gb.Pro 1922, 18.
79 Postelt 1928, 25f.
80 Vgl. Gb.Pro 1924, 19.
81 Vgl. Postelt 1928, 25f.
82 *Walter Postelt* (geb. 1895), der Sohn von Reinhold Postelt, der 1899 bis 1913 Geschäftsführer der ‚Pro' war, war kaufmännischer Angestellter. 1922 wurde ihm die Leitung der Literarischen Abteilung der ‚Pro' übertragen, wenige Jahre später wurde er zum Sekretär des Mitgliederausschusses der ‚Pro' gewählt. Vgl. Mendel/Rieger/Postelt 1949, 268f.
83 Postelt 1928, 22f.
84 Nach Anzeigen im HE.
85 Vgl. Gb.Pro 1926, 18.
86 Postelt 1928, 23.
87 Vgl. ebd., 25
88 Zit.nach Hagemann/Schneider, in: Vorwärts- und nicht vergessen 1982, 102.
89 Vgl. Postelt 1928, 23; Hasselmann 1974, 204; Mendel/Rieger/Postelt 1949, 173f.
90 Gb.Pro 1928, 20; vgl. Gb.Pro 1927, 17f.
91 Vgl. Pr.ZdK 1929, 78.
92 Vgl. Jb.ZdK 1931, 462ff.
93 Vgl. Schweikert, Robert: Werbe- und Erziehungsarbeit unter den Frauen, in: KR 11/1927, 173f; Zschätzsch 1928, 253–256; Herrmann, Fritz: Frauenversammlungen, in: KR 11/1925, 115f; Holz, Carmen: Frauenversammlungen, in: KR 16/1925, 171.
94 Vgl. Jb.ZdK 1931, 462ff; Klepzig, in: KR 49/1929, 805–807.
95 Sierakowsky, Heinrich: Frauenkurse I, in: KR 46/1930, 875. *Heinrich Sierakowsky* war Lehrer an der Genossenschaftsschule des ZdK in Hamburg.
96 Ders. 1928, 39.
97 Ders.: Frauenkurse II, in: KR 47/1930, 901.
98 Pr.ZdK 1927, in: Jbu.ZdK 1927, Bd.3, 142.
99 Zit.nach Pr.ZdK 1929, 93.
100 Vgl. den Wortbeitrag eines Kieler Genossenschafters, der kritisch auf dieses Problem hinwies; ebd., 93f.
101 Pr.ZdK 1929, 102f.
102 *Julius Müller* (geb. 1887) war seit 1906 Genossenschaftsangestellter. 1918 bis 1933 war er besoldetes Vorstandsmitglied der ‚Pro'. Vgl. Mendel/Rieger/Postelt 1949, 257f.
103 Vgl. Pr.ZdK 1927, in: Jbu.ZdK 1927, Bd.3, 149ff; Klepzig, in: KR 49/1929, 807.
104 Weibliche Aufsichtsratsmitglieder der ‚Pro' waren zwischen 1899 und 1918:
- Helma Steinbach (Mai 1899–März 1906, März 1907–März 1912, Mai 1912–Juli 1918)
- Luise Zietz (März 1904–März 1905)
- Berta Nerjes (März 1910–Sept.1910).

105 Weibliche Delegierte der ‚Pro' zu den Genossenschaftstagen waren zwischen 1919 und 1933:
- 1922, Eisenach: Frau Petersen
- 1924, Ulm: Frau Hörig
- 1926, München: Suse Neuer
- 1928, Dresden: Frau Meppen
- 1929, Mannheim: Frau Hildebrandt
- 1930, Lübeck: Anna Heinsohn
- 1931, Magdeburg: Helene Beer

Über deren Biographien konnte nichts ermittelt werden.
106 Jb.ZdK 1931, 462ff.
107 Vgl. Jbu.ZdK 1927, Bd.3, 154.
108 So Heinrich Lorenz, Vorsitzender des Gesamtvorstandes des ZdK, auf dem Genossenschaftstag in Mannheim 1929. Vgl. Pr.ZdK 1929, 97.
Zu diesem Zeitpunkt gab es lediglich in sechs von 1279 Konsumvereinen des ZdK eine Frau als Sekretärin. Vgl. Jbu.ZdK 1923, Bd.2, 733.

109 Vgl. Pr.ZdK 1926, 96f.
Lediglich der Verband ostdeutscher Konsumvereine und der Verband thüringischer Konsumvereine führten Frauenkonferenzen durch. Vgl. Vorstand des Verbandes ostdeutscher Konsumvereine 1928, 4; Eine konsumgenossenschaftliche Frauenkonferenz, in: KR 16/1926, 242; Einladung zur ersten Frauenkonferenz des Verbandes ostdeutscher Konsumvereine am 4.10. 1926, in: KR 38/1926, 565; Frauenkonferenz des Verbandes thüringischer Konsumvereine, in: KR 40/1927, 658; 5. Frauenkonferenz des Verbandes thüringischer Konsumvereine, in: KR 9/1928, 164; 6. Frauenkonferenz des Verbandes thüringischer Konsumvereine, in: KR 11/1929, 192.

110 Vgl. Pr.ZdK 1927, in: Jbu.ZdK 1927, Bd.3, 144 u. 148; Pr.ZdK 1929, 90; Klepzig, in: KR 49/1929, 807.

111 *Vollrath Klepzig* (geb. 1884) war seit 1906 Genossenschaftsangestellter. Er übte in verschiedenen Konsum- und Sparvereinen die Funktion eines Geschäftsführers aus. 1925 wurde ihm das Amt des Vorsitzenden des ‚Verbandes sächsischer Konsumvereine' übertragen, seit diesem Zeitpunkt war er Mitglied des Zentralausschusses des ZdK und zudem Mitglied des Aufsichtsrats der ‚Verlagsgesellschaft deutscher Konsumvereine'. Vgl. Festschrift des ZdK 1928, 314.

112 Klepzig, in: KR 49/1929, 807.

113 Vgl. Pr.ZdK 1929, 103; Pr.ZdK 1927, in: Jbu.ZdK 1927, Bd.3, 149ff.

2 *Familienarbeit und Arbeiterfamilie*

1 Vgl. Zahn 1918<a>, 2ff; ders.: Familienpolitik, in: SP 45/1927, 1116.

2 Mooser, Josef: Familienarbeit und Arbeiterfamilie. Kontinuität und Wandel seit 1900, in: Ruppert 1986, 106–116.

3 Vgl. insb.: Medick, in: Mitterauer/Sieder 1982, 271–299; ders., in: Conze 1976, 254–282; Rosenbaum 1982, 189–250.

4 Zur Arbeiterfamilie im Deutschen Kaiserreich vgl. u.a.: Bajohr 1984; ders.: „Vater war immer ein linker Kumpel". Braunschweiger Familien und Arbeiterbewegung im ersten Drittel des 20. Jahrhunderts, in: Haumann 1982, 120–146; Evans/Lee 1981; Flecken 1981; Fout, John C.: The Woman's Role in the German Working-Class Family in the 1890s from the Perspective of Women's Autobiographies, in: ders. 1984, 295–319; Knapp 1984; Kuhn, Axel: Die proletarische Familie. Wie Arbeiter in ihren Lebenserinnerungen über den Ehealltag berichten, in: Haumann 1982, 89–119; Mooser 1984, 141–159; ders., in: Ruppert 1986, 106ff; Mühlberg 1985, 85–102; Neef 1988, 86–166; Quataert, Jean H.: Social Insurance and the Family Work of Oberlausitz Home Weavers in the Late Nineteenth Century, in: Fout 1984, 270–294; Rosenbaum 1982, 381–476; dies. 1988; Saul 1982; Seyfarth-Stubenrauch 1985; Sieder 1987, 146–211; Soder 1980.
Zur Arbeiterfamilie in der Zwischenkriegszeit vgl. Flemming/Saul/Witt 1988; Langewiesche, in: Niethammer 1979, 171–187; Mooser in: Ruppert 1986, 106–116; Pirhofer/Sieder, in: Mitterauer/Sieder 1982, 326–368; Sieder 1987, 212ff.
Siehe zum internationalen Vergleich auch: Ehmer, Josef: Familie und Klasse. Zur Entstehung der Arbeiterfamilie in Wien, in: Mitterauer/Sieder 1982, 300–325; ders.: Frauenarbeit und Arbeiterfamilie in Wien. Vom Vormärz bis 1934, in: Wehler 1981, 438–473; Roberts 1985; Scott/Tilly 1978; Stearns 1980, 261–292; sowie die einschlägigen Beiträge in den Sammelbänden von Honegger/Heintz 1981 und Lewis 1986.

5 Vgl. insb.: Sieder 1987, 212ff; Pirhofer/Sieder in: Mitterauer/Sieder 1982, 326ff.

6 Vgl. hierzu Kapitel 1.4.

7 Vgl. hierzu Kapitel 2.1.3.1.

8 Vgl. insb. Hareven, Tamara K.: Family Time and Historical Time, in: Mitterauer/Sieder 1982, 64–87. Zur Problematik des Begriffs ‚Familienzyklus' vgl. Marbach, Jan: Das Familienzykluskonzept in der Lebenslaufforschung, in: Voges 1987, 367–388.

9 Zum Begriff „Familienfürsorge" und dem Konzept der „Familienfürsorge" in den zwanziger Jahren vgl. Familienfürsorge, in: HdWo 1924, 133–136; Familienfürsorge, in: HdWo 1929, 224–258; Familienfürsorge, in: Staatslexikon 1926, Bd.1, 1798–1801; Baum 1927.
Zur Praxis der Familienfürsorge in den zwanziger Jahren vgl. den Aufsatz von David F.Crew, der das Beispiel Düsseldorfs analysiert: Crew 1986, 243ff.

10 Vgl. hierzu ausführlich Kapitel 2.1.3.2.

2.1. *Arbeiterfamilie und Bevölkerungspolitik*

1 Vgl. Herlth, Alois/Franz-Xaver Kaufmann: Zur Einführung: Familiale Probleme und sozialpolitische Interventionen, in: Kaufmann 1982, 1–22, 14f; Sachße, Christoph/Florian Tennstedt: Familienpolitik durch Gesetzgebung: Die juristische Regulierung der Familie, in: ebd., 87–130; Scheffler 1970, zum Zeitraum 1919 bis 1933 insb. 10–17.

2 Rühle-Gerstel 1972, 179f.
Zur Kurzbiographie von *Alice Rühle-Gerstel* (1894–1943), die sich nach einem Philosophie- und Literaturgeschichtsstudium der Individualpsychologie zuwandte und allein sowie gemeinsam mit ihren Mann Otto Rühle, den sie 1921 heiratete, in den zwanziger Jahren diverse psychologische und pädagogische Schriften publizierte, vgl. Rühle-Gerstel 1972, 422; Brinker-Gabler 1978, 349.

3 BGB 1896; vgl. auch im folgenden die Zitate aus dem Ehe- und Familienrecht des BGB. Zur Rechtsgeschichte der Frauen im 19. Jahrhundert vgl. Gerhardt 1978, 154–189.

4 Heuß 1929, 32.

5 Ebd., 31.

6 Ebd., 33; vgl. Jellinek 1928, 26f.

7 Heuß 1929, 37f.

8 Das eheliche Güterrecht des BGB bestimmte, daß das Vermögen der Frau durch die Eheschließung „als eingebrachtes Gut“ der „Verwaltung und Nutznießung des Mannes unterworfen“ wurde. Dies galt auch für Vermögen, das die Frau während der Ehe erwarb (§ 1363). Von dieser Bestimmung ausgenommen war lediglich sogenanntes „Vorbehaltsgut“. Dazu gehörten vor allem „zum persönlichen Gebrauch der Frau bestimmte Sachen“, insbesondere Kleider, Schmuck und Arbeitsgeräte sowie Einkommen aus eigener Arbeit oder dem selbständigen Betrieb eines Erwerbsgeschäftes (§§ 1365 –1367). Vermögen, das die Ehegatten in der Ehe erwarben (ersparten) – dazu zählte auch der Nutzen, den das Vermögen der Frau abwarf (u.a. Zinsen), und der Gewinn, den beide Ehegatten im Geschäft des Mannes erzielten –, wurden Alleineigentum des Mannes (§ 1383). Neben dem „gesetzlichen Güterrecht“ stand Ehepaaren die Möglichkeit offen, in einem privaten Ehevertrag ihre Vermögensverhältnisse zu regeln.

9 Zu den Reformvorschlägen des BDF vgl. Jellinek 1928. Die Vorstellungen der SPD-Frauenorganisation werden in Kapitel 2.3.2 vorgestellt. Allgemein vgl. Blasius 1987, 128ff.

10 Vgl. Kapitel 2.3.2 und 2.3.3.

11 Agnes A., Juni 1981.

12 Vgl. Rühle-Gerstel 1972, 189.

13 Vgl. StM Nr.2, 1913, 18ff u. 248ff; StHSt H.32, T.2, 1927, 290ff.

14 Vgl. Lau 1924, 34f; Arbeitstag 1930, 220; Rühle-Gerstel 1972, 187f.

15 Vgl. Franzen-Hellersberg 1932, 58f u. 74; Rühle-Gerstel 1972, 185ff.

16 *Erich Ollenhauer* (1901–1963) stammte aus einer Leipziger Arbeiterfamilie und schloß sich bereits früh der Arbeiterjugend an. Von 1919 bis 1933 war er Mitglied im Hauptvorstand und von 1928 bis 1930 erster Vorsitzender der SAJ, 1923 wurde er erster Sekretär der ‚Sozialistischen Jugendinternationale‘ und 1933 Mitglied des Parteivorstandes der SPD; vgl. Winkler 1985<b>, 871. Zur Kurzbiographie seiner Schwester Hilde Ollenhauer vgl. im Anhang.

17 Vgl. hierzu Kapitel 3.2.

18 Zur Lebensgeschichte von Wilma M. und ihrer Mutter vgl. ausführlich: Hagemann, Karen: „Wir jungen Frauen fühlten uns wirklich gleichberechtigt ...“ Arbeiterfrauen, in: Ruppert 1986, 69–78.

19 Vgl. Kapitel 3.1.2.1.

20 Rühle-Gerstel 1972, 189.

21 Vgl. ebd., 190f.

22 Vgl. Lipp, in: Ruppert 1986, 191f.

23 Zur Geschichte der Arbeiterjugendbewegung in Hamburg vgl. Bondy 1922; Bruhns, Maike: „Bauvolk der kommenden Welt“. Arbeiterjugendbewegung, in: Vorwärts- und nicht vergessen 1982, 169–186, insb. 175ff; Eberts 1980, 27ff; Schult 1967, 222–237. Zur Geschichte der Arbeiterjugendbewegung in Deutschland vgl. allgemein: Brücher/Hartmann 1981; dies. 1983; Eppe 1983; Eberts 1980; Jahnke 1973; Naujoks 1984; Neuland/Werner-Cordt 1980.

24 Zur Geschichte des ‚Ausschusses zur Förderung der Jugendspiele‘ vgl. Schult 1967, 183–189; sowie Kapitel 2.3.2.1.

25 Vgl. Dehn 1929, 45f; Franzen-Hellersberg 1932, 63f.

26 Vgl. Rühle 1977, Bd.2, 11 u. 38f; Rühle-Gerstel 1972, 191f.

27 Vgl. Dehn 1929, 47f; Krolzig 1930, 146f; Lau 1924, 37f; Lipp, in: Ruppert 1986, 193; sowie Kapitel 2.2.1.2.

28 Vgl. Dehn 1929, 47.
29 Vgl. Kapitel 2.2.1.1.
30 Niemeyer 1931, 46f.
31 Zur Reichsentwicklung vgl. ebd., 51f.
32 Vgl. ebd., 46f.
33 StJbu 1928/29, 22.
34 Vgl. Niemeyer 1931, 50f.
35 Vgl. ebd., 37; StJbu 1933/34, 12.
36 StJbu 1933/34, 12 u. 16. Bis 1913 bezogen auf die ortsanwesende Bevölkerung, danach auf die Wohnbevölkerung.
37 Vgl. Niemeyer 1931, 38f.
38 Vgl. Kapitel 2.3.2.2.
39 Als solche galt gemäß einem Urteil des Reichsgerichts aus dem Jahr 1927 „jedes gegen Zucht und Sitte verstoßende, nicht auf die Person des Unzuchttreibenden beschränkte Verhalten ... im Bereiche des geschlechtlichen Umgangs, den Verkehr zwischen Ehegatten ausgenommen.“; zit.nach Hodann 1932, 78.
40 Vgl. Heuß, 1929, 228.
41 Vgl. Rühle 1977, Bd.2, 26.
42 Zit.nach Heuß 1929, 228.
43 Lili D. war mit ihrer Schwester nach Beilegung der familiären Meinungsverschiedenheiten wieder in die elterliche Wohnung eingezogen. Vgl. Kapitel 1.2.2.2.
44 Vgl. Rühle 1977, Bd.2, 21f.
45 Vgl. hierzu ausführlich Kapitel 2.2.1.2.
46 Vgl. Kapitel 2.2.1.1.
47 Vgl. Gerhardt 1978, 101ff; Hoffmeister 1984, 36ff; Knapp 1984, 207ff; Kraus 1965, 42; dies. 1979, 174–215; Lee 1977, 403–425; Lipp, in: Ruppert 1986, 193ff; Marschalck 1984, 37; Matz 1980; Mitterauer 1983, 67ff und 100ff; Rosenbaum 1982, 426f; Sieder 1987, 158ff.
48 Vgl. Bajohr, Stefan: Uneheliche Mütter im Arbeitermilieu. Die Stadt Braunschweig 1900–1930, in: Wehler 1981, 474–506, 505f; Mitterauer 1983, 107f.
49 Vgl. Rühle-Gerstel 1972, 150f; Schulte 1979, 114ff; Theweleit 1980, Bd.1, 364ff.
50 Vgl. Mitterauer 1983, 28ff.
51 Vgl. Heuß 1929, 64.
52 Vgl. Schröder 1966, 141ff.
53 Vgl. Jellinek 1928, 46; Peukert 1986, 137ff; Schröder 1966, 213ff.
54 Vgl. Hubbard 1983, 44.
55 Die SPD-Frauenorganisation kritisierte deshalb scharf die Entlassung lediger verbeamteter Mütter aus dem öffentlichen Dienst, die selbst vom BDF und weiten Teilen der bürgerlichen Frauenberufsverbände unterstützt wurde. Vgl. Für die unverheiratete Mutter und das uneheliche Kind, in: Gl. 2/1921, 14f; Radtke, Elli: Schutz der unehelichen Mutter, in: Gl. 9/1921, 82f; Schroeder, Louise: Das Problem der unehelichen Mutterschaft, in: FB-HE 4/1924; Pr.Pt.SPD 1919, 493; Pr.Pt.SPD 1922, 74f.
Ein Antrag der SPD-Frauenkonferenz an den Parteitag im Jahr 1920 kritisierte ebenfalls die Entlassungspolitik und forderte die SPD-Reichtagsfraktion auf, aktiv zu werden. Der Antrag wurde vom Parteitag an die Reichstagsfraktion verwiesen. 1921 wurde vom SPD-Parteitag erneut ein solcher Antrag angenommen. Vgl. Pr.Pt.SPD 1920, 324f; Pr.Pt.SPD 1921, 395.
56 Vgl. Reitze, Hanna: Um die rechtliche Anerkennung der unehelichen Mutterschaft, in: HE Nr.146, 27.3.1922; Lehmann, Henni: Das Gesetz über die rechtliche Stellung des unehelichen Kindes, in: Gl. 24/1922, 217f; Friedländer, Walter: Der Stand des Gesetzes über die unehelichen Kinder, in: AW 4/1929, 97–104; Wachenheim, Hedwig: § 1707 des Unehelichengesetzentwurfes, in: Ge. 1/1929, 4ff; Friedländer, Walter: Zum Gesetzentwurf über das Recht des unehelichen Kindes, in: ebd., 7ff; Meier, Hans: Die Sozialdemokratie und das Gesetz über die unehelichen Kinder, in: ebd., 11ff; Die Frau in Politik und Beruf 1928, 13ff.
Allgemein zur Diskussion um das Nichtehelichenrecht in der Weimarer Republik vgl. Blasius 1987, 178f; Wickert 1986, Bd.1, 170f; Eiserhardt, Hilde: Die Reform des Unehelichenrechts, in: JuV Nr.5/6, 1929/30, 72–76; Janssen-Jurreit 1986, 28ff.
57 Die Frau in Politik und Beruf 1928, 33; vgl. auch Fürth 1920, 16ff.
58 Vgl. Bebel 1908, 43f; sowie auch Bebel 1976, 519.
59 Alle folgenden Zitate ebd., 510ff.
60 Zur sozialdemokratischen Haltung zu Sexualität, Ehe und Familie im Kaiserreich vgl. Evans 1979, 235–258; Linse 1972, 223f; Neumann 1981, 190f; ders. 1974, 272ff; Niggemann 1981<a>, 237–281; sowie Kapitel 2.3.2.

61 Vgl. Anmerkung 56; Vaerting, Mathilde: Das neue Sittlichkeits- und Eheideal der Einheitsmoral, in: JB 12/1926, 356ff; sowie Kapitel 2.3.2.2.

62 Zur Geschichte des DBfM vgl. Ebert 1978, 77–102; Evans 1976, 115–123; Rantzsch, Petra: Deutscher Bund für Mutterschutz (DBM). 1905–1933, in: Fricke 1984, 52–57; Rosenthal 1912, 1–8; Schenk 1980, 34ff; Stöcker 1915, 1–86.
Zur Debatte über Sexualmoral und Sittlichkeit in der bürgerlichen Frauenbewegung vgl. Janssen-Jurreit, Marielouise: Sexualreform und Geburtenrückgang – Über die Zusammenhänge von Bevölkerungspolitik und Frauenbewegung um die Jahrhundertwende, in: Kuhn/Schneider 1979, 56–81, 65ff; dies. 1986, 34–42; Meyer-Renschhausen, Elisabeth: Die weibliche Ehre. Ein Kapitel aus dem Kampf von Frauen gegen Polizei und Ärzte, in: Geyer-Kordesch/Kuhn 1986, 80–101; Stoehr,Irene: Fraueneinfluß oder Geschlechterversöhnung? Zur „Sexualitätsdebatte" in der deutschen Frauenbewegung um 1900, in: ebd., 159–190.
Helene Stöcker, verh. Springer (1869–1943), war die Führerin der Mutterschutzbewegung und eine Mitstreiterin des radikalen Flügels der bürgerlichen Frauenbewegung. Sie arbeitete zunächst als Lehrerin, studierte ab 1896 Nationalökonomie, Literatur und Philosophie und promovierte 1902. 1905 gründete sie den ‚Deutschen Bund für Mutterschutz', dessen Vorsitzende und Vorstandsmitglied sie lange Jahre war. Sie arbeitete in zahlreichen pazifistischen Organisationen mit. Vgl. Hacket,Amy: Helene Stöcker. Left Wing Intellectual and Sexreformer, in: Bridenthal/Grossmann/Kaplan 1984, 109–129; Lebensabriß. Aus den unveröffentlichten autobiographischen Manuskripten Helene Stöckers, in: Die Radikalen 1984, 151–164; Weiland 1983, 260f.

63 *Henriette Fürth,* geb. Katzenstein (1861–1936), war die Tochter eines liberalen Kaufmanns und Holzhändlers. Nach dem Besuch der Höheren Schule heiratete sie 1880 den Frankfurter Kaufmann Wilhelm Fürth. Wie ihr Bruder Simon Katzenstein (1861–1946), ein bekannter Funktionär und Redakteur, fand sie schon früh zur SPD. Seit den 1890er Jahren engagierte sie sich in der sozialdemokratischen Frauenbewegung, dort gehörte sie zum sogenannten revisionistischen Flügel. Überwiegend betätigte sie sich journalistisch und schriftstellerisch. Sie stand in engem Kontakt mit der Sittlichkeits- und Sexualreformbewegung. Außer im DBfM arbeitete sie auch in der DGBG mit. Vgl. Weiland 1983, 107f; Juchacz 1971, 85ff; Osterroth 1960, 91.
Adele Schreiber-Krieger (1872–1957) stammte aus einem bürgerlichen Elternhaus. Ihr Vater war Arzt in Wien, ihre Mutter Schriftstellerin. Nach dem Besuch der Höheren Schule, einem längeren Auslandsaufenthalt und einigen Semestern Studium der Nationalökonomie in Berlin heiratete sie 1898 den Arzt Richard Krieger. Neben Helene Stöcker war sie die bedeutendste Vertreterin der Mutterschutzbewegung, dem DBfM gehörte sie von 1905 bis 1909 an. Bis zu ihrem Eintritt in die SPD 1918 arbeitete sie im radikalen Flügel der bürgerlichen Frauenbewegung mit. Überwiegend war sie als Referentin und Schriftstellerin tätig. 1920 bis 1924 und 1928 bis 1933 gehörte sie dem Reichstag an, von 1928 bis 1932 war sie Vorsitzende des Reichstagsausschusses für Bevölkerungspolitik. Vgl. AdsD SP: Adele Schreiber-Krieger; Hammer 1956, 82; Osterroth 1960, 271; Schwarz 1965, 753; Weiland 1983, 246f; Wickert 1986, Bd.2, 178 u. 202ff.

64 Vgl. Kapitel 2.2.3.

65 Vgl. Ebert 1978, 102ff; Evans 1976, 136ff; Greven-Aschoff 1981, 115ff; Zahn-Harnack 1928, 94ff; Stoehr, in: Geyer-Kordesch/Kuhn 1986, 159ff.

66 Vgl. Blasius 1987, 164–187.

67 Vgl. Kapitel 2.2.1.1 und 2.3.2.2. Zur Geschichte der Jungsozialisten vgl. Walter 1986; ders. 1983.

68 StJbu 1925, 43. Zur Entwicklung der nichtehelichen Geburtenzahlen in der zweiten Hälfte des 19. Jahrhunderts vgl. allgemein Hoffmeister 1984, 44ff.

69 Vgl. Marschalck 1984, 53ff; Niemeyer 1931, 68f; HStM 4/1931, 105ff.

70 Ebd., 105; Niemeyer 1931, 75f.

71 HStM 4/1931, 105; Hygiene 1928, 41; StJbu 1928/29, 43; StJbu 1929/30, 54; StJbu 1930/31, 40; StJbu 1931/32, 23; StJbu 1932/33, 21; StJbu 1933/34, 21; StJbu 1934/35, 28ff.

72 Vgl. Goldberg, Erich: Empfängnisverhütung bei ledigen Frauen, in: MW 11/1929, 390ff.
Zur Entwicklung des Heiratsalters vgl. Kapitel 2.1.1.2.

73 StJbu 1925, 45; StJbu 1926/27, 49; StJbu 1927/28, 39f; StJbu 1933/34, 22; StJbu 1935/36, 29; vgl. Rentrop 1931, 21ff.

74 StJbu 1932/33, 173; vgl. Rentrop 1931, 25f.

75 Dies bestimmten die §§ 1719–1722 des BGB; vgl. BGB 1896.
Die zweite Möglichkeit einer „Legitimierung" eines nichtehelichen Kindes, die Ehelichkeitserklärung auf Antrag des Vaters, hatte in der Realität nur eine geringe Bedeutung (§§ 1723–1740 BGB); vgl. ebd. Vgl. allgemein Hoffmeister 1984, 72ff; Rentrop 1931, 17.

76 StJbu 1925, 47; StJbu 1928/29, 43; StJbu 1929/30, 54; StJbu 1930/31, 40; StJbu 1931/32, 23; StJbu 1932/33, 21; StJbu 1933/34, 21f; HStM 4/1933, 66; HStM 10/1933, 186; Hygiene 1928, 39f.

77 Vgl. Niemeyer 1931, 76.

78 Vgl. Shorter 1984, 202–255; sowie Kapitel 2.2.1.2 und 2.2.1.3.
79 Vgl. Hygiene 1928, 37; Niemeyer 1931, 94; Rentrop 1931, 96.
1920 verstarben von den Totgeborenen 51,1 % vor und 28,8 % während der Geburt. Bei 20,1 % der Fälle lagen keine Angaben vor. Allgemein wurde angenommen, daß keine Angaben gemacht wurden, wenn eine Abtreibung verdeckt weden sollte. Vgl. Hygiene 1928, 41.
80 Vgl. HStM 4/1931, 109.
81 Vgl. Rentrop 1931, 96ff. Darauf deutet auch die Analyse der Totgeburtenquote in den einzelnen Hamburger Stadtteilen hin: 1933 lag sie im Durchschnitt der Stadt Hamburg bei 2,7 %, in den Arbeiterstadtteilen hingegen allgemein höher. An der Spitze stand die Altstadt mit einer Quote von 4,1 %. In den bürgerlichen Wohngebiete lag die Totgeburtenquote sehr viel niedriger, am geringsten war sie mit 0,5 % in Harvestehude. Vgl. StJbu 1934/35, 28ff.
82 HStM 4/1931, 107.
83 Vgl. hierzu Kapitel 2.1.1.1 und 2.1.3.
84 HStM 4/1931, 108.
85 Vgl. Wierling 1987, 94ff u. 226ff; Peters, H.: Die uneheliche Mutter, in: JuV Nr.5/6, 1929/30, 77–82.
86 Vgl. Hoffmeister 1984, 70ff.
87 StJbu 1929/30, 319; StJbu 1930/31, 303; StJbu 1931/32, 180; StJbu 1932/33, 173; StJbu 1933/34, 179; VBBZ 1935, 22.
88 Vgl. Rentrop 1931, 46f.
89 Vgl. ebd., 1931, 36f.
90 Vgl. Rühle 1977, Bd.2, 24; Rühle-Gerstel 1972, 330.
91 Vgl. Rentrop 1931, 25.
92 Weinzierl, Egon: Die uneheliche Mutterschaft. Eine sozialgynäkologische Studie, zugleich ein Beitrag zur Fruchtabtreibung, Berlin/Wien 1925; vgl. Rentrop 1931, 25.
93 Vgl. HStM 4/1931, 113. Siehe auch Kapitel 2.1.3.2.
94 Fünfzig Jahre Frauenklinik Finkenau 1964, 5.
95 Auch andernorts bemühte sich der DBfM intensiv um die Einrichtung von „Mütterheimen". 1911 betrieb er solche in acht Städten des Deutschen Reiches; das erste in Frankfurt a.M. war bereits 1907 eröffnet worden. Zunehmend richteten auch andere freie Träger „Mütterheime" ein, 1925 gab es im Reichsgebiet insgesamt 70. Vgl. Ebert 1978, 90; Denkschrift 1931<a>, 7.
96 Vgl. StA SB.I AF76.40, Bd.1: Aufruf. Mütterheim des Bundes für Mutterschutz in Hamburg e.V.; StA MK.II N22: Radel, Frieda: Der Bund für Mutterschutz in seinen praktischen und idealen Zielen, in: HF Nr.210, 6.9.1908.
97 In die Beratungsstelle, die seit 1907 arbeitete, kamen jährlich rund 500 Frauen. Vgl. StA MK.II N22: Bund für Mutterschutz, in: HF Nr.30, 5.2.1908.
98 Vgl. StA MK.II M5, Heft 27: Erster Bericht über die Jahre 1910 (vom Tage der Gründung an) und 1911. Mütterheim des Bundes für Mutterschutz in Hamburg e.V., Hamburg 1912, 3ff.
99 Vgl. Ebert 1978, 99ff; StA SB.I AF76.40, Bd.1: Zweiter Bericht über die Jahre 1912 und 1913. Mütterheim des Bundes für Mutterschutz in Hamburg e.V., Hamburg 1913.
100 Vgl. ebd.; Mütterheime, in: FB-HE Nr.2, Dez.1919; Bei den ledigen Müttern, in: HE Nr.542, 24.12.1922. Zur Geschichte der 1913 neugegründeten Ortsgruppe des DBfM, die von der Mitgliederminderheit getragen wurde, die die Ziele der DBfM-Zentrale in Berlin unterstützte, vgl. Kapitel 2.2.3.1.
101 Vgl. StA JB.I 299: Entwurf zum Antrag auf Mittelbewilligung für die Errichtung eines Mütterheimes für Mütter unehelicher Kinder, Dez.1926.
102 Vgl. Hygiene 1928, 446; StA SB.I AF76.40, Bd.1: Das Hamburger Mütterheim, in: HN Nr.114, 9.3.1926.
103 Vgl. ebd.: Vierteljahresübersicht über die auf Kosten des Wohlfahrtsamtes im Mütterheim Groß-Borstel untergebrachten Personen.
104 Vgl. StA JB.I 299: Programmatische Darlegung des Ausschusses für Säuglings- und Kleinkinderanstalten. An die Finanzdeputation, 11.2.1927; Hygiene 1928, 446.
105 Vgl. StA SB.I AF76.40, Bd.1: Richtlinien über die Unterbringung von Schwangeren für öffentliche Rechnung in Mütterheimen; ebd.: Anzahl der Plätze und Kostgeldsatz in den Hamburger Mütterheimen, 20.1.1929.
106 Vgl. ebd.; Hygiene 1928, 445.
107 Vgl. ebd., 446; StA JB.I 299: Der zweite Direktor des Jugendamtes an die Finanzdeputation Hamburg, 24.4.1928.
108 Vgl. StA SB.I AF76.40, Bd.1: Anzahl der Plätze und Kostgeldsatz, a.a.O.
109 Vgl. StA JB.I 299: Entwurf zum Antrag auf Mittelbewilligung, a.a.O.
110 Vgl. ebd.: Der zweite Direktor des Jugendamtes, a.a.O.
111 StA JB.I 299: Betr. Mütterheime, 20.5.1031.

112 Entscheidend gefördert wurde die Verabschiedung des ‚Gesetzes über die Beschäftigung vor und nach der Niederkunft' im Juli 1927 durch eine mehrjährige Kampagne des ‚Deutschen Textilarbeiterverbandes', der sich intensiv für die Verbesserung des Loses erwerbstätiger schwangerer Frauen einsetzte. Vgl. hierzu: Kapitel 3.3.2.3.
Zur zeitgenössischen Diskussion um das ‚Gesetz über die Beschäftigung vor und nach der Niederkunft' vgl. Gesetz über die Beschäftigung vor und nach der Niederkunft vom 16.7.1927, in: RGBl Nr.31, 1927, 184f; Jb.GA 1927, Bd.3, T.8, 41; Jb.GA 1928, Bd.2, T.8, 30; FB-HE 8/1929, 1; Ge. 5/1929, 179ff; Goerrig 1927, 66ff; Teleky, L.: Über die zum Schutz der Schwangeren und Wöchnerinnen gegen die Gefahren der Frauenerwerbsarbeit einzuführenden Maßnahmen, in: AfSHD Bd.1, 1925/26, 16ff; Ein Sondergesetz für Mutterschutz, in: GF 3/1927, 17ff; Gesetz über die Beschäftigung vor und nach der Niederkunft vom 16. Juli 1927, in: GF 8/1927, 60f; Jbu.ADGB 1927, 204ff.
Zur Entwicklung der Gesetzgebung vgl. Fürth 1920, 8ff; Schroeder 1925, 9–38; Jellinek 1928, 81f.

113 Vgl. Jb.GA 1928, Bd.2, T.8, 30; FB-HE 8/1929, 1; Jbu.ADGB 1925, 214.

114 Vgl. ‚Gesetz über die Wochenhilfe und Wochenfürsorge' vom 26.9.1919, in: RGBl Nr.193, 1919; Nachlaß Martha B.: AOK Hamburg. Wochenhilfe und Wochenfürsorge ab 1.10.1919; Denkschrift 1931<a>, 23ff; Jellinek 1928, 55ff; Ge. 5/1929, 179.
Zur Entwicklung der Wochenhilfe und Wochenfürsorge vgl. Schroeder 1925, 16ff.

115 Vgl. Jellinek 1928, 57.

116 Vgl. Schroeder 1925, 16ff.

117 Jb.GA 1930, Bd.2, T.8, 14ff; vgl. Jb.GA 1926, Bd.3, T.8, 50ff; Jb.GA 1927, Bd.3, T.8, 40ff; Jb.GA 1928, Bd.2, T.8, 30ff; Jb.GA 1929, Sonderabdruck, 30ff. Die Ergebnisse der einzelnen Jahre wichen in Hamburg nur unwesentlich voneinander ab.
Vgl. allgemein: Hanna, Gertrud: Schutz der schwangeren Arbeiterin im Betrieb, in: Sozialismus und Bevölkerungspolitik 1926, 33–39; Moses, Julius: Schutz der schwangeren Arbeiterin im Betrieb, in: ebd., 24–32; ders.: Mutterschaft und Fabrikarbeit, in: Ge. 12/1930, 462–469; Trapp, Margarete: Der Schutz der gewerblich tätigen Schwangeren, in: Arb. 8/1927, 531–541.

118 Vgl. Jb.GA 1927, Bd.3, T.8, 42; Jb.GA 1930, Bd.2, T.8, 16; Jbu.ADGB 1925, 210ff; StA AR 205: ADGB Ortsausschuß Groß-Hamburg. An den Arbeiterrat Groß-Hamburg, 20.12.1927; Hensel, Eva: Zur Frage der Säuglingsfrühsterblichkeit, in: SP 25/1929, 620.

119 Vgl. Rentrop 1931, 49.

120 Vgl. ebd., 79ff; Plothe, P.: Der uneheliche Vater, in: JuV Nr.5/6, 1929/30, 82–86; Visser: Der Unterhalt des unehelichen Kindes, in: ebd., 86–89.

121 Vgl. StA JB.I 293: Entwurf zu einem Merkblatt für ledige Schwangere.

122 Vgl. Rentrop 1931, 58ff.

123 Zur Entstehung und Entwicklung der gesetzlichen Vormundschaft über nichteheliche Kinder in Hamburg vgl. Schröder 1966, 141ff.

124 Vgl. StA JB.I 295: Die gesetzliche Vormundschaft.

125 Dr.Hertz: Zur Einführung, in: JuV Nr.5/6, 1929/30, 70–72, 71.

126 Vgl. Schröder 1966, 144; Knapp 1984, 211f.

127 Vgl. Schröder 1966, 213–228.

128 Vgl. ebd., 65ff.

129 Vgl. StJbu 1925, 279; StJbu 1926/27, 313; StJbu 1927/28, 325; StJbu 1928/29, 314; StJbu 1932/33, 173. Zur sozialen Zusammensetzung der ehrenamtlichen Jugendpfleger(innen) vgl. Kapitel 4.3.2.1.

130 Vgl. Hertz, in: JuV Nr.5/6, 1929/30, 71.

131 Vgl. auch Kapitel 2.1.3.2.

132 Vgl. Hygiene 1928, 63ff; StA JB.I 293: Statistisches über die Lage unehelicher Kinder. Ausschnitt aus den Blättern für die hamburgische öffentliche Jugendfürsorge; HStM 4/1933, 66.

133 Vgl. Hygiene 1928, 445; StA JB.I 293: Vorschläge zur Ausgestaltung der Organisation der Fürsorge für uneheliche werdende Mütter; ebd.: Die Fürsorge lediger werdender Mütter durch die Behörde für öffentliche Jugendfürsorge.

134 Vgl. Fürsorge für werdende Mütter beim Jugendamt, in: JuV Nr.12, 1925/26, 6f; Simon, Ellen: Mütter- und Säuglingsschutz, in: JuV Nr.5/6, 1929/30, 96–101.

135 Vgl. Hygiene 1928, 445; StA JB.I 299: Entwurf zum Antrag auf Mittelbewilligung für die Errichtung eines Mütterheimes für Mütter unehelicher Kinder, Dez.1926.

136 Vgl. Hygiene 1928, 445.

137 Vgl. Simon, in: JuV Nr.5/6, 1929/30, 99ff.

138 Vgl. Hygiene 1928, 445; StA JB.I 267: Brief von Ida B. An Herrn Bergmann, 26.5.1919.

139 Vgl. Hygiene 1928, 325f.

140 Vgl. StA JB.I 295: Die gesetzliche Vormundschaft.
141 StA JB.I 267: An das Armenkollegium Hamburg, 4.5.1920.
142 Hertz, in: JuV Nr.5/6, 1929/30, 71.
143 Vgl. StA JB.I 267: An das Armenkollegium Hamburg, 4.5.1920.
144 Vgl. Schröder 1966, 90ff; Erichson 1930, 176ff; Töpfer: Die Beaufsichtigung der Privatpflegekinder in ihrer Wirkung als Vorbeugemaßnahme gegen erziehliche Verwahrlosung, in: JuV Nr.10, 1925/26, 2–4.
145 Vgl. Schröder 1966, 214.
146 StA JB.I 267: Die Not der Pflegekinder, in: Arbeit und Wohlfahrt, 9/1922.
147 Vgl. ebd.: An das Armenkollegium Hamburgs, 4.5.1920; ebd.: Gutachten des Armenkollegiums vom 29.5.1920.
148 Vgl. StA JB.I 251: 73–165.
149 Vgl. StA JB.I 266: 249–594.
150 Vgl. StA JB.I 267: Die Not der Pflegekinder, a.a.O.
151 Vgl. StA MK.II N32: Deutsche Vereinigung für Säuglings- und Kleinkinderschutz, Landeszentrale Hamburg, 24.3.1926. An das Gesundheitsamt Hamburg; Hygiene 1928, 64.
152 Vgl. StA JB.I 246: Abbau geringwertiger Pflegestellen, in: JuV Nr.9/10, 1926/27; Jb.VB.FHH 1925, 681f; Jb.VB.FHH 1926, 414f.
153 StJbu 1926/27, 311; StJbu 1933/34, 178.
154 StA JB.I 231: Pflegekinderordnung, in: Pflegekinderbuch, Mai 1927, 4f.
155 Vgl. ebd.: Pflegekinderbuch, Mai 1927, 6f u. 10ff; Hygiene 1928, 325f.
156 Vgl. ebd.; HStM 4/1933, 66ff.
157 Die sexuelle Not der Erwachsenen, in: FB-HE 12/1928.
158 Vgl. Elkan, Rudolf: Wunschkinder, nicht Angstkinder, in: HE Nr.192, 14.7.1930; Neumann 1981, 196.
159 Vgl. Marschalck 1984, 60ff; Mitterauer 1983, 86ff; Beck-Gernsheim 1984, 17ff; Linse 1972, 206f; Spree 1981, 77ff.
160 Marcuse 1928, 47.
Julian Marcuse (1862–1942) praktizierte ab 1890 als Arzt in Mannheim, von 1905 bis 1923 war er Chefarzt des Sanatoriums Ebenhausen, danach Nervenarzt in München. Bereits in der Vorkriegszeit gehörte er der SPD an, in den zwanziger Jahren wurde er Mitglied der AWO. Vgl. Fischer 1961, 989; Frankenthal 1981, 318.
161 Vgl. Beck-Gernsheim 1984, 128f.
162 Rühle-Gerstel 1972, 340.
163 Höllein 1931, 41.
164 Vgl. Denkschrift 1931<b>, 10. Zur Entwicklung der Abtreibungen vgl. Kapitel 2.2.1.3.
165 Vgl. Otto 1922, 5f; Hodann 1929, 20ff; ders. 1932, 119.
166 Vgl. Marcuse 1928, 67; Durand-Wever 1931, 66ff.
167 1912 befragte Marcuse 100 Berliner Arbeiterehefrauen, 1917 300 Soldaten in einem Lazarett. Vgl. Marcuse 1913, 776f; ders. 1917, 160ff; Polano 1917, 576f; Otto 1922, 6; Rühle-Gerstel 1972, 340f; sowie Spree, Reinhard: Angestellte als Modernisierungsagenten. Indikationen und Thesen zum reproduktiven Verhalten von Angestellten im späten 19. und frühen 20. Jahrhundert, in: Kocka 1981, 279–308; Spree 1984, 49–68.
Max Marcuse (geb. 1877) war Facharzt für Geschlechts- und Sexualleiden in Berlin. Von 1908 bis 1915 gab er die Zeitschrift ‚Sexual-Probleme. Zeitschrift für Sexualwissenschaft und Sexualpolitik' heraus und war als sexualpsychologischer Sachverständiger bei Kammer-, Bezirks- und Landgerichten tätig. Vgl. Biographisches Handbuch 1980, 491; Kürschners 1931, 1856; Wer ist's 1928; Tetzlaff 1982, 142.
168 Vgl. Marcuse 1917, 161f.
169 Ebd., 18.
170 Ebd., 102.
171 Vgl. ebd., 160f.
172 Ebd., 19f.
173 Ebd., 36.
174 Ebd., 44.
175 Ebd., 51.
176 Ebd., 29.
177 Vgl. Neumann 1981, 200ff.
178 Vgl. Spree 1981, 91.
179 Zur Entwicklung im Deutschen Reich vgl. ausführlicher: Marschalck 1984, 53ff; Knodel 1974, 38–147.
180 StJbu 1932/33, 8f u. 20f; Hohorst 1978, 27f.
181 Zum Zusammenhang von Inflation und Geburtenrückgang vgl. Roesle, E.: Inflation und Bevölkerungsbewegung. Der Geburtenrückgang in den deutschen Städten in den Jahren 1921 bis 1924, in: AfSHD Bd.1, 1925/

26, 34–41.

182 StJbu 1932/33, 8f u. 20f; Hohorst 1978, 27f.

183 HStM 4/1931, 105; Niemeyer 1931, 70.

184 Vgl. Spree 1981, 91; ders., in: Kocka 1981, 279–308.

185 StHb 1920, 51f; StJbu 1925, 41; StJbu 1933/34, 10 u. 21.

186 Vgl. VBBZ 1935, 38; Spree 1981, 82.

187 Von den „Berufslosen" waren 1933 im hamburgischen Staat:
- 29,2 % Witwengeldempfängerinnen
- 27,6 % Invaliden- und Unfallrentner
- 14,5 % Unterstützungsempfänger
- 7,2 % Beamte und Offiziere im Ruhestand
- 7,1 % Rentner mit eigenem Vermögen.

VBBZ 1935, 27.

188 Vgl. Flachs 1933, 13f; Reuß 1939, 55.

189 Vgl. Durand-Wever 1931, 70f.

190 Vgl. Reuß 1939, 52f.

191 a) Gesamtzahl der in der bestehenden Ehe lebend- und totgeborenen Kinder (ohne Fehlgeburten). Quelle: VBBZ 1935, 34.

192 a) Gesamtzahl der in der bestehenden Ehe lebend- und totgeborenen Kinder (ohne Fehlgeburten). Quelle: Ebd., 33.

193 Das Risiko, erwerbslos zu werden, war in beiden Berufsgruppen groß. Die Arbeit auf dem Bau war Saisonarbeit. Alljährlich im Winter wurden viele Maurer erwerbslos. Schustergesellen fanden immer schwerer eine Arbeit, weil die Handfertigung von Schuhen durch die industrielle Fertigung verdrängt wurde, die weniger Arbeitskräfte erforderte.

194 Vgl. Reuß 1939, 68.

195 Vgl. Soziale Not und Nachkommenschaft, in: HE Nr.275, 5.10.1929.

196 *Karl Kautsky jun.* (1892–1978), Sohn des in der Vorkriegszeit maßgeblichen SPD-Theoretikers Karl Kautsky sen. (1854–1938), studierte von 1909 bis 1918 Medizin in Berlin, Frankfurt a.M. und Wien. Seit 1918 gehörte er der SPÖ an, die er von 1932 bis 1934 im Wiener Gemeinderat vertrat. 1917/18 war er als Militärarzt in der österreichisch-ungarischen Armee tätig, ab 1919 als Arzt im Amt für Wohlfahrtseinrichtungen, Jugendfürsorge und Gesundheitswesen in Wien. 1922 gründete er die Eheberatungsstelle des Gesundheitsamtes Wien, deren ärztlicher Leiter er bis 1934 war. Vgl. Biographisches Handbuch 1980, 357f.

197 VBBZ 1935, 38.

198 Kautsky 1924, 7f.

199 Bei drei Frauen ist die Kinderzahl nicht bekannt.

200 Vgl. Marcuse 1928, 85.

201 Vgl. Marschalck 1984, 34ff; sowie allgemein zur Entwicklung von Geburten und Säuglingssterblichkeit in Deutschland: Knodel 1974; Rothenbacher, Franz: Zur Entwicklung der Geburtenverhältnisse in Deutschland seit der Industrialisierung, in: Wiegand/Zapf 1982, 335–424, 343ff; Spree 1981, 49–92; ders. 1980, 251ff.

202 Vgl. Meyer-Delius 1951, 8ff; Gesundheitsverhältnisse in Hamburg 1901, 143–161.

203 Vgl. Marschalck 1984, 38f.

204 StJbu 1930/31, 53f; StJbu 1931/32, 25; StJbu 1932/33, 25; StJbu 1933/34, 25; Hygiene 1928, 52.

205 Vgl. Marschalck, 41f; Meyer-Delius 1951, 10f.

206 Vgl. Marschalck 1984, 41f u. 167f.

207 StHb 1920, 84; Dresel 1928, 220; HStM 4/1933, 67.

208 StHb 1920, 69; StJbu 1926/27, 57; StJbu 1933/34, 24; HStM 4/1933, 67.

209 Vgl. Höllein 1931, 32; Spree 1981, 56ff.

210 Dies galt auch für das mehr bürgerliche Wohngebiet Hohenfelde. Eine gemeinsame Erklärung für alle drei Stadtteile könnte der überdurchschnittlich hohe Anteil nichtehelicher Geburten sein. Ursache hierfür war in Hohenfelde die relativ große Zahl der Hausangestellten, die die meisten ledigen Mütter stellten. Die Sterblichkeit der nichtehelichen Säuglinge lag allgemein deutlich über der der ehelichen. Da die Nichtehelichenquote in Hamburg bis zum Beginn des Ersten Weltkrieges anstieg, nahm demzufolge vorrangig in den Stadtteilen mit überdurchschnittlich hoher Nichtehelichenquote vermutlich auch die Säuglingssterblichkeit noch zu.

211 1933 lag die Säuglingssterblichkeit auch in den beiden bürgerlichen Wohngebieten Rotherbaum und Hohenfelde über dem Durchschnitt der Stadt. Eine Ursache hierfür könnte der relativ hohe Anteil der nichtehelich Geborenen sein, der im Durchschnitt der Stadt Hamburg bei 10,5 %, in Rotherbaum hingegen bei 15,9 % und in Hohenfelde bei 14,3 % lag. In beiden Wohngebieten wurde dieser hohe Anteil nichtehelich

Geborener durch die überdurchschnittlich große Zahl der Hausangestellten verursacht, die hier lebten und arbeiteten. Entsprechend dem hohen Anteil nichtehelicher Geburten war auch der Anteil der Nichtehelichen an den verstorbenen Säuglingen relativ groß. Im Durchschnitt der Jahre 1919 bis 1932 lag er in der Stadt Hamburg bei 23,9 %, in Rotherbaum nur bei 20,8 %, aber in Hohenfelde bei 25,5 %. HStM 4/1933, 67; StJbu 1933/34, 10 u. 21.

212 Im Durchschnitt der Stadt Hamburg waren 1933 10,5 % der Geborenen nichtehelich, in den Vierteln Neustadt (19,2 %), St.Georg (17,0 %) und St.Pauli (19,7 %) lag die Nichtehelichenquote deutlich höher. Von den verstorbenen Säuglingen waren im Durchschnitt der Jahre 1919 bis 1932 in der Stadt Hamburg 23,9 % nichtehelich, in den Vierteln Neustadt (27,1 %), St.Georg (26,9 %) und St.Pauli (28,6 %) lag der Anteil der Nichtehelichen an den Verstorbenen über dem Durchschnitt. Vgl. StJbu 1933/34, 10, 21 u. 24; HStM 4/1933, 67.

213 Vgl. Spree 1981, 74ff.

214 Vgl. Frevert 1985, 437f; Ottmüller, Uta: „Mutterpflichten" – Die Wandlungen ihrer inhaltlichen Ausformung durch die akademische Medizin, in: Gesellschaft 1981, 97–138, 101ff; Schütze 1986, 19–72.

215 StA MK.II C3c: Säuglingsfürsorge in Hamburg, in: Ärzte-Correspondent, Nr.6, 11.2.1917; vgl. Selter, Paul: Der Säuglingsschutz, in: Kruse/Selter 1914, 439–492.

216 Vgl. Frevert 1985, 437f; Linse 1972, 211ff. Speziell zur Entwicklung der Säuglingssterblichkeit und der Säuglingsfürsorge in Berlin zwischen 1870 und 1914 vgl. Stöckel 1986. Zur parallelen Entwicklung in Österreich vgl. Bolognese-Leuchtenmüller 1979, 410–430 und in England vgl. Lewis, in: dies. 1986, 99–120.

217 Erismann, F.: Gesundheitslehre für Gebildete aller Stände, München 1879(2), 304 (zit. nach Frevert 1985, 438).

218 Simon 1912, 69.

219 Risel 1920, 15; vgl. ebd., 33f.

220 Vgl. Spree 1981, 67.

221 Vgl. Meyer-Delius 1951, 15ff; Hygiene 1928, 63ff; HStM 7/1933, 125ff.
In Hamburg starben im Durchschnitt der Jahre 1904/08 (1909/13) insgesamt 16,1 % (13,6 %) der Lebendgeborenen. In den Sommermonaten erreichte die Säuglingssterblichkeit hingegen folgende Höhen: Juli: 17,7 % (13,2 %), August: 26,3 % (17,2 %), September: 18,8 % (16,1 %). HStM 4/1933, 68.

222 Eine Berliner Erhebung um die Jahrhundertwende wies nach, daß im Arbeitermilieu unter 1000 Säuglingen 607 von der Mutter gestillt wurden, in Familien selbständiger Kaufleute hingegen nur 376, in Familien von Rechtsanwälten nur 202 und von Ärzten sogar nur 164; Frevert 1985, 441; vgl. Spree 1981, 72f. Zur Entwicklung der Säuglings- und Kleinkinderernährung vgl. allgemein: Teuteberg/Wiegelmann 1986, 379–406.

223 Vgl. Risel 1920, 38ff; Simon 1912, 70; Spree 1981, 70ff.

224 Heubner, O.: Säuglingsnahrung und Säuglingsspitäler, Berlin 1897, 30f (zit.nach Frevert 1985, 441).

225 Vgl. Simon 1912, 67f; Meyer-Delius 1951, 22ff.

226 Vgl. Spree 1981, 66; Frevert 1985, 438.

227 Vgl. ebd., 439; Meyer-Delius 1951, 10.

228 Vgl. StA MK.II C3d: Auszug aus dem Protokoll der wissenschaftlichen Abteilung des Medizinalkollegiums, Hamburg, 22.11.1904.

229 Vgl. ebd.: Ratschläge zur Ernährung der Säuglinge, Hamburg, Dez.1904, hg.v. Medizinalkollegium; ebd.: Ratschläge für Mütter zur Ernährung der Säuglinge, Hamburg, Okt.1910 (Überarbeitete Fassung).

230 Vgl. Frevert 1985, 438f.

231 Vgl. Zadek: Säuglings- und Mutterschutz, in: Sozialismus und Bevölkerungspolitik 1926, 14–22.

232 Vgl. Fürth 1911; Zietz 1911.

233 Vgl. Meyer-Delius 1951, 12; Hygiene 1928, 306; StA MK.II C3d: Ratschläge für Mütter zur Ernährung der Säuglinge, Hamburg, Okt.1910.

234 Vgl. ebd.: Zum Ausbau der Säuglingsfürsorge in Hamburg, in: HN Nr.457, 30.9.1910.

235 Vgl. StA MK.II C3d.

236 Vgl. ebd.: Zum Ausbau der Säuglingsfürsorge in Hamburg, a.a.O.

237 Vgl. Meyer-Delius 1951, 13.

238 StA MK.II C3c: Bericht von Dr.v.Ohlen. Leitender Arzt der Landeszentrale der Deutschen Vereinigung für Säuglingsschutz: Die Arbeitsweise in der Säuglings- und Kleinkinderfürsorge, Hamburg, Sept.1918 (zit.als Bericht 1918). Vgl. allgemein Frevert 1985, 440f.

239 Vgl. Meyer-Delius 1951, 13.

240 Vgl. StA MK.II C3c: Jugendamt Hamburg. Allgemeine Abteilung: Genauere Angaben über Größe und Einrichtung der Säuglingsberatungsstellen, 5.8.1931; Hygiene 1928, 306ff.

241 Vgl. StA MK.II C3c: Bericht: Die Organisation der Säuglingsfürsorge in Hamburg, Gesundheitsamt, Mai 1922 (zit.als Bericht 1922).

242 Vgl. Bericht 1918.
243 StHb 1920, 54; StJbu 1925, 85; StJbu 1931/32, 51; StJbu 1933/34, 50.
244 Vgl. Hygiene 1928, 307; 5. Jahresbericht der Landeszentrale Hamburg der Deutschen Vereinigung für Säuglingsschutz e.V. für das Jahr 1915, 3ff.
245 StHb 1920, 54.
246 Vgl. StA OS.V 723: Der Minister des Inneren / Preußen. An alle Regierungspräsidenten und Polizeipräsidenten, Berlin, 3.10.1916; Dresel 1918, 46f; Fischer 1915, 3–23; StA MK.II C3c: Auszug aus dem Protokoll der wissenschaftlichen Abteilung des Medizinalkollegiums, Hamburg, 18.7.1918; ebd.: Neue Aufgaben in der Sozialversicherung, in: Hamburger Ärzte-Correspondent, Nr.1; Säuglingsfürsorge in Hamburg, in: ebd, Nr.6, 9 u. 11.
247 Vgl. 6. und 7. Jahresbericht der Landeszentrale Hamburg der Deutschen Vereinigung für Säuglingsschutz e.V. für die Jahre 1916 u. 1917; Bericht 1918.
248 Vgl. allgemein zur zeitgenössischen Diskussion über die Familienfürsorge: Baum 1927. Speziell zur Entwicklung in Hamburg vgl. StA SB.I VG42.11: Allgemeine Erörterungen über die Familienfürsorge und ihre Durchführung in Hamburg 1925–1932.
249 Vgl. Hygiene 1928, 206ff.
250 Ebd.; 6. und 7. Jahresbericht der Landeszentrale, a.a.O., 3.
251 StHb 1920, 54; StJbu 1925, 85.
252 Vgl. Bericht 1922.
253 Vgl. Bericht 1918.
254 Vgl. Bericht 1922; Hygiene 1928, 307.
255 StHb 1920, 54; StJbu 1925, 85; StJbu 1931/32, 51.
256 Bericht 1922.
257 StJbu 1933/34, 50; vgl. StA MK.II C3c: Betrifft: Organisation der Säuglings- und Kleinkinderberatungsstellen in Hamburg. Ausführungen der Landeszentrale Hamburg für Säuglings- und Kleinkinderschutz, betrifft: Umorganisation.
258 Vgl. Schütze 1986, 73–85.
259 Vgl. StA OS.V 723: Deutsche Vereinigung für Säuglings- und Kleinkinderschutz e.V. Landeszentrale Hamburg, 19.7.1924. An die Oberschulbehörde; ebd.: Oberschulbehörde an die Hamburger Landeszentrale der Deutschen Vereinigung für Säuglings- und Kleinkinderschutz, Hamburg, 9.8.1924; Rosenkranz 1917; sowie Kapitel 1.4.2.
260 Vgl. Fünfzig Jahre Frauenklinik Finkenau 1964, 22; StA MK.II N22: Unterweisungen für werdende Mütter im Institut für Geburtshilfe, Hamburg.
261 Vgl. Hygiene 1928, 283f; StA MK.II N22: Mütterschule des Hamburger Säuglingsheimes, Lehrplan; StA JB.I 298: Was man in der Mütterschule lernt, in: Monatsbeilage HF, 11.2.1927; Frauenspiegel, Nr.23, 5.11.1930.
262 Vgl. Denkschrift 1931<a>.
263 Zu den verbreitetsten gehörten: Behrend 1917 und Schreiber 1930. Das Heft von Elisabeth Behrend wurde in den zwanziger Jahren über die ‚Deutsche Vereinigung für Säuglings- und Kleinkinderschutz' vertrieben.
264 Vgl. Simon 1912, 63ff; Grotjahn 1922, 43ff.
265 Vgl. u.a.: Gesunde Kinder, frohe Mütter, in: HE Nr.171, 23.6.1929; Rosenberg, Edith: Säuglingspflege. 10 Gebote für junge Mütter, in: FW 5/1924, 77; Wierzbitzki, Ella: Winke für werdende Mütter, in: HE Nr.169, 11.4.1920; Mütterberatungsstellen, in: HE Nr.535, 1.11.1919.
266 Vgl. StA MK.II C3d: Ratschläge des Medizinalkollegiums zur Reformierung der Säuglingspflege. 1903–1926. Seit 1919 erschienen die Ratschläge unter dem Titel: ‚Merkblatt für Mütter'.
267 Külz/Döhmann: Unser Kind und seine Pflege, hg.v.d. Deutschen Vereinigung für Säuglings- und Kleinkinderschutz. Landeszentrale Hamburg, Hamburg 1926. Vgl. StA MK.II C3c: Deutsche Vereinigung für Säuglings- und Kleinkinderschutz. Landeszentrale Hamburg, 30.1.1932. An die Gesundheitsbehörde.
268 StA MK.II C3d: Ratschläge für Mütter zur Ernährung der Säuglinge, Hamburg, Okt.1910.
269 Vgl. Ottmüller, in: Gesellschaft 1981, 119.
270 Vgl. Schreiber 1930, 15f.
271 Vgl. Miller 1980, 29; Schütze 1986, 68ff.
272 Gesunde Kinder, frohe Mütter, in: HE Nr.171, 23.6.1929.
273 Behrend 1917, 18f.
274 Den Begriff prägte Katharina Rutschky; vgl. Rutschky 1977.
275 Zu den psychischen Folgen der „Schwarzen Pädagogik" vgl. Miller 1980, 17–112, insb. 76ff.
276 Vgl. StA SB.I VG42.11: Niederschrift über die Leitersitzung am 19.11.1928.
277 Vgl. StJbu 1925, 81–86; StJbu 1926/27, 88; StJbu 1930/31, 40; StJbu 1931/32, 52.
278 Vgl. Hygiene 1928, 69; Niemeyer 1931, 105.

279 HStM 7/1933, 125.
280 HStM 4/1933, 68.
281 Vgl. StA MK.I B31: Prof.Dr.Rott (Berlin): Frühsterblichkeit der Säuglinge. Vortrag, in: Niederschrift der ersten Sitzung des Reichsausschusses für Bevölkerungsfragen, 20.1.1930, Berlin, 30ff (zit.als Reichsausschuß Jan.1930).
282 Ebd., 33f; vgl. Hensel, Eva: Zur Frage der Säuglingsfrühsterblichkeit, in: SP 25/1929, 618–621.
283 Vgl. ebd., 31; StA MK.I B31: Niederschrift über die erste Sitzung der Arbeitsgruppe II des vom Reichsministerium des Inneren berufenen Reichsausschusses für Bevölkerungsfragen, 9.5.1930, Berlin, Beratungsgegenstand: Schwangerschaft und Erwerbsarbeit (zit.als Reichsausschuß Mai 1930); vgl. Schroeder, Louise: Hilfe für Mutter und Kind, in: Ge. Nr. 5/6, 1925, 164–169; Hensel, in: SP 25/1929, 620.
284 Prof.Dr. Rott, in: Reichsausschuß Jan.1930, 28; vgl. Tagung der deutschen Ärzte und Naturforscher, 16.9.1928 in Hamburg, in: AW 20/1928, 631–633.
285 Vgl. Geheimrat Prof.Dr. Sellheim: Mutterschutz, in: Reichsausschuß Jan.1930, 18–28; Reichsausschuß Mai 1930; StA MK.I B31: Niederschrift über die erste Sitzung der Arbeitsgruppe III des vom Reichsministerium des Inneren berufenen Reichsausschusses für Bevölkerungsfragen, 13.3.1930, Beratungsgegenstand: Voraussetzungen für eine planmäßige Frühgeborenenfürsorge.
286 Vgl. Denkschrift 1931<a>, 6f u. 12f.
287 StA MK.II C5: Behörde für öffentliche Jugendfürsorge. Abteilung Berufsvormundschaft, 4.5.1918.
288 Vgl. ebd.: Dr.v.Ohlen. An das Medizinalkollegium, Hamburg, 17.1.1919. Vorschlag zu einer Schwangeren-Fürsorge in Hamburg; ebd.: Deutsche Vereinigung für Säuglings- und Kleinkinderschutz. Landeszentrale Hamburg, 10.2.1919. Vorschlag zu einer Schwangeren-Fürsorge in Hamburg.
289 Vgl. ebd.: Staatliches Institut für Geburtshilfe Hamburg, 8.12.1918.
290 Vgl. ebd.: Sitzung am 14.8.1921 in der Behörde für öffentliche Jugendfürsorge. Thema: Fürsorge für die unehelichen Schwangeren in gesundheitlicher und wirtschaftlicher Beziehung.
291 Schwangerenfürsorge. Presseerklärung, in: HE Nr.229, 19.8.1928.
292 Vgl. Hygiene 1928, 443f.
293 Vgl. ebd., 444; Jb.GA 1928, Bd.2, T.8, 30; Reitze, Johanna: Der Arbeiterinnenschutz. Fortschritte in Gesetzgebung und Verwaltung, in: FB-HE 8/1929.
294 Hygiene der Schwangerschaft, in: FW 12/1929, 277f.
295 Vgl. Henningsen, Paula: Von den allgemeinen Beratungsstellen und der Unzulänglichkeit einzelner, in: HE Nr.349, 18.12.1929.
296 Vgl. HStM 4/1931, 113.
297 Shorter 1984, 181; Denkschrift 1931<a>, 7.
298 StJbu 1930/31, 86; Fünfzig Jahre Frauenklinik Finkenau 1964, 5ff; Hygiene 1928, 112–285.
299 StJbu 1933/34, 49; HStM 4/1931, 113. Für 1901 bis 1910 und 1916 bis 1918 beziehen sich die Angaben auf den Jahresdurchschnitt.
300 Vgl. ebd.
301 Vgl. Grotjahn 1922, 34f; Simon 1912, 170ff.
302 Vgl. HStM 4/1931, 113; Hoppe, Luise: Anstalts- oder Hausentbindung?, in: HE Nr.89, 30.3.1930; StA MK.I E8, Bd.5: An den hohen Senat der Freien und Hansestadt Hamburg. Vorstand des Vereins hamburgischer Habammen, 6.3.1917.
303 Vgl. Hodann 1932, 174ff.
304 Wöhrmann, Grete: Anstalts- oder Hausentbindung?, in: HE Nr.75, 16.3.1930.
305 Vgl. Hygiene 1928, 69–75. Eine ausführliche Beschreibung der Geburtskomplikationen findet sich bei Shorter 1984, 88ff u. 108ff.
306 Hygiene 1928, 70f; StJbu 1935/36, 55.
307 Vgl. Hygiene 1928, 73f; Shorter 1984, 100ff und 184ff.
308 Die Ausbildung und Tätigkeit der Hebammen wurde durch die hamburgische Hebammenordnung von 1899 geregelt. Sie bestimmte, daß in der Stadt nur Hebammen tätig sein durften, die an der städtischen Hebammenlehranstalt, zunächst der ‚Entbindungsanstalt Eppendorf', seit 1914 dem staatlichen ‚Institut für Geburtshilfe' an der Finkenau, ausgebildet worden waren. Der Lehrgang dauerte ein Jahr. Neun Monate nach seinem Beginn wurde eine Prüfung abgehalten, zu der nur Hebammen zugelassen wurden, die nach dem Urteil des Hebammenlehrers genügend Kenntnisse und Fertigkeiten erlangt hatten. Nach bestandener Prüfung mußten die Schülerinnen noch drei Monate praktisch an der Entbindungsanstalt tätig sein. Mindestens alle zehn Jahre war jede Hebamme zur Teilnahme an einem mehrwöchigen Fortbildungslehrgang verpflichtet. Die Hebammen unterstanden in Hamburg zunächst dem Medizinalkollegium, später der Gesundheitsbehörde. Ihre Zahl wurde von diesem staatlichen Aufsichtsgremium festgeschrieben. 1933 arbeiteten 78 Hebammen in Hamburg, 1919 waren es noch 141 gewesen. Mit der zunehmenden Zahl von Klinikentbindungen ver-

schlechterte sich die Berufssituation der Hebammen dramatisch. Konnte die einzelne Hebamme 1919 in der Hansestadt noch mit 92 Hausgeburten im Jahr rechnen, waren es trotz des starken Abbaus der staatlich zugelassenen Hebammen, 1933 nur noch 69 Hausgeburten. Die Folge waren erhebliche Einkommenseinbußen. Vgl. Fünfzig Jahre Frauenklinik Finkenau 1964, 20f; Hygiene 1928, 88f; StJbu 1925, 74; StJbu 1933/34, 41; StA MK.I E8, Bde.5–8 (1916–1934).
Zur Geschichte des Hebammenwesens allgemein vgl. Shorter 1984, 53–67.

309 Vgl. Spree 1981, 158ff.

310 Vgl. Frevert 1985, 446.

311 Vgl. Ottmüller, in: Gesellschaft 1981, 134f.

312 Vgl. Sieder 1987, 221ff.

2.2. *Rationalisierung der Fortpflanzung*

1 Zur bevölkerungspolitischen Diskussion im Kaiserreich vgl. ausführlich: Bergmann, Anna A.: Von der „unbefleckten Empfängnis“ zur „Rationalisierung des Geschlechtslebens“. Gedanken zur Debatte um den Geburtenrückgang vor dem Ersten Weltkrieg, in: Geyer-Kordesch/Kuhn 1986, 127–158; Finck, Petra: Der Geburtenrückgang und seine Folgen. Bevölkerungspolitik im Deutschen Kaiserreich, in: Finck/Eckhof 1987, 9–76; Marschalck 1984, 58ff; Linse 1972, 207ff.

2 *Alfred Grotjahn* (1869–1931), der Begründer der modernen Sozialhygiene, stammte aus einer Landarztfamilie. Nach dem Medizinstudium, das er 1896 abschloß, und dem Militärdienst eröffnete er in Berlin eine Privatpraxis. Seit dem Ende der 1890er Jahre wandte er sich den Problemen der Sozialhygiene zu. 1905 gehörte er zu den Gründern der ‚Gesellschaft für soziale Medizin, Hygiene und Medizinalstatistik‘, seit 1906 zu den Herausgebern der ‚Zeitschrift für Soziale Medizin‘. Zu seiner weiteren Biographie vgl. Kapitel 2.2.2; sowie: Grotjahn 1932<b>; Nadav 1985, 62–88 u. 155ff; Osterroth 1960, 105f.
Julius Wolf (1862–1937), ein Wirtschafts-, Sozial- und Finanzwissenschaftler, lehrte als Professor an den Universitäten in Zürich und Breslau sowie von 1913 bis 1923 an der Technischen Hochschule Berlin. Der Geheime Regierungsrat war Gründer und Herausgeber der ‚Zeitschrift für Sexualwissenschaft‘ und Vorsitzender der ‚Deutschen Gesellschaft für Bevölkerungspolitik‘ sowie der ‚Internationalen Vereinigung für Sexualforschung‘. Vgl. Tetzlaff 1982, 360.

3 Vgl. Grotjahn 1921, 300; ders. 1915, 505.

4 Vgl. Wolf 1912.

5 Vgl. Linse 1972, 265ff; Soden 1980, 42; Marcuse 1928, 149.

6 Vgl. Burgdörfer 1928, 4ff.

7 StGB 1901, 196ff. Zur Entwicklung der Abtreibungsgesetzgebung und zu den Reformvorschlägen zwischen 1871 und 1939 vgl. Usborne, Cornelia: Abtreibung: Mord, Therapie oder weibliches Selbstbestimmungsrecht? Der § 218 im medizinischen Diskurs der Weimarer Republik, in: Geyer-Kordesch/Kuhn 1986, 192–236, 219ff.

8 StGB 1901, 172.

9 Vgl. Hodann 1932, 77f; Finck, in: Finck/Eckhof 1987, 59.

10 Vgl. Linse 1972, 262ff; Finck, in: Finck/Eckhof 1987, 61ff; Gegen staatlichen Gebärzwang 1914, 7ff. Aufschluß über die bevölkerungspolitische Diskussion im Bürgertum während des Ersten Weltkriegs gibt folgender Tagungsbericht: Erhaltung und Mehrung der deutschen Volkskraft 1918.

11 Vgl. Finck, in: Finck/Eckhof 1987, 61ff.

12 Zur Auseinandersetzung um den § 218 in der Weimarer Republik vgl. Usborne, in: Geyer-Kordesch/Kuhn 1986, 192ff; Eckhof, Marliese: „Gegen die Abtreibungsseuche!“ Ärzte und § 218 in der Weimarer Republik, in: Finck/Eckhof 1987, 79–171; Schneider 1975; Soden 1984; dies. 1980; Grossmann, Atina: Abortion and Economic Crisis. The 1931 Campaign against Paragraph 218, in: Bridenthal/Grossmann/Kaplan 1984, 66–85; sowie zur Diskussion in der SPD Kapitel 2.2.2.2.

13 Zur Haltung des DÄVB vgl. Usborne, in: Geyer-Kordesch/Kuhn 1986, 195ff; Eckhof, in: Finck/Eckhof 1987, 117ff; Marcuse 1925, 45–68. Die offizielle Position des DÄVB scheint nicht repräsentativ für die Haltung der großstädtischen Ärzteschaft gewesen zu sein. Vgl. hierzu Kapitel 2.2.1.2.

14 „Die Bekämpfung der Abtreibungsseuche.“ Stenographischer Bericht über die Verhandlungen des 44.Deutschen Ärztetages am 9. u. 10.September 1925 in Leipzig. Offizielles Protokoll (zit.nach Eckhof, in: Finck/Eckhof 1987, 135).

15 StA MK.I 08a, Bd.1: Kommentar der Schriftleitung zu: Dr.Röper, Abort und soziale Indikation, in: Mitteilungen für die Ärzte und Zahnärzte Groß-Hamburgs (Amtl.Organ der Ärztekammer Hamburg), Nr.42,

1927, 438.

16 Prof.Dr.O.Hoehne, Universitätsfrauenklinik Greifswald, in: Volksvernichtung 1932, 18.

17 § 218 Strafgesetzbuch, in: Jbu.BDF 1921–1927, 66f; sowie Greven-Aschoff 1981, 115ff; vgl. Janssen-Jurreit 1986, 43f; Eckhof, in: Finck/Eckhof 1987, 110.

18 Zahn-Harnack 1928, 98.

19 Adler, Hilde: Freigabe der Vernichtung keimenden Lebens, in: Die Frau 7/1921, 205.

20 Bäumer, Gertrud: Der Meinungskampf um den § 218 StGB, in: Die Frau 6/1925, 171–175.

21 Zahn-Harnack 1928, 99.

22 Vgl. Leitsätze des „Evangelischen Arbeitskreises für Sexualethik" zu den Fragen der Geburtenregelung, in: AfB Bd.2, 1932, 101–104; Prof.Dr.Lütgert: Die Stellung der Evangelischen Kirche (zum § 218), in: MW 27/1931, 971f; Wagner, Hermann: Der Kampf um den § 218, in: Hauer 1931, 111–137.

23 Leitsätze des „Evangelischen Arbeitskreises ...", in: AfB Bd.2, 1932, 103f.

24 Vgl. Eckhof, in: Finck/Eckhof 1987, 107f; Soden 1980, 42ff.

25 Pius XI 1931, 5f; vgl. Meyer, Josef: Die Stellung der Katholischen Kirche (zum § 218), in: MW 27/1931, 968–970; Ehler, Nikolaus: Keimendes Leben unantastbar!, in: Hauer 1931, 97–104.

26 Pius XI 1931, 23.

27 Vgl. Deutsches Hirtenschreiben zur Enzyklika Casti Connubii, in: AfB Bd.3, 1933, 44–47, 46; Leitsätze des „Evangelischen Arbeitskreises ...", in: AfB Bd.2, 1932, 103.

28 Pius XI 1931, 26f.

29 Zit.nach Halle 1931, 37. Zur Bevölkerungspolitik der Nationalsozialisten vgl. insb.: Bock 1986; David 1988; Schmuhl 1987.

30 Zur Sexualreformbewegung in der Weimarer Republik vgl. insb.: Grossmann 1984; dies. 1983; dies. 1985; dies.: Berliner Ärztinnen und Volksgesundheit in der Weimarer Republik: Zwischen Sexualreform und Eugenik, in: Eifert/Rouette 1986, 183–217.

31 Vgl. u.a. Marcuse 1928, 133.

32 Zur Diskussion um die Eugenik, die in Deutschland seit dem Ende des 19. Jahrhunderts zunehmend an Einfluß gewann, vgl. insb.: Schmuhl 1987; Bock 1986, 23–76; Bergmann, in: Geyer-Kordesch/Kuhn 1986, 129ff; Janssen-Jurreit, in: Kuhn/Schneider 1979, 56ff; Nadav 1985, 108f, 179 u. 299f; Weingart 1988, 15–366. Zu den sozialdemokratischen Protagonistinnen einer Eugenik gehörten Henriette Fürth (vgl. Fürth 1925; dies. 1929) sowie Oda Olberg. Vgl. Bock 1986, 45.

33 Vgl. Grossmann 1985, 39ff.

34 Vgl. Van de Velde 1929<a>, 3–10; Hodann 1932, 9–34.

35 Vgl. Grossmann 1985, 44ff.

36 Vgl. Van de Velde 1929<a> und <b>.

37 Vgl. Grossmann 1985, 48f.

38 Vgl. ebd., 40f.

39 Zum VSÄ vgl. Bublitz 1973; Clever, Ulrich: Die Geschichte der Standesorganisationen und ihre oppositionellen Alternativen, in: Baader/Schultz 1983, 75–84; Usborne, in: Geyer-Kordesch/Kuhn 1986, 203ff; Eckhoff, in: Finck/Ekhoff 1987, 156ff.

40 StGB 1944, 478f.

41 Bockelmann, Frieda: § 218, in: HE Nr.149, 1.6.1924.

42 Lene B. im Interview zusammen mit Olga D. und Anna L.

43 Lili D. im Interview.

44 Anni B. im Interview.

45 Vgl. Lipp, in: Ruppert 1986, 186; Schumacher 1929, 18; Rühle-Gerstel 1972, 171.

46 Eine Befragung von Alice Rühle-Gerstel aus dem Jahr 1932 ergab, daß von 155 Frauen (über deren soziale Zusammensetzung nichts bekannt ist) nur 0,6 % durch die Eltern aufgeklärt worden waren, überwiegend durch die Mütter. Vgl. Rühle-Gerstel 1972, 171.
Selbst in der jüngeren Generation der Arbeitertöchter wurden die wenigsten durch ihre Eltern aufgeklärt. Vgl. Becker-Schmidt/Knapp 1985, 27ff.

47 Vgl. Klatt 1926, 57; Reich 1932, 30.

48 Von den 155 im Jahr 1932 durch Alice Rühle-Gerstel befragten Frauen und Mädchen waren 53,5 % auf der Straße aufgeklärt worden. Vgl. Rühle-Gerstel 1972, 171.

49 Vgl. Lipp, in: Ruppert 1986, 187; Reich 1932, 13f.

50 Vgl. Seyfarth-Stubenrauch 1985, 553–571. Er analysiert dort die sexuelle Sozialisation von Adelheid Popp als Beispiel für ein Arbeitermädchen.

51 Vgl. Rühle-Gerstel 1972, 171ff.

52 Ebd., 150 u. 170; vgl. ebd., 149ff.

53 Ebd., 171.
54 Vgl. Weyrather 1985, 25; Becker-Schmidt/Knapp 1985, 27f.
55 Vgl. Fromm 1980, 193f. In der bereits zitierten Erhebung aus dem Jahr 1929 traten nur 21 % der befragten Sozialdemokraten für eine „frühzeitige Aufklärung der Kinder über das Geschlechtsleben (Geburt, Zeugung, Geschlechtskrankheiten)" ein.
56 Vgl. Forel 1920, 558–582; Lischnewska 1907, insb. 5–27; Lebensquell 1909, insb. V–VII.
57 Vgl. Erziehung der Kinder 1960, 51.
58 Vgl. Klewitz/Wobbe 1987, Teil B, 10ff.
59 Vgl. Erziehung der Kinder 1960, 75ff.
Käte Duncker, geb. Doell (1871–1953), stammte aus einer Kaufmannsfamilie. Nach dem Besuch der Höheren Schule absolvierte sie das Lehrerinnenseminar in Eisenach und unterrichtete seit 1890 u.a. an Höheren Mädchenschulen in Leipzig und Hamburg. 1898 heiratete sie den Sozialdemokraten Hermann Duncker (1874–1960). Im selben Jahr trat sie ebenfalls der SPD bei, nachdem sie ein Jahr zuvor ihre Stellung als Lehrerin gekündigt hatte. In der Vorkriegszeit gehörte sie zu den führenden Funktionärinnen des radikalen Flügels der sozialdemokratischen Frauenbewegung. Von 1899 bis 1905 lehrte sie am ‚Arbeiterbildungsverein' Leipzig, 1899 bis 1908 assistierte sie Clara Zetkin in der Redaktion der ‚Gleichheit'. Während des Ersten Weltkrieges gehörte sie zur Führung der Parteiopposition. 1917 schloß sie sich der USPD an, 1918 gehörte sie zusammen mit ihrem Mann zu den Mitbegründer(inne)n der KPD, in deren Zentralkomitee sie gewählt wurde. 1921 bis 1923 war sie für die KPD im Thüringer Landtag, ab 1925 betätigte sie sich vor allem als Publizistin. Vgl. Kirsch 1982; Weiland 1983, 77f.
60 Vgl. Fürth 1903; Rühle 1907.
Otto Rühle (1874–1943), ein Volksschullehrer, trat 1896 der SPD bei. Er arbeitete zunächst als Redakteur und Schriftsteller für die Partei. 1907 bis 1913 war er „Wanderlehrer" des Zentralbildungsausschusses der SPD, von 1912 bis 1918 gehörte er dem Reichstag an, seit 1916 als Fraktionsloser. Im November 1918 war er Vorsitzender des Arbeiter- und Soldatenrats Groß-Dresden. 1919 schloß er sich der KPD an. Nach seinem Parteiausschluß gehörte er 1920 zu den Mitbegründern der KAPD, aus der er im gleichen Jahr ebenfalls ausgeschlossen wurde. Nach 1923 trat er wieder der SPD bei. In den zwanziger Jahren gehörte er zu den einflußreichsten sozialistischen Pädagogen. Vgl. Schröder 1986, 187; Rühle 1977, Bd.2, I–IX.
61 Vgl. Marcuse 1908.
62 Rühle 1907, 3f; vgl. Marcuse 1908, 3.
63 Rühle 1907, 7f.
64 Marcuse 1908, 16.
65 Rühle 1907, 13f.
66 Vgl. ebd., 12ff; Marcuse 1908, 3ff.
67 Ebd., 12ff.
68 Rühle 1907, 18.
69 Marcuse 1908, 15.
70 Vgl. Rühle 1907, 14f u. 18.
71 Vgl. Popitz 1912, insb. 14–23; Duncker 1914, 18–24; Rühle 1914, 58–62; Schulz 1921, 67.
72 Vgl. Heyn, W.: Sexuelle Erziehung im Elternhaus, in: FB-HE 3/1930; Stapelfeld, H.H.: Familienleben und geschlechtliche Erziehung, in: HE Nr.7, 8.1.1927; Lehmann, Fritz: Die sexuelle Aufklärung, in: FW 18/1924, 287; Gespräch zwischen zwei Müttern, in: FW 5/1929, 109; Knabenaufklärung, in: FB-HE 4/1927.
73 Vgl. Rück, Johannes: Die sexualpädagogischen Erziehungsmittel der Familie, in: Einführung in die Sexualpädagogik 1921, 145–158; Stelz 1921, 24–31; Stern, Erich: Sexuelle Erziehung, ihre Aufgaben, Möglichkeiten und Probleme, in: ders. 1927, 301–381; Ritter 1928, 5–12; Hanselmann 1931, 45–66.
74 Aufschlußreich ist insb. der Sammelband von Joseph Schröteler 1929, vgl. vor allem: ders.: Die sexuelle Not der Jugend und die Aufgaben der Sexualpädagogik, in: ebd., 1–25; Schuhmacher-Köhl, Minna: Frau und Sexualpädagogik, in: ebd., 158–176; sowie Thorbecke 1928, 24ff.
75 Freud, Sigmund: Die infantile Sexualität (1905), in: ders. 1971, 47–78, 47.
76 Vgl. Freud, in: ders. 1971, 48f.
77 Vgl. Broderick 1970, 9ff.
78 Vgl. Freud,Sigmund: Abriß der Psychoanalyse (1938), in: ders. 1970, 7–61; Hehlmann 1968, 441f; zur Kritik an Freud vgl. u.a.: Fromm 1981; Miller 1981; Schlesier 1981.
79 Freud, Sigmund: Zur sexuellen Aufklärung der Kinder. Offener Brief an Dr.M.Fürst (1907), in: ders. 1971, 113–119.
80 Zu den bekanntesten gehörten: Siegfried Bernfeld, Georg Klatt, Wilhelm Reich sowie Alice Rühle-Gerstel und Otto Rühle (Die sexualethischen und sexualpädagogischen Vorstellungen Otto Rühles hatten sich seit der Vorkriegszeit grundlegend gewandelt.). Vgl. Bernfeld, Siegfried: Psychologie des Säuglings: Traumen und

Versagungen, in: ders. 1970, 7–55; ders.: Die psychoanalytische Psychologie des Kleinkindes, in: ebd., 56–68; ders.: Über sexuelle Aufklärung, in: ebd., 79–84; Klatt 1926, 5–19; Rühle, Otto/Alice Rühle-Gerstel: Sexualität des Kindes. Sonderheft der Zeitschrift ‚Das proletarische Kind', Jg. 1925/26, 146–163. Zu Wilhelm Reich vgl. Haensch 1970, 38ff; Mitchell 1976, 178f. Aufschluß über seine sexualpädagogischen Vorstellungen gibt eine Aufklärungsbroschüre, die von seiner Frau Annie Reich verfaßt wurde. Vgl. Reich 1932.

81 *Max Hodann* (1894–1946) studierte u.a. bei Alfred Grotjahn in Berlin Medizin. 1922 bis 1933 war er Stadtarzt und Leiter des Gesundheitsamtes Berlin-Reinickendorf, seit 1919 leitete er zudem die erste Sexualberatungsstelle Deutschlands im neueröffneten ‚Institut für Sexualwissenschaft' in Berlin. Als Parteiloser gehörte er u.a. den Reichsvorständen der IAH und des VSÄ an. Er war in den zwanziger Jahren einer der populärsten Sexualreformer. Vgl. Frankenthal 1981, 290; Herzer 1985, 63–65.

82 Hodann 1928, 47.

83 Die verbreitetsten Schriften waren: Hodann 1926<a>; ders. 1926<b>; ders. 1928; ders. 1929; ders. 1932.

84 „Bub und Mädel" erreichte z.B. innerhalb von zwei Jahren eine Auflage von 18.000 Exemplaren. Es mußte in diesem Zeitraum viermal neu aufgelegt werden. Vgl. Hodann 1926<a>, 13.

85 Die Broschüre „Bub und Mädel" war u.a. Anlaß zu einer Anfrage von DVP und DNVP im Preußischen Landtag im April 1925, die eine heftige sexualpolitische Diskussion auslöste. Vgl. Hodann 1926<a>, 133–161.

86 Ebd., 40f; vgl. Hodann 1929, 13–24.

87 Hodann 1926<a>, 41ff; vgl. ders. 1929, 47–83.

88 Ders. 1926<a>, 49f.

89 Ebd., 22f.

90 Vgl. Miller 1980, 17ff; Bernfeld 1970, 83f.

91 Hackmack 1921, 18.

92 Ebd., 3ff u. 12.

93 Das Frauen- und Mädchenbild der Arbeiterjugend entsprach Anfang der zwanziger Jahre weitgehend dem der MSPD-Frauenbewegung. Vgl. u.a.: Schädel, Erich: Agitation unter der weiblichen Jugend, in: JV 1/1921; Schirrmeister, Paul: Die Emanzipation der Frau und die Aufgabe der proletarischen Jugendbewegung, in: AJ 6/1922, 178–180; Albrecht, Lisa: Ein Rundbrief an die Mädel, in: AJ 7/1921, 239f; Zwei Briefe an die Mädel, in: AJ 9/1921, 309–311; Mädelbriefe, in: AJ 12/1921, 409–411; Mädelbriefe, in: AJ 2/1922, 53; Lehmann, Henni: Jugendgenossinnen und soziale Arbeit, in: AJ 3/1922, 81–83; Bohm-Schuch 1925, 16; sowie Naujoks 1984, 76ff.

94 Vgl. Hackmack 1921, 11ff.

95 Ebd., 16; vgl. Woland, Willi: Arbeiterjugend und sexuelle Frage, in: AJ-HE Jan.1921.

96 Vgl. Eberts 1980, 59–80.

97 Im Arbeiterjugendbund Groß-Hamburg stand es 1919/20 beispielsweise in fast allen Gruppen auf der Tagesordnung. Dies ergab eine Auswertung der Rubrik „Unsere Abteilungslokale und Veranstaltungstage" im ‚Jungvolk' für den Zeitraum August 1919 bis Juni 1920.
Zu diesem Zeitpunkt gab es im Arbeiterjugendbund Hamburg 12 Distrikte mit 48 Abteilungen. In der Regel führte jede Abteilung wöchentlich einen Gruppenabend durch. Der Themenkreis ‚Sexualität, Freundschaft, Liebe' wurde auf 31 Abteilungsabenden behandelt, ‚Lebensreform und Körperkultur' auf 52 Abenden, ‚Koedukation' auf 37 Abenden und ‚Die Stellung der Frau' auf 2 Abenden. Fast alle Abteilungen beschäftigten sich im Laufe dieses Jahres zudem einmal mit dem Thema ‚Neue Ethik'.

98 Den ersten Mädchenabend in der Hamburger Arbeiterjugend führte die Abteilung Eilbek im Mai 1919 durch. Auf ihm referierte Paula Henningsen über Körperaufbau und Körperfunktion der Frau. Ein gemeinsamer Abend zu diesem Thema hatte vorher in „peinlichem Schweigen" geendet. Vgl. Unser erster Mädchenabend in Eilbek, in: JV Nr.1, Juli 1919.
Neben Eilbek, das weitere Mädchenabende durchführte, fanden solche in der Nachkriegszeit auch in den Abteilungen Eimsbüttel I, Ottensen I und Sande statt. Vgl. Unser Mädchenabend, in: JV 8/1920.

99 Vgl. Brosterhues, Grete: Eine Erwiderung auf den Rundbrief, in: AJ 9/1921, 309f.Erst Ende der zwanziger Jahre änderte sich die Haltung der Hamburger SAJ zur Mädchenarbeit. In den Jüngeren-Gruppen wurden vorübergehend „Mädelhorden" eingeführt, die die allgemeine Arbeit der SAJ ergänzen sollten. Die „Mädelhorden" galten als „Mittel zum Zweck": Sie entstanden aus der Notwendigkeit, die Mädchen „geistig mobiler" zu machen. Ihre sogenannten „Defizite" gegenüber den Jungen sollten abgebaut werden. Diese Entwicklung in der Hamburger SAJ entsprach dem Diskussionsstand im Reich. Vgl. Das Mädel in der SAJ, in: AJ-HE Feb.1930; Westphal 1930, 42f.

100 Mädchenabende wurden im Reich vor allem in kleinen Städten und auf dem Lande durchgeführt. Hier waren die Vorbehalte gegen die Koedukation besonders stark. Um überhaupt weibliche Mitglieder zu gewinnen, verzichtete die Arbeiterjugend in diesen Regionen auf das Prinzip der Gemeinschaftserziehung. Vgl. Naujoks

1984, 70f u. 91ff.

101 Vgl. Hackmack 1921, 18ff; Woland, in: AJ-HE Jan.1921.

102 Vgl. Eberts 1980, 82–119; Bruhns, in: Vorwärts- und nicht vergessen 1982, 175ff.
Hamburg war in der Reichs-SAJ das Zentrum der Bewegung der „Roten Pioniere“, die 1927 in der Stadt entstand. 1928 gehörte bereits die Hälfte der Hamburger SAJ zu den „Roten Pionieren“. Zum gewandelten Selbstverständnis der Hamburger SAJ in der zweiten Hälfte der zwanziger Jahre vgl. insb.: Glück und Elend der Jugendbewegung, in: AJ-HE Mai 1927; Theorie und Praxis. Zum Thema Jugendarbeit und Jugendführung, I–III, in: AJ-HE Juni, Juli, Aug. 1927; Westphal, Max: Was heißt politische Erziehung?, in: AJ-HE Feb.1930.

103 Vgl. Hodann 1926<a>, 77–93; Heinß, Günther: Erotik und Arbeiterjugend, in: AJ 3/1927, 62f; Die Enzyklika des Papstes über die Ehe, in: AJ-HE Mai 1931, 118–120.

104 Westphal 1930, 41f; vgl. Hodann 1926<a>, 24–50.

105 Vgl. Wagner, Erna: Geistige Schulung der Mädchen, in: AJ 7/1925, 220; Fröhbrodt, Käte: Das Arbeiterjugend-Mädel, in: AJ H.7/8, 1928; Naujoks 1984, 79f.

106 Vgl. Hodann 1926<a>, 40ff; Erotik und Sexualität, in: AJ-HE Okt.1928.

107 1930 gehörten der SAJ Groß-Hamburg 1.779 Mitglieder an, davon 843 Mädchen (47,4 %). Im Reichsdurchschnitt lag der Mädchenanteil in der SAJ 1929 bei 35,6 %. Vgl. Tb.SPD-HH-Nw 1929/30, 119; Naujoks 1984, 170.

108 Fröhbrodt, Käte, in: Der Führer 6/1930, 82 (zit.nach Naujoks 1984, 75).

109 Erhebung der SAJ im Oktober 1931. Von den 18.900 Mitgliedern in den Bezirken Groß-Berlin, Chemnitz, Franken, Hamburg-Nordwest, Mecklenburg, Mittelschlesien, Ostpreußen und Westl.Westfalen beteiligten sich 6.064 Jungen und 3.492 Mädchen (50,6 % insg.). Vgl. Naujoks 1984, 164f u. 168.

110 Vgl. Rühle-Gerstel 1972, 42–65.

111 Dies bestätigen einhellig alle befragten Frauen aus dem sozialdemokratischen Milieu, die in den zwanziger Jahren der SAJ angehörten. Vgl. auch: Erotik und Sexualität, in: AJ-HE Okt.1928.

112 Nachlaß Wilma M.: Tagebuch der SAJ-Gruppe „Ludwig Frank“, 1928–1930.

113 Günther, Otto: Massenbewegung oder Elitetruppe?, in: AJ-HE Juli 1927.

114 Vgl. Lischnewska 1907, 19ff; Rühle 1907, 14f.
Zur Geschichte der Sexualpädagogik vgl. den kurzen Überblick in: Lischnewska 1907, 8–18.
Zur Diskussion über eine schulische Sexualaufklärung in Hamburg vgl. Ahrens, Katrin: Entwicklung einer Konzeption für sexuelle Aufklärung an Hamburger Schulen (1901–1929), in: Lorent/Ullrich 1988, 305–314.
Die DGBG, deren Generalsekretär der Mediziner Alfred Blaschko war, wurde 1902 gegründet. Ihr Hauptziel war der Kampf gegen Prostitution und Geschlechtskrankheiten, der vorrangig mit sozialpolitischen und -hygienischen Mitteln geführt werden sollte. In der DGBG arbeiteten neben Medizinern, Juristen, Sozialreformern und Krankenkassenvertretern auch liberale Politiker und Vertreterinnen der Sittlichkeitsbewegung mit. Vgl. Klewitz/Wobbe 1987, Teil B, 1ff; zum DBfM vgl. ebd., Teil A, 1ff.

115 Vgl. ebd., 3ff.

116 Vgl. Lischnewska 1907, 28–40.

117 Besonders vehement setzte sich jedoch auch während des Ersten Weltkrieges die DGBG für eine „sexualsittliche“ Erziehung der Jugend ein. Auf ihrer Tagung am 22.6.1917 in Mannheim faßte sie einen entsprechenden Beschluß, der an das Reichsministerium des Inneren weitergeleitet wurde. Vgl. StA BS.I B35, Bd.2: Deutsche Gesellschaft zur Bekämpfung der Geschlechtskrankheiten. An den Herrn Staatssekretär des Inneren in Berlin, 14.2.1918.

118 StA MK.II N25, Bd.3: Arbeitsgemeinschaft für Volksgesundung e.V. Mitteilungen Nr.2, 20.1.1932: Sexualpädagogik. Ein Bücherbrief.

119 Vgl. Groebel 1922, 3f; Schoenichen, Walther: Die Bedeutung des naturwissenschaftlichen Unterrichts für die Sexualpädagogik, in: Einführung in die Sexualpädagogik 1921, 101–116.

120 Vgl. Schröteler, Joseph: Grundzüge einer gesunden Sexualpädagogik, in: ders. 1929, 90–128; StA OS.V 204b: Sittliche Volkserziehung, in: HN Nr.535, 15.11.1925; StA StP.I–IV 5605: Sexualerziehung, Elternhaus und Schule, in: Nordische Volkszeitung, Nr.300, 22.12.1928.

121 Vgl. StA OS.V 204a, Bd.2: Rundschreiben der Oberschulbehörde. Sektion für das Volksschulwesen. Protokollauszug, Hamburg 14.5.1901 (zit.als: Rundschreiben OS 1901); ebd.: Oberschulbehörde. Auszug aus dem Protokoll v.24.1.1922.

122 Vgl. ebd.; StA OS.V 204b: Zur Klärung. Der Vorstand des Vereins Hamburger Volksschullehrerinnen, i.A. E.Heineke (2.Vorsitzende), in: HLZ v.26.6.1901 (zit.als: Zur Klärung 1901).
Lida Gustava Heymann (1868–1943), die aus einer reichen Hamburger Kaufmannsfamilie stammte, besuchte die Höhere Schule und engagierte sich seit den 1890er Jahren in der bürgerlichen Frauenbewegung, deren radikalen Flügel sie angehörte, u.a. war sie Vorsitzende der Hamburg-Altonaer Ortsgruppe des Zweigvereins

der IAF; in dieser Funktion sprach sie auch auf der Versammlung. 1902 gründete sie gemeinsam mit *Anita Augspurg* (1857–1943), einer promovierten Juristin, in Hamburg den ‚Deutschen Verein für Frauenstimmrecht'. Bis 1907 gehörten beide dem Vorstand des ‚Verbandes fortschrittlicher Frauenvereine' an. 1915 gehörten sie zu den Gründerinnen des ‚Internationalen Ausschusses für dauernden Frieden', der 1919 in ‚Internationale Frauenliga für Frieden und Freiheit' (IFFF) umbenannt wurde. 1919 bis 1933 gaben sie die Zeitschrift ‚Die Frau im Staat' heraus. Vgl. Weiland 1983, 38–42 u. 128–132; Heymann/Augspurg 1977.

123 Zur Klärung 1901.

124 Vgl. Rundschreiben OS 1901.

125 Vgl. Ahrens, in: Lorent/Ullrich 1988, 307.

126 StA OS.V 204a, Bd.2: Schulinspektor Matthias Meyer, in: Oberschulbehörde. Auszug aus dem Protokoll v.24.1.1922.

127 Vgl. Ahrens, in: Lorent/Ullrich 1988, 306ff.

128 StA BS.I B35, Bd.1: Reichsministerium des Inneren, Berlin 17.2.1919.

129 StA MK.II S8: Auszug aus den Protokollen der Oberschulbehörde, Hamburg 29.7.1919.

130 Vgl. StA OS.V 204a, Bd.2: Oberschulbehörde. Auszug aus dem Protokoll v.24.1.1922.

131 Um die Forderung nach sexueller Erziehung in der Schule zu bekräftigen, führte die GFvSE im Juli 1920 zwei öffentliche Vortragsabende zum Thema durch. Referenten waren Herr Wachtmann und *Alma de L'Aigle* (1889–1959), eine Hamburger Volksschullehrerin, die der Arbeiterjugendbewegung nahestand (vgl. AdsD: Nachlaß Alma de L'Aigle). Im Anschluß an die Vorträge bildete sich eine Arbeitsgemeinschaft, in der Lehrer(innen), Eltern, Ärzt(inn)e(n) und Schüler(innen) zusammenarbeiteten. Vgl. G.H.Müller: Sexuelle Erziehung, in: HE Nr.318, 11.7.1920. Zur Geschichte der Hamburger GFvSE vgl. 175 Jahre Gesellschaft der Freunde 1980.

132 StA OS.V 204a, Bd.2: Einladung des Schulbeirats zur „Versammlung von Vertretern der Lehrkörper und Elternräte sämtlicher Schulen des Stadtgebiets" am 11.6.1921.

133 Vgl. ebd.: Schulbeirat. An die Oberschulbehörde, 29.6.1921; ebd.: Oberschulbehörde. Sektion für das Volksschulwesen. Protokollauszug v.2.7.1921. Betr. Ausschuß für sexuelle Aufklärung.

134 Vgl. ebd.: Oberschulbehörde. Auszug aus dem Protokoll v.24.1.1922; ebd.: Richtlinien für die Einführung einer geschlechtlichen Belehrung in den biologischen Unterricht aller Schulgattungen, 6.12.1921.

135 Vgl. ebd.: Oberschulbehörde. Protokollauszug v.11.7.1922. Betr. sexuelle Aufklärung.

136 Mitarbeiter(in) waren Prof.E.Krüger, Conrad Höller und Hedwig Leschke. Vgl. ebd.: Bestellzettel „Sexualpädagogik in Schule und Haus".

137 Groebel 1922, 3f. Dort auch die vorherigen Zitate.

138 StA OS.V 204a, Bd.2: Dr.P.Groebel: Sexualethik und Sexualpädagogik (Der Geist der Hamburger Richtlinien), in: HLZ 7/1923, 99.

139 Vgl. Groebel 1922, 7f. Die Richtlinien begründeten den Sinn vorehelicher Enthaltsamkeit ähnlich wie Hodann. Onanie wurde nicht aus körperlichen, sondern aus seelischen Gründen abgelehnt.

140 Ebd., 16.

141 Vgl. ebd., 10f.

142 Vgl. ebd., 4–11.

143 Die Themen waren: „Physiologie des Sexuallebens", „Die Geschlechtskrankheiten und ihre Gefahren", „Sexualethik und Pädagogik", „Sexualpädagogik und Mädchenerziehung". Vgl. StA OS.V 204a, Bd.2: Vorträge zur Sexualpädagogik vom 14.11. bis 14.12.1922.

144 Vgl. ebd.: Oberschulbehörde. Auszug aus dem Protokoll v.24.9.1922; 7.Sitzung der Bürgerschaft, 27.2.1929, in: Stenographische Berichte über die Sitzungen der Bürgerschaft im Jahre 1929, 220f (zit.als StB Bü 1929).

145 Vgl. BS.II F.V b4, Bd.2: Berufsschulbehörde. An den Beirat für gesundheitliche Fürsorge beim Gesundheitsamt, Hamburg 5.9.1923.

146 Vgl. StA OS.V 204c, Bd.1: Abschrift. Handzettel der V.S.S.; vgl. ebd.: Oberrealschule Eppendorf. Bericht betreffend Vortrag Dr.Toeplitz in der Sozialistischen Schülergruppe am 25.1.1929 in der Oberrealschule Eppendorf (zit.als: Bericht Toeplitz 1929).

147 Vgl. ebd.: Bericht über den Vortrag v. Dr.med.Toeplitz „Sexuelle Fragen im Schulleben", von H.K. (für den Ausschuß der V.S.S.) und B. u. L. (Schülerobleute der Sozialistischen Studentengruppe), Februar 1929; ebd.: Betr. Dr.Toeplitz Affaire. Bericht über die Veranstaltung von W.B. u. J.A., Hamburg 19.2.1929; StB Bü 1929, 222f.

148 Vgl. ebd.: Das Kollegium der Oberrealschule Eppendorf. An die Oberschulbehörde, Hamburg 31.1.1929; ebd.: Bericht Toeplitz 1929.

149 Vgl. ebd.: Der Elternrat der Oberrealschule Eppendorf. An die Oberschulbehörde, Hamburg 15.2.1929.

150 Vgl. StB Bü 1929, 221ff. Der Artikel erschien am 10.2.1929 in den HN.

151 StA OS.V 204c, Bd.1: Abschrift. An die Elternschaft Groß-Hamburgs. ‚Der Stahlhelm'. Gau Hamburg (zit.als

Stahlhelm 1929); vgl. StA StP.I–IV 5605: Verheerung der Jugend, in: HN Nr.70, 11.2.1929; ebd.: Aufklärung, in: HC Nr.70, 11.2.1929.

152 Vgl. StA OS.V 204c, Bd.1: Rechtsfraktion der Lehrerkammer. An die Oberschulbehörde, Hamburg 12.2.1929; StA StP.I–IV 5605: Lehrerkundgebung gegen Jugendverheerung, in: HN Nr.74, 13.2.1929.

153 Vgl. StA OS.V 204c, Bd.1: Stadtbund Hamburgischer Frauenvereine e.V. Mitglied im BDF. An das Gesundheitsamt Hamburg, Hamburg 21.2.1929.

154 Vgl. ebd.: Vorstand der Hamburgischen Ärztekammer. An die Gesundheitsbehörde, Hamburg 16.2.1929; ebd.: Nationaler Block Nordmark. An die Oberschulbehörde, Hamburg 13.2.1929 (zit.als: Nationaler Block 1929); ebd.: Centralausschuß Hamburgischer Bürgervereine. An die Oberschulbehörde, Hamburg 8.10.1929.

155 StB Bü 1929, 218.

156 Nationaler Block 1929.

157 Vgl. StB Bü 1929, 219 u. 230f.

158 Ende März 1929 stellte die DNVP eine Anfrage zum „Fall Toeplitz“ im preußischen Landtag. Vgl. Der Fall Toeplitz, in: HE Nr.88, 29.3.1929.

159 Vgl. StA OS.V 204c, Bd.1: Dr.H.Nagel (DNVP). Anfrage (Nr.19). An den Senat: Vortrag Dr. Toeplitz über sexuelle Fragen, Hamburg 11.2.1929.

160 Ebd.: Antwort auf die Anfrage (Nr.19) des Herrn Abgeordneten Dr.H.Nagel, betreffend Vortrag Dr.Toeplitz über sexuelle Fragen, Hamburg 23.2.1929.

161 Vgl. StB Bü 1929, 221.

162 Vgl. StB Bü 1929, 216ff, 228f u. 231ff; sowie StA MK.II S8: Sexualpädagogik in Schule und Haus, in: HF Nr.60, 1.3.1929.

163 Ebd., 220ff. Der Sozialdemokrat *Richard Ballerstaedt* (1873–1953), ein Volksschullehrer, der in den zwanziger Jahren Schulrat für das Volksschulwesen in Hamburg war und dem Vorstand der GFvSE angehörte, war von 1919 bis 1933 Mitglied der Hamburgischen Bürgerschaft. Vgl. StA: Bürgerschaftsmitglieder 1859–1959, Handschrift 601.

164 StB Bü 1929, 223f.

165 Vgl. Die Mucker und Hetzer marschieren auf, in: HE Nr.47, 16.2.1929; Ärztekammer an die Muckerfront, in: HE Nr.49, 18.2.1929; Die Mucker auf der Anklagebank, in: HE Nr.59, 28. 2.1929.

166 Vgl. StB Bü 1929, 224–228; StA StP.I–IV 5605: Stahlhelm gebietet, SPD-Schulsenator Krause pariert, in: HVZ Nr.38, 14.2.1929.

167 Vgl. StA MK.II S8: An den Präsidenten der Gesundheitsbehörde, 25.2.1929. Vortrag v. Dr. Manes über sexuelle Erziehung in der Volksschule Alsterdorferstr.39. Bericht v. H.Nevermann; StA StP.I–IV 5605: Sexuelle Aufklärung der Jugend, in: HC Nr.96, 26.2.1929.

168 Versammlung der Arbeitsgemeinschaft der sozialpolitischen Organisationen am 14.2.1929 zum Thema ‚Sexualnot – eine sexualpädagogische Frage?‘, Referent Max Hodann; vgl. ebd.: Sexualnot, in: HVZ Nr.39, 15.2.1929.

169 Versammlung der Ortsgruppe des DBfM am 10.4.1929 im großen Saal des Gewerkschaftshauses, Referent Max Hodann. Die Versammlung, die von über 3.000 Menschen besucht war, verabschiedete eine Entschließung „gegen die Einschränkungs-Versuche, die im Anschluß an den Fall Toeplitz von einem Teil der Presse, Behörden, Ärzte- und politischen Organisationen unternommen worden sind“.
Vgl. ebd.: Hamburger Ortsgruppe des DBfM. An die Oberschulbehörde, Hamburg 17.4.1929.

170 Arbeitsversammlung der GFvSE am 26.8.1929 im großen Saal des Curio-Hauses, Thema: Die sexuelle Aufklärung. Vgl. StA MK.II S8: Aus der Gesellschaft der Freunde, in: HA Nr.200, 28.8.1929.

171 Vortragsreihe der Oberschulbehörde und des Instituts für Lehrerfortbildung im Januar 1931 auf Anregung der GFvSE:
– Dr. Siegfried Bernfeld: „Die seelische Haltung des Kindes zum Geschlechtlichen“
– Dr. Max Hodann: „Die seelische Lage des jugendlichen Menschen in der Pubertätszeit“
– Dr. Alice Rühle-Gerstel: „Die Sexualität als gesellschaftliche Funktion“.
Vgl. Lehrerschaft und Elternräte vor neuen Aufgaben, in: HE Nr.18, 18.1.1931; Aktivierung der Frau, in: HE Nr.25, 25.1.1931.

172 Vgl. Frahm 1970, 47ff; Heinsohn/Steiger 1985, 42; Hirschfeld/Linsert 1928, 15f.

173 Vgl. ebd.; Ruben-Wolf, Martha: Mechanische und chemische Verhütungsmittel, in: Bendix 1929, 29–38, 31; Durand-Wever 1931, 140; Hodann 1932, 83; Van de Velde 1929<a>, 283ff; Marcuse 1929, 9.

174 Vgl. Frahm 1970, 52; Döring 1981, 25f.

175 Vgl. Durand-Wever, Anne-Marie: Die ärztlichen Erfahrungen über medizinisch indizierte Konzeptionsverhütung, in: MW 21/1931, 759.

176 Ebd.; vgl. Hirschfeld/Linsert 1928, 39; Van de Velde 1929<c>, 310ff.

177 Vgl. Hodann 1932, 97; Ruben-Wolf, in: Bendix 1929, 35.

178 Winter o.J., 20f.
179 Vgl. Ruben-Wolf, in: Bendix 1929, 35.
180 Vgl. Winter o.J., 22.
181 Vgl. Ruben-Wolf, in: Bendix 1929, 35; Bültmann: Unter welchen Voraussetzungen dürfen Krankenkassen für empfängnisverhütende Mittel Aufwendungen machen, in: MW 24/1930, 861f.
182 Vgl. Hirschfeld/Linsert 1928, 26; Van de Velde 1929<c>, 286f.
183 Vgl. ebd., 314; Döring 1981, 28ff; Fischer 1962, 1024; Frahm 1970, 59f.
184 Vgl. Van de Velde 1929<c>, 314ff; Grotjahn 1922, 62f; Durand-Wever 1931, 149ff; Hirschfeld/Linsert 1928, 34ff; Hodann 1932, 98ff.
185 Vgl. Durand-Wever 1931, 150.
186 Vgl. Ruben-Wolf, in: Bendix 1929, 36f; Hirschfeld/Linsert 1928, 37.
187 Vgl. Hirschfeld/Linsert 1928, 30f.
188 Vgl. ebd., 31; Ruben-Wolf, in: Bendix 1929, 35; Van de Velde 1929<c>, 328; Grotjahn 1926, 74f.
Im Gegensatz zu den meisten Kolleg(inn)en lehnte Anne-Marie Durand-Wever die Benutzung des Sicherheitsschwämmchens nicht ab. Sie verwies auf die erfolgreiche Verbreitung dieses Mittels in Belgien und Frankreich; vgl. Durand-Wever 1931, 148; dies.: Die ärztlichen Erfahrungen über medizinisch indizierte Konzeptionsverhütung, in: MW 26/1931, 937.
189 Vgl. Frahm 1970, 66; Durand-Wever, in: MW 26/1931, 938; dies. 1931, 151f; Van de Velde 1929<c>, 325ff.
190 Vgl. Frahm 1970, 67ff; Durand-Wever, in: MW 26/1931, 936f; Otto 1928, 43.
191 Vgl. Frahm 1970, 70f; Gräfenberg, Ernst: Silk als Antikonzipiens, in: Bendix 1929, 50–64.
192 Vgl. Van de Velde 1929<c>, 339ff; Durand-Wever 1931, 146ff; Holländer 1927, 85ff; Hodann 1932, 103ff; Jung, Martin: 22.Tagung der Deutschen Gesellschaft für Gynäkologie, in: MW 28/1931, 1004f; Grotjahn 1926, 70; Hirschfeld/Linsert 1928, 34f; Marcuse 1929, 11; Harmsen, Hans: Geburtenregelung, in: MW 21/1931, 755.
193 Vgl. Durand-Wever, Anne-Marie: Die ärztlichen Erfahrungen über medizinisch indizierte Konzeptionverhütung, in: MW 23/1931, 826f.
194 Vgl. ebd., 827; Ruben-Wolf, in: Bendix 1929, 34.
195 Vgl. Durand-Wever, in: MW 23/1931, 826f; dies. 1931, 153ff; Ruben-Wolf, in: Bendix 1929, 33f u. 38; Van de Velde 1929<c>, 329ff; Hirschfeld/Linsert 1928, 28f u. 41; Marcuse 1929, 15; Hodann 1932, 89 u. 105; Leunbach 1930, 31.
Neben den beschriebenen Verhütungsverfahren gab es in den zwanziger Jahren noch operative Methoden (insb. Sterilisierung von Mann oder Frau). Darüber hinaus wurde die Unfruchtbarmachung durch Röntgenstrahlen sowie die hormonale Sterilisierung erforscht. Vgl. Hirschfeld/Linsert 1928, 17–23; Bendix 1929, 64–74 u. 84–89; Van de Velde 1929<c>, 350–394.
196 Vgl. Ruben-Wolf, in: Bendix 1929, 30.
197 Vgl. Frahm 1970, 40ff; Döring 1981, 14ff. Zu den Ärzten, die der Frau die Zeit in der Zyklus-Mitte als empfängnisfrei empfahlen, gehörte auch Grotjahn, vgl. ders. 1922, 61. Zur Haltung anderer Mediziner zur Rhythmusmethode vgl. Van de Velde 1929<c>, 279f u. 301f; Hodann 1932, 84ff; Jung, in: MW 28/1931, 1005.
198 Vgl. Ein Fortschritt, in: FB-HE 9/1932.
199 Vgl. Linse 1972, 228f; Linsert, Richard: Korreferat zu Ruben-Wolf, in: Bendix 1929, 38–43, 39f; sowie: StA.B 4,21, K.I g1: Vorbeugungsmittel gegen Schwangerschaft; StA MK.I O8: Schutzmittel.
200 StA.B 4,21, K.I g1: Abschrift Handzettel ‚Frauenhilfe'.
Dieser Zettel warb für ein Paket mit Kräutertee, -pulver und -tropfen zum Preis von 14,40 Mark, deren Wert bei 1,50 Mark lag. Die Mittel waren sämtlich wirkungslos. Dies bestätigt ein Prozeß vor dem Amtsgericht Hamburg im Jahr 1929 gegen den vertreibenden Geschäftsmann E.H.Sch. aus Hamburg. Vgl. ebd.: Aktenauszug aus der Akte des Amtsgerichts Hamburg, Abt.17 für Strafsachen von 1925.
201 StA MK.I O8: Werbeprospekt ‚Frauentrost Hammo'.
202 StA.B 4,21, K.I g1: Werbezettel ‚Warum altern Frauen so früh?'.
203 StA MK.I O8: Werbezettel von „Parapurum". Schutz- und Desinfektionsmittel.
204 Vgl. StA.B 4,21, K.I g1; StA MK.I O8.
205 Vgl. Linsert, in: Bendix 1929, 38–43.
206 Harmsen, Hans: Fachkonferenz für Geburtenregelung, in: MW 31/1930, 1119.
207 Anhaltspunkte über die Verhütungspraxis in der Wilhelminischen Zeit geben die Erhebungen von Max Marcuse und O.Polano.
1913 befragte Max Marcuse 100 Berliner Arbeiterfrauen, 54 von ihnen machten Angaben über ihr Verhütungsverfahren. Es behalfen sich:
– 35 % mit Coitus interruptus (4 % in Verbindung mit einer Spülung)

- 22 % mit dem Kondom
- 15 % mit einer Spülung
- 7 % mit einem Pessar
- 4 % mit einer Portiokappe
- 4 % mit einem Schwämmchen
- 13 % mit anderen Verfahren

Vgl. Marcuse 1913, 752–780.

1917 befragte O.Polano 500 Frauen in der Region Unterfranken, der überwiegende Teil von ihnen war mit einem Bauern oder Landarbeiter verheiratet, nur 30 % mit einem Arbeiter. Hauptverhütungsverfahren waren bei

- 84 % der Frauen der Coitus interruptus
- 11 % das Kondom in Verbindung mit einer Spülung
- 3 % nur das Kondom
- 1 % eine Spülung

Vgl. Polano 1917, 567–578.

Ebenfalls 1917 befragte Max Marcuse in einem Lazarett 300 Soldaten, die wegen Geschlechtskrankheiten in Behandlung waren. 203 Ehepaare bemühten sich um eine Empfängnisverhütung. Wichtigste Mittel waren bei:

- 36 % der Coitus interruptus in Verbindung mit anderen Mitteln
- 26 % das Kondom
- 24 % nur der Coitus interruptus
- 13 % das Pessar

Vgl. Marcuse 1917, 171.

Der Vergleich der Ergebnisse dieser drei Erhebungen deutet auf große regionale und soziale Unterschiede bei der Verbreitung der Verhütungsverfahren hin, wenngleich offenbar der Coitus interruptus das Hauptverfahren gewesen ist.

208 Vgl. Ruben-Wolf, in: Bendix 1929, 29ff; Elkan, Rudolf: Sexualberatungsstellen, in: HE Nr.343, 13.12.1924; Schwangerschaftsverhütung in der ärztlichen Praxis, in: FB-HE 2/1930; Bültmann, in: MW 24/1930, 861f.

209 Ruben-Wolf, in: Bendix 1929, 33.
Martha Ruben-Wolf (1887–1938/39) gehörte mit ihrem Mann Lothar Wolf zu den Ärzt(inn)en, die sich in den zwanziger Jahren in der Sexualreformbewegung engagierten. Sie war Mitglied in der KPD und im ‚Komitee für Geburtenregelung'. Ihre Aufklärungsbroschüre „Abtreibung oder Verhütung" (1. Auflage 1928), die für 10 Pfg. verkauft wurde, erreichte innerhalb von zwei Monaten eine Auflage von 100.000 Exemplaren. Vgl. Janssen-Jurreit 1986, 289.

210 Vgl. Bergmann, Anneliese: Frauen, Männer, Sexualität und Geburtenkontrolle. Die Gebärstreikdebatte der SPD im Jahre 1913, in: Hausen 1983, 81–108, 91f.

211 Vgl. Marcuse 1917, 161.

212 Nachlaß Agnes S.: Auszug aus einem Brief von Agnes S. v. 10.12.1982.

213 Vgl. Credé-Hörder 1927, 34; Hodann 1928, 17f; Pinéas, H.: Psychisch-nervöse Auswirkungen der Konzeptionsangst, in: Bendix 1929, 75–78.

214 Vgl. Hodann 1928, 18f; ders. 1932, 11–34; Rühle-Gerstel 1972, 175f; Lazarsfeld 1931, 286–302; Van de Velde 1929<b>, 84ff; ders. 1929<a>, 8ff u. 156ff.

215 Rühle-Gerstel 1972, 175.

216 Vgl. Van de Velde 1929<a>; ders. 1929<b>; ders. 1929<c>.
Theodor Hendrik Van de Velde (1873–1937), Gynäkologe und Sexualforscher, war lange Jahre Direktor der Frauenklinik Haarlem/Holland, später in Zürich. Sein bekanntestes Buch „Die vollkommene Ehe", das erstmals 1926 in deutscher Sprache erschien, wurde bis 1929 37mal neu aufgelegt. Vgl. Brockhaus Enzyklopädie 1974, Bd.19, 401.

217 Vgl. Krische 1926, 9ff; Lazarsfeld 1931, insb. 1ff u. 65–155; Rühle-Gerstel 1972, 149–177; Grossmann 1985, 57ff; Hacket, in: Bridenthal/Grossmann/Kaplan 1984, 109ff.
Die Österreicherin *Sofie Lazarsfeld* war Medizinerin und Individualpsychologin. Sie leitete in den zwanziger Jahren in Wien eine Ehe- und Sexualberatungsstelle.
Maria Krische (geb. Reineke) war mit Paul Krische verheiratet. Beide waren vorrangig in der Freidenkerbewegung aktiv und publizierten eine ganze Reihe von Schriften zur Geschlechterfrage. Zur Biographie von Paul Krische vgl. S. 750, Anmerkung 176.

218 Vgl. Hirsch 1921, 12ff.

219 Vgl. Durand-Wever, Anne-Marie: Umfang und Ursachen der Geburtenbeschränkung I, in: MW 7/1931, 244f; Schreiber, Adele: Zu Erich Goldberg: Empfängnisverhütung bei ledigen Frauen, in: MW 11/1929, 394.

220 Ein Schicksal auf der Treppe, in: FB-HE 3/1927, 12.

221 Über die Abtreibungshäufigkeit läßt sich aufgrund der Illegalität dieses Eingriffs nur ein ungefähres Bild erstellen. Exakte Zahlen können nicht angegeben werden. Nur ein Bruchteil der Laienabtreibungen wurde bekannt. Die ärztlichen Schätzungen schwankten je nach politischer Intention, mit der die Zahlen genannt wurden, zwischen 200.000 und einer Million Abtreibungen. Eine Zahl von 800.000 bis einer Million scheint Ende der zwanziger Jahre realistisch gewesen zu sein. Vgl. Eckhof, in: Finck/Eckhof 1987, 85ff; Shorter 1984, 222; Niemeyer 1931, 95.

222 StA MK.II N32, Bd.2: Gutachten des Gesundheitsamtes Hamburg, 10.9.1927 (zit.als Gutachten 1927). Vgl. auch: StA MK.I O8a, Bd.1: Röper: Abort und soziale Indikation, in: Mitteilungen für die Ärzte und Zahnärzte Groß-Hamburgs, 42/1927, 436ff. Röper hat für das Jahr 1925 aufgrund der Honorarkarten der Kassenärztlichen Vereinigung, der Statistik der staatlichen Krankenhäuser sowie der von Hamburger Privatkliniken gemeldeten Aborte die gleiche Zahl berechnet. Er berücksichtigte zwar nur Aborte, die in irgendeiner Form ärztlich behandelt wurden. Dieses Defizit schien ihm aber dadurch ausgeglichen zu sein, daß die Angaben der Kassenärztlichen Vereinigung sich auf dem Raum Groß-Hamburg bezogen. Die Gesamtzahl der in Hamburg behandelten Aborte errechnet sich nach Röper wie folgt:

Abtreibungen	von Privatpatienten	3.000
	bei Kassenärzten	10.000
	in Privatkliniken	900
	in Staatskliniken	2.163
	zusammen	16.063

Da ein Teil der privat- oder kassenärztlich behandelten Aborte später in einem Krankenhaus weiterbehandelt wurde, rechnete er für Doppelzählungen 1.000 Aborte ab und kam so auf die Gesamtzahl von 15.000 Abtreibungen in der Stadt Hamburg.

223 Vgl. Niemeyer 1931, 96.

224 Vgl. ebd.

225 Vgl. Gutachten 1927.

226 Nach der amtlichen Heilanstaltsstatistik entfielen in deutschen Entbindungsanstalten Fehlgeburten auf rechtzeitige und Frühgeburten:

1902/04 :	3,2	1911/16 :	4,6	1917/19 :	11,7	1920/22 :	9,5
1923/24 :	12,9	1925/26 :	11,1	1927/28 :	14,4	1929 :	15,9

Denkschrift 1931<b>, 10.

227 Vgl. Niemeyer 1931, 98f; Hirsch 1921, 21ff.

228 StA MK.I O8a, Bd.1: 26 u. 106–109; StA MK.II N32, Bd.2: 254ff u. 298; StJbu 1933/34, 20 u. 49.

229 Vgl. Holländer 1927, 99–109; Shorter 1984, 208ff.

230 Vgl. Holländer 1927, 109ff; Shorter 1984, 213f u. 239ff.

231 Vgl. Holländer 1927, 96; Shorter 1984, 225f.

232 Vgl. Holländer 1927, 97f; Shorter 1984, 226ff; StA MK.I O8a, Bd.1: Gutachten des Landesgesundheitsamtes über die Verwendung der Uterinrohre 1921.

233 Vgl. Holländer 1927, 94f; Shorter 1984, 232ff.

234 Vgl. StA MK.I O8a, Bd.1: Abort-Fälle in Hamburger Privatkliniken 1913, 116ff (zit. als Abortfälle 1913). Die Zahlen ergab die Auszählung der Patientinnenlisten:

Alter	V.h. verheirateten Frauen waren	V.h. ledigen Frauen waren
15–20	1	22
21–25	15	51
26–30	34	20
31–35	27	6
36–40	17	1
41–45	5	
über 45	1	

235 Vgl. Durand-Wever, in: MW 7/1931, 244f; StA StP.I–IV 6064: Adam, Heinz: Wie steht es mit dem § 218, in: Der Abend, Nr.128, 17.3.1931.

236 Von den Ehemännern, die als Arbeiter tätig waren, waren 83 % gelernt; vgl. Abortfälle 1913.

237 Vgl. Ein Schicksal auf der Treppe, in: FB-HE 3/1927. Eine Abtreibung in großbürgerlichen Kreisen schildert der Roman „Junge Frau von 1914", den Arnold Zweig 1931 schrieb. Vgl. Zweig 1975, insb. 83–126.

238 Vgl. Klausner, Edith: Recht und Rechtsprechung zu § 218 StGB, in: MW 18/1931, 644f; StA MK.I O8a, Bd.2: Unter welchen Voraussetzungen ist die Ausführung eines Schwangerschaftsabbruchs durch einen Arzt

rechtlich zulässig?, in: Reichs-Gesundheitsblatt, hg.v. Reichsgesundheitsamt, 5/1928, 76ff; Friesecke, Kuno: Ist die Unterbrechung der Schwangerschaft durch den Arzt als Abtreibung strafbar?, in: MW 45/1928, 1685f.

239 Vgl. Winter: Abtreibung oder künstlicher Abort?, in: MW 2/1927, 52ff; Hellpach, Willy: Die künstliche Unterbrechung der Schwangerschaft, in: MW 17/1931, 604f; Credé-Hörder 1927, 14ff; Marcuse 1925, 45–68.

240 Hirsch 1921, 55.
Max Hirsch (1877–1948) war seit 1900 als Frauenarzt in Berlin tätig und gilt als Begründer der sozialen Gynäkologie. Er war Vorsitzender der ‚Ärztlichen Gesellschaft für Sexualwissenschaft und Konstitutionsforschung', Mitglied des Preußischen Landesgesundheitsrats und des Reichsausschusses für Bevölkerungsfragen sowie Leiter einer Frauenklinik. Vgl. Kürschners 1931, 1190; Fischer 1962, 633; Tetzlaff 1982, 142.

241 StA MK.I O8a, Bd.1: Gesundheitsamt Hamburg, 7.1.1926. An den Polizeipräsidenten.

242 Vgl. Grotjahn 1932<a>, 10. Ein eindrucksvolles Dokument über die Realität der Abtreibung in der Praxis eines norddeutschen Landarztes ist das Buch „Eine Kartothek zu § 218. Ärztliche Berichte aus einer Kleinstadtpraxis über 426 künstliche Aborte in einem Jahr", das von Alfred Grotjahn 1932 herausgegeben wurde. Es zeigt, daß selbst auf dem Lande von frauenfreundlichen Ärzten Abtreibungen vorgenommen wurden. Vgl. ebd.

243 Vgl. Credé-Hörder 1927, 6f. Zu Carl Credé vgl. Kapitel 2.2.3.2.

244 Vgl. hier und im folgenden: StA MK.I O8a, Bd.2: Sonderabdruck aus Nr.48 u. 49 (1930) des Norddeutschen Ärzteblattes; ebd.: Sonderabdruck aus MW 2/1931: Welche Wünsche hat die Hamburger Ärzteschaft für die Änderung des § 218. Eine Umfrage der hamburgischen Ärztekammer bearbeitet von Dr.A.Lippmann, Hamburg.

245 Ebd., 12.

246 Vgl. Eckhof, in: Finck/Eckhof 1987, 141.

247 Der BDÄ war 1924 auf Anregung der ‚International Medical Women's Association' vor allem von Berliner und Hamburger Ärztinnen gegründet worden. 1926 hatte er 23 Orts- und Bezirksgruppen mit 626 Mitgliedern, deren weltanschauliches Spektrum von streng katholischen bis zu kommunistischen Einstellungen reichte. Zum BDÄ vgl. ausführlicher: Eckhof, in: Finck/Eckhof 1987, 142ff; Usborne, in: Geyer-Kordesch/Kuhn 1986, 207ff.

248 Vgl. ebd., 210ff; Eckhof, in: Finck/Eckhof 1987, 152ff; Grossmann, in: Eifert/Rouette 1986, 207ff.

249 Vgl. Shorter 1984, 235f.

250 Nachlaß Hilde David: Interview mit Käte U. (geb. 1907 in Hamburg), unveröff. Mskr.

251 Dies berichtete Käte U., die seit Anfang der 40er Jahre selbst als „weise Frau" tätig war. Sie hatte nach ihrer Scheidung im Jahr 1937 eine Ausbildung als Krankenschwester gemacht, der sie eine Hebammenausbildung anschloß. Nach Käte U. war die Abtreibungspraxis Anfang der 40er Jahre nicht viel anders als Anfang der dreißiger Jahre. Vgl. ebd.
Auch Willi Bredel schildert in „Rosenhofstraße. Roman einer Hamburger Arbeiterstraße" die Tätigkeit einer „weisen Frau". Vgl. Bredel 1982, 193ff; 218ff; 231f u. 254ff.

252 Vgl. StA MK.I O8a, Bd.1: Die Bekämpfung der Zunahme der Fehlgeburten, 52ff.

253 HA Nr.8, 10.1.1925. Die Namen wurden weggelassen.

254 Vgl. Vier Todesopfer des § 218, in: HE Nr.303, 3.11.1927.

255 Vgl. Abtreiberinnen auf der Anklagebank, in: HE Nr.68, 9.3.1929.

256 Vgl. Hirsch 1921, 29ff; StA MK.I O8a, Bd.1: 237ff.

257 StA StP.I–IV 6064: Zu sieben Jahren Zuchthaus verurteilt, in: HN Nr.517, 3.10.1927. Die folgende Darstellung beruht auf der Berichterstattung über diesen Prozeß. Vgl. ebd.: Schutz für das keimende Leben!, in: HF Nr.303, 2.11.1927; Vier Todesopfer des § 218, in: HE Nr.303, 3.11.1927.

258 Vgl. Vorstöße gegen § 218, in: HE Nr.33, 2.2.1928; Harte Strafen für gewerbsmäßige Abtreibung, in: HE Nr.320, 18.11.1928; Ein krasser Beitrag zum § 218, in: HE Nr.161, 14.6.1924; § 218 vor dem Schwurgericht, in: HE Nr.262, 22.9.1929.

259 Vgl. Vier Todesopfer des § 218, in: HE Nr.303, 3.11.1927.

260 Vgl. Marcuse 1913, 756–773; Höllein 1931, 223f.

261 Vgl. StA MK.I O8a, Bd.1: Das Medizinalamt, Dr.Pfeiffer. An den Präses des Medizinalkollegiums Herrn Staatssekretär Dr.Hagedorn, Hamburg 17.12.1927.

262 Vgl. Eckhof, in: Finck/Eckhof 1987, 88.

263 Vgl. Shorter 1984, 22f.

264 Vgl. Hirsch 1921, 30f; Shorter 1984, 219ff; Eckhof, in: Finck/Eckhof 1987, 88.

265 25 Jahre Mutterschutz, in: HE Nr.87, 28.3.1930.

266 Hirsch 1921, 32.

267 Vgl. die Schilderung von Hertha S. in: Brockmann 1984, 30; Höllein 1931, 225; Marcuse 1913, 774ff; Janson,

J.: Psychische Wirkungen des Aborts, in: MW 44/1930, 1583; Kankeleit, Otto: Psychische Wirkungen des Aborts, in: MW 33/1930, 1178f; Goldberg, Erich: Replik auf Janson, in: MW 44/1930, 1584.

268 Vgl. Halle 1931, 12.

269 Vgl. Eckhof, in: Finck/Eckhof 1987, 86; Höllein 1931, 232.

270 Vgl. ebd., 233.

271 Das ergab die Auswertung der Hamburger Presseberichterstattung über Abtreibungsverfahren zwischen 1919 und 1933.
Eine Einsicht in die Akten des Amtsgerichts und des Landgerichts Hamburg zu Abtreibungsverfahren wurde mir vom Staatsarchiv Hamburg aus Gründen des „Personenschutzes" leider nicht gestattet. Auch die folgenden Ausführungen stützen sich deshalb weitgehend auf die Presseberichterstattung und die Akten des Medizinalkollegiums.

272 Die Namen wurden geändert. StA MK.I O8a, Bd.1: Abschrift. Polizeidirektion, Kriminalabteilung, Braunschweig 18.8.1927; ebd.: Polizeidirektion II, Kriminalpolizei, Braunschweig 8.9.1927. Vgl. auch im folgenden.

273 StA MK.I O8a, Bd.2: Gesundheitsbehörde. Rundschreiben an alle in hamburgischen Krankenanstalten und Kliniken tätigen Ärzte, Hamburg 4.5.1929.

274 Für die Jahre 1922 bis 1926 ist lediglich die Zahl der Anzeigen bekannt: 1922 – 473, 1923 – 468, 1924 – 517, 1925 – 577, 1926 – 550.
Quelle: StJbu 1925, 284; StJbu 1926/27, 321; StJbu 1927/28, 334, 354, 356 u. 371; StJbu 1928/29, 322, 342, 344 u. 357; StJbu 1929/30, 330, 351, 353 u. 367; StJbu 1930/31, 317, 338, 340 u. 355.

275 Vgl. § 218, in: HE Nr.227, 18.8.1925.

276 Vgl. Höllein 1931, 236ff.

277 § 218, in: HE Nr.227, 18.8.1925.

278 Die Namen wurden geändert. StA MK.I O8a, Bd.1: Auszug aus der Akte des Landgerichts Hamburg. Akten in der Strafsache 1.K., 2.O., 3.G., Reg.V, Nr.1759/25/22346/1926. Vgl. auch im folgenden.

279 Vgl. Shorter 1984, 217.

280 Ebd., 202; vgl. auch ebd., 236f.

281 In seinem Buch „Der weibliche Körper als Schicksal" aus dem Jahre 1984 geht Edward Shorter zwar ausführlich auf die Abtreibungsproblematik ein, aber mit keinem Wort auf die Empfängnisverhütung. Es entsteht der Eindruck, als ob die Abtreibung das einzige Verfahren der Geburtenkontrolle gewesen sei. Die Abtreibung erhält so in seiner „Sozialgeschichte der Frau" einen falschen Stellenwert.

282 Wolf, Julius: Die Volkswirtschaft der Gegenwart und Zukunft, Leipzig 1912, 285–298, 297 (zit.nach Lewinsohn 1922, 210).

283 Bornträger, Jean: Der Geburtenrückgang in Deutschland, seine Bewertung und Bekämpfung (Veröffentlichungen aus dem Gebiete der Medizinalverwaltung. I.A. seiner Exzellenz des Herrn Ministers des Innern, hg.v. der Medizinalverwaltung des Ministeriums, Bd.1, H.13), Berlin 1905, 43 (zit.nach Lewinsohn 1922, 211).

284 Der bedeutendste sozialdemokratische Theoretiker zur Bevölkerungspolitik war *Karl Kautsky sen.* (1854–1938). Unter dem Einfluß des Darwinismus hatte er schon 1878 eine erste bevölkerungspolitische Schrift verfaßt: „Der Einfluß der Volksvermehrung auf den Fortschritt der Gesellschaft". 1910 erschien sein bedeutendstes Werk zu diesem Thema: „Vermehrung und Entwicklung in Natur und Gesellschaft". In ihm versuchte er eine sozialistische Bevölkerungspolitik zu formulieren. Grundannahme war, daß eine sozialistische Gesellschaft durch die Weiterentwicklung von Naturwissenschaft und Technik die Produktivität der Arbeit wesentlich ausbauen und demgemäß den Nahrungsspielraum zumindest begrenzt ausweiten könne. Durch wachsenden Lebensstandard und verbesserte soziale Hygiene sei eine Abnahme der Sterblichkeit zu erwarten, die selbst bei sinkender Geburtenziffer zu einem Bevölkerungswachstum beitragen werde. Sollten die Bevölkerungszahlen wider Erwarten stagnieren oder abnehmen, hoffte Kautsky auf einen Wandel der Moral, der zu einer Regelung der Fortpflanzung gemäß den Bedürfnissen der sozialistischen Gesellschaft führen werde. Vgl. Kautsky 1878; ders. 1910; sowie allgemein: Finck, in: Finck/Eckhof 1987, 31f; Lewinsohn 1922, 192–223; Kautsky 1924, 2f; Evans 1979, 244–258; Niggemann 1981<a>, 247–272.
Zu Malthusianismus und Neomalthusianismus vgl.: Lewinsohn 1922, 215f; Evans 1979 245f; Finck, in: Finck/Eckhof 1987, 18f; Heinsohn/Steiger 1985, 189ff; Marschalck 1984, 57ff.

285 Zu ihnen gehörte die Altonaerin *Alma Wartenberg*, geb. Stähr, eine ehemalige Hausangestellte, die einen Arbeiter geheiratet hatte. Sie war durch einen Arzt umfassend über Sexualität und Fortpflanzung, Familienplanung und Geburtenkontrolle informiert worden und hielt zwischen 1911 und 1913 in verschiedenen Orten Deutschlands Lichtbildvorträge zu Familienplanung und Geburtenkontrolle. Aufgrund dieser Aufklärungsarbeit, die sie nicht im Auftrag der SPD betrieb, wurde sie mehrfach wegen Vergehens gegen den § 184 Abs.3 zu mehrmonatigen Gefängnisstrafen verurteilt. Die Partei distanzierte sich von der Tätigkeit Alma Warten-

bergs, die als eine der ersten Sozialdemokratinnen das Selbstbestimmungsrecht der Frau über ihren Körper propagierte. Vgl. Döll-Krämer 1988; Wartenberg 1982, 8; Bergmann, in: Hausen 1983, 97; Linse 1972, 236.

286 Vgl. Brupbacher 1909; Linse 1972, 239f.

287 Brupbacher 1909, 7.

288 Ebd., 30.

289 *Alfred Bernstein* (1858–1922) war ab 1880 mit Unterbrechungen, ab 1884 dauernd als praktischer Arzt in Berlin ansässig. In den 1890er Jahren schloß er sich der SPD an. 1902 bis 1916 war er Stadtverordneter in Berlin, seit 1905 offizieller Parteireferent sowie Lehrer an der Berliner Parteischule. Vgl. Linse 1972, 242; Schröder 1986, 81.
Julius Moses (1868–1942), der Sohn eines verarmten Gewerbetreibenden, arbeitete nach seinem Medizinstudium von 1893 bis 1900 als Kassenarzt in Berlin-Moabit. 1900 siedelte er nach Liegnitz über. 1902 kehrte er nach Berlin zurück, wo er sich stark in der jüdischen Gemeinde engagierte; u.a. war er 1902 bis 1911 Herausgeber und Redakteur der Wochenzeitung ‚Generalanzeiger für die gesamten Interessen des Judentums'. Nachdem er sich zunächst in Vereinigungen des liberal-demokratischen Bürgertums engagiert hatte, schloß er sich 1912 der SPD an. Seit 1911 gab er die Zeischrift ‚Der Hausarzt' heraus, das Organ des ‚Verbandes der Hausarztvereine' in Berlin, der 1900 gegründet worden war. Zu seiner weiteren Biographie vgl. in diesem Kapitel sowie: Nadav 1985, insb. 120–136; Nemitz 1973, 321–334; AdsD SP: Dr. Julius Moses.

290 Zur „Gebärstreik"-Debatte in der SPD vgl.: Bergmann, in: Hausen 1983, 92–103; dies. 1981, 7–55, insb. 28ff; Roth 1978, 78–103; Linse 1972, 242ff; Nadav 1985, 133ff; Nemitz 1973, 321–334; Evans 1979, 247ff; Niggemann 1981<a>, 266ff.

291 Bernstein 1913, 5.

292 Vgl. Wurm, Mathilde: Der Geburtenrückgang in Berlin, in: Gl. Nr.22, 23.7.1913, 338ff; StA PP S8897, Bd.7: Gebärstreik, I u. II, in: Vorwärts Nr.194, 13.7.1913 u. Nr.201, 7.8.1913 (zit. als Gebärstreik I bzw.II). Die Artikel im ‚Vorwärts' stammten vermutlich von Clara Zetkin, vgl. Linse 1972, 245.

293 Gebärstreik II.

294 Wurm, in: Gl. Nr.22, 23.7.1913.

295 Clara Zetkin am 22.8.1913 (zit.nach: StA PP S8897, Bd.7: Gegen den Gebärstreik, in: Vorwärts Nr.228, 24.8.1913).

296 Vgl. ebd.
Zur Kurzbiographie von *Rosa Luxemburg*, verh. Lübeck (1871–1919), der bedeutendsten Theoretikerin des radikalen Flügels der Sozialdemokratie im Kaiserreich, die Journalistin und Lehrerin an der 1906 gegründeten Parteischule war und im Dezember 1918 die KPD mitbegründete, vgl. u.a. Weiland 1983, 162ff; Osterroth 1960, 207ff; Juchacz 1971, 45–52.

297 Kontos, in: Gesellschaft 1981, 17f.

298 Clara Zetkin am 22.8.1913 (zit. nach: StA PP S8897, Bd.7: Für und Wider die Beschränkung der Geburten, in: HE Nr.199, 26.8.1913).

299 Julius Moses auf der Versammmlung am 22.8.1913 (zit.nach ebd.).

300 Vgl. Bergmann, in: Hausen 1983, 95.

301 Clara Zetkin am 28.8.1913 (zit.nach: StA PP S8897, Bd.7: Die Berliner Gebärstreik-Diskussion, in: HE Nr.204, 31.8.1913).

302 Vgl. StA PP S8897, Bd.7: Kautsky, Karl: Der Gebärstreik, in: Vorwärts Nr.239, 14.9.1913; ebd.: Die Geburteneinschränkung, in: Vorwärts Nr.250, 25.9.1913; Bernstein, Eduard: Geburtenrückgang, Nationalität, Kultur, in: SM 1913, Bd.3, 1319–1325; Olberg, Oda: Zur Stellung der Partei zum Gebärstreik, in: NZ 1913, 47–55; Zepler, Wally: Geburtenbeschränkung, in: SM 1913, Bd.3, 1644–1646; Kautsky, Karl: Der Gebärstreik, in: NZ 1915, Bd.2, 904–909.

303 Vgl. Linse 1972, 248f; Niggemann 1981<a>, 269f.

304 Vgl. u.a.: Eine Ursache des Geburtenrückgangs, I–IV, in: Gl. Nr.24, 20.8.1913, 372f, Gl. Nr.26, 17.9.1913, 406f, Gl. Nr.2, 15.10.1913, 22f, Gl. Nr.4, 12.11.1913, 50ff; Der Geburtenrückgang in Berlin, in: Gl. Nr.1, 1.10.1913, 6ff; Zur Frage des Geburtenrückgangs, in: Gl. Nr.3, 29.10.1913, 36ff; Ist der Neomalthusianismus vom ärztlichen Standpunkt zu empfehlen?, in: Gl. Nr.6, 10.12.1913, 81ff; sowie Linse 1972, 248ff.

305 Vgl. insb. die Resolution in: Gegen staatlichen Gebärzwang 1914, 24.

306 Vgl. ebd.; StA PP S8897, Bd.3: Geburtenrückgang und Volksvermehrung. SPD-Frauenversammlung am 18.6.1914, Referentin: Helene Brandenburg; ebd.: Gebärzwang und Gebärstreik, I–III, in: Gl. Nr.14, 1.4.1914, 209ff, Gl. Nr.17, 13.5.1914, 257f, Gl. Nr.19, 10.6.1914, 289ff; ebd.: Gegen den staatlichen Gebärzwang, I u. II, in: Gl. Nr.15, 15.4.1914, 227f u. Gl. Nr.16, 29.4.1914, 242f; ebd.: Soziale Quacksalberei, in: HE Nr.41, 18.2.1914.

307 Vgl. Bevölkerungsprobleme, I u. II, in: Gl. Nr.19, 9.6.1916, 142f u. Gl. Nr.20, 23.6.1916, 150f; Wissel, Rudolf: Mehr Mutterschutz und Säuglingsschutz, in: NZ 1917, Bd.3, 65–68; Lewinsohn 1922, 224.

308 Vgl. Gegen die bevölkerungspolitischen Gesetzentwürfe, in: Gl. Nr.1, 11.10.1918, 2f; Eingabe der sozialdemokratischen Frauen Deutschlands an den Reichstag zu den Gesetzen betreffend: 1. Bekämpfung der Geschlechtskrankheiten, 2. Die Verhinderung der Geburten, 3. Unfruchtbarmachung und Schwangerschaftsunterbrechung, 1918, in: Sozialismus und Bevölkerungspolitik 1926, 99–101.
309 Vgl. Weitere Protestversammlungen, in: Gl. Nr.2, 25.10.1918, 12f.
310 StA PP S8897, Bd.3: Versammlungsbericht Wachtmeister Laatsch v. 20.8.1918.
311 *Heinrich Schulz* (1872–1932), ein sozialdemokratischer Realschullehrer, leitete neben seiner journalistischen Tätigkeit von 1906 bis 1919 den „Zentralen Bildungsausschuß" der SPD. 1907 bis 1914 arbeitete er als Lehrer an der Parteischule in Berlin. 1917 bis 1919 war er gemeinsam mit Marie Juchacz Chefredakteur der ‚Gleichheit', seit 1919 u.a. Staatssekretär für Schul- und Bildungsfragen im Reichsministerium sowie Vorsitzender des ‚Sozialistischen Kulturbundes' und des ‚Reichsausschusses für sozialistische Bildungsarbeit'. 1912 bis 1930 gehörte er dem Reichstag bzw. der Nationalversammlung an.
Vgl. Schröder 1986, 205; Osterroth 1960, 277ff.
312 Zit.nach: StA PP S8897, Bd.3: Die Frauen und die Bevölkerungspolitik, in: HE Nr.196, 22.8.1918. Auch die folgenden Zitate ebd.
313 Ebd.: Die Bevölkerungspolitik und die Frauen, in: HE Nr.194, 20.8.1918.
314 Grotjahn 1914, IV; vgl. ders. 1917, 135ff; Nadav 1985, 109ff u. 203ff.
315 Vgl. Nadav 1985, 62–88 u. 155ff. In der historischen Forschung ist umstritten, ob Grotjahn bereits im Kaiserreich Mitglied der SPD war; vgl. ebd., 64.
316 Vgl. Grotjahn/Radbruch 1921; Grotjahn, Alfred: Geburtenrückgang, in: Gl. 3/1922; ders.: Proletariat und Geburtenrückgang, I u. II, in: NZ 1922/23, Bd.2, Nr.6, 164–171 u. Nr.7, 205–209; ders. 1922, 49–60.
317 Grotjahn/Radbruch 1921, 6ff.
318 Grotjahn, in: NZ 1922/23, Bd.2, Nr.6, 169.
319 Vgl. Nadav 1985, 206f; Lewinsohn 1922, 231.
320 Grotjahn 1926, 5.
321 Grotjahn/Radbruch 1921, 10.
322 Grotjahn 1926, 1.
323 Vgl. insb. Fürth 1925; dies. 1929; dies.: Menschenökonomie und Bevölkerungszuwachs, in: Ges. 11/1930, 430–440; Hodann 1928, 26ff; sowie allgemein Nadav 1985, 279ff u. 299ff; Weingart 1988, 108ff.
324 Grotjahn/Radbruch 1921, 12.
325 Ebd., 12f; vgl. auch Grotjahn 1926, 121–124.
326 Grotjahn/Radbruch 1921, 13.
327 Vgl. Begun, Reni: Diskussionsbeitrag, in: Bendix 1929, 107–109, 107.
328 Vgl. Grotjahn/Radbruch 1921, 5f.
329 Grotjahn 1926, 204.
330 Vgl. ebd., 296–305.
331 Vgl. Arendsee, Martha: Das Recht auf Mutterschaft, in: Kä. 10/1920, 73f; Moses, Julius: Volle Wiegen, in: ebd., 74ff; Kunert, Marie: Vernichtung keimenden Lebens, in: Kä. 14/1920, 109f.
332 Aufgrund allgemeinpolitischer Differenzen kam es 1924 zur Spaltung des ‚Sozialdemokratischen Ärztevereins' (SÄV), dem Mitglieder aller Arbeiterparteien angehört hatten. Ein großer Teil der Sozialdemokraten blieb im SÄV, der sich 1926 mit dem ‚Sozialdemokratischen Ärztebund' zur ‚AG sozialdemokratischer Ärzte' zusammenschloß. Die Gründer des SÄV, die es ablehnten, sich parteipolitisch eng zu binden, gründeten den VSÄ, dessen Vorsitzender Ignaz Zadek wurde, der frühere Leiter des SÄV. Moses und Grotjahn blieben im SÄV. Vgl. Nadav 1985, 196; Clever, in: Baader/Schultz 1983, 82.
333 Vgl. Nadav 1985, 132, 180, 196 u. 208.
334 Moses, Julius: Der § 218 des Strafgesetzbuches und der Schwangerenschutz vor dem Parlament, in: Protokoll vom 1.Kongreß der Textilarbeiterinnen Deutschlands 1926, 74–87, 74; vgl. Nadav 1985, 237.
335 Vgl. ebd., 227ff.
336 Vgl. Lewinsohn 1922, 224ff.
337 Vgl. Nadav 1985, 254f.
338 Vgl. Sozialismus und Bevölkerungspolitik 1926.
Gertrud Hanna (1876–1944) stammte aus proletarischen Verhältnissen. Nach der Volksschule wurde sie Buchdruckerei-Hilfsarbeiterin. Seit 1896 gehörte sie dem Berliner Ortsvorstand des ‚Verbandes der graphischen Hilfsarbeiter und -arbeiterinnen' an, von 1897 bis 1914 dem Zentralvorstand. 1907 bis 1933 war sie angestellte Arbeiterinnensekretärin der Generalkommission der Gewerkschaften Deutschlands bzw. des Bundesvorstandes des ADGB, 1916 bis 1933 Schriftleiterin der ‚Gewerkschaftlichen Frauenzeitung'. Seit der Gründung gehörte die überzeugte Sozialdemokratin dem ‚Hauptausschuß für Arbeiterwohlfahrt' an. Von 1919 bis 1933 war sie Mitglied des Preußischen Landtags. Sie lebte mit ihrer Schwester *Antonie Hanna*

(1880–1944) zusammen, ebenfalls Buchdruckerei-Hilfsarbeiterin, SPD- und Gewerkschaftsmitglied. Vgl. Gertrud Hanna, in: FW 17/1928, 39; Handbuch des Preußischen Landtags 1933, 330; AdsD SP: Gertrud Hanna; Weiland 1983, 126f; Wickert 1986, Bd.2, 161; Osterroth 1960, 112; Juchacz 1971, 115ff.

Andreas Knack (1886–1956) arbeitete seit der Vorkriegszeit im Allgemeinen Krankenhaus Hamburg-Barmbek, dessen Direktor er von 1923 bis 1933 war. Er gehörte der ‚AG sozialdemokratischer Ärzte' an. 1919 bis 1933 war er Mitglied der Hamburgischen Bürgerschaft und gesundheitspolitischer Sprecher der SPD-Fraktion. Von 1920 bis 1927 war er mit Olga Brandt-Knack, seit 1928 mit Edith Hommes-Knack verheiratet. Vgl. StA: Bürgerschaftsabgeordnete 1859–1959, Handschrift 601; Frankenthal 1981, 318; Hammer 1956, 57; sowie Kurzbiographien von Olga Brandt-Knack und Edith Hommes-Knack im Anhang.

Zur Kurzbiographie von *Max Quarck* (1860–1930), einem renommierten Sozialpolitiker der SPD, der Nationalökonomie, Rechts- und Sozialwissenschaften studiert hatte, für die SPD von 1912 bis 1919 dem Reichstag angehörte und insbesondere journalistisch tätig war, vgl. Schröder 1986, 180f.

Elisabeth Kirschmann-Röhl, geb. Gohlke (1888–1930), die Schwester von Marie Juchacz, erlernte den Beruf der Schneiderin. Aus einer ersten früh gescheiterten Ehe hatte sie einen Sohn. 1921 heiratete sie den sozialdemokratischen Redakteur Emil Kirschmann. Sie kam ca. 1905 zur Sozialdemokratie, arbeitete während des Ersten Weltkrieges in der Kriegsfürsorge und war von 1919 bis 1930 Mitglied des ‚Hauptausschusses für Arbeiterwohlfahrt' und des Vorstandes des SPD-Unterbezirks Köln. 1919 bis 1922 war sie verantwortliche Redakteurin der ‚Gleichheit'-Beilage ‚Die Frau und ihr Haus' und ab 1922 der Beilage ‚Die arbeitende Frau' der ‚Rheinischen Zeitung'. 1919/20 gehörte sie der Nationalversammlung und 1921 bis 1930 dem Preußischen Landtag an, ab 1928 leitete sie dessen sozialpolitischen Ausschuß. Vgl. Wickert 1986, Bd.2, 167f; Juchacz 1971, 99–102; Wachenheim, Hedwig: Elisabeth Kirschmann, in: AW 19/1930, 600f; Schwarz 1965, 738.

339 Vgl. Grotjahn 1932<b>, 250.

340 Sozialismus und Bevölkerungspolitik 1926, 10.

341 Ebd.

342 Vgl. Marcuse 1928, 172ff; ders. 1929, 3ff; Schroeder, Louise: Die proletarische Frau als Hausfrau und Mutter, in: Blos 1930, 148–181, 150ff; Manes, Georg: Alte Bevölkerungspolitik – neue Menschenpolitik, in: FB-HE 10/1926.

343 Zit.nach Lewinsohn 1922, 227.

344 Vgl. Nadav 1985, 279ff; Lewinsohn 1922, 227.

Martha Arendsee (1885–1953), eine Buchhalterin, wechselte als engagierte Kriegsgegnerin 1917 von der SPD zur USPD, für die sie 1920/21 im Reichstag war. 1921 schloß sie sich der KPD an, die sie von 1924 bis 1930 im Reichstag vertrat. Vgl. Wickert 1986, Bd.2, 153.

345 Vgl. Arendsee, in: Kä. 10/1920, 73f; Moses, in: ebd., 74ff.

346 Arendsee, in: Kä. 10/1920, 73.

347 Vgl. Nadav 1985, 279ff; Lewinsohn 1922, 227. Zu Julius Moses vgl. insb.: ders., in: Protokoll vom 1.Kongreß der Textilarbeiterinnen Deutschlands 1926, 74ff; Nachlaß Julius Moses: ders.: Gebärzwang oder freie Entscheidung, in: Vorwärts v.12.3.1929.

348 Vgl. Fromm 1980, 195ff. In der Erhebung aus dem Jahr 1929 lehnten von den befragten Sozialdemokraten 76 % der Funktionäre, 64 % der einfachen Mitglieder und 61 % der Wähler eine Bestrafung der Abtreibung ab.

349 Vgl. Pr.Fk.SPD 1921, 29.

350 Vgl. Fromm 1980, 198.

351 Vgl. Stricker, Emily: § 218 des Strafgesetzbuches, I u. II, in: Gl. 22/1921, 217 u. Gl. 23/1921, 226f; Adele Schreiber, in: Pr.Pt.SPD 1919, 498; dies., in: Pr.Pt.SPD 1921, 29; sowie Lewinsohn 1922, 228.

352 *Clara Bohm-Schuch* (1879–1936), eine Arbeitertochter, besuchte nach der Volksschule von 1895 bis 1897 die Handelsschule. 1897 bis 1905 arbeitete sie als kaufmännische Angestellte. 1906 heiratete sie den Kaufmann Willy Schuch. Das Paar hatte eine Tochter. 1904 schloß sie sich der SPD und dem ZdH an. Seit 1907 arbeitete sie ehrenamtlich in der kommunalen Fürsorge, daneben war sie schriftstellerisch tätig. 1919 bis 1922 war sie Chefredakteurin der ‚Gleichheit', 1919 bis 1933 Mitglied des ‚Hauptausschusses für Arbeiterwohlfahrt' sowie der Nationalversammlung bzw. des Reichstags. Vgl. AdsD SP: Clara Bohm-Schuch; Clara Bohm-Schuch, in: FW 19/1932, 440f; Wickert 1986, Bd.2, 156; Osterroth 1960, 32; Juchacz 1971, 93–98.

Gustav Radbruch (1878–1949) war Rechtsphilosoph. Von 1920 bis 1924 gehörte er dem Reichstag an und war 1921/22 und 1923 Reichsjustizminister. Vgl. Winkler 1985<a>, 768; Hammer 1956, 74.

353 Zit.nach Grotjahn/Radbruch 1921, 27.

354 Ebd., 26f; vgl. Radbruch, Gustav: Vom Verbrechen gegen das keimende Leben, in: HE Nr.392, 24.8.1920.

355 Radbruch, in: HE Nr.392, 24.8.1920.

356 Grotjahn/Radbruch 1921, 31.
357 Vgl. Bohm-Schuch, Clara: Die Unterbrechung der Schwangerschaft, in: Gl. 6/1921, 49f.
358 Grotjahn/Radbruch 1921, 27f.
359 Ebd., 28.
360 Ebd., 32.
361 Ebd., 5f.
362 Ebd., 19f.
363 Ebd., 16ff.
364 Vgl. ebd.
365 Vgl. Grotjahn 1932<a>, 173.
366 Anfang der zwanziger Jahre beschäfigte sich z.B. in der Hamburger SPD ein Fünftel aller Frauenversammlungen in den Distrikten und Bezirken mit Bevölkerungspolitik, Familienplanung und Geburtenkontrolle. Das Thema war damit neben Wahlvorbereitung und -auswertung zwischen 1920 und 1922 das meist diskutierte. Bis zum Ende der Weimarer Republik wurde es nie wieder so häufig erörtert. Dies ergab eine Auswertung der Veranstaltungsankündigungen im ‚Hamburger Echo' der Jahrgänge 1920 bis 1932. Vgl. Tabelle 67.
367 Knack, Andreas: Die Gesundheitspolitik auf dem Parteitag, in: HE Nr.507, 29.10.1920.
368 Zit.nach ebd.
369 Vgl. ebd.; Sozialdemokratische Frauenkonferenz in Kassel, in: HE Nr.475, 11.10.1920.
370 Vgl. Das Recht der Frau auf Mutterschaft und Mutterschutz, in: HE Nr.513, 2.11.1920.
371 Vgl. Antrag Dr.Knack (Hamburg) zu einer „sozialistischen Bevölkerungspolitik", in: Pr.Pt.SPD 1921, 394.
372 Vgl. Knack, Andreas: Das Recht auf Verhütung und Unterbrechung der Schwangerschaft, in: HE Nr.431, 15.9.1920; ders., in: HE Nr.507, 29.10.1920; ders., in: HE Nr.513, 2.11.1920.
373 Vgl. Antrag Dr.Knack, in: Pr.Pt.SPD 1921, 394; Antrag Hamburg, in: Pr.Pt.SPD 1922 (Augsburg), 122.
374 Vgl. Grotjahn/Radbruch 1921, 5.
375 Vgl. Antrag Dr.Knack, in: Pr.Pt.SPD 1921, 394; Antrag München, Antrag Schleswig, in: ebd., 311f; Antrag Hamburg, in: Pr.Pt.SPD 1922 (Augsburg), 122; Antrag Westl.Westfalen, in: ebd., 112f.
376 Vgl. Programm der SPD, in: Pr.Pt.SPD 1921, IIIff; Stampfer 1922, 39; Knack, Andreas: Darf das Parteiprogramm zur Bevölkerungpolitik schweigen?, in: HE Nr.381, 17.8.1921.
377 Vgl. Meta Quark-Hammerschlag, in: Pr.Fk.SPD 1921, 27f; Adele Schreiber-Krieger, in: ebd., 29; Frau Evert, in: ebd., 31; Marie Juchacz, in: ebd., 41 u. 43.
378 Vgl. Antrag Bollmann u.a. (Westl.Westfalen), in: Pr.Fk.SPD 1921, 65 u. 70; Antrag des 8. Unterbezirks aus Sachsen, in: Pr.Pt.SPD 1924, 236. Vgl. auch Anm.433.
379 Vgl. Pr.Fk.SPD 1921, 27.
380 Pr.Pt.SPD 1924, 247.
381 Vgl. Nadav 1985, 282ff.
382 Vgl. Grossmann, in: Bridenthal/Grossmann/Kaplan 1984, 66ff; Schneider 1975, 61–90.
383 Vgl. Das Heidelberger Programm 1925.
384 Parteiprogramm und Sexualreform, in: HE Nr.246, 6.9.1925.
385 Nachlaß Julius Moses: Antrag Müller (Franken) und Genossen, Nr.474, Reichstag, III. Wahlperiode, 4.2.1924.
386 Vgl. Nachlaß Julius Moses: ders.: Die Abtreibungsparagraphen im Rechtsausschuß des Reichstages, in: Der Kassenarzt, Nr.51, 23.12.1925, 1f; Pfülf, Toni: Die §§ 218 und 219 im Rechtsausschuß des Reichstages, in: Ge. 2/1926, 35ff.
387 Vgl. Moses, Julius: Milderung des § 218, in: Ge. 6/1926, 163ff.
388 Vgl. StA StP.I–IV 6064: Es bleibt bei § 218, in: Vorwärts Nr.261, 7.6.1929; Moses, Julius: Das Problem der Abtreibung, in: Ge. 9/1929, 372–381; Nachlaß Julius Moses: ders.: Gebärzwang oder freie Entscheidung. Um das Schicksal des Paragraphen 218, in: Vorwärts v.12.3.1929.
Zur innerparteilichen Diskussion über den Strafgesetzentwurf vgl. Dr.Saenger (München) auf der SPD-Frauenkonferenz in Heidelberg am 19.9.1925, in: Ge. 1/1926, 3–16; Pr.Pt.SPD 1925, 358ff u. 367; Referentenmaterial zum Strafgesetzentwurf 1927, 7f; Mahlo 1930, 13ff.
389 Vgl. Eckhof, in: Finck/Eckhof 1987, 156ff; Usborne, in: Geyer-Kordesch/Kuhn 1987, 203ff.
390 Vgl. Frankenthal 1931; dies. 1981, 117ff; Marcuse 1925, 90ff.
Käte Frankenthal (1883–1976), die Tochter eines Geschäftsmannes, die nach einem Medizinstudium 1914 als eine der ersten Frauen im Deutschen Reich promovierte, war zunächst als Militärärztin in Österreich tätig, von 1919 bis 1933 als Stadtärztin in Berlin-Neukölln. 1914 war sie Mitglied der SPD geworden, 1931 wechselte sie zur SAP über. 1919 bis 1930 war sie Stadtverordnete in Berlin-Neukölln, 1930 bis 1932 Mitglied des Preußischen Landtags. Vgl. Frankenthal 1981; Wickert 1986, Bd.2, 159.
391 Vgl. insb. Bublitz 1973, 18ff; Nadav 1985, 196f.

392 Vgl. Quarck, Max: Sozialismus und Bevölkerungspolitik, in: Sozialismus und Bevölkerungspolitik 1926, 10; Marie Juchacz, in: Pr.Pt.SPD 1929, 231; Kautsky jun., Karl: Alfred Grotjahn. Die Hygiene der menschlichen Fortpflanzung, in: Ges. 1927, Bd.1, 381f; Halle 1931, 22f.

393 Kautsky 1924, 29ff; ders.: Schwangerschaftsunterbrechung und -verhütung, in: Sozialismus und Bevölkerungspolitik 1926, 72–80, 79.

394 Ebd., 74ff; vgl. ders. 1924, 27f.

395 Ebd., 26.

396 Ebd., 26f.

397 Vgl. Seger, Ella: Kapitalistische oder sozialistische Geburtenpolitik, in: FB-HE Nr.7, Aug.1924; Individualistische oder sozialistische Lösung des Problems der Schwangerschaftsunterbrechung, in: FB-HE 6/1925.

398 Kautsky jun., Karl: Unterbrechung der Schwangerschaft. Individualistische oder sozialistische Lösung?, in: Ges. 1925, Bd.1, 354–366.

399 Ders., in: Sozialismus und Bevölkerungspolitik 1926, 72–80.

400 Ebd., 80.

401 Vgl. Kirschmann-Röhl, Elisabeth: Schwangerschaftsunterbrechung und -verhütung, in: Sozialismus und Bevölkerungspolitik 1926, 81–91.

402 Vgl. ebd., 92–95.

403 Zit.nach Frankenthal 1931, 3f.

404 Vgl. ebd.

405 Vgl. Pr.Pt.SPD 1931, 286; Frankenthal 1931, 5f; dies. 1981, 117f.

406 Die ehemaligen Unabhängigen im Parteivorstand unterstützten den Kurswechsel kritiklos; vgl. Moses, Julius: Die Sozialdemokratie im Kampf gegen den § 218, in: Ge. 5/1931, 165–173. Die Führerinnen der Frauenbewegung propagierten ihn sogar in einer Resolution zum Internationalen Frauentag 1931; vgl. Unser Kampf gegen den § 218, in: Ge. 5/1931, 162ff; Der Internationale Frauentag 1931, in: Ge. Nr.7/8, 1931, 246f.

407 Frankenthal 1931, 6.

408 Ebd., 16.

409 Paula Karpinski/Grete Wöhrmann, Januar 1981.

410 Die Sozialdemokratinnen im Kampf gegen den § 218, in: Ge. 5/1931, 166.

411 Vgl. Kommunale Sexualberatungsstellen, in: Ge. 1/1928, 18f; Juchacz, Marie: Geburtenfrage – Sexualberatung eine Aufgabe der Arbeiterwohlfahrt, in: AW 23/1929, 730–734; Victor, Walter: Sexualberatung und Strafgesetz, in: HE Nr.180, 1.7.1928.

412 Dies ergab die Auswertung des Veranstaltungskalenders im ‚Hamburger Echo'. Der Themenkomplex ‚Bevölkerungspolitik' war nach den Schwerpunkten ‚Wahlen' und ‚Frauenbewegung' der am häufigsten diskutierte. Durchschnittlich 14 % aller Frauenabende beschäftigten sich in den zwanziger Jahren mit ihm.

413 Vgl. Jb.SPD-HH 1927/28, 160. Zum Bildungswesen vgl. Kapitel 4.3.1.

414 Vgl. u.a.: Schwangerschaftsverhütung, in: HE Nr.156, 8.6.1924; Zeitweilige Schwangerschaftsverhütung, in: HE Nr.288, 19.10.1924; Geburtenbeschränkung, in: HE Nr.134, 16.5.1926; Schwarz, Hedwig: Warum Geburtenbeschränkung, in: HE Nr.255, 15.9.1929; Rudolf Elkan, in: HE Nr.192, 14.7.1930; ders.: Wege zur Überwindung des § 218, in: HE Nr.278, 8.10.1930; Die sexuelle Not der Erwachsenen, in: FB-HE 12/1928; Die Fruchtbarkeit in der Ehe und ihre wunschgemäße Beeinflussung, in: FB-HE 12/1929.

415 Vgl. u.a.: Schwarz, Hedwig: Geburtenregelung, in: FW 22/1927, 335; Verhütung unerwünschter Fruchtbarkeit, in: FW 19/1929, 441; Wieviel Kinder? in: FW 9/1930, 201 u. 206; Krahnstover, Anni: Zwangsmutterschaft, in: Ge. 7/1929, 315f; Marcuse, Julian: Geburtenregelung, in: ebd., 317.

416 *Auguste Forel* (1848–1931), ein Schweizer Psychiater und Ethnologe, war Direktor der Landesheilanstalt Burghölzli/Schweiz und Professor in Zürich. Vgl. Brockhaus Enzyklopädie 1974, Bd.6, 409.

417 *Wilhelm Riepekohl* (1893–1975), ein gelernter Handschuhmacher, arbeitete in den zwanziger Jahren als sozialdemokratischer Journalist, von 1920 bis 1922 als Berichterstatter der Magdeburger ‚Volksstimme', ab 1925 als Redakteur der ‚Fränkischen Tagespost'. 1922 bis 1925 leitete er die Parteibuchhandlung in Magdeburg. Vgl. Biographisches Handbuch 1980, 603.

418 Vgl. Otto 1928, 40–56.

419 Wertheimer, Egon: „Erlösung von der Schwangerschaft?" Ein Protest, in: HE Nr.69, 11.3.1923.

420 Knack, Andreas: „Erlösung von der Schwangerschaft" eine literarische Mißgeburt, in: HE Nr.76, 18.3.1923.

421 Dora Wagner, in: „Erlösung von der Schwangerschaft?" – und kein Ende, in: HE Nr.96, 8.4.1923.

422 Ebd.

423 Anna Wendt, in: Und nochmals ..., in: HE Nr.117, 29.4.1923.

424 Diese Einschätzung vertrat in den zwanziger Jahren auch Dr. J.H.Leunbach. Der renommierte Kopenhagener Sexualwissenschaftler, der Sekretär der ‚Weltliga für Sexualreform' war, warf seinen deutschen Kollegen in der Sexualreformbewegung in einem Vortrag auf dem ersten Internationalen Kongreß der ‚Weltliga' im Juli

1928 in Kopenhagen vor, daß sie „nur schwer die vollen Konsequenzen der Forderung auf Selbstbestimmungsrecht über die Fortpflanzung zu ziehen vermögen, und zwar die, daß dieses Selbstbestimmungsrecht in erster Linie der *Frau* zusteht." Er kritisierte, daß sie bevorzugt Kondom und Portiokappe empfehlen würden. Vgl. Leunbach 1930, 31. Zu den wenigen Ausmahmen gehörten in Deutschland Magnus Hirschfeld und Max Hodann.

425 Sie forderten, soweit sie sich in der Sexualreformbewegung engagierten, generell das Selbstbestimmungsrecht der Frau und plädierten für Verhütungsmittel, die die Frau selbst anwenden und kontrollieren konnte. Vgl. Rühle-Gerstel 1972, 153ff; Lazarsfeld 1931, 91–134 u. 150ff; Durand-Wever 1931, 6.

426 Vgl. Leunbach 1930, 15ff.

427 Vgl. Lehfeldt, Hans: Die Laienorganisationen für Geburtenregelung, in: AfB Bd.2, 1932, 62–87, 62 (zit.als Lehfeldt 1932). Rantzsch gibt eine Zahl von ca. 4.000 Mitgliedern des DBfM an. Vgl. dies., in: Fricke 1984, 52.

428 Vgl. Lehfeldt 1932, 64ff; Grossmann 1983, 266ff. Lehfeldt gibt eine Zahl von 113.000 und Grossmann eine Zahl von 150.000 Mitgliedern an.

429 Vgl. Lehfeldt 1932, 64f u. 86f.

430 Vgl. ebd., 65ff u. 84f; StA.B 4,65–II.E 8a.14: Reichsverband für Geburtenregelung und Sexualhygiene e.V., Lagebericht Nr.157/II/29 vom 1.8.1929.

431 Vgl. Lehfeldt 1932, 64f u. 86f.

432 Vgl. ebd., 70 u. 86f; StA.B 4,65–II.E 8a.14: Der Polizeipräsident in Bochum. Nachrichtensammelstelle Nr.450/31, Bochum 10.10.1931. Betr. Rundschreiben des Bezirkseinheitskomitees Ruhrgebiet v. 2.9.1931; ebd.: Der Polizeipräsident in Bochum. Nachrichtensammelstelle Nr.536, Bochum 26.11.1931. Betr. EpS; ebd.: Der Polizeipräsident in Bochum. Nachrichtensammelstelle für die Provinz Westfalen Nr.134. Betr. Rundschreiben des EpS, Essen 26.4.1932.

433 Vgl. ebd.: Reichsverband für Geburtenregelung und Sexualhygiene e.V., Lagebericht v.19.5.1930, Fürth-Nürnberg; Lehfeldt 1932, 73ff; Grossmann 1983, 275ff.

434 *Georg Manes* war zudem von 1924 bis 1926 neben Helene Stöcker und Max Rosenthal gleichberechtigter Vorsitzender des DBfM. Von 1905 bis 1909 wurde der Bund von Helene Stöcker geleitet, von 1910 bis 1923 von Max Rosenthal, von 1927 bis 1933 lag die Leitung des DBfM in den Händen eines Ausschusses, dem u.a. die bisherigen drei Vorsitzenden, also auch Georg Manes angehörten. Vgl. Rantzsch, in: Fricke 1984, 52.

435 Dies ergab die Auswertung des ‚Hamburger Echo' und seiner ‚Frauen-Beilage'.

436 Agnes A., Juni 1981.

437 Vgl. Das Recht auf Unterbrechung der Schwangerschaft, in: HE Nr.189, 24.4.1921; Kampf gegen §§ 218/219, in: HE Nr.287, 18.10.1924; Familie und Staat, in: HE Nr.289, 19.10.1927; Sturmlauf gegen § 218, in: HE Nr.18, 18.1.1929; Sexualerziehung, Abtreibung und Geburtenregelung, in: ebd.; Verstärkter Sturmlauf gegen § 218, in: HE Nr.46, 15.2.1929; Kameradschaftsehe oder freie Bindung, in: HE Nr.303, 1.11.1929; Vortrag Dr.Hodann. Anzeige, in: HE Nr.27, 27.1.1930.

438 Vgl. Sexualberatungsstellen in Hamburg, in: HE Nr.254, 15.9.1924 (zit.als Sexualberatungsstellen 1924).

439 Vgl. Hodann 1932, 247ff.

440 Vgl. Sexualberatungsstellen 1924.

441 StA MK.II U15: Manes, Georg: Sexualberatungsstellen, in: Ärztliches Vereinsblatt, Nr.1334, 1.2.1925, 47f (zit.als Manes 1925).

442 Zu den ärztlichen Ratgebern gehörten u.a.: Dr. Georg Manes und Dr. Andreas Knack (Ärzte für Allgemeinmedizin), Prof. Dr. Delbanco (Facharzt für Geschlechtskrankheiten), Dr. H. Grube (Facharzt für Frauenkrankheiten), Dr. E. Bischoff (Facharzt für psychische Krankheiten). Zu den pädagogischen Beratern gehörten Dr. Paul Groebel und Dr. Hedwig Leschke, die an den sexualpädagogischen Richtlinien der Oberschulbehörde aus dem Jahr 1922 federführend mitgearbeitet hatten. Juristische Berater waren u.a. Frau Dr. E. Duhne und Dr. W. Brinckmann. Vgl. Die erste öffentliche Sexualberatungsstelle, in: HE Nr.6, 6.1.1924 (zit. als: Die erste öffentliche ... 1924).

443 Vgl. Manes 1925.

444 Vgl. StA MK.II U15: Dr.Pfeiffer, Präsident des Gesundheitsamtes Hamburg. An Medizinalrat Stade, Gesundheitsamt Danzig, Hamburg 25.10.1924; vgl. auch ebd.: Abschrift des Berichts des 1. med. Hilfsarbeiters Dr. Rabe an Dr. Pfeiffer (Rabe besuchte am 20.10.1924 eine der beiden Beratungsstellen des DBfM).

445 Vgl. Die erste öffentliche ... 1924; Sexualberatungsstellen 1924; Sexualberatungsstellen, in: HE Nr.341, 11.12.1924; Die Sexualberatungsstellen in Hamburg, in: HE Nr.2, 2.1.1925; Sexualberatungsstellen, in: HE Nr.323, 21.11.1925; Manes, Georg: Geschlechtskrank?, in: HE Nr.40, 9.2.1926; Der Liebe Erdenlast, in: FB-HE 4/1926; Jugend in Not, in: FB-HE 2/1928.

446 Vgl. Manes 1925, 47f; StA SB.I GF00.17: Der Präsident des Wohlfahrtsamtes. An die Ortsgruppe des DBfM, Hamburg, Diagonalstr.4, 8.10.1924.

447 Vgl. Manes 1925, 47.

448 Diese und alle folgenden Angaben nach ebd., 47f; vgl. Neubauer, W.: Statistische Ergebnisse der Sexualberatungsstellen der Hamburger Ortsgruppe des DBfM in den Jahren 1924 und 1925, in: AfSHD Bd.2, 1926/27, 260.

449 Vgl. Bendix, Kurt: Die Praxis der Berliner Beratungsstellen für Geburtenregelung, in: ders. 1929, 43–50, insb. 45f.

450 Vgl. ebd.; Neißer-Schroeter, Lotte: Ehe- und Sexualberatungsstellen der AWO, in: AW 16/1931, 500ff.

451 Vgl. Manes 1925, 48; Sexualberatungsstellen 1924; StA MK.II U15: Hamburger Ortsgruppe des DBfM, Dr.Georg Manes. An den Direktor der AOK, Hamburg 15.5.1925; ebd.: Dr.Eisenberg, beratender Arzt in der Beratungsstelle Eimsbüttel. An die Verwaltung der AOK, z.H. Direktor Behn, Hamburg o.J. (1925).

452 Zur Entwicklung der Sexualberatungsstellen in der Weimarer Republik allgemein vgl. Soden, Kristine v.: Auf dem Weg zur „neuen Sexualmoral" – die Sexualberatungsstellen der Weimarer Republik, in: Geyer-Kordesch/Kuhn 1986, 237–262; dies. 1988; Grossmann 1983, 271ff; Lehfeldt 1932, 84ff.

453 Eine Aufstellung von Max Hodann aus dem Jahr 1932 ergibt, daß lediglich Altona, Berlin, Breslau, Hildesheim, Kiel, Magdeburg und Stuttgart städtische Ehe- und Sexualberatungsstellen eingerichtet hatten, die auch über Geburtenregelung berieten. Beratungsstellen der Krankenkassen gab es außerdem in Berlin, Breslau, Dresden und Kiel. Vgl. Hodann 1932, 254ff.

454 Vgl. ebd., 254f; Bendix, in: ders. 1929, 43ff; Grossmann, in: Eifert/Rouette 1986, 193–204.

455 Vgl. StA SB.I GF00.17: Bericht betr. Eheberatungsstellen, Hamburg 20.6.1927 (zit.als Bericht 1927); StA JB.I 303: Prof.Dr.Seuffert, Ärztliche Beratung vor der Ehe, in: Reichsgesundheitswoche v.15.3.1926; Fetscher, R.: Zur Eheberatung, in: MW 35/1927, 1324f; Raecke: Öffentliche Eheberatungsstellen, in: MW 45/1927, 1669; Behr-Pinnow: Vorbedingungen für die Eheberatungsstellen, in: MW 38/1928, 1439f.
Auch sozialistische Mediziner forderten die eugenische Eheberatung; vgl. u.a.: Marcuse, Julian: Gesunde oder kranke Ehen, in: HE Nr.106, 17.4.1926; Kautsky jun., Karl: Eheberatung, in: AW 4/1927, 110–114.

456 Vgl. Grossmann, in: Eifert/Rouette 1986, 196ff.

457 Im Februar 1926 hatte der preußische Minister für Volkswohlfahrt in einem Erlaß an die Regierungspräsidenten die Einrichtung „medizinischer Eheberatungsstellen" empfohlen, dem in vielen Orten Folge geleistet wurde. Bis Sommer 1927 wurden im Deutschen Reich insgesamt ca. 120 Eheberatungsstellen eingerichtet, deren Leiter im Juni 1927 die ‚Vereinigung öffentlicher Eheberatungsstellen' gründeten. Vgl. Bericht 1927; Hodann 1932, 249; Heusler-Edenhuizen, Hermine: Eheberatungsstellen, in: SP 8/1928, 184ff.

458 Vgl. StA JB.I 303: Richtlinien für die Arbeit der Hamburger Vertrauensstelle für Verlobte und Eheleute, Hamburg 23.9.1926; StA SB.I GF00.17: Kaufmann, Hannes: Vertrauensstelle für Verlobte und Eheleute, in: Norddeutsches Ärzteblatt, Nr.51, 18.12.1927.

459 Zum „Förderkreis" der Vertrauensstelle gehörten die Kirchen, die ‚Hamburgische Gesellschaft für Wohltätigkeit e.V.', die Standesorganisationen der Ärzte und Juristen sowie der Senat und verschiedene befaßte Behörden. Vgl. StA JB.I 303: Ausschuß der Hamburger Vertrauensstelle für Verlobte und Eheleute, Hamburg 1.7.1928,

460 Im Juni 1927 beschloß der ‚Deutsche Städtetag' „Leitsätze zur Frage der Eheberatung", die sich am Vorbild der Hamburger Einrichtung orientierten. Ihr Entwurf war vom Leiter des Hamburger Wohlfahrtsamtes Martini vorgelegt worden. Vgl. StA SB.I GF00.17: Deutscher Städtetag. Leitsätze zur Frage der Eheberatung, vorgelegt Weimar, den 22.6.1927 vom Präsidenten Martini, Hamburg; sowie Wedtke, Helene: Eheberatung, in: SP 25/1929, 607ff.

461 Vgl. StA JB.I 303: Für Herrn Direktor Dr.Hertz, Leiter des Jugendamtes, Hamburg 29.12.1928.

462 Vgl. Bericht 1927; StA SB.I GF00.17: Die Krise der Eheberatungsstellen, in: Norddeutsches Ärzteblatt, Nr.26, 30.6.1929.

463 Vgl. Grossmann, in: Eifert/Rouette 1986, 198.

464 Vgl. StA SB.I GF00.17: Leitsätze zur Ausübung der sog. Eheberatung des VSÄ, vorgelegt von Max Hodann, in: Der sozialistische Arzt, Nr.4, März 1927, 12–15; Hodann, Max: Der gegenwärtige Stand der wissenschaftlichen Geburtenregelung, in: SM Bd.67, 1928, 1079–1082.

465 Wie lange noch untätige Sexualberatung, in: HE Nr.314, 13.11.1929 u. Nr.317, 16.11.1929; Ehe- und Sexualberatungsstellen, in: FB-HE 3/1931; Henningsen, Paula: Von den allgemeinen Beratungsstellen und der Unzulänglichkeit einzelner, in: HE Nr.349, 18.12.1929; StA MK.II U15: Neubauer: Vermeidbare Frauenkrankheiten, in: Gesundheit Nr.12, 1929.

466 Vgl. StA JB.I 303: Niederschrift über eine am 2.1.1930 stattgefundene Besprechung in Sachen Ehe- und Sexualberatung, Gesundheitsbehörde Hamburg 6.1.1930; ebd.: Neubauer: AOK Hamburg. Achtung! S.E.S kommt!, in: Gesundheit Nr.1, 1931.

467 Vgl. ebd.; StA JB.I 303: Richtlinien über die Einrichtung und den Betrieb der vorgeschlagenen Sexualfürsorge; ebd.: Besprechung über die Einrichtung einer Sexualfürsorge, Hamburg 23.10.1930; ebd.: Besprechung

über die Organisation der Sexualfürsorge, Hamburg 9.12.1930.
468 Henningsen, Paula: Not der Mutterschaft, in: FB-HE 9/1931; vgl. Vier Sexualberatungsstellen, in: HE Nr.232, 21.11.1930; StA SB.I GF00.17: SES, in: HA Nr.3, 5.1.1931; ebd.: Öffentliche Sexualfürsorge, in: HC Nr.237, 10.10.1930.
469 Vgl. Jb.RV 1931, 5ff.
470 Sexualelend – Sexualberatung, in: HE Nr.152, 3.6.1930.
471 Vgl. Jb.RV 1931, 8; StA JB.I 303: Flugblatt der Ortsgruppe des RV, Nov.1930.
472 Vgl. Jb.RV 1931, 6.
473 Zit.nach ebd., 12f.
474 Vgl. ebd., 10; Grossmann 1983, 271f.
475 Vgl. Kurfürst, Nanny: Eheberatungsstelle – Geburtenregelung, in: Ge. 9/1929, 391f.
476 Agnes A., Juni 1981.
477 Vgl. Grossmann 1983, 271; Jb.RV 1931, 7f.
478 Ebd.
479 Vgl. ebd., 8ff; Grossmann 1983, 271f.
480 Paula Karpinski/Grete Wöhrmann, Januar 1981.
481 Vgl. StA.B 4,65–II.E 8a.14: Reichsverband für Geburtenregelung und Sexualhygiene e.V.
482 Vgl. StA MK.I O8a, Bd.2: Abschrift an die verehrte Polizeibehörde, Hamburg 15.4.1933.
483 Zu den Hamburger Medizinern, die emigrierten, gehörten Andreas Knack und Rudolf Elkan. Vgl. Grossmann 1983, 293; Nachlaß Olga Brandt-Knack: dies.: Mein Leben.
484 Vgl. Arendt 1971, 212–223; ders. 1970, 291–311; Grossmann, in: Bridenthal/Grossmann/Kaplan 1984, 66ff; Kontos 1979, 84–90; Schneider 1975, 61–96.
485 Vgl. Mutterschutz und Kinderfürsorge, in: HE Nr.422, 12.9.1919.
486 Vgl. Das Recht der Frau auf Unterbrechung der Schwangerschaft, in: HE Nr.189, 24.4.1924.
487 Vgl. Kapitel 2.2.2.2.
488 Vgl. Stellung der KPD 1922; Nieder mit den Abtreibungsparagraphen! 1923; § 218 – Unter der Peitsche des Abtreibungsparagraphen 1923; Wann endet die Not der Frauen 1921; sowie Bauer 1978, 157–184; Arendt, Hans-Jürgen: Zur Frauenpolitk der KPD und zur Rolle der Frauen in der kommunistischen Bewegung Deutschlands, in: Bornemann 1982, 45–54; Kontos 1979, 84f; Schneider 1975, 62.
489 StA StP.I–IV 3066a: Heraus mit den Proletariermüttern aus den Zuchthäusern!, in: HVZ, 16.5.1923 (zit.als Proletariermütter 1923).
490 Ebd.
491 Vgl. ebd.; StA StP.I–IV 3066a: Der § 218 vor der Hamburger Bürgerschaft, in: HVZ, 2.5.1923; Der § 218 vor der Bürgerschaft, in: HE Nr.117, 29.4.1923.
492 Vgl. Proletariermütter 1923.
493 Vgl. StA StP.I–IV 3066a: Ein gemeinsamer Schritt der SPD- und KPD-Frauen in Hamburg, in: HVZ, 15.6.1923; ebd.: Amnestie in Sachsen, in: HVZ, 9.6.1923.
494 Vgl. StA MK.I O8a, Bd.1: Abschrift: Anfrage an den Senat, betr. den § 218 des Reichsstrafgesetzbuches, Hamburg 2.7.1923, Dr.Andreas Knack; Anfrage an den Hamburger Senat wegen § 218, in: HE Nr.154, 6.7.1923; StA StP.I–IV 3066a: Der „Kampf" der Sozialdemokratie gegen den § 218, in: HVZ, 7.7.1923; ebd.: Ein Ausweichen vor den Arbeiterfrauen, in: HVZ, 10.7.1923.
495 Ebd.: Gegen den § 218, in: HVZ, 8.8.1923.
496 Gegen den § 218!, in: HE Nr.238, 30.8.1924.
497 Vgl. Jb.SPD-HH 1927/28, 68 u. 117.
498 Vgl. Schönlank 1920.
499 Vgl.
– Frank Arnau: Gesetz das tötet (1930)
– Rudolf Braune: Das Mädchen an der Orga Privat (1932)
– Willi Bredel: Rosenhofstraße. Roman einer Hamburger Arbeiterstraße (1931)
– Alfred Döblin: Ehe (1930)
– Hans Fallada: Kleiner Mann was nun? (1932)
– Albert Hotopp: Fischkutter H.F.13 (1930)
– Franz Krey: Maria und der Paragraph (1931)
– Ernst Ottwaldt: Denn sie wissen nicht, was sie tun (1931)
– Hans José Rehfisch: Der Frauenarzt (1928/29)
– Arnold Zweig: Junge Frau von 1914 (1931)
Vgl. Grossmann, in: Bridenthal/Grossmann/Kaplan 1984, 73f; Harrigan, Renny: Die Sexualität der Frau in der deutschen Unterhaltungsliteratur 1918–1933, in: Wehler 1981, 413–437.
500 Vgl. Credé 1930<a>; ders. 1930<b>; Wolf 1979, 103–163.

Über *Carl Credé* konnten nur die im Text wiedergegebenen biographischen Informationen ermittelt werden. *Friedrich Wolf* (1888–1953) studierte von 1907 bis 1912 Medizin, Kunstgeschichte und Philosophie. 1912/13 war er als Assistenzarzt tätig, 1914 bis 1918 als Truppenarzt an der Westfront, anschließend als Lazarettarzt in Dresden, wo er 1918 dem Zentralen Arbeiter- und Soldatenrat Sachsens angehörte und sich der USPD anschloß. 1920 wurde er zum Stadtarzt in Remscheid berufen, danach arbeitete er in Hechingen, Höllsteig/Bodensee und ab 1927 in Stuttgart. 1928 trat er in die KPD und den ‚Bund proletarisch-revolutionärer Schriftsteller' ein. Seit Ende des Krieges war er schriftstellerisch tätig. Vgl. Biographisches Lexikon 1970, 752f; Biographisches Handbuch 1980, 830f; Wolf/Hammer 1978.

501 Vgl. StA.B 4,65–II.A 12b.25a1: Programm-Heft. Gastspiel der Piscator-Bühne, Berlin, Carl Credé: Gequälte Menschen (§ 218).

502 Vgl. Credé-Hörder 1927, 5ff; Gastspiel der Piscator-Bühne: § 218. 3 Akte von Carl Credé, in: HE Nr.6, 6.1.1930.

503 Credé 1930<a>; vgl. StA.B 4,65–II.A 12b.25a1: Gequälte Menschen (§ 218), in: BVZ Nr.6, 8.1.1930 (zit.als Gequälte Menschen 1930).

504 Durand-Wever, Anne-Marie: Der Kampf um den § 218 auf der Bühne, in: MW 22/1930, 785f.

505 Gequälte Menschen 1930.

506 Der thüringische Innenminister Frick ordnete ein Aufführungsverbot des Stückes an, das vom thüringischen Oberverwaltungsgericht aufgehoben wurde. In Süddeutschland kam es während der Aufführung zu Tumulten der Nationalsozialisten. Vgl. StA.B 4,65–II.A 12b.25a1: Piscator gegen Frick, in: Berliner Tageblatt, Nr.459, 29.9.1930; ebd.: Auszug aus dem Lagebericht des Polizeiamtes Darmstadt / Kriminalzentrale für Hessen, 15.1.1930.

507 Gastspiel der Piscator-Bühne, in: HE Nr.6, 6.1.1930.

508 Vgl. Geht alle in die Volksoper! Zu Friedrich Wolfs Cyankali!, in: HE Nr.34, 3.2.1930.

509 Wolf 1979, 163.

510 Vgl. Harrigan, in: Wehler 1981, 433f.

511 Zit.nach ebd., 433.

512 Geht alle in die Volksoper!, in: HE Nr.34, 3.2.1930.

513 Vgl. ebd.

514 Stiftung Deutsche Cinemathek Berlin: Einladung zur Uraufführung am 23.5.1930 im „Babylon" am Bülow-Platz.

515 Deutsches Institut für Filmkunde: Filmgeschichte von „Cyankali" (unveröff. Mskr.)

516 Vgl. Der Kampf entbrennt! § 218 StGB, in: VuZ 15/1931; Da geht alle hin: Cyankali, in: HE Nr.204, 26.7.1930.

517 Vgl. StA PK.224–49: Reichstagswahl 1930. SPD: Handzettel § 218.Auch die KPD zeigte den Film „Cyankali" in ihrem Reichstagswahlkampf. Vgl. StA PK.224: Plakat: Volkskampf gegen den § 218 (KPD).

518 Vgl. StA PK.224–49: Reichstagswahl 1930. SPD: Handzettel § 218. Erstmals wurde der Film „Frauennot – Frauenglück" im Juli 1930 in Hamburger Kinos gezeigt; vgl. Anzeige im HE Nr.204, 26.7.1930. Der Film, der in der Universitätsklinik Zürich gedreht worden war, wurde zu einem öffentlichen Skandal, da in ihm zum ersten Mal in der deutschen Filmgeschichte Dokumentaraufnahmen von einer Geburt und einem Kaiserschnitt zu sehen waren. Nach einigen Monaten Laufzeit fielen beide Filmszenen der Zensur der Filmprüfstelle in Berlin zum Opfer. Vgl. Frauennot – Frauenglück, in: HE Nr.281, 11.10.1930.

519 Zur DLfM und ihrer Entwicklung seit der Gründung im Jahr 1922 vgl. Fritsch, Werner: Deutsche Liga für Menschenrechte (DLfM). 1922–1933, in: Fricke 1983, 749-759.

520 StA StP.I–IV 6064: Um den § 218, in: HC Nr.244, 27.5.1930; vgl. Organisierter Kampf gegen den § 218, in: HE Nr.145, 27.5.1930.

521 Vgl. Grossmann 1983, 270f; Hodann 1928, 47.

522 Vgl. Organisierter Kampf gegen den § 218, in: HE Nr.145, 27.5.1930.

523 *Else Kienle* (1900–1970) studierte in Tübingen, Kiel und Heidelberg, wo sie 1923 promovierte. Danach arbeitete sie als Assistenzärztin in Stuttgart. 1928 eröffnete sie eine Praxis als Fachärztin für Haut- und Geschlechtskrankheiten und heiratete den Bankier Stefan Jacobowitz. Die Ehe wurde 1932 geschieden. Sie war als Ärztin für die Stuttgarter Sexualberatungsstelle tätig und arbeitete eng mit Friedrich Wolf zusammen. Vgl. Janssen-Jurreit 1986, 302.

524 Vgl. Schneider 1975, 64ff; StA StP.I–IV 6064: Der Angeklagte Friedrich Wolf hat das Wort, in: Berliner Tageblatt, Nr.126, 15.3.1931; Der Fall Kienle, in: FB-HE 4/1931; Ein Paragraph vor dem Tribunal, in: HE Nr.91, 1.4.1931.

525 Referentenmaterial für die Volksaktion 1931, 1.

526 Vgl. Cyankali-Wolf verhaftet, in: HE Nr.57, 26.2.1931; Der § 218 muß fallen!, in: HE Nr.70, 11.3.1931; Der Kampf um Frau Dr.Kienles Freilassung, in: HE Nr.87, 28.3.1931; Der Fall Kienle, in: FB-HE 4/1931; Ein

Paragraph steht vor dem Tribunal, in: HE Nr.91, 1.4.1931; Ihr Mütter und Mädchen, in: FB-HE 5/1931.

527 Zur Geschichte der IFFF vgl. Arendt, Hans-Jürgen: Internationale Frauenliga für Frieden und Freiheit – Deutscher Zweig (IFFF-DZ). 1915–1933, in: Fricke 1985, 130–137; Heymann/Augspurg 1977.

528 Vgl. Grossmann, in: Bridenthal/Grossmann/Kaplan 1984, 72ff.

529 Vgl. Schneider 1975, 64ff.

530 Referentenmaterial für die Volksaktion 1931, 16.

531 Vgl. Grossmann, in: Bridenthal/Grossmann/Kaplan 1984, 74. Zur Geschichte des Internationalen Frauentages vgl. Wurms 1980; hier auch zum Frauentag 1931, 66f.

532 StA.B 4,65–4e, Bd.7: Bericht Nr.1, 28.4.1931. Internationaler Frauentag am 8.3.1931.

533 Wuchtiger Verlauf des Internationalen Frauentages, in: HVZ, 9.3.1931.

534 Vgl. Der Marsch unserer Frauen. Internationaler Frauentag, in: HE Nr.101, 12.4.1931; Internationaler Frauentag in Hamburg: Für Weltfrieden gegen Faschismus!, in: HE Nr.105, 16.4.1931; Unser Kampf gegen den § 218, in: Ge. 5/1931, 162ff; Wurms 1980, 66.

535 Vgl. Kapitel 2.2.2.2.

536 Unser Kampf gegen den § 218, in: Ge. 5/1931, 164.

537 *Mathilde Wurm*, geb. Adler (1874–1935), arbeitete nach dem Besuch der Höheren Schule seit 1896 als Sozialfürsorgerin in Berlin, u.a. war sie Mitbegründerin der ersten Lehrstellenvermittlung und Beratung für schulentlassene Mädchen. 1903/04 leitete sie die weibliche Abteilung des Zentralvereins für Arbeitsnachweis. Sie war mit dem sozialdemokratischen Schriftsteller und Redakteur *Emanuel Wurm* (1857–1920) verheiratet, der u.a. von 1902 bis 1917 Chefredakteur der ‚Neuen Zeit', 1907 bis 1914 Lehrer an der Berliner Parteischule, 1907 bis 1920 Vorsitzender des ‚Vereins Arbeiterpresse', 1900 bis 1919 Stadtverordneter in Berlin und 1890 bis 1907 sowie 1912 bis 1920 Mitglied des Reichstags bzw. der Nationalversammlung war, zunächst für die SPD, ab 1917 für die USPD. Auch Mathilde Wurm schloß sich 1917 der USPD an. 1917 bis 1919 war sie Stadtverordnete in Berlin, 1919 bis 1922 Chefredakteurin der USPD-Zeitschrift ‚Die Kämpferin', 1920 bis 1922 Mitglied der Zentralleitung der USPD. Nach ihrem Wiedereintritt in die SPD war sie 1922/23 Mitarbeiterin der ‚Gleichheit', 1928 bis 1930 gab sie gemeinsam mit Dora Fabian die ‚Sozialdemokratische Parteikorrespondenz' heraus. 1927 bis 1933 war sie Mitglied im Parteiausschuß der SPD, 1928 bis 1933 im erweiterten Bezirksvorstand der SPD Groß-Berlin. 1920 bis 1933 gehörte sie dem Reichstag an. Vgl. AdsD SP: Mathilde Wurm; Osterroth 1960, 338f; Schröder 1986, 225; Wickert, Bd.2, 187f.

538 Wurm, Mathilde: Internationaler Frauentag, in: FB-HE 4/1931.

539 *Erik Nölting* (1892–1953) war Wirtschaftswissenschaftler und lehrte als Professor an der Akademie der Arbeit in Frankfurt a.M., 1928 bis 1933 gehörte er dem Preußischen Landtag an. Vgl. Hammer 1956, 71; Winkler 1987, 1003.

540 Vgl. Gegen soziale und kulturelle Reaktion!, in: HE Nr.167, 20.6.1931.

2.3 *Familienideale – Familienrealität*

1 Vgl. u.a. Hirschberg, Suse: Die Stellung des Proletariats zur Familie, in: AW 14/1930, 417–428; Rühle 1922, 34ff; ders. 1977, Bd.1, 3–65; Schumacher 1929, 9ff; Kanitz 1925, 36ff; Siemsen, Anna: Das Familienleben in der Gegenwart, in: FW 10/1931, 219 u. 212; Soffner, Heinrich: Die Zerstörung der Familie, in: JB 12/1928, 372f; Hessel, Else: Zum Familienproblem, in: Ge. 12/1930, 459f; Lohagen, Paula: Die Familie im Spiegel des Klassenkampfes, in: JB 2/1928, 40f; Krische, Maria: Wie stehen wir zur Familie?, in: GF 5/1932, 39.

2 Ebd.

3 Vgl. Hausen, in: Conze 1976, 363. Karin Hausens Ausführungen wurden von Brita Rang kritisiert, die darauf verweist, daß die dualistische Zuordnung der „Geschlechtscharaktere" Tradition hat und dies mit der angelsächsischen Forschung, insbesondere ethnologischen und anthropologischen Studien, belegt. Sie behauptet im Gegensatz zu Karin Hausen, daß das dualistische Zuordnungsprinzip der „Geschlechtscharaktere" im 18. Jahrhundert nicht „erfunden", sondern lediglich verstärkt wurde. Dies sei notwendig gewesen, da mit der Aufklärung und ihrem Prinzip „natürlicher Gleichheit" neue Kritikmöglichkeiten an diesem Zuordnungsprinzip bereitgestanden hätten. Die Verstärkung der dualistischen Zuschreibung sollte das gefährdete traditionelle Geschlechterbild angesichts neuer gesellschaftlicher Bedingungen aufrechterhalten. Vgl. Rang, in: Dalhoff 1986, 198ff.

4 Vgl. Hausen, in: Conze 1976, 368 u. 378.

5 Ebd., 372ff.

6 Vgl. ebd., 369; Schütze 1986, 23f; Goodmann, Katherine R.: Mutterschaft und Berufstätigkeit: Das Konzept der mißbrauchten Frauenkraft, in: Joeres/Kuhn 1985, 14–34, 18ff. Die bekanntesten Schriften waren: Möbius,

Paul Julius: Über den physiologischen Schwachsinn des Weibes, Berlin 1901; Runge, Max: Das Weib in seiner geschlechtlichen Eigenart, Berlin 1904.

7 Zu den bekanntesten zeitgenössischen Studien zur Geschlechterpsychologie gehörten:
- Brunner, Constantin: Liebe, Ehe, Mann und Weib, Berlin 1925
- Heymanns, Gustav: Die Psychologie der Frauen, Heidelberg 1924(2)
- Liepmann, Wilhelm: Psychologie der Frau, Berlin 1920
- Lipmann, Otto: Psychische Geschlechtsunterschiede, Leipzig 1917
- Schwabach, Erik-Ernst: Die Revolutionierung der Frau, Leipzig 1928
- Simmel, Georg: Das Relative und das Absolute im Geschlechterproblem, in: ders.: Philosophische Kultur, Leipzig 1901, 67–100
- Weininger, Otto: Geschlecht und Charakter, Wien 1916(15)

Vgl. auch Van de Velde 1929<b>, 31–89; Stern 1927, 327–340; Corssen, Meta: Wesensart und Aufgaben der Frau, in: SM Bd.63, 1926, 20–30.
Erst seit Anfang der zwanziger Jahre stieß das Thema der Geschlechtsunterschiede bei Sigmund Freud und seinen Schüler(inne)n auf breites Interesse. Die erste Veröffentlichung Freuds, in der er hierzu explizit Stellung nahm, erschien 1925. Vgl. Freud, Sigmund: Einige psychische Folgen des anatomischen Geschlechtsunterschieds, in: ders. 1971, 159–168; ders.: Über die weibliche Sexualität, in: ebd., 169–186.
Zur Kritik der Position Freuds vgl. Badinter 1984, 237–266; Fromm 1981, 13f; Mitchell 1976, 23–148; Schenk 1979, 66ff; Schlesier 1981, 75–102.
Es setzte in der Psychoanalyse eine intensive Diskussion über die Ursachen und die Ausprägung der Geschlechtsunterschiede ein. Führende Exponent(inn)en in dieser Debatte waren: Karl Abraham, Helene Deutsch, Karen Horney, Ernest Jones. Vgl. Mitchell 1976, 149–162.

8 Stoehr, Irene: „Organisierte Mütterlichkeit". Zur Politik der deutschen Frauenbewegung um 1900, in: Hausen 1983, 221–249.
Zum Konzept der „organisierten Mütterlichkeit" und der Emanzipationsstrategie der konservativen Mehrheit in der bürgerlichen Frauenbewegung vgl. Bäumer, Gertrud: Die Frau im Staat, in: Jbu.BDF 1918, 68–80; Bernays 1920, 102ff; Weber, Marianne: Das alte und das neue Frauenideal, in: Schmidt-Beil 1931, 22ff; Zahn-Harnack 1928, 76ff; sowie die neuere Literatur: Brick, Barbara: Die Mütter der Nation – zu Helene Langes Begründung einer ‚weiblichen Kultur', in: Brehmer 1983, 99–132; Clemens, Bärbel: Bürgerin im Staat oder Mutter in der Gemeinde? Zum Politik- und Staatsverständnis der bürgerlichen Frauenbewegung, in: Beiträge 13, 1985, 49–57; Goodmann, in: Joeres/Kuhn 1985, 20ff; Greven-Aschoff 1981, 37–43; Janssen-Jurreit 1980, 292ff; Meyer-Renschhausen, Elisabeth: Radikal, weil sie konservativ sind? Überlegungen zum „Konservativismus" und zur „Radikalität" der deutschen Frauenbewegung vor 1933 als Frage nach der Methode der Frauengeschichtsforschung, in: Die ungeschriebene Geschichte 1984, 20–36; Sachße 1986, 105–116; Schütze 1986, 49ff; Wittrock 1983, 14–54.

9 Vgl. Stoehr, in: Hausen 1983, 221–249.

10 Zu ihnen gehörten u.a. Hedwig Dohm, Rosa Mayreder und Bertha von Suttner. Vgl. Brinker-Gabler 1978, 9ff, 27–60 u. 95–101; Stoehr, in: Hausen 1983, 228.
Zur Kurzbiographie von *Hedwig Dohm*, geb. Schleh (1833–1919), der ersten Theoretikerin des radikalen Feminismus, vgl. Weiland 1983, 73–75.
Zur Kurzbiographie von *Rosa Mayreder*, geb. Obermayer (1858–1938), Mitstreiterin des radikalen Flügels der österreichischen Frauenbewegung, vgl. Weiland 1983, 171f.
Zur Kurzbiographie von *Bertha von Suttner*, geb. Kinsky (1843–1914), Mitbegründerin der deutschen und österreichischen Friedensbewegung, vgl. Weiland 1983, 265–267.

11 Vgl. Freier 1981, 28–51 u. 150ff; dies., in: Kuhn/Rüsen 1983, 195–218; Kleinau, in: Brehmer 1983, 145–168; Niggemann 1981<a>, 237–247 u. 290; Richebächer 1982, 155ff.

12 Vgl. Braun 1901<a>, 189–207; Fürth 1903, 30ff; Olberg, Oda: Polemisches über Frauenfrage und Sozialismus, in: Zepler 1919, 32–45; Zepler, Wally: Das psychische Problem in der Frauenfrage, in: ebd., 55–68; dies.: Das Mutterschaftsproblem, in: ebd., 69–82; dies.: Beruf und weibliche Psyche, in: ebd., 83–98. Zu den geschlechterpsychologischen Vorstellungen der ‚Revisionistinnen' vgl. Richebächer 1982, 155–162.
Oda Olberg-Lerda (1872–1955), von Beruf Journalistin, war Tochter eines Marineoffiziers. In den 1890er Jahren kam sie zur Sozialdemokratie. Sie heiratete den italienischen Sozialisten und ‚Avanti'-Redakteur Giovanni Lerda, mit dem sie in Italien zusammen lebte und politisch arbeitete. Lange Jahre war sie Rom-Korrespondentin des ‚Vorwärts'. Vgl. Osterroth 1960, 235; Kautsky, Luise: Oda Olberg 60 Jahre alt, in: FB-HE 10/1932, 38.
Zur Kurzbiographie von *Wally Zepler*, die mit dem sozialdemokratischen Arzt und Lyriker Georg Zepler (1859–1925) verheiratet war, als Journalistin arbeitete und seit 1908 die Rubrik ‚Frauenbewegung' in den ‚Sozialistischen Monatsheften' betreute, vgl. Weiland 1983, 290.

13 Vgl. Fischer, Edmund: Die Frauenfrage, in: SM 1905, Bd.1, 258–266; ders. 1914; ders. 1918, 515–530. Siehe ausführlich zur Position Fischers Kapitel 1.4.1.2.

14 Zetkin, Clara: Aus Krähwinkel, in: Gl. 6/1905, 29 u. 35; vgl. Bauer 1978, 59f.

15 Vgl. Goodmann, in: Joeres/Kuhn 1985, 26ff; Richebächer 1982, 148ff.

16 Vgl. Evans 1979, 272ff u. 284–302; Thönnessen 1976, 117ff.

17 Was soll die Frau dem Manne sein? I, in: Gl. 47/1920, 383f (zit. als: Was soll die Frau I, 1920). Vgl. Was soll die Frau dem Manne sein?, II u. III, in: Gl. 48/1920, 392 u. Gl. 49/1920, 398f (zit. entsprechend).

18 Schroeder, Louise: Mutterschaft, in: FH 1922, 25f; vgl. u.a.: Ferch, Johannes: Mutterschaft und Menschlichkeit, in: Gl. 25/1920, 205f; Juchacz, Marie: Die Frau als Staatsbürgerin, in: Frauenstimmen 1920, 13–15; Ein Wort an unsere Mütter, in: Gl. 6/1921, 50. Zur Überhöhung der Mutterschaft in der Ideologie der sozialdemokratischen Frauenbewegung vgl. Freier, in: Kuhn/Rüsen 1983, 202ff; sowie allgemein: Badinter 1984, 189–266; Theweleit 1980, Bd.1, 107–114.

19 Vgl. Was soll die Frau I, 1920.

20 Vgl. u.a. Ferch, in: Gl. 25/1920, 205f; Blos, Anna: Gleichwertig – nicht gleichartig!, in: FH 1923, 12ff; Ist die Frau weniger begabt als der Mann?, in: Gl. 12/1922, 115ff; Juchacz 1920, 4f; Frauenstimmen 1920, 13ff; Arning, Marie: Frauen und Partei, in: FB-HE Nr.9, Okt.1924; Die Kulturaufgabe der Frau, in: FB-HE 3/1920; Vom Wesen der Frau, in: FB-HE 10/1922; Fischer, Edmund: Das große Problem, in: FB-HE 8/1932; Zepler, Wally: Bemerkungen zur Frauenfrage, in: SM Bd.58, 1922, 266–277; Vom Geiste der Hausfrau, in: JB 3/1922, 48; Heinrich, Agnes: Mann/Weib, in: JB 8/1922, 126; Bohm-Schuch, Clara: Die Frau der Zukunft, in: JB 9/1923, 145f; Frau und Wissenschaft, in: ebd., 152ff; Das Weibliche und der Sozialismus, in: ebd., 163ff; Oschilewski, Walther G.: Zum Problem der weiblichen Mitarbeit, in: JB 2/1926, 45ff.

21 Was soll die Frau I, 1920.

22 Was soll die Frau II u. III, 1920.

23 Vgl. hierzu ausführlich Kapitel 2.3.2.2.

24 Vgl. Juchacz, in: Frauenstimmen 1920, 13f; Adele Schreiber, in: Pr.Pt.SPD 1919, 491ff; Ferch, in: Gl. 25/1920, 205f.

25 *Mathilde Vaerting* (geb. 1884) erfand in Erwartung heftiger Angriffe bei der Veröffentlichung dieser Studie den Co-Autor Mathias Vaerting. Sie wurde 1923 als Studienrätin ohne Habilitation zur ordentlichen Professorin der Erziehungswissenschaften in Jena berufen, damit war sie neben der Biologin M.v.Wrangell die erste deutsche ordentliche Professorin. Zu ihrer Kurzbiographie vgl. Brinker-Gabler 1978, 353f.

26 *Alfred Adler* (1870–1937), ein Schüler Sigmund Freuds, der in der Vorkriegszeit mit diesem brach, veröffentlichte 1912 sein erstes wichtiges Werk mit dem Titel „Über den nervösen Charakter", das Anlaß für den Konflikt mit Freud war. Zu Standardwerken der Individualpsychologie wurden seine Schriften ‚Praxis und Theorie der Individualpsychologie' (1918) und ‚Menschenkenntnis' (1927). Vgl. Hehlmann 1968, 5 u. 242.

27 Vgl. Vaerting 1921; dies. 1923.

28 Vgl. dies. 1921, 134ff.

29 Dies. 1923, 176; vgl. ebd., 176–225.

30 Dies. 1921, 137.

31 Vgl. Brinker-Gabler 1978, 13f.

32 Vgl. Rühle-Gerstel 1924, 35–66; dies. 1972, Vff; Brinker-Gabler 1978, 18f.

33 Vgl. Rühle-Gerstel 1972. Auch Sofie Lazarsfeld und Maria Krische waren Schülerinnen der Individualpsychologie. Vgl. Lazarsfeld 1931, 1ff; Krische 1926, 12f.

34 Rühle-Gerstel 1972, V.

35 Veröffentlichungen, die die Ergebnisse Mathilde Vaertings vorstellten, waren: Männerherrschaft, Frauenherrschaft oder Gleichberechtigung?, in: FB-HE 2/1923; Jensen, Toni: Die weibliche Eigenart und die Gleichberechtigung der Geschlechter, in: FH 1925, 36f; Corssen, Meta: Wesensart und Aufgaben der Frau, in: SM Bd.63, 1926, 22ff; Lieberz, Hildegard: Eine Neubegründung der Psychologie von Mann und Weib, in: Ge. 12/1926, 369f; dies.: Vom Klassenkampf der Frau, in: JB 6/1927, 182–184.
Veröffentlichungen zu den Ergebnissen der Individualpsychologie waren: Beil, Ada: Ehe und Individualpsychologie, in: JB 12/1926, 376f; Breitscheid, Tony: Ada Beil. Das Schöpfertum der Frau, in: Ges. 1928, 189–191; Wichert, Trude: Wie die Frau den Mann erlebt, in: JB 6/1931, 168–170; Wie die Frau den Mann erlebt, in: FB-HE 5/1931; Lazarsfeld, Sofie: Die Bedeutung der Individualpsychologie für das Proletariat, in: AW 9/1931, 264–268.

36 Vgl. Kapitel 4.1.3.

37 Vgl. Fabian, Dora: Die proletarische Frau in der bürgerlichen Gesellschaft, in: JB 2/1926, 34–37; Lieberz, in: Ge. 12/1926, 369f; dies., in: JB 6/1927, 182ff; Krische, Maria: Unterschiede zwischen Mann und Weib, in: GF 12/1932, 96.

38 Vgl. Schenk 1979, 128ff.
39 Vgl. Kapitel 4.1.3.2 und 4.1.3.3.
40 Vgl. Schenk 1979, 106.
41 Zu den verschiedenen modernen Theorien über den Erwerb des geschlechtsspezifischen Verhaltens und die Aneignung der Geschlechtsideale vgl. Schenk 1979, 65–104; Trautner, Hanns Martin: Psychologische Theorien der Geschlechtsrollenentwicklung, in: Degenhardt/Trautner 1979, 50–84; Scheu 1977, 49–96.
42 Vgl. Schenk 1979, 106 u. 153ff.
43 Vgl. Beck 1986, 176ff.
44 Vgl. Saul 1982, 233ff. Zu den sozialdemokratischen Vorstellungen zu Ehe und Familie im Deutschen Kaiserreich vgl. allgemein: Evans, Richard J.: Politics and the Family in Theory and Practice before 1914, in: Evans/Lee 1981, 256–288; ders. 1979, 235–244; Niggemann 1981<a>, 237–282.
Zur Entwicklung in den ersten Jahrzehnten dieses Jahrhunderts vgl. speziell: Soder 1980; Bajohr, in: Haumann 1982, 120–146; Pirhofer/Sieder, in: Mitterauer/Sieder 1982, 326ff; Langewiesche, in: Niethammer 1979, 171–187.
45 Vgl. Geschichte der deutschen Arbeiterjugendbewegung 1973, 27ff; Eberts 1980, 17ff.
46 Vgl. ebd., 29f.
47 Zit.nach Erziehung der Kinder 1960, 40f.
48 Vgl. ebd., 43–45. Hohendorf hat in seine Quellenedition „Die Erziehung der Kinder in der proletarischen Familie" aus dem Jahr 1960 die Rede Clara Zetkins aufgenommen (S.42–56). Im Original findet sie sich im Pr.Pt.SPD 1906, 347–358.
49 Vgl. Erziehung der Kinder 1960, 45ff.
50 Vgl. Zetkin 1889, 28ff.
51 Vgl. Erziehung der Kinder 1960, 48f.
52 Ebd., 49f.
53 Vgl. ebd., 53f.
54 Zur Geschichte der Reformpädagogik vgl. Flitner/Kudritzki 1961, 9–23; Dietrich 1970, 188–200; Geschichte der Erziehung 1971, 423ff; Scheibe 1969, insb. 1–81; Röhrs 1965, 9–38.
55 Vgl. Erziehung der Kinder 1960, 56f.
56 Vgl. Duncker 1914, 5ff.
57 Ebd., 18
58 Folgende Hefte der sozialdemokratischen „Arbeiter-Gesundheitsbibliothek" wurden den Frauen zur Lektüre empfohlen: Heft 2: Das erste Lebensjahr, Heft 6: Das Schulkind, Heft 8: Nahrung und Ernährung, Heft 24: Hygiene und Arbeiterwohnung. Vgl. ebd., 14f.
59 Vgl. ebd., 27ff.
60 Vgl. ebd., 38.
61 Zit.nach Erziehung der Kinder 1960, 17.
62 Vgl. Eberts 1980, 15ff; Geschichte der deutschen Arbeiterjugendbewegung 1973, 34ff; Saul 1982, 242.
63 Vgl. Borchardt 1922; Rühle 1912; ders. 1914; Schulz 1921.
Julian Borchardt (1868–1932) war sozialdemokratischer Journalist und von 1913 bis 1916 Herausgeber der Zeitschrift ‚Lichtstrahlen'. Er stand vor 1914 auf dem linken Flügel der Sozialdemokratie. 1908 bis 1913 gehörte er der Preußischen Abgeordnetenversammlung an. Vgl. Erziehung und Klassenkampf 1969, 29; Saul 1982, 285.
64 Bei der Analyse der sozialdemokratischen Erziehungsbroschüren aus der Vorkriegszeit fällt auf, wie stark alle Autoren – unabhängig von ihrem politischen Standort in der Partei – von der fortschrittlichen bürgerlichen Psychologie und Pädagogik beeinflußt worden waren. Folgender Grundansatz der neuen „Pädagogik vom Kinde aus" prägte auch die sozialdemokratischen Erziehungsvorstellungen: Das Kind wurde als eine aus sich selbst von innen her wachsende und Gestalt annehmende Individualität betrachtet, die in sich schöpferische Kräfte hat. Als Aufgabe der Erziehung galt es, das Kind mit seinen angeborenen Anlagen durch „Freigabe des Selbst und durch schöpferisches Tun" zu einer Persönlichkeit heranzubilden. Um ein Kind zu einem sozialen Menschen zu erziehen, müßte es auch als ein solcher behandelt werden, und dürfte nicht nach dem „alten Ideal der Selbstauslöschung, der Demut und des Gehorsams" gekrümmt werden. Vgl. Flitner/Kudritzki 1961, 16; Key 1905, 121 u. 126; Borchardt 1922, 13–20; Duncker 1914, 8–14.
Mit der politischen Position radikalisierten sich auch die pädagogischen Vorstellungen Rühles. In der Weimarer Republik setzte er sich konsequent für eine sozialistische Pädagogik ein. Die erste Schrift, die seinen Positionswandel dokumentierte, war: ‚Erziehung zum Sozialismus. Ein Manifest' (Berlin 1919).
65 Vgl. Leitfaden 1911, 13.
66 Vgl. Kapitel 4.1.1.1.
67 Vgl. Schult 1967, 183ff.

68 Schulz 1921, 5ff.
69 Vgl. Schütze 1986, 65ff.
70 Vgl. StA PP 18903: Bericht v.28.8.1912, Polizeiwachtmeister Lüthje; ebd.: 1. Jahresbericht des Ausschusses zur Förderung der Jugendspiele, Hamburg 1913, 3.
71 Vgl. Schult 1967, 189.
72 Vgl. ebd., 188; Festschrift der ersten Reichs-Arbeiter-Sportwoche 1921, 74ff.
73 Vgl. StA PP 18903: Bericht v.28.8.1912, Polizeiwachtmeister Lüthje.
74 Ebd.: 1. Jahresbericht des Ausschusses zur Förderung der Jugendspiele, Hamburg 1913, 3.
75 Dieses Ausmaß erreichte der AzFJ trotz Abspaltung der ‚Kommunistischen Kindergruppe' und der ‚Arbeiter-Kindergruppe' im Jahr 1921. Im Führungsgremium des ‚Ausschusses' wirkten Anfang der zwanziger Jahre mit: Vertreter der ‚Führergruppen', der Eltern, des Bildungsausschusses der SPD, der ‚Arbeitsgemeinschaft sozialdemokratischer Lehrer und Lehrerinnen' und des ‚Hamburger Ausschusses für soziale Fürsorge'. Vgl. Tente, Gottlieb: Zehn Jahre Arbeit an unseren Kindern, in: HE Nr.174, 12.4.1922.
76 Zu den österreichischen Kinderfreunden, nach deren Vorbild 1919/20 auch in Deutschland Kindergruppen entstanden, vor allem im süddeutschen Raum, vgl. Richartz 1981, 50ff u. 317–333; Wolter-Brandecker 1982, 37; Gröschel 1986, 56ff; Uitz 1975, 114ff.
77 Vgl. Jacob, Mathilde: Was können wir für unsere Kinder tun?, in: Kä. 4/1919, 30ff; Kerlow-Löwenstein, Kurt: Sozialistische Schul- und Erziehungsfragen, in: Kä. 15/1919, 118f; Eschenbach, Walter: Nicht schlagen, in: Kä. 24/1920, 191.
78 Vgl. Kapitel 4.1.2.3.
79 Schreck,C.: Die Frau als republikanische Erzieherin, in: FH 1924, 42–45; vgl. Hoche, P.: Mütterliche Erziehung, in: HE Nr.111, 21.4.1928.
80 Vgl. Schulz 1921; sowie: „Die Mutter als Erzieherin", Serie in der Gl. Jg.1919–1920.
81 Vgl. Penzig 1922; sowie: „Briefe über Kindererziehung", Serie in der Gl. Jg.1920–1922.
82 Vgl. Borchardt 1922.
83 Vgl. Kapitel 4.1.
84 Vgl. Langewiesche, Dieter: Freizeit und ‚Massenbildung'. Zur Ideologie und Praxis der Volksbildung in der Weimarer Republik, in: Huck 1980, 223–247; ders. 1982; Ritter 1979; Winkler 1985<b>, 121–145; Wunderer 1980; Will/Burns 1982, Bd.1; Ruppert 1986.
85 Vgl. Gröschel 1986, 32–94; Richartz 1981, 334ff; Wolter-Brandecker 1982, 53ff.
86 *Anna Siemsen* (1882–1951) stammte aus einem evangelischen Pfarrhaus, alle vier Geschwister kamen wie sie zur SPD. Nach der Höheren Schule besuchte sie das Lehrerinnenseminar und arbeitete zunächst als Privatlehrerin. 1905 bis 1911 studierte sie in München, Bonn und Münster mit dem Abschluß Staatsexamen und Promotion. Anschließend arbeitete sie als Oberlehrerin in Detmold, Bremen und Düsseldorf. 1921 bis 1923 war sie Oberschulrätin für das Fach- und Berufsschulwesen in Berlin, seit 1923 Honorarprofessorin für Pädagogik an der Universität Jena. 1917 schloß sie sich der USPD an, wechselte 1922 zur SPD und trat 1931 in die SAP ein, deren stellvertretende Vorsitzende sie wurde. Von 1928 bis 1930 gehörte sie dem Reichstag an. Schwerpunkte ihrer pädagogischen Tätigkeit waren Erziehung und Bildung im Schulwesen. In der innerparteilichen Auseinandersetzung unterstützte sie Kurt Löwenstein, mit dem sie eng zusammenarbeitete. Anna Siemsen war auch in der sozialdemokratischen Frauenbewegung aktiv, insbesondere als Journalistin und Referentin. Vgl. Osterroth 1960, 289f; Richartz 1981, 166ff; Wickert 1986, Bd.2, 180f u. 207ff.
Kurt Löwenstein (1885–1939) studierte Philosophie, Pädagogik und Nationalökonomie und promovierte 1910 in Erlangen. 1914 bis 1918 arbeitete er als Krankenpfleger, 1921 wurde er zum Stadtschulrat von Berlin-Neukölln gewählt. 1918 wurde er USPD-Mitglied, 1922 schloß er sich der SPD an. 1922 bis 1933 war er Mitglied im Vorstand des ‚Reichsausschusses für sozialistische Bildungsarbeit', von 1924 bis 1933 Vorsitzender der ‚Arbeitsgemeinschaft sozialdemokratischer Lehrer und Lehrerinnen' (AsL) und der RAG sowie Mitglied im Vorstand des ‚Sozialistischen Kulturbundes'. 1920 bis 1933 gehörte er dem Reichstag an. Vgl. Osterroth 1960, 202f; Wolter-Brandecker 1982, 40f.
87 Vgl. Schulz, in: Pr.Pt.SPD 1925, 115.
88 *Otto Felix Kanitz* (1894–1940) studierte Philosophie. Er war seit 1918 Funktionär der österreichischen ‚Kinderfreunde' und hatte von 1921 bis 1934 die Schriftleitung der Zeitschrift ‚Die sozialistische Erziehung'. Vgl. Kanitz 1974, 7ff.
Die Schriften von Kanitz und Rühle (insb. Kanitz 1925; Rühle 1922; ders. 1925) wurden in den Zeitschriften von SAJ und RAG immer wieder zur Lektüre empfohlen. Auch in der SPD-Frauenorganisation wurde für deren Publikationen geworben. Vgl. Schumacher 1929, 61; Ge. 9/1931, 304. Vgl. allgemein: Richartz 1981, 143 u. 375.
89 Vgl. Richartz 1981.
90 Vgl. ebd., 62–109 u. 141–171, insb. 142f.

Max Adler (1873–1937), der Jura, Philosophie und Soziologie studiert hatte, war Professor in Wien, wo er auch die ‚Marx-Studien' herausgab. Er gehörte zu den Begründern des sogenannten ‚Austromarxismus'. Adler war Mitglied der SPÖ und des Österreichischen Nationalrats. Vgl. Erziehung und Klassenkampf 1969, 13f; Richartz 1981, 85ff.

91 Vgl. ebd., 110–140; Rühle-Gerstel 1924, 35–66.

92 Kurt Löwenstein (zit.nach Wolter-Brandecker 1982, 43).

93 Löwenstein 1924; vgl. Richartz 1981, 171–184.

94 Rühle 1922, 37; vgl. Kanitz 1925, 38.

95 Ebd., 48.

96 Ebd., 47f; vgl. Rühle 1922, 37ff; ders. 1975, 72ff.

97 Kanitz 1925, 50f u. 59ff; Rühle 1975, 56f.

98 Kanitz 1925, 88f; Rühle 1975, 48f.

99 Kanitz 1925, 90.

100 Ebd., 44; vgl. Rühle 1975, 64f.

101 Kanitz 1925, 42; vgl. Rühle 1920; Löwenstein 1932, 3–9; sowie allgemein Richartz 1981, 264f.

102 Vgl. Kanitz, Felix Otto: Kinderfreunde und Arbeiterschaft, in: HE Nr.6, 6.1.1924; Richartz 1981, 287 u. 334ff.

103 Vorwärts trotz alledem 1933, 17ff.

104 Löwenstein, Kurt: Was wollen die Kinderfreunde?, in: Kulturwille 4(1927), Nr.11, 236f (zit.nach Will/Burns 1982, Bd.2, 164f).

105 Vgl. Richartz 1981, 296f; Wolter-Brandecker 1982, 44ff.

106 Vgl. Richartz 1981, 312ff.

107 Vgl. Löwenstein 1932, 20.

108 Vgl. Vorwärts trotz alledem 1933, 20; Wolter-Brandecker 1982, 64ff.

109 Zur konkreten pädagogischen Arbeit der ‚Kinderfreunde' vgl. Wolter-Brandecker 1982, 67–233; Richartz 1981, 334ff.

110 Vgl. Ahlbrecht 1970, 64–73; Richartz 1981, 334–346; Vorwärts trotz alledem 1933, 21ff.

111 Vgl. ebd.; Wolter-Brandecker 1982, 63ff.

112 Vgl. ebd., 58ff; Vorwärts trotz alledem 1933, 19 u. 32ff.

113 Winkler 1985<b>, 360.

114 Vgl. Schönfeldt, Carla: Eine sozialistische Erziehungsorganisation, in: HE Nr.151, 3.6.1923; Kanitz, in: HE Nr.6, 6.1.1924; Arbeiterverein Kinderfreunde, in: HE Nr.94, 4.4.1925; Jb.SPD-HH 1921–1924, 84; Tb.SPD-HH-Nw 1925/26, 70f; Jb.SPD-HH 1924/25, 104f; Jb.SPD-HH 1925/26, 162ff; Jb.SPD-HH 1927/28, 208ff; Tb.SPD-HH-Nw 1929/30, 122ff; Bruhns, in: Vorwärts- und nicht vergessen 1982, 170–174.
Kurt Adams (1889–1944), ein promovierter Studienrat, schloß sich schon in jungen Jahren der SPD an. 1929 wurde er an Stelle des zum Senator gewählten Sozialdemokraten *Rudolf Roß* (1872–1932), der zunächst das Amt des Zweiten, später des Ersten Bürgermeisters bekleidete, Direktor der Hamburger Volkshochschule. 1924 bis 1933 leitete er die Hamburger ‚Kinderfreunde' und gehörte der RAG an. Seit 1924 war er Mitglied der Bürgerschaft. Vgl. StA: Bürgerschaftsmitglieder 1859–1959, Handschrift 601; Hammer 1956, 25; Osterroth 1960, 9. Zur Biographie von Rudolf Roß vgl. Witt 1971, 50.

115 Tb.SPD-HH-Nw 1929/30, 122f.

116 Vgl. Tb.SPD-HH-Nw 1927/28, 82f.

117 Vgl. Jb.SPD-HH 1925/26, 162f; Tb.SPD-HH-Nw 1929/30, 122f.

118 Vgl. Jb.SPD-HH 1925/26, 164; Tb.SPD-HH-Nw 1927/28, 82.

119 Vgl. Kapitel 2.3.3.1 sowie Wolter-Brandecker 1982, 61.

120 Pr.Pt.SPD 1924, 204.

121 Vgl. Arbeiterverein Kinderfreunde, in: HE Nr.94, 4.4.1925.

122 Vgl. u.a.: Jugendbewegung und Elternhaus, in: JV 2/1921, 8f; Düsedau, Alice: Eltern und Jugend, in: AJ-HE Apr.1923; Wagner, Otto: „Ich erlaube es nicht!", in: AJ-HE Aug.1932; Westphal, Max: SAJ und Elternhaus, in: AJ 4/1928, 100ff; ders. 1930, 129ff.

123 Vgl. u.a.: Hübert, Agnes: Familie und Jugendbewegung, in: FB-HE Nr.6, Juli 1924; Pr.Pt.SPD 1927, 310ff u. 323.

124 Vgl. u.a.: Westphal, Max: SAJ und Elternhaus, in: HE Nr.80, 21.3.1926; sowie Anm.131 und 132.

125 Vgl. allgemein: Gröschel 1986, 78ff; Ahlbrecht 1970, 11ff; speziell für Hamburg: Bezirkskonferenz der Kinderfreunde, in: HE Nr.8, 8.1.1928; Tb.SPD-HH-Nw 1927/28, 82f.

126 Vgl. Kapitel 4.3.2.

127 Vgl. Gröschel 1986, 79f; Jb.SPD-HH 1925/26, 164; Jb.SPD-HH 1927/28, 21.

128 Vgl. Tb.SPD-HH-Nw 1929/30, 122ff.

129 Vgl. Arbeiterverein Kinderfreunde, in: HE Nr.94, 4.4.1925; Jb.SPD-HH 1925/26, 162ff.

130 Vgl. Richartz 1981, 265ff.
131 Kanitz 1925, 90.
132 Fabian, Walter: Ein paar Kapitel Familienerziehung, in: JB 2/1928, 55.
133 Ebd., 57.
134 Löwenstein, Kurt, in: ‚Sozialistische Erziehung', Jg.1932, 2 (zit.nach Richartz 1981, 271).
135 Besonders konsequent vertraten die Forderung einer „sozialistischen Familienerziehung" Alice Rühle-Gerstel und Otto Rühle. Vgl. hierzu insb. die Zeitschrift ‚Das proletarische Kind. Erziehungsgemeinschaft. Monatsblätter für proletarische Erziehung', 1925/26. In der Artikelfolge ‚Elternspiegel' wurde das bestehende Erziehungsverhalten sozialistischer Eltern außerordentlich kritisch betrachtet, es wurden konkrete Ratschläge für eine Veränderung gegeben; vgl. insb. 229–233.
136 Vgl. u.a.: Fabian, in: JB 2/1928, 55; Lenzner, Paul: Lebensreform und Sozialismus, in: JB 6/1927, 176–184; Wiechert, Trude: Unsere Eltern – wir als Eltern, in: JB 2/1928, 52f.
137 Vgl. u.a.: Blum, Klara: Revolutionierte Pädagogik, in: Ge. 2/1932, 53f; Siemsen, Anna: Unsere Kinder, in: FW 4/1924, 51; Bork, Susi: Gleiche Erziehung für Knabem und Mädchen, in: FW 3/1933, 59f.In der ‚Frauenwelt' erschienen seit 1924 regelmäßig Beiträge mit Erziehungsratschlägen.
138 Vgl. Winter 1924. Winter beschreibt in seiner Broschüre ausführlich die einzelnen Entwicklungsphasen des proletarischen Kindes. Im Kapitel „Das Kind und die Familie" analysiert er die spezifische Situation des Kindes in der Arbeiterfamilie. Ebd., 11–29.
Max Winter (geb. 1870) war Mitglied der SPÖ und Redakteur der sozialdemokratischen Frauenzeitschrift ‚Die Unzufriedenen'. Er arbeitete aktiv in der österreichischen Kinderfreundebewegung mit und wurde 1925 zum Vorsitzenden der ‚Internationale für sozialistische Erziehung' gewählt. Vgl. Erziehung und Klassenkampf 1969, 99f.
139 Vgl. Schumacher 1929. Die sozialdemokratische Lehrerin *Henny Schumacher*, die eine ganze Reihe pädagogischer Schriften verfaßte und für die ‚Frauenwelt' regelmäßig pädagogische bzw. psychologische Artikel schrieb, war engagiertes Mitglied im ‚Bund Entschiedener Schulreformer' (BESch). Vgl. Erziehung und Klassenkampf 1969, 88f.
Zur Geschichte des BESch vgl. Mitzenheim, Paul: Bund Entschiedener Schulreformer (BESch). 1919–1933, in: Fricke 1983, 318–321.
140 Vgl. Schumacher 1929, 38f u. 61.
141 Ebd., 39.
142 Vgl. ebd., 43–57.
143 Vgl. ebd., 58f.
144 Ebd., 59f.
145 1924 sprach die Hamburger Sozialdemokratin Hanna Stolten zum Thema „Sozialistische Erziehungsarbeit in der Familie und der Gemeinschaft"; 1926 referierte der Hamburger Schulrat Götze über das Thema „Das Kind in der werdenden Gesellschaft". Vgl. Die Frau in der Politik (Fk.SPD-HH-Nw) 1924, 23f; Bezirksfrauenkonferenz in Hamburg-Nordwest, in: HE Nr.260, 20.9.1926.
146 Dies ergab die Auswertung des Veranstaltungskalenders im ‚Hamburger Echo' für die Jahre 1919 bis 1932. Vgl. Tabelle 67.
147 Folgende Kurse bot der Bildungsausschuß der Hamburger SPD zum Thema Erziehung an:
- WS 1919/20: Zwei Kurse „Erziehungsfragen",
  Referentin: Erna tum Suden, Teilnehmer(innen)zahl: 33 bzw. 24
- WS 1925/26: Ein Kursus „Soziale Erziehung", Ref.: Erna tum Suden, Teiln.: 54
- WS 1926/27: Zwei Kurse „Erziehungsfragen" (für Elternräte),
  Ref.: Wagner und Muhlhardt, Teiln.: 18 bzw. 22
- WS 1928/29: Drei Kurse „Soziale Erziehung",
  Ref.: Erna Wagner, Erna tum Suden, Muhlhardt, Teiln.: 24, 40, 45.

Jb.SPD-HH 1919–1921, 121; Jb.SPD-HH 1925/26, 114f; Jb.SPD-HH 1927/28, 161.
148 Schwarz, Hedwig: Sozialismus und Ehe, in: FB-HE 5/1930.
149 Den Begriff „Zwangsehe" prägte bereits August Bebel in seinem 1879 erschienenen Buch ‚Die Frau und der Sozialismus". Bebel war einer der frühesten und schärfsten sozialdemokratischen Kritiker der vorherrschenden bürgerlichen Ehe. Vgl. Bebel 1976, 134–184.
150 Zur Geschichte der Ehe als Institution vgl. Métral 1981. Zur Diskussion um die Reform des Scheidungsrechts in der Weimarer Republik vgl. Blasius 1987, 164–187, speziell zur Position der SPD 167ff; vgl. auch Wickert 1986, Bd.1, 185 u. 195.
151 Vgl. Hubbard 1983, 87f; Blasius 1987, 152ff; Niemeyer 1931, 54f; HStM 9/1932, 180f.
152 Vgl. Schumacher, Henny: Ehekrisen, in: FW 8/1931, 173; Lohagen, Paula: Die Familie im Spiegel des Klassenkampfes, in: JB 2/1928, 40f; Blasius 1987, 158.

153 HStM 9/1932, 180.

154 Vgl. Blasius 1987, 158f.

155 Vgl. HStM 9/1932, 181 u. 186. Zur Analyse des Scheidungsgeschehens in den ersten drei Jahrzehnten nach der Jahrhundertwende vgl. Blasius 1987, 155ff.

156 BGB 1896; vgl. Heuß 1929, 112ff.

157 Vgl. Pardo: Die Ehemoral im Lichte der Statistik, in: FB-HE 9/1921.

158 Vgl. Blasius 1987, 159f.

159 Vgl. BGB 1896; Heuß 1929, 119ff.

160 Vgl. u.a.: Stricker: Die zukünftigen Mütter. Gedanken über neue Eheformen, in: Gl. Nr. 13, 28.3.1919, 102f; Ehereform, in: Gl. Nr.14, 11.4.1919, 109ff; Moderne Ehe, in: Gl. Nr.15, 25.4.1919, 116ff; Zur neuen Ehereform, in: Gl. Nr.17, 23.5.1919, 132ff; Bormann, Ella: Die Gleichstellung der Geschlechter im deutschen Eherecht. I u. II, in: Gl. 12/1922, 109f u. Gl. 13/1922, 122f; Schöfer, Sophie: Notwendige Änderungen der ehelichen Rechtsgrundlagen, in: NZ 1921/22, Bd.1, Nr.10, 230–234; Lehmann, Henni: Zur Reform der Ehegesetze, I–III, in: NZ 1921/22, Bd.2, Nr.4, 90–93, Nr.15, 355–357, Nr.16, 376–378.

161 Vgl. Schöfer 1922.

162 Ebd., 3f.

163 Vgl. ebd., 111ff.

164 Ebd., 24.

165 Vgl. ebd., 18–33 u. 91ff.

166 Ebd., 33.

167 Vgl. ebd., 76ff u. 86ff.

168 Vgl. ebd., 46ff u. 68ff.

169 Ebd., 72.

170 Vgl. ebd., 98–110.

171 Vgl. Anmerkung 160 sowie u.a.: Die Frau in Politik und Beruf 1928, 7–15 u. 31f; Adele Schreiber, in: Pr.Pt.SPD 1919, 491ff; Radtke-Warmuth, Elli: Beruf, Ehe, Mutterschaft, in: FH 1924, 19ff; Pfülf, Toni: Das Heim als Selbstzweck oder Kraftquelle?, in: FH 1923, 65ff; Henke-Schwalbe, Nora: Hausfrau, Mutterschaft und Beruf, in: FB-HE 7/1928; Johanna Reitze, in: Pr.Pt.SPD 1922 (Augsburg), 73–79; Ehescheidung und Ehereform, in: FW 9/1929, 219; Schumacher, Henny: Ehekrisen, I–VII, in: FW 8/1931, 173, FW 9/1931, 203, FW 10/1931, 229; FW 11/1931, 255, FW 13/1931, 301, FW 15/1931, 341, FW 16/1931; 370.

172 Vgl. u.a.: Schroeder, in: Blos 1930, 148 u. 153f; Sozialismus und Familie, in: FB-HE 1/1926; Kurt, Hedwig: Um Heim und Familie, in: Frauenstimmen 1920, 52–54, 52 u. 54.

173 Vgl. Juchacz, Marie: Die Frau als Staatsbürgerin, in: FH 1922, 56f; Schroeder, in: Blos 1930, 153.

174 Wierzbitzki, Ella: Moderne Ehe, in: Gl. Nr.15, 25.4.1919, 116; vgl. auch Ziegelroth, Hermine: Die neue Ehe, in: SM Bd.54, 1920, 84–87.

175 Vgl. Kapitel 3.2 und 4.1.3.

176 *Paul Krische* (geb. 1878) studierte Agrikulturchemie und Soziologie. Er war zunächst Leiter des literarischen Büros am Kalisyndikat, später Geschäftsführer der Verlagsgesellschaft für Ackerbau, und arbeitete freiberuflich als Redakteur und Schriftsteller. Er engagierte sich gemeinsam mit seiner Frau Maria Krische bei den Freidenkern. Vgl. Wer ist's 1928, 872; Wer ist's 1935, 891; Kürschners 1931.

177 Vgl. Lindsey/Evans 1928<b> sowie: Die Revolution der modernen Jugend, in: FB-HE 10/1927; Linden, Elly: Die Revolution der modernen Jugend, in: FW 11/1928, 250f.

178 Vgl. Lindsey/Evans 1928<b>, 104–129.

179 Dies. 1928<a>, 287–294.

180 Ebd., 9ff.

181 Vgl. ebd., 267–270.

182 Vgl. Corssen, Meta: Frauenbewegung – Ehe, in: SM Bd.69, 1929, 838–842.In der SAJ und den Jungsozialisten wurde insbesondere der Vorschlag einer „Jugendehe" seit Anfang der zwanziger Jahre diskutiert. Vgl. u.a. Liebe und Jugendehe, in: FB-HE 9/1929.

183 Vgl. Corssen, in: SM Bd.69, 1929, 838–842; Wels, Grete: Die Kameradschaftsehe, in: FW 9/1929, 202f.

184 Ebd., 203.

185 Vgl. Krische 1920, 7ff.

186 Vgl. Krische 1922, 47–65, insb. 48f.

187 Zu den wenigen sozialistischen Wissenschaftlern in Deutschland, die eine ähnlich radikale Auffassung vertraten, gehörte Otto Rühle. Er ging bei seinen Reformvorschlägen sogar noch einen Schritt weiter als Paul Krische und plädierte für die „freie Liebe", d.h. er lehnte für die sozialistische Zukunft jede institutionalisierte Form des Zusammenlebens von Frau und Mann ab. Krische trat wie Sophie Schöfer lediglich für die „freie Ehe", d.h. die „trennbare Monogamie" in der Ehe ein. Rühles Vorschlag der „freien Liebe" wurde in der so-

zialdemokratischen Frauenbewegung nicht rezipiert, sondern lediglich bei den Jungsozialisten. Vgl. Rühle 1919/20, 23ff; ders. 1924, 57–79; Mönch, Hermann: Ehe als Gemeinschaftsaufgabe, in: JB 2/1928, 46–49.

188 Vgl. die folgenden Hefte der JB: 12/1926, 354–377; 2/1928, 34–57; 6/1931, 168–184.

189 Vgl. Höller, Konrad: Die Frau als Kamerad, in: FB-HE 9/1923; Hirschfeld, Magnus: Freie Ehe, in: FW 23/1928, 538f.

190 Vgl. Preisausschreiben, in: FW 19/1929, 144; Das Ergebnis unseres Preisausschreibens, in: FW 24/1929, 565; Wie stehst Du zur heutigen gesetzlichen Form der Ehe?, in: FW 26/1929, 614 und FW 1/1930, 10.

191 Im Durchschnitt der Jahre 1920 bis 1932 befaßten sich ca. 10 % aller Frauenabende mit dem Themenkreis. Dies ergab die Auswertung der Veranstaltungsankündigungen im HE.

192 Cläre Kleinelbst (II.Preis), in: Wie stehst Du zur heutigen gesetzlichen Form der Ehe?, in: FW 26/1929, 614.

193 Schöfer 1922, 18.

194 Vgl. Ostner/Pieper, in: dies. 1980, 96–170.

195 Vgl. Die Beschäftigung verheirateter Frauen 1901; Otto 1910; Krolzig 1930, 43f u. 51f.

196 StA OS 808b, Bd.2: Ergebnisse der Erhebung über die Kinderarbeit v.19.11.1904, veröff. April 1911; ebd.: Schreiben der Oberschulbehörde Hamburg v.30.6.1911; vgl. Hagemann, Karen: Ich hab‘ schon früh bei fremden Leuten arbeiten müssen, in: Plagemann 1984, 261–263.

197 Vgl. Saul 1982, 201–230, insb. 206ff; Rühle 1977, Bd.1, 160ff; Peikert, Ingrid: „... manchmal ein leises Weh ...“ Die Arbeit im Leben proletarischer Kinder, in: Ruppert 1986, 206–214; Barth/Niemeyer 1932; Peukert 1987<a>, 84ff.

198 Aufschluß über den geschlechtsspezifischen Lebensraum des Großstadtkindes und sein nach Geschlechtern differenziertes Spielverhalten gibt eine Untersuchung der Hamburger Pädagogin und Psychologin Martha Muchow, die sie 1933 abschloß. Vgl. Muchow/Muchow 1980, insb. 30ff. Zur Situation von Arbeiterkindern allgemein vgl. Bajohr 1984, 82–129.

199 Vgl. Franzen-Hellersberg 1932, 32f; Krolzig 1930, 82ff; Kelchner 1929, 12f.

200 Vgl. Krolzig 1930, 73ff; Kelchner 1929, 20f.

201 Vgl. Rühle-Gerstel 1972, 29ff; Kanitz 1925, 47f; Rühle 1975, 73; Hoernle 1929, 58.

202 Vgl. Rühle 1977, Bd.1, 286ff; Bracken 1926, insb. 109–190; Kindermißhandlungen 1928, insb. 6 u. 34.

203 In seiner sozialpsychologischen Erhebung zum Bewußtsein von Arbeitern und Angestellten aus dem Jahr 1929 stellte Erich Fromm auch die Frage: „Glauben Sie, daß man bei der Erziehung der Kinder ganz ohne Prügel auskommt?“ Von den 262 Sozialdemokraten antworteten wie folgt:

„Ja“	- 33 %
„Unter den gegebenen Umständen: Nein“	- 12 %
„Nein“	- 19 %
Keine Antwort	- 35 % (darunter 30 % unverheiratet/kinderlos)

Vgl. Fromm 1980, 189ff.

204 Zur Geschichte der „Schwarzen Pädagogik“ vgl. Rutschky 1977.

205 Vgl. Kanitz 1925, 72ff; Rühle 1975, 72f; Becker-Schmidt/Knapp 1985, 53ff.

206 Zum Forschungsstand über die schichtenspezifische Erziehung und ihre Folgen für die Sozialisation vgl. Becker-Schmidt/Knapp 1985, 142–173.

207 Von den Eltern der 106 Frauen aus dem sozialdemokratischen Milieu hatten 92 eine sozialdemokratische Tageszeitung abonniert, in der Regel das ‚Hamburger Echo‘, 26 hatten zusätzlich den ‚Wahren Jacob‘ bestellt, 6 die ‚Gleichheit‘, 5 eine theoretische Zeitschrift der SPD, in der Regel die ‚Neue Zeit‘ und 3 das Zentralorgan der Partei, den ‚Vorwärts‘. 81 Väter und 54 Mütter der befragten Frauen waren Mitglied der SPD.
Die 92 befragten Frauen, in deren Elternhaus eine sozialdemokratische Tageszeitung gelesen wurde, berichteten über das Leseverhalten in ihrer Familie wie folgt:

Anzahl der Familien	Leser(innen) der Zeitung
58	alle Familienangehörigen ab dem entsprechenden Alter
6	nur der Vater
3	nur die Mutter
6	Vater und Mutter
9	Vater und Kinder
2	Mutter und Kinder
1	nur die Kinder
7	keine Angabe

Zum Leseverhalten in der Arbeiterschaft vgl. allgemein Mühlberg 1985, 141ff; Richebächer 1982, 114–128;

Langewiesche, in: Huck 1980, 223–247.
208 Vgl. Reulecke 1976; Pirhofer/Sieder, in: Mitterauer/Sieder 1982, 335ff; Roberts 1984; Abrams 1986.
209 Vgl. Huck 1980; Adams 1929; Mühlberg 1985, 123–163; Reulecke, Jürgen: „Auch unsere Körper müssen einen Sabbat, auch unsere Seelen einen Sonntag haben“. Arbeitszeit, Freizeit, Urlaub, in: Ruppert 1986, 146–156; Stearns 1980, 271ff; Bajohr 1984, 183–205.
210 Zum Freizeitverhalten männlicher Arbeiter vgl. Reck 1977. Zur Funktion der Gastwirtschaften und zur Rolle des Alkoholkonsums vgl. Frank, Michael: Arbeiterwirtschaft, in: Ruppert 1986, 292–297; Grüttner, Michael: Alkoholkonsum in der Arbeiterschaft 1871–1939, in: Pierenkemper 1987<b>, 229–273, insb. 247ff; Hübner 1988, insb. 103–123; Roberts, James: Wirtshaus und Politik in der deutschen Arbeiterbewegung, in: Huck 1980, 123–139; Soder 1980, 53ff.1930 gab es in der Stadt Hamburg insg. 3.791 Gast- und Schankstätten, darunter waren 3.184 sogenannte „Restaurationen und Bierwirtschaften“. Die meisten Gastwirtschaften lagen in den Stadtteilen St.Pauli (15 %), Neustadt (13 %) und St.Georg (11 %). Insgesamt konzentrierten sich 78 % aller Hamburger Gaststätten in zehn von 29 Stadtteilen. Neben den genannten waren dies Barmbek (10 %), Eimsbüttel (8 %), Altstadt (8 %), Billwärder-Ausschlag (5 %), Eppendorf (5 %), Eilbek (4 %) und Winterhude (3 %). Der überwiegende Teil der Gastwirtschaften lag also in den Arbeiterwohngebieten der Stadt. Vgl. StJbu 1930/31, 200.
211 Vgl. Adams 1929, 56ff; Lange, Hanna: Hausfrauen-Sonntag, in: FW 12/1931, 277; König, Linda: Hausfrauen-Sonntag, in: FW 21/1931, 485.
212 Lange, in: FW 12/1931, 277.
213 Agnes A., März 1984. Auch die beiden folgenden Zitate stammen aus diesem Interview.
214 Vgl. Mühlberg 1985, 151ff; Bock, Hans-Michael: „Brüder zum Licht!“ Kino, Film und Arbeiterbewegung, in: Vorwärts- und nicht vergessen 1982, 297–316. Hans-Michael Bock berichtet, daß es in der Kinosaison 1929 in der Stadt Hamburg 72 Kinos mit 50.000 Plätzen gab, die von über 14 Millionen Kinogänger(inne)n besucht wurden; jeder Hamburger und jede Hamburgerin waren im statistischen Durchschnitt mehr als 13mal im Kino. Ca. 80 bis 90 % der Besucher(innen) kamen aus der Arbeiterschaft. Vgl. ebd., 398.
215 Vgl. Pirhofer/Sieder, in: Mitterauer/Sieder 1982, 340.
216 Vgl. Peukert 1987<a>, 207.
Zur Sozialgeschichte der Jugend vgl. allgemein: Mitterauer 1986, speziell zur Entwicklung des Freizeitverhaltens Städtischer Jugendlicher vgl. 192–246.
217 Vgl. Peukert 1987<a>, 220ff. Im März 1926 gehörten den 76 Jugendorganisationen, die dem ‚Reichsausschuß der Jugendverbände‘ angeschlossen waren, insgesamt 2.913.250 männliche und 1.439.800 weibliche Jugendliche unter 21 Jahren an. Von diesen waren bei den Jungen 12 % und bei den Mädchen 7 % Mitglied in einem sozialistischen Jugendverband. Vgl. ebd., 221.
218 Vgl. ebd., 198ff; Naujoks 1984, 60ff.
219 Vgl. Krolzig 1930, 126.
220 Vgl. Reck 1977, 149ff.
221 Vgl. Rühle-Gerstel 1972, 183.
222 Agnes A., Juni 1981.
223 Von den 106 befragten Frauen berichteten 51, daß sie christlich erzogen worden seien; alle 51 gehörten als Kinder bzw. Jugendliche einer christlichen Religionsgemeinschaft an, aus der 8 als Jugendliche und 19 als Erwachsene austraten.
224 Rühle-Gerstel 1972, 30.
225 Vgl. für England: Lambertz/Ayers, in: Dalhoff 1986, 253f.
226 Vgl. Rühle-Gerstel 1972, 180ff.
227 Vgl. Beuys 1984, 431ff.
228 Rühle-Gerstel 1972, 30f.
229 Paula Karpinski/Grete Wöhrmann, November 1979. Auch das folgende Zitat stammt aus diesem Interview.
230 Von den 106 befragten Frauen berichteten 85, daß im Elternhaus politische Gespräche geführt worden seien.

Beteiligt haben sich an diesen Gesprächen	Anzahl der Familien
alle Familienangehörigen	55
nur die Eltern	4
Vater und Kinder	10
Mutter und Kinder	1
nur die Kinder	2
keine Angabe	13

37 Frauen berichteten, daß in ihrem Elternhaus aus sozialdemokratischen Zeitungen oder Broschüren vorgelesen wurde.

231 Zur Geschichte der Familie E. vgl. ausführlich: Hagemann, in: Ruppert 1986, 69ff; sowie Kapitel 2.1.1.1.
232 Zum Hamburger AzFJ sowie zu den ‚Kinderfreunden' vgl. Kapitel 2.3.2.1.
233 Zur AWO und zur Kinderferienkolonie Köhlbrand vgl. Kapitel 4.3.2.
234 Von den 106 befragten Frauen waren 85 Mitglied der SPD, von diesen gehörten 51 der AWO an. 31 waren, meist als junge Frauen, Helferin beim AzFJ bzw. bei den ‚Kinderfreunden' gewesen. Vgl. hierzu auch Kapitel 4.3.2.2.
235 Vgl. Wagner, in: AJ-HE Aug.1932; Jugendbewegung und Elternhaus, in: JV 2/1921, 8f; Düsedau, in: AJ-HE Apr.1923; Westphal, in: AJ 4/1928, 100ff; ders. 1930, 129ff; Hübert, in: FB-HE Nr.6, 27.7.1924.
236 Von den 106 befragten Frauen gehörten 79 einem sozialistischen Jugendverband an. 25 berichteten, daß sie aufgrund der Initiative ihrer Eltern in diese Organisation kamen, 20 wurden durch ältere Geschwister geworben, 8 durch Werber(innen) der Arbeiterjugend, 5 kamen durch Übertritt von den ‚Kinderfreunden' in die SAJ und der Rest wurde durch gleichaltrige Freund(inn)e(n) bzw. Kolleg(inn)en zum Eintritt bewogen. Vgl. auch die Ergebnisse einer Erhebung, die die SAJ im Herbst 1931 in den Bezirken Groß-Berlin, Chemnitz, Franken, Hamburg-Nordwest, Mecklenburg, Mittelschlesien, Ostpreußen und Westliches Westfalen durchführte. 6.064 Jungen und 3.492 Mädchen füllten den Fragebogen aus. Vgl. Naujoks 1984, 164f. Die Frage: „Wie kamst du zur SAJ?" ergab:

Zur SAJ kamen durch	Jungen	Mädchen	Insgesamt
Werbeveranstaltungen	18 %	19 %	18 %
Freunde und Arbeitskollegen	31 %	26 %	29 %
Eltern und Geschwister	10 %	18 %	13 %
eigenen Wunsch	35 %	29 %	33 %
‚Kinderfreunde'	6 %	8 %	7 %

Naujoks 1984, 167.
237 Zur sozialen Stellung der befragten Frauen aus dem sozialdemokratischen Milieu und deren Eltern vgl. Einleitung, Teil 2.
238 Vgl. Wöhrmann, in: Ge. 12/1930, 494f; wie wenig dies leitende sozialdemokratische Funktionäre in ihren Lebenserinnerungen reflektierten, zeigt Kuhn, in: Haumann 1982, 89–117.
239 Zum Schrebergarten als Ort proletarischer Freizeit vgl. Mühlberg 1985, 155ff; Reulecke, in: Ruppert 1986, 152ff; Peukert 1987<a>, 199f.
240 Zur Geschichte der ‚Naturfreunde' vgl. Zimmer 1984; Wunderer, Hartmann: Naturfreundebewegung, in: Ruppert 1986, 340–344.
241 Zur ‚Produktion' als Arbeitgeber vgl. Kapitel 3.1.2.2. Zur Geschichte der ‚Produktion' allgemein vgl. Kapitel 1.5.3.1.
242 Paula Karpinski/Grete Wöhrmann, November 1979.
243 Paula Karpinski/Grete Wöhrmann, Januar 1981. Auch das folgende Zitat stammt aus diesem Interview.
244 Nachlaß Hilde David: Aus der Kommode.
245 Löwenstein 1924.

3 *Arbeiterfrauen im Erwerbsleben*

1 Die revolutionäre Rolle der Frauenerwerbsarbeit, in: FB-HE 7/1929.

3.1 *Frauen in der „Männerwelt des Berufs"*

1 Die revolutionäre Rolle der Frauenerwerbsarbeit, in: FB-HE 7/1929.
2 Vgl. Willms, Angelika: Grundzüge der Entwicklung der Frauenarbeit von 1880 bis 1980, in: Müller/Willms/Handl 1983, 25–54, 53f; Kramer, in: dies. 1986, 155.
3 Zu den Strukturveränderungen des geschlechts- und altersspezifischen Arbeitsmarktes im Deutschen Reich vgl. insb.: Knapp 1984, 88–170, 365–445 u. 645–676; Müller/Willms/Handl 1983; Pierenkemper 1987<a>, 27–59; ders.: Jugendliche im Arbeitsmarkt. Deutschland seit dem Ende des 19. Jahrhunderts, in: Dowe 1986, 49–73; Reulecke, Jürgen: Veränderungen des Arbeitskräftepotentials im Deutschen Reich 1900–1933, in: Mommsen 1974, 84–95; Stockmann 1985; Willms 1982; Willms-Herget 1986.
Zur theoretischen Diskussion über die Stellung von Frauen im Arbeitsmarkt und deren historischem Wandel

vgl. u.a. Willms, Angelika: Segregation auf Dauer? Zur Entwicklung des Verhältnisses von Frauenarbeit und Männerarbeit in Deutschland, 1882–1980, in: Müller/Willms/Handl 1983, 107–181; Willms-Herget 1986, 42–67; Kramer, Helgard: Einleitung, in: dies. 1986, 11–49.

4 Für den hamburgischen Staat liegt die erste nach Geschlechtern differenzierte amtliche Volks- und Berufszählung für das Jahr 1867 vor. Die Ergebnisse dieser Erhebung vom 3.12.1867, die die ortsanwesende Bevölkerung erfaßte, wurden nicht berücksichtigt, da das abweichende Erhebungsverfahren einen Vergleich mit späteren Zählungen nicht gestattet. Vgl. StHSt H.2, 1869, insb. 34–47.

5 Zu den methodischen Problemen der amtlichen Berufszählung vgl. die Einleitung zu Abschnitt 1; sowie: Müller/Handl/Willms, in: Müller/Willms/Handl 1983, 18–24; Willms-Herget 1986, 68–75; Pierenkemper 1987<a>, 28–44; Hohorst 1978, 57–77, insb. die Anmerkungen; Petzina/Abelshauser/Faust 1978, 59f.

6 Zu den Gewerbebetrieben, die unabhängig von ihrer Größe revidiert wurden, gehörten alle Motorenbetriebe, Werkstätten der Kleider- und Wäschekonfektion, Hüttenwerke, Zimmerplätze, Bauhöfe, Werften und Werkstätten der Tabakindustrie. Ziegeleien, Brüche und Gruben über Tage mit mehr als 5 Arbeitern wurden ebenfalls bereits vor 1925 revidiert. Zwar oblag seit dem Erlaß der Arbeitszeitverordnungen vom Dezember 1918 und vom März 1919 dem Gerwerbeaufsichtsamt in Form der Handelsaufsicht auch die Kontrolle über den Beschäftigungsschutz der Angestellten in Gewerbe, Handel, Verkehr, Vergnügungsgewerbe und freien Berufen, doch durch die Zählungen wurden die Angestellten erst seit 1925 erfaßt. Vgl. Jellinek 1928, 79; Schaefer, Emil: Gewerbeaufsichtsamt, in: Hygiene 1928, 571–580, 571.Zum Erfassungsgrad der Erwerbstätigen durch die Erhebungen des Gewerbeaufsichtsamtes für Berlin vgl. z.B.: Rouette 1987<a>, 17f.

7 Zur Entwicklung der Altersstruktur der weiblichen Wohnbevölkerung und der weiblichen Erwerbspersonen im hamburgischen Staat zwischen 1907 und 1933 vgl. die Tabellen 2 bis 4 sowie allgemein: HStM, Sonderbeitrag 1, 1926, 95ff.
Für das Reichsgebiet vgl. Marschalck 1984, 67ff, 173 u. 187; Petzina/Abelshauser/Faust 1978, 28f; Hohorst 1978, 28ff.

8 Zur Geburtenentwicklung im hamburgischen Staat vgl. Kapitel 2.1.3.
Zur Entwicklung im Reich vgl. Marschalck 1984, 45ff u. 181; Hohorst 1978, 27f; Petzina/Abelshauser/Faust 1978, 28f u. 32f.

9 1925, als die Mithelfenden Familienangehörigen erstmals annähernd realistisch durch die amtlichen Statistiker gezählt wurden, stellten sie im hamburgischen Staat 3 % der Erwerbspersonen, im Deutschen Reich hingegen 17 %. Von den weiblichen Erwerbspersonen waren im gleichen Jahr im Reich 36 % als Mithelfende Familienangehörige tätig, im hamburgischen Staat nur 8 %. Der überwiegende Teil der Mithelfenden Familienangehörigen arbeitete im Deutschen Reich in der Landwirtschaft, die noch eine relativ große ökonomische Bedeutung hatte. 1925 waren im Reich 30,5 % aller Erwerbspersonen in der Landwirtschaft tätig, im hamburgischen Staat hingegen nur 2,5 %. Vgl. für Hamburg: HStM, Sonderbeitrag 1, 1926, 107; Tabelle 37; StHSt H.33, T.2, 1928, 37; für das Deutsche Reich: Bajohr 1979, 21; Petzina/Abelshauser/Faust 1978, 55.

10 Vgl. StHSt H.33, T.2, 1928, 15. In der historischen Forschung ist der Stellenwert der Untererfassung der Mithelfenden Familienangehörigen umstritten. Während Jürgen Reulecke behauptet, daß der Gesamttrend der Erwerbsstatistik dadurch nicht verfälscht werde (ders., in: Mommsen 1974, 91), betonen Angelika Willms-Herget (dies. 1985, 71f; Müller/Willms/Handl 1983, 20f) sowie Gerd Hohorst, Jürgen Kocka und Gerhard A.Ritter (Hohorst 1978, 68f) die Auswirkungen der Untererfassung auf die Erwerbsstatistik.
In Hinblick auf den großstädtischen Arbeitsmarkt Hamburgs scheint mir nur ein Teil des Anstiegs der Frauenerwerbsquote auf eine Verbesserung der Erwerbsstatistik zurückzuführen zu sein. Allgemein wurde die Mithilfe in Familienbetrieben von Handel und Gaststätten, die in der Hansestadt die größte Bedeutung hatten, in stärkerem Maße erfaßt als in der Landwirtschaft. Vgl. Hohorst 1978, 68f.

11 Zur spezifischen Situation von Jugendlichen im Arbeitsmarkt der Weimarer Republik vgl. Pierenkemper, in: Dowe 1986, 58ff; Peukert 1985; ders. 1987<a>, 29–56 u. 167ff; ders.: The Lost Generation: Youth Unemployment at the End of the Weimar Republic, in: Evans/Geary 1987, 172–193. Diese Untersuchungen konzentrieren sich weitgehend auf die männlichen Jugendlichen.
Zur Entwicklung der Erwerbslosigkeit in den Jahren der Wirtschaftskrise vgl. auch Kapitel 3.2.2.1.

12 Zur Entwicklung der Frauenerwerbsquote im Deutschen Reich vgl. auch im folgenden: Willms-Herget 1985, 78–120; Willms, in: Müller/Willms/Handl 1983, 107–181; Knapp 1984, 92–107.

13 Als *„haushaltsnah"* definiere ich alle Erwerbsformen, die im Umfeld der Haus- und Familienwirtschaft ausgeübt wurden. Die Analyse der Arbeitsbereiche der weiblichen Selbständigen ergibt, daß dies auch bei der Mehrheit der selbständig tätigen Frauen der Fall war. Von ihnen arbeiteten 1925 im hamburgischen Staat: 81 % als Eigentümerin bzw. Handwerksmeisterin, 6 % als Hausgewerbetreibende, 2 % als leitende Direktorin bzw. Angestellte und 1 % als Pächterin. Vgl. StHSt H.33, T.2, 1928, 36; Tabelle 33 und Kapitel 3.1.2.

14 Zur Definition der Berufsstellungen vgl. Anmerkung 21.

15 Die Begriffe *„familial“* und *„marktvermittelt“* verwende ich in Anlehnung an Angelika Willms. Sie unterscheiden, *wie* die Arbeitskräfte an ihre Arbeitsplätze gelangten, aufgrund ihrer Stellung in einem verwandtschaftlichen oder familiären Beziehungsnetz oder durch einen institutionalisierten Arbeitsmarkt. Während die Begriffe „familial“ und *„familienbezogen“* synonym benutzt werden, unterscheidet sich der Inhalt der Begriffe „marktvermittelt“ und *„marktbezogen“*. Als letzteres gelten alle Erwerbsformen, in denen die Erwerbstätigen entweder bei der Verwertung ihrer Arbeitskraft oder beim Absatz der von ihnen erzeugten Produkte als Vermittlungsagentur in Märkte eingebunden sind. Zu den marktbezogenen Erwerbstätigen gehörten also auch die Selbständigen. Vgl. Willms, in: Müller/Willms/Handl 1983, 26ff.

16 Vgl. Willms, in: Müller/Willms/Handl 1983, 31ff.

17 Nur ein Teil der starken Zunahme des Angestelltenanteils zwischen 1907 und 1925 war Resultat der Einführung der Angestelltenversicherung im Jahr 1911, in deren Folge viele Arbeiter(innen) in den Angestelltenstatus überwechselten, insbesondere Verkäufer(innen). Vgl. Pierenkemper 1987<a>, 31.

18 Die Beschäftigung auf dem Wohngrundstück war 1925 bei den weiblichen Erwerbstätigen im hamburgischen Staat in folgenden 5 Wirtschaftsgruppen am höchsten:

Wirtschaftsgruppe	V.h. weiblichen Erwerbstätigen arbeiteten auf dem Wohngrundstück	V.h. selbständig tätigen Frauen hatten ihre Arbeitsstätte auf dem Wohngrundstück
Landwirtschaft, Gärtnerei und Tierzucht	95	98
Gast- und Schankwirtschaftsgewerbe	55	91
Häusliche Dienste und Erwerbstätigkeit ohne feste Stellung und ohne Angabe der Betriebszugehörigkeit	42	--
Bekleidungsgewerbe	23	70
Handelsgewerbe	22	70
Staat insgesamt	35	73

Vgl. StM Nr.24, 1930, 11f.

19 a) 1910 wurden zur Gruppe der Arbeiter(innen) in der amtlichen Statistik auch die Hausangestellten und die Mithelfenden Familienangehörigen gezählt. Für 1925 liegen hingegen differenzierte Angaben vor: Zu diesem Zeitpunkt waren bei den Mithelfenden Familienangehörigen 81,6 % der Männer und 87,0 % der Frauen in der Wohnung bzw. auf dem Wohngrundstück tätig, von den Hausangestellten bei beiden Geschlechtern 100 %, von den Arbeiter(inne)n 3,8 % der Männer und 6,4 % der Frauen.
StHSt H.30, 1919, 13f; StM Nr.24, 1930, 11.

20 Folgende Aufstellung gibt Aufschluß über den Zusammenhang zwischen den in den Tabellen 34 bis 38 und 43 benutzten *Nummern für die Wirtschaftsgruppen* und den in den Quellen benutzten Bezeichnungen:

Tabelle 34ff	11	12	21	22	23	24	25	26	27	28	29	30	31
Quelle 1907	I	II	III	IV	V	V	VI	-	VII+VIII	IX	X+XVII	XI	-
Quelle 1925	I	II	III	IV	V	VI	VII	VIII	IX	X	XI	XII	XIII
Quelle 1933	11	12	20	21	22	23	24	25+26	27	28	29+30	31	32

Tabelle 34ff	32	33	34	35	36	37	38	41	42	43	44
Quelle 1907	XII	-	XIII	XV	XIV	XVI	-	XX	XXI	XXII	XXIII
Quelle 1925	XIV	XV	XVI	XVII	XVII	XVIII	XIX	XX	XXI	XXII	XXIII
Quelle 1933	33	34	35	367	36-367	37	38	41	42	43+44	45

Die Wirtschaftsgruppe der Hausangestellten wurde mit der Nummer 61 bezeichnet.
Die Wirtschaftsgruppe 62 enthält folgende Berufsgruppen:
1907: D + G + XIX ohne die Hausangestellten; 1925: F ohne die Hausangestellten;
1933: 39 + 6 ohne die Hausangestellten.
Der Zusammenhang zwischen den in den Tabellen 34 bis 38 und 43 benutzten *Nummern der Wirtschaftsabteilungen* und deren Bezeichnung in den Quellen ist folgendermaßen:

Tabelle 34ff	1	2/3	4	5	6
Quelle 1907	A	B - (XVIII+XIX)	C	E + XVIII	D + G + XIX
Quelle 1925	A	B	C	D + E	F
Quelle 1933	1	2/3 - 39	4	5	6 + 39

Zur Wirtschaftsabteilung 5 (Öffentliche und Private Dienste) gehörten: Die staatliche Verwaltung, das öffentliche und private Gesundheits-, Wohlfahrts-, Erziehungs- und Bildungswesen, das Militär, die Kirchen und die Freien Berufe.

21 a) Als *Selbständiger* galt, wer einen Betrieb oder eine sonstige Arbeitsstätte wirtschaftlich und organisatorisch selbständig als Eigentümer oder Pächter leitete. Diese Beschreibung führte dazu, daß auch abhängig Beschäftigte als selbständig geführt wurden: Leitende Beamte, höhere Angestellte und Hausgewerbetreibende, letztere waren de facto häufig Heimarbeiter.
b) *Beamte und Angestellte* wurden erst seit 1933 getrennt ausgewiesen. Da eine exakte Umrechnung früherer Zählungen nicht möglich war, wurden Beamte unter die Kategorie Angestellte subsummiert. Relevant ist ihre Bedeutung vorrangig in der Wirtschaftsabteilung 5. Als Zurechnungskriterium galt bei den Beamten das öffentlich-rechtliche Dienstverhältnis und bei den Angestellten die Angestelltenversicherung. Vor deren Einführung 1911 zählten zahlreiche Angestellte, insbesondere Verkäufer(innen), zu der Berufsstellung der Arbeiter.
c) Als *Mithelfende Familienangehörige* galten alle Personen, die hauptberuflich in einem vom Haushaltungsvorstand oder einem anderen Familienmitglied geleiteten Betrieb mitarbeiteten.
d) Als *Arbeiter* galten alle invalidenversicherungspflichtigen Personen.
Vgl. Petzina/Abelshauser/Faust 1978, 59f.

22 1907 arbeiteten im Deutschen Reich 17 % der weiblichen Erwerbspersonen in den Häuslichen Diensten, 1925 waren es 13 % gegenüber 22 % im hamburgischen Staat. Vgl. Tabelle 34 sowie Hohorst 1978, 66; Kempf 1931, 58; Tenfelde, Klaus: Dienstmädchengeschichte. Strukturelle Aspekte im 19. und 20. Jahrhundert, in: Pohl 1985, 105–119, 111f.

23 Im hamburgischen Staat waren 1811 noch 34 % aller Dienstboten Männer, 1871 lediglich 12 %. Die Mehrzahl der männlichen Dienstboten arbeitete als Kutscher, Lakai oder Hausbursche. Vgl. Engelsing, Rolf: Das Häusliche Personal in der Epoche der Industrialisierung, in: ders. 1973, 225–261, 230ff; Wierling 1987, 15.

24 Vgl. Stockmann 1985, 451ff. 1907 waren im Deutschen Reich 22 % aller weiblichen Erwerbspersonen in Industrie und Gewerbe tätig, 1925 waren es 25 %; vgl. Hohorst 1978, 66; Kempf 1931, 58.

25 Gemäß dem Jahresbericht des hamburgischen Gewerbeaufsichtsamtes waren 1930 21 % aller Arbeiterinnen im Bekleidungs- und Reinigungsgewerbe tätig, davon:
- 50,4 % in der Kleider- und Wäscheherstellung und sonst. Näherei (Frauenanteil 76 %),
- 37,4 % in der Reinigung und Wiederaufbereitung von Textilien (Frauenanteil 83 %),
- 9,6 % in der Mützen- und Hutmacherei (Frauenanteil: 94 %).

Jb.GA 1930, Bd.3, T.8, 290–317.

26 Gemäß dem Jahresbericht des hamburgischen Gewerbeaufsichtsamtes waren 1930 19 % aller Arbeiterinnen in der Nahrungs- und Genußmittelindustrie tätig, davon:
- 23,9 % in der Fischindustrie (14 Großbetriebe mit mehr als 50 Beschäftigten; 25 Mittelbetriebe mit 5 bis 49 Beschäftigten, in letzteren waren lediglich 13 % aller Arbeiterinnen dieser Branche tätig; Frauenanteil in den Großbetrieben: 81 %, in den Mittelbetrieben: 63 %),
- 21,5 % in der Herstellung von Fleischkonserven und Wurstwaren (14 Großbetriebe und 156 Mittelbetriebe, in letzteren waren 24 % der Arbeiterinnen dieser Branche tätig; Frauenanteil in den Großbetrieben: 60 %, in den Mittelbetrieben: 29 %),
- 13,3 % in der Back- und Teigwarenherstellung (13 Großbetriebe und 265 Mittelbetriebe, in letzteren waren 49 % der Arbeiterinnen dieser Branche tätig; Frauenanteil in den Großbetrieben: 27 %, in den Mittelbetrieben: 20 %),
- 12,5 % in der Kakao-, Schokoladen-, Zuckerwaren- und Konfitürenherstellung (8 Großbetriebe; Frauenanteil: 82 %),
- 11,3 % in Kaffeeröstereien und Kaffeeherstellung (9 Großbetriebe und 15 Mittelbetriebe, in letzteren waren 33 % aller Arbeiterinnen dieser Branche tätig; Frauenanteil: 60 %),
- 5,8 % in der Tabakindustrie (9 Großbetriebe; Frauenanteil: 62 %).

Jb.GA 1930, Bd.3, T.8, 290–317.
Nur drei der 14 Großbetriebe in der Fischindustrie lagen in der Stadt Hamburg, der Rest war in Cuxhaven angesiedelt, das zum hamburgischen Staat gehörte. Eigentliches Zentrum der Fischindustrie war Altona, die Nachbarstadt Hamburgs, mit 19 Großbetrieben und 31 Klein- und Mittelbetrieben; vgl. Schmidt 1929, 32.

27 Vgl. Groote 1928, 14ff.

28 Gemäß dem Jahresbericht des hamburgischen Gewerbeaufsichtsamtes waren 1930 9 % aller Arbeiterinnen in der Papierindustrie mit dem Vervielfältigungsgewerbe tätig, davon:
- 71,5 % im Verlagswesen und Vervielfältigungsgewerbe (28 Großbetriebe und 211 Mittelbetriebe, in letzteren waren 36 % der Arbeiterinnen dieser Branche tätig; Frauenanteil: 34 %),
- 26,0 % in der Papierverarbeitung (7 Großbetriebe und 48 Mittelbetriebe, in letzteren waren 48 % der Arbeiterinnen dieser Branche tätig; Frauenanteil: 71 %).

Jb.GA 1930, Bd.3, T.8, 290–317. Vgl. Jb.GA 1921, Bd.3, T.8, 32–35.

29 Im Deutschen Reich arbeiteten in der Textilindustrie 1907: 17 % aller weiblichen Beschäftigten in nichtlandwirtschaftlichen Betrieben, 1933: 12 %. Der Frauenanteil an den Erwerbspersonen der Branche stieg im gleichen Zeitraum von 51 % auf 53 %. Vgl. Stockmann 1985, 452ff.
Mitte der zwanziger Jahre stand die Textilindustrie im Deutschen Reich in der Wirtschaftsabteilung ‚Industrie und Gewerbe' in Hinblick auf die wirtschaftliche Bedeutung an 5.Stelle, im hamburgischen Staat hingegen nur an 10. Vgl. HStM 2/1928, 39ff.

30 Vgl. Jb.GA 1921, Bd.3, T.8, 32.

31 Gemäß dem Jahresbericht des hamburgischen Gewerbeaufsichtsamtes waren 1930 6 % aller Arbeiterinnen in der Textilindustrie tätig, davon:
- 49,5 % in der Wollindustrie (1 Großbetrieb; Frauenanteil: 83 %),
- 25,3 % in der Juteindustrie (3 Großbetriebe und 21 Mittelbetriebe, in letzteren waren 33 % der Arbeiterinnen dieser Branche tätig; Frauenanteil: 74 %).

Jb.GA 1930, Bd.3, T.8, 290–317.

32 Gemäß dem Jahresbericht des hamburgischen Gewerbeaufsichtsamtes waren 1930 4,7 % aller Arbeiterinnen in der Chemischen Industrie tätig, davon:
- 75,1 % in der Industrie chemisch-technischer Artikel, der ätherischen Öle und Riechstoffe sowie kosmetischen Präparate, der chemisch-pharmazeutischen und photo-chemischen Industrie (10 Großbetriebe und 50 Mittelbetriebe, in letzteren waren 18 % der Arbeiterinnen dieser Branche tätig; Frauenanteil in den Großbetrieben: 69 %, in den Mittelbetrieben: 54 %).

Jb.GA 1930, Bd.3, T.8, 290–317; vgl. Jb.GA 1921, Bd.3, T.8, 32; Groote 1928, 24ff.

33 Die fünf bedeutendsten Wirtschaftsgruppen der Männerarbeit in Industrie und Gewerbe waren im hamburgischen Staat in der Weimarer Republik:
1. Der Maschinen-, Apparate- und Fahrzeugbau,
2. Das Baugewerbe,
3. Die Nahrungs- und Genußmittelindustrie,
4. Die Herstellung von Eisen-, Stahl- und Metallwaren,
5. Das Bekleidungsgewerbe.

Vgl. StHSt H.32, T.2, 1928, 93ff; HStM 2/1928, 39ff; Büttner 1982, 83ff.

34 Im Deutschen Reich fanden sich 1925 16 % der Erwerbspersonen und 43 % der Betriebe in der Wirtschaftsabteilung ‚Handel und Verkehr'. Vgl. HStM 2/1928, 39ff; HStM 7/1927, 196f; HStM 7/1928, 189ff.

35 1907 arbeiteten im Deutschen Reich 10 % aller weiblichen Erwerbspersonen in Handel und Verkehr, 1925 14 %. Vgl. Hohorst 1978, 66; Kempf 1931, 58.

36 Gemäß dem Jahresbericht des hamburgischen Gewerbeaufsichtsamtes arbeiteten 1930 63 % aller weiblichen Angestellten im Handelsgewerbe, davon:
- 43,3 % im Großhandel sowie im Ein- und Ausfuhrhandel (115 Großbetriebe und 1.843 Mittelbetriebe, in letzteren waren 61 % der weiblichen Angestellten dieser Branche tätig; Frauenanteil in den Großbetrieben: 44 %, in den Mittelbetrieben: 34 %);
- 39,2 % im Einzelhandel (46 Großbetriebe und 886 Mittelbetriebe, in letzteren waren 50 % der weiblichen Angestellten dieser Branche tätig; Frauenanteil in den Großbetrieben: 71 %, in den Mittelbetrieben: 60 %).

Jb.GA 1930, Bd.3, T.8, 290–317.
Da bei den Zählungen des Gewerbeaufsichtsamtes nur Betriebe mit mehr als 5 Beschäfigten erfaßt wurden, erscheint die Bedeutung des Einzelhandels als Arbeitsplatz für Frauen relativ gering. 1925 gab es im hamburgischen Staat insgesamt 19.248 Einzelhandelsgeschäfte mit 53.741 Beschäftigten. 31 % aller Erwerbstätigen im Handelsgewerbe der Hansestadt waren im Einzelhandel tätig, im Deutschen Reich hingegen 46 %. Im Großhandel sowie Ein- und Ausfuhrhandel arbeiteten 1925 im hamburgischen Staat 33 % der Erwerbstätigen des Handelsgewerbes, im Reichsdurchschnitt 26 %. Vgl. HStM 7/1928, 189–196.

37 Gemäß der Erhebung des hamburgischen Gewerbeaufsichtsamtes aus dem Jahr 1930 waren im Gast- und Schankwirtschaftsgewerbe 11 % aller Arbeiterinnen und 2,7 % aller weiblichen Angestellten tätig. Sie arbeiteten in 542 Mittelbetrieben. Der Frauenanteil lag bei den Arbeitern dieser Branche bei 51 %, bei den Angestellten bei 47 %. Jb.GA 1930, Bd.3, T.8, 290–317.

38 Gemäß der Zählung des hamburgischen Gewerbeaufsichtsamtes von 1930 waren 3,4 % aller weiblichen Angestellten im Verkehrsgewerbe tätig. Sie arbeiteten in 104 Groß- und 383 Mittelbetrieben, in letzteren waren 46 % der weiblichen Angestellten dieser Branche tätig. Der Frauenanteil lag bei 15 %. Jb.GA 1930, Bd.3, T.8, 290–317.

39 Gemäß der Zählung des hamburgischen Gewerbeaufsichtsamtes aus dem Jahr 1930 waren 3,3 % aller weiblichen Angestellten im Versicherungswesen tätig. Sie arbeiteten in 18 Groß- und 102 Mittelbetrieben, in letzteren waren 37 % der weiblichen Angestellten dieser Branche tätig. Der Frauenanteil lag bei 31 %. Jb.GA 1930, Bd.3, T.8, 290–317.

40 1925 waren im Deutschen Reich 5 % aller weiblichen Erwerbspersonen in dieser Wirtschaftsabteilung tätig, im hamburgischen Staat 11 %. Vgl. Kempf 1931, 58 und Tabelle 34. Zur Bedeutung der Öffentlichen und Privaten Dienste, insbesondere des Gesundheits- und Erziehungswesens sowie der Wohlfahrtspflege, als Arbeitsbereich von Frauen. Vgl. Bischoff 1982; dies. 1984; Habeth, Stephanie: Die Freiberuflerin und Beamtin (Ende 19. Jahrhundert bis 1945), in: Pohl 1985, 155–170; Hahn, Claudia: Der öffentliche Dienst und die Frauen – Beamtinnen in der Weimarer Republik, in: Frauengruppe Faschismusforschung 1982, 49–78; Kampmann, Doris: „Zölibat – ohne uns !" – Die soziale Situation und politische Einstellung der Lehrerinnen in der Weimarer Republik, in: ebd., 79–104; Zeller 1987; dies.: Frauen und Beruf(ung?). Zur sozialen und beruflichen Lage der Wohlfahrtspflegerinnen in der Weimarer Republik, in: Die ungeschriebene Geschichte 1984, 268–277.

41 Vgl. StM Nr.2, 1913, 214.

42 Vgl. StHSt H.33, T.2, 1928, 192ff.

43 Müller/Willms/Handl 1983, 8f.

44 Vgl. Willms-Herget 1985, 124–139.

45 1871 kamen in Hamburg von den in der Stadt tätigen Hausangestellten:
- 21 % aus dem Stadtgebiet,
- 39 % aus Schleswig-Holstein und Lauenburg,
- 17 % aus dem Hannoverschen,
- 11 % aus Mecklenburg,
- 5 % aus anderen preußischen Provinzen.

StHSt H.4, 1873, 142. Siehe auch: Engelsing, in: ders. 1973, 253ff; Müller 1981, 33f; Ottmüller 1978, 39ff; Schulte 1978, 886f; Wierling 1987, 14f u. 25f; Walser, Karin: Dienstmädchen um 1900, in: Kramer 1986, 51–97, 52ff.

46 Vgl. Wierling 1987, 26ff.

47 Vgl. ebd., 292; Tenfelde, in: Pohl 1985, 106.

48 Vgl. Kapitel 3.1.2.1.

49 Vgl. Kapitel 3.2.2.1 sowie für das Reichsgebiet, wo sich diese Tendenz bereits nach der Stabilisierung der Währungsverhältnisse zeigte: Keller 1950, 74.

50 Vgl. Wierling 1987, 292; Tenfelde, in: Pohl 1985, 112f.

51 Die Zahl der im Häuslichen Dienst beschäftigten Personen ging von 34.976 im Dezember 1913 auf 20.970 im Dezember 1918 zurück. Vgl. Ullrich 1976, Bd.2, 80f.

52 Vgl. Jb.GA 1920, Bd.3, T.8, 30; sowie Kapitel 3.2.1.

53 Vgl. StA DK 112, 5; StA DK 100, 62.

54 Vgl. Wierling 1987, 14.
Arbeit und Arbeitsbedingungen der Hausangestellten im bürgerlichen Haushalt der Jahrhundertwende beschreiben ausführlich: Wierling 1987; dies.: Vom Mädchen zum Dienstmädchen. Kindliche Sozialisation und Beruf im Kaiserreich, in: Bergmann/Schörken 1982, 57–87; dies.: Der bürgerliche Haushalt um die Jahrhundertwende aus der Perspektive der Dienstmädchen, in: Pierenkemper 1987<b>, 282–303; Meyer 1982; Ottmüller 1978, 84ff; Müller-Staats 1987, 83–169; Walser, in: Kramer 1986, 54ff; dies. 1986, 15–55.

55 Vgl. StHSt H.21, 1903, 237; HStM 10/1929, 299.

56 Vgl. Tenfelde, in: Pohl 1985, 114.

57

Stadtteil	Von den weiblichen Hausangestellten Hamburgs kamen auf 1000 Haushaltungen		Rückgang gegen 1910 in Prozent
	1910	1925	
Harvestehude	1012	594	41,3
Rotherbaum	555	331	40,4
Hohenfelde	383	198	48,3
Stadt Hamburg	147	87	40,8

HStM, Sonderbeitrag 1, 1926, 224.

58 Vgl. Jb.VB.FHH 1925, 614; Jb.VB.FHH 1927, 353 u. 364.

59 Fürth 1922, 15.

60 Zu einer ähnlichen Phaseneinteilung kommt Reinhard Stockmann für die Entwicklung im Reich. Im hamburgischen Staat setzte die Expansionsphase der industriellen und gewerblichen Frauenarbeit jedoch früher ein und endete tendenziell auch eher. Vgl. Stockmann 1985, 475.
Zur Entwicklung der gewerblichen und industriellen Frauenarbeit vgl. auch: Bajohr 1979; Wellner, Gabriele: Industriearbeiterinnen in der Weimarer Republik: Arbeitsmarkt, Arbeit und Privatleben 1919–1933, in:

Wehler 1981, 534–554; Knapp 1984, 88–191.

61 Zur Entwicklung im Deutschen Reich vgl. insb.: Willms, in: Müller/Willms/Handl 1983, 116ff; dies. 1982, 45ff; Willms-Herget 1985, 130–149; Kaiser 1933, 67ff.

62 Groote 1928, 36.

63 Ebd., 33f; vgl. Ditt, Karl: Technologischer Wandel und Strukturveränderungen der Fabrikarbeiterschaft in Bielefeld 1860–1914, in: Conze/Engelhardt 1979, 237–261, 237.Zu den Ursachen der Minderbezahlung der Frauenerwerbsarbeit vgl. Bajohr 1979, 70–87. In charakteristischer Weise vertreten die Minderbezahlung der Frauenerwerbsarbeit folgende zeitgenössische Studien: Haentjes 1926, 38ff; Oehlandt 1936, 94ff. Kritisiert wurde diese Argumentation bereits von Sperling 1930.

64 Zur Entwicklung der gewerblichen Frauenarbeit in Hamburg während des Ersten Weltkriegs vgl. Kapitel 3.2.1.

65 Jb.GA 1914–1918, Bd.3, T.24, 24f; vgl. Kaiser 1933, 63.

66 Zur Entwicklung der Frauenerwerbsarbeit in der Phase der wirtschaftlichen Demobilmachung vgl. Kapitel 3.2.1.

67 a) 1913–1924: Alle Betriebe mit mehr als zehn gewerblich Beschäftigten sowie Betriebe, die unabhängig von der Größe besonderen Schutzvorschriften unterlagen.
1925–1932: Alle Betriebe mit mehr als fünf Beschäftigten sowie Betriebe, die unabhängig von der Größe besonderen Schutzvorschriften unterlagen.
b) 1932 sind die 39 Schulentlassenen unter 14 Jahren nicht berücksichtigt.
Quelle: Jb.GA 1914–1918, Bd.3, T.24, 24; Jb.GA 1919, Bd.3, T.24, 34f; Jb.GA 1920, Bd.4, 36f; Jb.GA 1921, Bd.4, 36f; Jb.GA 1922, Bd.4, 34f; Jb.GA 1923/24, Bd.4, 44f; Jb.GA 1926, Bd.4, 72–75; Jb.GA 1927, Bd.4, 72–75; Jb.GA 1928, Bd.3, T.8, 302f u. 316f; Jb.GA 1929, Bd.3, T.8, 302f u. 316f; Jb.GA 1930, Bd.3, T.8, 302f u. 316f; Jb.GA 1931/32, T.8, 22f u. 40f.

68 Vgl. Kaiser 1933, 84ff u. 91ff. Zur Auswirkung der Rationalisierung auf die industrielle Frauenarbeit vgl. Grünfeld, Judith: Frauenarbeit im Lichte der Rationalisierung, in: Arb. 12/1931, 911–924; Mleinek, Clara: Frauenarbeit in der Kriegs–, Inflations- und Rationalisierungszeit. Ein Überblick von 1913–1930, in: Jbu.Fa. 1932, 44–74; Wellner, in: Wehler 1981, 539f; Lippold, Monika: Lebensbedingungen, Organisiertheit und Wertorientierungen von Arbeiterinnen in der beginnenden Wirtschaftskrise, in: Jahrbuch für Volkskunde 1983, 90–122, 92ff.

69 Zit.nach Groote 1928, 32.

70 Ebd., 35, vgl. auch 43ff; sowie Jb.VB.FHH 1926, 367; Gaebel, Käthe: Berufslehre und Arbeitspraxis der weiblichen Jugend, in: Frauenarbeit und öffentliche Berufserziehung, 33–39, 35.

71 StHSt H.33, T.2, 1928, 36.

72 Groote 1928, 29 u. 38f.

73 Vgl. Blum 1932, 21–38; Frauenarbeit in der Metallindustrie 1930, 10f; Meister 1939, 37–56.

74 Die „Verdrängungs"-These wurde in der Weimarer Republik allgemein vertreten: Darauf verweisen Judith Grünfeld und Clara Mleinek, die sie beide kritisierten. Vgl. Grünfeld, in: Arb. 12/1931, 914; Mleinek, in: Jbu.Fa. 1932, 63f. In der neueren Forschung vertrat u.a. Karl Ditt diese Auffassung; vgl. ders., in: Conze/Engelhardt 1979, 249.

75 Vgl. hierzu ausführlicher in Kapitel 3.2.2.1.

76 Zur Entwicklung des Arbeitsmarktes der Angestellten im Deutschen Kaiserreich vgl. insb. Pierenkemper 1987<a>. Die Studie geht auch auf die geschlechtsspezifischen Unterschiede ein; vgl. ebd., 194–218.
Zur Entwicklung des Arbeitsmarktes der weiblichen Angestellten vgl. auch: Schulz,Günther: Die weiblichen Angestellten vom 19. Jahrhundert bis 1945, in: Pohl 1985, 179–215; Nienhaus 1982, 17–43; dies.: Von Töchtern und Schwestern. Zur vergessenen Geschichte der weiblichen Angestellten im deutschen Kaiserreich, in: Kocka 1981, 309–330; Frevert, Ute: Vom Klavier zur Schreibmaschine – Weiblicher Arbeitsmarkt und Rollenzuweisungen am Beispiel der weiblichen Angestellten in der Weimarer Republik, in: Kuhn/Schneider 1979, 82–112, insb. 82–93; dies.: Traditionale Weiblichkeit und moderne Interessenorganisation: Frauen im Angestelltenberuf 1918–1933, in: Wehler 1981, 507–533, insb. 511ff; Kramer, in: dies. 1986.

77 Vgl. Pierenkemper 1987<a>, 204f.

78 Vgl. ebd., 214.

79 Vgl. Baumann 1919, 28f; Frevert, in: Kuhn/Schneider 1979, 87f.

80 Vgl. Jb.GA 1921, Bd.3, T.8, 46; Geyer 1924, 51; Nienhaus 1982, 43ff; Schulz, in: Pohl 1985, 193; Mleinek, in: Jbu.Fa. 1932, 67f.

81 Vgl. Jb.GA 1923/24, Sonderabdruck, 8; Bohm 1932, 18f.

82 Vgl. Lutz Hatzfeld, in: Pohl 1985, 219; Mleinek, in: Jbu.Fa. 1932, 68ff.

83 Jb.GA 1926, Bd.3, T.8, 76.

84 Vgl. Jb.GA 1927, Bd.3, T.8, 57.

85 Vgl. Suhr 1930, 7. Die „Verdrängungs"-These wird von Günther Schulz vertreten, der zwar einräumt, daß es aus makro-statistischer Sicht keine „Verdrängung" von Männerarbeit durch Frauenarbeit auf dem Arbeitsmarkt der Angestellten gab, diese aber für die Ebene des Betriebes hervorhebt. Vgl. Schulz, in: Pohl 1985, 199f.
Gegen diese „Verdrängungs"-These wenden sich in Hinblick auf den Arbeitsmarkt der Angestellten u.a.: Nienhaus, in: Kocka 1981, 310; Toni Pierenkemper, in: Pohl 1985, 221f; Dörte Winkler, in: ebd., 218f; Angelika Willms, in: ebd., 219f u. 220f; dies., in: Müller/Willms/Handl 1983, 108.

86 Vgl. hierzu auch Kapitel 3.2.

87 Im März 1919 war in Hamburg als einzigem Bundesstaat des Deutschen Reiches das 9. Schuljahr eingeführt worden. Diese Maßnahme war mehr eine arbeitsmarktpolitische denn eine pädagogische, deren Wirkung war jedoch nur von begrenzter Reichweite. Bereits im Herbst 1920 wurde das 9. Pflichtschuljahr in der Hansestadt wieder abgeschafft. Bis zum Schuljahr 1925/26 blieb es als fakultatives Angebot bestehen. Vgl. Harvey, Elizabeth: Weg von der Straße? Die Hamburger Volks- und Berufsschulen und die Jugendarbeitslosigkeit 1918–1933, in: Lorent/Ullrich 1988, 179–194, 181f.

88 StJbu 1925, 324 u. 328.

89 Im Sommer 1926 zahlten von insgesamt 17.154 Schüler(inne)n der höheren Staatsschulen Hamburgs 32 % den vollen und 45 % einen ermäßigten Schulgeldsatz, 23 % waren schulgeldfrei; StJbu 1926/27, 373.
Auch die Erhöhung der Erziehungs- und Bücherbeihilfen in den Jahren 1924 und 1925, die „besonders begabten" Kindern aus „bedürftigen Familien" von der Oberschulbehörde auf Antrag gewährt wurden, änderte an der Situation nur wenig. Vgl. Jb.VB.FHH 1925, 262ff.

90 VBBZ 1935, 23ff.

91 StA OS.V 123n: Arbeitsamt Hamburg. Abteilung Berufsberatung und Lehrstellenvermittlung an die Vertrauenslehrer für Berufsberatung an den Hamburger Schulen, Oktober 1930 (zit. als Arbeitsamt 1930).

92 Vgl. ebd.; Neumann, Margarete: Die weibliche Jugend im Handwerk, in: Frauenarbeit und öffentliche Berufserziehung 1929, 48–52.

93 1930 war in Hamburg folgende Lehrzeit-Dauer von den Innungen und Gewerbekammern vorgeschrieben: 3 Jahre für eine Damen- oder Wäscheschneiderin, 2 Jahre für eine Pelznäherin, Putzmacherin, Stickerin, Plätterin, Friseurin oder Blumenbinderin. Vgl. Arbeitsamt 1930. Die Berufe im Bekleidungsgewerbe waren in Hamburg die ersten, in denen zwischen 1910 und 1912 Dauer und Art der Ausbildung auch für die weiblichen Lehrlinge geregelt worden waren. Vgl. Noodt, Alida: Die Bedeutung der Befähigungsnachweise für die Wirtschaft, in: Frauenarbeit und öffentliche Berufserziehung 1929, 114–121, 119; Neumann, in: ebd, 48f.

94 Vgl. Gaebel, in: Frauenarbeit und öffentliche Berufserziehung 1929, 36.

95 1906 hatten im Deutschen Reich rund 31 % der Bürogehilfinnen eine öffentliche Handelsschule besucht, 16 % eine Fortbildungsschule und 46 % eine private Handelsschule, 7 % hatten lediglich Kurse in Stenographie, Schreibmaschine etc. absolviert. Pierenkemper 1987<a>, 214f.

96 1929/30 besuchten in der Stadt Hamburg 985 Mädchen und 404 Jungen eine private Handelsschule, davon waren bei den Mädchen 617 und bei den Jungen 295 fortbildungsschulpflichtig. Diese privaten Institute wurden von der Berufsschulbehörde aufgrund des hamburgischen Gesetzes über staatliche Beaufsichtigung privater Unterrichtseinrichtungen für Schulentlassene vom 17.7.1916 beaufsichtigt und konnten an Stelle einer öffentlichen Pflichtfortbildungsschule besucht werden. Die beiden renommiertesten und größten waren ‚Grones Handels- und Sprachschule' mit 328 Schülerinnen und 35 Schülern sowie das ‚Büsch-Institut. Höhere Handels-Lehranstalt des Gewerkschaftsbundes der Angestellten, Ortsgruppe Hamburg' mit 250 Schülerinnen und 60 Schülern. Vgl. StJbu 1929/30, 400.
1930 besuchten von insgesamt 8.417 Schülerinnen öffentlicher bzw. privater Handelsschulen:
- 69 % die öffentliche Pflichthandelsschule (davon 35 % die Handelsschule für Kontoristinnen und 34 % die Handelsschule für Verkäuferinnen),
- 8 % die öffentliche Tageshandelsschule für Mädchen,
- 12 % eine private Handelschule. Vgl. StJbu 1929/30, 400; StJbu 1930/31, 386.

97 Von den Kontoristinnen, die 1928/29 die staatlichen Pflichthandelsschulen Hamburgs besuchten, machten 4 % eine einjährige, 35 % eine zweijährige, 43 % eine dreijährige und 18 % keine Lehre. Von der letzten Gruppe hatten 58 % eine private Handelsschule besucht. Vgl. Scheibert, Anna: Die weibliche Jugend im Handelsgewerbe, in: Frauenarbeit und öffentliche Berufserziehung 1929, 39–47, 44.
Vor dem Ersten Weltkrieg (1906) hatte im Deutschen Reich lediglich rund ein Fünftel aller Bürogehilfinnen eine praktische Lehre gemacht. Vgl. Pierenkemper 1987<a>, 215.

98 Von den Verkäuferinnen, die 1928/29 die staatlichen Pflichthandelsschulen Hamburgs besuchten, machten 4 % eine einjährige, 60 % eine zweijährige, 33 % eine dreijährige und 3 % keine Lehre. Vgl. Scheibert, in: Frauenarbeit und öffentliche Berufserziehung 1929, 44.

Vor dem Ersten Weltkrieg (1906) hatten im Deutschen Reich zwar auch rund 93 % der Verkäuferinnen eine Lehre absolviert, doch bei fast zwei Dritteln von ihnen dauerte sie nicht länger als ein Jahr. Vgl. Pierenkemper 1987<a>, 207.

99 Vgl. Kapitel 1.4.2.2.

100 Aufschluß über die reichsweit übliche Dauer der Lehrzeit bei Mädchen und Jungen gibt die Erhebung von Bernhard Mewes, der im Frühjahr 1927 200.000 Berufsschüler(innen) befragte, von denen bei den Jungen 84 % Lehrlinge oder Ausgelernte waren, bei den Mädchen 51 %.

Dauer der Lehre	Von hundert (ehemaligen) Lehrlingen lernten bzw. hatten gelernt	
	Mädchen	Jungen
1 Jahr	5	2
2 Jahre	21	2
3 Jahre	62	44
4 Jahre	2	51
Ohne Angabe	11	1

Vgl. Mewes 1929, 38ff.

101 Vgl. Scheibert, in: Frauenarbeit und öffentliche Berufserziehung 1929, 44f.

102 Arbeitsamt 1930. Zu den Lohndifferenzen zwischen Mädchen und Jungen im Deutschen Reich vgl. Mewes 1929, 38ff.

103 StA OS.V 123a, Bd.1: Öffentliche Berufsberatung und Lehrstellenvermittlung. Mitteilungen an die Schulen im hamburgischen Staatsgebiet, 10.Dezember 1926: Berufswünsche der Hamburger Volksschuljugend, Jahrgang 1926/27.
Zwar führte die Oberschulbehörde alljährlich eine solche Erhebung durch, dies ist jedoch die einzige, deren Ergebnisse noch in der differenzierten Ursprungsform vorliegen. Vgl. auch im folgenden.

104 Vgl. Degenhardt, Annette/Hanns Martin Trautner: Einleitung, in: Degenhardt/Trautner 1979, 9–49, 41ff. Das Berufswahlverhalten von Mädchen und Jungen ist aufgrund der unterschiedlichen Geschlechterrollen-Perspektiven nur in begrenztem Maße vergleichbar. Zum Berufswahlverhalten und zur Berufseinstellung von Arbeiterjungen vgl. für die Weimarer Republik: Peukert 1987<a>, 98–167.

105 Vgl. hierzu auch Kapitel 2.1.1.1.

106 Vgl. Degenhardt/Trautner, in: dies. 1979, 43f.

107 *Charlotte Bühler* (1893–1973), Schülerin und Ehefrau von Karl Bühler, promovierte 1918 zum Dr.phil. Ihr Arbeitsschwerpunkt war die Kinder- und Jugendpsychologie. Bereits 1920 erhielt sie eine Privatdozentur in Dresden, 1929 bis 1938 war sie ordentliche Professorin an der Universität Wien. Zu ihrer Kurzbiographie vgl. Hehlmann 1968, 75.

108 Bühler, Charlotte: Die innere Einstellung des reifenden Mädchens zu Umwelt und Leben, in: Frauenarbeit und öffentliche Berufserziehung 1929, 69–77, 73.

109 StHb 1920, 449; StJbu 1925, 328; StJbu 1929/30, 393; StJbu 1932/33, 214.

110 Ähnliche Tendenzen beschreibt allgemein: Hermann 1927, 87ff.

111 Vgl. u.a.: Zabe, Grete: Müssen Mädchen berufsmäßig ausgebildet werden?, in: HE Nr.61, 5.2.1922; Die Ausbildung der jungen Mädchen für die Handelsberufe, in: HE Nr.68, 9.3.1925; Zur Berufswahl der Schulentlassenen. Die Notwendigkeit der Berufsausbildung für schulentlassene Mädchen, in: HE Nr.95, 6.4.1929; Von der Schule entlassen, in: AJ-HE Feb.1929; Die Zeit der Berufswahl ist da!, in: AJ-HE Jan.1930; Mütter denkt an Eure Töchter, in: GF 7/1922, 54f; Berufswahl für Mädchen, in: GF 2/1928, 13f; Zur Berufswahl der Mädchen, in: GF 2/1931, 15.

112 Von den 106 befragten Frauen aus dem sozialdemokratischen Milieu erlernten 82 % einen Beruf, von den Hamburger Pflichtberufsschülerinnen hingegen Mitte der zwanziger Jahre nur 38 %. Von den Frauen aus dem sozialdemokratischen Milieu, die in gelernten Berufen arbeiteten, waren 69 % als kaufmännische Angestellte, 9 % als gelernte Arbeiterin, 10 % als Kindergärtnerin, 7 % als Fürsorgerin und 5 % als Lehrerin tätig.

113 Agnes A., Juni 1981.

114 Eine Erhebung, die Hermann Bues 1925 im Groß-Hamburger Raum unter 3.523 Jugendlichen zwischen 14 und 18 Jahren durchführte, ergab, daß von den 129 ungelernten jugendlichen Fabrikarbeitern aus Altona, die befragt wurden, 69 % bei Schulabschluß gerne einen Beruf erlernt hätten. Als Gründe für eine gegenteilige Berufsentscheidung gaben an:
- Fehlende finanzielle Mittel für eine Berufsausbildung, den Zwang zum Verdienst (53 %),
- Keine Lehrstelle bekommen, sich zu spät um eine Lehrstelle bemüht (19 %),
- Keine Neigung zum Lernen (9 %),
- Eltern waren gegen das Erlernen eines Berufes (7 %),

– Die bereits angenommen Lehrstelle wurde als ungeeignet aufgegeben (4 %).
Vgl. Bues 1926, 269ff.
Diese Ergebnisse, die sich auf Arbeiterjungen beziehen, sind tendenziell auch auf Arbeitermädchen übertragbar. Bei ihnen wird allerdings der Anteil derjenigen größer gewesen sein, deren Eltern das Erlernen eines Berufes ablehnten.

115 Vgl. Franzen-Hellersberg 1932, 19ff; Lau 1924, 44ff; Niewiera,Else: Die weibliche Jugend in der Industrie, in: Frauenarbeit und öffentliche Berufserziehung 1929, 52–62, 53ff.

116 Vgl. Barschak 1926, 6; Dehn 1929, 66 u. 68ff; sowie Peukert 1987<a>, 159.

117 Vgl. Hermann 1927, 88; Wierling 1987, 60ff; dies., in: Bergmann/Schörken 1982, 76ff. Vgl. auch Kapitel 3.1.2.2.

118 Darauf verweisen die Interviews mit Frauen aus dem sozialdemokratischen Milieu. Vgl. auch Wierling 1987, 61f.

119 Vgl. Urbschat 1932, 26. Er schätzt, daß lediglich bei rund einem Zehntel der Jugendlichen die Wahl durch die Eltern getroffen wurde. Dies scheint mir nicht zutreffend zu sein, zumindest nicht für Mädchen. Vgl. Wierling 1987, 60ff; dies., in: Bergmann/Schörken 1987, 76ff.
Noch heute nehmen Eltern bei der Berufswahl ihrer Tochter stärker Einfluß als bei der ihres Sohnes. Vgl. Degenhardt/Trautner, in: dies. 1979, 43f.

120 Vgl. Hermann 1927, 88.

121 Darauf verweisen die Interviews mit Frauen aus dem sozialdemokratischen Milieu. Vgl. auch: ebd., 88f; Dehn 1929, 65.

122 Vgl. Barschak 1926, 6; Dehn 1929, 68ff; Frevert, in: Kuhn/Schneider 1979, 93f; Nienhaus 1982, 33ff.

123 Vgl. Scheibert, in: Frauenarbeit und öffentliche Berufserziehung 1929, 45.

124 Vgl. Hermann 1927, 89; Lau 1924, 67ff u. 76ff; Dehn 1929, 73.

125 Vgl. Liebenberg, Richard: Der gegenwärtige Stand der Berufsberatung unter besonderer Berücksichtigung des weiblichen Geschlechts, in: Jbu.Fa. 1925, 5–17, 5. Zur Entwicklung im Reich vgl. Preller 1978, 69f.

126 In Hamburg war die erste private Berufsberatungsstelle für Mädchen und Frauen bereits Ende der 1890er Jahre von der Ortsgruppe des ‚Allgemeinen Deutschen Frauenvereins‘ eingerichtet worden. Diese „Auskunftsstelle für Frauenerwerb“ schloß sich im Jahr 1909 mit dem ‚Verband für handwerksmäßige und fachgewerbliche Ausbildung der Frau‘ zusammen. Im Januar 1913 wurde gemeinsam mit der ‚Patriotischen Gesellschaft e.V.‘ und dem ‚Deutsch-evangelischen Frauenbund‘ eine Berufsberatungsstelle für Frauen gegründet, die sich 1916 der neugebildeten ‚Zentrale für Berufsberatung und Lehrstellenvermittlung e.V.‘ anschloß. Vgl. Arbeitswesen und Arbeitsamt 1924, 24ff.
Zum ‚Verband für handwerksmäßige und fachgewerbliche Ausbildung der Frau', der reichsweit aktiv war, vgl. Schlüter 1987, 102–193.

127 Vgl. Das Hamburgische Arbeitsamt 1919, 5ff; Arbeitswesen und Arbeitsamt 1924, 24ff u. 46ff; StA OS.V 123a, Bd.1; StA OS.V 123d.

128 Vgl. Liebenberg, in: Jbu.Fa. 1925, 6ff.

129 Ebd., 7f.

130 StA OS.V 123g, Bd.3: Verordnung zur Durchführung der Berufsberatung und Lehrstellenvermittlung bei den Arbeitsnachweisämtern, gegeben in der Versammlung des Senats, Hamburg 30.6.1926; vgl. Wiedwald, Rudolf: Berufsberatung und Wirtschaft, in: JuV Nr.9/10, 1926/27, 73f.

131 Vgl. Die Berufsberatung und Lehrstellenvermittlung in Hamburg, in: HStM 11/1929, 331–334, 331.

132 Vgl. Menne, Alex: Die Berufsberatung in der neuen Reichsanstalt, in: JuV Nr.9, 1928/29, 145–150; Carlberg, Chr.: Die Berufsberatung in Hamburg, in: ebd., 150f.

133 StA OS.V 123g, Bd.3: Behörde für das Arbeitsamt. Berufsberatung und Lehrstellenvermittlung. An die Oberschulbehörde, Hamburg 18.5.1926. Betreffs: Änderung des Schülerfragebogens; ebd.: Vorlage für die Fragebögen der öffentlichen Berufsberatung und Lehrstellenvermittlung.

134 Ebd.: Vorlage zu Punkt 2 der TOP der nächsten Schulleiterkonferenz, Hamburg 16.11.1925. Bericht der von der letzten Schulleiterkonferenz eingesetzten Kommission. Vgl. auch: StA OS.V 123a, Bd.1.

135 Vgl. StA OS.V 123h.

136 Vgl. Die Berufsberatung und Lehrstellenvermittlung in Hamburg, in: HStM 11/1929, 331ff.

137 StJbu 1932/33, 155; StA OS.V 123g, Bd.3: Niederschrift über die 3.Sitzung des Unterausschusses für Berufsberatung des Arbeitsamtes Hamburg am 1.3.1932.

138 Vgl. auch im folgenden: Jb.OA-ADGB 1926, 98ff.

139 Vgl. StJbu 1925, 33f; StJbu 1932/33, 217ff; sowie die Übersicht in Kapitel 1.4.2.2.

140 Vgl. Neumann, in: Frauenarbeit und öffentliche Berufserziehung 1929, 48; Dehn 1929, 62; Pierenkemper, in: Dowe 1986, 51.

141 Vgl. ebd., 59ff; Peukert 1985; ders., in: Evans/Geary 1987; ders. 1987<a>, 167–188.

142 Vgl. Müller/Handl/Willms, in: Müller/Willms/Handl 1983, 15; Müller, Walter: Frauenerwerbstätigkeit im Lebenslauf, in: ebd., 55–106, insb. 88ff.
143 Vgl. StHSt H.33, T.2, 1928, 55.
144 Vgl. Tenfelde, in: Pohl 1985, 115.
Die Arbeitssituation und die Arbeitserfahrungen der Hausangestellten im Deutschen Kaiserreich gehören zu den besterforschten Gebieten der Frauenerwerbsarbeit. Vgl. u.a.: Engelsing, in: ders. 1973, 225–261; ders.: Dienstbotenlektüre im 18. und 19. Jahrhundert, in: ebd., 180–224; Deutelmoser, Mechthild: Die „ausgebeutetsten aller Proletarierinnen“: Dienstmädchen in Hamburg vor dem Ersten Weltkrieg, in: Herzig 1983, 319–329; Müller 1981; Müller-Staats 1987; dies.: Die Dienstbotenordnung von 1899, in: Plagemann 1984, 264–266; Ottmüller 1978; Schulte 1978; Tenfelde, in: Pohl 1985, 105–119; Walser 1986; dies., in: Kramer 1986, 51–97; Wierling 1987; dies., in: Pierenkemper 1987<b>, 282–303; dies., in: Bergmann/Schörken 1982, 57–87; dies.: „Ich hab meine Arbeit gemacht – was wollte sie mehr?“ Dienstmädchen im städtischen Haushalt der Jahrhundertwende, in: Hausen 1983, 144–171; Zull 1984.
Zur Situation der Hausangestellten nach dem Ersten Weltkrieg erschienen bisher nur wenige Publikationen; vgl. u.a.: Keller 1950; Tenfelde, in: Pohl 1985, 105–119; Wittmann, Ingrid: „Echte Weiblichkeit ist ein Dienen“ – Die Hausgehilfin in der Weimarer Republik und im Nationalsozialismus, in: Frauengruppe Faschismusforschung 1981, 15–48.
145 Vgl. Mewes 1929, 38f u. 78f.
146 StHSt H.6, 1873, 143; StHSt H.33, T.2, 1928, 55 u. 292f; Die Hausangestellten (Dienstboten) im hamburgischen Staate. Sonderbeitrag 1, in: HStM 1926, 223–226, 225.
147 StHSt H.33, T.2, 1928, 61.
148 Jb.VB.FHH 1927, 347 u. 356.
149 Zum Gesinderecht vgl. allgemein: Wierling 1987, 85ff; Walser, in: Kramer 1986, 63ff; dies. 1986, 32ff; Tenfelde, in: Pohl 1985, 110f.
150 Zum Gesinderecht in Hamburg vgl. Müller-Staats, in: Plagemann 1984, 264ff; dies. 1987, 112ff; Deutelmoser, in: Herzig 1983, 322f.
151 Zit.nach Müller-Staats 1987, 125.
152 Zit.nach Deutelmoser, in: Herzig 1983, 322.
153 Vgl. Müller-Staats 1987, 124.
154 Vgl. ebd., 132ff; Wierling 1987, 96ff.
155 Zur Diskussion um die gesetzliche Regelung der Arbeitsverhältnisse der Hausangestellten in der Weimarer Republik vgl. vor allem die Zeitschrift ‚Soziale Praxis', insb. die Nummern: 61/1920, 1455ff; 17/1929, 405ff; 39/1929, 957f; 48/1929, 1175ff. In der Zeitschrift kamen sowohl Vertreterinnen der Hausfrauen- als auch der Hausangestellten-Verbände zu Wort. Vgl. auch: Keller 1950, 63ff; Israel 1929, 5ff; Wittmann, in: Frauengruppe Faschismusforschung 1981, 15–28; Wierling 1987, 293ff.
156 Vgl. Wierling 1987, 293f.
157 Zit.nach Müller-Staats 1987, 123f.
158 Vgl. Auras, in: Frauenarbeit und öffentliche Berufserziehung 1929, 66.
159 Vgl. Wierling 1987, 293f.
160 Zur Stellensuche und Stellenvermittlung im Kaiserreich vgl. Wierling 1987, 75ff; Walser 1986, 92ff; dies., in: Kramer 1986, 77ff; Müller 1981, 56–74; Müller-Staats 1987, 157ff.
161 Vgl. Arbeitswesen und Arbeitsamt 1924, 7ff; Müller 1981, 70ff. In der Bewegung für gemeinnützige Arbeitsnachweise lag Hamburg zwar mit an der Spitze des Deutschen Reiches, doch bei den Hausangestellten war deren Bedeutung relativ gering. Zu einem der wichtigsten gemeinnützigen Stellennachweise für Hauspersonal entwickelte sich in Hamburg der im Februar 1907 im Gewerkschaftshaus eröffnete Stellennachweis des drei Monate zuvor gegründeten ‚Vereins für Dienstmädchen, Wasch- und Scheuerfrauen für Hamburg, Altona und Umgebung. Sitz Hamburg', dem zu diesem Zeitpunkt 470 Mitglieder angehörten. Bis April 1909 stieg die Mitgliederzahl auf ca. 1.500. Vgl. Deutelmoser, in: Herzig 1983, 325ff.
162 Zur ‚Gesellschaft für Arbeitsnachweise e.V.‘ vereinigten sich der weibliche Arbeitsnachweis der ‚Patriotischen Gesellschaft', die Arbeitsnachweisungsanstalt von 1848, der ‚Hamburger Hausfrauenverein', der Hausfrauenbund, der Gewerkverein der Heimarbeiterinnen und das Gewerkschaftskartell Groß-Hamburg. Im April 1917 schloß sich ihr auch der männliche Arbeitsnachweis der ‚Patriotischen Gesellschaft‘ an. Vgl. Arbeitswesen und Arbeitsamt 1924, 7ff.
Zur Entwicklung der Arbeitsvermittlung auf Reichsebene vgl. Preller 1978, 62f, 236f u. 363ff.
163 Vgl. Arbeitswesen und Arbeitsamt 1924, 7ff.
164 Die drei Facharbeitsnachweise für Hauspersonal lagen in der Dorotheenstraße, der Uhlandstraße und Vor dem Holstentor. Sie wurden auch nach der Eingliederung des Arbeitsamtes Hamburg in das Landesarbeitsamt Nordmark, die 1928 gemäß dem AVAG erfolgte, weitergeführt. Vgl. Jb.VB.FHH 1927, 364.

165 Vgl. ebd., 352.
166 Vgl. Deutelmoser, in: Herzig 1983, 322; Jb.VB.FHH 1927, 356.
167 Vgl. Wierling 1987, 73 u. 101ff.
168 Vgl. Israel 1929, 8f.
169 Ebd., 12.
170 Vgl. ebd., 13.
171 Von den durch die Erhebung erfaßten Hausangestellten waren 30 % zwischen 14 und 20 Jahren alt (in Hamburg 1925: 29 %), 45 % zwischen 20 und 30 Jahren alt (in Hamburg: 41 %) und 25 % über 30 Jahre alt (in Hamburg: 30 %). Vgl. Israel 1929, 13; StHSt H.33, T.2, 1928, 55.
172 Vgl. Israel 1929, 21.
173 Vgl. ebd., 34ff.
174 Vgl. ebd., 16ff.
175 Vgl. Auras, in: Frauenarbeit und öffentliche Berufserziehung 1929, 66.
176 Im Arbeitsvertrag für Hausangestellte von 14 bis 16 Jahren, der von der ‚Zentrale für Berufsberatung und Lehrstellenvermittlung‘ in Hamburg ausgearbeitet worden war, hieß es z.B. in Hinblick auf die Unterbringung: „Das Schlafzimmer der jugendlichen Angestellten muß sauber und verschließbar sein, muß ein ins Freie gehendes Fenster enthalten und darf nicht als Aufbewahrungsort für Wäsche usw. benutzt werden.“ StA OS.V 123g, Bd.2, 61.
177 Vgl. Israel 1929, 42ff.
178 Vgl. Wierling 1987, 117.
179 Zur Arbeitsbeziehung zwischen Herrschaft und Dienstmädchen sowie zur sozialen Stellung der Dienstmädchen allgemein vgl. Wittmann, in: Frauengruppe Faschismusforschung 1981, 20; Wierling 1987, 127–139; dies., in: Hausen 1983, 155ff; Zull 1984, 52–125; Walser 1986, 38ff; Müller 1981, 143ff; Schulte 1978, 890ff.
180 Vgl. Wierling 1987, 120ff.
181 Vgl. ebd., 158ff.
182 Vgl. ebd., 167ff.
183 Ebd., 220.
184 Die hohe Fluktuation wird bei einer Gegenüberstellung der Zahl der 1925 bei der Berufszählung im hamburgischen Staat erfaßten 39.033 weiblichen Hausangestellten der Zahl der jährlichen Stellengesuche beim ‚Facharbeitsnachweis für Hauspersonal‘ deutlich: 1925 wurden insgesamt 48.956 Stellengesuche verzeichnet, 1926 39.483 und 1927 35.316. Vgl. Jb.VB.FHH 1927, 364.
185 HStM 10/1929, 300; VBBZ 1935, 27. Im Reich lebten 1907 18 % der Hausangestellten nicht im Haushalt der Arbeitgeberin, 1925 waren es 23 % und 1933 30 %. Bajohr 1979, 206; vgl. Keller 1950, 76.
186 Vgl. Kapitel 1.4.1.1 und 3.1.1 sowie Wierling 1987 294ff.
187 Zur Arbeitssituation der Angestellten in der Weimarer Republik vgl. u.a.: Frevert, in: Kuhn/Schneider 1979, 82–112; dies., in: Wehler 1981, 507–533; Kramer, in: dies. 1986, 127–180; Schulz, in: Pohl 1985, 179–215.
188 Zur Darstellung der weiblichen Angestellten in der Literatur der Weimarer Republik vgl. u.a.: Harrigan, in: Wehler 1981, 426ff; Tarrasch 1931, 48ff; Witsch 1932, 5ff.Angestelltenromane, die in Rezensionen der sozialdemokratischen Presse empfohlen wurden, waren:
– Rudolf Braune: Das Mädchen an der Orga Privat. Ein kleiner Roman aus Berlin (Berlin/Frankfurt 1930),
– Christa Anita Brück: Schicksale hinter Schreibmaschinen (Berlin 1930),
– dies.: Ein Mädchen mit Prokura (Berlin 1932),
– Sinclair Lewis: Der Erwerb (Leipzig 1930),
– Agnes Smedley: Eine Frau allein (Frankfurt 1931).
Zur Darstellung der weiblichen Angestellten im Film der Weimarer Republik vgl. u.a.: Dreyfuß 1933<a>, 242ff; ders. 1933<b>; Tarrasch 1931, 40ff.
Zum Angestelltenbild in der Werbung vgl. Müller, Katharina: Reklame und Literatur gegen die Angestellten, in: Die Handels- und Büroangestellte, 2/1931, 13; dies.: Reklame, wie sie nicht sein sollte, in: ebd., 3/1929, 23f; Frauenalltag und Frauenbewegung 1981, 57ff.
189 Vgl. StHSt H.33, T.2, 1928, 55 u. 61.
190 Vgl. Jb.GA 1927, Bd.3, T.8, 45.
191 VBBZ 1935, 23ff.
192 Schilderungen aus der Verkäuferinnen-Tätigkeit, in: Die Verkäuferin 4/1928, 16 (Beilage in: Die Handels- und Büroangestellte).
193 Zu den Arbeitsanforderungen und Arbeitsbedingungen von Verkäuferinnen vgl. Müller,Katharina: Die Verkäuferin, in: Jbu.Fa. 1930, 96–109; Das Berufsbild der Verkäuferin, in: Die Verkäuferin 3/1930, 9; Sierakowsky 1928, 59ff; Howe 1930.
194 Vgl. Müller, in: Jbu.Fa. 1930, 96f; Sierakowsky 1928, 74f.

195 Vgl. Preller 1978, 232 u. 269ff; Jellinek 1928, 77ff. Zur deutschen Gesetzgebung in Hinblick auf die erwerbstätige Frau vgl. allgemein: Fischer 1929; Schuckert, Margarete: Die berufstätige Frau in der deutschen Gesetzgebung, in: Jbu.Fa. 1928, 49–143, speziell zur Arbeitszeitregelung: 51ff; dies.: Die berufstätige Frau in der Gesetzgebung. Deutschland, in: Jbu. Fa. 1930, 41–43.

196 Vgl. Die Arbeitszeit der Handlungsgehilfen und Büroangestellten, in: Die Handels- und Büroangestellte, 6/1926, 66f; Jellinek 1928, 79ff; Scheibert, in: Frauenarbeit und öffentliche Berufserziehung 1929, 42; Schuckert, in: Jbu.Fa. 1928, 52ff; Preller 1978, 275f; Seidel 1979, 19ff.

197 Vgl. Schaefer, in: Hygiene 1928, 571.

198 Vgl. Preller 1978, 269ff, insb. 275f.

199 Vgl. ebd., 349ff.

200 Vgl. Jb.Gk.HH 1919, 62f.

201 Vgl. Jb.GA 1921, Bd.3, T.8, 42f; Jb.GA 1922, Sonderabdruck, 34; Jb.GA 1923/24, Sonderabdruck, 34ff; Jb.GA 1927, Bd.3, T.8, 56ff; Scheibert, in: Frauenarbeit und öffentliche Berufserziehung 1929, 41f.

202 Vgl. Jb.Gk.HH 1919, 62f.

203 Vgl. u.a.: StA Cl.I Lit.T, Nr.8, Vol.314, Fasc.91: Kfm. Angestellte in Schuhwarengeschäften: ZdA, Fachgruppe Schuhwaren-Einzelhandel, Hamburg, Tarifvertrag vom 20.Oktober 1925; sowie Müller, in: Jbu.Fa. 1930, 104ff.

204 Vgl. Jb.GA 1925, Bd.3, T.8, 16; Jb.VB.FHH 1926, 370.

205 Vgl. Jb.GA 1927, Bd.3, T.8, 58; Modeschauen nach Ladenschluß, in: Die Verkäuferin, 5/1927, 19f; Frevert, in: Kuhn/Schneider 1979, 101.

206 Vgl. Müller, in: Jbu.Fa. 1930, 102f.

207 Vgl. Dehn 1929, 76; Schulz, in: Pohl 1985, 187.

208 Zur Entwicklung der ‚Produktion' vgl. Kapitel 1.5.3.1.

209 Zit.nach Hagemann/Schneider, in: Vorwärts- und nicht vergessen 1982, 103.

210 Von den 106 befragten Frauen aus dem sozialdemokratischen Milieu hatten zwölf als Verkäuferin gearbeitet, alle waren in der ‚Produktion' tätig gewesen.

211 Steffi M.Tarrasch, die in ihrer Untersuchung sämtliche Erhebungen zur sozialen Herkunft der kaufmännischen Angestellten auswertete, kommt zu dem Ergebnis, daß rund 30 % der Büroangestellten in den zwanziger Jahren aus Arbeiterfamilien stammten. Vgl. Tarrasch 1931, 9ff.

212 Vgl. Bode: Der Beruf der Stenotypistin, in: Jbu.Fa. 1930, 62–94, insb. 62ff u. 74ff; Die Stenotypistin, in: Büropraxis 2/1930, 5f (Beilage in: Die Handels- und Büroangestellte); Glaß/Kische 1930, 8f.

213 Zit.nach: Bruhns, Maike/Karen Hagemann/Ursula Schneider: „Das hält der Stahl nicht aus!" Arbeitswelt, in: Vorwärts- und nicht vergessen 1982, 13–42, 42.

214 Vgl. Jb.Gk.HH 1919, 62f; Scheibert, in: Frauenarbeit und öffentliche Berufserziehung 1929, 42.

215 Jb.GA 1927, Bd.3, T.8, 53.

216 Vgl. Jb.GA 1930, Bd.2, T.8, 50ff; Schaefer, Emil: Speisebetriebe der großen kaufmännischen und industriellen Betriebe, in: Hygiene 1928, 449–451.

217 Vgl. Jb.GK.HH 1919, 62f; Gb.ZdA 1924/25, 47f.

218 Vgl. u.a.: DAG: ZdA, Ortsgruppe Hamburg, Zusatzabkommen zum Tarifvertrag vom 1.August 1929 zwischen dem Arbeitgeberverband der Kauf- und Modehäuser e.V. und dem ZdA; Gb.ZdA 1924/25, 48ff; Schulz, in: Pohl 1985, 188ff.

219 Zu den typischen Berufskrankheiten von kaufmännischen Angestellten vgl. Bode, in: Jbu.Fa. 1930, 82 u. 90; Jb.AOK 1927, 70; Scheibert, in: Frauenarbeit und öffentliche Berufserziehung 1929, 42f; Suhr 1930, 23; Gesundheitsschädigungen durch Maschineschreiben, in: Die Handels- und Büroangestellte, 11/1926, 118–120; Zum Gesundheitszustand der weiblichen Angestellten, in: RdF Nr.8, Okt.1930.

220 Vgl. Jb.GA 1925, Bd.3, T.8, 16; Jb.GA 1928, Bd.2, T.8, 16; Jb.VB.FHH 1927, 365f; Scheibert, in: Frauenarbeit und öffentliche Berufserziehung 1929, 43f; Schulz, in: Pohl 1985, 192.

221 Vgl. Bode, in: Jbu.Fa. 1930 90ff.

222 Von den 5.741 weiblichen Abgestellten, die 1929 reichsweit vom ZdA befragt wurden, befanden sich 42 % in ihrer ersten Stellung, 29 % hatten ein- bis zweimal, 23 % drei- bis fünfmal und 6 % sechsmal und öfter gewechselt. Besonders gering war die Fluktuation im Einzelhandel sowie bei den Genossenschaften. Vgl. Suhr 1930, 16ff.

223 Vgl. Die Tarifverträge für weibliche Angestellte, in: RdF Nr.8, Okt.1931. Zum Tarifvertragsrecht vgl. Preller 1978, 255ff, 310ff u. 341ff.

224 Vgl. Gewerkschaftsbund der Angestellten 1931; Glaß/Kische 1930; Suhr 1930. Die Erhebung des VWA war Teil einer großen Untersuchung, die die ‚Arbeitsgemeinschaft Deutscher Frauenberufsverbände' im Winter 1928/29 durchführte und die von Frieda Glaß und Dorothee Kische bearbeitet wurde. Diese Erhebung erfaßte 24.676 kaufmännische Angestellte, davon stammten 75 % aus einer Großstadt, 19 % aus einer Mittelstadt und

6 % aus einer Kleinstadt. 36 % der erfaßten Frauen waren Kontoristin, 27 % Stenotypistin oder Korrespondentin, 15 % Buchhalterin, 15 % Verkäuferin und 7 % arbeiteten in sonstigen Angestelltenberufen. Die Altersstruktur war folgende: 24 % waren unter 20 Jahren alt, 45 % zwischen 20 und 29, 31 % waren älter als 29 Jahre. Dem entsprach der Familienstand: 94 % waren ledig, 3,5 % verheiratet und 2,5 % verwitwet oder geschieden. Die soziale Zusammensetzung der durch die VWA-Erhebung erfaßten weiblichen Angestellten war „gehobener“ als die des ZdA: Im VWA organisierten sich in stärkerem Maße Frauen aus dem Kleinbürgertum und der Mittelschicht, die im Angestelltenberuf arbeiteten. Vgl. Glaß/Kische 1930, IIIf u. 1ff. In den zwanziger Jahren erschienen darüber hinaus folgende Untersuchungen zu den Arbeits- und Lebensbedingungen der weiblichen Angestellten: Burg, Katharina: Die Lage der kaufmännischen Angestellten, in: Jbu.Fa. 1924, 86–95; Silbermann, J.: Die Lebenshaltung der weiblichen Handels- und Büroangestellten, in: Jbu.Fa. 1929, 65–107; Glaß, Frieda: Einkommen und Lebensbedingungen berufstätiger Frauen, in: Jbu.Fa. 1931, 24–45; Tarrasch 1931.

225 Der ZdA veröffentlichte zwar keine Statistik über die soziale Herkunft seiner Mitglieder, doch sowohl die Dominanz der Verkäuferinnen als auch der starke Anteil von Genossenschaftsangestellten sowie die Ablehnung des „proletarischen“ ZdA durch viele Angestellte bürgerlicher Herkunft als „nicht standesgemäß“ deuten darauf hin, daß der größte Teil der weiblichen Mitglieder aus der Arbeiterschaft stammte. Vgl. Stehr 1926, 49.

226 Vgl. Suhr 1930, 7.

227 Von den durch die VWA-Erhebung erfaßten weiblichen Angestellten waren beispielsweise nur 15 % Verkäuferin. Vgl. Glaß/Kische 1930, 8. Im hamburgischen Staat lag der Verkäuferinnen-Anteil an den weiblichen Angestellten 1933 bei 30 %, vgl. VBBZ 1935, 23ff.

228 Suhr 1930, 8.Von den durch die VWA-Erhebung erfaßten weiblichen Angestellten arbeiteten 30 % in der Industrie, 25 % im Einzelhandel, 19 % im Großhandel, 11 % in sonstigem Handel und Verkehr, 5 % in Behörden und 10 % in sonstigen Bereichen. Vgl. Glaß/Kische 1930, 12.

229 Vgl. Suhr 1930, 8ff.

230 Vgl. ebd., 12ff.

231 Vgl. ebd., 24ff. Folgende Gegenüberstellung der Ergebnisse der ZdA-, GdA- und VWA-Erhebungen deutet darauf hin, daß allgemein über die Hälfte der weiblichen Angestellten weniger als 150 Mark brutto im Monat verdiente.

Bruttomonats-einkommen	Von hundert weiblichen Angestellten erhielten			
in Mark	ZdA	GdA	VWA	
bis 100	28	21	26	
100–150	31	33	32	(100–160 Mark)
150–200	22	27	22	(160 –200 Mark)
über 200	19	20	20	

Vgl. Die Gehälter der weiblichen Angestellten, in: RdF Nr.9, Nov.1930; Glaß/Kische 1930, 13ff; Suhr 1930, 35ff.

232 Zu diesem Ergebnis kommt auch Susanne Suhr; vgl. ebd., 42.

233 Vgl. ebd., 38ff. Von den weiblichen Angestellten in der VWA-Erhebung lebten 75 % bei den Eltern bzw. Verwandten, 10 % wohnten zur Untermiete, 13 % in einer eigenen Wohnung und 2 % in einer Arbeitgeberwohnung. Überdurchschnittlich hoch war der Anteil derjenigen, die bei den Eltern lebten mit 98 % bei den 14- bis 19jährigen und 85 % bei den 20- bis 29jährigen. Auch von den durch die VWA-Erhebung erfaßten Angestellten gab die Mehrzahl derjenigen, die bei den Eltern lebte, für Wohnung und Verpflegung einen großen Teil des Einkommens in die Haushaltskasse ab. Vgl. Glaß/Kische 1930, 35ff u. 46ff. Zur Lebenshaltung weiblicher Handels- und Büroangestellter vgl. auch: Silbermann, in: Jbu.Fa. 1929, 65–107; Glaß, in: Jbu.Fa. 1931, 29ff; Wie wohnen die weiblichen Angestellten?, in: RdF Nr.6, Aug.1930.

234 Vgl. Suhr 1930, 44f; Silbermann, in: Jbu.Fa. 1929, 104.

235 Vgl. Suhr 1930, 45f.

236 Dehn 1929, 72.

237 Vgl. Suhr 1930, 44.

238 Glaß/Kische 1930, 50.

239 StA SB.I EF70.15: Kaufmännische Vermittlung, Arbeitsamt Hamburg. 18.6.1925, Bericht über die bei der Vermittlung von Prostituierten gemachten Erfahrungen.

240 Vgl. Frevert, in: Kuhn/Schneider 1979, 100f; dies., in: Wehler 1981, 517f.

241 Vgl. Urbschat 1932, 59ff.

242 Vgl. StA SB.I EF70.15: Kaufmännische Vermittlung, Arbeitsamt Hamburg. 18.6.1925, Bericht über die bei der Vermittlung von Prostituierten gemachten Erfahrungen; sowie Frevert, in: Kuhn/Schneider 1979, 101f.

243 Tenfelde, in: Pohl 1985, 106.

244 Vgl. Jb.GA 1927, Bd.3, T.8, 45.
Folgende neuere Untersuchungen liegen zur Arbeitssituation der Arbeiterinnen in der Weimarer Republik u.a. vor: Bajohr 1979, insb. 41–56 u. 158–218; Beier, Rosmarie: „Mechanisch greifen die Hände ...“ Arbeit und Erfahrung von Frauen in der Industrie, in: Ruppert 1986, 215–223; Lippold, in: Jahrbuch für Volkskunde 1983, 90–122; Reining 1983, 225–261; Reining-Hartz 1978; Wellner, in: Wehler 1981, 534–554. Für das Deutsche Kaiserreich sind u.a. wichtig: Beier 1983; Burgdorf 1982; Dasey, Robyn: Women's Work and the Family. Women Garment Workers in Berlin and Hamburg before the First World War, in: Evans/Lee 1981, 221–255; Ellerkamp/Jungmann 1983; dies.: Unendliche Arbeit. Frauen in der „Jutespinnerei und -weberei Bremen“. 1888–1914, in: Hausen 1983, 128–143; Orthmann, Rosemary: Erwerbstätigkeit, Lebenszyklus und Ausgabeverhalten – Unverheiratete Fabrikarbeiterinnen in Berlin (1902), in: Joeres/Kuhn 1985, 330–348; Plössel 1983. Speziell zur Zeit des Ersten Weltkrieges vgl. u.a.: Daniel 1983; dies. 1985; dies. 1989, 35–124; Gersdorff 1969; Seidel 1979.

245 Vgl. Jb.GA 1927, Bd.3, T.8, 44f.

246 Zur Entwicklung der gesetzlichen Regelungen der Arbeitszeit in der Weimarer Republik vgl. Kapitel 3.1.2.2, zum Arbeitsschutz allgemein: Fischer 1929; Schuckert, in: Jbu.Fa. 1928, 49–143; Preller 1978, 146ff, 232, 267ff, 304ff, 349ff u. 473ff.

247 Vgl. Jb.Gk.HH 1919, 64ff.

248 Vgl. Jb.GA 1925, Bd.3, T.8, 19 u. 29; Jb.GA 1926, Bd.3, T.8, 49.

249 Vgl. Preller 1978, 350f.

250 Zum Umfang der Kurzarbeit in der Wirtschaftskrise vgl. Kapitel 3.2.2.1.

251 Vgl. Jb.GA 1923/24, Sonderabdruck, 27; Jb.GA 1925, Bd.3, T.8, 29ff; Jb.GA 1926, Bd.3, T.8, 49; Jb.GA 1927, Bd.3, T.8, 40.

252 Jb.GA 1923/24, Sonderabdruck, 27.

253 Vgl. Jb.GA 1925, Bd.3, T.8, 30.

254 Vgl. Kapitel 3.1.2.2.

255 Schaefer, in: Hygiene 1928, 571.

256 Jellinek 1928, 82.

257 Zum „Beschäftigungsschutz von Arbeiterinnen“ vgl. Preller 1978, 230, 349ff u. 473ff; Jellinek 1928, 82ff.

258 Vgl. Kapitel 2.1.2.2.

259 Vgl. Schaefer, in: Hygiene 1928, 571f.

260 Vgl. Jb.GA 1930, Bd.2, T.8, 50ff; Schaefer, in: Hygiene 1928, 571ff.

261 Von den 1.320 Industriearbeiterinnen, die Käthe Leichter Anfang der dreißiger Jahre im Auftrag des ‚Referats für Frauenarbeit der Wiener Arbeiterkammer‘ in Wien befragte, litten am Arbeitsplatz unter: Müdigkeit 44 %, nervlicher Belastung 42 %, Hitze 39 %, Arbeitstempo 33 %, Staub 32 %, dauerndem Stehen 32 %, Lärm 21 %, dauerndem Sitzen 21 %, Einförmigkeit 20 %; Leichter 1932, 26.
Diese Erhebung, die auch im folgenden zum Vergleich der Arbeitsbedingungen herangezogen wird, entstand in Zusammenarbeit mit den österreichischen Gewerkschaften.
Von den erfaßten Arbeiterinnen waren überduchschnittlich viele in Großbetrieben tätig:

Betriebsgröße (bis zu ... Beschäftigten)	5	20	50	100	500	1000	ohne Angabe
V.h. erfaßten Arbeiterinnen waren tätig in Betrieben der Größe	3	6	15	9	55	7	6

Leichter 1932, 8.
Es waren 43 % ledig, 39 % verheiratet und 17 % verwitwet bzw. geschieden, d.h. die Zusammensetzung nach dem Familienstand entsprach nicht dem Durchschnitt. In der Regel war der Anteil der Ledigen höher, gleiches galt für den Anteil der jungen unter-30jährigen Arbeiterinnen:

V.h. Befragten waren	6	36	30	25	1
im Alter von	16–20	20–30	30–40	40–60	über 60

Leichter 1932, 9.

262 Vgl. Rosenthal-Deussen, Erika: Gesundheitsschädigende Frauenarbeit, in: Jbu.Fa. 1932, 19–37, insb. 22ff; Thiele, A.: Frauenarbeit und Volksgesundheit, in: Frauenarbeit 1929, 1–6; Krüger, Elisabeth: Frauenarbeit und Gewerbeaufsicht, in: ebd., 8–19; Frauenarbeit in der Metallindustrie 1930, 166ff; Ellerkamp/Jungmann 1983, 197ff.

263 Jb.AOK 1929, 56f.

264 Jb.AOK 1927, 10f.

265 Vgl. Hirsch 1925, 5ff; Krüger, in: Frauenarbeit 1929, 13ff; Leichter 1932, 26ff; Meister 1939, 129ff; Rosenthal-Deussen, in: Jbu.Fa. 1932, 35ff; Schmidt 1929, 44.

266 Jb.AOK 1927, 10f.
267 Vgl. Atzler 1929; Rosenthal-Deussen, in: Jbu.Fa. 1932, 25f; Krüger, in: Frauenarbeit 1929, 9f.
268 Vgl. Franzen-Hellersberg 1932, 33ff; Mais 1928, 31ff.
269 Zit.nach: Arbeitstag 1930, 43.
270 Vgl. ebd., 69, 136 u. 155.
271 Vgl. Franzen-Hellersberg 1932, 34f; Mais 1928, 48ff.
272 Vgl. Winkler 1985<b>, 161.
273 Jb.AOK 1927, 11.
274 Vgl. ebd., 11f; Jb.AOK 1929, 69 u. 73; Rosenthal-Deussen, in: Jbu.Fa. 1932, 33ff.
275 Vgl. Jb.Gk.HH 1919, 66ff.
276 Vgl. StA Cl.I Lit.T, Nr.8, Vol.314, Fasc.7bff: Tarifverträge, insb.:
Fasc.7b: Bekleidungsgewerbe 1920–1923,
Fasc.7c: Gehilfenschaft der Herren- und Damenschneiderei 1924–1929,
Fasc.21b: Arbeiter- und Arbeiterinnen in der Oelmühlenindustrie 1921–1928,
Fasc.24: Gewerbliche Arbeiter in der Zigaretten- und Zigarrenindustrie,
Fasc.132: Textilindustrie Niederelbebezirk 1928.
277 Zur Problematik der Frauenentlohnung und zur geschlechtsspezifischen Lohndifferenz vgl. Bajohr 1979, 28–100; Karbe 1928; Schwarz 1925; Sperling 1930; Wellner, in: Wehler 1981, 546ff.
278 Vgl. Jb.Gk.HH 1900, 85; Jb.Gk.HH 1908, 62; Jb.Gk.HH 1919, 64ff.
279 Das Gewerbeaufsichtsamt Hamburg konstatierte in seinem Bericht über die Jahre 1914 bis 1918, daß der Tagesarbeitsverdienst im Krieg im Mittel zwar um 80 bis 100 % zugenommen hatte, die Gesamtkosten für Nahrung, Bekleidung, Heizung und Beleuchtung jedoch in derselben Zeit um 150 bis 200 % gestiegen waren; Jb.GA 1914–1918, Bd.3, T.24, 48f. Vgl. Jb. Gk.HH 1915, 73ff; Jb.Gk.HH 1916, 73ff; Jb.Gk.HH 1917, 47ff; Jb.Gk.HH 1918, 57ff; sowie Bajohr 1979, 33.
280 Vgl. Kuczynski 1965, 194; Karbe 1928, 88; Mai, in: Abelshauser 1987, 38ff, Bajohr 1979, 31ff.
Zur Problematik der Beurteilung der Reallohnentwicklung in der Inflationszeit 1914 bis 1923 vgl. die Vielzahl neuerer Publikationen. Den aktuellen Forschungsstand faßt zusammen: Schneider 1986. Kritisch beurteilt Gunther Mai die vorherrschende Auffassung, die u.a. Werner Abelshauser und eingeschränkt auch Carl-Ludwig Holtfrerich vertreten, daß sich die Reallohnsituation der Arbeiterschaft bei Berücksichtigung der Arbeitszeitverkürzung in der Inflationszeit verbessert habe. Vgl. Abelshauser 1981; Holtfrerich 1980, 224–264; Mai, in: Abelshauser 1987, 35ff.
281 Vgl. Jb.OA-ADGB 1924, 132.
282 Vgl. Bajohr 1979, 41ff; Geyer 1924, 60; Frauenarbeit in der Metallindustrie 1930, 114ff; Karbe 1928, 118ff; Kuczynski 1965, 219ff; Meister 1939, 96ff; Oehlandt 1936, 10–29.
283 Zu diesem Ergebnis kam auch der ADGB 1928 in einer Auswertung der Tarifstatistik auf Reichsebene; vgl. Jbu.ADGB 1928, 191.
284 StHSt H.33, T.2, 1928, 55.
285 Vgl. Kapitel 3.1.2.1.
286 Vgl. StHSt H.33, T.2, 1928, 292f u. 298f.
287 Vgl. Tabelle 41.
288 Dreißig junge Arbeiter berichten von ihrem Leben, hg. und kommentiert von Georg Beyer, in: Kulturwille. Monatsblätter für Kultur der Arbeiterschaft, 9/1930, 164ff, zit. nach Emmerich 1975, Bd.2, 256.
289 Jb.Gk.HH 1919, 74f.
290 Im Jahresdurchschnitt waren 1928 93 % der Männer und 49 % der Frauen gewerkschaftlich organisiert; vgl. Tb.DBV 1928, 13.
Zur Lohnhöhe im Bekleidungsgewerbe vgl. Tb.DBV 1924, 6ff; Amann, Mina: Frauenarbeit im Bekleidungsgewerbe, in: Jbu.Fa. 1929, 151–177, 156f.
291 Vgl. Jb.VB.FHH 1927, 358; Jb.GA 1926, Bd.3, T.8, 24; Jb.GA 1927, Bd.3, T.8, 22; Jb.GA 1928, Bd.2, T.8, 14f.
292 Vgl. Amann, in: Jbu.Fa. 1929, 160ff.
Zur Sozialgeschichte der Nähmaschine vgl. Hausen 1978, 148–169.
293 Amann, in: Jbu.Fa. 1929, 169f.
294 Ebd., 170f.
295 Vgl. ebd., 169; Kaiser 1933, 79f.
296 Bei den Näherinnen in der Konfektion kam es in Hamburg nicht selten vor, daß sie bis zu sechsmal im Jahr erwerbslos wurden. Nach vier- bis sechswöchiger Beschäftigung wurden sie wegen Arbeitsmangels wieder entlassen. Vgl. Jb.VB.FHH 1927, 358; sowie Jb.GA 1925, Bd.3, T.8, 19; Jb.GA 1926, Bd.3, T.8, 24; Jb.GA 1927, Bd.3, T.8, 22; Tb.DBV 1924, 6 u. 15; Amann, in: Jbu.Fa. 1929, 157.

297 Vgl. Lau 1924, 66; vgl. Jb.GA 1926, Bd.3, T.8, 60.

298 Vgl. Peukert 1987<a>, 118–167.

299 Vgl. Lau 1924, 58ff. Diese Grundzüge der Berufseinstellung von Lehrlingen zeigten sich auch bei den Jungen. Bei ihnen scheint jedoch der Berufsstolz sehr viel stärker ausgeprägt gewesen zu sein; vgl. Peukert 1987<a>, 118ff.

300 Vgl. Franzen-Hellersberg 1932, 19ff u. 38f; Lau 1924, 44ff; Niewiera, in: Frauenarbeit und öffentliche Berufserziehung 1929, 53f.

301 *Else Niewiera* (geb. 1891) stammte aus einer Weberfamilie und mußte selbst früh als Textilarbeiterin zum Unterhalt der achtköpfigen Familie beitragen. Seit Anfang der zwanziger Jahre arbeitete die engagierte Gewerkschafterin und Sozialdemokratin als Gewerbeaufsichtsbeamtin in Gera. 1927 wurde sie als erste und einzige Frau in den Hauptvorstand des DTAV gewählt und leitete dort das Ressort „Sozialpolitik, Jugend und Arbeiterinnen". Vgl. Else Niewiera, in: FW 25/1932.

302 Niewiera, in: Frauenarbeit und öffentliche Berufserziehung 1929, 54.

303 Vgl. ebd., 53ff. Von den Wiener Industriearbeiterinnen, die durch Käthe Leichter befragt wurden, gaben 68 % an, daß sie *nichts* an ihrem Beruf erfreut, 14 % nannten den Arbeitsprozeß und 12 % die materiellen Vorteile als Grund für etwas Berufsfreude. 38 % ersehnten einen anderen Beruf, besonders hoch war diese Quote mit 58 % bei den 16- bis 20jährigen Arbeiterinnen. Mit dem Alter nahm der Wunsch nach einem Berufswechsel ab, die Resignation nahm zu. Vgl. Leichter 1932, 58f u. 63ff.

304 Niewiera, in: Frauenarbeit und öffentliche Berufserziehung 1929, 54f.

305 Bernhard Mewes berichtet in seiner Untersuchung über die erwerbstätige Jugend aus dem Jahr 1929, daß von 1.740 befragten gelernten Berliner Berufsschülerinnen 1927 27 % mindestens einmal die Stelle gewechselt hatten, von den ungelernten hingegen 49 %. Vgl. Mewes 1929, 50.

306 Vgl. Mais 1928, 23ff u. 36f; Lau 1924, 47f; Franzen-Hellersberg 1932, 27f.

307 Vgl. ebd., 28ff; Mais 1928, 57ff.

308 Vgl. ebd., 52f; Schmidt 1929, 97f; Leichter 1932, 67f.

309 Vgl. Franzen-Hellersberg 1932, 19f u. 34f.

310 Vgl. ebd., 96f; Niewiera, in: Frauenarbeit und öffentliche Berufserziehung 1929, 56.

311 Vgl. Krolzig 1930, 139ff.

312 Von den durch die Erhebung der ‚Arbeitsgemeinschaft Deutscher Frauenberufsverbände' aus dem Jahr 1928/29 erfaßten 12.625 Arbeiterinnen waren 72 % ledig, 21 % verheiratet und 7 % verwitwet oder geschieden. Von den 9.978 Ledigen, Verwitweten und Geschiedenen wohnten 75 % bei den Eltern, 20 % in einer eigenen Wohnung, 3 % zur Untermiete und 1 % in einem Heim. Besonders hoch lag der Anteil derjenigen, die bei den Eltern wohnten, mit 97 % in der Altersgruppe der 14- bis 25jährigen.
Die Altersstaffelung der Gesamtzahl der erfaßten Arbeiterinnen war folgendermaßen:

V.h. waren	42	33	25	1
alt	bis 24	25 bis 39	40 bis 64	über 64

Die Arbeiterinnen waren überwiegend in der Textilindustrie tätig (83 %), daneben in der Tabakindustrie (10 %), der Metallindustrie (2 %), dem Bekleidungsgewerbe (2 %) sowie anderen Gewerbezweigen. Vgl. Glaß, in: Jbu.Fa. 1931, 32ff; Glaß/Kische 1930, 74ff u. 90ff; Franzen-Hellersberg 1932, 64ff.

313 Die Erhebung der ‚Arbeitsgemeinschaft Deutscher Frauenberufsverbände' aus dem Jahr 1928/29 ergab, daß 58 % von den im Elternhaus Wohnenden Kost- und Mietgeld bezahlen mußten, 42 % unterstützten die familiäre Haushaltskasse durch einen Zuschuß, der über die Erstattung der Kosten hinausging. Vgl. Glaß, in: Jbu.Fa. 1931, 36f; Glaß/Kische 1930, 95ff; Silbermann, J.: Wirtschaftliche und soziale Verhältnisse der Fabrikarbeiterinnen, in: Jbu.Fa. 1924, 97–108.

314 Franzen-Hellersberg 1932, 47. Von den ledigen Arbeiterinnen, die im Rahmen der Erhebung des ‚Referats für Frauenarbeit der Wiener Arbeiterkammer' befragt wurden, brauchten nur 17 % keinerlei Hausarbeit zu leisten. Vgl. Leichter 1932, 81.

315 Vgl. Kapitel 2.1.1.1.

316 Dies bestätigte auch die Befragung der Frauen aus dem sozialdemokratischen Milieu. Die Auswertung der 106 Fragebögen ergab, daß von den 93 verheirateten Frauen 9 aufgrund der Heirat entlassen wurden, 57 nach der Heirat selbst die Erwerbstätigkeit (vorerst) aufgaben – in der Regel vor der Geburt des ersten Kindes – und 23 trotz Heirat weiter erwerbstätig sein mußten; 4 Frauen machten keine Angaben.
Zu den Heiratsanlässen vgl. Kapitel 2.1.1.3.

317 *Erich Fromm* (1900–1980) studierte Soziologie, Psychologie und Philosophie und promovierte 1922 in Heidelberg. 1928 bis 1931 war er Lektor am psychoanalytischen Institut in Frankfurt a.M. Er gehörte zur sogenannten „Frankfurter Schule" um Max Horkheimer und war bis 1939 Mitarbeiter des Frankfurter Instituts für Sozialforschung. Vgl. Bonss,Wolfgang: Kritische Theorie und empirische Sozialforschung: Anmerkungen zu einem Fallbeispiel, in: Fromm 1980, 7–46; 7ff; Fromm 1981, 1.

Zur Erhebung „Arbeiter und Angestellte am Vorabend des Dritten Reiches" vgl. Fromm 1980, insb. die Ausführungen zu Zielen und Methoden, 51–79.

318 Fromm 1980, 183.

319 Von den befragten Frauen aus dem sozialdemokratischen Milieu hatten 85 Kinder, davon wurden im Verlauf ihres Lebenszyklus trotz Kindern 31 erwerbstätig. Als Grund gaben an: 12 ein zu geringes Einkommen des Ehemannes, 6 dessen Arbeitslosigkeit, 4 Interesse am Beruf und je 3 Kriegsteilnahme, Tod des Ehemannes oder Scheidung bzw. Trennung vom Ehemann.

320 Vgl. Geyer, Anna: Die Erwerbsarbeit der Ehefrauen, in: Ge. 6/1926, 226f; dies.: Die Bedeutung der Erwerbsarbeit verheirateter Frauen für die wirtschaftliche Lage und den Zusammenhalt der Familie, in: AW 20/1930, 609–613; dies.: Die Frau im Beruf, in: Blos 1930, 183–219; dies. 1924, 100ff; Hoereth-Menge, Edith: Die erwerbstätige Frau in Ehe und Familie, in: JB 2/1928, 42f; Leichter 1932, 101ff; Meister 1939, 18ff.

321 Vgl. hierzu Kapitel 1.2.2.1.

322 Vgl. Kapitel 3.1.1.

323 Vgl. Verband der Gemeinde- und Staatsarbeiter Hamburg. Bericht 1921–1924, 56ff.

324 Vgl. Amann, in: Jbu.Fa. 1929, 161ff. Heimarbeit war in den zwanziger Jahren vorrangig noch in der Damenkonfektion stark verbreitet, die sich auf drei Orte konzentrierte: vor allem Berlin, daneben Breslau und Erfurt. Allein in Berlin waren in der Hauptsaison ca. 36.000 Heimarbeiterinnen und 60.000 Konfektionsnäherinnen beschäftigt.
Zur Heimarbeit in der Berliner Bekleidungsindustrie zwischen 1880 und 1914 vgl. Beier 1983, speziell zur Entwicklung des Berliner Bekleidungsgewerbes: 26ff. Zur Frauenarbeit im Hamburger Bekleidungsgewerbe im Kaiserreich vgl. Dasey, in: Evans/Lee 1981, 221–255.

325 Vgl. StM Nr.1, 1910, 10 u. 32; StHSt H.33, T.2, 1928, 35f u. 98; VBBZ 1935, 27.

326 Zum Hausarbeitsgesetz vom 20.12.1911 vgl. Preller 1978, 58 u. 267f; Wolff, Margarete: Die Lage der Heimarbeiterinnen, in: Jbu.Fa. 1932, 108–122, 120f; sowie StA AR.56: Allgemeine Heimarbeitsfragen.

327 Jb.GA 1922, Sonderabdruck, 27. Vgl. Jb.GA 1919, Bd.3, T.24, 9; Jb.GA 1923/24, Sonderabdruck, 33; Jb.GA 1929, Sonderabdruck, 49; Wolff, in: Jbu.Fa. 1932, 109.

328 Vgl. ebd.; Jb.GA 1929, Sonderabdruck, 49; Gaebel, Käthe: Die Heimarbeit der Frauen, in: SP 17/1925, 375–377; Benjamin, Dora: Kinderaufzucht und Wohnverhältnisse bei Berliner Konfektionsheimarbeiterinnen, in: AfSHD Bd.1, 1925/26, 302–309.

329 Vgl. ebd., 305ff; Beier 1983, 97–107.

330 Vgl. Jb.GA 1923/24, Sonderabdruck, 33f; Jb.GA 1930, Bd.2, T.8, 22. Zur Einrichtung und Nutzung der Wohnküche vgl. Kapitel 1.2.2.1. Rosmarie Beier beschreibt den Arbeitsplatz der Heimarbeiterin vor 1914; vgl. Beier 1983, 92ff.

331 Vgl. Jb.GA 1930, Bd.2, T.8, 22; Beier 1983, 50ff.

332 Vgl. Jb.GA 1926, Bd.3, T.8, 64; Jb.GA 1927, Bd.3, T.8, 52; Jb.GA 1929, Sonderabdruck, 49; Jb.GA 1930, Bd.2, T.8, 22.

333 Vgl. Jb.GA 1926, Bd.3, T.8, 64. Die Einbeziehung der Familie in die Heimarbeit analysiert für das Kaiserreich Beier 1983, 137ff.

334 Jb.GA 1919, Bd.3, T.24, 9.
Exakte Angaben über die Stundenlöhne der Heimarbeiterinnen sind nicht zu ermitteln, da alle Angaben auf den Schätzungen der Heimarbeiterinnen beruhen. 1920 verdiente eine Heimarbeiterin in der Damenkonfektion nach den Angaben des Gewerbeaufsichtsamtes Hamburg eine bis zwei Mark die Stunde, eine Werkstattnäherin erhielt zwischen 3,20 und 4 Mark pro Stunde. Vgl. Jb.GA 1920, Bd.3, T.8, 23; Jb.OA-ADGB 1920, 144f.

335 Preller 1978, 267. Vgl. ebd., 267f; Wolff, in: Jbu.Fa. 1932, 129f.

336 Vgl. ebd.; Preller 1978, 267f. Zu den gesetzlichen Regelungen betreffs Arbeitsbedingungen und Entlohnung in der Heimarbeit vgl.: StA AR.62, 63, 64, 65, 90 und 93.

337 Vgl. StA AR.90; Jb.GA 1920, Bd.3, T.8, 23; Jb.GA 1922, Sonderabdruck, 32; Jb.GA 1925, Bd.3, T.8, 35; Jb.GA 1926, Bd.3, T.8, 65; Jb.GA 1929, Sonderabdruck, 46ff; Jb.GA 1930, Bd.2, T.8, 22.

338 Schmidt 1929, 43f, 53ff u. 101.

339 Zit.nach Brockmann 1984, 51f.

340 Vgl. Schmidt 1929, 46f u. 81ff.

341 Vgl. Jb.GA 1927, Bd.3, T.8, 46; Mais 1928, 23; Franzen-Hellersberg 1932, 22; Ellerkamp/Jungmann, in: Hausen 1983, 130.

342 Arbeitstag 1930, 138f. In der Erhebung des ‚Referats für Frauenarbeit der Wiener Arbeiterkammer' berichteten 53 % der verheirateten Arbeiterinnen, daß sie den Sonntagvormittag mit Hausarbeit verbringen würden, 35 % auch den -nachmittag. Der Samstagnachmittag war bei 81 % der häuslichen Arbeit gewidmet; Leichter 1932, 109f. Die Beschreibung von Tages- und Wochenabläufen verheirateter Arbeiterinnen weist

eine außerordentliche Gleichförmigkeit auf. Vgl. auch Lippold, in: Jahrbuch für Volkskunde 1983, 90–122.

343 In der obigen Erhebung gaben 61 % der verheirateten Arbeiterinnen an, daß sie die Hausarbeit ohne jegliche Mithilfe verrichten müßten. Den übrigen halfen: die Mutter oder Schwiegermutter (52 %), der Mann (14 %), die Kinder (14 %), Geschwister (15 %), Nachbarinnen oder Vermieterinnen (5 %); Leichter 1932, 81ff. Zur häuslichen Mithilfe der Kinder vgl. Kapitel 1.3.2.

344 VBBZ 1935, 34.

345 Vgl. Buehl: Krippen, Tagesheime (Warteschulen) und Kindergärten, Horte, Schulkindergärten, in: Hygiene 1928, 429–433; Friedheim 1926, 94ff; StA SB.I AF75.10, Bd.2, 112; ebd., Bd.1, 84; StA OS.V 523a, 98 u. 106.

346 Vgl. Buehl, in: Hygiene 1928, 430. Ausführlicher beschreibt die Entstehung und Entwicklung der Krippen, Kleinkinderbewahranstalten und Warteschulen im 19. Jahrhundert für das Reichsgebiet Reyer 1983, insb. 17–64.

347 StA SB.I AF75.15, Bd.1, 84; vgl. ebd., 1; Die Kindergärten in Hamburg, in: FB-HE 11/1925.

348 Vgl. Wir wollen zum Köhlbrand 1985, 34f.

349 Buehl, in: Hygiene 1928, 430.

350 Vgl. StA SB.I AF75.15, Bd.1, 84.

351 Vgl. Buehl, in: Hygiene 1928, 431f; StA SB.I AF75.15, Bd.1, 84; ebd., 19; StA OS.V 512d: Satzung des ‚Verbandes Hamburger Mädchenhorte e.V.' v.23.3.1908; StA OS.V 512c: Vereinigung zwischen dem ‚Verband Hamburger Mädchenhorte e.V.' und dem ‚Verband Hamburger Knabenhorte e.V.' vom 15.12.1921; Hamburger Adreßbuch, 1928, 21; Säuglings- und Kleinkinderanstalten, in: FB-HE, 11/1926; StA OS.V 512a, 5, 6, 21 u. 30.

352 Vgl. Buehl, in: Hygiene 1928, 430f; Hamburger Adreßbuch, 1932, 991; StA OS.V 517: Mindestforderungen für Kindergarten-Halbtagsbetrieb unter Zugrundelegung der Forderungen des Deutschen Fröbel-Verbandes für Einrichtung und Ausgestaltung von Kleinkinderfürsorgeanstalten, 1926.
1923 veröffentlichte der ‚Ausschuß für Kinderanstalten e.V.' eine Analyse der sozialen Zusammensetzung der Elternschaft der Kinder aller Hamburger Fröbel-Kindergärten. Von 723 Eltern (in der Regel Vätern) waren: 22 % Handwerker, 19 % Arbeiter, 18 % Beamte, 16 % Kaufleute, 8 % Privatangestellte, 7 % Witwen oder Geschiedene, 6 % Kapitäne und Seeleute, 3 % Gastwirte und Kellner, 2 % Lehrer oder Angehörige höherer Berufe. StA SB.I AF75. 15, 69.

353 Vgl. Buehl, in: Hygiene 1928, 429f; StA SB.I AF75.15, Bd.1, 47, 49 u. 84; StA SB.I AF75.10, Bd.2, 112; Wo bringen wir unsere zweijährigen Kinder unter?, in: FB-HE 11/1928.

354 Vgl. StA SB.I AF75.15, Bd.1, 1–14; Hamburger Adreßbuch, 1928, 22; Friedheim 1926, 94ff; Warburg, Anna: Organisation und Tätigkeit des Ausschusses für Kinderanstalten, in: JuV Nr.4, 1931/32, 69–76.

355 StA SB.I AF75.15, Bd.1, 84: Ausschuß für Säuglings- und Kleinkinderanstalten, Hamburg, 7.12.1926. An das Landesjugendamt Hamburg.

356 Vgl. Senatsvorschriften für die Errichtung und den Betrieb von Krippen, Warteschulen und Kindergärten im Bezirk der Stadt Hamburg vom 13.2.1922, in: Ab.HH 1922, 282; Hamburgisches Ausführungsgesetz zum Reichsgesetz für Jugendwohlfahrt vom 2.1.1924, in: HGVB 1924, 6; StA OS.V 512d: Senatsverordnung sowie Richtlinien und Vorschriften des Landesjugendamtes betreffend die Aufsicht über die Anstalten für Minderjährige im hamburgischen Staat, 17.2.1925 (zit.als Senatsverordnung 1925).

357 Ebd.

358 Vgl. Barrelet, Adelheid: Soziale und pädagogische Aufgaben des Tagesheimes, in: JuV Nr.6/7, 1930/31, 132–135, 135; Senatsverordnung 1925.

359 StA SB.I AF75.10, Bd.1, 102–104: Die Neugestaltung der Geschäftsführung des Ausschusses für Kinderanstalten und die künftige Handhabung der Aufsicht über die bisher ihm unterstellten Anstalten und Heime, Hamburg, 19.9.1929. Vorlage zur Sitzung der Jugendbehörde und des Jugendamtes.

360 Vgl. ebd.; sowie StA SB.I AF75.10, Bd.1, 102–104; StA MK.II C4c, 91; StA OS.V 512a, 30; Die Kindergärten in Hamburg, in: FB-HE 11/1925.

361 Vgl. StA SB.I AF75.10, Bd.1, 102–104; ebd., Bd.2, 8–16.

362 Vgl. Aus der Kinderfürsorge. Der Hamburgische Ausschuß für Kinderanstalten und seine Aufgaben, in: HE Nr.108, 6.8.1931; Warburg, in: JuV Nr.4, 1931/32, 70ff.

363 Vgl. auch im folgenden: StA SB.I AF75.10, Bd.2, 52–58: Staatliche Kindertagesheime für Hamburg. Bericht der Arbeitsgemeinschaft für Kindergarten, Hort und Tagesheim in der Gesellschaft der Freunde, in: HLZ 47/1929; vgl. Hammerbrook verlangt ein Tagesheim für Kinder, in: HE Nr.250, 10.9.1929; Mangel an Kinderhorten und -heimen, in: HE Nr.78, 19.3.1930.

364 Zur sozialen Situation und den Lebensverhältnissen der Kinder, die in der halboffenen Fürsorge untergebracht waren vgl. Corte 1930, 50ff.

365 Vgl. StA SB.I AF75.10, Bd.2, 38, 46, 132 u. 134; Mangel in Kinderhorten und -heimen, in: HE Nr.78,

19.3.1930.

366 Jb.AWO-HH 1931, 4f.

367 Vgl. Latrille, Ilse: Der Einfluß der Erwerbslosigkeit auf die Heime der halboffenen Kinderfürsorge in Hamburg, in: JuV Nr.7, 1931/32, 185–191.

368 Vgl. Wir wollen zum Köhlbrand 1985, 35f.

369 Vgl. Die Kindergärten in Hamburg, in: FB-HE 11/1925; Kindergarten – Garten der Kinder, in: HE Nr.256, 15.9.1928; Hammerbrook verlangt ein Tagesheim für Kinder, in: HE Nr.250, 10.9.1929; Mangel an Kinderhorten und -heimen, in: HE Nr.78, 19.3.1930.

370 Vgl. Wir wollen zum Köhlbrand 1985, 34ff, 48ff u. 54ff.

371 Von den befragten Frauen aus dem sozialdemokratischen Milieu waren 31 nach der Geburt des Kindes bzw. der Kinder erwerbstätig. Diese wurden in der Zwischenkriegszeit beaufsichtigt durch: Großeltern (16), den erwerbslosen Vater (2), sonstige weibliche Verwandte (3), die Mutter selbst, die zu Hause arbeitete (3), ein Kindertagesheim bzw. -hort (6), unbekannt (1). Geringer war der Anteil der erwerbstätigen Arbeitermütter, deren Kinder durch die Großeltern beaufsichtigt wurden, in den beiden folgenden Erhebungen:
a) Die Industriearbeiterinnen mit Kind in der Erhebung des ‚Referats für Frauenarbeit der Wiener Arbeiterkammer' gaben an, daß ihr Kind bzw. ihre Kinder beaufsichtigt würden von: Großeltern (30 %), dem Vater (15 %), älteren Geschwistern (3 %), sonstigen Verwandten (7 %), einer Nachbarin (5 %), einer Kostfrau (4 %), einem Heim oder Hort (19 %). 17 % der Frauen ließen ihr Kind unbeaufsichtigt; Leichter 1932, 93ff.
b) Eine Erhebung des DTAV zum „Umfang der Frauenarbeit in der deutschen Textilindustrie" aus dem Jahr 1923, die 26.413 Arbeiterinnen mit einem bzw. mehreren Kindern erfaßte, kam zu folgendem Ergebnis: 35 % der Kinder blieben unbeaufsichtigt, 23 % wurden von den Großeltern beaufsichtigt, 14 % von sonstigen Verwandten, 6 % in Heim oder Hort und 23 % „anderwärts"; Umfang der Frauenarbeit 1923, 28.
Vgl. auch: StA JB.I 258: Die Beaufsichtigung der Kinder erwerbstätiger Mütter in Hamburg. Ausschnitt aus den Blättern für die hamburgische öffentliche Jugendfürsorge, 1.3.1918.

372 In der Erhebung des ‚Referats für Frauenarbeit der Wiener Arbeiterkammer' gaben 95 % der verheirateten Arbeiterinnen an, daß sie ihre Erwerbsarbeit gerne aufgeben würden, wenn ihr Mann ausreichend verdienen würde; Leichter 1932, 55.

3.2 *Frauenerwerbsarbeit und Arbeitsmarktpolitik*

1 Vgl. Petzina, in: Abelshauser 1987, 241ff.

2 Zur staatlichen Arbeitsmarktpolitik in der Weimarer Republik vgl. insb.: Evans/Geary 1987; Faust, Anselm: Von der Fürsorge zur Arbeitsmarktpolitik. Die Errichtung der Arbeitslosenversicherung, in: Abelshauser 1987, 260–279; Hachtmann 1987; Hentschel 1983, 56–144; Homburg 1985; Leibfried, Stephan: Die Institutionalisierung der Arbeitslosenversicherung in Deutschland, in: ders. 1985, 277–301; Preller 1978.

3 Zur geschlechtsspezifischen Ausrichtung der Arbeitsmarktpolitik in der Weimarer Republik vgl. Bessel 1983; Rouette, Susanne: „Gleichberechtigung" ohne „Recht auf Arbeit", in: Eifert/Rouette 1986, 159–182; dies. 1985; dies. 1987<a>; dies. 1987<b>; Hausen 1986; Kramer, in: dies. 1986, 127–180; dies.: Frankfurt's Working Women: Scapegoats or Winners of the Great Depression?, in: Evans/Geary 1987, 108–141; Bajohr 1979, 101–218; Jurczyk 1978, 23–81; Losseff-Tillmanns 1978, 215–318; Winkler 1977<a>, 13–37; dies. 1977<b>, insb. 99–104.

4 So u.a.: Mason 1976, 138; Bajohr 1979, 181.

5 Vgl. Hausen 1986, 86.

6 Jb.GA 1914–1918, Bd.3, T.24, 23.

7 Zur Entwicklung der Frauenerwerbsarbeit während des Ersten Weltkriegs vgl. ausführlich: Bajohr 1979, 101–158; Daniel 1983; dies. 1985; dies. 1989, 35–124; Eifert 1985; Gersdorff 1969; Kuczynski 1965, 189ff; Seidel 1979.
Die wichtigsten zeitgenössischen Publikationen zum Thema sind: Frauenarbeit in der Metallindustrie 1917; Fürth 1917; Hanna 1916; Lorenz 1928; Lüders 1920; Zietz 1915.
Zur Entwicklung der Kriegswirtschaft allgemein vgl. Feldman 1985; Kocka 1973; zu Hamburg speziell: Jb.GA 1914–1918, Bd.3, T.24; Die wirtschaftliche Lage 1921; Ullrich 1976, Bd. 1, 221–248.

8 Vgl. Jb.GA 1914–1918, Bd.3, T.24, 23ff.

9 Vgl. Daniel 1985, 279ff.

10 Vgl. Ullrich 1976, Bd.1, 221ff; ders. 1982, 73ff.

11 Vgl. Jb.GA 1914–1918, Bd.3, T.24, 23ff.

12 Vgl. Preller 1978, 34ff.

13 Ullrich 1976, Bd.2, 80f; vgl. Jb.GA 1914–1918, Bd.3, T.24, 25.

14 Vgl. Mitgliederversammlung der Metallarbeiter, Gruppe Dreher und Maschinenbauer am 11.3.1918, in: HE Nr.57, 8.3.1918.
Die ortsanwesende Bevölkerung im hamburgischen Staat 1910–1925:

Jahr	Bevölkerung insgesamt	davon Frauen	Veränderung (1910 = 100) Männer	Frauen
1910	1014664	509762	100	100
1916	947542	560622	77	110
1919	1050380	557099	98	109
1925	1128788	587860	107	115

StHb 1920, 19; StJbu 1925, 20; VBBZ 1935, 10.

15 Vgl. Ullrich 1976, Bd.1, 223; Jb.GA 1914–1918, Bd.3, T.24, 25.

16 Daniel 1985, 287. Vgl. ebd., 284ff; Gravert 1923, 28; Seidel 1979, 48ff.

17 Die Erwerbstätigen in Hamburg 1914–1918 zusammengestellt nach den Berichten über die Lage des hamburgischen Arbeitsmarktes:

Jahr	Monat	Erwerbstätige insgesamt	davon Frauen	Von hundert Erwerbstätigen waren Frauen	Veränderung (Juli 1914 = 100) Männer	Frauen
1914	Juli	326142	106585	32,7	100	100
	Oktober	243202	91377	37,6	69	86
1915	März	245406	98218	40,0	67	92
	Oktober	234112	106807	45,6	58	100
1916	März	235086	113303	48,2	55	106
1918	September	235409	120900	51,4	52	113

Quelle: Ullrich 1976, Bd.1, 229.

18 Vgl. Daniel 1985, 279ff. Die durchschnittliche Steigerungsrate bei den weiblichen Pflichtversicherten der Krankenkassen lag im Deutschen Reich zwischen 1914 und 1918 nach den Berechnungen von Ute Daniel bei 17 %. Vgl. ebd., 319ff.

19 Vgl. Altmann-Gottheimer, Elisabeth: Die Überleitung der Frauenarbeit aus dem Kriegszustand in den Friedenszustand, in: Jbu.BDF 1917, 35–46; Oppenheimer/Radomski 1918; Pr.Pt.SPD 1917, 189–207, 441f u. 470f; Frauenarbeit in der Übergangswirtschaft, in: GF 10/1918, 74–76; Frauenarbeit in der Übergangswirtschaft, in: GF 15/1918, 113f.
Vgl. allgemein: Losseff-Tillmanns 1978, 221ff.

20 Vgl. ebd., 233ff.

21 Wurm, Mathilde: Die Frauenerwerbsarbeit, in: Pr.Pt.USPD 1919, 511–521, 512.

22 Vgl. Hanna 1916, 23; Fürth 1917, 19.

23 Hanna, Gertrud: Die Organisation der Arbeiterinnen, in: Pr.V.Gew. 1919, 411–420, 412.

24 Verordnung über die wirtschaftliche Demobilmachung vom 7.11.1918, in: RGBl 1918, I, 1292; vgl. StA DK.1, 16ff; Preller 1978, 52ff.

25 Erlaß über die Errichtung des Reichsamtes für wirtschaftliche Demobilmachung vom 12.11.1918, in: RGBl 1918, I, 1304f; vgl. Preller 1978, 52ff.

26 Zur ZAG vgl. Abelshauser, Werner: Freiheitlicher Korporatismus im Kaiserreich und in der Weimarer Republik, in: ders. 1987, 148–170, 160ff; Feldman 1975; ders./Steinisch 1985; Hentschel 1983, 63ff; Potthoff 1979, 177ff; ders. 1987, 170ff; Preller 1978, 52ff; Schönhoven 1985, 25ff; ders. 1987, 122ff; Tenfelde 1987, 289ff; Winkler 1985<a>, 76ff.

27 Zit.nach Preller 1978, 54.

28 Vgl. allgemein zur Demobilmachungspolitik u.a.: Bessel, Richard: Unemployment and Demobilisation in Germany After the First World War, in: Evans/Geary 1987, 23–43; Feldman 1983; Preller 1978, 226–295; Witt, Peter–Christian: Staatliche Wirtschaftspolitik in Deutschland 1918 bis 1923: Entwicklung und Zerstörung einer modernen wirtschaftspolitischen Strategie, in: Feldman/Holtfrerich 1982, 163–166.

29 Richtlinien betr. die Überleitung der kriegswirtschaftlichen Frauenarbeit in den Friedenszustand, zit.nach: Correspondenzblatt 1/1919, 4–6, 4f.

30 Ebd.

31 Ebd., 5.

32 Oberstleutnant Joseph Koeth, Leiter des Reichsamtes für wirtschaftliche Demobilmachung, 1921, zit.nach:

Faust, in: Abelshauser 1987, 263.

33 Zur Erwerbslosenfürsorge vgl. ebd., 262ff; Preller 1978, 236f; Rouette 1985.

34 Vgl. Faust, in: Abelshauser 1987, 262ff.

35 Aufruf des Rates der Volksbeauftragten „An das deutsche Volk!“ vom 12.November 1918, zit.nach: Dokumente 1917–1919, 1977, 70.

36 StA DK.50, 19: Anordnung des Reichsamtes für die wirtschaftliche Demobilmachung v.1.12.1918.

37 Verordnung über die Einstellung, Entlassung und Entlohnung gewerblicher Arbeiter während der Zeit der wirtschaftlichen Demobilmachung vom 4.1.1919, in: RGBl 1919, I, 8ff; Abänderung vom 24.1.1919, in: ebd., 99; Abänderung vom 20.3.1919, in: ebd., 328; Abänderung vom 4.4.1919, in: ebd., 374; vgl. StA DK.71, 4. Verordnung über die Einstellung, Entlassung und Entlohnung der Angestellten während der Zeit der wirtschaftlichen Demobilmachung vom 24.1.1919, in: RGBl 1919, I, 99ff; Abänderung vom 7.2.1919, in: ebd., 184; Abänderung vom 30.5.1919, in: ebd., 493; vgl. StA DK.71, 5. Durch die Neufassung vom 3.9.1919 (RGBl 1919, I, 1500ff) wurden die beiden Verordnungen zusammengefaßt. Die Einstellungsverpflichtung von Kriegsteilnehmern wurde in dieser Neufassung noch deutlicher geregelt. Vgl. StA DK.71, 16; StA DK.73, 4; StA DK.74, 31.

38 Verordnung über die Freimachung von Arbeitsstellen während der Zeit der wirtschaftlichen Demobilmachung vom 28.3.1919, abgedruckt in: Ab.HH Nr.89, 12.4.1919; Abänderung vom 1.12.1919, in: RGBl 1919, I, 1936ff; Abänderung vom 25.4.1920, in: RGBl 1920, I, 707f; vgl. StA DK.111, 1; AtA DK.112; StA DK.113.

39 Vgl. Bekanntmachung des Arbeiter- und Soldatenrates für Hamburg, Altona und Umgebung, in: HE Nr.284, 1.12.1918; StA KV.I b3a, 12; sowie allgemein zur Demobilmachungspolitik in Hamburg: Arbeitswesen und Arbeitsamt 1924; Knoop 1981; Kutz 1982.

40 Bekanntmachung der Demobilmachungs-Ausschüsse Hamburgs, der Landherrschaften sowie des Amtes Ritzebüttel vom 11.4.1919 über die Freimachung von Arbeitsstellen während der Zeit der wirtschaftlichen Demobilmachung, in: Ab.HH Nr.90, 13.4.1919; vgl. StA DK.111, 2; StA DK.76.

41 StA DK.111, 25: Protokoll der Sitzung des Demobilmachungsausschusses am 3.4.1919.

42 Vgl. StA DK.100, 62; StA DK.112, 5; StA DK.113, 6.

43 StA DK.111, 25.

44 Nach Knoop 1981, 107f; sowie Kutz 1982, 27.

45 Vgl. Bessel 1983, 221ff; Daniel 1985, 311ff.

46 Jb.GA 1914–1918, Bd.3, T.24, 27.

47 Gravert 1923, 72.

48 Vgl. Kapitel 2.1.1.2.

49 Vgl. StA DK.100, 62; Gravert 1923, 137.

50 Vgl. StA DK.110, 62; StA DK.112, 5; Jb.GA 1920, Bd.3, T.8, 30.

51 Jb.GA 1920, Bd.3, T.8, 30.

52 StA DK.113, 13: Demobilmachungskommissar Dr.Max Schramm an das Reichsarbeitsministerium, Hamburg 9.10.1919; vgl. Jb.GA 1920, Bd.3, T.8, 30; Bessel 1983, 224.

53 StA DK.113, 13.

54 Verordnung über die Freimachung von Arbeitsstellen während der Zeit der wirtschaftlichen Demobilmachung vom 1.12.1919, in: RGBl 1919, I, 1936ff.

55 Vgl. Gravert 1923, 122.

56 StA DK.111, 71: Bekanntmachung der Demobilmachungs-Ausschüsse Hamburgs, der Landherrschaften der Geest- und Marschlande und Bergedorf sowie des Amtes Ritzebüttel vom 30.12.1919. Vgl. StA DK.113, 13; StA DK.77, 1.

57 StA DK.59, 26; vgl. StA DK.113.

58 Vgl. Gravert 1923, 110f.

59 Vgl. StA DK.101: Schreiben des Demobilmachungskommissars Schramm an die Senatskanzlei Hamburg v.16.2.1923.

60 Agnes A., Juni 1981.

61 Vgl. Jbu.ADGB 1924, 45; Mais 1928, 56; sowie Kapitel 3.3.1. und 4.2.2.

62 Vgl. Verordnung über die Freimachung von Arbeitsstellen während der Zeit der wirtschaftlichen Demobilmachung vom 5.3.1923, in: RGBl 1921, I, 222; StA DK.114, 22.

63 Vgl. StA DK.114, 1: Arbeitgeber-Verband Hamburg-Altona e.V. an den Senat der Freien und Hansestadt Hamburg, 12.8.1921; vgl. StA DK.114, 3, 9 u. 16.

64 Vgl. StA DK.114, 12: Gutachten der Gewerkschaftsvorständekonferenz v.26.9.1921.

65 Vgl. StA DK.114, 8: Gutachten des Demobilmachungskommissars an die Senatskanzlei Hamburg v.28.11.1921; StA DK.114, 25: Auszug aus den Protokollen des Senats der Freien und Hansestadt Hamburg, 13.1.1922.

66 Jb.OA-ADGB 1922, 15–17.

67 Vgl. StA DK.101: Behörde für das Arbeitsamt Hamburg, 13.12.1922, Präses der Behörde für das Arbeitsamt an den Demobilmachungskommissar; ebd.: Behörde für das Arbeitsamt, Hamburg 28.12.1922, Schreiben an den Senat.

68 StA DK.101: Schreiben des Demobilmachungskommissars Schramm an die Senatskanzlei, Hamburg 16.2.1923. Vgl. StA DK.101, 76: Stellungnahme der Deputation für Handel, Schiffahrt und Gewerbe und des Wirtschaftsrates; StA DK.114, 1, 3 u. 9: Stellungnahmen des Arbeitgeberverbandes.

69 Zur zeitgenössischen Diskussion über die Demobilmachungspolitik und ihre Auswirkungen auf die Frauenerwerbsarbeit vgl. Baur 1926, 51–89; Gravert 1923, 69–127; Bajohr 1979, 158ff; Jurczyk 1978, 24ff; Losseff-Tillmanns 1978, 215ff.

70 Über Denunziationsschreiben wurde u.a. berichtet in: StA DK.111, 31: Dringende Warnung an die Bürgerschaft, in: HF v.30.5.1919; StA DK.99, 49: Brief des Bezirksleiters des Deutschen Kellner-Bundes für Norddeutschland und Vorstandsmitglied der „AG der Gasthaus-Angestellten" an General Lettow-Vorbeck, Hamburg 17.7.1919; StA DK.101: Schreiben des Demobilmachungskomissars Schramm an die Senatskanzlei, Hamburg 16.2.1923.

71 Vgl. StA DK.100, 47, 50 u. 51; StA DK.77, 7 u. 11.

72 Vgl. Gravert 1923, 122; Bajohr 1979, 163ff; Bessel 1983, 218ff.

73 Pr.V.Gew. 1919, 57 (Hervorhebungen: K.H.).

74 Ebd., 413. Die Art der „sozialen Gesichtspunkte" verdeutlicht die Abmachung zwischen der Generalkommission der Gewerkschaften Deutschlands und dem ZdK über den Abbau der Frauenarbeit in den genossenschaftlichen Betrieben. Danach sollten in folgender Reihenfolge entlassen werden: „1. Frauen, deren Männer Arbeit haben; 2. Mädchen und Frauen, die niemanden zu versorgen haben; 3. Mädchen und Frauen, die 1–2 Personen zu versorgen haben; 4. alle übrigen Mädchen und Frauen ...", zit.nach: Der Abbau der Frauenarbeit, in: GF 2/1919, 10f.

75 Pr.V.Gew. 1922, 217.

76 Gertrud Hanna, in: Pr.V.Gew. 1919, 412ff.

77 Vgl. u.a.: Zur Frage der Entlassung von Arbeiterinnen, in: GF 10/1919, 78; Die Frau gehört ins Haus!, in: GF 22/1919, 174; Zur Frage der Entlassung von weiblichen Arbeitskräften, in: GF 23/1919, 177ff; Das Betriebsrätegesetz und die Frauen, in: GF 3/1920, 17f; Vom Kampf gegen die Frauenarbeit, in: GF 24/1920, 176f; Einschränkung des Zwanges zur Entlassung von Arbeiterinnen, in: GF 8/1921, 59f; Die Verordnung zum Zweck der Freimachung von Arbeitsplätzen und die Arbeiterinnen, in: GF 16/1921, 121f; Hanna, Gertrud: Die Arbeiterinnen in der Gewerkschaft, in: SM Bd.58, 1922, 506–511. Siehe auch: Lichey 1927, 10ff; Schreiber 1924, 127ff.

78 Vgl. Entschließung zur Frauenfrage von Gertrud Faber, Gertrud Friedel, Martha Piesler, Johanna Bachmeier und Genossen, in: Pr.V.Gew. 1922, 257–259.

79 Vgl. Bericht des ADGB-Bundesvorstands, in: Pr.V.Gew. 1922, 218; Allgemeines Recht der Frauen auf Erwerb, in: GF 9/1923, 65–67; Vom Mitgliederstand in unseren Gewerkschaften, in: GF 10/1923, 74f; Braun 1923, 30ff; Jbu.ADGB 1924, 45f.

80 StA AR.82: Antrag des Deutschen Städtetages v.19.3.1923 an das Reichsarbeitsministerium.

81 Gutachten des AfA-Bundes vom 26.6.1923, in: Angestelltenbewegung 1925, 120–122; vgl. Gb.ZdA 1924/25, 21.

82 Hanna, Gertrud: Frauenarbeit und Frauenschutz, in: Pr.Pt.SPD 1919, 487–491.

83 Interpellation weiblicher Abgeordneter an die Nationalversammlung vom 1.8.1919, zit.nach Bajohr 1979, 162f.

84 Wurm, in: Pr.Pt.USPD 1919, 512.

85 Vgl. Pr.Pt.SPD 1920, 116; Pr.Fk.SPD 1921, 15 u. 30; Aufhebung der Demobilmachungsvorschriften, in: Gl. 5/1922, 43; Die Frau in den Gewerkschaften, in: Gl. 22/1922, 200f; Pfülf 1920, 76f; Schöfer 1922, 31ff.

86 Pr.Pt.SPD 1920, 322.

87 Pr.Pt.SPD 1921, V.

88 Stellungnahme der Hamburger Genossinnen zum Parteitag, in: HE Nr. 459, 1.10.1920.

89 Zur sozialen Zusammensetzung der weiblichen SPD-Mitgliedschaft vgl. Kapitel 4.2.2.

90 Vgl. allgemein zur Personalabbauverordnung: Jellinek 1928, 67ff; Habeth, in: Pohl 1985, 165; Hahn, in: Frauengruppe Faschismusforschung 1981, 55ff; Kunz 1982.

91 Vgl. Verordnung zur Herabminderung der Personalausgaben des Reiches vom 27.10.1923, in: RGBl 1923, I, 999ff.

Artikel 14 dieser Verordnung betreffs „verheiratete weibliche Beamte" lautete:

„(1) Das Dienstverhältnis verheirateter weiblicher Beamter und Lehrer im Dienst des Reiches, der Länder und Gemeinden (Gemeindeverbände) kann jederzeit am 1. Werktag des Monats zum Monatsende gekündigt werden, sofern nach dem Ermessen der zuständigen Behörden die wirtschaftliche Versorgung

der weiblichen Beamten gesichert erscheint. Dies gilt auch bei lebenslänglicher Anstellung.
(2) Entgegenstehende längere vereinbarte oder gesetzliche Kündigungsfristen treten außer Kraft ..."
Während allgemein bei den Beamten der Abbau nach den Artikeln 3 (Versetzung in den einstweiligen Ruhestand), 4 (Zusicherung eines Ruhegeldes im Alter oder bei späterer Dienstunfähigkeit) und 5 (freiwilliger Dienstaustritt und Verzicht auf Ruhegehaltsansprüche gegen Gewährung einer nach Dienstalter gemessenen bis zum achtfachen des Gehalts gestaffelten Abfindungssumme) geregelt war, sollte die Anwendung dieser Artikel auf die verheirateten Beamtinnen ausdrücklich von der Zusage des Reichsfinanzministeriums abhängig gemacht werden.
Artikel 15 dieser Verordnung betreffs „Entlassung von Angestellten" lautete:
„(1) Angestellte sind zu entlassen. Ausnahmen hiervon sind nur zulässig, sofern zwingende dienstliche Rücksichten der Entlassung entgegenstehen.
(2) Die Kündigungen haben spätestens am 1.Werktag eines Monats zum Monatsende zu erfolgen ...
(3) Die Entlassenen erhalten die in Art.5 § 2 vorgesehene Abfindungssumme, weibliche Angestellte jedoch nur dann, wenn nach dem Ermessen der zuständigen Behörde ihre wirtschaftliche Versorgung nicht gesichert erscheint ..."
Vgl. StA SAS.II 23 Mb.146.

92 Zum sogenannten „Zölibat" für Beamtinnen und Lehrerinnen im Kaiserreich vgl. Brehmer 1980, 133ff; Habeth, in: Pohl 1985, 165; Joest, Mechthild/Martina Nieswandt: Das Lehrerinnen-Zölibat im Deutschen Kaiserreich, in: Die ungeschriebene Geschichte 1984, 251–258; Kampmann, in: Frauengruppe Faschismusforschung 1981, 79ff.

93 Vgl. Gesetz über Einstellung des Personalabbaus und Änderung der Personalabbau-Verordnung vom 4.8.1925, in: RGBl 1925, I, 181ff; Jellinek 1928, 67ff.
Die Aufhebung erfolgte am 31.3.1929.

94 StA SAS.II 23 Mb.146, 12: Senatskommission für die Verwaltungsreform, Hamburg 24.11.1923. In Verfolg der Senatsverfügung vom 22.11.1923.

95 Ebd., 28: Senatskommission für die Angelegenheiten der Staatsarbeiter, Hamburg 24.1.1924. Betrifft: Personalverminderung unter den staaatlichen Arbeitern.

96 StA SAS.I 1930 Ja.52, 3: Denkschrift betreffend Behandlung der abgebauten verheirateten weiblichen Beamtinnen v.1.4.1930.
Von den 296 entlassenen Lehrerinnen hatten 186 aufgrund eines Senatsbeschlusses vom 22.10.1924 eine Abfindung erhalten, 22 wurden wieder eingestellt, 88 wollten noch Anfang 1930 gerne wieder eingestellt werden.

97 Die im hamburgischen Staatsdienst Beschäftigten 1914–1932:

Jahr[a)]	Beamte	Veränderung	Angestellte	Veränderung	Arbeiter	Veränderung
1914	13075	100	8056	100	15492	100
1920	19466	148	10184	126		
1923[b)]	19613	150	10751	133	16082	104
1924	17979	137	8670	108	13911	90
1926	19000	145	10447	130	15014	97
1928	19513	149	12102	150	16546	107
1930	18841	144	12272	152	17892	115
1932	17967	137	12046	149	13712	83

a) Jeweils zu Beginn des Jahres
b) Anfang 1923 waren von den Arbeitern 2.585 Arbeiterinnen und 588 Scheuerfrauen.
Quelle: StJbu 1932/33, 120ff; StA SAS.II 23 Mb.146, 10.
Zur Entwicklung im Reich, wo die Zahl der Beamten 1923/24 um 16 %, die der Angestellten um 50 % und die der Arbeiter um 33 % reduziert wurde, vgl. Kunz 1982, 61ff.

98 StA StP.I–IV 7658: Offener Brief an den Senat und die Bürgerschaft der Freien und Hansestadt Hamburg, in: Hamburger Stimmen v.24.8.1924; StA OS.V 48d: Doppelverdienerinnen, in: HN v.16.1.1924.

99 StA StP.I–IV 7658: Ein verfehlter Vorwurf, in: HE v.26.8.1924; ebd.: Berichtigung des ‚Aktionsausschusses der verheirateten Lehrerinnen', in: HE v.31.8.1924.

100 Vgl. Pr.Pt.SPD 1924, 233f.

101 Ebd., 237.

102 Pr.Pt.SPD 1925, 302; vgl. ebd., 168.

103 Vgl. Büttner 1985, 241. Zum Verlauf der Wirtschaftskrise in Hamburg vgl. insb.: Büttner 1982; daneben: dies. 1985, 233–279; dies.: Die Politik der Hamburger SPD in der Endphase der Weimarer Republik, in: Herzig

1983, 457–469; dies.: Die politische Haltung der Hamburger freien Gewerkschaften in der Weltwirtschaftskrise, in: ebd., 517–528.

104 Arbeitsmarkt und Arbeitsnachweis. Die Vermittlungstätigkeit der öffentlichen und nicht gewerbsmäßigen Arbeitsnachweise im Staate, in: HStM (jeweils Nr.1 und Nr.6): 1924, 10 u. 110, 1925, 10 u. 130, 1926, 6 u. 132, 1927, 17 u. 175, 1928, 15 u. 171, 1929, 13 u. 175, 1930, 14 u. 200, 1931, 15 u. 183, 1932, 16 u. 130.

105 Vgl. Büttner 1982, 672; VBBZ 1935, 10.

106 Büttner 1985, 672ff. Soweit nicht anders vermerkt auch im folgenden ebd.

107 Ein ähnlicher Trend zeigte sich insgesamt im Reich. Vgl. Bajohr 1979, 168ff; Hachtmann 1987, 178ff; Winkler 1987, 56ff.

108 Vgl. Büttner 1985, 113.

109 Vgl. Bajohr 1979, 168ff; Jurczyk 1978, 40ff; Kramer, in: dies. 1986, 155ff; dies., in: Evans/Geary 1987, 108–141; Winkler 1987, 56ff.

110 Vgl. Die weiblichen Arbeitslosen, in: GF 1/1930, 3f; Arbeitslosigkeit und die Frauenarbeit, in: GF 4/1931, 27ff; Arbeitslose Frauen, in: GF 6/1931, 45f; Ehlert, Margarete: Die Arbeitslosigkeit der Arbeitnehmerin in den Jahren 1927 und 1928, in: Jbu.Fa. 1929, 7–19, 16f; Bajohr 1979, 173; Jurczyk 1978, 40ff; Kramer, in: dies. 1986, 157ff.

111 Vgl. Unzuverlässiger Arbeitsmarktbericht, in: HE Nr.126, 8.9.1932; Hemmer 1935; Bajohr 1979, 176ff; Hachtmann 1987, 178ff; Winkler 1987, 22ff.

112 Hemmer 1935, 144.

113 HStM 1/1926, 6; HStM 1/1928, 15; HStM 1/1930, 14; HStM 1/1932, 16; Jb.VB.FHH 1925, 614.

114 Zur Entwicklung der Erwerbslosenfürsorge in der Weimarer Republik und zum AVAG vgl. Bajohr 1979, 175f; Faust, in: Abelshauser 1987, 260ff; Hausen 1986; Hentschel 1983, 106ff; Homburg 1985; Preller 1978, 276ff u. 363ff.

115 Vgl. auch im folgenden: Faust, in: Abelshauser 1987, 276ff; Homburg 1985, 258ff; Preller 1978, 363ff.

116 Vgl. Ehlert, in: Jbu.Fa. 1929, 18; Die weiblichen Arbeitslosen, in: GF 1/1930, 3f; Hausen 1986, 92ff.

117 Zur Entwicklung der Öffentlichen Fürsorge in der Weimarer Republik vgl. Homburg 1985, 262f; Landwehr/Baron 1983, 92ff; Leibfried, Stephan: Existenzminimum und Fürsorge – Richtsätze in der Weimarer Republik, in: ders. 1985, 186–240; Sachße/Tennstedt 1988, 142ff.

118 Vgl. Einige Zahlen aus Hamburgs Wohlfahrtspflege im Vergleich zu anderen deutschen Großstädten, in: JuV Nr.3/4, 1930/31, 56f; Die gegenwärtige Lage in der Fürsorge, in: JuV Nr.10/11, 1930/31, 204–210; Vorstoss zum Volksstaat (Tb.SPD) 1931, 59–72; Büttner 1982, 247ff;

119 StJbu 1927/28, 312f; vgl. Köppen 1985, 80ff.

120 Jbu.ADGB 1931, 133.

121 Die Notverordung und die Frauen, in: GF 7/1931, 49f.

122 Zum Abbau der AVAG-Leistungen vgl. Büttner 1982, 243ff; dies. 1985, 245ff; Homburg 1985, 263ff; dies.: From Unemployment Insurance to Compulsory Labour: The Transformation of the Benefit System in Germany 1927–33, in: Evans/Geary 1987, 73–107; Preller 1978, 409ff; Jbu.ADGB 1930, 409ff; Jbu.ADGB 1931, 133ff; sowie die Vielzahl der Artikel in den Jahrgängen 1930–1932 der Zeitschriften ‚Arbeiterwohlfahrt', ‚Jugend und Volkswohl' und ‚Soziale Praxis'.

123 Verordnung vom 26.7.1930, in: RGBl 1930, I, 318ff.

124 Verordnung vom 11.10.1930, in: RGBl 1930, I, 463f.

125 Verordnung vom 5.6.1931, in: RGBl 1931, I, 293ff.

126 Vgl. Büttner 1982, 246; Preller 1978, 448.

127 Vgl. Irrfahrt eines Arbeitslosen, in: HE Nr.22, 22.1.1930; Aus der Praxis des Arbeitsamtes, in: HE Nr.36, 5.2.1930; StA SB.I EF14.17, 49–61; StA SB.I VG54.31; Büttner 1982, 252ff; Bruhns, Maike: „Opfer von Zuständen, die sie nicht verschuldet haben ..." Arbeitslosigkeit, in: Vorwärts- und nicht vergessen 1982, 43–56, 45f.

128 StJbu 1932/33, 161; vgl. Büttner 1982, 245.

129 StJbu 1932/33, 161; StA SB.I VG54.31: Bericht der Wohlfahrtsstelle XVI, 10.10.1932.
Die Unterstützungsempfänger(innen) der allgemeinen Fürsorge in Hamburg 1928–1932:

Jahr	Laufend Unterstützte	Einmalig Unterstützte
1928	28550	95589
1929	31592	82203
1930	35763	95314
1931	93686	99301
1932	144845	98934

StJbu 1930/31, 285; StJbu 1932/33, 161.

130 Vgl. Büttner 1982, 248ff; Lüdtke 1987, 145ff.
131 Vgl. Die gegenwärtige Lage in der Fürsorge, in: JuV Nr.10/11, 1930/31, 208ff.
132 StA SB.I EO31.50
133 StA SB.I VG54.31: Bericht der Wohlfahrtsstelle IV, 15.9.1932.
134 StA SB.I EO31.50.
135 Zum Verhältnis von Wohlfahrtsbürokratie und Wohlfahrtsempfänger(inne)n im allgemeinen und zum Protest gegen das Wohlfahrtssystem im besonderen vgl. Crew 1989, insb. 16ff. Dessen Ausführungen stützen sich in starkem Maße auf Hamburger Quellenmaterial.
136 Am aufschlußreichsten in Hinblick auf die unterschiedlichen Folgen der Erwerbslosigkeit für Frauen und Männer ist nach wie vor die Studie von Marie Jahoda, Paul F.Lazarsfeld und Hans Zeisel über „Die Arbeitslosen von Marienthal" aus dem Jahr 1933; vgl. Jahoda 1980. Siehe auch: Weiland 1933; Hausen 1986, 83ff; Sieder 1987, 224ff; Winkler 1987, 35ff.
137 Vgl. Jahoda 1980, 83ff.
138 Vgl. ebd., 44ff u. 83ff sowie Kapitel 1.1.2.
139 Vgl: Verordnung vom 5.6.1931, in: RGBl 1931, I, 293ff.
140 Vgl. Kapitel 1.2.1, 1.2.2.1, 2.1.3.1 und 4.3.2.2.
141 Vgl. Bäumer 1933, 20ff; Weiland 1933, 29ff; Winkler 1987, 43f.
142 Vgl. insb. Bäumer 1933; sowie Jurczyk 1978, 43ff.
143 Zur „Doppelverdiener"-Kampagne vgl. Bajohr 1979, 180ff; Mason 1976, 131ff; Winkler 1977 <a>, 98ff; dies. 1977<b>, 23ff.
144 Tagesfrage: Der Kampf gegen die Doppelverdiener, in: RdF Nr.1, Feb.1931.
145 Vgl. ebd.; Gb.ZdA 1929, 148; Gb.ZdA 1930, 29ff; Pr.V.ZdA 1930, 3 u. 196; Wie steht der Kampf um die Doppelverdiener?, in: RdF Nr.2, März 1931.
146 Zit.nach ebd.
147 Zit.nach: DfG 14/1929, 1; vgl. Jbu.ADGB 1929, 139f. Siehe auch: Jbu.ADGB 1927, 210f; Jbu.ADGB 1928, 139f; Die Frau gehört ins Haus o.J., 5–28.
148 Vgl. Frauenarbeit in der Metallindustrie 1930, 205; Gladosch, Frieda: Die verheiratete Metallarbeiterin, in: Ge. 6/1931, 227f; Bajohr 1979, 180f.
149 Zit.nach Jbu.ADGB 1929, 172.
150 Pr.V.Gew. 1931, 116.
151 Vgl. ebd., 81 u. 116.
152 Programme der deutschen Sozialdemokratie 1963, 95f.
153 Juchacz, Marie: Die Frau in Politik und Wirtschaft, in: Pr.Pt.SPD 1929, 220–232, 221ff. Vgl. auch Kapitel 4.1.3.2.
154 Pr.Pt.SPD 1929, 268.
155 Vgl. Juchacz, in: ebd., 225; Gladosch, in: Ge. 6/1931, 227f; Ellert, Gertrud: Die verheiratete Angestellte, in: ebd., 219ff; Niewiera, Else: Der Deutsche Textilarbeiterverband und die ‚Doppelverdiener', in: ebd., 222ff; Zammert, Anna: Die verheiratete Fabrikarbeiterin und die Arbeitslosigkeit, in: ebd., 231ff; Pr.Pt.SPD 1929, 232ff. Vgl. auch Kapitel 4.1.3.3.
156 Pr.Pt.SPD 1931, 284.
157 Erwerbslose und Doppelverdiener. Ein dringender Appell an das soziale Gewissen, in: HE Nr.68, 9.3.1930.
158 Vgl. Fromm 1980, 182ff; Aus dem Hamburger Parteileben, in: HE Nr.141, 23.5.1930; Abbau der Doppelverdiener, in: HE Nr.13, 13.1.1931; Mehr Korpsgeist, in: Der Leser hat das Wort. Briefe an das Hamburger Echo. Gegen die Doppelverdiener!, in: HE Nr.45, 14.2.1931; Zum Problem der Doppelverdiener, in: HE Nr.296, 27.10.1931.
159 Vgl. Jbu.ADGB 1927, 211. Darauf deutet das Ergebnis eines Preisausschreibens hin, das die ‚Frauenwelt' im November 1928 zu der Frage: „Darf eine verheiratete Frau einen Beruf ausüben?" durchführte; vgl. FW 23/1928, 543; FW 4/1929, 64; Sender, Toni: Ein Nachwort zur Berufsarbeit der verheirateten Frau, in: FW 7/192, 147.
160 Vgl. Kapitel 2.1.1.2.
161 StA AB.I 69: Auszug aus der Niederschrift der 100.Vorstandssitzung der Reichsanstalt für Arbeitsvermittlung und Arbeitslosenversicherung am 4.12.1930; vgl. StA SAS.I 1930 Ja.52, 16.
162 Vgl. StA AB.I 70, 2–10; StA OS.V 48e, 6, 9–11, 13, 15 u. 17; StA SAS.I 1930 Ja.52.
163 Vgl. die Jahrgänge 1930–1932 der Zeitschriften: Ge., FW, GF, RdF und FB-HE. Im ‚Hamburger Echo' vgl. insb.: Erwerbsarbeit verheirateter Frauen, in: HE Nr.48, 17.2.1929; Erwerbslose und Doppelverdiener, HE Nr.68, 9.3.1930; Abbau der Doppelverdiener, in: HE Nr.13, 13.1.1931; Der Leser hat das Wort. Briefe an das

Hamburger Echo. Gegen die Doppelverdiener!, in: HE Nr.45, 14.2.1931; Zum Problem der Doppelverdiener, in: HE Nr.296, 27.10.1931.

164 Vgl. Das Recht der Frau auf Arbeit, in: HE Nr.125, 25.11.1931.

165 Vgl. StA AR.82: Brief des Reichsarbeitsministers v. 24.9.1926; ebd.: Hamburgisches Landesamt für Arbeitsvermittlung an den Wirtschaftsrat, Hamburg 4.10.1926.

166 Zit.nach: Tagesfrage: Der Kampf gegen die Doppelverdiener, in: RdF Nr.1, Feb.1931.

167 Vgl. ebd.; StA AR.82: Maßnahmen gegen Doppelverdiener. Ein Schreiben des Reichsarbeitsministers v.22.12.1930, in: HF v.10.1.1931; StA AB.I 69: Deutscher Städtetag, Berlin 31.12.1930. An die unmittelbaren Mitgliedsstädte, an die Landes- und Provinzialstädtetage. Betr. Doppelverdiener; ebd.: Auszug aus der Niederschrift der 100. Vorstandssitzung der Reichsanstalt für Arbeitsvermittlung und Arbeitslosenversicherung am 4.12.1930.

168 StA AB.I 69: Mitteilung der Bürgerschaft an den Senat aus ihrer Sitzung am 10.12.1930; vgl. StA SAS.I 1930 Ja.52, 4 u. 26; Büttner 1982, 242.

169 Vgl. StA SAS.I 1930 Ja.52, 15, 16 u. 20; StA AR.82: Zum Thema Doppelverdiener, in: HC v. 31.1.1931.

170 StA AB.I 69: Auszug aus den Protokollen des Senats v.20.4.1931; vgl. StA SAS.I 1930 Ja.52, 34.

171 StA AB.I 69, 45: Auswertung des Senatsbeschlusses v.20.4.1931, betreffend Maßnahmen gegen die Doppelverdiener; vgl. StA SAS.II 1931 Mb.87; StA SAS.II 1931 Mb.18.

172 StA AB.I 69: Senatsreferent für Beamten-, Angestellten- und Arbeiterangelegenheiten Sänger an Oberregierungsrat Dr.Biensfeldt bezüglich des Schreibens v.9.1.1932.

173 StA SAS.I 1930 Ja.52, 62: Aktenvermerk über die Besprechung mit Vertretern des GdA bezüglich ihrer Eingaben v.11.2. u. 26.4.1932 unter Vorsitz von Herrn Senatsrat Hey mit einem Vertreter des Beamtenrates. Betreffend: Verschärfung der Abwehr gegen das Doppelverdienertum.

174 Vgl. StA SAS.I 1930 Ja.52; StA AB.I 69.

175 Vgl. Preller 1978, 436f; SP 16/1931, 498ff; GF 5/1931, 35f.

176 StA AB.I 69, 32: Schreiben des Reichsarbeitsministeriums v.10.6.1931 an die ‚Vereinigung der Deutschen Arbeitgeberverbände e.V.', Berlin; ebd.: Antwortschreiben der ‚Vereinigung der Deutschen Arbeitgeberverbände e.V.' an den Reichsarbeitsminister v.26.6.1931.

177 StA SAS.I 1930 Ja.52, 68: Senatsrat Dr.Kaven in einer Besprechung betreffs der Eingabe der Gewerbekammer Hamburg v.30.8.1932 mit Herrn Senatsref. Hey als Vorsitzendem und Vertretern der Gewerbekammer am 17.9.1932, Betr. Doppelverdienerwesen.

178 Gesetz über die Rechtsstellung der weiblichen Beamten vom 12.5.1932, in: RGBl 1932, I, 245f; vgl. SP 33/1932, 1031ff; Bajohr 1979, 186f; Hahn, in: Frauengruppe Faschismusforschung 1981, 74f.

179 Vgl. Bölter, Hans: Die verheiratete Beamtin, in: Ge. 2/1932, 29ff; Grünfeld, Judith: Frauenarbeit und Faschismus, in: Arb. 7/1932, 424–435, 432f.

180 Vgl. Bölter, in: Ge. 2/1932, 30; Hahn, in: Frauengruppe Faschismusforschung 1981, 75. Zur Position des ‚Verbandes der deutschen Reichs-, Post- umd Telegraphenbeamtinnen e.V.' vgl. Abfindung 1929.

181 Jbu.ADGB 1927, 210f.

182 Grünfeld, in: Arb. 7/1932, 434.

3.3 *Frauen in den freien Gewerkschaften*

1 Zur Entwicklung von Tarifvertragsrecht, betrieblicher Mitbestimmung und Schlichtungswesen in der Weimarer Republik vgl. u.a.: Bähr, Johannes W.: Sozialer Staat und industrieller Konflikt. Das Schlichtungswesen zwischen Inflation und Wirtschaftskrise, in: Abelshauser 1987, 186–203; Crusius 1978, Bd.1 u. 2; Hentschel 1983, 56–135; Preller 1978.Zur Geschichte der freien Gewerkschaften zwischen 1918 und 1933 vgl. auch im folgenden: Bieber 1981; Braunthal 1981; Fehrmann/Metzner 1981, 67–89; Kukuck 1984; ders./Schiffmann 1986; Potthoff 1979; ders. 1987; Ruck 1985; Schneider, Michael: Höhen, Krisen und Tiefen. Die Gewerkschaften in der Weimarer Republik 1918 bis 1933, in: Tenfelde 1987, 279–446; Schönhoven 1987, 116–176; ders. 1985; Winkler 1985<a>; ders. 1985<b>; ders. 1987. Zum ZAG-Abkommen vgl. Kapitel 3.2.1.

2 Zur Geschichte der Frauen in den Gewerkschaften vgl. auch im folgenden insb.: Birkelbach 1982; dies. 1988; Frevert, in: Wehler 1981, 507–533; Losseff-Tillmanns 1978; dies. 1982; Winkler 1985<b>, 493ff.

3 Vgl.: Zwing 1926, 69–75, 94–103, 145–153; Braunthal 1981, 101–131; Potthoff 1987, 25–41; Ruck 1985, 40–55.

4 Vgl. Büttner 1982, 295ff; dies. 1985, 160ff; Frevert, in: Wehler 1981, 509ff.Zu den freien Gewerkschaften in Hamburg in der Weimarer Republik vgl. allgemein Büttner 1982, 272–327; dies., in: Herzig 1983, 517–528.

5 Vgl. Jb.OA-ADGB 1920, 12ff.

6 Potthoff 1987, 88; vgl. auch ebd., 48.

7 Ausnahmen sind: Schneider, in: Tenfelde 1987, 327; Schönhoven 1987, 145f.

8 Zur Mitgliederentwicklung der freien Gewerkschaften in den ersten Nachkriegsjahren vgl. Braunthal 1981, 102; Potthoff 1979, 40–52; ders. 1987, 42ff; Schneider, in: Tenfelde 1987, 323ff.

9 Für das Deutsche Reich: Jbu.ADGB 1925, 130; Jbu.ADGB 1931, 302.
Für den Raum Groß-Hamburg: Jb.Gk.HH 1916, 64f; Jb.Gk.HH 1917, 42ff; Jb.Gk.HH 1918, 54ff; Jb.Gk.HH 1919, 40ff; Jb.OA-ADGB 1920, 78ff; Jb.OA-ADGB 1921, 60ff; Jb.OA-ADGB 1923, 116f; Jb.OA-ADGB 1924, 144f; Jb.OA-ADGB 1925, 130f; Jb.OA-ADGB 1926, 176f; Jb.OA-ADGB 1927, 135f; Jb.OA-ADGB 1928, 119f; Jb.OA-ADGB 1929, 117ff; Jb.OA-ADGB 1930, 119; Jb.OA-ADGB 1931, 87.

10 Vgl. Potthoff 1979, 40ff.
Zu den Motiven für den Gewerkschaftseintritt vgl. allgemein: Loreck 1978, 223.

11 Vgl. Ullrich 1976, Bd.1, 574ff; ders. 1982, 152ff; ders.: Massenbewegungen in der Hamburger Arbeiterschaft im Ersten Weltkrieg, in: Herzig 1983, 407–418, 410ff.

12 Vgl. Potthoff 1979, 41ff; ders. 1987, 46ff; Schneider, in: Tenfelde 1987, 326.

13 Der ZdA entstand im September 1919 als Zusammenschluß des ZdH, des ‚Verbandes der Bureauangestellten' und des ‚Verbandes der Versicherungsbeamten'. Der 1897 gegründete ZdH war die erste gemischtgeschlechtliche Angestelltenorganisation.
Zur Entwicklung der Angestelltenbewegung vgl. allgemein: Stehr 1926; Fehrmann/Metzner 1981; Pierenkemper 1987<a>, 222–251. Speziell zur gewerkschaftlichen Organisation der weiblichen Angestellten vgl. Tarrasch 1931, insb. 20ff; Frevert, in: Wehler 1981, insb. 519ff; dies.: Frauen im freigewerkschaftlichen Zentralverband der Angestellten, in: Bornemann 1983, 118–130; Nienhaus, in: Kocka 1981, 322ff; dies. 1982, 49–75.

14 Vgl. Potthoff 1979, 388f; ders. 1987, 44; Ruck 1985, 20; Winkler 1985<a>, 711f.

15 Zur Diskussion über die Ursachen des Mitgliederrückgangs bei den Frauen vgl. Hanna, in: Pr.V.Gew. 1919, 416; dies., in: Pr.V.Gew. 1925, 155; Bericht des Bundesvorstands, in: Pr.V.Gew. 1922, 218; Die weiblichen Mitglieder in den Gewerkschaften, in: GF 26/1921, 201f; Ursachen des Mitgliederrückgangs in den Gewerkschaften, in: GF 7/1922, 54; Vom Mitgliederstand in unseren Gewerkschaften, in: GF 10/1923, 74f.

16 Vgl. Kapitel 3.2.1.

17 Der Anschluß des ZH an den ‚Deutschen Verkehrsbund' erfolgte am 1.3.1923. Die Hausangestellten bildeten hier eine eigene Reichsfachgruppe. Diese blieb bestehen, als der DVB Teil des im April 1930 gebildeten ‚Gesamtverbandes der Arbeitnehmer der öffentlichen Betriebe und des Personen- und Warenverkehrs' (GV) wurde. 1930 waren 1.856 der 3.749 weiblichen Mitglieder der Groß-Hamburger Ortsgruppe des GV Hausangestellte. Vgl. Jb.GV 1930, 55f.
Zur Entwicklung der freigewerkschaftlichen Hausangestelltenbewegung vgl. 25 Jahre Hausangestelltenbewegung, in: Ge. 4/1931, 145–148; Deutelmoser, in: Herzig 1983, 324ff; Losseff-Tillmanns 1978, 329ff; Müller-Staats 1987, 209–235; Walser 1986, 98ff; Wierling 1987, 283ff; Zull 1984, 126–143.

18 Vgl. Der Textilarbeiterverband im Jahr 1926, in: TA 21/1927, 106; Jbu.DTAV 1928, 239; Zwei Jahre Arbeiterinnenkommissionen (1926/27), 5.

19 Vgl. Birkelbach 1982, 18.

20 Vgl. Kapitel 3.3.2.2.

21 Für das Deutsche Reich: Jbu.DTAV 1930, 274f; für den Raum Groß-Hamburg siehe Anmerkung 9.

22 1927 waren 72 % der neueingetretenen Mitglieder der DTAV-Ortsgruppe Frauen. Vgl. Jbu.DTAV 1927, 164.

23 Vgl. Arbeiterinnenpflichten. Die Textilarbeiterinnen und der DTAV, in: TA 38/1926, 169.

24 Für das Deutsche Reich und den Gau Schleswig-Holstein: Stehr 1926, 48; Gb.ZdA 1919/20, 175; Gb.ZdA 1921/22, 3; Gb.ZdA 1923, 62; Gb.ZdA 1924/25, 131f; Gb.ZdA 1926, 146; Gb.ZdA 1927, 220f; Gb.ZdA 1929, 105; Gb.ZdA 1930, 141; Zum gewerkschaftlichen Organisationsstand der weiblichen Angestellten, in: RdF 1/1933.
Für den Raum Groß-Hamburg siehe Anmerkung 9.

25 Vgl. Gb.ZdA 1928, 62f; Gb.ZdA 1929, 131; Gb.ZdA 1930, 156f; Suhr, Susanne: Die Umfrage über die Lebens- und Arbeitsbedingungen der weiblichen Angestellten, in: Pr.V.ZdA 1930, 67–75, 69; Zum gewerkschaftlichen Organisationsstand der weiblichen Angestellten, in: RdF 1/1933.

26 Der Berechnung des Organisationsgrades im hamburgischen Städtegebiet stehen erhebliche methodische Schwierigkeiten entgegen. Weder die Gliederung der Verbände noch das Erfassungsgebiet der Gewerkschaftsstatistik stimmen mit den entsprechenden Bezugsgrößen in den Berufs-, Betriebs- und Gewerbezählungen überein. Vgl. Potthoff 1987, 50f.

27 Vgl. Suhr 1927, 243ff.

28 Darauf verweist der Vergleich des Anteils der im ADGB organisierten Arbeiter(innen), der 1925 im Reich bei 30 %, im Raum Groß-Hamburg hingegen nach Berechnungen von Ursula Büttner bei ca. 60 % lag. Vgl.

Büttner, in: Herzig 1983, 517.

29 Vgl. Suhr 1927, 247ff; Angestelltenbewegung 1928, 212f.

30 Zum Organisationsverhalten vgl. allgemein: Potthoff 1987, 51ff.

31 Von hundert Mitgliedern, die 1926 Mitglied des DTAV wurden, waren zum Zeitpunkt ihres Eintritts alt:

	bis 20	20–35	35–50	50–65	65–80
Frauen	30,1	47,9	16,8	5,1	0,2
Männer	25,4	47,5	16,2	9,7	1,2

Jbu.DTAV 1926, 111.

32 Vgl. Potthoff 1987, 49f. Zu den Problemen der gewerkschaftlichen Jugendarbeit vgl. Prinz/Rexin 1983; Winkler 1985<b>, 497–500.

33 Vgl. Ruck 1985, 53.

34 Vgl. Albrecht, Willy u.a.: Frauenfrage und deutsche Sozialdemokratie vom Ende des 19. Jahrhunderts bis zum Beginn der zwanziger Jahre, in: Bornemann 1983, 58–117, 61.

35 Zum Organisationsverhalten der erwerbstätigen Frauen vgl. Franzen-Hellersberg 1932, 36f; Haueisen, E.: Die Frauen in den Gewerkschaften I. Aus der Praxis des Verbandes der Buchbinder und Papierverarbeiter Deutschlands, in: Arb. 12/1928, 764–769; Leichter 1932, 120; Mais 1928, 48ff u. 55ff; Schmidt 1929, 67ff.

36 Vgl. Die Frau in der Industrie, im besonderen in der Textilindustrie, in: TA 3/1927, 61f.

37 Entschließung auf dem 10. Gewerkschaftskongreß 1919, in: Pr.V.Gew. 1919, 57.Bereits auf dem 6.Gewerkschaftskongreß 1908 war erstmals eine Resolution mit diesem Ziel verabschiedet worden. Ähnliche Beschlüsse wurden auf dem 9. und 12. Gewerkschaftskongreß 1914 und 1925 gefaßt.

38 Vgl. u.a. Braun 1923, 15ff.

39 Vgl. Birkelbach 1982, 22ff.

40 Auf dem 1.Kongreß der Textilarbeiterinnen Deutschlands, der am 11. und 12.10.1926 stattfand, setzte sich insbesondere das Referat von Else Niewiera (Gera) mit diesem Problem auseinander: „Die psychologische Einstellung der Textilarbeiterin im Erwerbsleben der Fabrik“; vgl. Bericht vom Reichskongreß der Textilarbeiterinnen in Gera, in: TA 43/1926, 190. Siehe auch: Die rückständige Frau, in: TA 42/1926, 187.

41 Die Befreiung der erwerbstätigen Frau von der Hauswirtschaft, in: TA 44/1926, 195.

42 Vgl. Ritsche, Emma: Bericht des Arbeiterinnensekretariats, in: Pr.V.DTAV 1927, 113–122, 121f; Niewiera, Else: Sozialpolitik, Arbeiterinnen- und Jugendbewegung, in: Pr.V.DTAV 1930, 98–116, 103.

43 Entschließung, in: Pr.V.DTAV 1927, 49.

44 Auf der Konferenz der weiblichen Verbandsfunktionäre des DTAV, die am 15. und 16.10.1927 in Berlin stattfand, hielt Anna Siemsen ein Referat zum Thema „Über das Wesen der Frau“, in dem sie die Problematik ausführlich erörterte. Vgl. Wir wollen werben, wir wollen wecken! Weibliche Verbandsfunktionäre in Berlin, in: TA 43/1927, 239; Jbu.DTAV 1927, 194–199. Zu Anna Siemsens Position zur Frauenfrage, vgl. ausführlich Kapitel 4.1.3.2.

45 Vgl. Jbu.DTAV 1928, 236–245, 242.

46 Vgl. Nachwort, in: Arbeitstag 1930, 217–227.

47 Ebd., 226.

48 Vgl. Rationelle Haushaltsführung, in: GF 3/1928, 23f; Rationelle Haushaltsführung, in: GF 5/1928, 39f; Neue Hauswirtschaft, in: GF 5/1929, 40; Die Arbeiterinnenfrage – ein Zeitproblem, in: GF 9/1929, 65f. Speziell zum ZdA vgl. Suhr, in: Pr.V.ZdA 1930, 67–75.

49 Vgl. Hermberg, Annemarie: Frauenerwerbsarbeit, in: Arb. 12/1930, 820–831.

50 Entschließung, in: Pr.V.Gew. 1919, 56f.

51 Vgl. hierzu ausführlich Kapitel 3.2.

52 Zum DTAV vgl. u.a.: Referat von Hugo Rödel (Mitglied des Hauptvorstandes) zum Thema „Über die volkswirtschaftliche Bedeutung der Frauenerwerbsarbeit im allgemeinen und in der Textilindustrie im besonderen“ auf dem 1.Kongreß der Textilarbeiterinnen Deutschlands 1926 sowie die von ihm dort vorgelegte und angenommene Resolution zur „Doppelverdiener"-Frage. Vgl. Bericht vom Kongreß der Textilarbeiterinnen (Schluß), in: TA 46/1926, 205; Niewiera, in: Pr.V.DTAV 1930, 103; dies., in: Ge. 6/1931, 222ff.

Zum ZdA vgl. u.a.: Gb.ZdA 1929, 148; Gb.ZdA 1930, 29ff; Pr.V.ZdA 1930, 33 u. 196; Tagesfrage der Kampf gegen die Doppelverdiener, in: RdF Nr.1, Feb.1931; Wie steht der Kampf um die Doppelverdiener?, in: RdF Nr.2, März 1931; Neue Offensive gegen die Frauenarbeit?, in: RdF Nr.5, Juli 1931; Ellert, in: Ge. 6/1931, 219ff.

53 Zur gewerkschaftlichen Lohnpolitik in Hinblick auf die geschlechtsspezifischen Lohndifferenzen vgl. Bajohr 1979, 87–100; Losseff-Tillmanns 1978, 282–292.

Zur Diskussion in der englischen Arbeiterbewegung vgl. Land 1980, insb. 65ff.
54 Vgl. Karbe 1928, 120.
55 Hanna, in: Pr.V.Gew. 1919, 416.
56 Bericht des Bundesvorstands, Frauenarbeit und Arbeiterinnenfragen, in: Pr.V.Gew. 1922, 217–226, 221f.
57 Vgl. Pr.V.Gew. 1925, 155; Jbu.ADGB 1926, 191; Jbu.ADGB 1927, 212; Gleicher Lohn für gleiche Leistung, in: GF 21/1922, 154f.
58 Vgl. Grünfeld, Judith: Das Lohnproblem der Arbeiterin, in: Arb. 7/1929, 444–456; Lehmann, Kurt: Das Lohnproblem der Arbeiterin. Eine Erwiderung, in: Arb. 10/1929, 622–626; Grünfeld, Judith: Schlußwort, in: ebd., 626–629; Hentschel 1983, 71ff; Preller 1978, 230ff.
59 Die Ortsverbände im ADGB-Ortsausschuß Groß-Hamburg akzeptierten bereits 1920 Lohnabschlüsse für die Arbeiterinnen, die bis zu 40 % unter denen der Arbeiter lagen. Vgl. Kapitel 3.1.2.3.
60 Vgl. Birkelbach 1982, 87f.
61 Vgl. Lehmann, in: Arb. 10/1929, 622f.
62 Vgl. Bajohr 1979, 53.
63 Vgl. Gb.ZdA 1928, 55f; Gb.ZdA 1929, 148ff.
64 Vgl. Gb.ZdA 1924/25, 45ff; Gb.ZdA 1926, 48ff; Gb.ZdA 1927, 222ff; Gb.ZdA 1929, 257; Gb. ZdA 1930, 252; Die Gehälter der weiblichen Angestellten, in: RdF Nr.9, Nov.1930; Die Tarifverträge für weibliche Angestellte, in: RdF Nr.8, Okt.1931; Burg, in: Jbu.Fa. 1924, 91f.
65 Gb.ZdA 1928, 55f.
66 Vgl. Grünfeld, in: Arb. 7/1929, 445ff; dies., in: Arb. 10/1929, 626ff.
67 Vgl. Bericht des Bundesvorstands, Frauenarbeit und Arbeiterinnenfragen, in: Pr.V.Gew. 1922, 222; Grünfeld, in: Arb. 7/1929, 447ff.
68 Antrag des Textilarbeiter-Verbandes Limbach, in: Pr.V.Gew. 1928, 31.
69 Vgl. Grünfeld, in: Arb. 7/1929, 455.
70 Zit.nach ebd.
71 Antrag des Textilarbeiter-Verbandes Limbach, in: Pr.V.Gew. 1928, 31.
72 Vgl. Grünfeld, in: Arb. 7/1929, 456; dies., in: Arb. 10/1929, 626ff. Über die Biographie von *Judith Grünfeld* konnte nichts ermittelt werden.
73 Ein statistischer Überblick zur Entwicklung von Streiks und Aussperrungen im Deutschen Reich zwischen 1913 und 1933 findet sich in: Petzina/Abelshauser/Faust 1978, 114ff; sowie in Fricke 1987, 1105–1121. Zur quantitativen Entwicklung des Schlichtungswesens vgl. Petzina/Abelshauser/Faust 1978, 117f. Vgl. auch die Statistiken in: Tenfelde/Volkmann 1981, 294–313.
Zur Geschichte der Arbeitskämpfe in Deutschland vgl. allgemein: ebd. Der zeitliche Schwerpunkt des Bandes liegt auf dem Kaiserreich; einziger Beitrag zum Zeitraum der Weimarer Republik ist: Feldman, Gerald D.: Streiks in Deutschland 1914–1933: Probleme und Forschungsaufgaben, in: ebd., 271–286.
Zur Problematik der Streikstatistik vgl. Petzina/Abelshauser/Faust 1978, 116; Tenfelde/Volkmann 1981, 287–292. Leider liegt bisher kein aufgearbeitetes und ausgewertetes statistisches Material zur geschlechtsspezifischen Beteiligung an Streiks und Aussperrungen im Deutschen Reich für den Zeitraum 1919 bis 1933 vor. Für die Jahre 1900 bis 1920 vgl. Albrecht 1979, 498ff; ders., in: Bornemann 1983, 117. Zur Entwicklung des Streikverhaltens in den ersten Nachkriegsjahren vgl. Feldman, in: Tenfelde/Volkmann 1981, 272; Potthoff 1979, 52ff; Schneider, in: Tenfelde 1987, 332ff; Winkler 1985<a>, 159–182.
74 Vgl. Albrecht 1979, 496ff; ders., in: Bornemann 1983, 91f.
75 Vgl. Jb.Gk.HH 1919, 62ff.
76 Zit. nach: Nachlaß Anni Kienast: Dies.: Wie ich Gewerkschafterin wurde, in: Frauenstimme der DAG, 9/1955, 11f.
77 *John Ehrenteit* (geb. 1885), von Beruf Handlungsgehilfe, stand seit 1908 in Gewerkschaftsdiensten. Zunächst war er Angestellter beim ZdH, 1911 wurde er Leiter der Hamburger Filiale des ZdH, 1919 der neugegründeten Hamburger Filiale des ZdA, von 1921 bis 1933 war er Vorsitzender des ADGB-Ortsausschusses Groß-Hamburg. Von 1911 bis 1933 gehörte er der Hamburgischen Bürgerschaft an, 1929 bis 1933 zudem dem Senat. Ehrenteit war einer der einflußreichsten Funktionäre in der Hamburger Sozialdemokratie. Vgl. StA: Bürgerschaftsmitglieder 1859–1959, Handschrift 601; Witt 1971, 52.
78 Vgl. Jb.Gk.HH 1919, 62f.
79 Nachlaß Martha B.: Der 8-Stundentag war proklamiert!, Handschriftliche Aufzeichnung, April 1981.
80 Zur Entwicklung im Deutschen Reich vgl. Feldman, in: Tenfelde/Volkmann 1981, 272f; Ruck 1985, 14ff; Schneider, in: Tenfelde 1987, 332ff; Winkler 1985<a>, 393–412.
81 1920 lag die Streikbeteiligung der Frauen im Reichsdurchschnitt bei 14 %. Vgl. Albrecht, in: Bornemann 1983, 92.
82 Vgl. Jb.OA-ADGB 1920, 98ff; Jb.OA-ADGB 1921, 84f; Jb.OA-ADGB 1922, 72f; Jb.OA-ADGB 1923, 114f.

83 Vgl. Albrecht, in: Bornemann 1983, 92.
84 Vgl. Die Lohnkämpfe und die Arbeiterinnen, in: TA 5/1927, 21.
Am stärksten tendierten offenbar die ledigen männlichen Arbeitnehmer in Arbeitskonflikten zum Streik, da sie häufiger als alle anderen Gruppen der Erwerbstätigen ausschließlich für sich zu sorgen hatten. Vgl. Potthoff 1979, 56.
85 Zur Entwicklung im Deutschen Reich vgl. Feldman, in: Tenfelde/Volkmann 1981, 273f; Kukuck 1984, 153ff; ders./Schiffmann 1986, 24ff; Schneider, in: Tenfelde 1987, 351–362; Winkler 1985<b>, 211ff u. 472–488.
86 Zur Entwicklung des Schlichtungwesens in der Weimarer Republik vgl. Bähr, in: Abelshauser 1987, 186–203; Hentschel 1983, 71ff; Winkler 1985<a>, 402ff; ders. 1985<b>, 472ff.
87 Zur Entwicklung im Deutschen Reich vgl. Feldman, in: Tenfelde/Volkmann 1981, 273f; Schneider, in: Tenfelde 1987, 351–362 u. 398ff; Winkler 1985<b>, 472–488; ders. 1987, 144ff.
88 Vgl. Jb.OA-ADGB 1925, 9f; Jb.OA-ADGB 1926, 161; Jb.OA-ADGB 1927, 42; Jb.OA-ADGB 1928, 121.
89 Zu den Arbeitskämpfen in der Textilindustrie während der Stabilisierungsphase vgl. auch die Regionalstudie zur Bremer Jute von Elke Reining: dies. 1983, insb. 234–243.
90 Vgl. Jäckel, Hermann: Die Lohnkämpfe in der Textilindustrie, in: GZ 11/1927, 150–152; Der DTAV im Jahr 1925. Lohnbewegungen, Streiks und Aussperrungen in der Textilindustrie im Jahr 1925, in: TA 33/1926, 144; Streiks und Aussperrungen in der Textilindustrie im Jahr 1926, in: TA Nr.7, 17.2.1928; Raub des Achtstundentages – Überstunden, in: TA 5/1927, 19.
91 Vgl. Jäckel, in: GZ 11/1927, 150–152; Reining 1983, 234f u. 239f.
92 Streiks und Aussperrungen im Bereich des DTAV im Jahre 1927, in: TA 13/1928, 74; vgl. Tarif- und Lohnbewegungen im Jahr 1927, in: Jbu.DTAV 1927, 95–119.
93 Vgl. ebd.; Streiks und Aussperrungen im Bereich des DTAV im Jahre 1927, in: TA 13/1928, 74.
94 Vgl. Jbu.DTAV 1927, 194.
95 Vgl. Streik 1928, 7ff; Rundum Kampf, in: TA 18/1927, 89; Der Kampf in der Norddeutschen Wollkämmerei und Kammgarnspinnerei, in: TA 19/1927, 95; Zum Streik der Textilarbeiter in der Norddeutschen Wollkämmerei und Kammgarnspinnerei, in: ebd.
96 StA StP.I–IV 3324: Der Streik in der Hamburger Textilindustrie, in: HE v.29.4.1927.
97 Vgl. Streik 1928, 9ff.
98 Vgl. StA StP.I–IV 3324: Der Streik in der Hamburger Textilindustrie, in: HE v.29.4.1927; Zum Streik der Textilarbeiter in der Norddeutschen Wollkämmerei und Kammgarnspinnerei, in: TA 19/1927, 95; Unsere Tarifpolitik von Kassel bis Hamburg, in: TA 24/1927, 124.
99 Vgl. Streik 1928, 31f.
100 Vgl. StA StP.I–IV 3324: Der Streik in der Hamburger Textilindustrie, in: HE v.29.4.1927; Rundum Kampf, in: TA 18/1927, 89; Deutsche Gerichte verbieten den Streik I, in: TA 25/1927, 129.
101 Zit.nach ebd.
102 Vgl. StA StP.I–IV 3324: Die Textilherren in Nöten, in: HE v.30.4.1927; ebd.: Zweierlei Maß der Justiz?, in: HE v.22.7.1927; Deutsche Gerichte verbieten den Streik I u. II, in: TA 25/1927, 129 u. TA 26/1927, 133f; Bericht über die Verhandlungen des Verbandstages, in: TA 26/1927, 135f; Streik 1928, 35ff.
103 Vgl. Die einstweiligen Verfügungen gegen das Streikrecht der Arbeiterschaft machen Schule, in: TA 26/1927, 131.
104 Streik 1928, 36; vgl. StA StP.I–IV 3324.
105 Vgl. Streik 1928, 35ff.
106 Vgl. StA StP.I–IV 3324: Verschärfung der Lage im Textilarbeiterstreik, in: HE v.2.5.1927; Rundum Kampf, in: TA 18/1927, 89.
107 StA StP.I–IV 3324: Der Streik der Textilarbeiter beendet, in: HE v.25.6.1927; ebd.: Schlag des Schlichters gegen den Textilarbeiter-Verband, in: HVZ v.18.5.1927; Der Kampf im Konzern der NWK, in: TA 20/1927, 101; Zum Streik der Norddeutschen Wollkämmerei und Kammgarnspinnerei, in: TA 23/1927, 117; Streik 1928, 25–60.
108 Vgl. Kapitel 3.3.1.
109 Hanna, in: Pr.V.Gew. 1919, 418f.
110 Ebd., 419.
111 Arbeitstag 1930, 94.
112 Zur gewerkschaftlichen Bildungsarbeit in der Weimarer Republik vgl. Leipart/Erdmann 1928; Hartig: Der Funktionär und seine Schulung, in: Arb. 10/1927, 619–626; Hermberg, Paul: Volkshochschule und Arbeiterbildung, in: Arb. 9/1929, 572–580; Marquardt, Erwin: Volkshochschule und freie Volksbildung, in: Arb. 7/1930, 493–499; Zwing 1926, 200f; Langewiesche 1982; ders.: Freizeit und „Massenbildung“. Zur Ideologie und Praxis in der Weimarer Republik, in: Huck 1980, 223–247; Olbrich 1977; Winkler 1985<b>, 128ff.
113 Dies ergab die Auswertung der gesichteten Jahrgänge dieser Publikationen.

114 Dies ergab die Auswertung der gesichteten Jahrgänge des ‚Textil-Arbeiter'. Vgl. auch Birkelbach 1982, 49ff; Jbu.DTAV 1928, 242.
115 Zur ‚Gewerkschaftlichen Frauenzeitung' vgl. allgemein: Vormschlag 1970, 114–124; Evans 1979, 287f; Losseff-Tillmanns 1978, 364ff; dies. 1982, 210ff; Niggemann 1981<a>, 179ff.Zur Gründungsgeschichte der ‚Gewerkschaftlichen Frauenzeitung' vgl. auch Kapitel 4.1.2.
116 Protokoll der Sitzung des Bundesausschuß des ADGB vom 4.10.1926, 10, zit.nach Losseff-Tillmanns 1978, 368. Vgl. Jbu.ADGB 1923, 188; Jbu.ADGB 1924, 200.
117 100.000 Auflage!, in: GF 11/1917, 81; Pr.V.Gew. 1919, 419f; Pr.V.Gew. 1922, 226; Jbu.ADGB 1924, 200; Jbu.ADGB 1925, 222; Jbu.ADGB 1926, 216; Jbu.ADGB 1927, 320; Jbu.ADGB 1928, 229; Jbu.ADGB 1929, 292; Jbu.ADGB 1930, 285; Jbu.ADGB 1931, 219.
118 Bericht des Bundesvorstands, Frauenarbeit und Arbeiterinnenfragen, in: Pr.V.Gew. 1922, 226.
119 Der erste Artikel, der offensiv das antifeministische Verhalten der männlichen Gewerkschaftsmitglieder kritisierte, erschien 1929 in der ‚Gewerkschaftlichen Frauenzeitung'; vgl. Die Arbeiterinnenfrage – ein Zeitproblem, in: GF 9/1929, 65f.
120 Gertrud Faber (DMV), in: Pr.V.Gew. 1922, 383; vgl. auch: Frau Lungwitz (DMV), in: Pr.V.Gew. 1919, 421; Schuhmacher (Schneiderverband), in: ebd., 422. Vgl. Entschließung zur Frauenfrage von Gertrud Faber (DMV) u.a., in: Pr.V.Gew. 1922, 356–358, 358.
121 Dies ergab die Auswertung der Jahrgänge 1930 bis 1933 der ‚Rundschau der Frau'.
Die Sozialdemokratin *Susanne Suhr* war ZdA-Funktionärin in Berlin, hatte u.a. im Auftrag des ZdA-Hauptvorstandes die Erhebung des Verbandes unter den weiblichen Angestellten bearbeitet (vgl. Suhr 1930) und gab seit 1930 die ‚Rundschau der Frau' heraus. Sie war mit dem Sozialdemokraten *Otto Suhr* (1894–1957) verheiratet, der 1925 bis 1933 Leiter der wirtschaftspolitischen Abteilung des AfA-Bundes war. Vgl. Winkler 1987, 1006.
122 Gewerkschaftliche Arbeiterinnenorganisation, in: GF 21/1922, 157; vgl. Leichter 1932, 122.
123 Vgl. Gewerkschaftliche Arbeiterinnenorganisation, in: GF 21/1922, 157; Arbeiterinnenschulung, in: GF 1/1930, 5f.
124 Dies ergab die Auswertung der Jahrgänge 1922 bis 1933 der DfG, in der alle großen Gewerkschaftsversammlungen angekündigt wurden, sowie die Auswertung des Jb.Gk.HH 1919 und der Jb.OA-ADGB 1920 bis 1931.
125 Funktionäre, Frauen und Jugend, in: HE Nr.256, 16.9.1926.
126 Vgl. Die Funktionärinnen im Gewerkschaftskampf, in: GF 12/1927, 92; Arbeiterinnenschulung, in: GF 1/1930, 5f; Frauenagitation des Verbandes der Fabrikarbeiter, in: GF 5/1931, 38f; Frauenkurse an der Bundesschule Bernau, in: GF 1/1932, 4f; Losseff-Tillmanns 1978, 360ff.
127 Vgl. Zwing 1926, 202.
128 Vgl. Jb.OA-ADGB 1923, 85f; Jb.OA-ADGB 1924, 96ff; Jb.OA-ADGB 1925, 89ff.
129 Vgl. Jb.OA-ADGB 1926, 126; Jb.OA-ADGB 1927, 97ff.
130 Vgl. Jb.SPD-HH 1927/28, 150ff; Jb.OA-ADGB 1929, 78ff; Jb.OA-ADGB 1930, 79ff.
131 Vgl. Was das Jahrbuch erzählt, in: TA 18/1928, 109; Der 7.Frauenkursus der Heimvolkshochschule Tinz, in: GF 8/1929, 62; 8.Frauenkursus in Tinz, in: GF 4/1930, 29; Jensen, O.: Zehn Jahre Tinz, in: Ges. 4/1930, 302–308; Sozialistische Arbeitsgemeinschaft, in: Ge. 2/1928, 37–39.
132 Vgl. Frauenkurse an der Bundesschule Bernau, in: GF 1/1932, 4f.
133 Vgl. Lungwitz, in: Pr.V.Gew. 1919, 421; Helene Grünberg, in: ebd., 422.
134 Der DTAV beschäftigte seit 1921 wieder eine Arbeiterinnensekretärin; vgl. Birkelbach 1982, 28. Der Fabrikarbeiterverband beschäftigte seit 1927 eine Arbeiterinnensekretärin; vgl. Frauenwirken im Verband der Fabrikarbeiter, in: GF 1/1933, 4. Über andere Verbände ist nichts bekannt.
135 Vgl. Die Frau und die Gewerkschaft, in: GF 17/1921, 131; Die weiblichen Mitglieder in der Gewerkschaft, in: GF 26/1921, 201f; Gertrud Hanna, in: Pr.V.Gew. 1925, 155; Vom 13. Gewerkschaftskongreß, in: GF 9/1928, 65f.
136 Hanna, Gertrud: Die Frauen in den Gewerkschaften, in: Arb. 11/1928, 693–703, 698 u. 700.
137 Zur innergewerkschaftlichen Opposition vgl. Braunthal 1981, 118ff; Potthoff 1987, 58ff; Winkler 1985<a>, 267–273.
138 Faber, in: Pr.V.Gew. 1922, 383f.
139 Entschließung zur Frauenfrage, in: Pr.V.Gew. 1922, 357f.
140 Eine umfassende Biographie zu *Theodor Leipart* (1867–1947), der von 1908 bis 1918 Vorsitzender des ‚Holzarbeiterverbandes', 1919/20 württembergischer Arbeitsminister und 1921 bis 1933 Vorsitzender des ADGB war, fehlt bisher. Leipart war Nachfolger von Karl Legien (1861–1920), der von 1891 bis zu seinem Tode Vorsitzender der Generalkommission der freien Gewerkschaften bzw. des ADGB war. Vgl. Winkler 1987, 1000; Schröder 1986, 152f.
141 Theodor Leipart, in: Pr.V.Gew. 1922, 400.

142 Vgl. Wie ‚Arbeiterinneninteressen' gefördert werden, in: GF Nr.14/15, 1922, 106f.

143 Vgl. Birkelbach 1982, 27; Losseff-Tillmanns 1978, 342ff.
Zur Kurzbiographie der Sozialdemokratin und Gewerkschafterin *Martha Hoppe* (geb. 1860), die von Beruf Kurbelstepperin war, vgl. Niggemann 1981<a>, 313; Losseff-Tillmanns 1978, 198f.

144 Vgl. Pr.V.DTAV 1921, 90f, 214ff u. 259.

145 Vgl. Birkelbach 1982, 31f.
Zur Biographie von *Else Krummschmidt* und *Emma Ritsche* ist nichts bekannt.

146 Vgl. Jbu.DTAV 1922, 69f; Jbu.DTAV 1923/24, 39–67, insb. 39ff.

147 Zit.nach: Jbu.DTAV 1928, 236–245, 236. Dort auch im folgenden. Im Protokoll des Verbandstages 1924 ist nichts über einen Beschluß der Richtlinien vermerkt. In späteren Publikationen wurde jedoch immer wieder davon gesprochen, daß diese auf dem 15.Verbandstag des DTAV verabschiedet worden wären. Vgl. u.a. Ritsche, in: Pr.V.DTAV 1927, 114.

148 Zit.nach: Jbu.DTAV 1928, 236–245, 236.

149 Vgl. Jbu.DTAV 1923/24, 39ff; Jbu.DTAV 1928, 236–245, 237ff; Zwei Jahre Arbeiterinnenkommissionen (1926/27).

150 Vgl. Jbu.DTAV 1923/24, 39; Jbu.DTAV 1925, 188; Jbu.DTAV 1926, 135; Jbu.DTAV 1927, 194; Jbu.DTAV 1928, 237.

151 Vgl. Jbu.DTAV 1928, 237f. Verbreitung und Teilmehmerinnenzahl der einzelnen Veranstaltungstypen schwankten erheblich. Dies verdeutlicht folgende Aufstellung des Arbeiterinnensekretariats aus dem Jahr 1928:

Veranstaltungstyp	Veranstaltungen insgesamt	Teilnehmerinnen insgesamt	Durchschnittliche Teilnehmerinnenzahl
Kommissionssitzung	412	3582	9
Vortragsabend	372	13971	38
Leseabend	75	1545	21
Näh- und Handarbeitsabend	216	5046	23
Unterhaltungsabend	84	6910	82
Allgemeine Frauenversammlung	50	3449	69
Film- oder Lichtbildvortrag	31	3666	118
Konferenz	16	272	17
Besichtigung	21	1198	57
Treffen mit anderen Gruppen	17	371	22
Ausflug oder Wanderung	50	2386	48
Hausagitation	106	413	4
Kursus	34	255	8
Insgesamt	1484	43064	29

Ebd., 237.
1928 wiesen die thematischen Veranstaltungen folgende Schwerpunkte auf:

- Organisations- und Agitationsfragen	38 %	- Textilarbeiterbewegung	6 %
- Sozialpolitik	18 %	- Gesundheits- und Körperpflege	5 %
- Erziehungsfragen, Kulturpolitk	11 %	- Rechtsfragen ohne Arbeitsrecht	3 %
- Soziologie, Volkswirtschaft	11 %	- Tarifpolitik	3 %
- Allgemeine Arbeiterbewegung	6 %	- Hauswirtschaft	2 %

Ebd., 238. Vgl. auch: Zwei Jahre Arbeiterinnenkommissionen (1926/27), 12ff.

152 Vgl. Jbu.DTAV 1928, 237ff; Zwei Jahre Arbeiterinnenkommissionen (1926/27), 5 u. 12; Hamburg, in: TA 23/1926, 105; Der Kampf der Arbeiterinnen um ihre Rechte. Textilarbeiterinnen beraten, in: HE Nr.26, 31.1.1933.

153 *Hermann Jäckel* (1869–1928), ein gelernter Weber, kam 1885 zur Sozialdemokratie, seit den 1890er Jahren war er leitender Funktionär des DTAV. 1905 bis zu seinem Tod war er Angestellter dieses Verbandes und zwar 1905/06 als Leiter des Gaues Hannover, 1906 bis 1913 als Sekretär, 1910 bis 1913 als Zweiter und danach als Erster Vorsitzender im Hauptvorstand. Im Ersten Weltkrieg trat er zur USPD über. 1920/21 war er Arbeitsminister im Freistaat Sachsen. 1922 wechselte er wieder zur SPD. 1923 bis 1927 gehörte er dem ADGB-Bundesvorstand, 1912 bis 1919 und 1920 bis 1924 dem Reichstag an. Vgl. Schröder 1986, 137f.

154 Zum 1.Kongreß der Textilarbeiterinnen Deutschlands vgl. Pr.K.DTAV 1926; Jbu.DTAV 1926; Der Reichs-

kongreß der Textilarbeiterinnen in Gera ein voller Erfolg, in: TA 43/1926, 189; Bericht vom Reichskongreß der Textilarbeiterinnen in Gera I–IV, in: ebd., 190, TA 44/1926, 197, TA 45/1926, 200f, TA 46/1926, 205.

155 Themen waren:
1. Der besondere Schutz der Textilarbeiterin gegen die Gefahren der Erwerbsarbeit (Frau Dr.med. Dietrich, Dresden),
2. Die psychologische Einstellung der Textilarbeiterin im Erwerbsleben der Fabrik (Else Niewiera, Gera),
3. Die schwangere Arbeiterin in der Gesetzgebung (Emma Ritsche, Berlin),
4. Die Forderungen des DTAV betreffend Schutz der schwangeren Textilarbeiterinnen (Else Krummschmidt, Berlin),
5. Der § 218 des Strafgesetzbuches und der Schwangerenschutz vor den Parlamenten (Dr. Julius Moses, Berlin),
6. Die volkswirtschaftliche Bedeutung der Frauenarbeit im allgemeinen und in der Textilindustrie im besonderen (Hugo Rödel, Berlin),
7. Die Textilarbeiterin in der Tätigkeit als Vertrauensperson des Verbandes und als Betriebsrätin (Karl Schrader, Berlin),
8. Die geschichtliche Bedeutung des Kampfes der Frau um politische und wirtschaftliche Gleichstellung mit dem Mann (Gertrud Hanna, Berlin).

Vgl. Pr.K.DTAV 1926.

156 Jbu.DTAV 1926, 144.

157 Zum ‚Gesetz über die Beschäftigung vor und nach der Niederkunft' vom Juli 1927 vgl. Kapitel 2.1.2.1. Zur Kampagne des DTAV für eine Verbesserung des Schwangeren- und Wöchnerinnenschutzes vgl. Jbu.DTAV 1923/24, 43ff; Jbu.DTAV 1925, 188ff; Jbu.DTAV 1926, 136ff; Jbu.DTAV 1927, 195ff; Ritsche, in: Pr.V.DTAV 1927, 115ff; Niewiera, in: Pr.V.DTAV 1930, 107ff; Erwerbsarbeit, Schwangerschaft, Frauenleid 1925; Hirsch 1925; Frauen und Mütter in der Textilindustrie, in: GF 8/1923, 57–59; Schutz der werdenden Mütter bei der Arbeit, in: GF 8/1925, 59–61; Erwerbsarbeit, Schwangerschaft und Frauenleid, in: GF 6/1926, 42f.Gegen das medizinische Gutachten des renommierten Gynäkologen Max Hirsch zur Erwerbsarbeit von Schwangeren und Wöchnerinnen in der Textilindustrie, das 1925 erschien, publizierte der ‚Arbeitgeberverband der Deutschen Textilindustrie' ein Gegengutachten. Vgl. Frauenarbeit und Mutterschutz 1926, 470f; Frauenerwerbsarbeit in der Textilindustrie 1926.

158 Vgl. Kapitel 3.3.1.

159 Entschließung, in: Pr.V.DTAV 1927, 52f; vgl. Ritsche, in: Pr.V.DTAV 1927, 121f; Jbu.DTAV 1928, 241f; Niewiera, in: Pr.V.DTAV 1930, 110; Ein Wochenendkursus in Liegnitz, in: TA 18/1928, 109.

160 Jbu.DTAV 1928, 239ff.

161 Ebd., 244f.

162 Hanna, in: Arb. 11/1928, 698ff.

163 Jbu.DTAV 1928, 243f.

164 Ebd.

165 Vgl. Niewiera, in: Pr.V.DTAV 1930, 110ff; Klara Großmann, in: ebd., 146f; Else Weber, in: ebd., 153f; Der Beschluß von Hamburg, in: TA 18/1928, 109.

166 Vgl. Losseff-Tillmanns 1978, 325f.
Anna Zammert, geb.Rabe (geb. 1898), stammte aus einer kinderreichen Zigarrenarbeiterfamilie. Nach der Volksschule arbeitete sie zunächst als Kindermädchen, dann als Dienstmädchen, seit 1917 als Fabrikarbeiterin. 1919 bis 1923 war sie Betriebsfunktionärin einer großen Chemischen Fabrik. 1924 bis 1926 studierte sie an der Akademie für Arbeit in Frankfurt a.M., 1927 war sie Agitationssekretärin des VFD in Frankfurt, seit Anfang 1928 Frauensekretärin beim Hauptvorstand des VFD. 1917 hatte sie sich der USPD angeschlossen, 1922 wurde sie wieder Mitglied der SPD, u.a. arbeitete sie in der AWO mit. 1930 bis 1933 gehörte sie dem Reichstag an. Vgl. Wickert 1986, Bd.2, 188.

167 Vgl. Jbu.ADGB 1922, 91; Jbu.ADGB 1923, 141; Jbu.ADGB 1925, 152f; Jbu.ADGB 1927, 246f; Jbu.ADGB 1928, 296f; Jbu.ADGB 1929, 368f; Jbu.ADGB 1930, 364f; Jbu.ADGB 1931, 302f.

168 Vgl. Zammert, Anna: Zur Frauenagitation des Verbandes der Fabrikarbeiter, in: GF 5/1931, 38f.

169 Lucie Fischer, in: Pr.V.ZdA 1927, 58–60.
Lucie Fischer (Greiz, Gau Westsachsen) war die einzige Frau unter 72 Delegierten. Als Mitglied des Verbandsbeirats war zudem Grete Sehner (Berlin) anwesend und als Gastreferentin der SPD-Reichstagsfraktion Clara Bohm-Schuch. Vgl. auch die Kritik von Grete Sehner, in: Pr.V.ZdA 1927, 110f; und Ohlhoff (Mainz), in: ebd., 53. Zur Reaktion des Hauptvorstandes vgl. Ucko, in: ebd., 61f.

170 Vgl. Gb.ZdA 1927, 47f; Gb.ZdA 1928, 95; Gb.ZdA 1929, 144ff; Zur Ausgestaltung der Frauenarbeit im Verband, in: RdF Nr.9, Nov.1931.

171 Vgl. Frevert, in: Wehler 1981, 522ff.

172 Vgl. Gb.ZdA 1928, 95; Frauenfeierstunde mit Clara Bohm-Schuch, in: AR 9/1928; Aus der Tätigkeit des weiblichen Aktionsausschusses, in: AR 1/1929; Rückblick – Ausblick, in: AR 12/1931; Nachlaß Anni Kienast: Dies.: Was will der weibliche Werbeausschuß?, in: AR 6/1931; Die sozialen Nöte der alleinstehenden Frau. ZdA-Versammlung mit Louise Schröder, in: HE Nr.52, 21.2.1928; Der Kampf um die wirtschaftliche Gleichberechtigung. Kundgebung der weiblichen Angestellten, in: HE Nr.126, 8.5.1931.

173 Vgl. Gb.ZdA 1929, 131f.

174 Vgl. ebd., 144f.

175 Theodor Leipart, in: Pr.V.Gew. 1928, 93.

176 Diese Angaben beziehen sich auf den ‚Verband der Buchbinder und Papierverarbeiter Deutschlands'; vgl. Haueisen, in: Arb. 12/1928, 766. Im VFD waren 1930 3 % aller weiblichen Mitglieder als Funktionärin tätig; vgl. Zammert, in: GF 5/1931, 38. Da beides Verbände mit einem überdurchschnittlich hohen Anteil weiblicher Mitglieder waren, lag bei ihnen die Quote der Funktionärinnen wahrscheinliche höher als im Durchschnitt des ADGB.

177 Vgl. auch im folgenden: Weibliche Funktionäre im DTAV, in: TA 18/1928, 109.

178 Die Auswertung des ‚Handbuchs des Vereins Arbeiterpresse' aus dem Jahr 1927 ergab, daß sich unter den 6.590 Gewerkschafts- und SPD-Angestellten in 640 Orten des Deutschen Reiches insgesamt 97 Frauen (1,5 %) fanden, von denen 64 bei den Gewerkschaften angestellt waren, davon als:

- Mitglied des Verbandsvorstandes:	1
- Gewerkschaftssekretärin:	4
- Schiftleiterin der GF:	1
- Geschäftsführerin:	2
- Bibliotheksleiterin:	1
- Buchhalterin:	9
- Büroangestellte:	35
- Stenotypistin:	9

Handbuch des Vereins Arbeiterpresse 1927, 120ff.

179 Vgl. Hanna, in: Arb. 11/1928, 695; Die Funktionärinnen im Gewerkschaftskampf, in: GF 12/1927, 92. Eine Erhebung, die das Arbeiterinnensekretariat des VFD 1930 durchführte, ergab folgende Tätigkeitsschwerpunkte der Funktionärinnen: Von den 2.557 Kolleginnen waren tätig als

- Betriebsratsmitglied		48 %	
- Verbandsfunktionärin		50 %	
darunter	* Beitragskassiererin		10 %
	* Ortsverwaltungsmitglied		4 %
	* Lohn- bzw. Preiskommissionsmitglied		12 %
	* Betriebsvertrauensperson, Delegierte zu Vertreterversammlungen, Kartelldelegierte		22 %
	* Referentin in Versammlungen		1 %
- Krankenkassenausschuß- oder Krankenkassenvorstandsmitglied		4 %	

360 Gewerkschafterinnen (14 %) übten mehrere Funktionen aus. Auch im VFD war der Anteil der Betriebsrätinnen unter den Funktionärinnen relatv hoch. Frauen stellten im Reichsdurchschnitt allerdings 1930 nur 7 % der Betriebsratsmitglieder. Vgl. Zammert, in: GF 5/1931, 38f.

180 Vgl. Birkelbach 1982, 67ff; Arbeiterinnen und Gastwirtschaftsangestellte. Aus den Jahresberichten der Gewerbeaufsichtsbeamten. Anteil der Frauen an den Betriebsräten, in: Jbu.Fa. 1925, 109–112.

181 Vgl. Jb.OA-ADGB 1925, 66; Jb.OA-ADGB 1926, 81; Jb.OA-ADGB 1927, 56; Jb.OA-ADGB 1928, 52; Jb.OA-ADGB 1929, 65; Jb.OA-ADGB 1930, 51.

182 Zum Betriebsrätegesetz vom Februar 1920 und der gewerkschaftlichen Betriebsrätearbeit vgl. Zwing 1926, 195ff; Crusius 1978, Bd.1 u. 2; Potthoff 1979, 141–157; Winkler 1985<a>, 283–294.

183 Vgl. Jb.OA-ADGB 1930, 50f.

184 Vgl. Jb.OA-ADGB 1925, 66; Jb.OA-ADGB 1928, 48; Jb.OA-ADGB 1930, 50f; Jbu.DTAV 1925, 190; Arbeiterinnen, in: Jbu.Fa. 1925, 109f; Betriebsrätewahlen und Arbeiterinnen, in: GF 2/1925, 9f; Die Frauen in den Betriebsräten, in: GF 12/1925, 91–93; Mais 1928, 59f.

185 Vgl. Die Frauen in den Betriebsräten, in: GF 12/1925, 91f; Arbeiterinnen, in: Jbu.Fa. 1925, 109ff.

186 Arbeitstag 1930, 115f.

187 Vgl. ebd., 112; Franzen-Hellersberg 1932, 31.

188 Vgl. Weibliche Funktionäre im DTAV, in: TA 18/1928, 109.
Auch von den Funktionärinnen des VFD, die 1930 durch die Erhebung des Arbeiterinnensekretariats erfaßt wurden, war die Hälfte verheiratet (44 %) bzw. verwitwet oder geschieden (7 %). Zammert, in: GF 5/1931,

38; vgl. auch Leichter 1932, 125.

189 Für den ZdA liegen keine schriftlichen Quellen vor; auf diese These verweisen jedoch Anni Kienast und Thea Asmus, beides ZdA-Funktionärinnen.

190 Darauf deutet zumindest die Zusammensetzung des männlichen Funktionärskörpers im ZdA hin; vgl. Stehr 1926, 82ff.

191 So war z.B. Ende 1927 die Alterszusammensetzung in der DBV-Ortsgruppe Groß-Hamburg folgende:

	Mitglieder insgesamt	Von hundert Mitgliedern waren alt				
		bis 20	20–35	35–50	50–65	über 65
Frauen	2256	18,3	57,6	18,5	5,0	0,6
Männer	1963	6,2	28,4	27,6	31,5	6,4

Tb.DBV 1927, 25f.

192 In der DBV-Ortsgruppe Groß-Hamburg waren Ende 1927 z.B. 36,4 % der Frauen im selben Jahr und 9,5 % 1926 eingetreten, bei den Männern waren es nur 14,4 % bzw. 7,8 %; vgl. ebd.

193 Jbu.DTAV 1926, 111.

194 Vgl. Hanna, in: Pr.V.Gew. 1919, 418.

195 Vgl. Lippold, in: Jahrbuch für Volkskunde 1983, 104ff.

196 Arbeitstag 1930, 101.

197 Ebd., 70.

198 Delegierte auf den Gewerkschaftskongressen zwischen 1919 und 1932:

Gewerkschaftskongreß	Delegierte insgesamt	davon Frauen	Frauenanteil in %	Verbände, die weibliche Delegierte entsandten (in Klammern deren Anzahl)
1919	636	6	0,9	DMV (1), VFD (1), ZH (3), Zentralverband der Bäcker und Konditoren (1)
1922	690	7	1,0	DMV (4), DTAV (1), DTV (1), Verband der graph. Hilfsarbeiter und -arbeiterinnen (1)
1925	313	4	1,3	DTAV (2), Verband der Landarbeiter (2)
1928	282	2	0,7	DVB (1), DTAV (1)
1931	307	11	3,6	DBV (1), DTAV (6), GV (2), VFD (1), Verband der Landarbeiter (1)
1932	277	8	2,9	DBV (1), DTAV (4), GV (2), VFD (1)

Vgl. Losseff-Tillmanns 1978, 357f.

199 Die Verbände mit den größten Delegationen waren auf dem 13.Gewerkschaftskongreß 1928:

Verband	Delegiertenzahl	davon Frauen	Frauenanteil an den Mitgliedern in %
DMV	49	-	7
VFD	27	-	22
DVB	21	1	9
DTAV	20	1	58
Holzarbeiter	19	-	6
VGSt	14	-	15
VNG	10	-	44
Landarbeiter	9	-	12

Vgl. Hanna, in: Arb. 11/1928, 702.

200 Delegierte auf den DTAV-Verbandstagen 1924, 1927 und 1930:

	1924			1927			1930		
	insg.	F	%	insg.	F	%	insg.	F	%
Delegierte insgesamt	315	30	9,5	133	13	9,8	199	24	12,1
- darunter:									
Verbandsangestellte	128	1	0,8	69	1	1,4	95	2	2,1
Betriebstätige	187	29	15,5	64	12	18,8	104	22	21,2

Pr.V.DTAV 1924, 11 u. 96; Pr.V.DTAV 1927, 5ff; Pr.V.DTAV 1930, 5ff.

201 Delegierte auf den ZdA-Verbandstagen 1924, 1927 und 1930:

Jahr	Delegierte insgesamt	davon Frauen	Frauenanteil in %
1924	110	2	1,8
1927	72	1	1,4
1930	130	17	13,1

Pr.V.ZdA 1924; Pr.V.ZdA 1927, 4ff; Pr.V.ZdA 1930, 6ff.

202 Z.B. fanden sich 1929 auf der Vertreterversammlung der ZdA-Ortsgruppe Hamburg unter den 95 Vertretern 13 Frauen (13,7 %), darunter waren Fanny David, Anni Kienast und Thea Asmus. Vgl. Vertreter-Verzeichnis, in: AR 1/1929.

203 Vgl. Margarete Philipp, in: Pr.V.Gew. 1928, 114f; Hanna, in: Arb. 11/1928, 700; sowie Potthoff 1987, 35.

204 Vgl. Hanna, in: Pr.V.Gew. 1919, 417f; Faber, in: Pr.V.Gew. 1922, 383f; Hanna, in: Pr.V.Gew. 1925, 155; Philipp, in: Pr.V.Gew. 1928, 114f.

205 Auf dem AfA-Bund-Kongreß 1928 war *keine* Frau vertreten; vgl. Grete Sehner, in: Pr.V.ZdA 1930, 78f. Zur öffentlichen Wirkung vgl.: Vom 13. Gewerkschaftskongreß, in: GF 9/1928, 65f; Eine gewerkschaftliche Frauenfrage?, in: HE Nr.271, 30.9.1928.

206 Vgl. Jb.OA-ADGB 1920, 12.

207 Vgl. Losseff-Tillmanns 1978, 459.
Zur Kurzbiographie von *Paula Thiede*, verw. Fehlberg (1870–1919), die seit 1892 dem Vorstand des ‚Verbandes der Buchdruckereihilfsarbeiterinnen' angehörte und 1908 Vorsitzende des ‚Verbandes der Buch- und Steindruckereihilfsarbeiter' wurde, der als gemeinsamer Verband von Arbeiterinnen und Arbeitern 1898 gebildet worden war, vgl. Losseff-Tillmanns 1978, 320ff; Niggemann 1981<a>, 341; Schlüter 1987, 211.

208 Vgl. Pr.V.DTAV 1927, 217.

209 Vgl. Pr.V.ZdA 1930, 78–94. Zur personellen Kontinuität in den zentralen Leitungsgremien vgl.: Braunthal 1981, 109ff; Kukuck/Schiffmann 1986, 56ff; Potthoff 1987, 30ff; Ruck 1985, 42f.

210 *Fritz Schröder* (1891–1937), von Beruf kaufmännischer Angestellter, war seit 1914 Geschäftsführer des ZdH-Hauptausschusses, 1919 bis 1933 des ZdA-Hauptvorstands in Berlin. von April bis Juni 1933 gehörte er dem Reichstag an. Vgl. Biographisches Handbuch 1980, 669.

211 Fritz Schröder, in: Pr.V.ZdA 1930, 109f.

212 Vgl. Gottfurcht (Gauleiter von Brandenburg-Mecklenburg-Grenzmark), in: Pr.V.ZdA 1930, 87; Heinrich Häffner (Karlsruhe), in: ebd., 91; Wilhelm Dörr (Gauleiter von Nordwestmark), in: ebd., 95; Kaufungen (Gauleiter von Nordbayern), in: ebd., 98.

213 Vgl. den Zwischenruf von Grete Sehner während der Ausführungen von Fritz Schröder, in: Pr.V.ZdA 1930, 109; Frieda Wagner, in: ebd., 81.

214 Jbu.ADGB 1928, 212.

215 Hanna, in: Arb. 11/1928, 699f; vgl. Vom 13.Gewerkschaftskongreß, in: GF 9/1928, 65f.

216 Braunthal 1981, 113.

4 *Die sozialdemokratische Frauenbewegung*

1 Juchacz 1920, 3f.

2 Dies., in: Pr.PA-SPD, 8.12.1920, (1044).

3 Dies. 1920, 4.

4 Winkler 1985<b>, 350.

5 Auf dem Nürnberger Parteitag 1908 wurden für das ganze Reich verbindliche Organisationsrichtlinien beschlossen, die die Mitarbeit der Frauen in der SPD regelten. Diese Bestimmungen hatten bis 1919 Gültigkeit. Artikel 1 der Richtlinien lautete: „Jede Genossin ist verpflichtet, der sozialdemokratischen Parteiorganisation ihres Ortes beizutreten. Politische Sonderorganisationen sind nicht gestattet ..." Zit.nach: Einst und Jetzt, in: Gl. Nr.41/42, 1920, 332.
Ausdruck der zunehmenden Einschränkung der Autonomie der sozialdemokratischen Frauenbewegung seit 1908 waren u.a.:
- Die Ablehnung der von den führenden Funktionärinnen geforderten Magdeburger Frauenkonferenz (1910) durch den Parteivorstand;
- die Einschränkung der Autonomie des Frauenbüros, das 1911 als Unterabteilung dem Parteibüro angegliedert wurde;
- die Zunahme der Versuche, den Internationalen Frauentag abzuschaffen. Die Auseinandersetzung um

diesen Kampftag der SPD-Frauenbewegung spitzte sich auf dem Jenaer Parteitag 1913 zu.
Vgl. Fricke 1987, 438ff; Niggemann 1981<a>, 293; Richebächer 1982, 243–287.

6 Vgl. Evans 1979, 172; sowie Hagemann, Karen: Proletarierinnen auf zur Tat, damit der Tag des Wahlrechts naht!, in: Plagemann 1984, 272–274, 273.

7 Programm der Sozialdemokratischen Partei Deutschlands, beschlossen auf dem Görlitzer Parteitag 1921, in: Programme der Deutschen Sozialdemokratie 1965, 81–88, 82.

8 Stampfer 1922, 31. Zur Geschichte der SPD in der Novemberrevolution und der Nachkriegszeit vgl. Neumann 1965, 30; Abendroth 1978, 51ff; Fülberth/Harrer 1974, 151–159; Grebing 1972, 146–162; Kastning 1970, 18–67; Lehnert 1983<a>; Miller 1974<a>, 84–105; dies. 1978<a>, insb. 425–451; Rosenberg, 1974, 5–155; Winkler 1985<a>, insb. 19–67, 243–250 u. 434–454; ders. 1979, 11–72.
Zum Demokratieverständnis der SPD in der Weimarer Republik vgl. Euchner 1986, 125–178.

9 Groh 1973, 36, siehe auch 57ff.

10 Zur Ideologie und Politik der SPD in der Vorkriegszeit vgl. Fricke 1987, 213–364; Fülberth/Harrer 1974, 71–111; Groh 1973; Grebing 1972, 108–119; Lehnert 1977, 144–288; Meyer/Miller/Rohlfes 1984, Bd.1, 179–200 u. 215–260; Mommsen, Hans: Einleitung, in: Friedemann 1978, Bd.1, 11–55; Steinberg 1972, 89–144; Strutynski 1976, insb. 308ff.

11 Abendroth 1978, 47.

12 Zur Geschichte der deutschen Sozialdemokratie im Ersten Weltkrieg und zur Spaltung der Arbeiterbewegung vgl. Fricke 1987, 365–408; Grebing 1972, 134–145; Meyer/Miller/Rohlfes 1984, Bd.2, 301–354; Miller 1974<b>; dies. 1978<a>; Rosenberg 1973, 67–242; Schorske, 1981.

13 Zu den Ergebnissen von Wahlen und Abstimmungen in der Weimarer Republik vgl. Falter/Lindenberger/Schumann 1986, speziell zu den reichsweiten Ergebnissen der Wahlen zu Nationalversammlung und Reichstagen: 41ff.

14 Erster Reichsministerpräsident (von Februar bis Juni 1919) war der Sozialdemokrat *Philipp Scheidemann* (1865–1939), der u.a. von November 1918 bis Februar 1919 Mitglied des Rats der Volksbeauftragten, von 1920 bis 1925 Oberbürgermeister von Kassel und von 1920 bis 1933 Mitglied des Reichstages war, vgl. Schröder 1986, 196.
Sozialdemokratische Nachfolger von Scheidemann im Amt des Reichskanzlers waren von Juni 1919 bis März 1920 Gustav Bauer und von März bis Juni 1920 sowie von Juni 1928 bis März 1930 Hermann Müller; vgl. ebd., 78 u. 171.

15 Vgl. Winkler 1985<a>, insb. 144ff, 191–205, 227–250.

16 Vgl. Falter/Lindenberger/Schumamm 1986, 44; Hunt 1964, 199ff; Winkler 1985<a>, 343ff.Zur Geschichte der USPD vgl. Krause 1975; Prager 1980, insb. 86–228; Winkler 1985<a>, 468–482.

17 Zur Geschichte der KPD in der Weimarer Republik vgl. Flechtheim 1969; Winkler 1985<a>, 114–134 u. 502–552; ders. 1985<b>, 417–465 u. 661–698; sowie als Regionalstudie zur Bremer KPD in den Jahren 1928–1933: Andersen 1987.

18 Vgl. Görlitzer Programm, a.a.O., 81–88; sowie Fülbert/Harrer 1974, 176f; Winkler 1982, 9–54, insb. 9–26; ders. 1985<a>, 434–450.

19 Vgl. Stampfer 1922, insb. 9ff, 24ff u. 31.

20 Vgl. Kastning 1970, 69ff.

21 Görlitzer Programm, a.a.O., 81ff.

22 Vgl. Kastning 1970, 138ff; Hunt 1964, 206ff; Drechsler 1965, 1–24; Winkler 1985<a>, 482ffd; ders. 1985<b>, 327–346.

23 Vgl. Programm der Sozialdemokratischen Partei Deutschlands, beschlossen auf dem Heidelberger Parteitag 1925, in: Programme der deutschen Sozialdemokratie 1963, 89–99, 91; sowie Fülberth/Harrer 1974, 206f; Grebing 1972, 170f; Winkler 1985<b> 320ff; ders. 1982, 35ff. Zur Theoriediskussion der Weimarer Sozialdemokratie allgemein vgl. Ritter 1981.

24 Heidelberger Programm, a.a.O., 95.

25 Vgl. Winkler 1985<b>, 326.

26 Zur Auseinandersetzung um die Koalitionspolitik und die Stellung der Linken in der SPD vgl. Drechsler 1965, 21ff; Euchner 1986, 148ff; Kluge, Hans-Dieter: Verhältnis von SPD und Parlamentarismus: Koalition, Tolerierung, Opposition, in: Luthardt 1978, Bd.1, 9–23 u. 24–82 (Dokumente); Winkler 1985<b>, 629–639 u. 651ff.

27 Zur deutschen Sozialdemokratie in der Endphase der Weimarer Republik vgl. Drechsler 1965, 97ff; Grebing 1972, 199ff; dies.: Auseinandersetzung mit dem Nationalsozialismus, in: Luthardt 1978, Bd.2, 259–279 u. 280–379 (Dokumente); Heinemann, Ulrich: Linksopposition und Spaltungstendenzen in der sozialdemokratischen Arbeiterbewegung, in: ebd., 118–138 u. 139–205 (Dokumente); Matthias, Erich: Die Sozialdemokratische Partei Deutschlands, in: ders./Morsey 1979, 110–278; Winkler 1985<b> 763–883; ders. 1987,

123–864.

28 Zur Geschichte der sozialdemokratischen Arbeiterbewegung Hamburgs vor dem Ersten Weltkrieg fehlt eine wissenschaftlichen Ansprüchen genügende umfangreichere Gesamtdarstellung: Die neue Studie von Helga Kutz-Bauer konzentriert sich auf den Zeitraum 1873 bis 1890 (dies.1988). Die zweibändige Arbeit von Heinrich Laufenberg (ders.1911; ders.1931) reicht ebenfalls nur bis zur Aufhebung des Sozialistengesetzes. Die daran anschließende Darstellung von Johannes Schult (ders. 1967) kann die Lücken nicht schließen. Einen ausführlichen Überblick vermittelt Ullrich 1976, Bd.1, 66–139. Einen kurzen Überblick geben Büttner 1982, 25ff; dies. 1985, 47ff; Comfort 1966, 8ff; Witt 1971, 19ff.
Einzelne Aspekte der Hamburger Sozialdemokratie betrachten u.a. folgende Beiträge aus dem Sammelband Herzig 1983: Kutz-Bauer, Helga: Arbeiterschaft und Sozialdemokratie in Hamburg vom Gründerkrach bis zum Ende des Sozialistengesetzes, 179–192; Evans, Richard J.: Die Cholera und die Sozialdemokratie: Arbeiterbewegung, Bürgertum und Staat in Hamburg während der Krise von 1892, 203–213; sowie ders.: Wahlrechtsraub, Massenstreik und Schopenstehlkrawall. Der Kampf gegen die Wahlrechtsverschlechterung 1905–06, in: Berlin 1981, 162–180.

29 Witt 1971, 19.

30 Vgl. Otto Stolten, in: Pr.Pt.SPD 1917, 377ff.

31 StM Nr.8, 1919, 59.

32 Zur Entwicklung der sozialdemokratischen Arbeiterbewegung Hamburgs während des Ersten Weltkriegs vgl. Ullrich 1976, Bd.1 u. 2; ders. 1982; ders., in: Herzig 1983, 407–418.

33 Vgl. Die Sozialdemokratie in der verfassungsgebenden Bürgerschaft (Tb.) 1921, 5ff.
Zum Verlauf der Novemberrevolution in Hamburg vgl. Baumann 1924; Bünemann 1951; Comfort 1966, 42ff; Lehnert, Detlef: Die Presse der Hamburger Arbeiterparteien in der Revolution 1918/19, in: Herzig 1983, 429–441; Stehling,Jutta: Der Hamburger Arbeiter- und Soldatenrat in der Revolution 1918/19, in: ebd., 419–428; Ullrich 1976, Bd.1, 612–728; ders.: Weltkrieg und Novemberrevolution. Die Hamburger Arbeiterbewegung 1914–1918, in: Berlin 1981, 181–208.

34 StM Nr.31, 1933, 42.

35 Anfang 1918 gehörten der USPD Hamburg-Altona kaum mehr als 500 Mitglieder an, bis Mai 1920 stieg die Mitgliederzahl auf 24.000; Ullrich 1976, Bd.1, 440 u. 716.
Zur Entwicklung der Hamburger USPD vgl. ebd., 438–462, 532–543, 589–611 u. 714–728; ders. 1982, 146ff; Büttner 1985, 105ff.

36 StM Nr.31, 1933, 42.

37 Vgl. Ullrich 1976, Bd.1, 723. Zur Entstehung der KPD Hamburgs und ihrer Entwicklung in der Weimarer Republik vgl. ebd., 714–728; Büttner 1985, 113ff u. 254ff; Voß 1983; Hubert, Eva: Der „Hamburger Aufstand" von 1923, in: Herzig 1983, 483–491.

38 Der USP-Groß-Hamburg gehörten bei ihrer Gründung im November 1920 ca. 700 Mitglieder an, bis Herbst 1922 stieg die Mitgliederzahl auf 1.400; vgl. Ullrich 1976, Bd.1, 723; Büttner 1985, 112.

39 StM Nr.31, 1933, 42.

40 Vgl. Büttner 1985, 112f; dies. 1982, 443ff; Witt 1971, 111f.

41 Vgl. Witt 1971, 21ff; Büttner 1982, 25ff; Schildt, Axel/Arnold Sywottek: Die Bürgerschaft in der Weimarer Republik (1919–1933), in: Asendorf 1984, 80–94, 80f.
Zur Entwicklung der Hamburger SPD in der Weimarer Republik vgl. Büttner 1982, 25ff, 50ff u. 442–461; dies.: in: Herzig 1983, 457–469; Ditt 1984, 18–45; Schildt,Axel: Hanseatische Vernunft kontra Extremismus? Zum antifaschistischen Kampf der Hamburger Sozialdemokratie 1929–1933, in: Berlin 1981, 263–282; Ullrich 1976, Bd.1, 700–714; Witt 1971.

42 Vgl. Schildt/Sywottek, in: Asendorf 1984, 81ff; Büttner 1982, 30ff, 52ff, 461ff u. 483ff; dies. 1985, 48ff u. 268ff.
Aufschluß über die öffentliche Selbstdarstellung der Tätigkeit in Bürgerschaft, Senat und Verwaltung des hamburgischen Staates geben folgende Broschüren der Hamburger SPD: Die Sozialdemokratie in der verfassungsgebenden Bürgerschaft 1921; Sozialdemokratische Staat- und Gemeindepolitik in Hamburg 1924; Kampf um die Staatsmacht 1927; Vorstoss zum Volksstaat 1931.

43 Vgl. Witt 1971, 34.

44 StM Nr.31, 1933, 42f. Zur Entwicklung der politischen Verhältnisse in Hamburg in den Jahren 1930–1933 vgl. Büttner 1982, 393–504; dies. 1985, 253–279; dies.: Hamburg 1932. Rettung der Republik oder Systemzerstörung?, in: dies./Jochmann 1984, 41–65; Ditt 1984, 18–45; speziell zur SPD vgl. Witt 1971, 65–200; Schildt, in: Berlin 1981, 270ff; Büttner, in: Herzig 1983, 465ff.

4.1 *Ideologie und Politik der Frauenbewegung*

1 Gl. Nr.5, 6.12.1918, 33.

2 Vgl. Aufruf des Rates der Volksbeauftragten „An das deutsche Volk!" v.12.11.1918, RGBl Nr.153, 1918, 243.

3 August Bebel hatte sich in seiner Schrift „Die Frau und der Sozialismus" aus dem Jahre 1879 erstmals vehement für die Forderung des allgemeinen und gleichen Stimmrechts für beide Geschlechter eingesetzt (vgl. Bebel 1976, 318–343), doch diese Forderung blieb bis Anfang der 1890er Jahre auch in der Sozialdemokratie umstritten (vgl. Hofmann-Göttig 1986<a>, 22). Zum sozialdemokratischen Kampf für das Frauenstimmrecht vgl. ausführlicher: Zahn-Harnack 1928, 289ff u. 307ff; Bremme 1956, 118f; Evans 1979, 219-234; Hofmann-Göttig 1986<a>, 19ff; Niggemann 1981<a>, 142ff.

4 Programm der Sozialdemokratischen Partei Deutschlands, beschlossen auf dem Erfurter Parteitag 1891, in: Programme der deutschen Sozialdemokratie 1963, 75–80, 77f.

5 Vgl. Auer, Bebel und Genossen: Reichstagsinitiative v.5.12.1894 betr. Gesetz betreffend die Volksvertretung in den Bundesstaaten und in Elsaß-Lothringen, abgedruckt in: Hofmann-Göttig 1986<a>, 23; vgl. ebd., 23f.

6 Die ‚Demokratische Vereinigung' löste sich während des Ersten Weltkrieges auf. Vgl. Zahn-Harnack 1928, 306f; Elm, Ludwig: Demokratische Vereinigung (DV) 1908–1918, in: Fricke 1983, 496–503.
Die liberale ‚Fortschrittliche Volkspartei' verabschiedete zwar auf ihrem ersten Parteitag im Oktober 1912 in Mannheim auf Antrag der führenden weiblichen Parteimitglieder, zu denen u.a. Gertrud Bäumer gehörte, eine Resolution, in der die Parteigenossen aufgefordert wurden, „die Frauen im Kampf um ihre politischen Rechte bis zur vollen staatsbürgerlichen Gleichberechtigung zu unterstützen", nahm diese Forderung jedoch trotz des Drängens der weiblichen Mitglieder nicht in ihr Programm auf. Im Reichstag stimmte sie gegen die sozialdemokratischen Anträge auf Einführung des allgemeinen Frauenwahlrechts; vgl. Zahn-Harnack 1928, 304ff. Zur ‚Fortschrittlichen Volkspartei' vgl. allgemein: Elm, Ludwig: Fortschrittliche Volkspartei (FoVp) 1910–1918, in: Fricke 1984, 599–609.
Eine differenzierte Schilderung der Haltung der bürgerlichen Parteien zum Frauenstimmrecht gibt Zahn-Harnack 1928, 281ff u. 291ff.

7 Noch im August 1918 fand die sozialdemokratische Fraktion im Reichstag bei den bürgerlichen Parteien keine Unterstützung für ihre Forderung nach dem allgemeinen Frauenwahlrecht. Vgl. Hofmann-Göttig 1986<a>, 24ff.

8 Der Begriff „beschränktes Damenwahlrecht" wurde von Clara Zetkin geprägt; vgl. Zetkin 1907, 13.

9 Auf der Erfurter Generalversammlung des BDF wurde die Stellung zum Frauenstimmrecht ausführlich beraten. In einer umfassenden „Denkschrift zur Neuorientierung für die Mitwirkung der Frauen im Staat" wurde die gewandelte Haltung zum allgemeinen und gleichen Frauenwahlrecht erläutert. Der Weg, den die Denkschrift vorschlug, führte über das Gemeindewahlrecht, das durch die Mitarbeit in der kommunalen Kriegsarbeit überfällig geworden schien, zur Forderung des aktiven und passiven Reichstagswahlrechts auf demokratischer Grundlage. Der Beschluß der BDF-Mehrheit führte zum Austritt des ‚Deutschen evangelischen Frauenbundes' aus dem BDF. Vgl. Bäumer, Gertrud: Die Frau im Staat, in: Jbu.BDF 1918, 68–80; „Denkschrift zur Neuorientierung für die Mitwirkung der Frauen im Staat", in: ebd., 80ff; Ledermann 1918, 37ff; Zahn-Harnack 1928, 314ff.
Zur Diskussion über das Frauenstimmrecht in der bürgerlichen Frauenbewegung sowie zur bürgerlichen Frauenstimmrechtsbewegung vgl. Ledermann 1918, insb. 17ff; Zahn-Harnack 1928, 272ff u. 308ff; Bremme 1956, 23ff; Fricke, Dieter: Deutscher Verband für Frauenstimmrecht (DVF) 1904–1916, in: ders. 1984, 320–324; Greven-Aschoff 1981, 132–141.
Zur Haltung der bürgerlichen Frauenbewegung in Hamburg vgl. Hagemann, Karen: „Endlich auch das Frauenwahlrecht!" Über die Anfänge des Kampfes um die „staatsbürgerliche" Gleichberechtigung der Frauen, in: Asendorf 1984, 135–144.

10 Vgl. Evans 1979, 220.

11 SPD-Bürgerschaftsabgeordneter Emil Fischer in der Debatte, in: Stenographische Berichte über die Sitzungen der Bürgerschaft zu Hamburg im Jahre 1906, 4.Sitzung, 24.1.1906, 113, zit.nach Evans 1979, 222.

12 Zur Auseinandersetzung um die Änderung des Hamburger Bürgerschaftswahlrechts 1905/06 vgl. Eckard, Hans Wilhelm: Wahlrecht und Wahlen in Hamburg, in: Asendorf 1984, 125–134, 131; ders. 1980, 37–46; Evans, in: Berlin 1981, 162–180.

13 Vgl. Jb.SPD-HH 1910/11, 16ff; Jb.SPD-HH 1911/12, 15ff; Jb.SPD-HH 1912/13, 82f; Jahresbericht der Genossinnen Hamburgs, in: Gl. Nr.1, 2.10.1912, 9; StA PP S8897, Bd.7: Der Frauentag, in: HE Nr.111, 14.5.1912; ebd., Bd.4: Die sozialistische Frauenwahlrechtsdemonstration, in: HE Nr.54, 5.3.1913; Aus der Organisation. Frauentag in Hamburg, in: Gl. Nr.15, 16.4.1913, 234; Richebächer 1982, 264f.

14 Zu den Anfängen des Internationalen Frauentages und seiner Geschichte bis zum Ende des Ersten Weltkrieges vgl. Evans 1979, 228ff; Richebächer 1982, 264ff u. 275ff; 70 Jahre Internationaler Frauentag 1980, 9–37; Wurms 1980, 7–44.

15 Zit.nach Wurms 1980, 6.

16 Vgl. StA PP S8897, Bd.7: Der Frauenwahlrechtstag, in: HE Nr.68, 21.3.1911; Evans 1979, 231; Jb.SPD-HH 1910/11, 16f.

17 Vgl. Evans 1979, 228ff; Richebächer 1982, 275ff.

18 Resolution der vierten Konferenz sozialistischer Frauen zu Mannheim, das Frauenwahlrecht betreffend, abgedruckt in: Zetkin 1907, 53f.

19 Ebd., 12. Das Referat von Clara Zetkin erschien 1907 in überarbeiteter Form als Broschüre.

20 Vgl. ebd., 44f.

21 Vgl. ebd., 12ff.

22 Bei der Begründung ihrer Position stützte sich Wally Zepler auf die Haltung der Sozialdemokratischen Partei Österreichs und der englischen Independent Labour Party zur Frage des Frauenwahlrechts. Zepler, Wally: Der Weg zum Frauenwahlrecht, in: SM 6/1911, 353–365; vgl. dies.: Frauenbewegung, in: SM 22/1910, 1454f; dies.: Bürgerliche und proletarische Frauenbewegung, in: SM 7/1912, 399–409. Vgl. Evans 1979, 220ff; Neumann 1921<b>, 232ff.

23 Da die Entstehung und Entwicklung der sozialistischen Emanzipationstheorie im Kaiserreich zu den besterforschten und meistdiskutierten Problemen der Geschichte der sozialdemokratischen Frauenbewegung gehört, sollen im folgenden nur die Grundzüge dieser Theorie dargestellt werden. Ich beschränke mich dabei auf den Entwicklungsstand der Theorie in der Vorkriegszeit, der Ausgangspunkt des Wandels der Emanzipationsstrategie nach der Spaltung der sozialdemokratischen Bewegung war.
Zur Entstehung und Entwicklung der sozialistischen Emanzipationstheorie im Kaiserreich vgl.: Albrecht 1979, 478ff; Bauer 1978, 17–34, 49–60 u. 105–114; Bölke 1975, 8–54; Evans 1979, 26–53; Haarmann 1985, 25–42 u. 58–74; Knapp 1984, 465–492; Merfeld 1972, 29–70; Miller, Susanne: Frauenrecht ist Menschenrecht.
Zur Frauenprogrammatik der Sozialdemokratie von den Anfängen bis Godesberg, in: Brandt 1978, 52–72, insb. 52–63; dies. 1978<b>; Neef 1979; Niggemann 1981<a>, 38–49; Nolan, in: Frauen und Wissenschaft 1977, 356–377; Thönnessen 1976, 35ff, 66ff u. 79; Richebächer 1982, 141–152.

24 Grundlage der Broschüre war das Referat „Für die Befreiung der Frau!", das Clara Zetkin am 19.7.1889 auf dem Internationalen Arbeiterkongreß in Paris gehalten hatte; vgl. Thönnessen 1976, 41ff.

25 Vgl. Zetkin 1889, 12–25. Zu Clara Zetkins Kritik am traditionellen Frauenbild vgl. ausführlicher Kapitel 2.3.1. Ihre theoretischen Vorstellungen zu Familie und Erziehung wurden in Kapitel 2.3.2.1 geschildert.

26 Zetkin, Clara: ‚Nur mit der proletarischen Frau wird der Sozialismus siegen!' Rede auf dem Parteitag der SPD zu Gotha, 16.10.1896, in: dies. 1958, 93ff, 101f.

27 Vgl. Zetkin 1889, 14.

28 Vgl. dies., 1907, 12ff; dies. 1971, 202ff.

29 Vgl. dies., 1889, 12f.

30 Vgl. hierzu Näheres in den Kapiteln 1.4.1.2, 2.3.2.1 und 2.3.2.2.

31 Vgl. hierzu Näheres in den Kapiteln 1.4.1.2 und 2.3.1.

32 Vgl. Zepler, Wally: Bürgerliche und proletarische Frauenbewegung, in: SM 7/1912, 400. Ausführlicher beschreibt Richebächer die theoretischen Vorstellungen der Revisionistinnen; vgl. dies. 1982, 155ff. Vgl. auch Evans 1979, 118ff.

33 Zepler, Wally: Bürgerliche und proletarische Frauenbewegung, in: SM 7/1912, 400ff. Vgl. Kapitel 2.3.1 sowie Richebächer 1982, 157ff.

34 Vgl. Zepler, Wally: Der Weg zum Frauenwahlrecht, in: SM 6/1911, 353–365; Richebächer 1982, 156f.

35 Vgl. Evans 1979, 258ff; Niggemann 1981<a>, 181–211; Quataert 1979, 112–145; dies. 1977, 48–65; Richebächer 1982, 129ff.

36 *Ottilie Baader* (1847–1925), eine Arbeitertochter, die als Näherin ihren Lebensunterhalt verdiente, engagierte sich seit 1880 in der Arbeiterbewegung. 1900 wurde sie zur ersten Zentralvertrauensperson der sozialdemokratischen Frauenbewegung Deuschlands gewählt, dieses Amt übte sie bis 1908 aus (seit 1904 besoldet). Danach arbeitete sie im Frauenbüro der SPD, das von Luise Zietz geleitet wurde. Vgl. AdsD SP: Ottilie Baader; Baader 1979; Juchacz 1971, 58–62; Niggemann 1981<a>, 298; Weiland 1983, 42f.

37 Richebächer 1982, 118. Sie beschreibt ausführlicher das Leseverhalten und die Rezeption marxistischer Theorie in der sozialdemokratischen Frauenbewegung des Kaiserreichs; vgl. ebd., 114–128.

38 Die Hamburger SPD veranstaltete 1912/13 beispielsweise folgende Frauenagitationsversammlungen:
– Mai 1912: 15 öffentliche Frauenversammlungen zum Thema: ‚Staatsbürgerliche Rechte der Frauen', anläßlich des 2. Internationalen Frauentages;

– Okt.1912: 18 öffentliche Frauenversammlungen, Thema: ,Die Frau im Kampf gegen Teuerung und Hungersnot';
– März 1913: 18 Demonstrationsversammlungen, Thema: ,Kampf für das Frauenwahlrecht', anläßlich des Internationalen Frauentages.
Vgl. Jb.SPD-HH 1911/12, 16f; Jb.SPD-HH 1912/13, 73, 82f u. 91.

39 Leitfaden 1911, 6. In diesem Leitfaden, der vom SPD-Parteivorstand herausgegeben worden war, wurden folgende Themenschwerpunkte für Vortrags- bzw. Diskussionszyklen unter den Frauen vorgeschlagen:
1. „Was will die Sozialdemokratie?"
2. „Frauen und Arbeiterinnenfrage"
3. „Politische Programm-Forderungen und Tagesfragen"
4. „Sozialpolitik"
5. „Kindererziehung und -pflege"
Die vorgeschlagenen Inhalte der einzelnen Themen sowie die Literaturvorschläge waren ausgesprochen anspruchsvoll. Vgl. ebd., 8–15; sowie: Einst und Jetzt, in: Gl. Nr.41/42, 1920, 332; Bauer 1978, 67f.

40 Zur kontroversen Diskussion um die Ausgestaltung der Frauenlese- und Diskutierabende, die insbesondere auf der Jenaer Frauenkonferenz 1911 geführt wurde, vgl. Richebächer 1982, 271f.

41 Aus der Organisation, in: Gl. Nr.17, 14.5.1913, 265. Hamburg gehörte zu den Landesorganisationen, die bewußt eine reformistische Bildungskonzeption für die Frauenbewegung verfolgten. Vgl. Jb.SPD-HH 1908/09, 24; Richebächer 1982, 271f.

42 Als Themen wurden beispielsweise 1912/13 im Rahmen eines Vortragszyklus des 3.Hamburger Wahlkreises angeboten:
– „Sexuelle Aufklärung in Schule und Haus",
– „Unsere Kleinen im 1. Schuljahr",
– „Sittlichkeit, Moral und Sexualität",
– „Die Entwicklung der Armenpflege in Hamburg",
– „Das Maschinenzeitalter und seine Wirkungen auf die Frauenarbeit",
– „Was hat die Frau mit Politik zu tun?",
– „Was sind wir unseren Kindern schuldig?",
– „Kinderschutz und Arbeiterklasse",
– „Geburtenrückgang".
Vortragszyklen mit ähnlichen Themen wurden seit 1911 in allen drei Hamburger Wahlkreisen durchgeführt. Jb.SPD-HH 1912/13, 91.

43 Vgl. Jb.SPD-HH 1909/10, 25; Jb.SPD-HH 1910/11, 17f; Jb.SPD-HH 1912/13, 30.

44 Vgl. Richebächer 1982, 114. Dies bestätigen auch die Interviews mit den Frauen aus dem sozialdemokratischen Milieu, die alle berichteten, daß sie irgendwann Bebels Buch „Die Frau und der Sozialismus" gelesen hätten.

45 Von den 106 befragten Frauen aus dem sozialdemokratischen Milieu berichteten beispielsweise nur fünf, daß ihre Mutter regelmäßig die sozialdemokratische Tageszeitung gelesen hätte!

46 Vgl. Jb.SPD-HH 1911/12, 15 u. 46ff; Evans 1979, 188; Thönnessen 1976, 131.

47 Dies berichteten mehrere der befragten Frauen aus dem sozialdemokratischen Milieu von ihren Müttern.

48 Clara Zetkin, in: Pr.Pt.SPD 1898 (Stuttgart), zit.nach Evans 1979, 184.

49 Pr.Pt.SPD 1908 (Nürnberg), zit.nach Fricke 1976, 432.

50 Vgl. Evans 1979, 188.

51 Zur Bedeutung der ,Gleichheit' sowie der Kontroverse um die Konzeption dieser Zeitschrift vgl. Bauer 1978, 55ff; Dertinger 1981, 61ff; Evans 1979, 183ff; Fricke 1976, 429ff; ders. 1987, 567ff; Geiger/Weigel 1984, 82ff; Richebächer 1982, 120ff; Thönnessen 1976, 52ff; Vormschlag 1970, 59–99.

52 Vgl. Niggemann 1981<a>, 200.

53 Vgl. Monat 1961; 38–43; Sachße 1986, 181f; sowie: Wanderungen und Ausflüge für Schulkinder, in: Gl. Nr.22, 22.7.1914, 339f.

54 Vgl. Schult 1967, 289ff.

55 Vgl. Kapitel 2.3.2.1.

56 *Klara Weyl*, geb.Haase (1872–1941), eine Arbeitertochter, die den Beruf der Schneiderin erlernte und später als Angestellte arbeitete, war mit einem Arzt verheiratet. 1893 wurde sie Vorstandsmitglied des Fachvereins der Handlungsgehilfinnen, 1902 war sie eine der gewählten Vertrauenspersonen der sozialdemokratischen Frauenbewegung in Berlin, seit dem gleichen Jahr arbeitete sie als Armenpflegerin in der Stadt, 1919 zog sie für die USPD in die Berliner Stadtverordnetenversammlung ein. Vgl. StA PP14568; Niggemann 1981<a>, 345.

57 Vgl. Richebächer 1982, 273.

58 Zur Funktion des Parteiausschusses, der 1912 als zentrales Führungsgremium neben dem Parteivorstand gebildet wurde und sich aus den Vertretern der Bezirks- und Landesvorstände zusammensetzte (jeweils einem), vgl. Boll, Friedhelm: Zur Funktion und Bedeutung des Parteiausschusses der SPD (1912–1921), in: Pr.PA-SPD, hg.v. Dieter Dowe 1980, XI-XXVII.

59 Vgl. Pr.PA-SPD, 30.6.1914, (84)f.

60 Vgl. Lion 1926, 156; Bauer 1978, 81ff; Merfeld 1972, 76; Quataert 1977, 56; Thönnessen 1976; 84; Zetkin 1971, 212ff.

61 Vgl. Evans 1979, 95; Niggemann 1981<a>, 199–211.

62 Vgl. Richebächer 1982, 138.

63 Vgl. Kapitel 1.4.1.2.

64 Vgl. Zietz 1915, 2.

65 Zietz, Luise: Unsere Aufgaben, in: Gl. Nr.24, 28.8.1914, 371.

66 dies.: Die Hilfsaktion der Berliner Genossinnen, in: Gl. Nr.1, 2.10.1914, 5f.Zur Fürsorgetätigkeit der Sozialdemokratinnen während des Krieges vgl. Monat 1961, 44ff. Allgemein zur Entwicklung der Wohlfahrtspflege während des Ersten Weltkrieges vgl. Landwehr/Baron 1983, 73–91.

67 Vgl. Zietz 1915, 4f.

68 Gertrud Bäumer, die damalige Vorsitzende des BDF, hatte bereits am 31.7.1914 die Initiative zur Gründung des ‚Nationalen Frauendienstes' ergriffen.
Zum ‚Nationalen Frauendienst' vgl. Gersdorff 1969, 13ff; Greven-Aschoff 1981, 150–158; Köppen 1985, 56–69; Sachße 1986, 151–173; Söllner 1978, 89ff.

69 Vgl. Zietz 1915, 6f; StA PP S5583, Bd.2: Nationaler Frauendienst. Versammlung im Rathaus. Einigkeit von sozialdemokratischen und bürgerlichen Frauen, in: Berliner Volkszeitung, Nr.364, 4.8.1914.

70 Fürth 1917, 51ff; vgl. Blos 1917, 31f; Braun 1915, 20ff; Zepler 1916, 16ff.

71 Vgl. Bäumer, Gertrud: Die Frau im Staat, in: Jbu.BDF 1918, 68–83.

72 Im geschäftsführenden Ausschuß der ‚Hamburgischen Kriegshilfe' saß als Vertreter der freien Gewerkschaften Emil Hüffmeier und als Vertreter der SPD Otto Stolten; vgl. Hamburgische Kriegshilfe 1914, 29.
Zur Entstehung und Entwicklung der ‚Hamburgischen Kriegshilfe' vgl. Bonfort 1916; 15 Monate Tätigkeit 1915; Hamburgische Jugendpflege 1916; Hamburgische Kriegshilfe 1914; Zahn 1914.

73 Vgl. Bonfort 1916, 5ff; StA PP S8897, Bd.7: Die Kriegshilfe der Genossinnen, in: Vorwärts Nr.45, 14.2.1915; Juchacz/Heymann 1924, 15; Evans 1979, 273.

74 Vgl. Monat 1961, 46f.

75 Vgl. Jb.SPD-HH 1914–1919, 6; Pr.PA-SPD, 28./29.10.1915, (220)ff; Winke für die Agitation 1916, 2f; Zietz, Luise: An die Genossinnen, in: Gl. Nr.3, 30.10.1915, 10.

76 Vgl. Reitze, Johanna: Die Tätigkeit der Hamburger Genossinnen während des Krieges, in: Gl. Nr.21, 20.7.1917, 146f; sowie Ullrich 1982, 39-44.

77 Vgl. Duncker, Käte: Unsere Frauen und der nationale Frauendienst, in: Die Internationale, 1/1919, 33–38, abgedruckt in: Arbeiterbewegung 1973, 25–29. Vgl. Evans 1979, 274ff; Söllner 1978, 95ff.

78 Zur Kriegsopposition in der sozialdemokratischen Frauenbewegung vgl.: Bauer 1978, 139–153; Dornemann 1958; dies. 1974, 257–312; Evans 1979, 270–290; Fricke 1987, 443ff; Herrman 1985; Richebächer 1982, 281ff; Thönnessen 1976, 83–92.
Zur Entwicklung der Kriegsopposition in Hamburg vgl.: Ullrich 1982, 26–38, 109–123 u. 134–156; ders. 1976, Bd.1, 176–220, 283–349 u. 394–611.
Eine anschauliche Schilderung der Kriegserlebnisse aus der Perspektive einer sozialdemokratischen Bremer Arbeiterfamilie, die auf Seiten der Kriegsopposition stand, gibt Kachulle 1982.

79 Vgl. Dornemann 1974, 303ff; Evans 1979, 274ff; Söllner 1970, 40ff; Vormschlag 1970, 72f.

80 Vgl. Fricke 1987, 835; Pr.PA-SPD, 18./19.4.1917, (452).
Der Beschluß zur Herausgabe einer eigenen ‚Gewerkschaftlichen Frauenzeitung' wurde auf der Konferenz von Vertretern der Verbandsvorstände gefaßt, die vom 5.–7.Juli in Berlin stattfand. Vgl. Die Gründung eines Gewerkschaftlichen Frauenblattes für die organisierten Arbeiterinnen, in: Gl. Nr.23, 6.8.1915; 154f; StA PP S8897, Bd.7: Zur Gründung der Gewerkschaftlichen Frauenzeitung, in: Vorwärts Nr.195, 13.7.1915; ebd. S1909: Ist eine gewerkschaftliche Frauenzeitung notwendig?, in: Dachdecker-Zeitung, Nr.31, 31.7. 1915; Evans 1979, 287.
Zur ‚Gewerkschaftlichen Frauenzeitung' vgl. ausführlich Kapitel 3.3.2.3.
Kritische Stellungnahmen zu Inhalt und Gestaltung der ‚Gleichheit' gab es im Ersten Weltkrieg auch aus den Reihen der SPD-Frauenbewegung, z.B. von
– den sozialdemokratischen Frauen Hamburgs (Gegen und für die Haltung der Gleichheit, in: Gl. Nr.17, 14.5.1915, 105);
– den sozialdemokratischen Frauen Württembergs (Eine Konferenz württembergischer Genossinnen, die

auf dem Boden der Parteimehrheit stehen, in: Gl. Nr.6, 22.12.1916, 40f; Ein Handstreich gegen die Gleichheit?, in: Gl. Nr.8, 19.1.1917, 54);
– den sozialdemokratischen Frauen Hessens (Gegen die grundsätzliche Haltung der Gleichheit, in: ebd., 55);
– sozialdemokratischen Frauen der Kreis-Generalversammlung Teltow-Beeskow-Starkow-Charlottenburg (Gegen die grundsätzliche Haltung der Gleichheit, in: Gl. Nr.10, 16.2.1917, 69).

81 Vgl. Evans 1979, 287; Reitze, Johanna: Die Tätigkeit der Hamburger Genossinnen während des Krieges, in: Gl. Nr.21, 20.7.1917, 146f.

82 Rechenschaftsbericht Friedrich Eberts auf dem Würzburger Parteitag 1917, in: Pr.Pt.SPD 1917, 307f. Vgl. Parteivorstand und Parteiausschuß gegen die grundsätzliche Haltung der ‚Gleichheit', in: Gl. Nr.16, 11.5.1917, 110; Pr.PA-SPD, 18./19.4.1917, (436) u. (462) sowie (440)f, (446), (451), (455) u. (457)f.

83 Editorial, in: Gl. Nr.18, 8.6.1917, 117.
Zur Entwicklung der sozialdemokratischen Frauenzeitungen seit 1917 vgl. Kapitel 4.3.2.

84 Vgl. Evans 1979, 287.

85 *Lore Agnes*, geb.Benning (1876–1953), eine Bergarbeitertochter, die bis zur Heirat mit Peter Agnes, einem Gewerkschaftssekretär, als Dienstmädchen arbeitete, war Mutter eines Sohnes. Sie engagierte sich seit 1906 in der Düsseldorfer SPD-Frauenbewegung, 1907 wurde sie zur Vertrauensperson gewählt. 1908 gehörte sie zu den Gründerinnnen des ZH. 1908 bis 1917 und 1922 bis 1933 war sie Mitglied des Bezirksvorstandes der SPD Niederrhein, als solches nahm sie regelmäßig an den Parteitagen teil. Im Krieg schloß sie sich der USPD an. Von 1917 bis 1922 gehörte sie dem Bezirksvorstand der USPD Niederrhein sowie der Kontrollkommission der USPD, von 1922 bis 1933 der SPD an. 1919 bis 1928 war sie Stadtverordnete in Düsseldorf, 1920 bis 1933 Mitglied des Reichstags. Vgl. AdsD SP: Lore Agnes; Vorkämpferinnen: Lore Agnes, in: FW 20/1932, 467; Hillger 1919, 326; Hammer 1956, 25; Juchacz 1971, 137ff; Niggemann 1981<a>, 295f; Osterroth 1960, 9; Schwarz 1965, 608; Weiland 1983, 13f; Wickert 1986, Bd.2, 152.
Toni Sender (1888–1964), Tochter eines Kaufmanns, war zunächst als kaufmännische Angestellte tätig. 1906 schloß sie sich der SPD an, 1917 wurde sie Mitglied der USPD, 1918 gehörte sie dem Frankfurter Arbeiter- und Soldatenrat an, seit 1919 war sie als Redakteurin für gewerkschaftliche und sozialdemokratische Zeitungen tätig. 1919 bis 1931 war sie USPD- bzw. SPD-Parteitagsdelegierte, 1928 bis 1933 Schriftleiterin der ‚Frauenwelt', 1920 bis 1933 Mitglied des Reichstags;. Vgl. AdsD SP: Toni Sender; Hammer 1956, 86; Niggemann 1981<a>, 337; Schwarz 1965, 760; Sender 1981; Wickert 1986, Bd.2, 180.
Über *Bertha Thalheimer* ist nur bekannt, daß sie während des Ersten Weltkrieges zur Kriegsopposition gehörte und an der Berner Frauenkonferenz teilnahm; vgl. Niggemann 1981<a>, 341.
Margarete Wengels (1856–1931), eine Arbeitertochter, die einen Seidenweber heiratete, wurde 1896 in Berlin zur Vertrauensperson der sozialdemokratischen Frauen gewählt. Sie war damit bis zur offiziellen Wahl einer Zentralvertrauensperson 1900 die inoffizielle Leiterin der sozialdemokratischen Frauenbewegung. 1917 schloß sie sich der USPD an, für die sie 1919 in die Berliner Stadtverordnetenversammlung einzog. Vgl. Margarete Wengels †, in: Ge. 5/1931, 207f; Niggemann 1981<a>, 344.

86 Vgl. Evans 1979, 277ff; Herrman 1985, 222f.

87 Vgl. Evans 1979, 290–302; sowie für Hamburg Ullrich 1982, 39–57 u. 63–72.

88 Vgl. Zietz, Luise: Eine dringend notwendige Auskunft, in: Gl. Nr.20, 23.6.1916, 151f.
Die Haltung des Parteivorstandes löste in der ‚Gleichheit' eine lebhafte Diskussion aus; vgl. ebd.; Wengels, Margarete: Eine dringend notwendige Auskunft, in: Gl. Nr.18, 16.5.1916, 137; Lawetsch, Berta: Ein paar Worte zu der dringend nötigen Auskunft!, in: Gl. Nr.22, 11.7. 1916, 166f; Wulff, Frieda: Zur Abhaltung einer Reichsfrauenkonferenz, in: Gl. Nr.23, 2.8.1916, 173. Diese Position behielten Parteivorstands- und Parteiausschußmehrheit bis zur Parteispaltung bei; vgl. Pr.PA-SPD, 18.1.1917, (426)f.

89 Vgl. Frauenkonferenz in Groß-Berlin, in: Gl. Nr.1, 13.10.1916, 3f. Von der Teilnahme Linchen Baumanns berichtete Martha B. im Interview.

90 Resolution der sozialdemokratischen Frauenkonferenz von Groß-Berlin, in: Gl. Nr.2, 27.10.1916, 12ff; vgl. Frauenkonferenz in Groß-Berlin, in: Gl. Nr.1, 13.10.1916, 4.

91 Vgl. Pr.PA-SPD, 18./19.4.1917, (435)ff; Gl. Nr.12, 16.3.1917, 79; Fricke 1987, 450f; Söllner 1978, 125f.

92 Vgl. Pr.PA-SPD, 18./19.4.1917, (461); Gl. Nr.13, 30.3.1917, 87.

93 Ebd.

94 Protestresolutionen wurden von den Frauen in folgenden Bezirken/Ortsvereinen/Wahlkreisen verabschiedet:
– Bezirk Groß-Berlin (Gl. Nr.12, 16.3.1917, 80);
– Landesverband Hamburg (ebd.);
– Ortsverein Braunschweig (Gl. Nr.13, 30.3.1917, 87);
– Wahlkreis Bochum (ebd.);
– Wahlkreise Hanau-Bockenheim-Gelnhausen, Harzburg-Bündheim-Schleweks (Gl. Nr.14, 13.4.1917, 93);
– Ortsvereine Wolfenbüttel und Königsberg (Gl. Nr.15, 27.4.1917, 102);

– Bezirk Leipzig (Gl. Nr.17, 25.5.1917, 115).
Vgl. auch: StA PP S5883: Eine Frauenkonferenz über den Ausschluß der Genossin Zietz, in: LVZ Nr.47, 26.2.1917; ebd.: Zietz, Luise: Parteigenossinnen!, in: LVZ Nr.52, 3.3.1917.

95 StA PP S8897, Bd.7: Überwachungsbericht von Wachtmeister Zufall v.21.2.1917; vgl.: Frauenmitgliederversammlung der drei Hamburger Wahlkreise, in: HE Nr.47, 25.2.1917; Eine Kundgebung der Hamburger Genossinnen für die grundsätzliche Haltung der ‚Gleichheit' und gegen die Maßregelung der Genossin Luise Zietz, in: Gl. Nr.12, 16.3.1917, 80; StA PP S5583, Bd.1: Polizeibehörde Hamburg, Abt.IV, Hamburg 3.4.1916; ebd.: Abschrift: MdR H. Stubbe, Gr.Theaterstr.44, Hamburg. An das Generalkommando des IX. Armeekorps Altona, Hamburg 14.2.1917.

96 StA PP S88997, Bd.7: Überwachungsbericht von Wachtmeister Zufall v.21.2.1917.

97 Vgl. Beyer 1933, 59; Pr.Pt.SPD 1917, 9.

98 Der USPD schlossen sich neben Luise Zietz und Clara Zetkin u.a. an: Lore Agnes, Käte Duncker, Toni Sender, Bertha Thalheimer, Margarete Wengels. Vgl. Evans 1979, 288.

99 Vgl. StA PP S14760: Auszug aus einem Versammlungsbericht über eine Versammlung des 3. Hamburger Wahlkreises am 3.6.1917.

100 Vgl. StA PP S10157: Brandenburg, Helene. Die Akte enthält nach dem 18.6.1914 keine Eintragungen mehr. Ihren letzten Artikel publizierte sie unter dem Titel ‚Zur Arbeiterinnenfrage' im HE Nr.34, 10.2.1914. Martha B. berichtete im Interview, daß sich Helene Brandenburg, die 1914 erst 41 Jahre alt war, aus Enttäuschung zurückgezogen hätte. Über ihren weiteren Lebensweg ist nichts bekannt.

101 Helma Steinbach, die Mitglied der ‚Deutschen Friedensgesellschaft' (DFG) war, gehörte zwar nach Kriegsbeginn aufgrund ihrer pazifistischen Überzeugung zu den ersten, die sich offen gegen den Krieg aussprachen, blieb aber nach der Parteispaltung in der MSPD. Vgl. StA PP S2009: Deutsche Friedensgesellschaft, in: Pädagogische Reform, Nr.15, 9.4.1896; ebd.: Helma Steinbach – Mitglied der Internationalen Friedensgesellschaft, in: HE Nr. 269, 16.11.1912; Evans 1979, 271. Zur DFG vgl. Schellenberg, Johanna: Deutsche Friedensgesellschaft (DFG) 1892–1933, in: Fricke 1983, 667–703.

102 Reichskonferenz der sozialdemokratischen Frauen, in: Sonderbeilage der Gl. 20.7.1917, 1.

103 Vgl. Fricke 1987, 448f.

104 Vgl. Pr.PA-SPD, 18.1.1917, (426)f.

105 Vgl. StA PP S8897, Bd.7: Versammlungsberichte 1911–1918.

106 Vgl. Pr.PA-SPD, 28./29.10.1915, (220)ff.
Zur Entwicklung der weiblichen Mitgliederzahlen der SPD siehe Kapitel 4.2.2.

107 Zur Entwickung der USPD-Frauenbewegung vgl. Wickert 1986, Bd.1, 80ff; sowie Kontos 1979, 43ff.

108 So mußte Marie Juchacz 1919 auf der Weimarer Frauenkonferenz feststellen: „Die Parteispaltung hat uns vieler Kräfte beraubt"; Pr.Pt.SPD 1919, 463.
Zum Führungswechsel in der MSPD-Frauenbewegung des Reiches vgl. Quataert 1974, 338–366; Wickert 1986, Bd.1, 72ff. Zum Generationswechsel in der sozialdemokratischen Frauenbewegung Hamburgs vgl. Kapitel 4.2.3.

109 Reichskonferenz der sozialdemokratischen Frauen, in: Sonderbeilage der Gl. 20.7.1917, 1.

110 Pr.PA-SPD, 18./19.4.1917, (451).

111 Fricke 1987, 451f.

112 Pr.PA-SPD, 18./19.4.1917, (462).

113 Vgl. Reichskonferenz der sozialdemokratischen Frauen, in: Sonderbeilage der Gl. 20.7.1917, 2; StA PP S8897, Bd.7: Bericht über die Frauenmitgliederversammlung des 3.Hamburger Wahlkreises im Gewerkschaftshaus am 11.7.1917: Johanna Reitze berichtete über die Reichsfrauenkonferenz in Berlin.

114 Reichskonferenz der sozialdemokratischen Frauen, in: Sonderbeilage der Gl. 20.7.1917, 4; vgl. Zepler, Wally: Für das Frauenwahlrecht, in: Gl. Nr.25, 14.9.1917; 173f.

115 Vgl. Pr.Pt.SPD 1917, 11ff, 219f, 236 sowie insb. 365ff.

116 Vgl. Reichskonferenz der sozialdemokratischen Frauen, in: Sonderbeilage der Gl. 20.7.1917, 1.

117 Johanna Reitze berichtete bereits am 11. Juli 1917, wenige Tage nach der Konferenz auf einer Frauenmitgliederversammlung des 3.Hamburger Wahlkreises im Gewerkschaftshaus über deren Ergebnisse. Beschlossen wurde eine Intensivierung der Versammlungstätigkeit. Vgl. StA PP S8897, Bd.3: Überwachungsbericht von Wachtmeister Zufall v. 12.7.1917.
Zum Reichsgebiet vgl.: Aus unserer Bewegung, in: Gl. Nr.21, 20.7.1917, 147ff, Gl. Nr.22, 3.8.1917, 155ff, Gl. Nr.23, 17.8.1917, 160ff, Gl. Nr.24, 31.8.1917, 169, Gl. Nr.25, 14.9.1917, 175, sowie dieselbe Rubrik auch in folgenden Jahrgängen der ‚Gleichheit'.

118 Die Versammlung fand am 9.6.1917 im Gewerkschaftshaus statt. Referentin war Johanna Reitze; 200 Frauen waren anwesend. Vgl. StA PP S8897, Bd.3: Überwachungsbericht von Wachtmeister Bürow, 10.6.1917; ebd.: Die Staatsbürgerrechte der Frauen, in: HE Nr.133, 10.6.1917.

119 Die Versammlung fand Mitte Oktober zum Thema „Kriegszeit, Frauenpflicht, Frauenrecht" statt, Referentin war Marie Juchacz. Vgl. Aus unserer Bewegung, in: Gl. Nr.3, 9.11.1917, 20.

120 Diese Eingabe richteten sozialdemokratische Frauen gemeinsam mit dem ‚Deutschen Verband für Frauenstimmrecht' und dem ‚Deutschen Frauenstimmrechtsbund' an die Preußische Abgeordnetenversammlung. In der Folgezeit kam es wiederholt zu einem gemeinsamen Vorgehen in dieser Frage. Zum letzten Mal verfaßten Marie Juchacz für die MSPD-Frauen, Marie Stritt für den ‚Deutschen Reichsverband für Frauenstimmrecht', Anita Augspurg für den ‚Deutschen Frauenstimmrechtsbund', Lida Gustava Heymann für den ‚Deutschen Frauenausschuß für dauernden Frieden', Gertrud Hanna für das Arbeiterinnensekretariat der Generalkommission der freien Gewerkschaften, Helene Lange für die Frauen der ‚Fortschrittlichen Volkspartei', Klara Mende für die Frauen der ‚Nationalliberalen Partei' und Gertrud Bäumer für den BDF am 25.10.1918 eine gemeinsame Petition an den Reichskanzler Max v.Baden für die politische Gleichberechtigung der Frauen. Vgl. Gl. Nr.6, 21.12. 1917, 42; Die Frauen im neuen Deutschland, in: Gl. Nr.3, 8.11.1918, 17; Die Frauen im neuen Deutschland, in: Gl. Nr.4, 22.11.1918, 27f.

121 StA PP S8897, Bd.3: Eine Kundgebung für das Frauenwahlrecht, in: HE Nr.97, 26.4.1918. Zum Thema: „Ist in den staatsbürgerlichen Rechten die Frau dem Mann gleichzustellen?" sprach Wally Zepler. Es redeten darüber hinaus:
– Frau Donert als Vertreterin des ‚Stadtbundes Hamburger Frauenvereine',
– Frau Prof. Wendt als Vertreterin der Landesvereinigung des ‚Reichsverbandes für Frauenstimmrecht',
– Frau Halben als Vertreterin des ‚Deutschen Bundes für Mutterschutz'.
Die Versammlung fand am 25.4.1918 im Gewerkschaftshaus statt. Vgl. ebd.: Versammlungsbericht Oberwachtmeister Zufall v.25.4.1918.

122 Referentinnen der Versammlung, die am 28.10.1918 stattfand, waren Marie Juchacz (MSPD) und Rita Bardenhauer für den ‚Deutschen Verband für Frauenstimmrecht'. Aufgrund heftiger Konflikte mit der USPD mußte die Versammlung abgebrochen und am 7.11.1918 wiederholt werden. Bei der zweiten Versammlung war Männern der Zutritt nicht gestattet. Vgl. StA PP S8897, Bd.3: Überwachungsbericht von Wachtmeister Hesse v.29.10.1918; ebd.: Anzeige im HE Nr.260, 5.11.1918.

123 Frauenstimmen 1920, 13.

124 Zit.nach: Die erste Parlamentsrede einer Frau in Deutschland, in: Gl. Nr.12, 14.3.1919, 89–91, 89. Vgl. auch im folgenden: Roehl 1961, 69ff.

125 Marie Arning auf der Bezirksfrauenkonferenz der SPD Hamburg-Nordwest 1924, in: Die Frau in der Politik (Fk.SPD-HH-Nw), 1924, 18; dies.: Frauen und Partei, in: FB-HE Nr.9, Okt. 1924.

126 Clara Bohm-Schuch, in: Pr.Pt.SPD 1920, 62.

127 Schöfer, Sophie: Die Frauen und das neue Parteiprogramm, in: NZ 1920/21, Bd.2, Nr.29, 599–603, 599ff. Vgl. dort auch im folgenden.

128 Koreferent war Emil Wutzky, er sprach zum Thema „Frauen in der Kommunalpolitik"; vgl. Pr.Fk.SPD 1921, 7–11.

129 Vgl. ebd., 12–21.

130 Ebd., 53f. Vgl. dort auch im folgenden.

131 Ebd., 51.

132 Vgl. ebd., 70ff. Im ‚Hamburger Echo' veröffentlichte Ella Wierzbitzki den Entwurf für ein „Sozialdemokratisches Frauenprogramm"; vgl. HE Nr.402, 30.8.1921.

133 Vgl. Leitsätze der auf der Görlitzer Reichsfrauenkonferenz am 17.9.1921 gehaltenen Referate, in: Gl. 22/1921, 215f; sowie Gl. Nr.18/19, 1921, 177; Gl. 20/1921, 197.

134 Vgl. NZ 1919/20, Bd.2, Nr.20/21, 500f.

135 Vgl. u.a.: Todenhagen, Minna: Klassenbewußtsein und Staatssinn, in: Gl. 8/1921, 76f; dies.: Klassenkampf und Staatssinn, in: Gl. 10/1921, 95f; dies.: Unsere Stellung zum Staat, in: FH 1924, 47–50; Blos, Anna: Gleichwertig – nicht gleichartig!, in: FH 1923, 12ff; Zepler, Wally: Die erste Periode der politischen Mitarbeit der Frau in Deutschland, in: SM Bd.54, 1920, 590–597; dies.: Bemerkungen zur Frauenfrage, in: SM Bd.58, 1922, 266–277; Corssen, Meta: Die Problematik der Frauenbewegung, in: SM Bd.65, 1927, 816–823; dies.: Die Zukunft der Frauenbewegung, in: ebd., 976–981; Müller, H.: Was soll die Frau dem Manne sein? I u. II, in: Gl. 47/1920, 383f u. Gl. 48/1920, 392; Kirschmann-Röhl, Elisabeth: Das Weibliche und der Sozialismus, in: JB 9/1923, 163–165; Lehmann, Henni: Weiblichkeit und Politik, in: ebd., 147–149; sowie: Die Kulturaufgabe der Frau, in: FB-HE 3/1920; Schult, J.: Vom Wesen der Frau, in: FB-HE 10/1929; Arning, Marie: Frauen und Partei, in: FB-HE Nr.9, Okt.1924.

136 Vgl. Kapitel 1.4.1.2, 1.5.1, 1.5.2, 2.3.2.

137 Vgl. Kapitel 2.3.1.

138 *Hedwig Wachenheim* (1891–1969), eine Kaufmannstochter, arbeitete nach ihrer Ausbildung an der sozialen Frauenschule in Berlin (1912–1914) als Fürsorgerin in Mannheim. Ab 1916 war sie als Angestellte in Berlin

tätig, zunächst in der privaten und öffentlichen Wohlfahrtspflege, ab 1919 in der Reichszentrale für Heimatdienst, ab 1922 bei der Reichsfilmprüfstelle, wo sie bis 1933, zuletzt als Regierungsrätin, beschäftigt blieb. 1919 war sie Mitbegründerin der AWO, deren Hauptausschuß sie von 1920 bis 1933 angehörte. Von 1926 bis 1933 war sie Schriftleiterin der ,Arbeiterwohlfahrt', 1928 bis 1933 unterrichtete sie an der Berliner Wohlfahrtsschule der AWO, die sie später auch leitete. Von 1928 bis 1933 gehörte sie dem Preußischen Landtag an. Vgl. AdsD SP: Hedwig Wachenheim; Handbuch des Preußischen Landtags 1932, 495; Wachenheim 1973; Wickert 1986, Bd.2, 183f.

139 Vgl. Pr.Fk.SPD 1921, 21f.

140 Auf die parlamentarische Frauenarbeit in der Weimarer Republik soll nicht näher eingegangen werden. Zu den Tätigkeitsschwerpunkten der Frauen der verschiedenen Fraktionen in der Nationalversammlung sowie im Reichstag vgl. Deutsch 1920; dies. 1924; dies. 1928. Die Tätigkeit der bürgerlichen Frauen in Partei und Parlament analysiert näher: Greven-Aschoff 1981, 159–179. Die parlamentarische Arbeit der Sozialdemokratinnen in Nationalversammlung, Reichstag und Preußischem Landtag analysiert Wickert 1986, Bd.1, 165–215. Vgl. auch: Hasenclever, Christa: Aus der parlamentarischen Tätigkeit von Marie Juchacz, in: Marie Juchacz 1979, 123–136; Miller, Susanne: Die Parlamentarierinnen der ersten Generation sind ihren Lebenszielen treu geblieben, in: Huber 1984, 41–79, insb. 53–76; Schreiber, Adele: Die Sozialdemokratin als Staatsbürgerin, in: Blos 1930, 97–147, 112–132.
Von 15 der 18 Sozialdemokratinnen, die zwischen 1919 und 1933 in der Hamburgischen Bürgerschaft waren, konnten die Tätigkeitsschwerpunkte in der Parlamentsarbeit ermittelt werden. Bevorzugte Arbeitsbereiche waren in folgender Prioritätenfolge:
1. Jugendpflege und Jugendfürsorge
2. Wohnungsfragen
3. Sozialpolitik und Wohlfahrtspflege
4. Angelegenheiten des hamburgischen Parlaments (insb. Bürgerausschuß, Beschwerdeausschuß, Schriftführerin der Bürgerschaft)
5. Finanzen (insb. Staatliche Kommission zur Festsetzung von Gebühren und Tarifen)
6. Erziehung und Wissenschaft (insb. Schulpolitik)
7. Angelegenheiten des hamburgischen Senats
8. Gesundheitsfragen
9. Kunst und Kultur

Dies ergab die Auswertung der Biographien im Staatsarchiv Hamburg; vgl. StA: Bürgerschaftsmitglieder 1859–1959, Handschrift 601; Hagemann, in: Asendorf 1984, 135ff.

141 Vgl. Deutsch 1920, 41ff; Fessenden 1976, insb. 190ff; Koonz 1976, insb. 665–683.

142 Vgl. Kapitel 4.3.2.

143 Vgl. ebd.

144 Ein knappes Drittel der Artikel der ,Gleichheit' nahm zwischen 1920 und 1923 zu Fragen der Sozialpolitik und der Wohlfahrtspflege Stellung. Neben der Rubrik „Wohlfahrtspflege" beschäftigten sich auch die Rubriken „Kommunales" und „Soziale Rundschau" regelmäßig mit diesem Thema. Darüber hinaus enthielt jede Nummer der ,Gleichheit' hierzu grundsätzliche Artikel.

145 Themen der Weimarer Frauenkonferenz im Juni 1919 waren u.a.: „Frauenarbeit und Frauenschutz" (Gertrud Hanna), „Fürsorge für Mutter und Kind" (Adele Schreiber).
Hauptthema der Kasseler Frauenkonferenz im Oktober 1920 war: „Wohlfahrtspflege und Jugendwohlfahrt" (Hans Caspari).
In der Rubrik „Aus unserer Bewegung" berichtete die ,Gleichheit' regelmäßig über die Bezirksfrauenkonferenzen. Meist war ein Schwerpunkt in den ersten Jahren nach Kriegsende die soziale Frauenarbeit.

146 Die erste Frauenkonferenz des Bezirks Hamburg-Nordwest fand am 26. und 27.11.1921 in Hamburg statt. Themen waren:
1. Die Stellung der Frau im Staats- und Wirtschaftsleben (Clara Bohm-Schuch)
2. Organisationsfrage (Johanna Reitze)
3. Staatliche und private Fürsorge (Louis Korell)
4. Partei und soziale Fürsorge (Ella Wierzbitzki).

Vgl. Bezirk Hamburg-Nordwest: Unsere Frauenorganisation, in: HE Nr.552, 26.11.1921; Die Frauenkonferenz des Bezirks Hamburg-Nordwest, in: HE Nr.553, 26.11.1921; Frauenkonferenz des Bezirks Hamburg-Nordwest, in: HE Nr.554, 27.11.1921.

147 Jb.SPD-HH 1919-1921, 96.

148 Vgl. Schilling, Minna: Warum müssen Frauen wählen?, in: Gl. 23/1920, 188; Bezirksparteitag Hamburg-Nordwest, in: HE Nr.295, 25.6.1921; Aus unserer Bewegung, in: Gl. 15/1921, 149f; Unsere Agitation und die Mütter, in: Gl. Nr.17/18, 1922, 161; Vorschläge für unsere Werbearbeit, in: Gl. Nr.19/20, 1922, 180f.

149 Themen der zentralen öffentlichen Frauenversammlungen in Hamburg zwischen 1919 und 1923 waren:
– „Die Frau als Staatsbürgerin", 12.3.1919;
– „Mutterschutz und Kinderfürsorge" mit Adele Schreiber, 8.9.1919;
– „Die Stellung der Frauen zur gegenwärtigen politischen Lage" mit Clara Bohm-Schuch, 20.2.1920;
– „Die Frau im Kampf gegen Unsittlichkeit" mit Adele Schreiber und Andreas Knack, 13.11.1920;
– „Die Frau entscheidet das Schicksal des Volkes" mit Max Quarck, 10.8.1921;
– „Die Zeitung der Frau" mit Johanna Reitze, 25.11.1922;
– „Die Internationale und die Frauen" mit Lore Agnes, Adelheid Popp u.a., 29.5.1923.
Alle Versammlungen fanden im Gewerkschaftshaus statt.
Dies ergab die Auswertung der Veranstaltungsanzeigen und Versammlungsberichte im ‚Hamburger Echo'.
Vgl. auch: Jb.SPD-HH 1914–1919, 37f u. 45f; Jb.SPD-HH 1919–1921, 96ff; Jb.SPD-HH 1921–1924, 62ff.

150 Vgl. Jb.SPD-HH 1914–1919, 37f u. 45f.

151 Jb.SPD-HH 1921–1924, 62.

152 Vgl. StA PK.224–49: Bestände der SPD für die einzelnen Wahlen zwischen 1919 und 1932; vgl. auch: Referentenmaterial 2 zur Agitation unter den Frauen 1924; Die Frau in Politik und Beruf 1928; Ach, Liesel 1932; sowie die Materialien einzelner Bezirke, u.a.: Reichstag und Frauenrechte 1924; Matschke 1924; Weißt Du schon? 1927.

153 Vgl. Politische Plakate 1980, 140f; sowie Pr.Pt.SPD 1919, 21.

154 Die Titel der Flugblätter lauteten: „Frauen Hamburgs!" und „Frauen und Mädchen, Wählerinnen! Ein ernstes Wort in letzter Stunde."; StA PK.224–49: Nationalversammlung 1919, SPD; vgl. Jb.SPD-HH 1914–1919, 88.

155 Vgl. Reitze, Johanna: Die Presse und die Frauen, in: Gl. Nr.13, 28.3.1919, 97f; dies.: Die Frauen und die Presse, in: Gl. 7/1921, 93f; dies.: Die Macht der Presse, in: FH 1922, 49f.

156 Über die Biographie von *Elli Radtke Warmuth* konnte nichts ermittelt werden.

157 Vgl. Vormschlag 1970, 74ff. Elisabeth Vormschlag behauptet, daß die Kritik an der ‚Gleichheit' Ursache für das Ausscheiden von Clara Bohm-Schuch gewesen sei, bringt dafür aber keinerlei Belege (vgl. ebd., 77). Kritik an der ‚Gleichheit' findet sich weder in den Protokollen der Parteitage noch der Reichskonferenzen.

158 Vgl. Reitze, Johanna: Die Presse und die Frauen, in: Gl. Nr.13, 28.3.1919, 97f; Clara Bohm-Schuch, in: Pr.Pt.SPD 1919, 466ff; sowie Juchacz 1920, 14; Die Frau und ihr Haus, H.1, 1.7.1919; Elisabeth Röhl, in: Pr.Pt.SPD 1919, 474f.

159 Vgl. Gl. 8/1921.

160 Juchacz 1920, 13; vgl. Bohm-Schuch, in: Pr.Pt.SPD 1919, 468.

161 Eine Auszählung der Jahrgänge 1921 bis 1923 der ‚Gleichheit' ergab folgende inhaltliche Schwerpunkte: Politik 39 %, Sozialpolitik und Wohlfahrtspflege 28 %, Erwerbsleben 5 %, Mutterschaft/Erziehung/Haushalt 15 %, Feuilleton 15 %. Die Prozentzahlen beziehen sich nur auf die Anzahl der Artikel zu den einzelnen Schwerpunkten. Der Umfang konnte nicht berücksichtigt werden. Deshalb erscheint der Anteil des Feuilletons relativ gering, dessen Beiträge im allgemeinen umfangreicher waren als die normalen Artikel. Die Beilagen wurden nicht berücksichtigt.
Zur Analyse des Inhalts der ‚Gleichheit' vgl. ausführlich: Vormschlag 1970, 99–114.

162 Vgl. Pr.PA-SPD, 8.12.1920, (1043); Gl. 1/1921; Gl. 7/1922, 66; Pr.Pt.SPD 1921, 17.

163 Pr.PA-SPD, 8.12.1920, (1043); vgl. ebd., (1038)ff.

164 Vgl. Thönnessen 1976, 134; Die Auflage der ‚Kämpferin' lag vor dem Zusammenschluß von SPD und USPD bei 38.500 Exemplaren, d.h. nur ein Teil der Leserinnen der ‚Kämpferin' abonnierte nach ihrer Einstellung die ‚Gleichheit'; vgl. ebd.

165 Vgl. Pr.PA-SPD, 8.12.1920, (1043); Pr.Pt.SPD 1920, 61 u. 322; Pr.Pt.SPD 1921, 50, 57f, 61, 66 u. 332.

166 Vgl. Jb.SPD-HH 1925/26, 92 u. 172.

167 Vgl. Jb.SPD-HH 1919–1921, 99 u. 108.

168 Die Auszählung der Artikel der ‚Frauen-Beilage des Hamburger Echo' ergab für die Jahrgänge 1919/20 und 1928 folgende Schwerpunkte:

	1919/20	1928
Politik/Frauenbewegung	17 %	29 %
Soziale	6 %	16 %
Ehe/Familie	7 %	5 %
Bevölkerungspolitik	3 %	5 %
Gesundheit	3 %	9 %
Erziehungsfragen	30 %	9 %
Haushalt	1 %	5 %
Kultur	6 %	13 %
Feuilleton (Erzählungen)	25 %	9 %

Hinzu kamen im Feuilleton pro Ausgabe der FB-HE drei bis vier Gedichte.

169 Die Frauenbeilage des sozialdemokratischen Pressedienstes ‚Sozialistische Frau', die in Amsterdam archiviert ist, wurde nicht ausgewertet. Deshalb kann nicht gesagt werden, wieviele von den Artikeln der leitenden Funktionärinnen aus dieser Beilage übernommen wurden.

170 Dies ergab die Auswertung des ‚Hamburger Echo' und seiner ‚Frauen-Beilage' für die Jahrgänge 1919 bis 1932.

171 Dies berichtete Thea Asmus, seit 1926 Mitglied des Frauenaktionsausschusses der Hamburger SPD, im Interview.

172 Vgl. Vogel, Anna: Frauenbewegung und Parteipresse, in: Ge. 9/1929, 410f.

173 Vgl. Jb.SPD-HH 1919–1921, 108.

174 1927 gab es im gesamten Reichsgebiet außer Louise Wegbrod zwei Redakteurinnen, die bei einer der 169 sozialdemokratischen Tageszeitungen angestellt waren; vgl. Handbuch des Vereins Arbeiterpresse 1927, 120ff. Höchstens in drei Pressekommissionen im Reich saßen Frauen. Vgl. Zerna, Herta: Die Frauenbeilage und der weibliche Parteiredakteur, in: Ge. 5/1929, 212–215; Vogel, Anna: Frauenbewegung und Parteipresse, in: Ge. 9/1929, 410f; Leffler, Anni: Frauenbewegung und Parteipresse, in: Ge. 6/1929, 258f; Pr.Pt. SPD 1924, 244.

175 Zerna, in: Ge. 5/1929, 212–215.

176 Der einzige Aufsatz, der die außerordentlich starke Orientierung auf den Tätigkeitsschwerpunkt „Sozialpolitik und Wohlfahrtspflege" in den ersten Jahren der Weimarer Republik kritisierte, war: Lehmann, Henni: Die Frauen und die Partei. Ein Nachtrag zum Kasseler Parteitag, in: NZ 1920/21, Bd.1, Nr.14, 335–338.

177 Luise Zietz, zit.nach: Deutsch 1920, 3.

178 Minna Todenhagen, in: Pr.Pt.SPD 1920, 118.
Vgl. die Ausführungen von Clara Bohm-Schuch und Johanna Reitze auf der öffentlichen Frauenversammlung, die die erste Bezirksfrauenkonferenz der SPD Hamburg-Nordwest im November 1921 einleitete: Die Frauenkonferenz des Bezirks Hamburg-Nordwest, in: HE Nr.553, 26.11.1921; sowie Marie Juchacz, in: Pr.PA-SPD, 25.8.1920, (996)f.

179 Vgl. Wickert 1986, Bd.2, 64–69. Hier sind alle sozialdemokratischen Parlamentarierinnen, die Nationalversammlung oder Reichstag zwischen 1919 und 1933 angehörten, namentlich aufgeführt.

180 Vgl. StJbu 1932/33, 239; StA: Bürgerschaftsmitglieder 1859–1959, Handschrift 601. Alle anderen Parteien stellten keine weiblichen Abgeordneten.

181 Vgl. Kapitel 4.2.2.

182 Vgl. Bohm-Schuch, Clara: Unser Weg, in: Gl. 20/1921, 193f; Delegiert Frauen zum Parteitag!, in: Gl. 13/1922, 122; Lehmann,Henni: Die Frauenfrage auf dem Augsburger Parteitag, in: NZ 1922/23, Bd.1, Nr.1, 12–15.

183 Johanna Reitze, in: Pr.Pt.SPD 1922 (Augsburg), 70–83, 70 u. 82.

184 Marie Juchacz, in: Pr.Pt.SPD 1924, 224–230, 226f.

185 dies., in: Pr.Pt.SPD 1925, 334f.

186 Diese Zeitschrift, in: FW H.1, 1.3.1924, 1; vgl. Thönnessen 1976, 135.

187 Das Ergebnis unseres Preisausschreibens, in: FW H.5, 1.5.1924, 76.

188 Die quantitative Auszählung der Artikel in der ‚Frauenwelt' der Jahrgänge 1924 bis 1926 ergab folgende inhaltliche Schwerpunkte: Politik 19 %, Sozialpolitik und Wohlfahrtspflege 6 %, Erwerbsleben 3 %, Mutterschaft/Erziehung/Haushalt 34 %, Feuilleton 39 %. Der Umfang der Artikel wurde bei der Auszählung nicht berücksichtigt. Vgl. Vormschlag 1970, 154–165.

189 Lohmann, in: Pr.Pt.SPD 1924, 238.

190 Vgl. Marie Juchacz, in: Pr.Pt.SPD 1924, 227; Lohmann, in: ebd., 238; Marie Juchacz, in: Pr.Pt.SPD 1925, 334f; Die Frauenwelt, in: Ge. 4/1928, 18f; Übersicht über die Frauenbewegung, in: Ge. 11/1925, 317.

191 Dies ergab die Gegenüberstellung von weiblicher Mitgliederzahl und Auflagenhöhe der ‚Frauenwelt' im Jahr 1927. Vgl. Thönnessen 1976, 131 u. 134.

192 Vgl. ebd., 134. Seit 1927 wurde in den Rechenschaftsberichten des Parteivorstandes nichts mehr über die Auflagenhöhe der ‚Frauenwelt' berichtet.

193 *Hertha Gotthelf* (1902–1963) stammte aus einem sozialdemokratischen Elternhaus in Breslau. Bis 1924 arbeitete sie als Bankangestellte. Als SAJ-Mitglied trat sie mit 18 Jahren in die SPD ein und machte dort bei den Jungsozialisten mit. 1924/25 besuchte sie die ‚Akademie der Arbeit' in Frankfurt a.M., 1925 wurde sie erste weibliche Voluntärin im SPD-Parteivorstand; 1926 bis 1933 war sie Sekretärin von Marie Juchacz sowie Redakteurin der ‚Genossin'. Vgl. AdsD SP: Hertha Gotthelf.

194 Vgl. Marie Juchacz, in: Pr.Pt.SPD 1924, 228; Die Genossin, in: Ge. Nr.5, Nov.1924, 122.
Inhaltliche Schwerpunkte der ‚Genossin' waren in den Jahren 1924 bis 1926:

	1924	1925	1926
Allgemeine Politik		5 %	2 %
SPD-Frauenbewegung (Inland)	37 %	47 %	31 %
SPD-Frauenbewegung (Ausland)	17 %	9 %	9 %
Sozialpolitik/Wohlfahrtspflege/Kommunale Arbeit	13 %	20 %	29 %
Aus der Gesetzgebung/Aus dem Parlament	13 %	9 %	13 %
Bevölkerungspolitik/§ 218	7 %	3 %	9 %
Erwerbsleben	13 %	6 %	7 %

Dies ergab die Auszählung der Artikel in der Zeitschrift.

195 Vgl. Thönnessen 1976, 134; Marie Juchacz, in: Pr.Pt.SPD 1925, 338.

196 Vgl. Die Reichsfrauenkonferenz und unsere Arbeit, in: Ge. Nr.2, Aug.1924, 35f; Ein „Frauenwelt"-Abend, in: Ge. Nr.3, Sept.1924, 59f; Die Werbearbeit! Und was dann?, in: Ge. Nr.4, Okt.1924, 91; Übersicht über die Frauenbewegung, in: Ge. 11/1925, 317; Pr.Pt.SPD 1925, 117.

197 Aus der Arbeit des Frauenaktionsausschusses, in: HE Nr.85, 25.3.1928; Arbeitsplan des Bezirksausschusses der Frauen im Bezirksverband Hamburg-Nordwest, in: Ge. 2/1925, 42–44.

198 Hamburg-Nordwest, in: Ge. 6/1929, 271.

199 Vgl. Schult, Johannes: Nachdenkliches über unsere Werbearbeit bei den Frauen, in: FB-HE 6/1922; Wierzbitzki, Ella: Nachdenkliches über unsere Werbearbeit bei den Frauen, in: HE Nr.314, 9.7.1922; Replik von J.Schult, in: ebd.; Pr.Pt.SPD 1924, 18.

200 Frauenabend der Hamburger Genossinnen, in: HE Nr.69, 11.3.1924; Arbeitsplan des Bezirksausschusses der Frauen im Bezirksverband Hamburg-Nordwest, in: Ge. 2/1925, 43.

201 Über die Zusammenarbeit zwischen Bildungssekretär und Frauenaktionsausschuß bei der Vorbereitung der Frauenfeierstunden sowie die Konzeption dieser Veranstaltungen berichtete der damalige Bildungssekretär Dr.Adolf Mette im Interview.
Themen der Frauenfeierstunden waren in Hamburg z.B.:
- „Hilfe für Mutter und Kind" mit Louise Schroeder, Juli 1925;
- „Herbstfeier" mit Toni Sender, September 1925;
- „Die Frau in der Politik" mit Johanna Reitze und Emil Krause, April 1926;
- „Frauen und Völkerfriede" mit Toni Pfülf, Juni 1926;
- „Die Frau als Kulturträgerin" mit Marie Juchacz, Januar 1927;
- „Die Frau als Staatsbürgerin" mit Johanna Reitze, Grete Zabe und Anna Wendt, August 1927;
- „Feierstunde der Mutter" mit Clara Bohm-Schuch, September 1928;
- „Die erwerbstätige Frau" mit Gertrud Hanna, November 1928;
- „10 Jahre Frauenstimmrecht" mit Toni Sender und Johanna Reitze, Januar 1929;
- „Frauensinnen – Frauenhände. Früh beginnen, ohne Ende" mit Johanna Reitze, Sept.1929;
- „Unsere Kinder! Unsere Zukunft" mit Toni Jensen, November 1929;
- „Freiheit und Recht" mit Minna Bollmann, Januar 1930.

Dies ergab die Auswertung des „Merkblattes für unsere Frauen" sowie der Veranstaltungsberichte im ‚Hamburger Echo'. Vgl. Jb.SPD-HH 1927/28, 116.

202 Themen der Frauentagsveranstaltungen waren in Hamburg:
- 16.3.1926: „Volksnot – Fürstenübermut" (Marie Juchacz);
- 29.3.1927: „Internationale Solidarität und Kampf um Frieden" (Marie Arning);
- 27.3.1928: „Kampf um den Frieden" (Gertrud Düby, Schweiz);
- 9.4.1929: „Mehr Recht und Schutz für Mutter und Kind" (Gabriele Proft, Österreich).

Dies ergab die Auswertung der Veranstaltungsankündigungen im ‚Hamburger Echo'. Vgl. Peine, Hermine: Internationaler sozialistischer Frauentag, in: HE Nr.85, 25.3.1928.
Obwohl die Internationale Sozialistische Frauenkonferenz bereits 1923 mit den Stimmen der deutschen Sozialdemokratinnen beschlossen hatte, alljährlich wieder den Internationalen Frauentag zu begehen, wurde ein entsprechender Antrag erst auf dem SPD-Parteitag 1925 mehrheitlich angenommen. Bis zu diesem Zeitpunkt hatte sich die Parteiführung auf den Standpunkt gestellt, daß mit der Erringung des Frauenwahlrechts das Ziel des Internationalen Frauentages erreicht sei.
Vgl. Wurms 1980, 63f; Pr.Pt.SPD 1925, 308; sowie: Diskussion um Internationalen Frauentag auf der SPD-Frauenkonferenz 1925, in: Pr.Pt.SPD 1925, 341, 353, 366 u. 369; 70 Jahre Internationaler Frauentag 1980, 40–49.

203 Vgl. Bezirksverband Hamburg-Nordwest, in: Ge. 3/1927, 109; Günther, Hedwig: Gedanken zum Jahresbericht, in: HE Nr.82, 25.3.1930; Hamburg-Nordwest, in: Ge. Nr.2/3, 1930, 105; Jb.SPD-HH 1925/26, 71.

204 Der Bezirk Hamburg-Nordwest bot Lichtbildvorträge zu folgenden Themen an: „Mütter auf dem Lande", „Frauenleben und Frauenleid", „Heinrich Zille".
1928 bis 1931 wurden folgende Filme gezeigt: „Mutter" (Spielfilm nach dem Roman von Gorki); „Kreuzzug des Weibes", „Mutter Krauses Fahrt ins Glück", „Brüder" (Spielfilme); „Cyankali" (Spielfilm nach dem Theaterstück von Friedrich Wolf); „Giftgas", „Frauennot – Frauenleid" (Dokumentarfilme). Vgl. Jb.SPD-HH 1927/28, 117; Tb.SPD-HH-Nw 1929/30, 57; Hamburg-Nordwest, in: Ge. Nr.2/3, 1930, 105.

205 Vgl. Kapitel 4.2.2.

206 Antrag der Frauenkonferenz des Unterbezirks Elberfeld, in: Pr.Pt.SPD 1924, 230; vgl. Antrag der Distriktsführerinnen in Düsseldorf, in: ebd.

207 Vgl. Heidelberger Frauenkonferenz 1925, in: Pr.Pt.SPD 1925, 349f; Fabian, Dora: Sozialdemokratische Frauenorganisation, in: JB 9/1926, 265–267.

208 Vgl. Arbeitsplan des Bezirksausschusses der Frauen im Bezirk Hamburg-Nordwest, in: HE Nr.18, 18.1.1925. Im Anschluß an eine Bezirkskonferenz der SPD Hamburg-Nordwest trafen sich die weiblichen Delegierten zu einer Besprechung über die ‚Frauenwelt'. In einem Schreiben an die Redaktion formulierten sie Beschwerden und Wünsche zur ‚Frauenwelt'. Gefordert wurde vor allem eine „schärfere Stellungnahme zu bestimmten Ereignissen und Fragen".

209 Vgl. auch: Jb.SPD-HH 1924/25, 73.

210 Vgl. Kieler Frauenkonferenz 1927, in: Pr.Pt.SPD 1927, 297–371, insb. 305–333.

211 Ebd., 312.

212 Ebd., 370f.

213 Baldamus, Emilie: Die Frau und die Politik, in: FB-HE 4/1925. Dort auch im folgenden.

214 Wagner, Erna: An alle jungen Genossinnen!, in: HE Nr.197, 19.7.1925; vgl. Stolten, Olga: Die erwerbstätige Frau und die Aufgaben der Organisation, in: HE Nr.258, 18.9.1927; Arbeitsplan des Bezirksausschusses der Frauen im Bezirksverband Hamburg-Nordwest, in: Ge. 2/1925, 49; Bezirkskonferenz der SPD des Bezirks Hamburg-Nordwest, in: HE Nr.260, 20.9.1926.
Dies berichteten zudem auch Paula Karpinski, Adolf Mette, Hilde Ollenhauer und Erna Wagner. Vgl. Kapitel 4.2.3.

215 Vgl. Referat von Else Niewiera (Gera) zum Thema „Die erwerbstätige Frau und die Partei" auf der Bezirksfrauenkonferenz Hamburg-Nordwest am 19./20.9.1926 in Vegesack, in: Bezirks-Frauenkonferenz der SPD des Bezirks Hamburg-Nordwest, in: HE Nr.260, 20.9.1926; Kienast, Anni: Frauen und Männer müssen gemeinsam känpfen!, in: HE Nr.223, 14.8.1927; Hamburg-Nordwest, in: Ge. Nr.2/3, 1930, 106; sowie Kapitel 4.2.2.

216 Fabian, Dora: Die proletarische Frau in der bürgerlichen Gesellschaft, in: JB 2/1926, 34–37; dies.: Sozialdemokratische Frauenorganisationen, in: JB 9/1926, 265–267.

217 Vgl. Marie Arning, in: Pr.Pt.SPD 1927, 317f; Marie Juchacz, in: ebd., 333ff.

218 Vgl. Dora Fabian, in: Pr.Pt.SPD 1927, 332f. Ihr Beitrag wurde mit „Bravorufen" und „Händeklatschen" aufgenommen; vgl. ebd.

219 Vgl. insb. Kapitel 4.4.

220 Vgl. Pr.Pt.SPD 1929, 220–232.

221 Vgl. ebd., 60f.

222 Vgl. Anna Siemsen, in: ebd., 241–243; sowie dies.: Zur Klassenlage der Frauen, in: Ge 6/1929, 230–232.

223 Vgl. insb. Rühle-Gerstel 1932, 394ff. Zur kulturhistorischen Geschlechterpsychologie und zur Individualpsychologie vgl. Kapitel 2.3.1.

224 Vgl. Kapitel 4.2.3.

225 Vgl. Kapitel 1.5.2 und 2.2.3.1.

226 Vgl. Kapitel 4.1.3.3 und 4.3.1.

227 Zur Bildungsarbeit der SPD-Frauenbewegung in Hamburg wie im Reich vgl. ausführlich Kapitel 4.3.1.

228 Vgl. u.a.: Jb.SPD-HH 1927/28, 117 u. 158f.

229 Vgl. Wie wählten die Frauen?, in: FB-HE 10/1930; Günther, Hedwig: Kampf dem Hakenkreuz. Die Nazis und die Frauen, in: FB-HE, 11/1930; Krische, Maria: Warum haben die Frauen nationalsozialistisch gewählt?, in: Ge. 1/1931, 24–27.
Zum realen Wahlverhalten der Frauen, das dieser Vorstellung nicht entsprach, vgl. Kapitel 4.2.1.

230 Vgl. u.a.: Wagner, Erna: Sozialdemokratische Bürgerschaftskandidatinnen an Hamburgs Wähler und Wählerinnen. Frauen nutzt Euer Wahlrecht, in: FB-HE 9/1931.

231 Hommes-Knack, Edith: Der Nationalsozialismus und die Freiheit der Frau, in: FB-HE 6/1930. Auch die folgenden Zitate ebd.
Vgl. auch: dies.: „Soll nur die Sozialistin und Kommunistin noch das Recht eigener Vertretung haben?", in: FB-HE 5/1932; Suden, Erna tum: Wie werben wir um die Frauen?, in: FB-HE 10/1932; Die politische

Machtlosigkeit der Frau, in: FB-HE 11/1932.
Zu einer ähnlichen Erklärung für die psychosoziale Basis der Akzeptanz der nationalsozialistischen Vorstellungen zur Frauenfrage kommt auch die neuere Forschungsliteratur; vgl. Winkler 1977<a>, 37; Wittrock 1983, 10ff; Bridenthal/Koonz 1976, 320ff; Tröger, in: Frauen und Wissenschaft 1977, insb. 345ff.

232 Hommes-Knack, Edith: „Soll nur die Sozialistin und Kommunistin noch das Recht eigener Vertretung haben?", in: FB-HE 5/1932.

233 Vgl. Jb.SPD-HH 1927/28, 67f; Tb.SPD-HH-Nw 1929/30, 57f; Hagemann, Karen: „Politik war Männersache". Die Frauen kämpften anders, in: Vorwärts- und nicht vergessen 1983, 145–168, 160f.

234 Themen des Internationalen Frauentages waren zwischen 1930 und 1933 in Hamburg:
- 27.3.1930: „Die Frau und der Sozialismus",
- 15.4.1931: „Gegen Krieg und Nazi-Terror, für Sozialismus und Frieden. Gegen § 218",
- 1932 fand in Hamburg angesichts der Vielzahl von antifaschistischen Frauenversammlungen keine Kundgebung zum Internationalen Frauentag statt.
- 22.2.1933: „Für Frieden und Freiheit".

Vgl.: Zum Internationalen Frauentag, in: HE Nr.143, 25.5.1930; Appell an die Frauen. Zwei große Kundgebungen, in: HE Nr.146, 28.5.1930; Marsch unserer Frauen, in: HE Nr.101, 12.4.1931; Internationaler Frauentag in Hamburg, in: HE Nr.105, 16.4.1931; Für Frieden und Freiheit!, in: HE Nr.46, 23.2.1933.

235 Vgl. Die Frauen kämpfen mit!, in: HE Nr.51, 20.2.1931.

236 Folgende zentrale Veranstaltungen mit dem Schwerpunkt – Auseinandersetzung mit dem Nationalsozialismus – führte die SPD-Frauenorganisation neben den oben aufgeführten Veranstaltungen zum Internationalen Frauentag durch:
- 17./24.9.1931: Frauenkundgebungen anläßlich der Bürgerschaftswahl mit Grete Zabe und Marie Ansorge;
- 28.1.1932: „Abrüstung und Völkerfriede" mit Toni Sender und Peter Graßmann;
- 22.7.1932: Große Frauenkundgebung mit Demonstration „Frauenkampf für Freiheit und Recht" mit Ellen Wilkinson, England, und Johanna Reitze;
- 18.10.1932: Frauenkundgebung „Freiheit und Sozialismus" mit Marie Juchacz;
- 23.1.1933: Frauenfeierstunde „Wir sind wach!" mit politischer Zeitrevue von Adolf Johannesen mit Toni Pfülf.

Dies ergab die Auswertung der Veranstaltungsberichterstattung im ‚Hamburger Echo'.

237 Vgl. Jbu.SPD 1931, 115 u. 122ff.

238 Vgl. den Überblick bei Wickert 1986, Bd.1, 217–226.

239 Vgl. Pr.Pt.SPD 1931, 284f; sowie Kapitel 3.2.2.2.

240 Vgl. Sender, Toni: Liebe Leserin!, in: FW 20/1930, 461; dies.: Frauen ihr müßt euch wehren, in: FW 24/1930, 559; Liebe Leserin!, in: FW 1/1932, 3ff; Unser Kampfgruß an die Leserinnen!, in: FW 2/1932, 33.

241 Vgl. Wie wählten die Frauen?, in: Ge. 12/1930, 484f; Neues aus dem Dritten Reich, in: ebd., 470–472.

242 Vgl. die Broschüren: Hoegner 1931; Kern 1931; dies. 1932; Ach, Liesel 1932.
Vertrieben wurde von der SPD auch die Broschüre der SPÖ: 100.000 Kinder 1932. Der Lichtbildvortrag „Die Frau im Dritten Reich" erfreute sich bei den Genossinnen großer Beliebtheit. Vgl. hierzu wie auch zum Flugblatt-Material: Jbu.SPD 1931, 122 u. 126.

243 Vgl. Nationalsozialismus und Frauenfrage 1932.

244 Vgl. Moses, Julius: Bildet die Eiserne Front der Frauen!, in: AW 7/1932, 193–200, insb. 194f; Der Faschismus und die Frauen, in: Ge. 3/1932, 60.

245 Zur ‚Eisernen Front' vgl. Winkler 1987, 514–516.

246 Her zur „Eisernen Front"! Ein Ruf an die Frauen, in: Ge. 3/1932, 58f.

247 Vgl. Frauen, her zur Eisernen Front!, in: HE Nr.160, 5.7.1932.

248 Vgl. Reiht euch ein in die ‚Eiserne Front', in: FB-HE 2/1932.

249 HBSA FS-SPD: „Eiserne Front für Volksrechte gegen Diktatur".
Allgemein zu den Aktivitäten der „Eisernen Front" in Hamburg vgl. Witt 1971, 130ff.

250 Vgl. Rüstwoche der Eisernen Front vom 14.–21.2.1932, in: HE Nr.41, 12.2.1932; 75.000 Einsendungen!, in: HE Nr.49, 22.2.1932.

251 Vgl. Witt 1971, 132.

252 Vgl. Die Frauen in der Eisernen Front, in: HE Nr.63, 9.3.1932.

253 Das ‚Hamburger Echo' veröffentlichte beispielsweise eine Bildserie, die sich speziell an die Frauen richtete: In Nr.153 v.27.6.1932 erschien z.B. eine Bildfolge mit dem Text:
„Eine gute Gelegenheit:
Im Konsum ist stets viel Betrieb – – Man wartet mehr, als manchem lieb.
Frau Roth läßt andere vorher dran, weil sie just heute warten kann!
Man ist erfreut! – Frau Roth, sieh an, bringt Freiheitsmarken an den Mann!"

Vgl. auch die Bildfolgen: „Das ganze Haus macht mit ...“, in: HE Nr.154, 28.6.1932; sowie „Freiheit“, in: HE Nr.160, 5.7.1932; HBSA SE-SPD: Rundschreiben des Parteivorstandes v. 14.6.1932.

254 *Emmy Beckmann* (1880–1967), eine Studienrätin aus bürgerlichem Elternhaus, war 1915 Mitbegründerin des ‚Stadtbundes Hamburgischer Frauenvereine‘, dessen Vorstand sie bis 1933 angehörte. 1921 bis 1933 war sie Vorsitzende des ‚Allgemeinen Deutschen Lehrerinnenvereins‘, 1921 bis 1928 gehörte sie dem Gesamtvorstand des BDF und 1928 bis 1933 dessen engerem Vorstand an. Von 1921 bis 1932 war sie Mitglied der Hamburgischen Bürgerschaft (DDP/DStP) und zudem von 1927 bis 1933 Oberschulrätin für das höhere Mädchenschulwesen Hamburgs. Vgl. Hagemann, in: Lorent/Ullrich 1988, 342–350.
Emma Ender, geb. Behle (1876–1954), ebenfalls eine Tochter aus dem hanseatischen Bürgertum, war von 1915 bis 1933 erste Vorsitzende des ‚Stadtbundes Hamburgischer Frauenvereine‘. 1920/21 gehörte sie dem Gesamtvorstand des BDF und 1921–1924 dessen geschäftsführenden Vorstand an, 1924–1931 war sie Reichsvorsitzende des BDF. Zudem war sie Mitglied des geschäftsführenden Vorstandes und des Landesausschusses der DVP sowie des Zentralvorstandes der Reichspartei und gehörte von 1919 bis 1924 der Hamburgischen Bürgerschaft (DVP) an. Vgl. StA ZA: Emma Ender; StA: Bürgerschaftsmitglieder 1859–1959, Handschrift 601.

255 Dem geschäftsführenden Ausschuß gehörten außer Emmy Beckmann, Emma Ender, Olga Essig sowie Grete Zabe noch Klara Fricke (DStP, 1. Vorsitzende der Ortsgruppe des ADF) und Elisabeth Pape (DVP, MdBü 1921–1932) an. Vgl. StA StP.I–IV 4414: Frauenfront 1932, in: HE Nr.159, 4.7.1932; ebd.: Frauenfront 1932, in: HA Nr.154, 4.7.1932. Dort auch die folgenden Zitate.

256 Vgl. StA StP.I–IV 4414: Frauenprotest gegen Entrechtung, in: HC Nr.348, 27.7.1932; ebd.: Frauenfront, in: HA Nr.260, 4.11.1932.

257 Vgl. Frauenfront, in: RdF Nr.6, Okt.1932.

258 Vgl. StA StP.I–IV 4414: Frauenprotest gegen Entrechtung, in: HC Nr.348, 27.7.1932; sowie Beckmann 1932, 1–16.

259 Vgl. Arendt 1979, insb. 618f; Greven-Aschoff 1981, 185–195.

260 Vgl. Witt 1971, 161–183; Ditt 1984, 22–43; Grebing, in: Luthardt 1978, Bd.2, 259–279 u. 280–379 (Dokumente). Anschaulich schildert die abwartende Haltung der SPD-Führung Toni Sender in ihren Memoiren; Sender 1981, 265ff. Vgl. auch Frankenthal 1981, 153–202.

261 Zum Schicksal führender Sozialdemokratinnen in der Zeit des Nationalsozialismus vgl. Wickert 1986, Bd.1, 231–282; Sender 1981, 270–282; Frankenthal 1981, 187–246; Dertinger 1984, 75–128; Wegschneider 1953, 71–84.

262 Rühle-Gerstel 1932, 399.

4.2 *Frauen und SPD*

1 StA PK.224–49: Nationalversammlung 1919, SPD: „Frauen Hamburgs!“.

2 Falter/Lindenberger/Schumann 1986, 44.

3 Schneider, Max: Die deutsche Wählerin, in: Ges. 1927, Bd.2, 364–372, 364; vgl. Jb.SPD-HH 1919–1921, 96.

4 Nach Gabriele Bremme wurde am 19.1.1919 nur in Ansbach, Bruchsal und Köln von dem Recht Gebrauch gemacht, getrennt nach Geschlechtern wählen zu lassen. Vgl. Bremme 1956, 243ff.

5 Vgl. u.a.: Das Frauenwahlrecht rettet das Zentrum, in: Gl. Nr.10, 14.2.1919, 75; Wirkungen des Frauenstimmrechts, in: Gl. 6/1921, 54; Panitz, K.: Wie wählen die Frauen?, in: NZ 1920/21, Bd.1, Nr.10, 242–245; Geyer, Anna: Wie haben die Frauen gewählt?, in: Ge. 1/1925, 4–6; Pr.Fk.SPD 1921, 48; Pr.Pt.SPD 1924, 225ff.

6 Vgl. Frauen entscheiden das Schicksal Deutschlands, in: HE Nr.371, 11.8.1921; Schöfer, Sophie: O ihr Frauen!, in: Gl. 26/1920, 211ff; Marie Juchacz, in: Einigkeit 1920, 21; Aus unserer Bewegung, in: Gl. Nr.24, 2.8.1919, 191.

7 Frauenfragen 1920, 18.

8 Vgl. Geyer, Anna: Frauenwahlrecht und Sozialdemokratie, in: Ge. 8/1925, 227–229.

9 Vgl. Marie Juchacz auf der Reichskonferenz der SPD am 5./6.5.1920, in: Pr.PA-SPD (924)f; Helene Grünberg, in: ebd., (887)f; Clara Bohm-Schuch, in: Pr.PA-SPD, 4.5.1920, (853).

10 Das Thema „Frauen und Wahlen“ stand u.a. im Mittelpunkt der Berliner Reichsfrauenkonferenz im Juni 1924; vgl. Pr.Pt.SPD 1924, 224–230.

11 *Maria Reese*, geb. Mayer (1889–1958), eine sozialdemokratische Lehrerin aus bürgerlichem Elternhaus, arbeitete von 1920 bis 1924 als Redakteurin bei der Trierer ‚Volkswacht'. 1924 siedelte sie nach Hannover über. Von 1928 bis 1933 gehörte sie dem Reichstag an (zunächst für die SPD, ab November 1929 für die KPD). Vgl. Wickert 1986, Bd.2, 174f.

12 Reese, Maria: Warum und wie wählt die erwerbstätige Frau?, in: DfG 19/1928.
13 Vgl. Juchacz, in: Pr.Pt.SPD 1924, 225ff; sowie Anmerkung 5 und 6.
14 Domnick, Adolf: Die Ketten, in: Gl. Nr.14/15, 1922, 137–139; vgl. ders.: Probleme, in: HE Nr.109, 6.3.1921; Siemsen, Anna: Die Frauenwahlen, in: SM Bd.67, 1928, 573–579.
15 Vgl. Kapitel 4.4.
16 Nachwort zur Präsidentenwahl, in: Ge. 7/1925, 205. Dort auch die folgenden Zitate.
17 Vgl. Geyer, Anna: Frauenwahlrecht und Sozialdemokratie, in: Ge. 8/1925, 227–229.
Anna Geyer stellte Frauen und Männerstimmen für die drei Präsidentschafts-Kandidaten im 2. Wahlgang gegenüber. Sie betonte, daß die Männer, die Thälmann gewählt hatten, in ebenso starkem Maße für den Wahlausgang – die Wahl Hindenburgs – verantwortlich wären, wie die Frauen, die Hindenburg gewählt hatten.

Von hundert Stimmen entfielen auf	Männer	Frauen
Hindenburg	47,8	50,7
Marx	41,9	42,1
Thälmann	10,3	7,2

Wilhelm Marx war ursprünglich Kandidat des Zentrums. Die SPD rief im 2. Wahlgang zu seiner Wahl auf, ebenso die DDP. Paul v.Hindenburg wurde von DVP, DNVP und anderen rechten Parteien unterstützt. Er war erst im 2.Wahlgang aufgestellt worden. Ernst Thälmann war Kandidat der KPD. Vgl. Winkler 1985<b>, 234ff.
18 Siemsen, Anna: Die Frauenwahlen, in: SM Bd.67, 1928, 573–579. Dort auch die folgenden Zitate. Vgl. zudem Schneider, Max: Die deutsche Wählerin, in: Ges. 1927, Bd.2, 364.
19 Vgl. Beyer 1933; ders. 1978; Hartwig 1967; Bremme 1965, 28ff u. 40–77; Bridenthal/Koonz 1976; Falter/Lindenberger/Schumann 1986, 81ff; Hofmann-Göttig 1986<a>, 27–35; ders. 1986<b>; Peterson 1977; Thönnessen 1976, 121–130.
20 Vgl. Die Wähler bei der Bürgerschaftswahl am 26.Oktober 1924 nach dem Geschlecht, in: StM Nr.16, 1924, 80–88.
21 Vgl. Geschlecht und Alter der Wähler bei der Bürgerschaftswahl am 19. Februar 1928 in der Stadt Hamburg (Sonderbeitrag), in: HStM 11/1929, 334–337 (zit.als Geschlecht 1929).
22 Lediglich in drei Städten des Deutschen Reiches wurden die Wahlen seit 1919 regelmäßig nach Geschlechtern getrennt durchgeführt: in Berlin-Spandau, Hagen und Köln, seit 1924 zudem im Land Thüringen. In den meisten Regionen begnügte man sich mit willkürlich ausgewählten – keinesfalls für das Deutsche Reich repräsentativen – Stichproben. Vgl. Hartwig (1967, 499). Zahlreiche Einzelergebnisse stellten insbesondere Bremme (1956, 231–252) und Hartwig (1967) zusammen.
23 Geschlecht 1929, 335f.
24 Vgl. Falter/Lindenberger/Schumann 1986, 119; Peukert, in: Dowe 1986, 139–150; Domansky, Elisabeth: Politische Dimensionen von Jugendprotest und Generationskonflikt in der Zwischenkriegszeit in Deutschland, in: ebd., 113–137.
25 Vgl. Falter/Lindenberger/Schumann 1986, 119.
26 Vgl. Bremme 1956, 31 u. 45; Hartwig 1967, 504f.
27 Hofmann-Göttig 1986<a>, 30. Aufgrund des vorliegenden statistischen Materials errechnete Joachim Hofmann-Göttig für die Wahl zur Nationalversammlung sowie für die Reichstagswahlen von 1920 bis 1930 die Wahlbeteiligung der Geschlechter sowie die Geschlechterdifferenz im Reichsdurchschnitt.
28 Vgl. StJbu 1932/33, 238; StM Nr.31, 1933, 41; Hartwig 1967, 500.
Zur Einschätzung der geschlechtsspezifischen Wahlbeteiligung bei der Wahl zur Nationalversammlung vgl. Beyer 1933, 9; Hartwig 1967, 503.
29 Vgl. StM Nr.31, 1933, 41; Geschlecht 1929, 336.
30 Vgl. Bremme 1956, 39.
31 Geschlecht 1929, 336.
Die Differenzen wurden aufgrund der nicht gerundeten Zahlen der Quelle berechnet.
32 Vgl. ebd.; Hartwig 1967, 503f; Bremme 1956, 40ff; Falter/Lindenberger/Schumann 1986, 82 u. 85.
33 Vgl. Falter/Lindenberger/Schumann 1986, 119.
34 Vgl. Beyer 1933, 22; Bremme 1956, 101.
35 Vgl. Siemsen, Anna: Die Frauenwahlen, in: SM Bd.67, 1928, 576.
36 Vgl. Beyer 1978, 305; Bremme 1956, 56ff; Peterson 1977, 89f.
37 Dazu gehörten die Kommunalwahlen in Mannheim (1919) und Mainz (1925). Vgl. Hartwig 1967, 505; Bremme 1956, 50ff.
38 Vgl. Geschlecht 1929, 337; Hartwig 1967, 505; Bremme 1956, 50.
39 Vgl. Falter/Hänisch 1986, 187; Falter/Lindenberger/Schumann 1986, 156f.

40 Wahlergebnisse der Arbeiterparteien in deren Hamburger Hochburgen bei der Wahl zur Nationalversammlung und den Reichstagswahlen vom Dezember 1924 und September 1930.

Stadtteil	1919		1924		1930	
	SPD	USPD	SPD	KPD	SPD	KPD
Neustadt	57,1	11,5	32,3	23,7	26,1	35,3
St.Georg	59,1	5,9	35,6	16,8	32,8	23,4
St.Pauli	54,4	17,2	34,1	23,8	29,8	32,6
Barmbek	63,9	8,3	39,4	19,4	39,3	21,5
Billwärder-Ausschlag	74,5	6,7	48,5	20,5	45,1	26,6
Veddel	65,0	9,6	50,8	13,2	51,4	19,2
Stadt Hamburg	51,6	6,8	32,1	14,7	31,8	18,7

StM Nr.25, 1930, 94–103.

41 Vgl. Geschlecht 1929, 337.

42 Vgl. Anmerkung 40.

43 Vgl. Siemsen, in: SM Bd.67, 1928, 576f; Peterson 1977, 92ff.

44 Vgl. StM Nr.16, 1924, 85.

45 Marie Juchacz, in: Pr.Pt.SPD 1924, 226.

46 Eine ähnlich geringe Geschlechterdifferenz wie bei der Hamburger Bürgerschaftswahl 1924 wies die Stimmabgabe für die SPD bei Reichstagswahlen u.a. in folgenden Orten auf:

Partei		Berlin		Frankfurt a.M.		Gera	Leipzig	Magdeburg	
		1928	1930	1928	1930	1928	1928	1928	1930
SPD	F	33,1	27,7	33,0	26,6	49,0	39,1	44,4	38,2
	M	32,7	26,8	34,8	27,7	49,8	39,0	45,2	37,8
KPD	F	21,9	24,0	10,4	12,7	7,7	14,8	8,9	10,5
	M	27,7	31,0	14,6	17,3	10,2	19,7	12,3	15,0
DDP	F	7,7	5,3	8,1	5,8	1,8	6,7	8,0	4,8
	M	7,7	5,4	8,4	5,8	2,2	6,7	8,4	5,0
DVP	F	6,7	4,1	12,5	9,3	24,6	17,5	15,8	10,1
	M	6,2	3,2	11,6	8,1	21,1	15,5	13,9	8,2
DNVP	F	19,7	14,9	9,2	2,4	2,3	8,8	10,7	6,4
	M	15,5	10,8	7,9	1,9	1,6	6,7	8,4	4,5
Zentrum	F	4,0	4,3	13,9	13,2	0,8	0,8	2,1	2,3
	M	2,6	2,8	8,5	8,2	0,6	0,7	1,5	1,8
NSDAP	F	2,2	14,1	4,0	19,3	3,7	2,3	2,5	18,7
	M	2,6	15,2	5,1	22,2	4,4	3,0	2,9	19,8

Bremme 1956, 245ff.

Zur Analyse der politischen Wahlentscheidung der Frauen auf Reichsebene vgl. Beyer 1933, 16–77; Hartwig 1967, 506ff; Bremme 1956, 68ff; Hofmann-Göttig 1986<a>, 30ff; Peterson 1977, 93ff.

47 Vgl. Falter/Hänisch 1986, 181ff; Falter/Lindenberger/Schumann 1986, 119ff.

48 Vgl. Falter 1987, 228; ders./Hänisch 1986, 215; Schnabel 1982, 121.

49 Vgl. u.a.: Falter 1987; ders./Hänisch 1986; ders./Lindenberger/Schumann 1986, 155ff; Schnabel 1982.

50 Vgl. Falter 1987; ders./Hänisch 1986, 198ff; ders./Lindenberger/Schumann 1986, 157.

51 Vgl. Falter 1987, 222.

52 Vgl. Witt 1971, 153.

53 Vgl. Schildt, in: Berlin 1981, 268ff; StJbu 1930/31, 426f.

54 Insbesondere für die drei letzten Reichstagswahlen von 1932 und 1933 ist nur spärliches Datenmaterial vorhanden; vgl. Falter/Lindenberger/Schumann 1986, 81.

55 Vgl. Hofmann-Göttig 1986<b>, 18.

56 Vgl. Beyer 1933, 71ff; Bremme 1956, 243–252; Hofmann-Göttig 1986<a>, 34f; ders. 1986<b>, 17f.

57 Vgl. die Übersicht in Anmerkung 46 sowie: Bremme 1956, 72 u. 243–252; Beyer 1933, 65; Falter/Lindenberger/Schumann 1986, 81ff; Krische,Maria: Warum haben die Frauen nationalsozialistisch gewählt?, in: Ge. 1/1931, 24; Sachse, Emma: Das Ergebnis der Reichstagswahl in Thüringen vom 14.9.1930, in: Ge 12/1930, 484f.

58 Vgl. Peterson 1977, 102ff; Beyer 1933, 24.

59 Mit solchen anthropologischen Begründungen versuchte u.a. R.Hartwig das Wahlverhalten der Frauen zu erklären; Hartwig 1967, 506. Vgl. auch Bremme 1956, 100; Beyer 1933, 81.
60 Vgl. Beyer 1978, 307.
61 Werbearbeit, in: Ge. Nr.3, Sept.1924, 60.
62 Vgl. Vorschläge zur Agitation in den Ortsgruppen, in: Gl. 3/1922, 23; 1925, in: Ge. 1/1925, 3f.
63 Vgl. Interviews mit Paula Karpinski und Grete Wöhrmann.
64 Vgl. Domnick, Adolf: Die Ketten, in: Gl. Nr.14/15, 1922, 137ff; ders.: Probleme, in: HE Nr.109, 6.3.1921; Vorwärts, nicht zurückbleiben, in: HE Nr.354, 1.8.1920.
65 Vgl. Hofmann 1931, 28ff, 66ff u. 194f.
66 Dies berichteten Anneliese F., Luise F. und Elly N. im Interview über die Generation ihrer Mütter.
67 Paula Karpinski/Grete Wöhrmann, Januar 1981.
68 Vgl. Glöckner, Gertrud: Wie Frauen zur Partei kommen, in: Ge. 2/1932, 42.
69 Vgl. Lion 1926, 100.
Dies berichteten auch Anneliese F., Luise F. und Elly N. im Interview.
70 Paula Karpinski, November 1979.
71 Die Bedeutung dieser Motive für den Parteieintritt vieler „Nur"-Hausfrauen betonten Paula Karpinski und Grete Wöhrmann in beiden Interviews. Zur Frauenarbeit vgl. Kapitel 4.3.1.
72 Vgl. Vorschläge zur Agitation in den Ortsgruppen, in: Gl. 3/1922, 23; Juchacz 1920, 9; dies., in: Pr.Pt.SPD 1921, 62f; Interview mit Thea Asmus.
73 Dies berichtete Grete Wöhrmann, die in der Hausagitation außerordentlich erfolgreich war: Bei einer Werbewoche im Jahr 1929 warb sie allein 38 neue Parteimitglieder unter den Ehefrauen der Genossen; vgl. Paula Karpinski/Grete Wöhrmann, November 1979. Vgl. auch Interview mit Thea Asmus.
74 Vgl. Werbearbeit, in: Ge. Nr.3, Sept.1924, 60f; Übersicht über die Frauenbewegung, in: Ge. 11/1925, 315.
75 Ergebnisse der Werbewochen im Unterbezirk Hamburg:

	Geworbene Frauen	Geworbene Männer	V.h. Geworbenen waren Frauen
Oktober 1926	822	2750	23,0
November 1927	537	1581	25,4
November 1928	520	2039	20,3
November 1929	698	1826	27,7
Mittelwert	644	2049	23,9

Vgl. Jb.SPD-HH 1925/26, 66; Jb.SPD-HH 1927/28, 108; Wir werben!, in: FB-HE 9/1929; Tb. SPD-HH-Nw 1929/30, 30.
76 Vgl. Kapitel 4.1.3.2.
77 Vgl. Werbearbeit, in: Ge. Nr.3, Sept.1924, 61; Frauenwerbearbeit, in: HE Nr.99, 8.4.1928.
78 Zum Aufbau der Betriebsorganisation der Hamburger SPD vgl. Nachlaß Bertha F.: Richtlinien für die Betriebsagitation der Sozialdemokratischen Partei im Städtegebiet Groß-Hamburg (Beschlossen in der Vorstandssitzung am 26.2.1931 in Hamburg); sowie Tb.SPD-HH-Nw 1929/30, 90f.
79 Vgl. Hamburg-Nordwest, in: Ge. Nr.2/3, 1930, 106; Jb.SPD-HH 1927/28, 168ff; Tb.SPD-HH-Nw 1929/30, 61 u. 90f.
80 Vgl. Loreck 1978, 178–184 u. 220–226; Rabe 1978, 96.
81 Vgl. Tb.SPD-HH-Nw 1929/30, 117.
82 Dies berichtete Erna Wagner im Interview.
83 Vgl. Wagner,Erna: An alle jungen Genossinnen!, in: HE Nr.197, 19.7.1925; Käte Fröhbrodt, in: Pr.Pt.SPD 1927, 310f; Schwarz, Hedwig: Die Nachwuchsfrage, in: Ge. 2/1925, 40–42.
84 Vgl. Käte Fröhbrodt, in: Pr.Pt.SPD 1927, 310f; Wagner,Erna: An alle jungen Genossinnen!, in: HE Nr.197, 19.7.1925; sowie Kapitel 2.1.1.2.
85 Paula Karpinski/Grete Wöhrmann, Januar 1981.
86 Fröhbrodt, in: Pr.Pt.SPD 1927, 311; vgl. Kempka, Erhart: Wir Jungen in der Partei, in: JB 8/1929, 359f; Schmiedel, Frieda: Jugend und Parteiarbeit, in: Ge. 12/1930, 454–456.
87 Vgl. Hermberg, Annemarie: Aus der Arbeit für die Arbeit, in: Ge. 5/1931, 197–200; Hübner, Hermine: Die SAJ-Genossin in den Frauengruppen, in: ebd., 201; Schwarz,Hedwig: Die Nachwuchsfrage, in: Ge. 2/1925, 41.
Dies berichtete auch ein Teil der befragten Frauen, u.a. Anneliese F., Luise F. und Elly N., Wilma M. und Hilde Ollenhauer. Vgl. auch: Hagemann, in: Ruppert 1986, 78.
Zum Generationskonflikt in der SPD-Frauenbewegung siehe ausführlich Kapitel 4.2.3.

88 Von den 106 befragten Frauen waren 85 in den zwanziger Jahren in einer oder mehreren sozialdemokratischen Nebenorganisation Mitglied: 31 als Helferin im AzFJ bzw. bei den ‚Kinderfreunden‘, 24 im ATSB, 14 in den ‚Naturfreunden‘, je 10 in einem Arbeitergesangsverein und in der ‚Büchergilde‘, 4 bei den ‚Jungsozialisten‘. Daneben gehörten 50 der ‚Produktion‘ an und 51 der AWO.

89 Dies berichteten u.a. Lili D. sowie Elfriede P. und Emma W.

90 Mitgliederentwicklung der Hamburger Jungsozialisten: 1921 – 11 Gruppen, 500–600 Mitglieder; 1925 – 18 Gruppen, 400–500 Mitglieder. Im Februar 1926 lösten sich die Hamburger Jungsozialisten anläßlich der politischen Differenzen mit der Reichsführung auf. Im Unterschied zur Mehrheit im Reich standen sie auf Seiten des ‚Hofgeismarer Flügels‘. Seit 1928 wurden die 17- bis 20jährigen Junggenoss(inn)en in Hamburg in „Älteren-Gruppen“ der SAJ zusammengefaßt. Vgl. Jb.SPD-HH 1919–1921, 729ff; Jb.SPD-HH 1924/25, 99ff; Jb.SPD-HH 1925/26, 153ff; Jb.SPD-HH 1927/28, 192ff. Vgl. allgemein Walter 1983, 27–63; ders. 1986.

91 U.a. Elfriede P. und Emma W.

92 Jb.SPD-HH 1907/08, 22; Jb.SPD-HH 1925/26, 166f; Tb.SPD-HH-Nw 1927/28, 40; Tb.SPD-HH-Nw 1929/30, 47.
Die Zahlen im Reich entsprachen weitgehend denen in Hamburg, vgl. Jbu.SPD 1930, 195f.

93 Zur Altersstruktur der SPD und ihren Ursachen vgl. Bieligk 1967, 60f; Varga 1926, 46f; Domansky, in Dowe 1986, 128.

94 Den Ausdruck „‚Jungens‘partei“ prägte Anna Siemsen, vgl. dies.: Die Frauenwahlen, in: SM Bd. 67, 1928, 576.

95 Vgl. Schwarz, Hedwig: Die Nachwuchsfrage, in: Ge. 2/1925, 41; Zils-Eckstein, Clara: Zur Nachwuchsfrage, in: Ge. 12/1926, 383; Hermberg,Annemarie: Aus der Arbeit für die Arbeit, in: Ge. 5/1931, 197–200; Hübner, Hermine: Die SAJ-Genossin in den Frauengruppen, in: Ge. 5/1931, 201; Schmiedel, Frieda: Jugend und Parteiarbeit, in: Ge. 12/1930, 454–456.

96 *Käte Fröhbrodt* war Funktionärin der Berliner SAJ und Mitglied der SPD. Von 1924 bis 1932 gehörte sie dem Hauptvorstand der SAJ an, bis 1930 als einzige Frau, danach gemeinsam mit Edith Baumann und Erna Schlingmann. Vgl. Naujoks 1984, 125.

97 Fröhbrodt, in: Pr.Pt.SPD 1927, 311; vgl. ebd., 314f, 323 u. 325.

98 Vgl. Jb.SPD-HH 1927/28, 83 u. 201; Schwarz, Hedwig: Die Nachwuchsfrage, in: Ge. 2/1925, 41.

99 1927 (1928) verzeichnete der SPD-Unterbezirk Hamburg insgesamt 6.073 (7.513) Parteieintritte, davon 250 (270) durch die Parteiweihe, 2.118 (2.559) infolge der Werbewoche und 1.279 (1.262) infolge der Betriebsagitation. Somit waren 3.647 (4.091) Parteieintritte, also 60 % (54 %), Folge der systematischen Werbearbeit. Die Gesamtzahl der Parteieintritte wurde nicht nach Geschlechtern differenziert gezählt. Vgl. Jb.SPD-HH 1927/28, 82f u. 105ff.

100 Vgl. Glöckner, Gertrud: Wie Frauen zur Partei kommen, in: Ge. 2/1932, 42.

101 Vgl. ebd.; Loreck 1978, 120f.

102 Vgl. Jb.SPD-HH 1910/11, 59; Tb.SPD-HH-Nw 1929/30, 119; Eberts 1980, 27f; sowie Kapitel 2.3.2.1.

103 Von den zehn Frauen, die durch ihren Ehemann geworben wurden, gaben vier als ein wichtiges Motiv die politische Interessengemeinschaft mit dem Mann an. Vgl. Glöckner, Gertrud: Wie Frauen zur Partei kommen, in: Ge. 2/1932, 42.

104 Vgl. Loreck 1978, 193.

105 Vgl. Loreck 1978, 187.

106 Vgl. Wickert 1986, Bd.1, 41ff.

107 Vgl. Loreck 1978, 224f u. 247ff.

108 Zu den Ursachen vgl. Kapitel 4.1.2.

109 Vgl. Pr.Pt.SPD 1917, 9f; Jb.SPD-HH 1919–1921, 58.

110 Veränderung der Mitgliederzahl der SPD-Organisation Groß-Berlin (1914 = 1000):

Jahr	1915	1916	1917	1918	1919
Frauen	826	652	79	85	407
Männer	739	622	47	55	421

Pr.Pt.SPD 1917, 10; Beyer 1933, 59.

111 Jb.SPD-HH 1914–1919, 77–79; Tb.SPD-HH-Nw 1929/30, 50–54. Vgl. auch Anmerkung a) und b) von Tabelle 65.

112 Gegen die These von einer soziologischen Verbürgerlichung der SPD-Mitgliedschaft wandte sich schon Theodor Geiger; vgl. ders. 1931; ders.: Zur Kritik der Verbürgerlichung, in: Arb. 11/1931, 534–553; sowie Siemann 1955, 213ff; Winkler 1985<b>, 346ff.

113 Vgl. Marie Juchacz, in: Pr.Pt.SPD 1920, 68; dies., in: Pr.Fk.SPD 1921, 46f; Giese, in: ebd., 63.
114 Vgl. Pr.Pt.SPD 1919, 460–463; Jb.SPD-HH 1921–1924, 63.
115 Vgl. Pr.Fk.SPD 1921, 65; Pr.Pt.SPD 1922, 14; Jb.SPD-HH 1921–1924, 62.
116 Vgl. Witt 1971, 54f.
117 Die 5 Bezirke (von insgesamt 33) mit dem höchsten Frauenanteil waren 1932: Magdeburg (30,5 %), Westl.Westfalen (30,3 %), Schleswig-Holstein (28,6 %), Leipzig (27,8 %), Breslau (26,7 %). Vgl. Jbu.SPD 1931, 115.
118 1932 gehörten dem Bezirk Hamburg-Nordwest 18.154 weibliche Mitglieder an (Frauenanteil: 24,4 %), im gleichen Jahr hatte der Bezirk Groß-Berlin mit 21.153 die meisten weiblichen Mitglieder (Frauenanteil: 26,1 %). Beide Bezirke zusammen stellten zu diesem Zeitpunkt 17 % aller weiblichen SPD-Mitglieder. Vgl. Jbu.SPD 1931, 115.
119 Vgl. Marie Juchacz, in: Pr.Pt.SPD 1920, 68; dies., in: Pr.Fk.SPD 1921, 46ff.
120 Jb.SPD-HH 1927/28, 83.
121 Jbu.SPD 1930, 195.
122 Vgl. Bieligk 1967, 67ff; Jbu.SPD 1929, 189.
123 Als Leitungsgremium der Partei wurde gewertet: Landesvorstand der Hamburger SPD, Frauenaktionsausschuß der Hamburger SPD, Bezirksvorstand der SPD Hamburg-Nordwest, Parteivorstand auf Reichsebene sowie Parteiausschuß auf Reichsebene. Namen und Kurzbiographien aller 27 Funktionärinnen finden sich im Anhang. Von ihnen engagierten sich 24 vorrangig in der SPD, lediglich zwei arbeiteten schwerpunktmäßig in den freien Gewerkschaften und eine in der ‚Produktion'.
124 Von den 27 leitenden SPD-Funktionärinnen kamen 7 aus Barmbek (24,5 %), 5 aus Eimsbüttel (25,7 %), 3 aus Eilbek (21,1 %), 3 aus Uhlenhorst (26,7 %) und 2 aus St.Georg (22,6 %) (in Klammern jeweils der Frauenanteil des Distrikts 1926). Der Frauenanteil in der Hamburger SPD insgesamt lag bei 24,4 %. 1926 hatte die Hamburger SPD 33, 1930 bereits 38 Distrikte. Besonders mitgliederstark waren Barmbek und Eimsbüttel, in denen 1926 zusammen 29 % der Hamburger SPD-Mitglieder organisiert waren. Vgl. Jb.SPD-HH 1925/26, 166f; Tb.SPD-HH-Nw 1929/30, 46.
125 Die 27 Funktionärinnen gehörten zu folgenden Altersgruppen:

Geburtsjahr	1861	1870–1879	1880–1889	1890–1898	1900–1905
Anzahl	1	9	7	5	5
davon nicht MdBü			3	3	3

16 waren in der Stadt Hamburg geboren, zwei im Raum Groß-Hamburg und acht außerhalb des großhamburgischen Städtegebiets, letztere gehörten überwiegend zur älteren Generation.
126 Vgl. die Analyse der Biographien der weiblichen SPD-Abgeordneten in Reichstag und preußischem Landtag in: Wickert 1986, Bd.1, 49ff u. 112ff.
127 Vgl. Greising, G.: Aussprache zum Führerinnenproblem, in: Ge. 6/1926, 186f; Juchacz, Marie: Das Führerinnenproblem I, in: ebd., 187–189.
128 Paula Karpinski/Grete Wöhrmann, November 1979. Aus diesem Interview stammen auch die folgenden zwei Zitate.
129 Vgl. Interviews mit Margarethe Andresen sowie mit Paula Zebuhr, der Schwester von Hedwig Günther.
130 Paula Karpinski/Grete Wöhrmann, Januar 1981.
131 *Karl Meitmann* (1891–1971), ein gelernter Kaufmann, arbeitete bis 1918 bei der GEG. Bereits 1909 wurde er Mitglied der SPD und der freien Gewerkschaften. 1918/19 war er Sekretär des Staatskommissars für die Provinz Schleswig-Holstein, 1920 bis 1923 Zivilkommissar der Schutzpolizei für die Provinz Schleswig-Holstein, 1923 bis 1926 Gausekretär des Reichsbanners Schleswig-Holstein, 1923 bis 1929 Sekretär der SPD Schleswig-Holstein im Unterbezirk Altona, 1929 bis 1933 Vorsitzender des Unterbezirks Hamburg der SPD, 1931 bis 1933 Mitglied der Hamburgischen Bürgerschaft. Verheiratet war Karl Meitmann mit Else Meitmann (vgl. Kurzbiographie im Anhang). Vgl. AdsD SP: Karl Meitmann; AdsD SPD-HH: Mappe 147; StA: Bürgerschaftsmitglieder 1859–1959, Handschrift 601.
132 Berichtet wurde beispielsweise, daß Johanna Reitze mit Louise Schroeder befreundet war, eine enge Beziehung verband beide mit Louise Wegbrod. Als gute Freundinnen galten auch Ella Wierzbitzki und Grete Zabe. Bis in die Gegenwart befreundet waren Grete Wöhrmann und Paula Karpinski. Zu ihrem Freundeskreis gehörten auch Paula Zebuhr und Hedwig Günther, beides ältere Schwestern von Grete Wöhrmann. Vgl. Interviews mit Paula Karpinski und Grete Wöhrmann, Karla Seyfarth, Ilse Z. sowie Paula Zebuhr.
133 Grete Wöhrmann im Interview zusammen mit Paula Karpinski, Januar 1981.
134 Paula Karpinski im Interview zusammen mit Grete Wöhrmann, November 1979.
135 Vgl. auch: Graetzer, Rosi: Wir zwischen Alt und Jung, in: JB 5/1929, 155; Siemsen, Anna: Wir Alten und die

Jungen in der Partei, in: JB 9/1928, 260f.

136 Paula Karpinski im Interview zusammen mit Grete Wöhrmann, November 1979. Vgl. Kapitel 4.1.3.2.

137 Vgl. Fabian, in: JB 2/1926, 34–37; dies., in: JB 9/1926, 265–267; dies., in: Pr.Pt.SPD 1927, 317f; Käte Fröhbrodt, in: ebd., 311; Zils-Eckstein, Clara: Zur Nachwuchsfrage, in: Ge. 12/1926, 383.

138 *Max Leuteritz* (geb. 1884), ein gelernter Maurer, wurde nach einem einjährigen Besuch der Parteischule Angestellter im Zentralvorstand des Maurerverbandes, in dem er bis 1919 die statistische Abteilung leitete. Von 1919 bis 1929 war er erster Vorsitzender des SPD-Unterbezirks Hamburg, 1920 bis 1931 war er zudem geschäftsführender Vorsitzender des Bezirksverbandes Hamburg-Nordwest. Von 1919 bis 1933 gehörte er der Hamburgischen Bürgerschaft an, von 1925 bis 1928 als Vorsitzender der SPD-Fraktion, seit 1928 als Bürgerschaftspräsident. Vgl. StA: Bürgerschaftsmitglieder 1859–1959, Handschrift 601; Witt 1971, 41f u. 60.

139 Vgl. ebd., 60ff.

140 Lepinski, Franz: Zehn Jahre Jungsozialisten!, in: JB 11/1930, 323–325; vgl. Fraenkel, Ernst: Jungsozialismus als Generationsproblem, in: ebd., 337–340; Agricola, Rudolf: Jugendproblem und Arbeiterbewegung, in: JB 9/1929; sowie allgemein: Martiny, Martin: Sozialdemokratie und junge Generation am Ende der Weimarer Republik, in: Luthardt 1978, Bd.2, 56–64 u. 65–117 (Dokumente); Siemann 1955, 213ff.

141 Kempka, Erhart: Wir Jungen in der Partei, in: JB 12/1929, 359f; vgl. Martiny, in: Luthardt 1978, Bd.2, 59ff; Walter 1983, 140ff.

142 Zit.nach: Martiny, in: Luthardt 1978, Bd.2, 62; vgl. ebd., 97–117 (Dokumente); Walter 1983, 140ff.

143 Vgl. Jahresbericht 1931, in: Ge. Nr.2/3, 1931, 72ff.

4.3 *Praxis der sozialdemokratischen Frauenbewegung*

1 Antrag der Landesorganisation Hamburg, in: Pr.Pt.SPD 1919, 83.

2 Vgl. Aus der Hamburger Frauenbewegung, in: HE Nr.220, 15.5.1919; Landesorganisation der SPD Hamburg, in: HE Nr.222, 16.5.1919; Pr.Pt.SPD 1919, 83.

3 Vgl. ebd, 18; Pr.Pt.SPD 1920, 45; Osterroth/Schuster 1975, 39f.

4 Vgl. Organisationsstatut der sozialdemokratischen Partei Deutschlands, in: Pr.Pt.SPD 1924, 5–11; Osterroth/Schuster 1975, 146.
Auf eine detaillierte Analyse der Organisationsstruktur und ihre Einschätzung soll verzichtet werden. Zur zeitgenössischen Kritik vgl. Bieligk 1967, 58–81; Neumann 1965, 35ff; Siemsen 1931, 5–32; Varga 1926, 47ff.

5 Organisationsstatut, in: Pr.Pt.SPD 1924, 5.

6 Vgl. Pr.Pt.SPD 1925, 36, 150, 166 u. 301. Eine Auflistung der Sozialdemokratinnen, die zwischen 1919 und 1933 dem Parteiausschuß angehörten, findet sich in: Wickert 1986, Bd.2, 11.

7 Vgl. Witt 1971, 36f; Jb.SPD-HH 1914–1919, 59f; Jb.SPD-HH 1919–1921, 80f; Tb.SPD-HH-Nw 1921–1923, 3; Tb.SPD-HH-Nw 1925/26, 29.

8 Die folgende Beschreibung der Organisationsstruktur der Hamburger SPD-Landesorganisation stützt sich auf: Witt 1971, 36–40. Dort finden sich auch die Zitate.

9 Tb.SPD-HH-Nw 1929/30, 29.

10 Darüber hinaus gehörten der Generalversammlung an: Die Revisoren der Hauptkasse, die Redaktion des ‚Hamburger Echo', der Geschäftsführer des Auer-Verlages und die Mitglieder der Pressekommission.

11 Bieligk 1967, 76ff.

12 Vgl. Wickert 1986, Bd.2, 11.
Anna Nemitz, geb.Voigt (1873–1962), eine Arbeitertochter, die zunächst als Hausangestellte, später als Schneiderin arbeitete, war seit 1904 agitatorisch für die SPD tätig. 1917 trat sie als Kriegsgegnerin zur USPD über, 1919 bis 1922 war sie Mitglied des Parteivorstandes der USPD, 1922 bis 1933 gehörte sie dem SPD-Parteivorstand und dem ‚Hauptausschuß für Arbeiterwohlfahrt' an, von 1920 bis 1933 war sie Mitglied des Reichstags. Vgl. Anna Nemitz, in: FW 23/1932, 356; Hillger 1919, 101; Schwarz 1965, 719; Wickert 1986, Bd.2, 172.
Elfriede Ryneck, geb.Staegemann (1872–1951), die Tochter der bekannten Berliner Sozialdemokratin Pauline Staegemann (1839–1909), arbeitete bis zu ihrer Heirat als Näherin. Seit 1890 engagierte sie sich in der sozialdemokratischen Bewegung, seit 1912 gehörte sie dem SPD-Kreisvorstand Teltow-Beeskow an, 1914 bis 1918 war sie in der Kriegsfürsorge tätig, 1919 bis 1933 war sie Mitglied des SPD-Parteivorstandes und des ‚Hauptausschusses für Arbeiterwohlfahrt', von 1919 bis 1933 gehörte sie dem Reichstag an. Vgl. Hillger 1919, 104; Juchacz 1971, 122; Osterroth 1960, 297; Schwarz 1965, 741; Wickert 1986, Bd. 2, 176.

13 Vgl. Juchacz, Marie.: Die politische Erziehung der Frauen in der sozialdemokratischen Partei, in: Die Frau, H.5, 1928/29, 262–264; Jbu.SPD 1926, 32ff; Jbu.SPD 1927, 188ff; Jbu.SPD 1928, 145ff; Jbu.SPD 1929, 188ff; Jbu.SPD 1930, 221ff; Jbu.SPD 1931, 122ff; Handbuch für die Ortsvereine 1924, 25f.

14 Vgl. Wickert 1986, Bd.2, 11.

15 Zit.nach: Pr.Pt.SPD 1925, 43.

16 Vgl. ebd., 43f; Jbu.SPD 1930, 204 u. 223.

17 Vgl. Pr.Pt.SPD 1919, 462; Lehmann, Henni: Die Frauen und die Partei. Ein Nachtrag zum Kasseler Parteitag, in: NZ 1920/21, Bd.1, Nr.14, 336; Mehr Parteisekretärinnen, in: Gl. 6/1921, 54f; Pr.Fk.SPD 1921, 48 u. 52; Pr.Pt.SPD 1924, 240; Juchacz 1920, 8.

18 Pr.Pt.SPD 1919, 513.

19 Vgl. ebd., 462.

20 Folgende Bezirke hatten 1927 eine Frauensekretärin angestellt:

– Berlin	: Minna Todenhagen
– Brandenburg	: Anna Matschke, seit Dez.1918
– Braunschweig	: Hulda Graf
– Breslau	: Clara Zils-Eckstein
– Görlitz	: Sophie Eberle
– Halle	: Klara Becker
– Hamburg-Nordwest	: Olga Stolten, seit 21.11.1921
– Hannover	: Lina Brühn
– Hessen-Kassel	: Amalie Wändisch
– Leipzig	: Anna Ziegler, seit 15.8.1924
– Magdeburg-Anhalt	: Marie Arning
– Oldenburg-Ostfriesland	: Elisabeth Frerichs
– Ostpreußen	: Marie Hartung
– Pommern	: Else Höfs
– Schleswig-Holstein	: Toni Jensen
– Thüringen	: Emma Sachse
– Westliches Westfalen	: Minna Sattler

Vgl. Handbuch des Vereins Arbeiterpresse 1927, 33–44.

21 Vgl. Thönnessen 1976, 145f.

22 Eine Aufstellung über die Parteitage und Reichsfrauenkonferenzen der SPD zwischen 1919 und 1927 und die teilnehmenden weiblichen Delegierten findet sich bei Wickert (1986, Bd.2, 12–36), weshalb hier darauf verzichtet wurde. Gleiches gilt für eine Aufstellung der Vorstände der Reichsfrauenkonferenzen (vgl. ebd., 40f) und die Themenschwerpunkte sowie die Referent(inn)en dieser Konferenzen (vgl. ebd., 43).

23 Weibliche Hamburger Delegierte auf den Parteitagen und Reichsfrauenkonferenzen waren:
- Weimar 1919: Parteitag: Marie Bautz, Johanna Reitze, Grete Zabe, Martine Zietz;
  Frauenkonferenz: daneben: Paula Henningsen, Emmy Kaemmerer, Ella Wierzbitzki
- Kassel 1920: Parteitag: Johanna Reitze, Grete Zabe;
  Frauenkonferenz: keine Delegiertenliste;
- Görlitz 1921: Parteitag: Ella Wierzbitzki, Grete Zabe;
  Frauenkonferenz: daneben: Minna Schröder;
- Augsburg 1922 / Nürnberg 1922: Parteitag: Johanna Reitze, Grete Zabe;
- Berlin 1924: Parteitag: Johanna Reitze, Grete Zabe;
  Frauenkonferenz: daneben: Margarethe Andresen, Hedwig Günther, Hermine Peine;
- Heidelberg 1925: Parteitag: Margarethe Andresen, Adele Reiche, Johanna Reitze, Hanna Stolten, Grete Zabe;
  Frauenkonferenz: daneben: Hermine Peine
- Kiel 1927: Parteitag: Margarethe Andresen, Hermine Peine, Adele Reiche, Johanna Reitze, Grete Zabe;
  Frauenkonferenz: daneben: Olga Stolten
- Magdeburg 1929: Parteitag: Margarethe Andresen, Adele Reiche, Johanna Reitze, Hanna Stolten, Grete Zabe;
- Leipzig 1931: Parteitag: Paula Karpinski, Johanna Reitze, Hanna Stolten, Olga Stolten, Erna tum Suden, Grete Zabe.

Vgl. Wickert 1986, Bd.2, 12–36.

24 Juchacz 1920, 13.

25 Erst nach der Währungsstabilisierung wurden Bezirks- und Unterbezirkskonferenzen allgemein in der SPD-

Frauenorganisation durchgeführt. Vgl. Ge. 3/1924, 67; Ge. 4/1924, 94f; Pr.Pt.SPD 1921, 17; Pr.Pt.SPD 1924, 19; Pr.Pt.SPD 1925, 45.

26 Folgende Frauenkonferenzen organisierte der Bezirk Hamburg-Nordwest zwischen 1921 und 1928:
- 26. und 27.11.1921 in Hamburg: 1. Die Stellung der Frau im Staats- und Wirtschaftsleben (Clara Bohm-Schuch), 2. Organisationsfragen (Johanna Reitze), 3. Staatliche und private Fürsorge (Louis Korrell), 4. Partei und soziale Fürsorge (Ella Wierzbitzki). Vgl. Die Frauenkonferenz des Bezirks Hamburg-Nordwest, in: HE Nr.552, 26.11.1921, HE Nr.553, 26.11.1921, HE Nr.554, 27.11.1921, HE Nr.555, 28.11.1921; Der Bezirksfrauenkonferenz zum Gruß!, in: FB-HE 11/1921; vgl. Gl. 1/1922, 10.
- 4. und 5.10.1924 in Bremerhaven: 1. Die Frau in der Politik (Johanna Reitze), 2. Sittliche Gedanken der sozialistischen Weltanschauung (Clara Bohm-Schuch), 3. Mitarbeit der Frauen in der Parteiorganisation (Marie Arning), 4. Wohlfahrtstagung in Hannover (Louis Korrell), 5. Sozialistische Erziehungsarbeit in der Familie (Hanna Stolten). Vgl. Die Frau in der Politik (Fk.SPD-HH-Nw) 1924.
- 19. und 20.9.1926 in Vegesack: 1. Das Kind in der werdenden Gesellschaft (Schulrat Götze), 2. Die erwerbstätige Frau (Else Niewiera), 3. Die Frau in der Sozialpolitik (Louise Schroeder), 4. Was wird? (Johanna Reitze). Vgl. Bezirksfrauenkonferenz der SPD des Bezirks Hamburg-Nordwest, in: HE Nr.260, 20.9. 1926, HE Nr.261, 21.9.1926.
- 22. und 23.9.1928 in Verden an der Aller: 1. Die Frau in Staat und Kommune (Hedwig Wachenheim), 2. Wirtschaftspolitik in der Gemeinde (Mathilde Wurm). Vgl.: Zur Frauenkonferenz in Verden an der Aller, in: FB-HE 9/1928; Die Frau in Staat und Kommune, in: HE Nr.265, 24.9.1928.

27 Landesorganisation der SPD Hamburgs, in: HE Nr.222, 16.5.1919.

28 Vgl. Aus der Hamburger Frauenbewegung, in: HE Nr.220, 15.5.1919.

29 Vgl. Vereine und Versammlungen, in: HE Nr.294, 29.6.1919.

30 Allgemeine Frauenmitgliederversammlung, in: HE Nr.310, 9.7.1919.

31 Vgl. Jb.SPD-HH 1919–1921, 98. Der Parteivorstand druckte die Richtlinien 1920 als nachahmenswertes Beispiel in der Broschüre „Praktische Winke für die sozialdemokratische Frauenbewegung" ab; vgl. Juchacz 1920, 6–8.

32 Jb.SPD-HH 1919–1921, 96–98. Auch im folgenden ebd.

33 Dies berichtete Erna Wagner im Interview.

34 Jb.SPD-HH 1919–1921, 98f.

35 Vom 1.4.1920 bis 1.12.1920 war *Alice Westphal* (geb. Düsedau), die Ehefrau von *Max Westphal* (1893–1942), Frauensekretärin in Hamburg. Über ihre Biographie konnte nichts ermittelt werden. Ihr Mann war von 1921 bis 1928 Vorsitzender der SAJ, 1929 wurde er zum hauptamtlichen Mitglied des SPD-Parteivorstandes gewählt. Vgl. Osterroth 1960, 326ff. Nachfolgerin war bis März 1921 *Juliane Wegbrod*. Vgl. Jb.SPD-HH 1919–1921, 100.

36 Vgl. Günther, Hedwig: Gedanken zum Jahresbericht, in: HE Nr.82, 25.3.1930.

37 Vgl. Wierzbitzki, Ella: Wie können wir die Frauenbewegung auf dem Lande straffer organisieren? Aus den Mitteilungen des Bezirks Hamburg-Nordwest, in: Gl. 24/1921, 242.

38 Tb.SPD-HH-Nw 1923–1925, 6.

39 Vgl. Ausbau der Organisation (Auszug aus der Schrift: Auf- und Ausbau der Organisation der Sozialdemokratischen Partei Deutschlands, hg.v. Bezirksverband Hamburg-Nordwest, 1925), in: Ge. 4/1925, 107f.

40 Hamburg, in: Ge 11/1925, 326.

41 Die Frau in der Politik (Fk.SPD-HH-Nw) 1924, 30; vgl. Bezirksfrauenkonferenz der SPD des Bezirks Hamburg-Nordwest, in: HE Nr.261, 21.9.1926.

42 Vgl. 1925, in: Ge 1/1925, 3f.

43 Interview mit Lisbeth T.

44 Vgl.: Zur Reform der Frauenabende, in: Gl. 8/1921, 78f; Zur Reform der Frauenabende, in: Gl. Nr.18/19, 1921, 189. Vgl. auch Interviews mit Paula Karpinski und Grete Wöhrmann sowie mit Bertha F.

45 Dies berichtete z.B. Bertha F., die von 1928 bis 1933 Bezirksvertrauensfrau im SPD-Distrikt „Nettelnburg-Billwerder" war, im Interview.

46 So z.B. Elfriede P. und Emma W. im Interview.

47 Jb.SPD-HH 1925/26, 166f; Tb.SPD-HH-Nw 1929/30, 46; Auswertung der Rubrik „Merkblatt für unsere Frauen" im ‚Hamburger Echo'.

48 Dies ergab für 1920 die Auszählung der Veranstaltungsankündigungen in der Rubrik „Merkblatt für unsere Frauen" des ‚Hamburger Echo'. Für 1930 vgl. Hamburg-Nordwest, in: Ge. Nr.2/3, 1930, 105.

49 Dies ergab die Auszählung der Veranstaltungsankündigungen in der Rubrik „Merkblatt für unsere Frauen" des ‚Hamburger Echo'; vgl. Hamburg-Nordwest, in: Ge. Nr.2/3, 1930, 105.

50 In der Siedlung Berne der Genossenschaft ‚Gartenstadt Hamburg' waren beispielsweise 1930 von den 573 männlichen Haushaltungsvorständen: 378 Arbeiter (davon 274 gelernte), 108 Angestellte, 51 Beamte oder

Lehrer, 19 selbständige Gewerbetreibende und 14 sonstige Berufstätige. Von dreien war der Beruf nicht bekannt. Hinzu kamen 32 Haushaltungen, denen eine Frau vorstand. Insgesamt lebten 1929 1.006 männliche und 978 weibliche Personen in der Siedlung. Die SPD erhielt im Wahlbezirk Farmsen-Berne bei der Bürgerschaftswahl im Oktober 1924 53,3 % der Männer- und 44,8 % der Frauenstimmen. Die KPD erzielte 17,5 % der Männer- und 11,6 % der Frauenstimmen.

Dem SPD-Distrikt Farmsen-Berne gehörten 1930 insgesamt 385 männliche und 207 weibliche Mitglieder an, von denen ein erheblicher Teil in der Siedlung Berne lebte. Der Frauenanteil im Distrikt lag mit 35,0 % mit an der Spitze des Unterbezirks Hamburg. Im Distrikt Farmsen-Berne waren aktiv: eine Frauengruppe der Partei (seit 1929), die AWO (seit Juni 1930), die ‚Erwerbslosen-Selbsthilfe-Küche Berne' (seit 1932), die ‚Kinderfreunde' (seit 1922), die SAJ (seit 1922), der ‚Volkschor Berne', der ‚Freie Turn- und Sportverein Berne' (seit 1924, Mitglied im ATSB, 1932 ca. 1000 Mitglieder) und die ‚Spielschar Berne' (eine Laienspielgruppe).

Vgl. Adreßbuch für Rahlstedt 1930, 199–206; StJbu 1932/33, 10; StM Nr.16, 1924, 86f; Tb.SPD-HH-Nw 1929/30, 46; Jbu.SPD 1930, 33; Skrentny, Werner: „Die Solidarität war ja überall!" Arbeitersport, in: Vorwärts- und nicht vergessen 1982, 187–208, insb. 192f; sowie Interviews mit Minna L. (geb. 1901) und Jonni Schacht (geb. 1904) über die Siedlung Berne.

Jonni Schacht, von Beruf Gemeindesekretär, war von 1930 bis 1933 erster Vorsitzender des SPD-Distrikts Farmsen-Berne. Er gehörte darüber hinaus dem Aufsichtsrat der Genossenschaft ‚Gartenstadt Hamburg' an. Einen anschaulichen Bericht über das Leben in der Siedlung Langenhorn gibt das Buch von Helmuth Warnke (Warnke 1983, 31–113). Zu den Aktivitäten der Arbeiterparteien KPD und SPD vgl. insb. ebd., 79–113; sowie Suhling 1980, 11ff.

51 Vgl. Hamburg und seine Bauten 1929, 28ff.

52 Dem Distrikt Billwerder gehörten 1930 258 männliche und 127 weibliche Mitglieder an, der Frauenanteil lag bei 33,0 %. Die Mehrzahl der Parteimitglieder lebte in der Siedlung Nettelnburg. Tb.SPD-HH-Nw 1929/30, 46.

53 Vgl. Wir wollen zum Köhlbrand 1985, 53; sowie Kapitel 4.3.2.

54 Günther, Hedwig: Aufgabe und Form der Bildungsarbeit für unsere Frauen, in: FB-HE 10/1929.

55 Vgl. Kern, Käthe: Agitation in der Großstadt, in: Ge. 9/1931, 293f.

56 Zu den gefragtesten Referentinnen in den Frauengruppen gehörten Anfang der zwanziger Jahre Paula Henningsen, Minna Schröder, Ella Wierzbitzki und Grete Zabe, Mitte der zwanziger Jahre waren es neben Paula Henningsen und Grete Zabe Antonie Kähler und Dora Wagner. In den letzten Jahren der Weimarer Republik vollzog sich auch hier ein Generationswechsel; zu den aktivsten Referentinnen wurden Margarethe Andresen, Hedwig Günther, Paula Karpinski und Erna Wagner. Dies ergab die Auswertung der Rubrik „Merkblatt für unsere Frauen" im ‚Hamburger Echo'.

57 Vgl. Gl. 5/1921, 45; Gl. 8/1921, 78f; Gl. 9/1921, 89; Gl. 11/1921, 109; Gl. 12/1921, 118f; Gl. 13/1921, 129f; Gl. Nr.18/19, 1921, 189; sowie Juchacz 1920, 10; Unsere Frauenabende, in: HE Nr.474, 12.10.1919; Der Zweck der Frauenabende, in: Ge. Nr.3, Sept. 1924, 69f.

58 Vgl. auch die Themenvorschläge für Frauenabende in der Schrift „Auf- und Ausbau der Organisation der SPD, hg.v. Bezirksverband Hamburg-Nordwest, 1925, abgedruckt in: Ge. 4/1925, 107f. Ähnliche Themenvorschläge machte das Reichsfrauenbüro vgl. Frauenabendthemen, in: Ge. 9/1931, 300–304.

59 Jahresbericht 1930, in: Ge. Nr.2/3, 1931, 72; vgl. Jbu.SPD 1931, 122.

60 Vgl. Juchacz 1920, 10.

61 Nachlaß Marianne S.: Rundschreiben Nr.11 des SPD-Frauenbüros, Berlin 27.5.1932. Vgl. Wellhausen, Ludwig: Diskussion als Werbemittel, in: FB-HE 6/1932.

62 Dies ergab die Auswertung der Rubrik „Merkblatt für unsere Frauen" im ‚Hamburger Echo'.

63 Vgl. Jb.SPD-HH 1921–1924, 63.

64 Vgl. Pr.Pt.SPD 1924, 232.

65 Jb.SPD-HH 1924/25, 71f.

66 Thea Asmus im Interview.

67 Vgl. Aus der Frauenbewegung, in: HE Nr.87, 28.3.1926; Hamburg-Nordwest, in: Ge. Nr.2/3, 1930, 105; sowie Auswertung der Rubrik „Merkblatt für unsere Frauen" im ‚Hamburger Echo'.

68 Paula Karpinski/Grete Wöhrmann, November 1979.

69 Rekonstruiert wurde das Leben der Frauengruppen mit Hilfe der Veranstaltungsankündigungen in der Rubrik „Merkblatt für unsere Frauen" des ‚Hamburger Echo'.

70 Vgl. Hamburg-Nordwest, in: Ge. Nr.2/3, 1930, 105; sowie Kapitel 1.5.2.

71 Vgl. Günther, Hedwig: Aufgabe und Form der Bildungsarbeit für unsere Frauen, in: FB-HE 10/1929.

72 Vgl. Jb.SPD-HH 1919–1921, 116ff. Zur Entwicklung des Volkshochschulwesens in der Weimarer Republik allgemein vgl. Langewiesche, in: Huck 1980, 228–235.

73 Jb.SPD-HH 1919–1921, 118.

74 Tb.SPD-HH-Nw 1929/30, 81.
Auf die Diskussion um die grundsätzlichen Ziele der sozialdemokratischen Bildungsarbeit soll hier nicht eingegangen werden; vgl. hierzu Langewiesche, in: Huck 1980, 225ff.

75 Vgl. Kähler, Antonie: Gedanken zur „sozialistischen Frauenschule", in: HE Nr.404, 2.9.1919; Essig, Olga: Staatsbürgerliche Schulung sozialistischer Frauen, in: Gl. Nr.32, 27.9.1919, 249f.

76 Vgl. Jb.SPD-HH 1919–1921, 121f.

77 Vgl. Sozialistische Frauenschule, in: HE Nr.378, 15.8.1920.

78 Vgl. Jb.SPD-HH 1919–1921, 123; Henningsen,Paula: Frauenfragen. Von einer frohen Arbeitsgemeinschaft, in: HE Nr.165, 10.4.1921.

79 Vgl. Jb.SPD-HH 1921–1924, 85f.

80 Vgl. Jb.SPD-HH 1924/25, 85ff; Jb.SPD-HH 1925/26, 112ff; Jb.SPD-HH 1927/28, 156ff. Vgl. dort auch im folgenden.

81 Auf Reichsebene wurde bereits im Mai 1925 durch die Schaffung des ‚Sozialistischen Kulturbundes' eine Vereinheitlichung des Arbeiterbildungs- und -kulturwesens herbeigeführt. In Hamburg kam es im Mai 1928 zur Bildung des ‚Verbandes für Arbeiterbildung', dem neben den Bildungsausschüssen der SPD von Altona, Harburg, Wandsbek und Wilhelmsburg offiziell angehörten: die SAJ Groß-Hamburg, der ‚Arbeiterverein Kinderfreunde', der ‚Ausschuß für soziale Fürsorge', der ‚Arbeitersängerbund', der ‚Arbeiter-Radio-Klub', der ‚Arbeiter-Abstinenten-Bund' und die ‚Arbeitsgemeinschaft sozialdemokratischer Lehrer', sowie inoffiziell: das ‚Arbeitersportkartell' und die ‚Volksbühne Groß-Hamburg'. Vgl. Jb.SPD-HH 1925/26, 104; Jb.SPD-HH 1927/28, 150ff.

82 Vgl. ebd., 152ff.

83 StA BS.II FVb8: Hamburger Volkshochschule, Hamburg 1926, 3–5.

84 Vgl. Bildungkurse im Winterhalbjahr 1930/31, in: HE Nr.277, 7.10.1930; Lehrplan für das Winterhalbjahr 1932/33, in: HE Nr.225, 19.9.1932.

85 Bei den Männern stieg der Arbeiteranteil zwischen den Wintersemestern 1929/30 und 1930/31 von 34,3 % auf 43,2 % an. Die Besucherzahl der VHS-Kurse entwickelte sich in Hamburg wie folgt:

Jahr	Kurse insg.	davon AG's	Teilnehmer an den AG's	Von hundert Teilnehmern der AG's waren							
				Arbeiter		Angestellte		Lehrer/ Freie Berufe		ohne Beruf	
				M	F	M	F	M	F	M	F
1919/20	38	38	1608								
1925/26	126	99	3639	29,6	10,3	57,7	44,3	11,8	15,8	0,9	29,6
1929/30	163	137	5052	34,3	9,7	55,3	44,3	9,5	18,8	0,9	27,2
1930/31	197	193	7466	43,2	11,1	46,9	45,9	8,2	13,5	1,7	29,5

Vgl. StHb 1920, 438; StJbu 1925, 318; StJbu 1926/27, 359; StJbu 1929/30, 375; StJbu 1930/31, 364.

86 Frauenkurse in der Volkshochschule, in: HE Nr.261, 21.9.1930; vgl. Frauenkurse der Hamburger Volkshochschule, in: HE Nr.54, 23.2.1930. Vgl. auch Kapitel 1.4.1.3.

87 Vgl. StJbu 1930/31, 364; StJbu 1931/32, 204. Zur Analyse der sozialen Zusammensetzung der Volkshochschulkurse vgl. auch Langewiesche, in: Huck 1980, 229ff.

88 Günther, Hedwig: Aufgabe und Form der Bildungsarbeit für unsere Frauen, in: FB-HE 10/1929.

89 Vgl. Jb.SPD-HH 1927/28, 158ff; Tb.SPD-HH-Nw 1929/30, 57f; Dreitägiger Frauenlehrgang. Werbearbeit für die Wahl, in: HE Nr.231, 23.8.1931.
Toni Pfülf (1877–1933), die Tochter eines Oberst, besuchte von 1888 bis 1894 die Höhere Mädchenschule und von 1900 bis 1902 die Lehrerinnenbildungsstätte in München. Um 1902 schloß sie sich der SPD an. Seit diesem Jahr arbeitete sie im Bayerischen Staatsdienst als Lehrerin, ab 1907 in München. Von 1910 bis 1914 wurde sie wegen Erkrankung an Tbc in den einstweiligen Ruhestand versetzt, danach war sie wieder im Schuldienst tätig. Im Ersten Weltkrieg arbeitete sie ehrenamtlich als Armenpflegerin und Waisenrätin in München. 1918 war sie Mitglied des Arbeiterrates Bayern, 1919 bis 1933 der Nationalversammlung bzw. des Reichstags, 1920 bis 1925 gehörte sie der Programmkommission der SPD an. Vgl. Antonie Pfülf, in: FW 13/1932, 344; Dertinger 1984, insb. 141ff; Hammer 1956, 73; Juchacz 1971, 89ff; Osterroth 1960, 239; Wickert 1986, Bd.2, 174.

90 Vgl. Tb.SPD-HH-Nw 1929/30, 57f; Günther, Hedwig: Aufgabe und Form der Bildungsarbeit für unsere Frauen, in: FB-HE 10/1929.

91 Vgl. Jb.SPD-HH 1925/26, 118ff; Jb.SPD-HH 1927/28, 63ff; Tb.SPD-HH-Nw 1929/30, 82ff.

92 Vgl. Günther, Hedwig: Frauen-Schulungskursus im Bezirk Hamburg-Nordwest, in: HE Nr.78, 18.3.1928.

93 Vgl. Jb.SPD-HH 1927/28, 164ff; Tb.SPD-HH-Nw 1929/30, 57f.

94 Vgl. Jbu.SPD 1926, 32; Jbu.SPD 1927, 188; Jbu.SPD 1928, 147f; Jbu.SPD 1929, 191; Jbu.SPD 1930, 222; Jbu.SPD 1931, 123; Wöhrmann, Grete: Reichsfunktionärinnenkursus in Bollersdorf, in: HE Nr.45, 14.2.1931; Schmidt, Franziska: Kursus für jüngere Funktionärinnen I, in: Ge. 5/1931, 194f; Glöckner,G.: Reichsfrauenkursus vom 16.–18.Februar in Bollersdorf II, in: ebd., 195ff.

95 Vgl. Kapitel 3.3.2.3.

96 Günther, Hedwig: Aufgabe und Form der Bildungsarbeit für unsere Frauen, in: FB-HE 10/1929.

97 Vgl. Jahresbericht 1930, in: Ge. Nr.2/3, 1931, 73.

98 Juchacz, Marie: Sozialdemokratische Wohlfahrtspflege, in: Pr.PA-SPD, 13.9.1919, (742)f.
Zur Entstehung und Entwicklung der AWO auf Reichsebene vgl. Arbeiterwohlfahrt 1949, 5ff; Binder 1926, 1–11; Juchacz/Heymann 1924, 5–26; Marie Juchacz 1979, 80–89; Helfen und Gestalten 1979, 15ff; Eifert 1986<a>; dies. 1986 <b>; dies. 1987; Landwehr/Baron, 1983, 162ff; Monat 1961, 54ff; Roehl 1961, 74–89; Sachße 1986, 182ff; Tollmien 1983, 18ff.

99 Der Aufruf ist abgedruckt in: Jb.SPD-HH 1919–1921, 129f.

100 Vgl. ebd., 131. Zur Entstehung und Entwicklung der Hamburger AWO vgl. Düsterdieck 1946; Wir wollen zum Köhlbrand 1985.

101 StA AR.27: Sozialdemokratie und Wohlfahrtspflege (1928), 1. Der Sammelbegriff „Wohlfahrtspflege" wurde in der zeitgenössischen Öffentlichkeit seit dem Ende des 19. Jahrhunderts gebraucht. Er umfaßte sowohl die öffentliche als auch die freie Wohlfahrtspflege und wurde in den zwanziger Jahren synonym mit dem Begriff „Fürsorge" benutzt. Im engeren Sinne wurde unter dem Begriff „Wohlfahrtspflege" die Fürsorgetätigkeit verstanden, die dazu diente, soziale Schäden infolge der sozioökonomischen Entwicklung zu verhindern bzw. diesen abzuhelfen. Von der „Wohltätigkeit" unterschied sich die so verstandene „Wohlfahrtspflege" dadurch, daß sie planmäßige Hilfe zur Selbsthilfe sein sollte. Zur zeitgenössischen Verwendung der Begriffe „Wohlfahrtspflege" und „Fürsorge", die nicht eindeutig und einheitlich war, vgl.: Dünner, Julia: Wohlfahrtspflege, in: Staatslexikon 1926–1932, Bd.5, 1426–1434; Klumker: Fürsorgewesen, in: Handwörterbuch der Staatswissenschaften 1923–1928, Bd.4, 534–540; Uhlhorn/Münsterberg/Laum: Armenwesen, in: ebd., Bd.1, 926–967.
Zur Begriffsgeschichte vgl. Klein, Franz: Fürsorge und Wohlfahrtspflege, in: Staatslexikon 1957–1963, Bd.3, 623–639; Neises, Gerd: Fürsorge, in: Handwörterbuch der Sozialwissenschaften 1956–1965, Bd.4, 164–180.

102 Pr.Pt.SPD 1917, 265.

103 Vgl. Sachße 1986, 105–148 sowie 183ff.

104 Jahrsbericht 1930, in: Ge. Nr.2/3, 1931, 73.

105 Zur sozialdemokratischen Diskussion um die Wohlfahrtspflege im Kaiserreich vgl. Monat 1961, 1–35; Sachße 1986, 173–186.

106 Zur Entwicklung der öffentlichen Armenpflege im Kaiserreich vgl. Erichson 1930, 30–39; Köppen 1985, 9–16; Landwehr/Baron 1983, 19–71; Sachße/Tennstedt 1980, 222ff; dies. 1988, 15–45.

107 Vgl. Landwehr/Baron 1983, 19ff.

108 Zum „Elberfelder System" vgl. Sachße 1986, 36ff; Landwehr/Baron 1983, 22ff.

109 Vgl. Erichson 1930, 64–76.

110 Zur Privatwohltätigkeit im Kaiserreich vgl. u.a.: Sachße 1986, 79ff; ders./Tennstedt 1980, 222ff; dies. 1988, 24f; Tennstedt 1987, 158f.

111 Vgl. Monat 1961, 31ff.

112 Zu Kinderschutzkommissionen und Kinderferienwanderungen vgl. Kapitel 4.1.1. Christoph Sachße verkennt in seiner Studie aus dem Jahr 1986 bei der Einschätzung der sozialdemokratischen Kinderschutzkommissionen den entscheidenden Unterschied zwischen Selbsthilfe und wohltätiger Fremdhilfe. Vgl. Sachße 1986, 102.

113 Vgl. Erichson 1930, 74ff; Landwehr/Baron 1983, 73–92; Sachße 1986, 149–173; Tennstedt 1987, 159; Sachße/Tennstedt 1988, 46–67.

114 Zur Entwicklung der Wohlfahrtspflege in der Weimarer Republik vgl. Landwehr/Baron 1983, 92–106; Sachße 1986, 187–249; ders./Tennstedt 1988, 68–217.

115 Wachenheim, Hedwig: Der Vorrang der öffentlichen Wohlfahrtspflege, in: AW 1926, 65f; vgl. Fürth 1920; Sozialismus und Arbeiterwohlfahrt 1924, 1f; StA AR.27: Sozialdemokratie und Wohlfahrtspflege (1928).

116 Vgl. Sachße 1986, 223ff; Tennstedt 1987, 158ff.

117 Vgl. Landwehr/Baron 1983, 92–106; Sachße 1986, 187–249.

118 Zur allgemeinen Fürsorge vgl. Kapitel 3.2.2.1.

119 Vgl. Sachße 1986, 223ff; Tennstedt 1987, 159ff.

120 In der Wohlfahrtsbehörde selbst hatte die SPD allerdings keine Mehrheit; zu den zunächst 28, später 8

Behördenmitgliedern gehörten neben dem Senator Mitglieder der Bürgerschaft, Vertreter(innen) anderer Behörden, der freien Wohlfahrtspflege, der ehrenamtlichen Pfleger(innen) und der berufsamtlichen Mitarbeiter(innen) des Wohlfahrtsamtes, die mehrheitlich aus dem Bürgertum stammten. Vgl. StA AR.27: Sozialdemokratie und Wohlfahrtspflege (1928).

Paul Hoffmann (1863–1928), gelernter Schuhmacher, später Gastwirt, war seit den 1890er Jahren Funktionär von SPD und freien Gewerkschaften, u.a. Vorsitzender bzw. Vorstandsmitglied der SPD-Wahlkreisorganisation Hamburg 2, 1907 bis 1924 gehörte er der Bürgerschaft an, von März 1919 bis März 1925 war er Senator der Wohlfahrts- und Jugendbehörde. Vgl. StA Bürgerschaftsmitglieder 1859–1959, Handschrift 601; Schröder 1986, 131; Witt 1971, 46f.

Paul Neumann (geb. 1880), von Beruf Schriftsetzer, trat mit 18 Jahren der SPD bei. 1909 wurde er Redakteur beim ‚Lüneburger Volksblatt', 1912 trat er in die Redaktion des ‚Hamburger Echo' ein, 1919 bis 1925 war er Sekretär des Arbeiterrates Groß-Hamburg, 1921 bis 1933 Mitglied der Bürgerschaft, 1925 bis 1933 Senator der Wohlfahrtsbehörde. Vgl. StA Bürgerschaftsmitglieder 1859–1959, Handschrift 601; Witt 1971, 52.

121 Vgl. Erichson 1930, 76–82; Gesetz über das Wohlfahrtsamt v. 12.5.1920, in: Blätter für das Hamburgische Armenwesen 6/1920; Jb.VB.FHH 1925, 633–670.

122 Vgl. Kapitel 2.1.3.2 sowie Sachße 1986, 244ff; ders./Tennstedt 1988, 184ff.

123 Zur Professionalisierung der Fürsorge vgl. Sachße 1986, 250–304; Zeller 1987, insb. 65–179.

124 Vgl. Erichson 1930, 81.

125 Zu den elf Spitzenverbänden, die der ‚Freien Vereinigung der privaten und öffentlichen Wohlfahrtspflege in Hamburg' angeschlossen waren, gehörten neben dem Ortsausschuß der AWO:
1. der Landesverband für innere Mission der evangelischen Kirche
2. das Caritas-Sekretariat
3. die Kommission für das Wohlfahrtswesen der deutsch-israelitischen Gemeinde
4. der Hamburgische Landesverein vom Roten Kreuz
5. der Hamburgische Landesverband für Volksgesundheitspflege e.V.
6. die Landeszentrale Hamburg für Säuglings- und Kleinkinderschutz e.V.
7. der Ausschuß für Kinderanstalten
8. der Verein für Krüppelfürsorge e.V.
9. die Hamburgische Gesellschaft für Wohltätigkeit e.V.
10. die Hamburgische Gesellschaft zur Förderung der Künste und nützlichen Gewerbe (Patriotische Gesellschaft)

Vgl. Erichson 1930, 82.

126 Vgl. Arbeiterwohlfahrt. Reichssitzung 1925, 4f; Binder, Gottlob: Die Frage der Zusammenarbeit zwischen öffentlicher und privater Fürsorge, in: AW 1927, 167ff; Monat 1961, 60f. Rolf Landwehr und Rüdeger Baron behaupten fälschlicherweise, daß die AWO Mitglied der ‚Liga' der freien Wohlfahrtspflege war; vgl. Landwehr/Baron 1983, 164.

127 Vgl. Pr.PA-SPD, 13.9.1919, (742)ff; Rundschreiben des Parteivorstandes zur Gründung des ‚Hauptausschusses für Arbeiterwohlfahrt' v.30.12.1919, abgedruckt in: Jb.SPD-HH 1919–1921, 129f; Juchacz, Marie: Arbeiterwohlfahrt II, in: Gl. 26/1920, 214f; Juchacz/Heymann 1924, 19ff; Tormin, Helmut: Sozialdemokratie und Wohlfahrtspflege, in: SM Bd.62, 1925, 92–99; Wachenheim, Hedwig: Soziale Fürsorge und Sozialdemokratie, I–III, in: Gl. Nr.9, 31.1.1919, 70ff, Gl. Nr.10, 14.2.1919, 79f, Gl. Nr.11, 28.2.1919, 85f.

128 Zit.nach: Juchacz, Marie: Arbeiterwohlfahrt I, in: Gl. 25/1920, 206; vgl. Juchacz/Heymann 1924, 22ff.

129 Vgl. Juchacz, Marie: Arbeiterwohlfahrt I, in: Gl. 25/1920, 206.

130 Marie Juchacz, in: Zweite Reichskonferenz des Hauptausschusses 1925, 3f.

131 Vgl. Jb.SPD-HH 1919–1921, 130.

132 Juchacz/Heymann 1924, 12.

133 Vgl. Roehl 1961, 75ff.

134 Vgl. Helfen und Gestalten 1979, 13.

135 Vgl. Pr.Pt.SPD 1917, 265.

136 Vgl. Pr.PA-SPD, 13.9.1919, (742)ff; Juchacz/Heymann 1924, 19f.

137 Vgl. Marie Juchacz, in: Pr.PA-SPD, 13.9.1919, (742)f; Minna Todenhagen, in: ebd., (744); Marie Juchacz, in: Pr.PA-SPD, 25.8.1920, (996)f.

138 Juchacz/Heymann 1924, 40.

139 Wachenheim, Hedwig: Die Schulung für die Wohlfahrtsarbeit, in: Zweite Reichskonferenz des Hauptausschusses 1925, 23–28, 25.

140 Ebd., 28.

141 Vgl. Monat 1961, 62; Sachße 1986, 183f.

142 Juchacz/Heymann 1924, 17. Vgl. auch: Caspari, Hans: Zur Frauenkonferenz in Kassel, in: Gl. Nr.41/42, 1920,

334; Zur Frauenkonferenz und zum Parteitag, in: ebd., 330f; Das Ergebnis unserer Frauenkonferenz, in: Gl. 43/1923, 349; sowie Roehl 1961, 89ff.

143 *Helene Simon* (1862–1947), die Tochter eines wohlhabenden jüdischen Bankiers, die seit den 1890er Jahren der sozialdemokratischen Arbeiterbewegung nahestand, gehörte zu den Gründungsmitgliedern der AWO. Nach einem sozialwissenschaftlichen Studium in England und Deutschland war sie lange Jahre in Berlin und Königsberg als Privatgelehrte tätig, 1922 erhielt sie den Ehrendoktor der Philosophischen Fakultät der Universität Heidelberg. In der Weimarer Republik gehörte sie zu den renommiertesten Sozialwissenschaftlerinnen und Sozialpolitikerinnen. Vgl. Helene Simon, in: Helfen und Gestalten 1979, 24; Dr. h.c. Helene Simon, in: FW 21/1932, 489; Helene Simon 70 Jahre, in: AW 18/1932, 553–556; Klöhn 1982.

144 Vgl. Juchacz/Heymann 1924, 51f; Johanna Heymann, in: Zweite Reichskonferenz des Hauptausschusses 1925, 8; Friedländer 1962, 36; Roehl 1961, 92f; Klöhn 1982, 549–554.

145 Simon 1922, 3. Ebd. 3–5 auch im folgenden.

146 Wachenheim, Hedwig: Der Vorrang der öffentlichen Wohlfahrtspflege, in: AW 1926, 65f.

147 Vgl. Zweite Reichskonferenz des Hauptausschusses 1925, 3f.

148 Vgl. Juchacz/Heymann 1924, 29f; Tormin, Helmut: Sozialdemokratie und Wohlfahrtspflege, in: SM Bd.62, 1925, 92–99, 94.

149 Vgl. Kapitel 4.1.3.1.

150 Pr.Pt.SPD 1921, 18; Juchacz/Heymann 1924, 84.

151 Vgl. Marie Juchacz, in: Zweite Reichskonferenz des Hauptausschusses 1925, 4.
Siehe hierzu auch das Referat von Hans Wingender (Düsseldorf) zur Arbeit im besetzten Gebiet, in: ebd., 18–23.

152 Vgl. ebd., 31; Die Vertreterkonferenz am 4. Januar 1925 in Berlin, in: ebd., 32–34; Arbeiterwohlfahrt. Reichssitzung 1925, 2ff u. 31f.

153 Jbu.AWO 1931, 32.

154 Vgl. ebd., 1–52; Jbu.SPD 1930, 226–229.

155 Vgl. Jbu.AWO 1931, 46–51.

156 Vgl. Juchacz/Heymann 1924, 38f.

157 Vgl. Jbu.SPD 1926, 37.

158 Vgl. Lehmann, Henni: Die soziale Schulung der Arbeiterfrauen, in: Gl. Nr.45/46, 27.12.1919, 353f; Die Notwendigkeit der Ausbildung für die Wohlfahrtspflege, in: Gl. Nr.51/52, 1920, 416f; Wachenheim, Hedwig: Ausbildung ehrenamtlicher Mitarbeiter im Winter 1929/30, in: AW 20/1929, 631–635; dies.: Die Schulung für die Wohlfahrtsarbeit, in: Zweite Reichskonferenz des Hauptausschusses 1925, 23–28.

159 Vgl. Jbu.SPD 1930, 227.

160 Vgl. Jbu.SPD 1928, 153f; Jbu.SPD 1929, 193; Jbu.SPD 1930, 227.

161 Vgl. Salomon, Alice: Ergebnisse der Sonderlehrgänge für Arbeiterinnen zur Ausbildung in der Wohlfahrtspflege, in: Gl. 45/1920, 370f; Wachenheim,Hedwig: Die Wohlfahrtsschule des Hauptausschusses für Arbeiterwohlfahrt, in: AW 1/1929, 24–26; Jbu.AWO 1931, 57–69. Siehe auch Zeller 1987, 73–79.

162 Genossinnen und Frauen Groß-Hamburgs, in: HE Nr.556, 30.11.1919.

163 Vgl. Sozialdemokratische Wohlfahrtspflege, in: HE Nr.77, 15.12.1919.

164 Vgl. Jb.SPD-HH 1919–1921, 131; Gründungsversammlung der AWO in Hamburg, in: HE Nr.65, 8.2.1920.

165 Vgl. Jb.SPD-HH 1919–1921, 131. Hermine Peine wurde bereits im März 1930 von einem Genossen Heitmann abgelöst, über den nichts ermittelt werden konnte. Vgl. StA SB.I EF14.17: Zehn Jahre Arbeiterwohlfahrt in Hamburg, in: HE, 14.3.1930.

166 Vgl. Jb.SPD-HH 1919–1921, 131ff.

167 Vgl. Wir wollen zum Köhlbrand 1985, 54.

168 Vgl. StA SB.I EF14.17: Der Hamburger Ausschuß für soziale Fürsorge, in: HE, 2.4.1926.

169 Vgl. Tb.SPD-HH-Nw 1921–1923, 9f.

170 Vgl. Tb.AWO 1929/30, 34.

171 Jb.SPD-HH 1919–1921, 131.

172 StA SB.I EF14.17: Hamburger Ausschuß für soziale Fürsorge e.V., in: HE, 21.3.1921. Vgl. auch: Eine Arbeitstagung. Konferenz der Arbeiterwohlfahrt des Bezirks Hamburg-Nordwest, in: HE Nr.301, 31.10.1926.

173 Vgl. Neumann, Paul: Aufbau und Leistungen der staatlichen Wohlfahrtspflege in Hamburg, in: AW 15/1928, 454–461; StA AR.27: Sozialdemokratie und Wohlfahrtspflege (1928).

174 Vgl. Juchacz/Heymann 1924, 151f; Jb.AWO-HH 1931, 34.

175 Dohrmann, in: JuV Nr.3/4, 1927/28, 75.

176 StA AA.II 64: Beteiligung der Arbeiter an der öffentlichen Armenpflege. Sitzungsprotokoll des Armenkollegiums, 1918.

177 StA AA.II 64: Rundschreiben an die Bezirksvorsitzenden und Armenpfleger über die Mitwirkung der

Arbeiter an der öffentlichen Armenpflege, 14.12.1919.

178 StA AA.II 64: Beteiligung der Arbeiter an der öffentlichen Armenpflege. Sitzungsprotokoll des Armenkollegiums, 1918.

179 StA AA.II 64: Vorschläge für Armenpfleger aus der Arbeiterschaft, 20.1.1919; ebd.: Zum Armenpfleger haben sich bereit erklärt, 19.6.1919; ebd.: Nachstehende Personen haben sich bereit erklärt, das Pflegeamt von der Hamburgischen Armenpflege zu übernehmen; ebd.: Vorschläge der SPD für Armenpfleger.

180 Vgl. StA AR.27: Sozialdemokratie und Wohlfahrtspflege (1928); StA AA.II 65: Niederschrift über die Besprechung am 9.3.1921 betreffend Überholung der Armenbezirke in das Wohlfahrtsamt.

181 Vgl. Dohrmann, in: JuV Nr.3/4, 1927/28, 75f.

182 StJbu 1926/27, 313; StJbu 1927/28, 325.

183 Vgl. Binder,Gottlob: Ehrenamtliche Mitarbeit der Arbeiterschaft in der Wohlfahrtspflege, in: AW 4/1926, 107–113.

184 Die Zahl der anerkannten Helferinnen in der Armenpflege war in Hamburg außerordentlich gering, 1908 lag sie bei sechs, 1918 nur noch bei vier. Vgl. StA AA.II 61: Zahl der Frauen in der Hamburgischen Armenpflege, 23.3.1918.

185 Vgl. StA AA.II 61: Apolant, Jenny: Die Mitwirkung der Frau in der kommunalen Wohlfahrtspfleges, in: Sonderabdruck aus der Monatsschrift ‚Die Frau', 6/1916, 7f; ebd.: Schreiben der Allgemeinen Armenanstalt v.15.12.1907 an Armenpflegerinnen und Helferinnen; ebd.: Auszug aus dem Protokoll des Armenkollegiums v.5.12.1907.

186 StA AA.II 61: Apolant, in: Sonderabdruck aus ‚Die Frau', 6/1916, 6 u. 8.

187 StA AA.II 61: Auszug aus dem Protokoll des Armenkollegiums v.4.4.1918.

188 Vgl. ebd.

189 Vgl. StA AA.II 61: Auszug aus dem Protokoll des Senats, Hamburg 25.4.1919.

190 Vgl. StA AA.II 61: Hamburger Hausfrau, Nr.1033, 1919/20; Dohrmann, in: JuV Nr.3/4, 1927/28, 74.

191 StA AA.II 61: Zahl der Frauen in der Hamburgischen Armenpflege, 23.3.1918. Mitteilung des Senats; Dohrmann, in: JuV Nr.3/4, 1927/28, 74ff; StA SB.I EO31.50: Gesamtzahl der Ehrenbeamten 1925–1949; StJbu 1925, 279; StJbu 1927/28, 325; StJbu 1926/27, 313; StJbu 1931/32, 180; StJbu 1932/33, 173. Für die Jahre 1908–1916 liegen über die Zahl der Jugendpfleger(innen) keine Angaben vor.

192 Vgl. Dohrmann, in: JuV Nr.3/4, 1927/28, 74.

193 Vgl. StJbu 1929/30, 320; StJbu 1930/31, 304.

194 Vgl. Juchacz/Heymann 1924, 151f.

195 Vgl. Eine Arbeitstagung. Konferenz der Arbeiterwohlfahrt des Bezirks Hamburg-Nordwest, in: HE Nr.301, 31.10.1926.

196 Vgl. Zweite Reichskonferenz des Hauptausschusses 1925, 4f.

197 Vgl. ebd.; Juchacz/Heymann 1924, 153.

198 Vgl. Der Hamburger Ausschuß für soziale Fürsorge, in: HE Nr.87, 28.3.1925; Zehn Jahre Arbeiterwohlfahrt 1931, 19ff.

199 Vgl. Arbeiterwohlfahrt Hamburg im Jahre 1928, in: HE Nr.88, 29.3.1929; Jb.AWO-HH 1928, 7.

200 Vgl. Jb.FK 1924, 2f; vgl. Düsterdieck 1946, 7; Wienold 1931, 7ff.

201 Vgl. StA SB.I GF53.12, Bd.1: Ferienkolonie auf dem Kinderspielplatz Köhlbrand, in: HE, 7.7.1922; StA StP.I–IV 3144: 25 Jahre Ferienwohlfahrtsbestrebungen, in: HA, 8.8.1925.

202 Vgl. StA SB.I GF53.12, Bd.1: Betr.: Antrag auf Errichtung von Unterkunfts- und Wirtschaftsräumen auf dem Kinderspielplatz Köhlbrand, 25.3.1925; Jb.FK 1924, 1; Ein Tag bei der Ferienkolonie auf dem Kinderspielplatz Köhlbrand-Maakendamm, in: HE Nr.157, 9.6.1924.

203 Vgl. Am Köhlbrand herrscht wieder Hochbetrieb, in: HE Nr.148, 30.5.1928; Das Kinderparadies am Köhlbrand, in: HA Nr.345, 15.7.1925. Zum Köhlbrand vgl. ausführlicher im folgenden Kapitel 4.3.2.2.

204 Vgl. Kapitel 3.1.2.3.

205 Vgl. Korell,Louis: Vom Hamburger Ausschuß für soziale Fürsorge, in: FB-HE 11/1922; sowie Kapitel 2.3.2.1.

206 Vgl. Toni Wohlgemuth, in: Zweite Reichskonferenz des Hauptausschusses 1925, 15; Hans Wingender, in: ebd., 18f.

207 Clara Bohm-Schuch, Mitglied des Vorstandes der Reichsarbeitsgemeinschaft der ‚Kinderfreunde', in: ebd., 17.

208 Vgl. ebd.; Arbeiterwohlfahrt. Reichssitzung 1925, 7 u. 29f.

209 Dies ergab die Auswertung der Versammlungsankündigungen des ‚Hamburger Ausschusses für soziale Fürsorge' im ‚Hamburger Echo' in den Jahren 1923 bis 1933. Vgl. Wachenheim, Hedwig: Ausbildung ehrenamtlicher Mitarbeiter im Winter 1929/30, in: AW 20/1929, 631–635; dies.: Die Schulung für die Wohlfahrtsarbeit, in: Zweite Reichskonferenz des Hauptausschusses 1925, 24ff.

210 Dies ergab die Auswertung der Berichterstattung im ‚Hamburger Echo' in den Jahren 1920 bis 1933. Vgl. auch: StA SB.I EF14.17: Verein für Arbeiterwohlfahrt e.V. 1921–1935; StA SB.I EF14.16: Hauptausschuß für Arbeiterwohlfahrt 1920–1931.

211 Vgl. Jb.SPD-HH 1919–1921, 120ff; Jb.SPD-HH 1924/25, 85ff; Jb.SPD-HH 1925/26, 113ff; Jb. SPD-HH 1927/28, 160ff.

212 Vgl. StA SB.I EF14.17: Verein für Arbeiterwohlfahrt, 18.7.1928. An die Wohlfahrtsbehörde. Aus Hamburg nahmen folgende Genossinnen am ersten Lehrgang teil, der vom 10.–22. Juni 1928 in Brodten bei Travemünde stattfand: Thea Asmus, Olga Stolten und Rosa Prahs.

213 Vgl. Arbeiterwohlfahrt im Jahr 1928, in: HE Nr.88, 29.3.1929.

214 Die Fürsorgerin, in: Ge. 10/1925, 304.

215 Vgl. Stolten, Hanna: Die Fachgruppe der sozialistischen Fürsorgerinnen, Hamburg, in: AW 1/1931, 26–29; Jb.AWO-HH 1928, 13f; Jb.AWO-HH 1930, 35ff; Jb.AWO-HH 1931, 13ff; Zehn Jahre Arbeiterwohlfahrt 1931, 62ff.
Einblick in das Versammlungsleben der Fachgruppe gab die Auswertung der Veranstaltungsankündigungen im ‚Hamburger Echo' von 1927 bis 1933.

216 Vgl. Jb.AWO-HH 1930, 38; Jb.AWO-HH 1931, 35.

217 Vgl. StA SB.I EF14.17, Bd.1: Der Hamburger Ausschuß für soziale Fürsorge, in: HE, 22.10.1922; Jb.SPD-HH 1924/25, 95.

218 Vgl. Jb.AWO-HH 1926, 2; Jb.AWO-HH 1931, 4.

219 Vgl. Zehn Jahre Arbeiterwohlfahrt 1931, 48ff; Kurgaß, Paula: Ein Ausschnitt aus der Sprechstunde, in: AW 2/1928, 55–59; Görlinger, R.: Probleme der sozialen Beratung durch die AWO, in: AW 5/1929, 148–152.

220 Vgl. Jb.AWO-HH 1926, 12; Arbeiterwohlfahrt in Hamburg im Jahre 1928, in: HE Nr.88, 29.3.1933; Zehn Jahre Arbeiterwohlfahrt in Hamburg, in: HE Nr.73, 14.3.1930.

221 Vgl. Jb.AWO-HH 1926, 2; Jb.AWO-HH 1931, 4.

222 Vgl. Arbeiterwohlfahrt ist soziale Selbsthilfe der Arbeiterschaft, in: HE Nr.102, 12.4.1925; Jb.AWO-HH 1926, 5f; sowie Kapitel 4.3.1.

223 Vgl. Der Verein für Arbeiterwohlfahrt, in: HE Nr.84, 26.3.1927.

224 Vgl. Jb.AWO-HH 1931, 3.

225 Vgl. Helfen und Gestalten 1979, 44ff.

226 Zur Auflösung der Hamburger AWO vgl. ausführlich: Wir wollen zum Köhlbrand 1985, 54ff.

227 Jahresbericht 1930, in: Ge. Nr.2/3, 1931, 73; vgl. Juchacz/Heymann 1924, 50.

228 Ebd., 40f. Auch im folgenden ebd. 42–45.

229 Folgende Genossinnen gehörten dem Geschäftsausschuß der Hamburger AWO an:
1920–1922: Ella Wierzbitzki (Schriftführerin), Louise Wegbrod (Kassiererin)
1922–1925: Frau Sturm (1.Schriftführerin), Frau Rost (Beisitzerin)
1925–1928: Hermine Peine (2.Kassiererin), Anna Spiegel (Beisitzerin)
1928–1930: Hermine Peine (2.Vorsitzende), Anna Spiegel (Beisitzerin), Frau Teipel (2.Schriftführerin)
1930–1933: Hanna Stolten (2.Schriftführerin), Anna Spiegel (Beisitzerin).
Dem geschäftsführenden Ausschuß des ‚Hauptausschusses für Arbeiterwohlfahrt' gehörten neben Marie Juchacz und der angestellten Geschäftsführerin Johanna Heymann bzw. Lotte Lemke folgende Genossinnen an: Gertrud Hanna, Anna Nemitz, Elfriede Ryneck und Hedwig Wachenheim.
Vgl. Witt 1971, 202f; Jb.SPD-HH 1919–1921, 131; StA SB.I EF14.17: Der Hamburger Ausschuß für soziale Fürsorge, in: HE v.22.10.1922, HE v.28.3.1925, HE v.2.4.1926; ebd.: Erfolgreiche Tätigkeit der Arbeiterwohlfahrt in Hamburg, in: HE v.28.3.1928; ebd.: Soziale Arbeit der Arbeiterschaft. Jahresversammlung der AWO, in: HE v.18.2.1931; Jbu.AWO 1931, 36; Juchacz/Heymann 1924, 27; Marie Juchacz 1979, 87f.

230 Vgl. Anna Matschke sowie Susanna Jacobshagen, in: Pr.Pt.SPD 1927, 324 u. 326f.

231 *Marie Arning* (geb. 1887), eine Textilarbeiterin, betätigte sich seit 1913 in der sozialdemokratischen Frauenagitation. Im Ersten Weltkrieg arbeitete sie in der Kriegsfürsorge mit, 1917 bis 1919 war sie Sekretärin der Zentrale für Arbeiterbildung, 1919 bis 1921 Stadtverordnete in Duisburg, 1920 bis 1922 Parteisekretärin im Bezirk Niederrhein, 1922 bis 1933 im Bezirk Magdeburg-Anhalt sowie Mitglied im SPD-Parteiausschuß und von 1924 bis 1930 Mitglied des Reichstags. Vgl. Wickert 1986, Bd.2, 154; Schwarz 1965, 610.

232 Die Frau in der Politik (Fk.SPD-HH-Nw) 1924, 19f.

233 Vgl. Kapitel 1.4.2 und 4.3.1.

234 Vgl. insb. Kapitel 4.1.2.3.

235 Vgl. Ausbau der Organisation, in: Ge. 4/1925, 108; Hamburg, in: Ge. 11/1925, 326.

236 Juchacz/Heymann 1924, 151.

237 Zur Biographie von *Gerd Eggert* (1912–1986), der von 1950 bis 1975 Geschäftsführer der ‚Arbeiterwohlfahrt. Landesverband Hamburg e.V.' war, vgl. ausführlich: Wir wollen zum Köhlbrand 1985, 8–20.

238 Zit.nach ebd., 9.
239 Vgl. u.a. Kapitel 1.1.1.2.
240 Juchacz/Heymann 1924, 153.
241 Ein anschaulicher Bericht über den Tagesablauf der Ferienkolonie Köhlbrand findet sich in: Wir wollen zum Köhlbrand 1985, 45f. Vgl. Jb.FK 1924, 7; Jb.FK 1928, 6 u. 9.
242 Vgl. Jb.AWO-HH 1931, 20f; StA SB.I GF53.12, Bd.1: Quäker-Dankfest der Ferienkolonie Köhlbrand, in: HA v.23.9.1924.
243 Vgl. die ausführliche Schilderung der Kundgebung gegen den Krieg auf der Kinderferienkolonie Köhlbrand aus dem Tagebuch der Kindergärtnerin Gertrud H., in: Wir wollen zum Köhlbrand 1985, 49. Vgl. allgemein: ebd., 30ff.
244 Vgl. Jb.FK 1928, 7; StA SB.I GF53.12, Bd.1: Arbeitsgemeinschaft für die Ferienkolonie Köhlbrand, 25.3.1925.
245 Vgl. Jb.FK 1930, 3.
Zum Betrieb der Ferienschule vgl. Jb.AWO-HH 1931, 21ff.
246 Vgl. StA SB.I GF53.12, Bd.1: Ferienkolonie Köhlbrand, 1922–1932.
247 Vgl. Jbu.AWO 1931, 23.
248 Vgl. z.B.: Ferienkolonie Köhlbrand lädt ein!, in: HE Nr.132, 14.5.1930.
249 Vgl. StA SB.I GF53.12, Bd.1: Verein für Arbeiterwohlfahrt, 9.5.1930. An die Wohlfahrtsbehörde. Betrifft: Ferienkolonie „Köhlbrand" 1930. Zur Finanzierung vgl. die Akte: StA SB.I GF53.12, Bd.1.
250 Vgl. ebd.: Quäker-Dankfest der Ferienkolonie Köhlbrand, in: HA v.23.9.1924.
251 Vgl. Jb.AWO-HH 1931, 19.
252 Vgl. StA SB.I GF53.12, Bd.1: Verein für Arbeiterwohlfahrt, 9.5.1930. An die Wohlfahrtsbehörde. Betrifft: Ferienkolonie „Köhlbrand" 1930.
253 Vgl. Jb.AWO-HH 1931, 4.
254 Vgl. Köhlbrand-Not muß gelindert werden!, in: HE Nr.144, 26.5.1930; StA StP.I–IV 3144: Hamburger Ferien-Kolonie in Gefahr, in: HF v.9.6.1932.
255 Dies berichteten Wilma M. sowie Paula K. in den Interviews.
256 Dies berichtete Wilma M. im Interview. Vgl. auch: StA SB.I GF53.12, Bd.1: Die Arbeitsgemeinschaft für die Ferienkolonie Köhlbrand, 25.3.1925.
257 Vgl. Jb.FK 1929, 15f.
258 Vgl. Wir wollen zum Köhlbrand 1985, 37; Zehn Jahre Arbeiterwohlfahrt 1931, 57.
259 Vgl. Jb.OA-ADGB 1924, 40f; Jb.OA-ADGB 1925, 24ff; Jb.OA-ADGB 1926, 39ff; StA SB.I AF33.12: Speisung durch den Arbeiterrat, 1–32; StA SB.I AF33.13: Notspeisungen, insbesondere durch den Arbeiterrat Groß-Hamburg, Bd.1 und Bd.2, insb. Bd.2: Niederschrift über die am Freitag, den 3.10.1930 stattgefundene Besprechung betr. Veranstaltung von Notspeisungen.
260 StA AA.II 460: Hamburgische Frauenhilfe 1923. Gründungsaufruf.
261 Vgl. Hamburgische Frauenhilfe 1925, 8ff. Siehe auch: StA AA.II 460: Hamburgische Frauenhilfe 1923.
262 Vgl. Hamburgische Frauenhilfe 1925, 10.
263 Vgl. StA AA.II 460: Hamburgische Frauenhilfe 1923, in: HE v.16.12.1923.
264 Als Bezirksleiterin waren u.a. die Sozialdemokratinnen Minna Schröder und Antonie Kähler tätig; vgl. Hamburgische Frauenhilfe 1925, 20ff.
265 Vgl. Kapitel 4.1.2, 4.1.3.1 und 4.1.3.3.
266 StA SB.I EF60.18: Hamburgische Frauenhilfe von 1923. An das Wohlfahrtsamt Hamburg, 15.2.1926.
267 Vgl. StA SB.I AW00.69, Bd.1: Auszug aus der Niederschrift über die 65.Sitzung des Wohlfahrtsamtes am 4.2.1926.
268 Vgl. StA SB.I AW00.69, Bd.1: Die Hamburger Nähstuben, in: HN v.23.3.1926.
269 Vgl. StA SB.I AW00.69, Bd.2: Hamburger Nähstuben 1929 (Nr.33).
270 Vgl. StA SB.I AW00.69, Bd.2: Die Hamburger Nähstuben stellen aus, in: HA v.1.12.1928; ebd.: Statistik über die Teilnehmerzahl in den Nähkursen der Hamburger Nähstuben vom 1. Januar bis 31. Dezember 1928.
271 Vgl. Tb.AWO 1929/30, 12.
272 Diesen Eindruck vermitteln verschiedene mündliche Berichte, u.a. die Interviews mit Thea Asmus und Paula K.; vgl. auch: Tb.AWO 1929/30, 12.
273 Vgl. Tb.AWO 1929/30, 7; Jbu.AWO 1931, 18f.
274 Vgl. Buchrucker, Käthe: Jahreskreislauf in unseren Nähstuben, in: AW 13/1928, 404–407; Wilde, L.: Unsere Nähstuben, in: AW 1/1928, 28f; Schreiber, Fritz: Arbeiterwohlfahrt und Nähstubenarbeit, in: AW 3/1931, 87–90; Jb.AWO 1931, 18f; Eifert, 1986<a>; Tollmien 1983, 76f.
275 Vgl. Jbu.AWO 1931, 2f u. 136–157; Helfen und Gestalten 1979, 25ff.
276 Zum ‚Winterhilfswerk' im Deutschen Reich vgl. Tennstedt (1987, 172ff), dessen Ergebnisse durch diese

Studie korrigiert werden.

277 Vgl. Das Winterhilfswerk 1931–32 in Hamburg, in: JuV Nr.5, 1931/32, 101–106; Aufruf der freien Wohlfahrtspflege, in: HE Nr.38, 7.2.1931; Aufruf zum Winterhilfswerk, in: HE Nr.273, 4.10.1931.

278 Aufruf der freien Wohlfahrtspflege, in: HE Nr.38, 7.2.1931.

279 Das Winterhilfswerk 1931–32 in Hamburg, in: JuV Nr.5, 1931/32, 101.

280 Vgl. Jbu.AWO 1931, 29; Tennstedt 1987, 172ff.

281 Das Winterhilfswerk 1931–32 in Hamburg, in: JuV Nr.5, 1931/32, 102.

282 Vgl. ebd., 102ff; Bezirksausschüsse des Winterhilfswerks, in: JuV Nr.5, 1931/32, 126f.

283 Vgl. Das Winterhilfswerk ist organisiert, in: HE Nr.291, 22.10.1931; Das Volk leidet – das Volk hilft!, in: HE Nr.322, 22.11.1931; Die Winterhilfe und die Frühstücksspeisung, in: HE Nr.335, 5.12.1931; Das Winterhilfswerk beginnt, in: HE Nr.287, 1.12.1932.

284 Vgl. Bezirksausschüsse des Winterhilfswerks, in: JuV Nr.5, 1931/32, 126f; Das Winterhilfswerk 1931–32 in Hamburg, in: ebd., 102ff.

285 Vgl. Lemke, Lotte: Arbeiterwohlfahrt und Winterhilfe, in: AW 18/1931, 567–569; dies.: Winterhilfe 1932, in: AW 18/1932, 563–570; Jbu.AWO 1931, 25ff.

286 Vgl. Aufruf zur Solidarität, in: FW 22/1931, 507; Jbu.AWO 1931, 25ff; Aufruf zur Solidaritätshilfe, in: AW 20/1932, 633.

287 Aufruf zur Solidarität, in: FW 22/1931, 507.

288 Vgl. Jbu.AWO 1931, 25ff.

289 Lemke, Lotte: Winterhilfe 1932, in: AW 18/1932, 565ff; vgl. Arbeitslose helfen Arbeitslosen, in: FW 13/1932, 296ff.

290 Vgl. Bruhns,Maike: Selbsthilfe der Erwerbslosen, in: Vorwärts- und nicht vergessen 1982, 56; Hagemann, Karen: „Neues Leben blüht aus den Ruinen ...", in: ebd., 54f; StA SB.I AF 33.23: Der erste eigene Topf. Erste Erwerbslosenküche eröffnet, in: HE v.1.9.1932; ebd.: Selbsthilfeküche in Eimsbüttel eröffnet, in: HA v.1.9.1932.

291 Jb.AWO-HH 1931, 13f.

292 Vgl. Kapitel 3.2.2.1.

293 Zur Einschätzung der geschlechtsspezifischen Emanzipationsstategie vgl. Kapitel 4.1.3, insb. die Zusammenfassung. Werner Thönnessen sieht das Wesen dieser Diskriminierung darin, daß die Frauen „immer noch die gleiche ‚politique du foyer' treiben wie vor der rechtlichen Gleichstellung, lediglich der Rahmen des ‚foyer' war erweitert worden." Den Frauen sei durch die Zuweisung der „Spezialfunktion" Sozialarbeit eine Möglichkeit zu politischer Betätigung geboten worden, die sie in die bestehende Gesellschaft integrierte und „den Schaden für die Männer so niedrig wie möglich" hielt. Letztlich sei das Streben nach Frauenemanzipation in ein Recht zu sozialer Betätigung umfunktioniert worden. Diese Einschätzung Thönnessens trifft tendenziell zu, muß aber differenziert werden: Er interpretiert die geschlechtsspezifische Arbeitsteilung in der Politik eindimensional als Prozeß, der von einer reformistischen, männerdominierten Führung der SPD betrieben wurde, und verkennt, daß diese Arbeitsteilung Konsequenz der geschlechtsspezifischen Emanzipationsstrategie war, die von den Führerinnen der sozialdemokratischen Frauenbewegung propagiert und von der Mehrheit der Genossinnen akzeptiert wurde. Er übersieht, daß diese Arbeitsteilung den bestehenden Arbeits- und Lebensbedingungen der Arbeiterfrauen, ihren Bedürfnissen, Interessen und Handlungsformen entsprach. Zudem ignoriert er, welch große Bedeutung Sozialpolitik und Wohlfahrtspflege in der Politik der Gesamtpartei wie der Frauenbewegung hatten und übernimmt latent die vorherrschende geringe Bewertung der praktischen sozialen Arbeit. Thönnessen 1976, 156.
Vgl. auch die Kritik an Thönnessen von Gabriele Bremme (dies. 1956, 224); Monat 1961, 62f; Miller,Susanne: Frauenrecht ist Menschenrecht. Zur Frauenprogrammatik der Sozialdemokratie von den Anfängen bis Godesberg, in: Brandt 1978, 52–72, 64.

4.4 *Die Stellung der Frauen in der SPD*

1 Vgl. Programm der Sozialdemokratischen Partei Deutschlands, beschlossen auf dem Heidelberger Parteitag 1925, in: Programme der deutschen Sozialdemokratie 1963, 93; Programm der Sozialdemokratischen Partei Deutschlands, beschlossen auf dem Görlitzer Parteitag 1921, in: ebd., 85.

2 Vgl. Organisationsstatut der SPD, in: Pr.Pt.SPD 1924, 5; Organisationsstatut der SPD, in: Pr.Pt.SPD 1929, 290.

3 Dies ergab die Auswertung der Jahrgänge: 1917 bis 1923 der ‚Neuen Zeit', 1924 bis 1933 von ‚Die Gesellschaft' und 1919 bis 1921, 1929 bis 1932 sowie des Ergänzungsbandes für die Jahre 1923 bis 1928 der

‚Sozialdemokratischen Pressekorrespondenz'. Vgl. allgemein: Wickert 1986, Bd.1, 156; sowie Zerna, Herta: Die Frauenbeilage und der weibliche Parteiredakteur, in: Ge. 5/1929, 212–215; Leffler, Anni: Frauenbewegung und Frauenpresse, in: Ge. 6/1929, 258f; Vogel, Anna: Frauenbewegung und Parteipresse, in: Ge. 9/1929, 410f.

4 Dies ergab die Auswertung der Jahrgänge 1919 bis 1933 des ‚Hamburger Echo'.

5 Vgl. Jb.SPD-HH 1919–1921, 63ff; Jb.SPD-HH 1921–1924, 50ff; Jb.SPD-HH 1924/25, 55ff; Jb.SPD-HH 1925/26, 56ff; Jb.SPD-HH 1927/28, 86ff.

6 Vgl. u.a.: Frau Kurfürst (Kiel), in: Pr.Pt.SPD 1929, 238f; Marie Juchacz, in: Pr.Pt.SPD 1925, 336.

7 Auf dem ersten Parteitag des Bezirks Hamburg-Nordwest im Juni 1921 hielt Johanna Reitze einen Vortrag über „Die Frauenfrage". Vgl. Bezirksparteitag Hamburg-Nordwest, in: HE Nr.295, 28.6.1921.

8 Auf dem Augsburger MSPD-Parteitag im September 1922 referierte Johanna Reitze über „Die Sozialdemokratie im Kampf um die wirtschaftliche und soziale Stellung der Frau" und auf dem Magdeburger Parteitag im Mai 1929 sprach Marie Juchacz zum Thema „Die Frau in Politik und Wirtschaft". Vgl. Pr.Pt.SPD 1922 (Augsburg), 70–83; Pr.Pt.SPD 1929, 220–232; Wickert 1986, Bd.2, 42.

9 Vgl. Pr.Pt.SPD 1922 (Augsburg), 83; Pr.Pt.SPD 1929, 232–245; Wickert 1986, Bd.2, 12–36.Nach den Auszählungen von Christl Wickert schwankte der Frauenanteil an den Delegierten auf den SPD-Parteitagen in den Jahren 1919 bis 1931 zwischen 9,7 % (Weimar 1919) und 15,2 % (Leipzig 1931). Der Anteil der Frauen unter den Rednerinnen lag zwischen 5,0 % (Weimar 1919) und 17,3 % (Augsburg 1922).

10 Die Berichterstattung in der Parteipresse war dürftig. Das ‚Hamburger Echo' brachte z.B. bestenfalls einen allgemein gehaltenen Artikel zur Reichsfrauenkonferenz. Vgl. u.a.: Die Arbeiten der Frauenkonferenz, in: HE Nr.279, 20.6.1919; Frauenfragen, in: HE Nr.161, 14.6.1924.

11 Eine Ausnahme bildete lèdiglich die Görlitzer Reichsfrauenkonferenz (17./18.9.1921), die vor dem Parteitag (19.–24.9.1921) stattfand.

12 Vgl. Bohm-Schuch, Clara: Unser Weg, in: Gl. 20/1921, 193f; Reitze, Johanna: Die Reichsfrauenkonferenz in Heidelberg, in: HE Nr.261, 21.9.1925; Berta Schulze (Westfalen), in: Pr.Pt.SPD 1925, 343; Frau Schuhmann (Stettin), in: ebd., 347; Anträge aus Groß-Leipzig und Bautzen an den Heidelberger Parteitag, in: ebd., 307; Frau Matschke (Brandenburg), in: ebd., 367; Marie Juchacz, in: Pr.Pt.SPD 1927, 305.

13 Vgl. Wierzbitzki, Ella: Frauenkonferenzen, in: Gl. 6/1922, 54f; Frau Seifert (Pirna), in: Pr.Pt.SPD 1925, 236; Grete Zabe, in: ebd., 344f; Mathilde Wurm, in: ebd., 351; Frau Sachse (Thüringen), in: ebd., 366; Martha Schilling (Leipzig), in: Pr.Pt.SPD 1927, 324f; Louise Schroeder, in: ebd., 325; Antrag Schilling und Genossen, in: ebd., 370.

14 Vgl. Frau Schuhmann (Stettin), in: Pr.Pt.SPD 1925, 347; sowie allgemein Anmerkung 12.

15 Vgl. Grete Zabe, in: Pr.Pt.SPD 1925, 344f; sowie allgemein Anmerkung 13.

16 Mathilde Wurm, in: Pr.Pt.SPD 1925, 351.

17 Vgl. Die Frau in Staat und Kommune, in: HE Nr.265, 24.9.1928.

18 Pr.Pt.SPD 1927, 370.

19 Marie Juchacz, in: ebd., 338.

20 Vgl. Hermann Müller (Parteivorstand), in: ebd., 298.

21 Vgl. Juchacz, Marie: Die Frau in Politik und Wirtschaft, in: Pr.Pt.SPD 1929, 220–232.

22 Vgl. Wickert 1986, Bd.2, 12–36.

23 Beidler, Ellen: Praktische Gleichberechtigung, in: HE Nr.259, 19.9.1926.

24 Zum Reich vgl. Wickert 1986, Bd.2, 12–36; zur Landesorganisation Hamburg: Jb.SPD-HH 1919–1921, 59ff; Jb.SPD-HH 1921–1924, 49ff; Jb.SPD-HH 1925/26, 55; Jb.SPD-HH 1927/28, 85f; Pr.Pt.SPD 1929, 298–307; Pr.Pt.SPD 1931, 301–311. Eine Aufstellung der weiblichen Delegierten zu den SPD-Parteitagen findet sich in: Wickert 1986, Bd.2, 12–37.

25 Vgl. Winkler 1985<b>, 352.

26 Vgl. Jb.SPD-HH 1919–1921, 80f; Tb.SPD-HH-Nw 1921–1923, 3; Tb.SPD-HH-Nw 1923–1925, 38; Tb.SPD-HH-Nw 1925/26, 85; Tb.SPD-HH-Nw 1927/28, 73; Tb.SPD-HH-Nw 1929/30, 38.

27 Vgl. Witt 1971, 202f.

28 Vgl. Jb.SPD-HH 1925/26, 71.

29 Dies ergab die Auswertung der Berichterstattung über die Generalversammlungen in den Distrikten im ‚Hamburger Echo' der Jahrgänge 1926 bis 1932.

30 Jbu.SPD 1930, 223.

31 Vgl. Aus der Gemeindestube, in: Gl. 48/1920, 394f.
Dies bestätigte u.a. auch Thea Asmus im Interview.

32 Vgl. Witt 1971, 40ff.

33 Jbu.SPD 1927, 190.

34 Für einen Teil der Hamburger Bürgerschaftswahlen liegt die Kandidatenliste der SPD vor:

Wahl am	Kandidaten insgesamt	Weibliche Kandidaten	V.h. Kandidaten waren weiblich
20. 2.1921	175	13	7,4
26.10.1924	147	12	8,2
11. 9.1927	134	14	10,4
19. 2.1928	133	13	9,8

StA PK.224–49–2: Bügerschaft 1921, SPD: Kandidatenliste; ebd.: Bügerschaft 1924, SPD: Kandidatenliste; ebd.: Bügerschaft 1927, SPD: Wahlliste; ebd.: Bügerschaft 1928, SPD: Wahlliste.

35 *Anna Blos*, geb. Tomascewska (1866–1933), die aus einem bürgerlichen Elterhaus stammte und 1905 den bekannten Sozialdemokraten Wilhelm Blos (1849–1927) heiratete, war vor allem schriftstellerisch für die SPD tätig. Bis zu ihrer Heirat hatte sie als Oberlehrerin gearbeitet, während des Ersten Weltkrieges engagierte sie sich in der Kriegsfürsorge, 1919/20 gehörte sie der Nationalversammlung an. Vgl. Wickert 1986, Bd.2, 155; Osterroth 1960, 26f; Juchacz 1971, 103ff; Schröder 1986, 83.

36 Blos, Anna: Der Fraueneinfluß bei den Wahlen, in: Gl. 27/1920, zit.nach Thönnessen 1976, 144.

37 Vgl. Jbu.SPD 1928, 190; Wickert 1986, Bd.2, 67; Tabelle 59.

38 Vgl. Clara Bohm-Schuch, in: Pr.Pt.SPD 1921, 30; Marie Juchacz, in: Pr.Pt.SPD 1925, 333.

39 Darstellung nach den Berichten von Erna Wagner sowie Inge und Alfred Mette.

40 Hilde Ollenhauer im Interview.

41 So Inge und Alfred Mette im Interview.

42 *Anna Margarete Stegmann*, geb. Meyer (geb. 1871), zwölftes Kind eines Landwirts, studierte in Zürich Medizin und war seit dem Tod ihres Mannes, der 1914 als Kriegsfreiwilliger fiel, als Nervenärztin und praktische Ärztin tätig. 1918 kam sie zur SPD, seit 1920 arbeitete sie als unbesoldete Stadträtin für die Partei in Dresden, 1924 bis 1930 gehörte sie dem Reichstag an. Vgl. Wickert 1976, Bd.2, 182; Schwarz 1965, 768.

43 Stegmann, Margarete: Die Frauenblindheit der Männer – Eine alte Krankheit, in: Ge. 6/1929, 229f.

44 So Hilde Ollenhauer, Elfriede P., Lisbeth T. und Erna Wagner in ihren Interviews.

45 Darauf deutet u.a. die Tatsache hin, daß 1930/31 vor allem in den Distrikten Frauen in den Vorstand gewählt wurden, die von einem jüngeren Vorsitzenden geleitet wurden. In folgenden elf Distriktsvorständen war 1930/31 eine Frau als gewähltes Mitglied vertreten: Barmbek-Nord (Paula Karpinski), Barmbek-Süd (Ella Brandt), Billwerder (Bertha Müller), Eilbek (Maria Klinke), Eppendorf-Winterhude (Frau Egenolf), Fuhlsbüttel (Else Meitmann), Hamm-Horn-Borgfelde (Julie Stubbe), Langenhorn (Frau C.Thormann), St.Georg-Süd (Thea Asmus), St.Pauli-Süd (Frau Steinfeldt), Volksdorf (Erna tum Suden). Quelle siehe Anmerkung 29.

46 Paula Karpinski/Grete Wöhrmann, Januar 1981.

47 Vgl. Genosse Wutzky, in: Pr.Fk.SPD 1921, 11; Frau Wolff, in: ebd., 33; Grete Zabe, in: ebd., 51; Ella Wierzbitzki, in: ebd., 53; sowie: Grete Zabe auf der Frauenkonferenz des Bezirks Hamburg-Nordwest, in: HE Nr.554, 27.11.1921; Wierzbitzki, Ella: Nachdenkliches über die Werbearbeit der Frau, in: HE Nr.314, 9.7.1922.

48 Pr.Pt.SPD 1921, 385.

49 Vgl. Frau Ziegler, in: Pr.Pt.SPD 1924, 232; Frau Thümmel, in: ebd., 235; Marie Arning, in: Pr.Pt.SPD 1925, 342; Grete Zabe, in: ebd., 344; Frau Ziegler, in: ebd., 345; Frau Schuhmann, in: ebd., 347; Mathilde Wurm, in: ebd., 351; Martha Schilling, in: Pr.Pt.SPD 1927, 324; Nanny Kurfürst, in: ebd., 322.

50 Pr.Pt.SPD 1924, 224.

51 Vgl. ebd., 237 u. 246.

52 Ebd., 237.

53 Bohm-Schuch, Clara: Unsere politische Werbearbeit, in: Ge. 2/1926, 51f.

54 Pr.Pt.SPD 1924, 245. Dort auch im folgenden.

55 Vgl. Juchacz, Marie: Das Führerinnenproblem, I u. II, in: Ge. 6/1926, 187–189 u. Ge. 7/1926, 208–210; dies., in: Pr.Pt.SPD 1925, 333; dies., in: Pr.Pt.SPD 1927, 337; dies., in: Pr.Pt.SPD 1931, 251.

56 Vgl. Bremme 1956, 121ff; Greven-Aschoff 1981, 159ff; Kontos 1979, insb. 180ff.

5 *Frauenalltag und Männerpolitik*

1 Sieder 1987, 215.

2 Knapp 1984, 490.

3 Vgl. ebd., 490f.

Quellen- und Literaturverzeichnis

Archivbestände

Archiv der Arbeiterwohlfahrt Landesverband Hamburg e.V., Hamburg (AW-HH)

Archiv der Forschungsstelle für die Geschichte des Nationalsozialismus in Hamburg.
Hamburger Bibliothek für Sozialgeschichte und Arbeiterbewegung, Hamburg (HBSA)
– daraus insb.: Flugblattsammlung SPD, 1918–1933 (FS-SPD)
Sammlung von Einzelblättern SPD, 1918–1933 (SE-SPD)
Zeitgeschichtliche Sammlungen (ZS)

Archiv der sozialen Demokratie der Friedrich-Ebert-Stiftung, Bonn (AdsD)
– daraus insb.: Arbeiterwohlfahrt Hamburg, 1945ff (AWO-HH)
Sammlung Personalia, Bd.1 und Bd.2 (SP)
SPD-Landesorganisation Hamburg, 1945ff (SPD-HH)

Archiv und Bibliothek der Deutschen Angestellten Gewerkschaft, Hamburg (DAG)

Archiv und Bibliothek des Museum für Hamburgische Geschichte, Hamburg (MHG)
– daraus insb.: Nachlaß Familie Henker/Wernecke, Hamburg

Archiv und Bibliothek der Thälmann-Gedenkstätte, Hamburg (TG)

Deutsches Institut für Filmkunde, Frankfurt a.M.

Staatsarchiv Bremen (StA.B)
– daraus: Hauptgesundheitsamt (4,130/1)
Medizinalamt (4,15; 4,21; 4,89/1)
Polizeidirektion Nachrichtenstelle (4,65)
Stiftungen, Vereine, Verbände, Gesellschaften

Staatsarchiv Hamburg (StA)
– daraus: Allgemeine Armenanstalt II (AA.II)
Arbeiter- und Soldatenrat (ASR)
Arbeiterrat Groß-Hamburg (AR)
Arbeitsbehörde I (AB.I)
Berufsschulbehörde, I und II (BS)
Bürgerschaftsmitglieder 1859–1959, Handschrift 601
Demobilmachungskommissar (DK)
Handbuch der Hamburgischen Bürgerschaft. 7.Wahlperiode, Hamburg 1970
Jugendbehörde I (JB.I)
Kriegsversorgungsamt (KV)
Medizinalkollegium, I–IV (MK)
Oberschulbehörde V (OS.V)
Plankammer (PK)
Polizeibehörde Hamburg, Abteilung IV (Politische Polizei) (PP)
Senatsakten (Cl)
Senatskanzlei. Personalabteilung I (SP.I)
Senatskommission für die Angelegenheiten der Staatsarbeiter, I und II (SAS)
Senatskommission für Justizverwaltung (SJ)
Senatskriegsakten (SK)
Sozialbehörde I (SB.I)

Staatliche Pressestelle I–IV (StP.I–IV)
Vereinsregister. Amtsgericht Hamburg (VA)
Verzeichnisse der Mitglieder der Bürgerschaft, Hamburg 1919–1933
Wohnungsamt, I und II (WA)
Zeitungsausschnittsammlung (ZA)

Stiftung Deutsche Kinemathek, Berlin

Private Nachlässe und unveröffentlichte Lebenserinnerungen

Martha B., Hamburg, Nachlaß
Olga Brandt-Knack, Nachlaß, Anni B., Hamburg
– daraus insb.: Brandt-Knack, Olga: Mein Leben. Lebenserinnerungen, unveröff.Mskr. Hamburg 1976/77
Hilde David, Hamburg, Nachlaß
– daraus insb.: dies.: Aus der Kommode, unveröff.Mskr. Hamburg 1982
Bertha F., Hamburg, Nachlaß
Familie Henker/Wernecke, Nachlaß, Inge Henker, Hamburg
Paula Henningsen, Nachlaß, Geert Henningsen, Hamburg
– daraus insb.: Henningsen, Paula: Die Kuntzmanns, Teil II, unveröff.Mskr. Hamburg 1962–1966
Anni Kienast, Hamburg, Nachlaß
Wilma M., Hamburg, Nachlaß
– daraus insb.: Arbeitsbuch für unsere Gruppenabende. SAJ-Gruppe „Ludwig Frank“ (Hoheluft III), Mai 1928–Juni 1931
Tagebuch der SAJ-Gruppe „Ludwig Frank“ (Hoheluft III), Sept.1928–März 1930
Julius Moses, Nachlaß, Kurt Nemitz, Bremen
Agnes S., Hamburg, Nachlaß
Marianne S., Schenefeld bei Hamburg, Nachlaß
Katrine U., Hamburg, Nachlaß
Käthe W., Hamburg, Nachlaß
Bernhard Wöhrmann: Ein Blick zurück. Lebensweg eines Hamburgers des Jahrgangs 1897, Hamburg 1985

Zitierte Interviews

Agnes A., Hamburg, Juni 1981 und März 1984
Margarethe Andresen, Hamburg, Mai 1981
Thea Asmus, Hamburg, März 1981
Anni B., Hamburg, Juni 1981
Irma B., Hamburg, Juli 1982
Lene B., Olga D. und *Anna L.*, Hamburg, März/April 1981
Martha B., Hamburg, April 1981
– darin auch zu ihrer Schwiegermutter Linchen Baumann
Lili D., Hamburg, März 1981
Anneliese F., Luise F. und *Elly N.*, Hamburg, April 1981
Bertha F., Hamburg, April 1981
Ida Feist, Hamburg, Mai 1981
Caroline J., Hamburg, April 1981
Paula K., Hamburg, Mai 1981
Paula Karpinski und *Grete Wöhrmann,* Hamburg, November 1979 und Januar 1981
– darin auch zu Hedwig Günther, einer Schwester von Grete Wöhrmann
Anni Kienast, Hamburg, Mai 1981
Irma Keilhack, Hamburg, Mai 1981
Minna L., Hamburg, Mai 1981

Grete M., Hamburg, Mai 1981
Lisbeth M., Hamburg, Juli 1982
Wilma M., Hamburg, Mai 1982
– darin auch zu ihrer Mutter Henny E.
Inge und *Alfred Mette*, Hamburg, März 1981, zu ihrer Schwester bzw. Schwägerin Erna tum Suden
Hilde Ollenhauer, Hamburg, Mai 1981
Elfriede P. und *Emma W.*, Hamburg, Mai 1981
Jonni Schacht, Hamburg, April 1982
Grete Schuhmann, Hamburg, Juni 1983, zu ihrer Mutter Olga Stolten und ihrer Tante Hanna Stolten
Karla Seyfarth, Hamburg, Juni 1981, zu ihrer Tante Louise Schroeder
Lisbeth T., Hamburg, März 1981
Katrine U., Hamburg, April 1981
Ille W., Hamburg, Juli 1982
Käthe W., Hamburg, März 1981
Erna Wagner, Hamburg, März 1981
– darin auch zu ihrer Mutter Dora Wagner
Ilse Z., Hamburg, November 1981, zu ihrer Mutter Grete Zabe
Paula Zebuhr, Hamburg, April 1981
– darin auch zu ihrer Schwester Hedwig Günther

Amtsblätter, Gesetzestexte, Verordnungen und andere staatliche Veröffentlichungen

Amtsblatt der Freien und Hansestadt Hamburg, Hamburg 1919, 1920 (Ab.HH)
Blätter für das Hamburgische Armenwesen. Amtliches Organ des Armenkollegiums der Stadt Hamburg, Jg.26–29, Hamburg 1918–1921
Bürgerliches Gesetzbuch, Berlin 1896 (BGB)
Hamburgisches Gesetz- und Verordnungsblatt, Hamburg 1921–1933 (HGVB)
Jahresbericht der Verwaltungsbehörden der Freien und Hansestadt Hamburg 1925, 1926, 1927, Hamburg 1926, 1927, 1928 (Jb.VB.FHH)
Jahresberichte der Gewerbe-Aufsichtsbeamten und Bergbaubehörden für die Jahre 1914–1918, 1919, 1920, 1921, 1922, 1923/24, 1925, 1926,... 1930, 1931/32, Berlin 1919, 1920, 1921, 1922, 1923, 1925, 1926, 1927,... 1931, 1933 (Jb. GA)
Jugend- und Volkswohl. Hamburgische Blätter für Wohlfahrtspflege und Jugendhilfe, Jg.1–8, 1925/26–1932/33, Hamburg 1925–1933 (JuV)
Lehrplan für die hamburgische Volksschule, hg.v.d. Oberschulbehörde, Sektion für das Volksschulwesen, Hamburg 1911
Lehrplan der Haushaltungsschulen für Volksschülerinnen, hg.v.d. Oberschulbehörde, Hamburg 1912
Lehrplan-Entwurf für eine achtklassige Volksschule, hg.v.d. Oberschulbehörde, Hamburg 1919
Lehrplan-Entwurf für eine achtklassige Volksschule in Hamburg, hg.v.d. Oberschulbehörde, Hamburg 1922
Reichsgesetzblatt, hg.v. Reichsministerium des Innern, Berlin 1918–1932 (RGBl)
Richtlinien für den Arbeitsplan der hamburgischen Volksschule, hg.v.d. Oberschulbehörde, Hamburg 1926
Richtlinien für den Arbeitsplan der hamburgischen Volksschule, hg.v.d. Oberschulbehörde, Hamburg 1929
Das Strafgesetzbuch für das Deutsche Reich vom 15. Mai 1871. Mit den Entscheidungen des Reichsgerichts, hg.v. P.Daude, Berlin 1901(8) (StGB)
Strafgesetzbuch mit Nebengesetzen und Erläuterungen, hg.v. Eduard Kohlrausch und Richard Lange, Berlin 1944(38) (StGB)
Die *Verfassung des Deutschen Reiches*. Vom 11.August 1919, Berlin o.J.

Statistiken und Erhebungen

Denkschrift über Maßnahmen auf dem Gebiet des Wohnungs- und Siedlungswesens von 1914 bis 1921. (Abgeschlossen im Dezember 1921), hg.v. Reichsarbeitsministerium, Berlin 1924
Denkschrift über die Wohnungsnot und ihre Bekämpfung. Abgeschlossen am 1. Oktober 1927, hg.v. Reichsarbeitsministerium, Berlin 1927

Denkschrift über die Einrichtungen zum Schutze von Mutter und Kind, hg.v. Reichsministerium des Inneren am 2.11.1931, in: Schriften des Reichstags V, Drucksache Nr. 1222, Berlin 1931 <a>

Denkschrift über die gesundheitlichen Verhältnisse des deutschen Volkes, hg.v. Reichsministerium des Inneren am 4.11.1931, in: Schriften des Reichtags V, Drucksache Nr.1222, Berlin 1931 <b>

Hamburg in Zahlen. 100 Jahre statistisches Amt Hamburg 1866–1966, Sonderschrift des Statistischen Landesamtes der Freien und Hansestadt Hamburg, Hamburg 1966

Hamburger Statistische Monatsberichte, ab Jg.4: Aus Hamburgs Verwaltung und Wirtschaft. Monatsschrift des Statistischen Landesamtes, hg. v. Statistischen Landesamt, Jg.1–13, Hamburg 1924–1936 (HStM)

Die Lebenshaltung von 2000 Arbeiter-, Angestellten- und Beamtenhaushaltungen. Erhebungen und Wirtschaftsrechnungen im Deutschen Reich vom Jahre 1927/28, hg.v. Statistischen Amt in Berlin 1932

Statistik des Hamburgischen Staates, hg. v. Statistischen Landesamt, H.1–34, Hamburg 1867ff (StHSt)

Statistik der Lebenshaltung minderbemittelter Familien im Hamburger Gebiet. Darstellung auf Grund von Wirtschaftsrechnungen im Januar 1923, hg. v. Statistischen Landesamt, Hamburg 1923

Statistisches Handbuch für den Hamburgischen Staat, (StHb)
– 3. u. 4. Ausgabe, hg.v. Statistischen Bureau der Steuerdeputation, Hamburg 1885, 1891
– Ausgabe 1920, hg.v. Statistischen Landesamt, Hamburg 1921

Statistisches Jahrbuch für die Freie und Hansestadt Hamburg 1925, 1926/27–1935/36, 1937/38, hg.v. Statistischen Landesamt, Hamburg 1926–1936, 1938 (StJbu)

Statistische Mitteilungen über den Hamburgischen Staat Nr.1–9, 11–31, Sonderhefte Nr.2 u. 5, hg.v. Statistischen Landesamt, Hamburg 1910ff (StM)

Die *Volks-, Berufs- und Betriebszählung* in Hamburg am 16.Juni 1933. Nachtrag zum Statistischen Jahrbuch für die Freie und Hansestadt Hamburg Jahrgang 1933/34, hg. v. Statistischen Landesamt, Hamburg 1935 (VBBZ)

Die Wohnungsnot in der Stadt Hamburg auf Grund der amtlichen Zählung der Wohnungssuchenden im Juni-Juli 1925, Hamburg 1925

Jahrbücher, Jahres-, Geschäfts- und Tätigkeitsberichte

Allgemeine Ortskrankenkasse Hamburg. Bericht über das Rechnungsjahr 1920, 1921, 1922/23, 1925, 1926, 1927, 1929, 1931, Hamburg 1921, 1922, 1924, 1926, 1927, 1928, 1930, 1932 (Jb. AOK)

Allgemeiner Deutscher Gewerkschaftsbund: Jahrbuch, Nr.1–10, 1922–1931, Berlin 1923–1932 (Jbu.ADGB)

Arbeiterwohlfahrt. Tätigkeitsbericht über fünf Jahre des Hamburger Ausschusses für soziale Fürsorge e.V. Hamburg, Hamburg 1925 (Tb.AfsF)

Bericht über die Thätigkeit des *Hamburger Gewerkschaftskartells* für die Zeit seines Bestehens von 1891–1894, Hamburg 1895 (Jb.Gk.HH)

Bericht über die Thätigkeit des *Hamburger Gewerkschaftskartells* für die Zeit von 1895–1897, 1898–1899, Hamburg 1898, 1900 (Jb.Gk.HH)

4. *Bericht* des *Hamburger Gewerkschaftskartells* und vorläufiger Bericht des Arbeitersekretariats in Hamburg, Geschäftsjahr 1900, Hamburg 1901 (Jb.Gk.HH)

Bericht des *Hamburger Gewerkschaftskartells* (6.–23.Bericht) und Bericht (3.–20.) des Arbeitersekretariats Hamburg, ab 1905: von Hamburg-Altona, ab 1911: von Hamburg-Altona und Umgegend, Geschäftsjahre 1902–1919, Hamburg 1903–1920 (Jb.Gk.HH)

Bericht des *Ortsausschusses des ADGB* von Hamburg-Altona und Umgegend (24. u. 25. Bericht) und Bericht des Arbeitersekretariats von Hamburg-Altona und Umgegend (21. u. 22. Bericht), Geschäftsjahr 1920, 1921, Hamburg 1921, 1922 (Jb.OA-ADGB)

Deutscher Bekleidungsarbeiterverband: Bericht über die Tätigkeit der Filiale Hamburg und Umgebung für das Jahr 1924, 1926, 1927, 1928, Hamburg 1925, 1927, 1928, 1929 (Tb.DBV)

Deutscher Textilarbeiter-Verband: Jahrbuch, 1918–1930, Berlin 1919–1931 (Jbu.DTAV)

Der *Frauen-Hausschatz.* Jahrbuch für Arbeiterfrauen und Töchter, hg.v. Wilhelmine Kähler, Hamburg 1922–1925 (FH)

Gesamtverband der Arbeitnehmer der öffentlichen Betriebe und des Personen- und Warenverkehrs. Bezirksverwaltung Groß-Hamburg: Jahresbericht 1930, 1931, 1932. Hamburg 1931, 1932, 1932 (Jb.GV)

Geschäftsbericht des *Konsum-, Bau- und Sparvereins ‚Produktion'* zu Hamburg für das (1., 2., 10., 13., 15.–33.) Geschäftsjahr 1899, 1900, 1908, 1911, 1913–1931, Hamburg 1900, 1901, 1909, 1912, 1914–1932 (Gb.Pro)

Jahrbuch der *Arbeiterwohlfahrt* 1931, hg. v. Hauptausschuß für Arbeiterwohlfahrt, Berlin 1932 (Jbu.AWO)

Jahrbuch der *deutschen Sozialdemokratie* 1926–1931, hg.v. Vorstand der SPD, Berlin/Bonn 1976 (Nachdr.) (Jbu.SPD)

Jahrbuch des *Bundes Deutscher Frauenvereine* für 1917. Frauenberufsfrage und Bevölkerungspolitik, i.A. des BDF hg. u. bearb. v. Elisabeth Altmann-Gottheimer, Leipzig/Berlin 1917 (Jbu. BDF)

Jahrbuch des *Bundes Deutscher Frauenvereine* für 1918. Frauenaufgaben im künftigen Deutschland, i.A. des BDF hg.v. Elisabeth Altmann-Gottheimer, Leipzig/Berlin 1918 (Jbu.BDF)

Jahrbuch des *Bundes Deutscher Frauenvereine* 1919. Handbuch der kommunal-sozialen Frauenarbeit, i.A. des BDF hg.v. Elisabeth Altmann-Gottheimer, Leipzig/Berlin 1919 (Jbu.BDF)

Jahrbuch des *Bundes Deutscher Frauenvereine* 1920. Die Frau im neuen Deutschland, i.A. des BDF hg.v. Elisabeth Altmann-Gottheimer, Leipzig/Berlin 1920 (Jbu.BDF)

Jahrbuch des *Bundes Deutscher Frauenvereine* 1921–1927, hg.v. Else Ulich-Beil, Mannheim/Berlin/Leipzig 1927 (Jbu.BDF)

Jahrbuch des *Bundes Deutscher Frauenvereine* 1927–1928, 1928–1931, hg.v. Emmy Wolff, Mannheim/ Berlin/ Leipzig 1928, 1932 (Jbu.BDF)

Jahrbuch für *Frauenarbeit.* Im Auftrag des Verbandes der weiblichen Handels- und Büroangestellten e.V., hg.v. Josef Silbermann, Berlin 1924–1932 (Jbu.Fa.)

Jahrbuch des *Zentralverbandes deutscher Konsumvereine,* hg. v. Heinrich Kaufmann & Co, Jg.9–30, Hamburg 1911–1932 (Jbu.ZdK)

Jahresbericht der *Arbeiterwohlfahrt in Hamburg,* 1926, 1928, 1930, 1931, Hamburg 1927, 1929, 1931, 1932 (Jb.AWO-HH)

Jahresbericht der *Ferienkolonie Köhlbrand* über das Jahr 1924, 1928, 1929, 1930, Hamburg 1925, 1929, 1930, 1931 (Jb.FK)

Jahresbericht der *Hamburger Electricitäts-Werke,* 13.Geschäftsjahr 1906/07, 17.–39.Geschäftsjahr 1910/11–1932/33, Hamburg 1907, 1911–1933

Jahresbericht der *Hamburger Gaswerke* GmbH über das Geschäftsjahr 1928/29, 1929/30, Hamburg 1929, 1930

Jahresbericht 1931 der *Hamburger Ortsgruppe des Reichsverbandes* für Geburtenregelung und Sexualhygiene e.V., Hamburg 1932 (Jb.RV)

Jahresbericht der *Landeszentrale Hamburg der Deutschen Vereinigung für Säuglings(- und Kleinkinder)schutz* e.V. für das Jahr 1915, 1916, 1917, 1919 (5.–7., 9.Bericht), Hamburg 1916, 1917, 1918, 1920

Jahresbericht des *Ortsausschusses* Groß-Hamburg des *ADGB* (26.–35.Bericht), Geschäftsjahre 1922–1931, Hamburg 1923–1932 (Jb.OA-ADGB)

Jahresberichte des *Zentralverbandes deutscher Konsumvereine* für 1914–1932, Hamburg 1915–1933 (Jb.ZdK)

Kampf um die Staatsmacht in Hamburg 1924 bis 1927. Bericht über die Tätigkeit der Sozialdemokratie in der Bürgerschaft und in der Verwaltung des hamburgischen Staates, hg.v. Sozialdemokratischen Verein für das hamburgische Staatsgebiet zur Bürgerschaftswahl 1927, Hamburg (1927)

Die *Sozialdemokratie in der verfassungsgebenden Bürgerschaft.* Bericht über die Tätigkeit der sozialdemokratischen Fraktion in der Hamburger Bürgerschaft von März 1919 bis Februar 1921, hg.i.A. der SPD, Hamburg 1921

Sozialdemokratische Partei in Hamburg (Hg.): *Jahres-Bericht* der Landesorganisation und der drei sozialdemokratischen Vereine, Geschäftsjahr 1908/09–1912/13, Hamburg 1909–1913 (Jb.SPD-HH)

Sozialdemokratische Partei in Hamburg (Hg.): *Jahres-Bericht* der vereinigten Vorstände der drei sozialdemokratischen Vereine und Einzelberichte, Geschäftsjahr 1904, 1905, 1906/07, 1907/08, Hamburg 1905, 1906, 1907, 1908 (Jb.SPD-HH)

Sozialdemokratische Staat- und Gemeindepolitik in Hamburg unter der Verfassung von 1921. Bericht der sozialdemokratischen Bürgerschaftsfraktion über ihre Tätigkeit in den Jahren 1921 bis 1924, hg. v. Sozialdemokratischen Verein für das hamburgische Staatsgebiet zur Bürgerschaftswahl 1924, Hamburg 1924

Sozialdemokratischer Verein für das hamburgische Staatsgebiet (Hg.): *Jahresbericht* der Landesorganisation für die Geschäftsjahre 1914–1919, 1919–1921, 1921–1924, 1924/25, 1925/26, 1927/28, Hamburg 1920, 1921, 1924, 1925, 1927, 1929 (Jb.SPD-HH)

SPD-Bezirksverband Hamburg-Nordwest (Hg.): *Tätigkeitsbericht* für die Zeit vom 1.4.1921–31. 3.1923 (VSPD), 1.4.1923–31.3.1925, 1.4.1925–31.12.1926, 1.1.1927–31.12.1928, 1.1.1929–31.12.1930, Hamburg 1923, 1925, 1927, 1929, 1931 (Tb.SPD-HH-Nw)

Die *Tätigkeit des Allgemeinen Deutschen Frauenvereins* Ortsgruppe Hamburg nebst Zweigvereinen 1896–1916, Hamburg 1916

Tätigkeitsbericht der *Arbeiterwohlfahrt.* Bezirksverband Hamburg-Nordwest über die Zeit vom 1.1.1929–31.12.1930, Hamburg 1931 (Tb.AWO)

Verband der *Gemeinde- und Staatsarbeiter.* Gau Hamburg (ab 1925: Bezirk Hamburg-Niederelbe-Lübeck): Bericht über die Jahre 1921–1924, 1925/26, 1929, Hamburg 1925, 1927, 1929 (Jb.VGSt)

Vorstoss zum Volksstaat in Hamburg 1927–1931. Bericht über die Tätigkeit der Sozialdemokratie in der Bürgerschaft und in der Verwaltung des hamburgischen Staates, hg.i.A. der Landesorganisation Hamburg der SPD zur Bürgerschaftswahl 1931, Hamburg (1931)

Zentralverband der Angestellten: Geschäftsbericht für die Zeit vom 1.10.1919–31.12.1920, über die Jahre 1921/1922, für die Zeit vom 1.1.1923–31.12.1923, für die Zeit vom 1.1.1924–31.12.1925, für 1926, 1927, 1928, 1929, 1930, Berlin 1921, 1923, 1924, 1926, 1927, 1928, 1929, 1930, 1931 (Gb.ZdA)

Programme, Protokolle, Festschriften und Referentenmaterial

Arbeiterwohlfahrt. Reichssitzung, Berlin 6.12.1925, Berlin 1925

Festschrift der ersten Reichs-Arbeiter-Sportwoche des Kartells für Arbeiterbildung, Sport und Körperpflege Groß-Hamburg. Vom 28.Mai bis 5.Juni 1921, Hamburg (1921)

Festschrift zum 25jährigen Bestehen des Zentralverbandes deutscher Konsumvereine 1903–1928, hg.i.A. des Vorstandes und Ausschusses des Zentralverbandes deutscher Konsumvereine v. Heinrich Kaufmann, Hamburg 1928

Die Frau in der Politik. Parteiarbeit. Arbeiterwohlfahrt. Erziehungsarbeit! Bericht von der Frauenkonferenz des Bezirks Hamburg-Nordwest der Sozialdemokratischen Partei Deutschlands am 4. und 5.Oktober 1924 in Bremerhaven, Bremen 1924

Gemeinschaftliche Sitzung des Vorstandes, Ausschusses und Generalrats des *Zentralverbandes deutscher Konsumvereine,* Mai 1918, Juni 1919, Okt.1919, Juni 1920, Apr.1921, Juni 1921, Apr.1922, Juni 1922, usw. bis Mai 1927, Juni 1927, hg. v. d. Verlagsgesellschaft deutscher Konsumvereine m.b.H., Hamburg o.J. (Pr.ZdK)

Das *Görlitzer Programm* der SPD. Eingel. und gemeinverständlich erläutert v. Eduard Bernstein, Berlin 1922

Grundsätze und Forderungen der Sozialdemokratie. Erläuterungen zum Erfurter Programm, v. Karl Kautsky u. Bruno Schoenlank, Berlin 1892(2)

Das *Heidelberger Programm.* Grundsätze und Forderungen der Sozialdemokratie, hg.v. Vorstand der SPD, Berlin 1925

Die neue Notverordnung. Material für die Referenten der SPD, hg.v. Vorstand der SPD, Berlin 1931

Das *Programm der Sozialdemokratie.* Vorschläge für seine Erneuerung, hg.v. Vorstand der SPD, Berlin 1920

Programmatische Dokumente der deutschen Sozialdemokratie, hg.u. eingel.v. Dieter Dowe u. Kurt Klotzbach, Berlin/Bonn-Bad Godesberg 1973

Programme der deutschen Sozialdemokratie, hg.v. Bundessekretariat der Jungsozialisten, Bonn 1963

Protokoll der *Bezirkskonferenz der Arbeiterwohlfahrt* für den Bezirk Schleswig-Holstein, vom 5.–7.September 1925 in Landesjugendheim zu Cismar

Protokoll der *Internationalen Konferenz der Sozialistischen Arbeiter-Internationale.* Paris, 21.–25.August 1933, (Nachdr.v. 1933))

Protokoll der *Reichskonferenz der MSPD* vom 1. bis 3.9.1920 zu Berlin, Berlin 1920 (Pr.Rk.SPD)

Protokoll der *Reichskonferenz der Sozialdemokratie Deutschlands* vom 21.–23.September 1926 in Berlin, Glashütten 1974 (Nachdr.) (Pr.Rk.SPD)

Protokoll der *sozialdemokratischen Parteitage* in Augsburg, Gera und Nürnberg 1922, Berlin 1923 (Nachdr. Berlin 1973) (Pr.Pt.SPD)

Protokoll der *Verhandlungen des (10.–14.) Kongresses der Gewerkschaften Deutschlands,* abgehalten zu Nürnberg vom 30.6.–5.7.1919, zu Leipzig vom 19.–24.6.1922, in Breslau vom 31.8.–4.9.1925, in Hamburg vom 3.–7.9.1928, in Frankfurt a.M. vom 31.8.–4.9.1931, Berlin 1919, 1922, 1925, 1928, 1931 (Pr.V.Gew.)

Protokoll des *Internationalen Sozialistischen Arbeiterkongresses* in Hamburg 21. bis 23.Mai 1923, hg.v. Sekretariat der SAI, Berlin 1923

Protokoll über die Verhandlungen des *Parteitages der Sozialdemokratischen Partei Deutschlands,* abgehalten in Mannheim vom 23. bis 29.September 1906. Bericht über die Frauenkonferenz am 22. und 23.September 1906, Berlin 1906 (Pr.Pt.SPD)

Protokoll über die Verhandlungen des *Parteitages der Sozialdemokratischen Partei Deutschlands,* abgehalten in Würzburg vom 14. bis 20.Oktober 1917, Berlin 1917 (Nachdr. Glashütten 1973) (Pr.Pt.SPD)

Protokoll über die Verhandlungen des *Parteitages der Sozialdemokratischen Partei Deutschlands,* abgehalten in Weimar vom 10. bis 15.Juni 1919. Bericht über die 7. Frauenkonferenz, abgehalten in Weimar am 15. und 16.Juni 1919, Berlin 1919 (Nachdr. Glashütten 1973) (Pr.Pt. SPD/Pr.Fk.SPD)

Protokoll über die Verhandlungen des *Parteitages der Sozialdemokratischen Partei Deutschlands,* abgehalten in Kassel vom 10. bis 16.Oktober 1920, Berlin 1920 (Nachdr. Berlin 1973) (Pr.Pt.SPD)

Protokoll über die Verhandlungen des *Parteitages der Sozialdemokratischen Partei Deutschlands,* abgehalten in Görlitz vom 18. bis 24.September 1921 (mit dem Bericht des Reichsfrauentages der SPD vom 17./18.September 1921), Berlin 1921 (Nachdr. Berlin 1973) (Pr.Pt. SPD/Pr.Fk.SPD)

Protokoll über die Versammlung des Vorstandes, Ausschusses und Generalrats des *Zentralverbandes deutscher*

Konsumvereine, Mai 1928, Juni 1928, Apr.1929, Juni 1929, Apr.1931, Juni 1931, Apr.1932, Juni 1932, hg. v. d. Verlagsgesellschaft deutscher Konsumvereine m.b.H., Hamburg o.J. (Pr.ZdK)

Protokoll vom (14.–17.) Verbandstage des *Deutschen Textilarbeiter-Verbandes.* Abgehalten vom 27.6.–2.7.1921 in Breslau, 16.–19.4.1924 in Kassel, 20.–25.6.1927 in Hamburg, 16.–21. 6.1930 in Stuttgart, Berlin 1921, 1924, 1927, 1930 (Pr.V.DTAV)

Protokoll vom 1. Kongreß der *Textilarbeiterinnen Deutschlands,* abgehalten Montag, den 11. und Dienstag, den 12.Oktober 1926 in Gera, Berlin 1926 (Pr.K.DTAV)

Protokolle der Parteitage der *Unabhängigen Sozialdemokratischen Partei Deutschlands,* Bd.1–5, Glashütten 1975f (Nachdr.) (Pr.Pt.USPD)

Protokolle der Sitzungen des *Parteiausschusses der SPD* 1912 bis 1921. Inkl. Protokoll der Parteikonferenz in Weimar am 22. u. 23. März 1919. Protokoll über die Verhandlungen der Reichskonferenz der Sozialdemokratischen Partei Deutschlands. Abgehalten in Berlin am 5. u. 6. Mai 1920, 2 Bde, hg.v. Dieter Dowe, Berlin/Bonn 1980 (Nachdr.) (Pr.PA-SPD)

Referenten- und Diskussionsmaterial zur sozialdemokratischen Werbewoche (16.–24. Oktober 1926), hg.v. Vorstand der SPD, o.O. o.J.

Referentenliste 1931, hg.v.d. SPD-Landesorganisation Hamburg, Hamburg o.J.

Referentenmaterial 2 zur Agitation unter den Frauen. Zur Reichstagswahl am 4.5.1924, hg.v. Parteivorstand der VSPD, Berlin (1924)

Referentenmaterial für die Volksaktion gegen § 218 und für Verteidigung Dr. Friedrich Wolfs, hg.v. ‚Kampfausschuß gegen § 218 und für Verteidigung Dr. Friedrich Wolfs', Berlin (1931)

Referentenmaterial zum Strafgesetzentwurf, hg.v. Vorstand der SPD, Berlin 1927

Reichstagswahl 1930. Referentenmaterial, hg.v. Vorstand der SPD, Berlin (1930)

Reichstagswahl 31. Juli 1932. Rededispositionen und Rednermaterial, hg.v. Vorstand der SPD, Berlin o.J.

Sozialdemokratischer Parteitag 1924. Protokoll mit dem Bericht der Frauenkonferenz, Berlin 1924 (Nachdr. Glashütten 1974) (Pr.Pt.SPD/Pr.Fk.SPD)

Sozialdemokratischer Parteitag 1925 in Heidelberg. Protokoll mit dem Bericht der Frauenkonferenz, Berlin 1925 (Nachdr. Glashütten 1974) (Pr.Pt.SPD/Pr.Fk.SPD)

Sozialdemokratischer Parteitag 1927 in Kiel. Protokoll mit dem Bericht der Frauenkonferenz, Kiel 1927 (Nachdr. Glashütten 1974) (Pr.Pt.SPD/Pr.Fk.SPD)

Sozialdemokratischer Parteitag in Leipzig 1931 vom 31.Mai bis 5.Juni im Volkshaus, Leipzig 1931 (Nachdr. Berlin 1974) (Pr.Pt.SPD)

Sozialdemokratischer Parteitag in Magdeburg 1929 vom 26. bis 31.Mai in der Stadthalle, Magdeburg 1929 (Nachdr. Glashütten 1974) (Pr.Pt.SPD)

Zentralverband der Angestellten (Hg.): *Protokoll des (1.–4.) Verbandstages des ZdA* abgehalten vom 29.5.–4.6.1921 in Weimar, vom 22.–24.6.1924 in Kassel, 1927 in Köln, vom 18.–20.5. 1930 in Stuttgart, Berlin 1921, 1924, 1927, 1930 (Pr.V.ZdA)

Zweite Reichskonferenz des Hauptausschusses, der Bezirks-, Kreis- und Ortsausschüsse für Arbeiterwohlfahrt am 12.9.1924 in Hannover, Konferenz des Hauptausschusses und der Bezirksvertreter am 4.1.1925 in Berlin, Berlin 1925

Periodika

Angestellten-Rundschau. Monatsschrift des Zentralverbandes der Angestellten, Ortsgruppe Hamburg für Industrie-Büro- Handels-Angestellte, Jg.3–8, Hamburg 1926–1931 (AR)

Die Arbeit. Zeitschrift für Gewerkschaftspolitik und Wirtschaftskunde, hg.v. Theodor Leipart, Jg.1–10, Berlin 1924–April 1933 (Arb.)

Arbeiter-Jugend. (Monatsschrift der sozialistischen Arbeiterjugend), Jg.1–25, Berlin 1909–1933 (AJ)

Arbeiterwohlfahrt, hg.v. Hauptausschuß für Arbeiterwohlfahrt, Jg.1–8, Berlin 1926–Mai 1933 (AW)

Archiv für Bevölkerungspolitik, Sexualethik und Familienkunde, hg. v. Hans Harmsen, Jg.1–3, Berlin 1931–1933 (AfB)

Archiv für Soziale Hygiene und Demographie, zugleich Fortsetzung des Bibliographischen Jahresberichts über Soziale Hygiene, Demographie und Medizinalstatistik sowie alle Zweige des sozialen Versicherungswesens. Organ der Arbeitsgemeinschaft sozialhygienischer Reichsfachverbände, Neue Folge, Bd.1 u.2, Berlin 1925/26 u.1926/27 (AfSHD)

Aufwärts. Freie Monatsschrift für das geistige Leben der jungen Arbeiter und Arbeiterinnen Deutschlands, Jg.1, Hamburg 1919

Correspondenzblatt der Generalkommission der Gewerkschaften Deutschlands, Jg.29, Berlin 1919

Deutsche Hausfrau. Zeitschrift des Reichsverbandes Deutscher Hausfrauen-Vereine e.V., Beilage: ‚Mitteilungen des Hausfrauenvereins Altona‘, Jg.17–19, Berlin 1932–1934

Echo der Woche. Illustriertes Blatt der Wasserkante (Beilage zum ‚Hamburger Echo‘), Jg.1–2, Hamburg 1932–1933

Die Frau. Monatsschrift für das gesamte Frauenleben unserer Zeit (Organ des BDF), hg.v. Helene Lange u. Gertrud Bäumer, Jg.28–32 u.36, Berlin 1921–1925 u.1929
Frauen-Beilage des Hamburger Echo, Jg.1–14, Hamburg 1919–1932 (FB-HE)
Frauen-Genossenschaftsblatt, hg. v. d. Großeinkaufsgesellschaft Deutscher Consumvereine (ab Jg.3: Zentralverband deutscher Konsumvereine), Jg.1–6, Hamburg 1902–1907 (FGB)
Frauenspiegel. Beilage der Hamburger Nachrichten, Hamburg 1930–1933
Frauenwelt. Eine Halbmonatsschrift, Beilagen: ‚Kinderland‘, ‚Selbst ist die Frau‘, hg.v. Vorstand der SPD, Jg.1–10, Berlin 1924–1933 (FW)

Die Genossin. Informationsblätter der weiblichen Funktionäre der Sozialdemokratischen Partei Deutschlands, hg.v. Vorstand der SPD, Jg.1–10, Berlin 1924–1933 (Ge.)
Die Gesellschaft. Internationale Revue für Sozialismus und Politik, hg.v. Rudolf Hilferding, Jg.1–10, Berlin 1924–4/1933 (Neudr. Frankfurt a.M. 1968) (Ges.)
Die freie Gewerkschaft. Offizielles Mitteilungsblatt des ADGB (Beilage zum ‚Hamburger Echo‘), hg.v. Ortsausschuß Groß-Hamburg des ADGB, Jg.1–12, Hamburg 1922–1933 (DfG)
Gewerkschaftliche Frauenzeitung. Frauenzeitung des ADGB-Bundesvorstandes, Jg.1–17, Berlin 1916–1933 (GF)
Gewerkschafts-Zeitung. Organ des ADGB, Jg.36–38, Berlin 1926–1928 (GZ)
Die Gleichheit. (Gl.) Zeitschrift für
- die Interessen der Arbeiterinnen, Jg.20–27, Stuttgart 1909/1910–Nr.17, 1917
  Beilage: ‚Für unsere Mütter und Hausfrauen‘
- Arbeiterfrauen und Arbeiterinnen, Jg.27–29, Nr.18, Berlin 1917–1918/1919
- die Frauen der Sozialdemokratischen Partei Deutschlands, Jg.30–32, Berlin 1920–1922
  Beilage: ‚Die Frau und ihr Haus‘ (Juli 1919–April 1922)
- Frauen und Mädchen des werktätigen Volkes, Jg.33, Berlin 1923

Hamburger Anzeiger, Hamburg 1924/1925 (HA)
Hamburger Echo, Hamburg 1919–1933 (Nr.53) (HE)
Die Handels- und Büroangestellte, Beilagen: ‚Büropraxis‘, ‚Die Verkäuferin‘, hg. v. Verband der weiblichen Handels- und Büroangestellten e.V., Jg.25–38, Berlin 1919–1932

Die arbeitende Jugend. Monatsbeilage für das Hamburger Echo, Hamburg 1911–1933 (AJ-HE)
Der eifrige Jugendbündler. Mitteilungen der Arbeiterjugendvereine in den Elbgemeinden, Jg.1–2, 1922–1923
Jungsozialistische Blätter, hg.v. Zentralbildungsausschuß der SPD (seit 1924: Reichsausschuß der Jungsozialisten), Jg.1–10, Berlin 1922–1931 (JB)
Jungvolk! Mitteilungsblatt des Arbeiterjugendbundes Groß-Hamburg, Jg.1–4, Hamburg 1919–1922 (JV)

Die Kämpferin. Zeitschift für Frauen und Mädchen des gesamten werktätigen Volkes. (Kä.) Mit der Beilage: ‚Für unsere Kinder‘, hg.v.d. USPD, Jg.1–4, Berlin 1919–1922
Das proletarische Kind. Erziehungsgemeinschaft. Monatsblätter für proletarische Erziehung, hg.v. Otto Rühle u. Alice Rühle-Gerstel, Jg.1–2, Dresden 1925–1926
Konsumgenossenschaftliche Rundschau. Organ des Zentralverbandes der Großeinkaufsgesellschaft deutscher Konsumvereine Hamburg, (ab Jg.19: Organ des Zentralverbandes deutscher Konsumvereine und der Großeinkaufsgesellschaft deutscher Konsumvereine Hamburg), hg. v. d. Verlagsgesellschaft deutscher Konsumvereine, Jg.16–29, Hamburg 1919–1932 (KR)
Konsumgenossenschaftliches Volksblatt des Zentralverbandes deutscher Konsumvereine. Sonderausgabe für den Verband nordwestdeutscher Konsumvereine, Jg.5–6, Hamburg 1912–1913 (KVB)
Konsumgenossenschaftliches Volksblatt des Zentralverbandes deutscher Konsumvereine e.V., Jg. 13–14 u.23–25, Hamburg 1920–1921 u.1930–1932 (KVB)

Die Medizinische Welt. Ärztliche Wochenzeitschrift, Jg.1–6, Berlin 1927–1932 (MW)

Die Neue Zeit. Wochenschrift der deutschen Sozialdemokratie, hg.v. Karl Kautsky (seit Jg.36, 1917/18: hg.v. Heinrich Cunow), Jg.23–41, 1904/05–1922/23, Stuttgart 1905–1923 (NZ)

Rundschau der Frau. Materialien für weibliche Funktionäre im ZdA, hg.v. Zentralverband der Angestellten, Jg.1–4, Berlin 3/1930–2/1933 (RdF)

Sozialdemokratische Parteikorrespondenz, hg.v. Vorstand der SPD, Berlin 1919–1921, 1929–1932, Ergänzungsband für die Jahre 1923 bis 1928
Soziale Praxis und Archiv für Volkswohlfahrt. Zentralblatt für Sozialpolitik. Zugleich Organ des Verbandes deutscher Gewerbegerichte (ab Jg.37: Zentralblatt für Sozialpolitik und Wohlfahrtspflege), Jg.21–42, Berlin/ Jena/Leipzig 1912–1933 (SP)
Sozialistische Monatshefte. Internationale Revue des Sozialismus, hg.v. Joseph Bloch, Jg.6 u. 11–38, Berlin 1902 u.1905–1932 (SM)

Der Textil-Arbeiter. Organ des Deutschen Textilarbeiter-Verbandes, Jg.38–41, Berlin 1926–1929 (TA)

Volk und Zeit (Illustrierte Beilage zum ‚Hamburger Echo'), Jg.5–14, Hamburg 1923–1932 (VuZ)
Vorwärts in den Elbgemeinden, Jg.1–2, 1924–1925

Sonstige gedruckte Quellen, Quelleneditionen, Memoiren und zeitgenössische Darstellungen

Abfindung für weibliche Beamte beim Ausscheiden wegen Heirat. Denkschrift zur Lösung einer wichtigen Zeitfrage, hg.v. Verband der deutschen Reichs-, Post- und Telegraphenbeamtinnen e.V., Berlin 1929
„*Ach, Liesel,* nichts für uns!" – „Halloh, Liesel, du hast doch recht!", hg. v. Vorstand der SPD, Berlin (1932)
Adams, Margarete: Ausnutzung der Freizeit des Arbeiters, Diss. Köln 1929
Adolph, Robert: Einküchenwirtschaft als soziale Aufgabe, Berlin 1919
Allgemeine Deutsche Biographie, hg. durch die historische Commission bei der Königlichen Akademie der Wissenschaften (Neudruck der 1.Auflage von 1887), Berlin 1970
Altmann, Elisabeth: Methodik des Nadelarbeitsunterrichts, Berlin 1927
Die Angestellten in der Wirtschaft. Eine Auswertung der amtlichen Berufszählung von 1925, hg. v. Allgemeinen freien Angestelltenbund, Berlin 1928
Angestelltenbewegung 1921–1925. Deutsche Wirtschaftsgeschichte, Sozialpolitik und Gewerkschaftsentwicklung aus bewegter Zeit, hg. v. Allgemeinen freien Angestelltenbund, Berlin 1925
Die *Angestelltenbewegung* 1925–1928. Geschichts- und Handbuch der Wirtschafts-, Sozial- und der Gewerkschaftspolitik, hg. v. Vorstand des Allgemeinen freien Angestelltenbundes, Berlin 1928
Arbeiterbewegung und Frauenemanzipation 1889–1933. Band 3 der Serie „Neudrucke zur sozialistischen Theorie und Gewerkschaftspraxis", hg. v. Institut für Marxistische Studien und Forschungen, Frankfurt a.M. 1973
Die *Arbeiterwohlfahrt* von der Neugründung 1945 bis zum 31.Dezember 1947. Rückblick und Rechenschaftsbericht, Hamburg (1948)
Mein *Arbeitstag* – mein Wochenend. 150 Berichte von Textilarbeiterinnen, hg. v. Deutschen Textilarbeiterverband, Berlin 1930
Arbeitswesen und Arbeitsamt in Hamburg, i.A. der Behörde für das Arbeitsamt bearbeitet von Regierungsrat Dr.Johann Biensfeldt, Hamburg 1924
Arnau, Frank: Gesetz, das tötet, Baden-Baden 1930
Aron, Steffi: Die sozialistische Frauenbewegung Deutschlands in ihrer historisch soziologischen Entwicklung und in ihrem Verhältnis zur bürgerlichen Frauenbewegung, Diss. Heidelberg 1923
Atzler, Edgar: Betrachtungen über das Problem der gewerblichen Ermüdung, in: Monographien zur Arbeit der Fach- und Frauenschulen, H.1, Langensalza 1929, 1–6

Baader, Ottilie: Ein steiniger Weg. Lebenserinnerungen einer Sozialistin, Berlin/Bonn 1979(3), (Nachdr.v. 1921)
Baltrusch, Fr.: Konsumgenossen und Arbeitnehmerbewegung, Köln 1927
Barschak, Erna: Die Schülerin der Berufsschule und ihre Umwelt, Berlin 1926
Barth, Margret / Annemarie *Niemeyer:* Über die häusliche Hilfeleistung von Kindern, Berlin 1932
Barz, Wilhelm: Der Standort der Maschinenindustrie Groß-Hamburg, Diss. Hamburg 1929 (Auszugsdruck)
Baur, Maria: Der Beschäftigungsgrad der Industriearbeiterinnen in Zeiten sinkender Konjunktur, Diss. München

1926
Baum, Marie: Familienfürsorge, Karlsruhe 1927
– / Alix *Westerkamp:* Rhythmus des Familienlebens. Das von einer Familie täglich zu leistende Arbeitspensum, Berlin 1931
Baumann, Frederik Seyd: Die Bevölkerung Hamburgs. Berufstätigkeit, Handel, Industrie, Einkommen, Vermögen, Wohnung, Lebensbedarf, Hamburg 1919
– Um den Staat. Ein Beitrag zur Geschichte der Revolution in Hamburg 1918/19, Hamburg 1924
Baumgarten, Frida: 1200 Antworten auf 1200 Fragen. Ein nie versagender, praktischer Ratgeber für Haushalt und Küche, Minden/Berlin/Leipzig 1932
Bäumer, Gertrud: Familienpolitik, Berlin 1933
Bebel, August: Die Frau und der Sozialismus, Frankfurt a.M. 1976 (Nachdr.v. 1909(50))
– Über die gegenwärtige und künftige Stellung der Frau, in: August Bebel: Glossen zu Yves Guyots und Sigismond Lacroix' ‚Die wahre Gestalt des Christentums', Berlin 1908(4), 40–54 (1.Aufl. 1878)
Beckmann, Emmy: Um Stellung und Beruf der Frau, Hamburg 1932
– Die Entwicklung der höheren Mädchenbildung in Deutschland von 1870–1914, Berlin 1936
Behrend, Elisabeth: Säuglingspflege in Reim und Bild, Leipzig/Berlin 1917(5)
Behrendsen, Gertrud: Anfertigung von Wäsche und Oberkleidung. Für die Hand der Schülerin, Leipzig 1923
– Maschinenähen. Ein Leitfaden für den Unterricht an Seminaren, Berufs- und Fachschulen für Nadelarbeitsunterricht, Berlin 1928
Beiträge zur Statistik Hamburgs. Mit besonderer Rücksicht auf die Jahre 1821–1852, hg.v. Mitgliedern des Vereins für Hamburger Statistik, Hamburg 1854
Bendix, Kurt (Hg.): Geburtenregelung. Vorträge und Verhandlungen des Ärztekurses vom 28.–30. Dezember 1928, Berlin (1929)
Benthaus, Emilie: Die Lage der weiblichen Angestellten im Handel, Diss. Köln 1923
Bernays, Marie: Die deutsche Frauenbewegung, Leipzig/Berlin 1920
Bernége, Paulette: Die Organisation der Hausarbeit nach wissenschaftlichen Grundsätzen, Veröffentlichung des Instituts für Hauswirtschaftswissenschaft an der Akademie für soziale und pädagogische Frauenarbeit in Berlin, Langensalza 1927
Bernfeld, Siegfried: Antiautoritäre Erziehung und Psychoanalyse. Ausgewählte Schriften Bd.1, hg.v. Lutz v.Werder u. Reinhart Wolff, Frankfurt a.M. 1970(3)
Bernstein, Alfred: Wie fördern wir den kulturellen Rückgang der Geburten? Ein Mahnruf an das arbeitende Volk, Berlin 1913
Die *Beschäftigung verheirateter Frauen* in Fabriken. Nach den Jahresberichten der Gewerbeaufsichtsbeamten für das Jahr 1899 bearb. im Reichsamt des Inneren, Berlin 1901
Beyer, Hans: Die Frau in der politischen Entscheidung. Eine Untersuchung über das Frauenwahlrecht in Deutschland, Stuttgart 1933
Bielfeld, Gretha: Die Mechanisierung des Haushalts und ihre volkswirtschaftliche Bedeutung, Berlin/Leipzig 1930
Bieligk, Fritz: Die Entwicklung der sozialdemokratischen Organisation in Deutschland, in: ders. u.a.: Die Organisation im Klassenkampf. Die Probleme der politischen Organisation der Arbeiterklasse, Frankfurt a.M. 1967 (Nachdr.v. 1931), 31–81
Binder, Gottlob: Die Arbeiterwohlfahrt, ihre Entwicklung, Motive und Ziele, Münster 1926
Blos, Anna: Kommunale Frauenarbeit im Kriege, Berlin 1917
– (Hg.): Die Frauenfrage im Lichte des Sozialismus, Dresden 1930
Blum, Margarethe: Neuzeitliche Arbeitsteilung zwischen Mann und Frau in Handel und Industrie, Diss. Köln 1932
Bode, Martha: Rationelle Hauswirtschaft, Berlin 1927
Bohm, Karl Martin: Berufsumschichtung und Berufsumstellung in der Nachkriegszeit, mit besonderer Berücksichtigung der hamburgischen Verhältnisse, Diss. Hamburg 1932
Bohm-Schuch, Clara: Willst Du mich hören? Weckruf an unsere Mädel, hg.v. Hauptvorstand des Verbandes der SAJ, Berlin 1925(3)
Bolzano, Anna von: Nadelarbeit in der Arbeitsschule, Frankfurt a.M. 1928
Bondy, Curt: die proletarische Jugendbewegung in Deutschland unter besonderer Berücksichtigung der Hamburger Verhältnisse. Ein methodischer und psychologischer Beitrag zur Jugendkunde, Lauenburg 1922
Bonfort, Helene: Wohlfahrtsarbeit Hamburgischer Frauenvereine, Hamburg 1917
– / Helene *Sillem* / Melanie *Eberhardt*: Bericht über die in Hamburg während der Jahre 1914–15 von Frauen geleistete Kriegshilfe, Hamburg 1916
Borchardt, Julian: Wie sollen wir unsere Kinder ohne Prügel erziehen?, Berlin-Fichtenau 1922 (Erstaufl. 1905)
Borntraeger, Jean: Der Geburtenrückgang in Deutschland. Seine Bewertung und Bekämpfung, Berlin 1912
Bottenberg, Heinz: Was essen? Gesundheit, Spannkraft, Wohlgeschmack und Sparsamkeit durch neue Nahrungs-

wissenschaft ohne Einseitigkeiten, Königstein i.Ts./Leipzig o.J. (1927)
Bracken, Helmut von: Die Prügelstrafe in der Erziehung. Soziologische, psychologische und pädagogische Untersuchungen, Dresden 1926
Brandt, Jürgen: Die Wohnungsnot in Hamburg, in: Zeitschrift für Wohnungswesen, H.17, Berlin 1919, 244–245
– Der Wohnungsmarkt in Hamburg, in: Zeitschrift für Wohnungswesen, H.19, Berlin 1921, 229–230
Brauer, Theodor: Die Fabrikarbeit der verheirateten Frau. Vortrag vor dem Jubiläumskongreß des christlichen Textilarbeiter-Verbandes vom 28. und 29. August 1926 zu Aachen, hg. v. Zentralverband christlicher Textilarbeiter Deutschlands, Düsseldorf (1926)
Braun, Adolf: Die Arbeiterinnen und die Gewerkschaften, Berlin 1923 (2.umgearb. u.erg. Aufl.)
Braun, Lily: Die Frauenfrage. ihre geschichtliche Entwicklung und wirtschaftliche Seite, Leipzig 1901 <a>
– Frauenarbeit und Hauswirtschaft, Berlin 1901 <b>
– Memoiren einer Sozialistin. Kampfjahre, München 1911
– Die Frauen und der Krieg, Leipzig 1915
Bräutigam: Wohnungsnot und Zwangswirtschaft, in: Reichsarbeitsblatt (nichtamtl. Teil), Nr.26, 1926, 459–461
Bredel, Willi: Gesammelte Werke in Einzelausgaben, Bd.1: Maschinenfabrik N. & K. – Rosenhofstraße – Der Eigentumsparagraph, Berlin(DDR)/Weimar 1982(3)
Brück, Christa Anita: Schicksale hinter Schreibmaschinen, Berlin 1930
Brupbacher, Fritz: Kindersegen – und kein Ende? Ein Wort an denkende Arbeiter, München 1909 (verb. u. vermehrte Ausg.)
Buddenberg, Theodor: Das soziologische Problem der Sozialdemokratie, in: Archiv für Sozialwissenschaften, 49 (1922), 108–132 (Nachdr.1971)
Bues, Hermann: Die Stellung des Jugendlichen zum Beruf und zur Arbeit, Bernau 1926
Burgdörfer, Friedrich: Der Geburtenrückgang und die Zukunft des deutschen Volkes, Kleine Schriften zur Bevölkerungspolitik, H.2, Berlin 1928
Busse-Wilson, Elisabeth: Die Frau und die Jugendbewegung. Ein Beitrag zur weiblichen Charakterologie und zur Kritik des Antifeminismus, Hamburg 1920

Cassau, Theodor: Die Konsumvereinsbewegung in Deutschland, München/Leipzig 1924
– Die Gewerkschaftsbewegung. Ihre Soziologie und ihr Kampf, Halberstadt 1925
– / Otto *Gennes* / Ernst *Grünfeld:* Die Genossenschaften, o.O. 1925
Corte, Erna: Die Familienverhältnisse von Kindern in Krippen, Kindergärten, Horten und Tagesheimen, Berlin 1930
Credé, Carl A.: § 218. Gequälte Menschen. Teil I, Berlin 1930 <a>
– Justizkrise. Gequälte Menschen (II.Teil). Drama in 3 Akten, Berlin 1930 <b>
Credé-Hörder, Carl A.: Volk in Not! Das Unheil des Abtreibungsparagraphen (§ 218), Dresden 1927

David, Gertrud: Was bietet der Konsumverein der Arbeiterfrau?, Hamburg 1907
Dehn, Günther: Proletarische Jugend. Lebensgestaltung und Gedankenwelt der großstädtischen Proletarierjugend, Berlin 1929
Denkschrift zum 60jährigen Bestehen der ‚Staatlichen Schulen für Frauenberufe zu Hamburg' im Mai 1927, Hamburg 1927
Deutsch, Regine: Die politische Tat der Frau. Aus der Nationalversammlung, Gotha 1920
– Parlamentarische Frauenarbeit, Gotha/Stuttgart 1924 (2. durch e. Nachtr. erw. Aufl.)
– Parlamentarische Frauenarbeit II. Aus den Reichstagen von 1924–1928, Berlin 1928
Dokumente der revolutionären deutschen Arbeiterbewegung zur Frauenfrage. 1848–1974. Auswahl, hg.v.d. Forschungsgemeinschaft „Geschichte des Kampfes der deutschen Arbeiterklasse um die Befreiung der Frau" an der Pädagogischen Hochschule „Clara Zetkin" Leipzig, Leipzig 1975
Dokumente zur deutschen Geschichte, 1917–1919, 1919–1923, 1924–1929, 1929–1933, hg.v. Wolfgang Ruge u. Wolfgang Schumann, Frankfurt a.M. 1977
Dresel, Ernst Gerhard: Soziale Fürsorge. Eine Übersicht für Studierende und sozial Tätige, Berlin 1918
– Lehrbuch der Hygiene für Studierende, Ärzte und Gesundheitsbehörden, Berlin/Wien 1928
Dreyfuß, Carl: Beruf und Ideologie der Angestellten, München/Leipzig 1933 <a>
– Zur gesellschaftlichen Lage des Films, in: Neue Blätter für den Sozialismus, 4 (1933), Nr.2, 93 <b>
Duncker, Käte: Sozialistische Erziehung im Hause, Berlin 1914
Düntzer, Emilie: Die gesundheitliche und soziale Lage der erwerbstätigen weiblichen Jugend. Erfahrungen aus der Praxis der Berufsschulärztin, Berlin 1933
Durand-Wever, Anne-Marie: Die Verhütung der Schwangerschaft, Hamburg 1931

Einführung in die Sexualpädagogik. Acht Vorträge im Zentralinstitut für Erziehung und Unterricht / Berlin, Berlin 1921
Einigkeit nicht Selbstzerfleischung. Sozialdemokratische Reichskonferenz am 5. u. 6.Mai 1920, Berlin o.J.
Elektrizität im Hamburger Haushalt, Hamburgische Electricitätswerke, Hamburg (1938)
Emmerich, Wolfgang (Hg.): Proletarische Lebensläufe. Autobiographische Dokumente zur Entstehung der Zweiten Kultur in Deutschland, Bd.1: Von den Anfängen bis 1914, Bd.2: 1914 bis 1945, Reinbek 1975
Engels, Friedrich: Der Ursprung der Familie, des Privateigentums und des Staates, Frankfurt a.M. 1971 (Nachdr.v. 1892(4))
Erhaltung und Mehrung der deutschen Volkskraft. Vorträge und Aussprachen gehalten bei der Tagung in München am 27. und 28.Mai 1918, München 1918
Erichson, Kurt: Die Fürsorge in Hamburg. Ein Überblick über ihre Entwicklung, ihren gegenwärtigen Stand und dessen gesetzliche Grundlagen, Hamburg 1930
Erwerbsarbeit, Schwangerschaft, Frauenleid. Die Aktion des Deutschen Textilarbeiter-Verbandes betr. Verbesserung des Loses erwerbstätiger schwangerer Frauen, hg. v. Deutschen Textilarbeiter-Verband, Berlin (1925)
Die *Erziehung der Kinder* in der proletarischen Familie. Quellen zur Pädagogik der deutschen Arbeiterbewegung aus der Zeit vor dem ersten Weltkrieg. Ausgewählt, eingeleitet und erläutert von Gerd Hohendorf, Berlin(DDR) 1960
Essig, Olga: Der hauswirtschaftliche Großbetrieb. Eine wirtschaftswissenschaftliche Studie, Frankfurt a.M. 1920
– Die Frau in der Industrie, Berlin 1932

Familie und Fürsorge. Bibliographie, hg. v. Central-Ausschuß für Innere Mission der Deutschen Evang. Kirche, Deutscher Caritasverband, Deutsches Archiv für Jugendwohlfahrt, Archiv für Wohlfahrtspflege, Arbeitsgemeinschaft sozialhygienischer Reichsfachverbände, Berlin 1932
Ferenczi, S.: Aus der Kindheit eines Proletariermädchens, in: Zeitschrift für psychoanalytische Pädagogik, 3 (1929), H.5/6, 141–172
Ferienkolonie Köhlbrand, Hamburg 1925
Fischer, Alfons: Staatliche Mütterfürsorge und der Krieg, Berlin 1915
Fischer, Edmund: Frauenarbeit und Familie, Berlin 1914
– Die Emanzipation der Frau, in: Das sozialistische Werden. Die Tendenzen der wirtschaftlichen und sozialen Entwicklung, Leipzig 1918, 514–530
Fischer, Käthe: Arbeiterinnenschutz in gewerblichen und landwirtschaftlichen Betrieben der Gegenwart, Diss. Marburg 1929
Flachs, Elisabeth: Statistische Angaben über die Kinderzahl in Arbeiter- und Handwerkerehen einer Industriestadt unter besonderer Berücksichtigung der Arbeitslosigkeit, Ochsenfurt a.M. 1933
Fleißner, Hermann: Arbeiterbewegung und Genossenschaften, Jena 1924(2)
Forel, Auguste: Die sexuelle Frage. Eine naturwissenschaftliche, psychologische und hygienische Studie nebst Lösungsversuchen wichtiger sozialer Aufgaben der Zukunft, München 1920(13) (Erstaufl.1904)
– Die sexuelle Frage. Gekürzte Volksausgabe, München 1924
Die *Form ohne Ornament,* Werkbuchausstellung 1924, Berlin/Leipzig 1925
Frankenthal, Käte: § 218 streichen – nicht ändern, Berlin 1931
– Der dreifache Fluch: Jüdin, Intellektuelle, Sozialistin. Lebenserinnerungen einer Ärztin in Deutschland und im Exil, hg.v. Kathleen M.Pearle u. Stephan Leibfried, Frankfurt a.M./New York 1981
Franzen-Hellersberg, Lisbeth: Die jugendliche Arbeiterin. Ihre Arbeitsweise und Lebensform. Ein Versuch sozialpsychologischer Forschung zum Zweck der Umwertung proletarischer Tatbestände, Tübingen 1932
Die Frau gehört ins Haus! Die Frau gehört ins Haus?, hg.v. ADGB, Berlin o.J.
Die Frau in der Politik, in: *Handbuch* für sozialdemokratische Wähler, Berlin 1924, 159–161
Die Frau in Politik und Beruf, hg.v. Parteivorstand der SPD, Berlin 1928
Frauenarbeit. Zentralblatt für Gewerbehygiene und Unfallverhütung, Beiheft 13, hg. v.d. Deutschen Gesellschaft für Gewerbehygiene, Berlin 1929
Die *Frauenarbeit in der Metallindustrie* während des Krieges. Dargestellt nach Erhebungen im August-September 1916, hg.v. Vorst. des Deutschen Metallarbeiter-Verbandes, Stuttgart 1917
Die *Frauenarbeit in der Metallindustrie,* hg. v. Vorstand des Deutschen Metallarbeiterverbandes, Stuttgart 1930
Frauenarbeit und Mutterschutz, in: Der Arbeitgeber, 16 (1926), Nr.22, 470–472
Frauenarbeit und öffentliche Berufserziehung in Hamburg. Vortragsreihe veranstaltet von den Lehrkörpern der Allgemeinen Berufsschulen für die weibliche Jugend, Schule für Kontoristinnen, Verkäuferinnen, Handels- und höhere Handelsschule, Schule für Frauenberufe, des Kindergärtnerinnenseminars und der Kinderpflegerinnen-Schule, hg.v.d. Veranstaltern der Vortragsreihe, Hamburg 1929
Die *Frauenerwerbsarbeit in der Textilindustrie* mit besonderer Berücksichtigung der Beschäftigung schwangerer

Frauen, hg. v. Arbeitgeberverband der Deutschen Textilindustrie, Berlin 1926
Die *Frauenfrage in Deutschland.* Strömungen und Gegenströmungen 1790–1930. Sachlich geordnete und erläuterte Quellenkunde, hg. v. Hans Sveistrup und Agnes v. Zahn-Harnack, Tübingen 1961 (Nachdr.v. 1934)
Frauenfragen, in: Handbuch für sozialdemokratische Wähler, Berlin 1920, 17–23
Frauenstimmen aus der Nationalversammlung. Beiträge der sozialdemokratischen Volksvertreterinnen zu den Zeitfragen, Berlin 1920
Frederick, Christine: Die rationelle Haushaltsführung. Betriebswissenschaftliche Studien, autor. Übers.v. Irene Witte, Berlin 1921
Freud, Sigmund: Abriß der Psychoanalyse. Das Unbehagen in der Kultur, Frankfurt a.M. 1970
– Drei Abhandlungen zur Sexualtheorie und verwandte Schriften, Frankfurt a.M. 1971
Freudenthal, Margarethe: Gestaltwandel der städtischen bürgerlichen und proletarischen Hauswirtschaft unter besonderer Berücksichtigung des Typenwandels von Frau und Familie, vornehmlich in Südwest-Deutschland zwischen 1760 und 1933, 1.Teil: 1760–1910, Diss. Frankfurt a.M. 1934
Freundlich, Emmy: Die Frau in der Genossenschaftsbewegung. Mit dem Bericht von der 1.internationalen genossenschaftlichen Frauenkonferenz in Basel 1921, Gera 1923
Friedheim, Clara: Führer durch die Wohlfahrtseinrichtungen Hamburgs. Umgearbeitete Neuauflage des Handbuchs für den Hamburger Wohlfahrtspfleger, Hamburg 1926
Fromm, Erich: Arbeiter und Angestellte am Vorabend des Dritten Reiches. Eine sozialpsychologische Untersuchung, bearb. u. hg.v. Wolfgang Bonß, Stuttgart 1980
15 Monate Tätigkeit der ‚Hamburgischen Kriegshilfe'. Vorträge aus der Reihe der sozialen Vorlesungen der Hamburgischen Kriegshilfe, Hamburg 1915
Für Dich und die Deinen. Die sozialen Leistungen der Republik und die Kämpfe der deutschen Sozialdemokraten für durchgreifende soziale Gesetzgebung, hg.v. Vorstand der SPD, Berlin (1932)
Fürth, Henriette: Die Fabrikarbeit verheirateter Frauen, Frankfurt a.M. 1902
– Die geschlechtliche Aufklärung in Haus und Schule, Leipzig 1903
– Die Mutterschaftsversicherung, Jena 1911
– Die Hausfrau. Eine Monographie, München 1914
– Die deutschen Frauen im Kriege, Tübingen 1917
– Zur Sozialisierung der öffentlichen Wohlfahrtspflege. Rückschau und Ausblick, hg. v. Vorstand der SPD, Berlin 1920
– Der Haushalt vor und nach dem Krieg. Dargestellt an Hand eines mittelbürgerlichen Budgets, Jena 1922
– Das Bevölkerungsproblem in Deutschland, Jena 1925
– Die Schwangerschaftsunterbrechung und das Strafgesetz, in: Archiv für Sozialwissenschaft und Sozialpolitik, Bd.57, 1927, 176–192
– Die Regelung der Nachkommenschaft als eugenisches Problem, Stuttgart 1929

Gaebel, Käthe: Die deutsche Wirtschaft und das Berufsschicksal der Frau, Berlin 1932
Gegen staatlichen Gebärzwang. Reden des Reichstagsabgeordneten Genossen August Brey, des Genosssen Dr.Silberstein und der Genossin Luise Zietz, Hannover 1914
Geiger, Theodor: Verbürgert die Arbeiterschaft?, in: Die Volkswirte, 30 (1931), 174–180
– Die soziale Schichtung des deutschen Volkes. Soziographischer Versuch auf statistischer Grundlage, Darmstadt 1967 (Nachdr.v. 1932)
Die *Gesundheitsverhältnisse in Hamburg* im 19.Jahrhundert, Hamburg 1901
Gewerkschaftsbund der Angestellten (Hg.): Die wirtschaftliche und soziale Lage der Angestellten, Berlin 1931
Geyer, Anna: Die Frauenerwerbsarbeit in Deutschland, Jena 1924
Glaß, Frieda / Dorothea *Kische:* Die wirtschaftlichen und sozialen Verhältnisse der berufstätigen Frauen. Erhebung 1928/29 durchgeführt von der Arbeitsgemeinschaft Deutscher Frauenverbände, Berlin 1930
Das häusliche Glück. Vollständiger Haushaltungsunterricht nebst Anleitung zum Kochen für Arbeiterfrauen. Zugleich ein nützliches Hülfsbuch für alle Frauen und Mädchen, die „billig und gut" haushalten lernen wollen, hg.v. einer Commission des Verbandes „Arbeiterwohl", München 1975 (Nachdr.v. 1882(11))
Goerrig, Franz: Die gesetzliche Neuregelung der Beschäftigung weiblicher Arbeitnehmer vor und nach der Niederkunft, in: Wirtschaftliche Selbstverwaltung, 8 (1927), Nr.8, 66–69
Gravert, Elisabeth: Der Einfluß der wirtschaftlichen Demobilmachung auf die Entwicklung der Frauenarbeit, Diss. Hamburg 1923
Groebel, Paul: Sexualpädagogik in Schule und Haus, Hamburg 1922
Groote, Berta von: Grundlagen und Formen der Frauenarbeit in drei Hamburgischen Industriezweigen (Nahrungs- und Genußmittelindustrie, Reinigungsgewerbe und chemische Industrie), Diss. Leipzig 1928
Grotjahn, Alfred: Geburten-Rückgang und Geburten-Regelung. Im Lichte der individuellen und der sozialen

Hygiene, Berlin 1914
– Soziale Pathologie, Berlin 1915(2)
– Die hygienische Forderung. Der hygienische Mensch. Die hygienische Familie. Die hygienische Siedlung. Das hygienische Volk, Königstein i.Ts. 1917
– Geburtenrückgang und Geburtenregelung. Im Lichte der individuellen und sozialen Hygiene, Berlin 1921(2)
– Das Gesundheitsbuch der Frau. Mit besonderer Berücksichtigung des geschlechtlichen Lebens, Stuttgart/Berlin 1922
– Die Hygiene der menschlichen Fortpflanzung. Versuch einer praktischen Eugenik, Berlin/Wien 1926
– Eine Kartothek zu § 218. Ärztliche Berichte aus einer Kleinstadtpraxis über 426 künstliche Aborte in einem Jahr, Berlin 1932 <a>
– Erlebtes und Erstrebtes. Erinnerungen eines sozialistischen Arztes, Berlin 1932 <b>
– / Gustav *Radbruch:* Die Abtreibung der Leibesfrucht. Zwei Gutachten, Berlin 1921
Grünbaum-Sachs, Hildegard: Zur Krisis in der Hauswirtschaft, Langensalza 1929
Gut, Albert: Der Wohnungsbau in Deutschland nach dem Weltkriege, seine Entwicklung unter der unmittelbaren und mittelbaren Förderung durch die deutschen Gemeindeverwaltungen, München 1928

Hackmack, Hans: Arbeiterjugend und sexuelle Frage, Berlin 1921
Haentjes, Maria: Welche Gründe sprechen für und gegen die Lohngleichheit zwischen Mann und Frau?, Diss. Münster, Bochum 1926
Halle, Felix: Geschlechtsleben und Strafrecht, Berlin 1931
Hamburg und seine Bauten unter Berücksichtigung der Nachbarstädte Altona und Wandsbek 1914, hg.v. Architekten- und Ingenieur-Verein zu Hamburg, Hamburg 1914
Hamburg und seine Bauten mit Altona, Wandsbek und Harburg-Wilhelmsburg 1918–1929, hg.v. Architekten- und Ingenieur-Verein zu Hamburg, Hamburg 1929
Hamburg und seine Bauten 1929–1953, hg.v. Architekten- und Ingenieur-Verein Hamburg, Hamburg 1953
Hamburger Adreßbuch. Abschnitt V, 1920, 1924, 1928, 1932, Hamburg 1920, 1924, 1928, 1932
Das Hamburgische Arbeitsamt, Hamburg 1919
Hamburgische Frauenhilfe 1923. Ein Tätigkeitsbericht, Hamburg 1925
Hamburgische Jugendpflege in und nach dem Kriege, Hamburg 1916
Hamburgische Kriegshilfe. Richtlinien, Hamburg 1914(3)
Die *Hamburgische Kriegshilfe* im Jahre 1918, März 1919
Handbuch für die Agitation. Für die Genossenschaftsfunktionäre, hg.v. Konsum-, Bau- und Sparverein ‚Produktion' zu Hamburg, Hamburg 1913 / 1919(2)
Handbuch für die Ortsvereine. Eine Anweisung über die Erledigung der Aufgaben der Ortsvereine, hg.v. Vorstand der SPD, 3 Bde: Berlin 1922/1924/1930
Handbuch des Preußischen Landtags, bearb.v. Ernst Kienast, 4., 5. Wahlperiode, 1932, 1933, Berlin 1932, 1933
Handbuch des Vereins Arbeiterpresse, hg. v. Vorstand des Vereins Arbeiterpresse, Berlin 1927(4)
Handbuch für Wähler der USPD. Reichstagswahl 1920, hg.v.d. Zentralleitung der USPD, o.O. o.J., H.1
Handelsgesellschaft ‚Produktion' m.b.H. Hamburg, Charlottenburg 1924
Handwörterbuch der Staatswissenschaften, hg. v. Ludwig Elster u.a., Bd.1–8 und Erg.Bd., Jena 1923–1928 (4.gänzlich umgearb. Aufl.) und 1929(4)
Handwörterbuch der Wohlfahrtspflege, hg. v. Julia Dümmer und Oskar Karstadt, Berlin 1924 / 1929 (2.neu bearb. Aufl.) (HdWo)
Handwörterbuch des Wohnungswesens, i.A. des Deutschen Vereins für Wohnungsreform e.V. Berlin, hg.v. Gerhard Albrecht, Albert Gut u.a., Jena 1930 (HdW)
Hanna, Gertrud: Die Arbeiterinnen und der Krieg, Berlin 1916
Hanselmann, Heinrich: Geschlechtliche Erziehung des Kindes, Zürich/Leipzig 1931
Harmsen, Hans: Geburtenregelung. Das europäische Bevölkerungsproblem, Schriften zur Volksgesundung, H.7, hg.v.d. Arbeitsgemeinschaft für Volksgesundung e.V., Berlin 1928
Hartig, Margarete: Erziehung zur Wohnkultur, in: Wohnungswirtschaft, H.23/24, 1929, 383f
Hartwig, R.: Wie die Frauen im Deutschen Reich von ihrem politischen Wahlrecht Gebrauch machen, in: Friedrich Zahn (Hg.): Allgemeines Statistisches Archiv, 17.Bd (Jena 1928), Nachdr. Nendeln i. Liechtenstein 1967, 497–512
Harz, Wilhelm: Wegweiser für Wohnungssuchende und sonstige Wohninteressenten, Hamburg 1924
Hasselmann, Erwin: Die neueste Entwicklung der deutschen Konsumgenossenschaftsbewegung (1924 u. 1925), Hadmersleben 1927
Hauer, J.W. (Hg.): § 218 – eine sachliche Aussprache, Leipzig 1931
Hemmer, Willi: Die ‚unsichtbaren' Arbeitslosen. Statistische Methoden – soziale Tatsachen, Zeulenroda 1935

Hermann, Emilie: Berufsberatung für Frauen und Mädchen, Berlin 1927
Heuß, August F.: Frauen suchen ihr Recht. Das Gesetzbuch der Frau in Beruf, Familie und Gesellschaft, Stuttgart 1929
Heyl, Hedwig: Hauswirtschaft, Dessau 1927
Heymann, Lida Gustava / Anita *Augspurg:* Erlebtes – Erschautes. Deutsche Frauen kämpfen für Freiheit, Recht und Frieden. 1850–1940, hg.v. Margrit Twellmann, Meisenheim am Glan 1977
Hillger, Hermann: Hillgers Handbuch der verfassungsgebenden Deutschen Nationalversammlung 1919/1920, Berlin/Leipzig 1919
Hirsch, Max: Die Fruchtabtreibung. Ihre Ursachen, ihre volkshygienische Bedeutung und die Mittel zu ihrer Bekämpfung, Stuttgart 1921
– Die Gefahren der Frauenerwerbsarbeit für Schwangerschaft, Geburt, Wochenbett und Kinderzucht: mit besonderer Berücksichtigung der Textilindustrie, Leipzig 1925
Hirschberg, Susanne: Bildungsschicksal des gewerblichen Proletariats im Lichte der Autobiographie, Diss. Köln 1928
Hirschfeld, Magnus / Richard *Linsert:* Empfängnisverhütung. Mittel und Methoden, Berlin 1928
Hirtsiefer, Heinrich: Die Wohnungswirtschaft in Preußen, Eberswalde 1929
Hodann, Max: Bub und Mädel. Gespräche unter Kameraden über die Geschlechterfrage, Rudolstadt 1926(5) <a>
– Woher die Kinder kommen. Ein Lehrbuch für Kinder lesbar, Rudolstadt 1926 <b>
– Eltern- und Kleinkinder-Hygiene. Anregungen für Erzieher, Leipzig 1927
– Die Sexualnot der Erwachsenen, Rudolstadt 1928
– Onanie. Weder Laster noch Krankheit, Berlin 1929
– Geschlecht und Liebe in biologischer und gesellschaftlicher Beziehung, Berlin 1932 (Erstaufl. 1926)
Hoegner, Wilhelm: Die Frau im Dritten Reich, Berlin 1931
Hoernle, Edwin: Grundfragen der proletarischen Erziehung, Berlin 1929
Hofmann, Walter: Die Lektüre der Frau. Ein Beitrag zur Leserkunde und zur Leserführung, Leipzig 1931
Hofstätter, Robert: Die arbeitende Frau. Ihre wirtschaftliche Lage, Gesundheit, Ehe und Mutterschaft, Wien/Leipzig 1929
Holländer, Michael: Vorbeugung der Empfängnis und Verhütung der Schwangerschaft, Leipzig/Wien 1927
Höllein, Emil: Gebärzwang und kein Ende, Berlin 1931 (3. erw. u. verb. Aufl.)
Horkheimer, Max: Familie in: Max Horkheimer (Hg.): Studien über Autorität und Familie. Forschungsberichte aus dem Institut für Sozialforschung, Paris 1936, 49–76
Howe, H.U.: Die berufstätige Frau als Verkaufsangestellte. Ein Beitrag zur handelsgewerblichen Frauenarbeitsfrage, Diss. Lübeck 1930
Hüffmeier, Emil: Das Hamburgische Arbeitsamt, Hamburg 1919
100.000 Kinder auf einen Hieb! Die Frau als Zuchtstute im Dritten Reich, Wien (1932)
Hürwitz-Stranz, Helene (Hg.): Kriegerwitwen gestalten ihr Schicksal. Lebenskämpfe deutscher Kriegerwitwen nach eigenen Darstellungen, Berlin 1931
Hygiene und Soziale Hygiene in Hamburg. Zur neunzigsten Versammlung der deutschen Naturforscher und Ärzte in Hamburg im Jahre 1928, hg.v.d. Gesundheitsbehörde Hamburg, Hamburg 1928

Ihrer, Emma: Arbeiterinnen im Klassenkampf. Anfänge der Arbeiterinnenbewegung, ihr Gegensatz zur bürgerlichen Frauenbewegung und ihre Aufgaben, Hamburg 1898
Ille, K. / R. *Herfurth:* Die Arbeiterin. Eine allgemeine Berufskunde, Leipzig 1929
Innenräume, hg.v. Deutschen Werkbund, Stuttgart 1928
Israel, Gertrud: Arbeitsverhältnisse der Hausgehilfinnen. Erhebung veranstaltet vom Reichsarbeitsministerium in Verbindung mit den Verbänden der Hausfrauen und Hausgehilfinnen, Berlin 1929

Jahoda, Marie / Paul F.*Lazarsfeld* / Hans *Zeisel*: Die Arbeitslosen von Marienthal. Ein soziographischer Versuch über die Wirkungen langandauernder Arbeitslosigkeit. Mit einem Anhang zur Geschichte der Soziographie, Frankfurt a.M. 1980(3) (Nachdr.v. 1933)
Jellinek, Camilla (Hg.): Frauen unter Deutschem Recht, hg.i.A. des BDF, Mannheim/Berlin/Leipzig 1928
Joern, Emil: Familienkunde in der Schule. Zugleich eine volkstümliche Einführung in die Familienkunde, Leipzig 1932
Juchacz, Marie: Praktische Winke für die Sozialdemokratische Frauenbewegung, hg.v. Vorstand der SPD, Berlin 1920
– / Johanna *Heymann:* Die Arbeiterwohlfahrt. Voraussetzungen und ihre Entwicklung, Berlin 1924
Jüngst, Hildegard: Die jugendliche Fabrikarbeiterin. Ein Beitrag zur Industriepädagogik, Paderborn 1928

Kaiser, Helena: Der Einfluß industrieller Frauenarbeit auf die Gestaltung der industriellen Reservearmee in der deutschen Volkswirtschaft der Gegenwart, Diss. Leipzig 1933
Der *Kampf der Sozialdemokratie* um das Rathaus in Hamburg, v. Otto Stolten, Heinrich Stubbe, Emil Krause u. Max Leuteritz, Hamburg 1927
Kanitz, Otto Felix: Das proletarische Kind in der bürgerlichen Gesellschaft, Jena 1925
– Das proletarische Kind in der bürgerlichen Gesellschaft, hg.v. Lutz v.Werder, Frankfurt a.M. 1974 (Nachdr.)
Karbe, Agnes: Die Frauenlohnfrage und ihre Entwicklung in der Nachkriegszeit, mit besonderer Berücksichtigung der Industriearbeiterschaft, Rostock 1928
Kaufmann, Heinz: Die soziale Gliederung der Altonaer Bevölkerung und ihre Auswirkungen auf das Wohlfahrtsamt, Altona 1928
Kautsky, Karl: Der Einfluß der Volksvermehrung auf den Fortschritt der Gesellschaft, Wien 1878
– Vermehrung und Entwicklung in Natur und Gesellschaft, Stuttgart 1910
Kautsky, Karl (jun.): Der Kampf gegen den Geburtenrückgang. Kapitalistische oder sozialistische Geburtenpolitik?, Wien 1924
Kelchner, Mathilde: Kummer und Trost jugendlicher Arbeiterinnen. Eine sozialpsychologische Untersuchung an Aufsätzen von Schülerinnen der Berufsschule, Leipzig 1929
Kempf, Rosa: Das Leben der jungen Fabrikmädchen in München. Die soziale und wirtschaftliche Lage ihrer Familien, ihr Berufsleben und ihre persönlichen Verhältnisse. Nach statistischen Erhebungen dargestellt an der Lage von 270 Fabrikarbeiterinnen im Alter von 14 bis 18 Jahren, Leipzig 1911
– Die deutsche Frau nach der Volks-, Berufs- und Betriebszählung von 1925, hg.v. Bund Deutscher Frauenvereine, Mannheim/Berlin/Leipzig 1931
Kern, Käthe: Frauen, entscheidet euch!, Berlin 1931
– (Hg.): Frauen aufgepaßt!, Berlin 1932
Key, Ellen: Das Jahrhundert des Kindes, Berlin 1905(11)
Kindermißhandlungen. Vorschläge zur Strafrechtsreform, ausgearbeitet von der Deutschen Vereinigung für Jugendgerichte und Jugendgerichtshilfen und der Deutschen Zentrale für freie Jugendwohlfahrt, Berlin 1928
Klatt, Georg: Geschlechtliche Erziehung als soziale Aufgabe, Leipzig 1926(2)
Klett, Fritz: Freizeitgestaltung, Grundsätze und Erfahrungen zur Erziehung der berufsgebundenen Menschen, Stuttgart 1929
Knack, Andreas: Groß-Hamburg im Kampfe gegen Geschlechtskrankheiten und Bordelle, Hamburg 1921
– / Max *Quarck:* Das Reichsgesetz zur Bekämpfung der Geschlechtskrankheiten und seine praktische Durchführung, hg.v. Hauptausschuß für Arbeiterwohlfahrt, Berlin 1928
Koch, Alexander (Hg.): Das schöne Heim. Ratgeber für die Ausgestaltung und Einrichtung der Wohnung, Darmstadt 1924
Kochbuch der staatlichen Haushaltungsschulen. Hamburg, zusammengest. v. S.Günther, Hamburg o.J.(22.Aufl.)
Krey, Franz: Maria und der Paragraph. Ein Roman um den § 218, Wien/Berlin/Zürich 1931
Krische, Maria: Die geschlechtliche Belastung der Frau und ihre gesellschaftlichen Auswirkungen. Mit einem Anhang: „Mutterrechtszeit" von Paul Krische, Berlin 1926
Krische, Paul: Die Frau als Kamerad. Grudsätzliches zum Problem des Geschlechts, Bonn 1920
– Die Soziologie der Ehe. Ihr Ursprung, ihre Entwicklung, ihre Stellung in der heutigen Gesellschaft, Dresden 1922
Krolzig, Günter: Der Jugendliche in der Großstadtfamilie. Auf Grund von Niederschriften Berliner Berufsschüler und -schülerinnen, Berlin 1930
Kruse, W./ Paul *Selter* (Hg.): die Gesundheitspflege des Kindes. Für Studierende, Ärzte, Gesundheitsbeamte und alle Freunde der Volksgesundheit, Stuttgart 1914
Kuczynski, Robert Rene: Deutschlands Versorgung mit Nahrungs- und Futtermitteln, Berlin 1926
Kürschners Deutscher Gelehrten-Kalender 1931, 4.Ausgabe, Berlin/Leipzig 1931

Die wirtschaftliche Lage Hamburgs unter besonderer Berücksichtigung der Einwirkungen des Krieges und des Vertrages von Versailles. Mit zahlreichen statistischen Angaben, hg.v.d. Reichszentrale für Heimatdienst, Landesabteilung Hamburg-Lübeck, Hamburg 1921
Lange, Helene: Die Frauenbewegung und ihre gegenwärtigen Probleme, Leipzig 1924(3)
Laporte, Dr.de: Wohnungsnot und Sittlichkeit, Berlin o.J.
Lau, Ernst: Beiträge zur Psychologie der Jugend in der Pubertätszeit. Moral- und sozialpsychologische Untersuchungen auf experimenteller Grundlage, Langensalza 1924(2)
Laufenberg, Heinrich: Geschichte der Arbeiterbewegung in Hamburg, Altona und Umgegend, 1.Bd, Hamburg 1911, 2.Bd, Hamburg 1931
Lazarsfeld, Sofie: ‚Wie die Frau den Mann erlebt!', Leipzig/Wien 1931
Von dem Leben und der Arbeit unserer Allgemeinen Mädchenberufsschulen in Hamburg, hg.v. Lehrkörper der

Staatlichen Allgemeinen Gewerbeschulen für das weibliche Geschlecht, Hamburg 1927
Am *Lebensquell.* Ein Hausbuch zur Geschlechtlichen Erziehung. Betrachtungen, Ratschläge und Beispiele als Ergebnisse des Dürerbund-Preis-Ausschreibens, hg.v. Dürerbund, Dresden 1909
Ledermann, Frieda: Zur Geschichte der Frauenstimmrechtsbewegung, Berlin 1918
Leichter, Käthe: So leben wir ... 1320 Industriearbeiterinnen berichten über ihr Leben, Wien 1932
Leipart, Theodor / Lothar *Erdmann:* Arbeiterbildung und Volksbildung, Berlin 1928
Leitfaden für Leseabende, hg.v. Parteivorstand der SPD, Berlin 1911
Leunbach, J.H.: Das Problem der Geburtenregelung, Leipzig/Kopenhagen 1930
Lewinsohn, Richard: Die Stellung der deutschen Sozialdemokratie zur Bevölkerungsfrage, in: Schmollers Jahrbuch 46 (1922), 191–237
Lichey, Margarete: Sozialismus und Frauenarbeit. Ein Beitrag zur Entwicklung des deutschen Sozialismus von 1869 bis 1921, Diss. Breslau 1927
Lihotzky, Grete: Rationalisierung im Haushalt, in: Das neue Frankfurt, Nr.5, 1927, 120–123
Lindsey, Ben B./ Wainwright *Evans:* Die Kameradschaftsehe, Berlin/Leipzig (1928) <a>
– Die Revolution der modernen Jugend, Berlin/Leipzig (1928) <b>
Lion, Hilde: Zur Soziologie der Frauenbewegung. Die sozialistische und katholische Frauenbewegung, Berlin 1926
Lippmann, Leo: Die Lebensmittelversorgung Hamburgs. Vortrag von Dr.L.Lippmann in der Vollversammlung des Arbeiter- und Soldatenrates für Hamburg und Umgegend am 14.3.1919 im Gewerkschaftshaus, Hamburg 1919
– Mein Leben und meine amtliche Tätigkeit. Erinnerungen und ein Beitrag zur Finanzgeschichte Hamburgs, aus dem Nachlaß hg.v. Werner Jochmann, Hamburg 1964
Lischnewska, Maria: Die geschlechtliche Belehrung der Kinder. Zur Geschichte und Methodik des Gedankens, Frankfurt a.M. 1907 (4.erw. Aufl.)
Lorenz, Charlotte: Die gewerbliche Frauenarbeit während des Krieges, in: Der Krieg und die Arbeitsverhältnisse, Wirtschafts- und Sozialgeschichte des Weltkrieges, Bd.16, Stuttgart/Berlin/Leipzig/New Haven 1928, 307–391
Lotz, Wilhelm: Wie richte ich meine Wohnung ein? Modern, gut, mit welchen Kosten?, Berlin 1930
Löwenstein, Kurt: Das Kind als Träger der werdenden Gesellschaft, Wien 1924
– Sozialistische Erziehung als Forderung und Tat, Berlin 1932
Lüders, Marie-Elisabeth: Die Entwicklung der gewerblichen Frauenarbeit im Kriege, in: Schmollers Jahrbuch 44 (1920), 241–267 u. 569–593
– Organisierte Sparsamkeit in Haus und Wirtschaft, in: Beiträge zu dem Problem „Frau und Arbeit", Berlin/Leipzig 1929, 33–36

Madiotti, Tina: 5.000.000 Witwen und 10.000.000 Waisen. Frauen! Wollt Ihr das wieder?, Berlin 1932
Mahlo, Arthur: Gedanken zur Neufassung des § 218, Hamburg 1930
Mais, Clara Maria: Berufsauslese und -Anpassung einer Fabrikarbeiterinnengruppe. (Auf Grund von Untersuchungen in einer Hamburger Hartgummiwarenfabrik), Diss. Hamburg 1928
Marcuse, Julian: Geschlechtliche Erziehung in der Arbeiterfamilie, Berlin 1908
– Die Fruchtabtreibung in Gesetzgebung und ärztlichem Handeln, München 1925
– Geburtenregelung. Die Forderung der Zeit, Stuttgart 1928
– Warum Geburtenregelung? Abtreibung oder Verhütung? Mittel und Methoden der Verhütung, hg.v. Hauptausschuß für Arbeiterwohlfahrt, Berlin 1929
Marcuse, Max: Zur Frage der Verbreitung und Methodik der willkürlichen Geburtenbeschränkung in Berliner Proletarierkreisen, in: Sexual-Probleme. Zeitschrift für Sexualwissenschaft und Sexualpolitik, 9 (1913), 752–780
– Der eheliche Präventivverkehr. Seine Verbreitung, Verursachung und Methodik. Dargestellt und beleuchtet an 300 Ehen, Stuttgart 1917
– Wandlungen des Fortpflanzungsgedankens und -willens, Bonn 1918
Margis, Hildegard: Der Aufgabenkreis für Rationalisierungsbestrebungen im Haushalt, in: Die Wohnung. Zeitschrift für Bau- und Wohnungswesen, H.11/12, 1927/28, 331–334
– (Hg.): Haushalt und Wirtschaft. Ratschläge für eine rationelle Haushaltsführung, Berlin 1928
Martens-Edelmann, Agnes: Die Zusammensetzung des Familieneinkommens, Eberswalde 1931
Matschke, Anna: Eine Mahnung an die Frauen und Mädchen in ernster Zeit, hg.v.d. Bezirksorganisation Brandenburg der SPD, Spandau (1924)
May, Raphael: Kosten der Lebenshaltung und Entwicklung der Einkommensverhältnisse in Hamburg seit 1890, München/Leipzig 1915
Meister, Angela: Die deutsche Industriearbeiterin. Ein Beitrag zum Problem der Frauenerwerbsarbeit, Jena 1939
Mendel, Max / Josef *Rieger*: Die „Produktion" in Hamburg 1899–1924. Geschichte einer genossenschaftlichen Verbrauchervereinigung von der Gründung bis zum fünfundzwanzigsten Geschäftsabschluß, Hamburg 1924
Mendel, Max / Josef *Rieger* / Walter *Postelt:* Die Hamburger Konsumgenossenschaft „Produktion" 1899–1949.

Geschichte einer genossenschaftlichen Verbrauchervereinigung von der Gründung bis zum fünfzigsten Geschäftsabschluß und ihrer Vorläufer, Hamburg 1949
Meyer, Erna: Rationalisierung der Verbrauchswirtschaft im Haushalt, in: Technik und Wirtschaft, 2 (1922), 116–120
– (Hg.): Hausfrauen-Taschenkalender 1928, Stuttgart 1928 <a>
– (Hg.): Neuzeitliche Hauswirtschaftslehre. Handbuch zum Ausbau des hauswirtschaftlichen Unterrichts, Stuttgart 1928(3) <b>
– Arbeitsmethoden und Haushaltsplanung, in: Monographien zur Arbeit der Fach- und Frauenschulen, H.1, Langensalza 1929, 37–42 <a>
– Der neue Haushalt. Ein Wegweiser zur wissenschaftlichen Hausführung, Stuttgart 1929 (36. wes. erg. u. erw. Aufl.) <b>
Meyer, Otto / Irmgard *Bauer* / Otto *Schmidt*: Richtige Haushaltspflege von A–Z, Berlin 1936
Meyerowitz, Arthur: Das gesamte Miet- und Wohnungsrecht, Berlin 1929(2)
Mewes, Bernhard: Die erwerbstätige Jugend. Eine statistische Untersuchung, Berlin/Leipzig 1929
Moeller, Franz: Elektrizität in Haus und Gerät, Leipzig 1931
Monographien zur Arbeit der Fach- und Frauenschulen, H.1: Beiträge zu dem Problem „Frau und Arbeit", Langensalza 1929
Muchow, Martha / Hans Heinrich *Muchow:* Der Lebensraum des Großstadtkindes, Bensheim 1980 (Nachdr.v. 1935)

Nationalsozialismus und Frauenfrage. Material zur Information und Bekämpfung, hg.v.d. Werbeabteilung der SPD, Berlin 1932 (hekt.)
Neumann, Annemarie: Die Entwicklung der sozialistischen Frauenbewegung, Diss. Berlin 1921 <a>
– Die Entwicklung der sozialistischen Frauenbewegung, in: Schmollers Jahrbuch 45 (1921), 195–257 <b>
Neumann, Paul: Hamburg unter der Regierung des Arbeiter- und Soldatenrats. Tätigkeitsbericht erstattet i.A. der Exekutive der Arbeiterrats-Groß-Hamburg, Hamburg 1919
Neumann, Sigmund: Die Parteien der Weimarer Republik, Stuttgart 1965 (Nachdr.v. 1932)
Neundörfer, Ludwig: Wie Wohnen?, hg.i.A. des Rhein-Mainischen Verbandes für Volksbildung, Königstein i.Ts./ Leipzig 1929
Nieder mit dem Abtreibungsparagraphen!, hg.v.d. KPD, Hamburg 1923
Niemeyer, Annemarie: Zur Struktur der Familie. Statistische Materialien, Berlin 1931

Oehlandt, Elisabeth: Deutsche Industriearbeiterinnenlöhne 1928–1935. Ein Beitrag zum Problem des gerechten Lohnes, Diss. Hamburg 1936 (masch.)
Oppenheimer, Hilde / Hilde *Radomski:* Die Probleme der Frauenarbeit in der Übergangswirtschaft, Mannheim/ Berlin/Leipzig 1918
Otto, Luise: Erlösung von der Schwangerschaft. Ein Ratgeber für Eheleute!, Magdeburg (1922)
– Vorbeugen – nicht abtreiben. Ein Ratgeber für Eheleute und solche, die es werden wollen, Magdeburg (1928)
Otto, Rose: Die Fabrikarbeit verheirateter Frauen, Stuttgart/Berlin 1910

§ 218 – Unter der Peitsche des Abtreibungsparagraphen, hg.v.d. KPD, Berlin 1923
Penzig, R.: Briefe über die Kindererziehung an eine Sozialistin, Berlin 1922
Peter, Rosa: Das hauswirtschaftliche Gebiet im Unterricht der Arbeitsschule, Frankfurt a.M. 1929
Peters, Heinrich: Der Bezirkswohnungskommissar in Hamburg, Hamburg 1921
– Die Zählung der Wohnungssuchenden in der Stadt Hamburg im Juni–Juli 1925, in: Zeitschrift für Wohnungswesen, H.23, Berlin 1925, 309–313
– Die Wohnungswirtschaft Hamburgs vor und nach dem Kriege, Hamburg 1933
Pfaff, Alfred: Der Wirtschaftsaufbau im Dritten Reich, München 1932
Pfülf, Antonie: Die Frauenfrage, in: Das Programm der Sozialdemokratie. Vorschläge für seine Erneuerung, Berlin 1920, 76–80
Pieper, August: Die hauswirtschaftliche Ausbildung der künftigen Arbeiterfrauen im Hausdienste, Gladbach 1920
Pius XI: Rundschreiben unseres Heiligen Vaters. Über die christliche Ehe in Hinsicht auf die gegenwärtigen Verhältnisse, Bedrängnisse, Irrtümer und Verfehlungen in Familie und Gesellschaft, Berlin 1931
Polligkeit, Wilhelm (Hg.): Familie und Fürsorge, Langensalza 1927
Polano, O.: Beitrag zur Frage der Geburtenbeschränkung, in: Zeitschrift für Geburtshilfe und Gynäkologie, 79.Bd, 1917, 567–578
Popp, Adelheid: Jugend einer Arbeiterin, hg. u. eingel. v. Hans J.Schütz, Berlin/Bonn-Bad Godesberg 1977 (Nachdr.v. 1922(4) u.1915)

– Mädchenbuch, Wien 1924
Postelt, Walter: Die ‚Produktion' als Wirtschaftsfaktor, Hamburg 1927
– Die ‚Produktion' nach der Inflation, Jena o.J., (Sonderdruck aus ‚Die Gemeinwirtschaft', Sept. 1928)
Potthoff, Heinz: Die Bedeutung des Haushalts in der Volkswirtschaft, München 1921
– Hauswirtschaft und Volkswirtschaft, Düsseldorf 1928
Prager, Eugen: Geschichte der USPD. Entstehung und Entwicklung der USPD, Glashütten i.Ts. 1970 (Nachdr.v. 1922)

Radbruch, Gustav: Kulturlehre des Sozialismus, Berlin 1922
Reich, Annie: Wenn dein Kind dich fragt ... Gespräche, Beispiele und Ratschläge zur Sexualerziehung, Leipzig/ Berlin/Wien (1932)
Reiche, Ilse: Die Frauenbewegung, Leipzig 1929
Reichstag und Frauenrechte, hg.v. SPD-Bezirksverband Großthüringen, Weimar (1924)
Rentrop, Ernst: Die unehelichen Kinder. Eine statistische Untersuchung über ihre Lage und ihr Schicksal, Berlin 1931
Reuß, Hugo: Statistisch soziologische Untersuchung des Verhältnisses von Beruf und Kinderzahl unter Berücksichtigung des Geschlechtsverhältnisses, der Altersgliederung und des Familienstandes der Berufstätigen in Hamburg, Hamburg 1939
Reymann, Hans: Hamburg als Industrieplatz, hg.i.A. der Handelskammer Hamburg, Hamburg 1930
Riehl, Wilhelm Heinrich: Die Familie, Stuttgart 1855
Risel, Hans: Das Kind. Seine Entwicklung und seine Pflege, Leipzig 1920
Ritter, Robert: Das geschlechtliche Problem in der Erziehung. Versuch einer Sexualpädagogik auf psychologischer Grundlage, München 1928
Rosenkranz, C.: Bevölkerungsfrage und Schule. Zugleich ein Beitrag zu dem Kapitel „Säuglingspflege in der Mädchenschule", Halle 1917
Rosenthal, Max (Hg.): Mutterschutz und Sexualreform. Referate und Leitsätze des I. Internationalen Kongresses für Mutterschutz und Sexualreform in Dresden. 28./30. September 1911, Breslau 1912
Ruben-Wolf, Martha: Abtreibung oder Verhütung?, Stuttgart/Berlin o.J.
Rudorff, Margarete: Die Normung in der Hauswirtschaft, Berlin o.J.(4.Aufl.)
Rühle, Otto: Die Aufklärung der Kinder über geschlechtliche Dinge, Bremen 1907
– Das proletarische Kind. Eine Monographie, München 1911
– Grundfragen der Erziehung, Stuttgart 1912
– Umgang mit Kindern. Grundsätze – Winke – Beispiele, Görlitz 1914
– Erziehung zum Sozialismus. Ein Manifest, Berlin 1919
– Liebe – Ehe – Familie, Dresden (1919/20)
– Kind und Umwelt. Eine sozialpädagogische Studie, Berlin 1920
– Das proletarische Kind. Eine Monographie, München 1922 (völlig neu bearb. u. erw. Aufl.)
– Die Sozialisierung der Frau, Dresden (1924)
– Die Seele des proletarischen Kindes, Dresden 1925
– Das verwahrloste Kind, Dresden 1926
– Zur Psychologie des proletarischen Kindes, hg.v. Lutz v. Werder u. Reinhart Wolff, Frankfurt a.M. 1975
– Illustrierte Kultur- und Sittengeschichte des Proletariats, 2 Bde, Lahn-Gießen 1977 (Nachdr.v. 1930)
Rühle-Gerstel, Alice: Freud und Adler. Elementare Einführung in Psychoanalyse und Individualpsychologie, Dresden 1924
– Die Frau und der Kapitalismus. Eine psychologische Bilanz, Frankfurt a.M. 1972, (Neudr. der Erstausg.: Das Frauenproblem der Gegenwart, Leipzig 1932)

Salomon, Alice: Die deutsche Frau und ihre Aufgabe im neuen Volksstaat, Leipzig/Berlin 1919
– / Marie *Baum* (Hg.): Das Familienleben in der Gegenwart (182 Familienmonographien), Berlin 1930
Sander, Elsa: Lebenskunde, Leipzig, Bd.I 1923, Bd.II 1928
Sanger, Margarethe: Die neue Mutterschaft. Geburtenregelung als Kulturproblem, Dresden 1927
Sauberkeit im Haushalt, in: Gesundheit. Zeitschrift für gesundheitliche Lebensführung des berufstätigen Volkes, Nr.1, 1931, 9
Säuberlich, C.: Wie Technik Dir im Haushalt hilft, Berlin 1928
Schecker, Margarete: Fragen der hauswirtschaftlichen Erziehung, (Pädagogisch-psychologische Schriftenreihe des ADLV, H.4), Berlin 1929
Schmidt, Annemarie: Die Arbeiterinnenfrage in der nordwestdeutschen Fischindustrie (mit besonderer Berücksichtigung von Altona und Cuxhaven), Rostock 1929

Schmidt-Beil, Ada (Hg.): Die Kultur der Frau. Eine Lebenssymphonie der Frau des 20.Jahrhunderts, Berlin 1931
Schnurr, Hans: Der Einfluß der weiblichen Arbeitskraft auf den Arbeitsmarkt, Marburg 1933
Schöfer, Sophie: Das Eheproblem, Berlin 1922
Schonig, Bruno (Hg.): Arbeiterkindheit. Kindheit und Schulzeit in Arbeiter-Lebenserinnerungen, Bernsheim 1979 (Nachdr.)
Schönlank, Bruno: Verfluchter Segen. Drama in drei Akten, Berlin 1920
Schreiber, Adele: Frauen! Lernt wählen! Revolution und Frauenrecht, Berlin 1918
Schreiber, Martha: Die Stellung der Gewerkschaften zur industriellen Frauenarbeit, Diss. Frankfurt a.M. 1924 (masch.)
Schreiber, Martha: Säuglingsernährung und Säuglingspflege, Breslau 1930(15)
Schroeder, Louise: Mutter und Säugling in der Gesetzgebung, Berlin 1925
Schröteler, Joseph (Hg.): Die geschlechtliche Erziehung. Beiträge zur Grundlegung einer gesunden Sexualpädagogik, Düsseldorf 1929
Schultheiss, Ludwig: Heimtechnik, München/Berlin 1929
Schulz, Heinrich: Die Mutter als Erzieherin, Berlin/Stuttgart 1921 (Erstaufl. 1907)
– Gehörst Du zu uns? Eine Anrede an einen jungen Arbeiter, Berlin 1928
Schumacher, Henny: Die proletarische Frau und ihre Erziehungsaufgabe, Berlin 1929
Schwarz, A.: Das Verhältnis zwischen Frauen- und Männerlöhnen in Deutschland vor und nach der Revolution 1918, Basel 1925
Schwarz, Salomon: Handbuch der deutschen Gewerkschaftskongresse, hg.v.d. Verlagsgesellschaft des ADGB, Berlin 1930
Schweikert, Robert: Die Frau in der Genossenschaftsbewegung. Vortrag gehalten auf dem 20. Genossenschaftstag des Zentralverbandes deutscher Konsumvereine vom 18. bis 20.Juni 1923 in Görlitz, Hamburg 1923
Sedlmayr, Elisabeth: Untersuchungen über die Qualität der großindustriellen Frauenarbeit in der Kriegs- und Nachkriegszeit, angestellt an Augsburger Verhältnissen, Diss. München 1925 (masch.)
Sender, Toni: Die Frauen und das Rätesystem, Berlin 1919
– Autobiographie einer deutschen Rebellin, hg.u. eingel.v. Gisela Brinker-Gabler, Frankfurt a.M. 1981 (Nachdr.v. 1939)
Seyring, Maria: Rationalisierung und Frauenarbeit 1927 in: Guenther Reimann: Das deutsche Wirtschaftswunder, Berlin 1927
Siemsen, Anna: Beruf und Erziehung, Berlin 1926
– Parteidisziplin und sozialistische Überzeugung, Berlin 1931
Sierakowsky, Heinrich: Örtliche genossenschaftliche Erziehungskurse, Hamburg 1928(2)
Simon, F.B.: Die Gesundheitspflege des Weibes, Stuttgart 1912(8)
Simon, Helene: Aufgaben und Ziele der neuzeitlichen Wohlfahrtspflege. Vortrag gehalten im September 1921, Berlin/Stuttgart 1922
Die Sozialdemokratie in den Gemeindevertretungen, Berlin 1919
Die Sozialdemokratie in den kommunalen Selbstverwaltungen im Bezirk Hamburg-Nordwest 1930, hg. v. Kommunalpolitischen Ausschuß des Bezirks Hamburg-Nordwest der SPD, Wesermünde Bremerhaven 1930
Die Sozialdemokratie ruft Euch! Rededispositionen zur Reichstagswahl am 20.Mai 1928, o.O. o.J.
Sozialdemokratie und Wohlfahrtspflege in Hamburg. Grundsatzpapier, unveröff. Mskr. Hamburg o.J.
Sozialismus und Arbeiterwohlfahrt. Grundsätze und Voraussetzungen! Referentenmaterial für Frauenversammlungen, o.O. (1924)
Sozialismus und Bevölkerungspolitik. Tagung in Jena. Am 25. und 26. September 1926, hg. v. Hauptausschuß für Arbeiterwohlfahrt, Berlin 1926
Spanger, E.: Was muß die deutsche Frau von der politischen Lage wissen?, Berlin/Leipzig 1919
Sperling, Hans: Die ökonomischen Gründe für die Minderbezahlung der weiblichen Arbeitskraft, Berlin 1930
Spitta, Oskar: Grundriß der Hygiene für Studierende, Ärzte, Medizinal- und Verwaltungsbeamte und in der sozialen Fürsorge Tätige, Berlin 1920
Splettstoesser, Theodor: Die Bekämpfung der männlichen Arbeitslosigkeit durch Herausnahme der Frauen aus dem Erwerbsleben, Diss. Bad Harzburg 1935
Staatslexikon. Im Auftrag der Görres-Gesellschaft unter Mitwirkung zahlreicher Fachleute hg. v. Hermann Sacher, Bd.1–5, Freiburg 1926–1932 (5. v. Grund aus neubearb. Aufl.) (StL)
Stahmer, Max: Fischhandel und Fischindustrie, Stuttgart 1925
Stampfer, Friedrich: Das Görlitzer Programm, erläutert v. Friedrich Stampfer, Berlin 1922
Statuten des Konsum-, Bau- und Sparvereins ‚Produktion' e.G.m.b.H. zu Hamburg, Sept. 1912
Statuten des Konsum-, Bau- und Sparvereins ‚Produktion' zu Hamburg, Juni 1923
Stecher, Max: Ökonomik des Haushalts. Ein Lehrbuch des Haushaltungsunterrichts. Veröffentlichung des Instituts

für Hauswirtschaftswissenschaft an der Akademie für soziale und pädagogische Frauenberufe in Berlin, Langensalza 1927
Stehr, Konrad: Der Zentralverband der Angestellten. Sein Werdegang, seine Gestalt und sein Charakter, Diss. Berlin 1926
Die *Stellung der KPD* zu den §§ 218 und 219 des Strafgesetzbuches, in: Die Internationale. Zeitschrift für Praxis und Theorie des Marxismus, 4 (1922), 462–465
Stelz, Ludwig: Entstehung des Menschen und Regeln für das Geschlechtsleben der Jugend, Leipzig 1921
Stern, Erich (Hg.): Die Erziehung und die sexuelle Frage. Ein Lehr- und Handbuch der Sexualpädagogik, Berlin 1927
Stöcker, Helene: Zehn Jahre Mutterschutz, Berlin 1915
– / Heinz *Stabel* / Siegfried *Weinberg*: Fort mit der Abtreibungsstrafe!, Leipzig 1924
Der *Streik* in den zum Konzern der Norddeutschen Wollkämmerei und Kammgarn-Spinnerei (Bremen/Delmenhorst) gehörigen Betriebe, hg. v. Deutschen Textilarbeiterverband, Abteilung für Tarife und Löhne, Berlin 1928
Struewing, Werner: Das sozialistische Arbeiterinnenproblem, Diss. Freiburg 1921
Stuhlmann: Fortbildungs- und Haushaltungsschulen für Mädchen. Reisebericht i.A. des Senats, Hamburg 1900
Suhr, Susanne: Die organisierte Frauenerwerbsarbeit, in: Gewerkschafts-Archiv, H.4 1927, 241–250
– Die weiblichen Angestellten. Eine Umfrage des Zentralverbandes der Angestellten, Berlin 1930
Sunlicht-Institut (Hg.): Haushaltungskurs, Mannheim o.J. (1929) <a>
– (Hg.): Kurs für Gesundheitspflege, Mannheim o.J. (1929) <b>

Tarrasch, Steffi M.: Die weiblichen Angestellten. Das Problen ihrer Organisation, Diss. Heidelberg 1931
Taut, Bruno: Die Küche – die Fabrik des Hauses, in: Wohnungswirtschaft, 3/1925, 19f
– Die neue Wohnung. Die Frau als Schöpferin, Leipzig 1928
Thorbecke, Clara: Reifungsprobleme der proletarischen weiblichen Großstadtjugend, Berlin 1928
Totomianz, Vacan: Konsumentenorganisationen. Theorie, Geschichte und Praxis der Konsumgenossenschaften, Berlin 1929(3)
Tyszka, Carl von: Ernährung und Lebenshaltung des deutschen Volkes, Berlin 1934

Umfang der Frauenarbeit in der deutschen Textilindustrie. Erwerbsarbeit, Schwangerschaft, Frauenleid. Statistische Erhebungen über die soziale und wirtschaftliche Lage sowie die Familienverhältnisse der in der deutschen Textilindustrie beschäftigten verheirateten und verheiratet gewesenen Frauen, hg.v. Deutschen Textilarbeiterverband, Berlin 1923(2)
Urban, Alfred: Staat und Prostitution in Hamburg von Beginn der Reglementierung bis zur Aufhebung der Kasernierung, Hamburg 1927
Urbschat, Fritz: Das Seelenleben der kaufmännisch tätigen Jugendlichen. Ein Beitrag zur Psychologie der berufstätigen Jugend, Berlin/Leipzig 1932

Vaerting, Mathilde: Die weibliche Eigenart im Männerstaat und die männliche Eigenart im Frauenstaat, Karlsruhe 1921
– Wahrheit und Irrtum in der Geschlechterpsychologie, Karlsruhe 1923
– Die Macht der Massen in der Erziehung, Berlin 1929
Van de Velde, Theodor Hendrik: Die vollkommene Ehe. Eine Studie über ihre Physiologie und Technik, Leipzig/Stuttgart 1929(37) <a>
– Die Abneigung in der Ehe. Eine Studie über ihre Entstehung und Bekämpfung, Leipzig/Stuttgart 1929(7) <b>
– Die Fruchtbarkeit in der Ehe und ihre wunschgemässe Beeinflussung, Leipzig/Stuttgart 1929(2) <c>
Varga, Eugen: Die Sozialdemokratische Partei Deutschlands, in: Eugen Varga (Hg.): Die Sozialdemokratischen Parteien. Ihre Rolle in der internationalen Arbeiterbewegung der Gegenwart, Hamburg 1926, 20–70
Verband der Gemeinde- und Staatsarbeiter: Die Betriebsräte in den Kommunal-, Staats- und Reichsbetrieben. Zusammengestellt auf Grund einer im Dezember 1921 veranstalteten Rundfrage, Berlin 1922
Viersbeck, Doris: Erlebnisse eines Hamburger Dienstmädchens, (Lebensschicksale, Bd.4), München 1910
Vieth, Ferdinand: Die Entwicklung der Konsumvereinsbewegung in Hamburg (1852–1930), Hamburg 1930(3) <a>
– 17 Jahre Handelsgesellschaft ‚Produktion' m.b.H. zu Hamburg. Die Geschichte eines umstrittenen konsumgenossenschaftlichen Experiments, Hamburg 1930 <b>
– Die ‚Produktion' im Spiegel der Zeitverhältnisse, Hamburg 1933
Voigt, Marie: Lehrbuch für den Unterricht im Kochen und in der Hauswirtschaft, Bd.I: Die Theorie des Kochens. Die Methode des Kochunterrichts. Die Praxis des Kochens, Erfurt 1925
Volksvernichtung oder -Befreiung durch Freigabe der Abtreibung? § 218. Mit Stellungnahmen führender Männer der deutschen Wissenschaft, in: Der Pfeiler, H.1, Lübeck 1932

Vorstand des Verbandes ostdeutscher Konsumvereine (Hg.): Was habe ich beim Einkauf zu beachten? Die Frau in der Genossenschaftsbewegung. Zwei Vorträge, gehalten auf der 2.Frauenkonferenz des Verbandes ostdeutscher Konsumvereine, in Stettin, am 28.10.1928, Hamburg (1928)

Vorwärts trotz alledem. Arbeit und Aufstieg der deutschen Kinderfreunde-Bewegung, hg.v.d. Reichsarbeitsgemeinschaft der Kinderfreunde Deutschlands, Berlin (1933)

Wachenheim, Hedwig: Lehrbuch der Wohlfahrtsplege, hg.v. Hauptausschuß für Arbeiterwohlfahrt, Berlin 1927

– Vom Großbürgertum zur Sozialdemokratie. Memoiren einer Reformistin, Berlin 1973

Wagner, Helmut: Sport und Arbeitersport, Berlin 1931

Wagner, K.: Wohnungsnot oder nicht? Die endgültigen Ergebnisse der Reichswohnungszählung 1927 in deutschen Großstädten, in: Die Wohnung. Zeitschrift für Bau- und Wohnungswesen, 2 (1927 /28), H.11/12, 345–350

Wann endet die Not der Frauen?, hg.v. Frauen-Reichssekretariat der KPD, Berlin 1921

Wartenberg, Fritz: Erinnerungen eines Mottenburgers. Kindheits- und Jugendjahre eines Arbeiterjungen 1905–1925, Hamburg 1982

Weber, Marianne: Die Ideale der Geschlechtergemeinschaft, Berlin 1929

– / Maria *Hellersberg:* Die soziale Not der weiblichen Angestellten, Berlin 1928

Wegschneider-Ziegler, Hildegard: Die arbeitende Frau und der Alkohol, Berlin o.J.

Weiland, Ruth: Die Kinder der Arbeitslosen. Mit einem Vorwort von Gertrud Bäumer, Ebertswalde/Berlin 1933

Weissauer, Ludwig: Verbot der Lohnarbeit verheirateter Frauen? Eine Studie über Lohnarbeiterin und Mutter der Familie, München 1929

Weißt Du schon?, hg.v.d. SPD Groß-Leipzig, (Leipzig 1927)

Wer ist's? Unsere Zeitgenossen. Biographien von rund 15000 lebenden Zeitgenossen, hg.v. Herrmann A.L.Degener, IX.Ausgabe, Berlin 1928

Wer ist's? Eine Sammlung von rund 18000 Biographien, hg.v. Herrmann A.L.Degener, X.Ausgabe, Berlin 1935

Westphal, Max: Handbuch für sozialistische Jugendarbeit, Berlin 1930 (2.erw. Aufl.)

Wex, Else: Staatsbürgerliche Arbeit deutscher Frauen 1865–1928, hg.v. Deutschen Staatsbürgerinnen Verband e.V. Allgemeiner Deutscher Frauenverein 1865, Berlin 1929

Wienold, Ernst: Offene örtliche Erholungsfürsorge. Das kleine Lehrbuch Bd.9, hg.v. Hauptausschuß für Arbeiterwohlfahrt, Berlin 1931

Windel, Max: Arbeit und Ernährung, in: Beiträge zum Problem „Frau und Arbeit", Berlin/Leipzig 1929, 54–61

Winke für die Agitation (unter den Frauen), hg.v. Vorstand der SPD, Berlin (1916)

Winter, Maria: Abtreibung oder Verhütung der Schwangerschaft? Ein offener Brief an die Frauen, Berlin o.J. (völlig umgearb. 4.Aufl.)

Winter, Max: Das Kind und der Sozialismus, Berlin 1924

Witsch, Josef: Berufs- und Lebensschicksale weiblicher Angestellter in der schönen Literatur, Köln 1932

Wolf, Friedrich: Dramen, Frankfurt a.M. 1979

Wolf, Julius: Der Geburtenrückgang. Die Rationalisierung des Sexuallebens unserer Zeit, Jena 1912

Wygodzinski, Willy: Die Hausfrau und die Volkswirtschaft, Tübingen 1916

Zahn, Friedrich: Bericht über Entstehung, Organisation und Tätigkeit der Hamburgischen Kriegshilfe, Hamburg 1914

– Die Organisation der Arbeitslosenunterstützung in Hamburg nach dem Kriege, Hamburg 1917

– Familie und Familienpolitik, Berlin 1918 <a>

– Die Organisation der Wohlfahrtspflege in Hamburg. Eine geschichtliche Zusammenstellung, Hamburg 1918 <b>

– Die deutsche Familie und der Wiederaufbau unseres Volkes, in: Allgemeines Statistisches Archiv, Bd.16, 1927, 1–25

Zahn-Harnack, Agnes v.: Die arbeitende Frau, Breslau 1924

– Die Frauenbewegung. Geschichte, Probleme, Ziele, Berlin 1928

Zehn Jahre Arbeiterwohlfahrt in Hamburg, Hamburg 1931

Zelck, Max: Der Kulturwille des Sozialismus. Jubiläums-Festschrift für die Sozialistische Kulturwoche 1931 in Hamburg. 25 Jahre sozialistische Kulturarbeit!, Hamburg 1931

Zepler, Wally: Die Frauen und der Krieg, Berlin 1916

– Der Weg zum Sozialismus, o.O. (1918)

– (Hg.): Sozialismus und Frauenfrage, Berlin 1919

Zetkin, Clara: Die Arbeiterinnen- und Frauenfrage der Gegenwart, Berlin 1889

– Zur Frage des Frauenwahlrechts. Bearbeitet nach dem Referat auf der Konferenz sozialistischer Frauen zu Mannheim (1906), Berlin 1907

– Ausgewählte Reden und Schriften, Bd.1–3, Berlin(DDR) 1958

– Zur Geschichte der proletarischen Frauenbewegung Deutschlands, Frankfurt a.M. 1971 (Nachdr.)
Zietz, Luise: Zur Frage des Mutter- und Säuglingschutzes, Leipzig 1911
– Die sozialdemokratischen Frauen und der Krieg, Berlin 1915
– Zur Frage der Frauenerwerbsarbeit während der Krieges und nachher, Berlin 1916
– Willst Du arm und unfrei bleiben? Ein Aufruf an die Frauen des werktätigen Volkes, hg.v. Zentralkommitee der USPD, o.O. 1921
Zils, Klara: Die weibliche Jugend in der jungsozialistischen Bewegung, in: Jungsozialismus. Festschrift zur Bielefelder Jungsozialistentagung vom 29.7.1921, hg.v. Zentralausschuß der SPD, Berlin 1921, 17–19
Zimmermann, Hilde: Haus und Hausrat. Ihre Entstehung, Bewertung und Erhaltung, Stuttgart 1924
Zschätzsch, Bruno: Die Aufgaben der Frau in der Konsumgenossenschaft, in: Die Gemeinwirtschaft. Monatsschrift für Theorie und Praxis der gesamten Gemeinwirtschaft, 8 (1928), Nr. 9, 253–256
Zuchthaus oder Mutterschaft. Reden, gehalten auf der Protestversammlung der Gesellschaft für Sexualreform, gegen die Beschlüsse des Ärztevereins-Bundestages in Leipzig von Wilhelm Schöffer, Dr.Felix A.Theilhaber, Dr.Martha Ruben-Wolf, Dr.Leo Klauber, Berlin 1925
Zwei Jahre Arbeiterinnenkommissionen und -gruppen. Bericht vom 1. Januar 1926 bis 31. Dezember 1927, zus.gst.v. Arbeiterinnensekretariat beim Hauptvorstand des Deutschen Textilarbeiterverbandes, o.O. o.J.
Zweig, Arnold: Junge Frau von 1914. Roman, Frankfurt a.M. 1975 (Nachdr.v. 1931)
Zwing, Karl: Geschichte der deutschen freien Gewerkschaften. Ein kurzgefaßter Abriß, Jena 1926

Darstellungen nach 1945

Abelshauser, Werner: Verelendung der Handarbeiter? Zur sozialen Lage der deutschen Arbeiter in der großen Inflation der frühen zwanziger Jahre, in: Winfried Schulze (Hg.): Vom Elend der Handarbeit, Stuttgart 1981, 445–476
– (Hg.): Die Weimarer Republik als Wohlfahrtsstaat. Zum Verhältnis von Wirtschafts- und Sozialpolitik in der Industriegesellschaft, VSWG Beiheft 81, Stuttgart 1987
Abendroth, Wolfgang: Aufstieg und Krise der deutschen Sozialdemokratie, Köln 1978 (4.erw. Aufl.)
Abrams, Lynn: Drink and the Working Class in Late 19th-century Bochum, in: German History 3, 1986, 3–14
Ahlbrecht, Lore: Die Pädagogik der Roten Kinderrepublik 1927–1933, Hausarb. Göttingen 1970
Albrecht, Richard: Alltagsleben – Variationen über eine neuen Forschungsbereich, in: Neue Politische Literatur, 26 (1981), H.1, 1–12
Albrecht, Willy u.a.: Frauenfrage und deutsche Sozialdemokratie vom Ende des 19.Jahrhunderts bis zum Beginn der zwanziger Jahre, in: AfS 19 (1979), 459–510
Andersen, Arne: „Lieber im Feuer der Revolution sterben, als auf dem Misthaufen der Demokratie verrecken!" Die KPD in Bremen von 1928 bis 1933. Ein Beitrag zur Bremer Sozialgeschichte, München 1987
Arbeiterbewegung und Frauenemanzipation 1889 bis 1933, hg.v. Institut für Marxistische Studien und Forschungen (IMSF), Frankfurt a.M. 1973
*Arbeiterkultur i*n Deutschland. Beiträge zu einer ‚Geschichte von unten‘, ergebnisse 26, Hamburg 1984
Die *Arbeiterwohlfahrt* 1919–1949, hg. aus Anlaß der 30.Wiederkehr des Gründungstages v. Hauptausschuß für Arbeiterwohlfahrt, Hannover 1949
Arendt, Hans-Jürgen: Der Kampf der Kommunistischen Partei Deutschlands um die Einbeziehung der werktätigen Frauen in die revolutionäre deutsche Arbeiterbewegung in den Jahren der Weltwirtschaftskrise (1929–1932), Diss. Leipzig 1970
– Eine demokratische Massenbewegung unter Führung der KPD: Die Volksaktion gegen den Paragraphen 218 und gegen die päpstliche Enzyklika ‚casti connubi‘, in: ZfG 19 (1971), Nr.1, 213–223
– Die „Gleichschaltung" der bürgerlichen Frauenorganisationen in Deutschland 1933/34, in: ZfG 27 (1979), 615–627
Aries, Philippe: Geschichte der Kindheit, München 1982(5)
Asendorf, Manfred u.a. (Hg.): Geschichte der Hamburgischen Bürgerschaft. 125 Jahre gewähltes Parlament, Berlin 1984
Asmus, Gesine (Hg.): Hinterhof, Keller und Mansarde. Einblicke in Berliner Wohnungselend 1901–1920, Reinbek 1982
Assion, Peter (Hg.): Transformationen der Arbeiterkultur. Beiträge der 3. Arbeitstagung der Kommission „Arbeiterkultur" in der Deutschen Gesellschaft für Volkskunde in Marburg vom 3. bis 6. Juni 1985, Marburg 1986

Baader, Gerhard / Ulrich *Schultz* (Hg.): Medizin und Nationalsozialismus. Tabuisierte Vergangenheit – Ungebro-

chene Tradition?, Berlin 1983 (2. verb. Aufl.)
Badinter, Elisabeth: Die Mutterliebe. Geschichte eines Gefühls vom 17.Jahrhundert bis heute, München 1984
Bajohr, Stefan: Die Hälfte der Fabrik. Geschichte der Frauenarbeit in Deutschland 1914–1945, Marburg 1979
– „Oral History" – Forschung zum Arbeiteralltag, in: Das Argument 123, 22 (1980), 667–676
– Vom bitteren Los der kleinen Leute. Protokolle über den Alltag Braunschweiger Arbeiterinnen und Arbeiter 1900 bis 1933, Köln 1984
Balbo, Laura / Helga *Nowotny* (Hg.): Time to Care in Tomorrow's Welfare System. The Nordic Experience and the Italian Case, Wien 1986
Barrett, Michele: Begriffsprobleme marxistisch-feministischer Analyse, in: Das Argument 132, 24 (1982), 174–185
Bauer, Karin: Clara Zetkin und die proletarische Frauenbewegung, Berlin 1978
Beck, Ulrich: Risikogesellschaft. Auf dem Weg in eine andere Moderne, Frankfurt a.M. 1986
Beck-Gernsheim, Elisabeth: Das halbierte Leben. Männerwelt Beruf, Frauenwelt Familie, Frankfurt a.M. 1980
– Vom Geburtenrückgang zur Neuen Mütterlichkeit? Über private und politische Interessen am Kind, Frankfurt a.M. 1985
Becker-Schmidt, Regina / Gudrun-Axeli *Knapp:* Arbeiterkinder gestern – Arbeiterkinder heute. Erziehungsansprüche und -problene von Arbeiterinnen im intergenerativen Vergleich, Bonn 1985
Becker-Schmidt, Regina / Gudrun-Axeli *Knapp* / Beate *Schmidt:* Eines ist zuwenig – beides ist zuviel. Erfahrungen von Arbeiterfrauen zwischen Familie und Fabrik, Bonn 1984
Beer, Ursula: Theorien geschlechtlicher Arbeitsteilung, Frankfurt a.M./New York 1984
– (Hg.): Klasse Geschlecht. Feministische Gesellschaftsanalyse und Wissenschaftskritik, Berlin 1987
Beier, Rosmarie: Frauenarbeit und Frauenalltag im Deutschen Kaiserreich. Heimarbeiterinnen in der Berliner Bekleidungsindustrie 1880–1914, Frankfurt a.M./New York 1983
Beiträge zur feministischen Theorie und Praxis
– 1: Erste Orientierungen, München 1978
– 5: Frauengeschichte. Dokumentation des 3.Historikerinnentreffens in Bielefeld, April 81, München 1981
– 7: Dokumentation der Tagung ‚Weibliche Biographien' in Bielefeld, Oktober 81. Geschäftsstelle Frauenforschung, München 1982
– 11: Frauenforschung oder feministische Forschung?, Köln 1984
– 13: Unser Staat?, Köln 1985
Beiträge zur Frauenforschung am 21. Deutschen Soziologentag, Bamberg 1982, hg. v. d. Sektion Frauenforschung in den Sozialwissenschaften in der Deutschen Gesellschaft für Soziologie, München 1983(2)
Bejin, Andre: Ehen ohne Trauschein heute, in: Philippe Aries u.a.: Die Masken des Begehrens und die Metamorphosen der Sinnlichkeit. Zur Geschichte der Sexualität im Abendland, Frankfurt a.M. 1984, 197–200
Berdahl, Robert M. u.a.: Klassen und Kultur. Sozialanthropologische Perspektiven in der Geschichtsschreibung, Frankfurt a.M. 1982
Berger-Thimme, Dorothea: Wohnungsfrage und Sozialstaat. Untersuchungen zu den Anfängen staatlicher Wohnungspolitik in Deutschland (1873–1918), Frankfurt a.M./Bern 1976
Bergmann, Anneliese: Geburtenrückgang – Gebärstreik. Zur Gebärstreikdebatte 1913 in Berlin, in: Archiv für Geschichte des Widerstandes und der Arbeit, Nr.4, 1981, 7–55
Bergmann, Klaus / Bodo v.*Borries* / Gerhard *Schneider* (Hg.): Kindheit in der Geschichte I. 19. und 20.Jahrhundert – Unterrichtsentwürfe, Quellen und Materialien, Düsseldorf 1985
Bergmann, Klaus / Rolf *Schörken* (Hg.): Geschichte im Alltag – Alltag in der Geschichte, Düsseldorf 1982
Berlin, Jörg (Hg.): Das andere Hamburg. Freiheitliche Bestrebungen in der Hansestadt seit dem Spätmittelalter, Köln 1981
Bessel, Richard: „Eine nicht allzu große Beunruhigung des Arbeitsmarktes". Frauenarbeit und Demobilmachung in Deutschland nach dem Ersten Weltkrieg, in: GuG 9 (1983), 211–229
Beuys, Barbara: Familienleben in Deutschland. Neue Bilder aus der deutschen Vergangenheit, Reinbek 1984
Beyer, Hans: Die Frau in der politischen Entscheidung, in: Otto Büsch/Monika Wölk/Wolfgang Wölk (Hg.): Wählerbewegung in der deutschen Geschichte. Einzelveröffentlichung der Kommission zu Berlin, Bd.20, Berlin 1978, 298–309
Bieber, Hans-Joachim: Gewerkschaften in Krieg und Revolution. Arbeiterbewegung, Industrie, Staat und Militär in Deutschland 1914–1920, Hamburg 1981
Bindel, Jakob (Hg.): 75 Jahre Kinderfreunde 1908–1983, Wien/München 1983
Biographisches Handbuch der deutschsprachigen Emigration nach 1933, Bd.1. Politik, Wirtschaft, Öffentliches Leben, Leitung u. Bearbeitung: Werner Röder, Herbert A.Strauss, München/New York/London/Paris, 1980
Biographisches Lexikon zur deutschen Geschichte. Von den Anfängen bis 1945, hg.v. Gerhart Hass u.a., Berlin(DDR) 1970

Birkelbach, Dagmar: Gewerkschaftliche Frauenpolitik in der Weimarer Republik untersucht am Beispiel des Deutschen Textilarbeiterverbandes 1924–1929, Staatsexamensarb. Berlin 1982
– Frauen in der Gewerkschaft. Der „Deutsche Textilarbeiterverband" (DTV) in den zwanziger Jahren, in: Kristine von Soden / Maruta Schmidt (Hg.): Neue Frauen. Die zwanziger Jahre. BilderLeseBuch, Berlin 1988, 40–47
Bischof, Norbert / Holger *Preuschoft* (Hg.): Geschlechtsunterschiede. Entstehung und Entwicklung. Mann und Frau in biologischer Sicht, München 1980
Bischoff, Claudia: Krankenpflege als Frauenberuf, in: Pflege und Medizin im Streit. Jahrbuch für kritische Medizin 8, AS 86, Berlin 1982, 13–27
– Frauen in der Krankenpflege. Zur Entwicklung von Frauenrolle und Frauenberufstätigkeit im 19. und 20.Jahrhundert, Frankfurt a.M./New York 1984
Blasius, Dirk: Ehescheidungen in Deutschland 1794–1945. Scheidung und Scheidungsrecht in historischer Perspektive, Göttingen 1987
Blumenroth, Ulrich: Deutsche Wohnungspolitik seit der Reichsgründung. Darstellung und kritische Würdigung, Münster 1975
Bock, Gisela: Zwangssterilisation im Nationalsozialismus. Studien zur Rassen- und Frauenpolitik, Wiesbaden 1986
– Geschichte, Frauengeschichte, Geschlechtergeschichte, in: GuG 14 (1988), 364–391
Bölke, Gundula: Die Wandlung der Frauenemanzipationsbewegung von Marx bis zur Rätebewegung, Hamburg 1975
Boll, Friedhelm (Hg.): Arbeiterkulturen zwischen Alltag und Politik. Beiträge zum europäischen Vergleich in der Zwischenkriegszeit, Wien/München/Zürich 1986
Bolognese-Leuchtenmüller, Birgit: Unterversorgung und mangelnde Betreuung der Kleinkinder in den Unterschichtenfamilien als soziales Problem des 19.Jahrhunderts, in: Herbert Knittler (Hg.): Wirtschafts- und sozialhistorische Beiträge. Festschrift für Alfred Hoffmann zum 75. Geburtstag, München 1979, 410–430
Borkowsky, Maya: Ärztliche Vorschriften zur Schwangerschaftshygiene im 19. Jahrhundert unter Berücksichtigung einiger Aspekte der Diätetik für Gebärende, Wöchnerinnen und Stillende, Zürich 1988
Bornemann, Ernest (Hg.): Arbeiterbewegung und Feminismus. Berichte aus vierzehn Ländern, Frankfurt a.M./ Berlin/Wien 1982
– (Hg.): Der Neanderberg. Vom Aufstieg der Frauen aus dem Neandertal. Beiträge zur Emanzipationsgeschichte des 19. und 20.Jahrhunderts, Frankfurt a.M./Berlin/Wien 1983
Borscheid, Peter / Hans J. *Teuteberg* (Hg.): Ehe, Liebe, Tod. Zum Wandel der Familie, der Geschlechts- und Generationsbeziehungen in der Neuzeit, Münster 1983
Botz, Gerhard / Josef *Wendenholzer* (Hg.): Mündliche Geschichte und Arbeiterbewegung. Eine Einführung in Arbeitsweise und Themenbereiche der Geschichte „geschichtsloser" Sozialgruppen, Wien/Köln 1984
Boxer, Marilyn J./ Jean H.*Quataert* (Hg.): Socialist Women. European Socialist Feminism in the Nineteenth and Early Twentieth Centuries, New York 1978
Brandecker, Ferdinand / Hildegard *Feidel-Mertz* (Hg.): Kurt Löwenstein. Sozialismus und Erziehung, Berlin/Bonn 1976
Brander, Sylvia: Wohnungspolitik als Sozialpolitik. Theoretische Konzepte und praktische Ansätze in Deutschland bis zum Ersten Weltkrieg, Berlin 1984
Brandt, Willy (Hg.): Frauen heute – Jahrhundertthema Gleichberechtigung, Köln/ Frankfurt a.M. 1978
Brandt, Gisela / Johanna *Kootz* / Gisela *Steppke*: Zur Frauenfrage im Kapitalismus, Frankfurt a.M. 1976(3)
Brandt-Knack, Olga: Ein Leben für Kunst und Politik, in: Gleichheit. Das Blatt der arbeitenden Frau, 28 (1965), 235
Braun, Peter: Die sozialräumliche Gliederung Hamburgs, Göttingen 1968
Braunthal, Gerard: Der Allgemeine Deutsche Gewerkschaftsbund. Zur Politik der Arbeiterbewegung in der Weimarer Republik, Köln 1981
Brehmer, Ilse (Hg.): Lehrerinnen. Zur Geschichte eines Frauenberufes. Texte aus dem Lehrerinnenalltag, München/Wien/Baltimore 1980
– / Juliane *Jacobi-Dittrich* / Elke *Kleinau* / Annette *Kuhn* (Hg.): Frauen in der Geschichte IV. „Wissen heißt leben ..." Beiträge zur Bildungsgeschichte von Frauen im 18. und 19. Jahrhundert, Düsseldorf 1983
Bremme, Gabriele: Die politische Rolle der Frau in Deutschland. Eine Untersuchung über den Einfluß der Frauen bei Wahlen und ihre Teilnahme in Partei und Parlament, Göttingen 1956
Bridenthal, Renate: Beyond Kinder, Küche, Kirche. Weimar Women at Work, in: Central European History, 6 (1973), 148–166
– The Dialectics of Production and Reproduction in History, in: Radical America 10, No.2 (March–April 1976), 3–11
– / Atina *Grossmann* / Marion *Kaplan* (Hg.): When Biology became Destiny. Women in Weimar and Nazi Germany, New York 1984

– / Claudia *Koonz:* Beyond Kinder, Küche, Kirche. Weimar Women in Politics and Work, in: Berenice A.Carroll (Hg.): Liberating Women's History. Theoretical and Critical Essays, Urbana/Chicago/London 1976, 302–329
– / Claudia *Koonz* (Hg.): Becoming Visible. Women in European History, Boston 1977
Brinker-Gabler, Gisela (Hg.): Zur Psychologie der Frau, Frankfurt a.M. 1978
– (Hg.): Frauenarbeit und Beruf, Frankfurt a.M. 1979
Brockhaus Enzyklopädie in 20 Bänden, 17.Auflage des Großen Brockhaus, Wiesbaden 1974
Brockmann, Gabriele / Christa *Jungclaus* / Doris *Traub*: Das könnt Ihr Euch gar nicht mehr vorstellen ... Alltagsgeschichte(n) von Arbeiterfrauen aus Altona, Hamburg 1984
Broderick, Carlfred B.: Kinder- und Jugendsexualität. Sexuelle Sozialisierung, Reinbek 1970
Brozat, Martin: Plädoyer für Alltagsgeschichte. Eine Replik auf Jürgen Kocka, in: Merkur 36 (1983), 1244–1248
Bruch, Rüdiger v. (Hg.): Weder Kommunismus noch Kapitalismus. Bürgerliche Sozialreform in Deutschland vom Vormärz bis zur Ära Adenauer, München 1986
Brücher, Bodo / Günther *Hartmann:* Die sozialistische Arbeiterjugend in der Weimarer Republik, in: Jahrbuch des Archivs der deutschen Jugendbewegung, Bd.13 (1981), 35–50
– Hebt unsere Fahnen in den Wind! Bilder aus der Geschichte der sozialistischen Arbeiterjugendbewegung in Ostwestfalen und Lippe, Bonn 1983
Brüggemeier, Franz-Josef: Traue keinem über sechzig? Entwicklungen und Möglichkeiten der Oral History in Deutschland, in: Gd 9 (1984), 199–210
– / Jürgen *Kocka* (Hg.): „Geschichte von unten – Geschichte von innen". Kontroversen um die Alltagsgeschichte, Hagen 1985
Brühns, Jürgen: Erziehung der Ungelernten im Spannungsfeld gesellschaftlicher Interessen. Zur Entstehung und Entwicklung der allgemeinen Fortbildungsschulen in Hamburg 1900–1923, Staatsexamensarb. Hamburg 1982
Brunner, Otto / Werner *Conze* / Reinhart *Koselleck* (Hg.): Geschichtliche Grundbegriffe. Historisches Lexikon zur politisch-sozialen Sprache in Deutschland, Bd.1/Bd.2, Stuttgart 1972/1975
Bublitz, Bernd: Die Stellung des Vereins Sozialistischer Ärzte zur Frage der Geburtenregelung von 1927 bis 1933, Diss. Kiel 1973
Bünemann, Richard: Hamburg in der deutschen Revolution 1918/19, Diss. Hamburg 1951
Burgdorf, Dagmar: Zur Lage der Tabakarbeiterinnen im 19.Jahrhundert, in: Das Argument 135, 24 (1982), 664–671
Büsch, Otto / Gerald D. *Feldman* (Hg.): Historische Prozesse der deutschen Inflation 1914 bis 1924. Ein Tagungsbericht, Berlin 1978
Bussemer, Herrad-Ulrike: Frauenemanzipation und Bildungsbürgertum. Sozialgeschichte der Frauenbewegung in der Reichsgründungszeit, Weinheim/Basel 1985
Büttner, Ursula: Hamburg in der Großen Depression. Wirtschaftsentwicklung und Finanzpolitik 1928–1931, Diss. Hamburg 1979
– Hamburg in der Staats- und Wirtschaftskrise 1928–1931, Hamburg 1982
– Politische Gerechtigkeit und Sozialer Geist. Hamburg zur Zeit der Weimarer Republik, Hamburg 1985
– / Werner *Jochmann* (Hg.): Zwischen Demokratie und Diktatur. Nationalsozialistische Machtaneignung in Hamburg–Tendenzen und Reaktionen in Europa, Hamburg 1984
– / Werner *Jochmann:* Hamburg auf dem Weg ins Dritte Reich. Entwicklungsjahre 1931–1933, Hamburg 1985(3)

Comfort, Richard A.: Revolutionary Hamburg. Labor Politics in the Weimar Republic, Standfort 1966
Conradt, Sylvia / Kirsten *Heckmann-Janz:* „... du heiratest ja doch!" 80 Jahre Schulgeschichte von Frauen, Frankfurt a.M. 1985
Conze, Werner (Hg.): Sozialgeschichte der Familie in der Neuzeit Europas, Stuttgart 1976
– / Ulrich *Engelhardt* (Hg.): Arbeiter im Industrialisierungsprozeß. Herkunft, Lage und Verhalten, Stuttgart 1979
Coordt, Helga: Die Ausgaben des privaten Haushalts im Lebenszyklus der Familie, Diss. Köln 1962
Coyner, Sandra J.: Class Patterns of Family Income and Expenditure during the Weimarer Republic. German White-Collar Employees as Harbingers of Modern Society, Diss. New Jersey 1975
– Class Consciousness and Consumption. The New Middel Class During the Weimar Republic, in: Journal of Social History, 10 (1976/77), 310–331
Crew, David F.: German socialism, the state and family policy, 1918–33, in: Continuity and Change 1 (2), 1986, 235–263
– Bedürfnisse und Bedürftigkeit. Wohlfahrtsbürokratie und Wohlfahrtsempfänger in der Weimarer Republik. 1919–1933, in: Sozialwissenschaftliche Informationen 18 (1989), H.1, 12–19
Crusius, R. / G.*Schiefelbein* / M.*Wike* (Hg.): Die Betriebsräte in der Weimarer Republik. Von der Selbstverwaltung zur Mitbestimmung, 2 Bde, Berlin 1978

Dale, Jennifer / Peggy *Foster:* Feminists and State Welfare, London/Boston/Henley 1986

Dalhoff, Jutta / Uschi *Frey* / Ingrid *Schöll* (Hg.): Frauenmacht in der Geschichte. Beiträge des Historikerinnentreffens 1985 zur Frauengeschichtsforschung, Düsseldorf 1986

Daniel, Ute: Funktionalisierung und Frauen in der Kriegswirtschaft 1914–1918, unveröff. Mskr. Bielefeld 1983

– Fiktionen, Friktionen und Fakten – Frauenlohnarbeit im Ersten Weltkrieg, in: Günther Mai (Hg.): Arbeiterschaft 1914–1918 in Deutschland, Düsseldorf 1985, 277–323

– Arbeiterfrauen in der Kriegsgesellschaft. Beruf, Familie und Politik im Ersten Weltkrieg, Göttingen 1989

David, Henry P. / Jochen *Fleischhacker* / Charlotte *Höhn*: Abortion and Eugenics in Nazi Germany, in: Population and Development Review, 14 (1988), 81–112

Degenhardt, Annette / Hanns Martin *Trautner* (Hg.): Geschlechtstypisches Verhalten. Mann und Frau in psychologischer Sicht, München 1979

Deppe, Frank / Georg *Fülberth* / Jürgen *Harrer* (Hg.): Geschichte der deutschen Gewerkschaftsbewegung, Köln 1977

Deppe, Wilfried: Arbeiterleben. Eine empirische Untersuchung über Lebensschicksale und lebensgeschichtliche Erfahrungen deutscher Industriearbeiter verschiedener Generationen, Diss. Göttingen 1979

Dertinger, Antje: Weiber und Gendarm. Vom Kampf staatsgefährdender Frauenspersonen um ihr Recht auf politische Arbeit, Köln 1981

– Dazwischen liegt nur der Tod. Leben und Sterben der Sozialistin Antonie Pfülf, Berlin/ Bonn 1984

Deutelmoser, Mechthild: Die bürgerliche Frauenbewegung im Kaiserreich: das Beispiel Hamburg. Zur Entwicklung, Tätigkeit und zum Selbstverständnis des gemäßigten Flügels 1896–1914, Staatsexamensarb. Hamburg 1978

Dietrich, Theo: Geschichte der Pädagogik. 18.–20.Jahrhundert, Bad Heilbronn 1970

Ditt, Karl: Industrialisierung, Arbeiterschaft und Arbeiterbewegung in Bielefeld, Dortmund 1982

– Sozialdemokraten im Widerstand. Hamburg in der Anfangsphase des Dritten Reiches, Hamburg 1984

Döll-Krämer, Inge: Alma Wartenberg – sozialdemokratische „Vertrauensperson" in Ottensen, in: Frauen-Geschichtsgruppe des Stadtteilarchivs Ottensen e.V.: Aufgeweckt. Frauenalltag in vier Jahrhunderten. Ein Lesebuch, Hamburg 1988, 182–194

Donzelot, Jaques: Die Ordnung der Familie, Frankfurt a.M. 1980

Döring, Gerd K.: Empfängnisverhütung. Ein Leitfaden für Ärzte und Studenten, Stuttgart/New York 1981

Dornemann, Luise: Die proletarische Frauenbewegung während des ersten Weltkrieges und der Novemberrevolution, in: Einheit 13 (1958), 1670–1693

– Clara Zetkin. Leben und Wirken, Berlin(DDR) 1974

Dowe, Dieter (Hg.): Jugendprotest und Generationenkonflikt in Europa im 20.Jahrhundert. Deutschland, England, Frankreich und Italien im Vergleich, Braunschweig/Bonn 1986

Drechsler, Hanno: Die Sozialistische Arbeiterpartei Deutschlands (SAPD), Meisenheim am Glan 1965

Duden, Barbara: Das schöne Eigentum. Zur Herausbildung des bürgerlichen Frauenbildes an der Wende vom 18. zum 19. Jahrhundert, in: Kursbuch 47, Berlin 1977, 125–140

– „Keine Nachsicht gegen das schöne Geschlecht". Wie sich Ärzte die Kontrolle über Gebärmütter aneigneten, in: Susanne v. Paczensky (Hg.): Wir sind keine Mörderinnen! Streitschrift gegen eine Einschüchterungskampagne, Reinbek 1980, 109–126

Dülmen, Richard van / Norbert *Schindler* (Hg.): Volkskultur. Zur Wiederentdeckung des vergessenen Alltags (16.–20.Jahrhundert), Frankfurt a.M. 1984

Düsterdieck, Irmgard: Die Fürsorge der Arbeiterwohlfahrt Hamburg, Prüfungsarb. für den Volkspflegelehrg. Hamburg 1946

Ebbinghaus, Angelika: Arbeiter und Arbeitswissenschaft. Zur Entstehung der „wissenschaftlichen" Betriebsführung, Opladen 1984

– / Heidrun *Kaupen-Haas* / Karl Heinz *Roth* (Hg.): Heilen und Vernichten im Mustergau Hamburg. Bevölkerungs- und Gesundheitspolitik im Dritten Reich, Hamburg 1984

Ebert, Birgit: Bürgerliche Moral und radikale Frauenbewegung des Bürgertums. Der Kampf um ein neues Frauenbild im Wilhelminischen Reich 1894–1910, Staatsexamensarb. Hamburg 1978

Eberts, Erich: Arbeiterjugend 1904–1945. Sozialistische Erziehungsgemeinschaft – Politische Organisation, Frankfurt a.M. 1980

Eckardt, Hans-Wilhelm: Privilegien und Parlament. Die Auseinandersetzungen um das allgemeine und gleiche Wahlrecht in Hamburg, Hamburg 1980

Eckert, Roland (Hg.): Geschlechtsrollen und Arbeitsteilung. Mann und Frau in soziologischer Sicht, München 1979

Eifert, Christiane: Frauenarbeit im Krieg. Die Berliner „Heimatfront" 1914–1918, in: IWK 21 (1985), 281–295

– Mit klarem Kopf und dem Herzen auf dem rechten Fleck. Ehrenamtliche Sozialarbeit von Frauen in der Arbeiterwohlfahrt 1945–1955, unveröff. Mskr. Berlin 1986 <a>

– Der Wandel im Verhältnis von Arbeiterwohlfahrt und SPD, unveröff. Mskr. Berlin 1986 <b>
– Die „Sozialpolitik" der Arbeiterwohlfahrt in den Nachkriegsjahren der Bundesrepublik, unveröff. Mskr. Berlin 1987
– / Susanne *Rouette* (Hg.): Unter allen Umständen. Frauengeschichte(n) in Berlin, Berlin 1986
Eilers, Gisela: Der Arbeiterhaushalt in den 20er Jahren, in: Wechselwirkung 5 (1983), Nr.17, 18–20
Eldorado. Homosexuelle Frauen und Männer in Berlin 1850–1950. Geschichte, Alltag und Kultur, hg.v. Berlin Museum, Berlin 1984
Ellerkamp, Marlene / Brigitte *Jungmann:* Frauen in der „Jute", in: Arbeitsplätze: Schiffahrt, Hafen, Textilindustrie 1880–1933, Beiträge zur Sozialgeschichte Bremens, H.6, Bremen 1983, 193–223
Engelsing, Rolf: Zur Sozialgeschichte deutscher Mittel- und Unterschichten, Göttingen 1973
Um eine ganze *Epoche* voraus. 125 Jahre Kampf um die Befreiung der Frau, hg. v. d. Arbeitsgemeinschaft „Geschichte des Kampfes der deutschen Arbeiterklasse um die Befreiung der Frau" am Pädagogischen Institut Leipzig, Leipzig 1970
Eppe, Heinrich: Selbsthilfe und Interessenvertretung. Die sozial- und jugendpolitischen Bestrebungen der sozialdemokratischen Arbeiterjugendorganisationen 1904–1933, Bonn 1983
Erziehung und Klassenkampf. Oder deren Geschichte nebst einer relativ vollständigen Bibliographie unterschlagener, verbotener, verbrannter Schriften zur revolutionären sozialistischen Erziehung, Berlin 1969
Euchner, Walter: Sozialdemokratie und Demokratie. Zum Demokratieverständnis der SPD in der Weimarer Republik, in: AfS 26 (1986), 125–178
Evans, Richard J.: The Feminist Movement in Germany 1894–1933, London/Beverly Hills 1976 <a>
– Sozialdemokratie und Frauenemanzipation im deutschen Kaiserreich, Berlin/Bonn 1979
– / Dick *Geary* (Hg.): The German Unemployed. Experiences and Consequences of Mass Unemployment from the Weimar Republic to the Third Reich, London/Sydney 1987
– / W.R.*Lee* (Hg.): The German Family. Essays on the Social History of the Family in Nineteenth and Twentieth Century Germany, London/Totowa 1981

Falter, Jürgen W.: Warum die deutschen Arbeiter während des „Dritten Reiches" zu Hitler standen. Einige Anmerkungen zu Gunther Mais Beitrag über die Unterstützung des nationalsozialistischen Herrschaftssystems durch Arbeiter, in: GuG 13 (1987), 217–231
– / Dirk *Hänisch:* Die Anfälligkeit von Arbeitern gegenüber der NSDAP bei den Reichstagswahlen 1928–1933, in: AfS 26 (1986), 179–216
– / Thomas *Lindenberger* / Siegfried *Schumann:* Wahlen und Abstimmungen in der Weimarer Republik. Materialien zum Wahlverhalten 1919–1933, München 1986
Der alltägliche *Faschismus.* Frauen im Dritten Reich, Berlin/Bonn 1981
Fehrmann, Eberhard / Ulrike *Metzner:* Angestellte und Gewerkschaften. Ein historischer Abriß, Köln 1981
Feldman, Gerald D.: Die freien Gewerkschaften und die Zentralarbeitsgemeinschaft 1918–1924, in: Heinz Oskar Vetter (Hg.): Vom Sozialistengesetz zur Mitbestimmung. Festschrift für Hans Böckler, Köln 1975, 229–252
– Die Demobilmachung und die Sozialordnung der Zwischenkriegszeit in Europa, in: GuG 9 (1983), 156–177
– Armee, Industrie und Arbeiterschaft in Deutschland 1914 bis 1918, Berlin/Bonn 1985
– / Carl-Ludwig *Holtfrerich* u.a. (Hg.): Die deutsche Inflation. Eine Zwischenbilanz, Berlin/ New York 1982
– / Carl-Ludwig *Holtfrerich* u.a. (Hg.): Die Anpassung an die Inflation, Berlin/New York 1986
– / Irmgard *Steinisch:* Die Weimarer Republik zwischen Sozial- und Wirtschaftsstaat. Die Entscheidung gegen den Achtstundentag, in: AfS 18 (1978), 353–439
– / Irmgard *Steinisch:* Industrie und Gewerkschaften 1918–1924. Die überforderte Zentralarbeitsgemeinschaft, München 1985
Fessenden, Patricia: The Role of Women Deputies in the German National Constituent Assembly and the Reichstag 1919–1933, Diss. Columbia 1976
Finck, Petra / Marliese *Eckhof:* „Euer Körper gehört uns!" Ärzte, Bevölkerungspolitik und Sexualmoral bis 1933, Hamburg 1987
Fischer, J. (Hg.): Biographisches Lexikon der hervorragenden Ärzte der letzten fünfzig Jahre, München/Berlin 1962(2/3)
Flandrin, Jean-Louis: Familien. Soziologie – Ökonomie – Sexualität, Frankfurt a.M./Berlin/ Wien 1978
Flechtheim, Ossip K.: Die KPD in der Weimarer Republik. Mit einer Einleitung von Herman Weber, Frankfurt a.M. 1969
Flecken, Margarete: Arbeiterkinder im 19.Jahrhundert. Eine sozialgeschichtliche Untersuchung ihrer Lebenswelt, Weinheim/Basel 1981
Flemming, Jens / Klaus *Saul* / Peter-Christian *Witt* (Hg.): Familienleben im Schatten der Krise. Dokumente und Analysen zur Sozialgeschichte der Weimarer Republik, Düsseldorf 1988

Flemming, Jens / Peter-Christian *Witt:* Einkommen und Auskommen „minderbemittelter Familien" vor dem Ersten Weltkrieg. Probleme der Sozialstatistik im Deutschen Kaiserreich, in: Erhebung von Wirtschaftsrechnungen minderbemittelter Familien im Deutschen Reiche, hg. v. Dieter Dowe, Berlin/Bonn 1981 (Nachdr.v. 1909), V-XLVII

Flitner, Wilhelm / Gerhard *Kudritzki* (Hg.): Die deutsche Reformpädagogik, Bd.1: Pioniere der pädagogischen Bewegung, Düsseldorf/München 1961

Foucoult, Michel: Sexualität und Wahrheit. Der Wille zum Wissen, Frankfurt a.M. 1983

Fout, John C.(Hg.): German Women In the Nineteenth Century. A Social History, New York/London 1984

Fox-Genovese, Elizabeth: Der Geschichte der Frauen einen Platz in der Geschichte, in: Das Argument 141, 25 (1983), 685–696

Frahm, Heinz: Empfängnisverhütung, Reinbek 1970(2)

Die Frau und die Gesellschaft. Aus der Geschichte des Kampfes um die Gleichberechtigung der Frau, hg.v.d. Forschungsgemeinschaft „Geschichte des Kampfes der Arbeiterklasse um die Befreiung der Frau" an der Pädagogischen Hochschule „Clara Zetkin" Leipzig, Leipzig 1974

Frauen als bezahlte und unbezahlte Arbeitskräfte. Beiträge zur 2. Berliner Sommeruniversität für Frauen. Oktober 1977, Berlin 1978

Frauen im Faschismus. Frauen im Widerstand. Hamburger Sozialdemokratinnen berichten, hg.v. Arbeitsgemeinschaft sozialdemokratischer Frauen Hamburg, Hamburg 1980

Frauen und Mütter. Beiträge zur 3.Sommeruniversität von und für Frauen 1978, hg.v. ‚3.Sommeruniversität für Frauen 1978 e.V.', Berlin 1979

Frauen und Wissenschaft. Beiträge zur Berliner Sommeruniversität für Frauen. Juli 1976, Berlin 1977

Frauenalltag – Frauenforschung. Beiträge zur 2. Tagung der Kommission Frauenforschung in der Deutschen Gesellschaft für Volkskunde, Freiburg, 22.–25. Mai 1986, hg. v. d. Arbeitsgruppe Volkskundliche Frauenforschung Freiburg, Frankfurt a.M./Bern/New York/Paris 1988

Frauenalltag und Frauenbewegung 1890–1980. Historisches Museum Frankfurt a.M., Frankfurt a.M. 1981

Frauengruppe Faschismusforschung: Mutterkreuz und Arbeitsbuch. Zur Geschichte der Frauen in der Weimarer Republik und im Nationalsozialismus, Frankfurt a.M. 1981

Freier, Anna-Elisabeth: „Dem Reich der Freiheit sollst Du Kinder gebären". Der Antifeminismus der proletarischen Frauenbewegung im Spiegel der „Gleichheit" 1891–1917, Frankfurt a.M. 1981

Freudenthal, Margarete: Gestaltwandel der städtischen, bürgerlichen und proletarischen Hauswirtschaft, Frankfurt a.M./Berlin 1986

Frevert, Ute: „Fürsorgliche Belagerung": Hygienebewegung und Arbeiterfrauen im 19. und frühen 20.Jahrhundert, in: GuG 11 (1985), 420–446

– Frauen-Geschichte. Zwischen Bürgerlicher Verbesserung und Neuer Weiblichkeit, Frankfurt a. M. 1986

– Bewegung und Disziplin in der Frauengeschichte. Ein Forschungsbericht, in: GuG 14 (1988), 240–262 <a>

– Bürgerinnen und Bürger. Geschlechterverhältnisse im 19.Jahrhundert, Göttingen 1988 <b>

Fricke, Dieter: Die deutsche Arbeiterbewegung 1869 bis 1914. Ein Handbuch über ihre Organisation und Tätigkeit im Klassenkampf, Berlin(DDR) 1976

– u.a. (Hg.): Lexikon zur Parteiengeschichte. Die bürgerlichen und kleinbürgerlichen Parteien und Verbände in Deutschland (1789–1945), 4 Bde, Köln 1983/1984/1985 / Leipzig 1986

– Handbuch zur Geschichte der deutschen Arbeiterbewegung 1869 bis 1917, 2 Bde, Berlin(DDR) 1987

Friedemann, Peter (Hg.): Materialien zum politischen Richtungsstreit in der deutschen Sozialdemokratie 1890–1917, mit einer Einleitung von Hans Mommsen, 12 Bde, Berlin/Frankfurt a.M. /Wien 1978

Friedländer, Walter: Helene Simon. Ein Leben für soziale Gerechtigkeit, Bonn 1962

Fromm, Erich: Sigmund Freuds Psychoanalyse – Größe und Grenzen, München 1981

Fuchs, Werner: Biographische Forschung. Eine Einführung in Praxis und Methoden, Opladen 1984

Führ, Christoph: Zur Schulpolitik der Weimarer Republik, Weinheim 1972

Führ, Eduard / Daniel *Stemmrich:* ‚Nach gethaner Arbeit verbleibt im Kreise der Eurigen'. Bürgerliche Wohnrezepte für Arbeiter zur individuellen und sozialen Formierung im 19.Jahrhundert, Wuppertal 1985

Fülberth, Georg / Jürgen *Harrer:* Die deutsche Sozialdemokratie 1890–1933, Darmstadt/Neuwied 1974

50 Jahre Arbeiterwohlfahrt, bearb. u. zus.gest. v. Lotte Lemke, hg.v. Bundesverband der Arbeiterwohlfahrt, Bonn 1969 <a>

50 Jahre Arbeiterwohlfahrt 1919–1949, hg.v. Arbeiterwohlfahrt, Landesverband Schleswig-Holstein, Kiel (1969) <b>

Fünfzig Jahre Frauenklinik Finkenau, Hamburg 1964

Funke, Hermann: Zur Geschichte des Miethauses in Hamburg, Hamburg 1974

Gartenstadt Hamburg e.G.m.b.H. 50 Jahre, Hamburg 1969

Geiger, Ruth-Esther / Sigrid *Weigel* (Hg.): Sind das noch Damen? Vom gelehrten Frauenzimmer-Journal zum feministischen Journalismus, München 1984

Gerhard, Ute: Verhältnisse und Verhinderungen. Frauenarbeit, Familie und Rechte der Frauen im 19.Jahrhundert. Mit Dokumenten, Frankfurt a.M. 1978

Gersdorff, Ursula von: Frauen im Kriegsdienst von 1914 bis 1945, Beiträge zur Militär- und Kriegsgeschichte Bd.11, Stuttgart 1969

Die ungeschriebene Geschichte. Historische Frauenforschung. Dokumentation des 5.Historikerinnentreffens in Wien, 16. bis 19.April 1984, hg.v. Wiener Historikerinnen, Wien 1984

Geschichte der deutschen Arbeiterjugendbewegung 1904–1945, Autorenkollektiv: Rudolf Falkenberg, Bernd Ferchland, Karl Heinz Jahnke u.a., Berlin(DDR) 1973

Geschichte der Erziehung, Redaktion: Karl-Heinz Günther, Franz Hofmann, Gerd Hohendorf, Helmut König, Heinz Schuffenhauer, Berlin(DDR) 1971(10)

Gesellschaft. Beiträge zur Marxschen Theorie 14, hg.v. Hans-Georg Backhaus u.a., Frankfurt a. M. 1981

Geyer-Kordesch, Johanna / Annette *Kuhn* (Hg.): Frauenkörper. Medizin. Sexualität. Auf dem Wege zu einer neuen Sexualmoral, Düsseldorf 1986

Glatzer, Wolfgang / Regina *Berger-Schmitt* (Hg.): Haushaltsproduktion und Netzwerkhilfe. Die alltäglichen Leistungen der Familien und Haushalte, Frankfurt a.M./New York 1986

Gordon, Linda: Family Violence, Feminism, And Social Control, in: Feminist Studies 12 (1986), Nr.3, 453–478

Gottschalk, Wilfried: Vatermutterkind. Deutsches Familienleben zwischen Kulturromantik und sozialer Revolution, Berlin 1979

Grebing, Helga: Die SPD als Staatspartei in der Republik, in: Iring Fetscher/Helga Grebing/ Günther Dill (Hg.): Der Sozialismus. Vom Klassenkampf zum Wohlfahrtsstaat, München 1968. 168–184

– Geschichte der deutschen Arbeiterbewegung. Ein Überblick, München 1972(3)

Greinert, Wolf-Dietrich: Schule als Instrument sozialer Kontrolle und Objekt privater Interessen. Der Beitrag der Berufsschule zur politischen Erziehung der Unterschichten, Hannover 1975

Greven-Aschoff, Barbara: Die bürgerliche Frauenbewegung in Deutschland 1894–1933, Göttingen 1981

Groh, Dieter: Negative Integration und revolutionärer Atlantismus. Die deutsche Sozialdemokratie am Vorabend des Ersten Weltkriegs, Frankfurt a.M./Berlin 1973

Gröschel, Roland: Zwischen Tradition und Neubeginn. Sozialistische Jugend im Nachkriegsdeutschland. Entstehung, Aufbau und historische Wurzeln der Sozialistischen Jugend Deutschlands – Die Falken, Hamburg 1986

Grossmann, Atina: „Satisfaction is Domestic Happiness“: Mass Working-Class Sex Reform Organisations in the Weimar Republic, in: Michael N. Dobkowski/Isidor Wallismann (Hg.): Towards the Holocaust. The Social and Economic Collapse of the Weimar Republic, Westport 1983, 265–293

– The New Woman, the New Family and the Rationalization of Sexuality. The Sex Reform Movement in Germany 1928 to 1933 (Abortion, Birth Control, Sterilization), Diss. New Jersey 1984

– Die ‚Neue Frau‘ und die Rationalisierung der Sexualität in der Weimarer Republik, in: Ann Shitow/Christine Stansell/Sharon Thampsen (Hg.): Die Politik des Begehrens. Sexualität, Pornographie und neuer Puritanismus in den USA, Berlin 1985, 38–60

Grüttner, Michael: Arbeitswelt an der Wasserkante. Sozialgeschichte der Hamburger Hafenarbeiter 1886–1914, Göttingen 1984

Günther, Sonja: Das Deutsche Heim. Luxusinterieurs und Arbeitermöbel von der Gründerzeit bis zum ‚Dritten Reich‘, Gießen 1984

Haarmann, Elisabeth: Schwestern zur Sonne zur Gleichheit. Die Anfänge der proletarischen Frauenbewegung, ergebnisse 29, Hamburg 1985

Hachmann, Eva: Dulsberg – eine Kleinwohnungssiedlung der 20er Jahre in Hamburg, Diplomarb. Hamburg 1981 (masch.)

Hachtmann, Rüdiger: Arbeitsmarkt und Arbeitszeit in der deutschen Industrie 1929 bis 1939, in: AfS 27 (1987), 177–227

Haensch, Dietrich: Repressive Familienpolitik. Sexualunterdrückung als Mittel der Politik, Reinbek 1970(3)

Hagemann, Karen / Anne *Lührs:* Vom Dienen und (Mit-)verdienen. Heft II. Frauenarbeit im Wandel. Vom ausgehenden Kaiserreich bis zum Ende des Nationalsozialismus, hg.v. Museumspädagogischen Dienst Hamburg, Hamburg 1985

Hammer, Walter: Hohes Haus in Henkers Hand. Rückschau auf die Hitlerzeit, auf Leidensweg und Opfergang Deutscher Parlamentarier, Frankfurt a.M. 1956

Hammerich, Kurt / Michael *Klein* (Hg.): Materialien zur Soziologie des Alltags, Opladen 1978

Handbuch der hamburgischen Bürgerschaft. Personalien, 7.Wahlperiode, Hamburg 1970

Händler-Lachmann, Barbara: „'n Wochenlohn die Miete“. Arbeiterwohnen in Braunschweig vom Kaiserreich zur

Weimarer Republik, in: AfS 25 (1985), 159–181
Handwörterbuch der Sozialwissenschaften. Zugleich Neuauflage des Handwörterbuchs der Staatswissenschaften, Bd.1–12, hg.v. Erwin v. Beckenrath u.a., Stuttgart/Tübingen/Göttingen 1956–1965
Harder, Christiane: Staat und Prostitution in Hamburg: die Haltung von Senat und Bürgerschaft während der Weimarer Republik (bis 1927), Magisterarb. Hamburg 1985
Häring, Dieter: Zur Geschichte und Wirkung staatlicher Interventionen im Wohnungssektor. Gesellschaftliche und sozialpolitische Aspekte der Wohnungspolitik in Deutschland, Hamburg 1974
Hasselmann, Erwin: Geschichte der deutschen Konsumgenossenschaften, Frankfurt a.M. 1971
– Die genossenschaftliche Verbraucherselbsthilfe in Hamburg. Zum 75jährigen Bestehen der Konsumgenossenschaft Produktion EG, Hamburg (1974)
Haumann, Heiko (Hg.): Arbeiteralltag in Stadt und Land. Neue Wege der Geschichtsschreibung, AS 94, Berlin 1982
Haupt, Heinz-Gerhard u.a.: Proletarische Lebenslagen und Sozialpolitik. Studien zur Sozialgeschichte des 19. und 20.Jahrhunderts, Bremen 1984
Hausen, Karin: Familie als Gegenstand Historischer Sozialwissenschaft. Bemerkungen zu einer Forschungsstrategie, in: GuG 1 (1975), 171–209
– Technischer Fortschritt und Frauenarbeit im 19.Jahrhundert. Zur Sozialgeschichte der Nähmaschine, in: GuG 4 (1978), 148–169
– Women's History in den Vereinigten Staaten, in: GuG 7 (1981), 347–363
– (Hg.): Frauen suchen ihre Geschichte. Historische Studien zum 19. und 20.Jahrhundert, München 1983
– Unemployment also Hits Women: The New and The Old Woman on the Dark Side of the Golden Twenties in Germany, in: Peter D. Stachura (Hg.): Unemployment and the Great Depression in Weimar Germany, London 1986, 78–120
– Große Wäsche. Technischer Fortschritt und sozialer Wandel in Deutschland vom 18. bis ins 20.Jahrhundert, in: GuG 13 (1987), 273–303
– / Helga *Nowotny* (Hg.): Wie männlich ist die Wissenschaft ?, Frankfurt a.M. 1986
Hayden, Dolores: The Grand Domestic Revolution. A History of Feminist Designs for American Homes, Neighbourhoods and Cities, London 1981
Hehlmann, Wilhelm: Wörterbuch der Psychologie, Stuttgart 1968 (5. erg. Aufl.)
Heinsohn, Gunnar / Otto *Steiger:* Die Vernichtung der weisen Frauen. Beiträge zur Theorie und Geschichte von Bevölkerung und Kindheit, Herbstein 1985
Heischkel-Artelt, Edith (Hg.): Ernährung und Ernährungslehre im 19.Jahrhundert. Vorträge eines Symposiuns am 5. und 6. Januar 1973 in Frankfurt am Main, Göttingen 1976
Helfen und Gestalten. Beiträge und Daten zur Geschichte der Arbeiterwohlfahrt, hg.v. Arbeiterwohlfahrt Bundesverband, Bonn 1979
Heller, Agnes: Das Alltagsleben. Versuch einer Erklärung der individuellen Reproduktion, hg. u. eingel. v. Hans Joas, Frankfurt a.M. 1981(2)
Henkels, Walter: Zeitgenossen. Fünfzig Bonner Köpfe, Hamburg 1953
Hentschel, Volker: Geschichte der deutschen Sozialpolitik (1880–1980). Soziale Sicherung und kollektives Arbeitsrecht, Frankfurt a.M. 1983
Herlyn, Ulfert / Adelheid v.*Saldern* / *Wulf* (Hg.): Neubausiedlungen der 20er und 60er Jahre. Ein historisch-soziologischer Vergleich, Frankfurt a.M./New York 1987
Hernes, Helga Maria: Welfare State and Woman Power. Essays in State Feminism. Norwegian University Press, Oxford University Press, Londen 1988
Herrman, Ursula: Sozialdemokratische Frauen in Deutschland im Kampf um den Frieden vor und während des ersten Weltkrieges, in: ZfG 33 (1985), 213–230
Herve, Florence (Hg.): Brot und Rosen. Geschichte und Perspektive der demokratischen Frauenbewegung, Frankfurt a.M. 1979
Herzer, Manfred: „Am Beischlaf wird aber nicht gespart", in: Konkret Sonderheft Sexualität, 1985, 63–65
Herzig, Arno / Dieter *Langewiesche* / Arnold *Sywottek* (Hg.): Arbeiter in Hamburg. Unterschichten, Arbeiter und Arbeiterbewegung seit dem ausgehenden 18.Jahrhundert, Hamburg 1983
Heubel, Eberhard: Reformismus und Krise. Zur Theorie und Praxis von SPO, ADGB und AfA-Bund in der Wirtschaftskrise 1929–1932/33, Frankfurt a.M./New York 1981
HEW. Strom für Hamburg – gestern, heute, morgen, Hamburg 1982
Hipp, Hermann: Colonnaden, Arbeitshefte zur Denkmalpflege in Hamburg, Nr.2, Hamburg 1975
– Harvestehude – Rotherbaum, Arbeitshefte zur Denkmalpflege in Hamburg, Nr.3, Hamburg 1976
– Wohnstadt Hamburg. Mietshäuser zwischen Inflation und Weltwirtschaftskrise, Hamburg 1982
Hoffmann; Walter G./ Franz *Grumbach* / Helmut *Hesse*: Das Wachstum der deutschen Volkswirtschaft seit der

Mitte des 19. Jahrhunderts, Berlin/Heidelberg/New York 1965

Hoffmeister, Dieter: Arbeiterfamilienschicksale im 19.Jahrhundert. Qualitative Untersuchungen zum Zusammenhang vom familiärer Unvollständigkeit, Notbehelfsökonomie und Arbeiterbewegung, Marburg 1984

Hofmann-Göttig, Joachim: Emanzipation mit dem Stimmzettel. 70 Jahre Frauenwahlrecht in Deutschland, Bonn 1986 <a>

– Frauenwahlrecht in Deutschland – Emanzipation mit dem Stimmzettel ?, in: Aus Politik und Zeitgeschichte. Beilage zur Wochenzeitung Das Parlament, B 6–7/86, 14–25 <b>

Hohorst, Gerd / Jürgen *Kocka* / Gerhard A. *Ritter*: Sozialgeschichtliches Arbeitsbuch Band II. Materialien zur Statistik des Kaiserreiches 1870–1914, München 1978(2)

Holtfrerich, Carl-Ludwig: Die deutsche Inflation 1914–1923. Ursachen und Folgen in internationaler Perspektive, Berlin/New York 1980

Homburg, Heidrun: Vom Arbeitslosen zum Zwangsarbeiter. Arbeitslosenpolitik und Fraktionierung der Arbeiterschaft in Deutschland 1930–1933 am Beispiel der Wohlfahrtserwerbslosen und der kommunalen Wohlfahrtshilfe, in: AfS 25 (1985), 251–298

Honegger, Claudia / Bettina *Heintz* (Hg.): Listen der Ohnmacht. Zur Sozialgeschichte weiblicher Widerstandsformen, Frankfurt a.M. 1981

Honeycutt, Karen: Clara Zetkin. A Left-Wing Socialist and Feminist in Wilhelmian Germany, Diss. Columbia 1975

Hubbard, William H.: Familiengeschichte. Materialien zur deutschen Familie seit dem Ende des 18.Jahrhunderts, München 1983

Huber, Antje (Hg.): Verdient die Nachtigall Lob, wenn sie singt? Die Sozialdemokratinnen, Stuttgart/Herford 1984

Hübner, Manfred: Zwischen Alkohol und Abstinenz. Trinksitten und Alkoholfrage im deutschen Proletariat bis 1914, Berlin(DDR) 1988

Huck, Gerhard (Hg.): Sozialgeschichte der Freizeit. Untersuchungen zum Wandel der Alltagskultur in Deutschland, Wuppertal 1980

175 Jahre Gesellschaft der Freunde des vaterländischen Schul- und Erziehungswesens. Gewerkschaft Erziehung und Wissenschaft. Landesverband Hamburg, hg. v. d. GEW, Landesverband Hamburg, Hamburg (1980)

Hunt, Richard N.: German Social Democracy 1918–1933, New Haven/London 1964

Hurrelmann, Klaus (Hg.): Sozialisation und Lebenslauf. Empirie und Methodik sozialwissenschaftlicher Persönlichkeitsforschung, Reinbek 1976

Jahnke, Karl Heinz (u.a.): Geschichte der deutschen Arbeiterjugendbewegung 1904–1945, Berlin (DDR) 1973

Jahrbuch für Volkskunde und Kulturgeschichte, 26.Bd (Neue Folge Bd.11), hg.v. Zentralinstitut für Geschichte der Akademie der Wissenschaften der DDR, Berlin(DDR) 1983

Janssen-Jurreit, Marielouise: Sexismus. Über die Abtreibung der Frauenfrage, Frankfurt a.M. 1980 (3. veränderte Auflage)

– (Hg.): Frauen und Sexualmoral, Frankfurt a.M. 1986

Jochimsen, Luc (Hg.): § 218. Dokumentation eines 100jährigen Elends, Hamburg 1971

Joeres, Ruth-Ellen B./ Annette *Kuhn* (Hg.): Frauen in der Geschichte VI. Frauenbilder und Frauenwirklichkeiten, Düsseldorf 1985

Johansson, Sheila R.: „Herstory" as History: A New Field or Another Fad?, in: Berenice A. Carroll (Hg.): Liberating Women's History, Urbana Illinois 1976, 400–430

Juchacz, Marie: Sie lebten für eine bessere Welt. Lebensbilder führender Frauen des 19. und 20.Jahrhunderts, Hannover 1971 (Nachdr.v. 1955)

Julius, Cornelia: Von feinen und von kleinen Leuten. Alltagsgeschichte in Lebensberichten aus den Jahren 1918–1931, Weinheim/Basel 1981

Jurczyk, Karin: Frauenarbeit und Frauenrolle. Zum Zusammenhang von Familienpolitik und Frauenerwerbstätigkeit in Deutschland von 1918–1975, Frankfurt a.M./New York 1978(3)

Kachulle, Doris (Hg.): Die Pöhlands im Krieg. Briefe einer sozialdemokratischen Bremer Arbeiterfamilie aus dem 1.Weltkrieg, Köln 1982

Kastning, Alfred: Die deutsche Sozialdemokratie zwischen Koalition und Opposition 1919–1923, Paderborn 1970

Kaufmann, Franz-Xaver (Hg.): Staatliche Sozialpolitik und Familie, München/Wien 1982

Keller, Gretel: Hausgehilfin und Hausflucht, ein soziales Problem von gestern und heute, Dortmund 1950

Kentler, Helmut: Sexualerziehung, Reinbek 1970

Kickbusch, Ilona / Barbara *Riedmüller* (Hg.): Die armen Frauen. Frauen und Sozialpolitik, Frankfurt a.M. 1984

Kirsch, Ruth: Käte Duncker: Aus ihrem Leben, Berlin(DDR) 1982

Kittler, Gertraude: Hausarbeit. Zur Geschichte einer „Natur-Ressource", München 1980

Kleinau, Elke: Zum Einfluß bürgerlicher Weiblichkeitsideologie auf die sozialdemokratische Frauenemanzipa-

tionstheorie, in: Gd 10 (1985), 203–207
Klewitz, Marion / Theresa *Wobbe:* Sittlichkeit um 1900. Frauen verändern Normen der Hausarbeit, 2 Teile, unveröff. Mskr. Berlin 1987
Klöcker, Alois: Der erste preußische Landtag. Ein Handbuch für die preußischen Landtagswahlen und den Landtag, hg.v. Landessekretariat der preußischen Zentrumspartei, Berlin 1921
Klöhn, Sabine: Helene Simon (1862–1947). Deutsche und britische Sozialreform und Sozialgesetzgebung im Spiegel ihrer Schriften und ihr Wirken als Sozialpolitikerin im Kaiserreich und in der Weimarer Republik, Frankfurt a.M. 1982
Klucsarits, Richard / Friedrich G. *Kürbisch* (Hg.): Arbeiterinnen kämpfen um ihr Recht. Autobiographische Texte zum Kampf rechtloser und entrechteter „Frauenspersonen" in Deutschland, Österreich und der Schweiz des 19. und 20.Jahrhunderts, Wuppertal 1981(2)
Kluge, Ulrich: Die deutsche Revolution 1918/19, Frankfurt a.M. 1985
Kluthe, Klaus: Genossenschaften und Staat in Deutschland. Systematische und historische Analyse deutscher Genossenschaftspolitik bezogen auf den Zeitraum 1914 bis zur Gegenwart, Berlin 1985
Knapp, Ulla: Frauenarbeit in Deutschland, Bd.2: Hausarbeit und geschlechtsspezifischer Arbeitsmarkt im deutschen Industrialisierungsprozeß, München 1984
Knodel, John E.: The Decline of Fertility in Germany. 1871–1939, Princeton 1974
Knoop, Arnim: Wirtschaftliche Demobilisierung nach dem Ersten Weltkrieg. Zur Tätigkeit des Demobilmachungskommissars in Hamburg 1918–1920, Staatsexamensarb. Hamburg 1981
Kocka, Jürgen: Klassengesellschaft im Krieg. Deutsche Sozialgeschichte 1914–1918, Göttingen 1973
– (Hg.): Angestellte im europäischen Vergleich. Die Herausbildung angestellter Mittelschichten seit dem späten 19.Jahrhundert, Göttingen 1981
– Klassen oder Kultur? Durchbrüche und Sackgassen in der Arbeitergeschichte, in: Merkur 36 (1983), 955–965
– (Hg.): Sozialgeschichte und Kulturanthropologie, Göttingen 1984, GuG 10 (1984), H.3
– Sozialgeschichte. Begriff – Entwicklung – Probleme, Göttingen 1986 (2. erw. Aufl.)
Köhler, Peter A./ Hans F. *Zacher* (Hg.): Ein Jahrhundert Sozialversicherung in der Bundesrepublik Deutschland, Frankreich, Großbritannien, Österreich und der Schweiz, Berlin 1981
Konstruktionen des Weiblichen in den Sozialwissenschaften, Feministische Studien 4 (1985), Nr.2
Kontos, Silvia: Die Partei kämpft wie ein Mann, Frankfurt a.M. 1979
Koonz, Claudia: Conflicting Allegiances. Political Ideology and Women Legislators in Weimar Germany, in: Signs. Journal of Women in Culture and Society, 1 (1976), 663–683
Köppen, Ruth: Die Armut ist weiblich, Berlin 1985
Kotlan-Werner, Henriette: Otto Felix Kanitz und der Schönbrunner Kreis. Die Arbeitsgemeinschaft sozialistischer Erzieher 1923–1934, Wien 1981
Kracauer, Siegfried: Das Ornament der Masse, Frankfurt a.M. 1977
Kramer, Helgard / Christel *Eckart* / Ilka *Riemann* / Karin *Walser:* Grenzen der Frauenlohnarbeit. Frauenstrategien in Lohn- und Hausarbeit seit der Jahrhundertwende, Frankfurt a.M./ New York 1986
Kraul, Margret: Das deutsche Gymnasium 1780–1980, Frankfurt a.M. 1984
Kraus, Antje: Die Unterschichten Hamburgs in der ersten Hälfte des 19.Jahrhunderts, Stuttgart 1965
– „Antizipierter Ehesegen" im 19.Jahrhundert. Zur Beurteilung der Illegitimität unter sozialgeschichtlichen Aspekten, in: VSWG 66 (1979), 174–215
Krause, Hartfried: USPD. Zur Geschichte der Unabhängigen Sozialdemokratischen Partei Deutschlands, Frankfurt a.M./Köln 1975
Krauth, Ulrike: Die Mutter als Erzieherin. Kindererziehung in der Zeitschrift „Die Gleichheit" (1905–1913), in: Ulrike Krauth/Helga Braun: Sozialistische Erziehung contra Nazi-Verführung, ergebnisse 15, Hamburg 1981, 15–91
Kuczynski, Jürgen: Studien zur Lage der Arbeiterin in Deutschland von 1700 bis zur Gegenwart, Bd.18 der Geschichte der Arbeiter unter dem Kapitalismus, Berlin(DDR) 1965
– Geschichte des Alltags des deutschen Volkes, Studien 4: 1871–1918, Studien 5: 1918–1945, Berlin(DDR) 1982
Kuhn, Annette / Gerhard *Schneider* (Hg.): Frauen in der Geschichte. Frauenrechte und die gesellschaftliche Arbeit der Frauen im Wandel. Fachwissenschaftliche und fachdidaktische Studien zur Geschichte der Frauen, Düsseldorf 1979
Kuhn, Annette / Jörn *Rüsen* (Hg.): Frauen in der Geschichte II. Fachwissenschaftliche und fachdidaktische Beiträge zur Sozialgeschichte der Frauen vom frühen Mittelalter bis zur Gegenwart, Düsseldorf 1982
– (Hg.): Frauen in der Geschichte III. Fachwissenschaftliche und fachdidaktische Beiträge zur Geschichte der Weiblichkeit vom frühen Mittelalter bis zur Gegenwart mit geeigneten Materialien für den Unterricht, Düsseldorf 1983
Kukuck, Horst-Albert: Der Wiederaufstieg der Gewerkschaftsbewegung 1924 bis 1929, in: Erich Matthias/Klaus

Schönhoven (Hg.): Solidarität und Menschenwürde. Etappen der deutschen Gewerkschaftsgeschichte von den Anfängen bis zur Gegenwart, Bonn 1984, 153–186

– / Dieter *Schiffmann:* Die Gewerkschaften von der Stabilisierung bis zur Weltwirtschaftskrise 1924–1930. Halbband I u.II, Quellen zur Geschichte der deutschen Gewerkschaftsbewegung im 20.Jahrhundert, hg.v. Hermann Weber, Klaus Schönhoven u. Klaus Tenfelde, Bd.3, Köln 1986

Kunz, Andreas: Stand versus Klasse. Beamtenschaft und Gewerkschaften im Konflikt um den Personalabbau 1923/24, in: GuG 8 (1982), 55–86

Kutz, Susanne: Arbeitslosigkeit, staatliche Arbeitsmarktpolitik und Reaktion der Erwerbslosen in Hamburg während der Demobilmachungsphase von 1918–1920, Staatsexamensarb. Hamburg 1982

Kutz-Bauer, Helga: Arbeiterschaft, Arbeiterbewegung und bürgerlicher Staat in der Zeit der Großen Depression. Eine regional- und sozialgeschichtliche Studie zur Geschichte der Arbeiterbewegung im Großraum Hamburg. 1873 bis 1890, Bonn 1988

Land, Hilary: The Family Wage, in: Feminist Review 6 (1980), 55–77

Landschoof, Regina / Karin *Hüls:* Frauensport im Faschismus, Hamburg 1985

Landwehr, Rolf / Rüdeger *Baron* (Hg.): Geschichte der Sozialarbeit. Hauptlinien ihrer Entwicklung im 19. und 20.Jahrhundert, Weinheim/Basel 1983

Langewiesche, Dieter: Politik – Gesellschaft – Kultur. Zur Problematik von Arbeiterkultur und kulturellen Arbeiterorganisationen in Deutschland nach dem Ersten Weltkrieg, in: AfS 22 (1982), 359–402

Langhof, Kordula: Mit uns zieht die neue Zeit. Pädagogik und Arbeiterbewegung am Beispiel der österreichischen Kinderfreunde, Bochum 1983

Laslett, Peter / Richard *Wall:* Household and Family in Past Time, Cambridge 1972

Lee, W.R.: Bastardy and the Socioeconomic Structure of South Germany, in: The Journal of Interdisciplinary History, 7 (1977), 403–425

Lehmann, Albrecht: Autobiographische Methoden. Verfahren und Möglichkeiten, in: Ethnologia Europaea 11 (1979/80), 36–53

– Rechtfertigungsgeschichten. Über eine Funktion des Erzählens eigener Geschichte im Alltag, in: Fabula. Zeitschrift für Erzählforschung, Sonderdruck aus 21.Bd, H.1/2, 1980

– (Hg.): Studien zur Arbeiterkultur. Beitäge der 2. Arbeitstagung der Kommission „Arbeiterkultur" in der Deutschen Gesellschaft für Volkskunde in Hamburg vom 8.–12.5.1983, Münster 1984

Lehnert, Detlef: Reform und Revolution in den Strategiediskussionen der klassischen Sozialdemokratie, Bonn-Bad Godesberg 1977

– Sozialdemokratie und Novemberrevolution. Die Neuordnungsdebatte 1918/19 in der politischen Publizistik von SPD und USPD, Frankfurt a.M. 1983 <a>

– Sozialdemokratie zwischen Protestbewegung und Regierungspartei 1848–1983, Frankfurt a.M. 1983 <b>

Leibfried, Stephan u.a.: Armutspolitik und die Entstehung des Sozialstaats. Entwicklungslinien sozialpolitischer Existenzsicherung im historischen und internationalen Vergleich. Grundrisse sozialpolitischer Forschung Nr.3, Bremen 1985

– / Florian *Tennstedt* (Hg.): Politik der Armut und Die Spaltung des Sozialstaats, Frankfurt a.M. 1985

Lemke, Lotte: Marie Juchacz. Gründerin der Arbeiterwohlfahrt 1879–1956, Bonn 1956

Lewis, Jane (Hg.): Women's Welfare, Women's Rights, London 1983

– (Hg.): Labour and Love. Women's Experience of Home and Family, 1850–1940, New York/Oxford 1986

Linse, Ulrich: Arbeiterschaft und Geburtenentwicklung im Deutschen Kaiserreich von 1871, in: AfS 12 (1972), 205–271

Lipinski, R.: Die Sozialdemokratie von ihren Anfängen bis zur Gegenwart, 2 Bde, Berlin 1927/28

Lippmann, Leo: Mein Leben und meine amtliche Tätigkeit. Erinnerungen und ein Beitrag zur Finanzgeschichte Hamburgs, aus dem Nachlaß hg.v. Werner Jochmann, Hamburg 1964

Loreck, Jochen: Wie man früher Sozialdemokrat wurde. Das Kommunikationsverhalten in der deutschen Arbeiterbewegung und die Konzeption der sozialistischen Parteipublizistik durch August Bebel, Bonn-Bad Godesberg 1978(2)

Lorent, Hans-Peter de / Volker *Ullrich* (Hg.): „Der Traum von der freien Schule". Schule und Schulpolitik in der Weimarer Republik, Hamburg 1988

Losseff-Tillmanns, Gisela: Frauenemanzipation und Gewerkschaften, Wuppertal 1978

– (Hg.): Frau und Gewerkschaft, Frankfurt a.M. 1982

Lüdtke, Alf: Alltagswirklichkeit, Lebensweise und Bedürfnisartikulation. Ein Arbeitsprogramm zu den Bedingungen „proletarischen Bewußtseins" in der Entfaltung der Fabrikindustrie, in: Gesellschaft. Beiträge zur Marxschen Theorie 11, hg.v. Hans-Georg Backhaus u.a., Frankfurt a.M. 1978, 311–350

– „Kolonisierung der Lebenswelten" – oder: Geschichte als Einbahnstraße?, in: Das Argument 140, 25 (1983),

536–541
– Hunger in der Großen Depression. Hungererfahrungen und Hungerpolitik am Ende der Weimarer Republik, in: AfS 27 (1987), 145–176
– (Hg.): Alltagsgeschichte. Zur Rekonstruktion historischer Erfahrungen und Lebensweisen, Frankfurt a.M./New York 1989
Lundgreen, Peter: Sozialgeschichte der deutschen Schule im Überblick, Teil I: 1770–1918, Teil II: 1918–1980, Göttingen 1981
Luthardt, Wolfgang (Hg.): Sozialdemokratische Arbeiterbewegung und Weimarer Republik. Materialien zur gesellschaftlichen Entwicklung 1927–1933, 2 Bde, Frankfurt a.M. 1978

Machtan, Lothar: Zur Geschichte von Sozialreform und Sozialstaatlichkeit in Deutschland. Einige neuere Forschungsergebnisse, in: AfS 27 (1987), 584–615
Malanowski, Wolfgang: November-Revolution 1918. Die Rolle der SPD, Hamburg 1968
Marie Juchacz. Gründerin der Arbeiterwohlfahrt. Leben und Werk, hg.v. Bundesverband der Arbeiterwohlfahrt, Bonn 1979
Marschalck, Peter: Bevölkerungsgeschichte Deutschlands im 19. und 20. Jahrhundert, Frankfurt a.M. 1984
Mason, Tim: Zur Lage der Frauen in Deutschland 1930 bis 1940: Wohlfahrt, Arbeit und Familie, in: Gesellschaft. Beiträge zur Marxschen Theorie 6, hg.v. Hans-Georg Backhaus u.a., Frankfurt a.M. 1976, 118–193
Matthias, Erich: Kautsky und der Kautskyanismus. Die Funktion der Ideologie in der deutschen Sozialdemokratie vor dem Ersten Weltkrieg, in: Marxismusstudien, 2.Folge, Tübingen 1957, 151–197
– Die Sozialdemokratie und die Macht im Staate, in: Der Weg in die Diktatur 1918 bis 1933. Zehn Beiträge, München 1963, 71–93
– / Rudolf *Morsey* (Hg.): Das Ende der Parteien 1933. Darstellungen und Dokumente, Düsseldorf 1979
Matz, Klaus-Jürgen: Pauperismus und Bevölkerung. Die gesetzlichen Ehebeschränkungen in den süddeutschen Staaten während des 19.Jahrhunderts, Stuttgart 1980
Matzen-Stöckert, Sigrid: Unterdrückung und Gegenwehr. Zur Lage der arbeitenden Frau im 19. Jahrhundert, in: Industrielle Frauenarbeit im 19.Jahrhundert, ergebnisse 10, Hamburg 1980, 4–15
Matzerath, Horst (Hg.): Städtewachstum und innerstädtische Strukturveränderungen. Probleme des Urbanisierungsprozesses im 19. und 20.Jahrhundert, Stuttgart 1984
Maurer, Friedemann: Lebensgeschichte und Identität. Beiträge zur biographischen Anthropologie, Frankfurt a.M. 1981
Medick, Hans / David *Sabean* (Hg.): Emotionen und materielle Interessen. Sozialanthropologische und historischen Beiträge zur Familienforschung, Göttingen 1984
Meier, Alfred G.: The Feminism and Socialism of Lily Braun, Bloomington 1985
Merfeld, Mechthild: Die Emanzipation der Frau in der sozialistischen Theorie und Praxis, Reinbek 1972
Methoden in der Frauenforschung. Symposium an der Freien Universität Berlin vom 30.11.–2.12. 1983, hg. v. d. Zentraleinrichtung zur Förderung von Frauenstudien und Frauenforschung an der Freien Universität Berlin, Frankfurt a.M. 1984
Métral, Marie-Odile: Die Ehe. Analyse einer Institution, Frankfurt a.M. 1981
Meyer, Sibylle: Das Theater mit der Hausarbeit. Bürgerliche Repräsentation in der Familie der wilhelminischen Zeit, Frankfurt a.M./New York 1982
– / Barbara *Orland:* Technik im Alltag des Haushalts und Wohnens, in: Ulrich Troitzsch/Wolfhard Weber (Hg.): Die Technik. Von den Anfängen bis zur Gegenwart, Braunschweig 1982, 564–583
– / Barbara *Orland:* Zum Beispiel: Waschen – Skizzen aus der Geschichte der Haushaltstechnik, in: Wechselwirkung 5 (1983), Nr.17, 27–30
– / Barbara *Orland:* Auf den Spuren der Wäscherinnen, in: JfG H.2, 1984, 42–47
Meyer, Thomas / Karl Heinz *Klär* / Susanne *Miller* / Klaus *Novy* / Heinz *Timmermann* (Hg.): Lexikon des Sozialismus, Köln 1986
Meyer, Thomas / Susanne *Miller* / Joachim *Rohlfes* (Hg.): Lern- und Arbeitsbuch deutsche Arbeiterbewegung. Darstellung, Chroniken, Dokumente, 3 Bde, Bonn 1984
Meyer-Delius, H.: Die Säuglingssterblichkeit in Hamburg in den Jahren 1820 bis 1950, Hamburg 1951
Milberg, Hildegard: Schulpolitik in der pluralistischen Gesellschaft. Die politischen und sozialen Aspekte der Schulreform in Hamburg 1890–1935, Hamburg 1970
Miller, Alice: Am Anfang war Erziehung, Frankfurt a.M. 1980
– Du sollst nicht merken. Variationen über das Paradies-Thema, Frankfurt a.M. 1981
Miller, Susanne: Burgfrieden und Klassenkampf. Die deutsche Sozialdemokratie im Ersten Weltkrieg, hg.v.d. Kommission für Geschichte des Parlamentarismus und der politischen Parteien, Düsseldorf 1974 <a>
– Die Sozialdemokratie in der Spannung zwischen Oppositionstradition und Regierungsverantwortung in den

Anfängen der Weimarer Republik, in: Hans Mommsen (Hg.): Sozialdemokratie zwischen Klassenbewegung und Volkspartei, Frankfurt a.M. 1974, 84–105 <b>
– Die Bürde der Macht. Die deutsche Sozialdemokratie 1918–1920, Düsseldorf 1978 <a>
– Frauenfrage und Sexismus in der deutschen Sozialdemokratie, in: Hannelore Horn/Alexander Schwan/Thomas Weingartner (Hg.): Sozialismus in Theorie und Praxis. Festschrift für Richard Löwenthal zum 70. Geburtstag am 15.4.1978, Berlin/New York 1978, 542–571 <b>
Mitchell, Juliet: Psychoanalyse und Feminismus. Freud, Reich, Laing und die Frauenbewegung, Frankfurt a.M. 1976
Mitterauer, Michael: Ledige Mütter. Zur Geschichte illegitimer Geburten in Europa, München 1983
– Sozialgeschichte der Jugend, Frankfurt a.M. 1986
– / Reinhard *Sieder:* Vom Patriarchat zur Partnerschaft. Zum Strukturwandel der Familie, München 1980 (2. neubearb. Aufl.)
– / Reinhard *Sieder* (Hg.): Historische Familienforschung, Frankfurt a.M. 1982
Mommsen, Hans / Wolfgang *Mock* (Hg.): Die Entstehung des Wohlfahrtsstaates in Großbritannien und Deutschland 1850–1950, Stuttgart 1982
Mommsen, Hans / Dietmar *Petzina* / Bernd *Weisbrod* (Hg.): Industrielles System und politische Entwicklung in der Weimarer Republik. Verhandlungen des Internationalen Symposiums in Bochum vom 12.–17. Juni 1973, Düsseldorf 1974
Monat, Anneliese: Sozialdemokratie und Wohlfahrtspflege. Ein Beitrag zur Entstehungsgeschichte der Arbeiterwohlfahrt, Stuttgart 1961
Mooser, Josef: Arbeiterleben in Deutschland 1900–1970. Klassenlagen, Kultur und Politik, Frankfurt a.M. 1984
Mückenberger, Ulrich: Arbeitsprozeß – Vergesellschaftung – Sozialverfassung, Bremen 1985 (2. veränd. Aufl.)
Mühlberg, Dietrich u.a.: Arbeiterleben um 1900, Berlin(DDR) 1985(2)
Müller, Heidi: Dienstbare Geister. Leben und Arbeitswelt städtischer Dienstboten, Berlin 1981
Müller, Walter / Angelika *Willms* / Johann *Handl:* Strukturwandel der Frauenarbeit 1880–1980, Frankfurt a.M./ New York 1983
Müller-Staats, Dagmar: Klagen über Dienstboten. Eine Untersuchung über Dienstboten und ihre Herrschaften, Frankfurt a.M. 1987

Nadav, Daniel S.: Julius Moses (1868–1942) und die Politik der Sozialhygiene in Deutschland, Gerlingen 1985
Nagl-Docekal, Herta / Franz *Wimmer* (Hg.): Neue Ansätze in der Geschichtswissenschaft, Wien 1984
Nahrstedt, Wolfgang: Zum Funktionswandel der Feiertage seit dem 18.Jahrhundert in Hamburg (1743–1860), in: VSWG 57 (1970), 46–92
– Die Entstehung der Freizeit zwischen 1750 und 1850. Dargestellt am Beispiel Hamburgs. Ein Beitrag zur Strukturgeschichte, Göttingen 1972
Naujoks, Martina: Mädchen in der Arbeiterjugendbewegung, ergebnisse 25, Hamburg 1984
Neef, Anneliese: Das Verhältnis der sozialdemokratischen Arbeiterbewegung zur „Frauenfrage“. Ein Beitrag zur Geschichte der Herausbildung proletarischer Kulturauffassung von 1860 bis 1914, in: Weimarer Beiträge 25 (1979), H.8, 79–95
– Mühsal ein Leben lang. Zur Situation der Arbeiterfrauen um 1900, Köln 1988
Nemitz, Kurt: Julius Moses und die Gebärstreik-Debatte 1913, in: Jahrbuch des Instituts für Deutsche Geschichte, 2.Bd, Tel Aviv 1973, 321–334
Neuland, Franz / Albrecht *Werner-Cordt* (Hg.): Die junge Garde. Arbeiterjugendbewegung in Frankfurt am Main 1904–1945, Gießen 1980
Neumann, Robert P.: Industrialization and Sexual Behavior. Some Aspects of Working Class Life in Imperial Germany, in: Robert J. Bezucha (Hg.): Modern European Social History, Lexington/Toronto/London 1972, 270–298
– The Sexual Question and Social Democracy in Imperial Germany, in: Journal of Social History, 7 (1974), Nr.3, 271–286
– Geburtenkontrolle der Arbeiterklasse im Wilhelminischen Deutschland, in: Klaus Schönhoven/ Dieter Langewiesche (Hg.): Arbeiter in Deutschland, Paderborn 1981, 187–205
Neuner, Ingried: Der Bund entschiedener Schulreformer, Diss. Bad Heilbronn 1980
Niehuss, Merith: Arbeiterschaft in Krieg und Inflation. Soziale Lage und Schichtung der Arbeiter in Augsburg und Linz 1910–1925
Nienhaus, Ursula: Berufsstand weiblich. Die ersten weiblichen Angestellten, Berlin 1982
Niethammer, Lutz (Hg.): Wohnen im Wandel. Beiträge zur Geschichte des Alltags in der bürgerlichen Gesellschaft, Wuppertal 1979
– (Hg.): Lebenserfahrung und kollektives Gedächtnis. Die Praxis der ‚Oral History‘, Frankfurt a.M. 1980 <a>

– Anmerkungen zur Alltagsgeschichte, in: Gd 5 (1980), 231–242 <b>
– Das kritische Potential der Alltagsgeschichte, in: Gd 10 (1985), 245–247 <a>
– Fragen – Antworten – Fragen. Methodische Erfahrungen und Erwägungen zur Oral History, in: ders./Alexander v.Plato (Hg.): „Wir kriegen jetzt andere Zeiten". Auf der Suche nach der Erfahrung des Volkes in nachfaschistischen Ländern, Berlin/Bonn 1985, 392–445 <b>
– Der zugeteilte Raum. Studien zur Transformation der Arbeiterwohnungsfrage, Frankfurt a.M. 1987
– / Franz *Brüggemeier:* Wie wohnten Arbeiter im Kaiserreich?, in: AfS 16 (1976), 61–134
Niggemann, Heinz: Emanzipation zwischen Sozialismus und Feminismus. Die sozialdemokratische Frauenbewegung im Kaiserreich, Wuppertal 1981 <a>
– (Hg.): Frauenemanzipation und Sozialdemokratie, Frankfurt a.M. 1981 <b>
Nipperdey, Thomas: Probleme der Modernisierung in Deutschland, in: Saeculum 30 (1979), 292–303
Nöcker, Horst: Der preußische Reichstagswähler in Kaiserreich und Republik 1912 und 1924. Analyse – Interpretation – Dokumentation. Ein historisch-statistischer Beitrag zum Kontinuitätsproblem eines epochenübergreifenden Wählerverhaltens, Berlin 1987
Nörnberg, Hans Jürgen / Dirk *Schubert:* Massenwohnungsbau in Hamburg. Materialien zur Entstehung und Veränderung Hamburger Arbeiterwohnungen und -siedlungen von 1800–1967, Berlin 1975
Novy, Klaus / Michael *Prinz:* Illustrierte Geschichte der Gemeinwirtschaft. Wirtschaftliche Selbsthilfe in der Arbeiterbewegung von den Anfängen bis 1945, Berlin/Bonn 1985

Oakley, Ann: Soziologie der Hausarbeit, Frankfurt a.M. 1978
Olbrich, Josef: Arbeiterbildung in der Weimarer Republik. Dokumentation zur Geschichte der Erwachsenenbildung, Braunschweig 1977
Oral History. Geschichte von unten, Literatur & Erfahrung 10, Berlin 1982
Osterroth, Franz: Biographisches Lexikon des Sozialismus, Bd.1: Verstorbene Persönlichkeiten, Hannover 1960
– / Dieter *Schuster:* Chronik der deutschen Sozialdemokratie, Bd.II: Vom Beginn der Weimarer Republik bis zum Ende des Zweiten Weltkrieges, Berlin/Bonn-Bad Godesberg 1975 (2. neu bearb. u. erw. Aufl.)
Ostner, Ilona: Beruf und Hausarbeit. Die Arbeit der Frau in unserer Gesellschaft, Frankfurt a.M./New York 1982(3)
– / Barbara *Pieper* (Hg.): Arbeitsbereich Familie. Umrisse einer Theorie der Privatheit, Frankfurt a.M./New York 1980
Ottmüller, Uta: Die Dienstbotenfrage. Zur Sozialgeschichte der doppelten Ausnutzung von Dienstmädchen im deutschen Kaiserreich, Münster 1978

Parlamentarierinnen in Deutschen Parlamenten 1919–1983, hg.v.d. Hauptabteilung wissenschaftliche Dienste der Verwaltung des Deutschen Bundestages, Bonn 1983
Peterson, Brian: The Politics of Working-Class Women in the Weimar Republic, in: Central European History, 10 (1977), 87–111
Petzina, Dietmar: Grundriß der deutschen Wirtschaftsgeschichte 1918 bis 1945, in: Deutsche Geschichte seit dem Ersten Weltkrieg, Bd.2, Stuttgart 1973, 665–784
– (Hg.): Fahnen, Fäuste, Körper. Symbolik und Kultur der Arbeiterbewegung, Essen 1986
– / Werner *Abelshauser* / Anselm *Faust:* Sozialgeschichtliches Arbeitsbuch Band III. Materialien zur Statistik des Deutschen Reiches 1914–1945, München 1978
Peukert, Detlev J.K.: Glanz und Elend der „Bartwichserei", in: Das Argument 140, 25 (1983), 542–549
– Die Erwerbslosigkeit junger Arbeiter in der Weltwirtschaftskrise in Deutschland 1929–1933, in: VSWG 72 (1985), 305–328
– Grenzen der Sozialdisziplinierung. Aufstieg und Krise der deutschen Jugendfürsorge 1878 bis 1932, Köln 1986
– Jugend zwischen Krieg und Krise. Lebenswelten von Arbeiterjungen in der Weimarer Republik, Köln 1987 <a>
– Die Weimarer Republik. Krisenjahre der Klassischen Moderne, Frankfurt a.M. 1987 <b>
Pierenkemper, Toni: Arbeitsmarkt und Angestellte im deutschen Kaiserreich 1880–1913. Interessen und Strategien als Elemente der Integration eines segmentierten Arbeitsmarktes, VSWG Beiheft 82, Stuttgart 1987 <a>
– (Hg.): Haushalt und Verbrauch in Historischer Perspektive. Zum Wandel des privaten Verbrauchs in Deutschland im 19. und 20.Jahrhundert, St.Katharinen 1987 <b>
Plagemann, Volker (Hg.): Industriekultur in Hamburg. Des Deutschen Reiches Tor zur Welt, München 1984
Plössel, Elisabeth: Weibliche Arbeit in Familie und Betrieb. Bayrische Arbeiterfrauen 1870–1914, Diss. München 1983
Pohl, Hans (Hg.): Die Frau in der deutschen Wirtschaft. Referate und Diskussionsbeiträge des 8.wissenschaftlichen Symposiums der Gesellschaft für Unternehmensgeschichte e.V. am 8./9. Dezember 1983, Stuttgart 1985
Politische Plakate der Weimarer Republik 1918–1933, hg.v. Hessischen Landesmuseum, Darmstadt 1980
Pore, Renate: A Conflict of Interest. Women in German Social Democracy 1919–1933, Westport 1981

Postelt, Walter: Werden und Ringen der Konsumgenossenschaft ‚Produktion'. Zum 50jährigen Jubiläum, Hamburg 1949
Potthoff, Heinrich: Gewerkschaften und Politik zwischen Revolution und Inflation, Düsseldorf 1979
– Freie Gewerkschaften 1918–1933. Der Allgemeine Deutsche Gewerkschaftsbund in der Weimarer Republik, Düsseldorf 1987
Prager, Eugen: Das Gebot der Stunde. Geschichte der USPD, Berlin/Bonn 1980
Preller, Ludwig: Sozialpolitik in der Weimarer Republik, Kronberg/Ts. 1978 (Nachdr.v. 1949)
Prinz, Detlef / Manfred *Rexin* (Hg.): Gewerkschaftsjugend im Weimarer Staat, Köln 1983
Prokop, Ulrike: Weiblicher Lebenszusammenhang. Von der Beschränktheit der Strategien und der Unangemessenheit der Wünsche, Frankfurt a.M. 1980(3)
Pross, Helge: Die Wirklichkeit der Hausfrau. Die erste repräsentative Untersuchung über nichterwerbstätige Ehefrauen: Wie leben sie? Wie denken sei? Wie sehen sie sich selbst?, Reinbek 1976

Quataert, Jean Helen: The German Socialist Women's Movement 1890–1918. Issues, Internal Conflicts and the Main Personages, Diss. Los Angeles 1974
– Feminist Tactics in German Social Democracy 1890–1914. A Dilemma, in: IWK 13 (1977), 48–65
– Reluctant Feminists in German Social Democracy 1885–1917, Princeton 1979

Rabe, Bernd: Der sozialdemokratische Charakter. Drei Generationen aktiver Parteimitglieder in einem Arbeiterviertel, Frankfurt a.M./New York 1978
Die Radikalen in der alten Frauenbewegung, Feministische Studien 3 (1984), Nr.1
Rebentisch, Dieter: Die deutsche Sozialdemokratie und die kommunale Selbstverwaltung. Ein Überblick über Programmdiskussion und Organisationsproblematik. 1890–1975, in: AfS 25 (1985), 1–78
Reck, Siegfried: Arbeiter nach der Arbeit. Sozialhistorische Studie zu den Wandlungen des Arbeiteralltags, Gießen 1977
Reif, Heinz (Hg.): Die Familie in der Geschichte, Göttingen 1982
Reining, Elke: Arbeitsbedingungen und Arbeitskämpfe in der Bremer Jute 1924–1933, in: Arbeitsplätze: Schiffahrt, Hafen, Textilindustrie 1880–1933. Beiträge zur Sozialgeschichte Bremens, H.6, Bremen 1983, 225–261
Reining-Hartz, Elke: Arbeitsbedingungen in der Jutespinnerei und -weberei Bremen während der Weimarer Republik. Untersuchung mit besonderer Berücksichtigung der betrieblichen und häuslichen Arbeitsbedingungen von Frauen, Bremen 1978
Reulecke, Jürgen: Vom Blauen Montag zum Arbeiterurlaub. Vorgeschichte und Entstehung des Erholungsurlaubs für Arbeiter vor dem Ersten Weltkrieg, in: AfS 16 (1976), 205–248
Reyer, Jürgen: Wenn die Mütter arbeiten gingen. Eine sozialhistorische Studie zur Entstehung der öffentlichen Kleinkindererziehung im 19.Jahrhundert in Deutschland, Köln 1983
Richartz, Nikolaus: Die Pädagogik der „Kinderfreunde". Theorie und Praxis sozialdemokratischer Erziehungsarbeit in Österreich und in der Weimarer Republik, Weinheim/Basel 1981
Richebächer, Sabine: Uns fehlt nur eine Kleinigkeit. Deutsche proletarische Frauenbewegung 1890–1914, Frankfurt a.M. 1982
Ristau, Malte (Hg.): Identität durch Geschichte. Leitziel Emanzipation. Beiträge zur Funktion von Geschichte im politischen Bewußtsein, Marburg 1985
Ritter, Franz: Theorie und Praxis des Demokratischen Sozialismus in der Weimarer Republik, Frankfurt a.M./New York 1981
Ritter, Gerhard A. (Hg.): Arbeiterkultur, Königstein i.Ts. 1979
– Sozialversicherung in Deutschland und England. Entstehung und Grundzüge im Vergleich, München 1983
– Entstehung und Entwicklung des Sozialstaats in vergleichender Perspektive, in: Historische Zeitschrift, Bd.243, 1986, 1–90
– Soziale Sicherheit in Deutschland und Großbritannien von der Mitte des 19.Jahrhunderts bis zum Ersten Weltkrieg. Ein Vergleich, in: GuG 13 (1987), 137–156
– / Jürgen *Kocka* (Hg.): Deutsche Sozialgeschichte. Dokumente und Skizzen, Bd.II: 1870–1914, München 1974
Roberts, Elizabeth: A Woman's Place. An Oral History of Working-Class Women 1890–1940, New York/Oxford 1985(2)
Roberts, James S.: Drink, Temperance and the Working Class in 19th-century Germany, London 1984
Roehl, Fritzmichael: Marie Juchacz und die Arbeiterwohlfahrt, überarb v. Hedwig Wachenheim, Hannover 1961
Roerkohl, Anne: Die Lebensmittelversorgung während des Ersten Weltkrieges im Spannungsfeld kommunaler und staatlicher Maßnahmen, in: Hans Jürgen Teuteberg (Hg.): Durchbruch zum modernen Massenkonsum. Lebensmittelmärkte und Lebensmittelqualität im Städtewachstum des Industriezeitalters, Münster 1987, 309–370
Röhrs, Hermann (Hg.): Die Reformpädagogik des Auslands, Düsseldorf/München 1965

Zur *Rolle der Frau* in der Geschichte des deutschen Volkes (1830 bis 1945). Eine Chronik, hg. i.A. der Forschungsgemeinschaft „Geschichte des Kampfes der deutschen Arbeiterklasse um die Befreiung der Frau" an der Pädagogischen Hochschule „Clara Zetkin" Leipzig, Frankfurt a.M. 1984
Rosenbaum, Heidi (Hg.): Familie und Gesellschaftsstruktur. Materialien zu den sozioökonomischen Bedingungen von Familienformen, Frankfurt a.M. 1974
– Formen der Familie. Untersuchungen zum Zusammenhang von Familienverhältnissen, Sozialstruktur und sozialem Wandel in der deutschen Gesellschaft des 19.Jahrhunderts, Frankfurt a.M. 1982
– Typen väterlichen Verhaltens. Der Vater in deutschen Arbeiterfamilien am Ausgang des Kaiserreichs und in der Weimarer Republik, in: Zeitschrift für Sozialisationsforschung und Erziehungssoziologie 8 (1988), 246–263
Rosenberg, Arthur: Entstehung der Weimarer Republik, Frankfurt a.M. 1973(15)
– Geschichte der Weimarer Republik, Frankfurt a.M. 1974(16)
Roth, Karl Heinz: Kontroversen um Geburtenkontrolle am Vorabend des Ersten Weltkrieges. Eine Dokumentation zur Berliner ‚Gebärstreikdebatte' von 1913, in: Autonomie 9 (1978), Nr.12, 78–103
Rouette, Susanne: Die Erwerbslosenfürsorge für Frauen in Berlin nach 1918, in: IWK 21 (1985), 295–308
– Frauenarbeit und Demobilmachung nach dem Ersten Weltkrieg – Das Beispiel Berlin, unveröff. Mskr. Berlin 1987 <a>
– Demobilmachung der Frauenarbeit. Arbeitsmarkt und Arbeitsmarktpolitik in den Anfangsjahren der Weimarer Republik, unveröff. Mskr. Berlin 1987 <b>
– Zur Geschichte von Sozialpolitik und Sozialstaat in Deutschland. Einige neuere Veröffentlichungen, in: Sozialwissenschaftliche Informationen, 18 (1989), H.1, 5–11
Ruck, Michael: Die Gewerkschaften in den Anfangsjahren der Republik 1919–1923, Quellen zur Geschichte der deutschen Gewerkschaftsbewegung im 20.Jahrhundert, hg.v. Hermann Weber, Klaus Schönhoven u. Klaus Tenfelde, Bd.2, Köln 1985
Rüden, Peter v.(Hg.): Beiträge zur Kulturgeschichte der deutschen Arbeiterbewegung 1848–1918, Frankfurt a.M./Wien/Zürich 1981
– / Kurt *Koszyk* (Hg.): Dokumente und Materialien zur Kulturgeschichte der deutschen Arbeiterbewegung 1848–1918, Frankfurt a.M./Wien/Zürich 1981
Ruffmann, Karl-Heinz / Helmut *Altrichter* (Hg.): „Modernisierung" versus „Sozialismus". Formen und Strategien sozialen Wandels im 20.Jahrhundert, Erlangen 1983
Ruppert, Wolfgang (Hg.): Die Arbeiter. Lebensformen, Alltag und Kultur von der Frühindustrialisierung bis zum „Wirtschaftswunder", München 1986
Rutschky, Katharina (Hg.): Schwarze Pädagogik, Berlin 1977

Sachße, Christoph: Mütterlichkeit als Beruf. Sozialarbeit, Sozialreform und Frauenbewegung 1871–1929, Frankfurt a.M. 1986
– / Florian *Tennstedt:* Geschichte der Armenfürsorge in Deutschland, Bd.1: Vom Spätmittelalter bis zum Ersten Weltkrieg, Stuttgart/Berlin/Köln/Mainz 1980
– / Florian *Tennstedt* (Hg.): Soziale Sicherheit und soziale Disziplinierung. Beiträge zu einer historischen Theorie der Sozialpolitik, Franfurt a.M. 1986
– / Florian *Tennstedt:* Geschichte der Armenfürsorge in Deutschland, Bd.2: Fürsorge und Wohlfahrtspflege 1871 bis 1929, Stuttgart/Berlin/Köln/Mainz 1988
Saldern, Adelheid v.: Die Geschichte in Theorie und Praxis der deutschen Arbeiterorganisationen 1863–1920: Ein Überblick, in: IWK 12 (1976), 295–352
– Sozialdemokratie und kommunale Wohnungsbaupolitik in den 20er Jahren – am Beispiel von Hamburg und Wien, in: AfS 25 (1985), 183–237
Saul, Klaus / Jens *Flemming* / Dirk *Stegmann* / Peter-Christian *Witt* (Hg.): Arbeiterfamilien im Kaiserreich. Materialien zur Sozialgeschichte in Deutschland 1871–1914, Königstein i.Ts./ Düsseldorf 1982
Schecker, Margarete: Die Entwicklung der Mädchenschule, Weinheim 1963
Scheffler, Erna: Die Stellung der Frau in Familie und Gesellschaft im Wandel der Rechtsordnung seit 1918, Frankfurt a.M. 1970
Scheibe, Wolfgang: Die Reformpädagogische Bewegung 1900–1932. Eine einführende Darstellung, Weinhein/Basel/Berlin 1969
Schenk, Herrad: Geschlechtsrollenwandel und Sexismus. Zur Sozialpsychologie geschlechtsspezifischen Verhaltens, Weinheim/Basel 1979
– Die feministische Herausforderung. 150 Jahre Frauenbewegung in Deutschland, München 1980
Scheu, Ursula: Wir werden nicht als Mädchen geboren – wir werden dazu gemacht. Zur frühkindlichen Erziehung in unserer Gesellschaft, Frankfurt a.M. 1983
Schieder, Wolfgang / Volker *Sellin* (Hg.): Sozialgeschichte in Deutschland. Entwicklungen und Perspektiven im

internationalen Zusammenhang, 4 Bde:
Bd.1: Die Sozialgeschichte innerhalb der Geschichtswissenschaft, Göttingen 1986
Bd.2: Handlungsräume des Menschen in der Geschichte, Göttingen 1986
Bd.3: Soziales Verhalten und soziale Aktionsformen in der Geschichte, Göttingen 1987
Bd.4: Soziale Gruppen in der Geschichte, Göttingen 1987

Schildt, Axel / Arnold *Sywottek* (Hg.): Massenwohnung und Eigenheim. Wohnungsbau und Wohnen in der Großstadt seit dem Ersten Weltkrieg, Frankfurt a.M./New York 1988

Schissler, Hanna: Geschlechtergeschichte. Eine andere Sicht der Geschichte?, unveröff. Arbeitspapier für die Tagung ‚Das Verhältnis der Geschlechter in der Geschichte' der Evangelischen Akademie Loccum (30.4.-3.5.1987)

Schlesier, Renate: Konstruktionen der Weiblichkeit bei Sigmund Freud. Zum Problem von Entmythologisierung und Remythologisierung in der psychoanalytischen Theorie, Frankfurt a.M. 1981

Schlüter, Anne: Neue Hüte – alte Hüte? Gewerbliche Berufsbildung für Mädchen zu Beginn des 20. Jahrhunderts – Zur Geschichte ihrer Institutionalisierung, Düsseldorf 1987

Schmidt, Gunter: Das Große Der Die Das. Über das Sexuelle, Herbstein 1986

Schmuhl, Hans Walter: Rassenhygiene, Nationalsozialismus, Euthanasie. Von der Verhütung zur Vernichtung ‚Lebensunwerten Lebens'. 1890–1945, Göttingen 1987

Schnabel, Thomas: „Wer wählte Hitler?" Bemerkungen zu einigen Neuerscheinungen über die Endphase der Weimarer Republik, in: GuG 8 (1982), 116–133

Schneider, Lothar: Der Arbeiterhaushalt im 18. und 19.Jahrhundert. Dargestellt am Beispiel des Heim- und Fabrikarbeiters, Berlin 1967

Schneider, Michael: Deutsche Gesellschaft in Krieg und Währungskrise 1914–1924. Ein Jahrzehnt Forschungen zur Inflation, in: AfS 26 (1986), 301–319

Schneider, Petra: Weg mit dem § 218! Die Massenbewegung gegen das Abtreibungsverbot in der Weimarer Republik, Berlin 1975

Scholz, Arno / Walther G.*Oschilewski* (Hg.): Louise Schröder. Ein Frauenleben unserer Zeit, Berlin 1956

Schonig, Bruno (Hg.): Arbeiterkindheit. Kindheit und Schulzeit in Arbeiterlebenserinnerungen. Mit Beiträgen v. Carl Fischer, Moritz Th.W.Bromme, Wenzel Holek und Franz Rehbein, Bensheim 1979

Schönhoven, Klaus: Die Gewerkschaften in Weltkrieg und Revolution 1914–1919. Quellen zur Geschichte der deutschen Gewerkschaftsbewegung im 20.Jahrhundert, hg.v. Hermann Weber, Klaus Schönhoven u. Klaus Tenfelde, Bd.1, Köln 1985

– Die deutschen Gewerkschaften, Frankfurt a.M. 1987

Schorske, Carl E.: Die große Spaltung. Die deutsche Sozialdemokratie 1905–1917, Berlin 1981

Schröder, Heinz: Die Geschichte der Hamburgischen Jugendfürsorge 1863 bis 1924, Diss. Hamburg 1966

Schröder, Wilhelm Heinz: Sozialdemokratische Reichstagsabgeordnete und Reichstagskandidaten 1898–1918. Biographisch-statistisches Handbuch, Düsseldorf 1986

Schubach, Rainer: Die Entwicklung der öffentlichen Electricitätsversorgung in Hamburg, Hamburg 1982

Schult, Johannes: Geschichte der Hamburger Arbeiter 1890–1919, Hannover 1967

Schulte, Regina: Dienstmädchen im herrschaftlichen Haushalt. Zur Genese ihrer Sozialpsychologie, in: Zeitschrift für bayerische Landesgeschichte, 4 (1978), 879–920

– Sperrbezirke. Tugendhaftigkeit und Prostitution in der bürgerlichen Welt, Frankfurt a.M. 1979

Schumann, Ingeborg u.a.: Sozialisation in Schule und Fabrik. Entstehungsbedingungen proletarischer Kindheit, Berlin 1976

Schütze, Yvonne: Die gute Mutter. Zur Geschichte des normativen Musters „Mutterliebe", Hannover 1986

Schwarz, Max: Mitglieder des Deutschen Reichstages. Biographisches Handbuch des Reichstages, Hannover 1965

Scott, Joan W./ Louise A.*Tilly*: Women, Work, and Family, New York 1978

Seidel, Anneliese: Frauenarbeit im Ersten Weltkrieg als Problem der staatlichen Sozialpolitik. Dargestellt am Beispiel Bayerns, Frankfurt a.M. 1979

Seyfarth-Stubenrauch, Michael: Erziehung und Sozialisation in Arbeiterfamilien im Zeitraum 1870–1914 in Deutschland. Ein Beitrag historisch-pädagogischer Sozialisationsforschung zur Sozialgeschichte der Erziehung, Frankfurt a.M. 1985

Shorter, Edward: Illegitimacy, Sexual Revolution and Social Change in Modern Europe, in: Journal of Interdisciplinary History, Bd.2, 1971, 237–265

– Die Geburt der modernen Familie, Reinbek 1983

– Der weibliche Körper als Schicksal. Zur Sozialgeschichte der Frau, München 1984

Siebenmark, Jörg: Bauknecht weiß, was Frauen wünschen. Vom Stahlhelm zum Kochtopf, in: Wechselwirkung 5 (1983), Nr.17, 7–13

70 Jahre Internationaler Frauentag, hg. v. d. Forschungsgemeinschaft „Geschichte des Kampfes der Arbeiterklas-

se um die Befreiung der Frau“ an der Pädagogischen Hochschule „Clara Zetkin“, Leipzig 1980
Sieder, Reinhard: Sozialgeschichte der Familie, Frankfurt a.M. 1987
Siemann, Joachim: Der sozialdemokratische Arbeiterführer in der Zeit der Weimarer Republik. Ein Beitrag zur Soziologie der Eliten in der modernen Parteigeschichte, Mskr. Göttingen 1955
Silvermann, D.P.: A Pledge Unredeemed. The Housing Crisis in Weimar Germany, in: Central European History, 3 (1970), 112–139
Simmel, Monika: Erziehung zum Weibe. Mädchenbildung im 19.Jahrhundert, Frankfurt a.M. 1980
Soden, Kristine v.: Verwünschungen und Prophezeiungen. Die Befürworter des Paragraphen 218 in der Weimarer Republik, in: Susanne v.Paczensky (Hg.): Wir sind keine Mörderinnen! Streitschrift gegen eine Einschüchterungskampagne, Reinbek 1980, 38–48
– Auf der Suche nach den fortschrittlichen Ärzten oder: Aus dem Thema ist wirklich die Luft raus, in: Susanne v.Paczensky/Renate Sadrozinski (Hg.): Die Neuen Moralisten. § 218 – Vom leichtfertigen Umgang mit einem Jahrhundertthema, Reinbek 1984, 127–137
– Die Sexualberatungsstellen der Weimarer Republik 1919–1933, Berlin 1988
Soder, Martin: Hausarbeit und Stammtischsozialismus. Arbeiterfamilie und Alltag im Deutschen Kaiserreich, Giessen 1980
Söllner, Brigitte: Die sozialdemokratische Frauenbewegung im Ersten Weltkrieg. Organisation, Ideologie und Politik 1914–1918, Staatsexamensarb. Hamburg 1978
Söllner, Christa: Clara Zetkin und die Sozialistische Frauenbewegung in der Zeit von 1890 bis zum I.Weltkrieg, Köln 1970
Spörhase, Rolf: Wohnungs-Unternehmungen im Wandel der Zeit, Hamburg 1946
Spree, Reinhard: Die Entwicklung der differentiellen Säuglingssterblichkeit in Deutschland seit der Mitte des 19. Jahrhunderts, in: Arthur E.Imhof: Mensch und Gesundheit in der Geschichte, Husum 1980, 251–278
– Soziale Ungleichheit vor Krankheit und Tod. Zur Sozialgeschichte des Gesundheitsbereichs im Deutschen Kaiserreich, Göttingen 1981
– Der Geburtenrückgang in Deutschland vor 1939. Verlauf und schichtenspezifische Ausprägung, in: Österreichische Akademie der Wissenschaften. Institut für Demographie (Hg.): Demographische Informationen 1984, Wien 1984, 49–68
– Modernisierung des Konsumverhaltens deutscher Mittel- und Unterschichten während der Zwischenkriegszeit, in: Zeitschrift für Soziologie, 14 (1985), 400–410 <a>
– Ökonomischer Zwang und schichtenspezifischer Lebensstil? Muster der Einkommensaufbringung und -verwendung vor und nach dem Ersten Weltkrieg, in: H.Thomas/G.Elstermann (Hg.): Bildung und Beruf. Soziale und ökonomische Aspekte, Berlin 1985, 159–188 <b>
Staatslexikon, hg.v. d. Görres-Gesellschaft, Bd.1–8, Freiburg 1957–1963, (6.völlig neu bearb. und erw. Aufl.)
Stearns, Peter N.: Arbeiterleben. Industriearbeit und Alltag in Europa 1890–1914, Frankfurt a.M./New York 1980
Steinberg, Hans J.: Sozialismus und Deutsche Sozialdemokratie vor dem Ersten Weltkrieg, Bonn 1972(3)
Stöckel, Sigrid: Säuglingssterblichkeit in Berlin von 1870 bis zum Vorabend des Ersten Weltkriegs – Eine Kurve mit hohem Maximum und starkem Gefälle, in: Berlin-Forschungen I, hg.v. Wolfgang Ribbe, Berlin 1986, 219–264
Stockmann, Reinhard: Gewerbliche Frauenarbeit in Deutschland 1875–1980. Zur Entwicklung der Beschäftigtenstruktur, in: GuG 11 (1985), 447–475
Stollberg, Gunnar: Die Rationalisierungsdebatte 1908–1933. Freie Gewerkschaften zwischen Mitwirkung und Gegenwehr, Frankfurt a.M./New York 1981
Strain, Jacqueline: Feminism and Political Radicalism in the German Social Democratic Movement 1890–1914, Diss. Berkeley 1964
Strutynski, Peter: Die Auseinandersetzung zwischen Marxisten und Revisionisten in der deutschen Arbeiterbewegung um die Jahrhundertwende, Köln 1976
Suhling, Lucie: Der unbekannte Widerstand. Erinnerungen, Frankfurt a.M. 1980
Süssmuth, Hans (Hg.): Historische Anthropologie. Der Mensch in der Geschichte, Göttingen 1984
Sywottek, Arnold: Genossenschaften oder Die konkrete Utopie die „kleinen Leute“, in: Heinz-Gerhard Haupt u.a. (Hg.): Jahrbuch Arbeiterbewegung. Geschichte und Theorie 1982: Selbstverwaltung und Arbeiterbewegung, Frankfurt a.M. 1982, 11–37
– (Hg.): Das andere Altona. Beiträge zur Alltagsgeschichte, ergebnisse 27, Hamburg 1985

Tenfelde, Klaus: Arbeiterhaushalt und Arbeiterbewegung 1850–1914, in: Sozialwissenschaftliche Informationen für Unterricht und Studium, 6 (1977), 160–165
– Großstadtjugend in Deutschland vor 1914. Eine historisch-demographische Annäherung, in: VSWG 69 (1982), 182–218

– Schwierigkeiten mit dem Alltag, in: GuG 10 (1984), 376–394
– / Klaus *Schönhoven* / Michael *Schneider* / Detlev J.K.*Peukert*: Geschichte der deutschen Gewerkschaften von den Anfängen bis 1945, hg.v. Ulrich Borsdorf, Köln 1987
– / Heinrich *Volkmann* (Hg.): Streik. Zur Geschichte des Arbeitskampfes in Deutschland während der Industrialisierung, München 1981
Tennstedt, Florian: Sozialgeschichte der Sozialpolitik in Deutschland vom 18.Jahrhundert bis zum Ersten Weltkrieg, Göttingen 1981
– Wohltat und Interesse. Das Winterhilfswerk des Deutschen Volkes: Die Weimarer Vorgeschichte und ihre Instrumentalisierung durch das NS-Regime, in: GuG 13 (1987), 157–180
Tetzlaff, Walter: 2000 Kurzbiographien bedeutender deutscher Juden des 20.Jahrhunderts, Lindhorst 1982
Teuteberg, Hans Jürgen: Der Verzehr von Nahrungsmitteln pro Kopf und Jahr seit Beginn der Industrialisierung (1850–1975): Versuch einer quantitativen Langzeitanalyse, in: AfS 19 (1979), 331–388
– Wie ernährten sich Arbeiter im Kaiserreich?, in: Werner Conze/Ulrich Engelhardt (Hg.): Arbeiterexistenz im 19. Jahrhundert. Lebensstandard und Lebenshaltung deutscher Arbeiter und Handwerker, Stuttgart 1981, 57–73
– / Günter *Wiegelmann:* Der Wandel der Nahrungsgewohnheiten unter dem Einfluß der Industrialisierung, Göttingen 1972
– / Günter *Wiegelmann:* Unsere tägliche Kost. Geschichte und regionale Prägung, Münster 1986
Theweleit, Klaus: Männerphantasien, Bd.1: Frauen, Fluten, Körper, Geschichte, Bd.2: Männerkörper – zur Psychoanalyse des weißen Terrors, Reinbek 1980
Thönnessen, Werner: Frauenemanzipation. Politik und Literatur der Deutschen Sozialdemokratie zur Frauenbewegung 1863–1933, Frankfurt a.M. 1976(2)
Tilsner-Gröll, Rotraut: Die Jugendbildungsarbeit in der freien Gewerkschaften 1919–1933, Frankfurt a.M. 1982
Tollmien, Cordula: Die Geschichte der Arbeiterwohlfahrt in Hann. Münden, hg.v. Ortsverein der Arbeiterwohlfahrt Hann. Münden, Hann. Münden 1983
Toman, Walter: Familienkonstellationen. Ihr Einfluß auf Menschen, München 1987 (4. neubearb. Aufl.)
Tornieporth, Gerda: Studien zur Frauenbildung. Ein Beitrag zur historischen Analyse lebensweltorientierter Bildungskonzeptionen, Weinheim/Basel 1979
Tränkle, Margret: Wohnkultur und Wohnwesen, Tübingen 1972

Uhlig, Günther: Kollektivmodell „Einküchenhaus“. Wohnreform und Architekturdebatte zwischen Frauenbewegung und Funktionalismus 1900–1933, Gießen 1981
Uitz, Helmut: Die österreichischen Kinderfreunde und Roten Falken 1908 bis 1939. Beiträge zur sozialistischen Erziehung, Wien/Salzburg 1975
Ullrich, Volker: Die Hamburger Arbeiterschaft vom Vorabend des Ersten Weltkrieges bis zur Revolution 1918/19, 2 Bde, Diss. Hamburg 1976
– Kriegsalltag. Hamburg im Ersten Weltkrieg, Köln 1982
– Alltagsgeschichte. Über einen neuen Geschichtstrend in der Bundesrepublik, in: Neue Politische Literatur, 29 (1984), H.1, 50–71
– Entdeckungsreise in den historischen Alltag. Versuch einer Annäherung an die „neue Geschichtsbewegung“, in: Geschichte in Wissenschaft und Unterricht, 36 (1985), 403–414
Ussel, Jos van: Sexualunterdrückung. Geschichte der Sexualfeindschaft, Gießen 1979(2)

Vierheller, Rainer: Die Entwicklung der Hamburger Konsumentenorganisation „Pro“ vom Konsumverein zur Aktiengesellschaft, in: Jahrbuch für Sozialökonomie und Gesellschaftstheorie, Hamburger Studien, Opladen 1983, 63–81
Voges, Wolfgang (Hg.): Methoden der Biographie- und Lebenslaufforschung, Opladen 1987
Voogd, Gerd: Computer im Haushalt. Von der „Erleichterung der körperlichen Arbeit“ zur „Befreiung von bloßen Denkroutinen“, in: Wechselwirkung 5 (1983), Nr.17, 22–25
Vorholz, Angelika: Sozialdemokratische Frauen: 1908–1914 in Düsseldorf, Reinbek 1982
Vormschlag, Elisabeth: Inhalte, Leitbilder und Funktionen politischer Frauenzeitschriften der SPD, der USPD, der KPD in den Jahren 1890–1933 und der NSDAP in den Jahren 1932–1945, Diss. Göttingen 1970
Vorwärts- und nicht vergessen. Arbeiterkultur in Hamburg um 1930. Materialien zur Geschichte der Weimarer Republik, hg. v. d. „Projektgruppe Arbeiterkultur Hamburg“ i.A. der Kulturbehörde der Freien und Hansestadt Hamburg, Berlin 1982
Voß, Angelika / Ursula *Büttner* / Hermann *Weber*: Vom Hamburger Aufstand zur politischen Isolierung. Kommunistische Politik 1923–1933 in Hamburg und im Deutschen Reich, Hamburg 1983

Walser, Karin: Prostitutionsverdacht und Geschlechterforschung. Das Beispiel der Dienstmädchen um 1900, in:

GuG 11 (1985), 99–111
– Dienstmädchen. Frauenarbeit und Weiblichkeitsbilder um 1900, Frankfurt a.M. 1986
Walter, Franz: Jungsozialisten in der Weimarer Republik. Zwischen sozialistischer Lebensreform und revolutionärer Kaderpolitik, Kassel 1983
– Nationale Romantik und revolutionärer Mythos. Politik und Lebensweisen im frühen Weimarer Jungsozialismus, Berlin 1986
Warhaftig, Myra: Die Behinderung der Emanzipation der Frau durch die Wohnung und die Möglichkeit zur Überwindung, Köln 1982
Warnke, Helmuth: Der verratene Traum, Langenhorn. Das kurze Leben einer Hamburger Arbeitersiedlung, Hamburg 1983
– „... nicht nur die schöne Marianne". Das andere Eimsbüttel, Hamburg 1984
Weber-Kellermann, Ingeborg: Die Familie. Geschichte und Bilder, Frankfurt a.M. 1976
– Die deutsche Familie. Versuch einer Sozialgeschichte, Frankfurt a.M. 1982(7)
Wegschneider, Hildegard: Weite Welt im engen Spiegel. Erinnerungen, Berlin 1953
Wehler, Hans-Ulrich: Modernisierungstheorie und Geschichte, Göttingen 1975
– (Hg.): Frauen in der Geschichte des 19. und 20.Jahrhunderts, Göttingen 1981, GuG 7 (1981), H.3/4
– Geschichte – von unten gesehen, in: Die Zeit Nr.19, 13.5.1985, 64
– (Hg.): Familie, Haushalt, Wohnen, Göttingen 1988, GuG 14 (1988), H.1
Weiland, Daniela: Geschichte der Frauenemanzipation in Deutschland und Österreich. Biographien. Programme. Organisationen, Hermes Handlexikon, Düsseldorf 1983
Weingart, Peter / Jürgen *Kroll* / Kurt *Bayertz*: Rasse, Blut und Gene. Geschichte der Eugenik und Rassenhygiene in Deutschland, Frankfurt a.M. 1988
Wem gehört die Welt? Kunst und Gesellschaft in der Weimarer Republik (Ausstellungskatalog), hg.v. Neue Gesellschaft für Bildende Kunst, Berlin 1977
Weuster, Arnulf: Theorie der Konsumgenossenschaftsentwicklung. Die deutschen Konsumgenossenschaften bis zum Ende der Weimarer Zeit, Berlin 1980
Weyrather, Irmgard: „Ich bin noch aus dem vorigen Jahrhundert". Frauenleben zwischen Kaiserreich und Wirtschaftswunder, Frankfurt a.M. 1985
Wickert, Christl: Zwischen Familie und Parlament. Sozialdemokratische Frauenarbeit in Südniedersachsen 1919–1950 am Beispiel von Hann. Münden und Einbeck, Kassel 1983
– Unsere Erwählten. Sozialdemokratische Frauen im Deutschen Reichstag und im Preußischen Landtag 1919 bis 1933, 2 Bde, Göttingen 1986
Wiegand, Erich / Wolfgang *Zapf* (Hg.): Wandel der Lebensbedingungen in Deutschland. Wohlfahrtsentwicklung seit der Industrialisierung, Frankfurt a.M. 1982
Wierling, Dorothee: Dienstmädchen im städtischen Haushalt der Jahrhundertwende – Eine kollektive Lebensgeschichte, Diss. Essen 1985
– Mädchen für alles. Arbeitsalltag und Lebensgeschichte städtischer Dienstmädchen um die Jahrhundertwende, Berlin/Bonn 1987
Will, Wilfried van der: Nudity and Sexuality in the German Worker-Culture Movement of the Weimar Republic, in: Art, Sexuality and Politics in the Weimar Republic, unveröff. Mskr. Liverpool 1982
– / Rob *Burns* (Hg.): Arbeiterkulturbewegung in der Weimarer Republik, Bd.1: Eine historisch-theoretische Analyse der kulturellen Bestrebungen der sozialdemokratisch organisierten Arbeiterschaft, Bd.2: Texte. Dokumente. Bilder, Frankfurt a.M./Berlin/Wien 1982
Willms, Angelika: Modernisierung durch Frauenarbeit? Zum Zusammenhang von wirtschaftlichem Strukturwandel und weiblicher Arbeitsmarktlage in Deutschland, 1882–1939, in: Toni Pierenkemper/Richard Tilly (Hg.): Historische Arbeitsmarktforschung. Entstehung, Entwicklung und Probleme der Vermarktung von Arbeitskraft, Göttingen 1982, 37–71
Willms-Herget, Angelika: Frauenarbeit. Zur Integration der Frauen in den Arbeitsmarkt, Frankfurt a.M./New York 1985
Wilson, Elisabeth: Women and the Welfare State, London/New York 1977
Wingen, Max: Familienpolitik, in: Handwörterbuch der Wirtschaftswissenschaft (HdWW). Zugleich Neuauflage des Handwörterbuchs der Sozialwissenschaften, Bd. 2, hg. v. Willi Albers u.a., Stuttgart/New York/Tübingen/Göttingen/Zürich 1980, 589–599
Winkler, Dörte: Frauenarbeit im „Dritten Reich", Hamburg 1977 <a>
– Frauenarbeit versus Frauenideologie. Probleme der weiblichen Erwerbstätigkeit in Deutschland 1930–1945, in: AfS 17 (1977), 99–126 <b>
Winkler, Heinrich August: Die Sozialdemokratie und die Revolution von 1918/19, Berlin/Bonn 1979
– Klassenbewegung oder Volkspartei? Zur sozialdemokratischen Programmdebatte 1920–1925, in: GuG 8 (1982),

9–54
– Von der Revolution zur Stabilisierung. Arbeiter und Arbeiterbewegung in der Weimarer Republik 1918 bis 1924, Berlin/Bonn 1985 (2. völlig durchges. u. korr. Aufl.) <a>
– Der Schein der Normalität. Arbeiter und Arbeiterbewegung in der Weimarer Republik 1924 bis 1930, Berlin/Bonn 1985 <b>
– Der Weg in die Katastrophe. Arbeiter und Arbeiterbewegung in der Weimarer Republik 1930 bis 1933, Berlin/Bonn 1987

„Wir wollen zum Köhlbrand!" Geschichte und Gegenwart der Hamburger Arbeiterwohlfahrt 1919–1985, hg. von der Arbeiterwohlfahrt Landesverband Hamburg e.V. in Zusammenarbeit mit Karen Hagemann, Hamburg 1985

Wischermann, Clemens: Wohnen in Hamburg vor dem Ersten Weltkrieg, Münster 1983 <a>
– Wohnen und soziale Lage in der Urbanisierung. Die Wohnbedingungen hamburgischer Unter- und Mittelschichten um die Jahrhundertwende, in: Hans Jürgen Teuteberg (Hg.): Urbanisierung im 19. und 20. Jahrhundert. Historische und geographische Aspekte, Köln/Wien 1983, 309–337 <b>
– „Familiengerechtes Wohnen": Anspruch und Wirklichkeit in Deutschland vor dem Ersten Weltkrieg, in: Hans Jürgen Teuteberg (Hg.): Homo habitans. Zur Sozialgeschichte des ländlichen und städtischen Wohnens in der Neuzeit, Münster 1985, 169–198

Witt, Friedrich-Wilhelm: Die Hamburger Sozialdemokratie in der Weimarer Republik. Unter besonderer Berücksichtigung der Jahre 1929/30–1933, Hannover 1971

Wittenberg, Angelika: Resignierte Arbeiterinnen. Zu den Handlungs- und Organisationsbedingungen der Arbeiterinnen in der Geestmünder bzw. Wesermünder Fischindustrie während der Weimarer Republik, Bremen 1981

Wittrock, Christine: Weiblichkeitsmythen. Das Frauenbild im Faschismus und seine Vorläufer in der Frauenbewegung der 20er Jahre, Frankfurt a.M. 1983

Wittwer, Wolfgang W.: Die sozialdemokratische Schulpolitik in der Weimarer Republik. Ein Beitrag zur politischen Schulgeschichte im Reich und in Preußen, Berlin 1980

Wolf, Emmi / Klaus *Hammer* (Hg.): Cyankali von Friedrich Wolf. Eine Dokumentation mit dem berühmten Theaterstück gegen den „Abtreibungsparagraphen", Berlin(DDR)/Weimar 1978

Wolter-Brandecker, Renate: Sie kamen aus der dumpfen Stadt. Arbeiterkindheit und Kinderfreundebewegung in Frankfurt am Main 1919–1933. Ein Beitrag zur Sozialgeschichte sozialistischer Erziehung, Bonn 1982

Wunderer, Hartmann: ‚Die Naturfreunde' – Eine sozialdemokratische Arbeiterkulturorganisation (1895–1933), in: IWK 13 (1977), 506–520
– Arbeitervereine und Arbeiterparteien. Kultur– und Massenorganisationen in der Arbeiterbewegung 1890–1933, Frankfurt a.M. 1980

Wurms, Renate: Wir wollen Freiheit, Frieden, Recht. Der Internationale Frauentag. Zur Geschichte des 8.März, Frankfurt a.M. 1980

Zeller, Susanne: Volksmütter – mit staatlicher Anerkennung – Frauen im Wohlfahrtswesen der 20er Jahre, Düsseldorf 1987

Zimmer, Jochen (Hg.): ‚Mit uns zieht die neue Zeit'. Die Naturfreunde. Zur Geschichte eines alternativen Verbandes in der Arbeiterkulturbewegung, Köln 1984

Zinnecker, Jürgen: Sozialgeschichte der Mädchenbildung, Weinheim/Basel 1979

Zull, Gertraud: Das Bild vom Dienstmädchen um die Jahrhundertwende. Eine Untersuchung der stereotypen Vorstellungen über den Charakter und die soziale Lage des städtischen weiblichen Hauspersonals, München 1984

Personenregister

(Kursive Seitenzahlen verweisen auf die Kurzbiographien im Anhang)

Organisations- und Sachregister

Die Autorin

Karen Hagemann, geboren 1955; Studium der Geschichte, Germanistik und Erziehungswissenschaften in Hamburg, 1980 Staatsexamen für das Höhere Lehramt, 1981 bis 1986 wissenschaftliche Mitarbeiterin bei verschiedenen Hamburger Ausstellungsprojekten, seit 1987 wissenschaftliche Mitarbeiterin und seit 1989 wissenschaftliche Assistentin am Institut für Geschichtswissenschaft der Technischen Universität Berlin, 1989 Promotion, Veröffentlichungen zur Alltagsgeschichte, zur Arbeiterkultur und zur sozialhistorischen Frauenforschung.

CIP-Titelaufnahme der Deutschen Bibliothek

Hagemann, Karen:
Frauenalltag und Männerpolitik : Alltagsleben und gesellschaftliches Handeln von Arbeiterfrauen in der Weimarer Republik / Karen Hagemann. [Hrsg. von Detlev J. K. Peukert].
- Bonn : Dietz, 1990